Jüdt · Kleffmann · Weinreich
Formularbuch des Fachanwalts Familienrecht
Praxis des familiengerichtlichen Verfahrens
4. Auflage

Jüdt · Kleffmann · Weinreich

Formularbuch des Fachanwalts Familienrecht

Praxis des familiengerichtlichen Verfahrens

Herausgegeben von

Dr. Eberhard Jüdt
Rechtsanwalt und Fachanwalt für Familienrecht

Dr. Norbert Kleffmann
Rechtsanwalt, Fachanwalt für Familienrecht und Notar

Gerd Weinreich
Vorsitzender Richter am Oberlandesgericht a. D. und Rechtsanwalt

4. Auflage

Luchterhand Verlag 2015

Zitiervorschlag: FormB FA-FamR/*Bearbeiter* Kap. ... Rn. ...

Bibliografische Information der Deutschen Nationalbibliothek

Die Deutsche Nationalbibliothek verzeichnet diese Publikation in der Deutschen Nationalbibliografie; detaillierte bibliografische Daten sind im Internet über http://dnb.d-nb.de abrufbar.

ISBN 978-3-472-08591-1

Bearbeiterhinweis: Interne Verweise werden folgendermaßen abgekürzt: Kap. ... Rdn. ... M. ...

Dabei verweist die erste Ziffer auf das Kapitel, die zweite Ziffer auf die Randnummern und die dritte Ziffer auf die Anmerkung zu dem Muster unter der angegebenen Randnummer.

www.wolterskluwer.de
www.luchterhand-fachverlag.de

Umschlagkonzeption: Martina Busch, Grafikdesign, Homburg Kirrberg
Druck und Weiterverarbeitung: Williams Lea & tag GmbH, München

Gedruckt auf säurefreiem, alterungsbeständigem und chlorfreiem Papier.

Vorwort

Nachdem nunmehr wiederum nahezu 2 Jahre seit dem Erscheinen der dritten Auflage vergangen sind, war es erforderlich, eingetretene Änderungen in einer neuen, der mittlerweile vierten Auflage des Formularbuchs Fachanwalt Familienrecht Rechnung zu tragen. Abgesehen davon, dass die Rechtsprechung speziell zum Unterhaltsrecht sich stetig fortentwickelt, waren insbesondere das neue Kostenrecht sowie das geänderte Recht der Verfahrenskostenhilfe einzuarbeiten.

Leider ist das Autorenteam nicht von Schicksalsschlägen verschont geblieben. So sind drei unserer Mitautoren viel zu früh verstorben, die Rechtsanwälte Gunnar Melchers und Dr. Rudolf Schröder sowie der Richter am Amtsgericht Dr. Thomas Möller. Unser Mitgefühl gilt ihren Familien. Wir werden die Kollegen in guter Erinnerung behalten und sind ihnen für ihren Beitrag zum Erfolg der ersten drei Auflagen sehr zum Dank verpflichtet. Die Zusammenarbeit mit ihnen hat uns sehr viel Freude bereitet und es war schön, ihre fachliche Kompetenz in das Werk einbringen zu können.

Diesem Umstand ist geschuldet, dass die Kapitel neuen Autoren zugeordnet werden mussten. Die Herren Prof. Dr. Rainer Kemper und Prof. Dieter Martiny begrüßen wir neu im Autorenteam. Prof. Dr. Kemper bearbeitet gemeinsam mit unserem Mitherausgeber Dr. Eberhardt Jüdt das Güterrecht, während Frau Rechtsanwältin Trude-Maria Schick das Kapitel 9, die Wirkungen der Ehe im Allgemeinen, übernommen hat. Das Internationale Privatrecht wird jetzt von Prof. Dr. Dieter Martiny bearbeitet. Wir sind den genannten Autoren sehr dankbar, dass sie teils erst kurzfristig bereit gewesen sind, im Interesse des Werkes die entstandenen Lücken zu schließen.

Bei allen Änderungen ist es beim bewährten Gesamtkonzept des Buches geblieben: Zahlreiche Formulierungsbeispiele sind theoretisch unterlegt und begründet. Außerdem werden in einem besonderen Kapitel die psychologischen Aspekte von Trennung und Scheidung behandelt, was es dem Nutzer erleichtern soll, sich in die Mandanten bzw. die Verfahrensbeteiligten hinein zu denken.

Wir, die Herausgeber und die Autoren, sind davon überzeugt, dass die vierte Auflage gegenüber der dritten eine weitere Verbesserung darstellt. Sollten Sie, geneigte Leserin oder geneigter Leser, gleichwohl an der einen oder anderen Stelle Verbesserungsbedarf erkennen, so wären wir Ihnen für Anregungen und Kritik sehr dankbar, wobei wir natürlich auch gegen Lob oder Anerkennung nichts einzuwenden hätten.

Neuwied, Hagen, Oldenburg im August 2014   Jüdt, Kleffmann, Weinreich

Autorenverzeichnis

Ulrich Alberstötter
Dipl.-Pädagoge, Mediator und Supervisor

Dr. Gunter Deppenkemper, LL.M., LL.M. (beide Osnabrück)
Richter am Landgericht Heidelberg, Privatdozent der Universität Osnabrück

Dr. Peter Friederici
Vorsitzender Richter am Oberlandesgericht a.D.

Eckart Hammermann
Vorsitzender Richter am Oberlandesgericht

Cornelia Herrmann
Rechtsanwältin und Fachanwältin für Familienrecht

Dr. Eberhard Jüdt
Rechtsanwalt, Fachanwalt für Familienrecht, Fachanwalt für Arbeitsrecht und Mediator

Dr. Rainer Kemper
Lehrbeauftragter an der Universität Münster und X-Nanterre

Dr. Monika Keske
Direktorin des Amtsgerichts

Prof. Dr. Dieter Martiny
Professor (em) der Europa-Universität Viadrina, Frankfurt (O)

Werner Reinken
Vorsitzender Richter am Oberlandesgericht

Trude-Maria Schick
Rechtsanwältin und Fachanwältin für Familienrecht

Prof. Dr. Kai Schulte-Bunert
Richter am Amtsgericht und Professor an der Fachhochschule für Rechtspflege

Christian Steer
Notar

Matthias Weber
Dipl.-Psychologe und Psychologischer Psychotherapeut

Dr. Stefan Weismann
Präsident des Landgerichts

Theo Ziegler
Oberstaatsanwalt als ständiger Vertreter der Leitenden Oberstaatsanwältin

Im Einzelnen haben bearbeitet

Kapitel 1	Ehescheidung	Friederici/Alberstötter
Kapitel 2	Unterhalt	Reinken/Herrmann/Hammermann/Jüdt
Kapitel 3	Güterrecht	Jüdt/Kemper
Kapitel 4	Sorgerecht	Ziegler
Kapitel 5	Umgangsrecht	Ziegler/Weber
Kapitel 6	Ehewohnungs- und Haushaltssachen	Schick/Schulte-Bunert
Kapitel 7	Gewaltschutz	Schulte-Bunert
Kapitel 8	Versorgungsausgleich	Friederici
Kapitel 9	Wirkungen der Ehe im Allgemeinen	Schick
Kapitel 10	Partnerschaften außerhalb der Ehe	Jüdt/Weismann
Kapitel 11	Mediation und Schiedsgerichtsbarkeit	Deppenkemperr
Kapitel 12	Eheverträge	Steer
Kapitel 13	Kosten	Keske
Kapitel 14	Abstammungsrecht	Friederici
Kapitel 15	Adoptionssachen	Friederici
Kapitel 16	Internationales Privatrecht	Möller/Aktualisierungen zur Vorauflage wurden von Herrn Prof. Dr. Martiny vorgenommen

Inhaltsübersicht

Inhaltsverzeichnis

Inhaltsverzeichnis

Inhaltsverzeichnis

Inhaltsverzeichnis

Inhaltsverzeichnis

Inhaltsverzeichnis

Abkürzungsverzeichnis

a.A.	anderer Ansicht
a.M.	anderer Meinung
abger.	abgerundet
abl.	ablehnend
Abs.	Absatz
abw.	abweichend
abzgl.	abzüglich
AcP	Archiv für die civilistische Praxis
AdWirkG	Gesetz über Wirkungen der Annahme als Kind nach ausländischem Recht
AEAO	Anwendungserlass zur Abgabenordnung
AfA	Absetzung für Abnutzung
AG	Amtsgericht
AgrarR	Agrarrecht (Zeitschrift)
allg.	M. allgemeine Meinung
Alt.	Alternative
Amtsbl	Amtsblatt
Anh.	Anhang
Anm.	Anmerkung
AnwBl	Anwaltsblatt
AO	Abgabenordnung
Arg.	Argument
Art.	Artikel
ARW	Außensteuergesetz
Aufl.	Auflage
ausf.	ausführlich
AVG	Angestelltenversicherungsgesetz
BayL	Bayrische Leitlinien
BayObLG	Bayerisches Oberstes Landgericht
BB	Betriebsberater (Zeitschrift)
Bd.	Band
BEEG	Gesetz zum Elterngeld und zur Elternzeit
Begr.	Begründung
bej.	bejahend
betr.	betreffend/betrifft
BetrAVG	Gesetz zur Verbesserung der betrieblichen Altersversorgung
BewG	Bewertungsgesetz
BfA	Bundesversicherungsanstalt für Angestellte
BfF	Bundesamt für Finanzen
BFH	Bundesfinanzhof
BFH/NV	nicht veröffentlichte Entscheidungen des BFH
BGB	Bürgerliches Gesetzbuch
BGBl	Bundesgesetzblatt (Jahr, Teil und Seite)
BGH	Bundesgerichtshof
BGHZ	Entscheidungen des Bundesgerichtshofs in Zivilsachen
BKGG	Bundeskindergeldgesetz
BMF	Bundesministerium der Finanzen
BRAGO	Bundesrechtsanwaltsgebührenordnung
BRAK-Mitt.	BRAK-Mitteilungen
BR-Drucks.	Bundesratsdrucksache
BSHG	Bundessozialhilfegesetz
bspw.	beispielsweise
BStBl	Bundessteuerblatt
BT-Drucks.	Bundestagsdrucksache

BVerfG	Bundesverfassungsgericht
BVerfGE	Entscheidungen des Bundesverfassungsgerichts
BVerfGG	Gesetz über das Bundesverfassungsgericht
BWNotZ	Zeitschrift für das Notariat in Baden-Württemberg
bzgl.	bezüglich
bzw.	beziehungsweise
ca.	circa
d.h.	das heißt
DB	Der Betrieb (Zeitschrift)
DBA	Doppelbesteuerungsabkommen
dergl.	Dergleichen
ders.	derselbe
DNotZ	Deutsche Notar-Zeitschrift
DRiZ	Deutsche Richter-Zeitung
DStR	Deutsches Steuerrecht
DtZ	Deutsch-Deutsche Rechts-Zeitschrift
DVO	Durchführungsverordnung
e.V.	eingetragener Verein; eidesstattliche Versicherung
EFG	Entscheidungen der Finanzgerichte
EG	Europäische Gemeinschaft
EGBGB	Einführungsgesetz zum Bürgerlichen Gesetzbuch
EGGVG	Einführungsgesetz zum Gerichtverfassungsgesetz
EGMR	Europäischer Gerichtshof für Menschenrechte
EheG	Ehegesetz
Einf.	Einführung
Einl.	Einleitung
ErbbRVO	Erbbaurechtsverordnung
ErbStDV	Durchführungsverordnung zum Erbschaftsteuerrecht
ErbStG	Erbschaftsteuer- und Schenkungsteuergesetz
ErbStR	Erbschaftsteuerrecht
ErbStVA	Allgemeine Verwaltungsanweisung für die Erbschaftsteuer
Erl.	Erläuterung
ESt	Einkommensteuer
EStG	Einkommensteuergesetz
etc.	et cetera
EU	Europäische Union
EuGVÜ	Europäisches Übereinkommen über die gerichtliche Zuständigkeit und die Vollstreckung gerichtlicher Entscheidungen in Zivil- und Handelssachen EU-UntVO EU-Unterhaltsverordnung
evtl.	eventuell
€	Euro
f., ff.	folgende, fortfolgende
FamG	Familiengericht
FamFG	Gesetz über das Verfahren in Familiensachen und in den Angelegenheiten der freiwilligen Gerichtsbarkeit
FamGKG	Gesetz über die Gerichtskosten in Familiensachen
FamRB	Der Familienrechtsberater. Informationsdienst für die familienrechtliche Praxis
FamRZ	Zeitschrift für das gesamte Familienrecht
FAO	Fachanwaltsordnung
FG	Finanzgericht
FGG	Gesetz über die Angelegenheiten der Freiwilligen Gerichtsbarkeit
FGO	Finanzgerichtsordnung
FGPrax	Praxis der freiwilligen Gerichtsbarkeit
Fn.	Fußnote

FPR	Familie - Partnerschaft- Recht. Zeitschrift für die Anwaltspraxis
FR	Finanz-Rundschau
FuR	Familie und Recht (Zeitschrift)
GBO	Grundbuchordnung
gem.	gemäß
gerichtl.	gerichtlich
ges.	gesetzliche/n/r
GG	Grundgesetz
ggf.	gegebenenfalls
GKG	Gerichtskostengesetz
GmbHR	GmbH-Rundschau
GNotKG	Gesetz über Kosten der freiwilligen Gerichtsbarkeit für Gerichte und Notare (Gerichts- und Notarkostengesetz)
grds.	grundsätzlich
GrEStG	Grunderwerbsteuergesetz
GVG	Gerichtsverfassungsgesetz
h.M.	herrschende Meinung
HEZ	Höchstrichterliche Entscheidungen in Zivilsachen
HGB	Handelsgesetzbuch
HöfeO	Höfeordnung
Hrsg.	Herausgeber
Hs.	Halbsatz
i.d.F.	in der Fassung
i.d.R.	in der Regel
i.E.	im Einzelnen
i.H.v.	in Höhe von
i.S.	im Sinne
i.S.d.	im Sinne des/der
i.V.m.	in Verbindung mit
INF	Die Information über Steuer und Wirtschaft (Zeitschrift)
insb.	insbesondere
IPRax	Praxis des Internationalen Privat- und Verfahrensrechts (Zeitschrift)
IZPR	Internationales Zivilprozessrecht
JA	Juristische Arbeitsblätter
JMBl NRW	Justizministerialblatt Nordrhein-Westfalen
JR	Juristische Rundschau
Jura	Jura (Zeitschrift)
JurBüro	Das Juristische Büro (Zeitschrift für Kostenrecht und Zwangsvollstreckung)
JuS	Juristische Schulung
JZ	Juristenzeitung
Kap.	Kapitel
kaufm.	kaufmännisch
KG	Kammergericht, Kommanditgesellschaft
KGaA	Kommanditgesellschaft auf Aktien
KindUG	Gesetz zur Vereinheitlichung des Unterhaltsrechts
KindRG	Kindschaftsrechtsreformgesetz
KostREuroUG	Gesetz zur Umstellung des Kostenrechts und der Steuerberatergebührenverordnung auf Euro
KostRMoG	Gesetz zur Modernisierung des Kostenrechts vom 05.05.2004 BGBl I 718
KostVfg	Bundeseinheitliche Verwaltungsvorschrift des Bundes und der Länder zur Durchführung der Kostengesetze (Kostenverfügung)
krit.	kritisch
KV	Kostenverzeichnis

KV FamGKG	Kostenverzeichnis zum FamGKG
KV GKG	Kostenverzeichnis zum GKG
KV GNotKG	Kostenverzeichnis zum GNotKG
LG	Landgericht
li. Sp.	linke Spalte
LVA	Landesversicherungsanstalt
M.	Die kursive Ziffer hinter M. verweist auf die Anmerkung zu dem Muster unter der angegebenen Randnummer.
m.E.	meines Erachtens
M.M.	Mindermeinung
m.N.	mit Nachweisen
m.w.N.	mit weiteren Nachweisen
MDR	Monatsschrift für Deutsches Recht
MedR	Medizinrecht (Zeitschrift)
MittBayNot	Mitteilungen der Bayerischen Notarkammer
MittRhNotK	Mitteilungen der Rheinischen Notarkammer
Mot.	Motive
MüKo	Münchener Kommentar
Nachw.	Nachweise
NEhelG	Gesetz über die rechtliche Stellung der nichtehelichen Kinder
nicht	rkr. nicht rechtskräftig
NJW	Neue Juristische Wochenschrift
NJW-RR	NJW-Rechtsprechungsreport
Nr.	Nummer
NWB	Neue Wirtschaftsbriefe
NZFam	Neue Zeitschrift für Familienrecht
NZV	Neue Zeitschrift für Verkehrsrecht
o.g.	oben genannte
OFD	Oberfinanzdirektion
OHG	Offene Handelsgesellschaft
OLG	Oberlandesgericht
o.w.	ohne weiteres
PflVFG	Pflichtversicherungsgesetz
PfÜB	Pfändungs- und Überweisungsbeschluss
PKH	Prozesskostenhilfe
RA	Rechtsanwalt
RA'in	Rechtsanwältin
RabelsZ	Rabels Zeitschrift für ausländisches und internationales Privatrecht
RdL	Recht der Landwirtschaft (Zeitschrift)
Rdn.	interne Randnummer (innerhalb des Werkes)
RefE	Referentenentwurf
re. Sp.	rechte Spalte
Rev.	Revision
RG JW	Reichsgericht in der Juristischen Wochenschrift
RGZ	Reichsgerichtliche Entscheidungen in Zivilsachen
Rn.	externe Randnummer
RPfleger	Der Deutsche Rechtspfleger
RPflG	Rechtspflegergesetz
Rspr.	Rechtsprechung
RVO	Reichsversicherungsordnung
S.	Seite

s.	Siehe
SFHÄndG	Schwangeren- und Familienhilfeänderungsgesetz
s.o.	siehe oben
s.u.	siehe unten
Satz	Satz (nicht abkürzen)
SchlHAnz	Schleswig-Holsteinische Anzeigen
SGB	Sozialgesetzbuch
sog.	sogenannt
StbJb	Steuerberater-Jahrbuch
std.	Rspr. ständige Rechtsprechung
stpfl.	steuerpflichtig
str.	streitig
StSenkG	Gesetz zur Senkung der Steuersätze und zur Reform der Unternehmensbesteuerung
StuB	Steuern und Bilanzen
StuW	Steuer und Wirtschaft
Tz.	Textziffer
u.	und/unten
u.a.	und andere/unter anderem
u.ä.	und Ähnliches
UÄndG	Unterhaltsänderungsgesetz
u.E.	unseres Erachtens
u.U.	unter Umständen
UVR	Umsatzsteuer und Verkehrsteuerrecht
v.	vom/von
VAHRG	Gesetz zur Regelung von Härten im Versorgungsausgleich
v.H.	vom Hundert
vern.	verneinend
VersAusglG	Versorgungsausgleichsgesetz
VersR	Versicherungsrecht
vgl.	vergleiche
VO	Verordnung
Vorb.	Vorbemerkung
VV	Vergütungsverzeichnis zum RVG
VVG	Versicherungsvertragsgesetz
WIB	Wirtschaftsrechtliche Beratung
WM	Wertpapier-Mitteilungen
WPg	Die Wirtschaftsprüfung (Zeitschrift)
z.B.	zum Beispiel
z.T.	zum Teil
ZAP	Zeitschrift für die Anwaltspraxis
Zerb	Zeitschrift für Erbrecht
ZEV	Zeitschrift für Erbrecht und Vermögensnachfolge
Ziff.	Ziffer
ZPO	Zivilprozessordnung
ZRP	Zeitschrift für Rechtspolitik
ZSEG	Gesetz über die Entschädigung von Zeugen und Sachverständigen
zust.	zustimmend
ZVG	Gesetz über die Zwangsversteigerung und Zwangsverwaltung
zzgl.	zuzüglich

Literaturverzeichnis

Andrae	Internationales Familienrecht, 3. Aufl. 2014
Bamberger/Roth	Beck'scher Onlinekommentar zum BGB, Stand 2/2014
Baumbach/Lauterbach/ Albers/Hartmann	Kommentar zur Zivilprozessordnung, 72. Aufl. 2014
Bäumel	Die Reform des ehelichen Güterrechts: Alle Änderungen und deren Auswirkungen, 2009
Beck'sches Formularhandbuch	Beck'sches Formularhandbuch Familienrecht (Bergschneider), 3. Aufl. 2010
Beck'sches Notarhandbuch	Notarhandbuch (Brambring/Jerschke), 5. Aufl. 2009
Bergerfurth	Der Ehescheidungsprozess, 15. Aufl. 2006
Bergschneider	Richterliche Inhaltskontrolle von Eheverträgen und Scheidungsvereinbarungen, 2008
Bergschneider	Verträge in Familiensachen: Eheverträge, Trennungs- und Scheidungsvereinbarungen, 4. Aufl. 2010
Bischof	RVG Kommentar (Bischof/Jungbauer/Bräuer/Curkovic/Klüsener/Uher), 6. Aufl. 2014
BLAH	Kommentar zur ZPO (Baumbach/Lauterbach/Albers/Hartmann), 71. Aufl. 2013
Borth	Versorgungsausgleich in anwaltlicher und familiengerichtlicher Praxis, 7. Aufl. 2014
Borth	Praxis des Unterhaltsrechts, 2. Aufl. 2011
Brambring	Ehevertrag und Vermögenszuordnung unter Ehegatten, 7. Aufl. 2012
Brühler Schriften zum Familienrecht	Band 15, 17. Deutscher Familiengerichtstag, 2008
Bumiller/Harders	FamFG Freiwillige Gerichtsbarkeit, 10. Aufl. 2011
Bumiller/Winkler	Freiwillige Gerichtsbarkeit: FGG Kommentar, 8. Aufl. 2009
Büttner/Niepmann/Schwamb	Die Rechtsprechung zur Höhe des Unterhalts, 11. Aufl. 2010
Depner/Bray	Children of Divorce Who Refuse Visitation, 1993
Dethloff	Familienrecht, 30. Aufl. 2012
Dettenborn/Walter	Familienrechtspsychologie 2002
Dose	Einstweiliger Rechtsschutz in Familiensachen, 3. Aufl. 2010
Eichner/Spellbrink	SGB II Grundsicherung für Arbeitsuchende, 3. Aufl. 2013
Engels, Ralf	Steuerrecht für die familienrechtliche Praxis
Erman	BGB Kommentar, Teil II, 13. Aufl. 2013
Eschenbruch/Schürmann/ Menne	Der Unterhaltsprozess, 6. Aufl. 2013
Eylmann/Vaasen	Bundesnotarordnung Beurkundungsgesetz, 3. Aufl. 2011
FA-FamR	Handbuch des Fachanwalts Familienrecht (Gerhardt/Heintschel-Heinegg/ Klein), 9. Aufl. 2013
FAKomm-FamR	Fachanwaltskommentar Familienrecht (Weinreich/Klein), 5. Aufl. 2013
Figdor	Scheidungskinder – Wege der Hilfe, 1997
Frankfurter Kommentar zum SGB VIII	Kinder- und Jugendhilfe (Münder/Meysen/Trenczek), 7. Aufl. 2013
Fthenakis	Begleiteter Umgang. Ein Handbuch für die Praxis, 2008
Fthenakis	Väter. Band I: Zur Psychologie der Vater-Kind-Beziehung, 1985; Band II: Zur Vater-Kind-Beziehung in verschiedenen Familien-Strukturen, 1988

Fthenakis/Kalicki/Peitz	Paare werden Eltern. Die Ergebnisse der LBS-Familien-Studie, 2002
Fthenakis/Kunze	Trennung und Scheidung – Familie am Ende? Dokumentation zum Symposion in Kassel, 1992
Gardner	The Parental Alienation Syndrome. A Guide for Mental Health and Legal Professionals, 2nd Edition 1998
Gernhuber/Coester-Waltjen	Familienrecht, 6. Aufl. 2010
Gerold/Schmidt	Rechtsanwaltsvergütungsgesetz, Kommentar, 21. Aufl. 2013
Gießler/Soyka	Vorläufiger Rechtsschutz in Familiensachen, 5. Aufl. 2010
Göppingert/Wax	Unterhaltsrecht, 9. Aufl. 2008
Rehberg/Schons	Rechtsanwaltsvergütungsgesetz (Rehberg/Schons/Vogt/Feller/Hellstab/Jungbauer/Bestelmeyer/Frankenberg), 5. Aufl. 2013
Götz/Brudermüller	Die gemeinsame Wohnung, 2008
Graba	Die Abänderung von Unterhaltstiteln, 4. Aufl. 2011
Groß	Anwaltsgebühren in Ehe- und Familiensachen, 3. Aufl. 2011
Haft/Schlieffen	Handbuch Mediation, 2. Aufl. 2009
Hager	Vertragsfreiheit im Ehevertrag?: Der aktuelle Stand der Rechtsprechung zur Inhaltskontrolle von Eheverträgen, 2007
Hahn/Müller	Systemische Erziehungs- und Familienberatung. Wege zur Förderung autonomer Lebensgestaltung, 1993
Hartmann	Kostengesetze, 44. Auf. 2014
Hausmann	Internationales und europäisches Ehescheidungsrecht, 2013
Heiß	Vertragsgestaltung in Familiensache, 2007
Heiß/Heiß	Die Höhe des Unterhalts von A-Z, 11. Aufl. 2012
Henrich	Internationales Scheidungsrecht, 3. Aufl. 2012
HK-FamGKG	Handkommentar Familiengerichtskostengesetz (Schneider/Wolf/Volpert), 2. Aufl. 2014
HK-Familienverfahrensrecht	Handkommentar Familienverfahrensrecht (Friederici/Kemper), 2009
HK-LPartG	Handkommentar Lebenspartnerschaftsrecht (Bruns/Kemper), 2. Aufl. 2005
HK-ZPO	Handkommentar ZPO (Saenger), 4. Aufl. 2011
HK-Familienrecht	Handkommentar Familienrecht (Schulz/Hauß), 2. Aufl. 2012
Höbbel/Möller	Formularbuch für Scheidungen internationaler Ehen, 2. Aufl. 2009
Hoppenz	Familiensachen, 9. Aufl. 2009
Jansen	FGG, 3. Aufl. 2005
Johannsen/Henrich	Familienrecht - Scheidung, Unterhalt, Verfahren, 5. Aufl. 2010
jurisPraxK	juris Praxiskommentar
Kalthoener/Büttner/Wrobel-Sachs	Prozesskostenhilfe und Beratungshilfe, 5. Aufl. 2010
Kemper	Versorgungsausgleich in der Praxis, 2011
Kemper	Das neue Unterhaltsrecht 2008
Kersten/Bühling	Formularbuch und Praxis der Freiwilligen Gerichtsbarkeit, 24. Aufl. 2014
Keske	Das neue FamGKG, Kurzkommentar 2009
Kindermann	Die Abrechnung in Ehe- und Familiensachen, 2005
KKW	Freiwillige Gerichtsbarkeit (Keidel/Kuntze/Winkler), 15. Aufl. 2003
Kleffmann/Klein	Unterhaltsrecht Kommentar, 2. Aufl. 2014
Klein	Abgabenordnung 11. Aufl. 2012
Klein	Handbuch des Familienvermögensrechts, 1. Aufl. 2011

Kogel, Walter	Der Familienrechtsberater Sonderheft Okt. 2008, Angriffs- und Verteidigungsstrategien bei der Teilungsversteigerung des Familienheims
Korinthenberg	Kostenordnung (Korinthenberg/Lappe/Bengel/Reimann), 18. Aufl. 2010
Krause	Zugewinnausgleich in der Praxis, 2009
Kübler-Ross	Interviews mit Sterbenden, 1. Aufl. 1969
Landesamt für Soziales, Jugend und Versorgung Rheinland-Pfalz	Kindorientierte Hilfen bei Trennung und Scheidung durch Vernetzung von Familiengerichten, Anwälten, Jugendämtern, Beratungsstellen, Kindertagesstätten und Schulen, 2008
Langenfeld	Handbuch der Eheverträge und Scheidungsvereinbarungen, 6. Aufl. 2011
Limmer/Hertel/Frenz/Mayer	Würzburger Notarhandbuch, 3. Aufl. 2012
Luthin/Koch	Handbuch des Unterhaltsrechts, 11. Aufl. 2010
Lutje	Vergütungsvereinbarung für Einsteiger
MAH Familienrecht	Münchner Anwaltshandbuch Familienrecht (Schnitzler), 3. Aufl. 2010
Menne/Grundmann	Menne/Grundmann, Das neue Unterhaltsrecht
Menne/Weber	Professionelle Kooperation zum Wohle des Kindes. Hinwirken auf elterliches Einvernehmen im familienrechtlichen Verfahren (FamFG), 2011
Meyer	GKG/FamGKG, 14. Aufl. 2014
Meyer/Mittelstädt	Das Lebenspartnerschaftsgesetz, 2001
Meysen	Das Familienverfahrensrecht – FamFG, Praxiskommentar 2009
Miller	Das Drama des begabten Kindes, 1. Aufl. 1979
MüKo BGB	Kommentar zum Bürgerlichen Gesetzbuch, Band 7: Familienrecht I (§§ 1297-1588), 6. Aufl. 2013 Band 8: Familienrecht II (§§ 1589–1921), 6. Aufl. 2012
MüKo EGBGB	Münchener Kommentar zum Bürgerlichen Gesetzbuch: BGB, Band 11: IPR, IntWR, Art. 25-248 EGBGB, 5. Aufl. 2010
MüKo FamFG	Kommentar zum FamFG, 1. Aufl. 2010
MüKo ZPO	Kommentar zur Zivilprozessordnung, Band 1: §§ 1–510c, 4. Aufl. 2013 Band 2 §§ 355-1024, 4. Aufl. 2012
Münch	Die Scheidungsimmobilie, 2. Aufl. 2013
Münch	Die Gestaltung von Unterhaltsvereinbarungen nach der Reform, 2008
Münch	Die Unternehmerehe, 2007
Münch	Ehebezogene Rechtsgeschäfte: Handbuch der Vertragsgestaltung, 3. Aufl. 2011
Münch	Vereinbarungen zum neuen Versorgungsausgleich, 2010
Münchener Vertragshandbuch	Münchener Vertragshandbuch, Band 6: Bürgerliches Recht II, 6. Aufl. 2010
Münder/Baltz/Kreft	Frankfurter Kommentar zum SGB VIII: Kinder- und Jugendhilfe, 5. Aufl., 2006
Musielak/Borth	Familiengerichtliches Verfahren: FamFG, 4. Aufl. 2013
Musielak	Kommentar zur Zivilprozessordnung, 8. Aufl. 2011
Niepmann/Schwamb	Die Rechtsprechung zu r Höhe des Unterhalts, 12. Aufl. 2013
Otto/Klüsener/Killmann	Die FGG-Reform: Das neue Kostenrecht, 2008
Palandt	BGB Kommentar, 73. Aufl. 2014
Pätzold	Die gemeinschaftliche Adoption Minderjähriger, 2008
Prölss/Martin	Versicherungsvertragsgesetz, 28. Aufl. 2010
Prütting/Gehrlein	ZPO-Kommentar 6. Aufl. 2014
PWW	BGB Kommentar (Prütting/Wegen/Weinreich), 9. Aufl. 2014

Literaturverzeichnis

Rahm/Künkel	Handbuch Familien- und Familienverfahrensrecht, 5.Aufl. 2010 (2013)
Rauscher	Europäisches Zivilprozess- und Kollisionsrecht, 2010-2011
Ring/Ring-Olsen	Erläuterungen zum Deutschen Bundesrecht, Stand 2009
Roland	1. EheRG, 2. Aufl. 1982
Rosenberg/Schwab/Gottwald	Zivilprozessrecht, 17. Aufl. 2010
Rotax	Praxis des Familienrechts, 2. Aufl. 2003
Salzgeber	Familienpsychologische Gutachten. Rechtliche Vorgaben und sachverständiges Vorgehen. 4. Aufl. 2005
Schellhorn/Schellhorn/ Hohm/Schneider	Kommentar zum SGB XII – Sozialhilfe, 18. Aufl. 2011
Schilken	Zivilprozessrecht, 6. Aufl. 2010
Schmidt	Einkommensteuergesetz Kommentar 33. Aufl. 2014
Schmidt	Internationale Unterhaltsrealisierung, 2011
Schneewind	Familienpsychologie, 1991; Studies & Comments 8, Höfling, S., ed. 2009; Verein für Kommunalwissenschaften e. V., Aktuelle Beiträge zur Kinder- und Jugendhilfe 25, 2000
Schneider	RVG Praxiswissen (N. Schneider), 2009
Schneider/Herget	Streitwertkommentar für den Zivilprozess (E. Schneider/K. Herget), 13. Aufl. 2011
Schulte-Bunert	Das neue FamFG, 2. Aufl. 2010
Schulte-Bunert/Weinreich	FamFG Kommentar, 4. Aufl. 2014
Schuschke/Walker	Vollstreckung und Vorläufiger Rechtsschutz, 5. Aufl. 2011
Schwab	Familienrecht, 21. Aufl. 2013
Schwab	Hdb. des Scheidungsrechts, 5. Aufl. 2004
Soyka	Die Abänderungsklage im Unterhaltsrecht, 2. Aufl. 2005
Staudinger	BGB Kommentar, Buch 4 Familienrecht §§ 1363-1563, 12. Aufl. 2007
Stein/Jonas	Kommentar zur ZPO, Band 1: §§ 1–40, Band 7: §§ 704–827, 22. Aufl. 2013
Stöber	Zwangsversteigerungsgesetz, 20. Aufl. 2012
Streicher/Köblitz	Familiensachen mit Auslandsberührung, 2008
Strohal/Viefhues	Das neue Unterhaltsrecht, 2008
Teubel/Schons	Erfolgshonorar für Anwälte, 2008
Thomas/Putzo	Zivilprozessordnung Kommentar, 35. Aufl. 2014
Waldner	Eheverträge, Scheidungs- und Partnerschaftsvereinbarungen: Für die notarielle und anwaltliche Praxis, 2. Aufl. 2004
Walper/Pekrun	Familie und Entwicklung. Aktuelle Perspektiven der Familienpsychologie, 2001
Watzlawick/Beavin/Jackson	Menschliche Kommunikation. Formen, Störungen, Paradoxien, 11. Aufl. 2007
Weber/Eggemann-Dann/ Schilling	Beratung bei Konflikten. Wirksame Interventionen in Familie und Jugendhilfe, 2003
Weber/Schilling	Eskalierte Elternkonflikte. Beratungsarbeit im Interesse des Kindes bei hoch strittigen Trennungen, 2006
Weinreich/Klein	Fachanwaltskommentar Familienrecht, 5. Aufl. 2013
Wellenhofer	Die eingetragene Lebenspartnerschaft, 2003
Wendl/Dose	Das Unterhaltsrecht in der familienrichterlichen Praxis, 8. Aufl. 2011
Wever	Vermögensauseinandersetzung der Ehegatten außerhalb des Güterrechts, 6. Aufl. 2014

Winkler	Beurkundungsgesetz, 17. Aufl. 2013
Wurm/Wagner/Zartmann	Das Rechtsformularbuch, 16. Aufl. 2011
Ziehe	Pubertät und Narzißmus, 1975
Zimmermann/Dorsel	Anwaltformulare Eheverträge, Scheidungs- und Unterhaltsvereinbarungen, 5. Aufl. 2010
Zöller	Zivilprozessordnung, 30. Aufl. 2014

Kapitel 1: Ehescheidung

A. Überblick

Die Zahl der Eheschließungen und der Ehescheidungen hat sich in den letzten Jahrzehnten wesentlich verändert. Die frühere Alleinverdienerehe (auch Hausfrauenehe genannt) wird inzwischen zur Ausnahme. Die hohe Zahl an Scheidungen erfordert es, dass der Staat auf diese Tatsache reagiert, insb. um die Folgen der Scheidung sozialverträglich zu gestalten. Hierzu gehören nicht nur

1

unterhaltsrechtliche Fragen, sondern auch die spätere Altersvorsorge – die durch den Versorgungsausgleich nur z. T. abgedeckt wird – und auch Probleme bei der Versorgung von Kindern. Auch die große Zahl der nichtehelichen Lebensgemeinschaften stellt hohe Anforderungen an die Gesellschaft und die sozialen Systeme.

2   Die Statistiken der Eheschließungen und der rechtskräftigen Urteile in Ehesachen liefern die demographischen Basisinformationen zum Eheschließungsverhalten, zur Beurteilung des Scheidungsverhaltens und der Auswirkungen der Scheidungen. Sie dienen der Unterrichtung der Öffentlichkeit und als Grundlage für familien- und sozialpolitische Entscheidungen. Zudem zeigen sie die Entwicklungen in der Vergangenheit bis zum aktuellen Berichtsjahr auf (Quelle: Statistisches Bundesamt).

Eheschließungen und Ehescheidungen

Jahr	Eheschließungen		Ehescheidungen	
	Insgesamt	je 1.000 Einwohner	Insgesamt	je 1.000 Einwohner
2011	377.816	4,6	187.640	2,3
2010	382.047	4,7	187.027	2,3
2009	378.439	4,6	185.817	2,3
2008	377.055	4,6	191.948	2,3
2007	368.922	4,5	187.072	2,3
2006	373.681	4,5	190.928	2,3
2005	388.451	4,7	201.693	2,4
2004	395.992	4,8	213.691	2,6
2003	382.911	4,6	213.975	2,6
2002	391.963	4,7	204.214	2,5
2001	389.591	4,7	197.498	2,4

3   Die Veränderung der Gesellschaft zeigt sich auch daran, in welchem Alter die Eheschließung erfolgt:

Eheschließungen, Ehescheidungen und durchschnittliches Heiratsalter Lediger

Bevölkerungsbewegung	2008	2009	2010	2011
Eheschließungen	377.055	378.439	382.047	377.816
je 1.000 Einwohner	4,6	4,6	4,7	4,6
Ehescheidungen	191.948	185.817	187.027	187.640
je 1.000 Einwohner	2,3	2,3	2,3	2,3
Durchschnittliche Heiratsalter Lediger				
Männer	33,0	33,1	33,2	33,3
Frauen	30,0	30,2	30,3	30,5

Von der Scheidung der Eltern sind auch sehr viele Kinder betroffen, wie folgende Übersicht des   4
Statistischen Bundesamtes zeigt:

Ehescheidungen und betroffene minderjährige Kinder

Jahr	Ehescheidungen	darunter Ehescheidungen mit minderjährigen Kindern	betroffene minderjährige Kinder
2012	179.147	88.863	143.022
2011	187.640	92.892	148.239
2010	187.027	91.455	145.146
2009	185.817	91.474	145.656
2008	191.948	94.521	150.187
2007	187.072	91.700	144.981
2006	190.928	94.120	148.624
2005	201.693	99.250	156.389
2004	213.691	107.106	168.859
2003	213.975	107.888	170.256
2002	204.214	101.830	160.095
2001	197.498	98.027	153.517

War es ursprünglich noch bei Inkrafttreten des neuen Familienrechts im Jahr 1977 rechtlich not-   5
wendig, anlässlich der Scheidung über die elterliche Sorge zu entscheiden, wurde dies später geändert. Als Grundsatz war im Gesetz festgeschrieben, dass ein Elternteil die alleinige elterliche Sorge
erhält (§ 1671 Abs. 4 BGB). Schon im Jahr 1982 hat das BVerfG entschieden, dass die Regelung in
§ 1671 Abs. 4 BGB, wonach ein gemeinsames Sorgerecht geschiedener Ehegatten für ihre Kinder
selbst dann ausgeschlossen ist, wenn sie willens und geeignet sind, die Elternverantwortung zum
Wohle des Kindes weiterhin zusammen zu tragen, das Elternrecht des Grundgesetzes (Art. 6 Grundgesetz) verletzt (BVerfG, FamRZ 1982, 1179).

Es dauerte bis zum Jahr 1998, bis der Gesetzgeber die Vorschrift geändert hat. Seit dem 01.07.1998   6
wird im Scheidungsverfahren nicht mehr über das Sorgerecht entschieden, sofern nicht ein Elternteil ausdrücklich einen entsprechenden Antrag stellt. Der BGH hat in seiner Entscheidung vom
29.09.1999 (BGH, FamRZ 1999, 1646) ausgeführt, dass die Neuregelung des Rechts der elterlichen
Sorge durch das Kindschaftsrechtsreformgesetz kein Regel-Ausnahme-Verhältnis in dem Sinne enthält, dass eine Priorität zugunsten der gemeinsamen elterlichen Sorge bestehen und die Alleinsorge
eines Elternteils nur in Ausnahmefällen als ultima ratio in Betracht kommen sollte.

Ziel der Neugestaltung des Rechts der elterlichen Sorge durch des Kindschaftsrechtsreformgesetzt   7
war die Einführung eines z. T. modifizierten Antragsverfahrens – unter Abschaffung des Zwangs-
verbundes wie die Regelung der elterlichen Sorge im Ehescheidungsverfahren – bei weitgehender
Gleichbehandlung des elterlichen Sorgerechts bei verheirateten und nicht miteinander verheirateten Eltern. Der EGMR und das BVerfG haben entschieden, dass die Sorgerechtsübertragung nach
§ 1626a BGB nicht ausreichend die Rechte des nichtehelichen Vaters schützt. Mit der Regelung in
§ 1626a BGB hat der Gesetzgeber den Antrag des nichtehelichen Vaters auf Übertragung der Mitsorge eingeführt. Das FamG kann auch gegen den Willen der Mutter dem Vater die Mitsorge übertragen. Da die Anforderungen an die Erheblichkeit der gegen die gemeinsame Sorge vorgebrachten Gründe im vereinfachten Sorgerechtsverfahren derzeit in Rechtsprechung und Literatur noch
nicht hinreichend geklärt sind, weist die Rechtslage schon aus diesem Grund zumindest gegenwärtig Schwierigkeiten auf mit der Folge, dass die Beiordnung eines Rechtsanwalts gem. § 78 Abs. 2
FamFG geboten ist (vgl. OLG Stuttgart, v. 22.01.2014 - 15 WF 254/13 - juris Rn. 12 - FF 2014,
125-127).

8   Die Sorge für minderjährige Kinder aus nichtehelichen Verbindungen, ebenso aber für Kinder aus Trennung und Scheidung begründen für den Staat und seine Organe erhebliche Pflichten, die sich nicht darauf beschränken, den Unterhalt zu regeln oder den Hausrat aufzuteilen. Aufgrund der komplexen rechtlichen Struktur unseres Staates ist insb. die Anwaltschaft berufen, durch Beratung und auch aktive Vertretung dieser Herausforderung gerecht zu werden.

9   Diesen Aufgaben widmen sich in Deutschland derzeit 8.967 Fachanwälte für Familienrecht (Quelle: Bundesrechtsanwaltskammer, Stand 01.01.2013), wobei nicht verkannt werden darf, dass die Zulassung als Fachanwalt nicht Voraussetzung für eine Tätigkeit im großen Bereich des Familienrechts ist.

10   Für die Geschäftsentwicklung der Familiensachen in der Eingangs- und Rechtsmittelinstanz sei die Statistik des Bundesamtes für Justiz (http://www.bundesjustizamt.de) angeführt, die für 2012 die Belastung der Justiz wie folgt festgestellt hat:

11   Bei den Amtsgerichten gingen im Jahr 2012 655.486 Verfahren in Familiensachen ein. Die Zahl der beim ersten Instanzgericht tätigen Richterinnen und Richter betrug für dieses Jahr 1.547,3 und die durchschnittliche Verfahrensdauer betrug 6,9 Monate.

12   Für die Berufungen und Beschwerde gegen **Endentscheidungen** der FamG stellte das Bundesamt für 2012 Neueingänge i. H. v. 30.178 Verfahren fest. Die durchschnittliche Verfahrensdauer betrug in diesem Verfahren 4,9 Monate. Die Zahl der in der Rechtsmittelinstanz (OLG, Familiensenate) tätigen Richterinnen und Richter belief sich auf 375,10. Neben dem Rechtsmittel gegen Endentscheidungen waren weiterhin 32.327 **sonstige Beschwerden** festzustellen. Für diese sonstigen Beschwerden fehlen Angaben über die durchschnittliche Verfahrensdauer.

I. Das materielle Scheidungsrecht

1. Grundlagen

13   Die erste einheitliche Regelung des Scheidungsrechtes erfolgte mit dem BGB, das am 01.01.1900 in Kraft trat. Das kirchliche Eherecht wurde jedoch weder damals noch heute beseitigt (§ 1588 BGB; AnwK-BGB/*Kleist* § 1588 Rn. 1). Bis zum 31.12.2008 hatte die standesamtliche Eheschließung Vorrang vor der kirchlichen Trauung und der Priester/Pfarrer, der eine kirchliche Trauung vollzog, bevor die staatliche Eheschließung stattgefunden hatte, beging eine Ordnungswidrigkeit. Dieser Vorrang ist ab dem 01.01.2009 entfallen, jedoch ist zu beachten, dass nur die staatliche Eheschließung die Wirkungen des staatlichen Rechts zur Ehe auszulösen imstande ist. Erfolgt die Eheschließung nur kirchlich, liegt zivilrechtlich keine Ehe, sondern eine nichteheliche Lebensgemeinschaft vor (*Schwab* FamRZ 2008, 1121). Damit erfolgt, wie *Schwab* ausführt, die stille Beerdigung eines historischen Konflikts. Beide Ehen stehen nunmehr nebeneinander, mit der Einschränkung, dass die alleinige kirchliche Trauung vom staatlichen Recht als nichteheliche Gemeinschaft angesehen wird, mit allen Konsequenzen der Nichtanwendung des staatlichen Eherechts.

14   Das bedeutet nicht nur, dass im Fall des Scheiterns der Ehe keinerlei Ansprüche auf Ehegattenunterhalt, Versorgungsausgleich oder Zugewinnausgleich bestehen. Die weitreichenden Konsequenzen einer staatlich nicht anerkannten rein religiösen Ehe greifen auch, wenn die Beziehung zeitlebens intakt bleibt.

15   Als Folgen einer nur kirchlichen Eheschließung sind zu nennen:
- kein gesetzliches Erbrecht oder Anspruch auf den Pflichtteil bei Tod des Partners
- bei Erbeinsetzung (z. B. durch Testament) nur minimale Freibeträge und hohe Steuersätze bei der Erbschaftsteuer
- keine Ansprüche auf Witwen-/Witwerrente bei Versterben des Partners
- keine kostenlose Mitversicherung des Partners in der gesetzlichen Krankenversicherung
- kein Zeugnisverweigerungsrecht, die Partner müssen gegeneinander vor Gericht aussagen
- aus der rein religiösen Ehe hervorgegangene Kinder sind unehelich
- keine steuerliche Zusammenveranlagung oder sonstige ehebedingte Steuervorteile

Aus diesem Grunde heißt es aus der katholischen Kirche, dass kirchliche Trauungen ohne vorhe-   16
rige Zivileheschließung auch künftig nur in sehr wenigen Einzelfällen nach vorheriger ausführlicher
Prüfung des jeweiligen bischöflichen Ordinariats in Betracht gezogen werden. Ausnahmen kann
sich die katholische Kirche etwa bei Witwen vorstellen, die im Fall einer erneuten staatlichen Heirat ihre Witwenrente verlieren würden. In solchen Fällen könne man sich vorstellen, Paaren den
religiösen Konflikt zu ersparen entweder durch die Heirat und den dadurch bedingten Wegfall der
Witwenrente in finanzielle Bedrängnis zu geraten oder auf die Eheschließung zu verzichten und in
einer katholisch missbilligten nichtehelichen Lebensgemeinschaft mit dem neuen Partner zu leben.

Die Evangelische Kirche in Deutschland hält am kirchenrechtlichen Vorrang der zivilen Eheschlie-   17
ßung fest (*Heining* FamRZ 2010, 81 ff.). Daher dürfe auch weiterhin kein evangelischer Pfarrer ein
nicht zuvor zivilrechtlich verheiratetes Paar trauen (vgl. auch www.ekd.de).

Im Jahr 1938 wurden die Vorschriften über die Ehe aus dem BGB herausgenommen und im EheG   18
geregelt. Das schon vorher bestehende Verschuldensprinzip wurde beibehalten. Geschaffen wurde
eine Eheauflösung durch Zerrüttung, wenn die häusliche Gemeinschaft seit 3 Jahren aufgehoben
war. Dieser Scheidung konnte jedoch der nicht oder minder schuldige Ehegatte widersprechen. Der
Widerspruch war jedoch unbeachtlich, wenn »die Aufrechterhaltung der Ehe bei richtiger Würdigung des Wesens der Ehe und des gesamten Verhaltens beider Ehegatten nicht gerechtfertigt« war
(§ 55 EheG). Grds. jedoch setzte eine Scheidung voraus, dass ein Fall von Ehebruch, die Verweigerung der Fortpflanzung und sonstige schwere Eheverfehlungen (§§ 47 bis 49 EheG) nachgewiesen
wurde. Auch Geisteskrankheit, das auf geistige Störung beruhende Verhalten, ansteckende oder
Ekel erregende Krankheit oder die Unfruchtbarkeit waren weitere Scheidungsgründe (§§ 50 bis 53
EheG). Der Schuldspruch bei der Scheidung hatte nach § 60 EheG grds. eine unbefristete Unterhaltpflicht zur Folge, bei gleicher Schuld und bei einer Scheidung ohne Schuldausspruch wurde
ein Unterhaltsanspruch nach Billigkeit begründet.

Nach 1946 wurde das EheG neu gefasst und es entfielen die Scheidungsgründe der Verweigerung   19
der Fortpflanzung und der Unfruchtbarkeit, es blieben aber der Ehebruch (§ 42 EheG), schwere
Eheverfehlungen (§ 43 EheG), das auf geistiger Störung beruhende Verhalten (§ 44 EheG), die
Geisteskrankheit (§ 45 EheG), die ansteckende oder Ekel erregende Krankheit (§ 46 EheG). Es
blieb auch der Scheidungsgrund der Zerrüttung nach mehrjähriger Aufhebung der häuslichen Gemeinschaft, jedoch konnte der Widerspruch gegen diese Scheidung auch darauf gestützt werden,
dass die Aufrechterhaltung der Ehe auch nur dem Bande nach im Interesse der aus der Ehe hervorgegangenen Kinder sei.

Nach jahrzehntelanger Diskussion wurde im Herbst 1976 das 1. EheRG verkündet, das am   20
01.07.1977 in Kraft trat. Das materielle Scheidungsrecht wurde wieder in das BGB eingegliedert
(§§ 1564 ff. BGB). Erklärtes Ziel der Reform war es, das Recht der Ehescheidung und ihrer Folgen
gerechter und sozialer zu gestalten, dadurch den betroffenen Menschen zu helfen sowie das Recht
wieder glaubwürdiger zu machen. Das Schuldprinzip wurde aufgegeben und ersetzt durch das Prinzip der Zerrüttung.

2. Scheidungstatbestände

Die »Regel-«Scheidung wird in § 1565 Abs. 1 BGB geregelt. Die Ehe ist zu scheiden, wenn sie ge-   21
scheitert ist. Das Gesetz knüpft hier an die alten Eherechtsvorschriften an. Zerrüttet ist eine Ehe,
wenn die eheliche Lebensgemeinschaft nicht mehr besteht und nicht mehr erwartet werden kann,
dass die Lebensgemeinschaft wieder hergestellt wird (§ 1565 Abs. 1 Satz 2 BGB). Aus der Vorschrift
des Abs. 2 muss ergänzend hinzugefügt werden, dass die Trennung mindestens ein Jahr angedauert haben muss. Wann eine Trennung in diesem Sinne vorliegt, bestimmt sich nach § 1567 BGB.
Nach dieser Legaldefinition liegt ein Getrenntleben vor, wenn entweder verschiedene Haushalte
geführt werden oder aber innerhalb der ehelichen Wohnung eine vollständige Trennung vorlag.
Letzteres kann praktisch nur durch Anhörung beider Beteiligter festgestellt werden (§ 128 FamFG),
nicht aber durch Drittbeweis. Das Getrenntleben nach § 1567 BGB ist nicht identisch mit dem

Trennungsbegriff des Steuerrechtes! Die Anhörung der Beteiligten, ggf. eine Beweisaufnahme, hat sich zu erstrecken auf die Trennung und die Zerrüttung. Vor der 1-jährigen Trennung kann die Ehe nur geschieden werden, wenn die Fortsetzung der Ehe für den Antragsteller aus Gründen, die in der Person des anderen Ehegatten liegen, eine unzumutbare Härte darstellen würde (§ 1565 Abs. 2 BGB). Ist – wie im Regelfall – der Versorgungsausgleich durchzuführen, wird alleine durch den hierfür erforderlichen Zeitaufwand und meist auch aufgrund der Tatsache, dass Probleme bei dieser Fallgestaltung mit der Kontenklärung auftreten, durch Zeitablauf ein detailliertes Eingehen auf die besonderen Härtegründe entbehrlich werden, weil die Trennung im Zeitpunkt der Entscheidungsreife des Verbundes länger als ein Jahr angedauert hat.

a) Zeitpunkt

22   Sowohl für die Regelscheidung (§ 1565 Abs. 1 BGB) als auch für alle anderen Scheidungstatbestände kommt es ausschließlich auf den Zeitpunkt der **letzten mündlichen Verhandlung** an. Eine nur **scheinbare Ausnahme** gilt, wenn Verfahrenskostenhilfe beantragt wird. Für deren Bewilligung kommt es nach der Rechtsprechung nicht auf den Zeitpunkt der letzten mündlichen Verhandlung, sondern auf den Zeitpunkt der Bewilligung an. Dies hat zur Folge, dass der **nicht kostenarme** Beteiligte schon vor Ablauf der notwendigen Trennungszeit den Antrag einreichen kann und die Ehe auch später geschieden wird, sofern in der mündlichen Verhandlung die sonstigen Voraussetzungen vorliegen. Die Problematik eines vor Ablauf des Trennungsjahres eingereichten Scheidungsantrages und der Kostenfolge erörtert umfassend das OLG Köln (OLGR Köln 2006, 357–358).

b) Rücknahme des Antrags

23   Nach Stellung der Anträge bedarf die Rücknahme des Scheidungsantrages der Zustimmung des anderen Ehegatten. Dies kann bis zum Schluss der mündlichen Verhandlung zur Niederschrift der Geschäftsstelle oder in der mündlichen Verhandlung zur Niederschrift des Gerichts erklärt werden, und zwar durch den Beteiligten selbst, denn insoweit normiert § 114 Abs. 4 Nr. 3 FamFG eine Ausnahme von der sonst notwendigen anwaltlichen Vertretung. Die Rücknahme des Scheidungsantrages hat aber zur Folge, dass nach § 150 Abs. 2 FamFG die Kosten von diesem Beteiligten zu tragen sind. Nur wenn beide Eheleute einen Antrag auf Scheidung gestellt haben und beide ihre Anträge zurücknehmen, sind die Kosten und Auslagen gegeneinander aufzuheben. Aber in allen Fällen kann das Gericht nach § 150 Abs. 4 FamFG die Kosten anderweitig aufteilen, wenn im Hinblick auf eine Versöhnung der Ehegatten oder im Hinblick auf Unterhalts- oder Güterrechtssachen die Regelkostenentscheidung unbillig wäre. Bei der Kostenentscheidung kann es auch von Bedeutung sein, dass ein Beteiligter einer richterlichen Anordnung zur Teilnahme an einem Informationsgespräch nach § 135 Abs. 1 FamFG nicht nachgekommen ist. Nach dieser Vorschrift kann das Gericht anordnen, dass die Ehegatten einzeln oder gemeinsam an einen kostenfreien Informationsgespräch über Mediation oder eine sonstige Möglichkeit der außergerichtlichen Streitbeilegung anhängiger Folgesachen bei einer von dem Gericht benannten Person oder Stelle teilnehmen und eine Bestätigung hierüber vorlegen. Da diese Anordnung nicht getrennt anfechtbar ist, sollte stets bei Nichtbefolgung der richterlichen Anordnung darauf geachtet werden, dass eine ausreichende Entschuldigung erfolgt und das Gericht auch bestätigt, dass die Entschuldigung ausreichend ist, da sonst die Nichtbefolgung eine vom Regelfall abweichende Kostentragungspflicht zur Folge haben kann.

24   Die Beteiligten können auch über die Kosten des Verfahrens eine **Vereinbarung** treffen. Das Gericht soll – muss aber nicht – die Vereinbarung über die Kosten seiner Entscheidung zugrunde legen (§ 150 Abs. 4 Satz 3 FamFG). Zu beachten ist stets, dass für die Abrechnung des Verfahrens hinsichtlich der Gerichtskosten wie auch schon nach alter Rechtslage nur von der gerichtlichen Kostenentscheidung auszugehen ist (§ 25 FamGKG), nicht hingegen von einer Vereinbarung der Beteiligten (AG Koblenz, Beschl. v. 05.05.2009 – 132 C 4033/07 –, juris). Die Kostenhaftung des Antragstellers bleibt so lange bestehen, bis durch eine gerichtliche Entscheidung die Verpflichtung zur Zahlung der Kosten erlischt (§ 25 FamGKG). Aus diesem Rechtsgrund sollte eine Vereinbarung über

eine abweichende Kostentragungspflicht nicht erst nach Verkündung der die Instanz abschließenden Entscheidung getroffen werden, sondern vor der abschließenden Entscheidung (OLG Naumburg JurBüro 2008, 325).

c) Scheidung ohne Trennungsjahr

Nach § 1565 Abs. 2 BGB ist die Scheidung unabhängig von einer Trennungszeit dann zulässig, wenn die Fortsetzung der Ehe für den Antragsteller aus Gründen, die in der Person des anderen Ehegatten liegen, eine unzumutbare Härte darstellen würde. Da der Versorgungsausgleich auch in diesen Fällen grds. durchzuführen ist und die Ermittlung der Anrechte einige Zeit beansprucht, sind echte Härtefallscheidungen selten. Zu beachten ist aber, dass die Gerichte grundsätzlich die Zustellung des Scheidungsantrages erst verfügen, wenn die Voraussetzung für einen Härtefall schlüssig vorgetragen sind (OLG Nürnberg, FamRZ 2007, 1885). Da erst die Zustellung das Ende der Ehezeit bestimmt werden weitere Ermittlungen, insbes. zum Versorgungsausgleich, erst danach eingeleitet. Es ist meist ratsam, das Trennungsjahr abzuwarten und die Zeit bis zu diesem Zeitpunkt zu nutzen, um den Trennungs- oder Kindesunterhalt zu regeln. Auch wird grundsätzlich PKH/VKH nicht bewilligt, wenn der Sachvortrag nicht schlüssig einen Härtefall begründet (OLG Nürnberg, Beschl. v. 28.122006 – 10 WF 1526/06 –, juris m. w. N.).

25

d) Trennung 1–3 Jahre

Leben die Ehegatten länger als ein Jahr, aber noch keine 3 Jahre getrennt, kann die Ehe geschieden werden, wenn sie gescheitert ist (§ 1565 Abs. 1 BGB). Aus der Fassung des Abs. 2 dieser Vorschrift ergibt sich die Trennung von mehr als einem Jahr und die 3-jährige Frist. Das Scheitern wird gesetzlich definiert mit der aufgehobenen Lebensgemeinschaft und der negativen Zukunftsprognose. Der Sachvortrag muss daher für die Trennung und Zerrüttung Beweis anbieten; hierfür ist Parteivernehmung ausreichend und auch das geeignete Beweismittel, denn die Beteiligten, die nach § 128 FamFG persönlich zu hören sind, wissen selbst über Trennung und Zerrüttung am besten Bescheid.

26

e) Einverständliche Scheidung

Leben die Ehegatten länger als ein Jahr, aber noch keine 3 Jahre getrennt, kann die Scheidung einverständlich beantragt werden. Der beantragende Beteiligte wählt das Verfahren! Voraussetzung für die – materielle – einverständliche Scheidung ist ausschließlich die Trennung zwischen 1 und 3 Jahren und dass der andere Ehegatte seinerseits auch die Scheidung beantragt (Widerklage) oder dem Scheidungsantrag zustimmt (§ 1566 Abs. 1 BGB). Stimmt der Gegner nur zu, kann der antragstellende Beteiligte den Scheidungsantrag jederzeit zurücknehmen; hat der Gegner seinerseits jedoch auch die Scheidung beantragt, beendet die einseitige Rücknahme das Verfahren nicht. Voraussetzung ist aber, dass der neue Antrag (Widerklage) rechtshängig geworden ist, bevor der Erstantrag wirksam zurückgenommen wird (BGH, FamRZ 1982, 153).

27

Ursprünglich war die einverständliche Scheidung nach § 1566 BGB anders konzipiert, denn in § 630 ZPO hieß es insoweit wörtlich: »Für das Verfahren auf Scheidung nach § 1565 in Verbindung mit § 1566 Abs. 1 des Bürgerlichen Gesetzbuches muss die Antragsschrift eines Ehegatten auch enthalten« und es folgte ein Katalog der notwendigen Regelungen. Neben der Zustimmung oder dem eigenen Scheidungsantrag war die Erklärung notwendig, dass es sich um eine »einverständliche« Scheidung handelt und Zulässigkeitsvoraussetzung war die Mitteilung nach § 630 ZPO über die erfolgte Einigung. Auch sollte dem Scheidungsantrag erst stattgegeben werden, wenn über diese Gegenstände ein »vollstreckbarer Schuldtitel« herbeigeführt worden war.

28

f) Trennung über 3 Jahre

29   Leben die Beteiligten länger als 3 Jahre auf Dauer getrennt, vermutet das Gesetz unwiderlegbar, dass die Ehe zerrüttet ist (§ 1566 Abs. 2 BGB). Ergibt also die Parteianhörung eine derartige Trennungszeit, darf hinsichtlich einer Zerrüttung nicht mehr nachgefragt werden.

g) Widerspruch gegen die Scheidung

30   Nach § 1568 Abs. 2 BGB a. F. war ursprünglich der Widerspruch gegen die Scheidung befristet auf den Zeitraum von 5 Jahren. Das BVerfG (BVerfG, FamRZ 1981, 15) hat die Regelung für verfassungswidrig erklärt, nach der nach 5-jährigem Getrenntleben der Ehegatten ausnahmslos die Scheidung auszusprechen ist, ohne dass außergewöhnlichen Härten mindestens durch eine Aussetzung des Verfahrens begegnet werden kann. Der Gesetzgeber hat dieser Rechtsprechung folgend den damaligen Abs. 2 der Vorschrift ersatzlos gestrichen, wodurch die Scheidung hindernde Wirkung der Vorschrift eindeutig verstärkt wurde.

31   **Nicht** anwendbar ist die Härteklausel nur in folgenden Fällen:

32   Bei einverständlicher Scheidung insoweit, als es um Härten für den Antragsgegner geht, denn es fehlt die Tatbestandsvoraussetzung, dass die Scheidung für den Antragsgegner, der diese ablehnt, eine unzumutbare Härte wäre.

33   Auch bei streitigen Scheidungen kommt die Vorschrift nicht zur Anwendung, wenn sich der Antragsgegner nicht ausdrücklich auf die Härteklausel beruft (§ 127 Abs. 3 FamFG).

34   Die Härteklausel bewirkt, dass eine gescheiterte Ehe nicht geschieden werden darf, wenn und solange die Aufrechterhaltung der Ehe im Interesse der aus der Ehe hervorgegangenen minderjährigen Kinder aus besonderen Gründen ausnahmsweise notwendig ist oder wenn und solange die Scheidung für den Antragsgegner, der diese abgelehnt hat, aufgrund außergewöhnlicher Umstände eine so schwere Härte darstellen würde, dass die Aufrechterhaltung der Ehe auch unter Berücksichtigung der Belange des Antragstellers ausnahmsweise geboten erscheint. Das Scheitern der Ehe braucht das Gericht dann nicht im Einzelnen zu prüfen, wenn es die Voraussetzungen einer Anwendung der Härteklausel bejaht und deshalb der Scheidungsantrag abzuweisen wäre, sofern nicht eine Aussetzung durch den Antragsteller beantragt wird.

35   Durch die Beschränkung in § 127 Abs. 3 FamFG und aufgrund der eingeschränkten Amtsermittlung ist das Interesse **minderjähriger Kinder** immer von Amts wegen zu berücksichtigen. Das Gericht hat Kenntnis von der Tatsache, dass noch minderjährige Kinder, die aus der Ehe hervorgegangen sind, vorhanden sind aufgrund der Mitteilungspflicht nach § 133 FamFG. Das Gericht wird jedoch im Regelfall keinerlei Kenntnis davon haben, ob die beantragte Scheidung für alle oder eines der Kinder eine unzumutbare Härte darstellen könnte. Vielmehr bedarf es eines Hinweises eines Elternteils oder auch von dritter Seite. Erst wenn das FamG Anhaltspunkte oder Hinweise hat, die für eine Anwendung der Härteklausel in Betracht kommen könnten, erstreckt sich die Amtsermittlung auf diese Tatsachen. Insoweit bestimmt auch § 137 Abs. 2 FamFG, dass von Amts wegen nicht vorgebrachte Tatsachen nur dann berücksichtigt werden dürfen, wenn sie geeignet sind, der Aufrechterhaltung der Ehe zu dienen. Die verbreitete Annahme, die Scheidung einer zerrütteten Ehe bedeutet für die Kinder regelmäßig keine schwere Härte, erscheint in dieser allgemeinen Form nicht gerechtfertigt und wird zu Recht kritisch hinterfragt (*Schwab*, Hdb. des Scheidungsrechts Teil II Rn. 100; *Henrich* FamRZ 1986, 470). Zutreffend weist *Bergerfurth* (Der Ehescheidungsprozess, Rn. 525) darauf hin, dass das FamG stets im Auge behalten muss, dass das Gesetz den Ausnahmecharakter der Regelung besonders betont.

36   Steht das Interesse minderjähriger Kinder einer Scheidung nicht entgegen, kann diese dennoch verweigert werden, wenn sie für den Antragsgegner eine schwere Härte wäre. Prozessual erforderlich ist nach § 127 Abs. 3 FamFG, dass sich der Antragsgegner hierauf ausdrücklich beruft. Dies geschieht durch den Ehegatten selbst, eine anwaltliche Vertretung ist insoweit **nicht** erforderlich, da

es sich nicht um einen Antrag im rechtstechnischen Sinne handelt (Bergerfurth/*Rogner*, Der Ehescheidungsprozess, S. 71 Rn. 91 m. w. N.). Die Amtsermittlung erstreckt sich auf diese Härtegründe nur, wenn sich der Ehegatte hierauf beruft, was im Regelfall bei der Anhörung nach § 128 FamFG offenkundig wird. Eine anwaltliche Vertretung ist dennoch anzuraten.

Die Härte, die mit der Scheidung entstehen oder durch sie wesentlich gesteigert würde, muss auf außergewöhnlichen Umständen beruhen. Im Verhältnis zu einer gescheiterten Ehe bedarf es also noch weiterer Umstände, denn die Scheidung einer Ehe für sich alleine wird man ganz allgemein stets als Härte bezeichnen können. Das Gesetz verlangt aber, dass aufgrund außergewöhnlicher Umstände die Scheidung eine so schwere Härte darstellen würde, dass die Aufrechterhaltung der Ehe ausnahmsweise geboten erscheint. Die Rechtsprechung hierzu ist umfangreich. Zu beachten ist immer, dass es jeweils Einzelfallentscheidungen sind und eine Generalisierung nicht erfolgen kann. 37

Im Einzelfall können auch wirtschaftliche Umstände zu dieser besonderen Härte führen, wenn z. B. der Unterhaltsanspruch bei zu erwartender Wiederheirat des Pflichtigen erheblich in Mitleidenschaft gezogen würde, ggf. sogar ganz entfällt (vgl. BGH, FamRZ 1984, 559; OLG Düsseldorf, FamRZ 1980, 780). Hingegen ist nicht ausreichend eine Verschlechterung des Krankenversicherungsschutzes und auch nicht das Risiko eines mit der Ehescheidung verbundenen wirtschaftlichen Abstiegs (BGH, FamRZ 1981, 649; BGH, FamRZ 1985, 913). Auch das Risiko eines Ausländers, im Fall der Scheidung ausgewiesen zu werden, ist nicht ausreichend (OLG Karlsruhe, FamRZ 1990, 630; OLG Köln, FamRZ 1995, 997; OLG Nürnberg, FamRZ 1996, 35). Mit zu berücksichtigen sind bei dieser Entscheidung auch die Einstellung zur Ehe und die fortbestehende Bindung an sie. Allerdings gehört die fortdauernde innere Bindung nicht zu den zwingenden Voraussetzungen der Härteklausel (BGH, FamRZ 1985, 906). 38

Ob der Ehegatte, der nicht geschieden sein will, durch eine Scheidung besonders hart getroffen würde, beurteilt sich nach seinem Wesen, seiner geistigen oder körperlichen Veranlagung, seiner Stellung und seinen Leistungen in der ehelichen Gemeinschaft und den Lebensumständen, in die er durch die Scheidung eintreten würde. Wegen ihres Ausnahmecharakters wird die Härteklausel in der Rechtsprechung eng ausgelegt (OLG Hamm, FamRZ 1989, 1188; OLG Frankfurt am Main, MDR 02, 521). Ob eine Suizidgefahr eine Härte i. S. d. Vorschrift begründen kann, wird vom BGH (BGH, FamRZ 1981, 11, 163) bejaht, vom OLG Düsseldorf (OLG Düsseldorf, FamRZ 1980, 146) hingegen verneint. Lange Ehedauer, Ablehnung der Scheidung aus ethischen oder wirtschaftlichen Gründen reichen deshalb für sich alleine in aller Regel nicht aus. Dies darf aber nicht dazu führen die verfassungsrechtlich unbedenkliche Härteklausel praktisch unanwendbar zu machen (*Bergerfurth*, Ehescheidungsprozess, Rn. 526). 39

Außergewöhnliche Umstände werden regelmäßig in der Rechtsprechung angenommen, wenn ein Ehegatte aktuell an einer schweren Krankheit leidet oder zu einer Zeit besonderer Schicksalsschläge alleingelassen wird (BGH, FamRZ 1985, 906). Es kommt insgesamt nicht nur darauf an, außergewöhnliche Umstände für die Annahme eines begründeten Widerspruchs festzustellen, vielmehr muss auch die Situation des anderen Ehegatten, der die Scheidung anstrebt, Berücksichtigung finden. Die beiderseitigen Interessen müssen stets gegeneinander abgewogen werden. 40

II. Verfahrensrecht

1. Übergangsrecht

Für alle Scheidungsverfahren, die vor dem 01.09.2009 eingeleitet wurden, gelten nach wie vor das bisherige materielle Recht und insb. die Verfahrensvorschriften des 6. Buches der ZPO. Ein bis zum 31.08.2009 eingeleitetes Scheidungsverfahren wird nach dem bisherigen formellen und materiellen Recht weiterhin abgehandelt, es finden daher weiterhin die Vorschriften insb. des 6. Buches der ZPO Anwendung. 41

42   Zu beachten sind aber die **Übergangsvorschrift des § 48 VersAusglG**, wonach auch für diese Altver-
      fahren das neue materielle Recht und Verfahrensrecht zur Anwendung kommt. Die Scheidungs- und
      Aufhebungstatbestände werden von dieser Übergangsregelung jedoch nicht erfasst. Für Verfahren,
      die ab dem 01.09.2009 eingeleitet werden, sind das reformierte Recht des Versorgungsausgleichs
      und das neue Verfahrensrecht des FamFG anzuwenden. Eingeleitet ist das Verfahren, wenn der un-
      bedingte Antrag auf Scheidung der Ehe beim FamG eingegangen ist. Wird hingegen nur ein Antrag
      auf PKH eingereicht und der gleichzeitig eingereichte Scheidungsantrag nur unter der Bedingung
      der Bewilligung von PKH gestellt, kommt neues Recht zur Anwendung auf das Scheidungsverfah-
      ren, da der unbedingte Antrag nicht vor dem Stichtag vorgelegen hat (BGH, FamRZ 2012, 783).
      Für den Antrag auf PKH kommt hingegen noch das bisherige Verfahrensrecht zur Anwendung; we-
      sentliche Abweichungen zur neuen Verfahrenskostenhilfe sind jedoch nicht feststellbar. Auch wenn
      ein Scheidungsverfahren vor dem Stichtag eingeleitet wurde, kommt das neue Verfahrensrecht und
      auch der neue Versorgungsausgleich zur Anwendung, wenn ein Versorgungsausgleichsverfahren am
      Stichtag abgetrennt oder ausgesetzt ist oder dessen Ruhen angeordnet wurde, ebenso bei Aussetzung
      des Scheidungsverfahrens gem. § 614 ZPO oder Anordnung des Ruhens nach § 251 ZPO.

43   Auch die nach alter Rechtslage zu führenden Verfahren werden ab dem 01.09.2010 nach neuer
      formeller und materieller Rechtslage behandelt, wenn das amtsgerichtliche Verfahren nicht mit
      einer Endentscheidung zum Versorgungsausgleich spätestens am 31.08.2010 abgeschlossen wurde
      (Art. 111 FGG-RG; § 48 Abs. 3 VersAusglG).

a) Versorgungsausgleich

44   Bezüglich des Versorgungsausgleiches kommt neues Recht zur Anwendung, wenn der **Versorgungs-
      ausgleich** am 01.09.2009 abgetrennt oder ausgesetzt oder das Ruhen des Verfahrens angeordnet ist
      (§ 48 Abs. 2 Nr. 1 VersAusglG). Wird der Versorgungsausgleich nach dem 01.09.2009 abgetrennt
      oder ausgesetzt oder das Ruhen angeordnet, findet ebenfalls neues Recht Anwendung, wenn dieses
      Verfahren wieder betrieben wird (§ 48 Abs. 2 Nr. 2 VersAusglG). Betroffen sind vorrangig die nach
      § 628 ZPO abgetrennten Verfahren, aber auch diejenigen Verfahren, in denen nach § 53c FGG
      Klage vor dem Fachgericht gegen eine dem FamG erteilte Auskunft erhoben wurde.

45   **Abweichend** von diesen Grundsätzen bestimmt § 48 Abs. 3 VersAusglG, dass auch für Scheidungs-
      verfahren, die vor dem 01.09.2009 anhängig geworden sind, dann das neue materielle und formelle
      Recht Anwendung findet, wenn spätestens **am 31.08.2010** im ersten Rechtszug keine Endentschei-
      dung erlassen wurde. Ist dies der Fall, kommt altes Recht für die Rechtsmittelzüge zur Anwendung.

b) Sonstige Verfahren

46   Unklarheiten gibt es in der Anwendung der **Übergangsvorschriften** für Bestandsverfahren, insb. bei
      den Verfahren der Vormundschaft, Betreuung, Pflegschaft und Adoption (vgl. MJ Sachsen-Anhalt,
      v. 31.07.2009 – 380-201.8 mit Anlage einer Stellungnahme des BMJ). Das BMJ hat die Länder-
      anfragen zu dieser Thematik wie folgt beantwortet:

47   Nach Art. 111 Abs. 2 FGG-Reformgesetz ist jedes gerichtliche Verfahren, das mit einer Endent-
      scheidung abgeschlossen wird, ein selbstständiges Verfahren i. S. d. Art. 111 Abs. 1 Satz 1 FGG-Re-
      formgesetz. Eine Endentscheidung ist gem. § 38 Abs. 1 Satz 1 FamFG jede Entscheidung, die einen
      Verfahrensgegenstand ganz oder teilweise erledigt. Daher lässt sich vertreten, dass jeder neue Verfah-
      rensgegenstand im Rahmen einer laufenden Vormundschaft, Betreuung, Pflegschaft, Adoption, etc.
      ab dem 01.09.2009 ein neues, dem neuen Recht unterliegendes Verfahren einleitet. Als Gegenstand
      des Verfahrens kommen bspw. die gerichtliche Genehmigung einer Willenserklärung oder die Ent-
      lassung des Vormunds, Betreuers oder Pflegers in Betracht. Um einen neuen Verfahrensgegenstand
      kann es sich auch handeln, wenn das Gericht dem Vormund, Betreuer oder Pfleger Gebote oder
      Verbote macht oder durch Beschluss davon absieht. Deswegen erscheint es richtig, diese Verfahren,
      in denen entsprechende Verfahrenshandlungen des Gerichts nach dem 01.09.2009 absehbar sind,

nach Inkrafttreten des FGG-Reformgesetzes nicht mehr bei den auslaufenden Vormundschaftsgerichten, sondern bei den Familien- oder Betreuungsgerichten zu führen sind und auf sie neues Verfahrensrecht anzuwenden ist.

Weitergehend lässt sich auf der Grundlage von Art. 111 Abs. 2 FGG-Reformgesetz auch vertreten, auch diejenigen Altverfahren, in denen am 01.09.2009 Verfahrenshandlungen des Gerichts nicht absehbar sind, von den Vormundschaftsgerichten auf die Familien- oder Betreuungsgerichte überzuleiten. Für diese Verfahren trifft das Übergangsrecht des FGG-Reformgesetzes zwar keine spezielle Regelung, da in diesen – gerichtliches Handeln gerade nicht erfordernden – Verfahren aktuell kein Verfahrensrecht anzuwenden ist. Aus Art. 111 Abs. 2 FGG-Reformgesetz kann jedoch der Wille des Gesetzgebers entnommen werden, den Rechtsübergang in allen vormundschaftsgerichtlichen Bestandsverfahren zügig wirksam werden zu lassen, um die Vormundschaftsgerichte in einem vertretbaren Zeitrahmen auflösen zu können.

c) Scheidungsverfahren

Für das Scheidungsverfahren sind die Übergangsregelungen klarer und eindeutig. Für Scheidungsverfahren, die nach dem **31.08.2009** erstmals beantragt werden, gelten uneingeschränkt die Vorschriften des FamFG und auch des Versorgungsausgleichsgesetzes. In § 114 FamFG ist die anwaltliche Vertretung geregelt; Abweichungen zum bisherigen Regelungsumfang von § 78 ZPO sind nicht ersichtlich (HK-Familienverfahrensrecht/*Kemper* § 114 Rn. 2).

Dies bedeutet nicht, dass beide Ehegatten im Scheidungsverfahren anwaltlich vertreten sein müssen; vielmehr trifft diese Pflicht – wie auch schon nach altem Recht – ausschließlich den jeweiligen Antragsteller. Dies folgt daraus, dass Versäumnisentscheidungen in Ehesachen (§§ 121, 130 Abs. 2 FamFG) unzulässig sind. Soweit der anwaltlich nicht vertretene Ehegatte seinerseits Anträge stellen will, bedarf es grds. auch bezüglich seiner Person der anwaltlichen Vertretung, sofern für den zu stellenden Antrag nicht ausdrücklich eine Ausnahme bestimmt ist (vgl. § 114 FamFG).

Da es sich bei der Scheidung um ein Statusverfahren handelt, kann der Antrag auf Scheidung zwar durch Versäumnisentscheidung abgewiesen werden, ein Scheidungsausspruch hingegen ist unzulässig (§ 130 FamFG). Aufgrund der ausdrücklichen gesetzlichen Regelung in § 143 FamFG sind Versäumnisentscheidungen im Verbund zulässig, soweit es sich um Familienstreitsachen handelt, also insb. Unterhaltsansprüche, aber auch Zugewinn. Das Verbot des Erlasses von Versäumnisurteilen in Ehesachen hat zur Folge, dass Verbundanträge erst im Schlussurteil durch Versäumnisentscheidung zu entscheiden sind (Baumbach/Lauterbach, B zu § 629 BGB; vgl. auch § 142 FamFG). Unzulässig ist es aus diesem Grund, sequentiell in mehreren Verhandlungen einzelne Ansprüche »abzuarbeiten« durch Erlass von Teil-Versäumnisentscheidungen. Es kommt entscheidend auf die letzte mündliche Verhandlung an, denn – mit Ausnahme der Auskunftsstufe – sind alle Ansprüche und Anträge einheitlich durch Beschluss zu entscheiden (§ 142 FamFG, früher § 629 Abs. 1 ZPO). Werden Stufenanträge gestellt, muss das Gericht zunächst in einem Termin über die Stufe 1 entscheiden und danach angemessene Zeit abwarten (BGH, FamRZ 1983, 996). Dieser Termin kann nur dann auch der letzte Termin sein, wenn die Anträge, die als Stufenantrag erhoben wurden, zurückgenommen werden. Erst in der Schlussentscheidung ergeht eine einheitliche Kostenentscheidung nach § 150 FamFG.

Zwar finden aufgrund der Verweisung in § 113 Abs. 1 FamFG grds. die Vorschriften der ZPO in **Ehesachen** Anwendung, jedoch bestimmt Abs. 4 hiervon eine Vielzahl von Ausnahmen. Auch die in § 114 Abs. 4 FamFG aufgezählten Ausnahmen sind zu beachten, die eine Vertretung durch einen Anwalt betreffen.

Nicht anzuwenden in **Ehesachen** sind die ZPO-Vorschriften über:
– die Folgen der unterbliebenen oder verweigerten Erklärung über Tatsachen,
– die Voraussetzungen einer Klageänderung,

- die Bestimmung der Verfahrensweise, den frühen ersten Termin, das schriftliche Verfahren und die Klageerwiderung,
- die Güteverhandlung,
- die Wirkungen des gerichtlichen Geständnisses,
- das Anerkenntnis,
- die Folgen der unterbliebenen oder verweigerten Erklärung über die Echtheit von Urkunden,
- den Verzicht auf die Beeidigung des Gegners sowie von Zeugen oder Sachverständigen.

54   Da eine Ehe nur durch gerichtliche Entscheidung aufgelöst werden kann, wurde mit Einführung des FamFG auch § 1564 BGB dahin gehend geändert, dass die Ehe nicht durch Urteil, sondern – neutral formuliert – nur durch richterliche Entscheidung geschieden werden kann (Art. 50 Nr. 22 FG-RG). Aufgrund der ausdrücklichen Regelung in § 113 Abs. 1 FamFG werden alle familiengerichtlichen Entscheidungen, also auch alle Ehesachen, nach § 38 FamFG durch Beschluss entschieden. Aufgrund der Übergangsvorschriften des Reformgesetzes werden alle sog. Altverfahren weiterhin durch Urteil, die nach dem 31.08.2009 eingeleiteten Verfahren hingegen durch Beschluss entschieden.

B. Das Getrenntleben

I. Grundlagen

55   Die Aufhebung der häuslichen Gemeinschaft ist wesentliches Indiz dafür, dass die eheliche Lebensgemeinschaft nicht mehr besteht (BGH, FamRZ 1978, 671), wobei zur Diagnose, ob eine Ehe gescheitert ist, nicht zwingend die häusliche Gemeinschaft aufgehoben sein muss (BGH, FamRZ 1981, 127). Zentrales Kriterium ist vielmehr die Ermittlung der ehelichen Gesinnung (BGH, FamRZ 1989, 479). Kann nach der sich anschließenden Prognosebewertung festgestellt werden, dass eine Wiederherstellung der ehelichen Gemeinschaft nicht zu erwarten ist, muss vom Scheitern der Ehe ausgegangen werden. Ausreichend ist dabei, dass die Bereitschaft auch nur eines Ehegatten erloschen ist, eine eheliche Lebensgemeinschaft wiederherzustellen. Die dafür maßgeblichen Gründe müssen nicht objektiv nachvollziehbar sein (OLG Zweibrücken, FamRZ 1997, 1212).

56   Zur Wahl des »richtigen« Trennungszeitpunktes weist *Meyer-Götz* (in FF 2008, 150–151) auf die steuerlich zu beachtenden Gesichtspunkte hin. Aus steuerlicher Sicht ist es jedoch ratsam, für die gemeinsame Veranlagung der Ehegatten einen Trennungszeitpunkt zu wählen, der nach dem 02. Januar eines Kalenderjahres liegt. Ob die Beteiligten i. S. d. Familienrechtes dauerhaft getrennt leben, bestimmt sich nach der Definition in § 1567 BGB. Kraft ausdrücklicher gesetzlicher Regelung werden die für eine Scheidung grundsätzlich notwendigen Fristen nicht dadurch gegenstandslos, dass die Eheleute einen Versöhnungsversuch unternehmen (§ 1567 Abs. 2 BGB). Die Rechtsfolgen eines Versöhnungsversuches werden hingegen steuerlich anders gewertet, denn § 26 EStG ist Grundlage für eine gemeinsame Veranlagung, wenn auch nur ein Tag im Kalenderjahr eine gemeinsame Haushaltsführung vorgelegen hat. Der Versöhnungsversuch hat also scheidungsrechtlich keine, steuerrechtlich hingegen eine große Bedeutung, wenn die Eheleute nicht schon vorher die getrennte Veranlagung gewählt haben.

57   Nicht nur bei großem Einkommen und als Folge hiervon einer hohen Steuerlast stellt sich die Frage, was im Trennungsjahr günstiger ist und ob und wenn ja unter welchen Voraussetzungen abweichend von der vorangegangenen Praxis eine anderweitige Regelung erfolgen kann. Die Steuerersparnis bei hohem Einkommen ist naturgemäß hoch und das Interesse an einer getrennten Veranlagung – wie sich im konkreten Fall zeigt – besonders groß. Aber auch bei lohnabhängiger Tätigkeit ohne besondere Einkommensspitzen ist die Steuerbelastung unterschiedlich, je nach Wahl der Steuerklassen durch die Ehegatten mit der Folge, dass derjenige mit dem geringeren Verdienst und der schlechteren Steuerklasse einen Vorteil dadurch erlangen kann, wenn er im Trennungsjahr eine getrennte Veranlagung beantragt. Auch in diesen Fällen ist zu beachten, dass ein Abweichen von der bisherigen Praxis nur mit Zustimmung des anderen Ehegatten zulässig ist, der ggf. zum internen Ausgleich verpflichtet wird. Im Jahr nach der endgültigen Trennung können die Beteiligten nicht mehr eine

gemeinsame Veranlagung durchführen, sondern nur noch nach § 10 Abs. 1 EStG das steuerliche Realsplitting vereinbaren (*Friederici* jurisPR-FamR 24/2007, Anm. 6).

Getrenntleben i. S. d. Scheidungsrechts setzt voraus, dass die Trennung als Wartefrist für die Schei- **58** dung Bedeutung haben soll. Der Wille zum Getrenntleben muss also vorhanden und später auch beweisbar sein (*Rasch*, Juristische Probleme bei der Durchführung des Getrenntlebens, 1983, zitiert nach JURIS).

II. Die einvernehmliche Trennung

Die Eheleute können die Trennung einvernehmlich vollziehen. Ob dies innerhalb der Wohnung **59** oder durch Auszug eines Partners erfolgt, ist insoweit nicht von Bedeutung. Erfolgt der Auszug aus der Wohnung, muss beachtet werden, dass dies nicht unbedingt eine Trennung im Sinne von § 1567 BGB sein muss, denn das Wohnen in verschiedenen Wohnungen ist ebenso wenig ein Beweis für die Trennung mit dem Ziel der Scheidung wie getrennte Schlafzimmer. Der Wille zur Trennung i. S. d. Gesetzes sollte daher stets in einer kurzen, aber eindeutigen Vereinbarung der Eheleute festgestellt werden.

Muster: Trennungsvereinbarung

1 Wir werden mit Wirkung vom ..... nicht mehr eine eheliche Lebensgemeinschaft im Sinne von **60** § 1353 BGB führen.[1]
2. Die Trennung erfolgt innerhalb der Wohnung. Wir teilen uns die Räume wie folgt auf:[2] Die Ehefrau bewohnt das Zimmer ....., der Ehemann das ..... Zimmer. Die Küche wird von uns beiden genutzt.
3. Die Wohnungsmiete einschließlich Nebenkostenvorauszahlung trägt mit ..... € der Ehemann, die Ehefrau mit ..... €.[3]

1. Trennung nach § 1567 BGB. Mit der ausdrücklichen Aufgabe der ehelichen Lebensgemeinschaft ist grds. auch eine Trennung i. S. d. Steuerrechts verbunden. Nach Ablauf des Kalenderjahres, in dem die Trennung erfolgte, ist eine gemeinsame Veranlagung nicht mehr zulässig. Im nachfolgenden Kalenderjahr können nur noch nach 10 Abs. 1 Nr. 1 EStG (Realsplitting) Unterhaltsleistungen an jeden geschiedenen bzw. getrennt lebenden Ehegatten bis zu 13.805,00 € jährlich vom zu versteuernden Einkommen abgezogen werden. Voraussetzung ist aber, dass der Betrag jeweils auch gezahlt wird und dies ist dem Finanzamt nachzuweisen. Der unterhaltsberechtigte Ehegatte muss dem Begehren zustimmen, wenn der Verpflichtete die finanziellen Nachteile ausgleicht, die dem Berechtigten hieraus entstehen (BGH, FamRZ 1983, 576). Ein Ehegatte ist auch dann zur Abgabe der Zustimmungserklärung zu dem begrenzten Realsplitting verpflichtet, wenn es zweifelhaft erscheint, ob steuerlich geltend gemachte Aufwendungen dem Grunde und der Höhe nach als Unterhaltsleistungen anerkannt werden. Es besteht jedoch keinerlei Verpflichtung, den als »Anlage U« bezeichneten Vordruck zu unterzeichnen. Nach dem Wortlaut des Vordruckes bestätigt nämlich der Ehegatte mit seiner Unterschrift zugleich die Richtigkeit der von dem Antragsteller angegebenen Unterhaltsleistungen, was von den Ehegatten nicht verlangt werden kann (BGH, FamRZ 1998, 953).

2. Aufteilung der Räume. Eine genaue Bezeichnung der Räumlichkeiten ist notwendig. Trennungsschädlich ist es, wenn z. B. das Schlafzimmer noch als gemeinschaftlich genutzt angeführt wird (OLG Hamm, FamRZ 1999, 723). Besondere Probleme treten bei einer Vereinbarung dadurch auf, dass die Zahl der zur Verfügung stehenden Räumlichkeiten und die Zahl der Personen, die in der Familie insgesamt leben, kaum eine Trennung zulassen.

3. Kostentragung. Schon allein aus Gründen der Klarheit ist eine eindeutige Vereinbarung zweckmäßig. Ist ein Ehegatte nicht in der Lage, seinen Anteil zu zahlen, besonders da er unterhaltsberechtigt ist, kommt auch eine Vereinbarung in Betracht dergestalt, dass ein genau bezeichneter Betrag als Barunterhalt vereinbart wird, solange die gemeinsame Nutzung der Wohnung besteht. Im

Unterhaltsprozess spielt eine solche Vereinbarung keine Rolle, da die Anrechnung der Realleistung nur so lange erfolgt, als diese Leistung auch erbracht bzw. in Anspruch genommen wird. Erfolgt keine Vereinbarung hinsichtlich der Lastentragung, muss der Verfahrensbevollmächtigte die z.T. recht unterschiedlichen Leitlinien zum Unterhaltsrecht beachten, in denen die Anrechnung von Wohnvorteilen z.T. dezidiert geregelt ist.

Trennen sich die Ehegatten (§ 1361b Abs. 4 BGB) und zieht einer der Ehegatten aus der Ehewohnung aus, muss er binnen **6 Monaten** nach seinem Auszug dem anderen Ehegatten ggü. seinen **ernsthaften Rückkehrwillen** bekunden. Wird diese Frist versäumt oder ist die Mitteilung nicht ernstlich, wird nach dem Gesetz **unwiderleglich vermutet**, dass der ausgezogen Ehegatte dem verbliebenen Ehegatten die alleinige Nutzung der Wohnung überlassen hat. Gegen den Willen des in der Wohnung verbliebenen Ehegatten ist daher eine Rückkehr nicht mehr möglich und auch Einwendungen, dass die Voraussetzungen für eine alleinige Zuweisung an den anderen nie vorgelegen haben, können nicht mehr geltend gemacht werden. Welche Anforderungen an die ernstliche Rückkehrabsicht zu stellen sind, wird unterschiedlich beurteilt, eine bloße schriftliche Mitteilung ohne Darlegung der Umstände im Einzelnen wird sicherlich nicht ausreichen sein.

Getrenntleben und Kindeswohl: Besteht die einzige Gemeinsamkeit der innerhalb der ehelichen Wohnung getrennt lebenden Eheleute in dem sonntäglichen Mittagstisch mit den gemeinschaftlichen kleinen Kindern, so steht dies der Annahme des Getrenntlebens i.S.d. BGB § 1567 nicht entgegen, wenn es ausschließlich im Interesse der Kinder geschieht, um sie schonend auf den eventuellen Auszug eines Elternteils vorzubereiten (*Harms* jurisPR-FamR 7/2004 Anm. 5 zu OLG Köln, FamRZ 2002, 1341–1342). Dienen äußerliche Gemeinsamkeiten der Ehegatten wie gemeinsame Mahlzeiten, Gespräche, gemeinsames Beisammensein mit den Kindern ausschließlich der Wahrnehmung des Umgangsrechts durch den Elternteil, der die Kinder nicht ständig bei sich hat, dann sind auch solche Gemeinsamkeiten keine ehelichen Gemeinsamkeiten und stehen dem Getrenntleben der Ehegatten im Rechtssinne nicht entgegen.

Die Rechtsprechung macht mit dieser Entscheidung weitere Zugeständnisse an gebilligte Gemeinsamkeiten zugunsten der Kinder. Zunächst sollten gelegentliches Zusammentreffen und vereinzelte Sorgerechtstätigkeiten eine Feststellung des Getrenntlebens nicht behindern (OLG Düsseldorf, FamRZ 1982, 1014; OLG Köln, NJW 1987, 1561). Mit der vorliegenden Entscheidung werden selbst häufige Besuche bei den Kindern und dadurch bedingt auch bei dem mit den Kindern zusammenlebenden Elternteil nicht als eheliche Gemeinsamkeit gewertet. Entscheidend ist, dass diese ausschließlich zum Wohl der Kinder erfolgen. Diese Besuche beeinträchtigen die Trennung als Scheidungsvoraussetzung nicht. Zugunsten der gemeinsamen Kinder werden erhebliche Zugeständnisse an gemeinsame Aktivitäten gemacht, ohne dass dadurch eine Trennung im Rechtssinne unmöglich scheint. Wichtig ist, dass die Ehegatten sich i.Ü. auf sachliche Kontakte beschränken. Diese Entscheidung ist zugunsten der Kinder und der Ausübung eines großzügigen Umgangsrechts zu begrüßen.

Der trennungswillige Partner muss nicht befürchten, durch dieses Verhalten sein Scheidungsbegehren nicht verfolgen zu können. Der die Scheidung begehrende Ehegatte muss jedoch beachten, dass hinreichend äußere Anzeichen vorhanden sind, die im Zweifel die Trennung belegen. Wer sich auf die Trennung beruft, trägt die Beweislast für den Ablauf des Trennungsjahres.

III. Die erzwungene Trennung

61   Die Trennung der Eheleute kann auch durch gerichtliche Entscheidung herbeigeführt werden. Hierzu konnte bis zum 31.08.2009 eine Klage auf Feststellung des Rechts zum Getrenntleben beim FamG eingereicht werden, da sich dieses Recht aus § 1353 Abs. 2 BGB herleitet und auch aus dem Sinne von § 606 ZPO, denn auch bei diesem Antrag stand die Frage des Bestandes der ehelichen Lebensgemeinschaft im Mittelpunkt.

Die Definition der Ehesache in § 121 FamFG enthält aber keinen Hinweis auf einen Antrag auf   62
Herstellung des ehelichen Lebens, sodass seit dem 01.09.2009 kein Antrag auf Herstellung der ehelichen Lebensgemeinschaft bzw. des Rechts zum Getrenntleben zulässig ist (Hk-ZPO/*Kemper*, § 121
Rn. 3). Ein Bedürfnis hierfür besteht deshalb nicht, weil jeder Ehegatte sich frei entscheiden kann,
ob er die Gemeinschaft aufgibt oder nicht und für den Fall, dass der andere Ehegatte einer einvernehmlichen Trennung nicht zustimmt, besteht die Möglichkeit, entweder die eheliche Wohnung
zu verlassen oder aber die Aufteilung oder Alleinzuweisung der ehelichen Wohnung beim FamG
zu beantragen.

Rechtsgrundlage hierfür ist für die Trennungszeit § 1361b BGB und für die Zeit nach Scheidung   63
§ 1568a BGB. Die HausratsVO ist mit Inkrafttreten des FamFG entfallen und das Verfahren wird
geregelt in den §§ 200 bis 209 FamFG.

1. Freiwilliger Auszug

Keiner gerichtlichen Hilfe bedarf es, wenn ein Ehepartner die Wohnung zunächst verlassen hat und   64
länger als 6 Monate untätig ist, insb. nicht zurückkehrt. In diesem Fall wird nach § 1361b Abs. 4
BGB unwiderlegbar vermutet, dass die Überlassung freiwillig erfolgt ist (vgl. vorstehend zur einvernehmlichen Trennung). Der verbleibende Partner kann in diesem Fall nicht mehr die Zuweisung
der Wohnung an sich beantragen, sondern er hat aufgrund der vorstehend zitierten Vermutung ein
Recht zum Besitz und kann deshalb den Zugang verwehren und ggf. Abwehransprüche durchsetzen.

2. Gerichtliche Zuweisung

Durch das Gesetz zur Änderung des Zugewinnausgleichs und Vormundschaftsrechts (*Brudermüller*,   65
FamRZ 2009, 1185 ff.) wird zwar die HausratsVO aufgehoben und die Behandlung der Ehewohnung oder der Haushaltsgegenstände anlässlich der Scheidung in den §§ 1568a, 1568b BGB geregelt, für die Zeit der Trennung verbleibt es aber bei der Regelung in § 1361b BGB.

Die Vorschrift kennt zwei Alternativen: Entweder leben die Ehegatten schon getrennt oder aber   66
einer möchte von dem anderen getrennt leben. In beiden Fällen kann es Streit um die eheliche Wohnung geben und jeder Ehegatte kann von dem anderen verlangen, dass ihm die Ehewohnung oder
ein Teil derselben zur alleinigen Benutzung überlassen wird.

Eine Zuweisung kommt jedoch nur in Betracht, wenn dadurch eine unbillige Härte vermieden   67
werden kann. Eine solche wird vermutet, wenn das Wohl von im Haushalt lebenden Kindern beeinträchtigt wird. Hervorzuheben ist, dass es in einem Verfahren nach dieser Vorschrift nicht auf die
Eigentumsverhältnisse ankommt, sondern nur darauf, ob es sich um die eheliche Wohnung handelt.
Ausschließlich oder ganz überwiegend beruflich oder gewerblich genutzte Räume, ebenso Werkstät-
ten oder Praxisräume gehören deshalb nicht zur Ehewohnung.

Die örtliche Zuständigkeit richtet sich nach § 201 FamFG und nach Rechtshängigkeit der Ehesache   68
ist ausschließlich dieses Gericht nach § 202 FamFG zuständig. Aufgrund der Mitteilungspflichten
nach § 133 FamFG erfolgt die Abgabe an das Gericht der Ehesache von Amts wegen.

Im Gegensatz zur Rechtslage unter der Geltung des sechsten Buches der ZPO ist das Verfahren in   69
Wohnungszuweisungssachen und Haushaltssachen in den §§ 200 bis 209 FamFG geregelt. Ausdrücklich bestimmt § 203 Abs. 3 FamFG, dass in dem Antrag die Angabe enthalten sein sollen, ob Kinder im Haushalt der Ehegatten leben. Es kann sich jedoch nur um minderjährige Kinder handeln,
denn nach § 204 im Abs. 2 FamFG ist das Jugendamt zu beteiligen.

Leben minderjährige Kinder in der Wohnung, die Gegenstand eines Zuweisungsverfahrens ist, wer-   70
den diese im Regelfall angehört und auch das Jugendamt ist nach § 205 Abs. 1 FamFG regelmäßig
zu hören. Durch die bloße Anhörung des Jugendamtes hat es nach § 205 Abs. 2 FamFG zwar das
Recht, Beschwerde gegen die Entscheidung einzulegen, die Stellung als Beteiligter setzt aber nach

§ 204 Abs. 2 FamFG einen Antrag voraus. Zu beachten ist, dass die formelle Stellung als Beteiligter nach § 81 FamFG auch eine Kostentragungspflicht zur Folge haben kann.

71   Von besonderer Bedeutung ist, dass grds. nach § 207 FamFG die Angelegenheit mit den Ehegatten in einem Termin erörtert werden soll, zu dem das persönliche Erscheinen der Ehegatten anzuordnen ist. Zu beachten ist hierbei auch, dass ein Termin erst dann stattfinden sollte, wenn i. R. d. Amtsermittlung (§ 26 FamFG) die Tatsachen so weit ermittelt sind, dass eine Entscheidung aufgrund des Termins wahrscheinlich wird.

72   Nach § 209 Abs. 2 FamFG wird die Entscheidung über die Wohnungszuweisung erst mit Rechtskraft wirksam. Das Gericht kann jedoch nach § 209 Abs. 2 Satz 2 FamFG bei einer Zuweisung nach § 1361b BGB die sofortige Wirksamkeit anordnen. Mit dieser Anordnung der sofortigen Wirksamkeit kann das FamG auch die Zulässigkeit der Vollstreckung vor der Zustellung an den Antragsgegner anordnen. Wenn dies erfolgt, tritt die Wirksamkeit schon ein mit dem Zeitpunkt, in dem die Entscheidung der Geschäftsstelle des Gerichtes zur Bekanntmachung übergeben wird; dieser Zeitpunkt ist auf der Entscheidung zu vermerken. Diese Anordnung der sofortigen Wirksamkeit macht jedoch eine einstweilige Anordnung nicht überflüssig, denn die Anordnung der sofortigen Wirksamkeit kann nur beim Abschluss des Hauptverfahrens auf Wohnungszuweisung mit der Schlussentscheidung erfolgen, nicht also schon mit Stellung des Antrages.

73   Eine Wohnungszuweisung nach § 1361b Abs. 1 BGB setzt aber immer voraus, dass eine unbillige Härte vorliegt. Wann dies der Fall ist, wird in der Rechtsprechung sehr unterschiedlich bewertet. Die Kasuistik ist kaum überschaubar. Nachdem durch das Gesetz zur Verbesserung des zivilrechtlichen Schutzes bei Gewalttaten oder Nachstellungen (Gewaltschutzgesetz) die Vorschrift neu gefasst wurde, ist eine erhebliche Präzisierung insb. durch Abs. 2 der Vorschrift festzustellen. Wenn ein Ehegatte den anderen widerrechtlich und vorsätzlich am Körper, der Gesundheit oder der Freiheit verletzt hat oder mit einer solchen Verletzung oder der Verletzung des Lebens widerrechtlich gedroht hat, ist ihm i. d. R. die gesamte Wohnung zur alleinigen Benutzung zu überlassen. Dieser Anspruch ist nur dann ausgeschlossen, wenn keine weiteren Verletzungen und widerrechtliche Drohungen zu besorgen sind. Aber auch in diesem Fall kann die Wohnungszuweisung erfolgen, wenn dem verletzten Ehegatten das weitere Zusammenleben mit dem anderen wegen der Schwere der Tat nicht zuzumuten ist. Durch diese Neufassung sind die meisten Gründe für einen Wohnungszuweisungsantrag erfasst. Es bedarf also insoweit nicht mehr eines Antrages nach dem Gewaltschutzgesetz.

a) Polizeirecht

74   Nicht übersehen werden darf jedoch, dass eine Entscheidung über die Wohnungszuweisung bei Getrenntleben eine längere Verfahrensdauer indiziert, in den meisten Streitfällen aber eine möglichst sofortige Regelung zweckmäßig oder sogar notwendig ist. Für eine Sofortmaßnahme bietet sich im Fall von Tätlichkeiten das **Polizeirecht** an.

75   Es ist inzwischen anerkannt, dass tätliche Angriffe die Polizei zum Eingreifen verpflichten. Sie ist grds. auch berechtigt, eine sog. **Wegweisung** auszusprechen, also den Gewalttäter der Ehewohnung zu verweisen und ihm für eine bestimmte Zeit zu verbieten, wieder in die Ehewohnung zurückzukehren. Ist eine solche **polizeiliche Weisung** erfolgt, hat der betroffene Ehegatte ausreichend Zeit, beim FamG eine einstweilige Anordnung zu beantragen, um für die Zeit nach Auslaufen der polizeilichen Anordnung eine Regelung im Sinne von § 1361b BGB zu erhalten.

76   Der Antrag auf Wohnungszuweisung kann auch ohne Einschaltung der Ordnungsbehörden gestellt werden. Der Nachteil liegt jedoch meist darin, dass die Tätlichkeiten oder Drohungen im Sinne von § 1361b Abs. 2 BGB häufig nicht nachweisbar sind. Im Rahmen dieses **einstweiligen Rechtsschutzes** ist rein prozessual zu beachten, dass unter der Geltung des FamG nicht mehr ein Hauptsacheverfahren angestrengt werden muss, vielmehr eine isolierte einstweilige Anordnung ergehen kann. Hat die Ordnungsbehörde eingegriffen, ist der Beweis wesentlich erleichtert.

b) Aufteilung der Wohnung

Abgesehen von den unterschiedlichen Voraussetzungen nach Abs. 1 und Abs. 2 des § 1361b BGB   77
ist auch zu beachten, dass nach Abs. 1 auch eine Aufteilung der Wohnung zwischen den Ehegatten
erfolgen kann, nach Abs. 2 der Regelfall die Zuweisung der gesamten Wohnung an denen Antragsteller im Gesetz genannt ist, eine Aufteilung der Wohnung daher nur ausnahmsweise erfolgen darf.

c) Muster: Antrag auf Wohnungszuweisung während des Getrenntlebens (§ 1361b BGB)

Antrag auf Zuweisung der Ehewohnung zur alleinigen Nutzung   78

An das

Amtsgericht

– Familiengericht –

.....

Antrag der Frau .....

vertreten durch Rechtsanwalt .....

– Antragstellerin –

gegen

Herrn .....

– Antragsgegner –

wegen Wohnungszuweisung nach § 1361 BGB

Namens und in Vollmacht der Antragstellerin beantrage ich:

1. Der Antragstellerin wird ..... *[genaue Bezeichnung der Wohnung]* für die Dauer des Getrenntlebens der Beteiligten zur alleinigen Nutzung zugewiesen.[1]

2. Der Antragsgegner hat die Wohnung unter Mitnahme seiner persönlichen Sachen zu räumen
und an die Antragstellerin herauszugeben. Der Antragsgegner hat der Antragstellerin sämtliche
Schlüssel für die Wohnung einschließlich Briefkasten- und Kellerschlüssel zu übergeben.[2]

Bei der Räumung wird die Anwendung von § 885 Abs. 2 ZPO ausdrücklich ausgeschlossen.[3]

Der Antragsgegner wird darauf hingewiesen, dass das Gericht zur Durchsetzung dieses Beschlusses Zwangsgeld, gegebenenfalls auch Zwangshaft, anordnen kann. Das einzelne Zwangsgeld darf
jedoch den Betrag von 25.000,00 € nicht übersteigen.[4]

Begründung:

Im Haushalt der Eheleute leben[5]
( ) keine
( ) folgende minderjährige Kinder:

Name: ..... geboren am: .....

Name: .... geboren am: .....

Die Zuweisung der ehelichen Wohnung zur alleinigen Nutzung ist erforderlich, denn nur so kann
für den Antragsteller eine unbillige Härte vermieden werden. Die unbillige Härte begründe ich wie
folgt: .....[6]

Die Zuweisung an den Antragsteller alleine ist notwendig, denn bei ihm leben die minderjährigen
Kinder. Diese haben die letzten Tage die heftigen Auseinandersetzungen miterleben müssen. Es
hat zwischen den Ehegatten in den letzten Tagen und Wochen gravierende Auseinandersetzungen

gegeben und es herrscht ein »Klima der Gewalt«. Die Bedürfnisse der Kinder an einer geordneten, ruhigen und möglichst entspannten Familiensituation haben Vorrang vor dem Interesse des Ehemannes an dem Verbleib in der Wohnung (OLG Celle FamRZ 2006, 1143).[7]

Im Interesse der minderjährigen Kinder wird auch darum ersucht, ohne Beteiligung des Jugendamtes nach § 205 Abs. 1 FamFG zu entscheiden und die Anhörung des Jugendamtes nachzuholen.

Die Zuweisung allein an den Antragsteller wird beantragt, da der Antragsgegner diesen widerrechtlich und vorsätzlich am Körper, der Gesundheit oder der Freiheit verletzt oder mit einer solchen Verletzung gedroht hat.[8]

1. Bezeichnung der Wohnung. Die eheliche Wohnung ist so konkret wie möglich zu beschreiben, insb. nach **Stockwerk, Zahl der Zimmer, Nebenräume** wie Speicher und Keller, soweit vorhanden einer **Wohnungsnummer.** Wenn auf einem Stockwerk mehrere – ggf. sogar vergleichbare – Wohnungen vorhanden sind, ist die Angabe erforderlich, welcher Eingang zur Wohnung führt.

2. Räumung/persönliche Sachen. Die bloße Zuweisung zur alleinigen Nutzung der Ehewohnung stellt keinen vollstreckbaren Räumungstitel dar. Es ist daher ein Antrag auf Räumung und Herausgabe gegen den anderen Ehegatten zu stellen, denn nur wenn die Räumung der Wohnung tituliert ist, kann der Gerichtsvollzieher eine solche auch räumen (§ 96 Abs. 2 FamFG). Aufgrund dieses Titels ist auch die mehrfache Einweisung des Besitzers i. S. v. § 885 Abs. 1 ZPO während der Geltungsdauer zulässig. Wohnungszuweisung bedeutet, dass die Einrichtung in der Wohnung verbleibt, der zur Räumung verpflichtete Ehegatte sollte aber seine persönlichen Sachen mitnehmen und insb. alle Schlüssel herausgeben, da nur so die ungestörte Nutzung gewährleistet ist.

3. Vollstreckungshinweis. In § 96 Abs. 2 FamFG wird ausdrücklich auf die Möglichkeit der Mehrfacheinweisung hingewiesen (§ 855 Abs. 1 ZPO). Um zu verhindern, dass aus dem Räumungsbefehl eine vollständige Räumung erfolgt, ist auch im Antrag und der Entscheidung der Ausschluss des Abs. 2 zu empfehlen.

4. Androhung. Sofern beantragt oder auch, wenn erkennbar ist, dass die Anordnung nicht befolgt wird, kann nach § 35 FamFG ein Zwangsmittel angedroht werden. Die gerichtliche Entscheidung, die die Verpflichtung zur Vornahme oder Unterlassung einer Handlung anordnet, hat auf die Folgen einer Zuwiderhandlung gegen die Entscheidung hinzuweisen (§ 35 Abs. 2 FamFG). Auch die Verhängung einer Zwangshaft ist nach dieser Vorschrift nicht ausgeschlossen, insb. dann, wenn die Anordnung eines Zwangsgeldes keinen Erfolg verspricht. Gegen den Beschluss, durch den Zwangsmaßnahmen angeordnet werden, findet die sofortige Beschwerde statt (§ 35 Abs. 5 FamFG).

5. Mitteilungspflichten. Nach § 203 Abs. 3 FamFG soll die Mitteilung enthalten sein, ob Kinder im Haushalt der Ehegatten leben. Ist dies der Fall, soll grds. vor einer Entscheidung das Jugendamt gehört werden und nur im Fall einer Gefahr im Verzug kann dies unterbleiben. Das Jugendamt kann nach § 204 Abs. 2 FamFG beantragen, förmlich am Verfahren beteiligt zu werden. Unabhängig von der Beteiligtenstellung ist eine Entscheidung über die Wohnungszuweisung in allen Fällen dem Jugendamt mitzuteilen, da ihm nach § 105 Abs. 2 Satz 2 FamFG das Beschwerderecht zusteht.

6. Gründe nach § 1361b Abs. 1 (keine Kinder). Diese Anspruchsvoraussetzung erfordert umfangreichen Sachvortrag. Für Tatsachen, auf die der Antrag gestellt wird, ist der Antragsteller beweispflichtig. Aus der Rechtsprechung sind folgende Beispiele zu erwähnen:
– Alkoholmissbrauch und Drogenabhängigkeit mit der Folge hierdurch bedingter Störungen des Familienlebens
– Aufnahme des neuen Lebensgefährten in die Ehewohnung
– ständiges Randalieren, besonders zur Nachtzeit, massive Beschimpfungen und Beleidigungen
– ständiges Hinwegsetzen über eine getroffene verbindliche Aufteilung der Wohnung
– eigenmächtiges Verbringen persönlicher Sachen eines Ehegatten in eine andere Wohnung während dessen Abwesenheit

- exzessives Fehlverhalten eines Ehegatten
- schwere Störungen des Familienlebens insb. wegen psychischer Erkrankungen eines Ehegatten

7. Gründe nach § 1361b Abs. 1 (minderjährige Kinder). Die Voraussetzungen für eine Wohnungszuweisung sind wesentlich leichter zu bekunden, wenn minderjährige Kinder sich in der Wohnung aufhalten und bei dem Ehegatten leben bzw. von ihm betreut werden, der die Zuweisung begehrt. Das Wohl minderjähriger Kinder – die Rechtsprechung hierzu ist umfangreich – wird in der Rechtsprechung sehr weit verstanden und ausgelegt, wie die zitierte Entscheidung des OLG Celle zeigt.

8. Gründe nach § 1361b Abs. 2 BGB. Tätliche Angriffe gegen den antragstellenden Ehegatten, ebenso aber auch die Androhung von Gewalt werden durch das Gesetz missbilligt und die Vorschrift des Abs. 2 stellt praktisch für diese Fälle einen Rechtsschutz zur Verfügung, der erst durch das Gewaltschutzgesetz konkret ausgestaltet wurde. Es verbleibt nach wie vor das Problem der Beweisbarkeit, was jedoch durch einen Vorlauf nach dem jeweils geltenden Polizeigesetz große Erleichterungen bringen kann.

3. Einstweiliger Rechtsschutz

Liegen die Voraussetzungen insb. nach § 1361b Abs. 2 BGB vor, ist es dem Beteiligten i. d. R. nicht zumutbar, die gesamte Dauer eines Verfahrens zuzuwarten. Aus diesem Grund kann auch die Zuweisung – oder Aufteilung – im Wege des einstweiligen Rechtsschutzes erfolgen. Besonders wenn minderjährige Kinder in der Wohnung leben, werden die FamG einem entsprechend begründeten Antrag regelmäßig entsprechen. Ausführlich behandeln den einstweiligen Rechtsschutz Dose (Einstweiliger Rechtsschutz, 3. Aufl. 2010) und Gießler/Soyka (5. Aufl. 2010). | 79

Da das Verfahren nicht mehr von einem Hauptsacheverfahren abhängig ist, wird von der Rechtsprechung die Auffassung vertreten, dass das ab 01.09.2009 geltende Verfahrensrecht für den einstweiligen Rechtsschutz auch dann anzuwenden ist, wenn die Hauptsache noch nach alter Rechtslage zu behandeln ist (OLG Nürnberg, FamFR 2010, 233; anders OLG Stuttgart, Beschl. v. 29.10.2009 – 17 WF 235/09 zitiert nach JURIS). | 80

Eine Alleinzuweisung der Ehewohnung an die kinderbetreuende Ehefrau aus Gründen des **Kindeswohls** kommt auch dann in Betracht, wenn eine Gewaltanwendung durch den Ehemann nicht nachgewiesen werden kann. Insofern reicht es aus, wenn es zwischen den Ehegatten/Eltern gravierende Auseinandersetzungen gegeben hat und ein »Klima der Gewalt« vorherrschte. Die Bedürfnisse der Kinder nach einer geordneten, ruhigen und möglichst entspannten Familiensituation haben Vorrang vor dem Interesse des Ehemanns an dem Verbleib in der Wohnung (OLG Celle, FamRZ 2006, 1143). | 81

Zu beachten ist, dass die einstweilige Anordnung jetzt in den §§ 49 ff. FamFG geregelt ist, für die im Hauptabschnitt für Wohnung und Haushalt (§§ 200 bis 209 FamFG) keine ergänzenden Regeln zu beachten sind. Gegen eine Entscheidung ist nach § 57 Nr. 5 FamFG das Rechtmittel der sofortigen Beschwerde gegeben, für die § 63 Abs. 2 Nr. 1 FamFG eine Zweiwochenfrist bestimmt. Dies jedoch nur dann, wenn die Zuweisung der gesamten Wohnung, nicht nur einzelner Räume, Gegenstand des Verfahrens waren. | 82

Der Antrag auf Erlass einer einstweiligen Anordnung ist formell identisch mit einem Hauptantrag. Erforderlich ist jedoch, zur Frage der Dringlichkeit Ausführungen zu machen, denn nach § 49 Abs. 1 FamFG muss ein »dringendes Bedürfnis« für ein sofortiges Tätigwerden bestehen. | 83

4. Muster: Antrag auf Erlass einer einstweiligen Anordnung auf Zuweisung der Ehewohnung zur alleinigen Nutzung (§§ 49, 200 FamFG)

84

An das

Amtsgericht

– Familiengericht –

.....

Antrag der Frau .....

vertreten durch Rechtsanwalt .....

– Antragstellerin –

gegen

Herrn .....

– Antragsgegner –

wegen Wohnungszuweisung nach § 1361 BGB

Namens und in Vollmacht der Antragstellerin beantrage ich:

1. Der Antragstellerin wird ..... *[genaue Bezeichnung der Wohnung]* für die Dauer des Getrenntlebens der Beteiligten zur alleinigen Nutzung zugewiesen.[1]

2. Der Antragsgegner hat die Wohnung unter Mitnahme seiner persönlichen Sachen zu räumen und an die Antragstellerin herauszugeben. Der Antragsgegner hat der Antragstellerin sämtliche Schlüssel für die Wohnung einschließlich Briefkasten- und Kellerschlüssel zu übergeben.[2]

Bei der Räumung wird die Anwendung von § 885 Abs. 2 ZPO ausdrücklich ausgeschlossen.[3]

Der Antragsgegner wird darauf hingewiesen, dass das Gericht zur Durchsetzung dieses Beschlusses Zwangsgeld, gegebenenfalls auch Zwangshaft, anordnen kann. Das einzelne Zwangsgeld darf jedoch den Betrag von 25.000,00 € nicht übersteigen.[4]

Begründung:

Im Haushalt der Eheleute leben[5]
( )   keine
( )   folgende minderjährige Kinder:

Name: ..... geboren am: .....

Name: ..... geboren am: .....

.....

Die Zuweisung der ehelichen Wohnung zur alleinigen Nutzung ist erforderlich, denn nur so kann für den Antragsteller eine unbillige Härte vermieden werden. Die unbillige Härte begründe ich wie folgt: .....[6]

Die Zuweisung an den Antragsteller alleine ist notwendig, denn bei ihm leben die minderjährigen Kinder. Diese haben die letzten Tage die heftigen Auseinandersetzungen miterleben müssen. Es hat zwischen den Ehegatten in den letzten Tagen und Wochen gravierende Auseinandersetzungen gegeben und es herrscht ein »Klima der Gewalt«. Die Bedürfnisse der Kinder an einer geordneten, ruhigen und möglichst entspannten Familiensituation haben Vorrang vor dem Interesse des Ehemannes an dem Verbleib in der Wohnung (OLG Celle FamRZ 2006, 1143).[7]

Im Interesse der minderjährigen Kinder wird auch darum ersucht, ohne Beteiligung des Jugendamtes nach § 205 Abs. 1 FamFG zu entscheiden und die Anhörung des Jugendamtes nachzuholen.

Die Zuweisung allein an den Antragsteller wird beantragt, da der Antragsgegner diesen wider-rechtlich und vorsätzlich am Körper, der Gesundheit oder der Freiheit verletzt oder mit einer sol-chen Verletzung gedroht hat.[8]

Es besteht ein dringendes Bedürfnis nach einem sofortigen Tätigwerden des Familiengerichtes, denn die in der Wohnung lebenden Kinder bekommen inzwischen fast täglich den Streit mit und sind schon sehr verängstigt. Das Jugendamt wurde schon informiert und wird dem Gericht auf An-frage bestätigen, dass dauerhafte Schäden bei dem Kind/den Kindern zu befürchten sein werden, wenn nicht kurzfristig diese psychische Belastung aufhört.[9]

Beweis: Zeugnis der Mitarbeiterin ..... beim JA ....., Tel. ....

1. Bezeichnung der Wohnung. Die eheliche Wohnung ist so konkret wie möglich zu beschreiben, insb. nach Stockwerk, Zahl der Zimmer, Nebenräume wie Speicher und Keller, soweit vorhanden einer Wohnungsnummer. Wenn auf einem Stockwerk mehrere – ggf. sogar vergleichbare – Woh-nungen vorhanden sind, ist die Angabe erforderlich, welcher Eingang zur Wohnung führt.

2. Räumung/persönliche Sachen. Die bloße Zuweisung zur alleinigen Nutzung der Ehewohnung stellt keinen vollstreckbaren Räumungstitel dar. Es ist daher ein Antrag auf Räumung und Heraus-gabe gegen den anderen Ehegatten zu stellen, denn nur wenn die Räumung der Wohnung tituliert ist, kann der Gerichtsvollzieher eine solche auch räumen (§ 96 Abs. 2 FamFG). Aufgrund dieses Ti-tels ist auch die mehrfache Einweisung des Besitzers i. S. v. § 885 Abs. 1 ZPO während der Geltungs-dauer zulässig. Wohnungszuweisung bedeutet, dass die Einrichtung in der Wohnung verbleibt, der zur Räumung verpflichtete Ehegatte sollte aber seine persönlichen Sachen mitnehmen und insb. alle Schlüssel herausgeben, da nur so die ungestörte Nutzung gewährleistet ist.

3. Vollstreckungshinweis. In § 96 Abs. 2 FamFG wird ausdrücklich auf die Möglichkeit der Mehr-facheinweisung hingewiesen (§ 855 Abs. 1 ZPO). Um zu verhindern, dass aus dem Räumungsbe-fehl eine vollständige Räumung erfolgt, ist auch im Antrag und der Entscheidung der Ausschluss des Abs. 2 zu empfehlen.

4. Androhung. Sofern beantragt oder auch, wenn erkennbar ist, dass die Anordnung nicht befolgt wird, kann nach § 35 FamFG ein Zwangsmittel angedroht werden. Die gerichtliche Entscheidung, die die Verpflichtung zur Vornahme oder Unterlassung einer Handlung anordnet, hat auf die Fol-gen einer Zuwiderhandlung gegen die Entscheidung hinzuweisen (§ 35 Abs. 2 FamFG). Auch die Verhängung einer Zwangshaft ist nach dieser Vorschrift nicht ausgeschlossen, insb. dann, wenn die Anordnung eines Zwangsgeldes keinen Erfolg verspricht. Gegen den Beschluss, durch den Zwangs-maßnahmen angeordnet werden, findet die sofortige Beschwerde statt (§ 35 Abs. 5 FamFG).

5. Mitteilungspflichten. Nach § 203 Abs. 3 FamFG soll die Mitteilung enthalten sein, ob Kinder im Haushalt der Ehegatten leben. Ist dies der Fall, soll grds. vor einer Entscheidung das Jugendamt gehört werden und nur im Fall einer Gefahr im Verzug kann dies unterbleiben. Das Jugendamt kann nach § 204 Abs. 2 FamFG beantragen, förmlich am Verfahren beteiligt zu werden. Unabhän-gig von der Beteiligtenstellung ist eine Entscheidung über die Wohnungszuweisung in allen Fällen dem Jugendamt mitzuteilen, da ihm nach § 105 Abs. 2 Satz 2 FamFG das Beschwerderecht zusteht.

6. Gründe nach § 1361b Abs. 1 (keine Kinder). Diese Anspruchsvoraussetzung erfordert umfang-reichen Sachvortrag. Für Tatsachen, auf die der Antrag gestützt wird, ist der Antragsteller beweis-pflichtig. Aus der Rechtsprechung sind folgende Beispiele zu erwähnen:
– Alkoholmissbrauch und Drogenabhängigkeit mit der Folge hierdurch bedingter Störungen des Familienlebens
– Aufnahme des neuen Lebensgefährten in die Ehewohnung
– ständiges Randalieren, besonders zur Nachtzeit, massive Beschimpfungen und Beleidigungen
– ständiges Hinwegsetzen über eine getroffene verbindliche Aufteilung der Wohnung
– eigenmächtiges Verbringen persönlicher Sachen eines Ehegatten in eine andere Wohnung wäh-rend dessen Abwesenheit

- exzessives Fehlverhalten eines Ehegatten
- schwere Störungen des Familienlebens insb. wegen psychischer Erkrankungen eines Ehegatten

7. Gründe nach § 1361b Abs. 1 (minderjährige Kinder). Die Voraussetzungen für eine Wohnungszuweisung sind wesentlich leichter zu bekunden, wenn minderjährige Kinder sich in der Wohnung aufhalten und bei dem Ehegatten leben bzw. von ihm betreut werden, der die Zuweisung begehrt. Das Wohl minderjähriger Kinder – die Rechtsprechung hierzu ist umfangreich – wird in der Rechtsprechung sehr weit verstanden und ausgelegt, wie die zitierte Entscheidung des OLG Celle zeigt.

8. Gründe nach § 1361b Abs. 2 BGB. Tätliche Angriffe gegen den antragstellenden Ehegatten, ebenso aber auch die Androhung von Gewalt werden durch das Gesetz missbilligt und die Vorschrift des Abs. 2 stellt praktisch für diese Fälle einen Rechtsschutz zur Verfügung, der erst durch das Gewaltschutzgesetz konkret ausgestaltet wurde. Es verbleibt nach wie vor das Problem der Beweisbarkeit, was jedoch durch einen Vorlauf nach dem jeweils geltenden Polizeigesetz große Erleichterungen bringen kann.

9. Besondere Dringlichkeit. Eine vorläufige Maßnahme setzt voraus, dass ein dringendes Bedürfnis für ein sofortiges Tätigwerden des FamG besteht. Sind minderjährige Kinder in der Wohnung, wird dieses Bedürfnis meist von den Gerichten anerkannt, um psychische Schäden zu vermeiden, denn das Wohl eines minderjährigen Kindes hat im Gesetz insgesamt einen sehr hohen Stellenwert (*Schreiber* FPR 1997, 116–119).

C. Die Scheidung

I. Die Scheidungsberatung

1. Das Scheidungsmandat

85 Das Mandat in einer Scheidungssache unterscheidet sich von einem sonstigen Mandat in einer Rechtssache insb. dadurch, dass es sich nicht nur um einen sehr persönlichen Bereich handelt, die Tragweite der jeweiligen Entscheidung weit über die Scheidung als solche hinausgeht. Außerdem muss mit dem Mandanten nicht nur die durchzusetzende Scheidung, sondern auch alle damit im Zusammenhang stehenden Fragen erörtert werden und es ist zu entscheiden, ob die Scheidung sich beschränkt auf diesen Streitgegenstand oder aber eine Erweiterung auf andere Ansprüche sich anbietet, notwendig oder zumindest zweckmäßig erscheint.

86 Wie bei jedem Mandat muss stets geprüft werden, ob eine Interessenkollision der Übernahme entgegensteht. Auch ist es dem Anwalt untersagt, pflichtwidrig beiden Beteiligten zu dienen und es kommt deshalb auch nicht darauf an, ob die Ehegatten im Einzelfall ausdrücklich einer Vertretung zustimmen.

87 Es ist aus Rechtsgründen ausgeschlossen, dass beide Ehegatten gemeinsam denselben Anwalt beauftragen, denn kein Anwalt darf gegnerische Beteiligte in einem Rechtsstreit vertreten. Ein Rechtsanwalt verwirklicht unabhängig vom Willen der Beteiligten den Tatbestand des StGB § 356, wenn er vor dem FamG als Vertreter beider Eheleute tätig wird (BayObLG, FamRZ 1981, 608–610).

88 Gleich zu Beginn der Mandatserteilung ist festzustellen, von welchen gesicherten Tatsachen auszugehen ist und auch, welches Ziel der Auftraggeber anstrebt. Auf der Grundlage dieser Informationen erfolgt dann die Beratung des Mandanten und auch die Entwicklung einer Strategie des Vorgehens.

89 Für die Erfassung aller wichtigen Daten werden unterschiedliche Vordrucke und Muster verwandt. Alle haben sie gemeinsam, dass möglichst umfassend Auskunft erteilt wird und Rückfragen vermieden werden.

90 Wichtig ist, dass alle Angaben, die für Anträge und ihre Begründung notwendig oder zweckmäßig sind, nicht von dem Beteiligten, sondern aufgrund eines Mandantengesprächs vom Anwalt notiert werden. Sicherlich könnten manche Informationen auch durch das Büropersonal abgefragt werden,

im Wesentlichen aber sind die gesamten Umstände in ihrer Wertigkeit von Bedeutung und auch objektive Tatsachen sind i. R. d. Gespräches Anlass zu weiteren Fragen und auch weiteren Hinweisen. Für die Mandatsbearbeitung ist auch der Gesamteindruck entscheidend.

Die Verlässlichkeit der Angaben, die Korrektheit der Antwort, die Art und Weise der Antwort sind unter anderem entscheidend für den Gesamteindruck, der wiederum seinerseits auch für die zukünftige Beratung und für die zukünftige Strategie von erheblicher Bedeutung und Einfluss sind.   91

a) Muster: Aufnahmebogen für Ehe- und Familienrechtssachen

Der **Aufnahmebogen für Ehe- und Familienrechtssachen** sollte folgende notwendige Angaben enthalten: 92

Personendaten	Ehefrau	Ehemann
Name		
Geburtsname		
Vorname (alle angeben)		
Geburtstag und Geburtsort		
Staatsangehörigkeit (keine Angaben = Deutsch)		
Anschrift		
(Straße		
Ort mit PLZ)		
Telefon (privat und Mobiltelefon)		
Telefon (beruflich, Angabe des Arbeitgebers mit Anschrift)		
Beruf (erlernter Beruf/ausgeübter Beruf)		
Monatliches Einkommen (brutto/netto)		
Kontoverbindungen (Bankleitzahl, Konto-Nummer)		

93

Angaben zur Erschließung:

Datum ..... Ort .....

Heiratsurkunde/Familienstammbuch:
( ) liegt an
( ) wird nachgereicht

Gemeinschaftliche minderjährige Kinder: ( ) keine

Name: ..... Geburtsdatum: .....

Name: ..... Geburtsdatum: .....

Name: ..... Geburtsdatum: .....

Angaben zur Trennung:
( ) noch keine räumliche Trennung
( ) Trennung innerhalb der ehelichen Wohnung seit dem .....
( ) Trennung innerhalb der Wohnung am .....
( ) getrennte Wohnungen seit dem .....

Im Rahmen des ersten oder der ersten Gespräche muss der Anwalt mit seinem Mandanten auch schon darüber sprechen bzw. beraten, ob neben der Scheidung und dem Amtsverfahren Versorgungsausgleich noch weitere Ansprüche einer Erledigung zugeführt werden sollen oder müssen.   94

95   Folgende Stichworte sind für diese Gespräche ein gutes Gerüst, wobei im Einzelfall weniger, häufig
      aber auch wesentlich mehr Tatsachen festzustellen sein werden.

b) Muster: Stichworte für das Mandantengespräch

96   – Prozesskostenvorschuss, Prozesskostenhilfe, Verfahrenskostenhilfe
      – Beratungshilfe
      – Rechtsschutzversicherung?
      – Kindesunterhalt
      – Ehegatten-Unterhalt bei Trennung/Scheidung
      – Wer bekommt das Kindergeld?
      – Eheliche Wohnung (alleinige Nutzung, Eigentumsverhältnisse, Miethöhe einschließlich Neben-
        kosten)
      – Hausratsgegenstände (ist eine Aufteilung notwendig?)
      – Elterliche Sorge (Änderungen beabsichtigt?)
      – Umgangsregelung (notwendig oder nicht)
      – Besteht ein Ehevertrag? Vollständiger Text ist notwendig zur Prüfung
      – Zugewinn?
      – Vereinbarungen zum Versorgungsausgleich? Wann? Bei welchem Notar? Urkunde?
      – Sozialleistungen (SGB II)
      – Wohngeld, Erziehungsgeld, sonstige staatliche Unterstützung
      – Kredite
      – Krankenversicherung für Ehegatte und Kinder
      – Steuerliche Fragen, insbesondere Veranlagung, steuerliches Realsplitting?

2. Die anwaltliche Vertretung

97   Die Notwendigkeit anwaltlicher Vertretung in Ehesachen vor dem 01.07.1977 wurde nach Einrich-
      tung der FamG beim Amtsgericht beibehalten mit der Folge, dass der jeweils einen Antrag stellende
      Ehegatte grds. anwaltlich vertreten sein muss. Die bis 1986 geltende Regelung beinhaltete in § 78
      ZPO Vorschriften für die anwaltliche Vertretung in Ehesachen und sonstigen Familiensachen und in
      § 78a ZPO wurde für das Güterrechtsverfahren ein recht kompliziertes Vertretungssystem geregelt.
      Erst 1986 bestimmte ausschließlich § 78 ZPO die Notwendigkeit einer anwaltlichen Vertretung
      (*Bergerfurth*, Der Anwaltszwang und seine Ausnahmen, S. 165 ff.).

98   Es ist aus Rechtsgründen ausgeschlossen, dass beide Ehegatten gemeinsam denselben Anwalt (»ge-
      meinsamer Anwalt«) beauftragen, denn kein Anwalt darf gegnerische Beteiligte in einem Rechtsstreit
      vertreten. Ein Rechtsanwalt verwirklicht unabhängig vom Willen der Beteiligten den Tatbestand des
      StGB § 356, wenn er vor dem FamG als Vertreter beider Eheleute tätig wird (BayObLG, FamRZ
      1981, 608–610). Nach OLG Karlsruhe ist es jedoch zulässig, dass ein Anwalt zunächst beide Ehe-
      leute berät und Unterhaltsansprüche berechnet, wenn er später einen Ehepartner vertritt und den
      Unterhalts geltend macht (OLG Karlsruhe, Beschl. v. 16.09.2002 Az. 3 Ss 142/01 zitiert nach juris).

99   Vergleichbar mit § 78 ZPO regelt ab dem 01.09.2009 § 114 FamFG die Vertretung. Hiernach müs-
      sen sich die Ehegatten in allen Rechtszügen, sonstige an Folgesachen beteiligte Dritte nur für die
      weitere Beschwerde vor dem BGH, anwaltlich vertreten lassen. Zu beachten ist bei Mandatsnieder-
      legung, dass nach §§ 113 Abs. 1 FamFG, 87 ZPO der Anwalt weiterhin Zustellungsbevollmächtigter
      bleibt, die Bewirkung einer Zustellung direkt an den Beteiligten nach wie vor unwirksam ist (OLG
      Zweibrücken, FamRZ 1999, 937).

100   Ist ein Beteiligter anwaltlich nicht vertreten, hat ihm das Gericht einen Anwalt beizuordnen, wenn
      nach der freien Überzeugung des Gerichts dies zum Schutz des Beteiligten unabdingbar ist (§ 138
      FamFG). Diese Regelung entspricht dem bisherigen § 625 ZPO. Der beigeordnete Anwalt ist
      aber nicht Verfahrensbevollmächtigter, kann also keine Anträge stellen und auch die Zustellun-
      gen haben unmittelbar an den Beteiligten zu erfolgen. Seine Gebühren erhält er jedoch wie ein

Verfahrensbevollmächtigter (§ 39 RVG). Eine Beiordnung kann stets angeraten sein, wenn der Antragsgegner im Ausland wohnt oder nach Einschätzung aller Umstände vermutlich nicht ausreichende Kenntnis der deutschen Sprache hat.

Bei der Auswahl sollte darauf geachtet werden, dass der Anwalt sich mit dem Antragsgegner in seiner Heimatsprache verständigen kann. Verhandlung und Erörterung in Familiensachen kann nach § 185 Abs. 1 GVG auch in einer anderen Sprache und ohne Zuziehung eines Dolmetschers erfolgen, wenn der Richter der Sprache, in der sich die beteiligten Personen erklären, mächtig ist. Diese Sonderregelung gilt aber nicht für das Verfahren insgesamt, für den beigeordneten Anwalt hingegen gilt die Beschränkung auf die deutsche Sprache nicht. 101

In den meisten Fällen der Beiordnung nach § 138 FamFG wird der Anwalt bald den Antrag stellen, ihn i. R. d. beantragten VKH als Verfahrensbevollmächtigten beizuordnen. Erfolgt dies vor der Zustellung, wird das gesamte Verfahren wesentlich erleichtert, da keine Auslandszustellung erforderlich ist. 102

3. Die Kosten

Die Kosten- und Gebührenfrage ist nicht nur für den Anwalt, sondern auch für den Mandanten von großer Wichtigkeit. Zunächst sollte schon bei der Erstberatung beachtet werden, dass die Beratungsgebühr beschränkt ist, wenn die Tätigkeit auf ein erstes Beratungsgespräch beschränkt ist (§ 34 RVG). Sinnvoll ist es, gleich zu Beginn eine Gebührenvereinbarung nach § 3a RVG abzuschließen. 103

Die Kostenentscheidung i. R. d. Scheidung ergeht nach § 150 FamFG. Der Grundsatz nach Abs. 1 ist, dass die Kosten einschließlich Folgesachen gegeneinander aufgehoben werden. Wird der Scheidungsantrag zurückgenommen, trägt der Antragsteller die Kosten einschließlich der evtl. Folgesachen. Werden Scheidungsanträge beider Ehegatten zurückgenommen oder abgewiesen oder erledigt sich das Verfahren in der Hauptsache durch Tod eines Ehegatten (§ 131 FamFG), sind die Kosten ebenfalls gegeneinander aufzuheben. Weitere Beteiligte tragen nach Abs. 3 ihre außergerichtlichen Kosten selbst. Ebenso wie schon bei § 93a ZPO sieht Abs. 4 vor, dass hiervon im Einzelfall aus Billigkeitsgründen abgewichen werden kann. 104

Werden Verbundteile abgetrennt, bestimmt § 150 Abs. 5 FamFG, dass über die Kosten für diese Verfahren gesondert zu entscheiden ist. Bei Fortführung als selbstständige Familiensache (§ 141 FamFG) gelten dann die für diese Familiensache jeweils geltenden Vorschriften. 105

Die Gebühren der Rechtsanwälte für die Vertretung vor Gericht und die außergerichtliche Vertretung sind gesetzlich festgelegt durch das Rechtsanwaltsvergütungsgesetz (RVG). Gesetzlich festgelegt bedeutet, dass jeder Anwalt in Deutschland für diese Tätigkeiten dieselben gesetzlichen Gebühren in Rechnung stellt und auch mindestens in Rechnung stellen muss. 106

Grundlage der Gebührenberechnung sowohl der Anwaltsgebühren als auch der Gerichtskosten ist der Streit- oder Gegenstandswert, d. h. der Wert dessen, um was die Beteiligten streiten. Für die einzelnen Streit- und Gegenstandswerte hat der Gesetzgeber in Gebührenverzeichnissen Gebührensätze für die einzelnen Tätigkeiten sowie Gebührenhöhe festgelegt. Seit dem 01.09.2009 gilt für Verfahren, die dem FamFG unterliegen, das Gesetz über Gerichtskosten in Familiensachen (FamGKG; Art. 2 ReformG). 107

Der Verfahrenswert für die Scheidung basiert vorwiegend auf dem zusammengerechneten dreifachen Nettoeinkommen beider Eheleute (§ 43 FamGKG) und darf nicht unter 2.000,00 € und nicht über 1 Mio. € angenommen werden. 108

In guten Vermögensverhältnissen wird vom Gericht darüber hinaus auch ein Anteil des Nettovermögens in die Streitwertbemessung einbezogen, der meist zwischen 5 % und 10 % liegt. 109

Zusammen mit der Scheidung ist der Versorgungsausgleich von Amts wegen zu regeln. Nach § 50 FamGKG sind als Wert für jedes Anrecht 10 % des in 3 Monaten erzielten Nettoeinkommens der 110

Ehegatten anzusetzen. Dies auch dann, wenn ein Antrag nach § 3 Abs. 3 VersAusglG nicht gestellt wurde (OLG Düsseldorf, FuR 2010, 525). Für den schuldrechtlichen Ausgleich (§§ 20 ff. VersAusglG) sind je Anrecht 20 % anzusetzen. Nicht einheitlich ist die Rechtsprechung hinsichtlich des Bewertungsstichtages bei Altverfahren (Zeitpunkt der Einreichung des Scheidungsantrages: OLG Jena, FPR 2010, 360; Schneider, FamRZ 2010, 87; Keske, § 50 Rn. 6).

111   Im Fall einer Abfindung ist der Kapitalbetrag entscheidend, denn § 50 Abs. 1 FamGKG enthält hierfür keine Regelung. Für die Auskunft oder auch Abtretung gilt ein Festbetrag von 500,00 € nach § 50 Abs. 2 FamGKG. Das FamG kann nach § 50 Abs. 3 FamGKG im Einzelfall den Wert bestimmen, wenn die Anwendung des Regelwertes unbillig erscheint.

112   Die Gerichtskosten reduzieren sich auf 0,5 (FamGKG, KV 1111), wenn z. B. hinsichtlich der Scheidung auf Begründung und Rechtsmittel verzichtet wird. Dies ergibt sich daraus, dass nach § 38 Abs. 5 FamFG die Vorschriften über den Wegfall einer Begründung nicht anzuwenden sind, andererseits § 113 Abs. 1 FamFG auf die allgemeinen Vorschriften der ZPO und das Verfahren vor den LG verweist. Nach § 313a Abs. 4 ZPO kann nur hinsichtlich der Scheidung auf Tatbestand und Entscheidungsgründe und Rechtsmittel verzichtet werden.

113   Unter bestimmten Voraussetzungen besteht die Möglichkeit einer Scheidung mit nur einem Anwalt: Es müssen alle anlässlich der Scheidung zu regelnden Folgesachen (Unterhalt für Ehegatten und Kinder, Umgangsrecht, Haushalt, Ehewohnung, Güterrecht) bereits vorgerichtlich einvernehmlich geregelt worden sein. Da auf diesen Rechtsgebieten kaum ein Beteiligter seine Rechte und Ansprüche umfassend kennt und auch durchsetzen kann, sollte außergerichtlich auf einen eigenen Anwalt für jeden Beteiligten nicht verzichtet werden.

114   Liegt dann jedoch eine unter Mithilfe der Anwälte erarbeitete einvernehmliche Regelung all dieser Punkte vor, so wird im gerichtlichen Scheidungsverfahren außer der Ehescheidung selbst nur noch der Versorgungsausgleich durchgeführt. Dann ist es ausnahmsweise nicht zwingend erforderlich, dass sich der andere Ehegatte ebenfalls durch einen Anwalt vertreten lässt. Die Erklärung, dass auch er die Fortsetzung der Ehe ablehnt und geschieden werden möchte, ist keine Prozesshandlung und daher hierfür eine Vertretung durch einen Anwalt nicht erforderlich.

115   Da prozessuale Erklärungen eine anwaltliche Vertretung erfordern, sofern nicht ausdrücklich auch ein Antrag durch den Beteiligten – i. d. R. zu Protokoll der Geschäftsstelle – zulässig ist, kann auch ein Verfahren nur mit einem Anwalt durchgeführt werden, sofern nur die Scheidung und der Versorgungsausgleich im Verbund zu entscheiden sind und nur die antragstellende Partei vertreten wird.

116   Ein sog. **Fluranwalt** kann in diesen Fällen die Kosten eines zweiten Anwalts ersparen. Dieser ermöglicht die Nutzung der Kostensparmöglichkeit des Rechtsmittelverzichts und des Verzichts auf Tatbestand und Entscheidungsgründe auch bei einer einvernehmlichen Scheidung mit nur einem Anwalt. Fluranwalt bedeutet, dass nicht für das gesamte gerichtliche Verfahren, sondern nur für eine ganz bestimmte Erklärung (hier: Rechtsmittelverzicht und Verzicht auf Tatbestand und Entscheidungsgründe, für die der Anwaltszwang besteht) ein Anwalt beauftragt wird. Dazu wird einer der vor der Türe des Sitzungssaals (auf dem Flur, daher Fluranwalt) auf den nächsten Termin wartenden Anwälte hereingebeten und um Übernahme dieses kurzen Mandats gebeten.

117   Grds. kann von dieser Praxis nur abgeraten werden. Es bestehen Bedenken, ob der »Fluranwalt« überhaupt ein wirksames Mandat erhalten hat, da er mit dem Beteiligten kein Beratungsgespräch führen konnte, selbst nicht an der Verhandlung teilgenommen hat und deshalb auch die Tragweite eines Rechtsmittelverzichts nicht beurteilen kann. Um diesen Bedenken Rechnung zu tragen, sollte der zweite Anwalt gleich zu Beginn der Verhandlung mit dem Beteiligten vor Gericht erscheinen und im Protokoll als anwesend (Beistand) geführt werden. Nach Verkündung der Endentscheidung erklärt er dann ausdrücklich als Verfahrensbevollmächtigter den Rechtsmittelverzicht. Diese Tätigkeit setzt aber auch voraus, dass ordnungsgemäß abgerechnet wird (§ 10 RVG).

118   Wird der Fluranwalt nur für einen Rechtsmittelverzicht gerufen, muss er sich bewusst sein, dass er sich nicht aus einer Haftung befreien kann. Nur eine gut vorbereitete Scheidung sollte deshalb auf

einen »Fluranwalt« zurückgreifen, da er ein außergerichtliches Beratungsmandat hat und die Tragweite der jeweiligen prozessualen Erklärungen beurteilen kann.

4. Vollmacht

Der in einer Ehesache bevollmächtigte Anwalt bedarf einer besonderen auf das Verfahren gerichteten Vollmacht, die sich auch auf die Folgesachen erstreckt (§ 114 Abs. 5 FamFG). Nicht erforderlich ist die Vorlage bei Gericht, denn im Anwaltsprozess ist die Vollmacht nur aufgrund einer Rüge eines Beteiligten zu prüfen (§ 88 Abs. 2 ZPO). **119**

Zwar ist ausreichend, wenn ein üblicher Vordruck für die Vollmacht verwendet wird, jedoch muss sich ausdrücklich aus dem Text ergeben, dass die Vollmacht für eine Ehesache erteilt wird. Da sich der Umfang der Vollmacht sowohl aus § 114 Abs. 5 FamFG als auch aus den Vorschriften der ZPO erklärt, sollte die besondere Vollmacht wie folgt lauten: **120**

Muster: Verfahrensvollmacht

Ich bevollmächtigte Frau Rechtsanwältin/Herrn Rechtsanwalt .....[1], [2] **121**

zur Vertretung mit[3]
( ) der Scheidung
( ) der Aufhebung der Ehe
( ) der Feststellung des Bestehens oder Nichtbestehens einer Ehe

Diese Vollmacht erstreckt sich kraft Gesetzes auch auf den von Amts wegen durchzuführenden Versorgungsausgleich. Sie soll sich auch auf folgende Scheidungsfolgesachen erstrecken:[4]
( ) alle Folgesachen
( ) nur folgende Folgesachen .....
( ) Antrag auf Versorgungsausgleich bei Ehedauer von unter drei Jahren

1. Bezeichnung als Verfahrensvollmacht. Abgesehen davon, dass für eine außergerichtliche Tätigkeit keine Verfahrensvollmacht erforderlich ist, sollte schon allein für den juristisch nicht gewandten Mandanten durch diese Formulierung klargestellt werden, dass es sich um ein gerichtliches Verfahren handelt.

2. Genaue Bezeichnung des Anwalts. Da der Anwalt eine Legitimation nach § 114 Abs. 5 FamFG benötigt, sollte die Bezeichnung möglichst genau erfolgen. Dies ist auch schon im Hinblick darauf zweckmäßig, weil die überwiegenden Ehesachen i. R. d. Verfahrenskostenhilfe geführt werden und hier keine Beiordnung einer Personenmehrheit, sondern nur einer Einzelperson erfolgt.

3. Bezeichnung des Verfahrens. Da als Ehesachen nach § 121 FamFG die Scheidung, aber auch die Aufhebung der Ehe oder die Feststellung des Bestehens oder Nichtbestehens einer Ehe definiert wird, muss das genaue Verfahren bezeichnet werden.

4. Erstreckung. Der Hinweis, dass im Fall eines Scheidungsverfahrens die Vollmacht auch für alle Folgesachen gilt, ist insb. für den Mandanten wichtig, bei dem nicht die Kenntnis des Gesetzestextes vorausgesetzt werden darf. Dieser Hinweis wird insb. bei der Vollmachterteilung auch Anlass sein, nicht nur über Kosten, sondern auch über die Strategie zu sprechen und erörtern und festlegen, ob und wenn ja welche Folgesachen – neben dem Amtsverfahren Versorgungsausgleich – beantragt werden sollen.

5. Verfahrenskostenvorschuss

Verfahrenskostenhilfe ist **subsidiär**, d. h., wenn und soweit ein **Verfahrenskostenvorschuss** erlangt werden kann, darf keine PKH bewilligt werden. Hinsichtlich des Vorschusses ist nach der Rechtsprechung des BGH (BGH, FamRB 2002, 13) nicht nur zu prüfen, ob es die Billigkeit zulässt, sondern **122** der Vorschussanspruch besteht auch dann nicht, wenn und soweit der beabsichtigten Klage/dem Antrag die hinreichende Erfolgsaussicht i. S. d. § 114 ZPO fehlt (OLG Köln, FamRZ 2003, 97). Die Darlegungslast, dass ein Verfahrenskostenvorschussanspruch entweder nicht besteht oder nicht durchgesetzt werden kann, liegt beim Antragsteller (OLG Koblenz, FamRZ 2003, 97).

123 Materiell besteht ein Anspruch auf Verfahrenskostenvorschuss nach § 1360a Abs. 4 BGB, wenn ein Ehegatte nicht in der Lage ist, die Kosten eines Rechtsstreits zu tragen, der eine persönliche Angelegenheit betrifft. Zwischen Eheleuten besteht der Anspruch nur bis zur rechtskräftigen Scheidung. Wurde der Antrag vor Eintritt der Rechtskraft gestellt entfällt die Zulässigkeit nicht.

124 Voraussetzungen für einen materiellrechtlichen **Vorschussanspruch sind:**
- Unfähigkeit des Antragstellers, die Verfahrenskosten vorzuschießen
- Rechtsverfolgung des Antragstellers weder aussichtslos noch mutwillig
- Heranziehung des Antragsgegners nicht ausnahmsweise unzumutbar
- z. B.: Fall des § 91 Abs. 4 BSHG (so AG Mosbach, FamRZ 1997, 1090)
- Leistungsfähigkeit des Anspruchsgegners
- streitig, ab wann Leistungsunfähigkeit des Verpflichteten besteht
- Einkommen weniger als angemessener Selbstbehalt der Tabelle (so OLG Köln, FamRZ 1999, 792)
- wenn Verpflichteter für Verfahren selbst VKH-Anspruch (auch mit Raten) hätte (wohl h. M.)

125 Abgesehen von diesen materiellen Voraussetzungen ist eine Verweisung auf den Vorschuss dann nicht zulässig, wenn der Schuldner nicht leistungsfähig oder aber die Durchsetzung des Anspruches nicht gewährleistet ist, z. B. bei unbekanntem Aufenthalt des Schuldners. Wurde ein Anspruch zuerkannt und kann in der Vollstreckung der Betrag nicht beigetrieben werden, kann der Gläubiger nicht mehr auf den Vorschuss verwiesen werden, wenn er Verfahrenskostenhilfe beantragt (*Schnitzler/Friederici*, MAH Familienrecht, § 5 Rn. 121).

126 Die **Rückforderung** des geleisteten Verfahrenskostenvorschusses ist möglich bei wesentlicher Besserung der wirtschaftlichen Verhältnisse des Empfängers oder wenn die Vorschusspflicht zu Unrecht bejaht wurde. Die Rückzahlung kann nicht unter Hinweis auf eine erfolgte Entreicherung (§ 818 BGB) abgewehrt werden, denn nach BGH ist Rechtsgrundlage für den Verfahrenskostenvorschuss ein familienrechtlicher Ausgleichsanspruch (FamRZ 2005, 883–886; vgl. auch *Benkelberg*, FuR 2003, 68).

127 Die Verfahrenskostenhilfe (Prozeßkostenhilfe) wird ausführlich behandelt von Keske in Kap. 13 Rdn. 177 ff.

II. Der Scheidungsantrag nach Inhalt und Form

128 Das Scheidungsverfahren wird nach § 124 FamFG durch Einreichung einer Antragsschrift anhängig. Aufgrund der Verweisung auf die Vorschriften der ZPO über die Klageschrift bedarf es der Amtszustellung dieses Antrages, um die Rechtshängigkeit herbeizuführen. Die Wirkung der Rechtshängigkeit wird in den §§ 261, 262 ZPO für das Verfahren als solches geregelt. Die Rechtshängigkeit hat zur Folge, dass die Streitsache nicht mehr anderweitig anhängig gemacht werden kann und auch die Zuständigkeit des Gerichts wird durch eine Veränderung der sie begründenden Umstände nicht berührt. Nach Rechtshängigkeit können also die Eheleute ihren Wohnsitz verlegen, ohne dass damit die Zuständigkeit des angerufenen FamG sich verändert. Zu beachten ist in diesem Zusammenhang, dass dies innerhalb der Europäischen Gemeinschaft schon durch die Einreichung und nicht erst durch die Rechtshängigkeit bewirkt wird.

Die Rechtshängigkeit hat neben diesen prozessualen Wirkungen für das Amtsverfahren des Versorgungsausgleiches folgende Wirkungen: | 129

Die Ehezeit für den Versorgungsausgleich beginnt mit dem ersten Tag des Monats der Eheschließung und endet rechnerisch mit dem letzten Tag des Monats, der der Zustellung der Antragsschrift vorausgeht (§ 3 Abs. 1 VersAusglG). | 130

Da bei einer Ehezeit von bis zu 3 Jahren grds. ein Versorgungsausgleich nur auf Antrag stattfindet (§ 3 Abs. 3 VersAusglG), sollte insb. eine alsbaldige Zustellung angestrebt werden auch in den Fällen, in denen Verfahrenskostenhilfe beantragt wird. Die Ehezeit im Sinne dieser Vorschrift darf daher 36 Monate nicht überschreiten, da ansonsten von Amts wegen der Versorgungsausgleich durchzuführen ist. Für die Antragsteller ist es deshalb ratsam, mit der Einreichung des Scheidungsantrages vor Ablauf von 3 Jahren einen Antrag auf sofortige Zustellung zu stellen. Zwar sieht § 14 GKG nur eine sofortige Zustellung für den Fall vor, dass eine Verzögerung dem Antragsteller einen nicht oder nur schwer zu ersetzenden Schaden bringen würde. Im Hinblick auf den Wegfall der Ausschlussmöglichkeit nach § 1408 Abs. 2 BGB erscheint es jedoch angebracht, auch diese Fallgestaltung nach Sinn und Zweck der Regelung des § 14 Nr. 3b GKG zu unterwerfen. Einseitig kann diese Wirkung durch das FamG nach Überschreitung der 3 Jahre nicht herbeigeführt werden, sondern nur noch durch eine Parteivereinbarung nach § 6 VersAusglG, denn diese Regelungsbefugnis der Ehegatten ist großzügiger als diejenige nach den früheren Vorschriften. Voraussetzung ist jedoch stets das Einvernehmen. | 131

Aufgrund der Verweisung für die Familienstreitsache Scheidung in § 113 Abs. 1 FamFG finden die allgemeinen Vorschriften über die Klageschrift Anwendung. Dies wird nochmals durch § 124 FamFG hervorgehoben, jedoch mit der Maßgabe, dass – wie schon nach alter Rechtslage – statt des Begriffes »Klage« der Begriff des Antrages verwandt wird. Zu beachten ist auch, dass nach § 113 Abs. 5 FamFG die Begriffe der ZPO denjenigen des FamFG angeglichen werden. Die zur Anwendung kommenden Vorschriften der ZPO werden ergänzt durch § 133 FamFG, der für die Antragsschrift besondere ergänzende Anforderungen stellt. | 132

Streitgegenstand der Scheidung ist die Auflösung der bestehenden Ehe. Dies muss aus dem Antrag oder der Antragsbegründung korrekt und unverwechselbar hervorgehen. Ob die konkreten Daten aus der Heiratsurkunde im Antrag oder der Begründung aufgeführt werden oder aber auch nur auf eine Personenstandsurkunde Bezug genommen wird, ist ohne Bedeutung. | 133

1. Muster: Kurzer Ehescheidungsantrag

Ein kurzer Antrag, der möglichst Schreib- und Übertragungsfehler vermeidet, kann lauten: | 134

An das[1] | 135

Amtsgericht

– Familiengericht –

.....

Antrag der .....[2]

wohnhaft .....,

– Antragstellerin –

vertreten durch unterzeichnenden Rechtsanwalt ..... in .....[3]

gegen

den .....[2]

wohnhaft .....

– Antragsgegner –

wegen Ehescheidung[3], [4]

Ich beantrage,[5]

die Ehe der Beteiligten zu scheiden.

Vorläufiger Wert: 3.000,00 €[6]

Begründung:

Die Beteiligten haben am ..... die Ehe geschlossen.[7]

Beweis: anliegendes Familienstammbuch, dessen Rückgabe erbeten wird

1. Zuständiges FamG. Es ist nicht notwendig, den Antrag speziell an das FamG zu richten, da das FamG immer eine besondere Abteilung eines Amtsgerichtes ist. Die Adressierung an die familiengerichtliche Abteilung erleichtert jedoch die Bearbeitung der Eingänge. Bei sehr großen Amtsgerichten, insb. auch wenn schon Eilanträge mit dem Antrag gleichzeitig eingereicht werden, wird der Eingang wesentlich schneller der Familienrechtsabteilung zugeleitet und damit auch bearbeitet.

2. Genaue Beteiligtenbezeichnung. Aufgrund der Verweisung auf die ZPO müssen die Angaben zu den Eheleuten den Anforderungen nach § 253 entsprechen. Nach § 253 Abs. 2 Nr. 1 ZPO muss der Antrag die Bezeichnung der Beteiligten enthalten. Als Soll-Vorschrift fordert § 130 ZPO, dass die Beteiligten mit Namen, Stand oder Gewerbe bezeichnet werden sollen. Auch die Beteiligtenstellung soll angegeben werden.

3. Anwaltliche Vertretung. Für den Antragsteller ist anwaltliche Vertretung notwendig (§ 114 Abs. 1 FamFG). Beim Antragsgegner kann eine Verfahrensvertretung nur mitgeteilt werden, wenn sich ein Anwalt schriftlich ausdrücklich als Bevollmächtigter gemeldet hat; in diesem Fall ist diese schriftliche Mitteilung dem Antrag beizufügen. War der Anwalt bislang nur außergerichtlich tätig, kann er auch aufgeführt werden, jedoch sollte ausdrücklich vermerkt werden, dass er bisher sich nicht als Verfahrensbevollmächtigter gemeldet hat. Dies geschieht üblicherweise durch die Voranstellung der Worte: »bisher außergerichtlich für den Antragsgegner tätig«. Für das Gericht bedeutet dies, dass diesem Anwalt nicht zugestellt werden kann. Bewährt hat sich, ihm von dem Verfahren Kenntnis zu geben, da er sich dann zumeist sofort als Verfahrensbevollmächtigter meldet, was insb. die Zustellung und weiteren Schriftwechsel erheblich erleichtert.

4. Gegenstand des Verfahrens. Sowohl § 130 Abs. 1 ZPO als auch § 253 Abs. 2 Nr. 2 ZPO verlangen die konkrete Angabe zum Gegenstand des Verfahrens. Nach diesen Angaben – i. V. m. der weiteren Begründung – ergibt sich erst die Zuständigkeit des FamG, nicht durch die Adressierung im Eingang des Schriftsatzes.

5. Antrag. Nach § 253 Abs. 2 Nr. 2 ZPO hat der Schriftsatz einen bestimmten Antrag zu enthalten. Damit begrenzt der Antragsteller den Umfang des Verfahrens. Nur für Verfahren der freiwilligen Gerichtsbarkeit, auf die grds. nicht die ZPO-Vorschriften zur Anwendung kommen, sind Angaben ausreichend, aus denen das Gericht entnehmen kann, wo es Probleme gibt, deren Lösung der Antragsteller erreichen möchte. Kein konkreter Antrag ist z. B. auch für den Versorgungsausgleich erforderlich und auch nicht möglich, da erst durch die Amtsermittlung festgestellt wird, was zu geschehen hat. Dies ist auch der Grund, weshalb in FG-Verfahren in der jeweiligen Entscheidung formulierte Anträge der Beteiligten nur Wünsche darstellen, an die das Gericht nicht gebunden ist und deshalb wird auch nur über den Streit entschieden, ohne dass als Antrag formulierte Wünsche der Beteiligten zurückgewiesen werden. Nur bei der Kostenentscheidung können im Einzelfall das Verhalten und Mitwirken berücksichtigt werden, nicht aber ein Obsiegen oder Unterliegen im Sinne von § 92 ZPO.

6. Geschäftswert. Der Vorschuss auf die Gerichtskosten ist nach § 9 Abs. 1 FamGKG fällig mit Eingang der Antragsschrift. Da nach § 44 Abs. 1 FamGKG der Verbund von Scheidung und

Versorgungsausgleich als ein Verfahren gilt, ist grds. der Mindestwert nach § 43 FamGKG von 2.000,00 € für die Scheidung und von 1.000,00 € für den Versorgungsausgleich nach § 50 FamGKG anzusetzen. Haben die Beteiligten Erwerbseinkommen, sollte der Vorschuss für die Scheidung sich an dem nach § 43 Abs. 3 FamGKG zu bestimmenden Wert orientieren (dreifaches Nettoeinkommen der Eheleute). Die Zustellung soll erst nach Zahlung des Vorschusses erfolgen (§ 14 FamGKG).

7. Daten der Eheschließung. Die konkrete Bezeichnung erfolgt regelmäßig nach dem Datum der Eheschließung und den weiteren Angaben, wie sie in der Personenstandsurkunde amtlich vermerkt sind. Es ist nicht erforderlich, diese Daten im Antrag und der Begründung zu wiederholen, wenn mit der öffentlichen Urkunde nach dem PersonenstandsG diese nachgewiesen werden. Für den Scheidungsbeschluss ist jedoch ratsam, die Daten in den Tenor aufzunehmen, dies insb. dann, wenn – was häufig der Fall ist – auf Tatbestand und Entscheidungsgründe verzichtet wird. Die Vorlage des Stammbuches oder der Heiratsurkunde ist nach § 133 Abs. 2 FamFG nicht zwingend.

Für die **Zulässigkeit** eines Scheidungsantrage stellt das Gesetz jedoch noch weitere Forderungen. Zwar bestimmt § 133 FamFG, dass die Antragsschrift weitere Angaben enthalten muss und diese sind Zulässigkeitsvoraussetzungen. Es ist aber auch in diesem Fall stets ausreichend, wenn die allgemeinen und besonderen Zulässigkeitsvoraussetzungen im Zeitpunkt der letzten mündlichen Verhandlung vorliegen. Um das Risiko zu minimieren und auch mit dem Ziel einer zügigen und straffen Bearbeitung sollten die Mitteilungspflichten möglichst schon mit dem Antrag erfüllt werden.   136

Erforderlich ist die Angabe, ob **gemeinschaftliche minderjährige Kinder** vorhanden sind und auch, wo sich ihr gewöhnlicher Aufenthalt befindet.   137

2. Muster: Mitteilungspflicht nach § 133 Abs. 1 Nr. 1 FamFG

Aus der Ehe der Beteiligten sind folgende noch minderjährige Kinder hervorgegangen:[1]   138

Name: .....   Aufenthalt bei: .....

Name: .....   Aufenthalt bei: .....

Name: .....   Aufenthalt bei: .....

Die Geburtsurkunden aller Kinder liegen in Ablichtung an.[2]

1. Minderjährige Kinder. Die Mitteilung ist eine Zulässigkeitsvoraussetzung. Sind keine minderjährigen gemeinschaftlichen Kinder mehr vorhanden, ist eine Mitteilung als Negativmitteilung erforderlich. Es handelt sich um eine Zulässigkeitsvoraussetzung.

2. Geburtsurkunden. Die Vorlage mit der Antragsschrift ist zwar nicht erforderlich und es handelt sich auch nicht um eine Zulässigkeitsvoraussetzung (§ 133 Abs. 2 FamFG). Zweckmäßig ist es jedoch, die Vorlage mit der Antragsschrift zu verbinden, da das Fehlen der Urkunden im Schlusstermin notwendig zur Vertagung der Scheidung führt.

Weiterhin muss die Antragsschrift die Erklärung enthalten, ob die Beteiligten über mögliche **Folgesachen** eine Einigung schon herbeigeführt haben. Dies betrifft insb. die Regelung über die elterliche Sorge, den Umgang und die Unterhaltspflicht ggü. den gemeinschaftlichen minderjährigen Kindern sowie die durch die Ehe begründete gesetzliche Unterhaltspflicht, die Rechtsverhältnisse an der Ehewohnung und am Haushalt. Im Gegensatz zu der nach altem Recht in § 630 ZPO enthaltenen Vorschrift ist eine Einigung in einer vollstreckbaren Urkunde über diese Gegenstände nicht mehr Voraussetzung für eine einverständliche Scheidung nach § 1566 BGB. Vielmehr dient diese Mitteilung einerseits dem Gericht als Information über den eventuellen Streitstand, andererseits ist er auch für die Ehegatten ein Hinweis über evtl. notwendige oder zweckmäßige Regelungen. Haben sich die Ehegatten über alle oder einige Streitpunkte geeinigt, muss dies dem FamG mitgeteilt werden. Es besteht aber keine Verpflichtung, den Inhalt der Vereinbarung mitzuteilen (*Löhnig* FamRZ 2009, 7, 137, 738; *Heinemann*, FamR 2010, 121–122). Der Verfahrensbevollmächtigte muss also entweder   139 mitteilen, über welche Gegenstände sich die Ehegatten geeinigt haben oder aber, dass bisher keine Einigung erfolgt ist. Zweckmäßig erscheint es in diesem Zusammenhang, wenn schon laufende Gespräche zwischen den Ehegatten begonnen haben und dies auch dem Gericht mitgeteilt wird.

3. Muster: Mitteilung nach § 133 Abs. 1 Nr. 2: Einigung der Eheleute

140 Die Eheleute haben sich über Folgesachen im Sinne von § 133 Abs. 1 FamFG
( ) nicht geeinigt.

Im Falle, dass keine Einigung vorliegt:
( ) Es werden zurzeit noch außergerichtliche Gespräche mit der Ziel einer Einigung geführt.
( ) Die Voraussetzungen für Vereinbarungen liegen nicht vor.

141 Unmittelbare Rechtsfolgen sind mit der Unterlassung dieser Mitteilung nicht verbunden. Werden die notwendigen Mitteilungen nachgeholt, ist zu beachten, dass sie als Teil des Scheidungsantrages dem Anwaltszwang nach § 114 FamFG unterliegen.

142 Eine weitere Mitteilungspflicht besteht nach § 133 Abs. 1 Nr. 3 FamFG. Sind bei einem anderen Gericht Familiensachen anhängig, an denen beide Ehegatten beteiligt sind, ist dies dem Gericht der Scheidung unter Angabe der konkreten Bezeichnungen (Az., Gericht, Gegenstand des Verfahrens) mitzuteilen. Ebenso wie nach § 621 Abs. 2, 3 ZPO ändert sich der Gerichtsstand für alle Verfahren nach Anhängigkeit und Rechtshängigkeit der Ehesache. Bis zur Anhängigkeit der Ehesache gilt der allgemeine Gerichtsstand, ab Anhängigkeit der Ehesache ist für neue Anträge nur noch das Gericht der Ehesache zuständig. Wird die Ehesache rechtshängig, sind alle noch nicht beim FamG abgeschlossenen Verfahren an das Gericht der Ehesache abzugeben. Dies wird nach dem FamFG nicht mehr in einer einzigen Vorschrift geregelt, sondern ergibt sich aus den jeweiligen Verfahrensabschnitten. Für Kindschaftssachen folgt dies aus den §§ 152, 153 FamFG, für Wohnungszuweisung und Hausrat aus den §§ 201, 202 FamFG, für Unterhaltssachen aus den §§ 232, 233 FamFG, für Güterrechtsverfahren aus den §§ 262, 263 FamFG und schließlich für die sonstigen Familiensachen aus den §§ 267, 268 FamFG.

4. Muster: Mitteilung über anderweitige Verfahren nach § 133 Abs. 1 Nr. 3 FamFG

143 ( ) Es sind keine anderen Familiensachen anhängig.
( ) Es sind folgende Familiensachen zwischen den Beteiligten anderweitig anhängig:

Az: .....   Gericht: .....   Gegenstand des Verfahrens: .....

Az: .....   Gericht: .....   Gegenstand des Verfahrens: .....

Az: .....   Gericht: .....   Gegenstand des Verfahrens: .....

Az: .....   Gericht: .....   Gegenstand des Verfahrens: .....

144 Diese Angaben waren auch schon nach § 622 ZPO erforderlich und lösten damals nach § 621 Abs. 2, 3 ZPO, heute nach verschiedenen Vorschriften eine Veränderung der örtlichen Zuständigkeit für die noch anhängigen Verfahren aus.

145 Sind die Erklärungen nach § 133 Abs. 1 Nr. 2 FamFG unvollständig, muss das FamG auf den Mangel hinweisen (§ 139 ZPO) und darf deshalb den Antrag nicht aus formellen Gründen abweisen (Heinemann, FamFR 2010, 123).

146 Nach den bisherigen ZPO-Vorschriften löste die **Anhängigkeit einer Ehesache** schon die Wirkung aus, dass ab diesem Zeitpunkt nur noch beim FamG der Ehesache neue Verfahren anhängig werden konnten. Diese Regelung ist auch im FamFG enthalten. Entsprechend der früheren Regelung in

§ 621 Abs. 2 ZPO hat die Anhängigkeit der Ehesache zur Folge, dass neue familienrechtliche Anträge nur noch bei dem Gericht der Ehesache anhängig gemacht werden können. Dies ergibt sich jetzt aus einer Vielzahl von Einzelregelungen, und zwar aus den §§ 152 (Kindesunterhalt), 201 (Ehewohnungs- und Haushaltssachen), 232 (Unterhaltssachen), 262 (Güterrechtssachen), 267 (Sonstige Familiensachen) FamFG.

Die Rechtshängigkeit der Ehesache führt wie früher nach § 621 Abs. 3 ZPO dazu, dass die noch nicht im ersten Rechtszug entschiedenen Familiensachen abzugeben sind an das Gericht der Ehesache. Befindet sich ein Verfahren im Rechtsmittel, hat dies auf die Zuständigkeit keinen Einfluss. 147

Die **Abgabe** erfolgt von Amts wegen. Aufgrund der ausdrücklichen Verweisung auf § 281 Abs. 2 und 3 Satz 1 ZPO ist der Abgabebeschluss nicht anfechtbar. Mit Eingang beim Gericht der Ehesache ist das Verfahren bei diesem Gericht anhängig. 148

Der von § 133 Abs. 1 FamFG vorgeschriebene Inhalt der Antragsschrift muss bis zur letzten mündlichen Verhandlung vorliegen, da es sich um **Zulässigkeitsvoraussetzungen** handelt. Eine scheinbare Ausnahme gibt es im Verfahren über die Verfahrenskostenhilfe, da für die Prüfung der Erfolgsaussichten der Zeitpunkt der Beschlussfassung von Bedeutung ist und bei Fehlen von Zulässigkeitsvoraussetzungen diese zu verneinen wäre. 149

Der Antragsschrift soll nach § 133 Abs. 2 FamFG die Heiratsurkunde und, sofern die Voraussetzungen vorliegen, die Geburtsurkunden der gemeinschaftlichen minderjährigen Kinder beigefügt werden. Insoweit handelt es sich nicht um Zulässigkeitsvoraussetzungen. Die Vorlage der Heiratsurkunde ist zwar für die letzte mündliche Verhandlung zwingend erforderlich, da nur aufgrund dieser Urkunde nach dem Personenstandsgesetz die Tatsache der wirksamen Eheschließung nachgewiesen werden kann. Die Einreichung dieser Urkunde aber schon mit der Antragsschrift ist unbedingt notwendig, da ansonsten das FamG nicht von Amts wegen die Ehezeit i. S. d. Versorgungsausgleiches feststellen kann. Das FamG kann jedoch die Vorlage erst in der letzten mündlichen Verhandlung oder einen anderen Nachweis der Eheschließung verlangen. Um zu vermeiden, dass die Ehezeit im Versorgungsausgleich fehlerhaft angenommen wird, was insb. auch im Hinblick auf die Nichtdurchführung bei einer Ehe bis 3 Jahre von Bedeutung ist, sollte der Verfahrensbevollmächtigte zumindest eine Ablichtung der Heiratsurkunde schon mit dem Scheidungsantrag einreichen. 150

III. Die Scheidung und die gerichtliche Zuständigkeit

1. Die internationale Zuständigkeit

Durch das Recht der Europäischen Gemeinschaft sind viele insbesondere formelle Bereiche des Familien- und insbes. des Scheidungsrechtes vereinheitlicht worden. Hierzu gehören die Möglichkeit der Rechtswahl (ROM III) ebenso wie Fragen der nationalen Zuständigkeit (Brüssel IIa sog. Revised editon). Wegen der Einzelheiten wird zwecks Vermeidung von Wiederholungen verwiesen auf *Martiny* Kapitel 16. 151

Das internationale Zivilverfahrensrecht im FamFG erläutert ausführlich auch *Hauß* (FamRZ 2009, 821–826). 152

2. Die örtliche Zuständigkeit

Durch EU-Recht wird die weder die örtliche Zuständigkeit noch das materielle Recht verändert und auch das Verfahrensrecht des jeweils zuständigen Gerichtes kommt zur Anwendung. Bis zum 31.08.2009 wurde die örtliche Zuständigkeit für eine Ehesache in § 606 ZPO geregelt. 153

Für Eheverfahren, die nach diesem Stichtag anhängig werden, enthält § 122 FamFG die Zuständigkeitsregeln. Diese örtliche Zuständigkeit ist eine ausschließliche, was ausdrücklich schon im Einleitungssatz der Vorschrift steht mit der Folge, dass keine Gerichtsstandsvereinbarungen zulässig sind und die örtliche Zuständigkeit immer von Amts wegen zu prüfen ist. 154

155   Die Vorschrift enthält eine Rangfolge und um die örtliche Zuständigkeit zu prüfen, muss der Katalog beginnend mit Ziff. 1 geprüft werden.

156   Zuständig für eine Ehesache ist das Gericht, in dessen Bezirk
       – einer der Ehegatten mit allen gemeinschaftlichen minderjährigen Kindern seinen gewöhnlichen Aufenthalt hat (Nr. 1);
       – einer der Ehegatten mit einem Teil der gemeinschaftlichen Kinder seinen gewöhnlichen Aufenthalt hat, sofern bei dem anderen Ehegatten keine gemeinschaftlichen minderjährigen Kinder ihren gewöhnlichen Aufenthalt haben (Nr. 2);
       – die Ehegatten ihren gemeinsamen gewöhnlichen Aufenthalt zuletzt gehabt haben, wenn einer der Ehegatten bei Eintritt der Rechtshängigkeit im Bezirk dieses Gerichts seinen gewöhnlichen Aufenthalt hat (Nr. 3);
       – der Antragsgegner seinen gewöhnlichen Aufenthalt hat (Nr. 4);
       – der Antragsteller seinen gewöhnlichen Aufenthalt hat (Nr. 5);
       – und in allen anderen Fällen ist das Amtsgericht Schöneberg in Berlin zuständig (Nr. 6).

3. Muster: Begründung der Zuständigkeit nach § 122 FamFG

157   ( ) Einer der Ehegatten hat mit allen gemeinschaftlichen minderjährigen Kindern seinen gewöhnlichen Aufenthalt im Gerichtsbezirk (Nr. 1).
       ( ) Einer der Ehegatten hat mit einem Teil der gemeinschaftlichen Kinder seinen gewöhnlichen Aufenthalt und bei dem anderen Ehegatten haben keine gemeinschaftlichen minderjährigen Kinder ihren gewöhnlichen Aufenthalt (Nr. 2).
       ( ) Die Ehegatten hatten ihren gemeinsamen gewöhnlichen Aufenthalt zuletzt im Gerichtsbezirk und einer der Ehegatten hat noch bei Eintritt der Rechtshängigkeit im Bezirk dieses Gerichts seinen gewöhnlichen Aufenthalt hier (Nr. 3).
       ( ) Der Antragsgegner hat seinen gewöhnlichen Aufenthalt im Bezirk des Gerichts (Nr. 4).
       ( ) Der Antragsteller hat seinen gewöhnlichen Aufenthalt im Bezirk des Gerichts (Nr. 5).
       ( ) Zuständig ist das Amtsgericht Schöneberg in Berlin (Nr. 6), da kein anderer Gerichtsstand besteht.

158   Bei Streit über die Zuständigkeit erfolgt die Bestimmung des zuständigen Gerichtes nach § 5 FamFG. Bei Streit zwischen zwei Gerichten ist nicht der BGH zuständig für die Bestimmung, sondern nach beiden Verfahrensarten dasjenige nächsthöhere Gericht – also das OLG –, zu dessen Bezirk das zuerst mit der Sache befasste Gericht gehört (§ 5 Abs. 2 FamFG). Im Gegensatz zur früheren Regelung in § 36 Abs. 3 ZPO ist keine Divergenzvorlage an den BGH möglich, die Entscheidung über die Bestimmung des zuständigen Gerichts ist nicht anfechtbar (§ 5 Abs. 3 FamFG).

159   Die Rechtshängigkeit der Ehesache hat hinsichtlich der Zuständigkeit für andere Familiensachen zwischen den Beteiligten die Wirkung, dass alle noch nicht in erster Instanz entschiedenen Verfahren von Amts wegen an das Gericht der Ehesache abgegeben werden müssen. War dies bisher in § 621 Abs. 3 ZPO für alle Verfahren geregelt, ergibt sich dies jetzt aus den Regelungen in den verschiedenen Abschnitten (§§ 153, 202, 233, 263 und 268 FamFG). Anders als nach alter Rechtslage hat die Anhängigkeit noch keine Auswirkung auf die Zuständigkeit.

IV. Wirkungen der Rechtshängigkeit

160   Die Zustellung der Antragsschrift hat neben der Rechtshängigkeit auch eine weit darüber hinausgehende Bedeutung. Der zu erfassende Zeitraum wird dahin gehend definiert, dass als Ehezeit i. S. d. Vorschriften über den Versorgungsausgleich die Zeit gilt vom Beginn des Monats, in dem die Ehe geschlossen worden ist, bis zum Ende des Monats, der dem Eintritt der Rechtshängigkeit des Scheidungsantrages vorausgeht (Legaldefinition § 3 VersAusglG).

161   Das **Ende der Ehezeit** wird durch den Eintritt der Rechtshängigkeit des Scheidungsantrages bestimmt, der den zur Scheidung führenden Rechtsstreit ausgelöst hat. Das ist regelmäßig der älteste

noch rechtshängige Antrag, auch wenn es zur Aussetzung oder zum tatsächlichen Stillstand dieses Scheidungsverfahrens gekommen war (BGH, Beschl. v. 07.12.2005 – XII ZB 34/01; BGH, FamRZ 2004, 1364). Der Versorgungsausgleich erstreckt sich gem. § 2 VersAusglG auf die von beiden Beteiligten in der Ehezeit erworbenen Anwartschaften auf Alters- und Invaliditätsversorgung. Gem. § 3 VersAusglG gilt als Ehezeit die Zeit vom Beginn des Monats, in dem die Ehe geschlossen worden ist, bis zum Ende des Monats, der dem Eintritt der Rechtshängigkeit des Scheidungsantrags vorausgeht.

Haben beide Ehegatten Scheidungsantrag gestellt, kommt es daher für das Ehezeitende darauf an, welcher Antrag zuerst zugestellt worden ist. Führt der Antragsteller im Scheidungsverfahren in der Antragsschrift den Verfahrensbevollmächtigten der Gegenseite auf und legt er gleichzeitig außergerichtliche Korrespondenz vor, in dem dieser darum gebeten hat, als Verfahrensbevollmächtigter bezeichnet zu werden, so muss an diesen Verfahrensbevollmächtigten zugestellt werden; eine Zustellung an den Beteiligten ist in diesem Fall unzulässig und unwirksam. Eine Heilung tritt nicht dadurch ein, dass außergerichtlich ein Schriftstück übermittelt wird, das mit dem zuzustellenden inhaltlich übereinstimmt (OLG Zweibrücken, FamRZ 2006, 128). | 162

Mängel der Antragsschrift, z. B. Antrag nur für den Fall der Bewilligung von PKH und dennoch erfolgte Zustellung, können das Ende der Ehezeit nicht wirksam herbeiführen (OLG Naumburg, FamRZ 2002, 401; OLG Naumburg OLG Report, Naumburg 2002, 164). Erfolgt die Scheidung in Italien, ist nicht auf die Trennung und ihren gerichtlichen Vollzug abzustellen, sondern auch in diesem Fall auf die Rechtshängigkeit des Scheidungsantrages (OLG Saarbrücken, FamRBint 2005, 3). | 163

Die Zustellung des Scheidungsantrages ist sowohl für das Ende der Ehezeit für den Versorgungsausgleich (Ehezeit) als auch für den Stichtag für die Berechnung des Zugewinns von Bedeutung. Es bedarf stets der Amtszustellung durch das FamG, die Einreichung beim VG führt zwar dort zur Rechtshängigkeit eines Verwaltungsrechtsstreits (§§ 81, 90 VwGO), nicht aber zur Rechtshängigkeit in einer Ehesache (*Völlings/Fülbier*, FuR 2003, 9, 12). | 164

Für eine Ausschlussvereinbarung nach § 1408 BGB war bis zum 31.08.2009 die Zustellung innerhalb der Jahresfrist insoweit von Bedeutung, dass der Ausschluss dann unwirksam war, falls die Ehe aufgrund dieses Verfahrens geschieden wird. Zu beachten ist, dass die rechtzeitige Einreichung ausreichend war, sofern die alsbaldige Zustellung erfolgte (§ 167 ZPO); die Stellung eines Verfahrenskostenhilfe-Antrages ist hingegen grds. nicht genügend. Der BGH hat die Zustellung in einem Zeitraum von rd. 2 Monaten noch als »demnächst« eingestuft (BGH, FamRZ 2005, 598). | 165

Dies bedeutet für einen am 31.08.2009 eingereichten Scheidungsantrag und eine Vereinbarung nach § 1408 Abs. 2 BGB, dass die Zustellung auch zu einem späteren Zeitpunkt vor Ablauf der Jahresfrist die Unwirksamkeit der Vereinbarung nicht mehr herbeiführen kann. Stattdessen ist sie nach den §§ 6 ff. VersAusglG einer Wirksamkeits- bzw. Ausübungskontrolle zu unterziehen. | 166

Für den Zugewinn ist die Zustellung selbst der **Berechnungsstichtag**, auch wenn die Auflösung der Ehe und damit das Ende des Zugewinns erst mit Rechtskraft der Ehescheidung eintritt (§§ 1372, 1384 BGB). | 167

Mängel der Zustellung des Scheidungsantrages können nach § 187 ZPO geheilt werden. Dies setzt aber voraus, dass die Absendung durch die Geschäftsstelle zum Zwecke der Zustellung erfolgt, hierbei aber Mängel auftreten. Wird der Schriftsatz nur »zur Kenntnis« übersandt, fehlt der Wille zur Zustellung, eine Heilung ist nicht möglich (OLG Naumburg, Beschl. v. 07.11.2005 – 8 UF 194/05; HK-ZPO/*Eichele* § 189 Rn. 5). | 168

Ist die Zustellung korrekt erfolgt, verkennt jedoch das FamG oder mit ihm auch die Beteiligten die für die Feststellung vorliegenden Tatsachen, kann der **Subsumtionsfehler** (BGH, FamRZ 2004, 786 m. Anm. *Scharnberg* in jurisPR FamR 5/2004) korrigiert werden. Nicht erforderlich war es, dass im Erstverfahren hinsichtlich des unrichtigen Endes der Ehezeit das Beschwerdeverfahren ausgeschöpft wurde. Diese Korrektur setzt eine wirksame Zustellung voraus und lässt die Korrektur nur für die Fälle zu, in denen die feststehenden Tatsachen nicht korrekt rechtlich gewürdigt wurden. | 169

170   Ist die Zustellung des Scheidungsantrages erfolgt, muss das Gericht als Folge der **Mitteilungspflicht** nach § 133 FamG allen Gerichten, bei denen noch Familiensachen der Beteiligten anhängig sind, von der Rechtshängigkeit Kenntnis geben. Soweit noch keine abschließende Entscheidung im ersten Rechtszug ergangen ist, muss das Verfahren abgegeben werden an das Gericht der Ehesache. Dies wird in den §§ 153, 202, 233, 263 und 268 FamFG geregelt. Die **Abgabe** ist nicht anfechtbar.

V. Die einverständliche Scheidung

1. Einverständliche Scheidung nach altem Recht

171   Bis zum Inkrafttreten des FamFG war in § 630 ZPO eine ergänzende Vorschrift für die Scheidung enthalten. Da ein Hinweis in den §§ 1564 ff. BGB auf diese Vorschrift fehlte, wurde sie in der Praxis weitgehend nicht beachtet. Für die Scheidung nach einem bis 3 Trennungsjahren und bei Zustimmung des anderen Ehegatten zur Scheidung musste der Scheidungsantrag auch die Mitteilung enthalten, dass der andere Teil der Scheidung zustimmt. Wenn minderjährige Kinder vorhanden waren, musste die übereinstimmende Erklärung mitgeteilt werden, dass Anträge zur Übertragung der elterlichen Sorge oder eines Teils hiervon nicht gestellt werden sollen oder aber, dass eine Einigung erfolgt ist und der Antrag gemeinsam erfolgt. Dasselbe wurde gefordert für das Umgangsrecht. Außerdem erforderlich war die Mitteilung, dass hinsichtlich Kindes- und Ehegattenunterhalts eine Einigung erfolgt war, ebenso zur Aufteilung des Hausrats und zur Nutzung der ehelichen Wohnung. Nach § 630 Abs. 3 ZPO sollte das Gericht dem Scheidungsantrag erst stattgeben, wenn die Beteiligten einen vollstreckbaren Schuldtitel errichtet haben.

2. Einverständliche Scheidung ab 01.09.2009

172   Nachdem das gesamte 6. Buch der ZPO, also auch diese Vorschrift, ersatzlos entfallen ist mit Wirkung vom 01.09.2009, liegt eine einverständliche Scheidung vor, wenn der Antragsteller vorträgt, dass die Trennung zwischen einem und höchstens 3 Jahren liegt und der andere Ehegatte der Scheidung zustimmt. In diesem Fall wird – solange die Zustimmung nicht widerrufen ist – unwiderlegbar vermutet, dass die Ehe gescheitert ist. Aufgrund der Legaldefinition des § 1566 BGB ist damit die negative Zukunftsprognose bewiesen und es bedarf keines Sachvortrages diesbezüglich.

173   Da bei Einreichung des Scheidungsantrages die **Zustimmung** noch nicht erklärt ist, eine später erklärte Zustimmung **frei widerruflich** ist, muss der Verfahrensbevollmächtigte sich dieses Risikos bewusst sein und Vorkehrungen für diesen Fall treffen. Dies bedeutet, einen vorbereiteten Schriftsatz in der mündlichen Verhandlung parat zu haben, in dem zur Zerrüttung vorgetragen wird unter Beweisantritt. Statt einer Zustimmung kann auch die Gegenseite ihrerseits die Scheidung der Ehe beantragen und dieser Gegenantrag wird wie eine Zustimmung behandelt (§ 1566 Abs. 1 BGB).

a) Muster: Antrag auf einverständliche Scheidung

174   Den Antrag auf einverständliche Scheidung der Ehefrau begründe ich wie folgt:

Die Beteiligten leben seit dem ..... getrennt im Sinne von § 1567 BGB, also mehr als ein Jahr, aber noch keine drei Jahre.[1]

Der Ehemann hat sich gegenüber seiner Ehefrau erklärt, dass er dem Scheidungsbegehren zustimmt und wird diese Zustimmung entsprechend erklären.[2]

Es wird daher unwiderlegbar vermutet, dass die Ehe der Beteiligten gescheitert ist (§ 1566 Abs. 1 BGB).[3]

Rein vorsorglich wird ergänzend vorgetragen, dass beide Beteiligten sich inzwischen einem anderen Partner zugewandt haben, sodass mit einer Wiederherstellung der ehelichen Lebensgemeinschaft nicht mehr gerechnet werden kann.[4]

Beweis rein vorsorglich: Parteivernehmung der Ehegatten

1. Trennungszeit. Erforderlich ist die konkrete Angabe, ab wann die Beteiligten getrennt leben. Die Trennung kann nach § 1567 BGB auch innerhalb der Wohnung erfolgt sein. Die Rechtsprechung verlangt insoweit, dass die häusliche Gemeinschaft weitestgehend aufgehoben ist, es wird nur noch ein Restmaß an Gemeinsamkeiten akzeptiert. Kein Getrenntleben liegt vor, wenn nach wie vor das gemeinsame Schlafzimmer weiter benutzt wird (OLG Hamm, FamRZ 1999, 723) oder wechselseitig unverändert Versorgungsleistungen erbracht werden (OLG Zweibrücken, FamRZ 2000, 1418).

Obwohl die Voraussetzungen nach § 1566 BGB erst im Zeitpunkt der letzten mündlichen Verhandlung vorliegen müssen, muss in fast allen Scheidungsfällen darauf geachtet werden, dass die zeitlichen Voraussetzungen schon bei der Antragseinreichung vorliegen, da für die Mehrzahl der Verfahren Verfahrenskostenhilfe beantragt wird und diese Prüfung abstellt auf den Zeitpunkt der Beantragung von Verfahrenskostenhilfe, nicht aber auf die spätere mündliche Verhandlung.

2. Zustimmung. Die Zustimmung zur Scheidung kann nach § 134 FamFG – ebenso wie die Rücknahme – zur Niederschrift der Geschäftsstelle oder in der mündlichen Verhandlung zur Niederschrift des Gerichts erklärt werden. Der Widerruf ist bis zum Schluss der mündlichen Verhandlung, in der über die Scheidung der Ehe entschieden wird, zulässig.

3. Zerrüttung. Neben der Trennung von mindestens einem Jahr als Regelfall verlangt das Gesetz auch die Feststellung, dass die Ehe gescheitert ist. Dies ist dann der Fall, wenn nach menschlichem Ermessen mit einer Wiederherstellung der ehelichen Lebensgemeinschaft nicht mehr zu rechnen ist. Im Fall der einverständlichen Scheidung bedarf es keines Tatsachenvortrages zur Zerrüttung, da nach dem Gesetzeswortlaut die Zerrüttung unwiderlegbar vermutet wird.

4. Hilfsvortrag. Schon mit dem Hinweis auf die angekündigte Zustimmung ist das Scheidungsbegehren schlüssig vorgetragen. Der Hilfsvortrag erfolgt vorsorglich für den Fall, dass entweder die Zustimmung letztlich doch nicht erteilt oder aber widerrufen wird. Im Grundsatz stellt dieser Scheidungsantrag noch auf das Einverständnis ab, trifft aber Vorkehrungen für den Fall, dass die Voraussetzungen dann doch nicht erfüllt werden oder wegfallen. Für die Beteiligten zählt vorrangig die Tatsache, dass sie einverständlich die Scheidung begehren.

Die Zustimmung zur Scheidung kann nach §§ 114 Abs. 4 Nr. 3, 134 FamFG durch den Beteiligten selbst erklärt und auch widerrufen werden, da sowohl die Zustimmung als auch der Widerruf zur Niederschrift der Geschäftsstelle oder des Gerichts erklärt werden kann. Der Widerruf ist bis zum Schluss der mündlichen Verhandlung, in der über die Scheidung entschieden wird, zulässig. Da auch der Scheidungsantrag bis zu diesem Zeitpunkt noch zurückgenommen werden kann (§§ 114 Abs. 4 Nr. 3, 141 FamFG), sollte die Zustimmung zur Scheidung verbunden werden mit einem eigenen Antrag auf Scheidung der Ehe. **175**

Der gesamte Antrag im Fall einer einverständlichen Scheidung hat demzufolge folgenden notwendigen bzw. zweckmäßigen Inhalt: **176**

b) Muster: Umfassender Antrag auf einverständliche Scheidung

An das **177**

Amtsgericht

– Familiengericht –

.....

Antrag

der .....

wohnhaft .....

– Antragstellerin –

vertreten durch unterzeichnenden Rechtsanwalt ..... in .....

gegen

den .....

wohnhaft .....

– Antragsgegner –

Verfahrensbevollmächtiger: .....

wegen Ehescheidung

Ich beantrage,

die Ehe der Beteiligten zu scheiden.

Vorläufiger Wert: 3.000,00 €

Begründung:

Die Beteiligten haben am 14.07.1999 die Ehe geschlossen.

Beweis: Familienstammbuch, dessen Rückgabe erbeten wird
( ) Einer der Ehegatten hat mit allen gemeinschaftlichen minderjährigen Kindern seinen gewöhnlichen Aufenthalt im Gerichtsbezirk (Nr. 1).
( ) Einer der Ehegatten hat mit einem Teil der gemeinschaftlichen Kinder seinen gewöhnlichen Aufenthalt und bei dem anderen Ehegatten haben keine gemeinschaftlichen minderjährigen Kinder ihren gewöhnlichen Aufenthalt (Nr. 2).
( ) Die Ehegatten hatten ihren gemeinsamen gewöhnlichen Aufenthalt zuletzt im Gerichtsbezirk und einer der Ehegatten hat noch bei Eintritt der Rechtshängigkeit im Bezirk dieses Gerichts seinen gewöhnlichen Aufenthalt hier (Nr. 3).
( ) Der Antragsgegner hat seinen gewöhnlichen Aufenthalt im Bezirk des Gerichts (Nr. 4).
( ) Der Antragsteller hat seinen gewöhnlichen Aufenthalt im Bezirk des Gerichts (Nr. 5).
( ) Zuständig ist das Amtsgericht Schöneberg in Berlin (Nr. 6), da kein anderer Gerichtsstand besteht.
( ) Es sind keine anderen Familiensachen anhängig.
( ) Es sind folgende Familiensachen zwischen den Beteiligten anderweitig anhängig:

Az: .....   Gericht: .....   Gegenstand des Verfahrens: .....

Az: .....   Gericht: .....   Gegenstand des Verfahrens: .....

Az: .....   Gericht: .....   Gegenstand des Verfahrens: .....

Az: .....   Gericht: .....   Gegenstand des Verfahrens: .....

Den Antrag auf einverständliche Scheidung der Ehefrau begründe ich wie folgt:

Die Beteiligten leben seit dem ..... getrennt im Sinne von § 1567 BGB, also mehr als ein Jahr, aber noch keine drei Jahre.

Der Ehemann hat sich gegenüber seiner Ehefrau erklärt, dass er dem Scheidungsbegehren zustimmt und wird diese Zustimmung entsprechend erklären.

Es wird daher unwiderlegbar vermutet, dass die Ehe der Beteiligten gescheitert ist (§ 1566 Abs. 1 BGB).

Rein vorsorglich wird ergänzend vorgetragen, dass beide Beteiligten sich inzwischen einem anderen Partner zugewandt haben, sodass mit einer Wiederherstellung der ehelichen Lebensgemeinschaft nicht mehr gerechnet werden kann.

Beweis rein vorsorglich: Parteivernehmung der Ehegatten

3. Versorgungsausgleich

Ausführungen zum Amtsverfahren **Versorgungsausgleich** sind nur dann angebracht oder notwendig, wenn entweder ein Ausschluss vorliegt oder aber aufgrund gesetzlicher Vorschrift ein Versorgungsausgleich nur auf Antrag durchzuführen ist. Zwar ist der Zeitraum von 3 Jahren von Amts wegen zu berücksichtigen, es schadet aber nicht, auf diese Rechtsfolge hinzuweisen oder aber gleich zu Beginn den Antrag auf Durchführung zu stellen. Die Regelung in § 3 Abs. 3 VersAusglG bedeutet, dass mit der Rechtshängigkeit zwar auch das Verfahren zum Versorgungsausgleich anhängig ist, jedoch ist das Gericht von einer Ermittlung befreit. Im Tenor ist nach § 224 Abs. 3 FamFG die Nichtdurchführung zu dokumentieren. Auch ist für diesen Fall ein Geschäftswert für den Versorgungsausgleich festzusetzen (§ 50 FamGKG; OLG Jena, FamRZ 2012, 128–130; OLG Karlsruhe, FamRZ 2011, 668–669).

178

4. Zustimmung zur Scheidung/eigener Scheidungsantrag

Nach § 1566 Abs. 1 BGB hat die Zustimmung zur Scheidung dieselbe Wirkung wie ein von der Gegenseite gestellter eigener Scheidungsantrag. Da die Voraussetzungen für eine einverständliche Scheidung wegen Wegfalls des § 630 ZPO nur noch von der Zustimmung oder dem eigenen Scheidungsantrag abhängig sind, verwischt sich immer stärker der Unterschied zwischen einer echt einverständlichen Scheidung einerseits und der streitigen Konventionalscheidung andererseits.

179

Der Antrag auf Scheidung setzt voraus, dass der Ehegatte anwaltlich vertreten ist. Der Scheidungsantrag anstelle der Zustimmung muss also in einem vorbereitenden Schriftsatz erklärt werden. Zu beachten ist, dass der anstelle der Zustimmung erklärte eigene Scheidungsantrag nach § 14 Abs. 2 FamGKG keine Gebühren für das Verfahren auslöst, da der Streitgegenstand »Ehescheidung« nicht doppelt anhängig oder rechtshängig werden kann. Die Zustellung von Amts wegen hat also ohne einen Vorschuss zu erfolgen.

180

Die **Zustimmung** zur Scheidung ebenso wie der **Widerruf** derselben kann durch die Beteiligten selbst zur Niederschrift der Geschäftsstelle oder in der mündlichen Verhandlung zur Niederschrift des Gerichtes erklärt werden. Der Verfahrensbevollmächtigte muss beachten, dass zwar der Scheidungsantrag selbst nur durch einen Rechtsanwalt gestellt werden kann, im Gegensatz zur alten Rechtslage (§ 626 ZPO) die Rücknahme durch den Beteiligten selbst jederzeit erfolgen darf, dies auch noch in der mündlichen Verhandlung. Da die Rücknahme kraft ausdrücklicher gesetzlicher Regelung grds. zur Folge hat, dass der Beteiligte insoweit die Kosten des Verfahrens zu tragen hat, sollte die Belehrung über das gesamte Kostenrisiko des Verfahrens auch diesen Fall umfassen. Im Hinblick auf die Tatsache, dass eine große Zahl von Scheidungsverfahren nur über Verfahrenskostenhilfe durchgeführt werden kann, muss dem Beteiligten bewusst sein, dass diese Kostentragungspflicht nicht mehr von einer bewilligten Verfahrenskostenhilfe eliminiert wird.

181

Die Zustimmung kann bis zum Schluss der mündlichen Verhandlung, in der über die Scheidung der Ehe entschieden wird, widerrufen werden. Da die Zustimmung eine Sachurteilsvoraussetzung ist, entfällt mit dem Widerruf die Voraussetzung für eine echte einverständliche Scheidung und der Scheidungsantrag müsste jetzt eigentlich abgewiesen werden. Wird der Widerruf in der letzten mündlichen Verhandlung erklärt muss die antragstellende Partei durch ihren Verfahrensbevollmächtigten den Sachvortrag ergänzen und auf eine sog. streitige Scheidung umstellen. Es erscheint aus diesem Grund zweckmäßig, den Antrag auf Scheidung nicht alleine auf die Zustimmung des anderen Ehegatten zu stützen, sondern schon rein vorsorglich auch auf den allgemeinen Zerrüttungstatbestand.

182

Da die **Zustimmung** zur Scheidung frei widerruflich ist, sollten zur **Sicherung der Stichtage** »Ende der Ehezeit« für den Versorgungsausgleich und Berechnungsstichtag für den Zugewinn diese Daten dadurch gesichert werden, dass ein **eigener Scheidungsantrag** gestellt wird. Der Schriftsatz muss – von Amts wegen – zugestellt werden, es entstehen keine Kosten und auch ein Kostenvorschuss kann nicht begehrt werden, da der **Streitgegenstand** identisch ist mit dem des Erstantrages (§ 14

183

FamGKG). Wird der Erstantrag im Lauf des Verfahrens zurückgenommen, erfolgt die Scheidung daraufhin aufgrund des späteren Antrages auf Scheidung. Es verbleibt aber bei den ursprünglichen Stichtagen sowohl für den Versorgungsausgleich als auch den Zugewinn (BGH, in FamRZ 82, 153 = NJW 82, 280; Auslandsscheidung Art. 7 § 1 Abs. 8 FamRÄG; BGH, in FamRZ 83, 357; vgl. auch BGH, in FamRZ 80, 552 = NJW 80, 1161; OLG Nürnberg in FamRZ 82, 1080; *Rolland*, 1. EheRG, § 1587 Rn. 15; OLGR Naumburg, 2001, 531). Voraussetzung ist aber, dass der neue Antrag (Widerklage) rechtshängig geworden ist, bevor der Erstantrag wirksam zurückgenommen wird.

184   Aus diesen Gründen sollte die **Zustimmung zur Scheidung** stets verbunden werden mit einem eigenen Antrag auf Scheidung:

Muster: Zustimmung und eigener Antrag

185   An das

Amtsgericht

– Familiengericht –

.....

In der Familiensache

......./......

Az: .....[1]

vertrete ich den Ehemann und Antragsgegner.

Namens und in Vollmacht meiner Mandantin/meines Mandanten stimme ich dem Antrag auf Scheidung zu.[2]

Da meine Mandantin/mein Mandant ebenfalls geschieden werden möchte, stelle ich ebenfalls den Antrag[3]

die Ehe der Beteiligten zu scheiden.

Ich bitte, diesen Schriftsatz von Amts wegen zuzustellen.[4]

1. Aktenzeichen der Ehesache. Da die Scheidung vom anderen Ehegatten eingereicht wurde, hat das Verfahren schon ein Aktenzeichen, das im Schriftsatz anzugeben ist. Ist hingegen die Scheidung noch nicht eingereicht und soll die Meldung bei Einreichung gleichzeitig erfolgen, damit die Zustellungen unmittelbar sofort an den Gegenanwalt erfolgen, wird statt des Az. der Text »Az noch unbekannt« gewählt.

2. Zustimmung. In § 1566 Abs. 1 BGB wird der eigene Antrag gleichgestellt mit der Zustimmung, die ausdrücklich in § 134 FamFG geregelt ist. Die Zustimmung kann auch durch die Beteiligten selbst erklärt werden, dies jedoch nur zur Niederschrift der Geschäftsstelle oder in der mündlichen Verhandlung zur Niederschrift des Gerichts.

3. Eigener Scheidungsantrag. Da die Zustimmung frei widerruflich ist, sollte durch den eigenen Antrag sichergestellt werden, dass die wichtigen Stichtage für den Zugewinn und auch den Versorgungsausgleich nicht einseitig beseitigt werden können. Mit Zustellung dieses Schriftsatzes, was von Amts wegen zu erfolgen hat (§§ 166, 261 ZPO), hat die Rücknahme des vorab gestellten Antrages nicht mehr den Wegfall der Berechnungsstichtage zur Folge.

4. Hinweis Zustellung. Der Hinweis auf die notwendige Zustellung ist zweckmäßig, da die Geschäftsstellen oft keine Zustellung mehr für erforderlich erachten. Eine Kontrolle vor der ersten mündlichen Verhandlung sollte erfolgen, um zumindest in der Verhandlung durch sofortige Stellung des Antrages (§ 261 Abs. 2 ZPO) auch insoweit die Rechtshängigkeit und deren Wirkung zu erreichen. Es kann kein Gebührenvorschuss verlangt werden, da es sich um denselben Streitgegenstand handelt (§ 14 Abs. 2 FamGKG).

VI. Die »streitige« Scheidung

1. Trennung von 1–3 Jahren

Wenn ein Ehegatte geschieden werden will, der andere Ehegatte hingegen an der Ehe festhalten will, ist statt einer einverständlichen Scheidung nur die sog. streitige Scheidung vom Gesetz vorgegeben, sofern die Trennung der Beteiligten bisher nicht länger als 3 Jahre gedauert hat. Zu trennen ist dieser Scheidungsantrag von der sog. Härtefallscheidung, die in § 1565 Abs. 2 BGB geregelt ist. Voraussetzung für die Scheidung ist, dass die Lebensgemeinschaft seit mehr als einem Jahr nicht mehr besteht und dass nicht erwartet werden kann, dass die Ehegatten die Lebensgemeinschaft wiederherstellen werden. Das Gericht muss diese Voraussetzungen von Amts wegen prüfen. Hierzu bestimmt § 127 FamFG, dass das Gericht von Amts wegen die zur Feststellung der entscheidungserheblichen Tatsachen erforderlichen Ermittlungen durchzuführen hat. In Verfahren auf Scheidung oder Aufhebung der Ehe dürfen von den Beteiligten nicht vorgebrachte Tatsachen jedoch nur berücksichtigt werden, wenn sie geeignet sind, der Aufrechterhaltung der Ehe zu dienen oder wenn der Antragsteller der Berücksichtigung dieser Tatsachen nicht widerspricht. | 186

Nach BGH (NJW 1978, 1810) reicht zum Beweis der unheilbaren Zerrüttung die bloße Erklärung des Antragsgegners, er werde nicht mehr zu seiner Familie zurückkehren, keinesfalls aus. Zu beachten ist jedoch, dass diese Entscheidung inzwischen schon mehrere Jahrzehnte zurückliegt und sich die Verhältnisse insgesamt seither doch wesentlich verändert haben. In der Praxis der FamG und auch der OLG wird es inzwischen als ausreichend angesehen, wenn der Antragsgegner glaubhaft und ernsthaft erklärt, dass er nicht mehr bereit ist, eine eheliche Lebensgemeinschaft aufzunehmen. Unabhängig von der Praxis der Gerichte ist es erforderlich, dass stets der Antragsteller Tatsachen vortragen und notfalls beweisen muss, aus denen das FamG schlussfolgern kann, dass die Ehe unheilbar zerrüttet ist. | 187

Nicht ausreichend ist es, zur Begründung des Scheidungsantrages auf eine mehr als 1-jährige Trennung zu verweisen, denn das Gesetz verlangt nicht nur eine bestimmte Trennungszeit als Grundsatz, sondern auch die Feststellung, dass mit einer Wiederherstellung der ehelichen Lebensgemeinschaft nicht mehr gerechnet werden kann. | 188

Der Antrag auf streitige Scheidung unterscheidet sich von der einverständlichen Scheidung im Prinzip nur dadurch, dass bei gleicher Trennungszeit im Fall der einverständlichen Scheidung der Antragsgegner der Scheidung ausdrücklich zustimmt, eine solche Zustimmung jedoch bei der streitigen Scheidung fehlt. Nicht notwendig ist, dass der Antragsgegner sich gegen die Scheidung ausspricht oder die Abweisung des Scheidungsantrages beantragt. | 189

Für die Zerrüttung gibt es eine Vielzahl von Indizien. So wird im Einzelfall eine dauerhafte anderweitige Partnerbindung ebenso ausreichend sein wie Trunksucht, Vernachlässigung des Haushalts und der Kinder, strafbare Handlungen ebenso wie dauernde Lieblosigkeit. | 190

Eine Ehe ist nach ständiger Rechtsprechung auch ohne die bei einem Statusverfahren regelmäßig nach § 1566 Abs. 1, 2 BGB heranziehbaren unwiderlegbaren Vermutungen auch dann gescheitert, wenn sich nur ein Ehegatte endgültig von der Ehe abgewendet hat. In diesen Fällen ist die Wiederherstellung der ehelichen Lebensgemeinschaft nicht mehr zu erwarten. Dabei ist es gleichgültig, warum ein Ehegatte die Ehe nicht mehr fortsetzen will. Seine Gründe müssen weder vernünftig noch nachvollziehbar sein. Es genügt die hier erkennbare subjektive Einstellung des die Scheidung begehrenden antragstellenden Beteiligten, der sich dahin schriftsätzlich äußert, dass eine Wiederherstellung der Ehe nicht mehr zu erwarten ist (OLG Naumburg, FamRZ 2006, 43; OLGR, Naumburg 2005, 624). | 191

192   Der Unterschied zwischen der sog. streitigen Scheidung und der einvernehmlichen Scheidung liegt
       darin, dass bei einer Trennungszeit von mehr als einem Jahr, aber weniger als 3 Jahren die Zustim-
       mung zur Scheidung die Vermutung der negativen Zukunftsprognose begründet, ohne die Zu-
       stimmung hingegen bedarf es Tatsachenvortrages, aus dem ggf. nach Beweisaufnahme nicht nur die
       Zerrüttung, sondern auch die negative Zukunftsprognose nach Überzeugung des FamG festgestellt
       werden kann.

Muster: Antrag nichteinverständliche Scheidung

193   An das

       Amtsgericht

       – Familiengericht –

       .....

Antrag

       der .....

       wohnhaft .....

– Antragstellerin –

       vertreten durch unterzeichnenden Rechtsanwalt ..... in .....

       gegen

       den .....

       wohnhaft .....

– Antragsgegner –

       Verfahrensbevollmächtiger: .....

       wegen Ehescheidung

       Ich beantrage,

die Ehe der Beteiligten zu scheiden.

       Vorläufiger Wert: 3.000,00 €

       Begründung:

       Die Beteiligten haben am 14.07.1999 die Ehe geschlossen.

       Beweis: Familienstammbuch, dessen Rückgabe erbeten wird
       ( )   Einer der Ehegatten hat mit allen gemeinschaftlichen minderjährigen Kindern seinen gewöhn-
             lichen Aufenthalt im Gerichtsbezirk (Nr. 1).
       ( )   Einer der Ehegatten hat mit einem Teil der gemeinschaftlichen Kinder seinen gewöhnlichen
             Aufenthalt und bei dem anderen Ehegatten haben keine gemeinschaftlichen minderjährigen
             Kinder ihren gewöhnlichen Aufenthalt (Nr. 2).
       ( )   Die Ehegatten hatten ihren gemeinsamen gewöhnlichen Aufenthalt zuletzt im Gerichtsbezirk
             und einer der Ehegatten hat noch bei Eintritt der Rechtshängigkeit im Bezirk dieses Gerichts
             seinen gewöhnlichen Aufenthalt hier (Nr. 3).
       ( )   Der Antragsgegner hat seinen gewöhnlichen Aufenthalt im Bezirk des Gerichts (Nr. 4).
       ( )   Der Antragsteller hat seinen gewöhnlichen Aufenthalt im Bezirk des Gerichts (Nr. 5).
       ( )   Zuständig ist das Amtsgericht Schöneberg in Berlin (Nr. 6), da kein anderer Gerichtsstand be-
             steht.
       ( )   Es sind keine anderen Familiensachen anhängig.

( ) Es sind folgende Familiensachen zwischen den Beteiligten anderweitig anhängig:

Az: .....   Gericht: .....   Gegenstand des Verfahrens: .....

Az: .....   Gericht: .....   Gegenstand des Verfahrens: .....

Az: .....   Gericht: .....   Gegenstand des Verfahrens: .....

Az: .....   Gericht: .....   Gegenstand des Verfahrens: .....

Den Antrag auf Scheidung der Ehefrau begründe ich wie folgt:

Die Beteiligten leben seit dem ..... getrennt im Sinne von § 1567 BGB, also mehr als ein Jahr, aber noch keine drei Jahre.

( ) Die Trennung erfolgte zunächst innerhalb der ehelichen Wohnung; seit dem ..... leben die Beteiligten auch räumlich getrennt, und zwar jeweils unter der im Rubrum angegebenen Anschrift.

( ) Beide Beteiligten haben sich inzwischen anderen Partner zugewandt und es ist deshalb nicht mehr zu erwarten, dass die eheliche Lebensgemeinschaft wieder hergestellt wird.

( ) Der Antragsgegner ist zu seiner Freundin gezogen, die von ihm inzwischen ein Kind erwartet.

Beweis: Parteivernehmung

2. Scheidung vor Ablauf eines Trennungsjahres (Härtefall)

Wenn die Beteiligten noch nicht ein Jahr im Sinne von § 1567 BGB getrennt leben, darf die Ehe auf Antrag eines Ehegatten nur dann geschieden werden, wenn die Fortsetzung der Ehe für den Antragsteller aus Gründen, die in der Person des anderen Ehegatten liegen, eine unzumutbare Härte darstellen würde (§ 1565 Abs. 2 BGB). Grds. bedeutet dies zunächst, dass derjenige, der die Zerrüttung oder die unzumutbare Härte durch eigenes Handeln herbeigeführt hat, sich hierauf nicht berufen darf. Die Rechtsprechung der Oberlandesgerichte stellt an das Vorliegen einer »unzumutbaren Härte« sehr hohe Anforderungen, denn die Konzeption des Scheidungsrechtes insgesamt unter Loslösung vom Schuldprinzip geht als Grundsatz von der mehr als 1-jährigen Trennung der Ehegatten und einer zutreffenden negativen Zukunftsprognose aus. Waren nach Inkrafttreten des neuen Scheidungsrechtes im Jahr 1977 noch eine Vielzahl von Entscheidungen zum sog. Härtefall zu lesen, finden sich inzwischen kaum noch Entscheidungen hierzu. Dies beruht auch darauf, dass der Versorgungsausgleich auch bei einer Härtefallscheidung grds. durchzuführen ist und dessen Ermittlung regelmäßig einen größeren Zeitaufwand erfordert. Aber auch das Rechtsmittelrecht trägt hierfür Verantwortung, denn das Rechtsmittel gegen ein den Scheidungsantrag abweisendes Urteil wird im Regelfall im Rechtsmittelverfahren erst verhandelt werden können, wenn die Jahrestrennungsfrist abgelaufen ist mit der Folge, dass das OLG das Verfahren nur an das FamG zurückverweisen kann.

194

Die Rechtsprechung der Oberlandesgerichte reagiert auf vorzeitig gestellte Scheidungsanträge, die nicht nach § 1565 Abs. 2 BGB begründet sind, immer häufiger mit entsprechenden Kostenentscheidungen dahin gehend, dass der Berufungskläger die Kosten des Berufungsverfahrens zu tragen hat, wenn seine Berufung nur deshalb Erfolg hat, weil während des Berufungsverfahrens inzwischen das Trennungsjahr verstrichen ist (OLG Brandenburg, FamRZ 2000, 1417; OLG Karlsruhe, FamRZ 1997, 1276). Wird ein Scheidungsantrag vor Ablauf des Trennungsjahres gestellt und werden die Voraussetzungen nicht schlüssig dargelegt, darf nach Literaturmeinung das Verfahren seitens des Gerichtes nicht verzögert werden, um hierdurch das Trennungsjahr zu retten. Eine Aussetzung des Scheidungsantrages war nach § 614 ZPO unter bestimmten Voraussetzungen zwingend vorgesehen, jedoch hat bei Härtefallscheidungen die Rechtsprechung einen solchen Aussetzungsantrag als rechtsmissbräuchlich gewertet (OLG Bamberg, FamRZ 1984, 897). Diese Rechtsprechung wird auch bei Anwendung des FamFG zu beachten sein, denn § 136 FamFG wiederholt inhaltsgleich die frühere Regelung des § 614 ZPO. Neben der Aussetzung des Verfahrens kommt auch die Anordnung des Ruhens nach § 251 Abs. 1 ZPO in Betracht, da für das Eheverfahren die Vorschrift von § 113 FamFG auf die allgemeinen Vorschriften der ZPO und das Verfahren vor den LG verweist. Nach OLG Karlsruhe (FamRZ 1978, 527) kann ein wichtiger Grund für die Anordnung des Ruhens

195

darin liegen, dass die Beteiligten eine Erörterung von Eheverfehlungen i. R. d. Scheidungsverfahrens vermeiden wollen. Das OLG Nürnberg (zitiert nach Juris: v. 12.12.1980 – 11 WF 2733/80) hält eine Aussetzung für nicht zulässig, wenn der Scheidungsantrag in einem streitigen Verfahren abweisungsreif ist.

196   Der Scheidungsantrag, der sich auf eine unzumutbare Härte stützt, bedarf einer sehr intensiven Begründung und außerdem einer Abwägung des Zeitbedarfs. In Kenntnis der regionalen Praxis des FamG wird der Verfahrensbevollmächtigte abzuwägen haben, ob er dem Beteiligten aus Gründen der Zweckmäßigkeit das Abwarten eines Trennungsjahres empfiehlt bzw. dies zumutbar ist. Sind insb. mehrere Scheidungsfolgen zu regeln, unter anderem nachehelicher Ehegattenunterhalt, wird die Entscheidung regelmäßig dahin gehend zu treffen sein, dass die Scheidung nach Ablauf eines Trennungsjahres mit weniger Risiken behaftet ist. Die Zeit bis zum Ablauf des Trennungsjahres kann häufig sehr sinnvoll dafür genutzt werden, den Kindesunterhalt zu regeln, aber auch den Ehegattentrennugsunterhalt. Die Regelung der Ehewohnung nach § 1361b BGB kann auch im Hinblick auf das Scheidungsverfahren zweckmäßig sein und nicht übersehen werden darf, dass durch eine schnelle Rechtshängigkeit auch das Ende der Ehezeit i. S. d. Versorgungsausgleichs bestimmt wird und auch der Stichtag für den Zugewinnausgleich. Zumindest für denjenigen, der aus diesen Ansprüchen Leistungen zu erwarten hat, ist daher eine schnelle Zustellung von wirtschaftlichem Nachteil.

197   Der Antrag auf Scheidung aus Härtegründen erfordert Angaben wie jeder andere Scheidungsantrag. Der wesentliche Unterschied liegt in der Tatsache, dass noch keine Jahrestrennung nachgewiesen werden kann und das Zuwarten für den Antragsteller eine unzumutbare Härte darstellt. Von Bedeutung ist bei der Gesamtbeurteilung der überwiegenden subjektiven Gründe sicherlich auch die Beurteilung der Erfolgsaussichten für einen zu stellenden Verfahrenskostenhilfeantrag.

198   Ob eine Härtefall vorliegt, kann nur im Einzelfall geprüft und entschieden werden. Die Rechtsprechung hierzu ist umfangreich und kaum zu klassifizieren.

199   Folgende Umstände wurden als vorzeitiger Scheidungsgrund anerkannt:
–   Gewalttätigkeit gegen den anderen Ehegatten (OLG Stuttgart, FamRZ 2002, 239)
–   Alkoholmissbrauch (KG Berlin, FamRZ 1978, 897)
–   Schwangerschaft der Ehefrau aus einem ehebrecherischen Verhältnis (OLG Brandenburg, FamRZ 2004, 25)
–   Verdacht der Tötung der Schwiegereltern und deswegen Untersuchungshaft (AG Hannover, FamRZ 2004, 630)
–   der andere Ehegatte unterhält ein Verhältnis zu einem neuen Partner und lebt mit ihm in dem ehelichen Hausanwesen zusammen (OLG Saarbrücken, FamRZ 2005, 808)
–   massive Morddrohungen ggü. Dritten betreffend der Ehefrau (OLG Brandenburg, FamRZ 2001, 1458

200   Zutreffend weist das OLG Bamberg (FamRZ 1980, 577) darauf hin, dass das Aufrechterhalten des formalen Ehebandes nicht zum Formalismus werden darf, wenn bereits vor Ablauf des Trennungsjahres mit Bestimmtheit die Wiederherstellung der Lebensgemeinschaft nicht mehr zu erwarten ist. Sobald ein vernünftiger Dritter bei ruhiger Abwägung aller Umstände des vom anderen Ehegatten nach Art und Schwere ausgehenden Verstoßes gegen die Grundlagen der auf Liebe, Achtung und Treue aufgebauten Ehe mit einem Scheidungsantrag reagieren würde, ist das Scheidungsbegehren weder rechtsmissbräuchlich noch leichtfertig, noch übereilt.

201   Im Hinblick auf die Möglichkeit, die aufgrund der gesetzlichen Änderungen durch das Gewaltschutzgesetz durch die Vorschrift des § 1361b BGB gegeben ist, bei unzumutbarem Verhalten des Ehegatten diesen aus der Wohnung verweisen zu lassen (ebenso bei Aggressionen, Drohungen, sonstiger körperlicher oder psychischer Gewalt), sollte mit dem Beteiligten auch diese Möglichkeit der Trennung mit dem Ziel des Abwartens besprochen werden, damit nicht aufgrund evtl. sogar nur eines einzigen Anlasses die Scheidung beantragt wird und später niemand mehr wagt, hiervon Abstand zu nehmen. Auch einmalige erhebliche Verstöße müssen nicht zwingend das Scheitern einer Ehe herbeiführen.

Muster: Antrag vor Ablauf des Trennungsjahres

An das   202

Amtsgericht

– Familiengericht –

.....

Antrag

der .....

wohnhaft .....

– Antragstellerin –

vertreten durch unterzeichnenden Rechtsanwalt ..... in .....

gegen

den .....

wohnhaft .....

– Antragsgegner –

Verfahrensbevollmächtiger: .....

wegen Ehescheidung

Ich beantrage,

die Ehe der Beteiligten zu scheiden.

Vorläufiger Wert: 3.000,00 €

Begründung:

Die Beteiligten haben am 14.07.1999 die Ehe geschlossen.

Beweis: Familienstammbuch, dessen Rückgabe erbeten wird

( ) Einer der Ehegatten hat mit allen gemeinschaftlichen minderjährigen Kindern seinen gewöhnlichen Aufenthalt im Gerichtsbezirk (Nr. 1).

( ) Einer der Ehegatten hat mit einem Teil der gemeinschaftlichen Kinder seinen gewöhnlichen Aufenthalt und bei dem anderen Ehegatten haben keine gemeinschaftlichen minderjährigen Kinder ihren gewöhnlichen Aufenthalt (Nr. 2).

( ) Die Ehegatten hatten ihren gemeinsamen gewöhnlichen Aufenthalt zuletzt im Gerichtsbezirk und einer der Ehegatten hat noch bei Eintritt der Rechtshängigkeit im Bezirk dieses Gerichts seinen gewöhnlichen Aufenthalt hier (Nr. 3).

( ) Der Antragsgegner hat seinen gewöhnlichen Aufenthalt im Bezirk des Gerichts (Nr. 4).

( ) Der Antragsteller hat seinen gewöhnlichen Aufenthalt im Bezirk des Gerichts (Nr. 5).

( ) Zuständig ist das Amtsgericht Schöneberg in Berlin (Nr. 6), da kein anderer Gerichtsstand besteht.

( ) Es sind keine anderen Familiensachen anhängig.

( ) Es sind folgende Familiensachen zwischen den Beteiligten anderweitig anhängig:

Az: .....   Gericht: .....   Gegenstand des Verfahrens: .....

Az: .....   Gericht: .....   Gegenstand des Verfahrens: .....

Az: .....   Gericht: .....   Gegenstand des Verfahrens: .....

Az: .....   Gericht: .....   Gegenstand des Verfahrens: .....

Die Antragstellerin begehrt die Scheidung der Ehe vor Ablauf des Trennungsjahres (§ 1565 Abs. 2 BGB), denn die Fortsetzung der Ehe stellt für die Antragstellerin aus Gründen, die in der Person des Antragsgegners liegen, eine unzumutbare Härte dar.

Dies begründe ich wie folgt:

.....

3. Trennung von 1 bis 3 Jahre

203   Leben die Beteiligten länger als ein Jahr, aber noch keine 3 Jahre getrennt, wird die Scheidung ausgesprochen, wenn sie gescheitert ist. Das Gesetz kennt für die Trennung zwischen einem und 3 Jahren keinen Vermutungstatbestand für die Zerrüttung und die negative Zukunftsprognose. Dies im Gegensatz zur einverständlichen Scheidung, denn nur bei dieser einverständlichen Scheidung wird das Scheitern der Ehe vermutet, wenn beide Ehegatten die Scheidung beantragen oder der Antragsgegner der Scheidung zustimmt. Wie schon bei der einverständlichen Scheidung ausgeführt, ist der Unterschied zwischen einer einverständlichen Scheidung i. S. v. § 1566 Abs. 1 BGB und einer Regelscheidung nach § 1565 Abs. 1 BGB sehr gering, da die früheren Anforderungen nach § 630 ZPO entfallen sind. Diese sahen für eine einverständliche Scheidung die Notwendigkeit einer umfassenden Einigung über die Scheidungsfolgesachen vor.

204   Prozessual gleicht die Scheidung bei einer Trennungszeit von 1–3 Jahren dem Antrag auf einverständliche Scheidung und weist aber den Unterschied auf, dass der Antragsteller sich nicht auf die Vermutung des Scheiterns beruft, die sich aus § 1566 Abs. 1 BGB ergibt, wenn die Gegenseite der Scheidung zustimmt oder sie selbst beantragt. Erforderlich ist in diesem Fall also Sachvortrag mit Beweisangebot, aus dem eine negative Zukunftsprognose abgeleitet werden kann.

205   Der folgende Antrag auf Scheidung bei einer Trennung von 1–3 Jahren gibt beispielhaft einige Begründungsmöglichkeiten, die erfahrungsgemäß zur Begründung ausreichen. Wichtig ist, dass der Sachvortrag unter Beweis gestellt wird, im Regelfall ist dies die persönliche Anhörung der Ehegatten, die nach § 128 FamFG von Amts wegen stets zu erfolgen hat.

Muster: Trennung 1–3 Jahre

206   An das

Amtsgericht

– Familiengericht –

.....

Antrag

der .....

wohnhaft .....

– Antragstellerin –

vertreten durch unterzeichnen Rechtsanwalt ..... in .....

gegen

den .....

wohnhaft .....

– Antragsgegner –

Verfahrensbevollmächtiger: .....

wegen Ehescheidung

Ich beantrage,

die Ehe der Beteiligten zu scheiden.

Vorläufiger Wert: 3.000,00 €

Begründung:

Die Beteiligten haben am 14.07.1999 die Ehe geschlossen.

Beweis: anliegendes Familienstammbuch, dessen Rückgabe erbeten wird
( ) Einer der Ehegatten hat mit allen gemeinschaftlichen minderjährigen Kindern seinen gewöhnlichen Aufenthalt im Gerichtsbezirk (Nr. 1).
( ) Einer der Ehegatten hat mit einem Teil der gemeinschaftlichen Kinder seinen gewöhnlichen Aufenthalt und bei dem anderen Ehegatten haben keine gemeinschaftlichen minderjährigen Kinder ihren gewöhnlichen Aufenthalt (Nr. 2).
( ) Die Ehegatten hatten ihren gemeinsamen gewöhnlichen Aufenthalt zuletzt im Gerichtsbezirk und einer der Ehegatten hat noch bei Eintritt der Rechtshängigkeit im Bezirk dieses Gerichts seinen gewöhnlichen Aufenthalt hier (Nr. 3).
( ) Der Antragsgegner hat seinen gewöhnlichen Aufenthalt im Bezirk des Gerichts (Nr. 4).
( ) Der Antragsteller hat seinen gewöhnlichen Aufenthalt im Bezirk des Gerichts (Nr. 5).
( ) Zuständig ist das Amtsgericht Schöneberg in Berlin (Nr. 6), da kein anderer Gerichtsstand besteht.
( ) Es sind keine anderen Familiensachen anhängig.
( ) Es sind folgende Familiensachen zwischen den Beteiligten anderweitig anhängig:

Az: .....   Gericht: .....   Gegenstand des Verfahrens: .....

Az: .....   Gericht: .....   Gegenstand des Verfahrens: .....

Az: .....   Gericht: .....   Gegenstand des Verfahrens: .....

Az: .....   Gericht: .....   Gegenstand des Verfahrens: .....

Den Antrag auf Scheidung der Ehefrau begründe ich wie folgt:

Die Beteiligten leben seit dem ..... getrennt im Sinne von § 1567 BGB, also mehr als ein Jahr, aber noch keine drei Jahre.
( ) Die Trennung erfolgte zunächst innerhalb der ehelichen Wohnung; seit dem ..... leben die Beteiligten auch räumlich getrennt, und zwar jeweils unter der im Rubrum angegebenen Anschrift.
( ) Beide Beteiligte haben sich inzwischen anderen Partner zugewandt und es ist deshalb nicht mehr zu erwarten, dass die eheliche Lebensgemeinschaft wieder hergestellt wird.
( ) Der Antragsgegner ist zu seiner Freundin gezogen, die von ihm inzwischen ein Kind erwartet.
( ) Die Antragstellerin ist zu ihrem Freund gezogen, von dem sie ein Kind erwartet.

Beweis: Parteivernehmung

4. Trennung von über 3 Jahren

Leben die Ehegatten länger als 3 Jahre getrennt, wird unwiderlegbar vermutet, dass die Ehe gescheitert ist (§ 1566 Abs. 2 BGB). Das BVerfG hat schon im Jahr 1980 (BVerfG, FamRZ 1980, 319) die unwiderlegbare Vermutung des Scheiterns der Ehe nach 3-jährigem Getrenntleben der Ehegatten als mit dem Grundgesetz für vereinbar festgestellt.   207

Zu beweisen ist bei dieser Fallgestaltung also nicht mehr die Zerrüttung und negative Zukunftsprognose. Vielmehr kommt es nur noch auf den Trennungszeitpunkt an. Der Nachweis wird nur dann Probleme bereiten, wenn die Beteiligten während der gesamten Dauer der Trennungszeit von über 3 Jahren innerhalb der ehelichen Wohnung getrennt gelebt haben, obwohl auch dies nicht von vornherein als unmöglich bezeichnet werden darf. Voraussetzung ist jedoch, dass die Räumlichkeiten von ihrer Größe her auch für einen Außenstehenden als ausreichend für ein reibungsloses   208

Nebeneinander angesehen werden können. Bei einem gemeinsamen Haus, in dem jeder Ehegatte ein Stockwerk bewohnt, wird der Beweis der Trennung leichter zu führen sein als in anderen Fällen.

209 Gerade bei langwieriger Trennung wird ein wesentliches Indiz die Wahl der Steuerklasse sein, weil grds. eine bei Getrenntleben anzuwendende Steuerklasse nur gewählt wird, wenn die entsprechenden tatsächlichen Voraussetzungen zwingend vorliegen.

210 In den meisten Fällen wird die Trennung jedoch in verschiedenen Wohnungen erfolgt sein, was regelmäßig durch eine Auskunft des Einwohnermeldeamtes belegt werden kann.

Muster: Trennung von mehr als 3 Jahren

211 An das

Amtsgericht

– Familiengericht –

.....

Antrag

der .....

wohnhaft .....

– Antragstellerin –

vertreten durch unterzeichnenden Rechtsanwalt ..... in .....

gegen

den .....

wohnhaft .....

– Antragsgegner –

Verfahrensbevollmächtiger: .....

wegen Ehescheidung

Ich beantrage,

die Ehe der Beteiligten zu scheiden.

Vorläufiger Wert: 3.000,00 €

Begründung:

Die Beteiligten haben am 14.07.1999 die Ehe geschlossen.

Beweis: Familienstammbuch, dessen Rückgabe erbeten wird
( ) Einer der Ehegatten hat mit allen gemeinschaftlichen minderjährigen Kindern seinen gewöhnlichen Aufenthalt im Gerichtsbezirk (Nr. 1).
( ) Einer der Ehegatten hat mit einem Teil der gemeinschaftlichen Kinder seinen gewöhnlichen Aufenthalt und bei dem anderen Ehegatten haben keine gemeinschaftlichen minderjährigen Kinder ihren gewöhnlichen Aufenthalt (Nr. 2).
( ) Die Ehegatten hatten ihren gemeinsamen gewöhnlichen Aufenthalt zuletzt im Gerichtsbezirk und einer der Ehegatten hat noch bei Eintritt der Rechtshängigkeit im Bezirk dieses Gerichts seinen gewöhnlichen Aufenthalt hier (Nr. 3).
( ) Der Antragsgegner hat seinen gewöhnlichen Aufenthalt im Bezirk des Gerichts (Nr. 4).
( ) Der Antragsteller hat seinen gewöhnlichen Aufenthalt im Bezirk des Gerichts (Nr. 5).
( ) Zuständig ist das Amtsgericht Schöneberg in Berlin (Nr. 6), da kein anderer Gerichtsstand besteht.

( ) Es sind keine anderen Familiensachen anhängig.

( ) Es sind folgende Familiensachen zwischen den Beteiligten anderweitig anhängig:

Az: .....   Gericht: .....   Gegenstand des Verfahrens: .....

Az: .....   Gericht: .....   Gegenstand des Verfahrens: .....

Az: ....   Gericht: .....   Gegenstand des Verfahrens: .....

Az: .....   Gericht: .....   Gegenstand des Verfahrens: .....

Den Antrag auf Scheidung der Ehefrau begründe ich wie folgt:

Die Beteiligten leben seit dem ..... getrennt im Sinne von § 1567 BGB, also mehr als ein Jahr, aber noch keine drei Jahre.

Die Trennung erfolgte zunächst innerhalb der ehelichen Wohnung; seit dem ..... leben die Beteiligten auch räumlich getrennt, und zwar jeweils unter der im Rubrum angegebenen Anschrift.

Die Trennung der Beteiligten dauerte inzwischen mehr als drei Jahre an und es wird deshalb unwiderlegbar vermutet, dass die Ehe gescheitert ist (§ 1566 Abs. 2 BGB).

Beweis: Parteivernehmung

5. Widerspruch gegen die Scheidung (Härteklausel)

Sieht das Gesetz bei Vorliegen der Voraussetzungen nach §§ 1565 bis 1566 BGB die Scheidung der   **212**
Ehe als zulässig und begründet an, besteht nur ausnahmsweise die Möglichkeit, die Scheidung zu verweigern. Das BVerfG hat zunächst im Frühjahr 1980 (BVerfG, FamRZ 1980, 319) die unwiderlegbare Vermutung des Scheiterns der Ehe nach 3-jährigem Getrenntleben der Ehegatten als mit dem Grundgesetz vereinbar festgestellt und schon Bedenken angemeldet hinsichtlich der Regelung in Abs. 2 des Gesetzes, wonach nach 5-jährigem Getrenntleben ausnahmslos die Scheidung auszusprechen sei. Im Oktober 1980 hat dann das BVerfG (BVerfG, FamRZ 1981, 15) festgestellt, dass der Abs. 2 mit dem Grundgesetz nicht vereinbar ist, soweit danach eine Ehescheidung nach 5-jährigem Getrenntleben der Ehegatten ausnahmslos auszusprechen ist, ohne dass außergewöhnlichen Härten mindestens durch eine Aussetzung des Verfahrens begegnet werden kann. Aufgrund der Gesetzeskraft der Entscheidung ist die Regelung in Abs. 2 nicht mehr anwendbar.

Die sog. Kinderschutzklausel ergibt sich aus § 1568 Abs. 1 erste Fallgruppe BGB, die Ehegatten-   **213**
schutzklausel aus der zweiten Fallgruppe.

a) Kinderschutzklausel

Aufgrund der eingeschränkten Amtsermittlung nach § 127 FamFG und aufgrund des Wortlautes   **214**
soll eine Ehe nicht geschieden werden, obwohl sie gescheitert ist, wenn und solange die Aufrechterhaltung der Ehe im Interesse der aus der Ehe hervorgegangenen minderjährigen Kinder aus besonderen Gründen ausnahmsweise notwendig ist.

Keine Anwendung der Vorschrift kommt daher in Betracht, wenn die aus der Ehe hervorgegange-   **215**
nen Kinder alle schon volljährig sind. Die Mitteilung in der Antragsschrift nach § 133 Abs. 1 Nr. 1 FamFG hat daher nicht nur für die Anhörung nach § 128 Abs. 2 FamFG Bedeutung, sondern auch für die Amtsermittlung i. S. d. Härteklausel. Dies bedeutet nicht, dass bei Vorhandensein minderjähriger Kinder das FamG z. B. durch Einschaltung des Jugendamtes ermitteln muss, ob für die Kinder ein Härtefall vorliegen könnte. Eine Amtsermittlung kommt nur in Betracht, wenn für das FamG Anhaltspunkte erkennbar werden, die für die minderjährigen Kindern eine Härte darstellen könnten. Der Hinweis kann sich unter anderem auch daraus ergeben, dass schon Verfahren hinsichtlich der elterlichen Sorge oder aber auch des Unterhaltsrechts beim FamG geführt werden. Offenkundig sind derartige Tatsachen, wenn ein Verfahren nach § 1666 BGB entweder noch anhängig ist oder

aber bei dem FamG der Ehesache geführt wurde. Das FamG muss also nicht auf bloßen Verdacht hin tätig werden.

216   Im Regelfall wird das vorhandene minderjährige Kind (oder die Kinder) sich bei einem Elternteil befinden und dieser wird spätestens in seiner Anhörung nach § 128 Abs. 2 FamFG dem Gericht Kenntnis von besonderen Umständen geben. Bedingt durch die gesetzliche Formulierung ist klargestellt, dass die Trennung der Eltern und die sich daraus ergebenden nachteiligen Folgen keine »besonderen Gründe« sein können. Es müssen also noch weitere Gründe hinzukommen und diese müssen schädliche Folgen für das Kindeswohl haben.

217   Nach Ansicht des Amtsgerichtes Korbach (AG Korbach, NJW-RR 2001, 1157) ist der Scheidungsantrag aufgrund der Kinderschutzklausel abzuweisen, wenn es trotz jahrelanger Bemühungen nicht zu einem kontinuierlichen Besuchskontakt zwischen dem die Scheidung ablehnenden Elternteil und den gemeinsamen minderjährigen Kindern kommt, weil der die Scheidung begehrende Elternteil das Umgangsrecht verhindert und so stark auf die Kinder einwirkt, dass diese sich trotz tragfähiger Beziehung zum anderen Elternteil verbal alle Kinder sich gegen den Besuchskontakt aussprechen. Nach Ansicht des OLG Frankfurt am Main (OLGR Frankfurt 2002, 99) reicht die voraussichtliche Behinderung des Umgangsrechts als solche nicht aus, um einen besonderen Härtefall i. S. d. Kinderschutzklausel anzunehmen. Der BGH (BGHR BGB § 1568 Abschiebung 1) kommt nicht zur Anwendung der Härteklausel, wenn einem ausländischen Ehegatten nach der Scheidung die Abschiebung droht und dadurch der Verlust der Bindung zu einem gemeinsamen Kind zu befürchten ist.

218   Bergerfurth/*Rogner* (Bergerfurth/*Rogner* Der Ehescheidungsprozess Rn. 525) führen aus, dass die verbreitete Annahme, die Scheidung einer zerrütteten Ehe bedeutet für die Kinder regelmäßig keine schwere Härte, in dieser Verallgemeinerung nicht gerechtfertigt sei und verweist insoweit auf die Ausführungen von *Henrich* (*Henrich*, FamRZ 1986, 470) und *Schwab* (*Schwab* Hdb. des Scheidungsrechts Teil II Rn. 100).

b) Ehegattenschutzklausel

219   Ist die Kinderschutzklausel von Amts wegen zu berücksichtigen, kommt eine Anwendung der Ehegattenschutzklausel nur in Betracht, wenn der Ehegatte, der die Scheidung ablehnt, dies vorgebracht hat (§ 127 Abs. 3 FamFG). Es bleibt daher dem Ehegatten, der den Scheidungsantrag nicht gestellt hat, überlassen, ob er Gründe, die eine Scheidung verhindern könnten, geltend macht oder nicht. Nicht erforderlich ist, dass die Gründe durch einen Verfahrensbevollmächtigten vorgebracht werden, denn nach § 128 Abs. 1 FamFG muss das FamG beide Ehegatten anhören und im Rahmen dieser Anhörung können die Gründe »vorgebracht« werden. Dem scheidungsunwilligen Ehegatten obliegt die Beweislast (OLG Köln, FamRZ 1995, 997). Ob für das Gericht eine Verpflichtung besteht, den Antragsgegner über die Möglichkeit, sich auf die Härteklausel zu berufen, zu belehren (*Bergerfurth/Rogner* Der Ehescheidungsprozess Rn. 529), erscheint sehr weit hergeholt. Einen Hinweis wird das Gericht jedoch dann zu geben haben, wenn die persönliche Anhörung Anhaltspunkte für die Anwendung bringt. Auch die Beiordnung eines Rechtsanwalts nach § 138 FamFG wird in diesem Fall zu überlegen sein.

VII. Der Verfahrensverbund in Scheidungssachen

1. Grundlagen des Verbundes

220   Nach den allgemeinen Verfahrensvorschriften der ZPO können verschiedene Verfahren miteinander verbunden werden. Das Gericht kann die Verbindung mehrerer bei ihm anhängiger Verfahren derselben oder verschiedener Beteiligter zum Zwecke der gleichzeitigen Verhandlung und Entscheidung anordnen, wenn die Ansprüche, die den Gegenstand dieser Verfahren bilden, in rechtlichem Zusammenhang stehen oder in einer Klage hätten geltend gemacht werden können (§ 147 ZPO). Da bis zur Verfahrensrechtsreform zum 01.09.2009 auf die verschiedenen familienrechtlichen Ansprüche

unterschiedliche Verfahrensordnungen zur Anwendung kamen – neben der ZPO auch das FGG und insoweit die ergänzenden Vorschriften der HausratsVO –, schuf der Gesetzgeber mit § 623 ZPO die Möglichkeit, gleichzeitig mit der Scheidung weitere Verfahrensteile zu verbinden unabhängig davon, welcher Verfahrensordnung sie unterlagen.

Nach der Zielsetzung sollten mit der Scheidung grds. die wichtigsten Scheidungsfolgen geregelt werden. Nach ihrer praktischen Auswirkung ist eine solche Auflösung der Ehe jedoch erst dann tatsächlich vollzogen, wenn auch die Scheidungsfolgen zwischen den Ehegatten weitgehend geklärt sind. Durch die Konfrontation mit den Scheidungsfolgen bereits während des Scheidungsverfahrens wird den Ehegatten darüber hinaus in weiterem Umfang vor Augen geführt als nach geltendem Recht, das nur eine getrennte Erledigung der Scheidung und Scheidungsfolgen kennt, welche tatsächlichen Auswirkungen ihre Trennung hat. Auf diese Weise – so die amtl. Begründung – kann übereilten Entscheidungen in einer sinnvollen und den tatsächlichen Lebensverhältnissen angemessenen Weise vorgebeugt werden. In der Möglichkeit einer Verknüpfung des Scheidungsausspruchs mit den Regelungen liegt zugleich ein wichtiger Schutz für den Ehegatten, der an der Ehe festhalten will, insb. auch für den sozial schwächeren Partner, wenn er sich der Scheidung selbst nicht mit Erfolg widersetzen kann. Durch die einheitliche Erledigung der Scheidung und der Folgeregelungen erhält dieser Partner Gelegenheit, die ihm gegen den anderen Ehegatten zustehenden Rechte bereits im Zeitpunkt der Scheidung durchzusetzen. Er kann somit verhindern, dass ein Scheidungsausspruch ohne die nach Sachlage angemessene Sicherstellung seiner Rechte ergeht.

221

a) Verbundverfahren nach § 137 FamFG

In § 137 FamFG wird der Verbund von Scheidungs- und Folgesachen detailliert geregelt. Werden im Scheidungsverfahren weitere Regelungen beantragt, ist über die Scheidung und diese Folgesachen zusammen zu verhandeln und zu entscheiden (Verbund). Das Gesetz definiert die zulässigen Folgesachen in § 137 Abs. 2 FamFG. Folgesachen sind somit Versorgungsausgleichssachen, Unterhaltssachen, sofern sie die Unterhaltspflicht ggü. einem gemeinschaftlichen Kind oder die durch Ehe begründete gesetzliche Unterhaltspflicht betreffen mit Ausnahme des vereinfachten Verfahrens über den Unterhalt Minderjähriger, Ehewohnungs- und Haushaltssachen und Güterrechtssachen. Für alle Ansprüche ist aber zu beachten, dass diese als Folgesache nur geltend gemacht werden können, wenn eine Entscheidung für den Fall der Scheidung zu treffen ist. Ausgeschlossen als Verbundantrag ist daher ein vorzeitiger Zugewinnausgleich und ebenso der Ehegattentrennungsunterhalt. Andere als Folgesachen dürfen nicht mit einer Ehesache verbunden werden (§ 126 Abs. 2 FamFG), auch nicht durch objektive Antragshäufung. Die unzulässige Antragshäufung eröffnet nicht das Ermessen, entweder das Verfahren abzutrennen oder den Antrag als unzulässig abzuweisen. Es muss abgetrennt werden (Brandenburgisches Oberlandesgericht, Beschl. v. 07.08.2013 – 13 UF 75/13 –, juris). Streitig ist, ob ein Antrag nach § 33 VersAusglG schon im Verbund gestellt werden kann (bejahend: OLG Zweibrücken, Urt. v. 25.11.2011 – 2 UF 158/09 –, juris; verneinend: OLG Celle, Beschl. v. 16.05.2013 – 10 UF 66/13 –, juris; vgl. auch Oldenburger, jurisPR-FamR 16/2013 Anm. 5).

222

Da der **Versorgungsausgleich** von Amts wegen durchzuführen ist, bestimmt § 107 Abs. 2 Satz 2 FamFG, dass es insoweit keines Antrages bedarf. Mit Rechtshängigkeit des Scheidungsantrages hat das FamG daher dieses Verfahren einzuleiten. Zu beachten ist im Fall der Aufhebung einer **Lebenspartnerschaft**, dass der Versorgungsausgleich nur dann von Amts wegen durchzuführen ist, wenn die Lebenspartnerschaft ab dem 01.01.2005 begründet wurde (§ 15 Abs. 5 LPartG) oder die Partner nach § 21 Abs. 4 LPartG erklärt haben, dass auch für ihre vor dem Stichtag geschlossene Partnerschaft der Versorgungsausgleich gelten soll.

223

Verbundanträge können auch in Form eines **Stufenantrages** (§ 254 ZPO i. V. m. § 114 Abs. 5 FamFG) gestellt werden (BGH, FamRZ 1983, 996). Erforderlich ist nach gefestigter Rechtsprechung, dass über die Stufe 1 (Auskunft) in einem gesonderten Termin zu entscheiden ist (Teil-Entscheidung ohne Kosten) und erst in einem nächsten Termin die Scheidung ausgesprochen werden

224

kann, falls dann der Verbund entscheidungsreif ist. Die dazwischen liegende Zeit muss dem Aus-kunftsgläubiger ausreichend Zeit geben, die Auskunft ggf. zu vollstrecken, denn erst dann ist er in der rechtlichen Lage, die Stufe 2 (**Leistungsstufe**) zulässig und schlüssig durch Antrag einzuleiten. Unzulässig sind sämtliche Verbundanträge, die nicht die Regelung bestimmter Rechtsverhältnisse abschließend zum Inhalt haben.

225 **Unzulässig** im Verfahrensverbund sind daher reine Auskunftsanträge, die ein Verfahren außerhalb des Verbundes vorbereiten sollen. Unzulässig sind auch alle Hauptanträge, die nicht für die Zeit nach Rechtskraft der Scheidung etwas begehren, sondern mit sofortiger Wirkung oder rückwirkend. Das ist z. B. der **Trennungsunterhalt** nach § 1361 BGB, beim **Kindesunterhalt** ein Antrag auf lau-fenden Unterhalt.

Muster: Verbundantrag

226 An das

Familiengericht

.....

In der Ehesache

....../......[1]

Az .....

beantrage ich für die Antragstellerin,

im Verbund den nachehelichen Unterhalt der Antragstellerin zu entscheiden.[2]

Ich stelle daher folgenden Antrag:

Der Ehemann wird verurteilt, an die Ehefrau nach der Scheidung einen monatlichen Unterhalt von ..... €, weitere ..... € Krankenkassenbeitrag und weitere ..... € Altersvorsorge zu zahlen.[3]

Diesen Antrag begründe ich wie folgt:[4]

1. Verfahren der Scheidung. Ausreichend ist das Kurzrubrum. Ob das Aktenzeichen der Eheschei-dung vom Gericht noch mit einem Zusatz versehen wird, unterliegt unterschiedlichen Handhabun-gen in Deutschland. Häufig wird in Klammer ein Zusatz angefügt, damit die jeweiligen Schriftsätze dem richtigen Aktenheft zugeordnet werden können. Für den Ehegattenunterhalt lautet der Zusatz (UE), Kindesunterhalt (UKi), Güterrecht (Gü), elterliche Sorge (SO), Umgangsrecht (UG), Haus-rat (Ht), Wohnung (Wh). Diese Zusätze sind kein rechtlicher Bestandteil des Aktenzeichens, son-dern erleichtern nur die jeweilige Zuordnung.

2. Verbundantrag. Die prozessuale Erklärung ist erforderlich, dass das Verfahren als Folgesache be-handelt werden soll. Ist schon ein Verfahren anhängig, das z. B. von einem anderen Gericht an das Gericht der Ehesache abgegeben wurde, muss dieses Verfahren konkret mit seinem Aktenzeichen aufgeführt werden. Mit der Aufnahme in den Verbund entfällt das bisherige Aktenzeichen.

3. Konkreter Leistungsantrag. Im Fall einer Familienstreitsache muss aufgrund der Verweisung des § 113 FamFG auf die ZPO der Antrag entsprechend § 253 ZPO ausformuliert sein. Nur bei ein-fachen Familiensachen, also z. B. Sorgerecht oder Umgangsrecht, besteht keine Pflicht, einen aus-formulierten Antrag einzureichen, jedoch muss das Ziel des Antrages (Aufhebung der gemeinsamen Sorge) bezeichnet sein.

4. Begründung. Für streitige Familiensachen ist eine vollständige, schlüssige Begründung ggf. mit Beweisantritt erforderlich. Für einfache Familiensachen ist darzutun, dass ein Rechtsschutzinteresse an der beantragten Regelung besteht.

b) Antragsfristen

War nach alter Vorschrift (§ 623 Abs. ein ZPO) ein Verbundantrag zulässig bis zum Schluss der letz-   227
ten mündlichen Verhandlung, will der Gesetzgeber einem **dilatorischen** Verhalten entgegenwirken
und deshalb bestimmt § 137 Abs. 2 Satz 1 FamFG, dass ein Verbundantrag spätestens **2 Wochen** vor
der mündlichen Verhandlung im ersten Rechtszug von einem Ehegatten anhängig gemacht werden
muss, um im Verbund Berücksichtigung zu finden. Aufgrund der ausdrücklichen Regelung in Abs. 3
der Vorschrift ergibt sich, dass die zweiwöchige **Frist nur für Familienstreitsachen** zu beachten ist,
nicht hingegen die sog. einfachen Familiensachen. Die Frist ist jedoch nicht für jede mündliche
Verhandlung zu beachten, sondern kommt nur zur Anwendung, wenn das Scheidungsverfahren
aufgrund der mündlichen Verhandlung entschieden wird. Wenn und soweit das Gericht aufgrund
eines Stufenantrags zunächst durch eine Teilentscheidung über den Auskunftsanspruch z. B. einen
Unterhalt zu befinden hat, stellt diese Verhandlung **keine Sperre** für spätere Verbundanträge dar. Bei
der Terminierung ist das Gericht auch nicht verpflichtet darauf hinzuweisen, dass es sich nach Auffassung des Gerichtes um den letzten Termin handelt (OLG Oldenburg, Beschl. v. 23.08.2010 – 13
UF 46/10, JURIS; OLG Hamm, NJW-Spezial 2010, 550; Finger, MDR 2010, 544).

Die zweiwöchige Sperre setzte für Familienstreitsachen (§ 112 FamFG) voraus, dass ein § 253 ZPO   228
entsprechender Schriftsatz bei Gericht eingereicht ist. Es ist daher nicht mehr zulässig, in der mündlichen Verhandlung eine Verzögerung dadurch herbeizuführen, dass ein vorbereiteter Schriftsatz
mit einem konkreten Antrag in einer Familienstreitsache eingereicht wird. Da die FamG aufgrund
der Geschäftslage im Regelfall längere Fristen für die Terminsbestimmung beachten müssen, muss
der Verfahrensbevollmächtigte nur darauf achten, dass der bestimmende Schriftsatz möglichst bald
beim FamG eingeht. Ist die gesetzliche Frist gewahrt, wird im Regelfall der anstehende Termin nicht
zu einer Endentscheidung führen können, da dem Antragsgegner rechtliches Gehör zu gewähren
ist. Ob die Vorschrift deshalb tatsächlich zu einer Beschleunigung des Verfahrens führt, erscheint
daher fraglich, da auch nach bisheriger Rechtslage eine Abtrennung zulässig war, wenn die Absicht
der sachfremden Verzögerung erkennbar wurde. Die in der Rechtsprechung sehr unterschiedliche
Bewertung der Vorschrift des § 137 Abs. 2 FamFG hat der BGH mit einer Grundsatzentscheidung
(Beschl. v. 21.03.2012 - XII ZB 447/10 in FamRZ 2012, 863-867) inzwischen entschieden. Die
Entscheidung wird mit den nachfolgenden Leitsätzen konkret beschrieben: »Das Familiengericht
hat den Termin in einer Scheidungssache so zu bestimmen, dass es den beteiligten Ehegatten nach
Zugang der Ladung möglich ist, unter Einhaltung der Zweiwochenfrist nach § 137 Abs. 2 Satz 1
FamFG eine Folgesache anhängig zu machen. Zur Vorbereitung eines Antrags muss den Ehegatten
zusätzlich eine Woche zur Verfügung stehen. Bei einer den genannten Vorgaben nicht entsprechenden Terminbestimmung haben die Ehegatten einen Anspruch auf Terminverlegung. In diesem Fall
bedarf es einer Terminverlegung nicht, wenn sie Folgesachen noch bis zur mündlichen Verhandlung
anhängig machen. Die Folgesachen werden dann Bestandteil des Scheidungsverbunds. Zur rechtzeitigen Geltendmachung einer Folgesache genügt es, wenn diese innerhalb der gesetzlichen Frist
vor dem Verhandlungstermin anhängig gemacht wird, auf den die Scheidung ausgesprochen wird«.

Für sog. einfachen Familiensachen gibt es keine **Sperrfrist** für Verbundanträge. Folgesachen sind   229
hiernach auch **Kindschaftssachen**, die die Übertragung oder Entziehung der elterlichen Sorge, das
Umgangsrecht oder die Herausgabe eines gemeinschaftlichen Kindes der Ehegatten oder das Umgangsrecht eines Ehegatten mit dem Kind des anderen Ehegatten betreffen. Den jeweiligen Antrag kann jeder Beteiligte selbst vor Schluss der **mündlichen Verhandlung** im ersten Rechtszug der
Scheidungssache stellen und beantragen, dass hierüber gemeinsam mit der Scheidung entschieden
wird. Es bedarf also insoweit keiner anwaltlichen Vertretung. Der jeweilige Antrag setzt aber voraus, dass das Gericht die Einbeziehung aus Gründen des Kindeswohls für sachgerecht erachtet.
Eine Zurückweisung als nicht sachgerecht kann durch das FamG grds. nur erfolgen, wenn es auch
bezüglich des Kindes über Informationen verfügt. Zu denken ist daher an schon beim FamG anhängige Verfahren zur Frage der elterlichen Sorge oder des Umgangsrechts einschließlich von Verfahren nach § 1666 BGB.

230   Im Hinblick auf die Mitteilungspflichten in der Antragsschrift nach § 133 FamFG müssen die an-
       derweitigen Verfahren an das FamG der Ehesache abgegeben werden. Innerhalb eines FamG sind die
       Verfahren zu konzentrieren bei dem Richter, der für die Ehesache zuständig ist (§ 23c Abs. 2 GVG).
       Soweit bei diesem Gericht der Ehesache schon andere Familiensachen anhängig sind, werden sie
       nur dann Teil des Verbundes, wenn ein **Antrag** gestellt wird (§ 137 Abs. 3 FamFG). Anders ist es,
       wenn eine Familiensache von einem anderen Gericht nach Rechtshängigkeit an das Gericht der Ehe-
       sache verwiesen wird. Sofern es sich um Familiensachen i. S. v. Abs. 2 oder 3 handelt, werden diese
       Teil des Verbundes. Eine Herauslösung von Amts wegen, wie im Fall nach Abs. 3, sieht das Gesetz
       nicht vor. In Betracht kommt daher nur noch eine Abtrennung nach § 140 FamFG. Für eine Kind-
       schaftssache regelt dies § 140 Abs. 2 Nr. 4 FamFG. Zu beachten ist, dass bei negativer Entscheidung
       des Gerichtes im Fall des § 137 Abs. 3 FamFG das Verfahren weiterhin als eigenständiges Verfahren
       zu führen ist (§ 137 Abs. 5 Satz 2). Nach einer Verweisung und Abtrennung bleiben abgetrennte
       Folgesachen i. S. v. Abs. 2 nach wie vor Teil des Verbundes mit der Folge, dass auch die einheitliche
       Kostenentscheidung für sie zutrifft.

c) Rückverweisung und Folgesachen

231   Wird ein Scheidungsantrag rechtskräftig abgewiesen, werden nach § 142 Abs. 2 FamFG die Folge-
       sachen nicht ebenfalls abgewiesen. Vielmehr werden die Folgesachen gegenstandslos, sofern nicht
       eine Fortsetzung als eigenständiges Verfahren zulässig ist. Wird gegen die Abweisung des Schei-
       dungsantrages Rechtsmittel erfolgreich eingelegt, soll grds. das OLG das Scheidungsverfahren an
       das FamG zurückverweisen, bei dem die Folgesachen noch zur Entscheidung anstehen (§ 147 Abs. 1
       FamFG). Das FamG ist an die Rechtsauffassung des Rechtsmittelgerichts gebunden (§ 146 Abs. 1
       Satz 2 FamFG).

232   Wird gegen die Entscheidung des OLG **Rechtsbeschwerde** eingelegt, muss das FamG diese Ent-
       scheidung nicht abwarten, sondern kann über die Folgesachen verhandeln (§ 147 Abs. 2 FamFG).
       Erforderlich ist aber ein **Antrag** eines Ehegatten.

2. Außergerichtliche Streitbeilegung

233   Nach § 135 FamFG kann das Gericht anordnen, dass die Ehegatten einzeln oder gemeinsam an
       einem kostenfreien Informationsgespräch über Mediation oder eine sonstige Möglichkeit der außer-
       gerichtlichen Streitbeilegung anhängiger Folgesachen bei einer von dem Gericht benannten Person
       oder Stelle teilnehmen und eine Bestätigung hierüber vorlegen. Diese Anordnung ist zwar nicht
       selbstständig anfechtbar und auch nicht mit Zwangsmitteln durchzusetzen. Die Nichtbefolgung
       hat jedoch Einfluss auf die Kostenentscheidung, denn nach § 150 Abs. 4 Satz 2 FamFG kann bei
       der Kostenverteilung auch berücksichtigt werden, ob ein Beteiligter einer richterlichen Anordnung
       nach § 135 Abs. 1 FamFG nicht nachgekommen ist.

234   Das Gericht kann nur die Teilnahme an einem Informationsgespräch anordnen. Es kann jedoch
       die Beteiligten nicht verpflichten zur Teilnahme an einer Mediation und ebenso nicht an der Mit-
       wirkung an einer außergerichtlichen Streitbeilegung. Das Informationsgespräch muss für die Ehe-
       gatten kostenfrei seien.

235   Die Anordnung der Teilnahme liegt im freien Ermessen des FamG. Dennoch ist es erforderlich, dass
       die Teilnahme an diesem Gespräch zumutbar ist, was bei einer Härtefallscheidung ebenso auszu-
       schließen sein wird wie in den Fällen, in denen in einer Folgesache die Wohnungszuweisung wegen
       Gewalttätigkeiten oder Bedrohungen beantragt wird.

236   Der nicht anfechtbare Beschluss bedarf zwar keiner Begründung, es erscheint jedoch zweckmäßig,
       den Beteiligten die Gründe offenzulegen, denn ohne solche Gründe ist die Zweckmäßigkeit oder
       sogar Notwendigkeit für die Teilnahme an dem verordneten Informationsgespräch kaum vermittel-
       bar, sofern die Anordnung nicht aufgrund einer mündlichen Verhandlung erfolgt.

In geeigneten Fällen soll das Gericht eine außergerichtliche Streitbeilegung anhängiger Folgesachen vorschlagen (§ 135 Abs. 2 FamFG).   237

3. Abtrennung von Folgesachen

Der Verbund der Scheidungssache mit ZPO- und FGG-Folgesachen bedeutet nicht, dass der einmal herbeigeführte Verbund eine unauflösbare Einheit bildet. Der Grundsatz der einheitlichen Entscheidung (§ 137 Abs. 1 FamFG) kann verschiedene Durchbrechungen erfahren. Dies ist auch sinnvoll, denn im Laufe eines Verfahrens zeigt sich manchmal, dass im Interesse der Rechtsuchenden eine teilweise Verbundauflösung sachgerechter ist.   238

Eine Vorabentscheidung, wie sie noch § 627 ZPO vorsah, fehlt im FamFG zu Recht, denn nach § 137 Abs. 3 FamFG kann das Gericht die Einbeziehung von Kindschaftssachen in den Verbund als nicht sachgerecht ablehnen aus Gründen des Kindeswohl und auch eine Abtrennung nach § 140 Abs. 2 Nr. 3 FamFG kann diesem Zweck dienen.   239

Die Abtrennung, also Herausnahme des Verfahrensgegenstandes aus der einheitlichen Entscheidung, bewirkt nur, dass keine einheitliche Entscheidung mehr ergeht, der Restverbund einerseits und das abgetrennte Verfahren andererseits unabhängig voneinander geführt und entschieden werden. Dies gilt nicht für Kindschaftssachen nach § 137 Abs. 3 FamFG, die aus Gründen des Kindeswohls durch das Gericht nicht im Verbund geduldet werden. Diese scheiden aus dem Verbund aus und werden als isolierte, also vom Verbund vollständig gelöste Verfahren geführt und entschieden. Ausdrücklich bestimmt § 150 Abs. 5 Satz 2 FamFG, dass für diese Verfahren nicht die Kostenvorschriften des Verbundes gelten.   240

Für die in § 137 Abs. 2 FamFG aufgeführten Folgesachen bleibt hingegen die Verbindung zur Ehesache erhalten (§ 137 Abs. 5 FamFG). Werden mehrere Verfahren abgetrennt, so bilden diese ihrerseits einen Restverbund. Innerhalb dieses Teilverbundes kommt ebenfalls eine Abtrennung in Betracht, jedoch müssen erneut die Voraussetzungen nach § 140 FamG erfüllt sein. Werden Folgesachen mit Rechtsmittel angegriffen, war streitig, ob diese Folgesachen zueinander eine besondere Art des Verbundes im Rechtsmittelverfahren darstellen oder nicht (BGH, FamRZ 1983, 38; OLG Düsseldorf, FamRZ 1980, 72). Durch die Fassung des § 137 Abs. 5 FamFG wird diese Frage im Sinne eines Teilverbundes geregelt.   241

Da diese Folgesachen weiterhin als Teil des Verbundes insgesamt gelten, bleibt der Anwaltszwang ebenso erhalten wie auch Verbindungsverbote mit anderen Verfahren. Die Kostenvorschrift gilt auch für diese Verfahren fort, erforderlich ist jedoch, bei der Entscheidung über eine abgetrennte Folgesache auch über die Kosten dieses Verfahrensteils zu entscheiden, wobei die Kostengrundsätze des Verbundes zu beachten sind (§ 150 Abs. 5 Satz 1 FamFG).   242

Werden Folgesachen im Sinne von § 137 Abs. 2 FamFG, also Versorgungsausgleich, Unterhalt, Wohnungs- und Hausratssachen und Güterrechtssachen, abgetrennt, können sie auch vor dem Ausspruch und Rechtskraft der Scheidung entschieden werden. Mit Ablauf der jeweiligen Rechtsmittelfrist werden diese Entscheidungen rechtskräftig. Da diese Verfahren aber ihre Rechtsnatur als Verbundfolgesache nicht verloren haben, werden sie erst wirksam, wenn die Rechtskraft des Scheidungsausspruchs eingetreten ist (§ 148 FamFG). Das FamG darf aus diesem Grund trotz Rechtskraft der Einzelentscheidung keine Vollstreckungsklausel erteilen.   243

a) Vorbehalt bei Abweisung

Wird der Scheidungsantrag zurückgenommen oder rechtskräftig abgewiesen, werden auch schon getroffene Entscheidungen wirkungslos (§ 142 Abs. 2 FamFG). Vor Rücknahme des Scheidungsantrages und auch vor dessen Abweisung kann jedoch derjenige Beteiligte, der diesen Antrag im Verbund gestellt hat, verbindlich erklären, dass er dieses Verfahren weiterführen will.   244

245 Der Antrag unterliegt keiner zeitlichen Befristung und sollte im Regelfall schon mit dem Verbundantrag selbst gestellt werden.

Muster: Antrag auf isolierte Fortführung eines Verbundantrages

246 Ausdrücklich wird erklärt, dass dieser Verbundantrag auch im Fall der rechtskräftigen Abweisung
des Scheidungsantrages und ebenso bei Rücknahme desselben als isoliertes Verfahren fortgeführt
werden soll

Fortführungsantrag. Wird diese Erklärung schon mit dem Verbundantrag abgegeben, kann das Begehren auch nach Abweisung des Scheidungsbegehrens oder seiner Rücknahme fortgeführt werden.
Da z. B. der Ehegattenunterhalt im Verbund nur als nacheheelicher Anspruch geltend gemacht werden kann (»für den Fall der Scheidung«), muss nach negativem Ende des Scheidungsverfahrens der
Antrag auf die neue Rechtslage – also auf Trennungsunterhalt – umgestellt werden.

b) Zeitpunkt und Form der Abtrennung

247 Das Gericht hat grds. von Amts wegen zu prüfen, ob eine Abtrennung in Betracht kommt oder
nicht. Der Gesetzeswortlaut besagt, dass nur bei Vorliegen der aufgeführten Gründe die Abtrennung
zulässig ist. Sind die Voraussetzungen nicht erfüllt, ist die dennoch verkündete Entscheidung (Scheidung) eine unzulässige Teilentscheidung. Die Entscheidung über die Abtrennung ergeht durch gesonderten Beschluss (§ 140 Abs. 6 FamFG). Damit ist klargestellt, dass die Abtrennung nicht in der
Verbundentscheidung enthalten ist.

248 Zwar bestimmt die Vorschrift keinen bestimmten Zeitpunkt für eine Abtrennung, jedoch ergibt
sich ebenso wie schon nach der früheren Regelung in § 628 ZPO, dass die Abtrennung erst erfolgen kann und darf, wenn eine Verbundentscheidung im Sinne von § 137 Abs. 1 FamFG durch eine
oder mehrere Verbundfolgesachen blockiert wird. Wenn vorab im Rahmen eines Stufenantrages zu
entscheiden ist, kommt eine Abtrennung nicht in Betracht, da zu diesem Zeitpunkt über die Scheidung nicht entschieden werden kann, sofern nicht das spezielle Verfahren eine Verzögerung mit sich
bringt, die nach dem Gesetz zur Abtrennung berechtigt.

249 Hinzu kommen muss darüber hinaus, dass für die jeweilige Folgesache die besonderen Kriterien erfüllt sind, die in § 140 Abs. 2 FamFG genannt sind. Für jede Folgesache ist dies getrennt zu prüfen
und zu entscheiden.

250 Ziel der Abtrennung ist es, Härten zu vermeiden. Durch die Aufzählung der Abtrennungsmöglich-
keiten wird vom Gesetz betont, dass die Gründe eng auszulegen sind, um den Grundsatz der einheitlichen Entscheidung (§ 137 Abs. 1 FamFG) nicht zu gefährden. Der Abtrennungsbeschluss ist
nicht gesondert anfechtbar, sondern eine fehlerhafte Abtrennung kann nur mit dem Rechtsmittel
gegen die Scheidung angefochten werden, denn eine fehlerhafte Abtrennung ist ein schwerer Verfahrensfehler (BGH, FamRZ 1996, 1333). Dass in der Abtrennung ein selbstständiger Beschwer-
degrund gesehen wird, soll nur gewährleisten, dass ein Ehegatte auch dann, wenn er sich gegen die
Scheidung als solche nicht wehrt, erreichen kann, dass der Verbund gewahrt bleibt und er nicht ohne
gleichzeitige Regelung der Folgesache geschieden wird (*Friederici* in jurisPR-FamR 1/2005, Anm. 2).

4. Abtrennungsvoraussetzungen

a) Beteiligung Dritter

251 Eine **Unterhaltsfolgesache** oder **Güterrechtsfolgesache** muss vom Verbund nach § 140 Abs. 1
FamFG abgetrennt werden, wenn außer den Ehegatten eine weitere Person Beteiligter des Verfahrens ist. In einer Unterhaltsfolgesache tritt diese Wirkung immer dann ein, wenn ein Elternteil im

Wege der Prozessstandschaft den Kindesunterhalt geltend macht. Der Anspruch auf Kindesunterhalt ist nur dann eine Folgesache, wenn erst mit der Entscheidung über den Scheidungsantrag die Unterhaltspflicht des einen Ehegatten ggü. den gemeinschaftlichen Kindern fest steht. Besteht schon eine Sorgerechtsentscheidung für das Kind kommt eine Behandlung im Verbund nicht mehr in Betracht (Hüßtege, in: Thomas/Putzo: ZPO, 32. Aufl., § 137 FamFG Rn. 9). Wird der Unterhalt im Wege der Prozessstandschaft geltend gemacht (§ 1629 Abs. 3 BGB) und wird das Kind im Laufe des Verfahrens volljährig, tritt es im Wege des automatischen Parteiwechsels in den Rechtsstreit ein und das Verfahren ist insoweit nach § 145 ZPO vom Scheidungsverbund zu trennen.

b) Weitere Abtrennungsgründe

Die Vorschrift des § 140 Abs. 2 FamFG beginnt zwar mit den Worten, das Gericht »kann« eine Folgesache abtrennen, und erweckt damit den Anschein, dass jede Abtrennung nach den nachfolgenden Auflistungen von einer Ermessensentscheidung abhängig sei. Die Gründe müssen in dem Beschluss nachvollziehbar aufgeführt sein. Die Wiederholung des Gesetzeswortlautes ist nicht ausreichend, es sei denn, die Abtrennung ist zwingend. Zu unterscheiden ist trotz des Gesetzeswortlautes zwischen einer notwendigen und einer zweckmäßigen Abtrennung.   252

Die Abtrennung hat zu erfolgen, wenn über den Versorgungsausgleich oder eine Güterrechtsfolgesache vor Auflösung der Ehe nicht entschieden werden kann. Bezüglich des Versorgungsausgleichs kann das nur bei Versorgungen außerhalb der Pflichtversorgung in Betracht kommen, also z. B. einer Versorgung nach dem BetrAVG oder dem VVG und beim Güterrecht, wenn firmenrechtlich oder aufgrund eines Vertrages die Leistungen für den Fall der Scheidung divergierend zur sonst erfolgenden Berechnung definiert werden.   253

Die Aussetzung der Versorgungsausgleichsfolgesache kommt nach Ziff. 2 in Betracht, wenn eine Auskunft vor dem Fachgericht angefochten wird (§ 221 FamFG).   254

Auch eine Kindschaftsfolgesache (§ 151 FamFG) kann eine Abtrennung begründen, wenn das Gericht dies aus Gründen des Kindeswohls für sachgerecht hält oder das Verfahren ausgesetzt ist. Hier ist auch zu beachten, dass ein Ehegatte nach Abs. 3 den Antrag auf Abtrennung der Unterhaltsfolgesache stellen kann, wenn dies im Zusammenhang mit der Kindschaftsfolgesache geboten ist.   255

Die **Versorgungsausgleichssache** kann abgetrennt werden nach Ziff. 4, wenn seit Rechtshängigkeit der Ehesache mehr als 3 Monate vergangen sind und **beide Ehegatten** ihre erforderliche Mitwirkung erfüllt haben und beide Ehegatten die Abtrennung beantragen. Der Antrag kann nach Abs. 5 zur Niederschrift der Geschäftsstelle gestellt werden. In der Praxis wird dies im Regelfall bedeuten, dass der Versorgungsausgleich nahezu immer abgetrennt werden kann, denn schon die Auskunft des Rentenversicherungsträgers hatte nach alter Rechtslage stets fast 3 Monate – und länger – gedauert, auch wenn das Konto geklärt ist und auch die Zurechnung von Kindererziehungszeiten ohne Relevanz ist. Ob die Beteiligten alle Mitwirkungshandlungen schon vorgenommen haben, wird im Regelfall aber erst feststellbar sein, wenn alle Auskünfte vorliegen oder die Bestätigung aller Leistungsträger, dass keine Auskunft des Beteiligten mehr für die Berechnung notwendig oder zweckmäßig ist.   256

Die Frist von 3 Monaten berechnet sich ab Rechtshängigkeit des Scheidungsantrages, die Zeit vor Ablauf des Trennungsjahres wird jedoch außer Acht gelassen, ausgenommen das Scheidungsverfahren vor Ablauf des Trennungsjahres aus Härtegründen (§ 140 Abs. 4 FamFG).   257

Unabhängig von der Art der **Folgesache** kann eine Abtrennung erfolgen, wenn sich durch die Scheidungsfolgesache der Scheidungsausspruch so außergewöhnlich verzögern würde, dass ein weiterer Aufschub unter Berücksichtigung der **Bedeutung** der Folgesache eine unzumutbare Härte darstellen würde (§ 140 Abs. 2 Nr. 5 FamFG).   258

Erforderlich ist jedoch der **Antrag** eines Ehegatten. Insoweit unterscheidet sich die Rechtslage ggü. der Regelung in § 628 ZPO. Eine Abtrennung **von Amts wegen** bei unzumutbarer Verzögerung sieht das Gesetz **nicht** mehr vor.   259

260   Bei der Beurteilung, ob durch die Verzögerung eine unbillige Härte für einen Ehegatten eintritt, kommt es auch auf die Bedeutung der Folgesache an, durch die der Scheidungsausspruch hinausgezögert wird. Zunächst ist zu beachten, dass für bestimmte Scheidungsfolgesachen das Gesetz schon besondere Regelungen enthält, die somit vorrangig vor anderen Gründen zu berücksichtigen sind. Ob eine außergewöhnliche Verzögerung vorliegt, kann nicht alleine aufgrund eines Zeitmoments festgestellt werden, denn das Verhalten desjenigen Ehegatten, der die Abtrennung begehrt, muss bei der Beurteilung berücksichtigt werden. Die Rechtsprechung zu § 628 ZPO hat im Regelfall eine mehr als 2-jährige Verfahrensdauer als ungewöhnlich lang bezeichnet. Dieser Zeitraum muss jedoch nicht verstreichen, wenn aufgrund gesicherter Umstände davon ausgegangen werden kann, dass innerhalb der nächsten 2 Jahre eine Beendigung oder Erledigung der jeweiligen Folgesache nicht zu erwarten ist. Dies kann z. B. dann gegeben sein, wenn im Wege der Rechtshilfe Auskünfte eingeholt werden müssen und die deutsche Botschaft des Ziellandes mitteilt, dass erfahrungsgemäß erst die zweite oder dritte Anfrage – wenn überhaupt – beantwortet wird und daher mit einer mehrjährigen Verzögerung gerechnet werden muss.

5. Wirkung der Abtrennung

261   Die Wirkung einer Abtrennung nach § 140 FamFG bestimmt sich nach der besonderen Regel, die in § 137 Abs. 5 FamFG enthalten ist. Bei den Folgesachen Versorgungsausgleich, Unterhalt ggü. einem gemeinschaftlichen Kind oder über das durch Ehe begründete gesetzliche Unterhaltsrecht, Wohnungszuweisungs- und Hausratssachen **bleiben** die abgetrennten Teile **Teil des Verbundes**. Das ist insb. von Bedeutung für die Vertretungsregelung. Da der Verbund Anwaltsverfahren ist, gilt dies auch weiterhin, selbst wenn das Verfahren bei isolierter Geltendmachung keiner anwaltlichen Vertretung bedarf. Alle anderen Verbundteile (Kindschaftssachen, Übertragung oder Entziehung der elterlichen Sorge, Umgangsrecht, Herausgabe eines gemeinschaftlichen Kindes oder Umgangsrecht eines Ehegatten mit dem Kind des anderen Ehegatten) werden nach der Abtrennung als selbstständige Familiensachen fortgeführt (§ 137 Abs. 5 Satz 2 FamFG). Beschlüsse und Zwischenentscheidungen aus dem Verbund wirken nicht fort, insbes. ist also über VKH aufgrund eines neuen Antrages zu entscheiden (OLG Hamm, FamRZ 2011, 662), für die Kosten gilt jetzt §§ 80 ff. FamFG.

262   Wird in einer abgetrennten **Unterhaltsfolgesache** ein Vergleich geschlossen, wird durch ihn dieser Teil des Verbundverfahrens beendet. Beinhaltet die Einigung, dass ab dem **Vergleich** ein bestimmter Unterhalt zu zahlen ist, muss im Wortlaut klargestellt werden, dass diese Verpflichtung unabhängig von dem Eintritt der Rechtskraft der Scheidung besteht; der Titel beinhaltet dann – was beim Streitwert zu beachten ist – sowohl den laufenden und damit nicht verbundfähigen Trennungsunterhalt und auch den nachehelichen. Durch den Wortlaut kann auch sichergestellt werden, dass die Vereinbarung unabhängig von dem Scheidungsverfahren wirksam ist.

Muster: Vergleichsweise Erledigung von Folgesachen

263   Durch diesen Vergleich wird das vom Verbund abgetrennte Verfahren auf Ehegattenunterhalt beendet.
    ( )   Uns ist bekannt, dass die Wirksamkeit dieses Vergleiches erst eintritt, wenn die Ehe rechtskräftig geschieden ist.[1]
    ( )   Die Vereinbarungen in diesem Vergleich sollen unabhängig von dem Eintritt der Rechtskraft der Scheidung und auch unabhängig davon, ob der Scheidungsantrag abgewiesen oder zurückgenommen wird, Wirkung haben.[2]

1. Kenntnis der Wirksamkeit. Da die Beteiligten im Regelfall nicht die Rechtsfolgen der Abtrennung kennen oder verinnerlicht haben ist es ratsam, diese Folgen ausdrücklich als eine Art Belehrung im Text aufzuführen (§§ 137 Abs. 2, 148 FamFG).

2. Vereinbarung der sofortigen Wirksamkeit. Es steht den Beteiligten frei, abweichend von den gesetzlichen Vorschriften die sofortige Wirksamkeit zu vereinbaren. Die Schranke des § 148 FamFG gilt auch nur für Entscheidungen. Da es sich um eine Folgesache handelt, wird auch ein Vergleich im Regelfall nur die Wirkung der Beendigung zur Folge haben, nicht aber die sofortige Wirksamkeit. Die textliche Klarstellung ist anzuempfehlen, jedoch natürlich nur, wenn dies auch dem Willen der Beteiligten entspricht.

Anders als für Familienstreitsachen bestimmt § 137 Abs. 3 FamFG, dass die in dieser Vorschrift genannten Familiensachen mit der Abtrennung aus dem Verbund ausscheiden. Sie werden nach der Abtrennung als selbstständige Verfahren fortgeführt und stehen zueinander nicht mehr in einem rechtlichen Verbund. Es handelt sich um **Kindschaftssachen**, die die Übertragung oder Entziehung der **elterlichen Sorge**, das **Umgangsrecht** oder die **Herausgabe** eines gemeinschaftlichen **Kindes** der Ehegatten oder das Umgangsrecht eines Ehegatten mit dem Kind des anderen Ehegatten betreffen.

6. Aussetzung des Scheidungsverfahrens

Das Scheidungsverfahren – die Vorschrift ist nicht anwendbar in einem **Eheaufhebungsverfahren** oder einem **Bestandsfeststellungsverfahren** – soll vom FamG von Amts wegen ausgesetzt werden, wenn nach seiner **freien Überzeugung** Aussicht auf Fortsetzung der Ehe besteht (§ 136 Abs. 1 Satz 1 FamFG). Eine Aussetzung von Amts wegen kommt jedoch nur in Betracht, wenn das FamG ausreichende konkrete Anhaltspunkte für die Annahme hat, dass Aussicht auf Fortsetzung der Ehe besteht. Aufgrund der eingeschränkten Amtsermittlung nach § 127 Abs. 2 FamFG darf das Gericht Tatsachen, die geeignet sind, der Aufrechterhaltung der Ehe zu dienen, von Amts wegen berücksichtigen.   264

Die freie Überzeugung des Gerichtes wird jedoch schon durch § 136 Abs. 1 Satz 2 FamFG stark eingeengt, denn bei einer Trennung von mehr als einem Jahr darf eine Aussetzung nicht gegen den Widerspruch beider Ehegatten erfolgen.   265

Stellt der Antragsteller den Antrag auf Aussetzung, darf das Gericht die Scheidung der Ehe nicht aussprechen, ohne vorher das Verfahren ausgesetzt zu haben (§ 136 Abs. 2 FamFG). Wird die Ehe dennoch geschieden, ist dies ein schwerer Verfahrensfehler, der aber nur – ebenso wie eine fehlerhafte Abtrennung – mit dem Rechtsmittel gegen die Scheidung geltend gemacht werden kann.   266

Muster: Aussetzung des Verfahrens

An das   267

Familiengericht

.....

In dem Scheidungsverfahren

....../......

Az: .....

beantrage ich für die von mir vertretene Antragstellerin,[1]

das Scheidungsverfahren für 3 Monate auszusetzen.[2]

Die Trennung der Beteiligten dauert noch keine drei Jahre. Die Antragstellerin hat beim letzten Umgangskontakt den Eindruck gewonnen, dass der Antragsgegner doch geneigt zu sein scheint, zur Familie zurückzukehren. Die Antragstellerin möchte deshalb einen Versöhnungsversuch unternehmen und schätzt, dass nach drei Monaten sich die Zukunft konkreter beurteilen lassen wird.[3]

1. Aussetzungsantrag des Antragstellers. Dem Antrag auf Aussetzung des Antragstellers muss vom Gericht nach § 136 Abs. 2 FamFG stattgegeben und vor einer Aussetzung eine Scheidung deshalb nicht ausgesprochen werden. Ist das Scheidungsverfahren jedoch nicht begründet, der Antrag also abzuweisen, hat der Aussetzungsantrag keine Wirkung, da er nur eine Scheidung, nicht aber die Abweisung des Antrages vorübergehend verhindern kann.

2. Dauer der Aussetzung. Durch den Antrag kann der Antragsteller die Dauer der Aussetzung nicht bestimmen, denn diese unterliegt dem Ermessen des Gerichts, das durch die Begrenzung in Abs. 3 eingeschränkt wird. Der Hinweis auf die bisherige Trennungszeit ist zweckmäßig, da die Begrenzung der Aussetzung (12 oder 6 Monate) hiervon abhängt.

3. Begründung. Zwar obliegt es dem pflichtgemäßen Ermessen des Gerichts i. R. d. Zeitvorschrift des Abs. 3, wie lange die Aussetzung erfolgt. Wenn jedoch eine gute Begründung durch den Antragsteller erfolgt, wird sich das Gericht diesem Vorschlag anschließen mangels eigener besserer Erkenntnisse.

Wiederholt werden darf die Aussetzung nur noch einmal und sie darf insgesamt die Dauer von einem Jahr nicht überschreiten. Hat die Trennung der Ehegatten schon mehr als 3 Jahre angedauert, darf die Aussetzung insgesamt den Zeitraum von 6 Monaten nicht überschreiten (§ 136 Abs. 3 FamFG).

Erfolgt die Aussetzung, soll das Gericht i. d. R. den Ehegatten nahe legen, eine **Eheberatung** in Anspruch zu nehmen (§ 136 Abs. 4 FamFG). Folgen die Ehegatten diesem gerichtlichen Rat nicht, hat dies keinen Einfluss auf die Kostenentscheidung, denn die Sanktion in § 150 Abs. 4 FamFG bezieht sich ausschließlich auf die Anordnung der Teilnahme an einem Informationsgespräch nach § 135 Abs. 1 FamFG.

7. Kostenentscheidung im Verbund

a) Grundsatz

268   Für den Scheidungsverbund ist die Kostenfolge in § 150 FamFG geregelt. Grds. sind die Kosten der Scheidungssache und aller Folgesachen gegeneinander aufzuheben. Wird der Scheidungsantrag abgewiesen oder zurückgenommen, trägt der Beteiligte die Kosten, dessen Antrag abgewiesen wurde oder der seinen Antrag zurückgenommen hat. Werden Scheidungsanträge beider Ehegatten zurückgenommen oder abgewiesen oder ist das Verfahren in der Hauptsache erledigt, sind die Kosten der Scheidungssache oder Folgesache gegeneinander aufzuheben. Eine Erledigung in der Hauptsache tritt ein durch Tod eines Ehegatten, bevor die Endentscheidung in der Ehesache rechtskräftig ist (§ 131 FamFG).

269   Das Gericht kann im Einzelfall von dieser Kostenverteilung absehen und abweichend entscheiden. Dies insb. unter Berücksichtigung einer auf eine Versöhnung oder auf das Ergebnis einer als Folgesache geführten Unterhaltssache oder Güterrechtssache, wenn die Aufhebung gegeneinander als unbillig angesehen wird. Berücksichtigung bei seiner Entscheidung über die Kosten kann auch finden, dass ein Beteiligter einer richterlichen Anordnung nicht nachgekommen ist und dies nicht ausreichend entschuldigt wurde.

270   Wenn und soweit die Beteiligten eine Vereinbarung über die Kosten getroffen haben, soll das Gericht diese Vereinbarung ganz oder teilweise seiner Kostenentscheidung zugrunde legen. Folgt das Gericht der Vereinbarung in seiner Kostenentscheidung, bedarf es keiner ins Einzelne gehenden Begründung, wenn das Gericht sich auf die Vereinbarung beruft.

271   Werden Folgesachen infolge einer Abtrennung vom Verbund getrennt von der Scheidungssache entschieden, gelten diese Kostengrundsätze nach Abs. 5 der Vorschrift für diese Folgesachen, sie ist also jeweils mit einer Kostenentscheidung zu verbinden. Die Kostenentscheidung im Verbund betrifft also nur diejenigen Verfahrensteile, die mit der jeweiligen Entscheidung auch beendet werden.

b) Erstreckung der Verfahrenskostenhilfe

Eine für die Scheidungssache bewilligte Verfahrenskostenhilfe erstreckt sich, wenn in dem Bewilligungsbeschluss dies nicht ausdrücklich ausgeschlossen wird, auch auf die Folgesache des Versorgungsausgleichs (§ 149 FamFG). Dies bedeutet, dass für jede Scheidungsfolgesache mit Ausnahme des Versorgungsausgleichs ein Antrag auf Verfahrenskostenhilfe zu stellen ist, denn nur aufgrund einer Beschlussfassung durch das Gericht kann sich die Verfahrenskostenhilfe auf die ehemalige Folgesache erstrecken. Nach Abschluss des Scheidungsverfahrens ist eine rückwirkende Bewilligung nicht mehr zulässig.

Für den Fall eines Vergleichsabschlusses ist die Erstreckung der für die Scheidung bewilligten Verfahrenskostenhilfe nach § 48 Abs. 3 RVG zu beachten. Die Erstreckung erfasst auch außergerichtliche Erledigungen. Die Erstattungsfähigkeit der Verfahrens- und Verhandlungsgebühr ist streitig (vgl. OLG Dresden, Beschl. v. 07.02.2014 – 23 WF 1209/13 Rn. 7 m. w. N. –, juris).

VIII. Vorläufiger Rechtsschutz

Der vorläufige Rechtsschutz wurde ausführlich im 6. Buch der ZPO geregelt und auf diese Vorschriften wurde bei allen anderen Regelungen des einstweiligen Rechtsschutzes verwiesen. Die zentrale Regelung war in den §§ 620 ff. ZPO enthalten. Im Scheidungsverbund konnten einstweilige Regelungen nach dem Katalog des § 620 ZPO beantragt werden. Außerhalb des Verbundes setzte ein Antrag auf einstweiligen Rechtsschutz voraus, dass ein korrespondierender Hauptantrag gestellt war. Im Scheidungsverbund war der Scheidungsantrag dieser Hauptantrag.

Das FamFG regelt den einstweiligen Rechtsschutz im Bereich des Familienrechtes erstmals einheitlich in den Vorschriften der §§ 49 bis 57 FamFG. Auf die Vorschriften der ZPO kann nur noch hinsichtlich des Arrestes zurückgegriffen werden, denn für Familienstreitsachen sind die Vorschriften der einstweiligen Anordnung anzuwenden (§ 119 Abs. 1 FamFG). Ausdrücklich bestimmt für Familienstreitsachen § 119 Abs. 2 FamFG, dass in diesem Verfahren auch der Arrest angeordnet werden kann und es wird zu diesem Zweck auf die §§ 916 bis 934 und die §§ 943 bis 945 der ZPO verwiesen. Ausführlich zum Arrestantrag in Familiensachen *Kogel* in FamRB 2013, 365 ff.

Aufgrund der neuen Systematik des einstweiligen Rechtsschutzes sind einstweilige Anordnungen als Teil des **Verbundes nicht** mehr **zulässig**. Die Grundsätze des vorläufigen Rechtsschutzes sind jeweils im Kontext mit dem zu regelnden Anspruch zu sehen. Für Unterhaltssachen (§§ 231 ff. FamFG) bestimmt § 246 FamFG, dass in Abweichung vom Grundsatz in § 49 FamFG die Verpflichtung zur Zahlung von Unterhalt oder zur Zahlung eines Kostenvorschusses für ein gerichtliches Verfahren durch einstweilige Anordnung geregelt werden kann. Die §§ 247, 248 FamFG regeln die entsprechenden einstweiligen Anordnungen vor Geburt eines Kindes oder bei Feststellung der Vaterschaft.

Der Erlass einer einstweiligen Anordnung wird im Regelfall auf Antrag erfolgen, in den Amtsverfahren können die Beteiligten lediglich Anregungen geben (§ 51 FamFG). Eine einstweilige Anordnung tritt nach § 56 FamFG außer Kraft, wenn eine anderweitige Regelung wirksam wird. Der Gesetzgeber hatte die vom BGH vorgenommene Klarstellung zu § 620f ZPO übernommen und auf die Rechtskraft der Endentscheidung in einer Familienstreitsache abgestellt (BGH, FamRZ 1991, 180; § 56 Abs. 1 Satz 2 FamFG). Der Erlass einer einstweiligen Anordnung setzt ein Rechtsschutzbedürfnis voraus. § 156 Abs. 3 FamFG sieht vor, dass das Gericht mit den Beteiligten und dem Jugendamt den Erlass einer einstweiligen Anordnung zu erörtern hat. Dies bedeutet, dass erst ab diesem Zeitpunkt ein Regelungsbedürfnis für den Erlass einer einstweiligen Anordnung besteht. Der Erlass einer einstweiligen Anordnung nach § 49 FamFG kann – anders als nach altem Recht – grds. auch **von Amts wegen** erfolgen. Das gilt gem. § 51 Abs. 1 Satz 1 FamFG aber dann nicht, wenn das entsprechende Hauptsacheverfahren nur auf **Antrag** eingeleitet werden kann. Im Anwendungsbereich des Abs. 3 sind dies die Verfahren betreffend den Aufenthalt des Kindes, da Entscheidungen nach § 1628 Satz 1 BGB oder § 1671 Abs. 1 BGB eines Antrags bedürfen, und die Verfahren wegen Kindesherausgabe nach § 1632 Abs. 1 und 2 BGB (vgl. § 1632 Abs. 3 BGB). Für die praktisch bedeutsamen

272

273

274

275

276

277

Verfahren der Kindesherausgabe gem. § 1632 Abs. 4 BGB sowie in allen Umgangsverfahren (vgl. §§ 1684 Abs. 3 Satz 1, 1685 Abs. 3 BGB) bedarf es dagegen keines Antrags; hier können einstweilige Anordnungen von Amts wegen erlassen werden (Schulter-Bunert/Weinreich/*Ziegler* § 156 Rn. 9).

278   Die Kosten eines einstweiligen Rechtsschutzverfahrens folgten nach alter Rechtslage grds. der **Kostenentscheidung** in der Hauptsache. Nachdem dieses Junktim entfallen ist, muss über die Kosten entschieden werden. Aufgrund der Verweisung auf die allgemeinen Vorschriften finden die §§ 80 ff. FamFG Anwendung. Abweichend von der allgemeinen Regel schreibt für **Familiensachen** § 81 Abs. 1 Satz 2 FamFG **zwingend** eine **Kostenentscheidung** vor, nicht jedoch deren Inhalt.

279   Wurde eine einstweilige Anordnung erlassen, kann der Antragsgegner bei Gericht beantragen, dass dem Gläubiger eine **Frist** zur Einleitung des **Hauptsacheverfahrens** gesetzt wird (§ 52 FamFG). Anders als nach den Vorschriften der ZPO genügt zur Einhaltung der Frist auch ein Antrag auf Bewilligung von Verfahrenskostenhilfe für das Hauptsacheverfahren. Die zu setzende Frist darf nicht länger als 3 Monate sein.

280   Im Gegensatz zur ZPO ist für die Fristsetzung der **Richter** und nicht der Rechtspfleger zuständig, denn eine Zuständigkeit für die Fristsetzung zur Einleitung des Hauptsacheverfahrens wurde nicht in das Rechtspflegergesetz eingefügt. Wird innerhalb der Frist vom Gläubiger nicht reagiert, ist die einstweilige Anordnung aufzuheben. Das Gericht muss von Amts wegen die **Einhaltung** oder **Nichteinhaltung** der Frist überwachen und den Beschluss ggf. aufheben. Sowohl die Fristsetzung als auch die Aufhebung erfolgen jeweils durch Beschluss, ein Rechtsmittel hiergegen ist in § 57 FamFG nicht vorgesehen.

281   In **Amtsverfahren** wird das Gericht mit Erlass der einstweiligen Anordnung auch das jeweilige Hauptsacheverfahren einleiten.

IX. Scheidungsfolgevereinbarungen

282   In isolierten Verfahren hat nach § 36 Abs. 1 Satz 2 FamFG das Gericht auf eine gütliche Einigung hinzuwirken. Zwar gilt diese Vorschrift nicht für Familienstreitsachen (§ 113 Abs. 1 FamFG), jedoch ergibt sich auch für den Verbund eine solche Pflicht des Gerichts aus § 278 ZPO und auch die Mitteilungspflichten nach § 133 FamFG machen deutlich, dass einer Einigung der Vorrang vor einer Entscheidung eingeräumt wird.

283   Zu beachten ist, dass eine Einigung über **güterrechtliche** Folgen der Scheidung bis zur Rechtskraft der Scheidung der notariellen oder gerichtlichen Beurkundung bedarf (§ 1410 BGB).

284   Beim **Ehegattenunterhalt** fordert § 1585c BGB seit dem 01.01.2008 ebenfalls die notarielle oder gerichtliche Beurkundung für Vereinbarungen, die vor Rechtskraft der Scheidung geschlossen werden.

285   Der erleichterte Vergleichsabschluss nach § 278 Abs. 6 ZPO ist in allen Fällen, in denen güterrechtliche oder Fragen des Ehegattenunterhalts geregelt werden, nicht zulässig, da das Gesetz eine **Beurkundung** oder eine gerichtliche Protokollierung verlangt (streitig; Götsche, in: jurisPR-FamR 10/2011 Anm. 7 m. w. N.).

286   Für **einfache familiengerichtliche** Verfahren, also insb. Sorge- und Umgangsrecht, ist nur für den Fall, dass eine Vollstreckung erforderlich wird, eine gerichtliche Entscheidung notwendig (§ 86 FamFG). Vereinbarungen sind daher formfrei zulässig und gültig.

287   Im Fall einer gerichtlichen Protokollierung – auch nach § 118 Abs. 2 ZPO beim Rechtspfleger – ist zu beachten, dass der Vergleichstext (§ 160 Abs. 3 Nr. 1 ZPO) nochmals vorgelesen und von den Beteiligten genehmigt wird (§ 162 Abs. 1 ZPO; *Friederici* jurisPR-FamR 10/2008, Anm. 3).

288   Eine Möglichkeit ohne Beauftragung eines zweiten Anwaltes besteht darin, dass im Rahmen einer beantragten Verfahrenskostenhilfe das Gericht nach § 118 Abs. 2 ZPO i. V. m. § 20 Nr. 4a RPflG das Verfahren zur Ermittlung der PKH-Grundlagen dem Rechtspfleger zuweist (HK-ZPO/*Pukall* § 128 Rn. 3) und bei diesem der Vergleich von den Beteiligten – ohne anwaltliche Hilfe – beurkundet wird.

Eine Protokollierung im Termin kann erfolgen, wenn beide Beteiligten anwaltlich vertreten sind. **289**
Der Vergleich setzt nicht voraus, dass der jeweilige Regelungsgegenstand schon als Verbundantrag
gestellt wurde. Für die anwaltlichen **Gebühren** ist von Bedeutung, dass auch im Fall der für das
Scheidungsverfahren bewilligten Verfahrenskostenhilfe die Gebühren gesichert sind durch die Kraft
Gesetzes erfolgende **Erstreckung** der Verfahrenskostenhilfe auf einen Vergleich zu Fragen des **Ehe-
gattenunterhalts**, **Kindesunterhalts**, **Sorgerechts** und **Umgangsrechts**, den Rechtsverhältnissen an
Ehewohnung und **Hausrat** und aus dem **Güterrecht** (§ 48 Abs. 3 RVG).

X. Anwaltsstrategien

Wird ein Anwalt beauftragt, die Scheidung einer Ehe durchzuführen, muss er zunächst mit dem Be- **290**
teiligten ein ausführliches Informationsgespräch führen. Nur wenn er sich hierfür ausreichend Zeit
lässt, kann er erkennen und beurteilen, welcher Regelungsbedarf zwingend besteht und wo Sofort-
maßnahmen notwendig oder zweckmäßig sind.

Wesentlich für das Vorgehen im Einzelnen ist auch der Zeitfaktor. Wenn die Auftragserteilung sehr **291**
frühzeitig erfolgt, vielleicht sogar schon vor der tatsächlichen Trennung vom andern Ehegatten,
wird der Beratungsumfang und auch das weitere Tätigwerden sich anders gestalten, als wenn die
Trennung schon vollzogen ist und nur noch die Scheidung (ggf. mit Versorgungsausgleich) durchzuführen ist, die Ehegatten sich i. Ü. schon geeinigt haben.

Bei sehr frühzeitiger Beauftragung wird der Verfahrensbevollmächtigte mit dem Beteiligten gemein- **292**
sam die Trennungszeit nutzen, um diejenigen Probleme abzuarbeiten, die unabhängig von der Scheidung und im Einzelfall auch ganz aktuell einer Regelung zugeführt werden müssen.

Ansprüche, die grds. ein Zuwarten bis zum Scheidungsverfahren nicht opportun erscheinen lassen, **293**
sind z. B. Unterhaltsansprüche minderjähriger Kinder. Wenn der Unterhaltspflichtige nicht zwecks
Vermeidung eines Gerichtsverfahrens der Errichtung einer Jugendamtsurkunde zustimmt (§§ 59,
60 SGB 8) muss das FamG über den Antrag entscheiden. Mit der Geltendmachung des Kindesunterhaltes ergibt sich auch nach § 232 Abs. 3 FamFG die örtliche Zuständigkeit für die Ansprüche
auf Ehegattenunterhalt. Da diese besondere Zuständigkeitsvorschrift anknüpft an die besondere
Zuständigkeitsregel für den Kindesunterhalt, ist die Reihenfolge der Geltendmachung entscheidend. Wird der Kindesunterhalt erst anhängig, nachdem der Ehegattenunterhalt schon wirksam bei
Gericht geltend gemacht wurde, kommt eine Abgabe an das Gericht des Unterhaltsverfahrens für
das minderjährige Kind nicht in Betracht. Eine Konzentration beider Ansprüche kann erst wieder
durch die nach Rechtshängigkeit der Ehesache erforderliche Abgabe nach § 233 FamFG erfolgen.
Zu beobachten ist jedoch, dass eine dennoch erfolgende Abgabe häufig erfolgt und sicherlich auch
zweckmäßig ist, da Kindesunterhalt und Ehegattenunterhalt in einer sehr starken Relation zuein-
anderstehen und eine gemeinsame Erörterung und Entscheidung grds. einer getrennten Entscheidung vorzuziehen ist.

Ob im Verbund mit der Scheidung Ansprüche als Folgesache geltend gemacht werden, hängt aber **294**
auch von einer Risikobewertung des einzelnen Anspruchs ab. Zwar führt jeder Verbundantrag grds.
zu einer Verlangsamung des Verfahrens, andererseits unterliegt insb. eine Familienstreitsache einem
besonderen Kostenrisiko. Zwar gelten nicht mehr die kostenrechtlichen Vorschriften der §§ 91 ff.
ZPO. Zu beachten ist aber, dass z. B. in Unterhaltssachen das Gericht über die Kosten nach billigem
Ermessen zu entscheiden hat (§ 243 FamFG).

Für Verfahren in Güterrechtssachen fehlt in den §§ 261 ff. FamFG eine besondere Kostenvorschrift. **295**
Da es sich insoweit um eine Familienstreitsache nach § 112 FamFG handelt, kommen die allgemeinen Vorschriften der ZPO zur Anwendung. Die Kostenentscheidung hängt also auch davon ab, in
welchem Umfang das Verfahren gewonnen oder verloren wird. Wird der güterrechtliche Anspruch
als Folgesache geltend gemacht, gilt wieder der Grundsatz nach § 150 FamFG, also die Aufhebung
der Kosten gegeneinander. Zwar wird durch die Geltendmachung im Verbund das Verfahren zeitlich gestreckt, andererseits aber das Kostenrisiko gemindert.

296   Für die sonstigen Familiensachen des § 266 FamFG können solche Kostenüberlegungen nicht angestellt werden, da diese Ansprüche nach § 137 Abs. 2 FamFG keine Folgesachen sein können.

297   Kein besonderes Kostenrisiko besteht bei Folgesachen im Sinne von § 137 Abs. 3 FamFG, denn bei diesen Verfahren handelt es sich nicht um Familienstreitsachen. Es kommen deshalb die §§ 80 ff. FamFG zur Anwendung. Das Gericht kann die Kosten des Verfahrens nach billigem Ermessen den Beteiligten ganz oder z. T. auferlegen, es kann auch von der Erhebung von Kosten absehen (§ 81 Abs. 1 FamFG). Das Risiko ist nicht nur aufgrund der geringeren Geschäftswerte, sondern auch aufgrund dieser Kostenvorschrift niedriger zu bewerten als die wesentlich schärferen Kostenvorschriften der ZPO. Bedingt durch die meist notwendige Anhörung des Kindes und auch des Jugendamtes führen Anträge in Kindschaftssachen zu einer Verzögerung des Scheidungsverbundes. Zwar normiert § 155 FamFG die Pflicht für das FamG, diese Verfahren vorrangig und beschleunigt durchzuführen. Dies gilt aber nicht, wenn die Anträge im Scheidungsverbund gestellt werden, denn über die Folgesachen ist zusammen mit der Scheidung zu verhandeln und zu entscheiden und eine solche Verhandlung kann nur erfolgen, sobald alle Folgesachen entscheidungsreif sind. Auch wenn das FamG die Anhörung des Kindes und des Jugendamtes möglichst schnell durchführt, muss mit der Entscheidung abgewartet werden, bis auch der Versorgungsausgleich ermittelt und entscheidungsreif ist.

298   Abgesehen von diesen Überlegungen wird im Regelfall die Frage der elterlichen Sorge oder auch des Umgangsrechts ebenso wie die Herausgabe eines gemeinschaftlichen Kindes schon zeitlich einer Erledigung zuzuführen sein, bevor überhaupt ein begründeter Scheidungsantrag gestellt werden kann. Ob im Einzelfall ein Hauptsacheverfahren eingeleitet wird oder aber von der Möglichkeit des einstweiligen Rechtsschutzes Gebrauch gemacht wird, muss im Einzelfall besprochen und die Risiken abgewogen werden. Als Grundsatz wird man davon ausgehen können, dass Kindschaftssachen im Regelfall nicht als Folgesachen zu führen sind. Dies zeigt sich auch daran, dass das FamG trotz des gestellten Antrages die Einbeziehung in den Verbund verweigern kann, wenn es die Einbeziehung aus Gründen des Kindeswohls für nicht sachgerecht erachtet (§ 137 Abs. 3 FamFG).

299   Bei Scheidungsverfahren, die bis zum 31.08.2009 anhängig gemacht wurden, muss der Verfahrensbevollmächtigte auch beachten, dass neues Recht sowohl hinsichtlich des Verfahrens als auch für den Versorgungsausgleich anzuwenden ist, wenn nicht bis zum 31.08.2010 eine Endentscheidung ergangen ist (§ 48 Abs. 3 VersAusglG).

300   Der Verfahrensbevollmächtigte wird im Einzelfall mit dem Beteiligten Überlegungen anstellen müssen, ob zur Vorbereitung eines Hauptsacheverfahrens vorab im Wege des **einstweiligen Rechtsschutzes** vorgegangen werden soll. Besonders beim Kindesunterhalt aufgrund der klar definierten Beweislastregel bietet sich das einstweilige Anordnungsverfahren an.

D. Eheaufhebungsverfahren

301   Die **Aufhebung** einer Ehe nach den Vorschriften der §§ 1313 ff. BGB folgt grds. den Vorschriften, die das FamFG für das Scheidungsverfahren enthält. Nach der Definition des § 121 FamFG handelt es sich bei dem Verfahren auf Aufhebung der Ehe um eine Ehesache. Die Folgen der Aufhebung einer Ehe richten sich nach den **Vorschriften über die Scheidung.**

302   Wenn die nach § 1316 Abs. 1 Nr. 1 BGB berechtigte **Verwaltungsbehörde** den Aufhebungsantrag stellt, ist dieser nach § 129 Abs. 1 FamFG gegen beide Ehegatten zu richten. Ebenso ist zu verfahren, wenn nach § 1306 BGB eine dritte Person den Antrag auf Aufhebung stellt.

303   Stellt ein Ehegatte oder die dritte Person den Antrag, ist die zuständige Verwaltungsbehörde über den Antrag zu unterrichten. Die Verwaltungsbehörde ihrerseits kann in diesem Fall das Verfahren selbst betreiben, ohne ausdrücklich einen Beitritt zu erklären. Sobald die Behörde das Verfahren selbst betreibt, wird sie als Beteiligter im Sinne von § 7 FamFG zu behandeln sein, und dies trotz der in § 113 Abs. 1 FamFG normierten Nichtanwendung der allgemeinen Vorschriften.

Wird die **Verwaltungsbehörde** tätig, unterliegt sie nicht dem Anwaltszwang. Insoweit bestimmt § 114 Abs. 3 FamFG, dass die Behörde sich selbst vertreten kann.   304

E. Feststellung auf Bestehen/Nichtbestehen einer Ehe

Nach § 121 Nr. 3 FamFG handelt es sich auch bei dem Antrag auf Feststellung des Bestehens oder Nichtbestehens einer Ehe zwischen den Beteiligten um eine Ehesache. Diese Verfahren sind selten, aber für die Beteiligten häufig von existenzieller Bedeutung.   305

Die positive Feststellung auf Bestehen einer Ehe ist immer dann erforderlich, wenn nicht auf andere Weise, z. B. durch Urkunden, der Nachweis der Eheschließung erbracht werden kann.   306

Die negative Feststellung ist in den meisten Fällen bedingt durch Angaben, die ggü. einer Behörde in einem gänzlich anderen Zusammenhang gemacht wurden und wenn der Antragsteller später erkennt, dass er sich damals fehlerhaft erklärt hat. Meistens sind sprachliche Probleme Ursache für die fehlerhafte Feststellung, es gibt aber auch bewusst fehlerhafte Angaben eines Beteiligten, um zumindest zu diesem Zeitpunkt rechtliche oder tatsächliche Vorteile für sich in Anspruch zu nehmen, die mit einer bestehenden Ehe in Zusammenhang stehen können.   307

Für diese Verfahren gelten die allgemeinen Verfahrensvorschriften der ZPO, die Besonderheiten der Antragsschrift für eine Scheidungssache (§§ 133 ff. FamFG) finden insoweit keine Anwendung.   308

Muster: Feststellung des Bestehens einer Ehe

An das   309

Familiengericht[1]

.....

Antrag

des Herrn .....

wohnhaft .....

– Antragsteller –

Verfahrensbevollmächtiger: Rechtsanwalt ..... in .....

gegen

Frau .....

wohnhaft .....

– Antragsgegnerin –

auf Feststellung des Bestehens einer Ehe

Ich beantrage festzustellen,[2]

dass der Antragsteller mit der Antragsgegnerin verheiratet ist.

Der Antragsteller und die Antragsgegnerin sind gemeinsam am 11.03.2008 mit dem Flugzeug in Leipzig gelandet und haben ihren Aufenthalt jetzt unter der angegebenen Anschrift. Eine Heiratsurkunde ihres Heimatlandes, – das ist Eritrea – können die Beteiligten nicht vorlegen, denn solche Urkunden werden in der Region, aus der sie stammen, nicht erstellt.[3]

Eine Ehe liegt nach dem Recht des ..... Stammes vor, wenn .....

Beweis: Rechtsgutachten

1. Zuständigkeit. Regelmäßig wird ein Antrag notwendig sein, weil eine Behörde nicht die Eheschließung anerkennt – positive Feststellung – und negativ, wenn sie fälschlicherweise vom Vorliegen einer Ehe ausgeht. Grds. wäre der jeweilige Bescheid anfechtbar vor dem Fachgericht. Diese Entscheidung hat jedoch nicht Wirkung ggü. Jedermann. Aufgrund der besonderen Zuweisung in § 121 Nr. 3 FamFG ist das FamG ausschließlich für die Feststellungen i. S. d. Personenstandes zuständig.

2. Feststellungantrag. Der Antrag ist nicht gegen eine Behörde, sondern gegen denjenigen zu richten, der bei positiver Feststellung der Ehegatte ist, bei negativem Feststellungsantrag dies eben nicht ist. Die rechtskräftige Feststellung hat die Wirkung eines Statusurteils, wirkt also gegen jede natürliche Person und auch Behörden.

3. Begründung. Die Begründung ist im Einzelfall sehr schwierig und entzieht sich einer Strukturierung. Wichtig ist aber auf jeden Fall zunächst darzulegen, dass an der begehrten Feststellung ein Rechtsschutzinteresse besteht. Die hier in Kurzform dargestellte Begründung beruht auf einem konkreten Fall des Verfassers aus dem Jahr 1985.

F. Scheidungsverbund und Rechtsmittel

I. Säumnisentscheidungen

1. Säumnisentscheidungen zum Scheidungsantrag

310   Die Entscheidung im Verbund erfolgt einheitlich durch Beschluss (§ 142 Abs. 1 FamFG). Ausdrücklich wird in Satz 2 dies auch erstreckt auf zu treffende Säumnisentscheidungen. Dies steht nicht im Widerspruch zu § 130 FamFG, denn diese Vorschrift bestimmt nur, dass in Ehesachen eine Säumnisentscheidung gegen den **Antragsteller** zulässig ist und insoweit dann der Antrag als zurückgenommen gilt. Gegen den **Antragsgegner** ist eine Säumnisentscheidung nicht zulässig, ebenso keine Entscheidung nach Aktenlage. Erscheint der Antragsgegner nicht, muss das Gericht über den Antrag auf Scheidung positiv entscheiden, wenn der Sachvortrag schlüssig ist und durch die Anhörung des Antragstellers bestätigt wird.

2. Säumnisentscheidung für Folgesachen

311   **Säumnisentscheidungen** im eigentlichen Sinn sind nur zulässig für Folgesachen, wenn es sich insoweit um Familienstreitsachen handelt, die nicht der Amtsermittlung unterliegen. Da der Verbund nach den Vorschriften des Verfahrens vor den LG durchzuführen ist, muss ein Beteiligter anwaltlich vertreten sein, wenn er Anträge stellen will. Der anwaltlich nicht vertretene Antragsgegner kann daher bei gestelltem Verbundantrag zum Unterhalt (Ehegatten- und Kindesunterhalt und Güterrecht) durch insoweit ergehende **Teil-Versäumnisentscheidung** verurteilt werden.

312   Aufgrund der Verweisung in § 113 FamFG sind diese Teil-Versäumnisentscheidungen mit dem **Einspruch** nach §§ 338 ff. ZPO anzufechten, also binnen einer Frist von 2 Wochen. Das FamFG trifft für den Verbund in § 143 FamFG daher für den Fall Vorkehrung, dass ein reguläres Rechtsmittel und ein Einspruch gegen Teile der Verbundentscheidung eingelegt werden. Zunächst ist vom FamG über den Einspruch zu verhandeln und zu entscheiden. Damit wird sichergestellt, dass für alle Verfahrensteile die Instanz abgeschlossen ist. Erfolgt die Entscheidung als 2. Versäumnisentscheidung, ist hiergegen ein Rechtsmittel nur noch mit der Begründung zulässig, dass Säumnis nicht vorgelegen hat (§§ 117 Abs. 2 FamFG, 514 ZPO).

313   Soweit **einfache Familiensachen** im Verbund zu entscheiden sind, unterliegen sie der Amtsermittlung, z. B. der Versorgungsausgleich. **Säumnisentscheidungen** sind hier unzulässig.

II. Verzicht auf Rechtsmittel

Aufgrund der anwendbaren Vorschriften der ZPO können die Beteiligten, wenn sie beide anwaltlich vertreten sind, auf Rechtsmittel gegen den Beschluss verzichten (§ 38 Abs. 5 Nr. 1 FamFG). Zulässig ist es nach dem insoweit zur Anwendung kommenden § 313a Abs. 4 Nr. 1 ZPO hinsichtlich der Scheidung. In diesem Fall kann auch auf Tatbestand und Entscheidungsgründe verzichtet werden (§ 313a Abs. 1 Satz 2 ZPO).

314

Sie können auch auf Einlegung von Anschlussrechtsmittel verzichten, bevor ein solches eingelegt ist (§ 144 FamFG), und auch auf das Recht auf erweiterte Aufhebung nach § 147 FamFG kann verzichtet werden, da diese nur auf Antrag erfolgt.

315

Nach § 38 Abs. 5 Nr. 4 FamFG soll ein Verzicht nicht erfolgen, wenn eine Geltendmachung im Ausland zu erwarten ist. Zwingend ist dies jedoch nicht, denn nach Abs. 5 kann die Begründung nachgeholt werden.

316

Aufgrund der Enumeration in § 38 FamFG kann auch in Abweichung von § 313a Abs. 4 Nr. 4 ZPO auf Begründung verzichtet werden, wenn die Verurteilung zu laufenden Leistungen erfolgt, denn auch in den §§ 231 ff. FamFG ist eine diesbezügliche Einschränkung nicht vermerkt.

317

Ob auf Rechtsmittel insgesamt oder nur für einzelne Teile verzichtet wird, wird im Zweifel im Wege der Auslegung zu ermitteln sein. Insb. bei laufenden Leistungen sollte im Hinblick auf ein späteres Abänderungsverfahren sorgfältig geprüft werden, ob insoweit ein Verzicht auf Begründung angebracht ist, da die Grundlagen für ein späteres Verfahren dann nicht mehr dokumentiert sind.

318

Muster: Rechtsmittelverzicht

Hinsichtlich der verkündeten Verbundentscheidung verzichten wir auf Rechtsmittel, Rechtsmittelerweiterung und Anschlussrechtsmittel und hinsichtlich des Scheidungsausspruchs auf eine Begründung.[1], [2], [3]

319

1. Bezeichnung der Entscheidung. Wird in der Erklärung der Begriff »Verbundentscheidung« verwandt, ist damit klargestellt, dass der gesamte Beschluss nach § 142 Abs. 1 FamFG betroffen ist. Sofern z. B. hinsichtlich einer Folgesache – z. B. nachehelicher Unterhalt – nicht verzichtet werden soll, muss dies ausdrücklich klargestellt werden oder aber es erfolgt statt des Begriffes der Verbundentscheidung eine Aufzählung der Entscheidungsteile, bei denen verzichtet wird.

2. Umfang des Verzichts. Die Verbundentscheidung unterliegt neben den Vorschriften über Rechtsmittel im Allgemeinen noch der besonderen Regelung in § 144, 145 FamFG. Dies entspricht den früheren Vorschriften in §§ 629a, 629c ZPO. Die hier vorgeschlagene Formulierung lässt über den Umfang keinen Zweifel zu. Inhalt und Tragweite eines ggü. dem Gericht erklärten Rechtsmittelverzichts sind danach zu beurteilen, wie die Verzichtserklärung bei objektiver Betrachtung zu verstehen ist. Dies gilt auch dann, wenn die Verfahrensbeteiligten und der die Erklärung entgegennehmende Richter die Verzichtserklärung übereinstimmend in einem anderen Sinne aufgefasst haben sollten (BGH, FamRZ 1981, 947–948). Derartige Auslegungsprobleme sollten durch klare und eindeutige Formulierung vermieden werden.

3. Begründungsverzicht. Der Verzicht auf Begründung ist hinsichtlich des Scheidungsausspruchs stets zulässig. Dies auch dann, wenn eine Anerkennung im Ausland notwendig werden sollte, denn nach § 38 Abs. 6 FamFG (inhaltlich übereinstimmend mit § 313a Abs. 5 ZPO) kann eine nachträgliche Begründung erfolgen. Kein Verzicht ist zulässig im Fall der Abweisung des Scheidungsantrages.

Da der Verzicht eine **Verfahrenshandlung** ist, bedarf es insoweit der anwaltlichen Vertretung beider Eheleute. Formgültig und damit wirksam ist die Erklärung nur, wenn sie wirksam protokolliert ist. Aufgrund der Verweisung in § 113 Abs. 1 FamFG auf die ZPO ist nach § 160 Abs. 3 Nr. 9 ZPO ein

Rechtsmittelverzicht im Protokoll festzustellen. Weiterhin bestimmt § 162 Abs. 1 Satz 1 ZPO, dass die Erklärung vorzulesen und zu genehmigen ist.

Die **Wirksamkeit** eines in der mündlichen Verhandlung im Anschluss an die Verkündung des Urteils erklärten Rechtsmittelverzichts ist nicht davon abhängig, dass er ordnungsgemäß **protokolliert** wurde (BGH, FamRZ 1984, 372; FamRZ 1986, 1089). Sind das Protokoll oder die vorläufige Protokollaufzeichnung unter Verstoß gegen § 162 Abs. 1 ZPO den Beteiligten nicht vorgelesen und von ihnen nicht genehmigt worden, fehlt dem Protokoll insoweit zwar die Beweiskraft einer öffentlichen Urkunde. Auch in einem solchen Fall kann der Rechtsmittelverzicht aber unstreitig sein oder auf andere Weise bewiesen werden. Ein Verstoß gegen die Verfahrensvorschrift des § 162 Abs. 1 ZPO nimmt dem Protokoll deswegen lediglich die Beweiskraft als öffentliche Urkunde. Entsteht sodann Streit über die Abgabe von Verfahrenshandlungen, muss ggf. eine Klärung im Wege der Beweisaufnahme erfolgen. Die Wirksamkeit der Prozesserklärung ist durch den Verstoß gegen § 162 Abs. 1 ZPO allerdings nicht berührt, wenn die Abgabe der Prozesserklärung und deren Inhalt anderweitig festgestellt werden können (BGH, FamRZ 2007, 1631–1632).

III. Rechtsmittel gegen die Verbundentscheidung

1. Grundlagen der Beschwerde

a) Einlegung

320   Zwar werden für **Ehesachen** als Familienstreitsachen weitgehend die Regelungen des allgemeinen Teils des FamFG von einer Anwendung ausgeschlossen, dies gilt jedoch nicht für die §§ 58 bis 69 FamFG. Wichtig ist zu beachten, dass die Einlegung des Rechtsmittels beim Familiengericht zu erfolgen hat, nicht also beim OLG.

321   Die Frist zur Einlegung des Rechtsmittels beträgt nach § 68 FamFG ein Monat. Sie beginnt mit Zustellung der Entscheidung. Da auf § 517 ZPO nicht verwiesen wird, kommt es für den Beginn der Frist nicht darauf an, ob der Beschluss vollständig »abgefasst« ist. Die Frist beginnt also auch zu laufen, wenn keine Begründung erfolgt ist.

322   Das Rechtsmittel kann gegen den Scheidungsausspruch – oder dessen Abweisung sich richten. Wird die Scheidung angegriffen, ist zu beachten, dass alle Verbundfolgesachen aufgrund Fristablaufs unanfechtbar werden, jedoch tritt die Wirksamkeit erst mit Rechtskraft der Scheidung ein (§ 148 FamFG). Es muss also stets geprüft werden, ob für den Fall, dass letztlich die Scheidung doch erfolgt, die Folgesache akzeptiert wird oder nicht. Hat das Rechtsmittel gegen die Scheidung keinen Erfolg, werden alle nicht angefochtenen Folgesachen wirksam, weshalb stets sorgfältig abgewogen werden muss, ob neben dem Angriff gegen die Scheidung auch eine oder mehrere Folgesachen angegriffen werden.

323   Wird der Scheidungsausspruch akzeptiert, kann das Rechtsmittel sich nur gegen eine oder mehrere Folgesachen richten. Da Endentscheidungen in Familienstreitsachen erst mit Rechtskraft wirksam werden (§ 116 Abs. 3 Satz 1 FamFG), kann aus der jeweiligen Entscheidung grds. nicht vollstreckt werden, bis das Rechtsmittelverfahren zum Abschluss gelangt ist.

324   Erscheint der Antragsteller nicht zum Termin, ist durch Versäumnisentscheidung festzustellen, dass der Antrag als zurückgenommen gilt (§ 130 Abs. 1 FamFG). In diesem Fall ist gegen diese Entscheidung nur der Einspruch zulässig (§ 143 FamFG). Aufgrund der Verweisung in § 113 FamFG kommen insoweit die §§ 338 ff. ZPO zur Anwendung, insb. also die Frist zur Einlegung von 2 Wochen. Über den Einspruch ist vorab zu entscheiden und erst, wenn insoweit eine Endentscheidung ergangen ist, über ein ansonsten eingelegtes Rechtsmittel.

325   Keine Besonderheiten ergeben sich, wenn der Antragsgegner nicht zur Verhandlung erscheint. In Statusverfahren ist eine Versäumnisentscheidung unzulässig, die Scheidung wird in diesem Fall

durch normalen (streitigen) Beschluss ausgesprochen (§ 130 FamFG). Es handelt sich in diesem Fall um eine Endentscheidung.

b) Begründung des Rechtsmittels

Für Rechtsmittel in Ehesachen und Familienstreitsachen bestimmt § 117 FamFG, dass der Beschwerdeführer in Abweichung von den allgemeinen Vorschriften, insb. § 65 FamFG, einen bestimmten Sachantrag stellen muss. Auch ist der Antrag zu begründen. Hierfür hat der Rechtsmittelführer nach § 117 Abs. 1 FamFG 2 Monate Zeit. Die Frist beginnt ebenfalls mit der Zustellung des Beschlusses.

Für einfache Familiensachen ist ein konkreter Antrag und Begründung zwar nicht vorgeschrieben. Um jedoch das Rechtsschutzinteresse für eine Anfechtung darzutun, sollte wenigstens eine kurze Erläuterung gegeben werden. Da die Begründung nach § 65 FamFG nur eine Soll-Vorschrift ist, wird dem Gericht die Möglichkeit eingeräumt, eine Begründung binnen einer zu setzenden Frist nachzufordern. Die Zulässigkeit des Rechtsmittels wird hiervon aber nicht berührt.

c) Gang des Verfahrens

Abweichend von dem Grundsatz, dass eine Abhilfeentscheidung zulässig ist, bestimmt § 68 Abs. 1 Satz 2 FamFG, dass bei Beschwerden gegen eine Endentscheidung in Familiensachen das FamG zur Abänderung nicht befugt ist. Es hat also das Verfahren an das Rechtsmittelgericht, dies ist nach § 119 Abs. 1 Nr. 1a GVG das OLG, abzugeben.

Sind die Formalien (Form, Frist) in Ordnung (§ 68 Abs. 2 FamFG), kann der Familiensenat die Entscheidung dem Einzelrichter übertragen; dieser darf jedoch nicht Richter auf Probe sein (§ 68 Abs. 4 FamFG). Die Beschwerde ist bei Mängeln als unzulässig zu verwerfen.

Durch die Regelung für den Einzelrichter ist sowohl für die einfachen Familiensachen als auch für Verbundentscheidungen und Familienstreitsachen eine einheitliche Regelung geschaffen worden. Notwendig ist ein Beschluss des Senates (§§ 68 Abs. 4 FamFG, 526 ZPO).

d) Entscheidung über das Rechtsmittel

Der Familiensenat oder der nach § 68 Abs. 4 FamFG bestimmte Einzelrichter entscheidet durch zu begründenden Beschluss (§ 69 FamFG). Grds. ist in der Sache zu entscheiden, eine Rückverweisung darf jedoch erfolgen, wenn das FamG noch nicht in der Sache entschieden hat oder aber, wenn wesentliche Mängel des Verfahrens vorliegen und zur Entscheidung eine umfangreiche oder aufwendige Beweiserhebung notwendig wäre. Erforderlich ist jedoch ein **Antrag** auf Rückverweisung.

Das Gericht des ersten Rechtszuges ist an die Beurteilung des Rechtsmittelgerichtes gebunden.

2. Rechtsmittelerweiterung und Anschlussrechtsmittel

Die Vorschrift des § 145 FamFG übernimmt inhaltlich die Regelung, wie sie in § 629a ZPO enthalten war. Eine Frist für die Anschlussbeschwerde besteht nach § 66 FamFG nicht, sondern nur in der Rechtsmittelinstanz nach § 73 FamFG. Für Familiensachen wird in Abweichung von der allgemeinen Regelung eine Befristung eingeführt. Die Frist für zum Anfang nicht angegriffene Entscheidungsteile ist nur innerhalb eines Monats seit Zustellung der Rechtsmittelbegründung zulässig. Die Frist verlängert sich um einen weiteren Monat, wenn eine weitere Entscheidung angegriffen wird. Die Frist kann jeweils auf Antrag verlängert werden (§§ 113 Abs. 1 FamFG, 222 ZPO).

Wird die Frist versäumt, ist eine Anschließung unzulässig.

326

327

328

329

330

331

332

333

334

3. Erweiterte Aufhebung

335   Der seltene Fall der **erweiterten Aufhebung** kommt nur in Betracht, wenn durch das OLG die Rechtsbeschwerde zugelassen wurde (§ 147 FamFG). Der BGH hat die rechtliche Möglichkeit, bei Aufhebung eines Teils der angefochtenen Entscheidung auch nicht angefochtene Entscheidungen mit aufzuheben, wenn ein enger Zusammenhang besteht und die weitere Aufhebung geboten erscheint. Erforderlich ist jedoch ein Antrag eines Beteiligten. Hinsichtlich des Scheidungsausspruches ist die erweiterte Aufhebung auf Antrag jedoch auf einen Monat befristet. Die Monatsfrist beginnt mit Zustellung der Rechtsmittelbegründung oder des Beschlusses über die Zulassung der Rechtsbeschwerde.

336   Die Zulassung der Rechtsbeschwerde setzt voraus, dass die Rechtssache grundsätzliche Bedeutung hat oder die Fortbildung des Rechts oder die Sicherung einer einheitlichen Rechtsprechung eine Entscheidung des Rechtsbeschwerdegerichts erfordert. Der BGH ist an die Zulassung gebunden (§ 70 Abs. 2 FamFG).

337   Die Rechtsbeschwerde in Familiensachen ist ohne Zulassung statthaft, wenn es sich um Unterbringungssachen im Sinne von § 151 Nr. 6 und 7 FamFG handelt.

338   Eine Nichtzulassungsbeschwerde ist im FamFG nicht vorgesehen; dies entspricht der Regelung nach § 26 Nr. 10 EGZPO.

G. Aufhebung einer Lebenspartnerschaft

339   Die Lebenspartnerschaftssachen sind nach § 111 Nr. 11 Familiensachen und nach § 112 Nr. 2 FamFG auch Familienstreitsachen. Die Definition der verschiedenen Verfahren erfolgt durch die Vorschrift des § 269 FamFG. Für die Aufhebung der Lebenspartnerschaft, ebenso für Verfahren auf Bestehen oder Nichtbestehen einer Lebenspartnerschaft, sind die für die Ehe geltenden Vorschriften entsprechend anzuwenden (§ 270 FamFG).

340   Die internationale Zuständigkeit ergibt sich aus § 103 FamFG, der im Fall des Verbundes die Zuständigkeit auch auf die Folgesache erstreckt.

341   Die Antragsschrift entspricht daher den Anforderungen nach § 133 FamFG nur mit dem Unterschied, dass nicht die Scheidung, sondern die Aufhebung beantragt wird.

342   Im Gegensatz zum BGB regelt das Lebenspartnerschaftsgesetz die Aufhebung in einer einzigen Vorschrift. Der § 15 Lebenspartnerschaftgesetz bestimmt zunächst in Abs. 1, dass nur eine Aufhebung durch richterliche Entscheidung erfolgen kann.

343   In Abs. 2 wird ebenso wie für eine Ehe abgestellt auf die Trennung. Wenn beide Lebenspartner die Aufhebung beantragen oder der Antragsgegner der Aufhebung zustimmt, ist für die Aufhebung nur die Feststellung der mehr als 1-jährigen Trennung notwendig (§ 15 Abs. 2 Nr. 1a Lebenspartnerschaftsgesetz).

344   Leben die Beteiligten länger als ein Jahr getrennt und stimmt der andere dem Antrag nicht zu (bzw. stellt keinen eigenen Aufhebungsantrag), ist für die Aufhebung die Feststellung erforderlich, dass eine partnerschaftliche Lebensgemeinschaft nicht mehr zu erwarten ist. Erforderlich ist also die Feststellung der Zerrüttung und eine negative Zukunftsprognose (§ 15 Abs. 2 Nr. 1b Lebenspartnerschaftsgesetz).

345   Leben die Partner seit mehr als 3 Jahren getrennt, wird auch hier die tief gehende Zerrüttung und negative Zukunftsprognose vermutet (§ 15 Abs. 2 Satz 1 Nr. 2 Lebenspartnerschaftsgesetz).

346   Leben die Partner noch kein Jahr getrennt, kann die Aufhebung dennoch beantragt werden, wenn die Fortsetzung der Lebenspartnerschaft für den Antragsteller aus Gründen, die in der Person des anderen Lebenspartners liegen, eine unzumutbare Härte wäre (§ 15 Abs. 2 Nr. 3 Lebenspartnerschaftsgesetz).

Nach Abs. 3 kommt eine Aufhebung trotz des Vorliegens der Tatbestandsmerkmale nach Abs. 2 dann nicht in Betracht, wenn und solange die Aufhebung der Lebenspartnerschaft für den Antragsgegner, der die Aufhebung ablehnt, aufgrund außergewöhnlicher Umstände eine so schwere Härte darstellen würde, dass die Aufrechterhaltung der Lebensgemeinschaft auch unter Berücksichtigung der Belange des Antragstellers ausnahmsweise geboten erscheint. | 347

In § 15 Abs. 2 Satz 2 Lebenspartnerschaftgesetz ist die Aufhebung wegen eines Willensmangels nach § 1314 Abs. 2 Nr. 1–4 BGB geregelt. | 348

In Abs. 5 der Vorschrift wird die Trennung der Partner entsprechend der Vorschrift des § 1567 BGB definiert. Die Partner leben getrennt, wenn zwischen ihnen keine häusliche Gemeinschaft besteht und ein Lebenspartner sie erkennbar nicht herstellen will, weil er die lebenspartnerschaftliche Gemeinschaft ablehnt. | 349

Muster: Aufhebungsantrag

An das | 350

Amtsgericht[1]

– Familiengericht –

.....

Antrag

des Herrn .....

wohnhaft

– Antragstellerin –

vertreten durch unterzeichnenden Rechtsanwalt ..... in .....

gegen

den .....

wohnhaft .....

– Antragsgegner –

Verfahrensbevollmächtigter: .....

wegen Aufhebung der Partnerschaft

Ich beantrage,

die Lebenspartnerschaft der Beteiligten aufzuheben.

Vorläufiger Wert: 3.000,00 €

Begründung:

Die Beteiligten haben am ..... die Lebenspartnerschaft geschlossen.[2]

Beweis: anliegende Urkunde, deren Rückgabe erbeten wird

Der gemeinsame Wohnsitz war in Naumburg und beide Partner leben nach wie vor noch hier, wenn auch in getrennten Wohnungen.
( ) Es sind keine anderen Familiensachen anhängig.[3]
( ) Es sind folgende Familiensachen zwischen den Beteiligten anderweitig anhängig:

Az: .....   Gericht: .....   Gegenstand des Verfahrens: .....

Az: .....   Gericht: .....   Gegenstand des Verfahrens: .....

Az: .....   Gericht: .....   Gegenstand des Verfahrens: .....

Az: .....   Gericht: .....   Gegenstand des Verfahrens: .....

Den Antrag auf Aufhebung begründe ich wie folgt:

Die Beteiligten leben seit dem ..... getrennt im Sinne von § 1567 BGB, also mehr als ein Jahr,[4] aber noch keine drei Jahre.[5]

( ) Ein Versorgungsausgleich ist nicht durchzuführen, da die Partnerschaft vor dem 1. Januar 2005 begründet wurde und keine Erklärung nach § 21 Abs. 4 LPartG abgegeben wurde.[6]

( ) Ein Versorgungsausgleich wurde durch Vereinbarung ausgeschlossen. Die Vereinbarung liegt an.

1. Zuständigkeit. Da nach § 270 FamFG die Vorschriften über die Scheidung entsprechend anzuwenden sind, ist das FamG zuständig, die Zuständigkeit ergibt sich aus § 122 FamFG.

2. Urkundlicher Nachweis der Partnerschaft. Der Nachweis der wirksam geschlossenen Partnerschaft ist mit der entsprechenden Urkunde nachzuweisen. Die Zuständigkeit für die Begründung und Registrierung wird nach § 1 LPartG den Bundesländern überlassen (FAKomm-FamR/*Weinreich* § 1 LPartG Rn. 3).

3. Mitteilungen. Aufgrund der Bezugnahme in § 270 FamFG sind die Mitteilungen nach § 133 FamFG erforderlich. Nicht der Mitteilungspflicht unterliegen die Angaben zu minderjährigen Kindern, die ein Partner mit in die Partnerschaft gebracht hat, die vom Partner aber nicht adoptiert wurden (§ 9 Abs. 7 LPartG).

4. Trennung. Ebenso wie nach § 1567 BGB müssen Lebenspartner nach § 15 LPartG grds. mindestens ein Jahr getrennt leben.

5. Gründe für die Aufhebung. Ebenso wie für eine Scheidung ist der Nachweis der Zerrüttung und die Prognose erforderlich, dass eine Wiederherstellung einer funktionierenden Partnerschaft nicht mehr erwartet werden kann. Nach einer Trennung von mehr als 3 Jahren ist diese Prognose nicht mehr erforderlich.

6. Versorgungsausgleich. Für Lebenspartnerschaften, die vor dem 01.01.2005 geschlossen wurden, kommt der Versorgungsausgleich nur zur Anwendung, wenn eine entsprechende Erstreckungserklärung, die der notariellen Beurkundung bedurfte, bis zum 31.12.2005 beim Amtsgericht eingereicht wurde. Ist dies nicht der Fall, findet ein Versorgungsausgleich kraft Gesetzes nicht statt. Bei Abschluss der Lebenspartnerschaft ab dem 01.01.2005 finden die allgemeinen Vorschriften des Versorgungsausgleichs Anwendung, also auch die Möglichkeit einer Vereinbarung nach dem VersorgungsausgleichsG.

Durch die Annäherung der Aufhebung an die Scheidung sind praktisch dieselben Grundsätze für Ehe und Lebenspartnerschaft zu beachten.

H. Rechtsfolgen der Scheidung (Aufhebung)

351   Durch die Eingliederung der Vorschriften des früheren EheG in das BGB (§§ 1303 ff. BGB) sind die Folgen zivilrechtlich gleich für **Scheidung** oder Aufhebung der Ehe. Es wird in allen Fällen grds. auf die Wirkungen der Scheidung verwiesen (§ 1318 BGB). Dies gilt auch für die Aufhebung einer **Lebenspartnerschaft** (§§ 269, 270 FamFG).

I. Krankenversicherung

352   Sofern ein Ehegatte als gesetzlich Krankenversicherter das Familieneinkommen erwirtschaftet, sind der andere sowie die Kinder grds. ohne Beitragszahlung mitversichert. Der Anspruch auf diese »**Familienversicherung**« (§ 10 SGB V) setzt zum einen das Bestehen einer gültigen Ehe voraus. Zum

anderen dürfen die mitversicherten Familienangehörigen keine eigenen Einkünfte haben, die über einer bestimmten Grenze liegen. Unterhalt – nach Trennung, nicht nach Scheidung, ist insoweit kein Einkommen, sofern nicht Realsplitting vereinbart wurde und in diesem Zusammenhang die Einkünfte – also auch Unterhalt – nicht die Geringfügigkeitsgrenze überschreiten.

Nach rechtskräftiger Scheidung erlischt für den mitversicherten Ehegatten in jedem Fall zum Zeitpunkt der rechtskräftigen Scheidung die Mitversicherung. Für ihn besteht jedoch die Möglichkeit der **freiwilligen Weiterversicherung**, die jedoch binnen **3 Monaten** nach Rechtskraft der Scheidung **beantragt** werden muss (§ 9 SGB V). Diese Versicherung darf nicht von sonstigen Voraussetzungen, z. B. Alter usw., abhängig gemacht werden und die Beiträge richten sich ausschließlich nach dem jeweiligen Einkommen. | 353

II. Unterhaltsanspruch auf Krankenvorsorge

Nach § 1578 Abs. 2 BGB gehört zum Unterhalt auch ein Anspruch auf Beiträge zu einer angemessenen Krankenvorsorge. Ob ein solcher Anspruch auch dann gegeben ist, wenn die – freiwillige – Weiterversicherung nach Scheidung in der gesetzlichen Krankenkasse versäumt wurde, erscheint fraglich. Wichtig ist es für den Anwalt, auf diese Möglichkeit rechtzeitig hinzuweisen, um einem Regress vorzubeugen. Mit dem Fall einer sog. »geringfügigen Beschäftigung – 630 DM« hat sich das OLG Celle (OLG Celle, FuR 2000, 27–33) umfassend auseinandergesetzt. Diese Grundsätze sind auch auf die inzwischen veränderten Rechtsgrundlagen anzuwenden. | 354

III. Private Krankenversicherung

Bei privater Krankenversicherung ist nach den üblichen Verträgen der andere auch bei Trennung und nach Scheidung weiterhin versichert. Muss nach Versäumung der Antragsfrist (vgl. vorstehend, § 9 SGB V) eine private Krankenversicherung abgeschlossen werden und erfolgt der Abschluss bei der gesetzlichen als sog. freiwilliges Mitglied, werden nach Alter, Geschlecht und weiteren Risiken die Beiträge berechnet. | 355

IV. Pflegeversicherung

Für die Pflegeversicherung gelten die vorstehenden Ausführungen zur Krankenversicherung entsprechend. | 356

J. Psychologische Aspekte der Trennung und Scheidung

Literatur

Weber/Schilling, Eskalierte Elternkonflikte, 2006; *Bergmann/Jopt/Rexilius*, Lösungsorientierte Arbeit im Familienrecht 2002; *Bodenmann/Perrez/Bodemann*, Scheidung und ihre Folgen, 1996; *Figdor*, Kinder aus geschiedenen Ehen, Zwischen Trauma und Hoffnung, 2004; *Festinger*, A theory of cognitive dissonance, 1957; *Gide*, Die Falschmünzer, Roman 1991; *Glasl*, Konfliktmanagement, 1994; *Glasl*, Konflikt Krise Katharsis, 2007; *Honneth*, Kampf um Anerkennung, 1994; *Bergmann/Jopt/Rexilius*, Lösungsorientierte Arbeit im Familienrecht, 2002; *Kaufmann*, Was sich liebt, das nervt sich (im Original: Les petits guerres du couple), 2008; *Mercier*, Nachtzug nach Lissabon, Roman 2007; *Rosenberg*, Konflikte lösen durch gewaltfreie Kommunikation, 2004; *Simon*, Tödliche Konflikte, 2001; *Sloterdijk*, Zorn und Zeit, 2001; *Winnicott*, Reifungsprozesse und fördernde Umwelt, 1985; *Wolfsperger*, Der entsorgte Vater, Film 2009

»Mächtig ist das Gesetz, mächtiger ist die Not.« | 357

Die Trennung als mächtiger Notstand von Paaren, Kindern, Familien – ein Beitrag zu einer interdisziplinären »Trennungskunde« aus der Perspektive der Beratung. | 358

I. Eingangsgedanken

1. Zum Entstehungskontext

359   Der Zugang des Ihnen vorliegenden Artikels zum Thema Trennung und Scheidung ist in erster Linie ein psychologischer und systemischer. Wie Frauen und Männer Trennung erleben und welche Auswirkungen der Trennungsprozess auf das System Familie hat, diese Perspektive steht im Zentrum. Die persönlichen und systemischen Prozesse in Trennungsfamilien finden freilich – wie auch ihre Rezeption – in einem dynamischen gesellschaftlichen Kontext mit einem sich wandelnden Bild von Partnerschaft, Familie und Trennung statt. Die Entstehung des Artikels ist auch nicht loszulösen von dem breiten Strom der Veränderungen, der alle Trennungs- und Scheidungsprofessionen erreicht hat, was die Wahrnehmung und den Umgang mit dem Phänomen Trennung und Scheidung insb. in ihrer hochstrittigen Form angeht. Hintergrund dieses Artikels sind neben einem Beratungsverständnis, das sich im Fluss befindet, auch die veränderten rechtlichen Rahmensetzungen. Die Überarbeitung des Verfahrensrechts in Familiensachen ist nicht als Parallelprozess zu sehen, rechtliche Veränderungen und psychologische Perspektivenwechsel durchdringen sich gegenseitig.

360   Der juristische Reformprozess war nicht zuletzt geleitet von dem Anspruch, gesetzliche Verfahrensnormen, die bisher zerstreut waren, an einem »Ort«, dem neuen FamFG zusammenzufassen. Der alte gesetzliche Zustand in seiner Zerstreutheit mag als ein passendes Bild gelten für die Verfassung des Systems Trennungs-Familie unter der starken Spannung der zentrifugalen Fliehkräfte, die aus ihm selbst heraus wirken und jenen starken Zugkräften, die von außen an ihm zerren. Der Gedanke, dass sich Entwicklungen auf der einen Ebene isomorph auf einer anderen widerspiegeln und umgekehrt ist nicht neu. Das FamFG steht für den Willen, für Familien in Trennung und Scheidung endlich zusammenzubringen, was zusammengehört. Das neue Gesetzeswerk wäre so gesehen auch Ausdruck einer Konzentration der rechtlichen Steuerungskraft. Wo Kräfte konzentriert, gebündelt werden sollen, geht es generell auch darum, Macht zu stärken, in diesem Fall die Macht eines Gesetzeswerks, das mehr Klarheit **und** Beschleunigung in bislang verworrene **und** unendliche Verfahrensabläufe bringen soll. Mit dem FamFG verbindet sich so gesehen auch eine »mächtig« große Portion Hoffnung. Und wer würde sich im Hinblick auf den Zustand der Anomie, wie er in hochstrittig verlaufenden Trennungen häufig zu besichtigen ist, nicht wünschen, dass sich mithilfe eines »mächtigen« Gesetzes endlich wieder mehr Einvernehmen auf der Eltern-Ebene erreichen ließe. Und wer hätte nicht den Wunsch, dass sie endlich aufhören, diese bizarren und endlosen Verfahrensverläufe gerade bei hochstrittigen Elternkonflikten, die auf der öffentlichen Bühne aufgeführt und schlimmer noch beim Durchgang durch die institutionellen Mühlen häufig noch mit zusätzlichem Sprengstoff belastet werden.

2. »Mächtig ist das Gesetz ... mächtiger ist die Not«

361   Der Glaube an die Macht des Gesetzes ist verführerisch und trügerisch zugleich. Gerade in Zeiten von Reformprozessen ist die Strahlkraft neuer Gesetze enorm. Die Erwartungen vieler Akteure aus den unterschiedlichen Trennungs- und Scheidungsprofessionen an eine neue Gesetzes-Praxis sind hoch. Dies ist verständlich angesichts der oft kaum zu bändigenden Turbulenzen im beruflichen Alltag mit zugespitzten Trennungskonflikten. *Goethes* Plutus im Faust weiß einerseits um die Macht des Gesetzes und verweist doch darüber hinausgehend auf Notstände, die die Macht von Gesetzen in den Schatten stellen, wenn er ausruft: »Mächtig ist das Gesetz – mächtiger ist die Not.«

362   Ich möchte im Hinblick auf zehrende Trennungskonflikte drei »innere« Not-Stände kurz skizzieren, die sich nicht so leicht durch eine Gesetzes-Macht »von außen« eindämmen lassen.

363   Da ist an erster Stelle die **Not der Kinder**. Ihre Not besteht in erster Linie darin, dass sich nicht sie, sondern ihre Eltern (oder zumindest ein Elternteil) zu einer Lebensveränderung entschieden haben, die gewaltige Auswirkungen auf das künftige Leben der Familie und des Kindes haben wird. Das entscheidend Neue ist jene gähnende Lücke, die sich durch das Auseinandertreten der Eltern für sie auftut. Trennungen schaffen einen Zwischenraum, der von IHR oder IHM, vielleicht von beiden

(zunächst) als absoluter Freiraum ggü. dem Ex-Partner erlebt und oft scharf markiert wird. Für das Kind ist es in aller Regel ein großes Loch mitten in seiner Familien-Landkarte. Das Loch, der Zwischenraum, der die Eltern trennt, ist gleichbedeutend mit einer riesigen Baustelle, auf der die Nähe und Distanz zu den Eltern oft neu vermessen werden muss. Im schlimmsten Fall wird der Zwischenraum zum Schlachtfeld in einem Elternkrieg. In umkämpften Zwischenräumen geraten die Kinder häufig aus dem Blick ihrer Eltern – aber auch regelmäßig aus dem der beteiligten professionellen Akteure. Kinder können in Zwischenräumen verloren gehen, wenn sie nicht mehr gesehen werden. Wer als Vater, Mutter in der Fixierung auf den Gegner, der einmal Partner war, vor Wut blind ist, läuft auch Gefahr nichts mehr zu empfinden. Der Verlust des Blickes ist gleichbedeutend mit dem Verlust der Fähigkeit, sich in das Kind einfühlen zu können. Eltern riskieren in einem chronischen Konflikt, als Mutter und Vater nicht mehr »ausreichend gut« (*Winnicott*, 1985, S. 18) zu sein. Ihre Fähigkeit schwindet, die Bedürfnisse ihrer Kindern »lesen« zu können, was diese dringend bräuchten in verwüsteten Zwischenräumen. Und schließlich – wo sich die Energien von Müttern und Vätern in einem fortwährenden Abwehr-, und Angriffskampf verbrauchen, leidet die Erziehungsfähigkeit der Eltern auf Kosten der Entwicklung der Kinder. Trennungen, die völlig aus dem Ruder laufen, haben nicht nur »arme« Kinder, sondern häufig auch »unerzogene« zur Folge. Sie, die anfänglich Opfer einer elterlichen Entscheidung waren, werden selbst zu Akteuren im Elternkonflikt, wenn sie aus der elterlichen Sprachlosigkeit und dem damit einhergehenden Machtvakuum Profit schlagen.

Der zweite Notstand hat die **Not der sich trennenden Paare** im Auge. Ihre Not wird umso größer, je weiter der Konflikt eskaliert. Wenn wir als Anwalt, Richterin, Berater, Sozialarbeiterin, Verfahrensbeistand Paaren im »heißen« Trennungskonflikt begegnen, dann kommen wir in Kontakt mit »mächtigen« Gefühlen. Wir stoßen auf die rasende Wut auf den Anderen angesichts der ihm zugeschriebenen Gemeinheiten und auf das Gefühl, vom Ex-Partner immer noch kontrolliert, verfolgt und nicht in Ruhe gelassen zu werden. Wir bekommen die Ohnmacht und Verzweiflung ggü. Verleumdungskampagnen, Bedrohungen und physischer Gewalt zu spüren. Die Existenz-Angst, wie es finanziell weiter gehen soll, ist greifbar. Sie bohrt und nagt – wie auch ein schlechtes Gewissen. Häufig geht die nackte Angst um, das Kind zu verlieren. Sie wiederum verweist auf die menschliche Grund-Angst, allein zu sein – nach einer Trennung. All diese mächtigen Gefühle sind Ausdruck einer unbändigen Seelen-Not, die jedoch nicht innen bleibt. Sie wirkt als Pression, als Riesendruck, der sich nach außen entlädt. Die Betreffenden sind in diesem Kampf-Modus nicht mehr bei sich, sondern sie geraten in den Status des **Außer-sich-Seins**. Im hochstrittigen Konflikt wirken dann ungeheure Energien aufeinander ein, die sich in einer eskalierenden Spirale aus psychischer und physischer Gewalt entladen können. Gesellschaftliche Konventionen und gesetzliche Normen erweisen sich dann oft genug nicht mehr als wirkmächtige Schranken, die dem inneren und dann nach außen gerichteten Furor Einhalt gebieten. »Mächtiger ist dann die Not«, die im schlimmsten Fall über alles hinweggeht, auch über gesetzliche Schranken. Die mächtigen Gefühle bilden den emotionalen Untergrund in vielen vor Gericht ausgetragenen Verfahren. »Das familiengerichtliche Verfahren ist wie keine andere gerichtliche Auseinandersetzung von Gefühlen geprägt. Diese emotionalen Konflikte lassen sich durch kein Gericht aus der Welt schaffen – sie haben aber einen maßgeblichen Einfluss auf den Verlauf des Verfahrens und die Möglichkeiten zu einer gütlichen Einigung.« (Bundesjustizministerin *Zypris*, 15.05.2006 Pressemitteilung).

Der Blick ins gerichtliche Verfahren leitet über zum dritten Notstand, der **Not der professionellen Akteure**, die sich beispielhaft anhand verschiedener Spannungszustände beschreiben lässt. Da ist die Diskrepanz zwischen idealistischen gesetzlichen Ziel-Vorgaben und dem real-existierenden Hauen und Stechen im Trennungskonflikt. »Einvernehmen« (§ 156 FamFG) erscheint gerade im Hinblick auf die nicht enden wollenden zwischenmenschlichen Verheerungen bei hochstrittigen Elternkonflikten als eine durchaus fragwürdige, weil oft unrealistische Zielformel. Auch zwischen dem moralischen und rechtlichen Gebot zur Kooperation der professionellen Akteure als notwendige Voraussetzung für eine Deeskalation des Konflikts und dem realpolitischen Macht- und Kompetenz-Gerangel der Professionen klafft eine unübersehbare Lücke. Was die Kooperationsfähigkeit angeht, verteilt *Rudolph* (Vortrag anlässlich des Pflegekindertages 2004 in Karlsruhe) zu Recht eine Rundumschelte an alle Trennungs- und Scheidungsprofessionen, wenn er sagt: »Die Disziplin der interdisziplinären

Zusammenarbeit ... gehört nicht zum Repertoire dieser Professionen.« Eine weitere Ungereimtheit besteht zwischen einem hohen fachlichen Anspruch, in hochstrittigen Trennungskonflikten »schleunigst« Einvernehmen zu erreichen und den zur Verfügung stehenden zeitlichen und finanziellen Mitteln. Kurzzeit-Modelle, wie sie mancherorts propagiert werden – fünf Gespräche, um Einvernehmen zu erreichen – oder auch die mit dem FamFG beabsichtigte Pauschal-Vergütung der Verfahrensbeistände, die de facto ebenfalls auf eine minimalistische Alibi-Versorgung hinauslaufen, erscheinen genauso fragwürdig wie das vielerorts immer noch zu besichtigende massenhafte und damit teure unkoordinierte Neben- und Gegeneinander der Professionen. Die real-existierende Arbeit der Trennungs- und Scheidungsprofessionen bewegt sich häufig im Entweder- oder von »viele Köche verderben den Brei« oder »fast-food-Trennkost«.

366   Nach dieser kurzen Beschreibung von drei verschiedenen und doch eng zusammenhängenden Notlagen möchte ich im Folgenden die Aufmerksamkeit zurück ins Epizentrum lenken, den spannungsgeladenen Differenzen in der Paarbeziehung, die sich womöglich zum chronischen Konflikt verfestigen und vielleicht zur Trennung führen, die dann in der Scheidung nur noch ratifiziert wird.

367   Bevor jedoch Paarkonflikt und Trennung, also die ernüchternde und düstere Seite des Beziehungslebens im restlichen Teil des Artikels (fast immer) thematisch die Oberhand haben, soll an der Stelle das »Wunder der Ehe« (*Retzer*, 2008, S.22) zumindest kurz gewürdigt werden. Bei der enormen medialen Präsenz von Trennung und Scheidung gerät ein unglaubliches Phänomen nämlich leicht aus dem Blick. Noch nie in der Menschheitsgeschichte haben so viele Frauen und Männer mit ein und demselben Partner über einen so langen Zeitraum zusammengelebt, wie das heute der Fall ist.

3. Einige nüchterne Zahlen zur »Dekristallisation der Liebe« und dem Streitpotenzial bei Trennung und Scheidung

368   *Andre Gide*, der sich als Schriftsteller diesem ewigen Thema der Menschheit zuwendet, reibt sich in seinem 1925 erschienen Roman »Die Falschmünzer« an einer idealisierenden Umschreibung *Stendhals*, der von der »rapiden Kristallisation der Liebe« spricht. *Gide* als Realist (oder Pessimist?) der Zweierbeziehung hat weniger die Liebe im Sinn und wie sie entsteht, sondern es ist eher die vergehende Liebe, die ihn geradezu fasziniert. »Die langsame Dekristallisation, von der ich niemals reden höre, ist ein seelischer Vorgang, der mich weit mehr interessiert. Ich vermute, dass man ihn, nach Verlauf einer gewissen Zeit bei allen Liebesheiraten beobachten kann ... Welch wundervolles Thema für einen Roman: nach fünfzehn- oder zwanzigjährigem Zusammenleben die fortschreitende Dekristallisation der Eheleute!« (*Gide*, 1991, S.89)

369   Immerhin erstaunlich aus heutiger Sicht, welch einen langen Zeitraum er für die langsame »Dekristallisation« der Liebe veranschlagt. Das zeitgenössische Bild des beschleunigten Auseinanderlebens unserer Tage ist an dieser Stelle eine kurze Betrachtung wert (S. Abbildung 1). Nach Angaben des Statistischen Bundesamtes wiesen im Berichtsjahr 2005 die Ehen, die seit 4 bis 7 Jahren bestanden, die höchsten ehedauerspezifischen Scheidungsziffern auf. 47.340 von insgesamt 201.693, das sind 23 % der Scheidungen in 2005, entfallen auf dieses 4-Jahre-Zeitfenster, viertes bis einschließlich siebtes Ehejahr. 62.039 Paare, also nahezu ein Drittel der Paare ließen sich innerhalb der ersten 7 Jahre ihrer Ehe scheiden. Anders ausgedrückt, 31 % der Paare hatten das »verflixte 7. Jahr« nicht mehr paarweise überstanden. Den maximalen Wert erreichte die ehedauerspezifische Scheidungsziffer bei einer Ehedauer von 5 Jahren (Statistisches Bundesamt, 2007).

370   128.929 von 201.693 im Jahr 2005 geschiedenen Paaren (64 %) hatten eine kürzere »Dekristallisationszeit« als die von *Gide* (1999, S.89) 1925 veranschlagten 15 Jahre. Sie hat sich seit *Gide* – wenn man die Ehezeit bis zur Scheidung als Ausdruck dafür gelten lässt – also für viele offensichtlich deutlich beschleunigt.

Ehedauer	Geschiedene Ehen	davon:	
		Ohne	Mit
		minderjährige(n) Kind(er/n)	
0 bis 1	1.332	1.152	180
2 bis 3	13.367	10.098	3.269
4 bis 5	23.397	15.364	8.033
6 bis 7	23.943	13.510	10.433
8 bis 9	20.055	9.510	10.545
10 bis 11	17.151	6.681	10.470
12 bis 13	15.114	5.065	10.049
14 bis 15	14.570	4.155	10.415
16 bis 20	31.344	8.828	22.516
21 bis 25	20.230	10.353	9.877
26 und mehr	21.190	17.727	3.463
insgesamt	201.693	102.443	99.250

Abbildung 1: Ehedauer der geschiedenen Ehen in 2005. Quelle: Statistisches Bundesamt: Statistisches Jahrbuch 2007

Das folgende Rechenexempel (angeregt durch *Mathias Weber* – Mitautor in diesem Werk) geht über die gerade genannten bloßen Zahlen zur Vergänglichkeit der Liebe bzw. der Institution Ehe hinaus, indem es sie mit Annahmen über die Schärfe des geführten Konflikts verknüpft.   371

Im 10-Jahreszeitraum von 1999 bis 2008 waren pro Jahr durchschnittlich ca. 200.000 Scheidungen zu verzeichnen. Bei durchschnittlich 98.000 Scheidungen handelte es sich Ehescheidungen mit minderjährigen Kindern. Die Anzahl der von der Scheidung ihrer Eltern betroffenen Kinder lag im Durchschnitt des 10-Jahre-Zeitfensters bei 154.000 jährlich. Auf jedes Scheidungspaar kamen demnach durchschnittlich ca. 1,5 Kinder.   372

Legt man dieselbe Verhältnismäßigkeit von betroffenen Kindern und Trennungspaaren zugrunde wie bei den Scheidungen, so kommt man bei vermuteten 20.000 Trennungskindern/Jugendlichen auf ca. 13.000 Trennungen von Eltern ohne Trauschein pro Jahr. Rechnet man die Trennungen und Scheidungen mit minderjährigen Kindern zusammen, so ergibt sich eine durchschnittliche Gesamtzahl von ca. 111.000 pro Jahr mit ca. 174.000 minderjährigen Trennungs- und Scheidungskindern.   373

Im Jahr 2007 wurden ca. 40.000 Anträge (Statistisches Bundesamt 2008) bei den FamG auf Regelung der elterlichen Sorge, des Umgangs oder der Herausgabe des Kindes bearbeitet und entschieden. Wenn es in ca. 40.000 Fällen jährlich zu einer Antragstellung kommt, so sind es bezogen auf die 111.000 Trennungen und Scheidungen demnach 71.000 Fälle, in denen eine außergerichtliche Klärung erreicht wird. Von den ca. 40.000 gerichtsanhängigen Fällen kommt es in ca. 24.000 Fällen, das sind ca. 60 %, zu einem Einvernehmen beim ersten Gerichtstermin. Von den restlichen 16.000, also 40 %, bei denen keine Einigung im ersten gerichtlichen Termin erreicht wird, ist zu vermuten, dass es sich um chronisch hochstrittige Elternkonflikte handelt.   374

Die Zahlenspielerei lässt sich zu folgender Tabelle mit drei schlichten Thesen verdichten.   375

14%	16.000 aller 111.000 Trennungs- und Scheidungsfälle pro Jahr, d. h. **14%**, sind durch das FamG (und durch außergerichtliche Hilfen) nicht regelbar
Annahme: Hoch strittig, weil nicht regelbar	
22%	24.000 Fälle, **22%**, sind zwar konflikthaft, aber durch die Autorität des FamG regelbar.
Annahme: strittig, aber mit Gericht regelbar	
64%	In 71.000 aller 111.000 Trennungs- und Scheidungsfälle, das sind **64%**, entwickeln Eltern ggf. mit professioneller Unterstützung in Form von Beratung, Mediation außergerichtlich eine einvernehmliche Lösung. Es kann von einem niedrigen Konfliktniveau ausgegangen werden.
Außergerichtliche Regelung Annahme: niedriges Konfliktniveau	

Abbildung 2: Konflikthaftigkeit bei Kindschaftssachen

4. Vorschau auf die weitere Struktur des Artikels mit seinen drei zentralen Themen

376 Wie Männern und Frauen die Liebe vergeht, die »allmähliche Dekristallisation« von Paar-Beziehungen ist der erste thematische Schwerpunkt dieses Artikels. Die Erosionsprozesse, die das auf Einheit angelegte Projekt Paar und Familie zerfasern, werden genauer unter die Lupe genommen. Es werden die Abnutzungsprozesse in einem stressigen Paar- und Familien-Alltag beschrieben, der Paaren in ihrer Entwicklung zusetzt und sie so anfällig für Trennung macht – das vom Alltag gebeutelte Paar als leichte Beute für die gefräßig-mächtige Trennungsfantasie. Der Artikel setzt also mit seinen Überlegungen nicht erst mit der Beschreibung der akuten Trennungsphase und den Regulierungsversuchen nach Vollzug der Trennung in der Nach-Trennungsphase ein.

377 Trennung wird als Langzeitprozess verstanden, der lange vor dem Vollzug einer räumlichen und psychischen Trennung und ihrer Ratifizierung mit der juristischen Scheidung einsetzt. Die Zermürbungserscheinungen des Alltags müssen, wie das »Wunder der Ehe« zeigt, nicht zwangsläufig in einer Trennung enden. Die kommunikativen Fähigkeiten des Paares, seine Bewältigungsstrategien im Krisenfall und das nicht erzwingbare Glück einer »resignativen Reife« (*Retzer* 2008, S. 22) halten Paare im Spiel des Zusammen-Lebens.

378 Der zweite Schwerpunkt behandelt die Vielfalt der Themen und Aufgaben, die das »Lebens-Projekt« Partnerschaft und Familie ausmachen. Die grundsätzlichen Differenz-Spannungen innerhalb der Partnerschaft werden anhand eines Modells mit acht Ebenen systematisiert vor Augen geführt. Das Modell ist als Beitrag zu einem inhaltlichen Verständnis der Komplexität von Familien vor, in und nach der Trennung gedacht. Die meisten Aufgaben, die sich innerhalb des Zusammenlebens stellen, hören mit der Trennung nicht einfach auf, sondern sie unterliegen lediglich einem Gestaltwandel. Sie sind »Wiedergänger« des Alten, von dem Mann/Frau denken, dass sie es mit der Trennung hinter sich gelassen hätten. Sich einen dauerhaften Partner aussuchen heißt auch, sich ein paar dauerhafte Probleme aussuchen, die mit der Trennung wegen der Verbindung über die Kinder nicht einfach aufhören.

379 Während die Trennung als Gegenstand bislang nur am Horizont auftaucht, steht sie im dritten Abschnitt als kritisches Lebensereignis mit ihrer vollen Wucht mitten im Raum. Die Aufmerksamkeit ist in diesem dritten Schwerpunkt auf den qualitativen Verlauf der einsetzenden Trennungsphase gerichtet. Erstaunlich viele Trennungen verlaufen trotz der unvermeidbaren Vulkan-Ausbrüche und Erdbeben angesichts der »tektonischen Plattenverschiebung«, die eine Trennung für die innere Welt des Einzelnen und die äußere Familienwelt bedeutet, langfristig erstaunlich einvernehmlich. Die Anzahl jener Trennungskonflikte, die aufgrund ihrer explosiven Ladung dazu tendieren, den gesellschaftlich akzeptierten Rahmen zur Konfliktaustragung zu sprengen, scheint jedoch zuzunehmen. In einer fortgeschrittenen Eskalation hantieren die Beteiligten aus ihrer seelischen Not, aber auch aus

strategischen Gründen mit überaus »explosiven Substanzen mitten in einem Ölfeld.« Mithilfe eines 3-stufigen Modells werden drei Konflikt-Plateaus beschrieben, auf denen die Konflikte mit unterschiedlicher Intensität ausgetragen werden. Den Einstieg in den Konflikt bildet eine niedrige erste Eskalationsstufe mit einem nur **zeitweilig** gegeneinander gerichteten Reden und Tun«. Der zweiten Stufe mit einem »**häufigen** verletzenden Agieren und einer Ausweitung des Konfliktfeldes« folgt auf einer dritten Stufe ein hochgradig aggressiv geführter »**chronischer** Beziehungskrieg um jeden Preis«. Diese eher statische Perspektive dreier Plateaus wird ergänzt durch eine Sicht auf die Dynamik und die fließenden oder sprunghaften Übergänge auf ein höheres Eskalationsniveau. Das »Eigen-Leben« von fortgeschrittenen Konflikten kann in unterschiedlichen Bildern beschrieben werden. Konflikte, die außer Kontrolle geraten sind, lassen sich als amorphe zähe Massen vorstellen, die sich langsam und in stetiger Vergrößerung von einer zur nächsten Konfliktstufe wälzen oder sie beeindrucken durch ihre allmähliche Aufladung, die sie, wenn eine bestimmte kritische Masse erreicht ist, in explosiven Schüben auf ein anderes Konfliktniveau hochschnellen lassen.

Immer wieder wird im Verlauf des Artikels von der Lese-Fähigkeit der Professionellen aus allen Trennungs- und Scheidungsprofessionen die Rede sein, die sich auf alle Phasen und inhaltlichen Ebenen der »Trennungsfamilie« bezieht. Trennungswissen ist auch das Wissen um die frühen Anfänge der »Dekristallisation« im Alltag und um die sich zuspitzenden kulturellen Spannungsdifferenzen sowie die kritischen Lebensereignisse im Paarleben, die in die akute Trennungsphase überleiten. Schließlich ist es ein Wissen um die eskalative Dynamik von Konflikten, das die Lesefähigkeit mit ausmacht.   380

II. Die Bedeutung von Stress für die Qualität und die Stabilität von Partnerschaften – die Steigerung von Stress in der Trennungszeit

1. Überblick

Den Einstieg zu diesem Kapitel bildet die These, dass (Alltags-) Stress zwar einen wesentlichen Faktor für die Verletzlichkeit heutiger Familien darstellt, dass dieser jedoch in der Debatte um die steigenden Zahlen bei Trennung und Scheidung sehr vernachlässigt wird. Aufgrund der Pressionen, die von außen auf die Familie einwirken und die in ihr selbst reproduziert werden, wird sie für viele trotz aller Beziehungssehnsüchte zu einem umstrittenen und fragilen Projekt. So zeigt sich vermehrt, dass Frauen und Männer, Paare sich erst gar nicht mehr auf das stressige Risiko-Projekt Familie mit Kind einlassen, sich nach dem Scheitern in anderen Lebensformen (Single-Leben, Ein-Eltern-Familie) jenseits von Familie einrichten oder die Suche nach Sinn und Anerkennung gänzlich in andere Lebensbereiche (Arbeit und Karriere, Hobbies, Leidenschaften) verlagern.   381

Der Verbindung von Familie und Stress wird in diesem Abschnitt auf zwei Wegen nachgegangen. In einer soziologischen Betrachtung geht es zum einen um die Verkleinerung des Zeitfensters in jener sensiblen Periode, in der die weichenstellenden Entscheidungen zu Beruf, Liebe, Partnerschaft und Familie getroffen werden. Zum anderen wird die kritische »Versorgungslage« thematisiert, was die Fürsorge-Qualität der heutigen Familie angeht, nachdem die Dienstleistungsgesellschaft »Haus-Frauen-Zeit« in hohem Maß aus der Familie für die (Erwerbs-) Arbeitswelt abgezogen hat. Sowohl die Verdichtung von Entscheidungszeit an der Schwelle zur Familie als auch die Neuordnung der offenen Fürsorge-Frage im laufenden Familien-Projekt bedeuten stressige Zeiten für den Einzelnen und die Partnerschaft.   382

Aus einer psychologisch-systemischen Warte wird der Partnerschaftsstress dahin gehend beleuchtet, wie Paare den Kampf gegen den mächtigen »Drachen« Stress führen. Der Art und Weise der Kommunikation über nervenzehrende Herausforderungen und die Bewältigungsstrategien von Paaren im Umgang mit dem Stress wird eine große Bedeutung für die Stabilität von Partnerschaften beigemessen. Die kommunikative und die Lösungs-Kompetenz in Partnerschaften hat eine hohe Vorhersagekraft im Hinblick auf die Trennungswahrscheinlichkeit. Erfolgreiche Paare sind bessere Stressbewältiger. Sie trennen sich seltener. Neben den Stress auslösenden großen kritischen Lebensereignissen und Entwicklungsaufgaben wird den Widrigkeiten des Alltags und den kulturellen   383

Differenz-Spannungen eine große Bedeutung beigemessen. Der namenlose »kleine« Alltagsstress, der alles überzieht, wird in verschiedenen Regionen des Paar- und Familienlebens geortet. Dadurch soll er verständlicher, begreifbarer und handhabbarer werden. Grundlegende These ist, dass gestresste Paare/gestresste Familien in einer Komplexitätsfalle sitzen angesichts einer oft unterschätzten Fülle von Aufgaben und Erwartungen. Viele Paare sehen angesichts der permanenten Überforderung nur noch einen Ausweg – Trennung.

2. Ein soziologischer Blick auf den Stress in Partnerschaft und Familie – wenig Zeit für die Liebe in der »Rushhour des Lebens« und für Care (Füreinander-da-sein)

384   Längere Ausbildungszeiten und ein stark beanspruchendes Engagement in der Phase der beruflichen Etablierung haben dazu geführt, dass die persönlichen Herzensangelegenheiten, Liebe und Partnerschaft sowie die Entscheidung für Kinder von zwei Seiten her in Bedrängnis geraten. Berufsvorbereitung und Berufsaneignung haben Liebe und Partnerschaft samt Kinderfrage im Zangengriff. Sie fristen ggü. dem Beruf häufig ein untergeordnetes Dasein. Angesichts des verengten Zeitfensters finden sie nicht mehr den notwendigen Entwicklungsraum. »Während die Elterngeneration für diese Entscheidungsphase (Berufsperspektive, Liebe, Familiengründung, Kinder) noch zehn Jahre Zeit hatte, hat sich für die heutige Generation diese Rushhour des Lebens auf fünf Jahre Zeit verdichtet.« (*Bertram*, 2007, S. 108). Die Dominanz des Beruflichen in den Fragen »Wie will ich, wie wollen wir als Paar leben? Wollen wir Eltern werden und wenn ja, wann?« und der Druck, diese Frage in einem enger umgrenzten Zeitraum entscheiden zu müssen als früher, setzt sich für diejenigen, die sich für die Gleichzeitigkeit von Beruf und Familie entscheiden, in der schwierigen Frage der Vereinbarkeit von Familie und Beruf fort. In der Zeit grundsätzlicher Lebensentscheidungen und der Familiengründung ragt die Welt der Arbeit und der Organisationen, in der sie verrichtet wird, mit Macht in die Familienwelt hinein. Und häufig beherrscht sie mit ihren inhaltlichen und zeitlichen Ansprüchen die privat-persönliche Sphäre. Sehr deutlich und konkret wird dies in vielen (Paar) Beratungen z.B. am gestiegenen Arbeitszeitumfang und anhand der Frage, wie viel Arbeit mit nach Hause gebracht wird, um das in der Arbeit nicht geschaffte Pensum daheim zu erledigen. Die Tendenz zur Expansion von beruflicher Arbeitszeit mitsamt den Konsequenzen für das Paar- und Familienleben ist in der Beratung unübersehbar. In Deutschland verbringen heute 50% der Paare 80 Stunden und mehr am Arbeitsplatz (*Bertram* 2007, S. 110). Die in der beruflichen Arbeit verschwindende Paar- und Familienzeit ist ein ständig wiederkehrender Grundkonflikt von Paaren-in-Not. Die abschmelzende Zeit für Partnerschaft und Familie macht sie für Trennung anfälliger. Dazu die folgende geschichtliche Rahmung. Der arbeitsteilige Familientypus, der bis in die 1960er Jahre in Deutschland vorherrschte und der aus heutiger Sicht als das traditionelle Familienmodell angesehen wird, entwickelte sich erst im Verlauf der industriellen Revolution zum wichtigsten Modell familiärer Lebensformen. Vorher dominierte die bäuerliche Familie, in der Vater und Mutter gemeinsam und in räumlicher Nähe die ökonomische Existenzsicherung für die Familie übernahmen.

385   Der arbeitsteilige Familientypus mit der außerhäuslichen Erwerbsarbeit des Haupternährers (Vater) und der mit der Erziehung der Kinder und der Fürsorge für andere Familienmitglieder betrauten Mutter in den 1960er Jahren stellte die dominante Lebensform dar, in der zu dieser Zeit 60% der Kinder lebten. Heute leben nur noch 20 bis 30% der Kinder bis zu ihrer Pubertät kontinuierlich im Familientypus mit klassischer Rollenverteilung. Für die überwiegende Mehrheit der Kinder – ca. 75% im Westen und 65% im Osten – gehört die Erwerbstätigkeit beider Eltern zur kindlichen Normalbiografie (*Bertram*, 2007, S. 109). Wesentliches Kennzeichen für den arbeitsteiligen Familientypus ist die Rollendifferenz, die sich am Ort und dem Inhalt der Leistungserbringung von Frauen und Männern festmachen lässt. Er geht seiner Arbeit nach, außer Haus, also in räumlicher Distanz zu Frau und Kind/ern, um Geld zu **machen**. Sie **ist** daheim. Fürsorge, im Englischen **care**, war im Familien-Drehbuch des industriellen Zeitalters als Kern des weiblichen und mütterlichen Rollenskripts festgelegt. Dreh- und Angelpunkt des arbeitsteiligen Familientypus ist also die Differenz von Geld und Liebe im Sinne von Care. Um diese beiden Spannungspole – Geld für Arbeit dort und

Liebe, Versorgung der Familienmitglieder hier daheim – haben sich die Rollen von Mann und Frau formiert und ausdifferenziert.

Mit der inzwischen weit fortgeschrittenen Ablösung der männerdominierten Industriegesellschaft durch die »zweigeschlechtliche« Dienstleistungsgesellschaft ging auch das allmähliche Verschwinden des arbeitsteiligen Familientypus der Industriegesellschaft einher. Allein zwischen 1997 und 2007 stieg die Frauenbeschäftigungsquote bundesweit von 55 auf 63 % (Frankfurter Rundschau, 02.07.2009). | 386

Mit dem Eintreten der Frauen ins Erwerbsleben der Dienstleistungsgesellschaft sind die klassischen Geschlechter-Rollen en masse aus den Fugen geraten. Nur scheinbar für die Ewigkeit gemachte Rollen-Identitäten wurden fragwürdig. Und ganz entscheidend: **Care ist zu einer prekären Aufgabe geworden.** Das Heim früherer Tage, i. d. R. ein von Frauen geführtes Erziehungs-, -Bildungs-, -Förder-, Versorgungs-, Reha- und Altenpflegezentrum mit Hospiz gibt es so nicht mehr. Frauen stehen aufgrund ihrer außerhäusigen Arbeit nicht mehr für die komplementäre Rolle der Haus-Frau, verstanden als Umsorgerin der Kinder und Alten und natürlich des geschlaucht heimkehrenden Mannes zur Verfügung. | 387

Und Männer stehen trotz durchaus veränderter Bilder und Einstellungen zu Partnerschaft und Familie nicht unbedingt Schlange, wenn es um die konkrete Übernahme von Care im täglichen Familien-Leben geht. Care, das Füreinander-da-sein in der Familie und im Nahumfeld um die Familie herum (Nachbarschaft), bedeutet Zusatz-Arbeit neben dem Beruf und der ist in der männlichen Biografie nach wie vor das Kern-Geschäft. Überaus kritisch sieht Michael Burbach (Geschäftsführer des Vereins zur Förderung betrieblicher und betriebsnaher Kindergärten in Frankfurt am Main) das Zusammenspiel von betrieblicher Kinderbetreuung und der Rolle der Männer. »Eine Betriebskita ist eine Solidaraktion von Frauen, um anderen Frauen das Arbeiten zu ermöglichen. Der Effekt ist: Männer können so weitermachen wie bisher.« (Frankfurter Rundschau, 02.07.2009). | 388

Im besten Fall trifft der innerfamiliäre Care-Mangel infolge der Berufstätigkeit beider auf Frauen/ Mütter und Männer/Väter guten Willens, die bereit sind, sich über die Neuverteilung einer immensen Aufgabenfülle zwischen Beruf draußen und Care daheim auseinanderzusetzen. Im Idealfall finden sie immer wieder zu Absprachen mit einvernehmlichen Lösungen, die aufgrund des permanenten Wandels in Beruf und im Care-Bereich nur temporäre Gültigkeit haben. | 389

Die Entwicklung der Kinder, die Betreuung der eigenen alten Eltern, das eigene Älterwerden und das sich durch die berufliche Entwicklung ändernde Anforderungs- und Arbeitszeitprofil bilden mehr oder weniger stürmische Luftbewegungen, die dem Mobile Familie immer wieder heftige Ausgleichsbewegungen abverlangen. Zeiten stürmischer Veränderung sind Stresszeiten. | 390

Im ungünstigeren Fall sieht sich Frau/Mann zur Übernahme der Doppelrolle als Alles-Könnerin zwischen Beruf und Familie gezwungen. Im unseligen Zusammenspiel eines maßlosen Selbst-Ideals mit entsprechenden Überforderungs-Ideologien von außen geht es für viele an und über die Belastungsgrenze. | 391

Im schlimmsten Fall kommt es zu innerfamiliären Verteilungskämpfen, in denen tradierte Rollen mit Zähnen und Klauen verteidigt, Probleme individualisiert, die Notwendigkeit zu beidseitigen Veränderungen geleugnet und Verantwortlichkeiten für Aufgaben einseitig zugeschrieben oder abgelehnt werden. Die Kritik richtet sich an beide Geschlechter. Sie zielt auf jene Klassiker unter den Männern, die das »bißchen Haushalt« inklusive Care-Paket nach wie vor zur ausschließlichen Frauen-Sache erklären. Gemeint sind aber auch jene Frauen, die die ökonomische Verantwortung und die materielle Sicherung der Familien-Existenz allein dem Mann als alleinigem Verdiener aufbürden, obwohl dieser dazu nicht (mehr allein) in der Lage ist. Die professionellen Akteure treffen bei fortgeschrittenen Eskalationen auf Männer und Frauen, die spalten und die Alleinschuld dem jeweils anderen zuweisen. Schuld an der Misere ist immer der andere. | 392

Wo Care prekär wird, wird im öffentlichen Diskurs immer schnell der Ruf nach einer Erweiterung des Betreuungsangebots laut. Staat und überraschend die Kirchen, eigentlich Agenturen des | 393 innerfamiliären Care, schnüren massenhaft das außerfamiliäre Care-Paket in Form von Einrichtungen zur Betreuung von Kindern und Alten. Womöglich wird der Hebel hier viel zu einseitig an einer Stelle angesetzt. Laut einer Allensbach-Studie spielt für 84 % der befragten 18 bis 44-Jährigen die Stabilität der Paarbeziehung die überragende Rolle bei der Entscheidung für ein Kind. Im Vergleich zum Stabilitätskriterium wird das im Mittelpunkt der öffentlichen Diskussion stehende Kriterium **gesicherte Betreuungsmöglichkeiten** nur von 25 % der Befragten als ausschlaggebend angegeben (*Wilbertz*, 2007, S. 7). Nimmt man diese Zahlen ernst, so lassen sie den brisanten Schluss zu, dass die Auslagerung von Care aus der Familie in erster Linie dem Schutz der Erwerbsarbeit dient und weniger der Unterstützung von Familien. Familienfreundliche Veränderungen im Zeit-Regime der Erwerbsarbeit hätten wahrscheinlich einen positiven Doppel-Effekt zur Folge, einmal für die Stabilität der Partnerschaften und zum anderen auf das familieninterne Füreinandereinstehen. Wer mehr Zeit hat, wird sich (wahrscheinlich) mehr kümmern. Der Gesellschaftstanz um das goldene Kalb Erwerbsarbeit verhindert mehr Care.

394   Der in diesem Abschnitt im Vordergrund stehende soziologische Blick auf den gesellschaftlichen Wandel hin zur Dienstleistungsgesellschaft hat 2 Punkte herausgehoben, die von einschneidender Bedeutung für das System Familie sind.

395   Der eine Punkt beleuchtete jene für potenzielle Familien-Gründerinnen sensible Phase, in der in gedrängter Zeit wichtige Lebensentscheidungen anstehen. Der andere beschäftigte sich mit dem strukturellen Mangel an Care für die Familie, wenn beide Partner erwerbstätig sind.

396   Die hier verfolgte familiensoziologische Bestandsaufnahme führt folgerichtig, um den Druck auf die Familie zu entschärfen, u. a. zur Forderung nach einer Familien-Politik, die derzeit für ein Füreinandereinstehen (Care) eine größere Bedeutung einräumt als dies bisher unter der Dominanz von Erwerbsarbeit geschieht. Eine familienfreundliche Politik zur Stressreduzierung für Familie ist vor allem Zeit-Politik, einmal bezogen auf die Lebensarbeitszeit und zum anderen auf die Organisation der alltäglichen Erwerbsarbeitszeit. Bei der Ersteren stehen die unterschiedlichen Versorgungsaufgaben im Lebensverlauf im Blickpunkt. Die junge Familie mit kleinen Kindern erfordert mehr Care-Zeit als dies bei älteren Kindern der Fall ist, sofern diese keine »Sorgenkinder« sind. In einer späteren Lebensphase des Familienzyklus, wenn die Betreuung der eigenen alten Eltern zur drängenden Aufgabe wird, wächst der Bedarf an Care-Zeit i. d. R. wieder (stärker) an. Die für Care von den Familien benötigte Zeit ist also in den unterschiedlichen Lebensphasen sehr verschieden. Das Konzept des Lebensarbeitszeitkontos trägt diesem unterschiedlichen Care-Zeit-Bedarf durch eine bewegliche Verfügung über Zeit Rechnung.

397   Die Familie um die Jahrtausendwende war dabei, sich nach dem turbulenten Übergang in die Dienstleistungsgesellschaft in den neuen Gegebenheiten einzurichten. Die Erwerbstätigkeit der Frau, die (nicht nur dadurch bedingte) generelle Zunahme von Erwerbsarbeitszeit und der damit einhergehende Mangel an Care-Zeit für Partnerschaft und Familie war zum Normalzustand geworden. Welche Auswirkungen die globale Finanz-Krise, die die Welt der Erwerbsarbeit in ihren Grundfesten erschüttert hat, auf die Familie haben wird, ist noch nicht absehbar.

398   Die Beschreibung des aktuellen Zustands aus der Perspektive der Beratung fällt kritisch aus. Die Angst vor dem drohenden Verlust des Arbeitsplatzes und die Erschütterung von Karrieren haben die Dominanz des beruflichen Engagements ggü. der Teilhabe an Partnerschaft und Familie deutlich erhöht. Zukunftsängste führen zu »Arbeitsplatz-Sicherungsmaßnahmen« in Form von »nervöser« Mehrarbeit seitens der Arbeitnehmer. Nervös macht sie häufig deshalb, weil sie zuhause als Sachzwang »verkauft« werden muss, und dies ohne Plan für den dadurch entstehenden Care-Notstand daheim z. B. in Form von Betreuungslücken für die Kinder und weniger gemeinsamer Partner-Zeit. Kinderärzte berichten anlässlich eines Familienkongresses in Frankfurt, »dass Eltern keine Fehlzeit mehr nehmen, wenn Kinder krank werden ...« (Frankfurter Rundschau, 02.07.2009). Die erodierende Zeit für Care untergräbt die Stabilität von Partnerschaften und Familien. Ein anschwellender Strom aus Erklärungsnotständen, schlechtem Gewissen, dem Gefühl, Schuld zu sein, harschen Überlastungsreaktionen, Betäubungsverhalten, depressiver Verstimmung, Rückzug,

Arbeits-Verteilungskämpfen, Anschuldigungen, Nestflucht-Fantasien und konkreten Ausbruchs-versuchen aus der Druckkammer Familie etc. kann das Projekt Familie ganz schnell in Richtung Trennung treiben.

Während der Adressat der Forderung nach mehr Zeit-Souveranität zugunsten von Care und damit weniger Stress die Familienpolitik ist, wird im Folgenden der Beitrag der Familienakteure selbst zum stressigen Familienleben unter die Lupe genommen. Die Bemeisterung der rasenden und immer zu wenigen Zeit angesichts einer Fülle von Aufgaben wird zur Schicksalsfrage für Partnerschaft und Familie.   399

3. Ein psychologischer Blick – Stress als Risikofaktor für Partnerschaft und Familie

a) Kritische Lebensereignisse und Entwicklungsaufgaben als Makrostressoren

Mit Stress ist ein längerfristiges Ungleichgewicht zwischen den Anforderungen und den Möglichkeiten zur Bewältigung gemeint, das zu einer Überforderung und einer Stressreaktion führt. Bei einer formalen Betrachtung von Stress macht es Sinn, zwischen Makrostressoren und Mikrostressoren zu differenzieren (*Bodenmann*, 2000, S. 127).   400

Erstere umfassen solche Ereignisse, die einen massiven Einschnitt im subjektiven Kontinuitätserleben darstellen. Im Erleben der Betroffenen zerteilen **kritische Lebensereignisse** das Zeitkontinuum in eine Zeit vor und nach dem kritischen Ereignis. Nichts ist mehr wie vorher. Sie kommen als unvorhersehbare Erschütterungen daher, die das Leben grundlegend verändern und häufig eine hohe (Dauer-) Belastung nach sich ziehen. Beispiele für solche einschneidenden Ereignisse sind der Verlust einer wichtigen Person, Beziehung durch Trennung oder Tod, Krankheiten und Unfälle, die Geburt eines (behinderten) »Sorgenkindes«, Verlust des Arbeitsplatzes, Verletzung der körperlichen Integrität durch Gewalt innerhalb und außerhalb der Familie, außereheliche Beziehungen, Erlebnisse massiver Diskriminierung und Ausgrenzung sowie Katastrophenerfahrungen.   401

Von diesen unerwarteten Einschlägen ins »normale« Leben lassen sich auf der Makro-Stress-Ebene als weitere Kategorie die **Entwicklungsaufgaben** mit ihren kritischen Übergängen abgrenzen, die im Laufe des Lebens auf den Einzelnen zukommen. Sie brechen im Unterschied zu den kritischen Lebensereignissen nicht plötzlich herein wie der buchstäbliche Blitz aus dem heiteren Himmel, sondern sie nähern sich langsam und gewinnen erst im Verlauf an Kontur. In dem Annäherungs-prozess wird allmählich deutlich, dass die bisherige Struktur nicht mehr trägt und grundsätzliche Veränderungen anstehen.   402

Es ist nicht mehr und nicht weniger als ein Umbau der Identität, der gefordert ist. Der »alte Mensch« und mit ihm das ihn umgebende »alte System« kommen an ein Ende. Das alte Leben »stirbt« und gleichzeitig muss das Neue in einem oft mühsamen Übergangsprozess herausgearbeitet und entwickelt werden. Entwicklungsaufgaben betreffen also nur auf den ersten Blick das jeweilige Individuum allein. Auch wenn es als Hauptperson im Brennpunkt der Veränderungen steht, so geht es bei den großen Entwicklungsaufgaben immer um komplexe Veränderungsprozesse. Die anderen Mitglieder des Systems verändern sich ihrerseits aufgrund der bestehenden Wechselbeziehungen. Das gesamte Familien-System ist angesichts einer Entwicklungsaufgabe eines Einzelnen im Umbau begriffen.   403

Alles Werden macht Schmerzen und ist mit Stress verbunden. Das Kontinuum reicht von einer positiven Spannung und Neugier auf das entstehende Neue bis hin zum Gefühl völliger Überforderung, die Angst macht und aus der im ungünstigsten Fall eine Entwicklungsverweigerung resultiert. Die Zukunftsangst schleicht ums und ins Haus. Zu den Klassikern unter den Entwicklungsaufgaben im Familien- und Lebenszyklus gehören der Übergang des Kindes aus der Familie in die außerfamiliäre Kinderbetreuung, die Einschulung, die Pubertät, die Partnerwahl, die Berufsfindung, die Begleitung der eigenen alten Eltern, der eigene Alterungsprozess, der Ausstieg aus dem beruflichen Leben   404

(Pensionierung). Beispiele für schwierige Übergangsphasen in dem hier besprochenen Kontext sind die Familiengründungsphase, in der durch die Geburt eines Kindes aus Zweien drei werden und im Fall einer Trennung der schwierige Prozess der Entflechtung von Mann und Frau bei gleichzeitiger Verbundenheit als Eltern des gemeinsamen Kindes. Die von der Gesellschaft über entsprechende Familienbilder – »Eltern bleiben Eltern« – und rechtliche Normierungen (§ 156 FamFG, § 17 KJHG) transportierte Forderung nach einvernehmlichen Konfliktlösungen und einer Kooperation als Eltern nach Trennung und Scheidung erscheint aus der Perspektive der Beratung als eine der anspruchsvollsten zwischenmenschlichen Aufgaben. Für nicht so wenige kommt der Anspruch, trotz des Auseinanderdriftens als Mann und Frau im Hinblick auf die Kinder eine einvernehmliche Nähe als Eltern zu entwickeln, einem Spagat gleich, der nicht zu halten ist. Die auf das Wohl der Kinder und den Erhalt ihrer Beziehungen zu beiden Eltern abzielende Anforderung gerät für sie zur uneinlösbaren Überforderung. Das Arbeiten und vor allem das Scheitern an dieser Aufgabe sind gleichbedeutend mit einem chronischen Stresszustand.

b) Kritische Lebensereignisse in der Partnerschaft und ihre Bearbeitung in Geschichten

405 Wenn man Paare zum Zeitpunkt der Trennung nach den Gründen befragt, warum es zur Trennung gekommen ist, dann feiert das **Schuldprinzip**, das mit der Reform des Familienrechts 1977 zugunsten des Zerrüttungsprinzips aus der rechtlichen Betrachtung von Partnerschaft und Familie verabschiedet wurde, eine lebhafte Auferstehung. Totgesagte leben bekanntlich länger. Die gesellschaftliche Neubewertung der Trennungsverhältnisse steht jedenfalls nicht im Einklang mit dem subjektiven Erleben und Handeln des Einzelnen. Das Scheitern der Beziehung wird am persönlichen Versagen, an der Schuld, die vor allem eine des anderen ist, festgemacht. Außereheliche Beziehungen, fehlende Anerkennung durch den Ex-Partner, Gewalterfahrungen (oft im Zusammenhang mit Alkohol), psychische und sexuelle Probleme, Vernachlässigung von Partnerschaft und Familie durch Beruf und/oder exzessiv betriebene Hobbies und Leidenschaften, seine/ihre Eifersucht, Verlust von Vertrauen, seine/ihre Dominanz und Kontrolle ... sind die Beschreibungen, die zur Etikettierung des »Schuldigen« und als Begründung der Trennungsentscheidung am häufigsten auftauchen. Je konflikthafter und strittiger eine Trennung ausgetragen wird, desto stärker ausgeprägt ist die **Individualisierung der Probleme**.

406 Aber nicht nur im subjektiven Erleben von Betroffenen, auch in der Wahrnehmung der Trennungs- und Scheidungsprofessionen sowie in der Forschung spielt die **Fahndung nach individuellen Defiziten** nach wie vor eine dominierende Rolle. Charaktereigenschaften, Dispositionen, psychische Störungen, Labilitäten und Vulnerabilitäten des Einzelnen werden von der klinischen Psychologie als die Hauptprädiktoren von Trennung ausgemacht. Die Suche nach dem Individuellen in der persönlichen Sphäre und in der Wahrnehmung der professionellen Akteure bei der Erklärung von Beziehungskatastrophen gerät dabei ganz häufig in einen merkwürdigen Sog. In der nach unten ziehenden Strudelbewegung werden immer mächtigere Erklärungen zur individuellen Pathologie oder moralischen Schuld des Einzelnen aufgeboten. Der großen Störung bzw. Schuld eines Einzelnen folgt in diesem linearen Denken die Geschichte von der großen Untat, die vom »psychisch Gestörten« oder Schuldigen angerichtet wurde und die zum großen Trauma des Opfers wird. Hier scheint eine anthropologische Macht am Werk. Wir Menschen haben generell eine starke Neigung zu großartigen Geschichten von Liebe und Leid. Eine riesige Unterhaltungsindustrie hat sich als pulsierender Produktionsring um dieses menschliche Grundbedürfnis gelegt. Der Medien-, Film-, und Literaturbetrieb bedient die unendliche Nachfrage nach großen Geschichten, die vom großen romantischen Glück und Beziehungsdramen handeln. Aber auch unser kleines persönliches Liebesleben und Scheitern darin folgt diesem Muster. Auch unsere persönliche Trennung verlangt nach einer großen Geschichte, sowie i. Ü. auch der Beginn einer Beziehung nach einem großen Mythos ruft. Weder im Beginn noch im Ende darf unser Beziehungsleben banal und durch Kleinigkeiten bestimmt erscheinen. Dass die allermeisten Partnerschaften und Ehen nach dem Prinzip des steten Tropfens, der den Stein höhlt, in einem zermürbenden Alltag zerbröseln und nicht in einem großen

dramatischen Akt zugrunde gehen, ist schlichtweg ein Affront für unser Verlangen nach großen Geschichten. Und so können wir nicht anders, wir werden selbst zu Produzenten großer Liebes- und Leid-Geschichten unseres Lebens. Wir schreiben sie, gestalten sie um und erfinden sie (in Teilen) manchmal auch ganz neu. Wir glauben sie und sie geben unserem (Beziehungs-) Leben Sinn und eine strukturierende Ordnung. Sie werden zu Haltepunkten, was gerade in haltlosen Zeiten wie der Trennung überlebenswichtig werden kann. Große Geschichten stellen im Chaos der Gefühle eine Ordnung her, in der alles klar erscheint und Eindeutigkeit herrscht, was zu tun ist.

Wenn man in der Beratungsarbeit mit Paaren – in getrennten Gesprächen – ihre Trennungsgeschichten hört, so fällt auf, wie die vermeintlich »gleiche« Beziehungs- und Familiengeschichte vom Kennenlernen bis zum Auseinandergehen zu sehr unterschiedlichen Drehbüchern verarbeitet wird. Die großen Szenen des einen unterscheiden sich immer sehr von denen des anderen. Ein Zweites fällt auf. Die Trennungsgeschichten im Großformat mit ihren Akten der Verletzung, diese Versuche, eine sinnstiftende Ordnung in das unerklärbare Leid zu bringen, verschleiern die tropfenartigen Widrigkeiten des Alltags, die in ihrer seriellen Fülle den »Stein« ausgehöhlt haben.   407

Für die Beratung selbst bleibt beides wichtig, einerseits die große Geschichte als der vordergründige Stoff, aus dem im subjektiven Erleben der Beteiligten die Trennung gemacht ist, **und** andererseits als diffuser Hintergrund der zermürbende Alltagsstress mit seiner erdrückenden Vielzahl von selbst gestellten Aufgaben und Erwartungen innerhalb der Beziehung und Soll-Vorgaben von außen.   408

Warum ist es wichtig, die großen Leidgeschichten zu hören? Die Geschichten der großen Verletzungen zu übergehen, z. B. durch eine ausschließlich auf die Zukunft gerichtete Perspektive (»Lassen Sie uns nach vorne schauen, der Blick zurück bringt Ihnen nichts!«), wird als radikales Vorgehen nicht funktionieren. Es verkennt die Identität stiftende und strukturierende Bedeutung der großen Geschichten. Menschen verstehen sich selbst anhand und durch ihre selbstreflexiven Geschichten. Ihre Leidensgeschichten als eine für sie bedeutsame Realität abzuweisen hieße, ihnen die Pfeiler ihrer Brücke wegzuschlagen, die von der Vergangenheit in die Gegenwart führt. Ich erkenne mich und meine Geschichte in meinen Geschichten. **Ich erzähle Geschichten**, in diesem Fall meine schmerzhaften Trennungsgeschichten, **also bin ich**. Unsere großen Geschichten der Verletzung (durch den anderen) kommen laut daher – als laute innere Stimme und nach außen ggü. anderen, denen wir unser Leid klagen, das uns vom Partner zugefügt wurde. Und oft sind es ja auch in der Tat einschneidende und schmerzhafte Ereignisse, die ein lautes Zetern und Wehklagen in großen Geschichten verständlich machen. Die großen Einschnitte in unserem Leben, die wir bearbeiten müssen und zu großen Geschichten ausgestalten, widerfahren uns (zum Glück) nicht jeden Tag. Sind sie erst einmal angelegt, so sind unsere Geschichten ständig abrufbar. Sie stehen den Akteuren selbst zur Verfügung, wenn sie fassungslos um Erklärung ringen, was da mit der Trennung über sie hereingebrochen ist. Neben der sich-selbst-erklärenden Funktion der Geschichten leisten diese eine wichtige Aufgabe dabei, sich anderen ggü. zu erklären und diese dazu zu bringen, sich dazu zu verhalten, z. B. in Form eines anerkennenden Mitgefühls oder einer solidarischen Haltung ggü. dem (vermeintlichen) Verursacher der Not. Geschichten haben also immer auch eine instrumentelle Funktion. Sie wollen beim Zuhörer eine bestimmte Wirkung erzielen, ihn in eine (Zu) Stimmung versetzen. Diese für die Identität bedeutsamen Geschichten generell zu negieren erzeugt in aller Regel Widerstand mit einem umso stärkeren Beharren darauf, dass die Geschichten als wahr anerkannt werden. Deshalb ist es wichtig, ihnen einen angemessenen Raum zu geben, was nicht heißt, dass sie allen Raum einnehmen sollen. Ich halte es für wichtig, in der Beratung die Zeiten an der »Klagemauer« immer wieder zu beschränken, um auch andere Blickrichtungen und Erzählungen jenseits von Trauer, Angst, Hass und Wut ggü. dem (vermeintlichen oder tatsächlichen) Verursacher der Verletzungen wieder einzuüben.   409

c) Die alltäglichen Widrigkeiten – Mikrostressoren als unterschätzte Belastungsgröße für Partnerschaft und Familie

Im Gegensatz zu den kritischen Lebensereignissen wird die Wirkung der Mikrostressoren in Form der alltäglichen kleinen Störfälle immer noch unterschätzt. Während kritische Lebensereignisse,   410 die schwergewichtig und wortgewaltig daherkommen, häufig eine besondere Aufmerksamkeit und Unterstützung im sozialen Umfeld erfahren, bleibt das Interesse für die Minikrisen des Alltags im Umkreis gering. Konkrete Hilfen bei deren Bewältigung sind dementsprechend unwahrscheinlich.

411   Warum ist es wichtig, den alltäglichen Stress in Familien nicht zu übersehen? Die Widrigkeiten des Alltags sind der psychische Feinstaub des modernen Lebens. Sie sind im Unterschied zu den dramatischen Verletzungsgeschichten keine weit sichtbaren Berge in der Seelenlandschaft und dementsprechend scheinen sie kaum der Rede Wert. Sie sind klein, winzig, kommen still und ohne das Pathos der großen Geschichten daher. Aber sie kommen in großer Zahl und unablässig. Sie dringen wie Staub durch die Ritzen unseres Ich und in alle Ecken unseres Daseins. In der Summe verdichten sie sich zu einer Staubschicht, die sich über unser Innen- und Familienleben legt. Für den pulvrig-feinkörnigen Alltagsstress im Unterschied zum Stress der großen kritischen Lebensereignisse, die als kompakte Masse wie ein Meteorit mit einmaliger Wucht einschlagen und in uns nachwirken, gibt es keine klare Sprache. Alltagsstress ist kleinteilig, diffus und dadurch schwer mit Worten zu greifen. Und wenn wir versuchen, unseren Ärger über eine einzelne kleine Widrigkeit des Alltags ggü. Dritten zur Sprache zu bringen, so kann es sein, dass wir ganz schnell auf schwierige Gefühle treffen. Nicht selten taucht z. B. ein Gefühl der Scham wegen unserer eigenen Kleinlichkeit auf und wir wundern uns im Abstand über das Ausmaß unserer Empörung angesichts der Banalität des kleinen Vorfalls. In der konkreten Situation wurde er jedoch zum inneren Drama und die schnelle Selbstberuhigung zur mission impossible. Ein Beispiel. Herr C. outete sich mir ggü. als großer Liebhaber von »Löwensenf«. Wenn dieser am Abendtisch fehlte, weil seine Frau ihn, wenn sie mit dem »Abenddienst« dran war, nicht auf den Tisch gestellt hatte, dann war sein schwerer Gang zum Kühlschrank begleitet von Gefühlen der Wut und tiefer Resignation darüber, dass seine Frau nicht an ihn gedacht hatte. Im Lauf der Beziehungsjahre hatte sich sein Vorwurf gesteigert und für ihn war aus der anfänglichen Unachtsamkeit seiner Frau mittlerweile eine absichtliche Senf-Verweigerung geworden. Diese Einschätzung hatte natürlich seine Gefühlslage erheblich verschärft. Im Gespräch mit mir zeigte sich Herr C. ziemlich erschrocken über seine heftigen Affekte um den fehlenden Senf, den ihm seine Frau als »Liebesgabe« nicht dazu gab. In eine ähnlich hoffnungslose und mit reichlich Ärger versehene Lage war auch Frau W. geraten. Als leidenschaftliche Frühstücks-Kaffeetrinkerin ist sie mittlerweile daran verzweifelt, dass ihr Mann ihr immer wieder mehr als den für sie richtigen »Schuss Milch« in den Kaffee gießt. »Das ganze Frühstück ist mir dann verleidet. Früher gab es immer einen Riesenstreit. Jetzt sage ich schon nichts mehr und denk mir meinen Teil.« Es braucht keine besondere Fantasie, sich Frau W.?s nonverbale Kommunikation nach einem erneuten »Überschuss« ihres Mannes vorzustellen.

412   Zum legendären Prototyp dieser Art von Ärger über verstörende Kleinigkeiten ist die nicht verschraubte Zahnpastatube samt den negativen Gefühlen, die um sie kreisen, geworden. Der nagende Ärger findet seinen Aufhänger in den aus den Fugen geratenen kleinen guten »Alltags-Bildern«: Abendtisch ohne Senf, zu heller (Milch-) Kaffee, Zahnpastatube ohne Verschluss. Für die Beschädigung der eigenen stimmigen und guten kleinen Bilder des täglichen Lebens wird der andere verantwortlich gemacht. Er/sie hat etwas getan, was er/sie besser unterlassen hätte oder sie/er hat etwas unterlassen, was sie/er besser hätte tun sollen. Diese Nicht-Passung bringt überraschend heftige Gefühle ins Rollen. Wesentlich dabei ist die Zuschreibung von Absicht, mit der der andere das eigene kleine Alltagsbild vom Wahren, Schönen und Guten zerstört hat. Die (unterstellte) Zerstörungsabsicht macht die persönliche Verletztheit und den starken Affekt aus. »Obwohl er/sie doch weiß, dass ich ... hat sie/er ...«

413   Aber wir brauchen nicht unbedingt den anderen als Auslöser für solche Mikrostress-Vorfälle. Es geht – zunächst jedenfalls – auch im Alleingang. Oft sind wir selbst die Verursacher und Adressaten unseres Ärgers, wenn uns etwas schief geht oder das Tagesschicksal es nicht gut mit uns meint. Der verlegte Schlüsselbund, die nicht mehr erinnerte Pin-Nummer, die Mahnung des Finanzamtes, die verpasste Autobahnabfahrt, die fälschlicherweise gedrückte Löschtaste (»Möchten Sie die Änderungen in Dokument 1 wirklich löschen?« – »Ja«... Nein, um Himmelswillen, nein. Zu spät.) sind

nur ein paar Beispiele aus der unendlichen Liste der gewöhnlichen Störfälle – nichts Besonderes, alltäglich eben.

Die Mini-Katastrophen des Alltags sind die Motten in unserem Nervenkostüm. Das individuelle Mini-Problem bekommt darüber hinausgehend leider allzu oft eine soziale Dimension, wenn wir den in uns hoch fahrenden Ärger über solche Störfälle des Alltags nicht in uns zu halten vermögen, was leicht geschieht. Schnell schießt er nach außen und sucht Anhaftungspunkte außerhalb von uns. Wehe dem Partner, der mit einem unpassenden Kommentar in der Nähe steht. Ein kleiner Luftzug aus der falschen Richtung kann genügen und der glimmende Ärger in uns fängt Feuer und die Flamme springt über. Wenn der »passende« Streitpartner zur Verfügung steht, der, weil seinerseits gereizt, womöglich das Feuer noch schürt, dann droht ein Brand in Form einer ausbrechenden Grundsatzdebatte. Die Mücke ist dabei, zum Elefanten zu werden. Die Streitpartner geraten jetzt in den Status des Außer-sich-Seins und laufen Gefahr, sich um Kopf und Kragen reden oder sich schlimmeres anzutun. | 414

Oft ist es auch die pure Masse der abzuarbeitenden Kleinigkeiten, die uns an den Rand unseres Fassungsvermögens bringt. Wir fertigen To-do-Listen an, fahren technisches Gerät auf (Organizer) und nutzen die Erkenntnisse der Zeitmanagement-Ratgeber, um die Detail-Fülle eines normalen (Berufs-, -Familien-) Alltags zu bändigen. Und trotz dieser Hilfsmittel werden unsere auf Effektivität und schnelle Erledigung getrimmten Tages-Pläne ständig durchkreuzt von einer sperrigen Realität, die uns unerwartet ständig neue Steine in Form neuer Aufgaben in den Weg legt. Brechts Zuspruch »Ja, mach nur einen Plan, sei nur ein großes Licht. Und mach dann noch? nen zweiten Plan, gehen tun sie beide nicht«, lädt uns zu einer lässigen Distanzierung ggü. der fixen Idee eines Alltagslebens nach Plan ein. Aber wer kennt sie nicht, die Verzweiflung pur in dem Augenblick, wo ein perfekter kleiner Alltags-Plan nicht aufgeht. In solchen Momenten, in denen wir auf 180 sind, sind die philosophischen Entspannungsgedanken nur schwer empfänglich. Wir befinden uns in einer inneren Eskalation mit uns selbst. Es ist dann einfach (noch) nicht die Zeit für die nötige Nachsicht mit uns selbst beim alltäglichen Scheitern an unseren Plänen. | 415

Viele der kleinen Widrigkeiten und Mini-Katastrophen des Alltags, die uns widerfahren, stehen in einem unmittelbaren Zusammenhang mit dem enormen Zeitdruck, der über unserem modernen, mit tausend Aufgaben überfrachteten Alltag lastet. Wäre die Zahnpastatube unverschraubt geblieben, wenn der Verursacher des Morgendramas nicht zu einem frühen Termin aus dem Haus gehetzt wäre oder der eigene Einstieg in den Tag entspannter gewesen, wenn sich der Druck der eigenen Aufgabenlast nicht bis in den Schlaf der letzten Nacht vorgearbeitet hatte? | 416

Martialisch verkündete *Andi Grove*, ein früherer Chef von INTEL, vor Jahren bei der Vorstellung eines neuen, natürlich noch schnelleren Chips: »There is a war going on for peoples time.« (Rundfunksendung) Aber der Krieg um Zeit und Beschleunigung tobt eben längst nicht mehr nur draußen in unserer technisierten Gegenstandswelt. Der Kampf um die Zeit ist auch nicht mehr auf die betriebliche Wirklichkeit oder die Schnelligkeitselite der Hochleistungssportler beschränkt. Der Zeitkrieg ist längst in uns angekommen mit entsprechenden Folgen für Partnerschaft und Familie. | 417

d) Differenz-Spannungen – die kulturellen Unterschiede in Partnerschaften

Neben den kritischen Lebensereignissen und den Entwicklungsaufgaben mit ihren anspruchsvollen Übergängen (Makrostressoren) wurde den alltäglichen Widrigkeiten (Mikrostressoren) für das Lesen-Können von familiären Stressgeschichten eine große Bedeutung beigemessen. Mit einer weiteren Dimension, der kulturellen Differenzspannung von Paaren, wird das Stressmodell zur Erklärung von Paar- und Familienkonflikten bis hin zur Trennung vervollständigt. | 418

Die kulturellen Differenz-Spannungen entziehen sich einer klaren Zuordnung zu den beiden Kategorien Mikro- und Makrostressoren. Viele kulturelle Differenzen zeigen sich in den kleinen Mini-Störfällen des Alltags. Andere wiederum entwickeln sich zu kritischen Lebensereignissen, die als große Geschichten auf der »dramatischen Bühne des Lebens« aufgeführt werden. | 419

420   Im Fokus dieser Betrachtung steht die Unterschiedlichkeit der familienkulturellen Muster, die sich unausweichlich im Zusammenleben der Partner konfrontieren. Die bloße Unterschiedlichkeit bis hin zur Gegensätzlichkeit von Werten, Normen, Interessen, Wahrnehmungen, Vorstellungen, die in jedem als »Bilder vom richtigen Leben« als Mann und Frau, als (Eltern-) Paar und als Familie zusammenfließen, sagt noch nichts darüber aus, ob sich aus ihnen (große) Konflikte entwickeln werden. Entscheidend ist vielmehr die Art und Weise des Umgangs mit den Unterschieden. Das Wie wird zum Gradmesser, ob aus ihnen ein sozialer Konflikt oder gar ein (Eltern-) Krieg entsteht. Die Differenz trägt also sowohl den Keim der Bereicherung durch die Verschiedenheit der beiden Partner als auch den des Kampfes um die Vorherrschaft der eigenen Position in sich. Wie das Spiel ausgeht, ist offen.

e) Der Stress der Differenz-Spannung und die Paar-Entwicklung – vier Phasen

421   Wenn von der Differenz-Spannung die Rede ist, macht es Sinn, diese in einen größeren Rahmen zu stellen. Im Folgenden wird der Frage nachgegangen, welche Rolle sie innerhalb der Paar-Ge-schichte spielt.

422   In der Entwicklung von Paar-Beziehungen lassen sich **vier Phasen** unterscheiden:
– Die **erste Phase** der Verliebtheit, die Zeit der love-story ist gekennzeichnet durch die wechsel-seitige Anziehung. Die Attraktion beruht in der wechselseitigen Annahme einer großen Ähn-lichkeit bis hin zu einer Gleichheit der Empfindungen und des Welt-Erlebens oder sie ist durch eine große Gegensätzlichkeit begründet. In diesem Fall wird die Beziehung belebt und getragen vom Mythos der komplementären Gegensätze, die sich wundersam anziehen und ergänzen. Die Realität tritt in dieser ersten Phase hinter der Idealisierung des anderen und der Beziehung noch weit zurück. Die Innenwelt der Beziehung ist der Mittelpunkt der Welt. Die Außenwelt spielt nur insoweit eine Rolle, als sie entweder der Spiegelung des Zweierglücks dient oder aber sie wird als gefährliche, die Liebe bedrohende Macht wahrgenommen, der es zu widerstehen gilt. In diesem Fall wird der heroische Kampf gegen die mächtige Außenwelt, die das Glück zu zweit bedroht, zum starken Anfangsmythos.
– In der **zweiten Phase** der Annäherung geht es um ein Kennen-Lernen, das jedoch noch an der Oberfläche bleibt. Der unter der Wasserlinie liegende weitaus größere Teil des riesigen Eisber-ges Partnerschaft bleibt noch verborgen. Bereits in dieser frühen Phase tauchen natürlich auch Probleme auf, die jedoch ganz häufig mit großem Engagement, pragmatischer Tüchtigkeit und mit Leichtigkeit aus der Welt geschafft oder schlicht und einfach ausgeblendet werden. Dieser in diesem frühen Stadium der Partnerschaft erfolgreiche Umgang mit Schwierigkeiten nährt den Mythos der starken Gemeinschaft und stärkt die junge Beziehung in ihrer Allmachtsfantasie, alle Schwierigkeiten des Lebens paarweise meistern zu können. Das »We-can-do-it«-Gefühl ist eine beflügelnde Kraft nach dem Startschuss.
– Erst in der folgenden **dritten Phase** der Differenz und Gegenseitigkeit treten allmählich die Unterschiede, aber dann mit umso größerer Wucht in das Blickfeld. Das Erkennen des ande-ren in seiner Unterschiedlichkeit wird durch das Zusammenleben forciert. Jetzt in der räumli-chen und zeitlichen Dichte gewinnt die Gestalt des jeweils anderen an Kontur und prägnanter Schärfe. Das Beispiel des Polaroid-Bildes mit seinem allmählichen Auftauchen von Umrissen und Farben aus einem milchigen Grund gibt eine Anschauung von diesem langsamen und ein-drucksvollen Prozess des wechselseitigen Sichtbarwerdens. Sie beginnen den anderen mit ande-ren Augen zu sehen. Biblisch gesprochen essen die beiden vom Baum der Erkenntnis. Mit dem immer dichter werdenden Bild vom anderen werden sie nicht nur füreinander unterscheidbar, sondern sie lernen auch den »Schatten« des anderen kennen. Die Wahrnehmung der dunklen Seite, die Mann/Frau sich so nie an der Seite gewünscht hat und die jetzt umso unerwarteter und heftiger trifft, leitet den schmerzhaften Prozess der Desillusionierung und Enttäuschung ein.

423   – Mit dem Bewusstsein der Differenz stoßen wir an das anthropologische Grundproblem, dass es mit der menschlichen Dehnungsfähigkeit im Hinblick auf Unterschiedsspannungen nicht so

weit her ist, wie uns optimistische und idealistische Menschen-Bilder glauben machen. Im real existierenden Zusammenleben wird den Partnern täglich immer wieder vor Augen geführt, wie fernab der andere mit seinem Alltagsverhalten, mit seinen Weltanschauungen und Vorstellungen vom »richtigen« Paar- und Familienleben der eigenen Bilder liegt. Dieses Erleben der Differenz erzeugt Spannung und kann sich bis ins Unerträgliche steigern. Wenn Unterschiede zwischen Menschen unvermeidbar zutage treten oder ihren Charme der Anfangszeit verloren haben und sich zu spannungsreichen Gegensätzen auftürmen, wird schnell offensichtlich, wie armselig es doch um die menschlichen Fähigkeiten bestellt ist, Differenzspannungen auszuhalten. Ganz im Gegenteil beginnt jetzt der mächtige Versuch, die unerträgliche Differenz aus der Welt zu schaffen. Die Arbeit am anderen beginnt. Er wird für den Unterschied und unser Leiden an der Differenz verantwortlich gemacht und insofern erscheint es folgerichtig, ihn an unsere Bedürfnisse anzupassen. Für gewöhnlich reagieren Menschen auf derartige Adaptionsversuche mit Abwehr. Aber die Beeinflussungsversuche sind nicht einseitig. Auch die andere Seite setzt ihre alltäglichen Erziehungsbemühungen permanent in Szene. Die Beziehung wird im schlimmsten Fall zu einem Umerziehungslager mit beidseitigen Abwehr-Reaktionen zwischen den Polen fight (Kampf) und flight (Flucht). Im letzteren Fall erscheint die Trennung als naheliegende, eine Außenbeziehung als verführerische Alternative zur ernüchternden Beziehung daheim samt dem ständigen Veränderungsfuror des anderen.

– In der **vierten Phase** der reifen Intimität, wenn sie denn erreicht wird, kommt es zu einer Entdramatisierung der Unterschiede. Mann/Frau kommen mit ihren wechselseitigen Veränderungsanstrengungen zur Ruhe. Umgekehrt nimmt die Bereitschaft zu, sich selbst weiter zu entwickeln. Die Differenzspannung ist damit gemildert und kann jetzt ausgehalten werden.

Der Beziehung wird mehr gemeinsame Zeit zuerkannt. Die Kommunikationsqualität nimmt zu. **424** Eine andere Art und Weise des Miteinanderredens im Vergleich zu den umkämpften Zeiten der Differenzphase lässt sich daran festmachen, dass sich die Partner jetzt als gereiftes Paar Dinge erzählen können, die früher in der Duell-Konstellation nicht aussprechbar gewesen waren. Die Bereitschaft zur Selbstöffnung stärkt die Nähe und Verbundenheit. Man schätzt jetzt viel mehr, was man aneinander hat und das, was man im anderen nicht hat, wird in der milden Einsicht realisiert, dass Mann/Frau eben nicht alles haben kann. Der Differenz-Stress der frühen Jahre fällt ab. Retzer bezeichnet dieses Entwicklungsstadium als »resignative Reife.« Für das Wunder der reifen Ehe ist für ihn ohnehin »… nicht entscheidend, ob man Konflikte oder Probleme löst, sondern wie man sie (wenn auch meist vergeblich) zu lösen versucht.« (*Retzer*, 2008, S. 22).

Im Abschnitt 3 wird der Versuch unternommen, mithilfe eines Acht-Ebenen-Modells das diffuse **425** Phänomen Stress in Partnerschaft und Familie inhaltlich zu konkretisieren und greifbar zumachen. Was stresst? Wo lässt er sich inhaltlich in Partnerschaft und Familie lokalisieren? Das Modell der acht Ebenen hat die Funktion einer Landkarte, um im konkreten Fall Annahmen bilden zu können, wo der Stress »sitzt« und aus welchen inhaltlichen Konfliktlagen er sich zusammensetzt.

4. Stress und die Folgen für die Partnerschaft

Der Verlauf von Partnerschaften mit chronischem Alltagsstress ist prognostisch sehr viel ungünstiger **426** als bei Paaren mit einem relativ niedrigen Stressniveau bzw. zeitlich begrenzten Stress-Stoßzeiten. Im Folgenden werden drei Kanäle, über die Stress in die Partnerschaft einfließt, kurz beschrieben. Es sind dies, die im Stress schwindende gemeinsame Partner-Zeit, die Verschlechterung der Paar-Kommunikation in stressigen Zeiten und die stressbedingte körperlich-seelische Erschöpfung, die sich im schlimmsten Fall als (chronische) Krankheit manifestiert.

Diese drei Kanäle sind nicht nur relevant im Hinblick auf zusammenlebende (Eltern) Paare, sondern **427** ihnen kommt im Trennungsprozess eine gesteigerte Bedeutung zu.

a) Schwindende gemeinsame Zeit

428 »Ehepaare sind nur glücklich, wenn einer nie Zeit hat.« Der Ausspruch stammt von Loriot, bekannt für seinen Kenntnisreichtum, was das (Un-) Glück zu Zweit angeht. Auch der englische Humor kennt, wie der folgende Witz zeigt die richtige Dosis gemeinsam verbrachter Partner-Zeit als Erfolgsgeheimnis langer glücklicher Ehen.

429   »Some people ask the secret of our long happy marriage.

We take time to go to a restaurant two times a week.

A little candle light dinner, soft music and dancing.

Edda goes Tuesdays, I go Fridays.«

430 Die Wissenschaft und die Praxis der Beratung sieht das Phänomen der fehlenden gemeinsamen Zeit von Paaren viel humorloser. Die im Stress versickernde gemeinsame Zeit wird als bedeutsamer Risikofaktor für die Partnerschaftsqualität und -zufriedenheit gewertet. Für den Psychoanalytiker *Lukas Moeller* ist die allmählich schwindende gemeinsame (Rede-) Zeit der Partner der schleichende Anfang des drohenden Endes. Er legt den Finger in die Zeit-Wunde der deutschen Paar-Verhältnisse, wenn sie in die Jahre kommen. »Ein deutsches Paar spricht heute nur noch zwei Minuten am Tag über persönliche Dinge. Das reicht für eine intakte Beziehung nicht aus.« (*Moeller* FR 2000).

431 Das ist natürlich nicht immer so im Leben von Paaren gewesen. Wenn man sich ihre Entwicklungsgeschichte/n anhört, so ist der Mythos vom Beginn der Partnerschaft (fast) immer geprägt durch die Erinnerung an unendlich viel gemeinsame Zeit. Amor hat ganz offensichtlich, wenn er mit seinem Pfeil einen Treffer landet, auch ein großes Füllhorn, aus dem er großzügig Zeit über die Liebenden schüttet – gemeinsam verbrachte Zeit unter vier Augen, am Handy oder via Internet. »Wir haben uns am Anfang gar nicht so oft gesehen, aber wir haben jeden Tag zwei Stunden telefoniert. Wir hatten irre Telefonrechnungen, damals gab?s noch keine Flatrate«, so Herr T. im Rückblick auf die Anfänge seiner Beziehung mit seiner späteren Ehefrau. Jedem Anfang wohnt offensichtlich auch der Zauber der Worte inne, die in großen Mengen auf unterschiedlichen Wegen ausgetauscht werden. Was die Gründe für den darauf (meist) folgenden Niedergang der gemeinsamen Partner-Zeit angeht, wird seit jeher der **Vergänglichkeit** der Liebe das Wort geredet. Der Mythos der Liebe, was ihr Entstehen angeht, findet seine logische Entsprechung in einem nicht minder rätselhaften Endzeit-Mythos, wenn sie »vergänglich« wird. Sie wird im mythologischen Allgemeinverständnis – wenn nicht die Schuldfrage die Sachlage eindeutig zuungunsten der Gegenseite klärt – zu einem merkwürdig flüchtigen Auslaufmodell. Soweit der poetische Blick auf die vergängliche Liebe, die so überraschend kommt wie sie vergeht.

432 Die Stress-Hypothese ist da um einiges handfester, was das Vergehen der Liebe angeht. Die Diagnose ist eindeutig. Stress ist ein Liebes-Killer. Der Alltagsstress in Beruf und Familie tötet die gemeinsame Partner-Zeit. Unter Stress und dem daraus resultierenden Zeitdruck wird Zeit ein knappes Gut. Sie wird einem strengen Zeit-Verteilungsregime unterworfen. Das Unwichtige wird aufgeschoben, vertagt oder gar ganz von der Prioritätenliste gestrichen. Die Aufmerksamkeit richtet sich auf das Wichtigste und im Ranking des Wesentlichen stehen Partnerschaft und Familie in Konkurrenz zur Erwerbsarbeit ganz häufig nicht on the top. Der Preis dafür ist heiß. Wo gemeinsame Partner-Zeit fehlt, kommen ...«affektiver Austausch, Selbstöffnung und befriedigende Sexualität ...« zu kurz (*Bodenmann/Cina*, 2000, S. 130). Eine Negativatmosphäre macht sich breit.

433 *Lukas Moeller* setzte folgerichtig auf die Karte »mehr Zeit zum Reden«. Um dem Schweigen der Paare entgegenzuwirken, versuchte er das »Zwiegespräch« als Kommunikationsform wiederzubeleben. *Moeller* wusste, wovon er sprach, denn er hatte das Zwiegespräch im Selbstversuch erprobt. »Eigentlich habe ich es für mich und meine Frau entwickelt. Aber jetzt profitieren auch andere davon.« (*Moeller* FR 2000). Sein Reanimierungsprogramm für »zeit-lose« Paare wirkt auf den ersten Blick recht simpel. Es sieht vor, dass sich ein Paar mindestens einmal pro Woche für eineinhalb Stunden zu einem ungestörten Gespräch zusammensetzt. Beide Partner beschäftigen sich dann mit

der Frage: »Was beschäftigt mich zur Zeit am stärksten?« Jeder erhält Zeit zum Erzählen. Die Gespräche zielen auf die Stärkung jener menschlichen Fähigkeit, die im Konflikt und in der schweigenden Entfremdung am schnellsten untergeht, das Einfühlungsvermögen (Empathie). Die Regelmäßigkeit der Zwiegespräche, und der damit verbundene Übungs- und Ritualisierungscharakter machen ihren Erfolg aus.

Die Paar-Beratung, also Paar-Gespräche, die durch einen professionellen Dritten moderiert werden, kann ebenfalls eine unterstützende Wirkung für Paare haben, den abgerissenen Gesprächsfaden wieder aufzunehmen. Sie scheint das Mittel der Wahl, wenn das direkte Miteinanderreden so spannungsgeladen geworden ist, dass Zwiegespräche beide überfordern. Eine Übersetzungshilfe ist vonnöten. Wie beim Zwiegespräch ist auch hier Voraussetzung, dass eine beiderseitige Dialog-Bereitschaft (noch) vorhanden ist, sei es »aus Liebe« oder aus Nützlichkeitserwägungen wie der Einsicht in die unvermeidliche Notwendigkeit gemeinsamer Gespräche als Eltern zugunsten der Kinder. | 434

Immer häufiger kommen die Anstöße, den (Eltern-) Dialog wieder aufzunehmen von außen, wenn z.B. »mächtige Dritte« trotz einer bereits zugespitzten Konfliktlage noch Zeichen von Hoffnung erkennen, dass mit entsprechender Unterstützung Paargespräche zumindest einen Versuch Wert sind. Herr K., der nur aufgrund des freundlichen, aber bestimmten Drucks seitens einer Familienrichterin zusammen mit seiner Partnerin in die Beratung gekommen war, erweist sich recht bald als durchaus interessierter Teilnehmer an den Gesprächen. »Ich erfahre hier Dinge von ihr, die ich noch nie gehört habe.« Auch Paar-Beratung ist eben Paar-Zeit und im besten Fall ist sie ein Auftakt für in Eigenregie geführte Zwiegespräche. Mit dem FamFG § 156 Abs. 1 erhält der Anschub von gerichtlicher Seite, Eltern wieder ins Gespräch zu bringen, durch die Möglichkeit der Anordnung von Beratung, eine neue Qualität. | 435

b) Verschlechterung der Kommunikationsqualität

Die einzelne Widrigkeit des Alltags ist banal. Die Verdichtung vieler dieser kleinen Störfälle ist das Problem. Es ist das sprichwörtliche Fass, das irgendwann durch einen Tropfen, also ein auslösendes Mini-Ereignis zum Überlaufen gebracht wird. In der Kumulation der alltäglichen Mikro-Stress-Momente kommt es zu Spontan-Entladungen, Ausrastern, die ihrerseits bei entsprechender Häufung zu einer eigenen überaus risikoreichen Stressvariable für das Zusammenleben werden. | 436

Wenn die Anzahl der Explosionen immer mehr zunimmt und die Konflikt-Amplituden in die Höhe schnellen, dann wird dies zu einer drastischen zusätzlichen Belastung für die Beziehung. | 437

Entgegen der Hoffnung der Beteiligten, dass mit der Trennung alles besser wird, Ruhe einkehrt und der Stress aufhört, tritt nicht selten das Gegenteil ein. Der Stress nimmt angesichts der jetzt mit Wucht hereinbrechenden normalen Trennungsstürme noch zu. Im schlimmsten Fall kommt es zu einer Entfesselung der destruktiven Kräfte. In einem andauernden Elternkrieg, der um jeden Preis geführt wird, verbindet sich dann der chronisch hoch bleibende Trennungsstress mit dem »normalen« Alltagsstress des neuen Eigenlebens zu einer gefährlichen Substanz. | 438

c) Körperliche und seelische Erschöpfung – das erschöpfte Selbst und das belastete Paar

Der Stress im Verein mit Zeitdruck macht sich häufig in allumfassenden unklaren Erschöpfungsäußerungen Luft. »Ich kann nicht mehr, es ist mir alles zu viel. Es wächst mir alles über den Kopf.« Solche sprachlichen Äußerungen sind nur ein Teil von heftigen »allergischen Reaktionen«, die anzeigen (sollen), dass das Maß des Erträglichen für den Betreffenden eigentlich voll ist. | 439

Stressbedingte Probleme wie nachlassende Leistungsfähigkeit, Schlafstörungen, Schmerzempfindungen, Lustlosigkeit und depressive Verstimmungen beeinträchtigen dann als sekundäre Problematik die Beziehung. Das erschöpfte Selbst ist, wenn die Nerven blank liegen, nicht nur anfälliger für aggressive Übergriffe nach außen, sondern auch für Krankheiten. | 440

441   Wenn der Stress des Einzelnen – aufgrund der fehlenden Zeit – nicht mehr besprechbar ist, die Zeit
        für Self-Care (Selbstsorge) durch Entspannung und körperliche Aktivitäten (Sport) zu kurz kommt
        und so negative Energien nicht mehr »ausgeleitet« werden, sondern als gefährliche »Giftstoffe« im
        Körper zurückbleiben, nimmt die Wahrscheinlichkeit von chronischen Erkrankungen zu.

442   Eine schwerwiegende Erkrankung eines Partners ist auch für den anderen mit erheblichen zusätz-
        lichen Belastungen verbunden. So wie man mehr oder weniger schnell in den Sog. des gestressten
        Partners gerät, so kommt es auch im individuellen Krankheitsfall zu sozialen Folgewirkungen. Man
        ist – das lehrt eine systemische Betrachtungsweise – eben nicht nur alleine krank. Frühere gemein-
        same Aktivitäten, Arbeitsteilungen und das alte Gleichgewicht zwischen den Partnern werden durch
        die Krankheit eines Partners infrage gestellt. Ein solches Ungleichgewicht infolge Krankheit birgt
        nicht nur die Chance, das Leben neu zu schätzen und zu gewichten, sondern auch viele Risiken. Die
        Überforderung dessen, der die Last des anderen mitträgt, Flucht in die Krankheit und Ausnützen
        der inferioren Position, Bedrohung mit Suizid, Abwertung und Geringschätzung des schwächeren
        Teils seien als Beispiele genannt.

5. Zusammenfassung

443   Mit diesem Kapitel wurde der Versuch unternommen, Stress in Partnerschaft und Familie als zent-
        rale Hypothese im Zusammenhang mit Trennung und Scheidung einzuführen. Ziel war es, ihn in
        seiner Entstehung, Entwicklung und in seinen Folgen transparent zu machen und ihm damit seine
        Aura des Unklaren und Diffusen zu nehmen. Im unten stehenden Modell sind die beschriebenen
        Zusammenhänge von Stress und Partnerschaftsqualität noch einmal schematisch dargestellt.

444   Im günstigsten Fall, sprich bei jenen Paaren, die noch Hoffnung auf eine Verbesserung der Partner-
        schaftsqualität haben, kann so aus einem unlösbaren mächtigen Problem-Ungetüm eine angehbare
        Aufgabe werden.

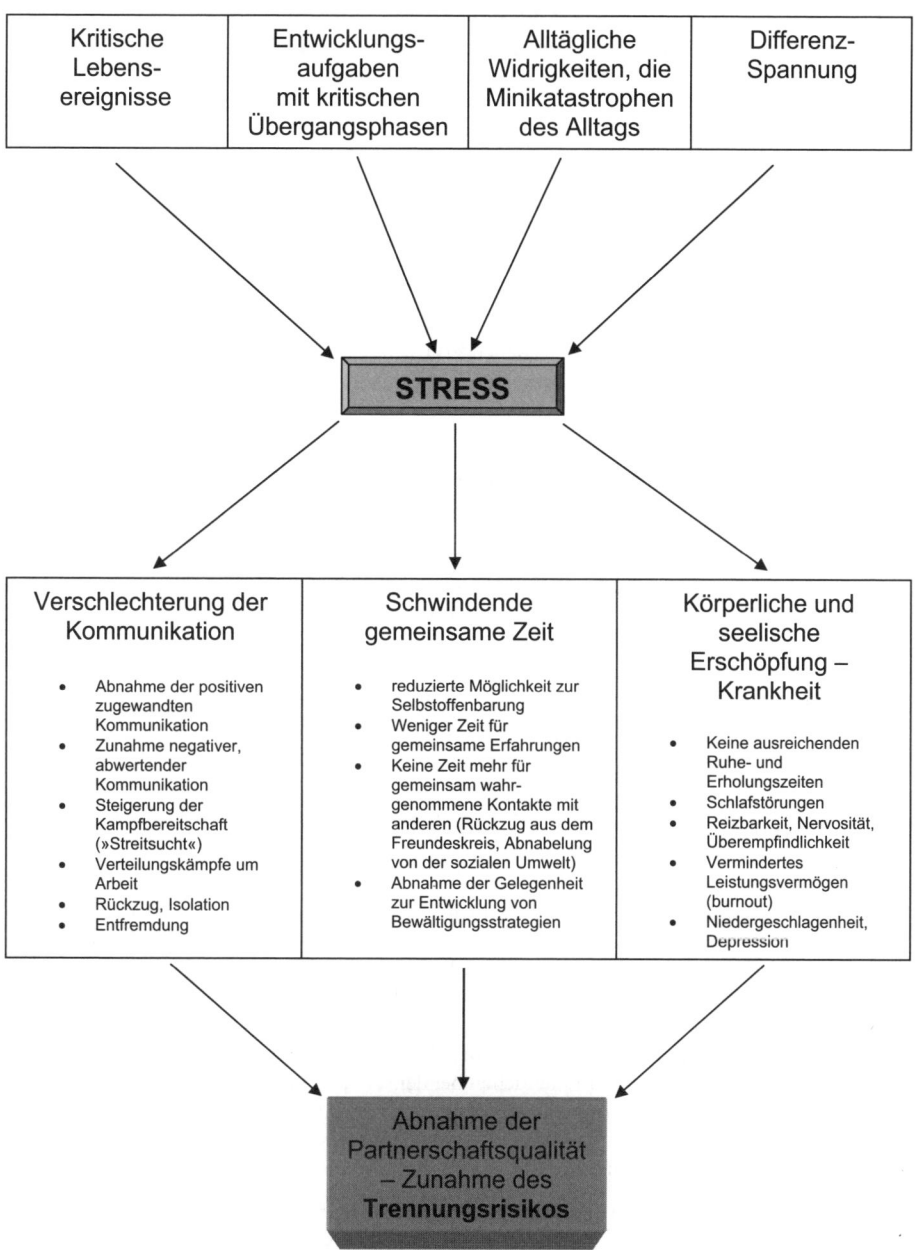

ildung 3: Zusammenhang von Stress und Partnerschaftsqualität

III. Die Aufgabenvielfalt in Partnerschaft und Familie – ein Modell mit acht Ebenen zum inhaltlichen Verständnis der Komplexität vor, in und nach der Trennung

1. Überblick

445 Mit der Beschreibung der acht Ebenen zur Wahrnehmung von Paaren sind zwei Absichten verbunden. Zum einen soll die inhaltliche Vielfalt an Aufgaben, die Paare erwarten, vor Augen geführt werden (Inhaltsebene). Zum anderen werden die Spannungen anschaulich, die sich aus unterschiedlichen Vorstellungen und der Differenz im gelebten Partnerschafts- und Familien-Alltag ergeben (Beziehungsebene). Mithilfe der acht Ebenen wird das Lesen-Können von familiären Stress- und Trennungsgeschichten um die Dimension einer kulturellen Differenzspannung zwischen den Partnern erweitert. Neben einer konflikttheoretischen Erklärung ermöglicht diese Perspektive aber auch eine Würdigung der einvernehmlichen Gemeinsamkeiten und Erfolge von (Eltern-) Paaren auf dem Weg zu mehr Verständigung über bestehende Unterschiede.

2. Dichte Beschreibungen zweier Familiengeschichten – beispielhaft für viele stehend

446 Die beiden vorgestellten Geschichten zweier Paare aus unterschiedlichen Milieus sind das Ergebnis einer Puzzle-Arbeit, wie sie typisch ist für einen längeren Beratungsprozess. Es entsteht ein dichtes Bild des täglichen Paar-Lebens mit all seinen Niederungen und Widersprüchen. Dazu gehören aber meist auch die romantischen Anfangsmythen und die hehren Wünsche, Fantasien und Konzepte. Die idealen Bilder von Partnerschaft und Familie schimmern immer wieder in den (Problem-) Geschichten und durch die aufgeführten Kämpfe hindurch. Gleichzeitig sind sie es, die großen Ideale, die durch ihren (unerbittlichen) Anspruch auf Erfüllung einen großen Anteil an der Kampf- und Leidensgeschichte haben.

a) Das Ehepaar S. – ein aus allen Nähten platzendes Berufsleben, ein anspruchsvolles Familienleben ... und eine Insel zum Reden

447 Frau S., 42 Jahre und ihr Mann 44 Jahre alt, kennen sich seit 20 Jahren und sind seit 16 Jahren miteinander verheiratet. Herr S. absolvierte ein Ingenieursstudium und widmete sich mit viel Ehrgeiz und Engagement seiner Karriere. Beide waren sich früh über eine klassische Rollenverteilung einig. Herr S. war für die Erwirtschaftung des Einkommens allein zuständig. Frau S., aus gutem Hause hatte ihr Elternhaus in die Ehe mit eingebracht. Die Versorgung und Pflege von Haus und Garten liegen ihr und mit der Geburt der vier Kinder war ihre Zukunft als Hausfrau und Mutter für sie klar. Sie hat – wie ihr Mann sagt – ein Händchen bei der Gestaltung des Zuhauses. Eine Rückkehr in ihren handwerklichen Beruf war für sie nie mehr ein Thema gewesen. Er dagegen war die Jahre über »für den Beruf viel draußen unterwegs«, das Gegenteil eines Haus-Mannes. Das Haus bedeutete für ihn in erster Linie Refugium und Ort der Regeneration jenseits der brodelnden Berufswelt.

448 2003 machte Herr S. einen großen Sprung auf der Karriereleiter. Er wurde zusammen mit einem anderen Mann mit der Geschäftsführung betraut. Die beiden Geschäftsführer verstehen sich gut und führen eine zeitintensive »Berufsehe«. Die Geschäfte entwickeln sich glänzend mit einer jährlichen Verdopplung des Umsatzes, was dazu führt, dass die Zahl der Mitarbeiter rapide zunimmt. Innerhalb von 4 Jahren wächst der Betrieb von 10 auf 51 Mitarbeiter an. Die Aufgabe nimmt ihn bis heute »mit durchschnittlich 65 Wochenstunden voll und ganz« in Anspruch. »Nebenher« nimmt er noch private Aufträge an, die er am Wochenende abwickelt. »Aus finanziellen Gründen kann ich die nicht liegen lassen.« Man hatte neben der Renovierung des eigenen Hauses eine größere Immobilie als Vermietungsobjekt gekauft. Auch dessen Verwaltung und Betreuung »frisst mehr Zeit als wir ursprünglich angenommen haben.«

Frau S. schildert eine Tischszene aus der Zeit, in der die Arbeitsbelastung ihres Mannes hoch-   449
schnellte. Er habe am Abendtisch versucht, ihr etwas aus der Arbeit zu erzählen. Sie habe ihm auch
zuhören wollen, »weil mich das schon interessiert hat, was bei ihm in der Arbeit los ist, aber da
kabbelten sich zwei der Kinder und ein anderes wollte auch noch was loswerden. Mein Mann hat
dann nur so genickt und noch was gesagt.« Im Rückblick deutet sie sein Verhalten als Ausdruck von
Resignation. Frau S. kümmerte sich zwar überwiegend um die Kinder. Sie sah dies in erster Linie als
ihren Part. Am Wochenende forderte sie ihn dennoch zu mehr Einsatz als Vater auf, was ihm jedoch
immer wieder zu viel war. »Mir gingen die Kinder oft auf die Nerven. Ich wollte meine Ruhe. Und
dann war da auch noch das Haus und was da so alles dranhängt: da ist mal die Dachrinne verstopft,
die Garagentür quietscht oder mit dem Hund ist was ...«

2005 lernt Herr S. eine Frau kennen, die sich sehr für ihn und seinen Beruf interessiert. Sie ist selbst   450
ist in einer Personalberatung tätig. Ein Verhältnis beginnt. Er hält dies geheim und führt ein Dop-
pelleben. 2007 wächst ihm alles über den Kopf. »Das Lügen zehrte.« Herr S. hatte einen Nervenzu-
sammenbruch. Seine Frau erfuhr jetzt in einem Geständnis von seinem Verhältnis. Nach zahlreichen
Gesprächen und mittels einer Schlichtung durch seinen Vater versprach er seiner Frau, für die Familie den Kontakt zu seiner Freundin abzubrechen. Der Vorsatz war nur von kurzer Dauer. Er ließ
die Beziehung zu der Freundin wieder aufleben. Seine Frau entdeckte bald die erneuten Kontakte.
Obwohl sie sehr gekränkt ist, will sie an der Beziehung festhalten und ihn zur Umkehr bewegen. Sie
macht sich auch große Sorgen um ihn, »dass er sich bei all der Überforderung was antun oder einen
Herzinfarkt bekommen könnte«. Sie hofft darauf, dass »er nicht alles wegwirft«.

Ende 2006 zog er aus und mit der Freundin zusammen. In der Trennungsberatung wird deutlich,   451
dass der Hauptgrund für die neue Beziehung das ungestörte Reden und die Anerkennung in Form
des Zuhörens ist. Die Beziehung hat für ihn die Bedeutung einer ruhigen Insel in einem tosenden
Meer. Auf der Insel ist er abgeschirmt von den Alltagsanforderungen der Familie. Sexuelle Interessen spielen keine Rolle für diese Außenbeziehung. »Wir hatten immer eine gute Sexualität,« erklären beide übereinstimmend. Die Kinder stellen den Vater zur Rede wegen der Geschichte mit der
»blöden Tussi«. Seine Tochter beschimpft ihn. Mehrere alte Freunde wenden sich von ihm ab, was
ihn aber nicht sonderlich beeindruckt. Weitaus bedrohlicher ist die Parteinahme seiner Eltern für
die Position seiner Frau.

b) Das Ehepaar R. – der gute Montag und der Rest der Woche im Funktions-
modus

Herr R. ist 45 Jahre alt, seine Frau 2 Jahre jünger. Herr R. ist als Koch an 6 Tagen tätig mit Arbeits-   452
zeiten, die von 15.30 bis weit in die Nacht hinein reichen und auch das Wochenende okkupieren.
Er hat ausschließlich Spätdienst. »Wenn ich so gegen 24.00 heimkomme, versuche ich nicht zu stören. Ich komme kurz ins Schlafzimmer und gebe ihr einen Kuss.« Frau R.: »Ich schlafe sicher und
fest.« Herr R.: »Ich selbst kann noch nicht einschlafen und gehe dann meistens ins Wohnzimmer,
was lesen oder fernsehen. Vor 2 Uhr kann ich nie schlafen.« Frau R., die von Dienstag bis Samstag
von 8.00 bis 15.00 am Flughafen arbeitet, steht um 6.00 auf.

Herr R. ist in der Früh für die Betreuung der 8-jährigen Tochter zuständig, nachmittags die Mutter.   453
Dienstag bis Freitag erfolgt die Übergabe der Tochter in einer U-Bahn-Station. Frau R.: »Wir haben
keine gemeinsamen Mahlzeiten mehr.«

Der Montag ist sein einziger freier Tag und der einzige Tag in der Woche, an dem sie etwas gemein-   454
sam machen. In den Wintermonaten haben sie am Vormittag einen Sauna-Besuch als festes Ritual.
»Da sind wir unter lauter alten Leuten. Früher sind wir miteinander ins Kino gegangen.«

Herr R. hatte sich zu einer Beratung gemeldet, weil er Angst vor einer Trennung hatte. Seine Frau   455
findet seinen Alkoholkonsum bedenklich und ist seine jahrelangen tatenlosen Klagen über seine
Arbeitsmisere leid. Die Situation am Arbeitsplatz ist nicht nur wegen der Arbeitszeiten schwierig.

Er findet die dominante Art der Chefin, »die immer Recht hat«, unerträglich. Über sein Alkohol-problem sagt Herr R.: »Ich bin ein Alleine-Trinker.«

456   Herr R. wirkt sehr niedergeschlagen. Frau R. klagt darüber, dass er seit längerer Zeit antriebslos sei und zu Hause nichts mehr mache. Früher habe er z. B. regelmäßig gekocht. »Jetzt ist er wie Ge-müse«, so ist – entlehnt aus dem französischen come une legume – die Sprachregelung für seinen apathischen Zustand. Herr R. macht sich Sorgen um die Zukunft seines älteren Sohnes, der gerade bei der Bundeswehr ist. Er hat Angst vor einem sozialen Absturz, dass es so kommen könnte wie bei seinem jüngeren Bruder, der seit vielen Jahren arbeitslos ist.

457   Was in der gemeinsamen Beratung als deutliche Entfremdung zu beobachten ist, hatte einmal als große Nähe angefangen. Die beiden hatten sich in Lyon kennengelernt. Sie war aus der Enge ihrer Familie in eine Opair-Stelle nach Lyon geflüchtet und er, der mexikanische Mann mit der beein-druckenden Vita eines Straßenkindes, das sich früh allein hatte durchschlagen müssen, hatte es nach seiner Flucht nach Europa ohne formale Ausbildung zum Koch in einem gehobenen Restaurant in Lyon gebracht. Frau und Herr R., zwei »Flüchtlingskinder«, die sich glücklich gefunden hatten. Die ökonomische Situation ermöglichte ein sorgenfreies Leben in Lyon. Der starke Mythos des Anfangs hatte den beiden später über eine Reihe von kritischen Lebensereignissen hinweg geholfen. Die Fa-miliengründung mit der Geburt der Tochter war Anlass zum gemeinsamen Umzug nach Frankfurt. Frau R. wollte zurück. Er wäre gern in Frankreich geblieben. Ohne die formalen Ausbildungspapiere stand Herr R. hier vor einem schwierigen Neuanfang in prekären Arbeitsverhältnissen. Man wohnte, »weil es finanziell eng war«, bei der Familie von Frau R. »Mein Vater hat gesagt, kommt her, aber meine Mutter hat uns dann das Leben schwer gemacht. Sie hat meinen Mann abgelehnt. Ich hab aber zu ihm gestanden und wir sind dann bald ausgezogen. Ich hab trotz der beiden Großen zu arbeiten angefangen. Dann konnten wir uns eine eigene Wohnung leisten.«

458   Die gesamte Situation hatte sich im Laufe der Jahre zu einem Problemberg für Herrn R. aufgetürmt, unter dessen Last er offensichtlich in die Knie zu gehen drohte.

459   Seine Niedergeschlagenheit mündet immer wieder in der Frage: Was mache ich falsch? Seine Angst vor einer Trennung war überdeutlich. »Eine Trennung wäre das Ende für mich.«

460   Die von den Menschen erzählten (Trennungs-) Geschichten, wie sie das Leben so schreibt, sind Kompositionen mit Elementen aus den unterschiedlichsten Bereichen. Geldsorgen, »faule« Haus-männern, guter, schlechter, gar kein Sex, Eifersucht und Affären, »böse« Schwiegermütter, Sorgen-kinder, Kindersorgen und natürlich Arbeit, Arbeit, immer wieder Arbeit ... ein thematisches Sam-melsurium aus dem »richtigen Leben«. Übersicht tut Not für alle unmittelbar Beteiligten, nicht zuletzt aber auch für diejenigen, die damit beauftragt werden, die Familien- und Trennungsge-schichte zu sichten und die Auseinanderdriftenden (wieder) ins Gespräch über dringend klärungs-bedürftige Themen zu bringen. Im Folgenden wird ein Versuch vorgestellt, die real existierende Vielfalt von Inhalten, die sich in den (Trennungs-) Geschichten zusammenballen, zu ordnen. Es ist also die Inhaltsebene, die hier im Blickpunkt steht, wohl wissend, dass die Inhalte von Konflikten (nur) austauschbare Vehikel in einem lebhaften Beziehungsverkehr sind.

3. Das Acht-Ebenen-Modell und seine Funktionen

461   Das dargestellte Modell mit seinen acht Ebenen soll zwei Aufgaben erfüllen:

a) Die Wahrnehmung der Komplexität von Partnerschaft und Familie

462   Das Acht-Ebenen-Modell soll den Blick schärfen für jenes unerwartete Riesenpaket, das vor keiner (jungen) Familie haltmacht. Sein Inhalt besteht aus einer verwirrenden Vielzahl an Rollen und Auf-gaben. Die Familie wird in dieser Perspektive durchaus kritisch als Hochleistungszentrum beschrie-ben mit der ständigen Gefahr der Überforderung einzelner Familienmitglieder und der Überlastung des Gesamt-Systems.

Mit seiner Hilfe soll die im öffentlichen Diskurs und von Paaren selbst weitgehend ausgeblendete   463
Fülle an Themen und Aufgaben anschaulich werden, der sich die Partner nicht entziehen können,
wenn das Projekt Familie mehr sein soll als eine kurzfristige Lebensabschnittsepisode. Familie wird
als Ort einer Aufgaben-Komplexität verstanden, wie sie von keiner anderen Gesellungsform erreicht
wird. Organisationen erscheinen im Vergleich zum vielfältigen Aufgabenprofil der Familie »einfach«
strukturiert. Familie ist somit ein überaus anspruchsvoller Erfüllungsort für die vielfältigen Bedürfnisse seiner Mitglieder. Sie ist aufgeladen mit hochfliegenden Wunsch-Fantasien und Plänen vom
lebenslangen Zweier- und Familien-Glück. Und gleichzeitig oder daraus resultierend wird sie zuge-
pflastert mit handfesten Verhaltenserwartungen an den jeweils anderen – ebenfalls lebenslänglich,
nur moduliert durch eine entwicklungsbedingt sich verändernde Erwartungslage.

b) Orientierung für Paare und professionelle Akteure

Das vorgestellte Modell kann als eine Art Landkarte dienen für diejenigen, die allein und paarweise   464
im »verrückten Labyrinth« Familie die Orientierung verloren haben. Auch den Trennungs- und
Scheidungsprofessionen steht für ihre Arbeit mit Trennungsfamilien und ihrer Vielfältigkeit von
Konflikten die Orientierungsfunktion des Modells offen. Es kann helfen bei der inhaltlichen In-
ventur der verschiedenen Konflikte, bei der Identifizierung von »Gegenden«, in denen der Konflikt
besonders gewütet hat in Abgrenzung zu anderen »Gebieten« in der Familienlandschaft, die (bislang) auf wundersame oder auch nachvollziehbare Weise heil und unbeschädigt geblieben sind. Das
Modell der acht Ebenen dient also nicht nur der Lokalisierung und inhaltlichen Bestimmung von
Konflikten, sondern erleichtert die Entdeckung der (noch) vorhandenen inhaltlichen Ressourcen
und Stärken in Partnerschaft und Familie.

4. Das Zusammenleben als echter Prüfstein für Paare

Spätestens der Zeitpunkt des Zusammenlebens markiert eine Zäsur in der Partner-Beziehung. Wenn   465
zwei Menschen Tisch und Bett – die Toilette und das Badezimmer nicht zu vergessen – miteinander
teilen, prallen hoch komplexe Alltags- und Wertewelten aufeinander und sorgen für jede Menge
Zündstoff. Das Brodeln der Unterschiede unter der Beziehungsoberfläche beginnt. Ihr Streben
nach Nähe hat die Liebenden in einer Wohnung zusammengeführt. Zwei unterschiedliche Welten
werden zusammengelegt. Der damit zum Ausdruck gebrachte Wunsch nach Verbundenheit und
Gemeinsamkeit unter einem Dach bleibt freilich als bedeutsames Gefühl nicht allein. Dem Gemein-Sinn tritt bald der Eigen-Sinn als mindestens ebenso starke Kraft ggü. Neben dem Aufbau
des Gemeinsamen arbeiten beide beständig auch an der Abgrenzung vom anderen und dies auf vielen Baustellen. Bei allem Gemein-Sinn verteidigen sie gleichzeitig ganze Mikroterritorien gegen die
Vergemeinschaftung des Lebens.

Kaufmann, ein französischer Soziologe und akribischer Beobachter der territorialen Auseinanderset-   466
zungen von Männern und Frauen, die es paarweise miteinander versuchen, zeichnet mit seinen Beschreibungen über das konkrete Zusammenleben von Paaren ein dichtes Bild über den Kulturkampf
der Geschlechter auf engem Raum. Kaufmanns These ist radikal, indem er das paradoxe Verhältnis
von Gemein- und Eigen-Sinn auf die Spitze treibt. »Der Ehepartner bleibt immer ein Fremder, obwohl täglich an der Schaffung der Einheit gearbeitet wird.« (*Kaufmann*, 2007, S. 13)

Mit der Vergemeinschaftung des Lebens, die dann, als Vereinnahmung durch den anderen erlebt,   467
entsprechende Leiden auf jeder Seite schafft, ist eine allgemeine Überschrift geschaffen. Im Folgenden geht es darum, sich das gemeinsame Leben in seiner zusammengesetzten Form genauer
anzuschauen. Lassen sich Lebensbereiche sinnvoll voneinander abgrenzen, auf denen sich die Ver-
gemeinschaftungs- und Abgrenzungskämpfe abspielen? Wie lässt sich die allgemeine Kategorie Zusammenleben sinnvoll untergliedern?

5. Die acht Paar-Ebenen im Überblick und ihre anschließende inhaltliche Beschreibung im Einzelnen

468

Paarebenen
Mann-Frau-Ebene/ *«das (Liebes-)Paar»*
Werte-Glaubens-Sinn-Ebene/ *«das Sinn suchende Paar»*
Ästhetik-Ebene/ *«das Paar und das Schöne»*
Kontakt-Ebene/ *«das Kontakt-Paar»*
Eltern-Ebene/ *«das Eltern-Paar»*
Haushalts-Ebene/ *«das Management-Paar»*
Berufs-Ebene/ *«das Berufspaar»*
Ökonomische Ebene/ *«das Finanz-Paar»*

Abbildung 4: Die acht Paar-Ebenen

469   Die Grundstruktur bei der Beschreibung der verschiedenen Ebenen bleibt immer dieselbe. Jede Ebene ist durch bestimmte Themen und Aufgaben inhaltlich bestimmt. In jeder dieser acht vorgestellten Paar-Bereiche stoßen die »Bilder« des einen in Form von Fantasien, Wünschen, Konzepten und Vorstellungen über das »richtige« Zusammenleben als Paar und Familie auf das »falsche«, weil nicht passende Handeln des jeweils anderen. Beispiele aus dem alltäglichen Leben konkretisieren die Differenz-Spannungen zwischen den Personen mit ihren Erwartungen aneinander und den sich entwickelnden Ärger, wenn die eigenen idealen Ansprüche vom anderen durchkreuzt werden. Die Trennung als Rettungsfantasie, Notfall-Plan oder konkreter Fluchtweg scheint angesichts der spannenden Differenzen als eine immer wieder verlockende oder zwingende Alternative auf.

a) Das Liebespaar – die Mann-Frau-Ebene

470   »Manchmal träume ich von Frauen, dann fällt mir ein, dass ich Mönch bin. Und ich sage mir: Paare schlafen miteinander – und schon bald danach beginnt der Ärger.« (*Dalai Lama* in einem Interview in der Zeitschrift Vogue).

471   Das Liebespaar ist der Anfang von allem. Es konstituiert alle weiteren Bereiche, wenn das Paar sich für ein Zusammenleben entscheidet. Die Mann-Frau-Ebene ist die Fortsetzung des Liebespaares in den real existierenden Verhältnissen des gelebten Alltags.

472   Auf dieser Beschreibungsebene geht es um die Bilder vom Leben als intimem Paar und den von beiden Seiten anerkannten Überschreitungen jener Grenzen, die Menschen für gewöhnlich voneinander trennen. Die »Paarbilder« der Partner beinhalten Fantasien, Wünsche und konkrete Überlegungen zur Regelung von Distanz und Nähe. Wie viel Möglichkeit zum Rückzug wird dem anderen in diesen Bildern zugestanden und umgekehrt wie viel Eigen-Raum wird ihm ggü. beansprucht? Herr K. ein junger Mann war dabei, sich nach einem halbjährigen Zusammenleben mit seiner Partnerin aus der Beziehung zu verabschieden. Er erklärt seine Trennungsabsicht damit, dass ihm im Zusammenleben »einfach die Luft fehlt«. In einer anderen Formulierung sprach er davon, dass er »... kein eigenes Reich habe«. Es wurde schnell deutlich, dass es nicht die fehlende oder vergangene Liebe war, die in ihm den Wunsch nach einer Trennung geweckt hatte. Sein Freiheitsdrang war auch nicht dem Verlangen nach einer anderen Frau geschuldet. Ganz im Gegenteil benannte er viele Beispiele für Verbindendes, unter anderem das gemeinsame Schicksal, Kinder von geschiedenen Eltern zu sein. Dies hatte wechselseitig für viel Verständnis im Umgang mit den schwierigen Beziehungen der Eltern gesorgt. Die Lösung für das junge Paar bestand in der Folge nicht in der Trennung, sondern in der Suche nach einer größeren Wohnung, in der er auch sein eigenes Reich, einen Eigen-Raum hat. Auch Herr S., der sich angesichts des beruflichen und familiären Trubels reif für die ruhige

Rede-Insel fühlt, bringt – wenn auch wahrscheinlich zu spät – das Thema Distanz auf die Agenda der zu klärenden Paar-Fragen.

Die Balance zwischen Eigen-Sinn und Gemein-Sinn ist und bleibt eine der zentralen Schicksals-aufgaben für Paare. Im systemischen Menschenbild ist von der Spannung zwischen Autonomie und Bezogenheit auf den anderen die Rede. Wo das Autonomie-Bedürfnis zum Dauerrückzug, zur Abkapselung in einer Ego-Welt wird, ist der Konflikt genauso vorprogrammiert wie in den Fällen, wo der Gemein-Sinn überstrapaziert und ein misstrauisches Überwachungsregime gegen jegliche Kontakte außerhalb der Paarbeziehung aufgefahren wird. Die Eifersucht ist einer der großen Toten-gräber von Paarbeziehungen. 　473

Ein weiteres großes Thema der Mann-Frau-Ebene ist natürlich das der körperlichen Liebe. Die »Be-gegnung der (nackten) Körper« in der intensiven Betrachtung, in der Berührung, beim Austausch von Zärtlichkeiten und in der Sexualität, die sich im positiven Fall als einvernehmliches selbstver-ständliches (Liebes-) Spiel entwickelt, wird im (langjährigen) Beziehungsalltag für viele Paare zu einem höchst störungsanfälligen und komplizierten Unternehmen. Das eingeforderte Recht auf und die Verweigerung von Sexualität sind ein regelmäßiger Zankapfel bei fortgeschrittenen Paar-konflikten. Frau R. empört sich darüber, dass ihr passiver Gemüse-Mann zum Schauen in das Ba-dezimmer gekommen war, während sie duschte. »Mir war sein Nahekommen mit Blicken viel zu nah« und dies in einer Situation, in der die Trennung für sie eine (beinahe) beschlossene Sache war. Seine auf ihre Missbilligung folgende Reaktion: »... aber du bist doch meine Frau« brachte sie nur noch mehr auf die Palme. 　474

Ein weiteres großes Thema für Paare ist der **Umgang mit den Gefühlen** in ihrer ganzen Spannbreite von den liebevollen einerseits bis hin zu den hässlichen Regungen dem anderen ggü. andererseits. Wo diese Modulation, der spielerische Ausgleich zwischen diesen Polen zum Erliegen kommt und mächtige Hass- und Rache-Gefühle die Seele eines Einzelnen und die Beziehung beherrschen, droht die Hölle auf Erden. 　475

Das zentrale menschliche Bedürfnis nach **Anerkennung** spielt auf dieser Betrachtungsebene eine nicht minder große Rolle. Die Doppelfigur der Anerkennung als notwendige Gabe an den anderen und existenzieller Bedarf vom anderen kommt in der folgenden dichten Formulierung zum Aus-druck. »Wenn ich sehe und gesehen werde, so bin ich.« (*Winnicott*, 2006, S. 131). Eng verknüpft mit der wechselseitigen Anerkennung ist die emotionale Unterstützung und die Hilfe in Wort und Tat insb. in Zeiten, in denen einer der Partner sich in einer kritischen Lebenssituation befindet. Ich spreche von Partner-Care im Sinne eines Erlebens, dass der andere in einer schwierigen Lebenssitu-ation da ist, sich zuwendet. 　476

Wo Anerkennung versagt wird, emotionale Unterstützung unterlassen und tätiges Füreinanderein-stehen in kritischen Lebenssituationen unterbleibt, wird erheblicher Ballaststoff angesammelt, der den Untergang des kleinen Schiffchens Partnerschaft (englisch: partnership) im stürmischen Meer des Alltagslebens wahrscheinlicher macht. 　477

b) Die Werte-Glaubens-Sinn-Ebene

»Es gibt Dinge, die für uns Menschen zu groß sind: Schmerz, Einsamkeit und Tod, aber auch Schön-heit, Erhabenheit und Glück. Dafür haben wir die Religion geschaffen. Was geschieht, wenn wir sie verlieren? Jene Dinge sind dann immer noch zu groß für uns. Was uns bleibt, ist die Poesie des einzelnen Lebens. Ist sie stark genug, uns zu tragen?« (*Paul Mercier*, 2007, S. 469). 　478

Auf dieser Betrachtungsebene halten Religion und Weltanschauung Einzug in das Paar- und Fami-lienleben. Die ewigen Fragen der Menschheit kehren im kleinen Familienkosmos in vielen Variatio-nen wieder und sorgen mitunter für heftige Turbulenzen im Familien-Mobile. 　479

Frau und Herr W. wälzen seit Jahren die Frage der Taufe ihres jüngsten Sohnes als unentscheidbare Frage vor sich her. Herr W. hat als »gläubiger Atheist« – sein Vater ist Theologieprofessor – mit seinen 　480 gewichtigen Argumenten über Jahre ein Gegengewicht geschaffen zu der ihm entgegenstehenden ideologischen Übermacht im Familiensystem. Seine Ex-Frau wollte den Sohn eigentlich schon immer taufen lassen, aber das gemeinsame Sorgerecht hatte nach der Scheidung die jahrelange Pattsituation in der Glaubensfrage rechtlich stabilisiert. Die Mutter von Frau W. und Oma des Kindes ist im katholischen Milieu tief verwurzelt. Sie macht sich große Sorgen um das Seelenheil ihres Enkels. Sie befürchtet, dass er als ungetauftes Heidenkind nicht in den Himmel kommen kann und macht aus diesem Kummer keinen Hehl.

481   Das jahrelange homöostatische Gleichgewicht auf der Paarebene war in der jüngsten Zeit in eine Schieflage geraten, weil sich das (Heiden-) Kind selbst in der Tauffrage zu Wort gemeldet hatte. Es wollte getauft werden. Der Vater witterte neben dem Einfluss von 3 Jahren katholischem Religionsunterricht und dem lebenslangen Missionswerk der Schwiegermutter vor allem praktische Motive für das religiöse Outing seines Sohnes, »denen man als verantwortliche Eltern begegnen müsse«. Er sah die großen Geschenke, wie sie bei religiösen Feierlichkeiten üblich sind, als Hauptgrund für den Wunsch seines Sohnes. Frau W. sieht tiefer liegende Gründe und hat mittlerweile mit dem Pfarrer ein Taufgespräch vereinbart. Herr W. ist sauer, will aber zum Gespräch mit dem Pfarrer mitgehen. Wie die innerfamiliäre Glaubensdebatte ausgeht, ist zurzeit noch offen.

482   Das Beispiel macht deutlich, dass die großen Menschen-Bilder und Welt-Entwürfe irgendwann im Entwicklungszyklus eines Paares auftauchen. Je nach kultureller Prägung und Kontext kann dies ganz früh passieren, wenn sie als Schlüssel-Variable die Partnerwahl beeinflussen, oder später, wenn es im familiären Zusammenleben immer wieder um die ideelle Ausrichtung der konkreten Lebensführung geht. Dabei handelt es nicht um einmalige Entscheidungen, bis dass der Tod sie scheidet, sondern um einen nicht endenden Balanceakt der großen und der feinen Glaubens-Unterschiede, die Paare auszutarieren haben.

483   Wie in den anderen Bereichen auch, liegen das Glück und das Unglück dicht beieinander. Momente einer gefühlten »Einheit im Glauben« machen das Zweier-Glück aus. Aber die leidvolle Erfahrung von Unglück ist nicht weit, wenn in den Fragen vom richtigen und ewigen Leben der trennende Glaubenskrieg ausbricht. Auch ein »Platz des himmlischen Friedens« ist nicht gefeit vor blutigen Auseinandersetzungen. Der Art der Weise, wie die Unterschiede paarweise besprochen und verhandelt werden, kommt eine entscheidende Bedeutung zu, was den friedlichen oder kriegerischen Ausgang der Glaubensfrage angeht. Die Einflüsse von außen, insb. seitens der Herkunftsfamilien, spielen, wie das Beispiel zeigt, ein weitere wichtige Rolle. Dem Zutrauen oder Misstrauen seitens der Herkunftsfamilien in die Selbstorganisationskräfte des Paares kommt – nicht nur in Glaubens- und Sinnfragen – eine Schlüsselqualität in der Entwicklungsgeschichte von Paaren zu.

c) Die Ästhetikebene

484   »Die Schönheit liegt im Auge des Betrachters.« (*Goethe*)

485   »Drei Haare auf dem Kopf ist wenig, drei Haare in der Suppe ist viel.«

486   Auf dieser Betrachtungsebene stehen die unterschiedlichen ästhetischen Vorstellungen zur Diskussion. Dazu zählen auch die unterschiedlichen Konzepte zu Sauberkeit und Ordnung. Die permanent geleistete Überzeugungsarbeit bei den fortwährenden Versuchen, dem jeweils anderen das eigene Ideal der »richtigen« Tisch-, Ess- und Wohnkultur aufzudrängen, sorgt immer wieder für unvermeidlichen Ärger und chronische Gereiztheit. Die Auseinandersetzungen verwandeln dann das traute Heim immer wieder und ganz schnell in eine Kampfarena.

487   Frau R. geht es auf die Nerven, wenn ihr Mann sein Messer vor ihren Augen ableckt, um es gleich darauf wieder im gemeinsam benutzten Honigglas zu versenken. Frau S. hat die Angewohnheit, nach dem Duschen das Handtuch über einen Ständer zum Trocknen auszubreiten. Sie berichtet darüber, wie sehr es sie stört, wenn er ihr Handtuch benützt und dann auch noch das benützte nasse Handtuch einfach an einen Haken hängt, sodass es nur langsam trocknet. Um Abhilfe zu schaffen, hatte

sie sich lachsfarbene Handtücher besorgt, um damit ein für alle Mal ihre Handtücher zu kennzeichnen. Doch auch nach dem Kauf kam es immer wieder vor, dass sie ihr Handtuch nass am Haken fand, was jedes Mal erheblichen Ärger verursachte. Herr S. spielte das Handtuch-Problem zu einer Marotte seiner Frau herunter. Die Lösung des Problems sah er darin, dass »sie sich nicht so anstellen solle«. Im weiteren Verlauf wurde deutlich, dass das Tuch des Anstoßes auch als Objekt taugte, um Ärger an ihm abzulassen. In einem Gespräch bekannte Herr S., dass er das Handtuch seiner Frau »auch schon mal ganz absichtlich« benutzt habe, als er sich über sie geärgert hat.

Der Ärger über derartige Verletzungen der eigenen ästhetischen Ordnungs- und Sauberkeitsvorstellungen kann die spezielle und sehr problematische Form des Ekels annehmen. »Nichts läuft der Logik der Liebe mehr zuwider als diese widerwärtige Empfindung.« (*Kaufmann*, 2008, S. 174). Derartige kleine Ekel-Empfindungen stellen sich vor allem an den Lokalitäten ein, wo man sich besonders nahe kommt, im Badezimmer, im Bett und bei Tisch. Überraschenderweise rangieren Tischszenen, die Anstoß erregen, in der Hitliste der geäußerten kleinen Ekelempfindungen an erster Stelle. Auch eine Unterhaltung am Tisch hält nicht von der peinlich genauen Beobachtung des anderen ab. »Wenn ich ihn so essen sehe ... und die Geräusche, die er dabei macht. Er schlürft mehr als er isst ... Jeden Tag denk? ich darüber nach, warum ich mich so aufrege. Aber es gelingt mir nicht, einfach darüber hinweg zu sehen. Wenn ich ihn so essen sehe, stößt mich das ab.« Aus der Äußerung von Frau R. wird deutlich, dass nicht nur der Mangel an Zeit die gemeinsamen Mittagessen minimiert hat, sondern dass auch die persönliche Abstoßung ihren Anteil daran hat.   **488**

Zum Glück dauern die negativen Auswirkungen solcher kleinen Ekel-Szenen, solange sich Paare nicht im chronischen hoch strittigen Kampf befinden, i. d. R. nur wenige Minuten und man taucht wieder in den Strom des Alltags ein.   **489**

Die ästhetisch-kulturellen Differenzen und Gemeinsamkeiten kommen natürlich nicht nur in den Nahzonen des Alltags zum Tragen. Esskultur und Tischmanieren, der Bau und das Einrichten eines Hauses, das »schöner Wohnen«, die Körperpflege mit Haut und Haar, die Gestaltung des »Erscheinungsleibes«, Körper-Styling durch Intim-Rasur und Tätowierungen, die Art, sich zu bewegen, sich zu (ver-)kleiden, weil auch Kleider Partner machen, der Sinn für Mode und Kunst – ein Sammelsurium von Geschmackssachen, über das sich Mann/Frau mehr oder weniger einig sein oder auch trefflich streiten kann. So wie Annäherungen und Übereinstimmungen in Geschmacksfragen Glücksgefühle über das Eins-Sein auslösen können, so kann die »Geschmackssache« auch sehr einsam machen. Wenn Herr S. vorwurfsvoll klagt, dass seine Frau neuerdings »an Geschmacksverirrung leidet«, dann deutet er an, dass (auch) ein langer gemeinsamer ästhetischen Weg an Wegegabelungen geraten und auseinander laufen kann.   **490**

d) Die Kontaktebene – das Paar im Kontakt mit anderen

»Menschen sind wie Stachelschweine, sind sie zu nah, piksen sie sich, sind sie zu fern, wird es kalt.« (*Schopenhauer*)   **491**

»Das Wort »Familienbande« hat einen Beigeschmack von Wahrheit.« (*Karl Kraus*)   **492**

Mit dieser Wahrnehmungsebene werden neben der realen Praxis der gelebten Außen-Kontakte die Bilder und Vorstellungen über die Beziehungen zu den beiden Herkunftsfamilien und zu (alten) Freunden, Bekannten, Nachbarn erfasst. Diese Ebene erweist sich überaus häufig als kräftig sprudelnde Quelle von Glück und Unglück für die Paarbeziehung.   **493**

Die größte Unterstützung, aber auch die größte Gefahr für Paare geht von denen aus, die dem Paar am nächsten stehen und am aktivsten sind, wenn es darum geht, Einfluss zu nehmen: den Eltern bzw. Schwiegereltern. Nach Kaufmann sind »drei Viertel der Beziehungen neutral oder eher gut.« (*Kaufmann*, 2008, S. 149). Bei dem restlichen Viertel liegen dagegen die Beziehungsnerven blank. Jede Bewegung des Partners in Richtung seiner/ihrer Eltern wird mit großem Argwohn verfolgt. Genauso stehen auch die Schwieger-Eltern unter dem Generalverdacht, grenzüberschreitende   **494**

Annäherungs- und Okkupationsversuche im Schilde zu führen. Herr R.: »Ich bin es leid, dass meine Schwiegermutter mit ihrer Tochter in meiner Gegenwart spricht, als wäre ich Luft.« Auch Frau S. nimmt ihre Schwiegermutter aufs Korn, wenn sie ihren Mann kritisiert, dass sie ihn immer wieder auffordern müsse, dass er seiner Mutter Einhalt gebiete. »Sie behandelt mich wie eine Doofe.« Oder Frau J., die sich mehr Unabhängigkeit ihres Mannes von seiner Mutter wünschte: »Ich wollte, dass er allein steht.«

495 Die Distanzierung und Abgrenzung zum Partner und seiner Andersartigkeit in der Phase der Differenz ist oft gleichbedeutend mit einer (Wieder-) Annäherung an die eigene Herkunftsfamilie und deren Familien-Kultur. Mann/Frau erinnert sich wieder an die eigenen Wurzeln. Die Herkunftsfamilie erfährt in der Abgrenzung zum Partner oft wieder eine Aufwertung – vielleicht nach Jahren eigener kritischer Distanz.

496 Wo dicke Luft in den Beziehungen zu den Schwiegereltern herrscht, wird die gemeinsam mit ihnen zugebrachte Zeit zu einem regelmäßigen Krisenherd. Die Kontroversen rühren häufig nicht zuletzt daher, dass er oder sie im vertrauten Kreis des Herkunftsmilieus zu einem ganz anderen wird. Frau S. »Eine Zeitlang hatten wir viel Ärger, der damit zusammenhing, dass wir an jedem zweiten Wochenende zu seinen Eltern fuhren. Auf seinem Territorium war er wie verwandelt, ein ganz Fremder. Nur die Meinung seiner Mutter zählte dann und nur seine Freunde waren wichtig. Ich kam gar nicht vor.«

497 Das letzte Beispiel verweist auch auf die delikate Rolle von alten Freundschaftsbeziehungen. Frau B. hatte nach ihrem jahrelangen, beruflich bedingten Nomadenleben ihren jetzigen Mann kennengelernt und war zu ihm gezogen, wo sie niemand kannte. Herr B. war sehr bestrebt, seinen Freundeskreis für seine Frau zu öffnen. Seine Frau – so sein Plan – sollte sich mit den Frauen seiner Freunde anfreunden, doch seine Frau, obwohl grds. durchaus kontaktfreudig, wurde mit dem Freundeskreis ihres Mannes nicht warm. Außerdem hatte sie nach ihren »wilden Jahren« mit viel Weggehen ein großes Bedürfnis nach einer ruhigen Zeit daheim. Die beiden Kinder, die schnell kamen, verstärkten ihre »Nestbindung«. Ein paralleles soziales Leben hielt Einzug. Sie ist viel und gern daheim und er ist viel mit seinen Kumpels, von denen einige noch oder wieder ein Single-Leben führen, unterwegs. Sie: »Er hat seine wilde Zeit in die Familienzeit hinein verlängert.« Die Gefahr seiner Verführbarkeit zu »wilden« außerehelichen Geschichten lag für sie nahe. Er: »Wenigstens einmal in der Woche wollte ich was mit ihr unternehmen. Die Oma hätte auf die Kinder aufgepasst, aber sie wollte ja nie.«

498 Die Brisanz der Kontaktebene spiegelt sich auch in der Art und Weise, das eigene Haus für Gäste zu öffnen oder auch nicht und in dem Wunsch, andere zu besuchen.

499 Für die Partner wird eine differente Haltung zu Gastgeberschaft und Gast sein bei Besuchen ein spannendes Paar-Thema. Nicht selten kontrastiert das Bild vom eigenen Heim als Burg (»My home is my castle«), über deren Zugbrücke so leicht keiner ins Innere kommt, mit dem des »offenen Hauses«, in dem Gäste immer willkommen sind. Während es auf der Burg, in die nur handverlesene Gäste kommen, ruhig zugehen soll, herrscht im »Gasthaus« ein reges Kommen und Gehen. Treffen beide Konzepte in einer Paarbeziehung aufeinander, sind Konflikte vorprogrammiert. Während für den einen ein volles Haus Lebendigkeit bedeutet, sieht der andere mit jedem Besucher sein Refugium bedroht. Größere Invasionen in Form von Festen und Feiern gilt es frühzeitig abzuwenden.

500 Das Thema Gast-Sein und Gastgeberschaft kann für das Paar ein wiederkehrender »Glücksbringer« sein oder dafür sorgen, dass der Haussegen schief hängt, je nachdem, ob das Bedürfnis nach Außenkontakt ein einsames oder ein gemeinsames Anliegen ist?

e) Die Elternebene/»das Eltern-Paar«

501 »Das Leben der Eltern ist das Buch, in dem die Kinder lesen.« (*Aurelius Augustinus*)

502 »Ich fürchte, unsere allzu sorgfältige Erziehung liefert uns Zwergobst.« (*Georg Christoph Lichtenberg*)

Ab dem Moment, wo aus Zweien drei werden, ändert sich das (Zusammen-) Leben radikal, nicht nur was das Glück und die Müdigkeit in der kleinen Familie angeht. Es kommt unabweisbar zu tief greifenden Umwälzungen in allen Lebensbereichen. Die Karten des Paares werden mit dem Eintritt in den Familienstatus neu gemischt. Idyllische Familien-Bilder, hochfliegende Ideale vom Elternsein und Willensbekundungen über das andere Leben als kleine Familie, die im Leben zu zweit immer wieder mal auftauchten und genauso schnell vom Alltag wieder verweht wurden, geraten jetzt unter Realitätsdruck.
503

Die Familien- und Eltern-Modelle der eigenen Kindheit sind zwar noch wirkmächtig und doch tragen sie nicht mehr wegen der immensen gesellschaftlichen Veränderungen innerhalb einer Generation. Vater-Mutter-Elternpositionen müssen zwischen den tradierten Konzepten einerseits und den aktuellen Rollenerwartungen neu gefüllt werden nicht zuletzt aufgrund von Anforderungen, die die vorige Elterngeneration so nicht kannte. Ab wann sollen Kinder Zutritt zur Computer-Welt haben? Soll ein 6-Jähriger ein eigenes Handy haben, damit er am »Umgangs«-Wochenende und im gemeinsamen Urlaub mit seinem getrennt lebenden Papa für die Mama immer erreichbar ist? Ist es für einen 10-Jährigen zumutbar, an den Umgangswochenenden allein mit dem Zug durch die Republik zu fahren? Die Fragen machen klar, auch das beständige Werkeln an der Eltern-Identität ist nicht als abschließbares Projekt zu betreiben, sondern wird zu einer Art dauerndem Suchhabitus, der sich am Entwicklungsalter des Kindes entlang hangelt und außerdem noch eine Reihe spezieller Kontexte, wie z. B. die elterliche Trennung, auf dem Bildschirm haben muss.
504

Zentrale Themen und Aufgaben von Child-Care sind die Pflege und emotionale Versorgung des kleinen Kindes und seine Erziehung »zwischen Führen und Wachsen lassen« beim Größerwerden (Theodor Litt). Der Zeitgeist gibt durch dominierende Erziehungsideologien und -moden den Ausschlag des Pendels zwischen diesen beiden Polen in starkem Maß vor. Zurzeit sehen sich die Vertreter des »Wachsenlassens« und des Vertrauens in die »Selbsttätigkeit« des Kindes in die Defensive gedrängt durch die Forderung, wieder mehr zu erziehen. Vor dem Hintergrund des Zeitdilemmas vieler Eltern – keine Zeit für Kinder – aufgrund der beruflichen Anforderungen stellt sich aus dieser kritischen Sicht Erziehung als prekär dar. »Erziehungsferne Positionen üben eine starke Faszination aus. Die These von den »selbständigen« Kindern eignet sich zur Abwehr von Erziehungsaufgaben hervorragend ...« (*Ahrbeck*, 2005, Frankfurter Rundschau, 04.01.2005). Neben der häuslichen Erziehung sind Eltern an der Bildungsfront durch immer wieder zu treffende Grundsatzentscheidungen gefordert. Die Wahl des Kindergartens zwischen der KiTa um die Ecke oder dem Waldorfkindergarten am anderen Ende der Stadt, die Wahl der Schule, die Organisation der nötigen Nachhilfen und der ergänzenden außerschulischen Bildungs- und Freizeitangebote sind zum Ausdruck eines langfristigen Karriere-Planungsprogramms geworden. Elternschaft in den Zeiten eines verschärften Kampfes um die besten Start- und Entwicklungsbedingungen ist eine ambitionierte und anspruchsvolle Aufgabe, die Mütter und Väter Zeit (für die nötige innerfamiliäre Abstimmung und Termine draußen), Nerven und Geld kostet.
505

Gerade im Hinblick auf eine getrennte Elternschaft wird dieser Anspruch oft vor eine große Zerreißprobe gestellt. Die notwendige Eltern-Kooperation als günstige Rahmenbedingung auf Elternseite ist durch chronische Elternkonflikte, die auch die Trennung überdauern, stark infrage gestellt. Sie endet nicht selten in der versuchten Ausgrenzung des anderen renitenten, weil eigenwilligen Elternteils in »Kindschaftssachen«.
506

f) Haushaltsebene/»das Management-Paar«

Sie: »Partnerschaft heißt nicht, dass der Partner schafft.«
507

Er: »Partnerschaft heißt nicht, dass man den Partner schafft.« (Quelle unbekannt)

In diesem Frau-Mann-Schlagabtausch wird das Schaffen thematisiert. Ich gehe davon aus, dass sich der Wortwechsel nicht um die Erwerbsarbeit dreht, sondern um die zu leistende Arbeit in der Haushaltsgemeinschaft Familie. Die Familie als Kleinbetrieb, der geleitet, organisiert und kontrolliert sein
508

will, wenn sie nicht in eine selbst gemachte (Haus-) Wirtschaftskrise geraten will, ist in sich eine verzwickte und vielfältige Aufgabe. Das Management mit seinen Leitbildern, Konzepten, Strategien und die Ausführung des »operativen Geschäfts« (Einkauf, Wäsche, Kochen, »Haus-Ordnung«, Putzen, Verwaltung intern, Ämtergänge ...) an den unterschiedlichen Einsatzorten und Problemzonen sind eine Herausforderung. Mit Blick auf die Aufgabenfülle eines Mehrpersonen-Haushalts – zumal wenn noch außerhäusig gearbeitet wird – erscheint ein Alleingang in Sachen Haushalt als ein no-go. Wie naiv der Blick auf den »Familienbetrieb« häufig immer noch – vor allem aus Männersicht – ausfällt, geht aus dem Statement eines Mannes hervor, der in dem Film »Der entsorgte Vater« zur Sprache kommt. (*Wolfsperger*, 2009, Film) Der junge Mann, dem sein Unverständnis über das Weggehen seiner Frau noch ins Gesicht geschrieben steht, drückt seine Sicht auf die Haushaltslage wie folgt aus: »... Auf der anderen Seite haben wir auch alles gehabt, Einbauküche, Spülmaschine, Waschmaschine, Trockner. Was will die Frau eigentlich allgemein noch? Sie hat ja alles, wo ihr im Haushalt weiterhilft?« Sein Haushalts-Leitbild einer Rollenteilung, in der der Mann für die Anschaffung (und vielleicht auch) für die Wartung des häuslichen Maschinenparks verantwortlich ist, schimmert in diesem Statement durch. Über die mögliche Gegenposition und die wahrscheinliche Vehemenz, mit der die (Haus-) Frau in diversen Haushaltsdebatten z. Zt. des gemeinsamen Zusammenlebens auf die Beiträge ihres Mannes reagierte, lässt sich nur spekulieren.

509   Auch was den Kleinbetrieb Familie angeht, ist die real existierende Praxis von Paaren, wie sie den Haushalt schmeißen, mit unterschiedlichen Leit-Bildern hinterlegt. Die extremen Pole werden markiert durch das altmodische Modell der Rollenteilung – alle Macht der Frau ... im Haushalt, während ER draußen seinen Mann steht – und neumodische Vorstellungen, die zumindest auf dem Papier (einer Bundesfamilienministerin) von einer größeren Chancengleichheit bei der Realisierung des häuslichen Arbeitseinsatzes ausgeht.

510   Und wie in allen anderen Bereichen auch taucht sie natürlich auch beim Inhalt Hauswirtschaft auf, die beziehungsrelevante Frage des: WIE die unterschiedlichen Haushaltspositionen von Männern und Frauen kommuniziert oder in den alltäglichen Kämpfen in Stellung gebracht werden. Blank liegende Nerven und aufreibende Verteilungskämpfe angesichts der vielen Arbeit draußen in der Arbeitswelt und der entsprechend wenigen Zeit für das Haushalts-Paar kennzeichnen die Haushaltslage der Nation im Privaten.

511   **Die unbemerkte Hausarbeit des anderen – die kleinen Verteilungskämpfe und die großen Folgen:**

512   In Paarbeziehungen wird in einem nicht zu unterschätzenden Maß eine wechselseitige Kontrolle darüber gepflegt, ob der andere im gemeinsamen Territorium Haushalt auch wirklich genug leistet. Die Frage, wer mehr oder weniger für die Gemeinschaft leistet, spielt in den innerfamiliären Bilanzierungen keine geringe Rolle. Schnell nistet sich wechselseitig der Generalverdacht ein, dass der andere zu wenig macht, während Mann/Frau selbst doch bis an die Grenze der Belastbarkeit oder auch darüber hinaus geht. Wo sich in der Wahrnehmung der Einzelnen die Indizienlage hinsichtlich der »Faulheit« des anderen verdichtet und erhärtet, ist der Kampf um eine endlich gerechtere Verteilung der Hausarbeit unausweichlich. Diese Mutmaßung über die »Faulheit« des anderen im Gegensatz zur permanenten eigenen Höchstleistung wird begünstigt durch die berufsbedingten Wechselschichten, mit denen der Haushalt gefahren wird. Dies ist bei der Familie R. in extremer Weise der Fall. Gemeinsame Zeit zuhause und damit die Möglichkeit zur unmittelbaren Wahrnehmung des anderen als gleichzeitig tätiger Haushalts-Arbeiter oder gar die gemeinsame Erledigung von Aufgaben findet durch die Ausdehnung der außerhäusigen Erwerbsarbeit immer weniger statt. Das subjektive Gefühl, dass Geben und Nehmen aus dem Gleichgewicht geraten sind, nimmt zu. Dies erhöht die Wahrscheinlichkeit, dass durch eine einsetzende Verweigerungshaltung der sich ausgenützt Fühlenden – »immer nur ich, das seh ich nicht mehr ein!« – die Wechselseitigkeit von Geben und Nehmen wirklich gestört wird. Die kleinen Verteilungskämpfe um die alltägliche Hausarbeit und die damit verbundenen Entwertungen des Einsatzes des anderen bergen den Keim für große Schlachten in sich. Das Nicht-Sehen des fürsorglichen Handelns des anderen, das Versagen von Anerkennung für seinen Care-Beitrag gerade im emotional stark besetzten Heim schlägt oft tiefe Wunden. Die Verletzung wird dann, wenn der Bruch innerlich vollzogen ist, buchstäblich »heimgezahlt« in Form von

Acht- und Lieblosigkeit, demonstrativer Vernachlässigung, was den Zustand des Heims angeht. Es wird Rache am anderen für die versagte Anerkennung geübt. Besonders wenn das Herz des anderen daran hängt, ist das Heim als Objekt des Zorns besonders geeignet. Dies kann im letzten radikalen Schritt bis zur Plünderung und Verwüstung des ehemals gemeinsamen, inzwischen innerlich schon längst verlassenen Heims gehen.

Aus den kleinen Verteilungskämpfen ist dann ein erbitterter »Kampf um Anerkennung« (*Honneth*,   513
1994) geworden, der in Anbetracht der scheinbar blinden Wut kaum noch in seinen kleinen Anfängen und damit als ein wenn auch zerstörerischer »sinnvoller« Akt erkannt wird.

g) Berufsebene/»das Berufspaar«

»Karriere ist etwas Herrliches, aber man kann sich nicht in einer kalten Nacht an ihr wärmen.«   514
(*Marilyn Monroe*)

Unter dem Druck der Erwerbsarbeit und der familiären Aufgaben besteht die Gefahr, dass sich   515
Mann und Frau immer weiter auseinander organisieren. Wenn das Paar über Organisationsgeschick verfügt, ist es durchaus möglich, die Alltagswelt immer weiter in einen scheinbar »reibungslosen« Funktionsmodus hinein zu optimieren. Wo aber das Funktionsprinzip zur allein selig machenden Lösungsstrategie erhoben wird, besteht die Gefahr, sich »zu Tode« zu organisieren, um den Preis einer bestens organisierten Entfremdung der Partner, bis dann bei zugespitzter Eskalation nichts mehr funktioniert. Das Ehepaar R. hatte dieses Prinzip, zu funktionieren »perfektioniert«. Die U-Bahn-Station wurde zum »heimeligen« Ort der alltäglichen Familien-Meetings, während das Zusammenleben praktisch nur noch im Alleinmodus mit Kind betrieben wurde. Für Frau und Herrn S. wurde seine zeitlich ausufernde Wochenarbeitszeit (65 Stunden plus x) zum Scheidepunkt.

Früher oder später tauchen die verinnerlichten Leit-Bilder über die Bedeutung von beruflicher   516
Arbeit in der individuellen Entwicklung und damit in der Paar- und Familiengeschichte auf. Dies kann durch eine frühe Erkenntnis geschehen, dass an diesem heißen Punkt ein Diskussions- und Handlungsbedarf besteht, bevor etwas anbrennt oder in Form einer von außen aufgezwungenen Auseinandersetzung. Das Außen kann in diesem Fall mehrere Formen und Gesichter haben, sei es in der Gestalt des Hausarztes, der aufgrund heftiger Symptome auf eine Veränderung der Prioritäten drängt oder in der des Sohnes oder der Tochter, die ihr »Recht auf Umgang« einfordern. Außen könnte auch der eigene Körper sein, dessen Signale – auch ohne Arzt – unüberhörbar sind. Außen könnte auch ein Familienrichter sein, der für ein (Eltern-) Paar trotz einer Eskalation in Form eines vorliegenden Antrages auf Umgang oder bezüglich des Sorgerechts noch nicht Hopfen und Malz für das Paar verloren sieht und aufgrund seiner Lesefähigkeit von Konflikten eine Beratung anordnet, bei der neben den vordergründigen Regelungen auch noch andere Bereiche zur Sprache kommen könnten.

Wird das Thema der grundsätzlichen Bedeutung von Arbeit explizit, steht die Frage im Raum: Le-   517
ben um zu arbeiten, arbeiten um zu leben? Angekoppelt an diese philosophische Grundsatzfrage stehen eine Reihe anderer Themen, die mit ihr eng zusammenhängen, ins Haus. Da ist die Wertigkeit von Berufsarbeit im Vergleich zur Hausarbeit. Aber auch das Problem, wie die beiden ihre beruflichen Karrieren abstimmen wollen, ist klärungsbedürftig, sofern sie beide arbeiten und Kinder haben wollen. Die Frage der Erziehungszeiten wird Teil dieses Themas. Damit steht die Vereinbarkeit von Beruf und Familie, dieser prekäre Balanceakt wieder auf der Agenda. Die Themenliste wäre noch zu ergänzen um eine dritte und vierte Instanz, die da neben Familie und Arbeit immer wieder mal auch noch was Eigenes reklamieren. Die Rede ist vom Ich-allein, das seine Frei-Zeit von den Kollektiv-Veranstaltungen daheim und draußen einfordert und von der gemeinsamen Paar-Zeit. Der Untergang des Paares in der Familie und der schwierige Akt für die beiden, es wieder an die Oberfläche zu hieven angesichts der beruflichen- und familiären Gewichte an Bord, ist ein zentrales Problem, das gewissermaßen seriell nach einer intensiv gelebten Kinder- und Familienphase in der

Beratung zu beobachten ist. Der Beruf ist neben der Elternrolle die zweite große Hürde für Paare bei der Wiederbelebung.

Beruf und Partnerzeit:

518   *Lukas Moeller* bietet zwei Erklärungen für die erodierende Partner-Zeit. Zum einen stellt er fest, dass die Partner selten gesprächsreiche Elternbeziehungen hatten und durch eine von dort her rührende Sprachlosigkeit geprägt seien. Er sieht (das geht zunächst nicht anders als Psychoanalytiker) hinter dem aktuellen Partnerkonflikt also einen Mangel in der zurückliegenden Eltern-Kind-Beziehung, Eltern, die zu wenig mit ihren Kindern geredet haben. Einen zweiten Grund ortet er in der »Versachlichung des Menschen durch das Berufsleben, wo Gefühle nichts zu suchen haben, die Männer und Frauen immer weniger von sich selbst sprechen lässt.« (*Moeller* FR 2000). In der Tat ist in der Beratungspraxis zu beobachten, wie sehr die Sprache der Organisationen in die Familien-Sprache eingesickert ist und wie häufig man auf eine den (versuchten) Transfer von Management-Haltungen und »tools« trifft, was fast genauso häufig von der anderen Seite als nicht-passend zurückgewiesen wird. In aller Regel sind es die Männer/Väter, die versuchen, das aufgelaufene Familienschiff mithilfe von Werkzeugen aus der beruflichen Welt wieder flott zu bekommen und was nicht selten mit bissigen Kommentaren kommentiert wird: »Es geht um uns und nicht um deine bad bank.« So Frau B., die i. Ü. immer sehr schnippisch reagierte, wenn ihr Mann mit seinem Organizer spielte.

h) Ökonomische Ebene/»das Finanz-Paar«

519   Er: »Was wünscht du dir zu Weihnachten?« Sie: »Wenn ich ehrlich bin – die Scheidung!«

Er: »Wenn ich ehrlich bin – so viel wollte ich nicht ausgeben.«

»Geld deckt 100 Flecken zu.« (chinesisches Sprichwort)

520   Betrachtet man die ökonomische Ebene, so macht es Sinn, auch hier mit der subjektiven Wertigkeit zu beginnen, die Geld für jeden der beiden Partner hat. Ist Geld die oder (k)eine Leit-Währung im Zusammenleben? Auch diese grundsätzliche Frage wird in der Partnerschaft keinen langen Aufschub dulden. Wie immer, wenn es um grundsätzliche Bedeutungen geht, spielen die frühen Prägungen in der Herkunftsfamilie auch in puncto Geld und des Umgangs damit eine große Rolle. Was das Thema Geld und Herkunftsfamilien angeht, so geht es freilich um weit mehr als nur die ideelle Mitgift. Der Einfluss der Herkunftsfamilien bemisst sich auch in der Stärke der laufenden Finanzströme und Sonderzuwendungen. Die finanziellen Unterstützungen sind einerseits ein Segen und bergen aber auch Risiken und Nebenwirkungen in Form von Abhängigkeiten und noch unabsehbaren Rückkopplungen im Geflecht der Beziehungen. Welche Bedeutung, welchen Einfluss hat die »Oma« für die junge Familie, wenn der Aufkleber »sponsored by Oma« auf dem Auto eines Multivan-VW-Busses mehr wäre als nur ein Gag. Herr Y. jedenfalls klagt, dass der (Schwieger-) Vater und Opa den über die Jahre stetigen kleinen Zahlungsfluss für die Enkel eingestellt hat, nachdem er es als langjähriger Witwer selbst noch einmal paarweise angehen wollte. Die Irritationen auf der Paar-Ebene über das Ende des Sponsorings sind unüberhörbar.

521   Zentrale Themen, die im Zuge der Paar-Entwicklung spätestens mit dem Zusammenleben zur Klärung anstehen, sind die Kontrolle über das Einkommen und die Ausgaben. Solange die Einnahmen die Ausgaben übersteigen, ist die Dringlichkeit dieser Frage gemindert, aber spätestens, wenn einer der beiden rote Zahlen schreibt, wird das Thema über kurz oder lang sprachreif.

522   Auf alle Paare warten Verhandlungen über das passende Kontomodell. Wird es ein gemeinsames Haushaltskonto geben oder wird getrennte Kasse gemacht? Spätestens mit der Geburt des Kindes wird es schwierig mit der getrennten Kassenführung, außer wenn wie bei Familie M. die Haushaltsposten einem Verteilungsschema unterworfen werden, das erst nach langen Gerechtigkeitsdiskussionen verabschiedet wurde, aber auch nicht für die Ewigkeit gemacht ist. Wer wird die Rolle des Finanzministers übernehmen? Wird es laufen wie bei Familie B., wo sie sich ganz auf die Eltern-Ebene und die Haushalts-Ebene zurückgezogen hat und ihm als familiären Verwaltungs- und

Finanzfachmann alle weiter gehenden finanziellen Regelungen gern überlassen hat. Jetzt, wo die Trennung im Raum steht, rächt sich dieser Rückzug aus der Finanz-Welt. Und wer erst mal draußen ist, tut sich bekanntlich schwer, wieder reinzukommen und Fuß zu fassen.

Dies gilt als Grundsatz für alle Ebenen. Wissen, egal ob es das Wissen über die Kinder, ihre Ent-   523
wicklung und ihre Netzwerke ist (Elternebene), das soziale Wissen über die Geschlechter im Allgemeinen und über den eigenen Partner im Besonderen (Mann-Frau-Ebene), das Wissen, wie ein
Haushalt funktioniert (Haushaltsebene), das Know-how der Pflege von Kontakten und familiären
Netzwerken (Kontaktebene), Wissen, was draußen in der beruflichen Welt läuft (Berufsebene) und
nicht zuletzt Wissen, woher und wohin der Rubel rollt, ist Macht.

6. Die Verbundenheit der acht Ebenen in einem interagierenden Netzwerk

Wenn das Paar – und Familienleben wie geschehen aus Ordnungsgründen zergliedert wurde, um   524
der Flut der vielen schillernden Details in den erzählten Familien- und Trennungsgeschichten Herr
zu werden, so soll an dieser Stelle ihre Verbundenheit zu einem lebendigen Ganzen, das Familie ausmacht, betont werden. Die einzelnen Phänomen-Komplexe sind natürlich nicht hermetisch gegeneinander abgeriegelt, sondern sie durchdringen und beeinflussen sich wechselseitig. Wenn man am
Bild der getrennten Ebenen festhalten wollte, so mit der Ergänzung um ein verzweigtes Netz von
»unterirdischen«, weil nicht immer auf den ersten Blick erkennbaren Verbindungen zwischen ihnen.
Einige Beispiele bezogen auf den Kontext Trennung sollen dies unterstreichen.

Klassiker dieser Verknüpfungen sind bei fortgeschrittenen Konflikten die Tauschgeschäfte zwischen   525
dem Unterhalt und dem Umgang mit den Kindern. Die Verbindung von Geld und Liebe (zum
Kind) in Form von Unterhalt und Umgang stehen, so sehr dies der rechtlichen Entkopplung und
den moralischen Bedenken vieler professioneller Akteure zuwiderlaufen mag, in einer amalgami-
schen Verbindung, d. h., sie sind miteinander verschmolzen und damit quasi untrennbar im Erleben
der Menschen.

Dass eine übermächtige Interpretation der Berufsrolle zu Spannungen auf der Eltern-Ebene nach der   526
Trennung führt, liegt auf der Hand, wenn Vater aus dringenden beruflichen Gründen zum wiederholten Mal das Umgangswochenende abgesagt oder kurzfristig beschnitten hat.

Ein Beispiel für das bewusste Kappen einer »unterirdischen« Verbindung von Ebenen kann der   527
Vorsatz im Trennungskonflikt sein, die Eltern-Ebene und die Mann-Frau-Ebene auseinanderzuhal-
ten. Zum augenfälligen Problem wird die Verbindung zwischen Eltern-Ebene und der Mann-Frau-
Ebene/dem »Liebes-Paar«, wenn man es nach einer Trennung mit neuen Beziehungen und damit
einer potenziellen Stiefeltern-Konstellationen zu tun hat. Die Attraktivität eines neuen Partners
leidet erheblich und schwächt die Liebesbeziehung Mann-Frau, wenn der neue Partner/die neue
Partnerin das eigene in die neue Beziehung mitgebrachte Kind ablehnt. Wird eine solche Abweisung
als Entweder-oder-Drohung (»dein Kind oder ich«) kommuniziert oder auch nur als solche verstanden, dann führt dies häufig ganz schnell zur Entscheidung für das eigene Kind und zum Rückzug
aus der neuen Beziehung.

7. Die acht Ebenen im schematischen Überblick mit ihren Aufgaben und Themen

528

Paarebene	Aufgaben, Themen
Mann-Frau-Ebene/ *»das (Liebes-)Paar«*	– Bilder und Vorstellungen vom Leben zu Zweit, der Zweisamkeit (»Paarbilder«) – Individuation und Bezogenheit – Distanz und Nähe – Intimität – Zärtlichkeit – Sexualität – Emotionalität – Liebe und Hass – Anerkennung – Füreinandereinstehen, emotionale Unterstützung, Hilfe in Wort und Tat – Partner-Care
Werte-Glaubens-Sinn-Ebene/ *»das Sinn-Sucher-Paar«*	– Bilder und Vorstellungen vom Sinn des Lebens – individueller Sinn und »Gemeinsinn« – Weltanschauung – Religion – Philosophie – Moral, die »inneren« Werte – Austausch, Abstimmung, Konflikt über die individuellen Ideen vom »richtigen und vom falschen« Leben
Ästhetik-Ebene/ *»das Paar und das Schöne«*	– Sinn für die »schönen Dinge« – individueller und gemeinsamer »Geschmack« in Kunst und Alltag – Körperwahrnehmung, Körperästhetik – Aussehen, (»der Erscheinungsleib«) und Bewegung (»der Bewegungsleib«) – alternde Körper – Konzepte von Sauberkeit und Ordnung
Kontakt-Ebene/ *»das Kontakt-Paar«*	– Bilder, Vorstellungen über die Beziehungen zu den Herkunftsfamilien, zu (alten) Freunden, Bekannten, Nachbarn = »Beziehungsbilder« – Besuche anderer (Gast sein) + Gastgeberschaft als (gem)einsames Anliegen? – individuelle Freundschaften – Entwicklung eines gemeinsamen Freundeskreises – tatsächliche Gestaltung und Häufigkeit der Kontakte zu (»alten«) Freunden, Familienangehörigen und Bekannten – Versorgung der eigenen alten Eltern – Eltern-Care
Eltern-Ebene/ *»das Eltern-Paar«*	– Bilder, Vorstellungen, Modelle von Vater-Mutter-Elternschaft = »Elternbilder« – Emotionale und (körperliche) Versorgung – Child-Care – »Sorgenkinder« – Austausch der unterschiedlichen Wahrnehmungen (als Mann/Frau) über Bedürfnisse, individuelle Möglichkeiten + Grenzen der Kinder – Kooperation und Rollenklärung bei der Setzung von Grenzen – Planung der Kindergarten-Schul-Berufs-«Laufbahn« – wechselseitiges Coaching über die Rolle als Vater/Mutter
Haushalts-Ebene/ *»das Management-Paar«*	– Bilder, Vorstellungen, Modelle von Hausarbeit (z. B. klassische Rollenverteilung oder gleichgewichtige Verteilung von Hausarbeit) – tatsächliche Arbeitsverteilung und Rollen. Zuständigkeiten für: Einkauf, Wäsche, Kochen, »Hausordnung«, Putzen, Verwaltung (intern, Ämter
Berufs-Ebene *»das Berufspaar«*	– Bilder über die Bedeutung von beruflicher Arbeit (Leben um zu arbeiten, arbeiten um zu leben) – Wertigkeit von Berufsarbeit im Vergleich zur Hausarbeit – Abstimmung der beruflichen Karrieren – Vereinbarkeit, Balance von Beruf und Familie – Abstimmung von Arbeits-, Familien- und individueller Freizeit – Vereinbarung über »Erziehungszeiten«

Ökonomische Ebene/ *»das Finanz-Paar«*	– die Bedeutung von Geld – Kontrolle über Einkommen und Ausgaben – Entwicklung eines Kontomodells (gemeinsames Konto, getrennte Konten, gemeinsames Haushaltskonto) – Rollenklärung – Finanzminister? – Finanzierung materieller und »geistiger« Projekte wie Auto, Hausbau, (Weiter-) Bildung, Reisen ... – Geldanlage (getrennt, gemeinsam – wie?)

Abbildung 5: Die acht Paar-Ebenen – Aufgaben und Themen

In der Gesamtschau der acht Ebenen erscheint das Projekt Familie als ein auf Hochtouren arbeitendes kleines Kraftwerk mit vielfältigen Leistungserwartungen. 529

Doch wehe der Familie, in der die wechselseitig gestellten Anforderungen über einen **längeren Zeitraum** nicht (mehr) erfüllt werden können oder wo – aus welchen Gründen auch immer – eine chronische Leistungsverweigerung egal in welchem Bereich stattfindet. Familie wird dann im dauerhaften Krisenfall zu einem überaus heißen Pflaster, in der die Überforderung in einen lauten Kampf umschlagen kann. Dem ggü. stehen die lautlosen Formen des Rückzugs in Resignation und Depression. Die Familie wird dann zur Dunkelkammer. 530

Trennung wird in diesen Zusammenhängen als Versuch gedeutet, eine komplexe Überforderungssituation aufzulösen. Das als erdrückend erlebte Riesenpaket, vollgestopft mit Leistungserwartungen, soll abgeworfen werden. Trennung hat so gesehen die Funktion einer Komplexitätsreduktion. 531

Für die überfordernde Fülle der Erwartungen wird, je mehr sich ein Konflikt zuspitzt, der andere Partner verantwortlich gemacht. Die Last erscheint als allein vom anderen verursacht und ungleich verteilt. Sie ist unerträglich. Das Erleben einer wechselseitigen Unterstützung i. S. d. **einer Trage der anderen Last** ist längst am Ende. Mann/Frau sieht sich als alleiniger Lastenträger missbraucht. 532

Die Trennungsaktivitäten werden von der Erlösungsfantasie gespeist, dass das Leben wieder einfacher und leichter wird, wenn es gelungen ist, der Druckkammer Familie und vor allem den anderen als jenen absichtlichen und böswilligen Verursacher der eigenen Belastung loszuwerden. 533

IV. Trennungskonflikte und ihre Eskalation – ein 3-stufiges Modell

1. Vom normalen Trennungskonflikt zum chronisch hochstrittigen Elternkrieg – auf der Suche nach einem Verständnis eskalierender Eltern-Konflikte

Im Folgenden geht es mir darum, die Diskussion zur Trennungsfamilie anzuregen mit der Frage, was »normale« Trennungskonflikte in ihrer Dynamik von jenen chronisch hochstrittigen Elternkriegen unterscheidet, die einen enorm hohen Preis fordern – von den Eltern selbst, ihren Kindern, dem großen Familiennetzwerk, aber auch von den professionellen Akteuren und schließlich von der Gesellschaft (*Wilbertz*, 2007, S. 3). Die durch chronisch hochstrittige Eltern-Konflikte entstehenden Schäden sind in mehrerlei Hinsicht noch nicht ansatzweise realisiert. Die gesundheitlichen und psychischen Schäden für die betroffenen Ex-Partner, die Entwicklungsbedingungen für Kinder in einer vom Elternkrieg verwüsteten Familienlandschaft bleiben kaum erkannt und unbenannt im Dunkeln wie auch die Folgen für die Akteure der unterschiedlichen Trennungs- und Scheidungsprofessionen. Der enorme Verschleiß an Nerven und Zeit auf ihrer Seite und der enorme volkswirtschaftliche Schaden von chronischen Elternkriegen ist bislang kein Thema in der öffentlichen Diskussion zu Trennung und Scheidung. Erste grobe Schätzungen gehen von Kosten i. H. v. 100.000,00 € allein für den Arbeitseinsatz der professionellen Akteure bei einem hochstrittigen Konfliktverlauf aus (Forschungsprojekt des BMF, Senioren, Frauen und Jugend »Kinderschutz bei hochstrittiger Elternschaft«, durchgeführt im Rahmen eines Kooperationsprojekts des Deutschen Jugendinstituts 534

(DJI) mit dem Institut für angewandte Familien-, Kindheits-, und Jugendforschung (IFK) und der Bundeskonferenz für Erziehungsberatung (BKE).

535   Verstanden als Beitrag zu einer Trennungskunde, soll in diesem Abschnitt der (hochstrittige) Eltern-Konflikt als Gegenstand in den Mittelpunkt gerückt und beleuchtet werden. Ein besseres Verständnis des Eltern-Konflikts seitens der handelnden Akteure scheint mir entscheidend. Er ist **der** Ausgangs- und immer wieder aufzusuchende Bezugspunkt aller weiter gehenden Diskussionen darüber, was man denn bei (hochstrittigen) Eltern-Konflikten im Kontext von Trennung und Scheidung tun bzw. unterlassen sollte – sei es aus familiengerichtlicher, beraterischer oder jugendamtlicher Perspektive. (Hochstrittige) Elternkonflikte sind **der** Gegenstand, den es z. B. vor allen Überlegungen zur Umsetzung der Beschleunigung des Verfahrens (§ 155 FamFG) und eines auf Einvernehmen hinwirkenden Handelns (§ 156 FamFG) der professionellen Akteure besser zu verstehen gilt.

536   Anders ausgedrückt, es fehlt bislang für die handelnden Akteure aus den unterschiedlichen Trennungs- und Scheidungsprofessionen eine **theory of the thing** (*David Kantor*, 1985). Erst auf der Basis eines grundsätzlichen Verständnisses werden im Anschluss Überlegungen sinnvoll, wie Veränderungen möglich werden können. Eine **theory of change** entsteht. Im Mittelpunkt solcher handlungsorientierten Folgeüberlegungen steht die Suche nach passenden Haltungen und methodischem Handwerkszeug (**practice model**) im Umgang mit hochstrittigen Elternkonflikten.

537   Es versteht sich von selbst, dass eine **theory of the thing** und die damit verknüpfte Handlungstheorie gerade angesichts eines derart komplexen Gegenstands wie Trennung nie zu einem Ende kommt, sondern als kreativer Such- und Erfindungsprozess des Einzelnen, im jeweiligen Fachteam z. B. einer Erziehungsberatungsstelle oder eines Jugendamtes, in interdisziplinären Arbeitskreisen, im forschenden Diskurs ständig weiter geht.

538   Fakt ist, wir wissen noch viel zu wenig über das Zusammenspiel von individuellen Labilitäten, Risiken des Systems Trennungsfamilie und den Umwelt-Einwirkungen, das jene dramatische Eskalationsspirale in Gang setzt, sie beschleunigt und schließlich auf einen kritischen Status zutreibt, der schlimmstenfalls mit Mord und Totschlag endet.

2. Die Entwicklung eines Eskalationsmodells – methodische Schritte

539   Ich habe, was das Verständnis von familiären Eskalationsprozessen angeht, einen phänomenologischen Zugang gewählt. In meiner Tätigkeit als Berater, Mediator und Sachverständiger habe ich im Laufe der Jahre viele Familien in unterschiedlichen Stadien ihres Trennungsprozesses erlebt und dementsprechend viele Trennungsgeschichten gehört. Je strittiger Trennungskonflikte verlaufen, desto mehr Informationen scheinen sie zu generieren. Sicherlich liegt dies daran, dass das Maß an übereinstimmenden Meinungen und Ansichten mit zunehmender Schärfe des Konflikts immer geringer wird. Die Luft für gemeinsame Wirklichkeiten (Konsensus-Realitäten), auf die Mann und Frau sich einigen können, wird mit zunehmender Eskalation immer dünner. Überspitzt könnte man sagen, dass die Streitenden sich bei einem fortgeschrittenen Konflikt über nichts mehr einig sind, außer vielleicht über das Geburtsdatum des gemeinsamen Kindes. Jede Beschreibung eines Ereignisses ruft sofort die vehemente und diametral entgegengesetzte Darstellung des anderen auf den Plan. »Nein, das war ganz anders, als sie/er sagt ...«

540   Da man angesichts der Fülle des Erzählten und schriftlich Berichteten ganz schnell den Wald vor lauter Bäumen nicht mehr sieht, macht es Sinn, zu reduzieren. Um der Fülle des Materials Herr zu werden und um mir einen chronologischen Überblick zu verschaffen, habe ich in vielen hochstrittigen Fällen versucht, die Meilensteine eines Konfliktverlaufs mithilfe einer chronologischen Zusammenfassung zu rekonstruieren. Als besonders bedeutsam erachtete (Familien-) Ereignisse, Vorfälle, Interventionen und Maßnahmen von außen werden dabei aus der großen Informationsmenge herausgefiltert, sodass sich eine weitgehend schlüssige Kurzgeschichte des Konflikts ergibt. Neben der Bändigung der Komplexität hat die verdichtete Ereignis-Auflistung eine weitere wichtige Funktion. Sie ist eine wichtige Grundlage, um Hypothesen zu bilden zur Entstehung, der Fortdauer

und der möglichen künftigen Entwicklung des Konflikts. Es sind eine Reihe von Fragen, zu deren vorläufiger Beantwortung die chronologische Zusammenfassung der Konfliktgeschichte eine wertvolle Hilfe darstellt.

- Wo lässt sich zeitlich die Quelle des Konflikts verorten? Was waren seine wahrscheinlichen Auslöser? Welche »leicht entzündlichen Materialien« waren vorhanden und welche explosiven Initialereignisse haben den Konflikt gezündet?
- Worin, aus welchen »Substanzen« (Vorfällen, Aktionen, Ereignissen) besteht der ständig zugeführte Treibstoff, der den Konflikt am Leben hält oder ihn anheizt? Was treibt den Konflikt?
- Welche Personen des erweiterten Konfliktsystems sind wichtige Mitspieler, sei es als gefährliche »Brennelemente« und Antreiber des Konflikts oder als beruhigend wirkende »Kühlmittel«, die zu einer Deeskalation beitragen?
- Welche Interventionen und Maßnahmen professioneller Dritter wirken eher als Öl ins Feuer und welche als Feuerlöscher? Welche »Brandschutzmittel« sind hilfreich und welche contraindiziert?
- Was sollte man in der Rolle als ... in Zukunft tun oder auf jeden Fall unterlassen, um das Feuer einzudämmen?

Die folgende tabellarische Zusammenfassung der Konfliktgeschichte der Familie J. soll die Aufgabenstellung verdeutlichen, eine Flut von Informationen so zu reduzieren, dass ein überschaubares Ablauf-Bild entsteht, das trotzdem die Dichte des Konflikts widerspiegelt. Sie soll das Wesen dieses einmaligen Konfliktverlaufs der Familie J. erfassen und darüber hinaus die Zuspitzung hoch strittiger Elternkonflikte im Allgemeinen beispielhaft vor Augen führen.

541

Eine von vielen – die Konfliktgeschichte der Familie J. in Form einer tabellarischen Zusammenfassung:

542

03/95	Ein Freund von Herr J., der mit einer Thailänderin verheiratet ist, vermittelt Herrn J. einen Briefkontakt zu seiner späteren Frau in Thailand.
09/95	Sie kommt nach Deutschland – spricht kein Wort deutsch. Die Verständigung erfolgt in ›Minimal-Englisch‹.
10/95	Heirat und Einzug bei den Eltern von Herrn J. Schnell kommt es zu massiven Problemen, nicht zuletzt aufgrund der (sprachlichen) Missverständnisse zwischen Frau J. und ihren Schwiegereltern. Die Schwiegermutter habe kritisiert, dass sie nicht für ihren Mann koche (Herr J. mag die thailändische Küche nicht), Frau J. ist oft bei einer befreundeten Landsfrau, weil sie nicht allein mit den Schwiegereltern sein will.
01/96	Der Umzug des Paares in eine eigene Wohnung in unmittelbarer Nähe der (Schwieger-) Eltern – als Lösung gedacht – bringt keine Entspannung. Herr J. kritisiert ihre fehlende Anpassung an seine Eltern, die »es doch nur gut meinten«. Sie klagt, dass ihr Mann immer nur auf seine Eltern hörte. »Ich wollte, dass er alleine steht.«
02/97	Frau J. wird schwanger – Herr J.: »Sie hatte ohne mein Wissen die Pille weggelassen.« Sie wirft ihm vor, dass sie ihren Bauch vor den Schwiegereltern verbergen musste.
07/97	Die berufliche Belastung von Herrn J. steigt. Er nimmt noch zwei Nebenjobs an. »Ich war kaputt, wenn ich nach Hause kam ... Aber wir hatten Schulden, wegen der Wohnung und weil meine Frau ihrer Familie in Thailand Geld schickte.«
10/97	Geburt der Tochter K. Die Eltern von Herrn J. erfahren von der Geburt nicht von ihrem Sohn.

11/97	Die Eskalation nimmt zu. Wechselseitige Schuldvorwürfe und »hässliche Vorfälle« verdichten sich und verschärfen den Konflikt.
	Frau J. kritisiert rückblickend die ständige Einmischung der Schwiegereltern: »Ich wollte ein Privatleben und nicht jeden Tag ihren Besuch.«
	Sie kritisiert an ihrem Mann: »Er hat sich nicht um unser Kind gekümmert und immer nur Formel-I-Rennen geschaut.«
	Die Schwiegermutter habe nach einem Streit Geschenke zurückgefordert.
	Sie beschuldigt die Schwiegermutter, ihre Buddha-Figur und die Geburtsurkunde von K. einfach mitgenommen zu haben.
	Die Schwiegermutter habe zu ihr gesagt, dass sie nach Thailand zurückgehen solle – aber ohne die Tochter.
	Die Schwiegermutter habe sie ins Gesicht geschlagen.
	Herr J. erzählt rückblickend, dass die Tochter einmal vom Wickeltisch gefallen sei und seine Frau darüber gelacht habe.
	Die Schwiegermutter bezichtigt Frau J. der Erpressung. Frau J. soll gesagt haben, dass ihr Mann die Tochter nicht mehr sehe, wenn er nicht zahle.
01/98	Es kommt zu einer Gewaltsituation. Auslöser seien die ständigen Geldforderungen von Frau J. für ihre Familie gewesen. Er habe sie als »Charakterschwein« beschimpft. Herr J. behauptet, sie habe der Tochter ein Messer an die Kehle gesetzt und sich dann mit ihr ins Bad eingesperrt. Nur aus Angst um die Tochter habe er die Tür aufgebrochen.
	Frau J. verlässt mit ihrer Tochter die gemeinsame Wohnung und geht ins Frauenhaus. Sie will von ihrem Mann eine Entscheidung: »Die Eltern oder wir.« Außerdem habe sie Angst vor einer Entführung durch die Familie ihres Mannes gehabt.
01/98	Frau J. unterbindet den Kontakt von Herrn J. zu seiner Tochter. Sie meldet sich nicht. Er weiß nicht, wo sich seine Frau und seine Tochter befinden.

3. Die Verknüpfung der Eskalationsperspektive mit dem Denken in Systemen

543   Die in dieser Form verdichteten Konfliktgeschichten einer Vielzahl von Trennungsfällen enthielten insgesamt immer noch jede Menge Informationen darüber, wie Männer und Frauen über trennende Ereignisse und Vorfälle denken und reden, wie sie im Zuge einer Trennung handeln und was sie in der Not der fortschreitenden Eskalation einander und ihren Kindern antun. Kurzum, die Konfliktgeschichten enthielten jede Menge Stoff, aus dem (hochstrittige) Trennungen gemacht sind. Auf der Suche nach Möglichkeiten, diese bunte Stoffvielfalt zu ordnen, erwies sich das Modell zur Konflikteskalation von *Glasl* als ein hilfreicher Denkanstoß. *Glasl* hat sich vor allem mit Eskalationsprozessen größerer sozialer Einheiten beschäftigt. Konflikte in und zwischen Organisationen stehen im Zentrum seines Erkenntnisinteresses. Die von ihm abstrahierten neun Stufen der Eskalation reichen von einer vorübergehenden Verhärtung der Streitparteien bis hin zu gezielten strategischen Operationen mit dem Ziel einer seelisch-körperlichen Vernichtung des Feindes (*F. Glasl*, 1994, S. 215 f.). Aus Gründen praktischer Handhabbarkeit habe ich mich auf ein 3-stufiges Eskalationsmodell beschränkt. In einem ersten Entwicklungsschritt konzentrierte sich die Wahrnehmung zunächst ganz auf das Mikrosystem, also auf jene Konflikte und »kleinen Kriege«, die sich in Familien, innerhalb einer (Eltern-) Paarbeziehung abspielen. Die Perspektive erweiterte sich jedoch schnell auf das nahe persönliche Umfeld. Die Mitspieler aus den Herkunftsfamilien, der Verwandtschaft und dem Freundeskreis samt ihren Beiträgen zum Konfliktgeschehen bilden das Mesosystem. In zunehmendem Maß entwickelte sich ein Blick für die enorme Bedeutung der professionellen Akteure aus den unterschiedlichen Trennungs- und Scheidungsprofessionen (FamG, Jugendamt, Beratungsstelle, Verfahrensbeistand, Anwälte, Sachverständige ...) sowie der Vertreter von Interessengruppen- und verbänden (z. B. Verband alleinerziehender Mütter und Väter, Väteraufbruch ...),

die in der Trennungsszene Gewicht haben. Sie alle werden dem Exosystem zugerechnet. Mit ihren Deutungen, Ratschlägen, Interventionen, Maßnahmen, Handlungsaufforderungen, Geboten, Beschlüssen … hinterlassen sie unübersehbare Spuren, die die Konfliktgeschichte der Trennungsfamilie ganz wesentlich und oft leidvoll mitprägen. Aber die Protagonisten stehen diesen Einwirkungen von außen selbstverständlich nicht (nur) passiv-rezeptiv ggü. Als handelnde Subjekte versuchen Männer/Väter und Frauen/Mütter ihrerseits, mit allen Mitteln ihre Interessen bei Dritten oder mithilfe von Dritten durchzusetzen.

In einem erweiterten Sinn ist der Begriff Konfliktdynamik also nicht nur bestimmt durch das feindselige Wechselspiel der beiden streitenden Protagonisten. Er geht über das Mikrosystem hinaus und bezieht sich auf die wechselseitigen Einwirkungen aller Akteure der verschiedenen Systemebenen. Mit dem Begriff des Makrosystems sind bezogen auf den Gegenstand Trennungsfamilie die in einer Gesellschaft relevanten Bilder, Einstellungen, Werte, (gesetzlichen) Normen, Konzepte und »Politiken« im Hinblick auf Partnerschaft, Ehe, Familie, Trennung und Scheidung gemeint. Das Makrosystem umschließt gewissermaßen als ideelle Hülle die anderen Systemebenen und wirkt auf sie zurück.   544

▶ **Beispiele:**   545

- Ein gewandeltes Familienbild der letzten beiden Jahrzehnte, wonach Trennung nicht mehr das ultimative Ende aller Beziehungen bedeutet (»Eltern bleiben Eltern«), hat für viele Eltern den Weg für eine Elternkooperation trotz Trennung oder Scheidung gebahnt. (Weber, 2002, S. 120–125)
- Das FamFG setzt mit dem Leitgedanken der Einvernehmlichkeit (§ 156 FamFG) auch bei getrennter Elternschaft eine rechtliche Linie fort, die bereits im BGB § 1627, im KJHG § 17 und im früheren FGG § 52 als Ausdruck eines allgemeinen gesellschaftlichen Empfindens kodifiziert wurde.

Die systemische Perspektive mit ihrer Differenzierung verschiedener Systemebenen macht deutlich, dass die Art und Weise, wie ein Trennungspaar miteinander umgeht, wie sie sich als getrennte Eltern dem Kind ggü. verhalten und wie sie nach außen ggü. (professionellen) Dritten agieren, nur unzureichend mit den persönlichen Eigenschaften der Betreffenden erklärt werden kann. Eine Vielzahl von Faktoren, die unterschiedlichen System-Ebenen zugeordnet werden können, beeinflusst das konkrete Handeln der Akteure im Trennungsgeschehen.   546

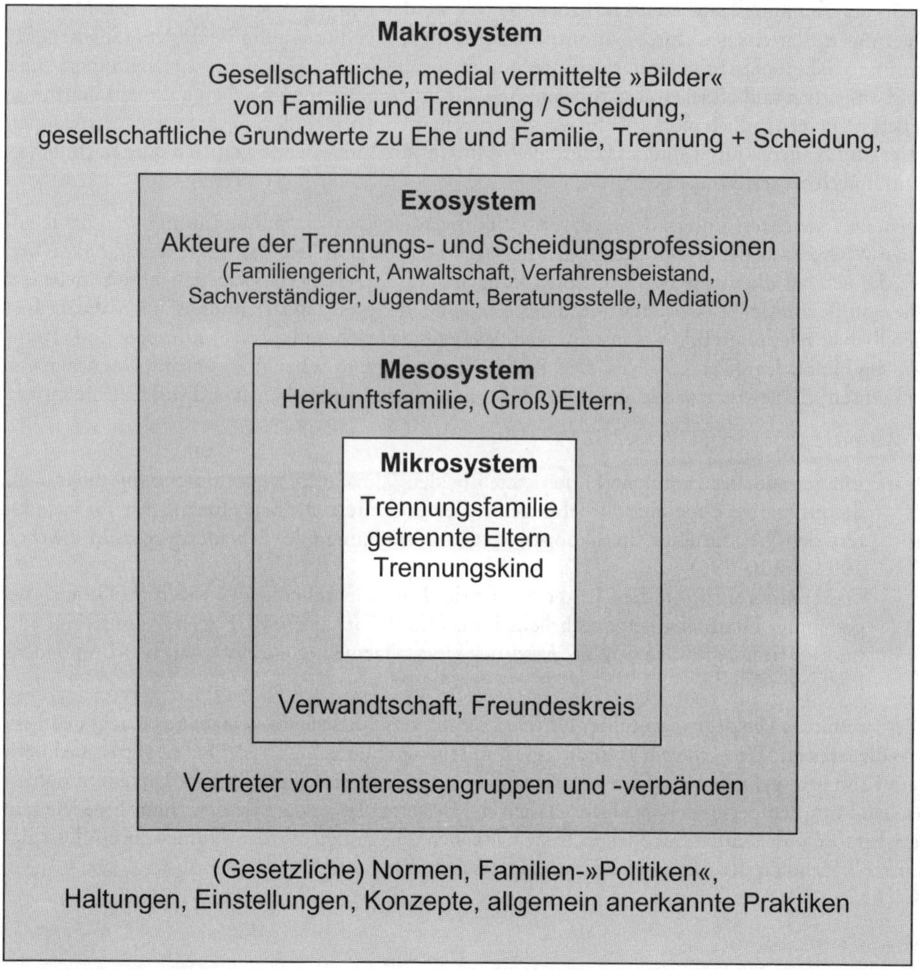

Abbildung 6: System-Ebenen

4. »Bauplan« und Funktionen des Eskalationsmodells

547   In dem 3-stufigen Eskalationsmodell finden sich Kriterien aus den verschiedenen Systemebenen. Die Trennungsfamilie wird letztlich nie alleinstehend gedacht, sondern immer in ihrer Wechselwirkung mit anderen Handelnden. Verhaltensbeschreibungen werden ergänzt durch Rückschlüsse auf die psychische Verfassung der Beteiligten. Die sich allmählich zuspitzende Dramatik des Konflikts soll im Zusammenspiel von »Außen-Ansichten« (Verhaltensbeschreibungen) und »Innen-Ansichten« (Erklärungsversuche zur Seelenlage) anschaulich gemacht werden.

548   Die Beschreibungen und Erklärungen sind in drei größeren Clustern zusammengefasst. In ihrer qualitativen Unterschiedlichkeit bilden sie drei Stufen in der fortschreitenden Eskalation. Die einzelnen Kriterien einer Stufe werden in einem Sinnzusammenhang, in einer (psycho-)logischen Verbindung zueinander gesehen. Die einzelnen Stufen beanspruchen also, mehr als nur bloße additive Auflistungen zu sein. Das 3-stufige Eskalationsmodell ist keine Checkliste, sondern ein Hilfsmittel zur Verbesserung der Lese-Fähigkeit des komplexen Phänomens Trennungsfamilie und (hochstrittiger) Eltern-Konflikte. Darüber hinaus kann es Bezugspunkt und Hintergrund für das eigene professionelle Handeln sein.

Es hat für den Praktiker die Funktion einer Landkarte zur Orientierung in dem immer wieder un-   549
übersichtlich erscheinenden Gelände Trennungsfamilie, aber vor allem in der abgründig-gefährli-
chen Gegend Hochstrittigkeit. Das Modell hat sich als brauchbares diagnostisches Schema erwiesen
im Kontext Beratung/begleiteter Umgang/Mediation/Sachverständigen-Tätigkeit. Es schafft Distanz für das »hautnahe« oder gar »unter die Haut gehende« Erleben in der Begegnung mit hochstrittigen Eltern. Es kann Bewusstheit herstellen für die außerordentliche moralische Kraft-Anstrengung
eines Einzelnen und für die gemeinsam gemeisterte Herkulesaufgabe von Eltern-im-Konflikt, wenn
sie sich **nicht** von dem Strudel mächtiger Emotionen in die Tiefe haben reißen lassen. Es kann bei
Konflikten auf einem niedrigen Spannungsniveau aufzeigen, dass alles viel schlimmer hätte kommen können, wenn nicht starke und gute äußere Kräfte, beruhigend und besonnen einwirkende
Personen und positive innere Stimmen Halt gegeben hätten. Es kann in der Konfrontation helfen,
aufzurütteln, indem ein unmissverständliches Bild von dem »Ort« gezeichnet wird, wohin es gehen
kann, wenn die Höllenfahrt der Eskalation ungebremst weitergeht.

Mit seiner Hilfe ist es möglich, sich ein Bild zu machen über das (noch) vorhandene Maß an Res-   550
sourcen und kreativen Lösungen, die in Trennungsfamilien gegen den Schmerz der Trennung und
für die Gestaltung einer getrennt-gemeinsamen Elternschaft gefunden und erfunden werden. Das
3-stufige Eskalationsmodell kann im konkreten Fall Unterstützung leisten, zu einer realistischen
Einschätzung des Konfliktpotenzials zu kommen, anstatt einem wishful-thinking folgend, die Intensität eines Eltern-Konflikts und die dramatische Situation von Kindern zu verharmlosen.

Wenn hier von Konfliktintensität die Rede ist, so ist dies in einem dreifachen Sinne gemeint.   551
– Zum Ersten lässt sich die Intensität eines Eltern-Konflikts daran ermessen, mit welcher Dramatik er sich in die Seelen der Betroffenen gefressen hat. Dies wird erkennbar an drastischen
 Rache-Aktionen und sprachlichen Äußerungen über den anderen, der mit zunehmender Eskalation zum erbittert bekämpften Gegner wird.
– Die Intensität des Konflikts lässt sich auch an der »Fläche« ablesen, mit der er sich über die verschiedenen Lebensfelder einer Person wie ein Buschfeuer ausgebreitet hat. In extremen Fällen
 okkupiert und lähmt der Trennungskonflikt und ein erbittert geführter Kampf, ums Kind alle
 Bereiche des Lebens, sodass er zur alleinigen und ausschließlichen Lebensaufgabe des Betreffenden werden kann. Alle anderen Lebensbereiche wie Beruf, neue soziale Beziehungen und Gesundheit werden der Mission Trennungskampf geopfert.
– Das valideste Kriterium für die Intensität eines Eltern-Konflikts ist schließlich die personelle
 Ausweitung zu einem komplexen Problemsystem mit vielen Beteiligten.

5. Grundhaltungen – das systemische Grundverständnis und die persönliche Verantwortung

Dem 3-stufigen Eskalationsmodell liegt ein systemisches Konflikt-Verständnis zugrunde. Zum Strei-   552
ten gehören dem Volksmund nach immer zwei ... und zum hochstrittigen Kampf einige mehr, die
ihn mit ihren Beiträgen ausweiten und am Leben erhalten. Es ist die »Verflochtenheit des Seins«,
die den Konflikt ganz wesentlich ausmacht. »Wir sollten uns klar machen, dass kein Mensch eine
geschlossene Monade ist. Unsere Existenzen greifen ineinander, sind durch vielfältige Interaktionen miteinander verbunden. Keiner lebt allein. Keiner sündigt allein. Keiner wird allein gerettet.
In mein Leben reicht immerfort das Leben anderer hinein: in dem, was ich denke, rede, tue, wirke.
Und umgekehrt reicht mein Leben in dasjenige anderer hinein: im Bösen wie im Guten.« Dieses für
mich doch überraschende »systemische Bekenntnis« stammt aus der Feder von *Papst Benedict XVI.*
(Frankfurter Allgemeine Zeitung 01.12.2007).

Und doch gibt es auch die andere Seite der Konflikt-Medaille, die der persönlichen Verantwortung,   553
die nicht aus einem (absichtlich) falsch verstandenen System-Denken abgewälzt werden kann auf
den anderen. Auch wenn jeder Konflikt ein verflochtenes Ganzes ist, so finden sich doch auch immer die sehr persönlichen und unverwechselbaren Spuren des Einzelnen. Im schlimmsten Fall sind

es Spuren der Verwüstung, im positiven Fall sind es solche, die sich als persönliche Kraftanstrengung lesen lassen, den Kriegspfad (endlich) verlassen zu wollen.

554 Systemisches Denken hat den Vorteil, dass es Überblicke schafft, vereinzelte Details in größere soziale Zusammenhänge stellen und in großen Landkarten verorten kann. Gleichzeitig jedoch gibt es Momente für die professionellen Akteure der unterschiedlichen Professionen, in denen der systemische Blick in die Irre führt. In bestimmten Konfliktkontexten, insb. bei aktuellen Grenzüberschreitungen, ist der »fliegende Wechsel« zu einer linearen Interpunktion der Ereignisse geradezu zwingend. Sie machen eine Konfrontation und Grenzsetzung zwingend notwendig. Gewährendes (systemisches) Verstehen würde als Einladung zu einer Fortsetzung des Grenzen überschreitenden und verletzenden Handelns missverstanden werden.

6. Das 3-stufige Eskalationsmodell – ein erster schematischer Überblick

555 Im Folgenden finden Sie eine schematische Übersicht zu den drei Stufen. Daran anschließend werden die drei Stufen anhand verschiedener Merkmale nacheinander beschrieben.

		Stufe III »Beziehungskrieg – Kampf um jeden Preis«
	Stufe II Häufiges verletzendes Agieren und Ausweitung des Konfliktfeldes	
Stufe I Zeitweilig gegeneinander gerichtetes Reden und Tun		

Abbildung 7: dreistufiges Eskalationsmodell

7. Die inhaltliche Beschreibung der 3 Eskalationsstufen im Einzelnen

a) Stufe 1: Zeitweilig gegeneinander gerichtetes Reden und Tun

556 »Wir lassen unsere Wut gerne an den Personen aus, von denen wir wissen, dass wir uns mit ihnen versöhnen können. Wir ziehen Vorteil aus der Tatsache, dass sie uns lieben.« (*Frans de Waal*).

557 Kennzeichnend für Paare, die sich auf einer niedrigen Konfliktstufe befinden, ist eine Verhärtung der Standpunkte, die jedoch schnell vorübergeht. Die vielfältigen Störfälle des Alltags bieten einerseits reichlich Anlässe für solch kurze Konfliktepisoden, die vergleichbar sind einem kurzen Aufflammen, wenn ein Blatt Papier verbrannt wird. Andererseits ergreifen Paare auf einem niedrigen Konfliktstatus aber auch schnell eine sich bietende Möglichkeit, die der Familienalltag en masse bereithält zur Ablenkung und damit zum frühen Ausstieg aus einer beginnenden Konfliktspirale.

558 Im kurzzeitigen Aufeinanderprallen kommt es zu einer kurzzeitigen Polarisation im Denken. Das angespannte »Schwarz-weiß-Denken« geht mit einer verbalen Offensive und Schuldzuweisungen einher. (»Warum hast Du nicht …?«) Quasi-rationales Argumentieren, das von Loriot in einzigartiger Weise karikiert wurde, bestimmt dann die Szene. Mit scheinbar logischen Operationen wird intellektueller Druck auf die andere Partei ausgeübt (*Glasl*, 1994, S. 227).

559 Je stärker die Anspannung, desto mehr wird die **Fähigkeit des Zuhörens** der Kontrahenten geschwächt. Die selektive Taubheit, die nur noch Schlüsselworte passieren lässt, führt zwangsläufig zu einem von außen absurd anmutenden Aneinandervorbeireden. In der Hitze des kurzen Gefechts sind verbale Sticheleien (»Warum bist du immer so zickig!«) Ölspritzer ins Feuer. Wenn das Reden nach einem verbalen Kopf-an-Kopf-Rennen am Ende ist, lässt Mann/Frau gern auch Taten sprechen, z. B. in Form eines starken geräuschvollen Abgangs. Es wäre ein Irrtum, anzunehmen, dass ein derartiger verbaler Schlagabtausch nur Frustrierte zurücklässt. Die Lustqualität derartiger

»Kämpfchen« ist nicht zu unterschätzen. Im Rahmen einer letztlich ungefährlichen ritualisierten Streitkultur erfüllen solche kleinen Scharmützel, aus denen mal Sie, mal Er als Sieger hervorgeht eine wichtige Entladungsfunktion im stressigen Alltag. Die andere Seite einer gelungenen Streitkultur machen dann freilich die Formen der Wiederanknüpfung und Versöhnung aus, die nach der kleinen »Trennungsepisode« wieder für beruhigende Nähe, Einheit sorgen. So gesehen macht der Gedanke Sinn, dass Reibung auch Wärme erzeugt, wenn dem Kampf die friedensstiftenden Rituale folgen.

Der »**geordnete Rückzug**« aus einer heißen Szene ist häufig auch ein Markenzeichen von Konflik-   560
ten, die auf kleiner Flamme gekocht werden. Der Rückzug aus der hitzigen Debatte erfolgt mit an-
gekündigter Wiederkehr zur Fortsetzung und Klärung des Konflikts mit abgekühlten Gemütern.
»Lass uns einen break machen. Das Reden bringt jetzt nichts mehr, wir haben uns heiß geredet.
Lass uns lieber heute Abend weiterreden.« Die Fähigkeit zum geordneten, weil Hoffnung auf spätere
Klärung machenden Rückzug setzt die komplementäre Bereitschaft und Fähigkeit des anderen zum
Alleinbleiben voraus. Er/sie muss es aushalten können, dass der kongeniale Streitpartner jetzt in der
Auszeit nicht mehr für eine neue Runde verfügbar ist.

Mit der Bereitschaft und Fähigkeit, friedensstiftende Handlungen anzubieten und die erhitzten Ge-   561
müter mithilfe von Auszeiten zu beruhigen, sind bereits die vielfältigen **Ressourcen** angesprochen,
über die Paare auf dieser Konfliktstufe noch reichlich verfügen. Eine wie wir später noch im Blick
auf hochstrittige Konflikte sehen werden entscheidende Qualität ist die auf dieser Stufe noch vorhandene **Fähigkeit zur Empathie**. Die Bereitschaft und Fähigkeit, sich in den Ggü. einzufühlen, ist
wohl der Schlüssel schlechthin, damit sich Türen, die ins Schloss gefallen sind, wieder auftun können. Wenn es Menschen gelingt, sich in dieser Verbindung aus gedanklichem Sich-vorstellen-kön-
nen (Kopf) und Mitgefühl (Herz) in den anderen hinein versetzen, steigt die Wahrscheinlichkeit,
dass sich die Richtung der abwärtsgerichteten Negativspirale ins Positive verändert, enorm. Rosenberg setzt auch im Hinblick auf Beratungsprozesse Empathie als Grundvoraussetzung mit seinem
Imperativ: »Erst Einfühlung, dann Belehrung!« an die erste Stelle und fährt fort: »Bevor ein Mensch
nicht die Empathie bekommt, die er braucht, besonders dann, wenn er Angst hat oder verletzt worden ist, ist er nicht bereit, sich in seinen Gegner einzufühlen.« (*Rosenberg*, 2004, S. 69).

Wo die Fähigkeit zur Einfühlung noch wirksam ist, geht mit ihr immer eine **Selbstregulierung** ein-   562
her. Nach einer echten Bemühung, die Situation mit den Augen des anderen zu sehen, ist es praktisch unmöglich, mit dem destruktiven Handeln fortzufahren. Es kommt zu einem Innehalten mit
Aktionsstopp. Eine weniger gefährliche »Alternativ-Route« muss neu berechnet werden. Es wird
Rücksicht genommen. Die Bereitschaft und Fähigkeit zur Einfühlung geht Hand in Hand mit anderen emotionalen Fertigkeiten wie der **Einsicht in die eigenen Anteile**. Eine selbstkritische Distanz
zum eigenen Denken und Handeln ist eine weitere unmittelbare Folgewirkung von Empathie. Die
komplementären **Fähigkeiten zur Entschuldigung und zur Verzeihung**, die beide als Folgekräfte
ebenfalls aus der Empathie entspringen, haben für die Deeskalation von Konflikten eine enorme Bedeutung. Wenn diese verschwisterten Fähigkeiten in einem Konflikt »nach oben« kommen, ist ihre
Wirkung auf den Konfliktverlauf oft sehr beeindruckend, wie das folgende Beispiel zeigt. Folgendes
war geschehen. Herr S. hatte wie üblich versucht, während der 2 Wochen, in der er seinen Sohn
wegen der 14-tägigen Wochenend-Umgangsregelung nicht sah, telefonischen Kontakt zu seinem
kleinen Sohn aufzunehmen. Der telefonische Kontaktversuch legte für ihn aufgrund der Weiterleitung des Gesprächs den Verdacht nahe, dass seine Ex-Frau mit dem Sohn in Ägypten ist. Aufgrund verwandtschaftlicher Beziehungen von Frau S. dorthin befürchtete er das Schlimmste, sprich
ein Abtauchen der Mutter mit dem Sohn. Herr S. hatte in seiner Sorge das FamG, das Jugendamt
und die Beratungsstelle um Hilfe angerufen, die vergeblich versuchten, Herrn S. zu beruhigen. Die
Stimmung war am Siedepunkt. Kurze Zeit später war Frau S. aus dem Urlaub zurückgekehrt, nichts
ahnend, zu welcher Aufregung ihre Aktion geführt hatte. Entsprechend spannungsgeladen war die
Stimmung im ersten Eltern-Gespräch nach dem Urlaub. Herr S. stand immer noch unter dem Eindruck seiner Ängste, seinen Sohn zu verlieren. Frau S., die erst jetzt, nachdem sich der Vater Luft
gemacht hatte, die Auswirkungen ihres Tuns beim Vater wahrgenommen hatte, drückte ihm ggü.
ihr Bedauern darüber aus, dass sie ihn durch ihren unbedachten Spontan-Urlaub so in Angst versetzt

hat. Nach der Entschuldigung der Mutter verpuffte die Spannung schlagartig. Herr S. konnte die aufrichtig gemeinte Entschuldigung aufnehmen. Eine gute Ruhe kehrte ein, in der ein sehr konstruktives Gespräch darüber entstehen konnte, wie es mit ihnen als Eltern weitergehen sollte.

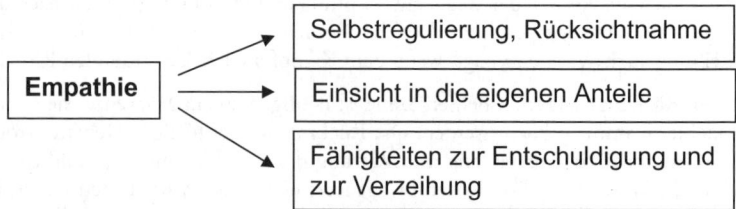

Abbildung 8: Empathie (Bereitschaft und Fähigkeit zur Einfühlung) und ihre positiven Folgewirkungen

563 Auf einem niedrigen Konfliktniveau verfügen beide Seiten über einen Schatz an Halt gebenden Grundkonzepten oder aber sie zeigen Dritten ggü. eine große **Offenheit für neue andere Sichtweisen**, die hilfreiche Auswege aus der festgefahrenen Situation versprechen. Beispiele für solche übergeordneten Ideen mit gesetzesähnlichem Status sind:
- **die Trennung von Paar- und Elternebene**
  Die Trennung des Konfliktstoffes in Elternthemen, die das Kind betreffen und (alte) Paargeschichten wird von vielen Eltern selbst gepflegt oder auch gern als hilfreiche Unterscheidung angenommen.
- **»Ein Kind braucht seinen Vater/seine Mutter«**
  Diese Aussage wird als unumstößliches und nicht hinterfragbares Grundprinzip im Sinne eines Art. 1 eines imaginären Familien-Grundgesetzes erachtet. Versucht man, dieses Grundprinzip nach seinem Quellgrund zu hinterfragen, so stößt man häufig auf seine Verankerung in einem Kanon von unaufhebbaren Grundgesetzen in der Herkunftsfamilie. Der Versuch, an diesem Grundgesetz zu rütteln, stieße in der eigenen Familie auf Missfallen.

564 - Das viel zitierte **»Wohl des Kindes«** ist auf diesem Konfliktniveau keine Leerformel oder gar Kampfvokabel wie bei hochstrittigen Konflikten, sondern ein »heiliges« Anliegen, dem im Zweifelsfall eigene Interessen untergeordnet werden. Die Eltern verlieren trotz des Auseinanderdriftens als Mann und Frau das gemeinsame Kind nicht aus dem Blick.

565 Diese Eltern bleiben in einem beidseitigen Wechselspiel von Selbstdisziplinierung und Rücksichtnahme auf dem Boden des Kindeswohls. Sie halten entgegen allen egozentrischen Impulsen eine starke, ideologisch gefestigte Verbindung zu den verbrieften Grundbedürfnissen (basic needs) von Kindern aufrecht. »Ein am Kindeswohl ausgerichtetes Handeln ist dasjenige, welches sich an den Grundbedürfnissen und Grundrechten von Kindern orientiert.« (*Maywald* im Eröffnungsvortrag der Tagung »Hoch strittige Elternkonflikte – Kooperation zum Wohle des Kindes« in Augsburg 15./16.05.2007).

566 Er fasst darunter die folgenden Bedürfnisse:
- Bedürfnis nach liebevollen Beziehungen
- Bedürfnis nach körperlicher Unversehrtheit, Sicherheit
- Bedürfnis, als (einzigartiges) Individuum mit seinen Unterschieden von anderen wahrgenommen zu werden
- Bedürfnis nach entwicklungsgerechten Erfahrungen
- Bedürfnis nach (mitwachsenden) Grenzen und Strukturen
- Bedürfnis nach stabilen unterstützenden Gemeinschaften und kultureller Kontinuität
- Bedürfnis nach einer sicheren Zukunft für die Menschheit

567 Die genannten Konstrukte fließen häufig zusammen in einem übergreifenden Konzept einer **Elternkooperation**. Das Ethos dieser Vorstellung beinhaltet ein Zusammenwirken als Vater und Mutter in allen Fragen, die das Kind betreffen. Dieses Anliegen findet seine rechtliche Übersetzung im Begriff des Einvernehmens (u. a. in § 156 FamFG).

Wenn solche grundsätzlichen (Meta-) Konzepte keine Resonanz (mehr) finden, ist dies ein wichtiger   568
diagnostischer Hinweis für das Ausmaß der Eskalation.

Deeskalierend wirkt auch, dass beide Parteien auf dieser Eskalationsstufe noch die Hoffnung und das   569
Vertrauen haben, Spannungen durch Gespräche lösen zu können. Die Regeln der Fairness werden
nach einem heißen Aussetzer in einer gemeinsamen Aussprache – u. U. mit einem neutralen Außenstehenden – schnell wieder gewahrt. Mann/Frau finden nach einer Abkühlung und in der Distanzierung zum Konfliktgeschehen relativ schnell wieder in den Dialog zurück. Die Verhandlungen
können weitergehen. Aufgrund des grundsätzlichen Good-will haben diese Eltern gute Chancen auf
eine »erfolgreiche« Bewältigung der Trennung/Scheidung in Beratung und Mediation.

Wenn Eltern trotz der Trennungsirritationen die Grundbedürfnisse ihrer Kinder im Blick behalten,   570
resultiert daraus eine erstaunliche **Kreativität** im Erfinden und Gestalten von kindgemäßen Lösungen, um den Schmerz des Kindes zu mindern und die Trennung der getrennten Leben zu überbrü-
cken. Frau V. und Herr H. leben getrennt. Der gemeinsame Sohn lebt mit dem Vater in Frankfurt,
während die Mutter in Berlin lebt. Sie sieht den 5-jährigen Sohn jedes zweite Wochenende. In der
Zeit zwischen den Treffen hält sie telefonisch Kontakt zum Sohn, was vom Vater gutgeheißen und
unterstützt wird. In einem gemeinsamen Beratungsgespräch berichten beide Eltern beiläufig von
einem Abendritual für den gemeinsamen Sohn. Nach genauerem Nachfragen wird folgendes Proce-
dere deutlich. Wenn die Mutter abends zur Bettgehzeit anruft, gibt der Vater den Telefonhörer an
den Sohn weiter, der schon im Bett liegt. Die telefonische Verbindung der Mutter zum Sohn geht
so weit, dass Frau V. ihrem Sohn eine kurze Gute-Nacht-Geschichten per Telefon vorliest.

Kennzeichnend für Konflikte auf einem niedrigen Eskalationsniveau ist, dass sie von den Konflikt-   571
parteien im »kleinen Kreis« gehalten werden (können). Konflikte werden von den Kindern so gut es
geht ferngehalten und auf der Erwachsenen-Ebene behandelt. Die Austragung des Konflikts überschreitet häufig nicht die Grenze der Dyade. Allenfalls werden Dritte, denen Vertrauen entgegen-
gebracht wird, von beiden oder einzeln konsultiert. Die beste Freundin, ein naher Familienange-
höriger werden mit unterschiedlichen Erwartungen und Aufträgen hinzugezogen. Ihnen wird die
Rolle des aktiven Zuhörers, des neutralen Beraters oder auch die des Vermittlers angetragen. Auch
wenn diese einbezogenen Dritten einerseits zur Parteinahme eingeladen werden, so überwiegt doch
andererseits das Zugeständnis an ihre »Meinungsfreiheit«. »Sag mir ehrlich, was Du wirklich denkst,
hab ich recht oder liege ich da ganz daneben?« Kritische Rückmeldungen und empathische Versuche
seitens des Dritten, auch den anderen Konfliktpartner mit seinen Motiven und seinem Verhalten
mitzufühlen und mitzudenken, sind letztlich – trotz des vordergründigen Wunsches nach Partei-
lichkeit – erwünscht. Entsprechend groß sind die Chancen Dritter, durch authentisches Feedback
die Selbststeuerung der Protagonisten positiv zu beeinflussen.

Als außerordentlich bedeutsamer, weil Risiko mindernder Schutzfaktor erweist sich bei niedrig eska-   572
lierten Konflikten regelmäßig ein soziales Umfeld, das beruhigend und mäßigend auf den Konflikt
einwirkt. Frau B. hatte im Verlauf ihrer Ehekrise herausgefunden, dass die Beiträge der »GALA-Frak-
tion« in ihrem überwiegend weiblichen Freundeskreis mit äußerster Vorsicht zu genießen sind. Sie
nahm zwei Freundinnen zunehmend übel, dass sie den Konflikt mit ihren kämpferischen Gerechtig-
keitsbeiträgen den Konflikt eher anheizten. Frau B. hat durch die prüfende Auswahl der konstruktiven Kräfte in ihrem Freundinnen-Kreis einen wichtigen Beitrag geleistet, den Konflikt anzuhalten.

Für die Arbeit der Trennungs- und Scheidungsprofessionen erweist sich als wichtige Ressource, dass   573
die **Einbeziehung neutraler Dritter ohne Anspruch auf Bündnisgenossenschaft** erfolgt. Dritten, die
als vermittelnde Instanz zur Überbrückung in einer von Sprachlosigkeit und Missverständnissen geprägten Situation eingeschaltet werden, wird ihre neutrale Position nicht abgesprochen. Ihre Arbeit
wird unterstützt durch das Zugeständnis von »Meinungsfreiheit«.

Resume. Die Arbeit mit dieser Gruppe von Eltern kann sich auf eine Vielfalt von Ressourcen stützen   574
und ist deshalb eher dem präventiven Bereich hinsichtlich einer Konflikteskalation zuzuordnen. Es
geht häufig um die Bewältigung einer »Krise« im Verlauf eines an sich gelingenden Verständigungs-
prozesses vor, während und nach der Trennung/Scheidung.

575 Kinder von Eltern, denen es gelingt, trotz aller Widrigkeiten ihren Konflikt auf diesem niedrigen Eskalationsniveau zu halten und eine Elternkooperation zu etablieren, kommen eindeutig besser mit den anstehenden Veränderungen zurecht, als dies bei chronisch hochstrittigen Eltern der Fall ist. Die Trennung der Eltern und der Zustand, im Zwischen-Raum der sich auseinander lebenden Eltern zu stehen, kann für sie zu einer ertragbaren, weil auch für sie gestaltbaren Realität werden. Sie werden gehört, ihre Bedürfnisse bleiben trotz der »aufgewühlten See« auf der Paarebene im Blick der Eltern. Ihre Anliegen bleiben für sie mit den Eltern verhandelbar.

b) Stufe 2: Häufiges verletzendes Agieren und Ausweitung des Konfliktfeldes

576 »Ist es nicht in Wahrheit so, dass nicht die Menschen sich begegnen, sondern die Schatten, die ihre Vorstellungen werfen.« (*Pascal Mercier*)

577 Der Konflikt nimmt auf dieser Stufe deutlich an Intensität zu. Die immense energetische Aufladung des Konflikts lässt sich unmittelbar ablesen an der wachsenden Zahl der »infizierten« Personen. Er weitet sich in der Fläche aus, aber er entwickelt auch eine zunehmende Tiefe, die alle Bereiche einer Person erfasst. Der eskalierende Konflikt lässt sich als ein Konglomerat von Fantasien, Gedanken, Handlungen verstehen, die zusammengepresst zu einer hochenergetischen kritischen Masse auf einer schiefen Ebene immer mehr Fahrt aufnimmt. Auslöser und Verstärker für die sich beschleunigende Abwärtsbewegung dieser Konflikt-Lawine sind verletzende Aktionen, »Vorfälle«, die sich als kritische Lebensereignisse einbrennen. Sie folgen jetzt immer schneller aufeinander. Es kommt zu Kettenreaktionen.

578 Aus der Beobachter-Perspektive lassen sich eine ganze Reihe von Merkmalen und Erscheinungsformen beschreiben, die in unterschiedlichsten Kombinationen und Ausformungen den jeweiligen Konflikt in seiner Einmaligkeit ausmachen. Die Merkmale werden drei Beschreibungsebenen zugeordnet:

579 Die erste Ebene bezieht sich auf den vermuteten Zustand der »Innenwelt« der Protagonisten. Natürlich ist die Innenwelt für unmittelbare Beobachtungen verschlossen. Es handelt sich also um beschreibende Rekonstruktionsversuche auf der Basis von Äußerungen und Handlungen der Betreffenden. Erkenntnis leitende Frage ist: Wie muss es in jemandem aussehen, der so spricht und handelt?

580 Die zweite Beschreibungsebene bezieht sich auf die unmittelbar beobachtbare Kommunikation und die von beiden Seiten berichteten Interaktionen, die sich in ihrer privaten Welt zuhause zugetragen haben (sollen). Mit Letzterem sind also jene anklagenden Erzählungen gemeint, was er/sie gesagt und getan hat/haben soll und die Berichte beider Seiten über die alltäglichen wechselseitigen »Kampfhandlungen«.

Auf der dritten Beschreibungsebene geht es um die unbewussten und gezielt strategischen Versuche, Wirkung nach außen ggü. Dritten zu erzielen.

aa) Die »Innenwelt« der Protagonisten – Rekonstruktionsversuche

581 »Solche Feinde wie Hass und Begierde haben weder Arme noch Beine, und sie sind weder mutig noch weise. Warum habe ich mich wie ein Knecht von ihnen behandeln lassen?« (*Dalai Lama*)

582 Obwohl jetzt verletzende und übergriffige »Vorfälle« fast an der Tagesordnung sind, will es keiner gewesen sein bzw. eigenes Handeln wird als bloße Reaktion gerechtfertigt. Die »Verflochtenheit des Seins« im Wir-Konflikt wird aufgetrennt in lineare Interpunktionen des »nicht Ich, sondern Er/Sie hat ...« Die Konfliktparteien scheinen auf dieser Stufe gegen jede Form der Eigenverantwortung für die Entstehung und Eskalation des Konflikts wie imprägniert. Sie sind dicht gegen jede kritische Äußerung von außen. **Eigene Verantwortung und Schuld wird geleugnet**, Schuld ist jetzt immer die andere Seite.

Negative innere Stimmen gewinnen immer mehr die Oberhand. »Die dämonisierte Zone entsteht«. 583
(*Glasl*, 2007, S. 48). Je nach ideologischer Erklärungswelt werden die negativen archetypischen Figuren, die unsere Innenwelt bevölkern, als »Dämonen«, »Schatten«, »Doppelgänger«, »Teufel«, »Antreiber«, »Einpeitscher« bezeichnet. Sie geben jetzt in der fortgeschrittenen Eskalation zunehmend
den Ton an. Sie beherrschen als mächtige negative Stimmungsmacher den inneren Raum und do-
minieren über die positiven inneren Kräfte. Die Stimme des Gewissens, die ihre Skrupel ggü. dem
eigenen Vorgehen äußert, erliegt dieser Dominanz. Sie wird niedergemacht.

Die Funktion der intra-psychischen Stimmen, die Mechanik der inneren Eskalation soll beispiel- 584
haft an zwei Figuren verdeutlicht werden, dem »Antreiber« und dem »Teufel«. Der »Antreiber« oder
»Einpeitscher« ist die bildhafte Verkörperung des dynamischen Elements. Der Antrieb, die Beschleunigung von Gedanken und Handlungen ist sein Geschäft. »Mach, mach, mach ... wer anhält
verliert«, ist seine zentrale Botschaft. Es gilt, möglichst schnell, Fakten zu schaffen. Konten werden
geräumt, Schlösser ausgetauscht und wichtige Papiere in den eigenen Besitz gebracht. Durch die
Aufforderung, schnell zu handeln, dem Gegner zuvorzukommen, ist die antreibende negative innere Stimme eine ständige Bedrohung für das notwendige Innehalten und die damit verbundene
Fähigkeit zur Selbstwahrnehmung im sich beschleunigenden Konflikt. Die Wiedererlangung dieser
Fähigkeit der kritischen Selbstreflexion und das Aufspüren der eigenen Anteile im Konflikt braucht
ihre Zeit, die jedoch durch die antreibende negative innere Stimme minimiert wird. Der »Antreiber« trägt wesentlich zu einem Prozess der inneren Eskalation bei. Er bringt das innere Schwungrad
des Einzelnen auf Touren.

Während der Antreiber den Konflikt anheizt, hat die Figur des inneren »Teufels« als moralische 585
Instanz die Funktion, den anderen zum allein Bösen zu machen, während das eigene Ich zur Verkörperung des Guten stilisiert wird. Die Immoralität des Gegners wird dabei in einen immer selbst-
verständlicher werdenden Kontrast zum eigenen guten Ich gesetzt. Durch die negative innere
(»Teufels«-) Stimme erfolgt allmählich eine Aufspaltung der Welt in zwei monolithe antagonisti-
sche Blöcke. Die Welt wird geschieden in weiß und schwarz, Opfer und Täter, Freund und Feind,
gut und böse. Handlungen werden aus seinem kreisförmigen Zusammenhang herausgelöst und als
lineare Stimulus-Response-Muster interpunktiert. Das eigene Handeln ist immer nur (gerechte)
Reaktion auf eine Aktion der (bösen) anderen Seite. Die Rollen des Guten und des Bösen sind
mit radikaler Eindeutigkeit verteilt. Zwischenwelten, Zwischentöne, Verbindendes, Gemeinsames,
Zweideutiges, Übergangszonen, Grautöne, die zwischen den extremen Polen liegen, haben in dieser
Welten-Trennung keinen Platz mehr.

Diese negative innere Stimme fordert zu einem entschiedenen Handeln jenseits von Ambivalenz- 586
gefühlen auf. Sie spricht von Schuldgefühlen und schlechtem Gewissen frei. Sie ruft zum gerechten
Kampf gegen das Böse auf, das immer auf der anderen Seite steht und das es mit allen Mitteln – koste
es, was es wolle – niederzuringen gilt. Sie zerstreut Zweifel über das eigene zerstörerische Handeln.
Sie wirkt als Einflüsterer, alle Skrupel über Bord zu werfen. Sie rechtfertigt das eigene zerstörerische
Tun als gerechte Strafe für böses Denken und Handeln der anderen Seite und damit als gut. Sie ist
der Umwerter aller Werte. Gut ist, was schlecht für den Gegner ist. Die **Spaltung** wird immer mehr
zur festen Überzeugung, zum tiefen »Glauben«, der durch nichts mehr zu erschüttern ist.

Die negativen inneren Stimmen treiben als Konfliktbeschleuniger und Konfliktverschärfer einen 587
Spaltungsprozess voran, der die Wahrnehmung zunehmend strukturiert. Es bilden sich stereotype
Wahrnehmungs- und Denkmuster, die sich immer mehr verfestigen.

Mit der Spaltung geht der **Verlust der Empathie** einher. Die Bereitschaft und Fähigkeit zur Einfüh- 588
lung ist durch eine innere Logik außer Kraft gesetzt, wonach Jemand, der so böse ist, kein Mitgefühl
(mehr) verdient. Im Gegenteil, es herrscht Empathieverbot. Einfühlung ist geradezu gefährlich, weil
sie die Kampfbereitschaft schwächen würde.

bb) Die Kommunikation zwischen den Protagonisten

589   In den verbalen Auseinandersetzungen nehmen die negativen Inhalte überhand. Abwertungen, sarkastisch-zynische Kommentare, den anderen lächerlich machen, ätzende Kritik und verletzende Vorwürfe, Vorhaltungen über (weit) zurückliegende Handlungen, Anspielungen, die unter die Gürtellinie gehen, herabwürdigende Demütigungen vor Zuhörern vergiften die Atmosphäre. **Drohungen mit ihrem ultimativem Charakter** tragen zu einer Beschleunigung des Konflikts bei. »Wenn Du nicht (sofort), dann …!« Diese oft weit ins »Feindesland« vorstoßenden Spitzen, die oft nur als Drohgebärden beeindrucken sollen, müssen fatalerweise dann real gemacht werden, aus Angst, sonst nicht mehr ernst genommen zu werden. Jede Drohung schafft Zugzwang. Drohszenen und deren (notgedrungene) Realisierung aus Angst vor Gesichtsverlust sind Öl ins Feuer, das die Eskalation weiter anheizt.

590   Die Gefahr von situativen Eskalationen, bei denen es hoch hergeht und ein Wort das andere ergibt, nimmt zu. In diesen »heißen Szenen« kommt es zum beschleunigten Schlagabtausch. Der Dyaden-Stress, d. h., der zu zweit erzeugte Stress baut sich auf und lässt den ohnehin erhöhten individuellen Stress-Grundpegel nach oben schnellen. »Eine eskalative Kommunikation ist oft die Folge eines hohen, inadäquat bewältigten Stressniveaus seitens eines oder beider Partner.« (*Bodenmann*, 2000, S. 130). Und dieses wird jetzt in einer »Verrücktheit zu Zweit« (Übersetzung des franz. »folie à deux«) noch weit überboten bis zu dem Konflikt-Status, in dem die sprichwörtlichen Sicherungen durchbrennen.

591   Der Qualitätseinbruch der Kommunikation zeigt sich nicht nur inhaltlich in der Wahl der Worte und Argumente, sondern auch im nicht-sprachlichen Bereich jenseits der Worte. Der Tonfall, der ja bekanntlich die Musik macht, wird destruktiver und schärfer. Die paraverbalen Zeichen bestimmen jetzt wirkungsmächtig die Szene. Der Ausdruck von Ablehnung und Aggression in Gestik und Mimik nimmt jetzt zu. Der Körper wird zum »Ton-Träger« und zur »Bild-Fläche« der mächtigen Gefühle, die sich der Protagonisten bemächtigen. Der Konflikt wird körperlich. Der negativen Körpersprache wird eine besonders destruktive Qualität zugeschrieben. Sie erweist sich regelmäßig in Untersuchungen als überaus bedeutsamer Scheidungsprädiktor (*Bodenmann*, 2000, S. 130). Ihre Destruktivität basiert auf ihrem indirekten Charakter. Auf diese Art der maskierten Kommunikation ist schwer zu reagieren, weil sie ihre Kritik nicht mehr klar ausdrückt. Es sind nicht mehr nur Worte, sondern Bilder und diese sind viel schwerer abzuwehren. Worte sind vergänglicher, wie der sprichwörtliche Schall und Rauch – Bilder von der wegwerfenden Geste, vom »bösen Blick« des anderen sind eindringlicher und graben sich oft tief ein. Es sind i. Ü. weniger die Worte als die Fratzen und Schreckens-Bilder, die uns als Kinder Angst gemacht und verfolgt haben. Und so manche haben sich auf der Festplatte unserer Seele eingebrannt als unauslöschliche Erinnerungsspuren, während der Begleit-Text längst gelöscht ist. Mächtige negative Bilder (als Wort-Begleiter) sind nicht nur der Stoff, aus dem der Kinderschrecken gemacht ist. In der negativen Kommunikation des zugespitzten Konflikts geraten wir – wie in Kindertagen – unter den bedrohlichen Druck der schrecklichen Bilder vom anderen. Würden wir über die entsprechenden malerischen Fertigkeiten verfügen, so wären die Darstellungen des Gegners Karikaturen des Bösen, Fratzen und Zerr-Bilder von ihm. Unsere Wahrnehmung, unser inneres Bild von ihm in der Szene ist nur schrecklich. Die Frage ist unentscheidbar, wie schrecklich böse seine Körper-Sprache in der eskalierenden Situation wirklich war und was unserer schöpferischer Beitrag zur Entstellung des Gegners ist. Der eskalierende Konflikt setzt die Kräfte der Regression frei. Der Ich-Status im Streit ähnelt dem von Kindern. Er hat sich im Prozess der Altersregression von dem des reifen Erwachsenen, der über den Dingen steht, weit entfernt. Im Status des Außer-sich-Seins scheinen wir auf ein frühes Entwicklungsalter zurückgeworfen. Die Fähigkeit zum Zuhören, die vernünftige Rede und ein planvolles Handeln sind am Ende. Wir fallen ins Wort, wir überschreien den anderen, wir toben und agieren unsere heftigen Affekte aus.

592   Kampfschweigen und Aus-dem-Feld-gehen als Teil einer auf passiver Entwertung basierenden Kampfstrategie ist nicht weniger problematisch und gefährlich als die offensive Angriffsvariante. Dem anderen den Rücken zukehren ist ein starkes Zeichen. Im Rückzug wenden wir mit der

Kehrtwendung unser Gesicht ab. Aus Zuwendung wird Abwendung – das Gegenteil von Kommunikationsbereitschaft. Abwendung erzeugt Hass.

I. Ü. wird am schweigenden Rückzug eindrucksvoll deutlich, wie sehr die getauschten Zeichen, die   593
Körpersprache im Konflikt zu gravierenden Missverständnissen und Fehlinterpretationen einlädt.
Im besten Fall will derjenige, der sich zurückzieht, mit seinem Abgang nur anzeigen, dass er im Augenblick »nur seinen Frieden haben« will. Er fühlt sich überfordert und will der aufgeladenen Situation entgehen. Er wählt den Fluchtweg statt den des offensiven Kampfes, flight statt fight. Und doch kann seine Abwendung vom anderen als aggressiver Akt erlebt werden. Hinter der empört verzweifelten Formulierung, die man nicht selten hört, dass man »vom anderen einfach so stehen gelassen« worden sei, steckt letztlich nichts anderes als jene Grundangst, vom anderen allein gelassen worden zu sein und dies in einem katastrophalen Seelenzustand.

cc) Die Außenwelt – die Einflussnahme auf Dritte – der Einfluss von Dritten

Während für den Konflikt der ersten Stufe kennzeichnend ist, dass er im privaten Intim-Raum bleibt   594
und allenfalls besonders vertrauenswürdige Personen eingeweiht und als Berater für eine Seite oder
als beiderseitiger Vermittler hinzugezogen werden, drängt der Konflikt auf der zweiten Stufe in die
öffentliche Arena. In Konflikten der ersten Stufe begegnet man der Scham und der Sorge, dass der
Ruf Schaden nehmen könnte, wenn hässliche persönliche Dinge nach außen dringen. Der Konflikt
der zweiten Stufe ist schamlos. Er sucht geradezu das grelle Licht der Öffentlichkeit. Sie wird hergestellt, um den Gegner unter Druck zu setzen und vor aller Augen bloß zu stellen. *Glasl* spricht von
»**Degradierungszeremonien**« (1994, S. 253). Alle sollen sehen, wie er/sie wirklich ist. Er/sie soll vor
aller Welt das Gesicht verlieren. Das Ausbreiten »schmutziger Wäsche« vor anderen ist ein strategischer Zug zur Einschüchterung des Gegners und zur Durchsetzung der eigenen Ziele. So veröffentlichte ein Vater in einem Brief an das Jugendamt die Vergangenheit seiner ehemaligen Partnerin,
die früher als Prostituierte gearbeitet hatte, zum Beweis ihrer moralischen Erziehungsunfähigkeit.
(Interessanterweise hatte er seine eigene Erziehungsfähigkeit nicht infrage gestellt, obwohl er sich
als Freier im Milieu gut auskannte und dort auch seine ehemalige Partnerin kennengelernt hatte.)

Mit der Aufrichtung einer in Gut und Böse gespaltenen Welt werden die sozialen Beziehungen nicht   595
nur neu justiert, sondern andere Personen werden aktiv in den Konflikt einbezogen, um die eigene
Position zu stärken. Dritte werden nicht nur zu moralischen Richtern gemacht, sondern darüber
hinaus als aktiv Handelnde rekrutiert. Dies geschieht häufig durch die Ausübung von emotionalem
Druck z. B. in Form der ultimativen Entweder-oder-Logik: »Wer nicht für mich ist, ist gegen mich«.
Besonders betroffen, weil ihre Loyalität sie in besonderem Maße bindet, sind die Kinder und sonstige Personen aus dem nahen Umfeld (Freunde, Verwandte ...). Dieser Anpassungsdruck setzt sich
auch in den Einladungen an professionelle Helfer zur einseitigen Parteinahme fort.

Eine bedeutsame Rolle spielen **mächtige Geschichten**, um Dritte im gerechten Kampf auf die eigene   596
Seite zu ziehen. Von mächtigen Geschichten geht eine ungeheure Sogwirkung aus aufgrund der starken Emotionen, die sie auslösen. Man kann sich ihnen nicht entziehen. Sie gehen unter die Haut
wie die oben beschriebene Geschichte von Herrn J., der berichtete, dass er nur aus Angst um die
Tochter er die Tür aufgebrochen habe, weil seine Frau der kleinen Tochter ein Messer an die Kehle
gesetzt und sich dann mit ihr ins Badezimmer eingesperrt habe.

Neben solchen Beschreibungen dramatischer Szenen zum Beweis der Bösartigkeit des anderen wird   597
auch immer wieder das Bild einer (schlagartigen) Persönlichkeitsveränderung des ehemaligen Partners nach einem bestimmten Ereignis gezeichnet. »Ab da war er nur noch böse«. Es ist die mächtige
Geschichte in der Form eines **Mythos** von der eigentlich immer schon bestehenden Immoralität
des Gegners im Kontrast zum eigenen guten und vom anderen ausgebeuteten Ich. Der eigenen Opferrolle wird die des böswilligen Täters gegenübergestellt. Eine situationsbezogene Handlung des
Gegners wird aus ihrem sozialen Zusammenhang herausgetrennt (Dekontextualisierung), generalisiert und damit zu einer unveränderlichen individuellen Eigenschaft verfestigt und verewigt. »Sein/

ihr Charakter war immer schon so mies und wird es auch immer bleiben.« Der Konflikt wird zu einer düsteren Krankheitsgeschichte des anderen mit einer hoffnungslosen Zukunft umgeschrieben.

dd) Die Funktionalisierung professioneller Dritter durch mächtige Geschichten

598   Immer wieder trifft man in chronischen (Eltern-) Konflikten auch auf professionelle Dritte, die sich ganz auf eine Seite geschlagen haben. Das Bemühen um eine professionelle Neutralität und Ausgewogenheit ist dann meist aufgrund der Wirkung von mächtigen Geschichten zum Erliegen gekommen. Gerade in den ersten Kontakten wird von beiden Seiten versucht, mittels mächtiger Geschichten Wahrheiten zu platzieren und damit Stimmung und Punkte gegen die andere Partei zu machen. Ist die »Wahrheit« einer mächtigen Geschichte einmal etabliert, legitimiert sie im weiteren Verlauf die Sinnhaftigkeit des eigenen Handelns. Sie ist vor allem in Zeiten hochwirksam, in denen Zweifel laut werden. Die Erinnerung an die mächtige Geschichte sorgt für die Reunion der Zweifler, sie führt auf den rechten Weg gemeinsamer Überzeugung und Entschlossenheit gegen den Gegner zurück – »l'union fait la force«.

599   Im Wesentlichen sind es zwei strukturelle Merkmale, die in mächtigen Geschichten zum Tragen kommen. Auffallend ist ihre Bipolarität. Die Welt zerfällt im Erleben der Protagonisten in zwei Blöcke, die einander antagonistisch gegenüberstehen. Der Welt des Bösen steht eine gute ggü. Das arme Opfer steht dem übermächtigen Täter ggü. Es sind also die beiden inhaltlichen Dimensionen Moral und Aktivität-Passivität, mit denen die Zweiteilung vor allem beschrieben wird. Mit dem Gegensatzpaar aktiv-passiv ist auch das zweite Merkmal angesprochen, die Interpunktion der Ereignisse. Immer ist es die andere Seite, die einen aktiven Auslösereiz für das eigene »nur« reaktive Verhalten gesetzt hat. Der destruktiven Aktivität der anderen Seite wird das eigene Handeln mit seinem ausschließlich defensiven Charakter komplementär zugeordnet. »Ich hab ja nur, weil er/sie ...« ist die gängige Argumentationslogik.

600   Wo professionelle Dritte in den Sog. mächtiger Geschichten geraten, laufen sie Gefahr, einen festen Part im »gerechten Krieg« gegen die »Achse des Bösen« zu übernehmen. Den mächtigen Geschichten auf Klientenseite entsprechen dann ebenso mächtige Schutz- und Rettungsfantasien aufseiten des professionellen Dritten.

601   **Fallbeispiel:** Bei der Auftragsklärung für einen begleiteten Umgang wurde ich von einer Sozialarbeiterin des Jugendamtes mit der Geschichte konfrontiert, ein Mann habe bei einem häuslichen Konflikt im betrunkenen Zustand den Hund der Familie »abgeschlachtet«. Die Darstellung sollte offensichtlich die Gewaltbereitschaft des Mannes belegen, dem man unter diesen Umständen die Kinder nicht schutzlos überlassen könne. Wer gegen ein Tier Gewalt anwendet, der wird dies auch den eigenen Kindern ggü. tun, so die Schlussfolgerung. Bei der Dekonstruktion der Geschichte stellte sich heraus, dass es aufgrund einer Anzeige der Frau eine staatsanwaltschaftliche Untersuchung hinsichtlich der Verletzung des Tierschutzes gegeben hatte. Der Hund war am Tag, an dem der Streit der Eheleute eskalierte, tatsächlich einem Tierarzt mit einer blutenden Wunde vorgestellt worden, die jedoch so minimal war, dass keine Behandlung notwendig war. Ein aktiver Angriff mit einem Messer auf den Hund konnte von ihm definitiv ausgeschlossen werden. Das Verfahren gegen den Mann wurde eingestellt – die blutige Geschichte aber irrlichterte noch lange herum. Die Mitarbeiterin des Jugendamtes hatte die Geschichte praktisch ungefiltert von der Mutter übernommen. Sie wurde neben dem Vorwurf der Alkoholabhängigkeit des Mannes zum zweiten Eckpfeiler für die intendierte Maßnahme. Ein begleiteter Umgang zur Kontrolle – und vielleicht auch Kränkung – des Mannes war offenbar das Ziel seiner Ex-Frau gewesen.

602   Zweifellos ist es eine schwierige Kunst für den professionellen Dritten, sich in diesem Geschichten-Geflecht zwischen Dichtung und Wahrheit eine eigene Sicht der Dinge zu erarbeiten und zu bewahren. Eine allgemeine Folgerung aus der vorgestellten Fall-Geschichte ist es, auf jeden Fall Hypothesen über die Funktion von mächtigen Geschichten zu bilden. Die Schlüsselfrage ist: »Wozu,

zu welchem Handeln soll ich eingeladen werden?« Die naheliegende Funktion von mächtigen Geschichten im Kontext hocheskalierter Konflikte ist, (professionelle) Dritte als Mitstreiter zu gewinnen und für Aktionen gegen die andere Seite zu mobilisieren.

Die Infizierung Dritter durch mächtige Geschichten trägt also ganz wesentlich zur **Ausweitung des**   603
Konfliktsystems in der zweiten Stufe bei. Aber auch das Überengagement Dritter spielt eine Rolle.
Vor allem Herkunftsfamilien und Freundeskreise mit einem hohen Ethos der Zusammengehörigkeit und Solidarität agieren häufig in einem Maß, das eine konstruktive Selbstorganisation des Streitpaares zusätzlich erschwert. Wird z. B. das eigene Familienmitglied in seiner (Ehe-) Beziehung »in Not« gesehen, rückt die Familie in altbewährter Manier zusammen. Die Reihen werden dicht geschlossen und das eigene »Kind« in der gebildeten Wagenburg schützend in die Mitte genommen. Dem Maß an Wiedereinverleibung in die Herkunftsfamilie scheint das Maß an Ausstoßung des »bösen« Teils (Ex-Partner) aus dem Familienkreis spiegelbildlich zu entsprechen. Die Familie bricht den Kontakt zu diesem oft völlig ab. Seine Ausstoßung und seine Schädigung werden Programm. In einem Fall wurde, während der Mann in der Arbeit war, von Mitgliedern der Herkunftsfamilie der Frau Teile der gemeinsamen Wohnung geräumt. Der Mann stand abends konsterniert vor einem leer geräumten Kinderzimmer und sah sich in seinem Urteil über den »üblen Clan« seiner Frau bestätigt. Er selbst hatte freilich schon lange kein gutes Haar mehr an der Familie seiner Frau gelassen, was dazu führte, dass sich seine Frau immer mehr verteidigend vor ihre Familie gestellt hatte.

Auch das Tätigwerden der professionellen Akteure im Rahmen ihrer Rolle trägt unvermeidlicher-   604
weise zur Ausweitung des Konfliktsystems bei. Sie nehmen das staatliche Wächteramt wahr, beraten, schlichten, begutachten, mediieren, begleiten Umgangskontakte, entscheiden, vertreten die Parteien oder das Kind – jede Menge zusätzlicher (wo-)man-power in einem immer unübersichtlicher werdenden Tohuwabohu.

In dieser hochenergetischen Gemengelage von Personen ist die Gefahr von Lagerbildungen und   605
Bündnisgenossenschaften enorm groß. Aus der distanzierten Außenperspektive wäre es ein grober Kunstfehler anzunehmen, dass man es in diesem Stadium noch mit zwei Individuen, zwei »Spielern« zu tun hat. Vielmehr sind es längst zwei komplexe Kraftfelder, die gegeneinander wirken.

Die Lage der professionellen Akteure ggü. den Parteien ist prekär. Nicht nur das Beziehen einer ent-   606
gegengesetzten und damit feindlichen Position wird von beiden Parteien als aggressiver Akt von dritten Personen gewertet. Es genügen bereits uneindeutige Zwischenpositionen, die der Parteinahme für den Feind verdächtigt werden. Mittelwege werden nicht mehr toleriert. Das Einnehmen einer neutralen Warte, die offen ist für die Sichtweisen beider Konfliktparteien, wird bereits als Angriff auf die eigene Position erlebt, gewertet und bekämpft. Die Zeiten, in denen eigene Ambivalenzen möglich und Für-und-wieder-Abwägungen Dritter noch zugelassen und gehört werden können, sind in der zweiten Konfliktstufe vorbei.

Diese Ablehnung einer dritten, von beiden Parteien unabhängigen Position trifft natürlich das   607
Selbstverständnis von Beratern und jener anderen Trennungs- und Scheidungsprofessionen, die eine »mittlere« Position als Kern ihrer Identität und Rolle begreifen. Fritz Simon hat dieses Verbot, eine neutrale dritte Position in hochstrittigen Konflikten einzunehmen, mit folgender Formulierung auf den Punkt gebracht. »Zwischen dem Entgegengesetzten der Kontraktion ist kein Mittleres. Niemand hat die Macht, die dritte Position einzunehmen.« (*Simon*, 2001, S. 277)

Die Aktionen der Professionen nach den Regeln der jeweiligen Kunst sorgen aufgrund der man-   608
gelnden Kooperation häufig nicht für eine Beruhigung der aufgewühlten Atmosphäre, sondern sie heizen ganz im Gegenteil die Situation noch weiter an. Waghalsige Deutungen und Interventionen, parteiliche Stellungnahmen, wechselseitige Expertenschelte, machtvolle Auftritte, die Einschüchterungssprache der anwaltlichen Schriftsätze, das Schweigen der Berater, ökonomische Interessen, ideologische Bekenntnisse ... wirken als zusätzliche Treibstoffe von professioneller Seite für den Konflikt und mehren die Konfusion. Im Durcheinander der Professionen geraten die Kinder bei aller öffentlicher Bekundung des Kindeswohls regelmäßig aus dem Blick. Was zum zentralen Problem

der Elterneskalation geworden ist, der Verlust der Empathie für die Not des Kindes, das zwischen die Fronten geraten ist, reproduziert sich auf fatale Weise schnell auch auf der professionellen Ebene.

609   In der Gesamtschau der Phänomene auf der zweiten Stufe stellt sich die Situation als ein brodelnder Hexenkessel dar mit der Folge einer Radikalisierung der beiden Protagonisten im Denken, Fühlen, Wollen und Handeln auf beiden Seiten. Die Ausweitung des Konfliktsystems mit seinen »vielen Köchen« steigert die unübersichtliche Komplexität des Konflikts. »Die Luft brennt.« Aufgrund der Hochspannung wächst die Gefahr einer symmetrischen Eskalationsdynamik.

610   In Kettenreaktionen reiht sich Vorfall an Vorfall. Der Teufelskreis wechselseitiger Negativwahrnehmung und destruktiver Aktionen beschleunigt und verschärft sich. Es kommt zu einer Kaskade von Vertrauenszusammenbrüchen.

c) Stufe 3: Chronischer Beziehungskrieg – Kampf um jeden Preis

611   »Die Bosheit wird durch Tat erst ganz gestaltet.« (Jago in *Shakespears* »Othello«)

612   »Etwas ruinieren erzeugt unter Umständen genauso viel Gefühl an Selbstwirksamkeit, wie etwas aufzubauen.« (*Rolf Haubl*)

613   Im Folgenden werden einige Merkmale beschrieben, die das Wesen des außer Rand und Band geratenen Konflikts ausmachen:

aa) Der Feind als permanentes inneres Objekt

614   Das Denken, Fühlen, Fantasieren und Wollen kreist jetzt beständig um den Feind. Die Protagonisten werden zu Gefangenen einer Wahrnehmung, die sich mehr und mehr verengt. Nach dem Figur-Grund-Motiv wird die Auseinandersetzung mit dem Feind zur bestimmenden Figur, während alle anderen Lebensbereiche in den Hintergrund rücken. Alles dreht sich um den Feind, wird mit ihm in Beziehung gesetzt. Der (gerechte) Kampf gegen ihn wird zum zentralen Lebensinhalt. Die Fixierung auf den Gegner ist dabei immer weniger an seine Anwesenheit geknüpft. Der Ärger, Zorn über ihn verraucht nicht mehr. Der Feind wird »adherent«. Mann/Frau haftet an ihm und bekommt ihn und den Ärger über ihn nicht mehr los. Der Gegner ist jetzt immer da, ohne wirklich da zu sein für eine echte Auseinandersetzung. Er wird zum ständigen Phantom. Es ist die »Paranoia« des hochstrittigen Konflikts – nicht zu verwechseln mit dem psychotischen Krankheitsbild.

615   Der seelische Eigenraum, als abgeschlossener Bezirk im Bedürfnis nach Autonomie konzipiert ist wie aufgebrochen. Mann/Frau ist nicht mehr Herr/in im eigenen Haus. Der Feind scheint ein Eigenleben zu entwickeln, das sich jeglicher Kontrolle entzieht. Er wird zu einem bösen Plagegeist, zu einem eigenwilligen Dämon, der kommt und geht, wann er will. Damit kehrt ein kritischer Status wieder, der aus meiner Sicht ein Urproblem darstellt, vielleicht sogar den Kern hochstrittiger Konflikte bildet. Das Bedürfnis nach Souveränität und Autonomie steht – wie (früher) im Zusammenleben auf der realen Konfliktebene – durch die Heimsuchungen des Dämons auf dem Spiel.

616   Das Erleben der Permanenz des Feindes schafft eine eigene Not und Verzweiflung. »Wir sind nicht nur wütend über den Schaden, sondern auch darüber, dass der Ärger sich ganz allein in uns entfaltet, denn während wir mit schmerzenden Schläfen auf dem Bettrand sitzen, bleibt der ferne Urheber unberührt von der zersetzenden Kraft des Ärgers, deren Opfer wir sind. Auf der menschenleere inneren Bühne, in das grelle Licht stummer Wut getaucht, führen wir ganz allein für uns selbst für uns ein Drama auf mit schattenhaften Figuren und schattenhaften Worten, die wir unserem schattenhaften Feind entgegenschleudern in hilflosem Zorn, den wir als eisig loderndes Feuer in unserem Gedärm spüren.« (*Mercier*, 2007, S. 432)

bb) Physische Extremzustände – zwischen totaler Erschöpfung und Ekstase

Es gelingt immer weniger, abzuschalten, an etwas anderes zu denken. Auch in Ruhezeiten, die der 617
Erholung dienen sollen, läuft der Film als Endlosschleife mit unverminderter Lautstärke. Es scheint
keine Möglichkeit zu geben, die Stop-Taste oder zumindest den Pausenknopf zu drücken. Der Konflikt verfolgt in den Schlaf. »Schlaflos machen wir Licht und ärgern uns über den Ärger, der sich
eingenistet hat wie ein schmarotzender Schädling, der uns aussaugt und entkräftet.« (*Mercier*, 2007,
S. 432) Schlaflosigkeit und Erschöpfung wechseln mit ekstatischen Erregungszuständen angesichts
der fantasierten Auseinandersetzung mit dem Feind. Vor allem im Vorfeld realer Begegnungen mit
dem Feind z. B. vor einem anstehenden Termin vor Gericht oder vor einem Treffen im Jugendamt
kommt es zu einer dramatischen Aufladung. Von Sloterdijk stammt der zutreffende Satz: »Kämp-
fer leben für die »große Szene«.« (*Sloterdijk*, 2007, S. 83). Solche energetisch hochgeladenen Szenen
bergen neben der Gefahr, verletzt zu werden, eine große Attraktion. Der Auftritt ist die Gelegenheit, die unbändige Wut über den anderen endlich zu entladen. So kann auf der Bühne Beratung,
Gericht, Jugendamt das Angestaute in »großen Szenen« freigesetzt, zum Ausdruck gebracht werden.

cc) Extreme Gefühle

»Konflikt-Stufe 3« ist die Chiffre für einen Zustand extremer Gefühle der Verzweiflung und des 618
Hasses. Es ist das Inferno der Seele, das im Zustand des »Außer-sich-seins« losbricht. Vergleichbar
mit einer Naturkatastrophe, sprengt das Ich, das vor Wut kocht und rast, alle Vorstellungskraft. Die
Kunst scheint mir mit ihren Ausdrucksmitteln geeigneter als die Sprache der Psychologie, um einen
Einblick in die innere Welt mit ihren extremen Gefühlen an der Grenze zum Wahnsinn zu geben. In
Mozarts Zauberflöte finden sich in der Auseinandersetzung der Mutterfigur, der Königin der Nacht
und Sarastro als ihrem männlich-väterlichen Gegenspieler alle wesentlichen Elemente eines hocheskalierten Elternkonflikts, dessen extreme Gefühlslagen in beeindruckender Weise in Wort und Ton
umgesetzt werden. In der berühmten Arie findet das innere Drama der Königin der Nacht seinen
spektakulären Höhepunkt. Es ist das Schauspiel der Explosion, wenn der innere Furor losbricht.
»Der Hölle Rache kocht in meinem Herzen, Tod und Verzweiflung flammet um mich her.« Die
mächtigen Gefühle, die im Hochkonflikt den seelischen Innenraum regelrecht überschwemmen,
drängen nach außen, wollen in Rachehandlungen ausagiert werden. Sie sind der Brennstoff, der die
Energie für die jetzt erst möglichen Zerstörungsaktionen gegen den Feind liefert.

dd) Körperlich empfundener Ekel

Mit diesem Merkmal kommt zum Ausdruck, dass es sich bei der Aversion ggü. dem Gegner um weit 619
mehr handelt als um gedankliche Negativ-Konstruktionen. Insb. im Verbund mit mächtigen Gefühlen scheint sich der Konflikt auf die Sinne auszuweiten. Er bemächtigt sich der Sinneseindrücke
bzw. nimmt sie in seinen Dienst. Die Hassgefühle sind oft verbunden mit einer körperlich empfun-
denen Ablehnung bis hin zu einem geäußerten Ekel-Gefühl ggü. dem Feind. Auch der Ausspruch
einer Mutter weist in diese Richtung. Im Zusammenhang mit den von ihr eigentlich abgelehnten
und nur aufgrund eines Gerichtsbeschlusses umgesetzten Umgangstreffen von Vater und Sohn berichtet sie: »Immer wenn er von ihm kommt, dann riecht er so.« Dies führte folgerichtig immer zu
einer Duschprozedur, wenn der Sohn vom Besuch beim Vater zurückkam.

Der verhasste andere ist jetzt in der Vorstellung weit mehr als nur blasses Bild oder bloßer Gedanke. 620
Sein Erscheinen vor dem inneren Auge wird zu einem Ereignis, das alle Sinne erfasst. Er wird zur
buchstäblichen Sensation. Der andere wird paradoxerweise riechbar, obwohl ich ihn nicht mehr riechen kann. Dem Leiden am sinnlichen Eindringen des (imaginierten) anderen in den Eigen-Raum
z. B. durch seinen erlebten Geruch steht spiegelbildlich die aktive Handlung ggü. Der andere kann
zum Adressaten eines gegen die Sinne gerichteten Ekel-Anschlages werden. Er/sie soll meinen Hass
zu spüren, zu riechen bekommen«. Dies kann in einer vorgestellten Inszenierung passieren wie bei
Frau D., einer kultivierten Frau, die beim Reden über ihren verhassten Ex-Mann so in Rage geriet,

dass sie sich in das folgende Bild hineinsteigerte. »Wenn er sterben würde, ich würde auf sein Grab pissen.« In ihrer Fantasie fügte sie ihrem Ex-Mann eine sinnliche Demütigung über den Tod hinaus zu. Selbst unter der Erde sollte er ihre Verachtung spüren. Ein Beispiel für einen tatsächlich geführten Anschlag auf die Sinne ist der Buttersäureanschlag eines Mannes auf die Wohnung und das Auto seiner verhassten Ex-Frau.

ee) Distanzierung

621   Der körperlich empfundene Ekel vor dem verhassten Gegner ist auch als Ausdruck eines starken Bedürfnisses nach Distanzierung zu sehen. Man hält es in der Nähe des »Teufels« mit seinem »Schwefelgestank« nicht mehr aus. Sie wird gemieden, weil sie unerträglich ist. Umgekehrt wird mit einem Anschlag auf die Sinne des Gegners die Grenze zu seinem Intimraum gewaltsam durchbrochen. Indem »Duftmarken« in seinem Sinnen-Reich gesetzt werden, soll ihm verdeutlicht werden, wie groß der Hass ist und wie groß das Verlangen nach Vergeltung ist, das an der von ihm gezogenen Grenze nicht haltmacht.

622   Für die Betroffenen ist die bloße Vorstellung der Anwesenheit des Feindes oft unaushaltbar. Es hat den Anschein, als wäre die Luft zum Atmen durch seine Präsenz verseucht. Diese atmosphärische Vergiftung könnte der Grund dafür sein, warum direkte Feindkontakte oft gemieden werden. Wer mit Eltern auf dieser Eskalationsstufe in der Beratung zu tun hat, stößt immer wieder auf die Weigerung, gemeinsam mit dem Gegner in einem Raum zu sein. Das Phänomen, dass die verfeindeten Parteien vor einem Gerichtstermin einen möglichst großen Abstand auf dem Flur zueinander suchen, hängt wohl auch damit zusammen, den anderen nicht sehen und riechen zu müssen. Aus dem Auge, aus dem Sinn ist das Motto im Hochkonflikt – einerseits. Auf der sprachlichen Ebene findet die radikale Distanzierung manchmal ihren Ausdruck darin, dass über den/die ehemalige/n Partnerin und Vater bzw. Mutter des gemeinsamen Kindes als »Herr X« bzw. »Frau Y«. gesprochen wird. Jeder Hinweis auf Intimität und Nähe zum anderen in der Vergangenheit soll offenbar ausgelöscht werden. Die Vorstellung der früheren sexuellen (Liebes-) Beziehung, aus der ja das gemeinsame Kind hervorgegangen ist, wird zum Tabu, genauso wie die unerlaubte Vorstellung, dass der andere einmal »gut geschmeckt und gerochen« hat.

ff) Rache durch Verleumdung (»Rufmord«) und Zerstörung

623   Mächtige Gefühle des Hasses in der »inneren Hölle« entwickeln jetzt einen Drang zur Aktion. Das aus dem Hass entspringende tiefe Bedürfnis nach Rache ist das Bindeglied zur aktiven Destruktion. »Feindseligkeiten, die nicht versöhnlich beigelegt wurden, werden in unserem Gedächtnis gespeichert wie in einem Tiefkühlfach. Die Erinnerung bleibt frisch und kalt, weil wir auf eine Gelegenheit warten, um abzurechnen« (*De Waal*, 1991, S. 261). Ein tiefes Rachebedürfnis dient dem Ziel, ein Gleichgewicht des Leids herzustellen. Das (falsch verstandene) alttestamentarische Vergeltungsprinzip des »Aug um Aug, Zahn um Zahn« wird zur dominierenden Maxime.

624   Der Übergang zur »aktiven Negation« markiert den eigentlichen Eintritt in den Zustand des Krieges (*Simon*, 2000, S. 11). Für das zerstörerische Handeln muss der Gegner jedoch erst auf der psychologischen Ebene zugerichtet werden. Dem aktiven, auf Vernichtung abzielenden Handeln geht ein Bilder-Sturm voraus. Alle guten Bilder und positiv getönten Erinnerungen müssen zuerst im inneren Feuer verbrannt werden. In einem Umkehrungsprozess werden Feind-Bilder geschaffen und öffentlich gemacht. Der Gegner wird zum Dämon erklärt, dem unmenschliche bösartige Züge zugeschrieben werden. Ihm werden die Attribute des Menschlichen abgesprochen. Die Würde des Menschlichen wird ihm abgesprochen, er wird zum Tier herabgewürdigt. Die Vernichtung der guten Bilder aus der Vergangenheit, seine Entwertung und Ausstoßung aus dem Menschen-Kreis schafft offenbar erst die moralische Legitimation für die psychische, physische und materielle Vernichtung des Feindes. Jetzt zielen mächtige Geschichten, die in der Öffentlichkeit gestreut, ggü. den Vertretern der Trennungs- und Scheidungsprofessionen oder in Schriftsätzen geäußert werden auf

die soziale Existenz des Gegners. **Verleumdungskampagnen** beabsichtigen den Gesichtsverlust oder gar den »sozialen Tod« des Gegners. Die Verdächtigungen und Verleumdungen zielen im Kontext von Trennung und Scheidung inhaltlich in zwei Haupt-Richtungen. Zum einen ist es der Versuch der Beschädigung oder gar der Zerstörung des anderen als Vater bzw. Mutter im Kampf um das gemeinsame Kind (Eltern-Ebene). Die aktive Negation zielt andererseits auf den Mann/die Frau, um Genugtuung für erlittenes Leid auf der Paar-Ebene zu erlangen (Mann-Frau-Ebene). Im Kriegszustand ist jedes Mittel recht.

– **Vorwurf einer unverantwortlichen Elternschaft**
  Dem anderen wird die Eignung als Mutter/Vater abgesprochen. Der Vorwurf dient als Rechtfertigung für die Total-Ausgrenzung des anderen Elternteils aus dem Leben des Kindes. Der andere wird zur Gefahr für das Kind, zur tickenden Bombe im Leben des Kindes erklärt. Beispiele: »Er hat seinen Hund, der die Kinder anfällt, nicht unter Kontrolle.« »Er hat kein Geländer in seinem Haus, die Kinder können die Treppe hinunterfallen.« Der eingesetzte Vorwurf steht i. d. R. im Zusammenhang mit der Grund-Angst, das Kind im Sorgerechtsstreit an den anderen Elternteil zu verlieren. Er scheint auf zwei Ziele ausgerichtet. Zum einen dient der Vorwurf dazu, sich Dritten ggü. als den besseren ggü. dem schädlichen Elternteil zu empfehlen. Zum anderen hat er die Funktion, den anderen Elternteil einer institutionellen Kontrolle zu unterwerfen. Falls dies gelingt, wird dem anderen im symmetrischen Machtkampf um die Hoheit über das Kind eine schwere Niederlage zugefügt. Aufgrund der erlittenen Demütigung ist ein drastischer nächster Zug der anderen Seite zu erwarten. Im symmetrischen Kampf wird die oben angesprochene Gleichheit des Leids wieder hergestellt.

– **Vorwurf der geplanten Kindesentführung bzw. Wegnahme des Kindes**
  Insb. bei Eltern mit einem Migrationshintergrund taucht dieser Vorwurf bei hocheskalierten Umgangskonflikten relativ häufig auf. Der Vorwurf ist schwer zu widerlegen. Häufig fehlen den professionellen Akteuren aus Gericht, Beratung und Jugendamt die fachlichen Möglichkeiten der Exploration, um die Wahrscheinlichkeit einer Entführung einzuschätzen. Bei einer fehlenden Expertise löst der Vorwurf allzu häufig einen reflexhaften Schutz-Mechanismus aus. Eine quasi-automatisch in Gang gesetzte rigide Kontrollpolitik z. B. in Form eines kontrollierten Umgangs trifft dann den belasteten Elternteil als massiven Angriff auf sein Bedürfnis nach Kontakt und Nähe mit dem eigenen Kind. Die erlebte Verletzung gibt dem Konflikt neue Nahrung und setzt neue Racheimpulse frei.

– **Angriffe auf die sexuelle Integrität** des anderen haben oft ein zweifaches Ziel, einmal den anderen aufgrund seines »unmoralischen Lebenswandels« als Vater/als Mutter zu diskreditieren und zum anderen seine moralische Verkommenheit als Mann oder Frau zu illustrieren. Als im eskalierenden Konflikt zwischen Paul McCartney und seiner damaligen Noch-Frau Hether Mills, Eltern einer gemeinsamen 3-jährigen Tochter, im Sommer 2007 alle Dämme brachen, wurden uralte Softpornos von Frau Mills ausgegraben und Manipulationen an ihrem Lebenslauf aufgedeckt. Geschichten über Mills als Gespielin reicher Araber machten die Runde. Das Bedürfnis nach Zuneigung – »All you need is love« – hatte sich längst in eine öffentliche Hass-Kampagne verwandelt.

– **Vorwurf des sexuellen Missbrauchs**
  Dieser Vorwurf ist gewissermaßen die Atomrakete unter den Angriffswaffen in einem Elternkrieg. Es ist für mich nach vielen Jahren Erfahrung mit dem kontrollierten Umgang als gerichtlich verordnetem Kontrollszenario angesichts des erhobenen Vorwurfs auffallend, wie häufig und wie schnell der in den Raum gestellte Vorwurf i. R. d. Umgangskontakte zwischen Vater und Kind in sich zusammenfällt. Im Kontext hochstrittiger Elternschaft – ich betone diesen speziellen Hintergrund – geht die Anzahl der Fälle, in denen ein Verdacht auf sexuellen Missbrauch längerfristig aufrechterhalten wird, »scharf gegen Null«.
  Skepsis erscheint in erhöhtem Maße angebracht, wenn der Vorwurf erst im späten Verlauf der Konflikteskalation im Zuge der symmetrischen Zuspitzung als späte Trumpfkarte gezogen wird. Zweifel scheinen auch in hohem Maße gerechtfertigt, wenn trotz der massiven Vorwürfe keine fachlich fundierte medizinisch-psychologische Exploration des Kindes von der beschuldigenden Mutter in die Wege geleitet wurde. Aber auch vorgelegte Stellungnahmen sind mit Vorsicht zu

genießen. Gefälligkeitsstellungnahmen von (Haus) Ärzten zur vermeintlichen Auffälligkeit des Kindes infolge eines Übergriffes, z. T. ohne die betroffenen Kinder gesehen, geschweige denn mit dem beschuldigten Elternteil gesprochen zu haben, sprechen dem Kriterium einer angemessenen Fachlichkeit Hohn. *Andritzky* hat sich überaus kritisch zur fragwürdigen Praxis der Stellungnahmen im Kontext von hochstrittigen Elternkonflikten geäußert (*Andritzky*, 2003, S. 795 f.).

– **Bezichtigung des psychischen Terrors und/oder der physischen Gewalt**
Vorwürfe dieser Art unterliegen im Zuge des Gewaltschutzes einer strenger gehandhabten öffentlichen Kontrolle und Sanktionierung. Kehrseite der gesteigerten Aufmerksamkeit und der herabgesetzten Eingriffsschwelle staatlicher Organe gegen gewaltsame Übergriffe ist – leider auch – eine erhöhte Wirkmächtigkeit öffentlich gemachter Anschuldigungen insb. von körperlicher Gewalt. Der zugesagte öffentliche Schutz (Wegweisungsverfügung) **kann**, ausgelöst durch einen Gewalt-Vorwurf als strategisches Kampf-Mittel zur Entfernung und darüber hinaus zur Demütigung des anderen genützt werden. Für die unmittelbar intervenierende dritte Instanz Polizei und später ins Spiel kommende professionelle Akteure ist eine Bewertung des Gewalt-Vorwurfs bei einer symmetrischen Eskalation mit zwei mächtigen Akteuren ein schwieriger, oft unmöglicher Auftrag.

– **Behauptung der Krankhaftigkeit des anderen Elternteils**
Ggü. Dritten wird offensiv eine psychische Erkrankung und/oder eine Suchterkrankung des anderen als Problem-Erklärung vertreten. In den allerwenigsten hochstrittigen Fällen korrespondiert der Vorwurf mit einer psychiatrischen Vor-Geschichte oder einer offensichtlichen psychischen Auffälligkeit. Psychiatrische Krankheitsetiketten sind Wasser auf die Mühlen des hochstrittigen Konflikts.
Eine Aufgabe der Pathologisierung des anderen im Hochkonflikt ist die Individualisierung des Problems. Die Verrücktklärung ist das medizinische Pendant zum moralischen Sündenbock-Mechanismus, also jener moralischen Spezifizierung, die den anderen zum bösartigen Monster macht und so seinen Ausschluss aus der Gemeinschaft rechtfertigt.
Neben der Individualisierung des Problems haben beide Spielarten die weitere Funktion, die Handlungsfähigkeit zu sichern bzw. wieder herzustellen. Wenn man den anderen für »süchtig«, »geistes-krank« oder »bösartig«, »schlecht« erklärt, wird es möglich, das Chaos der eigenen Gefühle und Wahrnehmungen in eine Eindeutigkeit und Einfachheit zu überführen. »So kann nur einer handeln, der böse, schlecht oder krank, süchtig, verrückt ist. Wenn er normal wäre, wäre er ja dazu nicht imstande.« Wer die Umstände so klar und eindeutig – jenseits aller Ambivalenzen – sieht, ist wieder handlungsfähig.

▶ **Beispiel:**

Ein getrennt lebender Mann befürchtete, dass die Mutter der gemeinsamen Tochter die Umgangskontakte zu seiner Tochter aussetzen könnte, nachdem sie einen anderen Mann kennengelernt hatte. Bei einem Besuchskontakt traf er den vom Einkauf zurückkehrenden Freund der Mutter mit einem 5-Liter Kannister Apfelwein an. Dieser wurde zum Kristalisationskern für allerlei Fantasien über den Alkoholkonsum der Mutter und ihres neuen Partners. Die fixe Idee, seine Tochter schutzlos zwei Alkoholikern auszusetzen, trieb ihn dazu, die zuständige Sozialarbeiterin über »die unhaltbaren Zustände« zu informieren. Der Vorwurf und v. a. der Umstand, durch seinen Gang zum Jugendamt ein Aktionsbündnis angezettelt zu haben, verschärfte den Elternkampf dramatisch.

525 In einer kleinen Studie ergab die Auszählung der öffentlich erhobenen Vorwürfe in 30 hochstrittigen Fällen folgende Verteilung:

Öffentlich geäußerter Vorwurf	Anzahl	in %
Vorwurf einer unverantwortlichen Elternschaft	24	25
Angriffe auf die sexuelle Integrität und Immoralität	15	16
Vorwurf der geplanten Kindesentführung, der Wegnahme des Kindes	9	9

Vorwurf des sexuellen Missbrauchs		7	7
Bezichtigung des psychischen Terrors und/oder der physischen Gewalt		17	18
Behauptung der Krankhaftigkeit des anderen Elternteils		23	24
		95	100

Abbildung 9: öffentlich gemachte Vorwürfe

Im Durchschnitt kursierten demnach in jedem Fall mindestens 3 schwere öffentlich gemachte Vorwürfe. Vorwürfe dieser Qualität sind – unabhängig davon, ob sie eine reale Grundlage haben oder »nur« Behauptungen darstellen – immer ein deutlicher Hinweis darauf, dass ein »Kampf um jeden Preis« im Gange ist.   **626**

An professionelle Dritte ergeht häufig die Einladung, die vorgebrachten Vorwürfe durch Stellungnahmen, Gutachten und Beschlüsse fachlich zu untermauern bzw. zu entkräften. Gutachten und Gegengutachten sind strategische Mittel in einem Krieg, der längst zum »symmetrischen Selbstläufer« geworden ist (*Simon*, 2001, S. 227).   **627**

Neben den Vorwürfen, die mittelbar über Dritte auf eine Beschädigung des Rufs, des öffentlichen Ansehens des Gegners abzielen, stehen jene unmittelbaren, direkten Formen der »aktiven Negation« des Feindes in Gestalt von nachweislichen direkten Bedrohungen Aug-in-Aug und realen Gewalt-Handlungen.   **628**

gg) Destruktive Logik – auch um den Preis der Selbstschädigung

Die Schädigung des Gegners wird zunehmend wichtiger als der eigene Nutzen. »Gut ist, was schlecht für ihn/sie ist« wird zur Handlungsmaxime der Parteien in einem unerbittlichen Vernichtungskrieg. Es geht jetzt »um alles«, um die eigene Existenz. »Kriege sind Kämpfe um den Erhalt der Identität, sei es der persönlichen Identität, einer Gruppenidentität, der nationalen Identität. Sie zu verlieren ist gleichzusetzen mit dem Verlust der eigenen Existenz. Es ist das soziale Äquivalent zum physischen Tod des Individuums. Die Idee von Win-win-Situationen hat hier keinen Platz mehr.« (*Simon*, 2001, S. 276) In dieser Logik ist jeder selbst zu zahlende Preis gerechtfertigt.   **629**

Der Kampf wird jetzt **ohne Rücksicht auf beteiligte Dritte** geführt. Sie werden zur Vasallentreue verpflichtet. Insb. sind es die Kinder, die als Spielfiguren verwendet werden. Ihnen wird über »eine teils bewußte, teils unbewußte Programmierung ..., die zum Ziel hat, die Liebe des Kindes zum anderen Elternteil zu zerstören und diesen aus dem Leben des Kindes zu eliminieren«, ein aktiver Part bei der Schädigung zugewiesen (*Kodjoe/Koeppel*, 1998, S. 9).   **630**

Bei dieser Instrumentalisierung kommt es häufig zu einer **Vergegenständlichung** von Kindern. Ihre vitalen Interessen, Bedürfnisse und ihr (Schmerz-) Erleben können von den »Kriegsparteien« nicht mehr ausreichend wahrgenommen werden. In welchem Maß das Kind, seine körperliche und seelische Integrität zum Spielball selbstbezogener Parteieninteressen gemacht wird, zeigt das folgende Beispiel. Eine Sozialarbeiterin berichtete, dass eine umgangsberechtigte Mutter ihrer Tochter Ohrringe gekauft habe. Es wurden Ohrlöcher gestochen, weil sich das Mädchen »richtige« Ohrringe gewünscht hatte. Nach der Rückkehr zum Vater habe dieser die Ohrringe herausgenommen mit der Begründung, dass ihr (der Mutter) ein derartiger Eingriff überhaupt nicht zuständе. Folge: Die Ohrlöcher seien wieder zugewachsen. Die Mutter sei ihrerseits nicht bereit gewesen, die Beschränkung durch den Vater hinzunehmen (»das geht ihn gar nichts an«). Die Stechprozedur erfolgte bei einem späteren Umgangstreffen ein zweites mal. Das Beispiel zeigt, wie sehr das Mädchen und sein Erleben aus dem Blick der Eltern geraten war. Es war zum Objekt des elterlichen Hauens und (Ohr-) Stechens geworden.   **631**

Als letzter Schritt in dieser folie à deux bleibt für manchen nur noch, **im eigenen Untergang den Feind** und alles, was ihm teuer ist, mit **in den Abgrund zu reißen**. Im Extremfall sind es   **632**

Tötungsdelikte, die dieser Logik der verbrannten Erde folgen und das Ende der Eskalationsspirale markieren. Die Tötung des gehassten ehemaligen Partners, die Selbsttötung nicht selten i. V. m. einer Tötung des gemeinsamen Kindes sind Variationen eines fatalen Endes. In den USA betreffen fast drei Viertel aller Morde Täter und Opfer, die Freunde oder Familienmitglieder sind. Bei Tötungsdelikten im Nahraum Familie spielt der kaltblütige Mord eine untergeordnete Rolle. Es ist die impulsive Aggression, die in der symmetrischen Eskalation am Ende das Leben kostet.

633   Im Folgenden sind die wesentlichen Merkmale in einer Übersicht zu den drei Eskalationsstufen zusammengefasst:

Stufe I zeitweilig gegeneinander gerichtetes Reden und Tun	Stufe II verletzendes Agieren und Ausweitung des Konfliktfeldes	Stufe III Beziehungskrieg – Kampf um jeden Preis
• kurze Konfliktepisoden • niedrige emotionale Intensität • geringe Größe des Konfliktsystems **vielfältige Ressourcen** • Fähigkeit des Zuhörens • Fähigkeit zu Empathie und Selbstregulierung • Fähigkeit zur Entschuldigung und zur Verzeihung • Offenheit für deeskalierende Konzepte (z.B. Trennung von Partner- und Elternebene) • Einbeziehung sozial kompetenter (»neutraler«) Dritter ohne Anspruch auf Bündnisgenossenschaft • kommunizierter Rückzug (Auszeit) • kreative Problemlösungen	• der Konflikt wird zum »chronischen« Dauerzustand • Phasen hoher Beschleunigung und zeitlicher Verdichtung von Konfliktereignissen • Leugnung eigener Verantwortung • negative innere Stimmen • Spaltung – stereotype bipolare Erlebensmuster (Freund – Feind, Opfer – Täter, gut – böse) • Verlust der Empathie • Emotionalisierung und Instrumentalisierung von Dritten durch mächtige Geschichten • Degradierungszeremonien • Ausweitung des Konfliktsystems • Lagerbildung und Bündnisgenossenschaften • neutrale Drittpositionen werden nicht erlaubt • symmetrische Eskalationsdynamik	• der Feind als permanentes inneres Objekt • physische Extremzustände – zwischen totaler Erschöpfung und Ekstase • extreme Gefühle, tiefes Rachebedürfnis • körperlicher Ekel • radikale Distanzierung • Entmenschlichung des Gegners als Voraussetzung für den Übergang zur aktiven Zerstörung. Ziel: existentielle Schädigung + Vernichtung des Feindes durch: • Verleumdungskampagnen (»Rufmord«) • reale Gewalt-Handlungen • destruktive Logik – auch um den Preis der Selbstschädigung • der Feldzug wird ohne Rücksicht auf Dritte geführt • Mord und Totschlag, erweiterter Suizid als dramatisches Ende der Gewaltspirale

Abbildung 10: Das 3-stufige Eskalationsmodell – Wesensmerkmale des hochstrittigen Konflikts

8. Die Äußerungsformen des hochstrittigen Konflikts in Bezug zu den acht Paar-Ebenen

634   Mit dem folgenden tabellarischen Überblick soll ein Bezug des hoch eskalierten Trennungskonflikts zu den oben beschriebenen 8-Paar-Ebenen hergestellt werden. Mithilfe der acht Ebenen lassen sich die extremen Äußerungsformen des Hochkonflikts unter inhaltlichen Gesichtspunkten ordnen und verstehen. Anders ausgedrückt. Das 3-stufige Eskalationsmodell war der Versuch, die Dynamik des ausufernden und sich aufschaukelnden Konfliktgeschehens anschaulich zu machen. Die acht Paar-Ebenen ermöglichen dagegen eine statische Betrachtung, auf welchen inhaltlichen Feldern ein (hoch) strittiger Konflikt ausgetragen wird, aber auch, an welchen Bereichen der Elternkrieg (überraschenderweise) vorbeizieht, ohne eine Schneise der Verwüstung zu hinterlassen.

Paarebene	Äußerungsformen
Mann-Frau-Ebene	– Radikale Distanzierung – Bezichtigung des psychischen Terrors und/oder der physischen Gewalt – Physische und psychische Gewalt – Verletzung der sexuellen Integrität durch öffentliche Herabwürdigung und Verbreitung von mächtigen Geschichten sexuellen Inhalts
Werte-Glaubens-Sinn-Ebene	– Verrückterklärung, Pathologisierung als Versuch, dem anderen die Fähigkeit zu einem sinnvollen Leben abzusprechen – Diffamierung des kulturellen Hintergrunds des anderen Elternteils – Entmenschlichung des Gegners
Ästhetik-Ebene	– Körperlicher Ekel – »Anschläge auf die Sinne« – Beleidigungen, die auf das Äußere des Ex-Partners abzielen
Kontakt-Ebene	– Ausstoßung von Schwiegersohns/Schwiegertochter aus dem Familienverband – Bedrohung, Gewalt gegen Personen der »anderen Seite« – Verhinderung des Kontakts des Kindes zu Familienmitgliedern der anderen Seite – »Degradierungszeremonien«, öffentliche Bloßstellung – Der Feldzug ohne Rücksicht auf Dritte
Eltern-Ebene	– Vorwurf einer unverantwortlichen Elternschaft – Umgangsbehinderung und Umgangsvereitelung – Verhinderung des Kontaktes des Kindes zum anderen Elternteil durch Umzug in einen weit entfernten Ort oder durch »Abtauchen« – Versuch, einen neuen Partner als (Ersatz) Vater oder (Mutter) zu installieren bei gleichzeitiger Negierung des entsorgten Elternteils – Entführung des Kindes – Manipulation des Kindes gegen den anderen Elternteil – Koalitions- und Allianzbildung mit dem Kind gegen den anderen Elternteil – Erpressung – Umgang gegen Geld
Haushalts-Ebene	– Plünderung und Verwüstung des ehemals gemeinsamen Heims – »Beschlagnahmung«, Diebstahl von Eigentum des anderen als Faustpfand
Berufs-Ebene	– Aufgabe des Berufs – Leben von Schwarzarbeit – Unhaltbare Ablehnung der Wiederaufnahme einer Berufstätigkeit – Diffamierung des anderen bei seinem Arbeitgeber
Ökonomische Ebene	– Leerräumen gemeinsamer Konten – Erpressung – Geld gegen Umgang – Verweigerung von Unterhaltszahlungen – Verleumdung wegen Steuerhinterhinterziehung, Anzeige bei der Steuerfahndung – Betreiben einer Zwangsversteigerung der gemeinsamen Immobilie

Abbildung 11: Äußerungsformen des hochstrittigen Trennungskonflikts in Bezug zu den acht Ebenen

9. Die Doppelnatur von hochstrittigen Konflikten – die Verantwortung und die Not der Beteiligten im hochstrittigen Konflikt

Die Beteiligten sind einerseits Akteure, die aufgrund ihrer persönlichen Beiträge im Reden und Tun   635
Verantwortung dafür tragen, dass es zum Ausbruch des Konflikts gekommen ist. Sie sind im Weiteren verantwortlich dafür, dass »Böses getan und Gutes unterlassen wurde«, wie es im katholischen Schuldbekenntnis heißt, und sich dadurch der Konflikt weiter verschärft. Ihre Verantwortlichkeit

erstreckt sich also über den Konfliktbeginn hinaus in jene Phase des Konflikts, in der Bemühungen zur Deeskalation noch relativ leicht möglich wären, aber zurückgehalten werden.

636 Irgendwann in der fortschreitenden Eskalation erreicht der Konflikt, was seine Energie angeht, eine kritische Masse. Jetzt beginnt der Konflikt, sein mächtiges Eigenleben zu entfalten, wie der aus der Flasche entwichene Geist. Die bösen Geister, die wir im Kampf gegen den anderen rufen, bemächtigen sich unserer Seele und bestimmen mit Macht unser Handeln.

637 Der Konflikt entzieht sich in diesem fortgeschrittenen Stadium immer mehr unserer Steuerung. Der anschwellende Konflikt entwickelt eine mächtige Eigendynamik. Er lädt sich auf, wird zu einem **sich selbst erhaltenden und sich selbst erweiternden System**, indem er »Nahrung« in Form von negativer Energie aus seiner Umgebung aufsaugt und diese in zusätzliche destruktive Energie umwandelt.

638 Menschen-im-Konflikt laufen jetzt Gefahr, in seinen Sog. zu geraten, einer negativen Kraft, die größer ist als wir es zu erfassen vermögen. Im systemischen Denken ist die Rede von der Selbstorganisation des Konflikts. Er wird zu einer eigenen unabhängigen Größe, gewissermaßen ein eigenständiges »Super-Wesen«, das in diesem Prozess der Aufladung schnell eine Dimension erreicht, in der die Beteiligten zu Spielbällen seiner ungeheuren Energie werden (*Simon*, 2001, S. 226).

639 Wenn hier in der zweiten und dritten Konfliktstufe bizarre und überaus destruktive Handlungen im Hochkonflikt beschrieben wurden, dann geschah das nicht mit dem Ziel, die Menschen in einer Freak-Show als Abart der menschlichen Spezies vorzuführen. Vielmehr sollten die Beschreibungen vor Augen führen, in welcher seelischen und systemischen Notlage sich Menschen befinden, wenn der hochstrittige Konflikt sich ihrer bemächtigt hat. Ich halte wie bereits erwähnt wenig von der Fahndung der Psychologie nach individuellen pathologischen Eigenschaften, die m. E. das Unheil nur vermehrt. Meine Aufmerksamkeit gilt vielmehr der Annahme, dass der Hochkonflikt Ausdruck einer folie à deux, einer in der Eskalation entstehenden und später in »voller Blüte« zu besichtigenden »Verrücktheit zu Zweit« oder richtiger »Verrücktheit der Vielen« ist. Die den Konflikt anheizenden Beiträge von Personen aus dem nahen Umfeld und nicht zuletzt auch der professionellen Akteure wiegen schwer.

640 Nach dem »Blick in den Abgrund«, der sich im Hochkonflikt auftut und der leicht herunterzieht – den Leser solcher Artikel wohl genauso wie den Teilnehmer von Fortbildungen zu diesem Thema –, scheint mir ein das Kapitel abschließender leichterer Blick auf die Menscheleien dringend geboten. Da gibt es die Anekdote über *Winston Churchill*, der zum High Tea eingeladen war. Der Dialog mit der Haus-Herrin ist wie folgt überliefert:

641 Die freundliche Gastgeberin zu ihm: »Wenn Sie mein Mann wären, würde ich ihren Tee vergiften.« Churchill: »Wenn Sie meine Frau wären, würde ich ihn trinken.«

642 Oder noch allgemeinmenschlicher jenseits der ewigen Geschlechterdifferenz ein Bonmot von *Karl Valentin* zur moralischen Lage des Menschen schlechthin: »Der Mensch ist gut – nur die Leute sind schlecht.«

V. Abschlussgedanken: Die Kooperation der professionellen Akteure als Notwendigkeit – eine interdisziplinäre »Trennungskunde«

643 Es ist immer wieder erstaunlich, wie selbst vermeintlich einfache und klare Sachverhalte in einem abgrundtiefen Missverstehen zwischen Menschen enden können. Sender und Empfänger sind dann nicht selten gefangen in einem unentflechtbaren Gestrüpp aus Gemeintem, Gesagtem und Gehörtem, Verstandenem. Das ist nicht nur in verfahrenen nahen Beziehungen wie bei getrennten (Ehe-) Partnern der Fall. Babylonische Sprachverwirrungen machen auch vor den Akteuren der Trennungs- und Scheidungsprofessionen nicht Halt. Je unterschiedlicher und voneinander getrennter die professionellen Kulturen, desto wahrscheinlicher wird ein Aneinander-vorbei-Reden, was natürlich ein erhebliches Hindernis im Hinblick auf Kooperation darstellt (*Alberstötter*, 2005).

Was den Austausch der Vertreter der Rechtskunde und der Akteure aus dem psychosozialen Bereich 644 angeht, bleibt es ein erstaunliches Phänomen, über welch einen langen Zeitraum eine Verständigung über den gemeinsamen Gegenstand ihrer Bemühungen, die (strittigen) Trennungsfamilien, praktisch nicht stattgefunden hat. Die sprichwörtliche Rechte wusste in der Vergangenheit nicht (wirklich), was die Linke dachte und tat – und umgekehrt. Die enormen Reibungsverluste zwischen den Institutionen haben zweifellos viele zerstrittene Eltern in ihrer Trennungsgeschichte zusätzlich belastet und damit zweifellos zur Chronifizierung von hochstrittigen Konflikten beigetragen.

Eine interdisziplinäre Sicht auf Trennung und Scheidung und wichtiger noch eine gemeinsam zu 645 entwickelnde Kooperationspraxis hat erst durch das Cochemer Modell einen kraftvollen Anstoß erfahren. Auch die Bundeskonferenz für Erziehungsberatung hat früh die Entwicklung von Kooperation als einer Haltung und Strategie und als **eine** wesentliche Säule in der Beratung von (hoch) strittigen Elternkonflikten etabliert (*Weber, M.*, 1999; Bundeskonferenz für Erziehungsberatung, 2009).

Die Reform des Familienverfahrensrechts hat diese neue Orientierung, die die Kräfte aus FamG, 646 Jugendamt und Beratung, Mediation, Verfahrensbeistandschaft und Sachverständigen stärker im kooperativen Verbund betrachtet aufgenommen. Das FamFG lässt sich insofern auch als eindeutige Aufforderung an die beteiligten Trennungs- und Scheidungsprofessionen lesen, ihre bisherige Praxis der Zusammenarbeit auf den Prüfstand zu stellen und weiter zu entwickeln.

Die Trennungsfamilie als Unbekannte im Fokus einer (noch fehlenden) »Trennungskunde«. 647

Das immer noch und vielerorts bis in die Gegenwart reichende sprachlose Nebeneinander der Professionen trifft auf einen inneren Zustand, in dem die Professionen selbst sehr mit sich und ihrem eigenen (Un-) Verständnis über den Gegenstand Trennung beschäftigt sind. Die These scheint nicht gewagt, dass sich die einzelnen Disziplinen hinsichtlich ihres Wissens über das Phänomen Trennung erst in einem Anfangsstadium befinden. *Jopt* reklamiert eine sozialpsychologische Perspektive, die die »Trennungsfamilie als eigenständiges Objekt des wissenschaftlichen Interesses ...« versteht. Es dürfe »... nicht länger ignoriert werden, dass es sich bei der Trennungsfamilie um ein originäres Gebilde, ein familiales System mit eigenen Funktionalitäten und Gesetzmäßigkeiten handelt und nicht lediglich um einen Übergangstorso ohne sonderliches Eigenleben, der die Ursprungsfamilie nicht mehr und die neue Familienform (Ein-Elternteil-Familie, Stieffamilie ...) noch nicht angemessen abbildet.« (*Jopt*, 2002, S. 53).

Es scheint mir in diesem Zusammenhang berechtigt, auf die Analogie des Nichtwissens hinzuweisen, 649 was das Verständnis von Trennungseltern **und** der Professionen bezüglich des Gegenstandes Trennung angeht. So wie Trennungsfamilien in einen mächtigen Strudel mächtiger Emotionen geraten, in dem es keinen Halt durch tradierte Vorstellungen und Konzepte gibt, »wie Trennung geht« so stehen auch die Trennungs- und Scheidungsprofessionen mehr fragend als wissend vor dem Rätsel Trennung. Und vergleichbar den Trennungsfamilien selbst, die gezwungen sind, mangels tradierter Vorlagen ihre eigene Form der Trennung zu erfinden, befinden sich auch die verschiedenen Professionen in einem Suchprozess nach möglichen Ausgängen aus dem Trennungs-Labyrinth und ihren eigenen Rollen bei diesem schwierigen Gang. Dabei wird immer deutlicher, wie komplex das System Trennung ist und auf welch unterschiedlichen fachlichen Ebenen Antworten zu suchen sind. Mächtige Gefühle (Trauer, Hass, Rache ...), die vergangene, enttäuschte Liebe und das liebe Geld, Unterhalt und Umgang – Unterhalt gegen Umgang, Rechte haben und Recht bekommen wollen, die Pflicht und das Recht auf Umgang, Hinwirken auf Einvernehmen in Kindschaftssachen, das Wohl des Trennungskindes zwischen den Fronten, zukünftiges Leben zwischen alter und neuer Familie, »Eltern bleiben Eltern«, »Enkel brauchen Großeltern« (nach den Eltern sind die Großeltern oft die wichtigsten Bezugspersonen eines Kindes innerhalb der Familie und im Zuge von eskalierenden Elternkonflikten, in denen Großeltern selbst eine unglückliche Rolle spielen, kann es dazu kommen, dass der Umgang mit den Großeltern »der anderen Seite« verboten wird), die Kooperation der Professionen, »Scheidung light« oder doch »bis dass der Tod uns scheidet«..., ein begriffliches Sammelsurium um das Thema Trennung und Scheidung. Die vielen Parolen und Schlagworte rund um Trennung und Scheidung, verbunden mit impliziten ideologischen Familien-Konzepten, sind ein deutlicher Hinweis auf die unterschiedlichen fachlichen Perspektiven und Ebenen. Trennung ist ein multiples und dementsprechend multi-disziplinäres Phänomen.

650   Wenn seitens der Trennungsprofis die Aufklärung der Eltern als wichtigste Maßnahme vor allem in Sachen Trennungskinder-Schutz gefordert wird (*Jopt*, 2002, S. 73), so ist dies nur die eine Seite der Medaille, weil auch die Aufklärung der Professionen noch in den Kinderschuhen steckt. Trennung – jenes Massenphänomen der Moderne – stellt eine relativ neue und weitgehend noch uneingelöste Herausforderung dar an die unterschiedlichen Disziplinen wie Recht, Sozialarbeit, Psychologie, Pädagogik, Philosophie, Theologie, Biologie, Medizin, Wirtschaftswissenschaften, Anthropologie, Ethnologie, Geschichte … Sie sind gefordert, auf die vielen offene Fragen zur Bewältigung von Trennung Antworten zu suchen und diese zusammenzubinden zum Nutzen der Trennungsfamilie.

651   Diese Sicht, dass die Wissenschaften im Hinblick auf Trennung und Scheidung noch Newcomer sind, schließt natürlich die Trennungs- und Scheidungsprofessionen im engeren Sinne (FamG, Anwaltschaft, Verfahrensbeistände, Sachverständige, Jugendamt, Beratungsstelle) als die unmittelbar Handelnden über Familien-in-Trennung ein. Unwissenheit und aufgeregte Verwirrung kennzeichnet die allgemeine Verfassung im Umgang mit ihnen – (Selbst-) Aufklärung tut Not. Es gibt noch viel zu lernen. Eine **Trennungskunde** mit Beiträgen aus den unterschiedlichen Disziplinen zu diesem komplexen Geschehen »Trennungsfamilie« scheint eine sinnvolle Entwicklungsaufgabe.

652   Für alle Mitspieler auf der »dramatischen Bühne« des paarweisen Zusammenlebens – für die Paare, die unverdrossen am »Wunder der Ehe« basteln, für die Hoffnungsvollen, die darauf setzen, dass beim nächsten mal alles anders und besser wird und last but not least für diejenigen, die als berufsmäßige Beobachter und Akteure ihr Schärflein zum Familienglück beitragen wollen – gilt:

Das Leben ist eine große Suchmaschine

Kapitel 2: Unterhalt

A. Vorbereitung des Unterhaltsverfahrens

I. Einleitung

1. Maßnahmen zur Anspruchserhaltung zugunsten des Unterhalts-berechtigten

1   Das anwaltliche Handeln hat sich bei Mandatsübernahme für einen Unterhaltsberechtigten vor-dringlich auf die Anspruchserhaltung auszurichten. Es sind die Maßnahmen zu ergreifen, die dem Unterhaltsberechtigten den Unterhaltsanspruch in zeitlicher Hinsicht sichern. Es kann zu einem

Haftungsfall führen, wenn ein dem Grunde und der Höhe nach begründeter Unterhaltsanspruch wegen Zeitablaufs nicht durchgesetzt werden kann. Der Unterhaltspflichtige ist deshalb umgehend mit seiner Unterhaltsverpflichtung in **Verzug** zu setzen. Ist dies in rechtswirksamer Weise geschehen, schuldet der Unterhaltspflichtige – ausnahmsweise – ab dem maßgeblichen Zeitpunkt Unterhalt auch für in der Vergangenheit liegende Zeiträume. Grds. gilt, dass für vergangene Zeiträume Unterhalt nicht beansprucht werden kann (praeteritum non vivitur). Unterhalt dient dazu, den laufenden Lebensbedarf zu decken. Macht der Unterhaltsberechtigte Unterhalt nicht geltend, wird davon ausgegangen, dass er sich selbst unterhalten kann (BGH, FamRZ 2005, 1162).

Zugunsten des Unterhaltsberechtigten ist danach sogleich nach Maßgabe der §§ 1613, 1585b BGB vorzugehen. Allein die Fälligkeitsvorschrift des § 1612 Abs. 3 BGB macht das Vorgehen im Wege des Auskunftsverlangens oder der verzugsbegründenden Mahnung nicht entbehrlich (OLG Saarbrücken, MDR 2010, 815). Die §§ 1613, 1585b BGB schaffen die Tatbestandsvoraussetzungen dafür, den Unterhaltspflichtigen überhaupt erst auf Zahlung von Barunterhalt für die Vergangenheit in Anspruch nehmen zu können. Dabei treten die Wirkungen eines Auskunftsverlangens nach § 1613 Abs. 1 BGB unabhängig davon ein, ob im Zeitpunkt des Auskunftsverlangens ein Auskunftsanspruch nach § 1605 BGB bestand oder nicht (OLG Hamm, NJW-RR 2012, 261). Die §§ 1613, 1585b BGB sollen den Unterhaltsberechtigten anhalten, den Unterhalt zeitnah zu fordern. Sie verfolgen zudem den Zweck, den Unterhaltspflichtigen gegen hohe Unterhaltsnachforderungen zu schützen. Dem Unterhaltspflichtigen soll durch die Mahnung deutlich werden, dass er von seiner Unterhaltsverpflichtung nicht mehr durch bloße Nichtleistung des Unterhalts frei wird. **2**

Dieses Vorgehen gewinnt zudem in **Unterhaltssachen** i. S. d. §§ 231 ff. FamFG Bedeutung. Gerichtliche Endentscheidungen werden in diesen Verfahren gem. § 116 Abs. 1 FamFG durch Beschluss getroffen. Deren **Abänderung** vollzieht sich nach § 238 FamFG. Nach § 238 Abs. 3 Satz 1 FamFG ist die Abänderung erst für die Zeit ab **Rechtshängigkeit eines Abänderungsantrages** zulässig. Zugunsten des Unterhaltsberechtigten wird diese **Zeitschranke** jedoch durchbrochen. Gem. § 238 Abs. 3 Satz 2 FamFG ist der auf Erhöhung des Unterhalts gerichtete Abänderungsantrag bereits für die Zeit zulässig, für die nach den Vorschriften des bürgerlichen Rechts Unterhalt für die Vergangenheit verlangt werden kann. **3**

§ 1613 BGB findet auf den gesamten **Kindes- und Verwandtenunterhalt** und gem. §§ 1360a Abs. 3, 1361 Abs. 4 Satz 4 BGB auf den **Familien- und Trennungsunterhalt** sowie den **Anspruch nach § 1615l BGB** Anwendung. Der Betreuungsunterhaltsanspruch nach § 1615l BGB kann auch nur unter den Voraussetzungen des § 1613 Abs. 1 Satz 1 BGB verlangt werden. § 1615l Abs. 3 BGB enthält eine **Rechtsgrundverweisung** auf § 1613 BGB. Dies setzt eine Aufforderung zur Auskunft oder eine Inverzugsetzung voraus (BGH, NZFam 2014, 27 = FamRZ 2013, 1958). Steht der Kindesvater rechtlich fest, muss sich auch die Mutter eines nichtehelichen Kindes an den allgemeinen Regeln festhalten lassen, soweit sie Unterhalt für die Vergangenheit verlangt. Bis zu diesem Zeitpunkt kann sie ohne Einschränkung also auch ohne Auskunftsverlangen bzw. Inverzugsetzung, Unterhalt für die Vergangenheit verlangen, § 1613 Abs. 2 Nr. 2 Buchst. a BGB. § 1613 BGB kommt auch im **vereinfachten Verfahren** nach den §§ 249 ff. FamFG zur Anwendung (OLG Brandenburg, FamRZ 2001, 1078). **4**

Seit dem Inkrafttreten des UÄndG zum 01.01.2008 gilt § 1613 BGB auch für den **nachehelichen Unterhalt**. Nach § 1585b Abs. 2 BGB ist § 1613 Abs. 1 BGB entsprechend anwendbar. **5**

Nach § 1585b Abs. 3 BGB kann **nachehelicher Unterhalt** für eine mehr als ein Jahr vor der Rechtshängigkeit liegende Zeit nach wie vor nur verlangt werden, wenn anzunehmen ist, dass sich der Unterhaltspflichtige der Leistung absichtlich entzogen hat. **6**

Wegen eines **Sonderbedarfs** gilt kraft Verweises in § 1585b Abs. 1 BGB die Regelung des § 1613 Abs. 2 BGB. **7**

§ 1585b BGB verweist einschränkungslos auf § 1613 Abs. 1 BGB. Nachscheidungsunterhalt kann danach entsprechend § 1613 Abs. 1 Satz 2 BGB mit Rückwirkung auf den Monatsersten beansprucht werden, wenn der Unterhaltsanspruch dem Grunde nach zu diesem Zeitpunkt bestanden hat (Wendl/*Gerhardt* § 6 Rn. 101). Zwischen dem Anspruch auf Trennungsunterhalt nach § 1361 BGB und dem Anspruch auf Nachscheidungsunterhalt gem. den §§ 1569 ff. BGB besteht **keine Identität** (BGH, FamRZ 1981, 242, 243; 1988, 370). Das bedeutet gleichzeitig, dass die Mahnung/das Auskunftsverlangen hinsichtlich des Trennungsunterhaltes keine Wirkungen hinsichtlich des Nachscheidungsunterhaltes entfaltet. Wird die Mahnung/das Auskunftsverlangen zu früh, nämlich vor Eintritt der Rechtskraft der Ehescheidung ausgesprochen, ist sie/es wirkungslos (BGH, FamRZ 1988, 370 st. Rspr.). Es ist also eine Mahnung/ein Auskunftsverlangen nach Eintritt der Rechtskraft der Ehescheidung erforderlich. Eine nahtlose Lösung für die Geltendmachung des Nachscheidungsunterhalts ergibt sich nur, wenn dieser im Verbund mit der Ehescheidung (§ 137 FamFG) beantragt wird, denn der Verbundbeschluss kann immer nur in die Zukunft wirken. Zudem besteht die Möglichkeit, den Ehegattenunterhalt im Wege der einstweiligen Anordnung nach § 246 FamFG geltend zu machen.

8   Ebenso wie Trennungs- und Nachscheidungsunterhalt nicht identisch sind, ist auch der Anspruch auf **Familienunterhalt** nach § 1360 BGB nicht mit dem Anspruch auf Trennungsunterhalt nach § 1361 BGB identisch (Bamberger/Roth/*Beutler* § 1361 Rn. 1). Eine zur Vorbereitung des Getrenntlebens während des Bestehens der häuslichen Gemeinschaft ausdrücklich auf Trennungsunterhalt gerichtete Mahnung ist wirkungslos.

2. Maßnahmen zur Anspruchsbegrenzung zugunsten des Unterhaltspflichtigen

9   Aufseiten des Unterhaltspflichtigen kann sich die Frage stellen, ob, in welchem Umfang und ab welchem Zeitpunkt er eine bestehende **Unterhaltsregelung** (Vereinbarung, Urteil/Beschluss, Vergleich, notarielle Urkunde, Jugendamtsurkunde) abändern kann.

10   Wie die Praxis zeigt, haben viele Parteien keine konkrete Kenntnis davon, ob ein **Unterhaltstitel** vorliegt und welcher Art er ist. Es gilt dies zu ermitteln, damit der richtige verfahrensrechtliche Weg beschritten werden kann.

11   Es stellt sich für ihn ferner das Problem, die der bisherigen Unterhaltsregelung zugrunde gelegten Verhältnisse zu ermitteln. In jedweder Abänderungslage muss ausgehend von den bisherigen Grundlagen beurteilt werden, welche Veränderungen diese **Grundlagen** zwischenzeitlich erfahren haben. Vielfach gibt der Inhalt der Unterhaltsregelung dazu umfassend, jedenfalls teilweise Auskunft. Ansonsten muss versucht werden, aus sonstigen Unterlagen oder über Akteneinsicht die ergänzenden Fakten zu gewinnen.

12   Um Kenntnis über die aktuellen Einkommens- und Vermögensverhältnisse des Unterhaltsberechtigten zu erhalten, steht auch dem Unterhaltspflichtigen in dem jeweiligen Unterhaltsrechtsverhältnis der **unterhaltsrechtliche Auskunftsanspruch** zu. Der maßgebliche Anspruch nach § 1605 BGB umfasst auch den Beleganspruch, der indes gesondert geltend gemacht werden muss.

13   Im Blick auf das neue Unterhaltsrecht und die höchstrichterliche Rechtsprechung zu den §§ 1570, 1578b BGB kann es für den Unterhaltspflichtigen besonders bedeutsam sein, für ein Abänderungsverlangen die notwendigen Tatsachen in Erfahrung zu bringen. Insoweit hilft der Auskunftsanspruch nicht weiter. Erkenntnisse können jedoch aus früheren Vorgängen etwa zur Arbeits- und Lebensbiografie des Unterhaltsberechtigten gewonnen werden.

14   Soweit gerichtliche Unterhaltsentscheidungen abzuändern sind, ist den maßgeblichen §§ 238, 239 oder 240 FamFG Rechnung zu tragen. Das neue Recht beseitigt nämlich eine in der bisherigen Rechtslage vorhandene Ungleichbehandlung zwischen dem Unterhaltsberechtigten und dem Unterhaltspflichtigen hinsichtlich der Zeitsperre für die Abänderung eines Urteils/Beschlusses, das/der laufenden Unterhalt zugesprochen hat. Soll ein Unterhaltsbeschluss nach neuem Recht abgeändert werden, ist die Abänderung nach § 238 Abs. 3 Satz 1 FamFG grds. erst für die Zeit ab

Rechtshängigkeit des Antrags zulässig. Nach § 238 Abs. 3 Satz 2 FamFG ist nunmehr der **Antrag auf Herabsetzung des Unterhalts** auch zulässig für die Zeit ab dem Ersten des auf ein entsprechendes Auskunfts- oder Verzichtsverlangen des Antragstellers folgenden Monats. Für eine mehr als ein Jahr vor Rechtshängigkeit liegende Zeit kann eine Herabsetzung nicht verlangt werden, § 238 Abs. 3 Satz 3, 4 FamFG. Das Auskunftsverlangen hat spiegelbildlich dem des Unterhaltsberechtigten den Voraussetzungen des § 1613 Abs. 1 BGB zu entsprechen. Die Auskunft ist zu verlangen mit dem Ziel der Herabsetzung des titulierten Unterhalts. Das Verzichtsverlangen ist konkret auf das für gerechtfertigt gehaltene Abänderungsbegehren zu erstrecken. Das ebenfalls zulässige Verzichtsverlangen nach § 238 Abs. 3 Satz 3 BGB ist als sog. **negative Mahnung** auszugestalten. Es hat die Aufforderung an den Unterhaltsberechtigten zu enthalten, teilweise oder vollständig auf den titulierten Unterhalt zu verzichten. Ausreichend ist insoweit darzulegen, dass und aus welchen Gründen nunmehr nur noch ein geringerer Unterhalt geschuldet ist, verbunden mit der ernsthaften Aufforderung an den Unterhaltsberechtigten, die Herabsetzung des Unterhalts zu akzeptieren (OLG Brandenburg, FamRB 2014, 43; OLG Hamburg, FuR 2014, 184).

3. Unterhaltsrechtliche Aufarbeitung der maßgeblichen Einkommens- und Vermögensverhältnisse

In dem ersten Mandantengespräch müssen die Vorbereitungen für das weitere Vorgehen abgesprochen werden. Dies gilt für die Vertretung des Unterhaltsberechtigten wie des Unterhaltspflichtigen gleichermaßen. Von entscheidender Bedeutung für den Erfolg der anwaltlichen Vertretung ist die umgehende Kenntnis von den **Einkommens- und Vermögensverhältnissen** aller an dem Unterhaltsrechtsverhältnis unmittelbar (Eltern – Kinder im Verwandtenunterhalt; Ehemann – Ehefrau im Ehegattenunterhalt; betreuender Elternteil und Kindesvater in Anwendung des § 1615l BGB; Lebenspartner) wie auch nur mittelbar Beteiligten (Großeltern; neuer Lebenspartner, Geschwister). Für die Praxis ist dringend zu empfehlen, zum Zeitpunkt des Einsetzens der Unterhaltsverpflichtung eine Aufstellung zu den Einkünften, aber auch zu den Vermögensverhältnissen, zu fertigen und dazu die entsprechenden Belege beschaffen zu lassen. Hilfreich sind auch ältere Belege, aus denen jedenfalls Rückschlüsse auf aktuelle Verhältnisse gezogen werden können. Es ist nicht unüblich, dass viele Unterlagen im Zuge von Trennung und Scheidung verloren gehen. Es empfiehlt sich, der Mandantin/dem Mandanten einen wie auch immer gestalteten Arbeitsplan an die Hand zu geben. Dieser kann sich an den Darlegungserfordernissen orientieren, die für ein ordnungsgemäßes, vollständiges Verfahrenskostenhilfegesuch notwendig sind. Wengleich die **Vermögensverhältnisse** im Unterhaltsrecht nicht die entscheidende Bedeutung haben, besteht im Blick auf eventuelle güterrechtliche (Zugewinnausgleich) oder sonstige Ausgleichsansprüche (vgl. insoweit die Regelungsgegenstände der §§ 266 bis 268 FamFG) genügend Veranlassung, auch auf diese das erforderliche Augenmerk zu richten. **15**

Steuerrechtliche Erkenntnisse kann ein Ehegatte etwa auch bei den Finanzbehörden erlangen, soweit die Eheleute noch gemeinsam veranlagt worden sind. Ggü. den Banken hat der einzelne Ehegatte ein Auskunftsrecht, wenn etwa eine **Kreditverbindlichkeit** gesamtschuldnerisch begründet wurde. **16**

Vorbehaltlich der Entwicklung in der gerichtlichen Praxis sollte das Vertrauen nicht darauf gesetzt werden, die für die jeweilige Rechtsposition maßgeblichen Umstände und Belege im gerichtlichen Unterhaltsverfahren auf der Grundlage der Auskunftspflichten der Beteiligten nach § 235 FamFG oder von Dritten nach § 236 FamFG noch zu erhalten. Ob und in welchem Umfang von diesen Möglichkeiten Gebrauch gemacht wird, ist völlig offen, auch, welchen Erkenntniswert sie nach Lage des Falles erlangen können. Späte Erkenntnis kann zu Rechtsverlusten führen, wenn etwa Unterhalt in zu geringer Höhe geltend gemacht worden und eine Nachforderung für die Vergangenheit nicht mehr möglich ist. **17**

Eigene, möglichst frühzeitige und umfassende Kenntnis der maßgeblichen Verhältnisse kann Folgewirkungen für das Unterhaltsverfahren haben, wenn ein Beteiligter seine Einkommensverhältnisse **18** nicht vollständig offenbart hat. **Unredlichkeiten im Unterhaltsverfahren** wird in der Praxis zunehmend durch die Anwendung der Verwirkungsvorschriften (§§ 1611, 1579 BGB) begegnet. Das Zurückhalten von Informationen kann nach diesen Vorschriften zur Kürzung, zeitlichen Begrenzung oder gar zum Wegfall des Unterhaltsanspruchs führen.

II. Formulare

1. Muster: Auskunftsverlangen nach § 1613 Abs. 1 BGB verbunden mit dem Beleganspruch nach § 1605 Abs. 1 Satz 2, 3 BGB

19   *[Ort und Datum]*

An

.....

Per Einwurfeinschreiben[1]

Unterhaltsangelegenheit des/der .....[2]

Sehr geehrte .....

namens und in Vollmacht des/der .....[3]

fordere ich Sie hiermit auf, zum Zwecke der Geltendmachung des Unterhaltsanspruchs

für .....[4]

Auskunft über Ihre Einkünfte (laufendes monatliches Erwerbseinkommen unter Einbeziehung aller mit dem Arbeitsverhältnis einhergehenden Zahlungen; Lohnersatzleistungen: Arbeitslosengeld, Krankengeld; Steuererstattungen; Kapitaleinkünfte; sonstige Einkünfte nach § 2 EStG)[5]

für den Zeitraum vom ..... bis zum .....[6]

zu erteilen (§ 1613 Abs. 1 BGB).

Zugleich fordere ich Sie auf, die mitzuteilenden Einkünfte gemäß § 1605 BGB zu belegen.[7]

Dazu sind folgende Unterlagen der Auskunft beizufügen:

Bei Einkünften aus abhängiger Erwerbstätigkeit .....

Bei Einkünften aus selbständiger Erwerbstätigkeit .....

Bei Einkünften aus Vermietung und Verpachtung .....

Bei Einkünften aus Kapitalvermögen .....

Bei Lohnersatzleistungen .....

Der Erledigung dieser Aufforderung wird bis zum ..... entgegengesehen.

Sie sind dem/der ..... nach § ..... BGB zur Zahlung gesetzlichen Unterhalts verpflichtet. Der/Die ..... ist unterhaltsbedürftig, denn Einkünfte zur Sicherstellung des allgemeinen Lebensbedarfs stehen nicht/nur in Höhe von ..... € monatlich zur Verfügung. Um die Höhe des Unterhalts für ..... beziffern und gegebenenfalls gerichtlich geltend machen zu können, ist die Kenntnis Ihrer Einkünfte notwendig.[8]

Unterschrift

1. Zugangsprobleme. Maßgeblicher Zeitpunkt ist der Zugang des Auskunftsbegehrens, der von dem Unterhaltsberechtigten zu beweisen ist. Der Beweis des Zugangs des Auskunftsverlangens kann in Einzelfällen problematisch sein. Es kommt gelegentlich vor, dass der Zugang bestritten wird. Im Regelfall kann jedoch davon ausgegangen werden, dass der normale postalische Versand ausreichend ist. Zeichnet sich jedoch ab, dass der Unterhaltspflichtige sich auf jedwede Weise gegen das

Unterhaltsverlangen zur Wehr setzen wird, ist es angebracht, den Nachweis des Zugangs durch andere Zusendungsarten sicherzustellen.

2. Bezeichnung der Unterhaltsberechtigten. Es empfiehlt sich stets, den oder die Unterhaltsberechtigten bereits im Betreff konkret mit den persönlichen Daten zu bezeichnen, um dem Unterhaltspflichtigen den Umfang seiner Unterhaltspflicht deutlich zu machen.

3. Vertretungsprobleme. Das **volljährige Kind** muss selbst zur Auskunft auffordern oder mahnen (OLG München, FamRZ 1995, 1293). Wird der Unterhalt für ein **minderjähriges Kind** geltend gemacht, muss der Mahnende zur Geltendmachung der Unterhaltsansprüche des Kindes berechtigt sein. § 1629 Abs. 2 Satz 1 BGB schränkt die Vertretungsmacht der Eltern unter Bezugnahme auf § 1795 BGB für Fälle von Interessenkollisionen ein. So liegt es bei Rechtsstreitigkeiten zwischen Eltern und Kind nach § 1795 Abs. 1 Nr. 1 und 3 BGB. Es ist zu unterscheiden:

a. Bestehen der Alleinsorge eines Elternteils Lebt das Kind bei dem Elternteil, der die Alleinsorge ausübt, vertritt dieser Elternteil das minderjährige Kind nach § 1629 Abs. 1 Satz 3 BGB allein. Nach Trennung der Eltern kann dieser den barunterhaltspflichtigen Elternteil zur Auskunft auffordern und mahnen. Dies gilt auch in den Fällen, in denen dem Elternteil die Entscheidung nach § 1628 BGB übertragen worden ist.

b. Bestehen der gemeinsamen elterlichen Sorge Die Geltendmachung von Unterhaltsansprüchen des Kindes bei gemeinsamer elterlicher Sorge durch einen Elternteil gegen den anderen Elternteil ist in § 1629 Abs. 2 Satz 2 BGB geregelt. Die Vorschrift ist eine Ausnahmeregelung ggü. § 1629 Abs. 1 Satz 2 BGB. § 1629 Abs. 2 Satz 2 BGB begründet die Alleinzuständigkeit des Elternteils und die uneingeschränkte Befugnis, die Unterhaltsansprüche des Kindes gegen den anderen Elternteil gerichtlich und außergerichtlich (OLG Hamburg, FamRZ 1981, 490) geltend zu machen. Liegen die Voraussetzungen des § 1629 Abs. 2 Satz 2 BGB vor, ist es nicht notwendig, dass dem anderen Elternteil das Sorgerecht entzogen wird (BT-Drucks. 13/4899, S. 96).

Die Alleinzuständigkeit eines Elternteils wird dadurch begründet, dass sich das Kind in seiner **Obhut** befindet. Der Begriff der Obhut bezieht sich auf das **tatsächliche Betreuungsverhältnis** des Kindes (OLG Düsseldorf, FamRZ 1988, 1092; OLG Stuttgart, FamRZ 1995, 1168). Das Obhutsverhältnis wird zugunsten desjenigen Elternteils begründet, der sich zeitlich überwiegend um die Betreuung des Kindes kümmert. Es kommt darauf an, wo sich der **Schwerpunkt der tatsächlichen Fürsorge und Betreuung** befindet (BGH, FamRZ 2006, 1015; *Oelkers* FamRZ 1997, 779, 782). Ausreichend ist, dass bei gemeinsamer elterlicher Sorge der Anteil eines Elternteils den des anderen geringfügig übersteigt (OLG Düsseldorf, NJW 2001, 3344; zu den Schwierigkeiten bei der Bestimmung des Lebensmittelpunktes i. R. d. sog. Wechselmodells vgl. KG, FamRZ 2003, 53; zur Bestimmung des Bedarfs und zur Haftungsverteilung vgl. BGH, FamRZ 2006, 1015; vgl. ferner OLG Düsseldorf, FamRZ 2001, 1235; FamRZ 1999, 1530; OLG Karlsruhe, OLGR 2006, 552; siehe ferner *Wohlgemuth* FamRZ 2014, 84).

Lässt sich nach Lage des Falles eine eindeutige Bestimmung nicht treffen, hat der Elternteil eine Sorgerechtsregelung zu seinen Gunsten zu erwirken oder die Bestellung eines Pflegers (§ 1909 BGB) herbeizuführen.

Sind die Eltern miteinander verheiratet, leben sie getrennt oder ist eine Ehesache zwischen ihnen anhängig, kann der alleinvertretungsberechtigte Elternteil den Unterhaltsanspruch des Kindes nur in eigenem Namen geltend machen. Anderenfalls tritt der alleinvertretungsberechtigte Elternteil als Vertreter des Kindes auf.

c. Wechsel des Kindes in den Haushalt des anderen Elternteils Probleme bei der Geltendmachung von Unterhalt für das minderjährige Kind treten bei **Obhutswechsel** auf. Auch hier ist zu unterscheiden:

aa. Bestehen der Alleinsorge eines Elternteils Wenn das Kind vom alleinsorgeberechtigten Elternteil zu dem nicht sorgeberechtigten Elternteil wechselt, wird dieser nicht sogleich gesetzlicher Vertreter des Kindes. Dazu muss erst eine abändernde Entscheidung des FamG herbeigeführt werden. Es ändert sich durch den Wechsel aber sogleich die Barunterhaltspflicht, der bislang betreuende Elternteil wird barunterhaltspflichtig.

Die Rspr. ist in diesen Fällen bestrebt, der erfolgreichen Durchsetzung des Anspruchs auf Barunterhalt durch den nunmehr betreuenden Elternteil zum Durchbruch zu verhelfen (s. dazu KG, FamRZ 1989, 537: Nach § 107 BGB bedarf ein beschränkt geschäftsfähiges Kind zu einer Willenserklärung, die ihm nur einen rechtlichen Vorteil bringt, nicht der Einwilligung seines gesetzlichen Vertreters. Die Mahnung eines Minderjährigen ist wirksam. Das Kind kann deshalb auch dem nicht sorgeberechtigten Elternteil Vollmacht erteilen, die Mahnung für das Kind auszusprechen; OLG Karlsruhe, FamRZ 1990, 659, 661: Die Mahnung kann auch durch einen Vertreter ausgesprochen werden. Bei einem einseitigen Rechtsgeschäft ist die Mahnung ohne Vertretungsmacht nach § 180 Satz 1 BGB zwar unzulässig. Jedoch besteht nach § 180 Satz 2 BGB die Ausnahme, dass der Geschäftsgegner einverstanden ist. Sein stillschweigendes Einverständnis liegt vor, wenn der Pflichtige das Tätigwerden des nicht sorgeberechtigten Elternteils nicht zurückweist; OLG Frankfurt am Main, FamRZ 1986, 592: § 177 Abs. 1 BGB ist analog anwendbar. Die Mahnung ist schwebend unwirksam. Nach § 184 BGB wird sie mit Genehmigung rückwirkend wirksam. Der zunächst nicht sorgeberechtigte Elternteil wird dann gesetzlicher Vertreter und kann die Genehmigung – konkludent durch Klageerhebung – aussprechen; OLG Bremen, FamRZ 1995, 1515 und OLG Zweibrücken, FamRZ 1992, 1464: Die den Kindesunterhalt betreffende Mahnung des nicht sorgeberechtigten Elternteils, in dessen Obhut sich das Kind befindet, ist grds. unwirksam und nur in den Fällen des § 180 Satz 2 BGB genehmigungsfähig.

In der Literatur wird auf das Recht nach § 1612 Abs. 2 Satz 3 BGB abgestellt, wonach der Elternteil für die Zeit, in der er das Kind in seinem Haushalt aufgenommen hat, die Art der Unterhaltsgewährung bestimmen kann. Daraus folgt die Berechtigung, die sich daraus ergebenden materiell-rechtlichen Veränderungen in dem Unterhaltsrechtsverhältnis der Eltern geltend zu machen (Eschenbruch/Klinkhammer/*Wohlgemuth* Kap. 3 Rn. 330).

bb. Bestehen der gemeinsamen elterlichen Sorge In dieser Fallkonstellation bestehen keine Probleme, denn durch den Obhutswechsel geht das Alleinvertretungsrecht nach § 1629 Abs. 2 Satz 2 BGB auf den nunmehr betreuenden Elternteil über (zu verfahrensrechtlichen Problemstellungen bei Obhutswechsel vgl. *Norpoth*, FamRZ 2007, 514).

4. Zielsetzung. Das Kindesunterhaltsgesetz – KindUG – vom 06.04.1998 – (BGBl. I S. 666, 667) hat im Anwendungsbereich des § 1613 Abs. 1 BGB die bisherige gesetzliche Regelung um eine weitere Möglichkeit, Unterhalt für die Vergangenheit zu verlangen, ergänzt. Von dem Zeitpunkt an, zu dem der Unterhaltspflichtige zum Zwecke der Geltendmachung des Unterhaltsanspruchs aufgefordert worden ist, über seine Einkünfte und sein Vermögen Auskunft zu erteilen, kann Unterhalt beansprucht werden. Es kommt danach darauf an, dass die Auskunft (vgl. § 1605 BGB) zum Zwecke der Geltendmachung des Unterhaltsanspruchs eines oder mehrerer bestimmter Unterhaltsberechtigter erbeten und benötigt wird. Dem genügt das Auskunftsverlangen nur, wenn es sich auf einen bestimmten Unterhaltsanspruch bezieht, der in der Folge geltend gemacht werden soll (BT-Drucks. 13/7338, S. 53). Ein Auskunftsverlangen über die Einkünfte wird ausreichend sein, wenn nur diese, nicht auch das Vermögen, den Unterhaltsanspruch des Unterhaltsberechtigten bestimmen.

5. Inhalt der Auskunft. Die Auskunft kann zu den Einkünften und zum Vermögen gefordert werden. Maßgeblich sind stets die **laufenden Einkünfte**, aufgrund deren der Unterhalt bemessen wird. Unterhaltsrechtliche Einkünfte sind alle Einkünfte, die dem Unterhaltspflichtigen zufließen, gleich welcher Art diese Einkünfte sind und aus welchem Anlass sie erzielt werden (BGH, FamRZ 1982, 250, 251; 1986, 780; 1994, 228, 230).

Unterhaltsrechtlich relevante Einkünfte können danach sein:
– Einkünfte aus Land- und Forstwirtschaft,
– Gewerbebetrieb,
– selbstständiger Tätigkeit,

- nichtselbstständiger Tätigkeit,
- Kapitalvermögen,
- Vermietung und Verpachtung.

Es liegt also in der Bewertung des Auskunft Fordernden, sein Auskunftsbegehren so konkret wie möglich zu fassen. Dies gilt insb. für den Fall, dass der Unterhaltspflichtige persönlich die Auskunft erteilen soll. Diesem ist vielfach nicht geläufig, was von ihm erwartet wird.

Im Vordergrund stehen regelmäßig die Einkünfte aus nichtselbstständiger Erwerbstätigkeit. Sie umfassen alle Leistungen, die dem Erwerbstätigen aus dem Arbeits- oder Dienstverhältnis zufließen, unabhängig davon, ob sie laufend oder unregelmäßig erbracht werden (BGH, FamRZ 1980, 342; 1982, 250). Einzubeziehen sind alle mit dem Arbeits- oder Dienstverhältnis verbundenen Zusatzzahlungen wie Urlaubs- und Weihnachtsgeld, Ortszuschlag, Mehrarbeitsvergütung, Zulagen, Prämien, Deputate, Spesen und Auslösungen, Trinkgeld, Wegezeitvergütungen, Überlassung eines Firmenfahrzeugs zur privaten Nutzung (zur privaten Nutzung eines Firmenfahrzeugs s. *Romeyko* FamRZ 2004, 242).

6. Auskunftszeitraum. Das Unterhaltsrecht geht von einer durchschnittlichen Ermittlung des Einkommens aus. I. d. R. ist das Einkommen bezogen auf den **Zeitraum eines Jahres** darzustellen. Dabei ist unerheblich, ab welchem Monat die Darstellung der Einkünfte verlangt wird. Entscheidend ist, den Ganzjahreszeitraum ab dem gewählten Zeitpunkt zu erfassen, damit keine unterjährigen Zahlungen unberücksichtigt bleiben.

Die Einkommensverhältnisse sollten immer **möglichst zeitnah** ermittelt werden (BGH, FamRZ 1983, 996). Die Unterhaltsbemessung setzt zwar ab einem bestimmten Zeitpunkt ein, sie hat aber auch in die Zukunft zu wirken. Die aktuellen Einkünfte bilden die Grundlage für die gebotene **Prognoseentscheidung zur voraussichtlichen Entwicklung der Einkommensverhältnisse.** Veraltete Verhältnisse bieten nicht die erforderliche Gewähr für eine konkrete Prognose.

7. Beleganspruch. Über die Höhe der Einkünfte sind **auf Verlangen** Belege vorzulegen. Der Anspruch auf Auskunft ist zu trennen von demjenigen auf Vorlage von Belegen. Dieser ist **gesondert** geltend zu machen und bedarf im Streitfall auch der gesonderten Titulierung (OLG Düsseldorf, FamRZ 1978, 717). Der Beleganspruch geht nicht über den Auskunftsanspruch hinaus (OLG München, FamRZ 1993, 202).

Bei einem Beleganspruch sind die verlangten Belege so genau wie möglich zu bezeichnen, damit die Frage, um welche Belege es sich handeln soll, nicht in das Vollstreckungsverfahren verlagert wird (BGH, FamRZ 1983, 454; OLG Stuttgart, FamRZ 1991, 84).

Der **unselbstständig tätige Unterhaltspflichtige** hat die Lohn- bzw. Gehaltsbescheinigungen i. d. R. für den Jahreszeitraum vorzulegen (BGH, FamRZ 1983, 996). Hinzu kommen ggf. Abrechnungen über Spesen und Auslösungen, Krankengeld-, Arbeitslosengeld-, Arbeitslosenhilfe- oder Rentenbescheide. Ergeben sich Zweifel, ob in diesen Bescheinigungen die tatsächliche Höhe der insgesamt bezogenen Einkünfte erfasst ist, kann die Vorlage des Arbeitsvertrages beansprucht werden (BGH, FamRZ 1994, 28, 29). Dies kommt auch bei einer Beschäftigung im Ausland in Betracht, die mit Spesen, Auslösungen, Auslagenersatz o. Ä. verbunden ist (OLG München, FamRZ 1993, 202, 203). Steuerbescheide, die in dem von der Auskunft umfassten Zeitraum ergangen sind, sowie die zugehörige Steuererklärung sind ebenfalls vorzulegen (BGH, FamRZ 1983, 996).

Von einem **selbstständig Erwerbstätigen** kann die Vorlage von Bilanzen nebst Gewinn- und Verlustrechnungen, der Einkommensteuererklärung und des Einkommensteuerbescheides verlangt werden (BGH, FamRZ 1982, 151, 152; FamRZ 1982, 680, 682 unter 3; FamRZ 1983, 996; OLG Stuttgart, FamRZ 1991, 84). Der Beleganspruch erstreckt sich ebenso auf die Einnahme- und Überschussrechnungen nach § 4 Abs. 3 EStG, ferner auf die Belege zum Bestand und zur Entwicklung des Kapitalkontos sowie zur Höhe der Entnahmen (OLG Stuttgart, FamRZ 1983, 1267).

Der Auskunftsberechtigte hat Anspruch auf Überlassung der Belege, indes im Regelfall nur in Kopie und nicht im Original (OLG Frankfurt am Main, FamRZ 1997, 1296).

Eine Belegpflicht hinsichtlich des Vermögens besteht nicht (OLG Hamburg, FamRZ 1985, 394).

8. Begründung. Dem Adressaten sollte mit einer kurzen Begründung deutlich gemacht werden, aus welchem Grund er als Unterhaltspflichtiger in Anspruch genommen werden soll. Sinnvoll ist auch die Erklärung, ob und in welchem Umfang dem jeweiligen Unterhaltsberechtigten Einkünfte zur Verfügung stehen. Dies macht es dem Unterhaltspflichtigen seinerseits möglich, eine Entscheidung darüber zu treffen, ob und in welchem Umfang er sich dem jeweiligen Unterhaltsverlangen entgegenstellen will oder kann.

2. Muster: Unterhaltsrechtliche Mahnung

20   *[Ort und Datum]*

An

.....

Unterhaltsangelegenheit des/der .....[1]

Sehr geehrte .....

namens und in Vollmacht der .....[2]

fordere ich Sie hiermit auf,

an ...../zu Händen von .....

auf das Konto des/der ..... bei der ..... Bank, BLZ: ....., Konto.-Nr. ....

monatlichen Unterhalt für .....

in Höhe von ..... €[3]

beginnend mit dem 1..... .[4]

monatlich im Voraus, jeweils fällig bis zum 5. Werktag eines Monats,

zu zahlen.

Begründung

Sie sind dem/der ..... nach § ..... BGB zur Zahlung gesetzlichen Unterhalts verpflichtet. Der/Die ..... ist unterhaltsbedürftig, denn Einkünfte zur Sicherstellung des allgemeinen Lebensbedarfs stehen nicht/nur in Höhe von ..... € zur Verfügung. Sie verfügen über Einkünfte in Höhe von monatsdurchschnittlich ..... €. Daraus leitet sich ein Unterhaltsanspruch in Höhe von ..... € ab.

Unterschrift

1. Bezeichnung der Unterhaltsberechtigten. In diesem Punkt gilt das zu Formular Rdn. 19, *M. 2* Gesagte.

2. Vertretungsprobleme. In diesem Punkt können sich die Probleme wie im Formular Rdn. 19, *M. 3* dargelegt einstellen.

3. Mahnungswirkungen. Unterhalt wird auch ab Inverzugsetzung nach den §§ 1613 Abs. 1 Satz 1, 1585b Abs. 2, 286 Abs. 1 BGB geschuldet.

Die Mahnung muss als **ernstliche Aufforderung zur Leistung** die geschuldete Leistung genau bezeichnen. Dem Unterhaltspflichtigen muss die Schuld nicht nur ihrem Grunde nach, sondern nach Umfang und Höhe bekannt gegeben werden. Das macht jedenfalls im Grundsatz eine Bezifferung notwendig (BGH, FamRZ 1984, 163). Es kommt darauf an, dass nach dem Inhalt der Mahnung und den gesamten Umständen des Falles für den Unterhaltspflichtigen klar ist, welchen genauen Unterhaltsbetrag der Unterhaltsberechtigte von ihm fordert.

Bei dem Anspruch auf Kindesunterhalt reicht es nicht aus, wenn dem Unterhaltspflichtigen das Alter des Kindes und die eigenen Einkommensverhältnisse bekannt sind, sodass er mit fachkundiger Hilfe den Unterhaltsanspruch selbst berechnen kann. Unzureichend ist auch die Aufforderung, sich zu erklären, ob er die Unterhaltspflicht anerkenne, zur Unterhaltszahlung bereit sei und den Unterhaltsanspruch beim Jugendamt titulieren lasse (OLG Brandenburg, FamRZ 2004, 560, 561).

Bei **Gläubigermehrheiten** ist bereits im Mahnschreiben der für jeden Berechtigten geforderte Unterhalt zu beziffern. Die Anforderung von Gesamtunterhalt für die Mutter und die Kinder reicht deshalb nicht aus (OLG Hamm, FamRZ 1995, 106; 1997, 1102 LS).

Die Mahnung begründet Verzug nur hinsichtlich des konkret angemahnten Betrages. Ein Teil der Rückstände kann danach verloren sein, wenn der Unterhaltsberechtigte, der die Einkommensverhältnisse des Unterhaltspflichtigen nicht genau kennt, einen zu geringen Betrag angemahnt hat. Die danach zur Vermeidung eines Regresses gebotene Mahnung eines Betrages, der über den tatsächlich geschuldeten Unterhalt hinausgeht, ist wirksam. Sie ist als Aufforderung zu sehen, die tatsächlich geschuldete Leistung zu bewirken (BGH, FamRZ 1983, 352, 355).

Die Aufforderung sollte sich nicht darauf beschränken, Unterhalt i. H. e. bestimmten Betrages »anzumelden«, denn dies lässt den Zeitpunkt offen, ab dem Unterhalt verlangt wird (OLG Karlsruhe, FamRZ 1998, 742).

Ist der Verzug einmal eingetreten, besteht er weiter. Die Mahnung braucht nicht periodisch wiederholt zu werden (BGH, FamRZ 1988, 370).

Die Fortwirkung einer einmaligen Leistungsaufforderung (im entschiedenen Fall für den Trennungsunterhalt) kann nicht unbegrenzt bestehen. Ein Wegfall der wesentlichen Voraussetzungen, die im Zeitpunkt der Mahnung noch bestanden hatten, kann eine erneute Mahnung notwendig machen. Dazu reichen der Ablauf des Trennungsjahres und der Übergang des minderjährigen Kindes zum Vater aus, denn aus dieser Veränderung können sich auch Folgerungen für die Erwerbsobliegenheit des unterhaltsberechtigten Ehegatten ergeben (OLG Bamberg, FamRZ 1990, 1235).

4. Beginn des Unterhaltszeitraums. Nach § 1613 Abs. 1 Satz 2 BGB wird der Unterhalt ab dem Ersten des Monats, in den die bezeichneten Ereignisse (Auskunftsbegehren, Mahnung, Rechtshängigkeit) fallen, geschuldet, wenn der Unterhaltsanspruch dem Grunde nach zu diesem Zeitpunkt bestanden hat. Für den nachehelichen Unterhalt gilt ab dem 01.01.2008 – Inkrafttreten des Unterhaltsrechtsänderungsgesetzes – § 1613 Abs. 1 Satz 2 BGB entsprechend. § 1585b Abs. 2 BGB erklärt § 1613 Abs. 1 BGB für entsprechend anwendbar.

3. Muster: Mehrbedarf

[Ort und Datum] 21

An

.....

Unterhaltsangelegenheit des/der .....[1]

Sehr geehrte .....

namens und in Vollmacht der .....[2]

fordere ich Sie hiermit auf,

an ...../zu Händen von .....

auf das Konto des/der ..... bei der ..... Bank, BLZ: ....., Konto.-Nr. ....

monatlichen Unterhalt für .....

in Höhe von ..... €[3]

sowie als Mehrbedarf für .....[4]

einen monatlichen Betrag von ..... €

jeweils beginnend mit dem 1..... .[5]

monatlich im Voraus, jeweils fällig bis zum 5. Werktag eines Monats,

zu zahlen.

Begründung[6]

Sie sind dem/der ..... nach § ..... BGB zur Zahlung gesetzlichen Unterhalts verpflichtet. Der/Die .....
ist unterhaltsbedürftig, denn Einkünfte zur Sicherstellung des allgemeinen Lebensbedarfs stehen
nicht/nur in Höhe von ..... € zur Verfügung. Sie verfügen über Einkünfte in Höhe von monatsdurchschnittlich ..... €. Daraus leitet sich ein Unterhaltsanspruch in Höhe von ..... € ab.

Das gemeinsame Kind wird ab dem ... den Kindergarten in ..... in der Zeit von ..... Uhr bis ..... Uhr
besuchen. Aus den beigefügten Unterlagen ergeben sich die Berechnungsgrundlagen und die
Höhe der für den Besuch zu entrichtenden Gebühren. Nach den maßgeblichen Berechnungsgrundlagen sind Gebühren in Höhe von ..... € monatlich zu bezahlen.

Die Kindesmutter/der Kindesvater wird als Zahlungspflichtige/r auf den vollen Betrag in Anspruch
genommen.

Für den Mehrbedarf haften die Kindeseltern gemäß § 1606 Abs. 3 Satz 1 BGB anteilig nach ihren
Erwerbs- und Vermögensverhältnissen.
– Vorliegend haben Sie allein den Mehrbedarf sicherzustellen, da die Kindesmutter/der Kindesvater nicht leistungsfähig ist. Er/Sie verfügt nur über Einkünfte von ..... €. Diese liegen unterhalb
  des jedem Elternteil zuzubilligenden Sockelbetrages von ..... €.
– Von Ihnen wird ein monatlicher Teilbetrag von ..... € verlangt. Die Kindesmutter/der Kindesvater
  verfügt über ein anrechenbares Einkommen von ..... €. Auf Ihrer Seite ist von einem anrechenbaren Einkommen von ..... € auszugehen. Unter Einstellung eines jedem Elternteil zuzubilligenden Sockelbetrages von ..... € ergibt sich – unter Berücksichtigung des jeweils einzusetzendes
  Einkommens – eine quotale Einstandspflicht von ..... % auf Seiten der Kindesmutter/des Kindesvaters und von ..... % auf Seiten der Kindesmutter/des Kindesvaters. Dies führt zu einem
  Zahlbetrag von ..... € monatlich.

Unterschrift

1. bis 3. Insoweit wird auf die Ausführungen zu Rdn. 19, *M. 2* und *M. 3*; Rdn. 20, *M. 3* verwiesen.

4. **Bezeichnung des Mehrbedarfs.** Der nach den Richtsätzen der Düsseldorfer Tabelle bemessene
laufende Unterhalt deckt im Einzelfall den gesamten Lebensbedarf des unterhaltsbedürftigen Kindes
nicht ab. Treten Mehrkosten hinzu, die durch die Richtsätze nicht erfasst werden, sind diese neben
dem laufenden Unterhalt als sog. **Mehrbedarf** zu zahlen. Voraussetzung der Zahlungspflicht ist, dass
es sich bei den Mehrkosten um **vorhersehbare, regelmäßig anfallende Mehraufwendungen** handelt
und die Mehraufwendungen **im Interesse des Kindes berechtigt** sind.

Folgende Mehrbedarfspositionen gewinnen praktische Relevanz:

Krankheitsbedingter Mehrbedarf kann durch die Pflegebedürftigkeit eines behinderten Kindes entstehen (BGH, FamRZ 1983, 689).

Mehrbedarf stellen auch die für längere Zeit anfallenden Kosten einer **psychotherapeutischen Behandlung** dar (OLG Düsseldorf, FamRZ 2001, 444).

Der Besuch einer **Privatschule** (OLG Düsseldorf, FamRZ 1991, 806), eines **Internats** kann zu
Mehrbedarf führen (BGH, FamRZ 1983, 48).

Kosten für einen längerfristigen Besuch von Förderunterricht bei einem privaten Lehrinstitut zur Behandlung einer Lese-Rechtschreib-Schwäche können unterhaltsrechtlichen Mehrbedarf begründen. Für den kostenauslösenden Besuch einer privaten Bildungseinrichtung bedarf es jedoch des Vorliegens eines sachlichen Grundes (BGH, FamRZ 2013,1563).

Die Zahlungen für ein privates Repetitorium zur Vorbereitung auf das erste juristische Staatsexamen sind nur dann als Mehrbedarf anzuerkennen, wenn die Universität ein kostenfreies Examensrepetitorium nicht anbietet (OLG Hamm, FamRZ 2014, 222).

Aufwendungen für den von den Studenten zu leistenden Semesterbeitrag erhöhen den Bedarf nicht; sie sind aus dem Regelunterhalt des Studenten zu entrichten (OLG Düsseldorf, FamRZ 2012, 1654).

Betreuungskosten sind als Mehrbedarf zu qualifizieren. Die Höhe des Kindesunterhalts bemisst sich inzwischen nach dem steuerlichen sächlichen Existenzminimum, d. h. nach dem doppelten Kinderfreibetrag. Nach § 27 Abs. 1 SGB XII deckt das Existenzminimum nur die Kosten des notwendigen Lebensbedarfs. Dazu rechnen Betreuungskosten nicht. Kindergartenbeiträge oder vergleichbare Aufwendungen für die Betreuung eines Kindes in einer kindgerechten Einrichtung sind deshalb Mehrbedarf des Kindes. Diese Kosten werden von den Unterhaltsbeträgen, die in den Unterhaltstabellen ausgewiesen sind, unabhängig von der Höhe des sich nach den Tabellen ergebenden Unterhalts nicht umfasst (BGH, FamRZ 2009, 962; zur früheren Rspr. des BGH vgl. FamRZ 2008, 1152; FamRZ 2007, 882). Soweit in Kindergartenbeiträgen bzw. Betreuungskosten auch Verpflegungskosten enthalten sind, sind diese Anteile herauszurechnen. Sie zählen zum notwendigen Lebensbedarf (s. *Viefhues* ZFE 2009, 292; 2008, 284, 286).

Beiträge für die Teilnahme am kulturellen Leben können auch zum Mehrbedarf zu rechnen sein. Dies betrifft etwa Beiträge zu Sportvereinen oder andere Kosten für die verantwortliche Nutzung der Freizeit.

5. Beginn des Unterhaltszeitraums. Insoweit gilt Gleiches wie für den laufenden Unterhalt. Es kann natürlich sein, dass der Zeitraum des laufenden Unterhalts sich von dem unterscheidet, in dem Mehrbedarf anfällt. Ist das Ende des Zeitraums für den Mehrbedarf bereits bekannt oder absehbar, ist dies natürlich zu berücksichtigen.

Die Höhe des Mehrbedarfs kann sich künftig verändern, etwa durch die Ausweitung des Betreuungszeitraums oder durch die Veränderung der Kostenstruktur der Betreuungseinrichtung. Dem ist rechtzeitig Rechnung zu tragen.

6. Darlegung des Mehrbedarfs. Mit der Aufforderung zur Zahlung des Mehrbedarfs sind zugleich zur Unterrichtung des Inanspruchgenommenen und Ermöglichung der Überprüfung des Zahlungsverlangens die den Mehrbedarf nach Grund und Höhe bestimmenden Umstände mitzuteilen. Sinnvoll ist, den Vortrag durch Beifügung der maßgeblichen Belege zu untermauern.

Von besonderer Bedeutung ist die Frage, in welchem Umfang eine wirtschaftliche (Mit-) Verantwortung für den Mehrbedarf besteht. Für den Mehrbedarf haben die Eltern anteilig nach ihren Einkommensverhältnissen aufzukommen (BGH, FamRZ 2009, 962; FamRZ 2008, 1152). In Anwendung des **§ 1606 Abs. 3 Satz 1 BGB** ist eine den Interessen gerecht werdende Lösung zu finden. Vor dem Vergleich der jeweiligen Einkünfte ist der angemessene Selbstbehalt abzuziehen, um bei erheblichen Einkommensunterschieden die sich daraus ergebenden ungleichen Belastungen zugunsten des weniger verdienenden Elternteils zu relativieren (BGH, FuR 2013, 657 = FamRZ 2013, 1563; FamRZ 2009, 962; FamRZ 2008, 1152). § 1606 Abs. 3 Satz 2 BGB hindert nicht die Beteiligung des betreuenden Elternteils an dem Mehrbedarf. Dies gilt auch für ein behindertes Kindes. Mit in Betracht zu ziehen ist bei der Verteilung der Mehrkosten, ob und inwieweit der betreuende Elternteil wegen der Behinderung des Kindes bereits erhöhte Betreuungsleistungen erbringt (BGH, FamRZ 1983, 689).

4. Muster: Sonderbedarf

22   *[Ort und Datum]*

An

.....

Unterhaltsangelegenheit des/der .....[1]

Sehr geehrte .....

namens und in Vollmacht der .....[2]

fordere ich Sie hiermit auf,

an ...../zu Händen von .....

auf das Konto des/der ..... bei der ..... Bank, BLZ: ....., Konto.-Nr. ....

als Sonderbedarf in Gestalt der Kosten für .....[3]

einen Betrag in Höhe von ..... €[4]

zu zahlen.

Begründung[5]

Sie sind dem/der ..... nach § ..... BGB zur Zahlung gesetzlichen Unterhalts verpflichtet.

Das gemeinsame Kind ..... beabsichtigt, ab dem ..... eine ärztlicherseits als notwendig erachtete kieferorthopädische Behandlung bei dem Kieferorthopäden Dr. ...... in ..... zu beginnen.

Für diese als Sondebedarf zu qualifizierenden Kosten haften die Kindeseltern gemäß § 1606 Abs. 3 Satz 1 BGB anteilig nach ihren Erwerbs- und Vermögensverhältnissen.
- Vorliegend haben Sie allein den Sonderbedarf sicherzustellen, da die Kindesmutter/der Kindesvater nicht leistungsfähig ist. Er/Sie verfügt nur über Einkünfte von ..... €. Diese liegen unterhalb des jedem Elternteil zuzubilligenden Sockelbetrages von ..... €.
- Von Ihnen wird ein Teilbetrag von ..... € verlangt. Die Kindesmutter/der Kindesvater verfügt über ein anrechenbares Einkommen von ..... €. Auf Ihrer Seite ist von einem anrechenbaren Einkommen von ..... € auszugehen. Unter Einstellung eines jedem Elternteil zuzubilligenden Sockelbetrages von ..... € ergibt sich – unter Berücksichtigung des jeweils einzusetzendes Einkommens – eine quotale Einstandspflicht von ..... % auf Seiten der Kindesmutter/des Kindesvaters und von ..... % auf Seiten der Kindesmutter/des Kindesvaters. Dies führt zu einem Zahlbetrag von insgesamt ..... €.
- Da die Behandlung sich über einen Zeitraum von ..... Monaten erstreckt, kann der Betrag auch in monatlichen Raten, beginnend mit dem Monat ....., jeweils fällig zum 5. eines Monats im Voraus, geleistet werden.[6]

Unterschrift

1. bis 2. Insoweit wird auf die Ausführungen zu Rdn. 19, *M. 2* und *M. 3* verwiesen.

3. Bezeichnung als Sonderbedarf. § 1613 Abs. 2 Nr. 1 BGB gewährt dem Unterhaltsberechtigten – ausnahmsweise – die Möglichkeit, für die Vergangenheit ohne die Einschränkung nach § 1613 Abs. 1 BGB Erfüllung wegen eines unregelmäßigen außergewöhnlich hohen Bedarfs (Sonderbedarf) zu verlangen. Nach dem Sinn der gesetzlichen Regelung gewinnt in solchen Fällen das Interesse des Unterhaltsberechtigten Vorrang vor dem Vertrauen des Unterhaltspflichtigen, nicht mehr in Anspruch genommen zu werden. Denn der Unterhaltsberechtigte kann einen solchen unregelmäßig auftretenden Bedarf nicht vorausschauend kalkulieren und – wie den laufenden Unterhalt oder seinen Anspruch auf Auskunftserteilung – frühzeitig geltend machen.

Nach Ablauf eines Jahres kann dieser Anspruch jedoch nur geltend gemacht werden, wenn der Unterhaltspflichtige vorher in **Verzug** gekommen oder der Anspruch **rechtshängig** geworden ist.

§ 167 ZPO – Rückwirkung der Zustellung auf den Zeitpunkt der Antragseinreichung – gilt wegen der Verweisung in § 113 Abs. 1 Satz 2 FamFG auch hier.

Sonderbedarf ist nur eine solche Bedarfsposition, die **überraschend und der Höhe nach nicht abschätzbar** auftritt. Unregelmäßig i. S. v. § 1613 Abs. 2 Nr. 1 BGB ist der Bedarf, der nicht mit Wahrscheinlichkeit vorauszusehen war und deswegen bei der Bemessung der laufenden Unterhaltsrente nicht berücksichtigt werden konnte. Ob eine Bedarfsposition zugleich außergewöhnlich hoch ist, lässt sich nur nach den Umständen des Einzelfalls, insb. nach der Höhe der laufenden Unterhaltsrente und den sonstigen Einkünften des Unterhaltsberechtigten, dem Lebenszuschnitt der Beteiligten sowie nach dem Anlass und dem Umfang der besonderen Aufwendungen bestimmen. Letztlich richtet sich die Frage, ob ein Bedarf außergewöhnlich hoch ist, danach, ob und inwieweit dem Unterhaltsberechtigten – bei unterstellter Leistungsfähigkeit des Unterhaltspflichtigen – bei einer Gesamtbetrachtung zugemutet werden kann, den Bedarf selbst zu bestreiten (BGH, FuR 2006, 210 = FamRZ 2006, 612; FamRZ 2001, 1603; FamRZ 1984, 470, 472 unter II 2b bb; FamRZ 1983, 29, 30; FamRZ 1982, 145, 146).

Die Kosten einer Konfirmation oder Kommunion sind deswegen kein Sonderbedarf, weil diese langfristig vorhersehbar und damit nicht unregelmäßig i. S. d. o. g. Rechtsprechung sind (BGH, FuR 2006, 210 = FamRZ 2006, 612).

Zum Sonderbedarf rechnen u. a. die Erstausstattung eines Säuglings (BVerfG, FuR 2000, 25 = FamRZ 1999, 1342); die Kosten einer kieferorthopädischen Behandlung (BGH, FamRZ 1983, 29; die allergiebedingte Anschaffung von Betten (OLG Karlsruhe, FamRZ 1992, 850; nach Lage des Falles kosmetische Operationen (BGH, NJW 2012,1144). Wegen weiterer Sonderbedarfspositionen wird auf FAKomm-FamR/*Klein* § 1613 Rn. 78 ff. verwiesen.

4. Einmalbetrag. Da Sonderbedarf nicht eine monatlich wiederkehrende Position darstellt, wird dieser i. d. R. als Gesamtbetrag verlangt (BGH, FamRZ 1982, 145; OLG Köln, FamRZ 1986, 593).

5. Darlegung des Sonderbedarfs. Mit der Aufforderung zur Zahlung des Sonderbedarfs sind zugleich – entsprechend der Lage beim Mehrbedarf – zur Unterrichtung des Inanspruchgenommenen und Ermöglichung der Überprüfung des Zahlungsverlangens die den Sonderbedarf nach Grund und Höhe bestimmenden Umstände mitzuteilen. Sinnvoll ist, den Vortrag durch Beifügung der maßgeblichen Belege zu untermauern.

Von besonderer Bedeutung ist auch beim Sonderbedarf die Frage, in welchem Umfang eine wirtschaftliche (Mit) Verantwortung beider Elternteile besteht. Für den Sonderbedarf haftet der barunterhaltspflichtige Elternteil nicht zwingend allein. Es kommt auch die Beteiligung des betreuenden Elternteils in Betracht (BGH, FamRZ 1998, 286; 1983, 689). Zu prüfen ist zudem, ob nicht aus dem laufenden Unterhalt Rücklagen gebildet werden konnten.

6. Ratenweise Regelung. Um die Belastung des in Anspruch genommenen Elternteils so gering wie möglich zu halten, kann es angezeigt sein, den Gesamtbetrag zahlbar in monatlichen Raten zu verlangen.

5. Muster: Auskunftsverlangen des Unterhaltspflichtigen für ein Herabsetzungsverlangen

[Ort und Datum]   23

An

.....

Per Einwurfeinschreiben[1]

Unterhaltsangelegenheit der/des .....[2]

Sehr geehrte/r .....

namens und in Vollmacht der/des .....[3]

fordere ich Sie hiermit auf, zum Zwecke der Geltendmachung eines Herabsetzungsverlangens bzw. des Wegfalls des Unterhaltsanspruchs[4]

der/des .....[5]

Auskunft über Ihre Einkünfte (laufendes monatliches Erwerbseinkommen unter Einbeziehung aller mit dem Arbeitsverhältnis einhergehenden Zahlungen; Lohnersatzleistungen: Arbeitslosengeld, Krankengeld; Steuererstattungen; Kapitaleinkünfte; sonstige Einkünfte nach § 2 EStG)[6]

für den Zeitraum vom ..... bis zum .....[7]

zu erteilen (§ 1613 Abs. 1 BGB).

Zugleich fordere ich Sie auf, die mitzuteilenden Einkünfte gemäß § 1605 BGB zu belegen.[8]

Dazu sind folgende Unterlagen der Auskunft beizufügen:

Bei Einkünften aus abhängiger Erwerbstätigkeit .....

Bei Einkünften aus selbständiger Erwerbstätigkeit .....

Bei Einkünften aus Vermietung und Verpachtung .....

Bei Einkünften aus Kapitalvermögen .....

Bei Lohnersatzleistungen .....

Der Erledigung dieser Aufforderung wird bis zum ..... entgegengesehen.

Sie sind nach der Unterhaltsregelung in ..... berechtigt, monatlichen Unterhalt in Höhe von ..... € zu beanspruchen.[9] Der/Die ..... beabsichtigt, ein Abänderungsverfahren durchzuführen mit dem Ziel der Herabsetzung bzw. des Wegfalls der Unterhaltspflicht. Um die Kenntnis der maßgeblichen Einkommens- und Vermögensverhältnisse zu erhalten, bedarf es der hiermit verlangten Auskunft.[10]

Unterschrift[11]

1. Zugangsprobleme. Maßgeblicher Zeitpunkt ist auch für das Herabsetzungsverlangen der Zugang des Auskunftsbegehrens, der von dem Unterhaltspflichtigen notfalls zu beweisen ist. Insoweit wird auf die Erläuterungen zu Rdn. 19, *M. 1* verwiesen.

2. Bezeichnung der Unterhaltsberechtigten. Es empfiehlt sich stets, den oder die Unterhaltsberechtigten bereits im Betreff konkret mit den persönlichen Daten zu bezeichnen, damit frühzeitig klargestellt wird, welcher Unterhaltsberechtigte von dem Abänderungsverlangen betroffen sein kann.

3. Vertretungsprobleme. Vertretungsprobleme aufseiten des Unterhaltspflichtigen dürften sich in dieser Fallkonstellation nicht stellen.

4. Zielsetzung. In dem Anschreiben ist das Ziel des Auskunftsverlangens deutlich zu machen. Dabei sollte auch der Wegfall der Unterhaltspflicht ausdrücklich aufgenommen werden, selbst wenn dies sich später als nicht berechtigt erweisen sollte. Diese Formulierung beugt jedenfalls dem Einwand vor, die Auskunft sei nur zum Zwecke eines Herabsetzungsverlangens verlangt worden und nicht mit dem Ziel des Wegfalls des Unterhaltsanspruchs, sollte dies im Ergebnis gerechtfertigt sein.

5. Bezeichnung der/des betroffenen Unterhaltsberechtigten. In dem Anschreiben sollten ausdrücklich die Unterhaltsberechtigten bezeichnet sein, gegen die sich das Abänderungsbegehren richten soll. Dies sind bei mehreren Unterhaltsberechtigten diejenigen, deren Ansprüche in einem Titel festgelegt worden sind.

6. Inhalt der Auskunft. Es kann auf die Erläuterungen zu Rdn. 19, *M. 5* verwiesen werden.

7. Auskunftszeitraum. Es kann auf die Erläuterungen zu Rdn. 19, *M. 6* verwiesen werden.

8. Beleganspruch. Es kann auf die Erläuterungen zu Rdn. 19, *M. 7* verwiesen werden.

9. Bezeichnung des Unterhaltstitels. Stets sollte der Unterhaltstitel genau bezeichnet werden.

10. Begründung. Dem Adressaten sollte mit einer kurzen Begründung deutlich gemacht werden, aus welchem Grund er als Unterhaltsberechtigter auf Auskunft in Anspruch genommen werden soll.

11. Unterschrift. Das Schreiben ist vom Unterhaltspflichtigen oder seinem Bevollmächtigten zu unterzeichnen.

[Ort und Datum]   24

An

.....

Per Einwurfeinschreiben[1]

Unterhaltsangelegenheit der/des .....[2]

Sehr geehrte/r .....

namens und in Vollmacht der/des .....[3]

fordere ich Sie hiermit auf, zum Zwecke der Geltendmachung eines Herabsetzungsverlangens bzw. des Wegfalls des Unterhaltsanspruchs[4]

der/des .....[5]

hinsichtlich Ihres in dem Unterhaltstitel des Amtsgerichts-Familiengericht- ..... vom ...... Az. ...... titulierten Unterhaltsanspruchs für die Zeit ab ..... auf ihre Rechte

bis zu einem monatlichen Unterhaltsbetrag von ..... Euro

insgesamt zu verzichten.

Begründung

In dem oben bezeichneten Unterhaltstitel ist zu Ihren Gunsten eine Unterhaltsverpflichtung in Höhe von monatlich ..... Euro tituliert.

Dieser Unterhaltstitel beruhte auf folgenden Grundlagen:

Hinsichtlich dieser Grundlagen haben sich folgende nachträgliche Veränderungen ergeben:

Daraus folgt, dass Ihnen ab dem ..... Unterhalt nur noch in Höhe von .....

ab dem ..... überhaupt kein Unterhalt mehr

zusteht.

Im Hinblick darauf fordere ich sie auf, die Herabsetzung Ihres Unterhaltsanspruchs/den Wegfall Ihres Unterhaltsanspruchs für die Zeit ab dem ..... zu akzeptieren. Sie werden gebeten, das entsprechende Einverständnis schriftlich bis zum ...... zu erklären. Jedenfalls wird um Mitteilung gebeten, ob sie an der Titulierung festhalten wollen bzw. in welchem Umfang und ab welchem Zeitpunkt sie eine Änderung des Unterhaltstitels akzeptieren wollen.

Sollte innerhalb der gewährten Frist keine Stellungnahme eingegangen sein, wird die gerichtliche Klärung der Unterhaltsfrage eingeleitet werden.

Unterschrift

Zu den Erläuterungen zu 1-3 wird auf das Vorformular verwiesen.

4. Zielsetzung. Das konkrete Ziel des Verzichtsverlangens sollte bezeichnet werden.

5. Abänderungszeitpunkt. Hier ist der 1.des folgenden Monats zu wählen.

6. Begründung. Diese sollte wie ein Abänderungsbegehren gefasst werden mit den für die Höhe des Unterhaltsanspruchs sich ergebenden Konsequenzen.

7. **Konsequenzen.** Das Verlangen ist unmissverständlich, auch hinsichtlich der geplanten weiteren Vorgehensweise zu formulieren.

8. **Unterschrift.**

B. Einleitung Kindesunterhalt

I. Verfahrensvorschriften nach FamFG

25 Von den neun Büchern des **Gesetzes über die Verfahren in Familiensachen und in den Angelegenheiten der freiwilligen Gerichtsbarkeit** gilt das 2. Buch, die §§ 111 bis 270 FamFG, den Familiensachen. **Besondere Verfahrensvorschriften** für Verfahren in Unterhaltssachen sind im 9. Abschnitt, §§ 231 bis 260 FamFG, geregelt.

Kindesunterhaltssachen sind Verfahren, die die durch Verwandtschaft begründete gesetzliche Unterhaltspflicht betreffen, § 231 Abs. 1 Nr. 1 FamFG. Diese Unterhaltssachen gehören gem. § 112 FamFG in die Kategorie der **Familienstreitsachen.** Für Familienstreitsachen gelten die allgemeinen Vorschriften der ZPO und die Vorschriften der ZPO über das Verfahren vor den LG entsprechend, § 113 Abs. 1 Satz 2 FamFG.

Aber manche Vorschriften der ZPO gelten auch nicht, so z. B. § 227 Abs. 3 ZPO. § 113 Abs. 3 FamFG bestimmt, dass es keine Ferienvergünstigung in Ehesachen und Familienstreitsachen gibt.

Eingeleitet werden die Unterhaltsverfahren nicht durch Einreichung einer Klage, sondern durch einen **Antrag.** An die Stelle der Bezeichnung Prozess oder Rechtsstreit tritt die Bezeichnung **Verfahren** und entsprechend werden Kläger und Beklagter Antragsteller und Antragsgegner genannt. Die Entscheidungen ergehen durch **Beschluss,** §§ 113 Abs. 1, Satz 1, 38 Abs. 1, Satz 1 FamFG und nicht durch Urteil, sodass das korrekte Rechtsmittel insoweit die **befristete Beschwerde** nach §§ 113 Abs. 1, Satz 1, 58 Abs. 1, 63 Abs. 1 FamFG ist.

In Familienstreitsachen gelten gem. § 113 Abs. 1 FamFG die nachfolgenden Vorschriften aus dem **Familienverfahrensgesetz** (FamFG):

– §§ 38, 39, 40 FamFG	Entscheidung durch Beschluss
– §§ 49 bis 57 FamFG	Einstweilige Anordnung
– §§ 58 bis 69 FamFG	Beschwerde
– §§ 70 bis 73 FamFG	Rechtsbeschwerde
– §§ 97 bis 110 FamFG	Verfahren mit Auslandsbezug
– §§ 111 bis 270 FamFG	2. Buch Verfahren in Familiensachen

Gem. § 113 Abs. 3 und 4 gelten in Familienstreitsachen
- die Allgemeinen Vorschriften der Zivilprozessordnung (§§ 1 bis 252 ZPO), mit Ausnahme des § 227 Abs. 3 ZPO;
- die Vorschriften über das Verfahren vor den LG (§§ 253 bis 494a ZPO), soweit sie nicht durch das Familienverfahrensgesetz modifiziert werden.

1. Sachliche Zuständigkeit

26 Die **sachliche Zuständigkeit** der FamG ergibt sich weiterhin aus § 23a Abs. 1 Nr. 1 GVG; für Familiensachen sind die Amtsgerichte zuständig. Unterhaltssachen sind gem. § 111 Nr. 8 FamFG Familiensachen.

2. Örtliche Zuständigkeit

Die **örtliche Zuständigkeit** für Unterhaltsverfahren ergibt sich aus § 232 FamFG. Während der An-   27
hängigkeit einer Ehesache in I. oder II. Instanz ist das Gericht des ersten Rechtszugs für alle Unterhaltsansprüche im Familienverbund zuständig, also für die Unterhaltsansprüche gemeinschaftlicher
minderjähriger oder volljähriger Kinder sowie für Trennungs- und nacheheliche Unterhaltsansprüche des Ehegatten.

Sofern keine Ehesache anhängig ist, knüpft § 232 Abs. 1 Nr. 2 FamFG für die Unterhaltsansprüche
minderjähriger und privilegierter volljähriger Kinder an den gewöhnlichen Aufenthalt des Kindes
oder des handelnden Elternteils an. Zuständig ist das Gericht, in dessen Bezirk die Kinder ihren gewöhnlichen Aufenthalt haben.

Sobald eine Zuständigkeit nach § 232 Abs. 1 FamFG oder § 232 Abs. 2 FamFG begründet ist, geht
sie allen anderen Zuständigkeiten vor (ausschließliche Zuständigkeit).

Ist eine Zuständigkeit nach § 232 Abs. 1 FamFG nicht begründet, knüpft § 232 Abs. 3 FamFG an
die Zuständigkeiten nach den Vorschriften in der Zivilprozessordnung an mit der Maßgabe, dass in
den Vorschriften über den allgemeinen Gerichtstand an die Stelle des Wohnsitzes der gewöhnliche
Aufenthalt tritt. Das bedeutet, dass gem. § 232 Abs. 3 FamFG i. V. m. § 13 ZPO der Gerichtstand
durch den gewöhnlichen Aufenthaltsort des Unterhaltsschuldners bestimmt wird.

Daneben hat ein unterhaltsberechtigter Ehegatte oder ein kinderbetreuender Elternteil nach § 1615
Abs. 1 BGB, sofern ein Verfahren über Kindesunterhalt im ersten Rechtszug anhängig ist, gem.
§ 232 Abs. 3 Nr. 1 FamFG die Möglichkeit, seinen Unterhaltsantrag ebenfalls bei diesem Gericht
anhängig zu machen.

§ 232 Abs. 3 Nr. 2 FamFG bestimmt einen Wahlgerichtstand für den Fall, dass von einem Kind
beide Eltern auf Erfüllung der Unterhaltpflicht in Anspruch genommen werden.

Gem. § 232 Abs. 3 Nr. 3 FamFG ist, wenn der Antragsgegner im Inland keinen Gerichtsstand hat,
das Gericht zuständig, in dessen Bezirk der Antragsteller seinen gewöhnlichen Aufenthalt hat.

Sofern der Antragsteller eine Wahl bei der Zuständigkeit des Gerichts hat, führt das ausgeübte Wahlrecht zu einer ausschließlichen Zuständigkeit des angerufenen Gerichts.

Die zunächst gem. § 232 FamFG begründete **Zuständigkeit wechselt**, wenn während der Anhängigkeit einer Unterhaltssache nach § 231 Abs. 1 Nr. 1 FamFG eine Ehesache rechtshängig wird. In
diesem Fall ist die Unterhaltssache gem. § 233 FamFG an das Gericht der Ehesache abzugeben.

3. Anwaltszwang

Eine der wesentlichen Änderungen, die das FamFG mit sich brachte, war die Einführung des **An-**   28
waltszwangs in den Unterhaltssachen. Die Einführung des **Anwaltszwangs** begründete der RegE
zum Familienverfahrensgesetz damit, dass das Unterhaltsverfahren wegen seiner erheblichen Auswirkungen und häufig existenziellen Folgen sowie der ständig zunehmenden Komplexität des materiellen Rechts nicht mehr allein durch die Beteiligten selbst geführt werden könne (Gesetzentwurf der
Bundesregierung FGG-Reformgesetz – FGG-RG S. 495). Nach § 114 Abs. 1 FamFG müssen sich
die Beteiligten in selbstständigen Familienstreitsachen durch einen Rechtsanwalt vertreten lassen.
Gegen den vertretenen Beteiligten kann gem. § 113 Abs. 1 Satz 2 i. V. m. §§ 330 ff. ZPO auf Antrag
ein **Versäumnisbeschluss** erlassen werden.

Kein Anwaltszwang besteht in den Verfahren der einstweiligen Anordnung (§ 114 Abs. 4 Nr. 1
FamFG), im Verfahren über die Verfahrenskostenhilfe (§ 114 Abs. 4 Nr. 5 FamFG) und im vereinfachten Verfahren zur Festsetzung von Unterhalt minderjähriger Kinder (§ 114 Abs. 4 Nr. 6 FamFG
i. V. m. § 78 Abs. 3 ZPO, § 257 FamFG).

4. Verfahrenswert

29 Der Verfahrenswert richtet sich nach § 51 FamGKG. Für den Verfahrenswert ist der für die ersten 12 Monate nach Einreichung des Unterhaltsantrages geforderte Betrag maßgeblich, höchstens jedoch der Gesamtbetrag der geforderten Leistung.

Bei Verfahren nach § 1612a–§ 1612c BGB bestimmt sich der Verfahrenswert nach dem Betrag, der bei Einreichung des Antrags als Mindestunterhalt gefordert werden könnte.

Hinzuzurechnen sind jeweils die bei Einreichung des Antrages fälligen Beträge (Unterhaltsrückstände), § 51 Abs. 2 FamGKG.

Der Verfahrenswert ermittelt sich nach § 51 FamGKG wie folgt:

Statischer Unterhalt	§ 51 Abs. 1 Satz 1 FamGKG	12 × Unterhaltsbetrag
Dynamischer Unterhalt	§ 51 Abs. 1 Satz 2 FamGKG	12 × der Wert des Mindestunterhalts[*] nach der bei Antragsstellung maßgeblichen Altersstufe
Rückstände	§ 51 Abs. 1 Satz 2 FamGKG	Jeweils zuzüglich eventueller Rückstände
Einstweilige Anordnung	§ 41 Satz 2 FamFG	Die Hälfte des für die Hauptsache bestimmtem Wertes – Vgl. Kap. 13 Rdn. 134.

[*] Der Verfahrenswert wird mit dem Zahlbetrag der untersten Einkommensgruppe nach der Düsseldorfer Tabelle (= Mindestunterhalt abzüglich hälftigem Kindergeld) ermittelt. Vgl. Kap. 13 Rdn. 145.

5. Sofortige Wirksamkeit

30 § 116 Abs. 3 Satz 1 FamFG bestimmt, dass Endentscheidungen in Familienstreitsachen erst mit Rechtskraft wirksam werden. Das Gericht kann gem. § 116 Abs. 3 Satz 2 FamFG die sofortige Wirksamkeit anordnen mit der Folge einer sofortigen Vollstreckbarkeit nach § 120 Abs. 2 FamFG. Nach § 116 Abs. 3 Satz 3 FamFG soll das Gericht die sofortige Wirksamkeit anordnen, soweit die Entscheidung eine Verpflichtung zur Leistung von Unterhalt enthält. Die Ausgestaltung als Soll-Vorschrift bringt die Bedeutung des Unterhalts zur Sicherung des Lebensbedarfs zum Ausdruck.

Die Vorschrift des § 116 Abs. 3 Satz 3 FamFG ist von Amts wegen zu beachten, sodass ein entsprechender Antrag grds. entbehrlich ist. Das Gericht hat die Voraussetzungen der Anordnung der sofortigen Wirksamkeit nach pflichtgemäßem Ermessen zu prüfen. Eine Güterabwägung ist jedoch nur dann möglich, wenn die Beteiligten entsprechend vortragen.

Der Antragsteller sollte also entsprechend vortragen, dass er zur Sicherung seines laufenden Bedarfs dringend auf die monatlichen Unterhaltszahlungen angewiesen ist. Bezüglich der Rückstände könnte auf die Inanspruchnahme von teuren und ausgeschöpften Überziehungskrediten hingewiesen werden

Der Antragsgegner kann beantragen, dass die sofortige Wirksamkeit nicht angeordnet wird, weil kein dringendes Bedürfnis an der sofortigen Vollstreckung besteht. Zumindest hinsichtlich der rückständigen Unterhaltsansprüche sollte er beantragen, dass die sofortige Wirksamkeit nur für den laufenden Unterhalt angeordnet wird. Insb. wenn Ansprüche nach SGB II oder UVG übergegangen sind, ergibt sich aus Sicht des Unterhaltsschuldners kein dringendes Bedürfnis an der sofortigen Wirksamkeit.

6. Verfahrenskostenhilfe – PKH

Gem. § 113 Abs. 1 FamFG gelten die Vorschriften über die PKH der §§ 114 bis 127a ZPO und   31
nicht die Vorschriften der §§ 76 ff. FamFG über die Verfahrenskostenhilfe, vgl. Kap. 1 Rdn. 127 ff.

7. Verfahrensrechtliche Auskunftspflicht

Das aus § 643 ZPO a. F. bekannte und selten genutzte Auskunftsrecht des Gerichts erfährt durch   32
die Regelung in den §§ 235, 236 FamFG eine erhebliche Ausweitung. Die §§ 235, 236 FamFG
geben dem Gericht und auch den Beteiligten die Möglichkeit, in zwei Schritten eine umfassende
Einkommensauskunft zu erhalten.

Das Gericht kann von sich aus anordnen, dass Antragsteller und Antragsgegner Auskünfte über
Einkünfte, ihr Vermögen und ihre persönlichen und wirtschaftlichen Verhältnisse erteilen sowie bestimmte Belege vorlegen, soweit diese für die Bemessung des Unterhalts von Bedeutung sind, § 235
Abs. 1 Satz 1 FamFG. Die Einholung von Auskünften gem. § 235 FamFG liegt im pflichtgemäßen
Ermessen des Gerichts. Eine Pflicht zur Amtsermittlung wird nicht begründet. Ausdrücklich heißt
es im RegE der Bundesregierung: »Inhaltlich ist an der Unterscheidung zwischen Amtsermittlung
und Beibringungsgrundsatz im Grundsatz festzuhalten«. Im Rahmen einer Amtsermittlung wird
nach Sinn und Zweck der §§ 235, 236 FamFG die Einholung einer Auskunft und die Vorlage von
Belegen immer dann geboten sein, wenn sich die Feststellung der Unterhaltshöhe ansonsten erheblich verzögern würde, d. h. eine mangelnde Verfahrensförderung anzunehmen ist. Die verfahrensrechtlichen Auskunftsansprüche sind im Laufe des Verfahrens auch unter dem Aspekt der Fürsorge
des Gerichts für die Beteiligten und in der erhöhten staatlichen Verantwortung für die materielle
Richtigkeit der gerichtlichen Entscheidung von Amts wegen einzusetzen, insb. dann, wenn im Laufe
des Verfahrens sich die finanziellen Verhältnisse ändern.

In § 235 Abs. 3 FamFG wird eine Verpflichtung festgeschrieben, Einkommensveränderungen, die
Gegenstand der gerichtlichen Auskunft waren, unaufgefordert dem Gericht mitzuteilen. Eine sol-
che Verpflichtung ergibt sich für die Unterhaltsverhältnisse ansonsten nur aus dem Grundsatz von
Treu und Glauben.

Die Kann-Vorschrift des § 235 FamFG wird für das Gericht zu einem verbindlichen Auftrag, wenn
ein Beteiligter einen verfahrensrechtlichen Auskunftsantrag stellt. Inhaltlich unterscheidet sich der
Verfahrensantrag nach § 235 FamFG nicht von der ersten Stufe eines Stufenantrags. Während jedoch über die Auskunftsstufe eines Stufenantrags durch anfechtbaren Teilbeschluss zu entscheiden
ist, ist eine Anordnung nach § 235 FamFG nicht anfechtbar, sodass der weitere Verfahrensgang nicht
verzögert wird. Allerdings ist sie auch nicht mit Zwangsmitteln durchsetzbar. Wer jemals versucht
hat einen Auskunftsanspruch, mit Zwangsmitteln durchzusetzen, weiß, dass dieser Weg langwierig
und mühsam ist. Die eindeutig besseren Alternativen bieten die verfahrensrechtlichen Auskunftsansprüche nach dem FamFG. Denn wenn der Beteiligte der Auskunftsanordnung innerhalb der
festgesetzten Frist nicht Folge leistet, kann das Gericht Auskunft und Belege anfordern, und zwar
bei Arbeitgebern, Sozialleistungsträgern, der Künstlersozialkasse, bei Versicherungsunternehmen,
Finanzämtern und sonstigen Personen oder Stellen, die Leistungen zur Versorgung im Alter und
bei verminderter Erwerbstätigkeit sowie Leistungen zur Entschädigung und zum Nachteilsausgleich
zahlen. Auch hier gilt, dass die Entscheidung nicht anfechtbar ist. Doch diese Anordnung ist eine
scharfe Waffe, denn die nunmehr zur Auskunftserteilung aufgeforderten Dritten sind verpflichtet,
die Auskunft zu erteilen; die in § 236 genannten auskunftspflichtigen Dritten haben weder ein
Zeugnisverweigerungsrecht, noch können sie sich auf Verschwiegenheitspflichten berufen. § 390
ZPO gilt entsprechend, und so trifft den unbeteiligten Dritten die ganze Palette der Maßnahmen,
die einen Zeugen aussagewillig machen sollen, wenn er die geforderte Auskunft nicht erteilt.

Der Unterhaltsberechtigte trägt die Darlegungs- und Beweislast für die Leistungsfähigkeit des Unterhaltsschuldners jedenfalls dann, wenn er mehr als den Mindestkindesunterhalt verlangt. Ist ihm das
bei Einleitung des Verfahrens nicht möglich, weil der Unterhaltsschuldner seinen zivilrechtlichen

Auskunftspflichten nicht nachgekommen ist, kann er zunächst die bezifferten Leistungsanträge mit einem behaupteten Einkommen stellen. Bestreitet der Antragsgegner seine Leistungsfähigkeit, können die Beweismittel mithilfe der verfahrensrechtlichen Auskunftsansprüche nach §§ 235, 236 FamFG beschafft werden. Grds. ist es auch denkbar, den verfahrensrechtlichen Auskunftsanspruch direkt mit dem Leistungsantrag für den Fall zu stellen, dass der Antragsgegner Bedarf und Leistungsfähigkeit bestreitet.

Das Risiko, wegen einer zu hohen Unterhaltsforderung mit den Verfahrenskosten belastet zu werden, ist aufgrund der von allgemeinen zivilrechtlichen Vorschriften abweichenden Kostenvorschrift des § 243 FamFG nicht mehr so hoch. Denn die Tatsache, dass der andere Beteiligte vor dem Verfahren der Aufforderung, Auskunft zu erteilen, nicht oder nicht vollständig nachgekommen ist, ist bei der Kostenentscheidung nach billigem Ermessen zu berücksichtigen.

a) Muster: Auskunftsanspruch nach § 235 FamFG

33   Amtsgericht

– Familiengericht –

.....

In der Familienstreitsache

...../.....

Aktenzeichen

wird beantragt anzuordnen:[1]

Der Antragsgegner wird verpflichtet, innerhalb von 2 Wochen nach Zustellung der Anordnung, Auskunft über seine Einkünfte im Zeitraum ..... bis ....., *[letzten zwölf Monate bei abhängig Beschäftigten und letzten drei Jahre bei Selbständigen]* sein Vermögen und seine persönlichen und wirtschaftlichen Verhältnisse durch ein Bestandsverzeichnis zu erteilen und die Auskünfte zu belegen durch Kopien der Gehaltsabrechnungen, der Steuerbescheide, ..., ..., ... und ..... *[die verlangten Belege sind zu benennen]*.

Begründung:

Der Antragsgegner ist ..... *[Unterhaltsgläubiger]* zum Unterhalt verpflichtet. Er ist zur Feststellung seiner Unterhaltsverpflichtung mit Schriftsatz vom ..... vergeblich aufgefordert worden, innerhalb einer angemessenen Frist umfassend Auskunft über sein Einkommen und Vermögen zu erteilen und die Einkünfte zu belegen.[2]

Beweis: Auskunftsverlangen nach §§ 1603, 1605 BGB vom .....

Auf eine nach Fristablauf erfolgte Mahnung vom ..... erfolgte ebenfalls keine Reaktion.

Eine Frist von 2 Wochen ist ausreichend und angemessen, da der Antragsgegner mehr als ..... Wochen mit der Auskunftserteilung in Verzug ist.

Auskunftserteilung und Belegvorlage sind für die Bemessung des Unterhalts von Bedeutung, weil .....[3]

Die Voraussetzungen für einen verfahrensrechtlichen Auskunftsanspruch gemäß § 235 Abs. 2 FamFG liegen damit vor.

Bei der Kostenentscheidung wird zu berücksichtigen sein, dass der Antragsgegner der Aufforderung, Auskunft zu erteilen, außergerichtlich nicht nachgekommen ist.[4]

1. Antrag. Der Antrag kann jederzeit im laufenden Verfahren gestellt werden, wenn der Antragsteller beweispflichtig wird, weil der Antragsgegner Bedarf und Leistungsfähigkeit bestreitet. Grds. ist es auch denkbar, den verfahrensrechtlichen Auskunftsanspruch direkt mit dem Leistungsantrag für den Fall zu stellen, dass der Antragsgegner Bedarf und Leistungsfähigkeit bestreitet.

Der Inhalt des Antrags richtet sich danach, welche Einkommensarten der Antragsteller erzielt, vgl. Rdn. 19. Der Arbeitnehmer muss seine Einkünfte der letzten 12 Monate, geordnet nach Brutto und Netto, darlegen; die Auskunftspflicht des Selbstständigen umfasst einen Zeitraum von 3 Jahren. Der Unsitte, die Erteilung der Auskunft nur durch Vorlage von Belegen zu erfüllen, sollte entgegengewirkt werden, indem ausdrücklich ein Bestandsverzeichnis gem. §§ 1605 Abs. 1 Satz 3, 260 BGB verlangt wird.

Die Auskunft ist auch über das **Vermögen** zu erteilen, soweit dies für die Bemessung des Unterhalts von Bedeutung ist. Beim Unterhaltspflichtigen folgt die Auskunftspflicht zum Vermögen aus § 1603 Abs. 2 BGB. Beim unterhaltsberechtigten Kind kann unter den Voraussetzungen des § 1602 Abs. 2 BGB auch der Vermögensstamm einzusetzen sein, sodass sämtliche Vermögenswerte anzugeben sind.

Als Bestandsverzeichnis kann insb. die »Erklärung über persönliche und wirtschaftliche Verhältnisse« zur Beantragung von Verfahrens-/PKH verlangt werden. Diese kann dem Unterhaltsberechtigten ohnehin nach § 117 Abs. 2 ZPO übermittelt werden.

2. Vergebliches Auskunftsverlangen. Die einzige Voraussetzung für die erfolgreiche Durchsetzung einer verfahrensrechtlichen Auskunftspflicht ist, dass der andere Beteiligte vor Beginn des gerichtlichen Verfahrens einem berechtigten Auskunftsersuchen nach §§ 1603, 1605 BGB innerhalb einer angemessenen Frist nicht nachgekommen ist.

3. Notwendigkeit der Auskunft. Die Auskunft darf nur angeordnet werden, soweit dies für die Bemessung des Unterhalts von Bedeutung ist. Die Einholung der Auskunft ist also unzulässig, wenn bedarfsprägendes Einkommen und Leistungsfähigkeit unstreitig sind. Hat der Unterhaltsgläubiger seinen Unterhalt zu niedrig bemessen und bestreitet der Unterhaltsschuldner das Einkommen nicht, besteht keine Notwendigkeit, die Auskunft einzuholen; auch hier gilt, dass Ausforschungsbeweisantritte unzulässig sind.

4. Kosten

Man sollte schon in diesem Stadium auf die von den allgemeinen Vorschriften der ZPO abweichende Regelung über die Kostenverteilung nach § 243 FamFG hinweisen. Schätzt der Antragsteller das Einkommen zu hoch und unterliegt insoweit, können dem Antragsgegner entgegen der grundsätzlichen Kostentragungsregel des § 243 Satz 2 Nr. 1 FamFG gem. § 243 Satz 2 Nr. 2 und 3 FamFG die Kosten auferlegt werden.

b) Muster: Auskunftsanspruch nach § 236 FamFG

Amtsgericht   34

– Familiengericht –

.....

In der Familienstreitsache

...../.....

Aktenzeichen

wird beantragt anzuordnen:

Über die Höhe der Einkünfte des Antragsgegners werden Auskünfte eingeholt

bei ..... *[Alternativ: dem Arbeitgeber, dem Sozialleistungsträger, der Künstlersozialkasse, der Versicherung, dem Finanzamt oder sonstigen Personen oder Stellen, die Leistungen zur Versorgung im Alter und bei verminderter Erwerbsfähigkeit sowie Leistungen zur Entschädigung und zum Nachteilsausgleich zahlen]*[1]

Begründung:

Mit gerichtlicher Verfügung vom ..... ist angeordnet worden, dass der Antragsgegner bis zum ..... Auskunft über sein Einkommen erteilen und die Auskunft belegen soll. Die Auskunft ist nicht erteilt worden.

Gemäß § 236 Abs. 1 und 2 FamFG hat das Gericht nunmehr bei ..... über die Höhe des Einkommens Auskunft und Belege anzufordern.

1. **Auskunftspflichtiger Dritter.** Die auskunftspflichtigen Dritten müssen genau bezeichnet werden; die Angabe von Personal-, Versicherungs-, Steuernummern usw. können dem Auskunftspflichtigen die Auskunftserteilung erleichtern und dienen daher zur Beschleunigung des Verfahrens.

8. Kosten

35   Abweichend von den Kostenvorschriften der ZPO entscheidet das FamG in Unterhaltssachen gem. § 243 FamFG nach billigem Ermessen über die Verteilung der Kosten. Will man Einfluss auf die Kostenentscheidung, die von Amts wegen erfolgt, nehmen, wird man Kostenanträge nicht nur stellen, sondern vor allem auch entsprechend den vier, in § 243 Satz 2 FamFG nicht einmal abschließend aufgezählten, Kriterien begründen müssen. Die Billigkeitsentscheidung ist in Unterhaltsverfahren nicht neu; schon § 93d ZPO a. F. ermöglichte dem Unterhaltsschuldner die Kosten des Verfahrens nach Billigkeit aufzuerlegen, wenn er seinen Auskunftspflichten nicht oder nicht vollständig nachgekommen war.

9. Verfahrensarten

36   Zur Geltendmachung von Unterhalt stehen verschiedene Verfahrensarten zur Verfügung; das Hauptverfahren und – für eine schnelle Entscheidung – das Verfahren auf Erlass einer einstweiligen Anordnung.

Nachdem das FamFG das Recht der einstweiligen Anordnung völlig neu geregelt hat, bietet sich die **einstweilige Anordnung** als selbstständiges Verfahren neben dem Hauptsacheverfahren an. Der Unterhalt ist zeitlich unbegrenzt und der Höhe nach entsprechend den gesetzlichen Bestimmungen zuzusprechen. Im Wege einer einstweiligen Anordnung können keine Unterhaltsrückstände tituliert werden. Ein wesentlicher Nachteil ggü. dem Hauptsacheverfahren ist, dass die Entscheidung rückwirkend wieder abgeändert werden kann. § 238 FamFG gilt nicht, sodass man zur abschließenden Sicherheit des Unterhaltsgläubigers vor Rückforderungen, aber auch des Unterhaltsschuldners vor Nachforderungen, ein Hauptsacheverfahren anschließen sollte.

Daneben ist es weiterhin möglich, Unterhalt für minderjährige Kinder im **Vereinfachten Verfahren** geltend zu machen. Diese Verfahrensart hat durch die Einführung des FamFG keine Veränderung erfahren; die Vordrucke sind lediglich den geänderten Verfahrensvorschriften angepasst worden.

Ehegattenunterhalt sowohl für die Trennungszeit als auch für die Zeit nach Scheidung kann zusammen mit Kindesunterhalt in einem Antrag geltend gemacht werden.

Es besteht auch die Möglichkeit, **Unterhaltsansprüche der minderjährigen Kinder im Scheidungsverbund** geltend zu machen. Das Verbundverfahren ist jedoch nur von geringer praktischer Bedeutung. Kindesunterhaltsansprüche fallen im Zusammenhang mit der Trennung der Eheleute an und sollten gem. § 133 Abs. 1, Nr. 2 FamFG bei Einreichung des Scheidungsantrages geregelt sein. Für den Fall, dass mit Rechtskraft der Scheidung der Unterhalt des betreuenden Elternteils entfällt, ist auch ein sinnvoller Antrag im Verbund für den Fall der Scheidung denkbar, da es aufgrund des

Wegfalls des unterhaltsberechtigten Ehegatten zu einer Höherstufung beim Kindesunterhalt kommen könnte.

II. Aufbau der Formulare

Anspruchsgrundlage für den Unterhaltsanspruch minderjähriger und volljähriger Kinder ist § 1601 BGB. Allerdings hat der Unterhaltsanspruch des minderjährigen Kindes gem. § 1609 BGB den besseren Rang. Den minderjährigen Kindern stehen volljährige Kinder bis zur Vollendung des 21. Lebensjahres gleich, solange sie im Haushalt eines Elternteils leben und sich in allgemeiner Schulausbildung befinden. **37**

Die Mustervorlagen halten sich konsequent an folgende Gliederung:
- **Rubrum**
- **Anträge**
- laufender Unterhalt
- Rückstände
- Verfahrensanträge
- **Begründung**
- Statusangaben
- Bedarf
- Bedürftigkeit
- Leistungsfähigkeit
- Rückstände
- Einwendungen

Der Unterhaltsberechtigte ist darlegungs- und beweispflichtig für die anspruchsbegründenden Tatsachen, aus denen sich die Unterhaltspflicht ergibt; das sind beim Kindesunterhalt das Verwandtschaftsverhältnis gem. § 1603 BGB, Bedarf, Bedürftigkeit und die Rückstände.

Der Unterhaltsverpflichtete trägt die Darlegungs- und Beweislast für seine Leistungsfähigkeit bzw. seine teilweise oder vollständige Leistungsunfähigkeit und die rechtsvernichtenden Einwendungen.

Es ist Aufgabe der Anwaltschaft, Anträge und Repliken in Unterhaltsstreitverfahren so klar zu strukturieren und insb. auch die Beweislastregelungen zu berücksichtigen, dass sich unterhaltsrechtliche Rechenwerke und die Rechtsausführungen zu einem überzeugenden Sachvortrag vereinen.

C. Unterhalt für ein minderjähriges Kind

I. Der Unterhaltsanspruch des minderjährigen Kindes

1. Bedarf

Für den Verwandtenunterhalt bestimmt § 1610 BGB, dass sich der angemessene Unterhalt nach der Lebensstellung des Unterhaltsberechtigten bemisst. Minderjährige und volljährige Kinder in Ausbildung haben i.d.R. keine eigene Lebensstellung. Sie leiten ihre Lebensstellung daher von ihren Eltern ab. Die Lebensstellung eines minderjährigen Kindes, das bei einem Elternteil lebt, richtet sich allein nach dem Einkommen des barunterhaltspflichtigen und nicht betreuenden Elternteils. Der andere Elternteil leistet einen gleichwertigen Unterhalt durch Pflege und Erziehung des Kindes, § 1606 Abs. 3 Satz 2 BGB. Nur in Ausnahmefällen, bei mangelnder Leistungsfähigkeit des Barunterhaltspflichtigen (§ 1607 Abs. 1 BGB) oder wenn der Barunterhaltspflichtige sich der Leistung entzieht (§ 1607 Abs. 2 BGB), haftet der betreuende Elternteil auch für den Barunterhalt. **38**

Der Bedarf ist nach dem unterhaltspflichtigen Einkommen des Unterhaltspflichtigen der jeweiligen Altersstufe der **Düsseldorfer Tabelle** zu entnehmen. Seit dem 01.01.2010 sind die Sätze der Düsseldorfer Tabelle auf den Fall zugeschnitten, dass der Unterhaltspflichtige zwei Unterhaltsberechtigten

Unterhalt zu gewähren hat. Bei einer größeren oder geringeren Anzahl Unterhaltsberechtigter können Ab- oder Zuschläge durch Einstufung in niedrigere/höhere Gruppen angemessen sein (vgl. Nr. 11.2 der Leitlinien).

Bei der Anwendung der Tabelle auf Fälle mit mehr Unterhaltsberechtigten kommen Herabstufungen um mehrere Einkommensgruppen in Betracht, wenn der Bedarfskontrollbetrag nicht gewahrt wird. Zur Deckung des notwendigen Mindestbedarfs aller Unterhaltsberechtigten ist ggf. eine Herabstufung bis in die unterste Tabellengruppe vorzunehmen. Reicht das verfügbare Einkommen auch dann nicht aus, setzt sich der Vorrang der Kinder im Sinne von § 1609 Nr. 1 BGB durch. Die Bedarfsbesmessung beim Minderjährigenunterhalt bedarf dann einer Angemessenheitskontrolle, wenn neben dem Kindsunterhalt auch Ehegattenunterhalt zu zahlen ist. Dies kann dazu führen, dass auch bei guten Einkommensverhältnissen der Unterhaltsbedarf nur der ersten Einkommensgruppe zu entnehmen ist (BGH, FamRZ 2013, 191).

Bei der Anwendung der Tabelle auf Fälle mit weniger Unterhaltsberechtigten kommt eine Heraufstufung um ein oder zwei Einkommensgruppen in Betracht, vorausgesetzt, der Bedarfskontrollbetrag der jeweiligen neuen Stufe ist gewahrt.

Bei der Eingruppierung sind die Bedarfskontrollbeträge (anders Leitlinien OLG Braunschweig Nr. 11.2) zu beachten. Die Bedarfskontrollbeträge sind ab Einkommensgruppe 2 nicht identisch mit dem Eigenbedarf des Unterhaltspflichtigen. Sie sollen eine ausgewogene Verteilung des Einkommens zwischen Unterhaltspflichtigem und Unterhaltsberechtigtem gewährleisten. Wird der Bedarfskontrollbetrag unter Berücksichtigung anderer – auch nachrangiger – Unterhaltspflichten unterschritten, ist der Tabellenbetrag der nächstniedrigeren Gruppe, deren Bedarfskontrollbetrag nicht unterschritten ist, heranzuziehen.

Die **Kosten einer privaten Kranken- und Pflegeversicherung** sind nicht in den Tabellensätzen zur Düsseldorfer Tabelle enthalten, vgl Nr. 11.1 der Leitlinien. Ist das Kind nicht in der Familienversicherung mitversichert, besteht ein Anspruch auf den Beitrag zur Kranken- und Pflegeversicherung, der gesondert geltend gemacht werden muss. Die Kosten der Kranken- und Pflegeversicherung gehören zum Elementarunterhalt, § 1610 Abs. 2 BGB, und sind vom Barunterhaltspflichtigen zu tragen. Die Kosten für eine private Kranken- und Pflegeversicherung sind als angemessener Unterhalt des Kindes i. S. d. § 1610 Abs. 1 BGB anzusehen, wenn das Kind seit seiner Geburt, wie auch die Eltern während des ehelichen Zusammenlebens, privat krankenversichert war und der in guten Verhältnissen lebende Unterhaltspflichtige seine private Krankenversicherung beibehält (OLG Koblenz, FamRZ 2010, 1457). Das Kind kann jedoch auf einen Wechsel in die gesetzliche Krankenversicherung mit privater Zusatzversicherung verwiesen werden, wenn dies wirtschaftlich sinnvoller ist und keine Leistungsnachteile bedeutet. Der Beitrag zur Kranken- und Pflegeversicherung ist gesondert neben dem Elementarunterhalt geltend zu machen.

2. Mehrbedarf und Sonderbedarf

39   Als **Mehrbedarf** ist der Teil des Lebensbedarfs anzusehen, der regelmäßig während eines längeren Zeitraums anfällt und das Übliche derart übersteigt, dass er mit den Regelsätzen nicht zu erfassen, andererseits aber kalkulierbar ist und deshalb bei der Bemessung des laufenden Unterhalts berücksichtigt werden kann (Wendl/Staudig/*Klinkhammer* § 2 Rn. 133; *Maurer* FamRZ 2006, 663, 667). Laufender Mehrbedarf kann für zurückliegende Zeiträume nur ab einer Verzug begründenden Mahnung geltend gemacht werden, § 1613 Abs. 1 BGB vgl. Kap. 2 Rdn. 21. Ist laufender Unterhalt bereits tituliert, bedarf es eines Abänderungsantrags, vgl. Kap. 2 Rdn. 946.

Als **Sonderbedarf** definiert das Gesetz in § 1613 Abs. 2 Nr. 1 BGB den unregelmäßigen außergewöhnlich hohen Bedarf, der ggü. dem Unterhaltspflichtigen innerhalb eines Jahres nach seiner Entstehung geltend gemacht werden muss. Es sei denn, der Unterhaltspflichtige ist bezüglich des Anspruchs innerhalb der Jahresfrist wirksam in Verzug gesetzt worden. In diesem Fall setzt die regelmäßige Verjährungsfrist des § 197 Abs. 2 BGB für Unterhaltsansprüche (drei Jahre) ein. Ein

Anspruch auf Sonderbedarf scheidet schon dann aus, wenn die zusätzlichen Kosten mit Wahrscheinlichkeit vorauszusehen waren und deswegen bei der Bemessung des laufenden Unterhalts ggf. als Mehrbedarf hätten berücksichtigt werden können (BGH, FamRZ 2006, 612 = FuR 2006, 210). Sonderbedarf ist in einer Summe mit einem Leistungsantrag geltend zu machen.

Anteilige Haftung: Für den Mehrbedarf und den Sonderbedarf müssen beide Elternteile anteilig nach ihren Einkommensverhältnissen aufkommen (BGH, FamRZ 2008, 1152 =FuR 2008, 350; BGH, FamRZ 2009, 962 = FuR 2009, 415). Vor der Gegenüberstellung der jeweiligen Einkommen ist bei jedem Elternteil grds. ein Sockelbetrag i. H. d. angemessenen Selbstbehalts (1.20,00 €) abzuziehen (BGH, FamRZ 2013, 1563 = FuR 2013, 657). Durch einen solchen Abzug werden, bei erheblichen Unterschieden der vergleichbaren Einkünfte, die sich daraus ergebenden ungleichen Belastungen zugunsten des weniger verdienenden Elternteils relativiert.

a) Kosten einer Kindertagesstätte

Den Fall eines durch Epilepsie gehandicapten Kindes, dessen Mutter die Kosten eines schweizer   **40** Kindergartens als Mehrbedarf gefordert hatte, hat der BGH am 26.11.2008 genutzt, um eine richtungweisende Entscheidung zur Abgrenzung zwischen Kindesbedarf und Betreuungskosten, Mehrbedarf und Sonderbedarf zu fällen.

Die Kosten, die für die Betreuung eines Kindes in einer Kindertagesstätte anfallen, sind als Bedarf des Kindes anzusehen. Mit einer umfangreichen Begründung, die auf das spezielle Angebot jener schweizer Kindertagesstätte abstellt, kommt der BGH (BGH, FamRZ 2009, 962 = FuR 2009, 415) zu dem Ergebnis, dass der Besuch der Kindertagesstätte aus erzieherischen Gründen erfolgt und nicht in erster Linie dem Zweck dient, der Mutter eine – eingeschränkte – Erwerbstätigkeit zu ermöglichen.

An diesen erzieherischen Gründen wird man künftig auch die Kosten einer Tagesmutter, einer nachschulischen Betreuung oder eines Internats messen müssen. Ganz individuell wird man entscheiden müssen, ob eine Hausaufgabenbetreuung bspw. ihren Grund in den schlechten Schulleistungen des Kindes hat oder in einem Betreuungsbedarf aufgrund der beruflichen Abwesenheit der Mutter. Jedenfalls dann, wenn diese Kosten überwiegend dem Bedarf des Kindes dienen, stellen sie Mehrbedarf dar.

Die Frage des Mehrbedarfs klärt der BGH unter Einbeziehung der §§ 1612a BGB, 32 Abs. 6 EStG und §§ 27 ff. SGB XII. Gem. § 1612a Abs. 1 BGB kann ein minderjähriges Kind von einem Elternteil, mit dem es nicht in einem Haushalt lebt, Unterhalt als Prozentsatz des jeweiligen Mindestunterhalts verlangen. Letzterer richtet sich nach dem doppelten Freibetrag für das sächliche Existenzminimum eines Kindes (Kinderfreibetrag) nach § 32 Abs. 6 Satz 1 EStG. Das Steuerrecht gewährt jedem Elternteil für jedes Kind einen Kinderfreibetrag i. H. v. 2.184,00 €. Mit der Anknüpfung an den doppelten Kinderfreibetrag (2 * 2.184,00 € = 4.368,00 : 12 = 364,00 €) soll der Mindestunterhalt gem. § 1612a BGB das Existenzminimum eines Kindes gewährleisten (BT-Drucks. 16/1830, S. 26 ff.; vgl. auch *Klinkhammer* FamRZ 2008, 193 ff.). Der Steuerfreibetrag nach § 32 Abs. 6 EStG soll grundsätzlich alle 2 Jahre in einem Existenzminimumbericht auf der Grundlage der durchschnittlichen sozialhilferechtlichen Regelsätze der Bundesländer und statistischer Berechnungen der durchschnittlichen Aufwendungen für Wohn- und Heizkosten ermittelt werden; die letzte Erhöhung erfolgte zum 01.01.2010. Die Frage, welche Aufwendungen der dem sächlichen Existenzminimum entsprechende Mindestbedarf abdeckt, ist daher unter Heranziehung der §§ 27 ff. SGB XII sowie der Verordnung zur Durchführung des § 28 SGB XII (Regelsatzverordnung – RSV) zu beantworten. Nach § 27 Abs. 1 SGB XII umfasst der notwendige Lebensbedarf insb. Ernährung, Unterkunft, Kleidung, Körperpflege, Hausrat, Heizung und persönliche Bedürfnisse des täglichen Lebens. Zu Letzteren gehören in vertretbarem Umfang auch Beziehungen zur Umwelt und eine Teilnahme am kulturellen Leben. Nach Abs. 2 umfasst der notwendige Lebensunterhalt bei Kindern und Jugendlichen auch den besonderen, insb. den durch ihre Entwicklung und ihr Heranwachsen bedingten Bedarf.

Und dann führt der BGH richtungweisend aus: Bei dieser Quantifizierung des Bedarfs sind jedoch die allgemeinen Kosten nicht hinreichend berücksichtigt, die Eltern aufzubringen haben, um dem Kind eine Entwicklung zu ermöglichen, die es zu einem verantwortlichen Leben in der Gesellschaft befähigt. Hierzu gehört etwa die Mitgliedschaft in Vereinen sowie sonstige Formen der Begegnung mit anderen Kindern oder Jugendlichen außerhalb des häuslichen Bereichs und die verantwortliche Nutzung der Freizeit und die Gestaltung der Ferien (BGH, FamRZ 2009, 962 = FuR 2009, 415 unter Bezugnahme auf BVerfG, FamRZ 1999, 285).

Diese Entscheidung des BGH gibt also einen Hinweis darauf, dass unter Umständen die Kosten für Vereine, die Gestaltung der Freizeit und die Kosten für Ferien nicht in den Bedarfssätzen enthalten sind.

Auch die den Mindestunterhalt übersteigenden Unterhaltsbeträge decken grds. keinen wesenverschiedenen Aufwand ab, sondern zielen aufgrund der abgeleiteten Lebensstellung des Kindes auf eine Bedarfsdeckung auf höherem Niveau. Danach ist die Annahme nicht gerechtfertigt, dass in höheren Unterhaltsbeträgen ein zusätzlicher Bedarf enthalten ist.

b) Konfirmation und Kommunion

41   An der Vorhersehbarkeit dieser Kosten scheitert die Geltendmachung als Sonderbedarf. Sie müssen als Mehrbedarf zusammen mit dem laufenden Unterhalt geltend gemacht werden, sodass Rücklagen gebildet werden können (BGH, FamRZ 2006, 612 = FuR 2006, 210).

3. Bedürftigkeit

42   Ein Kind, das in Ausbildung ist und das sich weder aus den Einkünften seines Vermögens noch aus dem Ertrag seiner Arbeit unterhalten kann, hat Anspruch auf Unterhalt, §§ 1602, 1610 BGB.

Nach ständiger Rechtsprechung des Bundesgerichtshofs schulden Eltern im Rahmen ihrer wirtschaftlichen Leistungsfähigkeit sowohl ihren minderjährigen als auch ihren volljährigen Kindern nach § 1610 Abs. 2 BGB nur *eine* optimale, begabungsbezogene Berufsausbildung, d. h. eine Ausbildung, die den Begabungen und Fähigkeiten, dem Leistungswillen und den beachtenswerten, nicht nur vorübergehenden Neigungen des einzelnen Kindes am besten entspricht. Die Wahl der in diesem Sinn angemessenen Ausbildung haben die Eltern in gemeinsamer verantwortlicher Entscheidung mit dem Kind zu treffen, wobei den individuellen Umständen, vor allem den bei dem Kind vorhandenen persönlichen Voraussetzungen, maßgebliche Bedeutung zukommt. Haben Eltern die ihnen hiernach obliegende Pflicht, ihrem Kind eine angemessene Ausbildung zu gewähren, in rechter Weise erfüllt und hat das Kind einen Abschluss einer Ausbildung erlangt, dann sind die Eltern ihrer Unterhaltspflicht aus § 1610 Abs. 2 BGB in ausreichender Weise nachgekommen. Sie sind unter diesen Umständen grundsätzlich nicht verpflichtet, noch eine weitere, zweite Ausbildung zu finanzieren, der sich das Kind nachträglich nach Beendigung der ersten Ausbildung unterziehen will. (BGH, FamRZ 2000, 420 = FuR 2000, 92)

Eine andere Entscheidung kann ausnahmsweise dann geboten sein,
– wenn die erste Ausbildung auf einer deutlichen Fehleinschätzung der Begabung des Kindes beruhte,
– wenn die Eltern das Kind gegen seinen Willen in einen unbefriedigenden, seiner Begabung und Neigung nicht hinreichend Rechnung tragenden Beruf gedrängt haben oder
– wenn dem Kind die angemessene Ausbildung versagt worden ist, und es sich aus diesem Grund zunächst für einen Beruf entschieden hat, der seiner Begabung und seinen Neigungen nicht entspricht.

In diesen Fällen haben die Eltern ihre Verpflichtung zur Finanzierung einer angemessenen Ausbildung noch nicht in rechter Weise erfüllt (instruktiv BGH FamRZ 1991, 322=FuR 1991,45).

a) Kindergeld

Gem. § 1612b BGB ist das staatliche Kindergeld grds. beim minderjährigen Kind zur Hälfte auf   **43**
den Barbedarf anzurechnen.

Kindergeld	seit 2010	Anrechnungsbetrag
1. + 2. Kind	184,00 €	92,00 €
3. Kind	190,00 €	95,00 €
ab 4. Kind	215,00 €	107,50 €

Nach Trennung der Eltern ist nur noch der Elternteil berechtigt, das Kindergeld zu beziehen, in dessen Haushalt das Kind lebt, § 64 Abs. 2 EStG. Sollte, was gar nicht so selten vorkommt, entgegen der eindeutigen gesetzlichen Regelung der Barunterhaltspflichtige das Kindergeld beziehen, ist es in voller Höhe an den anderen Elternteil weiterzuleiten. Der Kindergeldempfänger sollte die Weiterleitung des Kindergeldes auf dem Überweisungsträger vermerken oder sich quittieren lassen. Im Fall der Rückforderung durch die Kindergeldkasse muss er die Weiterleitung beweisen.

b) Einkommen

Einkommen des Minderjährigen aus Vermögen und aus einer Ausbildungsvergütung werden zur   **44**
Hälfte auf den Barunterhalt angerechnet.

Einkommen aus Schülerarbeit gilt grds. als überobligatorisch und mindert die Bedürftigkeit nicht. Dies gilt insb. dann, wenn das Kind seine schulischen Pflichten erfüllt. Eine teilweise Anrechnung auf den Unterhaltsanspruch entsprechend § 1577 Abs. 2 BGB ist nur vorzunehmen, wenn schutzwürdige Belange des Verpflichteten dieses rechtfertigen, aber nicht schon dann, wenn der Schüler sich mit den Einkünften »Luxuswünsche« erfüllt (OLG Köln, FamRZ 1996, 1101). Eine Anrechnung solcher Einkünfte entspricht ausnahmsweise dann der Billigkeit, wenn der Unterhaltspflichtige dartut und beweist, dass ihn die Unterhaltspflicht hart trifft, ihm unterhaltsbezogene Vorteile (z. B. Kindergeld, Kindergeldanteil im Ortszuschlag) verloren gehen oder sich der Unterhaltszeitraum deshalb verlängert, weil der Berechtigte sich nicht hinreichend seiner Ausbildung widmet (OLG Zweibrücken, FamRZ 2001, 103).

c) Ausbildungsbedingter Mehrbedarf

Eine Ausbildungsvergütung wird um ausbildungsbedingten Mehrbedarf gekürzt. Die Leitlinien der   **45**
OLG sind nicht einheitlich hinsichtlich der Art und Höhe des Abzugs; die überwiegende Anzahl der OLG setzt eine Pauschale von 90,00 € als ausbildungsbedingten Mehrbedarf ab; andere rechnen mit Pauschalen von 5 % oder verlangen eine konkrete Darlegung des berufsbedingten Aufwandes; vgl. Nr. 10.2.3 der Leitlinien.

d) Vermögen

Nach § 1602 Abs. 2 BGB kann ein minderjähriges Kind nur insoweit Unterhalt verlangen, als die   **46**
Einkünfte aus seinem Vermögen zur Deckung seines Lebensbedarfs nicht ausreichen. Daraus ergibt sich im Umkehrschluss, dass der Vermögensstamm nicht zu verwerten ist.

Allerdings muss ein minderjähriges Kind gem. § 1603 Abs. 2 Satz 3 BGB den Stamm seines Vermögens zur Bedarfsdeckung einsetzen, wenn der barunterhaltspflichtige Elternteil Unterhalt nur unter Gefährdung seines eigenen angemessenen Bedarfs leisten könnte.

4. Leistungsfähigkeit

a) Einkommensermittlung

47 Als unterhaltsrechtlich relevantes Einkommen sind grds. alle Einkünfte heranzuziehen, die dem Unterhaltsverpflichteten zufließen, gleich welcher Art diese Einkünfte sind und aus welchem Anlass sie erzielt werden. In einem ersten Schritt sind Steuern und Sozialabgaben abzusetzen. Danach erfolgt die Bereinigung des Einkommens um berufsbedingte Aufwendungen, berücksichtigungswürdige Schulden, vermögenswirksame Leistungen und Kosten einer sekundären Altersvorsorge (vgl. Nr. 10 der Leitlinien der OLG).

Die notwendigen Kosten des Umgangs mit den Kindern können das Einkommen mindern. Dies gilt insb. dann, wenn sie außergewöhnlich hoch sind, ein Mangelfall vorliegt und insofern dem Unterhaltpflichtigen kein Kindergeldanteil zur Deckung der Kosten verbleibt. (vgl. Nr. 10.7 der Leitlinien, BGH, Urt. v. 02.03.2002 – XII ZR 56/02, FamRZ 2005, 706; FuR 2005)

b) Kostenersparnis bei Zusammenleben

48 Wenn der Unterhaltpflichtige in häuslicher Gemeinschaft mit einem Lebenspartner lebt, kann das zu einer Ersparnis bei den Lebenshaltungskosten führen, die von der Rechtsprechung mit 10 % des jeweiligen Selbstbehalts angenommen wird und diesen entsprechend ermäßigt (BGH, FamRZ 2013, 616; FuR 2013, 274). Dabei ist es unerheblich, ob die Partner verheiratet sind oder nicht. Von einem Synergieeffekt und damit einer Ersparnis bei den Lebenshaltungskosten ist immer dann auszugehen, wenn der Partner ebenfalls über Einkünfte verfügt, die wenigstens den 90 % des notwendigen Selbstbehalts des Nichterwerbstätigen übersteigen.

5. Beweislast

49 Der Unterhaltsberechtigte hat die Tatsachen darzulegen und zu beweisen, aus denen sich seine Bedürftigkeit, sein Bedarf und die Leistungsfähigkeit des Pflichtigen herleiten.

Es ist also grds. ein Vortrag dazu erforderlich, ob das unterhaltsberechtigte Kind Einkommen oder Vermögen hat.

Wird nur der Mindestunterhalt geltend gemacht, gilt eine unwiderlegliche Vermutung, dass jedes Kind den im Gesetz für seine Altersgruppe bestimmten Mindestunterhalts zum Leben bedarf. Wird ein höherer Unterhalt als der Mindestunterhalt geltend gemacht, leitet sich der Bedarf vom Einkommen des Unterhaltspflichtigen ab. Dann ist schon auf der Stufe der Bedarfsermittlung das Einkommen des Unterhaltspflichtigen darzulegen und zu beweisen. Dazu wird der Unterhaltspflichtige regelmäßig außergerichtlich gem. §§ 1603, 1605 BGB aufgefordert, Auskunft über sein Einkommen und Vermögen zu erteilen (vgl. Rdn. 19). Für den Fall, dass die Auskunft außergerichtlich nicht in angemessener Frist erteilt worden ist, ermöglichen die verfahrensrechtlichen Auskunftspflichten der §§ 235, 236 FamFG, die Beweismittel im laufenden Verfahren zu beschaffen (vgl. Rdn. 32).

Zur Leistungsfähigkeit des Unterhaltspflichtigen hat der Unterhaltsberechtigte die Einkünfte darzulegen und zu beweisen. Auch hier helfen die verfahrensrechtlichen Auskunftspflichten weiter. Unterhaltsmindernde Belastungen hat der Unterhaltspflichtige darzulegen und zu beweisen.

II. Vertretung des Kindes

50 Das minderjährige Kind ist Inhaber des Unterhaltsanspruchs und grds. auch selbst Partei im Unterhaltsverfahren. Da das Kind gem. § 9 FamFG verfahrensunfähig ist, muss es vertreten werden.

Die Vertretungsregeln speziell für Unterhaltsverfahren enthält § 1629 BGB.

Steht die elterliche Sorge einem Elternteil alleine zu, kann dieser das Kind bei der Geltendmachung von Unterhalt ggü. dem anderen Elternteil alleine vertreten, § 1629 Abs. 1 BGB.

Steht die elterliche Sorge den Eltern gemeinsam zu, so kann der Elternteil, in dessen Obhut sich das Kind befindet, Unterhaltsansprüche des Kindes gegen den anderen Elternteil als gesetzlicher Vertreter geltend machen, § 1629 Abs. 2 BGB. Das gilt allerdings nicht während der Trennungszeit der verheirateten Eltern und solange eine Ehesache anhängig ist; in diesen Fällen sind die Unterhaltsansprüche gem. § 1629 Abs. 3 Satz 1 BGB in Verfahrensstandschaft vom betreuenden Elternteil geltend zu machen.

§ 1629 Abs. 2 BGB stellt für die Vertretung des Kindes im Unterhaltsverfahren auf das Obhutsverhältnis ab. Obhut hat derjenige Elternteil, bei dem der Schwerpunkt der tatsächlichen Fürsorge liegt; das ist derjenige, der sich vorrangig um die elementaren Bedürfnisse des Kindes kümmert (BGH, FamRZ 2006, 1015, 1016). Bei einem Obhutswechsel des minderjährigen Kindes zum anderen Elternteil entfällt die Vertretungsmacht des zuvor betreuenden Elternteils. Zu sodann in Betracht kommenden familienrechtlichen Ausgleichsansprüchen, vgl. OLG Nürnberg, NJW 2013, 1101.

Beim sog. **Wechselmodell**, bei dem sich die Eltern bemühen, sich im gleichen Umfang um die Belange der Kinder zu kümmern, wird man ein solches, die Vertretungsbefugnis begründendes, Obhutsverhältnis nicht feststellen können. Für einen Unterhaltsstreit muss dann entweder ein Pfleger bestellt oder beim FamG ein Antrag auf Übertragung eines Teils der elterlichen Sorge zur Geltendmachung von Unterhaltsansprüchen gem. § 1628 BGB gestellt werden (vgl. FA-FamR/*Gerhardt* Kap. 6 Rn. 154a, 196). Zur Höhe der Unterhaltsansprüche beim Wechselmodell instruktiv: BGH, FamRZ 2007, 707; FuR 2007, 213.

III. Verfahrensstandschaft

Damit ein Kind nicht mit seinen Unterhaltsansprüchen in die finanziellen Auseinandersetzungen seiner Eltern anlässlich von Trennung und Scheidung gerät, bestimmt § 1629 Abs. 3 BGB, dass ein Elternteil die Unterhaltsansprüche des minderjährigen Kindes in Verfahrensstandschaft, d. h. im eigenen Namen, geltend machen muss, solange die Eltern getrennt leben oder zwischen ihnen eine Ehesache anhängig ist.

51

Endet die gesetzliche Verfahrensstandschaft eines Elternteils nach § 1629 Abs. 3 BGB mit Eintritt der Volljährigkeit des Kindes, so kann das Kind als Antragsteller in das Verfahren nur im Wege des gewillkürten Beteiligtenwechsels eintreten (teilweise Aufgabe der Senatsurteile vom 23.02.1983 - IVb ZR 359/81 - FamRZ 1983, 474 und vom 30.01.1985 - IVb ZR 70/83 - FamRZ 1985, 471). Dieser ist nicht von der Zustimmung des Antragsgegners abhängig (BGH, FamRZ 2013, 1378 = FuR 2013, 651). Hinsichtlich der Bewilligung von Verfahrenskostenhilfe kommt es allein auf die wirtschaftlichen Verhältnisse des antragstellenden Ehegatten an und nicht auf diejenigen der Kinder.

1. Muster: Unterhaltsantrag in Verfahrensstandschaft

Amtsgericht

52

– Familiengericht –

.....[1]

Antrag auf Zahlung von Kindesunterhalt

der Frau *[Kindesmutter]* .....[2]

– Antragstellerin –

Verfahrensbevollmächtigte(r):[3]

gegen

ihren Ehemann .....

– Antragsgegner –

Verfahrensbevollmächtigte(r):

Verfahrenswert: ..... €[4]

Namens und in Vollmacht der Antragstellerin wird beantragt zu erkennen:[5]

1. Der Antragsgegner wird verpflichtet, zu Händen der Antragstellerin für das Kind/die Kinder folgenden monatlichen im Voraus fälligen Kindesunterhalt zu zahlen,
   - für K1 geb. am ..... ab ..... *[Monat der auf die Antragstellung folgt]* ..... % des Mindestunterhalts der 1. Altersstufe abzüglich hälftigen Kindergeldes für ein Kind, damit derzeit ..... € - 92,00 € = ... €,
   - ab ..... *[Monat in dem das Kind 6 Jahre alt wird]* ..... % des Mindestunterhalts der 2. Altersstufe abzüglich hälftigen Kindergeldes für ein Kind,
   - und ab ..... *[Monat in dem das Kind 12 Jahre alt wird]* ..... % des Mindestunterhalts der 3. Altersstufe abzüglich hälftigen Kindergeldes für ein Kind;
   - für K2 geb. am ..... (Antrag wie für K1).
2. Der Antragsgegner wird verpflichtet, zu Händen der Antragstellerin folgende rückständige Unterhaltsbeträge für die Zeit vom ..... bis ..... zu zahlen,
   - für K1 i. H. v. ..... € zzgl. Zinsen i. H. v. 5 % über dem jeweiligen Basiszinssatz p. a. von je ..... € seit dem ....., dem ..... usw.
   - und für K2 i. H. v. ..... € zzgl. Zinsen i. H. v. 5 % über dem jeweiligen Basiszinssatz p. a. von je ..... € seit dem ....., dem ....., usw.
3. Die sofortige Wirksamkeit wird angeordnet, § 116 Abs. 3 FamFG.
4. Ferner wird beantragt, die Unterhaltsansprüche durch Versäumnisbeschluss gemäß § 331 Abs. 3 ZPO zuzuerkennen, für den Fall, dass der Antragsgegner Verteidigungsbereitschaft nicht rechtzeitig anzeigt.

Begründung:

Die Beteiligten sind getrennt lebende Eheleute. Zwischen ihnen ist ein Verfahren auf Scheidung der Ehe beim angerufenen Gericht unter AZ ..... anhängig/rechtshängig. Aus Ihrer Ehe sind die minderjährigen Kinder K1, geb. am ..... und K2, geboren am ..... hervorgegangen. Nach der Trennung der Eheleute werden die Kinder allein/überwiegend von der Antragstellerin betreut, versorgt und unterhalten. Die Kinder befinden sich demgemäß in der (überwiegenden) Obhut der Antragstellerin, die daher berechtigt ist, die Unterhaltsansprüche der Kinder im Wege der Verfahrensstandschaft gemäß § 1629 Abs. 3 BGB geltend zu machen. Sie bezieht auch das staatliche Kindergeld.[6]

[Fortsetzung wie Muster Rdn. 58, 59 oder 60]

1. Zuständigkeit. Bei Verfahrensstandschaft wird sich die örtliche Zuständigkeit i. d. R. aus § 232 Abs. 1 Nr. 1 oder Nr. 2 FamFG ergeben. Zuständig ist danach das Gericht, in dessen Bezirk die minderjährigen Kinder und der Verfahrensstandschafter-Elternteil ihren gewöhnlichen Aufenthalt haben; denn dieses Gericht ist, von eher theoretischen Ausnahmen abgesehen, auch das Gericht der Ehesache.

Sollte einmal der Gerichtsstand der Ehesache nicht zugleich auch der Gerichtsstand der Unterhaltssache sein, ist die Unterhaltssache von Amts wegen an das Gericht der Ehesache abzugeben, sobald eine Ehesache rechtshängig wird, § 233 FamFG.

2. Verfahrensstandschaft. Die Kindesmutter macht die Unterhaltsansprüche im eigenen Namen geltend. Die Verfahrensstandschaft ergibt sich aus § 1629 Abs. 3 FamFG. Vgl. Rdn. 50.

3. Anwaltszwang. Anwaltszwang ergibt sich aus § 114 Abs. 1 FamFG. Vgl. Rdn. 28.

4. Verfahrenswert. Die Angabe des Verfahrenswertes ist gem. § 53 FamGKG nicht zwingend erforderlich, da sich der Verfahrenswert aus den Anträgen ableiten lässt. Vgl. Rdn. 29.

5. Anträge. Die Anträge werden konsequent »Namens und in Vollmacht der Kindesmutter« gestellt. Ansonsten ergeben sich keine Unterschiede zu den nachfolgenden Musteranträgen

6. Statusangaben. Aus den Statusangaben sollten sich vor allem die Voraussetzungen für die Verfahrensstandschaft ergeben. Dazu zählen die gemeinsame elterliche Sorge der verheirateten Eltern, die Trennungssituation, die eventuelle Anhängigkeit einer Ehesache und dass sich das Kind in der Obhut des den Antrag stellenden Elternteils befindet. Hierher gehört auch stets die Angabe, wer das Kindergeld bezieht, denn gem. § 64 Abs. 2 EStG wird das Kindergeld an denjenigen gezahlt, der das Kind in seinen Haushalt aufgenommen hat. Der Kindergeldbezug kann somit ein Indiz für das Obhutsverhältnis sein. In jedem Fall gehört der Kindergeldbezug zu den Statusangaben, da er die Höhe des Unterhaltsanspruchs beeinflusst.

Lässt sich das Obhutsverhältnis nicht eindeutig begründen, weil ein sog. Wechselmodell vorliegt, muss ein Pfleger bestellt oder zunächst ein Antrag auf Übertragung eines Teils der elterlichen Sorge zur Geltendmachung von Unterhaltsansprüchen gestellt werden. Vgl. hierzu Rdn. 50.

Ansonsten ergeben sich, außer bei den Beteiligtenbezeichnungen, bei der Antragsbegründung keine Unterschiede zu den anderen Unterhaltsanträgen für minderjährige Kinder.

2. Ende der Verfahrensstandschaft

Die Verfahrensstandschaft dauert bis zum rechtskräftigen Abschluss des Unterhaltverfahrens. Selbst   53
dann, wenn im Scheidungsverbund nur gegen die Unterhaltentscheidung Rechtsmittel eingelegt wurde, während die Scheidung rechtskräftig wird, bleibt es bei der Verfahrensstandschaft (FA-FamR/*Gerhardt* Kap. 6 Rn. 197).

Eine in Verfahrensstandschaft erstrittene gerichtliche Entscheidung, aber auch ein gerichtlicher Vergleich, wirken für und gegen das Kind, § 1629 Abs. 3 Satz 2 BGB.

Die Verfahrensstandschaft endet mit einem Obhutswechsel des minderjährigen Kindes. Der nicht mehr betreuende Elternteil kann den bis zum Obhutswechsel aufgelaufenen Unterhaltsrückstand nur als familienrechtlichen Ausgleichsanspruch geltend machen. Der Wechsel des Verfahrensgegenstandes richtet sich gem. § 113 Abs. 1 FamFG i. V. m. § 263 ZPO nach den Vorschriften über die Klageänderung, die sich gem. § 113 Abs. 5 Nr. 2 FamFG Antragsänderung nennen lassen muss. Ein solcher Wechsel des Verfahrensgegenstandes ist i. d. R. als sachdienlich zu behandeln (OLG Frankfurt am Main, FamRZ 2007, 909).

Die Verfahrensstandschaft endet ferner mit dem Tag, an dem das Kind volljährig wird. Es tritt ein gesetzlicher Beteiligtenwechsel ein, der nicht der Zustimmung des Gegners bedarf. Der Elternteil, der Verfahrensstandschafter war, scheidet aus dem Verfahren aus. Er hat nur die Möglichkeit, sich die Unterhaltsansprüche des Volljährigen gegen den anderen Elternteil abtreten zu lassen oder einen familienrechtlichen Ausgleichsanspruch geltend zu machen.

3. Vollstreckung

Aus einem Titel, der in Verfahrensstandschaft ergangen ist, kann der Elternteil für die Dauer der   54
Minderjährigkeit vollstrecken. Der Titel kann analog § 727 ZPO schon während der Minderjährigkeit des Kindes und nach Eintritt der Volljährigkeit auf das Kind umgeschrieben werden.

IV. Mehrere Unterhaltsgläubiger

1. Streitgenossenschaft

Mehrere Unterhaltsberechtigte können als Streitgenossen gemeinschaftlich Unterhaltsanträge stel-   55
len, weil sie gleichartige oder auf einem im Wesentlichen gleichartigen rechtlichen Grund beruhende Ansprüche haben, §§ 113 FamFG, 59 ZPO. Daher können die Unterhaltsansprüche mehrerer

minderjähriger Kinder in einer Antragsschrift anhängig gemacht werden. Auch eine Kombination von Unterhaltsansprüchen minderjähriger Kinder mit Trennungsunterhalt oder nachehelichem Unterhalt ist in einer Antragsschrift möglich. Streitgenossenschaften mit volljährigen Kindern sind ebenfalls möglich; sie sind jedoch grds. aus Gründen der Interessenkollision abzulehnen.

2. Interessenkollison

56   Eine Interessenkollison besteht, wenn Unterhaltsansprüche zueinander in Konkurrenz stehen. Das ist dann der Fall, wenn die Unterhaltsansprüche nicht in einem Rang stehen oder eine Mangelverteilung vorgenommen werden muss. So steht der Unterhalt des minderjährigen Kindes in Konkurrenz zum Trennungs- und Nachehelichenunterhalt und in Konkurrenz zum Geschwisterunterhalt, wenn eine Mangelverteilung notwendig wird. Gleichwohl wird hier keine Interessenkollision des vertretenden Rechtsanwalts angenommen, weil das gemeinschaftliche Interesse auf maximalen Unterhalt in die gemeinsame Haushaltskasse geht.

Anders ist die Lage bei der gemeinsamen Vertretung volljähriger Kinder zusammen mit minderjährigen Geschwistern und Ehegatten. Der Unterhalt der nicht mehr privilegierten Volljährigen steht immer in Konkurrenz zu den Unterhaltsansprüchen der vorrangig Unterhaltsberechtigten und bringt daher den verfahrensbevollmächtigten Rechtsanwalt, der minderjährige Kinder, Elternteile und volljährige Kinder vertritt, immer in die Nähe des Parteiverrates. Es gibt gute Gründe, daher generell die gemeinsame Vertretung volljähriger Kinder abzulehnen. Doch auch diese volljährigen Kinder sind oft mit ihren Müttern und jüngeren Geschwistern einig; die Vertretung durch mehrere Rechtsanwälte verursacht deutlich höhere Kosten. Deshalb wird die Auffassung vertreten (vgl. Offermann-Burckart, Anwaltsblatt 2009, 729 ff., 738), dass in Einzelfällen eine Vertretung zulässig ist, wenn Einigkeit unter den Beteiligten besteht und die betroffenen Mandanten in den widerstreitenden Mandaten nach umfassender Information mit der Vertretung ausdrücklich einverstanden sind. Sollte es dennoch zum Streit kommen, sind beide Mandate niederzulegen. Ob widerstreitende Interessen bestehen und vertreten werden und damit ein Verstoß gegen § 43a Abs. 4 BRAO vorliegt, kann, so der BGH (FamRZ 2012, 1563; FuR 2012, 611), indessen nicht ohne Blick auf die konkreten Umstände des Falles beurteilt werden. Maßgeblich ist, ob der in den maßgeblichen Rechtsvorschriften typisierte Interessenkonflikt im konkreten Fall tatsächlich auftritt.

V. Statischer oder dynamisierter Unterhalt

57   Kindesunterhalt kann grds. als statischer Betrag oder als dynamisierter Unterhalt, d.h. als Prozentsatz des jeweiligen Mindestunterhalts, gem. § 1612a BGB, tituliert werden.

Die Festsetzung eines **dynamisierten Unterhaltsbetrages** hat den Vorteil, dass eine automatische Erhöhung bei Erreichen der nächsten Altersstufe eintritt und darüber hinaus sich der Betrag erhöht, wenn das steuerliche Existenzminimum angehoben wird. Zur Beantragung eines dynamisierten Unterhalts finden Sie ein Muster bei Rdn. 58.

Bei minderjährigen Kindern ohne eigenes Einkommen kommt ein **statischer Unterhaltsbetrag** eigentlich nur dann in Betracht, wenn aufgrund geringer Einkünfte oder einer Mangelverteilung im 1. Rang nicht einmal mehr der Mindestunterhalt gezahlt werden kann. Einen statischen Unterhaltsbetrag sollte man dann beantragen, wenn Eigeneinkommen des berechtigten Kindes eine Bezugnahme auf den Mindestunterhalt unmöglich macht. Zur Beantragung eines statischen Unterhalts finden Sie ein Muster bei Rdn. 59.

VI. Anträge – Unterhalt minderjähriges Kind

1. Muster: Dynamisierter Unterhalt

Amtsgericht   58

– Familiengericht –

.....[1]

Antrag auf Zahlung von Kindesunterhalt

1. des minderjährigen Kindes ....., geb. am .....,

– Antragsteller zu 1) –[2]

2. des minderjährigen Kindes ....., geb. am .....,

– Antragsteller zu 2) –

gesetzlich vertreten durch die Kindesmutter .....,[3]

alle wohnhaft ..... *[Straße]* in ..... *[Ort]*

Verfahrensbevollmächtigte(r):[4]

gegen

ihren Vater .....

– Antragsgegner –

Verfahrensbevollmächtigte(r):

Verfahrenswert: ..... €[5]

Namens und in Vollmacht der Antragsteller/des Antragstellers/der Antragstellerin wird beantragt zu erkennen:
1. Der Antragsgegner wird verpflichtet, zu Händen seiner/ihrer gesetzlichen Vertreterin folgenden monatlichen im Voraus fälligen Kindesunterhalt zu zahlen,[6]
   – an den Antragsteller zu 1) ab ..... *[Monat der auf die Antragstellung folgt]* 120 % des Mindestunterhalts der 3. Altersstufe abzüglich hälftigen Kindergeldes für ein Kind, damit derzeit 512,00 € - 92,00 € = 420,00 €,
   – an den Antragsteller zu 2) ab ..... *[Monat der auf die Antragstellung folgt]* 120 % des Mindestunterhalts der 2. Altersstufe abzüglich hälftigen Kindergeldes für ein zweites Kind, damit derzeit 437,00 € - 92,00 € = 345,00 €,
   – und ab ..... *[Monat in dem das Kind 12 Jahre alt wird]* 120 % des Mindestunterhalts der 3. Altersstufe abzüglich hälftigen Kindergeldes für ein zweites Kind, damit derzeit 512,00 € - 92,00 € = 420,00 €,
   – an den Antragsteller zu 3) ab ..... *[Monat der auf die Antragstellung folgt]* 120 % des Mindestunterhalts der 1. Altersstufe abzüglich hälftigen Kindergeldes für ein drittes Kind damit derzeit 381,00 € - 95,00 € = 286,00 €,
   – ab ..... *[Monat in dem das Kind 6 Jahre alt wird]* 120 % des Mindestunterhalts der 2. Altersstufe abzüglich hälftigen Kindergeldes für ein drittes Kind, damit derzeit 437,00 € - 95,00 € = 342,00 €
   – und ab ..... *[Monat in dem das Kind 12 Jahre alt wird]* 120 % des Mindestunterhalts der 3. Altersstufe abzüglich hälftigen Kindergeldes für ein drittes Kind, damit derzeit 512,00 € - 95,00 € = 417,00 €.
2. Der Antragsgegner wird verpflichtet, zu Händen seiner/ihrer gesetzlichen Vertreterin folgende rückständige Unterhaltsbeträge für die Zeit vom ..... bis ..... zu zahlen,[7]
   – an den Antragsteller zu 1) i. H. v. ..... € zzgl. Zinsen i. H. v. 5 % über dem jeweiligen Basiszinssatz p. a. von je ..... € seit dem ....., dem ....., usw.
   – an den Antragsteller zu 2) i. H. v. ..... € zzgl. Zinsen i. H. v. 5 % über dem jeweiligen Basiszinssatz p. a. von je ..... € seit dem ....., dem ....., usw.

– an den Antragsteller zu 3) i. H. v. ..... € zzgl. Zinsen i. H. v. 5 % über dem jeweiligen Basiszinssatz p. a. von je ..... € seit dem ....., dem ....., usw.
3. Die sofortige Wirksamkeit wird angeordnet, § 116 Abs. 3 FamFG.[8]
4. Ferner wird beantragt, die Unterhaltsansprüche durch Versäumnisbeschluss gem. § 331 Abs. 3 ZPO zuzuerkennen für den Fall, dass der Antragsgegner Verteidigungsbereitschaft nicht rechtzeitig anzeigt.[9]

Begründung:

Die Antragsteller sind die leiblichen Kinder des Antragsgegners aus der geschiedenen Ehe mit der Kindesmutter. Den Eltern steht die elterliche Sorge gemeinsam zu. Die Antragsteller haben ihren Lebensmittelpunkt im Haushalt ihrer Mutter, von der auch das staatliche Kindergeld bezogen wird.[10]

Die Antragsteller sind noch in der allgemeinen Schulausbildung. Der 17-jährige Antragsteller zu 1) besucht die ..... Klasse des Gymnasiums in ...... Der 12-jährige Antragsteller zu 2) besucht die die ..... Klasse der Realschule in .....; der 5-jährige Antragsteller zu 3) besucht eine Kindertagesstätte. Die Antragsteller haben weder eigenes Einkommen noch Vermögen. Die Antragsteller sind bedürftig.[11]

Die Antragsteller leiten ihren Unterhaltsanspruch von den Einkommensverhältnissen des Antragsgegners ab. Er erzielt ein Einkommen, das zwischen ..... € und ..... € liegt. Der Antragsgegner ist damit in die Einkommensstufe ..... der Düsseldorfer Tabelle einzugruppieren.[12]

Unter Berücksichtigung des anteiligen Kindergeldes in Höhe von je 184,00 € ergibt sich für den 17-jährigen Antragsteller zu 1) ein Unterhaltsanspruch von ..... € und für den 12-jährigen Antragsteller zu 2) ein Unterhaltsanspruch von ..... €. Das Kindergeld für den 5-jährigen Antragsteller zu 3) beträgt 190,00 €, so dass der Unterhaltsanspruch für den Antragsteller zu 3) ..... € beträgt.

Der Antragsgegner ist in der beantragten Höhe leistungsfähig. Er verfügt nach Abzug von Steuern und Sozialabgaben über ein durchschnittliches monatliches Nettoeinkommen von ..... €.[13]

Beweis: Vorlage der Gehaltsbescheinigungen für die Zeit vom ..... bis .....

Hinzuzurechnen ist die anteilige Steuererstattung für das Jahr ..... i. H. v. ..... €.

Beweis: Vorlage des Steuerbescheids für das Jahr .....

Hiervon abzusetzen sind folgende monatliche berufsbedingte Aufwendungen:[14]

Fahrtkosten   ..... €

Gewerkschaftsbeitrag   ..... €

.... €

Außergerichtlich wurden Kosten einer **sekundären Altersvorsorge** in Höhe von 400,00 € pro Monat geltend gemacht. Einkommensmindernd können jedoch nur 250,00 € anerkannt werden, da die Kosten einer sekundären Altersvorsorge nur in Höhe von 4 % des Bruttoeinkommens unterhaltsmindernd anerkannt werden.[15]

Außergerichtlich wurden **Kreditraten** in Höhe von 350,00 € pro Monat geltend gemacht. Diese können jedoch nicht unterhaltsmindernd berücksichtigt werden. Der Antragsgegner hat sich nach der Trennung eine luxuriöse Wohnungseinrichtung gekauft. Finanzierungskosten für Luxusgüter können nicht einkommensmindernd anerkannt werden.[16]

Das bereinigte unterhaltspflichtige Nettoeinkommen errechnet sich somit wie folgt:

gesetzliches Nettoeinkommen   ..... €

zzgl. Steuererstattung   ..... €

abzgl. berufsbedingte Aufwendungen   ..... €

abzgl. Kosten einer sekundären Altersvorsorge   ..... €

bereinigtes unterhaltspflichtiges Nettoeinkommen   ..... €

Der Antragsgegner ist mit anwaltlichem Schreiben vom ..... aufgefordert worden, Auskunft über seine Einkünfte zur Berechnung des Kindesunterhalts zuerteilen.[17]

Nach Auskunftserteilung wurden die Unterhaltsansprüche in der mit dem Unterhaltsantrag geltend gemachten Höhe beziffert und der Antragsgegner aufgefordert, die Unterhaltszahlungen aufzunehmen und die Unterhaltsansprüche titulieren zu lassen.

Beweis: Auskunftsverlangen nach §§ 1603, 1605 BGB vom .....

Der Antragsgegner hat keine Zahlungen geleistet, so dass sich für den Zeitraum ..... *[Monat der Aufforderung]* bis ..... *[Monat der Antragstellung]* ein Unterhaltsrückstand[18]

für den Antragsteller zu 1)	i. H. v. ..... × ..... € = ... €
für den Antragsteller zu 2)	i. H. v. ..... × ..... € = ... €
und für den Antragsteller zu 3)	i. H. v. ..... × ..... € = ... €

ergibt.

Der Zinsanspruch ergibt sich aus §§ 288, 291 BGB.[19]

Das Interesse der Unterhaltsgläubiger an der sofortigen Wirksamkeit der Entscheidung überwiegt das Interesse des Antragsgegners, so dass die sofortige Wirksamkeit anzuordnen ist. Die Antragsteller sind zur Sicherung ihres laufenden Bedarfs auf die sofortigen Unterhaltszahlungen angewiesen. Sie haben in der Vergangenheit erhebliche finanzielle Einschränkungen hinnehmen müssen. Auch konnten Verpflichtungen gegenüber ..... und ..... in Höhe von ..... € nicht erfüllt werden, weil kein Unterhalt bezahlt wurde.[20]

1. Zuständigkeit. § 232 FamFG – örtlich zuständig ist in aller Regel das Gericht, in dessen Bezirk das Kind seinen gewöhnlichen Aufenthalt hat. Vgl. Rdn. 27.

2. Antragsteller. Grds. ist das minderjährige Kind selbst Anspruchsinhaber und Antragsteller. Das gilt allerdings nicht während der Trennungszeit der verheirateten Eltern und solange eine Ehesache anhängig ist; in diesen Fällen sind die Unterhaltsansprüche in Verfahrensstandschaft vom anderen Elternteil geltend zu machen, § 1629 Abs. 3 Satz 1 BGB. Ein Muster für Rubrum, Anträge und Statusangaben bei Verfahrensstandschaft ist unter Rdn. 52 abgedruckt.

3. Gesetzliche Vertretung. Ein minderjähriges Kind kann sich nicht selbst vertreten. Deshalb sollte schon im Rubrum ein Hinweis auf die Minderjährigkeit erfolgen, am besten durch Angabe des Geburtsdatums. Steht die elterliche Sorge einem Elternteil alleine zu, kann dieser das Kind bei der Geltendmachung von Unterhalt ggü. dem anderen Elternteil alleine vertreten, § 1629 Abs. 1 BGB. Steht die elterliche Sorge den Eltern gemeinsam zu, so kann der Elternteil, in dessen Obhut sich das Kind befindet, Unterhaltsansprüche des Kindes gegen den anderen Elternteil als gesetzlicher Vertreter geltend machen, § 1629 Abs. 2 BGB. Zum Wechselmodell vgl. Rdn. 50.

4. Anwaltszwang. Anwaltszwang ergibt sich aus § 114 Abs. 1 FamFG. Vgl. Rdn. 28.

5. Verfahrenswert. Die Angabe des Verfahrenswertes ist gem. § 53 FamGKG nicht zwingend erforderlich, da er sich aus den Anträgen ableiten lässt. Vgl. Rdn. 29.

6. Dynamisierter Unterhalt. Die Festsetzung eines dynamischen Unterhaltsbetrages hat den Vorteil, dass seine automatische Erhöhung bei Erreichen der nächsten Altersstufe eintritt und auch dann, wenn die Düsseldorfer Tabelle angepasst oder das steuerliche Existenzminimum angehoben wird.

Für den Fall, dass aus dem Unterhaltstitel vollstreckt werden muss, verlangt man vom Vollstreckungsorgan sehr viel mühsame Rechenarbeit, wenn man beantragt, »*den Mindestunterhalt der jeweiligen Altersstufe*« zu zahlen. Einfacher und vollstreckungsfreundlicher – aber auch für die Beteiligten übersichtlicher – ist es, wenn bereits aus dem Unterhaltsbeschluss erkennbar wird, dass beginnend mit den Monaten, in denen das Kind 6 und 12 Jahre alt wird, Unterhalt nach der nächst höheren

Altersstufe zu zahlen ist. Im Zweifel tritt mit einer solchen Formulierung auch Verzug ohne Mahnung (vgl. § 286 BGB) für den höheren Unterhalt ein.

Einen statischen Unterhaltsbetrag sollte man nur dann beantragen, wenn ein Mangelfall (Berechnung vgl. Rdn. 63, *M. 10*) vorliegt oder das Eigeneinkommen des berechtigten Kindes eine Bezugnahme auf den Mindestunterhalt unmöglich macht. Zur Formulierung eines statischen Unterhalts finden Sie ein Muster bei Rdn. 59.

7. Unterhaltsrückstände. Wenn mit dem Antrag auch rückständiger Unterhalt geltend gemacht werden soll, sind der laufende Unterhalt und der Rückstand gesondert auszuweisen. Rückstände sind die Beträge, die vor Einreichung des Antrags bereits fällig geworden sind. Das bedeutet, dass der Anspruch, der in den Monat fällt, in dem der Antrag anhängig wird, bereits zu den Rückständen zählt. Die Zinsen richten sich nach dem Tag der Inverzugsetzung, § 288 BGB bzw. der Rechtshängigkeit, § 291 BGB.

8. Sofortige Wirksamkeit. Gem. § 116 Abs. 3 Satz 3 FamFG soll das Gericht die sofortige Wirksamkeit anordnen. Dabei hat es die Voraussetzungen der Anordnung nach pflichtgemäßem Ermessen zu prüfen. Vgl. Rdn. 30.

9. Versäumnisbeschluss. In Familienstreitsachen gelten die Allgemeinen Vorschriften der Zivilprozessordnung und die Vorschriften der Zivilprozessordnung über das Verfahren vor den LG entsprechend, § 113 Abs. 1 FamFG. Damit gelten auch die Vorschriften über das Versäumnisurteil. Ein § 331 ZPO entsprechender Antrag kann schon in der Antragsschrift gestellt werden.

10. Statusangaben. Aus der Familiengeschichte sollten sich nicht nur die familiären Verhältnisse ergeben, sondern die Angaben sollten so umfassend sein, dass das Gericht alle Fakten erhält, die notwendig sind, um Zuständigkeit, Vertretungsbefugnis und ggf. Fragen der Verfahrensstandschaft zu klären.

Hierher gehört auch, wer das Kindergeld bezieht. Denn der Kindergeldbezieher ist i. d. R. auch Obhutsinhaber.

11. Bedürftigkeit. Angaben zur Ausbildung und zum Einkommen und Vermögen des Kindes sind gem. § 1602 BGB immer erforderlich. Nur ein Kind, das in Ausbildung ist und das sich weder aus den Einkünften seines Vermögens noch aus dem Ertrag seiner Arbeit unterhalten kann, hat Anspruch auf Unterhalt.

12. Bedarf. Der Bedarfssatz nach der Düsseldorfer Tabelle umfasst den Bedarf des täglichen Lebens; nicht erfasst sind bspw. die Kosten einer privaten Kranken- und Pflegeversicherung; sie sind zusätzlich vom Barunterhaltspflichtigen zu zahlen und stellen unterhaltsrechtlich Mehrbedarf dar. Weiterer regelmäßiger außergewöhnlicher Bedarf (sog. Mehrbedarf vgl. Rdn. 39) ist als laufender Unterhalt zusätzlich geltend zu machen.

13. Leistungsfähigkeit. Die Leistungsfähigkeit ist darzulegen und zu beweisen.

14. Berufsbedingte Aufwendungen. Notwendige mit der Erwerbstätigkeit verbundene Aufwendungen können grds. vorab vom Einkommen abgesetzt werden. In den Leitlinien der OLG findet sich unter Nr. 10.2. Hinweise, ob im jeweiligen Bezirk eine Pauschale abgesetzt werden kann oder ob die berufsbedingten Aufwendungen konkret dargelegt werden müssen.

15. Kosten einer sekundären Altersvorsorge. Im Rahmen der Altersvorsorge können, über die Aufwendungen für die gesetzlichen Sozialversicherungen hinaus, Beiträge für eine sekundäre zusätzliche private Altersvorsorge abgesetzt werden. Beim Kindesunterhalt ist für diese sekundäre Altersvorsorge ein Betrag von bis zu 4 % des Bruttoeinkommens angemessen (vgl. Nr. 10.1 der Leitlinien der OLG).

Sofern der Unterhaltspflichtige den Mindestunterhalt nach § 1612a BGB nicht leisten kann, kommt ein Abzug von Beiträgen für eine sekundäre Altersvorsorge nicht in Betracht.

16. Schulden. Beim Unterhalt für minderjährige Kinder (und auch für privilegierte volljährige Kinder) sind Schulden regelmäßig nur dann berücksichtigungsfähig, wenn der Mindestunterhalt sichergestellt ist. In allen anderen Fällen muss man sehen, dass das Kind seine Lebensstellung vom Unterhaltspflichtigen ableitet und dementsprechend auch seine Schulden, insb. eheprägende oder trennungsbedingte Schulden, seine Unterhaltsverpflichtung prägen. Grenzen sind erst dort zu ziehen, wo Schulden zur Finanzierung von Luxusgütern gemacht werden und den Unterhaltsanspruch in erheblichem Maße reduzieren.

Wenn der Mindestunterhalt nicht mehr sichergestellt ist, sind lediglich Zinszahlungen unterhaltsmindernd anzuerkennen, die aber auch erbracht werden müssen, um ein Anwachsen der Verbindlichkeiten zu vermeiden. Im Zweifel besteht die Verpflichtung, das Verbraucherinsolvenzverfahren einzuleiten (BGH, FamRZ 2005, 608 = FuR 2005, 246).

17. Verzug. Für die Vergangenheit kann Unterhalt ab Verzug verlangt werden. Gem. § 1613 BGB ist eine Stufenmahnung, d. h. eine Verbindung von Auskunftsersuchen und dem Verlangen des sich daraus ergebenden Unterhalts, ausreichend. Zur Darlegungslast des Antragstellers gehört, dass der Unterhalt ab dem gewählten Zeitraum geschuldet wird.

Hierher gehört auch, ob sich der Unterhaltsanspruch noch in der Hand des Antragstellers befindet oder ob dieser als Folge von gewährten Sozialleistungen (Leistungen nach SGB II oder UVG) auf Dritte übergegangen ist. In der Praxis machen die Leistungsträger überwiegend von der Möglichkeit der Rückübertragung des Unterhaltsanspruchs an den unterhaltsberechtigten Leistungsempfänger Gebrauch (§ 7 Abs. 4 Satz 2 UVG, § 94 SGB XII, § 33 Abs. 4 SGB II). Diesen Bestimmungen ist gemeinsam, dass eine Belastung des Leistungsempfängers mit zusätzlichen Kosten nicht stattfinden soll. Die Formulierung »dadurch selbst belastet wird« stellt sicher, dass sich Dritte, also auch andere vorrangige Leistungsbereiche wie z. B. die PKH bewilligende Stelle, nicht darauf berufen können, dass der Leistungsträger nachrangig die Kosten übernehmen kann.

18. Rückstand. Rückstände sind aus kostenrechtlicher Sicht solche Beträge, die vor Einreichung des Antrags bereits fällig geworden sind, § 51 Abs. 2 FamGKG, wobei der Unterhalt für den Monat der Anhängigkeit des Antrags bereits zu den Rückständen zählt, denn Unterhalt ist monatlich im Voraus fällig.

Der Antragsteller kann seine Anträge unter Berücksichtigung der bis zur mündlichen Verhandlung aufgelaufenen Rückstände neu beziffern. Die bis zum Monat der mündlichen Verhandlung aufgelaufenen Beträge sind dann als »**Rückstände**« zu bezeichnen, und der laufende Unterhalt ist erst ab dem Folgemonat zu verlangen. Der Vorteil liegt auf der Hand: laufender Unterhalt verjährt in 3 Jahren, § 197 Abs. 2 BGB, während titulierter Unterhaltsrückstand der 30-jährigen Verjährung unterliegt.

19. Zinsen. Für Unterhaltsrückstände können Verzugszinsen gem. § 288 BGB gestaffelt nach Fälligkeitszeitpunkten und Rechtshängigkeitszinsen gem. § 291 BGB verlangt werden. Die in Verzug setzende Mahnung begründet Verzug taggenau mit dem Zugang der Mahnung (BGH, FamRZ 1990, 283). Für danach fällig werdende Unterhaltsansprüche tritt Verzug jeweils ab dem Ersten des Monats ein, vor dem der Unterhaltsschuldner aufgefordert wurde, gem. § 1612 Abs. 3 BGB den Unterhalt monatlich im Voraus zu zahlen. Eine periodische Wiederholung der Mahnung ist nicht erforderlich.

20. Sofortige Wirksamkeit. § 116 Abs. 3 ist eine Soll-Vorschrift, die vom Gericht zu beachten ist. Ein Sachvortrag ist dazu in der Antragsschrift nicht notwendig und häufig auch gar nicht sinnvoll möglich. Im Laufe des Verfahrens kann jedoch der Sachvortrag des Antragsgegners zu einem entsprechenden Vortrag zwingen. Vgl. Rdn. 30.

2. Muster: Statischer Unterhalt – Kind mit eigenem Einkommen

59 Amtsgericht

– Familiengericht –

.....[1]

Antrag auf Zahlung von Kindesunterhalt

1. des minderjährigen Kindes ....., geb. am .....,

– Antragsteller zu 1) –[2]

2. des minderjährigen Kindes ....., geb. am .....,

– Antragsteller zu 2) –

gesetzlich vertreten durch die Kindesmutter .....,[3]

alle wohnhaft ..... *[Straße]* in ..... *[Ort]*

Verfahrensbevollmächtigte(r):[4]

gegen

ihren Vater .....

– Antragsgegner –

Verfahrensbevollmächtigte(r):

Verfahrenswert: ..... €[5]

Namens und in Vollmacht des Antragstellers/Antragstellerin wird beantragt zu erkennen:

–

1.1 Der Antragsgegner wird verpflichtet, an die Antragstellerin zu 1) zu Händen ihrer Vertreterin monatlichen im Voraus fälligen Kindesunterhalt i. H. v. 448,50 € zu zahlen.[6]

1.2 Der Antragsgegner wird verpflichtet, an den/die Antragsteller zu 2) zu Händen seiner/ihrer Vertreterin monatlichen im Voraus fälligen Kindesunterhalt i. H. v. 152 % des Mindestunterhalts der 3. Altersstufe abzüglich hälftigen Kindergeldes, damit derzeit 648,00 € - 92,00 € = 556,00 € zu zahlen.[7]

2.1 Der Antragsgegner wird verpflichtet, an den/die Antragsteller zu 1) zu Händen seiner/ihrer Vertreterin rückständigen Unterhalt für die Zeit vom ..... bis ..... i. H. v. ..... € zzgl. Zinsen i. H. v. 5 % über dem jeweiligen Basiszinssatz p. a. von je ..... € seit dem ....., dem ..... usw. zu zahlen.[8]

2.2 Der Antragsgegner wird verpflichtet, an den/die Antragsteller zu 2) zu Händen seiner/ihrer Vertreterin rückständigen Unterhalt für die Zeit vom ..... bis ..... i. H. v. ..... € zzgl. Zinsen i. H. v. 5 % über dem jeweiligen Basiszinssatz p. a. von je ..... € seit dem ....., dem ..... usw. zu zahlen.

3. Die sofortige Wirksamkeit wird angeordnet, § 116 Abs. 3 FamFG.[9]

4. Ferner wird beantragt, die Unterhaltsansprüche durch Versäumnisbeschluss gemäß § 331 Abs. 3 ZPO zuzuerkennen, für den Fall, dass der Antragsgegner Verteidigungsbereitschaft nicht rechtzeitig anzeigt.[10]

Begründung:

Die Antragsteller sind die leiblichen Kinder des Antragsgegners aus der geschiedenen Ehe mit der Kindesmutter. Den Eltern steht die elterliche Sorge gemeinsam zu. Die Antragsteller haben ihren Lebensmittelpunkt im Haushalt ihrer Mutter, von der auch das staatliche Kindergeld bezogen wird.[11]

Die 17-jährige Antragstellerin zu 1.) absolviert seit 01.08.2010 eine Ausbildung als Tierarzthelferin. Die Ausbildungsvergütung beträgt brutto 380,00 €. Nach Abzug von Sozialabgaben kommen monatlich 305,00 € netto zur Auszahlung. Diese Ausbildungsvergütung ist als Arbeitseinkommen anzusehen und bereinigt um einen pauschalen ausbildungsbedingten Mehrbedarf von 90,00 € auf den Unterhaltsbedarf der Antragstellerin zu 1) anzurechnen. Da die Antragstellerin zu

1) minderjährig ist, vermindert sich der Barunterhalt nur um die Hälfte der anrechenbaren Ausbildungsvergütung, da die Betreuungsleistung gemäß § 1606 Abs. 3. Satz 2 BGB eine gleichwertige Unterhaltsleistung darstellt und daher auch der betreuende Elternteil anteilig entlastet werden muss. Die Ausbildungsvergütung ist daher mit 107,50 € *[= {(305 - 90)/2}]* auf den Barunterhaltsanspruch anzurechnen.[12, 13]

Der 17-jährige Zwillingsbruder, der Antragsteller zu 2), besucht die 12. Klasse des Gymnasiums mit dem Ziel, das Abitur zu machen. Als Trainer der U 13 seines Basketballvereins erzielt er ein monatliches Einkommen von 156,00 €. Für Nachhilfestunden erhält er monatlich 80,00 €. Durch das Verteilen von Werbeprospekten an zwei Tagen in der Woche verdient er weitere 75,00 €. Dieses Einkommen aus Schülerarbeit i. H. v. 305,00 € ist nicht auf den Unterhaltsanspruch anzurechnen. Denn es besteht keine Verpflichtung, insbesondere des minderjährigen Schülers, durch eigene Erwerbstätigkeit zu seinem Unterhalt beizutragen. Die Schulausbildung ist als volle Arbeitstätigkeit anzusehen, der sich der Schüler mit ganzer Kraft widmen muss. Schülerarbeit wird daher generell als unzumutbar angesehen und das Einkommen daraus nicht auf den Unterhaltsanspruch angerechnet.[14]

Darüber hinaus haben die Zwillinge kein weiteres Einkommen und kein Vermögen. Die Antragsteller sind bedürftig.

Die Antragsteller leiten ihren Unterhaltsanspruch von den Einkommensverhältnissen des Antragsgegners ab. Er erzielt ein Einkommen, das zwischen ..... € und ..... € liegt. Der Antragsgegner ist damit in die Einkommensstufe ..... der Düsseldorfer Tabelle einzugruppieren.[15]

Alternativ: Da er nur seinen beiden Kindern zum Unterhalt verpflichtet ist, kommt eine Höhergruppierung um mindestens 1 Einkommensgruppe in Betracht, so dass der Unterhalt der Antragsteller der Einkommensgruppe 10 zu entnehmen ist. Dies gilt insbesondere deshalb, weil nur Kindesunterhalt und kein Ehegattenunterhalt geschuldet wird und dem Antragsgegner weit mehr als der Bedarfskontrollbetrag der 10. Einkommensgruppe verbleibt. Der Kindesunterhalt steht damit in einem angemessenen Verhältnis zum verbleibenden Einkommen des Antragsgegners.

Unter Berücksichtigung des anteiligen Kindergeldes in Höhe von je 184,00 € ergibt sich für den 17-jährigen Antragsteller zu 2) ein Unterhaltsbedarf und ein Unterhaltsanspruch von 556,00 €.

Auch für die Antragstellerin zu 1) beträgt der Unterhaltsbedarf 556,00 €. Nach Abzug der hälftigen Ausbildungsvergütung i. H. v. 107,50 € beträgt ihr Unterhaltsanspruch 448,50 €.

Der Antragsgegner ist in der beantragten Höhe leistungsfähig. Er verfügt, nach Abzug von Steuern und Sozialabgaben, über ein durchschnittliches monatliches Nettoeinkommen von mehr als ..... €.[16]

Beweis: Kopie der Gehaltsabrechnungen der letzten 12 Monate

Der Selbstbehalt der Einkommensgruppe 9 ist gewahrt.[17]

Der Antragsgegner ist mit anwaltlichem Schreiben vom ..... aufgefordert worden, Auskunft über seine Einkünfte zur Berechnung des Kindesunterhalts zu erteilen.[18]

Nach Auskunftserteilung wurden die Unterhaltsansprüche in der mit dem Unterhaltsantrag geltend gemachten Höhe beziffert und der Antragsgegner aufgefordert, die Unterhaltszahlungen aufzunehmen und die Unterhaltsansprüche titulieren zu lassen.

Beweis: Aufforderung vom .....

Der Antragsgegner hat keine Zahlungen geleistet, so dass sich für den Zeitraum ..... *[Monat der Aufforderung]* bis ..... *[Monat der Antragstellung]* ein Unterhaltsrückstand[19]

für den Antragsteller zu 1)	i. H. v. ..... × ..... € = ... €
für den Antragsteller zu 2)	i. H. v. ..... × ..... € = ... €
und für den Antragsteller zu 3)	i. H. v. ..... × ..... € = ... €

ergibt.

Der Zinsanspruch ergibt sich aus §§ 288, 291 BGB.[20]

1. Örtliche Zuständigkeit. Die örtliche Zuständigkeit ergibt sich aus § 232 FamFG. Örtlich zuständig ist in aller Regel das Gericht, in dessen Bezirk das Kind seinen gewöhnlichen Aufenthalt hat, § 232 Abs. 1 Nr. 2 FamFG. Sofern zwischen den Eltern eine Ehesache anhängig ist, ist gem. § 232 Abs. 1 Nr. 1 FamFG das Gericht der Ehesache zuständig.

2. Antragsteller. Grds. ist das minderjährige Kind selbst Anspruchsinhaber und Antragsteller. Das gilt allerdings nicht während der Trennungszeit der verheirateten Eltern und solange eine Ehesache anhängig ist; in diesen Fällen sind die Unterhaltsansprüche in Verfahrensstandschaft vom anderen Elternteil geltend zu machen, § 1629 Abs. 3 Satz 1 BGB. Ein Muster für Rubrum, Anträge und Statusangaben bei Verfahrensstandschaft ist unter Rdn. 52 abgedruckt.

3. Gesetzliche Vertretung. Ein minderjähriges Kind kann sich nicht selbst vertreten. Deshalb sollte schon im Rubrum ein Hinweis auf die Minderjährigkeit erfolgen, am besten durch Angabe des Geburtsdatums. Steht die elterliche Sorge einem Elternteil alleine zu, kann dieser das Kind bei der Geltendmachung von Unterhalt ggü. dem anderen Elternteil alleine vertreten, § 1629 Abs. 1 BGB. Steht die elterliche Sorge den Eltern gemeinsam zu, so kann der Elternteil, in dessen Obhut sich das Kind befindet, Unterhaltsansprüche des Kindes gegen den anderen Elternteil als gesetzlicher Vertreter geltend machen, § 1629 Abs. 2 BGB. Ein Muster für Rubrum, Anträge und Statusangaben bei Verfahrensstandschaft ist unter Rdn. 52 abgedruckt.

4. Anwaltszwang. Anwaltszwang ergibt sich aus § 114 Abs. 1 FamFG. Vgl. Rdn. 28.

5. Verfahrenswert. Die Angabe des Verfahrenswertes ist gem. § 53 FamGKG nicht zwingend erforderlich, da sich der Verfahrenswert aus den Anträgen ableiten lässt. Vgl. Rdn. 29.

6. Statischer Unterhalt. Kindesunterhalt kann grds. als statischer Betrag nach § 1612 BGB oder als dynamisierter Unterhalt nach § 1612a BGB tituliert werden.

Einen statischen Unterhaltsbetrag sollte man nur dann beantragen, wenn ein Mangelfall (zur Berechnung des Mangelfalls vgl. Rdn. 63, *M. 10*) vorliegt oder Eigeneinkommen des berechtigten Kindes eine Bezugnahme auf den Mindestunterhalt unmöglich macht.

7. Dynamisierter Unterhalt. Die Festsetzung eines dynamischen Unterhaltsbetrages hat den Vorteil, dass seine automatische Erhöhung bei Erreichen der nächsten Altersstufe eintritt und darüber hinaus sich der Betrag erhöht, wenn das steuerliche Existenzminimum angehoben wird.

8. Unterhaltsrückstände. Wenn mit dem Antrag auch rückständiger Unterhalt geltend gemacht werden soll, sind der laufende Unterhalt und der Rückstand gesondert auszuweisen. Rückstände sind die Beträge, die vor Einreichung des Antrags bereits fällig geworden sind. Das bedeutet, dass der Anspruch, der in den Monat fällt, in dem der Antrag anhängig wird, bereits zu den Rückständen zählt. Die Zinsen richten sich nach dem Tag der Inverzugsetzung, § 288 BGB bzw. der Rechtshängigkeit, § 291 BGB.

9. Sofortige Wirksamkeit. § 116 Abs. 3 ist eine Soll-Vorschrift, die vom Gericht zu beachten ist. Ein Sachvortrag dazu ist in der Antragsschrift nicht notwendig und häufig auch gar nicht sinnvoll möglich. Im Laufe des Verfahrens kann jedoch der Sachvortrag des Antragsgegners zu einem entsprechenden Vortrag zwingen. Vgl. Rdn. 30, 58, *M. 20*.

10. Versäumnisbeschluss. In Familienstreitsachen gelten die Allgemeinen Vorschriften der Zivilprozessordnung und die Vorschriften der Zivilprozessordnung über das Verfahren vor den LG entsprechend, § 113 Abs. 1 FamFG. Damit gelten auch die Vorschriften über das Versäumnisurteil. Ein § 331 ZPO entsprechender Antrag kann schon in der Antragsschrift gestellt werden.

11. Statusangaben. Aus der Familiengeschichte sollten sich nicht nur die familiären Verhältnisse ergeben, sondern die Angaben sollten so umfassend sein, dass das Gericht alle Fakten erhält, die notwendig sind, um Zuständigkeit, Vertretungsbefugnis und ggf. Fragen der Verfahrensstandschaft zu klären.

Hierher gehört auch, wer das Kindergeld bezieht. Denn der Kindergeldbezieher ist i. d. R. auch Obhutsinhaber. Nach Trennung der Eltern ist nur noch der Elternteil Kindergeldbezugsberechtigter, in dessen Haushalt das Kind lebt, § 64 Abs. 2 EStG. Sollte, was gar nicht so selten vorkommt, entgegen der eindeutigen gesetzlichen Regelung der Barunterhaltspflichtige das Kindergeld beziehen, wäre es in voller Höhe an den anderen Elternteil weiterzuleiten.

12. Bedürftigkeit. Angaben zur Ausbildung und zum Einkommen und Vermögen des Kindes sind gem. § 1602 BGB immer erforderlich. Nur ein Kind, das in Ausbildung ist und das sich weder aus den Einkünften seines Vermögens noch aus dem Ertrag seiner Arbeit unterhalten kann, hat Anspruch auf Unterhalt.

Sofern es in der Ausbildung zu einem Beruf ist und die Ausbildungsvergütung nicht ausreichend ist, um den angemessenen Bedarf (1610 BGB) sicherzustellen, hat es ebenfalls einen Barunterhaltsanspruch.

13. Ausbildungsvergütung und ausbildungsbedingter Mehrbedarf. Ausbildungsvergütungen sind als Arbeitseinkommen anzusehen und bedarfsmindernd anzurechnen (BGH in ständiger Rechtsprechung seit FamRZ 1981, 541). Bei der Frage, ob ein ausbildungsbedingter Mehraufwand mit einem Betrag von 90,00 € pauschal abgesetzt werden kann oder konkret dargelegt werden muss, sind die OLG in zwei Lager geteilt. Etwa die Hälfte spricht sich für einen pauschalen Abzug von 90,00 € aus. Einzelheiten findet man unter 10.2.3 der jeweiligen Leitlinien.

14. Schülerarbeit. Vgl. Rdn. 44.

15. Bedarf. Da die Düsseldorfer Tabelle seit 01.01.2010 den Unterhaltsbedarf bezogen auf zwei Unterhaltsberechtigte ausweist, kommt nicht mehr ohne Weiteres eine Höherstufung in Betracht, wenn auch nur zwei Unterhaltsberechtigte vorhanden sind (vgl. Rdn. 38 und Nr. 11.2 der Leitlinien).

Der Bedarfssatz nach der Düsseldorfer Tabelle umfasst den Bedarf des täglichen Lebens; nicht erfasst sind bspw. die Kosten einer privaten Kranken- und Pflegeversicherung; sie sind zusätzlich vom Barunterhaltspflichtigen zu zahlen und stellen unterhaltsrechtlich Mehrbedarf dar. Weiterer regelmäßiger außergewöhnlicher Bedarf (sog. Mehrbedarf vgl. Rdn. 39) ist als laufender Unterhalt zusätzlich geltend zu machen.

16. Leistungsfähigkeit. Die Leistungsfähigkeit ist darzulegen und zu beweisen.

17. Selbstbehalt. Der Bedarfskontrollbetrag ab Einkommensgruppe 2 ist nicht identisch mit dem Selbstbehalt, der dem Unterhaltspflichtigen verbleiben muss. Unter Heranziehung der Bedarfskontrollbeträge ist zu prüfen, ob der Unterhalt in einem angemessenen Verhältnis zu dem Betrag steht, der dem Unterhaltspflichtigen für den eigenen Bedarf verbleibt (vgl. Rdn. 38).

18. Verzug. Für die Vergangenheit kann Unterhalt ab Verzug verlangt werden. Gem. § 1613 BGB ist eine Stufenmahnung, d. h. eine Verbindung von Auskunftsersuchen und dem Verlangen des sich daraus ergebenden Unterhalts ausreichend.

19. Rückstand. Rückstände sind, nicht nur aus kostenrechtlicher Sicht, solche Beträge, die vor Einreichung des Antrags bereits fällig geworden sind, § 51 Abs. 2 FamGKG, wobei der Unterhalt für den Monat der Anhängigkeit des Antrags bereits zu den Rückständen zählt, denn Unterhalt ist monatlich im Voraus fällig.

Der Antragsteller kann seine Anträge unter Berücksichtigung der bis zur mündlichen Verhandlung aufgelaufenen Rückstände neu beziffern. Die bis zum Monat der mündlichen Verhandlung aufgelaufenen Beträge sind dann als »Rückstände« zu bezeichnen, und der laufende Unterhalt ist erst ab dem Folgemonat zu verlangen. Der Vorteil liegt auf der Hand: laufender Unterhalt verjährt nach 3 Jahren, während titulierter Unterhaltsrückstand der 30-jährigen Verjährung unterliegt.

20. Zinsen. Für Unterhaltsrückstände können Verzugszinsen gem. § 288 BGB gestaffelt nach Fälligkeitszeitpunkten und Rechtshängigkeitszinsen gem. § 291 BGB verlangt werden. Die in Verzug setzende Mahnung begründet Verzug taggenau mit dem Zugang der Mahnung (BGH, FamRZ 1990, 283). Für danach fällig werdende Unterhaltsansprüche tritt Verzug jeweils ab dem Ersten des Monats ein, in dem der Unterhaltsschuldner aufgefordert wurde, gem. § 1612 Abs. 3 BGB den Unterhalt monatlich im Voraus zu zahlen. Eine periodische Wiederholung der Mahnung ist nicht erforderlich.

3. Muster: Antrag auf Zahlung des Mindestunterhalts

60   Amtsgericht

– Familiengericht –

.....[1]

Antrag auf Zahlung von Kindesunterhalt

1. des minderjährigen Kindes ....., geb. am .....,

– Antragsteller zu 1) –[2]

2. des minderjährigen Kindes ....., geb. am .....,

– Antragsteller zu 2) –

gesetzlich vertreten durch die Kindesmutter ....., [3]

alle wohnhaft ..... Straße in ..... *[Ort]*

Verfahrensbevollmächtigte(r):[4]

gegen

ihren Vater .....

– Antragsgegner –

Verfahrensbevollmächtigte(r):

Verfahrenswert: ..... €[5]

Namens und in Vollmacht der Antragsteller/des Antragstellers/der Antragstellerin wird beantragt zu erkennen:
1. Der Antragsgegner wird verpflichtet, zu Händen seiner/ihrer gesetzlichen Vertreterin folgenden monatlichen im Voraus fälligen Kindesunterhalt zu zahlen,[6]
   – an den Antragsteller zu 1) ab ..... *[Monat der auf die Antragstellung folgt]* 100 % des Mindestunterhalts der 1. Altersstufe abzüglich hälftigen Kindergeldes, damit derzeit 317,00 € - 92,00 € = 225,00 €,
   ab ..... *[Monat in dem das Kind 6 Jahre alt wird]* 100 % des Mindestunterhalts der 2. Altersstufe abzüglich hälftigen Kindergeldes, damit derzeit 364,00 € - 92,00 € = 272,00 € und ab ..... *[Monat in dem das Kind 12 Jahre alt wird]* 100 % des Mindestunterhalts der 3. Altersstufe abzüglich hälftigen Kindergeldes, damit derzeit 426,00 € - 92,00 € = 334,00 €.
   – an den Antragsteller zu 2) ab ..... *[Monat der auf die Antragstellung folgt]* 100 % des Mindestunterhalts der 1. Altersstufe abzüglich hälftigen, damit derzeit 317,00 € - 92,00 € = 225,00 €,
   ab ..... *[Monat in dem das Kind 6 Jahre alt wird]* 100 % des Mindestunterhalts der 2. Altersstufe abzüglich hälftigen Kindergeldes, damit derzeit 364,00 € - 92,00 € = 272,00 € und ab ..... *[Monat in dem das Kind 12 Jahre alt wird]* 100 % des Mindestunterhalts der 3. Altersstufe abzüglich hälftigen Kindergeldes, damit derzeit 426,00 € - 92,00 € = 334,00 €.
2. Der Antragsgegner wird verpflichtet, zu Händen seiner/ihrer gesetzlichen Vertreterin folgende rückständige Unterhaltsbeträge für die Zeit vom ..... bis ..... zu zahlen,[7]
   – an den Antragsteller zu 1) i. H. v. ..... € zzgl. Zinsen i. H. v. 5 % über dem jeweiligen Basiszinssatz p. a. von je ..... € seit dem ....., dem ..... usw.

- an den Antragsteller zu 2) i. H. v. ..... € zzgl. Zinsen i. H. v. 5 % über dem jeweiligen Basiszinssatz p. a. von je ..... € seit dem ....., dem ..... usw.
3. Die sofortige Wirksamkeit wird angeordnet, § 116 Abs. 3 FamFG.[8]
4. Ferner wird beantragt, die Unterhaltsansprüche durch Versäumnisbeschluss gemäß § 331 Abs. 3 ZPO zuzuerkennen, für den Fall, dass der Antragsgegner Verteidigungsbereitschaft nicht rechtzeitig anzeigt.[9]

Begründung:

Die Antragsteller sind die Kinder des Antragsgegners. Sie stehen unter alleiniger elterlicher Sorge der Kindesmutter, weil die Eltern nicht miteinander verheiratet waren und eine Sorgerechtserklärung nicht abgegeben haben. Die Antragsteller haben ihren Lebensmittelpunkt im Haushalt ihrer Mutter, von der auch das staatliche Kindergeld bezogen wird.[10]

Die Antragsteller sind bedürftig. Sie haben weder eigenes Einkommen noch Vermögen.[11]

Die Antragsteller verlangen 100 % Mindestunterhalt nach § 1612b BGB.[12]

Unter Berücksichtigung des anteiligen Kindergeldes in Höhe von je 184,00 € ergibt sich für den 5-jährigen Antragsteller zu 1) ein Unterhaltsanspruch von 225,00 € und für die 3-jährige Antragstellerin zu 2) ein Unterhaltsanspruch von 225,00 €.[13]

Der Antragsgegner ist mit anwaltlichem Schreiben vom ..... aufgefordert worden, den Mindestunterhalt zu zahlen und die Unterhaltsansprüche titulieren zu lassen.[14]

Der Antragsgegner hat keine Zahlungen geleistet, so dass sich für den Zeitraum ..... *[Monat der Aufforderung]* bis ..... *[Monat der Antragstellung]* ein Unterhaltsrückstand[15]

für den Antragsteller zu 1)	i. H. v. ..... × ..... € = ... €
für den Antragsteller zu 2)	i. H. v. ..... × ..... € = ... €
und für den Antragsteller zu 3)	i. H. v. ..... × ..... € = ... €

ergibt.

Der Zinsanspruch ergibt sich aus §§ 288, 291 BGB.[16]

1. **Örtliche Zuständigkeit.** Vgl. Rdn. 27.

2. **Antragsteller.** Vgl. Rdn. 50.

3. **Gesetzliche Vertretung.** Vgl. Rdn. 50.

4. **Anwaltszwang.** Anwaltszwang ergibt sich aus § 114 Abs. 1 FamFG. Vgl. Rdn. 28.

5. **Verfahrenswert.** Die Angabe des Verfahrenswertes ist gem. § 53 FamGKG nicht zwingend erforderlich, da er sich aus den Anträgen ableiten lässt. Vgl. Rdn. 29.

6. **Dynamisierter Unterhalt.** Gerade bei der Beantragung des Mindestunterhalts sollte von der Möglichkeit Gebrauch gemacht werden, den Unterhalt dynamisch, d. h. 100 % des Mindestunterhalts nach § 1612a BGB, titulieren zu lassen. So tritt automatisch eine Erhöhung bei Erreichen der nächsten Altersstufe ein und darüber hinaus wird der titulierte Betrag angepasst, wenn das steuerliche Existenzminimum angehoben wird. Vgl. Rdn. 57.

7. **Unterhaltsrückstände.** Vgl. Rdn. 58, *M. 7.*

8. **Sofortige Wirksamkeit.** § 116 Abs. 3 ist eine Soll-Vorschrift, die vom Gericht zu beachten ist. Ein Sachvortrag dazu ist in der Antragsschrift nicht notwendig und häufig auch gar nicht sinnvoll möglich. Im Laufe des Verfahrens kann jedoch der Sachvortrag des Antragsgegners zu einem entsprechenden Vortrag zwingen. Vgl. Rdn. 30.

9. **Versäumnisbeschluss.** Vgl. Rdn. 58, *M. 9.*

10. **Statusangaben.** Vgl. Rdn. 58, *M. 10.*

11. Bedürftigkeit. Angaben zur Ausbildung und zum Einkommen und Vermögen des Kindes sind gem. § 1602 BGB immer erforderlich. Nur ein Kind, das in Ausbildung ist und das sich weder aus den Einkünften seines Vermögens noch aus dem Ertrag seiner Arbeit unterhalten kann, hat Anspruch auf Unterhalt.

12. Bedarf. Der Mindestunterhalt leitet sich nicht von der Lebensstellung des Unterhaltspflichtigen ab.

13. Leistungsfähigkeit. Ggü. ihren minderjährigen unverheirateten Kindern unterliegen Eltern einer gesteigerten Unterhaltsverpflichtung, § 1603 Abs. 2 Satz 1 BGB. Dazu ist dementsprechend kein Wort bei einem Antrag auf Mindestunterhalt erforderlich.

14. Verzug. Vgl. Rdn. 58, *M. 17.*

15. Rückstand. Vgl. Rdn. 58, *M. 18.*

16. Zinsen. Vgl. Rdn. 58, *M. 19.*

VII. Repliken

61   Die Verteidigung des Antragsgegners verlangt eine substantiierte Auseinandersetzung mit den Anspruchsvoraussetzungen. Tatsachen, die nicht ausdrücklich bestritten werden, gelten gem. § 113 Abs. 1 FamFG i. V. m. § 138 ZPO als zugestanden. Der Antragsgegner muss seine eingeschränkte Leistungsfähigkeit bzw. Leistungsunfähigkeit und die rechtsvernichtenden Einwendungen darlegen und beweisen.

Natürlich kann sich der Antragsgegner ggü. den Unterhaltsansprüchen seiner minderjährigen Kinder auch auf Leistungsunfähigkeit berufen. Allerdings erscheint die erfolgreiche Verteidigung gegen einen Antrag auf Mindestunterhalt für ein minderjähriges Kind aufgrund der in § 1603 Abs. 2 BGB normierten gesteigerten Erwerbsobliegenheit und nach der veröffentlichten Rechtsprechung nahezu aussichtslos zu sein. Die Anforderungen der Rechtsprechung an die Arbeitsplatzsuche sind so hoch, dass nur wenige Unterhaltsverpflichtete die vergebliche Suche nach einem Arbeitsplatz darlegen und beweisen können (vgl. FamR/*Gerhardt* Kap. 6 Rn. 171 ff.). Im Zweifel sollte man zusätzlich versuchen nachzuweisen, dass der Unterhaltsverpflichtete selbst dann, wenn er eine Stelle gefunden hätte, aufgrund seiner Erwerbsvita niemals ein Einkommen hätte erzielen können, das ihm die Unterhaltszahlung in voller Höhe ermöglichen würde (vgl. BVerfG, FamRZ 2010, 793 = FuR 2010, 333).

Nach einem Obhutswechsel ist dem bisher betreuenden Elternteil, trotz gesteigerter Erwerbsobliegenheit, eine Übergangsfrist zur Arbeitsplatzsuche von bis zu 6 Monaten zuzubilligen, bevor ihm ein fiktives Erwerbseinkommen angerechnet werden kann, (OLG Brandenburg, FamRZ 2013, 1137 = FuR 2013, 285).

Die Erstausbildung gehört zum eigenen Lebensbedarf des Unterhaltspflichtigen, den dieser grds. auch bei gesteigerter Unterhaltspflicht ggü. minderjährigen Kindern vorrangig befriedigen darf (BGH, Urt. v. 15.12.1993 – XII ZR 172/92, FamRZ 1994, 372; BGH, Beschl. v. 04.05.2012 – XII ZR 70/09, FuR 2011, 458 = FamRZ 2011, 1041).

1. Muster: Leistungsunfähigkeit

62   Amtsgericht

– Familiengericht –

.....

In der Familienstreitsache

..... ./. .....

Aktenzeichen

zeigen wir an, dass wir den Antragsgegner vertreten. Namens und in Vollmacht des Antragsgegners wird beantragt,

1. den Antrag auf Zahlung von Kindesunterhalt abzuweisen;
2. den Antragstellern die Kosten des Verfahrens aufzuerlegen.[1]

Begründung:

Der Antragsgegner lebt alleine. Er hat unverschuldet seinen Arbeitsplatz verloren. Ihm ist betriebsbedingt gekündigt worden.[2]

Beweis: Vorlage der Kündigung

Der Antragsgegner ist nicht unterhaltspflichtig, weil er außerstande ist, ohne seinen eigenen Unterhalt zu gefährden, den verlangten Unterhalt zu zahlen. Er ist aufgrund seiner geringen Einkünfte nicht leistungsfähig.[3]

Er erhält Arbeitslosengeld in Höhe von 770,00 €.

Beweis: Vorlage des Bescheides über Arbeitslosengeld

Der Antragsgegner hat kein Vermögen. Er hatte aufgrund seines geringen Einkommens und der Unterhaltspflicht gegenüber den Antragstellern auch keine Chance, Rücklagen für Zeiten von Arbeitslosigkeit oder Krankheit zu bilden, auf die er jetzt zurückgreifen könnte. Er kann den Unterhalt daher auch nicht aus Vermögen leisten.[4]

Fiktive Einkünfte können nicht zugerechnet werden, weil der Antragsgegner die ihm zumutbaren Anstrengungen, eine angemessene Erwerbstätigkeit zu finden, unternommen hat und trotz genügendem Bemühen bisher eine reale Beschäftigungschance sich nicht verwirklicht hat.[5]

Der Antragsgegner hat sich bisher vergeblich im Umfang einer vollberuflichen Tätigkeit um eine neue Arbeitsstelle bemüht. Er hat mit nicht nachlassender Energie ..... Bewerbungen seit der Kündigung versandt und zwischenzeitlich ..... Absagen und ..... Einladungen zu Vorstellungsterminen erhalten.

Beweis: Vorlage der Bewerbungsunterlagen

Die Kosten sind daher in entsprechender Anwendung des § 243 FamGKG aus Billigkeitsgründen den Antragstellern aufzuerlegen.

Der Antragsgegner hat bis ..... Monate nach Eintritt der Arbeitslosigkeit den gesetzlichen Mindestunterhalt gezahlt und unter Vorlage der Kündigung mitgeteilt, dass er ab ..... die Unterhaltszahlungen mangels Leistungsfähigkeit einstellen muss. Er hat die Mutter der Antragsteller laufend über seine Bewerbungen informiert. In Kenntnis dieser Umstände war die Aussichtslosigkeit des Unterhaltsbegehrens evident, so dass den Antragstellern die Kosten des Verfahrens aus Billigkeitsgründen aufzuerlegen sind.

1. Kostenantrag. Ein Kostenantrag ist nicht zwingend notwendig. Das Gericht hat über die Kosten von Amts wegen zu entscheiden. Will man diese Entscheidung beeinflussen und begünstigen, empfiehlt es sich, den Kostenantrag durch einen den Kriterien des § 243 FamFG entsprechenden Sachvortrag zu ergänzen. Vgl. Rdn. 35.

2. Statusangaben. Hierher gehören Angaben zur familiären Situation, zum Beruf des Unterhaltsschuldners und zur Untermauerung des Sachvortrages ggf. Hinweise auf seine Erwerbsvita. Ganz wichtig ist die Angabe, wann und warum der Unterhaltsschuldner seinen Arbeitsplatz verloren und wie viel er zuletzt verdient hat. Der selbstverschuldete Verlust des Arbeitsplatzes kann zu einer fiktiven Leistungsfähigkeit führen, wenn der Verpflichtete unterhaltsbezogen verantwortungslos oder zumindest leichtfertig gehandelt hat (BGH, FamRZ 2000, 815; FamR/*Gerhardt* Kap. 6 Rn. 172).

3. Keine Leistungsfähigkeit. Unterhaltspflichtig ist nicht, wer bei Berücksichtigung seiner sonstigen Verpflichtungen außer Stande ist, ohne Gefährdung seines angemessenen Unterhalts den Unterhalt zu gewähren, § 1603 Abs. 1 BGB.

4. Kein Vermögen. Gem. § 1603 Abs. 2 BGB sind Eltern verpflichtet, alle verfügbaren Mittel zum Unterhalt ihrer minderjährigen und privilegiert volljährigen Kinder einzusetzen. Dazu gehört auch die Verwertung des Vermögensstammes, sodass Angaben zum Vermögen in die Replik gehören.

5. Keine fiktive Leistungsfähigkeit. Vertritt man einen **arbeitslosen Unterhaltsschuldner**, muss nachgewiesen werden, dass er trotz Erwerbsbemühungen bisher keinen Arbeitsplatz finden konnte.

Es bedarf des Vortrages und des Beweises, welche konkreten Bemühungen entfaltet worden sind, um Arbeit zu finden. Der Unterhaltsschuldner muss nachweisen, dass er sich im Umfang einer vollen Erwerbstätigkeit seit der Kenntnis vom Verlust des Arbeitsplatzes um eine Arbeit bemüht hat. Es werden mindestens 15 Bewerbungen, teilweise noch mehr pro Monat gefordert. Dabei müssen sowohl Initiativbewerbungen als auch Bewerbungen auf ausgeschriebene Stellen sein. Die Bewerbungen müssen ernsthaft und qualifiziert sein, d. h. i. d. R. mit individuellem Anschreiben und den Anlagen wie Lebenslauf und Zeugnissen erfolgen. Wenn die Arbeitssuche im konkreten Beruf oder im näheren Umfeld erfolglos war, muss eine Ausweitung erfolgen. Der Unterhaltsschuldner muss jedwede Arbeit annehmen, um seine Unterhaltsverpflichtung zu erfüllen.

Daher ist Arbeitslosigkeit grds. nur geeignet, eine vorübergehende Leistungsunfähigkeit zu begründen. Für die Suche nach einem Arbeitsplatz ist je nach Region und Beruf eine Arbeitsplatzsuche von bis zu 6 Monaten angemessen, in der der Unterhaltsschuldner nicht leistungsfähig ist.

Bei der **Bemessung eines fiktiven Einkommens** wird, insb. dann, wenn der Unterhaltsschuldner den Verlust seines Arbeitsplatzes selbst verschuldet hat, an sein vormaliges Einkommen angeknüpft. Will man gleichwohl auf Leistungsunfähigkeit hinaus, ist Ausbildung und Erwerbsvita darzustellen, aus der sich dann ergeben sollte, dass der Unterhaltsschuldner allenfalls eine Anstellung im Niedriglohnsektor erhalten könnte. Was ein Hilfsarbeiter im Niedriglohnsektor verdienen kann, ist regional unterschiedlich. Die Schallgrenze unter Berücksichtigung des Mindestselbstbehalts von 1000,00 € ist ein Stundelohn von 8,50 €. Bei einer wöchentlichen Arbeitszeit von 39 Stunden errechnet sich ein Bruttogehalt von 1.436,00 €, sodass nach Abzug von Lohnsteuer bei Steuerklasse 1 mit einem 0,5 Kinderfreibetrag, Kirchensteuer und Sozialabgaben ein gesetzliches Nettoeinkommen von ungefähr 1.056,00 € verbleibt. Nach Abzug von pauschalen berufsbedingten Aufwendungen i. H. v. 5 % wäre ein solcher Unterhaltsschuldner nicht mehr leistungsfähig.

Das OLG Frankfurt am Main (NJW 2007, 382) hat im Fall eines ungelernten Unterhaltsschuldners entschieden, dass angesichts der geänderten wirtschaftlichen Verhältnisse auch bei einer gesteigerten Erwerbsobliegenheit zu prüfen ist, ob der Unterhaltsschuldner eine realistische Chance auf dem Arbeitsmarkt hat, einen den Selbstbehalt von heute 1.000,00 € übersteigenden Verdienst zu erzielen.

Zur Zumutbarkeit einer Nebentätigkeit s. Rdn. 63, *M. 9.*

2. Muster: Teilanerkenntnis und Mangelverteilung

63 Amtsgericht

– Familiengericht –

.....

In der Familienstreitsache

..... ./. .....

Aktenzeichen

zeigen wir an, dass wir den Antragsgegner vertreten. Namens und in Vollmacht des Antragsgegners
- erkennen wir den Unterhaltsanspruch des Antragsteller zu 1) in Höhe von 230,00 € und den Unterhaltsanspruch der Antragstellerin zu 2) in Höhe von 187,00 € an;[1]
- wird beantragt, den weitergehenden Antrag vom ..... (auf Zahlung von Kindesunterhalt) abzuweisen;[2]
- wird beantragt, den Antragstellern die Kosten des Verfahrens aufzuerlegen.[3]

Begründung:

Der Antragsgegner ist in 2. Ehe verheiratet. Er ist neben den Antragstellern in diesem Verfahren zwei weiteren minderjährigen Kindern aus 2. Ehe und seiner 2. Ehefrau zum Unterhalt verpflichtet. Die 5-jährige Tochter ..... wurde am ..... geboren; die 3-jährige Tochter ..... wurde am ..... geboren.[4]

Er verfügt als Busfahrer im Zweischichtbetrieb, nach Abzug von Steuern und Sozialabgaben, über ein durchschnittliches monatliches Nettoeinkommen von 1.800,00 €.[5]

Beweis: Vorlage der Gehaltsbescheinigungen für die Zeit von Januar bis Dezember

Der Antragsgegner hat weder Grundbesitz noch Vermögen.

Der Antragsgegner hat bereits die günstigste Steuerklasse gewählt, sein Einkommen wird nach Steuerklasse III versteuert. Die Ehefrau erzielt ein Einkommen von monatlich 360,00 € im Geringverdienerbereich.[6]

Hinzuzurechnen ist die anteilige Steuererstattung für das Jahr ..... i. H. v. 276,00 €.

Beweis: Vorlage des Steuerbescheids für das Jahr .....

Abzusetzen sind die Fahrtkosten zum Arbeitsplatz. Der Antragsgegner wohnt 10 km vom Busdepot entfernt. Es ist nicht möglich, die Strecke mit öffentlichen Verkehrsmitteln zurückzulegen, da er in der Frühschichtwoche den ersten Bus fährt und in der Spätschichtwoche den letzten. Für die Fahrten zwischen Wohnung und Arbeitsplatz sind daher 10 km * 2 * 0,30 € * 220 Arbeitstage/12 Monate = 110,00 € abzusetzen.[7]

Die Aufnahme einer Nebentätigkeit zur Sicherung des Mindestunterhalts der Kinder ist dem Antragsgegner nicht möglich, aber auch nicht zumutbar.[8]

Die Aufnahme einer Nebentätigkeit ist dem Antragsgegner nicht zuzumuten, da er sich im besonderen Umfang sowohl um seine Kinder aus erster als auch aus zweiter Ehe kümmert. Bei einer vollschichtigen Erwerbstätigkeit von 40 Stunden in der Woche könnte er allenfalls noch am Wochenende arbeiten. Diese Zeiten benötigt er jedoch zur Erholung und zum verantwortungsvollen Umgang mit den Kindern. Die Antragsteller verbringen jedes 2. Wochenende beim Antragsgegner; um die Kinder aus der zweiten Ehe kümmert er sich am anderen Wochenende intensiver. Er hat nicht nur ein Recht zum Umgang mit seinen Kindern, sondern auch eine Pflicht (BVerfG FamRZ 2003, 661, 662).[9]

Zur Berechnung des Kindesunterhalts steht ein Einkommen von 1.713,00 € (=1.800,00 € + 276,00 €/12 - 110,00 €) zur Verfügung.

Der Mindestunterhalt

des 17-jährigen Antragstellers zu 1) beträgt	426,00 € - 92,00 € = 334,00 €,
des 11-jährigen Antragstellers zu 2) beträgt	364,00 € - 92,00 € = 272,00 €,
der 5-jährigen Tochter aus 2. Ehe beträgt	317,00 € - 95,00 € = 222,00 €
und der 3-jährigen Tochter aus 2. Ehe beträgt	317,00 € - 107,50 € = 209,50 €.

Der Mindestunterhalt der Kinder beträgt somit 1.037,50 €.

Es hat eine Mangelverteilung zu erfolgen. Bei der Mangelverteilung ist das den Selbstbehalt von 1.000,00 € übersteigende Einkommen des Antragsgegners i. H. v. 713,00 € (=1.713,00 € - 1.000,00 €) auf die Kinder im Verhältnis der Mindestunterhaltsansprüche zu verteilen.[10]

Die Mangelquote beträgt 69 % (=713,00 * 100/1.037,50); das heißt, der Antragsgegner kann 69 % der Unterhaltsansprüche der Antragsteller decken.

Dementsprechend entfallen auf den Antragsteller zu 1) 230,00 € und auf den Antragsteller zu 2) 187,00 € Unterhalt.

Der Antragsgegner erkennt diese Beträge an und zahlt sie seit dem Monat des 1. Aufforderungsschreibens. Er ist nach diesem ersten Aufforderungsschreiben weder aufgefordert worden vollstreckbare Jugendamtsurkunden vorzulegen, noch wurden die Unterhaltsansprüche beziffert.

Die Kosten sind daher insbesondere gemäß § 243 Nr. 4 FamGKG aus Billigkeitsgründen den Antragstellern aufzuerlegen.

1. Teilanerkenntnis. Es gelten gem. § 113 Abs. 1 FamFG die Vorschriften der Zivilprozessordnung über das Verfahren vor den LG und somit insb. § 307 ZPO.

2. Abweisungsantrag. Es gelten gem. § 113 Abs. 1 FamFG die Vorschriften der Zivilprozessordnung über das Verfahren vor den LG und somit insb. § 277 ZPO.

3. Kostenantrag. Ein Kostenantrag ist nicht zwingend notwendig. Das Gericht hat über die Kosten von Amts wegen gem. § 243 FamFG grds. nach billigem Ermessen zu entscheiden. Will man diese Entscheidung beeinflussen und begünstigen, empfiehlt sich der Kostenantrag immer dann, wenn man ihn auch durch einen entsprechenden Sachvortrag ergänzen kann.

4. Statusangaben. Hier sind die familiären Verhältnisse darzustellen, aus denen sich die Unterhaltspflichten des Antragsgegners ergeben. Hierher gehören auch Angaben, aus denen sich der Rang der Unterhaltsberechtigten ergibt, vgl. § 1609 BGB. Bei volljährigen Kindern ist insb. anzugeben, ob sie sich noch in einer allgemeinen Schulausbildung befinden, denn nur dann stehen sie den minderjährigen Kindern im Range gleich. Die Unterhaltspflichten ggü. nachrangig Berechtigten sollten ebenfalls angegeben werden, denn im Zweifelsfall führen erst sie zu einer Herabstufung des Tabellenunterhalts (vgl. Nr. 11.2 der Leitlinien).

5. Leistungsfähigkeit. Hinsichtlich der Leistungsfähigkeit sind wegen der gesteigerten Unterhaltsverpflichtung sowohl Angaben zum Einkommen als auch Angaben zu Grundbesitz und Vermögen zu machen. Gem. § 1603 Abs. 2 BGB ist der Antragsgegner verpflichtet, alle verfügbaren Mittel zum Unterhalt seiner Kinder einzusetzen, somit ist auch anzugeben, dass er neben dem Einkommen aus Erwerbstätigkeit keine weiteren Einnahmen hat.

6. Steuerklassen. Der aus einer neuen Ehe des Unterhaltspflichtigen resultierende Splittingvorteil ist sowohl bei der Bemessung des Unterhaltsbedarfs minderjähriger Kinder gem. § 1610 Abs. 1 BGB als auch bei der Beurteilung der Leistungsfähigkeit des Unterhaltspflichtigen im Sinne von § 1603 Abs. 2 BGB zu berücksichtigen, soweit er auf seinem alleinigen Einkommen beruht (BGH, FuR 2008, 593 = FamRZ 2008, 2189). Der Unterhaltsschuldner ist grds. gehalten, die für die Einkommenssituation der Ehegatten günstigste Steuerklasse zu wählen. Bei einer Alleinverdienerehe ist das immer die Steuerklasse III. Zur Beurteilung der steuerlichen Einkommenssituation (evtl. auch für den Familienunterhaltsanspruch der neuen Familie nach § 1360 BGB) sind daher zusätzlich Angaben zum Einkommen der Ehefrau zu machen. Selbstverständlich zählt eine eventuelle Steuererstattung zu den Einnahmen; sie ist entsprechend den Steuervorauszahlungen und dem zu versteuernden Einkommen fiktiv so auf die Ehegatten zu verteilen, als hätten beide die Steuerklasse IV oder I.

7. Berufsbedingte Aufwendungen. Notwendige mit der Erwerbstätigkeit verbundene Aufwendungen können grds. vorab vom Einkommen abgesetzt werden. In den Leitlinien der OLG findet sich unter Nr. 10.2. der Hinweis, ob im jeweiligen Bezirk eine Pauschale abgesetzt werden kann oder ob die berufsbedingten Aufwendungen konkret dargelegt werden müssen.

8. Weitere absetzbare Kosten. Da hier eine Mangelverteilung vorgenommen wird, sind grds. keine weiteren Kosten absetzbar. Dies gilt insb. für die Kosten einer sekundären Altersvorsorge. Ob und inwieweit Kreditzinsen abgesetzt werden können, damit wenigstens ein weiteres Ansteigen der Kreditverpflichtungen vermieden wird, ist umstritten. Es wird zum einen auf die Gründe für die Kreditaufnahme ankommen und zum anderen auf die Frage, ob und wann dann mit einer Kredittilgung zu rechnen ist. Wenn der Unterhaltsschuldner z. B. aus dem Selbstbehalt Tilgungsleistungen erbringt und so in absehbarer Zeit die Gesamtschuld tilgt, wird man die Kreditzinsen anerkennen können. Im Zweifel wird der Unterhaltsschuldner jedoch in die Verbraucherinsolvenz gehen müssen, um nach Ablauf von 6 Jahren schuldenfrei zu werden. Den Unterhaltsschuldner trifft grds. eine Obliegenheit zur Einleitung der Verbraucherinsolvenz, wenn dieses Verfahren zulässig und geeignet ist, den laufenden Unterhalt seiner minderjährigen Kinder dadurch sicherzustellen, dass ihm Vorrang vor sonstigen Verbindlichkeiten eingeräumt wird. Das gilt nur dann nicht, wenn der Unterhaltsschuldner Umstände vorträgt und ggf. beweist, die eine solche Obliegenheit im Einzelfall als unzumutbar darstellen (BGH, FuR 2005, 246; FamRZ 2005, 608).

9. Zumutbarkeit einer Nebentätigkeit. Zur Zumutbarkeit einer Nebentätigkeit sehr instruktiv ist die Entscheidung des BGH v. 03.12.2008 (FuR 2009, 162 = FamRZ 2009, 314). Zunächst begrenzt der BGH die Obergrenze der zumutbaren Erwerbstätigkeit nach dem ArbZG auf max. 6 * 8 Stunden an den Werktagen (so auch schon BGH, FuR 2008, 289 = FamRZ 2008, 872). Danach stellt er auf die reale Beschäftigungsmöglichkeit in einer Nebentätigkeit ab. Als weitere Zumutbarkeitskriterien werden genannt die übermäßige Belastung durch einen langen Weg zur Arbeit, Recht und Pflicht zum Umgang mit den Kindern und eine eventuelle Haushaltsführung.

10. Mangelverteilung. Die Mangelverteilung erfolgt in zwei Stufen. Zunächst ist das zur Verfügung stehende Einkommen des Unterhaltspflichtigen um seinen Selbstbehalt zu bereinigen. Dieser beträgt ggü. minderjährigen Kindern bei Erwerbstätigkeit 1.000,00 €, ansonsten 800,00 € (vgl. Nr. 21.2 der Leitlinien). Danach ist das verbleibende Einkommen auf die Kinder im Verhältnis ihrer Mindestunterhaltsansprüche zu verteilen. Der Einsatzbetrag für den Kindesunterhalt ist der Zahlbetrag, der nach Abzug des Kindergeldes verbleibt. Sofern ein Kind eigene Einkünfte hat, sind auch diese vor Ermittlung des Einsatzbetrages abzusetzen.

VIII. Vereinfachtes Verfahren

Das vereinfachte Verfahren zur Festsetzung von Unterhalt für minderjährige Kinder ist in den §§ 249 bis 260 FamFG geregelt. Die Einführung des FamFG hat zu keinen Veränderungen im vereinfachten Verfahren geführt. Lediglich die Vordrucke sind den veränderten Vorschriften angepasst worden. **64**

Der Antrag auf Festsetzung von Unterhalt im vereinfachten Verfahren hat sich seit seiner Einführung im Jahr 1998 bei der Anwaltschaft bisher nicht durchgesetzt. Dies ist eigentlich unverständlich, da die Verpflichtung, Auskunft über die Einkommensverhältnisse zu erteilen, im vereinfachten Verfahren innerhalb einer Frist von einem Monat nach Zustellung des Antrags erreicht werden kann und für den Fall, dass die Auskunft nicht oder nicht mit der erforderlichen Sorgfalt erteilt worden ist, der Unterhalt (bis zu 120 % des Mindestunterhalts) durch Beschluss festgesetzt werden kann.

Der Antrag auf Festsetzung von Unterhalt im vereinfachten Verfahren wird vorwiegend von den Jugendämtern genutzt, sodass insb. für den Antragsgegner vielfach die formularmäßigen Einwendungen gegen den Antrag auf Festsetzung von Unterhalt bearbeitet werden müssen.

1. Statthaftigkeit des Verfahrens

Das vereinfachte Verfahren ist gem. § 249 Abs. 1 FamFG statthaft zur Festsetzung von Unterhaltsansprüchen **65**
– minderjähriger Kinder, die mit dem in Anspruch genommenen Elternteil nicht in einem Haushalt leben (ziehen das Kind und der Antragsgegner während des Verfahrens in einen Haushalt, wird das Verfahren von dem Einzug an unzulässig, KG Berlin, FamRZ 2009, 1847),
– getrennt lebender verheirateter oder nicht verheirateter Eltern,
– i. H. v. bis zu 120 % des Mindestunterhalts.

Das Verfahren ist nur für eine erstmalige Unterhaltsfestsetzung statthaft. Es ist gem. § 249 Abs. 2 FamFG nicht statthaft, wenn zum Zeitpunkt der Zustellung des Antrags
– bereits ein Gericht über den Unterhaltsanspruch sachlich entschieden hat – ausreichend ist eine den Unterhaltsantrag abweisende Entscheidung;
– bereits ein Unterhaltstitel besteht;
– bereits ein gerichtliches Verfahren anhängig ist.

2. Auskunftsersuchen

66 Ebenso wie vor einem gerichtlichen Verfahren, sollte der unterhaltsverpflichtete Elternteil vor Antragstellung aufgefordert worden sein, in einer Urkunde, die das Jugendamt oder das Amtsgericht kostenfrei aufnimmt, sich zur Zahlung des Unterhalts in vollstreckbarer Form zu verpflichten. Erfolgt diese Aufforderung vorab nicht, können dem Kind oder dem Elternteil, der das Verfahren für das Kind betreibt, die Kosten des Verfahrens auferlegt werden, wenn der in Anspruch genommene Elternteil einwendet (Einwand E), zu dem Verfahren keinen Anlass gegeben zu haben und sich sofort zu Unterhaltszahlungen verpflichtet.

3. Formularzwang

67 Durch die »Verordnung zur Einführung von Vordrucken für das vereinfachte Verfahren über den Unterhalt minderjähriger Kinder« (Kindesunterhalt-Formularverordnung – KindUFV) sind für den Antrag auf Festsetzung von Unterhalt und für die Einwendung gegen den **Antrag auf Festsetzung von Unterhalt** Formulare vorgegeben. Dem Antrag ist ein 5-seitiges Merkblatt mit detaillierten Ausfüllhinweisen beigefügt. Dem Antragsgegner wird für seine Erwiderung ein 4-seitiges Formular vorgegeben, das mit **Einwendungen gegen den Antrag auf Festsetzung von Unterhalt** überschrieben ist.

4. Kein Anwaltszwang

68 Nach wie vor besteht **kein Anwaltszwang** im vereinfachten Verfahren, weil im vereinfachten Verfahren gem. § 252 FamFG Anträge zu Protokoll der Geschäftsstelle gestellt werden können, §§ 114 Abs. 4 Nr. 6, 252 FamFG, § 78 Abs. 3 ZPO.

5. Verfahrenskostenhilfe

69 Das vereinfachte Verfahren betrifft eine Unterhaltssache gem. § 231 Abs. 1 Nr. 1 FamFG und zählt damit gem. § 112 Nr. 1 FamFG zu den Familienstreitsachen. Für Familienstreitsachen sind gem. § 113 Abs. 1 FamFG die Vorschriften der §§ 114 ff. ZPO über die PKH anzuwenden.

Die Beiordnung eines Anwalts oder einer Anwältin ist mangels Anwaltszwangs nur unter den Voraussetzungen des § 121 Abs. 2 ZPO möglich, wenn die Vertretung durch einen Rechtsanwalt erforderlich erscheint oder der Gegner durch einen Anwalt vertreten wird. Die Möglichkeit, sich bei Schwierigkeiten beim Ausfüllen der für einen Laien nur schwer verständlichen Formulare an die Rechtsantragstelle (§ 252 FamFG) oder das Jugendamt zu wenden, ersetzt nicht in jedem Fall die anwaltliche Beratung (OLG Frankfurt am Main, FamRZ 2008, 420). Daher ist im vereinfachten Verfahren den Parteien grds. PKH zu bewilligen (so OLG Schleswig, NJW-RR 2007, 774 mit überzeugender Begründung).

6. Muster: Antragsformular

70 Der Antrag auf Festsetzung von Unterhalt ist zunächst ein zweiseitiges Formular, das auf der ersten Seite vom Antragsteller auszufüllen ist. Der Antrag ist für das erste Kind vollständig auszufüllen, für eventuelle Geschwisterkinder ist ein weiteres Ergänzungsblatt zum Antrag ab Zeile 5 auszufüllen. Die Anzahl der Ergänzungsblätter ist in Zeile 3 zu vermerken.

Ausfüllhinweise, unter Angabe der jeweils auszufüllenden Zeilen, enthält das dazugehörige 5-seitige Merkblatt.

(1)

An das
Amtsgericht-Familiengericht
PLZ, Ort

71

Raum für Geschäftsnummer des Gerichts

(2) Antragsgegner/in

– Bitte beachten Sie die Hinweise in dem Merkblatt zu diesem Formular –

(3) □ **Antrag auf Festsetzung von Unterhalt**   □ **Ergänzungsblatt zum Antrag auf Festsetzung von Unterhalt**
für ein weiteres Kind
– Bitte ausfüllen erst ab Zeile 5 (Name des Kindes) –

Es sind _____ Ergänzungsblätter beigefügt

A Antragsteller/in: □ **Elternteil,** im eigenen Namen

□ **Kind,** vertreten durch: □ Elternteil □ Beistand

(4) Vorname, Name, Anschrift des Elternteils, in dessen Obhut das Kind lebt

(5) Vorname, Name, PLZ, Wohnort des minderjährigen Kindes | geboren am

(6) Beistand/Verfahrensbevollmächtigter

Es wird beantragt, den Unterhalt, den der/die Antragsgegner/in an das Kind zu zahlen hat, im vereinfachten Verfahren wie folgt festzusetzen:

(7)

Unterhalt nach § 1612a Abs. 1 des Bürgerlichen Gesetzbuches **veränderlich**	Unterhalt **gleichbleibend**	Soweit unter „beginnend ab" Unterhalt für die Vergangenheit verlangt wird, liegen die Voraussetzungen, unter denen **Unterhalt für die Vergangenheit** geltend gemacht werden kann, seither vor.
beginnend ab	beginnend ab _____ € mtl.	Auf diesen Unterhalt sind seit dem unter „beginnend ab" bezeichneten Zeitpunkt bis heute gezahlt:
in Höhe von _____ **Prozent**	beginnend ab _____ € mtl.	
des Mindestunterhalts der jeweiligen Altersstufe	beginnend ab _____ € mtl.	€

Es werden zusätzlich gesetzliche Verzugszinsen ab Zustellung des Festsetzungsantrags in Höhe von 5 Prozentpunkten über dem Basiszinssatz aus einem rückständigen Unterhaltsbetrag von _____ € beantragt.

(8) Das Kind hat ein monatliches Bruttoeinkommen von: _____ €. Belege sind beigefügt

(9) Die kindbezogenen Leistungen (z.B. Kindergeld) erhält: □ die Mutter □ der Vater □ andere Person (Bezeichnung) _____

Die kindbezogenen Leistungen (z.B. Kindergeld) betragen: ab _____ € mtl. ab _____ € mtl.
Es handelt sich um das _____ gemeinschaftliche Kind.

(10) □ Für das Verfahren wird Verfahrenskostenhilfe beantragt. Eine Erklärung zu den Voraussetzungen ihrer Bewilligung ist beigefügt. □ Die Beiordnung von Rechtsanwalt/Rechtsanwältin _____ wird beantragt.

(11) □ Der/Die Antragsgegner/in wurde zur Erteilung der Auskunft über Einkünfte und Vermögen aufgefordert am: _____ Er/Sie ist dieser Verpflichtung nicht oder nur unvollständig nachgekommen.

□ Der/Die Antragsgegner/in wurde zur Unterhaltszahlung aufgefordert am: _____

Es wird beantragt, die von dem/der Antragsgegner/in an den/die Antragsteller/in zu erstattenden Kosten laut zweifach beiliegender Aufstellung (zuzüglich Zinsen) festzusetzen auf: _____ €

(12) Zwischen Kind und Antagsgegner/in besteht ein Eltern-Kind-Verhältnis.
Das Kind lebt mit dem zur Unterhaltsleistung in Anspruch genommenen Elternteil nicht in einem Haushalt und hat für Zeiträume, für die der Unterhalt festgesetzt werden soll, weder Leistungen nach dem Zweiten, Achten oder Zwölften Buch Sozialgesetzbuch oder dem Unterhaltsvorschussgesetz noch Unterhalt von einer verwandten oder dritten Person im Sinne des § 1607 Abs. 2 oder 3 BGB erhalten. Soweit solche Leistungen erbracht worden sind, sind gesetzlich übergegangene Ansprüche auf das Kind treuhänderisch rückübertragen.
Über den Unterhaltsanspruch hat bisher weder ein Gericht entschieden noch ist über ihn ein gerichtliches Verfahren anhängig oder ein Vollstreckungstitel (z.B. Beschluss über Unterhalt, Vergleich, notarielle Urkunde, Urkunde vor dem Jugendamt) errichtet worden.

Ort, Datum | Unterschrift Antragst./gesetzl. Vertreter/Prozessbevollm. | Aufgenommen von (Dienststelle, Name, Unterschrift)

Blatt 1: Antrag nach § 249 FamFG

Amtsgericht-Familiengericht

Seite 1

Geschäftsnummer des Gerichts
Bei Schreiben an das Gericht bitte stets angeben

Sehr geehrte / r

Das **Amtsgericht-Familiengericht** übermittelt Ihnen hiermit
- die Abschrift eines Antrages, mit dem Sie als **Antragsgegner bzw. Antragsgegnerin** des Kindes im vereinfachten Verfahren auf Zahlung von Unterhalt in Anspruch genommen werden,
- beiliegend ein Erklärungsformular (3 fach), auf dem Sie bei dem Gericht Einwendungen erheben können.

Das Gericht teilt Ihnen auf der folgenden Seite 2 mit, in welcher Höhe nach dem Antrag der Unterhalt festgesetzt werden kann und was Sie in dem Verfahren beachten müssen. →

☐ **Antrag auf Festsetzung von Unterhalt**

Es sind _____ Ergänzungsblätter beigefügt

– Abschrift –

☐ **Ergänzungsblatt zum Antrag auf Festsetzung von Unterhalt**
für ein weiteres Kind
– Bitte ausfüllen erst ab Zeile 5 (Name des Kindes) –

(Rand, vertikal) Zutreffendes ist angekreuzt ✗ bzw. ausgefüllt

A **Antragsteller / in:**

☐ **Elternteil,** im eigenen Namen

☐ **Kind,** vertreten durch: ☐ Elternteil ☐ Beistand

Vorname, Name, Anschrift des Elternteils, in dessen Obhut das Kind lebt

Vorname, Name, PLZ, Wohnort des minderjährigen Kindes | geboren am

Beistand / Verfahrensbevollmächtigter

Es wird beantragt, den Unterhalt, den der / die Antragsgegner / in an das Kind zu zahlen hat, im vereinfachten Verfahren wie folgt festzusetzen:

Unterhalt nach § 1612a Abs. 1 des Bürgerlichen Gesetzbuches **veränderlich**	Unterhalt **gleichbleibend**	Soweit unter „beginnend ab" Unterhalt für die Vergangenheit verlangt wird, liegen die Voraussetzungen,
beginnend ab	beginnend ab	€ mtl.	unter denen **Unterhalt für die Vergangenheit** geltend gemacht werden kann, seither vor.
in Höhe von ____ , ____ **Prozent** **des Mindestunterhalts der jeweiligen Altersstufe**	beginnend ab	€ mtl.	Auf diesen Unterhalt sind seit dem unter „beginnend ab" bezeichneten Zeitpunkt bis heute gezahlt:
	beginnend ab	€ mtl.	€

☐ Es werden zusätzlich gesetzliche Verzugszinsen ab Zustellung des Festsetzungsantrags in Höhe von 5 Prozentpunkten über dem Basiszinssatz aus einem rückständigen Unterhaltsbetrag von _____ € beantragt.

Das Kind hat ein monatliches Bruttoeinkommen von: _____ €. ☐ Belege sind beigefügt

Die kindbezogenen Leistungen (z.B. Kindergeld) erhält: ☐ die Mutter ☐ der Vater ☐ andere Person (Bezeichnung)

Die kindbezogenen Leistungen (z.B. Kindergeld) betragen: ab ____ € mtl. ab ____ € mtl.
Es handelt sich um das ☐ gemeinschaftliche Kind.

☐ Für das Verfahren wird Verfahrenskostenhilfe beantragt. Eine Erklärung zu den Voraussetzungen ihrer Bewilligung ist beigefügt. ☐ Die Beiordnung von Rechtsanwalt / Rechtsanwältin _____ wird beantragt.

☐ Der / Die Antragsgegner / in wurde zur Erteilung der Auskunft über Einkünfte und Vermögen aufgefordert am: Er / Sie ist dieser Verpflichtung nicht oder nur unvollständig nachgekommen.

☐ Der / Die Antragsgegner / in wurde zur Unterhaltszahlung aufgefordert am:

☐ Es wird beantragt, die von dem / der Antragsgegner / in an den / die Antragsteller / in zu erstattenden Kosten laut zweifach beiliegender Aufstellung (zuzüglich Zinsen) festzusetzen auf: _____ €

Zwischen Kind und Antagsgegner / in besteht ein Eltern-Kind-Verhältnis.
Das Kind lebt mit dem auf Unterhaltsleistung in Anspruch genommenen Elternteil nicht in einem Haushalt und hat für Zeiträume, für die der Unterhalt festgesetzt werden soll, weder Leistungen nach dem Zweiten, Achten oder Zwölften Buch Sozialgesetzbuch oder dem Unterhaltsvorschussgesetz noch Unterhalt von einer verwandten oder dritten Person im Sinne des § 1607 Abs. 2 oder 3 BGB erhalten. Soweit solche Leistungen erbracht worden sind, sind gesetzlich übergegangene Ansprüche auf das Kind treuhänderisch rückübertragen.
Über den Unterhaltsanspruch hat bisher weder ein Gericht entschieden noch ist über ihn ein gerichtliches Verfahren anhängig oder ein Vollstreckungstitel (z. B. Beschluss über Unterhalt, Vergleich, notarielle Urkunde, Urkunde vor dem Jugendamt) errichtet worden.

Ort, Datum | Unterschrift Antragst. / gesetzl. Vertreter / Prozessbevollm. | Aufgenommen von (Dienststelle, Name, Unterschrift)

Blatt 2: Abschrift für Antragsgegner / in nach § 251 FamFG

Seite 2

Nach dem Bürgerlichen Gesetzbuch hat ein Kind Anspruch auf **angemessenen**, seiner Lebensstellung entsprechenden Unterhalt. Der Unterhalt umfasst den gesamten Lebensbedarf des Kindes einschließlich der Kosten einer angemessenen Vorbildung zu einem Beruf. Er ist monatlich im Voraus zu zahlen.

Von einem Elternteil, mit dem es nicht in einem Haushalt lebt, kann ein minderjähriges Kind den angemessenen Unterhalt nach seiner Wahl *entweder* in Höhe eines – vorbehaltlich späterer Änderung – **gleichbleibenden Monatsbeitrages** *oder* **veränderlich als Prozentsatz** des jeweiligen Mindestunterhalts nach § 1612a Abs.1 des Bürgerlichen Gesetzbuchs verlangen. Der festgelegte Mindestunterhalt ändert sich in regelmäßigen Zeitabständen. Der Mindestunterhalt ist nach dem Alter des Kindes gestaffelt, und zwar für die Zeit bis zur Vollendung des sechsten Lebensjahres (**erste Altersstufe**), die Zeit vom siebten bis zur Vollendung des zwölften Lebensjahres (**zweite Altersstufe**) und für die Zeit vom dreizehnten Lebensjahr an (**dritte Altersstufe**). Er beträgt:

vom	bis	1. Altersstufe, €	2. Altersstufe, €	3. Altersstufe, €	*Der Mindestunterhalt deckt im Allgemeinen den bei einfacher Lebenshaltung erforderlichen Bedarf des Kindes. Im vereinfachten Verfahren ist die Festsetzung des Unterhalts bis zur Höhe des 1,2fachen (120%) des Mindestunterhalts nach §1612a Abs.1 des Bürgerlichen Gesetzbuchs zulässig.*

Auf den Ihnen in Abschrift mitgeteilten Antrag kann der Unterhalt wie folgt festgesetzt werden:

Der zum Ersten jeden Monats zu zahlende Unterhalt kann festgesetzt werden:

Vorname des Kindes	für die Zeit		Veränderlich gemäß dem Mindestunterhalt nach § 1612a Abs. 1 des Bürgerlichen Gesetzbuchs	gleichbleibend
	ab	auf	% des Mindestunterhalts der **ersten** Altersstufe	auf € mtl.
	ab	auf	% des Mindestunterhalts der **zweiten** Altersstufe	auf € mtl.
	ab	auf	% des Mindestunterhalts der **dritten** Altersstufe	auf € mtl.

Berücksichtigung kindbezogener Leistungen

Gleichbleibend: Der für das Kind festgesetzte Unterhalt **vermindert** sich (Betrag mit Minuszeichen)/ **erhöht** sich (Betrag mit Pluszeichen) um anteilige kindbezogene Leistungen wie folgt:		**Veränderlich:** (nur bei Kindergeld)
ab	um € mtl.	a) Der für das Kind festzusetzende Unterhalt vermindert sich um zu berücksichtigendes Kindergeld für ein 1./2./3./4. oder weiteres Kind. Zu berücksichtigen ist das hälftige/volle Kindergeld, derzeit: €
ab	um € mtl.	b) Der für das Kind festzusetzende Unterhalt erhöht sich um das hälftige/volle Kindergeld für ein 1./2./3./4. oder weiteres Kind, derzeit: €
ab	um € mtl.	

Der rückständige Unterhalt kann festgesetzt werden für die Zeit	vom	bis	auf €
	Es werden zusätzlich gesetzliche Verzugszinsen ab Zustellung des Festsetzungsantrags aus einem rückständigen Unterhaltsbetrag		
	von	€ festgesetzt.	

Das Gericht hat nicht geprüft, ob angegebenes Kindeseinkommen schon berücksichtigt ist oder bedarfsmindernd zu berücksichtigen ist.

Wenn Sie innerhalb eines Monats nach der Zustellung dieser Mitteilung Einwendungen in der vorgeschriebenen Form **nicht** erheben, kann über den Unterhalt in der angegebenen Höhe ein Festsetzungsbeschluss ergehen, aus dem die Zwangsvollstreckung betrieben werden kann.

Einwendungen können Sie erheben **gegen** die Zulässigkeit des vereinfachten Verfahrens, **gegen** den Zeitpunkt des Beginns der Unterhaltszahlung, **gegen** die vorstehend angekündigte Festsetzung des Unterhalts, soweit Sie geltend machen können, dass die in darin mitgeteilten Zeiträume oder Beträge nicht dem Antrag entsprechend berechnet sind, dass der Unterhalt nicht höher als beantragt festgesetzt werden darf oder dass kindbezogene Leistungen nicht oder nicht richtig berücksichtigt worden sind, **gegen** die Auferlegung der Kosten, wenn Sie zur Einleitung des Verfahrens keinen Anlass gegeben haben und dem Gericht mitteilen, dass Sie sich zur Zahlung des Unterhalts in der beantragten Höhe verpflichten.

Andere Einwendungen sind nur zulässig, wenn Sie dem Gericht mitteilen, inwieweit Sie zur Unterhaltsleistung bereit sind und dass Sie sich insoweit zur Erfüllung des Unterhaltsanspruchs verpflichten. Den Einwand eingeschränkter oder fehlender Leistungsfähigkeit kann das Gericht nur zulassen, wenn Sie außerdem die nach der beigefügten Formular verlangten **Auskünfte über Ihre persönlichen und wirtschaftlichen Verhältnisse erteilen und Belege über Ihre Einkünfte vorlegen.**

Die Einwendungen müssen dem Gericht auf einem Formular der beigefügten Art zweifach – mit einer Abschrift für den/die Antragsteller/in – mitgeteilt werden. Das Formular ist bei jedem Amtsgericht erhältlich.

Hilfe beim Ausfüllen des Formulars leisten Angehörige der rechtsberatenden Berufe, jedes Amtsgericht und gegebenenfalls das Jugendamt. Beim Jugendamt oder Amtsgericht wird das Formular nach Ihren Angaben **kostenlos** für Sie ausgefüllt. **Bringen Sie dazu bitte unbedingt die notwendigen Unterlagen und Belege mit.**

Mit freundlichen Grüßen

_____
Rechtspfleger/in

Datum dieser Mitteilung	Telefon
Anschrift des Gerichts	

Blatt 2: Abschrift für Antragsgegner/in nach § 251 FamFG

Merkblatt
zum Antrag auf Festsetzung von Unterhalt
für ein minderjähriges Kind im vereinfachten Verfahren

Allgemeine Hinweise

Worum geht es im vereinfachten Verfahren?

Das vereinfachte Verfahren gibt dem minderjährigen Kind getrennt lebender – verheirateter oder nicht verheirateter – Eltern die Möglichkeit, über seinen Unterhaltsanspruch gegen den Elternteil, der nicht mit ihm zusammenlebt, rasch und kostengünstig einen Vollstreckungstitel zu erwirken. Besteht schon ein **Unterhaltstitel oder ist ein gerichtliches Verfahren anhängig**, kann das vereinfachte Verfahren nicht genutzt werden.

Wo und wie ist die Festsetzung des Unterhalts zu beantragen?

Zuständig für das vereinfachte Verfahren ist das Amtsgericht-Familiengericht, in dessen Bezirk das Kind seinen gewöhnlichen Aufenthalt hat.

Antragsformulare sind beim Jugendamt oder bei jedem Amtsgericht erhältlich. Dort erhalten Sie auch Hilfe beim Ausfüllen des Formulars.

Um zu klären, ob und mit welchem Ziel das vereinfachte Verfahren in Ihrem Fall geeignet ist, sollten Sie sich an einen Angehörigen der rechtsberatenden Berufe (z. B. Rechtsanwältin, Rechtsanwalt) oder an das Jugendamt wenden. Dessen gesetzliche Aufgabe ist es unter anderem, alleinerziehende Mütter und Väter bei der Geltendmachung von Unterhaltsansprüchen für das Kind kostenfrei zu beraten und zu unterstützen. Außerdem besteht die Möglichkeit einer kostenfreien oder doch wesentlich verbilligten Rechtsberatung nach dem Beratungshilfegesetz, über die Sie sich bei Ihrem Amtsgericht oder einer Rechtsanwältin oder einem Rechtsanwalt erkundigen sollten.

Was geschieht im vereinfachten Verfahren?

In dem Verfahren setzt das Gericht den Unterhalt auf Antrag des Kindes oder des Elternteils, der den Unterhalt für das Kind geltend macht, in einem Beschluss fest. Aus dem Beschluss kann wie aus einem Urteil die Zwangsvollstreckung betrieben werden, wenn der Unterhalt nicht oder nicht pünktlich gezahlt wird.

Das Kind oder der Elternteil, der die Festsetzung des Unterhalts für das Kind beantragt, wird in dem Verfahren als Antragsteller bzw. Antragstellerin bezeichnet, der auf Unterhaltszahlung in Anspruch genommene Elternteil als Antragsgegner oder Antragsgegnerin.

In welcher Höhe kann die Festsetzung des Unterhalts im vereinfachten Verfahren beantragt werden?

Nach dem Bürgerlichen Gesetzbuch hat ein Kind Anspruch auf angemessenen, seiner Lebensstellung entsprechenden Unterhalt. Der Unterhalt umfasst den gesamten Lebensbedarf des Kindes einschließlich der Kosten einer angemessenen Vorbildung für einen Beruf. Die Höhe des Unterhalts, den das Kind verlangen kann, hängt davon ab, wie hoch das Einkommen des unterhaltsverpflichteten Elternteils ist, das zur Erfüllung des Unterhaltsanspruchs verfügbar ist.

Das Kind kann den Unterhalt nach seiner Wahl als **gleichbleibenden** Monatsbetrag oder **veränderlich** in Höhe eines bestimmten Prozentsatzes des Mindestunterhalts nach § 1612 a Abs. 1 des Bürgerlichen Gesetzbuchs verlangen.

Die Festlegung des Unterhalts als Prozentsatz des Mindestunterhalts hat den Vorteil, dass dem Kind wegen des höheren Lebensbedarfs, den es mit dem Heranwachsen ab Erreichen bestimmter Altersstufen hat, oder wegen der Entwicklung der allgemeinen wirtschaftlichen Verhältnisse künftige Anträge auf Abänderung des Unterhalts weitgehend erspart werden.
Der Mindestunterhalt ist in § 1612 a Abs. 1 des Bürgerlichen Gesetzbuchs nach dem Alter des Kindes gestaffelt, und zwar für die Zeit bis zur Vollendung des sechsten Lebensjahres (**erste Altersstufe**), die Zeit vom siebten bis zur Vollendung des zwölften Lebensjahres (**zweite Altersstufe**) und für die Zeit vom dreizehnten Lebensjahr an (**dritte Altersstufe**). Diese Beträge werden regelmäßig angepasst. Für die Höhe des Unterhalts wird nicht mehr danach unterschieden, ob das Kind in den neuen oder alten Bundesländern lebt.
Der Mindestunterhalt minderjähriger Kinder im Sinne des § 1612 a Abs. 1 des Bürgerlichen Gesetzbuchs beträgt ab dem 1. Januar 2009:

1. Altersstufe	2. Altersstufe	3. Altersstufe
281 €	322 €	377 €

- 2 -

Die Mindestunterhaltsbeträge bezeichnen das sächliche Existenzminimum, das für den Unterhalt des Kindes bei einfacher Lebenshaltung erforderlich ist. Damit für möglichst viele Kinder Unterhalt im vereinfachten Verfahren festgesetzt werden kann, ist die Grenze, bis zu der es statthaft ist, auf das **1,2fache (120%) des Mindestunterhalts** vor Berücksichtigung der Leistungen nach den §§ 1612 b, 1612 c des Bürgerlichen Gesetzbuchs festgelegt worden. Derzeit sind das entsprechend der Altersstufe des Kindes also **338,- €**, **387,- €** oder **453,- €**.

Kann der als Antragsgegner in Anspruch genommene Elternteil Einwendungen erheben?

Gegen die Festsetzung des Unterhalts in der für das Kind beantragten Höhe kann der in Anspruch genommene Elternteil Einwendungen nur erheben, wenn er bestimmte Auflagen erfüllt. Das gilt insbesondere für den wichtigsten der möglichen Einwände: den Einwand, den Unterhalt ohne Gefährdung des eigenen Unterhalts nicht oder nicht in der beantragten Höhe aufbringen zu können oder dazu nicht verpflichtet zu sein. Diesen Einwand lässt das Gericht nur zu, d. h. es setzt den Unterhalt nur dann nicht in der für das Kind beantragten Höhe fest, wenn der unterhaltspflichtige Elternteil

1. nach einem dafür eingeführten Formular ordnungsgemäß Auskunft über seine persönlichen und wirtschaftlichen Verhältnisse erteilt, die für die Bemessung der Unterhaltshöhe bedeutsam sind,

2. Belege über seine Einkünfte vorlegt (z. B. Lohnabrechnung des Arbeitgebers, Einkommensteuerbescheid) und

3. eine Erklärung darüber abgibt, inwieweit er zur Unterhaltsleistung bereit ist.

Kommt er diesen gesetzlichen Auflagen nicht rechtzeitig in allen Punkten nach, lässt das Gericht den Einwand unberücksichtigt und setzt den Unterhalt in der für das Kind verlangten Höhe fest.

Werden die genannten Auflagen erfüllt, teilt das Gericht die erteilte Auskunft und die vorgelegten Belege dem anderen Elternteil bzw. der Person oder Stelle mit, die das Kind in dem Verfahren vertritt. Auf Antrag setzt es den Unterhalt für das Kind – gerichtskostenfrei – in der Höhe fest, in der sich der in Anspruch genommene Elternteil zur Zahlung verpflichtet hat. Gerichtskosten werden in diesem Fall nicht erhoben, um es den Parteien zu erleichtern, die Kosten einer Rechtsberatung aufzuwenden.

Die das Kind beratende Person oder Stelle wird durch die ordnungsgemäß erteilte Auskunft über die persönlichen und wirtschaftlichen Verhältnisse und die vorgelegten Belege über die Einkünfte in die Lage versetzt zu beurteilen, auf welchen Betrag der Unterhalt entsprechend der Leistungsfähigkeit des unterhaltsverpflichteten Elternteils zu bemessen ist oder welche weitere Auskunft von diesem dazu eingeholt werden muss.

Ergibt die Beratung, dass eine weitere Auskunft nötig ist oder höherer Unterhalt verlangt werden kann als der, der nach der Verpflichtungserklärung festgesetzt worden ist, kann der weiter gehende Anspruch des Kindes im streitigen Verfahren vor dem Familiengericht verfolgt werden. Ein solches Verfahren ist mit Kosten verbunden, die im Einzelfall das für die Erfüllung des Unterhaltsanspruchs verfügbare Einkommen des unterhaltsverpflichteten Elternteils mindern können. Bevor das streitige Verfahren beantragt wird, empfiehlt es sich daher in der Regel, dem unterhaltsverpflichteten Elternteil zunächst Gelegenheit zu geben, die erforderliche weitere Auskunft freiwillig zu erteilen bzw. sich in einer vom Jugendamt oder Amtsgericht kostenfrei aufgenommenen Urkunde freiwillig zur Zahlung des höheren Unterhalts zu verpflichten.

Wird das Kind durch die Wahl des vereinfachten Verfahrens gebunden?

Das Kind kann zwischen dem vereinfachten Verfahren und einem Verfahren in Unterhaltssachen, über das das Familiengericht durch Beschluss entscheidet, grundsätzlich frei wählen. Es wird durch die Festsetzung des Unterhalts im vereinfachten Verfahren nicht gebunden und nicht daran gehindert, später mit einem Streitantrag einen Anspruch auf höheren Unterhalt geltend zu machen, auch wenn sich die Verhältnisse, die für die Bemessung des Unterhalts maßgeblich sind, zwischenzeitlich nicht geändert haben.
In Fällen von Verfahrenskostenhilfe kann das mit geringeren Kosten verbundene vereinfachte Verfahren unter Umständen vorrangig vor einem Unterhaltsverfahren sein.

Was ist zu beachten?

Bevor der Antrag auf Festsetzung des Unterhalts im vereinfachten Verfahren bei dem Familiengericht eingereicht wird, sollte dem unterhaltsverpflichteten Elternteil grundsätzlich Gelegenheit gegeben werden, sich in einer Urkunde, die das Jugendamt oder Amtsgericht kostenfrei aufnimmt, zur Zahlung des Unterhalts in vollstreckbarer Form zu verpflichten. Wird dies nicht beachtet, können dem Kind oder dem Elternteil, der das Verfahren für das Kind betreibt, die Kosten des Verfahrens auferlegt werden, wenn der in Anspruch genommene Elternteil einwendet, zu dem Verfahren keinen Anlass gegeben zu haben, und sich sofort zur Unterhaltszahlung verpflichtet.

- 3 -

Ausfüllhinweise

(1) Der Festsetzungsantrag ist an das Amtsgericht-Familiengericht zu richten, in dessen Bezirk das Kind oder der Elternteil, in dessen Obhut sich das Kind befindet, seinen gewöhnlichen Aufenthalt hat. Einzutragen sind hier Postleitzahl und Ort dieses Gerichts.

(2) In diesem Feld bezeichnen Sie bitte den auf Unterhaltszahlung in Anspruch genommenen Elternteil in der Form der Postanschrift mit Vornamen, Namen und Anschrift.

(3) Für das erste Kind, für das Unterhalt begehrt wird, ist das Feld „Antrag auf Festsetzung von Unterhalt" anzukreuzen. Für alle weiteren sind Ergänzungsblätter zu diesem Antrag auszufüllen und das entsprechende Feld anzukreuzen. Außerdem ist auf dem Antragsformular die Anzahl der beigefügten Ergänzungsblätter zu bezeichnen. Für die Festsetzung von Unterhalt muss auf jeden Fall ein Formular, das durch Ankreuzen als „Antrag auf Festsetzung" bezeichnet ist, vorliegen.

In der mit A bezeichneten Zeile geben Sie bitte an, wer Antragsteller ist. Dies können Eltern im eigenen Namen sein oder aber das Kind. Das Kind wird im letzten Fall entweder durch einen Elternteil gesetzlich vertreten oder durch einen Beistand. Solange verheiratete Eltern getrennt leben oder eine Ehesache (z.B. Scheidungsverfahren) zwischen ihnen anhängig ist, kann ein Elternteil Unterhaltsansprüche des Kindes gegen den anderen Elternteil nur in eigenem Namen geltend machen. In diesem Fall ist das erste Kästchen dieser Zeile anzukreuzen. In allen anderen Fällen ist das zweite Kästchen anzukreuzen und außerdem ein weiteres Kästchen für den jeweiligen Vertreter des Kindes. Besteht für das Kind eine Beistandschaft des Jugendamts, kann der jeweilige Elternteil das Kind nicht vertreten und keinen Antrag stellen.

(4) In dieser Zeile bezeichnen Sie bitte mit Vornamen, Namen und Anschrift den Elternteil, in dessen Obhut das Kind lebt.

(5) Bitte das Kind, für das die Festsetzung des Unterhalts beantragt wird, jeweils mit Vornamen, Namen, Postleitzahl, Wohnort und Geburtsdatum bezeichnen.

(6) Diese Zeile ist nur auszufüllen, wenn das Kind vom Jugendamt als Beistand vertreten wird oder für das vereinfachte Verfahren Verfahrensvollmacht (z.B. einer Rechtsanwältin oder einem Rechtsanwalt) erteilt ist.

(7) In diesem Abschnitt des Formulars ist anzugeben, **ab welchem Zeitpunkt** und **in welcher Höhe** der Unterhalt für das Kind (ohne Berücksichtigung der kindbezogenen Leistungen, z.B. des Kindergelds) festgesetzt werden soll. Bei der Angabe des Beginns der Unterhaltszahlungen und der Höhe des Unterhalts sollten Sie sich von einer zur **Rechtsberatung** zugelassenen Person oder Stelle beraten lassen. Insbesondere kann hier eventuell vorhandenes Kindeseinkommen bedarfsmindernd zu berücksichtigen sein.

Unterhalt kann als **„Unterhalt nach § 1612a Abs. 1 des Bürgerlichen Gesetzbuches"** veränderlich oder als **gleichbleibender Unterhalt** verlangt werden:

§ 1612a des Bürgerlichen Gesetzbuches über den Mindestunterhalt minderjähriger Kinder lautet:

(1) Ein minderjähriges Kind kann von einem Elternteil, mit dem es nicht in einem Haushalt lebt, den Unterhalt als Prozentsatz des jeweiligen Mindestunterhalts verlangen. Der Mindestunterhalt richtet sich nach dem doppelten Freibetrag für das sächliche Existenzminimum eines Kindes (Kinderfreibetrag) nach § 32 Abs. 6 Satz 1 des Einkommensteuergesetzes. Er beträgt monatlich entsprechend dem Alter des Kindes

    1. für die Zeit bis zur Vollendung des sechsten Lebensjahrs (erste Altersstufe) 87 Prozent,

    2. für die Zeit vom siebten bis zur Vollendung des zwölften Lebensjahrs (zweite Altersstufe) 100 Prozent und

    3. für die Zeit vom 13. Lebensjahr an (dritte Altersstufe) 117 Prozent

    eines Zwölftels des doppelten Kinderfreibetrags.

(2) Der Prozentsatz ist auf eine Dezimalstelle zu begrenzen; jede weitere sich ergebende Dezimalstelle wird nicht berücksichtigt. Der sich bei der Berechnung des Unterhalts ergebende Betrag ist auf volle Euro aufzurunden.

(3) Der Unterhalt einer höheren Altersstufe ist ab dem Beginn des Monats maßgebend, in dem das Kind das betreffende Lebensjahr vollendet.

Nach § 1612a Abs. 1 des Bürgerlichen Gesetzbuchs in Verbindung mit § 32 Abs. 6 S. 1 Einkommensteuergesetz beträgt ab 1. Januar 2009 der Mindestunterhalt minderjähriger Kinder:

    a) für die Zeit bis zur Vollendung des sechsten Lebensjahres (erste Altersstufe) 281 Euro

    b) für die Zeit vom siebten bis zur Vollendung des zwölften Lebensjahres (zweite Altersstufe) 322 Euro

    c) für die Zeit vom 13. Lebensjahr an (dritte Altersstufe) 377 Euro

- 4 -

Wird „Unterhalt gemäß § 1612 a Abs. 1 des Bürgerlichen Gesetzbuches veränderlich" gewählt, so wird seine Höhe in einem Prozentsatz des jeweiligen Mindestunterhalts festgesetzt, der auf das Kind anzuwenden ist. Der Unterhalt ändert sich immer, wenn der Mindestunterhalt angepasst wird und wenn das Kind die nächsthöhere Altersstufe erreicht. Hierzu brauchen Sie in der Spalte nur das Datum des Beginns der Unterhaltszahlung und den Prozentsatz des Mindestunterhalts anzugeben.

Als „Unterhalt gleichbleibend" kann die Festsetzung eines *unveränderlichen Monatsbetrags* beantragt werden. Eine Anpassung des Unterhalts findet dann nicht statt. Diese Variante kommt insbesondere in Betracht, wenn Unterhalt für einen zurückliegenden Zeitraum begehrt wird. Es können auch für verschiedene Zeiträume unterschiedliche Unterhaltsbeträge geltend gemacht werden, z. B. wenn sich die Einkommensverhältnisse des Unterhaltspflichtigen im zurückliegenden Zeitraum verändert haben und deshalb Unterhalt in unterschiedlicher Höhe geschuldet wird.

Für einen Zeitraum darf immer nur eine der Spalten ausgefüllt werden. Möglich ist aber, für verschiedene Zeiträume verschiedene Spalten zu wählen. Insbesondere kann Unterhalt für die Vergangenheit mit dem unveränderlichen Monatsbetrag in der *zweiten Spalte* (Unterhalt gleichbleibend), Unterhalt für die Zukunft in der *ersten Spalte* (Unterhalt nach § 1612 a Abs. 1 des Bürgerlichen Gesetzbuches) angegeben werden.

Beachten Sie bitte bei der Angabe, dass der Unterhalt im vereinfachten Verfahren nur bis zur Höhe des 1,2 fachen des Mindestunterhalts festgesetzt werden kann. Das Gericht muss den Antrag als unzulässig zurückweisen, wenn beantragt wird, den Unterhalt in einem höheren Betrag als 120 Prozent des Mindestunterhalts festzusetzen. Ab dem 1. Januar 2009 darf der Unterhalt – vor Berücksichtigung der kindbezogenen Leistungen – im vereinfachten Verfahren auf höchstens folgende Beträge festgesetzt werden:

1. Altersstufe	2. Altersstufe	3. Altersstufe
338 €	387 €	453 €

Auf die Einhaltung dieser Höchstbeträge ist besonders zu achten, wenn die Festsetzung nicht gemäß den Altersstufen nach § 1612 a Abs. 1 des Bürgerlichen Gesetzbuches, sondern für abweichende Zeiträume beantragt wird. Die in diesem Fall in dem Betragsfeld „€ mtl." anzugebende Höhe des Unterhalts darf den nach dem Alter des Kindes maßgebenden Höchstbetrag während des in dem zugehörigen Datumsfeld bezeichneten Zeitraums nicht übersteigen.

Besonders zu beachten ist, dass der tatsächlich geschuldete Unterhalt nicht selten hinter den Höchstbeträgen zurückbleibt. Um nachteilige Kostenfolgen zu vermeiden, ist zu empfehlen, sich zunächst Klarheit über den ungefähr geschuldeten Unterhalt zu verschaffen. Diesen bemisst die Rechtsprechung regelmäßig auf der Grundlage von **Unterhaltstabellen** nach dem verfügbaren Einkommen des Verpflichteten. Über die in Ihrem Gerichtsbezirk verwandte Unterhaltstabelle informiert Sie u. a. auch das Jugendamt.

Wenn Sie in dem „beginnend ab" überschriebenen Datumsfeld einen zurückliegenden Zeitpunkt angeben, d. h. **Unterhalt für die Vergangenheit** verlangen, beachten Sie bitte die letzte Spalte dieses Abschnitts.

Unterhalt für die Vergangenheit kann von dem Zeitpunkt an gefordert werden, zu dem der unterhaltsverpflichtete Elternteil zum Zwecke der Geltendmachung des Unterhaltsanspruchs aufgefordert worden ist, seine Einkünfte und sein Vermögen Auskunft zu erteilen, oder zu dem er in Verzug gekommen ist. Der Unterhalt kann in diesen Fällen ab dem Ersten des Monats verlangt werden, in dem der Elternteil aufgefordert worden oder in Verzug gekommen ist, wenn der Unterhaltsanspruch dem Grunde nach in diesem Monat bereits bestanden hat. Unabhängig davon kann der Unterhalt für einen zurückliegenden Zeitraum verlangt werden, in dem das Kind aus rechtlichen oder aus tatsächlichen Gründen, die in den Verantwortungsbereich des unterhaltsverpflichteten Elternteils fallen, an der Geltendmachung des Unterhaltsanspruchs gehindert war.

Im vereinfachten Unterhaltsverfahren können die gesetzlichen Verzugszinsen von derzeit 5 Prozentpunkten über dem Basiszinssatz, die ab dem Zeitpunkt der Zustellung des Festsetzungsantrags auf den zu dieser Zeit rückständigen Unterhalt gezahlt werden müssen, beantragt und festgesetzt werden.

Betrifft der Antrag auf Festsetzung von Unterhalt im vereinfachten Verfahren Unterhaltsbeträge, die vor dem 1. Januar 2008 fällig geworden sind und nach der Regelbetrag-Verordnung errechnet werden, können diese entweder als fester Betrag in der Spalte „Unterhalt gleichbleibend" oder mit den vor dem Inkrafttreten gültigen Vordrucken beantragt werden.

Wenn Sie nicht sicher sind, von welchem Zeitpunkt ab Sie den Unterhalt für das Kind verlangen können, sollten Sie sich von einer zur Rechtsberatung zugelassenen Person oder Stelle beraten lassen.

⑧ In dieser Zeile ist eventuell vorhandenes Einkommen des Kindes, z. B. Arbeitseinkommen, Ausbildungsvergütung, Zinserträge, Mieterträge usw. anzugeben, das den Unterhaltsbedarf mindern kann (Taschengeld muss hier nicht angegeben werden). Die Angabe hier dient nur der Information des Unterhaltsschuldners. Ob Einkommen bedarfsmindernd zu berücksichtigen ist, hat schon in die Höhe des beantragten Unterhalts (oben unter ⑦) einzufließen.

- 5 -

⑨ Geben Sie in dieser Zeile bitte an, wer das Kindergeld oder die sonstigen kindbezogenen Leistungen erhält, in der 2. Zeile, in welcher Höhe für das Kind **Kindergeld** oder **andere kindbezogene Leistungen** gewährt werden (z. B. Kinderzuschüsse aus den gesetzlichen Rentenversicherungen, im Ausland gezahlte, dem Kindergeld vergleichbare Leistungen, Kinderbonus; **nicht**: Familienzuschlag der Beamtenbesoldung). Bitte geben Sie an, um das wievielte gemeinschaftliche Kind es sich handelt.

⑩ In der beizufügenden Erklärung sind Angaben zu den Einkommens- und Vermögensverhältnissen des Kindes und der Eltern zu machen. Näheres teilt Ihnen das Jugendamt oder das Amtsgericht mit, die Ihnen auch beim Ausfüllen des Antrags behilflich sind.

⑪ Die Zeilen 1 und 2 dieses Abschnitts sind nur auszufüllen, wenn entsprechende Aufforderungen an den Antragsgegner ergangen sind.

Mit einer Angabe in Zeile 3 kann die Festsetzung von Kosten beantragt werden. Diese sind in einer anzufügenden Aufstellung (in zweifacher Ausfertigung) näher darzulegen.

Eine Festsetzung der Kosten findet im vereinfachten Verfahren nicht statt, wenn der in Anspruch genommene Elternteil zulässige Einwendungen erhebt, über die auf Antrag das streitige Verfahren durchgeführt wird. Über die Kosten wird in diesem Fall in dem Beschluss entschieden, der das streitige Verfahren beendet.

⑫ Ein Eltern-Kind-Verhältnis besteht zwischen dem Kind und seiner Mutter und seinem Vater, einschließlich dem Kind und den Personen, die es als Kind angenommen (adoptiert) haben. Nach der gesetzlichen Regelung ist Vater, wer im Zeitpunkt der Geburt des Kindes mit dessen Mutter verheiratet war, wer die Vaterschaft anerkannt hat oder wessen Vaterschaft gerichtlich festgestellt wurde.

Mit der Unterzeichnung des Antrags geben Sie an, dass die in diesem Abschnitt vorgedruckten Erklärungen der Wahrheit entsprechen.

1. Zuständigkeit. Die Zuständigkeit – Zeile 1 – richtet sich nach § 232 Abs. 1, Satz 2 FamFG.

2. Vertretung. Die Vertretung des Kindes richtet sich nach den allgemeinen Regeln, vgl. Rdn. 50.

3. Unterhaltsrückstände. Im vereinfachten Verfahren können auch Unterhaltsrückstände geltend gemacht werden. Dazu kann in Zeile 7 (1. Spalte unter »beginnend«) der 1. des Monats eingesetzt werden, in dem der Unterhaltsschuldner eine in Verzug setzende Mahnung nach § 1613 Abs. 1 BGB erhalten hat. Werden Unterhaltsrückstände geltend gemacht, sind in der 3. Spalte der Zeile 7 die Unterhaltszahlungen einzutragen, die der Unterhaltsschuldner zwischen Inverzugsetzung und Antragstellung geleistet hat.

4. Statischer oder dynamisierter Unterhalt. Der Unterhalt kann als statischer Betrag oder in dynamisierter Form beantragt werden; max. i. H. v. 120 % des Mindestunterhalts nach § 1612a BGB. Die Altersstufen bei der Beantragung des Unterhalts als Prozentsatz vom Mindestunterhalt sind nicht anzugeben.

Soll der Unterhalt als »gleich bleibend«, also als statischer Betrag tituliert werden, gibt Spalte 2 die Möglichkeit, drei unterschiedliche Zeiträume zu erfassen. Wichtig ist, dass der Unterhalt inklusive Kindergeld angeben wird, denn die Festsetzung des Zahlbetrags erfolgt später durch das Gericht unter Berücksichtigung des Kindergeldbezugs.

Falls das Kind eigenes Einkommen hat, muss der »gleichbleibende Unterhalt« in Spalte 2 unter Berücksichtigung dieses Einkommens (das erst in Zeile 8 als Bruttoeinkommen angegeben werden muss) berechnet werden. Das Einkommen des minderjährigen Kindes ist grds. nur zur Hälfte auf den Barunterhaltsanspruch anzurechnen.

5. Einkommen des minderjährigen Kindes. Das Einkommen des minderjährigen Kindes ist in Zeile 8 als Bruttobetrag anzugeben. Über das Einkommen sind Belege beizufügen. Die Angabe des Bruttobetrages erfordert zwingend, nicht nur Belege über das Einkommen beizufügen, sondern auch eine Berechnung über das unterhaltsrechtlich anrechenbare Einkommen beizufügen und die unterhaltsrelevanten Abzugspositionen zu belegen. Bei Ausbildungsvergütungen sind Steuer- und Sozialabgaben und ausbildungsbedingter Mehraufwand darzustellen und zu belegen. Bei Einkommen aus anderen Einkommensarten sind die üblichen Berechnungen zur Ermittlung des unterhaltsrelevanten

Einkommens vorzulegen. Diese Unterlagen sind für den Antragsgegner bestimmt, der daraus die Bedürftigkeit und den Bedarf ermitteln können soll.

6. Verzugszinsen. Es können Verzugszinsen auf den Unterhaltsrückstand seit Antragstellung geltend gemacht werden. Dazu muss das entsprechende Feld in Zeile 7 angekreuzt und der Unterhaltsrückstand bis einschließlich zu dem Monat der Antragstellung ermittelt und eingetragen werden; es empfiehlt sich, eine Forderungsaufstellung beizufügen.

7. Kindergeld. In Zeile 9 sind die üblichen Angaben zum Kindergeld zu machen, vgl. Rdn. 43.

8. Verfahrenskostenhilfe. Es kann Verfahrenskostenhilfe für das Verfahren und auch die Beiordnung eines Rechtsanwalts oder einer Rechtsanwältin beantragt werden. Erklärungen über die persönlichen und wirtschaftlichen Verhältnisse des Kindes/der Kinder und der Eltern sind dem Antrag beizufügen. Vgl. Kap. 12.

9. Verzug. In Zeile 11 ist anzugeben, ob und in welcher Art und Weise der Antragsgegner gem. § 1613 Abs. 1 BGB in Verzug gesetzt wurde. Nur wenn eine in Verzug setzende (Stufen-) Mahnung erfolgt ist, kann rückständiger Unterhalt verlangt werden. Insoweit ist der Ausfüllhinweis zu Zeile 11 irreführend, weil er nicht den Bezug zum Unterhaltsrückstand, der bereits in Zeile 7 einzutragen ist, herstellt.

10. Kosten. Schon mit dem Antrag im vereinfachten Verfahren kann die Festsetzung von Kosten beantragt werden. Dazu ist es notwendig, in Zeile 11 Spalte 2 die Summe der Kosten einzutragen und eine Kostenaufstellung in zweifacher Ausfertigung beizufügen. Es können Gerichtskosten, Anwaltskosten und Parteiauslagen festgesetzt werden, wenn sie sich ohne Weiteres ermitteln lassen.

11. Anlagen. Dem Antrag sind ggf. folgende Anlagen beizufügen:
- Ergänzungsblätter weiterer Geschwisterkinder
- Belege über Einkommen des Kindes
- (sofern Verfahrenskostenhilfe beantragt werden soll) Erklärungen über die persönlichen und wirtschaftlichen Verhältnisse der Kinder und Eltern
- bei Unterhaltsrückständen empfehlenswert: eine Forderungsaufstellung
- Aufstellung über die festzusetzenden Kosten – zweifach

7. Maßnahmen des Gerichts

Das Gericht prüft die Statthaftigkeit des Antrags gem. § 251 Abs. 1 FamFG. Es überprüft nicht die Richtigkeit der Angaben. Sofern der Antrag danach zulässig ist, verfügt das Gericht die Zustellung an den Antragsgegner und stellt ihn, zusammen mit den Belehrungen nach § 251 FamFG, zu. Dem Antragsgegner wird grds. eine Monatsfrist gem. § 251 Satz 2 Nr. 3 FamFG zur Erhebung seiner Einwendungen gesetzt (bei Auslandszustellungen beachte § 251 Satz 3 FamFG).   **72**

8. Muster: Einwendungen gegen den Antrag auf Festsetzung von Unterhalt

Für die Einwendungen gegen den Antrag auf Festsetzung von Unterhalt ist zwingend das viersei-   **73**
tige Formular zu verwenden. Anders als das Formular für die Antragsteller ist das Formular für den Antragsgegner direkt mit umfangreichen Erläuterungen versehen. Das vierseitige Formular muss in zweifacher Ausfertigung (Erstschrift für das Gericht, Abschrift für den Antragsgegner) bei Gericht eingereicht werden. Die Einwendungen müssen erhoben, auf einem Extrablatt begründet und mit der Angabe von Beweismitteln in doppelter Ausfertigung eingereicht werden. Bei der Bearbeitung der Einwendungen muss man sich streng an die Formularvorgaben und insb. die Vorschrift des § 252 FamFG halten, da das Gericht bei seiner Entscheidung nur die Einwendungen berücksichtigt, die zulässig und begründet sind und in formal zulässiger Art und Weise geltend gemacht wurden.

Einwendungen, die nicht unter Einsatz des Formulars vorgebracht werden, z. B. in einem Schriftsatz, sind nicht zu berücksichtigen (OLG Brandenburg, FamRZ 2004, 273).

Das vereinfachte Verfahren vermutet die Leistungsfähigkeit des Antragsgegners bis zur Höhe von 120 % des Mindestunterhalts. Der Antragsgegner hat nur die Möglichkeit, Einwendungen gegen den Antrag auf Festsetzung von Unterhalt gem. § 252 FamFG zu erheben. Das Formular sieht unter den Buchst. A)–H) acht strukturierte Einwendungsmöglichkeiten vor.

74

↓ Antragsgegner/in (Vorname, Name, Anschrift): ↓

Geschäftsnummer des Gerichts
Bei Schreiben an das Gericht bitte stets angeben

An das
Amtsgericht-Familiengericht

PLZ, Ort

Erstschrift für das Gericht

Wenn Sie Einwendungen erheben, senden Sie bitte die für das Gericht bestimmte Erstschrift dieses Formulars und das Zweitstück (Abschrift für Antragsteller/in) ausgefüllt und unterschrieben zurück.

- Bitte nummerieren Sie zuvor alle beizufügenden Anlagen (Blatt, Verzeichnis, Aufstellung, Beleg) und tragen Sie die jeweilige Nummer in das dafür im Formular vorgesehene Kästchen ein.
- Fügen Sie bitte dem Zweitstück dieses Formulars von allen Anlagen eine Kopie für den/die Antragsteller/in bei.

Einwendungen gegen den Antrag auf Festsetzung von Unterhalt

	Gegen die im vereinfachten Verfahren von	in eigenem Namen	als gesetzl. Vertreter/in
E	Vorname, Name, Anschrift des Elternteils, der die Festsetzung in eigenem Namen oder als gesetzl. Vertreter/in des Kindes beantragt		
	Vorname, Name, PLZ, Wohnort des minderjährigen Kindes	geboren am	
1			
2			
3			
	Beistand/Verfahrensbevollmächtigter		

beantragte Festsetzung von Unterhalt erhebe ich folgenden Einwand:

| A | Das vereinfachte Verfahren ist nicht zulässig. | B | Der Unterhalt kann erst verlangt werden ab: Datum | C | Der Zeitraum/Die Höhe des Unterhalts ist dem Antrag entsprechend richtig, wie von mir auf dem beigefügten Blatt angegeben, festzusetzen. | D | Kindbezogene Leistungen (z. B. Kindergeld) sind, wie von mir auf dem beigefügten Blatt angegeben, zu berücksichtigen. | E | Ich habe zu dem Verfahren keinen Anlass gegeben und verpflichte mich hiermit zur Unterhaltszahlung gemäß dem Antrag. |

Bitte stellen Sie auf einem beizufügenden Blatt die Tatsachen, die den Einwand begründen, mit Angabe der Beweismittel genau dar. Nennen Sie bei Einwand C den nach Ihrer Ansicht richtigen Zeitraum bzw. die richtige Höhe, bei Einwand D, welche Höhe und zu welchem Zeitpunkt kindbezogene Leistungen (z. B. Kindergeld) zu berücksichtigen sind. Bitte lassen Sie sich von einer zur Rechtsberatung zugelassenen Person oder Stelle beraten, wenn Sie nicht sicher sind, ob der Einwand begründet ist.

Anlage Nr.

F	Im Festsetzungsantrag ist der Unterhalt, den ich in der Vergangenheit bezahlt habe, nicht richtig angegeben. Soweit der Unterhalt, der dem Kind für die Vergangenheit zu zahlen ist, über den nebenstehenden Betrag hinausgeht, verpflichte ich mich hiermit, ihn zu begleichen.	Seit dem im Festsetzungsantrag unter „beginnend ab" bezeichneten Zeitpunkt bis heute habe ich insgesamt gezahlt:		
		€ für Kind 1	€ für Kind 2	€ für Kind 3

| G | Ich kann den verlangten Unterhalt – bei gleichmäßiger Verwendung **aller** mir verfügbaren Mittel zu meinem und meiner Kinder Unterhalt – **ohne Gefährdung meines eigenen Unterhalts** nicht oder nicht in voller Höhe zahlen oder bin dazu nicht verpflichtet. | H | Ich erhebe den nachstehenden, nicht unter A bis G fallenden Einwand. Bezeichnung des Einwandes und der ihn begründenden Tatsachen; falls der Platz nicht ausreicht, fügen Sie bitte ein zusätzliches Blatt bei. | Anlage Nr. |

Wichtiger Hinweis:
Dieser Einwand ist nur zulässig, wenn Sie
- die im zweiten Abschnitt dieses Formulars erforderten Angaben über Ihre persönlichen und wirtschaftlichen Verhältnisse machen, die für die Bemessung des Unterhalts bedeutsam sind, und
- Belege über die Einkünfte vorlegen und
- im dritten Abschnitt dieses Formulars erklären, in welcher Höhe Sie zur Unterhaltszahlung bereit sind (ggf. „0") und dass Sie sich insoweit verpflichten, den Unterhaltsanspruch zu erfüllen. Bei der Abgabe der Erklärung sollten Sie sich unbedingt rechtlich beraten lassen.
Wenn Sie diese gesetzlich vorgeschriebenen Auflagen nicht in allen Punkten erfüllen, kann das Gericht den Einwand nicht berücksichtigen und muss dann den Unterhalt wie beantragt festsetzen.

Wichtiger Hinweis:
Das Gericht kann den Einwand nur berücksichtigen, wenn Sie im dritten Abschnitt dieses Formulars erklären, inwieweit Sie zur Unterhaltszahlung bereit sind und dass Sie sich insoweit zur Erfüllung des Unterhaltsanspruchs verpflichten.

Blatt 3: Formular für Einwendungen, § 252 FamFG

weiter auf Seite 2 →

Seite 2

Zweiter Abschnitt: Auskunft über Ihre persönlichen und wirtschaftlichen Verhältnisse
– Nur auszufüllen, wenn Einwand G erhoben ist. –

Angaben zu Ihren persönlichen Verhältnissen

Geburtsdatum	Erlernter Beruf, Qualifikationen	**Familienstand**
		(l = ledig; vh = verheiratet; gtrl = getrennt lebend; g = geschieden; wvh = wiederverheiratet; vw = verwitwet)

Ausgeübter Beruf / Erwerbstätigkeit; wenn nicht erwerbstätig, Angabe des Grundes und der Dauer	▼ seit

Personen, denen Sie aufgrund gesetzlicher Unterhaltspflicht Unterhalt zu gewähren haben (Kind, Eltern, Ehegatte, geschiedener Ehegatte)

In Ihrem Haushalt lebende Personen (Vorname, Name)	geboren am	Familienverhältnis (z. B. Sohn)	Hat die Person eigene Einnahmen?	
			Nein	Ja, € mtl. netto
			Nein	Ja, € mtl. netto
			Nein	Ja, € mtl. netto

Außerhalb Ihres Haushaltes lebende Personen ohne Antragsteller/in (Vorname, Name, Anschrift)	geboren am	Familienverhältnis	Monatsbeitrag € Ihrer Unterhaltszahlung	Hat die Person eigene Einnahmen?	
				Nein	Ja, € mtl. netto
				Nein	Ja, € mtl. netto
				Nein	Ja, € mtl. netto

Wohnkosten Größe des Raums, den Sie mit Ihren Angehörigen zu Wohnzwecken nutzen (m²):	Kosten bei Miete oder dgl. ▶ Kosten bei eigengenutztem Wohnraum	Miete ohne Mietnebenkosten € mtl.	Nebenkosten inkl. Heizung € mtl	Gesamtbetrag € mtl.	Auf den Gesamtbetrag zahlen ich € mtl. and. Person € mtl.	Genaue Einzelaufstellung der Kosten beifügen, zu den Fremdmitteln Angaben der Gläubiger, Restlaufzeit und Restschuld	Anlage Nr.
		Belastung aus Fremdmitteln Tilgung € mtl. Zinsen € mtl.	Nebenkosten inkl. Heizung € mtl	Gesamtbetrag € mtl.	Auf den Gesamtbetrag zahlen ich € mtl. and. Person € mtl.		

Angaben zu Ihren Einkommensverhältnissen

Sie müssen jede Frage der linken Spalte beantworten. Wenn eine Frage zu bejahen ist, sind die entsprechenden Hinweise der mittleren Spalte zu befolgen.
In den Betragsfeldern der rechten Spalte sind für den in der Spalte angegebenen Zeitraum jeweils alle Einnahmen bzw. Ausgaben der betreffenden Art auszuweisen, die Einnahmen unabhängig davon, ob sie steuerpflichtig oder zweckgebunden sind. Einzutragen ist stets der Bruttobetrag ohne Abzug von Werbungskosten, Betriebsausgaben, Vorsorgeaufwendungen und Steuern.
Soweit ein erforderlicher Beleg nicht beigefügt werden kann, ist auf einem beizulegenden Blatt der Grund anzugeben und die Richtigkeit und Vollständigkeit der Angaben besonders zu versichern.

¹ Haben Sie Einnahmen aus nichtselbstständiger Arbeit? ☐ Nein ☐ Ja	Anzugeben sind alle Einnahmen brutto aus dem Arbeitsverhältnis: Lohn, Gehalt, Überstundenvergütung, Sonderzuwendungen (Weihnachts-, Urlaubsgeld usw.), Aufwandsentschädigungen (Spesen, Reisekosten usw.), Gewinn-, Vermögensbeteiligungen; Geldwert aller sonstigen Vorteile und Vergünstigungen (Sachleistungen, freies oder verbilligtes Wohnen usw.). • **Beizufügen** sind Lohnabrechnungen Ihrer Arbeitsstelle/n für die letzten 12 Monate, in denen die Einnahmen aufgeschlüsselt nach der vorgenannten Art ausgewiesen sind und Ihr/e Arbeitgeber/in mit Namen/Firma, Anschrift, Ordnungsmerkmal der Lohnstelle bezeichnet ist.	Bruttoeinnahmen der letzten 12 Monate € 	Anlage Nr.
² Haben Sie Einnahmen aus selbstständiger Arbeit, aus freiberuflicher Tätigkeit, Gewerbebetrieb, Land-, Forstwirtschaft, aus Gelegenheitsarbeit, Nebentätigkeit? ☐ Nein ☐ Ja	Die Angaben sind für die drei letzten **vollen** zurückliegenden Geschäftsjahre zu machen. In dem Feld rechts unter „vom" ist der erste, unter „bis" der letzte Tag des Dreijahreszeitraums anzugeben. Wird die unter Frage 2 fallende Tätigkeit noch nicht so lange ausgeübt, ist dies auf dem beizufügenden Blatt anzugeben und unter „vom" der Tag ihres Beginns zu vermerken. **Beizufügen sind:** • Kopien der Einkommensteuererklärungen mit allen Anlagen wie Bilanzen mit Gewinn- und Verlustrechnung, Betriebsvermögensvergleich (§ 4 Abs. 1 EStG) oder Einnahmeüberschussrechnung (§ 4 Abs. 3 EStG) sowie der Einkommensteuerbescheide für jedes der drei Geschäfts-/Kalenderjahre; • tabellarische Übersicht, in der in 3 Spalten für jedes der drei Geschäftsjahre und in einer vierten Spalte mit der Summe für die drei Jahre zusammengestellt sind: **1.** alle Einnahmen; **2.** mit ihrem Wert alle dem Betrieb zum Eigenverbrauch entnommenen Waren/Produkte und alle Gebrauchsvorteile aus privater Nutzung von Gegenständen des Betriebsvermögens; **3.** die gezahlten Steuern mit Angabe der Art, Finanzamt, Steuernummer; **4.** die Aufwendungen für Krankheits- und Altersvorsorge, aufgeschlüsselt mit Angabe der Versicherung, Namen der versicherten Person/en; **5.** die Betriebsausgaben ohne Steuern, Vorsorgeaufwendungen; • bei Teilhaberschaft/Partnerschaft/Gesellschaft eine entsprechende Übersicht wie vor; in dieser ist zusätzlich Ihre Beteiligung am Gewinn verständlich darzulegen.	Die angegebenen Einnahmen/Ausgaben hatte ich in der Zeit vom _____ bis _____ 1. Einnahmen € 2. Private Vorteile € 3. Steuern € 4. Vorsorgeaufwendungen € 5. Betriebsausgaben ohne 3. und 4. €	
³ Haben Sie Einnahmen aus Kapitalvermögen? ☐ Nein ☐ Ja	Zinsen, Dividenden und andere Erträge aus Sparguthaben, anderen Guthaben, Einlagen, Wertpapieren, Lebensversicherungen und sonstigen Kapitalanlagen sind vollständig anzugeben, **auch wenn sie steuerfrei sind:** • **Beizufügen** sind eine Aufstellung der Erträge für die letzten 12 Monate bzw. das letzte Kalenderjahr sowie Kopien der Bankbescheinigungen, Zinsgutschriften o. dgl.	Bruttoeinnahmen der letzten 12 Monate € 	

Blatt 3: Formular für Einwendungen, § 252 FamFG   weiter auf Seite 3 →

Seite 3

4 Haben Sie Einnahmen aus Vermietung oder Verpachtung	Einnahmen aus Vermietung/Untervermietung, Verpachtung bebauter, unbebauter Grundstücke, sonstiger Sachen, Sachinbegriffen, Überlassung von Rechten. Anzugeben sind die Einnahmen insgesamt einschließlich derjenigen für Neben-/Betriebskosten. • **Beizufügen** ist eine Aufstellung der Einnahmen für die letzten 12 Monate, in der die Einnahmen unter genauer Bezeichnung des vermieteten/verpachteten/zum Gebrauch überlassenen Gegenstandes dargestellt sind, sowie eine Kopie Ihrer Einkommensteuererklärung für das letzte Jahr.	Bruttoeinnahmen der letzten 12 Monate, €	Anlage Nr.
Nein ☐ Ja ☐			
5 Beziehen Sie Wohngeld? Nein ☐ Ja ☐	• **Beizufügen** sind Kopien der Bewilligungs-. Neubewilligungsbescheide, aus denen sich das in den letzten 12 Monaten gezahlte Wohngeld ergibt.		
6 Haben Sie andere Einnahmen?	Art der Einnahmen, Bezeichnung (z. B. Steuererstattung, Erziehungsgeld, Krankengeld, Arbeitslosengeld, Arbeitslosengeld II, Sozialgeld, Alters- oder Erwerbsunfähigkeitsrente, Ruhegeld, Ruhegehalt):		
Nein ☐ Ja ☐	• **Beizufügen** sind Kopien der Bescheide oder sonstigen Belege, aus denen sich die Brutto-Einnahmen in den letzten 12 Monaten ergeben.		
Abzüge – auszufüllen, wenn zu Frage 1, 3, 4, 6 Einnahmen angegeben sind –		Ich habe gezahlt/aufgewendet	Anlage Nr.
Einkommensteuer, Kirchensteuer, Solidaritätszuschlag	• **Beizufügen:** letzte Lohnsteuerbescheinigung der Arbeitsstelle, Lohnabrechnungen für die letzten 12 Monate, Kopien Ihrer letzten Einkommensteuererklärung mit allen Anlagen, Ihres letzten Einkommensteuerbescheides und des Vorauszahlungsbescheides für dieses Jahr.	In den letzten 12 Monaten €	
Vorsorgeaufwendungen	• **Beizufügen:** über Arbeitnehmeranteil zur Sozialversicherung: Lohnabrechnung der Arbeitsstelle für die letzten 12 Monate; sonst auf besonderem Blatt die Aufwendungen für eine angemessene Krankheits- und Altersvorsorge mit Angabe der Versicherung, Namen der versicherten Person/en aufgeschlüsselt darstellen.		
Berufsbedingte Aufwendungen oder sonstige Werbungskosten	• Auf **beizufügendem** Blatt ist darzulegen, dass die Aufwendungen in der angegebenen Höhe zur Erzielung der Einnahmen notwendig sind (z. B. zu den Kosten der Fahrt zur Arbeit genau angeben: Ort der Arbeitsstelle und ihre einfache Entfernung zur Wohnung).		

Angaben zu Ihren Vermögensverhältnissen

Sie müssen jede Frage der linken Spalte beantworten. Wenn eine Frage zu bejahen ist, sind die entsprechenden Hinweise der mittleren Spalte zu befolgen.
In den zur Beantwortung beizufügenden Verzeichnissen sind alle Vermögensgegenstände (Aktiva) mit ihrem derzeitigen tatsächlichen Wert zu erfassen, alle Verbindlichkeiten/Schulden (Passiva) in ihrer derzeitigen Höhe. Wenn diese Angaben mit zumutbarem Aufwand nur für einen zurückliegenden Stichtag gemacht werden können, ist dies in dem Verzeichnis zu erläutern und dieser Tag im Kopf des Verzeichnisses zu vermerken. Jedoch darf der Stichtag nicht weiter als ein Jahr zurückliegen.
In die Betragsfelder rechts ist jeweils die Summe der Einzelbeträge des betreffenden Verzeichnisses einzutragen.

1 Sind Sie Inhaber, Teilhaber eines Gewerbebetriebes oder Unternehmens, freiberuflich tätig oder beteiligt an einer Partnerschaft, Gesellschaft?	Die Angaben zum Geschäfts-/Betriebsvermögen sind nach einem für Aktiva und Passiva einheitlichen Stichtag zu machen. Das Betragsfeld „Wert meines Anteils" ist nur bei Teilhaberschaft o. dgl. auszufüllen. **Beizufügen** sind: • besonderes Blatt, auf dem Gewerbebetrieb/Unternehmen/freiberuflicher Tätigkeitsbereich (z. B. Praxis, Kanzlei, Notariat)/Gesellschaft/Partnerschaft zu bezeichnen ist mit: Name/Firma; Rechtsform; Sitz, Anschrift; Registergericht, Register, Nummer; zuständigem Finanzamt, Steuernummer; Branche/Art/Gegenstand der gewerblichen/freiberuflichen/unternehmerischen Tätigkeit; • geordnetes, übersichtlich gegliedertes Verzeichnis, in dem alle Gegenstände des Betriebsvermögens nach Art, Menge, Größe, Nutzungsart, Grundstücke zusätzlich nach Lage, mit ihrem tatsächlichen Wert erfasst sind; Schätzwerte sind zu erläutern; • geordnetes, übersichtlich gegliedertes Verzeichnis aller Betriebsverbindlichkeiten; darin aufgeführte Rückstellungen sind nach Zweck und betrieblicher Notwendigkeit zu erläutern; • bei Teilhaberschaft/Partnerschaft/Gesellschaft auf besonderem Blatt zusätzlich: Zahl der Teilhaber/Partner/Gesellschafter; genaue Bezeichnung Ihres Beteiligungsverhältnisses; Wert der von Ihnen erbrachten Gegenstände (z. B. Kapitalbetrag, Grundstück). In das Betragsfeld rechts einzutragen ist der Vermögenswert Ihrer Beteiligungen am Stichtag; Schätzwert ist zu erläutern. **Zu den folgenden Fragen sind nur die nicht zum Betriebsvermögen gehörenden Gegenstände bzw. Verbindlichkeiten anzugeben.**	Stichtag Aktives Betriebsvermögen € Betriebsverbindlichkeiten € Saldo € Wert meines Anteils €	Anlage Nr.
Nein ☐ Ja ☐			
2 Haben Sie Grundvermögen?	Eigentum/Miteigentum/Eigentumsanteil an bebauten/unbebauten Grundstücken, Familienheim, Ferienhaus; grundstücksgleiche Rechte, Wohnungseigentum, Erbbaurecht und Grundvermögen im Ausland. • **Beizufügen** ist ein Blatt oder Verzeichnis, auf/in dem die Gegenstände nach Lage, Größe, Nutzungsart, Jahr der Bezugsfertigkeit, Wert zu berechnen sind, bei Wohnraum auch Angabe, inwieweit eigengenutzt.	Wert €	
Nein ☐ Ja ☐			
3 Haben Sie andere Sachwerte?	Eigentum/Miteigentum/Eigentumsanteil an körperlichen Sachen jeder Art ohne die zu Frage 2 und 4 anzugebenden Werte: • **Beizufügen** ist ein geordnetes, übersichtlich gegliedertes Verzeichnis, das die Gegenstände nach Art, Typ, Pkw-Baujahr, Anzahl, Menge, Nutzungszweck mit dem Wert ausweist. Gegenstände des persönlichen Gebrauchs und des privaten Haushalts können darin mit ihrem Gesamtwert aufgeführt werden, soweit sie den Rahmen der Lebens- und Haushaltsführung nicht übersteigen.	Wert €	
Nein ☐ Ja ☐			

Blatt 3: Formular für Einwendungen, § 252 FamFG

weiter auf Seite 4 →

Seite 4

4 Haben Sie sonstige Vermögens- werte? (Geld, Guthaben, Wertpa- piere usw.)? ☐ Nein ☐ Ja	Bargeld, Kassenbestand, Postgiroguthaben, Bausparguthaben, Guthaben bei in- und ausländischen Banken/Kreditinstituten, Wertpapiere, Lebensversicherungen, sonstige in- und ausländische Kapitalanlagen, Forderungen/Außenstände, immate- rielle Vermögensgegenstände, Urheberrecht, sonstige Vermögenswerte: • **Beizufügen** ist ein geordnetes, übersichtlich gegliedertes Verzeichnis, das die Gegenstände genau und vollständig erfasst nach: Art; Name, Sitz der Bank/des Kreditinstituts usw; Geldbetrag; Guthabenhöhe; Emittenten, Stückzahl, Wert.	Gesamtwert €

Angaben zu Verbindlichkeiten und außergewöhnlichen Belastungen

1 Bestehen Zahlungsverpflichtun- gen, Verbindlichkeiten? ☐ Nein ☐ Ja	• Zahlungsverpflichtungen wie Kreditraten und sonstige Schulden (ohne die gesetz- lichen Unterhaltsverpflichtungen und ohne die Wohnkosten): • **Beizufügen** ist ein geordnetes, übersichtlich gegliedertes Verzeichnis, in dem die Verbindlichkeiten vollständig nachzuweisen sind nach: Art; Gläubiger; Entste- hungsgrund; Verwendungszweck und Entstehungszeit aufgenommener Kredite; gewährten Sicherheiten; monatlichen Zins- und Tilgungsleistungen; Betrag der Restschuld.	Gesamtwert der Verbindlichkei- ten, Restschulden €	Anlage Nr.
2 Außergewöhnliche Belastung	Kurze Bezeichnung der außergewöhnlichen Belastung: • Auf **beizufügendem** Blatt bitte nach Art, Höhe, Dauer der Belastung, Möglich- keiten der Minderung durch Hilfen/Leistungen Dritter genau darstellen.	In den letzten 12 Monaten €	

Freiwillige Angabe	☐ Ich bin damit einverstanden, dass meine Arbeitsstelle, das Finanzamt und die Sozialversicherungsträger dem/der Antragsteller/in Auskunft über meine Einkommens- und Vermögensverhältnisse erteilen.

Ich versichere hiermit, dass meine Angaben in diesem Abschnitt des Formulars und in den Anlagen vollständig und wahr sind.

Dritter Abschnitt: Erklärung bei Einwand G oder H

Das vereinfachte Verfahren will dem Kind und dem unterhaltsverpflichteten Elternteil Gelegenheit geben, den Unterhalt einvernehmlich rasch und kostengünstig zu regeln, damit die für den Unterhalt verfügbaren Mittel nicht unnötig für ein teureres Streitverfahren beansprucht werden. Zu diesem gesetzlichen Zweck leisten Sie Ihren Beitrag, wenn Sie sich bei Ihren nachstehenden Angaben von einer zur Rechtsberatung zugelassenen Person oder Stelle sorgfältig beraten lassen und Ihre Erklärung gemäß dem Rat dieser Person oder Stelle abgeben. Sollten Sie die Beratungskosten nicht aufbringen können, informieren Sie sich bitte bei Ihrem Amtsgericht oder bei einem Rechtsan- walt oder einer Rechtsanwältin Ihres Vertrauens über die Beratungshilfe.

Bitte beachten Sie: Ihre Erklärung muss sich, auch wenn Sie Einwand B erhoben haben, auf die gesamte zurückliegende und künftige Zeit ab dem im Feststellungsantrag unter „beginnend ab" bezeichneten Zeitpunkt erstrecken. Eine lückenhafte Erklärung kann das Gericht nicht berücksichtigen. Es setzt bei begründetem Einwand B den Beginn der Unterhaltszahlung auf den von Ihnen angegeben Zeitpunkt fest. Das Gericht berechnet den rückständigen Unterhalt. Es berücksichtigt bei zulässigem Einwand F die von Ihnen, soweit von Ihnen Kind angegebenen Zahlungen. Eine bei zulässigem Einwand H angegebene Zahlungsweise bezüglich der Rückstände setzt das Gericht fest, wenn das Kind es beantragt.

Bitte geben Sie die vorgeschriebene Erklärung durch Ankreuzen und Ausfüllen nur einer der folgenden Alternativen I oder II ab. Sind Sie nach sorgfältiger Prüfung und etwai- ger rechtlicher Beratung der Überzeugung, dass Sie für einen Zeitraum nicht zur Unterhaltszahlung verpflichtet sind, können Sie dies in Alternative II durch eine entsprechende Zeitangabe im Datumsfeld und Eintragung einer Null im Betragsfeld angeben.

Wenn Sie die Alternative I wählen, achten Sie bitte darauf, das Unzutreffende (abzüglich/zuzüglich) zu streichen. Gegebenenfalls können Sie sich hierzu an der Mitteilung des Gerichts auf der Rückseite des Antragsformulars orientieren.

☐ I	Ich erkläre mich bereit, dem Kind von dem im Festsetzungsantrag unter „beginnend ab" bezeichneten Zeitpunkt an Unterhalt gemäß den Altersstufen nach § 1612a Abs. 1 des Bürgerlichen Gesetzbuches (veränderlich) zu zahlen. Ich bin bereit, derzeit an

Vorname des Kindes		Vorname des Kindes		Vorname des Kindes	
1	%	2	%	3	%

des Mindestunterhalts der jeweiligen Altersstufe abzüglich/zuzüglich zu berücksichtigender kindbezogener Leistung zu zahlen.
Ich verpflichte mich insoweit, den Unterhaltsanspruch für die Zukunft und, soweit noch nicht beglichen, für die Vergangenheit zu erfüllen.

☐ II	Ich erkläre mich bereit, dem Kind von dem im Festsetzungsantrag unter „beginnend ab" bezeichneten Zeitpunkt an den Unterhalt, den ich ihm nach Berücksichtigung der anteiligen kindbezogenen Leistung schulde, wie nachstehend angegeben (gleichbleibend) zu zahlen, und verpflichte mich inso- weit, den Unterhaltsanspruch für die Zukunft und, soweit noch nicht beglichen, für die Vergangenheit zu erfüllen.

Vorname des Kindes		Vorname des Kindes		Vorname des Kindes	
1		2		3	
beginnend ab	€ mtl.	beginnend ab	€ mtl.	beginnend ab	€ mtl.
ab	€ mtl.	ab	€ mtl.	ab	€ mtl.
ab	€ mtl.	ab	€ mtl.	ab	€ mtl.

Freiwillige Angaben	Für Hinweise des Gerichts bin ich tagsüber erreichbar unter folgender Rufnummer:	Bei der Abgabe der Erklärung im dritten Abschnitt dieses Formulars bin ich beraten worden von Rechtsanwalt/ Rechtsanwältin (Name, PLZ, Ort, Rufnummer):
Ort, Datum	Unterschrift Antragsgegner/in	Aufgenommen (Dienststelle, Name, Unterschrift)

Blatt 3: Formular für Einwendungen, § 252 FamFG   weiter auf Seite 5 →

A. Einwand gegen die Zulässigkeit des vereinfachten Verfahrens.
Der Antragsgegner kann hier insb. einwenden, dass das vereinfachte Verfahren nicht zulässig ist, weil das Kind bereits volljährig

ist, schon ein Unterhaltstitel besteht oder ein gerichtliches Verfahren über Unterhalt anhängig ist. Weitere Einwendungen ergeben sich aus §§ 249, 250 FamFG.

B. Einwand gegen die in Verzug setzende Mahnung. Der Antragsgegner kann gem. § 252 Abs. 1 Nr. 2 FamFG rügen, dass die Voraussetzungen des § 1316 BGB erst zu einem späteren Zeitpunkt vorlagen.

C. Einwand gegen die Höhe des Unterhalts. Der Antragsgegner kann gegen die Höhe des Unterhalts Einwendungen erheben, jedoch nur in der Form, die § 252 Abs. 1 Nr. 3a und b FamFG vorgeben. Der Antragsgegner kann sich danach darauf berufen, dass der Unterhalt
- falsch berechnet wurde (falscher Tabellenbetrag, falscher Prozentsatz, falsche Altersstufe, falsche Altersangabe);
- höher als beantragt festgesetzt werden soll.

D. Kindbezogene Leistungen. Der Antragsgegner kann gegen die Berechnung des Zahlbetrags oder die Höhe der angegebenen kindbezogenen Leistungen (i. d. R. das Kindergeld) Einwände erheben, wenn diese falsch angegeben oder angerechnet wurden.

E. Anerkennung des Anspruchs unter Protest gegen die Kostenlast. Das Formular sieht nicht die Möglichkeit vor, den Antrag anzuerkennen, sondern lediglich die Möglichkeit – unter Ziffer E – »Ich habe zu dem Verfahren keinen Anlass gegeben und verpflichte mich hiermit zur Unterhaltszahlung gemäß dem Antrag.« den Unterhalt sozusagen unter Protest gegen die Kostenlast anzuerkennen. Will der Unterhaltsschuldner die Forderung anerkennen, muss er eigentlich nur abwarten, bis das Gericht handelt und der Beschluss ergeht.

F. Einwand der Erfüllung. Für den Einwand der Erfüllung (betrifft Unterhaltsrückstände) gem. § 252 Abs. 2 Satz 2 FamFG muss der Antragsgegner erklären, inwieweit er geleistet hat, und sich zugleich verpflichten, den darüber hinausgehenden Unterhaltsrückstand zu begleichen. Die Formulierung im Formular ist so gewählt, dass die Verpflichtungserklärung grds. auch dann abgegeben werden kann, wenn vollständige Erfüllung eingetreten ist. Es empfiehlt sich, eine eigene Forderungsaufstellung beizufügen.

G. Leistungsunfähigkeit. Der Einwand der vollständigen oder partiellen Leistungsunfähigkeit führt dazu, dass im **zweiten Abschnitt** des Formulars Auskunft über die persönlichen und wirtschaftlichen Verhältnisse erteilt werden muss. Dabei ist es mit dem Ausfüllen des Formulars nicht getan, sondern es müssen grds. sämtliche Angaben belegt werden.

Zusätzlich ist im **dritten Abschnitt** des Formulars zu erklären, in welcher Höhe der Antragsgegner zu Unterhaltszahlungen bereit ist. Diese Erklärung im dritten Abschnitt des Formulars muss auch dann ausgefüllt und unterzeichnet werden, wenn der Antragsgegner wegen mangelnder Leistungsfähigkeit keinen Unterhalt zahlen will oder kann. Auch in diesem Fall muss er die Verpflichtungserklärung unterschreiben und erklären, dass er sich zur Zahlung von »0« € verpflichtet.

Die Auskunft im zweiten Abschnitt soll den Antragsteller in die Lage versetzen, die Unterhaltsansprüche entsprechend der Leistungsfähigkeit des Antragsgegners zu berechnen.

Das Gericht prüft nur, ob die Einwendung mangelnder Leistungsfähigkeit in formal zulässiger Weise erhoben wurde. Eine materiell-rechtliche Prüfung erfolgt nicht. Kommt der Antragsgegner seinen Verpflichtungen in der im zweiten und dritten Abschnitt verlangten Form nicht nach und fügt er keine oder keine vollständigen Einkommensbelege bei, so setzt das Gericht gleichwohl den Unterhalt im Vereinfachten Verfahren nach § 253 FamFG fest.

H. Sonstige Einwände. Falls der Antragsteller sonstige Einwände gegen den Antrag vortragen will, gibt es unter Buchst. H) hierzu eine Möglichkeit. Auch in diesem Fall ist zwingend vorgeschrieben, die Verpflichtungserklärung im dritten Abschnitt auszufüllen. Ggf. ist statt eines Zahlbetrages »0« einzusetzen. Hier ist z. B. Raum für ein Ratenzahlungsangebot hinsichtlich der Unterhaltsrückstände.

9. Entscheidung des Gerichts

Das Gericht setzt den Unterhalt gem. § 253 FamFG fest, wenn keine zulässigen oder keine Ein-   75
wendungen in formal zulässiger Weise erhoben worden sind. Sind die Einwendungen nicht zulässig
oder nicht in formal zulässiger Weise erhoben, sind sie im Festsetzungsbeschluss zurückzuweisen
(§ 252 Abs. 1 Satz 3 FamFG).

Wurden zulässige Einwendungen erhoben, teilt das Gericht dem Antragsteller diese Einwendungen
mit. Der Antragsteller hat dann die Möglichkeit, gem. § 254 FamFG zu beantragen, **den Unterhalt
festzusetzen, soweit sich der Antragsgegner zur Zahlung verpflichtet hat.** Ist kein Unterhalt festgesetzt worden, kann er einen Antrag auf Durchführung des streitigen Verfahrens gem. § 155 FamFG
stellen. Erfolgt eine Teilfestsetzung des Unterhalts, hat er 6 Monate Zeit, einen Antrag auf Durchführung des streitigen Verfahrens zu stellen, § 255 Abs. 6 FamFG; nach Fristablauf gilt der über den
festgesetzten Betrag hinausgehende Antrag als zurückgenommen.

10. Muster: Antrag auf Durchführung des streitigen Verfahrens

Die Überleitung in das streitige Verfahren regelt § 254 FamFG. Erforderlich ist ein Verfahrensantrag   76
des Antragstellers oder des Antragsgegners, **das streitige Verfahren durchzuführen.**

Der Übergang ins streitige Verfahren ist immer dann möglich, wenn der Unterhalt nicht dem Antrag oder der Verpflichtung entsprechend festgesetzt worden ist. Die Frist zum Übergang ins streitige
Verfahren beträgt 6 Monate und soll den Parteien ermöglichen, eine außergerichtliche Einigung zu
erreichen. Für den Antrag besteht noch kein Anwaltszwang, wohl aber dann für das sich anschließende Unterhaltsverfahren gem. § 114 Abs. 1 FamFG.

Amtsgericht   77

– Familiengericht –

.....[1]

In der Familienstreitsache

..... ./. .....

Aktenzeichen

beantragen wir Namens und in Vollmacht des Antragstellers/des Antragsgegners,
1. die Durchführung des streitigen Verfahrens[2]
2. *[Sofern der alte Antrag erhöht werden soll]* zu erkennen, der Antragsgegner wird verpflichtet,
   zu Händen seiner/ihrer gesetzlichen Vertreterin folgenden monatlichen im Voraus fälligen Kindesunterhalt zu zahlen.[3]
2.1 *[Alternativ dynamisierter Unterhalt]* – an den Antragsteller zu 1) ab *[Monat der auf die Antrag-
    stellung folgt]* 100 % des Mindestunterhalts der 1. Altersstufe abzüglich hälftigen Kindergeldes
    für ein Kind, damit derzeit 317,00 € - 92,00 € = 225,00 €,
    ab ..... *[Monat in dem das Kind 6 Jahre alt wird]* 100 % des Mindestunterhalts der 2. Altersstufe
    abzüglich hälftigen Kindergeldes für ein Kind, damit derzeit 364,00 € - 92,00 € = 272,00 €
    und ab ..... *[Monat in dem das Kind 12 Jahre alt wird]* 100 % des Mindestunterhalts der 3.
    Altersstufe abzüglich hälftigen Kindergeldes für ein Kind, damit derzeit 426,00 € - 92,00 € =
    334,00 €.
2.2 *[Alternativ statischer Unterhalt]* – an den Antragsteller zu 2) ab ..... *[Monat der auf die Antrag-
    stellung folgt]* Kindesunterhalt i. H. v. ..... € zu zahlen.
2.3 Der Antragsgegner wird verpflichtet, an den Antragsteller zu 1) zu Händen seiner Vertreterin
    rückständigen Unterhalt für die Zeit vom ..... bis ..... i. H. v. ..... € zzgl. Zinsen i. H. v. 5 % über
    dem jeweiligen Basiszinssatz p. a. von je ..... € seit dem ....., dem ..... usw. zu zahlen.[4]

2.4 Der Antragsgegner wird verpflichtet, an den Antragsteller zu 2) zu Händen seiner Vertreterin rückständigen Unterhalt für die Zeit vom ..... bis ..... i. H. v. ..... € zzgl. Zinsen i. H. v. 5 % über dem jeweiligen Basiszinssatz p. a. von je ..... € seit dem ....., dem ..... usw. zu zahlen.

Begründung: .....[5]

1. Zuständigkeit. Zuständig ist das Gericht, das den Festsetzungsbeschluss erlassen hat bzw. hätte erlassen sollen. Der Rechtspfleger, der gem. § 20 Nr. 10a RpflG zuständig für das vereinfachte Verfahren ist, gibt das Verfahren an den zuständigen Familienrichter ab.

Dieser kann, sofern insb. der Antragsgegner im vereinfachten Verfahren bereits eine Auskunft über seine Einkommensverhältnisse erteilt hat, sofort einen Termin zur mündlichen Verhandlung bestimmen oder noch einmal Gelegenheit zur Stellungnahme geben.

2. Antragserfordernis. Die Durchführung des streitigen Verfahrens erfolgt nicht von Amts wegen, sondern nur auf Antrag eines der Beteiligten, § 255 FamFG.

3. Unterhaltsantrag. Der Antragsteller ist an seinen ursprünglichen Antrag nicht mehr gebunden und kann auch die Festsetzung von mehr als 120 % des Mindestunterhalts beantragen. Er kann auch die Festsetzung eines statischen Betrages beantragen und ist dabei an seinen ursprünglichen Antrag nicht gebunden.

4. Unterhaltsrückstände. Da der Antragsteller an seinen ursprünglichen Antrag nicht mehr gebunden ist, kann im streitigen Verfahren nunmehr auch Verzinsung ab der in Verzug setzenden Mahnung oder Zahlungsaufforderung gem. § 1613 Abs. 1 BGB beantragt werden. Vgl. Rdn. 58, *M. 7*; *M. 18*; *M. 19*.

5. Begründung. Zur Begründung des Antrags kann man sich auf den bisherigen Parteivortrag berufen; Ergänzungen sind dort angebracht, wo der Rechtspfleger in seinem Beschluss dem Antrag nicht gefolgt ist, die Einkommensauskunft einen höheren Unterhaltsbedarf (abgeleitet vom Einkommen des Pflichtigen) und eine höhere Leistungsfähigkeit ergeben hat.

11. Rechtsmittel

78   Gegen die Festsetzung des Unterhalts durch Beschluss können mit der Beschwerde nach § 256 FamFG nur die in § 252 Abs. 1 FamFG bezeichneten Einwendungen, die Zulässigkeit von Einwendungen nach § 252 Abs. 2 FamFG sowie die Unrichtigkeit der Kostenentscheidung oder Kostenfestsetzung geltend gemacht werden. Nicht zulässig ist, sich mit der Beschwerde nach § 256 FamFG auf eine mangelnde Leistungsfähigkeit zu berufen, die im Festsetzungsverfahren nicht dargelegt worden ist.

Hat das Gericht einen Festsetzungsbeschluss erlassen, können die nicht beschwerdefähigen Einwendungen nur noch im Abänderungsverfahren nach § 240 FamFG geltend gemacht werden. **Achtung:** Sind die Einwendungen nicht oder in nicht formal zulässiger Weise erhoben worden, muss innerhalb eines Monats nach Festsetzung des Unterhalts Abänderung der Entscheidung nach § 240 FamFG beantragt werden.

D. Unterhalt für ein volljähriges Kind

I. Der Unterhaltsanspruch des volljährigen Kindes

1. Bedarf

79   Beim **Bedarf** volljähriger Kinder ist zwischen Kindern mit einem eigenen Hausstand und im Haushalt der Eltern oder eines Elternteils lebenden Kindern zu unterscheiden.

Für im Haushalt der Eltern oder eines Elternteils lebende volljährige Kinder ist der Bedarf der **Altersstufe 4 der Düsseldorfer Tabelle** zu entnehmen. Dieser vom Einkommen der Eltern abgeleitete Bedarf bemisst sich nach dem zusammengerechneten Einkommen der Eltern. Nach ständiger Rechtsprechung schuldet ein Elternteil allerdings höchstens den Unterhalt, der sich allein auf der Grundlage seines Einkommens aus der vierten Altersstufe der Düsseldorfer Tabelle ergibt (BGH, FuR 2006, 76 = FamRZ 2006, 99). Die Berechnung kann abgekürzt werden, wenn nur ein Elternteil Einkommen oberhalb des eigenen angemessenen Unterhalts im Sinne von § 1603 Abs. 1 BGB erzielt und der andere Elternteil nicht leistungsfähig ist. In diesem Fall kann der Kindesunterhalt zur Vereinfachung sogleich allein nach dem Einkommen des allein leistungsfähigen Elternteils bestimmt werden (BGH, FuR 2008, 567 = FamRZ 2009, 410).

Nicht höchstrichterlich entschieden ist die Frage, ob bei der Bemessung des Unterhaltsbedarfs die Unterhaltsansprüche vorrangig und gleichrangig Berechtigter bedarfsmindernd zu berücksichtigen sind, vgl. Nr. 10.5 und 13.3 der Leitlinien. Das Maß des zu gewährenden Unterhalts bestimmt sich nach der Lebensstellung des Bedürftigen. Kinder, die sich noch in Ausbildung befinden, leiten ihren Bedarf von der Lebensstellung ihrer Eltern ab. Deshalb kommt es bei der Bedarfsbestimmung auf das Einkommen der Eltern an. Eine Vielzahl von Unterhaltsberechtigten kann deren Leistungsfähigkeit mindern, grds. jedoch nicht den vom Einkommen abgeleiteten Bedarf des volljährigen Kindes.

Der angemessene Bedarf eines Studenten bei auswärtiger Unterbringung und eines Volljährigen mit eigenem Hausstand wird **pauschal mit 670,00 €** angesetzt (Nr. 13.1 der Leitlinien). darin sind Kosten für Unterkunft und Heizung i. H. v. 280,00 € enthalten; höhere notwendige Wohnkosten erhöhe den Bedarf.

In dem Betrag von 670,00 € und den Tabellenbeträgen der Düsseldorfer Tabelle sind Beiträge zur Kranken- und Pflegeversicherung nicht enthalten, sie müssen zusätzlich geltend gemacht werden.

2. Bestimmungsrecht der Eltern

Unterhalt ist gem. § 1612 Abs. 1 Satz 1 BGB grds. durch Entrichtung einer Geldrente zu gewähren. Haben Eltern einem unverheirateten Kind Unterhalt zu gewähren, können sie gem. § 1612 Abs. 2 Satz 1 BGB bestimmen, in welcher Art und Weise und in welcher Zeit im Voraus der Unterhalt gewährt werden soll. Die Unterhaltsbestimmung muss den gesamten Lebensbedarf des Kindes umfassen. Es wird also i. d. R. Unterhalt in Natur – Kost und Logis – und zusätzlich mindestens ein Taschengeld und ein zusätzlicher Betrag für Sachaufwendungen (z. B. Kleidung, Fahrgeld, Bücher etc.) gewährt werden müssen.

80

Das Bestimmungsrecht gilt gerade auch ggü. volljährigen Kindern, vorausgesetzt, sie sind nicht verheiratet. Das Bestimmungsrecht kann noch im Unterhaltsverfahren wirksam ausgeübt, aber auch angegriffen werden.

Im Grundsatz ist davon auszugehen, dass einem volljährigen Kind, das noch keine eigenständige Lebensstellung erlangt hat, eine Lebensgestaltungsautonomie zusteht. Der BGH befasste sich mit der Frage, ob eine Studentin, die bei einem Elternteil lebt, zum Studienort ziehen muss, wenn der feste Bedarfssatz von 640,00 € (heute 670,00 €) günstiger ist als der Tabellenunterhalt der vierten Altersstufe zuzüglich der Fahrtkosten vom Wohnsitz zum Studienort. Der BGH entschied zugunsten des Unterhaltspflichtigen und stellte insb. auf dessen Interesse ab, die Ausbildungskosten möglichst gering zu halten, da er nicht in großzügigen wirtschaftlichen Verhältnissen lebte und die Studentin durch einen Wohnsitzwechsel nicht in nennenswerter Weise beeinträchtigt würde (BGH, FuR 2009, 409 = FamRZ 2009, 762).

3. Mehrbedarf und Sonderbedarf

Grundsätzliche Ausführungen finden Sie unter Rdn. 39.

81

In den Unterhaltssätzen für einen Volljährigen sind die Beiträge für eine Kranken- und Pflegeversicherung nicht enthalten; sie sind zusätzlich zum Unterhalt als Elementarbedarf geltend zu machen. Aufwendungen für den von den Studenten zu leistenden Semesterbeitrag stellen weder Sonder- noch Mehrbedarf dar. Diese Aufwendungen sind aus dem Regelunterhalt zu zahlen, da sie dem laufenden Lebensbedarf eines Studenten zuzurechnen sind (OLG Hamm, FamRZ 2014, 222; OLG Düsseldorf, FamRZ 2012, 1654) Studiengebühren sind in den Bedarfssätzen nicht enthalten; sie sind als Mehrbedarf zusätzlich geltend zu machen. Elementarbedarf und Mehrbedarf sind grds. als eine Summe zu beantragen.

4. Bedürftigkeit

82   Unterhaltsberechtigt ist gem. § 1602 BGB, wer außerstande ist, sich selbst zu unterhalten. Das volljährige Kind ist grds. nur dann unterhaltsbedürftig, wenn es sich in einer Ausbildung befindet (§ 1610 Abs. 2 BGB) und sein Einkommen und Vermögen nicht ausreichend sind, um den angemessenen Bedarf (§ 1610 BGB) sicherzustellen. **Vermögen** muss grds., mit Ausnahme von Schonbeträgen, zum Unterhalt eingesetzt werden.

Außerhalb einer Ausbildung besteht nur in engen Grenzen ein Unterhaltsanspruch, da das volljährige Kind zunächst jede Arbeit annehmen muss, um den eigenen Unterhalt zu sichern. Eine Erwerbsobliegenheit besteht i. d. R. nicht in der Zeit zwischen Abitur und Aufnahme des Studiums im kommenden Semester (OLG Hamm, FamRZ 2006, 1479). Ergibt sich eine längere Wartezeit, ist der Volljährige i. d. R. verpflichtet, seinen notwendigen Lebensbedarf durch Aufnahme einer Erwerbstätigkeit sicherzustellen (OLG Düsseldorf, FamRZ 2006, 59).

Grds. besteht ein Anspruch auf die Finanzierung einer Ausbildung, (vgl. FamR/*Gerhardt* Kap. 6 Rn. 128d).

Die unterhaltsberechtigte Volljährige verliert den Ausbildungsunterhaltsanspruch ggü. ihren Eltern nicht deshalb, weil sie infolge einer Schwangerschaft und der anschließenden Kindesbetreuung ihre Ausbildung verzögert beginnt. Das gilt jedenfalls insoweit, als sie ihre Ausbildung nach Vollendung des dritten Lebensjahres des Kindes – ggf. unter zusätzlicher Berücksichtigung einer angemessenen Übergangszeit – aufnimmt (BGH, Urt. v. 29.06.2011 – XII ZR 127/09, FuR 2011, 634).

Ein Unterhaltsanspruch kann bei Erwerbsunfähigkeit bestehen, nicht jedoch bei Arbeitslosigkeit.

a) Kindergeld

83   Das **Kindergeld** mindert gem. § 1612b BGB den Barbedarf des volljährigen Kindes in voller Höhe. Die unterhaltsverpflichteten Eltern schulden ihren volljährigen Kindern nur Unterhalt in einer Höhe, wie er sich nach Abzug des vollen Kindergeldes ergibt (BGH, FuR 2006, 76 = FamRZ 2006, 99).

Da die Eltern ihren volljährigen Kindern i. d. R. unterschiedliche Anteile am Barunterhalt schulden, ist das Kindergeld im Verhältnis des anteiligen Barunterhalts aufzuteilen. Rechnerisch ist das Kindergeld deswegen vorab bedarfsdeckend auf den gesamten Barunterhaltsbedarf anzurechnen. Das führt dazu, dass beide Elternteile entsprechend der jeweils geschuldeten Quote vom Barunterhalt entlastet werden.

Das volljährige Kind hat gegen den Empfänger des Kindergeldes einen Anspruch auf Auszahlung, soweit das Kindergeld nicht zur Deckung seines Bedarfs verwendet wird. Wird das Kindergeld nicht oder nicht in voller Höhe an das Kind ausgezahlt, weil der bezugsberechtigte Elternteil keinen oder nur unregelmäßig Unterhalt zahlt, kann ein Antrag auf Abzweigung des Kindergeldes bei der Kindergeldkasse gestellt werden. Vgl. Rdn. 43.

b) Einkommen

Einkommen des Volljährigen, auch Bafög-Darlehen, werden grds. auf den Bedarf des Kindes ange-   84
rechnet. Es besteht die Obliegenheit, Bafög-Leistungen auch dann in Anspruch zu nehmen, wenn
sie als Darlehen gewährt werden, OLG Jena, FuR 2009, 647 m. w. N.

Einkünfte aus Schülerarbeit bei privilegierten Volljährigen sind grds. als solche aus **unzumutbarer
Tätigkeit** anzusehen. Sie bleiben deshalb jedoch nicht in vollem Umfang anrechnungsfrei. Als bedarfsdeckend ist der Teil der Einkünfte zu behandeln, der den Rahmen eines üblichen, auch großzügig bemessenen Taschengeldes wesentlich übersteigt, wobei auch die vermehrten Bedürfnisse eines
volljährigen Kindes zu berücksichtigen sind. Darüber hinausgehende Einkünfte können nur dann
anrechnungsfrei bleiben, wenn damit besondere, anzuerkennende Bedürfnisse gedeckt werden, die
aus den übrigen, dem Kind zur Verfügung stehenden Mitteln, nicht bestritten werden können
(OLG Köln, FamRZ 1995, 55, 56).

Einkünfte eines Studenten aus einer neben der Ausbildung ausgeübten Erwerbstätigkeit stellen
grds. Einkommen aus überobligationsmäßiger Tätigkeit dar. Nach allgemeiner Auffassung trifft
einen Studenten neben dem Studium i. d. R. keine Erwerbsobliegenheit. Denn er soll sich, auch im
Interesse des Unterhaltspflichtigen, mit ganzer Kraft sowie dem gehörigen Fleiß und der gebotenen
Zielstrebigkeit dem Studium widmen, um dieses innerhalb angemessener und üblicher Dauer zu
beenden. Das gilt auch für die Zeit der Semesterferien, die neben der notwendigen Erholung der
Wiederholung und Vertiefung des Stoffes dienen, soweit sie nicht ohnehin durch studienbedingte
Arbeiten (Hausarbeiten) ausgefüllt sind (BGH, FamRZ 1995, 475).

Die ausnahmsweise Anrechnung solcher Einkünfte aus überobligationsmäßiger Tätigkeit bestimmt
sich wie im Verwandtenunterhaltsrecht nach dem – hier entsprechend heranzuziehenden – Rechtsgedanken des § 1577 Abs. 2 BGB. Danach bleiben Einkünfte anrechnungsfrei, soweit der Pflichtige
nicht den vollen Unterhalt leistet, § 1577 Abs. 2 Satz 1 BGB. Darüber hinaus kommt eine Anrechnung insoweit in Betracht, als dies unter Berücksichtigung der beiderseitigen wirtschaftlichen Verhältnisse der Billigkeit entspricht, § 1577 Abs. 2 Satz 2 BGB.

c) Ausbildungsvergütung

Eine Ausbildungsvergütung wird um ausbildungsbedingten Aufwand gekürzt (die Leitlinien der   85
OLG sind nicht einheitlich hinsichtlich der Art und Höhe des Abzugs; die überwiegende Anzahl
der OLG setzt eine Pauschale von 90,00 € als ausbildungsbedingten Mehrbedarf ab; andere rechnen
mit Pauschalen von 5 % oder verlangen eine konkrete Darlegung des berufsbedingten Aufwandes;
vgl. Nr. 10.2.3 der Leitlinien).

d) Einsatz von Vermögen

Aus dem Umkehrschluss aus § 1602 Abs. 2 BGB ergibt sich, dass ein volljähriges Kind grds. ver-   86
pflichtet ist, vorrangig seinen Vermögensstamm zu verwerten, bevor es seine Eltern auf Unterhalt
in Anspruch nimmt (PWW/*Soyka* § 1602 Rn. 14; BGH, FamRZ 1998, 367). Da für den Volljährigen, anders als für den Ehegatten in § 1577 Abs. 3 BGB, keine Billigkeitsklausel vorgesehen ist,
beseitigt vorhandenes Vermögen i. d. R. die Bedürftigkeit. Vermögen ist also zunächst einzusetzen,
bevor Unterhalt verlangt werden kann.

Ausnahmsweise, wenn ein Volljähriger in geringem Umfang eigenes Vermögen besitzt, ist es gerechtfertigt, ihm einen gewissen Freibetrag zu belassen, der jeweils nach den Umständen des Einzelfalles
unter Berücksichtigung von Billigkeitsgesichtspunkten zu bemessen ist und den er sich nicht auf die
bestehenden Unterhaltsforderungen anzurechnen lassen hat (BGH, FamRZ 1996, 1235).

5. Leistungsfähigkeit

a) Einkommensermittlung

87   Ab Volljährigkeit besteht grds. eine Barunterhaltspflicht beider Elternteile. Zur Ermittlung der jeweiligen Haftungsanteile ist das bereinigte Nettoeinkommen jedes Elternteils zu ermitteln (vgl. Nr. 1 ff. der Leitlinien).

b) Ermittlung der Haftungsquote

88   Vor Ermittlung der Haftungsanteile ist vom Nettoeinkommen ein Sockelbetrag als Selbstbehalt abzusetzen.

Der **angemessene Selbstbehalt** ggü. volljährigen Kindern beträgt 1.200,00 €.

Der **notwendige Selbstbehalt** ggü. privilegierten Volljährigen beträgt bei nicht Erwerbstätigen 800,00 € und bei Erwerbstätigen 1.000,00 €. Teilweise ist nach den Leitlinien der OLG (Nr. 13.3) bei der Ermittlung des Unterhaltsanspruchs eines privilegierten Volljährigen dieser notwendige Selbstbehalt vorab als Sockelbetrag vor Ermittlung des Haftungsanteils abzusetzen. Der niedrigere Selbstbehalt führt zu einer höheren Haftungsquote des schlechter verdienenden Elternteils, weil sich sein Anteil an der Haftungsquote proportional erhöht. Im Hinblick auf die Regelung in § 1603 Abs. 2 Satz 3 BGB scheint das nicht gerechtfertigt, denn eine gesteigerte Unterhaltspflicht besteht nur dann, wenn keine weiteren Unterhaltspflichtigen vorhanden sind – das ist aber mit dem anderen Elternteil der Fall (BGH, Urt. v. 12.01.2011 – XII ZR 83/08, FuR 2011, 295). Der Rechtsprechung des BGH entsprechend scheint daher die Regelung der OLG zu sein, die in ihren Leitlinien eine Herabsetzung des Selbstbehalts auf den notwendigen Selbstbehalt nur dann vornehmen, wenn der Bedarf des Kindes ansonsten nicht gedeckt werden kann (so Leitlinien OLG Bamberg, OLG Bremen, OLG Celle, OLG Dresden, OLG Düsseldorf, OLG Frankfurt am Main, OLG Hamburg, OLG Hamm, OLG Koblenz, OLG Köln, OLG Rostock, OLG Schleswig und die Süddeutschen Leitlinien; a. A. Kammergericht Berlin, OLG Braunschweig, OLG Thüringen, OLG Naumburg, OLG Oldenburg; differenzierend OLG Koblenz; jeweils Nr. 13.3).

c) Unterhaltsansprüche anderer Unterhaltsberechtigter

89   **Unterhaltsansprüche vorrangig Berechtigter** werden grds. vor Ermittlung der Quote vom unterhaltspflichtigen Einkommen abgesetzt (BGH, FamRZ 1986, 153). Das bedeutet für den **nicht privilegierten Volljährigen**, dass zur Berechnung der Haftungsanteile sowohl der Unterhalt minderjähriger Kinder als auch der Unterhalt betreuender Eltern und Ehegatten vom unterhaltspflichtigen Einkommen abzusetzen ist. Ist der unterhaltspflichtige Elternteil verheiratet, muss der entsprechende Kindes- und Ehegattenunterhalt, also der Familienunterhalt nach § 1360a BGB, auf die einzelnen Familienmitglieder aufgeteilt und in einen Geldanspruch umgerechnet werden (BGH, FuR 2008, 542 = FamRZ 2008, 1911). Wenn zwei Ehegatten zusammenleben, ergibt sich eine Haushaltsersparnis, die aufseiten des Unterhaltspflichtigen zu einer Herabsetzung des Selbstbehalts um 12,5 % führt und korrespondierend aufseiten seines Ehegatten zu einer Herabsetzung des Unterhaltsbedarfs von 12,5 % (BGH, FuR 2009, 409 = FamRZ 2009, 762). Vor Berechnung des Familienunterhaltsanspruchs der Ehefrau ist der Volljährigenunterhalt bedarfsprägend abzusetzen. Das lässt sich rechnerisch nur mit einer Gleichung mit zwei Unbekannten lösen; pragmatischer geht der BGH in der Entscheidung v. 21.01.2009 (BGH, FuR 2009, 409 = FamRZ 2009, 762) vor, indem er den zuletzt gezahlten Unterhalt für das Kind bedarfsprägend absetzt und das Ergebnis einer Angemessenheitskontrolle unterzieht und ggf. dann anpasst.

Kritisch: Das kann im Einzelfall zu nicht angemessenen Ergebnissen führen, weil z. B. nur Barunterhalt, aber kein Betrag für Betreuungsunterhalt (so BGH, FamRZ 1988, 1039) abgesetzt wird. Außerdem erhöht sich die Haftungsquote des Elternteils, der weniger Kindern und keinem Ehegatten zum Unterhalt verpflichtet ist, obwohl er keine Verpflichtung ggü. den weiteren Kindern des anderen Elternteils hat.

Ob beim **privilegierten Volljährigen** die **Unterhaltsansprüche gleichrangiger minderjähriger Geschwister** vor Berechnung der Quote vom Einkommen abzusetzen sind, wird von den Leitlinien nicht einheitlich beantwortet, vgl. Nr. 13.3 der Leitlinien. Wegen der Gleichrangigkeit der Unterhaltsansprüche ist ein Vorwegabzug nicht gerechtfertigt; dies gilt umso mehr, als der andere unterhaltspflichtige Elternteil benachteiligt wird, weil Betreuungsunterhalt grds. nicht monetarisiert und abgesetzt wird. Dies gilt erst recht, wenn die gleichrangigen Geschwister nicht aus der Beziehung der Eltern stammen. Dann würde sich die Haftungsquote eines Elternteils erhöhen, je mehr Kindern der andere Elternteil zum Unterhalt verpflichtet ist. In diesen Fällen sollte eine Korrektur allein über die Angemessenheitskontrolle erfolgen.

Unterhaltsansprüche vorrangiger, gleichrangiger und nachrangiger Unterhaltsberechtigter haben Einfluss auf den Unterhaltsanspruch des volljährigen Kindes. Unterhaltsansprüche vorrangig Berechtigter mindern die Leistungsfähigkeit und sind gem. § 1609 BGB vorrangig zu erfüllen. Reicht das danach verbleibende Einkommen unter Berücksichtigung des Selbstbehalts des Unterhaltspflichtigen nicht aus, um den Unterhaltsbedarf des Volljährigen zu erfüllen, entfällt der Anspruch mangels Leistungsfähigkeit ganz oder teilweise. Unterhaltsansprüche vorrangig Berechtigter sind allerdings auf den Mindestbedarf herabzusetzen, um den Mindestbedarf nachrangig Berechtigter ganz oder teilweise zu erfüllen. Unter gleichrangig Berechtigten hat ggf. eine Mangelverteilung zu erfolgen.

d) Gesteigerte Erwerbsobliegenheit

Mit Wirkung vom 01.07.1998 hat das KindUG die gesteigerte Unterhaltpflicht der Eltern gem. § 1603 Abs. 2 Satz 2 BGB auch auf ihre privilegierten volljährigen Kinder erstreckt, solange sie im Haushalt der Eltern oder eines Elternteils leben und sich in der allgemeinen Schulausbildung befinden.

90

Ggü. privilegierten volljährigen Kindern sind grds. beide Elternteile zu einer gesteigerten Erwerbsobliegenheit verpflichtet. Erfüllt ein Elternteil seine gesteigerte Erwerbsobliegenheit nicht, hat dies nicht nur Auswirkung auf die Haftungsquote, sondern unter Umständen auch auf den Bedarf. Kommt es aufgrund der Annahme eines fiktiven Einkommens zu einem Sprung in die nächste Einkommensgruppe, steigt der Unterhaltsbedarf. In jedem Fall steigt die Leistungsfähigkeit und damit die Haftungsquote eines Elternteils, wenn ein fiktives Einkommen zugerechnet wird. Die Berufung auf die gesteigerte Erwerbsobliegenheit eines Elternteils macht i. d. R. für den Unterhalt fordernden privilegierten Volljährigen keinen Sinn, da er im Zweifel an der Vollstreckung in das fiktive Einkommen scheitern wird. Will man ein fiktives Einkommen zurechnen, muss dies unter Beachtung der Vorschrift des § 1603 Abs. 3 Satz 2 BGB geschehen. Nach § 1603 Abs. 2 Satz 3 BGB greift aber die gesteigerte Unterhaltsverpflichtung nicht, wenn weitere unterhaltspflichtige Verwandte vorhanden sind, denen trotz Barunterhaltsleistungen ihr eigener angemessener Unterhalt verbleibt. Ein anderer Unterhaltspflichtiger i. S. d. Vorschrift ist auch der andere Elternteil.

Grds. kann der Volljährige, entsprechend dem Rechtsgedanken des § 1607 Abs. 2, Satz 1 BGB, allein vom anderen Elternteil seinen nach dessen Einkommen berechneten Unterhalt fordern, wenn dieser Elternteil tatsächlich nicht leistungsfähig ist. Dabei muss sich der Volljährige nicht auf etwaige fiktiv zuzurechnende Einkünfte des nicht leistungsfähigen Elternteils verweisen lassen. Dem anderen Elternteil bleibt es unbenommen, gem. § 1607 Abs. 3, Satz 2 BGB Regress zu nehmen.

e) Angemessenheitskontrolle

Ein Elternteil schuldet höchstens den Unterhalt, der sich allein auf der Grundlage seines Einkommens aus der vierten Altersstufe der Düsseldorfer Tabelle ergibt. Der Kindergeldanteil ist

91

entsprechend der Haftungsquote abzusetzen. Der Bedarfskontrollbetrag bzw. der Selbstbehalt von 1.200,00 € bei nicht privilegierten Volljährigen muss gewahrt bleiben; anderenfalls sind alle Unterhaltsansprüche ggf. der untersten Einkommensgruppe zu entnehmen; Ehegatten und betreuende Elternteile sind auf den Mindestbedarf zu verweisen.

Bedarfskontrollbeträge der Düsseldorfer Tabelle und der angemessene Selbstbehalt von 1.200,00 € gelten nur ggü. Kindern in Ausbildung. Den Eltern steht ggü. dem Unterhaltsanspruch eines erwachsenen Kindes, das seine bereits erlangte wirtschaftliche Selbstständigkeit wieder verloren hat, einen ebenso erhöhter angemessener Selbstbehalt zu, wie ihn die unterhaltsrechtlichen Tabellen und Leitlinien für den Elternunterhalt vorsehen (BGH, Urt. v. 18.01.2012 – XII ZR 15/10).

6. Beweislast

92   Der unterhaltsberechtigte Volljährige trägt die Darlegungs- und Beweislast für den Bedarf und seine Bedürftigkeit sowie die Haftungsverteilung unter den Eltern. Er muss also insb. zum Einkommen beider Eltern substantiiert vortragen. Soweit ein Elternteil mangels Leistungsfähigkeit nicht zum Unterhalt herangezogen werden kann, wird ein evtl. fiktiv erzielbares Einkommen nicht zur Berechnung der Quote herangezogen. Zu fiktiven Einkommensmöglichkeiten muss der Volljährige also nicht vortragen. Soweit sich die in Anspruch genommenen Eltern auf fehlende Leistungsfähigkeit wegen der Bedürftigkeit vorrangig Berechtigter berufen, sind sie dafür darlegungs- und beweisbelastet, da es sich hierbei i. R. d. Volljährigenunterhalts um Einwendungen handelt (OLG Hamm, Beschl. v. 24.06.2011 – II-2-UF 146/11, FuR 2012, 104; PWW/*Soyka* § 1600 Rn. 5).

II. Anträge – Unterhalt volljähriges Kind

1. Muster: Privilegierter Volljähriger – in Schulausbildung – anteilige Haftung der Eltern

93   Amtsgericht

– Familiengericht –

.....[1]

Antrag

auf Zahlung von Unterhalt

1. des .....

– Antragsteller –

Verfahrensbevollmächtigte(r):[2]

gegen

seinen Vater .....

– Antragsgegner –

Verfahrensbevollmächtigte(r):

Verfahrenswert: ..... €[3]

Namens und in Vollmacht des Antragstellers wird beantragt zu erkennen:

– Der Antragsgegner wird verpflichtet,
1.1. an den Antragsteller ab ..... *[Monat der auf die Antragstellung folgt]* einen monatlichen, im Voraus am 1. eines jeden Monats fälligen Unterhalt i. H. v. ..... € zu zahlen,[4]

1.2. an den Antragsteller rückständigen Unterhalt für die Zeit vom ..... bis ..... i. H. v. ..... € zzgl. Zinsen i. H. v. 5 % über dem jeweiligen Basiszinssatz p. a. von je ..... € seit dem ....., dem ..... usw. zu zahlen,[5]

2. Die sofortige Wirksamkeit wird angeordnet, § 116 Abs. 3 FamFG.[6]

3. Ferner wird beantragt, die Unterhaltsansprüche durch Versäumnisbeschluss gemäß § 331 Abs. 3 ZPO zuzuerkennen für den Fall, dass der Antragsgegner Verteidigungsbereitschaft nicht rechtzeitig anzeigt.[7]

Begründung:

Die Eltern des Antragstellers sind getrennt lebende Eheleute. Ein Verfahren auf Scheidung der Ehe ist beim erkennenden Gericht anhängig. Der Antragsteller wohnt im Haushalt seiner Mutter, die auch das staatliche Kindergeld in Höhe von 184,00 € erhält.[8]

Der Antragsgegner ist neben dem Antragsteller auch dessen 11-jährigem Bruder und seiner von ihm getrennt lebenden Ehefrau, der Mutter des Antragstellers, zum Unterhalt verpflichtet. Nach einer Unterhaltsvereinbarung zahlt er 374,00 € Kindesunterhalt und 1.000,00 € Trennungsunterhalt.

Der Antragsteller ist 19 Jahre alt und ist noch in der allgemeinen Schulausbildung, er besucht die 12. Klasse des Gymnasiums in ..... . Im zeitlichen Zusammenhang mit der Trennung seiner Eltern hat er vorübergehend in der Schule versagt und musste die 11. Klasse wiederholen. Zu Unrecht steht der Antragsgegner auf dem Standpunkt, bei der Wahl des Schulzweiges habe man die Begabung und Leistungsbereitschaft des Antragstellers falsch eingeschätzt und er solle, wie sein Vater, ein anständiges Handwerk lernen, dann könne er auch seinen Unterhalt durch eine Ausbildungsvergütung selbst decken.

Der Antragsteller hat gemäß § 1610 BGB einen Anspruch auf eine angemessene Schul- und Berufsausbildung, die seinen Begabungen und Fähigkeiten und seinem Leistungswillen entspricht, ohne dass es insoweit auf Beruf und gesellschaftliche Stellung der Eltern ankommt (PWW/*Soyka* § 1610 Rn. 8). Das vorübergehende Schulversagen in der 11. Klasse ist hinzunehmen, da der Antragsteller nunmehr wieder seine Ausbildung mit dem gebotenen Fleiß verfolgt und die schulischen Leistungen erwarten lassen, dass er sein Ziel, das Abitur zu machen, erreichen wird. In den für das Abitur entscheidenden Leistungskursen steht er befriedigend und ausreichend. In keinem Grundkurs steht er schlechter als ausreichend.[9]

Beweis: Vorlage des Halbjahreszeugnisses

Der Antragsteller hat weder Einkommen noch Vermögen. *[Gegebenenfalls:]* Der Antragsteller hat Einkommen aus ..... i. H. v. ..... €; Vermögen ist nicht vorhanden.

Für im Haushalt der Eltern oder eines Elternteils lebende volljährige Kinder ist der Bedarf der Altersstufe 4 der Düsseldorfer Tabelle zu entnehmen. Dieser vom Einkommen der Eltern abgeleitete Bedarf bemisst sich nach dem zusammengerechneten Einkommen der Eltern.[10]

Der Antragsgegner verfügt, nach Abzug von Steuern und Sozialabgaben, über ein durchschnittliches monatliches Nettoeinkommen von ..... €.

Beweis: Vorlage der Gehaltsbescheinigungen für die Zeit vom ..... bis .....

Unterhaltsmindernd werden ..... i. H. v. ..... € anerkannt.

Danach verfügt der Antragsgegner über ein bereinigtes unterhaltspflichtiges Einkommen von 3.450,00 €.

Die Mutter des Antragstellers verfügt nach Abzug von Steuern und Sozialabgaben über ein durchschnittliches monatliches Nettoeinkommen von ..... €.

Beweis: Vorlage der Gehaltsbescheinigungen für die Zeit vom ..... bis .....

Unterhalts mindernd werden ..... i. H. v. ..... € anerkannt.

Die Mutter des Antragstellers verfügt somit über ein anrechenbares Einkommen von 400,00 €.[11]

Bei einem Einkommen der Eltern von 3.450,00 € und 400,00 €, insgesamt 3.850,00 €, ist der Unterhaltsbedarf des Antragstellers der Einkommensgruppe 7 der Düsseldorfer Tabelle mit 664,00 € zu entnehmen. Nach Abzug des Kindergeldes in Höhe von 184,00 € ergibt sich ein Unterhaltsbedarf von 480,00 €.[12]

[Gegebenenfalls:][13]
- Bedarfsmindernd sind BAföG-Zahlungen in Höhe von ..... anzurechnen, so dass ein Unterhaltsanspruch von ..... € besteht.
- Bedarfsmindernd ist eine Ausbildungsvergütung i. H. v. durchschnittlich monatlich ..... €, gekürzt um einen ausbildungsbedingten Mehrbedarf von ..... € zu berücksichtigen, so dass ein Unterhaltsbedarf von ..... € verbleibt.
- Das Einkommen aus einer Tätigkeit als Werkstudent/als studentische Hilfskraft ist nicht anzurechnen, weil ....., so dass es bei einem Unterhaltsbedarf von ..... € verbleibt.

Zur Ermittlung der Haftungsanteile der Eltern ist vom bereinigten Einkommen der Eltern ein Sockelbetrag in Höhe des angemessenen Selbstbehalts von 1.200,00 € abzusetzen.[14]

Die Unterhaltszahlungen des Antragsgegners an die Mutter des Antragstellers in Höhe von 1.000,00 € und an den 11-jährigen Bruder des Antragstellers i. H. v. 374,00 € sind nicht vor Berechnung der Quote abzusetzen, da gemäß § 1609 BGB der Antragsteller als privilegierter Volljähriger und sein Bruder hinsichtlich ihrer Unterhaltsansprüche gleichrangig sind und die Trennungsunterhaltsansprüche der Mutter nachrangig sind. Der Antragsgegner haftet daher mit einem Betrag von 2.250,00 € (3.450,00 € - 1.200,00 €).[15]

Zwar ist der Trennungsunterhalt, den die Mutter des Antragstellers bezieht, grundsätzlich nicht zu Unterhaltszahlungen zu verwenden, er ist aber neben dem Einkommen zur Sicherung des Selbstbehalts einzusetzen. Von ihrem Einkommen von 400,00 € sind daher nur 200,00 € zur Sicherung ihres Selbstbehalts einzusetzen, so dass der Haftungsanteil der Mutter für den Unterhalt des Antragstellers 200,00 € beträgt.

Dementsprechend hat der Antragsgegner den Unterhaltsbedarf des Antragstellers in Höhe von 480,00 € mit 441,00 € (= 2.250/(2250+200)* 480), das entspricht 92 %, des Bedarfs, zu erfüllen.[16]

Bei einem Einkommen von 3.450,00 € ist auch nach Abzug aller Unterhaltsansprüche der Bedarfskontrollbetrag der 6. Einkommensgruppe von 1.400,00 € gewahrt (3.450,00 € - 1.000,00 € - 374,00 € - 441,00 € = 1.635,00 €).[17]

Der Antragsgegner ist mit anwaltlichem Schreiben vom ..... aufgefordert worden, monatlichen Unterhalt an den Antragsteller in Höhe von 433,00 € zu zahlen. Der Antragsgegner lehnte mit Schreiben vom ..... jegliche Unterhaltszahlungen ab.[18]

Beweis: .....

Für den Zeitraum ..... *[Monat der Aufforderung]* bis ..... *[Monat der Antragstellung]* ergibt sich ein Unterhaltsrückstand i. H. v. ..... × 441,00 € = ... €[19]

Der Zinsanspruch ergibt sich §§ 288, 291 BGB.[20]

1. Zuständigkeit. Bei der örtlichen Zuständigkeit ist bei privilegierten Volljährigen zu unterscheiden:
- Ist eine Ehesache der Eltern anhängig, so ist für Unterhaltsanträge auch des volljährigen Kindes ausschließlich die örtliche Zuständigkeit des Gerichts der Ehesache gegeben, § 232 Abs. 1 Nr. 1 FamFG;
- Ist keine Ehesache der Eltern anhängig, so ist für Unterhaltsanträge privilegierter Volljähriger ausschließlich das Gericht örtlich zuständig, in dessen Bezirk das privilegierte volljährige Kind seinen gewöhnlichen Aufenthalt hat, § 232 Abs. 1. Nr. 2 FamFG (das gilt nicht, wenn das Kind seinen gewöhnlichen Aufenthalt im Ausland hat, § 232 Abs. 1 Nr. 2 Halbs. 2 FamFG).

2. Anwaltszwang. Anwaltszwang ergibt sich aus § 114 Abs. 1 FamFG. Vgl. Rdn. 28.

3. Verfahrenswert. Die Angabe des Verfahrenswertes ist gem. § 53 FamGKG nicht zwingend erforderlich, da sich der Verfahrenswert aus den Anträgen ableiten lässt. Der (Verfahrens-) Wert richtet sich nach § 51 FamFKG. Für den Verfahrenswert ist der für die ersten 12 Monate nach Einreichung des Unterhaltsantrages geforderte Betrag maßgeblich, höchstens jedoch der Gesamtbetrag der geforderten Leistung. Da kein Mindestunterhalt für volljährige Kinder definiert ist, richtet sich der 12-fache Jahreswert nach dem Wert des beantragten monatlichen Unterhalts. Hinzuzurechnen sind die bei Einreichung des Antrages fälligen Beträge (Unterhaltsrückstände), § 51 Abs. 2 FamGKG. Vgl. Rdn. 29.

4. Statischer Unterhalt. Der Unterhalt muss als fester Betrag geltend gemacht werden. Die Möglichkeit, den Unterhaltsbetrag als Vomhundertsatz des Mindestunterhalts zu fordern, steht nach § 1612a BGB nur den minderjährigen Kindern offen.

5. Rückstand. Wenn mit dem Antrag auch rückständiger Unterhalt geltend gemacht werden soll, sind der laufende Unterhalt und der Rückstand gesondert auszuweisen. Rückstände sind die Beträge, die vor Einreichung des Antrags bereits fällig geworden sind. Das bedeutet, dass der Anspruch, der in den Monat fällt, in dem der Antrag anhängig wird, bereits zu den Rückständen zählt. Die Zinsen richten sich nach dem Tag der Inverzugsetzung, § 288 BGB bzw. der Rechtshängigkeit, § 291 BGB.

6. Sofortige Wirksamkeit. § 116 Abs. 3 ist eine Soll-Vorschrift, die vom Gericht zu beachten ist. Ein Sachvortrag dazu ist in der Antragsschrift nicht notwendig und häufig auch gar nicht sinnvoll möglich. Im Laufe des Verfahrens kann jedoch der Sachvortrag des Antragsgegners zu einem entsprechenden Vortrag zwingen. Vgl. Rdn. 30.

7. Versäumnisbeschluss. In Familienstreitsachen gelten die Allgemeinen Vorschriften der Zivilprozessordnung und die Vorschriften der Zivilprozessordnung über das Verfahren vor den LG entsprechend, § 113 Abs. 1 FamFG. Damit gelten auch die Vorschriften über das Versäumnisurteil. Ein § 331 ZPO entsprechender Antrag kann schon in der Antragsschrift gestellt werden.

8. Statusangaben. Aus der Familiengeschichte sollten sich nicht nur die familiären Verhältnisse ergeben, die Angaben sollten vielmehr so umfassend sein, dass das Gericht alle Fakten erhält, die notwendig sind, um die Zuständigkeit zu klären.

Hierher gehören Angaben zur Lebenssituation der Eltern, zum Kindergeldbezug sowie zu Unterhaltsansprüchen weiterer Kinder und Ehegatten.

▶ **Hinweis:**

> Selbst wenn die Unterhaltsansprüche anderer Unterhaltsgläubiger tituliert sind, muss der Antragsteller diese Ansprüche der Höhe nach nicht hinnehmen. Denn wenn der Unterhaltsschuldner mehrere Unterhaltsgläubiger hat, stehen grds. alle Unterhaltsansprüche, trotz Rangfolge nach § 1609 BGB, in einer wechselseitigen Abhängigkeit. Eine eigene Berechnung aller Unterhaltsansprüche müsste dann in dem Unterhaltsverfahren erfolgen. So ist es aus Sicht des Unterhaltsschuldners u. U. ratsam, allen Betroffenen **den Streit zu verkünden**, um eine bindende Festlegung seiner Unterhaltsansprüche zu erzielen. Grds. ist es jedoch Aufgabe des Unterhaltsschuldners hier ggf. für Abänderung zu sorgen.

9. Bedürftigkeit. Angaben zur Ausbildung und zum Einkommen und Vermögen des Kindes sind gem. § 1602 BGB immer erforderlich. Nur ein Kind, das in Ausbildung ist und das sich weder aus den Einkünften noch aus seinem Vermögen unterhalten kann, ist bedürftig. Vgl. Rdn. 82.

10. Bedarf. Minderjährige und volljährige Kinder, die sich noch in Ausbildung befinden, haben noch keine wirtschaftliche Selbstständigkeit erlangt und leiten daher ihren Bedarf von der Lebensstellung ihrer Eltern ab. Er ergibt sich aus dem zusammengerechneten Einkommen der Eltern und ist der Altersstufe 4 der Düsseldorfer Tabelle zu entnehmen. Bei der Bedarfsermittlung sind Unterhaltsansprüche vorrangig und nachrangig Berechtigter grds. nicht abzusetzen. Sie wirken sich erst bei der Ermittlung der Leistungsfähigkeit aus. Vgl. Rdn. 79, 89.

Der Bedarf bei auswärtiger Unterbringung beträgt einheitlich 670,00 €.

Mehrbedarf und Sonderbedarf, insb. Beiträge zu einer Kranken- und Pflegeversicherung, Studiengebühren usw. sind zusätzlich geltend zu machen.

Für den Fall, dass ein Elternteil kein Einkommen erzielt oder jedenfalls unter Berücksichtigung seines Selbstbedarfs und vorrangiger Unterhaltsberechtigter nicht leistungsfähig ist, ist dies darzulegen und ggf. zu beweisen. Das unterhaltsberechtigte Kind kann in diesem Fall den leistungsfähigen Elternteil allein in Anspruch nehmen. Sofern das Kind keinen eigenen Hausstand führt, leitet sich sein Unterhaltsbedarf dann allein vom Einkommen des in Anspruch genommenen Elternteils ab. Vgl. Rdn. 79.

11. Gesteigerte Erwerbsobliegenheit. Vgl. Rdn. 90.

12. Kindergeld. Das Kindergeld ist gem. § 1612b in voller Höhe bedarfsmindernd einzusetzen. Vgl. Rdn. 83.

13. Einkommen des Volljährigen. Einkommen des Volljährigen ist grds. in voller Höhe auf den Bedarf anzurechnen. Ausnahmen gelten nur für Einkünfte aus Tätigkeiten, die neben der Ausbildung überobligationsmäßig erzielt werden (vgl. Rdn. 84).

14. Selbstbehalt. Der **angemessene Selbstbehalt** ggü. volljährigen Kindern beträgt 1.200,00 €; der **notwendige Selbstbehalt** ggü. privilegierten volljährigen Kindern beträgt bei nicht Erwerbstätigen 800,00 € und bei Erwerbstätigen 1.000,00 €. Es ist umstritten, ob bei privilegierten Volljährigen grds. oder nur in Ausnahmefällen der notwendige Selbstbehalt abgesetzt wird (vgl. Nr. 13.3 der Leitlinien und Rdn. 88)

15. Unterhaltszahlungen. Es kann als ungelöstes Problem des Unterhaltsrechts gelten, ob Unterhaltszahlungen an vorrangig und oder gleichrangig Berechtigte bei der Bemessung des
– unterhaltspflichtigen Einkommens und/oder
– bei der Bemessung der Haftungsquote zu berücksichtigen sind.

Vgl. Rdn. 79 und Rdn. 89.

Der Trennungsunterhalt, den die Mutter i. H. v. 1.000,00 € erhält, wird nicht zur Unterhaltszahlung, sondern nur zur Sicherung des Selbstbehalts eingesetzt.

16. Haftungsquote. Prozentualer Anteil: Haftungsanteil des Vaters/Haftungsanteil beider Eltern * 100

Unterhalt in Euro: Haftungsanteil des Vaters/Haftungsanteil beider Eltern * Unterhaltsbedarf

In Fällen, in denen es langjährig geübte Praxis der Eltern ist, dass der Volljährigenunterhalt nur von dem Ehegatten mit dem höheren Einkommen gezahlt wurde, hat der BGH es gebilligt, dass der Ehegattenunterhalt nach Abzug des Volljährigenunterhalts ermittelt wurde und der so ermittelte Ehegattenunterhalt bei der Bemessung der Quote außer Acht gelassen wurde (vgl. BGH, Urt. v. 12.01.2011 – XII ZR 83/08, FuR 2011, 295; BGH, Urt. v. 27.05.2009 – XII ZR 78/08, FuR 2009, 567)

17. Angemessenheitskontrolle. Es sollte stets geprüft werden, ob auch der Selbstbehalt der Einkommensgruppe gewahrt wurde, in die der jeweils Unterhaltsverpflichtete fällt; das war hier die Einkommensgruppe 6 mit einem Selbstbehalt von 1.400,00 €. Außerdem schuldet ein Elternteil höchstens den Unterhalt, der sich allein auf der Grundlage seines Einkommens aus der vierten Altersstufe der Düsseldorfer Tabelle ergibt. Der Kindergeldanteil ist entsprechend der Haftungsquote abzusetzen (hier 625,00 € - [184,00 € * 92 %] = 513,00 €). Mithilfe der Bedarfskontrollbeträge und auch der Haftungsbeschränkung soll vor allem die Angemessenheit des ermittelten Unterhalts überprüft werden.

18. Verzug. Für die Vergangenheit kann Unterhalt ab Verzug verlangt werden. Gem. § 1613 BGB ist bereits eine Stufenmahnung, d. h. eine Verbindung von Auskunftsersuchen und dem Verlangen des sich daraus ergebenden Unterhalts ausreichend.

19. Rückstand. Rückstände sind aus kostenrechtlicher Sicht solche Beträge, die vor Einreichung des Antrags bereits fällig geworden sind, § 51 Abs. 2 FamGKG, wobei der Unterhalt für den Monat der Anhängigkeit des Antrags bereits zu den Rückständen zählt, denn Unterhalt ist monatlich im Voraus fällig.

Der Antragsteller kann seine Anträge unter Berücksichtigung der bis zur mündlichen Verhandlung aufgelaufenen Rückstände neu beziffern. Die bis zum Monat der mündlichen Verhandlung aufgelaufenen Beträge sind dann als »Rückstände« zu bezeichnen, und der laufende Unterhalt ist erst ab dem Folgemonat zu verlangen. Der Vorteil liegt auf der Hand: laufender Unterhalt verjährt in 3 Jahren, während titulierter Unterhaltsrückstand der 30-jährigen Verjährung unterliegt.

20. Zinsen. Für Unterhaltsrückstände können Verzugszinsen gem. § 288 BGB, gestaffelt nach Fälligkeitszeitpunkten und Rechtshängigkeitszinsen gem. § 291 BGB verlangt werden. Die in Verzug setzende Mahnung begründet Verzug taggenau mit dem Zugang der Mahnung (BGH, FamRZ 1990, 283). Für danach fällig werdende Unterhaltsansprüche tritt Verzug jeweils ab dem Ersten des Monats ein, wenn der Unterhaltsschuldner aufgefordert wurde, gem. § 1612 Abs. 3 BGB den Unterhalt monatlich im Voraus zu zahlen. Eine periodische Wiederholung der Mahnung ist nicht erforderlich.

2. Muster: nicht privilegierter Volljähriger

Amtsgericht

94

– Familiengericht –

.....[1]

Antrag

auf Zahlung von Unterhalt

1. des .....

– Antragsteller –

Verfahrensbevollmächtigte(r):[2]

gegen

seine Mutter .....

– Antragsgegnerin 1) –[3]

Verfahrensbevollmächtigte(r):

seinen Vater .....

– Antragsgegner 2) –

Verfahrensbevollmächtigte(r):

Verfahrenswert: ..... €[4]

Namens und in Vollmacht des Antragstellers wird beantragt zu erkennen:
1. Die Antragsgegnerin 1) wird verpflichtet,
1.1 an den Antragsteller ab ..... *[Monat der auf die Antragstellung folgt]* einen monatlichen, im Voraus am 1. eines jeden Monats fälligen Unterhalt i. H. v. **638,00 €** zu zahlen,
1.2 an den Antragsteller rückständigen Unterhalt für die Zeit vom ..... bis ..... i. H. v. ..... € zzgl. Zinsen i. H. v. 5 % über dem jeweiligen Basiszinssatz p. a. von je ..... € seit dem ....., dem ....., usw. zu zahlen.[5]
2. Der Antragsgegner 2) wird verpflichtet,
2.1 an den Antragsteller ab ..... *[Monat der auf die Antragstellung folgt]* einen monatlichen, im Voraus am 1. eines jeden Monats fälligen Unterhalt i. H. v. <u>98,00 €</u> zu zahlen,

2.2 an den Antragsteller rückständigen Unterhalt für die Zeit vom ..... bis ..... i. H. v. ..... € zzgl. Zinsen i. H. v. 5 % über dem jeweiligen Basiszinssatz p. a. von je ..... € seit dem ....., dem ..... usw. zu zahlen.

3. Die sofortige Wirksamkeit wird angeordnet, § 116 Abs. 3 FamFG.[6]

4. Ferner wird beantragt, die Unterhaltsansprüche durch Versäumnisbeschluss gemäß § 331 Abs. 3 ZPO zuzuerkennen, für den Fall, dass der Antragsgegner Verteidigungsbereitschaft nicht rechtzeitig anzeigt.[7]

Begründung:

Die Eltern des Antragstellers sind geschiedene Eheleute. Der Vater des Antragstellers ist in zweiter Ehe verheiratet und seiner 2. Ehefrau, die wegen der Betreuung seines 3 Jahre alten Halbbruders nicht erwerbstätig ist, zum Unterhalt verpflichtet.[8]

Die Antragsgegnerin ist nur dem Antragsteller zum Unterhalt verpflichtet.

Der Antragsteller studiert ..... und führt am Studienort in ___ einen eigenen Hausstand. Der Antragsteller hat erfolgreich Abzweigung des Kindergeldes beantragt, nachdem seine Eltern keinen Unterhalt gezahlt haben. Er erhält seit ..... das Kindergeld in Höhe von ..... €.[9]

Der Antragsteller hat, nachdem er seine Ausbildung zum Bankkaufmann abgeschlossen hat, zunächst ein soziales Jahr absolviert. Im unmittelbaren Anschluss an das soziale Jahr hat er das Studium der Betriebswirtschaft aufgenommen. Er ist im ersten Semester. Gemäß § 1610 BGB hat er einen Anspruch auf eine angemessene Schul- und Berufsausbildung. Bei einem Ausbildungsweg Abitur – Lehre – Studium ist jedenfalls das Studium dann nicht als Zweitausbildung zu werten, wenn zwischen Ausbildungsberuf und Studium ein fachlicher Zusammenhang besteht und das Studium zeitnah nach der Ausbildung aufgenommen wird.[10]

Der Antragsteller hat weder Einkommen noch Vermögen.

[Gegebenenfalls:] Der Antragsteller hat Einkommen aus ..... i. H. v. ..... €; Vermögen ist nicht vorhanden.

Der Bedarf eines Studenten/eines Schülers/eines Auszubildenden bei auswärtiger Unterbringung/eines Kindes mit eigenem Hausstand beträgt 670,00 €. In diesem Betrag sind weder die Kosten einer eigenen Kranken- und Pflegeversicherung noch die Studiengebühren enthalten.[11]

Der Antragsgegner ist als Student in der privaten Krankenkasse versichert. Der monatliche Beitrag beträgt 150,00 €.

Beweis: Vorlage des Beitragsbescheids

Die Studiengebühren betragen halbjährlich 600,00 €, umgerechnet auf den Monat 100,00 €.

Beweis: Vorlage des Gebührenbescheids

Der Unterhaltsbedarf des Antragstellers beträgt damit monatlich 890,00 €.

Nach Abzug des Kindergeldes in Höhe von 184,00 € ergibt sich ein Unterhaltsbedarf von 736,00 €.

[Gegebenenfalls:][12]
– Bedarfsmindernd sind BAföG-Zahlungen in Höhe von ..... anzurechnen, so dass ein Unterhaltsanspruch von ..... € besteht.
– Bedarfsmindernd ist eine Ausbildungsvergütung i. H. v. durchschnittlich monatlich ..... €, gekürzt um einen ausbildungsbedingten Mehrbedarf von ..... € zu berücksichtigen, so dass ein Unterhaltsbedarf von ..... € verbleibt.
– Das Einkommen aus einer Tätigkeit als Werkstudent/als studentische Hilfskraft ist nicht anzurechnen, weil ....., so dass es bei einem Unterhaltsbedarf von ..... € verbleibt.

Die Antragsgegnerin 1) verfügt, nach Abzug von Steuern und Sozialabgaben, über ein durchschnittliches monatliches Nettoeinkommen von ..... €.[13]

Beweis: Vorlage der Gehaltsbescheinigungen für die Zeit vom ..... bis .....

Unterhaltsmindernd werden ..... i. H. v. ..... € anerkannt.

Danach verfügt die Antragsgegnerin 1) über ein bereinigtes unterhaltspflichtiges Einkommen von 2.400,00 €.

Der Antragsgegner 2) verfügt nach Abzug von Steuern und Sozialabgaben und 5 % berufsbedingten Aufwendungen über ein durchschnittliches monatliches Nettoeinkommen von 2.583,00 €.

Beweis: Vorlage der Gehaltsbescheinigungen für die Zeit vom ..... bis .....

Vor Ermittlung der Unterhaltsquote sind die Unterhaltsansprüche der vorrangig Berechtigten zu berücksichtigen. Der Kindesunterhalt für den dreijährigen Bruder des Antragstellers ist mit 273,00 € der 4. Einkommensgruppe der Düsseldorfer Tabelle zu entnehmen. Der Familienunterhaltsanspruch der 2. Ehefrau gemäß § 1360 BGB beträgt $^1/_2$ des um den Kindesunterhalt bereinigten Nettoeinkommens und damit 1.155,00 € *[(2.583,00 € - 273,00 €)/2]*. Wegen des Zusammenlebens in häuslicher Gemeinschaft mit dem Unterhaltsschuldner ist der Bedarf unter dem Gesichtspunkt ersparter Wohn- und Haushaltskosten um 10 % zu mindern, = 1.040,00 €. Damit verbleibt zum Einsatz für den Unterhalt des Antragstellers ein Einkommen von 1.270,00 €.[14]

Zur Ermittlung der Haftungsanteile der Eltern ist vom bereinigten Einkommen der Eltern grundsätzlich ein Sockelbetrag in Höhe des angemessenen Selbstbehalts von 1.200,00 € abzusetzen. Wegen der Ersparnis durch das Zusammenleben mit der 2. Ehefrau ist der Selbstbehalt jedoch wegen ersparter Wohn- und Haushaltskosten um 10 % auf 1.080,00 € herabzusetzen. Dementsprechend haftet die Antragsgegnerin zu 1) mit einem Betrag von 1.200,00 € und der Antragsgegner mit einem Betrag von 190,00 € (2.583,00 € - 273 - 1.040,00 € - 1.080,00 €).[15]

Die Antragsgegnerin 1) hat den Unterhaltsbedarf des Antragstellers in Höhe von 736,00 € mit 636,00 € *[= 1.200/(1.200+190)*736]*, das entspricht 86 %, des Bedarfs, zu erfüllen. Auf den Antragsgegner 2) entfällt eine Quote von 13 % und damit eine Unterhaltsverpflichtung i. H. v. 100,00 € *[= 190/(190+1.200) * 736]*.[16]

Bei einem Einkommen von 2.583,00 € verbleibt nach Abzug aller Unterhaltsansprüche dem Antragsgegner 2) ein Einkommen von 1.170,00 €; damit ist zwar grundsätzlich der Bedarfskontrollbetrag der 4. Einkommensgruppe von 1.300,00 € unterschritten; aber auch hier ist ein Abzug wegen des Zusammenlebensvorteils in zweiter Ehe von 10 % gerechtfertigt; danach müsste dem Antragsgegner 2) nur ein Selbstbehalt von 1.170,00 € (1.300 - 1.300,00 € * 10/100) verbleiben, der auch gewahrt ist.[17]

Die Antragsgegner sind mit anwaltlichen Schreiben vom ..... aufgefordert worden, monatlichen Unterhalt an den Antragsteller in beantragter Höhe von zu zahlen. Sie lehnten jegliche Unterhaltspflicht ab.[18]

Für den Zeitraum ..... *[Monat der Aufforderung]* bis ..... *[Monat der Antragstellung]* ergibt sich ein Unterhaltsrückstand i. H. v. ..... × ..... € = ... € für die Antragsgegnerin 1) und i. H. v. ..... × ..... € = ... € für den Antragsgegner 2).[19]

Der Zinsanspruch ergibt sich aus §§ 288, 291 BGB.[20]

1. Zuständigkeit. Bei der örtlichen Zuständigkeit ist zu unterscheiden:
- Muss der nicht privilegierte Volljährige beide Elternteile gerichtlich auf Unterhalt in Anspruch nehmen, hat er die Wahl zwischen den allgemeinen Gerichtsständen der Eltern, § 232 Abs. 3 Nr. 2 FamFG;
- Nimmt der nicht privilegierte Volljährige nur einen Elternteil in Anspruch, so bestimmt sich die Zuständigkeit nach den Vorschriften der ZPO mit der Maßgabe, dass in den Vorschriften über den allgemeinen Gerichtsstand an die Stelle des Wohnsitzes der gewöhnliche Aufenthalt tritt, § 232 Abs. 3 FamFG; der Unterhaltsantrag muss also an dem Gericht eingereicht werden, in dessen Bezirk der Antragsgegner seinen gewöhnlichen Aufenthalt hat.

2. Anwaltszwang. Anwaltszwang ergibt sich aus § 114 Abs. 1 FamFG. Vgl. Rdn. 28.

3. Streitgenossenschaft. Beide Elternteile können und sollten in einem Verfahren verpflichtet werden, da die Höhe der Unterhaltsansprüche voneinander abhängig ist.

4. Verfahrenswert. Vgl. Rdn. 93, *M. 3.*

5. Rückstand. Vgl. Rdn. 93, *M. 5.*

6. Sofortige Wirksamkeit. § 116 Abs. 3 ist eine Soll-Vorschrift, die vom Gericht zu beachten ist. Ein Sachvortrag dazu ist in der Antragsschrift nicht notwendig und häufig auch gar nicht sinnvoll möglich. Im Laufe des Verfahrens kann jedoch der Sachvortrag des Antragsgegners zu einem entsprechenden Vortrag zwingen. Vgl. Rdn. 30.

7. Versäumnisbeschluss. Vgl. Rdn. 93, *M. 7.*

8. Statusangaben. Vgl. Rdn. 93, *M. 8.*

9. Abzweigung von Kindergeld. Ein volljähriges Kind kann die Auszahlung des Kindergeldes an sich selbst bei der Kindergeldkasse (Abzweigung) beantragen, wenn der Berechtigte – trotz bestehender Verpflichtung – nachhaltig keinen oder nur unregelmäßig Unterhalt leistet. Das Kindergeld kann auch dann abgezweigt werden, wenn der Berechtigte seiner Unterhaltpflicht mit einem geringeren Betrag als dem anteiligen Kindergeld nachkommt. Eine Abzweigung ist außerdem möglich, wenn wegen fehlender Leistungsfähigkeit dem Kind kein Unterhalt gezahlt werden kann. Vgl. Rdn. 83.

10. Bedürftigkeit. Angaben zur Ausbildung und zum Einkommen und Vermögen des Kindes sind gem. § 1602 BGB immer erforderlich. Nur ein volljähriges Kind, das in Ausbildung ist und das sich weder aus seinen Einkünften noch aus seinem Vermögen unterhalten kann, hat Anspruch auf Ausbildungsunterhalt. Ein volljähriges Kind muss sein Vermögen, bis auf einen Schonbetrag, zu seinem Unterhalt einsetzen. Vgl. Rdn. 82.

11. Bedarf. Sobald ein volljähriges Kind einen eigenen Hausstand führt, leitet sich der Unterhaltsanspruch nicht mehr von der Lebensstellung der Eltern ab, sondern es wird ein Mindestbedarf bei 670,00 € angenommen. In diesem Bedarf sind Beiträge zu einer Kranken- und Pflegeversicherung und Studiengebühren nicht enthalten. Sie müssen als Mehrbedarf geltend gemacht werden. Vgl. Rdn. 79.

12. Einkommen des Volljährigen. Einkommen des Volljährigen ist grds. in voller Höhe auf den Bedarf anzurechnen. Ausnahmen gelten nur für Einkünfte aus Tätigkeiten, die neben der Ausbildung überobligationsmäßig erzielt werden (vgl. Rdn. 84).

13. Leistungsfähigkeit. Es muss grds. zur Leistungsfähigkeit beider Elternteile vorgetragen werden.

Für den Fall, dass ein Elternteil nicht leistungsfähig ist, ist dies darzulegen und ggf. zu beweisen. Das unterhaltsberechtigte Kind kann in diesem Fall den leistungsfähigen Elternteil allein in Anspruch nehmen. Sofern das Kind keinen eigenen Hausstand führt, leitet sich sein Unterhaltsbedarf dann allein vom Einkommen des in Anspruch genommenen Elternteils ab. Vgl. Rdn. 79.

14. Unterhalt vorrangig Berechtigter. Die Ehefrau des unterhaltspflichtigen Vaters hat ggü. dem nicht mit ihr verwandten Volljährigen keine Erwerbsobliegenheit (vgl. Rdn. 89; FA-FamR/*Gerhardt* Kap. 6 Rn. 170d).

15. Selbstbehalt. Der **angemessene Selbstbehalt** ggü. volljährigen Kindern beträgt 1.200,00 €. Der Selbstbehalt kann unter dem Gesichtspunkt ersparter Wohn- und Haushaltskosten um 10 % reduziert werden, vgl. Nr. 6.2 und 21.5 der Leitlinien und Rdn. 48.

16. Haftungsquote. Prozentualer Anteil: Haftungsanteil des Vaters/Haftungsanteil beider Eltern * 100

Unterhalt in Euro: Haftungsanteil des Vaters/Haftungsanteil beider Eltern * Unterhaltsbedarf

17. Angemessenheitskontrolle. Es sollte stets geprüft werden, ob der angemessene/notwendige Selbstbehalt des Unterhaltspflichtigen ggü. dem volljährigen Kind gewahrt bleibt. Sofern Unterhalt minderjähriger Kinder in die Unterhaltsberechnung mit einbezogen wurde, muss auch der unter Umständen höhere Selbstbehalt, der zu der Einkommensgruppe gehört, aus der der Kindesunterhalt

des minderjährigen Kindes entnommen wurde, gewahrt werden. Das war hier die Einkommensgruppe 4 mit einem Selbstbehalt von 1.300,00 €, wiederum gekürzt um den Zusammenlebensvor-
teil.

18. **Verzug.** Vgl. Rdn. 93, *M. 18.*

19. **Rückstand.** Vgl. Rdn. 93, *M. 19.*

20. **Zinsen.** Vgl. Rdn. 93, *M. 20.*

III. Muster: Replik

Amtsgericht   95

– Familiengericht –

.....

In der Familienstreitsache

..... ./. .....

Aktenzeichen

zeigen wir an, dass wir den Antragsgegner vertreten. Namens und in Vollmacht des Antragsgegners wird beantragt,
1. den Antrag auf Zahlung von Unterhalt abzuweisen;
2. anzuordnen, dass der Antragsteller Auskunft über seine Einkünfte durch Vorlage des Arbeitsvertrages und der Gehaltsabrechnungen der letzten 12 Monate zu erteilen hat.[1]

Begründung:[2]

Es wird bestritten, dass der Antragsteller bedürftig ist. Er erzielt als Bankkaufmann eine Ausbildungsvergütung, die ausreichend ist, seinen Unterhaltsbedarf von 640,00 € zu decken. Der Antragsteller ist mit Schriftsatz vom ..... vergeblich aufgefordert worden, Auskunft über seine Ausbildungsvergütung durch Vorlage des Arbeitsvertrages und der Gehaltsabrechnungen zu erteilen. Die
Voraussetzungen für einen verfahrensrechtlichen Auskunftsanspruch gemäß § 235 Abs. 2 FamFG
liegen damit vor.

1. Verfahrensrechtlicher Auskunftsanspruch. Zwar muss der Unterhaltspflichtige nicht die Bedürftigkeit und den Bedarf des Unterhaltsberechtigten darlegen, sodass hier grds. ein einfaches Bestreiten
von Bedarf und Bedürftigkeit ausreichen würde. Wenn jedoch der Verdacht besteht, dass Einkünfte
nicht oder nicht in voller Höhe angegeben werden, bietet der verfahrensrechtliche Auskunftsanspruch gem. § 235 Abs. 2 FamFG, insb. auch mit der in § 236 FamFG vorgesehenen Auskunftspflicht Dritter, ein probates Mittel, um die richtige Auskunft zu erzwingen. Vgl. Rdn. 33.

2. Begründung. Die Verteidigung des Antragsgegners verlangt eine substantiierte Auseinandersetzung mit den Anspruchsvoraussetzungen. Tatsachen, die nicht ausdrücklich bestritten werden, gelten gem. § 113 Abs. 1 FamFG i. V. m. § 138 ZPO als zugestanden. Der Antragsgegner muss also
Bedarf und Bedürftigkeit bestreiten. Der Antragsgegner muss seine Leistungsunfähigkeit darlegen
und beweisen. Ggü. seinen nicht privilegierten volljährigen Kindern muss er nur seine Vermögenserträge einsetzen, nicht aber den Stamm seines Vermögens.

Er kann sich auch, gem. § 1611 BGB, ggü. seinen volljährigen Kindern auf die Beschränkung oder
den Wegfall seiner Unterhaltspflicht berufen.

E. Verfahren auf Erlass einer einstweiligen Anordnung

I. Statthaftigkeit des Verfahrens

96 Zulässigkeitsvoraussetzung für die einstweilige Anordnung nach FamFG ist nicht mehr, dass eine gleichartige Hauptsache oder eine Ehesache anhängig ist. Die einstweilige Anordnung ist ein von der Hauptsache unabhängiges Verfahren, § 51 Abs. 3 FamFG.

Die allgemeinen Vorschriften über die einstweilige Anordnung, die im 4. Abschnitt, §§ 49 bis 57 FamFG angesiedelt sind, gelten gem. § 119 FamFG auch für die Familienstreitsachen und erfahren für die Unterhaltssachen noch einige Ergänzungen in den §§ 246, 247 und 248 FamFG.

Der Antrag auf Erlass einer einstweiligen Anordnung zur Regelung einer Unterhaltsverpflichtung ist zu begründen. Seine Voraussetzungen sind glaubhaft zu machen. Die Voraussetzungen für die einstweilige Anordnung ergeben sich ausschließlich aus dem **materiellen Unterhaltsrecht**; es ist deshalb vor der Entscheidung über den Antrag zu prüfen, ob die tatbestandlichen Voraussetzungen des Unterhaltsanspruchs nach dem glaubhaft gemachten Sachvortrag des Antragstellers vorliegen, insb. **Unterhaltsbedürftigkeit** und **Leistungsfähigkeit** gegeben sind.

Nach § 246 FamFG kann die Zahlung von Unterhalt geregelt werden, ohne dass vom Gericht ein dringendes Bedürfnis zu prüfen ist (BT-Drucks. 16/6308, 259). Es ist ausreichend, wenn ein dem Verfahrenszweck entsprechender **Regelungsbedarf** besteht. Ein solcher besteht immer dann, wenn Unterhalt nicht gezahlt wird. Die einstweilige Anordnung nach FamFG, wie auch ihr Vorgänger nach ZPO, ist nicht beschränkt auf die Regelung des Mindestunterhalts. Wenn die Voraussetzungen für einen höheren Unterhaltsanspruch glaubhaft gemacht sind, ist der Antragsgegner zum vollen Unterhalt zu verpflichten. An einem Regelungsbedarf wird es immer dann fehlen, wenn nicht einmal eine Zahlungsaufforderung ergangen ist oder der Unterhalt laufend gezahlt wird. Ein bloßes Titulierungsinteresse allein genügt für den Erlass einer einstweiligen Anordnung nicht. Ein einer einstweiligen Anordnung entsprechender Regelungsbedarf besteht nicht für Ansprüche auf rückständigen Unterhalt; sie müssen in einem Hauptverfahren geklärt werden.

Die einstweilige Anordnung verliert im Unterhaltsrecht den Charakter einer vorläufigen Maßnahme, da zeitlich unbegrenzter und voller Unterhalt zugesprochen werden kann.

II. Verfahrensgang

97 In Unterhaltssachen ist gem. § 246 Abs. 2 FamFG die mündliche Verhandlung obligatorisch, wenn dies zur Aufklärung des Sachverhaltes oder für eine gütliche Beilegung des Verfahrens geboten erscheint. Die Verpflichtung, auf eine gütliche Beilegung des Rechtsstreits hinzuwirken, wird dazu führen, dass in einstweiligen Anordnungen wegen Unterhalt in aller Regel mündlich zu verhandeln ist.

In einem Verfahren auf Erlass einer einstweiligen Anordnung ist **keine Versäumnisentscheidung** möglich (§ 51 Abs. 2 Satz 3 FamFG). Erscheint der Antragsgegner in einem Termin zur mündlichen Verhandlung nicht, findet eine einseitige streitige Verhandlung statt, an deren Ende eine antragsgemäße Entscheidung ergeht, wenn der Sachverhalt ausreichend aufgeklärt und glaubhaft gemacht ist.

Die einstweilige Anordnung tritt außer Kraft
–   beim Wirksamwerden einer anderweitigen Regelung, § 56 Abs. 1 FamFG, (U. a. stellt eine gem. § 60 SGB VIII errichtete Jugendamtsurkunde eine anderweitige Regelung dar (KG, FuR 2011, 572.))
–   wenn der Antrag in der Hauptsache zurückgenommen wird, § 56 Abs. 2 Nr. 1 FamFG,
–   wenn der Antrag in der Hauptsache rechtskräftig abgewiesen wird, § 56 Abs. 2 Nr. 2 FamFG,
–   wenn die Hauptsache übereinstimmend für erledigt erklärt wird § 56 Abs. 2 Nr. 3 FamFG oder
–   die Erledigung der Hauptsache anderweitig eintritt, § 56 Abs. 2 Nr. 4 FamFG.

Entscheidungen im Verfahren auf Erlass einer einstweiligen Anordnung sind gem. § 57 FamFG unanfechtbar. Sie erlangen zwar keine materielle Rechtskraft, bilden aber für die Zeit ihrer Geltung einen Titel, der die Vollstreckung des Unterhaltsanspruchs ermöglicht. Diese formelle Rechtskraft hindert nicht die rückwirkende Aufhebung oder Änderung der Anordnung.

III. Rechtsbehelfe

Als **Rechtsbehelfe** gegen einen Beschluss im einstweiligen Anordnungsverfahren stehen der **Antrag**   98
auf mündliche Verhandlung gem. § 54 Abs. 2 FamFG, der **Antrag auf Einleitung eines Verfahrens zur Hauptsache** gem. § 52 Abs. 2 FamFG und der **Abänderungsantrag** gem. § 54 Abs. 1 FamFG zur Verfügung.

Zur **Zwangsvollstreckung** aus der einstweiligen Anordnung ist in Unterhaltssachen keine Vollstreckungsklausel notwendig, vgl. § 53 Abs. 1 FamFG.

Als **Rechtsbehelf gegen die Zwangsvollstreckung** ist ein Antrag auf **Aussetzung oder Beschränkung der einstweiligen Anordnung** gem. § 55 FamFG möglich.

1. Muster: Antrag auf Erlass einer einstweiligen Anordnung

Amtsgericht   99

– Familiengericht –

.....[1]

Antrag[2]

auf Erlass einer einstweiligen Anordnung

wegen Zahlung von Kindesunterhalt

der Frau *[Kindesmutter]* .....[3]

– Antragstellerin –

[Alternativ:] gesetzliche Vertretung[4]

Verfahrensbevollmächtigte(r):[5]

gegen

ihren Ehemann .....

– Antragsgegner –

Verfahrensbevollmächtigte(r):

Verfahrenswert: ..... €[6]

Namens und in Vollmacht der Antragstellerin **wird beantragt** zu erkennen:

Der Antragsgegner wird im Wege einer einstweiligen Anordnung verpflichtet,[7]
– an die Antragstellerin für K1, geb. am ..... ab Antragstellung einen monatlichen, im Voraus am 1. eines jeden Monats fälligen Kindesunterhalt i. H. v. ..... € zu zahlen,
– und zu Händen der Antragstellerin für K2, geb. am ..... ab Antragstellung einen monatlichen, im Voraus am 1. eines jeden Monats fälligen Kindesunterhalt i. H. v. ..... € zu zahlen.

[Alternativ:] dynamisierter Unterhalt[8]

Begründung:[9]

Die Beteiligten sind miteinander verheiratet. Sie leben seit dem ..... voneinander getrennt. Zwischen ihnen ist keine Ehesache anhängig. Aus Ihrer Ehe sind der 4-jährige Sohn K1 und die 2-jährige Tochter K2 hervorgegangen. Nach der Trennung der Eheleute werden die Kinder allein/überwiegend

Herrmann   227

von der Antragstellerin betreut und versorgt. Die Kinder befinden sich demgemäß in der (überwiegenden) Obhut der Antragstellerin, die daher berechtigt ist, die Unterhaltsansprüche der Kinder im Wege der Verfahrensstandschaft gemäß § 1629 Abs. 3 BGB geltend zu machen. Sie bezieht auch das staatliche Kindergeld.

Die Kinder haben kein Einkommen oder Vermögen und sind bedürftig. Der Antragsgegner ist seinen Kindern gemäß § 1601 BGB zum Unterhalt verpflichtet.[10]

Die Kinder leiten ihren Unterhaltsanspruch von den Einkommensverhältnissen des Antragsgegners ab. Er erzielt ein Einkommen, das zwischen ..... € und ..... € liegt. Der Antragsgegner ist damit in die Einkommensstufe ..... der Düsseldorfer Tabelle einzugruppieren.[11]

Unter Berücksichtigung des anteiligen Kindergeldes in Höhe von je 184,00 € ergibt sich für den ..... -jährigen Sohn ___ ein Unterhaltsanspruch von ..... € und für die ..... -jährige Tochter ___ ein Unterhaltsanspruch von ..... €.

Der Antragsgegner ist in der beantragten Höhe leistungsfähig. Er ist seit Jahren bei der Firma ..... als ..... angestellt. Ausweislich des letzten Steuerbescheides erzielte er im vergangenen Jahr ein zu versteuerndes Einkommen von ..... €.[12]

Glaubhaftmachung: .....

Nach Abzug von Steuern und Sozialabgaben errechnet sich daraus ein gesetzliches Nettoeinkommen von .....

Glaubhaftmachung: .....

Der Antragsgegner ist mit anwaltlichem Schreiben vom ..... aufgefordert worden, Unterhalt in der beantragten Höhe auf das Girokonto der Antragstellerin zu zahlen.[13]

Glaubhaftmachung: beglaubigte Kopie des anwaltlichen Aufforderungsschreibens[14]

Bis heute sind auf dem Konto keine Zahlungen eingegangen.

Glaubhaftmachung: Eidesstattliche Versicherung der Antragstellerin

Zur notwendigen Regelung der Zahlung von Kindesunterhalt ist der Erlass der begehrten einstweiligen Anordnung gemäß § 246 FamFG zulässig und begründet.

Zur **Glaubhaftmachung** des vorstehenden Sachvortrages wird eine umfassende eidesstattliche Versicherung der Antragstellerin beigefügt.[15]

1. Örtliche Zuständigkeit. Zuständig für den Erlass einer einstweiligen Anordnung ist das Gericht, das auch zur Entscheidung in der Hauptsache berufen wäre, § 50 Abs. 1 FamFG. Damit ergibt sich die Zuständigkeit aus § 232 FamFG.

Ergibt sich erst während der Rechtshängigkeit eines Unterhaltverfahrens in 2. Instanz die Notwendigkeit, eine einstweilige Anordnung zu beantragen, ist das Beschwerdegericht auch für den Erlass der einstweiligen Anordnung gem. § 50 Abs. 1, Satz 2 FamFG zuständig. Daneben gibt es noch eine Eilzuständigkeit des Amtsgerichts gem. § 50 Abs. 2 FamFG, die bei Unterhaltssachen sicherlich nicht von Bedeutung sein wird. Vgl. Rdn. 27.

2. Antragserfordernis. In Unterhaltssachen wird das Gericht, auch wenn es ein einstweiliges Regelungsbedürfnis erkennt, nur auf Antrag tätig, § 246 Abs. 1 FamFG.

3. Verfahrensstandschaft. Die Verfahrensstandschaft ist notwendig, wenn die Eheleute getrennt leben oder zwischen ihnen eine Ehesache anhängig ist. Weitere Ausführungen unter Rdn. 50– 51; Musterantrag vgl. Rdn. 53.

4. Gesetzliche Vertretung. Im Fall der Alleinsorge oder wenn die Eltern geschieden sind, ist der Antrag auf Erlass einer einstweiligen Anordnung durch das jeweilige Kind, vertreten durch seinen gesetzlichen Vertreter zu stellen. Formulierungsbeispiele unter Rdn. 58.

5. Kein Anwaltszwang. Die Verfahren auf Erlass einer einstweiligen Anordnung sind allesamt, also auch die Familienstreitsachen wegen Unterhalt, vom Anwaltszwang ausgenommen. Das ergibt sich unmittelbar aus § 114 Abs. 4 Nr. 1 FamFG.

6. Verfahrenswert. Die Angabe des Verfahrenswertes ist gem. § 53 FamGKG nicht zwingend erforderlich, da sich der Verfahrenswert aus den Anträgen ableiten lässt. Der Verfahrenswert im Verfahren auf Erlass einer einstweiligen Anordnung beträgt gem. §§ 41, 51 FamFG die Hälfte des für die Hauptsache bestimmten Wertes.

Wenn die einstweilige Anordnung das Verfahren abschließend regelt und somit die Hauptsache entbehrlich macht, ist eine Anhebung auf den vollen Wert der Hauptsache möglich! Vgl. OLG Düsseldorf, NJW 2010, 1385 = FuR 2010, 475; weitere Nachweise Kap. 13 Rdn. 134.

7. Statischer Unterhalt. Es entspricht m. E. eher dem Wesen der einstweiligen Anordnung, einen statischen Unterhalt zu verlangen, wenngleich dieser ebenso lange gelten wird wie ein dynamisierter Unterhaltstitel. Insb. wenn in naher Zukunft ein Wechsel der Altersgruppe in Betracht kommt, sollte man dies natürlich bei der Antragstellung berücksichtigen.

8. Dynamisierter Unterhalt. Anstelle eines statischen Betrages kann aber auch im Wege der einstweiligen Anordnung ein dynamisierter Unterhalt nach § 1612a BGB verlangt werden (Beispiel für dynamisierten Unterhalt bei Rdn. 58).

9. Rückstände. Rückstände können im Verfahren auf Erlass einer einstweiligen Anordnung nicht geltend gemacht werden. Vgl. Rdn. 95.

10. Bedürftigkeit. Für minderjährige Kinder vgl. Rdn. 42; für volljährige Kinder vgl. Rdn. 82.

11. Bedarf. Für minderjährige Kinder vgl. Rdn. 38; für volljährige Kinder vgl. Rdn. 79.

12. Leistungsfähigkeit. An dieser Stelle müssen die Einkommensverhältnisse des Antragsgegners dargestellt und glaubhaft gemacht werden.

13. Regelungsbedürfnis. Das Gericht **kann** durch einstweilige Anordnung die Verpflichtung zur Zahlung von Unterhalt regeln. Ausdrücklich ist gem. § 246 Abs. 1 FamFG, abweichend von § 49 FamFG, kein dringendes Bedürfnis für ein sofortiges Tätigwerden erforderlich. Eine Eilbedürftigkeit ist daher nicht darzulegen. Wohl aber ist ein Regelungsbedürfnis darzulegen und zu beweisen. Das Gericht wird ein Regelungsbedürfnis annehmen, wenn dargetan und glaubhaft gemacht ist, dass der Antragsgegner vergeblich zur Zahlung aufgefordert worden ist und er den laufenden Unterhalt nicht zahlt.

14. Glaubhaftmachung. Durch den Anspruchsteller sind die anspruchsbegründenden Tatsachen glaubhaft zu machen. Dazu gehören die Bedürftigkeit des Kindes, die Leistungsfähigkeit des Unterhaltsschuldners und das Regelungsbedürfnis. Ferner, je nachdem, ob der Anspruch in Verfahrensstandschaft oder in gesetzlicher Vertretung geltend gemacht wird, Angaben zur Obhutssituation und zur elterlichen Sorge.

I. d. R. erfolgt die Glaubhaftmachung durch eine eidesstattliche Versicherung des Antragstellers oder des gesetzlichen Vertreters des Antragstellers. Ergänzend können jedoch auch Kopien, beglaubigte Kopien von Originalen, präsente Zeugen und auch die anwaltliche Versicherung angeboten werden.

Die Auskunftseinholung durch das Gericht gem. §§ 235, 236 FamFG kommt als Mittel zur Glaubhaftmachung nicht in Betracht, da gem. § 294 Abs. 2 ZPO nur präsente Beweismittel zur Glaubhaftmachung geeignet sind.

15. Versicherung an Eides statt. Eine Musterformulierung befindet sich unter Rdn. 100.

2. Muster: Versicherung an Eides statt

100   **Versicherung an Eides statt[1]**

Hiermit versichere ich, Name ....., geb. am ..... wohnhaft ..... an Eides statt, nachdem ich auf die Bedeutung einer eidesstattlichen Erklärung und die Strafbarkeit einer falschen Versicherung an Eides statt hingewiesen worden bin, dass die Sachverhaltsschilderungen im Antrag auf Erlass einer einstweiligen Anordnung vom ..... auf meinen Angaben beruhen und im vollen Umfange der Wahrheit entsprechen. Es ist nichts hinzugefügt oder weggelassen worden, was von Bedeutung sein könnte.

Ich lebe seit dem ..... von meinem Ehemann getrennt. Unsere beiden Kinder K1 und K2 leben in meinem Haushalt und werden überwiegend von mir betreut. Jedes 2. Wochenende verbringen sie im Haushalt ihres Vaters.

Insbesondere bestätige ich, dass,[2]
– seit ..... kein Unterhalt gezahlt worden ist;
– die Kinder kein Einkommen oder Vermögen haben;
– *[alternativ:]* K1 kein weiteres Einkommen als die in der Antragsschrift angegebene Ausbildungsvergütung i. H. v. ..... € monatlich hat und auch kein Vermögen.

Auch die Leistungsfähigkeit muss durch geeignete Belege oder durch eine eidesstattliche Versicherung der Kindesmutter glaubhaft gemacht werden.

1. Form. Die eidesstattliche Versicherung sollte schriftlich dem Antrag auf Erlass einer einstweiligen Anordnung beigefügt werden. Für die Schriftform ausreichend ist eine Übermittlung per Telefax (BayOLG, NJW 1996, 406). Sie kann aber auch noch mündlich erklärt werden, wenn denn eine mündliche Verhandlung anberaumt wird.

2. Eigene Sachverhaltsdarstellung. Die Versicherung an Eides statt muss eine eigene Darstellung der glaubhaft zu machenden Tatsachen enthalten und darf sich nicht auf eine Bezugnahme auf den Antrag auf Erlass einer einstweiligen Anordnung beschränken.

3. Muster: Antrag auf mündliche Verhandlung

101   Ist über die einstweilige Anordnung entgegen der Intention des § 246 Abs. 2 FamFG ohne mündliche Verhandlung entschieden worden, kann der Beteiligte, der durch die Entscheidung beschwert ist, gem. § 54 Abs. 2 FamFG beantragen, aufgrund mündlicher Verhandlung erneut zu entscheiden. Der Antrag steht sowohl dem Antragsgegner zu als auch dem Antragsteller, wenn dessen Antrag im schriftlichen Verfahren abgelehnt wurde. Der Antragsgegner sollte diesen Antrag jedoch stets kombinieren mit einem (Sach-) Antrag auf Aufhebung oder Abänderung der Entscheidung. Ein Muster befindet sich unter Rdn. 104.

Der Antrag ist nicht an eine Frist gebunden.

102   Amtsgericht

– Familiengericht –

.....[1]

In der Familienstreitsache

..... ./. .....

Aktenzeichen

beantragen wir Namens und in Vollmacht des Antragstellers
1. aufgrund mündlicher Verhandlung erneut zu entscheiden
2. die Vollstreckung aus dem Beschluss vom ....., AZ ..... auszusetzen.[2]

3. Alternativ oder hilfsweise: die Vollstreckung aus dem Beschluss vom ..... AZ ..... auszusetzen soweit mehr als ..... € *[Mindestunterhalt]* tituliert worden ist.

Begründung: .....[3]

1. Zuständigkeit. Der Antrag ist an das Gericht zu richten, das die einstweilige Anordnung erlassen hat, es sei denn, die Sache ist an ein anderes Gericht verwiesen oder abgegeben, § 54 Abs. 3 FamFG.

2. Aussetzung der Vollstreckung. Der Antrag für den Antragsgegner auf Entscheidung nach mündlicher Verhandlung sollte stets mit einem Antrag auf Aussetzung der Vollstreckung nach § 55 FamFG kombiniert werden, da dem Unterhaltsschuldner durch die Zwangsvollstreckung nicht wieder gut zu machende Nachteile entstehen können. Das Gericht kann die Vollstreckung auch unter Auflagen, so z. B. gegen Hinterlegung einer Sicherheitsleistung, aufheben.

Wenn eine Aussetzung der Vollstreckung nicht in Betracht kommt, kann beantragt werden, die Vollstreckung auf den Mindestunterhalt zu beschränken.

Die Entscheidung zur Einstellung der Zwangsvollstreckung ist unanfechtbar; das bedeutet, dass der Unterhaltsgläubiger nur noch aus einem noch zu erstreitenden Titel im Hauptverfahren vollstrecken könnte.

3. Begründung. Eine Begründung des Antrags, aufgrund mündlicher Verhandlung erneut zu entscheiden, wird vom Gesetz nicht verlangt. Das Gericht kann jedoch i. S. d. Antragstellers nur zu einer anderen Entscheidung kommen, wenn der Antrag auf neue Tatsachen, neue Mittel der Glaubhaftmachung, neue rechtliche Gesichtspunkte oder eine andere Tatsachenwürdigung gestützt wird.

Insb. der Antrag auf Aussetzung der Vollstreckung ist sorgfältig gem. § 55 FamFG zu begründen, wenn er Erfolg haben soll.

4. Muster: Antrag auf Aufhebung oder Änderung eines Beschlusses

Gem. § 54 Abs. 2 FamFG können die Beteiligten eine erneute Entscheidung aufgrund mündlicher Verhandlung im Anordnungsverfahren verlangen, wenn ohne mündliche Verhandlung entschieden worden ist. Entscheidungen, die nach mündlicher Verhandlung ergehen, werden unanfechtbar und damit formell rechtskräftig.   103

Ist die einstweilige Anordnung also nicht aufgrund mündlicher Verhandlung ergangen, kann grds. jederzeit von allen Beteiligten Abänderung oder Aufhebung des Beschlusses gem. § 54 Abs. 1 FamFG in Kombination mit einem Antrag, gem. § 54 Abs. 2 FamFG aufgrund mündlicher Verhandlung erneut zu entscheiden, beantragt werden.

Hat das Gericht aufgrund mündlicher Verhandlung entschieden, sind für einen Antrag nach § 54 Abs. 1 FamFG neue Tatsachen vorzubringen. Solche Tatsachen können veränderte, für die Unterhaltsbemessung maßgebliche, Umstände sein, z. B. neue Unterhaltsberechtigte, Wegfall von Unterhaltsberechtigten, veränderte Einkommensverhältnisse und Änderungen in der Rangfolge. Werden keine neuen Tatsachen vorgetragen, besteht kein Rechtsschutzbedürfnis und der Abänderungs-/Aufhebungsantrag ist unzulässig.

Amtsgericht   104

– Familiengericht –

.....[1]

In der Familienstreitsache

..... ./. .....

Aktenzeichen

beantragen wir namens und in Vollmacht des Antragsgegners,

1. *[sofern noch nicht erfolgt]* aufgrund mündlicher Verhandlung erneut zu entscheiden,
2. den Beschluss vom ..... aufzuheben,
3. hilfsweise abzuändern, soweit der Antragsgegner verpflichtet wurde, mehr als der Mindestunterhalt in Höhe von ..... € zu zahlen,
4. die Vollstreckung aus dem Beschluss vom ....., AZ ..... auszusetzen.[2]

Begründung: .....[3]

1. Zuständigkeit. Der Antrag ist an das Gericht zu richten, das die einstweilige Anordnung erlassen hat, es sei denn, die Sache ist an ein anderes Gericht verwiesen oder abgegeben, § 54 Abs. 3 FamFG.

2. Aussetzung der Vollstreckung. Der Antrag für den Antragsgegner auf Aufhebung oder Abänderung sollte stets mit einem Antrag auf Aussetzung der Vollstreckung nach § 55 FamFG kombiniert werden, da dem Unterhaltsschuldner durch die Zwangsvollstreckung nicht wieder gut zu machende Nachteile entstehen können. Vgl. Rdn. 101, *M. 2.*

3. Begründung. Sofern der Antrag auf Aufhebung oder Änderung einer Entscheidung mit einem Antrag, aufgrund mündlicher Verhandlung erneut zu entscheiden, kombiniert werden kann, müssen keine neuen Tatsachen vorgetragen werden. Das Gericht kann jedoch i. S. d. Antragstellers oder des Antragsgegners nur zu einer anderen Entscheidung kommen, wenn der Antrag auf neue Tatsachen, neue Mittel der Glaubhaftmachung, neue rechtliche Gesichtspunkte oder eine andere Tatsachenwürdigung gestützt wird.

Ist nach mündlicher Verhandlung über den Anordnungsantrag entschieden worden, gilt auch im Anordnungsverfahren der Grundsatz **ne bis in idem**, d. h., zur Begründung des Abänderungs- oder Aufhebungsantrags müssen neue Tatsachen und nicht nur neue Beweismittel vorgebracht werden, die eine Änderung der ursprünglichen Entscheidung rechtfertigen.

5. Muster: Antrag auf Einleitung des Hauptverfahrens

105   Mit dem Antrag auf Einleitung des Hauptverfahrens gem. § 52 Abs. 2 FamFG kann der Unterhaltsschuldner eine Änderung der Entscheidung auch noch rückwirkend erzwingen. Das Gericht hat dem Antragsteller daraufhin eine Frist zu setzen, die 3 Monate nicht überschreiten darf. Angesichts der finanziellen Belastungen aus einer einstweiligen Anordnung sollten die gerichtlichen Fristen sich an den Fristen im schriftlichen Vorverfahren (§ 276 ZPO) zur Verteidigungsanzeige und Klageerwiderung orientieren und einen Zeitraum von 4 Wochen nicht überschreiten.

Geht der Hauptsacheantrag nicht innerhalb der gesetzten Frist bei Gericht ein, ist die einstweilige Anordnung aufzuheben, § 52 Abs. 2 Satz 3 FamFG. Damit entfällt die Rechtsgrundlage für die möglicherweise zwischen Erlass und Aufhebung der einstweiligen Anordnung erfolgten Zahlungen.

106   Amtsgericht

– Familiengericht –

.....[1]

In der Familienstreitsache

..... ./. .....

Aktenzeichen

beantragen wir Namens und in Vollmacht des Antragsgegners,

1. anzuordnen, dass der/die Antragsteller binnen einer Frist von ..... Wochen einen Antrag auf Einleitung des Hauptsacheverfahrens oder einen Antrag auf Bewilligung von Verfahrenskostenhilfe für das Hauptsacheverfahren stellen muss;
2. die Vollstreckung aus dem Beschluss vom ....., AZ ..... auszusetzen.[2]

3. Für den Fall, dass der Antragsteller nicht innerhalb der Frist den Hauptsacheantrag stellt, wird beantragt, die einstweilige Anordnung vom ..... AZ ..... aufzuheben.[3]

Begründung: .....[4]

1. Zuständigkeit. Der Antrag ist an das Gericht zu richten, das die einstweilige Anordnung erlassen hat, es sei denn, die Sache ist an ein anderes Gericht verwiesen oder abgegeben, § 54 Abs. 3 FamFG.

2. Aussetzung der Vollstreckung. Der Antrag für den Antragsgegner auf Einleitung eines Hauptverfahrens sollte bei Bedarf mit einem Antrag auf Aussetzung der Vollstreckung nach § 55 FamFG kombiniert werden, da dem Unterhaltsschuldner durch die Zwangsvollstreckung nicht wieder gut zu machende Nachteile entstehen können.

3. Aufhebungsantrag. Nach fruchtlosem Fristablauf hat das Gericht gem. § 52 Abs. 2, Satz 3 FamFG die einstweilige Anordnung von Amts wegen aufzuheben. Eines Antrags bedarf es daher grds. nicht.

4. Begründung. Eine Begründung des Antrags auf Einleitung des Hauptverfahrens wird vom Gesetz nicht verlangt. Das Gericht wird die Frist zur Einleitung des Hauptverfahrens jedoch umso kürzer setzen, je wahrscheinlicher die Aussicht auf Abänderung der Entscheidung ist und je dringlicher das Bedürfnis des Unterhaltsschuldners nach Veränderung und ggf. Aussetzung oder Einschränkung der Zwangsvollstreckung ist.

Der Unterhaltsschuldner ist daher taktisch gut beraten, wenn er bereits mit dem Antrag auf Einleitung des Hauptverfahrens, sozusagen im Vorgriff auf den Sachvortrag des Antragstellers, in substanziierter Weise vorträgt.

Der Antrag auf Aussetzung der Zwangsvollstreckung muss ebenfalls begründet werden, damit er überzeugen kann.

F. Ehegattenunterhalt

I. Einleitung

Der Ehegattenunterhalt ist **je nach** dem zugrunde liegenden **Grundverhältnis Familienunterhalt**, **Trennungsunterhalt** oder **nachehelicher Unterhalt**. Mit dem Anspruch auf Familienunterhalt ist der Anspruch auf Trennungsunterhalt ebenso wenig identisch wie mit dem auf nachehelichen Unterhalt. Auch bei einheitlichen Verfahren handelt es sich um **unterschiedliche Streitgegenstände**, es müssen gesonderte Anträge gestellt werden, und die Anspruchsvoraussetzungen, z. B. Verzug, müssen für jeden Anspruch gesondert erfüllt sein.

107

II. Trennungsunterhalt

1. Unterhaltsverfahren

Das Verfahren beim Trennungsunterhalt **entspricht dem isolierten Verfahren** beim Geschiedenenunterhalt. Auf Rdn. 171–319 wird insoweit verwiesen.

108

2. Unterhaltsanspruch

a) Einleitung

Die zwischen den Ehegatten vereinbarte Aufgabenteilung in der ehelichen Lebensgemeinschaft bestimmte beim Familienunterhalt den gegenseitig und wechselseitig für die Familie geschuldeten Unterhalt. Dies hat sich durch die Trennung erledigt. Nunmehr wird nur noch einseitig Unterhalt geschuldet. Dabei ist der Unterhalt als **individueller Unterhaltsanspruch** eines Ehegatten gegen den

109

anderen ausgestaltet und im Unterschied zum Familienunterhalt auf Zahlung einer **Geldrente** gerichtet, § 1361 Abs. 4 Satz 1 BGB.

110 Grundgedanke der gesetzlichen Regelungen ist, dass die Ehegatten vor einer nachteiligen Veränderung ggü. den Verhältnissen während des Zusammenlebens geschützt werden sollen. Zum einen soll der weiteren Zerrüttung der Ehe vorgebeugt, zum anderen der sozial schwächere Ehegatte abgesichert werden (MüKo/*Weber-Monecke* § 1361 Rn. 1; *Griesche* FamRZ 1981, 1025, 1031 m. w. N. zu den Gesetzesmaterialien). Allerdings schwächt sich die Verantwortung der Ehegatten füreinander immer mehr ab, je weiter sich die Trennung verfestigt (Koch/*Koch* Rn. 2044; Wendl/*Bömelburg* § 4 Rn. 22).

b) Anspruchsvoraussetzungen

111 Anspruchsvoraussetzungen des § 1361 BGB sind:
- Bestand einer Ehe,
- Getrenntleben,
- Bedarf,
- Bedürftigkeit,
- Leistungsfähigkeit,
- kein Verlust des Anspruchs.

Bedürftigkeit und Leistungsfähigkeit sind nicht ausdrücklich erwähnt, aber selbstverständliche Voraussetzung (Koch/*Koch* Rn. 2030; Müko/*Weber-Monecke* § 1361 Rn. 16).

aa) Bestand einer Ehe

112 Grds. reicht für Ansprüche aus § 1361 BGB der formale Bestand einer Ehe. Nach herrschender Meinung (BGH, FamRZ 1989, 838) kommt es für die Anwendung von § 1361 BGB nicht darauf an, ob die Ehegatten die eheliche Lebensgemeinschaft jemals aufgenommen haben oder ob dies geplant war. Selbst Scheinehen fallen unter § 1361 BGB (Göppinger/*Bäumel* Rn. 939; a. A. Staudinger/*Voppel* § 1361 Rn. 11). Allerdings ist in diesen Fällen Verwirkung gem. §§ 1579 Nr. 8, 1361 Abs. 3 BGB zu prüfen (BGH, FamRZ 1994, 558).

bb) Getrenntleben

113 Beim Erfordernis des Getrenntlebens kann auf den Begriff der Trennung i. S. d. Scheidungsrechts nach § 1567 BGB (s. Kap. 1 Rdn. 55–63) abgestellt werden (Wendl/*Bömelburg* § 4 Rn. 25; Göppinger/*Bäumel* Rn. 940).

cc) Bedarf und Bedürftigkeit

114 Der Bedarf richtet sich beim Trennungsunterhalt nach den Lebensverhältnissen und den Erwerbs- und Vermögensverhältnissen der Ehegatten, § 1361 Abs. 1 Satz 1 BGB.

115 Dabei gilt grds. der sog. **Halbteilungsgrundsatz**, nach dem die von beiden Ehegatten erzielten Einkünfte ihnen gleichmäßig zugutekommen, unabhängig davon, ob sie von einem oder von beiden Ehegatten erzielt werden (BVerfG, FamRZ 2011, 437, 440; BVerfG, FamRZ 1983, 342; BGH, FamRZ 2012, 281, 285).

116 Da die Ehegatten bis zur Rechtskraft der Scheidung an der Entwicklung der wirtschaftlichen Verhältnisse gemeinschaftlich teilhaben (BGH, FamRZ 1999, 367, 369; Wendl/*Bömelburg* § 4 Rn. 62), sind beim Trennungsunterhalt die »**gegenwärtigen Verhältnisse**« in dem Zeitraum, für den Unterhalt verlangt wird, maßgeblich (BGH, FamRZ 1988, 256, 257; vgl. BGH, FamRZ 2012, 281, 283 zum nachehelichen Unterhalt; Wendl/*Bömelburg* § 4 Rn. 62; MüKo/*Weber-Monecke* § 1361 Rn. 11).

Berücksichtigt werden vor und nach der Scheidung die sog. **prägenden** Einkünfte. 117

Unberücksichtigt bleiben nichtprägende Veränderungen in der Zeit der Trennung bis zur Scheidung, insb. Verbesserungen aufgrund eines sog. Karrieresprungs (MüKo/*Weber-Monecke* § 1361 Rn. 12; Wendl/*Bömelburg* § 4 Rn. 62).

Als **nichtprägende** Veränderungen gelten solche, die auf einer **unerwarteten und vom Normalfall** 118 **abweichenden Entwicklung** beruhen (BGH, FamRZ 1991, 307; MüKo/*Weber-Monecke* § 1361 Rn. 11; Staudinger/*Voppel* § 1361 Rn. 27; Schwab/*Borth* IV Rn. 1052 ff.). Eine derartige Entwicklung ist vom BGH angenommen worden für eine außergewöhnliche Gewinnsteigerung eines Pelzgeschäftes (BGH, FamRZ 1982, 576, 578). Der BGH hat die Prägung offengelassen bei unerwarteter Arbeitslosigkeit (BGH, FamRZ 1988, 256); sie wird zu Recht ganz überwiegend bejaht, da sich darin das auch bei bestehender Lebensgemeinschaft bestehende Arbeitsplatzrisiko verwirklicht (Staudinger/*Voppel* § 1361 Rn. 30; MüKo/*Weber-Monecke* § 1361 Rn. 13; vgl. zum nachehelichen Unterhalt BGH, FamRZ 2012, 281, 284).

In Bezug auf **Einkünfte aus überobligatorischer Tätigkeit** gilt das Gleiche wie beim nachehelichen 119 Unterhalt (s. Rdn. 539): Der sog. unterhaltsrechtlich relevante Anteil wird vom BGH als bedarfsprägend angesehen, der unterhaltsrechtlich nicht relevante Anteil ist vollständig, also sowohl beim Bedarf als auch bei der Bedürftigkeit unbeachtlich (BGH, FamRZ 2006, 846, 848; zum nachehelichen Unterhalt BGH, FamRZ 2005, 1154, 1157; BGH, FamRZ 2007, 882, 887).

Im Hinblick auf **trennungsbedingte Änderungen** gibt es sehr unterschiedliche Entscheidungen. 120 Einerseits hat der BGH Ausnahmen vom Grundsatz der Erheblichkeit für trennungsbedingte Einkommenssteigerungen gemacht, und zwar bei Einkünften eines Ehegatten aus einer zwischen Trennung und Scheidung aufgenommenen Erwerbstätigkeit; diese wirkten sich auf das Maß auch des Trennungsunterhalts nur aus, wenn die Erwerbstätigkeit auch ohne die Trennung der Ehegatten aufgenommen worden wäre (BGH, FamRZ 1984, 149). Ebenso eine Entscheidung zu einer trennungsbedingten Veräußerung des Familienheims mit Erträgen aus dem Erlös: derartige Änderungen der Vermögens- und Erwerbssituation könnten nur dann den Lebensverhältnissen der Ehegatten i. S. d. § 1361 Abs. 1 BGB zugerechnet werden, wenn die zugrunde liegende wirtschaftliche Entwicklung auch ohne die Trennung erfolgt wäre (BGH, FamRZ 1986, 439, 440; vgl. BGH, FamRZ 1988, 256, 257). Andererseits ist eine Einkommensverringerung aufgrund der Änderung der Steuerklasse nach der ständigen Rechtsprechung des BGH zu berücksichtigen (BGH, FamRZ 1983, 152).

Der BGH hat es früher in ständiger Rechtsprechung abgelehnt, einen von den ehelichen Lebens- 121 verhältnissen unabhängigen festen **Mindestbedarf** anzuerkennen und hat hiervon lediglich den Ansatz eines Mindestbedarfssatzes als Einsatzbetrag im absoluten Mangelfall (BGH, FamRZ 2005, 97, 98) und als Herabsetzungsgrenze bei § 1579 BGB ausgenommen. Nachdem er die Frage sodann zunächst für offen befunden hat (BGH, FamRZ 2008, 1739, 1743), ergab sich aus dem Urt. v. 16.12.2009 zum Unterhalt aus § 1615l BGB, dass er nunmehr auch beim Ehegattenunterhalt einen Mindestbedarf bejaht (BGH, FamRZ 2010, 357). Dies hat er sodann auch in einem einschlägigen Fall zum nachehelichen Unterhalt so entschieden (BGH, FamRZ 2010, 802, 803).

Der BGH geht dabei von einem Mindestbedarf i. H. d. notwendigen Selbstbehalts von, inzwischen, 122 800,00 € aus (BGH, FamRZ 2010, 802, 803 [damals noch 770,00 €]), andere hatten 1.000,00 € entsprechend dem zu dem Zeitpunkt beim Ehegattenunterhalt geltenden Selbstbehalt vorgeschlagen, ggf. abzüglich Ersparnissen bei Zusammenleben mit einer leistungsfähigen Person (*Gerhardt* FamRZ 2009, 1114, 1115 f.; s. jetzt aber Wendl/*Gerhardt* § 4 Rn. 757).

Der Berechtigte muss **bedürftig** sein. Seine Einkünfte sind entsprechend § 1577 Abs. 1 BGB auf 123 den Bedarf nach der Additionsmethode anzurechnen bzw. in die Differenzberechnung einzustellen (s. Rdn. 143-155), die aus überobligationsmäßiger Tätigkeit allerdings entsprechend § 1577 Abs. 2 Satz 2 BGB nur nach Billigkeit. § 1577 Abs. 2 Satz 2 BGB, der auch beim Trennungsunterhalt entsprechend anwendbar ist (BGH, FamRZ 1983, 146, 148), betrifft nur Einkünfte aus überobligatorischer Tätigkeit (BGH, FamRZ 1983, 146). Zum Verständnis des § 1577 BGB ist wichtig, dass der

volle Unterhalt i. S. d. § 1577 Abs. 2 Satz 1 BGB nicht allein den Quotenunterhalt erfasst, sondern auch zusätzlichen Mehrbedarf des Berechtigten (Wendl/*Gutdeutsch* § 4 Rn. 937; s. 156–157). Dagegen schuldet der Pflichtige i. d. R. mangels ausreichender Leistungsfähigkeit (§ 1581 BGB entsprechend) lediglich den Quotenunterhalt als Billigkeitsunterhalt, also weniger als den vollen (Bedarf =) Unterhalt i. S. v. § 1577 Abs. 2 BGB.

124   Die Einkünfte des Berechtigten aus **überobligatorischer Tätigkeit** sind entsprechend § 1577 Abs. 2 Satz 1 BGB in der Höhe anrechnungsfrei, in der der volle Unterhaltsbedarf – also Quotenunterhalt nebst (insb. trennungsbedingtem) Mehrbedarf – über den vom Pflichtigen geschuldeten Billigkeitsunterhalt hinausgeht und nicht durch eigene andere anrechenbare Einkünfte gedeckt ist. Die restlichen überobligationsmäßig erzielten Einkünfte sind anzurechnen – und zwar im Wege der Differenzmethode –, jedoch nur soweit dies der Billigkeit entspricht, und dies heißt i. d. R. nur anteilig (BGH, FamRZ 1983, 146; Wendl/*Gutdeutsch* § 4 Rn. 949, 952).

125   Der BGH (FamRZ 2008, 1600; ebenso Wendl/*Gerhardt* § 1 Rn. 479, 486, 494) rechnet beim Trennungsunterhalt zunächst grds. nicht den vollen objektiven **Wohnwert** an, sondern lediglich einen Betrag, den der im Familienheim verbleibende Ehegatte an Miete für eine kleinere eheangemessene Wohnung aufwenden müsste. Dieser Wert ist sowohl beim Bedarf als auch bei der Bedürftigkeit maßgebend.

126   Eine früher übliche starre Drittelobergrenze, die auf der Überlegung beruhte, vom Einkommen werde angemessenerweise etwa ein Drittel für den Wohnbedarf eingesetzt, wird vom BGH abgelehnt (BGH, FamRZ 2007, 879, 881). Jedoch ist das Ergebnis der Unterhaltsberechnung auf seine Angemessenheit zu überprüfen und ggf. zu korrigieren (BGH, FamRZ 1998, 899, 902), und bei dieser Überprüfung hat der BGH auch insb. darauf abgestellt, ob dem Berechtigten ausreichende Barmittel zur Verfügung stehen (BGH, FamRZ 1998, 899, 902), was i. d. R. zu vergleichbaren Ergebnissen führen dürfte.

127   Die Anrechnung des vollen Wohnwerts kommt in Betracht, wenn ein Umzug, eine Untervermietung oder eine Vermögensumschichtung verlangt werden kann. Im ersten Trennungsjahr ist dies grds. nicht der Fall (BGH, FamRZ 1989, 1160; Niepmann/*Schwamb* Rn. 387) und grds. auch in der folgenden Trennungszeit nicht (BGH, FamRZ 2000, 351, 353; Niepmann/*Schwamb* Rn. 387), falls nicht das Scheitern der Ehe schon feststeht, sodass die Bereithaltung der größeren Wohnung zur eventuellen Wiederaufnahme der Ehe nicht mehr sinnvoll ist (BGH, FamRZ 2000, 351, 353). Der BGH geht davon aus, dass **ab Rechtshängigkeit des Scheidungsantrages** eine Wiederherstellung der ehelichen Lebensverhältnisse nicht mehr zu erwarten ist und hält eine Ausnahme von der Anrechnung des vollen Mietwertes für nicht mehr gerechtfertigt (BGH, FamRZ 2008, 963). Die privilegierte Bewertung endet außerdem mit der »**Entwidmung**« als Familienheim, z. B. durch die Aufnahme eines neuen Partners (Wendl/*Gerhardt* § 1 Rn. 480).

128   Prägende Zins- und Tilgungsleistungen der Hausfinanzierung sind beim Bedarf abzuziehen (BGH, FamRZ 2007, 879, 881), nach der Rechtsprechung des BGH der **Tilgungsanteil** – auch bei der Bedarfsbemessung (BGH, FamRZ 2008, 965, 965) – allerdings nur so lange, wie auch der andere Ehegatte von der mit der Tilgung verbundenen Vermögensbildung im konkreten Fall profitiert, was bei einer Gütertrennung überhaupt nicht und beim Güterstand der Zugewinngemeinschaft ab Zustellung des Scheidungsantrags nicht mehr der Fall ist (BGH, FamRZ 2008, 963, 965; BGH, FamRZ 2009, 23, 24).

129   Lasten können nur bis zur Höhe der Summe der eigenen Einkünfte berücksichtigt werden, nicht dagegen bei überschießenden Beträgen den Bedarf erhöhen (BGH, FamRZ 2007, 879, 882). Eine, der Höhe nach begrenzte, Berücksichtigung kommt allerdings unter dem Gesichtspunkt der sekundären Altersvorsorge in Betracht: Die Rechtsprechung erkennt sowohl für den Pflichtigen (BGH, FamRZ 2009, 770, 774; BGH, FamRZ 2009, 1207, 1209) wie den Berechtigten (BGH, FamRZ 2005, 1817, 1822) eine über die primäre Alterssicherung hinausgehende »sekundäre« Altersvorsorge unterhaltsrechtlich an, der Höhe nach in Anlehnung an den Höchstfördersatz der sog. Riesterrente bis zu 4 % des Gesamtbruttoeinkommens des Vorjahres, allerdings nur, soweit der vorrangige

Elementarunterhalt aufgebracht werden kann und vorbehaltlich einer abschließenden Angemessenheitsprüfung (BGH, FamRZ 2005, 1817, 1821; zur Höhe: BGH, FamRZ 2009, 1391, 1395 f.). Die zusätzliche Altersvorsorge wird nicht durch die Beitragsbemessungsgrenze der gesetzlichen Rentenversicherung beschränkt, sondern ist anhand des gesamten Bruttoeinkommens zu berechnen (BGH, FamRZ 2009, 1300, 1306). Ab dem Eintritt in das Rentenalter scheidet eine Berücksichtigung von Leistungen für eine zusätzliche Altersversorgung grundsätzlich aus, wobei Ausnahmen in Betracht kommen, wenn die bisherige Altersversorgung unzureichend ist (BGH, FamRZ 2012, 956, 958).

Diese Grundsätze gelten »jedenfalls unter Berücksichtigung der jüngsten Kürzungen der Beamtenpensionen« (so BGH, FamRZ 2009, 770, 774) auch für Beamte.

Die Form der Altersvorsorge ist grds. dem Betroffenen überlassen (BGH, FamRZ 2005, 1817, 1821; BGH, FamRZ 2006, 1511, 1514; BGH, FamRZ 2012, 956, 958), und auch die Lasten für einen zur Finanzierung einer Immobilie aufgenommenen Kredit (BGH, FamRZ 2007, 891, 881 f.; BGH, FamRZ 2008, 963, 966) können anerkannt werden. Nur tatsächlich getätigte, nicht aber fiktive Aufwendungen können berücksichtigt werden (BGH, FamRZ 2003, 860, 863; BGH, FamRZ 2007, 793, 795).

Die Verweisung des Berechtigten auf den Verbrauch des Vermögens ist beim Ehegattenunterhalt nur **130** für den nachehelichen Unterhalt ausdrücklich gesetzlich geregelt, und zwar in § 1577 Abs. 1 und 3 BGB. **Einkünfte aus** dem Vermögen sind gem. § 1577 Abs. 1 BGB auf den Bedarf anzurechnen. Gem. § 1577 Abs. 3 BGB braucht der Berechtigte den **Stamm** des Vermögens nicht zu verwerten, soweit die Verwertung unwirtschaftlich oder unter Berücksichtigung der beiderseitigen wirtschaftlichen Verhältnisse unbillig wäre. Für den Trennungsunterhalt gilt grds. Entsprechendes, allerdings unter Berücksichtigung seiner Besonderheiten (BGH, FamRZ 2005, 97, 99). Die Einsatzpflicht ist eine Zumutbarkeitsfrage, bei der auch zu beachten ist, ob durch eine – auch teilweise – Verwertung des Vermögens die Wiederaufnahme der ehelichen Lebensgemeinschaft gefährdet wird. Schlechter als bei § 1577 Abs. 3 BGB darf der Berechtigte während der Trennungszeit jedenfalls nicht stehen. Ist das Vermögen zu verwerten, soll insb. die Obliegenheit in Betracht kommen, von dem Vermögen eine Leibrente zu erwerben, aus der regelmäßige Zahlungen fließen (Wendl/*Gutdeutsch* § 4 Rn. 961).

Das häufig entscheidende Problem der Bedürftigkeit ist die Frage, ob den Getrenntlebenden eine **131** **Erwerbsobliegenheit** trifft. Dies ist für den Trennungsunterhalt in § 1361 Abs. 2 BGB geregelt: Der nichterwerbstätige Ehegatte kann nur dann darauf verwiesen werden, seinen Unterhalt durch Erwerbstätigkeit selbst zu verdienen, wenn dies von ihm nach seinen persönlichen Verhältnissen, insb. wegen einer früheren Erwerbstätigkeit unter Berücksichtigung der Dauer der Ehe, und nach den wirtschaftlichen Verhältnissen beider Ehegatten erwartet werden kann. Erforderlich ist eine **Gesamtwürdigung** der einzelnen Umstände (BGH, FamRZ 2005, 23, 24). I. d. R. sind die Anforderungen an die Erwerbsobliegenheit schwächer als beim nachehelichen Unterhalt, grds. jedenfalls nicht höher (BGH, FamRZ 1990, 283, 285; Staudinger/*Voppel* § 1361 Rn. 201; Wendl/*Bömelburg* § 4 Rn. 33).

Zu den maßgeblichen **persönlichen Verhältnissen** gehören insb.: **132**

Die **Dauer der Trennung.** Um die Trennung nicht zu verfestigen, besteht i. d. R. im ersten Jahr der Trennung keine Pflicht zur Aufnahme einer Erwerbstätigkeit (BGH, FamRZ 1990, 283, 286). Danach nähern sich die Maßstäbe denjenigen der §§ 1569 ff. BGB an (BGH, FamRZ 1990, 283). Insofern wirken sich auch die Verschärfungen bei §§ 1569 ff. BGB durch das UÄndG 2007 aus (Wendl/*Bömelburg* § 4 Rn. 35).

Die **Dauer der Ehe.** Bei längerer Ehezeit ist die Übergangszeit im Hinblick auf zunehmende Verflechtungen ebenfalls länger, bei kurzer Ehezeit umgekehrt (Wendl/*Bömelburg* § 4 Rn. 40).

Eine **frühere Erwerbstätigkeit.** Maßgeblich ist insb. die Dauer der früheren Erwerbstätigkeit und wie lange sie zurückliegt. Eine nur kurze Berufspause spricht für eine kürzere Übergangszeit.

Kinderbetreuung. Bei der Betreuung von Kindern sind Alter und Zahl der Kinder jedenfalls wie bei § 1570 BGB maßgebend. Dabei ist i. d. R. eine großzügigere Beurteilung im Vertrauen auf den Fortbestand der ursprünglich gemeinsamen Planung angebracht.

Bei engen **wirtschaftlichen Verhältnissen** der Ehegatten ist die Aufnahme einer Erwerbstätigkeit eher zu erwarten (Staudinger/*Voppel* § 1361 Rn. 221; Wendl/*Bömelburg* § 4 Rn. 47).

Arbeitsplatzrisiko. Wenn eine Teilzeittätigkeit ausgeübt wird, kann zwar, soweit die übrigen Voraussetzungen vorliegen, die Aufgabe einer krisensicheren Teilzeitstelle für eine noch unsichere Vollzeitarbeit verlangt werden. Allerdings muss der Verpflichtete dann auch das Risiko mittragen, dass die Vollzeitstelle verloren geht und der Berechtigte in die Teilzeitstelle nicht zurückkehren kann (Niepmann/*Schwamb* Rn. 456; OLG Frankfurt am Main, FamRZ 2000, 25).

Berechtigte Ausbildung. Keine Erwerbsobliegenheit besteht auch, soweit der Bedürftige sich berechtigterweise ausbilden lässt (Wendl/*Bömelburg* § 4 Rn. 45 f.; Niepmann/*Schwamb* Rn. 457). Dies ist der Fall, wenn die Ausbildung dem gemeinsamen Lebensplan der Eheleute entspricht (BGH, FamRZ 1985, 782) oder wenn die Voraussetzungen von §§ 1574 Abs. 3, 1573 Abs. 1 BGB (s. hierzu Rdn. 486–504) vorliegen (BGH, FamRZ 2001, 350; Wendl/*Bömelburg* § 4 Rn. 46). Das Vorliegen der Voraussetzungen des § 1575 BGB soll beim Trennungsunterhalt dagegen allein i. d. R. nicht reichen, da dieser den Ausgleich ehebedingter Nachteile bezweckt (BGH, FamRZ 2001, 350, 351). Anderes soll jedoch in den Fällen in Betracht kommen, in denen das Scheitern der Ehe feststeht (BGH, FamRZ 2001, 350, 351).

Sonstige Umstände. Nach einer Entscheidung des OLG Köln (FamRZ 1999, 853; s. a. OLG Hamm, FamRZ 1995, 1580; ebenso Koch/*Koch* Rn. 2049) führt der Umstand, dass jahrelang Trennungsunterhalt gezahlt wird, obwohl die Voraussetzungen des § 1361 BGB nicht vorgelegen haben, zu einem Vertrauenstatbestand, der zwar nicht von einer Erwerbsobliegenheit befreit, jedoch zu einer »nicht zu kurz bemessenen« Übergangsfrist führt, während der eine Anrechnung fiktiver Einkünfte ausscheidet.

dd) Leistungsfähigkeit

133   Für den nachehelichen Unterhalt regelt § 1581 BGB die Frage der Leistungsunfähigkeit. Die Vorschrift ist mangels entsprechender Regelung beim Trennungsunterhalt grds. entsprechend anwendbar (BVerfG, FamRZ 2002, 1397; BGH, FamRZ 1986, 260; Wendl/*Bömelburg* § 4 Rn. 76).

134   Die **Erwerbsobliegenheit** des Pflichtigen bestimmt sich beim nachehelichen Unterhalt nach den Kriterien des § 1574 Abs. 2 BGB, die für den Pflichtigen entsprechend gelten (Palandt/*Brudermüller* § 1574 Rn. 2). Dessen Grenzen sind auch beim Trennungsunterhalt zu beachten (Koch/*Koch* Rn. 2050), wobei zudem die Kriterien des § 1361 Abs. 2 BGB ebenso zu berücksichtigen sind wie der Umstand, dass die Ehegatten während der Trennungszeit ein höheres Maß an Verantwortung füreinander haben (vgl. BGH, FamRZ 1986, 556, 557).

135   Die Leistungsfähigkeit des Pflichtigen ist nach § 1581 BGB nicht erst berührt, wenn der sog. Selbstbehalt unterschritten wird, sondern schon dann, wenn der eigene Unterhalt, der dem vollen eheangemessenen Bedarf bei Halbteilungsgrundsatz entspricht, beeinträchtigt wird (BGH, FamRZ 1990, 260). Schon dann wird nur noch Billigkeitsunterhalt geschuldet (BGH, FamRZ 1990, 260). Im Zweifel bietet sich der **Quotenunterhalt** ohne Berücksichtigung von trennungsbedingtem Mehrbedarf als »billig« an (vgl. Rdn. 143–155).

136   Auch bei der Beurteilung der Leistungsfähigkeit des Unterhaltsschuldners für den Ehegattenunterhalt ist der **Kindesunterhalt** nach der Rechtsprechung des BGH mit dem um das (anteilige) Kindergeld geminderten Zahlbetrag (nicht Tabellenbetrag) abzuziehen (BGH, FamRZ 2009, 1300, 1304 ff.; BGH, FamRZ 2009, 1391, 1396 zum nachehelichen Unterhalt).

Die Entlastung der Barunterhaltspflicht ggü. minderjährigen Kindern durch das hälftige Kindergeld führt bei dieser Berechnung zu einem höheren Ehegattenunterhalt und kann sich dabei im Rahmen eines Anspruchs auf Ehegattenunterhalt in einer Gesamtschau nach seiner Berechnung (nicht 3/7, sondern 45 %) von 92 € (184,00 € Kindergeld ÷ 2) auf bis zu 50,60 € (92 € - [184,00 € Kindergeld ÷ 2 × 45 % =] 41,40 € höherer Ehegattenunterhalt) vermindern. **Kosten der Ausübung des Umgangsrechts**, die deutlich über den verbleibenden Anteil hinausgehen, können nach Ansicht des BGH durch einen – teilweisen – Abzug vom Einkommen oder eine Erhöhung des Ehegattenselbstbehalts berücksichtigt werden (BGH, FamRZ 2009, 1391, 1396).

Die **Selbstbehaltsgrenze** lässt sich nicht unmittelbar dem Gesetz entnehmen. Die Leitlinien waren   137
früher uneinheitlich. Nachdem der BGH (auch) zum Trennungsunterhalt entschieden hat, i. d. R. sei auf den Betrag abzustellen, der zwischen dem angemessenen und dem notwendigen Selbstbehalt liegt (BGH, FamRZ 2009, 404, 405), gehen auch sämtliche Leitlinien unter Nr. 21.4 von einem entsprechenden Betrag von 1.100,00 € aus (seit 01.01.2013; zuvor: 1.050,00 €). Ist der Pflichtige nicht erwerbstätig, hat ihm grds. der Mittelwert zwischen dem notwendigen Selbstbehalt für Nichterwerbstätige – 800,00 € – und dem angemessenen Selbstbehalt – 1.200,00 € – zu verbleiben (BGH, FamRZ 2009, 307, 308), also 1.100,00 €.

Eine quotenmäßige Berücksichtigung eines Erwerbsbonus wie bei der Bedarfsberechnung erfolgt   138
bei der Leistungsfähigkeit nicht (BGH, FamRZ 2014, 912, 915; BGH, FamRZ 2013, 1366, 1372; Wendl/*Gutdeutsch* § 5 Rn. 30).

Die Rechtsprechung der Oberlandesgerichte ist insb. zur Frage uneinheitlich gewesen, ob bei einem   139
kleinere Kinder betreuenden Ehegatten von der Regel abweichend nur der notwendige Selbstbehalt gilt oder der Mittelwert. Der BGH ist der Auffassung, dass auch beim auf Betreuung gestützten Trennungsunterhalt auf den Mittelwert abzustellen ist (BGH, FamRZ 2009, 311, 313).

Eine Herabsetzung des Selbstbehalts kann in Betracht kommen, wenn der Pflichtige nicht alleine   140
lebt und durch eine **gemeinsame Haushaltsführung Ersparnisse** eintreten (BGH, FamRZ 2009, 314, 317 zum Kindesunterhalt). Dies setzt voraus, dass auch der Lebensgefährte über ausreichende Einkünfte, und sei es nur aus eigenem Sozialhilfebezug, verfügt, um sich an den Kosten der Lebensführung zu beteiligen (BGH, FamRZ 2008, 594). Umfang und Höhe der Ersparnisse sind vom Tatrichter festzustellen (BGH, FamRZ 2009, 314, 317). Sie wurden in der Praxis sehr unterschiedlich angenommen (Übersicht *Hütter* FamRZ 2009, 5, 6). Die Bandbreite reichte bis 27 % des Selbstbehalts. Ersparnisse sollten nicht einem Partner der Haushaltsgemeinschaft allein zugerechnet werden (OLG Hamm, FamRZ 2005, 1113, vgl. auch BGH, FamRZ 2010, 802, 805). In Anlehnung an § 20 Abs. 3 SGB II erscheint eine Kürzung um 10 % meist als angemessen. Dies entspricht auch der Auffassung des BGH (BGH, FamRZ 2012, 281, 287) und hat sich in der Praxis inzwischen weitgehend durchgesetzt. Untere Grenze der Herabsetzung ist das nach sozialhilferechtlichen Kriterien bemessene Existenzminimum (BGH, FamRZ 2008, 594, 597). Eine Berücksichtigung kann zweifelhaft sein, wenn die Ersparnisse zunächst nur den trennungsbedingten Mehrbedarf ausgleichen (vgl. *Gutdeutsch* FamRZ 2008, 2240).

Das Gesetz geht davon aus, dass **Schulden** die Leistungsfähigkeit mindern können. Bei der Be-   141
messung des i. R. d. Leistungsfähigkeit relevanten Einkommens ist auf Schulden des Pflichtigen ist in angemessener Weise Bedacht zu nehmen. Ob sie zu berücksichtigen sind, ist unter umfassender Interessenabwägung der Belange der Ehegatten und anderer Beteiligter (Drittgläubiger) zu entscheiden (BGH, FamRZ 2002, 536, 537 f.). Insb. kommt dem Umstand Bedeutung zu, ob die Schulden noch zur Zeit des Zusammenlebens entstanden sind und aus der gemeinsamen Lebensführung herrühren (BGH, NJW 1982, 232).

Gegen die Berücksichtigung von Tilgungsleistungen kann sprechen, dass grds. der Unterhaltsschuldner nicht zulasten des Unterhaltsgläubigers Vermögen bilden soll (BGH, FamRZ 2008, 963, 965). I. d. R. ist beim Trennungsunterhalt ein großzügigerer Abzug als beim nachehelichen Unterhalt angebracht (BGH, FamRZ 1991, 1163).

Im Rahmen der Interessenabwägung ist auch zu prüfen, ob den Pflichtigen wegen der Möglichkeit der Restschuldbefreiung die Obliegenheit trifft, seine Leistungsfähigkeit dadurch zu erhöhen, dass er sich ggü. seinen anderen Gläubigern auf die Pfändungsgrenzen des § 850c ZPO beruft und ggf. Antrag auf deren Erhöhung nach § 850f ZPO stellt. Dies ist beim Trennungsunterhalt jedoch nicht zumutbar (BGH, FamRZ 2008, 497).

142 Gem. § 1581 Satz 2 BGB hat der unterhaltspflichtige geschiedene Ehegatte grds. auch den **Vermögensstamm** einzusetzen, soweit dies nicht unwirtschaftlich oder unbillig ist. Für den Trennungsunterhalt fehlt eine entsprechende Vorschrift. Eine analoge Anwendung der Vorschriften über den nachehelichen Unterhalt (s. Rdn. 584) kommt nur unter Berücksichtigung der stärkeren Verantwortung der Ehegatten füreinander in Betracht (BGH, FamRZ 2009, 307, 308 f.).

c) Berechnungsmethoden und Erwerbsbonus

143 Nach ständiger Rechtsprechung steht beiden Ehegatten grds. die Hälfte des verteilungsfähigen Einkommens zu (Halbteilungsgrundsatz) (BGH, FamRZ 2012, 1040, 1045; BVerfG, FamRZ 2011, 437, 440).

144 I. d. R. wird der Bedarf als Quote der die Ehe prägenden anrechenbaren Gesamteinkünfte errechnet. D. h. das, ggf. um einen Erwerbsbonus (s. Rdn. 153) reduzierte, Einkommen beider Ehegatten wird addiert und entsprechend dem Halbteilungsgrundsatz durch zwei geteilt. Erzielen beide Ehegatten Einkünfte, wird zur Vereinfachung meist die Differenzmethode angewandt, die allerdings nicht den Bedarf, sondern gleich die Bedürftigkeit errechnet, d. h. den offenen Bedarf.

145 ▶ **Beispiel ohne Erwerbsbonus:**

Einkommen M: 2.400,00 €

Einkommen F: 2.000,00 €

Bei Additionsmethode:

Addiertes Einkommen: 4.400,00 €

Bedarf F: (4.400,00 € ÷ 2) 2.200,00 €

Bedürftigkeit F: (Bedarf 2.200,00 € - eigenes Einkommen 2.000,00 €) 200,00 €

Bei Differenzmethode:

Differenz (2.400,00 € - 2.000,00 €): 400,00 €

Offener Bedarf (= Bedürftigkeit) F: (400,00 € ÷ 2) 200,00 €

146 ▶ **Beispiel mit Erwerbsbonus:**

Einkommen M: 2.800,00 €

Einkommen F: 2.100,00 €

Bei Additionsmethode:

Einkommen bereinigt um Erwerbsbonus (jeweils × 6/7):

Einkommen M: 2.400,00 €

Einkommen F: 1.800,00 €

Addiertes Einkommen: 4.200,00 €

Bedarf F: (4.200,00 € ÷ 2) 2.100,00 €

Bedürftigkeit F (Bedarf 2.100,00 € - eigenes Einkommen 1.800,00 €): 300,00 €

▶ **Bei Differenzmethode:**   147

Einkommen M: 2.800,00 €

Einkommen F: 2.100,00 €

Differenz: (2.800,00 € - 2.100,00 €) 700,00 €

Offener Bedarf (= Bedürftigkeit) F: (700,00 € × 3/7) 300,00 €

Verfügt der Unterhaltsberechtigte über Einkünfte, die die ehelichen Lebensverhältnisse nicht ge-   148
prägt haben (s. Rdn. 117), werden diese nicht bedarfserhöhend, sondern nur bedarfsdeckend berücksichtigt, indem sie vom Bedarf im Wege der Anrechnungsmethode abgezogen werden.

▶ **Beispiel Anrechnungsmethode:**   149

Einkommen M: 3.000,00 €

Nicht bedarfsprägendes Einkommen F: 500,00 €

Bedarf F: (3.000,00 € ÷ 2): 1.500,00 €

Offener Bedarf F: (1.500,00 € - 500,00 €): 1.000,00 €

Erzielt der Unterhaltsberechtigte sowohl bedarfsprägende als auch nicht prägende Einkünfte, erfolgt   150
eine **Mischberechnung:**

▶ **Beispiel:**

Einkommen M: 2.600,00 €

Bedarfsprägendes Einkommen F: 1.200,00 €

Nicht bedarfsprägendes Einkommen F: 300,00 €

Bedarf F: (Differenzmethode) (2.600,00 € - 1.200,00 € = 1.400,00 €; ÷ 2): 700,00 €

Offener Bedarf F: (Anrechnungsmethode) (700,00 € - 300,00 €): 400,00 €

Es gibt grds. keine Sättigungsgrenze des Bedarfs (BGH, FamRZ 1983, 150; BGH, FamRZ 2010,   151
1637, 1639; BGH, FamRZ 2012, 947, 949). Ist das laufende Einkommen jedoch so hoch, dass es
während der Ehe nicht vollständig verbraucht, sondern mit ihm auch Vermögensbildung betrieben
wurde, ist der Unterhalt konkret nach den Kosten zu berechnen, die der Berechtigte benötigt, um
den in der Ehe erreichten Lebensstandard aufrechterhalten zu können (BGH, FamRZ 2005, 97,
98). Bis zu welchem Einkommen ein Quotenunterhalt geltend gemacht werden kann und ab wann
eine konkrete Berechnung erforderlich ist, bestimmt sich nach den Umständen des Einzelfalls, insb.
danach, ob Vermögensbildung betrieben wurde. Als Anhaltspunkt für die Grenze des Gesamteinkommens für den Quotenunterhalt kann die Spitze der obersten Einkommensgruppe der Düsseldorfer Tabelle genommen werden, derzeit also 5.100,00 €, wobei Teile der Leitlinien hierbei auf das
Gesamteinkommen der Ehegatten abstellen (OLG Hamm und Oldenburg jeweils Nr. 15.3), andere
5.100,00 € je Ehegatten, zusammen also 10.200,00 € ansetzen (OLG Koblenz Nr. 15.3) und der
BGH die 5.100,00 € als die Höchstgrenze des vom Einkommen des besser verdienenden Ehegatten
abgeleiteten Quotenunterhalts nimmt (BGH, FamRZ 2010, 1637, 1639; siehe aber auch BGH,
FamRZ 2012, 947, 949). Andere stellen auf den Bedarf ab, bei dem nach den Leitlinien des OLG
Frankfurt am Main die Grenze bei 2.500,00 € liegen soll, nach den Leitlinien des OLG Jena bei
2.200,00 €, nach Gerhardt (Wendl/*Gerhardt* § 4 Rn. 766; ebenso FA-FamR/*Maier* Kap. 6 Rn. 557)
bei 5.000,00 € und nach OLG Karlsruhe bei 4.500,00 € (OLG Karlsruhe, FamRZ 2010, 655).

Hierin ist der Altersvorsorgeunterhalt nicht enthalten, vielmehr ist unabhängig davon, wie die Bedarfsbemessung im Einzelfall erfolgt, der auf Altersvorsorge gerichtete Bedarf als Teil des gesamten
Lebensbedarfs zusätzlich zu berücksichtigen (BGH, FamRZ 2012, 947, 949 f.).

152 Bei der Bemessung des konkreten Bedarfs sind alle zur Aufrechterhaltung des ehelichen Lebensstandards benötigten Kosten zu berücksichtigen und darzulegen. Es soll allerdings ein objektiver Maßstab anzulegen und übertriebener Aufwand nicht zu berücksichtigen sein (BGH, FamRZ 2007, 1532).

153 Beim Ehegattenunterhalt wird auf Einkünfte aus Erwerbstätigkeit von der Rechtsprechung ein **Erwerbsbonus** zugebilligt (BGH, FamRZ 2007, 879; ablehnend Teile der Lit., etwa Wendl/*Gerhardt* § 4 Rn. 781), nach den Leitlinien der meisten OLG 1/7 (u. a. Hamm, Düsseldorf, Köln, Kammergericht, Bremen, Celle, Dresden, Frankfurt, Hamburg, Jena, Koblenz, Oldenburg, Rostock, Schleswig), insb. nach den Süddeutschen Leitlinien 1/10 (ebenso Naumburg und 3. Senat Brandenburg). Der Abzug gilt für beide Ehegatten und erfolgt erst nach Abzug der sonstigen zu berücksichtigenden Positionen wie Kindesunterhalt oder Schulden (Wendl/*Gerhardt* § 4 Rn. 773, 778 und 819; Niepmann/*Schwamb* Rn. 14). Werden sowohl Erwerbseinkünfte als auch Nichterwerbseinkünfte erzielt, erfolgt der Abzug der Schulden i. d. R. vom Erwerbseinkommen; es kommt aber auch ein anteiliger Abzug in Betracht (Niepmann/*Schwamb* Rn. 14; zu Mischeinkünften s. a. Wendl/*Gutdeutsch* § 4 Rn. 826 ff.).

154 Der Erwerbsbonus bezweckt einen Arbeitsanreiz und die Abgeltung nicht genauer quantifizierbarer Aufwendungen (BGH, FamRZ 1992, 539, 541; Wendl/*Gerhardt* § 4 Rn. 773, 780). Er ist weder beim Krankengeld (BGH, FamRZ 2009, 307, 308), Arbeitslosengeld (BGH, FamRZ 2009, 307, 308) noch bei einer als Ersatz für weggefallenes Arbeitseinkommen vom Arbeitgeber gezahlten und auf einen längeren Zeitraum umzulegenden Abfindung (BGH, FamRZ 2007, 983) in Abzug zu bringen.

155 Der BGH lehnt die Berücksichtigung eines Erwerbsbonus bei konkreter Bedarfsbemessung ab (BGH, FamRZ 2011, 192; ebenso OLG Köln, FamRZ 2002, 326; Wendl/*Gerhardt* § 4 Rn. 769; a. A. OLG Hamm, FamRZ 2008, 1184; Niepmann/*Schwamb* Rn. 3).

d) Verwirkung gem. §§ 1361 Abs. 3, 1579 BGB

156 Wegen grober Unbilligkeit kann der nacheheliche Unterhalt aus den in § 1579 Nr. 1 bis 8 BGB enumerativ aufgezählten Gründen verwirkt sein. Dabei sind § 1579 Nr. 2 bis 8 BGB beim Trennungsunterhalt entsprechend anzuwenden, § 1361 Abs. 3 BGB. § 1579 ist nur entsprechend anwendbar, die Auslegung der Härtegründe muss nicht immer mit der beim nachehelichen Unterhalt übereinstimmen. Dies beruht darauf, dass während der Zeit der Trennung die Ehe noch besteht und damit auch die Verantwortung der Eheleute füreinander (MüKo/*Weber-Monecke* § 1361 Rn. 62; vgl. BGH, FamRZ 2008, 1414, 1416). Wegen der Einzelheiten zu § 1579 Nr. 2 bis 8 BGB s. Rdn. 62–656.

e) Befristung und Herabsetzung

157 Für eine entsprechende Anwendung des § 1578b BGB auf den Trennungsunterhalt hat der Gesetzgeber keine Notwendigkeit gesehen (BT-Drucks. 16/1830, S. 16). Eine Befristung kommt dementsprechend nicht in Betracht (Palandt/*Brudermüller* § 1361 Rn. 2; Koch/*Koch* Rn. 2064).

158 Streitig ist jedoch, ob – jedenfalls in Ausnahmefällen – eine Herabsetzung möglich ist (so *Graba*, FamRZ 2008, 1217, 1220 f.; dagegen OLG Düsseldorf, FamRZ 2008, 1539; Koch/*Koch* Rn. 2064; offen gelassen von OLG Bremen, FamRZ 2009, 1415).

159 Zur Herabsetzung nach § 1578b BGB s. Rdn. 626–629.

f) Trennungsbedingter Mehrbedarf

160 Trennungsbedingter Mehrbedarf entsteht insb. durch getrennte Wohnungen (FA-FamR/*Maier* Kap. 6 Rn. 449), zusätzlichen Hausrat und erhöhte Lebenshaltungskosten, aber auch VKH-Raten aus dem laufenden Scheidungsverfahren (OLG Hamm, FamRZ 1996, 166).

Er wird nach bisher wohl überwiegender Meinung in Literatur (Niepmann/*Schwamb* Rn. 447)   161
und – allerdings alter – Rechtsprechung (BGH, FamRZ 1982, 255, 257) von § 1361 BGB erfasst, was inzwischen allerdings angezweifelt bzw. abgelehnt wird (Wendl/*Gerhardt* § 4 Rn. 406;
FA-FamR/*Maier* Kap. 6 Rn. 450; kritisch schon *Graba*, FamRZ 2002, 857). Jedenfalls kann er auch
nach bisheriger Rechtsprechung beim Quotenunterhalt i. d. R. nur geltend gemacht werden, wenn
nichtprägende Einkünfte vorhanden sind (BGH, FamRZ 1995, 343, 344; so auch MüKo/*Weber-
Monecke* § 1361 Rn. 8). Dies sichert i. d. R. eine angemessene Verteilung der Gesamteinkünfte, denn
in den meisten Fällen ist es zumutbar, dass jeder seinen Mehrbedarf selbst trägt (vgl. Wendl/*Bömelburg* § 4 Rn. 72; Niepmann/*Schwamb* Rn. 447; Staudinger/*Voppel* § 1361 Rn. 31), insb. weil auch
die Leistungsfähigkeit des Pflichtigen im Zweifel berührt wird, da auch sein angemessener Unterhalt
durch trennungsbedingten Mehrbedarf betroffen ist.

Der BGH hat verlangt, dass der Mehrbedarf ausdrücklich geltend gemacht (BGH, FamRZ 1985,   162
374, 376) und, auch wenn Schätzungen gem. § 113 Abs. 1 Satz 2 FamFG i. V. m. § 287 ZPO möglich sind, konkret dargelegt wird (BGH, FamRZ 1995, 346).

g) Altersvorsorgeunterhalt

Altersvorsorgeunterhalt wird beim Trennungsunterhalt gem. § 1361 Abs. 1 Satz 2 BGB geschuldet.   163
Beim Trennungsunterhalt gehört er dann zum Unterhalt, wenn ein Scheidungsverfahren anhängig
ist. Bei der Anhängigkeit wird in Anpassung an § 1587 Abs. 2 BGB auf den Beginn des Monats abgestellt, in dem der Scheidungsantrag rechtshängig wird (BGH, FamRZ 1981, 442; BGH, FamRZ
1982, 781).

I. Ü. gilt das Gleiche wie beim nachehelichen Unterhalt, und es wird auf Rdn. 663–680 verwiesen.   164

h) Kranken- und Pflegevorsorgeunterhalt

Für den nachehelichen Unterhalt bestimmt § 1578 Abs. 2 BGB, dass zum Bedarf auch die Kosten   165
einer angemessenen Versorgung für den Fall der Krankheit und der Pflegebedürftigkeit gehören. In
entsprechender Anwendung von § 1578 Abs. 2 BGB erfasst auch der Trennungsunterhalt Kranken-
und Pflegevorsorgebeiträge, soweit diese erforderlich sind, insb. wenn der Bedürftige nicht selbst
gesetzlich versichert oder in der gesetzlichen Familienversicherung des Ehegatten mitversichert ist
(Wendl/*Gutdeutsch* § 4 Rn. 900; Niepmann/*Schwamb* Rn. 393; FA-FamR/*Maier* Kap. 6 Rn. 435).

Besteht nach § 1361 BGB kein Anspruch auf Elementarunterhalt, wird auch kein Kranken- und   166
Pflegevorsorgeunterhalt geschuldet (Wendl/*Gutdeutsch* § 4 Rn. 900).

Der Vorsorgeunterhalt ist ein unselbstständiger Bestandteil des einheitlichen Unterhaltsanspruches   167
(BGH, FamRZ 2007, 1532, 1537). Er muss dennoch ausdrücklich geltend gemacht werden (Niep-
mann/*Schwamb* Rn. 398).

I. Ü. gilt das Gleiche wie beim nachehelichen Unterhalt, und es wird auf Rdn. 659–664 verwiesen.   168

i) Verfahrens-/Prozesskostenvorschuss

Der Trennungsunterhalt erfasst den Anspruch auf Verfahrens-/Prozesskostenvorschuss, § 1361   169
Abs. 4 Satz 4 i. V. m. § 1360a Abs. 4 Satz 1 BGB. Wird der Trennungsunterhalt als Quotenunterhalt
(s. Rdn. 144) bemessen, soll ein Verfahrens-/Prozesskostenvorschuss i. d. R. nicht der Billigkeit entsprechen (Göppinger/*Vogel* Rn. 2648).

3. Vereinbarungen zum Trennungsunterhalt

Ein Verzicht auf künftigen Trennungsunterhalt ist unwirksam, §§ 1360a Abs. 3, 1361 Abs. 4 Satz 4,   170
1614 Abs. 1 BGB. Schwierig ist die Grenzziehung zwischen Teilverzicht und zulässiger Regelung

über die Höhe des Unterhalts. Es besteht ein Angemessenheitsrahmen (BGH, FamRZ 1984, 997). Die Toleranzgrenze liegt zwischen 1/5 und 1/3 (Wendl/*Bömelburg* § 4 Rn. 85; Wendl/*Wönne* § 6 Rn. 611 unter Bezug auf BGH, FamRZ 1984, 997, bei der eine Vereinbarung auf 200 DM Kindesunterhalt bei geschuldeten 315 DM als eindeutig unwirksam angesehen worden ist). Vereinbarungen, keine Unterhaltsansprüche geltend zu machen, sind gleichfalls unwirksam, wenn sie auf einen Verzicht hinauslaufen (BGH, FamRZ 2014, 629, 634; Göppinger/*Hoffmann* Rn. 1477).

Zu Klagearten s. Rdn. 697–720, zu vorläufigem Rechtsschutz s. Rdn. 721–802, zu Rechtsmitteln s. Rdn. 806–903.

Muster: Antrag auf Verpflichtung zur Zahlung von Trennungsunterhalt

171 An das

Amtsgericht

– Familiengericht –

.....[1]

Antrag[2]

der

(Antragstellerin)[3]

Verfahrensbevollmächtigte:[4]

gegen

.....

(Antragsgegner)

wegen: Trennungsunterhalt

vorläufiger Verfahrenswert[5]

.....

Namens und in Vollmacht der Antragstellerin wird beantragt:
1. den Antragsgegner zu verpflichten, an die Antragstellerin ab dem 01.01.2014 einen monatlichen Trennungsunterhalt in Höhe von 698,00 € zu zahlen.
2. Die Kosten des Verfahrens trägt der Antragsgegner.[6]
3. Es wird beantragt, die sofortige Wirksamkeit anzuordnen.[7]

Begründung:[8]

1.

Die Beteiligten haben am ..... geheiratet und leben seit dem ..... getrennt.

Der Antragsgegner ist gemäß § 1361 Abs. 1 Satz 1 BGB verpflichtet, der Antragstellerin Unterhalt in Höhe von monatlich 698,00 € ab dem 01.01.2014 zu zahlen.

2.

Der Antragsgegner verfügt über ein anrechenbares monatsdurchschnittliches Einkommen von insgesamt 2.881,71 €.

a)

Sein monatliches durchschnittliches Erwerbseinkommen in 2013 betrug 3.000,00 €.

– Beweis: Vorlage der Verdienstbescheinigungen der Monate Januar bis Dezember 2013 (Kopie in Anlage 1) –.

b)

Hinzuzurechnen ist Steuererstattung in Höhe von 1.200,00 € mit monatsanteilig 100,00 €.

– Beweis: Vorlage des Einkommensteuerbescheides für 2012 vom 01.07.2013 (Kopie in Anlage 2) –.

c)

Abzuziehen sind notwendige Fahrtkosten zur Arbeit mit dem eigenen PKW für eine einfache Strecke von 8 km mit 88,00 € (8 km × 2 × 0,30 €/km × 220 Tage/12 Monate).

d)

Dem Antragsgegner ist zudem ein angemessener Wohnvorteil in Höhe von 300,00 € zuzurechnen, da er mietfrei in dem ihm gehörenden Haus lebt. Das Haus hat eine Wohnfläche von 150 m². Der objektive Wohnwert beträgt bei einem Mietwert von, laut anliegendem Mietspiegel für die Stadt ..... (Anlage 3), 8,00 €/m² für das in guter Wohnlage

– Beweis: Einholung eines Sachverständigengutachtens –

gelegene Haus 1.200,00 €. Für eine den ehelichen Lebensverhältnissen entsprechende kleinere Wohnung wären danach 800,00 € aufzuwenden.

Abzüglich Lasten in Höhe von 500,00 € für Zins und Tilgung auf den Kredit bei der Sparkasse ....., die sich die Antragstellerin entgegenhalten lässt, da ein Scheidungsantrag noch nicht zugestellt ist, verbleiben anrechenbare 300,00 €.[9]

Das Einkommen aus Erwerbstätigkeit nebst Steuererstattung und abzüglich Fahrtkosten beträgt 3.012,00 € und abzüglich Erwerbsbonus (3.012,00 € × 6/7) 2.581,71 €. Insgesamt einschließlich Wohnvorteil ergeben sich 2.881,71 €.

3.

Dagegen verfügt die Antragstellerin über ein Einkommen aus vollschichtiger Tätigkeit in Höhe von lediglich monatlich 1.800,00 €.

– Beweis: Vorlage der Verdienstbescheinigungen der Monate Januar bis Dezember 2013 (Kopie in Anlage 4) –

abzüglich Fahrtkosten für eine einfache Strecke von 6 km in Höhe von 66,00 € (6 km × 2 × 0,30 €/km × 220 Tage/12 Monate) gleich 1.734,00 € und zu 6/7 angerechnet 1.486,29 €.

4.

Die Differenz der anrechenbaren Einkünfte beträgt 1.395,43 €, von denen der Antragstellerin die Hälfte, also 697,71 € oder rund 698,00 € zustehen.[10]

5.

Die Antragstellerin kann Unterhalt auch schon für die Zeit ab dem 01.01.2014 verlangen, da der Antragsgegner mit Schreiben vom 05.01.2014

– Beweis: Vorlage des Schriftsatzes Rechtsanwälte ..... vom 05.01.2014 (Kopie in Anlage 5) –

aufgefordert wurde, der Antragstellerin zum Zwecke der Geltendmachung von Trennungsunterhalt Auskünfte über seine Einkünfte und sein Vermögen zu erteilen, § 1613 Abs. 1 Satz 1 i. V. m. §§ 1361 Abs. 4 Satz 2, 1360a Abs. 3 BGB.

Unterschrift[11]

Rechtsanwalt

1. Zuständigkeit. Die FamG sind nach §§ 23a Abs. 1 Nr. 1, 23b GVG sachlich zuständig für Familiensachen, zu denen gem. § 111 Nr. 8 FamFG Unterhaltssachen gehören.

Die örtliche Zuständigkeit ist in § 232 FamFG geregelt. Während der Anhängigkeit einer Ehesache ist ausschließlich zuständig für Unterhaltssachen, die die durch die Ehe begründete Unterhaltspflicht betreffen, das Gericht, bei dem die Ehesache im ersten Rechtszug anhängig ist oder war, § 232 Abs. 1 Nr. 1 FamFG. Sofern eine Zuständigkeit nach § 232 Abs. 1 FamFG nicht besteht, bestimmt sich die Zuständigkeit nach den Vorschriften der ZPO mit der Maßgabe, dass in den Vorschriften über den allgemeinen Gerichtsstand an die Stelle des Wohnsitzes (§ 13 ZPO) der gewöhnliche Aufenthalt tritt, § 232 Abs. 3 Satz 1 FamFG. S. i. Ü. Rdn. 182–190.

2. Antragsschrift. Gem. § 113 Abs. 5 Nr. 2 FamFG wird bei der Anwendung der ZPO die Bezeichnung »Klage« durch »Antrag« ersetzt. Die Erhebung des Antrags erfolgt gem. § 113 Abs. 1 Satz 2 FamFG i. V. m. § 253 Abs. 1 ZPO durch die Zustellung eines Schriftsatzes; die Antragsschrift muss dementsprechend bei Gericht schriftlich unter Beifügung der erforderlichen Zahl von Abschriften eingereicht werden, § 113 Abs. 1 Satz 2 FamFG i. V. m. § 253 Abs. 5 Satz 1 ZPO. Ein Antrag zur Niederschrift der Geschäftsstelle gem. § 25 FamFG ist nicht möglich, da diese Vorschrift gem. § 113 Abs. 1 Satz 1 FamFG keine Anwendung findet.

3. Beteiligte. Die Bezeichnung der Beteiligten hat § 113 Abs. 5 FamFG zu entsprechen: Antragsteller und Antragsgegner.

4. Anwaltszwang. Gem. § 114 Abs. 1 FamFG gilt Anwaltszwang.

5. Verfahrenswert. Die Antragsschrift soll die Angabe des Wertes des Streitgegenstandes enthalten, § 113 Abs. 1 Satz 2 FamFG i. V. m. § 253 Abs. 3 Satz 1 ZPO.

Der Streitwert bestimmt sich nach § 51 FamGKG. Maßgeblich ist der geforderte Betrag für die ersten 12 Monate nach Einreichung des Klageantrags, § 51 Abs. 1 Satz 1 FamGKG, zuzüglich der bei Klageeinreichung fälligen Beträge, § 51 Abs. 2 Satz 1 FamGKG, wobei der Einreichung des Klageantrages die Einreichung des Verfahrenskostenhilfeantrages gleichsteht, wenn der Klageantrag alsbald nach Mitteilung der Entscheidung über diesen Antrag eingereicht wird.

6. Kosten. Für das Verfahren als Unterhaltssache gilt die Sonderreglung des § 243 FamFG. Danach entscheidet das Gericht über die Verteilung der Kosten abweichend von den Vorschriften der ZPO in Unterhaltssachen nach billigem Ermessen, § 243 Abs. 1 Satz 1 FamFG.

7. Sofortige Wirksamkeit. Das Gericht kann die sofortige Wirksamkeit anordnen, § 116 Abs. 3 Satz 2 FamFG. Dies hat die Vollstreckbarkeit nach § 120 Abs. 2 FamFG zur Folge. Gem. § 116 Abs. 3 Satz 3 FamFG soll das Gericht die sofortige Wirksamkeit anordnen, soweit die Entscheidung eine Verpflichtung zur Leistung von Unterhalt enthält. S. i. Ü. Rdn. 288-300.

8. Begründung. Die Antragsschrift **muss** gem. § 113 Abs. 1 Satz 2 FamFG i. V. m. § 253 Abs. 2 Nr. 2 ZPO den Gegenstand und den Grund des erhobenen Anspruchs und einen bestimmten Antrag enthalten. Die Regelung des § 23 Abs. 1 Satz 1 FamFG, dass der verfahrenseinleitende Antrag lediglich begründet werden **soll**, ist gem. § 113 Abs. 1 Satz 1 FamFG nicht anwendbar.

Gegenstand und Grund des erhobenen Anspruchs ist der Lebenssachverhalt, auf den der Antrag gestützt wird (Zöller/*Greger* § 253 ZPO Rn. 11 ff.; vgl. Musielak/*Foerste* § 253 ZPO Rn. 25). Der Streitstoff ist so konkretisiert darzulegen, dass er von ähnlichen Sachverhalten unterschieden und abgegrenzt werden kann; anzugeben sind die Tatsachen, die den Streit unverwechselbar festlegen (BGH, NJW-RR 2005, 216; Zöller/*Greger* § 253 ZPO Rn. 12a; Musielak/*Foerste* § 253 ZPO Rn. 26).

Damit der Antrag zulässig ist, braucht der Sachverhalt allerdings nicht bereits in der Antragsschrift vollständig beschrieben oder der Anspruch schlüssig und substantiiert dargelegt zu werden (BGH, NJW-RR 2005, 216).

Erfolg kann der Antrag wiederum nur haben, wenn die Voraussetzungen des Unterhaltsanspruchs schlüssig und substantiiert dargelegt sind. Dabei kann sich der Antragsteller zunächst mit Vortrag zu den Umständen begnügen, für die ihn die Darlegungslast trifft. Dies sind das Grundverhältnis, hier das Getrenntleben der Eheleute, der Bedarf sowie die Bedürftigkeit und, soweit Unterhalts-rückstände geltend gemacht werden sollen, zudem die Voraussetzungen von §§ 1361 Abs. 4 Satz 3 i. V. m. 1360a Abs. 3 i. V. m. 1613 BGB. Da die Darlegungslast in Bezug auf die Leistungsfähigkeit beim Unterschuldner liegt, sind Darlegungen des Antragstellers grds. nur dann erforderlich, wenn der Antragsgegner seine mangelnde Leistungsfähigkeit dargelegt hat. Zur Beschleunigung des Ver-fahrens empfiehlt es sich allerdings jedenfalls in den Fällen, in denen der Schuldner vorprozessual fehlende Leistungsfähigkeit geltend gemacht hat, schon in der Antragsschrift hierzu vorzutragen.

9. Wohnvorteil und Kreditlasten. S. Rdn. 125 ff.

10. Berechnung nach der Differenzmethode. S. Rdn. 144 ff.

11. Unterschrift. Die Antragsschrift muss als sog. bestimmender Schriftsatz eigenhändig unter-schrieben sein, im Anwaltsprozess wie hier durch einen Rechtsanwalt (MüKo/*Becker-Eberhard* § 253 ZPO Rn. 23 m. w. N.).

III. Geschiedenenunterhalt

1. Isoliertes Verfahren

a) Einleitung

Das FamFG ist zum 01.09.2009 in Kraft getreten. Es findet nur auf solche Verfahren Anwendung,   **172** die ab dem 01.09.2009 eingeleitet worden sind oder deren Einleitung bis dahin beantragt worden ist; für die übrigen Verfahren gilt das alte Verfahrensrecht weiter, Art. 111 Abs. 1 FGG-RG. Unbe-fristet und für nicht unerhebliche Zeit sind somit alte wie neue Verfahrensordnung anzuwenden.

Für die Einleitung genügt die Anhängigkeit des Antrags, Rechtshängigkeit ist nicht erforderlich   **173** (Zöller/*Geimer* Einl FamFG Rn. 12). Umstritten ist die Frage, ob bzw. inwieweit ein Antrag auf Be-willigung von Verfahrens-/PKH genügt. Nach einer Auffassung genügt auch ein bis zum 31.08.2009 eingegangener Antrag auf Bewilligung von PKH für das beabsichtigte Verfahren (Musielak/*Borth* FamFG vor § 1 Rn. 95, der auch die analoge Anwendung von § 167 ZPO in Erwägung zieht; Schul-te-Bunert/Weinreich/*Schürmann* FamFG Art. 111 FGG-RG Rn. 11). Nach Ansicht des BGH ist dies allein jedoch nicht ausreichend (BGH, FamRZ 2012, 783; BGH, FamRZ 2012, 962). Nach auch im Übrigen überwiegender Ansicht reicht insbesondere ein unter der Bedingung der Bewilli-gung von VKH/PKH gestellter Antrag nicht (BGH, FamRZ 2012, 962; Kemper/Schreiber/*Friederci* Einleitung Rn. 20). Zutreffend erscheint die differenzierende Ansicht, dass dann, wenn gleichzeitig ein Antrag auf Bewilligung von VKH/PKH und die Antragsschrift eingereicht werden, der gesamte Rechtsstreit anhängig wird, sofern nicht ausdrücklich klargestellt ist, dass der Antrag nur unter der Voraussetzung der Bewilligung von VKH/PKH gestellt sein soll (so OLG Naumburg, Beschl. v. 26.03.2009 – 3 WF 66/09).

Die Übergangsregelung erstreckt sich **einheitlich** auf die Durchführung des Verfahrens in allen In- **174** stanzen gleichermaßen (BT-Drucks. 16/6308, S. 359), meint mit »Verfahren« also das **Verfahren als Ganzes**, und es kommt es auch in höheren Instanzen nach ganz herrschender Meinung (BGH, FamRZ 2010, 357; BGH, FamRZ 2011, 100; Bork/Jacoby/Schwab/*Zorn* Vor § 151 Rn. 22 f.; *Schwamb* FamRB 2009, 386; a. A. *Geimer* FamRB 2009, 386; Prütting/Helms/*Prütting* FamFG, Art. 111 FGG-RG Rn. 6 hat seine in der 1. Aufl. vertretene ablehnende Auffassung nunmehr auf-gegeben) auf die Einleitung des Verfahrens in erster Instanz an. Die Regelung in Art. 111 Abs. 2 FGG-RG (nachträglich eingeführt durch Änderungsgesetz vom 08.04.2009, BGBl. I 2009 S. 723) betrifft nur Bestandsverfahren wie Betreuung, Vormundschaft oder Beistandschaft (BGH, FamRZ 2011, 99, 101; BT-Drucks. 16/11903, S. 127 f.; BT-Drucks. 16/10144, S. 120).

Wird der Streitgegenstand eines ZPO-Verfahrens nach dem 31.08.2009 erweitert, sei es durch eine   **175** Klageerweiterung oder eine Widerklage, gilt das alte Verfahrensrecht für das gesamte, einheitlich zu behandelnde Verfahren (BGH, FamRZ 2011, 99, 101; OLG Frankfurt am Main, FamRZ 2010, 1581; a. A. OLG Frankfurt am Main, FamRZ 2010, 481 zur Klageerweiterung).

b) Zuständigkeit

aa) Zuständigkeit 1. Instanz

(1) Sachliche Zuständigkeit der FamG

176 In erster Instanz sind bei den Amtsgerichten als besondere Spruchkörper Abteilungen für Familiensachen, die **FamG**, gebildet, § 23b Abs. 1 Satz 1 GVG. Diese sind nach §§ 23a Abs. 1 Nr. 1, 23b GVG zuständig für Familiensachen.

177 Zu Familiensachen gehören Unterhaltssachen, § 111 Nr. 8 FamFG. Dies sind u. a. Verfahren, die die durch die Ehe begründete gesetzliche Unterhaltspflicht betreffen, § 231 Abs. 1 Nr. 2 FamFG. Auch Verfahren der Rechtsnachfolger wie der Erben oder der Träger öffentlicher Leistungen, auf die die Ansprüche übergegangen sind, sind erfasst (Musielak/*Borth* FamFG § 231 Rn. 5 und 9 ff.).

178 Der Begriff Unterhaltspflicht erfasst auch Streitgegenstände, die in engem Sachzusammenhang mit dem Unterhaltsanspruch stehen (BGH, FamRZ 1978, 582, 584; BGH, FamRZ 1994, 626). Hierzu gehören u. a. (Auflistungen s. Koch/*Kamm* Rn. 7014; Wendl/*Schmitz* § 10 Rn. 3):

179 – Nebenansprüche, insb. der Antrag auf Verpflichtung zur Auskunft, soweit diese der Durchsetzung eines Anspruchs, der eine Familiensache ist, dient (BGH, FamRZ 1984, 465);

– der Antrag auf Verpflichtung zur Zustimmung zum begrenzten Realsplitting gem. § 10 Abs. 1 Nr. 1 EStG (OLG Hamm, FamRZ 1987, 489; Thomas/Putzo/*Hüßtege* § 231 FamFG Rn. 4; a. A. Bork/Jacoby/Schwab/*Kodal* § 231 Rn. 7: sonstige Familiensache), auf Erstattung der durch das Realsplitting entstehenden Mehrbelastung (BGH, FamRZ 1983, 576; BGH, FamRZ 1997, 544; vgl. BGH, FamRZ 2008, 40 f. im Zusammenhang mit Art. 5 Nr. 2 EuGVVO) und auf Schadensersatz wegen verweigerter oder verzögerter Zustimmung (Zöller/*Lorenz* § 231 FamFG Rn. 15 m. w. N.);

– der Antrag auf Verpflichtung zur Zahlung von Verfahrens-/Prozesskostenvorschuss, der allerdings sowieso schon Teil des Unterhalts ist (OLG Zweibrücken, FamRZ 1980, 1041);

– ein Vollstreckungsabwehrantrag gem. § 120 Abs. 1 FamFG i. V. m. § 767 ZPO, wenn der dem Vollstreckungstitel zugrunde liegende Anspruch eine Familiensache ist (BGH, FamRZ 1992, 538);

– das Verfahren auf Sicherung eines Unterhaltsanspruchs durch Arrest (Schwab/*Streicher* I Rn. 99).

180 Ist bei einem Widerklageantrag für den Gegenanspruch ein Gericht anderer Ordnung zuständig, also insbesondere nicht das Familiengericht, sondern die Zivilabteilung des Amtsgerichts oder das Landgericht, ist die Widerklage im familiengerichtlichen Verfahren unzulässig, auch wenn die Voraussetzungen von § 33 ZPO vorliegen, da hier nur die örtliche Zuständigkeit geregelt wird (Wendl/*Schmitz* § 10 Rn. 383; Unterhaltsprozess/*Roßmann* Kap. 3 Rn. 87). Genauso wenig ist eine Klageantragshäufung mit einem nichtfamilienrechtlichen Anspruch nach § 113 Abs. 1 Satz 2 i. V. m. § 260 ZPO möglich (Unterhaltsprozess/*Roßmann* Kap. 3 Rn. 87).

181 Familiensachen sind auch sonstige Familiensachen, § 111 Nr. 10 FamFG. Zu diesen gehören u. a. **rein vertragliche** Unterhaltsansprüche nach § 266 Nr. 3 FamFG (Musielak/*Borth* FamFG § 266 Rn. 11; Johannsen/Henrich/*Jaeger* § 266 FamFG Rn. 12; a. A. Koch/*Kamm* Rn. 7010 und 7014).

(2) Örtliche Zuständigkeit

182 Die örtliche Zuständigkeit ist in § 232 FamFG geregelt.

Während der Anhängigkeit einer Ehesache (§ 121 FamFG: 1. Scheidung, 2. Eheaufhebung und 3. Feststellung des Bestehens oder Nichtbestehens einer Ehe) ist **ausschließlich** zuständig für Unterhaltssachen, die die durch die Ehe begründete Unterhaltspflicht betreffen, das Gericht, bei dem die **Ehesache** im ersten Rechtszug **anhängig** ist oder (wenn diese sich inzwischen in höherer Instanz befindet) war, § 232 Abs. 1 Nr. 1 FamFG.   **183**

Diese Zuständigkeit geht der ausschließlichen Zuständigkeit eines anderen Gerichts vor, § 232 Abs. 2 FamFG. Dies hat für den Vollstreckungsabwehrantrag Bedeutung, da hier diese Zuständigkeit mit der der ausschließlichen Zuständigkeit des erstinstanzlichen Prozessgerichts nach § 120 Abs. 1 FamFG i. V. m. §§ 887 ff., 767 Abs. 1, 802 ZPO kollidiert. Nach altem Verfahrensrecht ist in diesem Fall nach der Rechtsprechung das erstinstanzliche Prozessgericht zuständig gewesen, da es wichtiger sei, die Sachkunde dieses Gerichts nutzen zu können, als die Familiensachen zu bündeln (BGH, FamRZ 1980, 346).   **184**

Sofern eine Zuständigkeit nach § 232 Abs. 1 FamFG nicht besteht, bestimmt sich die Zuständigkeit nach den **Vorschriften der ZPO**, sodass das Gericht zuständig ist, bei dem der **Antragsgegner** seinen **allgemeinen Gerichtsstand** hat, § 12 ZPO, dies allerdings mit der Maßgabe, dass in den Vorschriften über den allgemeinen Gerichtsstand an die Stelle des Wohnsitzes (§ 13 ZPO) der **gewöhnliche Aufenthalt** tritt, § 232 Abs. 3 Satz 1 FamFG. Dies erfolgt aus Gründen der Vereinheitlichung mit dem die Zuständigkeit für Ehesachen bestimmenden § 122 FamFG (BT-Drucks. 16/6308, S. 255) und entspricht dem früheren § 606 Abs. 1 Satz 1 ZPO. Der gewöhnliche Aufenthalt ist dabei wie in den früheren § 606 ZPO und § 45 FGG zu verstehen (BT-Drucks. 16/6308, S. 255). Er wird von einer auf längere Dauer angelegten sozialen Eingliederung gekennzeichnet und ist allein von der tatsächlichen Situation abhängig, die den Aufenthaltsort als Mittelpunkt der Lebensführung ausweist (BT-Drucks. 16/6308, S. 255). Diese kann auch vom Willen unabhängig sein (Zöller/*Lorenz* § 232 FamFG Rn. 4), wie beim Aufenthalt in der JVA (Unterhaltsprozess/*Roßmann* Kap. 3 Rn. 127; Musielak/*Borth* § 122 FamFG Rn. 5). Auch ein Frauenhaus kann in Betracht kommen (OLG Saarbrücken, FamRZ 1990, 1119; OLG Hamm, FamRZ 1997, 1294).   **185**

Der gewöhnliche Aufenthalt wird durch lediglich vorübergehende Auslandsaufenthalte im Zusammenhang mit der Ausbildung ebenso wenig aufgegeben (MüKo/*Dötsch* § 232 FamFG Rn. 12 zum Kindesunterhalt), wie durch – im Zweifel auch ständige – berufsbedingte Abwesenheit (Musielak/*Borth* § 122 FamFG Rn. 6, 8).

Nach **Wahl** des Antragstellers ist für den Ehegattenunterhalt zuständig außerdem auch das Gericht, bei dem ein Verfahren über den **Unterhalt** des gemeinsamen **Kindes** im ersten Rechtszug anhängig ist, § 232 Abs. 3 Satz 2 Nr. 1, 1. Alt. FamFG.   **186**

Nach Wahl des Antragstellers ist auch zuständig das Gericht, bei dem der **Antragsteller seinen gewöhnlichen Aufenthalt** hat, wenn der **Antragsgegner im Inland keinen Gerichtsstand** hat, § 232 Abs. 3 Satz 2 Nr. 3 FamFG. Erforderlich ist, dass der Antragsgegner überhaupt keinen Gerichtsstand im Inland hat, auch nicht den besonderen des Vermögens nach § 23 ZPO. Ob bei § 23 ZPO auch Vermögen erfasst ist, das nur von geringem Wert, nicht pfändbar oder bei der Zwangsvollstreckung nicht ausreichend ist, ist streitig (für restriktive Auslegung Zöller/*Vollkommer* § 23 ZPO Rn. 7a; dagegen Musielak/*Heinrich* § 23 ZPO Rn. 7).   **187**

Die Vorschrift ist ggü. der EuUntVO nachrangig (Prütting/Helms/*Bömelburg* § 232 Rn. 23 f.; Zöller/*Lorenz* § 232 FamFG Rn. 13), wie auch zuvor Art. 5 Nr. 2 EuGVVO und LugÜ I vorrangig waren (Zöller/*Lorenz* § 232 FamFG Rn. 13 m. w. N.; MüKo/*Dötsch* § 232 FamFG Rn. 9). § 232 FamFG wird daher bei **Auslandsbezug** durch Art. 3 EuUntVO, der die örtliche Zuständigkeit mitregelt (*Reuß* in Geimer/Schütz Internationaler Rechtsverkehr B Vor I 41 Art. 3 Rn. 1; Zöller/*Geimer* Anh. II H Art. 3 Rn. 3; Rauscher/*Andrae*, EuZPR/EuIPR, Art. 3 EG-UntVO Rn. 7), verdrängt (Geimer/Schütz/*Reuß* Internationaler Rechtsverkehr B Vor I 41 Art. 3 Rn. 1; Zöller/*Geimer* Anh. II EG-VO Zuständigkeit Unterhaltssachen Art. 3 Rn. 13; *Rauscher* FamFR 2012, 216). Art. 3 EuUntVO ist dabei trotz des weiten Wortlauts der Regelungen nach dem Willen des Gesetzgebers und mangels Regelungskompetenz der EU nicht in reinen Inlandsfällen, sondern nur bei grenzüberschreitenden   **188**

Sachen anwendbar (Geimer/Schütz/*Reuß* Internationaler Rechtsverkehr B Vor I 41 Art. 1 Rn. 7; *Andrae* Internationales Familienrecht, § 8 Rn. 43; s. BT-Drucks. 17/4887, S. 41; vgl. Zöller/*Geimer* Anh. II H Art. 3 Rn. 6). Ob es hierfür ausreicht, dass einer der Beteiligten nur die – alleinige – ausländische Staatsangehörigkeit besitzt (so Geimer/Schütz/*Reuß* Internationaler Rechtsverkehr B Vor I 41 Art. 1 Rn. 8; anders allerdings ders. a. a. O. bei »nicht-effektiver« doppelter Staatsbürgerschaft), ist streitig (dagegen zu Recht *Andrae* Internationales Familienrecht, § 8 Rn. 44, die im Hinblick auf das Subsidiaritätsprinzip verlangt, dass mindestens einer der Beteiligten seinen gewöhnlichen oder schlichten Aufenthalt, der nicht nur ganz kurzfristig sein darf; im Ausland hat; vgl. auch Rauscher/ *Andrae* EuZPR/EuIPR, Art. 3 EG-UntVO Rn. 18 ff., insb. Rn. 20 f.; dieselbe NJW 2011, 2545, 2547). Zu Art. 3 EuUntVO s. Rdn. 192–198.

189   § 26 AUG regelt unter der Überschrift »örtliche Zuständigkeit« in Abs. 1 Nr. 1, dass örtlich zuständig nach Art. 3 c) der EuUntVO das Amtsgericht ist, bei dem die Ehesache im ersten Rechtszug anhängig ist oder war, solange die Ehesache anhängig ist. Entgegen der Überschrift wird hiermit nicht die örtliche Zuständigkeit geregelt, sondern bis zu welchem Zeitpunkt die Verbundzuständigkeit begründet werden kann, nämlich solange die Ehesache anhängig ist (*Andrae* NJW 2011, 2545, 2546).

§ 28 AUG (s. Rdn. 199) ist nicht gegenüber § 232 FamFG, insbesondere dessen Abs. 2, vorrangig (so aber OLG Frankfurt, FamRZ 2012, 1508), da die deutsche Zuständigkeitsnorm des § 232 FamFG in grenzüberschreitenden Fälle gar nicht anwendbar ist, sondern durch Art. 3 EuUntVO verdrängt wird.

190   Wird eine Ehesache rechtshängig, während eine Unterhaltssache bei einem anderen Gericht im ersten Rechtszug anhängig ist, ist diese von Amts wegen an das Gericht der Ehesache **abzugeben**, § 233 Satz 1 FamFG. Damit wird der Grundsatz der Fortdauer der einmal begründeten Zuständigkeit (perpetuatio fori), § 281 Abs. 3 Satz 2 ZPO, § 2 Abs. 2 FamFG, durchbrochen.

§ 26 Abs. 2 AUG bestimmt, dass § 233 FamFG in Auslandsfällen unberührt bleibt. Eine entsprechende Bestimmung enthält die EuUntVO jedoch nicht und es erscheint zweifelhaft, inwieweit der nationale Gesetzgeber eine solche Regelung treffen darf (zu Recht ablehnend Thomas/Putzo/*Hüßtege* Art. 3 EuUntVO; vgl. *Andrae* NJW 2011, 2545, 2546 f.). Der deutsche Gesetzgeber ist der Auffassung, es sei eine Frage der lex fori, ob ein an sich örtlich zuständiges Gericht die Unterhaltssache an das Gericht der Ehesache abzugeben hat (BT-Drucks. 17/4887, S. 42).

(3) Internationale Zuständigkeit

191   Die internationale Zuständigkeit deutscher Gerichte bestimmt sich in erster Linie, nämlich wenn der Antragsgegner seinen Wohnsitz in einem Staat der EU hat, nach Europäischem Gemeinschaftsrecht, und zwar ab 18.06.2011 nach der EuUntVO, in zweiter Linie, nämlich wenn der Antragsgegner seinen Wohnsitz in Island, Norwegen oder der Schweiz hat, nach dem Luganer Übereinkommen (LugÜ II [2007]) (Prütting/Helms/*Hau* Anhang 3 zu § 110 Rn. 24) und erst letztrangig, so ausdrücklich § 97 FamFG, nach § 105 FamFG.

192   In Kraft getreten und gem. seinem Art. 76 ab 18.06.2011 anwendbar ist die Europäische Unterhaltsverordnung Nr. 4/2009 (EuUntVO) vom 08.12.2009 (Prütting/Helms/*Hau* Anhang 3 zu § 110 Rn. 185); Gleiches gilt für das das LugÜ I (1988) ablösende LugÜ II (2007). Die EuGVVO ist nur noch für Verfahren anwendbar, die bis zum 18.06.2011 bereits eingeleitet waren, Art. 75 Abs. 1 EuUntVO. Zu Einzelheiten der EuGVVO s. die 2. Auflage Kap. 2 Rdn. 192 ff.

193   Nach Art. 3 **EuUntVO** sind alternativ zuständig für Entscheidungen in Unterhaltssachen in den Mitgliedstaaten der Europäischen Gemeinschaft
a) das Gericht des Ortes, an dem der **Beklagte seinen gewöhnlichen Aufenthalt** hat, oder
b) das Gericht des Ortes, an dem die **berechtigte Person ihren gewöhnlichen Aufenthalt** hat, oder
c) das Gericht, das nach seinem Recht für ein **Verfahren in Bezug auf den Personenstand** zuständig ist, wenn in der Nebensache zu diesem Verfahren über eine Unterhaltssache zu entscheiden

ist, es sei denn, diese Zuständigkeit begründet sich einzig auf der Staatsangehörigkeit einer der Parteien, oder

d) das Gericht, das nach seinem Recht für ein **Verfahren in Bezug auf die elterliche Verantwortung** zuständig ist, wenn in der Nebensache zu diesem Verfahren über eine Unterhaltssache zu entscheiden ist, es sei denn, diese Zuständigkeit beruht einzig auf der Staatsangehörigkeit einer der Parteien.

Wer **Beklagter** i. S. v. Art. 3 a) EuUntVO ist, richtet sich nach der Parteirolle im Verfahren, nicht der   194
materiellen Unterhaltsverpflichtung. Daher ist auch der unterhaltsberechtigte Abänderungsgegner
Beklagter (Prütting/Helms/*Hau* Anhang 3 zu § 110 Rn. 26; Zöller/*Geimer* Anh II H Art. 3 Rn. 9;
a. A. Saenger/*Dörner* Art. 3 EuUntVO Rn. 5: nur der Berechtigte, der Pflichtige soll nicht geschützt
werden).

Zum Begriff **gewöhnlicher Aufenthalt** s. Prütting/Helms/*Hau* Anhang 3 zu § 110 Rn. 27 i. V. m.   195
Rn. 18. Ein vom gewöhnlichen Aufenthalt abweichender **Wohnsitz** ist unerheblich (Prütting/
Helms/H*au* Anhang 3 zu § 110 Rn. 28).

Verfahren in Bezug auf den **Personenstand** sind **Abstammungssachen**, aber auch auf **Scheidung** der   196
Ehe und auf **Trennung** der Eheleute gerichtete Verfahren (Prütting/Helms/*Hau* Anhang 3 zu § 110
Rn. 30; Saenger/*Dörner* Art. 3 EuUntVO Rn. 7).

Verfahren in Bezug auf die **elterliche Verantwortung** sind die **Kindschaftssachen** i. S. v. § 151   197
FamFG (Prütting/Helms/*Hau* Anhang 3 zu § 110 Rn. 32).

Gem. § 105 FamFG sind die deutschen Gerichte international zuständig, wenn ein deutsches   198
Gericht örtlich zuständig ist. Damit wird ein schon bisher anerkannter Grundsatz (s. u. a. BGH,
FamRZ 2005, 1987) lediglich kodifiziert.

28 AUG begründet ist seinem Abs. 1 eine **Zuständigkeitskonzentration** in den Fällen des Art. 3 a)   199
und b) EuUntVO auf das für den Sitz des OLG, in dessen Bezirk der Antragsgegner oder der Berechtigte seinen gewöhnlichen Aufenthalt hat, zuständige Amtsgericht (für Berlin das AG Pankow-
Weißensee). Der deutsche Gesetzgeber ist der Auffassung, hiermit lediglich eine gerichtsorganisato-
rische Maßnahme zu ergreifen und nicht in die europäische Regelung der örtlichen Zuständigkeit
einzugreifen (BT-Drucks. 17/4887, S. 42). Dies wird mit Recht, als spitzfing angezweifelt (Thomas/
Putzo/*Hüßtege* Art. 3 EuUntVO; *Rauscher* FamFR 2012, 216, der ein Vorabentscheidungsersuchen
nach Art. 267 AEUV [Vertrag über die Arbeitsweise der Union] an den Gerichtshof der Europäischen Union empfohlen hätte; ebenso *Hau* FamRBint 2012, 19, 20; vgl. MüKo/*Lipp* FamFG Art. 3
EG-UntVO Rn. 11: fragwürdig; nicht problematisiert von OLG Stuttgart, FamRZ 2013, 539; a. A.
wohl *Andrae* Internationales Familienrecht, § 8 Rn. 47).

(4) Fehlerhafte Annahme der Zuständigkeit

Nach § 65 Abs. 4 FamFG kann die Beschwerde (Berufung) nicht darauf gestützt werden, dass das   200
Gericht des ersten Rechtszuges seine Zuständigkeit zu Unrecht angenommen hat.

Dies gilt für die sachliche, örtliche und funktionelle Zuständigkeit (Keidel/*Sternal* § 65 Rn. 18).   201

Auch wenn der Wortlaut des § 65 Abs. 4 FamFG keine Einschränkung enthält, ist das Fehlen der   202
internationalen Zuständigkeit nach der ständigen Rechtsprechung des BGH wegen deren Bedeutung auch in zweiter Instanz zu beachten (BGH, FamRZ 2003, 370 zum für die Revision entsprechenden § 545 Abs. 2 ZPO; für das FamFG zustimmend Bork/Jacoby/Schwab/*Müther* § 65 Rn. 7;
Keidel/*Sternal* § 65 Rn. 18a; OLG Hamm, FamRZ 2012, 143).

bb) Zuständigkeit in zweiter Instanz

203 Gem. § 119 Abs. 1 Nr. 1a GVG sind die OLG zuständig für die Beschwerden gegen Entscheidungen der Amtsgerichte in den von den FamG entschiedenen Sachen.

204 Es gilt die sog. **formelle Anknüpfung**, d. h. es kommt für den Rechtsmittelzug darauf an, ob das FamG oder die allgemeine Prozessabteilung entschieden hat. Maßgeblich dabei ist, wie, d. h. unter welcher Bezeichnung, das Gericht nach außen aufgetreten ist (Zöller/*Lückemann* § 119 GVG Rn. 5). Die Frage, ob das FamG tatsächlich funktionell zuständig war bzw. gewesen wäre, ist dagegen insoweit unerheblich (Zöller/*Lückemann* § 119 GVG Rn. 5; Musielak/*Wittschier* § 119 GVG Rn. 2).

205 Versagt die formelle Anknüpfung, weil anhand äußerer Umstände nicht zweifelsfrei festgestellt werden kann, ob das Amtsgericht als FamG oder als allgemeines Prozessgericht entschieden hat, so kann der Beteiligte die Entscheidung nach dem Meistbegünstigungsgrundsatz sowohl beim LG als auch beim OLG anfechten (BGH, FamRZ 1995, 219, 220: unterschiedliche Kennzeichnung des Gerichts und des Verfahrensgegenstandes; BGH, FamRZ 1996, 1544, 1545; Musielak/*Wittschier* § 119 GVG Rn. 2).

206 Diese formelle Anknüpfung bestimmt auch, ob beim OLG der Senat für Familiensachen oder der Senat für Zivilsachen zuständig ist (Zöller/*Lückemann* § 119 GVG Rn. 5; Musielak/*Wittschier* § 119 GVG Rn. 3 ff.). Nach Entscheidungen des BGH aus Zeiten, in denen weder § 513 Abs. 2 ZPO noch § 65 Abs. 4 FamFG galten (grds. keine Überprüfung der erstinstanzlichen Zuständigkeit) sollte dies bei einer Entscheidung des Familiengerichts aber nur gelten, solange nicht in zulässiger Weise gerügt ist, dass keine Familiensache vorliege (BGH, FamRZ 1988, 1035; BGH, FamRZ 1994, 25; ebenso Thomas/Putzo/*Hüßtege* § 119 GVG Rn. 5; *Maurer* FamRZ 2009, 465, 466).

cc) Gerichtsstandsvereinbarungen

207 Gem. §§ 113 Abs. 1 Satz 2 FamFG, 40 Abs. 1 Nr. 2 ZPO ist eine Gerichtsstandsvereinbarung **unzulässig**, wenn für den Antrag ein **ausschließlicher** Gerichtsstand begründet ist.

208 Dies ist gem. § 232 Abs. 1, 2 FamFG bei Unterhaltsverfahren während der Anhängigkeit einer Ehesache der Fall.

209 Es tritt auch keine Heilung durch **rügeloses Verhandeln** zur Hauptsache ein, §§ 113 Abs. 1 Satz 2 FamFG, 40 Abs. 2 ZPO.

§§ 65 Abs. 4 FamFG, 513 Abs. 2 ZPO (keine Rüge der fehlerhaften Zuständigkeit in zweiter Instanz) gilt jedoch auch für die vereinbarte Zuständigkeit (BGH, NJW 2000, 2822).

210 Gem. Art. 4 Abs. 1 EuUntVO sind international folgende **Gerichtsstandsvereinbarungen zulässig**:

Die Parteien können vereinbaren, dass das folgende Gericht oder die folgenden Gerichte eines Mitgliedstaats zur Beilegung von zwischen ihnen bereits entstandenen oder künftig entstehenden Streitigkeiten betreffend Unterhaltspflichten zuständig ist bzw. sind:

a) ein Gericht oder die Gerichte eines Mitgliedstaats, in dem eine der Parteien ihren gewöhnlichen Aufenthalt hat;

b) ein Gericht oder die Gerichte des Mitgliedstaats, dessen Staatsangehörigkeit eine der Parteien besitzt;

c) hinsichtlich Unterhaltspflichten zwischen Ehegatten oder früheren Ehegatten

aa) das Gericht, das für Streitigkeiten zwischen den Ehegatten oder früheren Ehegatten in Ehesachen zuständig ist, oder

bb) ein Gericht oder die Gerichte des Mitgliedstaats, in dem die Ehegatten mindestens ein Jahr lang ihren letzten gemeinsamen gewöhnlichen Aufenthalt hatten.

211 Die in den Buchst. a), b) oder c) genannten Voraussetzungen müssen zum Zeitpunkt des Abschlusses der Gerichtsstandsvereinbarung oder zum Zeitpunkt der Anrufung des Gerichts erfüllt sein.

Die durch Vereinbarung festgelegte Zuständigkeit ist ausschließlich, sofern die Parteien nichts anderes vereinbaren.   212

Eine Gerichtsstandsvereinbarung bedarf gem. Art. 4 Abs. 2 EuUntVO der **Schriftform**. Elektronische Übermittlungen, die eine dauerhafte Aufzeichnung der Vereinbarung ermöglichen, erfüllen die Schriftform.   213

dd) Fortdauer der Zuständigkeit

Ist die Unterhaltssache rechtshängig geworden, bleibt es bei der einmal begründeten Zuständigkeit, auch wenn sich die Umstände, die die Zuständigkeit begründet haben, ändern, § 113 Abs. 1 Satz 1 und 2 FamFG i. V. m. § 261 Abs. 3 Nr. 2 ZPO.   214

§ 233 FamFG (Abgabe an das Gericht der Ehesache; s. Rdn. 190) ist aber zu beachten.   215

ee) Abgabe und Verweisung

§ 3 FamFG (bindende Verweisung) und § 4 FamFG (formlose Abgabe) sind in Unterhaltssachen als Familienstreitsachen (§ 112 Nr. 1 FamFG) nicht anzuwenden, es gelten vielmehr die Vorschriften der ZPO, § 113 Abs. 1 Satz 1 und 2 FamFG und im Verhältnis des FamG zur allgemeinen Zivilprozessabteilung und zum Spruchkörper der freiwilligen Gerichtsbarkeit § 17a Abs. 1 bis 5 GVG i. V. m. § 17a Abs. 6 GVG.   216

S. zunächst Rdn. 190 zur Abgabe an das Gericht der Ehesache. I. Ü. gilt: 217

Die Begriffe Abgabe und Verweisung unterscheiden sich hauptsächlich in Bezug auf die Bindungswirkung: eine Verweisung bindet, eine Abgabe nicht.   218

Eine **Verweisung** kommt nur bei einer förmlichen Überleitung der Sache an ein anderes Gericht in Betracht. Die Bindungswirkung eines Verweisungsbeschlusses nach § 113 Abs. 1 Satz 2 FamFG i. V. m. § 281 Abs. 2 ZPO setzt voraus, dass die Sache rechtshängig geworden ist (BGH, NJW-RR 1997, 1161). Sie entfällt bei Willkür (BGH, FamRZ 1990, 147; BGH, NJW-RR 2013, 764: wenn jede rechtliche Grundlage fehlt oder der Beschluss bei verständiger Würdigung der das Grundgesetz beherrschenden Gedanken nicht mehr verständlich und offensichtlich unhaltbar erscheint; OLG Hamm, FamRZ 2012, 1317 bei »offensichtlicher Rechtswidrigkeit«; Zöller/*Greger* § 281 ZPO Rn. 17; Musielak/*Foerste* § 281 ZPO Rn. 17) und bei der Verletzung des rechtlichen Gehörs (BGH, NJW 1988, 1794; Musielak/*Foerste* § 281 ZPO Rn. 17).   219

Der Begriff **Abgabe** wird zunächst verwandt, wenn innerhalb eines Gerichts eine Abteilung die Sache an eine andere abgibt. Hier ist nicht die sachliche Zuständigkeit betroffen, sondern die interne Geschäftsverteilung.   220

Soll eine beim FamG anhängig gemachte Sache an die allgemeine Prozessabteilung »abgegeben« werden, weil es sich nicht um eine Familiensache handelt, oder umgekehrt, spricht das Gericht die Unzulässigkeit des Rechtswegs aus und verweist die Sache an das zuständige Gericht mit bindender Wirkung, § 17a Abs. 6 i. V. m. Abs. 2 Satz 1 und 3 GVG (Einzelheiten s. FamVerf/*Eckebrecht* § 1 Rn. 26).   221

Von formloser Abgabe wird zudem gesprochen, wenn die Sache einem anderen Gericht übertragen wird, aber nicht bindend, weil die Voraussetzungen des § 113 Abs. 1 Satz 2 FamFG i. V. m. § 281 ZPO nicht vorliegen.   222

ff) Kompetenzstreitigkeiten

§ 5 FamFG (gerichtliche Bestimmung der Zuständigkeit) ist in Unterhaltssachen als Familienstreitsachen (§ 112 Nr. 1 FamFG) nicht anzuwenden, es gelten vielmehr die Vorschriften der ZPO, § 113   223

Abs. 1 Satz 1 und 2 FamFG. Gem. § 36 ZPO entscheidet bei Kompetenzstreitigkeiten unter den Gerichten das im Rechtszug zunächst höhere Gericht.

c) Ausgewählte Verfahrensgrundsätze

aa) Allgemeines

224 Unterhaltssachen sind Familienstreitsachen, § 112 FamFG. Für diese gelten gem. § 113 Abs. 1 Satz 2 FamFG die allgemeinen Vorschriften der ZPO (§§ 1 bis 252 ZPO) und die Vorschriften der ZPO über das Verfahren vor den LG (§§ 253 bis 494a ZPO) entsprechend.

bb) Formerfordernisse Antragsschrift

225 Gem. § 113 Abs. 5 Nr. 2 FamFG, wird bei der Anwendung der ZPO die Bezeichnung »Klage« durch »Antrag« ersetzt.

Die Erhebung des Antrags erfolgt gem. § 253 Abs. 1 ZPO durch die Zustellung eines Schriftsatzes; die Antragsschrift muss dementsprechend bei Gericht **schriftlich** unter Beifügung der erforderlichen Zahl von Abschriften eingereicht werden, § 113 Abs. 1 Satz 2 FamFG i. V. m. § 253 Abs. 5 Satz 1 ZPO. Ein Antrag zur Niederschrift der Geschäftsstelle gem. § 25 FamFG ist nicht möglich, da die Vorschrift gem. § 113 Abs. 1 Satz 1 FamFG keine Anwendung findet.

226 Die Antragsschrift muss als sog. bestimmender Schriftsatz eigenhändig unterschrieben sein, im Unterhaltsverfahren als Anwaltsprozess durch einen Rechtsanwalt (Musielak/*Foerste* § 253 ZPO Rn. 8; s. BGH, NJW-RR 1999, 1251).

227 Die Antragsschrift muss gem. § 113 Abs. 1 Satz 2 FamFG i. V. m. § 253 Abs. 2 Nr. 2 ZPO den **Gegenstand** und den **Grund des erhobene Anspruchs** und einen bestimmten Antrag enthalten. Die Regelung des § 23 Abs. 1 Satz 1 FamFG, dass der verfahrenseinleitende Antrag lediglich begründet werden soll, ist gem. § 113 Abs. 1 Satz 1 FamFG nicht anwendbar.

Gegenstand und Grund sind der Lebenssachverhalt, auf den der Antrag gestützt wird (Zöller/*Greger* § 253 ZPO Rn. 11 ff.; vgl. Musielak/*Foerste* § 253 ZPO Rn. 25). Der Streitstoff ist **konkretisiert** darzulegen, sodass er von ähnlichen Sachverhalten **unterschieden** und abgegrenzt werden kann (BGH, NJW-RR 2005, 216; Zöller/*Greger* § 253 ZPO Rn. 12a; Musielak/*Foerste* § 253 ZPO Rn. 26), anzugeben sind die Tatsachen, die den Streit unverwechselbar festlegen (Musielak/*Foerste* § 253 ZPO Rn. 25). Damit der Antrag zulässig ist, braucht der Sachverhalt allerdings nicht bereits in der Klageschrift vollständig beschrieben oder der Klageanspruch schlüssig und substantiiert dargelegt zu werden (BGH, NJW-RR 2005, 216).

228 Die Antragsschrift **soll** die **Angabe** des **Wertes des Streitgegenstandes** enthalten, § 113 Abs. 1 Satz 2 FamFG i. V. m. § 253 Abs. 3 Satz 1 ZPO. Ein Fehlen der Angabe kann zu Verzögerungen führen, weil der Kostenvorschuss nicht festgesetzt und angefordert werden kann.

cc) Beteiligte

229 Die Arbeitsgemeinschaft (Jobcenter) nach § 44b SGB II in der bis zum 31. Dezember 2010 geltenden Fassung ist ebenso parteifähig (BGH, FamRZ 2011, 197; BGH, FamRZ 2012, 956, 957) wie die zum 01.01.2001 eingeführte gemeinsame Einrichtung der Träger der Grundsicherung für Arbeitssuchende i. S. d. § 6 Abs. 1 Satz 1 Nr. 2 SGB II (BGH, FamRZ 2012, 956, 957).

Der BGH hat dahin stehen lassen, ob zum 01.01.2011 insofern ein Wechsel der Trägerschaft oder ein Wechsel der Organisationsform eingetreten ist, da gemäß § 76 Abs. 3 Satz 1 SGB II bei Wechsel der Trägerschaft oder der Organisationsform der zuständige Träger oder die zuständige

Organisationsform an die Stelle des bisherigen Trägers oder der bisherigen Organisationsform tritt, was ausdrücklich auch für laufende Gerichtsverfahren gilt (BGH, FamRZ 2012, 956, 957).

Zu beachten sind die **geänderten Bezeichnungen** gem. § 113 Abs. 5 FamFG:

230

Es tritt an die Stelle der Bezeichnung
- Kläger die Bezeichnung Antragsteller (Nr. 2),
- Beklagter die Bezeichnung Antragsgegner (Nr. 4),
- Partei die Bezeichnung Beteiligter (Nr. 5).

Beteiligte sind grds. der Inhaber des Unterhaltsanspruchs und der Unterhaltspflichtige. Der Anspruch kann einer Person originär aus eigenem Recht oder abgeleitet aus übergegangenem Recht (Abtretung, cessio legis, Überleitung) zustehen.

231

Die Beteiligten müssen grds. **genau bezeichnet** sein, § 113 Abs. 1 Satz 2 FamFG i. V. m. § 253 Abs. 2 Nr. 1 ZPO.

232

Für den Antragsgegner muss schon deswegen eine ladungsfähige **Anschrift** angegeben werden, damit ihm der Antrag zugestellt werden kann.

233

Grds. muss auch die Anschrift des Antragstellers angegeben werden; wird diese ohne zureichenden Grund verweigert, ist der Antrag unzulässig (BGH, FamRZ 1988, 382 zur Klage) (während die Angabe der ladungsfähigen Anschrift des Beschwerdeführers in der Beschwerdeschrift keine Zulässigkeitsvoraussetzung der Beschwerde ist [BGH, FamRZ 2006, 116 zur Berufung]).

234

Der BGH akzeptiert ausnahmsweise auch schutzwürdige Geheimhaltungsinteressen, verlangt aber, dass dem Gericht diese Gründe dargelegt werden, damit es prüfen kann, ob ausnahmsweise auf die Mitteilung der ladungsfähigen Anschrift des Antragstellers verzichtet werden kann (BGH, FamRZ 1988, 382).

235

Gem. § 113 Abs. 1 Satz 2 FamFG i. V. m. § 60 ZPO können **mehrere Personen** gemeinschaftlich klagen oder verklagt werden, wenn gleichartige und auf einem im Wesentlichen gleichartigen tatsächlichen und rechtlichen Grund beruhende Ansprüche oder Verpflichtungen den Gegenstand des Rechtsstreits bilden. Dies kann z. B. der Fall sein bei Anträgen mehrerer Unterhaltsgläubiger gegen denselben Unterhaltsschuldner (Zöller/*Vollkommer* § 60 ZPO Rn. 7).

236

Es handelt sich nicht um eine notwendige (§ 62 ZPO), sondern eine einfache Streitgenossenschaft, bei der »die Handlungen des einen Streitgenossen dem anderen weder zum Vorteil noch zum Nachteil gereichen«, § 113 Abs. 1 Satz 2 FamFG i. V. m. § 61 ZPO. Dies bedeutet, dass das Verfahren jedes Einzelnen selbstständig ist, insb. in Hinsicht auf Rücknahme, Anerkenntnis, Vergleich, Säumnis oder Unterbrechung (Zöller/*Vollkommer* § 61 ZPO Rn. 8 m. w. N.).

237

Für die Frage der Zulässigkeit der Beschwerde wird die Beschwer mehrerer Streitgenossen allerdings zusammengerechnet, soweit sie sich nicht deckt (BGHZ 23, 333 = WM 1957, 390 zur Berufung).

238

dd) Bestimmtheitsgrundsatz

Der Antrag muss bestimmt genug sein, § 113 Abs. 1 Satz 2 FamFG i. V. m. § 253 Abs. 2 Nr. 2 ZPO (FamVerf/*Eckebrecht* § 1 Rn. 29). Er muss erkennen lassen, wer an wen welchen Betrag leisten soll. Werden Zinsen geltend gemacht, muss deren genaue Höhe und der Zeitpunkt genannt werden, ab dem sie verlangt werden.

239

Wird neben Elementarunterhalt Alters- und/oder Krankenvorsorgeunterhalt geltend gemacht, handelt es sich beim **Vorsorgeunterhalt** um einen unselbstständigen Bestandteil eines einheitlichen Unterhaltsanspruches (BGH, FamRZ 2007, 1532, 1537). Der Vorsorgeunterhalt ist beziffert geltend zu machen, wobei es ausreicht, wenn dies in der Antrags-/Klagebegründung geschieht (BGH, FamRZ 1985, 690). Das Gericht ist bei der Aufteilung des Gesamtunterhalts auf Elementar- und Vorsorgeunterhalt nicht an die Anträge gebunden (BGH, FamRZ 2007, 1532, 1537).

240

ee) Anwaltszwang

241   Gem. § 114 Abs. 1 **FamFG** herrscht Anwaltszwang grds. auch in der ersten Instanz in selbstständigen Familienstreitsachen und damit auch in Unterhaltssachen, § 112 FamFG. Begründet wurde die
mit Inkrafttreten des FamFG eingeführte Regelung mit den erheblichen Auswirkungen und »häufig existenziellen Folgen« sowie der ständig zunehmenden Komplexität des materiellen Rechts, die
dazu führe, dass das Verfahren nicht mehr allein durch die Beteiligten selbst geführt werden könne
(BT-Drucks. 16/6308, S. 223).

242   Ausgenommen sind nach § 114 Abs. 4 FamFG im Hinblick auf das Unterhaltsverfahren
–   das Verfahren der einstweiligen Anordnung (Nr. 1),
–   wenn ein Beteiligter durch das Jugendamt als Beistand vertreten ist (Nr. 2),
–   das Verfahren über die Verfahrenskostenhilfe (Nr. 5),
–   Fälle des § 78 Abs. 3 ZPO (Nr. 6).

243   § 114 **Abs. 3** Satz 1 FamFG enthält ein umfassendes **Behördenprivileg:** Behörden und juristische
Personen des öffentlichen Rechts einschließlich der von ihnen zur Erfüllung ihrer öffentlichen Aufgaben gebildeten Zusammenschlüsse können sich durch eigene Beschäftigte oder Beschäftigte anderer Behörden oder juristischer Personen des öffentlichen Rechts einschließlich der von ihnen zur
Erfüllung ihrer öffentlichen Aufgaben gebildeten Zusammenschlüsse vertreten lassen.

244   Nur vor dem BGH müssen auch im Fall des § 114 Abs. 3 Satz 1 FamFG die zur Vertretung berechtigten Personen die Befähigung zum Richteramt haben, § 114 Abs. 3 Satz 2 FamFG.

ff) Wahrheitspflicht

245   Es gilt die Wahrheitspflicht, § 113 Abs. 1 Satz 2 FamFG i. V. m. § 138 Abs. 1 ZPO. Wer einen Unterhaltsanspruch geltend macht, hat die der Begründung des Anspruchs dienenden tatsächlichen Umstände wahrheitsgemäß anzugeben und darf nichts verschweigen, was seine Unterhaltsbedürftigkeit
infrage stellen könnte. Das gilt erst recht während eines laufenden Rechtsstreits (BGH, FamRZ
2000, 153).

246   Außerdem hat § 235 Abs. 3 FamFG für die Beteiligten eine Pflicht zur unaufgeforderten Information geschaffen, wenn sich während des Verfahrens Umstände, die Gegenstand einer vom Gericht
angeordneten Auskunft waren, wesentlich geändert haben.

gg) Mündliche Verhandlung und Öffentlichkeit der Verhandlung

247   Gem. § 113 Abs. 1 Satz 2 FamFG i. V. m. § 128 Abs. 1 ZPO ist in der Familienstreitsache eine **münd-**
liche Verhandlung vorgeschrieben – ggfls. nach einem schriftlichen Vorverfahren gem. § 113 Abs. 1
Satz 2 FamFG i. V. m. §§ 272, 276 ZPO (Wendl/*Schmitz* § 10 Rn. 55). Lediglich mit Zustimmung
der Beteiligten, die nur bei einer wesentlichen Änderung der Prozesslage widerruflich ist, kann das
Gericht eine Entscheidung ohne mündliche Verhandlung treffen, § 113 Abs. 1 Satz 2 FamFG i. V. m.
§ 128 Abs. 2 Satz 1 ZPO.

Im **Beschwerdeverfahren** findet allerdings § 68 Abs. 3 FamFG Anwendung (vgl. § 113 Abs. 1 Satz 1
FamFG und insb. § 117 Abs. 3 FamFG), und das Beschwerdegericht kann nach § 68 Abs. 3 Satz 2
FamFG von der mündlichen Verhandlung **absehen**, wenn diese bereits im ersten Rechtszug vorgenommen wurde und von einer erneuten Vornahme keine zusätzlichen Erkenntnisse zu erwarten
sind (Schulte-Bunert/Weinreich/*Unger* § 68 Rn. 38; Musielak/*Borth* § 117 Rn. 10). Der Senat hat
die Beteiligten zuvor darauf hinzuweisen, § 117 Abs. 3 FamFG.

248   Während nach früherem Recht die Verhandlung in Unterhaltssachen gem. § 170 Satz 2 GVG a. F.
nur nicht öffentlich war, soweit sie mit einer anderen nicht öffentlichen Familiensachen verhandelt
wurde, sind nach § 170 Satz 1 GVG n. F. auch Unterhaltssachen nicht öffentlich; das Gericht kann

die Öffentlichkeit nach § 170 Satz 2 GVG n. F. nach seinem Ermessen zulassen, jedoch nicht gegen den Willen eines Beteiligten. Letzteres entspricht nach einer Auffassung nicht Art. 6 Abs. 1 EMRK (Zöller/*Lückemann* § 170 GVG Rn. 1; a. A. Kissel/*Mayer* GVG § 170 Rn. 2 ff.), die Regelung soll aber als neueres Recht ggü. der im Rang eines einfachen – und älteren – Gesetzes stehenden EMRK anzuwenden sein (Zöller/*Lückemann* § 170 GVG Rn. 1).

Nach zutreffender anderer Meinung verlangt Art. 6 Abs. 1 EMRK eine Auslegung des § 170 GVG dahin, dass nicht jeder Widerspruch, sondern nur der berechtigte Widerspruch eines Beteiligten die Zulassung der Öffentlichkeit ausschließt (*Lipp* FPR 2011, 37, 38; a. A. Wendl/*Schmitz* § 10 Rn. 55). Dabei ist ein Widerspruch nur anzuerkennen, wenn die Nichtöffentlichkeit zum Schutz der Privatsphäre und der Persönlichkeit eines Beteiligten gerechtfertigt ist (*Lipp* FPR 2011, 37, 40). Dies entspricht auch der Begründung des RegE zum FGG-RG, die davon ausgeht, dass das gerichtliche Ermessen lediglich beschränkt, also nicht ausgeschlossen wird, soweit ein Beteiligter der Zulassung der Öffentlichkeit widerspricht (BT-Drucks. 16/6308, S. 320).

Die Verkündung der Entscheidung erfolgt weiterhin in jedem Fall öffentlich, § 173 Abs. 1 GVG n. F.   249

hh) Gütetermin/außergerichtliche Streitbeilegung

Die Reglung des § 278 Abs. 2 ZPO, nach der der mündlichen Verhandlung grds. eine Güteverhand-   250
lung vorausgeht, gilt gem. § 113 Abs. 1 Satz 2 FamFG auch in Familiensachen, die den Unterhalt betreffen (FamVerf/*Schael* § 1 Rn. 259). Die Vorschrift der ZPO über die Güteverhandlung wird in § 113 Abs. 4 Nr. 4 FamFG lediglich für Ehesachen für nicht anwendbar erklärt (und das für diese im Hinblick auf § 135 FamFG).

Es besteht, auch für den Abschluss eines Vergleichs, kein Anwaltszwang, § 114 Abs. 4 Nr. 6 FamFG   251
i. V. m. § 78 Abs. 3 ZPO.

Einer Güteverhandlung bedarf es nicht im Beschwerde- und Rechtsbeschwerdeverfahren, § 117   252
Abs. 2 Satz 2 FamFG.

Wird der Unterhalt als Folgesache geltend gemacht, regelt § 135 Abs. 1 Satz 1 FamFG in Anlehnung   253
an § 278 Abs. 5 Satz 2 ZPO, der durch die neue speziellere Vorschrift verdrängt wird, zudem, dass das Gericht anordnen kann, dass die Ehegatten einzeln oder gemeinsam an einem kostenfreien Informationsgespräch über Mediation oder eine sonstige Möglichkeit der außergerichtlichen Streitbeilegung anhängiger Folgesachen bei einer von dem Gericht benannten Person oder Stelle teilnehmen und eine Bestätigung hierüber vorlegen.

Die Anordnung ist nach § 135 Abs. 1 Satz 2 FamFG nicht selbstständig anfechtbar und nicht mit   254
Zwangsmitteln durchsetzbar.

In geeigneten Fällen soll das Gericht den Ehegatten zudem eine außergerichtliche Streitbeilegung   255
vorschlagen, § 135 Abs. 2 FamFG.

ii) Rechtsschutzinteresse

Es besteht stets ein Titulierungsanspruch auf den vollen Betrag des geschuldeten Unterhalts ein-   256
schließlich freiwillig gezahlter Beträge (Koch/*Kamm* Rn. 7031; Wendl/*Schmitz* § 10 Rn. 40).

Ein Antrag zur Verpflichtung auf wiederkehrende Leistungen nach § 113 Abs. 1 Satz 2 FamFG   257
i. V. m. § 258 ZPO setzt keine Besorgnis der Nichterfüllung voraus (BGH, FamRZ 1998, 1165), sodass das Rechtsschutzbedürfnis nicht deshalb fehlt, weil der Pflichtige bisher ordnungsgemäß gezahlt hat (Wendl/*Schmitz* § 10 Rn. 40; Schwab/*Streicher* Kap. I Rn. 555).

jj) Dispositionsmaxime und Verhandlungsgrundsatz

258   Gem. §§ 112 Nr. 1, 113 Abs. 1 Satz 1 FamFG gilt der Amtsermittlungsgrundsatz des § 26 FamFG nicht, sondern weiterhin die ZPO, § 113 Abs. 1 Satz 2 FamFG.

      Nach dieser herrscht grds. und auch für Unterhaltsverfahren die Dispositionsmaxime, d. h., die Beteiligten haben das Verfügungsrecht über das Verfahren im Ganzen und können durch ihre Anträge grds. Beginn, Umfang und Ende des Verfahrens bestimmen (vgl. Zöller/*Greger* vor § 128 ZPO Rn. 9).

259   Außerdem gilt der Verhandlungs- oder Beibringungsgrundsatz, nach dem die Beteiligten für die Beschaffung des Prozessstoffes zuständig sind (FamVerf/*Eckebrecht* § 1 Rn. 30; Wendl/*Schmitz* § 10 Rn. 54). Das Gericht darf seiner Entscheidung grds. nur die von den Beteiligten vorgetragenen Tatsachen zugrunde legen und nur die Beweismittel berücksichtigen, auf die sich die Beteiligten stützen. Sind Tatsachen unstreitig, muss das Gericht sie grds. übernehmen, § 113 Abs. 1 Satz 2 FamFG i. V. m. §§ 288, 128 Abs. 3 ZPO (Zöller/*Greger* vor § 128 ZPO Rn. 10).

260   Der Beibringungsgrundsatz ist in Bezug auf die Einnahme des Augenscheins und die Begutachtung durch **Sachverständige** allerdings gem. § 113 Abs. 1 Satz 2 FamFG i. V. m. § 144 Abs. 1 Satz 1 ZPO durchbrochen. Hier hat die Sachverhaltsaufklärung von Amts wegen zu erfolgen, soweit der Richter nicht genügend eigene Sachkunde hat, und Beweisantritte sind insoweit nicht erforderlich (Zöller/*Greger* § 403 ZPO Rn. 1; Thomas/Putzo/*Reichold* § 144 Rn. 1).

kk) Auskunftsrecht des Gerichts/Verfahrensrechtliche Auskunftspflicht

261   Unter der Überschrift »**verfahrensrechtliche Auskunftspflicht der Beteiligten**« ist in § 235 Abs. 1 FamFG geregelt, dass das Gericht anordnen kann, dass der **Antragsteller** und **der Antragsgegner** Auskunft über ihre Einkünfte, ihr Vermögen und ihre persönlichen und wirtschaftlichen Verhältnisse erteilen sowie bestimmte Belege vorlegen, soweit dies für die Bemessung des Unterhalts von Bedeutung ist. Das Gericht hat nach § 235 Abs. 1 FamFG vorzugehen, wenn ein Beteiligter dies beantragt und der andere Beteiligte vor Beginn des Verfahrens einer nach den Vorschriften des bürgerlichen Rechts bestehenden Auskunftspflicht entgegen einer Aufforderung innerhalb angemessener Frist nicht nachgekommen ist, § 235 Abs. 1 FamFG. »Bürgerlichen Rechts« bedeutet § 1605 BGB, ggf. i. V. m. §§ 1361 Abs. 4 Satz 4, 1580 Satz 2 BGB. Der Auskunftsanspruch kann auch übergegangen sein, § 33 Abs. 1 Satz 3 SGB II; der öffentlich-rechtliche Anspruch aus § 60 SGB II ist dagegen nicht erfasst.

262   Die Anordnung ist nicht selbstständig anfechtbar und nicht mit Zwangsmitteln durchsetzbar, § 235 Abs. 4 FamFG (§ 35 FamFG – Zwangsmittel – gilt gem. § 113 Abs. 1 Satz 1 FamFG nicht).

263   Nach § 236 Abs. 1 FamFG kann das Gericht, soweit dies für die Bemessung des Unterhalts von Bedeutung ist, über die Höhe der Einkünfte **Auskunft** und bestimmte Belege anfordern bei **Dritten**, insb. bei Arbeitgebern, Sozialleistungsträgern, Versorgungsträgern und Finanzämtern, wenn ein Beteiligter innerhalb der hierfür gesetzten Frist einer Verpflichtung nach § 235 Abs. 1 FamFG nicht oder nicht vollständig nachkommt.

264   Die in § 236 Abs. 1 FamFG bezeichneten Personen und Stellen sind verpflichtet, der gerichtlichen Anordnung Folge zu leisten, § 236 Abs. 4 ZPO.

265   Anders als nach § 643 ZPO a. F. beschränkt sich die Auskunft beim Finanzamt nicht auf den Unterhalt für minderjährige Kinder.

266   Das Gericht muss entsprechend vorgehen, wenn die Voraussetzungen von § 236 Abs. 1 FamFG vorliegen und der andere Beteiligte dies beantragt, § 236 Abs. 2 FamFG.

267   Die Anordnungen des Gerichts nach dieser Vorschrift sind für die Beteiligten nicht selbstständig anfechtbar, § 236 Abs. 5 FamFG.

ll) Zurückweisung verspäteten Vorbringens

Schon aus verfassungsrechtlichen Gründen (rechtliches Gehör) darf Vorbringen nicht als verspätet **268** zurückgewiesen werden, wenn das Gericht selbst das Verfahren nicht ordnungsgemäß gefördert hat (Zöller/*Greger* § 296 ZPO Rn. 3). Dies kann insb. der Fall sein, weil Hinweise nach § 139 ZPO nicht rechtzeitig erteilt (BVerfG, NJW 1992, 678, 679) oder unangemessen kurze Erklärungsfristen gesetzt wurden (Zöller/*Greger* § 296 ZPO Rn. 3).

§ 115 FamFG entspricht der alten Regelung des § 621d ZPO a. F. Der Gesetzgeber wollte keine Än- **269** derung herbeiführen (BT-Drucks. 16/6308, S. 224).

Danach können, § 115 Satz 1 FamFG, u. a. in Unterhaltssachen Angriffs- und Verteidigungsmittel, die nicht rechtzeitig vorgebracht werden, zurückgewiesen werden, wenn
– ihre Zulassung nach der freien Überzeugung des Gerichts die Erledigung des Verfahrens (Rechts- streits) **verzögern** würde **und**
– die **Verspätung auf grober Nachlässigkeit** beruht.

I. Ü. sind die Angriffs- und Verteidigungsmittel abweichend von den allgemeinen Vorschriften zu- zulassen, § 115 Satz 2 FamFG.

Zu Angriffs- und Verteidigungsmitteln gehört alles, was der Durchsetzbarkeit bzw. Abwehr des **270** Klagebegehrens dient, insb. Behauptungen und Bestreiten, Einwendungen, Beweismittel und Be- weiseinreden. Zu den Verteidigungsmitteln zählt auch die Geltendmachung einer Aufrechnung, sowohl wenn sie erstmals im Verfahren erklärt wird, als auch wenn sich der Beteiligte auf eine vor- prozessual erfolgte Aufrechnung beruft (BGH, NJW 1984, 1964 zur ZPO; Musielak/*Huber* § 296 ZPO Rn. 4). Nicht dazu gehört ein neuer Streitgegenstand selbst. Auch unstreitige Tatsachen kön- nen nach ganz herrschender Meinung nicht als verspätet zurückgewiesen werden (MüKo/*Prütting* § 296 ZPO Rn. 45 m. w. N.).

Wie **rechtzeitig** Angriffs- und Verteidigungsmittel vorzubringen sind, ergibt sich aus § 113 Abs. 1 **271** Satz 2 FamFG i. V. m. § 282 ZPO (Prütting/*Helms* § 115 Rn. 8):

Nach dessen Abs. 1 so rechtzeitig, wie es nach der Prozesslage einer sorgfältigen und auf Förderung des Verfahrens bedachten Prozessführung entspricht.

Nach seinem Abs. 2 sind Anträge sowie Angriffs- und Verteidigungsmittel, auf die der Gegner vo- raussichtlich ohne vorhergehende Erkundigung keine Erklärung abgeben kann, vor der mündlichen Verhandlung durch vorbereitenden Schriftsatz so zeitig mitzuteilen, dass der Gegner die erforder- liche Erkundigung noch einzuziehen vermag.

Außerdem sind Fristen einzuhalten, die gem. § 113 Abs. 1 Satz 2 FamFG i. V. m. §§ 273 Abs. 2 Nr. 1, 275 Abs. 1, 276 Abs. 1 und 3 sowie 277 ZPO gesetzt worden sind.

Kann der Gegner sich auf das verspätete Vorbringen nicht erklären, hat er nicht das Recht, eine **272** Einlassung zu verweigern (Stein/Jonas/*Leipold* § 283 Rn. 7 m. w. N. und Rn. 8 zu Ausnahmen in Extremfällen), sondern kann sich lediglich eine **Schriftsatzfrist** nach § 113 Abs. 1 Satz 2 FamFG i. V. m. § 283 ZPO einräumen lassen. Äußert er sich innerhalb der nachgelassenen Frist nicht, sind die Tatsachen als zugestanden anzusehen, § 138 Abs. 3 ZPO.

Nach § 113 Abs. 1 Satz 2 FamFG i. V. m. § 282 Abs. 3 ZPO sind Rügen des Antragsgegners, die die **273** **Zulässigkeit** des Antrags betreffen, gleichzeitig und vor seiner Verhandlung zur Hauptsache vorzu- bringen (Satz 1). Ist dem Antragsgegner vor der mündlichen Verhandlung eine Frist zur Antragser- widerung gesetzt, so hat er die Rügen schon innerhalb der Frist geltend zu machen (Satz 2).

Zu einer **Verzögerung** kommt es, wenn der Rechtsstreit sonst zur Entscheidung reif wäre, die Zulas- **274** sung des neuen Vorbringens aber zu einer Vertagung (MüKo/*Fischer* § 115 FamFG Rn. 9) und damit längeren Dauer (Prütting/*Helms* § 115 Rn. 9) führen würde. Daran fehlt es, wenn das Gericht das Beweismittel (insb. einen Zeugen) noch rechtzeitig zum Termin herbeischaffen könnte.

275 Die Verspätung muss auf **grober Nachlässigkeit** beruhen. Hierzu muss die Sorgfalt in ungewöhnlich großem Maß verletzt sein und dasjenige unterlassen worden sein, was nach dem Stand des Verfahrens jeder Partei als notwendig hätte einleuchten müssen (BGH, NJW 1987, 501; Zöller/*Lorenz*
§ 113 FamFG Rn. 3).

276 Nach § 115 Satz 2 FamFG **nicht anwendbare allgemeine Vorschriften** sind insb. § 113 Abs. 1 Satz 2
FamFG i. V. m. § 296 ZPO. In zweiter Instanz gelten nicht § 113 Abs. 1 Satz 2 FamFG i. V. m.
§§ 530, 531 ZPO (Zöller/*Lorenz* § 113 FamFG Rn. 3; Musielak/*Borth* § 115 Rn. 3), insb. bleiben
also nicht Angriffs- und Verteidigungsmittel, die im ersten Rechtszug zu Recht ausgeschlossen worden sind, ausgeschlossen, § 531 Abs. 1 ZPO, und neue Angriffs- und Verteidigungsmittel können
unbeschadet der Regelungen in § 531 Abs. 2 ZPO geltend gemacht werden.

d) Endentscheidung

aa) Form der Entscheidung

277 Während die Endentscheidung in der Hauptsache nach der ZPO in der Form des Urteils ergeht,
§ 300 Abs. 1 ZPO, ordnet § 116 Abs. 1 FamFG an, dass in allen Familiensachen durch Beschluss
entschieden wird.

bb) Tenor

278 Der Entscheidungstenor (auch Entscheidungsformel genannt) muss so genau bezeichnet sein, dass
er aus sich heraus für die Zwangsvollstreckung geeignet ist. Dem sollte auch schon der Antrag des
Antragstellers entsprechen.

279 Auch wenn der Vorsorgeunterhalt ein unselbstständiger Bestandteil eines einheitlichen Unterhaltsanspruches ist, ist er in der Entscheidung des Gerichts gesondert auszuweisen (BGH, FamRZ 1987,
684, 686). S. i. Ü. Rdn. 659–664 und Rdn. 665–682.

280 Einer Tenorierung mit einer Klausel »unter Anrechnung bereits gezahlter Beträge« ist mangels Konkretisierung und Bezifferung nicht zu entnehmen, welche Beträge jeweils zu vollstrecken sind (BGH,
FamRZ 2006, 261). Die Vollstreckungsfähigkeit eines auf einem Anwaltsvergleich beruhenden und
mit einer unbezifferten Anrechnungsklausel verbundenen Titels ist nur dann gewahrt, wenn sich
aus ihm mit hinreichender Deutlichkeit ergibt, dass der Schuldner sich ohne Einschränkung der
sofortigen Zwangsvollstreckung i. H. d. bezifferten Betrages unterwirft und die Anrechnungsklausel lediglich einen (deklaratorischen) Vorbehalt darstellt, den Einwand der Erfüllung ggf. mit einer
späteren Vollstreckungsabwehrklage geltend zu machen (BGH, FamRZ 2006, 261).

281 Da das FamFG bewusst keine Urteile mehr kennt (BT-Drucks. 16/6308, S. 224), sollte in FamFG-
Verfahren nicht der Beklagte zur Zahlung verurteilt, sondern der Antragsgegner zur Zahlung verpflichtet werden.

cc) Kosten

282 Nach § 113 Abs. 1 Satz 1 und 2 FamFG finden nicht §§ 80 ff. FamFG, sondern die Vorschriften der
ZPO Anwendung. Für Unterhaltssachen gilt allerdings die Sonderregelung des § 243 FamFG. Danach entscheidet das Gericht über die Verteilung der Kosten abweichend von den Vorschriften der
ZPO in Unterhaltssachen nach billigem Ermessen, § 243 Abs. 1 Satz 1 FamFG. Es hat hierbei nach
§ 243 Abs. 1 Satz 2 FamFG insb. zu berücksichtigen:
1. das Verhältnis von Obsiegen und Unterliegen der Beteiligten, einschließlich der Dauer der
   Unterhaltsverpflichtung,

2. den Umstand, dass ein Beteiligter vor Beginn des Verfahrens einer Aufforderung des Gegners zur Erteilung der Auskunft und Vorlage von Belegen über das Einkommen nicht oder nicht vollständig nachgekommen ist, es sei denn, dass eine Verpflichtung hierzu nicht bestand,
3. den Umstand, dass ein Beteiligter einer Aufforderung des Gerichts zur Auskunftserteilung sowie Belegvorlage nach § 235 Abs. 1 FamFG innerhalb der gesetzten Frist nicht oder nicht vollständig nachgekommen ist, sowie
4. ein sofortiges Anerkenntnis nach § 93 ZPO; s. hierzu Rdn. 283 ff.

Hat der Antragsgegner nicht durch sein Verhalten zur Erhebung der Klage Veranlassung gegeben, so fallen bei § 93 ZPO dem Antragsteller die Verfahrenskosten zur Last, wenn der Antragsgegner den Anspruch sofort anerkennt.   283

Der Schuldner gibt zur **Klageerhebung Anlass**, wenn er sich vorgerichtlich so verhält, dass der Gläubiger annehmen muss, sein Ziel ohne Anrufung des Gerichts nicht erreichen zu können (BGH, FamRZ 2006, 1189; Zöller/*Herget* § 93 ZPO Rn. 3; Musielak/*Lackmann* § 93 ZPO Rn. 2 m. w. N.).   284

Zahlt der **Unterhaltsschuldner freiwillig**, hat der Gläubiger dennoch einen Anspruch auf Titulierung. Der Gläubiger muss den Schuldner zur **Titulierung auffordern**, andernfalls droht die Gefahr eines sofortigen Anerkenntnisses.

Erbringt der Unterhaltsschuldner allerdings nur **Teilleistungen**, gibt er auch dann Veranlassung für eine Klage auf den vollen Unterhalt, wenn er zuvor nicht zur Titulierung des freiwillig gezahlten Teils aufgefordert worden ist (BGH, FamRZ 2010, 195).

Unter **Anerkenntnis** ist die einseitige Erklärung des Antragsgegners zu verstehen, dass der Anspruch zu Recht besteht (BGHZ 80, 391; Musielak/*Musielak* § 307 ZPO Rn. 3; Zöller/*Vollkommer* vor §§ 306, 307 ZPO Rn. 1).   285

Sofort bedeutet grds., dass im ersten Verhandlungstermin vor streitiger Verhandlung anerkannt werden muss (Musielak/*Lackmann* § 93 ZPO Rn. 4). Wird vor dem ersten Termin zunächst ein Klageabweisungsantrag angekündigt, steht dies einem sofortigen Anerkenntnis entgegen (Zöller/*Herget* § 93 Rn. 4; Musielak/*Lackmann* § 93 ZPO Rn. 4).   286

Ist das schriftlichen Vorverfahren angeordnet, kann der Antragsgegner innerhalb der Klageerwiderungsfrist jedenfalls dann »sofort« i. S. d. § 93 ZPO anerkennen, wenn die Verteidigungsanzeige keinen auf eine Abweisung der Klage gerichteten Sachantrag enthält (BGH, FamRZ 2006, 1189; Musielak/*Lackmann* § 93 ZPO Rn. 5).

Im Verbund gelten besondere Regelungen (s. Rdn. 375–379).   287

dd) Wirksamkeit

Das FamFG kennt keine Anordnung der vorläufigen Vollstreckbarkeit. Es enthält stattdessen (BT-Drucks. 16/6308, S. 224) Regelungen zur Wirksamkeit in § 116 FamFG.   288

Endentscheidungen in Unterhaltssachen als Familienstreitsachen werden gem. § 116 Abs. 3 Satz 1 FamFG mit Rechtskraft wirksam.   289

Das Gericht kann auch schon die sofortige Wirksamkeit anordnen, § 116 Abs. 3 Satz 2 FamFG. Dies hat die Vollstreckbarkeit nach § 120 Abs. 2 FamFG zur Folge.   290

Gem. § 116 Abs. 3 Satz 3 FamFG **soll** das Gericht **die sofortige Wirksamkeit anordnen**, soweit die Entscheidung eine Verpflichtung zur Leistung von Unterhalt enthält. Auf eine Anordnung der sofortigen Wirksamkeit kann teilweise oder vollständig verzichtet werden. Der Gesetzgeber hat hier insb. an Fälle des Übergangs auf einen öffentlichen Träger gedacht und an den Fall, dass neben dem laufenden Unterhalt länger zurückliegende Unterhaltsrückstände verlangt werden (BT-Drucks. 16/6308, S. 224). Ein Absehen von der Anordnung soll nur selten möglich sein (Bork/Jacoby/Schwab/*Löhnig* § 116 Rn. 5).   291

292   Die §§ 708 bis 713 ZPO sind bei der Vollstreckung von Beschlüssen in FamFG-Sachen nicht anwendbar (BT-Drucks. 16/6308, S. 226).

293   Macht der Verpflichtete glaubhaft, dass die Vollstreckung ihm einen nicht zu ersetzenden Nachteil bringen würde, hat das Gericht gem. § 120 Abs. 2 Satz 2 FamFG **auf** seinen **Antrag** die **Vollstreckung** vor Eintritt der Rechtskraft in der Endentscheidung **einzustellen** oder zu **beschränken**. Da dies in der Endentscheidung zu erfolgen hat, ist hierfür das Gericht der Hauptsache (das Amtsgericht) zuständig. Die Regelung ist wenig sinnvoll, da die Einstellung der Zwangsvollstreckung nur erforderlich ist, wenn zuvor die sofortige Wirksamkeit nach § 116 Abs. 3 Satz 2 FamFG angeordnet wurde, was bei Vorliegen der Voraussetzungen von § 120 Abs. 2 Satz 2 FamFG aber kaum sachgerecht sein kann (Kritik an der Regelung daher u. a. von Musielak/*Borth* FamFG § 120 Rn. 3; Keidel/*Weber* § 120 Rn. 15 f.).

294   Nach § 120 Abs. 2 Satz 3 FamFG kann in den Fällen des § 707 Abs. 1 ZPO (Wiedereinsetzung in den vorigen Stand, Wiederaufnahme des Verfahrens, Rüge nach § 321a ZPO) und des § 719 ZPO (Rechtsmittel und Einspruch) eine Einstellung oder Beschränkung nur unter denselben Voraussetzungen angeordnet werden. Hierfür ist das Beschwerdegericht (also das OLG) zuständig (Haußleiter/*Fest* § 120 Rn. 24).

295   Ob auch eine Einstellung **gegen Sicherheitsleistung** angeordnet werden kann, ist streitig, die überwiegende Meinung lehnt dies ab (Schulte-Bunert/Weinrich/*Schulte-Bunert* § 120 Rn. 4; Prütting/*Helms* § 120 Rn. 8; Keidel/*Weber* § 120 Rn. 12; OLG Bremen, FamRZ 2011, 322, 323; a. A. OLG Rostock, FamRZ 2011, 1679; *Büte* FuR 2010, 124, 126).

       Ebenfalls streitig ist, ob die Befürchtung, dass beigetriebene Beträge endgültig nicht zurückgezahlt werden können, zur Annahme eines **nicht zu ersetzenden Nachteils** ausreicht (dafür: Prütting/*Helms* § 120 Rn. 7; Keidel/*Weber* § 120 Rn. 17; dagegen: OLG Hamburg, FamRB 2012, 279; differenzierend Schulte-Bunert/Weinrich/*Schulte-Bunert* § 120 Rn. 4b).

296   Hat das Familiengericht eine Entscheidung über die sofortige Wirksamkeit **versäumt**, kann das Beschwerdegericht diese Anordnung nach einer Entscheidung des OLG Bamberg im Wege der einstweiligen Anordnung **nachholen** (OLG Bamberg, FamRZ 2013, 481; vgl. Prütting/*Helms* § 120 Rn. 30). Schwierigkeiten ergeben sich daraus, dass das Beschwerdegericht einstweilige Anordnungen nach § 64 Abs. 3 FamFG nach h. M. nur hinsichtlich der schon eingetretenen Wirkung treffen, nicht aber Entscheidungen, welche noch nicht wirksam geworden sind, im Wege der einstweiligen Anordnung Wirksamkeit verschaffen darf. Eine Ausnahme besteht aber in den gesetzlich ausdrücklich vorgesehenen Fällen, wie hier, wo nach § 116 Abs. 3 Satz 3 FamFG bereits das Gericht der ersten Instanz in seiner Endentscheidung, die eine Verpflichtung zur Leistung von Unterhalt enthält, die sofortige Wirksamkeit anordnen soll. Das OLG Bamberg verweist in der zitierten Entscheidung zudem auf § 120 Abs. 1 FamFG i. V. m. § 718 ZPO, nach denen eine Vorabentscheidung der Beschwerdeinstanz über die vorläufige Vollstreckbarkeit bzw. sofortige Wirksamkeit möglich ist, und zwar auch dann noch, wenn ein Ausspruch über die Anordnung der sofortigen Wirksamkeit nicht erfolgt und ein Antrag auf Ergänzung der erstinstanzlichen Entscheidung nicht mehr möglich ist, weil insofern die zweiwöchige Frist der §§ 120 Abs. 1 FamFG, 716, 321 ZPO versäumt wurde. Das Familiengericht selbst kann seine Entscheidung nur auf Antrag und innerhalb der Zweiwochenfrist der §§ 113 Abs. 1 Satz 2 FamFG, 321 Abs. 2 ZPO nach §§ 113 Abs. 1 Satz 2 FamFG, 321 Abs. 2 ZPO ergänzen (Prütting/*Helms* § 116 Rn. 30).

297   Das **Beschwerdegericht** kann die Vollziehung des erstinstanzlichen Beschlusses zudem **per einstweiliger Anordnung aussetzen**, § 64 Abs. 3 FamFG.

298   Streitig ist, ob es hierzu eines Antrags bedarf (so Prütting/Helms/*Abramenko* § 64 Rn. 25; dagegen Zöller/*Feskorn* § 64 FamFG Rn. 59; Keidel/*Sternal* § 64 Rn. 59a) oder zumindest der Darlegung von Notwendigkeit und Dringlichkeit (so Keidel/*Sternal* § 64 Rn. 59a). Jedenfalls sollte der Beteiligte keinesfalls darauf vertrauen, dass das Beschwerdegericht von Amts wegen eine einstweilige Anordnung erlässt.

Da die Beschwerde beim erstinstanzlichen Gericht einzureichen ist, § 64 Abs. 1 FamFG, das zudem   **299**
in Familiensachen nicht abhilfebefugt ist, § 68 Abs. 1 Satz 2 FamFG, kann es zu Verzögerungen
kommen (Zöller/*Feskorn* § 64 FamFG Rn. 11).

Die Auffassung, die einstweilige Einstellung komme regelmäßig nicht in Betracht, wenn der Schuld-   **300**
ner in erster Instanz keinen Antrag auf Einschränkung der Vollstreckung gestellt habe (so OLG
Frankfurt, FamRZ 2012, 576), wenn nicht die Gründe für den Einstellungsantrag erst nach der
letzten mündlichen Verhandlung entstanden sind oder geltend gemacht werden konnten, wird ganz
überwiegend zu Recht abgelehnt (OLG Bremen, FamRZ 2011, 322; Prütting/*Helms* § 120 Rn. 11;
Rake FPR 2013, 159, 161), da eine derartige Einschränkung des i. R. d. § 64 Abs. 3 FamFG aus-
zuübenden pflichtgemäßen Ermessens– schon wegen des wenig sinnvollen Zusammenspiels von
§ 116 Abs. 3 Satz 3 FamFG und § 120 Abs. 2 FamFG – weder sachgerecht, noch dem Wortlaut der
Regelungen zu entnehmen ist.

ee) Zulassung der Rechtsbeschwerde

Soll die Rechtsbeschwerde gem. § 70 Abs. 1 FamFG zugelassen werden, ist dies ausdrücklich in der   **301**
Entscheidung auszusprechen.

Die Rechtsbeschwerde ist gem. § 70 Abs. 2 FamFG zuzulassen, wenn   **302**
1. die Rechtssache grundsätzliche Bedeutung hat oder
2. die Fortbildung des Rechts oder die Sicherung einer einheitlichen Rechtsprechung eine Entscheidung des Rechtsbeschwerdegerichts erfordert.

Damit werden die Gründe für die Zulassung der Revision gem. § 543 Abs. 2 ZPO übernommen.

Grundsätzliche Bedeutung kommt einer Rechtssache zu, wenn sie eine entscheidungserhebliche,   **303**
klärungsbedürftige und klärungsfähige Rechtsfrage aufwirft, die sich in einer unbestimmten Vielzahl von Fällen stellen kann und deshalb das abstrakte Interesse der Allgemeinheit an der einheitlichen Entwicklung und Handhabung des Rechts berührt (BT-Drucks. 16/6308, S. 209; vgl. BGH,
FamRZ 2004, 1275 zu § 543 Abs. 2 Satz 1 Nr. 1. ZPO).

Bei der **Fortbildung des Rechts** (§ 70 Abs. 2 Satz 1 Nr. 2, 1. Alt. FamFG) sind das Bedürfnis nach   **304**
einer höchstrichterlichen Leitentscheidung für die Rechtspraxis, nach Leitsätzen für die Auslegung
von Gesetzesbestimmungen oder zur Ausfüllung von Gesetzeslücken maßgebend (BT-Drucks.
16/6308, S. 209; Keidel/*Meyer-Holz* § 70 Rn. 25; vgl. BGH, NJW-RR 2007, 1022 zu § 543 Abs. 2
Satz 1 Nr. 2, 1. Alt. ZPO).

Die **Sicherung einer einheitlichen Rechtsprechung** (§ 70 Abs. 2 Satz 1 Nr. 2, 2. Alt. FamFG) er-   **305**
fordert eine Entscheidung des Rechtsbeschwerdegerichts, wenn das Gericht von der höchstrichterlichen Rechtsprechung abgewichen ist (BT-Drucks. 16/6308, S. 209; vgl. BGH, NJW-RR 2007,
1022 zu § 543 Abs. 2 Satz 1 Nr. 2, 2. Alt. ZPO). Eine Abweichung (auch Divergenz genannt) liegt
vor, wenn die Entscheidung dieselbe **Rechtsfrage** anders beantwortet als die Entscheidung eines
höherrangigen oder eines anderen **gleichgeordneten** Gerichts oder eines anderen Spruchkörpers
desselben Gerichts (vgl. BGH, NJW 2002, 2473 zu § 543 Abs. 2 Satz 1 Nr. 2, 2. Alt. ZPO; Musie-
lak/*Borth* § 70 Rn. 4). Der BGH nimmt das Erfordernis der Sicherung einer einheitlichen Rechtsprechung auch an, wenn der Beteiligte in seinem Anspruch auf Gewährung wirkungsvollen Rechtsschutzes aus Art. 2 Abs. 1 GG i. V. m. dem Rechtsstaatsprinzip verletzt wird, der es den Gerichten
verbietet, den Beteiligten den Zugang zu einer in der Verfahrensordnung eingeräumten Instanz in
unzumutbarer, aus Sachgründen nicht zu rechtfertigender Weise zu erschweren (BGH, Beschl. v.
14.05.2014 Az. XII ZB 487/13).

Das Rechtsbeschwerdegericht, also der BGH, ist an die Zulassung gebunden, § 70 Abs. 2 Satz 2   **306**
FamFG.

ff) Rechtsbehelfsbelehrung

(1) Erforderlichkeit und Anforderungen

307 **§ 39 FamFG** hat in FamFG-Verfahren allgemein die Notwendigkeit einer Rechtsbehelfsbelehrung eingeführt.

308 Belehrt werden muss über »das« statthafte Rechtsmittel.

Zwar sollten alle statthaften Rechtsbehelfe erfasst sein (BT-Drucks. 16/6308, S. 196), nach dem zum 01.01.2013 eingefügten § 39 Satz 2 FamFG muss über die Sprungrechtsbeschwerde jedoch nicht belehrt werden.

309 Nicht erforderlich ist eine Rechtsbehelfsbelehrung, wenn gegen die Entscheidung nur noch außerordentliche Rechtsbehelfe statthaft sind. Eine Belehrung etwa über die Wiedereinsetzung, die Beschlussberichtigung und Ergänzung oder die Möglichkeit der Rüge aufgrund der Verletzung rechtlichen Gehörs (§ 113 Abs. 1 Satz 1 u. 2 FamFG i. V. m. § 321a ZPO) ist daher regelmäßig nicht geboten (BT-Drucks. 16/6308, S. 196; Zöller/*Feskorn* § 39 FamFG Rn. 8; Müko/*Ulrici* § 39 FamFG Rn. 6).

310 Die Vorschrift regelt auch den notwendigen **Inhalt der Rechtsbehelfsbelehrung.** Sie muss aus sich heraus verständlich sein (BGH, FamRZ 2010, 1425, 1426), hat mit der Bezeichnung des Gerichts, bei dem der Rechtsbehelf einzulegen ist, dessen Sitz, d. h. seiner vollständigen Anschrift (BGH, FamRZ 2010 1425, 1426), die Information über einen bestehenden Anwaltszwang (BGH, FamRZ 2010, 1425, 1426; Keidel/*Meyer-Holz* § 39 Rn. 13) sowie der einzuhaltenden Form und Frist alle wesentlichen Informationen zu enthalten, die den Beteiligten in die Lage versetzen, ohne die Hinzuziehung eines Rechtsanwaltes den zulässigen Rechtsbehelf gegen die ergangene Entscheidung einzulegen (BT-Drucks. 16/6308, S. 196).

311 Ob sich die Belehrung auch auf **Form** und **Frist** der **Begründung** zu erstrecken hat, ist streitig (dafür: MüKo/*Ulrici* § 39 FamFG Rn. 8; dagegen Keidel/*Meyer-Holz* § 39 Rn. 12); der BGH verneint dies (BGH, FamRZ 2011, 1389).

312 Wie zu anderen Verfahrensordnungen anerkannt (s. z. B. BAG, NJW 1980, 1871 zu §§ 9 und 60 ArbGG), ist davon auszugehen, dass die Rechtsmittelbelehrung Bestandteil der Entscheidung ist und von dem erkennenden Gericht zu unterschreiben ist (OLG Oldenburg, FamRZ 2012, 1080; Musielak/*Borth* FamFG § 39 Rn. 3; Keidel/*Meyer-Holz* § 39 Rn. 10).

(2) Folgen fehlender oder unrichtiger Belehrung

313 In anderen Verfahrensordnungen, etwa § 9 Abs. 5 Satz 3 ArbGG, führt eine fehlende oder fehlerhafte Rechtsmittelbelehrung dazu, dass die Frist für ein Rechtsmittel nicht beginnt. Eine derartige Regelung enthält § 39 FamFG jedoch nicht. Vielmehr bestimmt § 17 Abs. 2 FamFG zur Wiedereinsetzung in den vorigen Stand, dass vermutet wird, dass es bei unterbliebener oder fehlerhafter Rechtsmittelbelehrung am Verschulden bezüglich der Einhaltung der Frist fehlt. Daraus kann nur der Schluss gezogen werden, dass die Frist trotz mangelhafter Belehrung zu laufen beginnt und lediglich unter den Voraussetzungen der §§ 17 ff. FamFG Wiedereinsetzung in den vorigen Stand zu gewähren ist (Musielak/*Borth* FamFG § 39 Rn. 4 f.), und dies auch in Unterhaltssachen, für die als Familienstreitsachen § 17 FamFG gem. § 113 Abs. 1 Satz 1 FamFG zwar nicht unmittelbar, aber entsprechend gilt (BGH, FamRZ 2012, 1287; BGH, FamRZ 2014, 643).

314 Eine Wiedereinsetzung in den vorigen Stand kann nur erfolgen, wenn der Verfahrensbeteiligte die Frist ohne sein Verschulden versäumt hat, § 113 Abs. 1 Satz 2 FamFG i. V. m. § 233 Satz 1 ZPO. Einem Beteiligten ist das Verschulden seines Verfahrensbevollmächtigten gem. § 113 Abs. 1 Satz 2 FamFG i. V. m. § 85 Abs. 2 ZPO zuzurechnen.

Auch § 17 Abs. 2 FamFG ist in Unterhaltssachen als Familienstreitsachen entsprechend anzuwenden   315
(BGH, FamRZ 2012, 1287, 1288; BGH, FamRZ 2014, 643) und danach wird ein Fehlen des Verschuldens vermutet, wenn eine Rechtsbehelfsbelehrung unterblieben oder fehlerhaft ist.

Allerdings kommt auch im Rahmen des § 17 Abs. 2 FamFG eine Wiedereinsetzung in den vorigen Stand nur dann in Betracht, wenn die fehlende oder unvollständige Rechtsbehelfsbelehrung für die Fristversäumnis **ursächlich** geworden ist, und hieran fehlt es, wenn der Beteiligte wegen vorhandener Kenntnis über seine Rechtsmittel keiner Unterstützung durch eine Rechtsmittelbelehrung bedarf, was bei einem anwaltlich vertretenen Beteiligten regelmäßig der Fall ist (BGH, FamRZ 2014, 643).

Zwar darf auch ein **Rechtsanwalt** grds. auf die Richtigkeit einer durch das Gericht erteilten Rechtsbehelfsbelehrung vertrauen (BGH, FamRZ 2012, 1287, 1288), dies aber nur in solchen Fällen, in denen die inhaltlich fehlerhafte Rechtsbehelfsbelehrung zu einem unvermeidbaren, zumindest aber nachvollziehbaren und daher verständlichen Rechtsirrtum des Rechtsanwaltes geführt hat (BGH, FamRZ 2012, 1287, 1288; BGH, FamRZ 2014, 643). Einen solchen verständlichen Irrtum hat der BGH in Bezug auf die Länge der Einspruchsfrist gegen einen Versäumnisbeschluss verneint (BGH, FamRZ 2014, 643).

Eine unrichtige Rechtsbehelfsbelehrung kann keinen vom Gesetz nicht vorgesehenen Rechtsweg   316
eröffnen (MüKo/*Ulrici* § 39 FamFG Rn. 12; Keidel/*Meyer-Holz* § 39 Rn. 15).

e) Rechtsbehelfsverfahren

S. Rdn. 806–816.   317

aa) Muster: Antrag auf Verpflichtung zur Zahlung von nachehelichem Unterhalt

An das   318

Amtsgericht

– Familiengericht –

.....[1]

Antrag[2]

der .....

(Antragstellerin)[3]

Verfahrensbevollmächtigte[4]

gegen

.....

(Antragsgegner)

wegen: nachehelicher Unterhalt

vorläufiger Verfahrenswert[5]

.....

Namens und in Vollmacht der Antragstellerin wird beantragt:
1. Den Antragsgegner zu verpflichten, an die Antragstellerin ab dem 01.07.2014 einen monatlichen Unterhalt in Höhe von 142,00 € zu zahlen.
2. Die Kosten des Verfahrens trägt der Antragsgegner.[6]
3. Es wird beantragt, die sofortige Wirksamkeit anzuordnen.[7]

Begründung:[8]

1.

Die Beteiligten haben am 08.09.2005 geheiratet und sind seit dem 30.05.2014 rechtskräftig geschieden.

Aus der Ehe ist das gemeinsame Kind Lisa, geboren am 03.05.2006, hervorgegangen. Das Kind wird von der Antragstellerin betreut und geht seit dem 01.08.2012 zur Schule.

2.

Die Antragstellerin arbeitet 30 Stunden pro Woche und verdient dabei monatsdurchschnittlich 1.000,00 €.

– Beweis: Vorlage der Verdienstbescheinigungen der Monate Januar bis Dezember 2013 (Kopie in Anlage 1) –

Abzuziehen sind notwendige Fahrtkosten für eine einfache Strecke von 8 km in Höhe von 88,00 € (8 km × 2 × 0,30 €/km × 220 Tage/12 Monate).

3.

Der Antragsgegner verfügt über ein monatliches Einkommen von durchschnittlich 1.600,00 €.

– Beweis: Vorlage der Verdienstbescheinigungen der Monate Januar bis Dezember 2013 (Kopie in Anlage 2) –

Abzuziehen sind Fahrtkosten in Höhe von 66,00 € für eine einfache Strecke von 6 km und vom Antragsgegner geleisteter vorrangiger Unterhalt für das Kind Lisa von 291,00 € (Düsseldorfer Tabelle Stand 1.1.2013, 2. Altersstufe, 2. Einkommensgruppe).

4.

Der Anspruch ergibt sich aus § 1570 BGB wegen der Betreuung des gemeinschaftlichen Kindes.[9]

Die Antragstellerin kann ihre Tätigkeit schon wegen der Belange des Kindes nicht ausweiten.

Es existiert nur eine Fremdbetreuungsmöglichkeit in der besuchten Schule von 8 Uhr bis 14 Uhr.

– Beweis: Bescheinigung der Schule in Anlage 3 –

Weitere Fremdbetreuung bieten weder öffentliche noch private Einrichtungen in erreichbarer Nähe an.

Zudem wäre eine weitergehende Erwerbstätigkeit angesichts des von der Antragstellerin für Lisa zu leistenden Betreuungsaufwands überobligationsmäßig. Die Antragstellerin muss sich nach 14.00 Uhr um folgende Dinge kümmern: .....

5.

Der Unterhalt berechnet sich wie folgt:[10]

Einkommen Antragsgegner:

Erwerbseinkommen: 1.600,00 €

abzüglich Fahrtkosten: 66,00 €

abzüglich Kindesunterhalt: 291,00 €

anrechenbares Einkommen: 1.243,00 €

Einkommen Antragstellerin:

Erwerbseinkommen: 1.000,00 €

abzüglich Fahrtkosten: 88,00 €

anrechenbares Einkommen: 912,00 €

Differenz der Einkünfte: 331,00 €

x 3/7: 141,86 €

aufgerundet: 142,00 €

Unterschrift[11]

Rechtsanwalt

1. Zuständigkeit. Die FamG sind nach §§ 23a Abs. 1 Nr. 1, 23b GVG sachlich zuständig für Familiensachen, zu denen gem. § 111 Nr. 8 FamFG Unterhaltssachen gehören.

Die örtliche Zuständigkeit ist in § 232 FamFG geregelt. Während der Anhängigkeit einer Ehesache ist ausschließlich zuständig für Unterhaltssachen, die die durch die Ehe begründete Unterhaltspflicht betreffen, das Gericht, bei dem die Ehesache im ersten Rechtszug anhängig ist oder war, § 232 Abs. 1 Nr. 1 FamFG. Sofern eine Zuständigkeit nach § 232 Abs. 1 FamFG nicht besteht, bestimmt sich die Zuständigkeit nach den Vorschriften der ZPO mit der Maßgabe, dass in den Vorschriften über den allgemeinen Gerichtsstand an die Stelle des Wohnsitzes (§ 13 ZPO) der gewöhnliche Aufenthalt tritt, § 232 Abs. 3 Satz 1 FamFG. S. i. Ü. Rdn. 181–192.

2. Antragsschrift. Gem. § 113 Abs. 5 Nr. 2 FamFG, wird bei der Anwendung der ZPO die Bezeichnung »Klage« durch »Antrag« ersetzt. Die Erhebung des Antrags erfolgt gem. § 253 Abs. 1 ZPO durch die Zustellung eines Schriftsatzes; die Antragsschrift muss dementsprechend bei Gericht schriftlich unter Beifügung der erforderlichen Zahl von Abschriften eingereicht werden, § 113 Abs. 1 Satz 2 FamFG i. V. m. § 253 Abs. 5 Satz 1 ZPO. Ein Antrag zur Niederschrift der Geschäftsstelle gem. § 25 FamFG ist nicht möglich, da die Vorschrift gem. § 113 Abs. 1 Satz 1 FamFG keine Anwendung findet.

3. Beteiligte. Die Bezeichnung der Beteiligten hat § 113 Abs. 5 FamFG zu entsprechen: Antragsteller und Antragsgegner.

4. Anwaltszwang. Gem. § 114 Abs. 1 FamFG gilt Anwaltszwang.

5. Verfahrenswert. Die Antragsschrift soll die Angabe des Wertes des Streitgegenstandes enthalten, § 113 Abs. 1 Satz 2 FamFG i. V. m. § 253 Abs. 3 Satz 1 ZPO.

Der Streitwert bestimmt sich nach § 51 FamGKG. Maßgeblich ist der geforderte Betrag für die ersten 12 Monate nach Einreichung des Klageantrags, § 51 Abs. 1 Satz 1 FamGKG, zuzüglich der bei Klageeinreichung fälligen Beträge, § 51 Abs. 2 Satz 1 FamGKG, wobei der Einreichung des Klageantrages die Einreichung des Verfahrenskostenhilfeantrages gleichsteht, wenn der Klageantrag alsbald nach Mitteilung der Entscheidung über diesen Antrag eingereicht wird.

6. Kosten. Für das Verfahren als Unterhaltssache gilt die Sonderreglung des § 243 FamFG. Danach entscheidet das Gericht über die Verteilung der Kosten abweichend von den Vorschriften der ZPO in Unterhaltssachen nach billigem Ermessen, § 243 Abs. 1 Satz 1 FamFG. Einzelheiten s. Rdn. 282-287.

7. Sofortige Wirksamkeit. Das Gericht kann die sofortige Wirksamkeit anordnen, § 116 Abs. 3 Satz 2 FamFG. Dies hat die Vollstreckbarkeit nach § 120 Abs. 2 FamFG zur Folge. Gem. § 116 Abs. 3 Satz 3 FamFG soll das Gericht die sofortige Wirksamkeit anordnen, soweit die Entscheidung eine Verpflichtung zur Leistung von Unterhalt enthält. Macht der Verpflichtete glaubhaft, dass die Vollstreckung ihm einen nicht zu ersetzenden Nachteil bringen würde, hat das Gericht gem. § 120 Abs. 2 Satz 2 FamFG auf seinen Antrag die Vollstreckung vor Eintritt der Rechtskraft in der Endentscheidung einzustellen oder zu beschränken. S. i. Ü. Rdn. 288–292.

8. Begründung. Die Antragsschrift **muss** gem. § 113 Abs. 1 Satz 2 FamFG i. V. m. § 253 Abs. 2 Nr. 2 ZPO den Gegenstand und den Grund des erhobenen Anspruchs und einen bestimmten Antrag enthalten. Die Regelung des § 23 Abs. 1 Satz 1 FamFG, dass der verfahrenseinleitende Antrag lediglich begründet werden **soll**, ist gem. § 113 Abs. 1 Satz 1 FamFG nicht anwendbar.

Gegenstand und Grund des erhobenen Anspruchs ist der Lebenssachverhalt, auf den der Antrag gestützt wird (Zöller/*Greger* § 253 FamFG Rn. 11 ff.; vgl. Musielak/*Foerste* § 253 ZPO Rn. 25). Der Streitstoff ist so konkretisiert darzulegen, dass er von ähnlichen Sachverhalten unterschieden und abgegrenzt werden kann, anzugeben sind die Tatsachen, die den Streit unverwechselbar festlegen (BGH, NJW-RR 2005, 216; Zöller/*Greger* § 253 ZPO Rn. 12a; Musielak/*Foerste* § 253 ZPO Rn. 26).

Damit der Antrag zulässig ist, braucht der Sachverhalt allerdings nicht bereits in der Antragsschrift vollständig beschrieben oder der Anspruch schlüssig und substantiiert dargelegt zu werden (BGH, NJW-RR 2005, 216).

Erfolg kann der Antrag wiederum nur haben, wenn die Voraussetzungen des Unterhaltsanspruchs schlüssig und substantiiert dargelegt sind. Dabei kann sich der Antragsteller zunächst mit Vortrag zu den Umständen begnügen, für die ihn die Darlegungslast trifft. Dies sind das Grundverhältnis, hier die rechtskräftige Scheidung der Eheleute, der Bedarf sowie die Bedürftigkeit und, soweit Unterhaltsrückstände geltend gemacht werden sollen, zudem die Voraussetzungen von § 1361 Abs. 4 Satz 3 i. V. m. § 1360a Abs. 3 i. V. m. § 1613 BGB. Da die Darlegungslast in Bezug auf die Leistungsfähigkeit beim Unterschuldner liegt, sind Darlegungen des Antragstellers hierzu grds. nur dann erforderlich, wenn der Antragsgegner seine mangelnde Leistungsfähigkeit dargelegt hat. Zur Beschleunigung des Verfahrens empfiehlt es sich allerdings jedenfalls in den Fällen, in denen der Schuldner vorprozessual fehlende Leistungsfähigkeit geltend gemacht hat, schon in der Antragsschrift hierzu vorzutragen.

9. Betreuungsunterhalt. S. Rdn. 392–423.

10. Berechnung nach der Differenzmethode. S. Rdn. 144 ff.

11. Unterschrift. Die Antragsschrift muss als sog. bestimmender Schriftsatz eigenhändig unterschrieben sein, im Anwaltsprozess wie hier durch einen Rechtsanwalt (MüKo/*Becker-Eberhard* § 253 ZPO Rn. 23 m. w. N.).

bb) Muster: Antragserwiderung

319   An das

Amtsgericht

– Familiengericht – .....

In der Familiensache

..... gegen .....[1]

Aktenzeichen ...../.....

beantrage ich namens und in Vollmacht des Antragsgegners,
1. den gegnerischen Antrag auf Zahlung von Unterhalt zurückzuweisen,
2. hilfsweise den Unterhalt zu befristen bis zum ..... .

Begründung:

1.

Unterhaltsansprüche der Antragstellerin sind gemäß § 1579 Nr. 2 BGB verwirkt, da sie seit über drei Jahren mit dem Zeugen ..... in verfestigter Lebensgemeinschaft lebt. Die beiden treten in der Öffentlichkeit wie ein Ehepaar in Erscheinung (vgl. BGH FamRZ 2011, 1498)..... .[2]

2.

Der Unterhalt ist jedenfalls bis zum ..... zu befristen.[3]

Ein zeitlich unbegrenzter Unterhaltsanspruch wäre unbillig, § 1578b Abs. 2 Satz 1 BGB.

Ehebedingte Nachteile liegen nicht vor. Vielmehr verfügt die vollschichtig arbeitende Antragstellerin in ihrem erlernten Beruf als ..... über dieselben Einkünfte, die sie auch ohne die Ehe erzielen würde ..... .

Verringerte Versorgungsanwartschaften können nicht als ehebedingte Nachteile berücksichtigt werden, da der Versorgungsausgleich vollständig durchgeführt wurde, wodurch die Nachteile schon von beiden Ehegatten gleichermaßen getragen werden (siehe BGH FamRZ 2008, 1325, 1329; BGH FamRZ 2011, 875, 876).

.....

1. **Anwaltszwang.** Gem. § 114 Abs. 1 FamFG gilt Anwaltszwang.

2. **Verwirkung.** S. Rdn. 633–656.

3. **Befristung.** S. Rdn. 604–632.

2. Verbundverfahren

a) Einleitung

aa) Begriff

Verbund ist die Zusammenfassung des Scheidungsverfahrens mit sog. Folgesachen in einem Verfahren. Der Verbund wird in § 137 Abs. 1 FamFG ausdrücklich definiert: »Über Scheidung und Folgesachen ist zusammen zu verhandeln und zu entscheiden (Verbund).«   320

bb) Zweck

Nach der Vorstellung des Gesetzgebers soll der Verbund zum einen den Eheleuten die Auswirkungen der Scheidung deutlich machen und voreiligen Entschlüssen vorbeugen (BT-Drucks. 7/650, S. 78, 85 ff.). Zum anderen soll der sozial schwächere Ehegatte dadurch geschützt werden, dass die Auswirkungen der Scheidung erst dann eintreten, wenn die ihm zustehenden Rechte geregelt und durchsetzbar sind (BT-Drucks. 16/6308, S. 229 f. zum FamFG).   321

cc) Anwendungsbereich

Nur Scheidungsverfahren, keine sonstigen Ehesache i. S. v. §§ 121 FamFG bzw. 606 ZPO kennen den Verbund (Zöller/*Lorenz* § 137 FamFG Rn. 3 f.).   322

dd) Besondere Überleitungsvorschrift

Auf Verfahren über den **Versorgungsausgleich**, in denen **am 31.08.2010 im ersten Rechtszug** noch keine Endentscheidung erlassen wurde, sowie auf die mit solchen Verfahren im Verbund stehenden Scheidungs- und Folgesachen sind ab dem 01.09.2010 die neuen Vorschriften anzuwenden, Art. 111 Abs. 5 FGG-RG. Betroffen sind damit auch **im Verbund stehende Unterhaltssachen**.   323

b) Beteiligte

324 Nach dem FamFG kann Unterhalt im Verbund nur von den Ehegatten geltend gemacht werden, § 137 Abs. 2 Satz 1 letzter Hs. FamFG.

325 Macht der Ehegatte in Verfahrensstandschaft gem. § 1629 Abs. 3 Satz 1 BGB Unterhalt für ein minderjähriges Kind im Verbund geltend und wird das Kind im Laufe des Verfahrens volljährig, endet die Verfahrensstandschaft. Nach früherer Ansicht des BGH trat in diesem Fall ein **automatischer Beteiligtenwechsel** ein (BGH, FamRZ 1983, 474). Nunmehr geht der BGH davon aus, dass das volljährige Kind als Antragsteller in das Verfahren nur im Wege des **gewillkürten Beteiligtenwechsels** eintreten kann, der nicht von der Zustimmung der Gegenseite abhängt (BGH, FamRZ 2013, 1378). Tritt das volljährige Kind ein, ist es Dritter i. S. d. § 140 Abs. 1 FamFG, und das Verfahren muss nach dieser Vorschrift abgetrennt werden.

326 Entsprechendes gilt, wenn der Unterhaltsanspruch auf einen Träger öffentlicher Leistungen übergeht (Musielak/*Borth* FamFG § 140 Rn. 3).

c) Folgesache

327 Als Folgesache kann an Unterhalt geltend gemacht werden:
- durch die Ehe begründeter Unterhalt, § 137 Abs. 2 Nr. 2, 2. Alt. FamFG.
- Unterhalt für ein gemeinsames Kind, § 137 Abs. 2 Nr. 2, 1. Alt. FamFG, wobei das vereinfachte Verfahren in den Vorschriften ausdrücklich ausgenommen ist.

328 Unterhalt kann als Folgesache **nur für den Fall der Scheidung** verlangt werden, § 137 Abs. 2 Satz 1 FamFG. Dies bedeutet, dass weder Trennungsunterhalt noch Kindesunterhalt für die Zeit vor Rechtskraft der Scheidung im Verbund geltend gemacht werden kann.

329 Im Scheidungsverbund kann der **Auskunftsantrag nicht isoliert**, sondern nur im Wege der Stufenklage verbunden mit dem Leistungsantrag geltend gemacht werden (BGH, FamRZ 2012, 863, 864 und 866 zum Güterrecht; BGH, FamRZ 1997, 811; MüKo/*Dötsch* § 231 FamFG Rn. 24).

330 Im **Beschwerdeverfahren** kann der Unterhalt **nicht erstmalig** im Verbund geltend gemacht werden, wie sich aus § 137 Abs. 2 Satz 1 FamFG ergibt, nach dem die Sache im ersten Rechtszug anhängig gemacht werden muss; der Beteiligte ist auf das isolierte Verfahren verwiesen (Musielak/*Borth* FamFG § 137 Rn. 35).

d) Eintritt in den Verbund

aa) Allgemeines

331 Nach § 137 Abs. 2 Satz 1 FamFG sind Folgesachen u. a. Unterhaltssachen, wenn die Familiensache spätestens 2 Wochen vor der mündlichen Verhandlung im ersten Rechtszug in der Scheidungssache von einem Ehegatten anhängig gemacht wird. Hieraus wird, m. E. zu Unrecht, von einer Meinung gefolgert, es sei nicht zulässig, neben dem Scheidungsverfahren ein selbstständiges Verfahren in einer verbundfähigen Folgesache zu führen (Musielak/*Borth* FamFG § 137 Rn. 25; Johannsen/Henrich/*Markwardt* § 137 FamFG Rn. 16; s. a. Bumiller/*Harders* § 137 Rn. 2; a. A. Keidel/*Weber* § 137 Rn. 15; Unterhaltsprozess/*Roßmann* Kap. 3 Rn. 732; Rosenberg/Schwab/*Gottwald* § 137 Rn. 9). Der nacheheliche Unterhalt könne vor Rechtkraft der Scheidung nur im Verbund geltend gemacht werden, da die Voraussetzungen von § 113 Abs. 1 Satz 2 FamFG i. V. m. §§ 257 ff. ZPO nicht vorlägen und der nacheheliche Unterhalt von einem außerprozessualen Ereignis abhänge (Johannsen/Henrich/*Markwardt* § 137 FamFG Rn. 16; Prütting/*Helms* § 137 Rn. 25 und 48b; *Hoppenz* FPR 2011, 23, 24: *Schmitz* FamRZ 1989, 1262; ebenso schon BGH, FamRZ 1981, 242; Stein/Jonas/*Roth* § 258 Rn. 5; Musielak/*Foerste* § 258 ZPO Rn. 3).

bb) Rechtzeitiger Antrag

Um Verschleppungen zu verhindern, muss die Folgesache nach § 137 Abs. 2 Satz 1 FamFG spätes-   332
tens **2 Wochen vor der mündlichen Verhandlung** im ersten Rechtszug in der Scheidungssache anhängig gemacht werden.

Den Ehegatten muss es möglich sein, diese Frist auszuschöpfen. Das setzt aber voraus, dass das Ge-   333
richt den Termin so bestimmt, dass den Ehegatten zur Einreichung von Folgesachen noch nach der
Ladung genügend Zeit verbleibt.

Der BGH verlangt hierzu, dass es den Ehegatten nach Zugang der Ladung zum einen möglich ist,
unter Einhaltung der Zweiwochenfrist des § 137 Abs. 2 Satz 1 FamFG eine Folgesache anhängig zu
machen, und zum anderen muss den Ehegatten zur Vorbereitung eines Folgeantrags zusätzlich –
entsprechend der Ladungsfrist – eine weitere Woche zur Verfügung stehen (BGH, FamRZ 2012,
863, 865 f.).

Entspricht die Terminierung diesen Vorgaben nicht und beabsichtigt ein beteiligter Ehegatte, noch
Folgesachen anhängig zu machen oder bedarf dies noch der Klärung, so hat er einen Anspruch auf
Terminsverlegung (BGH, FamRZ 2012, 863, 866).

Entspricht die Terminierung den Vorgaben des BGH nicht, macht der Ehegatte die Folgesache noch
bis zur mündlichen Verhandlung aber dennoch anhängig, wird die Folgesache Teil des Scheidungsverbunds (BGH. FamRZ 2012, 863, 866) und muss grundsätzlich in der Sache beschieden werden,
wobei dem anderen Ehegatten ausreichende Gelegenheit zur Stellungnahme gegeben werden muss.

Finden **mehrere** Verhandlungstermine statt, bezieht sich die Frist auf den letzten Termin (BGH,   334
FamRZ 2012, 863, 866 f.; Musielak/*Borth* FamFG § 137 Rn. 30; Johannsen/Henrich/*Markwardt*
§ 137 FamFG Rn. 19; Koch/*Kamm* Rn. 7115; auf den ersten Termin stellte noch ab Prütting/*Helms*,
2. Aufl., § 137 Rn. 47).

Die Vertreter der Auffassung, dass eine Folgesache nicht isoliert neben dem Verbund betrieben   335
werden kann (Rdn. 331), kommen konsequent auch zu der Annahme, ein verspäteter Antrag in
der Folgesache könne nicht abgetrennt, sondern müsse als unzulässig abgewiesen werden (Musie-
lak/*Borth* FamFG § 137 Rn. 33; Zöller/*Philippi* § 137 FamFG Rn. 32). Nach a. A. ist die verspätet
geltend gemachte Folgesache analog § 145 ZPO abzutrennen (Thomas/Putzo/*Hüßtege* § 137 Rn. 20;
Zöller/*Lorenz* § 137 FamFG Rn. 30), als selbstständige Familiensache zu behandeln und fortzuführen (Keidel/*Weber* § 137 FamFG Rn. 20; Koch/*Kamm* Rn. 7115) und für den Fall, dass der Antrag
nur für den Fall der Scheidung gestellt wird, nach § 148 ZPO auszusetzen (Thomas/Putzo/*Hüßtege*
§ 137 Rn. 20; Zöller/*Lorenz* § 137 FamFG Rn. 30; *Roßmann* ZFE 2011, 208, 209).

M.E. kommt die Sache bei entsprechendem Antrag erst gar nicht in den Verbund. Jedenfalls kann sie
ansonsten bei Verspätung auf Antrag abgetrennt werden. Lediglich wenn der Antragsteller auf einer
Entscheidung im Verbund trotz Verspätung des Verbundantrags beharrt, ist der Antrag unzulässig.

e) Auswirkung des Verbunds auf die Folgesache Unterhalt

aa) Verhandlung

Trotz der Verbindung in einem Verfahren bleiben die Sachen selbstständig (Keidel/*Weber* § 137   336
Rn. 3; Koch/*Kamm* Rn. 7113; Zöller/*Lorenz* § 137 FamFG Rn. 1; a. A. Prütting/*Helms* § 140
Rn. 39), und es gelten ggfls. unterschiedliche Verfahrensgrundsätze (Haußleiter/*Fest* § 137 Rn. 35).

bb) Endentscheidung

Über die Folgesache ist **gleichzeitig und zusammen** mit der Scheidungssache zu **entscheiden**, § 137   337
Abs. 1 FamFG.

338   Dies gilt auch, soweit es sich um eine Versäumnisentscheidung handelt, § 142 Abs. 1 Satz 2 FamFG (wobei dem Scheidungsantrag nicht durch Versäumnisentscheidung stattgegeben werden kann, § 130 Abs. 2 FamFG).

339   Wird gegen die Entscheidung Einspruch (bezüglich des aufgrund der Säumnis entschiedenen Teils) und außerdem gegen die Entscheidung i. Ü. ein Rechtsmittel eingelegt, so ist zunächst über den Einspruch und die Versäumnisentscheidung zu verhandeln und zu entscheiden, § 143 FamFG.

340   Der Einspruch, durch den das Verfahren über den durch Versäumnisentscheidung entschiedenen Teil in die frühere Lage zurückversetzt wurde (§ 342 ZPO i. V. m. § 113 Abs. 1 Satz 2 FamFG), hat keinen Einfluss auf den Lauf der Rechtsmittelfrist gegen die Scheidungsentscheidung (BGH, FamRZ 1986, 897; Prütting/*Helms* § 143 Rn. 2).

341   Unterhalt kann auch als Folgesache im Wege der **Stufenklage** geltend gemacht werden (BGH, FamRZ 1995, 597; s. Rdn. 704 ff.). In diesem Fall ist über den Auskunftsanspruch zunächst isoliert (durch Teilbeschluss) zu entscheiden, soweit nicht die gesamte Folgesache abweisungsreif ist (BGH, FamRZ 1995, 597; Zöller/*Lorenz* § 137 FamFG Rn. 22). Über die letzte Stufe, den Zahlungsantrag, ist zusammen mit dem Scheidungsantrag zu entscheiden.

342   Wird der **Scheidungsantrag abgewiesen**, wird die Folgesache Unterhalt gegenstandslos, § 142 Abs. 2 Satz 1 FamFG.

343   Auf Antrag des Antragstellers ist diesem aber durch Beschluss vorzuhalten, die Folgesache als selbstständige Sache (beim Ehegattenunterhalt dann als Trennungsunterhaltssache) fortzuführen, § 142 Abs. 2 Satz 2 und 3 FamFG.

344   Mit **wirksamer Rücknahme des Scheidungsantrags** (nach mündlicher Verhandlung nur bei Zustimmung der Gegenseite) wird auch die Folgesache Unterhalt als nicht anhängig geworden angesehen, §§ 141 Satz 1, 113 Satz 2 FamFG i. V. m. 269 Abs. 3 Satz 1 ZPO.

345   Die Folgesache wird als selbstständige Familiensache fortgeführt, wenn ein Beteiligter vor Wirksamwerden der Rücknahme erklärt hat, dies zu wollen, § 141 Satz 2 und 3 FamFG. Eines besonderen Beschlusses bedarf es nicht.

346   Da nunmehr sinnvollerweise kein Unterhalt mehr für den Fall der Scheidung begehrt werden kann, ist der Antrag auf Zahlung von Trennungsunterhalt umzustellen (Koch/*Kamm* Rn. 7121; Musielak/*Borth* FamFG § 141 Rn. 6).

f) Abtrennung

aa) Dritter wird Verfahrensbeteiligter

347   Wird in einer Unterhaltsfolgesache außer den Ehegatten eine weitere Person Beteiligter des Verfahrens, ist die Folgesache abzutrennen, § 140

348   Betroffen ist der Fall, in dem ein Elternteil in Verfahrensstandschaft Unterhalt für das minderjährige Kind (für den Fall der Scheidung, also ab deren Rechtskraft) geltend gemacht hat, das im Laufe des Verfahrens volljährig wird (Koch/*Kamm* Rn. 7114), s. hierzu Rdn. 325, und der Fall des Übergangs des Unterhaltsanspruchs auf einen Träger öffentlicher Leistungen (Musielak/*Borth* FamFG § 140 Rn. 3).

bb) Verzögerung

349   Gem. § 140 Abs. 2 Nr. 5 FamFG erfolgt eine Abtrennung, wenn sich der Scheidungsausspruch so außergewöhnlich verzögern würde, dass ein weiterer Aufschub unter Berücksichtigung der Bedeutung der Folgesache eine unzumutbare Härte darstellen würde, und ein Ehegatte die Abtrennung beantragt.

Bei der **außergewöhnlichen Verzögerung** bleibt gem. § 140 Abs. 4 FamFG der vor Ablauf des ersten   350
Jahres seit Eintritt des Getrenntlebens liegende Zeitraum außer Betracht, es sei denn, die Voraussetzungen des § 1565 Abs. 2 BGB (Härtescheidung) liegen vor.

Die Kriterien, dass die Verzögerung außergewöhnlich sein muss und dass ein weiterer Aufschub   351
unter Berücksichtigung der Bedeutung der Folgesache eine unzumutbare Härte darstellen würde,
sind i. Ü. in demselben Sinn zu verstehen wie in § 628 Satz 1 Nr. 4 ZPO a. F., und auf die diesbezügliche Rechtsprechung soll weiterhin zurückgegriffen werden können (BT-Drucks. 16/6308, S. 231).

Eine **außergewöhnliche Verzögerung** verlangt, dass die üblicherweise auftretende Verfahrensdauer   352
erheblich überschritten wird (Musielak/*Borth* FamFG § 140 Rn. 9 m. w. N.).

Aus dem Wortlaut »würde« ergibt sich, dass die außergewöhnliche Verzögerung nicht schon ein-   353
getreten, sondern aufgrund einer Prognose lediglich zu erwarten sein muss (Prütting/*Helms* § 140
Rn. 22; MüKo/*Heiter* § 140 FamFG Rn. 54).

Die Rechtsprechung geht von **2 Jahren** als – allerdings lediglich – **Richtschnur** aus (BGH, FamRZ   354
1991, 1043; OLG Hamm, FamRZ 2007, 651). Sind 2 Jahre erreicht und ist aber mit einer baldigen Beendigung des Verfahrens zu rechnen, darf dennoch nicht abgetrennt werden (OLG Stuttgart,
FamRZ 1992, 320; Musielak/*Borth* FamFG § 140 Rn. 9 m. w. N.; Prütting/*Helms* § 140 Rn. 21).

Die Auffassung, es komme auf die konkreten Verhältnisse im jeweiligen Gerichtsbezirk an, sodass   355
im einzelnen Bezirk auch kürzere Erledigungszeiten von ein bis eineinhalb Jahren ausreichend sein
könnten (so Prütting/*Helms* § 140 Rn. 22), dürfte schon mangels ausreichender zur Verfügung stehender aktueller Daten kaum praktikabel sein (ablehnend zu Recht MüKo/*Heiter* § 140 FamFG
Rn. 52).

Auch Zeiten, in denen das Verfahren ausgesetzt war oder geruht hat oder ansonsten nicht betrieben   356
worden ist, zählen (BGH, FamRZ 1986, 898 zu § 628 Nr. 4 ZPO a. F.; Prütting/*Helms* § 140 Rn. 21;
a. A. Zöller/*Lorenz* § 140 FamFG Rn. 8).

Die Verzögerung muss nicht durch die Erledigung der betreffenden Folgesache verursacht sein, es   357
reichen auch andere Verzögerungsgründe, wie etwa eine Überlastung des Gerichts (BT-Drucks.
16/6308, S. 231; BGH, FamRZ 1986, 898 zu § 628 Nr. 4 ZPO; Schulte-Bunert/Weinreich/*Roßmann* § 140 Rn. 32).

Auch eine weitere mögliche Verzögerung der Rechtskraft des Scheidungsausspruchs durch ein   358
Rechtsmittel ist zu berücksichtigen (BGH, FamRZ 1986, 898 zu § 628 Nr. 4 ZPO; Zöller/*Lorenz*
§ 140 FamFG Rn. 8).

Nach ganz herrschender Meinung **zusätzlich** (Musielak/*Borth* FamFG § 140 Rn. 12; MüKo/*Heiter*   359
§ 140 FamFG Rn. 49; a. A. Prütting/*Helms* § 140 Rn. 24) muss die Auflösung des Verbunds wie früher im ZPO-Verfahren eine **unzumutbare Härte** darstellen. **Abzuwägen** sind weiterhin die Interessen an einer alsbaldigen Scheidung einerseits und an einer Beibehaltung des Entscheidungsverbunds
andererseits (MüKo/*Heiter* § 140 FamFG Rn. 55; Musielak/*Borth* FamFG § 140 Rn. 12). Angesichts
der Bedeutung des Unterhalts für die Lebenssituation wird eine Abtrennung einer Unterhaltssache
nur ausnahmsweise und in besonderen Fällen in Betracht kommen (MüKo/*Heiter* § 140 FamFG
Rn. 60; Prütting/*Helms* § 140 Rn. 27; OLG Saarbrücken, FamRZ 2011, 1890; OLG Frankfurt,
FamRR 2013, 427).

Die Folgesache kann auch in der Beschwerdeinstanz abgetrennt werden, soweit die Voraussetzungen   360
vorliegen (BGH, FamRZ 1980, 1105, 1109 zu § 628 Nr. 4 ZPO; Prütting/*Helms* § 140 Rn. 29).

Die Abtrennung kann im Fall des § 140 Abs. 2 Nr. 5 FamFG **nur auf Antrag** erfolgen.   361

cc) In Zusammenhang mit Abtrennung einer Kindschaftssache

362   Nach § 140 Abs. 2 Satz 2 Nr. 3 FamFG kann das Gericht in einer Kindschaftsfolgesache diese abtrennen, wenn es dies aus Gründen des Kindeswohls für sachgerecht hält oder das Verfahren ausgesetzt ist, und gem. § 140 Abs. 3 FamFG kann das Gericht auf Antrag eines Ehegatten eine Unterhaltsfolgesache abtrennen, wenn dies wegen des Zusammenhangs mit der Kindschaftsfolgesache geboten erscheint.

363   Die Gesetzesbegründung (BT-Drucks. 16/6308, S. 231) weist darauf hin, dass Abtrennungen von Unterhaltsfolgesachen, die vom Zweck der Vorschrift nicht gedeckt sind, vermieden werden sollen. Es ist also weiterhin ein sachlicher Zusammenhang zwischen elterlicher Sorge und Kindesunterhalt bzw. Betreuungsunterhalt des Ehegatten erforderlich, der eine Vorabentscheidung über den Unterhalt erfordert (Zöller/*Lorenz* § 140 FamFG Rn. 6).

364   Zu Rechtsmitteln gegen die Verweigerung bzw. den Abtrennungsbeschluss s. Rdn. 367-371.

dd) § 140 Abs. 2 Nr. 4 FamFG

365   § 140 Abs. 2 Nr. 4 FamFG schafft eine erleichterte Abtrennungsmöglichkeit bei übereinstimmendem Antrag, aber nur in der Folgesache Versorgungsausgleich.

ee) Entscheidung durch Beschluss

366   Während in Altverfahren die Abtrennungsentscheidung innerhalb des Beschlusses zur Scheidungssache getroffen werden kann, hat sie nunmehr durch einen gesonderten Beschluss zu erfolgen, § 140 Abs. 6 FamFG.

ff) Rechtsmittel gegen Abtrennungsentscheidung

367   Gem. § 140 Abs. 6 FamFG ist die Entscheidung über den Abtrennungsantrag nicht selbstständig anfechtbar. Hiermit soll die selbstständige Anfechtbarkeit von Zwischenentscheidungen eingeschränkt werden (BT-Drucks. 16/6308, S. 232).

368   Die Abtrennung kann aber nach ständiger Rechtsprechung des BGH zu § 628 Nr. 4 ZPO mit der Berufung gegen das Scheidungsurteil angefochten werden (BGH, FamRZ 1979, 690; BGH, FamRZ 1996, 1333). Entsprechend kann nunmehr der **Scheidungsbeschluss** mit der **Beschwerde** angegriffen werden (Prütting/*Helms* § 140 Rn. 38; Zöller/*Lorenz* § 140 FamFG Rn. 11; OLG Brandenburg, FamRZ 2012, 572).

369   Ziel der Beschwerde ist die Wiederherstellung des Verbunds, daher ist **kein besonderer Sachantrag** erforderlich (Musielak/*Borth* FamFG § 140 Rn. 17).

370   Liegen die Voraussetzungen für die Abtrennung nicht vor, ist die Sache wegen eines Verfahrensfehlers aufzuheben und zur Wiederherstellung des Verbundes zurückzuverweisen (BGH, FamRZ 1986, 898 zu § 628 Nr. 4 ZPO; Prütting/*Helms* § 140 Rn. 38: i. d. R.). Hierauf beschränkt sich auch der Antrag (Musielak/*Borth* FamFG § 140 Rn. 17).

371   Befindet sich allerdings auch die abgetrennte Folgesache inzwischen in zweiter Instanz, kann der Verbund in der Beschwerdeinstanz wieder hergestellt werden (Musielak/*Borth* FamFG § 140 Rn. 18).

g) Verfahren der abgetrennten Unterhaltssache

372   Die abgetrennte Folgesache wird als selbstständiges Verfahren betrieben, bleibt aber Folgesache, § 137 Abs. 5 Satz 1 FamFG.

Dies erscheint sachgerecht, da die Abtrennung nichts daran ändert, dass eine Entscheidung nur für den Fall der Scheidung zu treffen ist. Dem korrespondiert die Reglung des § 148 FamFG, nach dem die Entscheidung in, auch abgetrennten, Folgesachen nicht vor Eintritt der Rechtskraft des Scheidungsausspruches rechtskräftig wird.

Von Bedeutung ist das Fortbestehen der Eigenschaft als Folgesache auch nach Abtrennung zudem in kostenrechtlicher Hinsicht, denn § 150 FamFG (s. Rdn. 375-379) bleibt anwendbar.   **373**

Dagegen geht der Verweis des Gesetzgebers (BT-Drucks. 16/6308, S. 230) auf Anwaltszwang und   **374** Öffentlichkeit der Verhandlung beim Unterhaltsverfahren als Familienstreitsache ins Leere, da Anwaltszwang sowohl im Scheidungsverfahren wie im Unterhaltsverfahren gilt, und auch die Regelungen über die Öffentlichkeit in § 170 GVG n. F. nicht differenzieren.

h) Besonderheiten in Bezug auf die Kostenentscheidung

Im Verbund ist § 150 FamFG, der § 243 FamFG verdrängt (BT-Drucks. 16/6308, S. 233; Prütting/   **375** Helms/*Bömelburg* § 243 Rn. 2; Haußleiter/*Fest* § 243 Rn. 2), an die Stelle des früheren § 93a ZPO getreten. Nach § 150 Abs. 1 FamFG sind im Fall, dass die Scheidung der Ehe ausgesprochen wird, die Kosten der Scheidungssache und der Folgesachen gegeneinander aufzuheben.

Wird der Scheidungsantrag dagegen abgewiesen oder zurückgenommen, trägt der Antragsteller die   **376** Kosten der Scheidungssache und der Folgesachen, § 150 Abs. 2 Satz 1 FamFG.

Erscheint diese Kostenverteilung insb. im Hinblick auf eine Versöhnung der Ehegatten oder auf das   **377** Ergebnis einer als Folgesache geführten Unterhaltssache als unbillig, kann das Gericht die Kosten nach billigem Ermessen anderweitig verteilen, § 150 Abs. 4 Satz 1 FamFG. Es kann dabei auch berücksichtigen, ob ein Beteiligter einer richterlichen Anordnung zur Teilnahme an einem Informationsgespräch nach § 135 Abs. 1 FamFG nicht nachgekommen ist, sofern der Beteiligte dies nicht genügend entschuldigt hat, § 150 Abs. 4 Satz 2 FamFG. Haben die Beteiligten eine Vereinbarung über die Kosten getroffen, soll das Gericht sie ganz oder teilweise der Entscheidung zugrunde legen, § 150 Abs. 4 Satz 3 FamFG.

Nach § 137 **Abs. 2** FamFG **abgetrennte** Folgesachen bleiben Folgesachen, § 137 Abs. 5 Satz 1   **378** FamFG. Die Kostenregelungen in § 150 Abs. 1 bis 4 FamFG gelten auch für sie, § 150 Abs. 5 Satz 1 FamFG.

Werden Folgesachen dagegen nach Abtrennung gem. § 137 **Abs. 3** FamFG als **selbstständige** Fami-   **379** liensachen fortgeführt, § 137 Abs. 5 Satz 2 i. V. m. Abs. 3 FamFG, sind die hierfür jeweils geltenden Kostenvorschriften anzuwenden, § 150 Abs. 5 Satz 2 FamFG.

i) Besonderheiten in Bezug auf die sofortige Wirksamkeit

Vor Rechtskraft des Scheidungsausspruchs werden die Entscheidungen in Folgesachen nicht wirk-   **380** sam, § 148 FamFG.

Dennoch gilt § 116 Abs. 3 Satz 2 FamFG und das Gericht kann und soll (§ 116 Abs. 3 Satz 3 FamFG)   **381** die sofortige Wirksamkeit der Verpflichtung zur Zahlung von Unterhalt anordnen, allerdings nur für die Zeit ab Rechtskraft der Scheidung (Prütting/*Helms* § 116 Rn. 29; vgl. Musielak/*Borth* FamFG § 116 Rn. 7). Da die Möglichkeit besteht, dass ein Rechtsmittel nur gegen die Folgesache Unterhalt, nicht aber gegen den Scheidungsausspruch eingelegt wird, ist die Entscheidung über die sofortige Wirksamkeit auch nicht entbehrlich (Prütting/*Helms* § 116 Rn. 29; a. A. wohl Musielak/*Borth* FamFG § 116 Rn. 4 in Widerspruch zu seiner Rn. 7).

j) Verfahren in zweiter Instanz

S. Rdn. 806–903.   **382**

Muster: Formular Unterhalt im Verbund

383   An das

Amtsgericht

– Familiengericht – .....[1]

In der Familiensache

..... gegen .....[2, 3]

Aktenzeichen ..... F ...../.....

wegen: Scheidung

hier: Ehegattenunterhalt im Verbund[4]

vorläufiger Verfahrenswert: .....[5]

beantrage ich namens und in Vollmacht der Antragsgegnerin:
1. den Antragsteller zu verpflichten, an die Antragsgegnerin ab Rechtskraft der Scheidung einen monatlichen Unterhalt in Höhe von 800,00 € zu zahlen;
2. die Kosten überwiegend dem Antragsteller aufzuerlegen;[6]
3. in Bezug auf den Unterhalt die sofortige Wirksamkeit der Entscheidung anzuordnen.[7]

Begründung:

1.

Der Antragsteller ist gemäß § 1570 BGB verpflichtet, der Antragsgegnerin Unterhalt in Höhe von monatlich 800,00 € ab Rechtskraft der Scheidung zu zahlen ..... .

Unterschrift[8]

Rechtsanwalt

.....

1. Zuständigkeit. Die FamG sind nach §§ 23a Abs. 1 Nr. 1, 23b GVG sachlich zuständig für Familiensachen, zu denen gem. § 111 Nr. 8 FamFG Unterhaltssachen gehören. Die örtliche Zuständigkeit ist in § 232 FamFG geregelt. Während der Anhängigkeit einer Ehesache ist ausschließlich zuständig für Unterhaltssachen, die die durch die Ehe begründete Unterhaltspflicht betreffen, das Gericht, bei dem die Ehesache im ersten Rechtszug anhängig ist oder war, § 232 Abs. 1 Nr. 1 FamFG. Die örtliche Zuständigkeit in Ehesachen bestimmt sich nach § 122 FamFG. Einzelheiten s. Kap. 1 Rdn. 175-178.

2. Beteiligte. Nach dem FamFG kann Unterhalt im Verbund nur von den Ehegatten geltend gemacht werden, § 137 Abs. 2 Satz 1 letzter Hs. FamFG. Die Bezeichnung der Beteiligten hat § 113 Abs. 5 FamFG zu entsprechen: Antragsteller und Antragsgegner. Es handelt sich beim Verbund um ein einheitliches Verfahren, und die Bezeichnung der Beteiligten in Bezug auf den Scheidungsantrag ist maßgeblich auch für die Folgesache Unterhalt.

3. Anwaltszwang. Gem. § 114 Abs. 1 FamFG gilt Anwaltszwang.

4. Eintritt in den Verbund. Nach § 137 Abs. 2 Satz 1 FamFG sind Folgesachen u. a. Unterhaltssachen, wenn die Familiensache spätestens 2 Wochen vor der mündlichen Verhandlung im ersten Rechtszug in der Scheidungssache von einem Ehegatten anhängig gemacht wird.

Den Ehegatten muss es möglich sein, diese Frist auszuschöpfen. Das setzt aber voraus, dass das Gericht den Termin so bestimmt, dass den beteiligten Ehegatten zur Einreichung von Folgesachen noch nach der Ladung genügend Zeit verbleibt. Der BGH verlangt hierzu, dass es den Ehegatten nach Zugang der Ladung zum einen möglich ist, unter Einhaltung der Zweiwochenfrist des § 137

Abs. 2 Satz 1 FamFG eine Folgesache anhängig zu machen, und zum anderen muss den Ehegatten zur Vorbereitung eines Folgeantrags zusätzlich – entsprechend der Ladungsfrist – eine weitere Woche zur Verfügung stehen (BGH, FamRZ 2012, 863, 865 f.). Entspricht die Terminierung diesen Vorgaben nicht und beabsichtigt ein beteiligter Ehegatte, noch Folgesachen anhängig zu machen oder bedarf dies noch der Klärung, so hat er einen Anspruch auf Terminsverlegung (BGH, FamRZ 2012, 863, 866). Entspricht die Terminierung den Vorgaben des BGH nicht, macht der Ehegatte die Folgesache noch bis zur mündlichen Verhandlung aber dennoch anhängig, wird die Folgesache Teil des Scheidungsverbunds (BGH, FamRZ 2012, 863, 866) und muss grundsätzlich in der Sache beschieden werden, wobei dem anderen Ehegatten ausreichende Gelegenheit zur Stellungnahme gegeben werden muss. Finden mehrere Verhandlungstermine statt, bezieht sich die Frist nach h. M. auf den letzten Termin (BGH, FamRZ 2012, 863, 866 f.).

5. Verfahrenswert. Der Verfahrenswert bestimmt sich für das Verbundverfahren nach § 44 FamGKG. Der Verfahrenswert für die Ehesache nach § 43 Abs. 1 FamGKG erhöht sich gem. § 44 Abs. 2 Satz 2 FamGKG um den Wert der Folgesache Ehegattenunterhalt. Für diesen ist nach dem Wortlaut des § 51 FamGKG auf die ersten 12 Monate nach Einreichung des Klageantrags abzustellen. Im Hinblick auf die Regelung des § 148 FamFG ist grds. der zwölffache Monatsbetrag des geltend gemachten Unterhalts maßgebend.

6. Kosten. Nach § 150 Abs. 1 FamFG sind im Fall, dass die Scheidung der Ehe ausgesprochen wird, die Kosten der Scheidungssache und der Folgesachen zwar **grds. gegeneinander aufzuheben**. Erscheint diese Kostenverteilung insb. im Hinblick auf das Ergebnis einer als Folgesache geführten Unterhaltssache als unbillig, kann das Gericht jedoch die Kosten nach billigem Ermessen anderweitig verteilen, § 150 Abs. 4 Satz 1 FamFG.

Abgetrennte Folgesachen nach § 137 Abs. 2 FamFG bleiben Folgesachen, § 137 Abs. 5 Satz 1 FamFG. Die Kostenregelungen in § 150 Abs. 1 bis 4 FamFG gelten auch für sie, § 150 Abs. 5 Satz 1 FamFG.

Werden Folgesachen dagegen als **selbstständige** Familiensachen fortgeführt, § 137 Abs. 5 Satz 2 i. V. m. Abs. 3 FamFG, sind die hierfür jeweils geltenden Kostenvorschriften anzuwenden, § 150 Abs. 5 Satz 2 FamFG.

7. Sofortige Wirksamkeit

Vor Rechtskraft des Scheidungsausspruchs werden die Entscheidungen in Folgesachen nicht wirksam, § 148 FamFG. Dennoch gilt § 116 Abs. 3 Satz 2 und 3 FamFG und das Gericht kann und soll die sofortige Wirksamkeit der Verpflichtung zur Zahlung von Unterhalt anordnen, allerdings nur für die Zeit ab Rechtskraft der Scheidung (Prütting/*Helms* § 116 Rn. 29; vgl. Musielak/*Borth* FamFG § 116 Rn. 7). Da die Möglichkeit besteht, dass ein Rechtsmittel nur gegen die Folgesache Unterhalt, nicht aber gegen den Scheidungsausspruch eingelegt wird, ist die Entscheidung über die sofortige Wirksamkeit auch nicht entbehrlich (Prütting/*Helms* § 116 Rn. 29; a. A. wohl Musielak/*Borth* FamFG § 116 Rn. 4).

8. Unterschrift. Die Antragsschrift muss als sog. bestimmender Schriftsatz eigenhändig unterschrieben sein, im Anwaltsprozess wie hier durch einen Rechtsanwalt (MüKo/*Becker-Eberhard* § 253 ZPO Rn. 23 m. w. N.).

3. Unterhaltsanspruch

a) Einleitung

Nach dem bis zum 01.07.1977 geltenden Recht hing der Unterhalt von der Schuld an der Scheidung ab. Diese Verknüpfung von Scheidungsschuld und Unterhalt gibt es nach dem durch das 1. EheRG eingeführten Unterhaltsrecht dem Grundsatz nach nicht mehr. Nur unter den Voraussetzungen des § 1579 BGB führt ein Fehlverhalten des Berechtigten zu Beschränkungen oder zum Ausschluss des Unterhaltsanspruchs. Das 1. EheRG hat sich zudem für die Grundsätze der Eigenverantwortung

384

einerseits und der nachwirkenden Mitverantwortung andererseits entschieden, die sich seit dem 01.07.1977 (bis zum UÄndG 2007) gleichwertig gegenüberstehen sollten und gegenseitig beschränken. Der Grundsatz der Eigenverantwortung kommt in § 1569 BGB zum Ausdruck und zeigt sich in den Einsatzzeitpunkten der Unterhaltstatbestände (die das bis 30.06.1977 geltende Recht nicht kannte). Die Eigenverantwortung wird durch den Grundsatz der fortwirkenden Mitverantwortung für die in der Ehe gewollte oder zu verantwortende Entwicklung eingeschränkt. Dieser zeigt sich in den Anspruchstatbeständen der §§ 1570 ff. BGB, die den Grundsatz der Eigenverantwortung z. T. verdrängen, und darin, dass eine kausale Verknüpfung von Ehe und Bedürftigkeit nicht generell erforderlich ist.

385   Das zum 01.01.2008 in Kraft getretene UÄndG 2007 hat die Eigenverantwortung gestärkt. Zum einen wird in § 1569 Satz 1 BGB der Grundsatz betont, dass es jedem Ehegatten obliegt, selbst für seinen Unterhalt zu sorgen. Konkret ist insb. die Erwerbsobliegenheit i. R. d. auf Kinderbetreuung, § 1570 BGB, gestützten Unterhalts erhöht worden. Zum anderen ist die Möglichkeit, den Unterhalt zu begrenzen, ausgeweitet worden, § 1578b BGB.

386   Soll ein nachehelicher Unterhaltsanspruch weiter bestehen, muss ab Rechtskraft der Scheidung grds. jeweils ein Unterhaltstatbestand ohne zeitliche Lücke gegeben sein (Wendl/*Bömelburg* § 4 Rn. 113). Insofern wird von einer **Unterhaltskette** gesprochen (Palandt/*Brudermüller* § 1569 Rn. 4; Wendl/*Bömelburg* § 4 Rn. 113). Dies gilt grds. nur für die tatbestandsspezifischen Voraussetzungen der Unterhaltsnorm (MüKo/*Maurer* BGB § 1573 Rn. 11), nicht auch für die Bedürftigkeit (MüKo/*Maurer* BGB § 1573 Rn. 11; Wendl/*Bömelburg* § 4 Rn. 112; Palandt/*Brudermüller* § 1569 Rn. 4; OLG München, FamRZ 1993, 564), etwa im Fall des zum Einsatzzeitpunkt schon erkrankten Ehemannes, dessen Bedürftigkeit erst über 3 Jahre später eintrat, da er zunächst aufgrund des Rentnerprivilegs noch die ungekürzte Rente bezog, nach Eintritt des Ruhestandes der Frau aber nur noch die durch den Versorgungsausgleich geminderte.

Beim Aufstockungsunterhalt genügt ein Einkommensgefälle zum Einsatzzeitpunkt, während der Umstand, dass der mehrverdienende Ehegatte zu diesem Zeitpunkt von seinem höheren Einkommen Verbindlichkeiten zu tilgen hat, einen Anspruch auf Aufstockungsunterhalt jedenfalls dann nicht hindert, wenn es sich um gemeinschaftliche Schulden der Ehegatten handelt und die Ehegatten einen Vergleich schließen, in dem sich der Ehegatte mit dem höheren Einkommen zur Tilgung dieser Schulden verpflichtet (BGH, FamRZ 2010, 1311, 1313).

Liegen die Anspruchsvoraussetzungen zum Stichtag vor, ist es unerheblich, ob der Anspruch erst zu einem späteren Zeitpunkt geltend gemacht wird (BGH, FamRZ 2005, 1817; BGH, FamRZ 2010, 1311, 1313; beide zum Aufstockungsunterhalt).

Eine nach erreichter wirtschaftlicher Selbstständigkeit wieder eintretende Bedürftigkeit begründet grds. keinen neuen Anspruch, wenn die Voraussetzungen für einen Anschlussunterhalt (s. Rdn. 388) erst später erfüllt werden (vgl. BGH, FamRZ 2001, 1291, 1294). Allerdings ist ein Anspruch aus § 1576 BGB zu prüfen, wenn die Einsatzzeitpunkte verpasst sind (BGH, FamRZ 2003, 1734, 1737).

387   In folgenden Fallgruppen kann etwas anderes gelten:
   – Beim Betreuungsunterhalt, wenn das Kind erneut betreuungsbedürftig wird. Dies beruht darauf, dass § 1570 BGB keinen Einsatzzeitpunkt kennt.
   – Wenn nur eine scheinbare wirtschaftliche Unabhängigkeit bestand, weil z. B. die schon vorhandene Krankheit erst kurz nach der Rechtskraft der Scheidung ausbricht (s. Rdn. 440).
   – Ähnlich ist es, wenn die Einkünfte aus einer Erwerbstätigkeit nicht nachhaltig gesichert waren, § 1573 Abs. 4 Satz 1 BGB.
   – Beim Wiederaufleben eines Unterhaltsanspruches nach Auflösung einer weiteren Ehe, soweit der anspruchsbegründende Umstand der Kinderbetreuung weiterbesteht bzw. bestanden hat (§ 1586a BGB).

Besteht Anspruch auf Unterhalt zunächst nach einem der Unterhaltstatbestände und liegen die **388** Voraussetzungen einer anderen Anspruchsnorm, die die Wahrung eines Einsatzzeitpunktes voraussetzt, nicht schon zum Zeitpunkt der Scheidung, sondern erst später vor, so handelt es sich um einen sog. **Anschlussunterhalt.** Bestand zum Zeitpunkt des Beginns dieses Anschlussunterhalts nur ein Teilunterhaltsanspruch aus einer anderen Norm, z. B. § 1570 BGB, bemisst sich auch der Anschlussunterhalt vom Umfang her nur nach dem Anspruch, der abgelöst wird (BGH, FamRZ 2001, 1291, 1294).

Der Verpflichtete kann sich unter Umständen auf die fehlende Wahrung des Einsatzzeitpunkts **389** nicht berufen, wenn er nach Auslaufen des Unterhaltsanspruchs weitergezahlt hat und für den Berechtigten kein Anlass zu Erwerbsbemühungen bestanden hat (BGH, FamRZ 1990, 496, 498 zu § 1573 Abs. 1 BGB).

Der Anspruch auf nachehelichen Unterhalt ist unabhängig davon, auf welche Anspruchsgrundla- **390** gen er gestützt ist, ein einheitlicher Anspruch (BGH, FamRZ 1984, 353). Ein Beschluss nach dem FamFG bzw. ein Urteil nach der ZPO erfasst daher sämtliche Einzeltatbestände (Wendl/*Bömelburg* § 4 Rn. 106).

Auch wenn es sich um einen einheitlichen Anspruch handelt, kann die Frage, auf welche Anspruchsgrundlage sich der Unterhalt stützt, nicht ohne Weiteres offenbleiben. Dies galt bis 31.12.2007 insb., soweit § 1573 Abs. 1 und 2 BGB betroffen waren, da nur diese Ansprüche nach § 1573 Abs. 5 BGB a. F. begrenzt werden konnten, und gilt auch nach den Änderungen durch das UÄndG generell weiterhin (BGH, FamRZ 2009, 406, 407), insb. nicht nur dann, wenn sich im konkreten Fall keine unterschiedlichen Rechtsfolgen an unterschiedliche Anspruchsgrundlagen knüpfen, was immer noch der Fall sein kann, und zwar insb. in Bezug auf einen unterschiedlichen Rang der Ansprüche nach § 1609 Nr. 2 und 3 BGB und im Hinblick auf die Privilegierung des Anspruchs aus § 1570 BGB bei § 1579 Nr. 1 BGB.

Zudem empfiehlt sich auch im Hinblick auf ein eventuelles späteres Abänderungsverlangen stets, die Anspruchsgrundlage möglichst genau zu bestimmen (BGH, FamRZ 1988, 265, 267).

b) Elementarunterhalt

Elementarunterhalt ist der angemessene Unterhalt ohne Vorsorgeunterhalt, bemessen nach den ehe- **391** lichen Lebensverhältnissen.

aa) Unterhaltstatbestände

(1) Kinderbetreuung (§ 1570 BGB)

Die Vorschrift wurde durch das UÄndG 2007 zum 01.01.2008 umgestaltet. Nachdem das BVerfG **392** (BVerfG, FamRZ 2007, 965) einen Verstoß gegen Art. 6 Abs. 5 GG darin gesehen hatte, dass der Gesetzgeber bei der Dauer eines auf Kinderbetreuung gestützten Unterhalts danach unterschied, ob das Kind ehelich war oder nicht, wurde die Dauer der auf § 1615l BGB einerseits und auf § 1570 BGB andererseits gestützten Unterhaltsansprüche im UÄndG 2007 einander angeglichen (Unterschiede bestehen aber immer noch).

Für geschiedene Ehegatten sieht das Gesetz in § 1570 Abs. 1 Satz 1 BGB nunmehr zunächst einen **393** sog. Basisunterhalt für die ersten 3 Jahre nach der Geburt des Kindes vor. Dieser verlängert sich
- nach § 1570 Abs. 1 Satz 2 BGB, solange und soweit dies der Billigkeit entspricht, wobei die Belange des Kindes und die bestehenden Möglichkeiten der Kinderbetreuung zu berücksichtigen sind, § 1570 Abs. 1 Satz 3 BGB,
- und außerdem nach § 1570 Abs. 2 BGB, soweit dies aus elternbezogenen Gründen der Billigkeit entspricht.

Es handelt sich um einen einheitlichen Anspruch (BGH, FamRZ 2009, 770, 774).

394   Ein Einsatzzeitpunkt braucht nicht gewahrt zu sein (Wendl/*Bömelburg* § 4 Rn. 203 ff.).

395   Obwohl der Betreuungsunterhalt nach § 1570 BGB als Unterhaltsanspruch des geschiedenen Ehegatten ausgestaltet ist, wird er vor allen Dingen im Interesse des Kindes gewährt, um dessen Betreuung und Erziehung sicherzustellen (BGH, FamRZ 2009, 770, 772; BGH, FamRZ 2011, 1209; BT-Drucks. 16/6980, S. 9).

396   Die Anspruchsvoraussetzungen sind:

397   Es muss sich um ein **gemeinschaftliches Kind** der Ehegatten handeln. Dies sind die leiblichen Kinder beider Eheleute, was sich bei der Mutter nach § 1591 BGB und für den Vater nach §§ 1592 ff. BGB bestimmt. In der Ehe geborene, tatsächlich nicht vom Vater abstammende Kinder sind nach §§ 1592, 1599 BGB rechtlich gemeinschaftliche, solange n.rk. festgestellt ist, dass der Ehemann nicht der Vater des Kindes ist, oder ein Dritter unter den Voraussetzungen des § 1599 Abs. 2 BGB die Vaterschaft anerkannt hat.

398   **Nicht** von § 1570 BGB erfasst sind **voreheliche Kinder** nur eines Ehegatten und **Pflegekinder**. Adoptierte Kinder erlangen die Stellung eines gemeinschaftlichen Kindes, § 1754 BGB.

399   **Ehelichkeit** wird vom Wortlaut des Gesetzes nicht gefordert. Nach der Rechtsprechung des BGH (BGH, FamRZ 1998, 426; a. A. u. a. Göppinger/*Bäumel* Rn. 1000) gilt § 1570 BGB jedoch nicht, wenn die geschiedenen Ehegatten nach der Scheidung ein gemeinsames Kind bekommen.

Auch wegen der Betreuung eines **volljährigen behinderten** Kindes kommt ein Anspruch auf Betreuungsunterhalt nach § 1570 Abs. 1 Satz 2 BGB in Betracht, allerdings auch nur dann, wenn dies der Billigkeit entspricht, und das ist nur der Fall, wenn die persönliche Betreuung aus kind- oder elternbezogenen Gründen erforderlich ist (BGH, FamRZ 2010, 802, 803).

400   **Betreuungsbedürftigkeit**: Der Unterhaltsanspruch während der ersten 3 Jahre nach der Geburt des Kindes wird als **Basisunterhalt** bezeichnet. Es besteht jedenfalls grds. keine Erwerbsobliegenheit des betreuenden Elternteils, § 1570 Abs. 1 Satz 1 BGB.

401   Ob eine Ausnahme gemacht werden kann, wenn der Elternteil bereits während der Ehe erwerbstätig war und eine Betreuungsmöglichkeit besteht (so Palandt/*Brudermüller* § 1570 Rn. 10; *Borth* FamRZ 2008, 2, 5; *Borth* Praxis des Unterhaltsrechts Rn. 61; *Maurer* FamRZ 2008, 2157), ist streitig (dagegen Wendl/*Bömelburg* § 4 Rn. 169 und wohl auch BGH, FamRZ 2008, 1739, 1748 f.; BGH, FamRZ 2009, 1391, 1393; BGH, FamRZ 2009, 1124, 1126; BGH, FamRZ 2009, 770, 772).

402   Lässt der betreuende Elternteil das Kind fremdbetreuen, ist er zu einer Erwerbstätigkeit verpflichtet, die allerdings – teilweise – überobligationsmäßig sein kann (BGH, FamRZ 2009, 770, 772). Das überobligationsmäßig erzielte Erwerbseinkommen ist nach den Umständen des Falls anteilig zu berücksichtigen (BGH, FamRZ 2009, 770, 772; BGH, FamRZ 2009, 1124, 1126; BGH, FamRZ 2010, 1880, 1882; s. aber auch *Dose* FPR 2012, 129, 131 und 133).

403   Der Anspruch kann sich über 3 Jahre hinaus **verlängern**. Kinder sind auch nach Vollendung des dritten Lebensjahres zunächst noch voll betreuungsbedürftig, es geht zunächst nur darum, ob und inwieweit das Kind von einem Elternteil oder fremd betreut werden kann und muss. Einen Vorrang der persönlichen Betreuung ggü. anderen kindgerechten Betreuungsmöglichkeiten gibt es dabei nach Auffassung des BGH nicht mehr (BGH, FamRZ 2009, 770, 772; BGH, FamRZ 2010, 1050, 1052; BGH, FamRZ 2012, 1040, 1042; a. A. *Hütter* FPR 2012, 134). Auf die Betreuungsbedürftigkeit kommt es erst dann nicht mehr an, wenn das Kind ein Alter erreicht hat, in dem es zeitweise sich selbst überlassen werden kann (BGH, FamRZ 2009, 770, 773; BGH, FamRZ 2010, 1050, 1052). Wann dies der Fall ist, wird bei jedem Kind individuell zu prüfen sein. Nach Auffassung von *Dose* könnte dies ab einem Alter von 12 bis 13 Jahren der Fall sein (*Dose* JAmt 2009, 1, 3). Der BGH geht davon aus, dass auch dann, wenn ein (im konkreten Fall 7 Jahre altes) Kind, nicht mehr »auf Schritt und Tritt« beaufsichtigt werden muss, dennoch regelmäßige Kontrollen in

kürzeren Abständen erforderlich sind, deren Umfang von der individuellen Entwicklung des Kindes abhängt und die – aus kindbezogenen – Gründen einer Erwerbstätigkeit des Elternteils entgegenstehen (BGH, FamRZ 2009, 1391, 1394 f.).

Bezüglich der **Fremdbetreuungsmöglichkeiten** zu berücksichtigen sind schon nach dem Wortlaut des § 1570 Abs. 1 Satz 3 BGB die bestehenden Möglichkeiten der Kinderbetreuung. Nach der Gesetzesbegründung (BT-Drucks. 16/1830, S. 17) muss die Fremdbetreuungsmöglichkeit tatsächlich existieren, zumutbar und verlässlich sein und mit dem Kindeswohl im Einklang stehen. In Anspruch zu nehmen sind öffentliche, aber auch private Einrichtungen, insb. Kindergarten, Kita und Schule. Maßgeblich ist hier insb., ob insoweit eine Vollzeitbetreuung angeboten wird (vgl. BGH, FamRZ 2009, 1391, 1394). Hausaufgabenbetreuung in einem Hort für Schulkinder ist in Anspruch zu nehmen (BGH, FamRZ 2009, 1124, 1126 f.; BGH, FamRZ 2010, 1050, 1052). **404**

Ob auch auf gesicherte Betreuungsmöglichkeiten durch **Verwandte** (z. B. Großeltern), den Lebensgefährten oder sonstige Personen abgestellt werden kann, wird in der Literatur unterschiedlich beurteilt (dafür: Bamberger/Roth/*Beutler* § 1570 Rn. 17; dagegen: Wendl/*Bömelburg* § 4 Rn. 181; FA-FamR/*Maier* Kap. 6 Rn. 497). Der BGH sieht in einer derartiger Betreuung eine **freiwillige Leistung Dritter**, die unterhaltsrechtlich nur dann beachtlich ist, wenn und soweit der Dritte – auch – den Pflichtigen von der Unterhaltspflicht entlasten will (BGH, FamRZ 2009, 1391, 1395). Ausgenommen ist allerdings der **andere**, barunterhaltspflichtige **Elternteil**, wenn er dies ernsthaft und verlässlich anbietet oder bereits eine entsprechende Umgangsregelung vorhanden ist (BGH, FamRZ 2012, 1040, 1043).

Die Obliegenheit zur Inanspruchnahme einer kindgerechten Betreuungsmöglichkeit findet erst dort ihre Grenzen, wo die Betreuung nicht mehr mit dem **Kindeswohl** vereinbar ist, was nach Auffassung des BGH jedenfalls bei öffentlichen Betreuungseinrichtungen wie Kindergärten, Kindertagesstätten oder Kinderhorten regelmäßig nicht der Fall ist (BGH, FamRZ 2009, 770, 773).

Ein übergangsloser, abrupter Wechsel von der elterlichen Betreuung zur Vollzeitbeschäftigung soll – auch im Interesse des Kindeswohls – nicht verlangt werden können, es sei ein gestufter Übergang bis hin zu einer Vollzeiterwerbstätigkeit möglich (BGH, FamRZ 2009, 1124, 1126; BGH, FamRZ 2012, 1040, 1043; BT-Drucks. 16/6890, S. 9). Ab wann der Wechsel nicht mehr abrupt ist, wird aus den zitierten Stellen allerdings nicht unbedingt klar. **405**

Kindbezogene Gründe, die einer Erwerbstätigkeit des betreuenden Elternteils entgegenstehen, sind im Verhältnis zu elternbezogenen vorrangig zu prüfen (BGH, FamRZ 2009, 770, 772 f.; BGH, FamRZ 2009, 1124, 1126; BGH, FamRZ 2011, 1209, 1211) und haben i. R. d. Billigkeitsabwägung das stärkste Gewicht (BGH, FamRZ 2009, 770, 772; BGH, FamRZ 2009, 1124, 1126). **406**

Kindbezogene Gründe, die eine Verlängerung des Betreuungsunterhalts verlangen, liegen zunächst insb. dann vor, wenn die notwendige, begabungs- und entwicklungsgerechte (BGH, FamRZ 2009, 1391, 1394) Betreuung des Kindes auch unter Berücksichtigung staatlicher Hilfen nicht gesichert ist und der unterhaltsberechtigte Elternteil deswegen dem Kind wenigstens zeitweise weiterhin zur Verfügung stehen muss (BGH, FamRZ 2009, 1124; BGH, FamRZ 2009, 770, 772; BGH, FamRZ 2008, 1739, 1748). **407**

Von Bedeutung sind darüber hinaus in der Person des Kindes liegende **individuelle Umstände** wie mangelnde Fremdbetreuungsfähigkeit und der physische und psychische Entwicklungs- und Gesundheitszustand (BGH, FamRZ 2009, 1391, 1394; BT-Drucks. 16/6980, S. 18: Leidensdruck nach Trennung der Eltern erfordert persönliche Betreuung). **408**

Gründe können insb. sein ein besonderer Betreuungsbedarf des Kindes, z. B. wegen Behinderung oder dauerhafter Krankheit (BGH, FamRZ 2009, 770, 773), und der Fall der Betreuung mehrerer Kinder (BT-Drucks. 16/6980, S. 22).

Auch **besondere Bedürfnisse des Kindes**, die etwa sportliche, musische oder andere Beschäftigungen betreffen, sind zu beachten. Sofern diese vom Kind nicht selbstständig wahrgenommen werden können, sind vom Unterhaltsberechtigten etwa zu erbringende Fahr- und Betreuungsleistungen mit in Rechnung zu stellen (BGH, FamRZ 2012, 1040, 1043 f.).

Auch die **Mitarbeit der Eltern an schulischen Aufgaben** wie Hausaufgabenbetreuung, Klassenpflegschaft usw, deren Notwendigkeit und Üblichkeit konkret vorzutragen sind, kann berücksichtigt werden (BGH, FamRZ 2012, 1040, 1043). Bei der Frage, ob solche **Aktivitäten** des Kindes und des Elternteils **unverändert fortgesetzt** werden können, ist zunächst darauf abzustellen, in welcher Form diese vom Kind und den Eltern schon zur Zeit des Zusammenlebens der Familie durchgeführt wurden. Dies wird allerdings dadurch begrenzt, dass die vom Elternteil zu erbringenden Betreuungsleistungen und sonstigen Tätigkeiten nicht außer Verhältnis zu der dadurch gehinderten Erwerbstätigkeit stehen dürfen. Gegebenenfalls ist vom betreuenden Elternteil und vom Kind in Kauf zu nehmen, dass »die Abläufe abweichend organisiert« oder Aktivitäten teilweise eingeschränkt werden, damit sie mit einer Erwerbstätigkeit des Elternteils in Einklang gebracht werden können (BGH, FamRZ 2012, 1040, 1043).

Der BGH fasst dies wie folgt zusammen: »Aus kindbezogenen Gründen ist dem betreuenden Elternteil deswegen eine Erwerbstätigkeit nicht zumutbar, soweit die Betreuung des Kindes unter Berücksichtigung aller Umstände des Einzelfalles nicht hinreichend gesichert ist und auch nicht in kindgerechten Einrichtungen sichergestellt werden könnte und wenn das Kind im Hinblick auf sein Alter auch noch nicht sich selbst überlassen bleiben kann« (BGH, FamRZ 2009, 770, 773).

409   Die Verlängerung aus **elternbezogenen Gründen** ist Ausdruck der nachehelichen Solidarität (BGH, FamRZ 2010, 1880, 1882; BGH, FamRZ 2011, 1209, 1211) und stützt sich auf Umstände, die in der Ehe wurzeln. Erheblich ist das in der Ehe entstandene Vertrauen in die vereinbarte und praktizierte Rollenverteilung und die Ausgestaltung der Kinderbetreuung (BGH, FamRZ 2009, 1124, 1127; BGH, FamRZ 2011, 1209, 1211; BT-Drucks. 16/6980, S. 9). Die Umstände gewinnen durch das Vertrauen des unterhaltsberechtigten Ehegatten bei längerer Ehedauer oder bei Aufgabe der Erwerbstätigkeit zur Erziehung des gemeinsamen Kindes weiter an Bedeutung (BGH, FamRZ 2009, 770, 773; BGH, FamRZ 2009, 1124, 1127; BGH, FamRZ 2010, 1880, 1882).

In Betracht kommen:

Krankheit oder Behinderung der Mutter;
– entsprechende gemeinsame Lebensplanung, wenn sich die Eltern auf den Kinderwunsch eingestellt haben (Wendl/*Bömelburg* § 4 Rn. 189; BT-Drucks. 16/6980, S. 22);
– einvernehmliche Aufgabe der Erwerbstätigkeit zum Zwecke der Kinderbetreuung (BGH, FamRZ 2009, 1391, 1395; BT-Drucks. 16/6980, S. 22);
– eine lange Dauer der Lebensgemeinschaft (BGH, FamRZ 2009, 1391, 1395; BT-Drucks. 16/6980, S. 22);
– gute günstige wirtschaftliche Verhältnisse des anderen Elternteils (Wendl/*Bömelburg* § 4 Rn. 189).

410   Zu beachten ist, ob auch bei einer Ganztagsbetreuung durch öffentliche Einrichtungen (oder andere Dritte) ein vom berechtigten Elternteil zu leistender **Betreuungsaufwand** erforderlich bleibt, der eine daneben ausgeübte vollschichtige Erwerbstätigkeit **überobligationsmäßig** machen würde (BGH, FamRZ 2009, 1124, 1127; BGH, FamRZ 2009, 770, 773; BGH, FamRZ 2009, 1391, 1395; BGH, FamRZ 2011, 1209, 1212). Der BGH spricht in diesem Zusammenhang vom »Gesichtspunkt einer gerechten Lastenverteilung zwischen unterhaltsberechtigtem und unterhaltspflichtigem Elternteil im Einzelfall« (BGH, FamRZ 2012, 1040, 1044).

411   Dies soll in erster Linie vom Alter, Anzahl, Gesundheitszustand und Entwicklungsgrad der Kinder abhängen (BGH, FamRZ 2009, 1124, 1127; BGH, FamRZ 2009, 1391, 1395), aber auch von anderen Umständen wie der Nähe zum Ort, an dem das Kind betreut wird, der Arbeitsstelle und Einkaufsmöglichkeiten (*Hahne* FF 2009, 5, 6).

412   Auch der Umfang der elterlichen Kontrolle bei einem Kind, das zwar nicht mehr ständig beaufsichtigt, aber ab und zu kontrolliert werden muss, ist als elternbezogener Umstand zu beachten (BGH, FamRZ 2009, 1391, 1394 f.).

Die Frage der Überobligationsmäßigkeit hängt dabei auch von der früheren Lebensplanung der   413
Eltern ab, und davon, ob der Unterhaltsberechtigte auch weiterhin auf eine derartige Aufgabenverteilung vertrauen durfte (BGH, FamRZ 2011, 1209, 1212; BGH, FamRZ 2008, 1739, 1749 zu
§ 1615l BGB); der BGH erörtert diesen Gesichtspunkt nur i. R. d. elternbezogenen Gründe.

Nach der Vorstellung des Gesetzgebers ist »anstelle des bisherigen tradierten Altersphasenmodells   414
stärker auf den konkreten Einzelfall« (BT-Drucks. 16/1830, S. 17) abzustellen (so auch BGH,
FamRZ 2009, 770, 773). Der BGH erwartet zwar die Prüfung, ob auf Erfahrungswerten, insb.
nach dem Alter des Kindes, beruhende Fallgruppen gebildet werden können (BGH, FamRZ 2008,
1739, 1749 zu § 1615l BGB), lehnt das Altersphasenmodell aber ausdrücklich generell ab (BGH,
FamRZ 2009, 770, 773; BGH, FamRZ 2012, 1040, 1043), entscheidend seien die individuellen
Umstände (BGH, FamRZ 2010, 1880, 1882 f; BGH, FamRZ 2011, 1209, 1211).

Die **Darlegungs- und Beweislast** für die Voraussetzungen einer Verlängerung über 3 Jahre hinaus   415
trägt der Berechtigte (BGH, FamRZ 2009, 1124, 1126; BGH, FamRZ 2010, 1050, 1052; BGH,
FamRZ 2011, 1209, 1210; Wendl/*Bömelburg* § 4 Rn. 171 zu § 1570 Abs. 1 BGB und Rn. 189 zu
§ 1570 Abs. 2 BGB).

Streitig ist, ob Betreuungsunterhalt zeitlich unbefristet zuzusprechen ist, wenn ein teilweiser oder   416
vollständiger Wegfall des Anspruchs noch nicht sicher prognostiziert werden kann (so *Dose* JAmt
2009, 1, 5 und zu § 1615l BGB: BGH, FamRZ 2013, 1958) – wobei der betreuende Elternteil auch
bei einer späteren Abänderungsklage für die Betreuungsbedürftigkeit darlegungs- und beweispflichtig sein soll (*Dose* JAmt 2009, 1, 5) –, oder ob umgekehrt nur der auf 3 Jahre befristete Unterhalt
zuzusprechen ist, wenn nicht sicher festgestellt werden kann, dass der Unterhalt zu verlängern ist
(so OLG Bremen, FamRZ 2008, 1281).

Die Betreuung muss **rechtmäßig** sein (BGH, FamRZ 1987, 1238). Diese Voraussetzung liegt in   417
aller Regel vor, denn rechtmäßig ist die Betreuung, wenn sie im Einverständnis mit dem anderen Elternteil ausgeübt wird (BGH, FamRZ 1983, 142), sie einer gerichtlichen Entscheidung entspricht (BGH, FamRZ 1983, 142) oder ein gemeinsames Sorgerecht besteht (Wendl/*Bömelburg*
§ 4 Rn. 166).

Verhältnis von § 1570 BGB zu § 1573 Abs. 2 BGB: Aus § 1570 BGB ergibt sich bei Einkünften aus   418
einer zumutbaren Teilzeittätigkeit der Unterhaltsanspruch nur bis zur Höhe des durch eine volle Erwerbstätigkeit erzielbaren Mehrverdienstes. Wenn dieses – auch nur fiktive – Einkommen nicht ausreicht, um den vollen Unterhalt nach den ehelichen Lebensverhältnissen (§ 1578 BGB) zu decken,
besteht daneben ein Anspruch auf – ergänzenden – Aufstockungsunterhalt aus § 1573 Abs. 2 BGB.

▶ **Beispiel:**   419

    Einkommen M nach Abzug Kindesunterhalt: 2.800,00 €

    F betreut 2 Kinder, arbeitet halbschichtig und verdient dabei netto: 1.050,00 €

    Mit einer vollschichtigen Tätigkeit könnte sie verdienen: 1.650,00 €

    Berechnung:

    Offener Bedarf insgesamt:

    2.800,00 € - 1.050,00 € = 1.750,00 €; × 3/7 = 750,00 €

    Anspruchsgrundlage § 1570 BGB:

    1.650,00 € (erzielbarer Verdienst) - 1.050,00 € (eigenes Einkommen) = 600,00 €

    Aufstockungsunterhalt § 1573 Abs. 2 BGB: Rest = 750,00 € - 600,00 € = 150,00 €.

Dies gilt nach der Rechtsprechung des BGH (BGH, FamRZ 1990, 492; ebenso Wendl/*Bömel-*   420
burg § 2 Rn. 210) nur bei einer Teilerwerbstätigkeit. Ist der Ehegatte dagegen vollständig an der

Erwerbstätigkeit gehindert, beruht der Anspruch in vollem Umfang auf § 1570 BGB. Der Unterschied ist von Bedeutung, weil für den auf § 1573 Abs. 2 BGB beruhenden Anspruchsteil die Privilegierungen des Kinderbetreuungsunterhalts (u. a. keine Einsatzzeitpunkte, Wiederaufleben nach § 1586a BGB) nicht gelten. Die Folgen der Differenzierung hat der BGH für misslich gehalten. Sie beruhten aber auf der Konstruktion des Gesetzes und könnten von der Rechtsprechung nicht behoben werden (BGH, FamRZ 1990, 492).

421 **Anspruch bei beiderseitiger Kinderbetreuung**: Betreuen beide Eltern verschiedene gemeinsame Kinder, kann nur ein Elternteil einen Ehegattenunterhaltsanspruch haben (MüKo/*Maurer* BGB § 1570 Rn. 45; Staudinger/*Verschraegen* § 1570 Rn. 13). Wer dies ist, hängt von Bedürftigkeit und Leistungsfähigkeit auf beiden Seiten ab (BGH, FamRZ 1983, 569). Es hat eine Zumutbarkeitsprüfung mit verschärften Anforderungen stattzufinden (BGH, FamRZ 1983, 569).

422 Wird ein Kind von beiden Eltern betreut – sog. Wechselmodell (s. Rdn. 50) –, gilt Entsprechendes (Schwab/*Borth* IV Rn. 194).

423 **Gleichzeitige Betreuung von gemeinschaftlichen und nicht gemeinschaftlichen Kindern:** Gesetzlich nicht geregelt ist das Verhältnis von Ansprüchen gegen den Ehemann und gegen den Vater des nichtehelichen Kindes. Der BGH hat entschieden (BGH, FamRZ 1998, 541), dass eine anteilige Haftung entsprechend § 1606 Abs. 3 Satz 1 BGB stattfindet, wobei die Höhe der Haftungsanteile sich nach den Umständen des Einzelfalls bestimmt, insb. nach den Einkommens- und Vermögensverhältnissen, aber auch der Anzahl, dem Alter und der Betreuungsbedürftigkeit der Kinder.

(2) Alter (§ 1571 BGB)

424 Voraussetzung des § 1571 BGB ist, dass
– zum Einsatzzeitpunkt
– vom Ehegatten wegen seines Alters
– keine angemessene Erwerbstätigkeit mehr zu erwarten ist.

425 Einsatzpunkte sind: Scheidung, Beendigung der Pflege oder Erziehung eines gemeinschaftlichen Kindes und der Wegfall eines Unterhaltsanspruches nach §§ 1572, 1573 BGB.

426 Die Formulierung »Beendigung der Pflege oder Erziehung eines gemeinschaftlichen Kindes« meint den Zeitpunkt, in dem die Voraussetzungen für einen Unterhaltsanspruch aus § 1570 BGB entfallen (Wendl/*Bömelburg* § 4 Rn. 229; vgl. BGH, FamRZ 1990, 260, 262 zu § 1572 BGB).

427 Vom Gesetzgeber wurde bewusst keine feste Altersgrenze gesetzt. Maßgeblich sind die konkreten Umstände des Einzelfalls. Hierzu zählen (Wendl/*Bömelburg* § 4 Rn. 216):
– Berufsvorbildung,
– eine frühere Erwerbstätigkeit,
– die Dauer einer Arbeitsunterbrechung,
– Wiedereingliederungsprobleme in die Arbeitswelt,
– die ehelichen Verhältnisse,
– die Ehedauer,
– der Gesundheitszustand und
– sonstige persönliche und wirtschaftliche Verhältnisse.

428 Grds. besteht die Erwerbsobliegenheit bis zum Erreichen der für Person konkret geltende Regelaltersgrenze gem. §§ 35 i. V. m. 235 SGB VI und § 51 BBG (BGH, FamRZ 2012, 1483, 1485; BGH, FamRZ 2013, 191, 192 zum Trennungsunterhalt; Wendl/*Bömelburg* § 4 Rn. 217). Für die bis 31.12.1946 Geborenen und bis zum 31.12.2011 65 Jahre alt Gewordenen bedeutet dies noch eine Regelaltersgrenze von 65 Jahren, die sich für die später Geborenen schrittweise gem. 235 Abs. 2 SGB VI und § 51 Abs. 2 BBG erhöht.

Eine Erwerbstätigkeit kann dem Ehegatten dann ohne Rücksicht auf die Umstände des Einzelfalls nicht mehr zugemutet werden, er braucht also jedenfalls nicht länger zu arbeiten.

Eine Differenzierung zwischen Männern und Frauen wegen der günstigeren flexiblen Altersgrenzen nach §§ 39 ff. SGB VI ist grds. nicht gerechtfertigt (BGH, FamRZ 1999, 708, 710). Daher kann auch eine Frau, die schon ein derzeit noch unter 65 Jahren liegendes Rentenalter erreicht hat, eine Erwerbsobliegenheit treffen, insb. im Geringverdienerbereich. Sie muss nachweisen, dass sie wegen ihres Alters keine Arbeit mehr finden kann.   429

Dies Grenzen sind nach herrschender Meinung auch für **Selbstständige** maßgeblich (BGH, FamRZ 2011, 454, 456 zum Pflichtigen; Wendl/*Bömelburg* § 4 Rn. 222; OLG Düsseldorf, FamRZ 2007, 1817; a.A. OLG Hamburg, FamRZ 1985, 394, 396).   430

Bei **Altersteilzeit** kommt es auf die Umstände des Einzelfalls an (Niepmann/*Schwamb* Rn. 485), denn die öffentlich-rechtlichen oder arbeitsmarktpolitischen Gründe der Regelungen in SGB VI und BBG schlagen nicht ohne Weiteres auf das private Unterhaltsrecht durch (BGH, FamRZ 2004, 254, 255). Wird die Verringerung der Einkünfte durch Einkommen voll **kompensiert**, das an die Stelle des früheren Erwerbseinkommen tritt, wie eine auf einen längeren Zeitraum zu verteilende Abfindung, wirkt sich die Verringerung der Erwerbstätigkeit nicht aus, kann also keine erhöhte Bedürftigkeit verursachen und die gewählte **Altersteilzeit** ist unterhaltsrechtlich unschädlich (vgl. Schwab/*Borth* IV Rn. 261). Ein vorzeitiger Ruhestand kann im Übrigen nur aufgrund besonderer Umstände Unterhaltsansprüche wegen Alters begründen. Hinzunehmende Gründe können solche gesundheitlicher Art sein, der Umstand, dass Altersteilzeit schon während des ehelichen Zusammenlebens gewählt oder geplant worden ist (Wendl/*Bömelburg* § 4 Rn. 219) oder ein drohender Arbeitsplatzverlust aufgrund einer Kündigung.   431

Zu beachten ist, dass bei der Altersteilzeit nach § 34 Abs. 3 Satz 1 SGB VI Einkünfte aus geringfügiger Tätigkeit bis zur sog. **Hinzuverdienergrenze nicht auf die Rente** angerechnet werden.

Das Erreichen **berufsspezifischer vorgezogener Altersgrenzen**, z.B. § 5 BPolG oder § 45 SoldG, lässt allein die Erwerbsobliegenheit nicht ohne Weiteres entfallen (BGH, FamRZ 2004, 254 zum Strahlflugzeugführer; Wendl/*Bömelburg* § 4 Rn. 221).   432

Abgrenzungen: § 1571 BGB ist einschlägig, wenn in der in Betracht kommenden Berufssparte in diesem Alter typischerweise keine angemessene Arbeit mehr gefunden werden kann (BGH, FamRZ 1999, 708), aus § 1573 Abs. 1 BGB ergibt sich ein Unterhaltsanspruch, wenn aufgrund der konkreten Einzelfallumstände die Aufnahme einer angemessenen Arbeit scheitert (BGH, FamRZ 1999, 708).   433

Wenn der Berechtigte altersbedingt vollständig an einer Erwerbstätigkeit gehindert ist, besteht ein Anspruch nur aus § 1571 BGB, der dann auf den vollen Unterhalt geht (BGH, FamRZ 1999, 708; BGH, FamRZ 2012, 951, 952).   434

Bei altersbedingter Teilerwerbstätigkeit wird der Bedarf für den Anspruch aus § 1571 BGB nur bis zum durch volle Erwerbstätigkeit erzielbaren Einkommen erfasst, darüber hinaus kommt ein Aufstockungsunterhaltsanspruch in Betracht (BGH, FamRZ 1999, 708; vgl. Rdn. 418 f. zu § 1570 BGB).   435

Zu §§ 1570 und 1572 BGB sind Überlagerungen möglich (Wendl/*Bömelburg* § 4 Rn. 233).   436

(3) Krankheit (§ 1572 BGB)

Anspruchsvoraussetzungen von § 1572 BGB sind: 437
– Vorliegen einer Krankheit, anderer Gebrechen oder körperlicher oder geistiger Schwäche,
– aus Krankheitsgründen ist eine angemessene Erwerbstätigkeit nicht oder nur teilweise zu erwarten,
– Einsatzzeitpunkt ist gewahrt.

438   Keine Voraussetzung ist, dass die Krankheit ehebedingt ist (BGH, FamRZ 1988, 930, 931; BGH, FamRZ 1996, 1272, 1273; vgl. auch BGH, FamRZ 2004, 779, 780).

439   **Einsatzzeitpunkte** sind: die Scheidung, das Ende der Betreuung eines gemeinschaftlichen Kindes, das Ende von Ausbildung, Fortbildung, Umschulung und Wegfall der Voraussetzungen für einen Anspruch aus § 1573 BGB.

440   Beim Einsatzzeitpunkt der Scheidung ist es ausreichend, wenn die gesundheitlichen Störungen bei der Scheidung schon vorhanden waren und sich erst nachher verschlimmert haben. Streitig ist, ob zumindest teilweise schon eine **Erwerbsunfähigkeit** bestanden haben muss (so Staudinger/ *Verschraegen* § 1570 Rn. 22; dagegen OLG Hamm, FamRZ 2002, 1564; offengelassen von BGH, FamRZ 2001, 1291, 1293) oder ob ein naher zeitlicher Zusammenhang ausreicht (so MüKo/*Maurer* BGB § 1572 Rn. 13; Niepmann/*Schwamb* Rn. 493; OLG Stuttgart, FamRZ 1983, 501, 503). Wenn die Erwerbsunfähigkeit erst 23 Monate nach der Scheidung auftritt, ist der Einsatzzeitpunkt nach Auffassung des BGH jedenfalls nicht mehr gewahrt, auch wenn die die Erwerbsunfähigkeit begründende Krankheit auch schon im Ansatz in der Ehe aufgetreten ist (BGH, FamRZ 2001, 1291, 1293), das OLG Koblenz hat schon 21 Monate für zu lang befunden (OLG Koblenz, FuR 2006, 45). Andere setzen die Grenze bei 2 Jahren (Niepmann/*Schwamb* Rn. 493).

      Nach herrschender Meinung liegen die Voraussetzung auch vor, wenn zum Zeitpunkt der Scheidung oder doch in nahem zeitlichen Zusammenhang mit der Scheidung aufgrund eines Leidens eine teilweise Erwerbsunfähigkeit vorgelegen hatte, auch wenn der Berechtigte davon unabhängig noch weiter gehend erwerbstätig war (MüKo/*Maurer* BGB § 1573 Rn. 13; Wendl/*Bömelburg* § 4 Rn. 252).

441   Scheitert ein Anspruch aus § 1572 BGB lediglich am Einsatzzeitpunkt, ist ein Anspruch aus § 1576 BGB zu prüfen (BGH, FamRZ 2003, 1734, 1737).

442   Unter Krankheit wird ein objektiv fassbarer regelwidriger Körper- oder Geisteszustand verstanden, der ärztlicher Behandlung bedarf bzw. Arbeitsunfähigkeit zur Folge hat (Wendl/*Bömelburg* § 4 Rn. 238 unter Bezugnahme auf ständige Rechtsprechung des BSG, z. B. NJW 1973, 582).

443   Gebrechen sind alle von der Regel abweichenden körperlichen oder geistigen Zustände, mit deren Dauer auf nicht absehbare Zeit zu rechnen ist. Beispiele sind Blindheit, Taubheit, Lähmungen, Körperbehinderungen.

444   Art und Umfang der gesundheitlichen Beeinträchtigungen müssen konkret dargelegt werden (BGH, FamRZ 2007, 200, 202).

445   § 1572 BGB setzt voraus, dass die Krankheit nicht nur an der Ausübung des bisherigen Berufs hindert, sondern es muss durch sie generell eine, allerdings eheangemessene (BGH, FamRZ 1983, 144), Erwerbstätigkeit nicht möglich sein (BGH, FamRZ 1991, 170; BGH, FamRZ 1993, 789).

446   Bei einer vorzeitigen Pensionierung aus gesundheitlichen Gründen soll das i. d. R. ohne Nachprüfung hingenommen werden müssen (BGH, FamRZ 1984, 662, 664; m. E. sehr zweifelhaft).

447   **Konkurrenzen:** Bei voller krankheitsbedingter Erwerbsunfähigkeit ergibt sich der Anspruch in vollem Umfang aus § 1572 BGB (BGH, FamRZ 2009, 406, 407); bei Teilerwerbsunfähigkeit erfolgt die Berechnung des Bedarfs nach § 1572 BGB bis zum Einkommen aus voller Erwerbstätigkeit, darüber hinaus kommt Aufstockungsunterhalt aus 1573 Abs. 2 BGB in Betracht (BGH, FamRZ 2009, 406, 407); vgl. Rdn. 418 f. zu § 1570 BGB. Überlagerungen sind möglich zu §§ 1570, 1571, 1575 BGB.

(4) Arbeitslosigkeit (§ 1573 Abs. 1 BGB)

448   Anspruchsvoraussetzungen des § 1573 Abs. 1 BGB sind:
      – Kein Anspruch gem. §§ 1570, 1571, 1572 BGB,
      – der Ehegatte findet keine angemessene Erwerbstätigkeit,

– trotz notwendiger Bemühungen,
– noch keine nachhaltige Unterhaltssicherung und
– der Einsatzzeitpunkt ist gewahrt.

Die Unterhaltstatbestände der §§ 1570, 1571, 1572 BGB gehen vor (BGH, FamRZ 1990, 494). Dies ergibt sich schon aus dem Wortlaut von § 1573 Abs. 1 BGB. **449**

Gem. § 1574 Abs. 1 BGB braucht der geschiedene Ehegatte nur eine ihm angemessene Erwerbstätigkeit auszuüben. Ob eine Tätigkeit angemessen ist, bestimmt sich nach den Zumutbarkeitskriterien des § 1574 Abs. 2 BGB. Es hat eine Gesamtabwägung stattzufinden (Palandt/*Brudermüller* § 1574 Rn. 4). **450**

§ 1574 Abs. 1 und 2 BGB sind Hilfsnormen zur Auslegung des Begriffs Erwerbstätigkeit in den anderen Unterhaltstatbeständen (Wendl/*Bömelburg* § 4 Rn. 273) und beschränken die Erwerbsobliegenheit des aus §§ 1570 ff. BGB dem Grunde nach Berechtigten (Staudinger/*Verschraegen* § 1574 Rn. 8). **451**

Die **Erwerbsobliegenheit** bestimmt sich für jeden Ehegatten **isoliert nach seinen Verhältnissen** (BGH, FamRZ 2012, 1483, 1486).

Auch nach § 1574 Abs. 2 BGB bestimmt sich, ob eine **voll- oder nur teilschichtige** Arbeit zumutbar ist (BGH, FamRZ 1985, 908). In der Regel ist eine, insgesamt, volle Erwerbstätigkeit angemessen (BGH, FamRZ 2012, 1483; Wendl/*Bömelburg* § 4 Rn. 273). **452**

Es gelten bei § 1574 Abs. 2 BGB u. a. folgende Zumutbarkeitskriterien: **453**
– Ausbildung;
– Fähigkeiten. Das sind persönliche Eigenschaften, die zur Ausübung eines Berufs benötigt werden. In erster Linie sind solche Fähigkeiten gemeint, die beim Fehlen einer Ausbildung die berufliche Qualifikation ausmachen;
– eine frühere Erwerbstätigkeit;
– Lebensalter; zur Altersteilzeit s. Rdn. 396;
– Gesundheitszustand;
– Während die bis Ende 2007 geltende Fassung des § 1574 Abs. 2 BGB die ehelichen Lebensverhältnisse noch als eines der Kriterien der Angemessenheit nannte, bestimmt die seit dem 01.01. 2008 geltende Fassung die Angemessenheit zunächst nach den in Abs. 2 zuvor aufgeführten Merkmalen, ohne die ehelichen Lebensverhältnisse zu berücksichtigen. Erst in einer nachgelagerten Billigkeitsprüfung wird überprüft, ob das gefundene Ergebnis im Hinblick auf die ehelichen Lebensverhältnisse nicht unbillig ist (Wendl/*Bömelburg* § 4 Rn. 141 ff.). Zu den ehelichen Lebensverhältnissen gehört insb. die Dauer der Ehe und die Dauer der Pflege und Erziehung eines gemeinschaftlichen Kindes (§ 1574 Abs. 2 Satz 2 BGB) – und, wenn auch nicht ausdrücklich genannt, Einkommens- und Vermögensverhältnisse und die berufliche und soziale Stellung des Unterhaltsverpflichteten sowie der soziale Zuschnitt der ehelichen Lebensgemeinschaft (Wendl/*Bömelburg* § 4 Rn. 273).

Eine lange Dauer der Ehe und der Kindererziehung erhöhen das Gewicht der ehelichen Lebensverhältnisse (BGH, FamRZ 1981, 140). Längeres Getrenntleben kann das Gewicht der ehelichen Lebensverhältnisse dagegen mindern. **454**

Der Betroffene vermag keine angemessene Erwerbstätigkeit zu finden, wenn ausreichende Bemühungen erfolglos sind oder wenn keine reale Beschäftigungschance besteht (BGH, FamRZ 2009, 314, 316; vgl. zum Kindesunterhalt BGH, FamRZ 2013, 1378, 1379). **455**

Besteht eine Erwerbsobliegenheit, muss sich der Ehegatte **intensiv** und **ernsthaft** um Arbeit **bemühen** (BGH, FamRZ 2008, 2104, 2105). Die Meldung beim Jobcenter ist i. d. R. erforderlich, reicht aber nicht aus, schon da nur ein Teil der offenen Stellen dem Arbeitsamt gemeldet ist (BGH, FamRZ 2008, 2104, 2105). Bewerbungen ins Blaue hinein sind unzureichend. Der Inhalt der Bewerbungen **456** muss ansprechend sein. Eigene Anzeigen können bei höherer Qualifikation erforderlich sein (die Kosten sind u. U. Sonderbedarf).

457   Der **Umkreis** der Arbeitssuche richtet sich nach anerkennenswerten Bindungen (vgl. BVerfG, FamRZ 2006, 469, 470; BVerfG, FamRZ 2007, 273). Das berufliche und persönliche Selbstbestimmungsrecht ist in eine Interessenabwägung einzustellen, bei der der Verhältnismäßigkeitsgrundsatz zu beachten ist (vgl. BVerfG, FamRZ 2003, 661).

458   Hinsichtlich der **Intensität** ist etwa die Zeit als erforderlich anzusehen, die ein Erwerbstätiger für seinen Beruf aufwendet (Wendl/*Bömelburg* § 4 Rn. 275; s. a. Wendl/*Dose* § 1 Rn. 782). 20 Bewerbungen monatlich sind insoweit als erforderlich erachtet worden (OLG Naumburg, FamRZ 1997, 311; OLG Hamm, FamRZ 2004, 298: 20 bis 30 nicht unzumutbar), wobei zu beachten ist, dass je nach Qualifikation und gesuchter Stelle der Aufwand pro Bewerbung sehr unterschiedlich sein kann, ebenso wie die Zahl der in Betracht kommenden Stellen (Erman/*Hammermann* § 1603 Rn. 82 zum Verwandtenunterhalt).

      Für den BGH stellt die **Anzahl** der Bewerbungen zu Recht **nur** ein **Indiz** für die entsprechenden Arbeitsbemühungen dar, nicht aber deren alleiniges Merkmal (BGH, FamRZ 2011, 1851, 1852).

459   Der Berechtigte muss **frühzeitig** mit der Arbeitssuche **beginnen** (Niepmann/*Schwamb* Rn. 501 i. V. m. 711).

460   Die Bemühungen müssen nachhaltig, d. h. insb. **kontinuierlich und ohne zeitliche Lücken** sein (BGH, FamRZ 2008, 2104, 2105).

461   Eigene Zeitungsinserate sind zu belegen.

462   Bei schriftlichen Bewerbungen sind vorzulegen (Wendl/*Bömelburg* § 4 Rn. 275 f; s. a. Wendl/*Dose* § 1 Rn. 782):
      – das Stellenangebot,
      – das Bewerbungsschreiben
      – sowie ein Antwortschreiben.

463   Bei mündlichen – persönlichen oder telefonischen – Bewerbungen sind anzugeben:
      – ob bzw. in welcher Form ein Stellenangebot bestand,
      – Einzelheiten zur Art der angestrebten Stelle,
      – das Datum der Bewerbung und
      – die Person des Gesprächspartners.

464   Blindbewerbungen reichen allein nicht, können aber ergänzend berücksichtigt werden (Niepmann/*Schwamb* Rn. 501 i. V. m. 714).

465   Die **Darlegungslast** trifft den Berechtigten (BGH, FamRZ 1986, 885; Wendl/*Bömelburg* § 4 Rn. 302).

466   Der Betroffene vermag auch keine Erwerbstätigkeit zu finden, wenn er keine **reale Beschäftigungschance** hat (BGH, FamRZ 2008, 2104, 2105; BGH, FamRZ 2009, 314). Dabei trifft ihn die Beweislast, jeder Zweifel geht zu seinen Lasten (BGH, FamRZ 2009, 1300, 1304; Wendl/*Bömelburg* § 4 Rn. 277).

467   Nach § 1573 Abs. 4 BGB besteht ein Anspruch nach § 1573 Abs. 1 BGB auch dann, wenn die Einkünfte aus einer angemessenen Tätigkeit wegfallen, weil es dem Ehegatten trotz seiner Bemühungen nicht gelungen war, den Unterhalt durch die Erwerbstätigkeit nach der Scheidung **nachhaltig zu sichern.**

468   Die Vorschrift führt praktisch zu einer neuen Einsatzzeit beim Wegfall der zuvor ausgeübten Tätigkeit.

Voraussetzungen für das Wiederaufleben des Anspruchs sind: 469
– Wegfall von Einkünften aus einer angemessenen Erwerbstätigkeit nach der Scheidung,
– trotz seiner Bemühungen,
– keine nachhaltige Unterhaltssicherung durch die Erwerbstätigkeit.

Die Formulierung »trotz seiner Bemühungen« bedeutet unverschuldet (Wendl/*Bömelburg* § 4 470
Rn. 292).

Für die Beurteilung, ob eine **nachhaltige Sicherung** vorgelegen hat, ist maßgebend, ob die Erwerbs- 471
tätigkeit im Zeitpunkt ihrer Aufnahme nach objektiven Maßstäben und allgemeiner Lebenserfahrung mit einer gewissen Sicherheit im Sinne vorausschauender Betrachtung als dauerhaft angesehen werden kann oder ob befürchtet werden muss, dass der Bedürftige sie durch außerhalb seiner
Entschließungsfreiheit liegende Umstände in absehbarer Zeit wieder verliert (BGH, FamRZ 2003,
1724, 1735).

Die Beurteilung hat vom Standpunkt eines optimalen Beobachters aus zu erfolgen; daher sind vorhandene Umstände zu berücksichtigen, auch wenn sie erst später zutage treten (BGH, FamRZ
1988, 701, 702).

An der nachhaltigen Sicherung kann es während der Probezeit fehlen (BGH, FamRZ 1985, 1234). 472
Umgekehrt wird i. d. R. nach der üblichen Probezeit ein Dauerarbeitsplatz erreicht sein (OLG Köln,
FamRZ 1998, 1435), wenn nicht der Berechtigte seine Kräfte und Fähigkeiten von vornherein über-
schätzt hat.

Die für die Versorgung eines neuen Partners zuzurechnenden Einkünfte führen zu keiner nachhal- 473
tigen Sicherung, da kein entsprechender Rechtsanspruch besteht und die Einkünfte jederzeit wegfallen können (BGH, FamRZ 1987, 689; Wendl/*Bömelburg* § 4 Rn. 295).

Das allgemeine Arbeitsplatzrisiko trifft den Unterhaltsverpflichteten nach der nachhaltigen Siche- 474
rung der Erwerbseinkünfte des Berechtigten nicht mehr (vgl. Wendl/*Bömelburg* § 4 Rn. 290).

Eine gesicherte Teilzeitarbeit bleibt unberücksichtigt, wenn sie auf Verlangen des Verpflichteten auf- 475
gegeben wurde und die Vollzeitarbeit dann verloren geht und auch eine Teilzeitarbeit nicht mehr
gefunden werden kann (OLG Schleswig, NJW-RR 1993, 837).

Einsatzzeitpunkt ist gem. § 1573 Abs. 1 BGB die Scheidung. 476

Nach der Formulierung des Gesetzes kommt es nicht genau auf den Scheidungszeitpunkt an, ein
zeitlicher Zusammenhang mit der Scheidung muss aber gewahrt sein. Dies ist vom BGH bei mehr
als 1 $^1/_2$ Jahren verneint worden (BGH, FamRZ 1987, 684, 687).

Weiterer Einsatzzeitpunkt ist gem. § 1573 Abs. 3 BGB der Wegfall von Betreuungs-, Alters-, Kran-
ken- und Ausbildungsunterhalt.

Bei Vorliegen der Voraussetzungen von §§ 1570, 1571, 1572 BGB kommt ein Anspruch aus § 1573 477
Abs. 1 BGB gemäß seinem Wortlaut nicht in Betracht. §§ 1575, 1576 BGB sind vorrangig (Wendl/
Bömelburg § 4 Rn. 314).

Kann der Berechtigte keine voll-, sondern nur eine teilschichtige Tätigkeit finden, ergibt sich der Anspruch insoweit aus § 1573 Abs. 1 BGB und ergänzend als Aufstockungsunterhalt aus § 1573 Abs. 2
BGB (BGH, FamRZ 2011, 192, 193; a. A. FA-FamR/*Maier* Kap. 6 Rn. 479, 529).

(5) Aufstockungsunterhalt (§ 1573 Abs. 2 BGB)

§ 1573 Abs. 2 BGB sichert eheprägende Vorteile und wurde daher unter altem Recht (bis UÄndG 478
2007) als eine Art Lebensstandardgarantie bezeichnet (Wendl/*Bömelburg* § 4 Rn. 308).

479 Voraussetzungen für den Anspruch aus § 1573 Abs. 2 BGB sind:
- Kein Anspruch auf vollen Unterhalt aus §§ 1570, 1571, 1572, 1573 Abs. 1 BGB,
- tatsächliche oder fiktive Einkünfte aus angemessener Erwerbstätigkeit reichen nicht zur Deckung des vollen Unterhalts,
- Einsatzzeitpunkte sind gewahrt.

480 Werden keine tatsächlichen Einkünfte erzielt und sind auch keine zuzurechnen, ergibt sich der Anspruch nicht aus § 1573 Abs. 2 BGB, sondern in vollem Umfang aus den sonstigen Anspruchsnormen. Ist der Betroffene dagegen nur teilweise wegen Kinderbetreuung, Krankheit oder Alter an einer angemessenen Erwerbstätigkeit gehindert bzw. vermag er nur teilweise keine angemessene Arbeit zu finden, ergibt sich der Anspruch bis zur Höhe des bei einer vollen Erwerbstätigkeit erzielbaren Mehreinkommens aus §§ 1570 bis 1572, 1573 Abs. 1 BGB und darüber hinaus bis zum vollen Unterhalt im Sinne von § 1578 BGB aus § 1573 Abs. 2 BGB (BGH, FamRZ 2011, 192, 193 zu § 1573 Abs. 1 BGB; Wendl/Bömelburg § 4 Rn. 314; a. A. FA-FamR/*Maier* Kap. 6 Rn. 479, 529).

481 **I. d. R.** ist eine **Vollerwerbstätigkeit** eheangemessen im Sinne von § 1574 Abs. 2 BGB (Wendl/*Bömelburg* § 4 Rn. 317; vgl. BGH, FamRZ 1988, 265, 266). Ist allerdings nur eine Teilzeitbeschäftigung eheangemessen, kommt hinsichtlich des übrigen Bedarfs auch insoweit § 1573 Abs. 2 BGB in Betracht (BGH, FamRZ 1985, 908, 909).

482 Der Anspruch aus § 1573 Abs. 2 BGB **bezweckt nicht** den mathematisch genauen Ausgleich **geringfügiger Einkommensdifferenzen**, denn es wird nicht eine völlig gleichmäßige Zuteilung, sondern nur die Erhaltung des Standards garantiert (Wendl/*Bömelburg* § 4 Rn. 322; a. A. Erman/*Maier* § 1573 Rn. 27; Soergel/*Häberle* § 1573 Rn. 20).

In obergerichtlichen Entscheidungen sind mindestens 100 DM verlangt (OLG Düsseldorf, FamRZ 1996, 947; OLG München, FamRZ 1997, 425), aber auch 63,00 € bei engen Verhältnissen für ausreichend gehalten (OLG Karlsruhe, FamRZ 2010, 1082) worden.

Nach einer Entscheidung des BGH aus 1984 sind eine Einkommensdifferenz von 380 DM und ein Zahlbetrag von 160 DM nicht zu vernachlässigen (BGH, FamRZ 1984, 988, 990; weitere Einzelfälle s. Wendl/*Bömelburg* § 4 Rn. 322 und FAKomm-FamR/*Klein* § 1573 Rn. 20 ff.).

483 Die Einschätzung, dass Einkommensdifferenzen von weniger als 10 % des Gesamteinkommens (so OLG Koblenz, NJW-RR 2006, 151, 152 und Johannsen/Henrich/*Büttner* § 1573 Rn. 29) oder ein Aufstockungsunterhalt unter 10 % des bereinigten Nettoeinkommens des Bedürftigen (so OLG München 2004, 1208, 1209) als geringfügig anzusehen sind, erscheint m. E. zumindest bei höheren Einkünften als zu weitgehend.

484 In § 1573 Abs. 2 BGB werden keine **Einsatzzeitpunkte** genannt. Aus § 1573 Abs. 3 und 4 BGB ist jedoch zu folgern, dass Einsatzzeitpunkte gelten (BGH, FamRZ 1983, 886).

485 In entsprechenden Entscheidungen des BGH ist als Einsatzzeitpunkt lediglich von der Scheidung die Rede (BGH, FamRZ 2005, 1817, 1819; BGH, FamRZ 2010, 1311, 1313). Andere Einsatzzeitpunkte werden aber auch nicht ausgeschlossen. § 1573 Abs. 3 BGB ergibt, dass als Einsatzzeitpunkt auch der Wegfall von Betreuungs-, Alters-, Kranken- und Ausbildungsunterhalt anzusehen ist (Göppinger/*Bäumel* Rn. 1043).

(6) Ausbildung, Fortbildung und Umschulung (§§ 1574 Abs. 3 i. V. m. 1573 Abs. 1 BGB, 1575 BGB)

486 Es gibt zwei Anspruchsgrundlagen für einen Ausbildungsunterhalt, zum einen § 1575 BGB und zum anderen § 1574 Abs. 3 i. V. m. § 1573 Abs. 1 BGB. Ansprüche aus §§ 1575 und 1574 Abs. 3, 1573 Abs. 1 BGB bestehen nach Voraussetzungen und Dauer unabhängig voneinander und können auch gleichzeitig vorliegen (Koch/*Koch* Rn. 2154; vgl. Wendl/*Bömelburg* § 4 Rn. 340; s. aber auch MüKo/*Maurer* BGB § 1575 Rn. 28). Die Zwecksetzungen sind unterschiedlich: § 1575 BGB will

(rückwärtsgewandt) den Ausgleich ehebedingter Nachteile (BGH, FamRZ 1985, 782), während §§ 1574 Abs. 3, 1573 Abs. 1 BGB (vorwärtsgewandt) die Möglichkeit verschaffen sollen, eine eheangemessene Erwerbstätigkeit zu finden.

§ 1575 BGB gewährt keinen generellen Anspruch auf Unterhalt für eine Ausbildung, sondern dient nur dem Ausgleich ehebedingter Nachteile.   487

Die kumulativen Voraussetzungen von § 1575 **Abs. 1 BGB** sind: 488
– der Ehegatte muss in Erwartung der Ehe oder während der Ehe eine Schul- oder Berufsausbildung nicht aufgenommen oder abgebrochen haben,
– er muss die Ausbildung so bald wie möglich nach der Scheidung aufgenommen haben,
– die Ausbildung muss notwendig sein, um eine angemessene Erwerbstätigkeit zu erlangen, die den Unterhalt nachhaltig sichert,
– der erfolgreiche Abschluss der Ausbildung muss zu erwarten sein.

Es müssen nach herrschender Meinung bereits feste **Berufspläne** bestanden haben und zumindest konkrete Maßnahmen getroffen worden sein, damit angenommen werden kann, dass die Ausbildung wegen der Ehe nicht aufgenommen wurde (Wendl/*Bömelburg* § 4 Rn. 343). Nach anderer Auffassung reichen Pläne, die noch allgemein geblieben sind (MüKo/*Maurer* BGB § 1575 Rn. 28).   489

Die durchgeführte Ausbildung muss der abgebrochenen oder nicht aufgenommenen **gleichwertig** sein (OLG Frankfurt am Main, FamRZ 1995, 879; Wendl/*Bömelburg* § 4 Rn. 347; MüKo/*Maurer* BGB § 1575 Rn. 7). Daher ist ein Anspruch für ein Medizinstudium bei abgebrochener Ausbildung zur Steuergehilfin abgelehnt worden (OLG Frankfurt am Main, FamRZ 1995, 879).   490

Ansonsten ist der **Begriff** Ausbildung in einem **weiten Sinn** zu verstehen (MüKo/*Maurer* § 1575 Rn. 5) und umfasst (im Unterschied zu § 1575 Abs. 2 BGB) auch ein Studium (Erman/*Maier* § 1575 Rn. 8).   491

Es muss sich um eine **anerkannte** Ausbildung nach bestimmtem Ausbildungsplan handeln. Dies ist verneint worden für eine Ausbildung zur »Buchhändlerin« (BGH, FamRZ 1987, 795).   492

Die Ausbildung muss **so bald wie möglich** nach der Scheidung aufgenommen werden. Dies entspricht den Einsatzzeitpunkten in anderen Unterhaltstatbeständen, wobei es auch ausreicht, wenn dies nach Beendigung von Erziehung und Pflege gemeinschaftlicher Kinder (§ 1570 BGB) oder nach einer Krankheit, die eine Ausbildung verhindert hat (§ 1572 BGB), geschieht (Schwab/*Borth* IV Rn. 380).   493

Zudem ist eine gewisse **Überlegungszeit** zuzubilligen (Schwab/*Borth* IV Rn. 380; Wendl/*Bömelburg* § 4 Rn. 346; OLG Köln, FamRZ 1996, 867 hat im konkreten Fall 14 Monate ausreichen lassen).

Die Ausbildung muss **zur Erlangung einer angemessenen Erwerbstätigkeit notwendig** sein. Zum einen muss zu erwarten sein, dass mit der Ausbildung eine angemessene Erwerbstätigkeit gefunden wird. Dabei ist auch das Alter des Ehegatten zu berücksichtigen (BGH, FamRZ 1987, 691; Wendl/*Bömelburg* § 4 Rn. 349).   494

Zum anderen muss die Ausbildung auch den Unterhalt nachhaltig sichern und daher **auf eine künftige Erwerbstätigkeit gerichtet** sein. Sie soll nicht zum bloßen Vergnügen betrieben werden (BGH, FamRZ 1987, 795, 796; MüKo/*Maurer* BGB § 1575 Rn. 11).   495

Kein Anspruch besteht zudem, wenn der Ehegatte **bereits** über eine **abgeschlossene Berufsausbildung** verfügt, die ihm die Ausübung einer einträglichen angemessenen Erwerbstätigkeit ermöglicht (BGH, FamRZ 1985, 782, 785 f.; OLG Karlsruhe, FamRZ 2012, 879; Koch/*Koch* Rn. 2149; Palandt/*Brudermüller* § 1575 Rn. 2).   496

Es muss ein **erfolgreicher Abschluss** innerhalb der üblichen Ausbildungszeit **zu erwarten** sein, wobei ehebedingte Verzögerungen hinzunehmen sind, § 1575 Abs. 1 Satz 2 BGB.   497

498 Die Zahlung von Ausbildungsunterhalt muss nach überwiegender Meinung im Hinblick auf die finanziellen Verhältnisse **zumutbar** sein; dabei sind die Schwere der ehebedingten Nachteile und die wirtschaftliche Belastung des Pflichtigen aufgrund einer Finanzierung der Ausbildung gegeneinander abzuwägen (s. MüKo/*Maurer* BGB § 1575 Rn. 3 i. V. m. § 1574 Rn. 3 und 14 ff.).

499 Nach § 1575 Abs. 2 BGB gelten die Regeln des § 1575 Abs. 1 BGB für die **Fortbildung und Umschulung** entsprechend. Fortbildung und Umschulung setzen eine bereits abgeschlossene Berufsausbildung oder Berufserfahrung voraus (BGH, FamRZ 1987, 795, 797). Die Vorschrift greift in erster Linie in Fällen ein, in denen die Ausbildung durch die technische Weiterentwicklung einer Auffrischung bedarf (z. B. Erwerb von EDV-Kenntnissen) oder in denen der bisherige Beruf keine Lebensgrundlage mehr bietet.

500 Erfasst wird von § 1575 Abs. 2 BGB nach der Rechtsprechung des BGH **kein Studium**, da die Begriffe des § 1575 Abs. 2 BGB – Fortbildung und Umschulung – dem früheren § 34 Abs. 4 AFG entnommen gewesen seien und dort die Hochschul- und Fachhochschulausbildung aus dem Förderbereich ausgeschlossen gewesen sei. Durch die spätere Änderung in den entsprechenden §§ 77 ff. SGB III habe keine Änderung des Förderkreises bewirkt werden sollen (BGH, FamRZ 1985, 782, 785; zustimmend Wendl/*Bömelburg* § 4 Rn. 352).

501 Bei einem Anspruch aus § 1575 BGB wird zwar neben dem Elementarunterhalt **auch Krankenvorsorgeunterhalt** geschuldet, § 1578 Abs. 2 BGB, **nicht** aber **Altersvorsorgeunterhalt**, § 1578 Abs. 3 BGB.

502 **§§ 1574 Abs. 3 i. V. m. 1573 Abs. 1 BGB:** Bei Vorliegen der Voraussetzungen von § 1574 Abs. 3 BGB tritt an die Stelle einer Erwerbsobliegenheit eine Ausbildungsobliegenheit (BGH, FamRZ 1986, 1085; Wendl/*Bömelburg* § 4 Rn. 328; Palandt/*Brudermüller* § 1574 Rn. 8). Der Ausbildungsobliegenheit entspricht ein Anspruch auf Ausbildungsunterhalt aus § 1574 Abs. 3 BGB i. V. m. § 1573 Abs. 1 BGB (BGH, FamRZ 1985, 782; Wendl/*Bömelburg* § 4 Rn. 328).

503 Voraussetzungen von § 1574 Abs. 3 BGB sind, dass
 – zur Aufnahme einer angemessenen Erwerbstätigkeit eine Aus- oder Fortbildung erforderlich ist,
 – ein erfolgreicher Abschluss zu erwarten ist
 – und mit der erstrebten Ausbildung eine realistische Chance auf dem Arbeitsmarkt besteht (BGH, FamRZ 1986, 553; Wendl/*Bömelburg* § 4 Rn. 331).

504 Erfasst werden der Höhe nach auch zusätzliche besondere Ausbildungskosten (BGH, FamRZ 1985, 782; Erman/*Maier* § 1574 Rn. 16).

(7) Billigkeitsunterhalt (§ 1576 BGB)

505 § 1576 BGB soll sicherstellen, dass beim nachehelichen Unterhalt jede ehebedingte Bedürftigkeit erfasst wird und es durch das Enumerationsprinzip nicht zu Ungerechtigkeiten kommt (BGH, FamRZ 1983, 800; BT-Drucks. 7/4361, S. 17; MüKo/*Maurer* BGB § 1576 Rn. 1).

506 Es handelt sich um einen subsidiären Unterhaltstatbestand, der erst eingreift, wenn andere Unterhaltstatbestände zu verneinen sind (BGH, FamRZ 1984, 361; Koch/*Koch* Rn. 2155). Beruht der Anspruch nur teilweise auf § 1576 BGB, muss der auf den anderen Unterhaltstatbestand entfallende Anteil beziffert werden (BGH, FamRZ 1984, 361).

507 Voraussetzungen sind gem. § 1576 Satz 1 BGB:
 – wegen eines sonstigen schwerwiegenden Grundes ist eine Erwerbstätigkeit nicht oder nur teilweise zu erwarten, und
 – die Versagung von Unterhalt wäre grob unbillig.

508 Bei der Auslegung des Begriffs sonstiger schwerwiegender Grund dienen die Tatbestände der §§ 1570 bis 1572 BGB als Orientierungsmaßstab. Dem Grund muss ein gleiches Gewicht beigemessen werden können wie diesen Tatbeständen (BGH, FamRZ 1983, 800; MüKo/*Maurer* BGB § 1576 Rn. 4).

Die **Ehebedingtheit** des Grundes ist **keine Voraussetzung** für den Anspruch, aber ein wichtiger Anhaltspunkt (Wendl/*Bömelburg* § 4 Rn. 369; MüKo/*Maurer* BGB § 1576 Rn. 3).

509

Beispiele sind **besondere Leistungen des Berechtigten** während der Ehe, z. B. Vermögensopfer für den Verpflichteten oder die Pflege naher Angehöriger (OLG Düsseldorf, FamRZ 1980, 56; MüKo/*Maurer* BGB § 1576 Rn. 11), sowie Nachwirkungen ehelicher Lebensgestaltung mit unvorhersehbaren Risiken, wie ein Umzug im Interesse des Verpflichteten bei Aufgabe der eigenen Arbeit.

510

Zu prüfen ist § 1576 BGB auch, wenn ein Unterhaltsanspruch wegen Krankheit oder Alter nur am **Einsatzzeitpunkt scheitert** (BGH, FamRZ 1990, 496, 499; BGH, FamRZ 2003, 1734, 1737; Schwab/*Borth* IV Rn. 403; MüKo/*Maurer* BGB § 1576 Rn. 9 und 10; Wendl/*Bömelburg* § 4 Rn. 370).

511

Nach der Rechtsprechung des BGH soll die **Geburt** eines **gemeinschaftlichen Kindes** Jahre **nach der Scheidung** nicht den für den Anspruch notwendigen Bezug zur früheren Ehe haben und der Anspruch soll lediglich aus § 1615l BGB folgen (BGH, FamRZ 1990, 496, 499; Wendl/*Bömelburg* § 4 Rn. 373).

512

Die **Betreuung eines Pflege- oder Stiefkindes** kann ein sonstiger schwerwiegender Grund sein, wenn ein besonderer Vertrauenstatbestand geschaffen wurde (BGH, FamRZ 1984, 361, 363; Schwab/*Borth* IV Rn. 405; MüKo/*Maurer* BGB § 1576 Rn. 6). Ob ein Anspruch besteht, ist eine Frage der Billigkeitsprüfung.

513

Die Versagung des Unterhalts muss **grob unbillig** sein, d. h. die Versagung muss dem Gerechtigkeitsempfinden in unerträglicher Weise widersprechen (BGH, FamRZ 1983, 800, 802). § 1579 BGB wird nicht zusätzlich zur Billigkeitsprüfung angewandt (Wendl/*Bömelburg* § 4 Rn. 382; Schwab/*Borth* IV Rn. 410; vgl. BGH, FamRZ 1984, 361).

514

Erforderlich ist eine Abwägung aller Umstände des Einzelfalls (BGH, FamRZ 1984, 361). Gesichtspunkte hierbei sind u. a. ein Zusammenhang der Bedürfnislage mit den ehelichen Lebensverhältnissen, eine lange Ehedauer, die wirtschaftlichen Verhältnisse der Ehegatten und ein eheliches Fehlverhalten des Bedürftigen (Wendl/*Bömelburg* § 4 Rn. 371 und 382 m. w. N.; MüKo/*Maurer* BGB § 1576 Rn. 15).

515

Beim **Pflege- bzw. Stiefkind** ergeben sich folgende Aspekte (s. Schwab/*Borth* IV Rn. 405 f. und 408; MüKo/*Maurer* BGB § 1576 Rn. 5 ff.; Erman/*Maier* § 1576 Rn. 8):

516

Die gemeinsame Aufnahme des Kindes führt zur gemeinsamen Verantwortung. Dabei kommt dem **Wohl des Kindes** besonderes Gewicht zu (Wendl/*Bömelburg* § 4 Rn. 377; Schwab/*Borth* IV Rn. 410; s. a. BGH, FamRZ 1984, 361, 363). Das Alter des Kindes und die Dauer der Eingliederung in den neuen Lebenskreis sind zu berücksichtigen. Beim leiblichen Kind des Betreuenden soll die Einwilligung des Stiefvaters in die Aufnahme allein noch nicht genügen, vielmehr sollen gewichtige Gründe hinzukommen müssen (BGH, FamRZ 1983, 800, 802; BGH, FamRZ 1984, 769, 771; ablehnend Niepmann/*Schwamb* Rn. 530), wie etwa der Umstand, dass der Ehemann sich längere Zeit mit der Aufnahme abgefunden und die Ehefrau deswegen mit seinem Einverständnis ihren Beruf aufgegeben hatte.

§ 1576 BGB setzt entsprechend seinem Wortlaut keine Einsatzzeitpunkte voraus. Es muss jedoch ein zeitlicher und sachlicher Zusammenhang zur Ehe bestehen (OLG Karlsruhe, FamRZ 1996, 948; Wendl/*Bömelburg* § 4 Rn. 370), und mit zunehmendem Abstand zur Ehe ist ein Anspruch aus § 1576 BGB eher zu versagen (BGH, FamRZ 2003, 1734, 1737; Wendl/*Bömelburg* § 4 Rn. 370; Niepmann/*Schwamb* Rn. 527).

517

Wie sich schon aus dem Wortlaut der Vorschrift (»soweit und solange«) ergibt, sind Befristungen und Beschränkungen der Höhe nach möglich, die Voraussetzungen von §§ 1579 oder 1578b BGB brauchen nicht erfüllt zu sein (Niepmann/*Schwamb* Rn. 534; Wendl/*Bömelburg* § 4 Rn. 383).

518

bb) Bedarf und Bedürftigkeit

519   Der Bedarf richtet sich nach den **ehelichen Lebensverhältnissen**, § 1578 Abs. 1 Satz 1 BGB.

520   Dabei gilt grds. der sog. **Halbteilungsgrundsatz**, nach dem die von beiden Ehegatten erzielten Einkünfte ihnen gleichmäßig zugutekommen, unabhängig davon, ob sie von einem oder von beiden Ehegatten erzielt werden (BVerfG, FamRZ 2011, 437, 440; BVerfG, FamRZ 2002, 527; BVerfG, FamRZ 1983, 342; BGH, FamRZ 2012, 281, 285; BGH, FamRZ 2012, 1040, 1045).

521   Berücksichtigt werden vor und nach der Scheidung die sog. prägenden Einkünfte, wobei dieser Begriff im Gesetz selbst nicht verwendet und inzwischen teilweise kritisch betrachtet wird (*Dose* JAmt 2008, 557, 565; Wendl/*Gerhardt* § 4 Rn. 413).

Prägend (bzw. nach anderer Diktion berücksichtigungsfähig oder in der Ehe angelegt) sind nur Umstände von einer gewissen **Dauer** (BGH, FamRZ 1988, 486, 487; Staudinger/*Voppel* § 1361 Rn. 22; Göppinger/*Bäumel* Rn. 1078); zumindest muss die Gewähr einer gewissen **Stetigkeit** gegeben sein (Wendl/*Gerhardt* § 4 Rn. 419). Vorübergehende und kurzfristige Einkommensänderungen sind nicht zu berücksichtigen (BGH, FamRZ 1992, 1045, 1047; Wendl/*Gerhardt* § 4 Rn. 419).

522   **Nichtprägende** Einkünfte erhöhen nicht den Bedarf (BGH, FamRZ 2008, 968, 972; Wendl/*Gerhardt* § 4 Rn. 420), sondern können nur die Bedürftigkeit mindern, soweit sie anzurechnen sind (vgl. BGH, FamRZ 2008, 968, 972).

(1) Für die Bedarfsbemessung maßgeblicher Zeitpunkt und spätere Änderungen

523   Die Rechtsprechung BGH zum für die Bedarfsbestimmung **maßgeblichen Zeitpunkt** beim nachehelichen Unterhalt ist seit Inkrafttreten des »neuen« Unterhaltsrechts zum 01.07.1977 bis heute ständigen Änderungen unterlegen gewesen. Zunächst kam es nach der Rechtsprechung auf die Verhältnisse zur **Zeit der Scheidung** an (BGH, FamRZ 1999, 367, 368). Genauer gesagt sollten grds. die Entwicklungen bis zur Rechtskraft des Scheidungsurteils maßgebend sein und Änderungen in der Folgezeit nur dann erheblich sein, wenn sie schon in der Ehe angelegt waren. Dabei sollten normale, absehbare Weiterentwicklungen von Einkünften aus derselben Einkommensquelle, wie etwa übliche Lohnerhöhungen, jedoch zu berücksichtigen sein (BGH, FamRZ 1987, 459, 460).

Im nächsten Schritt hat der BGH festgestellt, dass die ehelichen Lebensverhältnisse »wandelbar« seien (BGH, FamRZ 2003, 590, 591; BGH, FamRZ 2006, 683, 685; BGH, FamRZ 2007, 793, 795), um dann die Anknüpfung an die Scheidung nahezu vollständig aufzugeben und als überholt zu bezeichnen (BGH, FamRZ 2008, 968; BGH, FamRZ 2009, 1207, 1209). Generell sollten nunmehr nach den Grundsätzen der **wandelbaren Lebensverhältnisse** Änderungen des Einkommens grds. zu berücksichtigen sein, egal, ob es sich um Verringerungen oder Verbesserungen handelt und wann und bei wem sie eingetreten sind (BGH, FamRZ 2008, 968; BGH, FamRZ 2009, 411; BGH, FamRZ 2009, 1207, 1209; BGH, FamRZ 2009, 1391, 1395).

Das **BVerfG** hat diese vom BGH zuletzt vorgenommene Auslegung des § 1578 Abs. 1 Satz 1 BGB in seinem Beschl. v. 25.01.2011 – (BVerfG, FamRZ 2011, 437) verworfen und entschieden, die zur Auslegung des § 1578 Abs. 1 Satz 1 BGB vom BGH entwickelte Rechtsprechung zu den »wandelbaren ehelichen Lebensverhältnissen« unter Anwendung der Berechnungsmethode der sog. Dreiteilung im Mangelfall löse sich von dem Konzept des Gesetzgebers zur Berechnung des nachehelichen Unterhalts und ersetze es durch ein eigenes Modell. Mit diesem Systemwechsel überschreite sie die Grenzen richterlicher Rechtsfortbildung und verletze Art. 2 Abs. 1 GG i. V. m. dem Rechtsstaatsprinzip des Art. 20 Abs. 2 GG.

Der **BGH** hat seine **Rechtsprechung** zu den **wandelbaren Lebensverhältnissen** daraufhin wieder **aufgegeben** und ist jedenfalls grds. **zum Stichtagsprinzip zurückgekehrt** (BGH, FamRZ 2012, 281, 283).

Fast sämtliche in diesem Zusammenhang stehenden Fragen waren, auch nach der Entscheidung des BVerfG, umstritten und ungeklärt, der BGH hat begonnen, neue (bzw. alte aber erneuerte) Lösungen zu geben.

Die ehelichen Lebensverhältnisse werden danach jedenfalls grds. durch die Umstände bestimmt, die **bis zur Rechtskraft der Ehescheidung eintreten** (BGH, FamRZ 2012, 281, 283).   **524**

Hierzu gehört auch das **Hinzutreten weiterer Unterhaltsberechtigter** bis zur rechtskräftigen Ehescheidung (BGH, FamRZ 2012, 281, 283). Bei **Kindern** ist dies unabhängig davon, ob es sich um ein gemeinsames Kind handelt oder nicht (BGH, FamRZ 2012, 281, 283), und insoweit unerheblich ist auch, ob das Kind inzwischen volljährig, gar mangels Privilegierung nachrangig ist (BGH, FamRZ 2012, 281, 283). Auch ein Unterhaltsanspruch aus § 1615l BGB, den die Mutter eines vor der Rechtskraft der Scheidung geborenen Kindes erlangt hat, prägt die ehelichen Lebensverhältnisse (BGH, FamRZ 2012, 281, 283; dagegen Götz/*Brudermüller* NJW 2011, 2609, 2610; *Maurer* FamRZ 2011, 849, 856).   **525**

Auch in Bezug auf die **Entwicklung nach Rechtskraft der Scheidung** werden die sog. **prägenden Einkünfte** berücksichtigt.   **526**

Der maßgeblichen **Entscheidung des BVerfG** vom 25.01.2011 lässt sich **nicht** entnehmen, dass sich die für den Bedarf maßgeblichen ehelichen Lebensverhältnisse **allein** zum **Zeitpunkt der Rechtskraft der Scheidung** bestimmen. Auch wenn das BVerfG meint, dieser Zeitpunkt biete sich »zunächst grundsätzlich« an, erwähnt es dabei als potenziell maßgeblich auch die Verhältnisse, die mit der Ehe »in Zusammenhang« stehen, und akzeptiert es, dass die Rechtsprechung bei der Bedarfsermittlung auch Entwicklungen nach Rechtskraft der Scheidung mit einbezieht, bei denen »zumindest ein gewisser Bezug zu den ›ehelichen Lebensverhältnissen‹ vorhanden« ist, was bei Entwicklungen angenommen werden könne, die »einen Anknüpfungspunkt in der Ehe finden, also gleichsam in ihr angelegt waren«, oder die, »wie bei einer unvorhersehbaren nachehelichen Einkommensverringerung auf Seiten des Unterhaltspflichtigen, soweit sie nicht vorwerfbar herbeigeführt wurde ..... bei Fortbestand der Ehe auch deren Verhältnisse geprägt hätten« (BVerfG, FamRZ 2011, 437, 439). Entsprechend will der BGH an seiner Rechtsprechung zur Berücksichtigung der bereits in der Ehe **angelegten** nachehelichen Veränderungen bei der Bemessung der ehelichen Lebensverhältnisse festhalten (BGH, FamRZ 2012, 281, 284). Dies betrifft Umstände, die auch bei fortbestehender Ehe eingetreten wären und Umstände, die bereits in anderer Weise in der Ehe angelegt und mit hoher Wahrscheinlichkeit zu erwarten waren (BGH, FamRZ 2012, 281, 284).

Vor den Zeiten der Rechtsprechung des BGH zu den wandelbaren Lebensverhältnissen hat der **BGH** in Bezug auf **trennungsbedingte Änderungen** einerseits befunden, trennungsbedingte Einkommenssteigerungen aufgrund einer zwischen Trennung und Scheidung aufgenommenen Erwerbstätigkeit wirkten sich auf das Maß auch des nachehelichen Unterhalts nur aus, wenn die Erwerbstätigkeit auch ohne die Trennung der Ehegatten aufgenommen worden wäre (BGH, FamRZ 1984, 149). Andererseits ist eine Einkommensverringerung aufgrund der **Änderung der Steuerklasse** nach der ständigen Rechtsprechung des BGH zu berücksichtigen (BGH, FamRZ 1990, 499, 501).   **527**

(2) Maßgebliche Umstände im Einzelnen

Prägend sind zunächst grds. die **tatsächlichen Erwerbseinkünfte** zum Zeitpunkt der Rechtskraft der Scheidung.   **528**

Beim Ehegattenunterhalt wird, anders als beim Kindesunterhalt, auf Einkünfte aus Erwerbstätigkeit (zu Mischeinkünften s. Büttner/Niepmann/*Schwamb* Rn. 14; Wendl/*Gutdeutsch* § 4 Rn. 826 ff.) von der Rechtsprechung ein **Erwerbsbonus** zugebilligt (BGH, FamRZ 2007, 879; ablehnend Teile der Lit., etwa Wendl/*Gerhardt* § 4 Rn. 781), nach den Leitlinien der meisten Oberlandegerichte mit 1/7 (Nr. 15.2 Kammergericht, Bremen, Celle, Dresden, Düsseldorf, Frankfurt, Hamburg, Hamm,   **529**

Jena, Koblenz, Köln, Oldenburg, Rostock, Schleswig), insb. nach den Süddeutschen Leitlinien mit 1/10 (ebenso Naumburg und 3. Senat Brandenburg). Der Abzug gilt für beide Ehegatten und erfolgt erst nach Abzug der sonstigen zu berücksichtigenden Positionen wie Kindesunterhalt oder Schulden (Wendl/*Gerhardt* § 4 Rn. 773, 778 und 819; Niepmann/*Schwamb* Rn. 14).

Der Erwerbsbonus bezweckt einen Arbeitsanreiz und die Abgeltung nicht genauer quantifizierbarer Aufwendungen (BGH, FamRZ 1992, 539, 541; Wendl/*Gerhardt* § 4 Rn. 773, 780). Er ist weder beim Krankengeld (BGH, FamRZ 2009, 307, 308), Arbeitslosengeld (BGH, FamRZ 2009, 307, 308), noch bei einer als Ersatz für weggefallenes Arbeitseinkommen vom Arbeitgeber gezahlter und auf einen längeren Zeitraum umzulegender Abfindung (BGH, FamRZ 2007, 983) in Abzug zu bringen.

Der BGH lehnt die Berücksichtigung eines Erwerbsbonus bei konkreter Bedarfsbemessung ab (BGH, FamRZ 2011, 192; ebenso OLG Köln, FamRZ 2002, 326; Wendl/*Gerhardt* § 4 Rn. 769; a. A. OLG Hamm, FamRZ 2008, 1184; Niepmann/*Schwamb* Rn. 32).

530   Auch nach der Entscheidung des BVerfG vom 25.11.2011 will der BGH an seiner Rechtsprechung zur Berücksichtigung der **bereits in der Ehe angelegten** nachehelichen **Veränderungen** bei der Bemessung der ehelichen Lebensverhältnisse festhalten (BGH, FamRZ 2012, 281, 284), was von der Entscheidung des BVerfG gedeckt ist. Dies betrifft wie gesagt Umstände, die auch bei fortbestehender Ehe eingetreten wären und Umstände, die bereits in anderer Weise in der Ehe angelegt und mit hoher Wahrscheinlichkeit zu erwarten waren (BGH, FamRZ 2012, 281, 284). Hierzu gehören nacheheliche **Einkommensänderungen**, wenn es sich um bereits während der Ehezeit absehbare Entwicklungen handelt (BGH, FamRZ 2012, 281, 284).

Das betrifft zunächst **übliche** Lohn- und **Gehaltserhöhungen** (MüKo/*Maurer* BGB § 1578 Rn. 23). Normale, absehbare Weiterentwicklungen von Einkünften aus derselben Einkommensquelle wie übliche Lohnerhöhungen hat der BGH schon seit Langem berücksichtigt (BGH, FamRZ 1987, 459, 460).

Auch der umzugsbedingten Wegfall von Fahrtkosten ist beachtlich (BGH, FamRZ 2012, 281, 284).

531   Seine frühere Rechtsprechung, die ehelichen Lebensverhältnisse würden nur durch die vorhandenen Barmittel bestimmt und Haushaltsführung und Kinderbetreuung in der Ehe seien daher bei der Ermittlung der ehelichen Lebensverhältnisse nicht zu berücksichtigen (BGH, FamRZ 1985, 161), hat der BGH nach erheblicher Kritik der Literatur (s. die Darstellung in Wendl/*Gerhardt* § 4 Rn. 422) 2001 aufgegeben und geändert (BGH, FamRZ 2001, 986). Seitdem misst er der **Haushaltsführung** und Kinderbetreuung durch einen Ehegatten einen wirtschaftlich die Ehe prägenden Wert bei und begreift **Einkünfte** aus einer erst nach der Trennung aufgenommenen Tätigkeit, die zunächst nicht vorhanden waren, als **Surrogat** dieser Haushaltsführung und Kinderbetreuung. Dies mit der Folge, dass auch die neuen Erwerbseinkünfte als prägend zu behandeln sind (BGH, FamRZ 2001, 986; Zweifel bei MüKo/*Maurer* BGB § 1578 Rn. 15). Dies hat das BVerfG in seiner Entscheidung vom 25.01.2011 ausdrücklich gebilligt (BVerfG, FamRZ 2007, 437, 442), und der BGH führt seine Rechtsprechung hierzu fort (BGH, FamRZ 2012, 281, 284).

532   **Einkommensverbesserungen**, die erst nach der Scheidung beim unterhaltspflichtigen Ehegatten eintreten, können sich i. Ü. nur dann bedarfssteigernd auswirken, wenn ihnen (1.) eine Entwicklung zugrunde liegt, die aus der Sicht zum Zeitpunkt der Scheidung mit hoher Wahrscheinlichkeit zu erwarten war, und wenn (2.) diese Erwartung die ehelichen Lebensverhältnisse bereits geprägt hatte (BGH, FamRZ 1982, 684, 686; BGH, FamRZ 2006, 683, 685; BGH, FamRZ 2007, 1232, 1233). Nach der zwischenzeitlich teilweise überholten, m. E. aber wieder relevanten Rechtsprechung des BGH müssen die Einkommenssteigerungen noch nicht eingetreten, aber so zu erwarten gewesen sein, dass die Ehegatten ihren Lebenszuschnitt vernünftigerweise schon darauf einstellen konnten (BGH, FamRZ 2006, 387, 390).

Schon unter seiner Rechtsprechung gemäß den Grundsätzen der wandelbaren ehelichen Lebensverhältnisse hat der BGH Ausnahmen von der Berücksichtigungsfähigkeit von Einkommenserhöhungen dort gemacht, wo die Steigerungen nicht schon in der Ehe angelegt, sondern auf eine »unerwartete Entwicklung« zurückzuführen waren. Die Entscheidungen sind zum sog. **Karrieresprung** (BGH, FamRZ 2008, 968, 972; BGH, FamRZ 2009, 411, 415; BGH, FamRZ 2010, 1311, 1313) ergangen und zu **einer nach der Scheidung erhaltenen Abfindung**, die zum Zeitpunkt der Scheidung noch nicht erwartet wurde (BGH, FamRZ 2010, 1311, 1312).

Die Auffassung, erst nach Rechtskraft der Scheidung entstehende **Vermögenseinkünfte** sollten nicht berücksichtigt werden (Wendl/*Gerhardt* § 4 Rn. 554), z. B. Einkünfte aus einem erst nach der Scheidung erfolgten Lottogewinn oder aus einer Erbschaft, ist m. E. nach der Entscheidung des BVerfG vom 25.01.2011 erst recht zutreffend (vgl. *Maurer* FamRZ 2011, 849, 850 ff.; a. A. wohl *Gutdeutsch* FamRZ 2011, 523, 524; *Gerhardt* FamRZ 2011, 537, 538; a. A. zur erwarteten Erbschaft auch Koch/*Koch* Rn. 2182). (Selbst einen Wohnvorteil, der allein auf der neuen Ehe des geschiedenen Ehegatten beruht, hatte der BGH bei der Bedarfsermittlung jedoch – ohne nähere Begründung – berücksichtigt [BGH, FamRZ 2008, 968; zu Recht kritisch *Mauer* in Anm. FamRZ 2008, 975, 976]).

533

Nach der überholten Rechtsprechung des BGH zu den wandelbaren Lebensverhältnissen sollten Verschlechterungen grds. berücksichtigt werden (BGH, FamRZ 2007, 200, 202; BGH, FamRZ 2008, 968, 972), sofern sie nicht unterhaltsrechtlich vorwerfbar sind (BGH, FamRZ 2009, 411, 414), auf einer Verletzung der Erwerbsobliegenheit beruhen oder durch freiwillige berufliche oder wirtschaftliche Dispositionen des Pflichtigen veranlasst sind und von diesem durch zumutbare Vorsorge aufgefangen werden können (BGH, FamRZ 2008, 968, 972; BGH, FamRZ 2009, 411, 414).

534

Der BGH zählt zu den absehbaren und daher zu beachtenden Einkommensänderungen weiterhin einen **nicht vorwerfbaren** nachehelichen **Einkommensrückgang**, z. B. durch eine nicht vorwerfbare nacheheliche Arbeitslosigkeit und den Beginn der Regelaltersrente (BGH, FamRZ 2012, 281, 284; so schon BGH, FamRZ 2003, 848, 850; BGH, FamRZ 2007, 1532, 1534) und Krankheit (BGH, FamRZ 2012, 93, 94).

535

Gleiches wird für einen hinzunehmenden Wechsel in Altersteilzeit zu gelten haben (Wendl/*Gerhardt* § 4 Rn. 564) und auch für den Fall der Eröffnung des Insolvenzverfahrens, soweit die Verschuldung zum Zeitpunkt der Trennung schon soweit gediehen war, dass die Insolvenz nicht unerwartet kommt (vgl. OLG Celle, FamRZ 2005, 1746; *Niepmann* FPR 2006, 91, 94).

Ist der Einkommensrückgang vorwerfbar und sind daher fiktive Einkünfte zuzurechnen, ist der Rückgang nicht zu berücksichtigen (BGH, FamRZ 2012, 281, 284).

536

Zu der Bedarfsbemessung beim Ehegattenunterhalt hat das BVerfG bereits im Jahr 2003 entschieden, der **Splittingvorteil** sei vom Gesetzgeber der jetzigen Ehe eingeräumt und dürfe grds. nicht dem geschiedenen, sondern nur dem derzeitigen Ehegatten zugutekommen (BVerfG, FamRZ 2003, 1821). Der BGH hat im Rahmen seiner zwischenzeitlichen Lehre von der Dreiteilung den Splittingvorteil des Pflichtigen aus der neuen Ehe dennoch ebenso bei der Unterhaltsbemessung des früheren Ehegatten als Einkommen berücksichtigt wie auch den Familienzuschlag – soweit dies nicht dazu führte, dass der Unterhalt des geschiedenen Ehegatten höher war als eine Kontrollberechnung ergab, die unter Außerachtlassung der neuen Ehe anzustellen war (BGH, FamRZ 2008, 1911, 1916; BGH, FamRZ 2009, 411, 415; BGH, FamRZ 2010, 111, 115). Nach der Verwerfung der Dreiteilung durch das BVerfG ist der BGH aber wieder zu der Rechtsprechung (zum Splittingvorteil: BGH, FamRZ 2005, 1817, 1819; BGH, FamRZ 2007, 1232; zum Familienzuschlag: BGH, FamRZ 2007, 796) zurückgekehrt (BGH, FamRZ 2012, 281, 284), die das Ergebnis der Entscheidung des BVerfG aus 2003 war. Der Bedarf des früheren Ehegatten ist danach, also wieder nach einer fiktiven Besteuerung der Einkünfte nach der Grundtabelle zu berechnen.

537

Zu den prägenden Einkünften gehören jedenfalls nach der früheren Rechtsprechung des BGH **keine fiktiven Einkünfte**, die während des Zusammenlebens **nicht zur Verfügung gestanden haben** (BGH, FamRZ 1997, 281, 283; BGH, FamRZ 1992, 1045, 1047). Dies hat m. E. grds. wieder zu gelten (Schwab/*Borth* IV Rn. 1014; a. A. MüKo/*Maurer* BGB § 1578 Rn. 138).

538

Fiktives Einkommen des **Berechtigten**, das **Surrogat der Haushaltsführung** darstellt, ist nach der Differenzmethode zu behandeln (BGH, FamRZ 2004, 254, 255 f.; BGH, FamRZ 2001, 986; Mü-Ko/*Maurer* BGB § 1578 Rn. 158; Schwab/*Borth* IV Rn. 1015).

539 Zu den prägenden Einkünften gehörten nach der früheren Rechtsprechung des BGH grds. auch keine Einkünfte **aus einer überobligationsmäßigen Tätigkeit**, da diese jederzeit aufgegeben werden kann (BGH, FamRZ 1998, 1501, 1502; BGH, FamRZ 1983, 146; a. A. OLG München, NJW-RR 2000, 1243; *Büttner* NJW 2001, 3244).

Hieran will der BGH nicht festhalten (BGH, FamRZ 2005, 1154, 1157). Er knüpft nunmehr an § 1577 Abs. 2 BGB an und differenziert bei überobligatorischen Einkünften zwischen dem Anteil, der bei der Bedürftigkeit unterhaltsrechtlich beachtlich ist, und dem Anteil, der nicht zu berücksichtigen ist. Der sog. unterhaltsrechtlich relevante Anteil soll bedarfsprägend sein, der unterhaltsrechtlich nicht relevante Anteil soll vollständig, also sowohl beim Bedarf als auch bei der Bedürftigkeit unbeachtlich sein (BGH, FamRZ 2005, 1154, 1157; BGH, FamRZ 2007, 882, 887; zum Trennungsunterhalt: BGH, FamRZ 2006, 846, 848; s. a. Palandt/*Brudermüller* § 1578 Rn. 4). Diese Rechtsprechung soll offensichtlich auch nach der Aufgabe der Rechtsprechung von den wandelbaren Lebensverhältnissen so weiter geführt werden (vgl. BGH, FamRZ 2013, 191, 192), und nicht nur überobligationsmäßig erzielte Einkünfte des **Berechtigten**, sondern auch **Pflichtigen** sollen gemäß diesen Grundsätzen (anteilig) den Bedarf beeinflussen (BGH, FamRZ 2013, 191, 192; a. A. Unterhaltsprozess/*Schürmann* Kap. 1 Rn. 751).

Erzielt ein Ehegatte Einkünfte aus überobligatorischer Tätigkeit, die **nicht als Surrogat** für Haushaltsführung und Kinderbetreuung anzusehen ist, gilt nach anderer Auffassung weiterhin, dass diese, da sie jederzeit aufgegeben werden kann, die ehelichen Lebensverhältnisse nicht nachhaltig prägen (MüKo/*Maurer* BGB § 1578 Rn. 108 f.).

540 Bei angesichts von **Kinderbetreuung** unzumutbarer Tätigkeit konnte jedenfalls nach früherer Rechtsprechung die Zubilligung eines Betreuungsbonus in Betracht gezogen werden.

Der BGH erkennt **konkrete Betreuungskosten** an (BGH, FamRZ 2005, 1154, 1156). Dabei sind nach seiner Auffassung Kindergartenkosten allerdings ab 01.01.2008 grds. Mehrbedarf des Kindes (BGH, FamRZ 2008, 1152).

541 Der BGH hatte auch einen **Betreuungsbonus** von 300 DM (also rund 153,00 €) akzeptiert, wenn der Umfang der Tätigkeit des Unterhaltspflichtigen angesichts des Alters des Betreuten überobligatorisch war (BGH, FamRZ 1986, 790). Nunmehr ist er beim Berechtigten der Auffassung, dass die Frage, ob ein eigenes Einkommen des unterhaltsbedürftigen Elternteils, das dieser neben der Kindesbetreuung erzielt, bei der Unterhaltsberechnung zu berücksichtigen ist, sich allein nach § 1577 Abs. 2 BGB richte und sich der Abzug eines pauschalen Betreuungsbonus verbiete (BGH, FamRZ 2010, 1050, 1054; BGH, FamRZ 2013, 109; BGH, FamRZ 2010, 1880, 1883; a. A. Wendl/*Gerhardt* § 1 Rn. 1058 ff.). Ob dies auch beim Pflichtigen gilt, oder ob die Kindesbetreuung lediglich die Erwerbsverpflichtung des Unterhaltspflichtigen zu reduzieren vermag, hat der BGH offen gelassen (BGH, FamRZ 2013, 109).

I. d. R. wurde zuvor ein Betreuungsbonus eher oder nur bei kleineren Kindern in Betracht gezogen (Wendl/*Gerhardt* § 1 Rn. 811). Für die Zeit ab 01.01.2008 wird von anderer Seite für eine Abkoppelung der Anrechnung von der Überobligationsmäßigkeit und eine großzügigere Handhabung plädiert (Wendl/*Gerhardt* § 1 Rn. 1058 ff., der weiter und nach der Änderung durch das UÄndG 2007 erst recht für einen Betreuungsbonus eintritt, dessen Höhe sich nach den Umständen des Einzelfalles richte).

Die Bemessung der Höhe des Betreuungsbonus, soweit er entgegen der Rechtsprechung des BGH denn berücksichtigt wird, soll sich einer schematischen Beurteilung entziehen und insb. davon abhängen, wie die Kindesbetreuung mit den Arbeitszeiten zu vereinbaren ist und ob und in welchem Umfang die Kinder aufgrund eines Kindergarten- oder Schulbesuchs keiner Betreuung bedürfen (so noch BGH, FamRZ 2005, 1154, 1156; Wendl/*Gerhardt* § 1 Rn. 1060). Vorgeschlagen werden 5 bis 30 % des Nettoeinkommens (Wendl/*Gerhardt* § 1 Rn. 1060).

Zur Berücksichtigungsfähigkeit von **Schulden** gilt Folgendes: 542

Schulden können nur im Rahmen eines **vernünftigen Tilgungsplans** berücksichtigt werden und soweit sie im Fall der Fortdauer der ehelichen Gemeinschaft bei verantwortlicher Abwägung der Unterhaltsbelange auf der einen und der Fremdgläubigerinteressen auf der anderen Seite für die Schuldentilgung verwandt worden wären (BGH, FamRZ 1982, 250, 251 f. zum Pflichtigen).

Beim Ehegattenunterhalt ist zudem das sog. **Verbot der Doppelverwertung** zu beachten: Einzelne   543
Einkommenspositionen dürfen nach herrschender Meinung grds. nicht sowohl beim Zugewinnausgleich als auch bei der Unterhaltsberechnung berücksichtigt werden, da andernfalls die Gegenseite von einem positiven Posten (z. B. Abfindung) doppelt profitieren und für einen negativen Posten, also Schulden, in vollem Umfang aufkommen würde (BGH, FamRZ 2012, 1040, 1045; OLG München, FamRZ 2005, 459; OLG München, FamRB 2005, 101; OLG Saarbrücken, FamRZ 2006, 1038; *Gerhardt/Schulz* FamRZ 2005, 145; FA-FamR/*Gerhardt* 6. Kap. Rn. 19 ff.; vgl. auch *Kogel* FamRZ 2004, 1614; a. A. *Maier* FamRZ 2006, 897). Bei positiven Positionen steht es den Parteien grds. frei, diese in den Zugewinnausgleich oder aber in die Unterhaltsberechnung einzustellen, Verbindlichkeiten sind dagegen beim Zugewinnausgleich unabhängig von einer unterhaltsrechtlichen Berücksichtigung zu beachten (BGH, FamRZ 2003, 1544, 1546), können daher grds. nicht in die Unterhaltsberechnung einfließen (*Gerhardt/Schulz* FamRZ 2005, 317, 318; *Koch* FamRZ 2005, 845, 848).

I. Ü. ist zwischen alten und neuen Verbindlichkeiten zu unterscheiden.   544

Aufwendungen eines Ehegatten zur Vermögensbildung, die die ehelichen Lebensverhältnisse geprägt haben, haben während der Ehe nicht für die Lebensführung zur Verfügung gestanden. Ob eine einseitige Vermögensbildung eines Ehegatten nach der Trennung weiter zu berücksichtigen ist, sollte sich nach der älteren Rechtsprechung des BGH nach dem objektiven Maßstab eines vernünftigen Beobachters entscheiden (BGH, FamRZ 1995, 869; s. a. Wendl/*Gerhardt* § 1 Rn. 659 und § 4 Rn. 200 ff.). An einem mit der einseitigen Vermögensbildung eines Ehegatten verbundenen Konsumverzicht braucht sich der andere nach dem Scheitern der Ehe nach dieser Rechtsprechung grds. nicht festhalten zu lasen, da hierfür nunmehr die Grundlage entfallen ist und ihm die Vermögensbildung des anderen auch nicht zugutekommt (BGH, FamRZ 1984, 358, 360; MüKo/*Maurer* § 1578 Rn. 2). Dies sollte grds. für die Zeit ab Zustellung des Scheidungsantrages (mit der Modifikation des § 1587 Abs. 2 BGB) gelten, da der Ehegatte nunmehr weder am Zugewinn noch an erworbenen Versorgungsanwartschaften partizipiere.

Nicht abschließend geklärt scheint, in welchem Umfang diese teils ältere Rechtsprechung weiter Anwendung findet. Der BGH hat zur Frage, inwieweit Schulden anzuerkennen sind, die ein Ehegatte nach der Trennung zu bedienen hat, auf die, inzwischen überholten, Grundsätze der wandelbaren ehelichen Lebensverhältnisse verwiesen (BGH, FamRZ 2010, 538, 540). Während nach Entscheidungen des BGH hierzu jedoch Verschlechterungen zu beachten sind, sofern sie nicht unterhaltsrechtlich vorwerfbar sind (BGH, FamRZ 2009, 411, 414), auf einer Verletzung der Erwerbsobliegenheit beruhen oder durch freiwillige berufliche oder wirtschaftliche Dispositionen des Pflichtigen veranlasst sind und von diesem durch zumutbare Vorsorge aufgefangen werden können (BGH, FamRZ 2008, 968, 972; BGH, FamRZ 2009, 411, 414), und der BGH der Auffassung ist, die Berücksichtigung einer nachehelichen Verringerung des verfügbaren Einkommens finde ihre Grenzen erst bei einer Verletzung der nachehelichen Solidarität (BGH, FamRZ 2009, 411, 414), will er in einer anderen Entscheidung (BGH, FamRZ 2010, 538, 540) geprüft haben, ob die monatlichen Kreditzahlungen bei der Bedarfsermittlung nach § 1578b BGB i. R. d. wandelbaren ehelichen Lebensverhältnisse überhaupt berücksichtigungsfähig seien, »etwa weil die Eingehung der Darlehensverbindlichkeiten unumgänglich gewesen bzw. nicht leichtfertig erfolgt ist«, was auf einen erheblich strengeren Maßstab deutet.

Zu den Tilgungsanteilen hält *Hoppenz* (FamRZ 2009, 1308) die Rechtsprechung des BGH zu Kreditlasten beim Eigenheim für verallgemeinerungsfähig: Die Tilgung von Verbindlichkeiten, gleich welcher Art, sei ab Rechtshängigkeit der Scheidung, bei Gütertrennung ab Trennung, eine einseitige Vermögensbildung zulasten des Anderen (a.A. Koch/*Margraf* Rn. 1270) und daher ohne Einfluss auf den Bedarf. Das gelte also auch für noch vor der Trennung im beiderseitigen Einvernehmen aufgenommene Konsumkredite, aus denen allein der Unterhaltsschuldner verpflichtet ist. Unrichtig sei deshalb die Auffassung, Verbindlichkeiten aus der Zeit des Zusammenlebens wie auch der Zeit danach beeinflussten den Bedarf, wenn sie nicht leichtfertig eingegangen wurden (so Wendl/*Gerhardt* § 1 Rn. 616; ebenso Niepmann/*Schwamb* Rn. 1040).

Kreditraten, die zum Zeitpunkt der Trennung und Scheidung offen sind, entfallen in aller Regel irgendwann, nämlich dann, wenn der Kredit abgezahlt ist. Da dies vorhersehbar war, ist der **Wegfall** der Kreditrate zu berücksichtigen (Schwab/*Borth* IV Rn. 1003).

545 M.E. müssen nach der Entscheidung des BVerfG, FamRZ 2011, 437 Schulden unberücksichtigt bleiben, die erst nach Rechtskraft der Scheidung entstanden sind und keinen Ehebezug haben. Auch der BGH führt aus, nacheheliche Veränderungen im Ausgabenbereich seien dann bei der Bemessung des Unterhalts zu berücksichtigen, wenn dies auch bei fortbestehender Ehe zu erwarten gewesen sei (BGH, FamRZ 2012, 281, 284). Nach anderer Auffassung sind nur Kreditlasten, die leichtfertig eingegangen werden, nicht zu berücksichtigen (Wendl/*Gerhardt* § 1 Rn. 439, 553; *Gerhardt* FamRZ 2011, 537, 538).

Wird der Kredit erst nach der Trennung aufgenommen und ist er allein dem Vermögen eines Beteiligten zugeflossen, muss m.E. jedenfalls beachtet werden, dass den Tilgungsleistungen der Erhalt der Kreditsumme gegenübersteht, sodass insofern insgesamt nicht von einer Verschlechterung der Vermögenslage ausgegangen werden kann, sondern – abgesehen von Bearbeitungsgebühren, Disagio und ähnlichem – von einer Nullsummenaktion, sodass es jedenfalls dann, wenn die Aufnahme des Kredits in den Unterhaltszeitraum fällt, allenfalls um die Berücksichtigung von Zinsanteilen gehen kann.

546 **Unterhaltsleistungen**, die **während der Ehe** für **Kinder** erbracht worden sind, mindern das zur Verfügung stehende Einkommen, prägen die Ehe und sind daher bei der Bedarfsberechnung grds. in Abzug zu bringen (BGH, FamRZ 1981, 456; BGH, FamRZ 1999, 367).

Dies gilt auch für **volljährige nichtprivilegierte** Kinder (BGH, FamRZ 2008, 2104, 2106; BGH, FamRZ 2012, 93, 94; Wendl/*Gerhardt* § 4 Rn. 445), deren Nachrang sich nur im Mangelfall auswirkt (BGH, FamRZ 2012, 281, 283). Ein Mangelfall liegt vor, wenn der angemessene Bedarf des Ehegatten nicht gedeckt ist, der spiegelbildlich zum angemessenen Selbstbehalt grds. 1.200,00 € beträgt.

Auch wenn beide Eltern **anteilig** Barunterhalt schulden, kann der Elternteil, der für den vollen Unterhalt aufgekommen ist, diesen beim Ehegattenunterhalt grds. jedenfalls für die Vergangenheit geltend machen (BGH, FamRZ 2009, 1300, 1304; BGH, FamRZ 2008, 2104, 2107; Wendl/*Klinkhammer* § 2 Rn. 250). Dies gilt grds. auch für die Zukunft, wenn der Pflichtige dem berechtigten Ehegatten insoweit die Freistellung vom Kindesunterhalt anbietet (BGH, FamRZ 2008, 2104, 2107; Wendl/*Klinkhammer* § 2 Rn. 250).

Schuldet der Pflichtige **der Ehefrau und einem Kind** Unterhalt, Letzterem aber nur anteilig nach § 1606 Abs. 3 BGB neben dem anderen Elternteil, besteht das Problem, dass beide Unterhaltsbeträge wechselseitig voneinander abhängen: Der Ehegattenunterhalt richtet sich auch nach der Höhe des geschuldeten Kindesunterhalts und der Kindesunterhalt bemisst sich nach der Höhe des zu berücksichtigenden Einkommens des Pflichtigen, das wiederum vom geschuldeten Ehegattenunterhalt abhängt. Nach Auffassung des BGH kann weder einfach auf den vollen, noch den halben oder einen anderen Anteil des Bedarfs des Kindes abgestellt werden. Im konkreten Fall hat er einen bereits durch Vergleich titulierten und auch gezahlten Betrag in Ansatz gebracht und befunden, hinsichtlich anderer, tatrichterlich ebenfalls in Betracht kommender Berechnungsmöglichkeiten sei danach zu unterscheiden, ob sich der Bedarf des volljährigen Kindes abhängig oder unabhängig (bei festen Sätzen wegen auswärtiger Unterbringung) vom Einkommen der Eltern bemisst. Werde für ein volljähriges Kind der dem Einkommen entsprechende Tabellenunterhalt geschuldet, so sei dieser zunächst allein nach dem Einkommen desjenigen Elternteils zu bemessen, der zugleich Familienunterhalt aufzubringen hat. Der sich ergebende Tabellenbetrag sei – nach Abzug des vollen Kindergeldes – vom Einkommen dieses Elternteils abzuziehen und sodann der Anspruch des Ehegatten auf Familienunterhalt zu ermitteln. Sei dagegen von einem festen Bedarf auszugehen, komme – jeweils wiederum nach Abzug des Kindergeldes – eine Berechnung mit dem hälftigen Anteil oder einem anderen Näherungswert in Betracht, der bei unterschiedlichen Einkommensverhältnissen der Eltern realistisch erscheine (BGH, FamRZ 2009, 762, 766).

Zu berücksichtigen ist **nur** der **Barunterhalt** (auch in Form von Naturalunterhalt), nicht aber der Betreuungsunterhalt; der BGH lehnt eine sog. Monetarisierung der Betreuungsleistungen grds. ab (BGH, FamRZ 1988, 1039, 1041; BGH, FamRZ 2013, 109; Niepmann/*Schwamb* Rn. 957; s. a. MüKo/*Maurer* BGB § 1578 Rn. 111). Erbringt ein Elternteil sowohl Bar- als auch Betreuungsunterhalt, konnte nach früherer Rechtsprechung ein Betreuungsbonus in Betracht kommen (s. jetzt aber Rdn. 540).

Stiefkinder, denen ggü. keine gesetzliche Unterhaltspflicht besteht, bleiben unberücksichtigt (BGH, FamRZ 2005, 1817, 1819).

Für die Zeit bis 31.12.2007 wurde der Kindesunterhalt für minderjährige Kinder mit dem Tabellenbetrag in Abzug gebracht. Der BGH hat sich beim ab 01.01.2008 geltenden neuen Recht gegen z. T. heftige Kritik für den Abzug des **Zahlbetrages** entschieden (BGH, FamRZ 2009, 1300, 1304 ff.; BGH, FamRZ 2009, 1391, 1396), und zwar auch dann, wenn es sich nicht um ein gemeinsames Kind der Ehegatten handelt (BGH, FamRZ 2009, 1300, 1305). | **547**

Für volljährige Kinder ist schon seit der Entscheidung des BGH, FamRZ 2006, 99 zum alten Recht anerkannt, dass der Kindesunterhalt bei der Bemessung des Ehegattenunterhalts nur mit dem Zahlbetrag, also nach Abzug des vollen Kindergeldes, zu berücksichtigen ist. Dies gilt erst recht nach der Neuregelung in § 1612b Abs. 1 Nr. 2 BGB (BGH, FamRZ 2008, 963, 967).

Ein Kind, das erst nach dem Ausspruch der Scheidung, aber noch vor Eintritt der Rechtskraft des Urteils geboren wurde, war schon nach der Rechtsprechung des BGH vor der Entscheidung des BVerfG vom 25.01.2011 zu berücksichtigen (BGH, FamRZ 1999, 367, 369). Nach zwischenzeitlicher, vom BVerfG verworfener, Rechtsprechung des BGH zu den wandelbaren Lebensverhältnissen sollte zudem auch ein erst nach Rechtskraft der Scheidung geborenes – oder adoptiertes (BGH, FamRZ 2009, 23) – Kind schon bei der Bedarfsbestimmung zu berücksichtigen sein, wenn sich dadurch das dem Unterhaltspflichtigen verfügbare Einkommen vermindert (BGH, FamRZ 2006, 682; OLG Oldenburg, FamRZ 2006, 1842; Palandt/*Brudermüller* § 1578 Rn. 52b). | **548**

Die Forderung des BVerfG nach einem gewissen Bezug zu den ehelichen Lebensverhältnissen und danach, dass eine spätere Entwicklungen einen Anknüpfungspunkt in der Ehe finden und in ihr »gleichsam angelegt« gewesen sein muss, spricht dafür, diese Ansprüche beim Bedarf unberücksichtigt zu lassen. Entsprechend sind auch die Unterhaltspflicht für ein nacheehelich geborenes **Kind** und der Betreuungsunterhalt für die Mutter nach **§ 1615l BGB** nunmehr auch nach Auffassung des BGH bei der Bemessung des Unterhaltsbedarfs eines geschiedenen Ehegatten nach § 1578 Abs. 1 Satz 1 BGB nicht zu berücksichtigen (BGH, FamRZ 2012, 288, 290; ebenso *Schwamb* FamRB 2011, 120, 123; *Viefhues* ZFE 2011, 124, 128; *Ehinger* FPR 2011, 181, 182; *Born* FF 136, 142; *Götz/Brudermüller* NJW 2011, 801, 805). Nach anderer Auffassung können sie berücksichtigt werden, da sie auch bei Fortbestand der Ehe eingetreten sein könnten (*Gerhardt* FamRZ 2011, 537, 538; *Gutdeutsch* FamRZ 2011, 523, 524) und sich das BVerfG mit der Frage nicht beschäftigt habe (Wendl/*Gerhardt* § 1 Rn. 1122).

Eindeutig ist schon nach der Entscheidung des BVerfG, dass sich der Bedarf eines früheren Ehegatten **nicht** durch die Entstehung eines **Unterhaltsanspruchs** eines **späteren Ehegatten** ändert, insb. | **549**

mindert (BVerfG, FamRZ 2011, 437, 443 f.); dem hat sich nunmehr auch der BGH gebeugt (BGH, FamRZ 2012, 281, 284; BGH, FamRZ 2012, 288, 290; BGH, FamRZ 2012, 951, 953; BGH, Beschl. v. 07.05.2014 Az. XII ZB 258/13 -Tz 15-).

550   Prägend da vorhersehbar bleibt m. E. der Wegfall der Unterhaltslast für ein Kind, insb. wenn das Kind aufgrund eigener Einkünfte nunmehr nicht mehr bedürftig ist (BGH, FamRZ 1990, 1085; so auch *Maurer* FamRZ 2011, 849, 854 f.; Koch/*Koch* Rn. 2183).

551   Nach zutreffender Ansicht des BGH (BGH, FamRZ 2012, 281, 287; ebenso u. a. *Borth* FamRZ 2011, 445, 447 f.; *Maurer* FamRZ 2011, 849, 852; Wendl/*Gutdeutsch* § 5 Rn. 807 und 107) wird der Bedarf eines späteren Ehegatten durch die **Unterhaltslast** des Pflichtigen aus einer **früheren Ehe** geprägt und gemindert – »wirtschaftliche Hypothek« (*Maurer* FamRZ 2011, 849, 860) – eine andere Auffassung verneint dies jedenfalls bei Gleichrang (*Maier* FuR 2011, 182; *Götz/Brudermüller* NJW 2011, 801, 806 f.).

552   Ein **Wohnvorteil** ist grds. mit seinem objektiven Wert zuzurechnen (BGH, FamRZ 2003, 1179; BGH, FamRZ 2000, 950; Wendl/*Gerhardt* § 1 Rn. 481), es sei denn, eine teilweise Vermietung oder eine Veräußerung ist nicht zumutbar (BGH, FamRZ 2003, 1179; BGH, FamRZ 2003, 1179; BGH, FamRZ 2000, 950; Wendl/*Gerhardt* § 1 Rn. 482).

553   Nach der früheren Rechtsprechung des BGH (noch BGH, FamRZ 2003, 1179) waren nicht nur Zins-, sondern auch **Tilgungsleistungen** beim Bedarf (im Unterschied zur Bedürftigkeit) abzuziehen, soweit sie eheprägend waren. Nach seiner neueren Rechtsprechung ist Letzteres bei einseitiger Vermögensbildung nicht mehr statthaft (BGH, FamRZ 2009, 23, 24).

554   Wird das **ehemals gemeinsame Familienheim veräußert**, sind die Zinseinkünfte aus dem Erlös oder ein Wohnwert einer mit dem Erlös neu erworbenen Immobilie nach der neuen Rechtsprechung des BGH als Surrogat des früheren Wohnvorteils in die Bedarfsberechnung einzustellen (BGH, FamRZ 2009, 23, 24; BGH, NJW 2014, 1733), und zwar auch soweit sie den früheren Wohnvorteil übersteigen (BGH, FamRZ 2002, 88, 92; s. a. Wendl/*Gerhardt* § 1 Rn. 558).

555   Verbraucht der **Unterhaltsberechtigte** den Erlös aus dem Verkauf, können ihm fiktive Zinsen nur unter den Voraussetzungen des § 1579 Nr. 4 BGB, mutwillige Herbeiführung der Bedürftigkeit, zugerechnet werden (BGH, FamRZ 1997, 873, 875; Wendl/*Gerhardt* § 1 Rn. 567).

Zum Pflichtigen hat der BGH entschieden (BGH, FamRZ 2009, 23, 24), dass sich die Antwort auf die Frage, ob eine Obliegenheit zur Vermögensumschichtung besteht, in diesen Fällen nach Zumutbarkeitsgesichtspunkten bestimme, wobei unter Berücksichtigung der Umstände des Einzelfalles, auch der beiderseitigen früheren wie jetzigen Wohnverhältnisse, die Belange des Unterhaltsberechtigten und des Unterhaltspflichtigen gegeneinander abzuwägen seien; es komme einerseits darauf an, ob der Unterhaltsberechtigte den Unterhalt dringend benötigt oder die Unterhaltslast den Unterhaltspflichtigen besonders hart trifft; andererseits müsse dem Vermögensinhaber ein gewisser Entscheidungsspielraum belassen werden. Die tatsächliche Anlage des Vermögens müsse sich als eindeutig unwirtschaftlich darstellen, ehe der betreffende Ehegatte auf eine andere Anlageform und daraus erzielbare Beträge verwiesen werden könne.

M. E. ist es nicht unbedenklich, wenn damit unterschiedliche Maßstäbe angelegt werden.

556   Wenn beide Ehegatten nach dem Verkauf einen gleich hohen Erlösanteil erhalten haben, soll ihnen nach verbreiteter Ansicht i. d. R. ein gleich hoher Zinsvorteil zugerechnet werden (Wendl/*Gerhardt* § 1 Rn. 567; *Dose*, JAmt 2009, 57, 60; im konkreten Fall gebilligt vom BGH, FamRZ 2008, 2104, 2106). Ausnahmen hiervon kommen m. E. insb. in Betracht, soweit ein Ehegatte Teile seines Erlösanteils für Umzug oder angemessenen Hausrat nach ungleicher Hausratsverteilung verwendet hat.

557   Kauft ein Ehegatte dem anderen dessen Miteigentumsanteil ab und bleibt im Haus, können ihm nach der Rechtsprechung des BGH (BGH, FamRZ 2005, 1159, 1161 f.; BGH, FamRZ 2005, 1817, 1820; BGH, FamRZ 2008, 963) nicht fiktive Zinsen aus einem erzielbaren Erlös bei einem Verkauf an Dritte zugerechnet werden, sondern nur der volle Wohnvorteil, reduziert zum einen

um eheprägende Zinsleistungen eines für die Finanzierung des Hauses aufgenommenen Darlehens, zum anderen um Zins-, nicht aber Tilgungsanteile von weiteren Kreditlasten für die Finanzierung des Erwerbs des Anteils des anderen Ehegattens (Wendl/*Gerhardt* § 1 Rn. 569; s. a. *Dose* JAmt 2009, 57, 60).

Für das Erbringen von **Versorgungsleistungen für einen neuen Lebenspartner** ist gem. § 850h ZPO ein entsprechendes Einkommen anzusetzen, allerdings nur, wenn der Partner leistungsfähig ist (BGH, FamRZ 1985, 273; BGH, FamRZ 2004, 1170; Wendl/*Dose* § 1 Rn. 715).   558

Die Höhe hängt insb. vom Umfang und Wert der erbrachten Leistungen ab. Die meisten der Leitlinien nennen, jeweils unter Nr. 6, Beträge, von denen i. d. R. ausgegangen werden könne: Süddeutsche, KG, Bremen, Köln, Rostock: 200,00 € bis 550,00 €; Düsseldorf, Koblenz: 350,00 €; Frankfurt: 380,00 €; Hamm: 250 bis 500,00 €; Jena: 300,00 €; Oldenburg: 425,00 €.   559

Der BGH berücksichtigt dieses Einkommen als »Surrogat« nach der Differenzmethode (BGH, FamRZ 2001, 1693; BGH, FamRZ 2004, 1172).   560

Auch der **Vorteil des Zusammenlebens des Pflichtigen in einer neuen Ehe** kann sich nur i. R. d. Leistungsfähigkeit und der Mangelverteilung auswirken, nicht dagegen den Bedarf nach den ehelichen Lebensverhältnissen beeinflussen (BGH, FamRZ 2012, 281, 284; so auch *Schwamb* FamRB 2011, 120, 122; dagegen wohl *Maurer* FamRZ 2011, 849, 860).   561

Die **Rente** ist grds. zu berücksichtigen. Früher stand der BGH auf dem Standpunkt, die Rente des Berechtigten, soweit sie auf dem Versorgungsausgleich beruht, sei grds. Folge der Scheidung und keine Fortentwicklung der ehelichen Lebensverhältnisse, weshalb dieser Rentenbezug grds. nicht als bedarfsprägend zu berücksichtigen sei (BGH, FamRZ 1998, 1156). Inzwischen hat er in Aufgabe der früheren Rechtsprechung entschieden, dass auch die auf dem Versorgungsausgleich beruhenden Rententeile aus einer gemeinsamen Lebensleistung resultieren, Surrogat der in der Ehe ausgeübten Erwerbstätigkeit und Haushaltsführung und daher auch in die Differenzberechnung einzustellen sind (BGH, FamRZ 2002, 88, 91).   562

Zur Bedarfsberechnung nach der Differenz- bzw. Additionsmethode s. Rdn. 143–155 und zur konkreten Bedarfsberechnung Rdn. 151 f.   563

Der BGH hat es früher in ständiger Rechtsprechung abgelehnt, einen von den ehelichen Lebensverhältnissen unabhängigen festen **Mindestbedarf** anzuerkennen (BGH, FamRZ 1996, 345, 346) und hat hiervon lediglich den Ansatz eines Mindestbedarfssatz als Einsatzbetrag im absoluten Mangelfall (BGH, FamRZ 2005, 97, 98) und als Herabsetzungsgrenze bei § 1579 BGB ausgenommen. Nachdem er in seiner Entscheidung vom 16.07.2008 die Frage für offen befunden hatte (BGH, FamRZ 2008, 1739, 1743), ergab sich schon aus dem Urt. v. 16.12.2009 (BGH, FamRZ 2010, 357) zum Unterhalt aus § 1615l BGB, dass er nunmehr auch beim Ehegattenunterhalt einen Mindestbedarf bejaht. Dies hat er nunmehr auch in einer Entscheidung zum (nachehelichen) Ehegattenunterhalt so entschieden (BGH, FamRZ 2010, 802, 803).   564

Der BGH geht dabei von einem Mindestbedarf i. H. d. notwendigen Selbstbehalts von (aktualisiert, in der Entscheidung waren es 770 €) 800 € aus (BGH, FamRZ 2010, 802, 803), andere hatten 1.000,00 € (entspricht inzwischen 1.050,00 €) entsprechend dem beim Ehegattenunterhalt geltenden Selbstbehalt vorgeschlagen, ggfls. abzüglich Ersparnissen bei Zusammenleben mit einer leistungsfähigen Person (*Gerhardt* FamRZ 2009, 1114, 1115 f.; s. jetzt aber Wendl/*Gerhardt* § 4 Rn. 757).

(3) Bedürftigkeit

Zu berücksichtigende Einkünfte des Berechtigten sind gem. § 1577 Abs. 1 BGB auf den Bedarf nach der Additionsmethode anzurechnen bzw. in die Differenzberechnung einzustellen, die aus   565 überobligationsmäßiger Tätigkeit allerdings entsprechend § 1577 Abs. 2 Satz 2 BGB nur nach Billigkeit (s. Rdn. 539).

566 Bei der Anrechnung eines Wohnvorteils beim Berechtigten sind Zinslasten grds. zu berücksichtigen (Wendl/*Gerhardt* § 1 Rn. 505 ff. m. w. N.). Soweit es sich bei Tilgungsleistungen um einseitige Vermögensbildung handelt, kann nach der Rechtsprechung grds. kein Abzug stattfinden, dies ist beim nachehelichen Unterhalt grds. der Fall (BGH, FamRZ 2007, 879, 881). Soweit mit den Tilgungsraten allerdings zusätzliche (sekundäre) Altersvorsorge betrieben wird, kommt unter diesem Gesichtspunkt eine Berücksichtigung in Betracht (BGH, FamRZ 2007, 879, 881 f.; BGH, FamRZ 2012, 956, 958).

567 Die Verweisung des Berechtigten auf den Verbrauch des Vermögens ist für den nachehelichen Unterhalt in § 1577 Abs. 1 und 3 BGB geregelt. **Einkünfte aus dem Vermögen** sind gem. § 1577 Abs. 1 BGB anzurechnen.

568 Gem. § 1577 Abs. 3 BGB braucht der Berechtigte den **Stamm des Vermögens** nicht zu verwerten, soweit die Verwertung unwirtschaftlich oder unter Berücksichtigung der beiderseitigen wirtschaftlichen Verhältnisse unbillig wäre.

cc) Leistungsfähigkeit

(1) Erwerbsobliegenheit

569 Für den nachehelichen Unterhalt regelt § 1581 BGB die Frage der Leistungsunfähigkeit. Die **Erwerbsobliegenheit** des Pflichtigen bestimmt sich nach den Kriterien des § 1574 Abs. 2 BGB, die für den Pflichtigen entsprechend gelten (Palandt/*Brudermüller* § 1574 Rn. 2; s. zu diesen Rdn. 453 f.). Die Maßstäbe sind grds. die gleichen wie beim Berechtigten (Koch/*Koch* Rn. 2055; Staudinger/*Verschraegen* § 1581 Rn. 44; Hoppenz/*Hülsmann* § 1581 Rn. 10).

(2) Abzug Kindesunterhalt

570 Auch bei der Beurteilung der Leistungsfähigkeit des Unterhaltsschuldners für den Ehegattenunterhalt ist der **Kindesunterhalt** nach der Rechtsprechung des BGH mit dem um das (anteilige) Kindergeld geminderten Zahlbetrag (nicht Tabellenbetrag) abzuziehen (BGH, FamRZ 2009, 1477, 1478; auf den Tabellenbetrag hatte das durch die zitierte BGH-Entscheidung aufgehobene Urteil des OLG Düsseldorf, FamRZ 2009, 338 abgestellt).

Unerheblich für die Berücksichtigungsfähigkeit bei der Leistungsfähigkeit ist, dass das Kind erst nachehelich geboren worden ist (BGH, FamRZ 2012, 281, 285 f.).

(3) Auswirkung sonstiger Unterhaltsverpflichtungen

571 Die Leistungsfähigkeit hängt grds. auch von weiteren Unterhaltsverpflichtungen als sonstigen Verpflichtungen i. S. d. § 1581 Satz 1 BGB ab (BGH, FamRZ 2012, 281, 286).

572 Nach zutreffender Auffassung des BGH ist hierbei aber auch der **Rang** der Unterhaltsberechtigten zu berücksichtigen. Zwar ist zwischenzeitlich auch die Auffassung vertreten worden, dass nach Rechtskraft der Scheidung entstehende nur nachrangige Unterhaltspflichten des Pflichtigen ebenso als sonstige Verpflichtungen i. S. v. § 1581 BGB berücksichtigt werden können (*Borth* FamRZ 2011, 445, 449; *Gutdeutsch* FamRZ 2011, 523, 524 ff.; *Gerhardt/Gutdeutsch* FamRZ 2011, 597). Dagegen spricht, dass mit einer Berücksichtigung der nachrangigen Verpflichtung schon im Rahmen von § 1581 BGB die für vorrangige Unterhaltsberechtigte zur Verfügung stehende Verteilungsmasse geschmälert und damit die die Rangfolge des § 1609 BGB ausgehebelt wird.

Der BGH ist entsprechend der Auffassung (BGH, FamRZ 2012, 281, 286 f.; BGH, FamRZ 2012, 288, 290), **nur vor- oder gleichrangige** Unterhaltspflichten beeinflussten die Leistungsfähigkeit.

Der BGH hat dies beim **Gleichrang** so formuliert, dass dann, wenn die Instanzgerichte die wechselseitige Beeinflussung i. R. d. nach § 1581 BGB gebotenen Billigkeit bei **gleichrangigen** Unterhaltsberechtigten grds. im Wege der **Dreiteilung** des vorhandenen Gesamteinkommens lösten, dies aus revisionsrechtlicher Sicht nicht zu beanstanden sei (BGH, FamRZ 2012, 281, 286; im Ergebnis ebenso: u. a. *Borth* FamRZ 2011, 445, 449; *Schwamb* FamRB 2011, 120, 122; Wendl/*Gutdeutsch* § 5 Rn. 107 ff.; dagegen u. a.: *Maurer* 2011, 849, 858 f.; *Götz/Brudermüller* NJW 2011, 2609 f. und NJW 2011, 801, 806).

Ist der **Unterhaltsanspruch** des **neuen Ehegatten** ggü. dem Unterhaltsanspruch eines geschiedenen Ehegatten **vorrangig**, muss dieser Unterhaltsanspruch i. R. d. Leistungsfähigkeit ggü. dem geschiedenen Ehegatten erst recht berücksichtigt werden (BGH, FamRZ 2012, 281, 287).   573

Die **Darlegungs- und Beweislast** für die Voraussetzungen des hinzugetretenen Unterhaltsanspruchs trägt der Unterhaltspflichtige, da es um seine – eingeschränkte – Leistungsfähigkeit geht (BGH, FamRZ 2012, 288, 290; BGH, FamRZ 2012, 281, 286; s. a. Wendl/*Dose* § 6 Rn. 721 ff.).   574

(4) Eigener eheangemessener Bedarf

Die **Selbstbehaltsgrenze** lässt sich nicht unmittelbar dem Gesetz entnehmen. Die Leitlinien waren früher uneinheitlich. Nachdem der BGH entschieden hat, dass i. d. R. auf den Betrag abzustellen ist, der zwischen dem angemessenen (zurzeit 1.200,00 €) und dem notwendigen Selbstbehalt (zurzeit 1.000,00 €) liegt (BGH, FamRZ 2009, 404, 405), gehen auch sämtliche Leitlinien unter Nr. 21.4 von einem entsprechenden Betrag von 1.100,00 € (seit 01.01.2013; zuvor: 1.050,00 €) aus.   575

Ist der Pflichtige nicht erwerbstätig, hat ihm grds. der Mittelwert zwischen dem notwendigen Selbstbehalt für Nichterwerbstätige – 800,00 € – und dem angemessenen Selbstbehalt – 1.200,00 € – zu verbleiben, also 1.000,00 € (BGH, FamRZ 2009, 307, 308; BGH, FamRZ 2009, 311, 312; Stand 01.01.2013; zuvor 965,00 €).   576

Eine quotenmäßige Berücksichtigung eines Erwerbsbonus wie bei der Bedarfsberechnung erfolgt bei der Leistungsfähigkeit nicht (BGH, 2013, 1366, 1372; BGH, FamRZ 2014, 912; Wendl/*Gutdeutsch* § 5 Rn. 30).   577

Der BGH hat entschieden, dass auch beim Betreuungsunterhalt nach § 1570 BGB nicht auf den notwendigen Selbstbehalt abgestellt werden kann (BGH, FamRZ 2009, 311, 313; BGH, FamRZ 2009, 579, 584).   578

Eine Minderung des Selbstbehalts aufgrund von **Ersparnissen durch gemeinsame Haushaltsführung** mit einem neuen Lebensgefährten kommt zwar grds. in Betracht (ausführlich *Gutdeutsch* FamRZ 2008, 2240), wobei der BGH diesen sog. Synergieeffekt mit 10 % in Ansatz bringt (BGH, FamRZ 2012, 281, 287), erscheint beim Ehegattenunterhalt aber zweifelhaft, da i. d. R. zunächst nur der trennungsbedingte Mehrbedarf ausgeglichen wird.   579

Der BGH berücksichtigt bei der Bemessung des Ehegattenunterhalts den Kindesunterhalt nur mit dem Zahlbetrag. Die Entlastung der Barunterhaltspflicht ggü. minderjährigen Kindern durch das hälftige Kindergeld führt bei dieser Berechnung zu einem höheren Ehegattenunterhalt und kann sich dabei im Rahmen eines Anspruchs auf Ehegattenunterhalt in einer Gesamtschau nach seiner Berechnung (nicht 3/7, sondern 45 %) von 92 € (184,00 € Kindergeld ÷ 2) auf bis zu 50,60 € (92 € - [184,00 € Kindergeld ÷ 2 × 45 % =] 41,40 € höherer Ehegattenunterhalt) vermindern. **Kosten der Ausübung des Umgangsrechts**, die deutlich über den verbleibenden Anteil hinausgehen, können nach Ansicht des BGH durch einen – teilweisen – Abzug vom Einkommen oder eine **Erhöhung des Ehegattenselbstbehalts** berücksichtigt werden (BGH, FamRZ 2009, 1391, 1396).   580

581 Der BGH ist zwar 2006 zu der Auffassung gelangt, einer zusätzlichen Grenze der Leistungsfähigkeit nach den individuellen ehelichen Lebensverhältnissen bedürfe es nicht mehr (BGH, FamRZ 2006, 683). Dies beruhte jedoch auf seiner zuvor entwickelten Rechtsprechung zu den wandelbaren ehelichen Lebensverhältnissen, nach der nach Eintritt der Rechtskraft der Scheidung entstehende weitere Unterhaltspflichten des Pflichtigen schon den Bedarf des Berechtigten mindern sollten. Nachdem das BVerfG diese Rechtsprechung jedenfalls in Bezug auf die Bemessung des Ehegattenbedarfs als verfassungswidrig verworfen hat, ist der Entscheidung des BGH, FamRZ 2006, 683 die Grundlage entzogen. Es muss wieder gelten, dass die Leistungsfähigkeit des Pflichtigen nach § 1581 BGB nicht erst berührt ist, wenn der sog. Selbstbehalt unterschritten wird, sondern schon dann, wenn der eigene Unterhalt, der dem vollen **eheangemessenen Bedarf bei Halbteilungsgrundsatz** entspricht, beeinträchtigt wird (BGH, FamRZ 1990, 260; BGH, FamRZ 2012, 281, 285), und dass die dem Berechtigten zustehenden Unterhaltsleistungen nicht in einem unbilligen Verhältnis zu den Mitteln stehen dürfen, die dem Verpflichteten für seinen eigenen Bedarf verbleiben. Schon dann wird nur noch Billigkeitsunterhalt geschuldet (BGH, FamRZ 1990, 260; BGH, FamRZ 2012, 281, 285), und es hat eine Billigkeitsabwägung und -prüfung zu erfolgen, inwieweit der Verpflichtete den vollen geschuldeten Unterhalt nicht ohne Gefährdung seines eigenen eheangemessenen Unterhalts leisten kann (so der BGH vor der Entscheidung des BVerfG vom 25.01.2011 in BGH, FamRZ 1990, 260, 264; BGH, FamRZ 2004, 1357, 1358 f.). Im Zweifel bietet sich der **Quotenunterhalt** ohne Berücksichtigung von trennungsbedingtem Mehrbedarf als »billig« an.

(5) Schulden

582 § 1581 Satz 1 BGB geht davon aus, dass **Schulden** die Leistungsfähigkeit mindern können. Bei der Bemessung des i. R. d. Leistungsfähigkeit relevanten Einkommens ist auf Schulden des Pflichtigen ist »in angemessener Weise Bedacht zu nehmen« (BGH, NJW 1982, 232). Ob sie zu berücksichtigen sind, ist unter umfassender Interessenabwägung der Belange der Ehegatten und anderer Beteiligter (Drittgläubiger) zu entscheiden (BGH, FamRZ 1996, 160, 161 f.; BGH, FamRZ 2002, 536, 537 f.). Insb. kommt dem Umstand Bedeutung zu, ob die Schulden noch zur Zeit des Zusammenlebens entstanden sind und aus der gemeinsamen Lebensführung herrühren (BGH, NJW 1982, 232). Gegen die Berücksichtigung von Tilgungsleistungen kann sprechen, dass grds. der Unterhaltsschuldner nicht zulasten des Unterhaltsgläubigers Vermögen bilden soll (BGH, FamRZ 2008, 963, 965).

583 Im Rahmen der Interessenabwägung ist auch zu prüfen, ob den Pflichtigen wegen der Möglichkeit der Restschuldbefreiung die Obliegenheit trifft, seine Leistungsfähigkeit dadurch zu erhöhen, dass er sich ggü. seinen anderen Gläubigern auf die Pfändungsgrenzen des § 850c ZPO beruft und ggf. Antrag auf deren Erhöhung nach § 850f ZPO stellt. Dies ist beim Unterhalt geschiedener Ehegatten jedoch nicht zumutbar (BGH, FamRZ 2008, 497, 499).

(6) Verwertung des Vermögensstamms

584 Gem. § 1581 Satz 2 BGB hat der unterhaltspflichtige geschiedene Ehegatte grds. auch den **Vermögensstamm** einzusetzen, soweit dies nicht unwirtschaftlich oder unbillig ist.

dd) Mangelfall

585 Ist der Unterhaltspflichtige mangels Leistungsfähigkeit nicht in der Lage, Unterhalt i. H. d. offenen Bedarfs auch nur eines Berechtigten zu leisten, liegt ein Mangelfall vor.

Dies ist schon der Fall, wenn der Pflichtige nicht fähig ist, unter Wahrung seines eigenen angemessenen Unterhalts den vollen Unterhalt des Ehegatten zu zahlen (BGH, FamRZ 2012, 281, 285).

Als absoluter (BGH, FamRZ 2003, 363; BGH, FamRZ 2012, 281, 285), verschärfter oder echter Mangelfall wird die Konstellation bezeichnet, bei der der Pflichtige nicht in der Lage ist, unter Wahrung seines Selbstbehalts den Bedarf eines oder mehrerer Unterhaltsberechtigter zu erfüllen. Ob ein solcher Mangelfall vorliegt, ist unter Zugrundelegung von individuell ermittelten Bedarfsbeträgen zu prüfen (Erman/*Hammermann* § 1606 Rn. 3). Sind mehrere berechtigt, so sind im Mangelfall die zur Verfügung stehenden Mittel auf sie zu verteilen.

Die Verteilung erfolgt nach dem Rang der Unterhaltsansprüche. Bevor ein nachrangig Berechtigter zum Zuge kommen kann, ist der Bedarf der Vorrangigen zunächst in voller Höhe zu befriedigen (BGH, FamRZ 1988, 705; Wendl/*Gutdeutsch* § 5 Rn. 138; Erman/*Hammermann* § 1609 Rn. 28). Dies gilt selbst dann, wenn für einen nachrangig Berechtigten ein Unterhaltstitel besteht (BGH, FamRZ 1990, 1091, 1094; BGH, FamRZ 1992, 797). Unerheblich ist es grds. auch, wenn freiwillige Zahlungen erbracht werden (Erman/*Hammermann* § 1609 Rn. 7). | 586

Die Rangordnung ist durch das UÄndG 2007 zum 01.01.2008 grundlegend geändert worden. Sie enthält in absteigender Folge sieben Stufen. Innerhalb einer Stufe ergibt sich der Unterhaltsanspruch meist aus derselben Anspruchsgrundlage, bei § 1609 Nr. 2 und Nr. 3 BGB können sich die Ansprüche auf unterschiedliche Vorschriften stützen. | 587

An erster Stelle stehen gemäß Nr. 1, und zwar seit dem Inkrafttreten der Unterhaltsrechtsreform am 01.01.2008, allein die minderjährigen unverheirateten **Kinder** sowie die ihnen gleichgestellten volljährigen, noch nicht 21 Jahre alten unverheirateten Kinder, die sich noch in der allgemeinen Schulausbildung befinden, § 1603 Abs. 2 Satz 2 BGB. Tritt die Steigerung der Unterhaltspflicht nach § 1603 Abs. 2 Satz 3 BGB nicht ein, berührt dies den Rang der Kindes nicht, da Nr. 1 auf § 1603 Abs. 2 Satz 3 BGB keinen Bezug nimmt (Erman/*Hammermann* § 1609 Rn. 11; Palandt/*Brudermüller* § 1609 Rn. 10). | 588

Den zweiten Rang besetzen **Eltern**, die wegen **Betreuung eines Kindes** unterhaltsberechtigt sind oder im Fall einer Scheidung wären, sowie Ehegatten bei einer **Ehe** von **langer Dauer**, Nr. 2. Im dritten Rang stehen nach **Nr. 3 Ehegatten**, die **nicht** unter **Nr. 2** fallen. Dies sind alle Ehegatten, die nicht wegen Kinderbetreuung unterhaltsberechtigt sind und bei denen keine Ehe von langer Dauer vorliegt. Alle übrigen Berechtigten sind nachrangig. | 589

Unter Berechtigten mit gleichem Rang erfolgt die Mangelverteilung so, dass zunächst zu klären ist, welche Mittel aufseiten des Pflichtigen zur Verfügung stehen. Diese werden als **Verteilungsmasse** oder auch Deckungsmasse bezeichnet. Die Verteilungsmasse ist der Teil des Einkommens des Pflichtigen, der über dem Selbstbehalt liegt und den er beim Ehegattenunterhalt nicht für vorrangig Berechtigte zu verwenden hat. Der Selbstbehalt beim Ehegattenunterhalt liegt zwischen dem angemessenen und dem notwendigen Selbstbehalt und beträgt derzeit nach sämtlichen Leitlinien (unter Nr. 21.4) i. d. R. 1.100,00 € (vgl. Rdn. 137, 575 f.). | 590

Einige Leitlinien weisen für den Nichterwerbstätigen einen eigenen Satz von 1.000,00 € (OLG Braunschweig, Celle, Frankfurt am Main, Hamm, Koblenz und teilweise auch Süddeutsche Leitlinien).

Schuldet der Pflichtige zwei Berechtigten, die im 2. Rang stehen, Unterhalt, hat der BGH den Bedarf bei Ehegatten früher im Wege der Dreiteilung des Gesamteinkommens des Pflichtigen und der Unterhaltsberechtigten bemessen (BGH, FamRZ 2008, 1911, 1914 ff.; BGH, FamRZ 2009, 411, 415; BGH, FamRZ 2010, 111, 112 ff.). | 591

Das BVerfG hat in seinem Beschl. v. 25.01.2011 – 1 BvR 918/10 = (BVerfG, FamRZ 2011, 437) entschieden, die zur Auslegung des § 1578 Abs. 1 Satz 1 BGB entwickelte Rechtsprechung zu den »wandelbaren ehelichen Lebensverhältnissen« unter Anwendung der Berechnungsmethode der sog. Dreiteilung löse sich von dem Konzept des Gesetzgebers zur Berechnung des nachehelichen Unterhalts und ersetze es durch ein eigenes Modell. Mit diesem Systemwechsel überschreite sie die Grenzen richterlicher Rechtsfortbildung und verletze Art. 2 Abs. 1 GG i. V. m. dem Rechtsstaatsprinzip (Art. 20 Abs. 2 GG).

Auch wenn das BVerfG lediglich die vom BGH vorgenommene Auslegung des § 1578 Abs. 1 Satz 1 BGB, der unter der Überschrift Maß des Unterhalts steht und den Bedarf regelt, verworfen hat, wirft die Entscheidung aber auch Fragen zur Leistungsfähigkeit und zur weiteren Lösung von Mangelfällen auf, soweit Unterhaltsansprüche berührt werden, die im Rang von § 1609 Nr. 2 und 3 BGB stehen. Das BVerfG betont, an der Strukturierung des nachehelichen Unterhaltsrechts habe der Gesetzgeber anlässlich der Unterhaltsrechtsreform von 2007 festgehalten, und differenziere weiterhin zwischen der Unterhaltsbedürftigkeit des Berechtigten gem. § 1569 BGB n. F., dessen Unterhaltsbedarf nach § 1578 Abs. 1 Satz 1 BGB, der Leistungsfähigkeit des Pflichtigen nach § 1581 BGB sowie der Rangfolge im Mangelfall nach § 1609 BGB n. F.

592   In Bezug auf gleichrangige Unterhaltsansprüche des § 1609 Nr. 2 BGB hat der BGH inzwischen entschieden, es sei aus revisionsrechtlicher Sicht nicht zu beanstanden, wenn die Instanzgerichte die wechselseitige Beeinflussung nach § 1609 Nr. 2 BGB **gleichrangiger** Unterhaltsansprüche »**im Rahmen der nach § 1581 BGB**« – Leistungsfähigkeit – »gebotenen Billigkeit« bei gleichrangigen Unterhaltsberechtigten grds. im Wege der **Dreiteilung** (BGH, FamRZ 2012, 281, 286) des vorhandenen Gesamteinkommens lösten.

Diese Grundsätze zur Dreiteilung hatte der BGH schon zuvor entwickelt, und er hat sie in seiner Entscheidung vom 07.12.2011 der Entscheidung des BVerfG vom 25.01.2011 dahin angepasst, dass nunmehr nicht der Bedarf im Wege der Dreiteilung ermittelt wird, sondern der Unterhaltsanspruch erst im Hinblick auf die eingeschränkte Leistungsfähigkeit entsprechend beschränkt wird (BGH, FamRZ 2014, 912, 915).

Verfügt bspw. der neuverheiratete Mann nach Abzug des vorrangigen Kindesunterhalts über ein Einkommen von 4.500,00 €, und schuldet er sowohl seiner geschiedenen als auch seiner getrennt von ihm lebenden Ehefrau, die beide im 2. Rang stehen, Unterhalt, und verfügen diese beide über keine eigenen Einkünfte, sollte sich nach überholter Rechtsprechung des BGH schon der Bedarf beider Ehefrauen auf 1.500,00 € (4.500,00 € ÷ 3) bemessen. Nunmehr beschränkt sich der Anspruch der 1. Ehefrau trotz höheren Bedarfs dennoch aufgrund von § 1581 BGB grds. auf ein Drittel.

593   Die Grundsätze der Dreiteilung haben nach der Rechtsprechung des BGH auch dann gegolten, wenn einer der berechtigten Ehegatten eigene Einkünfte hat; eine Berücksichtigung des Einkommens eines Berechtigten nur im Verhältnis dieses Berechtigten zum Pflichtigen hat der BGH für nicht vereinbar mit dem Halbteilungsgrundsatz gehalten. An dieser Rechtsprechung hat sich im Ergebnis wohl nichts geändert.

594   Auch wenn der jetzige Ehegatte im Verhältnis zum Pflichtigen gem. § 1356 BGB die Rollenverteilung in der Ehe frei wählen kann, darf bei der Dreiteilung i. R. d. § 1609 BGB an die Erwerbsobliegenheit der Berechtigten kein unterschiedlicher Maßstab angelegt werden, und für die Frage der Erwerbsobliegenheit des neuen, aktuellen Ehegattens ist **hypothetisch** darauf abzustellen, wie sich die Erwerbsobliegenheit im Fall einer Scheidung beurteilte, wobei die Rollenverteilung in der neuen Ehe nicht berücksichtigt werden soll (BGH, FamRZ 2012, 281, 287 f. und BGH, FamRZ 2012, 288, 290 verweisen auf BGH, FamRZ 2010, 111, 115 f.). Dies bedeutet, dass ggfls. fiktive Einkünfte zuzurechnen sind. Nach anderer Auffassung (*Maurer* FamRZ 2008, 1985, 1994) ist dies im Rahmen einer abschließenden Angemessenheitsprüfung zu berücksichtigen.

595   Treffen Ehegatten mit Rang nach Nr. 2 und Nr. 3 zusammen, ist nach zutreffender, durchgängiger Rechtsprechung des BGH vorab der offene Bedarf des vorrangigen Ehegatten zu befriedigen. Dies änderte nach der Rechtsprechung des BGH (BGH, FamRZ 2008, 1911, 1916) bis zur Entscheidung des BVerfG vom 25.01.2011 aber nicht die Bedarfsberechnung, sondern wirkte sich erst bei der Leistungsfähigkeit aus.

596   Im vom BGH angeführten Beispiel sollte dies nach seiner damaligen Ansicht bedeuten (BGH, FamRZ 2008, 1911, 1916):

Einkommen M:	2.400,00 €
Einkommen F 1:	0,00 €
Einkommen F 2:	0,00 €

Gesamteinkommen:	2.400,00 €
Bedarf von F 1 und F 2 jeweils (2.400,00 € ÷ 3)	800,00 €
Verteilungsmasse ggü. F 1: (2.400,00 € Einkommen M - 1.000,00 € [alter] Selbstbehalt)	1.400,00 €
Verteilungsmasse ggü. F 2:	600,00 €

(2.400,00 € Einkommen M - 1.000,00 € [alter] Selbstbehalt - 800,00 € vorrangiger Unterhalt F 1):

F 1 kam in voller Höhe mit 800,00 € zum Zuge, da die ihr ggü. die maßgebliche Verteilungsmasse vom 1.400,00 € reichte, für F 2 verbleiben nur 600,00 €.

Diese Rechtsprechung ist überholt. **597**

Ist der Unterhaltsanspruch des **neuen Ehegatten** ggü. dem Unterhaltsanspruch eines geschiedenen Ehegatten **vorrangig**, bleibt die Bedarfsberechnung des geschiedenen, zeitlich früheren, Ehegatten von der zweiten Ehe unberührt (s. Rdn. 549). Jedoch ist es i. R. d. § 1581 Satz 1 BGB in diesem Fall geboten, diesen vorrangigen Unterhaltsanspruch i. R. d. Leistungsfähigkeit ggü. dem nachrangigen geschiedenen Ehegatten zu berücksichtigen (BGH, FamRZ 2012, 281, 287).

Der i. R. d. Billigkeitsabwägung zu berücksichtigende Unterhaltsbedarf eines konkurrierenden neuen Ehegatten ist wiederum abhängig vom Unterhalt des geschiedenen Ehegatten zu bemessen (BGH, FamRZ 2012, 281, 287). Der BGH bemerkt hierzu, der »bei gleichrangigen Ehegatten gewählte Weg der Dreiteilung aller vorhandenen Einkünfte« führe »allerdings zunächst lediglich zu einer annähernden Angleichung der Lebensumstände der geschiedenen und der neuen Ehefrau« (BGH, FamRZ 2012, 281, 287).

Ist der **neue Ehegatte nachrangig**, soll eine ihm ggü. bestehende Unterhaltsverpflichtung den Unterhaltsanspruch des Vorrangigen grds. gar nicht berühren (BGH, FamRZ 2012, 525, 528; BGH, FamRZ 2012, 281, 287). **598**

Bei Einkünften aus Erwerbstätigkeit sollte nach bisheriger Rechtsprechung der **Erwerbsbonus** zu berücksichtigen sein (BGH, FamRZ 2010, 111, 114). Dies soll nach neuerer Rechtsprechung nicht mehr gelten, da die Dreiteilung nunmehr im Rahmen der Leistungsfähigkeit erfolgt, bei der der BGH keinen Erwerbstätigenbonus anerkennt (BGH, FamRZ 2014, 912, 915). **599**

Der BGH schien auch i. R. d. Dreiteilung **Ersparnisse durch das Zusammenleben** des Pflichtigen mit der neuen Ehefrau berücksichtigen zu wollen (BGH, FamRZ 2010, 111, 116 [in der Entscheidung kam es nicht darauf an]; zum Elternunterhalt s. BGH, FamRZ 2010, 1535, 1539). Nunmehr hat er klargestellt, dass diese Vorteile zwar den Bedarf des aus einer früheren Ehe Berechtigten nicht beeinflussen (BGH, FamRZ 2012, 281, 284), aber bei der Dreiteilung i. R. d. § 1581 BGB zu berücksichtigen sind (BGH, FamRZ 2012, 281, 287; BGH, FamRZ 2014, 912, 915). Dies könne nicht allein durch eine Absenkung des angemessenen Selbstbehalts geschehen, weil dies nur den beiden Unterhaltsberechtigten in gleicher Weise zugutekäme, statt dessen könne dem Vorteil des Zusammenwohnens, der für jeden Ehegatten der neuen Ehe mit 10 % in Ansatz zu bringen sei, dadurch Rechnung getragen werden, dass die den zusammenlebenden Ehegatten zur Verfügung stehenden Mittel entsprechend gekürzt würden und der Unterhalt des geschiedenen Ehegatten entsprechend erhöht werde, im absoluten Mangelfall könne der Selbstbehalt aus diesen Gründen gekürzt und bis auf sein Existenzminimum herabgesetzt werden (BGH, FamRZ 2012, 281, 287; BGH, FamRZ 2014, 912, 915). **600**

Beim Einkommen des Pflichtigen sollte der **Splittingvorteil** aus der neuen Ehe nach der bisherigen Rechtsprechung des BGH (BGH, FamRZ 2008, 1911, 1916; BGH, FamRZ 2009, 411, 415) bei der Unterhaltsbemessung des früheren Ehegatten ebenso als Einkommen zu berücksichtigen sein wie auch der Familienzuschlag, soweit dies nicht dazu führt, dass der Unterhalt des geschiedenen Ehegatten höher ist als der Betrag, den eine Kontrollberechnung ergibt, die unter Außerachtlassung der neuen Ehe anzustellen ist (s. a. BGH, FamRZ 2009, 579, 583; BGH, FamRZ 2010, 111, 115). **601**

Hierzu sollte das Einkommen des Pflichtigen mittels fiktiver Steuerbelastung (grds. nach Grundtabelle bzw. Lohnsteuerklasse 1, ggfls. 2) zu berechnen sein. Die Kontrollberechnung dürfte nunmehr überflüssig sein, da der Unterhaltsanspruch ja schon nur i. H. d. offenen Bedarfs bestehen kann, der ohne die aus der neuen Ehe resultierenden Vorteile zu berechnen ist.

I. Ü. jedoch hat der BGH ausdrücklich befunden, dass i. R. d. Billigkeitsabwägung nach § 1581 BGB in die bei gleichrangigen Unterhaltsberechtigten mögliche Dreiteilung das **gesamte** unterhaltsrelevante **Einkommen** des Unterhaltspflichtigen und der Unterhaltsberechtigten einzubeziehen ist, einschließlich der Einkünfte aus einem **nachehelichen Karrieresprung**, die **lediglich die nachehelich hinzugetretene Unterhaltspflicht auffangen**, und des **Splittingvorteils** einer neuen Ehe (BGH, FamRZ 2012, 281, 287; BGH, FamRZ 2014, 912, 915).

602   Führt die Berechnung bei der **Angemessenheitsprüfung**, insb. bei einer »Gesamtschau« bezogen auf verschiedene beteiligte Familien, zu unbilligen und unangemessenen Ergebnissen, müssen diese korrigiert werden (BGH, FamRZ 2014, 912, 915; s. BT-Drucks. 16/1830, S. 24). Hier ist m. E. die dogmatisch passende Stelle zu verhindern, dass dem Pflichtigen (und seiner Familie) deutlich weniger Mittel verbleiben als einem vorrangigen Ehegatten. Der BGH verweist darauf, dass die nach § 1581 BGB gebotene Billigkeitserwägung im Einzelfall auch von der Dreiteilung abweichende Ergebnisse erlaube, die neben dem Rang auf weitere individuelle Umstände gestützt werden könnten, und als weiteres Billigkeitskriterium insb. zu berücksichtigen sei, ob der Mindestbedarf eines Unterhaltsberechtigten gedeckt werde (BGH, FamRZ 2012, 281, 287).

603   Treffen Ansprüche einer – auch geschiedenen – Ehefrau und einer Mutter nach § 1615l BGB zusammen, dürften sich Besonderheiten dadurch ergeben, dass sich der Bedarf bei § 1615l BGB nicht als Quote vom Einkommen des Mannes, sondern nach der eigenen Lebensstellung bemisst.

Für diesen Fall ist folgende Lösung vorgeschlagen worden (*Borth* FamRZ 2009, 416, 418):
1. In einem ersten Schritt eine Berechnung gemäß der Dreiteilung.
2. Liegt der Bedarf der Mutter des nichtehelichen Kindes nach § 1615l Abs. 3 BGB über dem Dreiteilungsergebnis, wird ihr Bedarf hierauf beschränkt.
3. Liegt der Bedarf unter dem Ergebnis, bleibt es beim Anspruch aus § 1615l BGB bei diesem Bedarf, da keine anteilige Teilhabe am Einkommen des anderen Elternteils stattfindet. Die sodann zusätzlich zur Verfügung stehenden Mittel (Differenz zwischen Dreiteilungsergebnis und Bedarf nach § 1615l BGB) sind nach dem Halbteilungsgrundsatz auf den Pflichtigen und die berechtigte Ehefrau zu verteilen.

Diese Lösung erscheint weiterhin angemessen.

ee) Herabsetzung und zeitliche Begrenzung (§ 1578b BGB)

604   Nach bis zum 31.12.2007 geltendem Recht konnten Unterhaltsansprüche aus § 1573 Abs. 1 bis 4 BGB gem. § 1573 Abs. 5 BGB a. F. zeitlich befristet werden, soweit ein unbefristeter Unterhalt unbillig war. Außerdem konnte gem. § 1578 Abs. 1 Satz 2 BGB a. F., der für alle nachehelichen Unterhaltstatbestände galt, die Bemessung des Unterhalts nach den ehelichen Lebensverhältnissen zeitlich begrenzt und für die Zeit danach gekürzt werden, soweit ein unbefristeter Unterhalt unbillig gewesen wäre. Seit dem 01.01.2008 gilt der neue § 1578b BGB, der grds. für alle nachehelichen Unterhaltstatbestände eine Herabsetzung und zeitliche Begrenzung aufgrund einer Billigkeitsabwägung ermöglicht.

Zum 01.03.2013 hat die Vorschrift eine neue Fassung erhalten. Nach § 1578b Abs. 1 Satz 2 und 3 BGB a. F. war die Dauer der Ehe nur in Satz 3 in Zusammenhang mit den ehebedingten Nachteilen genannt, nunmehr ist sie in Satz 2 eigenständig und unabhängig von Nachteilen als weiterer Billigkeitsmaßstab aufgeführt. Der Gesetzgeber hat hierdurch allerdings lediglich klarstellen wollen, dass das Fehlen ehebedingter Nachteile nicht »automatisch« eine Beschränkung nachehelichen Unterhalts nach sich zieht (BT-Drucks. 17/11885 S. 6).

Auf Unterhaltsansprüche, die vor dem 01.01.2008 fällig wurden, findet § 1578b BGB keine Anwendung, § 36 Nr. 7 EGZPO.   **605**

Für die Zeit ab 01.01.2008 bestimmt § 36 Nr. 1 EGZPO, dass, wenn über den Unterhaltsanspruch vor dem 01.01.2008 rechtskräftig entschieden, ein vollstreckbarer Titel errichtet oder eine Unterhaltsvereinbarung getroffen worden ist, Umstände, die vor diesem Tag entstanden und durch das Gesetz zur Änderung des Unterhaltsrechts erheblich geworden sind, (bei einer beantragten Abänderung) nur zu berücksichtigen sind, soweit eine wesentliche Änderung der Unterhaltsverpflichtung eintritt und die Änderung dem anderen Teil unter Berücksichtigung seines Vertrauens in die getroffene Regelung zumutbar ist. Im Hinblick auf den Aufstockungsunterhalt nach § 1573 Abs. 2 BGB war eine Befristung schon nach der zuvor bestehenden Gesetzeslage gem. § 1573 Abs. 5 BGB (a. F.) zulässig, sodass die Einführung von § 1578b BGB nach Auffassung des BGH insoweit nicht durch das Gesetz zur Änderung des Unterhaltsrechts erheblich geworden ist (BGH FamRZ 2013, 534, 536 f; BGH, FamRZ 2010, 1238, 1241; berechtigte Kritik von *Borth* FamRZ 2010, 1887 und Thomas/Putzo/*Hüßtege* § 36 EGZPO 7).   **606**

Die Änderung der Rechtsprechung des BGH zum Stellenwert der Ehedauer bei der Unterhaltsbefristung (in der Entscheidung BGH, FamRZ 2006, 1006) ist nach der Rechtsprechung des BGH im Rahmen von § 36 Nr. 1 und 2 EGZPO irrelevant, da § 36 Nr. 1, 2 EGZPO auf die Änderung der Rechtsprechung keine Anwendung findet (BGH, FamRZ 2010, 1238, 1241).

Die in § 36 Nr. 1 EGZPO genannten Umstände können bei der erstmaligen Änderung eines vollstreckbaren Unterhaltstitels nach dem 01.01.2008 ohne die Beschränkungen der Präklusionsvorschriften, § 323 Abs. 2 ZPO und § 767 Abs. 2 ZPO, geltend gemacht werden, § 36 Nr. 2 EGZPO. Dies muss m. E. auch für § 238 Abs. 2 FamFG gelten.   **607**

(1) Voraussetzungen und Anwendungsbereich

Der Unterhaltsanspruch ist auf den angemessenen Lebensbedarf herabzusetzen, wenn eine an den ehelichen Lebensverhältnissen orientierte Bemessung des Unterhaltsanspruchs auch unter Wahrung der Belange eines dem Berechtigten zur Pflege oder Erziehung anvertrauten gemeinschaftlichen Kindes unbillig wäre, § 1578b Abs. 1 Satz 1 BGB, und er ist gem. § 1578b Abs. 2 Satz 1 BGB zeitlich zu begrenzen, wenn ein zeitlich unbegrenzter Unterhaltsanspruch auch unter Wahrung der Belange eines dem Berechtigten zur Pflege oder Erziehung anvertrauten gemeinschaftlichen Kindes unbillig wäre.   **608**

§ 1578b Abs. 1 Satz 2 BGB konkretisiert die Kriterien dahin, dass insb. zu berücksichtigen ist, inwieweit durch die Ehe Nachteile im Hinblick auf die Möglichkeit eingetreten sind, für den eigenen Unterhalt zu sorgen, und nach § 1578b Abs. 1 Satz 3 BGB können sich solche Nachteile vor allem aus der Dauer der Pflege oder Erziehung eines gemeinschaftlichen Kindes, aus der Gestaltung von Haushaltsführung und Erwerbstätigkeit während der Ehe sowie aus der Dauer der Ehe ergeben. Dies gilt gem. § 1578b Abs. 2 Satz 2 BGB bei der Befristung entsprechend.   **609**

Sowohl die Herabsetzung wie auch die Befristung des Unterhalts sind nicht die Regel, sondern **die Ausnahme**, und das Gericht hat zu prüfen, ob die fortdauernde unbeschränkte Unterhaltspflicht unbillig ist, nicht aber, ob der Befristung oder Herabsetzung Billigkeitsgründe entgegenstehen (BGH, FamRZ 2010, 1633, 1635).   **610**

Eine **Befristung des Betreuungsunterhalts**, § 1570 BGB, nach § 1578b BGB scheidet nach Auffassung des BGH schon deswegen aus, weil § 1570 BGB n. F. insoweit eine Sonderregelung für die Billigkeitsabwägung enthält (BGH, FamRZ 2009, 770, 774; BGH, FamRZ 2010, 1880, 1883). Nach Vollendung des dritten Lebensjahres steht dem betreuenden Elternteil nur noch Betreuungsunterhalt nach Billigkeit zu, und i. R. d. Billigkeitsabwägung sind schon alle Umstände des Einzelfalles zu berücksichtigen. Wenn diese zu dem Ergebnis führt, dass der Betreuungsunterhalt über die Vollendung des dritten Lebensjahres hinaus wenigstens teilweise fortdauert, können dieselben   **611**

Gründe nicht zu einer Befristung i. R. d. Billigkeit nach § 1578b BGB führen (BGH, FamRZ 2009, 770, 774; *Borth* Praxis des Unterhaltsrechts, Rn. 322; Palandt/*Brudermüller* § 1578b Rn. 5).

Eine Herabsetzung kommt jedoch auch beim Betreuungsunterhalt in Betracht (BGH, FamRZ 2009, 770, 774; BGH, FamRZ 2009, 1391, 1397; BGH, FamRZ 2010, 1880, 1883).

612 Wichtigstes Kriterium ist das Vorliegen ehebedingter Nachteile (s. sogleich), § 1578b BGB beschränkt jedoch nicht auf deren Kompensation, sondern berücksichtigt auch eine darüber hinausgehende **nacheheliche Solidarität** (BGH, FamRZ 2010, 1238, 1241; BGH, FamRZ 2011, 1851, 1853; BGH, FamRZ 2012, 772, 774, BT-Drucks. 16/1830, S. 19). Insoweit sind insb. zu berücksichtigen: die Dauer der Ehe, das Vertrauen des Berechtigten in den Fortbestand des Unterhalts, das Alter des Berechtigten bei Scheidung und seine voraussichtlichen Möglichkeiten zur Verbesserung seiner Einkommenssituation (BGH, FamRZ 2010, 1238, 1241) die wirtschaftliche Verflechtung, die durch Aufgabe einer eigenen Erwerbstätigkeit wegen der Betreuung gemeinsamer Kinder oder der Haushaltsführung eingetreten ist und die von der Unterhaltsberechtigten erbrachte Lebensleistung (BGH, FamRZ 2011, 1851, 1853).

Der Gesichtspunkt der nachehelichen Solidarität erfasst nach Auffassung des BGH nur Umstände, die unabhängig von ehebedingten Nachteilen Auswirkungen auf den konkreten Unterhaltsanspruch haben (BGH, FamRZ 2012, 951, 954).

613 **Dauer der Ehe** ist die Zeit bis zur Zustellung des Scheidungsantrags (BGH, FamRZ 2010, 1414, 1416; BGH, FamRZ 2012, 772, 775 f.; Wendl/*Wönne* § 4 Rn. 1019), die Zeit des Getrenntlebens ist nicht herauszurechnen (BGH, NJW-RR 1991, 130). Die Zeit einer Erstehe der Eheleute ist genauso wenig hinzuzurechnen (Wendl/*Wönne* § 4 Rn. 1019) wie die Zeit einer vorehelichen Kinderbetreuung (BGH, FamRZ 2012, 776, 777 f.). Die Ehedauer **gewinnt** durch eine wirtschaftliche **Verflechtung** an Gewicht (BGH, FamRZ 2012, 951, 954), die insbesondere durch eine in der Ehe einvernehmlich praktizierte Rollenverteilung eintritt, bei der eine eigene Erwerbstätigkeit wegen der Betreuung gemeinsamer Kinder oder der Haushaltsführung aufgegeben wird (BGH, FamRZ 2013, 534, 538; BGH, FamRZ 2013, 853, 858). Schon zum früheren Recht hatte die Rechtsprechung in späteren Urteilen der Frage besonderes Gewicht beigemessen, ob und inwieweit die **Lebensverhältnisse** der Eheleute »**entflochten**« sind oder nicht (BGH, FamRZ 2007, 793, 800). Eine lange Dauer der Ehe an sich rechtfertig dann keinen unbefristeten Unterhalt, wenn beide Ehegatten während der Ehe vollschichtig berufstätig waren und die Einkommensdifferenz lediglich auf ein **unterschiedliches Qualifikationsniveau** zurückzuführen ist, das bereits zu Beginn der Ehe vorlag (BGH, FamRZ 2013, 853, 858).

Ein **Zusammenleben vor der Ehe** ist grds. **kein Billigkeitskriterium** im Sinne von § 1578b BGB, da sich daraus weder ein ehebedingter Nachteil ergeben kann, noch das voreheliche Zusammenleben ohne Weiteres ein erhöhtes Maß an nachehelicher Solidarität begründet (BGH, FamRZ 2010, 1238, 1241; BGH, FamRZ 2013, 860, 861; a. A. MüKo/*Maurer* § 1578b Rn. 14). Dies gilt auch dann, wenn gemeinsame Kinder betreut worden sind (BGH, FamRZ 2012, 776, 777 f.).

614 **Ehegestaltung.** Der Gesetzgeber hat hier die »Hausfrauen(mann)ehe« vor Augen, den typischen Fall, bei dem ehebedingte Nachteile entstanden sind (Wendl/*Wönne* § 4 Rn. 1015 ff.). Ein ehebedingter Nachteil kann sich auch aus der Fortsetzung der Kinderbetreuung nach der Eheschließung ergeben, soweit ein Ehegatte mit Rücksicht auf die Ehe und die übernommene oder fortgeführte Rollenverteilung auf eine Erwerbstätigkeit verzichtet (BGH, FamRZ 2012, 776, 778; BGH, FamRZ 2013, 860, 861). Gleiches gilt auch bei der Fortführung der übernommenen bloßen Hausfrauenrolle ohne Kinderbetreuung (BGH, FamRZ 2013, 864, 865).

Die Einkommens- und Vermögensverhältnisse der Beteiligten sind zu berücksichtigen (BGH, FamRZ 2009, 1207, 1211; BGH, FamRZ 2011, 875, 876; BGH, FamRZ 2012, 772, 774).

Ebenso Dauer und Höhe des **bereits geleisteten Unterhalts** (BGH, FamRZ 2012, 197, 199; BGH, FamRZ 2012, 772, 774 und 776).

Nach Auffassung des BGH kann auch einer seit längerer Zeit bestehenden Beziehung des Unterhaltsberechtigten zu einem neuen Partner auch im Rahmen des § 1578b BGB Bedeutung zukommen, weil hierdurch in der Regel eine zunehmende Distanz zu den ehelichen Lebensverhältnissen deutlich werde, weshalb eine weitere Gewährleistung des unveränderten Lebensstandards durch den geschiedenen Ehegatten nicht mehr ohne Weiteres der Billigkeit entsprechen werde (BGH, FamRZ 2012, 947, 950).

615

Besonderes Gewicht hatte die Rechtsprechung zum früheren Recht in späteren Urteilen der Frage beigemessen, ob und inwieweit die Lebensverhältnisse der Eheleute »entflochten« sind oder nicht (BGH, FamRZ 2007, 793, 800). Dieser Umstand ist im Rahmen der nachehelichen Solidarität weiterhin von Bedeutung (BGH, FamRZ 2012, 951, 954).

Im Übrigen kommt es nunmehr entscheidend auf **ehebedingte Nachteile** an, und die Ehedauer und die zunehmende Verflechtung der gemeinsamen Verhältnisse sind lediglich Indizien hierfür (BGH, FamRZ 2008, 1325, 1328; BGH, FamRZ 2008, 1508; BGH, FamRZ 2010, 1637, 1640). Solche ehebedingten Nachteile begrenzen i. d. R. die Herabsetzung des nachehelichen Unterhalts und stehen einer Befristung grds. entgegen (BGH, FamRZ 2009, 1990, 1991; BGH, FamRZ 2012, 525, 528), wobei die nacheheliche Solidarität zu beachten ist (BGH, FamRZ 2013, 853, 857; BGH, FamRZ 2013, 860, 862).

Ob ehebedingte Nachteile entstanden sind, ist zu **ermitteln**, indem die Lage, wie sie sich ohne Eheschließung und die gewählte Rollenverteilung ergeben hätte, und die tatsächlich bestehende Situation ggü. gestellt werden (BGH, FamRZ 2011, 1381, 1384).

616

Ein ehebedingter Nachteil **zeigt sich** i. d. R. daran, dass der Ehegatte nach der Ehe nicht die Einkünfte erzielt, die er ohne Ehe und Kinderbetreuung erzielen würde (BGH, FamRZ 2012, 197; BGH, FamRZ 2012, 772, 774; BGH, FamRZ 2014, 823, 824).

Ehebedingte Nachteile sind **vor allem Erwerbsnachteile**, die durch die von den Ehegatten praktizierte Rollenverteilung während der Ehe entstanden sind (BGH, FamRZ 2013, 935, 938). Ein solcher ehebedingter Nachteil kann vorliegen, wenn der unterhaltsberechtigte Ehegatte ehebedingt von der **Aufnahme einer Erwerbstätigkeit ganz absieht**, sich mit einer seinen beruflichen Qualifikation und Fähigkeiten nicht entsprechenden Erwerbstätigkeit begnügt und ihm dadurch dauerhafte Einkommenseinbußen entstehen (BGH, FamRZ 2014, 1007, 1009), oder eine bereits ausgeübte Erwerbstätigkeit **aufgibt**, aber auch, wenn er **ehebedingt** seinen **Arbeitsplatz wechselt** und dadurch Nachteile erleidet (BGH, FamRZ 2013, 935, 938 f.).

Für das Bestehen ehebedingter Nachteile kommt es grds. darauf an, ob die **tatsächliche Gestaltung der Ehe** zu Erwerbsnachteilen geführt hat; ob die Aufgabe einer Arbeitsstelle oder die Nichtaufnahme einer Erwerbstätigkeit vorwerfbar war oder ohne Einverständnis des anderen Ehegatten erfolgte, ist dagegen unerheblich, da § 1578b BGB unabhängig von subjektivem Fehlverhalten gilt (BGH, FamRZ 2011, 628, 630). Die Ehegestaltung muss allerdings ursächlich für den Erwerbsnachteil geworden sein (BGH, FamRZ 2011, 628, 630). Daran fehlt es, wenn der Berechtigte seinen Arbeitsplatz ausschließlich aus Gründen aufgegeben oder verloren hat, die außerhalb der Ehegestaltung liegen, z. B. wegen einer selbst beschlossenen beruflichen Neuorientierung oder wegen einer betriebs- oder krankheitsbedingten Kündigung seitens des Arbeitgebers (BGH, FamRZ 2014, 1007, 1009; BGH, FamRZ 2013, 935, 938).

617

Zunächst entstandene Nachteile können durch andere mit der Ehe verbundene Vorteile wie Vermögenszuwendungen des Pflichtigen oder nachehelichen Altersvorsorgeunterhalt, also auch nach der Ehescheidung, **kompensiert** werden (BGH, FamRZ 2011, 1381, 1384: im konkreten Fall durch Vermögenszuwendungen des Pflichtigen).

Nicht als eheliche Nachteile sind **verringerte Versorgungsanwartschaften** zu berücksichtigen, wenn der **Versorgungsausgleich vollständig** durchgeführt wurde, da dann die Nachteile schon hierdurch von beiden Ehegatten gleichermaßen getragen werden (BGH, FamRZ 2008, 1325, 1329; BGH, FamRZ 2013, 853, 857). Das gilt jedoch nicht, wenn die vom Unterhaltsberechtigten aufgrund der

ehelichen Rollenverteilung erlittenen Einbußen bei seiner Altersvorsorge durch den Versorgungsausgleich nicht vollständig erfasst werden, weil der Unterhaltspflichtige nur für einen geringen Teil
der Ehezeit Rentenanwartschaften erworben hat (BGH, FamRZ 2010, 1633, 1635; BGH, FamRZ
2012, 772, 774).

618   Ein ehebedingter Nachteil wegen Aufgabe der Erwerbstätigkeit infolge der Kindererziehung und
der Haushaltstätigkeit kann sich allerdings dann ergeben, wenn deswegen die Voraussetzungen für
eine **Rente wegen voller Erwerbsminderung** (EU-Rente) nicht erfüllt sind (BGH, FamRZ 2011,
713, 714; BGH, FamRZ 2012, 772, 774; Wendl/*Wönne* § 4 Rn. 1018). Hintergrund ist, dass gem.
§ 43 Abs. 2 Nr. 2 SGB VI Versicherte (bis zum Erreichen der Regelaltersgrenze) nur dann Anspruch
volle EU-Rente haben, wenn sie in den letzten 5 Jahren vor Eintritt der Erwerbsminderung 3 Jahre
Pflichtbeiträge für eine versicherte Beschäftigung oder Tätigkeit gezahlt haben, wobei sich dieser
Zeitraum nach § 43 Abs. 4 SGB VI nur durch besondere Anrechnungs- und Berücksichtigungszeiten verlängert. Hat der unterhaltsberechtigte Ehegatte wegen der Kindererziehung und Haushaltstätigkeit in der relevanten Zeit nicht genügend Pflichtbeiträge gezahlt, kann daher die Erwerbsunfähigkeitsrente für eine alsbald anschließende Erwerbsunfähigkeit vollständig ausscheiden, und diese
Lücke durch eine ehebedingte Erwerbslosigkeit wird auch durch den durchgeführten Versorgungsausgleich nicht kompensiert (BGH, FamRZ 2011, 713, 714).

Entsprechendes gilt m. E., wenn ehebedingt die gleichen Voraussetzungen des § 43 Abs. 1 Nr. 2
SGB VI für eine Rente wegen teilweiser Erwerbsminderung nicht erreicht werden.

619   Ein ehebedingter Nachteil kann auch vorliegen, weil der Unterhaltsberechtigte während der Ehe
nicht gesetzlich **krankenversichert** war, z. B. weil er über die beamtenrechtliche Beihilfe und eine
private Krankenversicherung abgesichert war, und nach der Scheidung wegen seines Alters nach § 6
Abs. 3a SGB V nicht mehr gesetzlich krankenversichert werden kann (KG, FamRZ 2013, 1047).
Dieser Nachteil steht einer Befristung des Krankenvorsorgeunterhalts entgegen, nicht aber einer
Herabsetzung (OLG Oldenburg, FamRZ 2010, 567; KG, FamRZ 2013, 1047).

Nicht ehebedingt sind konjunkturbedingte Einkommenseinbußen (vgl. Wendl/*Bömelburg* § 4
Rn. 1120).

Ein beachtlicher ehebedingter Nachteil soll nur angenommen werden können, wenn das gegenwärtig erzielte Einkommen geringer ist, als es ohne ehebedingte Unterbrechung der Erwerbstätigkeit
wäre (*Dose* JAmt 2009, 1, 8).

Der Wegfall eines späteren Altersunterhalts ist nach der Rechtsprechung des BGH unbeachtlich, da
andernfalls der Einsatzzeitpunkt umgangen würde (BGH, FamRZ 2008, 1508, 1510).

620   Ein ehebedingter Nachteil kann nach zweifelhafter Auffassung des BGH **nicht** aus dem **Verlust eines
Unterhaltsanspruchs** aus einer früheren Ehe durch die Wiederheirat resultieren (BGH, FamRZ
2012, 197, 199: a. A. OLG Düsseldorf, FamRZ 2010, 1912; Wendl/*Wönne* § 4 Rn. 1024). Der
Gesetzgeber habe mit der Regelung des § 1578b BGB einen Ausgleich nur der Nachteile bewirken
wollen, die dadurch entstehen, dass der Unterhaltsberechtigte wegen der Aufgabenverteilung in der
Ehe, insb. der Kinderbetreuung, nach der Scheidung nicht oder nicht ausreichend für seinen eigenen Unterhalt sorgen kann.

Bei der Prüfung der Unbilligkeit nach § 1578b BGB ist auch zu berücksichtigen, ob der Unterhaltsanspruch **tituliert** oder durch Vereinbarung festgelegt ist, da dem Unterhalt dann ein größerer Vertrauensschutz zukommt als bei einem nicht durch Titel oder Vertrag festgelegten (BGH, FamRZ
2010, 1414, 1416; BGH, FamRZ 2012, 197, 199; BGH, FamRZ 2012, 772, 775).

621   Die Belange eines dem Berechtigten zur Pflege oder Erziehung anvertrauten gemeinschaftlichen
Kindes sind zu wahren (**Kinderschutzklausel**). Eine Beschränkung des auf § 1570 BGB gestützten Betreuungsunterhalts kommt daher nur in Ausnahmefällen in Betracht (BT-Drucks. 16/1830,

S. 19). Solche Ausnahmefälle können sein (BT-Drucks. 16/1830, S. 19): eine unberechtigte Betreuung, eine nachhaltige Verletzung der Betreuungspflichten und das Fehlen jeglicher beruflicher Nachteile.

Als sonstige einer Beschränkung entgegenstehende Umstände waren zum alten Recht anerkannt: für   622
den anderen erbrachte Opfer, langjährige Einschränkungen in der Lebensführung aufgrund der Ausbildung des anderen (OLG Hamm, FamRZ 1991, 1474, 1477), der Umstand, dass der Pflichtige seine während der Ehe durchgeführte berufliche Fortbildung und sein jetzt erzieltes Einkommen auch der Unterstützung durch die Unterhaltsberechtigte zu verdanken hat (BGH, FamRZ 2011, 1851, 1853), die wirtschaftlichen Verhältnisse (BGH, FamRZ 2010, 1633, 1635), insb. die Relation zwischen den Einkommensverhältnissen der Beteiligten (Johannsen/Henrich/*Büttner* § 1573 Rn. 42; Palandt/*Brudermüller* § 1573 Rn. 35) und besonders günstige Einkommens- und Vermögensverhältnisse des Pflichtigen (BGH, FamRZ 2010, 1637, 1640), nicht dagegen ein langes voreheliches Zusammenleben (OLG Düsseldorf, FamRZ 1992, 951). Soweit die Entscheidungen älter sind, sind sie dennoch auch weiter beachtlich, da Kausalität der Ehe für Nachteile insoweit nicht erforderlich ist (BT-Drucks. 16/1830, S. 19; Wendl/*Wönne* § 4 Rn. 1022).

Auch ein Anspruch wegen **Krankheit**, § 1572 BGB, kann grds. befristet werden (BGH, FamRZ   623
2009, 406, 408; BGH, FamRZ 2009, 1207, 1210). Der Befristung können zum einen **ehebedingte Nachteile** entgegenstehen, wenn der bedürftige Ehegatte aufgrund der Rollenverteilung in der Ehe nicht ausreichend für den Fall der Erwerbsminderung vorgesorgt hat und seine Erwerbsunfähigkeitsrente aufgrund der Ehe (Haushaltsführung und Kindererziehung) niedriger ist, als sie ohne Ehe wäre (BGH, FamRZ 2009, 1207, 1210; BGH, FamRZ 2011, 713).

Die Krankheit des unterhaltsbedürftigen Ehegatten selbst stellt nach Auffassung des BGH regelmäßig und insb. auch dann, wenn eine psychische Erkrankung durch die Ehekrise und Trennung ausgelöst worden ist, keinen ehebedingten Nachteil dar; allerdings sei es nicht ausgeschlossen, dass im Einzelfall der Unterhaltspflichtige auch unabhängig von der Ehe für die Krankheit des Unterhaltsbedürftigen (mit-)verantwortlich sein könne, was als Billigkeitsgesichtspunkt zu berücksichtigen sei (BGH, FamRZ 2010, 1414, 1415; BGH, FamRZ 2011, 188, 190; BGH, FamRZ 2011, 875).

Die Befristung ist für den Berechtigten dann eine besondere Belastung, wenn die Krankheit chronisch ist und abzusehen ist, dass er auf Dauer nicht in der Lage sein wird, selbst für seinen Unterhalt zu sorgen. Dabei ist streitig, ob insoweit der Ehedauer als Abwägungskriterium für das Ausmaß der ehelichen Solidarität ein besonderes Gewicht beizumessen ist (BGH, FamRZ 2009, 1207, 1210; Palandt/*Brudermüller* § 1578b Rn. 9; OLG Nürnberg, FamRZ 2008, 1256; OLG Karlsruhe, FamRZ 2009, 341, 343; einschränkend OLG Celle, FamRZ 2008, 1449; *Borth* Praxis des Unterhaltsrechts Rn. 326 f.); davon ist auch der Gesetzgeber ausgegangen (BT-Drucks. 16/1830, S. 19).

(2) Darlegungs- und Beweislast

Die Darlegungs- und Beweislast für die Umstände, die zu einer Beschränkung oder Befristung   624
führen, trägt grds. der Pflichtige (BGH, FamRZ 2010, 1238, 1241; BGH, FamRZ 2014, 1007, 1009). Hinsichtlich des Umstandes, dass ehebedingte Nachteile nicht entstanden sind, trifft den Unterhaltsberechtigten aber nach den Regeln zum Beweis negativer Tatsachen eine sog. sekundäre Darlegungslast. Der Unterhaltsberechtigte muss die Behauptung, es seien keine ehebedingten Nachteile entstanden, substantiiert bestreiten und seinerseits darlegen, welche konkreten ehebedingten Nachteile entstanden sein sollen (BGH, FamRZ 2010, 1637, 1641; BGH, FamRZ 2013, 860, 862; BGH, FamRZ 2014, 1007, 1009). Konkrete berufliche Entwicklungsmöglichkeiten und bei behauptetem beruflichen Aufstieg zudem die entsprechende Bereitschaft und Eignung des Unterhaltsberechtigten hierzu muss dargelegt werden (BGH, FamRZ 2012, 93, 95). Die Darlegungen müssen so konkret sein, dass die für den Unterhaltsberechtigten seinerzeit vorhandenen beruflichen Entwicklungschancen und seine persönlichen Fähigkeiten, etwa auch anhand vergleichbarer Karrieren, vom Gericht auf ihre Plausibilität überprüft werden können und der Widerlegung durch

den Unterhaltspflichtigen zugänglich sind (BGH, FamRZ 2012, 93, 95; BGH, FamRZ 2010, 875, 877).

Wenn ein **beruflicher Aufstieg behauptet** werden soll, muss der Unterhaltsberechtigte darlegen, aufgrund welcher Umstände (Fortbildungsbereitschaft, besondere Befähigungen, Neigungen oder Talente) er eine entsprechende Karriere gemacht hätte (BGH, FamRZ 2012, 1483, 1487).

Ehebedingte Nachteile sind auch möglich, wenn der Berechtigte zum Zeitpunkt der Eheschließung **keine Ausbildung** hatte, obwohl dies üblicherweise der Fall war (Wendl/*Wönne* § 4 Rn. 1016; vgl. BGH, FamRZ 2010, 1637: angelernte Sekretärin). Die Anforderungen an die sekundäre Darlegungslast dürfen nicht überspannt werden und müssen den Besonderheiten des Einzelfalls Rechnung tragen, wobei für das Tatsachengericht ein Spielraum durch die Anwendung von Erfahrungssätzen in dem jeweiligen Berufsfeld wie auch die Berücksichtigung tariflicher Regelungen besteht (BGH, FamRZ 2012, 93, 95).

Wenn das Vorbringen des Unterhaltsberechtigten diesen Anforderungen genügt, müssen die vorgetragenen ehebedingten Nachteile vom Unterhaltspflichtigen widerlegt werden (BGH, FamRZ 2010, 875, 877; BGH, FamRZ 2014, 1007, 1009). Seine Auffassung, dass den Unterhaltsberechtigten im Fall, dass er eine ehebedingt unterbrochene Erwerbstätigkeit nach der Scheidung wieder aufnehmen konnte, neben der Darlegungslast auch die Beweislast dafür treffe, dass ihm dennoch ehebedingte Nachteile entstanden sind (so BGH, FamRZ 2008, 134; BGH, FamRZ 2008, 1325; BGH, FamRZ 2009, 1990), hat der BGH zu Recht wieder aufgegeben (BGH, FamRZ 2010, 875, 877).

(3) Zeitpunkt

625 Die Begrenzung des nachehelichen Unterhalts setzt nicht zwingend voraus, dass der Zeitpunkt, ab dem der Unterhaltsanspruch entfällt, bereits erreicht ist; wenn die dafür ausschlaggebenden Umstände im Zeitpunkt der Entscheidung bereits eingetreten oder zuverlässig voraussehbar sind, ist eine Begrenzung nicht einer späteren Abänderung vorzubehalten, sondern schon im Ausgangsverfahren auszusprechen (BGH, FamRZ 2008, 1325, 1328; BGH, FamRZ 2008, 1508; BGH, FamRZ 2010, 1637, 1641). Ob die für die Begrenzung maßgeblichen Umstände bereits im Ausgangsverfahren zuverlässig vorhersehbar sind, lässt sich nur unter Berücksichtigung aller Umstände des Einzelfalles beantworten (BGH, FamRZ 2008, 134, 135 f.; BGH, FamRZ 2008, 1325, 1328).

(4) Herabsetzung

626 Steht die Unbilligkeit fest, besteht kein Ermessen, sondern der Unterhaltsanspruch muss nach Höhe und oder Dauer begrenzt werden (BT-Drucks. 16/1830, S. 19).

§ 1578b Abs. 1 BGB erfordert mehrfache Bestimmungen: Es sind sowohl der eheangemessene Bedarf nach § 1578 Abs. 1 Satz 1 BGB zu berechnen wie auch der angemessene Lebensbedarf nach § 1578 Abs. 1 Satz 2 BGB. Zudem ist die Dauer der sog. »Schonfrist« festzusetzen.

627 Der BGH bemisst den angemessenen Lebensbedarf nach dem Einkommen, das der unterhaltsberechtigte Ehegatte ohne die Ehe und Kindererziehung aus eigenen Einkünften zur Verfügung hätte (BGH, FamRZ 2009, 1990, 1991; BGH, FamRZ 2013, 935, 938; BGH, FamRZ 2014, 1007, 1009).

Eine Senkung unter den notwendigen, bei besseren Einkommensverhältnissen unter den angemessenen Selbstbehalt wird nicht der Billigkeit entsprechen (Wendl/*Wönne* § 4 Rn. 1006; OLG Karlsruhe, FamRZ 2009, 341, 343), der BGH meint, es müsse sich jedenfalls um einen Bedarf handeln, der das Existenzminimum mit dem notwendigen Selbstbehalt eines nicht Erwerbstätigen – also derzeit 800,00 € – wenigstens erreicht (BGH, FamRZ 2010, 629, 633 f.; BGH, FamRZ 2009, 1990, 1991).

Bei geeigneter Grundlage kann das hypothetisch erzielbare Einkommen des Unterhaltsberechtigten gem. § 113 Abs. 1 Satz 2 FamFG i. V. m. § 287 ZPO geschätzt werden (BGH, FamRZ 2010, 1633, 1636).

Der angemessene Lebensbedarf ist lediglich die Untergrenze einer Herabsetzung, nach Auffassung des BGH ist eine Ausschöpfung des Spielraums bis zum angemessenen Lebensbedarf nicht zwingend, sondern unterliegt der tatrichterlichen Beurteilung des Einzelfalls (BGH, FamRZ 2010, 1633, 1636; ebenso Wendl/*Wönne* § 4 Rn. 1006).

Eine sofortige Herabsetzung des eheangemessenen Unterhalts ohne Schonfrist ist zwar grds. möglich, wird aber kaum einmal der Billigkeit entsprechen (Wendl/*Wönne* § 4 Rn. 1004; s. OLG Bremen, FamRZ 2009, 347), hierfür dürften allenfalls Fälle langjähriger Trennung oder kurzer Ehezeit (OLG Hamm, FamRZ 2009, 50) in Betracht kommen. **628**

I. Ü. hat eine Ermessenentscheidung zu erfolgen, bei der die schon bei den Voraussetzungen zu prüfenden Billigkeitskriterien zu beachten sind, wobei insb. maßgeblich ist, wie lange der Berechtigte braucht, um sich auf einen verringerten Unterhalt einzustellen (Wendl/*Wönne* § 4 Rn. 1004). Das Vertrauen auf die Fortdauer der gelebten Lebensverhältnisse ist zu berücksichtigen (*Dose* JAmt 2009, 1, 8). **629**

(5) Zeitliche Begrenzung

Das Vertrauen auf die Fortdauer der gelebten Lebensverhältnisse ist zu berücksichtigen (*Dose* JAmt 2009, 1, 8). Die Dauer der Befristung soll nicht schematisch der Dauer der Ehe entsprechen (BGH, FamRZ 2008, 1508, 1511), jedoch hat die Dauer der Ehe auf die Dauer der Schonfrist Auswirkung (OLG Celle, FamRZ 2009, 56, 57). Angemessen ist nach der Rechtsprechung des BGH die Zeit, die der Ehegatte benötigt, um sich auf die Kürzung einzustellen (BGH, FamRZ 2008, 1508, 1511); der BGH hat in der soeben zitierten Entscheidung eine Befristung auf 4 Jahre bei 13-jähriger Ehedauer akzeptiert. **630**

Die Befristung ist endgültig, die Frage eines ggf. theoretisch möglichen späteren Unterhalts aus § 1576 BGB erscheint lediglich akademisch (*Borth*, FamRZ 2008, 1511 f. in Anm. zu BGH, FamRZ 2008, 1508). **631**

(6) Kombination

Gem. § 1578 Abs. 3 BGB ist auch eine Kombination von Beschränkung und Befristung möglich (BGH, FamRZ 2010, 1633, 1636). **632**

ff) Verwirkung gem. § 1579 BGB

Wegen grober Unbilligkeit kann der nacheheliche Unterhalt aus den in § 1579 Nr. 1 bis 8 BGB enumerativ aufgezählten Gründen verwirkt sein. § 1579 BGB ist zweistufig aufgebaut: neben dem Vorliegen von einem der Härtegründe muss zusätzlich die grobe Unbilligkeit geprüft werden. **633**

(1) Verwirkungstatbestände

Nr. 1 (kurze Dauer): Die Dauer der Ehe bemisst sich nicht nach dem tatsächlichen Zusammenleben, sondern von der Eheschließung bis zur Rechtshängigkeit des Scheidungsantrages (BGH, FamRZ 1995, 1405; vgl. auch BGH, FamRZ 2011, 1498, 1502; MüKo/*Maurer* BGB § 1579 Rn. 63). Dies gilt nach herrschender Meinung auch bei einem verfrühten Scheidungsantrag (Wendl/*Gerhardt* § 4 Rn. 1245; OLG Schleswig, FamRZ 2003, 763); der Umstand, dass der Antrag gestellt wurde, obwohl die Scheidungsvoraussetzungen noch nicht vorlagen, soll erst bei der Billigkeitsabwägung berücksichtigt werden. **634**

635   Nr. 1 wurde durch das UÄndG 2007 neu gefasst und der, schon vom BGH übernommenen, Recht-sprechung des BVerfG (BVerfG, FamRZ 1989, 941; BVerfG, FamRZ 1992, 1283, 1284) angepasst, nach der Kinderbetreuungszeiten nicht schon bei der Dauer der Ehezeit zu berücksichtigen sind, sondern erst bei der anschließenden Billigkeitsabwägung.

Bei der Frage, ob die Ehe nur von kurzer Dauer war, kommt es auf die Umstände des Einzelfalles und insb. darauf an, inwieweit die Lebensdispositionen der Ehegatten miteinander verflochten wa-ren (BGH, FamRZ 1999, 710, 712). I. d. R. kann davon ausgegangen werden, dass eine Dauer von bis zu 2 Jahren kurz und eine von mehr als 3 Jahren nicht mehr kurz im Sinne von Nr. 1 ist (BGH, FamRZ 1999, 710, 712). Die entsprechende Rechtsprechung wurde vom Gesetzgeber des UÄndG 2007 gesehen und gebilligt (BT-Drucks. 16/1830, S. 20).

636   **Nr. 2 (Verfestigte Lebensgemeinschaft):** Die durch das UÄndG 2007 eingefügte Nr. 2 war zuvor Hauptfall des Auffangtatbestandes der alten Nr. 7. Der Gesetzgeber hat den Begriff der Lebensge-meinschaft bewusst nicht definiert (BT-Drucks. 16/1830 S. 21). Die Eingehung einer neuen Part-nerschaft kann unter zwei Aspekten, die sich überschneiden können, zur Verwirkung führen:

637   Erstens kann eine **sozioökonomische Unterhaltsgemeinschaft** bei gemeinsamem Wirtschaften in einem Haushalt (Wendl/*Gerhardt* § 4 Rn. 1272; Niepmann/*Schwamb* Rn. 1115) mit einem leis-tungsfähigen (BGH, FamRZ 1989, 487) Partner begründet worden sein, in der der Ehegatte sein Auskommen findet (BGH, FamRZ 1983, 569, 571).

638   Zweitens kann ein auf Dauer angelegtes Verhältnis bestehen, das gleichsam an die Stelle einer Ehe tritt, und bei der die Partner **in der Öffentlichkeit wie ein Ehepaar** in Erscheinung treten (BGH, FamRZ 1997, 671; BGH, FamRZ 2011, 1498, 1501). Unerheblich ist, ob auch eine sexuelle Be-ziehung entstanden ist (BGH, FamRZ 2002, 810, 812; BGH, FamRZ 2011, 1854, 1856 f.: reicht nicht; Wendl/*Gerhardt* § 4 Rn. 1273). Die Annahme einer derartigen Lebensgemeinschaft setzt zwar nicht zwingend voraus, dass die Partner räumlich zusammenleben und einen gemeinsamen Haushalt führen (BGH, FamRZ 2002, 23, 25; BGH, FamRZ 2011, 1381, 1384; BGH, FamRZ 2011, 1498, 1501; MüKo/*Maurer* BGB § 1579 Rn. 15), aber eine solche Form des Zusammenlebens ist i. d. R. ein typisches Anzeichen hierfür (BGH, FamRZ 2002, 23, 25; BGH, FamRZ 2011, 1498, 1501; Wendl/*Gerhardt* § 4 Rn. 1273). Ohne gemeinsamen Haushalt kommt ein eheähnliches Zusammen-leben in Betracht, wenn die Partner ihre Lebensgestaltung eng aufeinander abgestellt haben, etwa durch gemeinsame Freizeit, Urlaube, wirtschaftliche Unterstützung (OLG Karlsruhe, FamRZ 2009, 351, 353). Unter welchen anderen Umständen auf ein eheähnliches Zusammenleben geschlossen werden kann, lässt sich nach der Rechtsprechung des BGH nicht allgemein verbindlich festlegen, und es obliegt der Beurteilung des Tatrichters, ob er den Tatbestand des eheähnlichen Zusammen-lebens aus tatsächlichen Gründen für gegeben erachtet oder nicht (BGH, FamRZ 2002, 23, 25).

639   Erforderlich ist in beiden Fällen eine **Verfestigung** der Beziehung. Diese wird bei der Variante Er-scheinungsbild der eheähnlichen Gemeinschaft in der Öffentlichkeit i. d. R. erst bei einem Zusam-menleben von **2 bis 3 Jahren** angenommen (BGH, FamRZ 2002, 810, 811; BGH, FamRZ 2012, 1201, 1204; im Ausnahmefall schon nach 1 1/2 Jahren: OLG Schleswig, FamRZ 2005, 277; Pa-landt/*Brudermüller* § 1579 Rn. 12a hält je nach Fallgestaltung auch 1 Jahr für ausreichend). Das OLG Karlsruhe verlangt im Fall, dass die Partner nicht zusammen wohnen, eine »nicht unerheblich« längere Dauer, im konkreten Fall 5 Jahre (OLG Karlsruhe, FamRZ 2009, 351, 353). Der BGH hat eine Entscheidung gebilligt, in der eine ausreichende Verfestigung ohne gemeinsame Wohnung erst nach 3 3/4 Jahren angenommen wurde (BGH, FamRZ 2011, 1498, 1501).

Als Fälle, bei denen weniger als 2 Jahre erforderlich sind, werden u. a. genannt:
– Die Lebensgemeinschaft wurde bereits während der Trennungszeit begründet und wird in der nachehelichen Zeit fortgesetzt (MüKo/*Maurer* BGB § 1579 Rn. 16);
– aus der Lebensgemeinschaft ist ein Kind hervorgegangen (BGH, FamRZ 2012, 1201, 1204; OLG Nürnberg, FuR 2002, 328: drei Kinder);
– die Partner haben gemeinsam ein Grundstück gesucht, das sich eignet, ihnen jeweils als Woh-nung zu dienen (BGH, FamRZ 2002, 810);

– der andere Partner erwirbt am ehemaligen Familienheim Miteigentum (OLG Schleswig, FamRZ
2005, 277);
– die Partner mieten sich gemeinsam eine Wohnung (MüKo/*Maurer* BGB § 1579 Rn. 16, m. E.
sehr zweifelhaft).

Wird die Lebensgemeinschaft vor ihrer Verfestigung beendet, liegen die Voraussetzungen von Nr. 2
sowohl für rückständigen wie für zukünftigen Unterhalt nicht vor (KG, FPR 2002, 301; MüKo/
Maurer BGB § 1579 Rn. 16).

Für das Vorliegen des Verwirkungstatbestandes kommt es bei der Variante Erscheinungsbild der ehe-   640
ähnlichen Gemeinschaft in der Öffentlichkeit nicht auf die **wirtschaftlichen Verhältnisse des Part-**
ners an (BGH, FamRZ 2011, 1498, 1501; BT-Drucks. 16/1830, S. 21). Ob dies auch für den Fall
der Unterhaltsgemeinschaft gilt, erscheint zweifelhaft. Nach der Rechtsprechung zu § 1579 Nr. 7
BGB a. F. war erforderlich, dass der Partner leistungsfähig ist (BGH, FamRZ 1997, 671). In der Gesetzesbegründung heißt es dagegen generell, die Leistungsfähigkeit des neuen Partners spiele keine
Rolle (BT-Drucks. 16/1830, S. 21). Dies entspricht auch der Rechtsprechung des BGH (BGH,
FamRZ 2011, 1498, 1501; BGH, FamRZ 2011, 1854, 1856). Allerdings scheint eine Unterhaltsgemeinschaft ohne entsprechende finanzielle Mittel des Partners kaum denkbar (Leistungsfähigkeit
des Partners verlangt daher Wendl/*Gerhardt* § 4 Rn. 1273). Jedenfalls bei der abschließend gebotenen Billigkeitsabwägung sind auch die wirtschaftlichen Verhältnisse des Partners zu berücksichtigen
(BGH, FamRZ 1997, 671).

Die vor der Änderung zum 01.01.2008 anerkannte dritte Variante (die kaum beweisbar und schon   641
deswegen ohne praktische Bedeutung war), dass der Berechtigte nur deshalb von einer Heirat absieht, weil er den Unterhaltsanspruch nicht verlieren will, fällt nicht unter Nr. 2, weil der Gesetzgeber allein die objektiven Gegebenheiten unabhängig von einem vorwerfbaren Fehlverhalten berücksichtigt und eine Kontrolle der Lebensführung des geschiedenen Ehegatten verboten haben will
(BT-Drucks. 16/1830, S. 21; BGH, FamRZ 2011, 1498, 1501).

Nr. 3 (Verbrechen oder schweres vorsätzliches Vergehen): Es muss sich um eine Straftat von erhebli-   642
chem Gewicht handeln (Beispiele: *Niepmann*/Schwamb Rn. 1121 ff.; Wendl/*Gerhardt* § 4 Rn. 1279;
Staudinger/*Verschraegen* § 1579 Rn. 103 ff.). Hierunter kann insb. ein, auch nur versuchter, Prozess-
betrug fallen, u. a. durch Verschweigen eigener Einkünfte (*Niepmann*/Schwamb Rn. 1123). Ein Verstoß gegen Nr. 3 wirkt nicht für die Zeit vor dem Fehlverhalten (BGH, FamRZ 2007, 1532, 1537;
anders Wendl/*Gerhardt* § 4 Rn. 1282: nur i. d. R. und Ausnahmen bei besonders gravierenden Straftaten). Erfasst ist auch eine gegen einen nahen Angehörigen gerichtete Tat.

Nr. 4 (Mutwilliges Herbeiführen der Bedürftigkeit): Mutwillig führt seine Bedürftigkeit herbei,   643
wer dies vorsätzlich oder unterhaltsbezogen leichtfertig tut (BGH, FamRZ 2007, 1532, 1536). In
Betracht kommen insb. der unangebrachte Verbrauch des (Einkünfte erbringenden) Vermögens
(Wendl/*Gerhardt* § 4 Rn. 1308 ff.) und die Aufgabe einer Erwerbstätigkeit trotz Erwerbsobliegenheit
(BGH, FamRZ 2007, 1532, 1537).

Liegt keine mutwillige Herbeiführung der Mutwilligkeit des Vermögensverbrauchs vor, können
auch keine fiktiven Zinsen zugerechnet werden, da in diesem Fall eine Sanktionierung allein nach
§ 1579 BGB erfolgen soll (BGH, FamRZ 1990, 989, 991).

Eine unterhaltsbezogen mutwillige Alkohol- bzw. Drogenabhängigkeit oder die Unterlassung einer
entsprechenden Therapie (BGH, FamRZ 1981 1042, 1043 ff.; BGH, FamRZ 1987, 359, 361) ist
in der Praxis für den beweisbelasteten Pflichtigen nur sehr schwer nachweisbar. Dies wird teilweise
für unbillig gehalten und über Nr. 8 (vormals Nr. 7) ausgeglichen (Staudinger/*Verschraegen* § 1579
Rn. 163 f.).

Nr. 5 (Mutwilliges Hinwegsetzen über Vermögensinteressen): Der Tatbestand des mutwilligen   644
Hinwegsetzens über schwerwiegende Vermögensinteressen ist 1986 als gesetzliche Regelung schon
zuvor bestehender Rechtsprechung eingefügt worden, die sich insb. auf das Anschwärzen beim
Arbeitgeber (Palandt/*Brudermüller* § 1579 Rn. 26 m. N. zur Rechtsprechung) und auf Strafanzeigen

(*Niepmann*/Schwamb Rn. 1134) bezog. Erfasst ist auch das Verschweigen eigener Einkünfte mit der Folge überhöhter Unterhaltszahlungen (BGH, FamRZ 2007, 1532, 1537; BGH, FamRZ 2008, 1325, 1327). Die Vorschrift stellt nicht allein auf die Intensität der Pflichtverletzung ab, sondern auch auf den Umfang der Vermögensgefährdung (BGH, FamRZ 2009, 1124, 1127 f.), wobei nicht erforderlich ist, dass dem Pflichtigen tatsächlich ein Vermögensschaden entsteht. Es genügt vielmehr eine schwerwiegende Gefährdung seiner Vermögensinteressen (BGH, FamRZ 2009, 411, 415; BGH, FamRZ 2009, 1124, 1128). Diese kann dadurch entstehen, dass der Unterhaltsschuldner bereits geleisteten Unterhalt später nicht zurückerhält (BGH, FamRZ 2008, 1325, 1327; BGH, FamRZ 2009, 411, 416).

Mutwilligkeit verlangt mindestens leichtfertiges Verhalten (BGH, FamRZ 2008, 1325, 1327). Berechtigte Interessen dürfen wahrgenommen werden (BGH, FamRZ 2009, 1124, 1128). Ein Verstoß wirkt nicht für die Zeit vor dem Fehlverhalten (BGH, FamRZ 1984, 34; Wendl/*Gerhardt* § 4 Rn. 1322).

645   **Nr. 6 (Verletzung der Pflicht, zum Familienunterhalt beizutragen):** Die Verletzung bezieht sich auf den Familienunterhalt und somit auf die Zeit vor der Trennung. Sie muss »gröblich« erfolgt sein und erfordert also ein sowohl subjektiv (grobe Fahrlässigkeit) als auch objektiv erhebliches Gewicht. Nr. 6 ist ohne große praktische Bedeutung.

646   **Nr. 7 (Schwerwiegendes Fehlverhalten):** Es muss sich um ein offensichtlich schwerwiegendes und einseitiges Fehlverhalten des Berechtigten handeln. Hauptanwendungsfall ist der einseitige Ausbruch aus der Ehe. Das Fehlverhalten muss eine wesentliche Ursache für das Scheitern der Ehe sein, und diese darf daher nicht schon vorher gescheitert gewesen sein (BGH, NJW 1986, 722; OLG Hamm, FamRZ 2006, 1538; a.A. OLG Frankfurt am Main, NJW 2006, 3286), wobei ein vorheriges Scheitern nicht schon wegen Spannungen und Konflikten in der Ehe angenommen werden kann (OLG Karlsruhe, FamRZ 2008, 2279).

Ein **einmaliger**, nicht auf Dauer angelegter **Ehebruch** reicht nach inzwischen herrschender Meinung nicht (Niepmann/*Schwamb* Rn. 1149; MüKo/*Maurer* § 1579 Rn. 46; Erman/*Maier* § 1579 Rn. 28; FA-FamR/*Maier* Kap. 6 Rn. 697; OLG Köln, FamRZ 2003, 767; anders noch OLG Frankfurt am Main, FamRZ 1981, 775).

Dabei kann der Härtegrund auch angenommen werden, wenn die anderweitige leibliche Vaterschaft zwar nicht unstreitig ist, der Ausschluss der leiblichen Vaterschaft des Ehemannes aber in zulässiger Weise festgestellt werden kann (BGH, FamRZ 2012, 779, 781 f.).

Eine Anfechtung der Vaterschaft ist nach neuerer Rechtsprechung des BGH nicht Voraussetzung für die Erhebung des Verwirkungseinwands, weil dessen Voraussetzungen nicht an die rechtliche Abstammung des Kindes, sondern an die Verfehlung des Unterhaltsberechtigten gegenüber dem Unterhaltspflichtigen anknüpfen (BGH, FamRZ 2012, 779, 782).

Gegen die Einseitigkeit des Fehlverhaltens muss der Berechtigte konkrete Verfehlungen von einigem Gewicht vorbringen, die der Pflichtige sodann zu widerlegen hat (BGH, FamRZ 1982, 463, 464).

647   Unter Nr. 7 kann auch die Vereitelung des Umgangsrechts fallen (BGH, FamRZ 2007, 882, 887; *Niepmann*/Schwamb Rn. 1154).

648   **Nr. 8 (Anderer schwerwiegender Grund):** Nr. 8 ist ein Auffangtatbestand. Er greift nicht, wenn ein Härtegrund schon unter bestimmten Voraussetzungen von einer anderen Nummer erfasst ist und deren besondere Voraussetzungen aber fehlen (BGH, FamRZ 1995, 1405; Schwab/*Borth* IV Rn. 623), es sei denn, andere Tatsachen kommen hinzu (Wendl/*Gerhardt* § 4 Rn. 1372). Der BGH hat es daher abgelehnt, die 5-jährige Dauer einer Ehe, die nach der speziellen Regelung des § 1579 Nr. 1 BGB keinen Härtegrund darstellt, als »anderen Grund« i. S. d. Auffangregelung des § 1579 Nr. 8 (damals 7) BGB zu berücksichtigen (BGH, FamRZ 1995, 1405).

Die Fortdauer einer Partnerschaft, die während bestehender Ehe gegen Nr. 7 (früher Nr. 6) verstoßen   **649**
hatte, kann nach der Scheidung der Nr. 8 unterfallen (BGH, FamRZ 2002, 810, 811) und tut dies
i. d. R. auch (Wendl/*Gerhardt* § 4 Rn. 1374).

(2) Grobe Unbilligkeit und Wahrung der Kindesbelange

Es muss nicht nur einer der Härtetatbestände vorliegen, sondern die Inanspruchnahme des Pflichti-   **650**
gen muss außerdem (BGH, FamRZ 1989, 483, 485; MüKo/*Maurer* BGB § 1579 Rn. 64) grob
unbillig sein. Hierzu ist eine umfassende Abwägung aller Umstände des Einzelfalls vorzunehmen
(BGH, FamRZ 2002, 810, 812).

Insb. sind die Kindesbelange zu wahren, die Vorrang ggü. den Interessen des Pflichtigen haben   **651**
(BGH, FamRZ 1984, 154, 156). Hierzu reicht nach einer Auffassung i. d. R. eine Reduzierung des
Unterhalts auf den Mindestbedarf (BGH, FamRZ 1997, 873, 875), nach anderer Meinung muss
i. d. R. zumindest der angemessene Bedarf verbleiben (Wendl/*Gerhardt* § 4 Rn. 1237). Eine Verweisung des Bedürftigen auf die Sozialhilfe oder Arbeitslosengeld II wird wegen deren Nachrangigkeit
abgelehnt (BGH, FamRZ 1989, 1279; Wendl/*Gerhardt* § 4 Rn. 1238).

Auf die Rechte aus der Verwirkung kann verzichtet werden (BGH, FamRZ 2004, 614), mit der   **652**
Folge, dass i. d. R. die grobe Unbilligkeit entfällt. Der Verzicht kann ausdrücklich oder auch konkludent erfolgen (MüKo/*Maurer* § 1579 Rn. 64; vgl. BGH, FamRZ 2003, 521), z. B. durch Zahlung des Unterhalts trotz Kenntnis des Verwirkungsgrundes (ganz h. M. z. B. Wendl/*Gerhardt* § 4
Rn. 1241; OLG Bremen, FamRZ 2010, 1677; offengelassen von BGH, FamRZ 2003, 521 und
BGH, FamRZ 2004, 614). Der konkludent erfolgte Verzicht wird meist unter dem Schlagwort **Verzeihung** behandelt. Die Verzeihung lässt nicht den Verwirkungstatbestand entfallen, jedoch i. d. R.
die grobe Unbilligkeit, weil sie nämlich die Unterhaltzahlung nicht mehr als objektiv unzumutbar
erscheinen lässt (MüKo/*Mauerer* BGB § 1579 Rn. 65) und ein zu schützenwertes Vertrauen beim
Bedürftigen entstehen konnte (Wendl/*Gerhardt* § 4 Rn. 1241; FA-FamR/*Maier* Kap. 6 Rn. 673).

(3) Wiederaufleben

Nicht ausdrücklich geregelt ist die Frage, ob der Anspruch wieder aufleben kann. Dies ist beim auf   **653**
Betreuung gestützten Unterhalt entsprechend § 1586a Abs. 1 BGB der Fall (BGH, FamRZ 2008,
1739, 1743). I. Ü. ist dies aufgrund einer Würdigung der Umstände des Einzelfalles zu entscheiden (BGH, FamRZ 2011, 1498, 1501; OLG Celle, FamRZ 2008, 1627), wobei insb. die Dauer
der Ehe und das Kindeswohl von Gewicht sind (BGH, FamRZ 2011, 1498, 1501 f.). Erhebliche
Bedeutung soll dem Maß der nachehelichen Solidarität zukommen, und die soll nach Beendigung
einer verfestigten Lebensgemeinschaft regelmäßig nur noch sehr begrenzt zu erwarten sein (BGH,
FamRZ 2011, 1498, 1501 f.).

Bei einem nach Nr. 2 erfolgten Ausschluss wegen einer verfestigten Lebensgemeinschaft hat eine   **654**
neue umfassende Prüfung der Frage zu erfolgen, ob die Unterhaltsbelastung für den Verpflichteten
weiterhin unzumutbar ist (BGH, FamRZ 1987, 689; BGH, FamRZ 2011, 1498, 1501; Wendl/*Gerhardt* § 4 Rn. 1384). Seit der Neufassung des § 1586a Abs. 1 BGB kann der Unterhaltsanspruch der
ersten Ehefrau beim Scheitern der zweiten Ehe nur wiederaufleben, wenn gemeinschaftliche Kinder zu betreuen sind; Anschlusstatbestände gibt es in Änderung der bis zum 31.12.2007 geltenden
Fassung der Vorschrift dagegen nicht mehr. Diese Regelung soll auch bei der Beendigung einer verfestigten Lebensgemeinschaft gelten (Wendl/*Gerhardt* § 4 Rn. 1384; Palandt/*Brudermüller* § 1579
Rn. 39), und der wieder aufgelebte Anspruch soll auf die Dauer der Kinderbetreuung BGB zu beschränken sein (Wendl/*Gerhardt* § 4 Rn. 1384). Der BGH hat festgestellt, dass sich die Rechtslage
insoweit nur unwesentlich von der Regelung des § 1586a Abs. 1 BGB unterscheidet (BGH, FamRZ
2011, 1498, 1502).

655   Auch ein aus sonstigen Gründen ausgeschlossener Anspruch kann wiederaufleben, wenn Gründe des vorrangig zu berücksichtigenden Kindeswohls dies erfordern, etwa, wenn der Berechtigte infolge einer Änderung der Sorgerechtsentscheidung einen auf Kinderbetreuung gestützten Unterhaltsanspruch hat (Wendl/*Gerhardt* § 4 Rn. 1385 ff.).

gg) Wiederaufleben des wegen einer Wiederheirat erloschenen Anspruchs

656   Der Unterhaltsanspruch erlischt, wenn der Berechtigte wieder heiratet oder stirbt, § 1586 BGB. Der wegen einer Wiederheirat erloschene Anspruch lebt unter folgenden Voraussetzungen gem. § 1586a Abs. 1 Satz 1 BGB wieder auf:
– die neue Ehe wird wieder aufgelöst,
– der Ehegatte hat danach weiterhin ein gemeinsames Kind aus der früheren Ehe zu betreuen.

657   Ein Wiederaufleben von Anschlussunterhaltatbeständen kam nach bis zum 31.12.2007 geltenden Recht gem. § 1586a Abs. 1 Satz 2 BGB a. F. dann und nur dann in Betracht, wenn zunächst im Zeitpunkt der Auflösung der zweiten Ehe ein Anspruch aus § 1570 BGB bestanden hatte. Diese Regelung hat das UÄndG aufgehoben, sodass Anschlussunterhalt nicht mehr geschuldet wird.

658   Der Höhe nach ist der in der letzten Ehe erreichte Lebensstandard die Obergrenze für den aufgelebten Anspruch (Palandt/*Brudermüller* § 1586a Rn. 4; a. A. Schwab/*Borth* IV Rn. 1494).

c) Kranken- und Pflegevorsorgeunterhalt

659   Für den nachehelichen Unterhalt bestimmt § 1578 Abs. 2 BGB, dass zum Bedarf auch die Kosten einer angemessenen Versorgung für den Fall der Krankheit und der Pflegebedürftigkeit gehören.

660   Der Vorsorgeunterhalt ist ein unselbstständiger Bestandteil des einheitlichen Unterhaltsanspruches (BGH, FamRZ 2007, 1532, 1537; BGH, FamRZ 2013, 109, 112 f.). Er muss dennoch ausdrücklich geltend gemacht werden (Wendl/*Gutdeutsch* § 4 Rn. 863), wobei ein Auskunftsersuchen i. S. v. § 1613 Abs. 1 BGB auch insofern Rückwirkung entfaltet (Niepmann/*Schwamb* Rn. 398).

aa) Form des Versicherungsschutzes

661   Auch für die Frage, welcher Krankenversicherungsschutz angemessen im Sinne von § 1578 Abs. 2 BGB ist, sind die ehelichen Lebensverhältnisse maßgebend. Dem Berechtigten steht ein Versicherungsschutz zu, der dem während der Ehe bestandenen entspricht (BGH, FamRZ 1983, 676; Wendl/*Gutdeutsch* § 4 Rn. 906). War der Berechtigte über den Ehegatten beihilfeberechtigt und bestand eine ergänzende Privatversicherung, ist daher nach der Scheidung neben der gesetzlichen Krankenversicherung auch noch eine zusätzliche Privatversicherung erfasst, die einen gleichwertigen Schutz bietet (BGH, FamRZ 1983, 676; Wendl/*Gutdeutsch* § 4 Rn. 909 f.).

662   Endet aufgrund der Scheidung die Mitgliedschaft des nicht selbst krankenversicherungspflichtigen Berechtigten in der Familienversicherung nach § 10 SGB V, kann er der Versicherung binnen 3 Monaten freiwillig beitreten, § 9 Abs. 1 Nr. 2, Abs. 2 SGB V. Macht der Berechtigte hiervon Gebrauch, bestimmt sich der Krankenvorsorgebedarf nach den konkreten Beiträgen der Versicherung (Wendl/*Gutdeutsch* § 4 Rn. 907; Heiß/*Heiß* Kap. 2 Rn. 230).

bb) Berechnung

663   Besteht Anspruch auf Kranken- und Altersvorsorgeunterhalt, wird wegen des Vorrangs des Krankenvorsorgeunterhalts (BGH, FamRZ 1989, 483) Folgende, den Kranken- ggü. dem Altersvorsorgeunterhalt etwas bevorzugende, mehrstufige Berechnung empfohlen (Wendl/*Gutdeutsch* § 4 Rn. 917; s. OLG Hamm, FamRZ 1997, 1278):

1. Berechnung erster vorläufiger Elementarunterhalt;
2. Errechnung des Krankenvorsorgeunterhalts;
3. Abzug des Krankenvorsorgeunterhalts vom Einkommen des Pflichtigen;
4. Berechnung zweiter vorläufiger Elementarunterhalt;
5. Errechnung des Altersvorsorgeunterhalts auf der Grundlage dieses Ergebnisses (s. Rdn. 669);
6. Errechnung des endgültigen Elementarunterhalts.

Der Vorsorgebedarf erfasst auch die **Pflegeversicherungsbeiträge** (Wendl/*Gutdeutsch* § 4 Rn. 927; FA-FamR/*Maier* Kap. 6 Rn. 446; MüKo/*Weber-Monecke* BGB § 1361 Rn. 48), § 1578 Abs. 2 BGB, wobei der Pflegevorsorgeunterhalt ebenso wie der Krankenvorsorgeunterhalt gleichrangig mit dem Elementarunterhalt ist. | 664

d) Altersvorsorgeunterhalt

Altersvorsorgeunterhalt wird beim nachehelichen Unterhalt gem. § 1578 Abs. 3 BGB geschuldet. Der Vorsorgeunterhalt ist ein unselbstständiger Bestandteil eines einheitlichen Unterhaltsanspruches (BGH, FamRZ 2007, 1532, 1537). | 665

aa) Berechnung

(1) Regelfall

Die Berechnung erfolgt i. d. R. in Anknüpfung an den Elementarunterhalt und im Allgemeinen entsprechend der Bremer Tabelle (Bremer Tabelle Stand 01.01.2014: FamRZ 2014, 359; Stand 01.01.2013: FamRZ 2013, 355; 01.01.2012: FamRZ 2012, 176; Stand 01.01.2010: FamRZ 2010, 260). | 666

Dabei wird der zunächst nur vorläufig errechnete Elementarunterhalt mittels eines der Bremer Tabelle zu entnehmenden prozentualen Zuschlags in eine Bruttobemessungsgrundlage hochgerechnet, und der angemessene Altersvorsorgeunterhalt entspricht dem Beitragssatz zur gesetzlichen Rentenversicherung (derzeit – ab 01.01.2013 – 18,9 %) hierauf (BGH, FamRZ 2007, 117, 118; BGH, FamRZ 2010, 1637, 1640). | 667

Dies gilt auch bei konkreter Bemessung des Elementarunterhalts (BGH, FamRZ 2012, 947, 949).

I. d. R. wird zur Wahrung des Halbteilungsgrundsatzes der so ermittelte Altersvorsorgeunterhalt sodann vom anrechenbaren Einkommen des Pflichtigen in Abzug gebracht und der endgültige Elementarunterhalt anhand des nunmehr bereinigten Einkommens des Pflichtigen berechnet (**zweistufige Berechnung**). | 668

▶ **Beispiel:** | 669

1. Stufe:

Anrechenbares Einkommen Ehemann: 3.500,00 €

Anrechenbares Einkommen Ehefrau: 1.400,00 €

Differenz: 2.100,00 €

vorläufiger Elementarunterhalt (3/7 von 2.100 €): 900,00 €

Bruttobemessungsgrundlage (Bremer Tabelle: + 13 %): 1.017,00 €

Altersvorsorgeunterhalt (18,9 % von 1.017 €): 192,21 €

rund: 192,00 €

> 2. Stufe:
>
> Anrechenbares Einkommen Ehemann (3.500 € - 192,00 €): 3.308,00 €
>
> Anrechenbares Einkommen Ehefrau: 1.400,00 €
>
> Differenz: 1.908,00 €
>
> endgültiger Elementarunterhalt (3/7 von 1.908,00 €): 817,71 €
>
> rund: 818,00 €
>
> Gesamtunterhalt (818,00 € + 192,00 €): 1.010,00 €

670 Überlegt wird, dem Berechtigten nach dem Grundsatz der Gleichbehandlung einen um 4 Prozentpunkte erhöhten Satz zuzubilligen, da auch dem Pflichtigen grds. eine entsprechende zusätzliche Altersvorsorge zugestanden wird (*Borth*, FPR 2004, 549, 553; *Borth*, FPR 2008, 86, 87).

(2) Abweichungen

671 Die zweite Stufe entfällt, wenn aufgrund besonders günstiger wirtschaftlicher Verhältnisse sichergestellt ist, dass nicht zulasten des Pflichtigen vom Halbteilungsgrundsatz abgewichen wird (BGH, FamRZ 1988, 1145, 1148), etwa bei einer konkreten Bedarfsberechnung wegen sehr guter Einkommensverhältnisse, bei denen sich auch keine Beschränkung aus der Beitragsbemessungsgrenze ergibt (BGH, FamRZ 2007, 117, 119; BGH, FamRZ 2010, 1637, 1640).

672 Gleiches gilt, wenn beim Pflichtigen nichtanrechenbare Einkünfte vorhanden (Wendl/*Gutdeutsch* § 4 Rn. 891) oder aufseiten des Berechtigten Einkünfte im Wege der Anrechnungsmethode zu berücksichtigen sind (BGH, FamRZ 1999, 372, 374; Wendl/*Gutdeutsch* § 4 Rn. 891).

673 Wird der Bedarf durch Einkünfte gedeckt, mit denen keine Altersvorsorge verbunden ist (etwa dem Erbringen von Versorgungsleistungen für einen neuen Partner), kommt eine Berechnung in Betracht, bei der von einem Elementarunterhalt ausgegangen wird, bei dem die Versorgungsleistungen nicht bedarfsdeckend berücksichtigt werden (BGH, FamRZ 1982, 679; BGH, FamRZ 1995, 1577).

bb) Nachrang

674 Der Altersvorsorgeunterhalt ist ggü. dem Elementarunterhalt nachrangig (Wendl/*Gutdeutsch* § 4 Rn. 861, 884). Verfügt der Berechtigte nur über ein geringfügiges Gesamteinkommen einschließlich des Ehegattenunterhalts, ist daher für Altersvorsorge kein Raum (BGH, FamRZ 1987, 684, 686).

675 Als Grenze kann entsprechend dem notwendigen Selbstbehalt und dem ihm entsprechenden Mindestbedarf davon ausgegangen werden, dass ein Betrag von 800,00 € zum Leben erforderlich ist und eine Altersvorsorge erst betrieben werden kann, wenn das Einkommen darüber liegt (Wendl/*Gutdeutsch* § 4 Rn. 884; Niepmann/*Schwamb* Rn. 424).

cc) Geltendmachung für die Vergangenheit

676 Altersvorsorgeunterhalt kann **ab Geltendmachung** zuerkannt werden (Wendl/*Gutdeutsch* § 4 Rn. 863; *Maurer* FamRZ 2007, 1538, 1540 in Anm. zu BGH, FamRZ 2007, 1532; s. aber auch *Borth* FPR 2008, 86, 87). Dabei reicht es mit Rücksicht auf die Einheitlichkeit des Unterhaltsanspruchs aus, wenn ein einheitlich beziffert Unterhaltsanspruch geltend gemacht ist. Eines gesonderten Hinweises, dass dabei Altersvorsorgeunterhalt in bestimmter Höhe verlangt wird, bedarf es nicht (BGH, FamRZ 2007, 1532, 1537).

Auch ein Auskunftsverlangen mit dem Ziel, einen Unterhaltsanspruch geltend zu machen, reicht   677
(BGH, FamRZ 2007, 193). Sofern der Unterhaltsberechtigte seinen Unterhaltsanspruch allerdings
beziffert hat, ohne dabei einen Altersvorsorgeunterhalt geltend zu machen, scheidet ein rückwirkend verlangter, über den bezifferten Betrag hinausgehender Unterhalt aus (BGH, FamRZ 2013,
109, 112 f.).

Zudem kann auch noch in der Berufungsinstanz geltend gemachter Elementarunterhalt mit Alters-   678
vorsorgeunterhalt **aufgefüllt** werden (BGH, FamRZ 1999, 367, 370).

dd) Zweckwidrige Verwendung in der Vergangenheit

Hat der unterhaltsberechtigte Ehegatte in der Vergangenheit Vorsorgeunterhalt nicht bestimmungs-   679
gemäß verwendet, so berührt dies seinen Unterhaltsanspruch nach der Rechtsprechung des BGH
nur unter den Voraussetzungen des § 1579 Nr. 4 (bis 31.12.2007: Nr. 3) BGB: mutwillige Herbeiführung der Bedürftigkeit (BGH, FamRZ 1987, 684; a. A. OLG Hamm, FamRZ 1987, 829: fiktive
Zurechnung). Auch wenn diese Voraussetzungen nicht vorliegen, kann es allerdings treuwidrig sein,
wenn der Berechtigte Zahlung des Vorsorgeunterhalts an sich selbst – statt unmittelbar an einen
Versicherungsträger – verlangt (BGH, FamRZ 1990, 1095, 1097).

ee) Gesonderter Ausweis in der Entscheidung

Auch wenn der Vorsorgeunterhalt ein unselbstständiger Bestandteil eines einheitlichen Unterhalts-   680
anspruches ist (vgl. Rdn. 665), ist der Vorsorgeunterhalt in der Entscheidung des Gerichts gesondert
auszuweisen (BGH, FamRZ 1987, 684, 686).

ff) Keine Bindung des Gerichts an Aufteilungsanträge

Das Gericht ist bei der Aufteilung des Gesamtunterhalts auf Elementar- und Vorsorgeunterhalt nicht   681
an die Anträge gebunden (BGH, FamRZ 1985, 912; Niepmann/*Schwamb* Rn. 425).

Muster: Altersvorsorgeunterhalt

An das   682

Amtsgericht .....

– Familiengericht –[1]

Antrag

der .....[2]

Verfahrensbevollmächtigte[3]

gegen

.....

wegen: Nachehelicher Unterhalt

vorläufiger Verfahrenswert: 12.192,00 €[4]

Namens und in Vollmacht der Antragstellerin wird beantragt:
1. den Antragsgegner zu verpflichten, an die Antragstellerin ab dem 01.01.2014 einen monatlichen nachehelichen Unterhalt in Höhe von 1.010,00 € zu zahlen, davon 192,00 € Altersvorsorgeunterhalt.
2. Die Kosten des Verfahrens trägt der Antragsgegner.[5]
3. Es wird beantragt, die sofortige Wirksamkeit anzuordnen.[6]

Begründung:
1. Die Antragstellerin hat gegen den Antragsgegner einen Anspruch auf nachehelichen Unterhalt aus § 1570 BGB ..... .
2. Ihr steht zudem Altersvorsorgeunterhalt aus § 1578 Abs. 3 BGB zu.
3. Der Anspruch errechnet sich wie folgt:[7]

.....

1. Zuständigkeit. Nach der Neuregelung zum 01.09.2009 sind die FamG nach §§ 23a Abs. 1 Nr. 1, 23b GVG **sachlich** zuständig für Familiensachen, zu denen gem. § 111 Nr. 8 FamFG Unterhaltssachen gehören.

Der Begriff der Unterhaltssache im Sinne von § 231 FamFG erfasst nur gesetzliche Unterhaltsansprüche. Rein vertragliche Unterhaltsansprüche sind aber sonstige Familiensachen im Sinne von § 266 Abs. 1 Nr. 2 bzw. 3 FamFG, für die FamG gem. § 111 Nr. 10 FamFG zuständig sind.

Örtlich ausschließlich zuständig ist gem. § 232 Abs. 1 Nr. 1 FamFG zunächst das Gericht, bei dem die Ehesache im ersten Rechtszug anhängig ist oder war.

Ist – noch – keine Ehesache anhängig, bestimmt sich die Zuständigkeit nach den Vorschriften der ZPO mit der Maßgabe, dass in den Vorschriften über den allgemeinen Gerichtsstand an die Stelle des Wohnsitzes der gewöhnliche Aufenthalt tritt (§ 232 Abs. 3 Satz 1 FamFG). Nach Wahl des Antragstellers ist auch zuständig das Gericht, bei dem ein Verfahren über den Unterhalt des gemeinsamen Kindes im ersten Rechtszug anhängig ist (§ 232 Abs. 3 Satz 2 FamFG).

2. Beteiligte. Die Bezeichnung der Beteiligten hat § 113 Abs. 5 FamFG zu entsprechen: Antragsteller und Antragsgegner.

3. Anwaltszwang. Gem. § 114 Abs. 1 FamFG gilt Anwaltszwang.

4. Verfahrenswert. Der Streitwert bestimmt sich nach § 51 FamGKG. Maßgeblich ist der für die ersten 12 Monate nach Einreichung des Klageantrags geforderte Betrag, § 51 Abs. 1 Satz 1 FamGKG, zuzüglich der bei Klageeinreichung fälligen Beträge, § 51 Abs. 2 Satz 1 FamGKG, wobei der Einreichung des Klageantrages die Einreichung des Verfahrenskostenhilfeantrages gleichsteht, wenn der Klageantrag alsbald nach Mitteilung der Entscheidung über diesen Antrag eingereicht wird.

5. Kosten. Für das Verfahren als Unterhaltssache gilt die Sonderreglung des § 243 FamFG. Danach entscheidet das Gericht über die Verteilung der Kosten abweichend von den Vorschriften der ZPO in Unterhaltssachen nach billigem Ermessen, § 243 Abs. 1 Satz 1 FamFG.

6. Sofortige Wirksamkeit. Das Gericht kann die sofortige Wirksamkeit anordnen, § 116 Abs. 3 Satz 2 FamFG. Dies hat die Vollstreckbarkeit nach § 120 Abs. 2 FamFG zur Folge. Gem. § 116 Abs. 3 Satz 3 FamFG soll das Gericht die sofortige Wirksamkeit anordnen, soweit die Entscheidung eine Verpflichtung zur Leistung von Unterhalt enthält. S. i. Ü. Rdn. 288–292.

7. Berechnung Altersvorsorgeunterhalt. S. Rdn. 666–673.

4. Vereinbarungen

683 Ein Verzicht auf nachehelichen Unterhalt ist nicht ausgeschlossen, insoweit besteht gem. § 1585c Satz 1 BGB grds. Vertragsfreiheit (BVerfG, FamRZ 2001, 343; BGH, FamRZ 2007, 197; BGH, FamRZ 2011, 1377, 1379). Jedoch darf der Schutzzweck der gesetzlichen Regelungen der Scheidungsfolgen nicht beliebig unterlaufen werden, was vom BGH angenommen wird, wenn durch eine Vereinbarung eine **evident einseitige** und durch die individuelle Gestaltung der ehelichen Lebensverhältnisse **nicht gerechtfertigte Lastenverteilung** entstünde, deren Hinnahme dem benachteiligten Ehegatten unzumutbar ist (BGH, FamRZ 2004, 601, 606; BGH, FamRZ 2011, 1377, 1379).

Eine **Schwangerschaft** der Frau bei Abschluss des Ehevertrages führt für sich allein zwar noch nicht   684
zur Sittenwidrigkeit des Ehevertrages, **indiziert** aber nach der Rechtsprechung des BGH eine ungleiche Verhandlungsposition und damit eine **Disparität** bei Vertragsabschluss, die es rechtfertigt,
den Vertrag einer verstärkten richterlichen Inhaltskontrolle zu unterziehen, wobei in einer Gesamtschau alle maßgeblichen Faktoren zu berücksichtigen sind (BGH, FamRZ 2008, 386, 387; BGH,
FamRZ 2009, 1041, 1042).

Generell hat bei entsprechendem Anlass eine **Inhaltskontrolle** zu erfolgen, die vom BGH in zwei   685
Schritten vorgenommen wird: einer Wirksamkeits- und einer Ausübungskontrolle (BGH, FamRZ
2004, 601, 606; BGH, FamRZ 2008, 2011, 2012).

Die vorrangige (BGH, FamRZ 2007, 450, 451) **Wirksamkeitskontrolle** erfolgt nach § 138 BGB   686
(BGH, FamRZ 2005, 185, 186), und zwar nur nach § 138 BGB, nicht auch nach § 242 BGB
(BGH, FamRZ 2005, 185, 186) und prüft, ob die ungerechtfertigte Lastenverteilung schon zum
Zeitpunkt des Vertragsschlusses vorlag (BGH, FamRZ 2005, 185, 186). Es hat eine **Gesamtwürdi-
gung** der getroffenen Vereinbarungen einschließlich der mit der Abrede verfolgten Zwecke (BGH,
FamRZ 2005, 26, 27; BGH, FamRZ 2009, 1041, 1042) und der Beweggründe zu erfolgen (BGH,
FamRZ 2004, 601, 604; BGH, FamRZ 2008, 2011, 2013 f.). Die Belastungen eines Ehegatten
wiegen dabei umso schwerer, je unmittelbarer die Abbedingung der gesetzlichen Regelungen in den
Kernbereich des Scheidungsfolgenrechts eingreift (BGH, FamRZ 2009, 1041, 1042), zu dem in
erster Linie der Betreuungsunterhalt nach § 1570 BGB zählt (BGH, FamRZ 2004, 601, 605; BGH,
FamRZ 2013, 195, 196), dem nach der Rangabstufung des BGH der Krankheitsunterhalt und der
Unterhalt wegen Alters (BGH, FamRZ 2009, 1041, 1043) folgen; die Ansprüche auf Unterhalt wegen Erwerbslosigkeit sowie auf Aufstockungs- und Ausbildungsunterhalt sind danach am ehesten
verzichtbar (BGH, FamRZ 2004, 601, 605; BGH, FamRZ 2014, 629, 633). Diese Rangabstufung
bemisst sich vor allem danach, welche Bedeutung die einzelnen Scheidungsfolgenregelungen für den
Berechtigten in seiner jeweiligen Lage haben (BGH, FamRZ 2014, 629, 630).

Auch wenn der **Betreuungsunterhalt** zum Kernbereich zählt, ist ein Verzicht auf ihn jedenfalls dann
unbedenklich, wenn **kein gemeinsamer Kinderwunsch besteht** und auch sonst keine Absicht **ersichtlich** ist, eine Familie mit Kindern zu gründen (BGH, FamRZ 2013, 195, 196). Auch wenn
Kinder zwar noch nicht geplant, ein späterer **Kinderwunsch** aber **nicht ausgeschlossen** ist, hält es
der BGH für zweifelhaft, ob dies zur Unwirksamkeit des Vertrages führt; er verneint dies jedenfalls
dann, wenn sich bei Abschluss eines Ehevertrages durch berufstätige Ehegatten noch keine Tendenz
zu einer Alleinverdienerehe abzeichnete (BGH, FamRZ 2013, 195, 196).

Unterhaltsansprüche wegen **Alters und Krankheit** gehören zwar zum Kernbereich, ihr Ausschluss
soll für sich allein genommen aber meist schon deshalb keinen Bedenken begegnen, weil im Zeitpunkt des Vertragsschlusses regelmäßig noch nicht absehbar ist, ob, wann und unter welchen Umständen ein Ehegatte wegen Alters oder Krankheit unterhaltsbedürftig werden könnte (BGH,
FamRZ 2013, 195, 196).

Auch wenn eine **gesonderte Bewertung der Einzelregelungen** keine Sittenwidrigkeit begründet,   687
kann eine **Gesamtwürdigung** des Vertrages zu einem anderen Ergebnis führen, wenn das Zusammenwirken aller ehevertraglichen Einzelregelungen erkennbar auf die einseitige Benachteiligung
eines Ehegatten abzielt (BGH, FamRZ 2013, 195, 197; BGH, FamRZ 2014, 629, 633).

Aus der Unausgewogenheit des Vertragsinhalts allein ergibt sich idR noch keine Sittenwidrigkeit
des gesamten Ehevertrages, hinzu kommen muss **eine unterlegene Verhandlungsposition** des benachteiligten Ehegatten (BGH, FamRZ 2013, 195). Eine lediglich auf die Einseitigkeit der Lastenverteilung gegründete tatsächliche Vermutung für die **subjektive Seite** der Sittenwidrigkeit lässt
sich bei familienrechtlichen Verträgen nach Auffassung des BGH nicht aufstellen, auch wenn ein
unausgewogener Vertragsinhalt ein »gewisses« Indiz für eine unterlegene Verhandlungsposition des
belasteten Ehegatten sein soll (BGH, FamRZ 2013, 195, 197; BGH, FamRZ 2014, 629, 633).

Schließen Eheleute mit beiderseitigem anwaltlichem Beistand nach längeren Verhandlungen und ausreichender Überlegungszeit eine umfassende Scheidungsfolgenreglung, kann zunächst davon ausgegangen werden, dass ihre Interessen zu einem angemessenen Ausgleich gekommen sind und selbst eine besondere Großzügigkeit oder Nachgiebigkeit eines Ehegatten nicht auf einer Störung der subjektiven Vertragsparität beruht (BGH, FamRZ 2014, 629, 634).

688   Ergibt sich die Sittenwidrigkeit aus der Gesamtwürdigung eines einseitig belastenden Vertrages, ist eine sogenannte **salvatorische Klausel** ohne Wirkung, soweit sie dem im Vertrag Begünstigten zugute käme; der BGH geht davon aus, dass in diesem Fall auch die Vereinbarung dieser Klausel selbst Ausdruck der auf ungleichen Verhandlungspositionen beruhende Störung der Vertragsparität zwischen den Ehegatten ist (BGH, FamRZ 2013, 269, 272). Haben dagegen keine ungleichen Verhandlungspositionen vorgelegen, spricht eine salvatorische Klausel dafür, dass ein Teil eines im Übrigen teilweise nichtigen Vertrages auch ohne seine unwirksamen Bestimmungen geschlossen worden wäre (BGH, FamRZ 2013, 269, 272).

689   Ergibt die Gesamtwürdigung die Sittenwidrigkeit, führt dies zur Nichtigkeit des gesamten Vertrages (BGH, FamRZ 2006, 1097, 1098; BGH, FamRZ 2008, 2011, 2014). Ansonsten ist eine Teilnichtigkeit zu prüfen, und die Nichtigkeit einer Vertragsklausel, die eine Folgesache betrifft, führt i. d. R. zur Gesamtnichtigkeit nach § 139 BGB (BGH, FamRZ 2005, 1444, 1447).

690   Der Verzicht kann gem. § 138 Abs. 1 BGB nichtig sein, wenn damit die Sozialhilfebedürftigkeit herbeigeführt wird (BGH, FamRZ 2007, 197; BGH, FamRZ 2009, 198). Dies gilt auch dann, wenn der Verzicht nicht auf einer Schädigungsabsicht zulasten des Sozialhilfeträgers beruht (BGH, FamRZ 1983, 137, 139; Wendl/*Wönne* § 6 Rn. 616).

691   Die **Ausübungskontrolle** prüft, ob die Berufung auf die Vereinbarung rechtsmissbräuchlich (§ 242 BGB) ist, insb. weil sich zum **Zeitpunkt des Scheiterns der Lebensgemeinschaft** die Umstände so geändert haben, dass die Vereinbarung nunmehr zu einer evident einseitigen Lastenverteilung führt, deren Hinnahme für den belasteten Ehegatten unzumutbar ist (BGH, FamRZ 2004, 610, 606; BGH, FamRZ 2009, 1041, 1042; BGH, FamRZ 2013, 269, 270 f.). Hält die Vereinbarung der Prüfung nicht stand, bewirkt dies nicht ohne Weiteres ihre Unwirksamkeit, vielmehr hat der Richter die Rechtsfolge anzuordnen, die den beiderseitigen Belangen angemessen Rechnung trägt (BGH, FamRZ 2011, 1377, 1379; BGH, FamRZ 2013, 269, 270 f.). Dabei darf er den durch den Ehevertrag benachteiligten Ehegatten nicht besser stellen, als dieser ohne die vertragliche Regelung stünde (BGH, FamRZ 2011, 1377, 1379). Zudem hat er sich nach der Rechtsprechung des BGH umso stärker an der gesetzlichen Regelung zu orientieren, je zentraler der Kernbereich des Scheidungsfolgenrechts betroffen ist (BGH, FamRZ 2005, 601, 606). Der BGH hält es dabei wohl bei allen Scheidungsfolgesachen für i. d. R. angemessen, nur die ehebedingten Nachteile auszugleichen (vgl. BGH, FamRZ 2013, 770, 772; BGH, FamRZ 2013, 195, 199 f.; s. a. *Münch*, FamRZ 2005, 570, 573).

692   Während zunächst nicht eindeutig schien, ob der BGH vorrangig auf die Grundsätze der Störung der Geschäftsgrundlage zurückgreift (BGH, FamRZ 2005, 185, 187; s. a. *Münch*, FamRZ 2005, 570, 572), scheint nunmehr geklärt zu sein, dass die Prüfung von § 313 BGB nach Auffassung des BGH gleichrangig neben der Ausübungskontrolle zu erfolgen hat (BGH, FamRZ 2008, 386, 389; vgl. BGH, FamRZ 2012, 525, 528), m. E. ist sie logisch vorrangig.

693   Insb. wenn überwiegende schutzwürdige Interessen der Kinder entgegenstehen, kann beim Betreuungsunterhalt nach § 1570 BGB der Berufung auf den Verzicht § 242 BGB entgegenstehen (BGH, FamRZ 2004, 601, 604 ff.). Dann ist der Anspruch der Höhe nach so zu bemessen, dass dem Betreuenden ermöglicht wird, sich der Pflege und Erziehung des Kindes zu widmen, ohne eine Erwerbstätigkeit aufzunehmen oder Sozialhilfe zu beanspruchen (BGH, FamRZ 1995, 291). Der BGH hat sich zur Höhe in mehreren Entscheidungen nicht eindeutig festgelegt. Einmal heißt es, es bedürfe i. d. R. keines Unterhalts nach dem Maßstab des § 1578 BGB (BGH, FamRZ 1995, 291), in anderen Entscheidungen wird der »notwendige Unterhalt« genannt (BGH, FamRZ 1992, 1403) bzw. ein Mindestbedarf und Existenzminimum von (in 1997) 1.150 DM (BGH, FamRZ 1997,

873, 874). Trotz des Verzichts ist Anspruchsgrundlage nicht § 242 BGB, sondern weiterhin § 1570 BGB (BGH, FamRZ 1997, 873).

Die **Darlegungs- und Beweislast** für die zur Sittenwidrigkeit führenden Umstände trägt derjenige, der sich auf die Sittenwidrigkeit beruft. Aus einem objektiven Missverhältnis zwischen Leistung und Gegenleistung ist nicht zwingend zu schließen, dass auch die subjektiven Voraussetzungen vorliegen (BGH, FamRZ 2009, 198, 201).   **694**

Wird die Vereinbarung vor Rechtskraft der Scheidung getroffen, bedarf sie gemäß dem zum 01.01.2008 in Kraft getretenen § 1587c Satz 2 BGB der notariellen Beurkundung. Diese wird gem. §§ 1587c Satz 3, 127a BGB beim gerichtlichen Vergleich durch dessen Protokollierung ersetzt, entgegen dem Wortlaut des § 1587c Satz 3 BGB nicht nur im Eheverfahren, sondern auch in einem anderen gerichtlichen Verfahren, insbesondere im Verfahren über den Trennungsunterhalt (BGH, FamRZ 2014, 728).   **695**

Eine Inhaltskontrolle kann auch zugunsten des Unterhaltspflichtigen veranlasst sein und erfolgen (BGH, FamRZ 2009, 198).   **696**

5. Klagearten

a) Einleitung

Unterhaltssachen sind Familienstreitsachen, § 112 FamFG. Für diese gelten gem. § 113 Abs. 1 Satz 2 FamFG sowohl die allgemeinen Vorschriften der ZPO (§§ 1 bis 252 ZPO), als auch die Vorschriften der ZPO über das Verfahren vor den LG (§§ 253 bis 494a ZPO) entsprechend.   **697**

Ebenfalls gelten die Vorschriften über die Zwangsvollstreckung entsprechend, § 120 Abs. 1 ZPO, somit insb. § 767 ZPO (Vollstreckungsabwehrklage).   **698**

b) Leistungsklage

Ein Antrag auf künftige Leistung ist gem. § 113 Abs. 1 Satz 2 FamFG i. V. m. § 258 ZPO bei wiederkehrenden Leistungen grds. statthaft.   **699**

Gem. § 94 Abs. 4 Satz 2 SGB XII kann der **Träger der Sozialhilfe** bis zur Höhe der bisherigen monatlichen Aufwendungen auch auf künftige Leistung klagen, wenn die Leistung **voraussichtlich** auf **längere Zeit** erbracht werden muss.

Gleiches gilt für Leistungen nach SGB II gem. § 33 Abs. 3 Satz 2 SGB II und für Unterhaltsleistungen nach dem UVG, § 7 Abs. 4 Satz 1 UVG.

Unter »**längere Zeit**« wird ganz überwiegend beim SGB II in Anlehnung an § 41 Abs. 1 Satz 4 SGB II (Leistungen sollen jeweils für 6 Monate bewilligt und im Voraus erbracht werden) ein Zeitraum von mindestens (so die »fachlichen Hinweise« [DA] der Bundesagentur zu § 33 SGB II; im Internet zu finden unter www.tacheles-sozialhilfe.de) oder mehr als (so Eicher/Spellbrink/*Link* § 33 SGB II Rn. 39) 6 Monaten verstanden. Dies gilt auch beim SGB XII (*Schellhorn* § 94 Rn. 139 i. V. m. § 38 SGB XII Rn. 6), auch wenn hier die Leistung i. d. R. für 12 Monate bewilligt wird, § 44 Abs. 1 Satz 1 SGB XII.

In den Ausspruch des einem solchen Antrag stattgebenden Beschlusses ist die Bedingung aufzunehmen, dass künftig Leistungen i. H. d. zuerkannten Beträge erbracht werden (BGH, FamRZ 1992, 797, 799), nach BGH, FamRZ 1992, 797 ohne mehr als zweimonatige Unterbrechung. Der BGH hat in einer anderen Entscheidung folgende Formulierung gewählt (BGH, Beschl. v. 28.05.2008 – XII ZB 34/05, FamRZ 2008, 1428 – der Tenor ist nicht abgedruckt):

»Die Festsetzung des laufenden Unterhalts erfolgt unter der Bedingung, dass der Antragsteller Unterhaltsvorschussleistungen für das Kind erbringt. Der Nachweis der Zahlung des Unterhaltsvorschusses kann durch eine einfache Bestätigung der Kreiskasse über den gezahlten Unterhaltsvorschuss erfolgen.«

700 Sofern laufende Unterhaltsansprüche ab Rechtshängigkeit **auf den Sozialhilfeträger übergehen**, bleibt der Leistungsempfänger – auch ohne Rückabtretung – nach § 113 Abs. 1 Satz 2 FamFG i. V. m. § 265 Abs. 2 Satz 1 ZPO **prozessführungsbefugt**. Er muss seinen **Antrag** aber auf Zahlung an den Sozialhilfeträger **umstellen** (BGH, FamRZ 2008, 1159; BGH, FamRZ 2011, 1854, 1857 f.).

Für die Geltendmachung laufenden Unterhalts ab Rechtshängigkeit des Antrags ist dem Leistungsberechtigten **Verfahrenskostenhilfe** zu bewilligen, soweit hinreichende Erfolgsaussicht (§ 113 Abs. 1 Satz 2 FamFG i. V. m. § 114 ZPO) besteht und er selbst bedürftig ist (BGH, FamRZ 2008, 1159), und er kann für einen beabsichtigten Antrag auf laufenden Unterhalt ab Rechtshängigkeit nicht darauf verwiesen werden, gegen den Sozialhilfeträger einen Verfahrenskostenvorschuss geltend zu machen.

701 Probleme können in Bezug auf **Unterhaltsrückstände** bestehen, wenn diese vom **Träger öffentlicher Leistungen** geltend gemacht werden. Dies ist nach § 94 Abs. 4 Satz 1 SGB XII, § 33 Abs. 3 Satz 1 SGB II nur von derzeit an möglich, zu welcher der Träger dem Verpflichteten die Erbringung der Leistung schriftlich mitgeteilt hat. Die materiellen Voraussetzungen des § 1613 BGB müssen zusätzlich vorliegen.

702 Gem. § 94 Abs. 5 Satz 1 SGB XII und § 33 Abs. 4 Satz 1 SGB II kann der jeweilige Leistungsträger den auf ihn übergegangenen Unterhaltsanspruch im Einvernehmen mit dem Unterhaltsleistungsempfänger auf diesen zur gerichtlichen Geltendmachung **rückübertragen** und sich den geltend gemachten Unterhaltsanspruch abtreten lassen. Kosten, mit denen der Unterhaltsleistungsempfänger dadurch belastet wird, sind vom Träger zu übernehmen, § 94 Abs. 5 Satz 2 SGB XII und § 33 Abs. 4 Satz 2 SGB II.

703 Für die gerichtliche Geltendmachung der von einem Sozialhilfeträger rückübertragenen Unterhaltsansprüche ist der Leistungsberechtigte nach der Rechtsprechung des BGH grds. nicht bedürftig im Sinne von § 113 Abs. 1 Satz 2 FamFG i. V. m. § 114 ZPO, da ihm ein Anspruch auf Kostenvorschuss gegen den Sozialhilfeträger zusteht (BGH, FamRZ 2008, 1159).

c) Stufenklageantrag

704 Unterhalt kann nach allgemeiner Meinung grds. auch im Wege der Stufenklage geltend gemacht werden (Musielak/*Borth* FamFG § 231 Rn. 20; Musielak/*Foerste* ZPO § 254 Rn. 2).

Hierbei wird ein Antrag auf Auskunft (hierzu Rdn. 19–23) verbunden (objektive Klagehäufung) mit
– ggf. einem Antrag auf Abgabe der eidesstattlichen Versicherung
– und/oder dem Antrag auf Zahlung (§ 113 Abs. 1 Satz 2 FamFG i. V. m. § 254 ZPO).

705 Ein Zahlungsantrag muss gem. § 113 Abs. 1 Satz 2 FamFG i. V. m. § 253 Abs. 2 Nr. 2 ZPO grds. beziffert werden, lediglich bei der Stufenklage kann die **Bezifferung** zunächst bis zur Auskunftserteilung bzw. Abgabe der eidesstattlichen Versicherung nach § 113 Abs. 1 Satz 2 FamFG i. V. m. § 254 ZPO **vorbehalten** bleiben.

706 Die **Auskunft** muss der **Berechnung** des Zahlungsanspruchs **dienen** (BGH, NJW 2000, 1645).

707 Über die miteinander verbundenen **Ansprüche** wird grds. nicht gleichzeitig, sondern gesondert und **nacheinander entschieden**, grds. zunächst durch Teilbeschluss, über die letzte Stufe durch Schlussbeschluss. Über die nächste Stufe kann grds. erst entschieden werden, wenn die vorherige abgeschlossen ist (BGH, FamRZ 1996, 1070; Schwab/*Streicher* I Rn. 594).

708 Eine die Stufenklage insgesamt abweisende Endentscheidung kommt nur dann in Betracht, wenn der Antrag entweder insgesamt unzulässig ist oder dem Hauptanspruch die materiell-rechtliche Grundlage fehlt (BGH, NJW 2002, 1042, 1044; a. A. Göppinger/*Vogel* Rn. 2530 in Fn. 649).

Nach herrschender Meinung (Zöller/*Greger* § 254 ZPO Rn. 11 m. w. N.; a. A. MüKo/*Becker/Eberhard* ZPO § 254 Rn. 23) erfolgt nach einem Teilbeschluss die **Fortsetzung** des Verfahrens **nur auf Antrag** eines Beteiligten; dies kann auch der Antragsgegner sein (Zöller/*Greger* § 254 ZPO Rn. 11; OLG Karlsruhe, FamRZ 1997, 1224; OLG Zweibrücken, FamRZ 1983, 1154).   709

Beim Stufenklageantrag werden **alle Stufen** und daher auch der zunächst unbezifferte Zahlungsantrag **sofort rechtshängig** (BGH, FamRZ 1995, 797 ff.). Allerdings muss der Leistungsantrag schon gestellt und darf **nicht nur angekündigt** sein (Zöller/*Greger* § 254 ZPO Rn. 1; Musielak/*Foerste* ZPO § 254 Rn. 3; s. a. BGH, NJW-RR 1995, 770).   710

Auch die **Abänderungsklage** kann nach ganz herrschender Meinung in Form der Stufenklage erhoben werden (BGH, FamRZ 1984, 1211, 1212; Wendl/*Schmitz* § 10 Rn. 358; Göppinger/*Vogel* Rn. 2529; a. A. OLG Hamburg, FamRZ 1982, 935), in diesem Fall **auch** vom **Unterhaltspflichtigen** (Schwab/*Streicher* I Rn. 594).   711

Eine Klageänderung (§ 113 Abs. 1 Satz 2 FamFG i. V. m. § 263 ZPO) ist grds. in der Weise möglich, dass **von einem Zahlungsantrag zum Stufenklageantrag gewechselt** wird (Musielak/*Foerste* ZPO § 254 Rn. 3; Wendl/*Schmitz* § 10 Rn. 359), auch noch im Beschwerdeverfahren (Musielak/*Foerste* ZPO § 254 Rn. 3; OLG München, FamRZ 1995, 678; OLG Stuttgart, MDR 1999, 1342). Dies kommt insb. in Betracht, wenn sich während des Verfahrens herausstellt, dass Einkommensverhältnisse noch ungeklärt sind.   712

Zulässig ist auch eine Stufenklage, bei der der Auskunftsanspruch mit einem bezifferten **Mindestbetrag** verbunden wird; hier liegt nur wegen des darüber hinausgehenden Begehrens ein Stufenklageantrag, i. Ü. ein bezifferter Teilklageantrag vor (BGH, FamRZ 1996, 1070; BGH, FamRZ 2003, 31). Auch in einem solchen Fall ist trotz der (teilweisen) Bezifferung des Leistungsantrages eine Entscheidung über die Zahlungsstufe erst zulässig, wenn die ersten Stufen erledigt sind (BGH, FamRZ 1996, 1070).   713

Ist der Antragsgegner in der mündlichen Verhandlung **säumig**, kann nur eine Teilversäumnisentscheidung über den Antrag der jeweiligen Stufe beantragt werden und ergehen (Zöller/*Greger* § 254 ZPO Rn. 17). Ist dagegen der Antragsteller säumig, soll die Stufenklage insgesamt abgewiesen werden können, auch wenn über den Zahlungsantrag noch nicht verhandelt worden ist (OLG Stuttgart, NJW-RR 1990, 766; Schwab/*Streicher* I Rn. 594; Zöller/*Greger* § 254 ZPO Rn. 17).   714

Zu Besonderheiten bei der einstweiligen Anordnung s. Rdn. 729.   715

Muster: Stufenklageantrag nachehelicher Unterhalt

An das   716

Amtsgericht

– Familiengericht –

.....[1]

Antrag

der .....[2]

Verfahrensbevollmächtigte[3]

gegen

.....

wegen: Stufenantrag nachehelicher Unterhalt

vorläufiger Verfahrenswert[4]

.....

Namens und in Vollmacht der Antragstellerin wird beantragt:

1. den Antragsgegner zu verpflichten,
   a) der Antragstellerin durch Vorlage einer schriftlichen systematischen Aufstellung Auskunft zu erteilen über
      aa) seine sämtlichen Einkünfte nebst den entsprechenden Belastungen und sonstige Verbindlichkeiten im Zeitraum vom 01.01.2013 bis zum 31.12.2013, insbesondere aus nichtselbständiger Tätigkeit, Steuerbescheiden und Vermögen,
      bb) über sein Vermögen zum Stichtag 31.12.2013
      und
   b) die Auskunft zu aa) zu belegen, insbesondere durch Vorlage
      – sämtlicher monatlicher Gehaltsbescheinigungen des Arbeitgebers für den Zeitraum 01.01.2013 bis 31.12.2013, nebst Spesenabrechnungen und Bescheiden über Lohnersatzleistungen,
      – der in 2013 ergangenen Einkommensteuerbescheide und
      – Bankbescheinigungen.
2. ggf. die Richtigkeit und Vollständigkeit seiner Auskunft eidesstattlich zu versichern,[5]
3. an die Antragstellerin ab dem 01.08.2014 einen nach Auskunftserteilung zu beziffernden Unterhalt zu zahlen.[6]

Begründung:

1.

Die Beteiligten haben am 13.11.1987 geheiratet und sind seit dem 31.07.2014 rechtskräftig geschieden.

Beide Beteiligte arbeiten. Der Antragsgegner hat deutlich höhere Einkünfte als die Antragstellerin und ist daher gemäß § 1573 Abs. 2 BGB verpflichtet, ihr Aufstockungsunterhalt zu zahlen.

Der Antragsgegner hat der Antragstellerin trotz des außergerichtlichen Verlangens vom 05.08.2014

– Anlage 1 –

weder die geschuldete Auskunft erteilt noch die angeforderten Belege vorgelegt.

1. Zuständigkeit. Die FamG sind nach §§ 23a Abs. 1 Nr. 1, 23b GVG sachlich zuständig für Familiensachen, zu denen gem. § 111 Nr. 8 FamFG Unterhaltssachen gehören.

Die örtliche Zuständigkeit ist in § 232 FamFG geregelt. Während der Anhängigkeit einer Ehesache ist ausschließlich zuständig für Unterhaltssachen, die die durch die Ehe begründete Unterhaltspflicht betreffen, das Gericht, bei dem die Ehesache im ersten Rechtszug anhängig ist oder war, § 232 Abs. 1 Nr. 1 FamFG. Sofern eine Zuständigkeit nach § 232 Abs. 1 FamFG nicht besteht, bestimmt sich die Zuständigkeit nach den Vorschriften der ZPO mit der Maßgabe, dass in den Vorschriften über den allgemeinen Gerichtsstand an die Stelle des Wohnsitzes (§ 13 ZPO) der gewöhnliche Aufenthalt tritt, § 232 Abs. 3 Satz 1 FamFG. S. i. Ü. Rdn. 176–190.

2. Beteiligte. Die Bezeichnung der Beteiligten hat § 113 Abs. 5 FamFG zu entsprechen: Antragsteller und Antragsgegner.

3. Anwaltszwang. Gem. § 114 Abs. 1 FamFG gilt Anwaltszwang.

4. Verfahrenswert. Der Streitwert bestimmt sich beim Stufenklageantrag nach § 38 FamGKG. Maßgeblich ist für die Wertberechnung danach nur einer der verbundenen Ansprüche, und zwar der höhere. Dies ist i. d. R. der zunächst noch unbezifferte Zahlungsantrag. Sein Wert richtet sich nach der Leistung, die der Anspruchsteller voraussichtlich zu erwarten hat; dieser ist anzugeben.

Für das Gericht sollen allerdings nicht die subjektiven Vorstellungen des Anspruchstellers maßgeblich sein, sondern das, was nach der bei Einreichung des Antrags bestehenden Sach- und Rechtslage objektiv zu erwarten ist (BGH, FamRZ 1993, 1189).

Wird der Auskunftsantrag abgewiesen, ergibt sich aus der Auskunft kein Zahlungsanspruch oder erledigt sich die Leistungsstufe vor ihrer Bezifferung auf andere Weise, ist streitig, wie der Wert des Stufenklageantrags insgesamt zu bemessen ist. Z.T. wird auf die ursprüngliche Leistungserwartung des Antragstellers abgestellt (OLG Brandenburg, FamRZ 2007, 71; KG, FamRZ 2007, 69; OLG Stuttgart, FamRZ 2008, 533), andere halten hier nur den Auskunftsanspruch für maßgeblich (KG, MDR 1997, 598; Gerold/Schmidt/*Müller-Rabe*, VV 3100 Rn. 127), wiederum andere wollen bei fehlenden Anhaltspunkten für einen positiven Wert des Leistungsantrags auf den Auffangwert des § 42 Abs. 3 FamGKG, also 5.000,00 € (seit 01.07.2012, davor 3.000 €), abstellen (Schulte-Bunert/Weinreich/*Keske* § 38 FamGKG, Rn. 8: OLG Hamm, FamRZ 2011, 582).

5. Eidesstattliche Versicherung. Besteht Grund zur Annahme, dass die Auskunft nicht mit der erforderlichen Sorgfalt erteilt worden ist, hat der Berechtigte Anspruch auf eidesstattliche Versicherung, §§ 1580 Satz 2, 1605 Abs. 1 Satz 2, 260 Abs. 2 BGB, es sei denn, es handelt sich um eine Angelegenheit von geringer Bedeutung, §§ 260 Abs. 3, 259 Abs. 3 BGB. Objektiv falsche Angaben sind ein Indiz für mangelnde Sorgfalt.

6. Unbezifferter Zahlungsantrag. Beim Stufenklageantrag werden alle Stufen und daher auch der zunächst unbezifferte Zahlungsantrag sofort rechtshängig. Allerdings muss der Leistungsantrag schon gestellt und darf nicht nur angekündigt sein. S. i. Ü. Rdn. 704–714.

d) Feststellungsklageantrag

Den Feststellungsantrag (§ 113 Abs. 1 Satz 2 FamFG i. V. m. § 256 ZPO) gibt es auch beim Unterhalt in positiver und negativer Form. Ein **positiver** Feststellungsantrag kommt etwa in Betracht, wenn die Beteiligten über die Wirksamkeit eines Ehevertrages oder eines Vergleichs streiten (Wendl/*Schmitz* § 10 Rn. 319).   717

Gegen eine einstweilige Anordnung (die keiner materiellen Rechtskraft fähig ist) kann sich der Unterhaltspflichtige nach zutreffender Auffassung grds. mit der **negativen** Feststellungsklage wenden (Schulte-Bunert/Weinreich/*Schwonberg* § 56 Rn. 9; Wendl/*Schmitz* § 10 Rn. 316; FamVerf/*Schael* § 1 Rn. 349; mit Einschränkungen Musielak/*Borth* FamFG § 54 Rn. 14 ff.). Die gegenteilige Meinung, nach der durch die für den Pflichtigen in § 52 Abs. 2 FamFG geschaffene Möglichkeit, Frist zur Einleitung des Hauptsacheverfahrens bestimmen zu lassen, das Rechtsschutzbedürfnis für eine negative Feststellungsklage entfallen ist (so FA-FamR/*Gerhardt* 6. Kap. Rn. 918; Thomas/Putzo/*Hüßtege* § 246 FamFG Rn. 9; MüKo/*Soyka* § 56 FamFG Rn. 3), misst dem Umstand, dass durch die Dreimonatsfrist des § 52 Abs. 2 FamFG Rechtsschutzlücken entstehen können, kein ausreichendes Gewicht bei.   718

Ist ein Hauptsacheverfahren, das auf Zahlung des Unterhalts gerichtet ist, rechtshängig, steht der Zulässigkeit der negativen Feststellungsklage in einem gesonderten Verfahren der Einwand der Rechtshängigkeit entgegen, da ihr Streitgegenstand von dem Leistungsantrag umfasst ist (Zöller/*Greger* § 256 ZPO Rn. 16; siehe BGH, NJW 1989, 2064). Dieser Einwand entfällt bei einer Verbindung beider Verfahren (Stein/Jonas/*Roth* § 256 Rn. 71).

Mit dem Feststellungsantrag kann nicht geklärt werden, ob ein einzelner Berechnungsposten zu berücksichtigen ist, sondern nur das Rechtsverhältnis im Ganzen (BGH, FamRZ 1992, 162, 164; Wendl/*Schmitz* § 10 Rn. 315).   719

Der Feststellungsantrag verlangt als Zulässigkeitsvoraussetzung ein rechtliches Interesse an der alsbaldigen Feststellung des Rechtsverhältnisses, § 113 Abs. 1 Satz 2 FamFG i. V. m. § 256 ZPO. Daran fehlt es grds., wenn der Antragsteller das gleiche Ziel auch mit der Leistungsklage als einer besseren Rechtsschutzmöglichkeit mit der Möglichkeit einer endgültigen Klärung des Streits erreichen kann (BGH, FamRZ 1984, 470). Die bloße Möglichkeit, zu einem späteren Zeitpunkt eine Leistungsklage erheben zu können, soll dem Feststellungsinteresse dagegen nicht entgegenstehen (Wendl/*Schmitz* § 10 Rn. 321; Koch/*Kamm* Rn. 7094).   720

6. Vorläufiger Rechtsschutz

a) Einleitung

721 Der vorläufige Rechtsschutz soll Regelungen für die Zeit bis zur Entscheidung in der Hauptsache ermöglichen. Beim Unterhalt geht es hauptsächlich darum, dem Unterhaltberechtigten schon vor der Entscheidung in der Hauptsache Unterhalt zukommen zu lassen. Der andere Zweck des vorläufigen Rechtsschutzes, zu verhindern, dass ein Anspruch später nicht mehr durchgesetzt werden kann (etwa weil Vermögen, in das vollstreckt werden könnte, beiseitegeschafft wird), tritt dagegen in den Hintergrund.

722 Der früher recht große Anwendungsbereich der einstweiligen Verfügung im Familienrecht ist von dem der einstweiligen Anordnung, die als der speziellere Rechtsbehelf gilt, in mehreren Schritten auch schon in der ZPO fast vollständig verdrängt worden. Im Bereich des FamFG gibt es die einstweilige Verfügung in Unterhaltssachen nicht mehr (BT-Drucks. 16/6308, S. 226).

b) Einstweilige Anordnung

aa) Einleitung

723 Das FamFG enthält in seinen §§ 49 ff. allgemeine Vorschriften über die einstweilige Anordnung. Diese sind gem. §§ 113 Abs. 1 Satz 1 und 119 Abs. 1 Satz 1 FamFG grds. anzuwenden (Prütting/Helms/*Bömelburg* § 246 Rn. 33; Bork/Jacoby/Schwab/*Hütter* § 246 Rn. 1), werden aber z. T. durch besondere Vorschriften in Abschnitt 9 (Verfahren über Unterhaltssachen, §§ 231 bis 260 FamFG), nämlich §§ 246 ff. FamFG modifiziert.

724 Die einstweilige Anordnung nach **altem Recht** unterschied sich von der der einstweiligen Verfügung verfahrensmäßig dadurch, dass die einstweilige Anordnung unselbstständig gewesen ist und nur im Rahmen eines Hauptsacheverfahrens ergehen konnte, während die einstweilige Verfügung ein unabhängiges Verfahren ist.

725 Im FamFG ist die einstweilige Anordnung ein **selbstständiges Verfahren**, selbst wenn eine Hauptsache anhängig ist, § 51 Abs. 3 Satz 1 FamFG. Es **erfordert** auch **kein Hauptsacheverfahren**. Die Neukonzeption soll das Institut der einstweiligen Anordnung nach der Vorstellung des Gesetzgebers stärken und die Vorteile eines vereinfachten und eines beschleunigten Verfahrens vereinen und Kosten ersparen, dies in der Hoffnung, dass weder ein Beteiligter noch das Gericht von Amts wegen ein Hauptsacheverfahren einleitet (BT-Drucks. 16/6308, S. 199).

726 Das Gericht kann von einzelnen Verfahrenshandlungen im Hauptsacheverfahren absehen, wenn diese bereits im Verfahren der einstweiligen Anordnung vorgenommen wurden und von einer erneuten Vornahme keine zusätzlichen Erkenntnisse zu erwarten sind, § 51 Abs. 3 Satz 2 FamFG.

727 M.E. braucht der Antragsteller beim Ehegattenunterhalt keine gesonderten einstweiligen Anordnungen für **Trennungs- und nachehelichen Unterhalt** zu beantragen. Ergeht während der Trennungszeit eine einstweilige Anordnung über laufenden Ehegattenunterhalt und wird die Ehe sodann geschieden, stellt die Scheidung m. E. keine anderweitige Regelung i. S. v. § 56 Abs. 1 Satz 1 FamFG dar, die zum Außerkrafttreten der einstweiligen Anordnung führt (Prütting/Helms/*Stößer* § 56 Rn. 1, 5; Prütting/Helms/*Bömelburg* § 246 Rn. 84; Keidel/*Giers* § 246 Rn. 9; Rosenberg/Schwab/*Gottwald* § 138 Rn. 41; s. BT-Drucks. 16/6308, S. 202; a. A. Schulte-Bunert/Weinreich/*Schwonberg* § 246 Rn. 8; MüKo/*Soyka* § 56 FamFG Rn. 1), da insofern keine Regelung des Unterhalts erfolgt (s. BT-Drucks. 16/6308, S. 202).

Die einstweilige Anordnung kann nach § 54 FamFG zwar aufgehoben werden, insb. wenn die Voraussetzungen der nachehelichen Unterhaltstatbestände bei summarischer Prüfung nicht vorliegen, dies muss m. E. aber nicht sein (vgl. Haußleiter/*Fest* § 246 Rn. 21; a. A. Keidel/*Giers* § 246

Rn. 9; FA-FamR/*Gerhardt* Kap. 6 Rn. 869). Dafür spricht, dass nach der Vorstellung des Gesetzgebers durch eine einstweilige Anordnung der laufende Unterhalt wie im geltenden Recht ohne zeitliche Begrenzung zuerkannt werden kann (BT-Drucks. 16/6308, S. 259).

bb) Zuständigkeiten

Ist eine **Hauptsache anhängig**, ist das Gericht des ersten Rechtszuges für den Erlass der einstweiligen Anordnung **zuständig**, während der Anhängigkeit der Hauptsache beim Beschwerdegericht das Beschwerdegericht, § 50 Abs. 1 Satz 2 FamFG.   **728**

Dies gilt auch dann, wenn das in der Hauptsache angerufene Gericht tatsächlich unzuständig ist (Musielak/*Borth* FamFG § 50 Rn. 4).

Befindet sich bei einer Stufenklage die Auskunftsstufe in zweiter Instanz, bleibt der Zahlungsanspruch in erster Instanz anhängig. Wegen der größeren Sachnähe ist für die einstweilige Anordnung über den Zahlungsantrag das FamG zuständig (Schulte-Bunert/Weinreich/*Schwonberg* § 246 Rn. 35; Wendl/*Schmitz* § 10 Rn. 410).   **729**

Ist **kein Hauptsacheverfahren anhängig**, ist das Gericht zuständig, das für die Hauptsache im ersten Rechtszug zuständig wäre, § 50 Abs. 1 Satz 1 FamFG. Zur Zuständigkeit der Hauptsache gem. § 232 FamFG s. Rdn. 182–190.   **730**

In besonders dringenden Fällen kann auch das Amtsgericht entscheiden, in dessen Bezirk das Bedürfnis für ein gerichtliches Tätigwerden bekannt wird oder sich die Person oder die Sache befindet, auf die sich die einstweilige Anordnung bezieht, § 50 Abs. 2 Satz 1 FamFG, wobei dieses Amtsgericht das Verfahren unverzüglich an das nach § 50 Abs. 1 FamFG zuständige Gericht abzugeben hat.   **731**

An die Fälle, für die diese **Eilzuständigkeit** eröffnet wird, sind tatbestandlich erhöhte Anforderungen zu stellen (Prütting/Helms/*Stößer* § 50 Rn. 7; BT-Drucks. 16/6308, S. 200). Die Eilzuständigkeit ist daher nur in besonders dringenden Fällen gegeben und wird in Unterhaltssachen kaum einmal angenommen werden können (Schulte-Bunert/Weinreich/*Schwonberg* § 50 Rn. 14).

cc) Kein Anwaltszwang

Es gilt **kein Anwaltszwang**, § 114 Abs. 4 Nr. 1 FamFG.   **732**

dd) Regelungsbedürfnis

Ein **dringendes Bedürfnis** für ein **sofortiges Tätigwerden** (der Anordnungsgrund), das die allgemeine Reglung in § 49 Abs. 1 FamFG verlangt, wird für die auf Zahlung von Unterhalt gerichtete einstweilige Anordnung nach § 246 Abs. 1 FamFG **nicht gefordert**.   **733**

Ein **einfaches Regelungsbedürfnis** ist dennoch zu verlangen (Musielak/*Borth* FamFG § 246 Rn. 1; Zöller/*Lorenz* § 246 FamFG Rn. 3). Es fehlt, wenn der Schuldner regelmäßig und pünktlich zahlt. Anders liegt es, wenn der Schuldner angekündigt hat, die Zahlungen einstellen zu wollen (Prütting/Helms/*Bömelburg* § 246 Rn. 41; Zöller/*Lorenz* § 246 FamFG Rn. 3; Gießler/*Soyka* Rn. 358).

Jedenfalls grds. besteht auch in Bezug auf **Unterhaltsrückstände** kein Regelungsbedürfnis (Keidel/*Giers* § 246 Rn. 4; Prütting/Helms/*Bömelburg* § 246 Rn. 42). S. Rdn. 743.   **734**

Erhält der Unterhaltsberechtigte **Sozialleistungen**, schließt dies das Regelungsbedürfnis nicht aus, da er Anspruch auf künftige Leistungen des Unterhaltspflichtigen statt des Sozialhilfeträgers hat (Prütting/Helms/*Bömelburg* § 246 Rn. 43; Bork/Jacoby/Schwab/*Hütter* § 246 Rn. 5; vgl. BGH, FamRZ 2008, 1159, 1162 zum Hauptsacheverfahren).   **735**

Soweit Ansprüche im laufenden Verfahren auf den Träger öffentlicher Leistungen übergegangen sind, kann und muss nach ganz herrschender Meinung Zahlung an den Träger beantragt werden (u. a.

Prütting/Helms/*Bömelburg* § 246 Rn. 43; Koch/*Kamm* Rn. 7168; Wendl/*Schmitz* § 10 Rn. 415). Nach anderer Auffassung muss der Antrag für erledigt erklärt werden (*Gießler/Soyka* Rn. 344).

ee) Antrag und Antragsbegründung

736   Die einstweilige Anordnung wird nur auf **Antrag** erlassen, § 51 Abs. 1 FamFG i. V. m. §§ 113 Abs. 1 Satz 2 FamFG, 253 ZPO.

737   Der Antrag muss gem. §§ 51 Abs. 2 Satz 1, 113 Abs. 1 Satz 2 FamFG i. V. m. § 253 Abs. 1 ZPO grds. **schriftlich** gestellt werden (*Gießler/Soyka* Rn. 46), kann aber gem. §§ 51 Abs. 2 Satz 1, 113 Abs. 1 Satz 2 FamFG i. V. m. § 129 Abs. 2 ZPO auch zu Protokoll der Geschäftsstelle erklärt werden (Zöller/*Lorenz* § 246 FamFG Rn. 5; Wendl/*Schmitz* § 10 Rn. 414).

738   Der Antrag muss gem. § 113 Abs. 1 Satz 2 FamFG i. V. m. § 253 Abs. 2 Nr. 2 ZPO auf eine **der Höhe nach bestimmte** Leistung gerichtet sein (Schulte-Bunert/Weinreich/*Schwonberg* § 51 Rn. 13; *Gießler/Soyka* Rn. 344).

Auch der **Zeitpunkt**, ab dem die Zahlungen erfolgen sollen, muss m. E. angegeben werden (a. A. *Gießler/Soyka* Rn. 344), da jedenfalls in bestimmten Konstellationen nach überwiegender Meinung auch Rückstände per einstweiliger Anordnung geltend gemacht werden können (s. Rdn. 743).

739   Der Antrag muss **begründet** und die Voraussetzungen müssen **glaubhaft** gemacht werden, § 51 Abs. 1 Satz 2 FamFG.

740   Zur Glaubhaftmachung gilt zwar nicht § 31 FamFG, §§ 112, 113 Abs. 1 Satz 1 FamFG, jedoch verweist § 113 Abs. 1 Satz 2 FamFG auf den inhaltsgleichen § 294 ZPO. Glaubhaftmachen bedeutet, eine Tatsache überwiegend wahrscheinlich machen. Der Beteiligte kann sich grds. aller Beweismittel bedienen, auch zur eidesstattlichen Versicherung zugelassen werden, § 113 Abs. 1 Satz 2 FamFG i. V. m. § 294 Abs. 1 ZPO. Im Verfahren muss das Beweismittel präsent sein, § 113 Abs. 1 Satz 2 FamFG i. V. m. § 294 Abs. 2 ZPO.

ff) Anordnungsanspruch

741   § 49 Abs. 1 FamFG verlangt, dass die vorläufige Maßnahme nach den für das Rechtsverhältnis maßgebenden Vorschriften gerechtfertigt ist, d. h., dass ein gesetzlicher Unterhaltsanspruch besteht (Prütting/Helms/*Bömelburg* § 246 Rn. 6; Zöller/*Lorenz* § 246 FamFG Rn. 14). Dies wird als Anordnungsanspruch bezeichnet (*Löhnig/Heiß* FamRZ 2009, 1101; Wendl/*Schmitz* § 10 Rn. 396).

742   Eine einstweilige Anordnung ist nach §§ 49, 246 FamFG in **allen Unterhaltssachen** möglich.

743   Die einstweilige Anordnung soll den laufenden Unterhalt sicherstellen, und die Geltendmachung von **rückständigem Unterhalt** ist daher von ihrem Regelungszweck grds. nicht abgedeckt (Musielak/*Borth* FamFG § 246 Rn. 6; Keidel/*Giers* § 246 Rn. 4). Ausnahmen können in Betracht kommen, wenn das Geld dringend benötigt wird, um in der Vergangenheit entstandene Schulden, z. B. auf die Wohnungsmiete, begleichen zu können (Zöller/*Lorenz* § 246 FamFG Rn. 3; Keidel/*Giers* § 246 Rn. 4; Wendl/*Schmitz* § 10 Rn. 403; a. A. Prütting/Helms/*Bömelburg* § 246 Rn. 42). Ein besonders eiliges Regelungsbedürfnis, etwa drohende Kündigung der Wohnung, muss m. E. nicht nachgewiesen sein (so aber Musielak/*Borth* FamFG § 246 Rn. 6 zum Kindesunterhalt), da § 246 FamFG gerade kein dringendes Bedürfnis für ein sofortiges Tätigwerden verlangt (vgl. Rdn. 733).

744   Der Anspruch auf **Auskunft** soll nach einer Meinung nicht im Wege der einstweiligen Anordnung geltend gemacht werden können (Keidel/*Giers* § 246 Rn. 2; MüKo/*Dötsch* § 246 FamFG Rn. 6; Johannsen/Henrich/*Maier* § 246 FamFG Rn. 3; zum alten Recht: OLG Stuttgart, FamRZ 1980, 1138; OLG Düsseldorf, FamRZ 1983, 514). Ob § 246 FamFG diese Möglichkeit eröffnet, scheint zweifelhaft, da er als Regelungsgegenstand lediglich die Verpflichtung zur Zahlung von Unterhalt nennt. Jedenfalls ermöglicht die allgemeine Regelung in § 49 FamFG m. E. auch eine einstweilige

Anordnung zur Auskunft (so auch Zöller/*Lorenz* § 246 FamFG Rn. 13; Prütting/Helms/*Bömelburg* § 246 Rn. 5; vgl. auch Musielak/*Borth* § 246 FamFG Rn. 7; Schwab/*Streicher* I Rn. 961, die auf § 246 FamFG zurückgreifen). Da die einstweilige Anordnung nach dem FamFG bestrebt ist, endgültige Lösungen herbeizuführen, ist das unter Geltung der ZPO vorgebrachte Argument obsolet, es dürften keine endgültigen Regelungen im vorläufigen Rechtsschutz geschaffen werden.

Gem. § 246 Abs. 1 FamFG kann das Gericht durch einstweilige Anordnung auch die Verpflichtung zur Zahlung eines **Kostenvorschusses** für ein gerichtliches Verfahren regeln.					745

Allerdings begründet § 246 FamFG keinen Anspruch auf Kostenvorschuss, sondern setzt diesen voraus (Wendl/*Schmitz* § 10 Rn. 399). Daher scheidet eine einstweilige Anordnung bei **geschiedenen Ehegatten**, auf die § 1361a Abs. 4 BGB keine Anwendung findet, grds. aus (Wendl/*Schmitz* § 10 Rn. 399; Prütting/Helms/*Bömelburg* § 246 Rn. 25). Ist der Antrag allerdings vor Rechtskraft der Scheidung zugestellt und der andere Ehegatte damit in Verzug gesetzt worden, soll der Erlass der einstweiligen Anordnung möglich sein (Zöller/*Lorenz* § 246 FamFG Rn. 17; Schulte-Bunert/Weinreich/*Schwonberg* § 246 Rn. 20; beide m. w. N. zu Rechtsprechung aus derzeit vor dem FamFG).					746

S. i. Ü. Formular Rdn. 773.

gg) Keine Beschränkung auf vorläufige Maßnahmen

Die in § 49 FamFG vorgesehene Begrenzung auf vorläufige Maßnahmen gilt für die einstweilige Anordnung in Unterhaltssachen nicht, vielmehr kann nach § 246 Abs. 1 FamFG auch die Zahlung angeordnet werden. Dabei kann der **volle laufende Unterhalt** ohne zeitliche Begrenzung geltend gemacht und zuerkannt werden (Wendl/*Schmitz* § 10 Rn. 397; BT-Drucks. 16/6308, S. 259), dies muss aber nicht geschehen (Gießler/*Soyka* Rn. 373 mit Einzelheiten; Schulte-Bunert/Weinreich/*Schwonberg* § 246 Rn. 3).					747

hh) Mündliche Verhandlung

Die Entscheidung ergeht **aufgrund mündlicher Verhandlung**, wenn dies zur Aufklärung des Sachverhalts oder für eine gütliche Beilegung des Verfahrens geboten erscheint, § 246 Abs. 2 FamFG. Das Ziel der Verfahrensbeschleunigung steht nicht so im Vordergrund wie in anderen Bereichen des einstweiligen Rechtsschutzes (BT-Drucks. 16/6308, S. 260; Bumiller/*Harders* § 246 Rn. 7). Lediglich in einfach gelagerten oder besonders eilbedürftigen Fällen kann die Entscheidung auch ohne mündliche Verhandlung erfolgen (BT-Drucks. 16/6308, S. 260; Koch/*Kamm* Rn. 7170; vgl. Schulte-Bunert/Weinreich/*Schwonberg* § 246 Rn. 37; Keidel/*Giers* § 246 Rn. 6).					748

Ist die **Entscheidung ohne mündliche Verhandlung** ergangen, ist auf Antrag aufgrund mündlicher Verhandlung neu zu entscheiden, § 54 Abs. 2 FamFG.					749

Beim sog. **gemischt-mündlich-schriftlichen Verfahren** folgen auf die mündliche Verhandlung noch weitere gerichtliche Ermittlungen oder Anhörungen. Werden hierbei noch wesentliche und für die Entscheidung erhebliche Erkenntnisse gewonnen, ist auf Antrag aufgrund neuer mündlicher Verhandlung neu zu entscheiden (Prütting/Helms/*Stößer* § 57 Rn. 9; vgl. Schulte-Bunert/Weinreich/*Schwonberg* § 57 Rn. 20; Schwab/*Streicher* I Rn. 1029; a. A. Keidel/*Giers* § 57 Rn. 5).

Zuständig ist das Gericht, das die einstweilige Anordnung erlassen hat; hat es die Sache an ein anderes Gericht abgegeben oder verwiesen, ist dieses **zuständig**, § 54 Abs. 3 FamFG.					750

ii) Tatsachenermittlung

Da es sich um eine Familienstreitsache handelt, findet **keine Amtsermittlung** statt (s. Rdn. 260).					751

Gem. § 113 Abs. 1 Satz 2 FamFG i. V. m. 294 Abs. 2 ZPO ist eine Beweisaufnahme nur statthaft, sofern sie sofort erfolgen kann. Beweismittel müssen daher **präsent** sein.

jj) Kostenentscheidung

752 Für die Kosten des Verfahrens der einstweiligen Anordnung gelten die allgemeinen Vorschriften, § 51 Abs. 4 FamFG. Diese sind für Unterhaltssachen in § 243 FamFG geregelt, der auch für das selbstständige einstweilige Anordnungsverfahren gilt (Musielak/*Borth* FamFG § 243 Rn. 1; MüKo/ *Dötsch* § 243 FamFG Rn. 3). Danach ist über die Verteilung nach billigem Ermessen unter besonderer Berücksichtigung der in § 243 Satz 2 Nr. 1 bis 4 FamFG genannten Umstände zu entscheiden; s. Rdn. 282–287.

kk) Aufhebung und Änderung

753 Das Gericht kann die Entscheidung in der einstweiligen Anordnungssache **auf Antrag aufheben oder ändern**, § 54 Abs. 1 Satz 1 und 2 FamFG (§ 54 Abs. 1 Satz 3 FamFG steht dem Antragserfordernis nicht entgegen, da die vorherige Anhörung gem. § 246 Abs. 2 FamFG nicht notwendig ist).

754 Ist die Entscheidung ohne mündliche Verhandlung ergangen, ist **auf Antrag aufgrund mündlicher Verhandlung neu zu entscheiden**, § 54 Abs. 2 FamFG.

755 **Zuständig** ist das Gericht, das die einstweilige Anordnung erlassen hat; hat es die Sache an ein anderes Gericht abgegeben oder verwiesen, ist dieses zuständig, § 54 Abs. 3 FamFG.

756 Während eine einstweilige Anordnungssache **beim Beschwerdegericht anhängig** ist, ist die Aufhebung oder Änderung der angefochtenen Entscheidung durch das erstinstanzliche Gericht unzulässig, § 54 Abs. 4 FamFG.

ll) Außerkrafttreten

757 Die einstweilige Anordnung tritt außer Kraft:
   - wenn sie aufgehoben wird (vgl. § 56 Abs. 1 Satz 1 FamFG);
   - bei Wirksamwerden einer anderweitigen Regelung, § 56 Abs. 1 Satz 1 FamFG; ist dies eine Endentscheidung in einer Unterhaltssache, ist deren Rechtskraft maßgebend, soweit nicht die Wirksamkeit zu einem späteren Zeitpunkt eintritt, § 56 Abs. 1 Satz 2 FamFG – denkbar etwa bei einer Folgesache im Scheidungsverbund nach § 148 FamFG (BT-Drucks. 16/6308, S. 202);
   - wenn der Antrag in der Hauptsache zurückgenommen wird (§ 56 Abs. 2 Nr. 1 FamFG);
   - wenn der Antrag in der Hauptsache rechtskräftig abgewiesen ist (§ 56 Abs. 2 Nr. 2 FamFG);
   - wenn die Hauptsache übereinstimmend für erledigt erklärt wird (§ 56 Abs. 2 Nr. 3 FamFG) oder
   - wenn die Erledigung der Hauptsache anderweitig eingetreten ist (§ 56 Abs. 2 Nr. 4 FamFG).

758 Auf Antrag hat das Gericht, das in der einstweiligen Anordnungssache im ersten Rechtszug zuletzt entschieden hat, das Außerkrafttreten durch Beschluss auszusprechen (§ 56 Abs. 3 Satz 1 FamFG). Dieser Beschluss hat lediglich Feststellungscharakter (Bork/Jacoby/Schwab/*Löhnig/Heiß* § 56 Rn. 19; vgl. Musielak/*Borth* FamFG § 56 Rn. 13). Er muss nach § 38 FamFG begründet werden.

759 Gegen den Beschluss findet die **Beschwerde** statt, § 56 Abs. 3 Satz 2 FamFG.

mm) Erzwingungsverfahren

760 Nach der Vorstellung des Gesetzgebers ist ein Hauptsacheverfahren in aller Regel überflüssig, wenn alle Beteiligten mit der einstweiligen Regelung zufrieden sind. Das Gesetz müsse aber eine Durchführung eines Hauptsacheverfahrens in den Fällen sicherstellen, in denen derjenige, der durch die einstweilige Anordnung in seinen Rechten beeinträchtigt ist, dies wünscht, etwa um eine streitige Tatsache mit besseren Erkenntnismöglichkeiten und höherem richterlichen Überzeugungsgrad abschließend zu klären (BT-Drucks. 16/6308, S. 201). Hierzu dient das sog. Erzwingungsverfahren nach § 52 FamFG.

Unter welchen Voraussetzungen ein Hauptsacheverfahren einzuleiten ist, bestimmt sich nicht nach   761
§ 52 Abs. 1 FamFG, der nur für Verfahren gilt, die von Amts wegen eingeleitet werden (BT-Drucks.
16/6308, S. 201; Zöller/*Feskorn* § 52 FamFG Rn. 2; Musielak/*Borth* FamFG § 52 Rn. 3), sondern
nach § 52 Abs. 2 FamFG.

Das Gericht hat, aber nur **auf Antrag**, und zwar des durch die einstweilige Anordnung Beschwerten   762
(*Gießler/Soyka* Rn. 219; Prütting/Helms/*Stößer* § 52 Rn. 4), anzuordnen, dass der Beteiligte, der die
einstweilige Anordnung erwirkt hat, binnen **einer zu bestimmenden Frist Antrag auf Einleitung
des Hauptsacheverfahrens** oder Antrag auf Bewilligung von Verfahrenskostenhilfe für das Hauptsacheverfahren stellt, § 52 Abs. 2 Satz 3 FamFG.

Zuständig für die Anordnung ist das Gericht, das die einstweilige Anordnung erlassen hat (Kei-   763
del/*Giers* FamFG § 52 Rn. 5).

Die Frist darf **3 Monate** nicht überschreiten, § 52 Abs. 2 Satz 2 FamFG.   764

Die gesetzte Frist kann bei Glaubhaftmachung erheblicher Gründe auf Antrag **verlängert** werden
(*Gießler/Soyka* Rn. 224), jedoch nicht über die 3 Monate hinaus, da dies gem. §§ 51 Abs. 2 Satz 1,
113 Abs. 1 Satz 2 FamFG i. V. m. § 224 Abs. 2 ZPO voraussetzt, dass dies im Gesetz besonders bestimmt ist, woran es fehlt.

Wird dieser Anordnung **nicht Folge** geleistet, ist die einstweilige Anordnung **aufzuheben**, § 52   765
Abs. 2 Satz 4 FamFG.

Zur Frage, ob ein Antrag auf negative Feststellung möglich ist, s. Rdn. 718.   766

nn) Rechtsmittel

Gem. § 57 Satz 1 FamFG sind Entscheidungen im Verfahren der einstweiligen Anordnung in Fa-   767
miliensachen **nicht anfechtbar**. Zu den in § 57 Satz 2 FamFG aufgeführten Ausnahmen gehören
Unterhaltssachen nicht.

Aus § 58 FamFG folgt, dass die **Neben- und Zwischenentscheidungen** im einstweiligen Anord-   768
nungsverfahren grds. nicht anfechtbar sind, soweit keine besondere Regelung ein Rechtsmittel zulässt (Musielak/*Borth* FamFG § 58 Rn. 2; Bork/Jacoby/Schwab/*Müther* § 58 Rn. 2.2 f; vgl. Schulte-
Bunert/Weinreich/*Schwonberg* § 57 Rn. 18). Bei bestimmten Entscheidungen ist allerdings streitig,
ob der Ausschluss der Anfechtbarkeit der Hauptsacheentscheidung dazu führt, dass auch die Neben-
entscheidung nicht anfechtbar ist, obwohl eine besondere Regelung im Allgemeinen ein Rechtsmittel zulässt (so grds. Musielak/*Borth* FamFG § 57 Rn. 14; Keidel/*Giers* § 57 Rn. 3; dagegen Zöl-
ler/*Feskorn* § 57 FamFG Rn. 3).

Unanfechtbar ist unstreitig die **Kostenentscheidung** als Teil der Entscheidung (Zöller/*Feskorn* § 57
FamFG Rn. 3; Schulte-Bunert/Weinreich/*Schwonberg* § 57 Rn. 18a; KG, MDR 2011, 232). Streitig
ist die Anfechtbarkeit der **Streitwertentscheidung** (dafür Zöller/*Feskorn* § 57 FamFG Rn. 3; Musie-
lak/*Borth* FamFG § 57 Rn. 14; dagegen Keidel/*Giers* § 57 Rn. 3).

Gegen die Verletzung rechtlichen Gehörs kann sich der Beteiligte mit der **Gehörsrüge** nach § 113   769
Abs. 1 Satz 2 FamFG i. V. m. § 321a ZPO wenden. Dabei geht § 321a ZPO nach Auffassung des
BGH nicht über den verfassungsrechtlich gebotenen Mindestschutz hinaus und beschränkt sich
auf Verstöße gegen Art. 103 Abs. 1 GG (BGH, FamRZ 2008, 1348; a. A. Zöller/*Vollkommer* § 321a
ZPO Rn. 3a).

(1) Muster: Formular Antrag auf Erlass einer einstweiligen Anordnung über Ehegattenunterhalt

770 An das

Amtsgericht

– Familiengericht –

.....[1]

Antrag

der .....[2]

Verfahrensbevollmächtigte[3]

gegen

.....

wegen: einstweilige Anordnung zum Unterhalt

vorläufiger Verfahrenswert:[4]

.....

Namens und in Vollmacht der Antragstellerin wird beantragt:
1. den Antragsgegner ohne mündliche Verhandlung durch einstweilige Anordnung zu verpflichten, der Antragstellerin monatlich im Voraus 500,00 € zu zahlen, erstmals am .....[5, 6]
2. Die Kosten des Verfahrens trägt der Antragsgegner.[7]

Begründung:[8]

Die Beteiligten sind verheiratet und leben seit dem ..... getrennt. Der Antragsgegner zahlt keinen Ehegattenunterhalt.[9]

Der Antragsgegner erzielt ein monatsdurchschnittliches Einkommen in Höhe von 1.699,00 €.

– Glaubhaftmachung: Vorlage der Verdienstbescheinigungen der Monate Januar bis Dezember 2013 (Kopie in Anlage 1) –[10]

Er zahlt an die Antragstellerin für das gemeinsame Kind ..... freiwillig monatlich 199,00 € Unterhalt.

Die Antragstellerin verfügt über keinerlei Einkünfte.

– Glaubhaftmachung: eidesstattliche Versicherung in Anlage 2 –

Angesichts des Alters des am ..... geborenen gemeinsamen Kindes von derzeit 2 Jahren ist die Antragstellerin auch nicht gehalten, einer Erwerbstätigkeit nachzugehen.

Der offene Bedarf der Antragsteller liegt über dem geltend gemachten Betrag. Lediglich im Hinblick auf die eingeschränkte Leistungsfähigkeit des Antragsgegners wird der Antrag auf monatlich 500,00 € beschränkt.

Die Entscheidung kann ohne mündliche Verhandlung ergehen, da die Rechtslage eindeutig und Sachverhalt geklärt ist.

1. Zuständigkeit. Ist eine **Hauptsache anhängig**, ist das Gericht des ersten Rechtszuges **zuständig**, während der Anhängigkeit der Hauptsache beim Beschwerdegericht das Beschwerdegericht, § 50 Abs. 1 Satz 2 FamFG. Dies gilt auch dann, wenn das in der Hauptsache angerufene Gericht tatsächlich unzuständig ist (Musielak/*Borth* FamFG § 50 Rn. 4). Ist **keine Hauptsacheverfahren anhängig,** ist das Gericht zuständig, das für die Hauptsache im ersten Rechtszug zuständig wäre, § 50 Abs. 1 Satz 1 FamFG.

Die örtliche Zuständigkeit ist in § 232 FamFG geregelt. Während der Anhängigkeit einer Ehesache ist ausschließlich zuständig für Unterhaltssachen, die die durch die Ehe begründete Unterhaltpflicht betreffen, das Gericht, bei dem die Ehesache im ersten Rechtszug anhängig ist oder war, § 232 Abs. 1 Nr. 1 FamFG. Sofern eine Zuständigkeit nach § 232 Abs. 1 FamFG nicht besteht, bestimmt sich die Zuständigkeit nach den Vorschriften der ZPO mit der Maßgabe, dass in den Vorschriften über den allgemeinen Gerichtsstand an die Stelle des Wohnsitzes (§ 13 ZPO) der gewöhnliche Aufenthalt tritt, § 232 Abs. 3 Satz 1 FamFG.

In besonders dringenden Fällen kann auch das Amtsgericht entscheiden, in dessen Bezirk das Bedürfnis für ein gerichtliches Tätigwerden bekannt wird oder sich die Person oder die Sache befindet, auf die sich die einstweilige Anordnung bezieht, § 50 Abs. 2 Satz 1 FamFG. Da einstweilige Anordnungen grds. nur ergehen können, wenn ein dringendes Bedürfnis für ein sofortiges Tätigwerden besteht, und um die nach § 50 Abs. 1 FamFG maßgebliche Zuständigkeitsregelung nicht zu unterlaufen, sind an die Fälle, für die die **Eilzuständigkeit** eröffnet ist, tatbestandlich erhöhte Anforderungen zu stellen (Prütting/Helms/*Stößer* § 50 Rn. 7). Die Eilzuständigkeit ist daher nur in besonders dringenden Fällen gegeben und wird in Unterhaltssachen kaum angenommen werden können (Schulte-Bunert/Weinreich/*Schwonberg* § 50 Rn. 14).

2. Beteiligte. Die Beteiligtenbezeichnung hat § 113 Abs. 5 FamFG zu entsprechen: Antragsteller und Antragsgegner.

3. Anwaltszwang. Es gilt **kein Anwaltszwang**, § 114 Abs. 4 Nr. 1 FamFG.

4. Verfahrenswert. Gem. § 41 Satz 2 FamGKG ist von der Hälfte des für die Hauptsache bestimmten Wertes auszugehen.

Der Streitwert der Hauptsache bestimmt sich nach § 51 FamGKG und maßgeblich ist der für die ersten 12 Monate nach Einreichung des Klageantrags geforderte Betrag, § 51 Abs. 1 Satz 1 FamGKG, zuzüglich der bei Klageeinreichung fälligen Beträge, § 51 Abs. 2 Satz 1 FamGKG. Rückständiger Unterhalt ist allerdings vom Regelungszweck der einstweiligen Anordnung grds. nicht gedeckt.

5. Entscheidung aufgrund mündlicher Verhandlung. Die Entscheidung ergeht aufgrund mündlicher Verhandlung, wenn dies zur Aufklärung des Sachverhalts oder für eine gütliche Beilegung des Verfahrens geboten erscheint, § 246 Abs. 2 FamFG. Das Ziel der Verfahrensbeschleunigung steht nicht so im Vordergrund wie in anderen Bereichen, und lediglich in einfach gelagerten oder besonders eilbedürftigen Fällen kann die Entscheidung auch ohne mündliche Verhandlung erfolgen.

6. Laufender Unterhalt. Die in § 49 FamFG vorgesehene Begrenzung auf vorläufige Maßnahmen gilt für die einstweilige Anordnung in Unterhaltssachen nicht, vielmehr kann nach § 246 Abs. 1 FamFG auch die Zahlung angeordnet werden. Dabei kann der volle laufende Unterhalt ohne zeitliche Begrenzung geltend gemacht und zuerkannt werden.

Die einstweilige Anordnung soll den laufenden Unterhalt sicherstellen, und die Geltendmachung von rückständigem Unterhalt ist daher von ihrem Regelungszweck grds. nicht abgedeckt.

7. Kosten. Für die Kosten des Verfahrens der einstweiligen Anordnung gelten die allgemeinen Vorschriften, § 51 Abs. 4 FamFG. Diese sind für Unterhaltssachen in § 243 FamFG geregelt, nach dem über die Verteilung nach billigem Ermessen unter besonderer Berücksichtigung der in § 243 Satz 2 Nr. 1 bis 4 FamFG genannten Umstände zu entscheiden ist.

8. Begründung. Der Antrag muss **begründet** werden, § 51 Abs. 1 Satz 2 FamFG.

9. Regelungsbedürfnis. Ein Regelungsbedürfnis fehlt, wenn der Schuldner regelmäßig und pünktlich zahlt. S. i. Ü. Rdn. 733 ff.

10. Glaubhaftmachung. Die Voraussetzungen müssen glaubhaft gemacht werden, § 51 Abs. 1 Satz 2 FamFG. Zur Glaubhaftmachung verweist § 113 Abs. 1 Satz 2 FamFG auf § 294 ZPO. Glaubhaftmachen bedeutet, eine Tatsache überwiegend wahrscheinlich machen. Der Beteiligte kann sich grds. aller Beweismittel bedienen, auch zur eidesstattlichen Versicherung zugelassen werden, § 113 Abs. 1

Satz 2 FamFG i. V. m. § 294 Abs. 1 ZPO. Im Verfahren muss das Beweismittel präsent sein, § 113 Abs. 1 Satz 2 FamFG i. V. m. § 294 Abs. 2 ZPO.

(2) Muster: Formular Erzwingungsantrag gem. § 52 Abs. 2 FamFG

771 An das

Amtsgericht

– Familiengericht –

.....[1]

In der Familiensache

..... gegen .....[2]

Aktenzeichen ...../.....

wegen: einstweiliger Anordnung zum Ehegattenunterhalt

beantrage ich namens und in Vollmacht des Antragsgegners

anzuordnen, dass die Antragstellerin binnen einer Frist von einem Monat Antrag auf Einleitung des Hauptsacheverfahrens oder Antrag auf Bewilligung von Verfahrenskostenhilfe für das Hauptsacheverfahren stellt.[3]

1. Zuständigkeit. Zuständig ist das Gericht, das die einstweilige Anordnung erlassen hat.

2. Anwaltszwang. Es gilt kein Anwaltszwang, § 114 Abs. 4 Nr. 1 FamFG.

3. Frist. Die Frist darf drei Monate nicht überschreiten, § 52 Abs. 2 Satz 2 FamFG.

Das Erzwingungsverfahren selbst ist an keine Frist gebunden.

(3) Formular Antrag auf erneute Entscheidung aufgrund mündlicher Verhandlung

772 An das

Amtsgericht

– Familiengericht –

.....[1]

In der Familiensache

..... gegen .....[2]

Aktenzeichen ..... F ...../.....

wegen: einstweiliger Anordnung zum Ehegattenunterhalt

beantrage ich namens und in Vollmacht des Antragsgegners

über den Antrag auf Erlass der einstweiligen Anordnung aufgrund mündlicher Verhandlung erneut zu entscheiden.

Begründung:

Das Gericht hat den Antragsgegner ohne mündliche Verhandlung durch einstweilige Anordnung vom ..... verpflichtet, der Antragstellerin monatlich 300,00 € Unterhalt zu zahlen.

Gemäß § 54 Abs. 2 FamFG wird beantragt, aufgrund mündlicher Verhandlung erneut zu entscheiden.

Der Antragstellerin steht kein Unterhalt zu. Sie ist gehalten, ihren Bedarf durch eigene Erwerbstätigkeit zu decken .....

1. Zuständigkeit. Zuständig ist das Gericht, das die einstweilige Anordnung erlassen hat, es sei denn, die Sache ist an ein anderes Gericht abgegeben, § 54 Abs. 3 Satz 1 und 2 FamFG.

2. Anwaltszwang. Es gilt kein Anwaltszwang, § 114 Abs. 4 Nr. 1 FamFG.

(4) Formular Antrag auf Erlass einer einstweiligen Anordnung über einen Kostenvorschuss

An das   773

Amtsgericht

– Familiengericht –

.....[1]

Antrag

der .....[2]

Verfahrensbevollmächtigte[3]

gegen

.....

wegen: einstweilige Anordnung eines Kostenvorschusses

vorläufiger Verfahrenswert:[4]

.....

Namens und in Vollmacht der Antragstellerin wird beantragt:
1. den Antragsgegner ohne mündliche Verhandlung durch einstweilige Anordnung zu verpflichten, der Antragstellerin einen Kostenvorschuss in Höhe von ..... zu zahlen.[5, 6]
2. Die Kosten des Verfahrens trägt der Antragsgegner.[7]

Begründung:[8]

Die Antragstellerin hat Anspruch gegen den Antragsgegner auf Zahlung eines Kostenvorschusses gemäß §§ 1361 Abs. 4 Satz 4, 1360a Abs. 4 BGB.

Mit Antrag vom heutigen Tag macht die Antragstellerin gegen den Antragsgegner Trennungsunterhalt in Höhe von monatlich ..... €, beginnend mit dem ..... geltend.

Es handelt sich um einen Rechtsstreit, der eine persönliche Angelegenheit betrifft. Der Vorschuss ist erforderlich, da die Antragstellerin über keine ausreichenden Einkünfte oder ausreichendes Vermögen verfügt. Auf die anliegende eidesstattliche Versicherung wird Bezug genommen.[9]

Die Vorschusspflicht entspricht der Billigkeit. Dies zum einen, weil die Rechtsverfolgung Aussicht auf Erfolg bietet. Auf die in Kopie beigefügte Antragsschrift in der Hauptsache wird Bezug genommen. Zum anderen sind die Einkünfte des Antragsgegners so hoch, dass sie nicht in vollem Umfang in die Berechnung einfließen, sondern der Unterhalt konkret berechnet werden muss.

1. Zuständigkeit. Ist eine **Hauptsache anhängig**, ist das Gericht des ersten Rechtszuges **zuständig**, während der Anhängigkeit der Hauptsache beim Beschwerdegericht das Beschwerdegericht, § 50 Abs. 1 Satz 2 FamFG. Dies gilt auch dann, wenn das in der Hauptsache angerufene Gericht tatsächlich unzuständig ist (Musielak/*Borth* FamFG § 50 Rn. 3). Ist **keine Hauptsacheverfahren anhängig**,

Hammermann   343

ist das Gericht zuständig, das für die Hauptsache im ersten Rechtszug zuständig wäre, § 50 Abs. 1 Satz 1 FamFG.

Die örtliche Zuständigkeit ist in § 232 FamFG geregelt. Während der Anhängigkeit einer Ehesache ist ausschließlich zuständig für Unterhaltssachen, die die durch die Ehe begründete Unterhaltspflicht betreffen, das Gericht, bei dem die Ehesache im ersten Rechtszug anhängig ist oder war, § 232 Abs. 1 Nr. 1 FamFG. Sofern eine Zuständigkeit nach § 232 Abs. 1 FamFG nicht besteht, bestimmt sich die Zuständigkeit nach den Vorschriften der ZPO mit der Maßgabe, dass in den Vorschriften über den allgemeinen Gerichtsstand an die Stelle des Wohnsitzes (§ 13 ZPO) der gewöhnliche Aufenthalt tritt, § 232 Abs. 3 Satz 1 FamFG.

In besonders dringenden Fällen kann auch das Amtsgericht entscheiden, in dessen Bezirk das Bedürfnis für ein gerichtliches Tätigwerden bekannt wird oder sich die Person oder die Sache befindet, auf die sich die einstweilige Anordnung bezieht, § 50 Abs. 2 Satz 1 FamFG. Da einstweilige Anordnungen grds. nur ergehen können, wenn ein dringendes Bedürfnis für ein sofortiges Tätigwerden besteht, und um die nach § 50 Abs. 1 FamFG maßgebliche Zuständigkeitsregelung nicht zu unterlaufen, sind an die Fälle, für die die **Eilzuständigkeit** eröffnet wird, tatbestandlich erhöhte Voraussetzungen zu stellen (BT-Drucks. 16/6308, S. 200). Die Eilzuständigkeit ist daher nur in besonders dringenden Fällen gegeben und wird in Unterhaltssachen kaum angenommen werden können.

2. Beteiligte. Die Beteiligtenbezeichnung hat § 113 Abs. 5 FamFG zu entsprechen: Antragsteller und Antragsgegner.

3. Anwaltszwang. Es gilt **kein Anwaltszwang**, § 114 Abs. 4 Nr. 1 FamFG.

4. Verfahrenswert. Gem. § 41 Satz 2 FamGKG ist bei einer einstweiligen Anordnung i. d. R. der Wert zu ermäßigen, wobei im Fall der Ermäßigung von der Hälfte des für die Hauptsache bestimmten Wertes auszugehen ist. M.E. kann beim Kostenvorschuss grds. nicht von einer geringeren Bedeutung der Hauptsache ausgegangen werden und der Verfahrenswert sollte entsprechend dem Zahlungsantrag festgesetzt werden (vgl. Schulte-Bunert/Weinreich/*Keske* § 41 FamGKG Rn. 2).

5. Entscheidung aufgrund mündlicher Verhandlung. Die Entscheidung ergeht aufgrund mündlicher Verhandlung, wenn dies zur Aufklärung des Sachverhalts oder für eine gütliche Beilegung des Verfahrens geboten erscheint, § 246 Abs. 2 FamFG. Das Ziel der Verfahrensbeschleunigung steht nicht so im Vordergrund wie in anderen Bereichen, und lediglich in einfach gelagerten oder besonders eilbedürftigen Fällen kann die Entscheidung auch ohne mündliche Verhandlung erfolgen.

6. Kostenvorschuss. Wird der Trennungsunterhalt als Quotenunterhalt bemessen, entspricht ein Verfahrens-/Prozesskostenvorschuss i. d. R. nicht der Billigkeit (Göppinger/*Vogel* Rn. 2648). Eine Ausnahme hiervon muss daher besonders begründet werden.

7. Kosten. Für die Kosten des Verfahrens der einstweiligen Anordnung gelten die allgemeinen Vorschriften, § 51 Abs. 4 FamFG. Diese sind für Unterhaltssachen in § 243 FamFG geregelt, nach dem über die Verteilung nach billigem Ermessen unter besonderer Berücksichtigung der in § 243 Satz 2 Nr. 1 bis 4 FamFG genannten Umstände zu entscheiden ist.

8. Begründung. Der Antrag muss **begründet** werden, § 51 Abs. 1 Satz 2 FamFG.

9. Glaubhaftmachung. Die Voraussetzungen müssen glaubhaft gemacht werden, § 51 Abs. 1 Satz 2 FamFG. Zur Glaubhaftmachung verweist § 113 Abs. 1 Satz 2 FamFG auf § 294 ZPO. Glaubhaftmachen bedeutet, eine Tatsache überwiegend wahrscheinlich machen. Der Beteiligte kann sich grds. aller Beweismittel bedienen, auch zur eidesstattlichen Versicherung zugelassen werden, § 294 Abs. 1 ZPO. Im Verfahren muss das Beweismittel präsent sein, § 113 Abs. 1 Satz 2 FamFG i. V. m. § 294 Abs. 2 ZPO.

c) Arrest

aa) Einleitung

Gem. § 119 Abs. 2 Satz 1 FamFG kann das Gericht in Familienstreitsachen den Arrest anordnen, und die §§ 916 bis 934 und §§ 943 bis 945 ZPO gelten entsprechend, 119 Abs. 2 Satz 2 FamFG.

774

In Unterhaltssachen sollen Zahlungsansprüche gesichert werden, entweder durch Pfändung von beweglichem oder unbeweglichem Vermögen (dinglicher Arrest nach § 917 ZPO und seine Vollziehung nach §§ 930 bis 932 ZPO) oder durch Freiheitbeschränkungen des Schuldners (persönlicher Arrest nach § 918 ZPO und seine Vollziehung nach § 933 ZPO).

775

Da die einstweilige Anordnung im FamFG auch Maßnahmen vorsieht, die einen bestehenden Zustand sichern und vorläufig regeln, somit auch das Ge- und Verbot bestimmter Handlungen, insb. die Untersagung einer Verfügung über einen Gegenstand, § 49 Abs. 2 Satz 1 und 2 FamFG, ist die Frage des **Konkurrenzverhältnisses** von **einstweiliger Anordnung zum Arrest** entstanden. Nach herrschender Meinung soll für Maßnahmen, die mittels des Arrestes getroffen werden können, der Arrest der speziellere Rechtsbehelf sein (*Fischinger* FamRZ 2009, 1718, 1720; *Gießler/Soyka* Rn. 324). Dies wird allerdings auch angezweifelt (Schulte-Bunert/Weinreich/*Schwonberg* § 119 Rn. 2: kein Vorrang), und es wird empfohlen, vorsichtshalber in entsprechenden Fällen neben dem Arrest hilfsweise den Erlass einer einstweiligen Anordnung zu beantragen (*Gießler/Soyka* Rn. 337).

Die Anordnung des Arrests richtet sich auch in Unterhaltssachen nach den allgemeinen Arrestvorschriften, wobei es keine nennenswerten Besonderheiten gibt.

776

Es müssen ein Arrestanspruch und ein Arrestgrund vorliegen.

bb) Arrestanspruch

Arrestanspruch, § 916 ZPO, ist der materiell-rechtliche Unterhaltsanspruch. Gesichert werden kann auch ein künftiger Unterhaltsanspruch (Stein/Jonas/*Grunsky* § 916 Rn. 11; *Menne* FamRZ 2004, 6, 7; OLG Karlsruhe, NJW-RR 1997, 451), soweit er schon durch eine Klage geltend gemacht werden kann (*Menne* FamRZ 2004, 6, 7 m. w. N.; Prütting/*Helms* § 119 Rn. 6; ohne diese Einschränkung Stein/Jonas/*Grunsky* § 916 Rn. 10 f.).

777

Auch Altersvorsorgeunterhalt kann gesichert werden (*Gießler/Soyka* Rn. 402).

Welcher Unterhaltszeitraum gesichert werden kann, ist nicht ausdrücklich geregelt: er hängt von der Dauer des voraussichtlichen Bestehens des Unterhaltsanspruchs und der Möglichkeit, diesen realistisch prognostizieren zu können ab, ausgegangen wird von zwei bis fünf Jahren (Wendl/*Schmitz* § 10 Rn. 486; vgl. Schulte-Bunert/Weinreich/*Schwonberg* § 119 Rn. 11 und Prütting/*Helms* § 119 Rn. 6, alle m. w. N.).

cc) Arrestgrund

Beim **dinglichen Arrest** liegt ein Arrestgrund liegt vor, wenn zu besorgen ist, dass ohne seine Verhängung die Durchsetzung des Anspruchs vereitelt oder wesentlich erschwert wird, § 917 Abs. 1 ZPO.

778

Dies ist insb. der Fall, wenn Vermögen offensichtlich und bewusst beiseitegeschafft wird oder wenn der Schuldner plant, ins Ausland zu ziehen (Schulte-Bunert/Weinreich/*Schwonberg* § 119 Rn. 12; Prütting/*Helms* § 119 Rn. 6; Bork/Jacoby/Schwab/*Löhnig* § 119 Rn. 20; weitere Fälle s. *Gießler/Soyka* Rn. 413, *Cirullies* FamRZ 2012, 1017, 1018 und FamVerf/*v. Swieykowski-Trzaska* § 1 Rn. 458).

779

Gem. § 119 Abs. 2 Satz 2 FamFG i. V. m. § 917 Abs. 2 ZPO ist es als ausreichender Arrestgrund anzusehen, wenn die Entscheidung im Ausland vollstreckt werden müsste und die Gegenseitigkeit im Sinne von § 328 Abs. 1 Nr. 5 ZPO (Anerkennung ausländischer Urteile) nicht verbürgt ist, also die

780

Anerkennung oder Vollstreckung des Urteils auf größere Schwierigkeiten stößt als die Anerkennung oder Vollstreckung eines entsprechenden ausländischen Urteils in Deutschland.

781   Wenn der Gläubiger **bereits** einen rechtskräftigen oder ohne Sicherheitsleistung vollstreckbaren **Unterhaltstitel hat**, ist zu unterscheiden:

782   Wegen **rückständiger** und **fälliger** Forderungen kann die Vollstreckung schon betrieben werden – und zwar im Wege der sog. Vorratspfändung in erst künftig fällig werdendes Arbeitseinkommen (§ 850d Abs. 3 ZPO) – und es **fehlt** nach herrschender Meinung ein **Sicherungsbedürfnis** (*Menne* FamRZ 2004, 6, 8 m. w. N.; Prütting/*Helms* § 119 Rn. 6).

783   Dies gilt jedoch – auch bei § 850d Abs. 3 ZPO, der fällige Unterhaltsansprüche verlangt – nicht für **erst künftig fällig** werdende Ansprüche, da § 751 Abs. 1 ZPO entgegensteht. Insoweit ist ein **Arrest möglich** (Zöller/*Vollkommer* § 917 ZPO Rn. 12; Schulte-Bunert/Weinreich/*Schwonberg* § 119 Rn. 12; *Cirullies* FamRZ 2012, 1017, 1019).

784   Entsprechendes gilt nach überwiegender Meinung im Fall eines nur gegen Sicherheit vorläufig vollstreckbaren Titels, soweit § 720a ZPO die Sicherungsvollstreckung ermöglicht (*Menne* FamRZ 2004, 6, 8 m. w. N.).

785   Der **persönliche Arrest** findet nur statt, wenn er erforderlich ist, um die gefährdete Zwangsvollstreckung in das Vermögen des Schuldners zu sichern, § 119 Abs. 2 Satz 2 FamFG i. V. m. § 918 ZPO.

786   Er soll verhindern, dass der Schuldner Vermögensgegenstände beiseiteschafft, die pfändbar sind.

787   **Vorrangig** ist der **dingliche Arrest** als das **mildere Mittel** (Zöller/*Vollkommer* § 918 ZPO Rn. 1; Bork/Jacoby/Schwab/*Löhnig* § 119 Rn. 17).

dd) Zuständigkeit

788   Zuständig ist gem. § 119 Abs. 2 Satz 2 FamFG i. V. m. § 919 ZPO sowohl das Gericht der Hauptsache als auch, nach Wahl des Gläubigers, das Amtsgericht, in dessen Bezirk der mit Arrest zu belegende Gegenstand oder die in ihrer persönlichen Freiheit zu beschränkende Person sich befindet.

Gericht der Hauptsache ist gem. § 119 Abs. 2 Satz 2 FamFG § 943 Abs. 1 ZPO das Gericht des ersten Rechtszuges und, wenn die Hauptsache in der Beschwerdeinstanz anhängig ist, das Beschwerdegericht. Ist bei Eingang des Arrestgesuchs keine Hauptsache anhängig, kann der Gläubiger zwischen mehreren zuständigen Gerichten wählen (Musielak/*Huber* ZPO § 943 Rn. 7).

789   Ist das Gericht der Hauptsache FamG, ist dieses auch für den Arrest zuständig (BGH, NJW 1980, 191; Musielak/*Huber* ZPO § 943 Rn. 2).

ee) Antrag

790   Die **Beteiligten** müssen genau bezeichnet werden (Musielak/*Huber* ZPO § 920 Rn. 6).

791   Das Arrestgesuch soll gem. § 119 Abs. 2 Satz 2 FamFG i. V. m. § 920 Abs. 1 ZPO die Bezeichnung des Anspruchs unter Angabe des Geldbetrages sowie die Bezeichnung des Arrestgrundes enthalten.

Das Arrestgesuch braucht beim Unterhalt keinen **bestimmten Antrag** zu enthalten (*Gießler/Soyka* Rn. 405; FamVerf/*v. Swieykowski-Trzaska* § 1 Rn. 459), seine Begründung muss jedoch **Vortrag zu allen anspruchsbegründenden Tatsachen** enthalten, damit eine Schlüssigkeitsprüfung stattfinden kann (Musielak/*Huber* § 920 Rn. 7).

Umstritten ist, ob das Gesuch erkennen lassen muss, ob der persönliche oder der dingliche Arrest begehrt wird (so FamVerf/*v. Swieykowski-Trzaska* § 1 Rn. 459; Schulte-Bunert/Weinreich/*Schwonberg* § 119 Rn. 19) oder ob dies lediglich zweckmäßig ist (so *Gießler/Soyka* Rn. 405). Zutreffend erscheint die Auffassung, dass wegen der Nachrangigkeit des persönlichen Arrestes (s. Rdn. 787) nur der dingliche Arrest als gewollt gilt, wenn die Arrestart nicht ausdrücklich genannt ist (so u. a. Musielak/*Huber* § 920 ZPO Rn. 6; MüKo/*Drescher* ZPO § 918 Rn. 6).

Gem. § 119 Abs. 2 Satz 2 FamFG i. V. m. § 920 Abs. 2 ZPO sind der Anspruch und der Arrestgrund **glaubhaft**, also überwiegend wahrscheinlich, zu machen. Dies geschieht i. d. R. mittels nach § 294 Abs. 1 ZPO statthafter eidesstattlicher Versicherung.   792

Die Vollziehung des dinglichen Arrestes erfolgt durch Pfändung nach § 119 Abs. 2 Satz 2 FamFG i. V. m. §§ 930 ff. ZPO. Da das Gericht den Arrestbefehl und einen Pfändungsbeschluss in einer Entscheidung erlassen kann (MüKo/*Drescher* § 930 ZPO Rn. 4; Zöller/*Vollkommer* § 930 ZPO Rn. 3), erscheint es empfehlenswert, mit dem Arrestgesuch **zugleich** einen **Pfändungsantrag** zu stellen.   793

ff) Anwaltszwang

Wählt der Gläubiger das FamG als Gericht der Hauptsache, gilt in Unterhaltssachen als Familienstreitsachen grds. Anwaltszwang.   794

Das Arrestgesuch kann gem. § 119 Abs. 2 Satz 2 FamFG i. V. m. § 920 Abs. 3 ZPO jedoch zur Protokoll der Geschäftsstelle erklärt werden und unterliegt damit gem. § 114 Abs. 4 Nr. 6 FamFG i. V. m. § 78 Abs. 3 ZPO nicht dem Anwaltszwang.

Für die mündliche Verhandlung befreien § 114 Abs. 4 Nr. 6 FamFG, § 78 Abs. 3 ZPO wiederum nicht vom Anwaltszwang (Schulte-Bunert/Weinreich/*Schwonberg* § 119 Rn. 19; vgl. Zöller/*Vollkommer* § 920 ZPO Rn. 7 m. w. N. a. A. *Gießler/Soyka* Rn. 327). Ob § 114 Abs. 4 Nr. 1 FamFG (Verfahren der einstweiligen Anordnung) insoweit analogiefähig ist, erscheint zweifelhaft (dagegen Schulte-Bunert/Weinreich/*Schwonberg* § 119 Rn. 19).

gg) Entscheidung

Die Entscheidung über den Antrag ergeht nach dem FamFG durch Beschluss.   795

Der Arrestbefehl muss die **Höhe** der Forderung nennen, wegen der der Arrest erfolgt.   796

Die **Art** des Arrestes ist genau zu bezeichnen. Dies betrifft zunächst die Frage, ob persönlicher oder dinglicher Arrest verhängt wird.   797

Beim persönlichen Arrest ist die Art der Freiheitsbeschränkung genau anzugeben. In Betracht kommen die Anordnung von Meldepflichten, Hausarrest, Wegnahme des Reisepasses, aber auch von Haft. Bei Haftanordnung muss ein Haftbefehl ausgestellt werden (§ 901 ZPO).   798

Gegen den Beschluss, durch den ein Arrest angeordnet wird, findet der Widerspruch statt, § 119 Abs. 2 Satz 2 FamFG i. V. m. § 924 Abs. 1 ZPO.   799

hh) Vollziehungsfrist

Die Vollziehung des Arrestbefehls ist unstatthaft, wenn seit dem Tag, an dem der Befehl verkündet oder dem Beteiligten, auf dessen Gesuch er erging, zugestellt ist, **ein Monat** verstrichen ist, § 119 Abs. 2 Satz 2 FamFG i. V. m. § 929 Abs. 2 ZPO.   800

Bei der Entscheidung nach mündlicher Verhandlung ist für die Fristberechnung die Verkündung maßgeblich, beim Arrestbeschluss ohne mündliche Verhandlung der Tag der Zustellung an den Gläubiger (Musielak/*Huber* § 929 ZPO Rn. 4).   801

Die Vollziehungsfrist ist gewahrt, wenn der Gläubiger bis zu ihrem Ablauf seinen **Vollziehungswillen bestätigt**. Hierzu ist erforderlich, dass der Gläubiger den **Titel zustellt** und dass ein **Antrag auf Erlass einer bestimmten Vollstreckungsmaßnahme** beim zuständigen Vollstreckungsorgan eingeht (BGH, NJW 1991, 496; Musielak/*Huber* § 929 ZPO Rn. 6).   802

7. Klage auf Zustimmung zum begrenzten Realsplitting

803 S. Kap. 9 Rdn. 43–44.

8. Klage auf Nachteilsausgleich

804 S. Kap. 9 Rdn. 45–46.

9. Klage auf Zusammenveranlagung

805 S. Kap. 9 Rdn. 19–22.

10. Rechtsmittel

a) Beschwerde

aa) Statthaftes Rechtsmittel

806 Gegen die **Endentscheidung** des FamG findet im FamFG-Verfahren die Beschwerde statt, § 58 Abs. 1 FamFG.

bb) Beschwer und Zulassung des Rechtsmittels

807 In vermögensrechtlichen Angelegenheiten (und damit Unterhaltssachen) ist die Beschwerde nur zulässig, wenn der Wert des Beschwerdegegenstandes 600,00 € übersteigt, § 61 **Abs. 1** FamFG. Und übersteigt der Beschwerdegegenstand nicht 600,00 €, ist die Beschwerde zulässig, wenn das FamG die Beschwerde zugelassen hat, § 61 **Abs. 2** FamFG.

(1) Beschwer

808 Die Berechnung der Beschwer nach § 61 Abs. 1 FamFG knüpft an § 511 ZPO an (BT-Drucks. 16/6308, S. 204), und die Berechnung hat nach §§ 3 ff. ZPO zu erfolgen (Zöller/*Feskorn* § 61 FamFG Rn. 10; Bork/Jacoby/Schwab/*Müther* § 61 Rn. 6; Schulte-Bunert/Weinreich/*Unger* § 61 Rn. 6), § 113 Abs. 1 Satz 2 FamFG.

809 Für die Frage der Zulässigkeit der Beschwerde wird die Beschwer **mehrerer Streitgenossen** zusammengerechnet, soweit sie sich nicht deckt (Schulte-Bunert/Weinreich/*Unger* § 61 Rn. 10; Prütting/Helms/*Abramenko* § 61 Rn. 6; zur ZPO: BGHZ 23, 333 = WM 1957, 390) (wobei der Wert für die übrigen Streitgenossen wieder sinken kann, wenn das Verfahren in Bezug auf einen, etwa durch Vergleich, erledigt ist; das Rechtsmittel soll dann unzulässig werden: BGH, NJW 1965, 761; BGH, WM 1973, 82; Zöller/*Heßler* § 511 ZPO Rn. 25).

810 Bei bestimmter Dauer des Bezugsrechts (z. B. steht beim Trennungsunterhalt das Ende der Trennungszeit schon fest) ist der Gesamtbetrag der künftigen Bezüge maßgeblich, wenn er der geringere ist, §§ 2, 9 Satz 1 ZPO.

811 Bei der **Auskunftsklage** ist zu unterscheiden:

Hat der **Anspruchsgläubiger** das Rechtsmittel eingelegt, richtet sich die Beschwer nach seinem Interesse an der Auskunft. Diese wird mit einem – vom Kenntnisstand des Berechtigten abhängigen – Bruchteil (i. d. R. 1/10 bis 1/4) des Hauptinteresses – hier also der Unterhaltsleistung, die realisiert werden soll – bemessen (BGH, FamRZ 2011, 1929 zu § 1379 BGB; BGH, FamRZ 1999, 1497; Musielak/*Heinrich* ZPO § 3 Rn. 23 Stichwort Auskunft).

Hat der **Anspruchsschuldner** das Rechtsmittel eingelegt, ist für die Beschwer sein Interesse maßgeblich, die Auskunft nicht erteilen zu müssen. Dabei stellt der BGH – abgesehen von dem Fall eines besonderen Geheimhaltungsinteresses – auf den Aufwand an Zeit und Kosten ab, den die Erteilung der geschuldeten Auskunft erfordert (BGH GSZ, FamRZ 1995, 349; BGH, FamRZ 2012, 24; Beschl. v. 14.05.2014 Az. XII ZR 487/13 -Tz 6-).

812

Ein **Geheimhaltungsinteresse** des zur Auskunft Verpflichteten kann erheblich sein; dieses muss allerdings substantiiert dargelegt und erforderlichenfalls glaubhaft werden, ebenso wie der Umstand, dass durch die Erteilung der Auskunft ein konkreter Nachteil droht; dazu gehört auch, dass gerade in der Person des die Auskunft Begehrenden die Gefahr begründet sein muss, dieser werde von den ihm gegenüber offenbarten Tatsachen über den Rechtsstreit hinaus in einer Weise Gebrauch machen, die die schützenswerten wirtschaftlichen Interessen des zur Auskunft Verpflichteten gefährden könnten (BGH, Beschl. v. 09.04.2014 Az. XII ZB 565/13 -Tz 11-).

Das Geheimhaltungsinteresse ist bei der Wertbemessung nur dann zu berücksichtigen, wenn es (noch) besteht; mit der Erteilung der Auskunft hat es sich i.d.R. erledigt (BGH, FamRZ 2013, 105, 106).

Der eigene Zeitaufwand des Auskunftspflichtigen ist entsprechend der für Zeugen geltenden Regelung des § 22 JVEG zu bemessen, d.h. mit maximal 17 € pro Stunde (BGH, FamRZ 2012, 299; BGH, FamRZ 2012, 1555). Dies gilt auch, wenn der Auskunftspflichtige Rechtsanwalt ist, sich die Auskunft jedoch auf eine private Tätigkeit bezieht (BGH, FamRZ 2012, 299; BGH, FamRZ 2013, 105, 106), jedenfalls dann, wenn auch kein durch die Auskunftserteilung verursachter Verdienstausfall ersichtlich ist (BGH, FamRZ 2013, 105, 106).

Der Aufwand für **Hilfspersonen** (BGH, FamRZ 2009, 594, 595: Steuerberater) ist nur dann zu berücksichtigen, wenn deren Einsatz zur Auskunftserteilung notwendig ist (BGH, FamRZ 2005, 104; BGH, FuR 2012, 482; BGH, FamRZ 2012, 1555; Beschl. v. 14.05.2014 Az. XII ZR 487/13 -Tz 14-).

813

Ist die Auskunftsverpflichtung **nicht vollstreckungsfähig**, etwa weil sie zu unbestimmt (BGH, FamRZ 2002, 666) oder auf eine unmögliche Leistung gerichtet (BGH, FamRZ 2009, 495, 496) ist, – aber auch nur dann – sind die mit der Abwehr der ungerechtfertigten Zwangsvollstreckung verbundenen Kosten maßgeblich (BGH, FamRZ 2012, 1555, 1556).

814

Klage und Widerklage sind zusammenzurechnen, soweit sie sich nicht auf wirtschaftlich identische Streitgegenstände beziehen; § 5 Halbs. 2 ZPO (keine Addition) gilt für die Rechtsmittelbeschwer nicht (BGH, NJW 1994, 3292; Musielak/*Ball* ZPO § 511 Rn. 30; Zöller/*Heßler* § 511 Rn. 22).

815

Maßgeblicher Zeitpunkt für die Beurteilung ist der **Zeitpunkt der Einlegung** des Rechtsmittels, vgl. § 34 FamGKG, spätere Änderungen lassen die Zulässigkeit des Rechtsmittels grds. nicht mehr entfallen (BGH, FamRZ 2009, 495, 496; Prütting/Helms/*Abramenko* § 61 Rn. 5).

816

Dies gilt aber nicht, wenn die Verringerung auf einer freien Entscheidung des Rechtsmittelführers beruht, wie etwa einer teilweisen Rücknahme des Rechtsmittels (BGH, NJW-RR 2002, 1435; Koch/*Kamm* Rn. 7137; Schulte-Bunert/Weinreich/*Unger* § 61 Rn. 9), z.B. nach teilweiser Versagung von Verfahrenskostenhilfe (Schulte-Bunert/Weinreich/*Unger* § 61 Rn. 9).

817

(2) Zulassung der Beschwerde

Übersteigt der Beschwerdegegenstand nicht 600,00 €, ist die Beschwerde zulässig, wenn das FamG sie zugelassen hat, § 61 Abs. 2 FamFG.

818

Das FamG lässt die Beschwerde nach § 61 Abs. 3 FamFG zu, wenn
1. die Rechtssache grundsätzliche Bedeutung hat oder die Fortbildung des Rechts oder die Sicherung einer einheitlichen Rechtsprechung eine Entscheidung des Beschwerdegerichts erfordert und

819

2. der Beteiligte durch den Beschluss mit nicht mehr als 600,00 € beschwert ist. Über die Zulassung der Beschwerde ist vom Amtsgericht im Ausgangsbeschluss zu entscheiden. Enthält dieser keinen ausdrücklichen Ausspruch zur Zulassung, ist das Rechtsmittel nicht zugelassen (BGH, FamRZ 2012, 961; Keidel/*Meyer-Holz* § 61 Rn. 36). Die nachträgliche Zulassung der Beschwerde durch das Amtsgericht ist grundsätzlich unwirksam.

Die Zulassung der Beschwerde kann – auch vom Rechtsmittelgericht – noch nachgeholt werden, wenn das erstinstanzliche Gericht ersichtlich davon ausgegangen ist, dass ein Rechtsmittel auch ohne Zulassung statthaft ist (BGH, FamRZ 2011, 882; BGH, FamRZ 2012, 961; BGH, Beschl. v. 09.04.2014 Az. XII ZB 565/13).

Außerdem kann die Entscheidung durch Beschluss berichtigt werden, wenn das Gericht das Rechtsmittel zulassen wollte und dies nur versehentlich unterblieben ist, wobei dieses Versehen nach außen hervorgetreten und selbst für Dritte ohne Weiteres deutlich sein muss (BGH, FamRZ 2012, 961).

820 Das **Beschwerdegericht** ist gem. § 61 Abs. 3 Satz 2 FamFG an die Zulassung **gebunden**.

821 Die Nichtzulassung ist nicht anfechtbar (*Haußleiter* FamFG § 61 Rn. 6; MüKo/*Fischer* § 61 FamFG Rn. 36).

cc) Frist

822 Die **Beschwerdefrist** beträgt einen Monat, § 63 FamFG.

823 Sie **beginnt** grds. mit der **schriftlichen Bekanntgabe** an die Beteiligten, § 63 Abs. 3 Satz 1 FamFG.

824 Auch wenn § 41 FamFG nach § 113 Abs. 1 Satz 1 FamFG nicht gilt, sondern gem. § 113 Abs. 1 Satz 2 FamFG die Vorschriften der ZPO anzuwenden sind, kann schriftliche Bekanntgabe m. E. entsprechend § 41 Abs. 1 Satz 2 FamFG nur Zustellung bedeuten (MüKo/*Fischer* § 63 Rn. 8; s. a. Bork/Jacoby/Schwab/*Müther* § 63 Rn. 8.1; vgl. BGH, FamRZ 2012, 106). Nach anderer Auffassung ist eine förmliche Zustellung nicht erforderlich (Prütting/Helms/*Abramenko* § 63 Rn. 6 und § 41 Rn. 13).

825 Kann die schriftliche Bekanntgabe an einen Beteiligten nicht bewirkt werden, beginnt die Frist gem. § 63 Abs. 3 Satz 2 FamFG spätestens mit Ablauf von 5 Monaten nach Erlass des Beschlusses.

826 Der Begriff Erlass ist in § 38 Abs. 3 Satz 3 FamFG als Übergabe des Beschlusses an die Geschäftsstelle oder Verlesen der Beschlussformel definiert.

827 Der BGH verlangt für die Zustellung nach der ZPO die Zustellung einer Ausfertigung und nicht nur einer beglaubigten Abschrift (BGH, FamRZ 2010, 1246; ebenso Zöller/*Vollkommer* § 317 ZPO Rn. 4; a. A. MüKo/*Rimmelspacher* § 517 ZPO Rn. 9; Thomas/Putzo/*Reichold* § 517 Rn. 2). Ausfertigung ist die in gesetzlich bestimmter Form gefertigte Abschrift, die dem Zweck dient, die bei den Akten verbleibende Urschrift nach außen zu vertreten. Sie soll dem Zustellungsempfänger die Gewähr der Übereinstimmung mit der bei den Akten verbleibenden Urteilsurschrift bieten. Der Ausfertigungsvermerk bezeugt als eine besondere Art der Beurkundung, dass die Ausfertigung mit der Urschrift des Urteils übereinstimmt und sie muss von einem Urkundsbeamten der Geschäftsstelle unterschrieben und mit dem Gerichtssiegel versehen sein, § 317 Abs. 4 ZPO.

dd) Einlegung der Beschwerde und Anforderungen an die Beschwerdeschrift

(1) Adressat

828 Die **Beschwerde** ist gem. §§ 113 Abs. 1 Satz 1, 64 Abs. 1 FamFG bei dem Gericht einzulegen, dessen Beschluss angefochten wird.

Während bis dahin streitig war, wo der Antrag auf Bewilligung von Verfahrenskostenhilfe für eine beabsichtigte Beschwerde einzureichen ist, hat der Gesetzgeber zum 01.01.2013 klargestellt, dass Anträge auf Bewilligung von Verfahrenskostenhilfe für eine beabsichtigte Beschwerde bei dem Gericht einzulegen sind, dessen Beschluss angefochten werden soll, § 64 Abs. 1 Satz 2 FamFG.

829

(2) Form

Die Einlegung der Beschwerde erfolgt gem. § 64 Abs. 2 Satz 1 FamFG durch **Einreichung** einer **Beschwerdeschrift**. Die nach § 64 Abs. 2 Satz 1 FamFG ansonsten mögliche Einlegung zur Niederschrift der Geschäftsstelle wird für Familienstreitsachen und damit Unterhaltssachen in § 64 Abs. 2 Satz 2 FamFG ausgeschlossen.

830

Die Beschwerde muss die **Bezeichnung** des **angefochtenen Beschlusses** sowie die Erklärung enthalten, **dass Beschwerde** gegen diesen Beschluss **eingelegt** wird, § 64 Abs. 2 Satz 2 FamFG.

831

Sie ist von dem bevollmächtigten **Anwalt** zu **unterzeichnen**, § 64 Abs. 2 Satz 4 FamFG.

832

Entsprechend §§ 68 Abs. 3 Satz 1 i. V. m. 14 Abs. 2 Satz 1 FamFG kann die Beschwerde auch per elektronischem Dokument eingelegt werden, und § 130a Abs. 1 und 3 ZPO gilt entsprechend § 14 Abs. 2 Satz 2 FamFG (Prütting/Helms/*Abramenko* § 64 Rn. 7; Schulte-Bunert/Weinreich/*Unger* § 64 Rn. 19).

833

Die Einlegung kann auch per **Telefax** erfolgen (Prütting/Helms/*Abramenko* § 64 Rn. 7; vgl. BVerfG, NJW 1996, 2857).

834

Die Übersendung per **E-Mail** reicht nur, wenn den Voraussetzungen von § 130a ZPO genügt ist (BGH, FamRZ 2009, 319), also wenn die E-Mail für die Bearbeitung durch das Gericht geeignet ist, § 130a Abs. 1 Satz 1 ZPO, was Bundes- und Landesregierungen für ihren jeweiligen Bereich durch Rechtsverordnung bestimmen können, § 130a Abs. 2 ZPO.

835

Wird eine im Original unterschriebene Beschwerde als **Anhang zu einer E-Mail** in Form einer Bilddatei übermittelt, stellt deren Ausdruck – nicht die Bilddatei – ein schriftliches Dokument dar, das nur elektronisch übermittelt worden war und bei dem das Unterschrifterfordernis des § 130 Nr. 6 ZPO gewahrt ist, wenn das ausgedruckte Dokument mit der in Kopie wiedergegebenen Unterschrift des Verfahrensbevollmächtigten abschließt (zur Berufungsbegründung: BGH, NJW 2008; 2649, 2650; BGH, FamRZ 2009, 319).

836

(3) Bedingungsfeindlichkeit

Die Beschwerde muss **unbedingt** eingelegt werden und darf insb. nicht unter der Bedingung der Bewilligung von Verfahrenskostenhilfe erhoben werden (BGH, Beschl. v. 14.05.2014 Az. XII ZB 689/13; Zöller/*Feskorn* § 64 FamFG Rn. 9; Bork/Jacoby/Schwab/*Müther* § 64 Rn. 5.1; Prütting/Helms/*Abramenko* § 64 Rn. 19).

837

Möglich ist die Beantragung von VKH für eine beabsichtigte Beschwerde, die dann nach deren Bewilligung einzulegen ist, verbunden mit dem Antrag auf Wiedereinsetzung in die vorigen Stand in Bezug auf die versäumte Frist nach § 113 Abs. 1 Satz 2 FamFG i. V. m. § 234 ZPO.

838

Streitig war, bei welchem Gericht der Verfahrenskostenhilfeantrag für eine Beschwerde zu stellen ist, die nur bei Bewilligung der Verfahrenskostenhilfe durchgeführt werden soll. § 64 Abs. 1 Satz 2 FamFG hat dies dahin geklärt, dass Anträge auf Bewilligung von Verfahrenskostenhilfe für eine beabsichtigte Beschwerde bei dem Gericht einzulegen sind, dessen Beschluss angefochten werden soll.

Wenn die gesetzlichen Anforderungen an eine Beschwerdeschrift oder eine Beschwerdebegründung erfüllt sind, kommt die **Auslegung**, dass der Schriftsatz nicht als unbedingte Beschwerde oder Beschwerdebegründung bestimmt war, nur dann in Betracht, wenn sich dies aus den Begleitumständen mit einer jeden vernünftigen Zweifel ausschließenden Deutlichkeit ergibt (BGH, Beschl. v. 14.05.2014 Az. XII ZB 689/13).

Bei der Auslegung ist allein der objektive Erklärungswert entscheidend, der dem Rechtsmittelgericht innerhalb der Rechtsmittelfrist erkennbar war, spätere »klarstellende« Erklärungen können dagegen nicht berücksichtigt werden (BGH, FamRZ 2012, 962, 963).

839 Es ist zulässig, die Entscheidung nur teilweise anzufechten, z. B. soweit höherer Unterhalt als ein bestimmter Betrag, der hingenommen werden soll, zuerkannt worden ist. Die **Beschränkung** kann sowohl in der Beschwerdeschrift selbst erfolgen als auch in ihrer Begründung (Musielak/*Borth* FamFG § 64 Rn. 4).

Muster: Beschwerdeeinlegung

840 An das

Amtsgericht

– Familiengericht –

.....[1]

Beschwerde

In der Familiensache

...../.....

Verfahrensbevollmächtigte[2]

Aktenzeichen: ..... F ...../.....

wegen: Trennungsunterhalt

lege ich namens und in Vollmacht der Antragstellerin/des Antragstellers Beschwerde gegen den Beschluss vom ..... ein.[3]

Unterschrift Rechtsanwalt[4]

1. Gericht. Die Beschwerde ist gem. §§ 113 Abs. 1, 64 Abs. 1 FamFG bei dem Gericht einzulegen, dessen Beschluss angefochten wird.

2. Anwaltszwang. Die Beschwerde unterliegt dem Anwaltszwang.

3. Bezeichnung des angefochtenen Beschlusses. Sie muss die Bezeichnung des angefochtenen Beschlusses sowie die Erklärung enthalten, dass Beschwerde gegen diesen Beschluss eingelegt wird, § 64 Abs. 2 Satz 3 FamFG.

4. Unterzeichnung. Sie ist von dem bevollmächtigten Anwalt zu unterzeichnen, § 64 Abs. 2 Satz 4 FamFG.

ee) Antrag, Begründung und Begründungsfrist

841 Gem. §§ 112, 117 Abs. 1 Satz 1 FamFG hat der Beschwerdeführer zur Begründung der Beschwerde einen bestimmten Sachantrag zu stellen und diesen zu **begründen.**

Der Beschwerdeführer muss in der Beschwerdebegründung darlegen, in welchem Umfang er die erstinstanzliche Entscheidung angreifen will und wie er den Angriff begründet. Auch wenn § 117 Abs. 1 Satz 4 FamFG nicht auf § 520 Abs. 3 Satz 2 ZPO verweist, können für den notwendigen Inhalt der Beschwerdebegründung im Wesentlichen die Anforderungen herangezogen werden, die für eine Berufungsbegründung nach dieser Vorschrift gelten (BGH, FamRZ 2012, 1205, 1206; Prütting/Helms/*Feskorn* § 117 Rn. 23; in Schulte-Bunert/Weinreich/*Unger* § 117 Rn. 19).

Ein förmlicher Antrag ist nicht zwingend **erforderlich**, es reicht, wenn aus der Beschwerdeschrift, der Beschwerdebegründung oder anderen innerhalb der Begründungsfrist eingereichten Schriftsätze des Beschwerdeführers eindeutig zu entnehmen ist, in welchem Umfang die erstinstanzliche Entscheidung angegriffen wird und welche Abänderungen erstrebt werden (BGH, FamRZ 2012, 962, 963; BGH, FamRZ 2012, 1205, 1206).

Die Begründung ist beim Beschwerdegericht, also dem OLG, einzureichen, § 117 Abs. 1 Satz 2 FamFG.

842

Die **Frist** zur Begründung der Beschwerde beträgt 2 Monate und beginnt mit der schriftlichen Bekanntgabe des Beschlusses, spätestens mit Ablauf von 5 Monaten nach Erlass des Beschlusses, § 117 Abs. 1 Satz 2 FamFG.

843

§ 520 Abs. 2 Satz 2 und 3 ZPO gilt gem. § 117 Abs. 1 Satz 3 FamFG entsprechend.

844

Die Frist kann dementsprechend auf Antrag von dem Vorsitzenden **verlängert** werden, und zwar um **bis zu einem Monat ohne Einwilligung** des Gegners, wenn nach freier Überzeugung des Vorsitzenden der Rechtsstreit durch die Verlängerung nicht verzögert wird oder wenn der Berufungskläger erhebliche Gründe darlegt, § 520 Abs. 2 Satz 1 und 3 ZPO. Eine **darüber hinausgehende Verlängerung** ist **nur mit Einwilligung** des Gegners möglich, § 520 Abs. 2 Satz 2 ZPO, selbst wenn erhebliche Gründe i. S. v. § 520 Abs. 2 Satz 3 ZPO dargelegt sind.

Die Anforderungen an die Berufungsbegründung nach bisherigem Recht gelten auch hier (BGH, FamRZ 2012, 1205, 1206; Prütting/Helms/*Feskorn* § 117 Rn. 23).

845

Die schriftliche (§ 520 Abs. 3 Satz 1 ZPO) **Beschwerde muss somit enthalten:**
1. die Erklärung, inwieweit der Beschluss angefochten wird und welche Abänderungen des Beschlusses beantragt werden (Beschwerdeanträge);
2. die Bezeichnung der Umstände, aus denen sich die Rechtsverletzung und deren Erheblichkeit für die angefochtene Entscheidung ergibt;
3. die Bezeichnung konkreter Anhaltspunkte, die Zweifel an der Richtigkeit oder Vollständigkeit der Tatsachenfeststellungen im angefochtenen Beschluss begründen. Bei **mehreren selbstständigen Ansprüchen** müssen sich die Beschwerdegründe ebenso auf alle angefochtenen Teile des Beschlusses erstrecken (Prütting/Helms/*Feskorn* § 117 Rn. 24; zur Berufungsbegründung BGH, NJW-RR 2007, 414, 415) wie bei einem teilbaren Streitgegenstand (BGH, NJW-RR 2006, 1044, 1046); die Beschwerde ist bezüglich des nicht begründeten Teils andernfalls unzulässig.

Entsprechendes gilt, wenn ein Klageantrag aus mehreren voneinander unabhängigen Gründen zurückgewiesen wurde (BGH, NJW-RR 2007, 414, 415).

Eine Überprüfung der Entscheidung von Amts wegen findet nicht statt, und der Beschwerdeführer muss durch einen obligatorischen Sachantrag klarstellen, in welchem Umfang er die erstinstanzliche Entscheidung angreift und welche Gründe er hierfür ins Feld führt (BT-Drucks. 16/6308, S. 225).

846

Die Beschränkung der Anfechtung ist auch noch i. R. d. Begründung möglich, allerdings nur innerhalb der Begründungsfrist.

847

Muster: Formular Beschwerdebegründung

848   An das

Oberlandesgericht

.....[1]

[Datum][2]

In der Familiensache

...../.....

Verfahrensbevollmächtigte[3]

Aktenzeichen 1. Instanz: ..... F ...../.....

wegen: Trennungsunterhalt

beantrage ich namens und in Vollmacht des Antragsgegners:[4]
1. Der Beschluss des Amtsgerichts – Familiengericht – ..... vom ..... wird dahin abgeändert, dass der Antrag, den Antragsgegner zur Zahlung von Unterhalt zu verpflichten, zurückgewiesen wird, soweit der Antragsgegner verpflichtet worden ist, höheren Unterhalt als monatlich 200,00 € zu zahlen.[5, 6]
2. Die Antragstellerin trägt die Kosten des Verfahrens.[7]
3. Die Vollstreckung der angefochtenen Entscheidung wird eingestellt.[8]

Begründung:[9]

Das Amtsgericht hat den Antragsgegner zu Unrecht verpflichtet, der Antragstellerin höheren Unterhalt als monatlich 200,00 € zu zahlen. Er ist insoweit nicht leistungsfähig.[10]

Unterschrift Anwalt[11]

1. Gericht. Die Begründung ist beim Beschwerdegericht, also dem OLG, einzureichen, § 117 Abs. 1 Satz 2 FamFG.

2. Frist. Die Frist zur Begründung der Beschwerde beträgt 2 Monate und beginnt mit der schriftlichen Bekanntgabe des Beschlusses, spätestens mit Ablauf von 5 Monaten nach Erlass des Beschlusses, § 117 Abs. 1 Satz 2 FamFG. § 520 Abs. 2 Satz 2 und 3 ZPO (Fristverlängerung, s. Rdn. 844) gilt gem. § 117 Abs. 1 Satz 3 FamFG entsprechend.

3. Anwaltszwang. Die Beschwerdebegründung unterliegt dem Anwaltszwang.

4. Sachantrag. Gem. §§ 112, 117 Abs. 1 Satz 1 FamFG hat der Beschwerdeführer einen bestimmten Sachantrag zu stellen und diesen zu begründen. Eine Überprüfung der Entscheidung von Amts wegen findet nicht statt, und der Beschwerdeführer muss durch einen Sachantrag klarstellen, in welchem Umfang er die erstinstanzliche Entscheidung angreift und welche Gründe er hierfür geltend macht. Eines förmlichen Antrages bedarf es allerdings insoweit nicht (BGH, FamRZ 2012, 962, 963).

5. Abänderung. Es sollte die Formulierung Änderung oder Abänderung und nicht Aufhebung verwendet werden, um einer Verwechslung mit einem Antrag nach § 117 Abs. 2 Dstz 1 FamFG i. V. m. § 538 Abs. 2 ZPO vorzubeugen.

6. Teilweise Anfechtung. Die Beschränkung der Anfechtung ist auch noch i. R. d. Begründung möglich, allerdings nur innerhalb der Begründungsfrist.

7. Kosten. Nach § 113 Abs. 1 Satz 1 und 2 FamFG finden nicht §§ 80 ff. FamFG, sondern die Vorschriften der ZPO Anwendung, die wiederum durch die Sonderregelung des § 243 FamFG verdrängt werden. Danach entscheidet das Gericht über die Verteilung der Kosten abweichend von den Vorschriften der ZPO in Unterhaltssachen nach billigem Ermessen, § 243 Abs. 1 Satz 1 FamFG.

Auch die Regelungen der §§ 97 ff. ZPO werden durch § 243 FamFG verdrängt (Schulte-Bunert/ Weinreich/*Klein* § 243 Rn. 1). S. i. Ü. Rdn. 282–287.

8. Einstellung der Vollstreckung. Gem. § 64 Abs. 3 FamFG kann das Beschwerdegericht die Vollziehung des angefochtenen Beschlusses durch einstweilige Anordnung aussetzen. Die Entscheidung steht im pflichtgemäßen Ermessen des Beschwerdegerichts. Außerdem besteht m. E. die Möglichkeit, auf Antrag die Einstellung der Zwangsvollstreckung durch Beschluss nach § 120 Abs. 2 Satz 3 FamFG anzuordnen (s. Rdn. 884 ff.).

9. Begründung. S. Rdn. 841 ff.

10. Leistungsfähigkeit. S. Rdn. 569–584.

11. Unterzeichnung. Sie ist von dem bevollmächtigten **Anwalt** zu unterzeichnen.

ff) Erweiterung von Beschwerde und Erweiterung des Klageantrags in zweiter Instanz

Die Erweiterung der Beschwerde ist von der Erweiterung des Klageantrags in zweiter Instanz zu unterscheiden (Wendl/*Schmitz* § 10 Rn. 528; Koch/*Kamm* Rn. 7145; vgl. BGH, FamRZ 2006, 402 zur Berufungserweiterung und Klageerweiterung). | 849

Das FamFG enthält besondere Vorschriften für die Beschwerdeerweiterung nur in Bezug auf die Verbundentscheidung in § 145 FamFG; s. hierzu Rdn. 867 ff. | 850

Ein Rechtsmittel ist nur zulässig, wenn der in erster Instanz erhobene Klageanspruch wenigstens teilweise weiter verfolgt wird, die Richtigkeit der erstinstanzlichen Entscheidung also infrage gestellt und nicht nur im Wege der Klageänderung ein neuer, bisher nicht geltend gemachter Anspruch zur Entscheidung gestellt wird (BGH, NJW 1994, 3358; BGH, FamRZ 2012, 785, 786 f.), wobei es auch nicht genügt, wenn der bisherige Antrag als Hilfsantrag teilweise weiterverfolgt wird (BGH, NJW 1999, 2118 in Aufgabe von BGH, NJW 1996, 320). Gegenstand des Beschwerdeverfahrens kann somit grds. nur der Verfahrensgegenstand sein, über den im ersten Rechtszug entschieden worden ist (BGH, FamRZ 2011, 367). Das ergibt sich aus dem Wesen des Rechtsmittelverfahrens, das notwendigerweise keine andere Angelegenheit betreffen darf als die, die Gegenstand der angefochtenen Entscheidung gewesen ist. (BGH, FamRZ 2011, 367; Keidel/*Sternal* § 68 Rn. 88). | 851

Nach allgemeinen Grundsätzen muss der zusätzliche Streitgegenstand zudem grds. von einer ordnungs- insb. fristgemäßen Beschwerdebegründung erfasst sein (vgl. BGH, NJW 1991, 1683 zur Berufung). | 852

Liegen diese Voraussetzungen vor, ist eine Beschwerdeerweiterung zeitlich bis zur letzten mündlichen Verhandlung möglich (BGH, FamRZ 1986, 254, 255 f.; BGH, FamRZ 1990, 260; Rosenberg/ Schwab/*Gottwald* § 136 Rn. 41; MüKo/*Rimmelspacher* § 520 ZPO Rn. 36). | 853

Fehlt dagegen in Bezug auf den weiteren Streitgegenstand eine ausreichende fristgerechte Beschwerdebegründung, ist eine Erweiterung des Rechtsmittels grds. ausgeschlossen (Koch/*Kamm* Rn. 7145; vgl. MüKo/*Rimmelspacher* § 520 ZPO Rn. 36). | 854

Eine Ausnahme gilt nach herrschender Meinung, wenn nach Ablauf der Begründungsfrist Gründe entstehen, die eine Abänderungsklage ermöglichen (Wendl/*Schmitz* § 10 Rn. 529; Koch/*Kamm* Rn. 7145; Prütting/Helms/*Feskorn* § 117 Rn. 28; vgl. BGH, FamRZ 1986, 895 zur ZPO). | 855

Eine **Erweiterung** des Antrags i. S. d. früheren Klageantrags in der Beschwerdeinstanz setzt zunächst grds. ein zulässiges Rechtsmittel, insb. eine Beschwer, voraus (BGH, FamRZ 2006, 402). | 856

Auf § 533 ZPO nimmt § 117 FamFG sodann bewusst (BT-Drucks. 16/6308, S. 224) keinen Bezug, sodass im FamFG-Verfahren gem. § 113 Abs. 1 Satz 2 FamFG die entsprechenden Vorschriften der ZPO zur ersten Instanz (§§ 263 ff. ZPO) Anwendung finden. | 857

858 Nach § 263 ZPO ist eine Änderung der Klage zulässig, wenn der Beklagte einwilligt oder das Gericht sie für sachdienlich erachtet.

859 Dabei ist es gem. § 264 ZPO nicht als eine Änderung der Klage anzusehen, wenn ohne Änderung des Klagegrundes
1. die tatsächlichen oder rechtlichen Anführungen ergänzt oder berichtigt werden;
2. der Klageantrag in der Hauptsache oder in Bezug auf Nebenforderungen erweitert oder beschränkt wird;
3. statt des ursprünglich geforderten Gegenstandes wegen einer später eingetretenen Veränderung ein anderer Gegenstand oder das Interesse gefordert wird.

Unter Nr. 2 fällt die Geltendmachung einer betragsmäßig höheren Unterhaltrente (Musielak/*Foerste* ZPO § 264 Rn. 3). Auch die Erweiterung auf einen längeren Zeitraum soll hierunter fallen, soweit nicht ein »ganz anderer« Zeitraum einbezogen wird (Musielak/*Foerste* ZPO § 264 Rn. 3), wobei nicht ganz klar scheint, was dies bedeuten soll.

Auch die Erweiterung des Auskunftsbegehrens nach § 1605 BGB auf einen weiteren Zeitraum ist nicht als Klageänderung anzusehen (MüKo/*Becker-Eberhard* § 264 ZPO Rn. 13 m.w.N.).

gg) Anschlussrechtsmittel

860 Ein Beteiligter kann sich der Beschwerde anschließen, selbst wenn er auf die Beschwerde verzichtet hat oder die Beschwerdefrist verstrichen ist, § 66 Satz 1 Halbs. 1 FamFG.

861 Die Anschließung erfolgt durch **Einreichung** der **Anschlussschrift beim Beschwerdegericht**, § 66 Satz 1 Halbs. 2 FamFG.

862 Die **Anschließung verliert ihre Wirkung**, wenn die **Beschwerde zurückgenommen** oder als unzulässig verworfen wird, § 66 Satz 2 FamFG.

863 Während die Anschlussberufung gem. § 524 ZPO in der Anschlussberufung **begründet** werden muss, § 524 Abs. 3 Satz 1 ZPO, gilt für die Anschlussbeschwerde lediglich die Regelung des § 65 Abs. 1 FamFG, nach dem die Beschwerde begründet werden soll, entsprechend (Prütting/Helms/ *Abramenko* § 66 Rn. 10; Schulte-Bunert/Weinreich/*Unger* § 66 Rn. 18; anders Prütting/Helms/*Feskorn* § 117 Rn. 37: muss begründet werden; wiederum anders MüKo/*Koritz* § 66 Rn. 5: kein Begründungszwang; noch anders Musielak/*Borth* FamFG § 66 Rn. 8: Schriftsatz muss nur erkennen lassen, dass eine Änderung zulasten des Beschwerdeführers begehrt wird).

864 Gem. § 117 Abs. 2 Satz 1 FamFG findet im FamFG-Verfahren § 524 Abs. 2 Satz 3 ZPO entsprechende Anwendung. § 524 Abs. 2 Satz 3 ZPO enthält eine spezielle Reglung für den Fall der Verurteilung zu künftig fällig werdenden wiederkehrenden Leistungen, also insb. Unterhaltszahlungen. Hier ist die Anschließung an eine gegnerische Berufung abweichend von der Regelung nach § 524 Abs. 2 Satz 2 ZPO **bis zum Schluss der letzten mündlichen Verhandlung** des Berufungsverfahrens möglich.

865 Dies setzt nach der Rechtsprechung des BGH nicht voraus, dass die zur Begründung vorgetragenen Umstände erst nach der letzten mündlichen Verhandlung in erster Instanz entstanden sind (BGH, FamRZ 2009, 579; dem BGH im Ergebnis mit anderer Begründung zustimmend Wendl/*Schmitz* § 10 Rn. 594).

866 Bei dem Anschlussrechtsmittel gilt eine **Ausnahme von der Bedingungsfeindlichkeit** des Rechtsmittels insofern, als der Beschwerdegegner die Anschließung von dem Erfolg oder Misserfolg seines Antrages auf Zurückweisung der gegnerischen Beschwerde (von einem sonstigen »innerprozessualen« Vorgang) abhängig machen kann, dessen Eintritt oder Ausfall bis zur sachlichen Entscheidung über die Beschwerde feststeht (Hilfsanschlussbeschwerde) (BGH, FamRZ 2013, 853, 855).

hh) Rechtsmittelerweiterung im Verbundverfahren

Ist im Verbundverfahren über die Scheidung und Folgesachen eine einheitliche Entscheidung nach § 142 FamFG ergangen, können Teile der einheitlichen Entscheidung, die eine andere Familiensache betreffen, durch Erweiterung des Rechtsmittels oder im Wege der Anschließung nur bis zum Ablauf eines Monats nach Zustellung der Rechtsmittelbegründung angefochten werden; bei mehreren Zustellungen ist die letzte maßgeblich, § 145 Abs. 1 FamFG.   867

Die Vorschrift ermöglicht und begrenzt Rechtsmittel ggü. Entscheidungen **nur in anderen Folgesachen** (Zöller/*Philippi* § 145 FamFG Rn. 4).   868

Ist eine Verbundentscheidung nur teilweise angefochten, so können Teile der Entscheidung, die eine andere Familiensache betreffen, durch Erweiterung des Rechtsmittels oder im Wege der Anschließung an das Rechtsmittel nur noch bis zum Ablauf eines Monats nach Zustellung der Rechtsmittelbegründung angefochten werden, § 145 Abs. 1 Halbs. 1 FamFG.   869

Will der Führer des Hauptrechtsmittels dieses auf eine andere Folgesache nach Ablauf der Rechtsmittelbegründungsfrist erweitern, ist dies nur zulässig, wenn sich aus der Begründung des zunächst eingelegten Rechtsmittels die Gründe für die Beschwerde gegen eine dabei zunächst nicht angegriffene Folgesache ergeben (Musielak/*Borth* FamFG § 145 Rn. 2; Keidel/*Weber* § 145 Rn. 7; vgl. BGH, FamRZ 1986, 254, 256). Der Hauptrechtsmittelführer erhält kein zusätzliche Begründungs-, sondern nur eine weitere Überlegungsfrist (vgl. MüKo/*Finger* § 629a ZPO Rn. 33).   870

Wird in der Monatsfrist des § 145 Abs. 1 FamFG eine Abänderung beantragt, verlängert sich die Frist um einen weiteren Monat, § 145 Abs. 2 Satz 1 FamFG.   871

§ 145 FamFG ermöglicht eine Gegenanschließung (Prütting/*Helms* § 145 Rn. 9; Zöller/*Philippi* § 145 FamFG Rn. 6). Für das ZPO-Verfahren hatte der BGH dies abgelehnt (BGH, FamRZ 1986, 455).   872

ii) Gang des Beschwerdeverfahrens

Das FamFG sieht, wie schon die ZPO, keine **Abhilfe** des FamG vor, § 68 Abs. 1 Satz 2 FamFG verbietet sie ausdrücklich.   873

Gem. § 117 Abs. 1 Satz 3 FamFG i. V. m. § 522 Abs. 1 Satz 1 ZPO ist zunächst die Statthaftigkeit und sonstige Zulässigkeit des Rechtsmittels zu prüfen, und das Gericht hat das Rechtsmittel als **unzulässig zu verwerfen**, wenn es hieran fehlt, § 117 Abs. 1 Satz 3 FamFG i. V. m. § 522 Abs. 1 Satz 2 ZPO.   874

Die ZPO gibt in § 522 Abs. 2 die Möglichkeit, die Berufung bei, unter anderem, fehlender Aussicht auf Erfolg durch einstimmigen Beschluss **zurückzuweisen**, wobei hierauf zuvor durch den Senat oder den Vorsitzenden hingewiesen werden muss, § 522 Abs. 2 Satz 2 ZPO.   875

Auf § 522 Abs. 2 ZPO verweist § 117 Abs. 1 Satz 3 FamFG nicht, wobei aus der Gesetzesbegründung nicht ersichtlich wird, ob absichtlich oder nicht. Die Vorschrift ist nach ganz herrschender Meinung weder direkt noch analog anwendbar (Schulte-Bunert/Weinreich/*Unger* § 117 Rn. 42; MüKo/*Fischer* § 117 FamFG Rn. 22; Musielak/*Borth* FamFG § 117 Rn. 20; a. A. OLG Karlsruhe, FamRZ 2011, 232; unklar Keidel/*Weber* § 117 Rn. 10).

Allerdings kann gem. § 68 Abs. 3 Satz 2 FamFG von der Durchführung eines Termins und einer mündlichen Verhandlung abgesehen werden, wenn diese im ersten Rechtszug vorgenommen wurde und von einer erneuten Vornahme keine zusätzlichen Erkenntnisse zu erwarten sind; das Ergebnis des § 522 Abs. 2 ZPO soll so erreicht werden können (BT-Drucks. 16/6308, S. 412; Musielak/*Borth* FamFG § 117 Rn. 20). Soll entsprechend verfahren werden, muss das Gericht die Beteiligten zuvor darauf hinweisen, § 117 Abs. 3 FamFG. Der Hinweis muss durch den Senat, nicht nur den Vorsitzenden erfolgen (Schulte-Bunert/Weinreich/*Unger* § 117 Rn. 40; a. A. Zöller/*Feskorn* § 68 Rn. 15)   876

Eine (erneute) Güteverhandlung ist nicht erforderlich, § 117 Abs. 2 Satz 2 FamFG.   877

jj) Tatsachenfeststellung

878   In Unterhaltssachen können Angriffs- und Verteidigungsmittel, die nicht rechtzeitig vorgebracht werden, zurückgewiesen werden, wenn ihre Zulassung nach der freien Überzeugung des Gerichts die **Erledigung** des Rechtsstreits **verzögern** würde und die Verspätung auf grober Nachlässigkeit beruht, § 115 Satz 1 FamFG.

879   Klageänderung und Widerklage sind keine Angriffs- und Verteidigungsmittel im Sinne dieser Vorschrift (Zöller/*Philippi* FamFG § 115 Rn. 2; MüKo/*Fischer* § 115 FamFG Rn. 7).

880   I. Ü. sind die Angriffs- und Verteidigungsmittel abweichend von den allgemeinen Vorschriften zuzulassen, § 115 Satz 2 FamFG. Dies bedeutet insb., dass § 531 ZPO nicht anwendbar ist, nach dem erstinstanzliche zurückgewiesene Angriffs- und Verteidigungsmittel ausgeschlossen bleiben (Abs. 1) und neue Angriffs- und Verteidigungsmittel nur ausnahmsweise zuzulassen sind (Abs. 2).

881   § 117 FamFG verweist bewusst nicht auf § 529 ZPO (grundsätzliche Tatsachenbindung des Berufungsgerichts) (BT-Drucks. 16/6308, S. 224), die Vorschrift ist auch nicht entsprechend anwendbar (Bork/Jacoby/Schwab/*Löhnig* § 117 Rn. 1; Koch/*Kamm* Rn. 7147).

kk) Besondere Entscheidungen

882   § 538 Abs. 2 ZPO (Zurückverweisung) und §§ 514, 539 ZPO (Anfechtung eines Versäumnisurteils und Versäumnisverfahren) gelten gem. § 117 Abs. 2 FamFG auch beim FamFG-Verfahren.

883   § 522 Abs. 1 Satz 1, 2 und 4 ZPO (Verwerfungsbeschluss bei Unzulässigkeit) findet auch unter dem FamFG Anwendung, § 117 Abs. 2 FamFG, § 522 Abs. 2 ZPO (Zurückweisungsbeschluss bei fehlender Erfolgsaussicht) dagegen nicht (s. Rdn. 875).

ll) Aussetzung der Vollziehung und Einstellung der Zwangsvollstreckung der Entscheidung 1. Instanz

884   Gem. § 64 Abs. 3 FamFG kann das Beschwerdegericht die Vollziehung des angefochtenen Beschlusses durch einstweilige Anordnung aussetzen. Die Entscheidung steht im pflichtgemäßen Ermessen des Beschwerdegerichts.

885   Im Fall des § 719 Abs. 1 ZPO, also nach Einlegung der Beschwerde gegen die Endentscheidung des FamG, kann die Vollstreckung aus dieser Entscheidung – nur – unter den Voraussetzungen der §§ 707, 719 ZPO auf Antrag eingestellt oder beschränkt werden, § 120 Abs. 2 Satz 3 FamFG.

§§ 707, 719 ZPO setzen voraus, dass glaubhaft gemacht ist, dass die Vollstreckung einen nicht zu ersetzenden Nachteil bringen würde, § 719 Abs. 1 Satz 2 ZPO.

Die Zwangsvollstreckung würde dem Schuldner nach Auffassung des BGH zur ZPO einen nicht zu ersetzenden Nachteil bringen, wenn im Fall der Aufhebung oder Abänderung des Vollstreckungstitels der Gläubiger voraussichtlich wegen Mittellosigkeit nicht in der Lage sein wird, den beigetriebenen Geldbetrag zurückzuzahlen (BGH, NJW-RR 2007, 1138; ebenso OLG Bremen, FamRZ 2011, 322; OLG Hamm, FamRZ 2011, 589; zustimmend Prütting/*Helms* § 120 Rn. 11 i. V. m. Rn. 7). Nach strengerer Auffassung ist dies bei Unterhaltsansprüchen allein nicht ausreichend (OLG Brandenburg, FamRZ 2014, 866; Musielak/*Borth* FamFG § 120 Rn. 4; Keidel/*Weber* § 120 Rn. 17).

Nach zutreffender herrschender Meinung sind auch die Erfolgsaussichten des Rechtsmittels zu berücksichtigen (Prütting/*Helms* § 120 Rn. 11; Bork/Jacoby/Schwab/*Löhnig* § 120 Rn. 13; OLG Frankfurt am Main, FamRZ 2010, 1370; a. A. *Schulte-Bunert*/Weinreich § 120 Rn. 4); bei einer aussichtslosen Beschwerde droht kein Nachteil (Prütting/*Helms* § 120 Rn. 11; OLG Hamm, FamRZ 2011, 589).

Wenn schon Beschwerde eingelegt worden ist, ist eine Regelung in der erstinstanzlichen Endent-   886
scheidung nicht mehr möglich. Die Einstellung nach § 120 Abs. 2 Satz 3 FamFG kann daher in
diesem Fall nur vom Beschwerdegericht erfolgen (Prütting/*Helms* § 120 Rn. 11; Musielak/*Borth*
FamFG § 120 Rn. 5). Eine einstweilige Anordnung nach § 64 Abs. 3 FamFG ist insoweit m. E. nicht
erforderlich (a. A. Musielak/*Borth* FamFG § 120 Rn. 5).

Die Entscheidung steht im pflichtgemäßen Ermessen des Gerichts. Sie ergeht durch Beschluss, der   887
nach § 120 Abs. 1 FamFG i. V. m. §§ 707 Abs. 2 Satz 2, 719 Abs. 1 Satz 1 ZPO nicht anfechtbar
(Prütting/*Helms* § 120 Rn. 11; Keidel/*Weber* § 120 Rn. 18), aber zu begründen ist (Hoppenz/*Walter*
§ 120 FamFG Rn. 6).

Die Einstellung gegen Sicherheitsleistung soll nicht in Betracht kommen (Hoppenz/*Walter* § 120   888
FamFG Rn. 6; Keidel/*Weber* § 120 Rn. 14; Prütting/*Helms* § 120 Rn. 8; a. A. *Rasch*, FPR 2010, 150,
152).

Die Entscheidung ergeht gem. § 120 Abs. 2 Satz 3 FamFG nur auf Antrag des Gläubigers. Es ist un-   889
schädlich, wenn ein entsprechender Antrag nicht schon in erster Instanz gestellt wurde (OLG Bremen, FamRZ 2011, 322; Prütting/*Helms* § 120 Rn. 11; Keidel/*Weber* § 120 Rn. 18).

b) Rechtsbeschwerde

Entgegen seiner weiten Überschrift »Rechtsmittel in Ehe- und Familienstreitsachen« ist die Rechts-   890
beschwerde nicht in § 117 FamFG, sondern in den allgemeinen Bestimmungen der §§ 70 ff. FamFG
geregelt.

Die Rechtsbeschwerde soll nach den Vorstellungen des Gesetzgebers den gleichen inhaltlichen und   891
formellen Voraussetzungen wie die Revision nach § 543 ZPO unterliegen und es sollen insoweit
keine Änderungen ggü. dem bisher geltenden Recht eintreten (BT-Drucks. 16/6308, S. 225).

Gem. § 70 Abs. 1 FamFG ist die Rechtsbeschwerde gegen Beschlüsse nur statthaft, wenn sie vom   892
Beschwerdegericht zugelassen wurde.

Über die Zulassung hat das Beschwerdegericht von Amts wegen zu entscheiden; ein entsprechender   893
Antrag der Beteiligten ist nicht erforderlich (Schulte-Bunert/Weinreich/*Unger* § 70 Rn. 11; Bork/
Jacoby/Schwab/*Müther* § 70 Rn. 17).

Nach § 70 Abs. 2 FamFG ist die Rechtsbeschwerde nur bei Vorliegen der in seinen Nr. 1 und 2 ge-   894
nannten Voraussetzungen zuzulassen.

Dies ist zum einen die grundsätzliche Bedeutung einer Rechtssache gemäß **Nr. 1**, die regelmäßig   895
dann gegeben ist, wenn eine klärungsbedürftige Rechtsfrage zu entscheiden ist, deren Auftreten in
einer unbestimmten Vielzahl von Fällen denkbar ist (BT-Drucks. 16/6308, S. 209).

Die Zulassung erfolgt zudem nach **Nr. 2**, wenn die Fortbildung des Rechts oder die Sicherung einer   896
einheitlichen Rechtsprechung dies erfordert. Zur **Fortbildung des Rechts** ist die Zulassung erforderlich, wenn der Einzelfall Veranlassung gibt, Leitsätze für die Auslegung von Gesetzesbestimmungen
des materiellen oder des Verfahrensrechts aufzustellen oder Gesetzeslücken auszufüllen (BT-Drucks.
16/6308, S. 209).

Zur **Sicherung einer einheitlichen Rechtsprechung** ist die Rechtsbeschwerde zuzulassen, wenn ver-   897
mieden werden soll, dass schwer erträgliche Unterschiede in der Rechtsprechung entstehen oder
fortbestehen, wobei darauf abzustellen ist, welche Bedeutung die angefochtene Entscheidung für
die Rechtsprechung als Ganzes hat (BT-Drucks. 16/6308, S. 209).

Das Rechtsbeschwerdegericht ist an die Zulassung durch das Beschwerdegericht gebunden, § 70   898
Abs. 2 Satz 2 FamFG.

899   § 75 Abs. 1 Satz 1 FamFG bestimmt, dass gegen im ersten Rechtszug erlassene Beschlüsse, die ohne
        Zulassung der Beschwerde unterliegen – der Beschwerdewert also 600,00 € übersteigt –, die Rechts-
        beschwerde auf Antrag unmittelbar unter Übergehung der Beschwerdeinstanz, sog. **Sprungrechts-
        beschwerde**, stattfindet, wenn
        1. die Beteiligten in die Übergehung der Beschwerdeinstanz einwilligen und
        2. das Rechtsbeschwerdegericht die Sprungrechtsbeschwerde zulässt.

900   Die Regelung des § 75 Abs. 1 Satz 2 FamFG, dass der Antrag auf Zulassung der Sprungrechtsbe-
        schwerde und die Einwilligung als **Verzicht auf die Beschwerde** gelten, stellt klar, dass die Beteiligten
        im Fall der Beantragung der Zulassung der Sprungrechtsbeschwerde eine abschließende Entschei-
        dung über das zur Verfügung stehende Rechtsmittel treffen. Wird die Zulassung der Sprungrechts-
        beschwerde durch das Rechtsbeschwerdegericht abgelehnt, steht den Beteiligten das Rechtsmit-
        tel der Beschwerde nicht mehr offen (Schulte-Bunert/Weinreich/*Unger* § 75 Rn. 5; Musielak/*Borth*
        FamFG § 75 Rn. 3).

901   Für das Verfahren gilt zunächst in Bezug auf **Frist** und **Form** § 71 FamFG (Musielak/*Borth* FamFG
        § 75 Rn. 3), d. h., sie ist innerhalb einer Frist von einem Monat durch Einreichen einer Beschwerde-
        schrift beim Rechtsbeschwerdegericht – dem BGH – einzulegen.

902   Das weitere Verfahren richtet sich dann nach § 566 Abs. 2 bis 6 ZPO, § 75 Abs. 2 FamFG.

903   Die **Einwilligung** des Gegners ist mit dem Antrag in Schriftform einzureichen (Prütting/Helms/
        Abramenko § 75 Rn. 6; Rosenberg/Schwab/*Gottwald* § 140 Rn. 28). Sie ist **nach herrschender Mei-
        nung unwiderruflich** (Prütting/Helms/*Abramenko* § 75 Rn. 7; Keidel/*Meyer-Holz* § 75 Rn. 9; vgl.
        BGH, NJW 1986, 198 zu § 566 Abs. 1 ZPO; a. A. Stein/Jonas/*Grunsky* § 566a Rn. 5) und unter-
        liegt, da das Unterhaltsverfahren Anwaltsprozess ist, dem **Anwaltszwang** (vgl. zu § 566 ZPO BGH,
        NJW-RR 2007, 1075, 1076; MüKo/*Wenzel* § 566 ZPO Rn. 6).

c) Rechtsmittel gegen Zwischen- und Nebenentscheidungen

904   Aus § 58 FamFG folgt, dass Neben- und Zwischenentscheidungen nicht anfechtbar sind, soweit
        keine besondere Regelung ein Rechtsmittel zulässt (Musielak/*Borth* FamFG § 58 Rn. 2; Keidel/*Mey-
        er-Holz* § 58 Rn. 16; Bork/Jacoby/Schwab/*Müther* § 58 Rn. 2.2). Letzteres ist an zahlreichen Stellen
        der Fall, in denen die **Beschwerde** zugelassen wird (Einzelheiten s. Keidel/*Meyer-Holz* § 58 Rn. 18 ff.
        und 26 ff.).

905   Gegen die Versagung von **Verfahrenskostenhilfe** für eine **einstweilige Anordnung** wegen fehlender
        Erfolgsaussicht ist keine sofortige Beschwerde möglich, da unterschiedliche Entscheidungen im
        Haupt- und Nebenverfahren, die andernfalls möglich wären, zu vermeiden sind (BGH, FamRZ
        2005, 790; BGH, FamRZ 2011, 1138, 1139; s. a. Musielak/*Fischer* § 127 ZPO Rn. 19; Koch/
        Kamm Rn. 7251; Schulte-Bunert/Weinreich/*Schwonberg* § 57 Rn. 15). Diese Gründe rechtfertigen
        eine Einschränkung der Beschwerdemöglichkeit jedoch nur in Bezug auf die fehlende Erfolgsaus-
        sicht (BGH, FamRZ 2011, 1138, 1139). Hinsichtlich der wirtschaftlichen Bedürftigkeit, der Mut-
        willigkeit i. S. v. § 114 ZPO oder der Beiordnung eines Rechtsanwalts gibt es nach Auffassung des
        BGH keinen allgemeinen Grundsatz, dass der Rechtsschutz in dem Nebenverfahren VKH nicht
        über den der Hauptsache (hier steht § 57 FamFG entgegen) hinausgehen soll (BGH, FamRZ 2011,
        1138, 1139).

906   Eine **isolierte Anfechtung der Kostenentscheidung** ist nach überwiegender Meinung unstatthaft,
        § 113 Abs. 1 Satz 2 FamFG i. V. m. § 99 Abs. 1 ZPO (Keidel/*Giers* § 243 Rn. 11; Zöller/*Feskorn* § 58
        Rn. 5; MüKo/*Dötsch* § 243 FamFG Rn. 11; Haußleiter/*Fest* § 243 Rn. 24; OLG Stuttgart, FamRZ
        2011, 751).

907   Hiervon zu unterscheiden ist die **Anfechtung der isolierten Kostenentscheidung**.

Der **BGH** hat sich generell der Ansicht angeschlossen, dass **isolierte Kostenentscheidungen** in Familienstreitsachen, die nach streitloser Hauptsacheregelung erfolgen, mit der sofortigen Beschwerde nach den §§ 567 ff. ZPO anfechtbar sind (BGH, FamRZ 2011, 1933).

IV. IPR

1. Einleitung

Hat zumindest einer der Beteiligten seinen gewöhnlichen Aufenthalt bzw. Wohnsitz im Ausland oder besitzt er – auch – eine ausländische Staatsangehörigkeit, muss nach den Kollisionsnormen des internationalen Privatrechts bestimmt werden, welches Unterhaltsrecht – deutsches, ausländisches und ggf. welches – Anwendung findet. Die Vorschriften des ggf. anzuwendenden ausländischen Rechts hat der Richter von Amts wegen zu ermitteln, wobei es in seinem pflichtgemäßen Ermessen steht, wie er dies tut.

908

Das ausländische Recht ist so anzuwenden, wie es Praxis und Lehre des betreffenden Landes entspricht (Zöller/*Geimer* § 293 Rn. 24). Notfalls ist von Amts wegen ein Sachverständigengutachten einzuholen.

909

2. Protokoll über das auf Unterhaltspflichten anzuwendende Recht (HUntProt)

a) Allgemeines

aa) Inkrafttreten

Die EU hat am 08.04.2010 das Haager Protokoll über das auf Unterhaltspflichten anzuwendende Recht, abgekürzt HUntProt oder HUP, ratifiziert. Wann es in Kraft treten würde, war zunächst noch unklar, denn hierzu sind zwei Ratifikationen erforderlich, Art. 25 Abs. 1 HUntProt, und die Ratifikation der EU zählt nicht entsprechend der Zahl ihrer Mitglieder, sondern nur als eine und die Ratifikation eines weiteren Unterzeichnerstaates lag zunächst noch nicht vor. Um den Zeitpunkt des Wirksamwerdens nicht auf unbestimmte Zeit offen zu lassen, hatte die EU per Ratsbeschluss vom 30.11.2009 (2009/941/EG) entschieden, das HUntProt für sich einseitig und vorläufig spätestens ab dem **18.06.2011** anzuwenden (zum Ganzen: *Mankowski*, FamRZ 2010, 1487). Zum 01.08. 2013 ist Serbien beigetreten und das HUP ist damit zu diesem Zeitpunkt in Kraft getreten (*Andrae* Internationales Familienrecht, § 8 Rn. 1).

910

bb) Ersetzung der Haager Unterhaltsübereinkommen, Verhältnis zum Deutsch-Iranischen Niederlassungsabkommen

Im Verhältnis zwischen den Vertragsstaaten (EU-Mitgliedstaaten ohne das Vereinigte Königreich und Dänemark) ersetzt dieses Protokoll das Haager Übereinkommen vom 02.10.1973 über das auf Unterhaltspflichten anzuwendende Recht (s. Rdn. 931 ff.) und das Haager Übereinkommen vom 24.10.1956 über das auf Unterhaltsverpflichtungen ggü. Kindern anzuwendendes Recht (s. ebenfalls Rdn. 931 ff.), Art. 18 HUntProt.

911

Dies gilt allerdings wegen der völkerrechtlichen Bindungen im Verhältnis zu den Vertragsstaaten des HUÜ 1956 nur dann, wenn diese das HUntProt ebenfalls ratifiziert haben; das alte Übereinkommen (s. Rdn. 926 ff.) bleibt aus diesem Grund im Verhältnis zu Lichtenstein und dem chinesischen Verwaltungsgebiet Macao anwendbar (BeckOK/*Heiderhoff* Art. 18 EGBGB Rn. 7; *Andrae* Internationales Familienrecht, § 8 Rn. 99) und gemäß Art. 18 HUntProt ersetzt dieses die Übereinkommen lediglich im Verhältnis zwischen den Vertragsstaaten (Staudinger/*Verschraegen* Vor §§ 1569 Rn. 179).

Gleiches gilt nach überwiegender Meinung entsprechend auch in Bezug auf das HUU 1973 (s. Rdn. 926 ff.) im Verhältnis zur Türkei, der Schweiz, Lichtenstein und Japan (Palandt/*Thorn* EGBGB HUntProt Rn. 53; *Andrae* Internationales Familienrecht, § 8 Rn. 98; *Ring* FPR 2013, 16; (Staudinger/*Verschraegen* Vor §§ 1569 Rn. 182; a. A. BT.-Drucks. 17/4887, S. 53; vorsichtig auch BeckOK/*Heiderhoff* Art. 18 EGBGB Rn. 7).

Aus den gleichen Gründen hat auch das Deutsch-Iranische Niederlassungsabkommen Vorrang (*Andrae* Internationales Familienrecht, § 8 Rn. 102; Einzelheiten s. Erman/*Hohloch* EGBGB Art. 18 a. F./UnthProt Rn. 5).

912 Der BGH hat die Frage offen gelassen, ob das HUntProt auch gegenüber Staaten gilt, die zwar das Haager Unterhaltsübereinkommen von 1956 oder 1973 unterzeichnet haben, nicht aber das HUntProt von 2007; er hat dabei darauf hingewiesen, dass er zu einer abschließenden Beantwortung dieser Streitfrage nicht berufen ist, diese vielmehr dem EuGH nach Art. 267 AEUV (Lissabonvertrag) vorzulegen ist (BGH, FamRZ 2013, 1366).

cc) Universelle Anwendung

913 Gem. Art. 15 der EuUnthVO bestimmt sich das auf Unterhaltspflichten anwendbare Recht für die Mitgliedstaaten, die durch das HUntProt gebunden sind, nach jenem Protokoll.

Das HUntProt ist allerdings auch anzuwenden, wenn das darin bezeichnete Recht dasjenige eines Nichtvertragsstaats ist, Art. 2 HUntProt, sog. universelle Anwendung.

Außerdem ist das HUntProt auch im Verhältnis zum Vereinigten Königreich und Dänemark anzuwenden, auch wenn es dort nicht gilt, da das Protokoll keine Gegenseitigkeit voraussetzt (BeckOK/ *Heiderhoff* Art. 18 EGBGB Rn. 9; *Ring* FPR 2013, 16).

dd) Auslegung

914 Bei der Auslegung dieses Protokolls ist gem. Art. 20 HUntProt seinem internationalen Charakter und der Notwendigkeit, seine einheitliche Anwendung zu fördern, Rechnung zu tragen. Zuständig für die Auslegung ist ausschließlich der EuGH, und bei Zweifelsfragen muss das letztinstanzliche Gericht die Sache daher nach Art. 267 Abs. 3 AEUV (Lissabonvertrag) dem EuGH vorlegen; die Untergerichte haben insofern Ermessen, Art. 267 Abs. 2 AEUV (BeckOK/*Heiderhoff* Art. 18 EGBGB Rn. 10).

b) Zeitliche Anwendung/Übergangsbestimmungen

915 Das HUntProt findet nach seinem Art. 22 zwar keine Anwendung auf Unterhalt, der in einem Vertragsstaat für einen Zeitraum vor Inkrafttreten des Protokolls in diesem Staat verlangt wird.

Allerdings bestimmt Art. 5 Abs. 2 des Beschl. v. 30.11.2009 (2009/941/EG) – s. Rdn. 904 –, dass die Europäische Gemeinschaft die Bestimmungen des Unterhaltsprotokolls auch auf Unterhaltsforderungen anwenden wird, die in einem ihrer Mitgliedsstaaten für einen Zeitraum vor dem Inkrafttreten oder der vorläufigen Anwendbarkeit des Protokolls, also vor dem 18.06.2011, geltend gemacht werden, sofern die **Einleitung** des gerichtlichen **Verfahrens** (die Billigung oder der Abschluss eines gerichtlichen Vergleichs oder die Ausstellung einer öffentlichen Urkunde), vor dem maßgeblichen 18.06.2011 erfolgt ist. In Verfahren, die vor dem 18.06.2011 eingeleitet worden sind, ist für die Zeit bis zum 18.06.2011 noch altes Recht maßgebend, für die Unterhaltsansprüche ab dem 18.06.0211 das neue HUntProt (OLG Köln, FamRZ 2012, 1509; OLG Celle, FamRZ 2012, 1501; BeckOK/ *Heiderhoff* Art. 18 EGBGB Rn. 11; *Andrae* Internationales Familienrecht, § 8 Rn. 104; Koch/*Kamm* Rn. 8008; a. A. OLG Bremen, FamRZ 2013, 224; Erman/*Hohloch* Art. 18 EGBGB a. F./UnthProt Rn. 1; *Coester-Waltjen* IPRax 2012, 528, 529; offen gelassen von BGH, FamRZ 2013, 1366, 1668).

c) Anwendung auf Ehegattenunterhalt

Das HUntProt gilt gem. seinem Art. 1 Abs. 1 u. a. für Unterhaltspflichten, die sich aus der Ehe ergeben.

916

d) Anwendbares Recht

aa) Allgemeine Regel

Nach der allgemeinen Regel des Art. 3 HUntProt ist für Unterhaltspflichten das Recht des Staates maßgebend, in dem die **berechtigte Person** ihren **gewöhnlichen Aufenthalt** hat, Art. 3 Abs. 1 HUntProt. Wechselt die berechtigte Person ihren gewöhnlichen Aufenthalt, so ist vom Zeitpunkt des Aufenthaltswechsels an das Recht des Staates des neuen gewöhnlichen Aufenthalts anzuwenden, Art. 3 Abs. 2 HUP; das Unterhaltsstatut ist insofern wandelbar.

917

bb) Ausnahme von der allgemeinen Regel

Für Ehegatten und frühere Ehegatten findet die allgemeine Regel des Art. 3 HUntProt gem. Art. 5 HUntProt keine Anwendung, wenn eine der Parteien **widerspricht** und das Recht eines **anderen Staates**, insb. des Staates ihres letzten gemeinsamen gewöhnlichen Aufenthalts, zu der betreffenden Ehe eine **engere Verbindung** (Einzelheiten hierzu: Erman/*Hohloch* EGBGB Art. 18 a. F./UnthProt Rn. 33; Palandt/*Thorn* EGBGB HUntProt Rn. 21; *Andrae* Internationales Familienrecht, § 8 Rn. 137 ff.) aufweist. In diesem Fall ist auf Einrede (Erman/*Hohloch* EGBGB Art. 18 a. F./UnthProt Rn. 33; Palandt/*Thorn* EGBGB HUntProt Rn. 21) das Recht dieses anderen Staates anzuwenden.

918

cc) Rechtswahl

Die berechtigte und die verpflichtete Person können – allein für die Zwecke eines einzelnen **Verfahrens in einem bestimmten Staat** – ausdrücklich **das Recht dieses Staates** als das auf eine Unterhaltspflicht anzuwendende Recht bestimmen (wählen), Art. 7 Abs. 1 HUntProt.

919

Erfolgt die Rechtswahl **vor der Einleitung des Verfahrens**, so hat dies durch eine von beiden Parteien unterschriebene Vereinbarung in **Schriftform** oder erfasst auf einem Datenträger, dessen Inhalt für eine spätere Einsichtnahme zugänglich ist, zu geschehen, Art. 7 Abs. 2 HUntProt.

Außerdem können die berechtigte und die verpflichtete Person jederzeit gem. Art. **8 HUntProt** eine der **folgenden Rechtsordnungen** als das anzuwendende Recht bestimmen:
a) das Recht eines Staates, dem eine der Parteien im Zeitpunkt der Rechtswahl **angehört**;
b) das Recht des Staates, in dem eine der Parteien im Zeitpunkt der Rechtswahl ihren **gewöhnlichen Aufenthalt** hat;
c) das Recht, das die Parteien als das auf ihren **Güterstand** anzuwendende Recht bestimmt haben, oder das tatsächlich darauf angewandte Recht;
d) das Recht, das die Parteien als das **auf ihre Ehescheidung** oder Trennung ohne Auflösung der Ehe **anzuwendende Recht** bestimmt haben, oder das tatsächlich auf diese Ehescheidung oder Trennung angewandte Recht.

920

Diese Vereinbarung ist **schriftlich** zu erstellen oder auf einem Datenträger zu erfassen, dessen Inhalt für eine spätere Einsichtnahme zugänglich ist, und von beiden Parteien zu unterschreiben, Art. 8 Abs. 2 HUntProt.

Art. 8 Abs. 1 HUntProt findet keine Anwendung auf Unterhaltspflichten betreffend eine Person, die das 18. Lebensjahr noch nicht vollendet hat, oder einen Erwachsenen, der aufgrund einer Beeinträchtigung oder der Unzulänglichkeit seiner persönlichen Fähigkeiten nicht in der Lage ist, seine Interessen zu schützen, Art. 8 Abs. 3 HUntProt.

Die **Rechtswahl** ist **eingeschränkt**: Ungeachtet des von den Parteien nach Art. 8 Abs. 1 HUP bestimmten Rechts ist das Recht des Staates, in dem die berechtigte Person im Zeitpunkt der Rechtswahl ihren gewöhnlichen Aufenthalt hat, dafür maßgebend, ob die berechtigte Person auf ihren Unterhaltsanspruch **verzichten kann**, Art. 8 Abs. 4 HUP.

Das von den Parteien bestimmte Recht ist zudem nicht anzuwenden, wenn seine Anwendung für eine der Parteien **offensichtlich unbillige oder unangemessene Folgen** hätte, es sei denn, dass die Parteien im Zeitpunkt der Rechtswahl umfassend unterrichtet und sich der Folgen ihrer Wahl vollständig bewusst waren, Art. 8 Abs. 5 HUP.

dd) Rückgriff eines Trägers öffentlicher Leistungen

921   Für das Recht einer öffentliche Aufgaben wahrnehmenden Einrichtung, die Erstattung einer der berechtigten Person anstelle von Unterhalt erbrachten Leistung zu verlangen, ist das Recht maßgebend, dem diese Einrichtung untersteht, Art. 10 HUntProt. Damit sind nur die Übergangsregelungen, also §§ 33 Abs. 2 SGB II, 7 UVG usw. gemeint, nicht der übergehende Unterhaltsanspruch selbst (BeckOK/*Heiderhoff* EGBGB Art. 18 Rn. 10).

e) Reichweite des Geltungsbereichs des anzuwendenden Rechts

922   Gem. Art. 11 HUntProt bestimmt das auf die Unterhaltspflicht anzuwendende Recht insb.,
   a) ob, in welchem **Umfang** und von wem die berechtigte Person Unterhalt verlangen kann;
   b) in welchem Umfang die berechtigte Person Unterhalt für die **Vergangenheit** verlangen kann;
   c) die **Grundlage** für die **Berechnung** des Unterhaltsbetrags und für die Indexierung;
   d) wer zur Einleitung des Unterhaltsverfahrens berechtigt ist, unter Ausschluss von Fragen der Prozessfähigkeit und der Vertretung im Verfahren;
   e) die **Verjährungsfristen** oder die für die Einleitung eines Verfahrens geltenden Fristen;
   f) den Umfang der Erstattungspflicht der verpflichteten Person, wenn eine öffentliche Aufgaben wahrnehmende Einrichtung die Erstattung der der berechtigten Person anstelle von Unterhalt erbrachten Leistungen verlangt.

Bei der Bemessung des Unterhaltsbetrags sind zudem die **Bedürfnisse der berechtigten Person** und die **wirtschaftlichen Verhältnisse der verpflichteten Person** sowie etwaige der berechtigten Person anstelle einer regelmäßigen Unterhaltszahlung geleistete Entschädigungen gem. Art. 14 HUntProt selbst dann zu berücksichtigen, wenn das anzuwendende Recht etwas anderes bestimmt. Daher wird der Unterhalt in Auslandsfällen über Verbrauchergeldparitäten oder Ländergruppeneinteilungen des BMF korrigiert und angepasst (Palandt/*Thorn* EGBGB HUntProt Rn. 49; Einzelheiten s. Wendl/*Dose* § 9 Rn. 35 ff.; kritisch *Andrae* Internationales Familienrecht, § 8 Rn. 180 ff.).

f) Ausschluss der Rückverweisung

923   Der Begriff »Recht« im Sinne dieses Protokolls bedeutet das in einem Staat geltende Recht mit Ausnahme des Kollisionsrechts, Art. 12 HUntProt.

g) Ordre public

924   Von der Anwendung des nach dem HUntProt bestimmten Rechts darf nur abgesehen werden, soweit seine Wirkungen der öffentlichen Ordnung (ordre public) des Staates des angerufenen Gerichts offensichtlich widersprechen, Art. 13 HUntProt. Verlangt wird hierfür ein eklatanter Widerspruch zu internen Wertvorstellungen (Erman/*Hohloch* EGBGB Art. 18 a. F./UnthProt Rn. 10; zu Einzelfällen s. Palandt/*Thorn* EGBGB HUntProt Rn. 47; *Andrae* Internationales Familienrecht, § 8 Rn. 168).

h) Koordinierung mit anderen Übereinkünften

Das HUntProt lässt gem. seinem Art. 19 Abs. 1 internationale Übereinkünfte unberührt, denen Vertragsstaaten als Vertragsparteien angehören oder angehören werden und die Bestimmungen über im Protokoll geregelte Angelegenheiten enthalten, sofern die durch eine solche Übereinkunft gebundenen Staaten keine gegenteilige Erklärung abgeben. Dies gilt für das Deutsch-Iranische Abkommen (Palandt/*Thorn* EGBGB HUntProt Rn. 58); s. hierzu Rdn. 930.

925

3. Kollisionsrecht für die Zeit vor dem 18.06.2011

a) Überblick

Da das HUntProt **keine Anwendung** auf Unterhalt findet, der in einem Vertragsstaat für einen **Zeitraum vor Inkrafttreten** des Protokolls in diesem Staat verlangt wird, Art. 22 HUP, soweit das gerichtliche Verfahren vor dem 18.06.2011 **eingeleitet** wurde (s. Rdn. 915), gilt für die Zeit vor dem 18.06.2011 teilweise noch altes Recht.

926

Dessen Kollisionsnormen verweisen grds. unmittelbar auf das anwendbare materielle Unterhaltsrecht (Göppinger/*Linke* Rn. 3018), dagegen nicht wiederum auf Kollisionsnormen des verwiesenen Rechts, sodass es nicht zu Rück- und Weiterverweisungen kommt (Staudinger/*Mankowski* Art. 18 EGBGB Rn. 21). Die Kollisionsregeln sind zwingend (Göppinger/*Linke* Rn. 3018, 3061); es gibt keine freie Rechtswahl, wie sie Art. 27 EGBGB grds. für das Schuldrecht normiert.

927

Regelungen über das anwendbare Recht finden sich zunächst zum einen in Art. 3 ff. und 18 EGBGB, zum anderen in Staatsverträgen. Diese wiederum bestimmen jeweils, hauptsächlich mittels sog. Anknüpfungsmerkmale, das Recht welchen Landes gilt. Gem. Art. 3 Abs. 2 EGBGB gehen Staatsverträge als völkerrechtliche Vereinbarungen den Vorschriften des EGBGB vor, soweit sie innerstaatliches Recht geworden sind. Dies gilt auch dann, wenn die Vorschriften wie bei Art. 18 EGBGB und dem HUÜ 1973 inhaltlich übereinstimmen (BGH, FamRZ 2009, 198).

928

Sowohl die genannten Staatsverträge als auch Art. 18 EGBGB regeln lediglich gesetzliche Unterhaltspflichten (Wendl/*Dose* § 9 Rn. 9). Da Unterhaltsverträge jedoch in aller Regel dazu dienen, die gesetzliche Unterhaltspflicht auszugestalten und der sich aus dem Vertrag ergebende Anspruch daher seinen Charakter als gesetzlicher Anspruch behält (Erman/*Hammermann* vor § 1601 Rn. 26), stellen reine Unterhaltsverträge, die eine Unterhaltsverpflichtung unabhängig von der gesetzlichen Unterhaltspflicht begründen, eine seltene Ausnahme dar. Für die reinen Unterhaltsverträge gelten Art. 27 bis 35 EGBGB (MüKo/*Siehr* Art. 18 EGBGB Rn. 9 und Anh. I zu Art. 18 EGBGB Rn. 56, 61).

929

b) Anwendungsbereiche von Haager Übereinkommen, Deutsch-Iranischem Niederlassungsabkommen und Art. 18 EGBGB sowie deren Verhältnis zueinander

aa) Deutsch-Iranisches Niederlassungsabkommen

Als einzig derzeit geltendes bilaterales Abkommen geht das Niederlassungsabkommen zwischen dem Deutschen Reich und dem Kaiserreich Persien vom 17.02.1929, das gemäß Nr. 1b des deutsch-iranischen Protokolls vom 04.11.1954 weiterhin anwendbar ist, dem Art. 18 EGBGB gem. Art. 3 Abs. 2 Satz 1 EGBGB vor (Palandt/*Thorn* 69. Aufl., Art. 18 EGBGB Rn. 4).

930

Nach Art. 19 HUÜ 1973 hat es auch ggü. diesem Vorrang. Seine Anwendung kann zwar nach seinem Art. 8 Abs. 3 Satz 2 ausgeschlossen werden, soweit »ein solcher Ausschluss allgemein gegenüber jedem anderen Staat erfolgt«. Die Haager Unterhaltsabkommen stellen jedoch keinen derartigen Ausschluss dar (BGH, FamRZ 1986, 345, 347).

Das Abkommen regelt in seinem Art. 8 Abs. 3 als Anwendungsbereich u. a. das Familienrecht. Nach einer – Teil des Abkommens bildenden – Zusatzerklärung gehören hierzu neben einzeln aufgeführten Sachgebieten auch »alle anderen Angelegenheiten des Familienrechts« und damit auch das Unterhaltsrecht (BGH, FamRZ 1986, 345, 347).

Das Abkommen ist maßgeblich, wenn es entweder um Ansprüche zwischen iranischen Beteiligten in Deutschland geht oder um solche Ansprüche zwischen Deutschen im Iran (MüKo/*Siehr* Art. 18 EGBGB Rn. 6 und Art. 18 EGBGB Anh. I Rn. 15). Die Beteiligten müssen also eine gemeinsame und ausschließliche Staatsangehörigkeit besitzen. Haben sie dagegen unterschiedliche Staatsangehörigkeiten oder hat auch nur einer von ihnen eine doppelte, gilt das HUÜ 1973 (BGH, NJW 1973, 417).

Der persönliche Anwendungsbereich erfährt bei Flüchtlingen i. S. d. Genfer Flüchtlingskonvention (GFK) und bei Asylberechtigten eine Einschränkung. Das Personalstatut eines Flüchtlings bestimmt sich nach Art. 12 GFK (insoweit abgedruckt bei Palandt/*Thorn* Anh zu Art. 5 EGBGB Rn. 23) nach dem Recht des Landes seines Wohnsitzes oder in Ermangelung eines Wohnsitzes nach dem Recht seines Aufenthaltslandes, und nach § 2 Abs. 1 AsylVfG genießt ein Asylberechtigter dieselbe Rechtsstellung wie ein Flüchtling. Diese Regelungen haben ggü. dem Niederlassungsabkommen Vorrang (BGH, FamRZ 1990, 32).

bb) Haager Übereinkommen

931   Es existieren als Staatsverträge auf dem Gebiet des Unterhaltsrechts zwei Haager Übereinkommen, zum einen das über den Kindesunterhalt vom 24.10.1956 und zum das anderen das Haager Unterhaltsübereinkommen vom 02.10.1973. Das HUÜ 1956 betrifft nur den Kindesunterhalt. Die Abkürzungen für die beiden Übereinkommen sind völlig uneinheitlich; gleich welche gewählt wird, erscheint jedenfalls zur besseren Unterscheidung der Zusatz 1956 bzw. 1973 empfehlenswert.

932   Beide Haager Übereinkommen sind völkerrechtlich in Kraft getreten und deutsches Recht geworden (HUÜ 1973 zum 01.04.1987, BGBl. II 1987 S. 225). Gem. Art. 3 Abs. 2 Satz 1 EGBGB gehen sie damit Art. 18 EGBGB vor.

933   Das HUÜ 1973 ist auf sämtliche – allerdings nur – gesetzliche (s. Rdn. 929) Unterhaltpflichten anzuwenden, die sich aus Familie, Verwandtschaft oder Ehe ergeben, Art. 1 HUÜ 1973. Das Abkommen gilt auch ggü. Nichtvertragsstaaten, § 3 HUÜ 1973. Insoweit wird von weltweiter Anerkennung gesprochen (Wendl/*Dose* § 9 Rn. 5).

934   Da die Regelungen des HUÜ 1973 in Art. 18 EGBGB weitgehend wörtlich und mit nur geringfügigen Abweichungen übernommen wurden, kommen beide Regelungswerke auf gleichem Wege zum gleichen Ergebnis. Nach herrschender Lehre und Rechtsprechung hat das HUÜ 1973 jedoch ggü. Art. 18 EGBGB Vorrang. Es ist zwar unschädlich, statt der Vorschriften des Übereinkommens die Absätze des Art. 18 EGBGB zu zitieren (vgl. BGH, FamRZ 1995, 925, 926), jedoch sollten schon wegen teilweise unterschiedlicher Auslegungsregeln (Staudinger/*Mankowski* Art. 18 EGBGB Rn. 6) die staatsvertraglichen Bestimmungen zumindest auch genannt werden (Göppinger/*Linke* Rn. 3008).

cc) Art. 18 EGBGB

935   Lediglich nachrangig gilt als deutsches autonomes Recht der den Unterhalt betreffende Art. 18 EGBGB. Da die maßgeblichen Staatsverträge, die Haager Übereinkommen, völkerrechtlich in Kraft getreten und deutsches Recht geworden sind, und diese sämtliche in Art. 18 EGBGB geregelten gesetzlichen Unterhaltsansprüche abdecken und das HUÜ 1973 zudem auch ggü. Nichtvertragsstaaten gilt, ist der Anwendungsbereich des Art. 18 EGBGB jedenfalls inzwischen minimal und beschränkt sich im Wesentlichen auf Ansprüche, die Unterhaltszeiträume von seinem Inkrafttreten

am 01.09.1986 bis zum 31.03.1987 betreffen (Göppinger/*Linke* Rn. 3014; Staudinger/*Mankowski* Art. 18 EGBGB Rn. 8).

c) Regelungen

aa) Trennungsunterhalt

Auf die Unterhaltsansprüche von getrennt lebenden Ehegatten ist im Regelfall das am jeweiligen gewöhnlichen Aufenthalt (s. hierzu Göppinger/*Linke* Rn. 3020 ff.) des Berechtigten geltende Recht anzuwenden, Art. 4 Abs. 1 Satz 1 und 2 HUÜ 1973 (= Art. 18 Abs. 1 Satz 1 EGBGB). **936**

»Kann der Berechtigte nach dem in Artikel 4 vorgesehenen Recht vom Verpflichteten keinen Unterhalt erhalten«, ist das Recht des Staates, dem die Parteien gemeinsam angehören, anzuwenden, Art. 5 HUÜ 1973 (= Art. 18 Abs. 1 Satz 2 EGBGB). Dies kann etwa der Fall sein, weil nach dem Aufenthaltsrecht in dem Verwandtschaftsverhältnis generell kein Unterhalt geschuldet wird, z. B. bei Stiefkindern und Geschwistern. Nach der Rechtsprechung des BGH (BGH, FamRZ 2001, 412) erfüllt die fehlende Bedürftigkeit diese Voraussetzung dagegen nicht. Fehlende Leistungsfähigkeit ist ebenso unerheblich (MüKo/*Siehr* EGBGB Art. 18 Anh. I Rn. 127) wie mangelnde Realisierbarkeit (Göppinger/*Linke* Rn. 3044). Streitig ist, ob unter Art. 5 HUÜ 1973 auch die Verwirkung (dafür u. a. Staudinger/*Mankowski* Anh. I zu Art. 18 EGBGB Rn. 181; MüKo/*Siehr* EGBGB Art. 18 Anh. I Rn. 122; dagegen u. a. Göppinger/*Linke* Rn. 3043; Wendl/*Dose* § 9 Rn. 22) und ein Verzicht (dafür OLG Karlsruhe, FamRZ 1992, 316, 317; dagegen u. a. Göppinger/*Linke* Rn. 3043 m. w. N.) fallen. **937**

Art. 6 HUÜ 1973 (= Art. 18 Abs. 2 EGBGB) verweist mit seiner Regelung »Kann der Berechtigte nach den in Artikeln 4 und 5 vorgesehenen Rechten vom Verpflichteten keinen Unterhalt erhalten, so ist das innerstaatliche Recht der angerufenen Behörde anzuwenden« sodann für deutsche Gerichte auf deutsches Recht. Einzelheiten zur Auslegung entsprechen denen bei Art. 5 HUÜ (s. Rdn. 936). **938**

Art. 15 HUÜ 1973 (= 18 Abs. 5 EGBGB) gewährt den Vertragsstaaten die Möglichkeit, einen Vorbehalt zu machen, dass innerstaatliches Recht anzuwenden ist, wenn beide Parteien dessen Staatsangehörigkeit besitzen und der Pflichtige dort seinen gewöhnlichen Aufenthalt hat. Deutschland hat von diesem Vorbehalt Gebrauch gemacht (Bek. v. 26.03.1987 BGBl. II S. 225). **939**

Von der Anwendung des durch das HUÜ 1973 bestimmten Rechts darf nur abgesehen werden, wenn sie mit der öffentlichen Ordnung, ordre public, unvereinbar ist, Art. 11 Abs. 1 HUÜ 1973. Dies ist beim Ehegattenunterhalt angenommen worden, als selbst in einem besonderen Härtefall kein Unterhalt gewährt wurde (BGH, FamRZ 1991, 925, 927). Art. 11 Abs. 1 HUÜ 1973 führt zur Unanwendbarkeit des nach dem Abkommen zunächst bestimmten Rechts und zur Anwendung von Ersatzrecht (Göppinger/*Linke* Rn. 3081), das sich nach den übrigen Vorschriften des HUÜ 1973 bestimmt. **940**

Gem. 11 Abs. 2 HUÜ 1973 (= Art. 18 Abs. 7 EGBGB) sind bei der Bemessung des Unterhalts die Bedürfnisse des Berechtigten und die Leistungsfähigkeit des Verpflichteten auch dann zu berücksichtigen, wenn das anzuwendende Recht dies nicht vorsieht. Die Literatur ist bei der Anwendung sehr zurückhaltend (Palandt/*Thorn* 69. Aufl., Art. 18 EGBGB Rn. 20), die Rechtsprechung häufig großzügiger (etwa BGH, FamRZ 1991, 925, 927; OLG Hamm, NJW-RR 1992, 701; OLG Karlsruhe, FamRZ 1990, 313). Nach wohl überwiegender Meinung greift die Vorschrift nicht ein, wenn das anzuwendende Recht Bedürftigkeit und Leistungsfähigkeit auch nur irgendwie berücksichtigt (Göppinger/*Linke* Rn. 3092; Palandt/*Thorn* 69. Aufl., Art. 18 EGBGB Rn. 20). Die Gegenansicht (Staudinger/*Mankowski* Anh. I zu Art. 18 EGBGB Rn. 401; Johannsen/*Henrich* EGBGB Art. 18 Rn. 29) wendet sie u. a. an, um die im Aufenthaltsland geltenden Selbstbehaltsätze in Anwendung zu bringen (OLG Karlsruhe, FamRZ 1990, 313). Art. 11 Abs. 2 HUÜ 1973 führt nicht zur Anwendung eines anderen staatlichen Rechts, sondern zu seiner Korrektur (Göppinger/*Linke* Rn. 3081). **941**

bb) Unterhalt nach Scheidung

942 Art. 8 HUÜ 1973 (= 18 Abs. 4 EGBGB) erfasst nicht nur in seinem Abs. 1 geschiedene Ehegatten, sondern stellt ihnen in Abs. 2 auch solche gleich, deren Ehe für nichtig erklärt oder aufgehoben worden ist. Gleiches gilt in Abs. 2 für Eheleute im Fall einer »Trennung ohne Auflösung des Ehebandes«. Gemeint sind damit allerdings nur förmliche Trennungen durch gerichtliche Entscheidung (Göppinger/Linke Rn. 3064).

943 Ist die Ehe durch eine ausländische Entscheidung geschieden worden, muss geprüft werden, ob diese Entscheidung in Deutschland anzuerkennen ist. Handelt es sich um eine Entscheidung eines Mitgliedslandes der EG, ist hierzu kein Verwaltungsverfahren erforderlich, Art. 21 Abs. 1 EG-EheVO Nr. 2201/2003 (der § 328 ZPO verdrängt). Ansonsten kann die Scheidung grds. erst anerkannt werden, wenn die Landesjustizverwaltung festgestellt hat, dass die Voraussetzungen hierfür vorliegen, § 107 Abs. 1 Satz 1 FamFG. Hat allerdings ein Gericht des Staates entschieden, dem beide Ehegatten zum Zeitpunkt der Entscheidung angehört haben, ist diese Feststellung der Verwaltung nicht erforderlich, § 107 Abs. 1 Satz 2 FamFG.

944 Gem. Art. 8 HUÜ ist für den nachehelichen Unterhalt das auf die Scheidung angewandte Recht maßgeblich, und zwar auch dann, wenn es im Scheidungsurteil falsch ermittelt worden ist (BGH, FamRZ 1987, 682).

945 Auch beim Scheidungsunterhalt gelten Art. 15 HUÜ (= Art. 18 Abs. 5 EGBGB) (s. Rdn. 938) und Art. 11 HUÜ (Abs. 1 = Art. 6 EGBGB, Abs. 2 = Art. 18 Abs. 7 EGBGB) (s. Rdn. 939), nicht dagegen Art. 5 und 6 HUÜ (= Art. 18 Abs. 1 Satz 2 und Abs. 2 EGBGB).

G. Der Abänderungsantrag

I. Einleitung

946 Jeder vereinbarte oder ausgeurteilte Unterhalt trägt, soweit er nicht ausnahmsweise auf Zahlung rückständigen Unterhalts gerichtet ist, in sich das Risiko einer **Prognoseentscheidung**. Hierbei geht es nicht um die Prognose des Bestehens eines Unterhaltsanspruchs, weil einer Unterhaltsvereinbarung i. d. R. und einem über wiederkehrende Unterhaltsleistungen entschiedenen Antrag nach § 258 ZPO, mit dem künftig entstehende Unterhaltsansprüche mit dem gegenwärtig bereits vorhandenen Anspruch verfahrensrechtlich als ein einheitliches, bis zum Wegfall einer der Voraussetzungen andauerndes Recht auf monatliche Unterhaltszahlungen behandelt werden (BGH, FamRZ 1982, 259, 260), stets eine Unterhaltsverpflichtung zugrunde liegt.

Es geht vielmehr um die von den Unterhaltsbeteiligten bei ihrer Verständigung oder von einem Gericht in seiner Entscheidung zu treffende Prognose,
– ob das Unterhaltsrechtsverhältnis dem Grunde nach auch über den Zeitpunkt der Erstfestsetzung hinaus fortbesteht,
– ob der zugesprochene oder vereinbarte Unterhalt i. R. d. Leistungsfähigkeit des Unterhaltsschuldners erfüllbar bleibt und
– ob die Grundlagen, die für die Unterhaltsbemessung maßgebend (gewesen) sind, sich künftig nicht oder doch zumindest nicht »wesentlich« i. S. v. § 238 Abs. 1 FamFG ändern.

947 Prognoseentscheidungen können sich nun aus einer Reihe von Gründen, insb. aufgrund
– der Veränderung der Lebensverhältnisse,
– der Änderung der höchstrichterlichen Rechtsprechung und
– der Rechtslage
als unrichtig erweisen.

So kann etwa die ein Unterhaltsurteil bzw. einen Unterhaltsbeschluss oder eine Unterhaltsvereinbarung tragende Prognose unrichtig sein, weil sich die von Bedürftigkeit und Leistungsfähigkeit geprägten Lebensverhältnisse der Ehegatten »gewandelt« haben. Dies gilt umso mehr seit der wegweisenden Surrogatsentscheidung des BGH v. 13.06.2001 (FamRZ 2001, 986), hat diese Entscheidung doch mit ihrer Betonung darauf, dass alles dem »Wandel« unterliegt, zu einer grundlegenden Veränderung der Unterhaltsbemessung geführt und sich »in ihren Auswirkungen einer Gesetzesänderung vergleichbar« (BGH, FamRZ 2001, 1687, 1690) wie kaum eine andere Entscheidung im Unterhaltsrecht auf die Unterhaltsbemessung niedergeschlagen, wenn sich z. B. der Unterhalt dadurch erhöht, dass Einkünfte des Berechtigten, die er während intakter Ehe nicht erzielt hat, sich als Surrogat der Haushaltsführung und Kinderbetreuung bedarfserhöhend auswirken, statt bloß angerechnet zu werden (FamRZ 2001, 986, 988), wenn Renteneinkünfte bedarfsdeckend zu berücksichtigen sind (BGH, FamRZ 2002, 88, 91), auch wenn sie vor oder nach und nicht nur während der Ehe begründet wurden (FamRZ 2003, 848, 851) oder – jedoch nur bis zu der Entscheidung des BVerfG v. 25.01.2011 (FamRZ 2011, 437) – der nach den ehelichen Lebensverhältnissen zu bemessende Unterhaltsbedarf jedes Berechtigten im Wege der »Dreiteilung des Gesamteinkommens des Unterhaltspflichtigen und beider Unterhaltsberechtigter« zu ermitteln ist, wenn der Unterhaltspflichtige sowohl einem geschiedenen als auch einem neuen Ehegatten Unterhalt schuldet (FamRZ 2008, 1911, 1914; Rechtsprechungsänderung: BGH, FamRZ 2012, 281; bestätigt: FamRZ 2012, 525 Rn. 53; zu den Einzelheiten ausführlich: s. Kap. 10, Rdn. 99, *M. 8*).

Die Prognoseentscheidung kann sich aber auch deshalb als unrichtig herausstellen, weil die Unterhaltsbemessung auf einer Berechnungsgrundlage vorgenommen wurde, die im Nachhinein von der höchstrichterlichen Rechtsprechung beanstandet oder gar vom BVerfG für verfassungswidrig erklärt wurde (BVerfG, FamRZ 2002, 527 ff.) und damit gleichzeitig der Weg für eine nachträgliche Korrektur eröffnet wird (z. B. BGH, FamRZ 2007, 882, 884 zur Steuerklassen-Entscheidung des BVerfG, FamRZ 2003, 1821, 1823). Dies gilt nicht nur in den Fällen, in denen das BVerfG zur Vermeidung verfassungswidriger Ergebnisse ein anderes als das bisherige Verständnis von einer Norm für geboten erklärt (BVerfG, FamRZ 1981, 745, 750 zu § 1579 Abs. 2 a. F.; FamRZ 2007, 965, 973 zu § 1615l a. F.) und hierdurch bedingt in Abänderungsverfahren keine Bindung mehr an die »frühere rechtliche Beurteilung eines unveränderten tatsächlichen Umstandes besteht« (BGH, FamRZ 1990, 1091, 1093; OLG Köln, FamRZ 2003, 460). Dies gilt auch in den Fällen der Änderung der höchstrichterlichen Rechtsprechung, die eine Anpassung rechtskräftiger Urteile (OLG München, FamRB 2008, 78; OLG Hamm, FamRZ 2003, 50; OLG Jena, FamRZ 2004, 211, 212; OLG Düsseldorf, FamRZ 2002, 1574, 1575) und von den Beteiligten geschlossener Vergleiche rechtfertigt (OLG Hamm, FamRZ 2005, 1177, 1178; OLG Köln, FamRZ 2002, 675, 676; OLG Stuttgart, FuR 2002, 325, 326; Zöller/*Vollkommer* § 323 Rn. 30), was der BGH jedenfalls für seine Rechtsprechung – aber auch nur für diese und nicht schon für Entscheidungen der OLG (BGH, FamRZ 2001, 1687, 1690) – in Anspruch nimmt (so bereits: BGH, FamRZ 1983, 569, 573).

Und schließlich kann sich eine – bemerkenswerte und soweit ersichtlich bislang noch nie vorgekommene – Variante der Abänderungsberechtigung dadurch ergeben, dass der BGH seine höchstrichterliche Rechtsprechung zu den »wandelbaren ehelichen Lebensverhältnissen« unter Anwendung der Berechnungsmethode der sog. Dreiteilung ändert, was einen ehemals im Wege der Erstfestsetzung verpflichteten Unterhaltsschuldner zur Erhebung des Abänderungsantrags veranlasst und berechtigt (Abänderungsgrund: Änderung der höchstrichterlichen Rechtsprechung; so ausdrücklich BGH, FamRZ 2008, 1911 Rn. 62) und wenig später aufgrund der Entscheidung des BVerfG zur Verfassungswidrigkeit der Dreiteilungsmethode (FamRZ 2011, 437) nunmehr der Antragsgegner dieses Abänderungsantrags, dessen Unterhalt nach Maßgabe der Dreiteilungsmethode (im Zweifel) gekürzt wurde, am Zug ist und im Wege eines weiteren Abänderungsantrags die Wiederherstellung des ursprünglich zugesprochenen Unterhalts zu begehren versucht: Abänderungsgrund ist wiederum (allerdings mit umgekehrtem Rubrum) die Änderung der höchstrichterlichen Rechtsprechung durch das BVerfG (so ebenfalls ausdrücklich BVerfG, FamRZ 2011, 437, Rn. 81).

Über eine so (ähnlich) gelagerte Konstellation hatte der BGH am 20.03.2013 (FamRZ 2013, 853) zu entscheiden, bei der die Eheleute 2010 vor dem Berufungsgericht in Abänderung eines 1998 geschlossenen Unterhaltsvergleichs einen **Teilvergleich** geschlossen hatten, dem ein Hinweisbeschluss des Berufungsgerichts zugrunde lag, wonach sich jedenfalls für den Zeitraum seit der Verkündung

948

949

der Dreiteilungs-Entscheidung des BGH angesichts der Einkommensverhältnisse der zweiten Ehefrau des Abänderungsklägers voraussichtlich kein offener Unterhaltsbedarf der ersten Ehefrau mehr ergeben werde. Nur wenige Wochen nach der Entscheidung des BVerfG vom 25.01.2011 wurde dieser Teilvergleich mit der Begründung angefochten, dass die Dreiteilungsmethode für verfassungswidrig erklärt worden sei. Daneben wurde für die erste Ehefrau im noch laufenden Beschwerdeverfahren im Wege der (zulässigen) Anschlussberufung und Widerklage beantragt, den Teilvergleich dahingehend abzuändern, dass ihr für die Zeit nach der Dreiteilungsentscheidung des BGH (30.07.2008) der durch das Amtsgericht noch zugesprochene Unterhaltsanspruch zustehe.

950   Der BGH führt zunächst aus, dass Unterhaltsvereinbarungen, die auf seiner durch die Entscheidung des BVerfG beanstandeten Rechtsprechung zur Bedarfsermittlung durch Dreiteilung beruhen, weder nach § 779 Abs. 1 BGB unwirksam noch nach §§ 119 ff. BGB anfechtbar sind (BGH, FamRZ 2013, 853 Rn. 15 ff.). Zwar seien beide Beteiligten von einer (unrichtigen) Vorstellung ausgegangen, nämlich von der der Fortgeltung der Dreiteilungsrechtsprechung des BGH. Solche gemeinsamen – und nicht bloß in der Risikosphäre einer Vertragspartei liegenden – Fehlvorstellungen (vgl. Muster 7, 5 a. E.) seien zwar grds. nach den zum Wegfall der Geschäftsgrundlage entwickelten Grundsätzen zu behandeln. Im vorliegenden Fall bestehe die Besonderheit aber darin, dass mit dem Teilvergleich ein Unterhaltsanspruch **aberkannt** wurde. Deshalb erfolge eine »Anpassung« nicht im Wege des Abänderungs-, sondern mit dem Leistungsantrag (vgl. Rdn. 964). Gleichwohl sei der zwischen den Beteiligten geschlossene Teilvergleich für den materiellen Unterhaltsanspruch der Beklagten weiterhin von Bedeutung. Denn er wirke sich auf das Unterhaltsrechtsverhältnis aus, solange und soweit seine Geschäftsgrundlage nicht weggefallen sei und die Regelung deshalb einer Anpassung an die veränderten Verhältnisse unterliege (BGH, FamRZ 2013, 853 Rn. 24; FamRZ 2007, 983 Rn. 22).

951   Die Prognoseentscheidung kann sich schließlich auch dann als unrichtig erweisen, wenn bei gleichbleibenden tatsächlichen Verhältnissen und unveränderter höchstrichterlicher Rechtsprechung es der Gesetzgeber ist, der – wie z. B. beim UÄndG 1986 oder beim UÄndG 2008 – veränderte gesellschaftliche Verhältnisse und einen hierdurch bedingt »eingetretenen Wertewandel« zu erkennen glaubte und dies zum Anlass nahm, Anpassungen im Unterhaltsrecht vorzunehmen. Auch die wesentliche Veränderung der der Erstentscheidung zugrunde liegenden »rechtlichen Verhältnisse« kann, wie dies nunmehr in § 238 Abs. 1 FamFG ausdrücklich normiert wird, den Abänderungsantrag rechtfertigen.

952   Allen Prognoseentscheidungen ist, wenn sie sich aufgrund nachträglich eingetretener Änderungen als nicht mehr tragfähig erweisen, gemeinsam, dass sie – je nach Interessenlage – vom Gläubiger oder Schuldner eines Unterhaltsanspruchs zur Überprüfung gestellt werden können mit dem Ziel, dass eine Korrektur vorgenommen und eine neue Prognoseentscheidung getroffen wird.

Insofern stellt sich jedes Unterhaltsurteil bzw. jeder Unterhaltsbeschluss und jede gerichtlich protokollierte oder außergerichtlich getroffene Unterhaltsvereinbarung als eine Art **Regelungsprovisorium** dar, weil die Erkenntnismöglichkeiten, die für die Beurteilung der vorausschauend zu berücksichtigenden Entwicklung der für die Unterhaltsbemessung maßgeblichen Verhältnisse aufgrund des Wandels der Lebensverhältnisse, der Rechtslage oder der Gesetzesauslegung maßgebend sind, eingeschränkt bleiben müssen: Auch wiederholte Prognosen, die innerhalb einer Unterhaltsbeziehung im Rahmen mehrerer aufeinanderfolgender Abänderungsanträge vorgenommen werden, erfahren keine Verdichtung der Richtigkeitsgewähr, sondern können wie die Erstfestsetzung auch weiterhin der Fehleinschätzung unterliegen.

953   Prognoseentscheidungen verbindet ferner, dass ihre Korrektur grds. nur verlangt werden kann, wenn die Gründe, auf die sie gestützt werden, solche sind, die bei der Erstentscheidung keinen Eingang (mehr) finden konnten. Beim ausgeurteilten Unterhalt ergibt sich dies unmittelbar aus § 238 Abs. 2 FamFG, wonach nur Gründe eine Korrektur der Prognoseentscheidung rechtfertigen, »die nach Schluss der Tatsachenverhandlung des vorausgegangenen Verfahrens entstanden sind und deren Geltendmachung durch Einspruch nicht möglich ist oder war«. Klargestellt wird mit dieser grds. verschuldensunabhängigen (OLG Düsseldorf, FamRZ 1979, 803, 804) und allenfalls in Fällen der Arglist (BGH, FamRZ 1997, 483, 484) ausnahmsweise nicht anzuwendenden **Präklusionsvorschrift**, dass mit dem Abänderungsantrag die Überprüfung einer Prognoseentscheidung nur verlangt werden kann, wenn es sich um Veränderungen handelt, die nach der Zeitschranke des § 238 Abs. 2 FamFG eingetreten sind und damit bei der Erstentscheidung keine Berücksichtigung finden konnten. Diese Einschränkung der Prognosekorrektur folgt dem **Schutz der Rechtskraft**, weil eine Überprüfung der Ursprungsentscheidung mit dem Abänderungsantrag nicht der Beseitigung von Rechtsfehlern des Erstgerichts dient und keine weitere »Rechtsmittelinstanz« ermöglichen, sondern nur den »Weg zu einer materiell gerechten Entscheidung eröffnen« soll (BGH, FamRZ 1983, 22, 24; 1987, 1021, 1024). Ohne Vorliegen einer (i. Ü. wesentlichen) Veränderung nach der Zeitschranke des § 238 Abs. 2 FamFG kann ein rechtskräftiges Ersturteil so unrichtig sein, wie es will: Ein Abänderungsantrag, der an der Präklusion scheitert, wird keinen Erfolg haben und etwa hierdurch entstehende Härten sind hinzunehmen, weil die mit der Rechtssicherheit und dem Rechtsfrieden verbundenen Folgen letztlich einen höheren Stellenwert haben als die materielle Gerechtigkeit, um deren Herstellung es bis dahin gegangen ist (*Schilken*, Zivilprozessrecht, Rn. 998).

Dies alles gilt – trotz bestehender Unterschiede zur Abänderung von Urteilen oder Beschlüssen nach   **954** dem FamFG – auch für den auf einer Vereinbarung beruhenden titulierten Unterhalt, also für eine bei Gericht geschlossene oder beim Notar beurkundete (vollstreckbare) Unterhaltsvereinbarung, weil auch diese nach § 239 FamFG (vor dem Inkrafttreten des FamFG: § 323 Abs. 4 ZPO [a. F.] i. V. m. § 313 BGB) mit dem Abänderungsantrag angegriffen und angepasst werden kann (BGH, FamRZ 1984, 997).

Zwar gelten seit der Entscheidung des Großen Senats v. 04.10.1982 (FamRZ 1983, 22) nach völlig einheiliger Auffassung bei Unterhaltsvereinbarungen weder die Präklusionsvorschrift des § 323 Abs. 2 ZPO (BGH, FamRZ 2010, 1238, 1239; 1995, 221, 223; Zöller/*Vollkommer* § 323a Rn. 1) noch die Zeitgrenze des Abs. 3 (BGH, FamRZ 1991, 542; OLG Düsseldorf, FamRZ 1995, 742, 743), weil diese Bestimmungen der **Absicherung der Rechtskraft** unanfechtbarer Entscheidungen dienten – was auch für § 238 FamFG gilt – und dieser Zweck bei Prozess- bzw. Verfahrensvergleichen oder bei vollstreckbaren Urkunden nicht erreicht werden kann, denn diese sind der Rechtskraft nicht zugänglich (BGH [GSZ], FamRZ 1983, 22, 24).

Dies bedeutet aber nicht, dass eine Korrektur der einem Vergleich zugrunde liegenden Prognoseentscheidung ohne Weiteres auf Alttatsachen und damit auf Umstände gestützt werden kann, die zum Zeitpunkt des Abschlusses des Verfahrensvergleichs oder bei Errichtung der notariellen Urkunde bereits vorgelegen haben. Denn Unterhaltsvereinbarungen sind den **Grundsätzen der gestörten Geschäftsgrundlage** unterworfen, also daraufhin zu überprüfen, ob der Vereinbarung eine Geschäftsgrundlage zugrunde gelegen hat, die zum Zeitpunkt der Vereinbarung fehlte, sich nachträglich verändert hat oder insgesamt in Wegfall geraten ist.

Insofern, und hier werden auch die Unterschiede zu einem im Beschlusswege zugesprochenen Unterhaltsanspruch deutlich, erfolgt die Korrektur der anlässlich einer Vereinbarung getroffenen Prognose mit Bewertungskriterien, die differenziertere und flexiblere Lösungen als bei der Abänderung eines Unterhaltsbeschlusses erlauben, denn sie unterliegen nicht prozessualen, sondern ausschließlich materiell-rechtlichen Grundsätzen (BGH [GSZ], FamRZ 1983, 22, 23), wie dies nunmehr auch in § 239 Abs. 2 FamFG normiert wird, wenn es dort klarstellungshalber heißt, dass sich die Voraussetzungen und der Umfang der Abänderung nach den Vorschriften des bürgerlichen Rechts richten. Insofern erweist sich die Präklusion des § 238 Abs. 2 FamFG als »Risikosphäre« in Abänderungsfällen des § 239 FamFG: Auch wenn der Abänderungsantragsteller des § 239 FamFG nicht präkludiert wird, so soll er sein Abänderungsverlangen gleichwohl nicht auf einen Umstand stützen dürfen, der ihm beim Vergleichsabschluss bekannt war und den er damals sehenden Auges ausgeblendet hat: Dieses von ihm erkannte und beim Vergleich eingegangene Risiko wird ihm durch ein Abänderungsverfahren nicht abgenommen.

Nahezu jeder Abänderungsantrag, mit dem sich der Rechtsanwender konfrontiert sieht, weist prozessuale »Tücken« auf, die nicht nur für den Betroffenen mit häufig kaum überschaubaren Risiken   **955** verbunden sind, sondern auch dem anwaltlichen Vertreter ein hohes Maß an Detailkenntnissen abfordern. Aber nicht nur dies: Wenn jede Korrektur einer Prognoseentscheidung nicht nur zu einer Störung der zwischen den Unterhaltsbeteiligten bestehenden rechtlichen Sonderverbindung, sondern auch dazu führt, dass die Vertrauensebene im trennungs- oder scheidungsbedingt ohnehin fragilen Verhältnis der Beteiligten zueinander je nach Umfang der Korrektur in erheblichem Maße erneut beeinträchtigt wird, bedarf es stets eines umsichtigen Umgangs mit der jeweiligen Interessenlage beider Beteiligten. Hierbei stellt sich eine Reihe von **Vorfragen**, die sich aufdrängen können und dann bereits vor Erhebung eines Abänderungsantrags beantwortet werden sollten, wie etwa die,

– ob einer möglichen außergerichtlichen Bereinigung der eingetretenen Störung auch unter Beachtung der damit verbundenen anwaltlichen Risiken nicht der Vorzug vor einem Abänderungsverfahren zu geben ist,

– ob statt einer Beschwerde (§§ 58 ff. FamFG) gegen die Erstfestsetzung, die eine erfolgreiche Anschlussbeschwerde (§ 66 FamFG) herausfordern könnte, für den Mandanten nicht besser zu einem späteren Zeitpunkt ein Abänderungsantrag gestellt werden sollte oder

– ob dem auf Abänderung drängenden Mandanten nicht richtigerweise empfohlen werden muss, mit einem Abänderungsantrag noch zuzuwarten, weil nicht nur mit einem erfolglosen Verfahrensausgang, sondern sogar damit gerechnet werden muss, dass eine antragsabweisende und vom FamG gut begründete Abänderungsentscheidung in einem weiteren, späteren Abänderungsverfahren wegen der Präklusionswirkung des § 238 Abs. 2 FamFG einen erfolgreichen Verfahrensausgang noch weniger wahrscheinlich macht.

II. 13 Muster zum Abänderungsantrag

956   Ein Abänderungsantrag kann sich, wie dies die Überleitungsvorschrift zum UÄndG 2008 in § 36 Nr. 1 EGZPO formuliert, gegen einen Unterhaltsanspruch richten, über den »rechtskräftig entschieden, ein vollstreckbarer Titel errichtet oder eine Unterhaltsvereinbarung getroffen« wurde.

1. Abänderungsantrag gegen ein Unterhaltsurteil bzw. gegen einen Unterhaltsbeschluss

957   Unterhaltsurteile bzw. Unterhaltsbeschlüsse (vgl. §§ 116 Abs. 1, 38 FamFG), die aufgrund streitiger mündlicher Verhandlung ergehen, münden entweder in eine den Unterhalt ganz oder nur teilweise zusprechende Entscheidung oder aber, wenn das FamG den geltend gemachten Unterhaltsanspruch verneint, in einen den Antrag abweisenden Beschluss.

Wird der Unterhalt nur teilweise zugesprochen, hat dies in aller Regel seinen Grund darin, dass das FamG nur einen Teil des geltend gemachten Unterhalts für berechtigt hält. Dies kann aber auch darin begründet liegen, dass der Unterhaltsberechtigte im Wege eines Teilantrags (Teilklage bzw. Teilklageantrag) nur einen Teil des (vollen) Unterhalts beantragt und, weil das Gericht nicht über den Antrag hinausgehen darf (§ 308 Abs. 1 ZPO), auch nur diesen Teil oder einen Teil von diesem zugesprochen hat. Wegen der in Rechtsprechung und Lehre entwickelten Grundsätze über die unterschiedlichen Abänderungsvoraussetzungen wird man deshalb richtigerweise zwischen einer den Antrag zusprechenden und einer antragsabweisenden Entscheidung unterscheiden müssen (zur Teiltitulierung und den damit verbundenen Abänderungsproblemen vgl. im Einzelnen Rdn. 979 ff.).

a) Abänderung einer den Unterhalt zusprechenden Entscheidung

958   Wurde der Unterhaltsanspruch ganz oder teilweise zugesprochen, richtet sich das spätere Begehren der Beteiligten auf Abänderung nach § 238 FamFG. Nach Abs. 1 hat der Abänderungsantragsteller die Gründe für eine »wesentliche Veränderung der der Entscheidung zugrunde liegenden tatsächlichen oder rechtlichen Verhältnisse« darzulegen und erforderlichenfalls zu beweisen.

aa) Muster 1

Amtsgericht .....

– Familiengericht –[1]

Antrag[2]

des .....

(Antragstellers)[3]

(Verfahrensbevollmächtigte)[4]

gegen

.....

(Antragsgegnerin)

wegen: Abänderung eines Urteils

vorläufiger Verfahrenswert: 3.000,00 €[5]

Namens und in Vollmacht des Antragstellers erheben wir

Abänderungsantrag

und beantragen:
1. Das Urteil des Familiengerichts in ..... vom ..... (Geschäftszeichen .....) wird in Ziffer 3. dahingehend abgeändert, dass der Antragsteller der Antragsgegnerin ab dem ..... keinen Unterhalt mehr schuldet.[6, 7]
2. Die Kosten des Verfahrens trägt die Antragsgegnerin.[8]

Begründung:

Die Beteiligten dieses Verfahrens sind geschiedene Eheleute.[9]

Ihre am ..... geschlossene Ehe wurde mit Urteil des Amtsgerichts ..... vom ..... (Geschäftszeichen .....) geschieden.

Nach Ziffer 3. des Scheidungsurteils wurde der Antragsteller verurteilt, an die Antragsgegnerin einen nachehelichen Betreuungsunterhalt in Höhe von monatlich 250,00 € zu zahlen.

In den Entscheidungsgründen führte das Amtsgericht aus, dass die während ihrer Ehe berufstätige 35-jährige Antragsgegnerin im Rahmen einer teilzeitbeschäftigten Erwerbstätigkeit als Sekretärin in einem Umfang von 30 Std./Woche mtl. 1.350,00 € netto verdiene. Demgegenüber verfüge der Antragsteller – wiederum nach Abzug der Arbeitspauschale – über ein unterhaltsrelevantes Nettoeinkommen i. H. v. 2.390,00 €. Nach Abzug des Kindesunterhaltes für die (damals) 7-jährige Tochter der Parteien i. H. v. 326,00 € sowie ehebedingter Verbindlichkeiten in Höhe weiterer 125,00 € sei ein Unterhaltsanspruch nach § 1570 BGB in Höhe von 250,00 € gerechtfertigt.[10]

Die Antragsgegnerin hat zwischenzeitlich mitgeteilt, dass sie in Vollzeit arbeite und 1.800,00 € netto verdiene.

Das Einkommen des Antragstellers hat sich demgegenüber nur um rund 100,00 € auf monatlich 2.495,00 € erhöht.

Zu einem Verzicht auf den titulierten Anspruch, den der Antragsteller außergerichtlich verlangt hat, erklärt sich die Antragsgegnerin nicht bereit. Sie weist darauf hin, dass der Antragsteller zwischenzeitlich keinen Kindesunterhalt mehr zahlen müsse, weil die Tochter über eine bedarfsdeckende Ausbildungsvergütung verfüge. Zudem sei der Kredit aus der Ehe, den der Antragsteller i. H. v. 125,00 € bedient habe, zurückgezahlt. Die Einkommensdifferenz rechtfertige deshalb nicht nur keinen Verzicht auf den titulierten Unterhalt, sondern sogar – jeweils nach Abzug der Arbeitspauschale – eine Unterhaltserhöhung auf 283,00 € (2.370,00 - 1.710,00 € × 3/7).[11]

Dies trifft zwar zu, worauf es allerdings nicht ankommt. Selbst wenn der Antragsgegnerin statt eines Anspruchs nach § 1570 BGB noch ein solcher auf Differenzunterhalt zustünde, so unterfällt dieser doch infolge des vom UÄndG 2008 normierten Grundsatzes der verstärkten Eigenverantwortlichkeit nach § 1569 BGB der Befristung gemäß § 1578b Abs. 2 BGB.[12, 13]

Dessen Voraussetzungen liegen auch vor, denn der Antragsgegnerin sind aus der Ehe keine Nachteile erwachsen. Bereits bei Eingehung der Ehe arbeitete sie als Sekretärin in dem Unternehmen, in dem sie auch heute noch beschäftigt ist. Auch ohne Kindesbetreuung, die die Antragsgegnerin seinerzeit zu einer Reduzierung der Arbeitszeit veranlasste, würde sie heute kein höheres Einkommen erzielen. Schließlich ist der Antragsgegnerin auch keine Übergangsfrist bis zum Befristungseintritt zuzubilligen, weil der Antragsteller bei einer Ehedauer von 8 Jahren Unterhaltszahlungen – einschließlich der Trennungszeit – für einen Zeitraum von 7 Jahren erbracht hat.[14, 15]

Im Hinblick hierauf ist dem Antrag stattzugeben.

Rechtsanwalt

1. Zuständigkeit. Unterhaltssachen sind gem. § 111 Nr. 8 FamFG Familiensachen. Für Familiensachen ist nach § 23a GVG das Amtsgericht **sachlich** zuständig. Abänderungsverfahren gehören damit vor das Amtsgericht (FamG). Die Zuständigkeit des OLG als Beschwerdegericht folgt aus § 119 Abs. 1 Nr. 1a GVG.

Die **örtliche** Zuständigkeit für Abänderungsverfahren ergibt sich aus § 232 FamFG. Während der Anhängigkeit einer Ehesache in 1. oder 2. Instanz ist das Gericht des ersten Rechtszugs für Unterhaltsverfahren in allen Varianten (Stufen- oder Leistungsantrag, Abänderungsantrag, vgl. SBW/*Klein* § 232 Rn. 2) zuständig, also nicht nur für Unterhaltsansprüche gemeinschaftlicher minderjähriger oder privilegierter volljähriger Kinder oder für Trennungs- und nacheheliche Unterhaltsansprüche des Ehegatten, sondern auch für Abänderungsverfahren.

Sobald eine Zuständigkeit nach § 232 Abs. 1 FamFG begründet ist, geht sie allen anderen Zuständigkeiten vor (§ 232 Abs. 2 FamFG), also auch der des § 767 Abs. 1 (»Prozessgericht«) i. V. m. § 802 ZPO: Da ein Abänderungsantrag in einen Vollstreckungsabwehrantrag umgedeutet werden kann (BGH, MDR 2008, 767 Rn. 18; FamRZ 2006, 261, 262; 1991, 1040, 1041; OLG Naumburg, FamRZ 2006, 1402; zur Umdeutung einer Vollstreckungsabwehr- in eine Abänderungsklage: OLG Frankfurt am Main, OLGReport 2003, 364, 366; OLG Brandenburg, FamRZ 2002, 1193; Zöller/ *Vollkommer* § 323 Rn. 17) und auch eine kumulative Verbindung beider Anträge zulässig ist (OLG München, FamRZ 1992, 213, 214), besteht das bisherige »Zuständigkeitsrisiko« bei Abgrenzungsproblemen der §§ 323, 767 ZPO (Wohnsitzgericht/Prozessgericht) nicht mehr beim Kindes- und Trennungsunterhalt. Anders ist dies aber bei der Abänderung von Scheidungsunterhalt: Mangels Anhängigkeit einer Ehesache, die § 232 Abs. 1 Nr. 1 FamFG voraussetzt, ergibt sich die örtliche Zuständigkeit aus § 232 Abs. 3 FamFG, die allerdings keine ausschließliche ist und es damit bei der örtlichen Zuständigkeit der §§ 767 Abs. 1, 802 ZPO verbleibt (weitere Einzelheiten hierzu: Rdn. 992 ff.; Rdn. 972, *M. 1*).

Ist eine Zuständigkeit nach § 232 Abs. 1 FamFG nicht begründet, verweist § 232 Abs. 3 FamFG auf die ZPO mit der Maßgabe, dass in den Vorschriften über den allgemeinen Gerichtstand an die Stelle des »Wohnsitzes« der »gewöhnliche Aufenthalt« tritt.

Hat der Antragsgegner im Inland (ausnahmsweise) keinen Gerichtstand, ist das Gericht zuständig, in dessen Bezirk der Antragsteller seinen gewöhnlichen Aufenthalt hat (§ 232 Abs. 3 Nr. 3 FamFG).

Eine zunächst nach § 232 FamFG begründete Zuständigkeit kann aber dann wechseln, wenn während der Anhängigkeit eines Abänderungsverfahrens über Kindes- oder Trennungsunterhalt eine Ehesache anhängig wird. In einem solchen Fall ist das Abänderungsverfahren nach § 233 FamFG an das Gericht der Ehesache abzugeben. Mit dieser Vorschrift übernimmt das FamFG das Konzentrationsprinzip des bisherigen § 621 Abs. 3 ZPO (SBW/*Klein* § 233 Rn. 1), wonach Ehegattenunterhaltssachen an das Gericht der Ehesache abzugeben waren, um in Scheidungssachen den Verbund zu ermöglichen und aus Gründen des Sachzusammenhangs die Erledigung durch den Richter der Ehesache sicherzustellen.

2. Bezeichnung. Die Terminologie des FamFG bzw. FamGKG ist gewöhnungsbedürftig (vgl. hierzu mit vielfältigen Vorschlägen: Schael FamRZ 2009, 7 ff.). Der bisherige Abänderungskläger erhebt seit dem 01.09.2009 einen **Abänderungsantrag** (*Schael* erwägt die Beibehaltung des Begriffs »Abänderungsklage« oder die Verwendung des Begriffs »Abänderungsklageantrag«), über den das Gericht im Beschlusswege (§§ 116 Abs. 1, 38 FamFG) entscheidet. Familienstreitsachen i. S. v. § 112 FamFG werden nicht mehr mit einer Klage-, sondern mit einer **Antragsschrift** nach § 113 Abs. 5 Nr. 2 FamFG anhängig gemacht.

Wenn dennoch § 39 FamGKG vom »Klage- und Widerklageantrag« statt konsequenterweise vom »Antrag und **Widerantrag**« spricht (*Schael* FamRZ 2009, 7, 8 favorisiert demgegenüber entgegen § 113 Abs. 5 Nr. 2 FamFG wohl eher die Begriffe »Klageantrag«, »Widerklageantrag«, »Vollstreckungsabwehrklageantrag«, »Leistungsklageantrag«, »Feststellungsklageantrag« usw.), so zeigt dies, dass dem Gesetzgeber selbst eine sprachliche Vereinheitlichung nicht gelungen ist. Es wundert deshalb nicht, wenn sich bis heute auch die Praxis auf keinen einheitlichen Sprachgebrauch verständigt hat und nach vielen Jahren seit Inkrafttreten des FamFG immer noch »Unterhaltsklagen« erhoben und »Verurteilungsanträge« gestellt werden (vgl. auch Rdn. 959, *M. 2*).

3. Beteiligte des Abänderungsverfahrens. Antragsbefugt sind die **Beteiligten** (statt: »Parteien«; zur Bezeichnung vgl. § 113 Abs. 5 Nr. 5 FamFG) des Vorverfahrens, und zwar, wie sich dies aus dem Titel, der der Abänderung zugeführt werden soll, ergibt.

Antragsbefugt ist auch der **Rechtsnachfolger**, so etwa der Sozialhilfeträger, dieser jedoch nur i. H. d. übergegangenen Anspruchs, ohne dass hierdurch der Unterhaltsberechtigte gehindert wäre, seinerseits bei veränderten Verhältnissen einen Abänderungsantrag zu erheben (BGH, FamRZ 1992, 797). Vor einer doppelten Inanspruchnahme ist der Unterhaltspflichtige durch die Einrede der anderweitigen Rechtshängigkeit geschützt. Will er seinerseits gegen den titulierten Unterhalt vorgehen, muss er in Fällen des Übergangs den Abänderungsantrag sowohl gegen den Titelgläubiger wie auch gegen den Sozialhilfeträger richten (OLG Brandenburg, FamRZ 2004, 552).

4. Anwaltszwang. Unterhaltssachen nach den §§ 231 ff. FamFG sind »**Familienstreitsachen**« (§ 112 Nr. 1 FamFG), also im Wesentlichen die bisherigen ZPO-Familiensachen. Zu den im Abschnitt 9 geregelten Verfahren in Unterhaltssachen gehört damit auch der Abänderungsantrag nach §§ 238 ff. FamFG.

§ 114 FamFG regelt – wie bisher § 78 ZPO – den **Anwaltszwang** in Ehe- und Folgesachen.

Neu ist die Einführung des Anwaltszwangs in sämtlichen selbstständigen Familienstreitsachen (§ 114 Abs. 1 FamFG: Unterhaltssachen; Güterrechtssachen; sonstige Verfahren nach §§ 266 ff. FamFG), sodass nicht nur in Güterrechtssachen, in denen es schon immer der anwaltlichen Vertretung bedurfte (vgl. § 78 Abs. 2 i. V. m. §§ 621 Abs. 1 Nr. 8, 661 Abs. 1 Nr. 6 ZPO a. F.), sondern jetzt auch in allen Unterhaltsverfahren Antragsteller und Antragsgegner vor dem FamG anwaltlich vertreten sein müssen.

Die Einführung des Anwaltszwangs auch insoweit begründet der Gesetzesentwurf mit den erheblichen Auswirkungen von Unterhaltsverfahren, der ständig zunehmenden Komplexität des materiellen Rechts, dem Schutz der Beteiligten wie auch aus Gründen der »Waffengleichheit«. Letztlich wird der bisherigen Gerichtspraxis Rechnung getragen, denn Unterhaltsverfahren wurden auch bisher schon in erster Instanz ganz überwiegend von Anwälten geführt.

Wenn sich nach § 114 Abs. 1 FamFG die Beteiligten auch in Unterhaltsverfahren durch einen Anwalt vertreten lassen müssen, führt die Missachtung dieser Vorschrift zur Säumnis des anwaltlich nicht vertretenen Beteiligten. Dies hat zur Folge, dass gegen diesen Beteiligten ein **Versäumnisbeschluss** auf Antrag erlassen werden kann. Das FamFG enthält zwar keine Vorschriften zum

Versäumnisbeschluss: Nach § 113 Abs. 1 Satz 2 FamFG gelten aber die Bestimmungen der ZPO über Verfahren vor den Landgerichten entsprechend.

Ausnahmen vom Anwaltszwang sehen die Abs. 3 und 4 des § 114 FamFG vor. So muss bspw. ein Beteiligter, der durch das Jugendamt als Beistand vertreten wird (§ 114 Abs. 4 Nr. 2 FamFG), nicht (noch zusätzlich) anwaltlich vertreten sein.

Auch für eine einstweilige Unterhaltsanordnung nach den §§ 49 ff., 246 ff. FamFG bedarf es einer anwaltlichen Vertretung nicht (§ 114 Abs. 4 Nr. 1 FamFG). Dieses »Privileg« ist in der Praxis allerdings nur von kurzer Dauer: Denn will oder muss auf Antrag des anwaltlich vertretenen Beteiligten der nicht anwaltlich vertretene Antragsteller das Hauptsacheverfahren nach § 52 Abs. 2 FamFG einleiten oder sich als Antragsgegner auf dieses einlassen, wird er sich zur Vermeidung der ansonsten eintretenden Säumnis im Hauptsacheverfahren zwingend anwaltlicher Hilfe bedienen müssen.

I. Ü. ist in einem Verfahren auf Erlass einer einstweiligen Anordnung keine Versäumnisentscheidung möglich (§ 51 Abs. 2 Satz 3 FamFG). Erscheint der Antragsgegner in einem Termin zur mündlichen Verhandlung nicht, findet eine einseitige streitige Verhandlung statt, die in eine antragsgemäße Entscheidung mündet, vorausgesetzt, der Sachverhalt ist hinreichend aufgeklärt, glaubhaft gemacht und natürlich schlüssig.

Wird zunächst ein Antrag auf **Verfahrenskostenhilfe** ohne Zustellung des Antrags zur Hauptsache gestellt, so gilt der Anwaltszwang nicht (§ 114 Abs. 4 Nr. 5 FamFG), sodass die Beteiligten nicht gehindert sind, vergleichsweise das Verfahren ohne anwaltliche Vertretung zu beenden, und dies auch in einem nach § 118 Abs. 1 Satz 3 ZPO anberaumten Termin, weil diese Vorschrift infolge der Generalverweisung des § 113 Abs. 1 Satz 2 FamFG auf die Vorschriften der ZPO zur Anwendung kommt.

5. Verfahrenswert. Unterhaltsverfahren kennen begrifflich keinen Streitwert mehr, sondern nur noch einen **Verfahrenswert** (vgl. § 3 Abs. 1 FamGKG).

Dieser bestimmt sich aus dem Jahresbetrag der geforderten Veränderung (§ 51 Abs. 1 FamGKG), ggf. zuzüglich der bei Einreichung des Antrags fälligen Abänderungsbeträge, die gem. § 51 Abs. 2 FamGKG dem Wert der zukünftigen wiederkehrenden Leistung hinzuzurechnen sind. Dies gilt nicht nur dann, wenn eine rückwirkende Änderung verlangt werden kann, so etwa bei einem Vergleich (vgl. Rdn. 961, *M. 3*) oder im Fall des § 238 Abs. 3 FamFG, also bei vorangegangenem außergerichtlichen Auskunfts- und Abänderungsverlangen. Dies gilt auch dann, wenn die Abänderung erst ab Rechtshängigkeit des Antrags verlangt wird. In allen diesen Fällen sind Abänderungsbeträge der zurückliegenden Monate einschließlich des Monats der Rechtshängigkeit des Antrags wegen § 1612 Abs. 3 BGB (Fälligkeit des Unterhalts im Voraus) fällige Beträge i. S. v. § 51 Abs. 2 FamGKG (OLG Köln, FamFR 2010, 91).

▶ **Praxishinweis:**

Soll Verfahrenskostenhilfe in Anspruch genommen werden, ist es jedoch ratsam, Rückstände möglichst nicht auflaufen zu lassen. Denn es könnte mutwillig erscheinen, wenn ohne nachvollziehbaren Grund nicht zeitnah nach einem Auskunfts- oder (außergerichtlichen) Abänderungsverlangen ein verfahrenseinleitender Antrag bei Gericht gestellt wird und – eben wegen der Werterhöhungsvorschrift des § 51 Abs. 2 FamGKG – erhebliche Mehrkosten entstehen (so bei rückwirkender Abänderung: OLG Celle, FamRZ 2011, 50). Liegt jedoch ein Grund dafür vor, dass länger zugewartet wurde, sollte dieser erläutert werden (z. B. bei längeren Vergleichsverhandlungen).

Bei der Abänderung von Kindesunterhalt gilt nichts anderes: Auch hier bestimmt sich der Verfahrenswert nach dem Jahreswert der geforderten Veränderung, ggf. zuzüglich der bei Einreichung des Antrags fälligen Abänderungsbeträge (vgl. aber auch hier i. R. d. Mutwilligkeitsprüfung: OLG Celle, FamFR 2011, 294). Würde z. B. der Wegfall eines titulierten Anspruchs auf Kindesunterhalt i. H. v. 454,00 € deshalb in Rede stehen, weil das Kind zwischenzeitlich eine bedarfsdeckende Ausbildungsvergütung erhält, beliefe sich der Verfahrenswert auf 12 Monate ×

454,00 € = 5.448,00 €. Würde hingegen mit der Abänderung nur die Erhöhung des titulierten Unterhalts eines 16-jährigen Kindes um zwei Einkommensgruppen von 420,00 € auf 488,00 € verlangt, beträgt der Verfahrenswert (nur) 12 x 68,00 € = 816,00 €.

6. Abänderbare Schuldtitel. Ein Abänderungsantrag kann sich richten
a) gegen ein Urteil bzw. gegen einen (nach dem 01.09.2009 ergangenen) Beschluss,
b) gegen die (Unterhalts-) Titel des § 794 Abs. 1 ZPO,
    nicht jedoch
c) gegen eine einstweilige Anordnung,
d) gegen eine nicht titulierte Unterhaltsvereinbarung
    und auch nicht
e) gegen eine Unterhaltskapitalabfindung.

Im Einzelnen:

a. Urteile bzw. Beschlüsse. Der Abänderung unterliegen zunächst Urteile bzw. nach dem 01.09.2009 ergangene Beschlüsse, soweit sie dem Normbereich des § 238 FamFG unterfallen, also eine »Verurteilung« (da es kein »Unterhaltsurteil« mehr gibt, wäre es wohl richtiger, von einer »Verpflichtung« zu sprechen) zu »künftig fällig werdenden wiederkehrenden Leistungen« enthalten. Unterhaltsentscheidungen ergehen allerdings nicht nur aufgrund streitiger mündlicher Verhandlung und münden in eine **klage- bzw. antragsabweisende** oder den begehrten Unterhalt ganz bzw. teilweise zusprechende Entscheidung. Sie können auch im Wege des Versäumnis- oder Anerkenntnisbeschlusses erfolgen.

Die Notwendigkeit einer solchen Differenzierung ergibt sich daraus, dass nach § 238 Abs. 1 FamFG der Abänderungsantrag eine wesentliche Veränderung derjenigen Verhältnisse voraussetzt, die für die Verurteilung maßgebend waren. Anders als bei einer Entscheidung mit Gründen, aus denen sich in aller Regel die der Prognoseentscheidung zugrunde gelegten Verhältnisse ermitteln lassen, lässt sich dies einer antragsabweisenden Entscheidung nicht ohne Weiteres und einem Versäumnis- oder Anerkenntnisbeschluss überhaupt nicht entnehmen. Der **Versäumnisbeschluss** beruht auf der Säumnis eines Beteiligten und der hieraus abgeleiteten Fiktion, dass das (schlüssige) Vorbringen als zugestanden anzunehmen ist. Der **Anerkenntnisbeschluss** nach § 307 ZPO beruht auf der Erklärung des Unterhaltsverpflichteten, dass er den vom Antragsteller geltend gemachten Unterhaltsanspruch ganz oder teilweise anerkennt (zu den weiteren Einzelheiten vgl. Rdn. 967 und 968).

b. Unterhaltstitel des § 794 Abs. 1 ZPO. Der Abänderungsantrag richtet sich, auch wenn § 238 Abs. 1 FamFG von einer »Verurteilung« zu künftig fällig werdenden wiederkehrenden Leistungen spricht, nicht nur gegen Unterhaltsbeschlüsse. Bereits der Blick auf § 323 Abs. 4 ZPO a. F. verriet, dass sich der Anwendungsbereich der bisherigen Abänderungsklage auch auf bestimmte Schuldtitel des § 794 Abs. 1 ZPO erstreckte.

Das FamFG übernimmt die herrschende Meinung zu § 323 Abs. 4 ZPO und weist mit § 239 FamFG der Abänderung von Vergleichen und Urkunden eine eigene Bestimmung zu.

c. Einstweilige Anordnungen. In allen Fällen der auf Trennungsunterhalt gerichteten einstweiligen Anordnung war bislang die Abänderungsklage unzulässig (BGH, FamRZ 1983, 892, 893 zu § 620 Abs. 1 Nr. 4 ZPO). Begründet wurde dies damit, dass die einstweilige Anordnung keinen rechtskraftfähigen Titel schaffe, sondern nur eine vorläufig als bestehend angenommene Unterhaltsregelung, die jederzeit im Abänderungsverfahren nach § 620b ZPO aufgehoben oder abgeändert werden könne. Etwas anderes wurde nur dann angenommen, wenn sich die Parteien im einstweiligen Anordnungsverfahren verglichen hatten und (kum) anzunehmen war, dass mit dem Unterhaltsvergleich eine **endgültige Unterhaltsregelung** getroffen werden sollte (BGH, FamRZ 1991, 1175; OLG Düsseldorf, FamRZ 1985, 56). Nur in einem solchen Fall war der Anwendungsbereich des § 323 ZPO eröffnet und der Vergleich abänderbar.

Auch nach Inkrafttreten des FamFG, das das Recht der einstweiligen Anordnung – teilweise grundlegend – geändert hat, wird dies nicht anders zu beurteilen sein. Zwar stellt das Verfahren auf

Erlass einer einstweiligen Anordnung nunmehr ein selbstständiges Verfahren dar (§ 51 Abs. 3 Satz 1 FamFG), mündet auch in eine Kostenentscheidung (§ 51 Abs. 4 FamFG), bleibt gleichwohl Teil des im FamFG neu konzipierten einstweiligen Rechtsschutzsystems mit bloß vorläufigem Charakter, weil die einstweilige (Unterhalts-) Anordnung nur und so lange in Kraft bleibt, bis eine anderweitige Regelung wirksam wird: Das FamFG hat die herrschende Meinung zu § 620f ZPO a. F. übernommen und das Erfordernis der Rechtskraft der anderweitigen Regelung als hierfür maßgebend kodifiziert (§ 56 Abs. 1 FamFG). Auch § 238 Abs. 1 FamFG stellt dies klar, wenn hiernach eine Abänderung nur gegen »eine in der Hauptsache ergangene Endentscheidung des Gerichts« zulässig ist.

Der Abänderungsantrag gegen eine einstweilige (Unterhalts-) Anordnung nach § 238 FamFG bleibt damit auch nach neuem Recht unzulässig. Aufhebung und Änderung richten sich allein nach § 54 FamFG.

▶ **Praxishinweis:**

Nur der im einstweiligen Anordnungsverfahren geschlossene Unterhaltsvergleich, mit dem eine endgültige Unterhaltsregelung getroffen wurde, ermöglicht eine Abänderung nach § 239 FamFG (OLG Jena, FuR 2012, 48 mit Anm. *Soyka* zu der »Rechtsbehelfssystematik« nach neuem Recht). Ist diese »Option« gewollt, soll also der Unterhaltsvergleich eine über die einstweilige Anordnung hinausgehende **endgültige** Wirkung haben, empfiehlt es sich, im Vergleich die Grundlagen zur Unterhaltsbemessung mit aufnehmen zu lassen, da bei einer grundlagenlosen Vereinbarung erhebliche Darlegungsprobleme entstehen können, wenn zu einem späteren Zeitpunkt ein Abänderungsverlangen gestellt wird (vgl. Rdn. 987) oder z. B. Streit darüber entsteht, ob mit der einstweiligen Anordnung Gesamtschuldnerausgleichsansprüche (etwa die vom Unterhaltspflichtigen gezahlten Annuitäten der Hausfinanzierung) mit erledigt wurden.

d. Nicht titulierte Unterhaltsvereinbarung. Von erheblicher Praxisrelevanz sind Unterhaltsvereinbarungen, mit denen sich insb. getrennt lebende Ehegatten auf Unterhaltsregelungen verständigen, die entweder in eine formlose Vereinbarung über die Unterhaltsschuld oder aus Gründen der besseren Beweisbarkeit ihrer Verständigung in einen schriftlichen Unterhaltsvergleich münden, was auch nach dem UÄndG 2008 sowohl beim Kindes- wie auch Trennungsunterhalt ohne Weiteres zulässig geblieben ist. Lediglich § 1585c BGB normiert abweichend von der früheren Rechtslage, dass eine vor Rechtskraft der Scheidung getroffene Vereinbarung »über die Unterhaltspflicht für die Zeit nach der Scheidung (...) der notariellen Beurkundung« bedarf, um so die bislang bestehende Uneinheitlichkeit der Formbedürftigkeit von Vereinbarungen über Scheidungsfolgen zu beseitigen und eine Angleichung an die Versorgungs- und Zugewinnausgleichsbestimmungen vorzunehmen, aber auch, um die Parteien vor »übereilten Erklärungen zu bewahren und ihnen die Tragweite ihrer Vereinbarung« durch Mitwirkung eines Notars vor Augen zu führen (BT-Drucks. 16/1830, S. 22).

Nach einhelliger in Rechtsprechung (BGH, FamRZ 1982, 782, 784; OLG Bamberg, FamRZ 2001, 922, 923) und Lehre (Zöller/*Vollkommer* § 323 Rn. 10a; § 323a Rn. 4; MünchKommFamFG/*Dötsch* § 239 Rn. 4) vertretenen Ansicht finden die Vorschriften der §§ 794 Abs. 1 Nr. 5, 323 Abs. 4 ZPO keine entsprechende Anwendung auf den **außergerichtlichen Vergleich**. Für § 239 FamFG gilt nichts anderes, weil eine privatschriftliche Vereinbarung kein Vollstreckungstitel ist, den § 794 Abs. 1 Nr. 1 ZPO aber gerade voraussetzt. Wegfall und Veränderung der Geschäftsgrundlage können damit nur – als Folge der Einstellung oder Kürzung von Unterhaltszahlungen – vom Unterhaltsgläubiger mit dem Leistungsantrag oder vom Unterhaltsverpflichteten, der es mit der Zahlungseinstellung nicht sein Bewenden lassen und sein Unterhaltsobligo geklärt wissen will, mit dem negativen Feststellungsantrag geltend gemacht werden (*Soyka* FuR 2007, 152).

Allerdings können die Beteiligten ihre außergerichtliche Vereinbarung der Regelung des § 323 ZPO (§ 239 FamFG) unterstellen (Zöller/*Vollkommer* § 323a Rn. 4; MünchKommFamFG/*Dötsch* § 239 Rn. 4)), sodass bei einer entsprechenden (eindeutigen) Vereinbarung hierüber ein Abänderungsantrag nach § 239 FamFG auch gegen einen außergerichtlichen Unterhaltsvergleich möglich ist, wenn man nicht die Ansicht vertritt, dass das Klagesystem der ZPO bzw. das Antragssystem des FamFG nicht zur Disposition der Parteien bzw. Beteiligten steht (so: *Graba*[3] Rn. 91).

e. Unterhaltsabfindung. Ob § 239 FamFG auch auf Vereinbarungen Anwendung findet, die keine laufenden Unterhaltszahlungen, sondern nur eine einmalige **Kapitalabfindung** gewähren, die ein Ehegatte dem anderen Ehegatten zur Abgeltung zukünftiger Unterhaltsansprüche in einer Summe, ggf. auch in Form monatlicher oder jährlicher Raten bei gleichzeitigem wechselseitigen Unterhaltsverzicht zahlt, dürfte umstritten bleiben:

In der Literatur wurde zu § 323 ZPO hierzu vertreten, dass es sich bei der Kapitalabfindung um nichts anderes als einen (meist abgezinsten) Barwert der geschuldeten Unterhaltsrente handele und seine Bemessung der eines monatlich fälligen Unterhaltsanspruchs folge, also auf der Prognose der künftig im wesentlich gleichbleibenden Entwicklung der wirtschaftlichen Verhältnisse der Ehegatten beruhe. Dies rechtfertige seine Abänderbarkeit (*Schilken* Rn. 1069), jedenfalls dann, wenn die Abfindung, wie dies i. d. R. der Fall ist, untrennbar mit einem Unterhaltsverzicht verbunden sei.

Der BGH verneinte – wie bereits das Reichsgericht (RGZ 106, 396, 400; 141, 198, 200) – die Frage der Abänderbarkeit einer Kapitalabfindung (BGH, NJW 1981, 818, 819), weil der Berechtigte denjenigen Kapitalbetrag erhalte, der zusammen mit dem Zinsertrag dieses Kapitals ausreiche, seinen Bedarf während der voraussichtlichen Laufzeit der Unterhaltsverpflichtung zu decken. Hierbei seien die Berechnungsfaktoren je nach den Besonderheiten des Einzelfalls zu schätzen, wobei notwendigerweise Prognosen zur künftigen Entwicklung der Lebensumstände und der wirtschaftlichen Daten angestellt werden müssten. Es liege in der Natur einer jeden Prognose, dass einer Abfindungszahlung das Risiko der Fehleinschätzung oder des Irrtums anhafte. Niemandem werde jedoch dieses Risiko zugemutet. Derjenige aber, der statt einer laufenden Unterhaltszahlung eine Kapitalabfindung verlange oder akzeptiere, gehe dieses Risiko sehenden Auges ein, sei es, dass er sich davon Vorteile verspreche, sei es, dass er die Auseinandersetzung mit dem Ehepartner mit einer Zahlung endgültig erledigen wolle. Wer dieses Risiko in Kauf nehme, sei sich bewusst, dass die für ihre Berechnung maßgebenden Faktoren auf Schätzungen und unsicheren Prognosen beruhten. Dann könne er nicht später eine Korrektur dessen verlangen, was er an Unsicherheit bei Abschluss der Abfindungssumme gebilligt habe.

Für die Richtigkeit dieser Ansicht streitet insb. die Geschäftsgrundlage einer solchen Vereinbarung, die vor allem im **Erledigungscharakter** zu sehen ist, den die Ehegatten der Abfindung beigemessen haben. Wenn sie die Unterhaltsfrage mit einer Einmalzahlung ein für alle Mal außer Streit gestellt wissen wollten, ohne dass an ihrer Absprache wieder »gerüttelt« (RGZ 141, 198, 200) werden soll und dies trotz oder gerade in Kenntnis oder zumindest bewusster Inkaufnahme dessen, dass die Abfindungshöhe nur auf vagen Schätzungen und letztlich nicht beeinflussbaren und damit unsicheren Prognosen über die künftigen wirtschaftlichen und persönlichen Verhältnisse beruht (FA-FamR/ Gerhardt Kap. 6 Rn. 980), scheidet eine Anpassung an veränderte Verhältnisse aus. Dies gilt nicht nur für den abfindenden Ehegatten, der mit Zahlung der Kapitalabfindung Unterhaltsnachforderungen auch dann nicht mehr ausgesetzt sein will, wenn sich seine wirtschaftlichen Verhältnisse deutlich verbessert oder die des Berechtigten verschlechtert haben. Dies gilt in gleicher Weise für den abgefundenen Ehegatten, dessen persönliche Lebenssituation sich nunmehr anders als angenommen darstellt, weil er eine Lebenspartnerschaft oder eine neue Ehe eingegangen ist und mit der Abfindungszahlung auch das Risiko genommen wissen wollte, einen Teil der Abfindung aus diesen Gründen zurückzahlen zu müssen.

Wenn also mit der Vereinbarung eines Abfindungsbetrags eine **abschließende** Regelung getroffen werden soll, ist der Fortbestand der unterhaltsrelevanten Umstände nicht Geschäftsgrundlage dieser Vereinbarung. Folglich hat es bei dieser Vereinbarung auch dann zu bleiben, wenn – etwa aus Gründen der Liquidität – der Abfindungsbetrag in Raten gezahlt wird oder der Unterhaltsberechtigte vor Fälligkeit der letzten Rate wieder heiratet (BGH, FamRZ 2005, 1662; OLG Koblenz, FamRZ 2002, 1040 für den Fall einer Unterhaltsrente, die vertraglich »bis zum Tod« gewährt wurde und auch nach Wiederheirat nicht erlischt; OLG Frankfurt am Main, FamRZ 2005, 1253, 1254) oder auch vor Zahlung der letzten Rate verstirbt, sodass ein etwa gestundeter Restanspruch aus der Kapitalabfindung von den Erben (nach)gefordert werden kann (MünchKommBGB/*Maurer* § 1586 Rn. 7).

▶ **Praxishinweis:**

Die Vereinbarung einer Kapitalabfindung ist aus anwaltlicher Sicht ausgesprochen haftungsträchtig: Jeder anwaltliche Vertreter, der für oder gegen seinen Mandanten eine Kapitalabfindung aushandelt, sollte immer im Blick haben, wie sein Mandant im Fall einer streitigen Entscheidung über den Unterhalt voraussichtlich stehen würde (OLG Celle, Urt. v. 28.11.2007 – 3 U 94/07 –, juris; bestätigt: BGH, FamRZ 2010, 887). Ergibt sich z.B. später, dass der vereinbarte Abfindungsbetrag bei Weitem nicht ausreicht, den voraussichtlich künftig geschuldeten Unterhalt abzugelten (das OLG Celle errechnete in seinem Fall bei richtiger Anwendung der Abzinsungstabelle einen Barwert i.H.v. 273.000,00 €, während die Kapitalabfindung mit 205.000,00 € deutlich darunter lag), zahlt der (schadensersatzpflichtige) Anwalt den »Differenzunterhalt«. Er kann nach ständiger Rechtsprechung des Haftungssenats des BGH weder geltend machen, das FamG habe den Vergleichsabschluss dringend angeraten, weil eine richterliche Empfehlung keine Gewähr für deren Richtigkeit bietet, noch kann der Anwalt zu seinen Gunsten darauf abstellen, der unterhaltspflichtige Ehegatte wäre zur Zahlung eines höheren Abfindungsbetrages nicht bereit gewesen. Dann hätte die Empfehlung an den Mandanten lauten müssen, den Unterhalt streitig entscheiden zu lassen. Nur dann, wenn der Mandant gleichwohl und nachweisbar eine etwa untersetzte Kapitalabfindung wünscht, ist der Anwalt »aus dem Schneider«.

Diese Rechtsprechung, bei der die künftige Unterhaltsschuld nach den gesetzlichen Bestimmungen (also auch unter Berücksichtigung von § 1578b BGB) inzidenter errechnet wird, um so zu einem abgezinsten Abfindungsbetrag zu gelangen, stellt hohe Anforderungen an das Beratungsobligo des Anwalts, dem insb. Berechnungsfehler haftungsrechtlich angelastet werden. Und wenn man schließlich berücksichtigt, dass bei der Beratung über die Sinnhaftigkeit eines Vergleichsabschlusses am wenigstens eine zuverlässige Prognose dahingehend abgegeben werden kann, wie mutmaßlich das Familien- oder Beschwerdegericht über eine Unterhaltsbefristung entscheiden dürfte, verlangt diese Rechtsprechung vom anwaltlichen Berater nicht nur das »Äußerste«, sondern eigentlich etwas Unmögliches.

7. Genaue Bezeichnung des abzuändernden Unterhalts. Bei einem Vergleich, der nicht nur den Unterhalt beinhaltet, der abgeändert werden soll, sondern weitere Regelungen (z.B. Kindesunterhalt, Zugewinnausgleich etc.) enthält, ist es erforderlich, im Antrag genau anzugeben, auf welche Regelung sich der Abänderungsantrag bezieht.

Gleiches gilt, wenn ein Unterhaltsvergleich eine Reihe von Unterhaltsregelungen aufweist, so z.B. zum Elementar-, Kranken- und/oder Altersvorsorgeunterhalt. Dann ist im Antrag genau anzugeben, auf welche der Unterhaltsregelungen sich der Abänderungsantrag bezieht.

8. Kostentragungspflicht. Die Kostenentscheidung folgt nicht mehr den allgemeinen Regeln der §§ 91 ff. ZPO, sondern bestimmt sich in Unterhaltssachen vorrangig nach § 243 FamFG.

Die Kosten eines Unterhaltsverfahrens sind hiernach grds. **nach billigem Ermessen** zu verteilen, also flexibel und weniger formal als bisher (BT-Drucks. 16/6308, S. 259). Hiervon ist auch das Abänderungsverfahren nicht ausgenommen. So rechtfertigt allein die Rücknahme eines Abänderungsantrags nicht ohne Weiteres die Auferlegung der Kosten. Zu berücksichtigen sind vielmehr alle Umstände, die zur Einleitung wie auch zur Rücknahme des Antrags geführt haben, so etwa eine zwischenzeitlich getroffene Verständigung außerhalb des Verfahrens.

Gleichwohl ist davon auszugehen, dass auch künftig das Verhältnis von Obsiegen und Unterliegen der Beteiligten maßgeblich die Kostenquote bestimmen dürfte, sodass in den meisten Abänderungsverfahren die Kostenentscheidungen nicht anders ausfallen werden, als dies bislang der Fall gewesen ist.

Zu beachten ist allerdings, dass § 243 FamFG die Möglichkeit eröffnet, bestimmte verfahrensbezogene **Obliegenheitsverletzungen** beim Kostenausspruch zu berücksichtigen (z.B. Verletzung von Auskunftspflichten nach § 235 FamFG; nicht aber die Weigerung, an einer Mediation teilzunehmen, denn dies kann nur in Scheidungs- und Scheidungsfolgesachen nach § 150 Abs. 4 Satz 2 FamFG kostenrechtlich sanktioniert werden).

Neu ist, dass § 243 Nr. 1 FamFG in Zusammenhang mit dem Verhältnis von Obsiegen und Unterliegen auch die »Dauer der Unterhaltsverpflichtung« erwähnt. Es dürfte deshalb sachgerecht sein, wenn bei gerichtlichen Auseinandersetzungen über eine Befristung des Unterhalts nach § 1578b Abs. 2 und 3 BGB auch der noch verbleibenden (Rest-) Dauer der Unterhaltsverpflichtung bei der Kostenentscheidung Rechnung getragen wird, womit das FamFG neue Beurteilungsspielräume in Bezug auf die Kostentragungspflicht eröffnet (SBW/*Klein* § 243 Rn. 3), auf die im Verfahren hingewiesen werden sollte.

Die in § 243 FamFG erwähnte Aufzählung ist nicht abschließend (»insbesondere«), sodass auch die in den §§ 80 ff. FamFG getroffenen Wertungen wie in einem Rechtsmittelverfahren auch der Gedanke des § 97 Abs. 2 ZPO einbezogen werden können.

Wird das Verfahren durch Vergleich erledigt und haben die Beteiligten keine Bestimmung über die Kosten getroffen, fallen gem. § 83 Abs. 1 FamFG die Gerichtskosten jedem Beteiligten zu gleichen Teilen zur Last, während jeder Beteiligte seine außergerichtlichen Kosten selbst trägt.

9. Sachverhaltsdarstellung. § 23 Abs. 1 FamFG bestimmt, dass der verfahrenseinleitende Antrag eine Begründung enthalten soll. Die Ausgestaltung dieser Bestimmung als Sollvorschrift stellt sicher, dass ein begründungsloser oder auch nur knappgehaltener Antrag diesen nicht unzulässig macht. Es sollte sich aber von selbst verstehen, dass bereits in der Antragsschrift die zu seiner Begründung dienenden Tatsachen angegeben und das Gericht hierdurch bei der Ermittlung des entscheidungserheblichen Sachverhaltes unterstützt wird.

Es empfiehlt sich, die Antragsbegründung erzählend, also damit zu beginnen, wann die Beteiligten geheiratet hatten, ob sie nur getrennt leben oder bereits geschieden wurden, ob Kinder aus der Ehe hervorgegangen sind, welcher beruflichen Tätigkeit sie nachgehen und wann und wie der Unterhalt vergleichsweise geregelt oder durch Urteil/Beschluss zugesprochen wurde. Denn natürlich sind für eine Abänderung Umstände wie z. B. die Ehedauer, der Zeitraum der Trennung, die Dauer der Unterhaltszahlungen vor und nach Scheidung der Ehe und ehebedingte Nachteile für die Unterhaltsbemessung wie auch für eine etwa anstehende Begrenzung und/oder Befristung nach § 1578b BGB von entscheidender Bedeutung. Eines »Antrags«, den Unterhalt zu befristen, bedarf es zwar nicht, aber zwingend eines Sachvortrags zu den Kriterien für eine vom Gericht vorzunehmende Billigkeitsabwägung, damit dieses in die Lage versetzt wird zu prüfen, ob ein zeitlich unbegrenzter Unterhaltsanspruch unbillig wäre. I. Ü. spricht der Grundsatz des sichersten Weges dafür, wenn eine in Betracht kommende Befristung des Anspruchs ausdrücklich geltend gemacht und, wenngleich nicht erforderlich, ein expliziter »Befristungsantrag« gestellt wird. Nur dadurch lässt sich vermeiden, dass das FamG die Befristung übersieht und eine Korrektur erst im Beschwerdeverfahren erfolgt, was das OLG Düsseldorf dem Anwalt haftungsrechtlich anlastet (FamRZ 2009, 1141).

Wie der Unterhalt zugesprochen wurde, ist nicht nur für die Formulierung des Antrags von Bedeutung. Die Art der Titulierung bestimmt auch die Anwendbarkeit von § 238 (Abänderung gerichtlicher Entscheidungen) oder § 239 (Abänderung von Vergleichen und Urkunden) bzw. § 240 FamFG (Abänderung von Entscheidungen nach den §§ 237 und 253 FamFG).

▶ Praxishinweis:

> I. Ü. sollte auch immer an den mehr oder doch meist weniger geneigten Leser gedacht werden, dem mit einer verständlich formulierten und gut lesbaren Antragsbegründung, die das Anliegen des Verfassers deutlich werden lässt, zumindest in einem ersten Schritt vermittelt werden sollte, dass an dem Antrag »etwas dran« ist. Häufig wird diesem Aspekt in der Praxis zu wenig Bedeutung beigemessen, weil der Verfasser meint, das FamG kenne das Gesetz. Freilich kennt es das, aber wenn dieses noch ansprechend »serviert« wird, ist dies für den Antragsteller eines Abänderungsantrags meist die »halbe Miete«, zumindest in Richtung eines Vergleiches, dessen Abschluss, wie jeder Praktiker weiß, ja nicht selten auch davon abhängt, wie sich das FamG positioniert.

10. Grundlagen des abzuändernden Titels. Nach der Darstellung des Sachverhalts sollten die Grundlagen des abzuändernden Titels dargestellt werden. An dieser Stelle lässt sich feststellen, ob der Verfasser eines Abänderungsantrags das Unterhaltsurteil bzw. den Unterhaltsbeschluss sorgfältig gelesen und richtig bewertet hat. Denn in der Praxis wird häufig übersehen, dass eine wesentliche Veränderung der Verhältnisse nur dann zu einem erfolgreichen Abänderungsantrag führt, wenn eine solche Veränderung im Vergleich zu den Verhältnissen, die für die Erstfestsetzung bestimmend gewesen sind, bejaht werden kann. Denn nicht nur bei Vergleichen, sondern auch bei der Abänderung eines Urteils/Beschlusses gilt, dass das Abänderungsverfahren **weder eine freie, von der bisherigen Höhe unabhängige Neufestsetzung des Unterhalts noch eine abweichende Beurteilung derjenigen Verhältnisse ermöglicht, die bereits im Ersturteil eine Bewertung erfahren haben** (ständige Rechtsprechung des BGH: FamRZ 2012, 281 Rn. 15). Vielmehr besteht die Abänderungsentscheidung in einer **unter Wahrung der Grundlagen des Unterhaltstitels vorzunehmenden Anpassung des Unterhaltstitels an veränderte Verhältnisse** (BGH, FamRZ 2010, 1318 Rn. 32). Wurde dort z. B. das Einkommen im Ausgangsverfahren bewusst zu niedrig angesetzt – möglicherweise in der Hoffnung, dass der Unterhalt nicht zu hoch ausfällt – oder vom Gericht in fehlerhafter Weise zu niedrig ausgewiesen, kann sich dies nachträglich als »Bumerang« erweisen: Dann nämlich hilft dem Antragsteller eine aktuelle Verschlechterung seiner Einkommenssituation auf dem Niveau des bei der Erstfestsetzung festgeschriebenen Einkommens überhaupt nichts. Trotz »objektiver« wesentlicher Änderung wäre er dann daran gebunden, dass im Vergleich des seinerzeit zu niedrig angesetzten Einkommens zum aktuellen Einkommen keine wesentliche Veränderung festgestellt werden kann mit der Folge der Unzulässigkeit seines Abänderungsantrags. Oder hat das Gericht dem unterhaltsberechtigten Ehegatten im Vorprozess keine zusätzlichen Erwerbseinkünfte fiktiv zugerechnet und damit zugleich entschieden, dass er seiner Erwerbsobliegenheit genüge, so ist diese Feststellung auch für ein späteres Abänderungsverfahren bindend. Der Unterhaltsverpflichtete wäre deshalb bei ansonsten unverändert gebliebenen Verhältnissen daran gehindert einzuwenden, der Unterhaltsberechtigte erleide, wenn er nur die ihm obliegende, allerdings vom Erstgericht fehlerhaft beurteilte Erwerbstätigkeit aufnehme, keinen ehebedingten Nachteil, weshalb eine Befristung des Unterhalts aus diesem Gesichtspunkt ausscheide. Etwas anders gilt nur dann, wenn der Unterhaltsverpflichtete eine wesentliche Veränderung der Verhältnisse vortragen könnte, die eine solche Obliegenheit im Nachhinein begründen könnte (BGH, FamRZ 2010, 538, 541).

Und bei der Frage, was – soweit alleine eine Unterhaltsbefristung nach § 1578b BGB im Wege eines Abänderungsantrags geltend gemacht wird – i. d. R. zu den Grundlagen eines vor dem Inkrafttreten des UÄndG 2008 geschlossenen **Prozessvergleichs über Aufstockungsunterhalt** zählt, stellt der BGH darauf ab, dass für die Abänderung es vorrangig darauf ankomme, ob der Vergleich im Hinblick auf die spätere Befristung eine bindende Regelung enthalte. Mangels einer solchen sei jedenfalls bei der erstmaligen Festsetzung des nachehelichen Unterhalts im Zweifel davon auszugehen, dass die Parteien die spätere Befristung des Unterhalts offenhalten wollten. Deshalb sei die begehrte Abänderung insoweit auch ohne Änderung der tatsächlichen Verhältnisse und ohne Bindung an den Vergleich möglich (BGH, FamRZ 2010, 1238, 1240). Anders ist dies aber, wenn der Erstvergleich z. B. die Regelung enthält, nach der »einer Partei das Recht vorbehalten ist, im Falle einer Abänderung die Befristung der Ehegattenunterhaltsverpflichtung geltend zu machen«: Dann ist – bitter für den anwaltlichen Vertreter, der diese Formulierung bei der Erstfestsetzung haftungsrechtlich zu verantworten hat, weil bei bloßer Änderung der Gesetzeslage auch ohne Änderung der tatsächlichen Verhältnisse ein Abänderungsantrag schon immer möglich war – eine Abänderung nur zulässig, wenn **aus einem anderweitigen Grund** (Formulierung im Vergleich: »im Falle einer Abänderung«) eine solche gerechtfertigt ist; der bloße Befristungsvorbehalt allein reicht für ein Abänderungsbegehren dann nicht aus (OLG Karlsruhe, FamRZ 2010, 1253).

11. Außergerichtliche Aufforderung zum vollständigen oder teilweisen Verzicht auf die titulierte Forderung. Aus Kostengründen ist dringend zu empfehlen, vor Erhebung eines Abänderungsantrags die Gegenseite außergerichtlich aufzufordern, auf die titulierte Forderung ganz oder teilweise zu verzichten und nicht nur dies, sondern auch die Abänderungsvoraussetzungen vollständig und nachvollziehbar darzulegen und zu belegen.

Hier empfiehlt sich besondere Sorgfalt, um dem Gegner keine Berufung auf §§ 243 Satz 2 Nr. 4 FamFG, 93 ZPO (sofortiges Anerkenntnis) zu ermöglichen. Der vielleicht verständliche Wunsch des Abänderungsberechtigten, den Abänderungsgegner ins offene Messer laufen zu lassen, kann sich dann in sein Gegenteil verkehren:

Nach § 243 Satz 2 Nr. 4 FamFG ist insb. ein sofortiges Anerkenntnis nach § 93 ZPO zu berücksichtigen. Nach dieser Bestimmung fallen dem Antragsteller die Verfahrenskosten zur Last, wenn der Antragsgegner den Anspruch sofort anerkennt und durch sein Verhalten nicht Veranlassung zur Antragserhebung gegeben hat. Veranlassung zur Klage- bzw. Antragserhebung hat der Gegner immer nur dann gegeben, wenn sich sein Verhalten vor Verfahrensbeginn so dargestellt hat, dass der Antragsteller redlicherweise annehmen durfte, er werde ohne Klage nicht zu seinem Recht kommen (Zöller/*Herget* § 93 Rn. 3). Der Antragsgegner muss sich allerdings zu einer außergerichtlichen Aufforderung nur dann erklären, wenn er die Einzelheiten kennt, zu denen er sich erklären soll. Deshalb reicht es i. d. R. nicht aus, wenn anwaltlicherseits bloß erklärt wird, man sei beauftragt, den Unterhaltstitel abzuändern. Eine Antragsveranlassung i. S. v. § 93 ZPO liegt vielmehr nur dann vor, wenn gleichzeitig die Abänderungsvoraussetzungen vollständig und nachvollziehbar dargetan und erforderlichenfalls, wenn veränderte Einkünfte in Rede stehen, auch belegt werden (OLG Hamm, FamRZ 2011, 1749).

Eine **Titelherausgabe** kann aber nur verlangt werden, wenn das Abänderungsbegehren auf den vollständigen Wegfall des Unterhalts gerichtet ist und (**kum.**) im Titel keine sonstigen Regelungen enthalten sind, die noch zur Vollstreckung aus diesem Titel berechtigen. Dies wird bisweilen in der Praxis übersehen. Wurde z. B. im Titel neben dem Ehegattenunterhalt auch Kindesunterhalt zugesprochen, scheidet die Herausgabe des Titels bei bloßem Wegfall des Ehegattenunterhalts aus, wenn nach wie vor Kindesunterhalt geschuldet ist.

▶ **Praxishinweis:**

    Ein unvorsichtiges Titelherausgabeverlangen kann also unter Umständen dazu führen, dass dem in der Sache ansonsten obsiegenden Antragsteller eines Abänderungsverfahrens die Kosten ganz überwiegend auferlegt werden.

12. Wechsel der Anspruchsgrundlage. Der Wechsel des Unterhaltstatbestandes rechtfertigt für sich allein keinen Abänderungsantrag, weil die Feststellung, dass ein bestimmter (Unterhalts-) Tatbestand gegeben ist, nicht zu den in Rechtskraft erwachsenen Urteils- bzw. Beschlusselementen gehört (BGH, FamRZ 1984, 353, 354). Deshalb unterliegt auch ein Titel, mit dem Betreuungsunterhalt zugesprochen wurde, nicht der Abänderung, wenn z. B. nach Beendigung der Betreuung in gleicher Höhe ein Anspruch auf Krankenunterhalt besteht oder die Beibehaltung des zugesprochenen Unterhaltes als Aufstockungsunterhalt gerechtfertigt wäre (zur Abgrenzung Krankheits- und/oder Aufstockungsunterhalt vgl.: BGH, FamRZ 2010, 869; 2009, 406 Rn. 20; zur Frage der Befristung eines Unterhaltsanspruchs nach § 1572 BGB, den die Ehegatten in Zusammenhang mit einem 1. Abänderungsverfahren allerdings als Aufstockungsunterhalt vereinbart hatten: OLG Koblenz, FamRZ 2010, 379).

13. Keine Präklusion bei der Rechtsverteidigung. Die Vorschrift des § 238 Abs. 2 FamFG gilt – wie dies bisher bei § 323 Abs. 2 ZPO der Fall war – nur für den Antragsteller eines Abänderungsverfahrens, während der Abänderungsantragsgegner nicht gehindert ist, gegen das Abänderungsbegehren des Antragstellers auch solche Tatsachen in das Verfahren einzuführen, die bereits während des Erstverfahrens vorgelegen haben, dort aber nicht vorgetragen wurden und infolgedessen unberücksichtigt geblieben sind. Der BGH begründet dies in ständiger Rechtsprechung (FamRZ 2007, 793, 796; 2001, 1364, 1365; 2000, 1499, 1501; 1987, 259, 263) mit der Rechtskraft: Der Antragsgegner verfolge mit seiner Rechtsverteidigung nicht den Zweck, eine Abweichung von der in der Erstfestsetzung festgestellten Rechtsfolge zu erstreben. Er wolle vielmehr die **Rechtskraft verteidigen** und deren Durchbrechung hindern, und dies ist zulässig.

Anders ist dies nur, wenn der Antragsgegner zum »Gegenangriff« übergeht und **Abänderungswiderantrag** erhebt. Denn soweit der Widerantrag betroffen ist – aber auch nur insoweit –, ist er der Präklusion ausgesetzt.

▶ **Praxishinweis:**

> Der Antragsgegner kann sich hiernach mit dem Einwand der Begrenzung des Anspruchs nach
> § 1578b Abs. 1 BGB verteidigen, wenn er aufgrund einer bei ihm zwischenzeitlich eingetretenen
> Einkommensverbesserung höheren als den bei der Erstfestsetzung titulierten Unterhalt zahlen
> soll (OLG Hamm, FamRZ 1991, 86, 87). Die »Nagelprobe« der Präklusion stellt sich erst dann,
> wenn er einen Abänderungswiderantrag stellt und die Befristung des Anspruchs begehrt. Diese
> dürfte dann unzulässig sein, wenn in Zusammenhang mit der Erstfestsetzung oder in einem
> späteren Abänderungsverfahren keine Tatsachen vorgetragen wurden, die eine Befristung bereits
> zum damaligen Zeitpunkt hätten rechtfertigen können (vgl. auch nachfolgende Anm. 15).

14. Darlegungs- und Beweislast. Die mit dem UÄndG 1986 eingeführten §§ 1573 Abs. 5, 1578
Abs. 1 Satz 2 BGB a. F. waren als Ausnahmetatbestände konzipiert. Damit trug der Unterhaltspflichtige die Darlegungs- und Beweislast für die Tatsachen, die eine Befristung oder Beschränkung
des nachehelichen Unterhalts rechtfertigten. Hatte er solche Tatsachen vorgetragen, oblag es dem
Unterhaltsberechtigten, Umstände vorzutragen und erforderlichenfalls auch zu beweisen, die gegen
eine Unterhaltsbegrenzung oder auch für eine dem Unterhaltsberechtigten zuzubilligende Schonfrist sprachen.

Nichts anderes gilt für § 1578b BGB, weil mit dieser Bestimmung das bis zum 31.12.2007 geltende Befristungsrecht zusammengefasst und entsprechend den Befristungsentscheidungen des
BGH (FamRZ 2006, 1006; 2007, 200; 2007, 793; 2007, 1232; 2007, 2049; 2008, 134) neu geregelt wurde. Der Unterhaltpflichtige wird also vorzutragen und ggf. zu beweisen haben, dass der
Berechtigte durch die Ehe keine Nachteile im Hinblick auf die Möglichkeit erlitten hat, für den
eigenen Unterhalt selbst zu sorgen. Der Unterhaltsberechtigte müsste sodann konkret darlegen, welche Nachteile ihm z. B. durch die Betreuung gemeinsamer Kinder, aus der Gestaltung von Haushaltsführung und Erwerbstätigkeit während der Ehe sowie infolge einer langen Ehedauer entstanden sind, wobei die Rechtsprechung des BGH zu § 1573 Abs. 5 BGB a. F. bislang davon ausging
und auch nach der an dieser Vorschrift orientierten Neufassung davon ausgeht, dass »ehebedingte
Nachteile vorliegen, wenn die Gestaltung der Ehe, insbesondere die Arbeitsteilung der Ehegatten,
die Fähigkeit eines Ehegatten, für seinen Unterhalt zu sorgen, beeinträchtigt hat« (BGH, FamRZ
2010, 538, 540). Und vermag der Unterhaltsberechtigte nach einer ehebedingten Einschränkung
seiner Erwerbstätigkeit lediglich Einkünfte zu erzielen, die den eigenen angemessenen Unterhaltsbedarf nach § 1578b BGB nicht erreichen, scheidet eine Befristung des Unterhaltsanspruchs regelmäßig aus (BGH, FamRZ 2010, 538 Rn. 36; FamRZ 2009, 1990 Rn. 16). Hierbei ist allerdings zu
beachten, dass die Herabsetzung auf den angemessenen Bedarf bedeutet, dass nur jener Bedarf abgedeckt wird, den der Unterhaltsberechtigte ohne die Ehe aus eigenen Einkünften zur Verfügung hätte
(BGH, FamRZ 2012, 1483; 2010, 2059 Rn. 22). Anzustellen ist damit ein Vergleich zwischen der
aktuellen Lebenslage und der hypothetischen Lebenssituation ohne Eheschließung (BGH, FamRZ
2012, 1483 Rn. 41; 2011, 1721 Rn. 27), wobei eine Schätzung nach § 287 ZPO bei ausreichender
Grundlage zulässig ist (BGH, FamRZ 2013, 864 Rn. 27; 2010, 1633 Rn. 39).

15. Präklusion bei § 1578b BGB. Die Unterhaltsbefristung nach § 1578b BGB kann in einem
späteren auf Abänderung des zugesprochenen Aufstockungsunterhalts gerichteten Verfahren auch
dann geltend gemacht werden, wenn die Erstfestsetzung noch keine Befristung enthielt. Denn der
Unterhaltsschuldner ist mit den für eine Befristung des Aufstockungsunterhalts relevanten Tatsachen jedenfalls dann nicht nach § 238 Abs. 2 FamFG präkludiert, wenn die abzuändernde Entscheidung aus einer Zeit stammt, die vor Beginn der Befristungsrechtsprechung des BGH, also vor
dem 12.04.2006 erging.

Eine **Präklusion** wird nach wohl herrschender Meinung allerdings dann angenommen, wenn der
Abänderungsantragsteller nach Veröffentlichung der 1. Befristungsentscheidung des BGH (FamRZ

2006, 1006) anlässlich der Erstfestsetzung zu §§ 1573 Abs. 5, 1578 Abs. 1 Satz 2 BGB a. F. keine Umstände vorgetragen hat, die eine Befristung hätten rechtfertigen können, wobei der Zeitpunkt maßgeblich sein dürfte, an dem die Entscheidung unter »www.bundesgerichtshof.de« in das Internet eingestellt wurde (OLG München, FamRB 2008, 78, 79). Diese – nicht unumstrittene – Auffassung wird damit begründet, dass es »im Kern« bereits die Entscheidung des BGH v. 12.04.2006 gewesen sei, die in Abkehr von der älteren Rechtsprechung zu einer Erweiterung der Möglichkeiten geführt habe, nachehelichen Unterhalt zu beschränken und zeitlich zu begrenzen. Diese Entscheidung wie auch die nachfolgend vom BGH entwickelte Befristungsrechtsprechung sei in die Neuregelung des § 1578b BGB »eingeflossen« (OLG Jena, FamRZ 2010, 815). Insoweit erweise sich die Bestimmung des § 1578b BGB als eine »Zusammenfassung dieser Möglichkeiten«, die zumindest für den Aufstockungsunterhalt nicht über das hinausgehe, was der BGH bereits in seiner 1. Befristungsentscheidung judiziert habe (OLG Düsseldorf, FamRZ 2010, 1084; OLG Bremen, FuR 2008, 556; OLG Dresden, FamRZ 2008, 2135; a. A. OLG Koblenz, FamRZ 2010, 318, 320 ff.).

Dieser Ansicht, soweit es um die Befristung von Aufstockungsunterhalt geht, folgt auch der BGH (FamRZ 2012, 288 Rn. 40). Dieser weist darauf hin, dass in Abänderungsverfahren der Einwand der Befristung ausgeschlossen sei, wenn eine zeitliche Begrenzung des Ehegattenunterhalts bzw. seiner Bemessung nach den ehelichen Lebensverhältnissen bereits zum Zeitpunkt der letzten mündlichen Verhandlung des Ausgangsverfahrens (das Urteil wurde am 21.08.2007 verkündet) hätte vorgetragen und geltend gemacht werden können. Denn bereits zu diesem Zeitpunkt hätte aufgrund seiner Befristungsrechtsprechung berücksichtigt werden können, dass es bei der anzustellenden Billigkeitsabwägung nicht mehr vorrangig auf die Dauer der Ehe ankommt, sondern auf die dem Unterhaltsberechtigten entstandenen ehebedingten Nachteile. Insofern habe »die Neuregelung in § 1578b BGB die vom Senat angewandten Kriterien für eine Befristung des Aufstockungsunterhalts lediglich gesetzlich klargestellt«. Und habe der Unterhaltsverpflichtete die die Befristung des Unterhalts betreffenden Gründe nicht im Ausgangsverfahren geltend gemacht, könne er dies im Abänderungsverfahren nicht nachholen, weil eine Abänderungsklage mit dem Ziel einer zeitlichen Unterhaltsbegrenzung bei ansonsten gleich gebliebenen Verhältnissen wegen § 323 Abs. 2 ZPO unzulässig sei (BGH, FamRZ 2010, 111, 116 Rn. 58 f.; bestätigt: FamRZ 2010, 1238, 1241 Rn. 41; 2010, 1884; 2012, 288 Rn. 39).

Richtigerweise dürfte dies allerdings keine Frage der Präklusion sein, weil eine solche bei der Überleitung auf das neue Recht nach dem eindeutigen Wortlaut des § 36 Nr. 2 EGZPO ausscheidet, sondern eine Frage der »Erheblichkeit« des neuen Rechts i. S. v. § 36 Nr. 1 EGZPO (so wohl auch BGH, FamRZ 2010, 111, 117 Rn. 63), jedenfalls soweit die Befristung des Aufstockungsunterhaltes in Rede steht, war eine solche doch bereits seit dem UÄndG 1986 möglich und seit der **Surrogatsentscheidung** des BGH im Interesse des Unterhaltsschuldners auch erforderlich, weil sich eine faktische Befristung durch Aufgabe der Anrechnungsmethode regelmäßig nicht mehr einstellen wollte. Denn seit dem 13.06.2001 erging es dem Unterhaltsverpflichteten wie Achilles mit der Schildkröte: Immer war diesem der Unterhaltsberechtigte einen Schritt voraus, weil sich mit jedem zusätzlichen und bis dahin meist voll anzurechnenden Einkommen nunmehr der Bedarf erhöhte und erst bei gleichen Einkünften oder einem verbleibenden und nicht mehr titulierungswürdigen »Bagatellunterhalt« (der 10 % des Gesamteinkommens unterschreitet: BGH, FamRZ 1984, 988, 990; OLG Koblenz, FuR 2006, 45, 46; OLG Düsseldorf, FamRZ 1996, 947; OLG Karlsruhe, FamRZ 2010, 1082: auch 63,00 €, wenn die wirtschaftlichen Verhältnisse »sehr eng und schwierig« sind) ein Unterhaltsanspruch ausschied.

Eine Verdichtung der Beachtlichkeit des Präklusions- oder Unerheblichkeitseinwandes dürfte in jedem Fall mit zunehmendem Zeitablauf nach dem 12.04.2006 eingetreten sein, weil weitere vor dem Inkrafttreten des UÄndG ergangene Befristungsentscheidungen des BGH (FamRZ 2007, 200; 2007, 793; 2007, 1232; 2007, 2049) wie auch der Aufsatz des – zwischenzeitlich zum Vorsitzenden ernannten – Richters am BGH Dose (FamRZ 2007, 1289, 1293 ff.) und nicht zuletzt der Stand des Gesetzgebungsverfahrens zum UÄndG (selbst der »Bildzeitung« blieb dies nicht verborgen, wenn sie am 15.03.2007 publizistisch plakativ und einprägsam schrieb: »Für die Mütter wird es bitter«)

erkennen ließen, dass zu bereits vorliegenden wie auch zu sicher absehbaren befristungsrelevanten Tatsachen vorzutragen ist, um sich nicht dem späteren Einwand der Präklusion ausgesetzt zu sehen (vgl. hierzu auch Rdn. 969, *M. 5*).

bb) Muster 2

960   Amtsgericht .....

– Familiengericht –[1]

Antrag[2]

des .....

(Antragstellers)[3]

(Verfahrensbevollmächtigte)[4]

gegen

.....

(Antragsgegnerin)

wegen: Abänderung eines Unterhaltsbeschlusses

vorläufiger Verfahrenswert: 1.860,00 €[5]

Namens und in Vollmacht des Antragstellers erheben wir

Abänderungsantrag

und beantragen:

1. Der Beschluss des Amtsgerichts ..... vom ..... (Geschäftszeichen .....) wird dahingehend abgeändert, dass der Antragsteller der Antragsgegnerin ab dem ..... nur noch einen Ehegattenunterhalt in Höhe von monatlich 275,00 € schuldet.
2. Die Kosten des Verfahrens trägt die Antragsgegnerin.
3. Die Zwangsvollstreckung aus dem Beschluss des Amtsgerichts ..... vom ..... (Geschäftszeichen: .....) wird (ohne Sicherheitsleistung) einstweilen eingestellt, soweit ab dem ..... über einen Betrag i. H. v. mtl. 275,00 € vollstreckt wird.[6]

Begründung:

Die Beteiligten dieses Verfahrens sind geschiedene Eheleute.

I.

Mit Beschluss des Amtsgerichts ..... vom ..... (Geschäftszeichen: .....) wurde der Antragsteller verpflichtet, an die Antragsgegnerin einen nachehelichen Unterhalt in Höhe von monatlich 430,00 € zu zahlen.[7]

In seinen Entscheidungsgründen führte das Amtsgericht aus, dass die Antragsgegnerin, die über keine abgeschlossene Ausbildung verfüge, zum Zeitpunkt der Scheidung einer Teilzeitbeschäftigung nachgehe und mtl. 600,00 € verdient habe. Demgegenüber habe der Antragsteller – wiederum nach Abzug der Arbeitspauschale – ein unterhaltsrelevantes Nettoeinkommen i. H. v. 1.600,00 €. Bringe man von diesen Einkünften den Erwerbstätigenbonus i. H. v. jeweils 1/7 in Abzug, so ergebe sich ein Gesamteinkommen in Höhe von 1.886,00 €, von dem der Antragsgegnerin 50 % als »voller Unterhalt« zustehe (= 943,00 €), so dass sich nach Abzug des 6/7-Eigeneinkommens der Antragsgegnerin ein Unterhaltsanspruch i. H. v. aufgerundet 430,00 € ergebe.

Diesen Unterhaltsbetrag zahlt der Antragsteller an die Antragsgegnerin bis zum heutigen Tag.

II.

Die wirtschaftlichen Lebensverhältnisse der Beteiligten haben sich seitdem grundlegend geändert. Dies rechtfertigt eine Anpassung des Unterhaltstitels in der beantragten Weise:

Die Einkommenssituation der Antragsgegnerin hat sich zu ihren Gunsten zwischenzeitlich insofern geändert, als sie einer vollschichtigen Erwerbstätigkeit nachgeht und hierfür ein monatliches Bruttogehalt i.H.v. 1.450,00 € erhält. Hieraus errechnet sich ein monatlich durchschnittliches Netto i.H.v. 1.050,00 €.

Demgegenüber hat sich auf Seiten des Antragstellers dessen Einkommenssituation kaum verändert, weil sich sein Nettoeinkommen von damals 1.600,00 € lediglich auf monatlich 1.722,00 € erhöht hat.

Rechnet man richtigerweise so, wie dies seinerzeit im Beschluss des Amtsgerichts geschehen ist, ergibt sich – wiederum jeweils nach Abzug der Arbeitspauschale sowie des Erwerbstätigenbonus von jeweils 1/7 – ein Gesamteinkommen in Höhe von 2.257,00 € (855,00 € + 1.402,20 €), von dem der Antragsgegnerin 50 % zusteht, so dass deren Bedarf 1.128,60 € beträgt und sich nach Abzug des 6/7-Eigeneinkommens der Antragsgegnerin nur noch ein Unterhaltsanspruch in Höhe von – wiederum aufgerundet – 275,00 € ergibt.

Die Änderung ist auch wesentlich, weil zwischen dem titulierten und dem nunmehr nur noch gerechtfertigten Unterhalt eine Abweichung von rund 35 % besteht, so dass antragsgemäß zu entscheiden ist.[8]

III.

Hinsichtlich des Antrags auf einstweilige Einstellung, über den wir bitten, umgehend zu entscheiden, weil die Antragsgegnerin nach erfolgter Kürzung der Unterhaltszahlungen das Gehalt des Antragstellers gepfändet hat, wird auf § 242 FamFG verwiesen, wonach § 769 ZPO entsprechende Anwendung findet. Der Antragsteller ist außerstande, Sicherheit zu leisten.

Glaubhaftmachung: eidesstattliche Versicherung des Antragstellers

Der Antrag hat, wie dessen Begründung zeigt, hinreichend Aussicht auf Erfolg i.S.v. § 769 Abs. 1 Satz 2 ZPO, so dass eine Sicherheitsleistung für die beantragte Einstellung der Vollstreckung nicht festzusetzen ist.[9]

Rechtsanwalt

1. Zuständigkeit. Vgl. hierzu Rdn. 959, *M. 1.*

2. Bezeichnung. Vgl. hierzu Rdn. 959, *M. 2.*

3. Beteiligte des Abänderungsverfahrens. Vgl. hierzu Rdn. 959, *M. 3.*

4. Anwaltszwang. Vgl. hierzu Rdn. 959, *M. 4.*

5. Verfahrenswert. Vgl. hierzu Rdn. 959, *M. 5:* Die Differenz zwischen dem titulierten Unterhalt (430,00 €) und dem nach Maßgabe des Antrags geschuldeten Unterhalt (275,00 €) beträgt 155,00 € × 12 = 1.860,00 €.

6. Antrag auf Einstellung der Zwangsvollstreckung. Nach bisheriger Rechtslage war das FamG in einem Klageverfahren nach § 323 ZPO zur vorläufigen Einstellung der Zwangsvollstreckung analog § 769 ZPO befugt (BGH, FamRZ 1998, 951). § 242 FamFG greift dies auf und normiert die entsprechende Anwendung von § 769 ZPO wie auch die Unanfechtbarkeit des Beschlusses (§ 242 Satz 2 FamFG), die auch bislang von der herrschenden Meinung in Analogie zu § 707 Abs. 2 Satz 2 ZPO angenommen wurde (SBW/*Klein* § 242 Rn. 1 ff.; Zöller/*Vollkommer* § 323 Rn. 44). In dringenden Fällen kann die einstweilige Einstellung der Zwangsvollstreckung auch durch das Vollstreckungsgericht vorgenommen werden (§ 242 FamFG i.V.m. § 769 Abs. 2 ZPO). Nicht zu verwechseln ist die Einstellungsmöglichkeit nach § 242 FamFG i.V.m. § 769 ZPO mit der der Aussetzung der Vollziehung einer einstweiligen (Unterhalts-) Anordnung nach § 55 FamFG bzw. der Einstellung oder

Beschränkung der Vollstreckung nach § 120 Abs. 2 Satz 2 FamFG, die nur für die Vollstreckung aus einer Endentscheidung in der Hauptsache und auch nur dann zur Anwendung gelangt, wenn die Vollstreckung dem Verpflichteten einen nicht zu ersetzenden Nachteil bringen würde. Zu Einstellungsanträgen und deren Begründung vgl. Kap. 10 Rdn. 88, *M. 9.*

7. Grundlagen der abzuändernden Entscheidung. Der Erfolg eines Abänderungsantrags hängt in vielen Fällen von einer »**Gesamtsaldierung**« (Baumbach/Lauterbach § 323 Rn. 37: »per saldo«) oder »Abänderungsbilanz« (SBW/*Klein* § 238 Rn. 6) ab, die unter Berücksichtigung aller für die Unterhaltsbemessung relevanten Faktoren (vgl. auch OLG Düsseldorf, FamRZ 2010, 392, 393 zum schlüssigen Sachvortrag im Regressprozess wegen einer [vermeintlich] versäumten Abänderungsklage) und nicht allein infolge der Änderung eines einzelnen Umstandes gewonnen wird, mag dieser für sich genommen auch »wesentlich« sein. Dies bedeutet, dass zur Ermittlung des Gesamtergebnisses zu allen anderen tatsächlichen Veränderungen, soweit sie nach der Zeitgrenze des § 238 Abs. 2 FamFG eingetreten und von unterhaltsrechtlicher Relevanz geworden sind, auch dann vorgetragen werden muss, wenn im Einzelfall nur eine unwesentliche Änderung vorliegt.

Der Antragsteller eines Abänderungsantrags wird sich mithin bei Erhebung seines Antrags zu »positionieren« und zu entscheiden haben, ob die eingetretene und ihn begünstigende Abänderung der wirtschaftlichen Verhältnisse auch noch unter Berücksichtigung aller sonstigen und in der Person des Antragsgegners liegenden begünstigenden und für ihn, den Antragsteller, nachteiligen Abänderungsgründe sich als vorteilhaft erweist: Denn wenn sich günstige und ungünstige Änderungsgründe gegenseitig neutralisieren, kann dies dazu führen, dass bei der vorzunehmenden Gesamtschau eine wesentliche Änderung überhaupt nicht gegeben ist.

Im ungünstigsten Fall fordert derjenige, der eine Abänderung verlangt, mit seinem Antrag sogar einen **Abänderungswiderantrag** heraus. Mit seinem Anpassungsverlangen bleibt er also nicht nur erfolglos, sondern läuft zudem noch Gefahr, dass das Abänderungsbegehren des Antragsgegners Erfolg hat, wie sich überhaupt feststellen lässt, dass allzu sorglos erhobene und schlecht vorbereitete Abänderungsanträge ein Einfallstor für anwaltliche Regresse sein können.

▶ **Praxishinweis:**

Damit ist der Sachvortrag des Abänderungsantragstellers vorgegeben: Er hat zu sämtlichen Positionen, die für die Unterhaltsbemessung maßgebend sind, vorzutragen. Erst im Wege einer so vorgenommenen Unterhaltsberechnung kann festgestellt werden, ob das neu errechnete **Unterhaltsgesamtsaldo** ggü. dem der abzuändernden Entscheidung zu einer wesentlichen Veränderung führt bzw. (bei einem Unterhaltsvergleich) die vorgetragenen Veränderungen im Saldo die Behauptung der Unzumutbarkeit des Festhaltens an der getroffenen Vereinbarung tragen. Erst dann ist die »Zulässigkeitshürde« genommen und der Weg für die Prüfung geebnet, ob sich die Rechnungspositionen in tatsächlicher und rechtlicher Hinsicht wie vorgetragen darstellen und sich wesentlich auf die Höhe des Unterhaltsanspruchs ggü. dem der Erstfestsetzung auswirken.

8. Wesentliche Änderung der tatsächlichen Verhältnisse. Eine weitere »Hürde«, die der Abänderungsantragsteller nehmen muss, ist die der »**Wesentlichkeit der Änderung der Verhältnisse**«. Ob dies der Fall ist, erweist sich allein in den Auswirkungen, die durch die Änderung der Unterhaltsschuld entstehen. Die Auswirkungen sind nur dann wesentlich, wenn sie zu einer »**erheblich abweichenden**« (MünchKommZPO/*Gottwald* § 323 Rn. 79), jedenfalls **nicht unerheblichen** (BGH, FamRZ 1987, 456, 458; OLG Karlsruhe, Urt. v. 17.12.2013 – 18 UF 48/12 –, juris) Korrektur des Unterhaltsanspruchs bzw. zu einer »**für den Grund, den Betrag oder die Dauer der Leistung bedeutsamen**« (BGH, FamRZ 1985, 53, 56; OLG Düsseldorf, FamRZ 1993, 1103, 1104), sich also »**einschneidend auswirkenden**« (OLG Hamm, FamRZ 2004, 1051, 1052) Veränderung führen und damit »**unter dem Strich eine spürbare Erhöhung oder Kürzung des Unterhalts rechtfertigen**« (*Schellhammer* ZAP 1998, 445, 453).

Maßgeblich für die Beurteilung der Auswirkungen ist somit einmal die Höhe des Unterhalts, wie dieser sich (bei einer Gegenüberstellung zum titulierten oder vereinbarten Unterhalt) nach materiell-rechtlichen Grundsätzen ergibt, aber auch – als weiteres Merkmal der Wesentlichkeit – die Nachhaltigkeit der Veränderung und schließlich die im Wege der Prognose erzielte mutmaßliche Dauer des Unterhaltsanspruchs.

Sämtliche dieser Beurteilungskriterien wie **Bestand, Höhe, Nachhaltigkeit und Dauer** können bereits für sich allein das Merkmal der Wesentlichkeit erfüllen, aber auch, wie so häufig, im Zusammenwirken zu einer Bejahung wie auch Verneinung einer wesentlichen Änderung führen.

Hieraus folgt zunächst, dass eine Änderung der für die Unterhaltsbemessung maßgeblichen Umstände die Wesentlichkeit **nicht** zu begründen vermag, wenn
– sich die Auswirkung in einem bloßen Wechsel der tatsächlichen oder rechtlichen Beurteilung der entscheidungserheblichen Umstände, auf der die Verurteilung oder der Vergleich beruht, erschöpft (OLG Bamberg, FamRZ 1992, 185).

Sie ist ferner zu verneinen, wenn
– eine wesentliche Veränderung eines für die Unterhaltsbemessung maßgeblichen Gesichtspunkts durch eine andere gegenläufige Veränderung kompensiert wird oder
– die Veränderung nach materiellem Recht nicht zu einer anderen Beurteilung der Höhe oder Dauer des Anspruchs führt.

Sie liegt schließlich auch nicht vor bei einer Veränderung, die nur einen
– geringfügigen Einfluss auf den Unterhaltsanspruch hat
wie auch nicht jede noch so
– unerhebliche Änderung
zum Wegfall der Geschäftsgrundlage führen kann, weil eine solche Veränderung ein Festhalten an einer Unterhaltsvereinbarung nicht unzumutbar macht.

Nach überaus verbreiteter Auffassung in Rechtsprechung (OLG Koblenz, FuR 2006, 45, 46; OLG Düsseldorf, Urt. v. 15.12.2005 – II-7 UF 141/05: »deren Vorliegen aber immer im Hinblick auf Besonderheiten des Einzelfalls beurteilt werden muss«; OLG Nürnberg, FamRZ 2004, 1988; OLG Hamm, FamRZ 2004, 1051, 1052: »bloßer Richtwert«; OLG Brandenburg, FamRZ 2002, 1049) und Lehre (MünchKommZPO/*Gottwald* § 323 Rn. 80; PG/*Völzmann-Stickelbrock* § 323 Rn. 36) bewegt sich die Wesentlichkeitsschwelle bei **10 %**, und zwar bezogen auf die Veränderung der Unterhaltshöhe. Begründet wird diese Auffassung u. a. mit der gesetzgeberischen und verfassungsrechtlich unbeanstandet gebliebenen Vorgabe des § 10a VAHRG a. F. (BVerfG, FamRZ 1993, 161, 163), der in Abs. 2 Satz 2 eine Abweichung für wesentlich erklärt, wenn sie 10 % der durch die abzuändernde Entscheidung insgesamt übertragenen Anrechte im Versorgungsausgleich, mindestens aber 0,5 % des auf den Monat entfallenden Teils der am Ende der Ehezeit maßgebenden Bezugsgröße des § 18 SGB IV übersteigt (vgl. aber auch § 225 Abs. 3 FamFG, wonach eine Wertänderung nach Abs. 2 für wesentlich erklärt wird, wenn sie mindestens 5 % des bisherigen Ausgleichswerts des Anrechts beträgt).

Da eine starre Anwendung der Wesentlichkeitsgrenze in vielen Fällen nicht zu sachgerechten Ergebnissen führt, wird auch von denjenigen, die sich an der »10 %-Hürde« orientieren, eine Unterschreitung dieser Grenze bei beengten wirtschaftlichen Verhältnissen, insb. beim Kindesunterhalt (OLG Hamm, FamRZ 2012, 53 Rn. 3), für zulässig angesehen, ohne dass hierdurch die Wesentlichkeit der Änderung infrage gestellt wird. So wird die Wesentlichkeit auch bei weniger als 10 % bejaht, so bei 8,59 % (OLG Frankfurt am Main, OLGReport 2006, 977), 7,5 % (OLG Hamm, NJW 2007, 1217; 7,35 % (OLG Düsseldorf, FamRZ 1993, 1103, 1104) und auch bei 6,79 % (OLG Hamm, FamRZ 2004, 1051, 1052) oder gar bei 6,6 % (OLG Hamm, FamRZ 2012, 53 Rn. 3), freilich nicht schon bei 3 % (BGH, FamRZ 1992, 539, 540).

Der BGH sieht die Wesentlichkeit »vor allem bei beengten wirtschaftlichen Verhältnissen bereits **deutlich unterhalb einer Schwelle von etwa 10 %**« als gegeben an und stellt bei einem vergleichsweise geregelten Unterhalt darauf ab, ob bei einem Festhalten am Unterhaltsvergleich »die Opfergrenze überschritten« werde. Wann dies der Fall sei, habe der Tatrichter aufgrund einer an den

Verhältnissen des Falles ausgerichteten umfassenden Würdigung aller Umstände zu beantworten. Vor allem bei gerichtlichen Vergleichen über Unterhaltsleistungen verbiete sich jede »schematische Beurteilung« (FamRZ 1992, 539, 540; 1986, 790, 791).

Bei **kurzfristigen Einkommensschwankungen**, so in Fällen der vorübergehenden Arbeitslosigkeit, wird die Nachhaltigkeit der Veränderung zu prüfen sein (BGH, FamRZ 1996, 345, 346; OLG Hamm, FamRZ 1995, 173, 174). Denn wesentlich kann nur sein, was auch nachhaltig ist und voraussehbare kurzfristige Einkommensveränderungen können sich auf den Unterhaltsanspruch nicht nachhaltig auswirken. Vielmehr ist der Unterhaltspflichtige im Hinblick auf eine möglicherweise eintretende **kurzfristige Arbeitslosigkeit** gehalten, Rücklagen zu bilden (OLG Bamberg, Beschl. v. 22.10.1986 – 2 WF 215/86 –, juris). Für die Annahme einer durch Arbeitslosigkeit bedingten wesentlichen Änderung bedarf es deshalb vielmehr weiterer Umstände, die mit großer Wahrscheinlichkeit eine längere Dauer der Arbeitslosigkeit befürchten lassen (OLG Celle, Beschl. v. 07.11.1977 – 17 WF 27/77 –, juris), was insb. dann der Fall ist, wenn sich an eine Arbeitslosigkeit eine Umschulung anschließt und eine geringer bezahlte Berufstätigkeit zu erwarten ist (OLG Brandenburg, Urt. v. 10.07.2007 – 10 UF 58/07 –, juris) oder ein sich verschlechternder Gesundheitszustand die Annahme einer nicht mehr bestehenden Vermittelbarkeit im erlernten Beruf rechtfertigt (BGH, FamRZ 2007, 1459, 1460).

▶ **Praxishinweis:**

Damit bleibt die Frage, wie lange nach Eintritt der Arbeitslosigkeit mit der Erhebung des Abänderungsantrags gewartet werden muss, der Beurteilung im Einzelfall unter wertender Berücksichtigung des Alters, des Gesundheitszustands des Unterhaltspflichtigen, der Art des erlernten oder zuletzt ausgeübten Berufs und der Besonderheiten der jeweiligen Branche vorbehalten.

9. Sonderproblem bei Gehaltspfändung. Ob dem Abänderungsantragsteller ein Einstellungsbeschluss **ohne Sicherheitsleistung,** mag sich ein solcher in Anbetracht schlüssiger Abänderungsgründe auch geradezu aufdrängen, bei einer **Gehaltspfändung** sehr viel weiter hilft, erscheint fraglich. Denn wird die laufende Zwangsvollstreckung ohne Sicherheitsleistung einstweilen eingestellt, so führt dies zu einem Stillstand der Vollstreckung. Dies bedeutet für einen zuvor erlassenen Pfändungs- und Überweisungsbeschluss, dass die **Pfändung wirksam** bleibt, auch soweit sie auf künftige Einkommensansprüche gerichtet ist: Die gepfändeten Einkommensbestandteile werden Monat für Monat vom Arbeitgeber – vor allem bei öffentlichen Arbeitgebern – einbehalten, lediglich nicht mehr an den Gläubiger überwiesen, aber auch nicht an den Unterhaltsschuldner mit der Folge ausgekehrt, dass sich der Arbeitnehmer bis zum Verfahrensabschluss mit einem um den Pfändungsbetrag gekürzten Einkommen zufriedengeben muss. Bei einem längeren Verfahren kann dies sogar dazu führen, dass der komplette Unterhaltsrückstand zunächst beim Arbeitgeber (zinslos) verbleibt und hierüber erst nach Verfahrensabschluss »abgerechnet« wird. Denn erst nach rechtskräftiger Stattgabe des Abänderungsantrags endet die Stillstandswirkung und der Abänderungsantragsteller kann nun wieder die Überweisung aller in der Stillstandsphase von der Pfändung erfassten Einkommensbestandteile an sich selbst verlangen. Etwas anderes gilt nur, wenn zusätzlich zur einstweiligen Einstellung der Zwangsvollstreckung die Pfändung ausdrücklich aufgehoben wird, was nach § 769 Abs. 1 Satz 1 ZPO allerdings nur gegen Sicherheitsleistung zulässig ist (vgl. hierzu eingehend LAG Köln, Urt. v. 19.11.2003 – 7 Sa 646/03 –, juris).

Die Lebensverhältnisse ändern sich auch
– bei Wegfall (BGH, FamRZ 1990, 1085) oder
– bei Hinzutreten weiterer Unterhaltsberechtigter (BGH, FamRZ 2008, 1911, 1913; 2004, 1357, 1359; OLG Hamm, FamRZ 2006, 1387),
wobei auch hier nur eine Gesamtsaldierung Klarheit darüber verschafft, ob ein Abänderungsantrag im Ergebnis Erfolg versprechend sein wird.

cc) Muster 3

Namens und in Vollmacht der Antragstellerin erhebe ich   961

Abänderungsantrag

und beantrage:

Der Beschluss des Amtsgerichts ..... vom ..... (Geschäftszeichen: .....) wird dahingehend abgeändert, dass der Antragsgegner verpflichtet ist, der Antragstellerin beginnend ab dem ..... einen jeweils im Voraus fälligen Ehegattenunterhalt i. H. v. monatlich 654,00 € zu zahlen.[1]

Begründung:

I.

Die Beteiligten wurden mit Urteil des Amtsgerichts ..... vom ..... geschieden. Im Rahmen einer Scheidungsfolgenvereinbarung verpflichtete sich der Antragsgegner, an die Antragstellerin nachehelichen Unterhalt i. H. v. mtl. 620,00 € zu zahlen.

II.

Nachdem die Antragstellerin eine Erwerbstätigkeit aufnahm, entstand Streit über die Höhe des vom Antragsgegner noch geschuldeten Unterhalts. In Abänderung des anlässlich der Scheidung geschlossenen Prozessvergleichs wurde sodann der Antragsgegner verpflichtet, an die Antragstellerin nachehelichen Unterhalt i. H. v. noch 406,00 € zu zahlen.

Nach den im Abänderungsbeschluss des Amtsgerichts getroffenen Feststellungen verfügte der Antragsgegner, der bislang an den 16-jährigen gemeinsamen Sohn der Parteien einen Unterhalt i. H. v. 437,00 € leistete, über ein bereinigtes Nettoeinkommen i. H. v. 2.520,00 €.

Die Antragstellerin, die ihrerseits über ein Einkommen i. H. v. 1.300,00 € netto verfügte, zahlte für diverse kleinere Konsumentenkredite, die gemeinsam von den Beteiligten während der Ehe aufgenommen wurden, mtl. 225,00 €.

Auf dieser Grundlage ermittelte das Amtsgericht zugunsten der Antragstellerin einen Bedarf i. H. v. 1.272,00 € (2.520,00 € - 126,00 € - 437,00 € × 6/7) = 1.677,00 € + (1.300,00 € - 65,00 € - 225,00 € × 6/7) = 866,00 €, ergaben insgesamt 2.543,00 €: 2). Auf diesen Bedarf hatte sich die Antragstellerin ihr 6/7-Eigeneinkommen i. H. v. 866,00 € anzurechnen, so dass sich ein Unterhaltsanspruch i. H. v. 406,00 € ergab.

III.

Die wirtschaftlichen Verhältnisse des Antragsgegners haben sich geändert, weil dieser an seinen Sohn keinen Unterhalt mehr zahlen muss. Dies allein rechtfertigt eine Anpassung des Unterhaltstitels zugunsten der Antragstellerin in der beantragten Weise, weil ausgehend von einem bereinigten Nettoeinkommen des Antragsgegners i. H. v. nunmehr 2.650,00 € und einem solchen der Antragstellerin i. H. v. 1.350,00 €./. der Zahlungen auf die Konsumentenkredite = 1.125,00 € sich ein Differenzunterhalt i. H. v. 654,00 € errechnet (2.650,00 € - 1.125,00 € = 1.525,00 € × 3/7).

IV.

Der Antragsgegner wurde mit Anwaltsschreiben vergeblich aufgefordert, den neu errechneten Unterhalt zu zahlen, so dass seine gerichtliche Inanspruchnahme geboten ist.

Rechtsanwältin

Mit seiner **Antragserwiderung** beantragt der Antragsgegner:

1. den Antrag abzuweisen
   sowie im Wege des Widerantrags,[2]
2. den Beschluss des Amtsgerichts ..... vom ..... (Geschäftszeichen: .....) dahingehend abzuändern, dass der Antragsgegner der Antragstellerin ab Rechtshängigkeit des Widerantrags keinen Ehegattenunterhalt mehr schuldet.[3]

Jüdt   391

Begründung:

Zwar ist es richtig, dass der Antragsgegner für den gemeinsamen Sohn keinen Unterhalt mehr zahlt. Die Antragstellerin zahlt aber auch an Konsumentenkredite keine 225,00 € mehr, sondern nur noch 85,00 €. Einen Restkredit i. H. v. 100,00 € hat der Antragsgegner zwischenzeitlich in Absprache mit der Bank übernommen.

Entscheidend ist aber, dass der Antragsgegner Vater eines am ..... geborenen nichtehelichen Kindes geworden ist, an das er lt. Jugendamtsurkunde vom ..... (Az.: .....) 273,00 € Kindesunterhalt (= 115 % des Mindestunterhalts der ersten Altersstufe) zahlt.

Der Antragsgegner zahlt ferner an die sich ausschließlich der Betreuung des Kindes widmenden Kindesmutter seit dem Monat ....., nachdem die Zahlungen von Elterngeld eingestellt wurden, einen monatlichen Betreuungsunterhalt nach § 1615l BGB i. H. v. 900,00 €, so dass sich nach Abzug der Arbeitspauschale sein sodann um den Kindes- und Betreuungsunterhalt nach § 1609 Nr. 1 und 2 BGB vorab zu bereinigendes Einkommen auf 1.244,50 € reduziert: 2.650,00 € - 132,50 € (Arbeitspauschale) - 100,00 € (Kredit) - 273,00 € (Kindesunterhalt) - 900,00 € (vorrangiger Unterhalt).[4, 5]

Dieses Resteinkommen (1.244,50 €) rechtfertigt keinen Unterhaltsanspruch der Antragstellerin, so dass der Antrag abzuweisen und dem Widerantrag stattzugeben ist.

Rechtsanwalt

1. Terminologie. Nach neuem Recht wird der Antragsgegner nicht mehr »verurteilt«, sondern »verpflichtet«. Ob es ausreicht, dem Antragsgegner **aufzugeben, an den Antragsteller Unterhalt i. H. v. € zu zahlen«,** erscheint fraglich, weil diese Formulierung bei der Vollstreckung Probleme mit sich bringen könnte.

2. Widerantrag. In den Fällen, in denen ein Prozessvergleich i. S. d. §§ 794 Abs. 1 Nr. 1 ZPO, 779 BGB – wie auch eine notarielle Unterhaltsvereinbarung nach § 794 Abs. 1 Nr. 5 ZPO – bereits Gegenstand eines Abänderungsverfahrens gewesen ist und durch Urteil/Beschluss abgeändert wurde, ist Streitgegenstand eines erneuten Abänderungsantrags nicht der Prozessvergleich oder die notarielle Unterhaltsvereinbarung, sondern der Unterhaltsanspruch nach Maßgabe der **Abänderungsentscheidung.** Diese allein ist für den Prüfungsmaßstab einer Entscheidung über ein weiteres Abänderungsbegehren maßgebend, sodass eine Abänderung nur nach Maßgabe des § 238 FamFG und nicht nach §§ 239 FamFG, 313 BGB verlangt werden kann (zu § 323 ZPO: BGH, FamRZ 2000, 1499, 1501; 1995, 221, 223; 1986, 660, 661).

Hieraus folgt, dass Umstände, die vor dem Schluss der letzten mündlichen Verhandlung, auf die die Abänderungsentscheidung erging, entstanden sind, nicht mehr geltend gemacht werden können (§ 238 Abs. 2 FamFG) und es auch nicht auf den Parteiwillen ankommt, wie dieser seinen Niederschlag in dem der Abänderungsentscheidung vorangegangenen Unterhaltsvergleich gefunden hat. Entscheidend ist allein, ob sich die Umstände nachträglich und wesentlich ggü. den im Vorverfahren getroffenen Feststellungen geändert haben (BGH, FamRZ 2000, 1499, 1501).

Dies hat die **verfahrensrechtlich bedeutsame Besonderheit** zur Folge, dass auch in diesen Fällen für die Zeitschranke des § 238 Abs. 2 FamFG hinsichtlich der vorzubringenden Gründe auf den Schluss der Tatsachenverhandlung des letzten Verfahrens oder bei Anschließung an die vom Gegner eingelegte Beschwerde mittels Erweiterung des Antrags bis zum Schluss der mündlichen Verhandlung zweiter Instanz abzustellen ist, ohne dass es hierbei auf die Beteiligtenstellung oder Zielrichtung des Vorverfahrens ankommt (BGH, FamRZ 2000, 1499, 1500; 1998, 99, 100; 1995, 221, 223).

Der BGH begründet dies mit Sinn und Zweck der Präklusionsvorschrift des § 323 Abs. 2 ZPO. Diese Bestimmung wolle sicherstellen, dass nicht im Rahmen gesonderter Abänderungsverfahren Erhöhungs- und Herabsetzungsverlangen geltend gemacht werden, sondern der Einfluss veränderter und sich häufig wechselseitig bedingender Umstände auf den titulierten Unterhaltsanspruch in einem **einheitlichen Verfahren** nach beiden Seiten hin geklärt wird. Dies gelte vor allem bei einer Aufeinanderfolge von Abänderungsverfahren mit entgegengesetzter Zielrichtung, weil nur dadurch vermieden werde, dass »in jedem Prozess eine andere Zeitschranke für die Berücksichtigung von Tatsachen gilt und es zu einer unzweckmäßigen Verdoppelung von Prozessen über den gleichen Lebenssachverhalt kommt mit der damit verbundenen Gefahr einander widersprechender gerichtlicher Entscheidungen« (BGH, FamRZ 1998, 99, 100).

Diese Rechtsprechung, deren Bedeutung in der Praxis häufig verkannt wird und die auch für die Bestimmung des § 238 Abs. 2 FamFG weiterhin Geltung beanspruchen kann, mündet konsequenterweise darin, dass jeder Beteiligte zur **Vermeidung der Präklusion** den ihn begünstigenden Standpunkt im Wege des Abänderungswiderantrags geltend machen **muss** (BGH, FamRZ 1998, 99, 100; Zöller/*Vollkommer* § 323 Rn. 34).

Diese die prozessualen Anforderungen an die Beteiligten arg strapazierende Rechtsprechung des BGH hat ferner zur Konsequenz, dass Abänderungsverfahren mit gegenläufigem Ziel nicht gleichzeitig bei verschiedenen Gerichten anhängig gemacht werden können, weil dem zeitlich später rechtshängig gewordenen Verfahren § 261 Abs. 3 Nr. 1 ZPO entgegensteht: Die gegenläufigen Abänderungsziele dürfen nur im Rahmen eines einheitlichen Verfahrens der Klärung zugeführt werden (BGH, FamRZ 1997, 488). Einzelheiten zur Präklusion s. Rdn. 969, *M. 5.*

Ob diese Rechtsprechung, die bislang nur zu § 323 Abs. 2 ZPO a. F. ergangen ist, in gleicher Weise auch für § 238 Abs. 2 FamFG gilt, bleibt abzuwarten. Möglicherweise nimmt der BGH eine seiner Entscheidung v. 01.10.1997 (FamRZ 1998, 99) vergleichbare Fallgestaltung zum Anlass, seine für den Anwalt so haftungsträchtige Rechtsprechung in Bezug auf § 238 Abs. 2 FamFG zu ändern. Sicher ist dies aber keineswegs, weil der BGH in seinen neueren Entscheidungen, in denen er auf seine zu § 323 Abs. 2 ZPO ergangene Präklusionsrechtsprechung verweist, anmerkt, dass dies in gleicher Weise für § 238 Abs. 2 FamFG gelte (BGH, FamRZ 2012, 288 Rn. 21: »Nach § 323 Abs. 2 ZPO – entsprechend § 238 Abs. 2 FamFG – kann die Klage nur auf Gründe gestützt werden, ...«). Weitere Einzelheiten vgl. auch Rdn. 969, *M. 3.*

Unsicherheiten bestehen also insoweit nach wie vor, auch und nicht zuletzt aufgrund seines Hinweises in seiner Entscheidung vom 29.05.2013, in der der BGH die Frage, ob er an dieser Präklusionsrechtsprechung auf der Grundlage seiner Entscheidung vom 01.10.1997 festhalte, zwar angesprochen, aber ausdrücklich offen gelassen hat (FamRZ 2013, 1215 Rn. 21). Dass er dies nicht entscheiden musste, hängt damit zusammen, dass der zu entscheidende Sachverhalt nicht – wie die Entscheidung vom 01.10.1997 – einen Fall betraf, bei dem es im vorausgegangenen Abänderungsverfahren um die Abänderung eines Abänderungsurteils ging. In dieser Entscheidung ging es vielmehr um einen Unterhaltsvergleich, den der unterhaltspflichtige Ehemann abzuändern sich bemühte. Sein Abänderungsbegehren – überhaupt keinen Unterhalt mehr zahlen zu müssen – wurde vom FamG jedoch mit der Begründung zurückgewiesen, dass die im Vergleich vereinbarte Neuberechnung des Scheidungsunterhalts zu einem höheren als den im Vergleich vereinbarten Unterhalt führe. Daraufhin beantragte die hierdurch geradezu »herausgeforderte« Ehefrau (vgl. nachfolgende Anm. 4) die Abänderung des – von der Vorentscheidung unangetastet gebliebenen – Vergleichs zu ihren Gunsten. Die Frage der Präklusion – konkret: Hätte die Ehefrau im vorangegangenen Abänderungsverfahren des Ehemannes einen Abänderungswiderantrag erheben müssen? – verneinte der BGH zunächst unter Hinweis darauf, dass bei Prozess- bzw. Verfahrensvergleichen die Präklusionsvorschrift des § 238 Abs. 2 FamFG von vornherein nicht anzuwenden sei (vgl. Rdn. 954). Diese sei dazu bestimmt, die Rechtskraftwirkung unanfechtbar gewordener Entscheidungen zu sichern. Zwar komme es für die Reichweite der Präklusion grundsätzlich nicht auf die Parteistellung oder Zielrichtung des Vorprozesses an. Die Präklusion hindere aber nicht, auf der bereits feststehenden Tatsachengrundlage in einem weiteren Abänderungsverfahren weitere Unterhaltsansprüche geltend zu machen, die von der Rechtskraftwirkung der vorangegangenen gerichtlichen Entscheidung nicht erfasst würden. Hierdurch werde zugleich sichergestellt, dass es der Unterhaltspflichtige nicht in der Hand habe, dem aus einem Prozessvergleich Unterhaltsberechtigten die Berufung auf bisher eingetretene Veränderungen abzuschneiden, indem er seinerseits einen unbegründeten Abänderungsantrag anstrenge (BGH, FamRZ 2013, 1215 Rn. 22; so bereits BGH, FamRZ 1995, 221).

▶ **Praxishinweis:**

> Wird bei einem durch Vergleich titulierten Unterhalt der Abänderungsantrag des Unterhalts-
> verpflichteten durch gerichtliche Entscheidung **in vollem Umfang** zurückgewiesen, tangiert die
> Rechtskraft dieser Entscheidung (»Der Abänderungsantrag wird zurückgewiesen«) den Vergleich
> nicht, sodass ein späteres Erhöhungsverlangen des Unterhaltsberechtigten jedenfalls nicht an der
> Präklusion des § 238 Abs. 2 FamFG scheitert. Gegen ein etwa »herausgefordertes« Erhöhungsver-
> langen kann der Unterhaltsverpflichtete damit nur einwenden, dass dieses der Höhe nach nicht
> berechtigt sei bzw. er keinen höheren Unterhalt als im Vergleich verbrieft schulde.

3. Zeitpunkt der Abänderung. Nach § 238 Abs. 3 Satz 1 FamFG ist anders als bei Vergleichen oder
vollstreckbaren Urkunden, für die das Verbot der rückwirkenden Geltendmachung der Abänderung
nicht gilt, weil sich nach § 239 Abs. 2 FamFG die Voraussetzungen und der Umfang der Abänderung
nach den Vorschriften des bürgerlichen Rechts, insb. nach § 313 BGB richten, eine Abänderung
grds. nur für die Zeit **ab Rechtshängigkeit** zulässig. Hierbei ist – wie bisher bei § 323 Abs. 3 Satz 1
ZPO a. F. – an die Zeit ab Zustellung des Antrags anzuknüpfen, sodass weder das Einreichen der
Antragsschrift bei Gericht noch ein Verfahrenskostenhilfeantrag i. S. einer Vorwarnung für ausreichend angesehen wird (h. M.: BGH, FamRZ 1982, 365).

Nach § 323 Abs. 3 Satz 2 ZPO konnte bislang allein der **Unterhaltsgläubiger** die **Erhöhung seines Unterhalts für die Vergangenheit** unter bestimmten materiell-rechtlichen Voraussetzungen
(§§ 1360a Abs. 3, 1361 Abs. 4 Satz 4, 1585b Abs. 2, 1613 Abs. 1 BGB) selbst herbeiführen. Dem
Unterhaltsschuldner war dies bislang versagt, weil diese Vorschriften allein den Unterhaltsberechtigten privilegierten.

Nach neuem Recht bestimmt nunmehr § 238 Abs. 3 Satz 3 FamFG, dass zugunsten des **Unterhaltspflichtigen** auch die **Herabsetzung des Unterhalts rückwirkend** zulässig ist, und zwar für die Zeit
ab dem Ersten des auf ein entsprechendes Auskunfts- oder Verzichtsverlangen folgenden Monats,
nach § 238 Abs. 3 Satz 4 FamFG allerdings nicht länger als bis zu einem Jahr vor Rechtshängigkeit.
Hiermit wird eine **Waffengleichheit** erreicht, die schon lange im Schrifttum zu § 323 Abs. 3 ZPO
angemahnt wurde.

Hinzu kommt ein Weiteres: § 241 FamFG ist die gesetzgeberische Antwort auf eine »bislang sehr
missliche Situation« (SBW/*Klein* § 241 Rn. 1): Denn es entsprach der bisherigen Rechtslage, dass
eine Abänderungsklage des Unterhaltspflichtigen gerichtet auf Reduzierung oder Wegfall seines
Unterhaltsobligos nicht zu einer **verschärften Haftung** des Unterhaltsberechtigten bei etwa zu viel
geleistetem Unterhalt führte, sodass der Rückforderung nach erfolgreich beendeter Abänderungsklage, wenn die Einstellung der Vollstreckung nicht beantragt (Anwaltsregress) oder dieser nicht entsprochen wurde (nach § 242 Satz 2 FamFG auch nicht anfechtbar), meist erfolgreich der Einwand
der Entreicherung entgegengehalten wurde.

Um dies zu verhindern und eine verschärfte Haftung nach § 818 Abs. 3 BGB herbeizuführen, musste
der Unterhaltsschuldner zusätzlich zur Abänderungsklage auch Klage auf Rückforderung gezahlten Unterhalts erheben, die entsprechend seinen Unterhaltszahlungen Monat für Monat angepasst
werden musste. Dies ist nach neuem Recht nicht mehr erforderlich, denn wird vom Unterhaltsschuldner das auf Herabsetzung des Unterhalts gerichtete Abänderungsverfahren eingeleitet, haftet
der Unterhaltsgläubiger (= Bereicherungsschuldner) nach § 818 Abs. 4 BGB nach den allgemeinen
Vorschriften (§§ 291 ff. BGB) und kann sich nicht mehr auf den Wegfall der Bereicherung berufen
(§ 241 FamFG).

Ob sich die Rechtsprechung für eine (analoge) Anwendung des § 241 FamFG auch auf **einstwei-
lige Unterhaltsanordnungen** aussprechen wird, was im Schrifttum kontrovers diskutiert wird (**da-
für:** SBW/*Klein* § 241 Rn. 4; Johannsen/Henrich/Büte § 54 Rn. 15; Zöller/*Lorenz* § 241 Rn. 4;
Schlünder FamRZ 2010, 2038, 2040; **dagegen:** Zöller/*Feskorn* § 56 FamFG Rn. 8; ders. § 49 Rn. 4;
MünchKomm/ZPO-*Soyka* § 56 FamFG Rn. 13; Thomas/Putzo/*Hüßtege*, § 241 FamFG Rn. 1; FA-
FamR/*Gerhardt* Kap. 6 Rn. 834; *Soyka* FuR 2012, 49), muss natürlich abgewartet werden. Die

Chancen für eine analoge Anwendung des § 241 FamFG auf einstweilige Unterhaltsanordnungen stehen allerdings nicht sonderlich gut, nachdem sich auch *Dose* (»Einstweiliger Rechtsschutz in Familiensachen«) als Vorsitzender des 12. Familiensenats des BGH hiergegen ausgesprochen und dies u. a. damit begründet hat, dass eine Analogie zu einer nicht hinnehmbaren Entwertung der Funktion der einstweiligen Anordnung führe (*Dose* Rn. 529 ff.).

Dem ist zwischenzeitlich auch das OLG Karlsruhe beigetreten (Beschl. v. 06.02.2014 – 2 UF 148/13 –, juris). Sinn und Zweck einer einstweiligen Unterhaltsanordnung, so das OLG Karlsruhe, sei es, dem Unterhaltsgläubiger in einem summarischen Verfahren zur Sicherung seines Lebensbedarfs rasch zu Unterhaltszahlungen zu verhelfen. Müsse bereits ab Rechtshängigkeit eines Antrags auf Abänderung nach § 54 Abs. 1 FamFG bzw. ab Durchführung der mündlichen Verhandlung gem. § 54 Abs. 2 FamFG damit gerechnet werden, dass Unterhaltsbeträge wieder zurückzuzahlen seien, würde der vom Gesetzgeber vorgesehene Schutz der einstweiligen Anordnung dadurch »verwässert«. Jeder Unterhaltsgläubiger werde sich dann fragen, »ob sich für ihn der Aufwand einer einstweiligen Anordnung überhaupt lohnt« (OLG Karlsruhe, a. a. O. Rn. 67).

▶ **Praxishinweis:**

Wer den »sicheren Weg« gehen will, wird den aufgrund einer **einstweiligen Anordnung** überzahlten Unterhalt wie bisher jeweils unmittelbar nach Zahlung antragsweise gegen den Unterhaltsberechtigten geltend machen müssen, um hierdurch die verschärfte Haftung der §§ 818 Abs. 4, 819 BGB auszulösen. Hat das Gericht eine Frist nach § 52 Abs. 2 FamFG bestimmt, hat der Titulierungsschuldner bis zum Fristablauf nicht einmal die Möglichkeit eines Widerantrags, der sich ansonsten als prozessökonomisch ausgesprochen hilfreich erweisen kann. Es steht also auch nach neuem Recht ungünstigstenfalls zu befürchten, dass sich die Beteiligten nicht nur über den Bestand der Unterhaltsanordnung, sondern auch i. R. d. Hauptsache- und/oder eines selbstständigen Rückforderungsverfahrens streiten, und dies zudem noch bei unterschiedlichen Gerichten, wenn sich aufgrund Wechsels des gewöhnlichen Aufenthaltsorts die örtliche Zuständigkeit geändert hat: Als Konsequenz der Selbstständigkeit des einstweiligen Anordnungsverfahrens bleibt das mit der einstweiligen Anordnung zunächst befasste Gericht zuständig (§ 2 Abs. 2 FamFG), während für das Hauptsache- wie auch für ein etwa eingeleitetes (isoliertes) Rückforderungsverfahren sich eine jeweils andere örtliche Zuständigkeit ergeben kann und eine Abgabe an das Gericht der Hauptsache nur unter den Voraussetzungen des § 4 FamFG (Vorliegen eines »wichtigen Grundes« und Bereitschaft zur Übernahme der Sache des Gerichtes, an das abgegeben werden soll) möglich ist.

Schließlich kann eine Risikominimierung auch nicht durch die in § 119 Abs. 1 Satz 2 FamFG normierte Sanktion erreicht werden, weil in Unterhaltsverfahren der dort erwähnte Schadensersatzanspruch nach § 945 ZPO auf Unterhaltsanordnungen keine Anwendung findet (SBW/*Schwonberg* § 56 Rn. 18; ders. § 248 Rn. 12). Insofern verbleibt es – wie nach altem Recht auch – bei einer ungleichen Risikoverteilung zulasten eines zu Unrecht in Anspruch genommenen Unterhaltsschuldners, dessen Schutz im Bereich der einstweiligen Anordnung nach wie vor weit weniger wiegt als im Vollstreckungsrecht: Ein Widerspruch, den das FamFG bedauerlicherweise zu lösen unterlassen hat (Schürmann FamRB 2008, 375, 381 r.Sp. unten). Dieser Widerspruch ließe sich allerdings weitestgehend mit einer entsprechenden Anwendung von § 241 FamFG auf die einstweilige Anordnung vermeiden.

4. Spiegelung der Verhältnisse. Dieses Muster zeigt, dass ein Abänderungsantragsteller gut beraten ist, nicht nur sehr sorgfältig zu überprüfen, ob sein Begehren hinreichend Erfolg versprechend ist, sondern auch, ob neben den Hürden, die mit jedem Abänderungsantrag genommen werden müssen, möglicherweise auch ein **Abänderungswiderantrag** herausgefordert wird, der ihn schlechter stellt, als er stünde, wenn er den Titel gar nicht erst zur Überprüfung gestellt hätte.

Wichtig ist vor allem, die im Zuge der Erstfestsetzung aufgeführten Verhältnisse mit denen zu vergleichen, die einen Abänderungsantrag rechtfertigen sollen. Bildhaft gesprochen sollte man die Verhältnisse, die zu der Verurteilung geführt haben, mit den neuen (geänderten) Verhältnissen

»**spiegeln**« und auf diese Weise eine »Abänderungsbilanz« (SBW/*Klein* § 238 Rn. 6) erstellen. Unter Berücksichtigung der Angaben in diesem Muster (Rdn. 961) dürfte sich folgende Gegenüberstellung ergeben:

Verhältnisse, auf denen der Unterhalts-Abänderungsbeschluss beruhte	Verhältnisse zum Zeitpunkt der Erhebung des 2. Abänderungsantrags
Einkommen Berechtigte: 1.300,00 €	Einkommen Berechtigte: 1.350,00 €
Einkommen Verpflichteter: 2.520,00 €	Einkommen Verpflichteter: 2.650,00 €
Kindesunterhalt (Tabellenunterhalt) 437,00 €	Nur noch Kindesunterhalt aus 2. Beziehung 244,00 € (aber: Zahlbetrag)
Ehebedingter Kredit, den die Berechtigte allein i. H. v. 225,00 € zahlte	Ehebedingter Kredit, von dem die Berechtigte nur noch 85,00 € und der Verpflichtete 100,00 € zahlt
Steuervorteile nach § 10 Abs. 1 Nr. 1 Satz 1 EStG (sog. begrenztes Realsplitting)	Unterhalt nach § 1615l BGB i. H. v. 900,00 € sowie zusätzlich Steuervorteile nach § 33a Abs. 1 Satz 1 EStG i. H. v. jährlich max. 7.680,00 €

Der Abänderungsantragsteller ist also gehindert, seinen Antrag nur auf den zu seinen Gunsten geänderten Verhältnissen allein aufzubauen. Er muss vielmehr sämtliche Umstände, auf die die Verurteilung beruht, neu hinterfragen und diese den aktuellen Verhältnissen gegenüberstellen. Und wird sein Abänderungsbegehren – keinen Unterhalt mehr zahlen zu müssen – mit der Begründung zurückgewiesen, dass die im Vergleich vereinbarte Neuberechnung des nachehelichen Unterhalts zu einem höheren als den im Vergleich vereinbarten Unterhalt führe, muss er sich auf ein weiteres Abänderungsverfahren einstellen, mit dem nun der Unterhaltsberechtigte, ohne sich der Gefahr der Präklusion ausgesetzt zu sehen (BGH, FamRZ 2013, 1215), diesen höheren Unterhalt geltend macht.

5. Keine Bindung an eine falsche Rechtsauffassung des Erstgerichts

Wenn auch der Erfolg eines Abänderungsantrags von einem **Gesamtsaldo** abhängt, bedeutet dies jedoch nicht gleichzeitig, dass die Unterhaltsberechnung zu einer kompletten Neuberechnung insofern führen müsste, als gebe es die Erstfestsetzung nicht. Dies gerade will § 238 Abs. 2 FamFG vermeiden, sodass das Gericht, das über die Abänderung zu entscheiden und eine **neue Prognoseentscheidung** zu treffen hat, nicht nur an dem unverändert gebliebenen Sachverhalt, auf dem die Entscheidung gründet, gebunden ist, sondern auch daran, wie bei der Erstfestsetzung dieser Sachverhalt bewertet und gewichtet wurde (BGH, FamRZ 1994, 1100, 1101).

Demgegenüber ist das abändernde Gericht nicht an eine falsche oder aufgrund geänderter höchstrichterlicher Rechtsprechung oder gar an eine durch Änderung der Rechtslage unrichtig gewordene Unterhaltsbemessung gebunden (*Soyka* FuR 2008, 52), sodass das über die Abänderung entscheidende FamG nicht gehindert ist, abweichend von der abzuändernden Entscheidung seinem Unterhaltsbeschluss neue Berechnungsgrundlagen zum Wohnvorteil (BGH, FamRZ 1994, 1100, 1101), zur steuerlichen Veranlagung (BGH, FamRZ 1990, 981, 982: Reale statt fiktive Steuerlast) oder zur Bedarfsbemessung (BGH, FamRZ 1987, 257, 258: Differenz- statt Anrechnungsmethode; BGH, FamRZ 2008, 1911; 2009, 23; 2009, 411; 2010, 111, 115: Dreiteilungsmethode; BGH, FamRZ 2012, 281: Abschied von der Dreiteilung) zugrunde zu legen. Im vorliegenden Muster würde dies z. B. bedeuten, dass das zur Abänderung angerufene FamG nicht mehr den Tabellenunterhalt, sondern nur noch den Zahlbetrag berücksichtigt (so: BGH, FamRZ 2009, 1300, 1304; bestätigt: BVerfG, FamRZ 2011, 1490). Das FamG wäre auch nicht daran gehindert, den Erwerbsanreiz bei der Antragstellerin vor Berücksichtigung der Kreditzahlung zu berechnen: Statt 1.300,00 € - 65,00 € - **225,00 (Kredite)** × 6/7 = 866,00 € i. R. d. Erstfestsetzung könnte es der Abänderungsentscheidung zugrunde legen: 1.350,00 € - 67,50 € (Arbeitspauschale) x 6/7 = 1.099,29 € - 85,00 € (Restkredit) = 1.014,29 €.

dd) Abänderung eines fiktiven Erwerbseinkommens

In Unterhaltsbeschlüssen liest man dies so oder ähnlich immer wieder: 962

>»Der Antragsgegner ist verpflichtet, dem Antragsteller den beantragten Mindestunterhalt zu zahlen, weil er sich als leistungsfähig behandeln lassen muss. Darauf, dass er nur ein Einkommen bezieht, das ihn unter Wahrung seines Selbstbehalts nicht in die Lage versetzt, den Mindestunterhalt zu zahlen, kommt es nicht an, weil der Antragsgegner es mutwillig unterlassen hat, durch Aufnahme einer vollschichtigen Erwerbstätigkeit ein Einkommen zu erzielen, das ihm die Zahlung von Kindesunterhalt zumindest in Höhe des Existenzminimums ermöglicht.«

Mit dieser Erwägung zur fingierten Leistungsfähigkeit aufgrund einer vorwerfbaren Verletzung der Erwerbsobliegenheit wird das weite und denkbar unbehagliche Terrain der Einkommensfiktion betreten. Und ist ein Unterhaltsanspruch auf der Grundlage eines fingierten Einkommens erst einmal tituliert, stellt sich für den anwaltlichen Berater die Frage, ob und ggfs. unter welchen Voraussetzungen er für seinen Mandanten einen Abänderungsantrag stellen kann, damit dieser von seiner fiktiven Unterhaltsschuld frei wird.

ee) Muster 4

Namens und in Vollmacht des Antragstellers erhebe ich 963

Abänderungsantrag

und beantrage:

Der Beschluss des Amtsgerichts ..... vom ..... (Geschäftszeichen: .....) wird dahingehend abgeändert, dass der Antragsteller dem Antragsgegner ab dem ..... keinen Kindesunterhalt mehr schuldet.

Begründung:

I.

Der Antragsteller wurde mit rechtskräftigem Beschluss des Amtsgerichts ..... vom ..... verpflichtet, an seinen 10jährigen Sohn, den Antragsgegner, 100 % des Mindestunterhaltes nach § 1612a BGB der maßgeblichen Altersstufe abzüglich des hälftigen Kindergeldes für ein erstes Kind zu zahlen. Dies waren zum Zeitpunkt der Titulierung 364,00 € ./. 92,00 € = 272,00 €.

Zur Begründung hatte das FamG darauf hingewiesen, der Antragsteller beziehe zwar Sozialhilfe und verfüge über ein Einkommen, das eine Unterhaltsverpflichtung »eigentlich nicht rechtfertige«. Hierauf komme es allerdings nicht an, weil ihm ein Einkommen in Höhe der Einkommensgruppe 1 der Düsseldorfer Tabelle (bis 1.500,00 €) fiktiv anzurechnen sei.[1]

Denn bei dem Antragsteller handele es sich, so führte das FamG in seinen Entscheidungsgründen weiter aus, um einen gesunden Mann, der auch eine Berufsausbildung als Maschinenschlosser habe und jederzeit, wenn er nur wollte, einen Arbeitsplatz finden könnte, der ihm die Zahlung des Mindestunterhalts ermögliche. Die Bundesagentur für Arbeit habe dies dem FamG auf dessen telefonische Nachfrage am ..... bestätigt.

Im Übrigen sei der Antragsteller für seine behauptete Leistungsunfähigkeit im Hinblick auf den geltend gemachten Mindestunterhalt darlegungs- und beweisbelastet. Er habe allerdings trotz Aufforderung des Gerichts in der mündlichen Verhandlung am ..... keine Angaben zu seinen Bemühungen um eine Arbeit gemacht, sondern sich auf die bloße Mitteilung beschränkt, aufgrund seiner persönlichen und äußerst schwierigen Lebenssituation nicht vermittelbar zu sein.[2]

II.

Zwischenzeitlich sind 3 Jahre verstrichen. Allein dieser Zeitablauf rechtfertigt es, den Unterhaltsbeschluss abzuändern. Denn es kann nicht richtig sein, eine fingierte Unterhaltsverpflichtung immer weiter fortzuschreiben. Andernfalls würde der titulierte Unterhalt, den der Antragsteller zu zahlen

Jüdt   397

nicht in der Lage ist, zu immer weiteren Rückständen auflaufen und zu einer den Antragsteller erdrückenden Schuldenlast anwachsen.[3]

Auch die Verhältnisse auf Seiten des Antragstellers haben sich insofern geändert, weil dieser sich
seit geraumer Zeit um Arbeit ernsthaft bemüht: So hat er in den letzten 6 Monaten eine Reihe von
Bewerbungsschreiben im Bereich seines ausgebildeten Berufs verfasst, auf die er allerdings nur
Absagen erhalten hat. Auch die Bundesagentur für Arbeit hat ihm keine Möglichkeiten aufgezeigt,
wo er eine Tätigkeit als Maschinenschlosser aufnehmen kann.[4]

Selbst wenn er eine Arbeit gefunden hätte, hätte er diese aufgrund seiner Erkrankung wieder aufgeben müssen.[5] Zu der Erkrankung des Antragstellers ist auf folgendes hinzuweisen: .....

Rechtsanwältin

1. Die Zulässigkeit der Einkommensfiktion

Nach völlig h.A. ist es nicht zu beanstanden, wenn nicht nur tatsächlich erzielte Einkünfte zur
Grundlage einer Unterhaltsberechnung gemacht werden, sondern auch fiktive Einkünfte dem
Unterhaltsschuldner zugerechnet, also so behandelt werden, als gehe es um tatsächliches Einkommen des Pflichtigen. Zwar wird der Unterhaltspflichtige infolge der Einkommensfiktion mittelbar
gezwungen, berufstätig zu sein. Aber soweit damit die durch Art. 12 GG auch gewährleistete negative Freiheit der Berufswahl berührt wird, handelt es sich um eine auf gesetzlicher Grundlage beruhende, verfassungsrechtlich unbedenkliche Einschränkung, die durch die Unterhaltspflicht der
Eltern gerechtfertigt ist (BVerfG, FamRZ 1985, 143 Rn. 41). Wenn also aufgrund von § 1603
Abs. 2 BGB eine Verpflichtung der Eltern zum Einsatz der eigenen Arbeitskraft besteht, damit die
Unterhaltspflicht ihren Kindern gegenüber erfüllt werden kann, ist es verfassungsrechtlich nicht zu
beanstanden, hierbei auch »fiktiv erzielbare Einkünfte zu berücksichtigen, wenn der Unterhaltsver-
pflichtete eine ihm mögliche und zumutbare Erwerbstätigkeit unterlässt, obwohl er diese ›bei gutem
Willen‹ ausüben könnte« (BVerfG, FamRZ 2010, 183 Rn. 11).

2. Die Grenzen der Einkommensfiktion

Mit dem Hinweis darauf, der Mandant sei aufgrund seiner persönlichen, schwierigen Lebenssituation nicht vermittelbar oder aber, er finde keine Arbeit, bemühe sich gleichwohl redlich um eine
Beschäftigung, ist es natürlich nicht getan:

Denn einem Unterhaltspflichtigen, der wie im Muster Minderjährigenunterhalt – und dies auch
nur in Höhe des Existenzminimums – schuldet, kann zugemutet werden, dass er seine Arbeitskraft
so optimal wie möglich einsetzt und **jede** Erwerbstätigkeit, gleichgültig, ob zumutbar oder unzumutbar, übernimmt, also auch unterhalb seines Ausbildungsniveaus »schaffen geht«, wenn er eine
seinem Ausbildungsniveau adäquate Arbeit nicht findet. Und wenn die Erwerbstätigkeit den Mindestbedarf des Kindes nicht sicherstellt, hat er im Regelfall eine Nebenbeschäftigung in Form von
Gelegenheits- oder Aushilfsarbeiten jedweder Art auszuüben (BGH, FamRZ 2000, 1358 [Os. 3];
1994, 372, 374 [Ls. 2]), und zwar ggf. sogar bis zur Grenze der wöchentlich zulässigen Arbeitszeit,
um leistungsfähig zu werden oder sich leistungsfähig zu halten (BGH, FamRZ 2009, 314, 316;
OLG Köln, FamRZ 2007, 1119).

Ggf. muss der Pflichtige seine Leistungsfähigkeit auch durch Umzug »im gesamten Bundesgebiet
und darüber hinaus« herstellen (BVerfG, FamRZ 2007, 273, 274 Rn. 14), wenn ansonsten an seinem Wohnort oder in näherer Umgebung keine den Kindesbedarf deckende Erwerbstätigkeit aufgenommen werden kann.

Der BGH hat in seiner Entscheidung v. 22.01.2014 nochmals bestätigt, dass an der Feststellung,
es bestehe für den Unterhaltsschuldner keine reale Beschäftigungschance, vor allem im Bereich der
gesteigerten Unterhaltspflicht nach § 1603 Abs. 2 BGB – für den Trennungsunterhalt dürfte zumindest eingeschränkt nichts anderes gelten – **strenge Maßstäbe** anzulegen sind: Denn »für gesunde
Arbeitnehmer im mittleren Erwerbsalter kann auch in Zeiten hoher Arbeitslosigkeit regelmäßig kein

Erfahrungssatz dahin gebildet werden, dass sie nicht in eine vollschichtige Tätigkeit zu vermitteln sind«. Dies soll nach Auffassung des BGH auch für ungelernte Kräfte oder für Ausländer mit eingeschränkten deutschen Sprachkenntnissen gelten. Zudem sei die bisherige Tätigkeit des Unterhaltsschuldners – etwa im Rahmen von Zeitarbeitsverhältnissen – noch kein hinreichendes Indiz dafür, dass es ihm nicht gelingen kann, eine besser bezahlte Stelle zu finden. Das gilt selbst dann, wenn der Unterhaltpflichtige überwiegend im Rahmen von geringfügigen Beschäftigungsverhältnissen i. S. v. § 8 Abs. 1 SGB IV gearbeitet habe (BGH, FamRZ 2014, 637 Rn. 13).

Nur dann, wenn der festgesetzte Unterhalt die Grenze des Zumutbaren überschreitet, ist »die Beschränkung der Dispositionsfreiheit des Verpflichteten im finanziellen Bereich als Folge der Unterhaltsansprüche des Bedürftigen nicht mehr Bestandteil der verfassungsmäßigen Ordnung und (kann) vor dem Grundrecht des Art. 2 Abs. 1 GG nicht bestehen« (BVerfG, FamRZ 2010, 626, 628). Insb. bedarf die Annahme eines Stundenlohns, der deutlich über den aktuellen Mindestlöhnen liegt, einer besonderen Feststellung des Gerichts (BVerfG, FamRZ 2010, 793, 794: Berücksichtigung eines Stundenlohns von knapp 10 €, obwohl der Pflichtige zuletzt nur einen Bruttostundenlohn i. H. v. 7,21 € erzielte).

3. Die Wirkung der Einkommensfiktion

Wie jede Fiktion erzeugt auch die Einkommensfiktion eine eigene »fiktive Welt«, die »konsequent fortzusetzen« ist (*Kleffmann* in Kleffmann/Klein, Kap. 1, Teil F, Rn. 130). Dies ist bei Mandaten, denen bei der Erstfestsetzung eine Einkommensfiktion droht, ebenso **zwingend** zu beachten wie bei einem Abänderungsmandat:

– Auch von fiktiven Einkünften sind (fiktiv) Steuern und Sozialversicherungsbeiträge in Abzug zu bringen,
– ferner ist der für tatsächliche Einkünfte maßgebliche Selbstbehalt zu beachten (BGH, FamRZ 1998, 286 Rn. 26) und
– bei der Ermittlung des anrechenbaren Einkommens bei gleichzeitiger fiktiver Fortschreibung des früheren Einkommens des Unterhaltsschuldners auch die einst gezahlten Kreditraten (OLG Hamm, FamRZ 1998, 1203) wie auch
– sonstige für die Unterhaltszumessung relevanten Abzugspositionen zu berücksichtigen.

Und werden z. B. beim Mandanten Schwarzgelder als Einkommen zugerechnet, sind diese um die persönlichen Steuern und Vorsorgeaufwendungen zu kürzen (OLG Düsseldorf, FamRZ 1983, 397 bei überhöhten Privatentnahmen eines Freiberuflers). Der Unterhaltsschuldner wird damit so behandelt, als habe er diese Beträge ordnungsgemäß versteuert und der Sozialversicherung zugeführt.

4. Die Abänderung der Einkommensfiktion

Die konsequente Fortschreibung der Fiktion bedeutet allerdings nicht, dass die Beteiligten einer unterhaltsrechtlichen Auseinandersetzung, in der es um die Beendigung einer aufgrund Einkommensfiktion ermittelten Unterhaltsverpflichtung geht, in der hierdurch geschaffenen fiktiven Welt ohne jeden Wirklichkeitsbezug »leben« würden. Wäre dem so, müsste jede Abänderung einer Unterhaltsfiktion an § 238 FamFG scheitern, weil diese Vorschrift bestimmt, dass eine Abänderung nur dann verlangt werden kann, wenn Tatsachen vorgetragen werden, aus denen sich eine **wesentliche Veränderung der der Entscheidung zugrunde liegenden tatsächlichen oder rechtlichen Verhältnisse** ergibt: Die Erstentscheidung fußt nicht auf tatsächliche, sondern auf fingierte Einkommensverhältnisse. Und diese ändern sich nicht mit einem bloßen Zeitablauf (OLG Hamm, FuR 2013, 664), sodass ein Abänderungsantrag jedenfalls nicht darauf gestützt werden kann, die Abänderungsreife ergebe sich bereits daraus, dass seit der Erstfestsetzung zwischenzeitlich 3 Jahre verstrichen seien.

Um überhaupt eine Abänderung nach § 238 FamFG zu ermöglichen und einer einmal angenommenen Fiktion die »Ewigkeitsgarantie« zu nehmen, um letztlich den Weg zu einer materiell gerechten Entscheidung zu eröffnen, ist es nicht nur erforderlich, die »fiktive Welt« denjenigen Regeln zu unterwerfen, die auch für die reale Welt Gültigkeit haben, sondern auch die Lebenswirklichkeit des Unterhaltsschuldners mit der fiktiven Welt, in die er sich aufgrund seiner Unterhaltsverpflichtung begeben musste, zu »spiegeln«: An die Stelle der der Entscheidung zugrundeliegenden »tatsächlichen Verhältnisse« treten zwar die fingierten Verhältnisse, der Abänderungsgrund jedoch (»Tatsachen«) kann nur der realen Welt entnommen werden.

Um zu einer – denkbar schwierigen – Abänderung der Einkommensfiktion zu kommen, bedarf es also zunächst der Abklärung, welcher Lebenssachverhalt zu der Einkommensfiktion geführt hat. Dieser Sachverhalt wiederum muss darauf hinterfragt werden, was dem Unterhaltsverpflichteten vorgeworfen wurde, also welche ihm auferlegte Verhaltensregeln er missachtet oder welche von ihm zu beachtende Gebote oder Verbote er in unterhaltsbezogen verwerflicher Weise verletzt hat.

Steht auch dies fest, was sich in aller Regel den Entscheidungsgründen entnehmen lässt, bedarf es eines Abänderungsgrundes, der allerdings nicht in der fiktiven, sondern in der realen Welt zu suchen ist: Denn nur ein in der Realität sich zugetragener Sachverhalt (= »Tatsache« i. S. v. § 238 Abs. 1 FamFG) vermag Einfluss auf eine Fiktion zu nehmen oder gar eine Fiktionsbeendigung herbeizuführen.

Aber auch nur dann, wenn dieser (tatsächliche) Sachverhalt ein solcher ist, der, mit den fiktiven Verhältnissen gespiegelt, zu einer wesentlichen Veränderung der der Entscheidung zugrunde liegenden fiktiven Verhältnisse führt, ist die Abänderung ganz oder teilweise begründet.

5. Einzelfälle der Abänderung

Unterstellt, der Unterhaltspflichtige hätte, wenn er sich ausreichend um eine Erwerbstätigkeit bemüht hätte, eine Arbeit gefunden (fiktive Welt, die die Zurechnung rechtfertigt). Dann wäre auch eine 6-monatige Probezeit fiktiv zu unterstellen. Würde er innerhalb dieses Zeitraums tatsächlich (reale Welt) ernsthaft und nicht nur vorübergehend erkranken oder würde er gar aufgrund eines Autounfalls mit längerem stationären Krankenhausaufenthalt auf unbestimmte Zeit arbeitsunfähig geschrieben (= Abänderungsgrund), kann – nunmehr wiederum in der fiktiven Welt – unterstellt werden, dass ihm sein Arbeitgeber innerhalb der Probezeit mit einer Kündigungsfrist von 2 Wochen gekündigt hätte, ohne dass er sich auf die fehlende soziale Rechtfertigung dieser Kündigung hätte berufen können (§ 1 Abs. 1 KSchG). Die Einkommensfiktion aufgrund Erwerbsverweigerungshaltung endet dann mit Ablauf der Kündigungsfrist des § 622 Abs. 3 BGB (OLG Hamm, FamRZ 2006, 1758) und kann frühestens nach seiner vollständigen Gesundung und Überwindung sämtlicher Beschwerden wieder in Betracht kommen, wenn der Unterhaltspflichtige erneut – unter Berücksichtigung eines angemessenen Übergangszeitraums – nicht seiner Verpflichtung nachkommen sollte, sich intensiv um eine neue Arbeitsstelle zu bemühen. Die Beendigung der Einkommensfiktion träte selbst dann ein, wenn sich der Unterhaltspflichtige bis zu seiner Erkrankung überhaupt nicht um eine Beschäftigung gekümmert hätte (was die Schlussfolgerung nahelegt, dass er sich auch ohne Erkrankung nicht um Arbeit bemüht hätte): Die Fiktionsbeendigung findet ihre Rechtfertigung vielmehr darin, dass die Erwerbsobliegenheit mit der Erkrankung endet und erst mit der Gesundung des Pflichtigen wieder auflebt.

▶ **Weitere Beispiele:**

Bisweilen stellt sich die Frage, ob die **Beendigung der Einkommensfiktion** vom Unterhaltsverpflichteten auch dann verlangt werden kann, wenn er zu Recht vorträgt, er bemühe sich zwischenzeitlich redlich um eine Arbeitsstelle, die Arbeitsmarktlage habe sich aber so verschlechtert, dass er insb. aufgrund seines Alters und seines sich zunehmend verschlechternden Gesundheitszustandes tatsächlich keine Arbeit mehr finde. Mit diesem abstrakten Einwand, der letztlich argumentativ darauf gerichtet ist, den zwischenzeitlich eingetretenen Zeitablauf dafür verantwortlich zu machen, dass sich die ursprünglich angestellte Prognose zur Beurteilung der (positiven) Erwerbschancen beim Pflichtigen geändert habe, kann hingegen keine Beendigung der Einkommensfiktion verlangt werden. Dies folgt daraus, dass mit der Einkommensfiktion eine eigene, fiktive Welt betreten wird und Veränderungen nur dann zu einer Fiktionsbeendigung führen können, wenn Umstände in der realen Welt (älter und kränker werden) sich auf die fiktive Welt überhaupt auswirken können:

Jüdt

Wer ohne unterhaltsbezogen vorwerfbare Eigenkündigung einen Arbeitsplatz noch hätte und damit leistungsfähig wäre (= fiktive Welt), muss sich nicht bewerben und sich auch nicht ggü. einem schwächelnden Arbeitsmarkt behaupten. Er hat Arbeit trotz seines Älterwerdens und ist in aller Regel auch bei häufigeren Erkrankungen kündigungsgeschützt. Dieser Arbeitnehmer kann also zur Beendigung der Einkommensfiktion nicht auf die generellen Folgen des Älterwerdens oder auf die Folgen häufiger Kurzerkrankungen in der realen Arbeitswelt abstellen und erklären, dies gelte doch wohl auch für ihn. Fraglos ist dies richtig, ändert aber nichts daran, dass die Folgen dieser Lebenswirklichkeit, die ja auch in der fiktiven Welt Gültigkeit haben, weil auch in dieser der Arbeitnehmer älter wird und ggfs. auch erkrankungsbedingt seine auf den Arbeitsplatz bezogene Leistungsfähigkeit einbüßt, ohne Auswirkungen auf seinen fiktiven Arbeitsplatz, der zum Zeitpunkt der Rechtskraft der Erstentscheidung ihm einkommensbezogen zugerechnet wurde, geblieben wären.

Sein Sachvortrag wäre nur dann erheblich, wenn er vortragen würde, seine sich tatsächlich infolge Alters und/oder häufiger (Kurz-) Erkrankungen ergebenden nachteiligen Auswirkungen auf seine berufliche Tätigkeit hätten seinen (fiktiven) Arbeitgeber dazu veranlasst, ihm ggü. eine personenbedingte Kündigung auszusprechen (= Abänderungsgrund): Eine Annahme, die zumindest den weiteren Sachvortrag erforderlich macht, dass sein fiktiver Arbeitgeber wegen § 1 KSchG der Kleinbetriebsklausel des § 23 KSchG unterfällt und in diesen Fällen bereits bei anderen Arbeitnehmern von einer arbeitsgerichtlich nicht überprüfbaren Kündigung Gebrauch gemacht hat.

Nichts anderes gilt für den Einwand des Unterhaltspflichtigen, er sei nun Rentner, müsse also nicht mehr arbeiten und schulde damit keine Erwerbsbemühungen (OLG Düsseldorf, FamRZ 2007, 1817 Rn. 18). Auch dieser Einwand führt nicht ohne Weiteres zu einer Beendigung der Einkommensfiktion, weil auch insoweit das Weiterleben in der fiktiven Welt nicht ausgeblendet werden darf: Denn wird dem Unterhaltspflichtigen zum Vorwurf gemacht, er habe vor vielen Jahren unterhaltsbezogen leichtfertig seine Erwerbstätigkeit aufgegeben, ist er einkommensbezogen so zu behandeln, als sei er dieser Tätigkeit bis zum Eintritt in das Rentenalter nachgegangen. Und ohne entsprechenden konkreten Sachvortrag bleibt die bloß hypothetische Reserveursache der Erkrankung oder Ähnliches unberücksichtigt. Dann hätte der fiktiv weiterhin beschäftigte Arbeitnehmer/Unterhaltsschuldner bis zum Renteneintritt auch fortan Beiträge an die Rentenversicherung zzgl. der Arbeitgeberanteile entrichtet und würde als Rentner – wie fiktiv zu ermitteln wäre – eine möglicherweise so auskömmliche Altersrente beziehen, dass er ohne Eingriff in seinen Selbstbehalt noch Unterhalt hätte zahlen können. Dass er tatsächlich nicht leistungsfähig ist und keine Erwerbsbemühungen (mehr) schuldet, spielt keine Rolle, weil sich sein unterhaltsbezogen vorwerfbares Handeln (Aufgabe der Erwerbstätigkeit) auch auf die Rentenhöhe ausgewirkt hat (OLG Saarbrücken, FamFR 2011, 153 zur unberechtigten Inanspruchnahme von Altersteilzeit).

Selbstverständlich ist es dem fiktiv zum Unterhalt verpflichteten Schuldner unbenommen, den Abänderungsantrag damit zu begründen,
– sein Kind erhalte eine Ausbildungsvergütung und sei deshalb nicht mehr bedürftig,
– sein Kind sei volljährig geworden und der fiktive Unterhalt müsse deshalb nach den Grundsätzen des Volljährigenunterhalts neu bemessen werden,
– seine (getrennt lebende) Ehefrau müsse nunmehr einer vollen Erwerbstätigkeit nachgehen, weil die einjährige Schonfrist nach der Trennung abgelaufen sei oder
– habe aufgrund der Einschulung des gemeinsamen Kindes zumindest eine halbschichtige Erwerbstätigkeit aufzunehmen, die seine (fiktive) Unterhaltsschuld verringere.

Bei sämtlichen dieser Einwendungen handelt es sich um »Tatsachen« i. S. v. § 238 Abs. 1 FamFG und können damit Einfluss auf die Unterhaltsfiktion nehmen oder gar eine Fiktionsbeendigung herbeiführen.

b) Abänderung einer den Unterhalt insgesamt abweisenden Entscheidung

964   Die Gründe, die zu einer antragsabweisenden Erstentscheidung führen, können recht unterschiedlich sein. Manche Entscheidungen bejahen zwar rechnerisch einen Unterhaltsanspruch, halten diesen aber – z. B. nach § 1579 Nr. 2 BGB – für verwirkt, andere wiederum verneinen bereits den Unterhaltsanspruch unter Hinweis auf die fehlende Leistungsfähigkeit des Unterhaltsschuldners. In den meisten Fällen wird die antragsabweisende Erstentscheidung eine Zukunftsprognose aufweisen, etwa die, dass der Unterhaltsberechtigte weiterhin bedürftig ist und der Unterhaltsverpflichtete leistungsunfähig bleibt oder – bei § 1579 Nr. 2 BGB – die Prognose getroffen wird, dass ein Wiederaufleben des verwirkten Unterhalts nicht mehr in Betracht kommt (vgl. Kap. 10 Rdn. 105). Ob und ggf. in welchen Fällen bei Veränderung der tatsächlichen Verhältnisse nach vorangegangener **abweisender Erstentscheidung** eine spätere Festsetzung des Unterhalts zu erfolgen hat, ist umstritten.

Teilweise wird vertreten, in diesen Fällen sei stets die **Leistungsklage** zu erheben, während ein Abänderungsantrag auszuscheiden habe (*Schellhammer* ZAP 1998, 445, 448; *Schilken* Rn. 1068, 1069).

Nach a. A. wird ein Leistungs- bzw. Nachforderungsantrag für unzulässig angesehen: Sei ein Unterhaltsantrag abgewiesen worden, könne ein später erneut erhobener Unterhaltsanspruch nur im Wege des **Abänderungsverfahrens** geltend gemacht werden (OLG Karlsruhe, FamRZ 1992, 938).

Der BGH stellt differenzierend darauf ab, ob der antragsabweisenden Erstentscheidung eine **Prognose** zugrunde lag, die sich nachträglich als unrichtig erwiesen hat. Denn berücksichtige die Entscheidung vorausschauend die künftige Entwicklung der Verhältnisse, was der Fall sei, wenn

– eine Klage aus Gründen der Befristung ab einem bestimmten Zeitpunkt abgewiesen wurde (BGH, FamRZ 1984, 353, 355),
– ein bereits titulierter Anspruch im Wege der Abänderungsklage aberkannt (BGH, FamRZ 1990, 863, 864) oder
– ein gegen einen titulierten Unterhaltsanspruch gerichtetes Abänderungsbegehren zurückgewiesen wurde (BGH, FamRZ 2008, 871, 873),

so habe dies zur Folge, dass Veränderungen mit dem Abänderungsantrag geltend gemacht werden müssten, weil damit eine von der (letzten) Prognose abweichende Entwicklung der Verhältnisse geltend gemacht werde, für die das Gesetz das Abänderungsverfahren vorsehe, um eine (erneute) Anpassung an die veränderten Entscheidungsgrundlagen zu ermöglichen (BGH, FamRZ 2008, 871, 873; 2007, 983, 984; bestätigt: BGH, FamRZ 2012, 288 Rn. 22).

Weist demgegenüber die Antragsabweisung keine sachliche Beurteilung der voraussichtlich in Zukunft bestehenden Verhältnisse auf und stützt sie sich allein darauf, dass

– das Abänderungsrecht als solches verneint wurde, ohne dass über die Leistungspflicht entschieden werden musste,
– der Unterhaltsanspruch bereits dem Grunde nach nicht besteht bzw. ein solcher zwar dem Grunde nach besteht, der Antragsteller indes nicht bedürftig (BGH, FamRZ 2005, 101, 102; 1982, 479, 480) oder
– der Schuldner nicht leistungsfähig ist (BGH, FamRZ 1984, 1001, 1003),

kann dies bei veränderten Verhältnissen nur mit einem Leistungsantrag geltend gemacht werden. Dem steht auch nicht der erste antragsabweisende Beschluss entgegen, weil dieser »keine in die Zukunft weisende Rechtskraftwirkung entfaltet« (BGH, FamRZ 2005, 101, 102).

965   Ähnlich argumentiert der BGH bei einem **Prozessvergleich**, der keine Unterhaltsverpflichtung begründete, sondern sich auf die Festlegung beschränkte, dass der Ehemann »derzeit« keinen Unterhalt schuldet, weil – so im zu entscheidenden Fall – dieser sich verpflichtet hatte, die gemeinschaftlichen Schulden zu tilgen und der Ehefrau diese Tilgungsleistungen vierteljährlich nachzuweisen. Nach Tilgung der Schulden wurde sodann der Ehemann auf nachehelichen Unterhalt im Wege der **Leistungsklage** in Anspruch genommen, was der BGH verfahrensrechtlich nicht beanstandet (andererseits hat der BGH aber auch nicht erklärt, dass ein Abänderungsantrag, der angesichts der im Vergleich ausführlich niedergelegten und eine Prognose sehr wohl ermöglichende Einkommens- und Vermögensverhältnisse naheliegen dürfte, unzulässig sei). Zur Begründung der Zulässigkeit der erhobenen Leistungsklage führt der BGH aus, dass – wie ein die Unterhaltsklage abweisendes Urteil – sich der von den Parteien geschlossene Vergleich auf die Feststellung beschränke, dass derzeit eine Unterhaltpflicht des Ehemannes nicht besteht. Für die Zukunft werde damit gerade keine Verpflichtung zu künftig fällig werdenden Leistungen festgelegt, sodass es »für eine Abänderungsklage an dem abzuändernden Substrat« fehle (BGH, FamRZ 2010, 1311, 1312).

Gleichwohl bedeutet, wie man auf den ersten Blick meinen könnte, dies nicht, dass mit der Erhebung eines Leistungsantrags gleichzeitig die **Bindungswirkung des Vergleichs** entfallen ist und eine freie und vom Vergleich völlig losgelöste Neufestsetzung des Unterhalts und damit gleichzeitig auch eine abweichende Beurteilung derjenigen Verhältnisse ermöglicht wird, die seinerzeit zu den Grundlagen des Vergleichs erklärt wurden (vgl. im Einzelnen: Rdn. 959, *M. 10*; Rdn. 926). Einer solchen von den Vergleichsgrundlagen unabhängigen Neufestsetzung des Unterhalts erteilt der BGH eine eindeutige Absage: Denn der Ehemann habe doch die nach dem Verkauf des gemeinsamen Hauses verbliebenen Schulden der Parteien mit den ihm als Abfindung zugeflossenen Geldern getilgt. Und wenn die für die Schuldentilgung verwendete Abfindung der Ehefrau nicht bedarfssteigernd zugutekommen dürfte (Leitsatz: »Eine nach Ehescheidung zusätzlich zu dem in unveränderter Höhe bezogenen Einkommen erhaltene Abfindung bleibt bei der Bemessung des Unterhaltsbedarfs unberücksichtigt«), sei der Ehemann **in Ansehung des Unterhaltsvergleichs** so zu stellen, als hätte er die gemeinsamen Schulden weiterhin in monatlichen Raten getilgt. Soweit jedenfalls die Tilgungswirkung der Abfindung reiche, sei der Ehemann seiner im Vergleich übernommenen Verpflichtung zur Schuldentilgung nachgekommen, **denn in diesem Umfang besteht die Bindung aus dem Vergleich fort** und rechtfertigt keine Neufestsetzung (BGH, FamRZ 2010, 1311, 1313 Rn. 29).

▶ Praxishinweis:

Vereinbaren die Beteiligten im Rahmen eines Verfahrensvergleichs oder in einer notariellen Urkunde, dass »derzeit« kein nachehelicher Unterhalt geschuldet ist und ändern sich die Vergleichsgrundlagen nachhaltig, ist trotz der Erhebung eines Leistungsantrags im Ergebnis eine »Abänderungsentscheidung« zu treffen, und zwar in einer unter Wahrung der Vergleichsgrundlagen vorzunehmenden Anpassung des Unterhaltsvergleichs an die zwischenzeitlich veränderten Verhältnisse.

In Zusammenhang mit dem bereits erörterten Aspekt der Abänderung eines Verfahrensvergleichs im Beschlusswege (vgl. Rdn. 961, *M. 2*; Rdn. 944, *M. 10*) sei schließlich eine weitere Konstellation angesprochen, nämlich die einer Abänderungsentscheidung, mit der die begehrte Abänderung eines Unterhaltsvergleichs in Gänze zurückgewiesen wurde.

966

Höchstrichterlich geklärt ist, dass in den Fällen, in denen ein Prozess- oder Verfahrensvergleich in einem früheren Verfahren durch Urteil/Beschluss – zumindest teilweise – bereits abgeändert wurde, sich ein erneutes Abänderungsverfahren gegen das Abänderungsurteil bzw. gegen den Abänderungsbeschluss richtet und **nicht** gegen den erstfestsetzenden (später abgeänderten) Unterhaltsvergleich. Dies hat zur Folge, dass die Zeitschranke des § 238 Abs. 2 FamFG gilt, die Abänderung mithin nur auf Gründe gestützt werden kann, die nach dem Schluss der letzten mündlichen Verhandlung, auf die die Abänderungsentscheidung erging, entstanden sind.

Fraglich ist, ob dies in gleicher Weise auch dann gilt, wenn der **Verfahrensvergleich** nicht – auch nicht teilweise – abgeändert, sondern der hiergegen gerichtete Abänderungsantrag **insgesamt** abgewiesen wurde (z. B.: Unterhaltsvergleich im Scheidungsverfahren; späterer Abänderungsantrag, keinen oder weniger Unterhalt zu zahlen und vollständige Antragsabweisung durch das FamG: Dann gilt der Unterhaltsvergleich auch weiterhin). Der BGH musste dies bislang nicht entscheiden (FamRZ 1995, 221, 223; 2011, 1721 Rn. 17), dürfte allerdings seine Rechtsprechung zur (vollständigen) Abweisung eines Abänderungsantrags, der sich gegen einen Unterhaltsanspruch richtet, der durch Urteil oder Beschluss zugesprochen wurden (zuletzt: BGH, FamRZ 2008, 872, 873), auch auf diese Fallvariante (Vergleich und abgewiesener Abänderungsantrag) übertragen:

Wurde das Abänderungsrecht als solches verneint, ohne dass vorausschauend über die künftige Entwicklung der Verhältnisse entschieden werden musste (z. B. weil die Beteiligten einen zeitweisen Abänderungsausschluss vereinbart hatten), dann bleibt auch bei einem späteren weiteren Abänderungsverfahren der Prozessvergleich Gegenstand der Abänderung mit der Folge, dass sich das Verfahren nach § 239 FamFG richtet und die Zeitschranke des § 238 Abs. 2 FamFG nicht gilt.

Lag hingegen der antragsabweisenden Entscheidung eine **Prognose** zugrunde und erweist sich diese nachträglich als unrichtig, kann Gegenstand eines erneuten Abänderungsbegehrens, mit dem eine von dieser Prognose abweichende Entwicklung der Verhältnisse geltend gemacht wird, nur die **letzte Abänderungsentscheidung** sein, sodass sich die Abänderungsvoraussetzungen nach § 238 FamFG richten.

Zu diesem Themenkreis verhält sich die überaus lesenswerte Entscheidung des BGH v. 29.05.2013 (FamRZ 2013, 1215; vgl. auch Rdn. 961, *M. 2*), die sich wie folgt zusammenfassen lässt:

1. Bei einem durch Verfahrensvergleich titulierten Unterhaltsanspruch richtet sich die Zulässigkeit des Abänderungsantrags nach § 239 FamFG.

2. Auf Verfahrensvergleiche findet die Präklusionsvorschrift des § 238 Abs. 2 FamFG keine Anwendung, weil diese Bestimmung die Rechtskraftwirkung unanfechtbar gewordener Entscheidungen sichern soll und dieser Zweck bei gerichtlichen Vergleichen nicht erreicht werden kann, weil Vergleiche nicht in Rechtskraft erwachsen. Vielmehr richtet sich die Abänderung eines Verfahrensvergleichs gem. § 239 Abs. 2 FamFG allein nach materiell-rechtlichen Kriterien, wobei durch Auslegung zu ermitteln ist, ob und mit welchem Inhalt die Beteiligten eine bindende Regelung hinsichtlich späterer Abänderungen getroffen haben.

3. Die Präklusionsvorschrift des § 238 Abs. 2 FamFG ist hingegen anwendbar, wenn ein Verfahrensvergleich bereits in einem früheren Abänderungsverfahren durch Urteil/Beschluss abgeändert worden ist. Eine solche Abänderung ist prognosefähig. Materiell-rechtlich ist dann für eine erneute Abänderung zwar nach wie vor der dem Vergleich zugrundeliegende Parteiwille maßgebend, jedoch nunmehr auf Grundlage der im Abänderungsbeschluss getroffenen Beurteilung der Verhältnisse.

4. Allerdings kann die Präklusionswirkung auch bei antragsabweisenden Urteilen zur Anwendung kommen, wenn diese – im Rahmen der Überprüfung der ursprünglichen Prognose – die künftige Entwicklung der Verhältnisse vorausschauend berücksichtigen. Ein späterer Abänderungsantrag stellt dann abermals die Geltendmachung einer von der (letzten) Prognose abweichenden Entwicklung der Verhältnisse dar, für die das Gesetz die Abänderungsklage vorsieht, um die (erneute) Anpassung an die veränderten Urteilsgrundlagen zu ermöglichen. Deshalb sind nach einem erfolglosen ersten Abänderungsverlangen des Unterhaltsverpflichteten die im zweiten Abänderungsverfahren vorgebrachten Gründe, mit denen der Unterhaltsverpflichtete eine erneute Entscheidung über denselben Verfahrensgegenstand anstrebt, zunächst daran zu messen, ob und seit wann veränderte Umstände vorliegen. Dies beruht auf der Rechtskraft der eine Herabsetzung oder den Wegfall der Unterhaltspflicht ablehnenden gerichtlichen Entscheidung.

5. Daraus folgt aber nicht, dass auch der Unterhaltsberechtigte mit Ansprüchen auf Unterhaltserhöhung ausgeschlossen wäre, weil sich die Rechtskraft der vorausgegangenen Entscheidung darauf nicht erstreckt. Wird bei einem durch Vergleich titulierten Unterhalt der Abänderungsantrag des Unterhaltsverpflichteten durch gerichtliche Entscheidung in vollem Umfang zurückgewiesen, hindert die Rechtskraft dieser Entscheidung ein späteres Erhöhungsverlangen des Unterhaltsberechtigten somit nicht.

▶ **Praxishinweis:**

Man mag diese Differenzierungen als allzu fein gesponnen kritisieren. Sie bereiten i. d. R. aber dann keine unüberwindbaren Probleme, wenn man sich darüber im Klaren ist, was mit der »Abänderung« letztlich verlangt wird:
– Wendet sich die »Abänderung« gegen eine aus Sicht des Antragstellers unrichtige Erst- oder Abänderungsentscheidung, kann dies nur mit der Beschwerde und nicht nach §§ 238, 239 FamFG geltend gemacht werden. Dies freilich ist nicht ohne Risiko, weil die Gefahr gesehen werden muss, dass das Beschwerdegericht im gleiche Zuge die Prognose entgegen der

familiengerichtlichen Entscheidung auf eine neue Grundlage stellt, die für den Rechtsmittel-führer im Hinblick auf ein späteres Abänderungsverfahren möglicherweise so ungünstig sein kann, dass die Korrektur einiger weniger Urteilselemente dabei völlig in den Hintergrund tritt (vgl. Rdn. 969, *M. 4*).

– Wird demgegenüber behauptet, dem ursprünglich festgesetzten Unterhalt oder der letzten Abänderungsentscheidung liege eine Prognose zugrunde, die auf der Grundlage des Abände-rungsverfahrens zwar zulässigerweise habe getroffen werden können, sich im Nachhinein aber als unrichtig erwiesen habe, erfolgt eine Korrektur dieser Prognoseentscheidung nach § 238 FamFG, und dies auch dann, wenn der Unterhaltsberechtigte zu seinen Gunsten die Abän-derung eines Unterhaltsvergleich begehrt und der Abänderungsantrag mit der Begründung zurückgewiesen wird, ein Anspruch auf höheren als den im Vergleich verbrieften Unterhalt bestehe nicht.

– Wurde jedoch die vom Unterhaltsverpflichteten begehrte Abänderung eines Unterhaltsver-gleich in vollem Umfang zurückgewiesen – etwa mit der Begründung, der vereinbarte Unter-halt sei berechtigt –, richtet sich ein etwaiges Erhöhungsverlangen des Berechtigten nach § 239 FamFG, weil der Vergleich von der Rechtskraft der Abänderungsentscheidung unan-getastet geblieben ist (Rdn. 948).

– Richtet sich der Abänderungsantrag gegen einen Unterhaltsvergleich, der anlässlich der Erst-festsetzung oder im Rahmen eines Abänderungsverfahrens vereinbart wurde, kann dessen Korrektur nur unter den Voraussetzungen des § 239 FamFG verlangt werden.

– Nur ausnahmsweise gilt etwas anderes, und zwar bei Zurückweisung eines erstfestsetzenden Unterhaltsantrages oder eines Abänderungsantrages gegen einen Unterhaltsvergleich, wenn der jeweiligen Antragsabweisung keine sachliche Beurteilung der voraussichtlich in Zukunft bestehenden Verhältnisse zugrunde lag: Dann erfolgt entweder ein erneuter Anlauf zur Erst-festsetzung mittels eines Leistungsantrags oder aber der nochmalige Versuch der Abänderung des Unterhaltsvergleichs nach § 239 FamFG.

c) Abänderung eines Versäumnisbeschlusses

Muster 5

Namens und in Vollmacht des Antragstellers erhebe ich   967

Abänderungsantrag

und beantrage, wie folgt zu erkennen:

Der Versäumnisbeschluss des Amtsgerichts ..... vom ..... (Geschäftszeichen .....) wird dahingehend abgeändert, dass der Antragsteller verpflichtet ist, der Antragsgegnerin ab dem ..... nur noch einen monatlich im Voraus fälligen Ehegattenunterhalt i. H. v. 130,00 € zu zahlen.[1]

Begründung:

I.

Der Antragsteller wurde mit Versäumnisbeschluss des Amtsgerichts ..... vom ..... (Geschäftszeichen .....) verpflichtet, an die Antragsgegnerin Trennungsunterhalt i. H. v. 515,00 € zu zahlen.

Nach der dem Versäumnisschluss zugrunde liegenden Antragsschrift soll der Antragsteller ein Net-toeinkommen i. H. v. 1.700,00 € erzielt haben. Die Antragsgegnerin ließ ferner in ihrer seinerzeit eingereichten Antragsschrift, die Grundlage der Verpflichtung des Antragstellers geworden war, behaupten, sie habe lediglich eigene Einkünfte i. H. v. 500,00 € gehabt und errechnete auf dieser Grundlage einen – rechnerisch im Übrigen zutreffenden – Unterhalt i. H. v. 514,00 € (1.700,00 € - 500,00 € × 3/7).

Die Angaben der Antragsgegnerin waren indes unrichtig und damit auch die Verpflichtung des Antragstellers zur Zahlung von Unterhalt. Richtig ist vielmehr, dass dieser damals wie heute lediglich 1.450,00 € verdient.[2]

Zudem berücksichtigte das Amtsgericht nicht, dass angesichts der – allerdings nicht vorgetragenen – Trennung in 2004 eine volle Erwerbsobliegenheit der Antragsgegnerin bestand. Diese hätte problemlos als Verkäuferin 1.150,00 € netto verdienen können. Jedenfalls musste sich die Antragsgegnerin, selbst wenn sie nur 500,00 € verdient hätte, dieses Einkommen fiktiv zurechnen lassen, so dass der Trennungsunterhalt richtigerweise allenfalls i. H. v. 130,00 € hätte ausgeurteilt werden dürfen.

Rechtsanwältin

1. Abänderung eines Versäumnisbeschlusses. Ist der zum Termin zur mündlichen Verhandlung ordnungsgemäß geladene Unterhaltsschuldner nicht erschienen und beantragt im Hinblick hierauf der Unterhaltsberechtigte den Erlass eines Versäumnisbeschlusses, folgt aus § 331 Abs. 1 Satz 1 ZPO, dass dessen Vorbringen zu dem den Antrag begründenden Unterhaltsanspruch als zugestanden gilt.

Dass § 331 ZPO auch nach neuem Recht anwendbar ist, ergibt sich aus § 113 Abs. 1 Satz 2 FamFG, wonach die Vorschriften der ZPO über das Verfahren vor den Landgerichten entsprechend anzuwenden sind (zur Terminologie vgl. Rdn. 959, *M. 2*).

Da der Versäumnisbeschluss allein auf der **Fiktion des § 331 Abs. 1 ZPO** beruht, liegt es nahe, dass die nach dieser Bestimmung fingierten Verhältnisse zum Bedarf und zur Bedürftigkeit wie auch zur Leistungsfähigkeit des Verpflichteten für den anzustellenden Vergleich zwischen den damaligen und derzeitigen Verhältnissen maßgebend sind. Denn nur dieses **für die Verurteilung maßgebliche Vorbringen des Unterhaltsgläubigers** bildete mit dem entsprechenden Antrag den Streitgegenstand, über den das Gericht zur Prüfung seiner Schlüssigkeit, mag diese auch bisweilen in der Praxis nicht sonderlich gründlich vorgenommen werden, zu befinden hatte, während das Gericht sonstige und ihm nicht bekannte, da nicht vorgetragene Umstände, nicht berücksichtigen konnte. Dies hätte zur Folge, dass ein Abänderungsantrag nur dann statthaft ist, wenn zu seiner Begründung vorgetragen wird, dass sich die Verhältnisse ggü. dem nach § 331 Abs. 1 Satz 1 ZPO zugestandenen Vorbringen des Berechtigten nach Ablauf der Frist, innerhalb derer der Verpflichtete gegen den Versäumnisbeschluss hätte Einspruch einlegen können, verändert haben.

2. Prüfungsmaßstab bei der Abänderung eines Versäumnisbeschlusses. Dieser Ansatz, den eine weitverbreitete Meinung in Rechtsprechung (OLG Köln, FamRZ 2002, 1471; OLG Karlsruhe, FamRZ 2000, 907; OLG Zweibrücken, FamRZ 1983, 291; OLG Stuttgart, FamRZ 1982, 91, 92) und Lehre (Zöller/*Vollkommer* § 323 Rn. 31; Stein/Jonas/*Leipold* § 323 Rn. 34; MünchKommZPO/*Gottwald* § 323 Rn. 77) wählt, wird u. a. darauf gestützt, dass es nicht Aufgabe des Gerichtes sei, die zum Zeitpunkt der Verurteilung tatsächlich bestandenen Verhältnisse nachträglich aufzuklären. Zwar bestehe die Gefahr, dass bei unzutreffenden Behauptungen des Antragstellers ein säumiger Beteiligter jederzeit einen Abänderungsantrag erheben könne. Dieser verschaffe dem Antragsteller aber nicht die erhoffte Korrektur, denn dem stehe in aller Regel die Präklusionswirkung des § 323 Abs. 2 ZPO bzw. § 238 Abs. 2 FamFG) entgegen (MünchKommZPO/*Gottwald* § 323 Rn. 77). Dies sei auch nicht unbillig, denn der Unterhaltspflichtige habe es im Vorprozess in der Hand gehabt, die vom Gericht als zutreffend unterstellten und zur Versäumnisentscheidung führenden (**fingierten**) Verhältnisse richtigzustellen (OLG Köln, FamRZ 2002, 471). Wenn er dies versäumt habe, sei er mit diesem Vorbringen – wie bei einem streitigen Urteil nach § 323 Abs. 2 ZPO auch – präkludiert und könne einen Abänderungsantrag nicht darauf stützen, sein »zugestandenes« Einkommen sei in Wirklichkeit – sowohl im Zeitpunkt der Säumnis als auch später – geringer gewesen.

Allenfalls ausnahmsweise könne es gerechtfertigt sein, § 323 ZPO als einen Anwendungsfall der aus Gründen der Gerechtigkeit notwendigen Durchbrechung der Rechtskraft »zum Zwecke der Wiederherstellung einer materiell-rechtlichen wahren Rechtslage« zu begreifen und eine unrichtige rechtskräftige Entscheidung an die zum Zeitpunkt der Erhebung der Abänderungsklage bestehenden

Verhältnisse anzupassen (OLG Karlsruhe, OLGReport 1999, 428, 429). Von einer Fiktion könne man deshalb nur im Ausnahmefall absehen, etwa dann,

– wenn das Festhalten des säumigen Unterhaltspflichtigen an seiner im Wege der Fiktion zugrunde gelegten Leistungsfähigkeit grob unbillig wäre (OLG Frankfurt am Main, FamRZ 1995, 735) oder

– wenn der Unterhaltsschuldner sich hiervon nicht mehr lösen könne und zeitlebens aufgrund einer Fiktion einen Unterhalt schulde, den zu leisten er niemals in der Lage sein werde.

Verstöße gegen die Erwerbsobliegenheit können i. Ü. immer geltend gemacht werden, sodass es selbst bei einer rigiden Handhabung der Abänderungsvoraussetzungen in den Fällen eines Versäumnisbeschlusses letztlich nicht zu einer zeitlich unbegrenzten Bedürftigkeit kommt (Stein/Jonas/*Leipold* § 323 Rn. 34).

Nach anderer Auffassung (so etwa: PG/*Völzmann-Sickelbrock* § 323 Rn. 40) ist nicht auf die für die Verurteilung maßgeblichen, sondern auf die »**tatsächlichen**« Verhältnisse des Antragstellers zum Zeitpunkt des Erlasses des Versäumnisbeschlusses abzustellen. So sei i. R. d. Abänderungsantrags zu fragen und erforderlichenfalls aufzuklären, wie sich zum Zeitpunkt des Versäumnisbeschlusses die tatsächlichen Einkommens- und Vermögensverhältnisse dargestellt hätten und ob sich die aktuellen Verhältnisse ggü. diesen – und gerade nicht ggü. den als zugestanden fingierten – wesentlich verändert hätten. Eine Abänderungsentscheidung zugunsten des Unterhaltspflichtigen sei daher nicht schon bei einer Diskrepanz zwischen den dem Beschluss zugrunde gelegten und den tatsächlichen Einkommensverhältnissen gerechtfertigt, sondern erst bei einer wesentlichen Verringerung des aktuellen Einkommens des Unterhaltspflichtigen ggü. seinem damaligen (tatsächlich bestandenen) Einkommen (OLG Oldenburg, FamRZ 1990, 188; OLG Hamm, FamRZ 1990, 772, 773; OLG Karlsruhe, FamRZ 1983, 624, 625; *Graba* FamRZ 2002, 6, 8).

Gegen diese Auffassung, der sich zwischenzeitlich auch der BGH in zwei Entscheidungen angeschlossen hat (BGH, FamRZ 2010, 1150; FamRZ 2010, 1318), bei denen es jeweils um die Abänderung von Kindesunterhalt ging), bestehen jedoch Bedenken:

Gegen sie streitet zunächst der Wortlaut des § 238 Abs. 1 FamFG, der nicht von einer Veränderung der tatsächlichen oder rechtlichen Verhältnisse schlechterdings spricht, auch nicht an diejenigen Verhältnisse anknüpft, die zum Zeitpunkt der Verurteilung bestanden haben, sondern an die der Entscheidung »zugrunde liegenden Verhältnisse«. Der **prozessuale Anspruch** wird auch beim Versäumnisbeschluss durch den Antrag und den Antragsgrund bestimmt, sodass allein die fingierten Verhältnisse maßgebend sind, wie diese schriftsätzlich vorgetragen und vom Gericht (meist) auf ihre Schlüssigkeit hin überprüft und sodann als zugestanden bewertet wurden. Demgegenüber lässt sich nicht auf einen Sachverhalt abstellen, der der Verurteilung überhaupt nicht zugrunde lag, denn mit einer Anknüpfung an die tatsächlichen Verhältnisse wird den für die Verurteilung maßgebenden (fingierten) Verhältnissen ein anderer Entscheidungsgehalt zugrunde gelegt als der, den das entscheidende Gericht seiner Entscheidung beigemessen hat (*Graba* FamRZ 2010, 1152, 1153 = Urteilsanm. zu BGH, FamRZ 2010, 1150).

Auch **Gründe der Rechtskraft** sprechen dafür, nicht auf die tatsächlichen, sondern auf die für die Verurteilung maßgebenden Verhältnisse abzustellen und die zum Zeitpunkt der mündlichen Verhandlung, auf die der Versäumnisbeschluss ergangen ist, bzw. bei Ablauf der Einspruchsfrist tatsächlich bestandenen Verhältnisse unberücksichtigt zu lassen. Denn wird ein Ausspruch auf Zahlung von Unterhalt rechtskräftig, trägt dieser die verbindliche Feststellung, dass der Anspruch zumindest i. H. d. ausgeurteilten Betrags besteht, der Schuldner in dieser Höhe leistungsfähig ist und Einwendungen gegen dessen Inanspruchnahme nicht bestehen. Diese Feststellung ist aber gerade nicht Folge der dem Gericht mangels Einlassung des Verpflichteten nicht bekannten tatsächlichen Verhältnisse, sondern bestimmt sich in allen Unterhaltsverfahren nach dem erheblichen Antragsvorbringen, soweit dieses unstreitig, nicht substantiiert bestritten oder bei erheblichem Bestreiten bewiesen ist. Nichts anderes gilt in Fällen der Säumnis: Auch dann ist allein auf das Vorbringen abzustellen, das die begehrte Rechtsfolge trägt, freilich mit der Konsequenz, dass der mögliche Einwand des Pflichtigen, der Rechtsfolge stünden Einwendungen entgegen, wegen § 331 Abs. 1 Satz 1 ZPO, aber auch im Hinblick auf die in aller Regel eingetretene Präklusion (§ 238 Abs. 2 FamFG) nicht zu berücksichtigen ist.

Dem steht auch nicht der Gesichtspunkt der Perpetuierung eines unrichtigen Versäumnisbeschlusses und der Suche nach einem gerechten Ergebnis entgegen. Denn die Missachtung der ZPO und die Nichtbeachtung richterlicher Auflagen durch einen Beteiligten bringen es mit sich, dass die gegen ihn ergangene Versäumnisentscheidung wie auch jede kontradiktorische Entscheidung unrichtig sein kann und von der betroffenen (säumigen) Person als unbefriedigend oder ungerecht erlebt wird. Derjenige aber, der die verfahrensrechtlichen Spielregeln nicht beachtet und – entgegen der richterlichen Aufforderung, sich gegen den Antrag zu verteidigen – vorgetragene unzutreffende Sachverhalte nicht bestreitet oder richtigstellt, kann sich nicht darauf berufen, dass die Entscheidung ungerecht ist, denn er hat durch leichtfertiges wie auch vermeidbares Verhalten die Suche nach einem gerechten Ergebnis vereitelt.

Schließlich verbleibt immer noch die Möglichkeit, aus **Gründen der materiellen Gerechtigkeit** eine unrichtige Fiktion zu korrigieren, die allerdings nur im Rahmen eines aus anderen Gründen eingeleiteten Abänderungsantrags für die Zukunft bei einem von vornherein falschen Ansatz eröffnet ist (*Graba* FamRZ 2002, 6, 8), etwa dann, wenn sich die tatsächlichen Verhältnisse nachträglich deshalb geändert haben, weil die Voraussetzungen für die Zurechnung fiktiver Einkünfte nicht mehr gegeben sind oder andere Gründe vorliegen, die die als gegeben angenommene Leistungsfähigkeit des Verpflichteten in einem neuen Licht erscheinen lassen. Aus Gründen der materiellen Gerechtigkeit sollte dies allerdings nicht erst dann der Fall sein, wenn – wie das BVerfG bei der Zurechnung fiktiver Einkünfte es wiederholt und mahnend formulierte – der ausgeurteilte Unterhalt die Grenze des Zumutbaren überschreitet und »die Beschränkung der Dispositionsfreiheit des Verpflichteten im finanziellen Bereich als Folge der Unterhaltsansprüche des Bedürftigen nicht mehr Bestandteil der verfassungsmäßigen Ordnung [sein] und vor dem Grundrecht des Art. 2 Abs. 1 GG nicht bestehen« kann (BVerfG, FamRZ 2010, 626, 628; 2010, 793, 794). Eine Korrektur sollte vielmehr schon dann zulässig sein, wenn abzusehen ist, dass dem Unterhaltpflichtigen aufgrund der Fiktion des § 331 Abs. 1 Satz 1 ZPO dauerhaft nicht einmal das Existenzminimum verbleibt und er nur noch die Möglichkeit hat, gegen seine Verurteilung vollstreckungsrechtliche Einwendungen wie etwa den Einwand der Nichtbeachtung der Pfändungsfreigrenze zu erheben.

▶ **Praxishinweis:**

Richtet sich der Abänderungsantrag gegen einen Versäumnisbeschluss, ist die Frage der wesentlichen Veränderung der der Entscheidung zugrunde liegenden Verhältnisse mittels einer vergleichenden Betrachtung der vom Gericht auf ihre Schlüssigkeit hin überprüften vorgetragenen Verhältnisse zum Bedarf, zur Bedürftigkeit und Leistungsfähigkeit mit Blick auf die sich hieraus ergebenden Unterhaltsergebnisse und nicht nach den zum Zeitpunkt der Erstfestsetzung tatsächlich bestandenen Verhältnissen zu beantworten. Zu prüfen bleibt jedoch stets die Möglichkeit einer Korrektur einer grob unrichtigen Erstentscheidung aus Gründen der materiellen Gerechtigkeit. Gleichwohl: Nachdem sich der BGH dieser Ansicht verschlossen hat, dürfte der haftungsrechtlich sicherste Weg nur der sein kann, bei der Abänderung einer Versäumnisentscheidung nicht auf die Änderung der fingierten, sondern der tatsächlichen Verhältnisse abzustellen. Nur in dem Umfang, in dem sich die seinerzeit gegebenen tatsächlichen Verhältnisse wesentlich geändert haben, ist ein Abänderungsverlangen zulässig.

d) Abänderung eines Anerkenntnisbeschlusses

Muster 6

Namens und in Vollmacht des Antragstellers erhebe ich   968

Abänderungsantrag

und beantrage, wie folgt zu erkennen:

Das Anerkenntnisurteil des Amtsgerichts ..... vom ..... (Geschäftszeichen .....) wird dahingehend abgeändert, dass der Antragsteller verpflichtet ist, der Antragsgegnerin ab dem ..... nur noch einen jeweils im Voraus fälligen Ehegattenunterhalt i. H. v. monatlich 450,00 € zu zahlen.[1]

Begründung:

Der Antragsteller (dieses Verfahrens) wurde von der Antragsgegnerin auf Zahlung von Unterhalt in Anspruch genommen und aufgrund seines Anerkenntnisses verurteilt, an die Antragsgegnerin Trennungsunterhalt i. H. v. 750,00 € zu zahlen.

Nach der seinerzeit erhobenen Klageschrift soll der Antragsteller über ein Nettoeinkommen i. H. v. 3.000,00 € verfügt haben. Die damalige Klägerin und jetzige Antragsgegnerin ließ ferner in ihrer seinerzeit eingereichten Antragsschrift behaupten, sie habe eigene Einkünfte i. H. v. 1.250,00 € gehabt und errechnete so einen Unterhalt i. H. v. 750,00 € (3.000,00 € - 1.250,00 € × 3/7).

Der Antragsteller, der sich damals darauf beschränkte, seine Verteidigungsabsicht anzuzeigen, ohne eine Klageerwiderung vorzulegen, verdient ausweislich seiner letzten monatlichen Gehaltsabrechnungen nur 2.625,00 €. Nach Abzug der Arbeitspauschale ergeben sich gerundet 2.500,00 €.[2]

Die Antragsgegnerin verdient ihrem eigenen Bekunden nach jedoch bereinigt 1.450,00 €, so dass der Trennungsunterhalt nicht 750,00 €, sondern richtigerweise 450,00 € beträgt (2.500,00 € - 1.450,00 € × 3/7).

Um antragsgemäße Abänderung wird gebeten.

Rechtsanwalt

1. Abänderung eines Anerkenntnisbeschlusses. Die Rechtslage beim Anerkenntnisbeschluss, der auf ein – i. Ü. nicht widerrufbares oder anfechtbares (BGH, FamRZ 1981, 862) – Anerkenntnis nach § 307 ZPO zurückgeht (vgl. § 113 Abs. 4 Nr. 6 FamFG, wonach die Vorschriften der ZPO über das Anerkenntnis zwar nicht in Ehesachen, aber in Familienstreitsachen gelten) und dessen Gegenstand der prozessuale Anspruch, nicht die diesem Anspruch zugrunde liegenden Tatsachen ist, weist deutliche Ähnlichkeiten mit dem Versäumnisbeschluss auf: Beide Entscheidungen ergehen ohne streitige Verhandlung und enthalten weder einen Tatbestand noch Entscheidungsgründe.

Wenn somit der Unterhaltstitel offen lässt, welche Verhältnisse für die Verpflichtung maßgebend gewesen sind, steht wie beim Versäumnisbeschluss auch beim Anerkenntnisbeschluss die Bindungswirkung nach herrschender Meinung außer Streit (BGH, FamRZ 2007, 1459; OLG Hamm, FamRZ 1992, 1201).

Der BGH begründete dies damit, dass im Verhältnis zum Versäumnisurteil das Anerkenntnisurteil nicht (bloß) auf einer (passiven) Säumnis des Unterhaltsschuldners beruhe, sondern auf dessen aktivem Mitwirken. Deshalb sei es nicht gerechtfertigt, den den Unterhalt Anerkennenden hinsichtlich seiner Abänderungsmöglichkeiten besser zu stellen als den säumigen Unterhaltsschuldner. Andernfalls könne er bei einem für ihn absehbar ungünstigen Verfahrensverlauf den Unterhaltsanspruch anerkennen und sich dadurch eine freie Abänderbarkeit offen halten.

2. Prüfungsmaßstab bei der Abänderung eines Anerkenntnisbeschlusses. Wie beim Versäumnisbeschluss stellt sich auch beim Anerkenntnisbeschluss die Frage, auf welche Verhältnisse es im

Abänderungsfall ankommen soll. Denkbar sind die vom Unterhaltsschuldner **subjektiv zugrunde gelegten Verhältnisse**, aber auch die dem Anerkenntnisbeschluss zugrunde liegenden **tatsächlichen Umstände**, die dafür maßgebend sein könnten, ob sich nachträglich eine Veränderung ergeben hat.

Das Problem beim Anerkenntnisbeschluss liegt darin begründet, dass die Gründe für ein Anerkenntnis, die sich aus der Entscheidung selbst nicht erschließen, auch dem Antrags- oder Verteidigungsvorbringen über bloße Anhaltspunkte hinaus, was den Schuldner zu seinem Anerkenntnis bewogen haben mag, nicht entnommen werden können. Möglicherweise war der Unterhaltsschuldner der Ansicht, er schulde mehr Unterhalt als geltend gemacht und zog es deshalb vor, seine Bedenken gegen die – aus seiner Sicht unrichtige – Unterhaltsbemessung zurückzustellen. Möglicherweise beugte sich der Unterhaltsschuldner auch nur dem ihm ggü. geltend gemachten Anspruch im Wege des Anerkenntnisses, ohne der Beurteilung der zur Begründung dieses Anspruchs vorgetragenen Tatsachen wirklich zu folgen. Entscheidend ist in allen diesen Fällen, dass der Unterhaltsschuldner mit seinem bloßen Anerkenntnis letztlich seine Beweggründe unerkannt wie auch den Berechtigten im Unklaren darüber lässt, was ihn zu seinem Anerkenntnis veranlasst hat, sodass bei der Feststellung der damaligen Verhältnisse nicht auf dessen subjektive Sicht abgestellt werden kann.

Der BGH, der in seiner Entscheidung v. 04.07.2007 (FamRZ 2007, 1459) dieses »Dilemma« des Unterhaltsgläubigers, der ohne Kenntnis der dem Anerkenntnis zugrunde liegenden Tatsachen keine Abänderungsgründe vortragen kann, weil es hierzu der Feststellung der tatsächlichen Verhältnisse und deren wesentlicher Veränderung bedarf, aufgezeigt hat, hält gleichwohl an dem Erfordernis einer Veränderung der jetzigen ggü. den seinerzeit und dem Anerkenntnisbeschluss zugrunde liegenden tatsächlich bestandenen Verhältnisse fest. Er begründet dies damit, dass auch die materielle Rechtskraft eines Anerkenntnisbeschlusses grds. zur Bindungswirkung führe und weder eine freie, von der bisherigen Höhe unabhängige Neufestsetzung des Unterhalts noch eine abweichende Beurteilung derjenigen Verhältnisse, die bereits im vorausgegangenen Rechtsstreit eine Bewertung erfahren haben, gestatte. Hieraus folgert der BGH, dass die dem Anerkenntnis zugrunde liegenden tatsächlichen Umstände (so etwa nach Maßgabe des Antrags, der Begründung und der Anerkenntniserklärung) ausschlaggebend dafür sein sollen, ob sich nachträglich eine Veränderung ergeben hat.

Lässt sich demgegenüber die Berechnung des titulierten Unterhalts unter Zugrundelegung der im Verfahren erkennbar gewordenen Faktoren nicht nachvollziehen und ist deshalb eine Anpassung des Anerkenntnisbeschlusses an zwischenzeitlich geänderte Verhältnisse nicht möglich, so verbleibt keine andere Möglichkeit als die, den Unterhalt nach den gesetzlichen Vorschriften komplett neu zu berechnen: Dies geschieht jedoch im Rahmen eines Abänderungsverfahrens und nicht mittels eines Leistungsantrags.

e) Abänderung eines Abänderungsurteils bzw. Abänderungsbeschlusses

Muster 7

969   Namens und in Vollmacht der Antragstellerin erhebe ich

Abänderungsantrag[1]

und beantrage, wie folgt zu erkennen:

In Abänderung des Urteils des Amtsgerichts ..... vom ..... (Geschäftszeichen .....) wird der Antragsgegner verpflichtet, an die Antragstellerin ab dem ..... einen jeweils im Voraus fälligen Ehegattenunterhalt i. H. v. monatlich 715,00 € zu zahlen.

Begründung:

Die Beteiligten sind seit dem ..... geschiedene Eheleute. In dem damals geschlossenen Scheidungsfolgenvergleich verpflichtete sich der Antragsgegner u. a., an die Antragstellerin einen Scheidungsunterhalt i. H. v. 450,00 € zu zahlen.

Am ..... erhob der Antragsgegner, dessen Einkommen mtl. 2.500,00 € beträgt, nach zuvor erfolglos geführten Vergleichsgesprächen Abänderungsklage unter Hinweis auf das höhere Einkommen der Antragstellerin (830,00 €), dem das Amtsgericht ..... entsprach und mit Urteil vom ..... antragsgemäß den Unterhalt auf 350,00 € (neu) festsetzte.

Richtigerweise hätte das Amtsgericht berücksichtigen müssen, dass der Antragstellerin ein höherer Unterhalt, und zwar in der nunmehr beantragten Höhe, zusteht, weil der Antragsgegner seit ..... dem gemeinsamen Sohn keinen Unterhalt (404,00 €) mehr zahlt und die Kredite, die der Antragsgegner i. H. v. mtl. 450,00 € bedient hat, längst abbezahlt sind.[2]

Unter Berücksichtigung dessen schuldet der Antragsgegner einen Unterhalt i. H. v. 715,00 € (2.500,00 € - 830,00 € x 3/7 = 715,00 €) statt der vom Amtsgericht errechneten 350,00 € (1.646,00 € *[2.500,00 € - 404,00 € - 450,00 €]* - 830,00 € × 3/7 = 350,00 €).

Rechtsanwalt

Der **Antragsgegner** beantragt:

1. Der Antrag wird zurückgewiesen.
2. Im Wege des Widerantrags wird beantragt, das Urteil des Amtsgerichts ..... vom ..... (Geschäftszeichen .....) dahingehend abzuändern, dass der Antragsgegner der Antragstellerin keinen Ehegattenunterhalt ab Rechtshängigkeit des Widerantrags schuldet.[3]

Zur **Begründung** lässt der Antragsgegner auf Folgendes hinweisen:

I.

Der Antragstellerin war bekannt, dass der gemeinsame Sohn der Beteiligten zum ..... ein Ausbildungsverhältnis beginnen würde. Die Antragsgegnerin hatte wenige Tage vor der letzten mündlichen Verhandlung, auf die das Abänderungsurteil erging, gemeinsam mit dem Antragsteller den Ausbildungsvertrag unterschrieben. Auf diesen Umstand und die sich daraus ergebende nahe liegende Konsequenz der Einstellung von Unterhaltszahlungen ab ..... hätte die Antragstellerin erstinstanzlich hinweisen oder doch zumindest gegen die insoweit rechnerisch möglicherweise unzutreffende Entscheidung des Amtsgerichts ..... Berufung einlegen müssen.[4]

Nichts anderes gilt für die Kredite, von denen die Antragstellerin wusste, dass sie demnächst abbezahlt sein würden. Denn sie wurde ebenso wie der Antragsgegner von der Bank angeschrieben und auf das Ende der Kreditverpflichtung wie auch der damit anstehenden Freigabe ihres verpfändeten Sparbuchs hingewiesen.[5]

Die Antragstellerin ist mithin mit ihrem Vorbringen insgesamt präkludiert.

Im Übrigen hätte die Antragstellerin die prozessuale Obliegenheit der Erhebung einer Abänderungswiderklage gehabt, hätte sie sich nicht nur gegen die damalige Abänderungsklage des jetzigen Antragsgegners zur Wehr setzen, sondern über den titulierten Unterhalt hinaus weiteren Unterhalt geltend machen wollen.

II.

Der Widerantrag rechtfertigt sich aus § 1578b Abs. 2 BGB, so dass der Antragstellerin überhaupt kein Unterhalt mehr zusteht. Denn ..... (Darlegung der Befristungsvoraussetzungen nach § 1578b Abs. 2 BGB).

Rechtsanwalt

Die Antragstellerin macht sich die Argumentation des Antragsgegners zu eigen und repliziert:

In Sachen

.....

wird darauf hingewiesen, dass der Widerantrag, gerichtet auf Befristung des titulierten Unterhalts, keinen Erfolg haben kann, weil die Bestimmung des § 1578b BGB bereits zum Zeitpunkt der

Entscheidung des Gerichts vom ..... Gesetz war und die Unterhaltsbefristung im Rahmen des ersten Abänderungsverfahrens hätte geltend gemacht werden müssen. Der Antragsgegner ist mithin mit seinem Befristungseinwand, mit dem er sich seiner unterhaltsrechtlichen Verantwortung insgesamt entziehen will, präkludiert.

Jedenfalls hätte der Antragsgegner damals Berufung einlegen müssen.[6]

Im Übrigen konnte die Antragstellerin darauf vertrauen, dass der Antragsgegner keine Überleitung auf das neue Recht nach § 36 Nr. 1 EGZPO verlangt, nachdem er im Verfahren zum Geschäftszeichen ..... von seiner Möglichkeit der Unterhaltsbefristung keinen Gebrauch gemacht hat. Die Antragstellerin durfte sich deshalb auf die Zahlung eines unbefristeten Unterhalts einstellen.[7]

Rechtsanwalt

1. Antragsart. Bei mehreren aufeinanderfolgenden Abänderungsverfahren, die jeweils zu einer Abänderung geführt haben, ist in allen denkbaren Konstellationen wie z. B.
- Unterhaltsurteil/-beschluss und Abänderung dahin, dass kein Unterhalt mehr geschuldet ist (BGH, FamRZ 1985, 376),
- Urteil/Beschluss und erfolgloser Abänderungsantrag auf höheren Unterhalt (BGH, FamRZ 1998, 99, 100),
- Jugendamtsurkunde und erfolgreicher Abänderungsantrag wegen mangelnder Leistungsfähigkeit (OLG Hamm, Beschl. v. 14.12.2006 – 1 WF 312/06)

oder auch i. V. m. einem Unterhaltsvergleich wie z. B.
- Abänderung eines notariellen Vergleichs durch Urteil/Beschluss und hiergegen gerichteter Abänderungsantrag
- Unterhaltsurteil/-beschluss und im Rahmen eines Abänderungsverfahrens vergleichsweise geregelter Unterhalt sowie Abänderungsantrag gegen diesen Prozessvergleich

zwingend zu beachten, dass jede später geltend gemachte Erhöhung oder Reduzierung wiederum nur mit dem Abänderungs- und nicht mit dem Leistungsantrag geltend zu machen ist. Dies gilt selbst dann, wenn mit dem Abänderungsbeschluss der Unterhalt auf Null festgesetzt oder ein Abänderungsantrag abgewiesen wurde (anders nur, wenn der jeweiligen [Abänderungs-] Entscheidung keine die künftige Entwicklung der Verhältnisse vorausschauende Prognose enthält: Zu weiteren Einzelheiten vgl. Rdn. 964, 965).

2. Präklusion. Bei aufeinanderfolgenden Abänderungsverfahren ist ferner zu beachten, dass für die Zeitschranke des § 238 Abs. 2 FamFG hinsichtlich der vorzubringenden Gründe auf den Schluss der Tatsachenverhandlung des letzten (Abänderungs-) Verfahrens oder bei Anschließung an die vom Gegner eingelegte Beschwerde mittels Erweiterung des Antrags bis zum Schluss der mündlichen Verhandlung zweiter Instanz abzustellen ist, ohne dass es hierbei auf die Beteiligtenstellung oder auf die Zielrichtung des Vorverfahrens ankommt (BGH, FamRZ 2000, 1499, 1500; 1998, 99, 100; 1995, 221, 223; Zöller/*Vollkommer* § 323 Rn. 35). Der Schluss der mündlichen Verhandlung in der ersten Instanz als Präklusionszeitpunkt i. S. v. § 238 Abs. 2 FamFG ist auch dann maßgebend, wenn die Berufung/Beschwerde im vorangegangenen Abänderungsverfahren (Erstverfahren) zurückgenommen wurde. Dies gilt selbst dann, wenn in der Berufungs- bzw. Beschwerdeinstanz mündlich verhandelt und erst hiernach die Berufung/Beschwerde zurückgenommen wurde (OLG Koblenz, FamRZ 2010, 318; FA-FamR/Gerhardt Kap. 6 Rn. 655a; a. A. OLG Zweibrücken, FamRZ 1989, 304).

3. Widerantrag. Wenn in einem einheitlichen Verfahren die sich wechselseitig bedingenden und den Unterhaltsanspruch bestimmenden Umstände (Saldowirkung) geklärt werden müssen, bedeutet dies grds. auch die prozessuale Verpflichtung zur Erhebung eines **Abänderungswiderantrags** (vgl. auch Rdn. 961, *M. 2*). Dies gilt vor allem bei einer Aufeinanderfolge von Abänderungsverfahren mit entgegengesetzter Zielrichtung, weil nur dadurch vermieden wird, dass »in jedem Prozess eine andere Zeitschranke für die Berücksichtigung von Tatsachen gilt und es zu einer unzweckmäßigen Verdoppelung von Prozessen über den gleichen Lebenssachverhalt kommt mit der damit verbundenen Gefahr einander widersprechender gerichtlicher Entscheidungen« (BGH, FamRZ 1998, 99, 100).

So hatte der BGH in dieser viel beachteten und sicherlich auch nicht unproblematischen Entscheidung v. 01.10.1997 im Rahmen dessen, was als prozessuale Obliegenheit zur Vermeidung der Präklusion zu fordern sei, auf Folgendes hingewiesen:

Ein unterhaltspflichtiger Abänderungskläger müsse, wenn ihm dies »rechtlich möglich und zumutbar« gewesen sei, bei mehreren aufeinanderfolgenden Abänderungsklagen, bei denen er jeweils unterschiedliche Parteirollen eingenommen habe, bereits **vorangegangene Verfahren** dazu nutzen, seine Rechtsposition durchzusetzen, indem er etwa – als damaliger Beklagter – im Wege der Abänderungswiderklage die Herabsetzung des titulierten Unterhalts geltend macht. Wer sich einer solchen verfahrensrechtlich gebotenen Möglichkeit nicht bediene, sei später mit seinem Vorbringen, auf das er seine Abänderungswiderklage (seinerzeit) habe stützen können, präkludiert. Dies gelte auch dann, wenn er sich im Vorprozess ein weiteres Vorbringen ausdrücklich vorbehalten habe. Dies sei ihm zwar nicht verwehrt, ändere aber an der Präklusion nichts. Denn § 323 Abs. 2 ZPO unterliege nicht der Parteidisposition, sondern zwinge die Parteien dazu, alle für die Beurteilung des Unterhaltsanspruchs relevanten Umstände so rechtzeitig als möglich vorzubringen. Anders als bei der Erstfestsetzung, die Teil- und Nachforderungsklagen ermögliche, sei es den Parteien eines Abänderungsverfahrens nicht gestattet, sich auf die teilweise Geltendmachung von Abänderungsgründen zu beschränken und die übrigen Gründe einer »Nachtragsabänderungsklage« vorzubehalten (BGH, FamRZ 1998, 99, 101; bestätigt: BGH, FamRZ 2000, 1499; offen gelassen: BGH, FamRZ 2013, 853).

Diese Rechtsprechung, die überwiegend auch in der Literatur vertreten wird (PG/*Völzmann-Sickelbrock* § 323 Rn. 44; Zöller/*Vollkommer* § 323 Rn. 34, 35; Thomas/Putzo/*Hüßtege* § 323 Rn. 26; MünchKommZPO/*Gottwald* § 323 Rn. 82; *Soyka* FuR 2007, 152, 156) und deren Bedeutung in der Praxis vielfach unterschätzt oder gar verkannt wird, ist ausgesprochen regressträchtig. So formulierte das OLG Köln, dass eine »unsorgfältige Prozessführung nicht über § 323 ZPO beseitigt« werden könne (FamRZ 2009, 448, 449).

4. Beschwerde und Anschlussbeschwerde.

a. Beschwerde. Wurde verabsäumt, in der ersten Instanz zu allen für die Beurteilung des Unterhaltsanspruchs relevanten Umständen vorzutragen, muss sehr sorgfältig überlegt werden, ob ein erstinstanzlich versäumter – und damit bei einem späteren Abänderungsverfahren präklusionsgeneigter – Sachvortrag im Beschwerdeverfahren vor dem OLG noch nachgeholt werden kann: Würde nämlich das OLG einen neuen Sachvortrag (z. B. zu § 1578b BGB) als verspätet zurückweisen und die Verspätung in seinen Entscheidungsgründen festschreiben, muss damit gerechnet werden, dass der Erfolg eines später erhobenen und auf § 1578b BGB gestützten Abänderungsantrags an der Präklusion scheitert.

Hinzu kommt ein Weiteres: Bei der Frage, ob gegen eine Entscheidung Beschwerde eingelegt werden soll, ist ferner die Gefahr zu berücksichtigen, die jede Beschwerde in Unterhaltssachen in einem über das übliche Risiko, das jedem Rechtsmittel anhaftet, hinausgehenden Maß aufweist, weil sich für den Unterhaltspflichtigen oder -berechtigten eine für ihn auf den ersten Blick »ungünstige« Entscheidung langfristig als günstig erweisen kann. Dies kann bspw. der Fall sein, wenn die rechtliche Bewertung der unterhaltsrechtlich relevanten Umstände zwar eine Beschwerde rechtfertigt, das Beschwerdegericht im gleiche Zuge aber auch die Prognose auf eine neue Grundlage stellt, die für den Rechtsmittelführer im Hinblick auf ein späteres Abänderungsverfahren so ungünstig sein kann, dass die Korrektur einiger weniger Urteilselemente dabei völlig in den Hintergrund tritt. *Soyka* (FuR 2007, 152, 153) weist deshalb zu Recht darauf hin, dass sich manche Berufung/Beschwerde im Ergebnis als ausgesprochen »kurzsichtig« erweise. Und präklusionsrechtlich ist die Beschwerde vor allem bei mehreren aufeinanderfolgenden Abänderungsverfahren deshalb ausgesprochen gefährlich, weil damit gerechnet werden muss, dass das OLG bei einem sein »gutes Recht« beanspruchenden und wenig vergleichsbereiten Beteiligten keine Gelegenheit auslässt, um das Verfahren auf der Ebene der Präklusion zu entscheiden. Und wenn dies dann auch noch in die Entscheidungsgründe mit aufgenommen wird, wie dies z. B. in der Entscheidung des OLG München in Zusammenhang mit der Präklusion nach § 323 Abs. 2 ZPO der Fall gewesen ist (FamRB 2008, 78 Rn. 18: »Bei der Klägervertreterin handelt es sich um eine Fachanwältin für Familienrecht. Es gehört zu ihrer Aufgabe, die neueste Rechtsprechung zu kennen und in den Prozess einzuführen«), wird das anwaltliche Fehlverhalten so offenkundig, dass der Anwaltsregress vorprogrammiert ist.

b. Anschlussbeschwerde. Entsprechend den Grundsätzen zur Notwendigkeit der Erhebung eines Abänderungswiderantrags wird nach herrschender Meinung jedem Beteiligten auch zugemutet, im Wege der Anschlussbeschwerde (§ 66 FamFG) die zu seinen Gunsten bestehenden Abänderungsgründe geltend zu machen, die nach Schluss der letzten mündlichen Verhandlung, auf die die Abänderungsentscheidung erging, eingetreten sind. Geschieht dies nicht, ist der Beteiligte, der sich auf solche Gründe erst in einem späteren Verfahren beruft, ebenfalls nach § 238 Abs. 2 ZPO präkludiert.

Er kann sich also nicht nach erstinstanzlichem Obsiegen im Beschwerdeverfahren ungeachtet zwischenzeitlich neu eingetretener Umstände zurücklehnen und zuwarten, bis die die Erstinstanz bestätigende Beschwerdeentscheidung vorliegt, um sodann den Abänderungsantrag zu erheben. Er muss vielmehr zu allen vorliegenden, zwischenzeitlich eingetretenen wie auch zu allen zuverlässig voraussehbaren Umständen (vgl. nachfolgende Anm. 5) vortragen und diese zum Gegenstand seiner Anschlussbeschwerde machen, damit bereits im Beschwerderechtszug eine inhaltliche Auseinandersetzung mit seinem Abänderungsbegehren stattfinden kann (BGH, FamRZ 1986, 43, 44; OLG Hamm, FamRZ 1980, 1126 [Ls. 5]; Zöller/*Vollkommer* § 323 Rn. 34, 35; a. A., die sich für die Wahlfreiheit ausspricht: OLG Hamburg, FamRZ 1984, 706, 708; OLG Karlsruhe, FamRZ 1984, 1247 [Ls. 1], jedoch sei die Abänderungsklage bis zur Entscheidung über die Berufung auszusetzen [S. 1248]; OLG Oldenburg, FamRZ 1980, 394, 395).

Dies gilt selbst dann, wenn der spätere Abänderungsantragsteller auf die Einlegung der Beschwerde verzichtet hat, weil er selbst dann berechtigt – und in Fällen veränderter Umstände nach Schluss der letzten mündlichen Verhandlung erster Instanz verpflichtet – ist, sich der Beschwerde anzuschließen, um eine aktualisierte und sein Abänderungsbegehren berücksichtigende Prognoseentscheidung zu ermöglichen.

▶ **Praxishinweis:**

Diese regressträchtige Rechtsprechung bedeutet in der Praxis, dass zur Vermeidung der Präklusion in einem späteren Abänderungsverfahren
- bereits eingetretene oder während des Verfahrens erster Instanz eintretende Abänderungsgründe mit dem Abänderungswiderantrag und
- nach dem Schluss der letzten mündlichen Verhandlung erster Instanz entstandene Abänderungsgründe durch Anschließung an eine Beschwerde, wenn denn diese vom Gegner eingelegt wurde, mittels Erweiterung des Antrags

geltend gemacht werden müssen.

In allen anderen Fällen, insbesondere dann, wenn der Gegner selbst keine Beschwerde eingelegt hat, besteht ein **Wahlrecht**: Nach Schluss der mündlichen Verhandlung erster Instanz eingetretene Veränderungen können mit der Beschwerde oder (später) mit dem Abänderungsantrag geltend gemacht werden. Dieses »Wahlrecht« sollte den anwaltlichen Vertreter gleichwohl nicht daran hindern, die Risiken des Beschwerdeverfahrens unter weiterer Berücksichtigung des durch den Ausgang der ersten Instanz sicherlich sensibilisierten, möglicherweise sogar frustrierten Mandanten in besonderer Weise zu berücksichtigen. Häufig gelingt es in einem späteren Abänderungsverfahren eher, die Karten neu zu mischen und ein besseres Unterhaltsergebnis zu erzielen, als dies in einem Beschwerdeverfahren beim OLG möglich ist.

5. Vorhersehbarkeit. Ob das prozessuale Obligo so weit geht, dass zur Vermeidung der Präklusion auch zu Umständen vorgetragen werden muss, die zum Zeitpunkt der letzten mündlichen Verhandlung zwar noch nicht vorlagen, jedoch zuverlässig vorhersehbar waren, ist in Rechtsprechung und Lehre zwischenzeitlich weitestgehend geklärt.

Bereits in seinen Entscheidungen v. 27.01.1988 (FamRZ 1988, 493, 494) und 10.03.1993 (FamRZ 1993, 941, 943) stellte der **BGH** entgegen seinem bis dahin hierzu eingenommenen Standpunkt, dass nur eingetretene und nicht schon vorhersehbare Umstände zu berücksichtigen seien (FamRZ 1982, 792), weniger auf den Wortlaut des § 323 Abs. 2 ZPO ab, sondern erklärte unter Hinweis auf die Bedeutung der Rechtskraft des Urteils und das sich daraus ergebende Vertrauen auf dessen Fortbestand, dass es einer Abänderung nicht bedürfe, wenn »die veränderten Verhältnisse noch im ursprünglichen Rechtsstreit hätten berücksichtigt werden können«. Er ließ aber offen, wann dies der Fall sei.

In seinen ersten zur Begrenzung und Befristung nach §§ 1578 Abs. 1 Satz 2, 1573 Abs. 5 BGB a. F. ergangenen Entscheidungen (FamRZ 2000, 1499; 2001, 905) näherte sich sodann der BGH der »**Voraussehbarkeitsproblematik**« und wies darauf hin, dass die Entscheidung darüber, ob ein Unterhaltsanspruch von einem bestimmten Zeitpunkt an aus Billigkeitsgründen zu begrenzen sei, nicht voraussetze, dass »dieser Zustand bereits erreicht ist«. Denn soweit die – eine Begrenzung oder Befristung rechtfertigenden – Gründe im Scheidungsverfahren schon »zuverlässig hätten vorausgesehen« werden können, dürfe die Entscheidung über eine Unterhaltsbegrenzung nicht einer Abänderungsklage überlassen bleiben. Vielmehr sei eine »**zuverlässig vorhersehbare**« Tatsache bereits im Ausgangsverfahren über den Unterhalt zu treffen.

Diese Rechtsprechung bestätigte der BGH in seinen letzten Befristungsentscheidungen, die im Vorgriff auf die neue Rechtslage (§ 1578b BGB) ergangen sind (FamRZ 2008, 134 Rn. 21; 2007, 2052 Rn. 22; 2007, 2049 Rn. 24) und schrieb sie schließlich auch bei Anwendung von § 1578b BGB konsequent fort (BGH, FamRZ 2010, 1637 Rn. 51; 2010, 111 Rn. 59; 2009, 1990 Rn. 17; 2008, 1508 Rn. 14; 2008, 1325 Rn. 37).

Und in seiner Entscheidung v. 23.05.2012 weist der BGH darauf hin, dass auch in den Fällen, in denen im Unterhaltsvergleich eine spätere Befristung des Unterhalts vorbehalten, diese jedoch in einem nach Veröffentlichung seiner Entscheidung vom 12.04.2006 verhandelten Abänderungsverfahren nicht geltend gemacht wurde, sich eine wesentliche Änderung der rechtlichen Verhältnisse weder aus der anschließenden Senatsrechtsprechung noch aus dem Inkrafttreten des § 1578b BGB am 01.01.2008 (UÄndG) ergeben könne (BGH, FamRZ 2012, 1284 [Ls.])

Die **oberlandesgerichtliche Rechtsprechung** war zunächst uneinheitlich: Teilweise wurde vertreten, dass ein Abänderungsantrag auf eingetretene, eine andere Unterhaltsbemessung rechtfertigende Tatsachen dann nicht gestützt werden dürfe, wenn bei der mündlichen Verhandlung im Erstverfahren bereits festgestanden habe, dass diese Tatsachen »in nächster Zukunft eintreten und durch das Gegenspiel anderer möglicherweise eintretender Tatsachen in ihrer Wirkung auf die Unterhaltsbemessung nicht kompensiert werden würden« (KG, FamRZ 1990, 1122 [Ls. 1]; OLG Celle, FamRZ 2007, 1821, 1822). Dies sei z. B. der Fall, wenn ein Kind alsbald nach der mündlichen Verhandlung im Erstverfahren die nächste Altersstufe einer Unterhaltstabelle erreicht oder sich die Düsseldorfer Tabelle bzw. die Steuerklasse demnächst ändert und dies bei der Erstfestsetzung hätte berücksichtigt werden können.

Andere OLG stellten demgegenüber auf die Vorhersehbarkeit eines Umstandes zum Zeitpunkt der Erstfestsetzung nicht ab. Denn die Präklusion nach § 323 Abs. 2 ZPO diene allein dem Schutz der Rechtskraft. Entscheidend sei deshalb allein, »ob die maßgebenden Umstände am Stichtag objektiv vorlagen. Es kommt weder darauf an, ob die Partei diese Umstände kannte oder kennen musste, noch darauf, ob sich das Gericht mit den für die Befristung maßgebenden Umständen befasst hat« (OLG Koblenz, FamRZ 2010, 318, 320). Nach dieser Auffassung ist ein Abänderungsantrag also auch dann zulässig, wenn die Umstände, auf die er gestützt wird, zum Zeitpunkt des Erstverfahrens bereits vorhersehbar waren:

– OLG Bremen, MDR 2001, 1314 für den Fall der Einkommensreduzierung durch Änderung der Steuerklasse,
– OLG Nürnberg, FamRZ 2004, 1988 bei Änderung der Rechtslage durch Einführung des Grundsicherungsanspruchs,

- OLG Hamm, FamRZ 2003, 460 bei Veränderung der Unterhaltsberechnung infolge eines alsbald eintretenden zusätzlichen Rentenbezugs,
- OLG Karlsruhe, FamRZ 2004, 1052 bei Entstehen vorhersehbarer weiterer Unterhaltsverpflichtungen zum Zeitpunkt der Errichtung der Jugendamtsurkunde,
- OLG Frankfurt am Main, EzFamR aktuell 2002, 24 [Ls.] für den Fall des absehbaren Steuer-
  klassenwechsels,
- OLG Bamberg, FamRZ 1990, 187 bei demnächst anstehender Vollendung des 12. Lebensjahres
  des unterhaltsberechtigten Kindes, denn das Hineinwachsen in eine höhere Altersstufe »kann,
  muss aber nicht als künftige Erhöhung in das Urteil des Vorprozesses aufgenommen werden«
  (OLG Jena, FuR 2010, 57),
- OLG Hamburg OLGReport, Hamburg 2007, 184, 185 bei im Vorprozess vorhersehbaren Veränderungen der Einkunftssituation des Unterhaltsverpflichteten durch Rentenerhöhung,
- OLG Köln, NJW 1979, 1661, 1662 bei vorhersehbarem Erreichen einer neuen Altersgruppe,
  die »vom Gericht aber weder vorausschauend gewürdigt noch überhaupt bedacht wurde«,
- OLG Köln, FamRZ 2000, 38, 39 bei der alsbald anstehenden Erhöhung von Renteneinkünften,
  die erst zu berücksichtigen ist, wenn einem Antrag stattgegeben und die erhöhte Rente tatsächlich gezahlt wird und »die Klägerin ihren Unterhaltsanspruch danach hätte berechnen können
  und müssen«,
- OLG Frankfurt am Main, FamRZ 2007, 217, 218 für einen nachträglich entstehenden nachehelichen Krankenvorsorgebedarf, wobei ein isolierter Anspruch auf Vorsorgeunterhalt i. Ü.
  auch dann in Betracht kommt, wenn der allgemeine Lebensbedarf durch andere Einkünfte gedeckt ist (OLG Oldenburg, FamRZ 2010, 566, 568).

Und soweit § 1578b BGB und damit die Beantwortung der Frage in Rede steht, ob Befristungs-
umstände zuverlässig voraussehbar waren und eine Befristung schon im Ausgangsverfahren auszusprechen und nicht einem späteren Abänderungsverfahren zu überlassen gewesen sei, haben sich
die OLG zwischenzeitlich der »Vorhersehbarkeits-Rechtsprechung« des BGH angeschlossen (OLG
Hamm, Beschl. v. 19.02.2014 – II-8UF 105/12 –, juris; OLG Brandenburg, FamFR 2011, 562;
OLG Hamm, FamRZ 2010, 1911; OLG Saarbrücken, FamRZ 2010, 654 Rn. 94; OLG Jena,
FamRZ 2010, 216 Rn. 84; OLG Stuttgart, FamRZ 2009, 788 Rn. 7; OLG Schleswig, FuR 2009,
290 Rn. 52; OLG Köln, FamRZ 2009, 429 Rn. 6; OLG Zweibrücken, FuR 2009, 298 [Ls. 2; OLG
Brandenburg, FamRZ 2008, 1952 Rn. 132; 2008, 1947 Rn. 33).

Dem hat sich auch die Literaturmeinung angeschlossen, weil es die Rechtskraft gebiete, entgegen
dem Wortlaut des § 238 Abs. 2 FamFG nicht darauf abzustellen, wann der Abänderungsgrund entstanden ist, sondern darauf, wann sein Entstehen – allerdings »zuverlässig« – habe vorausgesehen
werden können. Nur dies verhindere ständige Auseinandersetzungen über Veränderungen im Rahmen dieser Bestimmung. Zudem eröffne eine vorausschauende Betrachtung den Beteiligten eine
Perspektive für die künftige Entwicklung und der Schuldner erhalte Gewissheit darüber, wie lange
er noch Unterhalt zahlen müsse (*Schürmann* FuR 2008, 183, 190). Dies gilt vor allem dann, wenn
das Ereignis unmittelbar bevorsteht, wie dies z. B. beim »Hineinwachsen in eine höhere Altersstufe«
der DT der Fall ist.

▶ **Praxishinweis:**

Wer den **sichersten Weg** gehen will, wird auch jene Umstände im Rahmen eines Abänderungsverfahrens zu berücksichtigen haben, die bei vorausschauender Betrachtung zuverlässig eintreten
und in einem überschaubaren Zeitraum nach der letzten mündlichen Verhandlung, auf die die
Entscheidung ergeht, zu einem Abänderungsgrund führen. Dies führt freilich dazu, dass dadurch, dass auch vorhersehbare und zum Zeitpunkt der Entscheidung noch nicht eingetretene
Umstände in gleicher Weise vorausschauend und wertend mit einzubeziehen sind wie bereits
eingetretene Umstände, die präklusionsvermeidenden Anforderungen noch weiter erhöht werden. Der künftige Abänderungsantragsteller wird also anlässlich der Erstfestsetzung nicht nur zu
allen eingetretenen, sondern aus seiner Sicht auch vermutlich zukünftig eintretenden Umständen

vortragen müssen, um sich in einem späteren Verfahren nicht mit der Präklusion konfrontiert zu sehen.

Demgegenüber scheidet bei **Vergleichen** eine Präklusion aus: Denn Vergleiche sind nicht der Rechtskraft fähig (BGH [GSZ], FamRZ 1983, 22, 24), weshalb auch für sie nach altem Recht die Voraussetzungen des § 323 Abs. 1 ZPO nicht erfüllt sein mussten und weder die Präklusion des Abs. 2 noch die Zeitschranke des Abs. 3 galt. Maßgebend für die – somit auch rückwirkend mögliche – Abänderung eines Vergleichs sind, wie dies nunmehr § 239 Abs. 3 FamFG normiert, allein die »Vorschriften des bürgerlichen Rechts«, also die aus § 242 BGB abgeleiteten und in § 313 BGB verankerten Grundsätze der »**clausula rebus sic stantibus**«. Sie entscheiden unter Beachtung des hypothetischen Parteiwillens über die Frage, was von den Beteiligten seinerzeit bei sachgerechter Abwägung ihrer beiderseitigen Interessen sowie unter Berücksichtigung des von ihnen gewollten Vertragszwecks redlicherweise vereinbart worden wäre, wenn sie die nachträglich eingetretene Veränderung von vornherein in ihre Überlegungen mit einbezogen hätten.

Damit wird die »Präklusion« bei einem Vergleich, dessen Abänderung unter den Voraussetzungen des § 239 FamFG verlangt werden kann, in das materielle Recht verlagert. Und wenn mit dem Abänderungsantrag solche für die Unterhaltsbemessung maßgeblichen Umstände vorgebracht werden, die bereits im Zeitpunkt der Vereinbarung vorlagen und bei der Berechnung des Unterhalts hätten Eingang finden können, ist eine Anpassung nur ausnahmsweise, und zwar nur dann gerechtfertigt, wenn die damalige Nichtberücksichtigung auf einer im Risikobereich beider Beteiligten liegenden und deshalb von ihnen beiden zu verantwortenden Fehlvorstellung beruht. Lag demgegenüber die Fehlvorstellung im alleinigen **Risikobereich** eines Beteiligten, weil nur bei diesem allein Vorstellungen und Erwartungen infolge der nachträglichen Erkenntnis eines bei der Unterhaltsbemessung nicht berücksichtigten Umstands fehlgeschlagen sind, scheidet die Annahme einer gestörten Geschäftsgrundlage aus, sodass eine Korrektur der Prognoseentscheidung nicht verlangt werden kann (BGH, FamRZ 1995, 665, 666).

6. Beschwerde oder Abänderung. Wurde gegen die Entscheidung erster Instanz **keine** Beschwerde eingelegt und scheidet damit die Möglichkeit der unselbstständigen Anschließung an eine vom Gegner eingelegte Beschwerde mittels Erweiterung des Antrages aus, überlässt der BGH entgegen seiner Rechtsprechung zur präklusionsvermeidenden Pflicht zur Einlegung einer Anschlussbeschwerde dem anderen Beteiligten die Wahl, nach dem Schluss der mündlichen Verhandlung eingetretene Abänderungsgründe entweder i. R. d. Beschwerdeverfahrens eigenständig geltend zu machen oder aber einen selbstständigen Abänderungsantrag zu erheben, ohne dass diesem die Präklusion entgegensteht (BGH, FamRZ 1993, 941).

Zwar diene, so begründet der BGH das Recht zur **Wahlfreiheit**, § 323 ZPO der Absicherung der Rechtskraft unanfechtbar gewordener Entscheidungen. Auch wolle § 323 Abs. 2 ZPO seinem Normzweck entsprechend sicherstellen, dass veränderte Verhältnisse noch im ursprünglichen Rechtsstreit berücksichtigt werden, und dies nicht nur bezogen auf die letzte mündliche Verhandlung erster Instanz, sondern bei der Einlegung von Rechtsmitteln auch auf den Zeitpunkt der letzten mündlichen Verhandlung in der Beschwerdeinstanz und dies ggf. sogar nach Zurückverweisung durch den BGH als Revisionsinstanz. Deshalb sei der Abänderungsantragsteller grds. gehalten, das gesamte Verfahren zur Vermeidung der Präklusion zu nutzen.

Die Erhebung eines **Abänderungswiderantrags im Beschwerdeverfahren** gehe jedoch über das hinaus, was selbst unter Berücksichtigung des Normzwecks des § 323 Abs. 2 ZPO einer Partei an Maßnahmen der Prozesskonzentration zugemutet werden könne.

▶ Praxishinweis:

Diese kompliziert anmutenden und für den Anwalt auch haftungsträchtigen Verfahrensobliegenheiten bedeuten für diesen Folgendes:
– Der anwaltliche Vertreter sollte den Mandanten schriftlich darüber aufklären, dass dieser ihn über alle Veränderungen umgehend zu informieren hat. Dies geschieht – wie in anderen

Fällen wichtiger Informationen an den Mandanten auch – vorzugsweise mit einer Kosten(vorschuss)rechnung, denn wurde diese ausgeglichen, belegt dies den Erhalt des Aufklärungsschreibens.

– Zu veränderten Verhältnissen hat der Anwalt stets und sofort im Verfahren vorzutragen, ggf. auch entsprechend den veränderten Verhältnissen die Anträge anzupassen.

– Nachträglich eingetretene Veränderungen, die in der ersten Instanz nicht (mehr) berücksichtigt werden konnten, müssen zwingend zum Gegenstand eines von der Gegenseite betriebenen Beschwerdeverfahrens gemacht werden, erforderlichenfalls auch in Form der Anschlussbeschwerde. Eine Obliegenheit, wegen solcher Umstände selbst Beschwerde einzulegen, besteht demgegenüber nicht. Sie können wahlweise auch zum Gegenstand eines (neuen) Abänderungsverfahrens gemacht werden.

7. Überleitung und Vertrauensschutz. Wenn ein »alter« Unterhaltstitel auf das neue Unterhaltsrecht übergeleitet werden soll (lesenswerte Entscheidung hierzu: AG Pankow-Weißensee, FF 2010, 167; vgl. auch OLG Karlsruhe, FamRZ 2010, 1253; BGH, FamRZ 2010, 1414), ist die Übergangsvorschrift des § 36 EGZPO zu beachten, die u. a. bestimmt, dass »die Änderung dem anderen Teil unter Berücksichtigung seines Vertrauens in die getroffene Regelung zumutbar« sein muss. Dies sei, so die **Gesetzesbegründung**, für eine Berufung auf die durch das UÄndG 2008 eingetretene geänderte Rechtslage neben der Wesentlichkeit »entscheidend«: Beide Kriterien, das des Vertrauens und das der Zumutbarkeit, ermöglichten eine »flexible, an der Einzelfallgerechtigkeit orientierte Überleitung bestehender Unterhaltsregelungen auf die neue Rechtslage«. Das **Vertrauen** sowohl des Unterhaltsberechtigten als auch das des Unterhaltsverpflichteten, die sich auf den Fortbestand einer Unterhaltsregelung eingestellt hätten und mit einem Abänderungsverlangen konfrontiert würden, sei »grundsätzlich schutzwürdig« (BT-Drucks. 16/1830, S. 33).

Die Erstreckung neuen Rechts auf bestehende Unterhaltsregelungen muss darüber hinaus den Parteien **zumutbar** sein. Dies ist in aller Regel zu verneinen, wenn sich infolge der Neuregelung der unterhaltsrechtlichen Rangordnung die Änderung unmittelbar auf ein anderes Unterhaltsverhältnis auswirkt und hierdurch Ergebnisse entstehen können, die im Vertrauen auf den Fortbestand der Unterhaltsregelung unzumutbar sind. Der Übergang von altem zum neuen Recht soll nach der Gesetzesbegründung schließlich »möglichst schonend« erfolgen. Insb. sei unter dem Aspekt der Zumutbarkeit bei der Umstellung bestehender Titel und Vereinbarungen eine »Gesamtschau« vorzunehmen und zu prüfen, ob und inwieweit sich eine begehrte Abänderung der Regelung auf andere Unterhaltsverhältnisse auswirke. Das Kriterium der Zumutbarkeit erlaube es, von dem rechnerischen Ergebnis, wie ein bestimmter, für Unterhaltszwecke zur Verfügung stehender Betrag nach neuem Recht unter mehreren Unterhaltsberechtigten zu verteilen sei, »maßvoll abzuweichen und eine billige, den Übergangsfällen gerecht werdende Art der Aufteilung zu finden« (BT-Drucks. 16/1830, S. 34).

Wenn auch mithilfe der Kriterien des Vertrauens und der Zumutbarkeit ein am jeweiligen Einzelfall ausgerichtetes Ergebnis gefunden werden muss und sich damit grds. keine allgemeinen und für alle Überleitungsfälle in gleicher Weise gültigen Aussagen dazu treffen lassen, wann der Vertrauensschutz überwiegt oder eine Anpassung an das neue Recht zumutbar ist, so zeigen doch die erläuternden Hinweise in den Gesetzesbegründungen zum UÄndG 2008 und zu Art. 6 UÄndG 1986 (BT-Drucks. 10/2888) wie auch die zu diesen Übergangsbestimmungen (bereits) ergangenen Entscheidungen (**zu Art. 6 UÄndG 1986:** AG Peine, FamRZ 1987, 593, 594 Rn. 20; OLG Düsseldorf, FamRZ 1987, 1267, 1268; OLG Hamm, FamRZ 1991, 86, 87; **zu § 36 Abs. 1 EGZPO:** BGH, FamRZ 2012, 197; 2011, 1381; OLG Celle, FamRZ 2010, 566; OLG Köln, FuR 2010, 47 Rn. 16 ff.; OLG Dresden, FamRZ 2009, 1693 Rn. 28; OLG Koblenz, OLGR Koblenz 2009, 821; OLG Stuttgart, FamRZ 2009, 788; OLG Karlsruhe, FamRZ 2009, 2107 Rn. 44; FamRZ 2009, 341 Rn. 93; KG, FamRZ 2009, 528 Rn. 13), dass es bestimmte Umstände gibt, die bei fast jeder Vertrauensschutz- und Zumutbarkeitsprüfung ein Rolle spielen wie etwa

– die »Vertrauensinvestition«
– der Zeitpunkt der Berufung auf das neue Recht

- die wirtschaftlichen Rahmenbedingungen
- die Höhe und Dauer des Unterhaltsanspruchs wie auch die Bedürfnislage, auf die er gestützt wird
- das Alter der Beteiligten
- die Umstände, unter denen die Unterhaltsregelung zustande gekommen ist und das Verhalten der Parteien hierbei und danach sowie
- die Auswirkungen einer Anpassung auf unterhaltsrechtliche Belange Dritter (sog. »Drittbetroffenheit«).

Diese Umstände wie auch weitere (vgl. *Büte* FuR 2008, 177, 179; *Jüdt* FuR 2008, 427 ff., 468 ff., 532 ff., 577 ff.) können ungeachtet jeder Einzelfallbetrachtung zumindest als Anknüpfungspunkte für eine Interessenabwägung dienen, sodass man sich mit ihrer Hilfe der Frage nach dem Maß des gebildeten Vertrauens und der beiden Beteiligten zuzumutenden Anpassung an die neue Rechtslage nähern und auf diese Weise zu einer sachgerechten Entscheidung gelangen kann.

2. Abänderung von Unterhaltstiteln des § 794 ZPO

a) Abänderung eines Prozess-/Verfahrensvergleichs

Einer der in § 794 ZPO genannten Schuldtitel ist der in Abs. 1 Nr. 1 erwähnte **Vergleich** in Form eines Prozess- bzw. (terminologisch richtiger) Verfahrensvergleichs, der in zwei verschiedenen, vom Ergebnis aber gleichen Varianten zustande kommt: Einmal durch einen beim FamG zwischen den Beteiligten zur Beilegung des Verfahrens geschlossenen (Unterhalts-) Vergleich (1. Alt. der Nr. 1) oder aber, was häufig beim Scheidungsfolgenvergleich der Fall sein wird, ein solcher, der bei bloßer Rechtshängigkeit des Scheidungsverfahrens ohne Anhängigkeit weiterer Scheidungsfolgen zunächst außergerichtlich zwischen den Beteiligten bzw. deren Verfahrensbevollmächtigten ausgehandelt, schriftlich niedergelegt und sodann vom FamG zu Protokoll genommen wird (2. Alt. der Nr. 1). Dies ist auch denkbar im Verfahrenskostenhilfeverfahren und ausdrücklich in § 118 Abs. 1 ZPO, auf den § 76 Abs. 1 FamFG mit seiner Inbezugnahme auf die Vorschriften der ZPO (§§ 114 bis 127) verweist, vorgesehen.

970

Muster 8

Amtsgericht   971

– Familiengericht –[1]

Antrag

der .....

(Antragstellerin)[2]

Verfahrensbevollmächtigte:[3]

gegen

.....

(Antragsgegner)

wegen: Abänderung eines Prozessvergleichs[4]

vorläufiger Verfahrenswert: 8.000,00 €[5]

Namens und in Vollmacht des Antragstellers erheben wir

Abänderungsantrag

und beantragen:

1. Der vor dem Familiengericht ..... am ..... (Geschäftszeichen .....) geschlossene Prozessvergleich wird dahingehend abgeändert, dass der Antragsgegner der Antragstellerin ab dem ..... einen Unterhalt i. H. v. 650,00 € schuldet.

2. Der Antragsgegner wird verpflichtet, rückständigen Unterhalt in Höhe von 3.200,00 € nebst Zinsen i. H. v. 5 Prozentpunkten über dem Basiszinssatz ab Rechtshängigkeit zu zahlen.[6]

Begründung:

Die Beteiligten dieses Verfahrens sind geschiedene Eheleute. Ihre am ..... geschlossene und kinderlos gebliebene Ehe wurde mit Urteil des Amtsgerichts ..... am ..... (Geschäftszeichen .....) geschieden.

Mit Klageschrift vom ..... nahm die Antragstellerin den Antragsgegner vor dem Amtsgericht ..... (Geschäftszeichen: .....) auf Zahlung von Unterhalt i. H. v. 400,00 € in Anspruch, nachdem dieser seine bisherigen Unterhaltszahlungen in dieser Höhe einstellte, obgleich er sich hierzu außergerichtlich in einem zwischen den Beteiligten geschlossenen »Unterhaltsvertrag« verpflichtet hatte.[7]

In der mündlichen Verhandlung am ..... schlossen die Beteiligten einen Unterhaltsvergleich mit folgendem Inhalt:

»1. Der Beklagte verpflichtet sich, an die Klägerin ab dem ..... einen monatlich im Voraus fälligen Unterhalt i. H. v. 250,00 € zu zahlen.

2. Auf die aufgelaufenen Unterhaltsrückstände zahlt der Beklagte an die Klägerin 1.500,00 €.

3. Grundlage dieser Vereinbarung ist ein bereinigtes Nettoeinkommen des Beklagten i. H. v. 2.190,00 € und ein solches der Klägerin i. H. v. 1.000,00 €. Grundlage für die Bemessung des Unterhalts ist ferner, dass der Beklagte zur Miete wohnt, während die Klägerin bei ihren Eltern lebt und keine Kosten für Unterkunft und Verpflegung aufzuwenden hat. Diese Kosten haben die Parteien mit mtl. 600,00 € veranschlagt.«[8]

Seit ..... wohnt auch die Antragstellerin zur Miete und wendet hierfür eine Warmmiete i. H. v. 620,00 € auf.

Sie versorgt sich selbst und schätzt diesen Aufwand mit mtl. 350,00 €, so dass sich die Bedürftigkeit der Antragstellerin zumindest um 3/7 ihres Aufwands erhöht (620,00 € + 350,00 € = 970,00 € × 3/7 = 400,00 €).

Ihr Einkommen beträgt zwischenzeitlich 1.175,00 € und das des Antragsgegners 2.320,00 €, wobei die Arbeitspauschale bei diesen Einkünften bereits Berücksichtigung gefunden hat.

Da sich die Vergleichsgrundlagen grundlegend geändert haben, ist eine Anpassung vorzunehmen, weil der Antragstellerin ein Festhalten an dem seinerzeit vor dem Amtsgericht ..... geschlossenen Prozessvergleich unzumutbar ist.[9]

Im Hinblick hierauf ist dem Antrag stattzugeben.

Rechtsanwalt

In seiner **Antragserwiderung** weist der Verfahrensbevollmächtigte für den Antragsgegner u. a. auf Folgendes hin:

Die Unterhaltsbemessung, mit der die Antragstellerin nunmehr 400,00 € mtl. mehr an Unterhalt verlangt, ist bereits deshalb unzutreffend, weil sie sich nicht an den Grundlagen orientiert, die seinerzeit die Beteiligten zu ihrem Parteiwillen gemacht hatten.

Denn wenn es unter Ziffer 3. des Vergleichs heißt, dass Grundlage für die Bemessung des Unterhalts sei, dass der Beklagte zur Miete wohnt, während die Klägerin bei ihren Eltern lebt und keine Kosten für Unterkunft und Verpflegung aufzuwenden hat (und) diese Kosten die Parteien mit mtl. 600,00 € veranschlagt haben, so ist die Antragsgegnerin gehindert, nunmehr ihre tatsächlichen Kosten (620,00 € zzgl. 350,00 € = insgesamt 970,00 €) unterhaltsrechtlich in die Waagschale zu werfen.

Richtigerweise hatten die Beteiligten damals auch rechnerisch nur 600,00 € berücksichtigt und so einen Unterhalt i. H. v. 250,00 € ermittelt (2.190,00 € ./. 1.600,00 € *[1.000,00 € + 600,00 €]* × 3/7).

Die Unterhaltsberechnung könnte deshalb auf der Grundlage des seinerzeit geschlossenen Prozessvergleichs allenfalls wie folgt vorgenommen werden: 2.320,00 € ./. 1.175,00 € × 3/7 = 490,00 €.[10]

Im Übrigen wird für den Antragsgegner geltend gemacht, dass der Unterhaltsanspruch der Höhe nach der Begrenzung und Befristung unterliegt und es der Antragstellerin zumutbar ist, sich künftig auf einen niedrigeren Lebensstandard einzurichten, nämlich auf einen solchen, der sich nicht mehr dauerhaft aus den ehelichen Lebensverhältnissen ableitet, sondern der sich an ihren eigenen beruflichen Möglichkeiten orientiert.

Rechtsanwalt

1. Zuständigkeit. Vgl. Rdn. 959, *M. 1.*

2. Beteiligte. Antragsbefugt sind die Beteiligten, die den Prozess-/Verfahrensvergleich geschlossen haben. Dies ergibt sich aus dem Rubrum des Verfahrens, das zu dem Vergleich, der abgeändert werden soll, geführt hat.

3. Anwaltszwang. Vgl. Rdn. 959, *M. 4.*

4. Abänderungstitel. Richtet sich ein Abänderungsantrag gegen (Unterhalts-) Titel des § 794 Abs. 1 ZPO (z. B. Prozess-/Verfahrensvergleich, für vollstreckbar erklärte notarielle Urkunde, Jugendamtsurkunde), hat die Anpassung nach § 239 FamFG zu erfolgen. Diese Bestimmung übernimmt in Abs. 2 die in Rechtsprechung und Lehre bisher vertretene Auffassung, dass diese Titel grds. nach § 323 Abs. 4 ZPO abänderbar sind und sich die Abänderungsvoraussetzungen nach materiellem Recht richten.

Somit ist zu prüfen, welche Umstände die Beteiligten zur Grundlage ihrer Vereinbarung gemacht haben und welche Auswirkungen sich hieraus für das Abänderungsverlangen ergeben. I. Ü. orientiert sich die Anpassung an den Grundsätzen des Fehlens, der Veränderung und des Wegfalls der Geschäftsgrundlage (§ 313 BGB).

Zu den nicht abänderbaren Schuldtiteln gehört neben der einstweiligen Anordnung, deren Aufhebung und Änderung sich allein nach § 54 FamFG richtet (vgl. Rdn. 1011), die nicht titulierte Unterhaltsvereinbarung (hier muss der Gläubiger den Leistungsantrag oder der Schuldner, der sein Unterhaltsobligo auf den Punkt bringen will, den negativen Feststellungsantrag erheben) und nach herrschender Meinung auch nicht die Unterhaltskapitalabfindung, die in Ermangelung einer anderweitigen Regelung im Vergleich, der natürlich Abänderungsmodalitäten enthalten kann, weitestgehend »abänderungsfest« ist (Einzelheiten hierzu vgl. Rdn. 959, *M. 6 unter e.*).

5. Verfahrenswert. Der Verfahrenswert bestimmt sich aus dem Jahresbetrag der geforderten Veränderung (§ 51 Abs. 1 FamGKG), ggf. zuzüglich der bei Einreichung des Antrags fälligen Beträge (§ 51 Abs. 2 FamGKG), beim Abänderungsantrag des Berechtigten also unter Hinzurechnung des Unterhalts, der als rückständiger Unterhalt geltend gemacht wird. Im Muster errechnet sich damit der Verfahrenswert wie folgt:

Geforderter Unterhalt	650,00 €		
titulierter Unterhalt	- 250,00 €		
Differenz	400,00 €	× Jahreswert	= 4.800,00 €
zzgl. Rückstand	400,00 €	× 8 Monate	= 3.200,00 €
Verfahrenswert insgesamt			8.000,00 €

6. Zinsen. Bei höheren Rückständen empfiehlt es sich, die Verzugszinsen entweder konkret zu berechnen, dann aber auch die Zinsberechnung in den Antragsgründen offenzulegen, oder aber den Zinsanspruch im Antrag genau zu beziffern. Z. B.:

Der Antragsgegner wird ferner verpflichtet, an die Antragstellerin rückständigen Unterhalt i. H. v. 3.200,00 € nebst Zinsen i. H. v. 5 % über dem jeweiligen Basiszinssatz aus jeweils 400,00 € ab dem 01.09.2011, 01.10.2011, 01.11.2011, 01.12.2011, 01.01.2012, 01.02.2012, 01.03.2012 und 01.04.2012 zu zahlen.

7. Nicht titulierter Unterhalt; Möglichkeit des Urkundenverfahrens. Der Anwalt wird aus Kostengründen häufig vor die Frage der Notwendigkeit der Titulierung gestellt: Mandanten scheuen meist diese Kosten und es stellt sich dann bei Einstellung des Unterhalts die Frage, wie viel eine zwischen den Parteien geschlossene nicht titulierte Unterhaltsvereinbarung »wert« ist. Zwar stellt eine zwischen den Beteiligten so getroffene Regelung zum Unterhalt keinen Vollstreckungstitel i. S. d. § 794 ZPO dar, entwertet sie aber nicht zu einem verfahrensrechtlichen »Nullum«. Dies selbst dann nicht, wenn der Unterhalt nicht schriftlich getroffen, sondern bloß mündlich vereinbart und – zur besseren Beweisbarkeit einer solchen Vereinbarung – für eine gewisse Dauer auch gezahlt wurde.

Denn wenn der Unterhaltsgläubiger den Leistungsantrag nach § 258 ZPO erhebt, kann sich der Unterhaltsverpflichtete von der Vereinbarung dadurch, dass er den Unterhalt einstellt oder den aus seiner Sicht (nur noch) gerechtfertigten Unterhalt zahlt, nicht ohne Weiteres lösen. Er kann sich insb. in dem gegen ihn gerichteten Verfahren nicht darauf beschränken zu erklären, er schulde eigentlich gar keinen Unterhalt.

Dies folgt aus der überaus komfortablen Position, in der sich der Unterhaltsgläubiger zunächst befindet: Denn dieser kann sich auf eine Unterhaltsvereinbarung berufen, ohne im Einzelnen die Voraussetzungen für seinen Unterhaltsbedarf und seine Bedürftigkeit darlegen zu müssen. Er kann sich vielmehr unter Berufung auf die getroffene Vereinbarung darauf beschränken, zu deren Inhalt schlüssig vorzutragen und überlässt es dem Unterhaltsverpflichteten darzulegen, warum dieser meint, nicht weiterhin wie bisher Unterhalt zahlen zu müssen.

Wurde die Unterhaltsvereinbarung (privat-)schriftlich getroffen, stärkt dies die Stellung des Unterhaltsberechtigten in beachtlichem Maße: Denn dieser kann, wovon in der Praxis kaum Gebrauch gemacht wird, sich sogar des Urkundenverfahrens nach §§ 592 ff. ZPO bedienen (AG Kerpen, FamRZ 2002, 831 ff.; *Herr* FuR 2006, 153, 154). Dies freilich nur, wenn und soweit er sein Unterhaltsverlangen auf eine (Unterhalts-) Urkunde stützen kann.

Diese Möglichkeit hat sich auch nicht durch das FamFG geändert, weil in Familienstreitsachen die Vorschriften der ZPO über den Urkundenprozess entsprechend gelten (§ 113 Abs. 2 FamFG). Das eingeleitete Urkundenverfahren mündet nach § 599 ZPO in einen Vorbehaltsbeschluss (bisher: Vorbehaltsurteil), den der Unterhaltsberechtigte relativ schnell herbeiführen kann, um mit diesem gegen den zahlungsunwilligen Verpflichteten ohne Sicherheitsleistung (§ 708 Nr. 4 ZPO) vorgehen zu können. Erst im Nachverfahren kann der Antragsgegner zu seinem vermeintlich noch nie bestandenen oder nicht mehr bestehenden Unterhaltsobligo vortragen.

▶ **Praxishinweis:**

Bei Vorliegen einer schriftlichen Unterhaltsvereinbarung empfiehlt sich insb. bei vollständiger Einstellung von Unterhaltszahlungen die sofortige Einleitung eines Urkundenverfahrens, um möglichst zügig in Besitz eines vollstreckbaren Titels zu gelangen. Damit kann die vom Unterhaltsverpflichteten möglicherweise aus »Disziplinierungsgründen« erfolgte Zahlungseinstellung zum »Bumerang« werden.

Zu beachten ist, dass nach § 593 ZPO die Antragsschrift die Erklärung enthalten muss, dass im Urkundenprozess geklagt wird. Ferner muss die Urschrift der Urkunde spätestens in der mündlichen Verhandlung vorgelegt werden (Kopie hiervon ist bereits der Antragsschrift beizufügen; vgl. § 593 Abs. 2 ZPO). Erfahrungsgemäß empfiehlt sich nicht, das Urkundenoriginal bereits der

Antragsschrift beizufügen und damit aus der Hand zu geben. Wenn dies vom FamG gefordert wird, sollte darauf hingewiesen werden, dass das Original im Termin vorgelegt wird. Bei der Terminsvorbereitung ist dann aber auch zwingend darauf zu achten, dass sich das Original tatsächlich in der Akte befindet. Schließlich sollte das FamG vorsorglich darauf hingewiesen werden, seine Entscheidung für vorläufig vollstreckbar (ohne Sicherheitsleistung) zu erklären: Bisweilen wird § 708 Nr. 4 ZPO übersehen.

8. Darstellung der Grundlagen eines Vergleichs. Da eine Veränderung der Verhältnisse nur dann zu einem erfolgreichen Abänderungsantrag führt, wenn eine solche im Vergleich zu den Verhältnissen gegeben ist, die für die Erst- oder eine spätere Abänderungsfestsetzung bestimmend waren, muss zu den Grundlagen des Vergleichs im Detail vorgetragen werden.

Hierbei kann nicht genügend Beachtung finden, dass das Abänderungsverfahren **weder eine freie, von der bisherigen Höhe unabhängige Neufestsetzung des Unterhalts, noch eine abweichende Beurteilung derjenigen Verhältnisse ermöglicht, die bereits i. R. d. letzten Unterhaltstitulierung eine Bewertung erfahren haben.** Damit besteht die begehrte Abänderungsentscheidung in einer unter Wahrung der Grundlagen des Unterhaltstitels vorzunehmenden Anpassung des Unterhaltstitels an die veränderten Verhältnisse. Auch und gerade bei der Abänderung eines Vergleichs sollte eine »Spiegelung« (vgl. Rdn. 961, *M. 4*) der aktuellen Verhältnisse mit den Vergleichsgrundlagen vorgenommen werden, denn nur so kann eine zuverlässige Prognose über die Erfolgsaussichten des Abänderungsantrags getroffen werden.

Es sollte also, wenn sich dies nicht schon aus dem Wortlaut des Prozess- bzw. Verfahrensvergleichs ergibt, in der Antragsschrift angegeben werden, welche Verhältnisse und Bewertungsmaßstäbe die Beteiligten seinerzeit zur (Geschäfts-) Grundlage ihres Parteiwillens und damit zum Maßstab dessen gemacht haben, was ihren beiderseitigen Vorstellungen über das Vorhandensein und den Fortbestand der bestehenden oder doch zumindest erkennbaren Umstände entsprach. Bei einem Vergleich, der sich zu den Grundlagen nicht oder nur knapp verhält, sollte versucht werden, im Wege der Auslegung den Vertragswillen zu erforschen, um sich auf diesem Weg den Grundlagen zu nähern. In den meisten Fällen sollte es anhand der Vorakte und/oder mithilfe des Mandanten gelingen festzustellen, welche Lebensverhältnisse zum Zeitpunkt der Vereinbarung bestanden und ob bzw. in welchem Umfang diese bei der damaligen Unterhaltsbemessung berücksichtigt wurden.

Mit der Frage, was zu den Grundlagen eines vor dem 01.01.2008 geschlossenen Prozessvergleichs über Aufstockungsunterhalt zählt, hat sich der BGH in seiner Entscheidung v. 26.05.2010 (BGH, FamRZ 2010, 1238) eingehend beschäftigt und darauf hingewiesen, dass für deren Abänderung wegen geltend gemachter Unterhaltsbefristung es vorrangig darauf ankomme, ob der Vergleich im Hinblick auf die spätere Befristung eine bindende Regelung enthalte. Mangels einer entgegenstehenden ausdrücklichen oder konkludenten vertraglichen Regelung sei jedenfalls bei der erstmaligen Festsetzung des nachehelichen Unterhalts im Zweifel davon auszugehen, dass die Parteien die spätere Befristung des Unterhalts offenhalten wollten. Deshalb, so der BGH, sei eine Abänderung des Vergleichs insoweit auch ohne Änderung der tatsächlichen Verhältnisse und ohne Bindung an den Vergleich möglich (BGH, FamRZ 2010, 1238, 1240; vgl. aber auch: OLG Karlsruhe, FamRZ 2010, 1253, wonach die im Unterhaltsvergleich getroffene Regelung, nach der »einer Partei das Recht vorbehalten ist, im Falle einer Abänderung die Befristung der Ehegattenunterhaltsverpflichtung geltend zu machen«, nur dann eine Abänderung zulässt, wenn aus einem anderweitigen Grund eine Abänderung gerechtfertigt ist; der bloße Befristungsvorbehalt allein reicht für ein Abänderungsbegehren nicht aus; ähnlich: OLG Celle, FamRR 2012, 81, das entgegen der Entscheidung des BGH in Fällen der im Vorverfahren nicht thematisierten Geltendmachung des Befristungseinwands ein Abänderungsverfahren nur zulässt, wenn der Antragsteller tatsächliche oder rechtliche Änderungen geltend macht, die im Fall ihres Zutreffens eine Abänderung des Titels rechtfertigen).

Auch § 36 EGZPO stehe, so der BGH, mit seiner die Abänderung einschränkenden Voraussetzung der Zumutbarkeit (vgl. hierzu eingehend Rdn. 969, *M. 7*) dem nicht entgegen, weil diese Überleitungsvorschrift in Fällen des Aufstockungsunterhaltes grds. nicht anwendbar ist: Denn insoweit habe sich durch das UÄndG 2008 keine Änderung ergeben, weil im Hinblick auf den Aufstockungs-unterhalt eine Befristung nach der zuvor bestandenen Gesetzeslage gem. § 1573 Abs. 5 BGB (a. F.) bereits zulässig war und die Änderung der Rechtsprechung zum Stellenwert der Ehedauer bei der Unterhaltsbefristung (1. Befristungsentscheidung des BGH v. 12.04.2006, FamRZ 2006, 1006) den zu entscheidenden Fall nicht beträfe.

Womit sich diese befristungsfreundliche Entscheidung, die in einer weiteren Entscheidung des BGH ihre Fortsetzung findet (FamRZ 2012, 772), allerdings nicht auseinandersetzt, ist die Frage, ob ein Unterhaltsschuldner nachträglich eine Befristung des vergleichsweise geregelten Aufstockungsunter-halts auch dann verlangen kann, wenn der abzuändernde Unterhalt in Kenntnis der Befristungs-rechtsprechung des BGH, also nach Veröffentlichung der 1. Befristungsentscheidung v. 12.04.2006, **vergleichsweise** erledigt wurde. Zur Beantwortung dieser Frage hätte der BGH sich allerdings ver-anlasst sehen müssen, weil der von ihm beurteilte Vergleich aus dem Monat Juli 2006 stammt und nach herrschender Meinung (vgl. Rdn. 959, *M. 15*) wie insb. auch der des BGH (FamRZ 2010, 111, 116 f.) der Antragsteller eines Abänderungsverfahrens mit seinem Befristungsantrag dann »**prä-kludiert**« ist, wenn er nach Veröffentlichung dieser Entscheidung anlässlich einer Erstfestsetzung zu §§ 1573 Abs. 5, 1578 Abs. 1 Satz 2 BGB a. F. keine eine Befristung rechtfertigenden Umstände vorgetragen hat. Dies gilt nicht nur bei Urteilen/Beschlüssen, sondern muss – jedenfalls im Ergeb-nis – in gleicher Weise auch für Prozessvergleiche gelten:

Zwar kennt § 239 anders als § 238 Abs. 2 FamFG die Präklusion nicht (vgl. Rdn. 969, *M. 5 Praxis-hinweis*). Aber auch bei der Abänderung eines Vergleichs bedarf es doch stets der Feststellung der Störung der Geschäftsgrundlage, und wer in Kenntnis der geänderten höchstrichterlichen Recht-sprechung oder gar kurz vor Inkrafttreten des UÄndG 2008 einen Unterhaltsvergleich ohne jedwede Befristung schließt, kann sich schwerlich auf eine Störung der Geschäftsgrundlage berufen. Dies gilt natürlich auch dann, wenn der Unterhaltsverpflichtete die 1. Befristungsentscheidung des BGH v. 12.04.2006 nicht zur Kenntnis genommen haben sollte oder den Gesetzesentwurf zum UÄndG aus 2006 mit seinem neuen § 1578b BGB nicht kannte: Denn diese Unkenntnis bzw. die seines Ver-fahrensbevollmächtigten, die er sich zurechnen lassen muss, liegt in seinem alleinigen **Risikobereich** mit der Folge, dass eine Korrektur der in dem Unterhaltsvergleich liegenden Prognoseentscheidung (Unterhaltsverpflichtung ohne Befristung) jedenfalls nicht der Begründung verlangt werden kann, das neue Unterhaltsrecht ermögliche nunmehr eine Befristung.

▶ **Praxishinweis:**

Mit diesen denkbar knappen, im Ergebnis aber richtigen Hinweisen des BGH zur Anwendbar-keit der überaus schwierigen Überleitungsbestimmung des § 36 EGZPO wird der Verfahrensbe-vollmächte, der für seinen unterhaltspflichtigen Mandanten eine Befristung des im Vergleichs-wege titulierten und unbefristeten Aufstockungsunterhalts herbeizuführen beauftragt wurde, seine liebe Not haben und sich fragen, ob nun § 36 EGZPO Anwendung findet oder nicht. In aller Regel wird er gut daran tun, auch zu den Voraussetzungen der Zumutbarkeit und zum Ver-trauen des Berechtigten in den weiteren Bestand der getroffenen Vereinbarung (eben weil nach § 36 Nr. 1 EGZPO »die Änderung dem anderen Teil unter Berücksichtigung seines Vertrauens in die getroffene Regelung zumutbar« sein muss) eingehend vorzutragen. Denn in den meisten Ab-änderungsfällen, in denen es ausschließlich um die Befristung von (bloßem) Aufstockungsunter-halt geht, wird man trotz der 1986 mit Art. 6 Nr. 1 UÄndG eingeführten Befristungsmöglichkeit des § 1573 Abs. 5 BGB a. F. die »Erheblichkeit« des UÄndG 2008 zu bejahen haben: Ebenso wie die eine Herabsetzung des Unterhalts ermöglichende Bestimmung des § 1578 Abs. 1 Satz 2 BGB (a. F.) handelte es sich auch bei der Unterhaltsbefristung nach § 1573 Abs. 5 BGB (a. F.) um eine Kann- und nicht um eine Ist-Bestimmung, wie dies nunmehr § 1578b BGB vorsieht. Auch die Regelbegrenzung bei Kinderbetreuung, mag diese auch bei den Unterhaltsansprüchen des § 1573 BGB als den am »schwächsten« ausgestalteten nachehelichen Unterhaltstatbeständen eine weniger gewichtige Rolle spielen, weil Ansprüche nach dieser Bestimmung i. d. R. nur an eine in der Vergangenheit bestandene Betreuungssituation anknüpfen, entfällt und weicht einer eine Befristung (und Begrenzung) eher ermöglichenden Kinderschutzklausel. Und schließlich wird – worauf auch der BGH in seiner Entscheidung v. 26.05.2010 abstellt – bei der Bewertung der für die ehelichen Nachteile maßgebenden Billigkeitskriterien eine andere Gewichtung vorzunehmen sein.

9. Wesentlichkeitsgrenze. Ob eine »tiefgreifende« (BGH, FamRZ 2001, 1140, 1142) oder »schwerwiegende, die Opfergrenze überschreitende Änderung« (OLG Koblenz, OLGReport 2006, 1004, 1005) eingetreten ist, richtet sich wiederum nach dem Parteiwillen als dem Geltungsgrund des Vergleichs. Diese Frage hat der Tatrichter aufgrund einer an den Verhältnissen des Falles ausgerichteten umfassenden Würdigung aller Umstände zu beantworten, bei der sich jede »schematische Beurteilung« verbietet (BGH, FamRZ 1992, 539, 540; 1986, 790, 791).

Ist bei den danach maßgebenden Verhältnissen seit Abschluss des Vergleichs eine solche Änderung eingetreten, so muss die gebotene Anpassung der getroffenen Regelung an die veränderten Verhältnisse nach Möglichkeit unter Wahrung des Parteiwillens und damit unter Beachtung der Vorstellungen erfolgen, die für die Parteien bei der (vertraglichen) Bemessung des Unterhalts bestimmend waren und wie sie diese bewertet haben.

Zur »Wesentlichkeitsgrenze« i. Ü. s. Rdn. 960, *M. 8.*

10. Anpassung eines Vergleichs. Grundlage der Anpassung von Vergleichen ist seit der Entscheidung des Großen Zivilsenats des BGH (BGH, FamRZ 1983, 22) schon immer das materielle Recht gewesen, weil zum einen das Tatbestandsmerkmal des Vergleichs i. S. v. § 794 Abs. 1 Nr. 1 ZPO den Bezug zum materiellen Recht herstellt (zu § 779 BGB) und zum anderen die aus § 242 BGB abgeleiteten und in § 313 BGB normierten Grundsätze über das Fehlen, die Veränderung oder den Wegfall der Geschäftsgrundlage zur Anwendung gelangen.

Das FamFG übernimmt diese Auffassung in § 239 Abs. 2. Mit dem Abänderungsantrag kann danach eine Korrektur der Prognoseentscheidung verlangt werden, wenn die Verhältnisse, die die Beteiligten zur Grundlage ihrer Vereinbarung gemacht haben, sich so nachhaltig verändert haben, dass es einem Beteiligten unter Berücksichtigung seines Vertrauens in die Vereinbarung nicht länger zugemutet werden kann, an ihr weiterhin festzuhalten.

Andererseits können Umstände, die die Beteiligten zu ihrer Geschäftsgrundlage gemacht haben, auch dazu führen, dass eine Anpassung ausgeschlossen sein soll. So ist anerkannt, dass das Recht, eine Unterhaltsregelung abändern zu lassen, zur Disposition der Beteiligten steht, diese sich also darauf verständigen können, eine bloße außergerichtliche Vereinbarung der Bestimmung des § 239 FamFG zu unterstellen wie auch eine titulierte Vereinbarung der Abänderungsmöglichkeit insgesamt oder zeitlich beschränkt zu entziehen (BGH, FamRZ 1991, 1175, 1176). Problematisch dürfte dies, wie bei der Inhalts- und Ausübungskontrolle von Eheverträgen, nur dann sein, wenn die wirtschaftliche Existenz eines Beteiligten bedroht ist.

Schließlich sind die Beteiligten auch berechtigt, die Abänderungsbefugnis von anderen als den materiell- oder verfahrensrechtlichen Voraussetzungen abhängig zu machen (BGH, FamRZ 1997, 811, 813). Sie können insb. statt einer Abänderung durch Anpassung unter Bindung an die Vertragsgrundlagen auch eine Neufestsetzung nach den gesetzlichen Bestimmungen vereinbaren (OLG Zweibrücken, FamRZ 2004, 1884, 1885).

Wenn es so entscheidend auf den Parteiwillen als »**Geltungsgrund des Vergleichs**« (BGH, FamRZ 2001, 1687, 1689; 2001, 1140, 1142; 1994, 562, 564; [GSZ] 1983, 22, 23) ankommt, mit dem anders als bei der Anpassung eines Urteils/Beschlusses eine Abänderung stehen und fallen kann, folgt hieraus auch, dass die Abänderung eines Vergleichs nur so weit gehen darf, wie dies zur Anpassung an veränderte Verhältnisse notwendig ist. Damit kann weder der dem Vergleich zugrunde liegende Sachverhalt einer neuen Bewertung zugeführt noch anlässlich des Abänderungsantrags abweichend beurteilt werden. Schon gar nicht darf eine Abänderung dazu führen, dass der Unterhalt frei und ohne Bindung an die bisherige Höhe auf einen den derzeitigen Verhältnissen entsprechenden Betrag festgesetzt wird, weil damit der in der Vereinbarung hinsichtlich der Unterhaltsbemessung zum Ausdruck gekommene Wille der Beteiligten beiseitegeschoben und unberücksichtigt gelassen wird.

Mag dieser auch wegen einer zwischenzeitlich eingetretenen Veränderung der Lebensverhältnisse nicht mehr unmittelbar bestimmend sein, so muss er doch weiterhin Geltung behalten und bei der Neubemessung der Unterhaltshöhe berücksichtigt werden.

▶ **Praxishinweis:**

Es ist dringend anzuraten, vor allem bei Vergleichen die »Abänderungsreife« mittels Vergleichs der aktuellen Verhältnisse mit jenen, die Geltungsgrund der Vereinbarung gewesen sind, sehr sorgfältig zu prüfen. Dem auf Abänderung drängenden Mandanten (O-Ton: »Irgendwann muss ja mal mit den Unterhaltszahlungen Schluss sein«) wird in vielen Fällen richtigerweise empfohlen werden müssen, mit einem Abänderungsantrag noch zuzuwarten. Dies vor allem dann, wenn nicht nur ein erfolgloser Verfahrensausgang zu befürchten steht, sondern sogar damit gerechnet werden muss, dass eine antragsabweisende und vom FamG gut begründete Abänderungsentscheidung in einem weiteren, späteren Abänderungsverfahren aus Präklusionsgründen (und zwar nach § 238 Abs. 2 FamFG, weil sich ein späterer Abänderungsantrag gegen die letzte Abänderungsentscheidung und nicht gegen den ursprünglich getroffenen Vergleich richtet) einen erfolgreichen Verfahrensausgang noch weniger wahrscheinlich macht.

b) Abänderung einer notariellen Urkunde

972   Zu den unter § 794 Abs. 1 Nr. 5 ZPO aufgeführten Unterhaltstiteln gehören auch solche, die von einem deutschen Notar innerhalb der Grenzen seiner Amtsbefugnisse und in der nach §§ 20 BNotO, 62 BeurkG vorgeschriebenen Form aufgenommen worden sind, einen vollstreckungsfähigen Inhalt aufweisen, insb. dem Bestimmtheitsgrundsatz genügend den Unterhaltsanspruch betragsmäßig festlegen, und zwar so bestimmt, dass er im Urkundenprozess geltend gemacht werden kann (BGHZ 88, 62, 65), jedenfalls in der Weise, dass die Unterhaltsschuld vom Vollstreckungsorgan ohne Weiteres errechnet werden kann (BGHZ 22, 54, 58). Schließlich muss ein solcher Unterhaltstitel, was für § 794 Abs. 1 Nr. 5 ZPO von entscheidender Bedeutung ist, die Erklärung enthalten, dass sich der Unterhaltsschuldner hinsichtlich seiner Zahlungsverpflichtung ggü. dem Unterhaltsgläubiger oder einem als Zahlungsempfänger näher bezeichneten Dritten der sofortigen Zwangsvollstreckung unterwirft.

Bei den Unterhaltstiteln des § 794 Abs. 1 Nr. 5 ZPO kann es sich sowohl um eine notarielle (Unterhalts-) Vereinbarung wie auch um ein notarielles Schuldanerkenntnis handeln. Beide Formen, mit denen eine Unterhaltsschuld begründet wird, stellen unter den vorerwähnten Voraussetzungen »Titel« dar, aus denen gegen den Unterhaltsverpflichteten die Zwangsvollstreckung betrieben werden kann. Ihnen ist ferner gemeinsam, dass sie bisher in § 323 Abs. 4 ZPO unter Bezugnahme auf § 794 Abs. 1 Nr. 5 ZPO genannt wurden und nunmehr dem Anwendungsbereich des § 239 FamFG unterfallen, der in seiner Überschrift von »Urkunden« spricht.

Was sie allerdings grundlegend unterscheidet, ist die Art ihres Zustandekommens:

Während die notarielle **Vereinbarung** innerhalb einer unterhaltsrechtlichen Sonderbeziehung ein privatrechtliches Rechtsgeschäft darstellt, mit der eine bestehende oder als bestehend angenommene Unterhaltsverpflichtung dem Streit entzogen wird, indem sich Unterhaltsgläubiger und Unterhaltsschuldner entweder ausschließlich bezogen auf die Unterhaltsschuld oder in Zusammenhang mit anderen, i. d. R. anlässlich von Trennung und Scheidung ebenfalls zu treffenden Regelungen durch gegenseitiges Nachgeben auf Art, Höhe und Dauer der Unterhaltsschuld verständigen, stellt das notariell beurkundete **Schuldanerkenntnis** seiner Rechtsnatur nach die Begründung einer nur einseitig verpflichtenden Unterhaltsschuld dar. Diese berechtigt den Titulierungsgläubiger, verpflichtet ihn aber nicht, wenn und soweit er die Errichtung dieser Urkunde nicht etwa dadurch veranlasst hat, dass er den Unterhaltsverpflichteten aufgefordert hat, z. B. eine Jugendamtsurkunde über eine bestimmte Unterhaltsschuld zu errichten. Dies freilich würde ihn binden und einer Vereinbarung gleichstehen. In allen anderen Fällen kann er über die Entgegennahme der Schuldurkunde wie auch über das Gebrauchmachen (z. B. durch Einleitung von Vollstreckungsmaßnahmen) frei entscheiden.

aa) Notarielle Unterhaltsvereinbarung

Mit der notariellen Unterhaltsvereinbarung, mit der sich der Unterhaltsschuldner der sofortigen   973
Zwangsvollstreckung unterworfen hat, wird das Bestehen einer Unterhaltsschuld nach Art und Umfang außer Streit gestellt. Für sie gilt ausschließlich § 239 FamFG, also weder die Präklusionsvorschrift des § 238 Abs. 2 FamFG noch die Zeitgrenze des § 238 Abs. 3 FamFG, weil diese Bestimmungen der Absicherung der Rechtskraft unanfechtbarer Entscheidungen dienen und dieser Zweck – wie
bei Prozessvergleichen – auch bei vollstreckbaren Urkunden nicht erreicht werden kann, denn sie
sind der Rechtskraft nicht zugänglich (BGH [GSZ], FamRZ 1983, 22, 24; FamRZ 2007, 983, 985).

Maßgebend für die Abänderung einer notariellen Unterhaltsvereinbarung ist allein das materielle
Recht (§ 239 Abs. 2 FamFG), insb. also die Grundsätze des § 313 BGB, die darüber entscheiden, ob
eine Abänderung dem anderen Vertragspartner zugemutet werden kann.

Besonderheiten ggü. dem Prozessvergleich bestehen nicht, sodass die Abänderung einer notariellen
Unterhaltsvereinbarung wie auch einer Gesamtvereinbarung, die unterhaltsrechtliche Regelungen
aufweist, den gleichen Grundsätzen folgt, die für den Prozessvergleich maßgebend sind.

bb) Notarielles Schuldanerkenntnis

Auch ein notarielles Schuldanerkenntnis mit Vollstreckungsunterwerfung unterfällt als »vollstreck-   974
bare Urkunde« der Bestimmung des § 239 FamFG und damit, wenn wegen veränderter Verhältnisse
die Herabsetzung oder Erhöhung des titulierten Unterhalts geltend gemacht wird, grds. dem Anwendungsbereich der Abänderungsantrags (BGH, FamRZ 2004, 24; 1990, 989; 1984, 997 [Ls.];
OLG Düsseldorf, FamRZ 2006, 1212, 1213), und dies ohne Rücksicht auf eine in der Urkunde
enthaltene oder ihre Erstellung veranlassende »Vereinbarung«, sodass auch einseitige Verpflichtungserklärungen hiervon erfasst werden (so zu § 323 Abs. 4 ZPO: BGH, FamRZ 2004, 24; 2003, 304,
306; 1984, 997, 998).

Muster 9

Amtsgericht   975

– Familiengericht –[1]

Antrag

des

.....

– Antragstellers –[2]

Verfahrensbevollmächtigte:[3]

gegen

.....

dieser vertreten durch .....,

– Antragsgegner –

wegen: Abänderung eines notariellen Schuldanerkenntnisses[4]

vorläufiger Verfahrenswert: 384,00 €[5]

Namens und in Vollmacht des Antragstellers erhebe ich

Abänderungsantrag[6]

und beantrage:

Die notarielle Urkunde des Notars ..... in ..... vom ..... zur UR-Nr. ..... wird dahingehend abgeändert, dass der Antragsteller dem Antragsgegner ab dem ..... nur noch einen Kindesunterhalt (Zahlbetrag) in Höhe von 309,00 € schuldet.

Begründung:

Der Antragsteller ist Vater des 7-jährigen Antragsgegners, der bei seiner Mutter, der geschiedenen Ehefrau des Antragstellers, lebt.

Als der Antragsgegner das 6. Lebensjahr vollendete, entstand Streit zwischen den Kindeseltern über die Höhe des geschuldeten Kindesunterhalts. Da die Kindesmutter den Unterhalt zudem tituliert wünschte und der Antragsgegner wenig Neigung zu einer prozessualen Auseinandersetzung verspürte, wandte er sich an den ihm bekannten Notar ..... in ....., auf dessen Empfehlung er am ..... zur UR-Nr. ..... einen Kindesunterhalt i. H. v. 345,00 € mit Vollstreckungsunterwerfung versprach.

Da der Antragsteller wenig später diesen Unterhalt als zu hoch empfand, ließ er sich anwaltlich beraten. Der Unterzeichner kam zu dem Ergebnis, dass der titulierte Unterhalt zu hoch ausgefallen ist.

Denn der Antragsteller verdient 2.451,00 € netto. Hiervon sind die berufsbedingten Aufwendungen in Abzug zu bringen, die seinerzeit bei der Titulierung ebenso übersehen wurden wie seine Zahlungen i. H. v. mtl. 50,00 € auf ein für den Antragsgegner eingerichtetes Sparbuch, das diesem nach einer erfolgreichen Berufsausbildung ausgehändigt wird.

Deshalb schuldet der Antragsteller nicht 345,00 €, sondern lediglich einen Unterhalt nach der 3. Einkommensgruppe der DT (Stand 01.01.2011), also einen solchen in Höhe von 309,00 €.

Rechtsanwalt

Der **Antragsgegner** beantragt:

1. Der Antrag wird abgewiesen.
2. Der Antragsteller wird im Wege des Widerantrags verpflichtet, über den durch notarielle Urkunde des Notars ..... in ..... vom ..... (UR-Nr. .....) titulierten Unterhalt i. H. v. 345,00 € hinaus an den Antragsgegner zu Händen seiner gesetzlichen Vertreterin einen weiteren im Voraus fälligen Kindesunterhalt in Höhe von monatlich 29,00 € ab ..... zu zahlen.[7]

Zur Begründung wird ausgeführt:

Der Antragsteller hat ein Schuldanerkenntnis abgegeben, das er nicht einseitig aufkündigen kann. Wie sich der anerkannte Unterhaltsbetrag zusammensetzt, ist gleichgültig. Hierüber wurde weder der Antragsgegner noch dessen Kindesmutter in Kenntnis gesetzt. An seinem Zahlungsversprechen muss er sich deshalb auch weiterhin festhalten lassen.

Die Angaben zu den Einkommensverhältnissen des Antragstellers sind im Übrigen unzutreffend:

Der Antragsteller verdient nicht nur 2.451,00 € netto, wie er glauben machen will, sondern erhält, wie seine zwischenzeitlich zur Verfügung gestellten Verdienstabrechnungen belegen, neben einem Bruttogehalt i. H. v. 4.770,00 € ein weiteres 13. und 14. Monatsgehalt.[8]

Da er nur dem Antragsgegner Unterhalt schuldet, ist zumindest eine Einstufung in die nächst höhere Einkommensgruppe der DT gerechtfertigt. Bei einem durchschnittlichen Netto i. H. v. 2.810,00 € schuldet er somit Unterhalt i. H. v. 466,00 € ./. dem hälftigen Kindergeld (92,00 €), mithin also 374,00 €.

Da nur 345,00 € tituliert sind, muss der Spitzenbetrag in Höhe der Differenz (374,00 ./. 345,00 € = 29,00 €) mit dem Leistungsantrag geltend gemacht werden.[9]

Dies rechtfertigt den Widerantrag. Sollte das Familiengericht den Leistungsantrag für unzulässig und den Abänderungsantrag für die richtige Antragsart halten, wird um einen richterlichen Hinweis gebeten.[10]

Rechtsanwältin

1. Zuständigkeit. Vgl. Rdn. 959, *M. 1.*

2. Beteiligte. Die Beteiligten eines Verfahrens, bei dem es um die Abänderung eines notariellen Schuldanerkenntnisses geht, ergeben sich aus dieser Urkunde. Dies sind der Unterhaltsschuldner, der die Urkunde errichten ließ, und der Unterhaltsberechtigte, dem ggü. ein bestimmter Unterhaltsbetrag anerkannt wurde. Ist dieser noch minderjährig, ist im Antragsrubrum auch noch der gesetzliche Vertreter aufzuführen. Denn die Vorschriften der ZPO zur Prozessfähigkeit finden über § 113 Abs. 1 FamFG Anwendung und damit die §§ 52, 51 ZPO: Ein wegen § 52 ZPO nicht prozessfähiges Kind bedarf der Vertretung, die sich wiederum nach den Vorschriften des BGB richtet (§ 51 ZPO). Steht die elterliche Sorge einem Elternteil alleine zu, vertritt dieser das Kind bei der Geltendmachung von Unterhalt ggü. dem anderen Elternteil (§ 1629 Abs. 1 BGB). Steht die elterliche Sorge beiden Elternteilen gemeinsam zu, kann der Elternteil, in dessen Obhut sich das Kind befindet, als gesetzlicher Vertreter Unterhaltsansprüche des Kindes gegen den anderen Elternteil geltend machen (§ 1629 Abs. 2 BGB).

3. Anwaltszwang. Vgl. Rdn. 959, *M. 4.*

4. Abänderung von notariellen Urkunden. Mit der Feststellung, dass einseitige Schuldtitel grds. dem Anwendungsbereich des § 239 FamFG unterfallen, ist allerdings noch nichts darüber gesagt, wer und unter welchen Voraussetzungen die Korrektur des Schuldanerkenntnisses verlangen kann. Die Beantwortung dieser Frage ist u. a. deshalb problematisch, weil sich die Regeln der Geschäftsgrundlage auf **vertraglich getroffene Vereinbarungen** beziehen, während es sich bei einer notariell beurkundeten Verpflichtungserklärung ebenso wie bei einer Jugendamtsurkunde um einseitig errichtete Schuldtitel handelt, denen eine Vereinbarung grds. nicht zugrunde liegt.

Wenngleich in Rechtsprechung und Lehre im Einzelnen streitig ist, wer und bejahendenfalls unter welchen Voraussetzungen einen einseitig errichteten Schuldtitel abändern kann, besteht im Ergebnis Einigkeit darüber, dass ein Bedürfnis zur Anpassung bei Änderung der Verhältnisse besteht und wegen der Ähnlichkeit, die eine einseitige Verpflichtungserklärung mit einer notariellen Vereinbarung aufweist, es gerechtfertigt ist, die Grundsätze der Geschäftsgrundlage auch auf einseitig verpflichtende Erklärungen entsprechend anzuwenden (BGH, FamRZ 2007, 715, 716; 2003, 304, 306, 1984, 997; OLG Hamm, FamRZ 2006, 1704, 1705), auch wenn der in der Schuldurkunde niedergelegte Unterhaltsbetrag auf keiner Vereinbarung der Beteiligten beruht (BGH, FamRZ 2011, 1041 Rn. 20).

Da es nach diesen Grundsätzen auf den beiderseitigen Parteiwillen ankommt, dieser bei einseitigen Schuldtiteln allerdings ausscheidet, richtet sich die Frage nach der Bindungswirkung in erster Linie nach der Reichweite des Bindungswillens des sich verpflichtenden Beteiligten. Hierbei ist die »subjektive Geschäftsgrundlage« (MünchKommZPO/*Gottwald* § 323 Rn. 102) festzustellen, was durchaus problematisch sein kann, weil – ähnlich dem Anerkenntnisbeschluss – sich dem notariellen Schuldanerkenntnis in aller Regel nicht entnehmen lässt, was den Titulierungsschuldner dazu bewogen hat, eine bestimmte Unterhaltshöhe anzuerkennen.

Im Ergebnis wird danach differenziert, wer die nachträglich eingetretene oder auch ggf. von Beginn an bestehende Unrichtigkeit geltend macht, wobei sich das Abänderungsverlangen des Unterhaltsschuldners (s. nachfolgend Rdn. 975, *M. 6*) nach anderen Kriterien richtet als das des Unterhaltsberechtigten (s. nachfolgend Rdn. 975, *M. 7*). Anerkannt ist allerdings, dass in **allen** Fällen die Korrektur mit dem Abänderungsantrag verfolgt werden muss: Dies gilt auch für den Unterhaltsberechtigten, der im Wege des Abänderungsantrags »ohne Bindung an die Schuldurkunde einen höheren Unterhalt verlangen kann« (BGH, FamRZ 2011, 1041).

5. Verfahrenswert. Der Verfahrenswert bestimmt sich aus dem Jahresbetrag der geforderten Veränderung (§ 51 Abs. 1 FamGKG) ggf. zuzüglich der bei Einreichung des Antrags fälligen Beträge (§ 51 Abs. 2 FamGKG).

Bei einem Widerantrag erfolgt eine Zusammenrechnung der mit dem Antrag und dem Widerantrag geltend gemachten Ansprüche (§ 39 Abs. 1 FamGKG).

Im Muster errechnet sich der (Gesamt-) Verfahrenswert deshalb wie folgt:

Titulierter Unterhalt	345,00 €		
./. beantragtem Unterhalt	309,00 €		
= Differenz	36,00 €	× Jahreswert	= 432,00 €
zzgl. Widerantrag	29,00 €	× Jahreswert	= 348,00 €
Verfahrenswert insgesamt			780,00 €

6. Abänderungsantrag des Unterhaltsschuldners. Behauptet der Unterhaltsschuldner eine nachträglich eingetretene Veränderung seiner Einkommensverhältnisse, gelten zwar die Grundsätze zur Unterhaltsvereinbarung, diese jedoch mit an die Darlegungslast verschärften, da an den Regeln des **deklaratorischen Schuldanerkenntnisses** angelehnten Anforderungen:

Der Titulierungsschuldner hat sowohl die seinem Schuldanerkenntnis zugrunde liegenden maßgeblichen Umstände wie auch die ggü. diesen Umständen abweichende Entwicklung, mithin die nachträglich eingetretene Einkommensminderung darzulegen und ggf. zu beweisen (BGH, FamRZ 2007, 715, 716). Entscheidend ist also, dass das Abänderungsbegehren des Unterhaltspflichtigen »geänderte Umstände seit Abgabe des Schuldanerkenntnisses voraussetzt« (BGH, FamRZ 2011, 1041 [Ls. 2]). Kann er dies nicht vortragen, scheidet eine Abänderung selbst dann aus, wenn sein aktuelles Einkommen eine ggü. dem titulierten Unterhalt geringere Unterhaltsschuld rechtfertigen würde.

So hat das OLG Koblenz (OLG Koblenz, FamRZ 2006, 1296) in seiner zu §§ 323 Abs. 4 ZPO, 313 BGB ergangenen Entscheidung darauf hingewiesen, dass dem Abänderungskläger seine der früheren Festsetzung zugrunde liegenden Einkommensverhältnisse darzulegen obliege. Sei – aus nachträglicher Sicht – die anerkannte Höhe des Unterhalts nicht nachvollziehbar, weil sein vorgetragenes Einkommen eine niedrigere Unterhaltsschuld gerechtfertigt hätte, müsse er erläutern, was ihn dazu bewogen habe, einen höheren Unterhalt anzuerkennen. Gelinge ihm auch das nicht, folge aus den Grundsätzen des Schuldanerkenntnisses, dass er sich an der anerkannten Schuld festhalten lassen müsse: In dem vom OLG Koblenz entschiedenen Fall hatte der Kläger angegeben, er habe bei Errichtung des Titels ein monatliches Einkommen von 2.050,00 DM gehabt, woraus sich aber nicht die anerkannte Höhe von 110 % des Regelbetrages erschloss, weil nach der seinerzeit gültigen RegelbetragVO bei diesem Einkommen (bis 2.400,00 DM) lediglich 100 % des Regelbetrages geschuldet gewesen wären. Das OLG Koblenz hatte eine freie Neufestsetzung des titulierten Unterhaltsanspruchs nach den gesetzlichen Vorschriften und deshalb die begehrte Abänderung abgelehnt.

Ähnlich argumentiert das OLG Hamm: Eine einseitig erstellte Jugendamtsurkunde führe zu einem Schuldanerkenntnis nach § 781 BGB mit der Folge, dass eine spätere Herabsetzung der Unterhaltspflicht die Bindungswirkung dieses Schuldanerkenntnisses beachten müsse und sich der Unterhaltspflichtige von diesem einseitigen Anerkenntnis seiner laufenden Unterhaltspflicht nicht ohne Weiteres lösen könne. Er müsse deshalb nicht nur vortragen, dass die bisherige Unterhaltsleistung für ihn wegen der Änderung der Verhältnisse unzumutbar geworden sei, sondern habe auch die seiner damaligen Verpflichtung nach Grund und Höhe zu Grunde liegenden Umstände im Einzelnen darzulegen (OLG Hamm, FamFR 2012, 61).

Demgegenüber unterstellt eine teilweise in der Rechtsprechung vertretene Auffassung bei einseitigen Schuldurkunden nicht feststellbare Grundlagen zur Unterhaltsbemessung und eröffnet, allerdings nur bei nachträglich eingetretenen Veränderungen, die Möglichkeit einer freien Neufestsetzung des Unterhalts nach den gesetzlichen Vorschriften (OLG Nürnberg, FamRZ 2004, 1053).

Macht hingegen der Unterhaltsschuldner keine nachträglich entstandene Veränderung der Verhältnisse geltend, sondern beruft er sich auf das Fehlen der Geschäftsgrundlage, verneint die herrschende Meinung grds. jede Möglichkeit der Anpassung des Titels: Eine einseitige Verpflichtungserklärung stelle ein unbefristetes und für den Unterhaltszeitraum bindendes Angebot auf Abschluss eines einseitig verpflichtenden und eine Unterhaltsschuld versprechenden bzw. anerkennenden Vertrages dar, das der Unterhaltsgläubiger durch Entgegennahme der Schuldurkunde, spätestens jedoch mit der Einleitung von Vollstreckungsmaßnahmen konkludent annehme. Damit liege ein den gesetzlichen Unterhaltsanspruch bestätigendes Schuldversprechen oder Schuldanerkenntnis vor. Eine solche Vereinbarung schließe jedwede Einwendungen und Einreden aus, die bei Abgabe der Erklärung bestanden und dem Anerkennenden bekannt gewesen seien oder mit denen er zumindest habe rechnen müssen (BGHZ 17, 252, 256; OLG Naumburg, FamRZ 2007, 1474; OLG Köln, FamRZ 2000, 905, 906). Deshalb sei der Unterhaltsverpflichtete an sein in dem einseitigen Schuldtitel abgegebenes Anerkenntnis gebunden (BGH, FamRZ 2011, 1041, 2003, 304, 305), und dies auch dann, wenn man einen Vertragsabschluss mit diesem Inhalt etwa deshalb nicht annehmen wollte, weil dem Unterhaltsgläubiger der titulierte Unterhalt als unzureichend erschien. Auch dann könne sich der Unterhaltsschuldner von seiner Erklärung, den anerkannten Unterhalt zahlen zu wollen, nicht lösen.

Jede andere Wertung widerspricht der Bindung, die der Unterhaltsschuldner mit seinem in der Schuldurkunde abgegebenen Anerkenntnis eingeht. Sie entwertet zudem die Schuldurkunde zu einer bloßen »Beruhigungspille« (KG, NJW 1971, 1219), wenn sich der Schuldner von seiner Verpflichtung ohne Weiteres lösen könnte. Sie würde schließlich ohne hinreichende Rechtfertigung die Rechtsposition des Gläubigers, die dieser mit Entgegennahme der Schuldurkunde erwirbt, entwerten wie auch dessen begründetes Vertrauen in den Bestand der Schuldverpflichtung enttäuschen.

▶ **Praxishinweis:**

Der Unterhaltsschuldner, der den Unterhaltsanspruch im Rahmen einer notariellen Schuldurkunde (einseitig) verbrieft hat, wird sich i. d. R. hiervon nur lösen können, wenn sich die Verhältnisse ggü. denen, die zum Zeitpunkt der Errichtung der Urkunde bestanden, nachträglich verändert haben. Andernfalls folgt aus dem Schuldanerkenntnis, dass er sich an dem von ihm anerkannten Unterhalt festhalten lassen muss. Der Unterhaltsschuldner ist insb. gehindert, sein Abänderungsverlangen damit zu begründen, er sei seinerzeit bei der Bemessung des Unterhalts von falschen Annahmen ausgegangen oder sei schlecht beraten worden und wolle mit seinem Abänderungsantrag nun eine nachträgliche Korrektur herbeiführen. Dies mag einen Haftungsfall wegen falscher Beratung auslösen, rechtfertigt jedoch keinen Abänderungsantrag. Eine Korrektur der möglicherweise fehlerhaften Erstfestsetzung kann vielmehr nur dann verlangt werden, wenn »die bisherige Unterhaltsleistung für ihn wegen Änderung der Verhältnisse nach § 242 BGB unzumutbar geworden ist« (OLG Hamm, FamFR 2012, 61).

7. Abänderungsantrag des Unterhaltsberechtigten. Anders als beim die Unterhaltsschuld anerkennenden Unterhaltsverpflichteten stellt sich die Interessenlage beim Unterhaltsgläubiger dar: Er befindet sich in Besitz eines Unterhaltstitels, aus dem er im Bedarfsfall vollstrecken kann, wenn der Pflichtige seinem Anerkenntnis entsprechend keine Unterhaltszahlungen leistet. Verpflichtungen übernimmt er durch das Gebrauchmachen von dem Schuldtitel grds. nicht (OLG Köln, FamRZ 2001, 1716), weil die Urkunde »weder prozessuale noch materiell-rechtliche Verpflichtungen« für den Gläubiger entfaltet und es diesem »freisteht, einen höheren als den titulierten Betrag zu verlangen«. Ohne zusätzliche Erklärungen des Gläubigers oder sonstige Anhaltspunkte kann demgegenüber nicht davon ausgegangen werden, dass in der Entgegennahme und dem Gebrauchmachen von der Urkunde die schlüssige Erklärung des Gläubigers zu sehen ist, dass er den verbrieften Unterhalt als Erfüllung des ihm insgesamt zustehenden Unterhaltsanspruchs anerkennt, es sei denn, der Unterhaltsschuldner wurde zur Verbriefung einer bestimmten Unterhaltsschuld aufgefordert und ist dem nachgekommen.

Hatte aber der Gläubiger auf den Titulierungsvorgang selbst keinen Einfluss und damit auch nicht darauf, ob der Anspruch insgesamt tituliert wird oder nur ein Teil von diesem, hat er bei fehlender Kenntnis von den Einkommensverhältnissen des Schuldners die Möglichkeit, sich hierüber im Wege des Auskunftsverlangens Klarheit zu verschaffen. Stellt er nach Auskunftserteilung fest, dass nur ein Teil seines Anspruchs tituliert wurde, ist er berechtigt, den nicht titulierten Unterhaltsbetrag beim Schuldner zusätzlich geltend zu machen. Und dies geschieht nach § 239 FamFG, also im Wege der Abänderung (BGH, FamRZ 2011, 1041, 25).

8. Auskunftserteilungspflicht nach neuem Recht. Das aus § 643 ZPO a. F. bekannte, in der Praxis aber nur selten genutzte Auskunftsrecht des Gerichts wird durch die Regelungen der §§ 235, 236 FamFG erweitert:

Das Gericht kann – wie bisher auch – anordnen, dass die Beteiligten **Auskunft über ihre Einkünfte und ihr Vermögen** geben und sich zu ihren persönlichen und wirtschaftlichen Verhältnisse erklären. Es kann ferner die **Vorlage von Belegen** verlangen (§ 235 Abs. 1 FamFG).

Das Gericht **muss** dies anordnen, wenn ein Beteiligter dies beantragt und der andere Beteiligte vor Beginn des Verfahrens einer nach den Vorschriften des bürgerlichen Rechts bestehenden Auskunftspflicht trotz Aufforderung in angemessener Frist nicht nachgekommen ist (§ 235 Abs. 2 FamFG). Die entsprechende Anordnung des Gerichts ist nicht selbstständig anfechtbar, auch nicht mit Zwangsmitteln durchsetzbar, aber kostenrechtlich wegen § 243 Nr. 2 FamFG sanktionierbar.

Wird die Auskunft nicht erteilt, kann das Gericht über die Höhe der Einkünfte Auskunft und bestimmte Belege bei Arbeitgebern, Sozialleistungsträgern, Finanzämtern u. a. **anfordern** (§ 236 Abs. 1 FamFG).

Auf Antrag eines der Beteiligten ist das Gericht zu einer entsprechenden Anordnung verpflichtet (§ 236 Abs. 2 FamFG).

Die zur Auskunftserteilung aufgeforderten Dritten sind zur Auskunft **verpflichtet**. Der Maßnahmekatalog des § 390 ZPO, der entsprechend Anwendung findet, wenn nicht eine Behörde betroffen ist (§ 236 Abs. 4 FamFG), dürfte dafür Sorge tragen, dass die in Anspruch genommenen Dritten ihrer Auskunftserteilungspflicht nachkommen werden.

Mit den §§ 235, 236 FamFG wollte der Gesetzgeber Unterhaltsverfahren und damit auch das Abänderungsverfahren beschleunigen. Ob ein Stufenantrag damit entbehrlich geworden ist, wird sich in der Praxis noch zeigen müssen (vgl. auch *Sarres* FuR 2010, 390 ff.). Von einem Auskunftsantrag im Rahmen eines Stufenantrags wird man richtigerweise aber nur dann absehen können, wenn der auskunftsberechtigte Beteiligte hinreichend klare Vorstellungen vom Einkommen des anderen Beteiligten hat: Dann wird es gerechtfertigt sein, sofort zum bezifferten Zahlungs- bzw. Abänderungsantrag überzugehen. Das Risiko, wegen eines zu hoch bezifferten Abänderungsantrags mit den Verfahrenskosten belastet zu werden, ist aufgrund der Kostenvorschrift des § 243 FamFG gering, wenn der andere Beteiligte vor dem Verfahren der Aufforderung, Auskunft zu erteilen, gar nicht bzw. nicht vollständig oder nicht ordnungsgemäß nachgekommen ist.

9. Richtige Antragsart: Leistungs- oder Abänderungsantrag. Das Abänderungsverlangen des Unterhaltsschuldners, der sich auf veränderte Verhältnisse beruft, kann nur im Wege des **Abänderungsantrags** geltend gemacht werden (BGH, FamRZ 2007, 715, 716). Dies gilt auch bei einer vollständigen Neuberechnung des Unterhalts. Ein Leistungsantrag wäre mithin unzulässig. Er kann aber in einen Abänderungsantrag umgedeutet werden (s. aber auch Rdn. 975, *M. 10* zur Anwaltshaftung).

Mit welchem Antrag der Unterhaltsgläubiger eine Unterhaltserhöhung geltend machen muss, war bislang umstritten:

Der Fall der unzureichenden Titulierung bei einseitigen Schuldtiteln weist deutliche Parallelen zum Unterhalts-Teilantrag auf, bei dem der Gläubiger hinsichtlich der Unterhaltsnachforderung nach herrschender Meinung gehalten ist, diese im Wege eines **Nachforderungs- oder Zusatzantrags** und nicht mit dem Abänderungsantrag geltend zu machen. Deshalb wurde auch bei einer

Mehrforderung des Gläubigers eines einseitigen Schuldtitels der Antrag nach § 258 ZPO in der Form des »Titelergänzungsantrags« (OLG Naumburg, FamRZ 2008, 799) für die richtige Antragsart gehalten (OLG Brandenburg, FamRZ 2002, 676) und nicht der Abänderungsantrag.

Nach a. A. soll zwischen dem Leistungs- und Abänderungsantrag ein **Wahlrecht** bestehen (OLG Köln, FamRZ 2001, 1716; OLG Zweibrücken, FamRZ 1992, 840, 841), das je nach Vorstellung des Gläubigers sich zugunsten eines Abänderungsantrags verdichte, wenn dieser zum Zeitpunkt der Entgegennahme des Schuldtitels der Meinung war, der gesamte Unterhalt sei tituliert, weil er den Unterhalt als »genügend erachtet« habe (OLG Zweibrücken, FamRZ 1992, 840, 841). Ansonsten könne er sein Nachforderungsbegehren auch mit dem Leistungsantrag verfolgen.

Die Rechtsprechung des BGH, die je nach Fallgestaltung Festlegungsprobleme erkennen ließ (BGH, FamRZ 2004, 24: Wahlrecht; FamRZ 1984, 997: eher Leistungsklage; FamRZ 1997, 811, 813; 1989, 172, 174; 1985, 690: Abänderungsklage), lehnte die Auffassung, dass bei einseitigen Verpflichtungserklärungen der Abänderungsantrag **generell** ausscheide, »angesichts der insoweit eindeutigen anderslautenden Regelung in § 323 Abs. 4 ZPO« ab, ließ aber die Frage des Wahlrechts ausdrücklich offen und hielt i. Ü. den Abänderungsantrag in jedem Fall für zulässig. Mit seiner Entscheidung v. 04.05.2011 hat sich nun der BGH festgelegt und sich in allen Fällen für die Erhebung des Abänderungsantrags ausgesprochen (BGH, FamRZ 2011, 1041; für den Unterhaltsschuldner: Rn. 21; für den Unterhaltsgläubiger: Rn. 25).

▶ **Praxishinweis:**

In diesen Fällen sollte deshalb immer ein Abänderungsantrag erhoben werden. Für ein »Wahlrecht« des Berechtigten besteht demgegenüber kein Bedürfnis: Denn hat der Urkunde ein übereinstimmender Parteiwille zugrunde gelegen oder hat der Berechtigte die Urkunde wie erstellt vorher verlangt bzw. war er bei Entgegennahme der Urkunde der Ansicht, der titulierte Unterhalt sei genügend, also in vollem Umfang tituliert, besteht kein vernünftiger Grund dafür, sich den hierdurch begründeten Bindungen durch Erhebung eines »freien« Leistungsantrags zu entziehen. Ist die Urkunde demgegenüber ohne jede Mitwirkung des Gläubigers zustande gekommen, so ist dieser auf einen Leistungsantrag nicht mehr angewiesen, weil er im Abänderungsverfahren keinen weiter gehenden Bindungen als bei einem Leistungsantrag unterliegt.

10. Hinweispflicht des Gerichts. Ob sich der anwaltliche Vertreter in einer verfahrensrechtlich schwierigen Frage wie der der richtigen Verfahrensart darauf verlassen kann, dass das Gericht von sich aus eine (zulässige) Umdeutung vornimmt, wird eher zu verneinen sein. Nach Ansicht des IX. Senats des BGH exkulpiert nämlich eine unterlassene Umdeutung durch das FamG den Anwalt nicht, wenn dieser eine Leistungs- statt richtigerweise eine Abänderungsklage erhob (BGH, FamRZ 1998, 896, 899). Denn »hat der Anwalt schuldhaft pflichtwidrig eine Leistungs- statt einer Abänderungsklage erhoben, hat er auch dann für den dadurch dem Mandanten entstandenen Schaden einzustehen, wenn das Gericht rechtsfehlerhaft nicht von der Möglichkeit Gebrauch gemacht hat, die Leistungs- in eine Abänderungsklage umzudeuten«.

Verbleiben gleichwohl noch Restzweifel, empfiehlt es sich, das FamG um einen verfahrensrechtlichen Hinweis zur richtigen Antragsart zu bitten: Dann aber sollte nach menschlichem Ermessen eigentlich nichts mehr schief gehen.

c) Abänderung einer Jugendamtsurkunde

Nach § 60 Abs. 1 Satz 1 SGB VIII findet die Vollstreckung aus Urkunden statt, »die eine Verpflichtung nach § 59 Abs. 1 Satz 1 Nr. 3 oder 4 zum Gegenstand haben und die von einem Beamten oder Angestellten des Jugendamts innerhalb der Grenzen seiner Amtsbefugnisse in der vorgeschriebenen Form aufgenommen worden sind, (...) wenn die Erklärung die Zahlung einer bestimmten Geldsumme betrifft und der Schuldner sich in der Urkunde der sofortigen Zwangsvollstreckung unterworfen hat«. Nach § 59 Abs. 1 SGB VIII ist die Urkundsperson beim Jugendamt befugt, »die

976

Verpflichtung zur Erfüllung von Unterhaltsansprüchen eines Abkömmlings zu beurkunden, sofern die unterhaltsberechtigte Person zum Zeitpunkt der Beurkundung das 21. Lebensjahr noch nicht vollendet hat«.

Eine sog. **Jugendamtsurkunde** ist dem notariellen Schuldanerkenntnis gleichzustellen, weil es sich auch bei dieser um eine Urkunde des § 794 Abs. 1 Nr. 5 ZPO handelt, die den dort genannten vollstreckbaren Urkunden »gleichzuachten« ist: Hier wie dort handelt es sich um eine im Rahmen amtlicher Befugnisse errichtete vollstreckbare Urkunde, in der der Verpflichtete mit entsprechendem Bindungswillen in vollstreckbarer Form Zahlung von Unterhalt verspricht (BGH, FamRZ 2004, 24).

Damit ist der Anwendungsbereich des § 239 FamFG nicht nur für Prozess- bzw. Verfahrensvergleiche und notarielle Schuldanerkenntnisse eröffnet, sondern auch für Jugendamtsurkunden.

Die Jugendamtsurkunde folgt den gleichen verfahrensrechtlichen Regeln wie das notarielle Schuldanerkenntnis (BGH, FamRZ 2003, 304, 306; 1991, 542; 1984, 997, 998):

Unproblematisch sind die in der Praxis wohl meist vorkommenden Fälle, in denen ein bestimmter Kindesunterhalt geltend gemacht und dieser sodann in der geltend gemachten Höhe vom Unterhaltsschuldner durch eine Jugendamtsurkunde zur Titulierung gebracht wurde. Eine Anpassung des auf diesem Wege zwischen den Beteiligten »**vereinbarten Unterhalts**« richtet sich nach § 239 Abs. 2 i. V. m. § 313 BGB. Eine Abänderung kommt aber nur dann in Betracht, wenn diese wegen nachträglicher Veränderungen nach den Grundsätzen über den Wegfall oder die Änderung der Geschäftsgrundlage geboten ist. Hierbei ist »der Inhalt der Vereinbarung der Parteien zu wahren«, eine »freie Abänderbarkeit« scheidet aus (BGH, FamRZ 2011, 1041 Rn. 23).

Bei den sog. »**diktierten« Jugendamtsurkunden**, die nicht auf Veranlassung oder unter Mitwirkung des Unterhaltsgläubigers errichtet wurden, gilt:

Der Unterhaltsberechtigte kann bei unzureichender Titulierung eine aus seiner Sicht gerechtfertigte Unterhaltsmehrforderung mit dem Abänderungsantrag geltend machen (BGH, FamRZ 2011, 1041 Rn. 25).

Der Unterhaltsschuldner, der den Unterhaltsanspruch im Rahmen einer Jugendamtsurkunde (einseitig) verbrieft hat, kann ebenfalls im Wege des Abänderungsantrags nach § 239 FamFG eine Abänderung verlangen, wenn sich die Verhältnisse ggü. denen, die zum Zeitpunkt der Errichtung der Urkunde bestanden, nachträglich verändert haben (BGH, FamRZ 2011, 1041 Rn. 25). Ansonsten folgt aus den Grundsätzen zur Abänderung von Schuldanerkenntnissen, dass er sich an dem von ihm anerkannten Unterhalt festhalten lassen muss. Der Unterhaltsschuldner ist deshalb in aller Regel gehindert, eine Abänderung etwa deshalb zu verlangen, weil er zum Zeitpunkt der Errichtung der Urkunde keinen entsprechenden Titulierungswillen hatte oder sich über sein Unterhaltsobligo dem Grunde oder der Höhe nach getäuscht haben will. Auch wird er nicht damit gehört werden, dass er Fehlvorstellungen über die Höhe seines Einkommens gehabt oder die Bemessungsgrundlagen, die ihn zu dem titulierten Unterhalt Veranlassung gaben, verkannt habe (OLG Hamm, FamFR 2012, 33).

d) Abänderung eines im vereinfachten Verfahren errichteten Unterhaltsbeschlusses

aa) Alte Rechtslage (§§ 649 ff. ZPO)

977   Wurde der Unterhalt nach § 649 ZPO a. F. festgesetzt und ein Titel i. S. v. § 794 Abs. 1 Nr. 2a ZPO errichtet, konnte der Pflichtige angesichts dessen, dass im **vereinfachten Verfahren** Festsetzungsbeschlüsse den Unterhalt nur »pauschal« (BGH, FamRZ 2003, 304, 305) regeln, entsprechend seinen individuellen Lebensverhältnissen bei gleichzeitiger Offenlegung seiner Einkommensverhältnisse eine Korrektur nur nach § 654 ZPO verlangen. Entsprechendes galt für eine Unterhaltsfestsetzung nach § 653 Abs. 1 ZPO a. F. Wegen der im vereinfachten Verfahren nur eingeschränkten

Überprüfungsmöglichkeiten unterschied sich § 654 ZPO von § 323 ZPO grundlegend darin, dass alle denkbaren Einwendungen gegen den festgesetzten Unterhalt erhoben werden konnten, weshalb dieser Rechtsbehelf entgegen seiner Überschrift auch meist als »Korrekturklage« bezeichnet wurde (BGH, FamRZ 2003, 304, 305): Es wurde eine pauschale Unterhaltsfestsetzung korrigiert und nicht eine Erstfestsetzung mit den formalisierten Voraussetzungen des § 323 ZPO abgeändert. Damit stellte sich die Korrekturklage ihrem »Charakter« nach letztlich als Erstklage dar. Für die erstmalige Geltendmachung von Einwendungen verdrängte also § 654 ZPO entgegen der Verweisung in § 323 Abs. 4 auf § 794 Abs. 1 Nr. 2a ZPO als lex specialis die Abänderungsklage nach § 323 ZPO (OLG Karlsruhe, FamRZ 2003, 1672).

Auch in den Fällen der Änderung des Kindergeldes verdrängte § 655 ZPO grds. die Abänderungsklage (OLG Nürnberg, FamRZ 2002, 1265). Etwas anderes ergab sich nur aus § 323 Abs. 5 ZPO, der ausdrücklich die Titelabänderung nach § 655 ZPO in Bezug nahm und eine Abänderungsklage für zulässig erklärte, wenn der im vereinfachten Verfahren festzusetzende Unterhaltsbetrag von dem abwich, der der Entwicklung der besonderen Verhältnisse der Parteien Rechnung trug, mithin also der Abänderungsgrund nicht allein in den betragsmäßig festliegenden Kindergeldleistungen begründet lag, sondern daneben weitere Umstände, die die individuellen Lebensverhältnisse der Parteien betrafen, für eine Anpassung geltend gemacht wurden.

Die Titelabänderung nach § 654 ZPO korrespondierte schließlich mit dem Änderungskorrekturverfahren nach § 656 ZPO, mit dem das nach § 655 ZPO gewonnene Ergebnis zeitlich befristet einer Korrektur unterzogen werden konnte. Damit verdrängte auch § 656 ZPO die Abänderungsklage. Nur sonstige Änderungen, die nicht allein ihren Grund in der geänderten Höhe der anrechenbaren Kindergeldleistungen hatten, konnten mit der Klage nach § 323 ZPO geltend gemacht werden.

bb) Neue Rechtslage (§§ 249 ff. FamFG)

Diese reichlich kompliziert anmutende Gesetzessystematik mit der in Rechtsprechung und Lehre entwickelten Abgrenzungsproblematik zur richtigen Antragsart hat das FamFG nahezu vollständig aufgegeben:

978

Das vereinfachte Unterhaltsfestsetzungsverfahren gibt es zwar nach wie vor, mag es sich auch in der Anwaltschaft aus einer Reihe von Gründen keiner Beliebtheit erfreuen, entspricht inhaltlich der bisherigen Gesetzeslage in den §§ 645 bis 660 ZPO a. F. und ist nunmehr in den §§ 249 bis 260 FamFG normiert.

Die Vorschrift über den Unterhalt bei Vaterschaftsfeststellung nach § 653 ZPO a. F. regelt jetzt § 237 FamFG.

Die Rechtsbehelfe der ZPO (§§ 655, 656 ZPO a. F.) sind hingegen im FamFG nicht übernommen worden, sodass im vereinfachten Verfahren errichtete Titel einheitlich nach § 240 FamFG (bisher: § 654 Abs. 1 ZPO a. F.) abgeändert und korrigiert werden können, sofern nicht – auch hier entsprechend der bisherigen Rechtslage – bereits ein Antrag auf Durchführung des streitigen Verfahrens nach § 255 FamFG (bisher § 651 ZPO a. F.) gestellt wurde (§ 240 Abs. 1 FamFG): Damit hat ein streitiges Verfahren über den festgesetzten Unterhalt nach § 255 FamFG stets **Vorrang** vor dem Abänderungsantrag nach § 240 Abs. 1 FamFG (SBW/*Klein* § 240 Rn. 2; Zöller/*Lorenz* § 240 FamFG Rn. 3).

Wurde kein Antrag auf Durchführung des streitigen Verfahrens gestellt, kann jeder Beteiligte die Abänderung des Unterhaltsbeschlusses (§ 237 oder § 253 FamFG), also die Erhöhung wie auch Herabsetzung der Unterhaltsschuld verlangen. Abweichend von einem Verfahren nach § 238 FamFG bedarf es in Verfahren nach § 240 FamFG keiner Darlegung einer nachträglichen wesentlichen Änderung der tatsächlichen und/oder rechtlichen Verhältnisse. Zugleich entspricht die Darlegungs- und Beweislast hinsichtlich der materiellen Voraussetzungen des Unterhaltsanspruches denjenigen in einem auf Ersttitulierung gerichteten Verfahren (OLG Celle, FamRZ 2013, 1829).

Hierbei sind allerdings die Einschränkungen des § 240 Abs. 2 FamFG zu beachten: Im Rahmen eines Verfahrens auf Herabsetzung des Unterhalts ist für die Zeit vor Rechtshängigkeit dieses Antrags eine Abänderung gem. § 240 Abs. 2 Satz 1 grds. nur dann zulässig, wenn der Antrag innerhalb von einem Monat nach Rechtskraft der abzuändernden Entscheidung »gestellt« worden ist. Wird die Erhöhung des Unterhalts verlangt, müssen die Voraussetzungen des § 1603 BGB vorliegen (SBW/*Klein* § 240 Rn. 3; zur Berechnung der Monatsfrist vgl. Zöller/*Lorenz* § 240 FamFG Rn. 8).

▶ Praxishinweis:

Bei Mandatsübernahme sollte in eigenem Interesse Beachtung finden, dass im Verfahren nach § 240 FamFG Verfahrenskostenhilfe nicht ohne Weiteres gewährt wird. Denn hat der Mandant in einem vereinfachten Unterhaltsfestsetzungsverfahren – wie dies wohl die Regel sein dürfte – es unterlassen, rechtzeitig Einwendungen geltend zu machen, mit denen er ohne weiteren Aufwand eine Unterhaltsfestsetzung hätte verhindern oder entsprechend seinem Vorbringen, auf die der Abänderungsantrag gestützt werden soll, hätte korrigieren können, ist ein anschließend von ihm eingeleitetes Abänderungsverfahren, mit dem seine früheren Säumnisse korrigiert werden sollen, mutwillig (OLG Celle, FamRZ 2013, 1592).

3. Teilunterhalt: Titulierung und Abänderung

979   Probleme können auftreten, wenn der Unterhaltsanspruch nicht insgesamt, sondern nur ein Teil von diesem geltend gemacht und nur über diesen Teil entschieden und dieser – wiederum ganz oder auch nur teilweise – zugesprochen wurde.

Denkbar ist, dass allein aus Kostengründen nur ein Teilunterhalt geltend gemacht wird. Vielleicht hat auch das FamG Verfahrenskostenhilfe nur für einen Teil des geltend gemachten Unterhalts gewährt und den Antragsteller mit seinem Anspruchsdenken in die Schranken gewiesen und dieser von einer Überprüfung der VKH-Entscheidung durch das OLG abgesehen, um der Gegenseite kein weiteres »Oberwasser« zu geben und damit Vergleichsgespräche zu erschweren.

▶ Praxishinweis:

Es sollte stets sorgfältig erwogen werden, ob es wirklich Sinn macht, gegen einen teilweise zurückweisenden VKH-Beschluss des Amtsgerichts Beschwerde einzulegen. Denn manche OLG, die der Beschwerde wegen fehlender Erfolgsaussicht des geltend gemachten Unterhaltsanspruchs der Höhe nach nicht stattgeben wollen, neigen dazu, dies so ausführlich zu begründen, dass damit das Ergebnis des Hauptsacheverfahrens vorgegeben ist. Dass dies Vergleichsgespräche, die dem Ziel dienen, von dem Ergebnis der OLG-Entscheidung gleichwohl abzuweichen, deutlich erschwert, liegt offen auf der Hand. Man wird sich dann also im Hauptsacheverfahren in aller Regel mit dem begnügen müssen, was das OLG im VKH-Beschwerdeverfahren vorgegeben hat. Ist dagegen in Anbetracht erkennbarer Befindlichkeiten der Beteiligten absehbar, dass ein Vergleich nicht zustande kommen wird, kann der Unterhaltsgläubiger sein Kostenrisiko mit einer VKH-Beschwerde durchaus begrenzen.

Bisweilen wird auch nur deshalb ein Teilunterhalt geltend gemacht, weil der Unterhaltsverpflichtete einen bestimmten Unterhaltsbetrag (mehr oder weniger) freiwillig zahlt und der Unterhaltsberechtigte, der sich mit diesem nicht begnügen will, weil er ihn für unzureichend hält, den aus seiner Sicht darüber hinausgehenden Unterhalt (sog. Spitzenbetrag) – aber auch nur diesen – aus Kostengründen antragsweise geltend macht.

Hier stellt sich eine Reihe von Fragen, die im Nachfolgenden einer Beantwortung zugeführt werden sollen, wie etwa die,
– wie sich der Unterhaltsberechtigte eine Nachforderung vorbehalten kann,
– wie er einen Spitzenbetrag der Titulierung zuführen muss oder
– wie er zu verfahren hat, wenn er über den nicht titulierten Sockelbetrag zuzüglich des titulierten Spitzenbetrags hinaus weiteren Unterhalt geltend machen will.

Aufseiten des Unterhaltsverpflichteten kann sich demgegenüber die für ihn wohl wichtigste Frage stellen, mit welchem Antrag und unter welchen Voraussetzungen es ihm gelingt, am besten überhaupt keinen Unterhalt mehr zu zahlen oder doch zumindest die Herabsetzung des titulierten Spitzenbetrags zu erreichen.

a) Die Geltendmachung von Teilunterhalt

Muster 10

Amtsgericht   980

– Familiengericht –

Antrag

der .....

– Antragstellerin –

Verfahrensbevollmächtigte: .....

gegen

.....

– Antragsgegner –

wegen: Unterhaltsteilbetrag

vorläufiger Verfahrenswert: 3.600,00 €

Namens und in Vollmacht des Antragstellers erhebe ich

Teilantrag[1]

und beantrage,

den Antragsgegner zu verpflichten, ab dem ..... an die Antragstellerin einen jeweils im Voraus fälligen Trennungsunterhalt i. H. v. monatlich 300,00 € zu zahlen.

Begründung:

Die Beteiligten sind verheiratete Eheleute, die seit dem ..... getrennt leben.

Der Antragsgegner ist Beamter im höheren Dienst und verdient unterhaltsbereinigt 3.500,00 €. Die Antragstellerin erzielt ein bereinigtes Nettoeinkommen i. H. v. 1.500,00 €.

Dies rechtfertigt einen Unterhaltsanspruch i. H. v. rund 850,00 €, von dem die Antragstellerin aus Kostengründen derzeit nur 300,00 € als Teilunterhalt geltend macht. Sie geht davon aus, dass der Antragsgegner nach seiner Verurteilung gesprächsbereit wird und an ihr den Unterhalt zahlt, der ihr zusteht, bevor ein weiterer Unterhaltsantrag gestellt wird.[2]

Rechtsanwältin

1. Geltendmachung eines Unterhalts-Teilbetrages. Wer nur einen Unterhalts-Teilbetrag geltend machen will, sei es Kostengründen, sei es aus taktischen Erwägungen, etwa darauf hoffend, dass im Vergleichswege eine nicht nur vorübergehende, sondern endgültige Unterhaltsregelung gefunden werden kann, sollte seinen Antrag unbedingt als »Teilantrag« (früher: Teilklage) bezeichnen.

Dies deshalb, weil im Zweifel die **Vermutung** dafür spricht, dass der Unterhaltsanspruch insgesamt und nicht nur ein Teilbetrag von diesem geltend gemacht wird (BGH, FamRZ 2003, 444, 445; 1990, 863) bzw. dafür, dass kein Teilantrag erhoben wurde, der nach herrschender Meinung allein eine Nachforderung ermöglicht (BGH, FamRZ 1985, 371, 372; OLG Karlsruhe, FamRZ 1995, 1498, 1499; OLG Frankfurt am Main, FamRZ 1980, 894, 895).

An die Annahme, der geltend gemachte Unterhaltsanspruch sei lediglich als Teilbetrag erhoben worden, werden strenge Anforderungen gestellt: So reicht es nicht aus, wenn lediglich vorgerichtlich ein höherer Unterhaltsbetrag angemahnt wurde. Auch der bloße Hinweis, eine »Antragserweiterung bleibe vorbehalten«, reicht i. d. R. nicht aus, um einen auf Unterhalt gerichteten Zahlungsantrag als »Teilantrag« zu qualifizieren (OLG Karlsruhe, FamRZ 1995, 1498, 1499). Es ist vielmehr erforderlich, dass der Antragsteller den Antrag als (offenen) »Teilantrag« bezeichnet, sich doch zumindest ausdrücklich über den geltend gemachten Unterhaltsbetrag eine Unterhaltsnachforderung vorbehält (BGH, FamRZ 1985, 690; OLG Köln, FamRZ 1983, 1047, 1048), sieht man einmal von den sicherlich eher seltenen Fällen ab, in denen sich der geltend gemachte Unterhaltsanspruch aufgrund besonderer Umstände ausnahmsweise als Teilunterhalt auffassen lässt (OLG Frankfurt am Main, FamRZ 1980, 894, 895).

▶ **Praxishinweis:**

Der Antragsteller, der nur einen Teilunterhalt geltend macht, sollte seinen Antrag ausdrücklich und unmissverständlich als »Teilantrag« bezeichnen und in der Antragsbegründung klarstellen, dass und ggf. warum er nur einen Teilunterhalt beansprucht und er beabsichtigt, nach obsiegender Entscheidung weiteren Unterhalt zu fordern.

Denn kann der Unterhaltsgläubiger die Vermutung, dass er den vollen Unterhalt eingeklagt hat, nicht widerlegen und wird damit seine Klage wegen fehlender Erkennbarkeit als sog. »**verdeckte Teilklage**« behandelt, ist er gehindert, im Wege eines ergänzenden Nachforderungsantrags weitere Teile des ihm nach seiner Behauptung zustehenden Unterhalts geltend zu machen. Hat somit der Berechtigte seinen vermeintlich »vollen« Unterhalt eingeklagt und diesen ganz oder teilweise zugesprochen bekommen, kann er einen etwa bestehenden Erhöhungsbedarf nur unter den Voraussetzungen des § 238 FamFG – also grds. nur für die Zeit ab Rechtshängigkeit und mit dem **erheblichen Risiko der Präklusion** – mit dem Abänderungsantrag geltend machen (BGH, FamRZ 1984, 772; Zöller/*Vollkommer* § 323 Rn. 18, 19).

Dies soll i. Ü. auch für einen im Erstverfahren »vergessenen« **Vorsorgeunterhalt** gelten, weil dieser als unselbstständiger Teil eines einheitlichen Unterhaltsanspruchs grds. nur mit dem Abänderungsantrag geltend gemacht werden kann, wobei auch hier das Risiko der Antragsabweisung wegen § 238 Abs. 2 FamFG beachtlich ist (vgl. zu § 323 Abs. 2 ZPO: BGH, FamRZ 1985, 690).

2. Kostenaspekte bei der Geltendmachung von Teilunterhalt. Neben der bereits dargestellten »Präklusionsgeneigtheit« einer verdeckten Teilklage rechtfertigen auch die Kostenvorteile die Nachteile i. Ü. **nicht:**

Werden wie im Muster nur 300,00 € statt 850,00 € an Unterhalt geltend gemacht, kostet zwar das gesamte Verfahren zunächst einmal nur die Hälfte.

Kommt es allerdings zu einem Vergleich, etwa deshalb, weil das FamG eine abschließende Klärung des Unterhalts herbeiführen will oder der Teilantrag einen negativen Feststellungsantrag herausfordert, mit dem der Unterhaltsschuldner sein Unterhaltsobligo insgesamt geklärt wissen will, relativiert sich diese Kostenersparnis in bemerkenswerter Weise: Denn bei einem negativen Feststellungsantrag als Widerantrag erwächst mit diesem, wenn beim Widerantrag kein Abschlag beim Verfahrenswert vorgenommen wird (SBW/*Keske* § 51 FamGKG Rn. 31 m. w. N.), und dem Gegenstandswert des (Haupt-) Antrags in aller Regel der volle Verfahrenswert. Dann stehen sich bei einem Unterhaltsvergleich je nachdem, ob 300,00 € oder aber 850,00 € (ohne Rückstände) beantragt wurden, folgende Anwaltshonorare gegenüber:

a. Geltend gemachter Unterhalt: 850,00 € (mit Vergleich)

3,5 Gebühren aus 10.200,00 = **netto 2.114,00 €**

b. Geltend gemachter Unterhalt: 300,00 € (vom Gericht werden festgesetzt: 3.600,00 € für das Verfahren und 10.200,00 € für den Vergleich)

1,3 Verfahrensgebühr Nr. 3100 VV	(Wert: 3.600,00 €)	327,60 €	
0,8 Verfahrensgebühr Nr. 3101 Nr. 2 VV	(Wert: 6.600,00 €)	324,00 €	
gem. § 15 Abs. 3 RVG allerdings nicht mehr als 1,3 aus 10.200,00 € (= 785,20 €)			651,60 €
1,2 Terminsgebühr Nr. 3104 VV	(Wert: 10.200,00 €)		724,80 €
1,0 Einigungsgebühr Nr. 1003 VV	(Wert: 3.600,00 €)	252,00 €	
1,5 Einigungsgebühr Nr. 1000 VV	(Wert: 6.600,00 €)	607,50 €	
gem. § 15 Abs. 3 RVG allerdings nicht mehr als 1,5 aus 10.200,00 € (= 906,00 €)			859,50 €
Gesamt netto			**2.235,90 €**

Gegen diese Berechnung lässt sich natürlich einwenden, sie berücksichtige nicht das Verhältnis von Obsiegen und Unterliegen (§ 243 Nr. 1 FamFG) und es sei durchaus auch nicht so, dass bei Abschluss eines Unterhaltsvergleichs die Kosten stets gegeneinander aufzuheben seien (vgl. § 83 Abs. 1 FamFG). Andererseits ist aber auch zu berücksichtigen, dass sich bei Abschluss eines Vergleiches ein Entgegenkommen im Kostenbereich in aller Regel streitschlichtend mit entsprechender »Langzeitwirkung« auswirken und dazu führen kann, dass der Unterhaltsschuldner nicht jeden Abänderungsgrund zum Anlass eines späteren und möglicherweise berechtigten Korrekturverlangens nimmt. Jedenfalls sollte dem Mandanten nicht die Erwartung vermittelt werden, der geltend gemachte Teilunterhalt sei für ihn zunächst kostenneutral – eine Erklärung, die nach Erhalt der 1. Akontozahlung einer Begründung bedarf – und bei dem 2. Verfahren müsse man halt einmal sehen, wie berechtigt das FamG das Nachforderungsverlangen sehe. Ein kostenbewusster Mandant, mit dem sich der anwaltliche Vertreter zunehmend häufiger konfrontiert sieht, dürfte sich kaum mit dieser ehrlichen, aber vagen Kostenprognose zum Nachforderungsverfahren zufrieden geben und sich zudem auch noch fragen, warum es zur Klärung seines Unterhaltsanspruchs zweier Unterhaltsverfahren bedarf.

b) Titulierung eines »Spitzenbetrags« bei freiwillig gezahltem »Sockelbetrag«

Der freiwillig gezahlte und eingeklagte Sockelbetrag wurde bisweilen auch deshalb nicht weiter verfolgt, weil das Gericht keine »Klageveranlassung« gesehen und Verfahrenskostenhilfe unter Hinweis auf die Möglichkeit einer kostengünstigeren Titulierung (z. B. beim Notar oder beim Jugendamt) verweigert hat (OLG Hamm, FamRZ 2008, 1260). Teilweise wurde Verfahrenskostenhilfe auch dann verweigert, wenn der auf Ehegattenunterhalt in Anspruch genommene Unterhaltsschuldner im Verfahren einen Teil sofort anerkannte und diesen auch immer pünktlich und regelmäßig gezahlt hatte: Dann – so etwa das OLG Düsseldorf (FamRZ 1994, 117) – seien die auf den Sockelbetrag entfallenden anteiligen Titulierungskosten der klagenden Partei aufzuerlegen, weil der Schuldner keine Veranlassung zur Klageerhebung gegeben habe, und dies selbst dann nicht, wenn er außergerichtlich zwar zur Titulierung des Sockelbetrages in einer Notarurkunde bereit war, nicht aber die Notarkosten übernehmen wollte. Diese Entscheidung ist zwischenzeitlich aber »Schnee von gestern«, weil der BGH diese Argumentation nicht mehr gelten lässt und mit erfreulicher Klarheit darauf hinweist, dass die Möglichkeit eines sofortigen Anerkenntnisses in einem Verfahren auf den vollen Unterhalt ausscheide, wenn der Unterhaltsverpflichtete lediglich einen Teilbetrag auf den geschuldeten Unterhalt erbringe (BGH, FamRZ 2010, 195 Rn. 17). Hierbei sei nicht einmal von Belang, ob es eine vorherige Aufforderung zur außergerichtlichen Titulierung gegeben habe, weil sich aus dem gezahlten Teilunterhalt ergebe, dass der Schuldner nicht freiwillig bereit sei, den gesamten geschuldeten Unterhalt zu leisten (so bereits OLG Zweibrücken, FamRZ 2002, 1130).

981

Muster 11

982   Amtsgericht .....

– Familiengericht –

Antrag

der .....

(Antragstellerin)

Verfahrensbevollmächtigte: .....

gegen

.....

(Antragsgegner)

wegen: Unterhalt (Titulierung eines »Spitzenbetrags«)

vorläufiger Verfahrenswert: 4.500,00 €[1]

Namens und in Vollmacht der Antragstellerin beantrage ich:

Der Antragsgegner wird verpflichtet, an die Antragstellerin über freiwillig gezahlte 500,00 € hinaus ab dem ..... einen weiteren im Voraus fälligen Unterhalt i. H. v. monatlich 375,00 € zu zahlen.[2]

Begründung:

Die Antragstellerin ist geschiedene Ehefrau des Antragsgegners, der an diese seit der Scheidung der Beteiligten am ..... Krankenunterhalt i. H. v. monatlich 500,00 € zahlt.

Aufgrund des Einkommens des Antragsgegners, das sich unterhaltsbereinigt auf rund 2.800,00 € netto beläuft, schuldet dieser der Antragstellerin, die über eine Erwerbsunfähigkeitsrente i. H. v. mtl. 650,00 € verfügt, jedoch Unterhalt i. H. v. 875,00 € (2.400,00 *[6/7 von 2.800,00 €]* + 650,00 € = 3.050,00 €: 2 = 1.525,00 € ./. 650,00 €).

Da der Antragsgegner freiwillig 500,00 € zahlt, wird der Antrag darauf beschränkt, den sog. »Spitzenbetrag« zu verlangen.

Rechtsanwalt

1. Verfahrenswert. Wird nur der Spitzenbetrag (hier: 375,00 €) und nicht gleichzeitig auch der freiwillig geleistete Sockelbetrag (500,00 €) geltend gemacht, entscheidet das Gericht nur über den ersteren und nicht auch über den Sockelbetrag. Der Verfahrenswert richtet sich damit in diesen Fällen nach dem Jahresbetrag des Unterhalts, der einer Titulierung zugeführt werden soll (hier: 375,00 € × 12).

2. Richtige Antragsart. In den Fällen, in denen über einen freiwillig gezahlten – nicht titulierten – Betrag (Sockelbetrag) hinaus ein Spitzenbetrag zugesprochen wird, entscheidet das Gericht über einen (offenen) Teilantrag und stellt nicht rechtskräftig fest, dass der zugrunde liegende Unterhaltsanspruch auch im Umfang der freiwilligen Zahlung besteht. Dies mag auf den ersten Blick überraschen, weil man meinen könnte, die Prüfung der Berechtigung des Spitzenbetrags setze eine Incidenterprüfung der Berechtigung des Sockelbetrages voraus. Dies erscheint zwar logisch, denn 375,00 € kann das FamG (eigentlich) nur zusprechen, wenn der Unterhaltsanspruch insgesamt 875,00 € beträgt.

Dass dem nicht so ist, ergibt sich daraus, dass die Rechtskraft eines Unterhaltsbeschlusses nur so weit reicht, als über den erhobenen Anspruch – und nur über diesen – entschieden wird und bei der Geltendmachung von Teilansprüchen die Rechtskraft nur diesen Teil ergreift (*Soyka* FuR 2007,

152, 154). Der Beschluss, mit dem ein Teilanspruch zugesprochen oder aberkennt wird, befindet also nicht darüber, ob dem Antragsteller mehr als der geltend gemachte Teil oder noch andere Ansprüche aus dem vorgetragenen Sachverhalt zustehen, und dies selbst dann nicht, wenn sich die Entscheidungsgründe darüber auslassen (BGH, FamRZ 1985, 371, 372 unter Hinweis darauf, dass es sich hierbei um ein »vorgreifliches Rechtsverhältnis« handele, das als »bloßes Urteilselement nicht an der Rechtskraft teilnimmt«).

Wenn der Unterhaltsschuldner den bislang freiwillig gezahlten Unterhalt ganz oder teilweise einstellt, hat dies somit zur Folge, dass der »Sockelbetrag« im Wege der Erstfestsetzung, also mit dem **Leistungsantrag**, geltend gemacht werden muss. Der Abänderungsantrag wäre somit die falsche Antragsart (BGH, FamRZ 1986, 661, 662; MünchKommZPO/*Gottwald* § 323 Rn. 24; Zöller/*Vollkommer* § 323 Rn. 19). Es kommt allerdings eine Umdeutung in Betracht (vgl. 988, *9* und *10*).

c) Geltendmachung von weiterem Unterhalt bei nicht tituliertem Sockelbetrag und tituliertem Spitzenbetrag

Begehrt der Unterhaltsgläubiger über den Gesamtunterhalt – bestehend aus dem nicht titulierten Sockel- und dem titulierten Spitzenbetrag – hinaus weiteren Unterhalt, fragt sich, wie dies prozessual geltend gemacht werden muss.   983

Ferner stellt sich die Frage, ob der Unterhaltsschuldner in einem solchen vom Gläubiger betriebenen Nachforderungsverfahren geltend machen kann, das Gesamtsaldo des freiwillig gezahlten und titulierten (Teil-) Unterhalts ergebe auch unter Berücksichtigung veränderter Verhältnisse keinen höheren Unterhalt.

Muster 12

Amtsgericht   984

– Familiengericht –

Antrag

der .....

(Antragstellerin)

Verfahrensbevollmächtigte: .....

gegen

.....

(Antragsgegner)

wegen: Unterhaltsnachforderung

vorläufiger Verfahrenswert: 1.200,00 €

Namens und in Vollmacht der Antragstellerin beantrage ich:

Der Antragsgegner wird verpflichtet, in Abänderung des Beschlusses des Amtsgerichts ..... vom ..... (Geschäftszeichen: .....) an die Antragstellerin ab dem ..... einen weiteren im Voraus fälligen Unterhalt i. H. v. monatlich 100,00 € zu zahlen.[1]

Begründung:

Die Antragstellerin ist geschiedene Ehefrau des Antragsgegners, der an diese seit der Scheidung einen nicht titulierten Krankenunterhalt i. H. v. monatlich 500,00 € zahlt.

Mit Beschluss des Amtsgerichts ..... vom ..... (Geschäftszeichen: .....) wurde der Antragsgegner verpflichtet, an die Antragstellerin über die freiwillig gezahlten 500,00 € hinaus einen weiteren monatlich im Voraus fälligen Krankenunterhalt i. H. v. 375,00 € zu zahlen.

Zwar haben sich die Einkommensverhältnisse der Beteiligten nicht verändert. Jedoch hat die Antragstellerin aufgrund der Verschlimmerung ihrer Erkrankung monatlich einen zusätzlichen Krankenvorsorgebedarf i. H. v. 100,00 €, was sich aus Folgendem ergibt: .....

Insgesamt stehen der Antragstellerin damit an Unterhalt 975,00 € zu.

Dies rechtfertigt neben dem freiwillig gezahlten (500,00 €) und dem titulierten (375,00 €) einen weiteren Unterhalt iHv. 100,00 €.

Rechtsanwalt

Wenn der Antragsgegner z. B. meinen sollte, er schulde hingegen **insgesamt** an Unterhalt nur 300,00 €, stellt er – unter Abweisung des Unterhaltsantrags i. Ü. – folgenden Widerantrag:

Der Beschluss des Amtsgerichts ..... vom ..... (Geschäftszeichen: .....) wird dahingehend abgeändert, dass der Antragsgegner der Antragstellerin ab ..... Unterhalt iHv. nur 300,00 € schuldet.[2]

Zudem stellt er seine freiwilligen Unterhaltszahlungen (bislang 500,00 €) komplett ein, sollte bei seinen Zahlungen fortan aber klarstellen, dass er (nur) auf den titulierten Unterhalt leistet.

1. Abänderungs- oder Leistungsantrag des Unterhaltsberechtigten. Begehrt der Unterhaltsgläubiger über den Gesamtunterhalt, der sich aus dem nicht titulierten Sockelbetrag (500,00 €) und dem titulierten Spitzenbetrag (375,00 €) zusammensetzt, hinaus weiteren Unterhalt, muss er nach Ansicht des BGH auch diesen im Wege des **Leistungsantrags** geltend machen, und dies selbst dann, wenn die Mehrforderung auf (Abänderungs-) Gründe gestützt wird, die nach dem Schluss der mündlichen Verhandlung, auf die die Verurteilung zur Zahlung des Spitzenbetrags erging, entstanden sind (BGH, FamRZ 1985, 371, 373). Der BGH begründet dies damit, dass in allen Fällen der Teilklage, und dies ungeachtet der Gründe, die den Unterhaltsgläubiger zur gerichtlichen Geltendmachung eines höheren Unterhaltsanspruchs veranlassen, eine »**Titulierungslücke**« im Umfang des freiwillig gezahlten Sockelbetrags bestehe, die nur durch die Leistungsklage geschlossen werden könne. Für eine Abänderung sei, wenn der gesamte Unterhaltsanspruch noch nicht (vollständig) tituliert worden sei, selbst dann kein Raum, wenn der Unterhaltsgläubiger mehr Unterhalt begehre als die Summe des nicht titulierten Sockelbetrags und des titulierten Spitzenbetrags und dieses Begehren auf eine wesentliche Veränderung i. S. v. § 323 Abs. 1 ZPO gestützt werde (BGH, FamRZ 1985, 371, 373).

Gegen diese Ansicht streitet, dass Streitgegenstand des Erstverfahrens nicht ein beliebiger Betrag gewesen ist, sondern ein Unterhaltsteilanspruch entsprechend der Tenorierung (hier: »über freiwillig gezahlte 500,00 € hinaus weitere 375,00 €«) als Spitzenbetrag verlangt wurde. Zwar entschied das Erstgericht nur hierüber, hätte dem Antrag aber gar nicht entsprechen dürfen, wenn der eingeforderte Teil den Sockelbetrag nicht überschritten hätte. Erhebt nun der Titelgläubiger Abänderungsantrag, kann nicht zweifelhaft sein, dass es ihm nicht um den freiwillig gezahlten Sockelbetrag, sondern um die **Abänderung des titulierten Spitzenbetrags** geht, denn nur dieser und nicht der freiwillig gezahlte Sockelbetrag war Streit- und Entscheidungsgegenstand der zusprechenden Entscheidung (*Hahne* FamRZ 1983, 1189, 1191). Zudem wird sich, wie das Muster belegt, in solchen Fällen häufig eine schwierig auflösbare Gemengelage zwischen einem Nachforderungs- und einem Erhöhungsverlangen (Letzteres wegen veränderter Verhältnisse) einstellen, etwa wenn bereits bei Titulierung des Spitzenbetrags Umstände vorhersehbar waren, die den Unterhaltsgläubiger angesichts einer sich abzeichnenden Veränderung von der Geltendmachung des vollen Unterhalts abgehalten und zur Geltendmachung nur eines Teilbetrags veranlasst haben. In diesen Fällen erscheint es wenig sachgerecht, solche ineinander greifenden Umstände, die teilweise eine bloße Nachforderung, teilweise aber auch eine »Abänderung« eines ursprünglichen Teilantrags darstellen, nicht dem

Anwendungsbereich der §§ 238 ff. FamFG zuzuweisen. Für einen Abänderungsantrag spricht nicht nur, dass ein einheitlicher Lebenssachverhalt in einem Verfahren nach allen Seiten hin geklärt wird und »Patchwork-Titel« (*Viefhues* Fehlerquellen[2]) Rn. 2149) vermieden werden sollten, sondern auch, dass divergierende Entscheidungen infolge mehrerer Leistungsanträge, mögen diese auch als Teilanträge bis an die »ferne Grenze unzulässiger Rechtsausübung« zulässig sein (*Schellhammer* ZAP 1998, 445, 455), verhindert werden und sich mit dem Abänderungsantrag bei Ansprüchen auf wiederkehrende Leistungen, gleichgültig, in welcher Form sie gestellt werden, »flexiblere und damit sachgerechtere Ergebnisse« erzielen lassen (OLG Düsseldorf, FamRZ 1984, 489, 490; ebenso Hoppenz, § 323 Rn. 6; *Hahne* FamRZ 1983, 1189).

Die Frage, ob der Unterhaltsschuldner in einem vom Gläubiger betriebenen Nachforderungsverfahren geltend machen darf, das Gesamtsaldo des freiwillig gezahlten und titulierten (Teil-) Unterhalts ergebe auch unter Berücksichtigung veränderter Verhältnisse keinen höheren Unterhalt, dürfte zu bejahen sein, weil der Sockelbetrag nicht Gegenstand der Erstentscheidung wurde (vgl. Rdn. 982, *M. 2*) und es dem Unterhaltsschuldner nicht verwehrt sein kann, seine freiwilligen Zahlungen mit dem eingeklagten Unterhaltsmehrbetrag, der über die Summe von Sockel- und Spitzenbetrag hinausgeht, zu »verrechnen«. Schließlich könnte er ja auch den titulierten Unterhaltsmehrbetrag zahlen und den nicht titulierten Sockelbetrag entsprechend kürzen. Der Erfolg einer vom Unterhaltsberechtigten betriebenen Unterhaltsnachforderung bei nicht tituliertem Sockel- und tituliertem Spitzenbetrag hängt somit davon ab, ob die Berücksichtigung einer wesentlichen Veränderung zu einem höheren **Unterhaltsgesamtsaldo** führt, als sich dieses aus der Summe von Sockel- und Spitzenbetrag errechnet. Wäre hingegen der mehrfach geschichtete Gesamtunterhalt – ggf. einschließlich eines Erhöhungsbetrags – tituliert, wäre zur Geltendmachung (wiederum) veränderter Verhältnisse der Abänderungsantrag zu erheben (OLG Karlsruhe, FamRZ 1992, 199), wobei sich die Einwendungen nach § 238 Abs. 2 FamFG nach dem Zeitpunkt der letzten mündlichen Verhandlung richten, auf die die letzte Entscheidung ergangen ist (BGH, FamRZ 1998, 99, 100; 1984, 772).

▶ **Praxishinweis:**

Da sich bei einem »Flickenteppich« von Titeln (zunächst die Titulierung des Spitzenbetrags, hiernach die zusätzliche Titulierung des sodann eingestellten Sockelbetrags und schließlich die Titulierung eines Mehrbetrags) im Fall eines späteren Abänderungsverlangens die Gefahr der Präklusion direkt proportional zu der Anzahl der Titel, einstellen kann, sollte generell von Teiltitulierungen abgesehen werden. Teiltitulierungen sind auch unter dem Aspekt des Kostentragungsrisikos regelmäßig nicht mehr veranlasst, nachdem der BGH in seiner Entscheidung v. 02.12.2009 darauf hinweist, dass die Möglichkeit eines sofortigen Anerkenntnisses (vgl. § 243 Nr. 4 FamFG) in einem Verfahren auf den vollen Unterhalt ausscheide, wenn der Unterhaltsverpflichtete lediglich einen Teilbetrag auf den geschuldeten Unterhalt erbringe (BGH, FamRZ 2010, 195 Rn. 17). Hierbei sei nicht einmal von Belang, ob es eine vorherige Aufforderung zur außergerichtlichen Titulierung gegeben habe: Wer nur einen Unterhaltsteilbetrag zahle, gebe zu erkennen, dass er nicht freiwillig den gesamten geschuldeten Unterhalt zu leisten bereit ist.

2. Abänderungsverlangen des Verpflichteten bei bloßer Titulierung des Spitzenbetrags. Der Unterhaltsschuldner kann demgegenüber seinerseits mit einem Abänderungsantrag die Herabsetzung – oder bei Leistungsunfähigkeit sogar den Wegfall – des titulierten Spitzenbetrags nur verlangen, wenn mit seinem Herabsetzungsverlangen ein geschuldetes Unterhaltsgesamtsaldo geltend gemacht wird, das geringer als der titulierte Spitzenbetrag ist und damit die erstrebte Herabsetzung des Unterhalts den freiwillig geleisteten Sockelbetrag übersteigt (BGH, NJW 1993, 1995, 1996; OLG Karlsruhe, FamRZ 1992, 199). Ist dies nicht der Fall, weil das Unterhaltssaldo (noch) über dem Spitzenbetrag liegt, mag es auch geringer sein als der Sockelbetrag (z. B. nicht titulierter Sockelbetrag: 500,00 €; titulierter Spitzenbetrag: 375,00 €; Unterhaltsgesamtsaldo: 500,00 €), sollte der Unterhaltsschuldner sein Herabsetzungsbegehren faktisch durch Kürzung seiner freiwilligen Zahlungen durchsetzen (im vorstehenden Zahlenbeispiel: durch Beschränkung der freiwilligen Zahlung von bisher 500,00 € auf nur noch 125,00 € + tituliert 375,00 € = Gesamtunterhalt 500,00 €) und den Unterhaltsgläubiger damit auf die Titulierung (auch) des Sockelbetrags verweisen, freilich mit der kostenrechtlichen Konsequenz, dass zur Erhebung eines auf den Sockelbetrag gerichteten Leistungsantrags Veranlassung gegeben wird, wenn der auf 125,00 € reduzierte Sockelbetrag in Wirklichkeit höher liegen sollte.

▶ Praxishinweis:

Eine Abänderung des titulierten Spitzenbetrags auf null kommt also nur dann in Betracht, wenn überhaupt kein Unterhaltsobligo mehr besteht.

Im Muster wird die Zahlungseinstellung des Sockelbetrages konsequenterweise dazu führen, dass die Antragstellerin in Abänderung der Ersttitulierung (375,00 €) nicht nur 100,00 € verlangt, sondern (antragserweiternd) weitere 500,00 € und dies mit der Begründung, dass das gesamte Unterhaltsobligo 975,00 € beträgt, der Antragsgegner seine bislang erbrachten freiwilligen Unterhaltszahlungen eingestellt hat und lediglich 375,00 € tituliert sind.

Der Antragsgegner wird verpflichtet, in Abänderung des Beschlusses des Amtsgerichts ..... vom ..... (Geschäftszeichen: .....) an die Antragstellerin ab dem ..... einen weiteren im Voraus fälligen Unterhalt i. H. v. monatlich 600,00 € zu zahlen.

4. Abänderungsantrag und Abgrenzung zu anderen Verfahrensarten

985   Mit den vorstehenden Mustern wurde bereits aufgezeigt, wie schwierig es im Einzelfall sein kann, auf das Verlangen des Mandanten, der als Gläubiger eines titulierten Unterhaltsanspruch diesen verteidigen oder zu seinen Gunsten abändern will bzw. des Mandanten, der als Unterhaltsschuldner weniger Unterhalt als tituliert oder gar keinen Unterhalt mehr zahlen möchte, die richtige Antwort in verfahrensrechtlicher Hinsicht zu geben.

Mag in aller Regel auch als die richtige Antwort der Abänderungsantrag nach §§ 238 ff. FamFG wie auch die Möglichkeit der Umdeutung der einen in die andere Verfahrensart gegeben sein, so treten doch immer wieder, wie nicht zuletzt Entscheidungen zum Anwaltsregress belegen, **Abgrenzungsprobleme** bei der Wahl der richtigen Verfahrensart auf, zumal sich diese nicht zwangsläufig daraus ergibt, was der Mandant will.

Im Nachfolgenden sollen deshalb neben bereits dargestellten Abgrenzungsfragen weitere Einzelheiten zu Verfahrensfragen angesprochen und die Kriterien, die bei der Wahl der richtigen Verfahrensart zu beachten sind, unter besonderer Berücksichtigung des Abänderungsantrags, des Leistungs- und negativen Feststellungsantrags wie auch des Vollstreckungsabwehrantrags aufgezeigt werden.

a) Abänderungsantrag und Leistungsantrag

986   Vom Grundsatz her ist die Abgrenzung vom Leistungs- zum Abänderungsantrag unproblematisch: Mit dem Leistungsantrag nach § 258 ZPO wird eine **erstmalige Festsetzung** künftig entstehender Unterhaltsansprüche mit dem gegenwärtig bereits vorhandenen Anspruch auf Zahlung von Unterhalt als ein verfahrensrechtlich einheitliches und bis zum Wegfall einer der Voraussetzungen andauerndes Recht auf monatliche Unterhaltszahlungen (BGH, FamRZ 1982, 259, 260) geltend gemacht.

Die §§ 238 ff. FamFG sind dazu bestimmt, eine unrichtig gewordene **Prognoseentscheidung** zu korrigieren und einer neuen Prognoseentscheidung zuzuführen. Verkürzt lässt sich damit sagen, dass bei Vorliegen einer Prognoseentscheidung der Abänderungsantrag im Zweifel immer der richtige Antrag ist.

Abweichend hiervon kann allenfalls die Frage sein, ob ausnahmsweise über die Fälle der Ersttitulierung hinaus auch weitere Anwendungsfälle denkbar sind, die dem Leistungsantrag Raum auch dann geben, wenn es bereits zu einer Erstfestsetzung gekommen ist. Zu denken ist hierbei an
– die grundlagenlose Unterhaltsvereinbarung,

- die unbrauchbar gewordene Unterhaltsvereinbarung und
- den befristeten Unterhaltstitel.

aa) Unterhaltsvereinbarung ohne Geschäftsgrundlage

Eine solche ist dann gegeben, wenn die Unterhaltsvereinbarung nicht erkennen lässt, welche Verhält-   987
nisse und Bewertungsmaßstäbe die Beteiligten zur Geschäftsgrundlage ihres Parteiwillens und damit
zum Maßstab dessen gemacht haben, was ihren beiderseitigen Vorstellungen über das Vorhandensein und den Fortbestand der bestehenden oder doch zumindest erkennbaren Umstände entspricht
und auch nicht im Wege der Auslegung (OLG München, FamRZ 2000, 612) des Vertragswillens
erforscht und über diesen sich den Grundlagen genähert werden kann. Dies wäre beispielhaft der
Fall, wenn es in einer notariellen Scheidungsvereinbarung lediglich heißt:

> »Teil B: Unterhalt
>
> Der Ehemann zahlt an die Ehefrau beginnend mit dem Monat ab Rechtskraft der Scheidung einen mtl. im
> Voraus fälligen nachehelichen Unterhalt i. H. v. 750,00 €. Die Ehefrau verpflichtet sich, beim begrenzten
> Realsplitting mitzuwirken und die Anlage U zu unterzeichnen. Der Ehemann hat der Ehefrau die ihr hier-
> durch entstehenden steuerlichen Nachteile zu erstatten.«

In einem solchen Formulierungsfall, der immer wieder einmal Gegenstand der anwaltlichen Beratung ist, lässt sich nicht einmal über einen etwa ebenfalls vereinbarten Kindesunterhalt und die zum
Zeitpunkt der Errichtung der Urkunde gültige Düsseldorfer Tabelle das mögliche Einkommen des
Ehemannes rekonstruieren. Dem Hinweis auf die steuerlichen Nachteile lässt sich allenfalls entnehmen, dass die Ehefrau eigentlich über Einkommen verfügen muss, da andernfalls bei dem vereinbarten Unterhalt keine Steuerlast entsteht, weil der Jahreswert des Unterhalts (9.000 €) nicht den
steuerlich anerkannten Höchstbetrag erreicht (13.805 €). Aber auch diese Schlussfolgerung weist
bereits spekulative Züge auf.

Bei einer **grundlagenlosen Vereinbarung** wie dieser fehlt es damit an der Möglichkeit festzustellen,
welche Lebensverhältnisse zum Zeitpunkt der Vereinbarung bestanden, ob und in welchem Umfang
diese bei der Unterhaltsbemessung berücksichtigt wurden und sich zwischenzeitlich geändert haben
und ob sich schließlich die Veränderung als so schwerwiegend und tiefgreifend darstellt, dass den
Beteiligten ein Festhalten an der getroffenen Vereinbarung unzumutbar ist (§ 239 Abs. 2 FamFG
i. V. m. § 313 BGB).

Abgesehen einmal davon, dass in diesen Fällen eine Abänderung mit nur schwer überwindbaren
Darlegungsproblemen aufseiten des Unterhaltsverpflichteten, wenn dieser sein Unterhaltsobligo
eingeschränkt sehen möchte, einhergeht (vgl. hierzu OLG Stuttgart, FamRZ 2005, 1996; *Soyka*
FuR 2006, 525), gestatten zwar Rechtsprechung (BGH, FamRZ 2001, 1140, 1142; OLG Hamm,
FamRZ 1999, 1349) und Lehre (Zöller/*Vollkommer* § 323a Rn. 13; Stein/Jonas/*Leipold* § 323
Rn. 27; MünchKommZPO/*Gottwald* § 323 Rn. 102) wird man eine vollständige Neuberechnung
des geschuldeten Unterhalts nach den gesetzlichen Vorschriften ohne fortwirkende Bindung an die
(nicht vorhandenen und auch nicht mehr rekonstruierbaren) Grundlagen des abzuändernden Ver-
gleichs gut begründen können. In diesen Fällen erfolgt die Anpassung zwar in der Weise, als handele es sich um eine Erstfestsetzung. Sie darf aber gleichwohl nicht, wie man meinen könnte, mit
dem Leistungsantrag, sondern nur im Wege des Abänderungsantrags vorgenommen werden (BGH,
FamRZ 2001, 1140, 1142; 1994, 696, 697; OLG Brandenburg, FuR 2006, 523 in der Form der
»Neufestsetzungsklage«; OLG Hamm, FamRZ 1994, 763, 764), und dies i. a. R. auch nur unter
Beachtung einer »angemessenen Mindestdauer« nach erfolgter Erstfestsetzung, weil erst nach einem
gewissen Zeitablauf Grund zur Annahme besteht, dass sich die Verhältnisse tatsächlich verändert
haben, aber auch deshalb, »um den Interessen der Beteiligten nach einer rechtssicheren Regelung zu
genügen« (FA-FamR/*Gerhardt* Kap. 6 Rn. 978).

Dogmatisch ist eine Anpassungsmöglichkeit bei vollständig grundlagenlosen Vereinbarungen
gleichwohl problematisch, weil § 239 Abs. 1 Satz 2 FamFG dem Antragsteller aufgibt, Tatsachen

vorzutragen, »die die Abänderung rechtfertigen« und hierfür die Annahme einer eingetretenen Veränderung aufgrund bloßen Zeitablaufs nicht ohne Weiteres ausreicht. Andererseits wird man zur **Vermeidung von Härten**, die aus der andernfalls sich ergebenden Unabänderbarkeit einer grundlagenlosen Vereinbarung folgen, es aber auch nicht für richtig halten können, dass der Unterhaltsschuldner, der »ohne wenn und aber« eine Unterhaltsschuld einschränkungslos verbrieft, damit eine nicht abänderbare Verpflichtung zur Zahlung von Unterhalt bis ins Grab übernehmen wollte: Denn zumindest ein gleichbleibendes Einkommen des Unterhaltsverpflichteten dürfte Grundlage der Vereinbarung gewesen sein und ändert sich dieses erheblich, was freilich derjenige, der die Abänderung verlangt, darzulegen und zu beweisen hat, darf eine Abänderung letztlich nicht daran scheitern, dass die Vereinbarung sich dazu, auf welchen Grundlagen der Unterhalt ermittelt wurde, nicht verhält.

Nichts Anderes wird gelten, wenn die Vereinbarung keine Begrenzung und Befristung des Unterhalts nach § 1578b BGB vorsieht. Auch dann erscheint es sachgerecht, unter Beachtung einer ehezeitangemessenen Befristungsdauer eine Abänderung und damit eine sachgerechte Anpassung des grundlagenlosen Vergleichs zu ermöglichen (FA-FamR/*Gerhardt* Kap. 6 Rn. 978).

Etwas anderes wird man nur dann anzunehmen haben, wenn die Beteiligten sich sehenden Auges auf eine endgültige Unterhaltsregelung verständigen und damit zum Ausdruck bringen wollten, dass eine spätere Abänderung ungeachtet nicht vorhersehbarer Veränderungen der maßgeblichen Lebensverhältnisse ausscheiden soll. Dann wäre die ausdrücklich oder doch zumindest konkludent vereinbarte Unabänderbarkeit des vereinbarten Unterhalts nicht bloß Geschäftsgrundlage der getroffenen Regelung, sondern deren Vertragsinhalt geworden. Solche Fälle dürften allerdings die Ausnahme sein.

In seiner Entscheidung v. 25.11.2009 konkretisiert der BGH nochmals die Grundsätze für die Abänderung eines grundlagenlosen Prozessvergleichs und ergänzt diese aus Anlass des Inkrafttretens des UÄndG (Änderung der Rechtslage) und seiner Dreiteilungslehre (Änderung der höchstrichterlichen Rechtsprechung), wenn er darauf hinweist, dass ein pauschaler Unterhaltsvergleich ohne Geschäftsgrundlage »zwar für einen Ausschluss der Anpassung an die abweichenden tatsächlichen Verhältnisse bei Vertragsschluss sprechen könne, gleichwohl die Abänderbarkeit wegen Änderung der Geschäftsgrundlage (§ 313 BGB) durch geänderte tatsächliche Verhältnisse seit Vertragsschluss oder durch eine Änderung des Gesetzes oder der höchstrichterlichen Rechtsprechung dadurch aber regelmäßig nicht ausgeschlossen« sei (BGH, FamRZ 2010, 192 m. zust. Anm. *Graba* S. 195 und kritischer Anm. *Hoppenz* S. 276). Wie allerdings »geänderte tatsächliche Verhältnisse« festgestellt werden sollen, wenn der Vergleich keine Grundlagen aufweist und diese auch nicht rekonstruierbar sind, sagt der BGH nicht. Er beschränkt sich vielmehr auf die Feststellung, dass es in diesen Fällen geboten sein könne, »die Abänderung ohne fortwirkende Bindung an die Grundlage des abzuändernden Vergleichs vorzunehmen. Der Unterhalt ist dann wie bei einer Erstfestsetzung nach den gesetzlichen Vorschriften zu bemessen« (BGH, FamRZ 2010, 192 Rn. 14 unter Hinweis auf seine Entscheidung in FamRZ 2001, 1140, die allerdings einen Vergleich mit unbrauchbar gewordenen Grundlagen betrifft; vgl. Rdn. 988). Erkennbar scheut auch der BGH die bitteren Folgen, die ein grundlagenloser Vergleich ansonsten nach sich ziehen müsste, und dies im Ergebnis zu Recht, wenn man bedenkt, wie häufig in der Praxis Unterhaltsvereinbarungen ohne Festlegung der Berechnungsgrundlagen geschlossen werden und sicherlich nicht behauptet werden kann, dass dann, wenn die Beteiligten auf eine Festlegung der Vergleichsgrundlagen verzichtet haben, dies als Ausdruck des Willens der Unabänderlichkeit des Vergleichs zu interpretieren ist.

▶ **Praxishinweis:**

Wer eine Unterhaltsvereinbarung ohne jedwede und auch nicht rekonstruierbare Grundlagen geschlossen hat, riskiert ungünstigstenfalls, dass sie, wenn überhaupt, so doch zumindest für einen längeren Zeitraum der Abänderung entzogen ist (konsequent: OLG Düsseldorf, FamRZ 2008, 1002; vgl. aber auch die Revisionsentscheidung in FamRZ 2010, 192). **Vor solchen Vereinbarungen kann man nur warnen.** In jedem Fall sollte man den Mandanten, dem die Folgen einer grundlagenlosen Vereinbarung unbekannt sein dürften, hierüber in nachweisbarer Weise aufklären, damit zu einem späteren Zeitpunkt nicht die Haftpflichtversicherung bemüht werden muss.

bb) Titel und vollständiger Wegfall der Geschäftsgrundlage

Kommt es hingegen zu einem vollständigen Wegfall einer (zum Abschluss der Vereinbarung vorhandenen) Geschäftsgrundlage, sind die Grundsätze zur grundlagenlosen Unterhaltsvereinbarung entsprechend anzuwenden: Auch in solchen Fällen darf eine Neufestsetzung der Unterhaltsschuld nach den gesetzlichen Bestimmungen erfolgen, wiederum aber nicht mit dem Leistungs-, sondern nur mit dem Abänderungsantrag.

988

Bei der entscheidenden Frage, ob der geschuldete Unterhalt nach den gesetzlichen Vorschriften vollständig neu berechnet und »ohne fortwirkende Bindung an die (unbrauchbar gewordenen) Grundlagen des abzuändernden Vergleichs wie bei einer Erstfestsetzung nach den gesetzlichen Vorschriften neu zu bemessen ist«, stellt der BGH (BGH, FamRZ 2001, 1140) zunächst richtigerweise darauf ab, dass die Voraussetzungen für eine vollständige Neuberechnung des Unterhalts und eine vom Vergleich losgelöste Neufestsetzung durch das Gericht nicht schon bereits deshalb erfüllt seien, weil sich sämtliche im Vergleich genannten Berechnungsfaktoren geändert hätten. Eine andere Beurteilung rechtfertige sich aber bei einer »völligen Umgestaltung der im Vergleich zugrunde gelegten Bemessungsgrundlagen«, die sich als so tiefgreifend darstelle, dass eine Anpassung ausscheiden müsse, weil eine »Spiegelung« (vgl. Rdn. 961, *M. 4*) der damaligen mit den aktuellen Verhältnissen ausscheidet. Dann, so der BGH, bleibe nur die Möglichkeit, den geschuldeten Unterhalt wie bei einer Erstfestsetzung nach den gesetzlichen Vorschriften neu zu bemessen (BGH, FamRZ 2001, 1140; ebenso: BGH, FamRZ 1994, 562, 563; 1994, 696, 698; 1986, 783, 785; 1989, 172; OLG Koblenz, OLGReport 2006, 1004; OLG Brandenburg, FuR 2006, 523).

Dass auch in diesen Fällen der »Erstfestsetzung« allein der Abänderungs- und nicht etwa der Leistungsantrag zu erheben ist, findet seine (formale) Rechtfertigung nicht nur darin, dass sich das Verlangen nach Berücksichtigung veränderter Verhältnisse gegen einen bestehenden Unterhaltstitel richtet. Der Abänderungsantrag ist insb. auch deshalb die richtige Antragsart, weil trotz der Neufestsetzung des Unterhalts nach den gesetzlichen Bestimmungen stets zu prüfen ist, ob der Vereinbarung nicht doch Elemente entnommen werden können, die nach dem erkennbaren Parteiwillen weiterwirken sollen (BGH, FamRZ 1994, 696, 698; 1992, 539, 540). Auch wird man sorgfältig zu prüfen haben, ob der Vergleich irgendwelche Anhaltspunkte dafür bietet, mit deren Hilfe bei der Neufestsetzung Unterhaltszumessungserwägungen vorgenommen werden können, die – wie etwa bei einer ergänzenden Vertragsauslegung – im Vergleich Anklang gefunden haben und von denen anzunehmen ist, dass ihre Berücksichtigung dem Parteiwillen eher gerecht wird als bei der Unterhaltsbemessung der Neufestsetzung allein die gesetzlichen Bestimmungen zugrunde zu legen.

cc) Titel mit Unterhaltsbefristung

Befristeter Unterhalt beruht häufig auf einer Unterhaltsvereinbarung. Er wird infolge des UÄndG 2008 zunehmend mehr vereinbart, aber auch in einem Unterhaltsbeschluss tenoriert.

989

(1) Unterhaltsvereinbarung

Eine Vereinbarung, mit der lediglich ein zeitlich begrenzter Unterhaltsanspruch festgelegt wurde, sei es, dass der Zeitraum (»... für die Dauer von 36 Monaten ab dem Monat, der auf die Rechtskraft der Scheidung folgt«) oder das Ende des Anspruchs (»... bis zum 31.12.2011«) ausdrücklich erwähnt wird oder aber der Eintritt eines bestimmten Ereignisses (z. B. »bis zur Volljährigkeit des Kindes« oder »bis zum Eintritt in das Rentenalter« oder – wegen § 1573 Abs. 4 – »bis Ablauf der Probezeit des Arbeitsverhältnisses des Berechtigten«) den Wegfall des Unterhaltsanspruchs herbeiführt, unterliegt

990

für den Fall, dass der Berechtigte entgegen der vereinbarten zeitlichen Befristung weiteren Unterhalt begehrt, der **Neufestsetzung mittels eines Leistungsantrags**.

Der BGH begründet dies mit § 323 Abs. 4 ZPO a. F., wonach die Abs. 1 bis 3 auf Schuldtitel des § 794 Abs. 1 Nr. 1, 2a und 5 ZPO nur und insoweit anzuwenden sind, als Unterhaltsleistungen übernommen oder festgesetzt wurden. § 323 Abs. 4 ZPO a. F. erfasse demgegenüber nicht den Fall, in dem für die Zukunft keine Leistungspflicht festgelegt worden ist. Auch eine analoge Anwendung verbiete sich, weil die prozessuale Situation nach Erlass eines rechtskräftigen Urteils mit derjenigen nach Abschluss eines Prozessvergleichs nicht vergleichbar sei. Beschränke sich die im Vergleich übernommene Leistungspflicht auf einen bestimmten Zeitraum und werde nach dem übereinstimmenden Parteiwillen hiernach keine Unterhaltsverpflichtung festgelegt, müsse ein etwa bestehender Unterhaltsanspruch für die Zukunft mit der Leistungsklage nach § 258 ZPO geltend gemacht werden (BGH, FamRZ 2007, 983, 985). Dem stehe auch nicht entgegen, dass bei einem Urteil, mit dem laufender Unterhalt teilweise stattgegeben und zukünftiger Unterhalt ab einem bestimmten Zeitpunkt etwa wegen fehlender Bedürftigkeit nicht zugesprochen worden sei, bei einer Veränderung der Verhältnisse wegen des nicht zugesprochenen Unterhalts Abänderungsklage erhoben werden müsse. Denn das Urteil stelle das Nichtbestehen des (ab einem bestimmten Zeitpunkt aberkannten) Unterhalts rechtskräftig fest und die Durchbrechung der Rechtskraft könne nur mit der Abänderungsklage herbeigeführt werden. Bei einem Vergleich stelle sich dieses Problem der Durchbrechung der Rechtskraft nicht, weil sich die Vereinbarung auf den materiellen Anspruch beschränke: Das Nichtbestehen eines Unterhaltsanspruchs werde gerade nicht rechtskräftig festgestellt (kritisch: Schürmann FamRZ 2007, 987, der auch in diesen Fällen dem Abänderungsantrag den Vorzug geben möchte, weil eine Anpassung nach §§ 323 Abs. 4 ZPO, 313 BGB eine umfassende Abwägung der beiderseitigen Interessen ermögliche, die bei einer Leistungsklage keine Berücksichtigung finde).

Dies gilt auch für jene befristete Unterhaltsvereinbarung, die ein Unterhaltsverpflichteter mit dem betreuenden Elternteil eines nichtehelichen Kindes geschlossen hat. Macht der Berechtigte geltend, die Verweigerung einer über den befristet vereinbarten Zeitraum hinausgehenden Unterhaltsverpflichtung sei unbillig, muss er seinen Anspruch mit dem Leistungsantrag und kann diesen nicht mit dem Abänderungsantrag nach § 239 FamFG verfolgen.

Auch bei einer **Vereinbarung über Kindesunterhalt**, die bis zur Volljährigkeit des Kindes befristet wurde, um eine Neuberechnung des Volljährigenunterhalts zu ermöglichen oder auch ggf. ggü. dem Kind zu erzwingen, ist der Leistungsantrag durch das volljährige Kind zu erheben, was ohne Befristung nicht erforderlich wäre, weil Minderjährigen- und Volljährigenunterhalt identisch sind (BGH, FamRZ 2006, 99, 100; 1984, 682) und § 244 FamFG als Nachfolgenorm des aufgehobenen § 798a ZPO bestimmt, dass ein Unterhaltsverpflichteter seinem unterhaltsberechtigten Kind gegenüber nicht einwenden kann, es sei volljährig geworden, wenn gegen ihn die Vollstreckung aus einem Unterhaltsbeschluss oder einem sonstigen Titel nach § 794 ZPO, mit dem der Anspruch auf Unterhalt nach Maßgabe des § 1612a BGB festgestellt wurde, betrieben wird (vgl. auch Rdn. 999, *M. 12*, Stichwort: »Volljährigkeit des Kindes«).

Entsprechendes gilt schließlich auch bei einer Vereinbarung über Trennungsunterhalt, weil zwischen Letzterem und dem (nachehelichen) **Scheidungsunterhalt** aufgrund unterschiedlicher Streitgegenstände keine Identität besteht (grundlegend: BGH, FamRZ 1981, 242, 243). Bei einem vereinbarten oder mit Urteil zugesprochenen Trennungsunterhalt endet die Unterhaltsverpflichtung mit Rechtskraft der Scheidung (vgl. auch Rdn. 999, *M. 12*, Stichwort: »Befristung«), sodass der nacheheliche Unterhalt mit dem Leistungsantrag geltend zu machen ist, und zwar vorzugsweise im Scheidungsverbund (zur Zweiwochenfrist des § 137 Abs. 2 Satz 1 FamG: vgl. BGH, FamRZ 2012, 863 Rn. 10; BGH, FamRZ 2013, 1300 Rn. 24: Zur Vorbereitung eines Antrags muss den Ehegatten zusätzlich eine Woche zur Verfügung stehen).

(2) Urteil/Beschluss

Ob ein Leistungs- und kein Abänderungsantrag auch dann zu erheben ist, wenn in einem Urteil oder Beschluss eine Unterhaltsbefristung vorgenommen wird, hängt davon ab, was Gegenstand des eingeklagten Unterhalts war und mit welcher Begründung das Gericht eine Befristung vorgenommen hat.

991

Wurde ausnahmsweise nur **befristet** Unterhalt geltend gemacht – z. B. bei einem Anspruch nach § 1615l BGB – und auch nur dieser zugesprochen, entschied das FamG über einen Teilantrag (OLG Koblenz, FamRZ 1992, 489) und stellte nicht rechtskräftig fest, dass der zugrunde liegende Unterhaltsanspruch auch über den befristeten Zeitraum hinaus besteht. Nach Ablauf der Befristung ist ein darüber hinausgehender Unterhalt mit dem **Leistungsantrag** geltend zu machen.

Demgegenüber ist nicht der Leistungs-, sondern der Abänderungsantrag zu erheben, wenn der Unterhaltsanspruch **unbefristet** geltend gemacht und dieser nur deshalb befristet zugesprochen wurde, weil das Gericht eine Unterhaltsbefristung nach § 1573 Abs. 5 BGB a. F. bzw. nach § 1578b Abs. 2 BGB vornahm. In einem solchen Fall muss der Unterhaltsberechtigte veränderte Umstände grds. im Wege des **Abänderungsverfahrens** geltend machen (BGH, FamRZ 2007, 983, 985; 2000, 1499, 1501 ff.; OLG Hamm, FamRZ 1982, 920; OLG Karlsruhe, FamRZ 1992, 938), weil mit der Entscheidung über die Befristung die künftige Entwicklung der Verhältnisse vorausschauend berücksichtigt und der Rechtszustand auch für die Zukunft festgeschrieben wird.

Behauptet nun der Berechtigte mit einem späteren auf Weitergewährung von Unterhalt gerichteten Antrag eine von der (ursprünglichen) Prognose abweichende tatsächliche Entwicklung der Verhältnisse, so kann dies nur mit dem Abänderungsantrag geschehen, um die (erneute) Anpassung der Entscheidung an die veränderten Urteils- oder Beschlussgrundlagen zu ermöglichen und diese mit einer neuen **Prognoseentscheidung** zu versehen. Insoweit gilt nichts anderes als bei einem teilweise antragsabweisenden Beschluss, der den Unterhaltsanspruch nur für eine bestimmte Zeit zuspricht und hiernach aberkennt, etwa weil die Prognose über die künftige Entwicklung der Verhältnisse die Annahme rechtfertigt, dass der Unterhaltsberechtigte ab einem bestimmten Zeitpunkt nicht mehr bedürftig ist. Wie beim späteren Wegfall der Bedürftigkeit beruht in diesen Fällen die Befristung auf der richterlichen Prognose, dass die zukünftige Entwicklung zu einem Wegfall des Anspruchs führt, sodass bei einer von dieser Prognose abweichenden tatsächlichen Entwicklung der Abänderungsantrag die richtige Verfahrensart ist, mit der die Korrektur der Erstentscheidung geltend gemacht werden muss (BGH, FamRZ 2007, 983, 984; 2005, 101, 102).

b) Abänderungsantrag und Vollstreckungsabwehrantrag

Die Abgrenzung des Abänderungsantrags von dem Vollstreckungsabwehrantrag ist ein bereits »uralter« Streit, den die Rechtsprechung und Lehre schon immer beschäftigte, was indes nicht dazu geführt hat, dass die – aus einer Reihe von Gründen notwendige – Abgrenzungsfrage einer abschließenden Klärung zugeführt werden konnte.

992

Auch das FamFG, das sich – jedoch nur indirekt – dieser **Abgrenzungsproblematik** i. R. d. Zuständigkeitsregelung des § 232 FamFG widmet, löst diese nur teilweise, wenn beim Ehegattenunterhalt die die ausschließliche Zuständigkeit der §§ 767, 802 ZPO verdrängende Vorschrift des § 232 Abs. 2 FamFG nur während der **Anhängigkeit einer Ehesache** das Gericht, bei dem diese im ersten Rechtszug anhängig ist oder war (»war« etwa deshalb, weil in der Ehesache Beschwerde eingelegt wurde, über die das OLG allerdings noch nicht entschieden hat), für ausschließlich zuständig erklärt.

Nach Scheidung der Ehe kann allerdings wieder ein **Zuständigkeitskonflikt** zwischen Wohnsitzgericht (§ 12 ZPO für den Abänderungsantrag) und Prozessgericht (§§ 767, 802 ZPO für den Vollstreckungsabwehrantrag) entstehen, der dann den anwaltlichen Vertreter zwingt, sich zu positionieren und zu entscheiden, welchem Prüfungskatalog er größere Erfolgsaussichten gibt: Dem der materiell-rechtlichen Einwendungen i. S. v. § 767 ZPO oder dem des Wandels der ehelichen Lebensverhältnisse, die vorrangig beim Abänderungsantrag angesiedelt sind. Bei einem solchen

993

Zuständigkeitskonflikt muss somit Farbe bekannt und eine Abgrenzung beider Verfahrensarten vorgenommen werden.

994   Stellt man für die Abgrenzung, wie dies der Rechtsprechung des BGH entspricht, auf den Zweck und die Auswirkungen der jeweiligen Vorschrift ab (FamRZ 2005, 1479), so besteht der Zweck des Abänderungsantrags in der **Korrektur einer Prognoseentscheidung**, die sich auf der Grundlage der bei der Erstfestsetzung angenommenen Entwicklung über das Bestehen eines Unterhaltsanspruchs nach Grund und Höhe nicht bestätigt hat. Insofern geht es um die Beurteilung »stets wandelbarer wirtschaftlicher oder sonstiger Verhältnisse, die sich anders entwickelt haben, als dies bei der Erstfestsetzung oder im Rahmen einer späteren Abänderungsentscheidung angenommen wurde«, um Umstände also, die sich von vornherein als dem Wandel unterworfen darstellen und denen ein »**quantitatives Element**« innewohnt (BGH, FamRZ 2005, 101, 102; 1991, 1075; 1986; 794, 795).

995   Demgegenüber sollen mit dem Vollstreckungsabwehrantrag Tatsachen geltend gemacht werden, die keine (unmittelbaren) Auswirkungen auf die Zukunftsprognose entfalten (MünchKommZPO/*Gottwald* § 323 Rn. 39; PG/*Scheuch* § 767 Rn. 6), sondern der gänzlichen oder auch nur teilweisen, endgültigen oder nur zeitweiligen Vernichtung der Vollstreckbarkeit des Titels aufgrund nach seiner Errichtung entstandener rechtsvernichtender oder rechtshemmender (BGH, FamRZ 1983, 355, 356), nicht jedoch »rechtshindernder« Einwendungen gegen festgestellte materielle Leistungsansprüche dienen (OLG Koblenz, FamRZ 2007, 653; Zöller/*Vollkommer* § 323 Rn. 2). Nicht die Notwendigkeit der Anpassung des Unterhaltstitels, die sich an dem Wandel der wirtschaftlichen Verhältnisse orientiert, wird mit dem Antrag nach § 767 ZPO behauptet. Es werden vielmehr Einwendungen erhoben, soweit diese sich auf »Veränderungen« der materiellen Rechtslage zurückführen lassen und in die Unzulässigkeit der Vollstreckung münden (BGH, FamRZ 2005, 1479).

Zu beachten ist hierbei, dass ein erfolgreicher Vollstreckungsabwehrantrag lediglich die **Vollstreckbarkeit des Titels** beseitigt (PG/*Scheuch* § 767 Rn. 1), ohne dass dies gleichzeitig mit einer rechtskraftfähigen Bejahung oder Verneinung des titulierten materiell-rechtlichen Anspruchs verbunden ist. Anders der Abänderungsantrag, der nach herrschender Meinung bei gleichzeitiger Beseitigung der innerprozessualen Bindung nach Eintritt der formellen Rechtskraft in die Rechtskraft des Urteils eingreift (BGH, FamRZ 2005, 101,102; 2005, 1479; 2001, 1364, 1365; Zöller/*Vollkommer* § 323 Rn. 2; Stein/Jonas/*Leipold* § 323 Rn. 1).

996   Wegen dieser unterschiedlichen Zielsetzung schließen sich Vollstreckungsabwehr- und Abänderungsantrag für den gleichen Streitgegenstand gegenseitig aus (BGH, FamRZ 2005, 1479; PG/*Scheuch* § 767 Rn. 6), weshalb dem Unterhaltsschuldner auch keine Wahlmöglichkeit zwischen dem Vollstreckungsabwehr- und dem Abänderungsantrag verbleibt. Vielmehr hat er sein Rechtsschutzbegehren auf die Antragsart zu stützen, die dem Ziel seines Begehrens für den entsprechenden Unterhaltszeitraum am besten entspricht. Der BGH weist aber auch vermittelnd darauf hin, dass der Abänderungskläger nicht gehindert sei, neben Abänderungsgründen auch Einwendungen des § 767 ZPO zu erheben (BGH, FamRZ 2001, 282; 1989, 159, 160). Freilich kann er dies, muss sich allerdings vergegenwärtigen, dass sich das angerufene Gericht möglicherweise zur Prüfung eines Teils seiner Argumentation nicht für zuständig erklärt (vgl. Rdn. 999, *M. 1*).

Beide Verfahrensarten unterscheiden sich insb. in ihrer jeweiligen »**Prüfungsrichtung**«: Während der Abänderungsantrag den in der Vergangenheit errichteten und prognostisch in die Zukunft gerichteten materiell-rechtlichen Anspruch auf der Grundlage vorgetragener Veränderungen der stets wandelbaren wirtschaftlichen Verhältnisse überprüft, diese bei Auseinanderfallen von Prognose und Realität erneut und wiederum zukunftsgerichtet neu »justiert« und damit eine neue Prognoseentscheidung getroffen wird, ist die Prüfungsrichtung des Vollstreckungsabwehrantrags rückwärts gewandt. Sie hat darüber zu befinden, ob die Vollstreckung deshalb unzulässig (geworden) ist, weil dem Titel Einwendungen materiell-rechtlicher Art entgegenstehen, die zu einem vollständigen oder auch nur teilweisen Untergang des dem Titel zugrunde liegenden Anspruchs führen.

997   Beschränkt sich somit die Einwendungswirkung auf die von der Prognoseentscheidung umfassten einmal bestandenen tatsächlichen Verhältnisse mit dem Ziel der **Korrektur der Prognose** unter

Anpassung an die neue Lebenswirklichkeit und soll die Prognoseentscheidung lediglich eine neue Gestalt annehmen, kann dies nur mit dem Abänderungsantrag geschehen.

Betrifft die Einwendung demgegenüber ein außerhalb jeder Prognose liegendes und von etwa geänderten Verhältnissen losgelöstes **scharf umrissenes punktuelles und zeitlich festlegbares Ereignis**, das nach dem Schluss der letzten mündlichen Verhandlung des Vorverfahrens eingetreten ist und wirkt sich dieses Ereignis auch für die Zukunft rechtshemmend oder rechtsvernichtend auf den materiell-rechtlichen Anspruch aus, ist nicht der Abänderungs-, sondern der Vollstreckungsabwehrantrag zu erheben.   998

Muster 13

Amtsgericht   999

– Familiengericht –[1]

Vollstreckungsabwehrantrag[2]

des .....

(Antragstellers)[3]

Verfahrensbevollmächtigte: .....[4]

gegen

.....

(Antragsgegnerin)

wegen: Antrag nach § 767 ZPO gegen einen Unterhaltsvergleich[5]

Verfahrenswert: 11.400,00 €[6]

Namens und in Vollmacht des Antragstellers erheben wir

Antrag auf Vollstreckungsabwehr

und beantragen:
1. Die Zwangsvollstreckung aus dem vor dem Amtsgericht ..... am ..... zum Geschäftszeichen ..... geschlossenen Vergleich wird hinsichtlich der Ziffern 6 und 7 für unzulässig erklärt.[7]
2. Die Zwangsvollstreckung aus dem vor dem Amtsgericht ..... am ..... zum Geschäftszeichen ..... geschlossenen Vergleich wird nach Maßgabe des Antrags zu 1) vorläufig eingestellt.[8]
3. Die Kosten des Verfahrens trägt die Antragsgegnerin.[9]

Begründung:

Die Parteien sind geschiedene Eheleute. Das Scheidungsverfahren war unter dem Aktenzeichen ..... beim Amtsgericht ..... anhängig. Die Ehe wurde am ..... geschieden. Mit dem im Antrag erwähnten Vollstreckungstitel wurde der nacheheliche Ehegattenunterhalt geregelt.

Unter der Ziffer 6 des Vergleichs verpflichtete sich der Antragsteller – neben einem Elementar- und Altersvorsorgeunterhalt i. H. v. monatlich insgesamt 4.000,00 € – ferner,

»die Kosten der Gartenpflege des Hausanwesens ..... bis zu einem Betrag von max. 6.000,00 € jährlich zu übernehmen und die ihm vorgelegten Rechnungen auszugleichen«.

Des Weiteren verpflichtete sich der Antragsteller unter der Ziffer 7 dieses Vergleiches,

»die Kosten für eine Reinigungskraft zu übernehmen, die das Wohnhaus, ersatzweise eine andere Wohnung der Antragsgegnerin reinigt. Hierbei gilt eine Nettolohnobergrenze von derzeit 400,00 €. Zusätzlich hat der Antragsteller etwaige Steuern und Sozialversicherungskosten für die Reinigungskraft zu übernehmen«.[10]

II.

Der Antrag ist zulässig und begründet.

1.

Der Antrag ist zulässig, weil materiell-rechtliche Einwendungen i. S. v. § 767 ZPO (und zwar die Einwendung der Unbestimmtheit der Ziffern 6 und 7 des Vergleichs) gegen eine titulierte Unterhaltsforderung erhoben werden und der anwaltliche Vertreter der Antragsgegnerin mit Schreiben vom ..... die Vollstreckung aus diesen beiden Ziffern angekündigt hat, nachdem der Antragsteller die vorgelegten Rechnungen über die Kosten der Gartenpflege und der Reinigungskraft auszugleichen abgelehnt hat.[11]

2.

Der Antrag ist auch begründet, weil die Vollstreckungsandrohung der Antragsgegnerin, die dem Antragsteller zwischenzeitlich den Unterhaltsvergleich vom ..... zustellen ließ, darauf abzielt, außerhalb der Urkunde liegende Umstände zum Gegenstand ihres im Wege der Vollstreckung beizutreibenden »Unterhaltsanspruchs« zu machen.[12]

Aus den Ziffern 6 und 7 des Unterhaltsvergleichs ist eine Vollstreckung in das Vermögen des Antragstellers jedoch unzulässig, weil die geltend gemachten Reinigungs- und Gartenpflegekosten sich dem Vergleich selbst nicht entnehmen lassen. Dieser benennt nur die Grundlagen einer vorzunehmenden Abrechnung, nicht aber den Betrag, der Gegenstand der Vollstreckung sein soll. Dieser Betrag ist in dem Titel nicht erwähnt, sondern nur durch außerhalb des Titels liegende Umstände wie hier durch die vorgelegten Rechnungen bestimmbar.

Dies allerdings reicht für die Bestimmtheit bzw. Bestimmbarkeit eines Titels nicht aus, weil anerkanntermaßen ein Zahlungstitel aus sich heraus verständlich sein und für jeden Dritten, insbesondere für das Vollstreckungsorgan, erkennbar sein muss, was der Gläubiger betragsmäßig fordern und welcher Betrag vom Schuldner verlangt werden kann. Inhalt und Umfang der Leistungspflicht müssen mithin genau bezeichnet sein. Bei einem für die Vollstreckung geeigneten Schuldtitel muss somit der zu vollstreckende Zahlungsanspruch betragsmäßig festgelegt sein oder sich doch zumindest aus dem Titel ohne Weiteres errechnen lassen (OLG Koblenz WM 2003, 405 unter Bezugnahme auf BGH MDR 1996, 1065 sowie BGHZ 22, 55, 58). Es genügt also nicht, wenn auf Urkunden Bezug genommen wird, die nicht Bestandteile des Titels sind oder die Leistung nur aus dem Inhalt anderer Urkunden oder Belege ermittelt werden kann.

Etwas anderes ergibt sich auch nicht dadurch, dass in dem Titel – wie hier in den Ziffern 6 und 7 – jeweils Höchstbeträge Erwähnung finden, die der Antragsteller schulden soll. Denn ein ansonsten unbestimmter Vollstreckungstitel genügt nicht dadurch dem Bestimmtheitserfordernis, dass in ihm die obere Grenze der Schuldsumme genannt wird (BGH WM 1971, 165).

Wir beantragen zugleich, auch über den Einstellungsantrag (Antrag zu 2) zu entscheiden.

Rechtsanwalt

1. Zuständigkeit. Auch bei einem Vollstreckungsabwehrantrag ist die **örtliche Zuständigkeit** vorrangig nach § 232 FamFG zu prüfen.

Zwar hat nach § 767 Abs. 1 ZPO das »Prozessgericht« über die erhobenen materiell-rechtlichen Einwendungen zu entscheiden und § 802 ZPO bestimmt dessen ausschließliche Zuständigkeit. Diese wird allerdings durch § 232 FamFG verdrängt, indem § 232 Abs. 2 FamFG den Vorrang der in Abs. 1 vorgesehenen ausschließlichen Zuständigkeit ggü. allen anderen ausschließlichen Gerichtsständen anordnet.

Gesetzgeberische Intention war die Vermeidung von Kollisionen bei Bestehen mehrerer ausschließlicher Gerichtsstände in Unterhaltssachen, die insb. im Fall der Vollstreckungsabwehr immer problematisch und – aus anwaltlicher Sicht – auch haftungsträchtig gewesen sind. Der Gesetzgeber entschied sich deshalb dafür, den nach § 232 Abs. 1 FamFG maßgeblichen Anknüpfungskriterien auch ggü. anderen ausschließlichen Zuständigkeitsvorschriften wie denen der §§ 767 Abs. 1, 802

ZPO den Vorrang einzuräumen: Sachkenntnisse des Vorgerichts seien nach Ablauf eines längeren Zeitraums nicht mehr von entscheidender Bedeutung, Richterwechsel relativierten i. Ü. den der Prozessökonomie dienenden Aspekt der »Aktennähe« und außerdem könnten die Akten beim seinerzeit zuständigen anderen Gericht problemlos angefordert werden.

Nach § 232 Abs. 1 Nr. 1 FamFG ist damit auch für einen Vollstreckungsabwehrantrag, mit dem materiell-rechtliche Einwendungen gegen die titulierte Unterhaltsschuld erhoben werden (denn insoweit betrifft auch ein solches Verfahren »die durch die Ehe begründete Unterhaltspflicht«), das Gericht der Ehesache. Dieses jedoch nur »**während der Anhängigkeit einer Ehesache**«, sei es, dass die Ehesache im ersten Rechtszug noch anhängig ist oder deshalb »war«, weil zwischenzeitlich das Beschwerdegericht angerufen wurde.

Nach rechtskräftiger Scheidung der Ehe ist demgegenüber keine »Anhängigkeit einer Ehesache« mehr gegeben, sodass sich die örtliche Zuständigkeit nicht aus § 232 Abs. 1 Nr. 1 FamFG herleiten lässt.

Wenn keine Zuständigkeit mehr nach § 232 Abs. 1 FamFG besteht, bestimmt sich die Zuständigkeit gem. § 232 Abs. 3 FamFG nach der ZPO und damit wiederum in Fällen der Erhebung eines Vollstreckungsabwehrantrags nach der ausschließlichen Zuständigkeit der §§ 767 Abs. 1, 802 ZPO (»Prozessgericht«).

Im Ergebnis führt dies dazu, dass in den Fällen der Vollstreckungsabwehr gegen einen ausgeurteilten oder vereinbarten Scheidungsunterhalt die Abgrenzungsfrage, ob der geltend gemachte Einwand ein solcher des § 767 ZPO ist oder den Wandel der Lebensverhältnisse i. S. v. §§ 238, 239 FamFG betrifft, trotz der Umdeutungsmöglichkeit der einen in die andere Antragsart nicht auf sich beruhen kann, weil für den Vollstreckungsabwehrantrag das Prozessgericht (§§ 767, 802 ZPO) zuständig ist und dieses vom Wohnsitzgericht, das für einen Abänderungsantrag anzurufen wäre, abweichen kann. Da auch ein rügeloses Einlassen nach § 39 ZPO vor dem örtlich unzuständigen Gericht bei einem ausschließlichen Gerichtsstand unzulässig ist (§ 40 Abs. 2 ZPO), kann der Vollstreckungsabwehrantragsteller (dieses »Wortungetüm« ergibt sich aus der konsequenten Anwendung von § 113 Abs. 5 FamFG) den Titelgläubiger nicht bei dessen vom Prozessgericht abweichenden Wohnsitzgericht in Anspruch nehmen. Deshalb ist es auch nicht allein damit getan, den Vollstreckungsabwehrantrag hilfsweise mit dem Abänderungsantrag zu verbinden (BGH, FamRZ 1979, 573, 575). Eine Umdeutung wäre zwar verfahrensrechtlich zulässig, scheitert ggf. aber an der fehlenden Zuständigkeit des angerufenen Gerichts, es sei denn, der Antragsgegner lässt sich vor dem vom Wohnsitzgericht abweichenden Prozessgericht auf den Abänderungsantrag, der keinen ausschließlichen Gerichtsstand begründet, rügelos ein. Ist dies nicht der Fall und rügt dieser erwartungsgemäß die fehlende Prüfungskompetenz des insoweit unzuständigen Gerichts, liegt es in der risikobehafteten Entscheidung des Vollstreckungsabwehrantragstellers, entweder darauf zu hoffen, dass das Prozessgericht die erhobenen Einwendungen i. S. v. § 767 ZPO bejaht und dem Antrag stattgibt, oder aber er stellt – jedenfalls hilfsweise – einen Verweisungsantrag an das Wohnsitzgericht, das allerdings nicht über (mögliche) Einwendungen des § 767 ZPO, sondern allein über Abänderungsgründe entscheiden würde: Eine missliche Situation, die das neue Recht nur teilweise, nämlich nur unter den Voraussetzungen des § 232 Abs. 1 i. V. m. Abs. 2 FamFG gelöst hat.

2. Bezeichnung. Das FamFG enthält keine Vorschrift, die ausdrücklich auf § 767 ZPO verweist. Dass ein Antrag nach § 767 ZPO aber auch weiterhin zulässig bleibt, ergibt sich u. a. aus § 120 Abs. 1 FamFG, der die ZPO hinsichtlich ihrer Vollstreckungsvorschriften für entsprechend anwendbar erklärt, aber auch aus § 95 Abs. 1 FamFG, wonach auf die Vollstreckung, soweit in den §§ 86 bis 94 FamFG nichts Abweichendes geregelt ist, die Vorschriften der ZPO über die Zwangsvollstreckung (8. Buch, §§ 704 bis 915h ZPO) entsprechend anzuwenden sind.

Wenn § 113 Abs. 5 FamFG in den Nr. 1 bis 5 anordnet, dass die bisher üblichen zivilprozessualen Bezeichnungen durch die entsprechenden FamFG-Bezeichnungen ersetzt werden und dies i. R. d. sprachlich Vertretbaren (SBW/*Rehme* § 113 Rn. 18) möglichst umfassend umgesetzt werden sollte, bedeutet dies, dass der Unterhaltsschuldner nunmehr einen **Vollstreckungsgegen- bzw.**

Vollstreckungsabwehrantrag erhebt. Er ist nicht Kläger dieses Verfahrens, sondern Antragsteller (§ 113 Abs. 5 Nr. 3 FamFG) und über seinen Antrag (§ 113 Abs. 5 Nr. 2 FamFG) wird nicht durch Urteil, sondern nach § 95 Abs. 2 FamFG durch Beschluss entschieden (§ 38 FamFG).

3. Beteiligte des Verfahrens nach § 767 ZPO. Zur Antragstellung ist der Vollstreckungsschuldner befugt, also jeder, der vom Gläubiger im Wege der Vollstreckung in Anspruch genommen wird. Antragsteller kann damit auch der Rechtsnachfolger des im Titel bezeichneten Schuldners sein (§ 727 ZPO i. V. m. § 95 Abs. 1 FamFG), niemals aber der aus dem Vollstreckungstitel berechtigte Gläubiger, weil dieser stets Antragsgegner ist. Mit dem Vollstreckungsabwehrantrag kann auch in Anspruch genommen werden derjenige, dem die Klausel erteilt wurde oder derjenige, der mit der Zwangsvollstreckung ohne Klauselerteilung droht (PG/*Scheuch* § 767 Rn. 17), in dessen Person aber die Voraussetzungen für die Erteilung einer vollstreckbaren Ausfertigung vorliegen (Zöller/*Herget* § 767 Rn. 9).

Auch wenn an einen Dritten Unterhalt zu leisten ist, richtet sich der Vollstreckungsabwehrantrag gleichwohl allein gegen den im Titel genannten Gläubiger: Denkbar wäre dies bei einem anlässlich einer Ehescheidung geschlossenen Scheidungsfolgenvergleich, in dem sich der Vater bei gleichzeitiger Freistellung des anderen Elternteils zur Zahlung des Ausbildungsunterhaltes für ein volljähriges Kind verpflichtet. Denn dann handelt es sich um einen Vertrag zugunsten eines Dritten (§ 328 BGB) mit der Folge, dass die Kindesmutter berechtigt wäre, Unterhaltszahlung an das Kind zu verlangen und ihr eine vollstreckbare Ausfertigung dieses Vergleichs zu erteilen wäre.

4. Anwaltszwang. Vgl. Rdn. 959, *M. 4.*

5. § 767 ZPO und Vergleich. § 767 Abs. 1 ZPO setzt seinem Wortlaut nach zwar einen »durch ein Urteil festgestellten Anspruch« voraus. Dies bedeutet allerdings nicht, dass der Vollstreckungsabwehrantrag nur gegen Urteile/Beschlüsse zulässig wäre. Es entspricht vielmehr völlig einhelliger Ansicht, dass die Vollstreckbarkeit eines verfahrensbeendigenden Prozess- bzw. Verfahrensvergleichs, dem ggü. Einwendungen des § 767 ZPO geltend gemacht werden, ebenfalls mit dem Vollstreckungsabwehrantrag beseitigt werden kann (BGH, FamRZ 1981, 242, 244; OLG Oldenburg, FamRZ 1980, 1002; OLG Naumburg, FamRZ 2006, 1402).

Fraglich ist lediglich, ob in Fällen der Unwirksamkeit des Vergleichs überhaupt ein Rechtsschutzbedürfnis für einen Antrag nach § 767 ZPO besteht, weil das Ursprungsverfahren beendigende Wirkung nur mittels eines **wirksamen** Vergleichs entfalten und ein unwirksamer Vergleich keine Beendigungswirkung herbeiführen kann. Nach herrschender Meinung in Rechtsprechung (BGH, NJW 1958, 1970, 1971; MDR 1971, 390; OLG Brandenburg, OLGR 1995, 147; OLG Hamburg, NJW 1975, 225) und Lehre (MünchKommZPO/*Schmidt* § 767 Rn. 13, 27; Zöller/*Herget* § 767 Rn. 6; PG/*Scheuch* § 767 Rn. 14; Wieczorek/Schütze/*Salzmann* § 767 Rn. 16; Stein/Jonas/*Münzberg* § 767 Rn. 58; *Schilken* Rn. 655) gehört die Geltendmachung von Einwendungen in das alte Verfahren. Dieses sei fortzusetzen mit der Folge, dass Unwirksamkeitsgründe nicht mit dem Vollstreckungsabwehrantrag geltend gemacht werden dürfen (OLG Düsseldorf, NJW 1966, 2367: »Materiell-rechtliche Einwendungen gegen einen Prozessvergleich sind stets im Ursprungsverfahren geltend zu machen, während eine Klage aus § 767 ZPO wegen mangelndem Rechtsschutzbedürfnis unzulässig ist«). Auch Ansprüche aus ungerechtfertigter Bereicherung wegen Zahlungen aufgrund eines unwirksamen Prozessvergleichs sind im Ausgangsverfahren geltend zu machen (BGH, MDR 1999, 1217) und eine Klage nach rechtskräftigem Abschluss des nach Anfechtung des Prozessvergleichs fortgesetzten Ausgangsverfahrens unzulässig (OLG Koblenz, FamRZ 2009, 1696), wobei gegen diese Ansicht allerdings streitet, dass einer Schadensersatz- oder Rückforderungsklage ein anderer Streitgegenstand zugrunde liegt.

6. Verfahrenswert. Der Wert des Vollstreckungsabwehrantrags richtet sich nach dem Umfang, in dem die Zwangsvollstreckung ausgeschlossen werden soll (OLG München, FamRZ 2013, 147; SBW/*Keske* § 51 Rn. 32). Ansonsten gelten die Grundsätze zum Abänderungsantrag entsprechend: Richtet sich das Interesse des Antragstellers darauf, dass er im Wege des Vollstreckungsabwehrantrags keinen Unterhalt mehr zahlen muss, bestimmt sich der Verfahrenswert nach dem Jahresbetrag der geforderten Veränderung. Sind – wie hier – in dem Titel Jahreshöchstbeträge genannt und greift der

Vollstreckungsschuldner dies insgesamt an, so sind diese bei der Bemessung des Verfahrenswertes anzusetzen, hier also 6.000,00 € für die Gartenpflege; 400,00 € zzgl. 50,00 € Abgaben (geschätzt) = 450,00 € × Jahreswert = 5.400,00 €, insgesamt also 11.400,00 €.

7. Genaue Bezeichnung des abzuändernden Unterhalts. Wenn ein Unterhaltsvergleich eine Reihe von Unterhaltsregelungen aufweist, muss im Antrag genau angegeben werden, welche Unterhaltsregelung es sein soll, bei der das FamG die Vollstreckbarkeit beseitigen soll. Wenn der Unterhaltsvergleich unübersichtlich ist und ohne Nummerierung fortlaufend Einzelregelungen auflistet, sollte sogar darüber nachgedacht werden, ob es nicht der Klarstellung dient, die angegriffene(n) Bestimmung(en) im Antrag zu zitieren.

8. Vorläufige Einstellung der Zwangsvollstreckung. Das Gericht kann nach § 769 Abs. 1 ZPO anordnen, dass die Zwangsvollstreckung gegen oder ohne Sicherheitsleistung eingestellt oder nur gegen Sicherheitsleistung fortgesetzt wird. Dies gilt für Urteile/Beschüsse und Vergleiche in gleicher Weise.

Einstweilige Anordnungen nach § 769 ZPO wurden nach altem Recht in Analogie zu § 707 Abs. 2 Satz 2 ZPO für unangreifbar gehalten (Zöller/*Herget* § 769 Rn. 13). Dies ergibt sich nunmehr auch aus § 242 FamFG, der für anhängige Herabsetzungsverfahren nach §§ 238 ff. FamFG – oder wenn hierfür ein Antrag auf Verfahrenskostenhilfe eingereicht wurde – die entsprechende Anwendung von § 769 ZPO ebenso normiert wie auch die bisher von der herrschenden Meinung vertretene Unanfechtbarkeit des Beschlusses festschreibt (§ 242 Satz 2 FamFG).

Liegt der Vollstreckung eine Gehaltpfändung zugrunde, sollte die Anmerkung der Rdn. 960, *M. 9* beachtet und – wenn möglich – eine Sicherheitsleistung (z. B. Bankbürgschaft) oder auch ein Darlehen angeboten werden, auf dessen Rückzahlung verzichtet wird, wenn und soweit der Vollstreckungsabwehrantrag erfolglos bleibt.

9. Kostentragungspflicht. Vgl. Rdn. 959, *M. 8.*

10. Sachverhaltsdarstellung. Vgl. Rdn. 959, *M. 9.*

11. Zulässigkeit eines Antrags nach § 767 ZPO. Zur Zulässigkeit eines Antrags nach § 767 ZPO gehört nicht, dass eine materiell-rechtliche Einwendung schlüssig dargetan wird. Dies gehört vielmehr zur Begründetheit des Vollstreckungsabwehrantrags (Zöller/*Herget* § 767 Rn. 8).

Zur Zulässigkeit gehört jedoch, dass dem Schuldner die Zwangsvollstreckung ernstlich droht (PG/*Scheuch* § 767 Rn. 12), etwa, weil – wie im Muster – der **Titel zugestellt** und die **Vollstreckung angedroht** wurde. Diese beiden Umstände werden üblicherweise zum Anlass der Antragserhebung genommen. Mit der Zwangsvollstreckung in sein Vermögen kann aber auch schon der Schuldner ernsthaft rechnen, dem anwaltlicherseits erklärt wird, es würden bei fruchtlosem Fristablauf Vollstreckungsmaßnahmen eingeleitet werden, auch wenn noch keine Vollstreckungsklausel erteilt oder der Titel erforderlichenfalls auf den des titulierten Anspruchs sich berühmenden Gläubiger umgeschrieben wurde. Wird z. B. eine Lohn- oder Kontenpfändung angekündigt, derer es eines Pfändungs- und Überweisungsbeschlusses bedarf, fehlt es wegen des Grundsatzes der Formalisierung der Zwangsvollstreckung am Rechtsschutzbedürfnis auch dann nicht, wenn Zweifel daran bestehen sollten, ob das Vollstreckungsgericht den PÜB erlässt. Wird allerdings eine Verfahrensrüge gegen eine einzelne Vollstreckungsmaßnahme erhoben, kommt eine Erinnerung nach § 766 ZPO in Betracht. Treffen Einwendungen des § 767 ZPO mit solchen nach § 766 ZPO zusammen, sind beide Rechtsbehelfe nebeneinander statthaft (PG/*Scheuch* § 767 Rn. 5). Schlimmstenfalls könnten, was dem Mandanten kaum zu vermitteln sein dürfte, bei Verfahrensrügen, materiell-rechtlichen Einwendungen des § 767 ZPO und bei Änderungen, die einen Abänderungsantrag nach §§ 238 ff. FamFG rechtfertigen, drei Verfahren notwendig werden, wenn die Gerichtsstände sämtlich unterschiedlich sind. Z. B.:

Verfahrensrügen beim den PÜB erlassenen Gericht (§ 766 ZPO: **Vollstreckungsgericht**), Einwendungen des § 767 beim **Prozessgericht des ersten Rechtszugs** (dies wegen § 802 ZPO; vgl. aber auch die Zuständigkeitsregelung des § 797 Abs. 5 ZPO bei vollstreckbaren Urkunden, die ebenfalls wegen § 802 ZPO eine ausschließliche Zuständigkeit begründet) und Abänderungsantrag wegen § 12 ZPO beim **Wohnsitzgericht.**

Eine Bestimmung des zuständigen Gerichts hinsichtlich der beiden letztgenannten Gerichte nach § 36 Abs. 1 Nr. 2 ZPO scheidet aus, weil der Streitgegenstand eines Abänderungsantrags ein völlig anderer ist als der eines Antrags nach § 767 ZPO, mag es im Ergebnis dem Unterhaltsschuldner auch bloß darum gehen, weniger an Unterhalt oder gar keinen mehr zahlen zu müssen.

12. Einwendungen des § 767 ZPO. Die »klassischste« aller Einwendungen des § 767 ZPO ist sicherlich die der
– **Erfüllung** der Unterhaltsschuld.

Dies ggf. auch bei mittelbarer Erfüllung der Unterhaltsschuld wie z. B. bei unberechtigtem Kindergeldbezug (Wieczorek/*Schütze-Salzmann* § 767 Rn. 60) oder nach überholter Rechtsprechung des BGH durch Rentenbezug (so noch: BGH, FamRZ 1989, 159; 1987, 259, 261). Vor dem Hintergrund der Surrogatsentscheidung änderte der BGH allerdings seine Rechtsprechung und erklärte, dass die »durch den Rentenbezug der Unterhaltsberechtigten gebotene Anpassung des Unterhaltsanspruchs an die geänderten wirtschaftlichen Verhältnisse stets im Wege der Unterhaltsabänderung zu erfolgen« habe (FamRZ 2005, 1479, 1480).

Der Antrag nach § 767 ZPO ist auch bei der
– **Verjährung** von Unterhaltsansprüchen
die richtige Verfahrensart (BGH, NJW 1972, 1460), nicht jedoch bloß bei der Verjährung titulierter Zinsen, weil dieser Einwand im Vollstreckungsverfahren selbst zu berücksichtigen ist (AG Ansbach, DGVZ 1992, 139, 140).

Nichts anderes gilt in Fällen der
– **Verwirkung** des titulierten Unterhalts (OLG Brandenburg, FamRZ 2008, 906; OLG Hamm, NJW-RR 1998, 510; OLG Koblenz, NJW-RR 2000, 347; OLG Karlsruhe, FamRZ 1993, 1456, 1457).

Umstritten ist nur, ob dies auch in den Fällen des § 1579 Nr. 2 BGB (»Eingehen einer verfestigten Lebensgemeinschaft«) gilt (vgl. hierzu ausführlich Kap. 10 Rdn. 108, *M. 10*).

Ob für den Einwand der
– **Befristung** des Unterhaltsanspruchs
der Vollstreckungsabwehrantrag die richtige Verfahrensart ist, etwa weil bei einem im Vergleichswege titulierten Minderjährigenunterhalt, der auf den Eintritt der Volljährigkeit befristet wurde, gleichwohl über diesen Zeitpunkt hinaus die Vollstreckung betrieben wird, erscheint fraglich: Hierfür spricht sich bei einer auf die Volljährigkeit des Kindes befristete Jugendamtsurkunde das OLG Köln aus (Beschl. v. 20.07.2012 – 27 UF 47/12 –, juris). Richtigerweise wird man – auch aus Kostengründen – der Erinnerung nach § 766 ZPO den Vorzug geben müssen, wenn das Vollstreckungsorgan die Befristung missachtet, was allerdings voraussetzt, dass sich diese wie auch die zwischenzeitlich eingetretene Volljährigkeit des Titelgläubigers aus dem Titel eindeutig ergibt.

Den Fällen befristeter Unterhaltsansprüche ähnlich sind jene, in denen
– **die Ehe rechtskräftig geschieden** wurde und aus dem Trennungsunterhaltstitel weiterhin die Vollstreckung betrieben wird,
– **der Titelgläubiger heiratet** und § 1586 Abs. 1 BGB unbeachtet bleibt
– oder aber nach **Wiederverheiratung** und Scheitern der neuen Ehe aus einem anlässlich der 1. Scheidung geschaffenen Alttitel gegen den geschiedenen Ehegatten, der ggf. wegen § 1586a Abs. 1 BGB noch unterhaltspflichtig ist, die Vollstreckung betrieben wird.

Diese Fälle betreffen nicht die stets wandelbaren Lebensverhältnisse, sondern ein von diesen losgelöstes Ereignis, das sich rechtsvernichtend auf den materiell-rechtlichen Anspruch auswirkt: Der Unterhaltsschuldner macht entweder geltend, dass nach Rechtskraft der Scheidung aus einem Trennungsunterhaltstitel nicht die Vollstreckung betrieben werden darf (BGH, FamRZ 1988, 370;

1981, 242; a. A. OLG Düsseldorf, FamRZ 1978, 913: Erinnerung nach § 766 ZPO), oder aber, dass der Unterhaltsanspruch mit der Wiederheirat erloschen sei und schließlich, dass ein über den Unterhaltsanspruch eines Ehegatten für die Zeit ab Scheidung der Ehe geschlossener Prozessvergleich grds. nicht den Unterhaltsanspruch umfasst, den dieser Ehegatte nach Scheidung der neuen Ehe gem. § 1586a Abs. 1 BGB erlangen könnte: Eingeräumtermaßen ein selten gewordener Fall, weil nach der Unterhaltsreform, die den Anwendungsbereich des § 1586a Abs. 1 BGB durch Aufhebung des Anschlussunterhaltsanspruchs deutlich eingeschränkt hat, nur noch ganz wenige Fälle denkbar sind, in denen noch ein Anspruch auf einen wieder aufgelebten Betreuungsunterhalt besteht.

Der Vollstreckungsabwehrantrag ist auch die richtige Verfahrensart, wenn
- **nach Obhutswechsel** die Vollstreckung aus einem Unterhaltstitel von dem Elternteil betrieben oder fortgesetzt wird, den er aufgrund der ihm seinerzeit zustehenden Prozessstandschaft **im eigenen Namen** nach § 1629 Abs. 3 Satz 1 BGB erwirkt hatte. Wechselt nun das (minderjährige) Kind zu dem Titelschuldner und betreibt der frühere Obhutsinhaber (und Titelgläubiger) weiterhin die Vollstreckung, ist der **Obhutswechsel** mit dem Vollstreckungsabwehrantrag geltend zu machen (OLG Schleswig, FamRZ 1990, 189).

Ist Titelgläubiger demgegenüber das Kind, kann der aufgrund des Obhutswechsels eingetretene Fortfall der Vertretungsberechtigung des anderen Elternteils nur mit der Vollstreckungserinnerung nach § 766 ZPO geltend gemacht werden: Denn dann vollstreckt formal das im Titel als Gläubiger ausgewiesene Kind und der Einwand, der frühere Obhutsinhaber, der bei der Titelerrichtung noch das Kind vertrat, dürfe aufgrund Wechsels des Kindes zum Titelschuldner dieses nicht mehr vertreten, stellt nicht den titulierten materiell-rechtlichen Anspruch selbst infrage, sondern betrifft nur die zwischenzeitlich eingetretene Änderung der gesetzlichen Vertretung (ausführlich: OLG Koblenz, FamRZ 2005, 993).

Die Vollstreckungsabwehr ist auch für den Einwand,
- auf Unterhalt sei **verzichtet** worden (OLG Köln, FamRZ 2002, 50; OLG Karlsruhe, FamRZ 1999, 311; Zöller/*Herget* § 767 Rn. 12),
die richtige Antragsart oder – was in der Praxis häufig übersehen wird – bei
- **Unbestimmtheit des Titels**,
wenn z. B. vereinbart wurde, Unterhalt sei in Form vorgelegter Einkaufsbelege bis max. 1.000,00 €/Monat zu zahlen, der Unterhaltsverpflichtete habe die Klavierstunden der Kinder bis zu einem Betrag i. H. v. monatlich 200,00 € zu übernehmen, geleistete Zahlungen seien anzurechnen (*Soyka* FuR 2007, 152, 155), der Unterhalt betrage jeweils 40 % vom jeweiligen Nettoauszahlungsbetrag oder wenn der Prozessvergleich nur einen Unterhaltszahlbetrag aufweist, der mehreren Berechtigten (z. B. Ehegatte und Kindern) gemeinsam zustehen soll, ohne dass gleichzeitig bestimmt wurde, welcher Berechtigte in welcher Höhe Unterhalt erhalten soll (OLG Zweibrücken, FamRZ 1986, 1237), wie auch schließlich
- bei der Vollstreckung aus einem Titel über Trennungsunterhalt nach Versöhnung und nochmaligem Zusammenleben und sodann erneuter Trennung (OLG Düsseldorf, FamRZ 1992, 943; OLG Hamm, FamRZ 1999, 30, 31; Hoppenz § 323 Rn. 13), richtigerweise nicht jedoch bei nur kurzem Zusammenleben, ca. 3 Monate analog § 1567 Abs. 2 BGB (OLG Hamm, NJW-RR 1986, 554; OLG Düsseldorf, FamRZ 1995, 96; »Obergrenze« bei 3 Monaten, jedoch vorbehaltlich besonderer Umstände: OLG Zweibrücken, FamRZ 2010, 469).

Bei der in der Praxis häufig anzutreffenden Frage, mit welchem Rechtsbehelf bei Vollstreckungsmaßnahmen die
- zwischenzeitlich eingetretene **Volljährigkeit des Kindes**
geltend zu machen ist, muss wie beim Obhutswechsel differenziert werden:

Geht es hierbei um einen Unterhaltstitel, den ein Elternteil aufgrund der ihm in § 1629 Abs. 3 BGB eingeräumten Prozessstandschaft **im eigenen Namen** erwirkt hatte, so ist der betreffende Elternteil – und gerade nicht das Kind – Vollstreckungsgläubiger. In diesen Fällen muss vom Titelschuldner die infolge des Eintritts der Volljährigkeit des Kindes fortgefallene Prozessstandschaft mit dem **Vollstreckungsabwehrantrag** geltend gemacht werden (OLG Nürnberg, FuR 2010, 297, 298; OLG Brandenburg, FamRZ 1997, 509; OLG München, FamRZ 1997, 1493, 1494; OLG Köln, FamRZ 1995, 308).

Ist demgegenüber Titelinhaber das Kind selbst und betreibt dieses gegen den Pflichtigen die Vollstreckung – während seiner Minderjährigkeit freilich noch gesetzlich vertreten durch den Elternteil, in dessen Obhut sich das Kind befindet –, muss der Wegfall der gesetzlichen Vertretung infolge zwischenzeitlich eingetretener Volljährigkeit des Kindes mit der **Erinnerung nach § 766 ZPO** geltend gemacht werden (OLG Nürnberg, FuR 2010, 297, 298). Für eine Erinnerung nach § 766 ZPO ist jedoch nicht das FamG, sondern das Vollstreckungsgericht (§§ 766 Abs. 1, 764 ZPO) zuständig (OLG Nürnberg FuR 2010, 297, 298 Rn. 37). Hierbei handelt es sich um eine ausschließliche Zuständigkeit und bestimmt sich unabhängig davon, von welchem Gericht der Titel stammt (PG/*Kroppenberg* § 764 Rn. 2).

Und – um den Reigen der Rechtsbehelfe in diesem Zusammenhang zu komplettieren – macht der Unterhaltsschuldner geltend, die Unterhaltspflicht bestehe nicht (mehr) oder nur noch in eingeschränktem Umfang fort, etwa weil der Volljährige über anrechenbares eigenes Einkommen (z. B. Ausbildungsvergütung) verfüge oder der andere Elternteil sich an dem Unterhalt quotal zu beteiligen habe und sich hierdurch seine eigene Barunterhaltspflicht verringere (OLG Zweibrücken, FamRZ 2001, 249), ist der **Abänderungsantrag nach §§ 238, 239 FamFG** zu erheben (OLG Nürnberg FuR 2010, 297, 298 Rn. 38), weil mit diesen Einwendungen der Einfluss der stets wandelbaren wirtschaftlichen Verhältnisse auf die Unterhaltspflicht behauptet wird (BGH, FamRZ 2006, 99, 100).

Anstelle eines Vollstreckungsabwehrantrags wird aber der **Abänderungsantrag** zu erheben sein
– **bei Wegfall des Anspruchs auf** neben dem Elementarunterhalt zusätzlich titulierten **Altersvorsorgeunterhalt** infolge eigenen Rentenbezugs (BGH, FamRZ 2005, 1479, 1480),
weil der Vorsorgeunterhalt nur ein unselbstständiger Bestandteil des einheitlichen Lebensbedarfs ist, der sich wegen des Halbteilungsgrundsatzes auch der Höhe nach auf die Bemessung des geschuldeten Elementarunterhalts auswirkt, bei dessen Wegfall sich der Anspruch auf Elementarunterhalt erhöht.

Wie beim
– **Eintritt der Volljährigkeit des Kindes** (s. o.)
geht es auch bei
– **Wegfall bestehender Unterhaltspflichten** (BGH, FamRZ 1990, 1085; Wieczorek/Schütze-Büscher § 323 Rn. 86) und beim
– **Hinzutreten weiterer Unterhaltsverpflichtungen** (BGH, FamRZ 2008, 1911, 1913; 2004, 1357, 1359; OLG Hamm, FamRZ 2006, 1387)
um eine »wesentliche Veränderung der der Erstentscheidung zugrunde liegenden tatsächlichen Verhältnisse« (§ 238 Abs. 1 FamFG), für die der Abänderungsantrag die richtige Antragsart ist.

Besondere Bedeutung hat schließlich der Abänderungsgrund der
– Vorverlegung der **Erwerbsobliegenheit** bzw. deren Ausweitung
durch das UÄndG 2008 erlangt, nachdem die Verlässlichkeit des bisherigen »Altersphasenmodells« infolge der Neufassung der §§ 1570, 1574 BGB nicht mehr gegeben ist und viele Väter die Flucht aus ihrem Unterhaltsobligo – zumindest in verfahrensrechtlich nicht zu beanstandender Weise – in Abänderungsverfahren suchen.

c) Abänderungsantrag nach § 54 FamFG, negativer Feststellungsantrag und Rückforderungsantrag

1000 Auch wenn sich das Recht der einstweiligen Anordnung grundlegend geändert hat, lohnt ein kurzer Rückblick auf die bis zum 31.08.2009 bestandene Rechtslage, denn dies erleichtert das Verständnis für die neue Rechtslage, weil eine Reihe gemeinsamer »Schnittmengen« verblieben ist.

aa) Alte Rechtslage

Im Unterhaltsrecht erwiesen sich die einstweiligen Anordnungen (§§ 644, 620 ZPO) bislang als ein überaus »scharfes Schwert« des Unterhaltsgläubigers, weil sie ihm schon im Eilverfahren und bei nur summarischer Prüfung den vollen Unterhalt (§ 246 FamFG) zu verschaffen vermochten. Die Rückforderung überzahlten Unterhalts scheiterte meist an der **Entreicherung**. Schließlich trat die einstweilige Anordnung auch erst mit dem Wirksamwerden einer anderweitigen Regelung außer Kraft, die der Gläubiger, der sein Unterhaltsbegehren im einstweiligen Rechtsschutz hinreichend befriedigt sah, wenn ihn das FamG mit der Unterhaltsanordnung finanziell komfortabel ausgestattet hatte, allerdings hinauszuzögern bemüht war.   **1001**

Demgegenüber war die Rechtsstellung des Unterhaltsschuldners überaus »bescheiden«:   **1002**

In Fällen einer zugesprochenen einstweiligen Unterhaltsanordnung nach § 620 ZPO konnte dieser zwar nach § 620b ZPO vorgehen, verließ hierbei aber nicht die summarische Prüfungsebene und war wegen § 620c Satz 2 ZPO auch an einer Überprüfung der einstweiligen Anordnung durch eine höhere Instanz gehindert. Des Weiteren konnte der Unterhaltverpflichtete sein Unterhaltsobligo im Rahmen eines Hauptsacheverfahrens nicht klären lassen, wenn ein solches Verfahren entweder nicht anhängig war oder aber klägerseits nicht betrieben wurde (»gute« anwaltliche Beratung!) und praktisch keine Möglichkeiten bestanden, den Unterhaltsberechtigten zu irgendeinem prozessualen Verhalten – insb. zur Bezifferung des Unterhalts nach erteilter Auskunft – zu zwingen: Der Unterhaltsgläubiger hatte bei einer großzügig bemessenen Unterhaltsanordnung wenig Anlass, diese durch das Hauptverfahren zu hinterfragen oder gar im Berufungsverfahren überprüfen zu lassen.

Der Unterhaltsverpflichtete war deshalb bisher auf eine **negative Feststellungsklage** angewiesen, wenn er den Weg der Aufhebung oder Abänderung der einstweiligen Anordnung nach § 620b ZPO nicht beschreiten wollte oder erfolglos beschritten hatte (BGH, FamRZ 1995, 725; 1989, 850; 1983, 355, 356; OLG Koblenz, FamRZ 2004, 1732, 1733; OLG Karlsruhe, FamRZ 2004, 470), wobei die negative Feststellungsklage bei fortbestehender Rechtshängigkeit der (unbezifferten) Leistungsklage mit dieser zu verbinden und als Widerklage zu behandeln war.

Wurde das Hauptsacheverfahren hingegen betrieben – was mit der negativen Feststellungsklage ja auch beabsichtigt war –, bestand nach Bezifferung des Unterhaltsanspruchs für eine negative Feststellungsklage allerdings kein Raum mehr: Der Feststellungskläger hatte spätestens in der letzten mündlichen Verhandlung, aufgrund derer über die Hauptsache zu entscheiden war, seinen Antrag mit der Kostenfolge des § 91a ZPO für erledigt zu erklären.   **1003**

Sinnvoll war es ferner, die negative Feststellungsklage, die zu keiner verschärften Haftung nach den §§ 818 Abs. 4, 819 BGB führt, wegen des drohenden Entreicherungseinwandes mit der Rückforderungsklage zu verbinden, weil der BGH einen Schadensersatzanspruch in Höhe etwa überzahlter Beträge in analoger Anwendung der §§ 717 Abs. 2, 945 ZPO mit der Begründung ablehnte, dass die §§ 620 ff. ZPO eine geschlossene Regelung für den einstweiligen Rechtsschutz in Ehesachen enthalten würden, die einen Rückgriff auf bereits bestehende Bestimmungen nicht rechtfertigten und deshalb auch keine »systemwidrige, vom Gesetzgeber unbewusst herbeigeführte Lücke im Gesetz« angenommen werden könne (BGH, FamRZ 2000, 751, 753).

bb) Neue Rechtslage

Nach den §§ 49 ff., 246 FamFG bedarf es nach neuem Recht keiner gleichzeitigen Einleitung eines Hauptsacheverfahrens mehr. Denn die einstweilige Anordnung stellt ein selbstständiges Verfahren dar (§ 51 Abs. 3 Satz 1 FamFG), und dies selbst dann, wenn bereits ein Hauptsacheverfahren anhängig ist. Sie enthält eine Kostenentscheidung (§ 51 Abs. 4 FamFG) und bleibt so lange in Kraft, bis eine anderweitige Regelung wirksam wird. Hierbei hat das FamFG die herrschende Meinung zu § 620f ZPO übernommen und das Erfordernis der Rechtskraft der anderweitigen Regelung als maßgebend kodifiziert (§ 56 Abs. 1 FamFG).   **1004**

1005   Neu ist aber, dass die einstweilige Anordnung »kassiert« wird, wenn der Antragsteller seiner Verpflichtung, binnen einer vom Gericht Frist das Hauptsacheverfahren einzuleiten, nicht nachkommt (§ 52 Abs. 2 Satz 3 FamFG). Mit dieser Regelung wird die bisher schwache Rechtsstellung des Pflichtigen deutlich gestärkt, denn er kann das Hauptsacheverfahren erzwingen und auch darauf hoffen, dass dieses – wie doch häufig im alten Recht – nicht auf der Auskunftsstufe »stecken bleibt«. Denn das FamFG stellt jetzt dem Schuldner als taugliches Instrumentarium die §§ 235, 236 FamFG zur Seite, mit denen die meist schwerfälligen und langwierigen Stufenverfahren vermieden werden sollen (SBW/*Klein* § 235 Rn. 6, 10). Gleichwohl hat das FamFG dieses Problem in einer für den Schuldner letztlich zufriedenstellenden Weise nicht vollends gelöst, weil der Titulierungsschuldner, der Monat für Monat den Unterhalt zahlt, gegen die Verschleppungstaktik des Gläubigers, der den Unterhaltstitel nicht zur Disposition stellen möchte und den Ausgang des Hauptsacheverfahrens mit der Folge des § 56 FamFG (zu Recht) fürchtet, nur wenig auszurichten vermag.

Aus dem Umstand der Erzwingbarkeit des Hauptsacheverfahrens folgt, dass sich der Unterhaltsberechtigte nicht auf dem Anordnungsbeschluss wird »ausruhen« dürfen, sodass die bisher unbefriedigenden Fälle der »stecken gebliebenen« Stufenklage, die den Unterhaltspflichtigen in die negative Feststellungsklage und/oder Rückforderungsklage (letztere wegen des ansonsten drohenden Einwands der Entreicherung) getrieben haben, praktisch weniger häufig auftreten dürften. Denn wenn auf Antrag des Unterhaltsverpflichteten die Frist zur Einleitung des Hauptsacheverfahrens verstrichen ist, wird die einstweilige Anordnung kassiert, was nach Sinn und Zweck des § 52 FamFG in gleicher Weise geschehen sollte, wenn das Hauptsacheverfahren in einer dem Unterhaltsgläubiger zurechenbaren Weise nicht betrieben wird. Angesichts dessen wird nach Einleitung des (auch zu betreibenden, da unter der Sanktion der Aufhebung der einstweiligen Anordnung stehenden) Hauptsacheverfahrens ein Rechtsschutzinteresse an einem **negativen Feststellungsantrag** regelmäßig nicht mehr bestehen, was allerdings umstritten ist (So etwa: FA-FamR/*Gerhardt* Kap. 6 Rn. 864; MünchKommFamFG/*Soyka* § 56 Rn. 2; Zöller/*Feskorn* § 56 FamFG Rn. 4; anders hingegen: Johannsen/Henrich/*Büte* § 54 FamFG Rn. 12; SBW/*Schwonberg* § 56 Rn. 9; *Dose* Rn. 508).

1006   ▶ **Praxishinweis:**

> Zu beachten ist aber, dass das Rechtsschutzinteresse an einem auf negative Feststellung gerichteten Antrag in jedem Fall entfällt, wenn gleichzeitig Unterhalt zurückgefordert wird, weil der Antrag auf Rückzahlung aus ungerechtfertigter Bereicherung nicht von einer Aufhebung der einstweiligen Anordnung abhängt. Deshalb muss der Unterhaltsschuldner in seinem Antrag zugleich angeben, für welchen Zeitraum er die einstweilige Anordnung angreift.

1007   Ein Bedürfnis für einen **Rückforderungsantrag** als Widerantrag im Hauptsacheverfahren besteht aber sehr wohl, wenn das FamG bei der einstweiligen Anordnung auch Rechtsfragen bloß summarisch meinte, prüfen zu müssen: Bei einer in materiell-rechtlicher Hinsicht erkennbar unrichtigen einstweiligen Anordnung wird der Titelschuldner wie bisher nicht umhin können, den unberechtigterweise titulierten und von ihm unter dem Druck der drohenden Vollstreckung gezahlten Unterhalt jeweils unmittelbar nach Zahlung – also Monat für Monat – antragsweise gegen den Unterhaltsberechtigten geltend zu machen, denn nur so kann er die verschärfte Haftung der §§ 818 Abs. 4, 819 BGB auszulösen (vgl. Rdn. 961, *M. 3*).

1008   Der **Abänderungsantrag** nach § 238 FamFG gegen eine einstweilige Anordnung bleibt auch nach neuem Recht unzulässig: Aufhebung und Änderung einer im einstweiligen Rechtsschutz erstrittenen Unterhaltsanordnung, über der wie bisher der »blaue Himmel« des FamGs schwebt (§ 57 Satz 1 FamFG), richten sich allein nach § 54 FamFG. Die hervorgehobene Bedeutung, die die einstweilige Anordnung durch die §§ 49 ff. FamFG als selbstständiges Verfahren erfahren hat, lassen es allerdings richtig erscheinen, wenn das FamG über den Antrag nur dann ohne mündliche Verfahren entscheidet, wenn der Mindestunterhalt nach §§ 1612a BGB, 36 Nr. 4 EGZPO geltend gemacht wird und für das Gericht keine Anhaltspunkte erkennbar sind, warum dieser nicht gezahlt wird.

Bei einem solchen Verständnis von der Bedeutung der mündlichen Verhandlung, für dessen Richtigkeit auch die Gesetzesbegründung streitet, die darauf hinweist, dass in Unterhaltsangelegenheiten der vom FamFG in den Fokus gestellte Beschleunigungseffekt nicht in gleicher Weise im Vordergrund stehe wie bei anderen einstweiligen Anordnungen (BT-Drucks. 16/6308, S. 260), scheidet ein Antrag auf mündliche Verhandlung nach § 54 Abs. 2 FamFG in den meisten Fällen aus, weil eben aufgrund mündlicher Verhandlung entschieden wurde. Den Beteiligten bleibt als »Rechtsbehelf« dann nur noch der Antrag auf Aufhebung oder Änderung nach § 54 Abs. 1 Satz 1 FamFG, was freilich voraussetzt, dass mit dem Abänderungs- oder gar Aufhebungsantrag neue, also nachträglich entstandene und bei der Erstentscheidung nicht berücksichtigte Tatsachen oder eine neue Rechtslage vorgetragen werden, die eine andere als die getroffene Entscheidung rechtfertigen.

Dies folgt zwar nicht unmittelbar aus § 54 Abs. 1 FamFG, der – anders als § 238 Abs. 1 Satz 2 FamFG – keinen Zulässigkeitshinweis gibt, sondern lediglich erklärt, dass »das Gericht seine Entscheidung auf entsprechenden Antrag aufheben oder ändern kann«. Dies rechtfertigt sich aber daraus, dass eine einstweilige Anordnung in formelle Rechtskraft erwächst und kein im Recht der einstweiligen Anordnung begründetes berechtigtes Interesse daran bestehen kann, dass das Gericht trotz gleichgebliebener Sach- und Rechtslage, mag diese auch unrichtig beurteilt worden sein, immer wieder erneut in die Entscheidung einzutreten. Dies würde zudem zu einer nicht zu rechtfertigenden Ausuferung des Verfahrens der einstweiligen Anordnung führen und hätte im Übrigen zur Folge, dass die ursprünglich anberaumte mündliche Verhandlung von den Beteiligten und deren anwaltlichen Vertretern wenig ernst genommen werden muss, weil sie im Fall einer ihnen ungünstigen Entscheidung einen Abänderungsantrag stellen und das Gericht wie auch den Gegner zu einer erneuten mündlichen Verhandlung zwingen können, in der der zunächst noch fehlende Vortrag oder die zunächst unterlassene Substantiierung noch nachfolgen kann (OLG Karlsruhe FamRZ 1989, 642 Rz. 13): Auch dies ließe sich mit der formellen Rechtskraft und dem hierdurch bei dem Titulierungsgläubiger begründeten Vertrauen in den zumindest doch vorläufigen Bestand der von ihm erstrittenen Unterhaltsanordnung nicht vereinbaren. **1009**

Auch wenn das Rechtsschutzbedürfnis für eine Abänderung der Unterhaltsanordnung nur dann bejaht werden kann, wenn neue, bei der Erstentscheidung nicht berücksichtigte Tatsachen vorgetragen werden, so bedeutet dies nicht gleichzeitig, dass die Voraussetzungen des § 238 FamFG erfüllt sein müssten: **1010**

Die Präklusionsvorschrift des § 238 Abs. 2 FamFG ist nicht anwendbar (*Klein* FuR 2009, 321, 322), weil diese Bestimmung der Absicherung der materiellen Rechtskraft dient und einstweilige Anordnungen lediglich in formelle Rechtskraft erwachsen. Deshalb wird das FamG einen Sachvortrag, den es zwar in seiner Unterhaltsanordnung berücksichtigt hat, der im Rahmen des Abänderungsverfahrens jedoch in wesentlichen Punkten ergänzt wird und eine Neujustierung der Rechtslage rechtfertigt, nicht unberücksichtigt lassen dürfen. Das FamG wird sich hierbei insbesondere der Schwierigkeiten der Rückforderung überzahlten Unterhalts bewusst sein und diesem Gesichtspunkt den Vorrang vor Präklusionserwägungen einräumen müssen.

Auch der Prüfungsmaßstab bei der Abänderung einer einstweiligen Unterhaltsanordnung ist ein anderer als der bei einer Abänderung nach § 238 FamFG: Diese Bestimmung fordert keine »wesentliche« Veränderung der wirtschaftlichen Verhältnisse, die § 54 Abs. 1 FamFG gerade nicht voraussetzt.

Mag auch nicht jede Veränderung, insbesondere nicht die, die sich im Ergebnis auf die zugesprochene Unterhaltsschuld dem Grunde wie auch der Höhe nach überhaupt nicht auswirkt, ein Rechtsschutzbedürfnis für ein Abänderungsbegehren begründen, so muss der Antragsteller eines Abänderungsverfahrens doch nicht die anerkannte Wesentlichkeitshürde des § 238 Abs. 1 FamFG mit ihren 10 % nehmen (vgl. Rdn. 960, *M. 8*), sodass auch Veränderungen der wirtschaftlichen Verhältnisse mit nur weniger einschneidendem Einfluss auf den Unterhaltsanspruch eine Abänderung rechtfertigen. Entscheidend ist nur, dass (irgend-) eine Veränderung der wirtschaftlichen Verhältnisse vorliegt und diese, wenn auch in nur geringfügigem Umfang, sich auf die Unterhaltsschuld auswirkt. Diese so erweiterte und doch recht weitgehende Abänderungsmöglichkeit stellt die Kompensation dafür dar, dass der Gesetzgeber die Unterhaltsanordnung nach erfolgter mündlicher Verhandlung für unanfechtbar erklärt hat.

1011 Auch die zum alten Recht bereits angesprochene »**Entreicherungs-Problematik**« löst das FamFG bedauerlicherweise nicht, weil § 241 FamFG allenfalls entsprechend anwendbar ist (zum Streitstand vgl. Schlünder FamRZ 2010, 2038) und insb. bei einstweiligen Anordnungen Familiengerichte wenig Neigung dazu verspüren, einem Antrag auf Aussetzung oder Beschränkung der Vollstreckung nach § 55 FamFG zu entsprechen:

Abgesehen einmal davon, dass diese für den einstweiligen Rechtsschutz bestimmte Sondervorschrift, die dem bisherigen § 620e ZPO a. F. entspricht, ohnehin nur bemüht werden kann, wenn ein Antrag auf Abänderung oder Aufhebung einer Unterhaltsanordnung (§ 54 Abs. 1 FamFG) oder auf erneute Entscheidung nach § 54 Abs. 2 FamFG gestellt wird, gilt auch hier wie bei der Vollstreckungsbeschränkung oder -einstellung bei Endentscheidungen in der Hauptsache nach § 120 FamFG, dass der Gesetzgeber durch § 116 Abs. 3 S. 3 FamFG die sofortige Wirksamkeit von Unterhaltstiteln wegen deren besonderer Bedeutung zur Sicherung der Lebensgrundlage zum Regelfall und die Einstellung oder Beschränkung der Vollstreckung zur Ausnahme erklärt hat. § 120 Abs. 2 Satz 2 FamFG knüpft dieses Verlangen sogar an das Kriterium des »nicht zu ersetzenden Nachteils«, ohne dass diese hohe Hürde durch Stellung einer Sicherheit abgefedert wird. Denn anders als in § 707 Abs. 1 ZPO enthält § 120 Abs. 2 FamFG keinen Hinweis auf die Möglichkeit einer Sicherheitsleistung, sodass nach umstrittener Ansicht eine Sicherheitsleistung nicht in Betracht kommt (so: OLG Hamm, FamRZ 2011, 589, 590; SBW/*Schulte-Bunert* § 120 Rn. 4; a. A. OLG Rostock, ZFE 2011, 272; *Büte* FuR 2010, 124, 126).

Und dass ein Anspruch auf Rückzahlung von überzahltem Unterhalt nur ausnahmsweise realisiert werden könne, sei »eine normale Folge« der Zwangsvollstreckung. Denn es sei typisch für das Unterhaltsverhältnis, dass die zur Sicherung des Lebensbedarfs benötigten Mittel vom Unterhaltsbedürftigen verbraucht werden und i. d. R. nicht zurückgezahlt werden können (OLG Hamm, FamRZ 2012, 730; ebenso: OLG Hamm, FamRZ 2011, 589 unter weiterem Hinweis darauf, dass die im Gesetzgebungsverfahren vom Bundesrat geäußerten Bedenken, der Schutz des Vollstreckungsschuldners werde durch die Regelung des § 120 FamFG nur unzureichend verwirklicht, im weiteren Gesetzgebungsverfahren ausdrücklich zurückgewiesen wurde; ähnlich dem OLG Hamm: OLG Hamburg, FamRB 2012, 279; a. A. jedoch: OLG Düsseldorf, FamFR 2013, 428 Rn. 19, das einen unersetzlichen Nachteil bereits dann annimmt, »wenn der Unterhaltsgläubiger im Falle der Aufhebung oder Abänderung des Vollstreckungstitels nicht in der Lage sein wird, den aufgrund des Titels gezahlten Unterhalt zurückzuerstatten«; vermittelnd: OLG Bremen, FamRZ 2011, 322, das das Tatbestandsmerkmal des unersetzlichen Nachteils dahingehend auslegt, »dass es den dauerhaften Verlust einer nicht geschuldeten Geldsumme erfasst«).

▶ **Praxishinweis:**

Für denjenigen, der den sichersten Weg gehen will, bleibt damit alles beim Alten: Der aufgrund einer einstweiligen Anordnung für unberechtigt erachtete Unterhalt sollte **sofort** nach dessen Zahlung antragsweise gegen den Unterhaltsberechtigten geltend gemacht werden, um hierdurch dem Entreicherungseinwand begegnen zu können, der in nahezu jedem Rückforderungsverfahren erhoben wird.

1012 Schließlich hilft in diesen dem unterhaltspflichtigen Mandanten kaum zu vermittelnden Fällen auch die in § 119 Abs. 1 Satz 2 FamFG normierte Sanktion nicht weiter, weil in Unterhaltsverfahren der dort erwähnte **Schadensersatzanspruch nach § 945 ZPO** auf Unterhaltsanordnungen keine Anwendung findet (SBW/*Schwonberg* § 56 Rn. 18; ders. § 248 Rn. 12): Der gezahlte Unterhalt muss deshalb nicht unter dem Damoklesschwert einer Rückzahlungsverpflichtung zurückgelegt werden, sondern darf bestimmungsgemäß verbraucht werden (BGH, FamRZ 2000, 751).

1013 An der Möglichkeit der Erhebung eines **Vollstreckungsabwehrantrags** hat sich durch das FamFG nichts geändert: § 56 FamFG ist weitestgehend § 620f ZPO nachgebildet, sodass z. B. bei einer Vollstreckung aus einer auf Trennungsunterhalt gerichteten einstweiligen Anordnung dieser nach Rechtskraft der Scheidung mit einem Antrag nach § 767 ZPO, aber auch nach § 54 Abs. 1 FamFG entgegengetreten werden kann.

Ob rechtsvernichtende oder rechtshemmende Einwendungen auch dann mit dem Vollstreckungsabwehrantrag geltend gemacht werden können, wenn ein Antrag nach § 54 FamFG (noch) zulässig
wäre, wird man nicht zuletzt zur Stärkung des nach dem FamFG arg stiefmütterlich behandelten
Schuldnerschutzes zu bejahen haben. Gleichwohl ist nicht auszuschließen, dass das Familien- oder
Beschwerdegericht in diesen Fällen einen Antrag nach § 767 ZPO unter Hinweis auf das (vermeintlich) einfachere, in jedem Fall aber etwas kostengünstigere Verfahren nach § 54 Abs. 1 FamFG (Abänderungsgrund: Rechtskraft der Scheidung; so das AG Rosenheim, Beschluss vom 22.03.2012 zum
Az. 3 F 221/12 –, juris) für »mutwillig« erklärt und die Gewährung von VKH verneint.

H. § 1607 BGB und familienrechtlicher Ausgleichsanspruch

I. Ausgleich nach § 1607 BGB

Der Begriff familienrechtlicher Ausgleichsanspruch wird unterschiedlich weit gefasst (vgl. *Wever*
Vermögensauseinandersetzung der Ehegatten außerhalb des Güterrechts, Rn. 897 f.). In unterhalts-
rechtlichem Sinn dient er dem Ausgleich von Unterhaltsleistungen, die einer für einen anderen erbringt und mit denen er dessen Unterhaltspflichten erfüllt. Ein Teil dieser Fälle ist in § 1607 BGB
gesetzlich geregelt. Darüber hinaus sind weitere Fälle von der Rechtsprechung anerkannt worden.

Ist die Rechtsverfolgung gegen einen Verwandten, der vorrangig den Unterhalt schuldet, im Inland
ausgeschlossen oder erheblich erschwert, hat der nach ihm haftende Verwandte den Unterhalt zu
gewähren, § 1607 Abs. 2 Satz 1 i. V. m. Abs. 1 BGB. Der Anspruch geht mit der Unterhaltsgewährung durch den nachrangig haftenden Verwandten auf diesen über, § 1607 Abs. 2 Satz 2 BGB. Ein
Beispiel für den Ausschluss der Rechtsverfolgung ist der Fall des nichtehelichen Kindes vor Feststellung oder Anerkenntnis der Vaterschaft. Erheblich erschwert ist die Rechtsverfolgung z. B., wenn
der Unterhaltsanspruch auf fiktive Einkünfte gestützt ist.

Gem. § 1607 Abs. 3 Satz 1 BGB geht der Unterhaltsanspruch des Kindes gegen den Elternteil auch
über, wenn ein nicht unterhaltspflichtiger Verwandter (z. B. Onkel, Schwester) oder Stiefvater bzw.
-mutter leistet. Im Unterschied zu § 1607 Abs. 2 BGB betrifft § 1607 Abs. 3 BGB einerseits nur den
Kindesunterhalt und erfasst andererseits auch Leistende, die nicht unterhaltspflichtig sind.

§ 1607 Abs. 2 Satz 1 BGB gilt gem. § 1607 Abs. 3 Satz 2 BGB, wenn ein Dritter als Vater zahlt, insb.
als sog. Scheinvater. § 1607 Abs. 2 BGB findet auch auf Teilunterhaltsschulden der Eltern Anwendung, greift jedoch nur, wenn die Voraussetzungen, insb. eine erheblich erschwerte Rechtsverfolgung, vorliegen (BGH, FamRZ 1989, 850).

II. Familienrechtlicher Ausgleichsanspruch

1. Materielles Recht

Liegen die Voraussetzungen des § 1607 BGB nicht vor, kommt ein familienrechtlicher Ausgleichsanspruch in Betracht. Dieser ist von der Rechtsprechung anerkannt für Fälle, in denen ein Elternteil allein für den Unterhalt eines gemeinsamen Kindes aufgekommen ist, obwohl auch der andere
dem Kind unterhaltspflichtig war. Der Anspruch beruht auf der Unterhaltspflicht beider Eltern ggü.
dem Kind und ergibt sich aus der Notwendigkeit, die Unterhaltslast im Verhältnis zwischen ihnen
entsprechend ihrem Leistungsvermögen gerecht zu verteilen (BGH, FamRZ 1994, 1102, 1103).

a) Voraussetzungen

Voraussetzungen des Anspruchs sind:
– Bestehen einer **Barunterhaltspflicht**. Der auf Ausgleich in Anspruch genommene muss barunterhaltspflichtig und insb. leistungsfähig (Wendl/*Scholz* § 2 Rn. 775) gewesen sein. Die Barunterhaltspflicht ggü. einem volljährigen Kind wird ebenfalls erfasst (Heiß/*Heiß* Kap. 3 Rn. 61).

1014

1015

1016

1017

1018

1019

1020

– Leistung in Erfüllung der dem anderen Elternteil obliegenden Unterhaltspflicht (BGH, FamRZ 1981, 761). Das Vorliegen dieser Voraussetzung hat der BGH im Fall eines Betreuungswechsels verneint, bei dem der sodann betreuende Elternteil aufgrund eines Urteils zur Zahlung des Barunterhalts verpflichtet war. Er sei damit nur seiner eigenen rechtskräftig festgestellten Unterhaltspflicht nachgekommen (BGH, FamRZ 1994, 1102, 1103). Anderes gilt aber bei Titeln nach § 239 FamFG, bei denen die Zeitschranke des § 238 Abs. 3 FamFG nicht eingreift, die Unterhaltspflicht daher rückwirkend geändert werden und somit entfallen kann (OLG Nürnberg, FamRZ 2013, 796); dies erscheint aber nur gerechtfertigt, wenn auch tatsächlich eine rückwirkende Abänderung erfolgt.

– Der Unterhalt muss in der **Absicht** erbracht werden, vom anderen Elternteil **Ersatz zu verlangen** (BGH, FamRZ 1989, 850, 852). Aufgrund der Regelung des § 1360b BGB i. V. m. § 1361 Abs. 4 Satz 4 BGB hat der Leistende während der Zeit des Getrenntlebens der Ehegatten die Darlegungs- und Beweislast (Koch/*Wellenhofer* Rn. 5105; MüKo/*Born* § 1607 Rn. 28). Vom BGH ist offen gelassen worden, ob dies auch erforderlich ist, wenn die Eltern geschieden sind (BGH, FamRZ 1989, 850, 852). Dies wird m. E. zu Recht ganz überwiegend verneint (Nachweise bei Göppinger/*van Els* Rn. 1790), da § 1360b BGB nicht gilt. Zumindest ist eine entsprechende Absicht nach dem Scheitern der Ehe zu vermuten.

Ausreichend ist insofern, dass der Berechtigte vom anderen Elternteil den Kindesunterhalt verlangt hat (OLG Koblenz, FamRZ 1997, 368, 369).

1021 Da es sich wirtschaftlich um rückständigen Unterhalt handelt (*Wever* Vermögensauseinandersetzung der Ehegatten außerhalb des Güterrechts, Rn. 895), gilt § 1613 BGB (BGH, FamRZ 1984, 775 ff.). Unterhalt für die Vergangenheit kann auch geltend gemacht werden, wenn zwar weder Verzug noch Rechtshängigkeit hinsichtlich des Ausgleichsanspruchs, aber doch in Bezug auf den Unterhaltsanspruch des durch den anderen Elternteil vertretenen Kindes eingetreten ist, da der Ausgleichspflichtige ab diesem Zeitpunkt nicht darauf vertrauen durfte, nicht auf Zahlung in Anspruch genommen zu werden (BGH, FamRZ 1989, 980).

1022 Der Anspruch unterliegt der 3-jährigen **Verjährungsfrist** der §§ 195, 197 Abs. 2 BGB (Wendl/*Scholz* § 2 Rn. 784; Schwab/*Borth* V 192; BGH, FamRZ 1996, 725 zu § 197 Abs. 1 Nr. 2 BGB a. F.).

b) Höhe

1023 Der **Höhe** nach richtet sich der Anspruch zunächst nach dem Barunterhalt, den der andere Elternteil schuldet (*Wever* Vermögensauseinandersetzung, Rn. 924; Erman/*Hammermann* § 1606 Rn. 39). Da es sich bei dem Ausgleichsanspruch seiner rechtlichen Natur nach nicht um einen Unterhalts-, sondern um einen Erstattungsanspruch handelt (BGH, FamRZ 1984, 775), ist er auf Ersatz der entstandenen Kosten beschränkt (*Wever* Vermögensauseinandersetzung, Rn. 924). Streitig ist, ob eine **Vermutung** für entstandene Kosten i. H. d. Barunterhaltsanspruchs besteht (so OLG Koblenz, FamRZ 1997, 368, 369; OLG Koblenz FamRZ 1998, 173; *Wever* Vermögensauseinandersetzung, Rn. 924; dagegen OLG Frankfurt am Main, FamRZ 1999, 1450; Erman/*Hammermann* § 1606 Rn. 39: lediglich i. H. e. Unterhaltsanspruchs nach Einkommen des Ausgleichsberechtigten).

1024 Ein Elternteil, der einem gemeinsamen ehelichen Kind Betreuungs- und Barleistungen erbracht hat, kann vom anderen Elternteil im Wege des familienrechtlichen Ausgleichsanspruchs grds. nur Erstattung geleisteten Barunterhalts, nicht dagegen Ersatz für geleistete Betreuung verlangen, da dies zu einer unzulässigen Monetarisierung der elterlichen Betreuungsleistungen führen würde (BGH, FamRZ 1994, 1102; *Rauscher* FamR Rn. 866; NK-BGB/*Saathoff* § 1606 Rn. 15; a. A. Johannsen/Henrich/*Graba* § 1606 Rn. 11; *Scholz* FamRZ 1994, 1314).

c) Andere Rechtsgrundlagen

Regelt bereits eine gerichtliche Endentscheidung, welcher der Elternteile Barunterhalt zu zahlen hat, und ist deshalb während des Bestands dieser Entscheidung ein familienrechtlicher Ausgleichsanspruch ausgeschlossen, kann ein Erstattungsanspruch auch nicht auf andere Rechtsgrundlagen, **Geschäftsführung ohne Auftrag** und **Bereicherungsrecht**, gestützt werden, da dies mit der Rechtswirkung der Entscheidung nicht zu vereinbaren wäre (BGH, FamRZ 1994, 1102). Ist der Unterhalt nicht gerichtlich tituliert, sind Ansprüche aus Geschäftsführung ohne Auftrag und Bereicherungsrecht zwar nicht ausgeschlossen (Gernhuber/*Coester-Waljen* § 46 Rn. 54; a. A. FA-FamR/*Gerhardt* Kap. 6 Rn. 817), jedoch kommt ihnen keine praktische Bedeutung zu, da die Anspruchsvoraussetzungen über die des familiengerichtlichen Ausgleichsanspruchs hinausgehen (Gernhuber/*Coester-Waljen* § 46 Rn. 54; Johannsen/Henrich/*Graba* Rn. 11), und die Einschränkungen des familienrechtlichen Ausgleichsanspruchs (von vornherein bestehende Absicht, Ersatz zu verlangen, § 1613 BGB, § 195 BGB) auch für sie gelten (*Wever* Vermögensauseinandersetzung, Rn. 895). | 1025

d) Keine doppelte Inanspruchnahme

Soweit die Voraussetzungen des Ausgleichsanspruchs vorliegen und der Betreuende Barunterhalt erbringt, ist im Ergebnis eindeutig und unstreitig, dass der dem Kinde Unterhaltspflichtige nicht doppelt in Anspruch genommen werden kann. Dies droht insb. dann, wenn das Kind während eines Unterhaltsverfahrens volljährig wird, das Verfahren von ihm selbst fortgeführt wird und Unterhaltsrückstände für den gleichen Zeitraum geltend macht werden, für den sich der vor Eintritt der Volljährigkeit betreuende Elternteil familienrechtlicher Ausgleichsansprüche berühmt, weil er für den Barunterhalt aufgekommen war. | 1026

Als Lösung werden unterschiedliche Wege vorgeschlagen: Nach einer Auffassung soll der für den Unterhalt aufkommende und gleichzeitig betreuende Elternteil dem Kind ggü. mit Erfüllungswirkung leisten, sodass das Kind den anderen Elternteil nicht zusätzlich in Anspruch nehmen kann (OLG Karlsruhe, FamRZ 1998, 1190; *Gießler* FamRZ 1994, 800, 806). Die familienrechtliche Ausgleichspflicht soll nur bestehen, wenn der Ausgleichsberechtigte dem Kind ggü. erklärt hat, dass seinen Barunterhaltsleistungen Tilgungswirkung zukommen soll (*Wever* Vermögensauseinandersetzung, Rn. 910). Nach anderer Meinung liegt Gesamtgläubigerschaft vor (Wendl/*Scholz* § 2 Rn. 778) und der andere Elternteil soll nach Belieben an einen der Gesamtgläubiger leisten dürfen. Ein nunmehr volljähriges Kind soll gem. §§ 242, 1618a BGB verpflichtet sein, den Unterhalt an den Elternteil weiterzuleiten, der es zuvor betreut hat. Zu denken ist m. E. eher daran, dass im Sinne von § 430 BGB »etwas anderes bestimmt ist«, und der Anspruch im Innenverhältnis dem Elternteil und nicht dem Kind zusteht (Erman/*Hammermann* § 1606 Rn. 40).

Empfohlen wird dem Ausgleichsberechtigten zudem, vom Kind die Abtretung des Unterhaltsanspruchs zu verlangen, der auf die Zeit entfällt, während der er Barunterhalt geleistet hat (*Wever* Vermögensauseinandersetzung, Rn. 910). Ob eine derartige Verpflichtung besteht, erscheint allerdings zweifelhaft.

2. Verfahrensrecht

a) Zuständigkeit

Beim familienrechtlichen Ausgleichsanspruch handelt es sich zwar wirtschaftlich um einen Unterhaltsanspruch, rechtlich jedoch um einen Erstattungsanspruch und damit um eine **sonstige Familiensache**, für die das **FamG** nach § 266 Abs. 1 Halbs. 1 Nr. 4 FamFG zuständig ist (Schwab/*Borth* V Rn. 192; MüKo/*Erbarth* § 266 FamFG Rn. 120 will § 266 Abs. 1 Halbs. 1 Nr. 3 FamFG anwenden, soweit ein Zusammenhang mit Trennung oder Scheidung besteht; a. A. *Wever* Vermögensauseinandersetzung, Rn. 928: Unterhaltssache nach § 112 Nr. 8 FamFG). | 1027

1028   Gem. § 267 Abs. 1 Satz 1 FamFG ist während der Anhängigkeit einer Ehesache das Gericht aus-
schließlich **örtlich** zuständig, bei dem die Ehesache im ersten Rechtszug anhängig ist oder war. Diese
Zuständigkeit geht der ausschließlichen Zuständigkeit eines anderen Gerichts vor, § 267 Abs. 1
Satz 2 FamFG.

Ist keine Ehesache anhängig, bestimmt sich die Zuständigkeit nach der ZPO, womit das Gericht
zuständig ist, bei dem der **Antragsgegner** seinen **allgemeinen Gerichtsstand** hat, § 12 ZPO, wobei
an die Stelle des Wohnsitzes (§ 13 ZPO) der **gewöhnliche Aufenthalt** tritt, § 267 Abs. 2 FamFG.

b) Anwaltszwang

1029   Als sonstige Familiensache nach § 266 Abs. 1 FamFG handelt es sich gem. § 112 Nr. 3 FamFG um
eine Familienstreitsache, für die nach § 114 Abs. 1 FamFG grds. Anwaltszwang gilt.

c) Einstweilige Anordnung

1030   Das FamFG enthält in seinen §§ 49 ff. allgemeine Vorschriften über die einstweilige Anordnung.
Ob diese durch die besonderen Vorschriften der §§ 246 ff. FamFG modifiziert werden, hängt davon
ab, ob der familienrechtliche Ausgleichsanspruch Unterhalts- oder sonstige Familiensache ist. Die
Frage ist umstritten (s. Rdn. 1027) und bisher höchstrichterlich nicht geklärt.

Dies ist deshalb von Bedeutung, weil § 246 FamFG ggü. den allgemeinen Vorschriften zwei bedeutsame Unterschiede aufweist: Zum einen braucht ein dringendes Bedürfnis für ein sofortiges Tätigwerden (der Anordnungsgrund) nicht zu bestehen (s. Rdn. 729), und zum anderen gestattet § 246
FamFG nicht nur vorläufige Maßnahmen (s. Rdn. 748), sodass auch die Zahlung angeordnet werden
kann. M.E. sind diese Besonderheiten beim familienrechtlichen Ausgleichsanspruch nicht sachgerecht, da es um die Erstattung in der Vergangenheit aufgewandter Leistungen geht, und der Erstattungsbetrag weder zur laufenden Existenzsicherung benötigt wird, noch eine Ausnahme vom sog.
Vorwegnahmeverbot gerechtfertigt ist. Auch ist zu beachten, dass die Geltendmachung von **rückständigem Unterhalt** grds. vom Regelungszweck des § 246 FamFG nicht gedeckt ist (s. Rdn. 743).

aa) Zuständigkeiten

1031   **Ist** eine **Hauptsache anhängig**, ist das Gericht des ersten Rechtszuges **zuständig**, während der
Anhängigkeit der Hauptsache beim Beschwerdegericht das Beschwerdegericht, § 50 Abs. 1 Satz 2
FamFG. Dies gilt auch dann, wenn das in der Hauptsache angerufene Gericht tatsächlich unzustän-
dig ist (Musielak/*Borth* FamFG § 50 Rn. 3).

Ist **kein Hauptsacheverfahren anhängig**, ist das Gericht zuständig, das für die Hauptsache im
ersten Rechtszug zuständig wäre, § 50 Abs. 1 Satz 1 FamFG. Zur Zuständigkeit der Hauptsache
s. Rdn. 1027.

In besonders dringenden Fällen kann auch das Amtsgericht entscheiden, in dessen Bezirk das Bedürfnis für ein gerichtliches Tätigwerden bekannt wird oder sich die Person oder die Sache befindet,
auf die sich die einstweilige Anordnung bezieht, § 50 Abs. 2 Satz 1 FamFG, wobei dieses Amtsgericht das Verfahren unverzüglich an das nach § 50 Abs. 1 FamFG zuständige Gericht abzugeben hat.

bb) Kein Anwaltszwang

1032   Es gilt **kein Anwaltszwang**, § 114 Abs. 4 Nr. 1 FamFG.

cc) Regelungsbedürfnis

Ob ein **dringendes Bedürfnis** für ein **sofortiges Tätigwerden** (der Anordnungsgrund) gem. § 49 Abs. 1 FamFG erforderlich ist, ist ungeklärt (s. Rdn. 1030). Ein **einfaches Regelungsbedürfnis** wird jedenfalls zu verlangen sein. | 1033

dd) Antrag und Antragsbegründung

Die einstweilige Anordnung wird nur auf **Antrag** erlassen, § 51 Abs. 1 FamFG. | 1034

Der Antrag muss **begründet** werden, und die Voraussetzungen müssen **glaubhaft** gemacht werden, § 51 Abs. 1 Satz 2 FamFG.

Zur Glaubhaftmachung gilt zwar nicht § 31 FamFG, §§ 112, 113 Abs. 1 Satz 1 FamFG, jedoch verweist § 113 Abs. 1 Satz 2 FamFG auf den inhaltsgleichen § 294 ZPO (hierzu Rdn. 773).

ee) Sonstiges

Vgl. i. Ü. Rdn. 749 ff. | 1035

d) Verfahrensrechtliche Probleme beim Obhutswechsel im laufenden Verfahren

aa) Elternteil macht Unterhalt im eigenen Namen geltend (§ 1629 BGB)

Hat der ehemals betreuende Elternteil den Unterhalt entsprechend § 1629 Abs. 3 Satz 1 BGB in eigenem Namen geltend gemacht, sind die Voraussetzungen hierfür durch den Obhutswechsel entfallen. Dies führt zur Erledigung der Hauptsache, und der ursprünglich auf Zahlung von Kindesunterhalt gehende Antrag ist dahin umzustellen, dass beantragt wird festzustellen, dass die Hauptsache erledigt ist (*Norpoth* FamRZ 2007, 514, 515). | 1036

Macht der ehemals betreuende Elternteil im selben Verfahren nunmehr familienrechtliche Ausgleichsansprüche geltend, stellt dies eine Antragsänderung i. S. v. § 113 Abs. 1 Satz 2 FamFG i. V. m. § 263 ZPO dar, die, wenn der Antragsgegner nicht ohnehin zustimmt, i. d. R. jedenfalls in erster Instanz als sachdienlich zuzulassen ist, da ein neuer Rechtsstreit vermieden wird und der bisherige Streitstoff (Grund und Höhe des Unterhaltsanspruchs des Kindes) auch Gegenstand des Erstattungsanspruchs ist (OLG Frankfurt am Main, FamRZ 2007, 909; Unterhaltsprozess/*Schmidt/Kohne* Kap. 2 Rn. 600; *Wever* Vermögensauseinandersetzung, Rn. 912; a. A. OLG Rostock, FamRZ 2003, 933). | 1037

bb) Elternteil macht Unterhalt als Vertreter des Kindes geltend

Hat der ehemals betreuende Elternteil den Unterhalt als Vertreter des Kindes geltend gemacht (weil die Voraussetzungen des § 1629 Abs. 3 Satz 1 BGB nicht vorlagen), muss unterschieden werden: | 1038

(1) Gemeinsames Sorgerecht

Haben die Eltern das gemeinsame Sorgerecht, entfällt mit dem Obhutswechsel die Vertretungsmacht gem. § 1629 Abs. 2 Satz 2 BGB und die Vertretungsbefugnis steht nunmehr dem anderen Elternteil zu. Dann gilt der allgemeine Rechtsgrundsatz, dass niemand in einem Verfahren auf beiden Seiten Partei oder Parteivertreter sein kann (vgl. BGH, NJW 1996, 658). Soll das Verfahren zu Ende geführt werden, muss die Bestellung eines Ergänzungspflegers beantragt werden, da das Kind nicht mehr ordnungsgemäß vertreten ist (*Wendl/Scholz* § 2 Rn. 538). Nach anderer Auffassung ergibt sich | 1039 aus einer Analogie zu §§ 168, 672 Satz 2 BGB eine fortbestehende Vertretungsmacht des früheren Inhabers der Obhut, das Verfahren durch Erledigungserklärung oder Antragsrücknahme (im Altverfahren Klagerücknahme) zu beenden (*Norpoth* FamRZ 2007, 514, 515; wohl zustimmend Unterhaltsprozess/*Schmidt/Kohne* Kap. 2 Rn. 601 in Fn. 826; vgl. OLG Rostock, FamRZ 2012, 890, 891). Hiergegen spricht, dass die jedenfalls zunächst bloß einseitige Erledigungserklärung allein ebenso wenig zur Verfahrensbeendigung führt wie die Klagerücknahme, wenn schon mündlich verhandelt worden ist, sodass die Einwilligung des Antragsgegners erforderlich ist (§ 113 Abs. 1 Satz 2 FamFG i. V. m. § 269 Abs. 1 ZPO). Zudem ist weiterer Streit um die Kosten nicht auszuschließen, sodass nicht davon ausgegangen werden kann, dass das Verfahren durch die Erklärung des Antragstellers insgesamt überhaupt beendet wird. Letztlich ist auch zu berücksichtigten, dass die Beendigung des Verfahrens nicht die alleinige Folge ist, sondern dass eine Antragsrücknahme im Namen des Kindes für dieses Kostennachteile verursachen kann, § 243 FamFG (§ 243 FamFG ist bei Antragsrücknahme unter Berücksichtigung des Rechtsgedankens des § 269 ZPO anwendbar; s. Zöller/*Herget* § 243 FamFG Rn. 7), und im Altverfahren grds. bewirkt, § 269 Abs. 3 Satz 2 ZPO.

(2) Alleiniges Sorgerecht

1040   War der ursprünglich betreuende Elternteil alleiniger Inhaber des Sorgerechts und ist er es weiterhin mangels gerichtlicher Übertragung des alleinigen Sorgerechts auf den anderen Elternteil, kann er die Erledigungserklärung für das Kind abgeben.

Will er im selben Verfahren nunmehr familienrechtliche Ausgleichsansprüche geltend machen, stellt dies schon wegen des damit verbundenen Beteiligtenwechsels eine Antragsänderung i. S. v. § 113 Abs. 1 Satz 2 FamFG i. V. m. § 263 ZPO dar, die, wenn der Antragsgegner nicht ohnehin zustimmt, i. d. R. jedenfalls in erster Instanz als sachdienlich zuzulassen ist (vgl. Rdn. 1037).

Muster: Änderung des Antrags auf familienrechtlichen Ausgleich nach Obhutswechsel

1041   An das

Amtsgericht

– Familiengericht –

.....[1]

In Sachen ...../.....[2]

erklären wir den Antrag, den Antragsgegner zu verpflichten an die Antragstellerin Unterhalt für das Kind ..... zu zahlen, in der Hauptsache für erledigt.

Außerdem beantragen wir namens und in Vollmacht der Antragstellerin nunmehr,
1. den Antragsgegner zu verpflichten, an die Antragstellerin 2.448,00 € nebst Zinsen in Höhe von 5 Prozentpunkten über dem Basiszinssatz seit dem ..... zu zahlen.
2. Der Antragsgegner trägt die Kosten des Verfahrens.

Begründung:

Die Antragstellerin hat im Verfahren bisher Unterhalt für das gemeinsame Kind ..... geb. am ....., geltend gemacht. Dies ist entsprechend § 1629 Abs. 3 Satz 1 BGB in eigenem Namen geschehen, da die Beteiligten getrennt lebende Ehegatten sind.

Das Kind ist zum ..... in den Haushalt des Antragsgegners gewechselt. Durch diesen Obhutswechsel sind die Voraussetzungen für die Verfahrenspflegschaft entfallen und hat sich der ursprünglich zulässige und begründete Zahlungsantrag – insoweit wird auf das gesamte bisherige Vorbringen Bezug genommen – erledigt.[3]

Nunmehr macht die Antragstellerin für den im Zeitraum vom ..... bis ..... von ihr erbrachten Kindesunterhalt in Höhe von insgesamt 2.448,00 € (neun Monate á 272,00 €) als familienrechtlichen Ausgleichsanspruch geltend.

Die hierin liegende Antrags- bzw. Klägeänderung ist zulässig.[4]

Der Anspruch steht ihr zu, da der Antragsgegner während dieser Zeit allein barunterhaltspflichtig war, § 1606 Abs. 3 BGB. Insbesondere war der Antragsgegner in voller Höhe leistungsfähig. In Bezug auf den Bedarf des Kindes und die Leistungsfähigkeit des Antragsgegners wird auf den bisherigen Vortrag Bezug genommen.

Da der Antragsgegner den Kindesunterhalt während dieser Zeit trotz Aufforderung vom .....

– Anwaltsschreiben vom ..... als Anlage in Kopie –

nicht gezahlt hat, hat die Antragstellerin in Erfüllung der dem Antragsgegner als nicht betreuendem Elternteil obliegenden Unterhaltspflicht dem Kind den Unterhalt erbracht.

Dies geschah auch in der Absicht, von ihm Ersatz zu verlangen. Ausreichend ist insofern, dass die Antragstellerin vom Antragsgegner den Kindesunterhalt verlangt hat (vgl. OLG Koblenz FamRZ 1997, 368, 369), was zunächst durch das oben genannte Anwaltsschreiben und sodann durch gerichtliche Geltendmachung in diesem Verfahren geschehen ist.

Der Anspruch besteht in der geltend gemachten Höhe ..... .

Der Anspruch ist zu verzinsen, da die Antragstellerin den Antragsgegner durch anliegendes Schreiben vom ..... in Verzug gesetzt hat.

– Anwaltsschreiben vom ..... als Anlage in Kopie –

1. **Zuständigkeit.** Die örtliche Zuständigkeit des Gerichts für den neuen Antrag ist in aller Regel unproblematisch, da die **für sonstige Familiensachen geltende** Reglung des § 267 Abs. 1 Satz 1 FamFG mit der für Unterhaltssachen weitgehend übereinstimmt: während der Anhängigkeit einer Ehesache ist das Gericht ausschließlich örtlich zuständig, bei dem die Ehesache im ersten Rechtszug anhängig ist oder war. Ist keine Ehesache anhängig, bestimmt sich die Zuständigkeit nach der ZPO, womit das Gericht zuständig ist, bei dem der Antragsgegner seinen allgemeinen Gerichtsstand hat, § 12 ZPO, wobei an die Stelle des Wohnsitzes (§ 13 ZPO) der gewöhnliche Aufenthalt tritt, § 267 Abs. 2 FamFG.

2. **Anwaltszwang.** Der Anwaltszwang bleibt unverändert, da es sich beim familiengerichtlichen Ausgleich als sonstige Familiensache gem. § 112 Nr. 3 FamFG um eine Familienstreitsache handelt, für die nach § 114 Abs. 1 FamFG grds. Anwaltszwang gilt.

3. **Erledigung der Hauptsache.** Hat der ehemals betreuende Elternteil den Unterhalt entsprechend § 1629 Abs. 3 Satz 1 BGB in eigenem Namen geltend gemacht, sind die Voraussetzungen hierfür durch den Obhutswechsel entfallen. Dies führt zur Erledigung der Hauptsache, und der ursprünglich auf Zahlung von Kindesunterhalt gehende Antrag ist dahin umzustellen, dass beantragt wird festzustellen, dass die Hauptsache erledigt ist (*Norpoth* FamRZ 2007, 514, 515).

Schließt sich der Gegner der Erledigungserklärung an (übereinstimmende Erledigungserklärung), erfolgt nur noch eine Kostenentscheidung, andernfalls ist vom Antragsteller nunmehr der Antrag zu stellen, festzustellen, dass sich die Hauptsache erledigt hat.

4. **Klägeänderung.** Macht der ehemals betreuende Elternteil im selben Verfahren nunmehr familienrechtliche Ausgleichsansprüche geltend, stellt dies eine Antrags- bzw. Klägeänderung i. S. v. § 113 Abs. 1 Satz 2 FamFG i. V. m. § 263 ZPO dar, die, wenn der Antragsgegner nicht ohnehin zustimmt, i. d. R. jedenfalls in erster Instanz als sachdienlich zuzulassen ist; s. Rdn. 1037.

J. 2. Instanz

I. Einleitung

1042 Das Rechtsmittelrecht ist vollständig neu gestaltet worden. Insoweit ist eine Struktur geschaffen worden, die ausreichenden Rechtsschutz für alle Familiensachen, unter Einbeziehung der Familienstreitverfahren, und Angelegenheiten der freiwilligen Gerichtsbarkeit gewährleistet. Wesentlich ist unter anderem, dass in den Verfahren nach dem FamFG entsprechend den Regelungen in anderen Verfahrensordnungen der **dreistufige Instanzenzug** eingeführt wird. Vergleichbar ist diese Änderung mit dem Beschwerdeverfahren nach der ZPO.

II. Rechtsbehelfe nach neuem Recht

1043 Nach § 58 Abs. 1 FamFG findet gegen erstinstanzliche **Endentscheidungen** der Amts- und LG, das sind diejenigen, die nach der Legaldefinition in § 38 FamFG in Gestalt eines Beschlusses über den Verfahrensgegenstand in der Instanz ganz oder teilweise abschließend entscheiden, nunmehr die in allen Fällen – befristete – Beschwerde statt. Die **Beschwerde** tritt in den Ehesachen nach § 111 Nr. 1 FamFG und Familienstreitsachen nach § 112 FamFG, in denen gem. § 116 Abs. 1 FamFG ebenfalls durch Beschluss zu entscheiden ist, an die Stelle der Berufung. Die weitere Beschwerde zum OLG ist abgeschafft. Sie ist ersetzt worden durch die zulassungsabhängige Rechtsbeschwerde zum BGH.

1044 **Zwischenentscheidungen**, die nicht zur Beendigung der Instanz führen, etwa Beweis-, Verbindungs- und Trennungsbeschlüsse, sind grds. nicht selbstständig anfechtbar (BGH FamRZ 2011, 282). Deshalb scheidet auch eine Rechtsbeschwerde nach § 70 FamFG aus (BGH, Beschl. v. 15.02.2012 – XII ZB 451/11, FamRZ 2012, 619 = FuR 2012, 261). Zwischenentscheidungen sind entweder überhaupt nicht oder aber nur zusammen mit der Hauptsachentscheidung überprüfbar. Ist in einer Folgesache auf Zahlung von Zugewinnausgleich dem in Anspruch genommenen Antragsgegner ratenfreie Verfahrenskostenhilfe bewilligt worden, kann sich die Antragstellerin mit der Beschwerde nach §§ 113 Abs. 1 Satz 2 FamFG, 127 Abs. 2 Satz 2 ZPO gegen eine Anordnung wenden, die die Einzahlung eines Auslagenvorschusses für die angeordnete Beweiserhebung zum Inhalt hat. Insoweit besteht eine Ausnahme von der grundsätzlich nicht isoliert anfechtbaren verfahrensleitenden Anordnung. Diese Ausnahme ist damit zu rechtfertigen, dass die Bewilligung ratenfreier Verfahrenskostenhilfe gemäß § 122 Abs. 2 ZPO für den Gegner die einstweilige Befreiung von den in § 122 Abs. 1 Nr. 1a ZPO bezeichneten Kosten zur Folge hat (OLG Karlsruhe, FamRZ 2013, 392).

1045 Dies gilt ausnahmsweise nicht, wenn die **Anfechtbarkeit im Gesetz ausdrücklich bestimmt** ist. Abweichend von der Systematik des § 58 FamFG lassen § 7 Abs. 5 Satz 2 FamFG im Fall der Zurückweisung des Antrages auf Hinzuziehung als Beteiligter, § 21 Abs. 2 FamFG im Fall der Entscheidung über die Aussetzung des Verfahrens, § 76 Abs. 2 FamFG im Bereich der Verfahrenskostenhilfe die sofortige Beschwerde, § 382 Abs. 4 Satz 2 FamFG die Beschwerde gegen Zwischenverfügungen in Registersachen zu. Das Rechtsmittel gegen diese Entscheidung ist die sofortige Beschwerde in entsprechender Anwendung der §§ 567 bis 572 ZPO. Insoweit orientiert sich das neue Rechtsmittelrecht an den Verhältnissen im Zivilprozess. Die sofortige Beschwerde sieht eine kurze, vierzehntägige Beschwerdefrist, den originären Einzelrichter sowie i. Ü. ein weitgehend entformalisiertes Rechtsmittelverfahren vor, in dem neue Tatsachen und Beweismittel zu berücksichtigen sind. Die Rechtsbeschwerde bestimmt sich nach den §§ 574 ff. ZPO (BGH, Beschl. v. 15.02.2012 – XII ZB 451/11, FamRZ 2012, 619 = FuR 2012, 261).

1046 Weitere Rechtsbehelfe im FamFG sind der **Einspruch** bei Versäumnisentscheidungen gem. § 143 FamFG im Rahmen von Verfahren in Scheidungssachen und Folgesachen sowie gegen die Festsetzung von **Zwangsgeld** gem. §§ 388 bis 390 FamFG in Verfahren in Registersachen, unternehmensrechtlichen Verfahren, der **Widerspruch** im Amtslöschungsverfahren nach §§ 393 bis 395, 397 bis 399 FamFG und im Dispacheverfahren nach §§ 406, 407 FamFG.

Bestehen bleibt schließlich die **Erinnerung** gem. § 11 Abs. 2 des Rechtspflegergesetzes (RPflG) so- | 1047
wie nach § 57 FamGKG.

Die Entscheidung der Geschäftsstelle nach § 46 FamFG (**Erteilung des Rechtskraftzeugnisses**) ist | 1048
mit der Erinnerung in entsprechender Anwendung des § 573 ZPO anfechtbar.

Eine **übergesetzliche außerordentliche Beschwerde** wegen **greifbarer Gesetzwidrigkeit** kommt | 1049
daneben nicht mehr in Betracht (s. dazu BVerfG, NJW 2007, 2538). Die Gehörsrüge in § 321a
ZPO bzw. § 44 FamFG erlaubt eine Ergebniskorrektur; eine **Gegenvorstellung** bleibt ebenfalls statthaft. Das FamFG hat keine **Untätigkeitsbeschwerde** eingeführt. Rechtsschutz bei überlangen Gerichtsverfahren wird nunmehr nach Maßgabe der §§ 198 ff. GVG zu erreichen sein, die seit dem
03.12.2011 in Kraft getreten sind (BGBl. 2011, I S. 2302; dazu Althammer/Schäuble NJW 2012, 1).

III. Instanzenzug nach neuem Recht

Die Reform harmonisiert den Rechtsmittelzug in FamFG-Verfahren mit dem **dreistufigen Instan-** | 1050
zenzug der anderen Verfahrensordnungen. Dies führt zu einer Vereinheitlichung der Prozessordnun-
gen. Der Verfahrensablauf wird an das Beschwerdeverfahren im Zivilprozess angeglichen.

1. Zuständigkeit der Amtsgerichte

Das Amtsgericht ist nach § 23a GVG erstinstanzlich in Familiensachen (§ 23a Abs. 1 Nr. 1 GVG) | 1051
und in Angelegenheiten der freiwilligen Gerichtsbarkeit, soweit nicht durch gesetzliche Vorschriften eine anderweitige Zuständigkeit begründet ist (§ 23a Abs. 1 Nr. 2 GVG), zur Entscheidung berufen. Den enumerativ aufgezählten Katalog der Angelegenheiten der freiwilligen Gerichtsbarkeit
enthält § 23a Abs. 2 GVG.

2. OLG als Gericht der sofortigen Beschwerde

Die OLG sind in Zivilsachen zuständig für die Verhandlung und Entscheidung über die Rechts- | 1052
mittel:
– der Beschwerde gegen Entscheidungen der Amtsgerichte
– in den von den FamG entschiedenen Sachen (§ 119 Abs. 1 Nr. 1a GVG),
– in den Angelegenheiten der freiwilligen Gerichtsbarkeit mit Ausnahme der Freiheitsentzie-
    hungssachen und der von den Betreuungsgerichten entschiedenen Sachen (§ 119 Abs. 1 Nr. 1b),
– der Berufung und der Beschwerde gegen Entscheidungen der LG (§ 119 Abs. 1 Nr. 2 GVG).

In Familiensachen ist danach das OLG das Gericht der Beschwerde nach §§ 58 ff. FamFG. Dies gilt
auch für die Angelegenheiten der freiwilligen Gerichtsbarkeit nach § 23a Abs. 2 Nr. 2 bis 11 GVG.

3. LG als Gericht der sofortigen Beschwerde

Betreuungssachen nach §§ 271 ff., Unterbringungssachen nach §§ 312 ff. sowie betreuungsgericht- | 1053
liche Zuweisungssachen nach §§ 340 ff. sind bei den Amtsgerichten – anstelle der bisherigen Vormundschaftsgerichte – nunmehr den **sog. Betreuungsgerichten** zugewiesen; sie sind allerdings nur
zuständig, soweit es um Volljährige geht. Über die Genehmigung einer freiheitsentziehenden Unterbringung eines Minderjährigen nach den §§ 1631b, 1800 und 1915 BGB sowie die Anordnung
einer freiheitsentziehenden Unterbringung eines Minderjährigen nach den Landesgesetzen über die
Unterbringung psychisch Kranker entscheiden die FamG, da es sich insoweit um eine Kindschaftssache nach § 151 Nr. 6, 7 handelt, wenngleich gem. § 167 Abs. 1 Satz 1 die für Unterbringungssachen
nach § 312 Nr. 1 und Nr. 3 geltenden Vorschriften analog anzuwenden sind.

Nach § 72 Abs. 1 Satz 2 GVG sind die LG die Beschwerdegerichte in Freiheitsentziehungssachen | 1054
(§§ 415 ff.) und in den von den Betreuungsgerichten entschiedenen Sachen. Für die Beschwerden
in diesen personenbezogenen Verfahren bleiben die LG zuständig. Häufig wird es erforderlich sein,

dass das Beschwerdegericht sich zu dem Betroffenen begibt. Die Zuständigkeit der LG soll eine möglichst zeitnahe und effektive Bearbeitung ermöglichen.

4. BGH als Rechtsbeschwerdegericht

1055
In allen Fällen, in denen die LG und die OLG als Beschwerdegerichte entschieden haben, ist der BGH für die Entscheidung über die Rechtsbeschwerde nach den §§ 70 ff. zuständig. Die weitere Beschwerde zum OLG ist abgeschafft worden. Die Rechtsbeschwerde ist grds. zulassungsabhängig. Die Voraussetzungen sind in § 70 Abs. 2 FamFG verfasst. Unabhängig von der Zulassung ist die Rechtsbeschwerde in den Fällen des § 70 Abs. 3 FamFG. Dies betrifft Beschlüsse des Beschwerdegerichts in Betreuungssachen zur Bestellung eines Betreuers, zur Aufhebung einer Betreuung, zur Anordnung oder Aufhebung eines Einwilligungsvorbehaltes, in Unterbringungssachen und Verfahren nach § 151 Nr. 6 und 7 FamFG sowie in Freiheitsentziehungssachen. Die Unterbringung oder freiheitsentziehende Maßnahme muss angeordnet worden sein (BGH, Beschl. v. 29.01.2014 – XII ZB 519/13 – FamRZ 2014, 652). Die Rechtsbeschwerde des Betroffenen gegen eine ablehnende Entscheidung ist nur bei deren Zulassung statthaft (BGH, Beschl. v. 07.05.2014 – XII ZB 540/13 – Abgrenzung zu BGH, FamRZ 2014, 652). Die zulassungsfreie Rechtsbeschwerde kommt auch dann in Betracht, wenn das Beschwerdegericht nicht mehr über die getroffene Betreuungsanordnung, sondern nach dem Tod des Betroffenen über einen Feststellungsantrag nach § 62 FamFG entschieden hat (BGH Beschl. v. 24.10.2012 - XII ZB 404/12 - FamRZ 2013, 29 = FuR 2013, 96 = NJW-RR 2013, 195). Ausgeschlossen ist die Rechtsbeschwerde nach § 70 Abs. 4 FamFG gegen Beschlüsse in Verfahren über die Anordnung, Abänderung oder Aufhebung einer einstweiligen Anordnung oder eines Arrestes.

IV. Formulare

1. Muster: Beschwerde nach § 58 FamFG gegen eine Endentscheidung des FamG in einer Familiensache/Kindschaftssache

1056
An das

Amtsgericht

– Familiengericht –

in .....[1]

In der Familiensache

betreffend das Kind/die Kinder .....,

an der weiter beteiligt sind .....[2]

1. .....

           Kindes ....., Antragsteller/in und Beschwerdeführer/in

Verfahrensbevollmächtigte/r: Rechtsanwalt/Rechtsanwälte .....[3]

2. .....

           Kindes ....., Antragsteller/in und Beschwerdeführer/in

Verfahrensbevollmächtigter/e: Rechtsanwalt/Rechtsanwälte .....

3. Verfahrensbeistand .....

4. Jugendamt .....

wegen .....[4]

wird namens und in Vollmacht der/des ..... gegen den Beschluss des Amtsgerichts – Familiengericht – ..... vom .....,[5]

dem/der ..... zugestellt am .....,[6]

Beschwerde

eingelegt.

Es wird beantragt,[7]
1. den angefochtenen Beschluss abzuändern und
   die elterliche Sorge für ..... anderweitig, nämlich dahin zu regeln, dass .....
   den Umgang mit ..... anderweitig, nämlich dahin zu regeln, dass .....
2. die Vollziehung des angefochtenen Beschlusses im Wege der einstweiligen Anordnung nach § 64 Abs. 3 FamFG bis zur Entscheidung des Beschwerdegerichts in der Hauptsache auszusetzen.[8]
   oder
   einstweilen anzuordnen, dass ......

Begründung

I.

In der Hauptsache kann der angefochtene Beschluss keinen Bestand haben.

1.

In tatsächlicher Hinsicht ist zu berücksichtigen, dass ......

2.

In rechtlicher Hinsicht kann der Auffassung des Familiengerichts nicht gefolgt werden, dass ......

II.

Der Vollstreckungsschutzantrag/der Antrag auf Erlass einer einstweiligen Anordnung rechtfertigt sich aus folgenden Gründen: ......

[alternativ:]

Beschwerdeantrag und -begründung bleiben einem gesonderten Schriftsatz vorbehalten, der unmittelbar dem zuständigen Oberlandesgericht zugeleitet wird.[9]

Unterschrift[10]

1. Zuständigkeit für die Einlegung der Beschwerde. Nach § 64 Abs. 1 FamFG kann die Beschwerde gegen Endentscheidungen i. S. d. § 38 FamFG wirksam nur noch bei dem Gericht eingelegt werden, dessen Entscheidung angefochten wird (»judex a quo«), nicht mehr sogleich bei dem Beschwerdegericht. Wird die Beschwerdeschrift fälschlicherweise an das OLG gesandt und ist dies für das Beschwerdegericht ohne Weiteres zu erkennen, hat es sie **im ordentlichen Geschäftsgang** an das FamG weiterzuleiten (BGH, NJW 2013, 1308 = FamRZ 2013, 779). Das unzuständige Gericht ist weder zur sofortigen Prüfung seiner Zuständigkeit bei Eingang der Rechtsmittelschrift noch zu außerordentlichen, vom normalen Geschäftsgang abweichenden Maßnahmen verpflichtet (BGH, FamRZ 2013, 436). Wäre bei diesem Vorgehen der fristgerechte Eingang beim FamG zu erwarten gewesen, ist dem Rechtsmittelführer bei unterbliebener Weiterleitung Wiedereinsetzung in den vorigen Stand zu gewähren; dies gilt auch, wenn er vom FamG zutreffend über die Einlegung der Beschwerde belehrt worden ist (BGH, NJW 2011, 3240 = FamRZ 2011, 1649). Ebenso muss das FamG verfahren, wenn eine fristgebundene Rechtsmittelbegründung statt beim Rechtsmittelgericht bei dem FamG eingeht (BGH, NJW 2011, 2887 = FamRZ 2011, 1389). Verzögerungen werden sich jedoch im Zweifel zulasten des Beschwerdeführers auswirken.

2. Beteiligte. In der Beschwerdeschrift sind alle formell Beteiligten aufzuführen. In **Kindschafts-sachen** kommen neben dem Kind (BGH, NJW 2011, 3454 = FamRZ 2011, 1788) die Eltern, der Verfahrensbeistand und das Jugendamt als formell Beteiligte in Betracht. In **Versorgungsausgleichs-sachen** sind formell Beteiligte neben den Eheleuten alle Versorgungsträger, bei denen Anrechte des ausgleichspflichtigen Ehegatten bestehen und dort intern geteilt werden oder bei denen Anrechte für den ausgleichsberechtigten Ehegatten im Wege der externen Teilung zu begründen sind. Findet bei der **internen Teilung** eine Verrechnung bei demselben oder zwischen verschiedenen Versorgungsträgern nach § 10 Abs. 2 Satz 1 und 2 VersAusglG statt, ist im Versorgungsausgleichsverfahren ebenfalls die **Beteiligung beider Versorgungsträger** geboten, auf die sich die anzuordnende Teilung auswirkt. Die **vormalige Ehefrau** des von einer Kürzung seiner Versorgungsbezüge Betroffenen ist am Verfahren nach § 33 VersAusglG zu beteiligen. Dieses Verfahren ist ein Versorgungsausgleichsverfahren im Sinne von § 217 FamFG. Die Beteiligtenstellung ergibt sich aus § 219 Nr. 1 FamFG (OLG Hamm, Beschl. v. 29.01.2013 - 2 WF 255/12 - NJOZ 2014, 124).

3. Anwaltszwang. Die Beschwerde wird nach § 64 Abs. 2 Satz 1 FamFG durch **Einreichung einer Beschwerdeschrift oder zur Niederschrift der Geschäftsstelle** eingelegt. Der Beteiligte kann **grds.** selbst Beschwerde – dies ist eine Verfahrenshandlung – einlegen und sie vor dem Beschwerdegericht vertreten. **Ausnahmen gelten für Ehesachen und Familienstreitsachen, in denen nach § 114 Abs. 1 FamFG Anwaltszwang besteht.**

4. Verfahrensgegenstand. Zur Klarstellung sollte stets der jeweils betroffene Verfahrensgegenstand bezeichnet werden. Dies schafft insb. für den Fall Klarheit, in dem sich der angefochtene Beschluss über mehrere Verfahrensgegenstände verhält (siehe etwa BGH, NJW 2012,685=FamRZ 2012,292: Anordnung der Ergänzungspflegschaft und Bestellung des Ergänzungspflegers).

5. Anforderungen an die Beschwerdeschrift. Die Beschwerde nach § 58 FamFG ist nur gegen **Endentscheidungen** i. S. d. § 38 FamFG statthaft. Lediglich **Mindestanforderungen** werden nach § 64 Abs. 2 Satz 2 und 3 FamFG an den **Inhalt** und an die **Form** der Beschwerdeschrift gestellt. Darüber hat sich auch die Rechtsmittelbelehrung nach § 39 FamFG zu verhalten. Der **anzufechtende Beschluss** muss in der Beschwerdeschrift bezeichnet werden. Es muss **ausdrücklich erklärt** werden, dass dieser Beschluss angefochten wird.

6. Beschwerdefrist. Die **Beschwerdefrist gegen erstinstanzliche Endentscheidungen** beträgt **generell einen Monat** (s. aber in Abweichung davon § 304 Abs. 2 FamFG: Beschwerdefrist von 3 Monaten ab formloser Mitteilung für den Vertreter der Staatskasse in Betreuungssachen). Dies gilt nur dann nicht, wenn eine andere Frist gesetzlich bestimmt ist. Die **generelle Befristung der Beschwerde** dient der Verfahrensbeschleunigung und führt zu einer möglichst frühzeitigen Rechtsklarheit über die dauerhafte Bestandskraft der gerichtlichen Entscheidung.

Für **anfechtbare Zwischen- und Nebenentscheidungen** sieht das FamFG die **sofortige Beschwerde** nach den Vorschriften der ZPO mit einer regelmäßigen **Beschwerdefrist von 2 Wochen** vor. Beschlüsse i. R. d. **Verfahrenskostenhilfe** sind nach §§ 76 Abs. 2, 127 Abs. 3 Satz 3 ZPO mit der Frist von **1 Monat** anfechtbar.

Die Beschwerdefrist beginnt gem. § 63 Abs. 3 Satz 1 FamFG **jeweils** mit der **schriftlichen Bekanntgabe** des Beschlusses an die Beteiligten gem. § 41 FamFG. Maßgeblich für den Fristbeginn ist die **schriftliche Bekanntgabe** des Beschlusses, die durch dessen Zustellung zu erfolgen hat, § 41 Abs. 1 Satz 2 FamFG. Die Beschwerdefrist beginnt auch dann nach Ablauf der fünf-monatigen Beschwerdefrist, wenn die Zustellung mit Mängeln behaftet war (BGH, NJW 2013, 3310 = FamRZ 2013, 1566). Die Gesetzesformulierung stellt klar, dass die schriftliche Bekanntgabe an die nach § 7 FamFG am erstinstanzlichen Verfahren beteiligten Personen jeweils für sie den Beginn der Beschwerdefrist auslöst. Eine im erstinstanzlichen Verfahren nicht beteiligte, durch die Entscheidung jedoch in ihren Rechten beeinträchtigte Person kann Beschwerde nur bis zu dem Zeitpunkt einlegen, zu dem die Beschwerdefrist für den letzten Beteiligten abgelaufen ist (so unter Hinweis auf BT-Drucks. 16/9733, S. 356; Keidel/*Sternal* FamFG [17. Aufl.] § 63 Rn. 65; Schulte-Bunert/Weinreich/*Unger* FamFG [3. Aufl.] § 63 Rn. 21; OLG Celle, FamRZ 2011, 396; OLG Celle, FamRZ 2012, 321).

Nach a. A. beginnt die Rechtsmittelfrist für einen am Verfahren nicht Beteiligten, aber nach § 59 Abs. 1 FamFG Betroffenen erst durch die Zustellung der Entscheidung (so Musielak/*Borth* FamFG [4. Aufl.] § 63 Rn. 7; OLG Köln, NJW-RR 2013, 903; OLG Dresden, Beschl. v. 22.11.2013 – 19 UF 686/13 - NJOZ 2014, 965)

Die Rechtsmittelfrist wird **spätestens** in Gang gesetzt **mit Ablauf von 5 Monaten nach Erlass des Beschlusses.** Ein Beschluss ist nach § 38 Abs. 3 Satz 3 FamFG erlassen, wenn er entweder an die Geschäftsstelle übergeben oder durch Verlesen der Beschlussformel bekannt gemacht wurde. Diese im Interesse der Rechtsklarheit und Rechtssicherheit für alle Beteiligten normierte Auffangfrist (s. a. § 517 ZPO) kommt nur zur Anwendung, wenn die schriftliche Bekanntgabe der Entscheidung an einen **erstinstanzlich Beteiligten** innerhalb von 5 Monaten nicht gelingt, weil etwa der Aufenthaltsort des Beteiligten trotz intensiver Nachforschungen nicht ermittelt werden kann (OLG Celle, FamRZ 2013, 470). Sie kommt nicht zur Anwendung, wenn die schriftliche Bekanntgabe an einen erstinstanzlich nicht hinzugezogenen, in seinen Rechten jedoch materiell Betroffenen unterblieben ist (BT-Drucks. 16/9733, S. 356). Er kann bei Versäumung der Rechtsmittelfrist Wiedereinsetzung in den vorigen Stand beantragen (Keidel/*Sternal* FamFG [18. Aufl.] § 63 Rn. 49).

7. Antrag. In die Beschwerdeschrift muss zwar nur der Mindestinhalt des § 64 Abs. 2 Satz 3 FamFG aufgenommen werden, doch sollte stets auch das Ziel der Beschwerde, zugleich auch als Ausdruck der Beschwerdeberechtigung, in einen Antrag gekleidet werden. Dies schafft rechtzeitig Klarheit und lenkt die Amtsermittlung in der Hauptsache auf die maßgeblichen Gesichtspunkte.

8. Einstweilige Regelung für das Beschwerdeverfahren. § 64 Abs. 3 FamFG schafft die Möglichkeit, bis zu einer Entscheidung im Beschwerdeverfahren einen rechtlichen und tatsächlichen Zustand zu erhalten, um nach Lage des Falles Nachteile zu vermeiden, die durch die Wirksamkeit und den Vollzug der angegriffenen Endentscheidung eintreten können. Die Endentscheidung in Familiensachen wird bereits durch die Bekanntgabe nach § 41 Abs. 1 FamFG wirksam. In Betracht kommen die Aussetzung der Vollziehung bzw. der Wirksamkeit des angefochtenen Beschlusses, auch der Erlass einer einstweiligen Anordnung, die einen bestimmten Zustand für die Dauer des Beschwerdeverfahrens feststellt (etwa das Verbleiben des Kindes an seinem bisherigen Aufenthaltsort).

Der Antrag richtet sich an das Beschwerdegericht, das nach billigem Ermessen zu entscheiden hat. Die getroffene Entscheidung ist nicht anfechtbar.

Die drohenden Nachteile sind in der Begründung des Vollstreckungsschutzantrages darzulegen.

9. Beschwerdebegründung. Nach § 65 Abs. 1 FamFG **soll** die Beschwerde begründet werden (zur Begründungspflicht in Ehesachen und Familienstreitsachen s. § 117 FamFG). Abs. 1 ist deshalb lediglich als **Soll-Vorschrift** formuliert worden, um zu verhindern, dass eine fehlende Begründung zur Verwerfung der Beschwerde als unzulässig führt (BT-Drucks. 16/6308, S. 454). Gleichwohl sollte ein Rechtsmittel in allen Verfahren begründet werden. Dabei muss die Beschwerdebegründung nicht in einer bestimmten Form abgegeben, auch nicht mit einem Mindestinhalt oder einem bestimmten Antrag versehen werden. Es empfiehlt sich jedoch stets eine konkrete, auf den Einzelfall abgestellte Begründung, die **das Ziel des Rechtsmittels** deutlich macht und dem Gericht Veranlassung gibt, seine Amtsermittlungspflicht sachgerecht aufzunehmen. Auch sollte die Beschwerdeberechtigung nach § 61 Abs. 1 FamFG nach Lage des Falles deutlich herausgestellt werden, die sich aus der Beeinträchtigung eines subjektiven eigenen Rechts herleitet. Ausreichend ist insoweit, dass eine solche Rechtsverletzung nach dem Beschwerdevorbringen möglich ist.

Die Beschwerdebegründung ist beim Beschwerdegericht einzureichen. Nur dies macht Sinn, da das erstinstanzliche Gericht bei Endentscheidungen nach § 68 Abs. 1 Satz 2 FamFG keine Abhilfebefugnis besitzt.

In vielen Fällen bedarf es vor der Begründung noch Rücksprachen und/oder Nachforschungen. Dann kann die Beschwerde nur eingelegt und der Antrag nebst Beschwerdebegründung angekündigt werden.

10. **Unterzeichnung.** Die **Beschwerde ist** von dem Beschwerdeführer oder seinem Bevollmächtigten **zu unterschreiben.**

2. Muster: Beschwerdeschrift nach § 58 FamFG in einer Ehe- oder Familienstreitsache

1057   An das Amtsgericht

– Familiengericht –

in .....[1]

In der Ehesache/Familienstreitsache

der/des .....[2]

Antragsteller/in und Beschwerdeführer/in

Verfahrensbevollmächtigte/r: Rechtsanwalt/Rechtsanwälte .....[3]

gegen

den/die .....

Antragsgegner/in und Beschwerdegegner/in

Verfahrensbevollmächtigte/r: Rechtsanwalt/Rechtsanwälte .....

wegen .....[4]

wird namens und in Vollmacht der Antragstellerin/des Antragstellers/der Antragsgegnerin/des Antragsgegners/der/des Beteiligten zu ..... gegen den Beschluss des Amtsgerichts – Familiengericht – in ..... vom ....., Az.: .....,[5]

schriftlich bekannt gegeben am .....[6]

Beschwerde

eingelegt.

Eine Kopie des angefochtenen Beschlusses ist beigefügt.

Es wird beantragt,[7]
1. den angefochtenen Beschluss dahin abzuändern, dass .....,
2. die Vollstreckung aus dem angefochtenen Beschluss bis zur Entscheidung in der Beschwerdeinstanz auszusetzen.

Begründung[8]

I.

Der angefochtene Beschluss ist nach Maßgabe des Beschwerdeantrages abzuändern.

In tatsächlicher Hinsicht hat die angefochtene Entscheidung nicht berücksichtigt, dass .....

In rechtlicher Hinsicht ist die Auffassung des Familiengerichts nicht zu rechtfertigen, dass .....

2.

Der Antrag auf Aussetzung der Vollstreckung rechtfertigt sich daraus, dass der/dem ..... durch die Vollstreckung ein nicht zu ersetzender Nachteil entstehen würde, denn .....[9]

3.

Der Beschwerdewert beträgt mehr als 600,00 €, nämlich ..... €.[10]

Rechtsanwalt[11]

1. Zuständigkeit für die Einlegung der Beschwerde. S. Erläuterung zu Rdn. 1056, *M. 1.*

2. Beteiligte. In Familienstreitsachen stehen sich regelmäßig Antragsteller und Antragsgegner als formell Beteiligte ggü.

3. Anwaltszwang. Nach § 114 FamFG ist vor dem FamG und dem OLG für **Ehegatten in Ehesachen und Folgesachen sowie für Beteiligte in selbstständigen Familienstreitverfahren** die Vertretung durch einen Rechtsanwalt notwendig. Anwaltszwang gilt auch für die **Einlegung der Beschwerde in Ehesachen und Familienstreitsachen**, wie dies ausdrücklich in § 64 Abs. 2 Satz 2 FamFG klargestellt worden ist. Danach ist die Einlegung der Beschwerde zur Niederschrift der Geschäftsstelle in Ehesachen und in Familienstreitsachen ausgeschlossen. Nach bisher überwiegender Auffassung ist die persönliche Beschwerdeeinlegung gegen alle Folgesachen, auch wenn sie keine Familienstreitsachen sind, unzulässig (OLG Köln, Beschl. v. 18.12.2012 – 4 UF 206/12 – FGPrax 2013, 137 = BeckRS 2013, 00575: Rechtsmittel gegen abgetrennte Folgesache Versorgungsausgleich; OLG Bremen, Beschl. v. 02.12.2013 – 4 UF 161/13 – FuR 2014, 363 = FamRZ 2014, 596 = NZFam 2014, 40; siehe aber OLG Brandenburg, Beschl. v. 24.03.2014 – 13 UF 207/13 – NJW-Spezial 2014, 390: Die Entscheidung über den Versorgungsausgleich kann auch von einem Ehegatten persönlich zur Niederschrift der Geschäftsstelle des Gerichts eingelegt werden).

4. Verfahrensgegenstand. S. Erläuterung zu Rdn. 1056, *M. 4.*

5. Anforderungen an die Beschwerdeschrift. S. Erläuterung zu Rdn. 1056, *M. 5.*

6. Beschwerdefrist. S. Erläuterung zu Rdn. 1056, *M. 6.*

7. Antrag. Nach § 117 Abs. 1 Satz 1 FamFG hat der Beschwerdeführer einen bestimmten Sachantrag zu stellen. Dieser muss deutlich machen, welche Beschwer angegriffen wird und welches Ziel die Beschwerde hat.

8. Begründungszwang. Eine Begründungspflicht ist ausdrücklich in § 117 Abs. 1 FamFG für **Rechtsmittel in Ehesachen und Familienstreitverfahren** normiert worden. Die Begründung ist dort **Zulässigkeitsvoraussetzung.** Die Frist beträgt 2 Monate, mit Verlängerungsmöglichkeit nach §§ 117 Abs. 1 Satz 3 FamFG, 520 Abs. 2 Satz 2 und 3 ZPO. Sie beginnt mit der schriftlichen Bekanntgabe des Beschlusses, § 117 Abs. 1 Satz 2 FamFG. Auch wenn § 117 Abs. 1 Satz 3 FamFG § 520 Abs. 3 ZPO nicht für entsprechend anwendbar erklärt, sollte sich die Begründung jedenfalls an dieser Vorschrift ausrichten. § 117 Abs. 1 Satz 2 FamFG schreibt ausdrücklich vor, dass die **Begründung der Beschwerde beim Beschwerdegericht einzureichen** ist.

9. Vollstreckungsschutzantrag. Nach Erlass der Endentscheidung und nach Einlegung der Beschwerde kommt als Vollstreckungsschutzantrag nur noch ein solcher nach § 120 Abs. 2 Satz 3 FamFG in Betracht (OLG Brandenburg, Beschl. v. 20.12.2013 – 13 UF 225/13 - NJOZ 2014, 961). Ein darauf gerichteter Antrag ist gesondert zu begründen, eine Glaubhaftmachung nach § 294 ZPO ist erforderlich. Darzulegen ist, dass die Vollstreckung dem Antragsteller einen **nicht zu ersetzenden Nachteil** bringen würde. Ein solcher liegt vor, wenn im Fall der Abänderung des Vollstreckungstitels der Gläubiger voraussichtlich wegen Mittellosigkeit nicht in der Lage sein wird, den beigetriebenen Geldbetrag zurückzuzahlen (OLG Hamm, Beschl. v. 02.02.2011 – 8 UF 15/11, FamRZ 2011, 1317; OLG Hamm, Beschl. v. 01.03.2011 – 8 UF 40/11 – FamRZ 2011, 1678; vgl. auch BGH, NJW-RR 2007, 1138). Hat der Unterhaltsberechtigte nur geringfügige Einkünfte aus einer Erwerbsunfähigkeitsrente, die den notwendigen Selbstbehalt kaum übersteigen, kann nicht damit gerechnet werden, dass die Rückzahlung zu viel gezahlten Unterhalts möglich sein wird. Trotz Bezugs von SGBII-Leistungen liegt es anders, wenn der Unterhaltsberechtigte noch über Alleineigentum an einer nicht mehr in voller Höhe belasteten Immobilie verfügt (OLG Hamm, Beschl. v. 28.12.2011 – 8 UF 137/11, BeckRS 2012, 04435). Zu unterscheiden ist, ob Vollstreckungsschutz für Unterhaltsrückstände oder laufenden Unterhalt begehrt wird. Für die Einstellung von Unterhaltsrückständen reicht die Darlegung des endgültigen Verlusts aus, während der unwiederbringliche Verlust einer Unterhaltszahlung, die innerhalb des Zeitraums geleistet wird, für den sie geschuldet wird, die Einstellung grundsätzlich nicht rechtfertigt (OLG Brandenburg, Beschl. v. 20.12.2013 – 13 UF 225/13

- NJOZ 2014, 961). Umstritten ist, ob die einstweilige Einstellung der Zwangsvollstreckung aus einem Unterhaltsbeschluss gem. § 120 Abs. 2 Satz 2 FamFG in der Beschwerdeinstanz dann nicht mehr gestellt werden kann, wenn der Unterhaltspflichtige es versäumt hat, im erstinstanzlichen Verfahren den Schutzantrag nach § 120 Abs. 2 Satz 2 FamFG zu stellen (für den Ausschluss des Antragsrechts in diesen Fällen OLG Hamm, Beschl. v. 01.03.2011 – 8 UF 40/11 – FamRZ 2011, 1678; OLG Frankfurt am Main, Beschl. v. 22.02.2011 – 3 UF 460/10, NJW-RR 2011, 1303; a. A. OLG Bremen, Beschl. v. 21.09.2010 – 4 UF 94/10, NJOZ 2011, 760 bespr. von Bruns FamFR 2010, 519). Der Vollstreckungsschutzantrag sollte vorsorglich stets bereits in der 1. Instanz gestellt werden.

10. Beschwerdewert. Nach § 61 Abs. 1 FamFG ist in vermögensrechtlichen Angelegenheiten die Beschwerde nur zulässig, wenn der Wert des Beschwerdegegenstandes 600,00 € übersteigt. Dies gilt für Unterhalts-, Güterrechts-, Haushaltssachen und sonstige Familiensachen nach § 266 FamFG sowie Lebenspartnerschaftssachen mit entsprechenden Verfahrensgegenständen. Die notwendige formelle Beschwer folgt aus dem negativen Abweichen der Endentscheidung von dem zur Entscheidung gestellten Antrag. Die Beschwer muss im Zeitpunkt der Rechtsmitteleinlegung vorliegen und darf vor der Entscheidung über die Beschwerde nicht entfallen sein (BGH, FamRZ 2004, 1553).

11. Unterschrift. Es wird auf Rdn. 1056, *M. 10* verwiesen.

3. Muster: Beschwerdeschrift in einer Kindschaftssache mit isoliertem Antrag nach § 64 Abs. 3 FamFG

1058   An das Amtsgericht .....

– Familiengericht –

in .....[1]

In der Familiensache

betreffend das Kind/die Kinder .....

an der weiter beteiligt sind

1. die/der .....[2]

Antragsteller/in und Beschwerdeführer/in

Verfahrensbevollmächtigte/r: Rechtsanwalt/Rechtsanwälte .....[3]

2. die/der .....

Antragsgegner/in und Beschwerdegegner/in

Verfahrensbevollmächtigte/r: Rechtsanwalt/Rechtsanwälte .....

3. die/der .....

wegen .....[4]

Hiermit lege ich namens und in Vollmacht der Antragstellerin/des Antragstellers/der Antragsgegnerin/des Antragsgegners/der/des Beteiligten zu ..... gegen den Beschluss des Amtsgerichts – Familiengericht – in ..... vom ....., Az.: ....., schriftlich bekannt gegeben am .....

Beschwerde

ein.

Eine Kopie des angefochtenen Beschlusses ist beigefügt.

Zugleich wird beantragt anzuordnen,[5]
1. dass die Vollziehung des angefochtenen Beschlusses ausgesetzt wird,
2. dass ......

Begründung des Eilantrags:[6]

1.

Die angefochtene Endentscheidung des Familiengerichts wird aus folgenden tatsächlichen und/ oder rechtlichen Gründen nicht aufrechterhalten werden können: .....

2.

Dem Beschwerdeführer würde ein schwerer, nicht wieder gutzumachender Nachteil erwachsen, wenn die angefochtene Entscheidung vor Abschluss des Rechtsmittelverfahrens durchgesetzt werden würde, denn .....

3.

Es besteht ein dringendes Bedürfnis für den Erlass der beantragten Maßnahme, denn .....

Rechtsanwalt[7]

Zu 1. bis 4

Insoweit kann auf die obigen Erläuterungen zu den Formularen Rdn. 1056 und Rdn. 1057 verwiesen werden.

5. Vollstreckungsschutzantrag. Der Vollstreckungsschutzantrag sollte konkret gefasst sein. Das Beschwerdegericht ist an den Antrag nicht gebunden, doch kann das pflichtgemäße Ermessen i. S. d. begehrten Maßnahme eingegrenzt werden.

6. Antragsbegründung. Die Antragsbegründung sollte sich zunächst mit der Hauptsache und deren Erfolgsaussicht befassen, denn ohne Feststellung einer Erfolgsaussicht wird sich eine Vollstreckungsschutzmaßnahme nicht rechtfertigen lassen.

Zugleich ist Vortrag zu halten, dass und in welcher Weise ein nicht zu ersetzender Nachteil eintreten würde.

7. Unterschrift. Insoweit kann auf die Ausführungen zu Rdn. 1056, *M. 10* Bezug genommen werden.

4. Muster: Beschwerde nach § 58 FamFG verbunden mit dem Antrag auf Verfahrenskostenhilfe in einer Ehesache oder Familienstreitsache

An das Amtsgericht .....

1059

– Familiengericht –

in .....[1]

In der Ehesache/Familienstreitsache

der/des .....[2]

> Antragsteller/in und Beschwerdeführer/in

Verfahrensbevollmächtigte/r: Rechtsanwalt/Rechtsanwälte .....[3]

gegen

den/die .....

> Antragsgegner/in und Beschwerdegegner/in

Verfahrensbevollmächtigter/e: Rechtsanwalt/Rechtsanwälte .....

wegen .....[4]

wird namens und in Vollmacht der/des ..... gegen den Beschluss des Amtsgerichts – Familienge-richt – ..... vom .....,[5]

dem/der ..... zugestellt am .....,[6]

Beschwerde

eingelegt.

Eine Kopie des angefochtenen Beschlusses ist beigefügt.

Es wird beantragt, ...

der/dem ..... für das Beschwerdeverfahren mit dem Antrag, ..., Verfahrenskostenhilfe unter Bei-ordnung von ..... in ..... zu bewilligen.[7]

Es wird klargestellt, dass die Beschwerde unbedingt eingelegt und nicht von der Bewilligung der Verfahrenskostenhilfe abhängig gemacht wird. Der Beschwerdeführer wird jedoch über die wei-tere Durchführung des Beschwerdeverfahrens entscheiden, wenn Verfahrenskostenhilfe nicht oder nur teilweise bewilligt werden sollte.[8]

I. Darlegung der Verfahrenskostenhilfebedürftigkeit[9]

II. Begründung des Verfahrenskostenhilfegesuchs[10]

Unterschrift[11]

Zu 1. bis 6. Es wird auf die Erläuterungen zu Rdn. 1056, *M. 1–6* verwiesen.

7. Antrag. Mit dem Antrag zur Verfahrenskostenhilfe ist zugleich das Rechtsschutzziel bezogen auf die Hauptsache in einem konkreten Antrag kenntlich zu machen.

Aus Kostengesichtspunkten kann der Umfang des Rechtsmittels zunächst so gewählt werden, dass die Mindestbeschwer des § 61 FamFG von 600,00 € überschritten wird. Für dieses Hauptsacheziel kann zunächst Verfahrenskostenhilfe beantragt werden, verbunden mit einem weiter gehenden An-trag für eine beabsichtigte Beschwerdeerweiterung (S. Büte FuR 2012, 119122). Zu achten ist nur darauf, dass die Beschwerdebegründung sich auch dazu verhält, aus welchen Gründen die beabsich-tigte Beschwerdeerweiterung gerechtfertigt sein soll; die Gründe für eine Erweiterung müssen in der Beschwerdebegründung angelegt sein.

8. Unbedingte Beschwerde. Es empfiehlt sich die ausdrückliche Klarstellung, welcher Verfahrens-weg beabsichtigt ist. Mit der hier vorgeschlagenen Formulierung ist eindeutig klargestellt, dass das Rechtsmittel unbedingt eingelegt ist (dazu BGH, Beschl. v. 07.03.2012 – XII ZB 421/11 – NJW-RR 2012,755).

9. Alternative Begründung. Es wird auf die Erläuterungen zu Rdn. 1031, *M. 9* verwiesen.

10. Begründung. Dieses Vorgehen wird in der Praxis vielfach gewählt. Der Verfahrensbevollmäch-tigte legt das Rechtsmittel formularmäßig ein, er ist aber nicht bereit, ohne Bewilligung von Verfah-renskostenhilfe das Rechtsmittel zu begründen. Daran darf kein Zweifel aufkommen, was allerdings der Fall sein könnte, wenn dem Antrag eine mehrseitige, unterzeichnete Beschwerdebegründung beigefügt wird, die lediglich als »Entwurf einer Beschwerdebegründung« bezeichnet wird (so BGH, NJW 2008, 2855 = FuR 2008, 448 = FamRZ 2008, 1520 m. abl. Anm. Zimmermann). Deshalb sollte stets die – nicht notwendige (BGH, FamRZ 2007, 1319), aber sachgerechte – Begründung als solche des Antrags zur Verfahrenskostenhilfe bezeichnet werden.

11. Unterzeichnung. Es wird auf die Erläuterung zu Rdn. 1056, *M. 10* verwiesen.

5. Muster: Wiedereinsetzungsantrag in einer Familienstreitsache wegen Versäumung der Beschwerdebegründungsfrist nach Bewilligung von Verfahrenskostenhilfe

An das   1060

Oberlandesgericht

in .....[1]

In der Ehesache/Familienstreitsache

der/des .....[2]

Antragsteller/in und Beschwerdeführer/in

Verfahrensbevollmächtigte/r: Rechtsanwalt/Rechtsanwälte .....[3]

gegen

den/die .....

Antragsgegner/in und Beschwerdegegner/in

Verfahrensbevollmächtigte/r: Rechtsanwalt/Rechtsanwälte .....

wegen .....[4]

wird wegen Versäumung der Beschwerdebegründungsfrist Wiedereinsetzung in den vorigen Stand beantragt.

Begründung:[5]

Der/Die ..... war gehindert, die Beschwerdebegründungsfrist einzuhalten, denn sie/er war verfahrenskostenhilfebedürftig und deshalb nicht in der Lage, das Rechtsmittel ristgerecht zu begründen. Dieses Hindernis ist durch die Bewilligung von Verfahrenskostenhilfe mit dem am ..... zugegangenen Beschluss beseitigt worden.

Innerhalb der Frist des § 234 Abs. 1 Satz 2 ZPO wird hiermit Wiedereinsetzung in den vorigen Stand wegen der Versäumung der Beschwerdebegründungsfrist des § 117 FamFG begehrt.

Hinsichtlich der Begründung der Beschwerde wird auf die Ausführungen des Verfahrenskostenhilfegesuchs Bezug genommen. Ergänzend wird ausgeführt: .....

Unterschrift[6]

1. Adressat des Wiedereinsetzungsgesuchs ist das OLG. Es gilt wegen § 113 Abs. Satz 2 FamFG die Regelung der ZPO, hier § 237 ZPO.

2. Die Beteiligten des Beschwerdeverfahrens sind zu bezeichnen. Sollte dies bereits umfassend in der Beschwerdeschrift geschehen sein, dürfte die Kurzbezeichnung ausreichend sein.

3. In Ehe- und Familienstreitsachen besteht nach § 114 FamFG Anwaltszwang.

4. Es empfiehlt sich stets, den konkreten Beschwerdegegenstand zu bezeichnen; ein Formerfordernis ist dies indes nicht.

5. Vielfach wird die Beschwerdebegründungsfrist des § 117 Abs. 1 Satz 3 FamFG zum Zeitpunkt der Entscheidung über die Verfahrenskostenhilfe abgelaufen sein. Dies macht insoweit einen Wiedereinsetzungsantrag erforderlich, der an das OLG zu richten ist, denn dort ist nach § 117 Abs. 1 Satz 2 FamFG auch die Beschwerdebegründung einzureichen. Es gilt die Monatsfrist des § 234 Abs. 1 Satz 2 ZPO. Sie beginnt mit der Zustellung des Verfahrenskostenhilfe bewilligenden Beschlusses (BGH, NJW 2007, 3354 = FamRZ 2007, 1640).

Die Begründung hat sich sodann auf das Hindernis, die versäumte Verfahrenshandlung rechtzeitig vornehmen zu können, zu beziehen. Dies war die Verfahrenskostenhilfebedürftigkeit. Sodann ist auf den Wegfall des Hindernisses abzustellen. Dies ist die – teilweise bzw. vollständige – Bewilligung der Verfahrenskostenhilfe. Mit der – regelmäßig verfügten – Zustellung des Beschlusses beginnt die Frist des § 234 ZPO (BGH, FamRZ 2008, 1616). Innerhalb dieser Frist sind das Wiedereinsetzungsgesuch anzubringen und die versäumte Verfahrenshandlung – die Begründung der Beschwerde – nachzuholen.

Eine den Erfordernissen des § 520 Abs. 3 ZPO genügende Beschwerdebegründung kann auch durch eine Bezugnahme auf die Begründung des Verfahrenskostenhilfegesuchs gegeben werden, wenn dieses von einem zugelassenen Rechtsanwalt unterzeichnet ist und inhaltlich den Anforderungen einer Beschwerdebegründung gerecht wird (BGH, NJW 2008, 1740 = FamRZ 2008, 1063 = FuR 2008, 287).

6. Es wird auf die Erläuterungen zu Rdn. 1056, *M. 10* verwiesen.

6. Muster: Verfahrenskostenhilfeantrag für eine beabsichtigte Beschwerde nach § 58 FamFG in einer Ehe- oder Familienstreitsache

1061   An das Amtsgericht .....

– Familiengericht –

in .....[1]

In der Ehesache/Familienstreitsache

der/des .....[2]

Antragsteller/in und Beschwerdeführer/in

Verfahrensbevollmächtigte/r: Rechtsanwalt/Rechtsanwälte .....[3]

gegen

den/die .....

Antragsgegner/in und Beschwerdegegner/in

Verfahrensbevollmächtigte/r: Rechtsanwalt/Rechtsanwälte .....

wegen .....[4]

Der/Die ..... beabsichtigt, gegen den Beschluss des Amtsgerichts – Familiengericht – in ..... vom ....., Az.: .....,[5]

dem/der ..... schriftlich bekannt gegeben/zugestellt am .....,[6]

Beschwerde

einzulegen.

Eine Kopie des angefochtenen Beschlusses ist beigefügt.

Es wird beantragt,

der/dem ..... für das Beschwerdeverfahren mit dem Antrag, ..., Verfahrenskostenhilfe unter Beiordnung von ..... in ..... zu bewilligen.[7]

Nach – erwarteter positiver – Entscheidung über das Verfahrenskostenhilfegesuch wird die/der ..... um Wiedereinsetzung in den vorigen Stand wegen der Versäumung der Beschwerdefrist (und Beschwerdebegründungsfrist) nachsuchen.[8]

Begründung

I. Darlegung der Verfahrenskostenhilfebedürftigkeit[9]

1.

Hinsichtlich der Verfahrenskostenhilfebedürftigkeit wird auf die erstinstanzlich überreichte Erklärung zu den Einkommens- und Vermögensverhältnissen des/der ..... nebst Belegen vom ..... verwiesen.

Es wird ausdrücklich darauf hingewiesen, dass sich zwischenzeitlich keine Veränderungen ergeben haben.

2.

Zwischenzeitlich haben sich folgende Veränderungen ergeben:

a) .....

b) .....

c) .....

Diese Veränderungen sind in der neuen Erklärung verzeichnet; entsprechende Belege sind beigefügt.

3.

Hinsichtlich der Verfahrenskostenhilfebedürftigkeit wird auf die beigefügte Erklärung zu den Einkommens- und Vermögensverhältnissen des/der ..... verwiesen. In der Abfolge der in der Erklärung zu beantwortenden Fragen sind Belege beigefügt.

II. Begründung des Verfahrenskostenhilfegesuchs[10]

Die angefochtene Endentscheidung des Familiengerichts wird nicht aufrechterhalten bleiben können und nach dem mit der beabsichtigten Beschwerde zu verfolgenden Antrag abzuändern sein.

1.

Die Abänderung wird aus folgenden tatsächlichen Gründen geboten sein: ......

2.

Die angefochtene Endentscheidung des Amtsgerichts entspricht aus folgenden Gründen nicht der maßgeblichen Rechtslage: ......

Unterschrift[11]

Zu 1. bis 5. Es wird auf die Erläuterungen zu Rdn. 1027, *M. 1–4* verwiesen. Ergänzend: Der Antragsteller soll deutlich herausstellen, dass er Verfahrenskostenhilfe für eine beabsichtigte Beschwerde beantragt, eine Beschwerde somit noch nicht eingelegt wird. Durch die gesetzliche Neuregelung des § 64 Abs. 1 Satz 2 FamFG zum 01.01.2013 ist geklärt, dass Anträge auf Bewilligung von Verfahrenskostenhilfe für eine beabsichtigte Beschwerde bei dem Gericht einzulegen sind, dessen Beschluss angefochten werden soll. Die für die Zeit bis zur Gesetzesänderung streitige Frage, bei welchem Gericht das Verfahrenskostenhilfegesuch einzureichen war, hat der BGH (Beschl. v. 05.03.2014 - XII ZB 220/11 – NJW 2014, 1454) dahin entschieden, dass die Empfangszuständigkeit nach altem Recht beim Oberlandesgericht lag. Das FamG wird, da bei der Endentscheidung gem. § 68 Abs. 1 Satz 2 FamFG eine Abhilfebefugnis nicht besteht, die Sache unverzüglich dem Beschwerdegericht vorzulegen haben.

6. Frist. Das Verfahrenskostenhilfegesuch muss innerhalb der für die Beschwerde geltenden Frist bei dem zuständigen Gericht (s. zuvor) eingereicht worden sein (BGH, FamRZ 2003, 89). Das Gesuch muss – unter Verwendung des maßgeblichen Vordrucks – die vollständig ausgefüllte Erklärung über die persönlichen und wirtschaftlichen Verhältnisse des Antragstellers – nach Auffassung des BGH,

FamRZ 2004, 99 auch bezüglich eines Ehegatten – enthalten nebst den erforderlichen Belegen (BGH, FamRZ 2008, 1924). Die Vollständigkeit ist insb. genau zu prüfen, wenn das Gesuch erst am letzten Tag der Rechtsmittelfrist per Telefax übersandt wird. Die Beachtung dieser Erfordernisse ist im Blick auf die Wiedereinsetzung in den vorigen Stand geboten. Wer vor Ablauf der Rechtsmittelfrist des § 63 FamFG oder Rechtsmittelbegründungsschrift nach § 117 Abs. 1 FamFG Verfahrenskostenhilfe beantragt hat, ist bis zur Entscheidung über diesen Antrag als ohne sein Verschulden an der rechtzeitigen Vornahme der Beschwerde verhindert anzusehen, wenn er vernünftigerweise nicht mit der Verweigerung der Verfahrenskostenhilfe wegen nicht hinreichend nachgewiesener Bedürftigkeit rechnen musste, sich also für bedürftig halten und davon ausgehen durfte, die wirtschaftlichen Voraussetzungen für die Gewährung von Verfahrenskostenhilfe ordnungsgemäß dargetan zu haben (BGH, NJW 2010, 1888 = FamRZ 2010, 448 = FuR 2010, 409). Selbst wenn die Antworten im amtlichen Vordruck einzelne Lücken aufweisen, ist das Vertrauen des Antragstellers anzuerkennen, wenn diese Lücken auf andere Weise geschlossen oder Zweifel beseitigt werden können, etwa durch beigefügte Unterlagen oder Angaben zu früheren Verfahrenskostenhilfeanträgen oder es sich bei einzelnen nicht beantworteten Fragen nach Einnahmen aufgrund der sonstigen Angaben und Belege aufdrängt, dass solche Einnahmen nicht vorhanden sind (BGH, NJW-RR 2009, 563 = FamRZ 2009, 318). Ein Antragsteller darf sich auch dann für bedürftig halten, wenn Verfahrenskostenhilfe versagt wird, weil die Kosten der Verfahrensführung voraussichtlich 4 Monatsraten nicht übersteigen (BGH, NJW-RR 2008, 1238 = FamRZ 2008, 1520).

7. Antrag. Mit dem Antrag auf Bewilligung von Verfahrenskostenhilfe zu verbinden ist – in Gestalt eines konkreten Antrages – das Rechtschutzziel.

8. Wiedereinsetzung. Diese Formulierung ist nicht zwingend. Durch den Hinweis auf die zu beantragende Wiedereinsetzung wird jedoch deutlich gemacht, dass die Beschwerde noch nicht eingelegt ist, auch nicht – was unzulässig wäre (BGH, FamRZ 2005, 1537) – von der Bedingung der Bewilligung von Verfahrenskostenhilfe abhängig gemacht wird.

9. Alternative Begründung. Die Darlegung der Verfahrenskostenhilfebedürftigkeit kann alternativ erfolgen. Diese Möglichkeiten sind im Formular aufgezeigt. Stets ist bei diesem Vorgehen besonderer Wert darauf zu legen, dass aus den Unterlagen die aktuellen Einkommens- und Vermögensverhältnisse zu entnehmen sind, ferner dass die Erklärung in allen Punkten ausgefüllt ist und in geordneter Abfolge die Belege beigefügt werden.

10. Begründung. Das Verfahrenskostenhilfegesuch sollte sinnvollerweise begründet werden. Dies macht, um die hinreichende Erfolgsaussicht der beabsichtigten Rechtsverfolgung darzutun, eine Auseinandersetzung mit dem angefochtenen Beschluss im Tatsächlichen wie im Rechtlichen notwendig. Vielfach stellt diese Begründung auch die Grundlage dar für die nach § 117 Abs. 1 Satz 1 FamFG gesetzlich erforderliche Beschwerdebegründung. Auch in anderen Familiensachen ist – trotz Amtsermittlung – im wohlverstandenen Interesse des Beschwerdeführers eine Begründung angezeigt.

Die Begründung sollte stets als solche des Verfahrenskostenhilfegesuchs dargestellt werden und nicht bereits als Beschwerdebegründung nach § 117 Abs. 1 Satz 1 FamFG.

11. Unterzeichnung. Insoweit wird auf Rdn. 1056, *M. 10* verwiesen.

7. Muster: Wiedereinsetzungsantrag in einer Familienstreitsache wegen Versäumung der Beschwerdefrist und der Beschwerdebegründungsschrift nach Bewilligung von Verfahrenskostenhilfe

An das **1062**

Oberlandesgericht

in .....[1]

In der Ehesache/Familienstreitsache

der/des .....[2]

Antragsteller/in und Beschwerdeführer/in

Verfahrensbevollmächtigte/r: Rechtsanwalt/Rechtsanwälte .....[3]

gegen

den/die .....

Antragsgegner/in und Beschwerdegegner/in

Verfahrensbevollmächtigte/r: Rechtsanwalt/Rechtsanwälte .....

wegen .....[4]

wird wegen Versäumung der Beschwerdefrist und der Beschwerdebegründungsfrist Wiedereinsetzung in den vorigen Stand beantragt.

Mit Schriftsatz vom ..... ist beim Amtsgericht in ..... Beschwerde eingelegt worden.

Begründung:[5]

Der/Die ..... war gehindert, die Beschwerdefrist und auch die Beschwerdebegründungsfrist einzuhalten, denn sie/er war verfahrenskostenhilfebedürftig und deshalb nicht in der Lage, das Rechtsmittel einzulegen und es fristgerecht zu begründen. Dieses Hindernis ist durch die Bewilligung von Verfahrenskostenhilfe mit dem am ..... zugegangenen Beschluss beseitigt worden.

Innerhalb der Frist des § 234 Abs. 1 Satz 1 ZPO wird hiermit Wiedereinsetzung in den vorigen Stand wegen der Versäumung der Beschwerdefrist des § 63 FamFG begehrt. Zugleich ist auch – mit der Bitte um Weiterleitung an das Oberlandesgericht – die Beschwerde beim zuständigen Amtsgericht in ..... eingelegt worden.

Hinsichtlich der Begründung der Beschwerde wird auf die Ausführungen des Verfahrenskostenhilfegesuchs Bezug genommen. Ergänzend wird ausgeführt: .....

Unterschrift[6]

1. Adressat des Wiedereinsetzungsgesuchs ist das OLG (BGH, NJW-RR 2014, 1 = FamRZ 2013, 1385; OLG Dresden, Beschl. v. 14.01.2014 – 19 UF 398/13 – NJW 2014, 1826; siehe aber auch OLG Celle, Beschl. v. 16.01.2014 – 10 UF 248/13 – NJW 2014, 18128, das nach fristgerecht nachgeholter Beschwerdeeinlegung Wiedereinsetzung von Amts wegen auch ohne parallel beim OLG eingereichten Antrag bewilligt). Es gilt wegen § 113 Abs. Satz 2 FamFG die Regelung der ZPO, hier § 237 ZPO.

2. Die Beteiligten des Beschwerdeverfahrens sind zu bezeichnen. Sollte dies bereits umfassend in dem vorausgegangenen Verfahrenskostenhilfegesuch für die beabsichtigte Beschwerde geschehen sein, dürfte die Kurzbezeichnung ausreichend sein.

3. In Ehe- und Familienstreitsachen besteht nach § 114 FamFG Anwaltszwang.

4. Es empfiehlt sich stets, den konkreten Beschwerdegegenstand zu bezeichnen; ein Formerfordernis ist dies indes nicht.

5. Die Begründung des Wiedereinsetzungsgesuchs richtet sich zunächst auf die **Versäumung der Frist zur Einlegung der Beschwerde nach § 63 Abs. 1 FamFG.** Insoweit ist die zweiwöchige Frist des § 234 Abs. 1 Satz 1 ZPO zu beachten. Sie beginnt mit der Zustellung des Verfahrenskostenhilfe bewilligenden Beschlusses einschließlich der Entscheidung über die in diesen Verfahren gebotene Beiordnung des Rechtsanwalts (BGH, Beschl. v. 16.01.2014 – XII ZB 571/12 – BeckRS 2014, 03178; NJW 2007, 3354 = FamRZ 2007, 1640).

Die Begründung hat sich sodann auf das Hindernis, die versäumte Verfahrenshandlung rechtzeitig vornehmen zu können, zu beziehen. Dies war die Verfahrenskostenhilfebedürftigkeit. Sodann ist auf den Wegfall des Hindernisses abzustellen. Dies ist die – teilweise bzw. vollständige – Bewilligung der Verfahrenskostenhilfe. Mit der – regelmäßig verfügten – Zustellung des Beschlusses beginnt die Frist des § 234 ZPO (BGH, FamRZ 2008, 1616). Innerhalb dieser Frist sind das Wiedereinsetzungsgesuch anzubringen und die versäumte Verfahrenshandlung – die Einlegung der Beschwerde – nachzuholen. **Die Beschwerde ist beim Amtsgericht nach § 64 Abs. 1 FamFG einzulegen** (OLG Dresden, Beschl. v. 14.01.2014 – 19 UF 398/13 – NJW 2014, 1826).

Vielfach wird die **Beschwerdebegründungsfrist des § 117 Abs. 1 Satz 3 FamFG** zum Zeitpunkt der Entscheidung über die Verfahrenskostenhilfe abgelaufen sein. Dies macht auch **insoweit einen Wiedereinsetzungsantrag erforderlich,** der ebenfalls **an das OLG** zu richten ist, denn dort ist nach § 117 Abs. 1 Satz 2 FamFG auch die Beschwerdebegründung einzureichen. Für dieses Wiedereinsetzungsgesuch gilt die Monatsfrist des § 234 Abs. 1 Satz 2 ZPO. Sie beginnt aber nicht bereits mit der Zustellung des Verfahrenskostenhilfe bewilligenden Beschlusses, sondern erst mit der **Zustellung des Beschlusses über die Wiedereinsetzung wegen Versäumung der Beschwerdefrist** (BGH, NJW 2007, 3354 = FamRZ 2007, 1640). Innerhalb der Monatsfrist ist die Beschwerdebegründung einzureichen.

6. Es wird auf die Erläuterungen zu Rdn. 1056, *M. 10* verwiesen.

8. Muster: Antrag auf Wiedereinsetzung bei Versagung der Verfahrenskostenhilfe für eine beabsichtigte Beschwerde

1063 An das

Oberlandesgericht

in .....[1]

In der Ehesache/Familienstreitsache

der/des .....[2]

Antragsteller/in und Beschwerdeführer/in

Verfahrensbevollmächtigte/r: Rechtsanwalt/Rechtsanwälte .....[3]

gegen

den/die .....

Antragsgegner/in und Beschwerdegegner/in

Verfahrensbevollmächtigte/r: Rechtsanwalt/Rechtsanwälte .....

wegen .....[4]

wird Wiedereinsetzung in den vorigen Stand wegen Versäumung der Beschwerdefrist beantragt.

Mit Schriftsatz vom ..... ist bei dem Amtsgericht in ..... Beschwerde gegen den Beschluss vom ..... eingelegt und um Weiterleitung an das Oberlandesgericht gebeten worden.

Begründung⁵

Die/Der ..... hat um Verfahrenskostenhilfe für eine beabsichtigte Beschwerde gegen den Beschluss des Amtsgericht in ..... vom ..... nachgesucht. Verfahrenskostenhilfe ist wegen fehlender Verfahrenskostenhilfebedürftigkeit/mangels hinreichender Erfolgsaussicht durch Beschluss des Oberlandesgerichts vom ....., zugegangen am ....., versagt worden.

Die/Der ..... beabsichtigt, das Beschwerdeverfahren auf eigene Kosten/trotz vermeintlicher Erfolglosigkeit durchzuführen.

Wegen des Ablaufs der Beschwerdefrist zum Zeitpunkt der Entscheidung über die Verfahrenskostenhilfe ist Wiedereinsetzung zu gewähren. Der Eingang des Wiedereinsetzungsantrages wahrt die höchstrichterlich zugebilligte Überlegungsfrist von bis zu 3-4 Tagen und die zweiwöchige Frist des § 234 Abs. 1 Satz 1 ZPO.

Unterschrift⁶

1. Adressat des Wiedereinsetzungsgesuchs ist das OLG. Es gilt wegen § 113 Abs. Satz 2 FamFG die Regelung der ZPO, hier § 237 ZPO.

2. Die Beteiligten des Beschwerdeverfahrens sind zu bezeichnen. Sollte dies bereits umfassend in dem vorausgegangenen Verfahrenskostenhilfegesuch für die beabsichtigte Beschwerde geschehen sein, dürfte die Kurzbezeichnung ausreichend sein.

3. In Ehe- und Familienstreitsachen besteht nach § 114 FamFG Anwaltszwang.

4. Es empfiehlt sich stets, den konkreten Beschwerdegegenstand zu bezeichnen.; ein Formerfordernis ist dies indes nicht.

5. Wird die beantragte Verfahrenskostenhilfe für ein beabsichtigtes Rechtsmittel nach dem Ablauf der Rechtsmittelfrist verweigert, bleibt dem Beteiligten nach der Bekanntgabe der Entscheidung noch eine Zeit von höchstens 3 bis 4 Tagen für die Überlegung, ob er das Rechtsmittel auf eigene Kosten durchführen will. Danach beginnt die zweiwöchige Frist des § 234 Abs. 1 Satz 1 ZPO für das Wiedereinsetzungsgesuch und die damit zu verbindende Einlegung des Rechtsmittels. Das gilt sowohl für den Fall, dass die Verfahrenskostenhilfebedürftigkeit verneint wurde, als auch dann, wenn dem Begehren die hinreichende Erfolgsaussicht abgesprochen wurde (BGH, NJW-RR 2009, 789 = FamRZ 2009, 685 nur LS). Die Begründung hat diese Rechtsprechung aufzugreifen und deren Voraussetzungen darzulegen.

Sollte auch die Beschwerdebegründungsfrist zum Zeitpunkt der Verfahrenskostenhilfentscheidung abgelaufen sein, ist insoweit ein weiteres Wiedereinsetzungsgesuch zu stellen. Insoweit wird auf das 7. Muster zu Nr. 5 verwiesen.

6. Es wird auf die Erläuterungen zu Rdn. 1056, *M. 10* verwiesen.

9. Muster: Verfahrenskostenhilfeantrag des Antragsgegners im Beschwerdeverfahren, alternativ in einer Familiensache und in einer Ehe- oder Familienstreitsache

An das   1064

Oberlandesgericht

in .....¹

In der Familiensache

betreffend das Kind/die Kinder .....

an der weiter beteiligt sind .....²

1. .....

Kindes ....., Antragsteller/in und Beschwerdeführer/in

Verfahrensbevollmächtigte/r: Rechtsanwalt/Rechtsanwälte .....

2. .....

Kindes ....., Antragsteller/in und Beschwerdeführer/in

Verfahrensbevollmächtigte/r: Rechtsanwalt/Rechtsanwälte .....

3. Verfahrensbeistand .....

4. Jugendamt .....

oder

In der Ehesache/Familienstreitsache

der/des .....[3]

Antragsteller/in und Beschwerdeführer/in

Verfahrensbevollmächtigte/r: Rechtsanwalt/Rechtsanwälte .....

gegen

den/die .....

Antragsgegner/in und Beschwerdegegner/in

Verfahrensbevollmächtigte/r: Rechtsanwalt/Rechtsanwälte .....

Aktenzeichen: .....

wegen .....

wird beantragt,

der/dem Antragsteller/in Antragsgegner/in Beteiligten zu ..... und Beschwerdegegner/in Verfahrenskostenhilfe für die Rechtsverteidigung im Beschwerdeverfahren zu bewilligen und ihm/ihr den Unterzeichner als Verfahrensbevollmächtigten beizuordnen.[4]

Begründung

I. Darlegung der Verfahrenskostenhilfebedürftigkeit[5]

1.

Hinsichtlich der Verfahrenskostenhilfebedürftigkeit wird auf die erstinstanzlich überreichte Erklärung zu den Einkommens- und Vermögensverhältnissen des/der ..... nebst Belegen vom ..... verwiesen.

Es wird ausdrücklich darauf hingewiesen, dass sich zwischenzeitlich keine Veränderungen ergeben haben.

2.

Zwischenzeitlich haben sich folgende Veränderungen ergeben:

a) .....

b) .....

c) .....

Diese Veränderungen sind in der neuen Erklärung verzeichnet; entsprechende Belege sind beigefügt.

3. Hinsichtlich der Verfahrenskostenhilfebedürftigkeit wird auf die beigefügte Erklärung zu den Einkommens- und Vermögensverhältnissen des/der ..... verwiesen. In der Abfolge der in der Erklärung zu beantwortenden Fragen sind Belege beigefügt.

II. Begründung des Verfahrenskostenhilfegesuchs[6]

Da die/der ..... die Beschwerde eingelegt hat, erübrigt sich derzeit eine weiter gehende Darlegung, § 119 Abs. 1 Satz 2 ZPO.

III. Begründung des Beiordnungsantrags[7]

Unter Bezugnahme auf den Beschluss des BGH vom 23.06.2010 – XII ZB 232/09 – NJW 2010, 3029 = FamRZ 2010, 1427 ist dem Beiordnungsantrag nach § 78 Abs. 2 FamFG zu entsprechen.

Nach Lage des Falles hätte auch ein bemittelter Beteiligter wegen einer schwierigen Sachlage und/ oder einer schwierigen Rechtslage einen Rechtsanwalt mit der Wahrnehmung seiner Interessen beauftragt, denn .....

Nach den subjektiven Fähigkeiten ist die/der ..... nicht in der Lage, ihre/seine wohlverstandenen Interessen allein zu vertreten, denn ......

Schließlich muss auch berücksichtigt werden, dass die/der ..... ebenfalls anwaltlich vertreten ist (Grundsatz der Waffengleichheit).

Unterschrift[8]

1. **Adressat.** Das Gesuch ist an das nunmehr mit der Beschwerde befasste OLG zu richten.

2. **Beteiligte in einer Familiensache.** Es gelten insoweit die Erläuterungen zu Rdn. 1056, *M. 2.*

3. **Beteiligte in einer Ehe- oder Familienstreitsache.** Es gelten insoweit die Erläuterungen zu Rdn. 1057, *M. 2.*

4. **Ziel der Rechtsverteidigung.** Wenn Verfahrenskostenhilfe zur Rechtsverteidigung beantragt wird, stellt der Beschwerdegegner klar, dass er die Zurückweisung der Beschwerde und damit die Aufrechterhaltung des angefochtenen Beschlusses erstrebt. Einer weiteren Erläuterung bedarf es nicht.

5. **Alternative Begründungen.** Es gelten die Erläuterungen zu Rdn. 1061, *M. 9.*

6. **Begründung in der Sache.** Eine besondere Begründung in der Hauptsache ist wegen § 119 Abs. 1 Satz 2 ZPO nicht erforderlich. Doch kann und sollte der Beschwerdegegner die Möglichkeit nicht ungenutzt lassen, durch geeigneten Vortrag die Bewilligung von Verfahrenskostenhilfe zugunsten des Beschwerdeführers zu verhindern.

7. **Begründung des Beiordnungsantrags.** Soweit das Rechtsmittelverfahren keine Ehesache oder Familienstreitsache betrifft, gelten für die Verfahrenskostenhilfe die §§ 76 bis 78 FamFG. Wenngleich § 76 Abs. 1 FamFG auf die Vorschriften der ZPO über die PKH verweist, bestimmt § 78 FamFG Abweichendes für die Beiordnung eines Rechtsanwalts. In Verfahren ohne Anwaltszwang wird ein Rechtsanwalt nur beigeordnet, wenn wegen der Schwierigkeit der Sach- und Rechtslage die Vertretung durch einen Rechtsanwalt erforderlich erscheint, § 78 Abs. 2 FamFG. Dies macht die ausdrückliche Begründung des Beiordnungsantrags unabweisbar (zu den Voraussetzungen der Beiordnung vgl. grundlegend BGH, Beschl. v. 23.06.2010 – XII ZB 232/09, NJW 2010, 3029 = FamRZ 2010, 1427).

8. **Unterzeichnung.** Es wird auf die Erläuterungen zu Rdn. 1056, *M. 10* verwiesen.

10. Muster: Antrag auf Verlängerung der Beschwerdebegründungsfrist in einer Ehesache/Familienstreitsache

1065   An das

Oberlandesgericht

in .....

Aktenzeichen: .....

In der Familiensache

..... ./. .....[1]

wird beantragt,[2]

die am ..... durch schriftliche Bekanntgabe/Zustellung des am ..... erlassenen Beschlusses des Amtsgerichts ..... in Gang gesetzte und zum ..... ablaufende Beschwerdebegründungspflicht um ...../bis zum ..... zu verlängern.

Begründung:

1. Verlängerung um bis zu einem Monat

Wegen Arbeitsüberlastung des Verfahrensbevollmächtigten der/des Beschwerdeführerin/Beschwerdeführers kann .....

Wegen Erkrankung der/des Beschwerdeführerin/Beschwerdeführers kann die zur Fertigung der Beschwerdebegründung notwendige Besprechung noch nicht durchgeführt und .....

die Beschwerdebegründung nicht fristgerecht erstellt und eingereicht werden.

2. Weitere Verlängerung[3]

Die weitere Verlängerung um ...../bis zum ..... deshalb geboten, weil .....

Es wird anwaltlich versichert, dass die/der Verfahrensbevollmächtigte der Beschwerdegegenerin/des Beschwerdegegners die Einwilligung in die beantragte Verlängerung erklärt hat.

Sie wird dem Senat noch schriftlich zugehen.

Unterschrift[4]

1. Kurzbezeichnung. Da mit der Beschwerdeschrift bereits der Kreis der Beteiligten, deren Stellung im Verfahren sowie Beistände oder Verfahrensbevollmächtigte bezeichnet worden sind, kann in den folgenden Schriftsätzen das Kurzrubrum gewählt werden. Es reicht zur Individualisierung und Zuordnung des Verfahrens aus. Zudem wird auch das Aktenzeichen mitgeteilt.

2. Antrag. Nach § 117 Abs. 1 Satz 4 FamFG gilt § 520 Abs. 2 Satz 2, 3 ZPO entsprechend. Die Beschwerdebegründungsfrist kann in Ehesachen (§ 121 FamFG) und Familienstreitsachen (§ 112 FamFG) verlängert werden. Die Verlängerung bis zu einem Monat kann der Vorsitzende ohne Einwilligung des Beschwerdegegners bewilligen, § 522 Abs. 2 Satz 3 ZPO. Voraussetzung ist, dass entweder das Verfahren durch die Verlängerung nicht verzögert wird oder erhebliche Gründe dargelegt werden. In der Praxis ist die angezeigte Arbeitsüberlastung i. d. R. als erheblicher Grund für die Verlängerung anerkannt. Gleiches gilt für Gründe, die eine rechtzeitige Besprechung bislang unmöglich gemacht haben.

3. Weitere Verlängerung. Eine Verlängerung darüber hinaus setzt nach § 520 Abs. 2 Satz 2 ZPO die Einwilligung des Gegners voraus. Die Einwilligung bedarf nicht der Schriftform (BGH, FamRZ 2005, 267). Gleichwohl kann die Einwilligung schriftsätzlich eingereicht werden. Ausreichend ist, wenn die Einholung durch den Verfahrensbevollmächtigten der Beschwerdeführerin/des Beschwerdeführers erfolgt und die mündliche Abgabe der Einwilligung anwaltlich in der Begründung des

Verlängerungsantrags versichert wird (BGH, FamRZ 2005, 267). Ohne diese anwaltliche Versicherung besteht kein Vertrauen auf die Bewilligung der Verlängerung (BGH, FamRZ 2005, 1082).

4. Unterzeichnung. Es wird auf die Erläuterung zu Rdn. 1056, *M. 10* verwiesen.

11. Muster: Beschwerdebegründung nach § 65 FamFG

An das   1066

Oberlandesgericht

in .....

Aktenzeichen: .....

Beschwerdebegründung

In der Familiensache

..... ./. .....[1]

wird beantragt,[2]
1. den Beschluss des Amtsgerichts – Familiengericht – in ..... v. ...... Az. ......
   abzuändern und
2. nach dem erstinstanzlich gestellten Antrag des ..... zu erkennen sowie
3. dahin zu beschließen, dass ......

Begründung:

Das Amtsgericht hat durch den angefochtenen Beschluss ......

Diese Entscheidung wird der Sach- und Rechtslage nicht gerecht.

1.

In rechtlicher Hinsicht kann der Auffassung des Amtsgerichts, ..., nicht gefolgt werden.

2.

In tatsächlicher Hinsicht hat das Amtsgericht den Sachverhalt nicht hinreichend aufgeklärt. Insbesondere hat es nicht ......

3.

Der Sachverhalt ist durch weitere Umstände zu ergänzen, nämlich ......[3]

4.

Unter Beachtung der dargelegten Rechtsauffassung und unter Würdigung der gesamten Umstände, wie sie sich jetzt in der Beschwerdeinstanz darstellen, ist dem erstinstanzlichen Begehren der/des ..... zu entsprechen.

Hilfsweise kommt in Betracht, dass ......

5.

Der Wert des Beschwerdeverfahrens sollte auf ..... € festgesetzt werden, denn aus den besonderen Umständen des Falles kann auf den Regelwert nicht abgestellt werden. Besondere Umstände sind hier ......

Unterschrift[4]

1. Kurzbezeichnung. Da mit der Beschwerdeschrift bereits der Kreis der Beteiligten, deren Stellung im Verfahren sowie Beistände oder Verfahrensbevollmächtigte bezeichnet worden sind, kann in den folgenden Schriftsätzen das Kurzrubrum gewählt werden. Es reicht zur Individualisierung und Zuordnung des Verfahrens aus. Zudem wird auch das Aktenzeichen mitgeteilt.

2. Antrag. Die Beschwerdebegründung in einer **Ehe- oder Familienstreitsache** muss gem. § 117 Abs. 1 Satz 1 FamFG einen **bestimmten Antrag**, also einen solchen mit **vollstreckungsfähigem Inhalt**, enthalten. Dazu bedarf es der Darlegung, in welchem Umfang der Beschwerdeführer die erstinstanzliche Entscheidung angreifen will und wie er den Angriff begründet. Es muss eindeutig ermittelbar sein, in welchem Umfang und mit welchem Ziel die Entscheidung angefochten werden soll. Für den notwendigen Inhalt der Beschwerdebegründung gelten im Wesentlichen die Anforderungen, die an eine Berufungsbegründung nach § 520 Abs. 3 Satz 2 ZPO gestellt werden (BGH, Beschl. v. 23.05.2012 – XII ZB 375/11). In den sonstigen FamFG-Verfahren ist eine Beschwerdebegründung nicht als Zulässigkeitsvoraussetzung normiert; nach § 65 Abs. 1 FamFG »soll« die Beschwerde begründet werden. Es empfiehlt sich jedoch auch in diesen Verfahren, durch einen sachgerechten Antrag das Rechtsschutzziel der Beschwerde konkret zu formulieren und den Antrag auch zu begründen. Im Zweifel wird das Beschwerdegericht nach § 65 Abs. 2 FamFG unter Fristsetzung zur Begründung auffordern. Wenngleich das Unterbleiben der Begründung trotz Aufforderung verfahrensrechtlich sanktionslos bleibt, sollte die Begründung im wohlverstandenen Interesse der Beschwerdeführerin/des Beschwerdeführers liegen.

3. Neuer Tatsachenvortrag. Nach § 65 Abs. 3 FamFG kann die Beschwerde auf neue Tatsachen und Beweismittel gestützt werden. Eine Beschränkung des Vortrags in der Beschwerdeinstanz findet grds. nicht statt. In der Beschwerdebegründung sollte ausdrücklich darauf hingewiesen werden, dass das Beschwerdegericht bestimmte Verfahrenshandlungen, bei denen das FamG zwingende Verfahrensvorschriften verletzt hat, nachzuholen hat und nicht von § 68 Abs. 3 Satz 3 FamFG Gebrauch machen kann (BGH, Beschl. v. 14.03.2012 – XII ZB 502/11 – NJW-RR 2012, 773 = FamRZ 2012, 869 = FuR 2012, 376). Dies gilt für **alle Familiensachen**. In **Ehesachen und Familienstreitsachen** können nach Maßgabe des § 115 FamFG Angriffs- und Verteidigungsmittel, die nicht rechtzeitig vorgebracht worden sind, zurückgewiesen werden, wenn ihre Zulassung nach der freien Überzeugung des Gerichts die Erledigung des Verfahrens verzögern würde und die Verspätung auf grober Nachlässigkeit beruht. Die Vorschrift übernimmt die bisher in den **§§ 615, 621d ZPO** bestehende Regelung.

4. Unterzeichnung. Es wird auf die Erläuterung zu Rdn. 1056, *M. 10* verwiesen.

12. Muster: Anschlussbeschwerde nach § 66 FamFG in einem FamFG-Verfahren

1067   An das

Oberlandesgericht

in .....¹

In der Familiensache

betreffend .....,

an der beteiligt sind .....²

1. .....

                              Kindes ....., Antragsteller/in und Beschwerdeführer/in

Verfahrensbevollmächtigte/r: Rechtsanwalt/Rechtsanwälte .....³

2. .....

                              Kindes ....., Antragsteller/in und Beschwerdeführer/in

Verfahrensbevollmächtigte/r: Rechtsanwalt/Rechtsanwälte .....

3. Verfahrensbeistand .....

4. Jugendamt .....

wegen .....[4]

schließt sich die/der ..... der Beschwerde der/des ..... an[5]

Es wird beantragt,[6]

den angefochtenen Beschluss abzuändern und

die elterliche Sorge für ..... anderweitig, nämlich dahin zu regeln, dass .....

den Umgang mit ..... anderweitig, nämlich dahin zu regeln, dass .....

Begründung[7]

Die Beschwerde kann – wie in der Beschwerdeerwiderung dargelegt – schon keinen Erfolg haben, vielmehr ist der angefochtene Beschluss zugunsten der/des ..... abzuändern, was mit der Anschlussbeschwerde begehrt wird.

1.

In tatsächlicher Hinsicht ist zu berücksichtigen, dass ......

2.

In rechtlicher Hinsicht kann der Auffassung des Familiengerichts nicht gefolgt werden, dass ......

Unterschrift[8]

1. Zuständigkeit für die Einlegung der Anschlussbeschwerde. Die Anschlussbeschwerde ist im laufenden Beschwerdeverfahren bei dem OLG zu erheben, § 66 Satz 1 Halbs. 2 FamFG.

2. Beteiligte. Die Beteiligten bestimmen sich nach dem jeweiligen Beschwerdeverfahren. In der Anschlussbeschwerdeschrift sind alle formell Beteiligten aufzuführen.

3. Anwaltszwang. Die Anschlussbeschwerde wird nach § 66 Satz 1 Halbs. 2 FamFG durch **Einreichung einer Beschwerdeschrift** eingelegt. Da ein Beteiligter **grds.** selbst Beschwerde – dies ist eine Verfahrenshandlung – einlegen und sie vor dem Beschwerdegericht vertreten kann, kann ein Beteiligter auch die Anschlussbeschwerde **zur Niederschrift der Geschäftsstelle** einlegen. **Ausnahmen gelten für Ehesachen und Familienstreitsachen.**

4. Verfahrensgegenstand. Zur Klarstellung sollte stets der jeweils betroffene Verfahrensgegenstand bezeichnet werden. Dies schafft insb. für den Fall Klarheit, in dem sich der angefochtene Beschluss über mehrere Verfahrensgegenstände verhält.

Die Anschlussbeschwerde ist als **unselbstständige Anschlussbeschwerde** ausgestaltet (vgl. die Regelung in § 567 Abs. 3 ZPO). Dies folgt aus § 66 Satz 2 FamFG. Die Anschließung verliert ihre Wirkung, wenn die Beschwerde zurückgenommen oder als unzulässig verworfen wird

5. Anforderungen an die Anschlussbeschwerdeschrift und Frist. Für die Anschlussbeschwerde gelten die **Mindestanforderungen** nach § 64 Abs. 2 Satz 3 und 4 FamFG bezüglich des **Inhalts** und der **Form.** Der mit der Anschlussbeschwerde **anzufechtende Beschluss** muss in der Anschlussbeschwerdeschrift bezeichnet werden. Es muss **ausdrücklich erklärt** werden, dass dieser Beschluss angefochten wird.

Die Anschlussbeschwerde kann **ohne Einhaltung einer Frist** eingelegt werden. Sie wird unstatthaft, wenn das Beschwerdeverfahren zur Hauptsache beendet ist.

6. Antrag. In der Anschlussbeschwerdeschrift muss – ebenso wenig wie in der Beschwerdeschrift – ein Antrag nicht enthalten sein. Doch sollte – wie im Fall der Beschwerde – stets auch das Ziel der Anschlussbeschwerde in einen Antrag gekleidet werden. Dies schafft rechtzeitig Klarheit und lenkt die Amtsermittlung auf die maßgeblichen Gesichtspunkte.

7. Anschlussbeschwerdebegründung. Eine Begründungspflicht ist wie in § 65 Abs. 1 FamFG nicht vorgesehen. Gleichwohl sollte die Anschlussbeschwerde in allen Verfahren auch begründet werden. Es empfiehlt sich stets eine konkrete, auf den Einzelfall abgestellte Begründung, die **das Ziel der Anschlussbeschwerde** deutlich macht und dem Gericht Veranlassung gibt, seine Amtsermittlungspflicht sachgerecht aufzunehmen.

Das Rechtsschutzbedürfnis für die eingelegte Anschlussbeschwerde ist gegebenenfalls gesondert darzustellen und zu begründen. Eine Anschlussbeschwerde, die das gleiche Ziel wie das Hauptrechtsmittel verfolgt, ist unzulässig (BGH, Beschl. v. 12.02.2014 - XII ZB 706/12 - BeckRS 2014, 06638).

8. Unterzeichnung. Die Anschlussbeschwerde **ist** von dem Anschlussbeschwerdeführer oder seinem Bevollmächtigten **zu unterschreiben.**

13. Muster: Anschlussbeschwerde nach § 66 FamFG in einer Ehesache/Familienstreitsache

1068   An das

Oberlandesgericht

in .....[1]

Aktenzeichen: .....

In der Ehesache/Familienstreitsache

der/des .....[2]

Antragsteller/in und Beschwerdeführer/in

Verfahrensbevollmächtigte/r: Rechtsanwalt/Rechtsanwälte .....[3]

gegen

den/die .....

Antragsgegner/in und Beschwerdegegner/in

Verfahrensbevollmächtigte/r: Rechtsanwalt/Rechtsanwälte .....

wegen .....[4]

schließt sich die/der ..... der Beschwerde der/des ..... an[5]

Es wird beantragt,[6]

den angefochtenen Beschluss abzuändern und

die/den ..... zu verpflichten, ...

Begründung[7]

Die Beschwerde kann – wie in der Beschwerdeerwiderung dargelegt – schon keinen Erfolg haben, vielmehr ist der angefochtene Beschluss zugunsten der/des ..... abzuändern, was mit der Anschlussbeschwerde begehrt wird.

1.

Die Anschlussbeschwerde ist zulässig, insbesondere nicht verfristet.

Die der/dem Anschlussbeschwerdeführer/in gesetzte Frist zur Erwiderung auf die Beschwerde ist noch nicht abgelaufen. Sie endet erst am ......

Zudem sind wiederkehrende künftige Leistungen Gegenstand des Rechtsmittels, so dass die Anschlussbeschwerde bis zum Schluss der mündlichen Verhandlung in der Beschwerdeinstanz erhoben werden kann.

2.

In tatsächlicher Hinsicht ist zu berücksichtigen, dass ......

3.

In rechtlicher Hinsicht kann der Auffassung des Familiengerichts nicht gefolgt werden, dass ......

Unterschrift[8]

1. Zuständigkeit für die Einlegung der Anschlussbeschwerde. Die Anschlussbeschwerde ist im laufenden Beschwerdeverfahren bei dem OLG zu erheben, § 66 Satz 1 Halbs. 2 FamFG.

2. Beteiligte. Die Beteiligten bestimmen sich nach dem jeweiligen Beschwerdeverfahren, hier in Gestalt von Antragsteller und Antragsgegner.

3. Anwaltszwang. In **Ehesachen und Familienstreitsachen** besteht nach § 114 Abs. 1 FamFG Anwaltszwang. Deshalb muss auch die Anschlussbeschwerde durch einen Rechtsanwalt eingelegt werden.

4. Verfahrensgegenstand. Zur Klarstellung sollte stets der jeweils betroffene Verfahrensgegenstand bezeichnet werden. Dies schafft insb. für den Fall Klarheit, in dem sich der angefochtene Beschluss über mehrere Verfahrensgegenstände verhält.

5. Anforderungen an die Beschwerdeschrift und Frist. Für die Anschlussbeschwerde gelten die **Mindestanforderungen** nach § 64 Abs. 2 Satz 3 und 4 FamFG bezüglich des **Inhalts** und der **Form.** Der mit der Anschlussbeschwerde **anzufechtende Beschluss** muss in der Anschlussbeschwerdeschrift bezeichnet werden. Es muss **ausdrücklich erklärt** werden, dass dieser Beschluss angefochten wird.

Die **Anschlussbeschwerde ist in Ehe- und Familienstreitsachen befristet.** Nach § 117 Abs. 2 Satz 1 FamFG ist in diesen Verfahren § 524 Abs. 2 Satz 2 und 3 ZPO analog anwendbar. Die Anschlussbeschwerde kann bis zum Ablauf der dem Beschwerdegegner gesetzten Frist zur Erwiderung auf die Beschwerde eingelegt werden, sind wiederkehrende künftige Leistungen Gegenstand des Rechtsmittels bis zum Schluss der mündlichen Verhandlung in der Beschwerdeinstanz.

6. Antrag. Die Anschlussbeschwerdeschrift muss – wie für die Beschwerdeschrift nach § 117 Abs. 1 Satz 1 FamFG – einen bestimmten Antrag mit einem vollstreckungsfähigen Inhalt enthalten.

7. Anschlussbeschwerdebegründung. Eine Begründungspflicht ist entsprechend der Regelung in § 117 Abs. 1 Satz 1 FamFG auch für die Anschlussbeschwerde zu verlangen. Es empfiehlt sich stets eine konkrete, auf den Einzelfall abgestellte Begründung, die **das Ziel der Anschlussbeschwerde** deutlich macht.

8. Unterzeichnung. Die Anschlussbeschwerde **ist** von dem Anschlussbeschwerdeführer oder seinem Bevollmächtigten **zu unterschreiben.**

14. Muster: Rücknahme der Beschwerde

1069   An das

Oberlandesgericht

in .....

Aktenzeichen: .....

In der Familiensache/Ehesache/Familienstreitsache

..... ./. .....[1]

wird die Beschwerde vom ..... gegen den Beschluss des Amtsgerichts – Familiengericht – in ..... vom ....., Aktenzeichen: ..... namens und in Vollmacht der/des ..... zurückgenommen.[2]

Unterschrift[3]

1. Kurzbezeichnung. Im laufenden Beschwerdeverfahren kann das Kurzrubrum gewählt werden.

2. Bezeichnung des zurückgenommenen Rechtsmittels. Mit der Aufnahme der Daten wird das zurückgenommene Rechtsmittel eindeutig identifiziert und dem betreffenden Verfahren zugeordnet.

3. Unterzeichnung. Der Schriftsatz ist von dem Beteiligten, in Verfahren mit Anwaltszwang von seinem Bevollmächtigten zu unterzeichnen.

15. Muster: Antrag auf Zulassung der Beschwerde nach § 61 Abs. 2 FamFG in vermögensrechtlichen Angelegenheiten

1070   An das

Amtsgericht

– Familiengericht –

in .....[1]

Aktenzeichen: .....

In der Familienstreitsache

der/des .....[2]

Antragsteller/in

Verfahrensbevollmächtigte/r: Rechtsanwalt/Rechtsanwälte .....[3]

gegen

den/die .....

Antragsgegner/in

Verfahrensbevollmächtigte/r: Rechtsanwalt/Rechtsanwälte .....

wegen .....[4]

wird namens und in Vollmacht der/des ..... beantragt, die Beschwerde gegen die zu treffende Endentscheidung zuzulassen.[5]

Begründung[6]

1.

Im Streitfall streiten die Beteiligten in einer vermögensrechtlichen Streitigkeit. Wenn der Antragsgegner unterliegt, übersteigt der Beschwerdegegenstand nicht den für die Zulässigkeit erforderlichen Wert von 600,00 € des § 61 Abs. 1 FamFG. Es wird daher eine Entscheidung des Familiengerichts nach § 61 Abs. 3 FamFG beantragt.

2.

Das Familiengericht wird die Beschwerde nach Maßgabe des § 61 Abs. 3 FamFG zulassen müssen. Die Rechtssache hat grundsätzliche Bedeutung; die Fortbildung des Rechts und die Sicherung einer einheitlichen Rechtsprechung machen eine Entscheidung des Beschwerdegerichts erforderlich. Dies rechtfertigt sich aus folgenden Erwägungen: .....

Unterschrift[7]

1. Adressat des Antrages. Das Gericht des ersten Rechtszuges ist zuständig für die Entscheidung.

2. Beteiligte. Da es sich um eine vermögensrechtliche Angelegenheit handeln muss, sind in der dann gegebenen Familienstreitsache Antragsteller und Antragsgegner die formell Beteiligten.

3. Anwaltszwang. In Familienstreitsachen besteht nach § 114 Abs. 1 FamFG auch in erster Instanz Anwaltszwang; der Antrag kann daher nur durch den Verfahrensbevollmächtigten eines Beteiligten gestellt werden.

4. Verfahrensgegenstand. Dieser sollte stets bezeichnet werden.

5. Antrag. Der Antrag ist einzig auf Zulassung der Beschwerde gerichtet. Obschon es eines Antrages nicht bedarf, empfiehlt es sich für einen Beteiligten stets, einen Antrag zu stellen oder eine entsprechende Anregung zu geben, wenn er die Voraussetzungen der Zulassung als gegeben erachtet.

6. Antragsbegründung. Die Begründung sollte sich zunächst auf die Erforderlichkeit einer Zulassungsentscheidung richten und die Voraussetzungen des § 61 Abs. 3 FamFG darlegen. Wenn eine Festsetzung des Gegenstandswerts noch nicht erfolgt sein sollte, ist dies zuvor zu beantragen, damit nicht unnötige Anträge gestellt werden.

Sodann sind die Voraussetzungen des § 63 Abs. 3 Nr. 1 FamFG darzulegen. Die grundsätzliche Bedeutung der Rechtssache ist aufzuzeigen oder darzutun, dass die Fortbildung des Rechts oder die Sicherung einer einheitlichen Rechtsprechung eine Entscheidung des Beschwerdegerichts erfordern (s. die inhaltlich entsprechende Regelung der §§ 511 Abs. 4, 543 Abs. 2 ZPO). Die Zulassung ist daher gerechtfertigt, wenn dem Rechtsstreit eine über den Einzelfall hinausgehende Bedeutung zukommt oder wenn das Gericht des ersten Rechtszuges in einer Rechtsfrage von einer obergerichtlichen Entscheidung abweicht bzw. eine obergerichtliche Entscheidung der Rechtsfrage noch nicht erfolgt ist und Anlass besteht, diese Rechtsfrage einer Klärung zugänglich zu machen (dazu Musielak/*Ball* ZPO § 543 Rn. 4 ff.).

Die Zulassung durch das erstinstanzliche Gericht ist nach § 61 Abs. 3 Satz 2 FamFG für das Beschwerdegericht **bindend**, selbst wenn das erstinstanzliche Gericht die Voraussetzungen für die Zulassung der Beschwerde zu Unrecht angenommen haben sollte.

Die – positive wie negative – Entscheidung über die Zulassung ist für die Beteiligten **nicht anfechtbar**. Entscheidet der Rechtspfleger über die Nichtzulassung, ist gegen diese Entscheidung nach § 11 Abs. 2 RPflG die Erinnerung gegeben (BT-Drucks. 16/6308, S. 451).

7. Unterzeichnung. Der Antrag ist von dem Verfahrensbevollmächtigten des Beteiligten zu unterzeichnen.

16. Muster: Sofortige Beschwerde gegen eine Zwischenentscheidung in einer Familiensache, hier: Zurückweisung eines Ablehnungsgesuchs nach § 6 FamFG

1071

An das Amtsgericht .....

– Familiengericht –

in .....[1]

In der Familiensache

betreffend .....,

an der beteiligt sind .....[2]

1. ......

           Kindes ....., Antragsteller/in und Beschwerdeführer/in

Verfahrensbevollmächtigte/r: Rechtsanwalt/Rechtsanwälte .....[3]

2. ......

           Kindes ....., Antragsteller/in und Beschwerdeführer/in

Verfahrensbevollmächtigte/r: Rechtsanwalt/Rechtsanwälte .....

3. Verfahrensbeistand .....

4. Jugendamt .....

wegen .....[4]

wird namens und in Vollmacht der Antragstellerin/des Antragstellers/der Antragsgegnerin/des Antragsgegners/der/des Beteiligten zu ..... gegen den Beschluss des Amtsgerichts – Familiengericht – in ..... vom ....., Az.: .....,[5]

schriftlich bekannt gegeben am .....[6]

sofortige Beschwerde

eingelegt.

Eine Kopie des angefochtenen Beschlusses ist beigefügt.

Es wird beantragt,[7]

den angefochtenen Beschluss dahin abzuändern, dass ......

Begründung[8]

Der angefochtene Beschluss ist nach Maßgabe des Beschwerdeantrages abzuändern. Zur Vermeidung des weiteren Beschwerdeverfahrens wird das Familiengericht gebeten, bereits im Rahmen der zulässigen Abhilfeentscheidung (§ 68 Abs. 1 Satz 1 Hs. 1 FamFG) dem Beschwerdeantrag zu entsprechen.

In tatsächlicher Hinsicht hat die angefochtene Entscheidung nicht berücksichtigt, dass .....

In rechtlicher Hinsicht ist die Auffassung des Familiengerichts nicht zu rechtfertigen, dass .....

Rechtsanwalt[9]

1. Zuständigkeit für die Einlegung der Beschwerde. Es handelt sich um eine sofortige Beschwerde, die kraft gesetzlicher Regelung, § 6 Abs. 2 FamFG, zulässig ist. § 6 Abs. 2 FamFG normiert die analoge Anwendbarkeit der §§ 567 bis 572 ZPO. Nach § 569 Abs. 1 Satz 1 ZPO kann die sofortige Beschwerde **auch bei dem Beschwerdegericht** eingelegt werden, wenngleich diese Möglichkeit nach dem Willen des Gesetzgebers, wie er in § 58 Abs. 1 FamFG zum Ausdruck kommt, nicht mehr gegeben sein soll. Für jedes Beschwerdeverfahren nach dem FamFG sollte vielmehr Adressat der Beschwerde stets das erstinstanzliche FamG sein. Wird die sofortige Beschwerde bei dem Beschwerdegericht eingelegt, ist die Rechtsmittelschrift unverzüglich dem Amtsgericht zur Entscheidung über die Abhilfe zuzuleiten. Im Fall der Abhilfe ist das formell bei dem Beschwerdegericht eingeleitete Beschwerdeverfahren beendet. Hilft das FamG der sofortigen Beschwerde nicht ab, ist der Aktenvorgang dem Beschwerdegericht unverzüglich zuzuleiten. Dies zeigt, dass auch die sofortige Beschwerde stets bei dem FamG eingelegt werden sollte.

2. Beteiligte. In Familiensachen sind alle Beteiligten in die Beschwerdeschrift aufzunehmen.

3. Anwaltszwang. In **Familiensachen** besteht grds. kein Anwaltszwang; die Beschwerde kann persönlich durch einen Beteiligten eingelegt werden, auch zur Niederschrift der Geschäftsstelle.

Soweit in einer **Ehe- oder Familienstreitsache** das Ablehnungsgesuch für unbegründet erklärt wird, ist der Anwaltszwang nach § 114 Abs. 1 FamFG zu beachten sowie die Anwendbarkeit der Vorschriften der ZPO über das Verfahren vor den LG. Es gilt danach § 46 Abs. 2 ZPO, demzufolge die sofortige Beschwerde nach den §§ 567 ff. ZPO gegeben ist. Anwaltszwang gilt auch für die **Einlegung der Beschwerde in Ehesachen und Familienstreitsachen**, wie dies ausdrücklich in § 64 Abs. 2 Satz 2 FamFG klargestellt worden ist. Danach ist die Einlegung auch der sofortigen Beschwerde zur Niederschrift der Geschäftsstelle in Ehesachen und in Familienstreitsachen ausgeschlossen.

4. Verfahrensgegenstand. Es handelt sich stets um eine nicht notwendige, aber klarstellende Angabe.

5. Anforderungen an die Beschwerdeschrift. § 569 Abs. 2 Satz 2 ZPO (s. a. § 64 Abs. 2 Satz 3 FamFG) schreibt lediglich vor, dass in der Beschwerdeschrift der angefochtene Beschluss bezeichnet und erklärt werden muss, dass dieser Beschluss angefochten wird. Es sollte aber auch immer klargestellt werden, für wen das Rechtsmittel eingelegt wird.

6. Beschwerdefrist. Die Beschwerdefrist beträgt nach § 569 Abs. 1 Satz 1 ZPO **2 Wochen**. Sie beginnt nach § 569 Abs. 1 Satz 2 ZPO mit der **Zustellung der Entscheidung**, spätestens nach 5 Monaten seit der Verkündung.

7. Antrag. Wenn auch nur in § 117 Abs. 1 Satz 1 FamFG für Rechtsmittel gegen Endentscheidungen in Ehe- und Familienstreitsachen verpflichtend gemacht, sollte der Beschwerdeführer einen bestimmten Sachantrag stellen. Dieser sollte deutlich machen, welche Beschwer angegriffen wird und welches Ziel die Beschwerde hat.

8. Begründungszwang. Nach § 571 Abs. 1 ZPO **soll** die Beschwerde begründet werden; es besteht also **kein Begründungszwang.** Der Vorsitzende oder das Beschwerdegericht kann jedoch nach § 571 Abs. 3 Satz 1 ZPO eine Frist für das Vorbringen von Angriffs- oder Verteidigungsmitteln setzen und so eine Begründung erzwingen. Im Interesse des Rechtsmittelführers sollte stets eine Begründung abgegeben werden, gerade auch im Blick auf die Abhilfebefugnis. Die Abhilfebefugnis nach § 68 Abs. 1 BGB gibt dem erstinstanzlichen Gericht die Gelegenheit, seine Entscheidung nochmals unter Würdigung des Beschwerdevorbringens zu überprüfen und sie ggf. zeitnah zurückzunehmen oder zu korrigieren. Eine **generelle Abhilfebefugnis** des erstinstanzlichen Gerichts sieht § 68 Abs. 1 Satz 1 Halbs. 1 FamFG vor. Gleiches gilt nach § 572 Abs. 1 Satz 2 Halbs. 1 ZPO. Es ist berechtigt, einer Beschwerde ganz oder teilweise abzuhelfen. Hilft das erstinstanzliche Gericht der Beschwerde nicht ab, hat es die Beschwerde dem Grundsatz der Verfahrensbeschleunigung folgend **unverzüglich** an das Beschwerdegericht vorzulegen, § 68 Abs. 1 Satz 1 Halbs. 2 FamFG, § 572 Abs. 1 Satz 1 Halbs. 2 ZPO. Dem erstinstanzlichen Gericht ist ein **angemessener Zeitraum** zuzubilligen, um sachgerecht über die Frage der Abhilfe entscheiden zu können. Die Nichtabhilfeentscheidung muss erkennbar machen, dass sich das Gericht mit den in der Beschwerde vorgetragenen Argumenten befasst hat, soweit sich diese nicht lediglich in Wiederholungen des bisherigen Vortrages und der schon bekannten Rechtsauffassung erschöpfen. Ansonsten leidet sie unter einem wesentlichen Verfahrensfehler (OLG Hamm, Beschl. v. 03.06.2008 – II-2 WF 106/08, n. v.; *Zimmermann* ZPO § 572 Rn. 2).

9. Unterschrift. Die Beschwerdeschrift ist von dem Beteiligten, bei Anwaltszwang von dem Verfahrensbevollmächtigten zu unterzeichnen.

Kapitel 3: Güterrecht

A. Historie

Der Güterstand der Zugewinngemeinschaft ist als gesetzlicher Regelgüterstand durch das Gleichberechtigungsgesetz vom 18.06.1957 in das BGB mit Wirkung ab dem 01.07.1958 eingefügt worden. Vor dem 01.07.1958, und zwar bis zum 31.03.1953, war gesetzlicher Regelgüterstand der Güterstand der ehemännlichen Verwaltung und Nutznießung des von der Ehefrau eingebrachten Gutes. Wegen Art. 117 Abs. 1 GG traten die Normen dieses Güterstandes zum 01.04.1953 außer Kraft.   1

B. Strukturen

Den Güterstand kennzeichnet – wegen der Verfügungsbeschränkungen der §§ 1365 ff. BGB – ein modifiziertes System der Gütertrennung. Nach der Ratio des Regelwerkes soll das Zugewinnausgleichsverfahren bewirken, dass beide Ehegatten wertmäßig je zur Hälfte an den während der Ehe gemachten und zum Stichtag des § 1384 BGB noch vorhandenen Erwerb beteiligt werden, wenn die Zugewinngemeinschaft endet (§§ 1363 Abs. 2 Satz 2, 1378 Abs. 1 u. Abs. 2 BGB). Rechtstechnisch wird dieser Gedanke dadurch verwirklicht, dass demjenigen Ehegatten eine Ausgleichsforderung zuwächst, der weniger Gewinn in der Ehe gemacht hat. Dem entspricht der vom BVerfG wiederholte Hinweis auf die die Ehe prägende Teilhabegerechtigkeit, weil sämtliche »Leistungen, die Ehegatten im gemeinsamen Unterhaltsverband erbringen, gleichwertig (sind) und beide Ehegatten grds. auch Anspruch auf gleiche Teilhabe am Erwirtschafteten (haben), das ihnen zu gleichen Teilen zuzuordnen ist«. Dies gilt nach Auffassung des BVerfG nicht nur für die Zeit des Bestehens der Ehe, sondern entfaltet seine Wirkung auch nach Trennung und Scheidung der Ehegatten auf deren Beziehung hinsichtlich der Aufteilung des gemeinsamen Vermögens (BVerfG, FamRZ 2002, 527 Rn. 34).   2

Ob eine Ausgleichsforderung besteht, entscheidet sich durch Vergleich der von den Ehegatten in der Ehe gemachten Zugewinne. Zugewinn selbst umschreibt nach § 1375 BGB den Betrag, um den das Endvermögen eines Ehegatten sein Anfangsvermögen übersteigt. Anfangs- und Endvermögen sind damit wesentliche Begriffe des ehelichen gesetzlichen Güterrechts. Sie definieren Rechengrößen, mit deren Hilfe der Zugewinn ermittelt wird.   3

Kernstück der Normen des gesetzlichen Regelgüterstandes sind die Vorschriften, die die Durchführung des Zugewinnausgleichs regeln. Dabei handelt es sich einmal um die Normen, die eine gesetzgeberisch gewollte Teilhabegerechtigkeit definieren. Es handelt sich zum anderen um Regeln, die das Verfahren zur Umsetzung der gesetzgeberischen Intention beschreiben.   4

C. Gesetz zur Änderung des Zugewinnausgleichsrechts

Das Gesetz zur Änderung des Zugewinnausgleichs- und Vormundschaftsrechts ist in der Fassung der Beschlussempfehlung des Rechtsausschusses am 14.05.2009 verabschiedet worden und mit dem   5

Jüdt

01.09.2009 in Kraft getreten. Der Gesetzesentwurf der Bundesregierung datiert vom 05.11.2008 (BT-Drucks. 16/10798).

6   Das Reformanliegen bestand nach der Gesetzesbegründung **im Wesentlichen** darin, strukturell bedingte Gerechtigkeitsdefizite des bisherigen Zugewinnausgleichsrechts zu beseitigen:

–   **Negative Vermögenspositionen** sind nunmehr sowohl im Anfangs- als auch im Endvermögen (erstmals bzw. verstärkt) zu berücksichtigen (§ 1374 Abs. 3 BGB einerseits; § 1375 Abs. 1 Satz 2 BGB andererseits).

–   Die **Auskunftsrechte** wurden deutlich gestärkt, indem u. a. der Auskunftsanspruch betreffend das Trennungsvermögen in § 1379 BGB (neu) eingeführt wurde und der Zugewinnausgleich unter bestimmten Voraussetzungen allein auf das Trennungsvermögen gestützt werden kann (§ 1375 Abs. 2 Satz 2 BGB). Zudem wird der erweiterte Auskunftsanspruch um den **Belegan-spruch** ergänzt (§ 1379 Abs. 1 Satz 2 BGB). Kogel, der gegen das »vom Gesetzgeber vorprogrammierte Antragschaos« wettert (FamRB 2009, 280, 285 r.Sp., 288; ders. FF 2012, 346, 347), errechnet im Bereich der neuen Auskunftsverpflichtung einschließlich sämtlicher Beleg- und Wertermittlungsansprüche 24 (!) wechselseitig geschuldete Ansprüche (Auskunfts- und Wertermittlungsanspruch zum Anfangs-, Trennungs- und Endvermögen = 6 Ansprüche je Ehegatte, insgesamt also 12, sowie der für jeden dieser Ansprüche geschuldete Beleganspruch = 24 Ansprüche insgesamt), die je nachdem, wie man insbesondere die neue Bestimmung des § 1379 Abs. 1 Satz 1 Nr. 2 BGB interpretiert, faktisch zu einer Rechenschaftslegungsverpflichtung über die gesamte Ehezeit und – sieht man einmal von der 10-Jahresfrist des § 1375 Abs. 3 BGB ab – sogar zu einer solchen Verpflichtung für Zeiten vor Eingehung der Ehe führen kann (vgl. Erläuterungen zur Rdn. 71, *M. 3*: »Auskunftsverpflichtung für voreheliche Zeiträume«).

–   Geändert wurde auch der **Zeitpunkt** für die **Berechnung** des Zugewinns **und** die Feststellung der **Höhe** der Ausgleichsforderung, die zur Vermeidung manipulativer Vermögensminderungen nach Anhängigkeit des Scheidungsantrags mit dem Stichtag des § 1384 BGB zusammenfallen: Ein in der Vergangenheit vielfach festgestellter »Wettlauf« der Eheleute im Geldausgeben während des laufenden Scheidungsverfahrens, also auch nach dem Stichtag des § 1384 BGB mit dem Ziel, den Zugewinnausgleichsanspruch des anderen Ehegatten hierdurch zu schmälern bzw. ihn am Geldausgeben über den Zugewinnausgleich zu beteiligen, ergibt nach neuem Recht aufgrund der Vorverlagerung des maßgeblichen Zeitpunkts für die Feststellung der Höhe der Ausgleichsforderung keinen Sinn mehr.

–   Das Änderungsgesetz verbessert schließlich den **vorläufigen Rechtsschutz** ggü. unredlichen Vermögensverschiebungen, indem das jetzt geltende System des vorzeitigen Ausgleichs des Zugewinns unter maßvoller Erweiterung seiner Tatbestandsvoraussetzungen direkt einen Leistungsanspruch mit der Folge gewährt, dass dieser Anspruch durch **Arrest** vorläufig gesichert werden kann.

7   **Unverändert** geblieben ist allerdings der **Katalog privilegierter Erwerbe.** Dies wurde bisher schon, wird aber nach wie vor in der Lehre teilweise als unbefriedigend erlebt, weil, so die Kritik, der Katalog des § 1374 Abs. 2 BGB die Lebenswirklichkeit in ihrer Vielfalt nicht erfasse und bestimmte Erwerbsvorgänge, die keine gemeinsame Wertschöpfung in der Ehe darstellten, einem Ausgleich entzogen sein sollten (so: *Schröder* in der Voraufl. zur Rdn. 8). Insbesondere wird geltend gemacht, dass der Gesetzgeber es bei der Reform unterlassen habe, »eheneutrale« Vermögenszuwächse, denen keine familiären Leistungen zugrunde lägen, aus dem Zugewinnausgleich zu eliminieren.

8   Die jüngst ergangene »Lottogewinn-Entscheidung« des BGH vom 16.10.2013 (FamRZ 2014, 24), in der zudem noch der Lottogewinn erst 7 Jahre nach Trennung der Ehegatten erzielt wurde, nährt diese Kritik, die jedoch vom BGH unter Hinweis auf seine Grundsatzentscheidung aus dem Jahr 1976 (FamRZ 1977, 124) und der dort entwickelten Argumentationslinie zurückgewiesen wird: Eine teleologisch ausgerichtete Ausweitung des § 1374 Abs. 2 BGB (privilegierter Erwerb) auf weitere »eheneutrale« Erwerbstatbestände sei nicht geboten, weil abgesehen von den in dieser Bestimmung aufgeführten Ausnahmen – die zudem noch sämtlich von einer persönlichen Beziehung zwischen dem erwerbenden Ehegatten und dem Zuwendenden geprägt seien, was den Lottogewinn

gerade nicht kennzeichne – es nicht darauf ankomme, ob und in welcher Weise der den Ausgleich fordernde Ehegatte zu der Entstehung des Zugewinns beigetragen habe (BGH, FamRZ 2014, 24 Rn. 14). Im Übrigen könne, so der BGH, dem Zugewinnausgleich auch nicht § 1381 BGB entgegen gehalten werden, weil das Ergebnis, den während der Trennung erzielten Lottogewinn beim Zugewinn zu berücksichtigen, »dem Gerechtigkeitsempfinden nicht in unerträglicher Weise« widerspräche (so bereits BGH, FamRZ 1980, 768 Rn. 16).

Auf ähnlicher Linie liegt auch die Entscheidung des BGH vom 09.10.2013 (FamRZ 2013, 1954), in der es darum ging, dass während des 18jährigen (!) Trennungszeitraums der Ehegatten der Nießbrauch der Mutter des Ehemanns, die diesem als Zugewinnausgleichpflichtigen schenkweise mehrere Grundstücke übertragen hatte, erlosch und zudem noch die Grundstücke in dem Trennungszeitraum eine ganz erhebliche Wertsteigerung erfahren hatten: Auch in dieser Entscheidung berücksichtigte der BGH den Wegfall des Nießbrauchs und die Wertsteigerung beim Zugewinn und nahm trotz der langen Trennungszeit kein unerträgliches Ergebnis an. Salopp formuliert: Wer sehenden Auges über einen Zeitraum von 18 Jahren bei seinen Grundstücken Jahr für Jahr eine ständige Wertsteigerung feststellen muss, ohne die »Reißleine« zu ziehen, indem er den Stichtag des § 1384 BGB selbst herbeiführt, also den Scheidungsantrag einreicht, oder doch zumindest den vorzeitigen Zugewinnausgleich einfordert, was nach dreijähriger Trennung unschwer möglich ist (§ 1385 Nr. 1 BGB), wird nicht in unerträglicher Weise benachteiligt. **9**

Schließlich werden die bei der **Indexierung des Anfangsvermögens** bisweilen auftretenden Verwerfungen kritisiert, weil das neue Zugewinnausgleichsrecht sie nicht löse, wenn etwa der Verkehrswert einer in die Ehe eingebrachten Immobilie im Endvermögen deutlich hinter dessen indexiertem Wert im Anfangsvermögen zurückbleibe. Dem ist der BGH aber immer schon mit dem Hinweis entgegen getreten, dass sich in besonders gelagerten Fällen aus der schematischen Anwendung der Vorschriften zur Berechnung des Ausgleichsanspruchs zwar unbillige Ergebnisse ergeben könnten. Eine Korrektur könne dann aber nur über § 1381 BGB erfolgen und wenn dessen Voraussetzung – ein grob unbilliges und dem Gerechtigkeitsempfinden in unerträglicher Weise widersprechendes Ergebnis – nicht vorläge, sei dies hinzunehmen (BGH, FamRZ 2002, 606; 2012, 1479 Rn. 32). **10**

D. Einwilligung oder Zustimmung und deren Ersetzung bei Rechtsgeschäften über das Vermögen als Ganzes, §§ 1365 ff. BGB

I. Einführung

Nach § 1364 1. Hs. BGB verwaltet jeder Ehegatte sein Vermögen frei und selbstständig. § 1365 Abs. 1 BGB schränkt diesen Grundsatz ein, wenn es um die Verwaltungs- und Verfügungsbefugnisse über das Vermögen im Ganzen geht. Für derartige Rechtsgeschäfte bedarf der diese Rechtsgeschäfte vornehmende Ehegatte entweder der Einwilligung (vorherige Zustimmung: § 183 Abs. 1 Satz 1 BGB) oder der Genehmigung (nachträgliche Zustimmung: § 184 Abs. 1 Satz 1 BGB), damit derartige Geschäfte wirksam sind bzw. werden. Hierdurch soll die wirtschaftliche Grundlage der Ehe und die Familiengemeinschaft geschützt werden (BGHZ 35, 135, 137; PWW/*Weinreich* § 1365 Rn. 1). Die Bewahrung der wirtschaftlichen Grundlage der Familiengemeinschaft während des Bestehens des Güterstandes ist allerdings nicht der einzige Zweck. Denn mit dem Zustimmungserfordernis soll nach h. M. auch der ausgleichberechtigte Ehegatte wegen seines zukünftigen Rechts auf Zugewinnausgleich geschützt werden (BGH, FamRZ 2000, 744), weshalb Verfügungen über das Vermögen im Ganzen auch einen vorzeitigen Zugewinnausgleich herausfordern können, weil die auf § 1365 BGB verweisende Bestimmung des § 1385 Nr. 2 BGB auf der Annahme der Gefährdung des zukünftigen Ausgleichsanspruchs als Folge einer Vermögensverfügung im Ganzen beruht (PWW/*Weinreich* § 1385 Rn. 5 ff.). **11**

Eine **konkrete Gefährdung des Schutzzweckes** braucht nicht vorzuliegen. § 1365 Abs. 1 BGB will nur vor bestimmten rechtsgeschäftlichen Aktivitäten eines Ehegatten schützen, die ihrer Natur nach als besonders folgenschwer erscheinen, nämlich vor der einseitigen Vornahme von Verpflichtungs- und **12**

Verfügungsgeschäften über das Vermögen im Ganzen. Daraus resultiert typischerweise eine abstrakte Gefährdung der wirtschaftlichen Grundlage der Familie und eines sach- und interessengerechten, also eines fairen Zugewinnausgleichs.

13   Im Übrigen können – und hierauf soll bereits an dieser Stelle hingewiesen werden (ausführlich s. Rdn. 100 ff.) – solche »Herausforderungsfälle«, bei denen es sich häufig um »Machtproben« der Eheleute handelt, auch dazu Anlass geben, einen Arrest zur Sicherung der Ansprüche auszubringen: Im Ergebnis dürften beide Ehegatten »verlieren«, denn solche Verfahren sind angesichts der hohen Streitwerte ausgesprochen kostenintensiv und ein in der Hitze des Gefechts, der einen der Ehegatten zu einer (für den Arrestgrund möglicherweise unbeachtlichen) Drohgebärde veranlasst, unbedächtiger anwaltlicher Ratschlag, den anderen Ehegatten mit einem Arrest in die Knie zu zwingen, dürfte nur eine vorläufige Optimierung des anwaltlichen Gebührenbudgets bedeuten: Ohne entsprechende Belehrung über die Chancen und Risiken wie auch über das potenzielle Kostenrisiko wird zumindest der selbstbewusste Mandant irgendwann einmal – spätestens mit der Kostenendabrechnung – nach der Sinnhaftigkeit der empfohlenen Vorgehensweise fragen.

14   Andererseits kann es dem Anwalt aber auch angelastet werden, wenn er trotz erkennbar unlauteren Verhaltens des anderen Ehegatten untätig bleibt. Wenn Vermögenswerte beiseite geschafft oder Gelder ins Ausland transferiert werden, muss der Anwalt handeln (vgl. *Kogel* FamRB 2013, 365).

15   Zustimmungsbedürftig sind sowohl Verpflichtungs- als auch Verfügungsgeschäfte, die das Vermögen im Ganzen betreffen. Die Eingehung einer bloßen Zahlungsverpflichtung oder die Übernahme einer Bürgschaft fällt nach h.M. selbst dann nicht unter § 1365 BGB, wenn zur Erfüllung das gesamte Vermögen herangezogen werden muss oder unmittelbar dem Zugriff des Gläubigers ausgesetzt wird. Denn das Zustimmungserfordernis des § 1365 BGB schützt den Ehegatten nicht umfassend und hindert den anderen Ehegatten insbesondere nicht an der Eingehung von Verbindlichkeiten, die ihn zwar nicht zu einer Verfügung über sein ganzes oder nahezu ganzes Vermögen verpflichten, die dessen Bestand aber gleichwohl nachhaltig gefährden und es einem Zugriff seiner Gläubiger im Wege der Zwangsvollstreckung aussetzen (BGH, FamRZ 2008, 1613 Rn. 13).

16   Häufig streiten getrennt lebende Ehegatten über den weiteren Verbleib ihres im gemeinschaftlichen Miteigentum stehenden Wohnhauses. Während der eine Ehegatte einen freihändigen Verkauf wünscht, möchte der andere Ehegatte – freilich zu einem dem anderen zu niedrigen Preis – das Haus übernehmen und, weil keine Verständigung erzielt werden kann, beantragt er die Zwangsversteigerung zum Zwecke der Aufhebung der Gemeinschaft (**Teilungsversteigerung**). Dies freilich in der Hoffnung, dass er das Haus zu einem günstigen Preis selbst ersteigern kann. Hier ist aber Vorsicht geboten: Denn stellt das Wohnhaus das einzige Vermögen dar, liegt bereits in der Antragstellung nach § 180 ZVG und nicht erst in dem Zuschlag eine Verfügung i. S. v. § 1365 BGB (BGH, FamRZ 2007, 1634).

17   Überträgt ein Ehegatte ohne Zustimmung des anderen Ehegatten einem gemeinsamen Kind sein gesamtes Immobilienvermögen, hängt die Eintragung eines **Amtswiderspruchs** nach § 53 Abs. 1 Satz 1 GBO davon ab, ob es diesem gelingt, konkrete und mit entsprechenden Nachweisen hinreichend belegte Tatsachen dazu vorzutragen, warum die Übertragung der Immobilien auf das Kind »sowohl die objektiven als auch die subjektiven Voraussetzungen des § 1365 Abs. 1 BGB« erfüllt (BGH, FamRZ 2013, 948). Bloße pauschale Behauptungen ggü. dem Grundbuchamt begründen hingegen keine konkreten Anhaltspunkte für eine Zustimmungspflicht nach § 1365 Abs. 1 BGB und rechtfertigen keinen Amtswiderspruch. Dieser kommt nur dann in Betracht, wenn der dem Grundbuchamt unterbreitete Sachverhalt so plausibel ist, dass sich ohne weitere Ermittlungen berechtigte Bedenken an der Verfügungsbefugnis des Ehegatten aufdrängen. Bleibt das Grundbuchamt untätig, kann sich der andere Ehegatte gegen den Verstoß nach § 1365 Abs. 1 BGB aber mit einem Drittwiderspruchsantrag nach § 771 ZPO zur Wehr setzen, weil § 1365 BGB ein Schutzgesetz i. S. v. § 771 ZPO ist. Er kann – und sollte i. Ü. bei einem derart unfreundlichen Akt seines Ehegatten – einen vorzeitigen Zugewinnausgleich geltend machen, der nach neuem Recht bereits den befürchteten Verstoß gegen die Schutzvorschrift des § 1365 Abs. 1 BGB ausreichen lässt (§ 1385 Nr. 2 BGB).

II. Gegenstand des zustimmungsbedürftigen Rechtsgeschäfts

Gegenstand des zustimmungsbedürftigen Rechtsgeschäfts muss das Vermögen eines Ehegatten **im** **Ganzen** sein. Darunter versteht man das Aktivvermögen (nicht: Nettovermögen), sodass § 1365 BGB auch auf Rechtsgeschäfte des überschuldeten Ehegatten anwendbar ist (BGH, FamRZ 2000, 744 Rn. 9; FA-FamR/*v. Heintschel-Heinegg* Kap. 9 Rn. 22). Etwas anderes gilt jedoch für die dingliche Belastung von Vermögensgegenständen; hier ist im Rahmen des § 1365 BGB bei der Veräußerung der Wert des veräußerten Vermögensguts um die auf ihm ruhenden dinglichen (valutierten) Belastungen zu vermindern (BGH, FamRZ 1996, 792 Rn. 25).

18

Zur Frage, wann ein Gesamtvermögensgeschäft vorliegt, besteht keine einhellige Auffassung. Nach h.A. gilt die »Einzeltheorie« (BGH, FamRZ 2013, 607 Rn. 6). Danach können auch Rechtsgeschäfte über einzelne Gegenstände, die objektiv das Ganze oder im Wesentlichen das ganze Vermögen des beteiligten Ehegatten ausmachen, erfasst werden. Dieser Gegenstand muss jedoch von einigem Wert sein. § 1365 BGB ist deshalb nicht anwendbar, wenn der betroffene Vermögensgegenstand zwar das gesamte Vermögen eines Ehegatten darstellt, nicht aber als »Vermögen« angesehen werden kann. So stellt ein einzelnes Wirtschaftsgut, das nur wenige 100,00 € (Grenze 2.000,00 € bis 3.000,00 €) wert ist, kein schützenswertes Vermögen i. S. v. § 1365 BGB dar (Staudinger/*Thiele* § 1365 Rn. 18).

19

Bei der Beantwortung der Frage, ob einzelne Gegenstände als gesamtes schützenswertes Vermögen i. S. d. § 1365 BGB angesehen werden können, kommt es darauf an, ob der Gegenstand des Geschäftes tatsächlich das ganze oder doch nahezu das gesamte Vermögen ausmacht. Dabei ist auf die objektiven Wertverhältnisse im Zeitpunkt der Vornahme des Geschäftes abzustellen. Nach ganz überwiegender Auffassung wird ein Gesamtvermögensgeschäft verneint, wenn der Anteil des nicht erfassten Vermögens etwa bei **10 %** und mehr des Gesamtvermögens liegt (BGH, FamRZ 1991, 669 [Ls.]). Auch der 5. Senat des BGH geht vom ganzen oder nahezu ganzen Vermögen aus, wenn »bei größeren Vermögen (…) dem verfügenden Ehegatten Werte von weniger als 10% seines ursprünglichen Gesamtvermögens verbleiben« (BGH, FamRZ 2013, 948 Rn. 8).

20

In seiner Entscheidung vom 16.01.2013 hat der 12. (Familien-) Senat eine Verfügung über das Vermögen im Ganzen bejaht, wenn der Ehegatte – bei kleineren Vermögen mit einem oder mehreren Einzelgegenständen mehr als 85 % seines Vermögens überträgt (BGH, FamRZ 2013, 607; OLG Koblenz, FamRZ 2008, 1078: 15 % »bei eher bescheidenen wirtschaftlichen Verhältnissen«). In dieser Entscheidung hat der BGH auch die bislang umstrittene Frage beantwortet, ob bei der Veräußerung eines Grundstücks ein dem Veräußerer im Zuge der Eigentumsübertragung eingeräumtes Wohnungsrecht als diesem verbliebener Vermögenswert zu berücksichtigen sei und eine Verfügung über das gesamte Vermögen ausschließen könne. Diese Frage hat der BGH entgegen einer in Rechtsprechung (OLG Celle, FamRZ 1987, 942; OLG Hamm, FamRZ 1997, 675) und Lehre (MüKoBGB/*Koch* § 1365 Rn. 16; Erman/*Budzikiewicz* § 1365 Rn. 6) vertretenen Gegenmeinung bejaht, wenn ein dingliches und nicht bloß schuldrechtliches Wohnrecht eingeräumt wurde (BGH, FamRZ 2013, 607).

21

Obwohl der Wortlaut des § 1365 BGB subjektive Tatbestandsmerkmale nicht formuliert, entspricht es der ganz h. M., dass der Vertragspartner wissen muss, dass es sich bei dem Geschäftsgegenstand um das ganze Vermögen des Ehegatten handelt, wobei ausreichen soll, wenn diesem Umstände bekannt sind, aus denen sich diese Schlussfolgerung ergibt (Staudinger/*Thiele* § 1365 Rn. 20). Auch in seiner Entscheidung vom 21.02.2013 stellt der BGH in Zusammenhang mit der Eintragung eines Amtswiderspruchs nach § 53 Abs. 1 Satz 1 GBO darauf ab, dass »sowohl die objektiven als auch die subjektiven Voraussetzungen des § 1365 Abs. 1 BGB« erfüllt sein müssten (BGH, FamRZ 2013, 948).

22

Dem Vertragspartner müssen insbesondere – und zwar zum Zeitpunkt der Abgabe der maßgeblichen Willenserklärungen (BGH, FamRZ 1990, 970 Rn. 11) – die Umstände bekannt sein, aus denen sich die Identität von Einzelgegenstand und Gesamtvermögen ergeben (BGH, FamRZ 2012, 116; PWW/*Weinreich* § 1365 Rn. 15). Dies dürfte bei Verwandten, sofern sie miteinander in Kontakt

23

stehen, anzunehmen sein (OLG Celle, FamRZ 1987, 942, 944; MüKoBGB/*Koch* § 1365 Rn. 33). Die Beweislast für die Kenntnis des Dritten trifft den Ehegatten, der sich auf die Unwirksamkeit des Rechtsgeschäfts beruft (PWW/*Weinreich* § 1365 Rn. 16)

III. Die Zustimmung

24   Ein Verpflichtungsgeschäft zur Verfügung über das Vermögen im Ganzen bedarf der vorherigen Zustimmung (Einwilligung, § 183 Abs. 1 Satz 1 BGB). Die Erfüllung des ohne Einwilligung einge-gangenen Verpflichtungsgeschäftes bedarf der nachträglichen Zustimmung (Genehmigung, § 184 Abs. 1 Satz 1 BGB).

25   Ein ohne vorherige Zustimmung (Einwilligung) des anderen Ehegatten geschlossener Vertrag ist schwebend unwirksam. Er ist aber der Genehmigung fähig. Dies gilt für einen verpflichtenden wie auch einen verfügenden Vertrag.

IV. Die Bestimmtheit des Ersetzungsantrags

26   Der Antrag muss das Rechtsgeschäft, zu dem die Ersetzung der Zustimmung verlangt wird, konkret und in den wesentlichen Einzelheiten beschreiben. Denn der Ersetzungsbeschluss, der auf den An-trag hin ergeht, deckt das Rechtsgeschäft nur insoweit, als es zur Grundlage des Beschlusses gemacht worden ist. Wird die Zustimmung ersetzt, ist das mit abgeändertem Inhalt geschlossene Rechtsge-schäft insoweit (schwebend) unwirksam, als es durch den Beschluss nicht gedeckt ist. Ob diese Un-wirksamkeit das gesamte Geschäft erfasst, entscheidet sich nach § 139 BGB.

V. Die Ersetzung der Zustimmung

27   Die Zustimmung kann unter den Voraussetzungen des § 1365 Abs. 2 BGB durch das FamG er-setzt werden. Örtlich zuständig ist nach § 262 Abs. 2 FamFG, falls keine Ehesache anhängig ist, das FamG, in dem der Antragsgegner seinen gewöhnlichen Aufenthalt hat.

28   Voraussetzungen der Ersetzung sind einmal, dass das zustimmungsbedürftige Rechtsgeschäft den Grundsätzen einer ordnungsgemäßen Verwaltung entspricht. Dies ist dann der Fall, wenn ein or-dentlich wirtschaftender Ehegatte »mit rechter ehelicher Gesinnung« das Geschäft abschließen würde (PWW/*Weinreich* § 1365 Rn. 20). Der andere Ehegatte muss zum anderen die Zustimmung ohne ausreichenden Grund verweigert haben. Dies ist unter Würdigung aller Umstände zu entschei-den. Das FamG hat insoweit Ermessen. Maßgeblich dürfte in erster Linie sein, ob die **wirtschaftli-chen Interessen des anderen Ehegatten** und die der Familiengemeinschaft berührt und beeinträch-tigt sind. Daneben können auch **ideelle und persönliche Gründe** berücksichtigt werden. Dies ist der Fall, wenn das Gesamtvermögensgeschäft den häuslichen- und Familienfrieden zu beeinträch-tigen droht oder die Erteilung der Zustimmung aus sonstigen Gründen unzumutbar ist (vgl. Stau-dinger/*Thiele* § 1365 Rn. 83 m. w. N.).

29   Schließlich kann die Zustimmung ersetzt werden, wenn der andere Ehegatte durch Krankheit oder Abwesenheit verhindert ist, eine entsprechende Erklärung abzugeben. Die Abwesenheit oder Krank-heit muss zur Folge haben, dass mit dem auf ihr beruhenden Aufschub des zustimmungsbedürftigen Rechtsgeschäftes Gefahr verbunden ist. Dabei finden auch drohende Nachteile Berücksichtigung, die auf nicht vermögensrechtlichem Gebiet liegen oder ein nahes Familienmitglied betreffen.

VI. Konsequenzen der mangelnden Zustimmung

30   Verfahrensrechtlich ist folgendes zu beachten: Nimmt ein Ehegatte ein (Gesamtvermögens-) Ge-schäft (d. h. Verpflichtungs- oder Verfügungsgeschäft) ohne Einwilligung des anderen Ehegatten vor, so ist es schwebend unwirksam (§ 1366 BGB). Dies gilt selbst dann, wenn das FamG die Ersetzung der Zustimmung abgelehnt hat, weil es das Rechtsgeschäft nicht für zustimmungsbedürftig hält.

Da das sog. »Negativattest« nach h. M. keine materiell-rechtliche Wirkung hat (Staudinger/*Thiele* § 1365 Rn. 94; Palandt/*Brudermüller* § 1365 Rn. 26), bleibt das im Vertrauen auf die Richtigkeit dieser richterlichen Einschätzung abgeschlossene und vollzogene Rechtsgeschäft (gleichwohl) schwebend unwirksam (MüKoBGB/*Koch* § 1366 Rn. 30). Wegen dieser Konsequenz soll nicht nur der den Antrag stellende Ehegatte nach § 59 Abs. 1 FamFG beschwerdeberechtigt sein, sondern auch der (vermeintlich zustimmungsberechtigte) Antragsgegner. Dem steht im Übrigen § 59 Abs. 2 FamFG nicht entgegen, weil der Antrag nicht zurückgewiesen wurde (so für § 20 FGG a. F.: LG Berlin, FamRZ 1973, 146, 147). 31

Wird die Zustimmung durch das FamG ersetzt, so ist das zunächst schwebend unwirksame Geschäft rückwirkend uneingeschränkt wirksam (§ 184 Abs. 1 BGB). Lehnt das FamG die Ersetzung der Zustimmung des anderen Ehegatten ab, ist das Rechtsgeschäft unwirksam (§ 1366 Abs. 4 BGB). 32

Wird ein schwebend unwirksames Verpflichtungsgeschäft **erfüllt** und stimmt der andere Ehegatte dem Erfüllungsgeschäft zu, so ist das Erfüllungsgeschäft wirksam und das zugrunde liegende Verpflichtungsgeschäft wird ebenfalls wirksam, wenn die Willenserklärung des anderen Ehegatten nach Treu und Glauben dahingehend auszulegen ist, dass sie auch das Verpflichtungsgeschäft betreffen soll. Gibt es im Lebenssachverhalt keine solche Auslegung ermöglichenden Tatsachen oder ist das Verpflichtungsgeschäft bereits endgültig unwirksam, etwa wegen Verweigerung der Zustimmung, können allerdings Bereicherungsansprüche entstehen. 33

Antragsberechtigt ist nur der am Rechtsgeschäft beteiligte Ehegatte, nicht der Dritte. 34

VII. Wirkungen des Ersetzungsbeschlusses

Der Ersetzungsbeschluss deckt das Rechtsgeschäft nur insoweit, als es vom FamG zur Grundlage seiner Entscheidung gemacht worden ist.

Muster 1: 35

▶ Antrag auf Ersetzung der Zustimmung nach § 1365 Abs. 2 BGB

Amtsgericht

– Familiengericht –[1]

.....[2]

Antrag

des .....

Antragstellers,[3]

Verfahrensbevollmächtigter: Rechtsanwalt ..... in .....

gegen

dessen Ehefrau, ...,

Antragsgegnerin,

Verfahrensbevollmächtigter: Rechtsanwalt ..... in .....

wegen: Zustimmungsersetzung nach § 1365 Abs. 2 BGB

Namens und in Vollmacht des Antragstellers beantrage ich, wie folgt zu entscheiden:

> Die fehlende Zustimmung der Antragsgegnerin zu dem vom Antragsteller mit Herrn A. K, wohnhaft ....., vereinbarten Rechtsgeschäftes, wonach der Antragsteller diesem das ihm zu Alleineigentum gehörende 6-Familien-Haus, gelegen in ....., verzeichnet im Grundbuch des AG ....., Blatt ....., zu einem Kaufpreis von ..... € verkauft und überträgt, wird ersetzt.

Gründe:

Die Beteiligten sind verheiratete Eheleute.

Sie leben im gesetzlichen Güterstand der Zugewinngemeinschaft.

Sie haben zwei gemeinsame Kinder, nämlich die 12-jährige Tochter Lisa und den 14-jährigen Sohn Uwe.

Die wohnt zur Miete.

Der Antragsteller beabsichtigt, sein Mehrfamilienhaus an Herrn A. K., wohnhaft ....., zu veräußern. Der mit Herrn A. K. vereinbarte Kaufpreis beträgt 420.000,00 €. Herr A. K. hat die Finanzierung nachgewiesen. Der notarielle Kaufvertrag ist von dem Notar, der die Beurkundung vornehmen soll, vorbereitet worden (Anlage).

Der Antragsteller hat, nachdem er der Antragsgegnerin die Einzelheiten des Geschäftes und die dafür sprechenden Gründe dargelegt hat, diese vergeblich gebeten, ihre Einwilligung zu dem Verkauf und der Übertragung zu erteilen. Die Antragsgegnerin hat nur erklärt, sie wolle weiter zur Miete wohnen und kein eigenes Haus.

Die Veräußerung entspricht Grundsätzen ordnungsgemäßer Verwaltung von Vermögen. Darüber hinaus ist dieses Mehrfamilienhaus nicht das gesamte werthaltige Vermögen des Antragstellers.[4]

Der Antragsgegner unterhält bei seiner Hausbank ein Aktiendepot, welches derzeit einen realisierbaren Wert von 50.000 € hat. Er besitzt ferner zu Alleineigentum zwei Oldtimer, nämlich einen Austin 3000, restauriert, Zustand 1a, Schätzwert 75.000 €, und einen Mini-Moog, Baujahr 1975, generalüberholt, Schätzwert 20.000 €. Das dem Antragsteller damit verbleibende Vermögen beträgt rund 35% des Kaufpreises für das Mehrfamilienhaus.

Motive für die Veräußerung sind, dass der Antragsteller mit einem Teilbetrag des Erlöses ein Einfamilienhaus für die Familie erwerben möchte. Die Mietwohnung, in der die Parteien leben, entspricht nicht mehr den Wohnbedürfnissen. Dies umso mehr, als die gemeinsame Tochter und der Sohn jetzt ein Alter haben, das es nicht mehr erlaubt, dass beide in einem ca. 12 qm großen Kinderzimmer gemeinsam schlafen und Schularbeiten machen.

Der Antragsteller ist schließlich der Meinung, dass ein Einfamilienhaus mit Garten zusätzliche Lebensqualität für die Familie bringt. Beide Kinder wünschen sich einen Berner Sennenhund. Dieser Wunsch, dem der Antragsteller gerne entsprechen möchte, kann in einer Mietwohnung nicht realisiert werden.

(Rechtsanwalt)

▶ Erwiderung zum Antrag auf Ersetzung der Zustimmung

Amtsgericht

– Familiengericht –

.....

In dem Verfahren

..... ./. .....

Az. .....

bestelle ich mich für die Antragsgegnerin und beantrage,

den Antrag zurückzuweisen.

Gründe:

Die beabsichtigte Veräußerung erfasst das gesamte Vermögen des Antragstellers; sie entspricht auch nicht den Grundätzen ordnungsgemäßer Vermögensverwaltung.

Das Mehrfamilienhaus stellt das gesamte Vermögen des Antragstellers dar, demzufolge würde durch dessen Veräußerung die wirtschaftliche Grundlage der Familie gefährdet. Das Mehrfamilienhaus ist nur noch geringfügig belastet. Aus den Erträgen lebt die Familie. In Zeiten wirtschaftlicher Krise mit damit einhergehender Gefährdung von Arbeitsplätzen und angesichts des niedrigen Zinsniveaus erscheint es leichtfertig, sichere Mieteinkünfte aufzugeben.

Das Aktiendepot ist eine mit Risiken behaftete Geldanlage. Der Nominalwert soll nach jüngsten Angaben des Antragstellers gegenüber der Antragsgegnerin auch nur 30.000 € betragen.

Die beiden Oldtimer sind kaum etwas wert. Die im Antrag angegebenen Werte sind Mondpreise. Dies weiß der Antragsteller auch, versucht er doch schon seit Jahr und Tag vergeblich, den Austin für 10.000,00 € zu veräußern.

Die Familie braucht kein Einfamilienhaus, um darin zu wohnen. Die Mietwohnung ist groß genug. Wenn der Antragsteller sein großzügiges Arbeitszimmer, welches er sowieso kaum nutzt, für die Tochter hergibt, haben beide Kinder ihren eigenen Bereich.

Mit Tieren wird keine Persönlichkeit geformt und geprägt. Sie, die Antragsgegnerin, habe als Kind ebenfalls keine Tiere haben und halten können. Soziale Verantwortung muss Kindern vorgelebt werden. Das allein prägt die Persönlichkeit durch vorgelebtes Beispiel, ohne dass soziale Verantwortung zusätzlich an Tieren erprobt werden muss.

Eine Geldanlage, die der Übererlös aus dem Verkauf und der Übertragung ermöglicht, ist weniger sicher. Die Veräußerung entspricht demzufolge auch nicht Grundsätzen ordnungsgemäßer Verwaltung eigenen Vermögens.

Der Antrag ist deshalb zurückzuweisen.

(Rechtsanwalt)

1. Funktionale Zuständigkeit. Funktional zuständig ist das FamG, weil es sich um eine Güterrechtssache handelt, die nach dem RPflG in seiner Neufassung v. 14.04.2013 dem Rechtspfleger nicht übertragen wurde. Zwar kennt das RPflG auch eine Übertragung von Geschäften in Güterrechtssachen. Hierbei handelt es sich nach §§ 3 Abs. 3 g), 25 RPflG (»Sonstige Geschäfte auf dem Gebiet der Familiensachen«) jedoch nur um Entscheidungen über die Stundung einer Ausgleichsforderung (§ 1382 BGB) und Übertragung von Vermögensgegenständen (§ 1383 BGB); jedoch wurde auch hier die Entscheidung in den Fällen des § 1382 Abs. 5 und des § 1383 Abs. 3 BGB ausgenommen. Eine Güterrechtsentscheidung nach § 1365 Abs. 2 BGB sieht das RPflG hingegen nicht vor.

2. Örtliche Zuständigkeit. Örtlich zuständig ist bei Anhängigkeit der Ehesache das Gericht, an dem die Ehesache anhängig ist, § 261 Abs. 1 FamFG.

Ist keine Ehesache anhängig, ist örtlich zuständig das Wohnsitzgericht des Antragsgegners: § 262 FamFG verweist auf die ZPO.

3. Antragsberechtigter. Antragsberechtigt ist nur der Ehegatte, der das Rechtsgeschäft vornehmen will oder abgeschlossen hat.

4. Voraussetzungen der Ersetzung. Das Gericht prüft die Voraussetzungen der Ersetzung. Diese sind, dass das Rechtsgeschäft, für das die Ersetzung der Zustimmung begehrt wird, den **Grundsätzen einer ordnungsgemäßen Verwaltung** entspricht.

Der Antragsgegner muss die **Zustimmung ohne ausreichenden Grund verweigert** haben. Ob die Zustimmung ohne ausreichenden Grund verweigert worden ist, hat das FamG unter Würdigung aller Umstände nach seinem (billigen) Ermessen zu entscheiden. Maßgeblich wird dafür in erster Linie die mögliche Beeinträchtigung wirtschaftlicher Interessen des anderen Ehegatten und der Familiengemeinschaft. Daneben können auch ideelle Interessen berücksichtigt werden, da andernfalls der Schutzzweck des § 1365 BGB im Einzelfall unverhältnismäßig eingeengt würde.

Als ausreichender wirtschaftlicher Grund für die Verweigerung der Zustimmung kommt u. a. die mangelnde Sicherstellung der Versorgung des zustimmungsberechtigten Ehegatten in Betracht. Ein ausreichender wirtschaftlicher Grund kann weiter darin begründet sein, dass durch die Zustimmung die eigene Anwartschaft auf Zugewinnausgleich oder ein Ausgleichsanspruch nach Scheidung konkret gefährdet wäre (Staudinger/ *Thiele* § 1365 Rn. 82 m. w. N.). Ideelle und persönliche Gründe können sich daraus ergeben, dass die Zustimmung und Abwicklung des Geschäftes für den anderen Ehegatten unzumutbar ist (PWW/*Weinreich* § 1365 Rn. 22).

E. Der Zugewinnausgleich bei Ehescheidung

I. Auskunftsansprüche

1. Einleitung

36   Der gesetzliche Güterstand in der seit dem 01.09.2009 geltenden Normierung kennt drei Vermögensmassen, die entscheidungserheblich für die Beantwortung der Frage sind, ob und in welcher Höhe ein Ehegatte ggü. dem anderen Ehegatten einen Anspruch auf Zugewinnausgleich hat: Das Vermögen zum Zeitpunkt der Trennung (über den häufig Streit besteht; vgl. Rdn. 49, *M. 4*; Rdn. 58, *M. 1*), das Vermögen zum Anfang der Ehe (Tag der Eheschließung) und zum Ende der Ehe (Stichtag des § 1384 BGB), also das **Trennungs-**, das **Anfangs-** und das **Endvermögen**. Zur Berechnung des Zugewinns sind diese Vermögensmassen allerdings nur reine Rechnungsgrößen, die durch Bewertung und Umrechnung der einzelnen Vermögensgegenstände in Geldeinheiten und deren Addition ermittelt werden müssen.

37   Das Endvermögen ./. dem (indizierten) Anfangsvermögen ergibt den Zugewinn, wobei das Trennungsvermögen eine Aussage darüber treffen kann, ob ein Ehegatte während der Trennung nicht nur über seine Verhältnisse gelebt hat – was von dem anderen Ehegatten vielleicht noch hingenommen werden muss –, sondern auch darüber, ob während der Trennungszeit illoyale Verfügungen stattgefunden haben, die der andere Ehegatte fraglos nicht hinnehmen muss. Denn in der für das neue Zugewinnausgleichsrecht so bedeutsamen Bestimmung des § 1375 Abs. 2 Satz 2 BGB wird mit einer Fiktion operiert, wenn es dort heißt: »*Ist das Endvermögen eines Ehegatten geringer als das Vermögen, das er in der Auskunft zum Trennungszeitpunkt angegeben hat, so hat dieser Ehegatte darzulegen und zu beweisen, dass die Vermögensminderung nicht auf Handlungen im Sinne des Satzes 1 Nummer 1 bis 3 zurückzuführen ist«.*

38   Da eine solche Beweisführung i. a. R. erhebliche Probleme mit sich bringt, sollte darüber nachgedacht werden, die Auskunftsstufe im Bereich des Endvermögens schnell zu verlassen und den vom anderen Ehegatten geforderten Zugewinn bei höherem Trennungsvermögen ggü. dem Endvermögen mit der Formel »**Trennungsvermögen** ./. dem (indizierten) **Anfangsvermögen**« zu berechnen. Ob dem anderen Ehegatten die Beweisführung des § 1375 Abs. 2 Satz 2 BGB gelingt, erscheint eher fraglich: Auch hier gilt der Grundsatz, dass »schnelles Geld gutes Geld« sein dürfte, weil dieses für den Ausgleichsberechtigten und nicht mehr für den Ausgleichspflichtigen »arbeitet«.

39   Um den Zugewinnausgleich überhaupt berechnen zu können, bedarf es der Auskunft über die einzelnen Vermögensmassen, die zum Zugewinn des anderen Ehegatten führen. Die gesetzlich normierten, einzelnen Auskunftsansprüche sind notwendige Hilfsmittel, um die jeweiligen Rechnungsgrößen erfassen und damit die erforderlichen Rechenoperationen durchführen zu können. Hatte nach dem bis zum 31.08.2009 geltenden Recht jeder Ehegatte dem anderen Auskunft **nur** über den Bestand seines Endvermögens zu erteilen, wenn der Güterstand beendet oder Antrag auf Aufhebung oder Scheidung der Ehe gestellt war, verknüpft der jetzt geltende § 1379 BGB mit seinen Tatbestandsvoraussetzungen die Rechtsfolge einer Verpflichtung zur Auskunft über das Vermögen zum Zeitpunkt der Trennung (§ 1379 Abs. 1 Satz 1 Nr. 1 BGB) und zur Auskunft über das Vermögen, soweit es für die Berechnung des Anfangs- und Endvermögens maßgeblich ist (§ 1379 Abs. 1 Satz 1 Nr. 2 BGB).

▶ **Praxishinweis:**

Auch wenn Auskunftsansprüche nur Hilfsmittel sind, um eine Zugewinnausgleichsberechnung vornehmen zu können, spielt sich der Streit der Ehegatten um das zu teilende »liebe Geld« ganz entscheidend auf der 1. Stufe, also im Auskunftsbereich, und nicht, wie man meinen könnte, auf der Berechnungsstufe ab: Die Berechnung der Ausgleichsforderung ist dagegen in aller Regel relativ einfach, mögen auch Bewertungen zu einzelnen Vermögensgegenständen schwierig sein. Der im Auskunftsbereich sich abzeichnende Konflikt beginnt bereits mit der Entscheidung darüber, ob unmittelbar nach der Trennung der Auskunftsanspruch nach § 1379 Abs. 2 BGB (zum Trennungsvermögen) geltend und ggfs. bei Gericht anhängig gemacht wird. Fraglos hat dies erheblichen Disziplinierungswert, und dies insbesondere dann, wenn der Auskunftsberechtigte ständig »nachhakt« und sich mit einer »Kurzfassung« zur Auskunft nicht zufrieden gibt. Häufig fehlen dem Auskunftsberechtigten, der anlässlich der Trennung es verabsäumt hat, Unterlagen zum Vermögen des anderen »mitgehen« zu lassen, Informationen über das Vermögen des anderen Ehegatten. In der anwaltlichen Praxis bestätigt sich deshalb in diesen Fällen die freilich widerlegbare Vermutung dafür, dass eine vollständige Auskunft nicht erteilt, allenfalls auf konkrete Nachfragen nachgeschoben wird.

Deshalb sollen auch im nachfolgenden ausführlich die verfahrensrechtlichen Möglichkeiten im Auskunftsbereich aufgezeigt werden, deren Beachtung dem zugewinnausgleichsberechtigten Mandanten nicht deutlich genug vor Augen geführt werden kann. Statistisch gesehen ist dies im Übrigen die Ehefrau, denn von allen Entscheidungen, die unter juris zum Stichwort »Zugewinnausgleichsforderung« in den letzten 10 Jahren aufgelistet sind, werden Zugewinnausgleichsansprüche zu 75% von Ehefrauen und damit nur von jedem 4. Ehemann geltend gemacht. 40

Ein **isolierter Auskunftsanspruch**, also ein bloßer Auskunftsanspruch, ggfs. noch verknüpft mit einem Belegantrag, mit den (hier: verkürzten) Anträgen, 41

den Antragsteller zu verpflichten, der Antragsgegnerin

1. Auskunft zu erteilen über das Endvermögen zum 18.12.2013, Trennungsvermögen zum 05.07.2011 und Anfangsvermögen zum 18.11.2003

sowie

2. die erteilte Auskunft zu den jeweiligen Stichtagen zu belegen

kann **nicht** im Scheidungsverfahren als Folgesache geltend gemacht werden. Dies ergibt sich daraus, dass im Verbundbeschluss (Entscheidung über die Ehescheidung und etwa anhängige Scheidungsfolgen) keine Entscheidungen über Auskünfte, die die Folgesachenentscheidung erst vorbereiten sollen, tituliert werden können. Die Auskunft ist lediglich ein Hilfsmittel und dient dem Zweck, die (noch) fehlende Bestimmbarkeit des Leistungsanspruchs herbeizuführen (BGH, FamRZ 2013, 103 Rn. 13). Vorbereitende Auskunftsansprüche (z. B. nach §§ 1379, 1605 BGB), die nicht im Rahmen eines Stufenantrags geltend gemacht werden, gehören damit nicht in den Scheidungsverbund (BGH, FamRZ 1997, 811; OLG Brandenburg, FamRZ 2007, 911). Werden derartige Ansprüche im Scheidungsverbund gleichwohl erhoben, ist darüber nach Abtrennung in einem gesonderten Verfahren zu verhandeln und zu entscheiden, wobei die spannende Frage die ist, ob das FamG dafür Verfahrenskostenhilfe gewährt (vgl. dazu: OLG Brandenburg, FamRZ 2007, 911). Eine Abweisung als unzulässig allein wegen der nicht dem Gesetz entsprechenden Geltendmachung ist hingegen nicht gerechtfertigt (BGH, FamRZ 1997, 811 [Ls. 2]).

Dass ein isolierter Auskunftsantrag – sieht man einmal von dem zum Trennungsvermögen ab, den das neue Recht in § 1379 Abs. 2 BGB (ausnahmsweise) ermöglicht (ausführlich: Rdn. 49, *M. 4*; Rdn. 50 ff.) – nicht im Scheidungsverfahren als Folgesache geltend gemacht werden kann, ergibt sich auch daraus, dass das FamG im Scheidungsverbund einheitlich über Scheidung und Scheidungsfolgen entscheidet. Würde in der Verbundentscheidung die bloße Auskunftsverpflichtung tenoriert, 42 wäre damit dem Ausgleichsberechtigten nicht gedient, weil er nach Rechtskraft der Verbundentscheidung – einschließlich der Entscheidung über die Auskunft – einen Antrag auf Zahlung von Zugewinn anhängig machen müsste. Zudem wäre er gehalten, die Verbundentscheidung mit der Beschwerde anzugreifen, wenn er der Auffassung sein sollte, der tenorierte Auskunfts- und Belegbeschluss gehe ihm nicht weit genug. Mit derartigen, die eigentliche Folgeentscheidung (Zahlung von Zugewinn) vorbereitenden Maßnahmen soll die Verbundentscheidung aber gerade nicht belastet werden.

43   Der Zugewinnausgleichsberechtigte bzw. derjenige, der sich dafür hält, hat aber, wenn er das Verbundverfahren für die Geltendmachung seines Anspruchs auf Zugewinnausgleich nutzen will, die Möglichkeit, einen Stufenantrag nach §§ 113 FamFG, 254 ZPO anhängig zu machen. Bereits an dieser Stelle ist darauf hinzuweisen, dass ein solcher Antrag sehr wohl überlegt sein will: Kogel (FF 2013, 384) empfiehlt bereits wegen der Zinsen, die im Scheidungsverbund nicht geltend gemacht werden können, i. a. R. den Zugewinnausgleichsantrag erst nach Rechtskraft der Scheidung anhängig zu machen.

44   Beschreitet der Zugewinnausgleichsberechtigte diesen Weg, stellt
      – sein Auskunftsverlangen die 1. Stufe,
      – sein Verlangen auf Belegvorlage die 2. Stufe,
      – sein (hilfsweise erklärter) Antrag auf Abgabe der eidesstattlichen Versicherung die 3. Stufe
      – und der sodann bezifferbare Zugewinnausgleichsanspruch die 4. Stufe
      dar.

45   Der Stufenantrag ist – was in der Praxis bisweilen übersehen wird – ohne Rücksicht darauf zulässig, ob sich aus der Auskunft auch tatsächlich ein Ausgleichsanspruch ergibt. Denn der Auskunftsanspruch soll es dem die Auskunft verlangenden Ehegatten erst ermöglichen, sich Klarheit über das Bestehen einer solchen Forderung zu verschaffen.

46   Konsequent ist es deshalb, wenn der BGH für einen Auskunftsantrag nach § 1379 Abs. 1 Satz 1 Nr. 1 BGB das Rechtsschutzbedürfnis des die Auskunft verlangenden Antragstellers auch dann bejaht, wenn damit vor allem die Absicht verfolgt wird, die Beweislastumkehr nach § 1375 Abs. 2 Satz 2 BGB herbeizuführen (BGH, FamRZ 2013, 103 [Ls.]): Weil viele Ehegatten nicht einzusehen vermögen, dass sie ihre bisherige Sparsamkeit nach der Trennung bis zum Stichtag des § 1384 BGB aufrecht erhalten und mit einem höheren Zugewinnausgleich bezahlen sollen, i. Ü. das Leben getrennt auch teurer wird, weil die während des ehelichen Zusammenlebens noch bestandenen Synergieeffekte nach der Trennung weggefallen sind, ergibt es in der Praxis für die Ehegatten – einerlei, ob Zugewinnausgleichsberechtigter oder -verpflichteter – durchaus Sinn, bei der Vermögensbilanz auf das (meist) höhere Trennungsvermögen abzustellen und es dem anderen Ehegatten zu überlassen, den Nachweis zu führen, dass die Vermögensminderung nicht auf Handlungen im Sinne von § 1375 Abs. 2 Satz 1 Nr. 1 bis 3 BGB zurückzuführen ist (vgl. Muster 6, 5).

47   Der im Rahmen eines Stufenantrags geltend gemachte Auskunftsanspruch wird deshalb auch von **beiden** Ehegatten gerne als taktisches Vehikel eingesetzt, und dies ungeachtet dessen, ob ein Zugewinnausgleich mutmaßlich besteht oder nicht: Von dem einen Ehegatten etwa deshalb, um weiterhin in den Genuss des titulierten und nicht befristbaren Trennungsunterhaltes zu kommen und unklar ist, ob dies in gleicher Weise auch für den Scheidungsunterhalt gilt, oder etwa deshalb, weil ein Ehegatte bereits Altersrente bezieht und aufgrund der langen Ehezeit damit rechnen muss, dass sich diese halbieren wird. Und von dem anderen mutmaßlich ausgleichspflichtigen Ehegatten deshalb, um den Zugewinn nicht verzinsen zu müssen (instruktiv und bei der anwaltlichen Beratung unbedingt zu beachten: *Kogel* FF 2013, 384 ff.; ausführlich: vgl. auch Rdn. 177, *M. 1*).

48   Die Möglichkeiten einer strategisch klugen Optimierung der Interessen des Mandanten sind ungeachtet des Umstandes, dass die Einleitung eines Stufenantrages zum Zugewinn nicht notwendigerweise das Bestehen eines Ausgleichsanspruchs voraussetzt, aber auch nicht grenzenlos: Denn wenn der Anspruch auf Auskunft nur ein Hilfsanspruch ist, der der Verwirklichung der Ausgleichsforderung nach § 1378 BGB dient, könnte ihm ggfs. der Einwand des Rechtsmissbrauchs entgegengesetzt

werden, wenn **nicht zweifelhaft** sein kann, dass dem die Auskunft begehrenden Ehegatten keine Ausgleichsforderung zusteht (BGH, FamRZ 2013, 103 Rn. 24). Aber nur dann, wenn ein Ausgleichsanspruch zweifelsfrei ausscheidet, wird man den Auskunftsantrag für ungerechtfertigt erachten dürfen. Nur in einem solchen Ausnahmefall kann der die Auskunft verlangende Ehegatte keinen schutzwürdigen Vorteil erlangen, sodass es ihm am entsprechenden Rechtsschutzbedürfnis fehlt (BGH, FamRZ 2013, 103 Rn. 24).

Muster 2:   49

▶ Stufenantrag zum Zugewinn

Amtsgericht .....

– Familiengericht –[1]

Antrag[2]

des .....

(Antragstellers)

(Verfahrensbevollmächtigte)

gegen

.....

(Verfahrensbevollmächtigte)

(Antragsgegnerin)

wegen: Stufenantrag zum Güterrecht als Scheidungsfolge

zum Scheidungsverfahren[3] (Az. .....)

vorläufiger Verfahrenswert: 20.000,00 € (§ 38 FamGKG)

Namens und in Vollmacht des Antragstellers beantragen wir im Wege des

Stufenantrags,[2]

die Antragsgegnerin zu verpflichten,

1. dem Antragsteller durch Vorlage eines vollständigen und geordneten Bestandsverzeichnisses Auskunft zu erteilen über alle Aktiva und Passiva ihres Endvermögens zum 18.12.2013 (= Zustellung des Scheidungsantrags),

2. dem Antragsteller durch Vorlage eines vollständigen und geordneten Bestandsverzeichnisses Auskunft zu erteilen über alle Aktiva und Passiva ihres Trennungsvermögens zum 05.07.2011,

3. dem Antragsteller durch Vorlage eines vollständigen und geordneten Bestandsverzeichnisses Auskunft zu erteilen über alle Aktiva und Passiva ihres Anfangsvermögens zum 18.11.2003, ferner

4. die erteilte Auskunft zu den unter den Ziffern 1. – 3. aufgeführten Stichtagen zu belegen, des Weiteren

5. ggfs. die Richtigkeit der nach den Ziffern 1. – 3. erteilten Auskünfte an Eides statt zu versichern sowie

6. für den Fall der Rechtskraft der Ehescheidung an den Antragsteller einen nach erteilter Auskunft noch zu beziffernden und mit 5%-Punkten über dem Basiszinssatz zu verzinsenden Zugewinnausgleichsbetrag zu zahlen.

Begründung:

Mit den vorliegenden Anträgen macht der Antragsteller Ansprüche aus der güterrechtlichen Beziehung der Beteiligten geltend.

Jüdt   513

Die Beteiligten sind in Scheidung stehende Eheleute. Das Scheidungsverfahren ist vor dem angerufenen FamG zum Az. ..... anhängig.

Ein Ehevertrag wurde nicht geschlossen, sodass die Beteiligten im gesetzlichen Güterstand leben.

Die Ehe wurde am 18.11.2003 geschlossen. Auf diesen Stichtag bezieht sich das Anfangsvermögen.

Seit dem 05.07. 2011 leben die Beteiligten getrennt: Die Antragsgegnerin ist an diesem Tag aus dem ehelichen Haus ausgezogen.[4]

Der Scheidungsantrag, der sich hinsichtlich des Trennungsjahres an diesem Auszugszeitpunkt ausrichtete, wurde der Antragsgegnerin ein Jahr später, und zwar am 18.12.2012 zugestellt.

Die Auskunft ist zu belegen (§ 1379 Abs. 1 Satz 2 BGB).

Unter den Voraussetzungen des § 260 II BGB kann der Antragsteller von der Antragsgegnerin auch verlangen, dass sie zu Protokoll an Eides statt versichert, dass sie nach bestem Wissen die Auskunft so vollständig angegeben hat, als sie dazu imstande ist.

Schließlich hat die Antragsgegnerin an den Antragsteller einen nach erteilter Auskunft noch zu beziffernden Zugewinnausgleichsbetrag zu zahlen.

Rechtsanwalt

1. Zuständigkeit. Ist eines der in § 1379 Abs. 1 BGB genannten Verfahren anhängig (Verfahren auf Scheidung, § 1564 BGB bzw. Aufhebung der Ehe, § 1313 BGB oder auf vorzeitigen Ausgleich des Zugewinns, §§ 1385 ff. BGB), ist wegen des Verbundes dieses Gericht ausschließlich auch für den Stufenantrag betreffend den Zugewinn zuständig.

Wird die »isolierte« Auskunftspflicht nach § 1375 Abs. 2 BGB geltend gemacht (die Ehegatten leben getrennt, ein Verfahren i. S. d. § 1379 Abs. 1 BGB ist aber noch nicht anhängig), ist das für den Wohnsitz des Antragsgegners zuständige FamG berufen.

2. Bezeichnung: Die Terminologie des FamFG bzw. FamGKG hat sich seit dem 01.09.2009 geändert: Der Ehegatte, der sich eines Zugewinnausgleichs berühmt, erhebt seit dem 01.09.2009 keine Stufenklage mehr, sondern einen **Stufenantrag** (§§ 113 FamFG, 254 ZPO) oder – wie dies § 38 FamGKG formuliert – einen **Stufenklageantrag** (so auch: OLG Hamm, FamFR 2013, 331). Über diesen entscheidet das Gericht im Beschlusswege (§§ 116 Abs. 1, 38 FamFG) oder, wenn über die einzelnen Stufen entschieden wird, jeweils durch **Teilbeschluss.** Mit einem solchen muss es allerdings nicht sein Bewenden haben: So viele Auskunfts- und Belegansprüche es gibt (vgl. Rdn. 6), so viele Teilbeschlüsse kann es – zumindest theoretisch – in einem Verfahren geben, sodass Kogel in ausgesprochen kontrovers geführten Auseinandersetzungen die Befürchtung hegt, dass dies »das Scheidungsverfahren bis zum St. Nimmerleinstag hinauszögern« könne (*Kogel* FF 2012, 346, 347).

Der Stufenantrag wird also ebenso wie ein isolierter Auskunftsantrag nicht mehr mit einer Klage-, sondern mit einer **Antragsschrift** nach § 113 Abs. 5 Nr. 2 FamFG anhängig gemacht.

3. Tatbestandsvoraussetzungen der Auskunftsansprüche. § 1379 Abs. 1 BGB knüpft Auskunftspflichten an unterschiedliche Tatbestandsvoraussetzungen an. Der Regelfall ist der, dass ein Scheidungsverfahren anhängig ist. Auskunftspflichten werden aber auch begründet, wenn (jeweils alternativ)

– der gesetzliche Güterstand beendet ist,
– ein Ehegatte die Aufhebung der Ehe begehrt,
– vorzeitiger Ausgleich des Zugewinns bei vorzeitiger Aufhebung der Zugewinngemeinschaft oder
– die vorzeitige Aufhebung der Zugewinngemeinschaft beantragt wurde.

Für die Auskunftsverpflichtung ist nicht entscheidend, ob ein Anspruch auf Zugewinnausgleich tatsächlich besteht. Nur dann, wenn ein solcher Anspruch zweifelsfrei ausgeschlossen ist – z. B. bei

vereinbarter Gütertrennung –, scheiden Auskunftsansprüche aus (vgl. zum »Einsatz« von Auskunftsansprüchen aus taktischen Erwägungen: Rdn. 45 - 48).

Wird (ausnahmsweise) die **Aufhebung der Ehe** beantragt, muss wegen der Verweisung in § 1318
Abs. 3 BGB ergänzend vorgetragen werden, dass ein eventueller güterrechtlicher Ausgleich sich nicht
als grob unbillig erweist. Würde der entsprechende Lebenssachverhalt also Momente enthalten, die
eine grobe Unbilligkeit für einen eventuellen Ausgleichsanspruch ergeben, besteht kein Auskunftsanspruch.

4. Stichtag Trennungsvermögen. Leben die Ehegatten getrennt, wird damit eine zusätzliche Auskunftsverpflichtung zum Trennungsvermögen verknüpft, die nicht bloß im Rahmen eines Stufenantrags, sondern bereits unmittelbar nach Trennung der Eheleute in einem isolierten Auskunftsverfahrens geltend gemacht werden kann (§ 1379 Abs. 2 BGB). Der Sinn dieses »isolierten« Anspruchs
liegt darin, Voraussetzungen für eine Beweislastumkehr zu schaffen, und zwar dann, wenn ein Aus-
gleichsverfahren eingeleitet wird und sich ergibt, dass das Endvermögen ggü. dem Trennungsvermögen deutlich gemindert ist.

Haben die Ehegatten ihre eheliche Lebensgemeinschaft aufgegeben und leben sie getrennt, was der
Ehegatte darlegen und beweisen muss, der sich darauf beruft, kann der Anspruch auf Auskunft und
Belegvorlage über das Trennungsvermögen nach § 1379 Abs. 2 BGB unmittelbar nach Trennung
geltend gemacht werden, wobei natürlich über den Trennungszeitpunkt trefflich gestritten wird
(ausführlich: *Kogel* FF 2012, 346). Der Streit liegt häufig darin begründet, um einen für den Zugewinn jeweils möglichst günstigen Saldo in die Berechnung einführen zu können: Ein gut berate-
ner Mandant wird sich deshalb insoweit Zurückhaltung auferlegen, allenfalls Angaben zum Trennungszeitpunkt in »Zeitwolken« (*Kogel* a. a. O.) machen und erst einmal den Ehegatten sich zum
Trennungszeitpunkt erklären lassen, der ihm vielleicht deshalb »passt«, weil sein Gehalt (ggfs. incl.
dem Weihnachtsgeld) noch nicht auf das Girokonto überwiesen wurde oder vielleicht auch die eine
oder andere Rechnung z. B. über die Pkw-Reparatur, die in einigen Monaten anstehende Urlaubsreise oder eine schon seit Längerem anstehende Anschaffung jüngst vom Konto abgebucht wurde.
Auch wenn sich der anwaltliche Berater in diesem Punkt Zurückhaltung auferlegen sollte, ändert
dies nichts daran, dass er seinen Mandanten bei der meist unklaren Bestimmung des Trennungszeitpunktes zu beraten und ihm die Bedeutung und Auswirkungen seines Einverständnisses zu einem
von dem anderen Ehegatten vorgeschlagenen Trennungszeitpunkt aufzuzeigen hat.

Die Möglichkeit der Manipulation freilich ist auch nicht durch das neue Recht, das Gerechtigkeitsdefizite beseitigen wollte, indem es u. a. die Auskunfts- und Belegansprüche gestärkt hat, vollends
gebannt worden, was dem Gesetzgeber auch bewusst gewesen ist. Denn die Abgeordnete Ute Gra-
nold, seinerzeit Mitglied des Rechtsausschusses, erklärte in protokollierter Rede vor dem Deutschen
Bundestag, dass das Wichtigste an der Neuregelung aus der Praxis komme und darin zu sehen sei,
dass ein Anspruch auf Auskunft über den Bestand des Vermögens bereits mit der Trennung der Ehegatten bestehe und dieser Auskunftsanspruch mit der Verpflichtung unterlegt sei, den Vermögensbestand zu belegen; denn hierdurch könnte ein Missbrauch weitestgehend verhindert werden. Weiter
heißt es aber in der protokollierten Rede: »Natürlich gibt es auch den Fall, dass ein Ehepartner den
Ausstieg aus der Ehe vorbereitet, während der andere Ehepartner noch denkt, alles sei okay. Wenn
dann alles soweit organisiert ist – das Vermögen ist weggeschafft, die Konten sind geplündert –, dann
sagt dieser Ehepartner: Jetzt gehe ich aus der Ehe heraus und gebe Auskunft. In solch einem Fall ist
das, was wir jetzt auf den Weg bringen, nicht ausreichend. Der Gesetzgeber kann aber auch nicht
alles regeln (...). Mit diesem Gesetz können wir nicht alle illoyalen Vermögensverschiebungen und
Beweisschwierigkeiten beseitigen. Wir denken aber doch, dass wir Wesentliches ändern konnten
und ein effektives Instrumentarium geschaffen haben, um nach Beendigung der Ehe einen fairen
und interessengerechten Zugewinnausgleich zu gewährleisten« (Protokollierte Rede im Deutschen
Bundestag, 16. Wahlperiode, 222. Sitzung, Donnerstag, den 14.05.2009, S. 24404, r.Sp.).

Wie es dem Gesetzgeber nicht gelingen konnte, alle illoyalen Vermögensverschiebungen und Beweisschwierigkeiten zu beseitigen, so wird es auch dem Anwalt nicht vollends gelingen, den Spagat

zwischen einer fraglos geschuldeten umfassenden Aufklärung des Mandanten über die finanziellen Auswirkungen einer lückenlosen Offenlegung der Vermögensverhältnisse einerseits und der ihm obliegenden Wahrheitspflicht andererseits insbesondere dann zu meistern, wenn Hinweise des Mandanten darauf hindeuten, dass er schon in nicht zu verauskunftenden Zeiten Vorsorge dafür getragen hat, dass sich für ihn der Zugewinnausgleich in noch vertretbarem Rahmen bewegt. Und ob allein der Hinweis an den Mandanten darauf, dass er – der Anwalt – der Wahrheit verpflichtet sei und für den Mandanten nicht die Unwahrheit sagen dürfe, dieses Dilemma in allen Fällen löst, erscheint ebenso fraglich wie andererseits aber auch unvermeidbar.

2. Die einzelnen Auskunftsansprüche

a) Der Auskunftsanspruch zum Trennungsvermögen

50   Ist der Güterstand beendet oder hat ein Ehegatte die Scheidung, die Aufhebung der Ehe, den vorzeitigen Ausgleich des Zugewinns bei vorzeitiger Aufhebung der Zugewinngemeinschaft oder die vorzeitige Aufhebung der Zugewinngemeinschaft beantragt, kann jeder Ehegatte nach § 1379 Abs. 1 Nr. 1 BGB von dem anderen Ehegatten Auskunft über das Vermögen zum Zeitpunkt der Trennung verlangen. Und nach § 1379 Abs. 2 BGB kann jeder Ehegatte von dem anderen Ehegatten Auskunft über das Vermögen zum Zeitpunkt der Trennung verlangen, wenn sie getrennt leben.

51   Die Frage, wann die Ehegatten getrennt leben, entscheidet sich wie bisher: Von einem Getrenntleben ist dann auszugehen, wenn objektiv zwischen den Ehegatten keine häusliche Gemeinschaft mehr besteht und zumindest ein Ehegatte (subjektives Moment) mit dem Partner die Ehe nicht mehr fortsetzen will (vgl. im Einzelnen PWW/*Weinreich* § 1565 Rn. 3 - 6).

52   Dabei fehlt es an einer häuslichen Gemeinschaft auch dann, wenn die Ehegatten noch in ihrem Wohnhaus »getrennt von Tisch und Bett« leben, jedoch keine wechselseitigen Versorgungsleistungen mehr erbringen, wobei gelegentliche Handreichungen oder Zugeständnisse im Interesse der gemeinsamen Kinder der Annahme der Trennung nicht entgegenstehen (PWW/*Weinreich* § 1565 Rn. 4 m. w. N.), sondern in der familiengerichtlichen Praxis akzeptiert werden. Zur Substantiierung dürfte es ausreichen, wenn ein Schreiben an den anderen Ehegatten vorgelegt wird, mit dem die eheliche Lebensgemeinschaft »aufgekündigt« wird. Liegt ein solches Schreiben, das auch zugegangen sein muss, bei einer Trennung von Tisch und Bett, also ohne zeitlich genau bestimmbaren Umzug, nicht vor, dürfte der Nachweis der auf einen bestimmten Tag bezogenen Trennung schwerfallen, wenn der andere Ehegatte nicht »mitspielt«, sondern sich in »Zeitwolken« (*Kogel* FF 2012, 346) verliert.

53   Der Auskunftsanspruch zum Trennungsvermögen sollte vorzugsweise unmittelbar nach der Trennung geltend gemacht werden, um dem »Vergesseneinwand«, der bei einem erst im Scheidungsverfahren erhobenen Auskunftsanspruch zur Trennung gerne erhoben wird, wirksam entgegenzutreten. Besteht eine solche Gefahr nicht, kann der Anspruch auf Auskunft wie auch auf Belegvorlage über das Trennungsvermögen nach § 1379 Abs. 1 Nr. 1 BGB auch erst im Scheidungsverfahren geltend gemacht werden.

54   Wird aber eine Auskunft zum Trennungsvermögen bereits in engem zeitlichen Zusammenhang mit der Trennung eingefordert, sollte aus Kostengründen einem gerichtlichen Verfahren eine außergerichtliche Aufforderung zur Auskunft vorangehen: Denn nach § 243 Satz 2 Nr. 4 FamFG ist insb. ein sofortiges Anerkenntnis nach § 93 ZPO zu berücksichtigen. Nach dieser Bestimmung fallen dem Antragsteller die Verfahrenskosten zur Last, wenn der Antragsgegner den Anspruch sofort anerkennt und durch sein Verhalten nicht Veranlassung zur Antragserhebung gegeben hat. Veranlassung zur Antragserhebung hat der Gegner immer nur dann gegeben, wenn sich sein Verhalten vor Verfahrensbeginn so dargestellt hat, dass der Antragsteller redlicherweise annehmen durfte, er werde ohne Antrag nicht zu seinem Recht kommen (Zöller/*Herget* § 93 Rn. 3). Aus dem außergerichtlichen Schreiben sollte dann aber auch deutlich werden, welche Auskunft von dem Anderen verlangt wird: Die bloße vorprozessuale Aufforderung, Auskunft zum Trennungsvermögen zu erteilen, wird

ein sofortiges Anerkenntnis deshalb nicht ohne Weiteres ausschließen. Das außergerichtliche Auskunftsverlangen sollte deshalb zur Vermeidung von Kostennachteilen qualifiziert gestellt werden.

Muster 3:   55

▶ Vorgerichtliche Aufforderung zur Auskunftserteilung nebst Belegvorlage betreffend das Trennungsvermögen

Sehr geehrte Frau Kollegin,

wir hatten bereits wegen des Unterhaltsanspruchs meines Mandanten gegenüber Ihrer Mandantin miteinander korrespondiert. In diesem Zusammenhang sind wir davon ausgegangen, dass die ihre häusliche Lebensgemeinschaft am 28.12.2013 beendeten: Denn an diesem Tag zog Ihre Mandantin aus dem ehelichen Haus aus.

Mein Mandant hat mich zusätzlich beauftragt, in Zusammenhang mit der Trennung und damit gleichzeitig in Zusammenhang mit der Beendigung und Auflösung der persönlichen Beziehung der Mandanten auch die wirtschaftliche Entflechtung zu regeln.

Hierzu benötige ich zunächst die Auskunft Ihrer Mandantin über ihr Trennungsvermögen zum 28.12.2013.

Ich bitte ferner darum, dass Ihre Mandantin ihre Auskunft im Einzelnen belegt.

Bitte verdeutlichen Sie Ihrer Mandantin, wie die Auskunft zu erfolgen hat. Ich erwarte für meinen Mandanten ein detailliertes, geordnetes und systematisches Vermögensverzeichnis, welches alle aktiven und passiven Vermögenspositionen zum 28.12.2013 enthält.

Jede einzelne Vermögensposition sollte so genau bezeichnet und beschrieben werden, dass mein Mandant Rückschlüsse auf den jeweiligen Wert der einzelnen Vermögensgegenstände ziehen kann.

So ist Ihre Mandantin Alleineigentümerin eines Mietshauses in Köln-Nippes. Dieser Immobilienbesitz sollte nicht nur nach Grundstücksgröße, Wohnfläche, Baujahr und Ausstattungsmerkmalen beschrieben sein. Von Interesse ist vielmehr auch die Art und Weise des Erwerbsvorgangs, weshalb ich um Vorlage des Kaufvertrages ebenso bitten möchte wie um Vorlage etwa bestehender Baupläne. Auch bitte ich darum, dass mir die aktuellen Mietverträge vorgelegt werden.

Vorhandenes Bargeld ist ebenso aufzulisten wie bei Banken unterhaltene Giro-, Spar-, Festgeld- oder sonstige Konten. Hierzu gehört auch das Konto, das extra für das Mietshaus angelegt wurde und über das die Einnahmen und Ausgaben des Mietshauses abgewickelt werden.

Sofern ein Wertpapierdepot existiert, bitte ich um Nachweis seines Inhalts durch Vorlage des Depotauszuges.

Hinsichtlich der Kapital-Lebensversicherung, über die Ihre Mandantin verfügt, bitte ich um die genauen Vertragsdaten sowie um Angaben zum Rückkaufs- und Fortführungswert zum 31.12.2013.

Bitte verstehen Sie meine Hinweise nicht als erschöpfend. Ich erwarte, dass Ihre Mandantin mit größtmöglicher Sorgfalt ihre gesamte Vermögenssituation darstellt. Machen Sie bitte Ihrer Mandantin klar, dass eine unvollständige und unrichtige Auskunft unweigerlich ein gerichtliches Nachspiel nach sich ziehen wird.

Wir erwarten die Erledigung unseres Auskunfts- und Belegverlangens bis zum ......

Mit freundlichen und kollegialen Grüßen

Rechtsanwalt

Wird die Auskunft zum Trennungsvermögen nicht erteilt – wobei die Gründe häufig darin begrün-   56
det liegen, dass eine ordnungsgemäße und belegte Auskunft bisweilen eine »Sträflingsarbeit« (vor allem für den nach dem RVG abrechnenden Anwalt) ist –, kann sie im Wege eines Auskunftsantrags beim FamG geltend gemacht werden: Eines ansonsten notwendigen Stufenantrags (vgl. Rdn. 41 ff.) bedarf es hier nicht, weil das (isolierte) Auskunfts- und Belegsverlangen nicht im Scheidungsverbund

geltend gemacht wird, sondern sich auf § 1379 Abs. 2 BGB stützt. Im Übrigen ist der Güterstand auch noch nicht durch die Trennung beendet, sodass der Zugewinn noch gar nicht beziffert werden kann (§ 1384 BGB). Etwas anderes würde nur dann gelten, wenn die Ehegatten im Einvernehmen ehevertraglich (notarielle Beurkundung: §§ 1410 Abs. 1, 1378 Abs. 3 Satz 2 BGB) den Stichtag der Trennung für die Berechnung des Zugewinnausgleichs für maßgeblich erklären und damit gleichzeitig einen »vorzeitigen Zugewinnausgleich« vereinbaren würden.

Wir leben im gesetzlichen Güterstand der Zugewinngemeinschaft.

Wir leben seit dem 28.09.2014 getrennt und bestimmen, dass
– bei der Berechnung des einem von uns gegenüber dem Anderen zustehenden Zugewinnausgleichs unser Trennungsvermögen, also der 28. September 2014, maßgebend sein und
– für die Berechnung des Zugewinnausgleichs und für die Höhe der Ausgleichsforderung an die Stelle des Zeitpunkts der Rechtshängigkeit des Scheidungsantrags dieser Zeitpunkt treten soll.

Wird dies von den Ehegatten – mit guten Gründen – gewünscht, böte sich allerdings dann auch gleich eine notarielle Scheidungsfolgenvereinbarung an, mit der der Zugewinnausgleich auf der Grundlage des Trennungsvermögens erledigt wird.

57   Muster 4:

▶ Muster eines (isolierten) Auskunftsantrags betreffend das Trennungsvermögen

Amtsgericht .....

– Familiengericht –[1]

Antrag[2]

des .....

(Antragstellers)

(Verfahrensbevollmächtigte)[3]

gegen

.....

(Verfahrensbevollmächtigte)

(Antragsgegnerin)

wegen: Auskunft nach § 1379 Abs. 2 BGB

vorläufiger Verfahrenswert: 2.500,00 €[4]

Namens und in Vollmacht des Antragstellers erhebe ich

Auskunftsantrag

und beantrage:
1. Die Antragsgegnerin wird verpflichtet, durch Vorlage eines vollständigen und geordneten Bestandsverzeichnisses dem Antragsteller Auskunft über alle Aktiva und Passiva ihres Trennungsvermögens zum 28.12.2013 zu erteilen,
   ferner
2. die erteilte Auskunft zu belegen
   sowie
3. ggfs. die Richtigkeit der erteilten Auskunft an Eides statt zu versichern.

Begründung:

Mit den vorliegenden Anträgen macht der Antragsteller gegenüber seiner von ihm getrennt lebenden Ehefrau Ansprüche aus der güterrechtlichen Beziehung der Beteiligten geltend. Ein Ehevertrag wurde nicht geschlossen, sodass die Beteiligten im Güterstand der Zugewinngemeinschaft leben.

Die Beteiligten leben seit dem 28.12.2013 getrennt. Die Trennung vollzog sich durch Auszug der Antragsgegnerin aus dem gemeinsamen Haus, in dem der Antragsteller seit diesem Zeitpunkt alleine lebt.

Die Auskunft ist zu belegen.

Unter den Voraussetzungen des § 260 II BGB kann der Antragsteller von der Antragsgegnerin auch verlangen, dass sie zu Protokoll an Eides statt versichert, dass sie nach bestem Wissen die Auskunft so vollständig angegeben hat, als sie dazu imstande ist.

Außergerichtlich wurde die Antragsgegnerin gebeten, Auskunft über ihr Trennungsvermögen zu erteilen und dieses zu belegen. Dem ist die Antragsgegnerin nicht nachgekommen, sodass es der Hilfe des FamG bedarf, um die Antragsgegnerin dazu anzuhalten, ihre Auskunftsverpflichtung nach § 1379 Abs. 2 BGB zu erfüllen.

Rechtsanwalt

1. Zuständigkeit. Wird – wie hier – die »isolierte« Auskunftspflicht nach § 1379 Abs. 2 BGB geltend gemacht, weil die Ehegatten getrennt leben, ist das für den Wohnsitz des Antragsgegners zuständige FamG anzurufen.

2. Bezeichnung: vgl. Rdn. 49, *M. 2*.

3. Anwaltszwang: § 114 FamFG regelt – wie bis zum 30.08.2009 § 78 ZPO – den Anwaltszwang in Ehe- und Folgesachen.

Neu ist die Einführung des Anwaltszwangs in sämtlichen selbstständigen Familienstreitsachen (§ 114 Abs. 1 FamFG: Unterhaltssachen; Güterrechtssachen; sonstige Verfahren nach §§ 266 ff. FamFG), sodass nicht nur in Güterrechtssachen, in denen es schon immer der anwaltlichen Vertretung bedurfte (vgl. § 78 Abs. 2 i. V. m. §§ 621 Abs. 1 Nr. 8, 661 Abs. 1 Nr. 6 ZPO a. F.), sondern jetzt auch in allen Unterhaltsverfahren Antragsteller und Antragsgegner vor dem FamG anwaltlich vertreten sein müssen.

Wenn sich nach § 114 Abs. 1 FamFG die Beteiligten durch einen Anwalt vertreten lassen müssen, führt die Missachtung dieser Vorschrift zur Säumnis des anwaltlich nicht vertretenen Beteiligten. Dies hat zur Folge, dass gegen diesen Beteiligten ein **Versäumnisbeschluss** auf Antrag erlassen werden kann. Das FamG enthält zwar keine Vorschriften zum Versäumnisbeschluss: Nach § 113 Abs. 1 Satz 2 FamFG gelten aber die Bestimmungen der ZPO über Verfahren vor den Landgerichten entsprechend. Bei einem Auskunftsantrag, der im Rahmen eines Stufenantrags geltend gemacht wird, ergeht bei fehlender anwaltlicher Vertretung des Auskunftsschuldners ein Teil-Versäumnisbeschluss, gegen den – freilich durch einen Anwalt bzw. eine Anwältin – allerdings Einspruch eingelegt werden kann.

4. Verfahrenswert: Die Auskunft zum Trennungsvermögen dient zwar nicht der Geltendmachung einer Zugewinnausgleichsforderung, sondern nur der in zeitlichem Zusammenhang mit der Trennung stehenden Dokumentation des Trennungsvermögens.

Gleichwohl dürfte der im Rahmen des Scheidungsverfahrens geltend zu machende bzw. der zu erwartende Ausgleichsanspruch beim Verfahrenswert (mit-) bestimmend sein, weil sich bereits aus dem Trennungsvermögen ein möglicher Zugewinnausgleichsanspruchs grob überschlägig errechnen lässt, wenn das Trennungsvermögen nach § 1375 Abs. 2 Satz 2 BGB nicht sogar für den Zugewinn entscheidend ist: Dann nämlich, wenn das Endvermögen auf der Grundlage des Stichtages des § 1384 BGB unter dem Wert des Trennungsvermögens liegt. Dies verschafft dem Antragsteller eines

Auskunftsverfahrens nach § 1379 Abs. 2 BGB eine gewisse Planbarkeit hinsichtlich seines weiteres Vorgehens in Bezug auf den von ihm zu erwartenden Zugewinnausgleich – aber auch in Bezug auf die von ihm ggfs. abzuwehrende Ausgleichsforderung –, weil der Zugewinnausgleichsverpflichtete nur im Wege der Beweislastumkehr einen auf § 1375 Abs. 2 Satz 2 BGB gestützten Zugewinnausgleichsanspruch entkräften kann. Deshalb ist auch bei § 1379 Abs. 2 BGB die mögliche Zugewinnausgleichsforderung Ausgangspunkt für den anzusetzenden Wert.

Weil die Auskunft zum Trennungsvermögen nur die spätere Geltendmachung des Leistungsantrags vorbereiten soll, ist der Verfahrenswert jedoch nicht mit der (erhofften) Zugewinnausgleichsforderung gleichzusetzen, sondern macht lediglich einen Bruchteil von dieser aus (SBW/*Keske*, § 38 FamGKG Rn. 3). Geht im Muster z. B. das Interesse des Auskunftsberechtigten dahin, eine Zugewinnausgleichsforderung i. H. v. 25.000 € zu erhalten, beträgt der Verfahrenswert hiervon zwischen 10% bis maximal 25% (BGH, FamRZ 1997, 546 Rn. 6; OLG Köln, FamRZ 2009, 605 Rn. 16), bewegt sich also zwischen 2.500,00 € und 6.250,00 €. Wer also die Auskunft verlangt, hat i. a. R. auch ein Beschwerderecht, wenn sein Auskunftsverlangen zurückgewiesen wird; nicht aber derjenige, der zur Auskunftserteilung verpflichtet wird, weil beim Auskunftsverpflichteten auf den Aufwand an Zeit und Kosten abzustellen ist, den die sorgfältige Erteilung der geschuldeten Auskunft erfordert (BGH, FuR 2012, 482; zum Beschwerdewert und damit auch zur Beschwerdeberechtigung vgl. auch Rdn. 88, Rdn. 63, *M. 4*).

58   Muster 5:

▶ Erwiderung auf einen (isolierten) Auskunftsantrag zum Trennungsvermögen

Amtsgericht .....

– Familiengericht –

.....

In der Familiensache

..... ./. .....

Az. .....

bestelle ich mich für die Antragsgegnerin und beantrage

die Zurückweisung des Antrags.

Zur

Begründung

weise ich auf folgendes hin:

Der Antragsteller verlangt Auskunft zum Trennungsvermögen der Antragsgegnerin, und zwar bezogen auf den Stichtag des 28.12.2013. Eine solche Auskunftsverpflichtung besteht nicht, sodass der Antrag kostenpflichtig zurückzuweisen ist.

Richtig mag zwar sein, dass die Antragsgegnerin am 28.12.2013 aus dem ehelichen Haus ausgezogen ist. Ihrer Erinnerung nach fand ihr Auszug wenige Tage nach Weihnachten 2013 statt. Allerdings ist das Trennungsvermögen nicht bezogen auf den beantragten Stichtag zu erteilen.[1]

Denn die Trennung am 28.12.2013 hat die Antragsgegnerin ca. 4 Monate später wieder dadurch rückgängig gemacht, dass sie in die vormals gemeinsame eheliche Wohnung wieder eingezogen ist, ohne allerdings ihre ab Januar 2014 neu angemietete Wohnung aufzugeben. Hintergrund ihrer Rückkehr zum Antragsteller war, dass die Beteiligten sich ausgesprochen und – nicht zuletzt mit Hilfe einer Ehetherapie – entschieden hatten, auch im Hinblick auf die lange Ehedauer von knapp 20 Ehejahren es miteinander nochmals zu versuchen.

Dies ging dann auch zunächst für einige Monate gut.[2] In einem schleichenden »Prozess« haben sich die Beteiligten aber wieder entfremdet, sodass sich die Antragsgegnerin veranlasst sah, wieder aus der gemeinsamen Wohnung auszuziehen.

Während ihres letzten Zusammenlebens haben die Beteiligten auch wie früher zusammen gewirtschaftet, sodass bereits deshalb eine Auskunft zum 28.12.2013 ausscheiden muss.

Der genaue Auszugszeitpunkt ist der Antragsgegnerin allerdings nicht mehr genau in Erinnerung.[3] Sie weiß nur noch, dass dies während ihres Urlaubs im August 2014 geschehen sein muss.

Rechtsanwältin

1. Trennungszeitpunkt: Der oder die mutmaßlich Ausgleichspflichtige, also der Antragsgegner eines isolierten Auskunftsverfahrens zum Trennungszeitpunkt, kann bereits in Zusammenhang mit der Festlegung des Trennungszeitpunktes »punkten«: Denn der Trennungszeitpunkt muss tag genau angegeben werden, und wenn dies streitig ist und von demjenigen, der Rechte hieraus herleitet, weil er von dem anderen Auskunft über das Vermögen zum Zeitpunkt der Trennung verlangt (§ 1379 Abs. 2 BGB), nicht nachweisen kann, ist der Auskunftsantrag zurückzuweisen. Und jeder Ehegatte, der sich bereits einmal einen zurückgewiesenen Auskunftsantrag »gefangen« hat, wird sich – wie bei einem verfrüht gestellten Scheidungsantrag oder bei einem abgewiesenen Abänderungsantrag – zweimal überlegen, ob er einen neuen Versuch startet. In jedem Fall dürfte sich hierdurch seine Vergleichsbereitschaft deutlich erhöhen.

2. Versöhnungsversuch und Trennungszeitpunkt: Nach § 1567 Abs. 2 BGB hat »ein Zusammenleben über kürzere Zeit, das der Versöhnung der Ehegatten dienen soll«, auf den Trennungszeitpunkt i. d. R. keinen Einfluss. Insb. würde die Behauptung, die Eheleute hätten nach ihrer Trennung noch einmal einen gemeinsamen Urlaub verbracht und hierbei sei es zu intimen Kontakten gekommen, keinen trennungsrelevanten Versöhnungsversuch darstellen. Ein solcher Versöhnungsversuch setzt vielmehr voraus, dass die Beteiligten einvernehmlich von der Trennung Abstand genommen und die häusliche Gemeinschaft wenigstens eingeschränkt wieder aufgenommen haben (OLG Düsseldorf, FamFR 2010, 116). Auch intime Kontakte bei einer ansonsten gescheiterten Ehe bieten noch keinen hinreichenden Anhaltspunkt für die Annahme eines Versöhnungsversuchs (OLG Köln FamRZ 2002, 239). Insofern erweist sich jeder trennungsrelevante Versöhnungsversuch als ein sog. »actus contrarius« zur Trennung: Wenn denn die Trennung – wie hier im Muster – durch Auszug aus der ehelichen Wohnung erfolgt ist, kann von einem Versöhnungsversuch auch nur durch Wiedereinzug in die eheliche Wohnung ausgegangen werden. Und dies auch nur bei einem Zusammenleben von nicht nur »kürzerer Zeit« i. S. v. § 1567 Abs. 2 BGB: Bis zur Überschreitung der 3-Monatsgrenze des OLG Saarbrücken (FamRZ 2010, 469), die die Obergrenze darstellt, bis zu der noch ein »Zusammenleben über kürzere Zeit« und damit ein den Lauf des Trennungsjahres nicht beeinflussender Versöhnungsversuch angenommen werden könne, dürfte für manches Ehepaar ein weiter und meist auch sehr beschwerlicher Zeitraum sein.

3. Prozesstaktik versus Wahrheitspflicht: Wer den anderen Ehegatten in einem Auskunftsverfahren »auflaufen« lassen will, wird sich nicht festlegen dürfen: Er muss, soweit er dies mit seiner Wahrheitspflicht (§ 138 Abs. 1 ZPO) vereinbaren kann, einerseits so nebulös vortragen müssen, dass sich daraus kein anderer Trennungszeitpunkt herleiten lässt. Andererseits dürfte es aber auch verfänglich sein, zum Trennungszeitpunkt in völlig unbestimmten »Zeitwolken« (*Kogel* FF 2012, 346) vorzutragen, denn dann kann dieser Ehegatte bei aller vorgespielten Ahnungslosigkeit sich auch nicht zu einem sonstigen Trennungszeitpunkt, den hilfsweise der Antragsteller aufgreift und zum Gegenstand seines Sachvortrags macht, mit der Folge erklären, dass dieser Sachvortrag des anderen Ehegatten als zugestanden gilt (§ 138 Abs. 3 ZPO).

b) Der Auskunftsanspruch zum Trennungsvermögen auch zwischen den Stichtagen?

59 Dass die Auskunft zu bestimmten »Stichtagen« (Tag der Eheschließung, Tag der Trennung, Tag der Zustellung des Scheidungsantrags) geschuldet ist, lässt sich zwar aus § 1379 BGB herleiten, auch wenn dies so selbstverständlich nicht zu sein scheint:

60 Denn die Altfassung des § 1379 Abs. 1 Satz 1 BGB sprach noch davon, dass ein Ehegatte verpflichtet ist, »dem anderen Ehegatten über den Bestand seines Endvermögens Auskunft zu erteilen«. Gemeint war damit, dass der Auskunftsverpflichtete nur die Auskunft zum Stichtag des § 1384 BGB (Rechtshängigkeit des Scheidungsantrags) schuldet. Die Neufassung übernimmt diese nur auf den Stichtag bezogene Auskunftspflicht demgegenüber ausdrücklich nur beim Trennungsvermögen (Nr. 1), nicht jedoch beim Anfangs- und auch nicht (mehr) beim Endvermögen, sondern erweitert sie in der Weise, dass sie immer dann eingefordert werden kann, soweit die Auskunft »für die Berechnung des Anfangs- und Endvermögens maßgeblich ist« (§ 1379 Abs. 1 Nr. 2 BGB n. F.).

61 Nun lässt sich nicht leugnen, dass jede stichtagsbezogene Auskunft zum Zeitpunkt der Eheschließung und zum Stichtag des § 1384 BGB gleichzeitig auch für die Berechnung eines Zugewinnausgleichs »maßgeblich« ist: Denn ohne diese stichtagsbezogene Auskunft lässt sich eine Zugewinnausgleichsberechnung nicht vornehmen. Und da das neue Recht die nach § 1379 BGB a. F. bereits bestandene Auskunftsverpflichtung zum Endvermögen gerade nicht einschränken, sondern zur Beseitigung von Gerechtigkeitsdefiziten wie auch insbesondere zur Vermeidung von Missbrauchsmöglichkeiten zulasten des wirtschaftlich schwächeren Ehegatten stärken und erweitern wollte, besteht die stichtagsbezogene Auskunftsverpflichtung zum Endvermögen fort und erstreckt sich nunmehr auch auf das Anfangsvermögen, weil nur so die bislang fehlende Berücksichtigung eines negativen Anfangsvermögens (§ 1374 BGB) einer zutreffenden Berechnung des Zugewinns zugeführt werden kann. Hieraus folgt, dass auch ohne entsprechende Formulierung in der Neufassung des § 1379 Abs. 1 Satz 1 Nr. 2 BGB diese Bestimmung (auch) die Auskunftspflicht zum Stichtag der Eheschließung (= Anfangsvermögen) und des § 1384 BGB (= Endvermögen) mit umfasst.

62 Wie aber ist es mit der Zeit zwischen den Stichtagen: Wird auch für diese, also für Zeiten vor und nach der Trennung, Auskunft geschuldet? Diese Frage drängt sich auch deshalb auf, weil eine Anknüpfung an das Maßgeblichkeitskriterium des § 1379 Abs. 1 Nr. 2 BGB nur beim Anfangs- und Endvermögen, nicht jedoch in Bezug auf das Trennungsvermögen vorgenommen wurde und auch nicht davon auszugehen ist, dass es sich hierbei um ein bloßes Redaktionsversehen gehandelt hat.

63 **Muster 6:**

▶ Antrag auf Auskunft zum Trennungs-/Endvermögen nach § 1379 BGB im Rahmen eines Stufenantrags

Amtsgericht .....

– Familiengericht –[1]

Antrag[2]

des .....

(Antragstellers)

(Verfahrensbevollmächtigte)[3]

gegen

.....

(Verfahrensbevollmächtigte)

(Antragsgegnerin)

wegen: Auskunft nach § 1379 BGB

vorläufiger Verfahrenswert: 1.200,00[4]

Namens und in Vollmacht des Antragstellers erhebe ich

Auskunftsantrag

und beantrage:
1. Die Antragsgegnerin wird verpflichtet,
   dem Antragsteller Auskunft zu erteilen über die Verwendung
   a. des ihr am 31.12.2013 zugeflossenen Auseinandersetzungsguthabens aus dem Gemeinschaftskonto in Höhe von 7.596,96 €,[5]
   b. der den monatlichen Betrag von 875,00 € übersteigenden Einkünfte der Antragsgegnerin aus unselbstständiger Tätigkeit als verbeamtete Realschullehrerin im Zeitraum vom 01.01.2013 bis einschließlich 31.05.2013.[6]
2. die zur Ziffer 1. a) und b) erteilten Auskünfte zu belegen,
3. ggfs. die Richtigkeit der zu Ziffer 1. a) und b) erteilten Auskünfte an Eides statt zu versichern,
4. für den Fall der Rechtskraft der Ehescheidung an den Antragsteller einen nach erteilter Auskunft noch zu beziffernden und mit 5%-Punkten über dem Basiszinssatz zu verzinsenden Zugewinnausgleichsbetrag zu zahlen.

Begründung:

Die Beteiligten dieses Verfahrens sind seit dem 01.06.2013 getrennt lebende Eheleute.

Das Scheidungsverfahren ist beim angerufenen Familiengericht unter dem Az. ..... anhängig. Stichtag des § 1384 BGB ist nach Mitteilung des Familiengerichts der 07.05.2014.

Einen Ehevertrag haben die Beteiligten nicht geschlossen.

1. Die Beteiligten berühmen sich beiderseits Zugewinnausgleichsansprüche.

Deshalb nahmen sie sich wechselseitig auf Auskunft zu den jeweiligen Stichtagen in Anspruch, die außerprozessual erteilt wie auch belegt wurde.

Nach der erteilten Auskunft ergibt sich ein unstreitiges Trennungsvermögen des Antragstellers i. H. v. 56.826,17 € und ein solches zum Stichtag des § 1384 BGB i. H. v. 59.266,77 €.

Das Trennungsvermögen der Antragsgegnerin wurde zunächst mit 55.267,69 € angegeben und später auf 56.387,43 € korrigiert. Das Endvermögen wurde hingegen mit nur 49.666,91 € beziffert.

2. Der Antragsteller moniert die Richtigkeit der Auskunft der Antragsgegnerin zum Trennungs- wie auch zum Endvermögen in zweifacher Hinsicht:

a. Am 31.12.2013, also 6 Monate nach ihrer Trennung, hatten die Beteiligten ihr gemeinsames Konto bei der B-Bank zur Konto-Nr. ..... aufgelöst und das von ihnen zugunsten der Antragsgegnerin errechnete Auseinandersetzungsguthaben i. H. v. 7.596,96 € auf deren Gehaltskonto bei der C-Bank zur Konto-Nr. ..... überwiesen. Über dieses Konto ist die Antragsgegnerin seit 2012, als die Ehe der Beteiligten in die Krise geriet, alleine verfügungsberechtigt.

Im Endvermögen weist dieses Konto, das bis zur Trennung immer im Haben geführt wurde (Konto-Stand lt. Trennungsvermögen: + 2.569,44 €) ein Soll von - 2.322,38 € aus. Aufgrund der Überweisung am 31.12.2013 müsste sich dieses Konto eigentlich im Guthaben befinden.

Der Antragsteller möchte deshalb wissen, was mit dem Auseinandersetzungsguthaben geschehen ist, insbesondere, wofür es verwendet wurde. Aus der Auskunft zum Endvermögen ergibt sich dies nicht.

b. Die Antragsgegnerin verdiente in 2013 als verbeamtete Realschullehrerin mtl. – im Wesentlichen gleichbleibend – 3.250,00 €. Für das gemeinsame Wohnen, für Nebenkosten und Kreditabträge überwies sie ab Januar 2013 auf das Gemeinschaftskonto mtl. 875,00 €.

Damit hatte die Antragsgegnerin in dem Zeitraum Januar bis Mai 2013, der der Trennung vorausging, mtl. 2.375,00 €, insgesamt also 11.875,00 € zur Verfügung, von denen zumindest ein Teil der Vermögensbildung hätte zugeführt werden können. Aus der Auskunft zum Trennungsvermögen ergibt sich dies ebenso wenig wie auch der Kontostand zum 01.06.2013 mit einem Guthaben von + 2.569,44 belegt, dass die nicht zum Lebensunterhalt benötigten Beträge nicht auf dem Konto der Antragsgegnerin verblieben sind. Der Antragsteller möchte deshalb wissen, was mit diesen Geldern geschehen ist, insbesondere, wofür sie verwendet wurden.

3. Außergerichtlich wurde die Antragsgegnerin gebeten, sich zu den Irritationen des Antragstellers erklären. Sie ließ durch ihre Verfahrensbevollmächtigte erklären, der Antragsteller sei schon während ihrer Ehe grundlos misstrauisch gewesen und dies sei auch jetzt nicht anders. Sie, die Antragsgegnerin, habe im Übrigen zu den jeweiligen Stichtagen die von ihr geschuldete Auskunft erteilt und damit habe es sein Bewenden. Trennungsbedingt sei alles teurer geworden und sie habe das Geld, das sie verdiene, für ihren allgemeinen Lebensbedarf verbraucht.[7]

(Rechtsanwältin)

1. Zuständigkeit. Die Zuständigkeit folgt den allgemeinen Regeln. Ist eines der in § 1379 Abs. 1 Halbs. 1 BGB genannten Verfahren anhängig, ist wegen des Verbundes dieses Gericht ausschließlich auch für die Auskunftsansprüche zuständig.

2. Bezeichnung. Vgl. Rdn. 49, *M. 2.*

3. Anwaltszwang. Vgl. Rdn. 57, *M. 3.*

4. Verfahrenswert. Die Auskunft dient spätestens im Rahmen eines Stufenantrags (Scheidungsverbund) der Geltendmachung oder der Abwehr einer Zugewinnausgleichsforderung. Diese ist Ausgangspunkt für den anzusetzenden Wert. Da zum Zeitpunkt des Auskunftsantrags die Höhe der Ausgleichsforderung des einen oder anderen Ehegatten noch nicht feststeht, ist anhand des bisherigen Tatsachenvortrags des Auskunftsberechtigten danach zu fragen, welche Vorstellungen er sich vom Wert des Leistungsanspruchs gemacht hat. Diese Vorstellungen müssen allerdings objektiv nachvollziehbar sein, sodass zu fragen ist, ob der den Vorstellungen des Auskunftsberechtigten entsprechende Anspruch (bei der Geltendmachung sein möglicher Anspruch, bei der Abwehr der des anderen Ehegatten) nach den vorgetragenen Verhältnissen überhaupt oder ggfs. auch nur in geringerer Höhe in Betracht kommt. Nicht entscheidend ist hingegen, ob der angenommene Anspruch, dessen er sich berühmt oder den er abwehrt, auch tatsächlich besteht: Die Beantwortung dieser Frage hat also keinen Einfluss auf den Verfahrenswert; hierüber ist vielmehr erst bei der Begründetheit der Zugewinnausgleichsforderung zu befinden.

Der zweite Aspekt steht in Zusammenhang hiermit und ist der, dass der volle Hauptsachewert (= Zugewinnausgleichsforderung) bei der Angabe zum Verfahrenswert nur dann in Betracht kommen kann, wenn überhaupt keine Auskunft erteilt wurde. In den Fällen, in denen die Auskunft überwiegend erteilt wurde und – wie im Muster – nur noch die Erteilung einer Teilauskunft geltend gemacht wird, kann sich das zu schätzende Interesse des Auskunftsberechtigten nur noch auf diesen Auskunftsteil beziehen. Dann rechtfertigt sich die aus dem Auskunftsinteresse abgeleitete Beschwer aus dem Teil, der »sich aus der Differenz zwischen dem Anspruch ohne den von der Auskunft betroffenen Gegenstand und dem angestrebten Gesamtanspruch ergibt« (OLG Frankfurt, Beschl. v. 17.02.2011 – 5 UF 390/10 –, juris; vgl. aber auch die Korrektur dieser Entscheidung durch den BGH in FamRZ 2011, 1929).

Im vorliegenden Muster will der Antragsteller nicht nur einen Zugewinnausgleichsanspruch der Antragsgegnerin i. H. v. 4.800,10 € (59.266,77 € - 49.666,91 € : 2) abwehren: Wären die verauskunfteten Beträge (insgesamt: 19.471,96 €) noch vorhanden und nur nicht angegeben (der Antragsteller will deren Verwendung wissen und erklärt damit inzidenter, sie seien gar nicht ausgegeben bzw. möglicherweise verschleudert worden = § 1375 BGB), hätte der Antragsteller sogar einen Zugewinnausgleichsanspruch in rund 5.000,00 €. Selbst bei vorsichtiger Betrachtung eines Zugewinnausgleichsanspruchs des Antragstellers würde hier allein aufgrund der Abwehr eines gegen ihn gerichteten

Anspruch ein Verfahrenswert von 25% von 4.800 €, also 1.200,00 € gerechtfertigt erscheinen, was dem Antragsteller, würde sein Antrag zurückgewiesen, auch die Beschwerde ermöglichen würde, weil dieser Wert den Beschwerdewert des § 61 Abs. 1 FamFG mit seinen 600 € übersteigt.

▶ **Praxishinweis:**

Der Beschwerdewert des § 61 Abs. 1 FamFG wird beim zur Auskunft verpflichteten Auskunftsschuldner praktisch nie erreicht: Nach ständiger Rechtsprechung des BGH orientiert sich die Beschwer bei Auskunftspflichtigen ausschließlich an dem Aufwand an Zeit und Kosten, den diesem infolge einer sorgfältig erteilten Auskunft entstehen (zuletzt: BGH, Beschl. v. 02.04.2014 – XII ZB 486/12 –). Und zur Bewertung des Zeitaufwands greift der BGH auf die Stundensätze zurück, die der Auskunftspflichtige als Zeuge in einem Zivilprozess erhält (BGH, FamRZ 2008, 2274 Rn. 14), und dies sind aktuell 21,00 €/Std. Das bedeutet also: Der familiengerichtliche Beschluss zur Auskunft kann so falsch sein wie er will, eine Beschwerde lässt sich darauf nicht stützen (vgl. hierzu ausführlich Rdn. 86 ff.).

5. Auskunftspflicht für der Trennung nachfolgende Zeiträume. Für die Zeit ab Trennung ist eine uneingeschränkte Auskunftsverpflichtung nach § 1379 Abs. 1 Satz 1 Nr. 2 BGB gegeben, wenn der Auskunftsberechtigte die »Maßgeblichkeit« der geforderten Auskunft für die Berechnung des Endvermögens schlüssig behauptet. Dies ergibt sich bereits aus dem Wortlaut der Nr. 2, der voraussetzt, dass die gewünschte Auskunft für die Berechnung des Endvermögens »maßgeblich« ist. Dies ist darzulegen, wobei an den Sachvortrag zur »Maßgeblichkeit« umso geringere Anforderungen zu stellen sind, je näher das konkrete Geschehen, zu dem Auskunft verlangt wird, an den Stichtag des § 1384 BGB rückt.

Auch die Gesetzesbegründung bestätigt, dass § 1379 Abs. 1 Satz 1 BGB den Ehegatten zur Berechnung eines etwa bestehenden Ausgleichsanspruchs einen erweiterten Auskunftsanspruch zwischen Trennung und der Rechtshängigkeit des Scheidungsantrags gewährt: Um Missbrauchsmöglichkeiten in diesem für Vermögensverschiebungen höchst anfälligen Zeitraum zu verhindern, würden, so die Gesetzesbegründung, die Auskunftsansprüche nunmehr alle für die Berechnung des Anfangs- oder Endvermögens maßgeblichen Informationen umfassen. Dies schließe auch Auskünfte über Vermögensbestandteile ein, die nach § 1374 Abs. 2 BGB dem Anfangsvermögen oder nach § 1375 Abs. 2 BGB dem Endvermögen hinzuzurechnen seien (BT-Drs. 16/10798 S. 18 l.Sp).

§ 1379 Abs. 1 Satz 1 Nr. 2 BGB begründet damit eine uneingeschränkte Auskunftsverpflichtung ab der Trennung bis zum Stichtag des § 1384 BGB, wenn die Auskunftspflicht unter Angabe eines konkreten Anhaltspunktes für ein bestimmtes Ausgabeverhalten des Auskunftspflichtigen damit begründet wird, dass sie für die Berechnung des Endvermögens maßgeblich sei. Ein Sachvortrag, der praktisch bei jeder Geldausgabe geleistet werden kann und – konsequente und wohl gesetzgeberischerseits nicht ganz zu Ende gedachte Folge der »neuen Struktur« des § 1379 Abs. 1 Satz 1 BGB – im Ergebnis dazu führt, dass damit jedem Auskunftsverlangen Tor und Tür geöffnet wird: So müsste etwa der Auskunftspflichtige, insbesondere wenn er über ein gehobenes Einkommen verfügt, auf Verlangen des anderen Ehegatten für die gesamte Trennungszeit, die sich durchaus auch viele Jahre hinziehen kann, Rechenschaft über sein monatliches Einkommen ablegen, soweit das Familiengericht der Ansicht ist, dass er dieses – nach Maß der ehelichen Lebensverhältnisse – nicht für seinen allgemeinen Lebensbedarf verbraucht haben kann. Der Auskunftspflichtige muss also, wenn er nicht gleich sämtliche Kontoauszüge seiner Bankverbindungen vorzulegen bereit ist, erklären und belegen, was er mit seinem den Lebensbedarf überschießenden Einkommen gemacht hat: Ein Ansinnen, dass dem hiervon betroffenen Mandanten nur schwer vermittelt werden kann und, was noch wichtiger ist, die Auskunftsstufe bei überdurchschnittlichen Einkünften in einer kaum noch erträglichen Weise belastet. Wer es als Auskunftsberechtigter aus guten Gründen – etwa, um weiterhin in den Genuss des Trennungsunterhalts zu kommen oder den geschuldeten Zugewinnausgleich, der ja erst nach Rechtskraft der Scheidung fällig wird, weiterhin verzinslich anlegen zu können bzw. (noch) nicht finanzieren zu müssen (sog. »Justizdarlehen«) – darauf anlegt, kann ein

Zugewinnausgleichsverfahren bereits auf der 1. Stufe nur noch schwer justiziabel gestalten. Jedenfalls dürfte es ihm gelingen, die Scheidung über viele Jahre zu verzögern.

Einem exzessiven Auskunftsverlangen, das sich in so manchem heftig geführten Zugewinnausgleichsverfahren zu einem verfahrensrechtlichen Gau entwickeln kann, lässt sich auch nicht § 1375 Abs. 2 Satz 2 BGB entgegenhalten, wonach der Ehegatte, dessen Endvermögen geringer ist als das Vermögen, das er in der Auskunft zum Trennungszeitpunkt angegeben hat, darzulegen und zu beweisen hat, dass die Vermögensminderung nicht auf illoyale Handlungen zurückzuführen ist. Mit dieser »Ausnahmeregelung«, die insbesondere illoyales Verhalten eines Ehegatten zwischen den Stichtagen (Trennung und Rechtshängigkeit des Scheidungsantrags) sanktionieren will, wird praktisch unterstellt, dass es keinen trennungsbedingten Mehraufwand (z. B. in Form der doppelten Haushaltsführung oder steuerlichen Mehrbelastung) gibt und darauf die gesetzliche, gleichwohl realitätsfremde Vermutung gestützt, dass das Endvermögen eigentlich immer höher, jedenfalls nicht geringer sein könne als das Trennungsvermögen. Und, sollte dies doch nicht der Fall sein, sei die Verringerung des Endvermögens auf ein Handeln des § 1375 Abs. 2 Satz 1 Nr. 1-3 BGB zurückzuführen. Dieser gesetzlichen Vermutung entgeht der fingiert für illoyal handelnd erklärte Ehegatte nur, wenn er sie widerlegt. Mit diesem im Ergebnis überaus »scharfen Schwert« der Fiktion des sich eigentlich nie verringernden Trennungsvermögens muss jedoch ein Ehegatte, etwa weil er sich nicht seines Trennungsunterhalts begeben möchte, nicht die Auskunftsstufe verlassen und sich damit begnügen, seinen Zugewinnausgleich auf der Grundlage des Trennungsvermögens zu berechnen, mag dies auch im Ergebnis nicht nur sinnvoll erscheinen, sondern auch nach partnerschaftlichen Befriedungstendenzen Rechnung tragen. Ein solches Vorgehen kann trotz aller damit verbundenen Vorteile dem Auskunftsberechtigten aber nicht abverlangt werden, wie ja auch, was in der anwaltlichen Praxis bisweilen übersehen wird, nicht der durch die Reform geebnete Weg des vorzeitigen Zugewinnausgleichs betreten werden muss, mag dies auch noch so naheliegend sein. Der Ehegatte, der sich des § 1375 Abs. 2 Satz 2 BGB nicht bedienen will, darf also weiterhin auf der Auskunftsstufe verweilen und den Versuch unternehmen, möglicherweise verschobene Vermögenswerte zu »aktivieren«, um auf diesem Wege die dem Endvermögen hinzurechnende Differenz zwischen Trennungs- und Endvermögen durch weitere Hinzurechnungen zu erhöhen.

6. Auskunftspflicht für vortrennungszeitliche Zeiträume. Im Gesetz erfolgt eine Anknüpfung an das Maßgeblichkeitskriterium nur beim Anfangs- und Endvermögen, nicht in Bezug auf das Trennungsvermögen. Dies war gesetzgeberisch erkennbar nicht gewollt: Denn andernfalls wird nicht verständlich, warum Abs. 1 des § 1379 BGB, der in den beiden Gesetzesentwürfen der Bundesregierung (vom 29.08.2008 und vom 05.11.2008) sich noch auf das Anfangs- und Endvermögen beschränkte und das Trennungsvermögen gänzlich unerwähnt ließ, nicht einfach um das später erst durch den Rechtsausschuss klammheimlich eingeführte Trennungsvermögen erweitert wurde. Würde das Maßgeblichkeitskriterium auch für das Trennungsvermögen gelten, hätte es nahe gelegen, von einer differenzierenden Formulierung in den Nummern 1 und 2 abzusehen und die bisherige Neufassung des § 1379 Abs. 1 BGB einfach um das Trennungsvermögen zu ergänzen (etwa so: »Nach der Beendigung des Güterstandes kann jeder Ehegatte von dem anderen Ehegatten Auskunft über dessen Vermögen verlangen, soweit es für die Berechnung des Anfangs-, Trennungs- und Endvermögens maßgeblich ist«).

Von einer solchen bloßen Ergänzung um das Trennungsvermögen hatte der Rechtsausschuss jedoch bewusst abgesehen und sich dazu entschieden, § 1379 Abs. 1 Satz 1 BGB eine – wie er dies nannte – »neue Struktur« zu geben und zwischen einem (bloß stichtagsbezogenen) Trennungsvermögen (Nr. 1) einerseits und einer an Maßgeblichkeitsaspekten ausgerichteten Auskunftserteilung beim Anfangs- und Endvermögen (Nr. 2) andererseits zu unterscheiden.

Die Auslegung der Nr. 1 verbietet es gleichzeitig, vor der Trennung stattgefundene Vermögensdispositionen unter dem Aspekt deren Maßgeblichkeit für die Berechnung des Endvermögens der Nr. 2 zu unterwerfen. Die Auskunftspflicht kann also auch nicht damit begründet werden, dass über vortrennungszeitliche Vermögensdispositionen deshalb Auskunft zu erteilen sei, weil sie sich auf das Endvermögen auswirken würden. So fraglos dies der Fall ist, weil doch jede Abbuchung vom Konto zu dessen Verringerung und damit gleichzeitig auch zu einem niedrigeren Endvermögen führt, so steht einer solchen Argumentation entgegen, dass mit ihr die gesetzgeberisch gewollte Beschränkung der Auskunftsverpflichtung auf den Stichtag der Trennung konterkariert und im Ergebnis darauf hinauslaufen würde, dass die gesetzgeberisch gewollte Differenzierung zwischen dem Umfang der Auskunftsverpflichtung beim Trennungsvermögen einerseits und beim Anfangs- und Endvermögen andererseits leer liefe: Die »neue Struktur«, die der Rechtsausschuss § 1379 Abs. 1 BGB gab, würde vielmehr übergangen und ein unzulässiger Gleichlauf sämtlicher Stichtage unter dem Aspekt der »Maßgeblichkeit« einer Vermögensdisposition letztlich auch für das Endvermögen vorgenommen.

Dies bedeutet, dass – sieht man einmal von illoyalen Vermögensdispositionen ab, die fraglos eine Auskunftsverpflichtung nach §§ 1379, 1375 BGB begründen (vgl. Rdn. 82 ff.) – sich die Verpflichtung zur Auskunft nach § 1379 Abs. 1 Satz 1 Nr. 1 BGB (gleiches gilt natürlich auch für die Belegvorlage nach § 1379 Abs. 1 Satz 2 BGB) auf den Stichtag der Trennung beschränkt und auch über die Nr. 2 keine Auskunftspflicht über Vermögen für vortrennungszeitliche Zeiträume begründet wird, mag sich solches Vermögen auch auf das Trennungsvermögen auswirken, hinsichtlich dessen Höhe der berechtigte Ehegatte insbesondere wegen der Fiktion des § 1375 Abs. 2 Satz 2 BGB ein durchaus vitales Auskunftsinteresse haben kann.

Eine Auskunftspflicht für vortrennungszeitliche Zeiträume besteht somit nicht, es sei denn nach § 1375 Abs. 2 BGB wegen illoyalem Verhalten. Im Muster ist deshalb der Antrag zu 1. b) unbegründet, weil die Auskunft einen vortrennungszeitlichen Zeitraum betrifft und ein illoyales Handeln nicht behauptet wird.

7. Der »Verbrauchseinwand«

Hinsichtlich der Zeit ab Trennung kann in praktisch nicht einschränkbarem Umfang Auskunft verlangt werden (siehe Anm. 5).

Eine Einschränkung dürfte allerdings zu machen sein:

Es entspricht der »allgemeinen Lebenserfahrung«, dass bei unteren und mittleren Einkommen »eine Vermutung dafür spricht, dass das Erhaltene ausschließlich für eine Verbesserung des Lebensstandards ausgegeben« (BGH FamRZ 2000, 751 Rn. 15) wird. Dieser Vermutungsregel korrespondiert mit einer weiteren Vermutungsregel des BGH, die er bei sehr hohen Einkommen aufgestellt hat: Solche Einkünfte würden die Vermutung nahe legen, dass nicht sämtliche Einnahmen für den Lebensunterhalt verbraucht werden, sondern ein Teil von ihnen auch der Vermögensbildung zufließen (BGH, FamRZ 2010, 1637 Rn. 27).

Es erscheint deshalb sachgerecht, diese beiden Vermutungsregeln auf die Auskunftsverpflichtung nach § 1379 Abs. 1 Satz 1 Nr. 2 BGB in der Weise zu übertragen, dass bei Einkommensverhältnissen, bei denen nicht die Annahme nahe liegt, dass ein Teil der Einkünfte auch der Vermögensbildung zufließt, eine Vermutung dafür spricht, dass die einem Konto während des Auskunftszeitraums zugeflossenen Beträge für den allgemeinen Lebensbedarf verbraucht wurden und hierüber deshalb auch keine Auskunft geschuldet ist.

Wer also beispielsweise zum Trennungszeitpunkt einen belegten Kontenstand von + 176,38 € und zum Stichtag des § 1384 BGB von − 276,45 € hatte, über ein mtl. Einkommen von 1.275,00 € netto verfügt und eine Warmmiete von 522,00 € zu bestreiten hat, steht – entgegen vereinzelter praktischer Erfahrungen mit Familiengerichten – nicht in der Gefahr, mit Auskunftsanträgen und Teilbeschlüssen überzogen zu werden, die z. B. dahingehen, Auskunft »über die Verwendung der den monatlichen Betrag von 522,00 € übersteigenden Einkünften des/der Antragstellers/Antragstellerin im Zeitraum vom ... bis einschließlich ...« zu erteilen.

Eine solche Einschränkung liegt nicht nur im (wohlverstandenen) Interesse der Ehepartner, die redlicherweise nicht daran interessiert daran sein können, »sich über Jahre hinweg alleine mit der Sondierung der Auskünfte zu beschäftigen« (*Kogel*, FF 2012, 346, 347).

Sie entspricht auch dem verfahrensrechtlichen Gebot, Gerichtsverfahren so zu gestalten, dass sie noch justiziabel bleiben, insbesondere durch Gewährung »wirksamen Rechtschutzes iSd Art. 19 Abs. 4 Satz 1 GG innerhalb angemessener Zeit« (BVerfG, JZ 2013, 145 Rn. 16), der nicht mehr angenommen werden kann, wenn man für jede für das Endvermögen »maßgebliche« Kontobewegung ein berechtigtes Interesse an einer Auskunft nebst Nachweis (Belegvorlage) anerkennen wollte.

c) Der Auskunftsanspruch zum Anfangs- und Endvermögen

64   Nach § 1379 Abs. 1 Nr. 2 BGB kann ein Ehegatte vom anderen Ehegatten Auskunft über das Vermögen verlangen, soweit es für die Berechnung des Anfangs- und Endvermögens maßgeblich ist. Voraussetzung ist zunächst, dass entweder der Güterstand beendet ist oder ein Ehegatte die Scheidung, die Aufhebung der Ehe, den vorzeitigen Ausgleich des Zugewinns bei vorzeitiger Aufhebung der Zugewinngemeinschaft oder die vorzeitige Aufhebung der Zugewinngemeinschaft beantragt hat.

aa) Auskunft zum Endvermögen

65   Die Auskunft zum Endvermögen bezieht sich auf §§ 1384, 1387 BGB: Danach tritt für die Berechnung des Zugewinns an die Stelle der Beendigung des Güterstandes der Zeitpunkt der Rechtshängigkeit des jeweiligen Antrags. Bei Aufhebung der Ehe folgt dies aus § 1318 Abs. 3 BGB, der u. a. auf die §§ 1363 bis 1390 BGB verweist, allerdings mit der Einschränkung, dass deren Anwendung ausscheidet, soweit dies im Hinblick auf die Umstände der Eheschließung grob unbillig wäre.

66   Durch das neue Recht wurde infolge der Neuregelung des § 1384 BGB der Stichtag für die Begrenzung der Zugewinnausgleichsforderung auf den Zeitpunkt der Rechtshängigkeit des Scheidungsantrags **vorverlegt**. Eine Auslegung dieser Vorschrift dahin, dass in Ausnahmefällen gleichwohl die Begrenzung des § 1378 Abs. 2 Satz 1 BGB an die Stelle derjenigen des § 1384 BGB tritt, scheidet nach der insoweit unmissverständlichen Gesetzesbegründung aus (BT-Drs. 16/10798 S. 11 r.Sp.).

67   Mit seiner Entscheidung vom 04.07.2012 (FamRZ 2012, 1479: Kurseinbrüche an der Börse) beendete der BGH die im Schrifttum diskutierte Frage zur einschränkenden Auslegung des § 1384 BGB oder dessen teleologische Reduktion in Fällen des unverschuldeten Vermögensverlustes (so etwa: MüKoBGB/*Koch* § 1384 Rn. 3; *Schröder* FamRZ 2010, 421; ders. in der Vorauflage zur Rdn. 40; dagegen: PWW/*Weinreich* § 1378 Rn. 5; *Schwab* FamRZ 2009, 1445, *Brudermüller* NJW 2010, 401; *Kogel* FamRB 2010, 247). Allenfalls kann über eine Korrektur grob unbilliger Ergebnisse nachgedacht werden, wobei § 1381 BGB an das Merkmal der groben Unbilligkeit hohe Anforderungen stellt und diese Bestimmung deshalb in nur unzureichendem Maße Abhilfe ermöglicht (*Büte* FF 2010, 279, 280 plädiert deshalb für eine Korrektur über § 242 BGB).

68   Auch eine 18jährige Trennungszeit rechtfertigt nach Auffassung des BGH keine Korrektur über § 1381 BGB (vgl. Rdn. 8, 9). Denn diese Bestimmung ermögliche eine Korrektur nur bei grob unbilligen und dem Gerechtigkeitsempfinden in unerträglicher Weise widersprechenden Ergebnissen, die sich in besonders gelagerten Fällen aus der schematischen Anwendung der Vorschriften zur Berechnung des Ausgleichsanspruchs ergeben könnten (BGH, FamRZ 2002, 606; 2012, 1479 Rn. 32). Aus einer bloß langen Trennungszeit ergäben sich solche Ergebnisse nicht, zumal die §§ 1385, 1386 BGB einen vorzeitigen Zugewinnausgleich bzw. die vorzeitige Aufhebung der Zugewinngemeinschaft nach mindestens dreijährigem Getrenntleben vorsehen. Wenn der Ausgleichspflichtige hiervon keinen Gebrauch mache, sei dies seine Entscheidung, rechtfertige jedenfalls ohne Hinzutreten weiterer Umstände nicht die Annahme einer groben Unbilligkeit (BGH, FamRZ 2013, 1954 Rn. 27 ff.). Dies gilt auch für einen Lottogewinn, der längere Zeit nach der Trennung erzielt worden sei (BGH, FuR 2014, 106).

▶ **Praxishinweis:**

Will ein Ehegatte die Ehescheidung nicht betreiben, wofür es bisweilen nachvollziehbare Gründe gibt (z. B. Rentenkürzung; ggfs. auch eine steuerlich unzulässige Zusammenveranlagung), sollte er in der anwaltlichen Beratung unbedingt darauf hingewiesen werden, dass es in der Trennungszeit zu (unerwarteten) Wertzuwächsen kommen kann, an denen der andere Ehegatte auch noch nach vielen Jahren (im Fall des BGH war dies 18 Trennungsjahre) partizipiert. Auch wenn seitens des Mandanten dies gewünscht ist – was aber wohl die Ausnahme sein dürfte –, sollte gleichwohl darauf hingewiesen werden, dass § 1385 Nr. 1 BGB die Möglichkeit des vorzeitigen Zugewinnausgleichs eröffnet. In dem vom BGH entschiedenen Fall, in dem die Ehegatten trotz Trennung sich 15 Jahre zusammen veranlagen ließen, traf den Ausgleichspflichtigen der in der Trennungszeit eingetretene Wertzuwachs bei drei Grundstücken besonders hart, weil er es zudem verabsäumt hatte, die aufgrund seiner Selbstanzeige absehbaren erheblichen Steuernachzahlungen als bedingte Verbindlichkeit bei seinem Endvermögen zu berücksichtigen, was nach der Rechtsprechung des BGH zur latenten Steuerlast möglich gewesen wäre (BGH, FamRZ 2011, 1367). Im Hinblick auf die finanziellen Konsequenzen einer solchen (umfassenden) Beratung sollte dies alles schriftlich niedergelegt und dem Mandanten zugeleitet werden: Am besten mit einer Kostenvorschussnote, denn wenn diese ausgeglichen wurde, kann der Mandant nicht behaupten, er habe das Schreiben nicht erhalten.

Aufgrund der Vorverlegung des Stichtags für die Begrenzung der Zugewinnausgleichsforderung auf **69** den Zeitpunkt der Rechtshängigkeit des Scheidungsantrags muss über Vermögensvorgänge **nach dem Stichtag des § 1384 BGB** keine Auskunft mehr erteilt werden. Denn eine solche Auskunft kann für die Berechnung des Endvermögens nicht i. S. v. § 1379 Abs. 1 BGB »maßgeblich« sein.

bb) Auskunft zum Anfangsvermögen

Die Auskunft zum Anfangsvermögen ist bezogen auf den Tag der Eheschließung zu geben. Und **70** wendet man sich der ehelichen Glückseligkeit zu, die am Tag der Eheschließung (hoffentlich) noch vorhanden war, ergibt sich aus § 1379 Abs. 1 Satz 1 Nr. 2 BGB, dass im Auskunftsbereich das Anfangsvermögen dem Endvermögen gleichgestellt wird: Über Vermögen, das für das Anfangsvermögen maßgeblich ist, hat ein Ehegatte Auskunft in gleicher Weise wie über das Endvermögen zu erteilen.

Dies führt, konsequent zu Ende gedacht, zu einer Harmonisierung der Auskunftspflichten für den dem Stichtag des § 1384 BGB vorgelagerten Zeitraum (begrenzt allerdings durch die Trennung; vgl. Rdn. 63, *M. 6*) mit dem Zeitraum, der der Eheschließung vorangegangen ist. Eine Gleichsetzung dieser beiden Zeiträume führt deshalb dazu, dass der Auskunftspflichtige, der Auskunft ab der Trennung bis zur Rechtshängigkeit des Scheidungsantrags für Umstände schuldet, die für das Endvermögen von Bedeutung (»maßgeblich«) sein können, sich auch zu vorehelichen Vermögensdispositionen auf Verlangen des anderen Ehegatten zu erklären und seine Auskunft zu belegen hat.

Muster 7: **71**

▶ Antrag auf Auskunft zum Anfangsvermögen nach § 1379 BGB

Amtsgericht .....

– Familiengericht –

Antrag

der .....

(Antragstellerin)

(Verfahrensbevollmächtigter)

gegen

.....

(Verfahrensbevollmächtigter)

(Antragsgegner)

wegen: Stufenantrag zum Zugewinn

insb. Auskunft über das Anfangsvermögen nach § 1379 BGB

vorläufiger Verfahrenswert: 2.500,00 € (25% von 10.000,00 €)

Namens und in Vollmacht des Antragstellers erheben wir

Antrag auf Auskunft über das Anfangsvermögen

und beantragen:

1. Der Antragsgegner wird verpflichtet,
   der Antragstellerin Auskunft zu erteilen[1]
   über die Höhe des im Juni 2003[2] aufgenommenen Kredites bei der B-Bank,
   ferner über die Verwendung der Kreditsumme
   sowie über die Höhe des Kreditsaldos am 14.03.2004.
2. Der Antragsgegner wird ferner verpflichtet, seine Auskunft nach Maßgabe des Antrags zu 1)
   zu belegen, insbesondere durch Vorlage des Kreditvertrages mit der B-Bank und der Jahreskreditabrechnung der B-Bank zum 31.12.2004,
3. die Richtigkeit der zu Ziffer 1. erteilten Auskünfte an Eides statt zu versichern,[2]
4. für den Fall der Rechtskraft der Ehescheidung an die Antragstellerin einen noch zu beziffernden
   und ab Rechtskraft der Scheidung mit 5%-Punkten über dem Basiszinssatz zu verzinsenden
   Zugewinnausgleichsbetrag zu zahlen.
5. Der Antragsgegner trägt die Kosten des Verfahrens.

Begründung:

Die Beteiligten dieses Verfahrens hatten am 14.03.2004 die Ehe geschlossen und sind seit dem 01.06.2013 getrennt lebende Eheleute.

Einen Ehevertrag haben die Beteiligten nicht geschlossen.

Das Scheidungsverfahren ist beim angerufenen Familiengericht unter dem Az. ..... anhängig.

1. Die Beteiligten berühmen sich beiderseits Zugewinnausgleichsansprüche und haben sich wechselseitig Auskunft zu den jeweiligen Stichtagen erteilt und belegt.

2. Die Antragstellerin möchte ergänzend vom Antragsgegner nur noch eine spezifizierte und be-
legte Auskunft über ein von ihm vorehelich aufgenommenes Darlehen bei der B-Bank, das der
Antragsgegner nach Kenntnis der Antragstellerin im Juni 2003, also ein knappes Jahr vor der
Eheschließung, aufgenommen hatte. Zum Zeitpunkt der Eheschließung erfuhr sie hiervon nichts.

Die Antragstellerin erfuhr erst später davon, dass es ein solches Darlehen gab und während ihrer
Ehe Kreditraten vom Gehaltskonto des Antragsgegners, über das dieser alleine verfügungsberechtigt war, erbracht wurden: Etwa um die Jahreswende 2012/2013 lag auf dem Schreibtisch des
Antragsgegners in der ehelichen Wohnung ein Kontoauszug, in dem (sinngemäß) vermerkt war:
»Darlehen B-Bank, Konto-Nr. ......«. Die Kredit-Nr. ist der Antragstellerin nicht mehr erinnerlich. An
den Abbuchungsbetrag kann sie sich aber noch sehr gut erinnern: Dies waren 500,00 €. Die Antragstellerin kann sich hieran deshalb noch genau erinnern, weil sie damals dachte, dass dies doch
viel Geld und auch wohl der Grund dafür sei, dass sie während ihrer Ehe keinen Urlaub gemacht
hatten. Der Antragsgegner hatte nämlich auf Urlaubsanfragen ihrerseits immer geantwortet, dass
dafür kein Geld da sei. Diese Reaktion kann die Antragstellerin bei jährlichen Annuitäten von
6.000 € nun gut nachvollziehen.

Die Antragstellerin möchte deshalb wissen, wie hoch das Darlehen ursprünglich war, wofür es
verwendet wurde und über die Höhe des Kreditsaldos am Tage der Eheschließung (14.03.2004)
informiert werden.

2. Diese Auskunft soll auch belegt werden (§ 1379 Abs. 1 Satz 2 BGB): Die Antragstellerin wünscht
vor allem die Vorlage des Kreditvertrages und der Jahreskreditabrechnung der B-Bank zum
31.12.2004.

3. Die Berechtigung des Auskunfts- und Belegbegehrens ergibt sich daraus, dass der Antragsgegner, wenn er offenbar ab Eheschließung jedenfalls bis Ende 2012 mtl. 500,00 € an Raten gezahlt hat, dies eine Kreditsumme iHv. vermutlich 50.000 € ausmachen dürfte, die als negatives Anfangsvermögen zu berücksichtigen ist. Um diesen Betrag erhöht sich der Zugewinn der Antragstellerin (§ 1374 Abs. 3 BGB), sodass ihr rund 25.000 € höherer Zugewinn zustehen dürfte.

Der Antragsgegner erklärt nur, das 2003 aufgenommene Darlehen, zu dem er sich ansonsten nicht erklärt hat, habe er zu Beginn der Ehe mit einer Abfindungszahlung seines Arbeitgebers getilgt, die er aus Anlass der Kündigung seines Arbeitsverhältnisses Anfang 2005 erhalten habe.

Dieser Hinweis kann allerdings nicht richtig sein, weil der Kontoauszug aus Ende 2012 etwas anderes sagt.

(Rechtsanwalt)

1. Stufenantrag. Ein **isolierter Auskunftsanspruch** kann im Scheidungsverfahren als Folgesache **nicht** geltend gemacht werden, mag dem Auskunftsberechtigten die bloße Auskunft auch ausreichen, etwa weil nach erteilter Auskunft und Belegvorlage der Zugewinnausgleich außergerichtlich/einvernehmlich geregelt werden kann. Dies hängt damit zusammen, dass im Verbundbeschluss keine Entscheidungen über Auskünfte, die die Folgesachenentscheidung erst vorbereiten sollen, geregelt werden können. Vorbereitende Auskunftsansprüche (wie hier nach § 1379 BGB), die nicht im Rahmen eines Stufenantrags geltend gemacht werden, gehören damit nicht in den Scheidungsverbund (BGH, FamRZ 1997, 811; OLG Brandenburg, FamRZ 2007, 911). Es bedarf also eines Stufenantrags (vgl. Rdn. 43 ff.).

2. Abgabe der eidesstattlichen Versicherung. Der Anspruch auf Abgabe der eidesstattlichen Versicherung zur Richtigkeit und Vollständigkeit der durch den Auskunftspflichtigen erteilten Auskünfte ergibt sich aus § 260 Abs. 2 BGB. Hiernach besteht ein solcher Anspruch nicht generell als »Annex« zum Auskunftsanspruch, sondern nur dann, wenn das Bestandsverzeichnis unsorgfältig erstellt worden ist. Wer die Abgabe der eidesstattlichen Versicherung verlangt, muss also substanziiert darlegen, worin sich seine Annahme begründet, dass das Vermögensverzeichnis nicht mit der erforderlichen Sorgfalt erstellt worden ist. Wechselnde und widersprüchliche Angaben können die Annahme eines Sorgfaltsmangels rechtfertigen.

Dabei genügt aber z. B. nicht, dass die Erteilung und Anfertigung des Vermögensverzeichnisses anfänglich verweigert wurde, weil Angaben eines Auskunftspflichtigen nicht bereits deshalb »den Verdacht der mangelnden Sorgfalt rechtfertigen, weil ursprünglich die Auskunft verweigert wurde« (BGH, NJW 1966, 1117, 1120). Auch reicht nicht aus, dass angeforderte Belege verspätet vorgelegt wurden (Palandt/*Grüneberg* § 259 Rn. 13). Etwas anderes gilt nur dann, wenn der Auskunftspflichtige seine Auskunftserteilung mit allen juristischen Mitteln zu verhindern oder zumindest zu verzögern versucht und dies auch aus dem vorprozessualen Verhalten bereits erkennbar wurde (OLG Frankfurt, NJW-RR 1993, 1483).

Und genügen die vorgelegten Verzeichnisse zum Anfangs-, Trennungs- und Endvermögen den formellen Voraussetzungen, die gemäß § 260 BGB an ein Bestandsverzeichnis zu stellen sind, handelt es sich hierbei insbesondere um zusammenhängende und wohl geordnete Erklärungen, die sich auf das gesamte Vermögen beziehen, reicht der bloße Verdacht, der Ehegatte habe die Verzeichnisse unsorgfältig erstellt, jedenfalls nicht aus, um die eidesstattliche Versicherung verlangen zu können.

Auch inhaltliche Fehler oder Unvollständigkeiten stehen nach ganz herrschender Auffassung sowohl der Erfüllungswirkung wie auch der Ordnungsgemäßheit und Vollständigkeit einer auf den Zugewinn bezogenen Auskunftserteilung nicht entgegen: Anerkanntermaßen rechtfertigen sie es nicht, vom Auskunftspflichtigen die Abgabe einer eidesstattlichen Versicherung zu verlangen. Vielmehr muss hinzukommen, dass die Angaben, mögen sie auch zunächst unrichtig und/oder unvollständig gewesen, zwischenzeitlich aber korrigiert worden sein, bei gehöriger Sorgfalt des Auskunftsverpflichteten hätten vermieden werden können. Dies freilich wird man insbesondere bei sehr umfangreichen Auskünften eher zu verneinen haben, wobei auch das Gesamtverhalten des Auskunftspflichtigen einschließlich seines früheren Verhaltens zu würdigen ist (BGH, FamRZ 1984, 144; OLG Köln, OLGR Köln 1997, 247; OLG Karlsruhe, FamRZ 1990, 756).

Das grds. »scharfe Schwert« der eidesstattlichen Versicherung mit der strafrechtlichen Sanktion des § 156 StGB erweist sich damit in der Praxis als relativ stumpf, weil ein formal beanstandungsloses Verzeichnis in aller Regel nur dann mit der eidesstattlichen Versicherung »überprüft« werden kann, wenn aufgrund des – vorzugsweise bislang nicht offen gelegten – Informationsstandes des Berechtigten sich die Auskunft offensichtlich als lückenhaft erweist und sich damit erkennbar und in bewusster Manipulationsabsicht nur auf einen Teil des Vermögens bezieht, um damit gleichzeitig einen weiteren Teil des Vermögens in doloser Weise der Auskunftserteilung zu entziehen.

3. Auskunftsverpflichtung für voreheliche Zeiträume. Eine solche Verpflichtung mag zwar auf den ersten Blick überraschen, folgt aber daraus, dass auch beim Anfangsvermögen in gleicher Weise wie beim Endvermögen der Auskunftsanspruch nicht nur dazu dient, von dem anderen Ehegatten überhaupt eine Auskunft zu erhalten. Er soll auch die Kontrolle einer bereits erteilten, möglicherweise unvollständigen und nicht korrekten Auskunft sowie die Erlangung der Kenntnis von Tatsachen ermöglichen, die ihm als Ausgleichsberechtigten zu einem substanziierten Sachvortrag verhelfen: Erst hierdurch – erstmalige Auskunftserteilung, aber auch Kontrolle der Auskunft sowie Kenntniserlangung von Sachverhalten zum Anfangsvermögen – wird der Auskunftsberechtigte in die Lage versetzt, zu einem geringeren oder fehlenden Anfangsvermögen wie auch zur Berücksichtigung eines gar nicht erst von dem anderen Ehegatten thematisierten negativen Anfangsvermögens vorzutragen und eine schlüssige und ihn begünstigende oder auch dem anderen Ehegatten nachteilige Zugewinnausgleichsberechnung vorzulegen.

Diese Auskunftsverpflichtung zum Anfangsvermögen einschließlich vorehelicher Zeiträume, soweit sie für das Anfangsvermögen von Bedeutung, also »maßgeblich« sein kann, erfährt – ähnlich wie die Vermutungsregel des § 1375 Abs. 2 Satz 2 BGB beim Endvermögen – auch keine Einschränkung durch die Vermutungsregel des § 1377 Abs. 3 BGB, wonach ohne Aufnahme eines Verzeichnisses über das Anfangsvermögen vermutet wird, dass das Endvermögen eines Ehegatten seinen Zugewinn darstellt. Denn für ein negatives Anfangsvermögen, für das der Ausgleichsberechtigte als einen ihn begünstigenden Umstand darlegungs- und beweispflichtig ist, weil es seinen Zugewinn um die Hälfte des negativen Anfangsvermögens erhöht oder die gegen ihn gerichtete Ausgleichsforderung reduziert, versteht sich dies von selbst:

▶ **Beispiel:**

Das Endvermögen des M beläuft sich auf 50.000 €, das der F ebenfalls auf 50.000 €. F hatte aber voreheliche BAföG-Schulden i. H. v. 10.000 €, die während der Ehe getilgt wurden: Der Zugewinn bei M bleibt 50.000 €, der von F wächst auf 60.000 € (50.000 € + [!] 10.000 €), sodass der Ausgleichsanspruch des M ggü. F 5.000 € beträgt.

Auch wenn die Zugewinnausgleichsreform es versäumt hat, in das Gesetz eine Beweislastregel aufzunehmen, so kann doch dem Ehegatten, der sich auf ein negatives Anfangsvermögen des anderen Ehegatten beruft, nur sein Auskunftsanspruch diesem gegenüber nach § 1379 Abs. 1 Satz 1 Nr. 2 BGB dazu verhelfen, in Erfahrung zu bringen, was es z. B. mit der beim Anfangsvermögen unerwähnt gebliebenen Finanzierung auf sich hatte, die der Verlobte aufnehmen musste, um z. B. mit einem schicken Cabrio beim Standesamt vorfahren zu können.

Aber auch als Ausgleichspflichtiger wird dieser ein vitales Interesse an bislang verschwiegenen Informationen zu einem vor der Eheschließung aufgenommenen BAFÖG-Darlehen des anderen Ehegatten haben, weil dieses in Ermangelung eines sonstigen Anfangsvermögens als negatives Anfangsvermögen zu einer niedrigeren Ausgleichsforderung führen kann: Nur eine Auskunft, mag diese bei langer Ehedauer auch dem Vergessenseinwand unterliegen und wie das sog. Hornberger Schießen ausgehen, weil weder der Auskunftspflichtige wie die Bank Unterlagen hierüber besitzen, kann dem Ausgleichspflichtigen dazu verhelfen, seiner Inanspruchnahme zumindest teilweise unter Hinweis auf ein verschwiegenes negatives Anfangsvermögen entgegen zu treten.

Bei der Auskunftsverpflichtung zum Anfangsvermögen ist im Übrigen nur dann eine Einschränkung geboten, wenn kein negatives Anfangsvermögen im Streit steht und auch kein positives Anfangsvermögen behauptet wird: Dann dürfte es aufgrund der den anderen Ehegatten begünstigenden Vermutungsregel des § 1377 Abs. 3 BGB am Rechtsschutzinteresse für eine Auskunft nach § 1379 Abs. 1 Satz 1 Nr. 2 BGB fehlen. Ansonsten unterliegt die Auskunftsverpflichtung zum Anfangsvermögen keiner Einschränkung, wenn und soweit sich die Auskunft auf das Anfangsvermögen auswirken kann und zur Berechnung des Zugewinnausgleichs benötigt wird. Sie erfasst auch voreheliche Zeiträume, denn auch diese können sich insbesondere auf ein negatives Anfangsvermögen auswirken.

▶ **Zusammenfassung und Praxishinweis:**

Nach § 1379 Abs. 1 Satz 1 BGB kann jeder Ehegatte von dem Anderen eine stichtagsbezogene Auskunft zum Anfangs-, Trennungs- und Endvermögen nebst den damit korrespondierenden Ansprüchen auf Wertermittlung und Belegvorlage verlangen.

Daneben kann jeder Ehegatte von dem Anderen Auskunft verlangen
– über Vermögen ab Trennung bis zum Stichtag des § 1384 BGB, soweit es für die Berechnung des Endvermögens maßgeblich ist und nicht dem »Verbrauchseinwand« unterfällt und
– über voreheliche Vermögensvorgänge, soweit diese für die Berechnung des Anfangsvermögens maßgeblich sind.

Nach § 1379 Abs. 1 Satz 1 BGB besteht eine Auskunftsverpflichtung hingegen nicht
– für Vermögen nach dem Stichtag des § 1384 BGB,
– für vortrennungszeitliches Vermögen, soweit kein unter § 1375 Abs. 2 Satz 1 BGB fallendes Handeln behauptet wird, und auch nicht
– für Anfangsvermögen, wenn dieses nicht geltend gemacht und vom anderen Ehegatten auch kein negatives Anfangsvermögen behauptet wird.

3. Inhalt des Auskunfts- und Belegansspruchs

a) Zum Auskunftsanspruchs

Die **Auskunft** hat lückenlos und inhaltlich zutreffend den gesamten Vermögensbestand zu erfassen. Dies geschieht regelmäßig in Form eines detaillierten, geordneten und systematischen Verzeichnisses aller aktiven und passiven Vermögenspositionen, die genau zu beschreiben sind, sodass sie sich individualisieren und auch die wertbildenden Faktoren erkennen lassen und dem Berechtigten die Berechnung des Zugewinns ohne übermäßigen Zeit- und Arbeitsaufwand ermöglichen (*Kleffmann* FuR 1999, 403, 405 m. w. N.).   72

Auch wenn keine Wertangaben geschuldet sind (BGH, FamRZ 1989, 157; MüKoBGB/*Koch* § 1379 Rn. 16), müssen jedoch die Vermögensgegenstände nach Anzahl, Art und wertbildenden Faktoren – je nach der Eigenart des Gegenstandes mit den erforderlichen Detailinformationen – angegeben werden, damit eine Ermittlung des Geldwertes erfolgen kann. Die Individualisierung muss es insbesondere auch ermöglichen, dass der Auskunftsschuldner auf die Richtigkeit und Vollständigkeit seiner Angaben eine verifizierbare Versicherung an Eides statt abgeben kann.   73

Zur Auskunftspflicht im Einzelnen kann auf folgende in Rechtsprechung und Literatur gestellten Anforderungen verwiesen werden: 74

Grundstück: Art, Größe, Lage, Bebauungszustand (*Kogel* FamRB 2003, 303, 305)

Forderungen/Verbindlichkeiten: Name des Gläubigers/Schuldners; Höhe der Forderung/Verbindlichkeit, ggfs. Anlass und/oder Zweck der Forderung/Verbindlichkeit (OLG Düsseldorf, FamRZ 1986, 170)

Kapital-Lebensversicherung: Versicherungssumme, Abschlussjahr, Fälligkeit, Prämienhöhe, Rückkaufswert zzgl. Überschussanteile, ggfs. Zeitwert (BGH, FamRZ 1995, 1270; vgl. Einzelheiten zur Zuordnung des Versicherungsanspruchs im Zugewinn: *Büte* FuR 2014, 12, 14 ff.)

Arztpraxis: BGH, FamRZ 1989, 157 Rn. 20; OLG Koblenz, FamRZ 1982, 280

Unternehmensbeteiligung: BGH, FamRZ 1980, 37

PKW: Typ, Baujahr, Anschaffungszeitpunkt, Unfälle, Kaufpreis, gelaufene km (OLG Hamm OLGR 1999, 50)

75   Jeder Ehegatte hat das Recht, dass er oder ein von ihm benannter Dritter bei der Aufnahme des Verzeichnisses hinzugezogen wird (§ 1379 Abs. 1 Satz 2, 2. Hs. BGB). Dies dient der Kontrolle, begründet aber kein Mitwirkungsrecht. Er kann auch verlangen, dass das Verzeichnis auf seine Kosten durch die zuständige Behörde oder einen zuständigen Beamten oder Notar aufgenommen wird. Wer zuständige Behörde ist, bestimmt sich nach Landesrecht (vgl. i. E.: PWW/*Weinreich* § 1379 Rn. 6 ff., 16). Dieser Anspruch kann auch noch nach Vorlage des privaten Verzeichnisses geltend gemacht werden.

76   Ob die Auskunftserteilung nach § 260 BGB vom Auskunftspflichtigen auch mündlich erteilt werden kann (allenfalls in ganz »einfachen Fällen«: Wendl/Dose § 1 Rn. 667) bzw. ein schriftliche Auskunft persönlich vom Auskunftspflichtigen zu unterzeichnen ist, war umstritten. Zum Teil wurde sogar eine vom Auskunftspflichtigen selbst unterzeichnete schriftliche Erklärung verlangt (OLG Köln, FamRZ 2003, 235; OLG Hamm, FamRZ 2001, 763; *Kleffmann* FuR 1999, 403, 405). Die überwiegende Meinung hält demgegenüber eine Unterschrift des Auskunftsschuldners nicht für erforderlich; nach ihr genügt auch die Auskunftserteilung durch einen Dritten, wobei sicher gestellt sein muss, dass die Erklärung letztlich vom Auskunftspflichtigen herrührt bzw. der Dritte ermächtigt ist, die Aufstellung für den Schuldner abzugeben, was beim Rechtsanwalt der Fall ist (OLG Karlsruhe, FamRZ 2006, 284 Rn. 14; OLG Zweibrücken, FamRZ 2001, 763 Rn. 21; Palandt/*Brudermüller* § 1379 Rn. 10). In seiner Entscheidung vom 28.11.2007 beendete der BGH diesen Streitstand und entschied, dass »zwar eine eigene Auskunft des Schuldners erforderlich (ist), die jedoch nicht die gesetzliche Schriftform erfüllen muss und auch durch einen Boten, z. B. einen Rechtsanwalt, an den Gläubiger übermittelt werden darf« (BGH, FamRZ 2008, 600 [Ls.]).

▶ **Praxishinweis:**

Kein(e) Anwalt/Anwältin sollte den auskunftspflichtigen Mandanten im Rahmen der Auskunft »ins Messer laufen« lassen: Es sollte vielmehr selbstverständlich sein, dass in dem so wichtigen, da für den Zugewinnausgleich der Höhe nach so entscheidenden Auskunftsbereich der Mandant umfassend beraten wird. In der Praxis dürfte es deshalb in aller Regel angezeigt erscheinen, wenn der Anwalt auf der Grundlage geprüfter Informationen und Belege des Mandanten das Verzeichnis für diesen erstellt und sich dieses erst dann von dem Mandanten unterschreiben lässt und an die Gegenseite weiterleitet, wenn der Mandant seine Auskunft nochmals zuhause einer gründlichen Überprüfung unterzogen hat. Ein zunächst teilweise unrichtiges und erst auf Intervention des anderen Ehegatten hin korrigiertes (richtiges) Verzeichnis gestaltet jede Verhandlung über die Zugewinnausgleichsforderung problematisch, weil damit der Keim des Misstrauens gesät wurde, das i. a. R. auch nicht durch eine spätere Korrektur vollständig ausgeräumt werden kann.

77   Auf die **Ergänzung** einer bereits erteilten – formell korrekten, aber möglicherweise nicht vollständigen – Auskunft besteht zwar grds. kein Anspruch. Dennoch wird der Auskunftspflichtige einem Ergänzungsanspruch dann entsprechen (müssen), wenn er ansonsten die Ergänzung im Rahmen der eidesstattlichen Versicherung vornehmen müsste, um keine falsche eidesstattliche Versicherung abzugeben. Legt der Auskunftspflichtige dar, dass er bestimmte Angaben zu seinem Vermögen irrtümlich nicht abgegeben oder gemeint hat, diese Angaben nicht zu schulden, ergibt sich aus der Ergänzung noch nicht notwendigerweise die Verpflichtung zur Abgabe der eidesstattlichen Versicherung. Mehrere erforderlich gewordenen Ergänzungen können aber ein Indiz dafür sein, dass die Auskunft auf einen Sorgfaltsmangel beruht (MüKoBGB/*Koch* § 1379, Rn. 27).

▶ **Praxishinweis:**

Wird die Auskunft über das Endvermögen geltend gemacht, bietet es sich ggfs. an, auch ein Auskunftsverlangen nach §§ 1605, 1580 BGB nachzuschieben; natürlich nur, wenn ein Unterhaltsanspruch in Betracht kommen kann. Liegen beide Auskünfte vor, können diese miteinander verglichen und eventuelle Ungereimtheiten festgestellt und moniert werden.

b) Zum Belegansanspruch

Die Auskunftspflicht ist mit der Verpflichtung verknüpft, Belege vorzulegen (sog. Belegansanspruch). Dieser ergibt sich aus § 1379 Abs. 1 Satz 2 BGB, der – wie der immer schon bestehende Belegansanspruch beim Unterhalt nach §§ 1605, 1580 BGB – seit dem 01.09.2009 nunmehr auch für güterrechtliche Auskunftsansprüche gilt. Er dient der Kontrolle der erteilten Auskunft. | 78

Der Belegansanspruch geht aber nur so weit, wie Belege auch tatsächlich (noch) vorhanden sind oder in zumutbarer Weise noch beschafft werden können. So werden etwa Kontoauszüge bei der Bank nur 10 Jahre archiviert. Wenn diese Zeit verstrichen ist und die Bank auf Nachfrage erklärt, zum Konto Nr. X gebe es keine Unterlagen mehr, können auch keine Belege verlangt werden. Meist genügt sich der andere Ehegatte auch mit dem Hinweis darauf, dass das Anfangsvermögen mit Nichtwissen bestritten werde und so lange bestritten bleibe, bis dieses belegt werde. Diesen Ehegatten »belasten« fehlende Belege zum Anfangsvermögen in aller Regel nicht. | 79

Der **Wertermittlungsanspruch** des § 1379 Abs. 1 Satz 3, 2. Alt. BGB besteht neben dem Auskunftsanspruch. Der auskunftspflichtige Ehegatte ist insoweit allerdings nur verpflichtet, die Verkehrswerte der in das Vermögen fallenden Gegenstände zu ermitteln und anzugeben, soweit er hierzu selbst imstande ist (PWW/*Weinreich* § 1379 Rn. 19). Schon gar nicht schuldet er ein Bewertungsgutachten, das er durch einen Sachverständigen auf seine Kosten erstellen lassen müsste (BGH, FamRZ 2007, 711; 1991, 316, 317). Dies schließt es allerdings nicht aus, dass der Verpflichtete zu Einzelfragen Auskünfte einholen und Hilfskräfte einschalten muss, damit der Auskunftsberechtigte in die Lage versetzt wird, den Wert der Vermögensgegenstände zuverlässig ermitteln zu können. Dadurch anfallende Auslagen gehören zu den Kosten der Wertermittlung, die der Verpflichtete zu tragen hat (BGH, FamRZ 2009, 595). Allerdings kann auch der auskunftsberechtigte Ehegatte sachkundige Dritte zur Bewertung auf seine Kosten einschalten. Der auskunftspflichtige Ehegatte hat die Tätigkeit des sachverständigen Dritten zu dulden und zu unterstützen sowie notwendige (Bewertungs-) Unterlagen zur Verfügung zu stellen (PWW/*Weinreich* § 1379 Rn. 20). Die Kosten des Gutachters sind, wenn nur mit dessen Hilfe der auskunftsberechtigte Ehegatte in der Lage ist, die vorgelegte Vermögensaufstellung nachzuvollziehen, notwendige Kosten der Rechtsverfolgung und können damit nach §§ 91, Abs. 1 Satz 1 ZPO, 113 Abs. 1 FamFG der Erstattung unterliegen (MüKoBGB/*Koch* § 1379 Rn. 24). | 80

Zur Bewertung des Wertes einer freiberuflichen Praxis vgl. u. a.

(Zahn-/Tier-) Arztpraxis: BGH, FamRZ 2011, 622; 2008, 761; 1991, 43; OLG Hamm, OLGR Hamm 2009, 540

Steuerberaterpraxis: BGH, FamRZ 2011, 1367; 1999, 361; OLG Düsseldorf, FamRZ 2004, 1106; OLG Hamm, Urt. v. 17.10.2008 – 10 UF 162/07 –, juris

Anwaltskanzlei: OLG Frankfurt, FamRZ 1987, 485; OLG Celle, FamRZ 1977, 397; AG Weilburg, NJW-RR 1986, 229

Versicherungsagentur eines selbstständigen Handelsvertreters: BGH, FamRZ 2014, 368

Zum Anspruch auf **Abgabe der eidesstattlichen Versicherung** vgl. Rdn. 71, *M. 2.* | 81

4. Auskunftsverpflichtung bei unter § 1375 Abs. 2 Satz 1 fallendes Handeln (illoyale Vermögensverfügungen)

82   Nach § 1375 Abs. 2 Satz 1 BGB, der durch das Reformgesetz unverändert blieb, lediglich um den Satz 2 ergänzt wurde, mit dem bei geringerem Endvermögen als dem Trennungsvermögen eine – wenngleich widerlegbare – Vermutung für illoyales Handeln besteht (vgl. hierzu Rdn. 63, *M. 5*), wird dem Endvermögen eines Ehegatten der Betrag hinzugerechnet, um den er sein Vermögen dadurch vermindert hat, dass er nach Eintritt des Güterstands unentgeltliche Zuwendungen gemacht hat, durch die er nicht einer sittlichen Pflicht oder einer auf den Anstand zu nehmenden Rücksicht entsprochen oder Vermögen verschwendet oder – der wohl häufigste Fall – Handlungen in der Absicht vorgenommen hat, den anderen Ehegatten zu benachteiligen.

83   § 1375 Abs. 2 BGB enthält eine Auskunftsverpflichtung selbst nicht, was ein wenig überrascht, weil dann, wenn schon loyales Verhalten eine Auskunftspflicht auslöst, dies umso mehr für illoyales Verhalten gelten muss.

84   Nach altem Recht konnte die Auskunft über den Verbleib und die Verwendung illoyal verschobener Gelder nicht auf § 1379 Abs. 1 BGB a. F. gestützt werden. Der Anspruch nach dieser Bestimmung war nur auf Auskunft über das Endvermögen zum Zeitpunkt der Rechtshängigkeit des Scheidungsantrags gerichtet und erstreckte sich, wie der BGH in ständiger Rechtsprechung entschied (z. B. FamRZ 2000, 948, 950; 2005, 689 Rn. 13), nicht auf illoyale Vermögensminderungen, die nach § 1375 Abs. 2 BGB dem Endvermögen hinzuzurechnen sind.

85   **Muster 8:**

▶ Antrag auf Auskunft zu illoyalen Vermögensminderungen, § 1375 Abs. 2 BGB

Amtsgericht

– Familiengericht –[1]

.....

Antrag[2]

der .....

Antragstellerin,

Verfahrensbevollmächtigter: Rechtsanwalt ..... in .....[3]

gegen

.....

Antragsgegner,

Verfahrensbevollmächtigter: Rechtsanwalt ..... in .....

wegen: Auskunft zu illoyalen Vermögensminderungen

Verfahrenswert: 9.000,00 €[4]

Namens und in Vollmacht der Antragstellerin wird beantragt:

1. Der Antragsgegner wird verpflichtet, Auskunft über die Entwicklung seines Sparbuches bei der A-Bank zur Konto-Nr. ..... für den Zeitraum der letzten 10 Jahre, rückgerechnet ab Zustellung des Scheidungsantrags am 27.03.2014 zu erteilen.
2. Der Antragsgegner wird verpflichtet, seine Auskunft durch Vorlage des unter der Ziffer 1. genannten Sparbuches zu belegen.

Gründe:

Bei den Beteiligten, die seit 1998 verheiratet sind, handelt es sich um in Scheidung stehende Eheleute. Das Scheidungsverfahren ist vor dem angerufenen Amtsgericht zum Az. ..... anhängig.

Mit Schriftsatz vom ..... hatte die Antragstellerin ein Stufenverfahren betreffend den Zugewinn eingeleitet. Im Rahmen der Auskunftserteilung hat sich ergeben, dass der Antragsgegner illoyale Vermögensverfügungen getätigt hat. Diesen liegt folgender Sachverhalt zugrunde:

Der Antragsgegner hatte im Einvernehmen mit der Antragstellerin ab dem Jahr 2005, als er bei der Firma F. als Betriebsleiter eingestellt wurde, von seinem Gehalt monatlich 500,00 € auf sein Sparbuch bei der A-Bank zur Konto-Nr. ..... eingezahlt. Die angesparten Gelder sollten der zusätzlichen Altersvorsorge dienen. Noch wenige Monate nach der Trennung der Beteiligten (April 2013) erklärte der Antragsgegner, beim Trennungsunterhalt müsse allerdings berücksichtigt werden, dass er an »gemeinsamer Vermögensbildung« mtl. 500,00 € »abdrücke«. Den vereinbarten Trennungsunterhalt kürzte er sodann um 250,00 €, womit die Antragstellerin auch einverstanden war.

Mit seiner Auskunft zum Trennungs- und Endvermögen hat der Antragsgegner auf Nachfrage der Antragstellerin in Zusammenhang mit dem von ihr eingeleiteten Scheidungsverfahrens zu diesem Sparbuch erklärt, es existiere nicht mehr.

Zu der weiteren Nachfrage der Antragstellerin, seit wann das Sparbuch nicht mehr existiere und was mit dem Sparguthaben geschehen sei, schweigt sich der Antragsgegner beharrlich aus. Nur beiläufig erklärte er der Antragstellerin vor wenigen Tagen, das Leben ohne sie sei widererwartend sehr viel teurer geworden und seine neue Freundin lehne es ab, ihm finanziell unter die Arme zu greifen.

Es dürfte auf der Hand liegen, dass der Antragsgegner Vermögensverschiebungen in Bezug dieses Sparbuch vorgenommen hat, um eventuelle Zugewinnausgleichsansprüche der Antragstellerin zu verkürzen.[5] Damit hat er auch sein Endvermögen gemindert.[6]

(Rechtsanwalt)

1. Zuständigkeit. Die Zuständigkeit folgt den allgemeinen Regeln. Ist eines der in § 1379 Abs. 1 Hs. 1 BGB genannten Verfahren anhängig, ist wegen des Verbundes dieses Gericht ausschließlich auch für sämtliche Auskunftsansprüche zuständig, die die Scheidungsfolge Zugewinn betreffen.

2. Bezeichnung: Vgl. Rdn. 49, *M. 2.*

3. Anwaltszwang: Vgl. Rdn. 57, *M. 3.*

4. Verfahrenswert: Vgl. auch Rdn. 57, *M. 4;* Rdn. 63, *M. 4*: Die Richtigkeit des antragstellerischen Sachvortrags unterstellt, geht es um einen »Mehrwert« beim Zugewinnausgleich i. H. v. rund 36.000,00 €, nämlich 12 Jahre Einzahlungen auf das Sparbuch i. H. v. mtl. 500,00 € = 72.000 € x 50%. Die bei der Auskunft zu berücksichtigenden 25% von 36.000,00 € (voller Wert) rechtfertigen einen Verfahrenswert von 9.000,00 € (vgl. Rdn. 57, 93).

5. Inhalt des Anspruchs. Der Auskunftsanspruch folgte früher aus § 242 BGB (BGH, FamRZ 1997, 803; 2000, 950; 2005, 689), wenn und soweit der die Auskunft beanspruchende Ehegatte Auskunft über einzelne Vorgänge verlangte und konkrete Anhaltspunkte für ein Handeln im Sinne des § 1375 Abs. 2 BGB vortrug.

Nach neuem Recht war zunächst umstritten, ob überhaupt und bejahendenfalls unter welchen Voraussetzungen § 1379 Abs. 1 Satz 1 Nr. 2 BGB auch einen Auskunftsanspruch über Vermögensbestandteile umfasst, die als illoyale Vermögensminderungen dem Endvermögen hinzuzurechnen sind:

Teilweise wurde die Auffassung vertreten, dass sich der Auskunftsanspruch des § 1379 Abs. 1 Satz 1 BGB auch auf illoyale Vermögensminderungen beziehe, ohne dass der Auskunftsberechtigte als Anspruchsvoraussetzung konkrete Anhaltspunkte für ein unter § 1375 Abs. 2 Satz 1 BGB fallendes Handeln des Auskunftspflichtigen darlegen müsse (MüKoBGB/*Koch* § 1379 Rn. 14: Da der Auskunftsanspruch nach neuem Recht nicht an konkrete Verdachtsmomente anknüpfe, könne er »bis an die Grenze der unzulässigen Rechtsausübung« geltend gemacht werden; Erman/*Budzikiewicz* § 1379 Rn. 5; Palandt/*Brudermüller* § 1379 Rn. 2; *Braeuer* FamRZ 2010, 773, 774), während nach einer anderen Meinung, nach der § 1379 BGB keine Verpflichtung enthalte, über illoyale Vermögensminderungen Auskunft zu erteilen, sich eine Auskunftspflicht wie bisher aus § 242 BGB ergebe (*Büte* FF 2010, 279, 290). Schließlich wird unter Hinweis auf die Gesetzesbegründung (BT-Drs. 16/10798 S. 18 l.Sp) die vermittelnde Ansicht vertreten, § 1379 Abs. 1 Satz 1 Nr. 2 BGB eröffne den Anspruch auf Auskunft über illoyale Vermögensminderungen. Zusätzlich bedürfe es aber entsprechend der bisherigen BGH-Rechtsprechung zu § 242 BGB eines Vortrags des Auskunftsberechtigten zu konkreten Tatsachen, die als äußere Anhaltspunkte ein unter § 1375 Abs. 2 BGB fallendes Handeln nahelegten (FA-FamR/*v. Heintschel-Heinegg* Kap. 9 Rn. 149; *Jaeger* FPR 2012, 93; *Kogel* FF 2012, 346, 348).

Der letztgenannten Meinung ist der BGH in seiner Entscheidung vom 15.08.2012 beigetreten und hat dies damit begründet, dass die im Rahmen des Zugewinnausgleichs bestehende Auskunftspflicht nunmehr in § 1379 Abs. 1 Satz 1 BGB n. F. geregelt sei und diese Bestimmung nach der Nr. 2 eine umfassende Auskunftsverpflichtung über Vermögen enthalte, soweit es für die Berechnung des Anfangs- und Endvermögens maßgeblich sei. Daher umfasse diese Bestimmung grundsätzlich auch Auskünfte zu vermögensbezogenen Vorgängen wie die des § 1375 Abs. 2 BGB (BGH, FamRZ 2012, 1785).

Weil diese Bestimmung allerdings, so der BGH, die Erfüllung weiterer besonderer Tatbestandsmerkmale voraussetze, sei § 1379 Abs. 1 Satz 1 Nr. 2 BGB einschränkend dahingehend auszulegen, dass der Auskunftsberechtigte in den Hinzurechnungsfällen des § 1375 Abs. 2 BGB konkrete Anhaltspunkte dafür vorzutragen habe, dass eine solche Hinzurechnung überhaupt in Betracht komme. Diese erhöhte Anforderung an die Darlegungslast ergebe sich auch aus einem Umkehrschluss zu der Bestimmung des § 1375 Abs. 2 Satz 2 BGB, wonach es ausnahmsweise der auskunftspflichtige Ehegatte sei, der darzulegen und ggfs. zu beweisen habe, dass die Vermögensminderung nicht auf illoyale Handlungen zurückzuführen sei, wenn das Endvermögen dieses Ehegatten geringer als das Trennungsvermögen ist.

In allen anderen Fällen bleibe es bei dem Grundsatz, dass jeder Beteiligte in Familienstreitsachen die Darlegungs- und Beweislast dafür trage, dass der Tatbestand der ihm günstigen Rechtsnorm erfüllt sei. Dies bedeute für das Zusammenspiel der §§ 1379 Abs. 1 Satz 1 Nr. 2, 1375 Abs. 2 Satz 1 BGB, dass eine Auskunftspflicht nur dann verlangt werden kann, wenn konkrete Anhaltspunkte vorgetragen werden, die die Annahme eines illoyales Verhaltens des anderen Ehegatten rechtfertigen. Auch wenn an diesen Sachvortrag keine übertriebenen Anforderungen gestellt werden dürfen (so bereits BGH, FamRZ 2005, 689), muss der Sachverhalt, auf den sich das Auskunftsverlangen stützt, doch so konkret umschrieben werden, dass für das Vollstreckungsorgan klar erkennbar wird, worüber Auskunft erteilt werden muss und wann die Auskunftspflicht erfüllt ist. Ohne eine solche Spezifizierung des Auskunftsumfangs ist der Auskunftstitel, wenn er gleichwohl ergeht, nichts wert, weil eine Vollstreckung aus einer unbestimmten Tenorierung, mit der beispielsweise nur der Gesetzestext wiedergegeben wird, mangels hinreichender Bestimmtheit unzulässig ist und mit einem solchen Titel im Übrigen auch nichts gewonnen wäre, weil er es dem Auskunftsverpflichteten überließe zu entscheiden, welche Umstände er bei der Berechnung des Endvermögens für erheblich hält und welche nicht (*Braeuer* FamRZ 2010, 773, 774).

▶ **Praxishinweis:**

Jeder Ehegatte kann nach § 1379 Abs. 1 Satz 1 Nr. 2 BGB von dem anderen Ehegatten zusätzlich Auskunft über illoyale Verminderungsminderungen verlangen. Betreffen diese einen Zeitraum vor der Trennung, so bedarf es des konkreten Sachvortrags, der die Annahme eines unter § 1375 Abs. 2 BGB fallendes Handeln rechtfertigt. Hierbei muss der auf § 1375 Abs. 2 Satz 1 BGB gestützte Auskunftsantrag so bestimmt formuliert werden, dass das Vollstreckungsorgan Umfang und Erfüllung der Auskunftspflicht klar erkennen kann. Für die Zeit ab der Trennung bedarf es eines solchen Auskunftsantrags nicht notwendigerweise, weil jedes illoyales Verhalten gleichzeitig auch für das Endvermögen »maßgeblich« ist: Damit kann die Auskunftsverpflichtung bereits auf § 1379 Abs. 1 Satz 1 Nr. 2 BGB gestützt werden, ohne dass es eines konkreten Sachvortrags zu einem unter § 1375 Abs. 2 Satz 1 BGB fallenden Handeln bedarf.

6. Darlegungs- und Beweislast bei illoyalen Vermögensminderungen. Der OLG Brandenburg zeigt in seiner Entscheidung v. 06.12.2011 die Messlatte auf, die an den Umfang der Darlegungspflicht zu einem solchen Auskunftsanspruch zu legen ist und konkretisiert damit die in der Rechtsprechung dazu verwendeten Formulierungen, dass an einem ausreichenden Vortrag keine »übertriebenen Anforderungen« gestellt werden dürfen. Im entschiedenen Fall (FamRZ 2012, 1714 Rn. 13) soll bereits die Behauptung, der Ehegatte habe in einem bestimmten Zeitraum Geld, das sich auf einem Konto befunden habe, beiseite geschafft, ausreichen: Eine solche bloße Behauptung dürfte allerdings nur dann ausreichen, wenn der Nachweis geführt wird, dass sich auf dem Konto tatsächlich in nennenswertem Umfang Geld befand, das zu einem späteren Zeitpunkt auf dem Konto nicht mehr vorhanden war.

In der Entscheidung des BGH (FamRZ 2005, 689), die dem Muster teilweise zugrunde liegt, war unstreitig, dass über Jahre auf das Sparbuch der Ehefrau monatlich **erhebliche** Gelder überwiesen wurden, die im Wesentlichen zum Stichtag Endvermögen »verschwunden« waren. Der BGH hat den Sachvortrag, die Ehefrau habe einen Teil des gesparten Geldes »beiseite geschafft«, als ausreichend und konkret genug für mögliche Vermögensverschiebungen i. S. d. § 1375 Abs. 2 BGB angesehen, sodass ein Auskunftsanspruch zu Recht bejaht wurde. Weitere Beispiele aus der Rechtsprechung:

OLG Karlsruhe, OLGR 2001, 106:

Auszahlung einer Kapital-LV 7 Monate vor dem Stichtag, Rückkaufswert fünfstellig, kein Hinweis in der Auskunft zum Verbleib des Auszahlungsbetrages

KG, FamRZ 1998, 1514:

135.000 €, deren Zufluss 1 Jahr vor dem Stichtag des § 1384 BGB zwar feststellbar war, im Endvermögen aber nicht mehr angegeben wurden

AG Detmold, FamRZ 1988, 1165, 1166:

Innerhalb eines Jahres »Verbrauch« von Barvermögen (15.000 €), Auszahlung eines Bausparvertrages und einer Kapital-LV ohne nähere Angaben im Endvermögen.

Diese Beispiele rechtfertigen die Annahme, dass kleinere Beträge, insbesondere solche, für die die »Verbrauchsvermutung« gilt (vgl. Rdn. 63, *M. 7*), keine Auskunftspflicht begründen können.

5. Auskunft und Beschwerde

Ist der Mandant durch Teilbeschluss zur Auskunft verpflichtet worden, stellt sich für den anwaltlichen Vertreter, der die Entscheidung des Familiengerichts – und dies mit guten Gründen – für unberechtigt hält, die Frage, ob er seinem Mandanten empfehlen soll, dies zu »schlucken« und die geforderte Auskunft zu erteilen, oder den Beschluss mit der Beschwerde anzugreifen. | 86

Die gleiche Frage stellt sich für den anwaltlichen Vertreter, dessen Auskunftsantrag (teilweise) zurückgewiesen wurde.

Eine Beschwerde setzt u. a. voraus, dass der Beschwerdewert des § 61 Abs. 1 FamFG mit seinen 600,00 € übersteigt. In Auskunftsfällen, die von Familiengerichten eher als lästig erlebt werden, kommt eine vom Beschwerdewert unabhängige Zulassung der Beschwerde (§ 61 Abs. 2, 3 FamFG) sicherlich nicht in Betracht. | 87

Bei der Beantwortung der Frage, woran sich der Beschwerdewert richtet, hält es die für die Praxis maßgebliche Rechtsprechung des BGH für gerechtfertigt, bei der Bestimmung der Beschwer danach zu unterscheiden, **wer** die Beschwerde einlegt: Ist dies der **Auskunftspflichtige**, der keine Auskunft erteilen möchte, richtet sich die Beschwer ausschließlich nach dem Aufwand an Zeit und Kosten, | 88 die diesem infolge einer sorgfältig erteilten Auskunft entstehen (BGH, MDR 2014, 591; Beschl. v. 04.09.2013 – XII ZB 299/12 –, juris; FuR 2012, 482; FamRZ 2011, 882; 2009, 1211 Rn. 9; 2007, 714 Rn. 4). Und zur Bewertung des Zeitaufwands greift der BGH auf die Stundensätze zurück, die der Auskunftspflichtige als Zeuge in einem Zivilprozess erhält (BGH, FamRZ 2008, 2274 Rn. 14), und dies sind seit dem 23.07.2013 infolge der Erhöhung der Stundensätze nach dem Justizvergütungsgesetz pro Std. 21,00 €: Zuvor waren es 17,00 €, auf die der BGH in seinen Entscheidungen noch abstellte. Teilt man 600 € (Beschwerdewert): 21,00 € (Stundensatz), so ergeben sich rund 29 Std., die ein Auskunftspflichtiger für eine ordnungsgemäße Auskunftserteilung praktisch nie aufwenden muss: Eine Beschwerde ist damit de facto immer unzulässig.

89   Zudem bedarf es, was vielfach in Beschwerdeverfahren vom Beschwerdeführer als einen den Verfahrenswert erhöhenden Umstand behauptet wird, in aller Regel auch nicht der Beauftragung eines Steuerberaters: Denn selbst bei der Auskunft unterfallenden Unternehmensbilanzen muss der Pflichtige »lediglich die den Forderungen und Verbindlichkeiten zugrunde liegenden Tatsachen zum Stichtag mitteilen; eine rechtliche Bewertung, ob auf dieser Grundlage schon eine für den Zugewinnausgleich relevante Forderung entstanden ist, schuldet er hingegen nicht« (BGH, FamRZ 2007, 1090 Rn. 12). Und ein Vermögensverzeichnis könne der Auskunftspflichtige selbst erstellen und benötige hierzu nicht die Hilfe eines Steuerberaters (BGH, FamRZ 2003, 1267 Rn. 15).

90   Etwas anderes gilt nur ausnahmsweise, etwa wenn Angaben zu Firmenbeteiligungen geschuldet sind, die sich auf einen zwischen zwei Bilanzstichtagen liegenden Zeitpunkt beziehen: Für eine solche Auskunft bedarf es fraglos sachkundiger Hilfe, wobei ein Stundensatz des Steuerberaters iHv. 150,00 € nicht zu beanstanden ist (BGH, FamRZ 2009, 594 Rn. 12).

91   Und Kosten für anwaltlichen Support können ebenfalls nicht in die Waagschale der Beschwerde geworfen werden: Entweder sind diese Kosten mit der Verfahrensgebühr bei einem Verfahrenswert von 500,00 € abgegolten, entstehen also nicht zusätzlich, oder sie sind mit brutto 83,54 € (1,3 Verfahrensgebühr + Auslagen + MwSt.) so gering, dass sie sich beschwerdeneutral verhalten oder – wie die Unterstützung durch den Steuerberater – der anwaltliche Beistand ist nicht erforderlich, sodass selbst ein angemessenes Zeithonorar die Zulässigkeit der Beschwerde nicht zu begründen vermag. Und ob ein Zeithonorar, das der Anwalt ratsamerweise mit dem Mandanten vereinbaren sollte, beschwerdewerterhöhend zu berücksichtigen ist, erscheint zumindest zweifelhaft, weil die Rechtsprechung (wie beim Steuerberater) argumentieren wird, dass nicht der Anwalt die Auskunft schuldet, sondern der Mandant, der sie auch ohne anwaltliche Hilfe erteilen könne.

92   Beim **Auskunftsberechtigten** stellt der BGH demgegenüber bei der Bemessung der Beschwer auf das wirtschaftliche Interesse des in erster Instanz unterlegenen Anspruchstellers an der Erteilung der Auskunft ab. Dieses Interesse ist gemäß § 3 ZPO nach freiem Ermessen des Gerichts zu schätzen (BGH, FamRZ 2011, 1929 Rn. 13), wobei die gleichen Überlegungen anzustellen sind wie bei der Bemessung des Verfahrenswertes (vgl. Rdn. 63, *M. 4*):

Da zum Zeitpunkt des Beschwerdeverfahrens die Höhe der Ausgleichsforderung noch nicht feststeht, ist anhand des bisherigen Tatsachenvortrags des Beschwerdeführers danach zu fragen, welche Vorstellungen er sich vom Wert des Leistungsanspruchs gemacht hat. Diese Vorstellungen müssen allerdings objektiv nachvollziehbar sein. Bei dem zu schätzenden Interesse ist ferner zu berücksichtigen, dass der volle Hauptsachewert (= Zugewinnausgleichsforderung) als Grundlage für einen hieraus abgeleiteten (quotalen) Beschwerdewert allenfalls dann in Betracht kommen kann, wenn überhaupt keine Auskunft erteilt wurde. In den Fällen, in denen die Auskunft überwiegend erteilt wurde und die Beschwerde nur noch eine Teilauskunft betrifft, kann sich das zu schätzende Interesse des Beschwerdeführers nur noch auf diesen Auskunftsteil beziehen. Dann rechtfertigt sich die aus dem Auskunftsinteresse abgeleitete Beschwer aus dem Teil, der »sich aus der Differenz zwischen dem Anspruch ohne den von der Auskunft betroffenen Gegenstand und dem angestrebten Gesamtanspruch ergibt« (OLG Frankfurt, Beschl. v. 17.02.2011 – 5 UF 390/10 –, juris).

93   Und weil die im Beschwerdeverfahren weiter verfolgte Auskunft nur die spätere Geltendmachung des Leistungsantrags vorbereiten soll, ist der Beschwerdewert nicht mit der vollen

Zugewinnausgleichsforderung gleichzusetzen, sondern macht lediglich einen Bruchteil von dieser aus, und zwar zwischen 10% und 25% (BGH, FamRZ 1997, 546 Rn. 6; OLG Köln, FamRZ 2009, 605 Rn. 16).

▶ Praxishinweis:

Im Ergebnis hat der Auskunftsverpflichtete nahezu nie und derjenige, der die Auskunft verlangt und damit abgewiesen wird, bei entsprechendem Sachvortrag fast immer ein Beschwerderecht.

6. Durchsetzung des Auskunftsanspruchs

Ist der Antrag durch (Teil-) Beschluss beschieden worden und erteilt der Pflichtige gleichwohl keine Auskunft, so kann aus dem mit einer Klausel versehene Auskunftstitel nach § 888 Abs. 1 ZPO vollstreckt werden. Denn die Erteilung der Auskunft ist eine unvertretbare Handlung, die ausschließlich vom Willen des Schuldners abhängt und durch keinen Dritten vorgenommen werden kann. Derartige unvertretbare Handlungen werden durch Beugemittel (Zwangsgeld oder Zwangshaft) vollstreckt.   94

Voraussetzung für die Festsetzung der Zwangs-/Beugemittel ist ein Antrag des Gläubigers. Die vorzunehmende Handlung ist genau zu bezeichnen. Der Schuldner ist im Verfahren nach § 888 ZPO zu hören (§ 891 ZPO).   95

Muster 9:   96

▶ Antrag auf Festsetzung von Zwangsgeld

Amtsgericht

– Familiengericht –[1]

.....

In der Familiensache

..... ./. .....

Az. .....

überreichen wir in Anlage die mit Zustellungsvermerk versehene vollstreckbare Ausfertigung des (Teil) Beschlusses des Familiengerichts vom ..... und beantragen namens und in Vollmacht der Antragstellerin (nachfolgend: Gläubigerin):
1. Gegen den Antragsgegner (= Vollstreckungsschuldner) wird ein Zwangsgeld i. H. v. 1.500 €,[2] ersatzweise Zwangshaft, zur Erteilung der im Tenor des Titels konkretisierten Auskunft festgesetzt:
    .....
    .....[3]
2. Gegen den Antragsgegner wird ferner ein Zwangsgeld i. H. v. 2.500 €, ersatzweise Zwangshaft, zur Erteilung der im Tenor des Titels aufgelisteten Belege festgesetzt:
    .....
    .....[3]
3. Der Vollstreckungsschuldner trägt die Kosten des Verfahrens.[4]

Verfahrenswert: 5.000,00 €[5]

Gründe:

Der Vollstreckungsschuldner wurde durch den (Teil) Beschluss des Familiengerichts vom ..... zum Az. ..... zur Auskunftserteilung über sein Anfangs-, Trennungs- und Endvermögen verpflichtet.

Trotz mehrfacher Aufforderung der Gläubigerin

am 23.12.2013   Anlage 1

am 13.01.2014   Anlage 2

am 11.02.2014   Anlage 3

am 21.03.2014   Anlage 4

hat sich der Vollstreckungsschuldner bislang nicht veranlasst gesehen, die Auskünfte zu erteilen.

Die Gläubigerin geht davon aus, dass ihr gegenüber dem Vollstreckungsschuldner eine Zugewinnausgleichsforderung von ca. 20.000,00 € zusteht.[5]

Die Verhängung eines Zwangsgeldes, ersatzweise Zwangshaft, ist daher geboten, um den Vollstreckungsschuldner zur Erfüllung der ihm vom FamG aufgegebenen Auskunftsverpflichtungen anzuhalten.

Vorliegend ist unter Berücksichtigung der Hartnäckigkeit des Schuldners, mit der er die vollständige Auskunftserteilung bislang nicht erteilt hat, das festzusetzende Zwangsgeld i. H. v. 2.500,00 € angemessen (vgl. OLG Jena, FamRZ 2013, 656 Rn. 36).

Die Zwangsgeldandrohung bedarf im Übrigen keiner vorherigen Androhung (§ 888 Abs. 2 ZPO).

Wir regen ferner an,

ohne mündliche Verhandlung zu entscheiden[6] und dem Vollstreckungsschuldner eine Frist zur Stellungnahme von nicht mehr als 14 Tagen zu setzen.[7]

(Rechtsanwalt)

1. Zuständiges Gericht. Für den Zwangsgeldbeschluss nach § 888 ZPO ist das Prozessgericht des ersten Rechtszugs zuständig, das durch Beschluss über den Antrag entscheidet. Der Beschluss ist zu begründen (vgl. Anm. 3).

2. Höhe. Das Zwangsgeld beträgt wenigstens 5,00 € (Art. 6 Abs. 1 Nr. 1 EGStGB), höchstens 25.000 € (§ 888 Abs. 1 ZPO). Maßgeblich für die Höhe des Zwangsgeldes ist das Vollstreckungsinteresse des Gläubigers, wobei der Verfahrenswert der Hauptsache (Auskunftserteilung) eine Richtschnur bildet (OLG Karlsruhe, MDR 2000, 229). Daneben ist aber auch der Grundsatz der Verhältnismäßigkeit zu beachten (OLG Brandenburg, FamRZ 2007, 63) wie auch die Hartnäckigkeit, mit welcher der Schuldner die Erfüllung seiner Verpflichtung unterlässt, von Bedeutung sein kann (OLG Jena, FamRZ 2013, 656 Rn. 36). Im Übrigen steht dem FamG im Rahmen des Zulässigen, also unter Berücksichtigung des Mindest- und Höchstbetrages, ein Ermessen zu.

Die Ersatzhaft wird entsprechend festgesetzt und darf im Einzelfall 6 Monate nicht übersteigen, §§ 888 Abs. 1 Satz 3, 802j Abs. 1 ZPO.

3. Tenorierung. In dem Antrag nach § 888 ZPO wie auch in dem Zwangsgeldbeschluss selbst ist bei Stattgabe **konkret** anzugeben, welche Auskunft der Auskunftspflichtige schuldet. Der bloße Hinweis auf die Ursprungsentscheidung dürfte hingegen nicht ausreichen.

Sind – wie meist – auch noch Belege vorzulegen, muss aus der Entscheidungsformel des Beschlusses ersichtlich sein, welche Belege der Vollstreckungsschuldner genau vorzulegen hat. Unzulässig wäre es also, dem Vollstreckungsschuldner aufzugeben, nochmals eine komplette Auskunft zu seinem Anfangs-, Trennungs- und Endvermögen zu erteilen und diese zu belegen, obwohl nach den Gründen des familiengerichtlichen Beschlusses lediglich noch zwei Belege fehlen (OLG Naumburg, FamRZ 2014, 148). Richtigerweise könnte der Beschlusstenor nach § 888 ZPO zum Muster 9 wie folgt lauten:

Gegen den Schuldner wird wegen

1. der Nichtvornahme der Auskunftserteilung

durch Vorlage eines vollständigen und geordneten Bestandsverzeichnisses über alle Aktiva und Passiva seines Endvermögens zum 18.12.2013, Trennungsvermögens zum 05.07.2011, Anfangsvermögens zum 18.11.2003,

sowie

2. der Nichtvorlage von Belegen, nämlich

..... (einzeln aufzulisten)

ein Zwangsgeld in Höhe von insgesamt 3.000,00 € und für den Fall, dass dieses nicht beigetrieben werden kann, ersatzweise für je 75,00 € ein Tag Zwangshaft festgesetzt.

4. Kosten. Wird über den Antrag nach § 888 ZPO entschieden, ergeht eine Kostenentscheidung nach §§ 891 Satz 1, 91 ff. ZPO. Der Anwalt erhält für seine Tätigkeit im Verfahren eine 0,3 Verfahrensgebühr nach Nr. 3309 VV-RVG. Wird sodann der Gerichtsvollzieher mit der Beitreibung des Zwangsgeldes beauftragt, entsteht, da nach § 18 Nr. 13 RVG eine besondere Angelegenheit, eine weitere 0,3 Verfahrensgebühr. Zu beachten ist: Das Zwangsgeld wird im Auftrag des Gläubigers beigetrieben, das beigetriebene Geld aber an die Landeskasse abgeführt. Hierüber sollte vorher der Mandant aufgeklärt werden, weil dieser ansonsten meinen könnte, ihm stehe das Geld zu. Nach der Anlage 1 zu § 3 Abs. 2 GKG Nr. 2111 entsteht an Gerichtskosten für das gesamte Verfahren eine Festgebühr i. H. v. 20,00 €.

5. Verfahrenswert. Der Verfahrenswert in der Zwangsvollstreckung bestimmt sich im Fall eines Gläubigerantrags gemäß § 25 Abs. 1 Nr. 3 RVG nach dem Wert, den die zu erwirkende Handlung, Duldung oder Unterlassung für den Gläubiger hat. Dieser Wert entspricht in den auf endgültige Erfüllung des titulierten Anspruchs gerichteten Verfahren nach den §§ 887, 888 ZPO in der Regel dem Wert der Hauptsache (so z. B. OLG Saarbrücken, FamRB 2012, 150; OLGR Rostock 2009, 75; Zöller/*Herget* § 3 Rn. 16). Zu berücksichtigen ist aber, dass die nach § 888 ZPO vollstreckte Hauptsache ein Auskunfts-/Beleganspruch auf der ersten Stufe eines Stufenantrags ist. Hinsichtlich dieses Anspruchs ist nach § 3 ZPO nur ein Bruchteil zwischen 1/10 bis 1/4 vom Wert des Anspruchs anzunehmen, dessen Geltendmachung vorbereitet werden soll. Wenn aber das Interesse eines Auskunftsberechtigten um so höher zu bewerten ist, je geringer seine Kenntnisse und sein Wissen über die zur Begründung des Leistungsanspruchs maßgeblichen Tatsachen sind, ist mangels dessen eigener Kenntnis vom Vermögen des anderen Ehegatten es nicht gerechtfertigt, den Verfahrenswert nur an dem untersten Bruchteil (1/10) zu orientieren. In diesen Fällen wird man den Verfahrenswert mit 25% der angenommenen Zugewinnausgleichsforderung annehmen dürfen, wenn keine sonstigen Anhaltspunkte einen niedrigeren Bruchteil rechtfertigen.

6. Verfahren. Das Gericht entscheidet nach freigestellter mündlicher Verhandlung durch zu begründenden Beschluss. Die Wahl des Zwangsmittels steht im Ermessen des Gerichts.

7. Rechtliches Gehör. Rechtliches Gehör ist zwingend geboten (§ 891 Satz 2 ZPO), damit der Vollstreckungsschuldner in die Lage versetzt wird, zumindest verfahrensrechtliche Einwendungen geltend zu machen (PWW/*Olzen*, § 887 Rn. 37).

Bisweilen erhebt der Vollstreckungsschuldner im Verfahren nach § 888 ZPO überhaupt keine Einwendungen. Er wird erst tätig, wenn ihn der Gerichtsvollzieher als zuständiges Vollstreckungsorgan aufsucht und zur Zahlung des Zwangsgeldes auffordert. Dann erteilt er kurzfristig Auskunft und erhebt den Erfüllungseinwand, greift also den Zwangsgeldbeschluss letztlich mit der Begründung an, er habe seine Auskunfts- und Belegverpflichtung doch erfüllt.   97

Hierbei ist folgendes zu beachten: Der Zwangsgeldbeschluss nach § 888 ZPO ist nicht nur eine Maßnahme der Zwangsvollstreckung, sondern zugleich auch selbst Vollstreckungstitel (vgl. § 794   98

Abs. 1 Nr. 3 ZPO). Dem Schuldner steht hiergegen der Rechtsbehelf der sofortigen Beschwerde zu (§ 793 ZPO). Der Zwangsgeldbeschluss erlangt formelle Rechtskraft nach Ablauf der Beschwerdefrist (Notfrist: 2 Wochen), ohne dass die sofortige Beschwerde eingelegt wurde. Wird die geschuldete Handlung dann vorgenommen, darf aus dem Zwangsgeldbeschluss nicht mehr vollstreckt werden: Der Zwangsgeldbeschluss wird gegenstandslos (Zöller/*Stöber* § 888 Rn 13).

99   Der Einwand der nachträglichen Auskunftserteilung (Erfüllungseinwand) kann nach umstrittener Ansicht aber nicht durch Antrag auf Aufhebung des Zwangsgeldbeschlusses geltend gemacht werden, sondern nur mittels eines Vollstreckungsabwehrantrags nach § 767 ZPO (OLG Karlsruhe, FuR 2005, 569), wobei der Vollstreckungsabwehrantrag gleichzeitig gegen den Titel (Teilbeschluss zur Auskunftserteilung) und gegen den Zwangsgeldbeschluss gerichtet werden kann. Daneben ist die Möglichkeit der schlichten Aufhebung des Zwangsgeldbeschlusses wegen nachträglicher Erfüllung nicht gegeben (OLG Rostock, OLGR Rostock 2009, 480).

II. Sicherung des Ausgleichsanspruchs

100   Wenn Rechtsbeziehungen auseinanderbrechen und abgewickelt werden müssen, die durch eine Gemengelage von wirtschaftlichen und persönlichen Verflechtungen geprägt sind, entsteht in vielen Fällen das Bedürfnis, den erwarteten finanziellen Ausgleich zu sichern und gegen manipulative Handlungen zu schützen. In der Scheidungssituation kommt hinzu, dass viele persönliche Verletzungen einen Ehegatten sogar dazu bewegen können, Aktionen vorzunehmen, die dem anderen schaden, ohne daraus selbst Vorteile ziehen zu können.

101   Bis 2009 gab es zur Sicherung des Zugewinnausgleichsanspruchs einen eigenen Anspruch in § 1389 BGB a. F. Sehr streitig war damals aber, wie dieser Anspruch vorläufig durchgesetzt werden konnte – mit einer einstweiligen Verfügung oder einer einstweiligen Anordnung. Daneben wurde schon damals vertreten, dass der künftige Anspruch auf Zugewinnausgleich durch einen Arrest sicherbar sei (vgl. OLG Brandenburg FamRZ 2009, 446; OLG Naumburg FamRZ 2008, 2202). Der Gesetzgeber hat den Streit in der Weise gelöst, dass alle Sonderregeln für die Sicherung des Zugewinnausgleichsanspruchs beseitigt wurden, indem § 1389 BGB gestrichen wurde. Damit ist nun klar, dass der Zugewinnausgleichsanspruch als Geldzahlungsanspruch durch einen Arrest gesichert werden kann.

1. Der Arrest

102   Mit dem Arrest stellt die Rechtsordnung ein besonderes Verfahren zur Verfügung, durch das eine zukünftige Zwangsvollstreckung in das bewegliche und unbewegliche Vermögen wegen einer (im ordentlichen Rechtsweg durchsetzbaren) Geldforderung gesichert wird. Es handelt sich dabei um eine **vorläufige Regelung**. Das Verfahren ermöglicht eine gerichtliche Maßnahme im Eilverfahren und darf die Erledigung der Hauptsache nicht vorwegnehmen.

103   Güterrechtssachen nach § 261 Abs. 1 FamFG sind **Familienstreitsachen** (§ 112 Nr. 2 FamFG), sodass güterrechtliche Ausgleichsansprüche grds. durch Arrest sicherbar werden, wenn die übrigen Verfahrensvoraussetzungen eines Arrestes gegeben sind. Nach § 119 Abs. 2 FamFG kann das FamG daher in Familienstreitsachen einen Arrest anordnen. §§ 916 bis 934 und §§ 943 bis 945 ZPO gelten dafür entsprechend.

2. Die Voraussetzungen

104   Ein Arrest setzt voraus, dass der Gläubiger/Antragsteller eine **Geldforderung** oder einen **Anspruch** hat, **der in eine Geldforderung übergehen kann**. Dies trifft regelmäßig bei allen vermögensrechtlichen Ansprüchen zu. Unter den Voraussetzungen des § 916 Abs. 2 ZPO reicht ein betagter oder bedingter Anspruch aus (Hk-ZPO/Kemper, 5. Aufl., § 916 ZPO Rn. 3). Auch ein künftiger Anspruch

kann **Arrestanspruch** sein, sobald er einklagbar ist (vgl. Baumbach/Lauterbach/Albers/*Hartmann*, § 916 Rn. 5 ff.).

Für den Erlass eines Arrestes ist weitere Voraussetzung, dass ein **Arrestgrund** besteht. Dieser liegt vor, wenn zu befürchten ist, dass die Vollstreckung eines Urteils ohne den Erlass eines Arrestes vereitelt oder wesentlich erschwert werden würde (§ 917 ZPO). Dies beurteilt sich nach der **objektiven Einschätzung eines verständigen, gewissenhaft prüfenden Dritten** (Hk-ZPO/Kemper, 5. Aufl., § 917 ZPO Rn. 3).   105

Der Arrest muss erlassen werden, wenn die **Besorgnis einer Vereitelung der Vollstreckung oder eine Vollstreckungserschwerung** gegeben ist. Das ist dann der Fall, wenn sich bestehende Vermögensverhältnisse zu verändern drohen. Die Veränderung oder der Eintritt ihrer Wirkung muss unmittelbar bevorstehen und darf nicht bereits abgeschlossen sein.   106

Arrestanspruch und Arrestgrund sind darzulegen und **glaubhaft zu machen**.   107

3. Die Vollziehungsfrist

Der Arrest ist **binnen 1 Monats** zu vollziehen. Die Frist beginnt mit dem Tag, an dem der Arrestbefehl verkündet oder dem Antragsteller zugestellt worden ist. Wird die Vollziehungsfrist versäumt, wird der Arrest unheilbar endgültig wirkungslos. Die Vollstreckungsorgane haben dies von Amts wegen zu beachten. Bereits erwirkte Vollstreckungsakte sind nichtig.   108

4. Muster eines Antrags auf dinglichen Arrest zur Sicherung einer Zugewinnausgleichsforderung

Muster 10:   109

An das Amtsgericht

– Familiengericht –

.....

Antrag

des .....

Antragstellers,

Verfahrensbevollmächtigter: Rechtsanwalt ..... in .....

gegen

die .....

Antragsgegnerin,

Verfahrensbevollmächtigter: Rechtsanwalt ..... in .....

auf Erlass eines dinglichen Arrestes.

Namens und in Vollmacht des Antragstellers beantrage ich, wegen der Dringlichkeit ohne mündliche Verhandlung, gegen die Antragsgegnerin folgenden

Arrestbefehl

zu erlassen:
1. Wegen einer Forderung des Antragstellers in Höhe von 75.000 € nebst 5 %-Punkten über dem Basiszinssatz sowie einer Kostenpauschale von 3.000 € wird der dingliche Arrest in das Vermögen der Antragsgegnerin angeordnet.

2. Die Antragsgegnerin kann die Vollziehung des Arrestes durch Hinterlegung eines Geldbetrages in Höhe von 78.000 € abzuwenden.

Gründe:

Die Parteien sind verheiratet. Zwischen ihnen ist vor dem erkennenden Gericht ein Verfahren anhängig, in dem die Antragsgegnerin vom Antragsteller auf vorzeitige Aufhebung der Zugewinngemeinschaft und vorzeitigen Zugewinnausgleich in Anspruch genommen wird.

Glaubhaftmachung: Beiziehung der Akten des Amtsgerichts, Familiengerichts ....., zum Az. .....

Mit Schriftsatz vom ..... hat der Antragsteller in diesem Verfahren den aufgrund der Auskunft zum Anfangs- und Endvermögen errechneten Ausgleichsanspruch substantiiert dargetan.

Glaubhaftmachung: Schriftsatz vom .....

Der Inhalt dieses Schriftsatzes, der in der mit den dazugehörigen Anlagen überreicht wird, wird zum Gegenstand des diesseitigen Sachvortrages gemacht, soweit es um die Berechnung des Ausgleichsanspruchs geht.

Die Antragsgegnerin hat jetzt ihre lastenfreie Eigentumswohnung, die sie vermietet hat, zum Kauf angeboten.

Glaubhaftmachung: Beiliegende eidesstattliche Versicherung, Vorlage der Verkaufsanzeige

Dem Antragsteller ist diese Verkaufsanzeige erstmalig aufgefallen, nachdem der Unterzeichner gegenüber dem Verfahrensbevollmächtigten der Antragsgegnerin den Ausgleichsanspruch substantiiert beziffert hat.

Glaubhaftmachung: Wie vorher

Ein vernünftiger Grund, die lastenfreie und gut vermietete Eigentumswohnung zu veräußern, ist nicht ersichtlich. Es ist vielmehr naheliegend, dass die Antragsgegnerin, erstmalig mit Ausgleichsansprüchen konfrontiert, sich diesen entziehen will.

(Rechtsanwalt)

Anlagen

III. Ausgleichsverlangen und gerichtliche Durchsetzung

110   Um die mit Beendigung des Güterstandes entstehende Ausgleichsforderung ermitteln zu können, ist es notwendig, sowohl das Anfangs- als auch das Endvermögen des einzelnen Ehepartners festzustellen und zu bewerten. Diesen Vorgang ermöglichen neben den Auskunftsansprüchen gesetzliche Vermutungen und Wertermittlungsansprüche.

1. Gesetzliche Vermutungen zum Anfangs- und Endvermögen

111   Nach § 1377 Abs. 1 BGB wird im Verhältnis der Ehepartner zueinander (widerlegbar) vermutet, dass ein **gemeinsam aufgenommenes Verzeichnis** zum Bestand und Wert des einem Ehepartner gehörenden Anfangsvermögens und der zu diesem Vermögen etwa hinzuzurechnenden Gegenstände richtig ist. Gibt es kein solches Verzeichnis, wird (ebenfalls widerlegbar) vermutet, dass das Endvermögen eines Ehegatten seinen Zugewinn darstellt, § 1377 Abs. 3 BGB (Gernhuber/*Coester-Waltjen* § 36 Rn. 46: »gewaltsame und lebensfremde Lösung«). Die Vermutungen streiten also für die Annahme, dass die Eheleute nur das Anfangsvermögen hatten, das sie gemeinsam festgestellt haben. Gibt es keine gemeinsame Aufstellung, wird also vermutet, dass das Anfangsvermögen null ist.

112   Das Spannungsverhältnis beider Vermutungen folgt daraus, dass ohne Inventarisierung des Anfangsvermögens zwar nach wie vor in einem Zugewinnausgleichsprozess vorhandenes Anfangsvermögen behauptet und bewiesen werden kann. Es liegt jedoch auf der Hand, dass die Widerlegung

der Vermutung umso schwieriger ist, je länger der Zeitraum zwischen Eintritt und Beendigung des Güterstandes, respektive Stichtag für die Berechnung und die Höhe des Anspruchs, ist.

Die Vermutungswirkung des § 1377 Abs. 1 BGB knüpft nur an ein **gemeinsam erstelltes Vermögensverzeichnis** an (Staudinger/*Thiele* § 1377 Rn. 2; BGB-RGRK/*Finke* § 1377 Rn. 3). Deshalb begründet § 1377 Abs. 2 Satz 1 BGB auch einen Anspruch auf Mitwirkung des anderen Ehegatten bei der Aufnahme des das eigene Anfangsvermögen dokumentierenden Verzeichnisses (*Schwab* VII Rn. 287; Staudinger/*Thiele* § 1377 Rn. 4).   113

Art und Umfang der Mitwirkung lassen sich nicht generell festlegen. Aus den Umständen des Einzelfalles ist zu entnehmen, was geschuldet wird. Nach der gesetzgeberischen Intention hat der andere Ehepartner alles zu tun, was seinerseits zur Feststellung und Bewertung des Anfangsvermögens des anderen Ehegatten erforderlich ist. Wegen § 1364 BGB kann sich die Mitwirkung darauf beschränken, zu einzelnen Positionen des Verzeichnisses Stellung zu nehmen, sie anzuerkennen oder begründet zu bestreiten.   114

Die Mitwirkungspflicht beinhaltet allerdings **nicht**, ein **vom anderen Ehegatten vorgelegtes Verzeichnis** seines Anfangsvermögens endgültig und unwiderleglich **anzuerkennen** (vgl. statt vieler: Staudinger/*Thiele* § 1377 Rn. 6). Das liefe auf die einseitige Erstellung des Verzeichnisses hinaus.   115

Können sich die Ehegatten in Bezug auf einzelne Vermögenswerten nicht darüber einigen, ob diese zum Anfangsvermögen zu rechnen sind, greift im Rahmen der güterrechtlichen Auseinandersetzung die Vermutungswirkung des § 1377 Abs. 3 BGB. Es wird also vermutet, dass die streitigen Posten nicht zum Anfangsvermögen gehören, sondern dass es sich bei ihnen um einen Teil des in der Ehezeit erzielten Zugewinns handelt. Der dadurch belastete Ehegatte kann im Zugewinnausgleichsverfahren die Vermutungswirkung aber ausheben, indem er die Zugehörigkeit der streitigen Position zum Anfangsvermögen darlegt und beweist (BGB-RGRK/*Finke* § 1377 Rn. 16).   116

Der **Anspruch auf Mitwirkung** entsteht auf Verlangen des einen Ehepartners. Die Möglichkeit, diesen »**schlafenden**« Anspruch zu wecken, endet mit der Beendigung des Güterstandes (a. A.: *Dölle* I 806; BGB-RGRK/*Finke* § 1377 Rn. 8).   117

2. Wertermittlungsansprüche

§ 1379 Abs. 1 Satz 3 Halbs. 2 BGB gibt dem Berechtigten einen zusätzlich (besonders geltend zu machenden) Anspruch auf Ermittlung des Wertes der Vermögensgegenstände und der Verbindlichkeiten. Es bleibt dem Verpflichteten selbst überlassen, wie er die ihm obliegende Wertermittlung durchführt und kommuniziert. Seine Verpflichtung, den Wert eines zu den Vermögensmassen gehörenden Vermögensgegenstandes zu ermitteln und diesen Wert anzugeben, reicht nur so weit, als er selbst dazu imstande ist.   118

Damit der Berechtigte nachprüfen kann, ob er selbst noch einen Sachverständigen zur Bewertung beauftragen soll, muss der Verpflichtete auf Verlangen auch erläutern, wie er zu den einzelnen Wertangaben gelangt ist. Je nach den Umständen des Einzelfalles kann damit sogar eine Verpflichtung einhergehen, die »erforderlichen« Unterlagen vorzulegen, aus denen der Verpflichtete den Wertansatz entwickelt hat, damit der Berechtigte Gegenstände und Verbindlichkeiten selbst bewerten und auf Plausibilität überprüfen kann (BGH, FamRZ 1982, 682, 683; einschränkend Johannsen/Henrich/*Jaeger* § 1379 Rn. 11).   119

Fehlt sowohl dem Verpflichteten als auch dem Berechtigten notwendige Sachkunde, kann der Berechtigte zur Wertermittlung einen Sachverständigen hinzuziehen, was der Verpflichtete zu dulden hat. Die Kosten fallen dem Berechtigten zur Last (Johannsen/Henrich/*Jaeger* § 1379 Rn. 12 a. E. m. w. N.).   120

Auskunfts-, Wertermittlungs- und Ausgleichsanspruch sind voneinander unabhängig. Auch der voraussichtlich zahlungspflichtige Ehepartner hat die Auskunftsansprüche mit den flankierenden Ansprüchen auf Wertermittlung, um selbst den Zugewinnausgleich zutreffend berechnen und sich gegen übererhöhte Forderungen sachgerecht verteidigen zu können. Ausnahmsweise kann aber die   121

Geltendmachung des Auskunfts- und des Wertermittlungsanspruchs rechtsmissbräuchlich sein, wenn unzweifelhaft kein Zugewinnausgleichsanspruch eines der Ehegatten bestehen kann. Das kommt vor allem dann in Betracht, wenn der Zugewinnausgleich durch einen Vertrag ausgeschlossen ist, an dessen Gültigkeit keine vernünftigen Zweifel bestehen.

3. Muster eines Antrags auf Wertfeststellung zu einzelnen Vermögensgegenständen des Endvermögens und Zahlungsantrag

122   Muster 11:

An das Amtsgericht

– Familiengericht –

.....

Antrag

der .....

Antragstellerin,

Verfahrensbevollmächtigter: Rechtsanwalt ..... in .....

gegen

den .....

Antragsgegner,

Verfahrensbevollmächtigter: Rechtsanwalt ..... in .....

wegen: Wertfeststellung und Zahlung

Namens und in Vollmacht der Antragstellerin bitte ich zu beschließen:

Der Antragsgegner ist verpflichtet,
1. der Antragstellerin Wertangaben zu den in seinem Vermögensverzeichnis vom ..... zu seinem Endvermögen unter Position ..... bis ..... aufgeführten Waffen, und zwar zu einer Sportpistole Walther GSP 22 und Walther GSP 32, einem großkalibrigen Revolver Smith & Wesson, Lauflänge x cm und dem Ordonanzgewehr mit zisleriertem Lauf zu machen;
2. nach gemachten Wertangaben den bezifferbaren Betrag als Zugewinnausgleich, verzinslich in Höhe von 5 %-Punkten über dem Basiszinssatz, ab Rechtskraft des die Scheidung aussprechenden Beschlusses zu zahlen.

Gründe:

Die Parteien sind in Scheidung stehende Eheleute.

Beweis: Beiziehung der Akten des Amtsgerichts, Familiengerichts ....., Az. ....., .../. .....

Zur Klärung güterrechtlicher Fragen hat der Antragsgegner zu seinem Endvermögen ein Verzeichnis der Antragstellerin über seinen Verfahrensbevollmächtigten überlassen. Zu allen Positionen mit Ausnahme der im Antrag zu Ziff. 1. aufgeführten hat er Wertangaben gemacht, die aufgrund der vorgelegten Belege nachvollziehbar und plausibel sind. Zu seinen Waffen hat er trotz entsprechender Aufforderung keinerlei Angaben gemacht.

Der Antragsgegner ist in der Lage, Wertangaben zu diesen Positionen zu machen. Er ist im Vorstand des ortsansässigen Schützenvereins. Er hat mehrfach an Meisterschaften auf Landesebene teilgenommen. Er kennt die Szene der Sportschützen.

Im Verein werden nicht nur gelegentlich im gesetzlich zulässigen Rahmen Waffen gehandelt.

Die Sportpistolen Walther GSP 22 und 32 sind gängige Sportwaffen, dasselbe gilt für den großkalibrigen Revolver von Smith & Wesson.

Auch zu dem recht seltenen und mit Ziselierung geschmückten Ordonanzgewehr kann der Antragsgegner Wertangaben machen. Der Vorstandsvorsitzende des Sportschützenvereins, mit dem der Antragsgegner gut befreundet ist, ist Büchsenmacher und handelt mit Jagd-, Sport- und historischen Waffen, die im Sportbereich eingesetzt werden.

Sobald der Antragsgegner die Wertangaben gemacht hat, ist die Antragstellerin in die Lage versetzt, ihren Zugewinnausgleichsanspruch exakt zu beziffern und entsprechende Anträge zu stellen.

(Rechtsanwalt)

4. Muster: Erwiderung auf den Antrag auf Wertfeststellung und Zahlung

Muster 12:

123

An das Amtsgericht

– Familiengericht –

.....

In der Familiensache

..... ./. .....

Az. .....

bestelle ich mich für den Antragsgegner.

Ich werde beantragen,

den Antrag zu Ziff. 1. zurückzuweisen.

Gründe:

Der Antragsgegner hat nach bestem Wissen und Gewissen sowohl das Vermögensverzeichnis zum Endvermögen erstellt als auch Wertangaben zu den einzelnen aufgelisteten Vermögensgegenständen, die er mit ihren wertbildenden Faktoren individualisiert hat, gemacht.

Zu den Waffen kann er keine belastbaren Angaben machen. Er hat von sich aus keinerlei Anhaltspunkte, was die aufgelisteten Waffen wert sind.

Die beiden Sportpistolen Walther GSP 22 und 32 sind gut 15 Jahre alt. Sie haben deutliche Verschleißspuren. Der Antragsgegner hat sie regelmäßig sowohl im Training als auch in Wettkämpfen geführt.

Zurzeit gibt es keinen Markt für derartige Sportwaffen. Dies hängt mit den Vorkommnissen zusammen, die in letzter Zeit in den unterschiedlichsten Regionen Deutschlands sich zugetragen haben und bei denen Sportwaffen eine Rolle spielten. Auch die Änderungen im Waffenrecht haben zu Unsicherheiten geführt, so dass eine deutlich spürbare Zurückhaltung beim Erwerb von Sportwaffen erkennbar ist.

Dies gilt erst recht für großkalibrige Waffen.

Der Antragsgegner hat bei seinen Sportkameraden im Schützenverein nachgefragt, was man für derartige Waffen verlangen könne. Die Wertangaben variierten derartig, dass dem Antragsgegner ihre Mitteilung an die Antragstellerin unseriös erschien.

Auch zum Ordonanzgewehr, welches sicherlich ein Liebhaberobjekt ist, hat der Antragsgegner keinerlei Erkenntnisse.

Er ist bereit, die Waffen einem Sachverständigen zur Schätzung auszuhändigen, den die Antragstellerin benennen mag.

(Rechtsanwalt)

5. Stundungsverlangen nach § 1382 BGB

124   § 1382 BGB trägt wirtschaftlichen Gegebenheiten Rechnung. Die mit der Beendigung des Güterstandes entstehende oft sehr hohe Ausgleichsforderung, § 1378 Abs. 3 Satz 1 BGB, wird sofort fällig.
Im Regelfall wird der Ausgleichsschuldner deswegen mit der sofortigen Erfüllung des Zahlungsanspruchs erhebliche Schwierigkeiten haben. Diese resultieren regelmäßig daraus, dass der Ausgleichsschuldner die zur Tilgung der Zugewinnausgleichsschuld erforderlichen liquiden Mittel erst
durch Veräußerung von Vermögenswerten oder Kreditaufnahmen beschaffen muss. Hier eröffnet
die Stundung durch entsprechende richterliche Gestaltung in Kenntnis der Gesamtumstände die
Abwicklung des Zugewinnausgleichs »nachwirkend eheverträglich« zu gestalten.

125   Die Norm eröffnet **drei Verfahrensvarianten**, die möglichen Fallkonstellationen Rechnung tragen.

a) Selbstständige Familiensache bei nicht bestrittener Ausgleichsforderung

126   Der Antrag, eine nicht bestrittene, nicht in einem gerichtlichen Verfahren eingebrachte Ausgleichsforderung zu stunden, ist beim FamG zu stellen, § 1382 Abs. 1 BGB. Er wird durch den Rechtspfleger beschieden, §§ 3 Nr. 1, 25 Nr. 3b) RPflG.

127   Einer nicht bestrittenen Ausgleichsforderung **steht der rechtskräftige Leistungsbeschluss gleich**
(Staudinger/*Thiele* § 1382 Rn. 45 a. E.). Dies gilt jedenfalls dann, wenn ein Stundungsantrag erstmalig nach Eintritt der Rechtskraft des Leistungsbeschlusses gestellt wird. Eine solche Konstellation
ist im Gesetz zwar nicht ausdrücklich vorgesehen. Es ist jedoch herrschende Meinung, dass in diesen
Fällen § 1382 Abs. 1 BGB einschlägig wird. Auf Gründe, die schon während des gerichtlichen Verfahrens hätten geltend gemacht werden können, kann der Antrag allerdings nicht gestützt werden
(vgl. statt vieler: Staudinger/*Thiele* § 1382 Rn. 45 m. w. N.).

b) Bestrittene Ausgleichsforderung und Stundung im Scheidungsverbund

128   Ist ein Verfahren über einen güterrechtlichen Ausgleich im Verbund anhängig, so entscheidet über
einen Stundungsantrag der Familienrichter einheitlich zusammen mit den übrigen zur Entscheidung im Verbund anstehenden Anträgen.

129   Der Stundungsantrag selbst muss rechtzeitig gestellt werden, also 2 Wochen vor mündlicher Verhandlung, §§ 261 Abs. 2, 137 Abs. 2 FamFG.

c) Bestrittene Ausgleichsforderung und Stundung als isolierte Familiensache

130   Soweit die Ausgleichsforderung bestritten ist, kann eine Stundung nur in dem streitigen Verfahren
über die Forderung beantragt werden, § 1382 Abs. 5 BGB. Ein Stundungsantrag zu einer bestrittenen Ausgleichsforderung ist unzulässig, solange ein Rechtsstreit noch nicht anhängig ist.

131   Sachlich zuständig ist das FamG (und dort der Familienrichter). Der Stundungsantrag muss rechtzeitig, d. h. 2 Wochen vor mündlicher Verhandlung gestellt sein. Der Antrag auf Stundung kann
auch noch in der Beschwerdeinstanz gestellt werden (Staudinger/*Thiele* § 1382 Rn. 36).

d) Die Voraussetzungen der Stundung

132   Die Durchsetzung der Ausgleichsforderung muss den Ausgleichsschuldner »zur Unzeit« treffen. Ob
dies der Fall ist, entscheidet sich unter Gesamtwürdigung aller Umstände, die die konkrete Situation
prägen. Es sind wirtschaftliche, aber auch persönliche Aspekte zu berücksichtigen.

133   Die belastenden Umstände, die für eine Stundung sprechen, müssen in der gegenwärtigen Lage
des Schuldners liegen. Sie müssen durch die Stundung zumindest gemildert werden (MüKo/*Koch*
§ 1382 Rn. 7; Johannsen/Henrich/*Jaeger* § 1382 Rn. 5; Staudinger/*Thiele* § 1382 Rn. 12). Zu denken

ist etwa an den Zwang, bei schlechter Marktlage Vermögensteile veräußern oder einen Gewerbebetrieb aufgeben zu müssen, während bei kurzem Zuwarten ein wesentlich höherer Erlös erzielt werden könnte. Um die Kinder, die in einer Scheidung besonders leiden, nicht auch noch durch eine negative Änderung ihrer Lebensumstände zu belasten, nennt § 1382 Abs. 1 S. 2 BGB als Unterfall der Zahlung zur Unzeit, dass die sofortige Zahlung die Wohnverhältnisse oder sonstigen Lebensverhältnisse gemeinschaftlicher (auch volljähriger, vgl. Hk-BGB/*Kemper*, 8. Aufl., § 1382 Rn. 5) Kinder nachhaltig verschlechtern würde. Hier kommt vor allem in Betracht, dass das Familienheim veräußert werden muss und im Zuge der Veräußerung nicht annähernd gleiche Wohnverhältnisse gefunden werden können.

Die den Ausgleichsschuldner treffenden Belastungen müssen erheblich und nachhaltig sein. Sie liegen nicht schon darin, dass der Ausgleichsschuldner die Forderung nicht aus seinem Barvermögen bezahlen kann, sondern erst andere Vermögenswerte veräußern muss. | 134

Die Interessen des Ausgleichsberechtigten sind gleichgewichtig zu berücksichtigen. Auch hier stehen wirtschaftliche Umstände im Vordergrund, jedoch können auch persönliche Aspekte, insb. etwa ein schuldhaftes Verhalten eines Ehegatten während der Ehe berücksichtigt werden (Johannsen/Henrich/*Jaeger*, § 1382 Rn. 6; Palandt/*Brudermüller* § 1382 Rn. 2; Staudinger/*Thiele* § 1382 Rn. 20 f. mit Beispielen). | 135

e) Entscheidungen zum Stundungsantrag

Das FamG kann die **Stundung** aussprechen, und zwar insgesamt bis zu einem bestimmten Termin oder teilweise. Das Gericht kann **Ratenzahlungen** bewilligen mit Verfallklausel. Das Gericht kann eine **Verzinsung** anordnen, § 1382 Abs. 2 BGB. Es kann schließlich auf Antrag dem Schuldner die Leistung von **Sicherheiten** für die gestundete Forderung auferlegen, § 1382 Abs. 3 BGB. Über Art und Umfang der Sicherheitsleistung entscheidet das FamG nach billigem Ermessen, § 1382 Abs. 4 BGB. | 136

Das Gericht kann i. R. d. Abwägung die Stundung von der **vorherigen** Sicherheitsleistung abhängig machen. Kann der Schuldner Sicherheit nicht leisten, dürfte dem Gläubiger eine Stundung regelmäßig nicht zumutbar sein. | 137

f) Aufhebung und Änderung rechtskräftiger Stundungsentscheidungen

Nach § 1382 Abs. 6 BGB kann das FamG eine rechtskräftige Stundungsentscheidung aufheben oder ändern, wenn sich die Verhältnisse nachträglich wesentlich geändert haben. Gegenstand der neuen Entscheidung ist auch bei einheitlichen Entscheidungen allein die Entscheidung über die Stundung. | 138

Die Verhältnisse, die im Zeitpunkt der vorangegangenen Entscheidung vorlagen, müssen sich nachträglich und wesentlich verändert haben. Umstände, die bereits zum Zeitpunkt der Entscheidung vorlagen, den Verfahrensbeteiligten aber nicht bekannt waren oder erst nachträglich beweisbar geworden sind, bleiben außer Betracht. | 139

g) Muster eines Antrags für ein Stundungsverlangen nach § 1382 BGB

140   Muster 13:

An das Amtsgericht

– Familiengericht –

.....

Antrag

der .....

Antragstellerin,

Verfahrensbevollmächtigter: Rechtsanwalt ..... in .....

gegen

den .....

Antragsgegner,

Verfahrensbevollmächtigter: Rechtsanwalt ..... in .....

wegen: Stundung nach § 1382 BGB

Namens und in Vollmacht der Antragstellerin bitte ich zu beschließen:

> Die Zahlung der Zugewinnausgleichsforderung in Höhe von 50.000 €, die die Antragstellerin an den Antragsgegner zu zahlen hat, wird für die Dauer eines Jahres gestundet.

Hilfsweise:

> Der Antragstellerin ist gestattet, die Ausgleichsforderung in 5 gleichen Quartalsraten von 10.000 €, beginnend ab 1. Oktober des Jahres und sodann fortfolgend jeweils zum 1. des Monats des Folgequartals zu zahlen.

Gründe:

Die Parteien sind getrennt lebende Eheleute. Zwischen Ihnen ist ein Scheidungsverfahren vor dem erkennenden Gericht anhängig.

Beweis: Beiziehung der Akten des Amtsgerichts ..... zum Az. .....

Die Parteien sind sich darüber einig, dass die Antragstellerin dem Antragsgegner einen Zugewinnausgleich von 50.000 € zu zahlen hat.

Die Auskünfte zum Versorgungsausgleich sind bei dem Familiengericht eingegangen. Sie sind den Parteien zugestellt. Es steht zu erwarten, dass alsbald Scheidungstermin anberaumt wird, in dem die Ehe der Parteien rechtskräftig geschieden wird.

Mit Rechtskraft der Scheidung wird der unstreitige Ausgleichsbetrag fällig und zahlbar.

Die Erfüllung der Ausgleichsforderung träfe die Antragstellerin in diesem Zeitpunkt zur Unzeit. Sie hat nicht so viele Barmittel, um diesen Ausgleichsanspruch daraus zu bedienen. Sie muss Vermögensgegenstände verwerten, um die Ausgleichsforderung zu erfüllen.

So hat sie schon jetzt ein nahezu schuldenfreies Appartement zum Kauf angeboten. Die erste Annonce hat die Antragstellerin vor 4 Wochen geschaltet, nachdem die Parteien sich über die Höhe des Ausgleichs einig geworden waren. Es haben sich zwar Kaufinteressenten gemeldet. Diese wollten jedoch ein »Schnäppchen« machen und haben Kaufinteresse bei einem Kaufpreis von weniger als 50 % dessen bekundet, was ein seriöser Sachverständiger der Antragstellerin als Wert benannt hat.

Beweis: Vorlage der Schätzung des Sachverständigen .....

Die Antragstellerin hat weiter versucht, ererbten Familienschmuck zu veräußern. Auch hier hat sie Preise angedient bekommen, die noch nicht einmal den Metallwert erreichen.

Beweis: Vorlage des Angebotes, Vorlage der Wertschätzung im Rahmen des Versicherungsverhältnisses

Der Antragsgegner, der sich beruflich für zwei Jahre nach Scheidung ins Ausland verändern will, ist auf die sofortige Realisierung des Ausgleichsanspruchs nicht angewiesen.

Die Antragstellerin ist bereit, Sicherheit zu leisten und den Anspruch auch banküblich zu verzinsen. Sie hat nach Auskünften von Maklern auch die berechtigte Hoffnung, zu angemessenem Preis das Appartement innerhalb der nächsten sechs Monate veräußern zu können.

Was den Hilfsantrag anbelangt, könnte die Antragstellerin die Quartalsraten aufbringen. Die Eltern haben Unterstützung zugesagt, können liquide Mittel allerdings erst aus zu verkaufenden, zurzeit geschlossenen Immobilienfonds realisieren. Die verwahrenden Banken haben recht überzeugend in Aussicht gestellt, dass innerhalb der nächsten drei Monate Verkäufe wieder möglich werden.

(Rechtsanwalt)

h) Muster: Erwiderung zum Stundungsantrag

Muster 14:   141

An das Amtsgericht

– Familiengericht –

.....

In der Familiensache

..... ./. .....

Az. .....

bestelle ich mich für den Antragsgegner.

Ich bitte,

    den Stundungsantrag zurückzuweisen,

hilfsweise,

    eine Stundung nur unter der Voraussetzung auszusprechen, dass 50 % der Ausgleichsforderung, damit 25.000 € sofort nach Fälligkeit bezahlt werden.

Gründe:

Es ist richtig, dass die Parteien sich über den Ausgleichsanspruch in der benannten Höhe verständigt haben. Richtig ist auch, dass der Antragsgegner alsbald nach Rechtskraft der Scheidung sich für zwei Jahre beruflich ins Ausland verpflichtet hat. Er braucht auch räumlichen Abstand und muss seine Lebensplanung neu justieren.

Es trifft nach Einschätzung des Antragsgegners weiter zu, dass der Scheidungstermin unmittelbar bevorsteht, in dem auch die Scheidung rechtskräftig werden wird.

Die Tatsache jedoch, dass der Antragsgegner sich für zwei Jahre beruflich ins Ausland verändert, legt allerdings nicht nahe, dass er Geld nicht benötigt. Das Gegenteil ist der Fall.

Er muss seinen Hausrat hier einlagern. Er muss sich vor Ort einrichten und wohnen. Er braucht ein finanzielles Polster für Unvorhergesehenes, um gewisse Sicherheit zu haben.

Die Antragstellerin hat eine wohlhabende und gut verdienende Pflegekraft, die schon signalisiert hat, wie der Antragsgegner sicher weiß, der Antragstellerin bis zum Verkauf des Appartements 20.000 € zu »leihen«. Warum die Antragstellerin das Angebot nicht annimmt, bleibt ihr Geheimnis.

(Rechtsanwalt)

6. Übertragung von Vermögensgegenständen nach § 1383 BGB

142   Die Norm durchbricht für Ausnahmefälle den Grundsatz, dass die Zugewinnausgleichsforderung eine reine Geldforderung ist. Sie schafft für den Gläubiger der Ausgleichsforderung eine **gesetzliche Ersetzungsbefugnis**, die in bestimmter Form, und zwar durch Antrag zum FamG auszuüben ist und durch richterlichen Akt vollzogen wird. Umgekehrt besteht eine Ersetzungsbefugnis des Schuldners nicht.

143   Die **richterliche Entscheidung** hat eine **Doppelwirkung**: Sie gestaltet einmal die Ausgleichsforderung um, indem sie die Ausgleichsforderung um den richterlich festgesetzten Anrechnungsbetrag reduziert (MünchKommBGB/*Koch*, § 1383 Rn. 1; PWW/*Weinreich* § 1383 Rn. 1; Schulz/Hauß/ *Hecker*, 2. Aufl., § 1383 Rn. 1). Sie begründet zum anderen die Verpflichtung zur Übertragung des Gegenstandes.

a) Voraussetzungen der Übertragung

144   Die Erfüllung der Ausgleichsforderung durch Geldleistung muss für den Gläubiger eine grobe Unbilligkeit bedeuten. Diese grobe Unbilligkeit muss durch die Übertragung von Vermögensgegenständen vermieden werden. Das setzt im Einzelnen voraus, dass nach den Umständen des konkreten Falles das Gerechtigkeitsempfinden in unerträglicher Weise verletzt wäre, wenn der Gläubiger durch Geldleistung befriedigt oder wenn ihm die Zuweisung bestimmter Gegenstände versagt würde (MüKo/*Koch* § 1383 Rn. 13; Staudinger/*Thiele* § 1383 Rn. 3).

145   Bei der Interessenabwägung sind das besondere und dingliche Interesse des Gläubigers an der Leistung von Sachwerten einerseits und gerade an der Leistung bestimmter einzelner Gegenstände zu berücksichtigen. Dabei braucht es sich nicht um ein wirtschaftliches zu handeln, die Motivation kann auch rein persönlich sein.

146   Die Ersetzung eines Teils der Ausgleichsforderung durch einen Vermögensgegenstand muss für den Schuldner zumutbar sein. Dabei ist von dem Grundsatz auszugehen, dass dem Schuldner die Hergabe eines Gegenstandes insb. dann nicht zuzumuten ist, wenn mit ihr eine fühlbare Beeinträchtigung seiner wirtschaftlichen Grundlage oder seines Lebenszuschnitts verbunden wäre (MüKo/*Koch* § 1383 Rn. 17; Staudinger/*Thiele* § 1383 Rn. 9).

b) Konkreter Antrag

147   Der Antrag muss die einzelnen zu übertragenden **Gegenstände konkretisieren**.

148   Zur Übertragung selbst sind geeignet **alle veräußerlichen geldwerten Sachen und Rechte** sowie Inbegriffe von Sachen und Rechten (Staudinger/*Thiele*, § 1383 Rn. 11). Im Verfahren auf Übertragung entscheidet, sofern es sich um ein isoliertes Verfahren handelt, der Rechtspfleger, §§ 3 Nr. 1, 25 Nr. 3 RPflG. Ist über die Ausgleichsforderung ein gerichtliches Verfahren anhängig (Scheidungsverbund oder isolierte Folgesache nach rechtskräftiger Scheidung), entscheidet der Familienrichter einheitlich und zusammen über die anhängigen Streitgegenstände.

c) Rechtliche Qualität der begründeten Verpflichtung

149   Die Verpflichtung zur Übertragung wird durch die gerichtliche Entscheidung begründet. Ob die Verpflichtung dadurch die Qualität eines privaten Veräußerungsgeschäftes hat, ist streitig und wirkt

sich darauf aus, ob möglicherweise eine **Spekulationsteuer nach § 23 EStG** ausgelöst wird (*Münch* FamRB 2006, 92; *Schröder* FamRZ 2002, 1010). Vorsichtshalber ist auf diese Gefahr hinzuweisen.

d) Der Anrechnungsbetrag

Als Anrechnungsbetrag wird der Verkehrswert des zu übertragenden Vermögensgegenstandes im Zeitpunkt der Entscheidung, die die Verpflichtung zur Übertragung anordnet, angesetzt (PWW/ *Weinreich* § 1383 Rn. 9). 150

e) Muster eines Antrags nach § 1383 BGB

Muster 15: 151

An das Amtsgericht

– Familiengericht –

.....

Antrag

der .....

Antragstellerin,

Verfahrensbevollmächtigter: Rechtsanwalt ..... in .....

gegen

den .....

Antragsgegner,

Verfahrensbevollmächtigter: Rechtsanwalt ..... in .....

wegen: Übertragung nach § 1383 BGB

Namens und in Vollmacht der Antragstellerin bitte ich zu beschließen:

> Der Antragsgegner ist verpflichtet, seinen Hälfteanteil am Grundstück in ....., Flurstück ....., Nr. ....., eingetragen im Grundbuch des Amtsgerichts ....., Band ....., Blatt ....., zu Alleineigentum an die Antragstellerin aufzulassen und die Eintragung im Grundbuch zu bewilligen.

> Für die Übertragung wird ein Betrag in Höhe von 75.000 € festgesetzt, der auf die Ausgleichsforderung der Antragstellerin gegenüber dem Antragsgegner wegen Zugewinn angerechnet wird.

Gründe:

Die Parteien sind durch Beschluss des Amtsgerichts ..... vom ..... geschieden worden. Der Beschluss ist rechtskräftig.

Beweis: Beiziehung der Akten des Amtsgerichts, Familiengerichts ....., Az. ....., .../. .....

Die Parteien haben im Rahmen der sich anschließenden güterrechtlichen Auseinandersetzung außergerichtlich vereinbart, dass der Antragstellerin ein Anspruch auf Zugewinnausgleich gegenüber dem Antragsgegner in Höhe von 230.000 € zusteht. Darüber haben sie eine notarielle Urkunde vor dem Notar ..... *[Name, Ort]* errichtet, in der sich der Antragsgegner der sofortigen Zwangsvollstreckung in sein gesamtes Vermögen wegen des Ausgleichsanspruches unterworfen hat.

Bei der begehrten Übertragung des Hälfteanteils handelt es sich um ein kleineres, in einem Vorort von ..... gelegenes Fachwerkhaus, welches den Großeltern der Antragstellerin gehörte und welches über die Eltern auf die Parteien des Verfahrens »gekommen« ist. Die Parteien dieses Verfahrens haben dieses Fachwerkhaus liebevoll restauriert und modernisiert. Die derzeitigen Mieter haben das Mietverhältnis aufgekündigt. Die Antragstellerin beabsichtigt, zusammen mit den beiden gemeinsamen Kindern der Parteien einzuziehen, sobald das Haus frei wird.

Im Zusammenhang mit der güterrechtlichen Regelung haben die Parteien ein Wertgutachten zu diesem Haus erstellen lassen. Der Sachverständige hat das Haus, aus Sicht beider Parteien angemessen, mit 150.000 € bewertet.

Der Antragsgegner hat in ..... in bevorzugter Wohnlage eine Eigentumswohnung, in die er nach Trennung der Parteien gezogen ist. Er will dort dauerhaft bleiben. Die Wohnung entspricht seinen Wohnbedürfnissen und Ansprüchen. Der Hälfteanteil am Fachwerkhaus ist für den Antragsgegner ein Vermögensgegenstand, der natürlich, weil Immobilie, wertbeständig ist, jedoch nicht mit einem besonderen Affektionsinteresse belegt ist.

Die Übertragung auf die Antragstellerin, damit diese zusammen mit den beiden gemeinsamen Kindern der Parteien wieder ein Zuhause hat, in dem vor allem auch die Kinder die Trennung der Eltern besser verarbeiten können, vermeidet für die Antragstellerin grobe Unbilligkeiten, weil damit auch das Risiko einer Teilungsversteigerung mit allen möglichen misslichen Konsequenzen verhindert wird.

(Rechtsanwalt)

f) Muster: Erwiderung auf den Übertragungsantrag nach § 1383 BGB

152 Muster 16:

An das Amtsgericht

– Familiengericht –

.....

In dem Verfahren

..... ./. .....

Az. .....

bestelle ich mich für den Antragsgegner.

Zurzeit beantrage ich für den Antragsgegner

den Antrag zurückzuweisen.

Gründe:

Im Rahmen der Berechnung der Ausgleichsforderung nach rechtskräftiger Scheidung ist sich der Antragsgegner bewusst geworden, dass er den Ausgleichsanspruch in Geld zu bedienen hat. Er hat schon daraufhin Schritte unternommen, diesen Ausgleichsanspruch zu finanzieren. Er hat ein Aktiendepot aufgelöst. Der Veräußerungserlös wird in den nächsten Tagen auf sein laufendes Konto mit 60.000 € transferiert werden. Er kann Pfandbriefe im Wert von 100.000 € einsetzen, um den Ausgleichsanspruch teilweise zu bedienen. Aus laufenden Projekten rechnet der Antragsgegner in den nächsten 2 Monaten mit weiteren 50.000 € Reinertrag, so dass nur noch ein geringfügiger Teil des Ausgleichsanspruchs zur Zahlung offensteht.

Es ist richtig, dass die Parteien das von den Großeltern der Antragstellerin über die Schwiegereltern des Antragsgegners, Eltern der Antragstellerin, erlangte Fachwerkhaus mit sehr viel Herzblut und persönlichem Einsatz restauriert und modernisiert haben. Sowohl die Antragstellerin, mehr aber eigentlich der Antragsgegner kennt »jeden Stein« des Objektes.

Die Anlage des Kräuter- und Gemüsegärtchens war Sache der Antragstellerin. Das auf dem Grundstück befindliche Backhaus ist zu einem kleinen Refugium umgestaltet worden. Die Parteien haben eine glückliche Zeit in diesem Haus zusammen verlebt, bis dass sie sich auch räumlich veränderten und das Haus vermieteten. Beide Kinder sind in dem Haus geboren.

Der Antragsgegner ist ebenso wie die Antragstellerin emotional mit diesem Haus sehr verbunden. Eine Verpflichtung zur Übertragung seines Hälfteanteils würde den Antragsgegner hart treffen, weil er durchaus für sich nicht ausschließt, später auch nochmals dort dauerhaft wohnen zu können.

Die Antragstellerin mag ihren finanziellen Ausgleich nehmen. Sie mag dem Antragsgegner sein Stück Heimat, den er in seiner Hälfte des Fachwerkhauses fühlt, belassen. Einem Einzug der Antragstellerin in das Objekt mit den gemeinsamen Kindern wird der Antragsgegner nichts entgegensetzen. Er ist gewiss, dass man sich auf eine angemessene ortsübliche Nutzungsentschädigung verständigen kann.

(Rechtsanwalt)

IV. Vorzeitige Aufhebung der Zugewinngemeinschaft und vorzeitiger Zugewinnausgleich

1. Das alte Recht

Nach der bis zum 31.08.2009 geltenden Rechtslage musste der ausgleichsberechtigte Ehegatte zunächst im Wege der Gestaltungsklage (§ 1385 BGB a. F. einerseits, § 1386 BGB a. F. andererseits) durch Richterspruch feststellen lassen, dass die Zugewinngemeinschaft aufgehoben und ein etwaiger Zugewinn vorzeitig auszugleichen war. Mit Rechtskraft der Entscheidung trat Gütertrennung ein und wurde der gesetzliche Güterstand beendet, sodass auch erst dann die Voraussetzungen für eine Auskunfts- und/oder Zahlungsklage vorlagen.   153

2. Die Neugestaltung des Systems

Auch nach der seit dem 01.09.2009 geltenden Rechtslage hat jeder Ehegatte bei Vorliegen der gesetzlichen Voraussetzungen, §§ 1386 i. V. m. 1385 BGB die Möglichkeit, allein auf vorzeitige Aufhebung der Zugewinngemeinschaft anzutragen. Der auf die vorzeitige Aufhebung der Zugewinngemeinschaft erkennende Beschluss führt Gütertrennung herbei, sobald er nicht mehr mit der Beschwerde angreifbar ist. Gedacht ist diese Möglichkeit vor allem für den Ehegatten, der ausgleichspflichtig ist – denn dieser kann niemals einen Anspruch auf Zugewinnausgleich geltend machen.   154

§ 1385 BGB eröffnet darüber hinaus dem Ausgleichsberechtigten die Möglichkeit, zusammen mit dem Gestaltungsantrag auf vorzeitige Aufhebung der Zugewinngemeinschaft seinen Ausgleichsanspruch mit flankierenden Auskunftsansprüchen durch Leistungsantrag geltend zu machen.   155

Die Neugestaltung des Systems des vorzeitigen Ausgleichs des Zugewinns mit der maßvollen Erweiterung der Voraussetzungen, unter denen vorzeitige Aufhebung der Zugewinngemeinschaft und vorzeitiger Ausgleich des Zugewinns beantragt werden können, schützt den ausgleichsberechtigten Ehegatten zeitlich früher und effektiver vor den Ausgleichsanspruch tangierenden Vermögensverschiebungen.   156

Die Ausgestaltung der Voraussetzungen der vorzeitigen Beendigung der Zugewinngemeinschaft wird den Bedürfnissen der Praxis an einer zügigeren Geltendmachung der Ausgleichsforderung gerecht. So ist es heute – anders als früher – schon ausreichend, dass Vermögensgefährdungen durch den anderen Ehegatten zu befürchten sind; der Eintritt dieser Gefährdungen ist nicht mehr erforderlich.   157

3. Schutzmechanismen

158   Dieses rechtliche Instrumentarium soll den möglichen Gläubiger einer Ausgleichsforderung schützen. Weil die Ausgleichsforderung (schon) zusammen mit der vorzeitigen Aufhebung der Zugewinngemeinschaft in einem Verfahren geltend gemacht werden kann und die Norm des § 1385 BGB damit einen zukünftigen Anspruch begründet, für den der Berechnungsstichtag durch § 1387 BGB fixiert wird, kann der Anspruch im Wege des Arrestes vorläufig gesichert werden. Der frühere Meinungsstreit zu der Zulässigkeit des Arrests in diesen Fällen (so die h. M. – statt vieler Haußleiter/ *Schulz* Vermögensauseinandersetzung, S. 143 ff.; OLG München, FamRZ 2007, 1101; a. A. OLG Karlsruhe, FamRZ 2007, 410), hat sich dadurch erledigt, dass § 1389 BGB a. F. gestrichen wurde und damit der argumentative Anknüpfungspunkt der Gegenansicht entfallen ist.

159   Die Erweiterung des Anwendungsbereiches des § 1386 BGB bedeutet auch einen effektiveren Schutz für den ausgleichsberechtigten Ehegatten. Eine das Vermögen mindernde Verfügung muss künftig nicht mehr abgewartet werden. Es ist vielmehr ausreichend, dass die Vornahme einer der in §§ 1365 oder 1375 BGB bezeichneten Handlungen zu befürchten ist.

160   Diese Frage beurteilt das Gericht im konkreten Einzelfall. Es müssen Anhaltspunkte vorliegen, aus denen sich ergibt, dass ein Vermögensverlust durch eine entsprechende Handlung wahrscheinlich bevorsteht.

4. Muster eines (isolierten) Antrags zur vorzeitigen Aufhebung der Zugewinngemeinschaft

161   Muster 17:

An das Amtsgericht

– Familiengericht –

.....

Antrag

des .....

Antragstellers,

Verfahrensbevollmächtigter: Rechtsanwalt ..... in .....

gegen

die .....

Antragsgegnerin,

Verfahrensbevollmächtigter: Rechtsanwalt ..... in .....

wegen: Vorzeitiger Aufhebung der Zugewinngemeinschaft nach §§ 1386 i. V. m. 1385 BGB

Namens und in Vollmacht des Antragstellers bitte ich zu beschließen:

Die zwischen den Parteien bestehende Zugewinngemeinschaft ist aufgehoben.[1, 5]

Gründe:

[1. Sachverhaltsvariante, §§ 1386, 1385 Ziff. 1 BGB][2, 4]

Die Parteien sind getrennt lebende Eheleute. Einen Ehevertrag haben die Parteien nicht geschlossen. Die Antragsgegnerin hat vor mehr als 3 Jahren die eheliche Wohnung verlassen, die der Antragsteller nach wie vor bewohnt, um die eheliche Lebensgemeinschaft aufzugeben und sich endgültig zu trennen. Sie ist am ..... unter Mitnahme der gemeinsamen Kinder und ihrer persönlichen

Sachen ausgezogen. Sie hat dem Antragsteller, für den der Auszug überraschend kam, ein Schreiben hinterlassen, in dem sie ihren endgültigen Trennungsentschluss schriftlich dokumentiert hat.

Beweis: Vorlage des Schreibens vom .....

Der Antragsteller hat mehrfach versucht, allerdings ohne Ergebnis, die Hintergründe der Trennung zu begreifen und zu erfahren. Gespräche mit der Antragsgegnerin haben seinen Erkenntnishorizont insoweit nicht erweitert. Er muss akzeptieren, dass es keine Gemeinsamkeiten zwischen den Parteien mehr gibt.

Wegen der Kinder und dem auch aus seiner Sicht ordentlichen Umgangsrecht will der Antragsteller sich allerdings noch nicht scheiden lassen. Die Antragsgegnerin soll jedoch nicht mehr an der Entwicklung seines Vermögens teilhaben.

Die Zuständigkeit des angegangenen Gerichts ergibt sich aus §§ 262 Abs. 2 FamFG i. V. m. 13 ZPO. Die Antragsgegnerin lebt mit den gemeinsamen Kindern im Sprengel des angegebenen Gerichtes. Die Kinder gehen dort zur Schule. Die Antragsgegnerin hat dort ihren gewöhnlichen Aufenthalt.

[2. Sachverhaltsvariante, §§ 1386, 1385 Ziff. 3 BGB][1, 2, 4]

Die Parteien sind seit gut 10 Jahren verheiratet. Einen Ehevertrag haben sie nicht geschlossen. Im Hinblick auf die gemeinsamen Kinder will der Antragsteller die häusliche Gemeinschaft noch nicht aufgeben. Es ist ihm aber aufgrund nachstehend zu schildernder Verhaltensweisen der Antragsgegnerin unzumutbar, noch am Güterstand der Zugewinngemeinschaft festgehalten zu werden.

Seit gut 1 Jahr muss der Antragsteller feststellen, dass die Antragsgegnerin ihrer ehelichen Solidarität und den aus dem ehelichen Verhältnis sich ergebenden Verpflichtungen nicht mehr nachkommt.

Die Antragsgegnerin ist halbtags als Physiotherapeutin tätig. Sie erwirtschaftet aus dieser Tätigkeit um 2.000 € monatlich netto. War es früher so, dass sie 1.500 € davon in die Haushaltskasse einlegte, um damit ihren Beitrag zum Familienunterhalt zu bestreiten, geschieht dies seit gut 1 Jahr nicht mehr. Der Antragsteller weiß nicht, was die Antragsgegnerin mit dem Geld macht.

Die Antragsgegnerin vernachlässigt die Haushaltsführung. Der Antragsteller hat die Antragsgegnerin dabei immer unterstützt, wie es einvernehmlich zwischen den Parteien verabredet und festgelegt war. Neben anderem war die Wäsche der Bereich der Antragsgegnerin. Haushaltswäsche und die persönliche Wäsche des Antragstellers und der Kinder bleiben seit gut einem Jahr »liegen«.

Beweis: Zeugnis der Schwiegermutter .....

Die Antragsgegnerin benutzt exzessiv ihre Kreditkarte, die für ein gemeinsames Konto der Parteien von der Hausbank ausgestellt ist. Dieses Konto wird seit gut 1 Jahr durch Barabhebungen, von der Antragsgegnerin veranlasste Geldflüsse an der Kreditlinie geführt. Früher war es so, dass dieses gemeinsame Konto immer Guthaben auswies und daraus auch für den gemeinsamen Jahresurlaub gespart werden konnte.

Die Antragsgegnerin, vom Antragsteller zur Rede gestellt, was denn diese veränderten Verhaltensweisen bedeuteten, hat sich dahin geäußert, dass sie sich selbstverwirklichen muss und lange genug in der »Knechtschaft der Ehe« gefangen gewesen ist.

Die Fassungslosigkeit des Antragstellers über solche Erklärungen hat die Antragsgegnerin abgetan. Sie hat sich vielmehr dahingehend geäußert, dass sie ihr Leben so weiterleben werde, wie sie es im letzten Jahr praktiziert habe. Die gemeinsamen Kinder im Alter von 8 und 12 Jahren seien ja auch inzwischen so alt, dass sie keiner Rund-um-Betreuung mehr bedürften.

Mit dem Pastor der Gemeinde haben die Parteien auf Veranlassung des Antragstellers Gespräche über ihre eheliche Situation und die Verhaltensweisen der Antragsgegnerin geführt. Der Antragsteller wollte erreichen, dass die Antragsgegnerin wiederum zu ehelichem Wohlverhalten zurückfände.

Beweis: Zeugnis des Pfarrers .....

Die Antragsgegnerin hat in den Gesprächen eindeutig erklärt, dass sie ihr Verhalten nicht ändern werde.

Beweis: wie vorher

Da die Antragsgegnerin sich außerhalb des Pflichtkanons der Ehe und Familie stellt, damit mangelnde eheliche Solidarität offenbart, ist es auch für den Antragsteller unzumutbar, in der Zukunft noch am Güterstand der Zugewinngemeinschaft festgehalten zu werden.

Wegen der Kinder kommt eine Scheidung für den Antragsteller noch nicht in Betracht. Er will allerdings klare Verhältnisse in der güterrechtlichen Situation.

[3. Sachverhaltsvariante, §§ 1386, 1385 Ziff. 4 BGB][3, 4]

Die Parteien sind verheiratet. Sie leben im gesetzlichen Güterstand der Zugewinngemeinschaft. Sie haben einen gemeinsamen 12-jährigen Sohn.

Die Antragsgegnerin, die halbtags in ihrem erlernten Beruf als Physiotherapeutin arbeitet, hat von Anbeginn der Ehe Geheimnisse um ihre wirtschaftliche Situation gemacht. Dies galt sowohl für die erzielten Einkünfte als auch für finanzielle Zuwendungen und Immobilien-Übertragungen durch ihre Eltern.

Hat der Antragsteller darüber noch in den Anfängen ihrer Ehe hinwegsehen können, ist er jetzt nicht mehr bereit, dies zu akzeptieren. Er hat deshalb mehrfach die Antragsgegnerin gebeten, doch wenigstens in groben Zügen ihren Vermögensbestand offenzulegen.

Beweis: Vorlage verschiedener Schreiben in Kopie

Die Antragsgegnerin hat diese Schreiben ignoriert. In Gesprächen, in denen der Antragsteller dies thematisiert hat, hat sie sich hinhaltend geäußert. Sie hat auch nicht begründet, warum sie den Antragsteller im Unklaren über ihre Vermögensverhältnisse lässt.

Für den Antragsteller ist Offenheit auch in Vermögensdingen ein Stück notwendigen ehelichen Vertrauens. Dies vermisst er bei der Antragsgegnerin vor allem in wirtschaftlichen Dingen, so dass es für ihn unzumutbar ist, weiter am Güterstand der Zugewinngemeinschaft festgehalten zu werden.

[4. Sachverhaltsvarianten, §§ 1386, 1385 Ziff. 2 BGB][3, 4]

Die Parteien sind getrennt lebende Eheleute. Die Antragsgegnerin ist vor gut 4 Monaten aus der gemeinsamen ehelichen Wohnung ausgezogen in der erklärten Absicht, sich endgültig zu trennen. Der Antragsteller bewohnt zusammen mit den beiden gemeinsamen Kindern noch die eheliche Wohnung. So soll es auch in Zukunft bleiben.

a. Gesamtvermögensgeschäft

Die Antragsgegnerin ist Eigentümerin eines Mehrfamilienhauses, welches nahezu unbelastet ist. Bisher haben die Mieteinkünfte mit dazu beigetragen, den angemessenen Lebensstandard der Familie sicherzustellen. Das Haus dürfte einen Verkehrswert von um 400.000 € haben bei noch valutierenden Belastungen von 75.000 €. Der Antragsteller musste jetzt im Immobilienteil der örtlichen Zeitung feststellen, dass die Antragsgegnerin das Objekt zum Verkauf, und zwar zu einem Preis von 350.000 € anbietet.

Beweis: Vorlage diverser Annoncen in Kopie

Dieses Mehrfamilienhaus ist das gesamte Vermögen der Antragsgegnerin. Sie hatte bis zur Trennung noch ein Sparbuch von rund 15.000 €. Daneben gehört ihr ein 8 Jahre alter Mercedes-Pkw, Roadster. Ein Sachverständiger hat dem Antragsteller auf Befragen erklärt, dass dieser Wagen noch rund 7.500 € erzielen könnte.

b. Illoyale Vermögensminderung

Die Antragsgegnerin hat ihr Aktiendepot im Nominalwert von 30.000 € veräußert und den erzielten Gegenwert auf ihr laufendes Konto transferiert.

Die leichte Verfügbarkeit fördert dessen Verschwendung. Der Antragsteller hat in Erfahrung gebracht, dass die Antragsgegnerin eine 4-wöchige kombinierte Flug- und Schiffsreise um die Welt für den Herbst gebucht hat, die 22.000 € kostet. Urlaube verbrachte die Familie, aber auch die Antragsgegnerin alleine, bisher preisbewusst und pauschal im Schwarzwald oder auf Mallorca.

Beweis: Parteivernehmung

Der Antragsteller hat, als die Parteien heirateten, seine berufliche Karriere auf Halbtagsbeschäftigung zurückgefahren. Er hat sich im Einvernehmen mit der Antragsgegnerin verstärkt um die Kinder gekümmert, während die Antragsgegnerin zielstrebig und exzessiv ihre berufliche Karriere vorantrieb.

Aufgrund der wirtschaftlichen Situation der Eheleute ist der Antragsteller Gläubiger einer künftigen Ausgleichsforderung. Die Verhaltensweisen der Antragsgegnerin bedeuten eine erhebliche Gefährdung für die Erfüllung dieser Ausgleichsforderung.

Der Antragsteller hat demzufolge ein Interesse, dass die vorzeitige Aufhebung der Zugewinngemeinschaft festgestellt wird, um den vorzeitigen Ausgleich des Zugewinns zu bewirken.

(Rechtsanwalt)

1. Antragsziel. Antragsziel ist, sich vom Güterstand der Zugewinngemeinschaft zu lösen, ohne zugleich die Scheidung der Ehe herbeiführen zu müssen. Den einzelnen Tatbeständen, unter denen es möglich wird, liegen unterschiedliche Normzwecke zugrunde. Den Normzwecken ist gemeinsam die gesetzliche Typisierung, dass bei Vorliegen der einzelnen Tatbestände es für den berechtigten Ehegatten unzumutbar ist, am Güterstand der Zugewinngemeinschaft mit seinem Teilhabeprinzip festgehalten zu werden.

2. Tatbestandsvoraussetzungen. Die Tatsachen, aus denen sich die Unzumutbarkeit ergibt, sind qualitativ unterschiedlich. Sie verdeutlichen einmal, dass die systemimmanenten Anforderungen einer Zugewinnbeteiligung erheblich gestört sind und die Fortdauer der Störung befürchtet werden muss, § 1385 Nr. 1. BGB.

3. Unzumutbarkeit. § 1385 Nr. 2 BGB ermöglicht zum anderen, den Zugewinnausgleich »vorzuziehen«, weil das Verhalten eines Ehegatten eine erhebliche Gefährdung der Ausgleichsforderung besorgen lässt. § 1385 Nr. 4 BGB begründet die Unzumutbarkeit schließlich mit der Befürchtung, dass der Ehegatte, der die Information zu seinem Vermögensbestand verweigert, den anderen nicht oder nicht voll an seinem Zugewinn beteiligen, oder doch dessen Berechnung erschweren will.

4. Substanziierung. Zu den einzelnen Tatbeständen ist substanziierter Vortrag notwendig (vgl. zu den Anforderungen im Einzelnen: Staudinger/*Thiele* § 1386 Rn. 4 ff. zum alten Rechtszustand).

5. Rechtsfolge der rechtskräftigen Entscheidung. Mit der Rechtskraft der Entscheidung, die die Zugewinngemeinschaft vorzeitig aufhebt, tritt Gütertrennung ein, § 1388 BGB.

V. Zahlungsanspruch des Ausgleichsberechtigten gegen Dritte nach § 1390 BGB

Die Vorschrift des § 1378 Abs. 2 BGB hat zur Folge, dass illoyale Handlungen des Ausgleichspflichtigen den Ausgleichsanspruch trotz Hinzurechnung der Beträge nach § 1375 Abs. 2 BGB schmälern oder gar uneinbringlich machen können. Als Ersatz für einen solchen Ausfall gewährt § 1390 BGB einen »Auffüllanspruch« (Gernhuber/*Coester-Waltjen* § 36 VII 4). Allerdings ist die Bedeutung dieser Regelung zurückgegangen, nachdem auch für § 1378 Abs. 2 BGB auf den Zeitpunkt des § 1384 BGB bzw. des § 1387 BGB abzustellen ist (BGH FamRZ 2012, 1449) und deswegen alle Vermögensminderungen nach der Zustellung des Scheidungsantrags irrelevant geworden sind.

162

1. Das alte Recht

Nach dem bis 31.08.2009 geltenden Recht stand dem durch eine illoyale Vermögensminderung benachteiligten Ehegatten ein **Anspruch auf Herausgabe des zugewendeten Vermögensgegenstandes** nach den Vorschriften über Herausgabe einer ungerechtfertigten Bereicherung zum Zwecke der Befriedigung gegen den begünstigten Dritten zu. Voraussetzung des Anspruchs war neben einer

163

illoyalen Vermögensminderung, dass die Ausgleichsforderung gegen den illoyalen Ehegatten wegen der Regelung des § 1378 Abs. 2 BGB, wonach die Höhe der Ausgleichsforderung durch das vorhandene Vermögen begrenzt war, nicht zu realisieren gewesen ist.

2. Die Neuregelung des § 1390 BGB

164   Die ab 01.09.2009 geltende Fassung des § 1390 BGB begründet bei illoyalen Vermögensminderungen keinen Herausgabeanspruch mehr, sondern einen **Anspruch auf Wertersatz**, damit eine **Geldforderung**. Eine solche Geldforderung ist gegeben, wenn einmal unentgeltliche Zuwendungen an Dritte in der Absicht erfolgt sind, den Ehepartner zu benachteiligen, **und** dass zum anderen die Höhe der Ausgleichsforderung den Wert des nach Abzug der Verbindlichkeiten bei Beendigung des Güterstandes vorhandenen Vermögens des ausgleichspflichtigen Ehegatten übersteigt. § 1390 Abs. 2 BGB erweitert den Anwendungsbereich nach § 1390 Abs. 1 BGB und erfasst damit alle anderen Rechtshandlungen, wenn die Absicht, den Ehegatten zu benachteiligen, dem (begünstigten) Dritten bekannt war.

3. Konsequenzen für den illoyalen Ehegatten

165   Für den illoyalen Ehegatten ist nach § 1375 Abs. 2 Satz 2 BGB dem Endvermögen der Betrag hinzuzurechnen, den die illoyale Vermögensminderung ausmacht. Dadurch entsteht eine **fiktive Haftungsmasse** für den Zugriff des Ausgleichsberechtigten. Der illoyale Ehegatte wird so behandelt, als habe er sein Vermögen nicht gemindert. Dies entspricht dem Grundsatz, dass das gesamte vorhandene (End-) Vermögen für einen sich ergebenden Ausgleich einzusetzen ist, weil jetzt eben auch negatives Anfangsvermögen in der Ausgleichsmathematik berücksichtigt wird.

166   Die **betragsmäßige Begrenzung der Höhe des Ausgleichsanspruchs** nach § 1378 Abs. 2 Satz 1 BGB wird um den illoyal verminderten Betrag erhöht. Der Grundsatz der hälftigen Teilung des Zugewinns wird durch diese Regelung nicht angetastet (vgl. Beschlussempfehlung und Bericht des Rechtsausschusses zum Entwurf eines Gesetzes zur Änderung des Zugewinnausgleichs- und Vormundschaftsrechts vom 13.05.2009, BT-Drucks. 16/13027, S. 10 f.).

4. Ersetzungsbefugnis

167   Der begünstigte Dritte kann die Zahlung durch Herausgabe des Erlangten abwenden, § 1390 Abs. 1 Satz 3 BGB.

5. Gesamtschuldnerische Haftung

168   Ausgleichsanspruch und Zahlungsanspruch ggü. dem Dritten betreffen zwar unterschiedliche Gegenstände. Es ist jedoch konsequent, weil es sich bei den beiden Ansprüchen um besonders eng verwandte Ansprüche handelt (BT-Drucks. 16/10798, S. 32), die auch noch dasselbe Ziel verfolgen, nämlich, dem Ausgleichsberechtigten zur Erfüllung seines Anspruchs zu verhelfen, die beiden Schuldner als Gesamtschuldner in Haftung zu nehmen.

6. Muster eines Antrags wegen eines Zahlungsanspruchs des Ausgleichsberechtigten gegen Dritte nach § 1390 BGB

Muster 18:   169

An das Amtsgericht

– Familiengericht –[1]

.....

Antrag

der .....

Antragstellerin,

Verfahrensbevollmächtigter: Rechtsanwalt ..... in .....

gegen

den .....

Antragsgegner,

Verfahrensbevollmächtigter: Rechtsanwalt ..... in .....

wegen: Zahlung nach § 1390 BGB

Namens und in Vollmacht der Antragstellerin bitte ich zu beschließen:

> Der Antragsgegner ist verpflichtet, an die Antragstellerin 10.000 € zzgl. 5 %-Punkte über dem Basiszinssatz ab ..... zu zahlen.[2]

Gründe:

Die Ehe der Antragstellerin ist seit dem ..... rechtskräftig geschieden. Zusammen mit dem Scheidungsausspruch verpflichtete der im Verbund ergangene Beschluss des Amtsgerichts ..... vom ..... (Az. .....) den Ehemann der Antragstellerin, einen Zugewinnausgleich in Höhe von 60.000 € zu zahlen. Die Höhe der Ausgleichsforderung überstieg den Wert des zum Stichtag vorhandenen Vermögens des Antragsgegners um 10.000 €. Damit hatte es folgende Bewandtnis:

Der Ehemann der Antragstellerin hatte im Rahmen der güterrechtlichen Auseinandersetzung Auskunft u. a. zum Trennungs- und zum Endvermögen erteilt. Zwischen Stichtag Trennungsvermögen und Stichtag Endvermögen lagen 18 Monate.[2]

Das Endvermögen des Ehemanns der Antragstellerin war geringer als das Trennungsvermögen. Dies resultierte daraus, dass der Ehemann der Antragstellerin an sein volljähriges Patenkind seine im Zeitpunkt der Trennung noch in seinem Vermögen befindliche Harley Davidson (Wert rund 25.000 €) geschenkt hatte. Um diesen Betrag hatte das Familiengericht die sich aus § 1378 Abs. 2 Satz 1 ergebende Begrenzung der Ausgleichsforderung nach § 1378 Abs. 2 Satz 2 angehoben. Der Ehemann der Antragstellerin war nämlich beweisfällig dafür geblieben, dass in der Weggabe des Motorrades keine der vermögensmindernden Handlungen i. S. d. § 1375 Abs. 2 Satz 1 BGB vorgelegen hatte.

Der Antragsgegner dieses Verfahrens ist nach wie vor im Besitz des Motorrads. Die Antragstellerin ist mit Vollstreckungsmaßnahmen ausgefallen. Der Antragsgegner hat deshalb zumindest den Betrag an die Antragstellerin zu zahlen, mit dem die Ausgleichsforderung den Wert des nach Abzug der Verbindlichkeiten bei Beendigung des Güterstandes vorhandenen Vermögens des ausgleichspflichtigen Ehemannes übersteigt.

(Rechtsanwalt)

1. Zuständigkeit. Das Verfahren ist eine **Güterrechtssache** (SBW/*Weinreich*, § 261 Rn. 5). Zur Entscheidung ist der Familienrichter des örtlich zuständigen FamG berufen.

2. »Auffüllanspruch«. Der Zahlungsanspruch gegen den Dritten ist ein »**Auffüllanspruch**«, deshalb nur i. H. d. Betrages gegeben, als ein höherer Ausgleichsanspruch wegen der Zurechnung aufgrund illoyaler Vermögensminderung begründet wird.

Vom Wortlaut des § 1378 Abs. 2 Satz 1 u. 2 BGB könnte dies zweifelhaft sein. Der Gesetzeswortlaut deckt auch, dass bei Ausfall in der Vollstreckung der Ausgleichsforderung in das Vermögen des Ausgleichspflichtigen der unentgeltlich weggegebene Vermögensgegenstand für den gesamten Ausgleichsanspruch, soweit der Wert des weggegebenen Gegenstandes reicht, haftet. Letzteres dürfte sachgerecht sein, da bei illoyalen Vermögensminderungen der illoyale Ehegatte so behandelt werden soll, als würde der weggegebene Gegenstand noch zu seinem Vermögen gehören.

7. Muster: Erwiderung auf den Zahlungsantrag nach § 1390 BGB

170   Muster 19:

An das Amtsgericht

– Familiengericht –

.....

In der Familiensache

..... ./. .....

Az. .....

bestelle ich mich für den Antragsgegner.

Im anzuberaumenden Termin werde ich beantragen,

den Antrag zurückzuweisen.

Gründe:

Es ist richtig, dass der Ehemann der Antragstellerin dem Antragsgegner seinerzeit die Harley Davidson geschenkt hat. Die Schenkung erfolgte aus Anlass des ersten Staatsexamens des Antragsgegners.

Der Ehemann der Antragstellerin hatte, weil er um die Affinität des Antragsgegners zur Harley Davidson wusste, noch zu Zeiten intakter Ehe mit der Antragstellerin dem Antragsgegner – seinem Patenkind – versprochen, ihm bei Bestehen des Examens eben das Motorrad zu schenken. Der Ehemann der Antragstellerin, der sich nach dem Tode der Mutter des Antragsgegners intensiv um dessen schulische und berufliche Ausbildung mit gekümmert und diese gefördert hatte, wollte einen Anreiz schaffen, damit der Antragsgegner sich rückhaltlos für seine berufliche Ausbildung einsetzt. Die Antragstellerin war damit auch einverstanden.

Zu keinem Zeitpunkt wollte der Ehemann der Antragstellerin durch die Schenkung des Motorrads etwa berechtigte Ausgleichsansprüche der Antragstellerin kürzen. Der Antragsgegner war auch immer der Meinung, dass die Antragstellerin und ihr Ehemann sich sachlich fair und respektvoll voneinander getrennt haben. So haben es sowohl die Antragstellerin als auch deren Ehemann immer wieder nach außen hin kommuniziert. Der Antragsgegner hat auch zur Antragstellerin eigentlich ein vernünftiges Verhältnis.

Sollte der Antragsgegner haften, ist er zusammen mit dem Ehemann der Antragstellerin Gesamtschuldner für diesen Betrag. Der Ehemann der Antragstellerin hat dem Antragsgegner letztlich noch erklärt, dass er den gesamten Zugewinnausgleichsanspruch in den nächsten 2 Monaten geregelt haben wird.

(Rechtsanwalt)

VI. Zugewinn und ... (Sonderprobleme beim Zugewinnausgleich)

Im Zugewinnausgleichsrecht stellen sich vielfältige Einzelfragen, von denen im Nachfolgenden eini-   **171** gen Wenigen nachgegangen werden soll, auch wenn sie vielleicht nicht zum anwaltlichen »Alltags- geschäft« gehören. Sie sollen aber deshalb näher beleuchtet werden, weil sie das zugewinnausgleichs- rechtliche »Problembewusstsein« schärfen und dem Leser ein »Gefühl« dafür geben, mit welchen Fragen er sich bisweilen in der Praxis konfrontiert sieht und wie er dann für seinen Mandanten eine optimale Ausgangsbasis für Verhandlungen über den Zugewinn schafft. Folgende Themen können deshalb auch im Rahmen eines »Formularbuchs« von Interesse sein:

- Zugewinn und Indexierung des (auch negativen?) Anfangsvermögens
- Zugewinn und das Anfangs- und Endvermögen beim sog. »belasteten privilegierten Erwerb«
- Zugewinn und die Auswirkungen der Rückabwicklung einer schwiegerelterlichen Zuwendung auf die Zugewinnausgleichsbilanz
- Zugewinn und Gesamtschuldnerausgleich
- Zugewinn und ehevertragliche Vereinbarungen

1. Zugewinn und Indexierung des (auch negativen?) Anfangsvermögens

1973, also vor gut 40 Jahren, hatte sich der BGH erstmals zur Indexierung des Anfangsvermögens   **172** erklärt (BGHZ 61, 385). In diesem Jahr (1973) kostete ein belegtes Brötchen beim Bäcker vielleicht 0,50 DM, also etwa 0,25 €. Heute (2014) kostet es mit einem vergleichbaren Belag ca. 1,95 €. Es liegt auf der Hand, dass ein belegtes Brötchen von damals – denkt man es sich als Teil des Anfangs- vermögens – nicht mit einem belegten Brötchen von heute verglichen werden kann. Um die auf dem Kaufkraftschwund beruhende Wertsteigerung, die – damals umstritten, heute aber gefestigte h. M. – keinen zu berücksichtigenden Zugewinn darstellt, herauszurechnen, also Anfangs- und End- vermögen miteinander »kompatibel« zu machen, hat eine Umrechnung zu erfolgen, um auf diesem Wege dem Anfangsvermögen den Geldwert zum Stichtag des § 1384 BGB zu geben. Der BGH begründete seine Auffassung damit, dass beim Zugewinnausgleich die Differenzrechnung »End- vermögen ./. Anfangsvermögen = Zugewinn« zwar mit einem äußerlich gleichen, in Wahrheit aber unterschiedlichem Maßstab vorgenommen würde. Ein nicht indexiertes Anfangsvermögen führe zu einem »scheinbaren Zugewinn«, der allein darauf beruhe, dass das Anfangs- und Endvermögen nicht mit demselben Wertmesser gemessen werde, weil die Geldeinheit DM im Laufe der Zeit an Wert verloren habe. Und um bei der Berechnung den unechten oder scheinbaren Zugewinn aus- zuscheiden, müsse eine Umrechnung erfolgen, die das Anfangsvermögen mit dem Endvermögen vergleichbar mache.

Auch dazu, wie eine »Vergleichbarmachung« vorzunehmen ist, erklärte sich der BGH und ver-   **173** wies darauf, dass der Kaufkraftschwund der DM »seinen besten und der Wirklichkeit am nächsten kommenden Ausdruck in dem Steigen des vom Statistischen Bundesamt errechneten Lebenshal- tungsindex« finde. Mittels eines Vergleichs des für die verschiedenen Stichtage geltenden Lebens- haltungsindex lasse sich mit einer für die Bedürfnisse der Rechtspraxis ausreichenden Annäherung die Verteuerung und die darauf beruhende Entwertung des Geldes berechnen.

Die »Vergleichbarmachung« geschieht mit der Formel

$$\frac{\text{Wert Anfangsvermögen} \times \text{Preisindex zum Stichtag § 1384 BGB}}{\text{Preisindex zum Zeitpunkt des § 1376 BGB}}$$

Im »Brötchenbeispiel« bedeutet dies: 0,25 € x 105,7 (Jahresindex 2013) : 44,8 (Jahresindex 1974) = 0,58 €.

Dieses – vom Ergebnis freilich nicht recht überzeugende – Beispiel zeigt zwar, dass die Umrechnung bei einzelnen Werten nicht immer zu angemessenen Ergebnissen führt. Dies ist nun nicht »zuge- winnausgleichsfremd«, aber auch nicht entscheidend, weil bei der Indexierung nicht ein einzelner Gegenstand herausgegriffen, sondern das Anfangsvermögen als Summe umgerechnet wird. Deshalb kommt es nicht darauf an, ob ein einzelner Vermögenswert des Anfangsvermögens eine überdurchschnittlich sinkende oder steigende Werttendenz aufweist (PWW/*Weinreich* § 1374 Rn. 10).

174   Seit 2000 gibt es nur noch Verbraucherpreisindizes, die ständig (mtl.) aktualisiert werden. Bei dem Basisjahr **2010 = 100** ergeben sich lt. Stat. Bundesamt (www.destatis.de) folgende Indizes, wobei in die nachstehende Tabelle vor 1991 der jeweilige Jahresdurchschnitts-Index für die Lebenshaltung aller privaten Haushalte bzw. vor 1962 für die Lebenshaltung von 4-Personen-Haushalte mit mittlerem Einkommen eingestellt wird:

1958	1959	1960	1961	1962	1963	1964	1965	1966	1967	1968	1969
23,93	24,28	24,63	25,21	25,94	26,71	27,33	28,20	29,22	29,7	30,19	30,76
1970	1971	1972	1973	1974	1975	1976	1977	1978	1979	1980	1981
31,8	33,47	35,32	37,78	40,43	42,81	44,66	46,33	47,55	49,5	52,17	55.5
1982	1983	1984	1985	1986	1987	1988	1989	1990	1991	1992	1993
58,4	60,32	61,77	63,06	62,98	63,14	63,94	65,73	67,5	70,2	73,8	77,1
1994	1995	1996	1997	1998	1999	2000	2001	2002	2003	2004	2005
79,1	80,5	81,6	83,2	84,0	84,5	85,7	87,4	88,6	89,6	91,0	92,5
2006	2007	2008	2009	2010	2011	2012	2013	2014	2015	2016	2017
93,9	96,1	98,6	98,9	100	102,1	104,1	105,7				

175   Die Umrechnungs-Pauschalisierung, mit der – wie im Zugewinn überhaupt – gewisse Ungerechtigkeiten gleichmäßig verteilt werden sollen, rechtfertigt es i. Ü. auch, den jeweils relevanten Jahresindex zu verwenden und von einer Monatsindexierung abzusehen (PWW/*Weinreich* § 1374 Rn. 12). Wer allerdings bei seinem Mandanten Jahre zu beurteilen hat, die erhebliche Jahresschwankungen beim Index aufweisen (z.B. im Jahr 1980 zwischen 50,728 im Januar und 53,255 im Dezember), kann dessen Ausgleichsforderung oder Abwehr u. a. auch dadurch optimieren, dass er nicht auf den Jahresindex abstellt, sondern dem Anfangsvermögen den relevanten Monatsindex zugrunde legt. Auf der Basis: **2010 = 100** ergeben sich lt. Stat. Bundesamt (Lange Reihe) ab 1958 folgende Monatswerte:

Jahr	Jan.	Feb.	März	April	Mai	Juni	Juli	Aug.	Sept.	Okt.	Nov.	Dez.
1958	0,00	0,00	0,00	0,00	0,00	0,00	24,01	23,83	23,83	23,83	24,01	24,10
1959	24,19	24,28	24,19	24,10	24,10	24,10	24,19	24,28	24,37	24,37	24,64	24,55
1960	24,64	24,73	24,64	24,64	24,64	24,46	24,55	24,46	24,55	24,64	24,82	24,82
1961	25,00	25,18	25,09	25,09	25,09	25,09	25,18	25,18	25,27	25,27	25,45	25,54
1962	25,73	25,91	25,91	26,00	25,91	25,91	26,00	25,82	25,91	25,91	26,09	26,18
1963	26,45	26,81	26,72	26,81	26,72	26,54	26,54	26,54	26,72	26,72	26,90	27,08
1964	27,26	27,35	27,26	27,26	27,26	27,17	27,26	27,26	27,35	27,35	27,53	27,62
1965	27,80	27,89	27,80	27,98	28,07	28,16	28,34	28,25	28,34	28,43	28,61	28,70
1966	28,88	29,07	28,97	29,25	29,25	29,16	29,25	29,25	29,25	29,34	29,52	29,52
1967	29,61	29,70	29,70	29,70	29,70	29,70	29,79	29,70	29,70	29,70	29,79	29,70
1968	30,15	30,24	30,15	30,15	30,15	30,15	30,15	30,15	30,15	30,15	30,33	30,33
1969	30,60	30,78	30,69	30,69	30,69	30,78	30,78	30,69	30,78	30,78	30,96	30,96
1970	31,41	31,59	31,59	31,68	31,68	31,77	31,86	31,86	31,86	31,95	32,13	32,22
1971	32,68	33,04	33,13	33,31	33,31	33,40	33,58	33,58	33,76	33,85	34,03	34,03
1972	34,48	34,75	34,75	34,93	34,93	35,11	35,38	35,38	35,83	35,93	36,11	36,20

1973 36,65	37,01	37,10	37,37	37,55	37,73	37,91	37,91	38,00	38,27	38,81	38,99
1974 39,36	39,81	39,81	39,99	40,26	40,35	40,53	40,62	40,80	40,98	41,34	41,34
1975 41,79	42,06	42,15	42,42	42,69	42,97	43,06	42,97	43,33	43,33	43,51	43,51
1976 43,96	44,32	44,32	44,50	44,59	44,68	44,68	44,77	44,86	44,95	45,13	45,13
1977 45,67	45,94	45,94	46,12	46,31	46,40	46,40	46,49	46,58	46,58	46,76	46,76
1978 47,03	47,30	47,30	47,48	47,57	47,66	47,66	47,57	47,66	47,66	47,84	47,93
1979 48,38	48,65	48,74	49,01	49,19	49,37	49,83	49,83	50,01	50,19	50,37	50,46
1980 50,73	51,45	51,63	51,81	52,08	52,17	52,35	52,44	52,53	52,62	52,98	53,26
1981 53,80	54,25	54,61	54,88	55,15	55,24	55,78	55,87	56,23	56,51	56,78	56,87
1982 57,32	57,59	57,50	57,50	57,95	58,49	58,76	58,67	58,94	59,21	59,39	59,48
1983 59,75	59,84	59,75	59,75	59,94	60,12	60,39	60,66	60,84	60,84	60,93	61,02
1984 61,29	61,65	61,56	61,56	61,65	61,74	61,74	61,65	61,74	62,10	62,28	62,28
1985 62,64	63,00	63,09	63,18	63,18	63,09	63,00	62,91	63,00	63,09	63,27	63,27
1986 63,46	63,55	63,18	63,09	63,09	63,09	62,82	62,73	62,82	62,64	62,64	62,64
1987 63,00	63,18	63,00	63,09	63,18	63,09	63,18	63,18	63,09	63,09	63,27	63,27
1988 63,55	63,82	63,64	63,82	63,91	63,91	63,91	63,91	64,00	64,09	64,36	64,45
1989 64,99	65,35	65,35	65,62	65,80	65,71	65,71	65,71	65,89	66,07	66,16	66,34
1990 66,80	67,16	67,07	67,16	67,34	67,25	67,25	67,52	67,88	68,24	68,15	68,24
1991 68,60	68,90	68,90	69,20	69,40	69,80	70,60	70,60	70,60	71,70	72,00	72,10
1992 72,50	72,90	73,20	73,50	73,70	73,90	74,10	74,10	74,10	74,10	74,40	74,50
1993 75,80	76,40	76,60	76,80	76,90	77,10	77,50	77,50	77,40	77,40	77,50	77,70
1994 78,10	78,70	78,80	78,90	79,10	79,20	79,40	79,60	79,40	79,30	79,40	79,60
1995 79,90	80,30	80,30	80,40	80,40	80,50	80,70	80,70	80,70	80,50	80,50	80,80
1996 81,00	81,50	81,50	81,50	81,60	81,70	81,80	81,80	81,80	81,80	81,70	82,00
1997 82,70	82,80	82,80	82,70	82,90	83,00	83,70	83,80	83,60	83,50	83,50	83,70
1998 83,70	83,90	83,80	83,90	84,00	84,10	84,40	84,20	84,00	83,90	83,90	84,00
1999 83,90	84,00	84,00	84,40	84,40	84,50	84,90	84,80	84,60	84,50	84,70	85,00
2000 85,20	85,30	85,30	85,30	85,20	85,60	86,00	85,80	86,00	85,90	86,00	86,70
2001 86,40	86,90	86,90	87,30	87,60	87,70	87,80	87,60	87,60	87,50	87,30	88,10
2002 88,20	88,50	88,70	88,60	88,70	88,70	88,80	88,70	88,70	88,60	88,30	89,10
2003 89,10	89,60	89,70	89,40	89,20	89,50	89,70	89,70	89,60	89,60	89,40	90,10
2004 90,10	90,30	90,60	90,90	91,10	91,10	91,30	91,40	91,20	91,30	91,10	92,10
2005 91,40	91,80	92,20	92,00	92,20	92,30	92,70	92,80	92,90	93,00	92,70	93,40
2006 93,10	93,50	93,50	93,80	93,80	94,00	94,40	94,20	93,90	94,00	94,00	94,70
2007 94,70	95,10	95,30	95,80	95,80	95,80	96,30	96,20	96,40	96,60	97,10	97,70
2008 97,40	97,80	98,30	98,10	98,70	98,90	99,50	99,20	99,10	98,90	98,40	98,80
2009 98,30	98,90	98,70	98,80	98,70	99,00	99,00	99,20	98,90	98,90	98,80	99,60
2010 99,00	99,40	99,90	100,00	99,90	99,90	100,10	100,20	100,10	100,20	100,30	100,90
2011 100,70	101,30	101,90	101,90	101,90	102,00	102,20	102,30	102,50	102,50	102,70	102,90
2012 102,80	103,50	104,10	103,90	103,90	103,70	104,10	104,50	104,60	104,60	104,70	105,00

Jüdt

2013 104,50 105,10 105,60 105,10 105,50 105,60 106,10 106,10 106,10 105,90 106,10 106,50

2014 105,90 106,40 106,70 106,50 106,40

Würde z. B. das Anfangsvermögen zum Stichtag 01/1980 100.000 € betragen und der Stichtag des § 1384 BGB der Monat Dezember 2013 sein, ergäben sich indexiert bei den **Jahreswerten**

100.000 x 105,7 : 52,17 = **202.607 €**

und bei den **Monatswerten**

100.000 x 106,5 : 50,73 = **209.935 €**,

sodass in einem solchen Fall (immerhin ein Ausgleichsbetrag iHv. 3.664,00 €, mit dem die Anwaltskosten für ein Zugewinnausgleichsverfahren über 50.000 € bestritten werden können) es lohnend erscheinen sollte, zumindest eine auf Monatsindizes umgestellte Kontrollberechnung durchzuführen.

176 Ob auch **negatives Anfangsvermögen**, das es seit dem 01.09.2009 gibt (vgl. Rdn. 6), indexiert werden darf, ist umstritten.

177 **Muster 20:**

▶ Muster eines Zahlungsantrags mit negativem Anfangsvermögen

Amtsgericht .....

– Familiengericht –

.....

Antrag

der .....

Antragstellerin,

Verfahrensbevollmächtigter: Rechtsanwalt ..... in .....,

gegen

dessen Ehemann .....,

Antragsgegner,

Verfahrensbevollmächtigter: Rechtsanwalt ..... in .....,

wegen: Zugewinnausgleich

hier: Antrag im Verbund zum Az. .....

Namens und in Vollmacht der Antragstellerin beantrage ich, wie folgt zu entscheiden:

Der Antragsgegner wird verpflichtet, 253.000,00 € nebst 5 %-Punkte über dem Basiszinssatz ab Rechtskraft des die Scheidung der Parteien aussprechenden Beschlusses an die Antragstellerin zu zahlen.[1]

Gründe:

Die Parteien sind getrennt lebende Eheleute.

Zwischen ihnen ist ein Scheidungsverfahren vor dem erkennenden Gericht zum Az. ..... rechtshängig.

Der Antragsgegner hatte unmittelbar vor Eheschließung ein Ladengeschäft für Textilien aufgemacht. Für die Ladeneinrichtung, Erstausstattung und die (hochwertige) Ware italienischer

Tuchmacher hatte er bei der S-Bank 200.000 € finanziert, die im Zeitpunkt der Eheschließung (1980) noch in voller Höhe valutierten.

Während der Dauer der Ehe hat der Antragsgegner seine mit in die Ehe gebrachten Schulden getilgt. Sein Endvermögen stellt sich ausweislich seiner Auskunft und den gemachten Wertangaben auf 100.000 €. Hierbei hat der Antragsgegner den Stichtag des § 1384 BGB (01/2014) beachtet.

Die Antragstellerin hat im Einvernehmen mit dem Antragsgegner unmittelbar nach Eheschließung ihre berufliche Tätigkeit aufgegeben. Sie hat die beiden in der Folgezeit geborenen Kinder groß gezogen, den Haushalt versorgt und dem Antragsgegner den Rücken für seine beruflichen Aktivitäten im Ladengeschäft freigehalten.

Ausgehend von den erteilten Auskünften hat der Antragsgegner während der Dauer der Ehe einen Vermögenszuwachs von 300.000 € erwirtschaftet:

Die bei Eheschließung bestandenen 200.000 € an Verbindlichkeiten sind getilgt (Wertzuwachs: 200.000).

Dieser Wertzuwachs unterfällt dem Anfangsvermögen.

Der Antragsgegner hat ein Endvermögen von 100.000 €.

Das Anfangsvermögen ist zu indexieren,[2] sodass sein Zugewinn insgesamt 506.000 € beträgt:

200.000 € x 105,9 (Index 01/2014) : 52,17 (Index 1980) = 406.000 + 100.000 EV.

Der Antragstellerin, die selbst keinen Zugewinn hat, steht die Hälfte des vom Antragsgegner erwirtschafteten Zugewinns als Ausgleich zu, sodass dieser antragsgemäß zu verpflichten ist.

(Rechtsanwalt)

▶ Muster: Erwiderung auf den Zahlungsantrag

Amtsgericht

– Familiengericht –

.....

In der Familiensache

..... ./. .....

Az. .....

bestelle ich mich für den Antragsgegner. Unter Verwahrung gegen die Kosten wird der Zahlungsanspruch teilweise wie folgt anerkannt:

> Der Antragsgegner ist verpflichtet, einen Betrag von 100.000 € zzgl. Zinsen in Höhe von 5 %-Punkten über dem Basiszinssatz ab Rechtskraft des die Scheidung der Beteiligten aussprechenden Beschlusses zu zahlen.

Im Übrigen wird beantragt:

> Der weitergehende Antrag wird zurückgewiesen.

Gründe:

Die Antragstellerin hat die Änderungen der güterrechtlichen Rechtslage ab 01.09.2009 erkennbar nur insoweit verinnerlicht, als sie ihr bzw. dem anwaltlichen Gebührenbudget nutzen.

Die Ausgangsdaten sind zutreffend. Richtig ist auch, dass der Antragsgegner mit Bankverbindlichkeiten von 200.000 € in die Ehe eingestiegen ist. Allerdings – und hierauf lässt die Antragstellerin zutreffenderweise hinweisen – gehörten zur vorfinanzierten Erstausstattung hochwertige Stoffe italienischer Tuchmacher. Von der insoweit finanzierten Ware sind bei Eingehung der Ehe noch ca. 50% vorhanden gewesen. Der Antragsgegner schätzt den damaligen Wareneinkauf auf rund 120.000 €, die iHv. 50% von der Darlehenssumme in Abzug zu bringen sind. Einer genaueren Spezifikation dieses Wertes bedarf es allerdings nicht, weil der Antrag auch aus anderen Gründen nur in Höhe des anerkannten Betrages begründet ist.

Richtig ist, dass das Endvermögen des Antragsgegners 100.000 € beträgt, sodass der wirtschaftliche Zuwachs seines Vermögens sich aus der Befreiung von der Verbindlichkeit mit 200.000 € ./. des bei Eheschließung noch vorhandenen Warenwertes (60.000 €) und dem tatsächlichen Endvermögen von 100.000 € zusammensetzt, sodass sein Zugewinn 240.000 € ausmacht.

Richtig ist schließlich, dass die Antragstellerin aufgrund der gemeinsamen Lebensplanung (Haushaltstätigkeit und Betreuung der Kinder) keinerlei Vermögen erwirtschaften konnte. Einvernehmlich haben die Beteiligten auch auf die Antragstellerin keinerlei Vermögenswerte angelegt.

Gleichwohl ist der Antrag nur iHv. 100.000 € begründet:

Eine Indexierung von negativem Anfangsvermögen sieht die Güterrechtsnovelle nicht vor.[2] Damit kann sich die Antragstellerin nicht glücklich rechnen.

Die Antragstellerin verkennt zudem die sachgerechte Begrenzung der Ausgleichsforderung, wie sie § 1378 Abs. 2 Satz 1 BGB anordnet.[3]

Da das Endvermögen des Antragsgegners unbestrittenermaßen 100.000 € ausmacht, sind nicht 50 % seines wirtschaftlichen Zuwachses – ggfs. sogar einschließlich der Indexierung deutlich mehr – auszugleichen, sondern nur ein Betrag, den zu zahlen sein vorhandenes Endvermögen ermöglicht.

(Rechtsanwalt)

1. Verzinsung der Zugewinnausgleichsforderung. Wird der Zugewinnausgleich im Verbundverfahren geltend gemacht, scheidet eine Verzinsung der Ausgleichsforderung während der Dauer des Scheidungsverfahrens aus: Eine Verzinsung kann erst ab Rechtskraft der Scheidung verlangt werden. Deshalb lautet auch der (Verbund-) Antrag,

den Antragsgegner zu verpflichten, für den Fall der Rechtskraft der Ehescheidung an den Antragsteller einen nach erteilter Auskunft noch zu beziffernden und mit 5%-Punkten über dem Basiszinssatz zu verzinsenden Zugewinnausgleichsbetrag zu zahlen.

Nun mag es für den Verpflichteten einer Zugewinnausgleichsforderung gute Gründe geben, das Zugewinnausgleichsverfahren zu fördern und über die Höhe der Ausgleichsforderung eine schnelle Einigung zu erzielen, etwa um die Scheidung möglichst zeitnah herbeizuführen, weil er eine neue Ehe schließen oder die Trennungsunterhaltsverpflichtung beenden will. Liegen solche Gründe aber nicht vor und gelingt es dem Zugewinnausgleichsverpflichteten, die Scheidung über Jahre hin hinauszuzögern, bedeutet dies für ihn ein »unverzinslicher Justizkredit« und für den Berechtigten ein – je nach Höhe der Ausgleichsforderung erheblicher – Zinsverlust (eingehend zur Zinsproblematik: *Kogel* FF 2013, 384).

Um letzteres zu vermeiden, kann der Berechtigte gut beraten sein, mit seinem Anspruch auf Zugewinnausgleich zunächst zuzuwarten und unmittelbar nach rechtskräftiger Scheidung das Zugewinnausgleichsverfahren im Wege des Stufenantrags rechtshängig zu machen: Denn dann wird auch der Hauptanspruch (Zahlung von Zugewinnausgleich) rechtshängig mit der Folge, dass auf den Hauptanspruch Prozesszinsen ab Antragstellung verlangt werden können.

▶ Praxishinweis:

Außergerichtliche Verhandlungen nach Scheidung der Ehe über die Auskunft und Höhe der Ausgleichsforderung begründen mangels hinreichender Spezifikation der Ausgleichsforderung keinen Verzug (auch dann nicht, wenn Fristen gesetzt werden!), sodass der sicherste Weg, um Zinsen geltend machen zu können, in der Erhebung eines Stufenantrags unmittelbar nach Rechtskraft der (mangels Scheidungsfolgen ansonsten schlank gehaltenen) Ehescheidung liegt.

Umgekehrt gilt, dass der (mutmaßliche) Ausgleichsverpflichtete i. d. R. gut beraten ist, die Scheidungsfolge »Zugewinn« im Wege des Stufenantrags im Scheidungsverfahren anhängig zu machen. Dem steht nicht entgegen, dass ein Zugewinnausgleichsanspruch möglicherweise nicht besteht. Denn der Stufenantrag ist ohne Rücksicht darauf möglich, ob sich aus der Auskunft auch tatsächlich ein Ausgleichsanspruch zugunsten des Auskunftsberechtigten ergibt (vgl. Rdn. 45 ff.).

In allen Fällen ist der Mandant über das taktische Vorgehen **umfassend** zu informieren. Dies gilt auch und nicht zuletzt für die zusätzlichen Kosten, die dadurch entstehen, wenn die Scheidungsfolge »Zugewinn« nicht in den Verbund einbezogen, sondern gesondert geltend gemacht wird. Als Faustformel ist – ohne Berücksichtigung der Gerichtskosten – davon auszugehen, dass im Verbund gegenüber der isolierten Geltendmachung des Zugewinnausgleichs etwa 1/3 der ansonsten anfallenden Gesamtkosten erspart werden: Beträgt die Zugewinnausgleichsforderung z. B. 50.000 € und der Verfahrenswert der Scheidung 25.000 €, so belaufen sich die außergerichtlichen Kosten (2,5 Gebühren) bei Wahl des Verbundes (Verfahrenswert: 75.000 €) auf rund 4.000,00 € brutto und bei dem nicht im Verbund geltend gemachten Zugewinnausgleich knapp 2.000,00 € mehr: Scheidungsverfahren: 2.400,00 € und Zugewinnausgleichsverfahren: 3.500,00 €. Diese Faustformel gilt auch in den Fällen, in denen niedrige Verfahrenswerte zur Abrechnung gelangen, z. B.:

Scheidung 10.000 € und Zugewinn 20.000 €: getrennt 3.915 € ggü. Verbund 2.591 € € (ca. 34% mehr)

oder auch höhere Verfahrenswerte:

Scheidung 30.000 € und Zugewinn 100.000 €: getrennt 7.086 € ggü. Verbund 5.000 € (ca. 30% mehr).

2. Indexierung auch von negativem Anfangsvermögen? Bislang höchstrichterlich nicht geklärt und lediglich im Schrifttum diskutiert wird die Frage, ob auch negatives Anfangsvermögen, das die Güterrechtsnovelle 2009 in § 1374 Abs. 3 BGB eingeführt hat, zu indexieren ist. Besonders bei langer Ehedauer kann sich dies – wie das Muster belegt – auf den Zugewinnausgleich ganz erheblich auswirken.

Im Muster errechnet sich dies wie folgt: Ohne Indexierung ergibt sich ein Zugewinn iHv. 300.000 € (neg. AV: 200.000 + 100.000 EV), mit Indexierung wären dies bereits 501.140 € (AV 200.000 indexiert mit 105,7 (Index 2013) : 52,17 (Index 1980) = 401.138 + 100.000 EV).

Das Gesetz verhält sich hierzu nicht und auch die Gesetzesbegründung schweigt sich aus und eine gerichtliche Entscheidung liegt auch (noch) nicht vor.

Nach einer Ansicht in der Lehre ist eine Indexierung von negativem Anfangsvermögen deshalb zu verneinen, weil der für das Abtragen von Schulden notwendige Konsumverzicht wegen der fortwährenden Geldentwertung immer geringer werde und der Sinn der Indexierung gerade darin bestehe, nur den effektiven Wertzuwachs zu erfassen. Der sich aus dem Kaufkraftverlust ergebende Wertunterschied sei aber kein ausgleichspflichtiger Vermögenserwerb (PWW/*Weinreich* § 1374 Rn. 9; *Klein*, Reform der Zugewinngemeinschaft § 5 Rn. 30 ff.; ders. FuR 2010, 122).

Für eine Indexierung spricht jedoch, dass das neue Recht das negative Anfangsvermögen dem positiven gleichstellt, sodass es eines besonderen Grundes bedarf, die Indexierung, die sich für positives Anfangsvermögen aus § 1376 Abs. 1 BGB ergibt, von dieser Gleichstellung auszunehmen. Der Umstand, dass die Gesetzesbegründung die Indexierung mit keinem Wort erwähnt, legt nahe, dass der Gesetzgeber die Indexierung auch von negativem Anfangsvermögen für selbstverständlich hielt (so im Ergebnis: MüKoBGB/*Koch* § 1373 Rn. 11; *Kogel* NJW 2010, 2025; *Götsche* ZFE 2009, 404; *Gutdeutsch* FPR 2009, 277; *Büte* FF 2010, 279, 282; ders. NJW 2009, 2276, 2777). Hinzu kommt, dass der Gesetzgeber das negative Anfangsvermögen deshalb in die Güterrechtsnovelle mit aufgenommen hat, weil der Abbau von Schulden während der Ehe einen wirtschaftlichen Zugewinn darstellt: Wer mit 100.000 € Schulden in die Ehe ein- und schuldenfrei aussteigt, hat während der Ehe 100.000 € erwirtschaftet, und dies bedeutet Zugewinn. Wenn sich aber ein inflationsbedingter Kaufpreisschwund auch auf Schulden auswirkt, weil – um im vorstehenden Beispiel zu bleiben – 100.000 € 1980 praktisch eine doppelte Schuldenlast gegenüber heute (2014) für den Schuldner bedeuten, wurden während der Ehe wegen der Änderung der Kaufkraft wirtschaftlich betrachtet nicht 100.000, sondern (indexiert wie im Muster) das Doppelte abgebaut. Und wenn man das als Zugewinn begreift, was die Ehegatten gemeinsam erwirtschaftet oder auch an Schulden abgebaut haben, kann es bei der Indexierung nicht darauf ankommen, ob Vermögen in die Ehe eingebracht und ggfs. verbraucht oder umgeschichtet oder ob eine bei Eheschließung vorhandene Schuldenlast in der Ehe abgebaut wurde: Beide Vorgänge des ehebedingten Umgangs mit einem positiven oder negativen Anfangsvermögen unterfallen deshalb der Indexierung.

3. Begrenzung der Ausgleichsforderung. Nach § 1378 Abs. 2 Satz 1 BGB wird »die Höhe der Ausgleichsforderung durch den Wert des Vermögens begrenzt, das nach Abzug der Verbindlichkeiten bei Beendigung des Güterstands vorhanden ist«. Diese Bestimmung ist im Kontext zu § 1384 BGB zu lesen, wonach nicht nur für die Berechnung des Zugewinns, sondern auch für die Höhe der Ausgleichsforderung an die Stelle der Beendigung des Güterstandes der Zeitpunkt der Rechtshängigkeit des Scheidungsantrags tritt. Dies bedeutet: Das zum Stichtag des § 1384 BGB (Rechtshängigkeit der Scheidung) noch vorhandene Vermögen deckelt die Zugewinnausgleichsforderung und nicht erst – so die frühere Rechtslage – »der Wert des Vermögens (...), das nach Abzug der Verbindlichkeiten bei Beendigung des Güterstandes vorhanden ist« (§ 1378 Abs. 2 BGB a. F.). Dies bedeutet gleichzeitig, dass sich der Ausgleichspflichtige ggfs. nur dann verschulden muss, um die Ausgleichsforderung bedienen zu können, wenn der Vermögensverlust **erst nach dem Stichtag des § 1384 BGB** z. B. wegen Kurseinbrüche bei der Börse eingetreten ist (BGH, FamRZ 2012, 1479).

Diese Deckelung (= Zugewinnausgleichsforderung maximal in Höhe des Vermögens zum Stichtag des § 1384 BGB) gilt freilich nur für den loyalen Ehegatten und privilegiert nicht den illoyalen Ausgleichspflichtigen. Bei diesem erhöht sich die nach § 1378 Abs. 2 Satz 1 BGB begrenzte Ausgleichsforderung in den Fällen des § 1375 Absatz 2 Satz 1 BGB um den dem Endvermögen hinzuzurechnenden Betrag (§ 1378 Abs. 2 Satz 2 BGB).

2. Zugewinn und das Anfangs- und Endvermögen beim sog. »belasteten privilegierten Erwerb«

178   Diesem Themenkreis liegen u. a. neben einer Entscheidung des OLG München zwei BGH-Entscheidungen zugrunde, in denen dieser seine bisherige Rechtsprechung (vgl. BGH, FamRZ 1990, 603) aufgegeben hat, wonach sich beim privilegierten Erwerb eine Belastung zugewinnausgleichsneutral verhalten soll: Wem eine Immobilie mit lebenslänglichem Wohnrecht zugewendet wurde, konnte früher den vollen Immobilienwert ohne Abschläge für das bestehende Wohnrecht seinem Anfangsvermögen zuweisen und diesen Wert auch noch (voll) indexieren.

179   Nach neuerer Rechtsprechung ist in den Fällen des »belasteten privilegierten Erwerbs«, in denen z. B. anlässlich der – meist schenkungsweisen – Übertragung einer Immobilie eine

Rückfallklausel (OLG München, FamRZ 2000, 1152: Haben verheiratete Eltern ihrem Kind ein Grundstück geschenkt und dabei eine Rückfallklausel für den Fall der Veräußerung oder Belastung des Grundstücks durch das Kind vereinbart, liegt damit eine bedingte und daher unsichere Rechtsposition vor, die bei der Ermittlung des Zugewinns bei Scheidung der Eltern nur mit einem Schätzwert [mit einem Bruchteil des Verkehrswertes des Grundstücks] in das Anfangs- und Endvermögen einzustellen ist),

ein **Leibrentenversprechen** (BGH FamRZ 2005, 1974: Wenn der Zuwendungsempfänger aufgrund einer Leibrentenverpflichtung geldwerte Leistungen zu erbringen hat, mindert der erforderlichenfalls zu kapitalisierende Wert dieser Leistungen jedenfalls sein Anfangsvermögen) oder die Übernahme eines **Wohnrechts** (BGH, FamRZ 2007, 978: Hat der erwerbende Ehegatte in Zusammenhang mit der Zuwendung ein Wohnrecht übernommen, so ist dieses bei der Ermittlung des Anfangs- und, wenn das Wohnrecht fortbesteht, auch des Endvermögens mit seinem jeweils aktuellen Wert wertmindernd zu berücksichtigen)

vereinbart wurde, diese »Belastung« bei der Bewertung zu berücksichtigen: Der Wert der »Hypothek«, die auf dem zugewendeten Gegenstand lastet, mindert also den Wert des zugewandten Gegenstandes und damit das Anfangsvermögen.

▶ **Beispiel:**　　　　　　　　　　　　　　　　　　　　　　　　　　　　　　　　180

Wenn es sich beim Wohnberechtigten zum Stichtag des Anfangsvermögens (1995) um eine 58jährige Frau handelt, beträgt nach der Anlage zu § 14 Abs. 1 BewG für Bewertungsstichtage ab dem 01.01.2013 der Vervielfältiger 14,216 und zum Stichtag des Endvermögens (2013), wenn die Berechtigte zwischenzeitlich 76 Jahre alt geworden ist, nur noch 8,787: Bei (unterstelltem) gleichbleibendem jährlichen Nutzungswert von z. B. 6.000 € (12 Monate x mtl. 500,00 € Wohnrechtswert) würde sich damit die auf dem Gegenstand liegende Last von 85.296 € (6.000 x 14,216) im Anfangsvermögen auf sodann nur noch 52.722 € (6.000 x 8,787) zum Stichtag des § 1384 BGB verringern.

In einem solchen Fall errechnet sich – ohne Berücksichtigung der Indexierung – der Zugewinn bei einem Wert der zugewandten Immobilie iHv. 200.000 € und bei keinem sonstigen Anfangs- und Endvermögen im Übrigen folgendermaßen:

Anfangsvermögen 1995

Wert des Gegenstandes	200.000
./. Wert des Wohnrechts	85.296
verbleibendes Anfangsvermögen	114.704
Endvermögen	
Wert der Gegenstandes	200.000
./. Wert des Wohnrechts noch	52.722
verbleibendes Endvermögen	147.278
Zugewinn	32.574

In einem solchen Fall entsteht der Zugewinn allein infolge der »Abschmelzung« der auf dem zugewendeten Gegenstand liegenden Last zwischen dem Anfangs- und Endvermögen, natürlich auch noch infolge der Indexierung, die im vorstehenden Beispiel sogar ohne Berücksichtigung des dazwischen liegenden Zeitraum bereits aufgrund der Stichtagsindexierung zu einem neg. Zugewinn führen würde: EV 147.278 ./. AV indexiert 150.611 (114.704 x 105,7 [2013] : 80,5 [1995]) = neg. ZG – 3.333 €.

Noch richtiger wäre es freilich – wie dies auch vom BGH gefordert wird –, den zwischen den Stichtagen (Anfangs- und Endvermögen) liegenden Zeitraum Jahr für Jahr hinsichtlich des Wertes des Wohnrechts neu zu berechnen und den jeweils jährlich anfallenden Wertzuwachs zu indexieren, um auf diese Weise den »**gleitenden Erwerbsvorgang**« (BGH, FamRZ 2007, 978) nicht nur zu den Stichtagen, sondern kontinuierlich – Jahr für Jahr – zu erfassen und vom Ausgleich auszunehmen, was freilich je nach Dauer der Ehe mit ganz erheblicher Rechenarbeit verbunden ist. Und ob eine solche anwaltliche Sträflingsarbeit vom Ergebnis her betrachtet gerechtfertigt ist, muss jeder anwaltliche Berater für sich entscheiden: Schröder (FamRZ 2007, 983) steht dem kritisch gegenüber und meint, die neue Rechtsprechung des BGH führe zu keiner sicheren Erkenntnisquelle und verkompliziere die Zugewinnausgleichsmathematik, ohne dass das Ergebnis (grundlegend) verändert werde.　181

Streitvermeidend bietet sich deshalb in diesen Fällen – **vor** Erwerb einer mit einem Wohnrecht belasteten, aber ansonsten geschenkten Immobilie – eine **ehevertragliche Vereinbarung** mit dem　182 anderen Ehegatten an, um einerseits den Anforderungen des BGH (*»Darüber hinaus ist der fortlaufende Wertzuwachs der Zuwendung aufgrund des abnehmenden Werts des Wohnrechts auch für den dazwischen liegenden Zeitraum bzw. die Zeit zwischen dem Erwerb und dem Erlöschen des Wohnrechts zu bewerten, um den gleitenden Erwerbsvorgang zu erfassen und durch entsprechende Hinzurechnung zum Anfangsvermögen vom Ausgleich auszunehmen«*) Rechnung zu tragen, andererseits den »gleitenden Vermögenserwerb« noch berechenbar zu machen (vgl. Muster 27 zur Rdn. 215).

3. Zugewinn und die Auswirkungen der Rückabwicklung einer schwiegerelterlichen Zuwendung auf die Zugewinnausgleichsbilanz

183   Seit seiner Entscheidung vom 03.02.2010 (BGH, FamRZ 2010, 958) sind nach Ansicht des BGH Zuwendungen der Eltern eines Ehegatten, die um der Ehe ihres Kindes willen an das Schwiegerkind erfolgt sind, nicht mehr als unbenannte (schwiegerelterliche) Zuwendungen, sondern als (echte) Schenkung iSv. § 516 BGB zu qualifizieren.

184   Auch seine Auffassung zum **Vorrang des Zugewinnausgleichs** im Verhältnis der Ehegatten zueinander unter Ausschluss von Rückforderungsansprüchen der Schwiegereltern gegenüber dem Schwiegerkind hat der BGH aufgegeben, sodass gegenüber solchen Ansprüchen auch nicht (mehr) eingewendet werden kann, dass das beschenkte Schwiegerkind mit dem eigenen Kind der Schwiegereltern in gesetzlichem Güterstand lebt und dieses über den Zugewinnausgleich letztlich von der Schenkung profitiert. Der Rückforderungsanspruch gegenüber dem Schwiegerkind steht damit grundsätzlich neben einem etwa bestehenden Zugewinnausgleichsanspruch, sodass das Schwiegerkind einer »konzertierten Aktion« der Familie, in die es eingeheiratet hat, ausgesetzt sein kann.

185   Zu der Frage, wie die Zuwendung an das Schwiegerkind in der Ausgleichsbilanz im Zugewinn bei den Ehegatten zu berücksichtigen ist, hat sich der BGH in seiner Entscheidung vom 03.02.1010 sowie in seinen beiden Folgeentscheidungen (BGH, FamRZ 2010, 1626; 2012, 273) ebenfalls erklärt und darauf hingewiesen, dass schwiegerelterliche Schenkungen nicht nur im Endvermögen des Schwiegerkindes, sondern auch in dessen Anfangsvermögen einzustellen sind, jedoch nur »in einer um den Rückforderungsanspruch verminderten Höhe« (BGH, FamRZ 2010, 958 Rn. 42). Ansonsten bestehe die Gefahr, dass das eigene Kind »im ungünstigsten Fall den Rückforderungsanspruch über den Zugewinnausgleich hälftig mitzutragen« habe.

186   Will man die schwiegerelterliche Zuwendung bei der Ausgleichsbilanz nicht völlig ausblenden, was der BGH zu empfehlen scheint, wenn er erklärt, eigentlich könne »die Schenkung der Schwiegereltern regelmäßig im Zugewinnausgleichsverfahren vollständig unberücksichtigt bleiben«, weil ja nicht nur die Schenkung selbst, sondern auch der Rückforderungsanspruch der Schwiegereltern sowohl im End- als auch im Anfangsvermögen des Schwiegerkindes zu berücksichtigen sei (BGH, FamRZ 2010, 958 Rn. 43), so ergibt sich hieraus richtigerweise folgendes:
- Beim eigenen wie auch beim Schwiegerkind wird der Zuwendungswert zum Zuwendungszeitpunkt in das Anfangsvermögen eingestellt, beim Schwiegerkind jedoch in einer um den Rückforderungsanspruch zum Stichtag des § 1384 BGB sich ergebenden verminderten Höhe.
- Im Endvermögen wird bei beiden Ehegatten die Zuwendung (falls noch vorhanden) mit ihrem Wert zum Stichtag des § 1384 BGB eingestellt, beim Schwiegerkind jedoch wiederum nur in der um den Rückforderungsanspruch verminderten Höhe.

Hierzu folgendes Beispiel, wenn die Zuwendung an **beide** Ehegatten zum Zeitpunkt der Eheschließung im Jahr 2003 400.000 € betrug (z. B. Immobilie), die Ehe 2013 gescheitert ist, also 10 Jahre bestanden hat und als »Rückforderungsverbrauch« 20 Jahre angenommen werden. Hier ist allerdings alles streitig: Vgl. hierzu *Kogel* FuR 2014, 19, der sich für eine Höchstgrenze von **20 Jahren mit degressiver Abschreibung** ausspricht; andere Auffassungen: nur **10 Jahre** in Analogie zu den §§ 529 Abs. 1, 1375 Abs. 3, 2325 Abs. 3 Satz 2 BGB, die die »Verbrauchsfrist« auf 10 Jahre zu beschränken (*Jüdt* FuR 2013, 431); Höchstgrenze 20 Jahre (*Büte* FuR 2011, 665), **keine Höchstgrenze**, weil die Ehe »ja ein Bund für's Leben« sei (*Wever* FamRZ 2013, 514).

▶ **Im Beispiel:**

Da zum Stichtag des § 1384 BGB die Ehe 10 Jahre bestand (= 10 Jahre von 20 Jahren »Verbrauch«) und sich der Zuwendungswert auf 500.000 € erhöht hat, ergibt sich folgende Ausgleichsbilanz:

Schwiegerkind:	
Anfangsvermögen (Immobilie $^1/_2$)	200.000
./. Rückforderungsanspruch	<u>100.000</u>
Anfangsvermögen bereinigt	100.000
Endvermögen (Immobilie $^1/_2$)	250.000
./. Rückforderungsanspruch	<u>100.000</u>
Endvermögen bereinigt	150.000
Zugewinn	50.000
Ehegatte:	
Anfangsvermögen	200.000
Endvermögen (Immobilie $^1/_2$)	250.000
Zugewinn	50.000
Zugewinnausgleich	keiner

Was verbleibt ist der Rückgewährsanspruch der Eltern ggü. dem Schwiegerkind. Das eigene Kind partizipiert an der Zuwendung seiner Eltern allenfalls mittelbar (z. B. im Erbfall), nicht aber in aller Regel über den Zugewinn.   187

Die sich geradezu aufdrängende Frage der Indexierung des Anfangsvermögens (bei wem und wenn ja, in welcher Höhe?) ließ der BGH völlig unbeantwortet und gegen seine Behauptung, den Rückforderungsanspruch im Anfangsvermögen beim Schwiegerkind in gleicher Höhe zu berücksichtigen wie im Endvermögen, dürften Bedenken bestehen.   188

Denn die »Rückforderungsbelastung« wird, wenn die Trennung in engem zeitlichen Zusammenhang mit der Zuwendung steht, 100% des Zuwendungswertes betragen und damit eine Rückgewähr in Natur rechtfertigen. Ein »Verbrauch« enttäuschter Erwartungen scheidet dann aus. Ein solcher Fall ließe es deshalb richtig erscheinen, bei dem mit dem trennungsbedingt jederzeit möglichen Rückforderungsanspruch belasteten Schwiegerkind zunächst überhaupt keinen privilegierten Erwerb i. S. v. § 1374 Abs. 2 BGB anzunehmen und nur den fortlaufenden Wertzuwachs der Zuwendung aufgrund des zunehmenden Verbrauchs der enttäuschten Erwartungen der Schwiegereltern zu privilegieren und vom Zugewinnausgleich auszunehmen (vgl. Berechnungsvorschläge bei *Kogel* FuR 2014, 19, 23).

Hier sollte eigentlich nichts anderes gelten als in den Fällen des »belasteten privilegierten Erwerbs« (vgl. hierzu Rdn. 178 ff.), bei dem es der neuen Rechtsprechung des BGH entspricht, den Wert um die »Hypothek«, die auf dem zugewendeten Gegenstand lastet, zu bereinigen (vgl. Rdn. 178 ff.).

Gegen die Ansicht des BGH, dass die schwiegerelterliche Zuwendung sich praktisch zugewinnausgleichsneutral verhalte, streitet auch der Aspekt der Indexierung der Zuwendung, die sich aus § 1376 Abs. 1 BGB ergibt: Beim eigenen Kind ist dies selbstverständlich, weil dieses in aller Regel keinem Rückforderungsanspruch seiner Eltern ausgesetzt ist.

Darüber, ob und in welchem Umfang die Zuwendung beim Schwiegerkind zu indexieren ist, besteht ebenfalls Streit. Aber dass zumindest der Rückgewährsanspruch von der Indexierung auszunehmen ist, ergibt sich aus der Begründung des BGH zu dessen Berücksichtigung im Anfangsvermögen, wenn er darauf hinweist, dass der Beschenkte den zugewendeten Gegenstand nur »mit der   189

Belastung erworben (habe), die Schenkung im Falle des späteren Scheiterns der Ehe schuldrechtlich ausgleichen zu müssen« (BGH, FamRZ 2010, 958 Rn. 42): Soweit die Belastung der Zuwendung also reicht, hat eine Indexierung auszuscheiden.

190 Der so ermittelte »wahre« und um die Belastung korrigierte Wert der Zuwendung darf jedoch nicht vom Erwerbszeitpunkt an insgesamt indexiert werden, sondern nur insoweit, als dies dem Wertzuwachs der Zuwendung aufgrund des zunehmenden Verbrauchs für den dazwischen liegenden Zeitraum bzw. für die Zeit zwischen der Zuwendung und der Trennung der Ehegatten entspricht: Nur auf diese Weise wird der »gleitende Erwerbsvorgang« (BGH, FamRZ 2007, 978) erfasst und vom Ausgleich ausgenommen.

191 Dies soll an folgendem Beispiel verdeutlicht werden, bei dem die Zuwendung (insgesamt 100.000 €) nach 10 Jahren verbraucht ist, der Verbrauch gleichbleibend 10%/jährlich beträgt (vgl. hierzu aber auch *Kogel* FuR 2014, 19 m.w.N; weitere Literaturhinweise unter der Rdn. 186) und die Ehe zum Ende des 5. Jahres nach der Zuwendung scheitert:

▶ **Beispiel:**

Schwiegerkind:

Anfangsvermögen (Zuwendung $^1/_2$)	50.000,00
./. Rückgewährsanspruch (BGH: Wert zum Stichtag des § 1384 BGB)	25.000,00
zzgl. Indexierung von jeweils 5.000 €	
nach dem 1. Jahr (103,9 zu 113,5)	461,99
nach dem 2. Jahr (106,6 zu 113,5)	323,64
nach dem 3. Jahr (107,0 zu 113,5)	303,74
nach dem 4. Jahr (108,2 zu 113,5)	244,92
nach dem 5. Jahr (110,7 zu 113,5)	<u>126,47</u>
Indexierung insgesamt	1.460,76
Anfangsvermögen zzgl. Indexierung	26.460,76
Endvermögen (Zuwendung ./. Rückgewähr)	25.000,00
Sonstiges Endvermögen	50.000,00
Endvermögen	75.000,00
Zugewinn (75.000 – 26.460,76)	48.539,24

Ehegatte:

Anfangsvermögen	50.000,00
Index: 101,6 zu 113,5 aus 50.000	<u>5.856,30</u>
Anfangsvermögen indexiert	55.856,30
Endvermögen (Zuwendung)	50.000,00
Sonstiges Endvermögen	50.000,00
Endvermögen insgesamt	100.000,00
Zugewinn (100.000 – 55.856,30)	44.143,70

Der Zugewinnausgleich beläuft sich damit auf 2.197,77 €, die ihre »Wertschöpfung« aus der Indexierung erfahren haben. Nur eine so differenziert berechnete Indexierung ermöglicht es dem Kind, von der Schenkung seiner Eltern an sich gegenüber der mit dem – wenngleich ungewissen – Rückforderungsanspruch belasteten Schenkung an das Schwiegerkind zugewinnausgleichsrechtlich zu profitieren, es sei denn, die Ehegatten wollen ihren Zugewinnausgleich, wenn er denn schon durchgeführt wird, »entkomplizieren« und verständigen sich insoweit auf eine ehevertragliche Regelung, die unter der Rdn. 215 als Muster 27 vorgeschlagen wird.

4. Zugewinn und Gesamtschuldnerausgleich

Häufig stellt sich in der Praxis die Frage danach, ob zwischen dem Gesamtschuldnerausgleich und dem Zugewinn ein **Rangverhältnis** besteht. Kann also ein Gesamtschuldnerausgleich verlangt werden, obgleich im Scheidungsverfahren ein Zugewinnausgleichsanspruch geltend gemacht, über diesen allerdings noch nicht entschieden wurde?   192

Der BGH bejaht dies mit der Begründung, dass die güterrechtlichen Vorschriften über den Zugewinnausgleich den Gesamtschuldnerausgleich nicht verdrängen, und zwar unabhängig davon, ob die Leistung eines gesamtschuldnerisch haftenden Ehegatten vor oder nach Rechtshängigkeit des Scheidungsverfahrens erbracht worden ist (BGH, FamRZ 2011, 705 Rn. 51; 2011, 25 Rn. 16; ebenso die h. M.: z. B. OLG Düsseldorf, FamRZ 2009, 1834, 1835; OLG Frankfurt, FamFR 2013, 538). Denn bei richtiger Handhabung der güterrechtlichen Vorschriften könne der Gesamtschuldnerausgleich das Ergebnis des Zugewinnausgleichs nicht verfälschen. Die Tilgung der Gesamtschuld durch einen der haftenden Ehegatten bewirke keine Veränderung des für die Ermittlung des Zugewinns maßgeblichen Endvermögens, wenn die Gesamtschuld wirtschaftlich zutreffend, d. h. unter Beachtung des gesamtschuldnerischen Ausgleichs, in die Vermögensbilanz eingestellt werde. Soweit bei Zustellung des Scheidungsantrags als Stichtag für die Berechnung des Endvermögens nach § 1384 BGB gemeinsame Verbindlichkeiten der Ehegatten noch nicht getilgt seien, müsse im Endvermögen beider Ehegatten jeweils die noch bestehende Gesamtschuld, und zwar **in voller Höhe**, als Passivposten berücksichtigt werden. Demgegenüber sei, freilich die Durchsetzbarkeit des Anspruchs vorausgesetzt, der jeweilige Ausgleichsanspruch gegen den anderen Ehegatten als Aktivposten anzusetzen, bei hälftigem Miteigentum somit jeweils zu 1/2 der Gesamtschuld.   193

Diese Rechtsprechung bedeutet, dass es **keinen Vorrang des Zugewinnausgleichs** gibt, beide Ausgleichsformen vielmehr gleichberechtigt nebeneinander stehen. Gleichgültig ist auch, ob Leistungen auf die gemeinsame Verbindlichkeit vor oder nach dem Stichtag des § 1384 BGB erfolgt sind. Diese Rechtsprechung sei an einem Beispiel unter folgender Prämisse erläutert: 194

▶ **Berechnungsbeispiel:**

Noch offene Gesamtschuld: 50.000 €; mtl. Raten i. H. v. 500 €; Immobilienwert bei hälftigem Miteigentum: 150.000 €; M verfügt über eine in den Zugewinnausgleich fallende Kapital-Lebensversicherung i. H. v. 40.000 € und F i. H. v. 20.000 €.

Endvermögen des M:

Immobilie 1/2	+	75.000
Gesamtschuld	-	50.000
Ausgleichsanspruch ggü. F	+	25.000
Kapital-LV	+	40.000
ergeben		90.000

Endvermögen der F:

Immobilie 1/2	+	75.000
Gesamtschuld	-	50.000
Ausgleichsanspruch ggü. M	+	25.000
Kapital-LV	+	20.000
ergeben		70.000

Differenz beider Endvermögen		20.000
Zugewinnausgleich der F		10.000

195 Nichts anderes ergibt sich i. Ü., wenn bei beiden gesamtschuldnerisch haftenden Ehegatten die gemeinsamen Verbindlichkeiten im Endvermögen nur mit der Quote angesetzt werden, die im Innenverhältnis auf sie entfällt (BGH, FamRZ 2008, 602 Rn. 16; 2011, 25 Rn. 16).

▶ **Berechnungsbeispiel:**

Endvermögen des M:

Immobilie 1/2	+	75.000
Gesamtschuld 1/2	-	25.000
Ausgleichsanspruch ggü. F	./.	
Kapital-LV	+	40.000
ergeben		90.000

Endvermögen der F:

Immobilie 1/2	+	75.000
Gesamtschuld	-	25.000
Ausgleichsanspruch ggü. M	./.	
Kapital-LV	+	20.000
ergeben		70.000
Differenz beider Endvermögen		20.000
Zugewinnausgleich der F wiederum		10.000

196 Hat sich M **unterhaltsrechtlich** verpflichtet, die Gesamtschuld bei gleichzeitiger Freistellung der F vollständig zu übernehmen – natürlich nur gegen einen entsprechend niedrigeren Unterhalt –, ist dies im Ergebnis auch für den Zugewinnausgleich **bindend**, weil andernfalls die Gesamtschuld doppelt »verwertet« würde, und zwar einmal im Unterhalt und ein weiteres Mal im Zugewinnausgleich. Dies allerdings ist unzulässig, weil eine zweifache Teilhabe dem Grundsatz widerspricht, dass ein güterrechtlicher Ausgleich nicht stattfinden darf, wenn eine Vermögensposition bereits auf andere Weise ausgeglichen wurde (BGH, FamRZ 2008, 761 Rn. 16; ausführlich zum Doppelverwertungsverbot: *Viefhues* FuR 2013, 674). Das Verbot der Doppelverwertung ist – sieht man einmal von § 2 Abs. 4 VersAusglG ab, wonach ein güterrechtlicher Ausgleich für (ausgeglichene) Versorgungsanwartschaften nicht stattfindet – zwar nicht normiert, mit unterschiedlichen Nuancen indes in Rechtsprechung (BGH, FamRZ 2003, 434) und Lehre (für viele: Kleffmann/Klein/*Kleffmann* Kap. 1 Rn. 187) allgemein anerkannt: Wenn also die von M übernommene und mit F vereinbarte Rückführung des gesamten Darlehens zu einer – wie der BGH fordert – »dem hälftigen Schuldenabtrag nahezu entsprechenden Reduzierung des Unterhalts und damit wirtschaftlich zu einer mittelbaren Beteiligung des Unterhaltsberechtigten am Schuldenabtrag« (BGH, FamRZ 2008, 602) führt, darf die Gesamtschuld nicht ein weiteres Mal Gegenstand der Zugewinnausgleichsberechnung werden. Schon gar nicht wäre es zulässig, die mit F vereinbarte und beim Unterhalt eingerechnete Rückführung des kompletten Darlehens in der Zugewinnausgleichsbilanz des M zu 100% als Verbindlichkeit zu berücksichtigen, was ja eigentlich konsequent wäre, weil M – jedenfalls im Innenverhältnis – die Gesamtforderung und nicht nur einen Teil von dieser zurückzuführen verpflichtet ist. Dann nämlich würde M nicht nur als Kompensation hierfür einen geringeren Unterhalt zahlen, sondern darüber hinaus über den Zugewinn 50% der Finanzierung erstattet bekommen: Denn sein EV betrüge dann statt 90.000 € nur 65.000 € und das EV der F – wegen der Freistellung ohne hälftige

Gesamtschuld – bereits 95.000 €, sodass F – statt von M 10.000 € zu erhalten – an diesen einen Zugewinnausgleich i. H. v. 15.000 € zahlen müsste (Wertdifferenz: 25.000 €, eben jener Betrag, der 50% der Gesamtschuld ausmacht).

Etwas anderes gilt freilich dann, wenn der volle Quotenunterhalt **ohne Berücksichtigung der Gesamtschuld** gezahlt wird. Dann wäre die im Berechnungsbeispiel von M insgesamt übernommene Gesamtschuld ohne Beteiligung der insoweit im Innenverhältnis freigestellten F als Abzugsposten zu berücksichtigen. Der Ausgleich findet dann beim Zugewinn statt. | **197**

Bisweilen werden Ansprüche auf Gesamtschuldnerausgleich ganz oder teilweise zunächst nicht geltend gemacht und später im Zugewinnausgleich schlicht vergessen, obgleich sie die Ausgleichsforderung beeinflusst hätten. Dann stellt sich die Frage, ob Ansprüche nach § 426 Abs. 1 Satz 1 BGB noch im Nachhinein, so etwa nach rechtskräftiger Entscheidung über den Zugewinnausgleich oder nach dessen vergleichsweisen Erledigung, geltend gemacht werden können. Der BGH bejaht dies, weil die **Zweigleisigkeit** unter keinem Vorbehalt stehe. Forderungen, die außerhalb des güterrechtlichen Ausgleichs geltend gemacht werden können, blieben vielmehr auch dann noch klagbar, wenn der güterrechtliche Ausgleich bereits stattgefunden habe und im Ergebnis nicht mehr korrigiert werden könne (BGH, FamRZ 2009, 193 Rn. 14). In solchen Fällen könne der Ausgleichsverpflichtete gegen seine isoliert geltend gemachte (spätere) Inanspruchnahme aus dem Gesamtschuldverhältnis nach § 426 Abs. 1 Satz 1 BGB »**den Einwand der nachträglichen Verfälschung eines bereits abgeschlossenen Zugewinnausgleichs geltend machen**«: Der Gläubiger eines Gesamtschuldnerausgleichs müsse sich auf seinen Anspruch »darauf dasjenige anrechnen lassen, was er im Zugewinnausgleich infolge der Nichtberücksichtigung dieser Forderung mehr erhalten hat bzw. als Ausgleichspflichtiger weniger hat zahlen müssen, als dies bei zutreffender Berücksichtigung der Forderung im Zugewinnausgleichsverfahren der Fall gewesen wäre« (BGH, FamRZ 2009, 193 Rn. 36; ähnlich: OLG Hamm, FamRZ 1988, 620, 621). | **198**

Allerdings schränkt der BGH den Grundsatz der Zweigleisigkeit dahin gehend ein, dass der Ausgleichsschuldner durch seine nachträgliche Inanspruchnahme unter Berücksichtigung des Ausgangs des (abgeschlossenen) Zugewinnausgleichsverfahrens im Ergebnis keiner »evident unbilligen doppelten Inanspruchnahme ausgesetzt werden« dürfe. Dies sei der Fall, wenn | **199**
(1) ohne Berücksichtigung der Gesamtschuld das Endvermögen des Ausgleichsberechtigten nicht unter seinem Anfangsvermögen gelegen
und
(2) das Endvermögen des Ausgleichsverpflichteten dessen Anfangsvermögen um mindestens den Betrag, der als Ausgleich verlangt werde, überstiegen hätte (BGH, FamRZ 2009, 193 Rn. 18 mit Berechnungsbeispiel).

5. Zugewinn und ehevertragliche Vereinbarungen

Der Zugewinn ist ehevertragsrechtlich kaum geschützt. Er ist vielmehr ehevertraglichen Regelungen »**am weitesten zugänglich**« (so der BGH in ständiger Rechtsprechung: FamRZ 2013, 269 [Ls.]; 2008, 2011 Rn. 19; 2008, 386 Rn. 21; 2007, 1310 Rn. 17; 2005, 1444 Rn. 26; 2004, 601, 608), kann also in aller Regel sanktionslos ausgeschlossen oder doch zumindest so stark eingeschränkt werden, dass von einem »Teilhabeanspruch als Ausfluss gleichberechtigter Partnerschaft« (BVerfG, FamRZ 2002, 527, 529 Rn. 34) nicht mehr viel übrig bleibt. Deshalb rangiert er auch in der Kernbereichspyramide des BGH an letzter Stelle gemeinsam mit dem nachrangigen Scheidungsunterhalt nach § 1573 BGB (vgl. *Jüdt* FuR 2014, 155, 158; *Büte* FuR 2014, 338 ff.). | **200**

Die ehevertragsrechtlich schwache Stellung des Zugewinns begründet der BGH u. a. damit, dass es sich bei der Gütertrennung um einen vom Gesetz vorgesehenen Güterstand handelt. Verkürzt: Was der Gesetzgeber ausdrücklich an ehevertraglicher Gestaltungsmöglichkeit gestattet, bedarf keiner ehevertragsrechtlichen Korrektur durch das Familiengericht. Zudem stellt die eheliche Lebensgemeinschaft nicht notwendigerweise auch eine Vermögensgemeinschaft dar, sodass es den Ehegatten freisteht, die von ihnen für richtig gehaltene ökonomische Bewertung ihrer Beiträge an die Stelle des gesetzlichen Güterstandes zu setzen.

Der Ausschluss des Zugewinns erfolgt in der Praxis meist dadurch, dass die Ehegatten die **Güter-trennung** vereinbaren.

201   Muster 21:

▶ Muster einer Vereinbarung zur Gütertrennung innerhalb eines notariell beurkundeten Ehevertrages

A. Eheliches Güterrecht

Die Beteiligten erklären:

Für unsere Ehe schließen wir den gesetzlichen Güterstand der Zugewinngemeinschaft aus und vereinbaren den Güterstand der Gütertrennung.

Wir wurden vom Notar über die Bedeutung und die Folgen der Gütertrennung eingehend belehrt, insbesondere darauf hingewiesen, dass
- jeder von uns ohne Zustimmung des Anderen über sein Vermögen frei verfügen kann,
- ein Anspruch auf Zugewinnausgleich nach den §§ 1373 ff. BGB, mit dem bewirkt wird, dass beide Ehegatten wertmäßig je zur Hälfte an während der Ehe erzieltem und zum Zeitpunkt der Beendigung der Zugewinngemeinschaft noch vorhandenem Vermögen partizipieren, entfällt,
- der gesetzliche Erbteil des überlebenden Ehegatten gegebenenfalls geringer ausfällt wie auch erbschaftssteuerliche Vorteile entfallen können.

Der Ehemann weist darauf hin, dass er als angestellter Rechtsanwalt in einer Anwaltssozietät arbeitet, in die er sich demnächst mit Hilfe eines Darlehens seiner Eltern einkaufen werde. Seine Tätigkeit in der Kanzlei diene auch dazu, seinen finanziellen Verpflichtungen gegenüber seinen drei Kindern aus erster Ehe nachkommen zu können. Gemeinsame Kinder mit seiner jetzigen Ehefrau seien nicht geplant. Im Falle einer erneuten Scheidung müsse er sicherstellen, dass er sich durch etwa geschuldete Ausgleichszahlungen nicht weiter verschulde. Dies gefährde seine Lebensgrundlage wie auch die seiner Kinder.

Die Ehefrau erklärt, dass auch sie keine Kinder wolle, weil sie ganztägig in ihrem Friseursalon arbeite, den sie mit in die Ehe gebracht habe. Die Gütertrennung entspreche auch ihrem Wunsch.

Ein teilweiser Ausschluss kann auch im Wege einer sog. »**modifizierten Zugewinnausgleichsvereinbarung**« erfolgen, so etwa bei vorhandenem Betriebsvermögen (im nachfolgenden Muster als »Sondervermögen« bezeichnet), das zur Erfüllung einer Zugewinnausgleichsforderung unangetastet bleiben dürfe: Insoweit bestehe ein »überwiegendes legitimes Interesse« des erwerbstätigen Ehegatten, das Vermögen seines selbstständigen Erwerbsbetriebes durch entsprechende Vereinbarung einem möglicherweise existenzbedrohenden Zugriff seines Ehegatten im Scheidungsfall zu entziehen und damit nicht nur für sich, sondern auch für die Familie die Lebensgrundlage zu erhalten (vgl. BGH, FamRZ 2013, 269 Rn. 22).

202   Muster 22:

▶ Muster einer Vereinbarung zum modifizierten Zugewinnausgleich bei Sondervermögen

Wir haben am ..... die Ehe miteinander geschlossen. Einen Ehevertrag haben wir bisher nicht errichtet.

1. Güterstand

Wir wollen auch weiterhin im gesetzlichen Güterstand der Zugewinngemeinschaft leben. Wenn dieser Güterstand durch den Tod eines Ehegatten beendet wird, bestimmen wir, dass die gesetzlichen Vorschriften (§ 1371 BGB) ohne jedwede Einschränkungen, also auch unter Außerachtlassung der nachfolgenden Bestimmungen gelten sollen.

2. Ausgleichs- und Sondervermögen

a. Im Falle der Scheidung unserer Ehe bestimmen wir, dass der Zugewinnausgleich nach den gesetzlichen Bestimmungen nur hinsichtlich des Ausgleichsvermögens der Ehegatten durchgeführt werden soll. Ausgleichsvermögen ist das gesamte Vermögen der Ehegatten mit Ausnahme des Sondervermögens.

b. Zum Sondermögen gehören:

(1) .....

(2) .....

(3) Zum Sondervermögen zählt auch die Gesellschaftsbeteiligung des Ehemannes nebst anteiligem Sonderbetriebsvermögen sowie anteiligem sonstigen steuerlichen Betriebsvermögen an der A – GmbH mit Sitz in ..... (eingetragen im Handelsregister des Amtsgerichts ..... HRB .....).

Einkünfte, die der Ehemann als Geschäftsführer bei dieser Gesellschaft erzielt und nicht dem Verbrauch zugeführt werden, gehören zum Ausgleichsvermögen.

3. Regelungen zum Sondervermögen

a. Das Sondervermögen soll weder beim Anfangs- noch beim Endvermögen berücksichtigt werden. Soweit nachfolgend nichts anderes bestimmt wird, findet ein Zugewinnausgleich beim Sondervermögen nicht statt.

b. Im Einzelnen gilt:

(1) Erträge aus dem Sondervermögen (z. B. aus Gewinnbeteiligung) können nach Wahl desjenigen, dem das Sondervermögen zusteht, auf dieses verwendet, vom Ausgleichsvermögen getrennt verwaltet oder dem Familienunterhalt zugeführt werden. In jedem Fall sind Erträge aus dem Sondervermögen dem Zugewinnausgleich entzogen. Ein interner Ausgleich der Ehegatten untereinander findet ungeachtet der Art der Verwendung von Erträgen nicht statt.

(2) Aufwendungen auf Sondervermögen, die aus dem Ausgleichsvermögen eines Ehegatten vorgenommen werden, unterliegen dem Zugewinn und sind in voller Höhe nebst den gesetzlichen Zinsen ab dem Tag, an dem die Aufwendung gemacht wurde, im Endvermögen desjenigen zu berücksichtigen, auf dessen Sondervermögen die Aufwendung gemacht wurde. Ein Ausgleich in anderer Weise kann nicht verlangt, zwischen den Ehegatten jedoch vereinbart werden.

(3) Verbindlichkeiten, die auf dem Sondervermögen lasten, künftig für dieses eingegangen oder aus Anlass des Sondervermögens begründet werden, dürfen nicht aus dem Ausgleichsvermögen zurückgeführt werden. Geschieht dies gleichwohl, gilt vorstehende Ziffer (2) entsprechend.

(4) Surrogate des Sondervermögens (z. B. Abfindungsansprüche aufgrund Austritts aus einer Gesellschaft) sind wie Sondervermögen zu behandeln und vom Surrogatsempfänger zu dokumentieren. Die Unterschrift des anderen Ehegatten unter der Dokumentation führt den widerlegbaren Nachweis für die Richtigkeit des Dokumentierten. Der Nachweis der Unrichtigkeit hat in diesem Fall der unterschriftsleistende Ehegatte zu führen.

(5) Das Risiko der Wertbeständigkeit des Sondervermögens trägt allein der Ehegatte, dem das Sondervermögen zusteht. Eine Berücksichtigung im Zugewinn findet auch dann nicht statt, wenn das Sondervermögen notleidend wird.

(6) Jeder Ehegatte kann von dem Anderen Auskunft über dessen Sondervermögen verlangen. Auf Anforderung sind auch Belege vorzulegen. § 1379 BGB gilt entsprechend.

Der Zugewinnausgleich kann auch **pauschal** vereinbart werden, so etwa nach der Ehedauer,

203   Muster 23:

▶ Muster einer Vereinbarung zur Höhe des Zugewinnausgleichs nach Ehedauer

Wir werden demnächst die Ehe miteinander eingehen und vereinbaren folgendes:

1. Güterstand

Wir möchten im gesetzlichen Güterstand der Zugewinngemeinschaft leben. Wenn der Güterstand auf andere Weise als durch den Tod eines Ehegatten beendet wird – in diesem Fall soll § 1371 BGB einschränkungslos gelten –, bestimmen wir, dass der Zugewinnausgleich mit der Maßgabe durchgeführt wird, dass der Ausgleichsverpflichtete ungeachtet der Höhe der nach den gesetzlichen Bestimmungen errechneten Zugewinnausgleichsforderung deren Begrenzung vom anderen Ehegatten verlangen kann. Die Ausgleichsforderung beträgt bei einer Ehedauer von

- bis zu 3 Jahren nicht mehr als 5.000,00 €
- bis zu 10 Jahren nicht mehr als 15.000,00 €
- bis zu 15 Jahren nicht mehr als 25.000,00 €
- und hiernach nicht mehr als 40.000,00 €.

Bei der Bemessung der Ehedauer ist auf die Zeit von der Eheschließung bis zur Zustellung des Scheidungsantrags abzustellen.

oder auch danach ausgerichtet werden, ob aus der Ehe **Kinder** hervorgegangen sind.

204   Muster 24:

▶ Muster einer Vereinbarung zur Pauschalisierung des Zugewinnausgleichs, wenn Kinder geboren werden

Teil A.

Eheliches Güterrecht

Für unsere Ehe schließen wir den gesetzlichen Güterstand der Zugewinngemeinschaft aus und vereinbaren den Güterstand der Gütertrennung.

Der Notar weist darauf hin, dass der Ausschluss von Zugewinn nicht sachgerecht erscheine, wenn die Ehe nicht – wie geplant – kinderlos bleibt und der Ehefrau betreuungsbedingt die Möglichkeit genommen wird, während der Ehe aufgrund eigener Erwerbstätigkeit Vermögen zu bilden.

Im Hinblick hierauf erklären die Beteiligten:

Für den Fall, dass aus unserer Ehe Kinder hervorgehen sollten, vereinbaren wir bereits jetzt folgendes:

Die Gütertrennung heben wir hiermit auf und vereinbaren den gesetzlichen Güterstand der Zugewinngemeinschaft.

In diesem Fall erhält die Ehefrau für das erste in der Ehe geborenes Kind einen pauschalen Zugewinnausgleich i.H.v. 5.000,00 € pro Lebensalter dieses Kindes und für jedes weitere Kind in Höhe von jeweils 2.500,00 €.

Wir gehen bei diesem pauschalisierten Zugewinn davon aus, dass der Ehemann wie bisher auch von seinem künftig zu erwartenden Einkommen jährlich rund 15.000,00 € für seine Vermögensbildung verwendet.

Der Ehemann wiederum verzichtet gegenüber der Ehefrau auf Zugewinn. Die Ehefrau nimmt diesen Verzicht an.

205   Die Unbeachtlichkeit des Ausschlusses des Zugewinnausgleichs kann sich allenfalls ausnahmsweise und nur dann ergeben, wenn das Zusammenwirken sämtlicher und nur einen Ehepartner einseitig

benachteiligenden Regelungen im Ehevertrag zu einer diesen (insgesamt) nicht mehr zumutbaren Lastenzuweisung führt. Und wenn eine solche Lastenzuweisung erkennbar auf einer »**gravierenden wirtschaftlichen wie sozialen Imparität**« (BGH, FamRZ 2008, 2011 Rn. 22) beruht, kann es im Rahmen einer alle maßgeblichen Faktoren zu berücksichtigenden Gesamtschau gerechtfertigt erscheinen, den Vertrag einer verstärkten richterlichen Inhalts- und Ausübungskontrolle zu unterziehen mit der Folge, dass der Ehevertrag unwirksam ist bzw. bei Wirksamkeit an die veränderten Verhältnisse angepasst werden muss, wenn sich die Unzumutbarkeit der Umsetzung des ehevertraglich Vereinbarten nachträglich ergibt (so zuletzt: BGH, FamRZ 2013, 195 Rn. 22).

Trotz vereinbarter Gütertrennung kann es aus Anlass von Trennung und Scheidung gleichwohl zu Streitigkeiten kommen, die darin begründet liegen, dass schuldrechtliche Beziehungen der Ehegatten zueinander **die Gütertrennung** »überlagern« (vgl. Einzelheiten hierzu: *Herr* FF 2011, 16 ff. mit Beispielen; ders. FamRB 2011, 258 ff.) | 206

Zu solchen schuldrechtlichen und die Gütertrennung überlagernde Beziehungen können z. B. zählen | 207
- **Treuhandverhältnisse** (z. B.: Auf der Grundlage einer ihm notariell erteilten Vollmacht seiner Ehefrau, mit der er Gütertrennung vereinbart hatte, wickelt der Ehemann deren Ansprüche als Miterbin ab und verwaltet erhaltene Gelder auf einem allein auf seinen Namen lautenden Depot. Nach Trennung der Ehegatten verlangt die Ehefrau die aus dem Erbe erzielten Gelder i. H. v. 100.000,00 € nebst Zinsen zurück; das Depot hatte allerdings durch die Bankenkrise 2008 einen Wertverlust von rund 30 % erfahren. Der Ehemann will nur 70.000,00 € zurückzahlen)
- **Ehegattenarbeitsverhältnisse** (z. B.: Ehefrau arbeitet in einem während der Ehe aufgebauten und tarifgebundenen Unternehmen des Ehemannes trotz vollschichtiger Tätigkeit für lediglich brutto 700,00 €. Im Scheidungsverfahren verlangt sie – trotz vereinbarter Gütertrennung – für die gesamte Beschäftigungszeit einen Ausgleich i. H. d. Differenz zum Tariflohn)
- Ansprüche aufgrund eines **familienrechtlichen Kooperationsvertrages** (z. B.: Der Ehemann hat auf dem Grundstück seiner Ehefrau ein Haus gebaut, indem er fast alle handwerklichen Leistungen in seiner Freizeit – freilich »um der Ehe willen« – selbst erbracht hat)
- Ansprüche wegen Bestehens einer (ggfs. konkludenten) **Ehegatteninnengesellschaft**
- Ansprüche ggü. dem anderen Ehegatten, der während der Ehe Alleineigentümer einer Immobilie wurde (z. B.: Ehegatten, die in Gütertrennung leben, bauen gemeinsam ein Haus, das allein aus Gründen einer vorsorgenden Risikobetrachtung – der Ehemann befürchtet als Freiberufler finanziell schwierige Zeiten – im Alleineigentum der Ehefrau steht)
- Ansprüche ggü. dem anderen Ehegatten, der von seinem Ehepartner reich **beschenkt** worden ist (Die Ehefrau schenkt ihrem Ehemann, mit dem sie ihn Gütertrennung lebt, zu dessen 50. Geburtstag eine Bootsjacht, die sie von ihrem Vater geerbt hat. In Zusammenhang mit der Scheidung verlangt die Ehefrau das Boot zurück)
- wie auch in Ausnahmefällen wegen bloßer **Arbeitsleistungen** (wie etwa beim Ausbau eines im Alleineigentum des anderen Ehegatten stehenden Hauses).

Diese die Gütertrennung überlagernden Beziehungen, die einen Ausgleich bisweilen nahelegen oder geradezu herausfordern, relativieren ebenso wie die heute zunehmend häufiger diskutierten »ehebedingten Zuwendungen« den überholten Grundsatz des güterstandsbedingten Ausschlusses von Ausgleichsansprüchen. Diesen Grundsatz gibt es nicht, worauf es in der Beratung hinzuweisen gilt. Und wer als Berater erkennt, dass ein späterer Ausgleich unter keinen Umständen gewünscht ist, sollte die Empfehlung aussprechen, dass ein solcher ehevertraglich ausgeschlossen wird. | 208

209   Muster 25:

▶ Muster einer Vereinbarung zur Aufhebung der vereinbarten Gütertrennung, zum Ausschluss des Zugewinnausgleichs sowie des Ausschlusses sonstiger (etwaiger) Ausgleichsansprüche

Die Eheleute erklären:

Zur UR-Nr. 937/1998 des Notars ..... in ..... haben wir am ..... einen Ehevertrag geschlossen, mit dem wir u. a. die Gütertrennung vereinbart haben.

Wir nehmen Bezug auf diese Urkunde. Sie ist uns bekannt und liegt bei gegenwärtiger Beurkundung in Urschrift vor. Auf nochmaliges Verlesen und Beifügen einer Abschrift als Anlage zur gegenwärtigen Urkunde verzichten wir.

Die in der Bezugsurkunde vereinbarte Gütertrennung heben wir hiermit auf. Die übrigen zwischen uns getroffenen Regelungen zum Unterhalt und zum Versorgungsausgleich sollen bestehen bleiben. Sie werden rein vorsorglich wiederholt.

Wir wollen künftig im Güterstand der Zugewinngemeinschaft leben und vereinbaren insoweit folgendes:

Bei Beendigung des Güterstandes der Zugewinngemeinschaft
– durch Scheidung oder
– durch Aufhebung unserer Ehe
– oder bei vorzeitiger Aufhebung der Zugewinngemeinschaft nach den §§ 1385 ff. BGB

soll ein Zugewinnausgleich nicht stattfinden.

Etwas anderes gilt nur dann, wenn die Zugewinngemeinschaft durch den Tod eines von uns beendet wird oder wir einen neuen Ehevertrag schließen, mit dem wir unseren jetzigen Güterstand der Zugewinngemeinschaft beenden. In beiden Fällen gelten die gesetzlichen Bestimmungen der §§ 1371, 1373 ff. BGB.

Bei einer Auseinandersetzung über den Haushalt erhält jeder Ehegatte die in seinem Eigentum stehenden und der ehelichen Lebensgemeinschaft zur Nutzung überlassenen Gegenstände zurück. Ersatz für Abnutzung kann nicht verlangt werden. Während unserer Ehe erworbene Haushaltsgegenstände werden so verteilt, dass jedem Ehegatten möglichst die Fortführung eines eigenen Hausstandes möglich ist, ohne dass Ausgleichsansprüche gegenüber dem Anderen geltend gemacht werden können.

Verwendungen eines Ehegatten auf im Alleineigentum des anderen Ehegatten stehende Gegenstände werden nicht ersetzt, es sei denn, dies ist schriftlich und zum Zeitpunkt der Verwendung zwischen uns vereinbart worden. In allen anderen Fällen findet eine Ausgleichung nicht statt.

Eine Rückforderung geschenkter Gegenstände wie auch sonstiger, insbesondere finanzieller Zuwendungen, die in der Erwartung gemacht worden sind, dass die Ehe Bestand hat, kann ungeachtet des Wertes des zugewendeten Gegenstandes oder der Höhe der finanziellen Zuwendung nicht verlangt werden. Beide Ehegatten betrachten die einseitige Loslösung aus der ehelichen Lebenspartnerschaft durch einen von ihnen als möglich und nicht als groben Undank im Sinne des Schenkungsrechts. Wir sind uns auch darüber einig, dass Trennung und Scheidung nicht zum Wegfall der Geschäftsgrundlage vorgenommener Schenkungen oder Zuwendungen führen und auch keine sonstigen Ansprüche auf Ausgleich oder Rückabwicklung bestehen. Beide Ehegatten sind sich damit bewusst, dass während der Ehe vorgenommene Zuwendungen (auch in der Form von Arbeitsleistungen, die allein im Interesse des anderen Ehegatten lagen) und Schenkungen unwiderruflich und endgültig sind, wenn zum Zeitpunkt der Schenkung und/oder Zuwendung nicht etwas anderes vereinbart wurde.

Die vorstehenden Ziffern gelten entsprechend auch für voreheliche Zuwendungen und Schenkungen.

Die Entscheidungen des BGH zur Rückforderung schwiegerelterlicher Zuwendungen (vgl. Rdn. 183 ff.) geben Anlass dazu, einen etwa gewünschten »Ausgleichsverzicht« im Wege der Freistellung zu erfassen – ein sicherlich für den Rechtsfrieden förderlicher Vertrag aller Beteiligten einschließlich der Schwiegereltern dürfte i. a. R. an § 1378 Abs. 2 Satz 3 BGB scheitern (vgl. BGH, FamRZ 2004, 1353) –, weil seit dem Paradigmenwechsel des BGH nunmehr damit gerechnet werden kann, dass Schwiegereltern, die ihrem Schwiegerkind in Erwartung des Fortbestandes der Ehe Vermögenswerte zugewendet haben, künftig häufiger und erfolgreicher als bisher dieses in Verärgerung über die gescheiterte Ehe in Anspruch nehmen. So könnte vorsorgend formuliert werden:

210

Beide Ehegatten stellen sich wechselseitig von jedweden Ansprüchen ihrer Eltern gegen das durch die Schenkung und/oder Zuwendung begünstigte Schwiegerkind frei. Entsprechendes gilt, wenn die Schenkung und/oder Zuwendung durch einen sonstigen Verwandten erfolgt ist.

Damit schließlich auch Ansprüche des Schwiegerkindes ggü. den Schwiegereltern unterbleiben (so: OLG Oldenburg, FamRZ 2008, 1440 wegen erbrachter Arbeitsleistungen des Schwiegersohnes in dem Haus seiner Schwiegereltern, was den Wert dieses Hauses erheblich gesteigert hat; OLG Frankfurt am Main, FamRZ 2007, 641; OLG Hamm, MDR 2001, 1354), könnte zusätzlich vereinbart werden:

211

Beide Ehegatten verzichten wechselseitig auf jedwede Ansprüche gegenüber ihren Schwiegereltern und nehmen diesen Verzicht wechselseitig an.

Wenn keine Gütertrennung vereinbart wurde, sollte zusätzlich formuliert werden:

212

Eine Anrechnung einer schwiegerelterlichen Zuwendung auf den Zugewinn findet weder im Anfangs- noch im Endvermögen statt.

Ehevertraglich kann sich im Rahmen einer schwiegerelterlichen Zuwendung (vgl. Rdn. 184) auch folgende Vereinbarung anbieten:

Muster 26:

213

▶ **Muster einer Vereinbarung zum Zugewinn – Berücksichtigung einer schwiegerelterlichen Zuwendung**

Wir leben im gesetzlichen Güterstand der Zugewinngemeinschaft. Wenn der Güterstand auf andere Weise als durch den Tod eines Ehegatten beendet wird, bestimmen wir, dass bei der Berechnung der Zugewinnausgleichsforderung nach § 1378 Abs. 1 BGB die Zuwendung der Eltern der Ehefrau, die im Wege der Übertragung der in ..... gelegenen Immobilie (eingetragen im Grundbuch von .....) an diese und an den Ehemann je zu ¹/₂ Miteigentum erfolgt ist, zugewinnausgleichsrechtlich folgendermaßen Berücksichtigung findet:

1. Wir bestimmen den Wert der Immobilie zum Zeitpunkt der Zuwendung (notarielle Vereinbarung am .....) mit 200.000 €. In unsere jeweiligen Anfangsvermögen sollen deshalb 100.000 € eingestellt werden.

2. Dieser Wert soll aber nur bei der Ehefrau indexiert werden, nicht hingegen beim Ehemann.[1]

3. Befindet sich diese Immobilie zum Stichtag des § 1384 BGB noch in unserem beiderseitigen Miteigentum, soll für den Fall, dass wir uns auf den Wert dieser Immobilie nicht einvernehmlich verständigen können, dieser Wert von dem Sachverständigen ..... verbindlich für uns beide ermittelt und der jeweils hälftige Wert in unser Endvermögen eingestellt werden. Die Kosten des Sachverständigen trägt jeder von uns zu ¹/₂.

4. Für den Fall, dass einer von uns beiden die Immobilie zu Alleineigentum übernehmen will, ist dieser Wert maßgebend.

5. Machen die Eltern der Ehefrau gegenüber dem Ehemann Rückforderungsansprüche geltend, wird dessen Endvermögen um den Betrag gekürzt, den der Ehemann entweder an seine

Schwiegereltern (freiwillig) zahlt oder den er aufgrund einer rechtskräftigen Gerichtsentscheidung zu zahlen verpflichtet ist. Die Berücksichtigung der Rückgewährschuld im Endvermögen des Ehemanns erfolgt auch dann, wenn der Anspruch – in unverjährter Zeit – erst nach dem Stichtag des § 1384 BGB geltend gemacht wurde. Wir werden in einem solchen Fall mangels anderweitiger Verständigung die Aussetzung des Zugewinnausgleichsverfahrens beim Familiengericht beantragen.[2]

6. Ist das Zugewinnausgleichsverfahren zum Zeitpunkt der Geltendmachung des Rückgewährsanspruchs der Eltern der Ehefrau abgeschlossen, stellt diese ihren Ehemann von Ansprüchen ihrer Eltern in Höhe von 50% der Rückgewährsschuld frei. Die Kosten seiner Rechtsverteidigung hat der Ehemann allein zu tragen.

7. Erwirbt die Ehefrau den Rückgewähranspruch ganz oder teilweise im Wege der Erbfolge, verzichtet sie auf dessen gesonderte Geltendmachung gegenüber ihrem Ehemann. Dieser Anspruch gehört jedoch zum Anfangsvermögen der Ehefrau, ist hingegen nicht Bestandteil ihres Endvermögens und auch nicht als Verbindlichkeit im Endvermögen des Ehemannes zu berücksichtigen.[3]

1. Keine Indexierung beim Schwiegerkind: Auf diese Weise – Indexierung nur beim eigenen Kind der Schwiegereltern und nicht auch beim Schwiegerkind – wird es dem Kind ermöglicht, von der Schenkung seiner Eltern an sich zugewinnausgleichsrechtlich zu profitieren. Die Frage der Indexierung und, wenn ja, ausgehend von welchem Wert, hat der BGH bislang nicht nur nicht thematisiert, sondern sogar folgendes erklärt: Sei nicht nur die Schenkung selbst, sondern auch der Rückforderungsanspruch der Schwiegereltern sowohl im End- als auch im Anfangsvermögen des Schwiegerkindes zu berücksichtigen, folge hieraus zugleich, »dass die Schenkung der Schwiegereltern regelmäßig im Zugewinnausgleichsverfahren vollständig unberücksichtigt bleiben kann« (FamRZ 2010, 958 Rn. 43). Und ohne Berücksichtigung der Zuwendung – wo und in welchem Umfang auch immer – kann es natürlich auch keine Indexierung geben, auch nicht beim eigenen Kind (vgl. *Kogel* FamRZ 2012, 832, 833; anders: *Hoppenz* FamRZ 2010, 1718).

2. Aussetzung: Zu beachten ist zunächst, dass die Höhe eines vor dem Stichtag des § 1384 BGB geltend gemachten Rückgewährsanspruchs für das Zugewinnausgleichsverfahren vorgreiflich ist. Besonders deutlich wird dies dann, wenn über den Anspruch der Schwiegereltern noch vor der Auseinandersetzung der Ehegatten über den Zugewinnausgleich entschieden wurde. Dann nämlich ist der Rückgewährsanspruch in der entschiedenen Höhe in die Zugewinnausgleichsberechnung zu übernehmen, ohne dass es im Scheidungsverfahren einer Diskussion über den Verbrauch der Zuwendung bedarf. Wurde über den Rückgewährsanspruch hingegen noch nicht entschieden, ist ferner zu beachten, dass der im Zugewinnausgleichsverfahren zwischen den Ehegatten gewählte Verbrauchsansatz keine Bindungswirkung entfaltet, das Zugewinnausgleichsverfahren insoweit also nicht für ein späteres Rückforderungsverfahren präjudiziell ist. Wer als anwaltlicher Vertreter den sichersten Weg gehen will, muss im güterrechtlichen Verfahren auch auf die Gefahr einer »verschleppten« Scheidung die Aussetzung nach § 148 ZPO beantragen. Denn nur dadurch kann er vermeiden, dass sein(e) Mandant(in) in einem zeitlich nachgeschalteten Rückforderungsverfahren einem Zahlungsanspruch ausgesetzt wird, der im güterrechtlichen Verfahren mit einem anderen Ansatz in die Ausgleichsbilanz eingestellt wurde.

3. Rückgewährsanspruch und Erbfall: Mit dem Formulierungsvorschlag unter Ziffer 7. wird eine »Saldierung« im Erbfall vorgenommen. Würde z. B. der Vater der begünstigten Ehefrau vor dem Stichtag des § 1384 BGB versterben und diese den (geltend gemachten) Rückgewährsanspruch neben ihrer Mutter zu $1/_2$ erben, würde ohne eine Regelung der Anspruch, soweit er ererbt wurde, (zusätzlicher) Teil des Anfangs- und Endvermögens der Ehefrau und wäre beim Ehemann im Endvermögen als Verbindlichkeit zu berücksichtigen, der zusätzlich noch außerhalb des Zugewinns den Anspruch den Erben ggü. zu erfüllen hätte.

Ehevertraglich könnte sich schließlich beim sog. »**belasteten privilegierten Erwerb**« (vgl. Rdn. 178 ff.)   214
folgende ehevertragliche Vereinbarung anbieten:

Muster 27:   215

▶ Muster einer Vereinbarung zum Zugewinn – Belasteter privilegierter Erwerb

Wir haben am ..... die Ehe geschlossen und leben im gesetzlichen Güterstand der Zugewinngemeinschaft. Hierbei soll es auch künftig bleiben.

I. Der Ehemann hat am ..... zur UR-Nr. ..... vor dem beurkundenden Notar von seinen Eltern die Immobilie (Anschrift .....) zu Alleineigentum übertragen bekommen. Die Eheleute beabsichtigen, mit ihren Kindern in die Wohnung im 1. Obergeschoß demnächst einzuziehen. Im Erdgeschoss leben auch weiterhin die Eltern des Ehemannes, seit der Übertragung der Immobilie auf den Ehemann aufgrund eines im Grundbuch eingetragenen lebenslänglichen Wohnrechts.

Die Beteiligten nehmen Bezug auf diese Urkunde. Sie ist ihnen genau bekannt und liegt bei gegenwärtiger Beurkundung in Urschrift vor. Auf Verlesen und Beifügen einer Abschrift als Anlage zur gegenwärtigen Urkunde wird verzichtet.

II. Wenn der Güterstand auf andere Weise als durch den Tod eines der Beteiligten beendet wird, bestimmen wir, dass bei der Berechnung der Zugewinnausgleichsforderung nach § 1378 Abs. 1 BGB die unter Ziffer I. aufgeführte Zuwendung der Eltern des Ehemannes folgendermaßen Berücksichtigung findet:

1. Wir bestimmen den Wert der Immobilie zum Zeitpunkt der Zuwendung mit 200.000 €.

2. Die Bewertung des Wohnrechts erfolgt auf der Grundlage des objektiven Marktmietwertes zzgl. eines Zuschlages von 10% zur Nettokaltmiete.[1] Wir bestimmen den derzeitigen Wohnrechtswert aufgrund der Größe der Wohnung (87 qm) und der erzielbaren Marktmiete bei vergleichbarem Wohnraum i. H. v. 6,50 €/qm auf 566,00 € zzgl. 10%, mithin also auf 623,00 €.

3. Da die 58jährige Mutter des Ehemanns jünger als sein Vater ist, beträgt nach der Anlage zu § 14 Abs. 1 BewG für Bewertungsstichtage ab dem 01.01.2013 der Vervielfältiger 14,216. Da es auf den Jahreswert der Nutzung ankommt, beträgt der Wohnwert 12 Monate x 623,00 € = gerundet 7.500,00 €. 7.500,00 € x 14,216 ergeben somit einen Wohnwert von 106.620,00 €.[2] Dieser Wohnwert ist vom Immobilienwert in Abzug zu bringen, sodass wir bestimmen, dass das Anfangsvermögen des Ehemannes in Bezug auf die Immobilie 200.000 ./. 106.620 = **93.380,00 €** betragen soll.

Dieser Wert ist zu indizieren, also auf den Stichtag des § 1384 BGB hochzurechnen. Maßgeblich sollen nur die Jahresindexwerte des Verbraucherpreisindexes sein.

4. Die Berechnung unter 3. soll auch für das Endvermögen gelten: Auch bei diesem soll das Wohnrecht, falls es noch zum Stichtag des § 1384 BGB besteht, als Grundstücksbelastung vom sodann maßgebenden Immobilienwert in Abzug gebracht werden. Hierbei gilt im Einzelnen:

a. Der Wert der Immobilie zum Stichtag des § 1384 BGB richtet sich nach dem von einem vereidigten Sachverständigen – oder, können wir uns auf einen solchen nicht verständigen, einem Gutachter des für uns zuständigen Gutachterausschusses – festgelegten Verkehrswert.

b. Der Wert des Wohnrechts soll unverändert bleiben. Dies soll auch dann gelten, wenn einer der Eltern oder beide Eltern des Ehemannes pflegebedürftig werden.[3]

c. Leben die Eltern des Ehemannes zum Stichtag des § 1384 BGB nicht mehr, bleibt das Wohnrecht beim Endvermögen auch dann unberücksichtigt, wenn es im Grundbuch noch nicht gelöscht wurde.

5. Für den Zeitraum zwischen den Stichtagen erklären wir, dass wir den in diesem Zeitraum entstehenden gleitenden Erwerbsvorgang pauschal erfassen und nur grob überschlägig durch entsprechende Erhöhung des Anfangsvermögens vom Ausgleich ausnehmen wollen. Dies soll wie folgt geschehen: Dem in das Anfangsvermögen unter der Ziffer 3. eingestellter, um das Wohnrecht bereinigter und sodann zu indizierender Wert der Immobilie (93.380 zzgl. Index) hinzuzurechnen ist

a. der infolge des Absinkens des Wertes des Wohnrechts zwischen den Stichtagen entstandene Wertzuwachs (= Differenz zwischen dem Wohnrechtswert zum Stichtag des § 1384 BGB einerseits und dessen beim Anfangsvermögen berücksichtigter indexierter Wert andererseits [Ziffer 3.: 106.620 € zzgl. Index])

b. zzgl. einem Zuschlag zum Ausgleich des Kaufpreisschwundes in Höhe von 50% des auf den Wertzuwachs entfallenden Indexbetrages.[4]

1. Objektive Marktmiete und Zuschlag. Für den Wert des Wohnrechts ist die objektive Marktmiete maßgebend (*Soyka* FuR 2007, 335). Der Zuschlag i. H. v. 10% rechtfertigt sich daraus, dass der Wohnungsberechtigte im Unterschied zu einem Mieter vor Kündigungen und Mieterhöhungen geschützt ist (OLG Brandenburg, Urteil v. 19.12.2013 – 5 U 32/11 –, juris).

2. Berechnung des Wohnrechts. Gibt es mehrere Wohnberechtigte, kommt es auf die höhere durchschnittliche Lebenserwartungsdauer eines der Wohnberechtigten an. Der »Vervielfältiger« ergibt sich aus der am **02.10.2012** veröffentlichten Sterbetafel 2009/2011 des Statistischen Bundesamtes, die unter Berücksichtigung von Zwischenzinsen und Zinseszinsen 5,5 % berücksichtigt (so: BGH, FamRZ 2004, 527), wobei in der Lehre es im Einzelfall für sachgerechter angesehen wird, auf den am jeweiligen Stichtag aktuellen Zinssatz abzustellen (so etwa Klein/*Müting* Kap. 2, Rn. 1429 zum Stichwort: »Leibrente«). Bei Anwendung der ImmoWertV vom **01.07.2010** (dort: § 20 »Kapitalisierung und Abzinsung«) sowie der Anlage 1 zu dieser Verordnung (»Barwertfaktoren für die Kapitalisierung«) ergäben sich bei einem Zins von 5,5%: 7.500,00 € x 13,90 = 104.250 € (statt der hier nach der Anlage 1 zu § 14 Abs. 1 BewG errechneten 106.620 €). Im Einzelfall dürfte das Abstellen auf die aktuellere Anlage (derzeit nach der Anlage zum BewG) sachgerecht erscheinen.

3. Pflegeleistungen. Natürlich könnte ehevertraglich auch der Wert von Pflegeleistungen geregelt werden, wenn sich diese bereits zum Zeitpunkt der Beurkundung abzeichnen. Als Anhaltspunkt für deren Wert bieten sich die Bestimmungen des SGB an, das in einer Reihe von Bestimmungen Pflegeleistungen auflistet (z. B. § 14 SGB 11) und in § 36 SGB 11 (Pflegesachleistungen) oder in § 37 SGB 11 (Pflegegeld für selbst beschaffte Pflegehilfen) monetarisiert. Eine weitere Möglichkeit besteht auch in der Schätzung der zu erwartenden Pflegeleistungen nach § 287 ZPO: So hatte das OLG Celle in seiner Entscheidung v. 08.07.2006 (FamRZ 2009, 462 Rn. 13) eine solche Schätzung vorgenommen und die vertraglich übernommene »Wart- und Pflege« mit $1/4$ von dem vom Senat ansonsten für angemessen angenommenen Wert iHv. 800 € mtl. für »umfassende Pflegeleistungen im privaten Bereich« bewertet. Ein etwa geleistetes Pflegegeld sollte dann freilich bei der ehevertraglich getroffenen Regelung berücksichtigt werden.

4. Rechenbeispiel. Angenommen, der Wert des Wohnrechts belief sich beim AV auf 100 T€, beim EV auf 50 T€, der Wert der Immobilie betrug zu den Stichtagen 200 T€ (AV) und 300 T€ (EV) und der VPI betrug schließlich beim AV 50 und beim EV 75, dann ergeben sich unter Anwendung des Musters zu Ziffer 5. – ohne sonstiges Vermögen i. Ü. – folgende Rechenschritte:

5. *»Dem in das Anfangsvermögen einzustellende, um das Wohnrecht bereinigte und sodann zu indexierende Wert der Immobilie«* (200.000 € ./. 100.000 € zzgl. Index [100.000 x 75 : 50] = **150.000 €**)

ist hinzuzurechnen

a. *»der Wertzuwachs, der infolge des Absinkens des Wertes des Wohnrechts zwischen den Stichtagen«* (100.000 € ./. 50.000 €) = **50.000 €**

b. *»zzgl. einem Zuschlag zum Ausgleich des Kaufpreisschwundes in Höhe von 50% des auf den Wertzuwachs entfallenden Indexbetrages«* (Wertzuwachs 50.000 € x 75 [VPI: EV] : 50 [VPI: AV]= 75.000 €), hiervon Indexbetrag: 25.000 € und davon $1/2$) = **12.500 €**.

Der auf diesem Wege ermittelte Betrag ist der Gesamtwert des (indexierten) Anfangsvermögens und beträgt 150.00 € zzgl. 50.000 € zzgl. 12.500 € = 212.500 €, sodass im Beispiel der Zugewinnausgleich 300.000 € ./. 212.500 € = 87.500 € : 2 = 43.750 € beträgt.

Kapitel 4: Sorgerecht

A. Sorgerecht

I. Gemeinsame elterliche Sorge

1. Begründung der gemeinsamen elterlichen Sorge

Sind die Eltern bei der Geburt des Kindes miteinander verheiratet, steht ihnen die elterliche Sorge automatisch gemeinsam zu. Für unverheiratete Eltern gilt § 1626a BGB. Nach dessen Abs. 3 steht zunächst der Mutter die Alleinsorge zu. Zur gemeinsamen elterlichen Sorge führen **drei Wege**: Die Eltern heiraten einander (§ 1626a Abs. 1 Nr. 1 BGB), sie geben jeweils eine Erklärung ab, dass sie die Sorge gemeinsam übernehmen wollen (§ 1626a Abs. 1 Nr. 2 BGB; s. u. Rdn. 2) oder das FamG überträgt den Eltern die gemeinsame Sorge (§ 1626a Abs. 1 Nr. 3 BGB; s. u. Rdn. 3). **1**

Die Sorgeerklärung kann nicht auf einen Teilbereich beschränkt werden. Sie ist unwiderruflich, worauf insb. die Mutter hingewiesen werden sollte. Die Eltern können die gemeinsame Sorge nur umfassend begründen, soweit sie der Mutter bislang allein zustand (BGH, FamRZ 2008, 251, 255). Die weiteren Einzelheiten zu **Form und Wirksamkeit** der Sorgeerklärungen regeln die §§ 1626b bis 1626e BGB: Die Sorgeerklärungen können schon vor der Geburt des Kindes abgegeben werden, § 1626b Abs. 2. Es handelt sich um eine höchstpersönliche Angelegenheit, bei der sich die Eltern nicht vertreten lassen können, § 1626c Abs. 1; für Minderjährige enthält § 1626c Abs. 2 eine Sonderregelung. Die Sorgeerklärungen sind nur wirksam, wenn sie öffentlich beurkundet werden, § 1626d Abs. 1. Beurkundende Stelle kann nur ein Notar (§ 20 Abs. 1 BNotO) oder (jedes) Jugendamt (§§ 59 Abs. 1 Satz 1 Nr. 8, 87e SGB VIII) sein. **2**

Das FamG überträgt gemäß § 1626a Abs. 1 Nr. 3, Abs. 2 BGB den Eltern auf Antrag eines Elternteils – regelmäßig des Vaters – die elterliche Sorge oder einen Teil davon gemeinsam, soweit dies dem Kindeswohl nicht widerspricht. Der Zustimmung des anderen Elternteils – regelmäßig der Mutter – bedarf es nicht. Diese Möglichkeit wurde erst mit Gesetz vom 16.04.2013 (BGBl. I 795) geschaffen, das am 19.05.2013 in Kraft trat. Damit ist die Übergangsregelung nach der Entscheidung des **BVerfG** v. 21.07.2010 (FamRZ 2010, 1403 m. Anm. *Luthin*; vgl. zuvor EGMR v. 03.12.2009, FamRZ 2010, 103) gegenstandslos, die noch eine positive Kindeswohlprüfung und ein längeres Zusammenleben der Eltern verlangt hatte. **3**

Antrag auf Übertragung des gemeinsamen Sorgerechts, § 1626a Abs. 1 Nr. 3, Abs. 2 BGB **4**

An das Amtsgericht .....[1]

– Familiengericht –

In dem Verfahren[2]

..... *[Name und Anschrift]*,

– Antragsteller –

Verfahrensbevollmächtigter[3]: Rechtsanwalt .....

gegen

..... *[Name und Anschrift]*,

– Antragsgegnerin –

Verfahrensbevollmächtigte: Rechtsanwältin .....

wegen Verpflichtung zur Sorgeerklärung,

vorläufiger Verfahrenswert[4]: 3.000,00 €,

stelle ich namens und im Auftrag des Antragstellers folgenden

Antrag:

Dem Antragsgegner wird die elterliche Sorge für das Kind ....., geb. am ....., gemeinsam mit der Antragstellerin übertragen.

Begründung:

Der Antragsteller und die Antragsgegnerin haben zumindest seit ..... bis zum Auszug des Antragstellers aus der damaligen gemeinsamen Wohnung am ..... in nichtehelicher Lebensgemeinschaft zusammengelebt. Seither leben sie getrennt. Sie waren zu keiner Zeit miteinander verheiratet. Aus der Beziehung ist das gemeinsame Kind ....., geb. am ....., hervorgegangen. Der Antragsteller hat das Kind die ersten beiden Lebensjahre überwiegend allein betreut und versorgt, da er es sich als freier Journalist so einrichten konnte, tagsüber zu Hause zu sein. Die Antragstellerin ging damals einer Vollzeittätigkeit nach, bei der sie um 7.00 Uhr das Haus verließ und erst gegen 18.00 heimkehrte. Nach dem Auszug des Antragstellers blieb das Kind zwar bei der Mutter wohnen, doch hatte der Antragsteller regelmäßigen Umgangskontakt. In den Sommern ..... und ..... war er gemeinsam mit seinem Kind zwei Wochen im Urlaub in Italien. Zwischen dem Antragsteller und seiner Tochter besteht ein gutes Verhältnis .....

Der Antragsteller und die Antragsgegnerin haben kaum mehr Kontakt; in Fragen, die das Kind betreffen, besteht weitgehend Einigkeit .....

Es ist nicht ersichtlich, dass die Übertragung der gemeinsamen Sorge dem Kindeswohl widersprechen könnte. Vielmehr steht über die gesetzliche Anforderung des § 1626a Abs. 2 BGB hinaus sogar positiv fest, dass die gemeinsame Sorge dem Kindeswohl dient. Dennoch ist die Antragsgegnerin nicht bereit, dem Antragsteller die elterliche Mitsorge einzuräumen. Der Antragsteller hat beim Stadtjugendamt ..... bereits eine Sorgeerklärung gemäß § 1626a Abs. 1 Nr. 1 BGB abgegeben. Die Antragsgegnerin hat es trotz mehrfacher Aufforderungen abgelehnt, dies zu tun. Eine nachvollziehbare Begründung für ihre Weigerung hat sie nicht vorgebracht. Es ist daher gemäß § 1626a Abs. 1 Nr. 3, Abs. 2 BGB antragsgemäß zu entscheiden.

1. Zuständigkeit. Die sachliche Zuständigkeit des Amtsgerichts folgt aus § 23a Abs. 1 Nr. 1 GVG. Kraft gesetzlicher Geschäftsverteilung ist gem. § 23b Abs. 1 GVG i. V. m. §§ 111 Nr. 1, 151 Nr. 1 FamFG das FamG zuständig. Die örtliche Zuständigkeit richtet sich gem. § 152 Abs. 2 FamFG nach dem gewöhnlichen Aufenthaltsort des Kindes. Nur wenn dieser im Ausland läge, würde § 152 Abs. 3 FamFG gelten.

2. Verfahren. Es handelt sich um keine Familienstreitsache (vgl. § 112 FamFG), weshalb ausschließlich das FamFG gilt. Dem Kind kann gem. § 158 Abs. 1 FamFG ein Verfahrensbeistand bestellt werden; ein Regelfall des § 158 Abs. 2 FamFG liegt nicht vor. Das Kind, die Eltern und das Jugendamt sind vor einer Entscheidung gem. §§ 159, 160, 162 FamFG anzuhören.

3. Verfahrensbevollmächtigter. Gem. § 114 Abs. 1 FamFG besteht – außerhalb des Scheidungsverbunds – kein Anwaltszwang, auch nicht vor dem OLG.

4. Verfahrenswert. Gem. § 45 Abs. 1 Nr. 1 FamGKG beträgt der Verfahrenswert 3.000,00 €.

2. Gerichtliche Entscheidung bei Meinungsverschiedenheiten der Eltern

§ 1628 BGB erlaubt es jedem Elternteil beim Streit über die richtige Ausübung der elterlichen Sorge das FamG anzurufen, das dann einem der Elternteile das **Entscheidungsrecht** zuspricht. Den Eltern muss die Sorge – zumindest in dem streitigen Teilbereich – gemeinsam zustehen.   **5**

Der Anwendungsbereich des § 1628 BGB ist nur eröffnet, wenn sich die Eltern in einer **einzelnen Angelegenheit** oder in einer bestimmten Art von Angelegenheiten nicht einigen können. Das Sorgerecht oder Teile hiervon können nicht übertragen werden. Dies ist nur unter den Voraussetzungen des § 1671 BGB möglich. Die Abgrenzung ist schwierig, im Hinblick auf die unterschiedlichen Voraussetzungen der Vorschriften aber wichtig. Nach dem Willen des Gesetzgebers geht es bei § 1628 BGB um die auf eine konkrete Situation bezogene Zuteilung der Entscheidungsbefugnis, wohingegen § 1671 BGB eine teilweise Übertragung des Sorgerechts für alle in diesem Teilbereich denkbaren Entscheidungen bis zum Eintritt der Volljährigkeit des Kindes zum Gegenstand hat (BT-Drucks. 13/4899, 99). Gem. § 1628 BGB können daher Streitigkeiten über Passbeantragung (OLG Köln, FamRZ 2005, 644, 645), Urlaubsreise (OLG Karlsruhe, FamRZ 2008, 1368) oder Schulwahl behandelt werden. Die Entscheidung über alle schulischen Angelegenheiten kann dagegen nur gem. § 1671 BGB auf einen Elternteil übertragen werden (vgl. *Schwab* FamRZ 98, 457, 467). Andererseits erlaubt § 1628 BGB nach herrschender Meinung auch die Übertragung des Aufenthaltsbestimmungsrechts, insb. beim Streit der Eltern über den Aufenthalt des Kindes anlässlich einer beabsichtigten Trennung (BT-Drucks. 13/4899, 95).   **6**

Es muss sich um eine Angelegenheit handeln, die für das Kind **von erheblicher Bedeutung** ist. Der Begriff ist wie in § 1687 BGB zu verstehen. Bei einem Streit um alltägliche Angelegenheiten können die Eltern das Gericht nicht anrufen. Tun sie es dennoch, wird durch »Negativentscheidung« festgestellt, dass es sich um keine Angelegenheit von erheblicher Bedeutung handelt. Im Fall des Getrenntlebens der Eltern gilt dann § 1687 BGB.   **7**

Leben die Eltern zusammen, kommt von vornherein nur eine Konfliktlösung gem. § 1628 BGB in Betracht; leben sie getrennt, ist zunächst die Norm heranzuziehen, auf die der Antragsteller seinen Antrag stützt. Kann sein Begehren nach dieser Norm nicht erreicht werden, muss er – nach gerichtlichem Hinweis – seinen Antrag umstellen.   **8**

Antrag auf Übertragung des Entscheidungsrechts, § 1628 BGB   **9**

An das Amtsgericht .....[1]

– Familiengericht –

In dem Verfahren[2]

..... *[Name und Anschrift]*,

– Antragsteller –

Verfahrensbevollmächtigter[3]: Rechtsanwalt .....

gegen

..... *[Name und Anschrift]*,

– Antragsgegnerin –

Verfahrensbevollmächtigte: Rechtsanwältin .....

wegen Übertragung des Entscheidungsrechts in Sorgerechtsangelegenheit,

vorläufiger Verfahrenswert[4]: 3.000,00 €,

stelle ich namens und im Auftrag des Antragstellers folgenden

Antrag:

Die Entscheidung darüber, welche Art von weiterführender Schule das Kind ....., geb. am ....., nach Abschluss der 4. Grundschulklasse besuchen soll, wird dem Antragsteller übertragen.

Begründung:

Aus der am ..... rechtskräftig geschiedenen Ehe des Antragstellers mit der Antragsgegnerin ist das gemeinsame Kind ....., geb. am ....., hervorgegangen. Die elterliche Sorge steht beiden gemeinsam zu. Die Eltern leben seit ..... getrennt. Das Kind lebt seither bei der Antragsgegnerin.

Das Kind besucht derzeit die 4. Klasse der .....-Schule in ...... Seine schulischen Leistungen sind durchschnittlich. Im Übertrittszeugnis hat es in den Fächern Deutsch sowie Heimat- und Sachkunde zwar jeweils die Note 2 erreicht, im Fach Mathematik aber nur die Note 4. Daraus errechnet sich ein Notendurchschnitt von 2,66, der zwar den Übertritt an ein Gymnasium noch zulässt, doch hat die Klassenlehrerin ..... in einem persönlichen Gespräch mit dem Antragsteller und der Antragsgegnerin davon abgeraten und den Besuch einer Realschule empfohlen. Dies entspräche den Fähigkeiten und Neigungen des Kindes besser ..... An einem Gymnasium wäre es dagegen mit hoher Wahrscheinlichkeit überfordert und es bestünde die Gefahr einer weiteren Schwächung seines Selbstwertgefühls, wenn es die Schule wieder verlassen müsste. Dann wäre auch der Start in der Realschule erschwert.

Beweis:[5]

1. Zeugin ..... *[Name der Lehrerin]*, zu laden über die Grundschule ..... *[Name der Schule und Adresse]*

2. Übertrittszeugnis in Ablichtung

Der Beurteilung der erfahrenen Pädagogin, die das Kind in der 3. und 4. Grundschulklasse als Klassenlehrerin unterrichtet hat, schließt sich der Antragsteller in vollem Umfang an. Ihre Einschätzung entspricht dem Bild, das auch er von seinem Sohn hat. Leider teilt die Antragsgegnerin diese Auffassung nicht und möchte das Kind im .....-Gymnasium in ..... anmelden. Auch ein Gespräch mit einer Mitarbeiterin des Stadtjugendamts ..... brachte keine Einigung. Die Antragsgegnerin beharrt auf ihrer Meinung, dass ihr Sohn für ein Gymnasium durchaus geeignet wäre.

Die Voraussetzungen des § 1628 BGB liegen damit vor. Der Antragsteller und die Antragsgegnerin können sich über die Art der Schule nicht einigen. Dies ist eine Angelegenheit von erheblicher Bedeutung. Im Übrigen bestehen in solchen Angelegenheiten keine wesentlichen Meinungsverschiedenheiten zwischen den Beteiligten. Aus den dargestellten Gründen ist wie beantragt zu entscheiden.

1. Zuständigkeit. Die sachliche Zuständigkeit des Amtsgerichts folgt aus § 23a Abs. 1 Nr. 1 GVG. Kraft gesetzlicher Geschäftsverteilung ist gem. § 23b Abs. 1 GVG i. V. m. §§ 111 Nr. 1, 151 Nr. 1 FamFG das FamG zuständig. Für die örtliche Zuständigkeit gilt vorrangig der Grundsatz der Konzentration beim Ehesachen- (Scheidungs-) Gericht gem. § 152 Abs. 1 FamFG. Wenn – wie hier – keine Ehesache (Scheidungssache) anhängig ist, richtet sich die örtliche Zuständigkeit gem. § 152 Abs. 2 FamFG nach dem gewöhnlichen Aufenthaltsort des Kindes. Nur wenn dieser im Ausland läge, würde § 152 Abs. 3 FamFG gelten.

2. Verfahren. Es handelt sich um keine Familienstreitsache (vgl. § 112 FamFG), weshalb ausschließlich das FamFG gilt. Dem Kind kann gem. § 158 Abs. 1 FamFG ein Verfahrensbeistand bestellt werden; ein Regelfall des § 158 Abs. 2 FamFG liegt nicht vor. Das Kind, die Eltern und das Jugendamt sind vor einer Entscheidung gem. §§ 159, 160, 162 FamFG anzuhören.

3. Verfahrensbevollmächtigter. Gem. § 114 Abs. 1 FamFG besteht – außerhalb des Scheidungsverbunds – kein Anwaltszwang, auch nicht vor dem OLG.

4. Verfahrenswert. Gem. § 45 Abs. 1 Nr. 1 FamGKG beträgt der Verfahrenswert 3.000,00 €.

5. Beweis. Für die Beweiserhebung gelten die §§ 29 ff. FamFG. I. Ü. gilt gem. § 26 der Amtsermittlungsgrundsatz. Ein Beweisangebot ist daher nicht notwendig, aber sinnvoll.

II. Übertragung der elterlichen Sorge

Zentrale Vorschrift für die Übertragung der elterlichen Sorge ist **§ 1671 Abs. 1 BGB.** Er ermöglicht **10** getrennt lebenden Eltern, die bisher gemeinsam sorgeberechtigt waren, die Alleinsorge zu erhalten. Möglich ist auch, nur für einen Teilbereich die alleinige elterliche Sorge zu beantragen oder übertragen zu erhalten. Die Voraussetzungen für die Übertragung der Alleinsorge bestimmt § 1671 Abs. 1 Satz 2 BGB. Demnach gibt es zwei Möglichkeiten: die Übertragung aufgrund Zustimmung und die Übertragung aus Gründen des Kindeswohls.

1. Übertragung der Alleinsorge aufgrund Zustimmung des anderen Elternteils

Gem. § 1671 Abs. 1 Satz 2 Nr. 1 BGB wird die elterliche Sorge ohne Weiteres einem Elternteil allein **11** übertragen, wenn der andere zustimmt. Eine Kindeswohlprüfung findet nicht statt. Etwas anderes gilt nur, wenn das mindestens 14 Jahre alte Kind widerspricht (§ 1671 Abs. 1 Satz 2 Nr. 1) oder eine Kindeswohlgefährdung gem. § 1666 BGB vorliegt (§ 1671 Abs. 3).

Antrag auf Übertragung der elterlichen Sorge aufgrund Zustimmung, § 1671 Abs. 1 Satz 2 Nr. 1 **12**
BGB

An das Amtsgericht .....[1]

– Familiengericht –

In dem Verfahren[2]

..... *[Name und Anschrift],*

– Antragstellerin –

Verfahrensbevollmächtigter[3]: Rechtsanwalt .....

gegen

..... *[Name und Anschrift],*

– Antragsgegner –

Verfahrensbevollmächtigte: Rechtsanwältin .....

wegen Übertragung der elterlichen Sorge,

vorläufiger Verfahrenswert[4]: 3.000,00 €,

stelle ich namens und im Auftrag der Antragstellerin folgenden

Antrag:

Die elterliche Sorge für das Kind ....., geb. am ....., wird der Antragstellerin übertragen.

Begründung:

Die Antragstellerin und der Antragsgegner sind seit ..... miteinander verheiratet. Seit ..... leben sie getrennt. Ein Scheidungsverfahren ist nicht anhängig. Aus der Ehe ist das gemeinsame Kind ....., geb. am ....., hervorgegangen. Die elterliche Sorge steht beiden gemeinsam zu.

Der Antragsgegner wird der Übertragung der Alleinsorge auf die Antragstellerin zustimmen. Das Kind erhebt gegen diese Regelung keine Einwände.

Demnach liegen die Voraussetzungen des § 1671 Abs. 1 Satz 2 Nr. 1 BGB vor.

1. Zuständigkeit. Die sachliche Zuständigkeit des Amtsgerichts folgt aus § 23a Abs. 1 Nr. 1 GVG. Kraft gesetzlicher Geschäftsverteilung ist gem. § 23b Abs. 1 GVG i. V. m. §§ 111 Nr. 1, 151 Nr. 1 FamFG das FamG zuständig. Für die örtliche Zuständigkeit gilt vorrangig der Grundsatz der Konzentration beim Ehesachen- (Scheidungs-) Gericht gem. § 152 Abs. 1 FamFG. Wenn – wie hier – keine Ehesache (Scheidungssache) anhängig ist, richtet sich die örtliche Zuständigkeit gem. § 152 Abs. 2 FamFG nach dem gewöhnlichen Aufenthaltsort des Kindes. Nur wenn dieser im Ausland läge, würde § 152 Abs. 3 FamFG gelten.

2. Verfahren. Es handelt sich um keine Familienstreitsache (vgl. § 112 FamFG), weshalb ausschließlich das FamFG gilt. Dem Kind kann gem. § 158 Abs. 1 FamFG ein Verfahrensbeistand bestellt werden; ein Regelfall des § 158 Abs. 2 FamFG liegt nicht vor. Das Kind, die Eltern und das Jugendamt sind vor einer Entscheidung gem. §§ 159, 160, 162 FamFG anzuhören.

3. Verfahrensbevollmächtigter. Gem. § 114 Abs. 1 FamFG besteht – außerhalb des Scheidungsverbunds – kein Anwaltszwang, auch nicht vor dem OLG.

4. Verfahrenswert. Gem. § 45 Abs. 1 Nr. 1 FamGKG beträgt der Verfahrenswert 3.000,00 €.

2. Übertragung der Alleinsorge aus Gründen des Kindeswohls

13   Auch ohne Zustimmung des anderen Elternteils kann die elterliche Sorge auf Antrag gem. § 1671 Abs. 1 Satz 2 Nr. 2 BGB ganz oder teilweise auf einen Elternteil allein übertragen werden. Voraussetzung ist, dass dies **dem Wohl des Kindes am besten entspricht**. Sicherlich entspräche es dem Wohl des Kindes regelmäßig am besten, wenn die Eltern wieder glücklich zusammenleben würden. Dies kann aber nicht erzwungen werden. Die entscheidende Frage lautet daher: Ist zu erwarten, dass die Aufhebung der gemeinsamen Sorge und Übertragung auf den Antragsteller unter den gegebenen Umständen dem Wohl des Kindes am besten entspricht? Dabei macht der Gesetzeswortlaut deutlich, dass die Prüfung des Kindeswohls in zweierlei Blickrichtung zu erfolgen hat:
1. Entspricht die Aufhebung der gemeinsamen Sorge dem Kindeswohl am besten?
2. Entspricht die Übertragung (gerade) auf den Antragsteller dem Kindeswohl am besten?

a) Erster Prüfungsschritt: Entspricht die Aufhebung der gemeinsamen Sorge dem Wohl des Kindes am besten?

14   Es besteht **kein Regel-Ausnahme-Verhältnis** in dem Sinn, dass eine Priorität zugunsten der gemeinsamen elterlichen Sorge bestehen und die Alleinsorge eines Elternteils nur in Ausnahmefällen als ultima ratio in Betracht kommt (BGH, FamRZ 1999, 1646, 1647; 2005, 1167; 2008, 592). Es ist vielmehr in erster Linie Sache der Eltern zu entscheiden, ob sie die gemeinsame Sorge nach ihrer Scheidung beibehalten wollen oder nicht. Es besteht weder ein Vorrang der gemeinsamen Sorge vor der Alleinsorge noch eine gesetzliche Vermutung dafür, dass die gemeinsame elterliche Sorge im Zweifel die für das Kind beste Form der Wahrnehmung elterlicher Verantwortung ist. Einer solchen Regelung stände bereits entgegen, dass sich elterliche Gemeinsamkeit in der Realität nicht verordnen lässt (BGH, FamRZ 1999, 1646, 1647; 2008, 592, 593).

Notwendige Voraussetzungen für die gemeinsame Sorge sind **subjektive Kooperationsbereitschaft**   15
und **objektive Kooperationsfähigkeit** der Eltern (KG, FamRZ 2000, 502; 2000, 504; 2005, 1768;
2007, 754, 755; 2011, 122, 123; OLG Brandenburg, FamRZ 2008, 1474, 1475; OLG Dresden,
FamRZ 2000, 109; OLG Hamm, FamRZ 2002, 18; 2002, 565; 2007, 756; 2007, 757; OLG Karlsruhe, FamRZ 2000, 1041; OLG Köln, FamRZ 2005, 1275; OLG München, FamRZ 2002, 189;
OLG Oldenburg, FamRZ 98, 1464; OLG Stuttgart, FamRZ 1999, 1596). Die Eltern müssen ge-
willt und in der Lage sein auch künftig gemeinsam die Erziehungsverantwortung zu tragen und ihre
persönlichen Interessen und Differenzen zurückzustellen. Die gemeinsame Ausübung der Elternverantwortung setzt eine tragfähige soziale Beziehung zwischen den Eltern voraus und erfordert ein
Mindestmaß an Übereinstimmung zwischen ihnen (BVerfG, FamRZ 1995, 789, 792; 2003, 285,
289; BGH, FamRZ 2008, 251, 254).

Schließlich ist immer zu prüfen, ob die Aufhebung der gemeinsamen Sorge nicht auf **Teilbereiche**   16
beschränkt werden kann. Das ist dann der Fall, wenn i. Ü. eine ausreichende Kooperationsfähigkeit
und -bereitschaft der Eltern besteht. Doch ist die Ablehnung einer Aufteilung der elterlichen Sorge
in verschiedene Teilbereiche zumindest dann nicht zu beanstanden, wenn zwischen den Eltern unabhängig von einzelnen Erziehungsfragen vielfältige Konflikte bestehen, die negative Auswirkungen
auf das Kind erwarten lassen (BGH, FamRZ 1999, 1646, 1647; 2008, 592, 593 f.).

b) Zweiter Prüfungsschritt: Entspricht die Übertragung (gerade) auf den Antragsteller dem Wohl des Kindes am besten?

Der Antrag auf Übertragung der Alleinsorge gem. § 1671 Abs. 1 Satz 2 Nr. 2 BGB hat auch bei Feh-   17
len der Kooperationsbereitschaft und -fähigkeit der Eltern nur Erfolg, wenn die **Übertragung gerade
auf den Antragsteller** dem Wohl des Kindes am besten entspricht. Bei der Prüfung dieser Frage ist
nicht auf ein theoretisches Ideal abzustellen, sondern darauf, welche Sorgeentscheidung unter den
gegebenen Umständen für das Kind am besten ist. Anders gefragt: Ist die Übertragung der Alleinsorge auf den Antragsteller für das Kind weniger schädlich als es die Übertragung auf den Antragsgegner wäre (vgl. auch BGH, FamRZ 1985, 169)?

Ob das Sorgerecht besser dem einen oder dem anderen Elternteil zu übertragen ist, beurteilt sich   18
nach den anerkannten Kriterien: **Förderungsgrundsatz, Bindungen des Kindes, Kontinuitätsgrundsatz und Kindeswille.** Für diese Kriterien gibt es weder eine Reihenfolge noch eine allgemeingültige Gewichtung.

aa) Förderungsgrundsatz

Der **Förderungsgrundsatz** stellt darauf ab, bei welchem Elternteil das Kind die meiste Unterstüt-   19
zung für den Aufbau seiner Persönlichkeit erfahren kann (BVerfG, FamRZ 1981, 124). Das ist der
Elternteil, der nach seiner eigenen Persönlichkeit, seiner Beziehung zum Kind und nach den äußeren
Verhältnissen eher in der Lage zu sein scheint, das Kind zu betreuen und seine seelische und geistige
Entfaltung zu begünstigen (KG, FamRZ 1990, 1383; OLG Brandenburg, FamRZ 1996, 1095). Im
Allgemeinen beschränkt sich die Prüfung darauf, ob bei einem Elternteil objektive Umstände fest-
zustellen sind, die seine Erziehungseignung mindern oder ganz aufheben.

bb) Bindungen des Kindes

Ein weiteres wichtiges Kriterium bei der Prüfung des Kindeswohls sind die **Bindungen des Kindes.**   20
Damit sind die gefühlsmäßigen Neigungen gemeint, die das Kind zu seinen Eltern und Geschwistern, aber auch zu anderen ihm nahe stehenden Personen hat. Das Entstehen und Erhalten stabiler
emotionaler Beziehungen ist für eine gesunde Entwicklung des Kindes unerlässlich.

cc) Kontinuitätsgrundsatz

21 Der **Kontinuitätsgrundsatz** hat kaum eigenständige Bedeutung. Er vereinigt lediglich die Kriterien des Förderungsgrundsatzes und der Kindesbindungen unter dem besonderen Blickwinkel der Stetigkeit. Das Kontinuitätsprinzip erschöpft sich nicht darin, möglichst die zum Zeitpunkt der Sorgeentscheidung bestehende Betreuungssituation beizubehalten. Vielmehr ist die sorgerechtliche Lösung anzustreben, die für die Zukunft eine möglichst einheitliche, stetige und gleichmäßige Betreuung und Erziehung des Kindes nach der Trennung der Eltern gewährleistet (BVerfG, FamRZ 1982, 1179, 1183; BGH, FamRZ 1990, 392, 393; OLG Celle, FamRZ 1992, 465; OLG Brandenburg, FamRZ 03, 49).

dd) Kindeswille

22 Der **Wille des Kindes** ist bereits deshalb beachtlich, weil es die Person ist, um die es bei der Sorgeentscheidung geht und die von ihr am stärksten betroffen wird. Das Kind ist nicht Objekt des Sorgeverfahrens. Es ist vielmehr ein Individuum mit eigenen Grundrechten, das keinen Machtansprüchen seiner Eltern unterliegt (BVerfGE, FamRZ 1986, 769, 772) und das mit zunehmendem Alter ein immer stärkeres Recht auf Selbstbestimmung und freie Entfaltung seiner Persönlichkeit hat. Der Wille des Kindes muss zuverlässig festgestellt werden. Im Allgemeinen geschieht dies im Wege der richterlichen **Kindesanhörung** gem. § 159 FamFG, die bereits ab einem Alter von 3 Jahren erfolgen sollte (vgl. BayObLG, FamRZ 1983, 948; 84, 312; KG, FamRZ 1983, 1159; OLG Frankfurt am Main, FamRZ 1997, 571).

23 **Antrag auf Übertragung der elterlichen Sorge aus Gründen des Kindeswohls, § 1671 Abs. 2 Satz 1 Nr. 2 BGB**

An das Amtsgericht .....[1]

– Familiengericht –

In dem Verfahren[2]

..... *[Name und Anschrift]*,

– Antragstellerin –

Verfahrensbevollmächtigter[3]: Rechtsanwältin .....

gegen

..... *[Name und Anschrift]*,

– Antragsgegner –

Verfahrensbevollmächtigter: Rechtsanwalt .....

wegen Übertragung der elterlichen Sorge,

vorläufiger Verfahrenswert[4]: 3.000,00 €,

stelle ich namens und im Auftrag der Antragstellerin folgenden

Antrag:

Die elterliche Sorge für die Kinder ....., geb. am ..... *[Kind 1]*, und ....., geb. am ..... *[Kind 2]*, wird der Antragstellerin übertragen.

Begründung:

Die Antragstellerin und der Antragsgegner sind seit dem ..... miteinander verheiratet. Seit dem ..... leben sie getrennt i. S. d. § 1567 Abs. 1 BGB. Ein Scheidungsverfahren ist noch nicht anhängig. Aus der Ehe sind die gemeinsamen Kinder ....., geb. am ..... *[Kind 1]*, und ....., geb. am ..... *[Kind*

2] hervorgegangen. Die elterliche Sorge steht beiden gemeinsam zu. Die Kinder leben bei der Antragstellerin. Sie ist Hausfrau. Der Antragsgegner arbeitet als Schweißer im Schichtbetrieb bei der Fa. ..... in ......

Die gemeinsame elterliche Sorge ist aufzuheben, weil die Antragstellerin und der Antragsgegner nicht nur in ihrer Paarbeziehung gescheitert sind, sondern auch auf der Elternebene nicht mehr zusammenarbeiten können. Die Antragstellerin hat bereits bisher die Erziehungsverantwortung weitgehend alleine tragen müssen. Der Antragsgegner arbeitet in wechselnder 8-Stunden Schicht. Seine Freizeit verbringt er oft mit Freunden im Dart-Club. Dort, aber auch zu Hause, spricht er stark dem Alkohol zu. Dies war für die Antragstellerin auch der Hauptgrund für die Trennung. Der Antragsgegner wollte die Trennung anfangs nicht akzeptieren. Nun gibt er zwar an, dass er von der Antragstellerin »auch nichts mehr wissen wolle«, versucht aber, ihr das Leben so schwer wie möglich zu machen. Dabei bedient er sich leider oft auch der Kinder. Er verlangt, dass ..... *[Kind 1]* seine Großeltern, die Eltern der Antragstellerin, nicht mehr besuchen dürfe, weil er dort »verzogen« werde, was selbstverständlich nicht zutrifft. Beide Kinder nimmt er zu den Dart-Club-Abenden in eine öffentliche Gaststätte mit, obwohl die Antragstellerin ihn mehrfach gebeten hat, dies nicht zu tun. Wenn die Kinder bei ihm zu Besuch sind, versucht er regelmäßig sie gegen die Antragstellerin einzunehmen. So sagt er etwa, dass sie sich nicht alles von der Mutter gefallen lassen sollen oder dass ihre Mutter eine schlechte Frau sei, weil sie ihn verlassen habe. Auch befragt er die Kinder ständig, ob die Antragstellerin einen Freund habe und was sie abends so mache. Die Kinder leiden unter dieser Situation sichtlich. Wenn die Antragstellerin den Antragsgegner darauf anspricht und ihn bittet, dies um der Kinder Willen zu unterlassen, reagiert der Antragsgegner ungehalten und wird regelmäßig beleidigend. Ein sachliches Gespräch ist mit dem Antragsgegner nicht möglich.

Da zwischen der Antragstellerin und dem Antragsgegner demnach die für eine gemeinsame Sorge erforderliche Kooperationsbereitschaft und -fähigkeit fehlt, ist die gemeinsame Sorge aufzuheben.

Die elterliche Sorge ist der Antragstellerin zu übertragen, da dies dem Wohl der Kinder am besten entspricht. In dem dargestellten Verhalten des Antragsgegners wird seine stark eingeschränkte Erziehungsfähigkeit deutlich. Auch ist er bereits aufgrund seiner Schichtarbeit nicht in der Lage, die Kinder, die mit 5 und 7 Jahren noch einer intensiven Betreuung bedürfen, zu beaufsichtigen und zu versorgen. Demgegenüber ist die Erziehungsfähigkeit der Antragstellerin uneingeschränkt vorhanden. Sie weist auch die notwendige Bindungstoleranz auf, da sie dem Antragsgegner – trotz seines dargestellten Verhaltens – so gut wie möglich entgegenkommt, wenn er mit seinen Kindern Umgang haben möchte. Die Kinder wollen auch unbedingt bei der Antragstellerin wohnen bleiben. Es ist nicht zu verkennen, dass sie vor dem Antragsgegner eine gewisse Furcht haben, was aber nicht auf eine Beeinflussung durch die Antragstellerin zurückzuführen ist, sondern ausschließlich auf dem Verhalten des Antragsgegners selbst beruht. Beide Kinder haben seit ihrer Geburt eine starke Bindung zu ihrer Mutter, die für sie immer die Hauptbezugsperson war. Die Kinder wollen auch ihre bisherige Umgebung nicht verlassen. Sie wohnen mit der Antragstellerin ganz in der Nähe der ehemaligen Ehewohnung, wo sie aufgewachsen sind. Ein Schul- bzw. Kindergartenwechsel war durch den Umzug in die neue Wohnung der Antragstellerin nicht notwendig. Dagegen würden sie aus ihrem bisherigen sozialen Umfeld herausgerissen, wenn sie künftig beim Antragsgegner wohnen müssten. Damit sprechen sowohl der Förderungs- als auch der Kontinuitätsgrundsatz sowie die Bindungen der Kinder und ihr Wille für eine Übertragung der elterlichen Sorge auf die Antragstellerin.

Der Antragsgegner hat sich außergerichtlich stets einer Übertragung der Alleinsorge auf die Antragstellerin widersetzt. Da aber die Voraussetzungen des § 1671 Abs. 1 Satz 2 Nr. 2 BGB vorliegen, ist antragsgemäß zu entscheiden.

1. Zuständigkeit. Die sachliche Zuständigkeit des Amtsgerichts folgt aus § 23a Abs. 1 Nr. 1 GVG. Kraft gesetzlicher Geschäftsverteilung ist gem. § 23b Abs. 1 GVG i. V. m. §§ 111 Nr. 1, 151 Nr. 1 FamFG das FamG zuständig. Für die örtliche Zuständigkeit gilt vorrangig der Grundsatz der Konzentration beim Ehesachen- (Scheidungs-) Gericht gem. § 152 Abs. 1 FamFG. Wenn – wie hier – keine Ehesache (Scheidungssache) anhängig ist, richtet sich die örtliche Zuständigkeit gem. § 152 Abs. 2 FamFG nach dem gewöhnlichen Aufenthaltsort des Kindes. Nur wenn dieser im Ausland läge, würde § 152 Abs. 3 FamFG gelten.

2. Verfahren. Es handelt sich um keine Familienstreitsache (vgl. § 112 FamFG), weshalb ausschließlich das FamFG gilt. Dem Kind kann gem. § 158 Abs. 1 FamFG ein Verfahrensbeistand bestellt werden; ein Regelfall des § 158 Abs. 2 FamFG liegt nicht vor, könnte aber gem. § 158 Abs. 2 Nr. 1 FamFG in Betracht kommen. § 156 Abs. 1 FamFG verpflichtet das Gericht in besonderer Weise auf eine einvernehmliche Regelung hinzuwirken; im Fall des Scheiterns dieser Bemühungen, stehen die Möglichkeiten des § 156 Abs. 3 FamFG zur Verfügung. Das Kind, die Eltern und das Jugendamt sind vor einer Entscheidung gem. §§ 159, 160, 162 FamFG anzuhören.

3. Verfahrensbevollmächtigter. Gem. § 114 Abs. 1 FamFG besteht – außerhalb des Scheidungsverbunds – kein Anwaltszwang, auch nicht vor dem OLG.

4. Verfahrenswert. Gem. § 45 Abs. 1 Nr. 1, Abs. 2 FamGKG beträgt der Verfahrenswert 3.000,00 €; im Scheidungsverbund würde § 44 Abs. 2 FamGKG gelten.

3. Taktik

24   Bei dem oft erbitterten Streit über Alleinsorge oder gemeinsame Sorge sollte nicht übersehen werden, dass die praktische Bedeutung in vielen Fällen doch eher gering ist. Denn die Belassung der gemeinsamen elterlichen Sorge gibt noch lange keine Garantie dafür, dass die Beziehung des Elternteils, bei dem das Kind nicht regelmäßig wohnt, stark und vertrauensvoll bleibt oder wieder wird (vgl. KG, FamRZ 2000, 502). Dies wird vielmehr allein durch den persönlichen Umgang erreicht, weshalb einem spannungsfrei gelebten, funktionierenden und in ausreichendem Umfang ausgeübten Umgangsrecht die entscheidende Bedeutung zukommt. Beim Umgang kann der andere Elternteil auf die Entwicklung seines Kindes Einfluss nehmen, es faktisch miterziehen, d. h. ihm Werte vermitteln, ihn in seiner Entwicklung zu einem sozial kompetenten Menschen fördern und seine Persönlichkeit stärken. Dagegen birgt eine erzwungene gemeinsame Sorge gegen den Willen des Elternteils, bei dem das Kind wohnt, die Gefahr, dass der notwendige spannungsfreie Umgang erschwert oder verhindert wird (ebenso *Born* FamRZ 2000, 396, 399: Pyrrhus-Sieg). Andererseits sind die Vorbehalte gegen die gemeinsame Sorge oftmals unbegründet, zumal durch § 1687 BGB die Reibungspunkte im Alltag deutlich verringert werden.

4. Einstweilige Anordnung: Übertragung des Aufenthaltsbestimmungsrechts

25   **Antrag auf Übertragung des Aufenthaltsbestimmungsrechts im Wege der einstweiligen Anordnung, § 1671 Abs. 1 Satz 2 Nr. 2 BGB**

An das Amtsgericht .....[1]

– Familiengericht –

In dem Verfahren[2]

..... *[Name und Anschrift]*,

– Antragstellerin –

[3]. VerfahrensbevollmächtigteRechtsanwältin .....

gegen

..... *[Name und Anschrift]*,

– Antragsgegner –

Verfahrensbevollmächtigter: Rechtsanwalt .....

wegen Übertragung des Aufenthaltsbestimmungsrechts

vorläufiger Verfahrenswert[4]. Verfahrenswert: 1.500,00 €,

stelle ich namens und im Auftrag der Antragstellerin folgenden

Antrag:

Im Wege der einstweiligen Anordnung[5] wird das Aufenthaltsbestimmungsrecht für das Kind ....., geb. am ....., der Antragstellerin übertragen.

Begründung:

Die Antragstellerin und der Antragsgegner sind seit ..... miteinander verheiratet. Aus der Ehe ist das gemeinsame Kind ....., geb. am ....., hervorgegangen.

Glaubhaftmachung[6]. Glaubhaftmachung: Geburtsurkunde

Die elterliche Sorge steht beiden gemeinsam zu. Am ..... ist die Antragstellerin mit dem Sohn ausgezogen. Seither leben die Antragstellerin und der Antragsgegner getrennt i. S. d. § 1567 Abs. 1 BGB. Ein Scheidungsverfahren ist noch nicht anhängig.

Der Antragsgegner kann sich mit der Trennung nicht abfinden. Er bedrängt die Antragstellerin immer wieder doch zu ihm zurückzukehren. Um seiner Forderung Nachdruck zu verleihen, erklärt er immer wieder, dass er den Sohn zu sich nehmen werde. Er sei nicht bereit, ihn der Antragstellerin »kampflos« zu überlassen.

Glaubhaftmachung: Eidesstattliche Versicherung der Antragstellerin

Die Aufhebung der gemeinsamen Sorge für den Teilbereich des Aufenthaltsbestimmungsrechts und dessen Übertragung auf die Antragstellerin ist für das Wohl des Kindes am besten, § 1671 Abs. 1 Satz 2 Nr. 2 BGB. Zumindest darüber, wo das Kind wohnen soll, können die Antragstellerin und der Antragsgegner keine Einigung erzielen. Es ist aber besser für das Kind, wenn es bei seiner Mutter wohnt, die auch bisher schon seine Hauptbezugsperson war. .....

Die Übertragung des Aufenthaltsbestimmungsrechts ist dringend, weil andernfalls zu befürchten ist, dass der Antragsgegner seine Drohung wahr macht und das Kind tatsächlich bei sich behält. Dies wäre mit erheblichen Belastungen für das Kind verbunden. .....

1. Zuständigkeit. Die sachliche Zuständigkeit des Amtsgerichts folgt aus § 23a Abs. 1 Nr. 1 GVG. Kraft gesetzlicher Geschäftsverteilung ist gem. § 23b Abs. 1 GVG i. V. m. §§ 111 Nr. 1, 151 Nr. 1 FamFG das FamG zuständig. Für die örtliche Zuständigkeit gilt vorrangig der Grundsatz der Konzentration beim Ehesachen- (Scheidungs-) Gericht gem. § 152 Abs. 1 FamFG. Wenn – wie hier – keine Ehesache (Scheidungssache) anhängig ist, richtet sich die örtliche Zuständigkeit gem. § 152 Abs. 2 FamFG nach dem gewöhnlichen Aufenthaltsort des Kindes. Nur wenn dieser im Ausland läge, würde § 152 Abs. 3 FamFG gelten.

2. Verfahren. Es handelt sich um keine Familienstreitsache (vgl. § 112 FamFG), weshalb ausschließlich das FamFG gilt. Dem Kind kann gem. § 158 Abs. 1 FamFG ein Verfahrensbeistand bestellt werden; ein Regelfall des § 158 Abs. 2 FamFG liegt nicht vor, könnte aber gem. § 158 Abs. 2 Nr. 1 FamFG in Betracht kommen. Gem. § 155 FamFG muss das Verfahren vorrangig und beschleunigt betrieben werden. § 156 Abs. 1 FamFG verpflichtet das Gericht in besonderer Weise auf eine einvernehmliche Regelung hinzuwirken. Das Kind, die Eltern und das Jugendamt sind vor einer Entscheidung gem. §§ 159, 160, 162 FamFG anzuhören.

3. Verfahrensbevollmächtigter. Gem. § 114 Abs. 1, Abs. 4 Nr. 1 FamFG besteht kein Anwaltszwang, auch nicht vor dem OLG.

4. Verfahrenswert. Gem. §§ 45 Abs. 1 Nr. 1, 41 FamGKG kann der Verfahrenswert mit 1.500,00 € in Ansatz gebracht werden.

5. Einstweilige Anordnung. Das Verfahren der einstweiligen Anordnung regeln die §§ 49 ff. FamFG. Gem. § 51 Abs. 3 Satz 1 FamFG kann ein Antrag auf einstweilige Anordnung auch selbstständig, d. h. unabhängig von der Anhängigkeit einer Hauptsache gestellt werden.

6. Glaubhaftmachung. Gem. § 51 Abs. 1 Satz 2 FamFG sind Anordnungsanspruch und -grund glaubhaft zu machen. In Verfahren, in denen – wie hier – Amtsermittlungspflicht besteht (vgl. § 26 FamFG), gibt es zwar keine Glaubhaftmachungslast, doch kann eine kurzfristige Entscheidung regelmäßig nur durch Glaubhaftmachung des Sachvortrags erreicht werden (Schulte-Bunert/Weinreich/*Schwonberg* § 51 Rn. 23).

B. Kindesherausgabe

26 Die Herausgabe des Kindes kann nur **verlangen**, wer Inhaber des Aufenthaltsbestimmungsrechts ist (Nürnberg, FamRZ 2000, 369; BayObLG, FamRZ 1990, 1379). Sind dies beide Eltern, können sie den Anspruch nur gemeinsam oder ein Elternteil mit Zustimmung des anderen ggü. einem Dritten geltend machen. Ein Elternteil kann vom anderen Elternteil nur dann die Herausgabe des Kindes verlangen, wenn ihm das Aufenthaltsbestimmungsrecht allein zusteht.

27 Zur Herausgabe **verpflichtet** ist derjenige, der das Kind in seiner Gewalt hat und die Herausgabe verweigert oder den Berechtigten auf andere Weise daran hindert das Kind wieder an sich zu bringen.

28 Weitere Voraussetzung für den Herausgabeanspruch ist, dass das Kind dem Berechtigten widerrechtlich vorenthalten wird. Widerrechtlichkeit ist ausgeschlossen, wenn das Herausgabeverlangen einen Missbrauch der elterlichen Sorge darstellt, der unter § 1666 BGB fällt (BayObLG, FamRZ 1990, 1379, 1381). Stets ist das **Wohl des Kindes** zu beachten (vgl. § 1697a BGB).

29 **Antrag auf Kindesherausgabe im Wege der einstweiligen Anordnung, § 1632 Abs. 1 BGB**

An das Amtsgericht .....[1]

– Familiengericht –

In dem Verfahren[2]

..... *[Name und Anschrift]*,

– Antragstellerin –

Verfahrensbevollmächtigte[3]: Rechtsanwältin .....

gegen

..... *[Name und Anschrift]*,

– Antragsgegner –

Verfahrensbevollmächtigter: Rechtsanwalt .....

wegen Kindesherausgabe

vorläufiger Verfahrenswert[4]: 1.500,00 €,

stelle ich namens und im Auftrag der Antragstellerin folgenden

Antrag:

Im Wege der einstweiligen Anordnung[5]. Einstweiligen Anordnung wird der Antragsgegner verpflichtet, das Kind ....., geb. am ....., an die Antragstellerin herauszugeben.

Begründung:

Die Antragstellerin und der Antragsgegner sind seit ..... miteinander verheiratet. Aus der Ehe ist das gemeinsame Kind ....., geb. am ....., hervorgegangen. Seit ..... leben die Antragstellerin und der Antragsgegner getrennt. Mit Beschluss des Amtsgerichts ..... vom ..... (Az. .....) wurde der Antragstellerin das Aufenthaltsbestimmungsrecht übertragen. Im Übrigen steht beiden die elterliche Sorge gemeinsam zu. Ein Scheidungsverfahren ist noch nicht anhängig.

Glaubhaftmachung:[6]

1. Geburtsurkunde

2. Beschluss des Amtsgerichts ..... vom ..... (Az. .....)

Im bisherigen Einvernehmen hatte der Antragsgegner jeden Samstag von 10.00 Uhr bis 19.00 Uhr Umgang mit seinem Sohn. Nach dem letzten Umgangstermin am ....., brachte der Antragsgegner das Kind nicht mehr wie vereinbart in die Wohnung der Antragstellerin zurück. Die Antragstellerin konnte den Antragsgegner erst am Abend gegen 22.00 Uhr telefonisch erreichen. Er erklärte ihr, dass er den Sohn nicht zurückbringen werde, sondern beschlossen habe, mit ihm ein paar Tage an einen österreichischen See zu fahren. Dies habe er mit dem Kind bereits besprochen, das damit einverstanden sei. Die Einwände der Antragstellerin, dass das Kind seit der Trennung noch nie beim Antragsgegner übernachtet habe, es im Übrigen für eine Urlaubsreise gar nicht ausgestattet sei und sie nicht glaube, dass das Kind das wirklich wolle, ignorierte der Antragsgegner und legte auf. Mit dem Kind selbst konnte die Antragstellerin nicht sprechen.

Glaubhaftmachung: Eidesstattliche Versicherung der Antragstellerin

Die Voraussetzungen für die Kindesherausgabe gemäß § 1632 Abs. 1 BGB sind damit erfüllt. Das eigenmächtige Verhalten des Antragsgegners ist auch nicht im Interesse des Kindes. Im Gegenteil ist zu befürchten, dass sein Wohl gefährdet ist, da es bislang kein sehr inniges Verhältnis zu seinem Vater hatte und noch nie bei ihm allein übernachtet hat.

1. Zuständigkeit. Die sachliche Zuständigkeit des Amtsgerichts folgt aus § 23a Abs. 1 Nr. 1 GVG. Kraft gesetzlicher Geschäftsverteilung ist gem. § 23b Abs. 1 GVG i. V. m. §§ 111 Nr. 1, 151 Nr. 3 FamFG das FamG zuständig. Für die örtliche Zuständigkeit gilt vorrangig der Grundsatz der Konzentration beim Ehesachen- (Scheidungs-) Gericht gem. § 152 Abs. 1 FamFG. Wenn – wie hier – keine Ehesache (Scheidungssache) anhängig ist, richtet sich die örtliche Zuständigkeit gem. § 152 Abs. 2 FamFG nach dem gewöhnlichen Aufenthaltsort des Kindes. Nur wenn dieser im Ausland läge, würde § 152 Abs. 3 FamFG gelten.

2. Verfahren. Es handelt sich um keine Familienstreitsache (vgl. § 112 FamFG), weshalb ausschließlich das FamFG gilt. Dem Kind ist gem. § 158 Abs. 1, Abs. 2 Nr. 4 FamFG i. d. R. ein Verfahrensbeistand zu bestellen. Gem. § 155 FamFG muss das Verfahren vorrangig und beschleunigt betrieben werden. § 156 Abs. 1 FamFG verpflichtet das Gericht in besonderer Weise auf eine einvernehmliche Regelung hinzuwirken. Das Kind, die Eltern und das Jugendamt sind vor einer Entscheidung gem. §§ 159, 160, 162 FamFG anzuhören.

3. Verfahrensbevollmächtigter. Gem. § 114 Abs. 1, Abs. 4 Nr. 1 FamFG besteht kein Anwaltszwang, auch nicht vor dem OLG.

4. Verfahrenswert. Gem. §§ 45 Abs. 1 Nr. 3, 41 FamGKG kann der Verfahrenswert mit 1.500,00 € in Ansatz gebracht werden.

5. Einstweilige Anordnung. Das Verfahren der einstweiligen Anordnung regeln die §§ 49 ff. FamFG. Gem. § 51 Abs. 3 Satz 1 FamFG kann ein Antrag auf einstweilige Anordnung auch selbstständig, d. h. unabhängig von der Anhängigkeit einer Hauptsache gestellt werden.

6. Glaubhaftmachung. Gem. § 51 Abs. 1 Satz 2 FamFG sind Anordnungsanspruch und -grund glaubhaft zu machen. In Verfahren, in denen – wie hier – Amtsermittlungspflicht besteht (vgl. § 26 FamFG), gibt es zwar keine Glaubhaftmachungslast, doch kann eine kurzfristige Entscheidung regelmäßig nur durch Glaubhaftmachung des Sachvortrags erreicht werden (Schulte-Bunert/Weinreich/*Schwonberg* § 51 Rn. 23).

Kapitel 5: Umgangsrecht

A. Antrag auf Umgangsregelung

Gem. § 1684 Abs. 1 BGB ist jeder Elternteil zum Umgang mit dem Kind berechtigt und verpflichtet. Zum **Wohl des Kindes** gehört i. d. R. der Umgang mit beiden Elternteilen, § 1626 Abs. 3 Satz 1 BGB. Denn für die Entwicklung des Kindes ist es von besonderer Wichtigkeit, dass es durch ungestörten persönlichen Umgang mit dem Elternteil, bei dem es nicht in Obhut ist, Gelegenheit erhält, sich ein eigenständiges, auf persönlichen Erfahrungen beruhendes Bild von diesem und dessen Ansichten zu machen (OLG Köln, FamRZ 1998, 1463). Ebenso ist anerkannt, dass es für eine gedeihliche seelische Entwicklung eines Kindes und die psychische Verarbeitung einer Familienauflösung in aller Regel bedeutsam ist, nicht nur einen sorgenden (und sorgeberechtigten) Elternteil als Bindungspartner zu haben, sondern auch den anderen Elternteil nicht faktisch zu verlieren, vielmehr die Beziehung zu ihm so gut wie möglich aufrechtzuerhalten (OLG Celle, FamRZ 1998, 1458, 1459; 1990, 1026, 1027; OLG Hamm, FamRZ 2000, 45; OLG Bamberg, FamRZ 2000, 46, 47). Dies gilt selbst dann, wenn das Kind wegen seines geringen Alters die Trennung gar nicht bewusst miterlebt und vielleicht in dem neuen Partner des Elternteils, bei dem es lebt, einen Ersatz gefunden hat oder finden könnte, weil die Erfahrung in den Adoptionsfällen lehrt, dass spätestens im jugendlichen Alter die Frage nach der Herkunft und nach der Person des leiblichen Elternteils große Bedeutung für die Identifikation und Selbstfindung des Kindes erlangt. Unabhängig davon, wie sich das Verhältnis zwischen dem Kind und dem Elternteil, bei dem es sich nicht (mehr) aufhält, entwickeln wird, sind beide für immer schicksalhaft miteinander verbunden, sodass dem Kind Gelegenheit gegeben werden muss auch diesen Elternteil kennenzulernen, um zu begreifen, wo seine Wurzeln sind (KG, FamRZ 2003, 948, 949). **1**

Das Umgangsrecht steht ebenso wie die elterliche Sorge unter dem Schutz des **Art. 6 Abs. 2 GG.** Beide Rechtspositionen erwachsen aus dem natürlichen Elternrecht und der damit verbundenen Elternverantwortung und müssen von den Eltern im Verhältnis zueinander respektiert werden. Der sorgeberechtigte Elternteil bzw. der Elternteil, bei dem das Kind lebt, muss demgemäß grds. den persönlichen Umgang des Kindes mit dem anderen Elternteil ermöglichen. Die mit dem natürlichen Elternrecht verbundene Elternverantwortung begründet die Pflicht der Eltern das Wohl des Kindes bestmöglichst zu fördern und nicht zu beeinträchtigen. Dem Kindeswohl entspricht es aber am besten, wenn die Eltern auch noch nach der Trennung auf der Elternebene einvernehmlich zusammenarbeiten und die Konflikte, die zur Trennung geführt haben, weder vor dem Kind noch auf dem Rücken des Kindes austragen. Dazu gehört insb. auch, dass die Eltern wechselseitig das Recht des anderen zum Umgang mit dem Kind akzeptieren, unterstützen und fördern. Diese Selbstverständlichkeit wird durch § 1684 Abs. 2 BGB ausdrücklich hervorgehoben. Über seinen Wortlaut hinaus verlangt das **Wohlverhaltensgebot** des § 1684 Abs. 2 BGB von jedem Elternteil auch eine aktive Förderung des Verhältnisses des jeweils anderen Elternteils zum Kind (OLG Jena, FamRZ 2000, 47; OLG Saarbrücken, FamRZ 2007, 927; OLG Naumburg, FamRZ 2009, 792, 793). **2**

Die Eltern können die Ausgestaltung des persönlichen Umgangs grds. selbst bestimmen. Das FamG darf den Umfang und die Ausübung des Umgangsrechts nur dann regeln, wenn die Eltern nicht in der Lage sind, eine wirksame und erforderliche **Vereinbarung** darüber zu treffen (BVerfG, FamRZ **3**

1995, 86, 87). Die Elternvereinbarung darf nicht sittenwidrig sein. Insb. ist es unzulässig, die Nichtausübung des Umgangsrechts mit einer Freistellung von der Unterhaltspflicht zu koppeln.

4   Das FamG soll die **Ausgestaltung des Umgangs konkret und umfassend** regeln. Dazu gehört insb.
die Bestimmung von Art, Ort, Zeit, Dauer, Häufigkeit, Übergabemodalitäten (Holen und Bringen
des Kindes), Ferien- und Feiertagsumgang, Ausfall- und Nachholungsregeln und evtl. Überwa-
chungsmaßnahmen (vgl. OLG München, FamRZ 2003, 55; OLG Stuttgart, FamRZ 2007, 1682).
Das Gericht kann sich nicht darauf beschränken, das Umgangsrecht lediglich dem Grunde nach
einzuräumen. Vielmehr ist es gehalten, eine Umgangsregelung mit durchsetzbarem Inhalt zu treffen,
die vollständig, vollziehbar und vollstreckbar sein muss (OLG Frankfurt am Main, FamRZ 1999,
617, 618; 08, 1372; vgl. OLG Koblenz, FamRZ 2007, 1682). Dies gilt aber nur für die gerichtliche
Entscheidung. Kommt dagegen unter maßgeblicher Mitwirkung des Gerichts eine Umgangsverein-
barung zustande, brauchen die Einzelheiten der Ausübung des Umgangsrechts nur insoweit geregelt
werden, als dies zur Beilegung des Streits der Beteiligten erforderlich ist.

I. Umfassende Regelung des Umgangsrechts

5   **Antrag auf Regelung des Umgangsrechts, § 1684 BGB**

An das Amtsgericht .....[1]

– Familiengericht –

In dem Verfahren[2]

..... *[Name und Anschrift]*,

– Antragsteller –

Verfahrensbevollmächtigter[3]: Rechtsanwältin .....

gegen

..... *[Name und Anschrift]*,

– Antragsgegnerin –

Verfahrensbevollmächtigter: Rechtsanwalt .....

wegen Umgangsrecht,

vorläufiger Verfahrenswert[4]: 3.000,00 €,

stelle ich namens und im Auftrag der Antragstellerin folgenden

Antrag:

1. Der Antragsteller ist berechtigt, mit dem gemeinsamen Kind ....., geb. am ....., persönlichen Umgang zu haben zu haben wie folgt:
   a) jedes zweite Wochenende von Samstag, 9.00 Uhr bis Sonntag 18.00 Uhr, beginnend am .....,
   b) an den hohen christlichen Feiertagen jeweils am zweiten Feiertag, nämlich am 26. Dezember,
      Ostermontag und Pfingstmontag, jeweils von 9.00 Uhr bis 21.00 Uhr,
   c) in den Weihnachtsferien vom 2. Januar, 9.00 Uhr, bis zum letzten Ferientag, 15.00 Uhr,
   d) in den Osterferien vom Ostermontag, 9.00 Uhr, bis zum letzten Ferientag, 15.00 Uhr,
   e) in den Sommerferien ab dem drittletzten Ferienfreitag, 12.00 Uhr, bis zum letzten Feriensonn-
      tag, 18.00 Uhr.

2. Während der Dauer aller Schulferien ist der regelmäßige Wochenendumgang gemäß Ziffer 1.
a) ausgesetzt, mit der Folge, dass der Turnus am ersten Wochenende nach den Ferien fortgesetzt
wird.

3. Muss der Umgang entfallen, weil der Antragsteller erkrankt ist oder aus sonstigen Gründen
sein Umgangsrecht nicht wahrnehmen kann, hat er die Antragsgegnerin darüber unverzüglich in

Kenntnis zu setzen. Der Umgang wird nicht nachgeholt. Sollte der Antragsteller mehr als 4 Wochen dauerhaft erkrankt sein, werden der Antragsteller und die Antragsgegnerin für die Dauer der Erkrankung eine angemessene andere Umgangsregelung vereinbaren.

4. Muss der Wochenendumgang ganz entfallen, weil das Kind erkrankt ist, wird der Umgang am folgenden Wochenende nach Genesung des Kindes nachgeholt. Die Antragsgegnerin hat den Antragsteller unverzüglich über die Unmöglichkeit des Umgangs infolge der Erkrankung des Kindes zu unterrichten. Sie hat dem Antragsteller spätestens zum Zeitpunkt des Umgangsbeginns ein Attest eines Kinderarztes vorzulegen, das die Unmöglichkeit des Umgangs infolge der Erkrankung bestätigt.

5. Muss der Ferienumgang ganz oder teilweise entfallen, weil das Kind erkrankt ist, wird der Umgang in den nächstfolgenden Schulferien, in denen kein Umgang stattfindet (Herbst- oder Pfingstferien) nach Genesung des Kindes nachgeholt, soweit er entfallen ist. Kann der Umgang nicht vollständig in einer dieser ansonsten umgangsfreien Ferien nachgeholt werden, findet eine weitere Nachholung nicht statt. Die Antragsgegnerin hat den Antragsteller unverzüglich über die Unmöglichkeit des Umgangs infolge der Erkrankung des Kindes zu unterrichten. Sie hat dem Antragsteller spätestens zum Zeitpunkt des Umgangsbeginns ein Attest eines Kinderarztes vorzulegen, das die Unmöglichkeit des Umgangs infolge der Erkrankung bestätigt. Solange die Unmöglichkeit des Umgangs infolge der Erkrankung andauert, hat die Antragsgegnerin den Antragsteller jeden vierten Tag seit Ausstellung des ersten Attestes entsprechende Folgeatteste eines Kinderarztes vorzulegen.

6. Die Antragsgegnerin ist im Umfang des Umgangsrechts des Antragstellers verpflichtet, dem Antragsteller den Umgang zu ermöglichen und das Kind ....., geb. am ....., zur Abholung durch den Antragsgegner zu den genannten Umgangszeiten vor ihrer Wohnung in ..... *[vollständige Adresse]*, bereit zu halten und dem Antragsteller zu übergeben.

7. Im Falle der Zuwiderhandlung der Antragsgegnerin gegen ihre Verpflichtungen aus diesem Beschluss, kann gegen sie Ordnungsgeld bis zu 25.000,00 € und für den Fall, dass dieses nicht beigetrieben werden kann, Ordnungshaft bis zu 6 Monaten festgesetzt werden.

Begründung:

Der Antragsteller und die Antragsgegnerin sind seit ..... rechtskräftig geschieden. Aus der Ehe ist das gemeinsame Kind ....., geb. am ....., hervorgegangen. Die elterliche Sorge wurde mit Beschluss des Amtsgerichts ..... vom ..... der Antragsgegnerin allein übertragen. Das Kind lebt bei der Antragsgegnerin.

Seit der Trennung des Antragstellers und der Antragsgegnerin am ..... bis ..... hatte der Antragsteller regelmäßig Umgang mit seinem Sohn, auch in den Ferien. Bis zu diesem Zeitpunkt kam es deswegen auch nie zu Konflikten mit der Antragsgegnerin. Zwischen Vater und Sohn besteht eine enge vertrauensvolle Beziehung. Das Kind ist ausgesprochen gerne beim Antragsteller.

Anfang des Jahres ..... hat die Antragsgegnerin begonnen, das Umgangsrecht des Antragstellers immer mehr zu beschränken. Sie wollte den gemeinsamen Sohn nicht mehr beim Antragsgegner übernachten lassen und ließ ihn in den Sommerferien nicht mit dem Antragsteller – wie in den Vorjahren – in Urlaub fahren. Angeblich seien die schulischen Leistungen nicht ausreichend und er müsse mehr lernen. Beim Antragsteller würde er nichts für die Schule tun. In den Ferien müsse das Kind zur Ruhe kommen.

Diese Argumente sind nur vorgeschoben. Der Antragsteller kümmert sich an den Umgangswochenenden sehr wohl darum, dass sein Sohn die Hausaufgaben ordentlich erledigt. Seine schulischen Leistungen haben sich auch nicht wesentlich verschlechtert. Die Ferien mit dem Antragsteller hat das Kind immer sehr genossen; sie sind seinem Wohle dienlich. Der wahre Grund für die Verhaltensänderung der Antragsgegnerin dürfte darin liegen, dass der Antragsteller seit ..... eine neue Partnerin hat, die teilweise auch bei ihm wohnt. Die Antragsgegnerin will dies scheinbar nicht akzeptieren. Der Umgang des Antragstellers mit dem Kind leidet unter der neuen Beziehung nicht. Der Antragsteller hat das Kind behutsam damit vertraut gemacht, dass er eine neue Lebenspartnerin gefunden hat. Dies belastet nach der Beobachtung des Antragstellers das Kind nicht, zumal seine neue Partnerin an Umgangswochenenden nicht beim Antragsteller übernachtet.

In den letzten Monaten hat die Antragsgegnerin des Öfteren den Umgang mit der Behauptung verweigert, dass das Kind krank sei. Der Antragsteller bezweifelt, dass dies tatsächlich der Fall war. Denn sein Sohn hat ihm – auf seine behutsamen Erkundigungen hin – später nie über irgendeine Krankheit berichtet.

Der Antragsteller hat sich bereits in dieser Sache an das Jugendamt gewandt. Ein Gespräch des Antragstellers und der Antragsgegnerin mit einer Jugendamtsmitarbeiterin blieb aber erfolglos, weil die Antragsgegnerin auf ihren nicht zutreffenden Argumenten beharrte.

Der Antragsteller möchte wieder wie früher einen angemessenen Umgang mit seinem Sohn pflegen, was ihm gemäß § 1684 Abs. 1 BGB auch zusteht. Gründe für eine Beschränkung seines Umgangsrechts liegen nicht vor. Es wird daher um eine gerichtliche Regelung gebeten, die – wie beantragt – weitere Streitigkeiten vermeiden hilft. Ziffer 6 des Antrags soll die Vollstreckbarkeit[5]. Vollstreckbarkeit gewährleisten. Ziffer 7 des Antrags beruht auf § 89 Abs. 2 FamFG.

1. Zuständigkeit. Die sachliche Zuständigkeit des Amtsgerichts folgt aus § 23a Abs. 1 Nr. 1 GVG. Kraft gesetzlicher Geschäftsverteilung ist gem. § 23b Abs. 1 GVG i. V. m. §§ 111 Nr. 1, 151 Nr. 2 FamFG das FamG zuständig. Für die örtliche Zuständigkeit gilt vorrangig der Grundsatz der Konzentration beim Ehesachen-(Scheidungs-) Gericht gem. § 152 Abs. 1 FamFG. Wenn – wie hier – keine Ehesache (Scheidungssache) anhängig ist, richtet sich die örtliche Zuständigkeit gem. § 152 Abs. 2 FamFG nach dem gewöhnlichen Aufenthaltsort des Kindes. Nur wenn dieser im Ausland läge, würde § 152 Abs. 3 FamFG gelten.

2. Verfahren. Es handelt sich um keine Familienstreitsache (vgl. § 112 FamFG), weshalb ausschließlich das FamFG gilt. Dem Kind kann gem. § 158 Abs. 1 FamFG ein Verfahrensbeistand bestellt werden; ein Regelfall des § 158 Abs. 2 FamFG liegt nicht vor. Gem. § 155 FamFG muss das Verfahren vorrangig und beschleunigt betrieben werden. § 156 Abs. 1 FamFG verpflichtet das Gericht in besonderer Weise auf eine einvernehmliche Regelung hinzuwirken; im Fall des Scheiterns dieser Bemühungen, stehen die Möglichkeiten des § 156 Abs. 3 FamFG zur Verfügung. Das Kind, die Eltern und das Jugendamt sind vor einer Entscheidung gem. §§ 159, 160, 162 FamFG anzuhören.

3. Verfahrensbevollmächtigter. Gem. § 114 Abs. 1 FamFG besteht – außerhalb des Scheidungsverbunds – kein Anwaltszwang, auch nicht vor dem OLG.

4. Verfahrenswert. Gem. § 45 Abs. 1 Nr. 1, Abs. 2 FamGKG beträgt der Verfahrenswert 3.000,00 €; im Scheidungsverbund würde § 44 Abs. 2 FamGKG gelten.

5. Vollstreckbarkeit. Die Vollstreckbarkeit des gerichtlichen Beschlusses gem. § 89 FamFG ist nur gegeben, wenn der Antragsgegnerin ausreichend konkretisierte Handlungs- bzw. Unterlassungspflichten auferlegt werden.

II. Einstweilige Anordnung: Gewährung des Umgangsrechts

6   **Antrag auf Gewährung des Umgangsrechts im Wege der einstweiligen Anordnung, § 1684 BGB**

An das Amtsgericht .....[1]

– Familiengericht –

In dem Verfahren[2]

..... *[Name und Anschrift]*,

– Antragsteller –

[3]Verfahrensbevollmächtigte Rechtsanwältin .....

gegen

..... *[Name und Anschrift]*,

– Antragsgegnerin –

Verfahrensbevollmächtigter: Rechtsanwalt .....

wegen Gewährung des Umgangsrechts

vorläufiger Verfahrenswert[4]: 1.500,00 €,

stelle ich namens und im Auftrag des Antragstellers folgenden

Antrag:

Im Wege der einstweiligen Anordnung[5]. einstweiligen Anordnung wird die Antragsgegnerin verpflichtet, dem Antragsteller persönlichen Umgang mit seinem Kind ....., geb. am ....., vom ..... bis ..... zu gewähren und zu diesem Zweck das Kind am ..... um ..... Uhr vor ihrer Wohnung in ..... dem Antragsteller zu übergeben.

Begründung:

Der Antragsteller und die Antragsgegnerin sind nicht miteinander verheiratet. Sie haben jedoch von ..... bis ..... in eheähnlicher Gemeinschaft zusammen gelebt. Aus dieser Beziehung ist das gemeinsame Kind ....., geb. am ....., hervorgegangen.

Glaubhaftmachung[6]. Glaubhaftmachung: Geburtsurkunde

Eine gemeinsame Sorgeerklärung haben die Eltern nicht abgegeben, weshalb weiterhin die Antragstellerin alleine sorgeberechtigt ist.

Der Antragsteller und die Antragsgegnerin haben sich am ..... getrennt. Das Kind lebt seither bei der Antragsgegnerin. Seit der Trennung hatte der Antragsteller regelmäßig Umgang mit seinem Sohn, auch in den Ferien. So verbrachte er auch die letzten Sommerferien zwei Wochen alleine mit seinem Sohn. Beide machten einen Camping-Urlaub in Caorle/Italien. Zwischen Vater und Sohn besteht eine enge vertrauensvolle Beziehung. Das Kind ist ausgesprochen gerne beim Antragsteller.

Glaubhaftmachung: Campingplatzrechnung; Urlaubsbilder

Bisher kam es nie zu Konflikten mit der Antragsgegnerin wegen dem Umgang. Gestern wollte der Antragsgegner seinen Sohn bei der Antragsstellerin abholen, weil sie heute zusammen nach Kroatien für zwei Wochen in Urlaub fahren wollten. Dies scheiterte jedoch, weil die Antragsgegnerin sich weigerte, dem Antragsteller das Kind zu übergeben. Diese Weigerung kam für den Antragsteller völlig überraschend. Denn die Urlaubsreise war mit der Antragsgegnerin abgesprochen; sie war damit ausdrücklich einverstanden. Der Antragsteller hatte daraufhin die Reise auch gebucht.

Glaubhaftmachung: Buchungsbeleg Ferienwohnung

Der Antragsteller kann sich das Verhalten der Antragsgegnerin nicht erklären. Sie hat auch keine Begründung hierfür gegeben. Möglicherweise wird sie von ihrem neuen Freund beeinflusst, mit dem sie seit etwa ..... Wochen zusammen lebt. Die Weigerung der Antragsgegnerin verletzt den Antragsteller in seinem Umgangsrecht, das ihm gemäß § 1684 Abs. 1 BGB zusteht. Das Verhalten der Antragsgegnerin schadet dem Wohl des Kindes. Der Umgang mit seinem Vater ist für das Kind sehr wichtig. Es war immer gerne bei ihm. Vater und Sohn haben sich auch schon sehr auf den gemeinsamen Kroatien-Urlaub gefreut. Sie haben bereits besprochen, welche Unternehmungen sie machen wollten. Die Gewährung des Umgangsrechts gerade auch für den geplanten Urlaub dient daher dem Kindeswohl in besonderer Weise.

Es besteht auch ein Anordnungsgrund, weil der Urlaub bereits gebucht ist und der Antragsteller seinen vom Arbeitgeber genehmigten Urlaub auch nicht verschieben kann.

Glaubhaftmachung: Buchungsbeleg Ferienwohnung; Bescheinigung des Arbeitgebers

Es wird daher höflichst um eine möglichst rasche antragsgemäße Entscheidung gebeten.

1. Zuständigkeit. Die sachliche Zuständigkeit des Amtsgerichts folgt aus § 23a Abs. 1 Nr. 1 GVG. Kraft gesetzlicher Geschäftsverteilung ist gem. § 23b Abs. 1 GVG i. V. m. §§ 111 Nr. 1, 151 Nr. 2

FamFG das FamG zuständig. Für die örtliche Zuständigkeit gilt vorrangig der Grundsatz der Konzentration beim Ehesachen- (Scheidungs-) Gericht gem. § 152 Abs. 1 FamFG. Wenn – wie hier – keine Ehesache (Scheidungssache) anhängig ist, richtet sich die örtliche Zuständigkeit gem. § 152 Abs. 2 FamFG nach dem gewöhnlichen Aufenthaltsort des Kindes. Nur wenn dieser im Ausland läge, würde § 152 Abs. 3 FamFG gelten.

2. Verfahren. Es handelt sich um keine Familienstreitsache (vgl. § 112 FamFG), weshalb ausschließlich das FamFG gilt. Dem Kind kann gem. § 158 Abs. 1 FamFG ein Verfahrensbeistand bestellt werden; ein Regelfall des § 158 Abs. 2 FamFG liegt nicht vor. Gem. § 155 FamFG muss das Verfahren vorrangig und beschleunigt betrieben werden. § 156 Abs. 1 FamFG verpflichtet das Gericht in besonderer Weise auf eine einvernehmliche Regelung hinzuwirken. Das Kind, die Eltern und das Jugendamt sind vor einer Entscheidung gem. §§ 159, 160, 162 FamFG anzuhören.

3. Verfahrensbevollmächtigter. Gem. § 114 Abs. 1, Abs. 4 Nr. 1 FamFG besteht kein Anwaltszwang, auch nicht vor dem OLG.

4. Verfahrenswert. Gem. §§ 45 Abs. 1 Nr. 2, 41 FamGKG kann der Verfahrenswert mit 1.500,00 € in Ansatz gebracht werden.

5. Einstweilige Anordnung. Das Verfahren der einstweiligen Anordnung regeln die §§ 49 ff. FamFG. Gem. § 51 Abs. 3 Satz 1 FamFG kann ein Antrag auf einstweilige Anordnung auch selbstständig, d. h. unabhängig von der Anhängigkeit einer Hauptsache gestellt werden.

6. Glaubhaftmachung. Gem. § 51 Abs. 1 Satz 2 FamFG sind Anordnungsanspruch und -grund glaubhaft zu machen. In Verfahren, in denen – wie hier – Amtsermittlungspflicht besteht (vgl. § 26 FamFG), gibt es zwar keine Glaubhaftmachungslast, doch kann eine kurzfristige Entscheidung regelmäßig nur durch Glaubhaftmachung des Sachvortrags erreicht werden (Schulte-Bunert/Weinreich/*Schwonberg* § 51 Rn. 23).

B. Umgangsrechtsausschluss

7   Eine **Einschränkung** oder ein **Ausschluss des Umgangsrechts** setzt gem. § 1684 Abs. 4 Satz 1 BGB immer voraus, dass dies zum Wohl des Kindes erforderlich ist. Soll dies für längere Zeit oder auf Dauer geschehen, so ist gem. § 1684 Abs. 4 Satz 2 BGB erforderlich, dass andernfalls das Wohl des Kindes gefährdet wäre (OLG Jena, FamRZ 2000, 47; OLG Schleswig, FamRZ 2000, 48, 49). Der völlige oder zeitweilige Ausschluss des Umgangs darf nur angeordnet werden, wenn dies nach den Umständen des Falles unumgänglich ist, um eine Gefährdung der körperlichen oder seelischen Entwicklung des Kindes abzuwenden, und diese Gefahr nicht auf andere Weise ausreichend sicher abgewehrt werden kann (BGH, FamRZ 1984, 1084; 88, 711; vgl. BVerfG, FamRZ 1971, 412, 424; 1995, 86, 87; 2008, 246). Vor dem völligen Ausschluss ist stets zu prüfen, ob nicht die bloße Beschränkung des Umgangsrechts oder dessen sachgerechte Ausgestaltung genügt.

8   Eine Einschränkung oder ein Ausschluss des Umgangsrechts zum Wohle des Kindes oder zur Abwendung seiner Gefährdung kommt insb. bei Vorliegen folgender Umstände in Betracht: Angstreaktionen und psychische Belastungen des Kindes aufgrund des Umgangs, entgegenstehender Kindeswille, eigensinnige Motive des Umgangsberechtigten, Entfremdung bei langer Nichtausübung des Umgangsrechts, Inhaftierung des Umgangsberechtigten, vorangegangene Kindesentziehung, Misshandlung oder sexueller Missbrauch durch den Umgangsberechtigten und pädophile Neigungen des Umgangsberechtigten (eingehend FAKomm-FamR/*Ziegler* § 1684 Rn. 99 ff.).

Antrag auf Ausschluss des Umgangsrechts, § 1684 Abs. 4 BGB
9

An das Amtsgericht .....[1]

– Familiengericht –

In dem Verfahren[2]

..... *[Name und Anschrift]*,

– Antragstellerin –

Verfahrensbevollmächtigter[3]: Rechtsanwältin .....

gegen

..... *[Name und Anschrift]*,

– Antragsgegner –

Verfahrensbevollmächtigter: Rechtsanwalt .....

wegen Ausschluss des Umgangsrechts,

vorläufiger Verfahrenswert[4]: 3.000,00 €,

stelle ich namens und im Auftrag der Antragstellerin folgenden

Antrag:

Das Umgangsrecht des Antragstellers mit dem Kind ....., geb. ....., wird – zunächst für 1 Jahr – ausgeschlossen.

Begründung:

Die Antragstellerin und der Antragsgegner sind die Eltern der am ..... geborenen ...... Sie haben sich kurz nach der Geburt des Kindes getrennt. Das Kind wohnt bei der Antragstellerin. Der Antragsgegner hatte bisher regelmäßig einmal die Woche, meistens am Samstag, etwa 6 Stunden Umgang mit seiner Tochter. Der letzte Umgang fand am ..... statt. Danach fiel der Antragstellerin auf, dass ihre Tochter seltsam still war. Als sie ihr die Windel wechselte, deutete das Kind auf seine Scheide und sagte »Aua«. Tatsächlich waren die äußeren Schamlippen stark gerötet .....

Die Antragstellerin erinnert sich jetzt auch wieder, dass der Antragsgegner in der Zeit ihres Zusammenlebens kinderpornografische Bilder auf seinem Computer gespeichert hatte. Sie hat diesem Umstand damals keine große Bedeutung beigemessen, weil der Antragsgegner ihr erklärt hatte, dass ihm die Bilder ein Bekannter per E-Mail geschickt hätte, der von Beruf Psychologe sei und über Kinderpornografie eine Doktorarbeit schreibe. Mit ihm habe er sich darüber mal unterhalten und dabei wohl gesagt, dass er sich gar nicht vorstellen könne, wie so etwas aussehe. Daraufhin habe sein Bekannter ihm die Bilder geschickt. Für die Antragstellerin war die Sache damit erledigt und sie hatte es bald darauf vergessen. Erst im Zusammenhang mit dem geschilderten Vorfall ist es ihr wieder eingefallen. .....

Unter den gegebenen Umständen muss davon ausgegangen werden, dass der Antragsgegner seine Tochter sexuell missbraucht hat. Der Ausschluss des Umgangsrechts ist gemäß § 1684 Abs. 4 Satz 1 und 2 BGB zulässig und geboten, da das Wohl des Kindes bei einem weiteren Umgangskontakt erheblich gefährdet wäre.

1. Zuständigkeit. Die sachliche Zuständigkeit des Amtsgerichts folgt aus § 23a Abs. 1 Nr. 1 GVG. Kraft gesetzlicher Geschäftsverteilung ist gem. § 23b Abs. 1 GVG i. V. m. §§ 111 Nr. 1, 151 Nr. 2 FamFG das FamG zuständig. Für die örtliche Zuständigkeit gilt vorrangig der Grundsatz der Konzentration beim Ehesachen-(Scheidungs-) Gericht gem. § 152 Abs. 1 FamFG. Wenn – wie hier – keine Ehesache (Scheidungssache) anhängig ist, richtet sich die örtliche Zuständigkeit gem. § 152

Abs. 2 FamFG nach dem Aufenthaltsort des Kindes. Nur wenn dieser im Ausland liegt, gilt § 152 Abs. 3 FamFG.

2. Verfahren. Es handelt sich um keine Familienstreitsache (vgl. § 112 FamFG), weshalb ausschließlich das FamFG gilt. Dem Kind ist gem. § 158 Abs. 1, Abs. 2 Nr. 5 FamFG i. d. R. ein Verfahrensbeistand zu bestellen. Gem. § 155 FamFG muss das Verfahren vorrangig und beschleunigt betrieben werden. § 156 Abs. 1 FamFG verpflichtet das Gericht in besonderer Weise auf eine einvernehmliche Regelung hinzuwirken; im Fall des Scheiterns dieser Bemühungen, stehen die Möglichkeiten des § 156 Abs. 3 FamFG zur Verfügung. Die Eltern und das Jugendamt sind vor einer Entscheidung gem. §§ 160, 162 FamFG anzuhören. Von der Anhörung eines noch nicht 3 Jahre alten Kindes wird gem. § 159 Abs. 3 FamFG ausnahmsweise abgesehen werden können, jedoch kommt die Exploration des Kindes im Rahmen eines kinderpsychologischen Gutachtens in Betracht.

3. Verfahrensbevollmächtigter. Gem. § 114 Abs. 1 FamFG besteht – außerhalb des Scheidungsverbunds – kein Anwaltszwang, auch nicht vor dem OLG.

4. Verfahrenswert. Gem. § 45 Abs. 1 Nr. 1, Abs. 2 FamGKG beträgt der Verfahrenswert 3.000,00 €; im Scheidungsverbund würde § 44 Abs. 2 FamGKG gelten.

C. Psychologische Aspekte des Sorge- und Umgangsrechtes

I. Entwicklungen

10   Spätestens seit den sechziger Jahren des vergangenen Jahrhunderts vollzog sich in der BRD, aber auch in anderen europäischen und außereuropäischen Ländern, ein schneller und tief greifender Wertewandel in Bezug auf Ehe und Familie. Der Gesetzgeber hat dem und den damit verbundenen gesellschaftlichen Veränderungen mit grundlegenden Reformen des Familienrechts Rechnung getragen.

11   Den Beginn der Entwicklung machte nahezu überall das Scheidungsrecht. In einigen Staaten – so Italien und Irland – musste Scheidung überhaupt erst ermöglicht werden. In den meisten Fällen ging es darum, das Schuldprinzip abzuschaffen und Frauen und Männern mehr Entscheidungsraum zu geben bezüglich des Fortbestehens ihrer Ehe.

12   Auf einer zweiten Ebene ging es um das Eltern-Kind-Verhältnis. Dabei war zum einen die Gleichstellung ehelicher und nichtehelicher Kinder ein bedeutsames Thema. Zum anderen verlangte die große Zahl von Scheidung betroffener Kinder ein Umdenken im Bereich der elterlichen Sorge und beim Umgangsrecht. Es kam zu einer stärkeren Berücksichtigung kindlicher Bedürfnisse und Rechte, wobei die UN-Kinderrechtskonvention von 1989 und deren Ratifizierung durch die Bundesrepublik »Schlusspunkt und Auftakt« (*Schwenzer* Brühler Schriften Bd. 15, 2008, 27, 28.) einer auf die Perspektive des Kindes bezogenen Entwicklung war.

13   Zu einer markanten Umorientierung bezüglich des Sorgerechtes und des Wohls des Kindes führte die Entscheidung des BVerfG v. 03.11.1982 (BVerfGE 61, 358.). Darin wurde festgestellt, dass das Fortbestehen der familiären Sozialbeziehung nach Trennung der Eltern eine entscheidende Grundlage für eine stabile und gesunde psychosoziale Entwicklung des heranwachsenden Menschen ist. Die zwingende Zuordnung der elterlichen Sorge nach einer Scheidung zu nur einem Elternteil wurde als rechtswidrig erklärt und der Weg zur gemeinsamen elterlichen Sorge geebnet.

14   Von sozialwissenschaftlicher Seite wurde eine inhaltliche Neubestimmung des Kindeswohlbegriffes forciert: Nachdem bis dahin im Fall der Scheidung der für die Erziehung besser geeignete Elternteil gesucht werden sollte, ging es in der Folge darum, den Fortbestand der Beziehung des Kindes zu beiden Eltern zu sichern. *Balloff* (Menne/Schilling/Weber/*Balloff* S. 124) formulierte, eine Suchanweisung (nach dem besseren oder geeigneteren Elternteil) sei durch eine »Herstellungsanweisung« (i. S. d. Beibehalts und Aufrechterhaltens der Beziehungen zwischen Kind und Eltern) abgelöst

worden. Die Idee des Fortbestehens der Elternschaft nach Trennung und Scheidung gewann in der Folge zunehmend an Bedeutung.

Das Kindschaftsrechtsreformgesetz (KindRG), das 1998 in Kraft trat, verlieh dieser Idee i. V. m. der Stärkung der Kinderrechte nachdrücklich Geltung. Sorge- und Umgangsrecht wurden erstmals auch aus der Perspektive der Kinder formuliert, so im § 1684 BGB, wo mit dem Recht des Kindes auf Umgang mit beiden Elternteilen erstmals eine familiengesetzliche Regelung ausdrücklich als Recht des Kindes formuliert wurde. **15**

Das Gesetz über das Verfahren in Familiensachen und in Angelegenheiten der freiwilligen Gerichtsbarkeit (FamFG) verdeutlicht mit der zentralen Stellung des Begriffes Kindschaftssachen in § 151, »dass das Kind im Zentrum des Verfahrens steht und somit ausschlaggebender Faktor stets das Kindeswohl ist« (*Schulte-Bunert* Rn. 561). **16**

Vor einer Diskussion der psychologischen Aspekte, die beim Inkrafttreten des FamFG im Kontext des Sorge- und Umgangsrechtes von Bedeutung sind, ist es erhellend, die für die Thematik wichtigen Entwicklungslinien nachzuzeichnen, die mit den oben angesprochenen Veränderungen begannen und – vorläufig – in die aktuellen Bemühungen um eine Besserstellung des Kindes durch das neue Gesetz münden. **17**

1. Vom Schuldprinzip zum Zerrüttungsprinzip

Vor dem 01.07.1977 war eine Scheidung nur bei Feststellung der Schuld eines Ehepartners oder beider Ehepartner möglich. Das Maß der Schuld (am Scheitern der Ehe), das durch den Richter festgestellt wurde, hatte bedeutsame Konsequenzen für die Regulierung der Scheidungsfolgen. Insb. hatte der schuldig Geschiedene praktisch keine Chance auf Zuerteilung der elterlichen Sorge. **18**

Seitdem das Zerrüttungsprinzip an die Stelle des Schuldprinzips getreten ist, ist es nicht mehr Aufgabe des Gerichtes, darüber zu befinden, ob oder wie viel Schuld ein Partner am Scheitern der Ehe trägt. Damit ist auch die Regelung der elterlichen Sorge und des Umgangs von der Frage der Schuld eines Ehepartners entkoppelt. Da also ein vermeintliches Fehlverhalten des Partners weitgehend unerheblich für die Regulierung von Scheidungsfolgen ist, erübrigt sich bei Scheidungsauseinandersetzungen das Formulieren von Vorwürfen (das Waschen schmutziger Wäsche), – es dient i. d. R. nur dazu, den Verletzungen eines enttäuschten Partners Luft zu verschaffen, schafft aber böses Blut und trägt so zu einer Eskalation von Verletzungen und Konflikten bei. **19**

Auch für eine psychologische oder mediative Betrachtungsweise von Paar- und Trennungskonflikten führt die Frage nach der Schuld kaum weiter. Eine psychologische Betrachtungsweise der Interaktionen und der Kommunikation eines Paares fokussiert i. d. R. auf systemische Mechanismen und fragt, wie die Verhaltensweisen der Partner ineinandergreifen. Wenn es jedoch um Deeskalation und Befriedung geht, kann es wichtig sein, stattgefundene Verletzungen und Grenzüberschreitungen zu thematisieren, ihnen Beachtung zu schenken und ihre Bedeutsamkeit für die psychische Verfassung der Betroffenen zu sehen. **20**

2. Das Verständnis von Scheidung und Trennung: Vom »Ende der Familie« zur »Transition«

Die Bedeutung fortbestehender familiärer Sozialbeziehungen für die Kinder auch nach der Trennung der Eltern führte zu der prägnanten Formel »Eltern bleiben Eltern« (*Titel einer Broschüre von Lederle/Niesel/Saltzgeber/Schönfeld*, die 1982 erstmals erschienen ist, Hrsg.: Deutsche Arbeitsgemeinschaft für Jugend- und Eheberatung e. V.). Sie stand und steht in engem Zusammenhang mit einem veränderten Verständnis des Scheidungsprozesses. Dieser wurde nicht mehr als Abbruch (und Fehlentwicklung) des Familienzyklus gesehen, sondern als Teil und damit Ausschnitt der familialen Gesamtentwicklung. Die Familie hat im Interesse der Kinder bei Trennung und/oder Scheidung demnach, ähnlich wie bei anderen Übergangsprozessen (Transitionen), die Aufgabe, sich zu **21** reorganisieren. Die Eltern ständen im Übergang der Scheidung vor der Aufgabe, »ihre Partnerbeziehung zu beenden, ihre Beziehung als Eltern jedoch aufrecht zu erhalten, vielleicht sogar zu erweitern«, so *Fthenakis* (Fthenakis/Kunze S. 12, 18.).

3. Von der »elterlichen Gewalt« zu »Sorge und Pflicht«

22   Der Wertewandel bezüglich Ehe und Familie betrifft nicht nur die Säkularisierung der Institution Ehe, sondern ist vor allem auch gekennzeichnet durch emanzipative Prozesse: Zum einen die zunehmende Gleichstellung von Frau und Mann, zum anderen das Herauswachsen des Kindes aus seiner Objektstellung hin zum Subjekt und Träger eigener Rechte.

23   Diese Entwicklung wird eindrucksvoll dargestellt durch die Neuformulierungen der elterlichen Sorge. Bis 1980 war im deutschen Familienrecht der Begriff der elterlichen Gewalt gebräuchlich. Auch wenn die inhaltliche Bestimmung durchaus differenzierter war und auf den Zusammenhang mit der etymologischen Bedeutung im Sinne von »Walten« verweist, so transportierte »elterliche Gewalt« doch etwas wie eine gnadenlose Objektstellung des Kindes. Nachdem begrifflich »elterliche Sorge« die elterliche Gewalt abgelöst hatte, formulierte § 1626 BGB zunächst, dass die Eltern »das Recht und die Pflicht« haben, für das minderjährige Kind zu sorgen. Mit dem KindRG von 1998 erfolgte eine Umstellung: »Die Eltern haben die Pflicht und das Recht, für das minderjährige Kind zu sorgen«. Mit dieser veränderten Reihenfolge wird das Recht des Kindes auf Sorge der Eltern gestärkt. In Bezug auf die Rolle der Eltern wird zunächst deren Verantwortung angesprochen, an zweiter Stelle ihr Recht.

4. Von der Nichtbeachtung der Situation des Kindes zur Partizipation und Subjektstellung

24   Wie in anderen gesellschaftlichen Zusammenhängen war die Stellung der Kinder im Familienrecht rein objekthaft. Das Gleichberechtigungsgesetz von 1957 zielte auf das Geschlechterverhältnis, änderte in Bezug auf die Stellung des Kindes und dessen Rechte jedoch nichts. Dies gilt im Grunde auch für die Familienrechtsreform von 1976.

25   1989 verabschiedete die Generalversammlung der Vereinten Nationen die Konvention über die Rechte des Kindes, die 1992 von der BRD ratifiziert wurde. Insb. mit den »3 großen Ps« (aus dem Englischen: partizipation – Recht auf Beteiligung, provision – Recht auf Grundversorgung, protection – Schutz vor Gewalt und Ausbeutung) wurden grundlegende Rechte von Kindern formuliert. Die Unterzeichnerstaaten standen vor der Aufgabe, dem Kind in ihrer jeweiligen Gesetzgebung eine entsprechende Rechtsstellung zu schaffen.

26   Bedeutsam für den Kontext Trennung und Scheidung ist dabei insb. das in Art. 12 der Kindercharta formulierte Recht auf Beteiligung, dem im KindRG 1998 u. a. durch die Figur des Anwaltes des Kindes (Verfahrenspfleger) und die ausdrückliche Formulierung von Anhörungs- und Beteiligungszusammenhängen Rechnung getragen wurde. Die zentrale Stellung des Kindes im Verfahren nach § 151 FamFG bedeutet die konsequente Weiterentwicklung rechtlicher Regelungen zu einer kindbezogenen Perspektive.

5. Von der alleinigen zur gemeinsamen elterlichen Sorge

27   Mit der Entscheidung des BVerfG von 1982 wurde bei gemeinsamem Antrag der Eltern das gemeinsame Sorgerecht möglich, wenn die Eltern kooperationswillig und -fähig waren.

28   Nach dem Ergebnis einer Sondererhebung hatten 1994 bundesweit im Schnitt 17,07 % der Eltern das gemeinsame Sorgerecht (vgl. BR-Drucks. 180/96, S. 47).

29   Seit der Kindschaftsrechtsreform kommt es bei Scheidung nicht mehr automatisch zum Sorgerechtsverfahren. Wenn nicht ein Elternteil einen Antrag stellt, bleibt es beim gemeinsamen Sorgerecht.

Das Fortbestehen der gemeinsamen elterlichen Sorge wurde erleichtert, indem nur noch für Entscheidungen in Angelegenheiten, deren Regelung für das Kind von erheblicher Bedeutung ist, eine Einigung der Eltern notwendig ist.

Proksch (Die Reform des Kindschaftsrechts S. 37) hat i. R. d. Begleitforschung zur Kindschaftsrechts-　　30
reform berichtet, dass die Häufigkeit der gemeinsamen elterlichen Sorge in Deutschland 1999 schon rund zwei Drittel betrug.

Im Jahr 2010 wurde auf Antrag in 5325 Eheverfahren nach § 1671 Abs. 1 BGB das Sorgerecht vom　　31
Gericht übertragen (6,5 % von insgesamt 82.337 Fällen), davon in 1.055 Fällen auf beide Eltern gemeinsam. In 77.012 (93,5 %) Fällen wurde kein Antrag gestellt. Bei insgesamt 78.380 Eheverfahren, in denen die elterliche Sorge nach Auflösung vom Gericht auf beide Eltern übertragen wurde oder kein Antrag auf Regelung gestellt worden war, betrug die Rate der gemeinsamen elterlichen Sorge insgesamt also rund 95 % (nach: Statistisches Bundesamt 2011). Diese Entwicklung im Sinne einer zunehmenden Häufigkeit der gemeinsamen elterlichen Sorge hat mehrere Gründe. Beginnend in den späten 80er Jahren, wurde das gemeinsame Sorgerecht häufig als Voraussetzung für eine Realisierung des Kindeswohls thematisiert, pointiert z. B. bei *Jopt*: Das Verwirklichungsbemühen der Rechtsmaxime Kindeswohl sei untrennbar mit dem Fortbestand der nachehelichen Elternschaft verbunden: »Die juristische Verwirklichung der Elternschaft nach der Scheidung ist das gemeinsame Sorgerecht« (*Jopt*, FamRZ 1989, 875, 877). Von Bedeutung ist sicher auch, dass zur Erlangung des alleinigen Sorgerechts nachgewiesen werden muss, dies sei i. S. d. Kindeswohls die bessere Lösung. Damit präsentiert sich der einen Antrag auf Alleinsorge stellende Elternteil auf Anhieb als der konfliktbereitere, ein Rolle, die in vielen Fällen vermieden wird. Dies hat nach statistischen Zahlen wie nach dem Augenschein von Praktikern die Folge, dass bei Gericht und den Jugendämtern die Zahl der Verfahren um die elterliche Sorge abgenommen, die Zahl der Umgangsstreitigkeiten jedoch zugenommen hat. 2010 wurden vor Amts- und Oberlandesgerichten insgesamt 53.611 Verfahren zu Umgangsfragen erledigt (Statistisches Bundesamt 2011).

6. Von der kontradiktorischen Auseinandersetzung und Entscheidungshoheit des Gerichtes zum Hinwirken auf Einvernehmen

Bis zum KindRG von 1998 entschied das FamG in jedem Scheidungsverfahren über elterliche Sorge　　32
und Umgangsregelungen. Wie andere Scheidungsfolgesachen wurden Regelungen der Sorge und des Umgangs nicht selten nach dem Prinzip der Kontradiktorik verhandelt und es ging in der Sichtweise von Vätern und Müttern und deren Anwälten um »Gewinnen oder Verlieren«.

Seit dem Urteil des BVerfG von 1982 allerdings gab es zunehmend auch das Bemühen, Konflikte　　33
um das Kind nach Trennung und Scheidung der Eltern zu vermeiden und stattdessen einvernehmliche Regelungen der Eltern anzustreben. So entwickelte sich eine regional sehr unterschiedliche Landschaft, was das Selbstverständnis und die Praxis von FamG und in deren Folge auch anderer Professionen betraf. In dem Zusammenhang wurde auch die Rolle von Anwälten als mögliche »unheilvolle Konfliktförderer« (Menne/Schilling/Weber/*Fröhlich* S. 323) thematisiert.

Die Erarbeitung eines einvernehmlichen Konzeptes der Eltern nach Trennung und Scheidung wurde　　34
1990 im Sozialgesetzbuch VIII – Kinder und Jugendhilfegesetz (KJHG) – § 17 »Beratung in Fragen der Partnerschaft, Trennung und Scheidung« zunächst als Aufgabe der Jugendhilfe thematisiert. Beratung soll im Fall der Trennung oder Scheidung nach § 17 Abs. 1 Satz 2, Nr. 3 und Abs. 2 Eltern unterstützen, ein einvernehmliches Konzept zur Wahrnehmung der elterlichen Sorge zu entwickeln. Das von den Eltern erarbeitete Konzept kann als Grundlage für die richterliche Entscheidung über die elterliche Sorge nach der Trennung oder Scheidung dienen.

Ggü. den bis dahin bestehenden Ansätzen bedeutete die 1998 i. R. d. KindRG in § 52 Abs. 1 FGG　　35
normierte Regelung eine weitgehende Neuakzentuierung der Rolle des Gerichtes: Es soll in einem die Person eines Kindes betreffenden Verfahren »so früh wie möglich und in jeder Lage des Verfahrens auf ein Einvernehmen der Beteiligten hinwirken. Es soll die Beteiligten so früh wie möglich

anhören und auf bestehende Möglichkeiten der Beratung durch die Beratungsstellen und -dienste der Jugendhilfe insbesondere zur Entwicklung eines einvernehmlichen Konzepts für die Wahrnehmung der elterlichen Sorge und der elterlichen Verantwortung hinweisen.« Eine solche Ausrichtung des FamG wurde, wiederum bei erheblichen regionalen Unterschieden, in der Folge immer deutlicher akzentuiert und in den Formulierungen des FamFG schließlich zu einer Maxime erhoben.

7. Von der gerichtlichen Entscheidung zum »sozialrechtlichen, hilfeleistenden« Interventionsansatz

36   Trennung und Scheidung von Vätern und Müttern sind zum gesellschaftlichen Normalfall geworden. Damit ist dem Automatismus, ihnen bei Scheidung die Entscheidung über die Zukunft ihrer Kinder aus der Hand zu nehmen und diese dem FamG zu übertragen die Grundlage entzogen. Ziel gesellschaftlicher Bemühungen muss nunmehr sein, dass Väter und Mütter auch nach Trennung und Scheidung in der Lage sind, Verantwortung für Erziehung und Wohl ihrer Kinder zu behalten und wahrzunehmen. Damit sie dies leisten können, brauchen sie Einvernehmen.

37   Mit der oben angesprochenen Formulierung im SGB VIII, die Jugendhilfe solle Eltern im Fall der Trennung/Scheidung bei der Erarbeitung eines einvernehmlichen Konzeptes zur Wahrnehmung der elterlichen Sorge zu unterstützen, trat nach *Coester* (FamRZ 1991, 253, 258) die Bedeutung eines sozialrechtlichen Hilfesystems bei Trennung und Scheidung in den Vordergrund und schob sich vor den bürgerlich-rechtlichen Interventionsansatz. *Coester* benennt auch Gründe, warum der Gesetzgeber dann mit dem KindRG 1998 die mediativen Elemente im Gerichtsverfahren wesentlich ausgebaut hat. Hintergrund sei auch die »Erfahrung, dass die justitielle Konfliktlösung im Familienbereich wenig geeignet ist, ihr eigentliches Ziel, nämlich den Schutz des Kindes zu erreichen: Eine wirkliche Befriedung des Elternkonflikts erfolgt häufig nicht, wie vor allem die zahlreichen Änderungs- und Vollstreckungsverfahren zeigen; das Kind selbst wird durch die Verfahren erheblich belastet, im Elternstreit möglicherweise von der einen oder anderen Seite instrumentalisiert, und die richterliche Entscheidung vermag seine Situation nicht nachhaltig zu verbessern« (*Coester* Kind-Prax 2003, 79, 81).

38   Die Autonomie der Eltern wurde mit dem KindRG weiter und spürbar gestärkt. Wird kein Antrag gestellt, gilt weiter die gemeinsame elterliche Sorge und es wird davon ausgegangen, dass auch andere für die Entwicklung von Kindern wichtige Fragen von ihnen verantwortlich entschieden werden. Im Fall aber, dass ein Antrag gestellt wird und sich damit die Situation der Eltern als schwierig und konflikthaft darstellt, wird spätestens mit dem FamFG und den in § 156 nachdrücklich formulierten Hinweisen auf die Möglichkeiten einer außergerichtlichen Konfliktregelung sowie der Möglichkeit einer Anordnung von Beratung deutlich gemacht, dass emotionale Konflikte der Eltern um die Situation und das Wohl der Kinder nur bedingt rechtlich geregelt werden können: Rechtsfrieden setzt den inneren Frieden der Betroffenen voraus, den zu erreichen Beratung beitragen soll (*Menne* Eröffnung der Fachtagung »Eskalierte Elternkonflikte« 17.–18.05.2006).

39   Gesellschaftliche Entwicklungen, Erkenntnisse der Sozialwissenschaften, Gesetzgebung und Rechtsprechung stehen in einem dynamischen Bezug zueinander. Die angesprochenen Entwicklungslinien dokumentieren dies, machen den Wandel deutlich und weisen zugleich darauf hin, dass sich auch künftig Veränderungen vollziehen werden.

40   Wenn es in der Folge um psychologische Dimensionen im Kontext von Sorge- und Umgangsrecht geht, so geben die hier gemachten Aussagen den momentanen Stand der Dinge und der Diskussion wieder. Anzumerken ist, dass mit der Thematik zusammenhängende Aspekte wie z. B. das in der jüngeren Zeit viel diskutierte Phänomen hochstrittiger Elternkonflikte nach Trennung und Scheidung das Interesse von Politik und Forschung geweckt und das Bemühen auf den Plan gerufen haben, mehr an gesicherten Kenntnissen zu gewinnen. Das wird zu weiteren Entwicklungen und zu Differenzierungen heutiger Positionen führen.

Für die jetzige Situation soll der aktuelle Stand der Diskussion unter rechtlichen und sozialwissenschaftlichen Vorzeichen noch einmal zusammengefasst werden: **41**

Die Regelung von Sorge und Umgang nach Trennung und/oder Scheidung **42**
– ist unabhängig von der Frage der Schuld am Scheitern der Ehe zu sehen
– steht unter dem Vorzeichen, dass Trennung und Scheidung als ein kritisches Durchgangsstadium im Zyklus familiärer Entwicklung, nicht jedoch als deren »Endpunkt« zu verstehen sind
– orientiert sich nicht (mehr) in erster Linie an den Interessen und Rechten von Vater und Mutter. Stattdessen ist das Recht des Kindes auf Sorge der Erwachsenen in den Vordergrund getreten
– hat dem Recht des Kindes auf Beteiligung Rechnung zu tragen, was bedeutet, ihm im Scheidungsverfahren eine subjekthafte Stellung einzuräumen
– erfolgt durch das Gericht nur mehr auf Antrag. Ansonsten erscheint das Weiterbestehen der gemeinsamen elterlichen Sorge nach Scheidung unter verfahrenstechnischen wie unter statistischen Gesichtspunkten als »Normalfall«. Eine gerichtliche Entscheidung auf alleinige elterliche Sorge bedarf einer besonderen Begründung
– ist nach der Intention des Gesetzgebers nicht mehr die Aufgabe eines darüber entscheidenden FamG. Das FamG soll auf Einvernehmen hinwirken und so Wegbereiter von elterlicher Autonomie sein
– ist eine normale und einer Trennung und/oder Scheidung zwangsläufig folgende Aufgabe der Eltern. Ein Antrag auf Regelung verlagert nicht deren Verantwortung und Zuständigkeit auf das FamG. Dieses hat vielmehr die Aufgabe, Voraussetzungen dafür zu schaffen, dass die Eltern ihrer Verantwortung (wieder) einvernehmlich gerecht werden können. Das Gericht soll Sorge und Umgang (nur) so lange regeln, bis dies der Fall ist.

II. Der Anwalt in familiengerichtlichen Auseinandersetzungen um Sorge und Umgang

Auseinandersetzungen um Sorge- und Umgangsrecht finden in den meisten Fällen zwischen Vater und Mutter statt, doch können Konfliktlinien auch zwischen leiblichen und Pflegeeltern verlaufen, zwischen Großeltern und Eltern oder anderen engen Bezugspersonen des Kindes (§ 1685 Abs. 2 BGB). In der Folge soll jeweils vom häufigsten Fall gesprochen werden – dem Konflikt zwischen Vater und Mutter –, doch sind die meisten Ausführungen übertragbar auch auf andere Konstellationen. **43**

Eine weitere Vorbemerkung: Rexilius (Kind-Prax 2003, 39, 41) hat nachdrücklich darauf hingewiesen, dass die Begriffe elterliche Sorge und Umgang einer justiziellen Logik und Verfahrensweise entsprechen, doch der psychologisch-pädagogischen Dimension des Gemeinten nicht gerecht werden. Es gehe um die Verantwortung von Eltern für die Kinder, denen sie das Leben geschenkt haben, die fortbestehen bleibe, bis diese ihr eigenes erwachsenes Leben beginnen, und es gehe um die Gestaltung der für die Kinder existenziell wichtigen Beziehung zu den Eltern. Dem würden die im rechtlichen Kontext benutzten Begriffe Sorge und Umgang nicht gerecht. Wenn in der Folge dennoch die im Gesetz verwendeten Begriffe benutzt werden, so deshalb, weil die hier angesprochenen psychologischen Hintergründe und Vertiefungen auf die Verwendung in einem letztlich justiziellen Kontext zielen. **44**

Schließlich: Der Anwalt hat die Aufgabe, die Interessen seiner Mandanten zu vertreten. Doch rückt das FamFG bei Kindschaftssachen das Wohl und die Interessen des Kindes in das Zentrum des familiengerichtlichen Verfahrens und gibt dem Einvernehmen der Eltern einen hohen Stellenwert. Ein Anwalt wird deshalb in der Vertretung der Mandanteninteressen nur dann erfolgreich sein, wenn er die geforderte Orientierung am Kindeswohl und das in § 156 FamFG normierte Hinwirken auf Einvernehmen im Auge hat. In der Folge wird beleuchtet, welche Zusammenhänge gesehen werden müssen, um dem gerecht zu werden. Im letzten Kapitel wird dann entworfen, wie sich der Anwalt in Kindschaftssachen »zwischen« Mandanteninteresse, Kindeswohl und Hinwirken auf Einvernehmen positionieren kann. **45**

1. Eltern und Anwalt zwischen dem Bemühen um Einvernehmen, elterlicher Autonomie und der Möglichkeit, die Entscheidung eines Dritten zu suchen

46   Das KindRG beinhaltete bei Trennung und Scheidung deutliche Deregulierungs- und Privatisierungstendenzen. Staatliche Interventionen wurden begrenzt, den Eltern wurde mehr Autonomie zugeschrieben.

47   Nach dem Beschluss des BGH v. 29.09.1999 enthält das KindRG kein Regel-Ausnahme-Verhältnis zugunsten der gemeinsamen Sorge. Dennoch ist seit 1998 der Anteil der gemeinsamen Sorge kontinuierlich gestiegen. 2007 beließen es nahezu 90 % der Eltern nach der Scheidung bei der gemeinsamen Sorge, ohne einen Antrag auf Alleinsorge zu stellen. Sie brachten damit zum Ausdruck, unabhängig von einer gerichtlichen Entscheidung gemeinsam die Sorge für ihre Kinder wahrnehmen zu wollen. An diesem Punkt hat die Deregulierungstendenz des Gesetzes also gegriffen. Sicher haben dabei mit Trennung und Scheidung befasste Einrichtungen wie Jugendamt, Beratungsstellen, Mediation wesentlich mitgewirkt, indem sie außergerichtliche Möglichkeiten zur Lösung der Konflikte insb. im Sorge- und Umgangsrecht entwickelten und vorhielten. Viele Anwälte haben sich gleichfalls um außergerichtliche Lösungen selbst bemüht oder ihren Mandanten den Weg zu diesen Institutionen empfohlen.

48   Doch stellen Trennung und Scheidung eine Phase der familiären Entwicklung dar, die durch innere und äußere Destabilisierung gekennzeichnet und mit entsprechenden Risiken für das Wohl der Kinder behaftet ist. Zwei wichtige Ziele der Kindschaftsrechtsreform – Autonomie der Eltern und Verbesserung der Situation der Kinder – stehen oft in einem Spannungsverhältnis. So blieb es auch in Bezug auf die elterliche Sorge bei einem – allerdings kontinuierlich kleiner werdenden – Anteil der Scheidungseltern, die per Antrag dem FamG deren Regelung überträgt.

49   Über 50.000 erledigte Verfahren zu Umgangsfragen in 2010 belegen, dass auf den Umgang bezogene Konflikte und aus ihnen folgende Anträge beim Gericht deutlich häufiger als Sorgerechtsverfahren sind. Da allerdings Anträge zu Umgangsfragen nicht nur bei Scheidung, sondern auch in anderen Zusammenhängen, insb. bei Trennungen nicht verheirateter Eltern (die statistisch nicht erfasst sind) gestellt werden und in den lange andauernden Verfahren hochstrittiger Eltern oft mehrmals, ist der Anteil von Vätern und Müttern, die bei Trennung/Scheidung bei Gericht um Umgangsfragen streiten, nicht feststellbar.

50   Auch Anträge auf Regelung von Umgang bringen zum Ausdruck, dass zwischen den Eltern Konflikte bestehen und dass sie eine tragfähige außergerichtliche Regelung – auf absehbare Zeit jedenfalls – nicht für wahrscheinlich halten. In einem Antrag auf gerichtliche Entscheidung sehen dann Väter und Mütter das letzte Mittel zur Konfliktbewältigung, meist verbunden mit der Hoffnung, dass eine gerichtliche Regelung zu dem Ergebnis führt, das den eigenen Interessen entspricht.

51   *Proksch* (JAmt 2004, 83, 87) sagt in Bezug auf die Fälle, in denen ein Antrag auf Regelung der elterlichen Sorge gestellt wird, dieser sei »gleichzeitig Folge des bisherigen und Ursache eines neuen Konflikts«.

52   Damit bezieht er eine Position, die in den dem KindRG folgenden Jahren lebhaft diskutiert wurde: Was löst ein Antrag auf Alleinsorge – und Ähnliches gilt auch für Anträge auf Regelung des Umgangs – beim anderen Elternteil aus? Welche Dynamik wird damit in Gang gesetzt und zu was führen familiengerichtliche Entscheidungen? Der Jugendhilfeausschuss Rheinland-Pfalz (Kindorientierte Hilfen S. 16) formuliert, die übliche Verfahrensweise kennzeichne sich dadurch, »dass die Gerichte anstelle der zu einer gemeinsamen Regelung noch nicht fähigen Eltern entscheiden und dabei die Eltern regelmäßig als Sieger bzw. als Verlierer dieses Verfahrens entlassen. Dabei werden die Konfliktfronten regelmäßig verhärtet mit der Folge, dass sich die Kinder ebenfalls auf der Verliererseite wieder finden«. Damit ist eine Position formuliert, die die traditionelle familiengerichtliche Praxis in Kindschaftssachen radikal infrage stellt. Auf der anderen Seite wird geltend gemacht, die Eltern brächten mit ihrem Antrag zum Ausdruck, dass sie selbst zur Lösung der bestehenden

Konflikte nicht in der Lage sind und eben deshalb die Entscheidung eines Dritten suchen, die sie dann auch zu akzeptieren bereit seien.

Wie in anderen Zusammenhängen erscheinen an diesem Punkt Grundsatzdiskussionen wenig hilfreich. Einvernehmlichkeit, außergerichtlich erarbeitet oder, wenn ein Antrag gestellt wurde, durch Hinwirken des FamG zustande gekommen, ist im Interesse von Eltern und Kindern grds. wünschenswert und ganz offensichtlich das im FamFG angestrebte Ziel bei elterlichen Konflikten. Doch gibt es weiter auch die Möglichkeit der gerichtlichen Entscheidung, ggf. vor dem Hintergrund eines Sachverständigengutachtens. In dem Zusammenhang ist allerdings zu sehen, dass nun nach § 163 Abs. 2 FamFG das FamG auch dem Sachverständigen aufgeben kann, auf Einvernehmen hinzuwirken.   53

Orientieren sich die beteiligten Professionen am Kindeswohl, so muss es ihr Anliegen sein, die Form der Konfliktlösung zu finden, die am effektivsten und schnellsten zu einer Beendigung des Elternstreites und damit zu einer Entlastung des Kindes führt. Der dafür am besten geeignete Weg wird nicht durch eine Grundsatzposition aufgezeigt, sondern muss bei ehrlicher Abwägung der Konstellation im einzelnen Fall durch die am Verfahren beteiligten Institutionen gefunden werden.   54

Anwälte sind in diesem Zusammenhang oft erste und äußerst wichtige Ansprechpartner streitender Eltern. Schon im ersten Gespräch zwischen Anwalt und Mandant können sich wichtige Weichenstellungen ergeben.   55

Ob der Mandant zur Bearbeitung seiner partnerschaftlichen Konflikte einen (weiteren) Versuch bei einer Beratungsstelle oder einer Mediation mit der Perspektive einer möglichen Fortsetzung der Beziehung macht, ob er beim Festhalten am Trennungswunsch einen Weg zur einvernehmlichen Lösung der bestehenden Interessengegensätze oder eine streitige Auseinandersetzung auch in Kindschaftssachen sucht, entscheidet sich oft an dieser Stelle (Jugendhilfeausschuss Rheinland-Pfalz, Kindorientierte Hilfen S. 13).   56

Wenn Vater und Mutter bei der Regelung von Sorge und Umgang eine einvernehmliche Lösung ohne Inanspruchnahme des Gerichtes suchen und elterliche Autonomie praktizieren möchten, so erscheint dies grds. sinnvoll und positiv. Doch gibt es auch Fälle, in denen Eltern einen Antrag auf Regelung von Kindschaftssachen bei Gericht nicht stellen möchten, obwohl große Konfliktpotenziale oder schon eskalierte Konflikte vorliegen und bereits in ersten Gesprächen erkennbar sind. Da dann andauernde Konflikte mit einer erheblichen Belastung der Kinder drohen, kann es sinnvoll sein, den Eltern eine zeitnahe Inanspruchnahme gerichtlicher Hilfe zu empfehlen. Die i.R.d. FamFG beschlossenen Regelungen zum Vorrang- und Beschleunigungsgebot zielen ja genau darauf, bei Elternkonflikten schnell eine Situation herzustellen, die durch die Interventionen des Gerichtes zu einer Verkürzung kindlicher Belastungen führt. Das Kind steht also nicht nur im Zentrum des Verfahrens. Eine Orientierung am Kindeswohl liefert auch die Kriterien dafür, ob in Kindschaftssachen Anträge auf Regelung durch das FamG gestellt werden oder andere Formen der Konfliktlösung zu bevorzugen sind.   57

2. Zwischen Verständnis und Empathie für den Mandanten und einem systemischen Verständnis des Konfliktes

Trennung und Scheidung sind gesellschaftliche Normalität, doch sind sie für die Betroffenen mit seelischen Ausnahmezuständen verbunden. Enttäuschung über das Scheitern einer mit vielen Hoffnungen und positiven Gefühlen verbundenen Lebensperspektive, Gefühle der Hilflosigkeit, Verlassenheit und Verzweiflung, Zukunftsängste, Selbstzweifel und Verständnislosigkeit für den Partner, Wut, ja Hass auf ihn sind kennzeichnend.   58

In dieser Situation sind Menschen wichtig, die Verständnis, Mitgefühl, Unterstützung und positive Perspektiven vermitteln. All das erhofft sich der Mandant im Trennungskonflikt auch von seinem   59

Anwalt, und von ihm vor allem, dass er in der Auseinandersetzung mit dem ehemaligen Partner auf seiner Seite stehen und seine Interessen vertreten wird.

60   *Thalmann* (FamRZ 1984, 634) hat in einem Aufsatz »Die Verhandlungsführung des Familienrichters bei »existenzgefährdenden« Familiensachen unter Berücksichtigung des Kübler-Ross-Phänomens« dargelegt, dass die Ablösung von einem Ehepartner (wie auch die Verlustängste des Kindes beim Auszug eines Elternteils) für die Betroffenen ähnlich existenzbedrohend sein könne wie der Tod. Er überträgt die von *Kübler-Ross* erarbeiteten Trauerphasen (Nichtwahrhabenwollen – Zorn, Aufbrechen chaotischer Emotionen – Verhandeln – Depression – Neuer Selbst- und Weltbezug) auf die seelische Verfassung bei Trennung/Scheidung.

61   Ohne dass nun behauptet werden soll, jede Trennung und/oder Scheidung verlange ein tiefes Durchleben eines solchen Trauerprozesses: In vielen Fällen setzen Abgrenzung zum ehemaligen Partner und das Erreichen eines neuen »Selbst- und Weltbezugs« ein Durchleben der anderen von *Kübler-Ross* beschriebenen Qualitäten voraus. Für Anwälte kann es wichtig sein, diese psychische Eigendynamik zu sehen, zu respektieren und den Trauerprozess nicht durch inkompatible Erwartungen zu stören. In dem Zusammenhang kann auch eine gewisse Empathie für die Wut des Mandanten auf den ehemaligen Partner und damit die oft verbundene einseitige Sicht des Paar- und Elternkonfliktes angemessen sein. Doch ist es wichtig, bei allem Verständnis für die emotionale Verfassung des Mandanten im Blick zu haben, dass seine Sicht des Geschehens und die damit verbundenen Emotionen eine (für das Gelingen des Trauerprozesses) wichtige, aber eben auch einseitige Sichtweise darstellen und i. d. R. der komplexen Dynamik eines Trennungsprozesses nicht gerecht werden.

62   Nach herrschender psychologischer Auffassung führt das traditionelle Ursache-Wirkung-Denken nicht zu einem adäquaten Verständnis krisenhafter Entwicklungen und Konflikte (... der andere hat dieses und jenes getan, gesagt ... damit bringt er mich doch in eine unausweichliche Situation ...). *Watzlawicks* Ausführungen über gestörte Kommunikation und der unterschiedlichen Interpunktion von Ereignisfolgen sind im gegebenen Zusammenhang bedeutsam (*Watzlawick/Beavin/Jackson* S. 93). Interpunktionskonflikte in den verschiedensten Bereichen menschlichen Zusammenlebens beruhen demnach auf widersprüchlichen Annahmen der Partner hinsichtlich dessen, was Ursache und was Wirkung des Konflikts ist. »Von außen gesehen, ist weder der eine noch der andere Standpunkt stichhaltig, da die Interaktion der Partner nicht linear, sondern kreisförmig ist. In dieser Beziehungsform ist kein Verhalten Ursache des anderen; jedes Verhalten ist vielmehr sowohl Ursache wie auch Wirkung.«

63   Im Sinne eines systemtheoretischen Denkens »sind unsere Beschreibungen der Wirklichkeit keine sozusagen fotografischen Ablichtungen dieser Wirklichkeit; sie sind vielmehr unsere Bilder, unsere Beschreibungen – d. h., sie sagen über den Beschreiber mindestens genauso viel aus wie über das Beschriebene« (Hahn/Müller/*Simon* S. 17).

64   **Mit anderen Worten:** Der Anwalt steht vor der schwierigen Aufgabe, Verständnis, ggf. auch Empathie für den Mandanten und seine Perspektive aufbringen zu müssen, zugleich aber zu wissen, dass diese Perspektive dem Geschehen, um das es geht, so in aller Regel nicht gerecht wird und keine geeignete Plattform für eine Positionierung in einer gerichtlichen (oder außergerichtlichen) Auseinandersetzung ist.

65   Seine Aufgabe erscheint besonders deshalb schwierig, weil er im Unterschied zu fast allen anderen im Scheidungsverfahren aktiven Professionen nur **eine** Perspektive, die seines Mandanten, genauer kennenlernt und es mangels einer näheren Beschäftigung mit anderen Perspektiven nahe liegt, diese (einseitige) Sicht für bare Münze zu halten und zu verabsolutieren. Diese Perspektive des Mandanten kämpferisch zu vertreten muss dann zum Aufschaukeln der Konflikte führen, wenn auch die andere Partei ihre Sicht der Dinge vertritt und entsprechende Konsequenzen ableitet.

66   Richter, Sachverständige, Mitarbeiter des Jugendamtes und der Beratungsstellen wie Mediatoren lernen typischerweise beide Perspektiven näher kennen. Die Sonderstellung des Anwaltes, sich nur mit der Sicht und den Interessen einer Partei näher zu befassen, konstelliert also im Hinblick auf

die Unterstützung des Klienten eine besondere Chance, kann aber unter dem Aspekt einer Konflikt-lösung zu wenig hilfreichen Positionierungen verleiten.

3. Zwischen Mandantentreue und Kindeswohl

Bei Auseinandersetzungen um Sorge- und Umgangsrecht geht es um zwei unvereinbar erscheinende Interessenlagen – die der Mutter und die des Vaters. Kennzeichnend für solche Konflikte ist i. d. R., dass beide Seiten der Überzeugung sind, ihre Position bedeute auch die für das Kind beste Regelung. Angesichts der konkurrierenden Elternpositionen wird die Frage, was verträglich und förderlich für das Kind ist, zum Gegenstand von Beratungen (wenn die Eltern eine außergerichtliche Lösung suchen) oder des Gerichtsverfahrens. Im letzteren Fall ist es dann Aufgabe des FamG und des Jugendamtes zu klären, welche Lösung dem Wohl des Kindes am ehesten gerecht wird. Ggf. werden weitere Professionen hinzugezogen, deren Aufgabe es ist, im Verfahren das Wohl und die Interessen des Kindes zu vertreten: Verfahrensbeistand wie auch Sachverständige und Beratungsdienste der Jugendhilfe haben die Aufgabe, zu Lösungen beizutragen, die am Wohl des Kindes orientiert sind.   **67**

Man könnte nun folgern: Die Interessen des Kindes werden im gerichtlichen Verfahren ohnehin, u. U. gleich durch mehrere Professionen, vertreten – da sollten Vater und Mutter in ihren Anwälten zuverlässige Fürsprecher **ihrer** Interessen haben, und diese sollten sich nicht auch noch dem Kindes-wohl verpflichtet fühlen müssen. Doch ist bei Interessenkollisionen zwischen Eltern und Kind das Kindeswohl der bestimmende Maßstab (FaKomm-FamR/*Ziegler* § 1671 Rn. 16).   **68**

Auch würde eine solche Haltung einem zusätzlichen, für die Anwaltspraxis bedeutsamen Aspekt nicht gerecht. Jenseits der inhaltlichen Vorstellungen von Vater und Mutter, welche Sorge- und Umgangsregelungen dem Wohl des Kindes am besten gerecht werden, führen die Auseinanderset-zungen der Eltern zu einer erheblichen Belastung des Kindes. Eine Beeinträchtigung des Kindes-wohls droht keinesfalls nur durch unangemessene Sorge- und Umgangsregelungen, sondern vor allem auch durch die Konfliktdynamik der Eltern, in denen die Kinder häufig instrumentalisiert werden. Je eindeutiger und einseitiger Anwälte die Interessen ihrer Mandanten vertreten, umso mehr droht der Elternkonflikt zu eskalieren und umso wahrscheinlicher wird damit die Belastung der betroffenen Kinder.   **69**

Damit sieht sich der Anwalt wiederum Forderungen ggü., die widersprüchlich erscheinen: Die Inte-ressen des Mandanten zu vertreten, dabei aber alles zu vermeiden, was zu einer Konfliktverschärfung zwischen den Eltern führt und zudem die zentrale Stellung des Kindes im Blick zu haben.   **70**

Auch hier kann es nicht um das Verfechten doktrinärer Positionen gehen, welche Perspektive für den Anwalt Vorrang hat, sondern ein Ausloten der Situation im Einzelfall ist unerlässlich. Für das praktische Vorgehen erscheinen folgende Überlegungen und Orientierungen hilfreich: **71**

- Da Anwälte oft die ersten professionellen Ansprechpartner von strittigen Vätern und Müttern sind, ist es wichtig, von Anfang an Weichen zu stellen, die auch die Perspektive des Kindes be-rücksichtigen und nicht einseitige Erwartungen der Eltern zu unterstützen oder wachzurufen. Es sollte vermittelt werden, dass bei den anstehenden Auseinandersetzungen eine Trennung von Paar- und Elternebene notwendig ist.
- Wünsche und Vorstellungen der Mütter und Väter für die Regelung des »Sorgerechtes«, Fest-legung des Lebensmittelpunktes und mögliche Umgangsvereinbarungen sind herauszuarbeiten. Es ist dann aber Aufgabe des Anwaltes, diese Wünsche frühzeitig in Bezug zur Kinderperspektive zu setzen, z. B. das Weiterbestehen einer guten Beziehung zu beiden Elternteilen.
- Es kann für den Anwalt schwierig sein, die im Zusammenhang mit der Kinderperspektive wich-tigen Aspekte dem Mandanten nahe zu bringen und ihm zugleich das Gefühl zu geben, auf sei-ner Seite zu stehen. Wenn dies der Fall ist, kann er grds. auf die Bedeutung der Kinderperspektive hinweisen und dem Mandanten frühzeitig eine Institution empfehlen, die der Kinderperspektive ausdrücklich verpflichtet ist (Jugendamt oder Beratungsstelle). Das eröffnet die Möglichkeit, sich in den eigenen Beratungsgesprächen auf die Anliegen des Mandanten zu konzentrieren, diesem jedoch gleichzeitig und hinreichend die Relevanz des Kindeswohls für das Verfahren

zu vermitteln bzw. vermitteln zu lassen. Angesichts der zunehmenden Ausrichtung an der Kinderperspektive, die durch das FamFG weiter verstärkt wird, wäre es nicht Erfolg versprechend, mit Vätern und Müttern eine nur an den eigenen Interessen orientierte Erwartungshaltung zu entwickeln oder zu unterstützen. Diese würde im weiteren Verlauf des Verfahrens zwangsläufig eine Korrektur erfahren.

– In den Fällen, in denen sich eine so auch Kindeswohlorientierte Arbeitsweise des Anwaltes »nicht mit dem an ihn gerichteten Auftrag des Mandanten vereinbaren lässt, hat der Vertreter aufgrund der gegenwärtigen Rechtslage zwar nicht die rechtliche Pflicht, wohl aber das Recht, das Mandat im äußersten Falle zu beenden« (*Schmidt* Kind-Prax 4 2003, 127).

– Anwälte haben in ihren Schriftsätzen – ebenso wie auch in mündlichen Einlassungen – darauf zu achten, dass diese nicht verletzend sind und konfliktverschärfende Wirkung haben. Nach dem FamFG bedarf es ohnehin nur mehr eines kurzen Antrages, in dem das Anliegen der betreffenden Partei und die ihm zugrunde liegenden Fakten formuliert werden. Angriffe, Vorwürfe und Wertungen sollten unterlassen werden. Eine Erwiderung der Gegenpartei ist nicht notwendig und je nach Praxis des Gerichtes unerwünscht, da gerade kontradiktorisch angelegte Schriftsätze die Gefahr einer Konflikteskalation mit sich bringen. Im schnell anberaumten Erörterungstermin besteht Gelegenheit, weitere Aspekte einzubringen.

– Ein solche Orientierung des Anwaltes, die explizit auch den Erfordernissen des Kindeswohls Rechnung trägt, wird nur dann möglich sein, wenn beide Parteien dementsprechend verfahren und die Sicherheit besteht, dass ein auf Konfliktlösung ausgerichtetes Vorgehen nicht von der anderen Seite ausgenutzt wird (*Rudolph*, FF 2005, 167, 168). Das verweist darauf, dass das Verhalten eines Anwaltes nicht isoliert gesehen werden kann, sondern dass Handlungsoptionen eines Einzelnen von der Entwicklung einer geeigneten (Streit-) Kultur, besser: Von der Entwicklung bestimmter Verfahrensstandards im familiengerichtlichen Verfahren (*Müller-Magdeburg* ZKJ, 2009, 184) abhängig sind.

72   Zu den in diesem Zusammenhang diskutierten Themen gehört auch die Frage, ob und wie sehr die Regelung der elterlichen Sorge und des Umgangsrechtes wie auch anderer Kindschaftssachen (§ 151 FamFG) in Bezug zur Regelung anderer Folgesachen gesetzt werden soll und darf. § 137 FamFG (Verbund von Scheidungs- und Folgesachen) klärt, dass elterliche Sorge und Umgang nicht zum Zwangsverbund gehören, sondern nur mehr auf Antrag als Folgesachen zu verhandeln sind. Dadurch sowie durch das Vorrang- und Beschleunigungsgebot betreffend Kindschaftssachen (§ 155 FamFG) und das damit i. d. R. verbundene zeitliche Auseinanderrücken der gerichtlichen Regulierung stellen sich Kindschaftssachen und (andere) Folgesachen (Versorgungsausgleichssachen, Unterhaltssachen, Wohnungszuweisungs- und Hausratssachen sowie Güterrechtssachen) als unterschiedlich zu behandelnde Komplexe dar, was ja mit der Reform ausdrücklich beabsichtigt war. Es geht zum einen um die Gestaltung der Kontakte zwischen Eltern und Kindern, letztlich um familiäre Beziehungen, zum anderen um materielle Fragen. Ein »Verrechnen« zwischen diesen unterschiedlichen Bereichen fällt nach dem FamFG schon aus zeitlichen Gründen schwerer als in der Vergangenheit. Doch natürlich berühren auch Fragen betreffend den Kindesunterhalt und Wohnungszuweisungssachen die Situation des Kindes. Es geht letzten Endes um die Wahrnehmung einer verantworteten Elternschaft durch Vater und Mutter. Obwohl also das FamFG die familiäre Kontakte und Beziehungen betreffenden Fragen ggü. den materiellen stärker abgrenzt, greift eine ausschließlich auf Sorge und Umgang zielende Betrachtung des Kindeswohls zu kurz. Eine umsichtige und positive Wahrnehmung der Verantwortung als Vater und Mutter ggü. dem Kind kann materielle Aspekte wie Fragen nach der Förderlichkeit von Wohnbedingungen nicht ausschließen. Doch wäre es andererseits fatal, wenn man einen in Bezug auf materielle Belange wenig Sorge tragenden Vater mit einer Kürzung seiner Umgangsmöglichkeiten bestrafen würde. Das würde zu einer doppelten Benachteiligung des Kindes und zu einer Instrumentalisierung von Beziehungsfragen führen.

73   Die bisherigen Ausführungen könnten den Anschein erwecken, als ständen im Verfahren Elterninteresse und Kindeswohl in einem nahezu grundsätzlichen Spannungsverhältnis. In der Tat können die Interessen von Vater und Mutter und die von Sachverständigen, Verfahrenspfleger oder Jugendhilfe

aufgezeigten Interessen des Kindes inkompatibel erscheinen. Doch gilt dies für eine psychologische Betrachtungsweise letztlich nicht.

Schmidt-Denter hat in der sog. Kölner Längsschnittstudie Risiko- und Schutzfaktoren bei Schei-   74
dungskindern untersucht. Die Befunde zeigen u. a. »zunächst überraschend klar, dass auch noch
sechs Jahre nach der elterlichen Trennung die Gestaltung der elterlichen Beziehung das Kindeswohl
maßgeblich bestimmt« (Walper/Pekrun/*Schmidt-Denter* S. 310). Bei einer Unterscheidung von drei
Gruppen von Kindern hinsichtlich ihrer Belastung zeigte sich in der Gruppe mit starken und am
längsten anhaltenden Verhaltensauffälligkeiten, dass bei Vätern und Müttern eine hohe Unzufriedenheit mit sorge-, besuchs- und umgangsrechtlichen Regelungen und Absprachen bestand (Wal-
per/Pekrun/*Schmidt-Denter* S. 304).

Regelungen, die dem Kind dienen sollen, müssen also zugleich die Elterninteressen berücksichtigen,   75
wie generell zufriedenstellende Lebensbedingungen der Eltern Voraussetzung dafür sind, dass sie den
wichtigen Grundbedürfnissen des Kindes gerecht werden können. Letztlich also lassen sich Kindeswohl und Elterninteressen nicht in Gegensatz zueinander setzen. Eine gute Regelung von Sorge und
Umgang ist nur die, die allen Betroffenen – Kind, Mutter und Vater – die ehrliche Chance gibt, sich
mit der neuen Situation zu arrangieren und positive neue Perspektiven zu entwickeln.

III. Orientierungen für die Regelung von Sorge und Umgang

In der Praxis sind die Aspekte, die sich für Konflikte um sorge- und umgangsrechtliche Fragen und   76
für deren Regelung als bedeutsam erweisen, vielfältig und letztlich nicht überschaubar. Das spiegelt
sich auch in der einschlägigen Literatur. Eine durchgängige oder gar vollständige Systematik von
Kriterien ist nicht erkennbar. Kein Wunder bei einer Fragestellung, die sich auf so viele Gegebenheiten gleichzeitig bezieht: Auf die Eltern, deren – im Kontext der Scheidung regelmäßig – schwierige Lebenssituation und ihre Interessen, auf die betroffenen Kinder, ihre Entwicklungsbedingungen
und Belastungen, auf die facettenreiche Dynamik des Eltern-Kind-Systems wie auf das erweiterte
Familiensystem, Großeltern, andere Verwandte, Freunde, die nachhaltig Einfluss nehmen können.
Bedeutsam sind vor allem auch die sich wandelnden gesellschaftlichen Erkenntnisse und Werthal-
tungen zu Partnerschaft, Elternschaft, kindlicher Entwicklung sowie die damit in Zusammenhang
stehende Gesetzgebung und Rechtsprechung. Und schließlich sind die bei Trennung und Scheidung
involvierten professionellen Akteure von großer Wichtigkeit. Ihr Selbstverständnis, ihre Haltungen,
ihre beruflichen und menschlichen Kompetenzen, ihr Zusammenspiel oder Gegeneinander-Spielen
sind im einzelnen Fall von ausschlaggebender Bedeutung.

Die folgenden Ausführungen können also nur auf eine Auswahl wichtiger Aspekte und Kriterien   77
eingehen. Näher beleuchtet werden soll zunächst die Situation der Eltern und dann die der Kinder.
Im Anschluss daran werden spezielle Fragen des Umgangs behandelt.

1. Auf die Eltern bezogene Aspekte

Der Beitrag von *Alberstötter* in diesem Band geht gezielt auf die Situation von Mann und Frau sowie   78
auf Aspekte des Vater- und Mutterseins bei Trennung und Scheidung ein. Hier sollen Aspekte angesprochen werden, die zunächst für die Eltern bedeutsam sind, mittelbar jedoch auch die Kinder
betreffen und somit für Fragen des Sorge- und Umgangsrechtes von besonderer Bedeutung sind.

Befunde der Scheidungsforschung verweisen darauf, dass psychosoziale Belastungen und Leistungs-   79
beeinträchtigungen von Scheidungskindern wesentlich auch auf die größeren finanziellen Einschränkungen zurückzuführen sind, denen sie ausgesetzt sind (Walper/Pekrun/*Walper/Gerhard/
Schwarz/Gödde* S. 268). Ökonomische Deprivation beeinflusst Entwicklung und Wohlbefinden
von Kindern auch in solchen Bereichen, die auf den ersten Blick durch psychologische Besonderheiten geprägt zu sein scheinen. Deshalb soll hier zunächst dem Aspekt der Armut nach Trennung/
Scheidung und deren Folgen für die Kinder nachgegangen werden. Anschließend werden wichtige
psychologische Aspekte thematisiert.

a) Armut als Risiko für Eltern und Kinder nach Trennung und Scheidung

80 »Ohne jeden Zweifel ist Armut einer der wichtigsten nachteiligen Einflüsse, die Personen daran hindern, ihre Möglichkeiten des Wohlergehens voll zu entwickeln« (*Schneewind* 1991, 73). Diese kaum überraschende Feststellung des renommierten Entwicklungspsychologen *Schneewind* gehört in den Kontext Scheidungsfolgen, weil die Familienform in Deutschland den stärksten Einfluss auf das Armutsrisiko hat (Drucksache 13/113168, Deutscher Bundestag 1998, 91) und das Leben von Kindern mit einem allein erziehenden Elternteil von diesem Risiko am stärksten betroffen ist. Im Vergleich zu »vollständigen Familien« waren, nach dem Zehnten Kinder- und Jugendbericht der Bundesregierung von 1998, viermal so viele Kinder, die mit einem alleinerziehenden Elternteil zusammenleben, arm. Diese Alleinerziehenden waren fast ausschließlich Mütter, die zudem auch längerfristiger arm sind als Personen in anderen Haushaltsformen.

81 Auch wenn die Familienform »alleinerziehend« als Folge von Todesfällen eintreten oder eine von der Mutter von vornherein gewollte Lebensform sein kann, kommt sie in den meisten Fällen durch Trennung/Scheidung zustande. U. a. *Fthenakis* (2008, 1 ff.) macht deutlich, dass Scheidung insb. für alleinerziehende Mütter häufig mit einer Verminderung ihres sozialen und finanziellen Status verknüpft ist. Das ist für Mütter und betroffene Kinder auf mehreren Ebenen mit Risiken behaftet.

82 Nach *Walper/Gerhard/Schwarz/Gödde* (Walper/Pekrun S. 270 ff.) führt Einkommensarmut grds. zu negativen Konsequenzen für die Entwicklung von Kindern und Jugendlichen. Sowohl externalisierende (z. B. hyperkinetische und soziale Auffälligkeiten) wie internalisierende Faktoren (wie Resignation, Depression), geringere Beliebtheit unter Gleichaltrigen, geringeres Selbstgefühl, geringere Schulerfolge, vermehrte gesundheitliche Belastungen treten vor allem bei Armut gehäuft auf, insb., wenn diese länger andauert.

83 *Fthenakis (Fthenakis* S. 25 f.) konkretisiert die Folgen, die ein vermindertes soziales Einkommen infolge von Scheidung für Kinder haben kann: Sie müssen möglicherweise in eine weniger teure Umgebung umziehen, was den Verlust von Freunden und Unterstützung in der früheren Nachbarschaft, einen als negativ erlebten Schulwechsel und den Kontakt mit potenziell ungünstigen Gleichaltrigengruppen mit sich bringen kann. Zudem steht weniger Geld für Ressourcen wie Bücher, Computer, Nachhilfe zur Verfügung. All dies bringt auch Konsequenzen für das Leben im Erwachsenenalter mit sich, z. B. bezüglich der Chancen auf dem Arbeitsmarkt und physischer, psychischer und sozialer Ressourcen. Diese Situation erhöht wiederum das Risiko für problematische Partnerbeziehungen.

84 Wenn es um eine am Kindeswohl orientierte Regelung des Lebens nach Trennung und Scheidung geht, können diese Aspekte nicht außer Acht gelassen werden. Elterliche Sorge betrifft auch die ökonomischen Lebensbedingungen. Eine alleinige Fokussierung auf das Thema Umgang ist nicht angemessen angesichts der Folgen, die die ökonomische Situation für Kinder hat. Anwälte haben die Chance, ihren Mandanten zu verdeutlichen, dass die ökonomische Situation des anderen Elternteiles für die gemeinsamen Kinder von größter Bedeutung ist.

b) Die emotionale Bedeutung des Kindes für seine Eltern

85 Bei Trennung und Scheidung wird deutlich, dass Eltern-Kind-Beziehungen in aller Regel von starken gefühlshaften Bindungen geprägt sind. Das war in unserem Kulturkreis keineswegs immer der Fall. In der Zeit vor dem 17./18., teilweise auch noch dem 19. Jahrhundert, war die Beziehung auch zwischen Müttern und ihren Kindern sehr viel sachlicher. Verheiratete Frauen hatten in der Zeit zuvor durchschnittlich acht bis zehn Geburten zu überleben. Über die Hälfte der Kinder starb im Säuglings- und Kleinkindalter. Fehlende Emotionalität bedeutete also wesentlich auch die Vermeidung seelischer Schmerzen. In der vorindustriellen Hausgemeinschaft lebten Familienmitglieder und familienfremde Personen in einem Haus, dabei waren Kinder in der bäuerlichen Familie die letzten Glieder in der hierarchischen Reihe, keinesfalls bevorrechtigt ggü. Knechten und Mägden. Der Beitrag zur Produktivität war wesentlich für den Wert, der einer Person beigemessen wurde. Man lebte in einem Allzweckraum, in dem gegessen, gearbeitet, geschlafen wurde, in dem die Kinder

spielten und die Pflege der Säuglinge, Kranken und Alten stattfand. Die Zimmer waren nicht privat, keine Zufluchtsstellen vor der Öffentlichkeit.

Voraussetzung für die Entstehung der Emotionalisierung und Intimisierung der Beziehungen in der Familie waren Distanzierungsprozesse, und zwar die Trennung zwischen Wohn- und Arbeitsstätte und die zwischen Familienmitgliedern und familienfremden Personen. Mit der räumlichen Trennung von Erwerbsleben und Familienleben war gleichzeitig eine Trennung psychischer Funktionen verknüpft. Der Arbeitsbereich wurde zweckrationaler, dem Familienleben wuchs die emotionale Bedürfnisbefriedigung ihrer Mitglieder zu. In diesem Rahmen entwickelte sich eine affektiv-emotionale Beziehung zunächst zwischen Müttern und Kindern und breitete sich dann auch auf die Vater-Kind-Beziehung aus. Die Verringerung der Kinderzahl und die besseren Überlebenschancen der Kinder in jüngerer Zeit schufen weitere Voraussetzungen für eine engere gefühlshafte Bindung zwischen Eltern und dem einzelnen Kind. Zugleich bekam in der Moderne die Eltern-Kind-Beziehung weitgehend einen Exklusivanspruch. Historisch gesehen waren noch nie die Eltern derart allein die exponierten Bezugspersonen für ihr Kind. Durch diese Exklusivität kann die Unterstützung, die das Kind durch seine Eltern erfährt und benötigt, im Fall der Trennung der Eltern zum Fallstrick für beide Seiten werden: Kinder erleben den Weggang eines Elternteils und entwickeln Ängste, sie könnten auch den anderen Elternteil verlieren. Väter und Mütter befürchten den Verlust ihrer Kinder oder zumindest einer bis dahin bestehenden Nähe und Gefühlsdichte und nicht selten sehen sie im anderen Elternteil denjenigen, durch den diese Gefahr droht (nach Menne/Schilling/Weber/*Nave-Herz* S. 25 ff.).

c) Narzisstisch akzentuierte Muster von Eltern bei Trennung und Scheidung

Die ohnehin hohe emotionale Bedeutung von Kindern für ihre Eltern erfährt eine weitere Zuspitzung, wenn die Eltern-Kind-Beziehung unter den Vorzeichen narzisstischer Verhaltensmuster steht.   86

Bereits in den siebziger und achtziger Jahren des vergangenen Jahrhunderts wiesen tiefenpsychologisch orientierte Autoren (z. B. *Ziehe* 1975, *Miller* 1979) darauf hin, dass bei (zunehmend) vielen Menschen eine narzisstische Erlebnis- und Verarbeitungsweise eine Rolle spielt. Darunter ist zu verstehen, dass das Leben von Fragen der Regulierung des Selbstbildes und des Selbstwertes geprägt ist und dass die Verarbeitung von Erfahrungen vor allem dieser Regulierung dient. Demnach ist schon die Geburt eines Kindes für die Eltern mit extrem hohen eigenen Erwartungen verbunden. Ein Kind zu bekommen und das Leben mit ihm zu gestalten wird auch zum Aspekt einer Selbstinszenierung und hat wichtige Aufgaben im psychischen Haushalt von Mutter und Vater. Dabei geht es um körperlich-zärtliche Erwartungen, Gefühle der Zugehörigkeit und des eigenen Aufgewertetseins durch die Existenz und Entwicklung eines (möglichst gelungenen) Kindes. Im Fall von Trennung/Scheidung geht es nicht nur darum, für das eigene Selbstverständnis und das eigene Selbstwertgefühl als besserer Elternteil »das Kind zu haben«. Zugleich muss, um das eigene positive Selbstbild aufrechterhalten zu können, der geschiedene Partner abgewertet werden, was es erst recht unmöglich macht, ihm das Kind zu überlassen. Das Weggeben oder Teilen-Müssen des Kindes hat im Sinne eines narzisstischen Systems die Bedeutung einer psychischen Katastrophe und eines elementaren Verlustes des Selbstwertes (*Weber*, KindPrax 2002, 120, 124).   87

Narzisstische Verarbeitungs- und Verhaltensmuster spielen, in unterschiedlichen Lebensphasen und -situationen in unterschiedlich starker Ausprägung, bei nahezu allen heutigen Menschen eine Rolle.   88

Dietrich/Paul (Weber/Schilling/*Dietrich/Paul* S. 17) thematisieren **Vulnerabilität hinsichtlich narzisstischer Verletzungen** als wichtigen Faktor **bei Konflikteskalation nach Trennung und Scheidung**. Dabei bedeutet »narzisstische Vulnerabilität« nicht eine Persönlichkeitsstörung, sondern beschreibt eine akzentuierte Persönlichkeit. Gemeint sind Personen, die aufgrund von Kränkungen in ihrer Vorgeschichte ein brüchiges Selbstwertgefühl aufweisen. Für sie ist kennzeichnend, dass eine große Empfindlichkeit ggü. (weiteren) Kränkungen besteht und zu unangepassten Bewältigungsmechanismen führt. Im Trennungskontext zeigen sich narzisstische Verhaltensweisen regelmäßig,   89 da die ausgelösten Gefühle der Demütigung und Hilflosigkeit das Selbstbewusstsein angreifen. Narzisstisch vulnerable Personen reagieren besonders stark auf diese Situation. Es fällt ihnen schwer, Verantwortung für eigene Fehler zu übernehmen, psychische Schmerzen zu tolerieren und Konflikte und Ambivalenzen zu ertragen. Zu den Bewältigungsmechanismen gehört die Neigung, das angegriffene Selbstwertgefühl dadurch zu erhöhen, dass sie andere auffordern, ihre Meinung zu teilen.

90   Der Streit von Vätern und Müttern um die Kinder, »zu wem sie gehören« oder wer »das Sorgerecht über sie hat«, erscheint in vielen Fällen wie eine Veranschaulichung narzisstischer Verarbeitungsmechanismen. Allerdings haben die Eltern selbst oft wenig Bewusstsein dafür, dass ihr Streit um das Kind ein Kampf um und für das eigene Selbst ist, auch wenn dies für Außenstehende auf der Hand liegt (»es wäre für ihn/sie eine Katastrophe, nicht die mit Abstand bedeutsamste Beziehungsperson des Kindes zu bleiben ...«).

91   Für Anwälte ist es sinnvoll, den Wunsch nach weiterhin naher Beziehung zum Kind positiv zu bewerten, dabei aber deutlich zu machen, dass auch der andere Elternteil Gelegenheit haben muss, seine Rolle als Vater oder Mutter zu leben. Auch wenn der Mandant in seinen Erwartungen über das Ziel hinausschießt, bleiben Konfrontationen kontraproduktiv: Sie werden vom narzisstisch verwundbaren Elternteil als weitere Kränkung erlebt und kaum akzeptiert werden.

2. Die gesellschaftliche Situation und Rolle von Vater und Mutter und daraus folgende Perspektiven für die Regelung von Sorge und Umgang

92   Übereinstimmend stellen bundesrepublikanische wie internationale Untersuchungen fest, dass Mütter die Hauptbetreuungspersonen für Kinder sind, unabhängig von eigener Erwerbsarbeit oder der Inanspruchnahme von Betreuungseinrichtungen. Dies gilt vor allem für kleine Kinder, aber auch für Kinder im Kindergarten- und Schulalter: Konkrete Betreuungs- und Versorgungsleistungen werden überwiegend von Müttern erbracht.

93   Dieser 1993 von *Stein-Hilbers* (Menne/Schilling/Weber/*Stein-Hilbers* S. 97) formulierte Grundbefund wurde durch die LBS-Familien-Studie (vgl. *Fthenakis/Kalicki/Peitz*) bestätigt und differenziert. Untersucht wurden Entwicklungen in jungen Familien im Zeitraum von der Schwangerschaft bis 3 Jahre nach der Geburt des Kindes.

94   Es zeigte sich, dass die Geburt eines Kindes zu einer geschlechtsspezifischen Umverteilung der beruflichen und familiären Aufgaben zwischen Frau und Mann führt. Der Mann intensiviert tendenziell sein berufliches Engagement, die Frau steigt (zumindest zunächst) aus dem Beruf aus und ist nach einem Wiedereinstieg eher in einem verringerten Umfang tätig. Zugleich ergibt sich in den meisten Fällen eine verstärkte Zuständigkeit der Frau für den Haushalt und das Wohlergehen der Kinder. Die Geburt eines Kindes führt damit zu einer Traditionalisierung der Geschlechterrollen.

95   Eine naheliegende Annahme wäre nun, dass das stärkere Engagement von Müttern für die Kinder mit einem stärkeren Einfluss auf deren Entwicklung verbunden ist. Ggü. dieser Annahme betonte *Fthenakis* in seiner zweibändigen Publikation »Väter« die Bedeutung des Vaters für die Entwicklung des Kindes. Nach seinen Untersuchungen tragen Väter mehr als die Mütter zur Ausbildung des Selbstwertgefühls der Kinder bei. Merkmale des Vaters nehmen entscheidenden Einfluss auf schulische Laufbahn und Abschluss und sind prognostisch relevanter für Verhaltensauffälligkeiten im Erwachsenenalter, während Mütter stärker die sozialen Kontakte und Beziehungen der Kinder regulieren.

96   Die skizzierten Rollen von Mutter und Vater in der »Normalfamilie« und ihre Bedeutung für die Kinder führen zu mehreren Überlegungen:

97   Der geschlechtsspezifische Einfluss auf die verschiedenen Entwicklungsdimensionen weist auf Risiken hin, die die Nicht-Präsenz eines Elternteiles nach Trennung/Scheidung haben kann, dass nämlich bestimmte Bereiche der Persönlichkeitsentwicklung weniger gefördert werden. Kinder profitieren davon, wenn beide Eltern ihren Beitrag zur Förderung und Erziehung leisten. Deutlich ist aber

auch. dass für eine adäquate Förderung durch den nicht betreuenden Elternteil ausreichend Zeit zur Verfügung stehen muss.

Salzgeber (ZKJ 2006, 195) berichtet über Initiativen in den USA, bei Trennung und Scheidung das 98 Kindeswohl (»Child?s Best Interest«) als Kriterium zu ersetzen durch die »Approximation Rule«. Dieses Kriterium sichere die Kontinuität der Familie für das Kind am besten und damit auch dessen Wohl. Die Approximation Rule beinhaltet, dass sich die gerichtliche Regelung der Nachtren- nungssituation an der familiären Situation, wie sie vor der Trennung gelebt worden ist, orientieren soll. Derjenige, der das Kind betreut hat, soll dies auch nach Trennung und Scheidung tun. Die Kontakthäufigkeit zum nun getrenntlebenden Elternteil wird entsprechend der Zeit, die dieser vor der Trennung mit dem Kind verlebt hat, gestaltet. Diese Regelung bringe u. a. den Vorteil mit sich, dass die Eltern bei Trennung und Scheidung wissen, wie das Sorgerecht und das Umgangsrecht ge- richtlich geregelt werden.

Eine dementsprechende Regelung scheint in Deutschland nicht in Reichweite und würde, wie alle 99 Radikallösungen, ihrerseits wieder neue Probleme mit sich bringen. Doch erscheint die damit eröff- nete Perspektive als ein Kindeswohlkriterium sehr wohl geeignet und spielt in diesem Sinn ja auch schon bisher mitunter eine Rolle.

Schließlich machen die angesprochenen Aspekte auf ein Dilemma aufmerksam, in dem sich Mütter 100 nach Trennung/Scheidung befinden. Ihre Rolle als Hauptbezugsperson der Kinder ist gesellschaft- lich nach wie vor fest verankert und mit entsprechenden Erwartungen an die Realisierung dieser Rolle verbunden. Werden sie dem nicht gerecht und akzeptieren nach der Trennung eine Regelung, die ihnen eine Betreuungsdominanz nicht zuschreibt, müssen sie mit Unverständnis rechnen. Und da sie selbst die gesellschaftlichen Erwartungen verinnerlicht haben, bringt der eigene Anspruch, eine gute Mutter zu sein, sie auch in den Fällen in einen Konflikt, in denen sie im Interesse der Si- tuation des Kindes und der eigenen »eigentlich« einer Regelung zustimmen würden, die dem Vater mehr Betreuungsanteile überlässt.

Für alleinerziehende Mütter gibt es ein weiteres typisches Dilemma. Angesichts von Ungewisshei- 101 ten, die es in vielen Fällen bezüglich der Versorgungsleistungen der getrennt lebenden Ehegatten und Väter gibt, entscheidend aber durch den zum 01.01.2008 neu eingeführten § 1569 BGB und der darin enthaltenen Stärkung des Grundsatzes der Eigenverantwortung, sehen sie sich gezwungen, durch Erwerbstätigkeit für den eigenen Lebensunterhalt selbst zu sorgen. Ohnehin wird eine eigene Erwerbstätigkeit als das auf Dauer beste Mittel gegen Armut und als wirksame Hilfe für die Kin- der Alleinerziehender gesehen. Der 3. Armuts- und Reichtumsbericht der Bundesregierung (2008, S. 210) sagt: »Alleinerziehende benötigen im Besonderen eine verlässliche Infrastruktur zur weiteren Verbesserung ihrer wirtschaftlichen Situation durch Erwerbsarbeit.« Die politischen Anstrengungen um eine bessere Infrastruktur wie z. B. den Ausbau von Betreuungseinrichtungen für Kinder sind hilfreich, entheben viele Alleinerziehende aber nicht der Schwierigkeit, ein angemessenes Verhält- nis zwischen der Betreuungsleistung für Kinder und der Notwendigkeit eigener Erwerbstätigkeit zu finden. Auch sind gerade viele Alleinerziehende weitab von der Möglichkeit, von diesen positiven Entwürfen zu profitieren.

Meyer-Gräwe (Statement auf der Pressekonferenz des BMI für Familie, Senioren, Frauen und Jugend 102 am 10.12.2004 in Berlin, vgl. auch www.lja.brandenburg.de, dort abgerufen im Juni 2009) be- schreibt den Haushaltstyp der »erschöpften Einzelkämpferin«. Es handelt sich dabei in vielen Fällen um alleinerziehende Eltern. »Charakteristisch ist eine überproportionale Arbeitsbelastung im Fami- lien- und Berufsalltag, ohne jedoch in Berufen wie Bürokauffrau oder Verwaltungsangestellte im einfachen öffentlichen Dienst ein Einkommen oberhalb des sozio-kulturellen Existenzminimums zu erreichen. Neben einer hohen Arbeitsbelastung führen Krankheiten und deren Folgen, oft verbun- den mit der Erfahrung, auch von offizieller Seite »damit allein gelassen« zu werden, zu chronischen Erschöpfungszuständen«. Es liegt auf der Hand, dass eine solche Situation die Betreuungs- und Er- ziehungsmöglichkeiten erheblich vermindert.

3. Auf die Kinder bezogene Aspekte

103   *Ziegler* (vgl. Kap. 4 Rdn. 18) benennt vier Kriterien, nach denen sich beurteilt, ob das Sorgerecht besser dem einen oder anderen Elternteil zu übertragen ist.

104   Allerdings machen die bisherigen Ausführungen deutlich, dass eine Beurteilung betreffend die Übertragung der Alleinsorge im Rahmen eines gerichtlichen Verfahrens statistisch und nach der Intention des Gesetzgebers nur mehr in relativ wenigen Fällen gefragt ist, da in über 90 % der Scheidungsfälle einvernehmlich ein Beibehalten der gemeinsamen elterlichen Sorge erfolgt und darüber hinaus Gerichte auch bei Beantragung einer Alleinsorge in nicht wenigen Fällen auf gemeinsame Sorge entscheiden. Doch sind Anwälte auch involviert in außergerichtliche Regelungen betreffend die elterliche Sorge, indem sie ihre Mandanten beraten oder konkret mit der anderen Partei Regelungen aushandeln. Auch für solche Fälle liefern die von Ziegler genannten Kriterien wichtige Orientierungen, ebenso wie für Regelungen des Umgangs. Die Kriterien sind: **Förderungsgrundsatz, Bindungen des Kindes, Kontinuitätsgrundsatz und Kindeswille.** Darüber hinaus soll auf kindliche Belastungen eingegangen werden, die aus **Konflikten und Konfliktaustragungsstil** zwischen den Eltern resultieren.

105   In der Folge werden die genannten Aspekte unter psychologischen Vorzeichen diskutiert und vertieft. Es gilt, was *Ziegler* an anderer Stelle sagt: »Der Prüfung des Kindeswohls ist jeder Schematismus fremd« (FAKomm-FamR/*Ziegler* § 11671 Rn. 41). Im Einzelfall könne jedem Kriterium die entscheidende Bedeutung zukommen; jedes könne mehr oder weniger bedeutsam sein.

a) Förderungsgrundsatz

106   *Ziegler* (FaKomm-FamR/*Ziegler* § 1671 Rn. 41) beschreibt wiederum vier Aspekte, unter denen Fähigkeiten und Möglichkeiten eines Elternteils zur Förderung des Kindes betrachtet werden können. Es handelt sich dabei um **Erziehungseignung im engeren Sinn und Erziehungsstil, Betreuungsmöglichkeit und -bereitschaft, wirtschaftliche Verhältnisse, Bindungstoleranz.**

107   Die genannten Aspekte erscheinen auch unter psychologischen Vorzeichen als wichtig und zielführend.

aa) Erziehungseignung im engeren Sinn und Erziehungsstil

108   Unter juristischen Vorzeichen werden in diesem Zusammenhang meist Umstände diskutiert, bei deren Feststellung man von einer Minderung der Erziehungseignung eines Elternteils auszugehen hat, z. B. psychische Erkrankungen, deutlich verminderte Intelligenz, Suchterkrankungen, verminderte Sprachkenntnisse, Zugehörigkeit zu kritisch zu sehenden Religionsgemeinschaften und deren Folgen für die Kinder. Mit anderen Worten: Es geht dabei um Negativ-Kriterien.

109   Eine an Negativ-Kriterien orientierte Betrachtungsweise zentriert eher auf die Frage, welcher Elternteil zur Ausübung der elterlichen Sorge **nicht oder weniger geeignet** ist und entspricht damit eher der Logik einer kämpferischen Auseinandersetzung um die elterliche Sorge. Ohne die genannten Kriterien nun als bedeutungslos erklären zu wollen, soll an dieser Stelle eine eher Ressourcenorientierte Betrachtungsweise zum Tragen kommen. Sie geht von der Frage aus, was Kinder brauchen und lenkt den Blick in Richtung der lösungsorientierten Fragestellung, welcher Elternteil in welcher Entwicklungsphase welchen Beitrag zum Kindeswohl leisten kann.

110   *Oerter* (Studies & Comments 8. 2009, S. 87 ff.) ist der zugrunde liegenden Fragestellung im Rahmen einer Tagung »Interventions for the Best Interest of the Child in Family Law Procedures Interventionen zum Kindeswohl« unter dem Thema: »Was brauchen Kinder? Eine entwicklungs- und kulturpsychologische Antwort« nachgegangen. Er geht von der Frage aus, welche Grundbedürfnisse für Kinder und für Menschen generell wichtig sind. Gewöhnlich sehe man drei Grundbedürfnisse: »Das Bedürfnis nach Autonomie, das Bedürfnis nach sozialer Zugehörigkeit sowie das Bedürfnis,

etwas zu wissen, zu erkennen und zu leisten (*Oerter*, Studies & Comments 8. 2009, S. 87)«. In ihren Anfängen treten diese Bedürfnisse beim Kind schon in den ersten Lebensjahren auf, das Bedürfnis nach Bindung vor allem im ersten, das Bedürfnis nach Autonomie im zweiten und das Bedürfnis nach Sachkompetenz im zweiten bis dritten Lebensjahr.

In der Folge präzisiert er die »vor dem Hintergrund genereller Bedürfnisse« für einzelne Altersstufen gegebenen Erfordernisse.   **111**

Für das erste Lebensjahr ist die Qualität der Interaktionen zwischen Bezugsperson(en) und Kind entscheidend. Dabei gilt »Wärme« als generell positiver Faktor für die sozial-emotionale Entwicklung und ist auch eine wichtige Voraussetzung für den Aufbau einer sicheren Bindung. Bindung wird gegen Ende des ersten Lebensjahres zum zentralen Thema. Sie bildet ein System zwischen Bezugsperson und Kind, das Sicherheit gewährt und damit auch dem Kind Erkundungsverhalten in der Umwelt ermöglicht.   **112**

Im zweiten bis dritten Lebensjahr, so *Oerter*, ereignet sich in der Entwicklung mehr als jemals später. U. a. erwirbt das Kind wichtige Grundstrukturen der Sprache, macht eine rasante Intelligenzentwicklung durch und gewinnt Autonomie und Selbstbewusstsein. Eine wichtige Lebensthematik dieser Altersstufe ist der Konflikt zwischen Bindung und Autonomie, die sich im widersprüchlichen Verhalten zwischen Bindungssuche und Selbstständigkeitsbestreben zeigt (Trotzalter). Die Entwicklung eines positiven Selbstkonzeptes ist ein in dieser Zeit wichtiger Entwicklungsschritt.   **113**

Das Vorschulalter beschreibt *Oerter* als »letzte Chance für Benachteiligte«. Er betont die Wichtigkeit einer Förderung in diesem Alter und skizziert zwei unterschiedliche Haltungen: Die eine möchte das Kind nicht »verschulen« und möchte ihm nicht die Kindheit nehmen. Die andere strebt intensives Lernen an und möchte Lern- und Lehrvorgänge ins Vorschulalter ziehen. Der Autor plädiert für eine Integration und Ergänzung beider Ansätze. Dringend brauchen Kinder in diesem Alter den Kontakt mit Gleichaltrigen und/oder auch älteren Peers für den Aufbau sozialer Kompetenzen, insb. auch für die Fähigkeit zu erkennen, dass andere Personen eine andere Überzeugung als man selbst haben können (Theory of Mind). Große Bedeutung hat das Vorschulalter auch als erste Lernzeit für das Verständnis naturwissenschaftlicher Phänomene sowie für die Zugrundelegung von Leistungsmöglichkeiten in der Musik.   **114**

Für das Grundschulalter von 6 bis 12 Jahren formuliert *Oerter*: Gemeinsame Freude am Lernen. Kinder dieser Altersstufe sollten ein Basiscurriculum (Kulturtechniken, Grundkenntnisse in einzelnen Fächern, motorische Fertigkeiten) erfolgreich abschließen. Eine neue Möglichkeit der besseren Förderung von Kindern besteht in der Nutzung von Expertenwissen. *Oerter* betont in dem Zusammenhang die Wichtigkeit von Experten für die unterschiedlichen Lebensbereiche; niemand könne in allen Fächern gleichgut sein.   **115**

In der Folge spricht er drei »Sonderaufgaben« der Entwicklung an: Kompetenzen für Medien, Spiel und Partizipation, deren Entwicklung wiederum jeweils besonderer Sensibilitäten der Eltern bedarf.   **116**

Beleuchtet man die Frage der Erziehungseignung unter diesen entwicklungspsychologischen Vorzeichen, so ist ein Fazit zwingend: Weder Vater noch Mutter können in allen Entwicklungsstufen den Erfordernissen und Möglichkeiten einer optimalen Förderung des Kindes allein gerecht werden. Für ein bestimmtes Alter mit seinen spezifischen Entwicklungsthemen dürfte der eine, für ein anderes der andere Elternteil der besser geeignete und wichtigere sein. (So kann z. B. im ersten Lebensjahr auch eine Betreuungsperson mit verminderter Intelligenz dem Kind die elementar wichtige Wärme geben.) Die Regelung von Sorge und Umgang sollte dem Rechnung tragen, auch wenn das in vielen Fällen als eine sehr idealistische Vorstellung erscheint. Die pauschale Fragestellung nach dem besser oder schlechter geeigneten Elternteil geht in die falsche Richtung.   **117**

Für das Umfeld überraschend äußern Heranwachsende mitunter den Wunsch, den Lebensmittelpunkt von der Mutter zum Vater oder umgekehrt zu verändern. Gemessen an den hier vorgetragenen Überlegungen kann dies ein äußerst kluges Vorgehen des jungen Menschen sein.   **118**

bb) Betreuungsmöglichkeit und -bereitschaft

119   Gemeint ist damit vor allem die Frage, welcher Elternteil unter zeitlichen Vorzeichen am besten zur persönlichen Betreuung in der Lage und bereit ist. Auch dieser Aspekt kann jedoch nicht ohne Berücksichtigung von z. T. schon oben angesprochenen Entwicklungsaufgaben gesehen werden. Regelmäßig ist außerdem von Bedeutung, wie lange die Scheidung der Eltern zurückliegt und welche Erfahrungen ein Kind seitdem gemacht hat.

120   **Kinder im ersten Lebensjahr** brauchen eine möglichst konstante Versorgung und Zuwendung. Sie bauen Bindungen auf zu wenigen Personen, die ihnen vertraut werden.

121   **Im zweiten und dritten Lebensjahr** sind sie besonders trennungsempfindlich, brauchen klar überschaubare Tagesabläufe und feste Rituale (Wegweiser für den Umgang nach Trennung und Scheidung, S. 34, Broschüre u. a. herausgegeben von der Deutschen Liga für das Kind in Familie und Gesellschaft e. V.).

122   **Kinder im vierten und fünften Lebensjahr** sind nach der Elterntrennung auf Erfahrungen angewiesen, die ihnen Vertrauen in die Verlässlichkeit menschlicher Beziehungen vermitteln. Das macht einerseits einen festen Bezugs- und Lebensmittelpunkt wichtig, andererseits sind regelmäßige Kontakte zum anderen Elternteil bedeutsam.

123   **Im Grundschulalter** sind Kinder zunehmend in der Lage, die Trennung der Eltern und deren Konsequenzen rational zu erfassen. Vor allem am Anfang verlangt die Begleitung der schulischen Situation und des Lernens Kontinuität und Zeit, doch sind Kinder jetzt eher in der Lage, mit Lücken in der Betreuung durch die Eltern umzugehen.

124   **Ältere Kinder** brauchen nach wie vor die Erfahrung, dass ihre Eltern in der Gestaltung von Kontakten verlässlich sind und Zeit für sie haben. Bei Umgangskontakten am Wochenende z. B. ist ihnen wichtig, dass der entsprechende Elternteil präsent ist, sie nicht nur bei den Großeltern abliefert und den Umgang nur formal wahrnimmt.

125   **Jugendliche** lösen sich schrittweise von den Eltern ab, die Gruppe der Gleichaltrigen wird für sie immer wichtiger. Andererseits macht sie der bevorstehende Schritt in die Selbstständigkeit auch irritierbar und sicherheitsbedürftig. Deshalb sind klare Orientierungen und Verlässlichkeit jetzt wichtig, auch wenn das rein zeitliche Zusammensein mit einem Elternteilmeist reduziert ist (Jugendhilfeausschuss Rheinland-Pfalz, Kindorientierte Hilfen S. 7).

126   Gute Betreuung bedeutet also in unterschiedlichen Altersstufen Unterschiedliches. Dabei ist wichtig, dass Betreuung und Erziehung in öffentlichen Einrichtungen wie Kindertagesstätten und Ganztagsschulen sich fortschreitend etabliert haben und auch adäquate Möglichkeiten für das frühe Alter bestehen. Kinder sind angesichts der oft schwierigen zeitlichen Situation der Eltern häufig auf andere Personen und Orte angewiesen, die ihnen Sicherheit geben (Jugendhilfeausschuss Rheinland-Pfalz, Kindorientierte Hilfen S. 24). Gute und verlässliche öffentliche oder privat organisierte Betreuungsmöglichkeiten für das Kind sind nicht als Lösungen minderer Qualität zu betrachten und deshalb bei der Frage, wo das Kind seinen Lebensmittelpunkt haben soll, eher als positives Kriterium zu sehen – wenn dadurch, insb. bei jüngeren Kindern, nicht eine Betreuung durch einen Elternteil ganz ersetzt werden soll.

127   Wichtig erscheint aber auch in Bezug auf Betreuung, dass eine herkömmliche, von einem Interessengegensatz von Vater und Mutter ausgehende Betrachtungsweise zwangsläufig zu der Frage führt, welcher Elternteil die bessere Betreuung gewährleistet. Eine Perspektive, die eine kooperative Elternschaft auch nach Trennung/Scheidung im Auge hat, wird zuerst fragen, was der eine und was der andere Elternteil in Sachen Betreuung des Kindes realistisch leisten kann und dann prüfen, wie weit sich diese Möglichkeiten ergänzen können. Vor allem, wenn die Eltern auch nach der Trennung in räumlicher Nähe wohnen, können sich für Kind und Eltern aus einer solchen Fragestellung sehr positive Möglichkeiten entwickeln.

cc) Wirtschaftliche Verhältnisse

Die nach Trennung und Scheidung bestehenden Armutsrisiken und ihre möglichen Folgen wurden an früherer Stelle diskutiert. Doch lässt sich daraus nicht ableiten, dass das Kind bei dem Elternteil am besten aufgehoben ist, der über die größeren finanziellen Ressourcen verfügt. Finanziell großzügig gestaltete Lebensbedingungen können auch kritische Folgen nach sich ziehen, wenn sie nicht mit einer einerseits klaren, konsequenten und andererseits liebevollen Haltung verbunden sind. Besteht zwischen Vater und Mutter eine von Konkurrenz und Misstrauen geprägte Situation, so ist diese leicht mit der Gefahr verbunden, das Kind durch eine materiell verwöhnende Haltung an sich zu binden zu wollen. Besonders in ohnehin von innerer Labilität geprägten Entwicklungsphasen sind von beiden Eltern klare Grenzsetzungen gefordert. Konkurrierende Verwöhnung und Verführung können fatale Folgen haben.

128

dd) Bindungstoleranz

Weil der Erhalt wichtiger emotionaler Beziehungen für die Entwicklung des Kindes bedeutsam ist, hat der Gesetzgeber die sog. Wohlverhaltensklausel formuliert: Beide Eltern haben alles zu unterlassen, was das Verhältnis des Kindes zum jeweils anderen Elternteil beeinträchtigt oder die Erziehung erschwert (§ 1684 Abs. 2 BGB). In diesem Zusammenhang ist das Kriterium der Bindungstoleranz relevant. *Dettenborn/Walter* (S. 160) sagen dazu: »Die Verwendung des Begriffs Toleranz ist insofern irreführend, als dass die Fähigkeit und Bereitschaft, den Kontakt zum anderen Elternteil aktiv zu fördern und zu unterstützen, gemeint ist, und ihn nicht nur zu tolerieren. Bindungstoleranz stellt so einen Teilbereich der Erziehungsfähigkeit dar.«

129

Die Forderung, Väter und Mütter sollten die Fähigkeit und Bereitschaft haben, den Kontakt zum anderen Elternteil aktiv zu fördern und zu unterstützen, wird mitunter weiter zugespitzt. Wie es Aufgabe von Eltern sei, dafür zu sorgen, dass ihre Kinder die Schule besuchen, so seien Mütter und Väter auch verantwortlich dafür, dass die Kinder Kontakte zum anderen Elternteil haben. Im Zweifelsfall sollte der Elternteil das Sorge- bzw. das Aufenthaltsbestimmungsrecht haben, der dazu am besten in der Lage ist.

130

Es geht bei der damit angesprochenen Thematik um ein Standardthema bei Auseinandersetzungen strittiger und hochstrittiger Eltern. *Gardner* hat 1984 den Begriff **Parental Alienation Syndrome (PAS)** eingeführt und damit den Versuch gemacht, negative Einflussnahmen auf die Beziehung des Kindes zum anderen Elternteil in einem Konzept zu fassen. In Deutschland begann eine intensive und kritische Diskussion nach der Veröffentlichung eines Aufsatzes von *Kodjoe & Koeppel* (Der Amtsvormund 1998, 9 ff.).

131

Nach Gardner ist das elterliche Entfremdungssyndrom eine kindliche Persönlichkeitsstörung, die hauptsächlich in Zusammenhang mit Konflikten der Eltern auftritt. Sie resultiert aus programmierender (gehirnwäscheartiger) elterlicher Indoktrination und eigenen Beiträgen des Kindes zur Verteufelung des (anderen) Elternteils.

132

Häufig auftretende Symptome sind nach Gardner unter anderem

133

– Vage, absurde oder leichtfertige Erklärungen für die Herabsetzung eines Elternteils
– Fehlen von Ambivalenz
– Reflexartige Unterstützung des entfremdenden Elternteils im elterlichen Konflikt
– Abwesenheit von Schuldgefühlen wegen Grausamkeiten und/oder Ausbeutung eines entfremdeten Elternteils
– Die Gegenwart ausgeborgter Szenarien (*Gardner* 1998).

Die Beschreibung solcher Auffälligkeiten im Verhalten von Kindern und kritischer Verhaltensmuster von Vätern oder Müttern sind für das Verstehen von Umgangsverweigerung und Entfremdung bei Elternkonflikten bedeutsam und hilfreich. Das Konzept PAS hat sich in seiner ursprünglichen Bedeutung jedoch nicht bestätigen lassen. Nicht nur, weil es ein eher lineares Verständnis von

134

Konflikten nahelegt (ein Elternteil ist der »Entfremder«, der andere das Opfer). *Johnston* hat in einem Beitrag über »Entfremdete Scheidungskinder« (*Johnston* ZKJ, 219) eine Reformulierung des Begriffs »entfremdetes Kind« versucht. Diese richte sich stärker auf den Tatbestand des entfremdeten, verstörten, irritierten Kindes als auf den Vorgang eines zielgerichteten Einwirkens auf das Kind durch einen Elternteil. »Als entfremdet« gilt folglich das Kind, welches von sich aus konstant nicht nachvollziehbare negative Gefühle und Meinungen (wie Zorn, Hass, Ablehnung und/oder Furcht) ggü. einem Elternteil äußert, die, gemessen an der tatsächlichen Erfahrung des Kindes mit diesem Elternteil, als unverhältnismäßig zu vermuten sind.

135   Nach *Johnston* bestehen schwächere Varianten solcher Entfremdungssymptome in Klagen über den abgelehnten Elternteil und Äußerungen von Missfallen, einhergehend mit widerwilligen und lustlosen Besuchen. Die Kontaktverweigerung eines Kindes werde viel zu häufig als Folge einer gezielten Beeinflussung etikettiert, zu häufig würden Eltern, die die Förderlichkeit von Kontakten zum anderen Elternteil infrage stellen, als »entfremdend« bezeichnet. Kurz: Das Phänomen »entfremdetes Kind« wird nach wie vor gesehen, doch wird damit nicht mehr zwangsläufig die Vorstellung von einem bewusst entfremdenden Elternteil verbunden.

136   Die psychologische Arbeit mit entsprechenden Fallkonstellationen zeigt, dass Väter und Mütter mit großer Selbstverständlichkeit Verhaltensweisen und Haltungen zeigen, deren kritische Wirkung auf das Kind ihnen nicht bewusst ist. Das soll an einigen Beispielen greifbar gemacht werden.

137   Die Mutter eines 5-jährigen Mädchens, das vor der Trennung eine innige Beziehung zum Vater hatte, geht eine neue Beziehung ein. In dem Wunsch, die Kinder sollten sich in der neuen (Stief-)Familie richtig zu Hause fühle, wird ein Sprachgebrauch etabliert, nach dem der Stiefvater als Papa und der leibliche Vater per Vornamen angesprochen wird. Der Vater wehrt sich dagegen, korrigiert und kritisiert seine Tochter, wenn sie ihn nicht mehr als Papa anspricht, sodass jeder Kontakt mit einer Auseinandersetzung beginnt. Schließlich wehrt sich das Kind dagegen, mit dem Vater in persönlichen oder telefonischen Kontakt zu treten.

138   Ein 6-jähriger Junge hat ständigen Aufenthalt bei der Mutter und Wochenendkontakte zum Vater. Er verbringt dort regelmäßig 2 Tage, bleibt über Nacht. Gelegentlich beschwert er sich bei der Mutter über Verhaltensweisen des Vaters, die ihm vermeintlich nicht gerecht werden. Die Mutter fragt sich, ob ihr Sohn überfordert ist, kauft ihm ein Handy, packt es ihm zu den Wochenendaufenthalten ein und kommentiert: »Wenn was sein sollte, kannst Du mich ja anrufen. Ich hol? dich dann ab!«

139   Ein 11-jähriger Junge, der mit seiner Mutter in einer weitgehend isolierten Situation lebt, beschwert sich über den Vater, der sich nach seiner Überzeugung zu wenig um ihn kümmert. Der Junge möchte, wie seine Mutter, dass dem Vater die elterliche Sorge entzogen wird. Die Mutter formuliert freimütig, dass sie den Vater nicht mehr leiden könne und enttäuscht über dessen Verhalten sei. Nach Gesprächen mit dem Vater gibt sich dieser erkennbar Mühe, dem Sohn attraktive Kontaktangebote zu machen. Dieser lehnt sie aber immer wieder ab, weil er keine Zeit habe – was bei Nachfragen nicht nachvollziehbar ist. Schließlich ist er in der Lage zu sagen, er habe das Gefühl, es sei seiner Mutter »nicht so ganz recht«, wenn er einen guten Kontakt zum Vater habe.

140   Es dürfte schwierig sein, solche oft unterbewusst verlaufenden und subtilen psychischen Transaktionen im Rahmen familiengerichtlicher Auseinandersetzungen zu erhellen und aufzulösen. Dies erscheint mehr als Aufgabe beraterisch oder psychotherapeutisch orientierter Arbeit, die ein Anwalt im gegebenen Fall empfehlen kann und sollte.

b) Bindungen des Kindes

141   Als weiteres wichtiges Kriterium bei der Prüfung des Kindeswohls benennt *Ziegler* (FaKomm-FamR/*Ziegler* § 1671 Rn. 66) die Bindungen des Kindes. Er meint damit positive und stabile emotionale Beziehungen, die das Kind zu Eltern und Geschwistern, aber auch zu anderen nahestehenden Personen hat.

Von psychologischer Seite haben in Deutschland insb. *Grossmann/Grossmann* wichtige Beiträge zur   142
Thematik Bindung geleistet. Sie beschreiben auf ihrer Homepage (http://www-app.uni-regensburg.
de/Fakultaeten/PPS/Psychologie/Grossmann/?Forschung:Bindungsforschung, abgerufen im April
2012) Bindungstheorie wie folgt: »Die Bindungstheorie befasst sich mit Entwicklungsbedingungen,
die zu angemessenem Fühlen, Denken und Handeln von Individuen im Einklang mit der Wirklichkeit und im Zusammenleben mit anderen führen. Im Zentrum steht das Verhalten in engen Beziehungen, wenn das Bindungssystem aktiviert ist (bei Kummer, Ärger, Trauer und allen Belastungen). Der Entwicklungsprozess erstreckt sich über den gesamten Lebenslauf in engen Beziehungen.«

Kindler/Schwabe-Höllein (ZKJ 2002, 10) thematisieren die Bindungsforschung als dominierende   143
Theorie sozialer Einflüsse auf die frühe Persönlichkeitsentwicklung und gehen auf Ansätze ein,
die bindungstheoretisches Gedankengut in die empirische Scheidungsforschung einfließen lassen.

Als in diesem Zusammenhang bedeutsam beleuchten sie das **Konzept der emotionalen Sicherheit**.   144

Emotionale Sicherheit bezeichnet die vom Kind erlebte Seite seiner Bindungsbeziehungen und »lässt   145
sich verstehen als erfahrungs- und situationsabhängiges Vertrauen des Kindes in die Sicherheit seiner
nahen Umgebung, insbesondere die Zugänglichkeit der Bindungspersonen sowie deren Fähigkeit,
ihm bei emotionaler Belastung Unterstützung zu gewähren« (*Kindler/Schwabe-Höllein*, ZKJ 2002,
11). **Emotionale Sicherheit wird durch drei Merkmale beschrieben:**
– Sie ist ein **Kernelement der Befindlichkeit von Kindern**. Bedrohungen der emotionalen Sicherheit von Kindern, wie sie etwa durch eine Trennung von den Eltern hervorgerufen werden können, rufen sehr heftige Gefühle und physiologische Reaktionen hervor.
– **Bedrohungen der emotionalen Sicherheit lösen Bewältigungsverhalten aus**, das darauf gerichtet ist, Sicherheit so weit wie möglich zu erhalten bzw. sicherzustellen. Bei Kleinkindern sind
  Nähe suchen, Weinen oder Rufen Ausdruck solcher Bewältigungsversuche.
– **Die erfahrene emotionale Sicherheit eines Kindes prägt das innere Bild seiner Vertrauensbe-
  ziehungen sowie sein Selbst- und Weltbild.**

Auf diese Weise, so die Autoren, entfalten die Bindungserfahrungen eines Kindes auch in späteren   146
Situationen und Beziehungen eine handlungsleitende Wirkung.

Die Bindungen des Kindes haben bei Trennung/Scheidung der Eltern unter mehreren Aspekten   147
eine große Bedeutung. Bei auftretenden Elternkonflikten können die bisher emotionale Sicherheit
gebenden Bindungen zu Vater und Mutter erschüttert werden. Eine große Rolle spielen Bindungen
auch bei Äußerungen des Kindeswillens. Auf diese Aspekte wird später eingegangen.

Hier soll der Frage nachgegangen werden, wie bei Trennung/Scheidung der Eltern und der Regelung   148
von Sorge und Umgang die vorhandenen Bindungen des Kindes berücksichtigt werden müssen,
damit ihm trotz der einschneidenden Änderung seiner Lebensbedingungen möglichst viel Sicherheit erhalten bleibt. Dazu bedarf es einer näheren Betrachtung des Phänomens Bindung, denn es
gibt unterschiedliche Muster, Qualitäten der Bindung. Deren Berücksichtigung im angesprochenen
Zusammenhang ist wichtig.

Dazu wiederum *Grossmann/Grossmann* (Homepage (http://www-app.uni-regensburg.de/Fakul-   149
taeten/PPS/Psychologie/Grossmann/?Forschung:Die Bindungstheorie, abgerufen im April 2012):
»Bindungsforschung beruht auf der Bindungstheorie von *John Bowlby* und ihrer empirischen Umsetzung zunächst durch *Mary Ainsworth*. Sie befasste sich bis in die Mitte der 80er Jahre mit den
Einflüssen mütterlicher Feinfühligkeit auf die sich entwickelnden Bindungsqualitäten bei Säuglin-
gen und Kleinkindern.

Diese Bindungsqualitäten oder Bindungsmuster (patterns of attachment) werden traditionell als   150
– sicher
– unsicher-vermeidend
– und unsicher-ambivalent
gekennzeichnet und stehen für die Organisation von Gefühlen und Verhalten bei aktiviertem Bindungssystem in Gegenwart einer individuellen Bindungsperson.«

151   Nach *Brisch* (Brühler Schriften Bd. 15. 2008, 92 ff.) entsteht eine **sichere Bindung**, wenn eine Pfle-
        geperson die Bedürfnisse eines Säuglings auf feinfühlige Art und Weise beantwortet. Es kennzeich-
        net eine sichere Bindung, dass der Säugling eine solche Pflegeperson bei Bedrohung und Gefahr als
        »sicheren Hort« und mit der Erwartung von Schutz und Geborgenheit aufsucht.

152   Reagiert eine Pflegeperson eher mit Zurückweisung auf die Bindungsbedürfnisse eines Kindes, ent-
        wickelt sich eine **unsicher-vermeidende Bindungshaltung**. Das unsicher-vermeidend gebundene
        Kind wird bei Trennung oder anderen Belastungen die Bindungsperson eher meiden oder nur we-
        nig von seinen Bindungsbedürfnissen äußern, da es die Erfahrung gemacht hat, dass seine Nähe-
        wünsche von der Bindungsperson nicht so intensiv im Sinne von Nähe, Schutz und Geborgenheit
        beantwortet werden.

153   Werden Signale des Säuglings manchmal zuverlässig und feinfühlig, ein anders Mal aber eher mit
        Zurückweisung und Ablehnung beantwortet, so entwickelt sich **eine unsicher-ambivalente Bin-
        dungsqualität**. Dann reagiert das Kind auf Trennung oder eine sonstige Belastung mit einer inten-
        siven Aktivierung des Bindungssystems, zeigt lautstarkes Weinen und Klammern und ist kaum mehr
        zu beruhigen. Während es sich einerseits klammert, zeigt es andererseits auch aggressives Verhalten,
        indem es strampelt oder mit dem Füßchen tritt.

154   Ein weiteres, später gefundenes Bindungsmuster wird als **desorganisierte und desorientierte Bin-
        dungsqualität** beschrieben. Sie entsteht, wenn eine Bezugsperson für das Kind nicht nur zu einem
        sicheren emotionalen Hafen wird, sondern manchmal auch zu einer Quelle der Angst und Bedro-
        hung, insofern sie sich aggressiv oder selbst stark verängstigt zeigt. Auch wenn die Bezugsperson
        vordergründig Freundlichkeit zeigt, können Gestik und Mimik Wut oder Angst signalisieren. Dann
        findet das Kind keine Sicherheit, sondern entwickelt selbst eine widersprüchliche Haltung, die als
        »vor und zurück« erscheint.

155   Wissen um die Existenz und Bedeutung solch unterschiedlicher Bindungsqualitäten erscheint für
        die mit Trennung/Scheidung befassten Professionen wichtig. Es geht nicht nur um Stärke und In-
        tensität einer Bindung, sondern auch um Bindungsqualitäten. Lebt eine alleinerziehende Mutter
        ohne ausreichende soziale Kontakte und Unterstützung und hat ihr Kind wenig Gelegenheit, eine
        Bindung zu weiteren Bezugspersonen aufzubauen, so kann es sein, dass sie mitunter eine sehr enge,
        von Feinfühligkeit geprägte Beziehung zum Kind pflegt, sich aber in anderen Phasen überfordert
        fühlt und auf die Signale des Kindes nicht eingeht. In einem solchen Fall wäre wahrscheinlich, dass
        die Bindung des Kindes zur Mutter einerseits sehr intensiv ist, andererseits unsicher-ambivalent. Das
        Kind würde bei längerem Fortbestehen einer solchen Situation ein klar unsicher-ambivalentes und
        sehr nachhaltiges Beziehungsmuster entwickeln. Sein Verhalten bei einer Trennung oder beim Wie-
        dersehen der Mutter würde emotional ausdrucksstark oder gar dramatisch erscheinen und das Ver-
        halten eines sicher gebundenen Kindes in einer vergleichbaren Situation in den Schatten stellen. (Da
        dieses sich in seiner Beziehung sicher fühlt, kann es eine Trennung oder ein Wiedersehen relativ ge-
        lassen hinnehmen.) Eindrucksvolle Szenen zwischen Bindungsperson und Kind sind kein zuverlässi-
        ger Maßstab für die Bewertung von Bindung bzw. für die positive Bedeutung einer Bindungsperson.

156   Für die weitere Entwicklung profitiert das Kind am meisten von fortbestehenden Kontakten zu
        Personen, die für eine sichere Bindung stehen. Neben Vater und Mutter können das auch weitere
        Personen aus dem familiären und außerfamiliären Umfeld sein. Das Kind kann zu Großvater/
        Großmutter, einer Tagesmutter oder einer Erzieherin äußerst positive und wichtige Bindungen ent-
        wickeln. Sorge- und Umgangsregelungen sollten deshalb berücksichtigen, wie auch der Rechnung
        getragen werden kann.

157   Das führt zu einem weiteren Kriterium bei der Entwicklung von kindeswohlorientierten Konzepten
        für die Wahrnehmung von Sorge und Umgang, dem

c) Kontinuitätsgrundsatz

Nach *Salzgeber* (*Salzgeber* S. 404) werden Kontinuität und Stabilität bei Trennung und Scheidung immer verletzt. Die Beziehung des Kindes zu seinen Eltern werde durch einen Auszug qualitativ eine andere. Nach seiner Darstellung werden Kontinuität und Stabilität oft als einzig handhabbare Entscheidungskriterien aufgefasst (*Salzgeber* S. 405), insb. von Anwälten werde dem Erhalt der bestehenden Verhältnisse sehr viel Gewicht beigemessen. Meist fehle jedoch eine explizite Begründung, warum der Kontinuitätsgrundsatz dem Kindeswohl förderlich sei.
    158

Unter psychologischen Vorzeichen geht es bei den angesprochenen Fragen nicht eigentlich um Kontinuität. Der hinter dem Kontinuitätsprinzip stehende Sinn ist, dass dem Kind bei der Re-Organisation des Lebens nach Trennung/Scheidung die Bedingungen erhalten bleiben sollen, die ihm Sicherheit geben und für seine weitere Entwicklung förderlich sind. Wären etwa ein Wohnumfeld und die dort vom Kind gepflegten Beziehungen eher risikobehaftet, würde ein Wegzug dem Kind u. U. zunächst schwerfallen, doch wäre in dem Fall eher die Diskontinuität, die mit dem Wohnungswechsel verbunden ist, zum Wohl des Kindes.
    159

Richtig ist, dass gleichbleibende Beziehungen und Lebensverhältnisse es dem Kind ermöglichen, sich zu orientieren, Sicherheit zu gewinnen und Bindungen einzugehen. Veränderungen oder Brüche führen deshalb zu Irritationen, Belastungen und der Notwendigkeit, sich neu zu orientieren. Je umfassender die Veränderungen, desto gravierender sind der Einschnitt und die möglicherweise entstehenden Belastungen, im Extremfall kann es auch zur Überforderung kommen.
    160

Schmidt-Denter hat in der schon erwähnten Kölner Langzeitstudie festgestellt, dass es nach der Scheidung unterschiedliche Entwicklungsverläufe bei Kindern gibt (Walper/Pekrun/*Schmidt-Denter* S. 297). Dabei ermittelte er drei Subgruppen:
    161

Cluster 1 ist dadurch gekennzeichnet, dass sich das Ausmaß der registrierten kindlichen Verhaltensauffälligkeiten über den gesamten zeitlichen Verlauf der Untersuchung (bis zu 6 Jahren nach der Trennung) auf einem sehr hohen Niveau befindet. Es handelt sich also um dauerhaft hochbelastete Kinder.
    162

Cluster 2 ist dadurch charakterisiert, dass im Zeitverlauf eine kontinuierliche Abnahme der kindlichen Verhaltensauffälligkeiten festzustellen ist. Die in diesem Cluster zusammengefassten Kinder bewältigen offensichtlich ihre anfänglich starken Belastungen und weisen im Verlauf der Zeit Verbesserungen auf.
    163

Cluster 3 stellt eine Subgruppe dar, die über den gesamten Erhebungszeitraum ein relativ geringes Maß an Verhaltensauffälligkeiten aufweist und sich damit als relativ gering belastet darstellt.
    164

Die Ergebnisse machen deutlich, dass es den meisten Kindern gelingt, die mit Trennung/Scheidung verbundenen Diskontinuitäten in einer überschaubaren Zeit zu verarbeiten. Maßgebend für einen schwierig verlaufenden Verarbeitungsprozess sind vor allem ein (geringes) Alter der Kinder und fortbestehende Konflikte in der Nachscheidungsfamilie.
    165

Mitunter wird zu wenig thematisiert, dass Trennung und Scheidung auch mit positiven Vorzeichen für die betroffenen Kinder verbunden sein können. Fortdauernde Konflikte der Eltern belasten die Kinder. Eine Trennung kann die von den Eltern erhoffte Abgrenzung und die Beendigung dieser Konflikte mit sich bringen, was in der Folge auch zu einer Entlastung für die Kinder führt. Auch kann eine neue Lebenssituation mit Chancen verbunden sein, sowohl bezüglich neuer Beziehungen und Bindungen wie bezüglich neuer äußerer Lebensbedingungen. Diskontinuität und die Notwendigkeit einer Neuorientierung werden zunächst **auch** eine belastende Seite haben und ggf. zu Auffälligkeiten führen. Doch können aus einer am Kindeswohl orientierten Neuorganisation der Familie auf längere Sicht auch positive Perspektiven erwachsen.
    166

Im Kontext des Kontinuitätsprinzips wird auch häufig das Fortbestehen der Geschwisterbeziehungen diskutiert. In der Tat kann das weitere Zusammenleben mit Geschwistern in einer ansonsten
    167

neuen Familienkonstellation ein wichtiger stützender Faktor sein. Doch gibt es auch Kinder, für die die Trennung von Bruder oder Schwester eine Entlastung ist und den Weg frei macht für eine Entwicklung, die durch ein Geschwisterkind blockiert war.

168   Kontinuität kann also nicht als Prinzip verstanden werden, das in jedem Fall zum Wohl des Kindes beiträgt. Eine genaue Betrachtung des einzelnen Falles ist notwendig und eine Klärung, ob die Fortsetzung bestimmter Konstellationen mit eher unterstützender oder mit eher risikobehafteter Wirkung verbunden ist.

d) Kindeswille

169   Der Kindeswille ist ein einerseits wichtiges, andererseits äußerst schwierig zu handhabendes Kriterium bei der Regelung von Sorge und Umgang.

170   Das 1989 von der UN-Vollversammlung verabschiedete und 1992 von der BRD ratifizierte »Übereinkommen über die Rechte des Kindes« formuliert in Art. 12 participation rights:
(1) Die Vertragsstaaten sichern dem Kind, das fähig ist, sich eine eigene Meinung zu bilden, das Recht zu, diese Meinung in allen das Kind berührenden Angelegenheiten frei zu äußern, und berücksichtigen die Meinung des Kindes angemessen und entsprechend seinem Alter und seiner Reife.
(2) Zu diesem Zweck wird dem Kind insb. Gelegenheit gegeben, in allen das Kind berührenden Gerichts- oder Verwaltungsverfahren entweder unmittelbar oder durch einen Vertreter oder eine geeignete Stelle im Einklang mit den innerstaatlichen Verfahrensvorschriften gehört zu werden (zitiert nach Der Bundesminister für Frauen und Jugend 1993, 10).

171   Die Kindschaftsrechtsreform von 1998 hatte u. a. ausdrücklich die Aufgabe, diese Beteiligungsrechte im deutschen Recht zu verwirklichen. Genauere Vorgaben für die Anhörung des Kindes durch das FamG formuliert § 159 FamFG. Der Bedeutung der Anhörung wird damit zugleich mehr Nachdruck verliehen.

172   Doch kommt das Anliegen der Beteiligung auch in anderen gesetzlichen Regelungen zum Tragen, u. a. in der Figur des Verfahrensbeistandes (§ 158 FamFG) und in den Formulierungen von § 17 SGB VIII Abs. 2, wo es heißt, dass die von der Jugendhilfe zu leistende Elternberatung im Fall der Trennung oder Scheidung »unter angemessener Beteiligung des betroffenen Kindes oder Jugendlichen« erfolgen soll. Das hat zur Konsequenz, dass die im Verfahren gebotene Beteiligung des Kindes u. U. von mehreren professionellen Akteuren »betrieben« wird, was zu mehrfachen Anhörungen/ Beteiligungen durch verschiedene Personen führen kann – eine für das Kind manchmal äußerst unangenehme Situation und ein Szenario, das Grundlagen für konkurrierende und konflikthafte Positionen der unterschiedlichen beteiligten Professionen bietet.

173   Nach § 159 Abs. 2 FamFG ist das Kind, wenn es das 14. Lebensjahr noch nicht vollendet hat, dann persönlich anzuhören, wenn seine **Neigungen, Bindungen oder sein Wille** für die Entscheidung von Bedeutung sind oder wenn eine persönliche Anhörung aus sonstigen Gründen angezeigt ist. Der Gesetzestext stellt also nicht nur auf den Kindeswillen ab, sondern auch auf die Neigungen und Bindungen. Doch konzentrieren sich viele Diskussionen auf den Kindeswillen. Mit seiner Beachtung, so vermittelt der Begriff, könne man den Interessen des Kindes verlässlich gerecht werden. Außerdem sei er auch ein wichtiges Indiz für die Bindungen und Neigungen des Kindes (FaKomm-FamR/*Ziegler* § 1671 Rn. 80).

174   Doch lockt schon der Begriff selbst auf eine falsche Fährte, da er suggeriert, dass es so etwas wie einen eindeutigen und eindeutig ermittelbaren Willen gäbe. **»Wille« deutet auf eine »in eine bestimmte Richtung wirkende Kraft hin, was aber der typischen Situation von Kindern bei Trennung und Scheidung, nämlich Konflikte zu haben und ambivalent zu sein, nicht entspricht«** (Weber/Schilling/*Weber* S. 96).

Weber (Weber/Schilling/*Weber* S. 99) verweist auf Umstände, die es Kindern schwer machen, eine   175
eigene Meinung oder einen eigenen Willen zu äußern. Streiten die Eltern, geraten Kinder nahezu
unausweichlich in Loyalitätskonflikte. Sie haben beide Eltern gern. Kritische Äußerungen eines Elternteils über den anderen lösen Unbehagen aus. Oft möchten Kinder den kritisierten Elternteil in
Schutz nehmen, was sie dann aber ggü. demjenigen, mit dem sie gerade in Kontakt sind, in eine
schwierige Situation bringen würden. Ein Ausweg kann sein, im Umfeld der Mutter andere Aussagen zu machen als in dem des Vaters. Werden solche Äußerungen kommuniziert oder ins Verfahren
eingebracht, sehen sich die Erwachsenen mit widersprüchlichen Zitaten des Kindes konfrontiert.
Dann nehmen sie typischerweise an, dass entweder »der Andere« lügt, kindliche Äußerungen falsch
wiedergibt, oder aber dass das Kind lügt. Unter psychologischen Vorzeichen geht es um **Anpassungs-
leistungen des Kindes an das jeweilige Umfeld.**

Dieser Zusammenhang kann von großer Bedeutung bei der Anhörung des Kindes sein: Das Umfeld,   176
in dem es sich befindet, nimmt Einfluss auf seine Sicht der Dinge. Insofern hat der Elternteil, bei
dem das Kind seinen ständigen Aufenthalt hat, die größere Chance, dass das Kind sich in seinem
Sinn äußert. Doch schon wenige Tage Aufenthalt beim anderen Elternteil können eine Übernahme
von dessen Sichtweisen bewirken und Aussagen des Kindes beeinflussen. Dazu bedarf es keiner gezielten Manipulation. Viele Kinder sind sensibel und suggestibel genug, schon die atmosphärisch
bestehende Situation wahrzunehmen und darauf einzuschwingen.

Das bedeutet nun keinesfalls, dass die Äußerungen des Kindes keine sinnvollen Orientierungen bie-   177
ten könnten. Wichtig ist, sie als Teil des kindlichen Bewältigungsverhaltens zu verstehen. *Kindler/
Schwabe-Höllein* machen deutlich (ZKJ, 2002, 12), dass auch die **Willensäußerungen von Kindern
im Trennungs- und Scheidungskonflikt der Eltern im Dienst des Erhaltes oder der Wiederge-
winnung emotionaler Sicherheit** stehen. Dies zeige sich, wenn die Entscheidungsmöglichkeiten eines
Kindes betrachtet werden, dessen Lebensmittelpunkt nach der Trennung der Eltern festgelegt werden soll. Das Kind kann versuchen, die emotionale Sicherheit in der Beziehung zu beiden Elternte-
len zu bewahren, indem es eine eigene Entscheidung verweigert oder wechselnde Angaben macht. In
einer Stichprobe mit 106 Kindern aus hochstrittigen Verfahren nutzte, trotz hohen Entscheidungs-
druckes vonseiten der Eltern, etwa ein Drittel der Kinder diese Möglichkeit.

Kinder, die bei einem Elternteil eher als beim anderen emotionale Sicherheit und Geborgenheit fin-   178
den, können eine dementsprechende Präferenz äußern. Doch gibt es offenbar auch Fälle, so *Kindler/
Schwabe-Höllein* (ZKJ 2002, 13) mit Bezug auf (einige wenige) Kinder aus der schon erwähnten
Stichprobe, in denen Kinder offenbar eine paradoxe Strategie verfolgen: »An Stelle desjenigen Elternteils, dessen Fürsorge sie sich sicher waren, entschieden sie sich für den Versuch, den weniger
zugewandten Elternteil durch entsprechende Willensäußerungen an sich zu binden«.

Bei Kindern, die den Besuchskontakt zu einem Elternteil verweigern, hat die Äußerung des Kin-   179
deswillens unmittelbare und für die Eltern weitreichende Wirkung. Auch hier haben nach *Kindler/
Schwabe-Höllein* die Konzepte »emotionale Sicherheit« und »bedingte Strategie« große Bedeutung.
Die Autoren benennen in Anlehnung an *Johnston* (Depner/Bray/*Johnston* 109 ff.) sechs Themen, die
in diesem Zusammenhang eine Rolle spielen können: »(1) Trennungsängste vor allem von Kleinkindern gegenüber der Hauptbindungsperson, (2) die Parteinahme des Kindes für einen Elternteil,
(3) Dauer und Intensität des Elternkonfliktes, (4) ein zwanghaft-fürsorgliches Beziehungsmuster des
Kindes gegenüber dem sorgeberechtigten Elternteil, (5) Vermeidung traumatischer Erlebnisse (z. B.
Gewalt oder Drohungen während der Übergabe), (6) eine Spirale von Ablehnung und Gegenableh-
nung zwischen Kind und besuchsberechtigtem Elternteil«.

Im Fall der Kontaktverweigerung ggü. einem Elternteil kann die Respektierung des Kindeswil-   180
lens auch beteiligten professionellen Akteuren schwer fallen. Doch zeigt die Erfahrung, dass Kontakte, wenn sie von Kindern und Jugendlichen nicht gewollt sind, meist nicht zur Entwicklung
einer dauerhaften und positiven Beziehung führen. Bei Kontaktverweigerung des Kindes oder Jugendlichen erscheinen wiederum andere Maßnahmen sinnvoll, z. B. beraterische oder psychothera-
peutische Interventionen. Deren Aufgabe ist es dann, die kindliche Bewältigungsstrategie, die zur

Kontaktverweigerung führt, zu verstehen und ernst zu nehmen. Ein angemessenes Eingehen auf die dabei sichtbar werdenden Bedenken und Ängste kann Voraussetzungen dafür schaffen, dass sich zu einem späteren Zeitpunkt neue und tragfähige Perspektiven entwickeln.

e) Kindliche Belastungen als Folge von Konflikten und Konfliktaustragungsstil der Eltern

181   § 1626 BGB Abs. 3 lautet prägnant: Zum Wohl des Kindes gehört i. d. R. der Umgang mit beiden Elternteilen. Dem Fortbestand der kindlichen Beziehung zu Vater und Mutter wird auch in den Regelungen des FamFG mit Recht eine große Bedeutung beigemessen: Dichte Umgangskontakte zum nicht betreuenden Elternteil wirken als protektive Faktoren und nützen dem Kind, wenn Kontakt und Kommunikation zwischen den Eltern konstruktiv sind (u. a. Walper/Pekrun/*Schmidt-Denter* S. 306).

182   Doch scheint es, als sei in der Vergangenheit das Fortbestehen der Beziehung zu beiden Elternteilen als dem Kindeswohl förderlich betrachtet worden, ohne dass notwendige Differenzierungen vorgenommen wurden. U. a. *Kindler* hat in jüngerer Zeit (ZKJ 2009, 110 ff.) darauf hingewiesen, dass die empirische Befundlage eine solche Bewertung des Umgangs nur eingeschränkt deckt und dass es fatal wäre, wenn die Zweckgemeinschaft zwischen Familienrecht und Psychologie diese »robuste Befundlage« ignorieren würde. Wenn die Beziehung zwischen den Eltern von destruktiven Konflikten geprägt ist, entstehen für das Kind vielfache Belastungen. Auch häufige Umgangskontakte erweisen sich unter diesen Vorzeichen als belastend.

183   *Walper* (Studies & Comments 8. 2009, S. 41 ff.) gibt einen Überblick über den gegenwärtigen Wissensstand:

184   Nach Befunden einer Internetbefragung von Scheidungsvätern berichten 32 % der Väter von Handgreiflichkeiten im Zuge der Scheidung. Auch weniger massive Konflikte können Kinder belasten, wenn sie intensiv ausfallen, gehäuft auftreten und keine für das Kind wahrnehmbare Auflösung finden. Das Konzept der emotionalen Verunsicherung bietet eine schlüssige Erklärung für die entstehenden Belastungen. Widersprüche zwischen den Eltern unterminieren die emotionale Sicherheit der Kinder im Familienkontext und beanspruchen die kindlichen Bewältigungskompetenzen über Gebühr, da die Kinder versuchen (müssen), sich zwischen den Eltern zu orientieren, um Möglichkeiten der Vermittlung zu finden oder eigenen Gefährdungen zu entgehen. »Zudem strahlen Probleme in der Beziehung zwischen den Eltern auch deutlich in die Erziehung und damit in die Eltern-Kind-Beziehung aus. Insbesondere begünstigen interparentale Konflikte einen vermehrten Koalitionsdruck der Eltern: bei einer strittigen Beziehung zum (Ex-) Partner bemühen sie sich nicht selten darum, die Kinder in eine intergenerationale Allianz gegen den anderen Elternteil einzubinden« (Walper, Studies & Comments 8. 2009, S. 41 ff.).

185   Nach Untersuchungen von *Walper* sind die Befindlichkeit (Selbstwertgefühl, Depressivität, somatische Beschwerden) und die Sozialentwicklung (Ablehnung durch Gleichaltrige) Jugendlicher durch strittige Elternbeziehungen in ungeschiedenen wie in Trennungsfamilien annähernd gleichermaßen in Mitleidenschaft gezogen. Demgegenüber seien nicht nur jene Kinder im Vorteil, deren Eltern eine konfliktarme Beziehung führen, sondern auch diejenigen, deren Eltern nach einer Trennung den Kontakt zueinander abgebrochen haben.

186   Derlei Befunde könnten zu der Folgerung führen, dass es den Kindern besser ginge, wenn ein Elternteil aus ihrem Leben ausscheidet und damit »Ruhe« ggü. Elternkonflikten einkehrt.

187   Doch würde dies zum einen vernachlässigen, dass es Kindern nach Trennung/Scheidung (nur) dann wirklich gut geht, wenn Kontakte zu beiden Eltern bestehen und diese positiv kooperieren. Zum anderen beleuchten die von *Kindler* und *Walper* berichteten Ergebnisse **aktuelle Belastungen der Kinder**. *Figdor* (S. 215 ff.) setzt sich mit dem Thema »Sicherung der Beziehung zu beiden Eltern versus Konfliktvermeidung« auseinander und geht dabei auch auf **Langzeitfolgen** ein. Er fragt, ob

relativ beruhigte Lebensumstände oder die fortdauernde Beziehung zum Vater für eine »gesunde« Entwicklung des Kindes wichtiger seien. Neben schon erwähnten führt er folgende Aspekte im Sinne von »pro Ruhe« an:

– Natürlich sei der Verlust des Vaters traumatisch. Ebenso unzweifelhaft stehe jedoch fest, dass eine Chance der Trennung gerade darin bestehe, die mindestens ebenso traumatisierenden Konflikte zwischen den Eltern zu entspannen.

– Es sei die Unerträglichkeit von Loyalitätskonflikten, die Kinder dazu bringe, ihrerseits den Kontakt zum Vater zu vermeiden.

Dennoch neige er vom psychoanalytischen Standpunkt her dazu, die Kontinuität einer einigermaßen guten Beziehung des Kindes zu beiden Elternteilen höher zu bewerten als eine relative Ruhe der äußeren Beziehungsverhältnisse. Als Argumente »pro Beziehungskontinuität« führt er an: 188

– Die durch den Wegfall des Vaters (möglicherweise) erzielte Ruhe sei oft sehr trügerisch. Entweder verlagere sich der Konflikt auf die Ebene der Mutter-Kind-Beziehung (so kann sich ein Kind, insb. ein Junge, als »Vater-Stellvertreter« etablieren wollen) oder aber die Ruhe werde mit massiven Verdrängungsleistungen des Kindes erkauft, die sich vielleicht erst in der Adoleszenz oder im Erwachsenenalter auswirken, dann allerdings die Gefahr neurotischer Störungen und großen seelischen Leides sehr erhöhen.

– Die Fähigkeit des Kindes, mit Loyalitätskonflikten in einer nicht oder weniger pathogenen Weise fertig zu werden, nehme mit dem Alter zu. Die Abwesenheit bzw. der Verlust des Vaters bleibe hingegen – oft bewusst, jedenfalls aber im Unbewussten – ein lebenslanges Problem und wirke sich gerade in den Lebensphasen nachteilig aus, in denen es um die Gewinnung von persönlicher Autonomie geht (wie z. B. Adoleszenz).

– Schließlich könne man sagen: Solange sich zwei streiten, bestehe – zumindest theoretisch – immer noch die Chance, etwas zu unternehmen, um die Verhältnisse zu beruhigen und die Eltern für eine Kooperation zu gewinnen, die dem Kind günstige Entwicklungschancen (wieder-)eröffnet.

Beraterische/psychotherapeutische Arbeit mit Paaren macht deutlich, welch große Bedeutung die von *Figdor* angesprochenen Zusammenhänge bei Partnerkonflikten haben. Das Ausscheiden eines Elternteils aus dem Leben eines Kindes ist i. d. R. mit psychischen Spaltungsprozessen verbunden. Der verbleibende Elternteil wird als gut, Sicherheit vermittelnd wahrgenommen, der ausgeschiedene als unzuverlässig, verantwortungslos, »nicht liebenswert«. Dem Kind hilft diese Verarbeitungsleistung, den Verlust des weggeschiedenen, eigentlich (auch) geliebten Elternteils zu verkraften. Doch besteht die Gefahr, dass die so entstandenen Bilder von Vater und Mutter als Muster männlicher und weiblicher Merkmale im weiteren Leben wirksam bleiben. Sie führen dann zu einer gesteigerten oder übersteigerten Sensibilität ggü. Verhaltensweisen, die den bekannten Mustern zu entsprechen scheinen. Geringste Anhaltspunkte für eine Unzuverlässigkeit z. B. werden dann als sichere Hinweise erlebt und lösen unverhältnismäßig starke Irritationen und Kränkungen aus, weil sie zu einer meist unterbewussten Aktualisierung schon erlebter Enttäuschungen führen. Daraus resultieren ständig wiederkehrende Konfliktmuster in der eigenen Paarbeziehung.   189

Die Diskussion um die Kindeswohlkriterien Beziehungskontinuität und/oder Konfliktfreiheit führt damit unausweichlich zu der Folgerung, dass es für das Kind nur eine wirklich gute Lösung gibt: Die Befriedung der Elternkonflikte und Einvernehmen betreffend Sorge- und Umgangsregelungen.   190

Doch muss die Erarbeitung von nicht nur vordergründigem Einvernehmen der Eltern in manchen Fällen als Langzeit-Ziel verstanden werden, das im Interesse des Kindes jedoch nicht aus den Augen verloren werden darf. Es gilt, auch in Hochkonflikt-Zeiten den Kontakt des Kindes zum nicht betreuenden Elternteil zu sichern, doch über die Gestaltung des Umgangs intensiv nachzudenken. Seltenere Kontakte oder die Einsetzung von Umgangspflegern, die dem Kind das oft schmerzliche Erleben des Aufeinandertreffens verfeindeter Eltern ersparen können, sind sinnvolle Möglichkeiten.   191

IV. Weitere wichtige Aspekte für die Regelung von Sorge und Umgang

192   Konflikte zwischen den Eltern drehen sich häufig um den Umfang der mit dem Kind verbrachten Zeit. In der Vergangenheit galt für den Umgang die 14-Tage-Regelung als Faustregel (alle 14 Tage samstags bis sonntags, die Feiertage abwechselnd und Teilung der Ferien). Da diese Regelung von Vätern und Müttern vielfach als gängig und normal wahrgenommen wurde, ließen sie sich darauf ein, was zur Vermeidung von Konflikten beitragen konnte.

193   Doch erscheinen im Interesse des Kindes Regelungen besser, die auf seine individuelle Situation und Bedürfnisse eingehen, eine Orientierung, die allerdings bei kämpferisch eingestellten Eltern zu »ewigen Verhandlungen« und Streitigkeiten führen kann.

194   Der »Wegweiser für den Umgang nach Trennung und Scheidung«, (Broschüre 2005 herausgegeben u. a. von der Deutschen Liga für das Kind in Familie und Gesellschaft e. V. S. 34) sagt: »Keine Umgangsregelung passt zu jedem Kind und zu jeder Familie. Und auch innerhalb einer Familie ist eine einmal getroffene Regelung nach einer bestimmten Zeit nicht mehr »passgerecht« und muss verändert werden. Säuglinge haben andere Bedürfnisse als Kleinkinder, diese wiederum andere als ältere Kinder oder Jugendliche«. Er benennt folgende Aspekte, die für einen guten Umgangsplan berücksichtigt werden sollten:
- – Die Entwicklungsbedürfnisse und das Alter des Kindes
- – Die Bindungen des Kindes
- – Die Art und Weise, wie die Erziehungsaufgaben während der Zeit des Zusammenlebens bzw. in der Ehe verteilt waren
- – Die Aufrechterhaltung oder Entwicklung einer engen Beziehung zu beiden Elternteilen
- – Einen zuverlässigen und berechenbaren Zeitplan
- – Das Temperament des Kindes und seine Fähigkeit, Änderungen zu verkraften
- – Die berufliche Inanspruchnahme der Eltern und ihre Arbeitszeiten
- – Die Notwendigkeit, den Plan regelmäßig zu prüfen, Alarmsignale zu registrieren und die Vereinbarungen zu modifizieren, wenn sich die Bedürfnisse und die äußeren Umstände verändern.

(Der »Wegweiser« enthält auch eine Mustervereinbarung, die die für Umgangsregelungen wichtigen Aspekte berücksichtigt.)

1. Das Alter des Kindes als Kriterium für die Gestaltung des Umgangs

195   In Bezug auf die Gestaltung des Umgangs bleiben die meisten bisherigen Publikationen insb. betreffend das Säuglings- und frühe Kindesalter zurückhaltend. Doch liegt auf der Hand, dass Umgangskontakte hier eine andere Funktion haben, andere Möglichkeiten und Risiken bergen als die in einem fortgeschrittenen Entwicklungsstadium. Dementsprechend verlangen sie auch eine andere Ausgestaltung.

196   Einige grundlegende Hinweise dazu sollen hier formuliert werden:

Die ersten Lebensjahre haben für die weitere Entwicklung des Kindes große Bedeutung. Zuverlässigkeit und Qualität der Interaktionen zwischen Bezugspersonen und Kind sind wichtige Bedingungen, damit das Kind Sicherheit und Zutrauen zu Menschen und seiner Umwelt entwickeln kann. Eine rationale Erfassung, wer die Menschen in seinem Umfeld sind, ist zunächst noch nicht, im Lauf der Zeit nur in begrenztem Maß möglich.

197   I. d. R. hat das Kind seinen Lebensmittelpunkt bei der Mutter, der Vater ist umgangsberechtigt. So wünschenswert es ist, dass er dieses Recht wahrnimmt – es ist auch zu bedenken, wie schwierig eine solche Umgangssituation zu gestalten ist. Wenn das Kind noch klein ist, ist die Beziehung zwischen Vater und Mutter auf der Paarebene meist noch nicht abgeklärt und dementsprechend spannungsbesetzt. Für das Kind ist der Vater oft zunächst ein Fremder. Es wäre gut, wenn er seine Beziehung zu ihm in einem Umfeld aufbauen könnte, in dem es sich sicher und wohl fühlt. Doch genau dies ist nicht der Fall, wenn zwischen den Eltern noch Spannungen bestehen. Die Anwesenheit des Vaters

ist dann mit Stress der Mutter verbunden und kann deshalb vom Kind als bedrohlich erlebt werden. Andererseits ist insb. beim kleinen Kind Responsivität der Bezugsperson wichtig, womit die Fähigkeit gemeint ist, auf kindliches Verhalten angemessen und sensibel zu antworten. Genau dies wird aber einem Vater schwerfallen, der seinerseits auch unter Spannung steht und dessen Kontakte zum Kind für ihn zudem eine Ausnahmesituation darstellen. Andererseits ist es im Interesse der emotionalen Sicherheit des Kindes und auch in Anbetracht der oft gegebenen Unbeholfenheit eines ungeübten Vaters i.d.R. indiskutabel, den Kontakt zwischen Vater und Kind losgelöst von vertrauten Bezugspersonen des Kindes stattfinden zu lassen.

Angesichts dieser schwierigen Vorzeichen ist es sinnvoll, nur begrenzte Erwartungen an den Umgang 198 des Vaters mit dem Säugling und Kleinkind zu haben. Wenn die Kontakte dazu führen, dass das Kind und die Beziehung zu ihm eine feste Größe im Leben des Vaters werden und andererseits das Kind Gelegenheit hat, das Bild von einem zugewandten und immer wieder präsenten Menschen zu verinnerlichen, wäre dies ein nahezu max. Ergebnis. Umgangsregelungen im frühen Lebensalter des Kindes sollten i.d.R. keine weiter gehenden Ziele beanspruchen.

Soll sich die Gestaltung des Umgangs an Kriterien orientieren, die für das Kind und die Entwicklung 199 seiner Beziehung zum nicht betreuenden Elternteil optimal sind, so gelten, wiederum in Anlehnung an den »Wegweiser für den Umgang«, folgende Hinweise:

Säuglinge: Angesichts des Vorranges, den die Entwicklung emotionaler Sicherheit hat, und um eine 200 Verinnerlichung des Vaterbildes möglich zu machen, sollten Besuche nach Möglichkeit häufig (wöchentlich oder öfter) stattfinden, aber nicht länger als wenige Stunden dauern.

Zweites und drittes Lebensjahr: Nach der Trennung der Eltern fürchten Kinder, auch noch den 201 verbliebenen Elternteil zu verlieren. Deshalb sind Überschaubarkeit und Verlässlichkeit der Abläufe wichtig. Besuche sollten häufig (wöchentlich oder öfter) stattfinden und können über mehrere Stunden dauern. Übernachtungen sind nur in Ausnahmefällen sinnvoll, etwa wenn das Kind mit dem Elternteil zusammengelebt hat.

Viertes und fünftes Lebensjahr: Kinder fühlen sich häufig selbst verantwortlich für die Trennung 202 der Eltern. Sie haben ein »ich-zentriertes Weltbild«; die Trennung der Eltern wird als Ereignis wahrgenommen, das mit ihnen selbst in ursächlichem Zusammenhang steht. In ihrem Erleben haben Vater oder Mutter nicht den Partner/die Partnerin verlassen, sondern das Kind. Verlässliche Beziehungen zu beiden Elternteilen sind wichtig. Optimal sind wöchentliche oder häufigere Kontakte, mindestens an 2 Wochenenden im Monat. Übernachtungen und Ferienaufenthalte dann, wenn das Kind Bindungen entwickelt hat.

Erste Schuljahre (6 bis 9 Jahre): Kinder suchen jetzt häufig nach einer neuen Form der Familien- 203 identität, die beide Elternteile einschließt. Sie sind anfällig für Loyalitätskonflikte. Besuche sollten mindestens an 2 Wochenenden im Monat stattfinden, unter Einbeziehung der Wünsche des Kindes und in Abstimmung mit seinen sonstigen Aktivitäten.

Ältere Kinder (10 bis 13 Jahre): Mit der beginnenden Pubertät werden Identitätsfragen wichtig. 204 Bei Konflikten mit den Eltern können sich alters- und trennungsbedingte Dynamiken vermischen. Beide Eltern sollten bei Schwierigkeiten als verlässliche Ansprechpartner zur Verfügung stehen. Besuche sollten in Abhängigkeit von der Lebenssituation (Schule, Freunde, Freizeitaktivitäten) und den Wünschen der Kinder gestaltet werden. Spätestens jetzt sollten Kinder in die Umgangsplanung mit eingeschaltet werden.

Jugendliche (14 bis 18 Jahre): Kennzeichnend für die Entwicklungsphase sind Ablösung von den 205 Eltern und Hinwendung zu Gleichaltrigen-Gruppen. In Bezug auf Lebensort und Umgang sollte das berücksichtigt werden. Vereinbarungen über den Lebensort sollten verbindlich sein. Bezüglich des Umgangs ist Transparenz für beide Elternteile wichtig, es sollte keine heimlichen Kontakte geben.

2. Elterliche Sorge und Umgang bei hoch konflikthafter Elternschaft

206 Das Kindschaftsrechtsreformgesetz von 1998 sicherte Kindern auch nach Trennung und Scheidung das Recht auf Umgang mit beiden Elternteilen zu und verpflichtete Väter und Mütter zum Umgang mit ihren Kindern (§ 1684 Abs. 1, 2 BGB). Zugleich wurden Entscheidungen über die künftige elterliche Sorge und Umgangsregelungen in die Verantwortung der sich trennenden Eltern gelegt. Nur im Fall, dass von Vater und/oder Mutter ein Antrag auf Regelung gestellt wird, ist seitdem das Familiengericht in die entsprechenden Regelungen einbezogen.

207 In der Folge gelang es dem überwiegenden Teil der Eltern, Regelungen für Sorge und Umgang zu entwickeln, ohne einen Antrag bei Gericht zu stellen. Doch blieben Fälle, (sicherlich vor allem solche, in denen zuvor nach Trennung ein Abbruch der Beziehung zwischen Kind und weggeschiedenem Elternteil, meist dem Vater, gedroht hätte), in denen sich emotional hoch besetzte und lang anhaltende Auseinandersetzungen um Sorge- und Umgangsregelungen entwickelten. Es zeigte sich auch, dass in solche Fälle regelmäßig eine Vielzahl von Institutionen und professionellen Helfern einbezogen sind.

208 Für diese Gruppe von Vätern und Müttern bürgerte sich der Begriff »hoch strittige Eltern« ein (in Anlehnung an den angloamerikanischen Begriff »High Conflict Parents« auch »hoch konflikthafte Eltern«), der vor der Kindschaftsrechtsreform in der deutschen Fachliteratur kaum gebräuchlich war.

209 Die Angaben bezüglich der Häufigkeit hoch konflikthafter Fälle nach Trennung und Scheidung schwanken. Letztlich dürfte es um einen Anteil von 5–10 % der Trennungsfälle gehen. Doch obwohl es sich um eine verhältnismäßig kleine Fallgruppe handelt, »gelingt es diesen Eltern regelmäßig, Berater, Mediatoren, und Therapeuten sowie Richter, Rechtsanwälte und Verfahrenspfleger zu 95 Prozent an sich zu binden« (Weber/Schilling/Dietrich/Paul S. 13).

210 Hoch konflikthafte Eltern bedeuteten für viele der damit befassten Professionen zunächst eine neue Herausforderung. Im Rahmen des Forschungsprojektes »Kinderschutz bei hochstrittiger Elternschaft« wurden Gruppendiskussionen mit regionalen Kooperationspartnern durchgeführt. Dabei wurde von den beteiligten Professionen, insbesondere auch von Familienrichtern, von erheblicher Unzufriedenheit mit der Effektivität der Verfahren, von beruflichem Leidensdruck und mangelnder Arbeitszufriedenheit berichtet (Deutsches Jugendinstitut, Wissenschaftlicher Abschlussbericht S. 289, www.dji.de/hochkonflikt).

211 Schon im Vorfeld des FamFG versprach man sich besonders von einer verstärkten Kooperation der Professionen und von einer beschleunigten Einleitung des Verfahrens eine Verbesserung der Situation. Fast allen Diskussionen gemeinsam war auch die Einschätzung, dass schriftlich fixierte, gegenseitige Vorwürfe der Eltern in Form anwaltlicher Schreiben erheblich zur Eskalation und vor allem zur Verhärtung und zum Fortbestehen von Konflikten beitragen. Deswegen wurden in einigen Kooperationsmodellen schon vor der gesetzlichen Regelung im FamFG Verhaltensregeln entwickelt, nach denen insbesondere die Anwälte auf ihre Mandanten hinwirken sollen, auf solche schriftlichen Vorträge zu verzichten (Deutsches Jugendinstitut, Wissenschaftlicher Abschlussbericht S. 297).

212 Eine intensive Beschäftigung mit hoch konflikthaften Eltern im vergangenen Jahrzehnt hat zu deutlichen Erkenntnisfortschritten über die bei ihnen wirksamen Mechanismen sowie deren Wirkung auf die Kinder gebracht. Zudem wurde deutlich, dass sich hoch konflikthafte Väter und Mütter in vielen auch für das gerichtliche Verfahren relevanten Merkmalen von anderen Trennungs- und Scheidungseltern unterscheiden.

213 Das macht es notwendig, hoch konflikthafte Eltern gesondert zu behandeln. Der »Modus Hochstrittigkeit« bringt regelmäßig dramatische, oft über Jahre andauernde Elternkonflikte mit sich, für die Kinder verstärkte Belastungen und Entwicklungsrisiken und er verlangt von den beteiligten Professionen besondere Kompetenzen und Rücksichten.

Für weniger extrem eskalierte Elternkonflikte gelten die an früherer Stelle gemachten Ausführungen, besonders auch die über kindliche Belastungen als Folge von Konflikten und Konfliktaustragungsstil der Eltern (Rdn 181 ff). | 214

a) Merkmale hoch konflikthafter Elternschaft

Angeregt durch ein neunstufiges Modell der Konflikteskalation von *Glasl* (1994), entwickelt Alberstötter ein dreistufiges Modell zur Einschätzung hoch strittiger Eltern (s. dazu auch Kap. 1 Rdn. 577 ff.): | 215
– Stufe 1: Zeitweilig gegeneinander gerichtetes Reden und Tun
– Stufe 2: Verletzendes Agieren und Ausweitung des Konfliktfeldes
– Stufe 3: Beziehungskrieg – Kampf um jeden Preis

Für die erste Stufe gilt, dass bezüglich der Haltung von Vater und Mutter noch deutliche Ressourcen im Sinne von konfliktreduzierenden Einsichten gegeben sind und die Neutralität von Dritten – z. B. professionellen Helfern – akzeptiert wird. Dies gilt für Stufe 2 in reduziertem Maß und für Stufe 3 nicht mehr: Hier geht es um »Recht haben und bekommen«. | 216

Insbesondere verweist *Alberstötter* auf destruktive Muster, in deren Folge rücksichtslose Instrumentalisierungen, in extremen Fällen auch Familiendramen wie erweiterte Suizide auftreten können. | 217

Bemerkenswert ist, dass eine im Rahmen des erwähnten Forschungsprojektes »Kinderschutz bei hochstrittiger Elternschaft« erfolgte Auswertung von Befragungen konflikthafter Eltern ebenfalls zur Unterscheidung von 3 unterschiedlichen Konfliktniveaus führte (Deutsches Jugendinstitut, Wissenschaftlicher Abschlussbericht, S. 20). Dabei unterschied sich die Gruppe mit dem höchsten Konfliktniveau von den beiden anderen Gruppen durch wesentliche, vor allem folgende Merkmale: | 218
– geringere Offenheit gegenüber neuen Erfahrungen,
– Fokus ist auf Argumentation gerichtet, nicht auf Veränderung der Situation,
– geringeres Selbstwirksamkeitserleben als Vater/Mutter,
– verstärkte gegenseitige Vorwürfe, die sich vor allem auf die Involvierung der Kinder in die Konflikte beziehen.

In Bezug auf die Kinder sind die folgenden Merkmale hochkonflikthafter Eltern bedeutsam: | 219
– eingeschränkte Fähigkeit, die Situation der Kinder angemessen wahrzunehmen, dabei deutlich divergierende Einschätzungen zwischen den Eltern,
– ungenügende Wahrnehmung der kindlichen Interessen,
– Kinder werden in den Elternkonflikt einbezogen und parentifiziert.

Wichtige Unterschiede zu den beiden anderen Elterngruppen zeigten sich bei der Gruppe mit dem höchsten Konfliktniveau insbesondere auch bezüglich der Bewertung von professionellen Interventionen. Von Bedeutung sind vor allem die folgenden Aspekte: | 220
– Die Bewertung von Interventionen erfolgt nach dem Kriterium, wie weit sie den eigenen Interessen entsprechen,
– Interventionen der »Profis« werden als wenig hilfreich, eher als konfliktverstärkend erlebt, Voraussetzung für den Erfolg von Maßnahmen ist, dass seitens der hoch strittigen Eltern zuvor Verständnis für die eigene Situation erlebt wurde.

Die negative Bewertung professioneller Intervention beinhaltet u. a., dass über die Hälfte der befragten Eltern mit dem höchsten Konfliktniveau die erlebten gerichtlichen Interventionen (in erster Linie Regelungen der elterlichen Sorge, des Aufenthalts und des Umgangs) als eher konfliktverschärfend bewertete, während nur 10 % eine positive Wirkung auf den Elternkonflikt sahen (Abschlussbericht S. 62 ff.). | 221

Auf der niedrigsten wie auch auf der mittleren Konfliktstufe ist dies anders: den gerichtlichen Interventionen wird von einem größeren Anteil der Eltern eine positive Wirkung auch auf den Elternkonflikt zugesprochen. | 222

223   In Bezug auf die hoch konflikthaften Väter und Mütter erweist sich dieses Ergebnis als logisch: wenn diese nur ihre Perspektive und ihr Interesse sehen und gelten lassen und wenn sie das Verhalten der beteiligten Professionen nach diesem Kriterium bewerten, dann wird – im besten Falle - nur die Hälfte mit den gerichtlichen Interventionen zufrieden sein können.

224   Es wird also belegt, dass entscheidungsorientierte Verfahren Sieger und Verlierer produzieren, dadurch auf zumindest einer Seite Unzufriedenheit, Ängste, auch Wut und Hass auf den/die andere(n), verstärken und somit nicht geeignet sind, die bestehenden Konflikte zu lösen.

225   Für hoch konflikthafte Eltern gilt also in besonderem Maß, was der Deutsche Bundestag in der Begründung zum FGG-Reformgesetz formuliert: »Das familiengerichtliche Verfahren ist wie keine andere gerichtliche Auseinandersetzung von emotionalen Konflikten geprägt, die letztlich nicht justiziabel sind ...«, weshalb die Neukodifizierung des familiengerichtlichen Verfahrensrechts dazu genutzt wird, »die Bedeutung des personalen Grundkonflikts aller familiengerichtlichen Verfahren zu betonen und konfliktvermeidende sowie konfliktlösende Elemente zu stärken ...«(Drucksache 16/6308, Deutscher Bundestag 2007).

b) Hoch eskalierte Elternkonflikte: ihre Bedeutung »jenseits« von Konflikten um Sorge- und Umgang

226   Im familiengerichtlichen Verfahren geht es um die Regelung von Sorge- und Umgangsfragen, häufig auch um Teilbereiche der elterlichen Sorge, vor allem das Aufenthaltsbestimmungsrecht.

227   Emotionale Konflikte der Eltern erschienen lange vor allem deshalb von Bedeutung, weil sie einvernehmlichen Regelungen oder der Einhaltung dieser Regelungen im Weg standen; sie wurden weniger als Problem an sich behandelt.

228   Dem Familiengericht wurde mit der Kindschaftsrechtsreform und verstärkt mit dem FamFG aufgegeben, auf Einvernehmen hinzuwirken und in dem Zusammenhang die Beratungskompetenzen der Jugendhilfe und anderer psychosozialer Berufe, z. B. der Mediation, zu nutzen. Dies führte dazu, dass diese Professionen und ihre Problemsicht im familiengerichtlichen Verfahren stärker repräsentiert sind.

229   Nicht selten gibt es seitdem ein Nebeneinander der juristischen Professionen, die stärker auf die herkömmlich verhandelten, eher justiziablen Aspekte des Elternkonfliktes (Personensorge, Umgangsfragen) bezogen sind und andererseits der beteiligten psychosozialen Berufe, die verstärkt den emotionalen Elternkonflikt und seine Bedeutung für die Nach-Trennungs-Familie in den Blick nehmen.

230   Die zitierte Formulierung des Bundestags macht deutlich, dass insgesamt die Sensibilität für die Bedeutung der emotionalen Konflikte gewachsen ist und für das familiengerichtliche Verfahren ein Miteinander der verschiedenen Professionen angestrebt wird.

231   Bei hoch konflikthaften Eltern führen geringste Anlässe zu intensiven und destruktiven Auseinandersetzungen. Das Bestimmende des Geschehens ist die Dynamik der Elternbeziehung, der »Krieg« um Macht und Einfluss auf die Kinder; Sorgerecht und Umgangsregelungen sind dann Kampffelder in einer umfassenden, oft irrational anmutenden Auseinandersetzung.

232   Das macht die Kinder zum Objekt der Elternkonflikte. Es entstehen Belastungen, die unter dem Aspekt »Gefährdung des Kindeswohls« diskutiert werden.

233   Hoch eskalierte Elternkonflikte sind deshalb stets unter zwei Aspekten zu betrachten:
        – sie verhindern konsensuale Lösungen von Sorge- und Umgangsfragen und
        – sie führen - jenseits dessen - zu Belastungen und Gefährdungen einer gesunden psychischen Entwicklung des Kindes.

c) Die Wirkung hoch eskalierter Elternkonflikte auf die Kinder

Die Ergebnisse des Forschungsprojektes »Kinderschutz bei hochstrittiger Elternschaft« verdeutlichen, wie hoch belastete Kinder die destruktiv geführten Auseinandersetzungen der Eltern erleben: »Das elterliche Spannungsfeld wird von den Kindern als permanent (Streit ohne Ende) erlebt, es gibt für sie keine Entspannung. Das ständige Überwachen der elterlichen Konflikte beutet ihre emotionalen Ressourcen aus und zieht in der Regel einen Zustand andauernder hoher physiologischer Erregung nach sich. Daraus resultiert, dass sich die Kinder dem elterlichen Konfliktgeschehen oftmals hilflos ausgeliefert fühlen. Sie wissen nicht, was sie tun sollen und entwickeln nicht selten Befürchtungen, dass alles noch schlimmer werden könnte ...« (DJI - Deutsches Jugendinstitut 2010: Arbeit mit hochkonflikthaften Trennungs- und Scheidungsfamilien. Eine Handreichung für die Praxis, www.dji.de/hochkonflikt. S. 18 f.).   234

Bei differenzierter Betrachtung zeigen sich unterschiedliche Dimensionen hoch konflikthaften Elternverhaltens, die für die betroffenen Kinder mit jeweils spezifischen Belastungen verbunden sind: 235

aa) Hoch konflikthafte Elternschaft ist verbunden mit verminderter Erziehungsfähigkeit

Es ist eindrucksvoll zu beobachten, wie hoch konflikthafte Eltern in ihre Konflikte verstrickt sind, wie ihre Aufmerksamkeit auf das Handeln des/r anderen fokussiert ist, Situation und Verhalten der Kinder nicht und/oder durch die Brille des Elternkonfliktes wahrgenommen werden. Selbst in Gesprächen, deren erklärtes Thema die Situation der Kinder ist, verlieren Väter und Mütter diese immer wieder aus dem Blick, fühlen sich gestört und in ihren wichtigen Themen (was der/die andere Falsches tut) nicht ernst genommen, wenn Gesprächspartner das Kind und seine Belange in den Mittelpunkt stellen.   236

Die Eltern eines fünfjährigen Jungen führen eine Wochenendehe. Die Mutter glaubt, Beweise für ein sexuell ausschweifendes Leben des Vaters am Arbeitsort zu haben und trennt sich von ihm. Sie ist der Überzeugung, dass der Sohn beim Vater in Gefahr ist, in dessen »Orgien« einbezogen zu werden, sich ohnehin in Betreuung durch den Vater unwohl fühlt und Ängste entwickelt. Sie tituliert den Vater als »Tier« und kann es nicht verantworten, diesen mit dem Sohn allein zu lassen.   237

Der Vater bezeichnet die Mutter und deren Haltung als »völlig durchgeknallt« und sieht deren Verhalten nur darauf ausgerichtet, ihm das Kind vorzuenthalten und zu entfremden.   238

Es finden Umgangskontakte des Vaters in der Wohnung und in Anwesenheit seiner Eltern statt. Im weiteren Verlauf wird, mit Zustimmung der Mutter, vereinbart, dass der Vater mit dem Jungen einen Besuch in einem Schwimmbad macht. Die Mutter besucht dieses, ohne Absprache mit dem Vater, zur gleichen Zeit und sucht sich einen Platz in der Nähe der beiden.   239

Als Vater und Sohn ins Wasser gehen, läuft der 5-jährige zur Mutter und zieht sie mit, - für die Mutter ein untrüglicher Beweis, dass der Junge Angst hat, mit dem Vater in dieser Situation allein zu sein; für den Vater ein erneuter Beleg für seine Annahme, dass die Mutter die Aufnahme einer Beziehung zwischen ihm und dem Sohn sabotiert.   240

In einem Gespräch mit dem Jungen zeigt sich, dass dieser die Trennung der Eltern überhaupt noch nicht realisiert hat und »mit Papa und Mama zusammen« im Wasser planschen wollte.   241

Eine Mutter sagt über das Verhalten ihrer 8-jährigen Tochter: »Der liegt überhaupt nichts am Vater. Die spricht nicht einmal über ihn, auch dann nicht, wenn sie am Wochenende zu Besuch bei ihm war«.   242

Ihr ist nicht bewusst, dass dies ein typisches Verhalten eines Kindes ist, mit der gespannten Situation der Eltern umzugehen. Kinder wissen, dass hochstrittige Vater und Mutter positive Aussagen über den/die andere/n nicht hören möchten, verweigern deshalb Gespräche über den anderen Elternteil   243 oder – eine andere typische Form, mit der Konfliktsituation umzugehen -: sie »spalten«: Befinden sie sich in der Einflusssphäre der Mutter, schwenken sie auf deren Haltung und Vorstellungwelt ein und »bedienen« diese mit Erzählungen, die zu ihrem Bild des Vaters passen, - und bei diesem umgedreht.

244   Hoch konflikthaften Eltern ist ein unvoreingenommener Blick auf das Kind verstellt, infolgedessen ist ihnen nicht möglich, auf es angemessen und feinfühlig zu reagieren.

245   Auch sind sie nicht in der Lage, das Kind bei der Entwicklung von Impulskontrolle, Selbstregulation von Stimmungen und Emotionen und von Konfliktlösestrategien zu unterstützen. Sie selbst bieten ein sehr dysfunktionales Modell intimer Beziehungen (Institut für angewandte Familien-, Kindheits- und Jugendforschung (IFK) an der Universität Potsdam, www. IFK, Expertise A, S. 59).

246   Ihr Konflikt mit dem/der »Ex« lässt hoch konflikthafte Väter und Mütter als Eltern »nicht geschäftsfähig« erscheinen.

bb) Hoch konflikthafte Elternschaft entfaltet unmittelbar belastende Wirkung

247   Bei hoch konflikthafter Elternschaft steigt für die Kinder das Risiko, Zeugen häuslicher Gewalt zu werden. Nahezu regelmäßig geraten sie unter Loyalitätsdruck und es kommt zur Instrumentalisierung.

248   In Zusammenhang mit der Thematik »Kinder als Zeugen häuslicher Gewalt« berichtet *Korritko* (Weber/Alberstötter/Schilling/Korritko S. 260) über Metastudien, die die Häufigkeit der Posttraumatischen Belastungsstörung (PTBS) bei Kindern untersuchen. Er referiert, dass nach eigenem Erleiden sexueller Gewalt oder Misshandlung bei 80 bis 90 % der Kinder mit bleibenden Belastungen zu rechnen ist, bei Gewalt gegen einen Elternteil bei 100 % der Kinder, die Zeuge werden.

249   *Korritko* legt dar, dass die Kinder in ihrer Bindung an die Eltern sich mit dem Täter (meist der Vater) und dem Opfer (meist die Mutter) identifizieren. Daraus resultiert die Bereitschaft, selbst zu aggressivem Täter oder devotem Opfer zu werden, oder abwechselnd beides. Minimale Schlüsselreize (Trigger) können dann entsprechendes Verhalten hervorbringen.

250   Bei hoch konflikthafter Elternschaft ist ein auf die Kinder wirkender »Loyalitätsdruck« nahezu zwangsläufig (s. dazu auch »Bindungstoleranz« Rdn. 129 ff.).

251   Kinder haben den Wunsch, mit Vater und Mutter in einer harmonischen Situation zu leben. Ist dies jedoch nicht möglich, so die typische Aussage von Kindern, »sollen sie wenigstens nicht so miteinander streiten«. Doch die Situation hoch konflikthafter Eltern ist genau dadurch definiert, dass es immer wieder heftigen Streit ohne Anzeichen einer Versöhnung gibt.

252   Ab dem Schulalter sind Kinder in der Lage, neben der eigenen Perspektive auch die Perspektive beider Eltern wahrzunehmen (Weber/Alberstötter/Schilling/Bernhardt S. 219). Es kann sich im Gesamtgefüge der familiären Beziehungen orientieren und nimmt die Unvereinbarkeit der Positionen von Vater und Mutter wahr. Damit werden Loyalitätsprobleme unausweichlich, - oder das Kind muss sich von einem Elternteil und dessen Perspektive (oder von beiden) distanzieren.

253   Die unterschiedlichen Positionen der Eltern sind irritierend und können das Kind in schwerwiegende Konfusionen bringen, - und mitunter traut es seinen eigenen Wahrnehmungen nicht mehr: Ein 11-jähiger Junge, konfrontiert mit den anhaltend widersprüchlichen Aussagen von Vater und Mutter über Dinge, die er selbst erlebt hat, steht auf, rauft sich die Haare und sagt mit dem Ausdruck der Verzweiflung: »Ich weiß nicht mehr, was wahr ist«.

254   Angesichts ihrer Angst, ihre Beziehung zum Kind nicht ausreichend und intensiv genug gestalten zu können und Einfluss auf es zu verlieren, versuchen Mütter und Väter immer wieder, sich der guten Beziehung zum Kind zu vergewissern. Sie wünschen sich, dass es sie versteht und auf ihrer Seite steht.

Schon mit diesem – leicht nachvollziehbaren – Wunsch beginnt eine Instrumentalisierung: die Eltern benutzen das Kind für die Stabilisierung ihrer Selbstsicherheit in der Auseinandersetzung mit dem/der anderen. Die Rollen von Eltern und Kind werden pervertiert; das Kind ist in der Situation, für die Eltern sorgen zu sollen, weshalb in diesem Zusammenhang auch der Begriff der Parentalisierung benutzt wird. 255

In den Ausführungen über Bindungstoleranz (Rdn. 129 ff.) wird über Mechanismen der Instrumentalisierung und der Entfremdung des anderen Elternteils berichtet. 256

Behrend (2009) hat im Rahmen ihrer Dissertation zur Thematik »Kindliche Kontaktverweigerung nach Trennung der Eltern aus psychologischer Sicht« Formen der Instrumentalisierung genauer untersucht. Darüber wird an späterer Stelle berichtet. 257

cc) Hoch konflikthafte Elternschaft gefährdet das Fortbestehen kindlicher Beziehungen zu wichtigen Bezugspersonen

Wie angemerkt, spielen in familiengerichtlichen Verfahren Umgangskontakte zwischen Kind und dem getrennt lebenden Elternteil oft eine dominierende Rolle. 258

»Umgang« erfuhr auch auf der Ebene der Gesetzgebung eine starke Betonung: es wurden verschiedene Wege entwickelt, um schwierige Situationen zu entschärfen und den Umgang mit dem anderen Elternteil im Interesse der kindlichen Persönlichkeitsentwicklung zu fördern, wenn der betreuende Elternteil Umgangskontakte blockiert. *Willutzki* nennt in diesem Zusammenhang (Menne/Weber/Willutzki S. 215): 259
- Betreuter/begleiteter Umgang
- Verfahrensbeistandschaft
- Zwangsweise Durchsetzung des Umgangs im Vollstreckungswege,
- Umgangspfleger.

Doch wurde und wird bei den Bemühungen um die Sicherung von Umgangskontakten der rechtliche und psychologische Zusammenhang, aus dem sich deren Bedeutung für das Kind ableitet, vielfach vernachlässigt (s. a. Rdn. 182). Als Bezugspunkt und schlagkräftiges Argument wird das »Wohl des Kindes« genutzt. Doch allzu häufig entsteht der Eindruck, dass dieses Rechtsgut instrumentalisiert wird, um die jeweilgen Interessen der streitenden Eltern durchzusetzen. Auch (und gerade bei) bei einer faktischen Realisierung von Umgangskontakten können bestehende Elternkonflikte eine Wirkung entfalten, die für das Kind nicht nur eine starke Belastung bedeutet, sondern auch zur Gefährdung und zum Verlust einer positiven Beziehung zu Vater und/oder Mutter führen kann. 260

Die Bedeutung des getrennt lebenden Elternteils für das Kind wurde noch nach der Eherechtsreform von 1977 keineswegs im heutigen Licht gesehen. Es war eine klare Tendenz erkennbar, »jedenfalls immer dann, wenn der betreuende Elternteil eine neue Partnerschaft eingegangen war, die Kontakte zu dem getrennt lebenden Elternteil möglichst zu kappen, um die Entstehung der neuen sozialen Familie nicht zu behindern und Loyalitätsprobleme für das Kind zu vermeiden« (Menne/Weber/Willutzki S.213). 261

Fthenakis hat dann unter dem Einfluss amerikanischer Studien eine neue Sicht auf die Bedürfnisse des Kindes bekannt gemacht, die zu einer deutlichen Betonung der Rolle des abwesenden Elternteils führte (1985; 1988). 262

Mit der Entscheidung vom 03.11.1982 (in Entscheidungen des BVerfG, Band 61, Thübingen S.319-357) trug das Bundesverfassungsgericht dem Rechnung und stellte fest, dass das Fortbestehen der familiären Sozialbeziehung nach Trennung der Eltern eine entscheidende Grundlage für eine stabile und gesunde psychosoziale Entwicklung des heranwachsenden Menschen ist. 263

Im Rahmen der Kindschaftsrechtsreform von 1998 formulierte der Gesetzgeber in § 1626 Abs. 3 BGB prägnant: »Zum Wohl des Kindes gehört in der Regel der Umgang mit beiden Elternteilen. 264

Gleiches gilt für den Umgang mit anderen Personen, zu denen das Kind Bindung besitzt, wenn ihre Aufrechterhaltung für seine Entwicklung förderlich ist«.

265   Die Formulierung des Bundesverfassungsgerichtes wie die des § 1626 Abs. 3 BGB machen deutlich, dass es um das Fortbestehen von Beziehung und Bindung geht. Umgang ist eine (genauer: eine mögliche) Form der Konkretisierung des Fortbestehens von Beziehung. Sie ist überprüfbar, justiziabel und hat wohl wesentlich deshalb im familiengerichtlichen Verfahren die angesprochene Bedeutung.

266   *Kindler* (ZKJ 2009, 110) hat angemerkt, dass die Formulierung des Gesetzgebers in § 1626 BGB eine normative Setzung (Kinder sollen in der Regel Umgang haben) in die Sprache eines überprüfbaren, weil regelhaften Zusammenhanges zwischen Umgang und Kindeswohl gekleidet habe, dass diese Behauptung sich aber, so selbstverständlich sie klinge, empirisch nicht so einfach belegen lasse.

267   Auch empirische Forschung weist auf den übergeordneten Kontext hin: Es geht um das Fortbestehen wichtiger Beziehungen, die dann für eine gesunde Entwicklung förderlich sind, wenn sie vom Kind als positiv erlebt werden.

268   An diesen Kriterien gemessen besteht für das Wohl von Kindern hoch konflikthafter Eltern, auch wenn Umgang stattfindet, Gefahr unter zwei Aspekten:

269   Zum einen sind Umgangskontakte mit dem getrennt lebenden Elternteil für die Kinder nahezu regelmäßig mit dem Erleben elterlicher Feindseligkeit verbunden. Begegnungen der Eltern verlaufen in eisiger Atmosphäre oder sind Gelegenheit für rücksichtslose Auseinandersetzungen. Es besteht auch die Gefahr, dass Vereinbarungen nicht eingehalten werden und so eine für das Kind unüberschaubare und unberechenbare Situation entsteht.

270   Zum anderen verhindern die spannungsgeladene Beziehung der Eltern und die damit verbundenen Belastungen die Entwicklung einer positiven Beziehung zwischen Kind und vor allem dem nicht betreuendem Elternteil. Was konstitutiv ist für eine förderliche Vater-Kind- und/oder Mutter-Kind-Beziehung, kann sich angesichts der Rahmenbedingungen und der Elternkonflikte nicht entfalten. Statt dass eine gelebte Beziehung zu beiden Elternteilen zur Grundlage einer gesunden Identitätsentwicklung werden kann, entstehen beim Kind beschädigte und unakzeptable Bilder von Vater und/oder Mutter, - mit der Gefahr bedenklicher Entwicklungsperspektiven.

271   *Alberstötter* (Weber/Alberstötter/Schilling/Alberstötter 2013, S. 117ff) setzt sich mit einer fachlich bisher vernachlässigten Form der Macht- und Gewaltausübung auseinander, die in diesem Zusammenhang von großer Bedeutung ist: Der »Verfügungsgewalt« des hauptsächlich betreuenden Elternteiles über das Kind »als mächtigem Mittel in der Gegnerschaft mit dem getrennt lebenden Ex-Partner und Elternteil«.

272   Er unterscheidet dabei drei qualitativ unterschiedliche Dimensionen:
        – Deutungsmacht und Definitionshoheit über das Wohl und den Willen des Kindes,
        – Behinderungsmacht als Marginalisierung und Ausschluss in den Bereichen Gesundheit und Schule sowie demonstrative Marginalisierung bei der Betreuung
        – Herrschaft und Kontrolle über den Umgang als Zeitregime, Handhabung von Herrschafts-, Kontroll- und Strafräumen, Anwesenheit beim Umgang gegen den Willen des anderen Elternteils, als Übernachtungsverweigerung und Kontaktverhinderung.

273   *Alberstötter* beleuchtet die Einflüsse von »Verfügungsgewalt« vor allem im Hinblick auf die Interaktionen zwischen den Eltern und ihre Folgen für die Elternbeziehung.

274   Es ist aufschlussreich, einige der aufgeführten z. T. subtilen Muster der Machtausübung in ihrer Wirkung auch auf das Kind zu beleuchten.
        – Eine Marginalisierung bei der Betreuung ist offensichtlich, wenn der hauptsächlich betreuende Elternteil Angebote des anderen, bei Bedarf über den vereinbarten Umgang hinaus für das Kind da zu sein, konsequent ausblendet, jedoch mit viel Aufwand andere Personen engagiert, sogar eine Mangelbetreuung in Kauf nimmt und dabei den Anschein eines am Kind desinteressierten anderen Elternteils erweckt. Das betroffene Kind wird das Gefühl entwickeln, dass Mama und

Papa in höchst unterschiedlichem Maß an ihm interessiert sind und ein sehr unterschiedliches Engagement zeigen. Enttäuschung und ein eigener »innerer Auszug« aus der Beziehung zum scheinbar weniger Engagierten sind dann naheliegende Reaktionen.

- Eine vergleichbare Enttäuschungsreaktion beim Kind dürfte eintreten, wenn der getrennt lebende Elternteil bei wichtigen schulischen Veranstaltungen nicht präsent ist und kein Interesse an Gesprächen mit den Lehrern zu haben scheint. Häufiger Hintergrund für ein solches Verhalten ist jedoch, dass er über entsprechende Termine nicht informiert wird und es ohnehin eines mehr oder weniger gewaltsamen Einmischens bedürfte, um die »Allein-Zuständigkeit« des anderen für das Terrain Schule zu durchbrechen.
- Die Zuweisung des Aufenthaltsbestimmungsrechtes an einen Elternteil ist eine juristisch plausible Intervention, wenn ein Elternteil – aus welchen Gründen auch immer – nicht in der Lage erscheint, konsensuale Regelungen zu treffen und/oder einzuhalten.
- Unter den von *Alberstötter* dargestellten Vorzeichen ist das alleinige Aufenthaltsbestimmungsrecht zum einen eine juristische Legitimierung zur Ausübung von Verfügungsgewalt, die auf der Ebene der emotionalen Konflikte eher eskalierende Wirkung entfaltet. Zum anderen macht sie in der Wahrnehmung des Kindes einen Elternteil nicht nur rechtlos: er erscheint auch weniger vollwertig, ist beschädigt und – vielleicht auch - Mitleid mobilisierend.

(Der zuletzt angesprochene Zusammenhang ist ein aussagekräftiges Beispiel dafür, dass juristische und sozialpsychologische Perspektiven in einem Spannungsverhältnis stehen können. Es ist deshalb wichtig ist, dass unterschiedliche Professionen gemeinsam erörtern, was im konkreten Fall dem Wohl des Kindes am besten entspricht.) 275

Es wäre vor allem bei hoch konflikthafter Elternschaft ein fahrlässiger Irrtum, ein Fortbestehen der Beziehung zu beiden Elternteilen gleichzusetzen mit der Durchführung von Umgangskontakten. Die emotionale Konfliktsituation der Eltern erschwert oder verhindert die Vereinbarung und Durchführung von Umgangskontakten. Er gefährdet aber auch auf anderen, weniger augenfälligen Ebenen die Fortsetzung der für das Kind wichtigen Eltern-Kind-Beziehung. 276

Behrend (S. 46) spricht (im Zusammenhang mit »normalen« Trennungen; - die Situation bei hoch strittigen Eltern ist entsprechend gravierender) von psychischer Verwaisung des Kindes. Es verliere seine Eltern in dem Sinne, dass ihm statt einer Familienidentität nur mehr zwei Einzelpersonen bleiben, die jedoch das Trennende betonen. Dem Kind werde die Grundlage seelischen Wohlbefindens und seelischer Identität genommen. 277

dd) Kinder hoch konflikthafter Eltern wachsen in einer Atmosphäre der Kriegslogik auf

Die 40-jährige Mutter von 2 Kindern sucht mit ihrem Mann eine Beratungsstelle auf, weil sie die Paarsituation als sehr belastet erlebt. Sie fühlt sich ungeliebt, befürchtet, dass ihr Mann eine außereheliche Beziehung hat und die Familie verlassen wird. Es zeigt sich, dass sie als Kind eben diese Konstellation in der Herkunftsfamilie erlebt hat, als ihre Mutter gleichfalls 40 Jahre alt war. Sie projiziert nun die mit dem Vater gemachten Erfahrungen gänzlich auf den Ehemann und ist im Begriff, auch die in der Herkunftsfamilie erlebten »Lösungs«-Muster zu reproduzieren: Koalitionsbildung von Mutter und Vater mit je einem Kind, Trennung und Abbruch von Kontakten mit der als feindlich erlebten anderen Seite. 278

Die im Kontext hoch strittiger Elternkonflikte erlebten Konflikte, Enttäuschungen und Lösungsmuster wirken bei betroffenen Kindern fort. Wie im skizzierten Fall oft unbewusst werden sie erwartungs- und handlungsleitend für das eigene Leben. 279

Götting (Weber/Alberstötter/Schilling/Götting S. 276 ff.) weist auf typische Erfahrungen von Kindern hoch strittiger Eltern hin, die für deren Welterleben prägend werden. Die von ihr angesprochenen »Lernprozesse«, dass 280

– Kriege, dass Konflikte, eine höhere Sache sind
– offene Rechnungen beglichen werden müssen
– das Leben mithilfe von dämonisierenden Überzeugungen zu bewältigen ist

können Einstellungen prägen, die in vielen Lebenszusammenhängen destruktiv wirken.

ee) Hoch konflikthafte Elternschaft verschärft die Risiken für eine Verschlechterung der Lebensbedingungen

281   Die Bedeutung von Armut für Eltern und Kinder im Kontext von Trennung und Scheidung wurde an früherer Stelle behandelt (Rdn 80 ff.). Die angesprochenen Risiken bestehen bei hochstrittigen Eltern in verschärfter Form.

282   Eine dauerhafte Hochkonflikt-Situation zwischen Vater und Mutter bedeutet extreme Belastung für Eltern und Kinder. Meist hat diese Belastung soziale, wirtschaftliche und psychische Dimensionen, die in einem wechselseitigen Beeinflussungsprozess aufschaukeln und mit drastischem sozialen Abstieg verbunden sein können.

283   Die Dynamik der Hochstrittigkeit lässt es nicht zu, dass frühere familiäre Beziehungen und Freundschaften zu beiden Beteiligten weiter bestehen. Von Freunden und Familienmitglieder erwarten hochstrittige Eltern eine einseitige Positionierung: »Wenn Du nicht siehst, was er/sie für eine miese Type ist, dann weiß ich, wie Du zu mir stehst«. Damit geschieht auch für die Kinder eine Aufteilung der Welt in Gut und Böse. In Verbindung mit einem häufig stattfindenden Wohnungswechsel kommt es in den meisten Fällen zum Verlust bisheriger Beziehungen. Oft spielt dabei auch eine Rolle, dass die eigene Belastung beim Kind zu einem schwierigeren Sozialverhalten führt.

284   Wenn sich ein hochstrittiger Elternteil in einer besseren wirtschaftlichen Situation befindet als der andere (oft der Vater, während die Mutter als Alleinerziehende mit wirtschaftlichen Problemen zu kämpfen hat), wird er einen Aufenthalt des Kindes dazu nutzen, es zu verwöhnen und zu demonstrieren, dass es bei ihm »besser ist«, - andererseits aber darauf achten, dass die eigenen besseren Ressourcen nicht auch im Leben des Kindes beim anderen zum Tragen kommen.

285   Nicht selten machen hoch konflikthafte Eltern unverhohlen deutlich, dass sie dem/der »Ex« »nicht das Schwarze unter den Fingernägeln« gönnen und ihm/ihr eine wirtschaftliche und soziale Verelendung durchaus wünschen: »Der/die ist verantwortlich dafür, dass es mir so schlecht geht; ihm/ihr soll es auch nicht besser gehen«.

286   In einer solchen Verfassung nehmen sie auch eine (weitere) Verschlechterung der eigenen Lebensbedingungen bewusst in Kauf, »weil dann bei mir nichts mehr zu holen ist«. Neben den Fällen, in denen Arbeitslosigkeit infolge der bestehenden Belastungssituation entsteht, gibt es auch solche, in denen sie bewusst gewollt ist, um dem/der ehemaligen Partner/in »nicht noch mehr in den Rachen stecken zu müssen«.

287   Der »Tunnelblick«, in dem sich hoch konflikthafte Eltern befinden, lässt sie nicht sehen, dass eine solche Verschlechterung der Lebensbedingungen auch und oft besonders das Kind trifft.

d) Kindeswohl bei hoch konflikthafter Elternschaft

288   *Schlack* berichtete 2012 auf dem »Männerkongress« in Düsseldorf Ergebnisse aus dem bundesweit repräsentativen Kinder- und Jugendgesundheitssurvey (KIGGS). Die Daten beziehen sich auf die Gesundheit von Kindern und Jugendlichen, gewonnen aus Untersuchungen und Befragungen von insgesamt 17 641 Jungen und Mädchen (Franz/Karger/Schlack S. 122 ff.).

289   Ausgehend davon, dass das Krankheitsgeschehen auch im Kindes- und Jugendalter zunehmend von einer »neuen Morbidität« bestimmt ist (Verschiebung von akuten zu chronischen und von somatischen zu psychischen Gesundheitsstörungen), berichtet *Schlack* über signifikante Unterschiede, die sich zwischen Jungen und Mädchen zeigten und zum anderen zwischen Kindern aus Eineltern- und

Stieffamilien gegenüber Kindern, die bei beiden Eltern leben (Kernfamilien). Jungen und Mädchen aus Trennungsfamilien wiesen grundsätzlich mehr Risikoverhalten, mehr psychosomatische Probleme, mehr psychische Auffälligkeiten und weniger verfügbare Schutzfaktoren auf als Kinder aus Kernfamilien mit beiden leiblichen Eltern. Zudem zeigten sich in vielen Bereichen deutliche Unterschiede zwischen Jungen und Mädchen aus Stieffamilien gegenüber solchen aus Ein-Elternfamilien. Bereiche, in denen Jungen aus Trennungssituationen (vielfach signifikant) auffälligere Werte hatten als solche aus Kernfamilien und als Mädchen, waren

– wiederholter Konsum illegaler Drogen
– Verhaltensprobleme (aggressives und oppositionelles Verhalten)
– Unaufmerksamkeits-/Hyperaktivitätsprobleme
– Probleme mit Gleichaltrigen
– Defizite in prosozialem Verhalten

Insgesamt geben die KIGGS-Daten Hinweise auf vielfältige gesundheitliche Risiken von Kindern und Jugendlichen aus Trennungsfamilien. Ursache und Zeitpunkt der Trennung sowie das Ausmaß der Konflikthaftigkeit der Eltern wurden nicht berücksichtigt, doch machen andere Untersuchungen sowie die voraus gehenden Ausführungen deutlich, dass mit wachsendem Konfliktniveau der Eltern die Belastungen der betroffenen Kinder zusätzlich steigen.   290

Auch der »Augenschein« weist hin auf die besonderen Belastungen von Kindern hoch konflikthafter Eltern. Elternkonflikte »auf höchsten Niveau« beeindrucken durch ihre Intensität, Radikalität und Grenzenlosigkeit. Mitunter scheint es, als prallten archaische Kräfte aufeinander. Die Protagonisten scheinen außer Kontrolle und es stellt sich der Eindruck ein: Da passiert etwas, was gefährlich ist. Professionelle Helfer, die wiederholt Zeuge solcher Vorgänge werden, können sich kaum vorstellen, dass Hochstrittigkeit für Kinder, die dem immer wieder und über lange Zeit ausgesetzt sind, nicht schwer belastend und schädlich sein könnte.   291

Das Verhalten von Kindern in akuten Konfliktsituationen zu erleben, etwa beim betreuten Umgang, ist ebenso eindrucksvoll. Es teilt sich unmittelbar mit, dass sie tief traurig, hilflos, voll ängstlicher Erwartung und/oder Hoffnung, voller Zweifel und voller Verzweiflung sind. Es geht um existenzielle menschliche Situationen. Das festigt die Überzeugung, Hochstrittigkeit der Eltern sei von größter Bedeutung für die betroffenen Kinder und führt nicht selten zu der Frage, ob man nicht grundsätzlich von einer Gefährdung des Kindeswohls ausgehen müsse.   292

Doch lässt sich zunächst nur mutmaßen, wie sich solches Erleben in der Psyche und im Verhalten der betroffenen Kinder niederschlägt. Manche scheinen ihre Erfahrungen abschütteln oder produktiv bewältigen zu können. Bei anderen kommt es zu objektivierbaren Fehlanpassungen, zu chronischen gesundheitlichen Schäden oder zu Langzeitfolgen, die Bindungs- und Liebesfähigkeit auf Lebensdauer beeinträchtigen.   293

Auch Einzelergebnissen der im Forschungsprojekt »Kinderschutz bei hoch strittiger Elternschaft« untersuchten Kinder zeigten äußerst heterogene Befunde. Sie bewegten sich zwischen Werten, die eine maximale messbare Belastung einzelner Kinder zum Ausdruck brachten und solchen, die auf eine auffallend geringe Belastung bei anderen Kindern hinwiesen.   294

Es ist also notwendig zu sehen,   295
– welche akuten Stressoren und Belastungen durch die Elternkonflikte im Einzelfall entstehen,
– wie diese vom betroffenen Kind verarbeitet werden, und
– welche bleibenden Wirkungen und Folgen beim konkreten Kind entstehen.

Trotz der unbestritten hohen akuten Belastungen der Kinder hoch konflikthafter Eltern ist es nicht möglich, im Einzelfall von der Konstellation »hoch konflikthafte Elternschaft« schon auf eine Gefährdung des Kindeswohls zu schließen. (In den voraus gehenden Abschnitten über die Wirkung hoch konflikthafter Elternbeziehungen wird deshalb konsequent von Belastungen, Risiken und Gefährdungen gesprochen, nicht von »Schäden«.)   296

297   Merkmale des Kindes und seines Umfeldes moderieren, wie die akut entstehenden Belastungen verarbeitet werden und sich schließlich im Verhalten und der Psyche des Kindes niederschlagen. Alter und Geschlecht sind, wie auch aus den Ergebnissen der KIGGS-Studie hervorgeht, bedeutsame Faktoren. Aber auch jenseits dessen erweisen sich Kinder als unterschiedlich verletzbar, sowohl aufgrund eines von Anfang erkennbaren Temperamentes wie aufgrund lebensgeschichtlicher Erfahrungen.

298   Im Hinblick auf Merkmale des Umfeldes werden protektive und Risikofaktoren unterschieden. Generell schaffen die Lebensbedingungen, die als Folge von Trennung/Scheidung entstehen, im Verbund mit den vom Elternverhalten ausgehenden Faktoren entscheidende Weichenstellungen dafür, wie das Kind aktuell wirkende Belastungen verarbeitet. Über die Trennung hinaus bestehende wie neue positive und zuverlässige Kontakte zu Menschen, die in den Elternkonflikt nicht involviert sind, wirken als wichtige stützende Faktoren.

e) Kindliche Kontaktverweigerung im Kontext eskalierter Elternkonflikte

299   *Behrend* hat im Rahmen ihrer Dissertation über 100 Fälle von Umgangsverweigerung untersucht, die im Rahmen ihrer Tätigkeit als Psychologische Sachverständige angefallen waren. Das Alter der Kinder lag zwischen 4 und 16 Jahren, sie entstammten allen sozialen Schichten (2009).

300   Die Ergebnisse sind vor allem deshalb interessant, weil kindliche Kontaktverweigerung bisher oft im Sinne des PA-Syndroms (s. Rdn. 131 ff.) gedeutet wurde, als Ergebnis einer gezielten Entfremdung des Kindes durch einen Elternteil.

301   Es zeigte sich jedoch, dass viele Fälle kindlicher Kontaktverweigerung sich sehr wohl im Kontext eskalierter Elternkonflikte entwickeln, die dabei wirksamen Mechanismen aber differenzierter gesehen werden müssen.

302   Kindliche Kontaktverweigerungen im Kontext von Trennung sind durch eine ganze Reihe unterschiedlicher Faktoren mitbestimmt. In erster Linie spielen dabei das Konfliktniveau der Eltern, Formen der Instrumentalisierung und Ablehnung als direkte Reaktion auf einen Elternteil eine Rolle.

303   *Behrend* entwirft 3 Typen kindlicher Kontaktverweigerung:

Typ 1 – Streitmeidung

304   Ein Kind hochstrittiger Trennungseltern ist vom elterlichen Streit fast zwangsläufig unmittelbarer betroffen, weil es häufig selbst im Zentrum des Konflikts steht. Es wird gezwungen, sich im Hinblick auf die unterschiedlichen Erwartungen von Mutter und Vater, ihren Hoffnungen und Wünschen, zu positionieren.

305   Dem Streit der Eltern kann es sich entziehen, indem es sich weigert, im Rahmen von Umgangskontakten zwischen seinen Eltern hin und her zu pendeln. Eine solche Form faktischer »Umgangsverweigerung« spiegelt keine tatsächliche Ablehnung eines Elternteils, sondern entspricht im Grunde lediglich dem Versuch, sich der psychischen Belastung des Elternkonfliktes zu entziehen.

306   So gesehen, handelt es sich nicht um eine »Ablehnung« des Kindes, sondern lediglich um die »Meidung« eines Elternteils, um auf diese Weise das bestehende Spannungsfeld aufzulösen. Bestimmendes Merkmal ist aus Kindersicht allein die Unerträglichkeit des Konflikts zwischen Mutter und Vater.

Typ 2 – Instrumentalisierte Loyalität

307   Dieser Typ steht für die auf Instrumentalisierung zurückgehende Ablehnung des nicht betreuenden Elternteils, wie sie manche Kinder im Rahmen offen und unmissverständlich zum Ausdruck bringen.

308   Doch geht *Behrend* dabei nicht von einer grundsätzlichen Intentionalität aus, einer absichtlichen und zielgerichteten Beeinflussung des Kindes.

Die Autorin unterscheidet wiederum drei Formen: eine, die den Charakter einer kontextuellen Evidenz hat, sowie ein »passive« und eine »aktive« Instrumentalisierung.   309

Als »kontextuelle Evidenz« wird jener Anteil an ungerichteter Einflussnahme auf die Willens- und Meinungsbildung eines Kindes bezeichnet, der jedem Trennungskonflikt allein aufgrund der vorhandenen Meinungsunterschiede zwischen den gescheiterten Partnern in Verbindung mit ihren psychischen Verletzungen oder seelischen Kränkungen innewohnt. Kinder können orientierungslos zwischen ihren getrennten Eltern pendeln oder vorübergehend auf einer Elternseite andocken, um sich aus dieser »haltlosen« Situation zu befreien.   310

Der Begriff passive Instrumentalisierung wird in Abgrenzung zur aktiven Instrumentalisierung verwendet: »Passive Instrumentalisierung liegt vor, wenn ein Elternteil das Kind zwar ohne beziehungszerstörerische Absicht, aber durchaus wissentlich in den Streit mit dem anderen Elternteil einbezieht, indem er es mit Tatsachen, eigenen subjektiven Überzeugungen oder nicht weiter hinterfragten Negativbildern vom anderen Elternteil konfrontiert. Dabei ist er sich in der Regel nicht bewusst, dass auch diese Vermittlung von »wahren Wahrheiten«, durch die dem Kind lediglich ein »realistisches Bild« vom anderen Elternteil vermittelt werden soll, faktisch einen Akt der Instrumentalisierung darstellt, der in seiner psychologischen Wirkung einer gezielten Einflussnahme häufig in nichts nachsteht« (S. 142).   311

Ein in diesem Zusammenhang aufgeführtes Beispiel ist das Vorlesen oder Lesenlassen von Anwaltsbriefen oder Gerichtsdokumenten (»Siehst du, da steht wirklich, dass wir aus unserem Haus ausziehen müssen«). Diese Strategie, dem Kind die Defizite des anderen Elternteils Schwarz auf Weiß beweisen zu wollen, ist immer dann besonders wirkungsvoll, wenn von den dargelegten Aufforderungen der »Gegenseite« auch das Kind unmittelbar negativ betroffen ist.   312

»Die Motivlage des passiv instrumentalisierenden Elternteils ist nicht direkt auf der Beziehungsebene des Kindes angesiedelt; sondern meist geht es dabei eher um eine positive Selbstdarstellung, um »Rechtbehalten« und die Verbreitung der eigenen »Wahrheiten« über den Ex-Partner.« (Behrend S. 143).   313

Aktive Instrumentalisierung hingegen bedeutet einen unmittelbaren Angriff auf die Beziehung des Kindes zum anderen Elternteil, mit dem Ziel, diese durch bewusste negative Beeinflussung zu zerstören. Der aktiv instrumentalisierende Elternteil reklamiert die völlige Loyalität des Kindes und damit zugleich seine einseitige Parteinahme.   314

Das Kind wird gezielt über charakterliche Mängel des anderen Elternteils aufgeklärt. Ebenso werden ihm negative Ereignisse aus der Vergangenheit offenbart. Sie sollen dazu beitragen, das positive Bild vom Anderen dauerhaft zu zerstören. Dem aktiv instrumentalisierenden Elternteil geht es darum, dem Kind durch einseitige Aufklärung ein so gründliches Bild vom negativen Charakter des anderen Elternteils zu vermitteln, dass es von sich aus jeden Kontakt zu ihm abbricht.   315

Typ 3 – Kontaktverweigerung als direkte Reaktion auf Kränkung und seelische Verletzung durch einen Elternteil

Neben den beiden zentralen Ablehnungsursachen »Streitmeidung« und »Instrumentalisierung« gibt es auch noch ein drittes Ursachenbündel, das bisher weitgehend übersehen worden ist. Es hat mit dem betreuenden Elternteil wenig bis gar nichts zu tun, sondern ausschließlich mit Verhaltensweisen des Abgelehnten selbst: 316

Kinder widersetzen sich dem Kontakt mit einem Elternteil in erster Linie deshalb, weil dieser sie »erheblich verletzt, enttäuscht, gekränkt, gedemütigt oder – was bei Jugendlichen durchaus häufiger vorkommt – nicht respektiert und nicht ernst genommen hat« (S. 179).   317

Rücksichtsloses Agieren in der Trennungsphase, achtungslose Konfrontation des Kindes mit dem neuen Partner, - letztlich kann jedes unbedachte Verhalten beim Kind einen Kontaktabbruch auslösen, sofern die seelische Beeinträchtigung groß genug ist und allein dem Abgelehnten angelastet   318 wird. Das wiederum setzt in der Regel eine gewisse moralische Reife und Fähigkeit zur Selbstreflexion voraus, womit Typ 3 vor dem 8.-9. Lebensjahr in der Regel nicht zu erwarten ist.

f) Die Rolle des Anwaltes bei hoch konflikthafter Elternschaft

319   Hoch konflikthafte Eltern kennen und akzeptieren nur ihre eigene Perspektive, ihr Verständnis der Zusammenhänge und ihre daraus abgeleiteten Konsequenzen. Das führt in vielen Fällen zu einem Spannungsverhältnis gegenüber den meisten Professionen, die im familiengerichtlichen Verfahren vertreten und zur Neutralität verpflichtet sind. Richter, Jugendamt, Verfahrensbeistände, Sachverständige, Umgangspfleger, Berater haben die Aufgabe, neutral zu sein oder ausdrücklich die Interessen der Kinder zu vertreten. Umso nachdrücklicher erwarten da hoch konflikthafte Väter und Mütter von ihrem Anwalt, dass er bedingungslos auf ihrer Seite steht.

320   Dieser lernt in der Regel (zunächst) nur die Geschichte und die Perspektive seines Mandanten kennen. Zu der gehört, dass jeweils der andere Elternteil an den gegebenen Konflikten und der misslichen Situation »schuld ist« (s. dazu Rdn. 62 ff.), weil er unzumutbare Forderungen stellt, sich rächen, das Kind entfremden will. Eigene Anteile am Konflikt sehen hoch strittige Eltern nicht; allenfalls »räumen sie ein«, dass sie zu lange zu gutmütig gewesen seien. Sie sind von der Richtigkeit ihrer Sichtweise überzeugt, erwarten von ihrem Anwalt, dass er sie in der Auseinandersetzung mit dem anderen Elternteil unterstützt und nicht selten auch, den/die andere(n) einmal »richtig fertig zu machen«.

321   Auf die im Verfahren beteiligten Helfer, erst recht auf den »eigenen« Anwalt, lassen sie sich nur dann ein, wenn ihnen vermittelt wurde, dass ihre Sicht der Dinge und ihre Anliegen verstanden wurden. Anwälte müssen also einerseits empathisch auf ihre hoch konflikthaften Mandanten eingehen. Andererseits müssen sie aber andere Perspektiven im Auge haben:
–   Sie müssen die hoch eskalierte Konfliktsituation der Eltern sehen und diese als systemisches Geschehen begreifen (Rdn. 62 ff.). Dazu gehört u. a. zu wissen und dem Mandanten zu vermitteln, dass ein aggressives Verfechten einseitiger Interessen mit hoher Wahrscheinlichkeit zu einem entsprechenden Verhalten auf der anderen Seite und damit zu weiterer Konflikteskalation führen wird. Sie werden also ihre Mandanten, denen es eigentlich darum, Recht zu bekommen, zu Kompromissbereitschaft motivieren müssen.
–   Zum anderen ist es auch ihre Aufgabe, die insbesondere bei Hochstrittigkeit drohenden Belastungen des Kindes zu sehen und ihren Mandanten zu vermitteln, dass Risiko und Schaden für die Kinder nicht (allein) durch das Verhalten des anderen Elternteiles drohen, sondern vor allem auch durch die Konflikthaftigkeit der Situation, an der sie selbst beteiligt sind.

322   Auch wenn ein entsprechendes Agieren des Anwaltes dem Wunsch des Mandanten entsprechen würde: Vorwürfe an die andere Partei, die Behauptung, dass deren Verhalten maßgebend für die bestehenden Konflikte ist, sind im Sinne einer Konfliktlösung wie im Sinne des Kindeswohl kontraproduktiv.

323   Ziel aller an hochstrittigen Verfahren beteiligten Professionen muss es vielmehr sein, zu einer Verringerung der kindlichen Belastungen und zu einer konsensualen Lösung der bestehenden Konflikte beizutragen.

324   In vielen Fällen wird gerade der Anwalt die besten Chancen haben, einen Zugang zu einem verbissen agierenden Elternteil zu gewinnen und ihn motivieren können, sich auf Maßnahmen einzulassen, die ihm zu einer neuen Sicht der Dinge verhelfen können, z. B. durch die Teilnahme an einem geeigneten Elterntraining (z. B. »Kind im Blick«), zu einer Beratung oder einer Therapie.

325   Angesichts der für die Beteiligten selbst wie für ihre Kinder verheerenden Wirkungen hoch konflikthafter Elternschaft wäre es fatal, wenn Anwälte ohne einen Blick für die Gesamtsituation ihre Mandanten einseitig unterstützen und damit deren Konfliktbereitschaft noch verstärken würden.

Im letzten Kapitel dieses Beitrages werden Perspektiven beschrieben, die dabei helfen, die Rolle eines »streitmildernden Anwaltes« einzunehmen.

3. Die Gestaltung des Umgangs

Häufig entstehen Konflikte zwischen den Eltern wegen der Gestaltung der mit dem Kind verbrachten Zeit. Abgesehen von sorgerechtlich relevanten Fragen sollte gelten, dass **der** Elternteil die Erziehungshoheit hat, der das Kind aktuell betreut – bei Umgangskontakten also der Umgangsberechtigte. Eltern sollten es vermeiden, sich in die Gestaltung der Kontakte des anderen mit dem Kind einzumischen. Kinder können sehr gut die Regeln unterscheiden, die bei dem einen und dem anderen Elternteil gelten. Entstehen ernsthafte Konflikte bezüglich Erziehungsfragen, wäre es fatal, diese über das Kind auszutragen (z. B. das Kind zum Überbringer kritischer Botschaften zu machen). Sind die Eltern nicht in der Lage, solche Konflikte unter vier Augen zu klären, so kann ein durch einen neutralen Dritten, etwa das Jugendamt oder eine Beratungsstelle, moderiertes Gespräch helfen.

326

Fälle, in denen beim Umgang eine unmittelbare Gefährdung des Kindes entstehen kann (wie sexueller Missbrauch und Gewalt) stehen unter besonderen Vorzeichen. Wenn auch in den meisten Fällen, in denen innerfamiliär Missbrauch oder Gewalt stattgefunden hat, die Haltung der Kinder gegen den betreffenden Elternteil von ambivalenten bis ablehnenden Gefühlen geprägt ist (Fthenakis/*Gödde* S. 372), kann der Wunsch des Kindes bestehen, mit dem betreffenden Elternteil in Beziehung zu bleiben. Es ist dann notwendig, für den Umgang besondere Bedingungen zu sichern (begleiteter Umgang) und auch bei Durchführung des begleiteten Umgangs besondere Vorkehrungen zu treffen (s. auch hier: Fthenakis/*Gödde* S. 372).

327

a) Umgangspflegschaft und begleiteter Umgang

Angesichts schwieriger Konstellationen hat der Gesetzgeber die Möglichkeit besonderer Hilfen vorgesehen, insb. Umgangspflegschaft (§ 1684 BGB Abs. 3) und begleiteten Umgang (§ 1684 BGB Abs. 4). Während der begleitete Umgang schon in der Vergangenheit ein häufig eingesetztes Instrument zum Schutz der Kinder war, hat es Umgangspflegschaften eher selten gegeben. Es ist davon auszugehen, dass auf der Basis der Regelungen des FamFG auch Umgangspflegschaften eine größere Rolle spielen werden. Beide Instrumente bezwecken einen geschützten bzw. konfliktfreieren Umgang sowie letzten Endes eine konfliktfreiere Kooperation der Eltern. Für die Frage, wie angesichts der neuen Gesetzeslage die künftige Landschaft aussehen wird, gibt es auch einige Jahre nach der Verabschiedung des FamFG kaum fundierte Hinweise. Es ist deshalb schwierig, Indikationen für die eine oder andere Variante der Einbettung des Umgangs zu formulieren.

328

Für einen umgangsberechtigten Elternteil ist es mitunter kränkend, den Kontakt mit seinem Kind nur in Anwesenheit eines mitwirkungsbereiten Dritten haben zu dürfen oder sich bei der Wahrnehmung des Umgangs durch einen Außenstehenden bevormunden lassen zu sollen. Angesichts der hohen Risiken, die für Kinder beim Umgang im Kontext hochstrittiger Elternschaft und innerfamiliär stattgefundener Gewalt bestehen, haben Anwälte als Vertrauensperson ihrer Mandanten die Chance, für eine solche Maßnahme Einsicht und Einverständnis zu wecken.

329

4. Der Anwalt nach dem FamFG: Zwischen Mandanteninteresse, Kindeswohl und Hinwirken auf Einvernehmen

a) Die Ausrichtung des FamFG auf das Kindeswohl und Hinwirken auf Einvernehmen

Das Familienrecht zeigt eine zunehmende Ausrichtung auf Wohl und Interessen des Kindes, auf Einvernehmen der Eltern und die Wiederherstellung elterlicher Autonomie. Spätestens seit dem Kindschaftsrechtsreformgesetz wird eine solche Entwicklung nicht nur in der Gesetzgebung, sondern

330

auch in der Praxis familiengerichtlicher Verfahren fassbar. Zusammen mit der vorrangigen und beschleunigten Behandlung (§ 155 FamFG) wurden die genannten Perspektiven im FamFG prägend für die Handhabung von Kindschaftssachen.

331 Diese Ausrichtung macht eine inhaltliche Neu(?)-Orientierung auch des Rechtsanwaltes notwendig: Die Orientierung des gerichtlichen Verfahrens am Wohl des Kindes macht es zur Aufgabe des Anwaltes, auf das Wohl seines Mandanten **und** auf das des Kindes bedacht zu sein.

Es wurde mehrfach aufgezeigt, dass Konflikte der Eltern mit erheblichen Risiken für die Kinder verbunden sind, da sie häufig mit Instrumentalisierungstendenzen und einer Verminderung der Erziehungskompetenz einhergehen.

I. S. d. Kindeswohls verbietet sich also eine konfliktfördernde Haltung der prozessbeteiligten Professionen.

332 Darüber hinaus hat die Ausrichtung des familiengerichtlichen Verfahrens auf Einvernehmen der Eltern den erklärten Sinn, nach Trennung/Scheidung Elternkompetenz und -autonomie wieder herzustellen. Ein rigoros und einseitig für die Interessen seines Mandanten kämpfender Anwalt würde in dem Zusammenhang zum Störenfried. Die Orientierung des FamFG legt auch ihm nahe, **eine einigungsorientierte und streitmildernde Haltung** einzunehmen.

333 Das Gericht soll in jeder Lage des Verfahrens, also auch schon vor einem Termin und nach einem ergebnislos durchgeführten Termin, auf ein Einvernehmen der Beteiligten hinwirken, wenn dies dem Kindeswohl nicht widerspricht (§ 156 Abs. 1 Satz 1 FamFG). Für das Kind negative Übereinkünfte dürfen nicht gebilligt werden, was wiederum deutlich macht, dass das Kriterium Kindeswohl höherrangig ist als Vereinbarungen, die dem Elterninteresse entsprechen.

334 Die Tatsache, dass der Anwalt schon in der Vergangenheit nicht nur seinem Mandanten verpflichtet, sondern auch »Organ der Rechtspflege« war, lässt auch für ihn die aus den Regelungen des FamFG resultierende Situation nicht als wirklich neu erscheinen. Müller-Magdeburg weist darauf hin, dass es bereits vor Inkrafttreten des FamFG eine dementsprechende Praxis gab, die sich auf gesetzlicher Grundlage bewegte, und dass es insoweit einer Reform nicht unbedingt bedurft hätte. Der Wert der Gesetzesreform müsse eher darin gesehen werden, dass sie das beschleunigte Verfahren »aus dem Schattendasein verabredeter lokaler Praxis auf die Ebene des Normativen, eben des angestrebten Idealfalles hebt« (ZKJ 2009, S. 188).

b) Interdisziplinäre Kooperation

335 Nach dem FamFG ist das Jugendamt auf Antrag am Verfahren zu beteiligen (§ 162 FamFG Abs. 2). Damit, mit der Einführung der Rechtsfigur Umgangspfleger (§ 1684 BGB Abs. 3) sowie mit modifizierten Hinweisen auf Aufgaben anderer Professionen im Kontext des Verfahrens (Mediation und Anordnung von Beratung nach § 156 Abs. 1 FamFG, Verfahrensbeistand nach § 158 FamFG, Begutachtung nach § 163 FamFG) wird deutlich, dass im familiengerichtlichen Verfahren die Ressourcen verschiedener Professionen stärker Berücksichtigung finden sollen, um der Sicherung des Kindeswohls und dem Ziel einvernehmlicher Lösungen gerecht zu werden.

336 Das Gericht bleibt die für das Verfahren und für die Entscheidung alleinverantwortliche Instanz, aber in die Gestaltung des gemeinsamen Verfahrensprozesses fließen auch die Arbeits- und Denkweisen anderer Professionen ein (Deutscher Verein für öffentliche und private Fürsorge e. V. 2010: Empfehlungen des Deutschen Vereins zur Umsetzung gesetzlicher Änderungen im familiengerichtlichen Verfahren, S. 5).

337 Um diesen Prozess zu koordinieren, die bei den jeweiligen Professionen vorhandenen speziellen Ressourcen zu nutzen und kooperativ zu bündeln, haben sich vielerorts interdisziplinäre Arbeitskreise gebildet (s. dazu Müller-Magdeburg, ZKJ 2009, S. 184). Im Rahmen eines Forschungsprojektes zum Thema »Kinderschutz bei hochstrittiger Elternschaft« wurden u. a. auch die Kooperationsbeziehungen

der Berufsgruppen untersucht, die sich mit hochkonflikthaften Trennungs- und Scheidungsfamilien befassen. In einer auf die Ergebnisse des Projektes zurückgehenden Handreichung heißt es: »Fallübergreifende Kooperation wird deutschlandweit in zahlreichen Kommunen im Rahmen regionaler Arbeitskreise oder Runder Tische durchgeführt. Diese berücksichtigen die jeweils lokalen Gegebenheiten und Erfahrungen« (DJI – Deutsches Jugendinstitut 2010: Arbeit mit hochkonflikthaften Trennungs- und Scheidungsfamilien. Eine Handreichung für die Praxis. S. 47).

Auch wenn Arbeitskreise bezüglich ihrer Zusammensetzung und Arbeitsweise deutliche Unterschiede aufweisen, gehören ihnen in aller Regel Rechtsanwälte an. Gerade der Einbindung von Anwälten in die Kooperation wird von den anderen Professionen hohe Bedeutung beigemessen. **338**

Auch eine interdisziplinäre und auf Kooperation ausgerichtete Arbeitsweise von Rechtsanwälten in Verfahren zur Regelung von Sorge und Umgang ist also keinesfalls neu. In nicht wenigen Regionen ist sie seit Jahren erprobt und fließt in Vereinbarungen und Selbstverpflichtungen ein, die die Mitglieder regionaler Arbeitskreise erarbeitet haben. **339**

Das FamFG macht also für den Rechtsanwalt Positionierungen notwendig, die nicht wirklich neu sind, jedoch eine gewisse Zwangsläufigkeit erhalten haben. Es geht nun nicht nur um Änderungen im Selbstverständnis des Anwaltes, sondern auch darum, (potenzielle) Mandanten auf die neuen Gegebenheiten des familiengerichtlichen Verfahrens einzustellen. **340**

Dass und wie Kindeswohl- und Lösungsorientierung einer Vertretung der Mandanteninteressen nicht wiedersprechen müssen, soll abschließend aufgezeigt werden: **341**

c) Was zusammenprallt, kann auch zusammenwirken

Der Rechtsanwalt hat in familiengerichtlichen Verfahren um das Sorge- und Umgangsrecht die Aufgabe, die Interessen seiner Mandanten wahrzunehmen, ohne deren Konflikt mit dem anderen Elternteil zu verschärfen. Zugleich soll er das Wohl des Kindes im Auge haben. **342**

Loth steuerte zu einer Tagung zum Thema »Potential Konflikt« eine Perspektive bei, die aufzeigt, wie diese Quadratur des Kreises gelingen kann (Weber/Eggemann-Dann/Schilling/*Loth* S. 25 ff.). **343**

Loth befasst sich mit der Eigenart und Eigendynamik von Konflikten, zeigt das positive Potenzial auf, das in ihnen stecken kann und beschreibt Möglichkeiten einer konstruktiven Handhabung. **344**

Ausgehend von der Kommunikation sozialer Systeme beleuchtet er zunächst, dass ein »Nein« zur Äußerung eines anderen für Kommunikation von größerer Bedeutung sein könne als ein »Ja«, auch wenn dies dem naheliegenden Denken nicht entspreche (Weber/Eggemann-Dann/Schilling/*Loth* S. 27). Ein »Nein« könne leichter als ein »Ja« Anschlussmöglichkeiten für weitere kommunikative Schritte schaffen. **345**

Für den Zusammenhang Elternkonflikte bedeutet das erst einmal, dass unterschiedliche Positionen der Parteien im familiengerichtlichen Verfahren nicht von vornherein von Übel sind. Unterstellt man, dass auch die »gegnerische« (es sollte besser heißen: »andere«) Partei ein aus ihrer Warte sinnhaftes Interesse hat, so kann auch oder gerade bei bestehenden Widersprüchen Kommunikation beginnen. **346**

Loth beschreibt die beharrende Dynamik, die Konflikten eigen ist: »Wie leidvoll Konflikte auch immer erlebt werden mögen, wie viel Zeit und Energie sie auch immer kosten mögen: Sie können den Vorteil für sich in Anspruch nehmen, vertraut zu sein. Je eingefahrener der Konflikt, desto vertrauter. Notfalls »erspart« das das Nachdenken über nächste Schritte, »erspart« womöglich Investitionen in das Erlernen neuer Verhaltensweisen oder bewahrt vor Irritationen beim Auseinandersetzen mit Erkenntnissen wie: »Vielleicht habe ich mich geirrt« oder »Auf's falsche Pferd gesetzt« oder gar »Ich habe jemand Unrecht angetan«. Das ist nicht einfach. Manchmal erscheinen die Kosten für das Fortsetzen von Konflikten subjektiv geringer als die Kosten des Innehaltens und des etwas anderes Ausprobierens« (Weber/Eggemann-Dann/Schilling/*Loth* S. 31). **347**

348   Im Alltag professionellen Helfens (Loth meint zunächst »psychosozialen Helfens«, doch ist die Aussage auf alle Einvernehmen suchenden Akteure bei Trennung/Scheidung übertragbar) dürfte ein großer Teil wirksamer Hilfe darin bestehen, einen ersten Spielraum zu eröffnen, der es, zumindest probeweise, erlaubt, sich Alternativen zu den eingefahrenen Gleisen des Konflikts anzunähern. Doch die Vorstellung, eingefahrene Gleise verlassen zu sollen, sei nicht einfach. »Neben dem (gewohnten) Gleis« sei oft gleichbedeutend mit »auf offener See«, unbehaust.

349   Die herkömmliche und »naive« Erwartung des in Streitigkeiten verwickelten Mandanten an seinen Anwalt im familienrechtlichen Verfahren ist, dass er ihm zum Sieg verhilft und dass er jedem, insb. dem Richter, klarmacht, dass er der Unschuldige und der andere der Böse ist (Menne/Schilling/Weber/*Fröhlich* S. 328). I. S. d. von Loth beschriebenen Konfliktanalyse bedeutet das: Der Anwalt soll ihm dabei helfen, weiter und nun mit wirksamer Hilfe auf den eingefahrenen Konfliktgleisen zu fahren. Das Ergebnis einer solchen Vorgehensweise bei einer entsprechenden Interessenvertretung der anderen Partei liegt auf der Hand: Eine noch destruktivere Austragung der Konflikte mit den gewohnten, keinen Ausweg möglich machenden Perspektiven. Soll eine solche Entwicklung vermieden und zum Wohl des Kindes ein anderer Verlauf möglich gemacht werden, muss der Anwalt eine andere als die vom Mandanten zunächst erwartete Rolle einnehmen: Er steht ihm zur Seite, vertritt seine Interessen, kann ihm aber als Vertrauensperson auch andere als die bisher gesehenen Perspektiven eröffnen – wenn er zugleich vermittelt, ihn »auf offener See« nicht allein zu lassen.

350   (Eine eindrucksvolle Erfahrung war das Aushandeln neuer Umgangsvereinbarungen im Rahmen einer Beratung. Vertreten waren die Parteien mit ihren jeweiligen Anwälten, eine Vertraute des betroffenen Kindes und der das Elterngespräch moderierende Psychologe. Das Gespräch geriet wiederholt in vermeintliche Sackgassen, weil die Parteien angesichts geäußerter Kompromissvorstellungen sich auf ihre hergebrachten Positionen zurückzogen und meinten, zu viel »Land aufgeben zu sollen«. Beiden Anwälten gelang es, in Seitengesprächen mit ihren Mandanten die Situation wieder zu verflüssigen und das Gespräch wieder in Gang zu bringen: Voraussetzung dafür war zum einen das Vertrauen der Mandanten in ihre Anwälte, zum anderen die Erfahrung, dass auch die andere Partei sich auf das Bemühen um Einvernehmen und das In-Kauf-nehmen von Kompromissen einließ.)

351   Ohne neue Perspektiven also keine Lösungen in alten Konflikten. Und auch nicht ohne eine Denkweise und Sprache, die die gegebenen Interessen der Parteien nicht als fixe Positionen und Forderungen artikuliert, sondern als Anliegen.

352   In einem Beitrag zum Thema »Der streitmildernde Anwalt. Zum Rollenverständnis der Anwaltschaft zwischen Parteivertreter und Streitschlichter« (Menne/Weber/*Voigt* S. 79 ff.) weist *Voigt* darauf hin, dass eine konfliktmildernde und ausgleichende Haltung des Anwaltes keine passivere, sondern eine aktive Rolle verlange. Seine Aufgabe sei, seine Mandantschaft vor Rechtsverlust zu schützen. Um dies zu erreichen, müsse er bei Gericht zeitig die jeweils notwendigen Anträge stellen. Damit diese Erfolgsaussicht haben, müsse der Anwalt aus der Darstellung seines Mandanten die Aspekte herausfiltern, die für die Begründung des rechtlichen Anspruchs relevant sein könnten. Im Hinblick auf die konkrete Positionierung sei es entscheidend, die Interessen- und Bedürfnislagen des Mandanten zu klären und nicht einen vordergründigen, anspruchsorientierten Auftrag zu übernehmen.

353   Wenn das dem Anwalt gelingt: Seinen Mandanten dahin zu führen, nicht auf den Streit, den bösen anderen und die eigenen Ziele zu fokussieren, sondern seine Anliegen und Bedürfnisse zu klären und zu formulieren, ist schon ein wichtiger Schritt getan. (Eine vordergründige Position des Mandanten könnte heißen, er wolle eine bestimmte Umgangsregelung erreichen. Das dahinter stehende Anliegen könnte sein, die Beziehung zum Kind nicht zu verlieren. Fasst man das so beschreibbare Anliegen ins Auge, lassen sich verschiedene Wege entdecken, die dem gerecht werden können.) Loth: Absicht eines solchen Vorgehens ist das zieldienliche **Erschließen neuer Möglichkeiten für die Klienten mit den Klienten.**

Ein Vorgehen, das die Interessen der anderen Partei mit ins Auge fasst und insofern wiederum an-   **354**
schlussfähig ist, berücksichtigt folgende Fragestellungen:
- **Anlässe ermitteln:** Was macht Sorgen? Welches Problem wird gesehen, in welchen Konstellationen taucht es auf?
- **Anliegen ermitteln:** Welche Interessen bestehen, was soll gesichert/erreicht werden?
- **Koordination verschiedener Anliegen:** Wie passen die Anliegen der verschiedenen Beteiligten
  zusammen, kann/könnte das unter einen Hut gebracht werden, wie?
- **Kompatibilität prüfen:** Welche der festgestellten Anliegen sind auf Anhieb kompatibel, welche
  auf Anhieb nicht und sind Verhandlungssache?

Wesentlich für ein solches Vorgehen des Anwaltes sind eine geeignete Haltung und eine geeignete   **355**
Blickrichtung: Es geht um das Verstehen der Situation des Mandanten und seiner Nöte statt um
seine Ansprüche, um die Lösung des gegebenen Konfliktes und nicht darum, einen Sieg gegen die
andere Partei davonzutragen.

Das wird i. d. R. und letzten Endes keinesfalls zu Enttäuschungen führen. Streitmildernde Anwälte   **356**
handeln letztlich im Interesse ihres Mandanten, auch wenn dieser zunächst anderes im Auge hatte.
Befriedung des Elternkonfliktes und Sicherheit in den Beziehungen zum Kind sind für den psychischen Haushalt von Vätern und Müttern gedeihlicher als fortbestehende Konflikte.

Kapitel 6: Ehewohnung und Haushaltssachen

A. Einleitung

Das Verfahren in Ehewohnungs- und Haushaltssachen wird in den §§ 200 bis 209 des Gesetzes über das Verfahren in Familiensachen und in den Angelegenheiten der freiwilligen Gerichtsbarkeit (FamFG) geregelt. Die in der Verordnung über die Behandlung der Ehewohnung und des Hausrats enthaltenen Verfahrensbestimmungen (HausratsVO) wurden aufgehoben und im Wesentlichen in das FamFG, das am 01.09.2009 in Kraft getreten ist, integriert. Damit wurde die bisher recht unübersichtliche Sonderstellung der Verfahrensregelungen in Wohnungs- und Haushaltssachen, die sich überwiegend nach den Vorschriften des FGG, aber auch der ZPO richteten, aufgegeben und alles in einer einheitlichen Verfahrensordnung zusammengefasst. 1

Die materiell-rechtlichen Vorschriften befinden sich im BGB, und zwar für die Zeit des Getrenntlebens in den §§ 1361a, 1361b BGB und für die Zeit nach Scheidung in den §§ 1568a, 1568b BGB. Durch das Gesetz zur Änderung des Zugewinnausgleichs- und Vormundschaftsrechts, das ebenfalls am 01.09.2009 in Kraft getreten ist, wurden auch die materiell-rechtlichen Regelungen der HausratsVO aufgehoben und weitgehend in den neuen §§ 1568a, 1568b BGB zusammengeführt. 2

B. Verbotene Eigenmacht

Aus dem Wesen der ehelichen Lebensgemeinschaft (§ 1353 BGB) folgt, dass grds. jeder Ehegatte Anspruch auf **gleichberechtigten Mitbesitz** an der Ehewohnung hat, unabhängig davon wie die Eigentumsverhältnisse sind bzw. welcher Ehegatte Mieter der Wohnung ist. Dieses Mitbesitzrecht gilt über die Trennung der Eheleute hinaus, solange die Ehegatten keine andere Regelung einvernehmlich getroffen haben oder keine gerichtliche Entscheidung nach § 1361b BGB ergangen ist. Entzieht ein Ehegatte während der Trennungszeit dem anderen den Mitbesitz an der Ehewohnung, z.B. durch Aussperren des anderen Ehegatten, ist das Verhältnis zwischen § 1361b BGB einerseits und etwaigen Eigentumsherausgabeansprüchen nach § 985 BGB oder Besitzschutz – und Besitzstörungsansprüchen nach §§ 858 ff. BGB andererseits streitig. 3

Die Meinungen reichen bei der **verbotenen Eigenmacht** von einer freien Anspruchskonkurrenz, die von unterschiedlichen Rechtsschutzzielen der Vorschriften ausgeht (OLG Koblenz, FamRZ 2008, 63 m.w.N.), über den Vorrang des § 1361b BGB als lex specialis (OLG Stuttgart, FamRZ 1996, 172) bis zu einer vermittelnden Lösung, nach der die Vorschrift des § 1361b BGB analog als Anspruchsgrundlage heranzuziehen ist, wobei allerdings der Regelungsgehalt des possessorischen Besitzschutzes einbezogen werden muss (OLG Brandenburg, FamRZ 2008, 1930, 1931; OLG Karlsruhe, FamRZ 2007, 59 f.; OLG Nürnberg, FamRZ 2006, 486 f.; OLG Köln FamRZ 01, 174; so auch PWW/*Weinreich* § 1361b Rn. 37). 4

5   Die vermittelnde Meinung ist vorzuziehen, wonach bei verbotener Eigenmacht eines Ehegatten ein Wohnungszuweisungsverfahren durchzuführen ist. Im Rahmen der nach § 1361b BGB zu treffenden Billigkeitsabwägung ist wertungsmäßig die Tatsache einer einseitig herbeigeführten Änderung der Besitzverhältnisse durch die verbotene Eigenmacht zu berücksichtigen. Die vermittelnde Meinung verweist zu Recht darauf, dass auf diese Weise widersprüchliche Ergebnisse und ein Hin und Her im possessorischen und im auf § 1361b BGB gestützten Verfahren vermieden werden. Es erscheint wenig sinnvoll, dass zunächst der aus der Ehewohnung heraus gedrängte Ehegatte aufgrund des possessorischen Besitzschutzes die Wohnung wieder mitbenutzen kann und dann im anschließenden Wohnungszuweisungsverfahren die Ehewohnung gerade dem Ehegatten zuzuordnen, der die verbotene Eigenmacht begangen hat. Für eine analoge Anwendung von § 1361b BGB spricht auch, dass dieses Verfahren speziell auf die Situation im Zusammenhang mit der Trennung ausgerichtet ist und somit möglichen Billigkeitserwägungen vorrangig Rechnung getragen werden kann.

6   Vor dem Inkrafttreten des FamFG hatte dieser Meinungsstreit Auswirkungen auf die gerichtliche Zuständigkeit, da für die Wohnungszuweisung nach § 1361b BGB das FamG zuständig war, während die possessorischen Ansprüche vor dem Zivilgericht geltend gemacht werden mussten. Durch die Einführung des Großen Familiengerichts, das nun für alle Rechtsstreitigkeiten, die Ehe und Familie betreffen, zuständig ist, hat sich der Streit über die Zuständigkeit des anzurufenden Gerichts erledigt. Gem. § 266 Abs. 1 FamFG gehören nunmehr auch possessorische Ansprüche im Zusammenhang mit Trennung und Scheidung als sonstige Familiensachen zur Zuständigkeit der Familiengerichte.

C. Einigung über die Nutzung der Ehewohnung

7   Haben sich die Ehegatten bereits ganz oder teilweise über die Nutzung der Ehewohnung für die Zeit des Getrenntlebens oder nach Scheidung geeinigt, fehlt es insoweit am Regelungsinteresse für ein gerichtliches Verfahren. Eine solche Einigung muss ohne jeden Vorbehalt, umfassend, wirksam und bindend sein, sodass sie eine richterliche Regelung in jeder Hinsicht entbehrlich macht (OLG München, FamRZ 2007, 1655 ff.; *Götz/Brudermüller* FamRZ 2008, 1895, 1897). Dabei schadet eine Anfechtbarkeit der Einigung nicht, solange die Anfechtung nicht erklärt wurde. Formerfordernisse für die Einigung bestehen nicht; sie kann schriftlich, mündlich und auch durch schlüssiges Verhalten erfolgen, wobei allerdings hierfür ein strenger Maßstab anzulegen ist. Wenn ein Ehegatte nur auf Druck des anderen wegen erheblicher Spannungen oder sogar wegen Gewalttätigkeiten die Ehewohnung verlässt, kann nicht davon ausgegangen werden, dass dieser die Wohnung auf Dauer aufgeben wollte (OLG Jena, NJW RR 2004, 435 f.; KG, FamRZ 1991, 467, 468; *Götz/Brudermüller* Rn. 186). Eine dauerhafte Aufgabe der Ehewohnung kann allerdings dann angenommen werden, wenn ein Ehegatte einen anderen Lebensmittelpunkt begründet, also eine anderweitige Wohnung anmietet, diese einrichtet und bezieht (OLG Koblenz, FamRZ 2006, 1207).

8   Eine umfassende Einigung liegt nicht vor, wenn sich zwar die Ehegatten über die Weiternutzung der Wohnung einig sind, ihre Einigung aber nach Scheidung nicht umgesetzt werden kann, weil etwa der/die Vermieter/in einer Umgestaltung des zugrunde liegenden Mietverhältnisses nicht zustimmt. In diesem Fall wird die Einigung als nicht erschöpfend betrachtet, da sie in Inhalt und Wirkung nicht einer Entscheidung des Gerichts entspricht. Die Einigung muss jedoch nicht vollzugsfähig sein (so BGH, FamRZ 1979, 789, 790; a. A. OLG Köln, FamRZ 1987, 77).

9   Der Streit über die Wirksamkeit und den Inhalt einer Einigung ist als Vorfrage im gerichtlichen Verfahren zu klären. Klärt das FamG die von einem Ehegatten behauptete Einigung über die Wohnungsnutzung nicht auf, so kann dies in höherer Instanz zur Aufhebung und Zurückverweisung der Sache in die erste Instanz führen (OLG Zweibrücken, FamRZ 1993, 82 ff.).

10   Vor dem Inkrafttreten des FamFG war bei einem Streit über die Durchsetzung bzw. Erfüllung eines seinem Inhalt nach unstreitigen Vergleichs das allgemeine Zivilgericht zuständig (vgl. hierzu OLG Dresden, FamRZ 2001, 173; OLG Karlsruhe, FamRZ 2003, 621). Durch die Einführung des Großen Familiengerichts ist nunmehr auch für diese Streitigkeiten die familiengerichtliche

Zuständigkeit gegeben, da es sich hierbei gem. § 266 Abs. 1 FamFG um eine sonstige Familiensache handelt.

▶ **Hinweis zur Taktik:**   11

Wenn der Ehegatte, der aus der Ehewohnung ausgezogen ist, die Nutzungsverhältnisse an der Wohnung noch in einem Wohnungszuweisungsverfahren klären lassen will, ist ihm dringend anzuraten, den Willen zur Rückkehr möglichst unverzüglich dem anderen Ehegatten anzuzeigen und den Zugang dieser Erklärung in nachweisbarer Form sicherzustellen.

D. Die Wohnungszuweisung nach § 1361b BGB

I. Zuweisung der Ehewohnung

Nach § 1361b Abs. 1 Satz 1 BGB kann ein Ehegatte verlangen, dass ihm der andere die Ehewohnung   12
oder einen Teil der Wohnung zur alleinigen Benutzung überlässt, wenn die Eheleute getrennt leben oder einer getrennt leben will und dies auch unter Berücksichtigung der Belange des anderen Ehepartners notwendig ist, um eine unbillige Härte zu vermeiden. § 1361b BGB ermöglicht die vorläufige Regelung der Wohnungsnutzung für die Dauer des Getrenntlebens bis zum Zeitpunkt der Rechtskraft der Scheidung oder einer Versöhnung der Eheleute. Da es sich also um eine vorläufige Regelung handelt, wird i. R. d. § 1361b BGB stets nur das **Innenverhältnis der Ehegatten** geregelt.

In der Praxis kommt die vorläufige Zuweisung nach § 1361b BGB faktisch häufig einer endgültigen   13
Regelung der Nutzungsverhältnisse gleich, weil der weichende Ehegatte i. d. R. neuen Wohnraum bezieht und dann später kein Interesse mehr an einer Rückkehr in die frühere eheliche Wohnung hat.

Die bloße Zuweisung der Wohnung zur Alleinnutzung an einen Ehegatten ist i. d. R. nicht aus-   14
reichend, wenn der andere Ehegatte die Wohnung nicht freiwillig verlässt. Dementsprechend bestimmt § 1361b Abs. 3 Satz 1 BGB, dass für den Fall, dass einem Ehegatten die Ehewohnung ganz oder z. T. überlassen wurde, der andere alles zu unterlassen hat, was geeignet ist, die Ausübung dieses Nutzungsrechts zu erschweren oder zu vereiteln. Das FamG hat nach § 209 Abs. 1 FamFG die erforderlichen Anordnungen zu treffen, die für die praktische Durchsetzung und Vollstreckung der Entscheidung über die Wohnungszuweisung maßgebend sind.

1. Muster: Antrag auf Zuweisung der Ehewohnung gem. § 1361b BGB

An das   15

Amtsgericht

– Familiengericht –[1]

Antrag auf vorläufige Überlassung der Ehewohnung zur alleinigen Nutzung

des/der.....[2]

– Antragsteller/in –

Verfahrensbevollmächtigter/e:.....[3]

gegen

den/die.....

– Antragsgegner/in –

Verfahrensbevollmächtigter/e:.....

Namens und in Vollmacht des/der Antragstellers/in wird gemäß § 1361b BGB beantragt, wie folgt zu erkennen:[4]

1. Die eheliche Wohnung in ..... (Ort, Straße, Stockwerk, rechts, links, Mitte, Wohnungsnummer) wird für die Zeit des Getrenntlebens bis zur Rechtskraft der Scheidung dem/der Antragsteller/in zur alleinigen Nutzung zugewiesen.

2. Der/Die Antragsgegner/in ist verpflichtet, die Wohnung in ..... (Ort, Straße, Stockwerk, rechts, links, Mitte, Wohnungsnummer) sofort/bis zum..... zu räumen und an die Antragstellerin/den Antragsteller herauszugeben. Der/Die Antragsteller/in kann einen/eine Gerichtsvollzieher/in beauftragen, der/die den/die Antragsgegner/in aus dem Besitz setzt. § 885 Abs. 2 bis 4 ZPO ist bei der Räumung nicht anzuwenden. Zur Durchsetzung der Wegweisung sowie der Räumungsverpflichtung darf Gewalt eingesetzt werden.[5]

3. Dem/Der Antragsgegner/in wird aufgegeben, sämtliche zur Wohnung in ..... (Ort, Straße, Stockwerk, rechts, links, Mitte, Wohnungsnummer) gehörenden Haus- und Wohnungsschlüssel an die Antragstellerin/den Antragsteller herauszugeben sowie beim Auszug die persönlichen Sachen, insbesondere ..... (detaillierte Auflistung der Gegenstände), mitzunehmen. Haushaltssachen darf der/die Antragsgegner/in aus der Wohnung nicht entfernen

4. Dem/Der Antragsgegner/in wird verboten, die Wohnung in ..... (Ort, Straße, Stockwerk, rechts, links, Mitte, Wohnungsnummer) nach der Räumung ohne vorherige Zustimmung der Antragstellerin/des Antragstellers nochmals zu betreten. Auf Aufforderung des/der Antragstellers/in hat die Antragsgegnerin/der Antragsgegner die Wohnung sofort wieder zu verlassen.[6]

5. Dem/Der Antragsgegner/in wird verboten, das Mietverhältnis über die Wohnung in .....(Ort, Straße, Stockwerk, rechts, links, Mitte, Wohnungs-Nr.) zu kündigen oder in sonstiger Weise zu beenden.[7]

6. Für jeden Fall der Zuwiderhandlung gegen die Verbotsanordnungen nach Ziffer 4 und 5 wird dem/der Antragsgegner/in ein Ordnungsgeld bis zu 25.000,00 € und ersatzweise Ordnungshaft bis zu 6 Monaten angedroht.

7. *Bei Bedarf:* Vorschläge zu Miete und Nebenkosten oder Nutzungsentschädigung bei Eigentum oder Miteigentum an der Wohnung.

8. Der/Die Antragsgegner/in trägt die Kosten des Verfahrens.[8]

Weiterhin wird beantragt,

dem/der Antragsteller/in für das Verfahren Verfahrenskostenhilfe unter Beiordnung des/der Unterzeichnenden zu bewilligen.[9]

Begründung:[10]

Die Beteiligten sind seit dem ..... (Datum) miteinander verheiratet. Aus der Ehe ist ein Kind ..... (Name und Geburtsdatum)/sind ..... (Anzahl) Kinder (Namen und Geburtsdaten) hervorgegangen. Die Beteiligten leben noch nicht/seit dem ..... (Datum) voneinander getrennt. Eine Ehesache ist noch nicht anhängig.

Die Ehegatten bewohnen ein Haus/eine Wohnung in ..... (Ort, Straße, Stockwerk, rechts, links, Mitte, Wohnungsnummer). Das Haus/die Wohnung steht im Alleineigentum/Miteigentum des/der......

Alternativ: Der/Die..... ist/sind Mieter des Hauses/der Wohnung.

Zwischen den Ehegatten ist es zu unerträglichen Spannungen gekommen, die von dem/der Antragsgegner/in verursacht werden und ein weiteres Zusammenleben innerhalb der Ehewohnung für den/die Antragsteller/in unmöglich machen.

Der/Die Antragsteller/in möchte von dem/der Antragsgegner/in getrennt leben. Für ihn/sie würde es aus den nachfolgenden Gründen eine unbillige Härte bedeuten, weiterhin mit dem/der Antragsgegner/in zusammen leben zu müssen:

..... (substantiierte Darstellung des Vorliegens einer unbilligen Härte)

Beweis:[11]

Die alleinige Nutzung der Ehewohnung durch den/die Antragsteller/in soll selbstverständlich die Mitbenutzung durch das Kind/die Kinder umfassen.

Eine Aufteilung der Ehewohnung zwischen den Beteiligten scheidet aus folgenden Gründen aus:

..... (substantiierte Darstellung der Gründe)

Bezüglich des Verfahrenskostenhilfeantrages wird auf die beiliegende Erklärung über die persönlichen und wirtschaftlichen Verhältnisse des/der Antragstellers/in nebst Anlagen verwiesen.

1. Zuständigkeit. Das Wohnungszuweisungsverfahren ist gem. § 111 Nr. 5 FamFG eine Familiensache. Für Familiensachen ist gem. § 23a Abs. 1 Nr. 1 GVG das Amtsgericht **sachlich** zuständig.

Die **örtliche** Zuständigkeit richtet sich nach § 201 FamFG, wonach eine ausschließliche Zuständigkeit begründet und eine bestimmte Reihenfolge festgelegt wird, sodass die vorgehende Zuständigkeit jede nachfolgende ausschließt. Zuständig ist gem. § 201 Nr. 1 FamFG zunächst das FamG, bei dem die Ehesache anhängig ist. Ist eine Ehesache nicht anhängig, richtet sich die Zuständigkeit nach § 201 Nr. 2 FamFG. Örtlich zuständig ist danach das FamG, in dessen Bezirk die Ehegatten ihren gewöhnlichen Aufenthalt haben. Für den Fall, dass eine Zuständigkeit nach § 201 Nr. 1 und Nr. 2 FamFG nicht gegeben ist, stellt § 201 Nr. 3 FamFG auf den gewöhnlichen Aufenthalt des/der Antragsgegners/in ab. Hilfsweise ist nach § 201 Nr. 4 FamFG der gewöhnliche Aufenthalt des/der Antragstellers/in maßgeblich.

Wird eine Ehesache rechtshängig, während bereits ein Wohnungszuweisungsverfahren nach § 1361b BGB läuft, ist gem. § 202 FamFG das Wohnungszuweisungsverfahren von Amts wegen an das Gericht der Ehesache abzugeben.

2. Verfahrensbeteiligte. Verfahrensbeteiligte sind neben den Ehegatten auch das Jugendamt, das nach § 204 Abs. 2 FamFG auf seinen Antrag hinzuziehen ist (Muss-Beteiligter), wenn Kinder im Haushalt der Ehegatten leben.

Der/Die Vermieter/in der Wohnung, der/die Grundstücks- bzw. der/die Wohnungseigentümer/in oder sonstige Personen, mit denen die Ehegatten hinsichtlich der Wohnung in Rechtsgemeinschaft stehen, sind in dem Verfahren nach § 1361b BGB nicht zu beteiligen, da nur die vorläufige Nutzung der Wohnung während des Getrenntlebens der Ehegatten geregelt wird. Im Rahmen des Verfahrens nach § 1361b BGB kann in den bestehenden Mietvertrag nicht eingegriffen werden. Eine Umgestaltung des Mietvertrages in der Weise, dass statt beider Ehegatten ein Ehegatte Mieter wird oder statt des einen Ehegatten der andere Mieter wird, ist vor der Scheidung durch richterlichen Eingriff nicht möglich. Der/Die Vermieter/in behält insb. den Anspruch auf Zahlung des Mietzinses gegen beide Ehegatten als Gesamtschuldner, wenn beide den Mietvertrag unterschrieben haben. Der/Die Vermieter/in ist auch nicht verpflichtet, im Fall der Trennung den Ehepartner, der auszieht, aus dem Mietvertrag zu entlassen. Der verbleibende Ehepartner ist nach Ansicht des OLG Hamburg (FamRZ 2011, 48) hingegen verpflichtet, an einer Vertragsentlassung, zu welcher der/die Vermieter/in bereit ist, mitzuwirken, wenn diese Änderung angemessen und dem betroffenen Ehepartner zumutbar ist.

3. Kein Anwaltszwang. Wohnungssachen gehören nicht zu den selbstständigen Familienstreitsachen i. S. v. § 112 FamFG, sodass gem. § 114 Abs. 1 FamFG kein Anwaltszwang besteht.

4. Verfahrensanträge. Das Verfahren wird gem. § 203 FamFG auf einen entsprechenden Antrag eines Ehegatten eingeleitet. Es handelt sich um einen Verfahrensantrag, keinen Sachantrag. Der Verfahrensantrag leitet ein Verfahren ein und regt eine bestimmte Regelung an, bindet das Gericht jedoch nicht. Das Gericht kann von Amts wegen auch eine andere als die beantragte Regelung treffen.

Das Antragsrecht ist höchstpersönlich und nicht übertragbar. Der Tod eines Ehegatten erledigt ein schwebendes Verfahren in der Hauptsache (§ 208 FamFG). Es bleibt nur die Kostenentscheidung Gegenstand des Verfahrens, das insoweit mit den Erben fortgesetzt wird.

▶ **Hinweis zur Taktik:**

In dem Verfahrensantrag sollte im Hinblick auf eine etwaig notwendig werdende Zwangsvollstreckung die Lage der Ehewohnung so genau wie möglich bezeichnet werden. Es sind Ort, Straße, Hausnummer und Stockwerk anzugeben. Falls möglich sollten auch noch weitere Kriterien, wie z. B. Lage innerhalb der Etage, Nummer der Wohnung etc., in den Antrag aufgenommen werden. Dies gilt auch für den Fall, dass nur Teile der Wohnung zur alleinigen Nutzung überlassen werden sollen.

5. Räumungsandrohung. Die Entscheidung über eine Wohnungsüberlassung zur Alleinnutzung stellt für sich keinen vollstreckbaren Räumungstitel dar (BGH, FamRZ 1994, 98, 101). Das Gericht muss daher den Ehegatten, der die Wohnung verlassen soll, zusätzlich verpflichten, diese zu räumen und an den anderen herauszugeben. Diese Räumungsverpflichtung ist auch dann erforderlich, wenn der in der Wohnung verbleibende Ehegatte deren Alleinmieter ist, da Ehegatten während bestehender Ehe ein Recht zum Mitbesitz an der Wohnung haben (BGH, FamRZ 1978, 496 ff.).

Wenn in einer Entscheidung auf Zuweisung der Ehewohnung an einen Ehepartner die Aufforderung fehlt, dass der andere Ehepartner die Wohnung (evtl. binnen einer bestimmten Frist) zu räumen hat, ist eine auf Räumung gem. § 95 Abs. 1 FamFG i. V. m. § 855 ZPO gerichtete Zwangsvollstreckung unzulässig, da dem Titel insoweit ein vollstreckungsfähiger Inhalt fehlt (OLG Stuttgart, FamRZ 2002, 559).

Bei der Räumungsverpflichtung ist die Anwendung von § 885 Abs. 2 bis 4 ZPO im Fall einer Wohnungszuweisung durch das FamG auszuschließen. Von dem Ehegatten, der die Wohnung räumen muss, kann nicht verlangt werden, seine sämtlichen Sachen mitzunehmen. Ob der Ehegatte die Wohnung sofort räumen muss oder ihm eine Frist einzuräumen ist, hängt im Wesentlichen von den Umständen des Einzelfalles ab. Nach dem Grundsatz der Verhältnismäßigkeit wird das Gericht nur in Ausnahmefällen, insb. bei konkreter Gefahr für Leib und Leben, das sofortige Verlassen der Wohnung anordnen.

In den Beschluss kann klarstellend eine ausdrückliche Ermächtigung zum Austausch der Schlösser nach Ablauf der Räumungsfrist aufgenommen werden, da dieser Austausch erst dann zulässig ist (OLG Karlsruhe, FamRZ 1994, 1185, 1186).

Nach § 87 Abs. 3 FamFG ist der/die Gerichtsvollzieher/in befugt nach §§ 758 Abs. 3, 759 ZPO zu verfahren und somit den Widerstand ggf. mit Gewalt und Unterstützung der Polizei zu brechen.

▶ **Hinweis zur Taktik:**

Auch wenn die Räumungsverpflichtung grds. von Amts wegen anzuordnen ist, sollte mit dem Zuweisungsantrag zugleich beantragt werden, dem/der Antragsgegner/in aufzugeben, die Wohnung zu räumen und an den antragstellenden Ehegatten herauszugeben. Im Antrag sollte zur Klarstellung statt der Formulierung »zu verlassen« die Formulierung »zu räumen« verwandt werden, da der Begriff »verlassen« nicht bedeutet, dass der/die Antragsgegner/in räumen muss, was die Voraussetzung für eine Zwangsvollstreckung nach § 95 Abs. 1 FamFG i. V. m. § 885 ZPO ist. Bei der Verpflichtung, die Wohnung zu verlassen, kann es sich um eine Verpflichtung zur Vornahme einer unvertretbaren Handlung i. S. v. § 888 ZPO handeln, zu deren Vornahme der Ehegatte auf Antrag gem. § 888 Abs. 1 Satz 1 ZPO nur durch Zwangsgeld angehalten werden kann. Das Zwangsgeld zeigt zumindest dann kaum Wirkung, wenn der/die Vollstreckungsschuldner/ in vermögenslos ist.

6. Die Räumung ergänzende Anordnungen. Zum Schutz des antragstellenden Ehegatten sollte angeordnet werden, dem/der Antragsgegner/in aufzugeben, die persönlichen Sachen mitzunehmen und sämtliche zur Wohnung gehörenden Schlüssel herauszugeben. Weiterhin sollte dem/der Antragsgegnerin untersagt werden, nach der Räumung die Wohnung ohne vorherige Zustimmung des/der Antragstellers/in wieder zu betreten und Hausratsgegenstände zu entfernen. Durch solche ergänzenden Anordnungen wird vermieden, dass der aus der Wohnung verwiesene Ehegatte unter dem Vorwand, persönliche Sachen zu benötigen, jeden Tag erneut vor der Tür steht oder sich durch einbehaltene Schlüssel selbst Zugang zur Wohnung verschafft.

7. Verbot der Kündigung des Mietverhältnisses und sonstiger Verfügungen. Besteht die Gefahr, dass der aus der Wohnung gewiesene Ehegatte das nur mit ihm bestehende Mietverhältnis kündigt, kann diesem im Wege einer Zusatzanordnung verboten werden, den Mietvertrag zu kündigen oder in sonstiger Weise zu beenden. Hierbei handelt es sich um ein sog. relatives Verfügungsverbot i. S. v. §§ 135, 136 BGB, das nur im Verhältnis zu dem in der Wohnung verbliebenen Ehegatte unwirksam ist, nicht aber im Verhältnis zu dem/der Vermieter/in, es sei denn der kündigende Ehegatte und der/die Vermieter/in wirken kollusiv zum Nachteil des in der Wohnung verbliebenen Ehegatten zusammen. Vermietet der/die Vermieter/in nach Kündigung oder Aufhebung des Mietvertrages die Wohnung weiter, entstehen kaum lösbare mietrechtliche Probleme (vgl. hierzu *Brudermüller* FuR 2003, 433, 437). Der in der Wohnung verbliebene Ehegatte sollte den/die Vermieter/in sofort von dem Kündigungsverbot unterrichten, damit der/die Vermieter/in nicht weitervermietet oder sich auf einen Aufhebungsvertrag einlässt.

Streitig ist, ob bei Alleineigentum eines Ehegatten oder bei Miteigentum ein Veräußerungs- oder ein Teilungsversteigerungsverbot angeordnet werden kann. Da nach § 1361b BGB nur vorläufige Anordnungen ohne Eingriff in die Rechtsstellung des Eigentümers erlassen werden können, ist dies wohl zu verneinen (PWW/*Weinreich* § 1361b Rn. 31). Zum Schutz des in der Wohnung verbliebenen Ehegatten kann das Gericht allerdings ein Miet- oder Nutzungsverhältnis zwischen den Beteiligten begründen. In diesem Fall kann sich der in der Wohnung verbliebene Ehegatte beim Verkauf der Wohnung gem. § 566 BGB auf die Rechte aus diesem Vertrag berufen (*Götz/Brudermüller* Rn. 318 bis 320). Bei einer Teilungsversteigerung tritt der/die Ersteher/in gem. § 57 ZVG mit allen Rechten und Pflichten in den Mietvertrag ein und hat nach § 183 ZVG auch kein Sonderkündigungsrecht nach § 57a ZVG.

8. Kostenregelung und Verfahrenswert. § 81 Abs. 1 Satz 3 FamFG sieht für Familiensachen, wozu auch Wohnungssachen gehören (§ 111 Nr. 5 FamFG), eine verpflichtende Kostenentscheidung vor. Das Gericht kann die Kosten des Verfahrens nach billigem Ermessen den Beteiligten ganz oder z. T. auferlegen. § 80 FamFG bestimmt, welche Kosten erstattungsfähig sind. Hierzu zählen nach § 80 Satz 1 FamFG zum einen die Gerichtskosten (Gebühren und Auslagen) und zum anderen die zur Durchführung des Verfahrens notwendigen Aufwendungen, also insb. die Anwaltskosten.

Allein die Rücknahme eines Antrages rechtfertigt die Auferlegung der Kosten nicht. Vielmehr sind die Umstände zu berücksichtigen, die zur Rücknahme des Antrages geführt haben, wie etwa eine zwischenzeitlich außergerichtlich zustande gekommene Einigung.

§ 81 Abs. 2 FamFG regelt Abweichungen vom Grundsatz der Kostenentscheidung nach billigem Ermessen. Nach § 81 Abs. 2 Nr. 1 FamFG soll dem Beteiligten die Kosten des Verfahrens auferlegt werden, der durch grobes Verschulden Anlass für das Verfahren gegeben hat. Konkrete Fälle groben Verschuldens werden in § 81 Nr. 2 – Nr. 4 FamFG geregelt, nämlich das Stellen eines erkennbar aussichtslosen Antrages sowie das schuldhafte Anführen unwahrer Angaben zu einer wesentlichen Tatsache und das schuldhafte Verletzen von Mitwirkungspflichten, die zu einer erheblichen Verzögerung des Verfahrens geführt haben. Allerdings ist zu beachten, dass es dem Grundsatz des Verfahrens der freiwilligen Gerichtsbarkeit entspricht, dass jeder Beteiligte die Gerichtskosten anteilig und seine eigenen Kosten selbst zu tragen hat. Insbesondere bei Streitigkeiten unter Familienangehörigen ist bei der Anordnung einer Kostenerstattung Zurückhaltung geboten (OLG Frankfurt a. M., FuR 2013, 338). Daher entspricht es grundsätzlich auch in Ehewohnungssachen billigem Ermessen, die Gerichtskosten den Beteiligten anteilig aufzuerlegen und von der Anordnung einer Kostenerstattung im Übrigen abzusehen, wenn keine der in § 81 Abs. 2 FamFG genannten oder vergleichbare Umstände gegeben sind.

Wird das Verfahren durch Vergleich erledigt und haben die Beteiligten keine Bestimmung über die Kosten getroffen, fallen gem. § 83 Abs. 1 FamFG die Gerichtskosten jedem Teil zu gleichen Teilen zur Last. Die außergerichtlichen Kosten trägt jeder Beteiligte selbst.

Nach § 83 Abs. 2 FamFG ist auch dann, wenn das Gericht keine Endentscheidung zu treffen hat, weil sich z. B. das Verfahren auf sonstige Weise erledigt hat, über die Kostenfolge nach den Grundsätzen des § 81 FamFG zu entscheiden.

Für Wohnungszuweisungssachen nach § 1361b BGB beziffert sich der **Verfahrenswert** gem. § 48 Abs. 1 FamGKG auf 3.000,00 €. Eine Herabsetzung ist geboten, wenn der Streit nur noch Teile des Verfahrensgegenstandes betrifft, wie die Nutzung einzelner Räume in der Ehewohnung, oder wenn die Scheidung kurz bevorsteht. Der Regelwert gem. § 48 Abs. 1 FamGKG i. V. m. § 200 Abs. 1 Nr. 1 FamFG kann um 50% erhöht werden, wenn es sich um eine besonders teure Wohnung handelt (OLG Köln, JurionRS 2013, 49479). Wird im Ehewohnungsverfahren während des Getrenntlebens eine **Nutzungsentschädigung** beansprucht oder zugesprochen, erhöht diese den Verfahrenswert nicht (OLG Koblenz, FuR 2013, 666).

Die **Gerichtskosten** betragen nach Nr. 1320 FamGKG (Anlage 1 zu § 3 Abs. 2 FamGKG) 2,0 Gebühren.

9. Verfahrenskostenhilfe. Bei dem Wohnungszuweisungsverfahren nach § 200 Abs. 1 Nr. 1 FamFG handelt es sich um ein Verfahren ohne Anwaltszwang i. S. v. § 78 Abs. 2 FamFG. In diesen Verfahren ist ein Antrag des Beteiligten auf Anwaltsbeiordnung zu stellen. Gem. § 78 Abs. 2 FamFG wird dem Beteiligten ein Rechtsanwalt oder eine Rechtsanwältin nur dann beigeordnet, wenn dies wegen der Schwierigkeit der Sach- und Rechtslage erforderlich ist. Dies ist nach den Umständen des Einzelfalls zu beurteilen (BGH FamRZ 2009, 857). Neben objektiven Kriterien, wie Umfang und Schwierigkeit der Sach- und Rechtslage, bestimmt sich die Erforderlichkeit auch an subjektiven Kriterien (Das neue FamFG/Schulte-Bunert/*Keske* § 78 Rn. 4; OLG Düsseldorf NJW 2010, 1211 unter Bezugnahme auf die nach altem Recht ergangene Entscheidung des BGH FamRZ 2009, 857; OLG Zweibrücken NJW 2010, 1212). Hierzu zählt die Ausdrucksfähigkeit der Beteiligten, ihre Gewandtheit und geistige Befähigung, ihr Rechtsanliegen dem Gericht schriftlich oder mündlich ausreichend und ohne Gefahr einer eigenen Rechtsbeeinträchtigung darzustellen (BVerfG FamRZ 2004, 213; BGH FamRZ 2003, 1547 und 1921).

▶ **Hinweis zur Taktik**

Der/Die Antragsteller/in kann den Antrag auf Bewilligung von Verfahrenskostenhilfe mit der jeweiligen Antragsschrift verbinden, d. h. beide Anträge in einem Schriftsatz stellen (BGH, FamRZ 1996, 1142, 1143). Will der/die Antragsteller/in – wie im Regelfall – den Antrag aber nur für den Fall der Bewilligung von Verfahrenskostenhilfe bzw. im Umfang der Verfahrenskostenhilfe stellen, muss in der Antragsschrift deutlich gemacht werden, dass die Antragstellung in der Hauptsache nur für den Fall der Bewilligung von Verfahrenskostenhilfe erfolgt (BGH, NJW-RR 2000, 879; OLG Koblenz, FamRZ 1998, 312; Prütting/Gehrlein/*Völker/Zempel* § 117 Rn. 24). Das ist stets dann anzunehmen, wenn in dem eingereichten Schriftsatz die Antragstellung unter der Voraussetzung steht, dass Verfahrenskostenhilfe bewilligt wird oder von einer – nur – beabsichtigten Antragstellung die Rede ist. Ein als Antrag bezeichneter Schriftsatz kann aber auch dann nur als Antrag auf Gewährung von Verfahrenskostenhilfe gemeint sein, wenn in dem Schriftsatz gebeten wird, »vorab« über die Gewährung von Verfahrenskostenhilfe zu entscheiden (BGH, FamRZ 2005, 794 ff.; OLG Köln, FamRZ 1984, 916 ff.).

10. Begründung. Gem. § 23 Abs. 1 FamFG soll der verfahrenseinleitende Antrag eine Begründung enthalten. Die Ausgestaltung als Sollvorschrift stellt sicher, dass eine Nichterfüllung der Begründungspflicht nicht zur Zurückweisung des Antrages als unzulässig führen kann. Dennoch ist zur möglichst frühzeitigen Strukturierung und sachgerechten Förderung des Verfahrens eine Begründung sachgerecht. Es sollten die zur Begründung dienenden Tatsachen unter Aufführung von Ort, Zeit und genauen Umständen und Beweismittel angegeben und das Gericht hierdurch bei der Ermittlung des entscheidungserheblichen Sachverhalts unterstützt werden.

§ 203 Abs. 3 FamFG enthält als besondere Anforderung an den Antrag in Wohnungssachen, dass die im Haushalt lebenden Kinder aufgenommen werden sollen. In diesem Fall ist gem. § 205 FamFG die Anhörung des Jugendamtes unabhängig vom voraussichtlichen Verfahrensausgang vorgesehen. Die Anhörung ist unverzüglich nachzuholen, wenn sie allein wegen Gefahr im Verzug unterblieben ist, also regelmäßig in den Fällen, in denen Eilanordnungen notwendig sind.

▶ **Hinweis zur Taktik:**

Da Kinder bereits durch die Trennung der Eltern belastet sind, wird ihnen i. d. R. nicht zusätzlich der Verlust der vertrauten Umgebung und der bestehenden sozialen Kontakte, ein Schul- oder Kindergartenwechsel, zugemutet. Die Berücksichtigung des Kindeswohls bei der Entscheidung über die Alleinnutzung der Ehewohnung wird also regelmäßig dazu führen, dass Kinder in der Wohnung bleiben und mit diesen der betreuende Elternteil. In diesen Fällen sollte in der Antragschrift die bis zur Trennung praktizierte Betreuungssituation detailliert dargestellt werden. Die Praxis zeigt, dass gerade dieser Punkt – mit Blick auf die Wohnung – in Streit geraten kann, sodass auf den Sachvortrag insoweit und die Benennung entsprechender Beweisangebote von Anfang an besonderer Wert gelegt werden sollte.

11. Beweislast. Das Gericht hat gem. §§ 26, 29 FamFG von Amts wegen zu ermitteln und die erforderlichen Beweise zu erheben. Trotz der Amtsermittlungspflicht des Gerichts sollte der zu regelnde Sachverhalt unter Beachtung der Darlegungs- und Beweislast dargestellt werden. Alle entscheidungserheblichen Tatsachen sollten unter Beweis gestellt werden. Ein förmliches Beweisantragsrecht haben die Beteiligten nicht. Das Gericht muss sich dennoch mit entscheidungserheblichen Beweisangeboten nach pflichtgemäßen Ermessen hinreichend auseinandersetzen und dementsprechend die Ablehnung der Beweiserhebung ggf. in der Endentscheidung begründen (§ 38 Abs. 3 FamFG). Eine fälschlich nicht vorgenommene Beweiserhebung stellt als Rechtsfehler eine Verletzung der Amtsermittlungspflicht dar. Dies kann unter den Voraussetzungen des § 69 Abs. 1 Satz 2, 3 FamFG zu einer Zurückweisung durch das Beschwerdegericht oder durch das Rechtsbeschwerdegericht nach § 74 Abs. 6 Satz 2 FamFG führen.

Das Gericht ist grds. nach seinem pflichtgemäßen Ermessen verpflichtet, den Sachverhalt vollständig aufzuklären. Es kann daher einen Beweisantrag ablehnen, wenn die Tatsachen unerheblich, erwiesen oder offenkundig oder als wahr unterstellt werden können bzw. falls das Beweismittel unzulässig, unerreichbar oder ungeeignet ist. Das Gericht kann den Beweisantrag auch mit der Begründung ablehnen, der Sachverhalt sei bereits vollständig aufgeklärt (Bay OLG, NJW-RR 1991, 777, 778). Hierbei besteht jedoch die Gefahr, dass dies als vorweggenommene Beweiswürdigung angesehen wird (Das neue FamFG/*Schulte-Bunert* § 29 Rn. 155).

In welcher Form das Gericht die Beweise erhebt, ist ihm überlassen (§ 29 Abs. 1 FamFG). Es kann grds. zwischen Frei- und Strengbeweis wählen (§ 30 Abs. 1 FamFG). Im Rahmen des Freibeweises kann das Gericht z. B. informell die Auskunftsperson persönlich, telefonisch oder schriftlich befragen. Ausnahmsweise muss das Gericht im Wege des Strengbeweises vorgehen. Das ist immer dann erforderlich, wenn das Gericht seine Entscheidung maßgeblich auf die Feststellung einer Tatsache stützen will und die Richtigkeit von einem Beteiligten ausdrücklich bestritten wird (§ 30 Abs. 3 FamFG) oder wenn es zur ausreichenden Sachaufklärung oder wegen der Bedeutung der Angelegenheit notwendig ist.

▶ **Hinweis zur Taktik:**

Kann von mehreren Ehewohnungen ausgegangen werden, ist das Gericht grds. zu einem rechtlichen Hinweis verpflichtet, wenn es selbst davon ausgeht, dass nur ein räumlicher Mittelpunkt des ehelichen Zusammenlebens und damit eine Ehewohnung in Betracht kommt. In einem derartigen Fall ist es deshalb zweckmäßig bereits in der Antragsschrift einen gerichtlichen Hinweis ausdrücklich zu erbitten.

2. Vollstreckung

16 Gem. § 38 Abs. 1 FamFG ergeht die Endentscheidung durch Beschluss. Nach § 86 Abs. 2 FamFG sind Beschlüsse mit Wirksamwerden vollstreckbar. Nach § 86 Abs. 3 FamFG bedürfen Vollstreckungstitel einer Vollstreckungsklausel nur, wenn die Vollstreckung nicht durch das Gericht erfolgt, das den Titel in der Hauptsache erlassen hat. Nach § 209 Abs. 2 Satz 1 FamFG wird die Endentscheidung in Wohnungssachen erst mit (formeller) Rechtskraft wirksam. Die Rechtskraft tritt in isolierten Wohnungssachen ein, wenn die Frist für die befristete Beschwerde abgelaufen ist (1 Monat gem. § 63 Abs. 1 FamFG), wenn auf Rechtsmittel verzichtet wird oder eine endgültige Entscheidung des Beschwerdegerichts vorliegt. Eine vorläufige Vollstreckbarkeit ist nicht vorgesehen (OLG Nürnberg, FamRZ 2000, 1104).

Gem. § 209 Abs. 2 Satz 2 FamFG soll in Wohnungssachen nach § 200 Abs. 1 Nr. 1 FamFG die sofortige Wirksamkeit angeordnet werden. Es kann nach § 209 Abs. 3 Satz 1 FamFG auch die Zulässigkeit der Vollstreckung vor der Zustellung angeordnet werden, wenn hiefür ein besonderes Bedürfnis besteht.

a) Vollstreckung der Räumungsanordnung

17 Die Räumungsvollstreckung selbst richtet sich nach § 95 Abs. 1 FamFG i. V. m. § 885 ZPO. Diese Vorschrift kann jedoch vorliegend nicht uneingeschränkt Anwendung finden, weil ein Titel auf Räumung grds. bedeutet, dass der Schuldner die Wohnung zu verlassen und die darin befindlichen Sachen allesamt wegzuschaffen sind, sodass nunmehr dem Gläubiger der Besitz an der geräumten Wohnung zusteht (§ 885 Abs. 2 bis 4 ZPO). Um eine derartige Räumung geht es jedoch nicht, wenn die Ehewohnung, die von beiden Ehegatten bewohnt wird und in der sich gemeinsame Haushaltssachen befinden, einem Ehegatten zur alleinigen Nutzung zugewiesen worden ist. Der Zweck einer solchen Regelung, dem verbleibenden Ehegatten ein ungestörtes Wohnen zu ermöglichen, erfordert es nur, dass der andere Ehegatte die Wohnung räumt und nicht mehr betritt. Es ist nicht erforderlich, dass der weichende Ehegatte auch die ihm gehörenden Sachen oder gar Haushaltssachen mitnimmt oder wegschafft, zumal dann, wenn noch keine Teilung der Haushaltssachen erfolgt ist. Die übliche Räumungsvollstreckung gem. § 885 ZPO, die sich auch auf die in der Ehewohnung befindlichen Sachen bezieht, ist also hier nicht durchführbar (OLG Karlsruhe, FamRZ 1994, 1185, 1186).

Der in der Wohnung verbleibende Ehegatte kann als Vollstreckungsgläubiger einen uneingeschränkten gerichtlichen Räumungsauftrag nicht dahin gehend einschränken, dass nur die fragliche Person, nicht aber die in der Wohnung befindlichen Haushaltssachen entfernt werden sollen. Es bedarf daher einer entsprechenden Einschränkung des Räumungsantrages durch das Gericht, die i. d. R. durch den Ausschluss des § 885 Abs. 2 bis 4 ZPO im Tenor erfolgt.

18 Die Zwangsvollstreckung nach § 885 PO ist allerdings nur zulässig, wenn in der Entscheidung über die Zuweisung der Ehewohnung auch ausdrücklich die Räumungsverpflichtung angeordnet wurde. Die bloße Anordnung zum Auszug oder Verlassen der Ehewohnung reicht für eine Vollstreckung nach § 885 ZPO nicht aus. Diese Anordnung wäre vielmehr nach § 888 ZPO zu vollstrecken, zu deren Vornahme der Ehegatte auf Antrag nur durch Zwangsgeld anzuhalten ist, das i. d. R. dann keine Wirkung zeigt, wenn der/die Vollstreckungsschuldner/in vermögenslos ist.

b) Vollstreckung der Untersagungsanordnungen

19 Gem. § 95 Abs. 1 FamFG wird zur Vollstreckung dieser Anordnungen auf die Vorschriften der ZPO verwiesen. Die unvertretbaren Handlungen werden nach § 888 Abs. 1 ZPO vollstreckt. Die übrigen Untersagungsanordnungen werden nach § 890 ZPO durch Verhängung von Ordnungsgeld und Ordnungshaft vollstreckt. Das einzelne Ordnungsgeld darf den Betrag von 250.000,00 €, die Ordnungshaft insgesamt 2 Jahre nicht übersteigen. Der Verhängung muss gem. § 890 Abs. 2 ZPO eine Androhung vorausgehen. Die **Androhung** muss auf Antrag des/der Antragstellers/in erfolgen und

setzt nicht voraus, dass bereits eine Zuwiderhandlung erfolgt ist. Ist die Androhung nicht bereits im Ausgangsbeschluss enthalten, kann sie durch separaten Beschluss nachgeholt werden. Die Gewährung rechtlichen Gehörs ist gem. § 891 Satz 2 ZPO im Zwangsvollstreckungsverfahren nach § 890 ZPO unerlässlich (OLG Bremen, FamRZ 2007, 1033). Bei einem Vergleich ist stets die separate Androhung der Ordnungsmittel erforderlich. I. Ü. ist darauf zu achten, dass auch außerhalb eines gerichtlichen Vergleichs die Androhung in einem gerichtlichen Beschluss enthalten sein muss. Die **Festsetzung des Ordnungsmittels** setzt einen entsprechenden Antrag des/der Gläubigers/in an das Gericht des ersten Rechtszuges voraus. Dieser Antrag ist **nicht** an die Einhaltung einer bestimmten **Frist** gebunden und daher so lange zulässig, wie die Wirksamkeit des Vollstreckungstitels andauert. Im Antrag muss die Zuwiderhandlung des/der Schuldners/in konkret bezeichnet werden. Angaben zu Art und Höhe des festzusetzenden Ordnungsmittels sind zwar nicht erforderlich, aber vom Gericht als Anregung zu berücksichtigen (Prütting/Gehrlein/*Olzen* § 890 Rn. 15). Bis zur Rechtskraft des Festsetzungsbeschlusses kann der/die Gläubiger/in den Antrag jederzeit **zurücknehmen**. Die Rücknahme hindert ihn/sie jedoch nicht daran, zu einem späteren Zeitpunkt aufgrund desselben Titels erneut die Festsetzung von Ordnungsmittel oder Ordnungshaft zu beantragen.

Wenn der aus der Wohnung gewiesene Ehegatte seine persönlichen Sachen, wobei diese im Antrag   **20** hinreichend bestimmt werden müssen, nicht mitnimmt, kann der in der Wohnung verbliebene Ehegatte die Gegenstände gem. § 95 FamFG i. V. m. § 887 ZPO im Wege der Ersatzvornahme von dem/der Gerichtsvollzieher/in auf Kosten des anderen Ehegatten zu diesem schaffen lassen.

▶ **Hinweis zur Taktik:**   **21**

> Es ist stets darauf zu achten, dass bei einem Verstoß gegen eine Verbotsanordnung grds. kein Zwangsgeld, sondern nach § 890 ZPO nur ein Ordnungsgeld in Betracht kommt. Diese beiden Begrifflichkeiten werden immer wieder, auch von den Gerichten, verwechselt. Ein Beschluss, durch den für jeden Fall der Zuwiderhandlung gegen eine Verbotsanordnung, die Festsetzung eines Zwangsgeldes angedroht wird, kann nicht mit der Maßgabe aufrechterhalten werden, dass anstelle eines Zwangsgeldes ein Ordnungsgeld festzusetzen ist. Es handelt sich um zwei verschiedene Vollstreckungsmaßnahmen (OLG Brandenburg, FamRZ 2009, 1084, 1085).

Ein **Zwangsgeld** dient ausschließlich der Erzwingung der Befolgung gerichtlicher Verfügungen. Es   **22** ist keine Strafe oder Buße für begangene Pflichtverletzungen, sondern hat lediglich den Zweck, zukunftsbezogen den Willen des Verpflichteten zu beugen (OLG Brandenburg, FamRZ 2008, 1551, 1552). Da es sich beim Zwangsgeld somit um ein Beugemittel handelt, ist dessen Festsetzung ausgeschlossen, wenn der Zweck, den Willen des Pflichtigen zu beugen, erreicht ist oder nicht mehr erreicht werden kann.

Demgegenüber ist ein **Ordnungsgeld** ein Sanktionsmittel, durch das der Verstoß gegen eine gerichtliche Anordnung nachträglich geahndet wird (OLG Nürnberg, FamRZ 2007, 1574). Insoweit kommt es nicht auf das zukünftige Verhalten des Pflichtigen an. Entscheidend und für die Festsetzung des Ordnungsgeldes allein ausreichend ist ein in der Vergangenheit liegender Verstoß gegen die gerichtliche Anordnung. Die Ordnungsmittel können also auch dann noch verhängt werden, wenn die zu vollstreckende Unterlassung oder Duldung wegen Zeitablaufs nicht mehr vorgenommen werden kann.

3. Rechtsmittel der Beschwerde

§ 38 Abs. 1 FamFG legt generell für alle Verfahren die Entscheidungsform des Beschlusses fest. Da   **23** in Familiensachen einschließlich der Familienstreitverfahren in der Hauptsache nur noch durch Beschluss entschieden wird, sind die statthaften Rechtsmittel gegen Endentscheidungen die Beschwerde (§§ 58 bis 69 FamFG) und die Rechtsbeschwerde (§§ 70 bis 75 FamFG). Gem. § 38 Abs. 1 Satz 1 FamFG sind Endentscheidungen solche Entscheidungen, durch die der Verfahrensgegenstand ganz oder teilweise erledigt wird. Endentscheidungen sind auch Teilentscheidungen in der Hauptsache.

24   Der Endentscheidung vorangegangene Zwischen- und Nebenentscheidungen sind nicht selbststän-
       dig anfechtbar, unterliegen aber gem. § 58 Abs. 2 FamFG auf die Beschwerde gegen die Endent-
       scheidung der Beurteilung durch das Beschwerdegericht.

25   Die Beschwerde ist gem. § 61 Abs. 1 FamFG in vermögensrechtlichen Angelegenheiten nur zuläs-
       sig, wenn der Wert des **Beschwerdegegenstandes 600,00 € übersteigt**. Sofern dieser Beschwerde-
       wert nicht erreicht wird, sieht § 61 Abs. 2 Nr. 1 FamFG die Möglichkeit der Zulassungsbeschwerde
       durch das erstinstanzliche Gericht vor, wenn dem Verfahren eine über den Einzelfall hinausgehende
       Bedeutung zukommt. Dies ist dann der Fall, wenn das erstinstanzliche Gericht von einer Entschei-
       dung eines Obergerichts abweichen will oder eine Klärung der Rechtsfrage obergerichtlich noch
       nicht erfolgt ist. Wird die Zulassungsbeschwerde durch den/die Richter/in nicht zugelassen, ist die
       Entscheidung nicht anfechtbar.

Muster: Beschwerdeschrift

26   An das

       Amtsgericht

       – Familiengericht –[1]

Beschwerde

       des/der__ [2]

– Antragsteller/in –

       Verfahrensbevollmächtigter/e:.....[3]

       gegen

       den/die.....

– Antragsgegner/in –

       Verfahrensbevollmächtigter/e:.....

       Beschwerdewert:[4]

       Namens und in Vollmacht des/der Antragstellers/in *alternativ:* des/der Antragsgegners/in wird ge-
       mäß § 58 FamFG gegen den Beschluss des Amtsgerichts – Familiengericht – ..... vom ....., Az.:.....,
       zugestellt am ..... Beschwerdefrist[5].

Beschwerde

       eingelegt mit dem Antrag,[6]

       1. den Beschluss des erstinstanzlichen Gerichts vom ..... aufzuheben und dem Antrag des/der An-
       tragsteller/in vom ..... stattzugeben *alternativ:* den Antrag des/der Antragsteller/in vom ..... zurück-
       zuweisen *alternativ:* die Sache an das erstinstanzliche Gericht zurückzuweisen und

       2. dem/der Antragsgegner/in *alternativ:* dem/der Antragsteller/in die Kosten des Verfahrens auf-
       zuerlegen.[7]

       Weiterhin wird beantragt,

       die Vollziehung des angefochtenen Beschlusses des Amtsgerichts – Familiengericht – ..... vom .....,
       Az.:..... auszusetzen.

       Begründung:[8]

       Bei den Beteiligten handelt es sich um getrennt lebende Eheleute. Mit Beschluss vom ..... ist dem/
       der Antragsteller/in die eheliche Wohnung zur alleinigen Nutzung zugewiesen worden. Gleichzei-
       tig wurde der/die Antragsgegner/in verpflichtet, die Wohnung sofort zu räumen und gegen den
       Willen des/der Antragstellers/in nicht wieder zu betreten.

Der Beschluss des Familiengerichts ist aufzuheben. Die Entscheidung kann aus tatsächlichen und rechtlichen Gründen keinen Bestand haben. Hierzu ist im Einzelnen folgendes auszuführen:

..... (substantiierte Darstellung der Gründe)

Im Übrigen wird der erstinstanzliche Sachvortrag des/der Antragstellers/in *alternativ:* des/der Antragsgegners/in vollinhaltlich auch zum Gegenstand des Beschwerdeverfahrens gemacht.

1. Zuständigkeit. Nach § 64 Abs. 1 FamFG ist die Beschwerde bei dem Gericht einzulegen, dessen Beschluss angefochten wird und zwar beim erstinstanzlichen FamG. Eine Einlegung der Beschwerde beim Rechtsmittelgericht ist nicht zulässig, wahrt insb. nicht die Rechtsmittelfrist. Allerdings ist das Beschwerdegericht gehalten, die Beschwerde im ordentlichen Geschäftsgang an das Ausgangsgericht weiterzuleiten. Besondere Anstrengungen (z. B. telefonische Verständigung des Verfahrensbevollmächtigten, Telefax an das zuständige Gericht) können vom unzuständigen Gericht nicht verlangt werden (BGH, FamRZ 2009, 320, 321). Die Beschwerdefrist ist erst mit Eingang bei dem Gericht gewahrt, das die Entscheidung erlassen hat, gegen die sich die Beschwerde richtet.

In Familiensachen, wozu gem. § 111 Nr. 5 FamFG auch Wohnungssachen gehören, besteht allerdings keine Abhilfebefugnis (§ 68 Abs. 1 Satz 2 FamFG). Das FamG hat deshalb nicht zu prüfen, ob die Beschwerde zulässig und begründet ist. Die Beschwerde ist dem Beschwerdegericht zuzuleiten. Beschwerdegericht ist gem. §§ 119 Abs. 1 Satz 1 i. V. m. 23 a GVG das OLG.

Gem. § 64 Abs. 2 Satz 1 FamFG wird die Beschwerde durch Einreichung einer Beschwerdeschrift oder zur Niederschrift bei der Geschäftsstelle eingelegt. Wird die Beschwerdeschrift zur Niederschrift bei der Geschäftsstelle eines unzuständigen Gerichts eingelegt, hat die Geschäftsstelle die Niederschrift unverzüglich nach § 25 Abs. 3 FamFG an das zuständige Gericht zu übermitteln. Die Beschwerdefrist ist allerdings erst mit Eingang bei dem Gericht gewahrt, das die Entscheidung erlassen hat, gegen die sich die Beschwerde richtet.

2. Beschwerdeberechtigte. Nach § 59 FamFG steht die Beschwerde demjenigen zu, der durch den Beschluss in seinen Rechten beeinträchtigt wird. Es ist somit nicht maßgeblich, ob jemand erstinstanzlich beteiligt war, sondern nur, ob er/sie in eigenen Rechten beeinträchtigt ist. Es besteht auch die Möglichkeit im fremden Namen Beschwerde einzulegen, soweit die prozessuale Befugnis zur Ausübung des Beschwerderechts besteht.

In Antragsverfahren steht bei zurückweisenden Entscheidungen das Beschwerderecht nur dem/der Antragsteller/in zu.

Gem. § 59 Abs. 3 FamFG bestimmt sich die Beschwerdeberechtigung von Behörden nach den besonderen Vorschriften des FamFG oder eines anderen Gesetzes. So ist nach § 205 Abs. 2 Satz 2 FamFG das Jugendamt in Wohnungssachen berechtigt, Beschwerde einzulegen.

3. Kein Anwaltszwang. Die isolierten Wohnungssachen gehören nicht zu den selbstständigen Familienstreitsachen i. S. v. § 112 FamFG, sodass gem. § 114 Abs. 1 FamFG kein Anwaltszwang besteht.

4. Mindestbeschwer. In Wohnungssachen ist die Beschwerde nicht abhängig von dem Erreichen einer Beschwerdesumme, da es sich hierbei nicht um eine vermögensrechtliche Angelegenheit i. S. v. § 61 Abs. 1 FamFG handelt.

Nach Erledigung der Hauptsache ist ein **isolierter Kostenbeschluss** als Endentscheidung i. S. d. § 38 Abs. 1 Satz 1 FamFG anzusehen und beschwerdefähig (§ 58 Abs. 1 FamFG). Da es sich bei der Entscheidung über die Kosten um eine vermögensrechtliche Streitigkeit handelt, muss gem. § 61 Abs. 1 FamFG die **Beschwer 600,00 €** übersteigen (OLG Düsseldorf, JurionRS 2010, 21090; OLG Zweibrücken, FamRZ 2010, 1835). A. A. OLG Nürnberg, FamRZ 2010, 998.

5. Beschwerdefrist. Nach § 63 Abs. 1, Abs. 3 Satz 1 FamFG ist die Beschwerde binnen einer **Frist von 1 Monat** nach Zustellung der Entscheidung einzulegen. Wenn eine schriftliche Bekanntgabe an einen Beteiligten nicht bewirkt werden kann, beginnt nach § 63 Abs. 3 Satz 2 FamFG die Frist spätestens mit Ablauf von 5 Monaten nach Erlass des Beschlusses. § 38 Abs. 3 Satz 3 FamFG enthält eine **Legaldefinition des Erlasses**. Erfolgt die Bekanntgabe des Beschlusses durch Verlesen der Entscheidungsformel nach § 41 Abs. 2 FamFG, ist die Entscheidung damit erlassen. Soll der Beschluss den Beteiligten nur schriftlich nach § 41 Abs. 1 FamFG bekannt gegeben werden, ist die Übergabe des fertig abgefassten und unterschriebenen Beschlusses an die Geschäftsstelle zur Veranlassung der Bekanntgabe der für den Erlass maßgebliche Zeitpunkt. Die Beschwerdefrist wird für jeden Beteiligten individuell ausgelöst. Falls jemand durch den Beschluss in seinen Rechten beeinträchtigt wird, der bisher als Beteiligter nicht zum Verfahren hinzugezogen wurde, endet die Beschwerdefrist mit Ablauf der Frist für den Beteiligten, dem der Beschluss zuletzt bekannt gemacht worden ist.

6. Anträge. Nach § 69 Abs. 1 Satz 1 FamFG hat das Beschwerdegericht grds. in der Sache selbst zu entscheiden. Wenn ein Beteiligter die Zurückverweisung beantragt hat, darf das Beschwerdegericht die Sache unter Aufhebung des Beschlusses und des Verfahrens gem. § 69 Abs. 1 Satz 2, 3 FamFG an das erstinstanzliche Gericht zurückverweisen, wenn das Gericht in erster Instanz in der Sache noch nicht entschieden hat (wenn also die Zulässigkeit eines Verfahrens verneint wurde), das Verfahren an einem wesentlichen Mangel leidet und zur Entscheidung eine umfangreiche oder aufwendige Beweiserhebung notwendig wäre.

Wenn ein Zurückverweisungsantrag nicht gestellt wird, muss das Beschwerdegericht in der Sache entscheiden und vorher die ggf. erforderlichen Beweise erheben.

7. Kosten. Nach § 81 Abs. 1 Satz 3 FamFG ist in Familiensachen stets über die Kosten zu entscheiden. Die Kostenentscheidung richtet sich in Wohnungssachen nach § 81 FamFG für erfolgreiche, nach § 84 FamFG für erfolglose Rechtsmittel. Wird das Rechtsmittel eingelegt und dann zurückgenommen, war es erfolglos und fällt daher unter § 84 FamFG. Bei Zurücknahme eines Rechtsmittels entspricht es i. d. R. der Billigkeit, dass derjenige, der das Rechtsmittel in Gang gebracht hat, die einem anderen Beteiligten dadurch erwachsenen Kosten erstattet.

Die Kostenentscheidung ist mit der Beschwerde gem. §§ 58 ff. FamFG isoliert anfechtbar, wenn der Beschwerdewert mindestens 600,01 € erreicht oder die Beschwerde gem. § 61 FamFG zugelassen wurde.

8. Begründung. Nach § 65 Abs. 1 FamFG soll die Beschwerde begründet werden. Es handelt sich um eine Soll-Vorschrift, sodass ein Verstoß hiergegen nicht die Verwerfung der Beschwerde als unzulässig nach sich ziehen kann. Das Gericht kann dem/der Beschwerdeführer/in gem. § 65 Abs. 2 FamFG allerdings eine Frist zur Begründung der Beschwerde einräumen. Nach § 65 Abs. 3 FamFG kann die Beschwerde auf neue Tatsachen und Beweismittel gestützt werden. Damit eröffnet die Beschwerde eine **volle zweite Tatsacheninstanz**.

▶ **Hinweis zur Taktik:**

Auch wenn die Beschwerde in Familiensachen gem. § 65 Abs. 1 FamFG nicht begründet werden muss, sollten die maßgeblichen tatsächlichen Umstände und die Rechtslage dargelegt werden, damit gewährleistet ist, dass das Beschwerdegericht auf diese Ausführungen eingeht. Andernfalls ist nicht auszuschließen, dass es die Ausführungen der anderen Beteiligten und ggf. des Jugendamts zur Grundlage seiner Entscheidung macht.

4. Anschlussbeschwerde

27   Nach § 66 Satz 1 FamFG besteht die Möglichkeit der Anschlussbeschwerde, auch wenn auf die Beschwerde verzichtet worden oder die Beschwerdefrist verstrichen ist. Die Anschließung erfolgt gem. § 66 FamFG durch Einreichung der Beschwerdeanschlussschrift beim OLG. In Familiensachen, wozu gem. § 111 Nr. 5 FamFG auch Wohnungssachen gehören, gibt es keine Anschlussfrist für die Erhebung der Anschlussbeschwerde. Die Anschlussbeschwerde muss auch nicht begründet werden. Der »Nachteil« dieser unselbstständigen Anschlussbeschwerde ist die **Akzessorietät**: Wird

die »Hauptbeschwerde« zurückgenommen oder als unzulässig verworfen, so verliert die Anschluss-beschwerde ihre Wirkung (§ 66 Satz 2 FamFG).

▶ **Hinweis zur Taktik:**   28

> Die Anschlussbeschwerde sollte begründet werden, weil nur so sicher beurteilt werden kann, worauf es dem/der Beschwerdegegner/in ankommt. Dadurch werden nicht zuletzt anwaltliche Haftungsfälle vermieden.
>
> Die VKH-Bewilligung für die Anschlussbeschwerde muss dem Anwalt oder der Anwältin des/der Hauptbeschwerdeführers/in dringenden Anlass zur Prüfung der Rücknahme der Haupt-beschwerde geben, um zu verhindern, dass der angefochtene Beschluss in zweiter Instanz zum Nachteil des/der Hauptbeschwerdeführers/in abgeändert wird, ansonsten droht Regress. Der/Die Beschwerdeführer/in kann seine/ihre Beschwerde bis zum Erlass der Beschwerdeentschei-dung zurücknehmen, ohne dass er/sie hierzu der Einwilligung des anderen Beteiligten bedarf.

5. Rechtsbeschwerde

Gegen Entscheidungen des Beschwerdegerichts ist nur noch die **zulassungsabhängige Rechtsbe-**   29
schwerde zum BGH (§ 133 GVG) möglich. Gem. § 70 Abs. 1 FamFG ist die Rechtsbeschwerde eines Beteiligten statthaft, wenn sie das OLG zugelassen hat. Hierüber ist von Amts wegen zu ent-scheiden. Nach § 70 Abs. 1 Satz 1 FamFG ist die Rechtsbeschwerde zuzulassen, wenn die Rechtssa-che grundsätzliche Bedeutung hat oder die Fortbildung des Rechts oder die Sicherung einer einheit-lichen Rechtsprechung eine Entscheidung des Rechtsbeschwerdegerichts erfordern.

Die Rechtsbeschwerde ist nach § 71 Abs. 1 Satz 1 FamFG binnen einer **Frist von 1 Monat** nach der   30
schriftlichen Bekanntgabe des Beschlusses durch Einreichen einer Beschwerdeschrift beim Rechts-beschwerdegericht (BGH) einzulegen.

Sie kann gem. § 10 Abs. 4 FamFG nur durch einen beim BGH zugelassenen Rechtsanwalt oder   31
eine Rechtsanwältin eingelegt werden. Ferner ist die Rechtsbeschwerde gem. § 71 Abs. 2 FamFG zu begründen und zwar binnen einer **Frist von 1 Monat** seit der schriftlichen Bekanntgabe des ange-fochtenen Beschlusses, wobei die Frist unter Bezugnahme auf § 551 Abs. 2 Satz 5, 6 ZPO verlängert werden kann.

In § 71 Abs. 3 FamFG ist geregelt, dass die Beschwerdeschrift zwingend die Anträge und die Rechts-   32
beschwerdegründe enthalten muss. Nach § 72 Abs. 1 Satz 1 FamFG kann die Rechtsbeschwerde nur darauf gestützt werden, dass die angefochtene Entscheidung geltendes Recht verletzt. Das Recht ist nach § 72 Abs. 1 Satz 2 FamFG verletzt, wenn eine Rechtsnorm nicht oder nicht richtig angewendet worden ist. Die Rechtsbeschwerde kann gem. § 72 Abs. 2 FamFG nicht auf eine fehlerhaft angenom-mene Zuständigkeit durch das erstinstanzliche Gericht gestützt werden.

Nach § 73 FamFG besteht die Möglichkeit der **Anschlussrechtsbeschwerde**. Diese ist zu begründen.   33
Sofern die Monatsfrist nach § 73 Satz 1 FamFG nicht ausgeschöpft worden ist, kann die Begründung noch bis zum Ende dieser Frist nachgereicht oder ergänzt werden.

Die in § 75 FamFG vorgesehene Sprungrechtsbeschwerde hat für Familiensachen keine Bedeutung.   34
Da die Rechtsbeschwerde nur nach ausdrücklicher Zulassung durch das Beschwerdegericht zuläs-sig ist, ist überhaupt Voraussetzung für eine Befassung des Rechtsbeschwerdegerichts, dass das Be-schwerdegericht entschieden hat.

6. Rechtsmittel gegen Zwangsmittel, Kostenfestsetzung, Verfahrenswert

Gegen die Verhängung von Ordnungsgeld gem. § 95 FamFG i. V. m. § 890 ZPO, die Verhängung   35
eines Zwangsgeldes nach § 95 FamFG i. V. m. § 888 ZPO oder die Zurückweisung eines diesbezüg-lichen Antrages findet nach § 87 Abs. 4 FamFG die sofortige Beschwerde in entsprechender An-wendung der §§ 567 bis 572 ZPO statt. Zu beachten ist, dass für die Frist und Form der sofortigen

Beschwerde § 569 ZPO maßgeblich ist: Die Beschwerdefrist ist eine **Notfrist** und beträgt **2 Wochen**. Ihr Ziel kann es auch sein, den Ordnungsmittelrahmen zu ändern. Die sofortige Beschwerde hat gem. § 570 Abs. 1 ZPO nur dann aufschiebende Wirkung, wenn sie die Festsetzung eines Ordnungs- oder Zwangsmittels zum Gegenstand hat. Der Vollzug der angefochtenen Entscheidung kann nach § 570 Abs. 2 ZPO ausgesetzt werden (OLG Köln, FamRZ 2005, 223).

36   Die Rechtsbeschwerde gegen die Festsetzung von Zwangsmittel findet gem. § 574 Abs. 1 Nr. 2, Abs. 3, Abs. 2 Nr. 1 und 2 ZPO nur statt, wenn das Beschwerdegericht sie zugelassen hat.

37   Gegen die **Kostenfestsetzung** und die **Festsetzung der Vergütung nach § 11 RVG** findet bis zu einem **Wert von 200,00 €** die Erinnerung und bei einer 200,00 € übersteigenden Beschwerdesumme die sofortige Beschwerde nach § 85 FamFG i. V. m. § 104 Abs. 3 Satz 1 ZPO statt. Die Rechtsbeschwerde kann nach § 574 ZPO zugelassen werden.

38   Die Festsetzung des **Verfahrenswertes** kann gem. § 59 Abs. 1 FamGKG mit der Beschwerde angegriffen werden, wenn **der Wert 200,00 € übersteigt** oder die Beschwerde wegen grundsätzlicher Bedeutung zugelassen wird. In Abweichung zur Kostenbeschwerde ist die Beschwerde gegen eine Wertfestsetzung **fristgebunden** (§ 59 Abs. 1 Satz 3). Sie kann nur bis zum Ablauf der für die Abänderung v. A. w. eingeräumten **6-Monats-Frist** eingelegt werden (§ 55 Abs. 3 Satz 2 FamGKG). Diese Frist beginnt entweder mit der Rechtskraft der Entscheidung in der Hauptsache oder mit der Erledigung des Verfahrens.

39   Gegen den **Kostenansatz** besteht zunächst die Möglichkeit, Erinnerung gem. § 11 RPflG einzulegen. Hilft der/die Rechtspfleger/in der Erinnerung nicht ab, entscheidet das Gericht gem. § 57 FamGKG darüber durch Beschluss, gegen den gem. § 57 Abs. 2 FamGKG die Beschwerde stattfindet, wenn der Wert des Beschwerdegegenstands 200,00 € übersteigt oder sie vom FamG wegen grundsätzlicher Bedeutung zugelassen wird. Die Nichtzulassung ist nach § 57 Abs. 3 Satz 2 FamGKG unanfechtbar. Eine weitere Beschwerde zum BGH ist nach § 57 Abs. 7 FamGKG nicht zulässig.

40   Die Beschwerde ist gem. § 57 Abs. 4 Satz 4 FamGKG beim FamG einzulegen, um diesem die Abhilfe zu ermöglichen (§ 57 Abs. 3 Satz 1 FamGKG). Sie ist wie die Erinnerung an keine Frist gebunden.

II. Vorläufige Mitbenutzung der Ehewohnung vor und nach Trennung

41   Ist eine Befriedung der Ehegatten durch die Aufteilung der Ehewohnung zu erreichen, so hat diese weniger einschneidende Maßnahme den Vorrang vor der Überlassung der gesamten Wohnung an einen Ehegatten. Notwendig ist hiefür jedoch eine Wohnungsgröße, die ein ständiges Zusammentreffen der Mitbewohner ausschließt, dass ein erträgliches Nebeneinander der Eheleute noch möglich ist oder dass es ausnahmsweise im Interesse der gemeinsamen Kinder liegt, beide Elternteile in unmittelbarer Nähe zu haben und im Hinblick darauf bei diesen die Bereitschaft zu einem Mindestmaß an Rücksicht besteht. (OLG Brandenburg FamRZ 2011, 118).

Muster: Antrag auf Aufteilung der Ehewohnung gem. § 1361b BGB

42   An das

Amtsgericht

– Familiengericht –[1]

Antrag auf vorläufige Teilzuweisung der Ehewohnung

des/der.....[2]

– Antragsteller/in –

Verfahrensbevollmächtigter/e:.....[3]

gegen

den/die.....

– Antragsgegner/in –

Verfahrensbevollmächtigter/e: .....

Namens und in Vollmacht des/der Antragstellers/in wird gemäß § 1361b BGB beantragt, wie folgt zu erkennen:[4]

1. Die eheliche Wohnung in ..... (Ort, Straße, Stockwerk, rechts, links, Mitte, Wohnungs-Nr.) wird aufgeteilt, es werden zur alleinigen Nutzung zugewiesen:

a) Der/Die Antragsteller/in folgende Räume:.....

b) Der/Die Antragsgegner/in folgende Räume:.....

c) Für die Benutzung der Gemeinschaftsräume und Nebenräume gilt folgendes:.....

d) Die Beteiligten dürfen je die dem anderen Beteiligten alleine zugewiesenen Räume nicht betreten und haben freien Zugang zu gewähren.

2. Dem/Der Antragsgegner/in wird für jeden Fall der Zuwiderhandlung ein Ordnungsgeld bis zu 25.000,00 € und ersatzweise Ordnungshaft bis zu 6 Monaten angedroht.

3. Der/Die Antragsgegner/in trägt die Kosten des Verfahrens.[5]

Weiterhin wird beantragt,

dem/der Antragsteller/in für das Verfahren Verfahrenskostenhilfe unter Beiordnung der Unterzeichnenden zu bewilligen.[6]

Begründung:[7]

Die Beteiligten sind seit dem..... miteinander verheiratet. Aus der Ehe der Beteiligten ist ein Kind ..... (Name und Geburtsdatum)/sind (Anzahl)..... Kinder (Namen und Geburtsdaten) hervorgegangen. Die Beteiligten leben noch nicht/seit dem ..... voneinander getrennt. Eine Ehesache ist noch nicht anhängig.

Die Eheleute bewohnen ein Haus/eine Wohnung in ..... (Ort, Straße, Stockwerk, rechts, links, Mitte, Wohnungsnummer). Das Haus/die Wohnung steht im Alleineigentum/Miteigentum des/der......

Alternativ: Der/Die..... ist/sind Mieter des Hauses/der Wohnung.

Zwischen den Beteiligten ist es zu unerträglichen Spannungen gekommen, die von dem/der Antragsgegner/in verursacht werden und ein weiteres Zusammenleben innerhalb der Ehewohnung für den/die Antragsteller/in unmöglich machen. Der/Die Antragsteller/in möchte von dem/der Antragsgegner/in getrennt leben. Für ihn/sie würde es eine unbillige Härte bedeuten, weiterhin mit dem/der Antragsgegner/in zusammen leben zu müssen.

Im Einzelnen:

(substantiierte Darstellung des Vorliegens einer unbilligen Härte)

Beweis:[8]

Wegen dieser Umstände ist die beantragte Regelung dringend erforderlich.

Zur Veranschaulichung der Wohnverhältnisse wird anliegend ein Wohnungsplan überreicht.

1. Zuständigkeit. Vgl. hierzu Rdn. 15, *M. 1*

2. Verfahrensbeteiligte. Vgl. hierzu Rdn. 15, *M. 2*

3. Kein Anwaltszwang. Vgl. hierzu Rdn. 15, *M. 3*

4. Verfahrensanträge. Vgl. hierzu Rdn. 15, *M. 4*

▶ **Hinweis zur Taktik:**

Bei einer Aufteilung der Wohnung sollte beantragt werden, im gerichtlichen Beschluss unbedingt zugleich die Nutzung von weiterhin gemeinsamen Räumen wie Küche, Bad etc. festzulegen. In Betracht kommen Zeitregelungen für die Benutzung gemeinsamer Räume, aber auch Regelungen über die Art der Nutzung, etwa Rauchverbot etc. in den gemeinsam genutzten Räumen.

5. Kostenregelung und Verfahrenswert. Vgl. hierzu Rdn. 15, *M. 8*

6. Verfahrenskostenhilfe. Vgl. hierzu Rdn. 15, *M. 9*

7. Begründung. Vgl. hierzu Rdn. 15, *M. 10*

8. Beweislast. Vgl. hierzu Rdn. 15, *M. 11*

43   Zu **Vollstreckung** und **Rechtsmittel** vgl. Rdn. 16 bis 22 bzw. 23 bis 40

III. Muster: Antrag auf Zurückweisung eines Antrages auf Wohnungszuweisung gem. § 1361b BGB

44   An das

Amtsgericht

– Familiengericht –[1]

In Sachen

....../. .....[2]

RA. ..... RA. .....[3]

wegen Wohnungszuweisung.

Namens und in Vollmacht des/der Antragsgegners/in wird gemäß § 1361b BGB beantragt, wie folgt zu erkennen:

1. Der Antrag auf Wohnungszuweisung vom ..... wird zurückgewiesen.

2. Der/Die Antragsteller/in trägt die Kosten des Verfahrens.[4]

3. Weiterhin wird für den/die Antragsgegner/in beantragt:[5]

a. Die eheliche Wohnung in ..... (Ort, Straße, Stockwerk, rechts, links, Mitte, Wohnungs-Nr.) wird für die Zeit des Getrenntlebens bis zur Rechtskraft der Scheidung dem/der Antragsgegner/in zur alleinigen Nutzung zugewiesen.

b. Der/Die Antragsteller/in ist verpflichtet, die Wohnung in ..... (Ort, Straße, Stockwerk, rechts, links, Mitte, Wohnungs-Nr.) sofort/bis zum..... zu räumen und an die Antragsgegnerin/den Antragsgegner herauszugeben. Der/Die Antragsgegner/in kann einen Gerichtsvollzieher/in beauftragen, der die Antragstellerin/den Antragsteller aus dem Besitz setzt. § 885 Abs. 2 bis 4 ZPO ist bei der Räumung nicht anzuwenden. Zur Durchsetzung der Wegweisung sowie der Räumungsverpflichtung darf Gewalt eingesetzt werden.[6]

c. Dem/Der Antragsteller/in wird aufgegeben, sämtliche zur Wohnung in ..... (Ort, Straße, Stockwerk, rechts, links, Mitte, Wohnungs-Nr.) gehörenden Haus- und Wohnungsschlüssel an die Antragsgegnerin/den Antragsgegner herauszugeben sowie beim Auszug die persönlichen Sachen, insbesondere ..... (detaillierte Auflistung der Gegenstände), mitzunehmen. Haushaltssachen darf er/sie aus der Wohnung nicht entfernen.

d. Dem/Der Antragsteller/in wird verboten, die Wohnung in ..... (Ort, Straße, Stockwerk, rechts, links, Mitte, Wohnungs-Nr.) nach der Räumung ohne vorherige Zustimmung der Antragsgegnerin/des Antragsgegners nochmals zu betreten. Auf Aufforderung hat der/die Antragsteller/in die Wohnung sofort wieder zu verlassen.[7]

e. Dem/Der Antragsteller/in wird verboten, das Mietverhältnis über die Wohnung in ..... (Ort, Straße, Stockwerk, rechts, links, Mitte, Wohnungs-Nr.) zu kündigen oder in sonstiger Weise zu beenden.[8]

f. Für jeden Fall der Zuwiderhandlung gegen die Verbotsanordnungen in Ziffer 3 d und e wird dem/der Antragsteller/in ein Ordnungsgeld bis zu 25.000 € und ersatzweise Ordnungshaft bis zu 6 Monaten angedroht.

g. Bei Bedarf: Vorschläge zu Miete und Nebenkosten oder Nutzungsentschädigung bei Alleineigentum oder Miteigentum an der Wohnung.

Begründung:[9]

Die Ausführungen des/der Antragstellers/in im Schriftsatz vom ..... werden bestritten. Die Voraussetzungen des § 1361b Abs. 1 BGB liegen auf Seiten des/der Antragstellers/in unter keinem denkbaren Gesichtspunkt vor.

Trotz der einzuräumenden ehelichen Probleme war das Verhalten des/der Antragsgegners/in gegenüber dem/der Antragsteller/in stets von äußerster Zurückhaltung geprägt. Bis zuletzt versuchte der/die Antragsgegner/in immer wieder das Scheitern der Ehe zu verhindern.

Der/Die Antragsteller/in demgegenüber legte es auf eine massive Konfrontation an. Im Einzelnen kam es dabei zu folgenden Vorfällen:

..... (substantiierte Darstellung des Vorliegens einer unbilligen Härte)

Beweis: .....[10]

Aus dem Vorstehenden ergibt sich, dass für den/die Antragsgegner/in auf Grund des exzessiven Fehlverhaltens des/der Antragsteller/in eine nicht mehr hinzunehmende Leidenssituation eingetreten ist, die seinen Antrag auf Wohnungszuweisung rechtfertigt.

Eine Aufteilung der Wohnung unter den Beteiligten kommt aus nachfolgenden Gründen nicht in Betracht: .....

(Darstellung zum Wohnungszuschnitt oder anderen Gründen, die eine Trennung innerhalb der Wohnung unmöglich machen).

1. **Zuständigkeit.** Vgl. hierzu Rdn. 15, *M. 1*

2. **Verfahrensbeteiligte.** Vgl. hierzu Rdn. 15, *M. 2*

3. **Kein Anwaltszwang.** Vgl. hierzu Rdn. 15, *M. 3*

4. **Kostenregelung und Verfahrenswert.** Vgl. hierzu Rdn. 15, *M. 8*

5. **Verfahrensanträge.** Vgl. hierzu Rdn. 15, *M. 4*

6. **Räumungsandrohung.** Vgl. hierzu Rdn. 15, *M. 5*

7. **Die Räumung ergänzende Anordnungen.** Vgl. hierzu Rdn. 15, *M. 6*

8. **Verbot der Kündigung des Mietverhältnisses und sonstiger Verfügungen.** Vgl. hierzu Rdn. 15, *M. 7*

9. **Begründung.** Vgl. hierzu Rdn. 15, *M. 10*

10. **Beweislast.** Vgl. hierzu Rdn. 15, *M. 11*

Zu **Vollstreckung** und **Rechtsmittel** vgl. hierzu Rdn. 16 bis 22 bzw. Rdn. 23 bis 40   45

IV. Nutzungsvergütung

Der ausgezogene Ehegatte, der entweder Alleineineigentümer oder Miteigentümer der ehelichen   46
Wohnung ist, hat ggü. dem in der Wohnung verbleibenden Ehegatten einen Anspruch auf Zahlung

einer Nutzungsvergütung. Im Fall einer gerichtlich (!) angeordneten Überlassung der Ehewohnung an einen Ehegatten ergibt sich der Anspruch auf Nutzungsvergütung aus § 1361b Abs. 3 Satz 2 BGB. Bei **Miteigentum der Ehegatten** an der Wohnung gilt bei gerichtlicher Zuweisung der Wohnung an einen Ehegatten § 1361b Abs. 3 Satz 2 BGB als Sondervorschrift ggü. der gemeinschaftsrechtlichen Regelung. Umstritten ist die Anspruchsgrundlage bei **freiwilligem Auszug** eines Ehegatten und dem Verbleib des anderen Ehegatten in der im Miteigentum stehenden Wohnung (vgl. *Götz/Brudermüller*, FamRZ 2009, 1261, 1265). Mit der inzwischen herrschenden Meinung (OLG Frankfurt am Main, FamRZ 2011, 373; *Wever* FamRZ 2012, 416, 417 m. w. N.) besteht der Anspruch auf Nutzungsvergütung aus § 1361b Abs. 3 Satz 2 BGB als lex specialis nach Maßgabe der Billigkeit unabhängig von den Eigentumsverhältnissen an der Ehewohnung, allerdings nur bis zur Rechtskraft der Scheidung. Ab Rechtskraft der Scheidung ist der Anspruch aus § 745 Abs. 2 BGB herzuleiten, weil das Gesetz in § 1568a BGB, der Vorschrift betreffend die Ehewohnung für die Zeit nach Scheidung, keine Anspruchsgrundlage für eine Nutzungsvergütung bereithält. Dieser Streit hat an Relevanz verloren, weil in beiden Fällen die Zuständigkeit des FamG gegeben ist; im Fall des § 745 Abs. 2 BGB gem. §§ 266 Abs. 1 Satz 3, 111 Nr. 10 FamFG. Allerdings können beide Ansprüche wegen der unterschiedlichen Verfahrensarten nicht in einem Verfahren verfolgt werden, da nur Ansprüche aus § 745 Abs. 2 BGB den Charakter einer Familienstreitsache i. S. v. § 112 Nr. 3 FamFG haben (OLG Frankfurt, FamRz 2011, 373; *Wever*, FamRZ 2012, 416, 417).

Es ist jedoch zu beachten, dass eine **Unterhaltsregelung** Vorrang hat. Fordert der in der Wohnung gebliebene Ehegatte Trennungsunterhalt, dann wird bei der Unterhaltsbemessung i. d. R. die Wohnungsüberlassung als fiktives Einkommen berücksichtigt. Daneben kommt die Geltendmachung einer zusätzlichen Nutzungsvergütung grds. nicht in Betracht, weil der bei der Berechnung des Unterhalts angesetzte Wohnwert eine Regelung über den Nutzungswert der Ehewohnung beinhaltet (BGH, FamRZ 1986, 436 f.; 1997, 484 f.; OLG Köln, FamRZ 2005, 639 f.). Der Anspruch auf Nutzungsvergütung besteht nur gegen den Ehegatten, nicht auch gegen dessen dort aufgenommenen **neuen Lebensgefährten** (LG Bielefeld, FamRZ 2003, 158).

47   Die Zahlung der Nutzungsvergütung setzt eine vorherige eindeutige und i. d. R. auch bezifferte Zahlungsaufforderung voraus (OLG Düsseldorf, FamRZ 2010, 1851). Die Festsetzung der Nutzungsvergütung erfolgt nach Billigkeitsgesichtspunkten. Vor Ablauf des ersten Trennungsjahres wird zur Bemessung der Nutzungsvergütung mit Rücksicht auf die fortbestehende Ehe i. d. R. nur ein gekürzter Nutzungswert i. H. d. ersparten Miete für eine angemessene Ersatzwohnung angesetzt. Die objektive Marktmiete ist spätestens dann der Maßstab, wenn die Ehe endgültig gescheitert ist, wovon nach mehrjähriger Trennung (OLG Bremen, FamRZ 2010, 1980) und nach Zustellung des Scheidungsantrags ausgegangen werden kann (OLG Köln, FamRZ 2009, 449). Bei einer vermieteten Wohnung besteht kein Anspruch auf Zahlung einer Nutzungsentsvergütung, sondern gem. § 743 Abs. 1 BGB ein Anspruch auf Teilhabe an der erzielten Miete (BGH FamRZ 2010, 1630).

48   ▶ **Hinweis zur Taktik:**

Die Vergütungspflicht kann durch das Angebot auf Wiedereinräumung des Mitbesitzes an der Ehewohnung abgewendet werden, da dann die Alleinnutzung dem verbleibenden Ehegatten nicht aufgedrängt worden ist (KG Berlin, FamRZ 2001, 368 f.).

1. Muster: Antrag auf Nutzungsvergütung bei Getrenntleben nach § 1361b BGB

49   An das

Familiengericht[1]

In der Familiensache

der .....

– **Antragstellerin** –

Verfahrensbevollmächtigte.[2] .....

gegen

den .....

– Antragsgegner –

Verfahrenswert: 3000,00 €.[3]

stelle ich hiermit namens und in Vollmacht der Antragstellerin Antrag auf Festsetzung einer Benutzungsvergütung nach § 1361a Abs. 3 Satz 2 BGB.

Ich beantrage zu erkennen:

1. Dem Antragsgegner wird aufgegeben, an die Antragstellerin ab dem..... für die Dauer der alleinigen Nutzung der Ehewohnung in..... Straße ..... eine monatliche Benutzungsvergütung in Höhe von .....€ zu entrichten, fällig zum 03. eines jeden Monats.

2. Der Antragsgegner trägt die Kosten des Verfahrens.

Begründung:

Mit Beschluss vom..... AZ: ..... des angerufenen Gerichts wurde dem Antragsgegner die Ehewohnung zur alleinigen Nutzung für die Dauer des Getrenntlebens überlassen. Demgemäß nutzt der Antragsgegner die Ehewohnung, die im Alleineigentum der Antragstellerin steht, seit dem ..... allein.

Eine Nutzungsvergütung wurde seinerzeit nicht festgesetzt, weil die Antragstellerin dem Antragsgegner zur Zahlung von Trennungsunterhalt verpflichtet war. In diesem Zusammenhang war der Wohnvorteil des Antragsgegners bei der Unterhaltsberechnung mit eingeflossen. Dieser Unterhaltsanspruch ist aber seit dem ..... entfallen, weil der Antragsgegner seither einer dauerhaft gesicherten Beschäftigung nachgeht.

Die Antragstellerin zahlt Zins und Tilgung für die Wohnung allein, der Antragsgegner entrichtet lediglich die verbrauchsabhängigen Nebenkosten.

Die Nutzungsvergütung ist in der beantragten Höhe angemessen, denn die Wohnung hat eine Nutzfläche von ..... qm mit mittlerer Ausstattung. Die objektive Marktmiete beträgt hierfür ..... € pro qm.

Beweis: Mietspiegel, Fotokopie anbei

Der Antragsgegner wurde mit Schreiben vom .....aufgefordert, die beanspruchte Nutzungsvergütung zu entrichten.

Beweis: Schreiben und Rückschein des Einschreibens, Fotokopie anbei

Da der Antragsgegner grundsätzlich nicht bereit, eine Nutzungsvergütung zu zahlen, ist die Einleitung gerichtlicher Schritte geboten.

Rechtsanwalt/Rechtsanwältin

1. **Zuständigkeit.** Vgl. hierzu Rdn. 15, *M. 1.*

2. **Kein Anwaltszwang.** Vgl. hierzu Rdn. 15, *M. 3.*

3. **Kostenregelung und Verfahrenswert.** Vgl. hierzu Rdn. 15, *M. 8.*

2. Muster: Antrag auf Nutzungsvergütung gem. § 745 Abs. 2 BGB nach Rechtskraft der Scheidung

50   An das

Amtsgericht

– Familiengericht –[1]

In Sachen[2]

des/der.....

– Antragsteller/in –

Verfahrensbevollmächtigter/e:.....[3]

gegen

den/die.....

– Antragsgegner/in –

Verfahrensbevollmächtigter/e:.....

wegen Nutzungsvergütung.

Namens und in Vollmacht des/der Antragsteller/in wird beantragt, wie folgt zu erkennen:

1. Der/Die Antragsgegner/in ist verpflichtet, an die Antragstellerin/den Antragsteller eine Nutzungsvergütung für die alleinige Nutzung der im hälftigen Miteigentum der Beteiligten stehenden Immobilie in ..... (Ort, Straße, Stockwerk, rechts, links, Mitte, Wohnungs-Nr.) zu zahlen und zwar

a) Rückstände in Höhe von..... nebst 5% Zinsen über dem jeweiligen Basiszinssatz seit .....;

b) beginnend mit dem ..... monatlich bis zum 3. eines jeden Monats ..... €

2. Der/Die Antragsgegner/in hat die Kosten des Verfahrens zu tragen.[4]

Weiterhin wird beantragt,

dem/der Antragsteller/in für das Verfahren Verfahrenskostenhilfe unter Beiordnung der Unterzeichnenden zu bewilligen.[5]

Begründung:

Die Beteiligten sind zu je 1/2 Anteil Miteigentümer der Immobilie in ..... (Ort, Straße, Stockwerk, rechts, links, Mitte, Wohnungs-Nr.). Der/Die Antragsteller/in ist am..... aus diesem Anwesen ausgezogen. Die Beteiligten sind rechtskräftig geschieden. Unterhalt ist nicht geschuldet.

Dem/Der Antragsteller/in steht gegenüber dem/der in der Wohnung verbliebenen Antragsgegner/in eine angemessene Nutzungsvergütung zu. Nach der Rechtsprechung des BGH (BGH, FamRZ 1996, 931) ergibt sich der Anspruch aus § 745 Abs. 2 BGB als Folge einer Neuregelung der Verwaltung und Nutzung.

Der/Die Antragsteller/in hat nach dem Auszug aus der Wohnung den/die Antragsgegner/in mit Einschreiben per Rückschein vom ..... (Datum des Schreibens) aufgefordert, ab dem ..... (Datum) für die alleinige Nutzung der Wohnung eine anteilige Nutzungsvergütung in Höhe des mit dem Antrag geltend gemachten Betrages zu zahlen.

Beweis: Schreiben vom ....., Fotokopie anbei

Die Immobilie wird wie folgt beschrieben:

Grundstücksgröße:.....

Lage:.....

Baujahr:.....

Wohnfläche:.....

Ausstattung:.....

Beweis: Augenscheinnahme

Bei eine Fremdvermietung könnte für die Immobilie ein Kaltmietzins in Höhe von .....€ monatlich erzielt werden.

Beweis: Einholung eines Sachverständigengutachtens

Der/Die Antragsteller/in trägt folgende objektbezogene Lasten:

Verbrauchsunabhängige Kosten:..... €

Kreditrate:.....€

Es verbleibt ein Überschuss des Mietwertes von .....€, wovon dem/der Antragsteller/in als Miteigentümerin die Hälfte zusteht.

Da eine Zahlung nicht erfolgte, ist Antragserhebung geboten.

Für den Zeitraum vom ..... bis ..... betragen die Rückstände ...... Die Rückstände sind aus dem Gesichtspunkt des Verzuges gemäß § 288 Abs. 1 Satz 2 BGB mit 5% Punkten über dem Basiszinssatz zu verzinsen.

1. Zuständigkeit. Bei dem Verfahren auf Zahlung einer Nutzungsvergütung gem. § 745 Abs. 2 BGB zwischen geschiedenen Ehegatten handelt es sich um eine **Familienstreitsache** gem. § 111 Nr. 10 i. V. m. § 266 Abs. 1 Nr. 3 FamFG. Für Familiensachen ist gem. § 23a Abs. 1 GVG das Amtsgericht ohne Rücksicht auf den Verfahrenswert erstinstanzlich sachlich zuständig.

Die **örtliche** Zuständigkeit für die sonstigen Familiensachen nach § 266 FamFG ergibt sich aus § 267 FamFG. Gem. § 267 Abs. 2 FamFG richtet sich die örtliche Zuständigkeit nach den Vorschriften der ZPO, wobei jedoch nicht an den Wohnsitz, sondern an den **gewöhnlichen Aufenthalt** des/der Antragsgegners/in anzuknüpfen ist. Darunter versteht man den Lebensmittelpunkt einer Person für eine gewisse Dauer (Faustregel: 6 Monate), der von ihrem Netzwerk an persönlichen, sozialen und beruflichen Bindungen geprägt ist (BGH, FamRZ 2002, 1182; Schulte-Bunert/Weinreich/*Schröder* § 122 Rn. 3). Die Erfüllung nur melderechtlicher Vorschriften allein begründet keinen gewöhnlichen Aufenthalt am gemeldeten Ort.

2. Verfahren. Es handelt sich um eine Familienstreitsache gem. § 112 Nr. 3 FamFG, für die nach § 113 Abs. 1 Satz 2 FamFG zusätzlich die Allgemeinen Vorschriften der ZPO (§§ 1 bis 252 ZPO) und die Vorschriften der ZPO über das Verfahren vor den Landgerichten (§§ 253 bis 494a ZPO) entsprechend gelten. Nach § 113 Abs. 5 FamFG treten bei Anwendung der ZPO allerdings an die Stelle zivilprozessualer Bezeichnungen die entsprechenden Bezeichnungen des FamFG-Verfahrens. Statt Kläger/in und Beklagter/e heißt es also auch hier Antragsteller/in und Antragsgegner/in, statt Prozess oder Rechtsstreit heißt es Verfahren und die Parteien sind als Beteiligte zu bezeichnen.

Weitere Unterschiede in der Terminologie zum »normalen« Zivilprozess folgen aus den verfahrensrechtlichen Unterschieden. In den FamFG-Sachen entscheidet das Gericht durch Beschluss (§§ 40, 116 FamFG).

3. Anwaltszwang. Bei dem Verfahren auf Zahlung einer Nutzungsvergütung zwischen geschiedenen Ehegatten handelt es sich gem. § 112 Nr. 3 FamFG um eine selbstständige Familienstreitsache, für die nach § 114 Abs. 1 FamFG Anwaltszwang besteht. Sowohl Antragsteller/in als auch Antragsgegner/in müssen anwaltlich vertreten sein. Andernfalls sind sie säumig im Termin gem. § 133 Abs. 1 Satz 2 i. V. m. §§ 330 ff. ZPO und es kann auf Antrag ein Versäumnisbeschluss erlassen werden.

4. Kostenregelung und Verfahrenswert. In Familienstreitsachen gelten gem. § 113 Abs. 1 FamFG vor allem die §§ 91, 92, 97 Abs. 1, 2 ZPO, aber auch §§ 91a, 98, 269 Abs. 3 Satz 2, 344 ZPO.

Nach § 42 Abs. 1 FamGKG ist der Verfahrenswert zu schätzen. Bisher wurde der Verfahrenswert entweder gem. § 9 ZPO mit dem 3,5 fachen des jährlichen Nutzungsentgelts (OLG Koblenz, FamRZ 2001, 225) oder analog § 41 GKG mit dem Jahresbetrag (OLG Köln, FamRZ 2001, 239 m. w. N.) angesetzt.

Die Gerichtskosten betragen gem. Vorbemerkung 1.3.2 Nr. 1320 FamGKG 2,0 Gebühren.

5. Verfahrenskostenhilfe. Bei dem Verfahren auf Zahlung einer Nutzungsvergütung gem. § 745 Abs. 2 BGB handelt es sich um eine Familienstreitsache (§ 112 Nr. 3 i. V. m. § 266 Abs. 1 Nr. 3 FamFG). In Familienstreitsachen ist nach § 113 Abs. 1 FamFG die ZPO anwendbar. Nach § 114 Abs. 1 FamFG besteht für diese Verfahren Anwaltszwang. Gem. § 113 Abs. 1 FamFG i. V. m. § 121 Abs. 1 ZPO erfolgt daher die Beiordnung eines Anwalts oder einer Anwältin auch ohne besonderen Beiordnungsantrag von Amts wegen (OLG Karlsruhe, FamRZ 2008, 524, 525; OLG Naumburg, FamRZ 2007, 916, 917; OLG München, FamRZ 2002, 1196, 1197). Der/Die Beteiligte muss sich allerdings zuvor einen vertretungsbereiten Rechtsanwalt oder eine Rechtsanwältin ausgesucht haben. Er/Sie hat einen Anspruch auf Beiordnung dieses Verfahrensbevollmächtigten.

▶ **Hinweis zur Taktik**

Der/Die Antragsteller/in kann den Antrag auf Bewilligung von Verfahrenskostenhilfe mit der jeweiligen Antragsschrift verbinden, d. h. beide Anträge in einem Schriftsatz stellen (BGH, FamRZ 1996, 1142, 1143). Will der/die Antragsteller/in – wie im Regelfall – den Antrag aber nur für den Fall der Bewilligung von Verfahrenskostenhilfe bzw. im Umfang der Verfahrenskostenhilfe stellen, muss in der Antragsschrift deutlich gemacht werden, dass die Antragstellung in der Hauptsache nur für den Fall der Bewilligung von Verfahrenskostenhilfe erfolgt (BGH, NJW-RR 2000, 879; OLG Koblenz, FamRZ 1998, 312; Prütting/Gehrlein/*Völker/Zempel* § 117 Rn. 24). Das ist stets dann anzunehmen, wenn in dem eingereichten Schriftsatz die Antragstellung unter der Voraussetzung steht, dass Verfahrenskostenhilfe bewilligt wird oder von einer – nur – beabsichtigten Antragstellung die Rede ist. Ein als Antrag bezeichneter Schriftsatz kann aber auch dann nur als Antrag auf Gewährung von Verfahrenskostenhilfe gemeint sein, wenn in dem Schriftsatz gebeten wird, »vorab« über die Gewährung von Verfahrenskostenhilfe zu entscheiden (BGH, FamRZ 2005, 794 ff.; OLG Köln, FamRZ 1984, 916 ff.).

3. Vollstreckung

51 Gem. § 95 Abs. 1 Nr. 1 FamFG sind auf die Vollstreckung wegen einer Geldforderung die Vorschriften der ZPO entsprechend anzuwenden. § 95 Abs. 2 FamFG ordnet im Interesse der Einheitlichkeit im FamFG-Verfahren an, dass ungeachtet der Anwendung der vollstreckungsrechtlichen Vorschriften der ZPO, die Entscheidungen durch Beschluss zu ergehen haben. Dies gilt auch für Entscheidungen über Vollstreckungsabwehranträge und Drittwiderspruchsanträge. Für den notwendigen Inhalt, die Bekanntgabe, die Berichtigung, die Ergänzung und die Rechtskraft des Beschlusses sowie für die Anhörungsrüge gelten die §§ 38 bis 48 FamFG. Diese Vorschriften verdrängen die entsprechenden Regelungen in der ZPO.

52 § 86 Abs. 2 FamFG bestimmt, dass Beschlüsse in FamFG-Sachen bereits mit **Wirksamwerden** vollstreckbar sind, ohne dass es hierzu der Vollstreckbarerklärung des Gerichts bedarf. Nach § 86 Abs. 3 FamFG bedürfen Vollstreckungstitel einer Vollstreckungsklausel nur, wenn die Vollstreckung nicht durch das Gericht erfolgt, das den Titel in der Hauptsache erlassen hat.

53 Gem. § 95 Abs. 3 Satz 1 FamFG kann die Vollstreckung vor Eintritt der Rechtskraft **ausgeschlossen** werden, wenn die Vollstreckung wegen einer Geldforderung **einen nicht zu ersetzenden Nachteil** bringen würde. Voraussetzung ist, dass ein entsprechender Antrag vor Eintritt der Rechtskraft gestellt wird. Nach § 95 Abs. 3 Satz 2 FamFG kann in den Fällen des § 707 Abs. 1 ZPO und § 719 Abs. 1 ZPO – also für die Zeit nach Rechtskraft – die **Einstellung oder Beschränkung der Vollstreckung** ebenfalls nur erfolgen, wenn der Verpflichtete glaubhaft macht, dass ihm die Vollstreckung einen nicht zu ersetzenden Nachteil bringen würde.

Ob ein nicht zu ersetzender Nachteil die Folge der Vollstreckung wäre, ist mit Zurückhaltung zu beurteilen und wird grds. nicht der Fall sein. In Betracht kommt dies, wenn Schadensersatzansprüche oder Rückzahlungsansprüche nicht durchsetzbar wären. Ein bloß finanzieller Nachteil genügt nicht, solange er nicht mit irreparablen Folgeschäden verbunden ist (OLG Koblenz, FamRZ 2005, 468). Der/Die Verpflichtete hat die Voraussetzungen **glaubhaft** zu machen, wofür er/sie sich aller präsenter Beweismittel bedienen kann, insb. der Abgabe einer eidesstattlichen Versicherung. Für diese reicht es jedoch nicht aus, dass in der eidesstattlichen Versicherung der anwaltliche Sachvortrag bloß bestätigt wird. Erforderlich ist vielmehr eine eigene Sachverhaltsdarstellung und Stellungnahme.   **54**

Rechtsmittel. Da es sich um eine Familienstreitsache nach § 112 Nr. 3 FamFG handelt, richtet sich die Beschwerde nach den in §§ 117 FamFG enthaltenen Sonderregelungen.   **55**

▶ **Hinweis zur Anwaltshaftung:**

Verweist die Rechtsbehelfsbelehrung des Familiengerichts nicht ausdrücklich auf die Begründungsfrist der §§ 117 Abs. 1, Satz 3 FamFG, sondern enthält unrichtigerweise nur den Hinweis, dass die Beschwerde begründet werden solle, rechtfertigt dies bei Versäumung der Begründungsfrist des § 117 Abs. 1 Satz 3 FamFG nicht die Wiedereinsetzung in den vorigen Stand (OLG Frankfurt a. M., JurionRS 2013, 53638). Die nach § 39 FamFG vorgeschriebene Rechtsbehelfsbelehrung muss sich nämlich nur auf das statthafte Rechtsmittel, das für die Entgegennahme zuständige Gericht und dessen vollständige Anschrift sowie auf die bei der Einlegung einzuhaltende Form und Frist und die Frage des Anwaltszwanges erstrecken (BGH, FamRZ 2010, 1425). Zur Form und Frist der Beschwerdebegründung verlangt die Vorschrift dagegen überhaupt keine Belehrung (BGH, FamRZ 2011, 139). Hieraus lässt sich für die Frage der Begründung der Beschwerde in Familienstreitsachen die Schlussfolgerung ziehen, dass der Gesetzgeber es wegen des geltenden Anwaltszwanges als selbstverständlich voraussetzt, dass Rechtsanwälte die zur Frage der Begründung der Beschwerde maßgeblichen Form- und Fristerfordernisse kennen. Sie gehören insoweit auch zu den Grundkenntnissen des Zivilprozesses und auch des Familienverfahrensrechts. Zwar war die vom Amtsgericht erteilte Rechtsmittelbelehrung insoweit fehlerhaft, als dort am Ende aufgeführt ist, die Beschwerde »solle« begründet werden. Ungeachtet der Regelung in § 17 Abs. 2 FamFG gehört es jedoch auch zu den allgemeinen Pflichten des Rechtsanwaltes Fehler des Gerichts zu erkennen und dementsprechend zu beraten und zu handeln.

V. Einstweilige Anordnung in Wohnungssachen

Die einstweiligen Anordnungen sind in den §§ 49 bis 57 FamFG geregelt. Sie bezwecken eine vorläufige Streitregelung zwischen den Beteiligten und eine beschleunigte Titelverschaffung. Besonders wichtige rechtliche Beziehungen sollen in einem vereinfachten, **summarischen Verfahren** vorläufig geregelt werden, ohne eine endgültige Entscheidung herbei zu führen, d. h. ohne die selbstständige Verfolgung und Klärung in einem Hauptsachverfahren auszuschließen.   **56**

§ 49 Abs. 1 FamFG nennt als Voraussetzungen für den Erlass der einstweiligen Anordnung die Rechtfertigung der Maßnahme nach den für das Rechtsverhältnis maßgebenden Vorschriften und das dringende Bedürfnis für ein sofortiges Tätigwerden. Voraussetzung für den Erlass einer einstweiligen Anordnung ist somit zunächst, dass das Gericht nach summarischer Prüfung davon ausgeht, dass ein sicherbarer Anspruch vorliegt. Weiterhin ist eine **Dringlichkeit** erforderlich. Darunter ist die Notwendigkeit der Sicherung des geltend gemachten Anspruchs im Eilverfahren zu verstehen, also wenn nach dem objektiven Urteil eines vernünftigen Menschen eine unmittelbare Gefährdung für die Rechtsverwirklichung und Rechtsdurchsetzung im Hauptsacheverfahren besteht (Löhnig/Heiß FamRZ 2009, 110).   **57**

Nach § 51 Abs. 3 FamFG ist das Verfahren auf Erlass einer einstweiligen Anordnung von einem **Hauptsacheverfahren unabhängig.** Gem. § 52 Abs. 2 FamFG kann derjenige, der in einem Antragsverfahren die einstweilige Anordnung erwirkt hat, gezwungen werden, binnen einer Frist von höchsten 3 Monaten, das Hauptsacheverfahren einzuleiten bzw. einen entsprechenden   **58**

Verfahrenskostenhilfeantrag hierfür zu stellen. Geschieht dies entgegen der gerichtlichen Anordnung nicht, muss die einstweilige Anordnung aufgehoben werden. Dieser Beschluss ist unanfechtbar. Über ihre Rechte nach § 52 FamFG sind die Beteiligten gem. § 39 FamFG zu belehren.

59   Als vorläufige Regelung kommen grds. alle die Nutzung der Wohnung betreffenden Entscheidungen in Betracht, die auch i. R. d. Hauptsacheentscheidung möglich sind. Dies gilt insb. für die Schutz- und Zusatzanordnungen, denen gerade i. R. d. vorläufigen Rechtsschutzes große Bedeutung zukommt. Eine Umgestaltung von Rechtsverhältnissen ist allerdings im Rahmen einer einstweiligen Anordnung generell ausgeschlossen.

1. Muster: Antrag auf Erlass einer einstweiligen Anordnung zur Wohnungszuweisung gem. § 1361b BGB

60   An das

Amtsgericht

– Familiengericht –[1]

Antrag auf Erlass einer einstweiligen Anordnung

(und Verfahrenskostehilfeantrag)

des/der.....[2]

Antragsteller/in

Verfahrensbevollmächtigter/e:[3]

gegen

den/die .....

Antragsgegner/in

Verfahrensbevollmächtigter/e:

wegen Wohnungszuweisung.

Namens und in Vollmacht des/der Antragstellers/in wird beantragt im Wege der einstweiligen Anordnung – wegen der Dringlichkeit der Sache ohne mündliche Verhandlung – wie folgt zu erkennen:[4]

1. Die eheliche Wohnung in ..... (Ort, Straße, Stockwerk, rechts, links, Mitte, Wohnungs-Nr.) wird für die Zeit des Getrenntlebens dem/der Antragsteller/in zur alleinigen Nutzung zugewiesen.

2. Der/Die Antragsgegner/in ist verpflichtet, die Wohnung in ..... (Ort, Straße, Stockwerk, rechts, links, Mitte, Wohnungs-Nr.) sofort/bis zum..... zu räumen und an die Antragstellerin/den Antragsteller herauszugeben. Der/Die Antragsteller/in kann einen Gerichtsvollzieher beauftragen, der die Antragsgegnerin/den Antragsgegner aus dem Besitz setzt. § 885 Abs. 2 bis 4 ZPO ist bei der Räumung nicht anzuwenden. Zur Durchsetzung der Wegweisung sowie der Räumungsverpflichtung darf Gewalt eingesetzt werden.[5]

3. Dem/Der Antragsgegner/in wird aufgegeben, sämtliche zur Wohnung in ..... (Ort, Straße, Stockwerk, rechts, links, Mitte, Wohnungs-Nr.) gehörenden Haus- und Wohnungsschlüssel an die Antragstellerin/den Antragsteller herauszugeben sowie beim Auszug die persönlichen Sachen, insbesondere ..... (detaillierte Auflistung der Gegenstände), mitzunehmen. Hausratsgegenstände darf er/sie aus der Wohnung nicht entfernen.

4. Dem/Der Antragsgegner/in wird verboten, die Wohnung in ..... (Ort, Straße, Stockwerk, rechts, links, Mitte, Wohnungs-Nr.) nach der Räumung ohne vorherige Zustimmung der Antragstellerin/des Antragstellers nochmals zu betreten. Auf Aufforderung hat der/die Antragsgegner/in die Wohnung sofort wieder zu verlassen.[6]

5. Dem/Der Antragsgegner/in wird verboten, das Mietverhältnis über die Wohnung in ..... (Ort, Straße, Stockwerk, rechts, links, Mitte, Wohnungs-Nr.) zu kündigen oder in sonstiger Weise zu beenden.[7]

6. Für jeden Fall der Zuwiderhandlung gegen die unter Ziffer 4 und 5 getroffenen Verbotsanordnungen wird dem/der Antragsgegner/in ein Ordnungsgeld bis zu 25.000,00 € und ersatzweise Ordnungshaft bis zu 6 Monaten angedroht.

7. Bei Bedarf: Vorschläge zu Miete und Nebenkosten oder Nutzungsentschädigung bei Alleineigentum oder Miteigentum an der Wohnung.

8. Der/Die Antragsgegner/in trägt die Kosten des Verfahrens.[8]

Weiterhin wird beantragt,[9]

dem/der Antragsteller/in für das Verfahren auf Erlass einer einstweiligen Anordnung Verfahrenskostenhilfe unter Beiordnung des/der Unterzeichnenden zu bewilligen.

Begründung:[10]

Die Beteiligten sind seit dem..... miteinander verheiratet. Aus der Ehe der Beteiligten ist ein Kind ..... (Name und Geburtsdatum)/sind ..... Kinder .....(Namen und Geburtsdaten) hervorgegangen. Die Eheleute leben noch nicht/seit dem..... voneinander getrennt. Eine Ehesache ist noch nicht anhängig.

Die Beteiligten bewohnen ein Haus/eine Wohnung in ..... (Ort, Straße, Stockwerk, rechts, links, Mitte, Wohnungsnummer). Das Haus/die Wohnung steht im Alleineigentum/Miteigentum des/der.....

Alternativ: Der/Die..... ist/sind Mieter des Hauses/der Wohnung.

Zwischen den Beteiligten ist es zu unerträglichen Spannungen gekommen, die von dem/der Antragsgegner/in verursacht werden und ein weiteres Zusammenleben innerhalb der Ehewohnung für den/die Antragsteller/in unmöglich machen. Im Einzelnen:

..... (substantiierte Darstellung des Vorliegens einer unbilligen Härte)

Die Fortsetzung des Zusammenlebens würde auf Grund der geschilderten Umstände die Gesundheit des/der Antragstellers/in in nicht zu verantwortender Weise gefährden. Auch besteht im Hinblick auf die ständigen Auseinandersetzungen eine konkrete Gefahr für das Wohl des/der gemeinsamen Kindes/er.

Beweis: .....

Der/Die Antragsgegner/in ist ohne übermäßig harten Eingriff in seine/ihre Lebensverhältnisse auf Grund seiner/ihrer wirtschaftlichen Situation ohne weiteres in der Lage, sich kurzfristig eine eigene Wohnung zu beschaffen. Sein/Ihr gegenwärtiges monatliches Nettoeinkommen beträgt durchschnittlich ..... €. Derzeit hat der/die Antragsgegner/in folgende Verpflichtungen zu finanzieren:

..... (detaillierte Auflistung der finanziellen Verpflichtungen)

Alternativ: Der/Die Antragsgegner/in hat die Möglichkeit ab sofort bei Verwandten zu leben. Im einzelnen: ..... (substantiierte Darstellung der Verhältnisse).

Eine Aufteilung der Wohnung unter den Beteiligten kommt aus nachfolgenden Gründen nicht in Betracht: .....

(Darstellung zum Wohnungszuschnitt oder anderen Gründen, die eine Trennung innerhalb der Wohnung unmöglich machen).

Zur Glaubhaftmachung des vorstehenden Sachvortrages wird auf die beigefügte eidesstattliche Versicherung verwiesen. Weiterhin beigefügt sind die eidesstattlichen Versicherungen der ..... (Namen und Anschrift weiterer Zeugen).

Bezüglich des Verfahrenskostenhilfeantrages wird auf die beiliegende Erklärung über die persönlichen und wirtschaftlichen Verhältnisse des/der Antragstellers/in nebst Anlagen verwiesen.

1. Zuständigkeit. § 50 Abs. 1 Satz 1 FamFG: Ist eine **Hauptsache** nicht anhängig, ist das FamG zuständig, das für die Hauptsache im ersten Rechtszug zuständig wäre.

§ 50 Abs. 1 Satz 2 FamFG: Ist hingegen eine »**Hauptsache**« erstinstanzlich anhängig, ist das FamG des ersten Rechtszugs zuständig. Möglich ist auch, dass die »**Hauptsache**« bereits zweitinstanzlich beim Beschwerdegericht anhängig ist. Dies begründet dann die Zuständigkeit des Beschwerdegerichts. Soweit die »**Hauptsache**« schon beim Rechtsbeschwerdegericht anhängig ist, ergibt sich erneut die Zuständigkeit des FamG des ersten Rechtszugs.

»**Hauptsache**« **wird nachträglich anhängig:** Die örtliche Zuständigkeit einer später eingeleiteten »**Hauptsache**« ist nach allg. Kriterien zu bestimmen, richtet sich also nicht nach einem bereits anhängigen einstweiligen Anordnungsverfahren. Ändern sich die für die Zuständigkeit maßgeblichen Kriterien (z. B. Umzug der Beteiligten), kann dies zu unterschiedlichen Zuständigkeiten führen. Möglich ist in solchen Fällen allerdings eine Abgabe des einstweiligen Anordnungsverfahrens gem. § 4 FamFG an das Hauptsachegericht.

2. Verfahrensbeteiligte. Verfahrensbeteiligte sind neben den Beteiligten auch das Jugendamt, das nach § 204 Abs. 2 FamFG auf seinen Antrag hinzuziehen ist (Muss-Beteiligter), wenn Kinder im Haushalt der Ehegatten leben.

Der/Die Vermieter/in der Wohnung, der/die Grundstücks- bzw. Wohnungseigentümer/in oder sonstige Personen, mit denen die Ehegatten hinsichtlich der Wohnung in Rechtsgemeinschaft stehen, sind in dem Verfahren nach § 1361b BGB nicht zu beteiligen, da hier nur eine **vorläufige Nutzung** der Wohnung während des Getrenntlebens der Ehegatten geregelt wird. Im Rahmen des Verfahrens nach § 1361b BGB kann in den bestehenden Mietvertrag nicht eingegriffen werden. Eine Umgestaltung des Mietvertrages in der Weise, dass statt beider Ehegatten nur ein Ehegatte Mieter wird oder statt des einen Ehegatten der andere Mieter wird, ist vor der Scheidung durch richterlichen Eingriff nicht möglich. Der/Die Vermieter/in behält insb. den Anspruch auf Zahlung des Mietzinses gegen beide Ehegatten als Gesamtschuldner, wenn beide den Mietvertrag unterschrieben haben. In den Mietvertrag kann erst mit der Rechtskraft der Scheidung (§ 1568b BGB) eingegriffen werden.

3. Kein Anwaltszwang. Anwaltliche Vertretung ist im Verfahren der einstweiligen Anordnung gem. § 114 Abs. 4 Nr. 1 FamFG nicht zwingend.

4. Verfahrensanträge. Gem. § 51 Abs. 2 Satz 1 FamFG richtet sich das Verfahren der einstweiligen Anordnung grds. nach den Vorschriften des (fiktiven) Hauptsacheverfahrens. Nach § 51 Abs. 2 Satz 2 FamFG kann das Gericht ohne mündliche Verhandlung entscheiden. Dies gilt auch für die Verfahren auf Wohnungszuweisung (trotz § 207 FamFG).

Das Verfahren wird gem. §§ 51 Abs. 1, 203 FamFG auf einen entsprechenden Antrag eines Ehegatten eingeleitet. Es handelt sich um einen Verfahrensantrag, keinen Sachantrag; der Verfahrensantrag leitet ein Verfahren ein und regt eine bestimmte Regelung an, bindet aber das Gericht nicht. Das Gericht kann von Amts wegen eine andere als die beantragte Regelung treffen.

Das Antragsrecht ist höchstpersönlich und nicht übertragbar. Der Tod eines Beteiligten erledigt ein schwebendes Verfahren in der Hauptsache (§ 208 FamFG). Es bleibt dann nur die Kostenentscheidung Gegenstand des Verfahrens, das insoweit mit den Erben fortgesetzt wird.

Als vorläufige Regelung kommen grds. alle die Nutzung der Wohnung betreffenden Entscheidungen in Betracht, die auch im Hauptsacheverfahren möglich wären. Im Anordnungsverfahren kann auch eine nach § 1361b Abs. 3 Satz 2 BGB geschuldete **Nutzungsvergütung** festgesetzt werden, soweit dies der Billigkeit entspricht. Dies gilt gem. § 49 Abs. 2 FamFG auch für **Schutz- und Zusatzanordnungen**, die gerade im einstweiligen Anordnungsverfahren von besonderer Bedeutung sein können. Allerdings ist i. R. d. einstweiligen Anordnungsverfahrens eine Umgestaltung von Rechtsverhältnissen grds. ausgeschlossen.

Im Verfahrensantrag muss im Hinblick auf eine etwaige Zwangsvollstreckung die Lage der Ehewohnung so genau wie möglich bezeichnet werden. Es sind Ort, Straße, Hausnummer und Stockwerk anzugeben. Falls möglich sollten auch noch weitere Kriterien wie z. B. Lage innerhalb der Etage, Nummer der Wohnung etc. in den Antrag aufgenommen werden. Dies gilt auch für den Fall, dass nur Teile der Wohnung zur alleinigen Nutzung überlassen werden solle.

5. Räumungsanordnung. Vgl. hierzu Rdn. 15, *M. 5*

6. Die Räumung ergänzende Anordnungen. Vgl. hierzu Rdn. 15, *M. 6*

7. Verbot der Kündigung des Mietverhältnisses und sonstiger Verfügungen. Vgl. hierzu Rdn. 15, *M. 7*

8. Kostenregelung, Verfahrenswert und anwaltliche Gebühren. Durch die Verselbstständigung des einstweiligen Anordnungsverfahrens vom Hauptsacheverfahren ist nunmehr eine selbstständige Kostenentscheidung des Gerichts erforderlich. Für die Kosten des Verfahrens der einstweiligen Anordnung gelten nach § 51 Abs. 4 FamFG die allgemeinen Vorschriften. Nach § 81 Abs. 1 FamFG kann das Gericht die Kosten nach **billigem Ermessen** verteilen, wobei jedoch stets eine Kostenentscheidung erforderlich ist.

§ 80 FamFG bestimmt, welche Kosten erstattungsfähig sind. Hierzu zählen nach § 80 Satz 1 FamFG zum einen die Gerichtskosten (Gebühren und Auslagen) und zum anderen die zur Durchführung des Verfahrens notwendigen Aufwendungen, also insb. die Anwaltskosten.

Allein die **Rücknahme eines Antrages** rechtfertigt die Auferlegung der Kosten nicht. Vielmehr sind die Umstände zu berücksichtigen, die zur Rücknahme des Antrages geführt haben, wie etwa eine zwischenzeitlich erfolgte außergerichtliche Einigung. § 81 Abs. 2 FamFG regelt Abweichungen vom Grundsatz der Kostenentscheidung nach billigem Ermessen. Nach § 81 Abs. 2 Nr. 1 FamFG soll dem Beteiligten die Kosten des Verfahrens auferlegt werden, der durch **grobes Verschulden** Anlass für das Verfahren gegeben hat. Konkrete Fälle groben Verschuldens werden in § 81 Abs. 2 Nr. 2 – Nr. 4 FamFG geregelt, nämlich das Stellen eines erkennbar aussichtlosen Antrages sowie das schuldhafte Anführen unwahrer Angaben zu einer wesentlichen Tatsache und das schuldhafte Verletzen von Mitwirkungspflichten, die zu einer erheblichen Verzögerung des Verfahrens geführt haben.

Wird das Verfahren durch **Vergleich** erledigt und haben die Beteiligten keine Bestimmung über die Kosten getroffen, fallen gem. § 83 Abs. 1 FamFG die Gerichtskosten jedem Teil zu gleichen Teilen zur Last. Die außergerichtlichen Kosten trägt jeder Beteiligte selbst.

Nach § 83 Abs. 2 FamFG ist auch dann, wenn das Gericht keine Endentscheidung zu treffen hat, weil sich z. B. das Verfahren auf sonstige Weise erledigt hat, über die Kostenfolge nach den Grundsätzen des § 81 FamFG zu entscheiden.

Im Verfahren der einstweiligen Anordnung beziffert sich gem. § 53 Abs. 2 Satz 2 GKG i. V. m. § 24 Satz 1, 2 RVG der **Verfahrenswert** in Wohnungssachen nach § 1361b BGB auf 2.000,00 €.

Für einstweilige Anordnungen in Wohnungssachen beträgt der **Gebührensatz** gem. KV Nr. 1420 1,5.

Die anwaltlichen Gebühren richten sich nach dem RVG. Die gerichtliche Wertfestsetzung nach dem FamGKG gilt nach § 23 Abs. 1 Satz 1 RVG auch für die Ermittlung der anwaltlichen Gebühren. Hinsichtlich der anfallenden anwaltlichen Gebühren verbleibt es bei den bisherigen Gebührentatbeständen Nr. 3100 ff. RVG-VV (Anlage 1 zum RVG).

9. Verfahrenskostenhilfe. Bei Wohnungszuweisungsverfahren nach § 200 Abs. 1 Nr. 1 FamFG handelt es sich um Verfahren ohne Anwaltszwang i. S. v. § 78 Abs. 2 FamFG. In diesen Verfahren ist ein Antrag des Beteiligten auf Anwaltsbeiordnung zu stellen. Gem. § 78 Abs. 2 FamFG wird den Beteiligten ein Rechtsanwalt oder eine Rechtsanwältin in Verfahren ohne Anwaltszwang nur dann beigeordnet, wenn dies wegen der Schwierigkeit der Sach- und Rechtslage erforderlich ist. Dies ist nach den Umständen des Einzelfalls zu beurteilen (BGH, FamRZ 2009, 857). Neben objektiven Kriterien, wie Umfang und Schwierigkeit der Sach- und Rechtslage, bestimmt sich die Erforderlichkeit auch an subjektiven Kriterien (Schulte-Bunert/*Keske* § 78 Rn. 4; OLG Düsseldorf, NJW 2010, 1211 unter Bezugnahme auf die nach altem Recht ergangene Entscheidung des BGH, FamRZ 2009, 857; OLG Zweibrücken, NJW 2010, 1212). Hierzu zählt die Ausdrucksfähigkeit der Beteiligten, ihre Gewandtheit und geistige Befähigung, ihr Rechtsanliegen dem Gericht schriftlich oder mündlich ausreichend und ohne Gefahr einer eigenen Rechtsbeeinträchtigung darzustellen (BVerfG, FamRZ 2004, 213; BGH, FamRZ 2003, 1547 und 1921).

▶ **Hinweis zur Taktik**

Der/Die Antragsteller/in kann den Antrag auf Bewilligung von Verfahrenskostenhilfe mit der jeweiligen Antragsschrift verbinden, d. h. beide Anträge in einem Schriftsatz stellen (BGH, FamRZ 1996, 1142, 1143). Will der/die Antragsteller/in – wie im Regelfall – den Antrag aber nur für den Fall der Bewilligung von Verfahrenskostenhilfe bzw. im Umfang der Verfahrenskostenhilfe stellen, muss in der Antragsschrift deutlich gemacht werden, dass die Antragstellung in der Hauptsache nur für den Fall der Bewilligung von Verfahrenskostenhilfe erfolgt (BGH, NJW-RR 2000, 879; OLG Koblenz, FamRZ 1998, 312; Prütting/Gehrlein/ *Völker/Zempel* § 117 Rn. 24). Das ist stets dann anzunehmen, wenn in dem eingereichten Schriftsatz die Antragstellung unter der Voraussetzung steht, dass Verfahrenskostenhilfe bewilligt wird oder von einer – nur – beabsichtigten Antragstellung die Rede ist. Ein als Antrag bezeichneter Schriftsatz kann aber auch dann nur als Antrag auf Gewährung von Verfahrenskostenhilfe gemeint sein, wenn in dem Schriftsatz gebeten wird, »vorab« über die Gewährung von Verfahrenskostenhilfe zu entscheiden (BGH, FamRZ 2005, 794 ff.; OLG Köln, FamRZ 1984, 916 ff.).

10. Begründung. Gem. § 51 Abs. 1 Satz 2 FamFG besteht für alle Anträge Begründungszwang. Der/Die Antragsteller/in hat die den Antrag oder das Rechtsschutzziel rechtfertigenden Tatsachen vorzutragen und das Regelungsbedürfnis (§ 49 Abs. 1 FamFG) darzulegen. Die Voraussetzungen für die Anordnung sind **glaubhaft** zu machen. Gem. § 31 Satz 2 FamFG sind alle präsenten Beweismittel einschließlich der Versicherung an Eides statt zugelassen. Für die Beweiskraft der eidesstattlichen Versicherung ist von Bedeutung, dass sich diese nicht lediglich auf eine Bezugnahme auf einen anwaltlichen Schriftsatz beschränkt, was nicht ausreichend ist, sondern **eine selbstständige Sachdarstellung** zu den relevanten Tatsachen enthalten muss (vgl. hierzu BGH NJW 1996, 1682).

Der Erlass einer einstweiligen Anordnung ist generell nur zulässig, wenn ein **dringendes Bedürfnis für ein sofortiges Tätigwerden** besteht. Dieses wird regelmäßig zu bejahen sein, wenn ein Zuwarten bis zur Entscheidung in einer etwaigen Hauptsache nicht ohne Eintritt erheblicher Nachteile möglich wäre. Ein Regelungsbedürfnis für eine einstweilige Anordnung entfällt, wenn sich die Beteiligten über die vorläufige Nutzung geeinigt haben, es kann jedoch wieder aufleben, wenn Streit über die Wirksamkeit der getroffenen Einigung entsteht (OLG Frankfurt am Main, FamRZ 1991, 1327).

Neben den Zuweisungsvoraussetzungen müssen also bei einem Antrag auf Erlass einer einstweiligen Anordnung auch die Gründe für das besondere Eilbedürfnis dargetan werden.

▶ **Hinweis zur Taktik:**

Da Kinder bereits durch die Trennung der Eltern belastet sind, wird ihnen i. d. R. nicht zusätzlich der Verlust der vertrauten Umgebung und der bestehenden sozialen Kontakte, ein Schul- oder Kindergartenwechsel, zugemutet. Die Berücksichtigung des **Kindeswohls** bei der Entscheidung über die Alleinnutzung der Ehewohnung wird also regelmäßig dazu führen, dass Kinder in der Wohnung bleiben und mit diesen der betreuende Elternteil. In diesen Fällen sollte in der Antragschrift die bis zur Trennung praktizierte Betreuungssituation detailliert dargestellt werden. Die Praxis zeigt, dass gerade dieser Punkt – mit Blick auf die Wohnung – in Streit geraten kann, sodass auf den Sachvortrag insoweit und die Benennung entsprechender Beweisangebote von Anfang an besonderer Wert gelegt werden sollte.

Es empfiehlt sich, den auf den Erlass einer einstweiligen Anordnung gerichteten Sachvortrag so umfassend wie möglich abzufassen. Es sind alle **präsenten Beweismittel** beizufügen. Zu denken ist dabei insb. an die Beifügung ärztlicher Atteste zum Gesundheitszustand oder zu erlittenen Verletzungen des antragstellenden Ehegatten und/oder der gemeinschaftlichen Kinder, Stellungnahmen des Jugendamtes sowie eidesstattliche Versicherungen von Personen, die Zeugen des Fehlverhaltens des anderen Ehegatten wurden. Bei Beeinträchtigung des Kindeswohls können auch Berichte des/der Klassenlehrers/in oder des Kindergartens von Bedeutung sein.

Es kann auch zweckmäßiger sein, den Erlass einer einstweiligen Anordnung zu beantragen als ein Hauptsacheverfahren auf Zuweisung der Ehewohnung anhängig zu machen, weil einstweilige Anordnungsverfahren zum einen **kostengünstiger** sind und zum anderen die einstweilige Anordnung den Zeitpunkt der **Rechtskraft der Scheidung überdauern** kann, solange sie durch keine anderweitige Regelung abgelöst oder vom Gericht befristet oder ausdrücklich »für die Zeit des Getrenntlebens« ausgesprochen wird.

2. Vollstreckung

Der Beschluss im einstweiligen Anordnungsverfahren ist gem. §§ 86 Abs. 1 Nr. 1, 95 FamFG ein Vollstreckungstitel. Auf diesen Beschluss finden die allgemeinen Regelungen der §§ 86 ff. FamFG Anwendung.   61

Da die einstweiligen Anordnungsverfahren nicht mehr vom Hauptsacheverfahren abhängig sind, stellt eine Entscheidung im Anordnungsverfahren eine Endentscheidung dar. Bei Wohnungssachen ist die Ausnahmevorschrift des § 209 Abs. 2 FamFG zu beachten, wonach diese Entscheidungen erst mit Rechtskraft wirksam werden. Die Rechtskraft tritt in isolierten Wohnungssachen ein, wenn die Frist für die befristete Beschwerde abgelaufen ist (1 Monat gem. § 63 Abs. 1 FamFG), wenn auf Rechtsmittel verzichtet wird oder eine endgültige Entscheidung des Beschwerdegerichts vorliegt. Eine vorläufige Vollstreckbarkeit ist nicht vorgesehen (OLG Nürnberg FamRZ 2000, 1104).   62

Gem. § 209 Abs. 2 Satz 2 FamFG soll in Wohnungssachen nach § 200 Abs. 1 Nr. 1 FamFG die sofortige Wirksamkeit angeordnet werden. Es kann nach § 209 Abs. 3 Satz 1 FamFG die Zulässigkeit der **Vollstreckung vor der Zustellung** angeordnet werden, wenn hiefür ein besonderes Bedürfnis besteht. Eine Vollstreckungsklausel ist gem. § 53 Abs. 1 FamFG grds. entbehrlich.   63

Die Vollstreckung der Räumungsanordnung richtet sich nach § 95 Abs. 1 FamFG i. V. m. § 885 ZPO. Die Zwangsvollstreckung nach § 885 ZPO ist allerdings nur zulässig, wenn in der Entscheidung über die Zuweisung der Ehewohnung ausdrücklich die **Räumungsverpflichtung** angeordnet wurde. Die bloße Anordnung zum Auszug oder Verlassen der Ehewohnung reicht für eine Vollstreckung nach § 885 ZPO nicht aus. Eine derartige Anordnung wäre vielmehr nach § 888 ZPO zu vollstrecken, zu deren Vornahme der Ehegatte auf Antrag nur durch Zwangsgeld anzuhalten ist, das i. d. R. dann keine Wirkung zeigt, wenn der Vollstreckungsschuldner vermögenslos ist.   64

Gem. § 96 Abs. 2 FamFG ist bei einer einstweiligen Anordnung in Ehewohnungssachen die **mehrfache Einweisung des Besitzes** nach § 885 Abs. 1 ZPO möglich. Bei Zuwiderhandlungen gegen die Wohnungszuweisung kann somit aus einer einstweiligen Anordnung mehrfach und auch unter Anwendung unmittelbaren Zwangs vollstreckt werden. Es bedarf weder einer erneuten einstweiligen Anordnung noch einer erneuten Zustellung.   65

Die Vollstreckung der **Untersagungsanordnungen** richtet sich nach § 95 Abs. 1 FamFG i. V. m. § 890 ZPO. Die unvertretbaren Handlungen werden nach § 888 Abs. 1 ZPO vollstreckt.   66

Nach § 55 Abs. 1 Satz 1 FamFG kann das erstinstanzliche Gericht oder das Rechtsmittelgericht die Vollstreckung einer einstweiligen Anordnung **aussetzen** oder **beschränken**. Dies ist auch von Amts wegen möglich. Ein Antrag ist nicht erforderlich. Wird jedoch ein Antrag gestellt, ist nach § 55 Abs. 2 FamFG über diesen vorab zu entscheiden. Ein Zuwarten bis zur Entscheidungsreife des Änderungsbegehrens nach § 54 FamFG oder der Beschwerde nach § 57 FamFG ist für das Gericht nicht zulässig. Die Aussetzungsentscheidung bewirkt i. d. R., dass die weitere Vollstreckung der Entscheidung nicht zulässig ist. Das Gericht kann aber auch die Vollstreckung nur begrenzen. Eine Beschränkung ist z. B. in der Form der Sicherheitsleistung möglich.   67

3. Rechtsmittel

68   Ist eine Entscheidung im Verfahren der einstweiligen Anordnung **ohne mündliche Verhandlung** ergangen, muss gem. § 54 Abs. 2 FamFG zunächst die Durchführung einer mündlichen Verhandlung beantragt werden.

69   Wenn eine Entscheidung im einstweiligen Anordnungsverfahren **aufgrund mündlicher Erörterung** ergangen ist, ist gem. § 57 Satz 2 Nr. 5 FamFG in Ehewohnungssachen nach § 1361b BGB das Rechtsmittel der Beschwerde eröffnet, wobei die Frist nach § 63 Abs. 2 Nr. 1 FamFG **2 Wochen** beträgt (vgl. hierzu Rdn. 23 – 26). Mit der Zuweisungsentscheidung sind i. d. R. Nebenbestimmungen verbunden. Sowohl die Festsetzung und Bemessung der Räumungsfrist wie deren Versagung oder Verlängerung können mit der Beschwerde angefochten werden, weil sie unmittelbar der Durchführung der Regelung dienen (Schulte-Bunert/Weinreich/*Schwonberg* § 57 Rn. 14; a. A. OLG Bamberg, FamRz 1993, 1338).

70   Da die Beschwerde im Rahmen eines einstweiligen Anordnungsverfahrens nach der Intention des Gesetzgebers nur in eng begrenzten Ausnahmefällen und bei gravierendem Eingriff statthaft sein soll, wird die Anfechtbarkeit einer im Rahmen einer einstweiligen Anordnung geregelten **Nutzungsentschädigung** gem. § 1361b Abs. 3 Satz 2 BGB abgelehnt (OLG Brandenburg, FamRZ 2003, 1305, 1306 m. w. N.; Schulte-Bunert/Weinreich/*Schwonberg* § 57 Rn. 14). Dies gilt auch für die Entscheidung über die Wiedereinräumung des Mitbesitzes (OLG Bamberg, FamRZ 2006, 873) sowie die Aufteilung der Wohnung (OLG Naumburg, FamRZ 2005, 2074, 2075).

71   Gem. § 70 Abs. 4 FamFG findet die Rechtsbeschwerde in einstweiligen Anordnungsverfahren nicht statt.

72   Beschlüsse zur Beschränkung oder Aussetzung der Vollstreckung sind nach § 55 Abs. 1 Satz 2 FamFG nicht anfechtbar.

73   Gegen die Verhängung von Ordnungsgeld gem. § 890 ZPO, die Verhängung eines Zwangsgeldes nach § 888 ZPO oder die Zurückweisung eines diesbezüglichen Antrages findet nach § 87 Abs. 4 FamFG die sofortige Beschwerde in entsprechender Anwendung der §§ 567 bis 572 ZPO statt. Zu beachten ist, dass für die Frist und Form der sofortigen Beschwerde § 569 ZPO maßgeblich ist. Die Beschwerdefrist ist eine Notfrist und beträgt **2 Wochen**. Ihr Ziel kann es auch sein, den Ordnungsmittelrahmen zu ändern. Die sofortige Beschwerde hat gem. § 570 Abs. 1 ZPO nur dann aufschiebende Wirkung, wenn sie die Festsetzung eines Ordnungs- oder Zwangsmittels zum Gegenstand hat.

74   Der Vollzug der angefochtenen Entscheidung kann allerdings nach § 570 Abs. 2 ZPO ausgesetzt werden (OLG Köln, FamRZ 2005, 223).

75   Die Rechtsbeschwerde findet gem. § 574 Abs. 1 Nr. 2, Abs. 3, Abs. 2 Nr. 1 und 2 ZPO nur statt, wenn das Beschwerdegericht sie zugelassen hat.

VI. Aufhebung oder Änderung der Entscheidung im einstweiligen Anordnungsverfahren

76   Entscheidungen im einstweiligen Anordnungsverfahren unterliegen einer vereinfachten Aufhebungs- und Abänderungsmöglichkeit. Gem. § 54 Abs. 1 Satz 2 FamFG ist Voraussetzung hierfür ein Antrag eines Ehegatten. Für eine Abänderung ist zu unterscheiden, ob der Beschluss nach mündlicher Verhandlung ergangen ist oder ohne eine solche.

77   Ist die einstweilige Anordnung **ohne vorherige mündliche Verhandlung** erlassen worden, kann jederzeit dadurch eine Abänderung oder Aufhebung herbeigeführt werden, dass gem. § 54 Abs. 2 FamFG ein Antrag auf mündliche Verhandlung gestellt wird.

Einstweilige Anordnungen **aufgrund mündlicher Verhandlung** werden formell rechtskräftig, soweit   78
keine Beschwerdemöglichkeit besteht, über eine zulässige Beschwerde entschieden worden oder die
Beschwerdefrist abgelaufen ist. Um in diesen Fällen gleichwohl zu einer Änderungsentscheidung
zu gelangen, müssen **neue rechtliche oder tatsächliche Gesichtspunkte** vorgetragen werden (h. M.
OLG Karlsruhe, FamRZ 1989, 642, 643; OLG Köln, FamRZ 1987, 957, 958 m. Anm. von Gießler, FamRZ 1987, 1276; OLG Koblenz, FamRZ 1985, 1272, 1273; a. A. OLG Hamburg, FamRZ
1989, 198: freie Abänderbarkeit).

Die Abänderungsentscheidung kann ihrerseits aufgehoben oder abgeändert werden. Ist sie ohne   79
mündliche Verhandlung ergangen, so kann vom beschwerten Ehegatten Antrag auf mündliche Verhandlung gestellt werden. Diese Möglichkeit wird das Gericht i. d. R. veranlassen, bereits im Abänderungsverfahren eine mündliche Verhandlung anzuberaumen, damit eine weitere Entscheidung
(nach einem späteren Antrag auf mündliche Verhandlung) vermieden wird.

Erging die Abänderungsentscheidung nach mündlicher Verhandlung, ist ein erneuter Antrag auf   80
Abänderung nur dann zulässig, wenn ihm nicht die formelle Rechtskraft der abzuändernden Entscheidung entgegensteht. Gegen eine aufgrund mündlicher Verhandlung ergangene Abänderungsentscheidung ist die **sofortige Beschwerde** nach § 57 Satz 2 FamFG statthaft.

1. Muster: Antrag auf Aufhebung/Abänderung einer einstweiligen Anordnung zur Wohnungszuweisung gem. § 1361b BGB

An das   81

Amtsgericht

– Familiengericht –[1]

Geschäfts-Nr.: _ F_/__

Antrag auf Aufhebung/Änderung einer einstweiligen Anordnung

des/der.....[2]

– Antragsteller/in –

Verfahrensbevollmächtigter/e:.....[3]

gegen

den/die.....

– Antragsgegner/in –

Verfahrensbevollmächtigter/e:.....

Namens und in Vollmacht des/der Antragstellers/in wird beantragt,[4]

1. den Beschluss des ..... vom..... unter Zurückweisung des Anordnungsantrages vom ..... aufzuheben; *alternativ:* die einstweilige Anordnung vom ..... dahingehend abzuändern, dass .....

2. die Vollziehung des Beschlusses vom ..... auszusetzen; *alternativ:* bis zu einer Entscheidung über
den Abänderungsantrag auszusetzen.

3. dem/der Antragsgegnerin die Kosten des Verfahrens aufzuerlegen.[5]

Gleichzeitig wird beantragt,

kurzfristig mündliche Verhandlung anzuberaumen.[6]

Weiterhin wird beantragt,[7]

dem/der Antragsteller/in für das Verfahren auf Erlass einer einstweiligen Anordnung Verfahrenskostenhilfe unter Beiordnung des/der Unterzeichnenden zu bewilligen.

Begründung:[8]

Die einstweilige Anordnung vom ....., die ohne mündliche Verhandlung ergangen ist, ist aufzuheben. Die von dem/der Antragsteller/in erhobenen Behauptungen entbehren jeder Grundlage.

Hierzu wird im Einzelnen wie folgt Stellung genommen: ..... (Substantiierte Auseinandersetzung mit dem Sachvortrag des/der Antragstellers/in nebst entsprechenden Beweisanerbieten).

In der mündlichen Verhandlung, deren umgehende Anberaumung beantragt wird, werden sich die wahrheitswidrigen Behauptungen bereits im Rahmen der Anhörung aufdecken lassen.

Zur Glaubhaftmachung des diesseitigen Sachvortrages wird auf die beigefügte eidesstattliche Versicherung des/der Antragstellers/in verwiesen.

Im Hinblick auf das Vorstehende ist die Aussetzung der Vollziehung der einstweiligen Anordnung zur Vermeidung von Rechtsnachteilen für den/die Antragsteller/in dringend geboten.

Bezüglich des Verfahrenskostenhilfeantrages wird auf die beiliegende Erklärung über die persönlichen und wirtschaftlichen Verhältnisse des/der Antragstellers/in nebst Anlagen verwiesen.

1. Zuständigkeit. Nach § 54 Abs. 3 Satz 1 FamFG ist sachlich und örtlich zuständig für die Entscheidung über die Aufhebung oder Änderung das Gericht, das die einstweilige Anordnung erlassen hat. Wenn das Beschwerdegericht die einstweilige Anordnung erlassen hat, ist es auch für die Abänderung zuständig. Wenn eine einstweilige Anordnungssache beim Beschwerdegericht anhängig ist, entscheidet auch dieses über die Abänderung oder Aufhebung der einstweiligen Anordnung.

2. Verfahrensbeteiligte. Vgl. hierzu Rdn. 60, *M. 2*

3. Kein Anwaltszwang. Vgl. hierzu Rdn. 60, *M. 3*

4. Verfahrensanträge. Vgl. hierzu Rdn. 60, *M. 4*

5. Kostenregelung, Verfahrenswert und anwaltliche Gebühren. Das Verfahren über Abänderung oder Aufhebung der ursprünglichen Entscheidung gilt nach § 31 Abs. 2 Satz 1 FamGK als besonderes Verfahren. Nach der Vorbemerkung 1.4 zum Gebührenverzeichnis des FamGK werden die Gebühren im Verfahren über den Erlass einer einstweiligen Anordnung und über deren Aufhebung oder Änderung aber nur einmal erhoben. Gesonderte Gerichtsgebühren entstehen daher nicht.

Gem. § 16 Nr. 6 RVG wird das Abänderungsverfahren im Verhältnis zum ursprünglichen Verfahren betreffend den Erlass der einstweiligen Anordnung als dieselbe Angelegenheit bewertet. Es entstehen daher auch keine gesonderten Anwaltsgebühren.

6. Mündliche Verhandlung. Nach § 51 Abs. 2 Satz 2 FamFG kann das Gericht eine einstweilige Anordnung ohne mündliche Verhandlung erlassen. Dies gilt trotz § 207 FamFG auch in Ehewohnungssachen.

7. Verfahrenskostenhilfe. Die Verfahrenskostenhilfe für ein Anordnungsverfahren schließt eine etwaige spätere Abänderung ein (OLG Hamm, MDR 1983, 847). Liegt jedoch eine Anspruchserweiterung vor, muss hierfür gesondert Verfahrenskostenhilfe beantragt werden. vgl. hierzu Rdn. 60, *M. 9*

8. Begründung. vgl. hierzu Rdn. 60, *M. 10*

2. Vollstreckung und Rechtsmittel

82 Die Beschwerde ist wie bei der Erstentscheidung auch gegen eine Abänderungsentscheidung nur dann möglich, wenn der Abänderungsbeschluss aufgrund mündlicher Verhandlung ergangen ist (vgl. hierzu Rdn. 68–75).

Zur **Vollstreckung** vgl. Rdn. 61–67

E. Haushaltssachenteilung bei Trennung (§ 1361a BGB)

Bereits vor Anhängigkeit einer Ehesache kann ein Ehegatte von dem anderen Ehegatte unter den Voraussetzungen des § 1361a BGB die Herausgabe, Überlassung und Verteilung von Haushaltssachen verlangen. § 1361a BGB enthält drei unterschiedliche Regelungstatbestände für die Zuordnung von Hausrat während des Getrenntlebens:

83

- den Herausgabeanspruch des Alleineigentümers nach § 1361a Abs. 1 Satz 1 BGB
- den Anspruch des Nichteigentümers auf Gebrauchsüberlassung nach § 1361a Abs. 1 Satz 2 BGB
- die Verteilung gemeinschaftlicher Haushaltsgegenstände nach § 1361a Abs. 2 BGB.

Weiter sieht § 1361a Abs. 3 Satz 2 BGB vor, dass eine angemessene Vergütung für die Benutzung von Hausrat festgesetzt werden kann.

F. Verbotene Eigenmacht

Wurden Haushaltssachen eigenmächtig entfernt, stellt sich – ähnlich wie bei der Ehewohnung (vgl. Rdn. 3–6) – die Frage nach dem **Konkurrenzverhältnis** zwischen § 1361a BGB und etwaigen Eigentumsherausgabeansprüchen nach § 985 BGB oder Besitzschutz- und Besitzstörungsansprüchen nach §§ 858 ff. BGB andererseits.

84

Die ganz herrschende Rechtsprechung (OLG Stuttgart, FamRZ 1996, 172; OLG Oldenburg, FamRZ 1994, 1254, 1255; OLG Hamm, FamRZ 1988, 1303 f.; OLG Zweibrücken, FamRZ 1987, 1146, 1147; OLG Hamm, FamRZ 1987, 483, 484; OLG Köln, FamRZ 1987, 77, 78) geht davon aus, dass § 1361a BGB als lex specialis die Vorschriften des possessorischen Rechtschutzes verdrängt. Das hat zur Folge, dass das FamG nicht die Rückschaffung der gesamten entzogenen Haushaltssachen anordnet, sondern eine Zuweisung »nach Billigkeit« trifft.

85

Ein Teil der Rechtsprechung (KG, FamRZ 1987, 1147; OLG Düsseldorf, FamRZ 1984, 1095, 1096) hält dieses Ergebnis für unbefriedigend, da es das »Faustrecht« begünstige.

86

Auch hier ist die vermittelnde Meinung vorzuziehen, nach der das FamG analog § 1361a BGB zu entscheiden und dabei die verbotene Eigenmacht bei der Billigkeitsabwägung besonders zu berücksichtigen hat (OLG Karlsruhe, FamRZ 2007, 59 f.; OLG Nürnberg, FamRZ 2006, 486 f.; OLG Köln, FamRZ 01, 174; so auch PWW/*Weinreich* § 1361a Rn. 29, 30). Es ist zwar richtig, dass es auf den ersten Blick so erscheint, als ermögliche diese vermittelnde Auffassung die Einführung eines »Faustrechts« im Fall vorangegangener eigenmächtiger Haushaltssachenverteilung. Jedoch ist insoweit zu berücksichtigen, dass die zur schnellen Wiederherstellung des Rechtsfriedens vorgenommene Haushaltssachenrückführung nach § 861 BGB zwar kurzzeitig die alten Besitzverhältnisse herzustellen geeignet ist, jedoch oftmals im Fall eines nachgeschalteten Verfahrens nach § 1361a BGB nur von kurzer Dauer ist, weil anschließend sogleich eine Korrektur durch die Verteilung nach § 1361a BGB erfolgen kann. Durch die vermittelnde Meinung werden mehrere Prozesse mit ggf. widersprüchlichen Ergebnissen und ein Hin und Her im possessorischen und auf § 1361a BGB gestützten Verfahren vermieden.

87

Für eine vorrangige Anwendung von § 1361a BGB spricht auch, dass dieses Verfahren speziell auf die Situation im Zusammenhang mit der Trennung ausgerichtet ist und es somit erlaubt, dort möglichen Billigkeitserwägungen vorrangig Rechnung zu tragen.

88

Vor dem Inkrafttreten des FamFG hatte dieser Meinungsstreit Auswirkungen auf die gerichtliche Zuständigkeit, da für die Zuweisung von Haushaltssachen nach § 1361a BGB das FamG zuständig war, während die possessorischen Ansprüche vor dem allgemeinen Zivilgericht geltend gemacht werden mussten. Durch die Einführung des Großen Familiengerichts, das nun für alle Rechtsstreitigkeiten, die Ehe und Familie betreffen, zuständig ist, hat sich der Streit über die Zuständigkeit des anzurufenden Gerichts erledigt. Gem. § 266 Abs. 1 FamFG gehören nunmehr auch possessorische Ansprüche im Zusammenhang mit Trennung und Scheidung als sonstige Familiensachen zur Zuständigkeit der Familiengerichte.

89

G. Einigung

90   Haben sich die Beteiligten **vorbehaltlos, umfassend und wirksam** über die Verteilung der Haushaltssachen und eine etwaige Ausgleichszahlung geeinigt, entfällt das Regelungsinteresse für ein gerichtliches Verfahren. Eine Einigung über die Verteilung der Haushaltssachen ist nicht vollständig, wenn sich die Beteiligten zwar über die Verteilung der Haushaltssachen geeinigt haben, jedoch noch darüber streiten, ob und in welcher Höhe ein finanzieller Ausgleich zu zahlen ist (OLG Frankfurt am Main, FamRZ 1983, 730, 731). Zulässig sind jedoch Teileinigungen über den Verbleib eines Teils der Haushaltssachen; in diesem Fall kann das FamG nur noch über die Verteilung der restlichen Haushaltssachen entscheiden. Die Beteiligten können jedoch nicht verlangen, dass das FamG nur einzelne Gegenstände verteilt, wenn sie sich über die übrigen Haushaltssachen noch nicht geeinigt haben.

91   Eine Einigung kann auch durch **schlüssige Handlungen** erfolgen. Allerdings sind hieran strenge Anforderungen zu stellen. Es muss feststehen, dass die Eheleute eine Dauerregelung auch für die Zeit nach Scheidung gewollt haben (vgl. *Haußleiter/Schulz* Kap. 4 Rn. 163, m. w. N.). Verlässt ein Ehegatte im Zorn die Wohnung mit den Worten, der andere könne alles behalten, kann aus dieser Äußerung allein noch auf keinen endgültigen Verzicht geschlossen werden. Ist dagegen ein Ehegatte ausgezogen und hat seine neue Wohnung neu eingerichtet, kann eine konkludente Einigung angenommen werden.

92   Der Streit über die Wirksamkeit und den Inhalt einer Einigung ist als **Vorfrage im gerichtlichen Verfahren** zu klären. Klärt das FamG die von einem Ehegatten behauptete Einigung nicht auf, so kann dies in höherer Instanz zur Aufhebung und Zurückverweisung der Sache in die erste Instanz führen (OLG Zweibrücken, FamRZ 1993, 82 ff.).

93   Vor dem Inkrafttreten des FamFG war bei einem Streit über die Durchsetzung bzw. Erfüllung eines seinem Inhalt nach unstreitigen Vergleichs das allgemeine Zivilgericht zuständig (vgl. hierzu BGH, NJW 1979, 789, 790). Durch die Einführung des Großen Familiengerichts ist nunmehr auch für diese Streitigkeiten die familiengerichtliche Zuständigkeit gegeben, da es sich hierbei gem. § 266 Abs. 1 FamFG um eine sonstige Familiensache handelt.

H. Teilung von Haushaltssachen (§ 1361a BGB)

94   Das Antragsrecht der Eheleute auf Teilung der Haushaltssachen besteht nach dem Wortlaut des § 1361a BGB erst, wenn die Eheleute getrennt leben. Die häusliche Gemeinschaft muss aufgehoben sein. Die bloße Absicht der Trennung reicht, anders als für die Zuweisung der Ehewohnung nach § 1361b BGB nicht aus (Prütting/Wegen/Weinreich/§ 1361a Rn. 12). Eine nur vorübergehende Trennung reicht ebenfalls nicht aus.

95   Gem. § 1568b Abs. 2 BGB, der analog anzuwenden ist, wird vermutet, dass die während der Ehe für den gemeinsamen Haushalt angeschafften Gegenstände gemeinsames Eigentum sind, es sei denn das Alleineigentum eines Ehegatten steht fest (Prütting/Wegen/*Weinreich* § 1361a Rn. 21). Die **Vermutungswirkung** endet mit der Trennung, da danach oder im Hinblick auf die Trennung angeschaffte Haushaltssachen nicht mehr für den gemeinsamen Haushalt angeschafft sind. Das aus § 1353 BGB folgende Recht des anderen zum Mitbesitz kann dem Herausgabeverlangen nicht mehr entgegengehalten werden (BGH, FamRZ 1984, 557).

96   ▶ **Hinweis zur Taktik:**

> 1. Es ist ratsam, bereits in einem möglichst frühen Stadium der Trennung für den Ehegatten, der aus der Ehewohnung ausgezogen ist, eine Regelung der Haushaltssachenteilung herbeizuführen, da sich dieser ansonsten anderweitige Haushaltssachen zur Führung eines eigenen Haushalts anschaffen muss und späterhin kaum noch Interesse an einer Haushaltssachenteilung besteht.
>
> 2. In diesem Zusammenhang ist zu berücksichtigen, dass der ausgezogene Ehegatte die Kosten für einen nach der Trennung aufgenommenen Kredit zur Finanzierung von

Haushaltssachenanschaffungen unterhaltsrechtlich nur geltend machen kann, wenn diese Anschaffungen unvermeidbar waren (BGH, FamRZ 1998, 1501 ff.). Dies wird i. d. R. nur dann der Fall sein, wenn zuvor eine einvernehmliche Haushaltssachensteilung erfolgt ist oder die Teilung der Haushaltssachen gerichtlich durchgesetzt wurde.

3. Weiterhin ist zu berücksichtigen, dass Haushaltssachen, die nach der Trennung der Eheleute angeschafft wurden, i. d. R. nicht mehr zum gemeinsamen Haushalt gehören. Es besteht Alleineigentum des Erwerbers/der Erwerberin, sodass diese Haushaltssachen in den Zugewinnausgleich fallen (OLG Naumburg, NJW-RR 2009, 726; BGH, FamRZ 1984, 144 ff.).

I. Zuweisungsantrag während des Getrenntlebens

1. Muster: Antrag auf Zuweisung von Haushaltssachen (§ 1361a BGB)

An das   97

Amtsgericht

– Familiengericht –[1]

Antrag auf Herausgabe, Gebrauchsüberlassung, Hausratsverteilung und Nutzungsentschädigung gemäß § 1361a BGB

des/der.....[2]

– Antragsteller/in –

Verfahrensbevollmächtigter/e:.....[3]

gegen

den/die.....

– Antragsgegner/in –

Verfahrensbevollmächtigter/e:.....

Namens und in Vollmacht des/der Antragstellers/in wird gemäß § 1361a BGB beantragt, wie folgt zu erkennen:[4]

I. Der/Die Antragsgegner/in wird verpflichtet

1. an die Antragstellerin/den Antragsteller die in seinem/ihrem Eigentum stehenden Haushaltssachen gemäß beigefügter Liste A herauszugeben und ihm/ihr diese zur alleinigen Nutzung während des Getrenntlebens überlassen;

2. an den/die Antragsteller/in die im Alleineigentum des/der Antragsgegner/in stehenden Haushaltssachen gemäß beigefügter Liste B herauszugeben und diese dem/der Antragsteller/in während der Dauer des Getrenntlebens zur Führung eines gesonderten Haushalts zu überlassen;

3. an den/die Antragsteller/in die in der beigefügten Liste C mit einem Kreuz markierten, im gemeinsamen Eigentum stehenden Haushaltssachen herauszugeben und ihm/ihr diese zur alleinigen Nutzung für die Dauer des Getrenntlebens überlassen;

4. an den/die Antragsteller/in für die Nutzung des PKW ....., amtliches Kennzeichen ....., eine Nutzungsentschädigung von monatlich ..... fortlaufend bis zum 3. Werktag eines jeden Monats im Voraus zu zahlen

5. die Kosten des Verfahrens zu tragen.[5]

II. Weiterhin werden folgende Anträge gestellt:[6]

1. Dem/Der Antragsgegner/in wird verboten, im gemeinsamen Eigentum stehende Haushaltssachen, insbesondere ..... (detaillierte Auflistung der Gegenstände), zu veräußern, zu verschenken oder zu vernichten.

2. Dem/Der Antragsgegner/in wird verboten, Haushaltssachen, insbesondere ..... (detaillierte Auflistung der Gegenstände), aus der Ehewohnung ..... (Ort, Straße, Stockwerk, rechts, links, Mitte, Wohnungs-Nr.), zu entfernen.

3. Dem/Der Antragsgegner/in wird für jeden Fall der Zuwiderhandlung gegen die Verbotsanordnungen gemäß Ziffer II Nr. 1 und 2 ein Ordnungsgeld bis zu 25.000,00 € ersatzweise Ordnungshaft bis zu 6 Monaten angedroht.

4. Dem/Der Antragsgegner/in wird aufgegeben, aus der Ehewohnung ..... (Ort, Straße, Stockwerk, rechts, links, Mitte, Wohnungs-Nr.), entfernte Haushaltssachen, nämlich ..... (detaillierte Auflistung der Gegenstände), in die Ehewohnung zurückzuschaffen.

III. Abschließend wird beantragt,[7]

dem/der Antragsteller/in für das Verfahren Verfahrenskostenhilfe unter Beiordnung des/der Unterzeichnenden/de zu bewilligen.

Begründung:[8]

Die Beteiligten sind seit dem ..... miteinander verheiratet. Aus der Ehe der Beteiligten ist ein Kind ..... (Name und Geburtsdatum)/sind (Anzahl) ..... Kinder .....(Namen und Geburtsdaten) hervorgegangen.

Die Beteiligten leben seit dem ..... von einander getrennt. Beide führen in ihren jeweiligen Wohnungen einen abgesonderten Haushalt. Die Kinder leben im Haushalt des/der Antragsteller/in.

I. Zum **Herausgabeanspruch** nach § 1361a Abs. 1 Satz 1 BGB.

Der/Die Antragsteller/in ist Eigentümer/in der in der beigefügten Liste A aufgeführten Haushaltssachen. Die unter Nummer..... bis ..... aufgelisteten Gegenstände hatte der/die Antragsteller/in bereits vor der Eheschließung angeschafft.

Beweis: 1. Rechnungen vom .....[9]

2. Zeugnis .....

Die unter Nummer ..... bis ..... aufgelisteten Gegenstände der Liste A sind zwar während der Ehe angeschafft worden. Der/Die Antragsteller/in hat diese Gegenstände allerdings selbst gekauft und mit eigenen Mitteln bezahlt. Er/Sie hat die Gegenstände in der Absicht erworben, diese in seinem/ihrem Alleineigentum zu behalten. Der/Die Antragsgegner/in hatte für diese Gegenstände keine Verwendung. Sie dienten ausschließlich den Interessen des/der Antragstellers/in. Dies ist nach außen dadurch deutlich zutage getreten, dass ..... (substantiierte Darstellung der Gründe).

Beweis: 1. Kaufvertrag vom.....

2. Zeugnis des .....

Die Gegenstände in der Liste A Nummer ..... bis ..... hat der/die Antragsteller/in während der Ehezeit geschenkt erhalten. Die Art dieser Gegenstände, die Zweckbestimmung, die Person des Schenkers und die Umstände der Schenkung ergeben eindeutig, dass nur der/die Antragsteller/in diese zu Alleineigentum erworben hat.

Beweis: .....

Der/Die Antragsgegner/in benötigt die Gegenstände der Liste A nicht zur Führung seines/ihres abgesonderten Haushalts. Diese sind daher an den/die Antragsteller/in herauszugeben. Der/Die Antragsgegner/in ist außergerichtlich mit Schreiben vom ..... vergeblich zur Herausgabe aufgefordert worden.

Beweis: Scheiben vom .....

II. Zum **Gebrauchsüberlassungsanspruch** nach § 1361a Abs. 1 Satz 2 BGB wird folgendes ausgeführt:

Zwischen den Beteiligten ist unstreitig, dass der/die Antragsgegner/in Alleineigentümer/in der in der Liste B aufgeführten Gegenstände ist. Der/Die Antragsteller/in ist jedoch zur Führung seines/ihres abgesonderten Haushalts dringend auf diese Gegenstände angewiesen.

Es entspricht auch der Billigkeit, diese Gegenstände dem/der Antragsteller/in als Nichteigentümer/in für die Dauer des Getrenntlebens zu überlassen. Der/Die Antragsteller/in benötigt die Gegenstände der Liste B Nummer ..... bis ..... für die Kinderbetreuung.

Die übrigen Gegenstände hat er/sie während des ehelichen Zusammenlebens ganz überwiegend benutzt. Der/Die Antragsgegner/in kann diese Haushaltssachen entbehren. Er/Sie verfügt im Gegensatz zum/zur Antragsteller/in über die notwendigen finanziellen Mittel, sich diese Dinge neu anzuschaffen, da diese sowieso für jeden der beide Haushalte benötigt werden.

Der/Die Antragsteller/in hat den/die Antragsgegner/in vergeblich aufgefordert, ihm/ihr die in Liste B aufgeführten Gegenstände zur Führung seines/ihres abgesonderten Haushaltes zu überlassen.

III. Zur **Haushaltssachenteilung** gemäß § 1361a Abs. 2 und 3 BGB:

Der/Die Antragsteller/in hat sich außergerichtlich vergeblich bemüht, sich mit dem/der Antragsgegner/in über die Aufteilung der im Miteigentum stehenden Haushaltsgegenstände zu einigen.

Außer den in den Listen A und B verfügt der/die Antragsgegner/in noch über die in Liste C aufgeführten Gegenstände, die im Miteigentum beider Ehegatten stehen.

Es entspricht der Billigkeit, wenn der/die Antragsteller/in die in der Liste C mit einem Kreuz markierten Gegenstände erhält. Insgesamt wird so eine ausgewogene Verteilung für die Trennungszeit unter Berücksichtigung des beiderseitigen derzeitigen Bedarfs erreicht.

IV. Zum **Anspruch auf Nutzungsentschädigung** nach § 1361a Abs. 3 BGB:

Zwischen den Beteiligten ist unstreitig, dass der Pkw ....., amtliches Kennzeichen ....., den Haushaltssachen zuzurechnen ist. Unstreitig ist auch, dass der Pkw im Alleineigentum des/der Antragsteller/in steht.

Nach der Trennung ist der/die Antragsgegner/in auf die Nutzung des Pkw dringend angewiesen.

Da die Haushaltssachen im Übrigen ausgewogen verteilt sind, erscheint es angemessen, dem/der Antragsteller/in für die Nutzung des Pkws durch den/die Antragsgegner/in eine Nutzungsentschädigung zuzubilligen. Der/Die Antragsteller/in hält eine monatliche Nutzungsentschädigung in Höhe von ..... € für angemessen.

Der/Die Antragsteller/in muss für öffentliche Verkehrsmittel zusätzliche Kosten in Höhe von .....€ aufwenden.

V. Zu den mit Antrag zu II beantragten **flankierenden Maßnahmen** wird im Einzelnen folgendes aufgeführt:

..... (genaue Sachverhaltsdarstellung nebst Beweisanerbieten zur Notwendigkeit der beantragten Anordnungen)

VI. Hinsichtlich des Antrages auf Bewilligung von Verfahrenskostenhilfe wird auf die beigefügte Erklärung über die persönlichen und wirtschaftlichen Verhältnisse nebst Anlagen Bezug genommen.

1. Zuständigkeit. Das Verfahren zur Teilung von Haushaltssachen ist gem. § 111 Nr. 5 FamFG eine Familiensache. Für Familiensachen ist gem. § 23a Abs. Nr. 1 GVG das Amtsgericht **sachlich** zuständig.

Die **örtliche** Zuständigkeit richtet sich nach § 201 FamFG, wonach eine ausschließliche Zuständigkeit begründet und eine bestimmte Reihenfolge festgelegt wird, sodass die vorgehende Zuständigkeit jede nachfolgende ausschließt. Örtlich zuständig ist gem. § 201 Nr. 1 FamFG zunächst das FamG, bei dem die Ehesache anhängig ist. Ist ein Scheidungsverfahren nicht anhängig, richtet sich die Zuständigkeit nach § 201 Nr. 2 FamFG. Örtlich zuständig ist danach das FamG, in dessen Bezirk die Ehegatten ihren gewöhnlichen Aufenthalt haben.

Für den Fall, dass eine Zuständigkeit nach § 201 Nr. 1 und Nr. 2 FamFG nicht gegeben ist, stellt § 201 Nr. 3 FamFG auf den gewöhnlichen Aufenthalt des/der Antragsgegners/in ab. Hilfsweise ist nach § 201 Nr. 4 FamFG der gewöhnliche Aufenthalt des/der Antragstellers/in maßgeblich.

Wird ein **Scheidungsverfahren** anhängig, während bereits ein Verfahren nach § 1361a BGB läuft, ist gem. § 202 FamFG das Verfahren zur Teilung von Haushaltssachen von Amts wegen an das Gericht der Ehesache abzugeben.

2. Verfahrensbeteiligte. Verfahrensbeteiligte sind die getrennt lebenden Eheleute. Die Herausgabepflicht des § 1361a BGB kann sich auch gegen einen Dritten richten, der für den herausgabepflichtigen Ehegatten Haushaltssachen (z. B. als Verwahrer) besitzt (OLG Frankfurt am Main, FamRZ 1984, 1118 f.).

3. Kein Anwaltszwang. Haushaltssachen gehören nicht zu den Familienstreitsachen i. S. v. § 112 FamFG, sodass gem. § 114 Abs. 1 FamFG kein Anwaltszwang besteht.

4. Verfahrensanträge. Das Verfahren wird gem. § 203 FamFG auf einen entsprechenden Antrag eines Ehegatten eingeleitet. Es handelt sich um einen Verfahrensantrag, keinen Sachantrag. Durch den Verfahrensantrag wird ein Verfahren eingeleitet und eine bestimmte Regelung angeregt. Die Anträge binden das Gericht nicht. Das Gericht kann von Amts wegen eine andere als die beantragte Regelung treffen.

Das Antragsrecht ist höchstpersönlich und nicht übertragbar. Der Tod eines Ehegatten erledigt ein schwebendes Verfahren in der Hauptsache (§ 208 FamFG). Es bleibt nur die Kostenentscheidung Gegenstand des Verfahrens, das insoweit mit den Erben fortgesetzt wird.

Das **Amtsermittlungsprinzip** verpflichtet das FamG festzustellen, was an verteilungsfähigen Haushaltssachen vorhanden ist und in wessen Eigentum die Gegenstände stehen.

Nach § 203 Abs. 2 FamFG soll der Antrag in Haushaltssachen die Angabe der Gegenstände enthalten, deren Zuteilung begehrt wird. Da es sich um eine Soll-Vorschrift handelt, kann ein Verstoß dagegen nicht zur Zurückweisung des Antrages als unzulässig führen. Vielmehr hat das Gericht auf eine Nachbesserung nach § 28 Abs. 1 Satz 1 FamFG hinzuwirken.

Das Gericht kann dem/der Antragsteller/in gem. § 206 Abs. 1 FamFG aufgeben, den Verfahrensantrag hinsichtlich der beanspruchten Haushaltssachen zu präzisieren und eine Aufstellung sämtlicher Gegenstände einschließlich deren genauer Bezeichnung und entsprechender Belege vorzulegen. Es kann zur Erfüllung dieser Auflagen eine **angemessene Frist** setzen. Wird die Frist versäumt, ist das Gericht nach § 206 Abs. 3 FamFG zur weiteren Sachaufklärung nicht mehr verpflichtet, was sich für den/die Antragsteller/in nachteilig auswirken kann. Die **Präklusionsregelung** gem. § 206 Abs. 2 FamFG, die eine **Einschränkung des Amtsermittlungsprinzips** (§ 206 Abs. 3 FamFG) darstellt, erfasst nur den Sachvortrag und die Beweisangebote für bestimmte Tatsachenbehauptungen, nicht dagegen das Verfahrensziel als solches. Den Beteiligten bleibt es also unbenommen, die Angaben zu den Haushaltssachen, die sie zugeteilt haben möchten, zu ändern (Schulte-Bunert/*Weinreich* § 206 Rn. 16). Nach Sinn und Zweck der Regelung erfasst die Präklusionswirkung auch nur solche Umstände, die für denjenigen Beteiligten, gegen den sich die Auflage nach § 206 Abs. 1 FamFG richtet, günstig sind. Betrifft sie hingegen für ihn nachteilige Umstände, ist die Pflicht des Gerichts zur Amtsermittlung nicht eingeschränkt.

▶ **Hinweis zur Taktik:**

Auch wenn das Haushaltssachenverfahren ein Amtsverfahren ist und dem das Verfahren einleitenden Antrag nicht die Bedeutung eines Sachantrags zukommt, sollte der das Verfahren einleitende Beteiligte im eigenen Interesse alle Gegenstände, die beansprucht werden, genau bezeichnen und die gesamten vorhandenen Haushaltssachen darstellen und angeben, wer unter

Beachtung welcher Überlegungen die jeweiligen Gegenstände erhalten soll. Die gerichtliche Zuweisung von Haushaltssachen muss in jedem Fall so bestimmt sein, dass der/die Gerichtsvollzieher/in die einzelnen Gegenstände unverwechselbar erkennen und aussondern kann (OLG Brandenburg, FamRZ 2000, 1102 ff.).

5 Kostenregelung und Verfahrenswert. § 81 Abs. 1 Satz 3 FamFG sieht für Familiensachen, wozu auch Haushaltssachen gehören (§ 111 Nr. 5 FamFG), eine verpflichtende Kostenentscheidung vor. Das Gericht kann die Kosten des Verfahrens **nach billigem Ermessen** den Beteiligten ganz oder z. T. auferlegen. § 80 FamFG bestimmt, welche Kosten erstattungsfähig sind. Hierzu zählen nach § 80 Satz 1 FamFG zum einen die Gerichtskosten (Gebühren und Auslagen) und zum anderen die zur Durchführung des Verfahrens notwendigen Aufwendungen, also insb. die Anwaltskosten.

Allein die **Rücknahme** eines Antrages rechtfertigt die Auferlegung der Kosten nicht. Vielmehr sind die Umstände zu berücksichtigen, die zur Rücknahme des Antrages geführt haben, wie etwa eine zwischenzeitlich außergerichtlich zustande gekommene Einigung.

§ 81 Abs. 2 FamFG regelt Abweichungen vom Grundsatz der Kostenentscheidung nach billigem Ermessen. Nach § 81 Abs. 2 Nr. 1 FamFG soll dem Beteiligten die Kosten des Verfahrens auferlegt werden, der durch **grobes Verschulden** Anlass für das Verfahren gegeben hat. Konkrete Fälle groben Verschuldens werden in § 81 Abs. 2 Nr. 2 – Nr. 4 FamFG geregelt, nämlich das Stellen eines erkennbar aussichtslosen Antrages sowie das schuldhafte Anführen unwahrer Angaben zu einer wesentlichen Tatsache und das schuldhafte Verletzen von Mitwirkungspflichten, die zu einer erheblichen Verzögerung des Verfahrens geführt haben.

Wird das Verfahren durch **Vergleich** erledigt und haben die Beteiligten keine Bestimmung über die Kosten getroffen, fallen gem. § 83 Abs. 1 FamFG die Gerichtskosten jedem Teil zu gleichen Teilen zur Last. Die außergerichtlichen Kosten trägt jeder Beteiligte selbst.

Nach § 83 Abs. 2 FamFG ist auch dann, wenn das Gericht keine Endentscheidung zu treffen hat, weil sich z. B. das Verfahren auf sonstige Weise erledigt hat, über die Kostenfolge nach den Grundsätzen des § 81 FamFG zu entscheiden.

Für Verfahren nach § 1361a BGB beziffert sich der **Verfahrenswert** gem. § 48 Abs. 2 FamGKG auf 2.000,00 €. Eine Erhöhung kommt in Betracht, wenn es sich z. B. um besonders wertvolle Haushaltssachen handelt (OLG Celle, JurionRS 2014, 11012), eine Herabsetzung, wenn der Wert außergewöhnlich niedrig ist (BT-Drucks. 16/6308, S. 307) oder die Beteiligten sich hinsichtlich eines Teils der Haushaltssachen bereits verbindlich geeinigt haben (*Brudermüller* FamRZ 1999, 199; OLG Frankfurt am Main JurBüro 1989, 1563; s. a. BGHZ 18, 143). Wird eine **Nutzungsentschädigung** beansprucht oder zugesprochen, erhöht dies den Verfahrenswert nicht.

Die Gerichtskosten betragen nach Nr. 1320 FamGKG 2,0 Gebühren

6. Flankierende Maßnahmen. Das Gericht kann und sollte – sofern veranlasst – gem. § 209 Abs. 1 FamFG flankierende Maßnahmen anordnen, die für die praktische Durchführung und Vollstreckung der Entscheidung maßgeblich sind. Es ist sinnvoll den Erlass derartiger ergänzender Anordnungen bereits im Verfahrensantrag anzuregen.

7. Verfahrenskostenhilfe. Bei dem Haushaltssachenverfahren nach § 200 Abs. 2 Nr. 2 FamFG handelt es sich um ein Verfahren ohne Anwaltszwang i. S. v. § 78 Abs. 2 FamFG. In diesen Verfahren ist ein Antrag des Beteiligten auf Anwaltsbeiordnung zu stellen. Gem. § 78 Abs. 2 FamFG wird dem Beteiligten ein Rechtsanwalt oder eine Rechtsanwältin nur dann beigeordnet, wenn dies wegen der Schwierigkeit der Sach- und Rechtslage erforderlich ist. Dies ist nach den Umständen des Einzelfalls zu beurteilen (BGH, FamRZ 2009, 857). Neben objektiven Kriterien, wie Umfang und Schwierigkeit der Sach- und Rechtslage, bestimmt sich die Erforderlichkeit auch an subjektiven Kriterien (Das neue FamFG/Schulte-Bunert/*Keske* § 78 Rn. 4; OLG Düsseldorf, NJW 2010, 1211 unter Bezugnahme auf die nach altem Recht ergangene Entscheidung des BGH FamRZ 2009, 857; OLG Zweibrücken, NJW 2010, 1212). Hierzu zählt die Ausdrucksfähigkeit der Beteiligten, ihre

Gewandtheit und geistige Befähigung, ihr Rechtsanliegen dem Gericht schriftlich oder mündlich ausreichend und ohne Gefahr einer eigenen Rechtsbeeinträchtigung darzustellen (BVerfG, FamRZ 2004, 213; BGH, FamRZ 2003, 1547 und 1921).

▶ **Hinweis zur Taktik**

Der/Die Antragsteller/in kann den Antrag auf Bewilligung von Verfahrenskostenhilfe mit der jeweiligen Antragsschrift verbinden, d. h. beide Anträge in einem Schriftsatz stellen (BGH, FamRZ 1996, 1142, 1143). Will der/die Antragsteller/in – wie im Regelfall – den Antrag aber nur für den Fall der Bewilligung von Verfahrenskostenhilfe bzw. im Umfang der Verfahrenskostenhilfe stellen, muss in der Antragsschrift deutlich gemacht werden, dass die Antragstellung in der Hauptsache nur für den Fall der Bewilligung von Verfahrenskostenhilfe erfolgt (BGH, NJW-RR 2000, 879; OLG Koblenz, FamRZ 1998, 312; Prütting/Gehrlein/*Völker/Zempel* § 117 Rn. 24). Das ist stets dann anzunehmen, wenn in dem eingereichten Schriftsatz die Antragstellung unter der Voraussetzung steht, dass Verfahrenskostenhilfe bewilligt wird oder von einer – nur – beabsichtigten Antragstellung die Rede ist. Ein als Antrag bezeichneter Schriftsatz kann aber auch dann nur als Antrag auf Gewährung von Verfahrenskostenhilfe gemeint sein, wenn in dem Schriftsatz gebeten wird, »vorab« über die Gewährung von Verfahrenskostenhilfe zu entscheiden (BGH, FamRZ 2005, 794 ff.; OLG Köln, FamRZ 1984, 916 ff.).

8. Begründung. Gem. § 23 Abs. 1 FamFG soll der verfahrenseinleitende Antrag eine Begründung enthalten. Die Ausgestaltung als Sollvorschrift stellt sicher, dass eine Nichterfüllung der Begründungspflicht nicht zur Zurückweisung des Antrages als unzulässig führen kann. Dennoch ist zur möglichst frühzeitigen Strukturierung und sachgerechten Förderung des Verfahrens eine Begründung sachgerecht. Es sollten die zur Begründung dienenden Tatsachen unter Aufführung von Ort, Zeit und genauen Umständen und Beweismittel angegeben und das Gericht hierdurch bei der Ermittlung des entscheidungserheblichen Sachverhalts unterstützt werden.

9. Beweislast. Das Gericht hat gem. §§ 26, 29 FamFG **von Amts wegen** zu ermitteln und die erforderlichen Beweise zu erheben. Trotz der Amtsermittlungspflicht des Gerichts sollte der zu regelnde Sachverhalt unter Beachtung der Darlegungs- und Beweislast dargestellt werden. Alle entscheidungserheblichen Tatsachen sollten unter Beweis gestellt werden.

Ein **förmliches Beweisantragsrecht** haben die Beteiligten nicht. Das Gericht muss sich dennoch mit entscheidungserheblichen Beweisangeboten nach pflichtgemäßem Ermessen hinreichend auseinandersetzen und dementsprechend die Ablehnung der Beweiserhebung ggf. in der Endentscheidung begründen (§ 38 Abs. 3 FamFG). Eine fälschlich nicht vorgenommene Beweiserhebung stellt als Rechtsfehler eine Verletzung der Amtsermittlungspflicht dar. Dies kann unter den Voraussetzungen des § 69 Abs. 1 Satz 2, 3 FamFG zu einer Zurückweisung durch das Beschwerdegericht oder durch das Rechtsbeschwerdegericht nach § 74 Abs. 6 Satz 2 FamFG führen.

Das Gericht ist grds. nach seinem pflichtgemäßem Ermessen verpflichtet, den Sachverhalt vollständig aufzuklären. Es kann daher einen Beweisantrag ablehnen, wenn die Tatsachen unerheblich, erwiesen oder offenkundig oder als wahr unterstellt werden können bzw. falls das Beweismittel unzulässig, unerreichbar oder ungeeignet ist. Das Gericht kann den Beweisantrag auch mit der Begründung ablehnen, der Sachverhalt sei bereits vollständig aufgeklärt (Bay OLG, NJW-RR 1991, 777, 778). Hierbei besteht jedoch die Gefahr, dass dies als vorweggenommene Beweiswürdigung angesehen wird (Das neue FamFG/*Schulte-Bunert* § 29 Rn. 155).

In welcher Form das Gericht die Beweise erhebt, ist ihm überlassen (§ 29 Abs. 1 FamFG). Es kann grds. zwischen **Frei- und Strengbeweis** wählen (§ 30 Abs. 1 FamFG). Im Rahmen des Freibeweises kann das Gericht z. B. informell die Auskunftsperson persönlich, telefonisch oder schriftlich befragen. Ausnahmsweise muss das Gericht im Wege des Strengbeweises vorgehen. Das ist immer dann erforderlich, wenn das Gericht seine Entscheidung maßgeblich auf die Feststellung einer Tatsache stützen will und die Richtigkeit von einem Beteiligten ausdrücklich bestritten wird (§ 30 Abs. 3

FamFG) oder wenn es zur ausreichenden Sachaufklärung oder wegen der Bedeutung der Angelegenheit notwendig ist.

2. Vollstreckung

Gem. § 38 Abs. 1 FamFG ergeht die Endentscheidung durch Beschluss. Eine Vollstreckungsklausel **98** ist gem. § 86 Abs. 3 FamFG grds. entbehrlich. Nach § 86 Abs. 2 FamFG sind Beschlüsse mit Wirksamwerden vollstreckbar. Gem. § 209 Abs. 2 Satz 1 FamFG wird die Endentscheidung erst mit (formeller) **Rechtskraft** wirksam. Eine vorläufige Vollstreckbarkeit gibt es nicht. Die Rechtskraft tritt in isolierten Haushaltssachen ein, wenn die Frist für die befristete Beschwerde abgelaufen ist (1 Monat gem. § 63 Abs. 1 FamFG), wenn auf Rechtsmittel verzichtet wird oder eine endgültige Entscheidung des Beschwerdegerichts vorliegt. Daneben erwachsen Haushaltssachen aber auch in materielle Rechtskraft (BGHZ 6, 258), wobei deren Bedeutung angesichts der Abänderungsmöglichkeit nach § 48 Abs. 1 FamFG nur gering ist.

Aus rechtskräftigen Entscheidungen nach § 1361a BGB findet gem. § 95 FamFG die Zwangsvoll- **99** streckung nach den Vorschriften der ZPO statt. Die flankierenden Maßnahmen nach § 209 Abs. 1 FamFG werden, soweit es sich um unvertretbare Handlungen handelt, nach § 888 ZPO und die Untersagungsanordnungen nach § 890 ZPO vollstreckt (vgl. Rdn. 19–22).

3. Rechtsmittel

§ 38 Abs. 1 FamFG legt generell für alle Verfahren die Entscheidungsform des Beschlusses fest. Nach **100** § 58 FamFG findet grds. das Rechtsmittel der fristgebundenen Beschwerde ggü. allen im ersten Rechtszug ergangenen Beschlüsse statt. Die Beschwerde ist nach § 61 Abs. 1 FamFG in vermögensrechtlichen Angelegenheiten nur zulässig, wenn der **Wert des Beschwerdegegenstandes 600,00 €** übersteigt. Maßgebend für die Wertbemessung ist der Verkehrswert der betroffenen Haushaltssachen.

Sofern der Beschwerdewert nicht erreicht wird, sieht § 61 Abs. 2 Nr. 1 FamFG die Möglichkeit der **101** Zulassungsbeschwerde durch das erstinstanzliche Gericht vor, wenn dem Verfahren eine über den Einzelfall hinausgehende Bedeutung zukommt. Dies ist dann der Fall, wenn das erstinstanzliche Gericht von einer Entscheidung eines Obergerichts abweichen will oder eine Klärung der Rechtsfrage obergerichtlich noch nicht erfolgt ist. Wird die Zulassungsbeschwerde durch den/die Richter/in nicht zugelassen, ist die Entscheidung nicht anfechtbar.

Zur Beschwerde vgl. Rdn. 23–26; zur Anschlussbeschwerde vgl. Rdn. 27–28; zur Rechtsbeschwerde **102** vgl. Rdn. 29–34 und zu den Rechtsmitteln gegen Zwangsmittel, Kostenfestsetzung und Festsetzung des Verfahrenswerts vgl. Rdn. 35–40.

II. Einstweilige Anordnung in Haushaltssachen

Besteht die Gefahr, dass der herausgabepflichtige Ehegatte sich dieser Verpflichtung entziehen **103** könnte und Haushaltssachen veräußert, kann im Wege der einstweiligen Anordnung
- ein Veräußerungsverbot,
- ein Verbot, Haushaltssachen aus der Ehewohnung zu entfernen oder
- wenn dies schon geschehen ist, ein Gebot, die Haushaltssachen wieder zurückzuschaffen

erwirkt werden.

Besteht die Gefahr, dass der andere Ehegatte den Besitz des nutzungsberechtigten Ehegatten stört, ist auch ein Verbot möglich, die Haushaltssachen (wieder) an sich zu nehmen.

Die einstweiligen Anordnungen sind in den §§ 49 bis 57 FamFG geregelt. Sie bezwecken eine vor- **104** läufige Streitregelung zwischen den Beteiligten und eine beschleunigte Titelverschaffung. Besonders wichtige rechtliche Beziehungen sollen in einem vereinfachten, summarischen Verfahren vorläufig geregelt werden, ohne eine endgültige Entscheidung herbei zu führen, d. h. ohne die selbstständige Verfolgung und Klärung in einem Hauptsachverfahren auszuschließen.

105 § 49 Abs. 1 FamFG nennt als Voraussetzungen für den Erlass der einstweiligen Anordnung die Rechtfertigung der Maßnahme nach den für das Rechtsverhältnis maßgebenden Vorschriften und das dringende Bedürfnis für ein sofortiges Tätigwerden. Voraussetzung für den Erlass einer einstweiligen Anordnung ist somit zunächst, dass das Gericht nach summarischer Prüfung davon ausgeht, dass ein sicherbarer Anspruch vorliegt. Weiterhin ist eine **Dringlichkeit** erforderlich. Darunter ist die Notwendigkeit der Sicherung des geltend gemachten Anspruchs im Eilverfahren zu verstehen, also wenn nach dem objektiven Urteil eines vernünftigen Menschen eine unmittelbare Gefährdung für die Rechtsverwirklichung und Rechtsdurchsetzung im Hauptsacheverfahren besteht (Löhnig/ Heiß FamRZ 2009, 110).

106 Nach § 51 Abs. 3 FamFG ist das Verfahren auf Erlass einer einstweiligen Anordnung von einem Hauptsachverfahren unabhängig. Gem. § 52 Abs. 2 FamFG kann derjenige, der in einem Antragsverfahren die einstweilige Anordnung erwirkt hat, gezwungen werden, binnen einer Frist von höchsten 3 Monaten, das Hauptsachverfahren einzuleiten bzw. einen entsprechenden Verfahrenskostenhilfeantrag hierfür zu stellen. Geschieht dies entgegen der gerichtlichen Anordnung nicht, muss die einstweilige Anordnung aufgehoben werden. Dieser Beschluss ist unanfechtbar. Über das Antragsrecht sind die Beteiligten gem. § 39 FamFG zu belehren.

107 Im Wege der einstweiligen Anordnung kann zunächst die vorläufige Nutzung von Haushaltssachen durch einen Ehegatten oder auch die gemeinsame Nutzung (Telefon, Fernseher) geregelt werden. Ergänzend kann im Wege der einstweiligen Anordnung die Herausgabe einzelner dringend benötigter Gegenstände erwirkt werden. Ein **Regelungsinteresse** ist insb. auch dann gegeben, wenn eine Ehegatte eigenmächtig eine Teilung der Haushaltssachen durchgeführt hat oder diese bevorsteht. Die Herausgabe kann durch die Zahlung eines Betrages für eine Neuanschaffung abgewendet werden (Schulte-Bunert/Weinreich/*Schwonberg* § 49 Rn. 52). Eine Nutzungsentschädigung kann i. d. R. nicht Gegenstand einer einstweiligen Anordnung sein, weil hierfür die Eilbedürftigkeit fehlt.

1. Muster: Antrag auf Erlass einer einstweiligen Anordnung zur Aufteilung von Haushaltssachen nach § 1361a BGB

108 An das

Amtsgericht

– Familiengericht –[1]

Antrag auf Erlass einer einstweiligen Anordnung

(und Verfahrenskostehilfeantrag)

des/der.....[2]

Antragsteller/in

Verfahrensbevollmächtigter/e:[3]

gegen

den/die .....

Antragsgegner/in

Verfahrensbevollmächtigter/e:

I. Namens und in Vollmacht des/der Antragstellers/in wird beantragt,[4]

1. im Wege der einstweiligen Anordnung – wegen der Dringlichkeit der Sache ohne mündliche Verhandlung – dem/der Antragsgegner/in aufzugeben, folgende Gegenstände des ehelichen

Haushalts zur alleinigen Nutzung an den/die Antragsteller/in herauszugeben:..... (spezifizierte Auflistung der Haushaltssachen)

2. dem/der Antragsgegner/in werden die Kosten des Verfahrens auferlegt.[5]

II. Weiterhin werden folgende Anträge gestellt:[6]

1. Dem/Der Antragsgegner/in wird verboten, die im gemeinsamen Eigentum stehenden Haushaltssachen, ... (spezifizierte Auflistung der Haushaltssachen), zu veräußern, zu verschenken oder zu vernichten.

2. Dem/Der Antragsgegner/in wird verboten, die in Antrag II Nr. 1 erwähnten Haushaltssachen, aus der Ehewohnung ..... (Ort, Straße, Stockwerk, rechts, links, Mitte, Wohnungs-Nr.) zu entfernen.

3. Dem/Der Antragsgegner/in wird aufgegeben, die bereits aus der Ehewohnung ..... (Ort, Straße, Stockwerk, rechts, links, Mitte, Wohnungs-Nr.) entfernten Haushaltssachen, nämlich ..... (spezifizierte Auflistung der Haushaltssachen), in die Ehewohnung zurückzuschaffen.

4. Dem/Der Antragsgegner/in wird für jeden Fall der Zuwiderhandlung gegen die unter Ziffer II Nr. 1 und 2 angeordneten Verbotsanordnungen ein Ordnungsgeld bis zu 25.000,00 € ersatzweise Ordnungshaft bis zu 6 Monaten angedroht.

III. Abschließend wird beantragt,[7]

dem/der Antragsteller/in für das Verfahren Verfahrenskostenhilfe unter Beiordnung des/der Unterzeichnenden/de zu bewilligen.

Begründung:[8]

Die Beteiligten sind seit dem ..... miteinander verheiratet. Aus der Ehe der Beteiligten ist ein Kind ..... (Name und Geburtsdatum)/sind (Anzahl) ..... Kinder .....(Namen und Geburtsdaten) hervorgegangen.

Die Beteiligten leben seit dem ..... voneinander getrennt. Beide führen in ihren jeweiligen Wohnungen einen abgesonderten Haushalt. Die Kinder leben im Haushalt des/der Antragsteller/in.

Eine Ehesache ist noch nicht anhängig.

Zwischen den Beteiligten besteht Streit über die Benutzung der im Antrag aufgeführten Haushaltssachen. Der/Die Antragsgegner/in, der/die diese Haushatssachen in Besitz hat, ist nicht bereit, diese herauszugeben.

Der/Die Antragsteller/in benötigt die Haushaltssachen zur Führung eines abgesonderten Haushalts aus den nachfolgenden Gründen dringend: ..... (substantiierte Darstellung der Gründe).

Der/Die Antragsteller/in verfügt über keine Ersatzgegenstände und kann sich auch nicht anders behelfen. Die beanspruchte Herausgabe der Sachen entspricht der Billigkeit. Mit den ihm/ihr verbleibenden Haushaltssachen ist der/die Antragsgegner/in ohne weiteres in der Lage, seinen/ihren eigenen Haushalt angemessen zu führen. Hierbei wird insbesondere auf folgende, die Anordnung rechtfertigende Gründe hingewiesen: ..... (substantiierte Darstellung der Gründe).

Im Übrigen hat der/die Antragsgegner/in erklärt, dass die im Antrag II. Nr. 1 aufgeführten Haushaltssachen, die im gemeinsamen Eigentum stehen, in seinem/ihrem alleinigen Eigentum stünden und er/sie diese nunmehr kurzfristig veräußern würde.

Die in Antrag II Nr. 3 erwähnten Haushaltssachen hat der/die Antragsgegner/in bereits »verschwinden« lassen.

Beweis: .....

Zur Sicherung der Ansprüche des/der Antragsteller/in ist daher eine einstweilige Anordnung dringend geboten.

Zur Glaubhaftmachung des vorstehenden Sachvortrages wird auf die beigefügte eidesstattliche Versicherung des/der Antragsteller/in verwiesen.

Hinsichtlich des Antrages auf Bewilligung von Verfahrenskostenhilfe wird auf die beigefügte Erklärung über die persönlichen und wirtschaftlichen Verhältnisse nebst Anlagen Bezug genommen.

1. Zuständigkeit. Nach § 50 Abs. 1 Satz 1 FamFG ist das Gericht zuständig, das für die Hauptsache im ersten Rechtszug (fiktiv) zuständig wäre, also das jeweils örtlich zuständige FamG. Bei dem »fiktiven Hauptsacheverfahren«, an das in § 50 Abs. 1 Satz 2 FamFG angeknüpft wird, handelt es sich um dasjenige Verfahren, dessen Regelungsgegenstand mit dem des Verfahrens auf einstweiligen Rechtsschutz übereinstimmt (Schulte-Bunert/Weinreich/*Schwonberg* § 50 Rn. 2).

Nach § 202 FamFG sind Haushaltssachen während der **Anhängigkeit einer Ehesache** an das Gericht der Ehesache abzugeben. Dies gilt auch für das Verfahren der einstweiligen Anordnung.

2. Verfahrensbeteiligte. Verfahrensbeteiligte sind die getrennt lebenden Eheleute. Die Herausgabepflicht des § 1361a BGB kann sich auch gegen einen Dritten richten, der für den herausgabepflichtigen Ehegatten Haushaltssachen (z. B. als Verwahrer) besitzt (OLG Frankfurt am Main, FamRZ 1984, 1118 f.). Ist der Dritte unmittelbarer oder mittelbarer Besitzer des zurückzugebenden Hausrats, so kann auch diesem die Herausgabe durch eine einstweilige Anordnung aufgegeben werden.

3. Kein Anwaltszwang. Anwaltliche Vertretung ist im Verfahren der einstweiligen Anordnung gem. § 114 Abs. 4 Nr. 1 FamFG nicht zwingend.

4. Verfahrensanträge. Gem. § 51 Abs. 2 Satz 1 FamFG richtet sich das Verfahren der einstweiligen Anordnung grds. nach den Vorschriften des Hauptsacheverfahrens. Nach § 51 Abs. 2 Satz 2 FamFG kann das Gericht ohne mündliche Verhandlung entscheiden

Das Verfahren wird gem. §§ 51 Abs. 1, 203 FamFG auf einen entsprechenden Antrag eines Ehegatten eingeleitet. Es handelt sich um einen Verfahrensantrag, keinen Sachantrag; der Verfahrensantrag leitet ein Verfahren ein und regt eine bestimmte Regelung an, bindet aber das Gericht nicht. Das Gericht kann von Amts wegen eine andere als die beantragte Regelung treffen.

Als vorläufige Regelung kommen grds. alle die Nutzung von Haushaltssachen betreffenden Entscheidungen in Betracht, die auch im Hauptsacheverfahren möglich wären. Dies gilt gem. § 49 Abs. 2 FamFG auch für **Schutz- und Zusatzanordnungen**, die gerade im einstweiligen Anordnungsverfahren von besonderer Bedeutung sein können. Allerdings ist i. R. d. einstweiligen Anordnungsverfahrens eine Umgestaltung von Rechtsverhältnissen grds. ausgeschlossen.

5. Kostenregelung, Verfahrenswert und anwaltliche Gebühren. Durch die Verselbstständigung des einstweiligen Anordnungsverfahrens vom Hauptsacheverfahren ist eine **selbstständige Kostenentscheidung** des Gerichts erforderlich. Für die Kosten des Verfahrens der einstweiligen Anordnung gelten nach § 51 Abs. 4 FamFG die allgemeinen Vorschriften. Nach § 81 Abs. 1 FamFG kann das Gericht die Kosten nach billigem Ermessen verteilen, wobei jedoch stets eine Kostenentscheidung erforderlich ist (vgl. hierzu Rdn. 97, *M. 5*).

Für einstweilige Anordnungen ist grds. vom **hälftigen Wert** der jeweiligen Hauptsache auszugehen (§ 41 FamGKG). Gem. § 48 Abs. 2 FamGKG beziffert sich für das Hauptsacheverfahren in Haushaltssachen nach § 1361a BGB der Verfahrenswert auf 2.000,00 €. Für eine entsprechende einstweilige Anordnung beträgt somit der **Verfahrenswert** 1.000,00 €.

Für einstweilige Anordnungen in Haushaltssachen beträgt der Gebührensatz gemäß KV Nr. 1420 1,5.

Die anwaltlichen Gebühren richten sich nach dem RVG. Die gerichtliche Wertfestsetzung nach dem FamGKG gilt nach § 23 Abs. 1 Satz 1 RVG auch für die Ermittlung der anwaltlichen Gebühren. Hinsichtlich der anfallenden anwaltlichen Gebühren verbleibt es bei den bisherigen Gebührentatbeständen Nr. 3100 ff. RVG-VV (Anlage 1 zum RVG).

6. Flankierende Maßnahmen. Das Gericht kann und sollte – sofern veranlasst – gem. § 209 Abs. 1 FamFG flankierende Maßnahmen anordnen, die für die praktische Durchführung und Vollstreckung der Entscheidung maßgeblich sind. Es ist sinnvoll den Erlass derartiger ergänzender Anordnungen bereits im Verfahrensantrag anzuregen.

7. Verfahrenskostenhilfe. Bei dem Haushaltssachenverfahren nach § 200 Abs. 2 Nr. 2 FamFG handelt es sich um ein Verfahren ohne Anwaltszwang i. S. v. § 78 Abs. 2 FamFG. In diesen Verfahren ist ein Antrag des Beteiligten auf Anwaltsbeiordnung zu stellen. Gem. § 78 Abs. 2 FamFG wird den Beteiligten ein Rechtsanwalt oder eine Rechtsanwältin nur dann beigeordnet, wenn dies wegen der Schwierigkeit der Sach- und Rechtslage erforderlich ist. Dies ist nach den Umständen des Einzelfalls zu beurteilen (BGH, FamRZ 2009, 857). Neben objektiven Kriterien, wie Umfang und Schwierigkeit der Sach- und Rechtslage, bestimmt sich die Erforderlichkeit auch an subjektiven Kriterien (Das neue FamFG/Schulte-Bunert/*Keske* § 78 Rn. 4; OLG Düsseldorf, NJW 2010, 1211 unter Bezugnahme auf die nach altem Recht ergangene Entscheidung des BGH, FamRZ 2009, 857; OLG Zweibrücken, NJW 2010, 1212). Hierzu zählt die Ausdrucksfähigkeit der Beteiligten, ihre Gewandtheit und geistige Befähigung, ihr Rechtsanliegen dem Gericht schriftlich oder mündlich ausreichend und ohne Gefahr einer eigenen Rechtsbeeinträchtigung darzustellen (BVerfG, FamRZ 2004, 213; BGH, FamRZ 2003, 1547 und 1921).

▶ **Hinweis zur Taktik**

Der/Die Antragsteller/in kann den Antrag auf Bewilligung von Verfahrenskostenhilfe mit der jeweiligen Antragsschrift verbinden, d. h. beide Anträge in einem Schriftsatz stellen (BGH, FamRZ 1996, 1142, 1143). Will der/die Antragsteller/in – wie im Regelfall – den Antrag aber nur für den Fall der Bewilligung von Verfahrenskostenhilfe bzw. im Umfang der Verfahrenskostenhilfe stellen, muss in der Antragsschrift deutlich gemacht werden, dass die Antragstellung in der Hauptsache nur für den Fall der Bewilligung von Verfahrenskostenhilfe erfolgt (BGH, NJW-RR 2000, 879; OLG Koblenz, FamRZ 1998, 312; Prütting/Gehrlein/*Völker/Zempel* § 117 Rn. 24). Das ist stets dann anzunehmen, wenn in dem eingereichten Schriftsatz die Antragstellung unter der Voraussetzung steht, dass Verfahrenskostenhilfe bewilligt wird oder von einer – nur – beabsichtigten Antragstellung die Rede ist. Ein als Antrag bezeichneter Schriftsatz kann aber auch dann nur als Antrag auf Gewährung von Verfahrenskostenhilfe gemeint sein, wenn in dem Schriftsatz gebeten wird, »vorab« über die Gewährung von Verfahrenskostenhilfe zu entscheiden (BGH, FamRZ 2005, 794 ff.; OLG Köln, FamRZ 1984, 916

8. Begründung. Gem. § 51 Abs. 1 Satz 2 FamFG besteht für alle Anträge Begründungszwang. Der/Die Antragsteller/in hat die den Antrag oder das Rechtsschutzziel rechtfertigenden Tatsachen vorzutragen und das Regelungsbedürfnis (§ 49 Abs. 1 FamFG) darzulegen. Die Voraussetzungen für die Anordnung sind glaubhaft zu machen. Gem. § 31 Satz 2 FamFG sind alle präsenten Beweismittel einschließlich der Versicherung an Eides statt zugelassen.

Der Erlass einer einstweiligen Anordnung ist generell nur zulässig, wenn ein **dringendes Bedürfnis** für ein sofortiges Tätigwerden besteht. Dieses wird regelmäßig zu bejahen sein, wenn ein Zuwarten bis zur Entscheidung in einer etwaigen Hauptsache nicht ohne Eintritt erheblicher Nachteile möglich wäre. Ein Regelungsbedürfnis für eine einstweilige Anordnung entfällt, wenn sich die Beteiligten über die vorläufige Nutzung geeinigt haben, es kann jedoch wieder aufleben, wenn Streit über die Wirksamkeit der getroffenen Einigung entsteht (OLG Frankfurt am Main, FamRZ 1991, 1327).

Neben den Zuweisungsvoraussetzungen müssen also bei einem Antrag auf Erlass einer einstweiligen Anordnung auch die Gründe für das besondere Eilbedürfnis dargetan werden.

▶ **Hinweis zur Taktik:**

Es empfiehlt sich, den auf den Erlass einer einstweiligen Anordnung gerichteten Sachvortrag so umfassend wie möglich abzufassen. Ein Antrag auf Erlass einer einstweiligen Anordnung hinsichtlich der alleinigen Zuweisung von Haushaltssachen muss stets die Glaubhaftmachung des vorgetragenen Sachverhalts und möglichst weitere Mittel der Glaubhaftmachung beinhalten. Zu denken ist dabei insb. an die Beifügung eidesstattlicher Versicherungen von Personen, die Zeugen des Fehlverhaltens des anderen Ehegatten wurden. Für die Beweiskraft der **eidesstattlichen**

Versicherung ist von Bedeutung, dass diese sich nicht lediglich auf eine Bezugnahme auf einen anwaltlichen Schriftsatz beschränkt, was nicht ausreichend ist, sondern eine selbstständige Sachdarstellung zu den relevanten Tatsachen enthalten muss (vgl. hierzu: BGH, NJW 1996, 1682).

Es kann zweckmäßiger sein, den Erlass einer einstweiligen Anordnung zu beantragen als ein Hauptsacheverfahren auf Zuweisung der Haushaltssachen anhängig zu machen, weil einstweilige Anordnungsverfahren zum einen kostengünstiger sind und zum anderen die einstweilige Anordnung den Zeitpunkt der **Rechtskraft der Scheidung überdauern** kann, solange sie durch keine anderweitige Regelung abgelöst oder vom Gericht befristet oder ausdrücklich »für die Zeit des Getrenntlebens« ausgesprochen wird.

2. Vollstreckung

109   Die einstweilige Anordnung ist gem. §§ 86 Abs. 1 Nr. 1, 95 FamFG eine Vollstreckungstitel. Auf den Beschluss im Anordnungsverfahren finden die allgemeinen Regelungen der §§ 86 ff. FamFG Anwendung. Nach § 86 Abs. 3 FamFG bedürfen einstweilige Anordnungen grds. nur dann einer **Vollstreckungsklausel**, wenn die Vollstreckung nicht durch das Gericht erfolgt, das den Titel erlassen hat.

Beschlüsse sind nach § 86 Abs. 2 FamFG mit **Wirksamwerden** volltreckbar.

110   Aus rechtskräftigen Entscheidungen nach § 1361a BGB findet gem. § 95 FamFG die Zwangsvollstreckung nach den Vorschriften der ZPO statt. Flankierenden Maßnahmen nach § 209 Abs. 1 FamFG werden, soweit es sich um unvertretbare Handlungen handelt, nach § 888 ZPO und die Untersagungsanordnungen nach § 890 ZPO vollstreckt (vgl. hierzu Rdn. 19–22).

111   Nach § 55 Abs. 1 Satz 1 FamFG kann das erstinstanzliche Gericht die Vollstreckung einer einstweiligen Anordnung aussetzen oder beschränken. Dies ist auch von Amts wegen möglich. Ein Antrag ist nicht erforderlich. Wird jedoch ein Antrag gestellt, ist nach § 55 Abs. 2 FamFG über diesen vorab zu entscheiden. Ein Zuwarten bis zur Entscheidungsreife des Änderungsbegehrens nach § 54 FamFG ist für das Gericht nicht zulässig.

112   Die Aussetzungsentscheidung bewirkt i. d. R., dass die weitere Vollstreckung der Entscheidung nicht zulässig ist. Das Gericht kann aber auch die Vollstreckung nur begrenzen. Eine Beschränkung ist z. B. in der Form der Sicherheitsleistung möglich.

3. Rechtsmittel

113   Ist eine Entscheidung im Verfahren der einstweiligen Anordnung **ohne mündliche Verhandlung** ergangen, kann gem. § 54 Abs. 2 FamFG die Durchführung einer mündlichen Verhandlung beantragt werden.

114   Wenn eine Entscheidung im einstweiligen Anordnungsverfahren **aufgrund mündlicher Erörterung** ergangen ist, ist sie in Haushaltssachen gem. § 57 FamFG **nicht anfechtbar**. Sie ist aber wiederum abänderbar, wenn ihr nicht die formelle Rechtskraft der abzuändernden Entscheidung entgegensteht.

115   Gegen die **Verhängung von Ordnungsgeld** gem. § 890 ZPO, die Verhängung eines Zwangsgeldes nach § 888 ZPO oder die Zurückweisung eines diesbezüglichen Antrages findet nach § 87 Abs. 4 FamFG die sofortige Beschwerde in entsprechender Anwendung der §§ 567 bis 572 ZPO statt. Zu beachten ist, dass für die Frist und Form der sofortigen Beschwerde § 569 ZPO maßgeblich ist. Die Beschwerdefrist ist eine **Notfrist** und beträgt **2 Wochen**. Ihr Ziel kann es auch sein, den Ordnungsmittelrahmen zu ändern. Die sofortige Beschwerde hat gem. § 570 Abs. 1 ZPO nur dann aufschiebende Wirkung, wenn sie die Festsetzung eines Ordnungs- oder Zwangsmittels zum Gegenstand hat. Der Vollzug der angefochtenen Entscheidung kann allerdings nach § 570 Abs. 2 ZPO ausgesetzt werden (OLG Köln, FamRZ 2005, 223).

Die Rechtsbeschwerde findet in diesen Verfahren gem. § 574 Abs. 1 Nr. 2, Abs. 3, Abs. 2 Anr. 1 und   **116**
2 ZPO nur statt, wenn das Beschwerdegericht sie zugelassen hat.

III. Aufhebung oder Änderung der Entscheidung im einstweiligen Anordnungsverfahren

Entscheidungen im einstweiligen Anordnungsverfahren unterliegen einer vereinfachten Aufhe-   **117**
bungs- und Abänderungsmöglichkeit. Gem. § 54 Abs. 1 Satz 2 FamFG ist Voraussetzung hierfür
ein Antrag eines Ehegatten. Für eine Abänderung ist zu unterscheiden, ob der Beschluss nach mündlicher Verhandlung ergangen ist oder ohne eine solche.

Ist die einstweilige Anordnung **ohne vorherige mündliche Verhandlung** erlassen worden, kann   **118**
jederzeit dadurch eine Abänderung oder Aufhebung herbeigeführt werden, dass gem. § 54 Abs. 2
FamFG ein Antrag auf mündliche Verhandlung gestellt wird.

Einstweilige Anordnungen **aufgrund mündlicher Verhandlung** werden formell rechtskräftig, da   **119**
gem. § 57 FamFG in Haushaltssachen keine Beschwerdemöglichkeit besteht. Um in diesen Fällen
gleichwohl zu einer Änderungsentscheidung zu gelangen, müssen neue rechtliche oder tatsächliche
Gesichtspunkte vorgetragen werden (h. M. OLG Karlsruhe, FamRZ 1989, 642, 643; OLG Köln,
FamRZ 1987, 957, 958 m. Anm. von Gießler, FamRZ 1987, 1276; OLG Koblenz, FamRZ 1985,
1272, 1273; a.A. OLG Hamburg, FamRZ 1989, 198: freie Abänderbarkeit).

Die **Abänderungsentscheidung** kann ihrerseits aufgehoben oder abgeändert werden. Ist sie ohne   **120**
mündliche Verhandlung ergangen, so kann vom beschwerten Ehegatten Antrag auf mündliche Verhandlung gestellt werden. Diese Möglichkeit wird das Gericht i. d. R. veranlassen, bereits im Abänderungsverfahren eine mündliche Verhandlung anzuberaumen, damit eine weitere Entscheidung
(nach einem späteren Antrag auf mündliche Verhandlung) vermieden wird.

Erging die Abänderungsentscheidung nach mündlicher Verhandlung, ist ein erneuter Antrag auf   **121**
Abänderung nur dann zulässig, wenn ihm nicht die formelle Rechtskraft der abzuändernden Entscheidung entgegensteht.

1. Muster: Antrag auf Aufhebung/Abänderung einer einstweiligen Anordnung zur Aufteilung von Haushaltssachen gem. § 1361a BGB

An das   **122**

Amtsgericht

– Familiengericht –[1]

Geschäfts-Nr.: _ F_/__

Antrag auf Aufhebung/Änderung einer einstweiligen Anordnung

des/der.....[2]

– Antragsteller/in –

Verfahrensbevollmächtigter/e:.....[3]

gegen

den/die.....

– Antragsgegner/in –

Verfahrensbevollmächtigter/e:.....

Namens und in Vollmacht des/der Antragstellers/in wird beantragt,[4]

1. den Beschluss des ..... vom..... unter Zurückweisung des Anordnungsantrages vom ..... aufzuheben; *alternativ:* die einstweilige Anordnung vom ..... dahingehend abzuändern, dass .....

2. die Vollziehung des Beschlusses vom ..... auszusetzen; *alternativ:* bis zu einer Entscheidung über den Abänderungsantrag auszusetzen.

3. dem/der Antragsgegner/in die Kosten des Verfahrens aufzuerlegen.[5]

Gleichzeitig wird beantragt,

kurzfristig mündliche Verhandlung anzuberaumen.[6]

Weiterhin wird beantragt,[7]

dem/der Antragsteller/in für das Verfahren auf Erlass einer einstweiligen Anordnung Verfahrenskostenhilfe unter Beiordnung des/der Unterzeichnenden zu bewilligen.

Begründung:[8]

Die einstweilige Anordnung vom ....., die ohne mündliche Verhandlung ergangen ist, ist aufzuheben. Die von dem/der Antragsteller/in erhobenen Behauptungen entbehren jeder Grundlage.

Hierzu wird im Einzelnen wie folgt Stellung genommen: ..... (Substantiierte Auseinandersetzung mit dem Sachvortrag des/der Antragstellers/in nebst entsprechenden Beweisanerbieten).

In der mündlichen Verhandlung, deren umgehende Anberaumung beantragt wird, werden sich die wahrheitswidrigen Behauptungen bereits im Rahmen der Anhörung aufdecken lassen.

Zur Glaubhaftmachung des diesseitigen Sachvortrags wird auf die beigefügte eidesstattliche Versicherung des/der Antragstellers/in verwiesen.

Beweis: Eidesstattliche Versicherung vom ..... (Datum), anbei

Im Hinblick auf das Vorstehende ist die Aussetzung der Vollziehung der einstweiligen Anordnung zur Vermeidung von Rechtsnachteilen für den/die Antragssteller/in dringend geboten.

Bezüglich des Verfahrenskostenhilfeantrages wird auf die beiliegende Erklärung über die persönlichen und wirtschaftlichen Verhältnisse des/der Antragstellers/in nebst Anlagen verwiesen.

1. Zuständigkeit. Nach § 54 Abs. 3 Satz 1 FamFG ist sachlich und örtlich zuständig für die Entscheidung über die Aufhebung oder Änderung das Gericht, das die einstweilige Anordnung erlassen hat.

2. Verfahrensbeteiligte. Vgl. hierzu Rdn. 108, *M. 2*

3. Kein Anwaltszwang. Vgl. hierzu Rdn. 108, *M. 3*

4. Verfahrensanträge. Vgl. hierzu Rdn. 108, *M. 4*

5. Kostenregelung, Verfahrenswert und anwaltliche Gebühren. Das Verfahren über Abänderung oder Aufhebung der ursprünglichen Entscheidung gilt nach § 31 Abs. 2 Satz 1 FamGK als besonderes Verfahren. Nach der Vorbemerkung 1.4 zum Gebührenverzeichnis des FamGK werden die Gebühren im Verfahren über den Erlass einer einstweiligen Anordnung und über deren Aufhebung oder Änderung aber nur einmal erhoben. **Gesonderte Gerichtsgebühren entstehen daher nicht.**

Gem. § 16 Nr. 6 RVG wird das Abänderungsverfahren im Verhältnis zum ursprünglichen Verfahren betreffend den Erlass der einstweiligen Anordnung als dieselbe Angelegenheit bewertet. Es entstehen daher auch **keine gesonderten Anwaltsgebühren.**

6. Mündliche Verhandlung. Nach § 51 Abs. 2 Satz 2 FamFG kann das Gericht eine einstweilige Anordnung ohne mündliche Verhandlung erlassen.

7. Verfahrenskostenhilfe. Die Verfahrenskostenhilfe für ein Anordnungsverfahren schließt eine etwaige spätere Abänderung ein (OLG Hamm, MDR 1983, 847). Liegt jedoch eine

Anspruchserweiterung vor, muss hierfür gesondert Verfahrenskostenhilfe beantragt werden (vgl. hierzu Rdn. 108, *M. 7*)

8. Begründung. Vgl. hierzu Rdn. 108. *M. 8*

2. Rechtsmittel und Vollstreckung

Ist eine Entscheidung im Abänderungsverfahren ohne mündliche Verhandlung ergangen, kann gem. § 54 Abs. 2 FamFG die Durchführung einer mündlichen Verhandlung beantragt werden.   **123**

Wenn eine Entscheidung im Abänderungsverfahren aufgrund mündlicher Erörterung ergangen ist, ist sie in Haushaltssachen gem. § 57 FamFG nicht anfechtbar. Sie ist aber wiederum abänderbar, wenn ihr nicht die formelle Rechtskraft der abzuändernden Entscheidung entgegensteht.   **124**

J. Zuweisung der Ehewohnung nach § 1568a BGB

Nach Rechtskraft der Scheidung sollen die Wohnverhältnisse der Beteiligten endgültig geregelt werden. Die materiellrechtliche Vorschrift für die endgültige Regelung der Wohnverhältnisse nach Scheidung ist § 1568a BGB. Da es sich um eine endgültige Regelung handelt, lässt diese Vorschrift auch **rechtsgestaltende Maßnahmen** ggü. Dritten zu. Nach § 1568a Abs. 1 BGB kann ein Ehegatte künftig unter bestimmten Voraussetzungen verlangen, dass ihm der andere Ehegatte anlässlich der Scheidung die Ehewohnung überlässt. § 1568a BGB ist als Anspruchsgrundlage ausgestaltet und löst damit die nach der HausratsVO allein am billigen Ermessen orientierte richterliche Rechtsgestaltung ab (vgl. hierzu *Götz/Brudermüller* FamRZ 2009, 1261, 1262).   **125**

In der anwaltlichen Praxis sind Wohnungszuweisungsfälle für die Zeit nach Rechtskraft der Scheidung seltener als diejenigen für die Trennungszeit, denn der Streit um die Wohnung ist i. d. R. bei der Trennung aktuell. Bis zur Scheidung sind die Wohnverhältnisse meist geklärt. Von Bedeutung nach Rechtskraft der Scheidung ist die **Änderung des Mietvertrages**, wenn der/die Vermieter/in mit dieser nicht einverstanden ist, weil dieser/e fürchtet, einen oder den solventeren Schuldner zu verlieren.   **126**

Wenn sich die Ehegatten über die künftige Nutzung der Wohnung **geeinigt** haben, fehlt es am Rechtsschutzbedürfnis für ein Wohnungszuweisungsverfahren, das zur automatischen Änderung des Mietvertrages nach § 1568a Abs. 3 Nr. 2 BGB führt. In diesem Fall führt nach § 1568a Abs. 3 Nr 1 BGB eine **Mitteilung der Ehegatten an den/die Vermieter/in** über die Überlassung der Wohnung an einen von ihnen dazu, dass mit Zugang dieser Mitteilung (§ 130 Abs. 1 BGB) der Ehegatte, dem die Wohnung überlassen wird, in das von dem anderen Ehegatten geschlossene Mietverhältnis eintritt oder ein von beiden eingegangenes Mietverhältnis allein fortsetzt. Da das Gesetz keine besondere Form für die Mitteilung vorsieht, muss im Hinblick auf die hieran geknüpften Rechtsfolgen auf die **Nachweisbarkeit des Zugangs** besonderen Wert gelegt werden. Es muss auch keine gemeinsame Erklärung der Ehegatten erfolgen. Allerdings genügt die Mitteilung eines Ehegatten über seinen Auszug nicht. Bei sukzessiven Mitteilungen kommt es auf den Zugang der letzten Mitteilung bei dem/der Vermieter/in an, sofern diese Mitteilung nach Rechtskraft der Scheidung erfolgt (vgl. hierzu *Götz/Brudermüller* FamRZ 2009, 1261, 1262).   **127**

Die endgültige Regelung der Rechtsverhältnisse an der Ehewohnung kann im Scheidungsverbund gem. § 137 Abs. 2 Nr. 3 FamFG oder in einem isolierten Verfahren nach rechtskräftiger Scheidung herbeigeführt werden. Bei einer beabsichtigten Regelung im Verbund ist § 137 Abs. 2 Satz 1 FamFG zu beachten, wonach die Folgesache **spätestens 2 Wochen vor der mündlichen Verhandlung in der Scheidungssache** anhängig gemacht werden muss.   **128**

Falls die Regelung nach rechtskräftiger Scheidung in einem isolierten Verfahren erfolgen soll, ist gem. § 1568a Abs. 6 BGB zu beachten, dass der/die Vermieter/in oder ein sonstiger Drittbeteiligter **nach Ablauf eines Jahres nach Rechtskraft der Scheidung** mit einer Änderung oder Begründung eines Mietverhältnisses nicht mehr einverstanden sein muss. Ein Jahr nach Rechtskraft der Scheidung darf im Hinblick auf den Grundsatz der Vertragsfreiheit nicht mehr gegen den Willen eines   **129**

Drittbeteiligten in dessen Recht eingegriffen werden. Eine Ausnahme gilt nur, wenn der Anspruch vor Fristablauf rechtshängig gemacht worden ist.

130   ▶ **Hinweis zur Taktik:**

Aus kosten- wie haftungsrechtlicher Sicht ist die Anwaltschaft verpflichtet, das Verfahren so kostensparend wie möglich zu führen. Es ist daher grds. die gem. § 137 Abs. 2 Nr. 3 FamFG verbundfähige Ehewohnungssache im **kostengünstigen Scheidungsverbund** geltend zu machen. Andernfalls müssen vernünftige Gründe vorliegen, die ein Geltendmachen im Scheidungsverbund untunlich erscheinen lassen.

131   Allerdings kann entgegen früherer Rechtsprechung in den Fällen, in den ein Ehegatte nach Rechtskraft der Scheidung Verfahrenskostenhilfe für einen Antrag verlangt, der während des Scheidungsverfahrens auch als Folgesache hätte geltend gemacht werden können, die Verfahrenskostenhilfe wegen mutwilliger Verfahrensführung nicht verweigert werden (BGH, FamRZ 2005, 786 ff.; m. w. N. auch zur Gegenansicht).

132   I. Ü. kann sich die Stellung eines Folgeantrages nicht nur bei Uneinigkeit der Eheleute über bestimmte Regelungen anbieten, sondern auch dann, wenn aus bestimmten Gründen, eine Verzögerung des Scheidungsverfahrens im Interesse des/der Mandanten/in liegt, z.B. um die Zeit des Bezuges von Trennungsunterhalt zu verlängern oder die kostenfreie Mitgliedschaft in der gesetzlichen Krankenversicherung des Ehegatten oder die Beihilfeberechtigung in einer »Beamtenehe« so lange wie möglich aufrechtzuerhalten.

I. Antrag auf Wohnungszuweisung im Scheidungsfolgenverbund

1. Muster: Antrag auf Wohnungszuweisung nach § 1568a BGB im Scheidungsverbund

133   An das

Amtsgericht .....

– Familiengericht –[1]

Geschäfts-Nr. .....F...../.....WH

In der Familiensache

...../.....

des/der.....[2]

– Antragsteller/in –

Verfahrensbevollmächtigter/e:.....[3]

gegen

den/die.....

– Antragsgegner/in –

Verfahrensbevollmächtigter/e:.....

wegen Scheidung: hier: Folgesache Wohnungszuweisung

Verfahrensbeteiligter/e Vermieter/in: ..... (Name und zustellungsfähige Anschrift)

Verfahrenswert:4000,00 [4]

Namens des/der Antragsgegner/in wird für den Fall der rechtskräftigen Scheidung der Ehe der Beteiligten beantragt, wie folgt zu erkennen:[5]

1. Die in ..... (Ort, Straße, Stockwerk, rechts, links, Mitte, Wohnungsnummer) befindliche eheliche Wohnung, bestehend aus ....., wird dem/der Antragsgegner/in zur alleinigen Nutzung zugewiesen.

2. Zwischen dem/der Antragsgegner/in und dem/der Antragstellerin wird ein Mietvertrag über die Wohnung in ..... (Ort, Straße, Stockwerk, rechts, links, Mitte, Wohnungsnummer) begründet.

a. alternativ: Ehepartner sind Mieter

Das zwischen den Beteiligten und dem/der Vermieter/in ..... (Name und Anschrift) aufgrund Mietvertrags vom ..... bestehende Mietverhältnis über die in Ziffer 1 genannte Wohnung wird ab Rechtskraft der Scheidung von dem/der Antragsgegner/in allein fortgesetzt. Der/Die Antragsteller/in scheidet aus dem Mietverhältnis aus.

b. alternativ: weichender Ehegatte ist Alleinmieter/in

Der/Die Antragsgegner/in tritt ab Rechtskraft der Scheidung an die Stelle der Antragstellerin/des Antragstellers in das von diesem/r mit dem/der Vermieter/in ..... (Name und Anschrift aufgrund Mietvertrags vom ..... bestehende Mietverhältnis über die in Ziffer 1 genannte Wohnung ein. Der/Die Antragsteller/in scheidet aus dem Mietverhältnis aus.

c. alternativ: Neubegründung eines Mietverhältnisses bei Kündigung des Mietvertrages durch Antragsteller/in

Zwischen dem/der Antragsgegner/in und dem/der Vermieter/in wird ab Rechtskraft der Scheidung (rückwirkend zum .....) ein Mietverhältnis über die in Ziffer 1 genannte Wohnung zu den Bedingungen des Mietvertrages zwischen dem/der Antragsteller/in und dem/der Vermieter/in ..... vom ..... begründet. Die monatliche Miete beträgt ..... € netto kalt zuzüglich ..... € Nebenkostenvorauszahlung.

3. Der/Die Antragsteller/in hat die vorgenannte Ehewohnung mit sämtlichen dazugehörigen Schlüssel bis zum ..... unter Mitnahme der persönlichen Sachen, insbesondere von ..... (detaillierte Auflistung der Gegenstände) an den/die Antragsgegner/in herauszugeben.

Weiterhin wird beantragt,

dem/der Antragsgegner/in auch für dieses Verfahren Verfahrenskostenhilfe unter Beiordnung der Unterzeichnenden zu bewilligen.[6]

Begründung:[7]

Der/Die Antragsgegner/in lebt mit den gemeinschaftlichen minderjährigen Kindern ....., geb. am ..... und ....., geboren am ..... in der im Rubrum näher bezeichneten Ehewohnung.

Der/Die Antragsteller/in bewohnt seit der Trennung die angemietete Wohnung in ..... (Ort, Straße, Stockwerk, rechts, links, Mitte, Wohnungsnummer). Er/Sie ist erwerbstätig und bezieht ein monatliches Nettoeinkommen in Höhe von .....€.

Der/Die Antragsteller/in ist sowohl den minderjährigen Kindern, als auch der Antragsgegnerin/ dem Antragsgegner unterhaltspflichtig. Entsprechende Folgesachen sind im Verbund anhängig gemacht worden.

Der/die Antragsteller/in ist Alleineigentümer/in des Hauses ..... (Ort, Straße), in dem sich die eheliche Wohnung befindet. Seit der Trennung wird das Haus von dem/der Antragsgegner/in und den Kindern bewohnt. Auf das Haus müssen monatliche Abtragungen in Höhe ..... € geleistet werden. Hiervon entfallen ..... € auf die Darlehnstilgung und ..... € auf die Darlehnszinsen. Die Abtragung wird von dem/der Antragsteller/in erbracht.

Zwischen den Beteiligten ist das Scheidungsverfahren rechtshängig.

Die Beteiligten können keine Einigung darüber erzielen, wem von beiden für den Fall der rechtskräftigen Scheidung ihrer Ehe die eheliche Wohnung zustehen soll. Eine richterliche Entscheidung ist daher geboten.

Dem/Der Antragsgegner/in ist die eheliche Wohnung zur alleinigen Nutzung zuzuweisen und zwischen ihm/ihr und dem/der Antragsteller/in ein Mietverhältnis an der Wohnung gemäß dem beigefügten, ausgefüllten Muster eines Einheitsmietvertrages zu begründen und den dort vorgesehenen angemessenen ortüblichen Mietzins in Höhe von ..... € monatlich festzusetzen.

Im Einzelnen wird hierzu folgendes ausgeführt: ..... (substantiierte Darstellung der Gründe)

Beweis:[8]

Dem/Der Antragsteller/in ist es aus den nachfolgenden Gründen zumutbar die seit der Trennung der Beteiligten angemietete Wohnung weiterhin zu nutzen: ..... (substantiierte Darstellung der Gründe)

Schließlich stehen der beantragten Regelung auch die Interessen des/der Antragsteller/in als Alleineigentümer/in der Wohnung nicht entgegen: ..... (substantiierte Darstellung der Gründe)

Die Möglichkeit einer Aufteilung der Wohnung zwischen den Beteiligten besteht sowohl aus räumlichen als auch persönlichen Gründen nicht: ..... (substantiierte Darstellung der Gründe)

Bezüglich des Verfahrenskostenhilfeantrages wird auf die im Scheidungsverfahren vorgelegte Erklärung über die persönlichen und wirtschaftlichen Verhältnisse des/der Antragsgegners/in nebst Anlagen verwiesen.

1. Zuständigkeit. Die **sachliche** Zuständigkeit ergibt sich aus § 23a Abs. 1 Nr. 1 GVG, wonach die Amtsgerichte zuständig sind für Familiensachen. Gem. § 111 Nr. 5 FamFG gehören Wohnungssachen zu den Familiensachen.

Die **örtliche** Zuständigkeit in Ehesachen ist in § 122 FamFG geregelt. Es handelt sich um eine ausschließliche Zuständigkeit. Nach § 122 Nr. 1 FamFG richtet sich die örtliche Zuständigkeit vorrangig nach dem gewöhnlichen Aufenthalt eines Ehegatten mit allen gemeinschaftlichen Kindern. Dieses Kriterium ist nicht erfüllt, wenn ein gemeinschaftliches Kind bei dem anderen Ehegatten wohnt. Kinder, die nicht aus der gemeinsamen Beziehung stammen, werden nicht berücksichtigt. Unter dem **gewöhnlichen Aufenthalt** ist der auf gewisse Dauer (Faustregel: 6 Monate) angelegte tatsächliche Daseinsmittelpunkt in familiärer und beruflicher Hinsicht zu verstehen (Schulte-Bunert/Weinreich/*Schröder* § 122 Rn. 3). Die Anmeldung eines Wohnsitzes ist nur ein Indiz, reicht aber für sich allein nicht aus, um daraus herzuleiten, wo der/die Gemeldete seinen/ihren gewöhnlichen Aufenthalt hat (BGH, FamRZ 1995, 1135). Allerdings wird durch vorübergehende Abkehr der Lebensmittelpunkt nicht verändert, wenn eine Rückkehr dahin möglich und beabsichtigt ist.

Wenn sich Eltern trennen, haben die **Kinder** i. d. R. einen doppelten Wohnsitz nach §§ 7 Abs. 1, 11 Satz 1 Halbs. 1 BGB. Den gewöhnlichen Aufenthalt hat das Kind jedoch grds. bei dem Elternteil, bei dem sein Daseinsmittelpunkt ist, also in dessen Obhut es sich befindet (OLG Karlsruhe, FamRZ 2005, 287 f.; OLG Schleswig, FamRZ 2000, 1426 f.).

Lebt kein Ehegatte mit gemeinschaftlichen minderjährigen Kindern zusammen, kommt es gem. § 122 Nr. 3 FamFG darauf an, in welchem Gerichtsbezirk die Ehegatten ihren **letzten gemeinsamen gewöhnlichen Aufenthalt** hatten, wenn einer der Ehegatten bei Eintritt der Rechtshängigkeit im Bezirk dieses Gerichts seinen gewöhnlichen Aufenthalt immer noch hat.

Fehlt ein gemeinsamer gewöhnlicher Aufenthalt und ein gewöhnlicher Aufenthalt wenigstens eines Ehegatten am früheren gemeinsamen Aufenthaltsort beider Ehegatten in Deutschland, ist gem. § 122 Nr. 4 FamFG das Gericht zuständig, in dessen Bezirk der/die Antragsgegner/in den gewöhnlichen Aufenthalt hat. Hat auch der/die Antragsgegner/in keinen inländischen gewöhnlichen Aufenthalt oder ist dieser nicht bekannt (BGH, FamRZ 1982, 1199/1200), kommt es nach § 122 Nr. 5 FamFG auf den gewöhnlichen Aufenthalt des/der Antragstellers/in an. Werden die Anträge gegenseitig gestellt, kommt es gem. § 123 Satz 2 FamFG darauf an, wem zuerst zugestellt wurde.

Ist eine örtliche Zuständigkeit nach den vorgenannten Regelungen nicht gegeben, ist nach § 122 Nr. 6 FamFG das FamG beim Amtsgericht Berlin Schöneberg zuständig. Hierbei handelt es sich um die Fälle, in denen beide Ehegatten keinen gewöhnlichen Aufenthalt in Deutschland haben.

2. Verfahrensbeteiligte. Verfahrensbeteiligte sind die Ehegatten. Im Verbundverfahren richtet sich die **Beteiligtenrolle** nach der der Ehesache und bleibt, unabhängig von der Frage, welcher Ehepartner in welcher Folgesache etwas beansprucht, im gesamten Scheidungsverfahren dieselbe. Dies bezieht sich jedoch nicht auf parallele Familiensachen, die außerhalb des Scheidungsverbundes isoliert geltend gemacht werden.

Außer den Ehegatten sind gem. § 204 Abs. 1 FamFG in Wohnungssachen nach § 200 Abs. 1 Nr. 2 FamFG auch Dritte zu beteiligen, mit denen beide Ehegatten oder nur ein Ehegatte hinsichtlich der Wohnung in Rechtsgemeinschaft stehen, wie z. B. der/die Vermieter/in der Wohnung, die Wohnungsgenossenschaft, der/die Grundstückseigentümer/in, der/die Arbeitgeber/in bei einer Werks- oder Dienstwohnung und ggf. der oder die Miteigentümer.

Nach § 205 Abs. 1 FamFG ist das Jugendamt anzuhören, wenn Kinder im Haushalt leben. Das Jugendamt ist nach § 204 Abs. 2 FamFG in diesen Fällen auf seinen Antrag hin zu beteiligen. Unterbleibt die Anhörung allein wegen Gefahr im Verzug, so ist sie unverzüglich nachzuholen. Die Vorschrift trägt dem Umstand Rechnung, dass die Zuweisung der Wohnung im Regelfall erhebliche Auswirkungen auf das Wohl der betroffenen Kinder hat. Das Gericht hat nach § 205 Abs. 2 FamFG dem Jugendamt die Entscheidung mitzuteilen. Gegen den Beschluss steht dem Jugendamt die Beschwerde zu.

▶ **Hinweis zur Taktik:**

Das Verfahren verzögernde gerichtliche Zwischenverfügungen werden vermieden, wenn die Anschriften der Beteiligten bereits in der Antragschrift mitgeteilt werden. Es sollten den Schriftsätzen weitere beglaubigte und einfache Abschriften für die Beteiligten beigefügt werden.

3. Anwaltszwang. Wird die Wohnungssache im Verbund verfolgt, besteht nach § 114 Abs. 1 FamFG Anwaltszwang. Gem. § 114 Abs. 5 Satz 1 FamFG bedarf der/die Bevollmächtigte einer besonderen auf das Verfahren gerichteten Vollmacht. Nach § 114 Abs. 5 Satz 2 FamFG erstreckt sich die Vollmacht für die Scheidung auch auf die Folgesache zur endgültigen Zuweisung der Ehewohnung. Die Vollmacht wird nicht von Amts wegen geprüft, sondern regelmäßig nur auf entsprechende Rüge hin und kann auch stillschweigend erklärt werden, z. B. durch Duldung des Auftretens im Namen eines Ehegatten (Schulte-Bunert/Weinreich/*Rehme* § 114 Rn. 19).

Kein Anwaltszwang besteht gem. § 114 Abs. 4 Nr. 4 FamFG für einen Antrag auf **Abtrennung der Folgesache** von der Scheidung. Nach der Abtrennung der Wohnungssache bleibt diese allerdings nach § 137 Abs. 5 FamFG Folgesache, sodass auch der Anwaltszwang fortbesteht (vgl. FamFG/Schulte-Bunert/Weinreich/*Rehme* § 114 Rn. 8).

Für den Drittbeteiligten, mit Ausnahme der Behörden (§ 114 Abs. 3 FamFG), besteht nur im Verfahren vor dem BGH Anwaltszwang (vgl. Schulte-Bunert/Weinreich/*Rehme* § 114 Rn. 5). Allerdings müssen auch hier die zur Vertretung der Behörde berechtigten Personen die Befähigung zum Richteramt haben (§ 114 Abs. 3 Satz 2 FamFG).

4. Kostenregelung und Verfahrenswert. In Wohnungssachen nach § 1568a BGB beziffert sich der Verfahrenswert nach § 48 Abs. 1 FamGKG auf 4.000,00 €. § 48 Abs. 3 FamGKG eröffnet die Möglichkeit, den Festwert den besonderen Umständen des Einzelfalles anpassen, um zu verhindern, dass es zu unvertretbar hohen oder unangemessen niedrigen Kosten kommt. Eine **Herabsetzung** ist geboten, wenn der Streit nur noch Teile des Verfahrensgegenstandes betrifft, wie die Nutzung einzelner Räume in der Ehewohnung. Eine **Erhöhung** kommt in Betracht, wenn es sich z. B. um besonders teure Wohnungen handelt.

Im Verbundverfahren werden nach § 44 Abs. 1 FamGKG grds. die Werte der einzelnen verbundenen Verfahren (Scheidungsverfahren und die Folgesachen) addiert. Der **Kostenverbund** bleibt auch dann bestehen, wenn die Folgesache Wohnungszuweisung gem. § 140 FamFG **abgetrennt** wird. Umgekehrt gelten ab der Einbeziehung einer ursprünglich isoliert geführten Folgesache von nun an die Wert- und Kostenvorschriften für den Verbund.

Gem. § 150 Abs. 1 FamFG sind die Kosten der Scheidungssache und der Folgesachen im Fall des Scheidungsausspruchs gegeneinander aufzuheben. § 150 FamFG geht als Spezialregelung den allgemeinen Bestimmungen der §§ 81 FamFG vor. Nach § 150 Abs. 3 FamFG trägt der/die Antragsteller/in die Kosten der Scheidungssache und der Folgesachen, wenn der Scheidungsantrag abgewiesen oder zurückgenommen wird. Wenn beide Ehegatten die Scheidungsanträge zurücknehmen oder diese abgewiesen werden oder das Verfahren in der Hauptsache erledigt ist, sind die Kosten wiederum gegeneinander aufzuheben. Eine Erledigung liegt z. B. im Fall des Todes eines Ehegatten vor Rechtskraft der Entscheidung nach § 131 FamFG vor.

§ 150 Abs. 3 FamFG stellt klar, dass Drittbeteiligte ihre außergerichtlichen Kosten grds. selbst tragen. Das Gericht kann jedoch nach § 150 Abs. 4 Satz 1 FamFG eine abweichende Bestimmung treffen, wenn z. B. ein Beteiligter unbegründete oder überhöhte Ansprüche stellt. Soweit es der Billigkeit entspricht, können dem verfahrensbeteiligten Dritten auch im Verbundverfahren die ihm entstandenen Kosten, z. B. für eine anwaltliche Vertretung, erstattet werden (OLG Hamm, FamRZ 1981, 695).

In Ehesachen einschließlich aller Folgesachen fällt nach § 3 Abs. 2 FamGKG und KV Nr. 1110 FamGKG eine 2,0 Gebühr an. Diese pauschale Verfahrensgebühr soll die Tätigkeit des Gerichts bis zur Beendigung der Instanz abgelten einschließlich des Absetzens der Endentscheidung. Endet das Verfahren vor einer gerichtlichen Entscheidung zur Hauptsache, z. B. durch gerichtlichen Vergleich, Anerkenntnis oder Antragsrücknahme, oder muss diese nicht begründet werden, führt dies i. d. R. zu einer Entlastung des Gerichts, die durch eine Ermäßigung der Verfahrensgebühr nach KV Nr. 1111 auf 0,5 honoriert wird. Voraussetzung ist aber immer, dass sich der **gesamte Verfahrensgegenstand** ausschließlich auf diese gebührenrechtlich privilegierte Weise **erledigt**. Sobald auch nur über einen Teil des Streitstoffs in anderer Weise abschließend entschieden wurde, z. B. durch Teilentscheidung, findet keine Ermäßigung statt (KG, JurBüro 2006, 205; OLG Hamburg, OLGR 2006, 533; OLG Karlsruhe, FamRZ 2004, 1663). Eine Ausnahme besteht für das **Scheidungsverbundverfahren**. Hier kann sich die Gebühr in allen Instanzen auch für einzelne Folgesachen und die Scheidungssache ermäßigen, wenn nur für diese die Voraussetzungen vorliegen, vgl. KV 1111, 1112, 1132. Die Berechnung der Gebühr ist in diesem Fall nach §§ 30 Abs. 3 i. V. m. 44 Abs. 1 vorzunehmen.

5. Verfahrensanträge. Können sich die Ehegatten anlässlich der Scheidung nicht darüber einigen, wer von ihnen die Ehewohnung künftig bewohnen soll, so wird gem. § 203 Abs. 1 FamFG auf Antrag eines Ehegatten i. R. d. Scheidungsverbundes ein gerichtliches Verfahren eingeleitet. Ohne Antrag erfolgt gem. § 137 Abs. 2 Satz 2 FamFG von Amts wegen keine Regelung im Hinblick auf Wohnungssachen. Die Folgesache Wohnungszuweisung ist gem. § 137 Abs. 2 Satz 1 FamFG spätestens **2 Wochen vor der mündlichen Verhandlung erster Instanz** anhängig zu machen. Problematisch ist allerdings, dass mit der Einführung dieser 2-Wochenfrist keine Änderung der Ladungsvorschriften korrespondiert. Die Vorschrift des § 32 Abs. 2 FamFG, die eine angemessene Frist zwischen Ladung und Termin vorsieht, ist in Ehesachen nicht anwendbar, vgl. § 113 Abs. 1 FamFG. Somit gilt die Vorschrift des § 217 ZPO, nach der eine Ladungsfrist von einer Woche genügt. Damit könnte der/die zuständige Richter/in die Einreichung von Folgesachenanträgen durch kurze Ladungsfristen unmöglich machen. Deshalb ist in Scheidungssachen eine (angemessene) Ladungsfrist von grds. 4 Wochen sachgerecht (OLG Stuttgart FamRZ 2011, 75).

Es handelt sich um einen Verfahrensantrag, keinen Sachantrag; der Antrag leitet ein Verfahren ein und regt eine bestimmte Regelung an, bindet daher das Gericht nicht. Das Gericht kann von Amts wegen auch eine andere als die beantragte Regelung treffen. Das Gericht kann die Wohnung somit dem anderen Ehegatten zuweisen, auch wenn dieser keinen Antrag gestellt hat, wenn nur seinem Antrag und Vortrag ein derartiges Verfahrensziel eindeutig zu entnehmen ist. Allerdings ist eine Zuweisung der Ehewohnung an einen Ehegatten gegen dessen Willen nicht möglich OLG Celle FamRZ 958 f.).

Nach § 203 Abs. 3 FamFG soll der Antrag Angaben darüber enthalten, ob **Kinder** im Haushalt der Ehegatten leben. Dies soll dazu dienen, rechtzeitig die Anhörung und die Beteiligung des Jugendamtes gem. §§ 205 Abs. 1, 204 Abs. 2 FamFG zu initiieren.

Das Antragsrecht ist höchstpersönlich und nicht übertragbar. Der Tod eines Partners erledigt ein schwebendes Verfahren in der Hauptsache (§ 208 FamFG). Es bleibt nur die Kostenentscheidung Gegenstand des Verfahrens, das insoweit mit den Erben fortgesetzt wird.

Im Verfahrensantrag muss im Hinblick auf eine etwaige Zwangsvollstreckung die Lage der Ehewohnung so genau wie möglich bezeichnet werden. Es sind Ort, Straße, Hausnummer und Stockwerk anzugeben. Falls möglich sollten auch noch weitere Kriterien wie z. B. Lage innerhalb der Etage, Nummer der Wohnung etc. in den Antrag aufgenommen werden. Dies gilt auch für den Fall, dass nur Teile der Wohnung zur alleinigen Nutzung überlassen werden sollen.

Die Drittbeteiligten haben eine beteiligtenähnliche Stellung, aber kein eignes Antragsrecht. Für sie besteht daher auch im Verbundverfahren kein Anwaltszwang.

6. Verfahrenskostenhilfe. Wenn ein Ehegatte bereits Verfahrenskostenhilfe für das Scheidungsverfahren beantragt hat, ist für das Folgeverfahren Wohnungssachen gesondert Verfahrenskostenhilfe zu beantragen. Die Bewilligung der Verfahrenskostenhilfe in der Scheidungssache erstreckt sich gem. § 149 FamFG nur auf die Versorgungsausgleichsfolgesache und somit nicht automatisch auf die Folgesache Wohnungszuweisung.

Für Wohnungssachen im Verbund besteht nach § 114 Abs. 1 FamFG Anwaltszwang. Gem. § 78 Abs. 1 FamFG ist daher einem hilfsbedürftigen Ehegatten ein Anwalt oder eine Anwältin seiner Wahl beizuordnen.

7. Begründung. Gem. § 23 Abs. 1 FamFG soll der verfahrenseinleitende Antrag eine Begründung enthalten. Die Ausgestaltung als Sollvorschrift stellt sicher, dass eine Nichterfüllung der Begründungspflicht nicht zur Zurückweisung des Antrags als unzulässig führen kann. Dennoch ist zur möglichst frühzeitigen Strukturierung und sachgerechten Förderung des Verfahrens eine Begründung sachgerecht. Es sollten die zur Begründung dienenden Tatsachen und genauen Umstände und Beweismittel angegeben und das Gericht hierdurch bei der Ermittlung des entscheidungserheblichen Sachverhaltes unterstützt werden.

Nach § 1568a BGB entscheidet der/die Richter/in nicht mehr nach billigem Ermessen, sondern nach **Anspruchsgrundlagen**. Ein Anspruch auf Zuweisung der Ehewohnung hat der Ehegatte, der unter Berücksichtigung des Wohls der im Haushalt lebenden Kinder und der Lebensverhältnisse der Ehegatten in stärkerem Maße auf die Ehewohnung angewiesen ist. Die Anknüpfung an die Lebensverhältnisse soll sicherstellen, dass bei der gerichtlichen Entscheidung alle Umstände des Einzelfalles Berücksichtigung finden (*Götz/Brudermüller* FamRZ 2009, 1261, 1262).

Dem **Nichteigentümer-Ehegatten** kann nach § 1568a Abs. 2 BGB die Ehewohnung grds. nur dann zugewiesen werden, wenn mit dem Auszug für ihn eine »unbillige Härte« verbunden ist. An die Annahme einer solchen »unbilligen Härte« sind strenge Anforderungen zu stellen, da in eine verfassungsrechtlich (Art. 14 GG) geschützte Rechtsposition des Ehegatten, welcher Alleineigentümer ist, eingegriffen werden soll. Demgemäß muss die Wohnungszuweisung an den anderen Ehegatten dringend notwendig sein, um eine unerträgliche Belastung abzuwenden, die ihn außergewöhnlich beeinträchtigen würde (OLG Naumburg, FamRZ 2002, 672; *Götz/Brudermüller* FamRZ 2011, 1840, 1842). Großes Gewicht kommt hier den Belangen der Kinder zu (Schulbesuch, Kindesbetreuung etc.).

Bei einer ausnahmsweise gebotenen Zuweisung an den Nichteigentümer-Ehegatten wird zugunsten des anderen Ehegatten ein (unbefristetes) Mietverhältnis begründet. Da der Mieterschutz auf den Abschluss des Mietvertrages vorverlagert ist, kommt eine Befristung des Mietvertrages nur noch unter den Voraussetzungen des § 575 Abs. 1 BGB, also Eigennutzungs- oder Modernisierungsabsicht oder Betriebsbedarf in Betracht. Das nach der Scheidung durchaus legitime Interesse an der

Veräußerung der Immobilie stellt demgegenüber nach § 575 BGB keinen Grund für eine Befristung dar (*Götz/Brudermüller* FamRZ 2009, 1261, 1262).

Allerdings kommt gem. § 1568a Abs. 5 Satz 2 BGB mit Rücksicht auf die berechtigten Interessen des/r Vermieter/in auch die Möglichkeit einer angemessenen Befristung nach Billigkeit in Betracht. Nach der Begründung des Gesetzgebers (BT-Drucks. 16/1078, S. 36) soll mit dieser Möglichkeit der weiteren Befristung verfassungsrechtlichen Bedenken gegen die zu weitreichende Ermöglichung unbefristeter Mietverhältnisse Rechnung getragen werden, aber auch Situationen vermieden werden, in denen die sofortige Räumung für den anderen Ehegatten unzumutbar ist. Da auch das FamG Mietverhältnisse grds. nur dann befristen kann, wenn das Mietrecht eine Befristung vorsieht, erscheint diese Vorschrift nicht unproblematisch (*Götz/Brudermüller* FamRZ 2009, 1261, 1265).

Bei einer Befristung nach § 575 BGB hat der/die Mieter/in unter den Voraussetzungen des § 575 Abs. 2, 3 BGB Anspruch auf Verlängerung. Bei der weiteren Befristungsmöglichkeit nach § 1568a Abs. 5 Satz 2 BGB ist eine Verlängerungsmöglichkeit nicht vorgesehen.

8. Beweislast. Das Gericht hat gem. §§ 26, 29 FamFG von Amts wegen zu ermitteln und die erforderlichen Beweise zu erheben. Trotz der Amtsermittlungspflicht des Gerichts sollte der zu regelnde Sachverhalt unter Beachtung der Darlegungs- und Beweislast dargestellt werden. Alle entscheidungserheblichen Tatsachen sollten unter Beweis gestellt werden.

Ein förmliches Beweisantragsrecht haben die Beteiligten jedoch nicht. Das Gericht muss sich dennoch mit **entscheidungserheblichen Beweisangeboten** nach pflichtgemäßen Ermessen hinreichend auseinandersetzen und dementsprechend die Ablehnung der Beweiserhebung ggf. in der Endentscheidung begründen (§ 38 Abs. 3 FamFG). Eine fälschlich nicht vorgenommene Beweiserhebung stellt als Rechtsfehler eine Verletzung der Amtsermittlungspflicht dar. Dies kann unter den Voraussetzungen des § 69 Abs. 1 Satz 2, 3 FamFG zu einer Zurückweisung durch das Beschwerdegericht oder durch das Rechtsbeschwerdegericht nach § 74 Abs. 6 Satz 2 FamFG führen.

Das Gericht ist grds. nach seinem pflichtgemäßen Ermessen verpflichtet, den Sachverhalt vollständig aufzuklären. Es kann daher einen Beweisantrag ablehnen, wenn die Tatsachen unerheblich, erwiesen oder offenkundig oder als wahr unterstellt werden können bzw. falls das Beweismittel unzulässig, unerreichbar oder ungeeignet ist. Das Gericht kann den Beweisantrag auch mit der Begründung ablehnen, der Sachverhalt sei bereits vollständig aufgeklärt (Bay OLG, NJW-RR 1991, 777, 778). Hierbei besteht jedoch die Gefahr, dass dies als vorweggenommene Beweiswürdigung angesehen wird (Das neue FamFG/*Schulte-Bunert* § 29 Rn. 155).

In welcher Form das Gericht die Beweise erhebt, ist ihm überlassen (§ 29 Abs. 1 FamFG). Es kann grds. zwischen **Frei- und Strengbeweis** wählen (§ 30 Abs. 1 FamFG). Im Rahmen des Freibeweises kann das Gericht z. B. informell die Auskunftsperson persönlich, telefonisch oder schriftlich befragen. Ausnahmsweise muss das Gericht im Wege des Strengbeweises vorgehen. Das ist immer dann erforderlich, wenn das Gericht seine Entscheidung maßgeblich auf die Feststellung einer Tatsache stützen will und die Richtigkeit von einem Beteiligten ausdrücklich bestritten wird (§ 30 Abs. 3 FamFG) oder wenn es zur ausreichenden Sachaufklärung oder wegen der Bedeutung der Angelegenheit notwendig ist.

2. Vollstreckung

134   Gem. § 209 Abs. 2 FamFG wird die Endentscheidung in Ehewohnungssachen mit Rechtskraft wirksam. Wenn die Endentscheidung in einem Scheidungsurteil im Verbundverfahren getroffen wird, wird gem. § 148 FamFG die Folgesache Wohnungszuweisung nicht vor Rechtskraft des Scheidungsausspruchs wirksam. Rechtskraft der Scheidung in Verbundentscheidungen tritt erst mit Ablauf der Rechtsmittelfristen für alle Beteiligten ein. Das ist der Fall, wenn gegen die Verbundentscheidung oder Teile davon kein Rechtsmittel, insb. kein Anschlussrechtsmittel, mehr möglich ist. Die Rechtskraft des Scheidungsausspruches kann jedoch auch vorzeitig durch **Rechtsmittelverzicht** herbeigeführt werden. Dann muss es sich um einen umfassenden Rechtsmittelverzicht handeln, der auch

Anschlussrechtsmittel erfasst. Die Entscheidung kann aber z. B. bei **Abtrennung der Folgesache** oder einem isolierten Rechtsmittel auch später rechtskräftig werden.

Die Vollstreckung erfolgt nach § 120 Abs. 1 FamFG entsprechend den Vorschriften der ZPO über die Zwangsvollstreckung (§§ 704 bis 915h ZPO). Nach § 120 Abs. 2 Satz 1 FamFG sind Endentscheidungen mit Wirksamwerden vollstreckbar. Es bedarf also keiner Vollstreckbarerklärung mehr, sodass die §§ 708 bis 713 ZPO nicht gelten.   135

Die Herausgabevollstreckung richtet sich nach § 883 ZPO; die Vollstreckung einer etwaigen Ausgleichszahlung erfolgt durch Pfändung gem. § 829 ZPO.   136

Die flankierenden Maßnahmen nach § 209 Abs. 1 FamFG werden, soweit es sich um unvertretbare Handlungen handelt, nach § 888 ZPO und die übrigen Untersagungsanordnungen nach § 890 ZPO vollstreckt (vgl. hierzu Rdn. 19 bis 22).   137

3. Rechtsmittel

Für das Rechtsmittelrecht ist zu unterscheiden, ob der Scheidungsausspruch selbst mit sämtlichen Folgesachen oder lediglich die Folgesache Wohnungszuweisung und nicht der Scheidungsausspruch selbst angefochten werden soll. Im Grundsatz ist die Beschwerde gem. § 117 i. V. m. §§ 58 ff. FamFG einheitliches Rechtsmittel gegen die erstinstanzlichen Endentscheidungen und die Rechtsbeschwerde gem. §§ 70 ff. FamFG gegen die Entscheidungen des Familiensenats des OLG.   138

a) Anfechtung des Scheidungsausspruchs sowie der Folgesache Wohnungszuweisung

Die allgemeinen Vorschriften des Rechtsmittelrechts werden für **Verbundentscheidungen**, bei denen auch der Scheidungsausspruch selbst angefochten werden soll, durch die in § 117 FamFG enthaltenen Sonderregelungen und Verweisungen erheblich modifiziert. Die Besonderheiten des Beschwerderechts in Ehesachen betreffen die Begründung der Beschwerde, das Erfordernis eines Antrags (§ 117 Abs. 1 Satz 1, 2 FamFG) sowie die dabei einzuhaltenden Fristen (§ 117 Abs. 1 Satz 3 FamFG) und die Wiedereinsetzung in den vorigen Stand bei Versäumung dieser Fristen (§ 117 Abs. 5 FamFG), Spezialfragen in Bezug auf das Beschwerdeverfahren (§ 117 Abs. 2 FamFG) und Hinweispflichten hinsichtlich einer vom Beschwerdegericht beabsichtigen Verfahrensweise, die von derjenigen des Verfahrens erster Instanz abweicht (§ 117 Abs. 3 FamFG).   139

Die Pflicht zur Begründung der Beschwerde in Ehesachen nach § 177 Abs. 1 Satz 1 FamFG umfasst die Verpflichtung, einen bestimmten Sachantrag zu stellen. Es muss allerdings kein förmlicher Antrag gestellt werden, es reicht vielmehr, dass sich aus dem Vorbringen des/der Beschwerdeführer/in ergibt, in welchem Umfang die angefochtene Entscheidung angegriffen wird und welche Abänderung der Ausgangsentscheidung angestrebt wird.   140

Nach § 117 Abs. 1 Satz 2 FamFG beträgt die Frist zur Begründung der Beschwerde **2 Monate seit schriftlicher Bekanntgabe des Beschlusses**, wobei die Frist in Anlehnung an § 520 Abs. 2 ZPO verlängert werden kann. Die Beschwerde kann als unzulässig verworfen werden, wenn sie nicht frist- und formgerecht begründet wurde. Gegen diesen Beschluss ist in Anlehnung an § 522 Abs. 1 Satz 1, 4 ZPO die Rechtsbeschwerde eröffnet.   141

Gem. § 117 Abs. 2 Satz 1 FamFG sind die § 514 ZPO (Versäumnisbeschlüsse), § 524 Abs. 2 Satz 2, 3 ZPO (Anschlussberufung), § 528 ZPO (Bindung an Anträge), § 538 Abs. 2 ZPO (Zurückverweisung), § 539 ZPO (Versäumnisverfahren) entsprechend anwendbar. Eine Güteverhandlung ist nach § 117 Abs. 2 Satz 2 FamFG nicht vorgesehen.   142

Nach § 117 Abs. 3 hat das Gericht die Beteiligten darauf hinzuweisen, wenn es beabsichtigt, von der Durchführung einzelner Verfahrensschritte nach § 68 Abs. 3 Satz 2 FamFG, z. B. einer mündlichen Verhandlung, abzusehen. Dem/Der Beschwerdeführer/in soll hiermit die Möglichkeit eröffnet   143 werden, dem Beschwerdegericht weitere Gesichtspunkte zu unterbreiten, die eine erneute Durchführung der mündlichen Verhandlung oder der nicht für erforderlich erachteten Verfahrenshandlungen rechtfertigen.

144   Bei Versäumung der Fristen zur Einlegung und Begründung der Beschwerde und der Rechtsbeschwerde kann gem. § 117 Abs. 5 FamFG die Wiedereinsetzung in den vorigen Stand nach §§ 233, 234 Abs. 1 Satz 2 ZPO binnen **1 Monats** beantragt werden.

145   Wird die Folgesache Wohnungszuweisung gem. § 140 Abs. 2 FamFG **abgetrennt**, so bleibt nach § 137 Abs. 5 Satz 1 FamFG ihre Eigenschaft als Folgesache fortbestehen. Nach § 140 Abs. 6 FamFG ist über die Abtrennung in einem gesonderten Beschluss zu entscheiden, der jedoch als Zwischenentscheidung nicht selbstständig anfechtbar ist.

b) Anfechtung lediglich der Folgesache Wohnungszuweisung

146   Soll nur die **Folgesache Wohnungszuweisung** und zwar ohne den Scheidungsausspruch selbst angefochten werden, gilt das allgemeine Rechtsmittelrecht der §§ 58 ff. FamFG (vgl. hierzu Rdn. 23–34). Nach der Rechtsprechung des BGH (FamRZ 2014, 109) gelten für Familiensachen der freiwilligen Gerichtsbarkeit, die als Folgesachen Teil einer Verbundentscheidung sein können (Versorgungsausgleichssachen, Ehewohnungs- und Haushaltssachen und die in § 137 Abs. 3 FamFG genannten Kindschaftssachen), im Beschwerdeverfahren allein die allgemeinen Vorschriften der §§ 58 ff. FamFG – gegebenenfalls in Verbindung mit den Spezialvorschriften für diese Verfahren in den entsprechenden Abschnitten im zweiten Buch des FamFG – ohne die ausschließlich für die Anfechtung des Scheidungsausspruches und die Streitfolgesachen maßgeblichen Verweisungen des § 117 FamFG auf Vorschriften der Zivilprozessordnung. Die Zulässigkeitsprüfung richtet sich somit nicht nach § 117 Abs. 1 Satz 4 FamFG i. V. m. § 522 Abs. 1 Satz 1 ZPO, sondern nach § 68 Abs. 2 Satz 1 FamFG. Hat das Beschwerdegericht im Anschluss an diese Prüfung eine Beschwerde in einer Familiensache der freiwilligen Gerichtsbarkeit nach § 68 Abs. 2 Satz 2 FamFG als unzulässig verworfen, beurteilt sich die Statthaftigkeit der Rechtsbeschwerde gegen die Verwerfungsentscheidung allein nach § 70 Abs. 1 FamFG, sodass die Rechtsbeschwerde nur für den Fall der Zulassung gegeben ist. Dies gilt auch dann, wenn dem Beschwerdeführer eine Wiedereinsetzung in den vorherigen Stand gegen die Versäumung der Beschwerdefrist nach §§ 17 ff. FamFG versagt worden ist.

147   Auch Drittbeteiligte haben gem. § 59 Abs. 1 FamFG ein selbstständiges Beschwerderecht, soweit sie beschwert sind. Für die Beschwerdeberechtigung kommt es gem. § 59 Abs. 1 FamFG auf die Beeinträchtigung eigener Rechte an. Es kommt somit nicht auf die Beteiligtenstellung im erstinstanzlichen Verfahren an, sondern nur, ob jemand in eigenen Rechten beeinträchtigt ist. Umgekehrt ist ein Beteiligter im erstinstanzlichen Verfahren nicht beschwerdeberechtigt, wenn er vom Ergebnis der Entscheidung in seiner materiellen Rechtsstellung nicht betroffen ist.

c) Anfechtung der Zwangsmittel

148   Gegen die Verhängung von Ordnungsgeld gem. § 95 FamFG i. V. m. § 890 ZPO, die Verhängung eines Zwangsgeldes nach § 95 FamFG i. V. m. § 888 ZPO oder die Zurückweisung eines diesbezüglichen Antrages findet nach § 87 Abs. 4 FamFG die sofortige Beschwerde in entsprechender Anwendung der §§ 567 bis 572 ZPO statt. Zu beachten ist, dass für die Frist und Form der sofortigen Beschwerde § 569 ZPO maßgeblich ist: Die Beschwerdefrist ist eine **Notfrist** und beträgt **2 Wochen**. Ihr Ziel kann es auch sein, den Ordnungsmittelrahmen zu ändern. Die sofortige Beschwerde hat gem. § 570 Abs. 1 ZPO nur dann aufschiebende Wirkung, wenn sie die Festsetzung eines Ordnungs- oder Zwangsmittels zum Gegenstand hat. Der Vollzug der angefochtenen Entscheidung kann allerdings nach § 570 Abs. 2 ZPO ausgesetzt werden (OLG Köln, FamRZ 2005, 223). Die Rechtsbeschwerde gegen die Festsetzung von Zwangsmittel findet gem. § 574 Abs. 1 Nr. 2, Abs. 3, Abs. 2 Nr. 1 und 2 ZPO nur statt, wenn das Beschwerdegericht sie zugelassen hat.

d) Anfechtung der Kostenentscheidung

Wird im Verbundbeschluss über die Folgesache Wohnungszuweisung und die Kosten entschieden, kommt gem. §§ 113 Abs. 1 FamFG i. V. m. § 99 Abs. 1 ZPO eine Anfechtung der Kostenentscheidung nur zusammen mit der Hauptsache in Betracht.

    149

Nach §§ 113 Abs. 1 FamFG i. V. m. 99 Abs. 2 ZPO kann die Kostenentscheidung in wenigen Ausnahmefällen isoliert angefochten werden, etwa wenn der Scheidungsantrag wirksam zurückgenommen worden ist. Diese im Gesetz geregelten Fälle einer isolierten Anfechtbarkeit der Kostenentscheidung beschränken sich allerdings auf Konstellationen, in denen nicht mehr über die Hauptsache zu entscheiden und diese deswegen – unabhängig von der Höhe der Beschwer – auch nicht anfechtbar ist (BGH, FamRZ 2007, 893, 895).

    150

Die Ermessensentscheidung hinsichtlich der Kostentragung nach § 150 Abs. 4 Satz 1 FamFG kann nur auf Ermessensfehler überprüft werden. Das Beschwerdegericht kann ein von dem erstinstanzlichen Gericht fehlerfrei ausgeübtes Ermessen nicht durch eine eigene Ermessensentscheidung ersetzen (BGH, FamRZ 2007, 893, 895).

    151

II. Zurückweisungsantrag und eigener Zuweisungsantrag

▶ **Hinweis zur Taktik:**

    152

Die Ausgestaltung des § 1568a BGB als Anspruchsgrundlage lässt eine Überlassung der Wohnung an den/die Antragsgegner/in nicht mehr zu, wenn sich dieser/diese auf einen bloßen Abweisungsantrag beschränkt. Sollte also der/die Antragsgegner/in die Ehewohnung für sich beanspruchen, muss er/sie einen entsprechenden Antrag stellen oder diese Absicht im Sachvortrag deutlich machen.

Muster: Antrag auf Zurückweisung eines Antrages auf Wohnungszuweisung nach § 1568a BGB im Scheidungsverbund

An das

    153

Amtsgericht .....

– Familiengericht –[1]

Geschäfts-Nr.: .....F...../.....WH

In der Familiensache

...../.....[2]

RA. ..... RA: .....[3]

wegen Scheidung: hier: Folgesache Wohnungszuweisung

Verfahrensbeteiligter/e Vermieter/in: ..... (Name und zustellungsfähige Anschrift)

Verfahrenswert: 4000,00 €[4]

Namens des/der Antragsgegner/in wird für den Fall der rechtskräftigen Scheidung der Ehe der Beteiligten beantragt, wie folgt zu erkennen:[5]

Der Wohnungszuweisungsantrag des/der Antragsteller/in wird zurückgewiesen.

Gleichzeitig wird beantragt wie folgt zu erkennen:

1. Die in ..... (Ort, Straße, Stockwerk, rechts, links, Mitte, Wohnungsnummer) befindliche eheliche Wohnung, bestehend aus ....., wird dem/der Antragsgegner/in zur alleinigen Nutzung zugewiesen.

2. Der/Die Antragsgegner/in tritt ab Rechtskraft der Scheidung an die Stelle des/der Antragsteller/in in das von diesem/r mit dem/der Vermieter/in ..... (Name und Anschrift) aufgrund Mietvertrags vom ..... bestehende Mietverhältnis über die in Ziffer 1 genannte Wohnung ein. Der/Die Antragsteller/in scheidet aus dem Mietverhältnis aus.

3. Der/Die Antragsteller/in hat die vorgenannte Ehewohnung mit sämtlichen dazugehörigen Schlüssel bis zum ..... unter Mitnahme der persönlichen Sachen, insbesondere von ..... (detaillierte Auflistung der Gegenstände) an den/die Antragsgegner/in herauszugeben.

Weiterhin wird beantragt,

dem/der Antragsgegner/in auch für dieses Verfahren Verfahrenskostenhilfe unter Beiordnung der Unterzeichnenden zu bewilligen.[6]

Begründung:[7]

Der Wohnungszuweisungsantrag des/der Antragsteller/in ist zurückzuweisen.

Der/Die Antragsgegner/in hat gemäß § 1568a BGB einen Anspruch darauf, dass ihm/ihr die eheliche Wohnung zur alleinigen Nutzung zugewiesen wird. Im Einzelnen wird hierzu folgendes ausgeführt:

..... (ausführliche Darstellung der Gründe, die bei Abwägung der beiderseitigen Interessen eine Wohnungszuweisung zugunsten des/der Antragsgener/in erforderlich machen)

Beweis:[8]

Der/Die Antragsteller/in ist auch, anders als der/die Antragsgegner/in, ohne weiteres in der Lage, sich kurzfristig Ersatzwohnraum zu schaffen.

..... (Darstellung der persönlichen und wirtschaftlichen Verhältnisse der Beteiligten)

Die Möglichkeit einer Aufteilung der Wohnung zwischen den Beteiligten besteht sowohl aus räumlichen als auch persönlichen Gründen nicht.

..... (Darstellung des Wohnungszuschnittes, der eine Aufteilung der Wohnung in zwei Wohnungseinheiten unmöglich macht)

Ein für den/die Vermieter/in bestimmtes Schriftsatzexemplar ist beigefügt.

Bezüglich des Verfahrenskostenhilfeantrages wird auf die im Scheidungsverfahren vorgelegte Erklärung über die persönlichen und wirtschaftlichen Verhältnisse des/der Antragsgegners/in nebst Anlagen verwiesen.

1. **Zuständigkeit.** Vgl. hierzu Rdn. 133, *M. 1*

2. **Verfahrensbeteiligte.** Vgl. hierzu Rdn. 133, *M. 2*

3. **Anwaltszwang.** Vgl. hierzu Rdn. 133, *M. 3*

4. **Kostenregelung und Verfahrenswert.** Vgl. hierzu Rdn. 133, *M. 4*

5. **Verfahrensanträge.** Vgl. hierzu Rdn. 133, *M. 5*

6. **Verfahrenskostenhilfe.** Vgl. hierzu Rdn. 133, *M. 6*

7. **Begründung.** Vgl. hierzu Rdn. 133, *M. 7*

8. **Beweislast.** Vgl. hierzu Rdn. 133, *M. 8*

154 Zu **Vollstreckung** und **Rechtsmitteln** vgl. Rdn. 134–137 bzw. Rdn. 138–151

III. Wohnungszuweisung nach Abschluss der Ehesache

Haben sich die Eheleute anlässlich der Scheidung nicht darüber einigen können, wem die eheliche Wohnung zustehen soll und ist auch keine richterliche Entscheidung im Scheidungsverbund herbeigeführt worden, kann nach Beendigung der Ehesache ein isoliertes Wohnungszuweisungsverfahren geführt werden.

155

Zu beachten ist hier die **Jahresfrist gem. § 1568a Abs. 6 FamFG**. Das Gericht darf in die Rechte des/der Vermieters/in oder eines anderen Drittbeteiligten nicht mehr eingreifen, wenn der Antrag später als ein Jahr nach Rechtskraft der Scheidung gestellt wird. Nach Ablauf der Jahresfrist darf das Gericht den Mietvertrag nur noch ändern, wenn der/die Vermieter/in zustimmt. Hat der/die Vermieter/in das Einverständnis erklärt, kann er/sie dieses auch noch in der Beschwerdeinstanz widerrufen.

156

Das fehlende Einverständnis des/der Vermieters/in nach Ablauf eines Jahres ab Rechtskraft der Scheidung steht einer Zuweisung der Ehewohnung an einen der geschiedenen Ehegatten im Innenverhältnis nicht entgegen (OLG München, FamRZ 1986, 1019). Es bleibt dann ein Anspruch auf Freistellung von allen sich aus dem Mietvertrag ergebenden Verpflichtungen. Ggü. dem/der Vermieter/in bleiben in diesem Fall allerdings beide Ehegatten auch nach rechtskräftiger Scheidung weiterhin gemeinsam Vertragspartner, auch wenn im Innenverhältnis der geschiedenen Eheleute eine Freistellung von Mietverbindlichkeiten zulasten des in der Wohnung verbliebenen Mieters vereinbart worden ist (LG Heidelberg, FamRZ 1993, 1437).

157

▶ Hinweis zur Taktik:

158

Es sollte unbedingt darauf geachtet werden, dass für den geschiedenen Ehegatte, der nach Rechtskraft der Scheidung die eheliche Wohnung nicht mehr bewohnt, binnen der Jahresfrist des § 1568a Abs. 6 FamFG eine Umschreibung des Mietverhältnisses erfolgt. Andernfalls kann der geschiedene Ehegatte dem/der Vermieter/in ggü. in der Haftung bleiben, obwohl er die Wohnung nicht mehr nutzt. Es besteht auch grds. kein Anspruch des ausgezogenen geschiedenen Ehegatten auf Zustimmung zur Kündigung des Mietvertrages ggü. dem anderen Ehegatten, wenn dieser die Wohnung weiter nutzen möchte und mit der Kündigung eigene Interessen verletzen müsste (vgl. dazu Götz/Brudermüller Rn. 90, S. 39/40).

1. Muster: Antrag auf Wohnungszuweisung nach Scheidung

An das

159

Amtsgericht .....

– Familiengericht –[1]

Antrag auf endgültige Wohnungszuweisung nach Scheidung

des/der.....[2]

– Antragsteller/in –

Verfahrensbevollmächtigter/e:.....[3]

gegen

den/die.....

– Antragsgegner/in –

Verfahrensbevollmächtigter/e:.....

Weiter Verfahrensbeteiligter:..... (Name und zustellungsfähige Anschrift des/der Vermieters/in)

Namens und in Vollmacht des/der Antragstellers/in wird gemäß § 1568a BGB beantragt, wie folgt zu erkennen:[4]

1. Die in ..... (Ort, Straße, Stockwerk, rechts, links, Mitte, Wohnungsnummer) befindliche eheliche Wohnung, bestehend aus ....., wird dem/der Antragsteller/in zur alleinigen Nutzung zugewiesen.

2. Der/Die Antragsgegner/in hat die vorgenannte Ehewohnung mit sämtlichen dazugehörigen Schlüsseln bis zum ..... unter Mitnahme der persönlichen Sachen, insbesondere ..... (detaillierte Auflistung der Gegenstände), an den/die Antragsteller/in herauszugeben.

3. Das von den Beteiligten mit ..... (Name und Anschrift des/der Vermieters/in) eingegangene Mietverhältnis gemäß Mietvertrag vom ..... wird von dem/der Antragsteller/in mit allen Rechten und Pflichten allein übernommen und fortgesetzt.

4. Die hinterlegte Kaution in Höhe von ..... € bleibt weiterhin bei dem/der Vermieter/in.

Alternativ für den Fall, dass ein Mietverhältnis nicht besteht:

5. Es wird ein Mietverhältnis an der unter Ziffer 1 erwähnten Ehewohnung gemäß dem beigefügten, ausgefüllten Muster eines Einheitsmietvertrages begründet und der dort vorgeschlagene ortsübliche Mietzins in Höhe von ..... € zuzüglich Nebenkostenvorauszahlungen von ..... €, also insgesamt ..... € monatlich festgesetzt.

6. Die Kosten des Verfahrens trägt der/die Antragsgegner/in.[5]

Weiterhin wird beantragt,

dem/der Antragsteller/in für das Verfahren Verfahrenskostenhilfe unter Beiordnung der Unterzeichnenden zu bewilligen.[6]

Begründung:[7]

Die Beteiligten leben mit den gemeinschaftlichen minderjährigen Kindern, ..., geb. am ..... und ....., geboren am ....., in der im Rubrum näher bezeichneten Ehewohnung. Sie haben die Wohnung gemeinsam angemietet.

Beweis: Mietvertrag vom .....[8]

Die Beteiligten sind durch Beschluss des Amtsgerichts .....-Familiengericht- vom ....., Az.:....., rechtskräftig geschieden worden.

Beweis: Beschluss mit Rechtskraftvermerk vom .....

Anlässlich der Scheidung ist keine Entscheidung über die Zuweisung der Ehewohnung getroffen worden. Die Beteiligten waren davon ausgegangen, dass sie sich untereinander einigen würden, wer von ihnen die Ehewohnung weiter bewohnt. Diese Einigungsbemühungen sind inzwischen gescheitert; beide Beteiligte beanspruchen die Wohnung für sich.

Es ist aus nachfolgenden Gründen notwendig und angemessen, dass der/die Antragsteller/in die Ehewohnung künftig alleine nutzen kann: ..... (ausführliche Darstellung der Gründe, die bei Abwägung der beiderseitigen Interessen eine Wohnungszuweisung zugunsten des/der Antragsteller/in erforderlich machen)

Der/Die Antragsgegner/in wäre ohne weiters in der Lage, sich eine eigene Wohnung anzumieten: ..... (Darstellung der Gründe)

Der/Die Antragsgegner/in ist auch nicht in gleicher Weise auf die Wohnung angewiesen: .....(Darstellung der Gründe)

Die Möglichkeit einer Aufteilung der ehelichen Wohnung ist schon aus baulichen Gründen nicht gegeben. ..... (Darstellung der Gründe)

Die Wohnung ist daher dem/der Antragsteller/in zuzuweisen.

Da die Beteiligten die Wohnung gemeinsam angemietet haben, ist gemäß § 1568a Abs. 3 Nr. 2 BGB zu bestimmen, dass der Mietvertrag von dem/der Antragsteller/in als alleinige/e Mieter/in fortgesetzt wird.

Ob der/die am Verfahren beteiligte Vermieter/in einer Fortsetzung des Mietvertrages durch den/die Antragsteller/in zustimmt, ist nicht bekannt. Der/Die Vermieter/in hat sich auf eine entsprechende Anfrage des/der Antragsteller/in nicht geäußert. Auf das Einverständnis des/der Vermieters/in kommt es vorliegend gemäß § 1568a Abs. 6 BGB nicht an, da der Antrag auf Wohnungszuweisung binnen Jahresfrist nach Rechtskraft des Scheidungsurteils gestellt wurde.

Berechtigte Interessen des/der Vermieter/in stehen der beantragten Regelung nicht entgegen.

Bezüglich des Verfahrenskostenhilfeantrages wird auf die beiliegende Erklärung über die persönlichen und wirtschaftlichen Verhältnisse des/der Antragstellers/in nebst Anlagen verwiesen.

1. Zuständigkeit. Das Wohnungszuweisungsverfahren ist gem. § 111 Nr. 5 FamFG eine Familiensache. Für Familiensachen ist gem. § 23a Abs. 1 Nr. 1 GVG das Amtsgericht **sachlich** zuständig.

Die **örtliche** Zuständigkeit richtet sich nach § 201 FamFG. § 201 FamFG begründet eine ausschließliche Zuständigkeit und legt eine bestimmte Reihenfolge fest, sodass die vorgehende Zuständigkeit jede nachfolgende ausschließt.

Da das Scheidungsverfahren abgeschlossen ist, richtet sich die Zuständigkeit nach § 201 Nr. 2 FamFG. Örtlich zuständig ist danach das FamG, in dessen Bezirk die Ehegatten ihren gewöhnlichen Aufenthalt hatten.

Für den Fall, dass eine Zuständigkeit nach § 201 Nr. 2 FamFG nicht gegeben ist, stellt § 201 Nr. 3 FamFG auf den gewöhnlichen Aufenthalt des/der Antragsgegners/in ab. Hilfsweise ist nach § 201 Nr. 4 FamFG der gewöhnliche Aufenthalt des/der Antragstellers/in maßgeblich.

2. Verfahrensbeteiligte. Neben den geschiedenen Ehegatten sind gem. § 204 Abs. 1 FamFG in Wohnungssachen nach § 200 Abs. 1 Nr. 2 FamFG auch Dritte zu beteiligen, mit denen beide Ehegatten oder nur ein Ehegatte hinsichtlich der Wohnung in Rechtsgemeinschaft stehen, wie z. B. der/die Vermieter/in der Wohnung, auch die Wohnungsgenossenschaft, der/die Grundstückseigentümer/in, der/die Arbeitgeber/in bei einer Werks- oder Dienstwohnung und ggf. der oder die Miteigentümer.

Nach § 205 Abs. 1 FamFG ist das Jugendamt anzuhören, wenn Kinder im Haushalt leben. Unterbleibt die Anhörung allein wegen Gefahr im Verzug, so ist sie unverzüglich nachzuholen. Die Vorschrift trägt dem Umstand Rechnung, dass die Zuweisung der Wohnung im Regelfall erhebliche Auswirkungen auf das Wohl der betroffenen Kinder hat. Das Gericht hat nach § 205 Abs. 2 FamFG dem Jugendamt die Entscheidung mitzuteilen. Gegen den Beschluss steht dem Jugendamt die Beschwerde zu.

▶ **Hinweis zur Taktik:**

Das Verfahren verzögernde gerichtliche Zwischenverfügungen werden vermieden, wenn die Anschriften der Beteiligten bereits in der Antragschrift mitgeteilt werden. Es sollten den Schriftsätzen weitere beglaubigte und einfache Abschriften für die Beteiligten beigefügt werden.

3. Kein Anwaltszwang. Wohnungssachen gehören nicht zu den selbstständigen Familienstreitsachen i. S. v. § 112 FamFG, sodass gem. § 114 Abs. 1 FamFG Anwaltszwang **nicht** besteht.

4. Verfahrensanträge. Das Verfahren wird gem. § 203 FamFG auf einen entsprechenden Antrag eines Ehegatten eingeleitet. Es handelt sich um einen Verfahrensantrag, keinen Sachantrag. Der Verfahrensantrag leitet ein Verfahren ein und regt eine bestimmte Regelung an, bindet das Gericht aber nicht. Das Gericht kann von Amts wegen eine andere als die beantragte Regelung treffen.

Das Antragsrecht ist höchstpersönlich und nicht übertragbar. Der Tod eines Partners erledigt ein schwebendes Verfahren in der Hauptsache (§ 208 FamFG). Es bleibt nur die Kostenentscheidung Gegenstand des Verfahrens, das insoweit mit den Erben fortgesetzt wird.

Im Verfahrensantrag muss im Hinblick auf eine etwaige Zwangsvollstreckung die Lage der Ehewohnung so genau wie möglich bezeichnet werden. Es sind Ort, Straße, Hausnummer und Stockwerk anzugeben. Falls möglich sollten auch noch weitere Kriterien wie z. B. Lage innerhalb der Etage, Nummer der Wohnung etc. in den Antrag aufgenommen werden. Dies gilt auch für den Fall, dass nur Teile der Wohnung zur alleinigen Nutzung überlassen werden sollen.

Das Gericht kann neben der Wohnungszuweisung ergänzende Maßnahmen anordnen, bspw. die Verpflichtung zur Räumung der Wohnung oder zur Entfernung der persönlichen Sachen (vgl. hierzu Rdn. 15, *M. 5–7*).

5. Kostenregelung und Verfahrenswert. § 81 Abs. 1 Satz 3 FamFG sieht für Familiensachen, wozu auch Wohnungssachen gehören (§ 111 Nr. 5 FamFG), eine verpflichtende Kostenentscheidung vor. Das Gericht kann die Kosten des Verfahrens nach **billigem Ermessen** den Beteiligten ganz oder z. T. auferlegen. § 80 FamFG bestimmt, welche Kosten erstattungsfähig sind. Hierzu zählen nach § 80 Satz 1 FamFG zum einen die Gerichtskosten (Gebühren und Auslagen) und zum anderen die zur Durchführung des Verfahrens notwendigen Aufwendungen, also insb. die Rechtsanwaltskosten.

Allein die **Rücknahme eines Antrages** rechtfertigt die Auferlegung der Kosten nicht. Vielmehr sind die Umstände zu berücksichtigen, die zur Rücknahme des Antrages geführt haben, wie etwa eine zwischenzeitlich außergerichtlich zustande gekommene Einigung.

§ 81 Abs. 2 FamFG regelt Abweichungen vom Grundsatz der Kostenentscheidung nach billigem Ermessen. Nach § 81 Abs. 2 Nr. 1 FamFG soll dem Beteiligten die Kosten des Verfahrens auferlegt werden, der durch **grobes Verschulden** Anlass für das Verfahren gegeben hat. Konkrete Fälle groben Verschuldens werden in den Nr. 2 – Nr. 4 geregelt, nämlich das Stellen eines erkennbar aussichtslosen Antrages sowie das schuldhafte Anführen unwahrer Angaben zu einer wesentlichen Tatsache und das schuldhafte Verletzen von Mitwirkungspflichten, die zu einer erheblichen Verzögerung des Verfahrens geführt haben.

Wird das Verfahren durch **Vergleich** erledigt und haben die Beteiligten keine Bestimmung über die Kosten getroffen, fallen gem. § 83 Abs. 1 FamFG die Gerichtskosten jedem Teil zu gleichen Teilen zur Last. Die außergerichtlichen Kosten trägt jeder Beteiligte selbst.

Nach § 83 Abs. 2 FamFG ist auch dann, wenn das Gericht keine Endentscheidung zu treffen hat, weil sich z. B. das Verfahren auf sonstige Weise erledigt hat, über die Kostenfolge nach den Grundsätzen des § 81 FamFG zu entscheiden.

Drittbeteiligte haben ihre außergerichtlichen Kosten grds. selbst tragen.

In Wohnungssachen nach § 1568a BGB beziffert sich der Verfahrenswert nach § 48 Abs. 1 FamGKG auf 4.000,00 €. § 48 Abs. 3 FamGKG eröffnet die Möglichkeit, den Festwert den besonderen Umständen des Einzelfalles anpassen, um zu verhindern, dass es zu unvertretbar hohen oder unangemessen niedrigen Kosten kommt. Eine **Herabsetzung** ist geboten, wenn der Streit nur noch Teile des Verfahrensgegenstandes betrifft, wie die Nutzung einzelner Räume in der Ehewohnung. Eine **Erhöhung** kommt in Betracht, wenn es sich z. B. um besonders teure Wohnungen handelt.

Die Gerichtskosten betragen gemäß Vorbemerkung 1.3.2, Nr. 1320 FamGKG 2,0 Gebühren.

6. Verfahrenskostenhilfe. Bei dem Wohnungszuweisungsverfahren nach § 200 Abs. 1 Nr. 2 FamFG handelt es sich um ein Verfahren ohne Anwaltszwang i. S. v. § 78 Abs. 2 FamFG. In diesen Verfahren ist ein Antrag des Beteiligten auf Anwaltsbeiordnung zu stellen. Gem. § 78 Abs. 2 FamFG wird dem Beteiligten ein Rechtsanwalt oder eine Rechtsanwältin in Verfahren ohne Anwaltszwang nur dann beigeordnet, wenn dies wegen der Schwierigkeit der Sach- und Rechtslage erforderlich ist. Dies ist nach den Umständen des Einzelfalls zu beurteilen (BGH, FamRZ 2009, 857). Neben objektiven Kriterien, wie Umfang und Schwierigkeit der Sach- und Rechtslage, bestimmt sich die Erforderlichkeit auch an subjektiven Kriterien (Das neue FamFG/Schulte-Bunert/*Keske* § 78 Rn. 4; OLG Düsseldorf, NJW 2010, 1211 unter Bezugnahme auf die nach altem Recht ergangene Entscheidung des BGH, FamRZ 2009, 857; OLG Zweibrücken, NJW 2010, 1212). Hierzu zählt die Ausdrucksfähigkeit der Beteiligten, ihre Gewandtheit und geistige Befähigung, ihr Rechtsanliegen dem Gericht schriftlich oder mündlich ausreichend und ohne Gefahr einer eigenen Rechtsbeeinträchtigung darzustellen (BVerfG, FamRZ 2004, 213; BGH, FamRZ 2003, 1547 und 1921).

▶ **Hinweis zur Taktik**

Der/Die Antragsteller/in kann den Antrag auf Bewilligung von Verfahrenskostenhilfe mit der jeweiligen Antragsschrift verbinden, d. h. beide Anträge in einem Schriftsatz stellen (BGH, FamRZ 1996, 1142, 1143). Will der/die Antragsteller/in – wie im Regelfall – den Antrag aber nur für den Fall der Bewilligung von Verfahrenskostenhilfe bzw. im Umfang der Verfahrenskostenhilfe stellen, muss in der Antragsschrift deutlich gemacht werden, dass die Antragstellung in der Hauptsache nur für den Fall der Bewilligung von Verfahrenskostenhilfe erfolgt (BGH, NJW-RR 2000, 879; OLG Koblenz, FamRZ 1998, 312; Prütting/Gehrlein/*Völker/Zempel* § 117 Rn. 24). Das ist stets dann anzunehmen, wenn in dem eingereichten Schriftsatz die Antragstellung unter der Voraussetzung steht, dass Verfahrenskostenhilfe bewilligt wird oder von einer – nur – beabsichtigten Antragstellung die Rede ist. Ein als Antrag bezeichneter Schriftsatz kann aber auch dann nur als Antrag auf Gewährung von Verfahrenskostenhilfe gemeint sein, wenn in dem Schriftsatz gebeten wird, »vorab« über die Gewährung von Verfahrenskostenhilfe zu entscheiden (BGH, FamRZ 2005, 794 ff.; OLG Köln, FamRZ 1984, 916).

7. Begründung. Gem. § 23 Abs. 1 FamFG soll der verfahrenseinleitende Antrag eine Begründung enthalten. Die Ausgestaltung als Sollvorschrift stellt sicher, dass eine Nichterfüllung der Begründungspflicht nicht zur Zurückweisung des Antrags als unzulässig führen kann. Dennoch ist zur möglichst frühzeitigen Strukturierung und sachgerechten Förderung des Verfahrens eine Begründung sachgerecht. Es sollten die zur Begründung dienenden Tatsachen und genauen Umständen und Beweismittel angegeben und das Gericht hierdurch bei der Ermittlung des entscheidungserheblichen Sachverhaltes unterstützt werden (vgl. hierzu 134, 7).

8. Beweislast. Das Gericht hat gem. §§ 26, 29 FamFG von Amts wegen zu ermitteln und die erforderlichen Beweise zu erheben. Trotz der **Amtsermittlungspflicht** des Gerichts sollte der zu regelnde Sachverhalt unter Beachtung der Darlegungs- und Beweislast dargestellt werden. Alle entscheidungserheblichen Tatsachen sollten unter Beweis gestellt werden.

Ein förmliches Beweisantragsrecht haben die Beteiligten jedoch nicht. Das Gericht muss sich dennoch mit **entscheidungserheblichen Beweisangeboten** nach pflichtgemäßen Ermessen hinreichend auseinandersetzen und dementsprechend die Ablehnung der Beweiserhebung ggf. in der Endentscheidung begründen (§ 38 Abs. 3 FamFG). Eine fälschlich nicht vorgenommene Beweiserhebung stellt als Rechtsfehler eine Verletzung der Amtsermittlungspflicht dar. Dies kann unter den Voraussetzungen des § 69 Abs. 1 Satz 2, 3 FamFG zu einer Zurückweisung durch das Beschwerdegericht oder durch das Rechtsbeschwerdegericht nach § 74 Abs. 6 Satz 2 FamFG führen.

Das Gericht ist grds. nach seinem pflichtgemäßen Ermessen verpflichtet, den Sachverhalt vollständig aufzuklären. Es kann daher einen Beweisantrag ablehnen, wenn die Tatsachen unerheblich, erwiesen oder offenkundig oder als wahr unterstellt werden können bzw., falls das Beweismittel unzulässig, unerreichbar oder ungeeignet ist. Das Gericht kann den Beweisantrag auch mit der Begründung ablehnen, der Sachverhalt sei bereits vollständig aufgeklärt (Bay OLG, NJW-RR 1991, 777, 778). Hierbei besteht jedoch die Gefahr, dass dies als vorweggenommene Beweiswürdigung angesehen wird (Das neue FamFG/*Schulte-Bunert* § 29 Rn. 155).

In welcher Form das Gericht die Beweise erhebt, ist ihm überlassen (§ 29 Abs. 1 FamFG). Es kann grds. zwischen **Frei- und Strengbeweis** wählen (§ 30 Abs. 1 FamFG). Im Rahmen des Freibeweises kann das Gericht z. B. informell die Auskunftsperson persönlich, telefonisch oder schriftlich befragen. Ausnahmsweise muss das Gericht im Wege des Strengbeweises vorgehen. Das ist immer dann erforderlich, wenn das Gericht seine Entscheidung maßgeblich auf die Feststellung einer Tatsache stützen will und die Richtigkeit von einem Beteiligten ausdrücklich bestritten wird (§ 30 Abs. 3 FamFG) oder wenn es zur ausreichenden Sachaufklärung oder wegen der Bedeutung der Angelegenheit notwendig ist.

2. Vollstreckung

160 Gem. § 38 Abs. 1 FamFG ergeht die Endentscheidung durch Beschluss. Nach § 86 Abs. 2 FamFG sind Beschlüsse mit Wirksamwerden vollstreckbar. Eine Vollstreckungsklausel ist gem. § 86 Abs. 3 FamFG nur erforderlich, wenn die Vollstreckung nicht durch das Gericht erfolgt, das den Titel erlassen hat. Grds. werden Beschlüsse nach § 40 Abs. 1 FamFG mit Bekanntgabe an die Beteiligten sofort wirksam. Diese Bestimmung ist allerdings auf Wohnungssachen nicht anwendbar, da nach § 209 Abs. 2 Satz 1 FamFG die Endentscheidung in Wohnungssachen erst mit (formeller) Rechtskraft wirksam wird. Die Rechtskraft tritt in isolierten Wohnungssachen ein, wenn die Frist für die befristete Beschwerde abgelaufen ist (1 Monat gem. § 63 Abs. 1 FamFG), wenn auf Rechtsmittel verzichtet wird oder eine endgültige Entscheidung des Beschwerdegerichts vorliegt. Eine vorläufige Vollstreckbarkeit ist nicht vorgesehen (OLG Nürnberg, FamRZ 2000, 1104).

161 Zur Vollstreckung von Räumungs- und Schutzanordnungen vgl. Rdn. 17–22

Zu **Rechtsmitteln** vgl. Rdn. 23–40

K. Teilung von Haushaltsgegenständen nach § 1568b BGB

162 Können sich die Ehegatten anlässlich der Scheidung nicht darüber einigen, wer von ihnen künftig die Wohnungseinrichtung und die sonstigen Haushaltsgegenstände erhalten soll, so werden die Rechtsverhältnisse hieran auf Antrag eines Beteiligten durch das Gericht geregelt. Nach der Rechtsprechung des BGH (BGH, FamRZ 1984, 144) gehören zu den Haushaltssachen alle beweglichen Gegenstände, die nach den Vermögens- und Lebensverhältnissen der Eheleute für die Wohnung, die Hauswirtschaft und das Zusammenleben der Familie bestimmt sind. Anschaffungsmotiv (OLG Düsseldorf, FamRZ 1986, 1132) und Wert des Gegenstandes sind ohne Belang (BGH, FamRZ 1984, 575).

163 Zu den Haushaltssachen gehört auch der **Pkw**, wenn er unabhängig von den Eigentumsverhältnissen kraft Widmung dazu bestimmt gewesen ist, dem gemeinsamen Haushalt zum Zweck der Haushalts- und privaten Lebensführung, insb. zum Einkauf, zur Betreuung der gemeinsamen Kinder oder zu Schul- und Wochenendfahrten zu dienen (BGH, FamRZ 1991, 43; OLG Köln, FamRZ 2002, 322, 323; OLG Karlsruhe, FamRZ 2001, 760). Andernfalls ist der Pkw dem Zugewinn zuzuordnen. Die bloße Mitbenutzung des Fahrzeugs auch für eheliche und familiäre Bedürfnisse macht es noch nicht zur Haushaltssache (OLG Zweibrücken, FamRZ 1991, 848; OLG Hamm, FamRZ 1990, 54; OLG Hamburg, FamRZ 1990, 1118).

164 **Wohnwagen und Wohnmobil** gehören zu den Haushaltssachen, wenn diese überwiegend privaten Zwecken dienen (OLG Koblenz, NJW-RR 1994, 516; OLG Düsseldorf, FamRZ 1992, 60; OLG Köln, FamRZ 1992, 696). Das gilt unabhängig vom Wert auch für die von der Familie genutzte **Segel- oder Motorjacht** (LG Ravensburg, FamRZ 1995, 1585; OLG Dresden, OLGR 2003, 232).

165 Auf **Haustiere** sind die die Haushaltssachen betreffenden Vorschriften entsprechend anzuwenden (OLG Zweibrücken, FamRZ 1998, 1432), sofern mit dem Halten der Tiere nicht die Absicht der Gewinnerzielung verbunden ist (OLGNaumburg, FamRZ 2001, 481).

166 **Einbauküchen, Einbaumöbel und Badezimmereinrichtung** sind dann keine Haushaltssachen, wenn sie Zubehör oder wesentlicher Bestandteil des Gebäudes und damit des Grundstücks gem. § 94 Abs. 2 BGB sind (OLG Nürnberg, FamRZ 2003, 156; OLG Zweibrücken, FamRZ 1993, 82). Dies ist dann der Fall, wenn sie dem Baukörper besonders angepasst sind und deshalb mit ihm eine Einheit bilden (BGH, FamRZ 1984, 2277).

167 Haushaltssachen, die im Alleineigentum eines Ehegatten stehen, unterfallen grds. dem Zugewinnausgleich.

168 Haushaltssachen, die i. R. d. Haushaltssachenteilungsverfahrens aufgeteilt werden, unterliegen nicht dem **Zugewinnausgleich**. Nach einer Grundsatzentscheidung des BGH (BGH, FamRz 1984, 144) stellen die Bestimmungen des Haushaltssachenteilungsverfahrens insoweit eine die güterrechtlichen Vorschriften verdrängende Sonderregelung dar.

Nicht zu den Haushaltssachen gehören alle Gegenstände, die ausschließlich **beruflichen Zwecken** eines oder beider Ehegatten dienen. Dies gilt auch für solche Gegenstände, die lediglich für **persönliche Bedürfnisse** oder Interessen angeschafft und geschenkt wurden oder dem **Hobby** dienen (Briefmarkensammlung: OLG Stuttgart, FamRZ 1982, 282; Computer: OLG Hamburg, FamRZ 1990, 1134).   169

Nach § 1568b BGB kann jeder Ehegatte verlangen, dass ihm der andere Ehegatte anlässlich der Scheidung die im gemeinsamen Eigentum stehenden Haushaltsgegenstände überlässt, auf deren Nutzung er unter Berücksichtigung des Wohls der im Haushalt lebenden Kinder und der Lebensverhältnisse der Ehegatten im stärkerem Maße angewiesen ist als der andere Ehegatte. Alleiniges Verteilungskriterium ist nur noch die **Bedürfnislage** und nicht mehr vornehmlich die gerechte und zweckmäßige Verteilung der Haushaltssachen unter den Eheleuten. Es müssen daher zunächst die Eigentumsverhältnisse an den Haushaltssachen ermittelt werden. Diese Feststellung wird durch § 1568b Abs. 2 BGB erleichtert, wonach gemeinsames Eigentum vermutet wird, wenn Haushaltsgegenstände während der Ehe für den gemeinsamen Haushalt angeschafft wurden, es sei denn das Alleineigentum eines Ehegatten steht fest.   170

Nach § 1568b Abs. 3 BGB kann derjenige Ehegatte, der mehr als der andere erhält, eine **Ausgleichszahlung** entsprechend dem Mehrwert verlangen. Die Höhe der Ausgleichszahlung richtet sich nach dem Verkehrswert des Gegenstands zum Zeitpunkt der Ehescheidung. Diese Ausgleichzahlung bleibt beim **Zugewinnausgleich** sowohl auf der Aktiv- als auch auf der Passivseite unberücksichtigt. Eine **Aufrechnung** gegen eine Ausgleichsforderung im Haushaltssachenverfahren ist unzulässig, ebenso eine Verrechnung mit Unterhaltsansprüchen (OLG Frankfurt am Main, FamRZ 1983, 730), da der Ehegatte, dem der Ausgleich zugesprochen wird, in die Lage versetzt werden soll, sich neue Haushaltssachen zu beschaffen, was ihm andernfalls verwehrt würde (OLG Hamm, FamRZ 1981, 293). Ebenso wenig kommt ein **Zurückbehaltungsrecht** an einzelnen Haushaltssachen in Betracht (LG Limburg, FamRZ 1993, 1464). Allerdings ist die Anordnung einer **isolierten Ausgleichszahlung** ohne gleichzeitige Zuweisung von Haushaltssachen unzulässig (OLG Naumburg, FamR 2007, 920; OLG Jena, FamRZ 1996, 1293; OLG Zweibrücken, FamRZ 1987, 165).   171

Die Regelung der Haushaltsachenteilung kann als Folgesache im Scheidungsverbund, aber auch im isolierten Verfahren nach rechtskräftiger Scheidung erfolgen.   172

Bei einer beabsichtigten Regelung im Verbund ist § 137 Abs. 2 Satz 1 FamFG zu beachten, wonach die Folgesache **spätestens 2 Wochen vor der mündlichen Verhandlung in der Scheidungssache** anhängig gemacht werden muss.   173

▶ **Hinweis zur Taktik:**   174

> Aus kosten- wie haftungsrechtlicher Sicht ist die Anwaltschaft verpflichtet, das Verfahren so kostensparend wie möglich zu führen. Es ist daher grds. die gem. § 137 Abs. 2 Nr. 3 FamFG verbundfähige Haushaltssache im kostengünstigen Scheidungsverbund geltend zu machen. Andernfalls müssen vernünftige Gründe vorliegen, die ein Geltendmachen im Scheidungsverbund untunlich erscheinen lassen.

Allerdings kann entgegen früherer Rechtsprechung in den Fällen, in denen ein Ehegatte nach Rechtskraft der Scheidung Verfahrenskostenhilfe für einen Antrag verlangt, der während des Scheidungsverfahrens auch als Folgesache hätte geltend gemacht werden können, die Verfahrenskostenhilfe wegen mutwilliger Verfahrensführung nicht verweigert werden (BGH, FamRZ 2005, 786 ff.; m. w. N. auch zur Gegenansicht).   175

I. Ü. kann sich die Stellung eines Folgeantrags nicht nur bei Uneinigkeit der Eheleute über bestimmte Regelungen anbieten, sondern auch dann, wenn aus bestimmten Gründen eine Verzögerung des Scheidungsverfahrens im Interesse des/der Mandanten/in liegt, z. B. um die Zeit des   176

Bezuges von Trennungsunterhalt zu verlängern oder die kostenfreie Mitgliedschaft in der gesetzlichen Krankenversicherung des Ehegatten oder die Beihilfeberechtigung in einer »Beamtenehe« so lange wie möglich aufrechtzuerhalten.

I. Zuweisung von Haushaltssachen im Scheidungsverbund

1. Muster: Antrag auf Zuweisung von Haushaltssachen nach § 1568b BGB im Scheidungsverbund

177   An das

Amtsgericht

Familiengericht[1]

Geschäfts-Nr. .....F...../.....

In der Familiensache

...../.....

des/der.....[2]

– Antragsteller/in –

Verfahrensbevollmächtigter/e:.....[3]

gegen

den/die.....

– Antragsgegner/in –

Verfahrensbevollmächtigter/e:.....

wegen Scheidung: hier: Folgesache Haushaltssache

Verfahrenswert: 3000,00 €[4]

Namens des/der Antragsgegner/in wird für den Fall der rechtskräftigen Scheidung der Ehe der Beteiligten beantragt, wie folgt zu erkennen:[5]

I. Dem/Der Antragsgegner/in werden folgende Haushaltssachen zugewiesen:

1. .....

2. .....

3. ..... usw.

II. Das Alleineigentum an diesen unter Antrag I Nr. 1 bis ..... aufgeführten Haushaltssachen geht mit Rechtskraft dieser Entscheidung auf den/die Antragsgegner/in über.

III. Der/Die Antragsteller/in ist verpflichtet, die unter Antrag I Nr. 1 bis ..... aufgeführten Haushaltssachen bis zum ..... Tage nach Rechtskraft dieser Entscheidung an den/die Antragsgegner/in herauszugeben.

Weiterhin wird beantragt,

dem/der Antragsgegner/in auch für dieses Verfahren Verfahrenskostenhilfe unter Beiordnung der Unterzeichnenden zu bewilligen.[6]

Begründung:[7]

I. Die Beteiligten sind Eheleute. Aus der Ehe der Beteiligten ist das Kind ....., geb. am ....., hervorgegangen. Die Beteiligten leben seit dem ..... in verschiedenen Wohnungen voneinander getrennt. Das minderjährige Kind lebt seit der Trennung im Haushalt des/der Antragsgegner/in. Das

Scheidungsverfahren ist rechtshängig. Im Nachfolgenden wird unterstellt, dass die Ehe der Beteiligten geschieden wird. Die Beteiligten können sich nicht über die Verteilung der ehelichen Haushaltssachen einigen. Eine gerichtliche Zuweisung ist daher erforderlich.

II. Der/Die Antragsgegner/in beansprucht für sich die im Antrag zu I. aufgeführten Haushaltssachen. Um eine richterliche Entscheidung zu ermöglichen wird anliegend eine Liste über die während der Ehe für den gemeinsamen Haushalt angeschafften Haushaltssachen überreicht.

Beweis: Haushaltssachenliste A, anbei

Diese Liste enthält unter Ziffer ..... bis ..... auch die Haushaltssachen, die vor der Eheschließung von einem der Ehepartner im Hinblick auf die Heirat für den ehelichen Haushalt erworben, aber erst nach der Eheschließung vollständig oder teilweise bezahlt wurden. In dieser Liste sind unter Ziffer ..... bis ..... weiterhin die Haushaltsgegenstände aufgeführt, die zur Hochzeit oder während der Ehe den Eheleuten geschenkt wurden.

Die weitere Liste B enthält die Haushaltssachen, die im Alleineigentum eines Ehepartners stehen.

Beweis: Haushaltssachenliste B, anbei

Soweit die im Antrag zu I aufgeführten Haushaltssachen im gemeinsamen Eigentum der Beteiligten stehen, rechtfertigt sich die beantragte Zuweisung aus folgenden Gesichtspunkten: ..... (substantiierte Darstellung der Bedürftigkeitsgründe)

Beweis: .....[8]

III. Soweit sich die beanspruchten Haushaltssachen im Besitz des/der Antragsteller/in befinden (vgl. Liste A Nr. ..... bis .....; Liste B Nr. ..... bis .....) ist dieser/diese mit der rechtskräftigen Zuteilung zur Herausgabe verpflichtet. Dieser Anspruch wird mit Antrag zu III geltend gemacht.

IV. Bezüglich des Verfahrenskostenhilfeantrages wird auf die im Scheidungsverfahren vorgelegte Erklärung über die persönlichen und wirtschaftlichen Verhältnisse des/der Antragsgegners/in nebst Anlagen verwiesen.

Anlagen:

Liste A (gemeinsames Eigentum)

Haushaltssachenliste A enthält die Haushaltssachen, die
- in der Ehe für den gemeinsamen Haushalt angeschafft wurden,
  vor der Ehe für den gemeinsamen Haushalt angeschafft und in der Ehe ganz oder teilweise bezahlt wurden,
- beiden Ehegatten zur Hochzeit oder in der Ehe geschenkt wurden.

Nr:	Gegenstand/ Beschreibung	Anschaf- fungsjahr	Kaufpreis	Heutiger Wert (geschätzt)	Wird bean- sprucht von:	Befindet sich im Besitz von:
1						
2						
3						
4						
5						

Liste B (Alleineigentum)

In dieser Liste sind die Haushaltssachen aufgeführt, die ein Ehepartner
- mit in die Ehe gebracht hat,
- in der Ehe für sich allein erworben hat,
- geerbt hat,
- persönlich geschenkt erhalten hat.

Nr:	Gegenstand/ Beschreibung	Anschaf- fungsjahr	Kaufpreis	Zeitwert (geschätzt)	Wird bean- sprucht von:	Z.Z. im Besitz von:
1						
2						
3						
4						

1. Zuständigkeit. Die **sachliche** Zuständigkeit ergibt sich aus § 23a Abs. 1 Nr. 1 GVG, wonach die Amtsgerichte zuständig sind für Familiensachen. Gem. § 111 Nr. 5 FamFG gehören Haushaltssa- chen zu den Familiensachen.

Die **örtliche** Zuständigkeit in Ehesachen ist in § 122 FamFG geregelt. Es handelt sich um eine **aus- schließliche Zuständigkeit.** Nach § 122 Nr. 1 FamFG richtet sich die örtliche Zuständigkeit vor- rangig nach dem gewöhnlichen Aufenthalt eines Ehegatten mit allen gemeinschaftlichen Kindern. Dieses Kriterium ist nicht erfüllt, wenn ein gemeinschaftliches Kind bei dem anderen Ehegatten wohnt. Kinder, die nicht aus der gemeinsamen Beziehung stammen, werden nicht berücksichtigt. Unter dem **gewöhnlichen Aufenthalt** ist der auf gewisse Dauer (Faustregel: 6 Monate) angelegte tatsächliche Daseinsmittelpunkt in familiärer und beruflicher Hinsicht zu verstehen (Schulte-Bu- nert/Weinreich/*Schröder* § 122 Rn. 3). Die Anmeldung eines Wohnsitzes ist nur ein Indiz, reicht aber für sich allein nicht aus, um daraus herzuleiten, wo der/die Gemeldete seinen/ihren gewöhn- lichen Aufenthalt hat (BGH, FamRZ 1995, 1135). Allerdings wird durch vorübergehende Abkehr der Lebensmittelpunkt nicht verändert, wenn eine Rückkehr dahin möglich und beabsichtigt ist.

Wenn sich Eltern trennen, haben die **Kinder** i. d. R. einen doppelten Wohnsitz nach §§ 7 Abs. 1, 11 Satz 1 Halbs. 1 BGB. Den gewöhnlichen Aufenthalt hat das Kind jedoch grds. bei dem Elternteil, bei dem sein Daseinsmittelpunkt ist, also in dessen Obhut es sich befindet (OLG Karlsruhe, FamRZ 2005, 287 f.; OLG Schleswig, FamRZ 2000, 1426 f.).

Lebt kein Ehegatte mit gemeinschaftlichen minderjährigen Kindern zusammen, kommt es gem. § 122 Nr. 3 FamFG darauf an, in welchem Gerichtsbezirk die Ehegatten ihren **letzten gemeinsamen gewöhnlichen Aufenthalt** hatten, wenn einer der Ehegatten bei Eintritt der Rechtshängigkeit im Bezirk dieses Gerichts seinen gewöhnlichen Aufenthalt immer noch hat.

Fehlt ein gemeinsamer gewöhnlicher Aufenthalt und ein gewöhnlicher Aufenthalt wenigstens eines Ehegatten am früheren gemeinsamen Aufenthaltsort beider Ehegatten in Deutschland, ist gem. § 122 Nr. 4 FamFG das Gericht zuständig, in dessen Bezirk der/die Antragsgegner/in den gewöhn- lichen Aufenthalt hat. Hat auch der/die Antragsgegner/in keinen inländischen gewöhnlichen Auf- enthalt oder ist dieser nicht bekannt (BGH, FamRZ 1982, 1199/1200), kommt es nach § 122 Nr. 5 FamFG auf den gewöhnlichen Aufenthalt des/der Antragstellers/in an. Werden die Anträge gegen- seitig gestellt, kommt es gem. § 123 Satz 2 FamFG darauf an, wem zuerst zugestellt wurde.

Ist eine örtliche Zuständigkeit nach den vorgenannten Regelungen nicht gegeben, ist nach § 122 Nr. 6 FamFG das FamG beim Amtsgericht Berlin Schöneberg zuständig. Hierbei handelt es sich um die Fälle, in denen beide Ehegatten keinen gewöhnlichen Aufenthalt in Deutschland haben.

2. Verfahrensbeteiligte. Verfahrensbeteiligte sind die Ehegatten. Im Verbundverfahren richtet sich die Beteiligtenrolle nach der der Ehesache und bleibt, unabhängig von der Frage, welcher Ehepart- ner in welcher Folgesache etwas beansprucht, im gesamten Scheidungsverfahren dieselbe. Dies be- zieht sich jedoch nicht auf parallele Familiensachen, die außerhalb des Scheidungsverbundes isoliert geltend gemacht werden.

3. Anwaltszwang. Wird die Haushaltssache im Verbund verfolgt, besteht nach § 114 Abs. 1 FamFG Anwaltszwang. Gem. § 114 Abs. 5 Satz 1 FamFG bedarf der/die Bevollmächtigte einer besonde- ren auf das Verfahren gerichteten Vollmacht. Nach § 114 Abs. 5 Satz 2 FamFG erstreckt sich die

Vollmacht für die Scheidung auch auf die Folgesache Haushaltssachenteilung. Die Vollmacht wird nicht von Amts wegen geprüft, sondern regelmäßig nur auf entsprechende Rüge hin und kann auch stillschweigend erklärt werden, z. B. durch Duldung des Auftretens im Namen eines Ehegatten (Schulte-Bunert/Weinreich/*Rehme* § 114 Rn. 19).

Kein Anwaltszwang besteht gem. § 114 Abs. 4 Nr. 4 FamFG für einen Antrag auf **Abtrennung der Folgesache** von der Scheidung. Nach der Abtrennung der Wohnungssache bleibt diese allerdings nach § 137 Abs. 5 FamFG Folgesache, sodass auch der Anwaltszwang fortbesteht (vgl. FamFG/Schulte-Bunert/Weinreich/*Rehme* § 114 Rn. 8).

4. Kostenregelung und Verfahrenswert. In Haushaltssachen nach § 1568b BGB beziffert sich der Verfahrenswert nach § 48 Abs. 2 FamGKG auf 3.000,00 €. § 48 Abs. 3 FamGKG eröffnet die Möglichkeit, den Festwert den besonderen Umständen des Einzelfalles anpassen, um zu verhindern, dass es zu unvertretbar hohen oder unangemessen niedrigen Kosten kommt. Eine **Herabsetzung** ist geboten, wenn der Streit nur noch Teile des Verfahrensgegenstandes betrifft. Eine **Erhöhung** kommt in Betracht, wenn es sich z. B. um besonders wertvolle Hauhaltssachen handelt.

Im Verbundverfahren werden nach § 44 Abs. 1 FamGKG grds. die Werte der einzelnen verbundenen Verfahren (Scheidungsverfahren und die Folgesachen) addiert. Der **Kostenverbund** bleibt auch dann bestehen, wenn die Folgesache Haushaltssachenteilung gem. § 140 FamFG **abgetrennt** wird. Umgekehrt gelten ab der Einbeziehung einer ursprünglich isoliert geführten Folgesache von nun an die Wert- und Kostenvorschriften für den Verbund.

Gem. § 150 Abs. 1 FamFG sind die Kosten der Scheidungssache und der Folgesachen im Fall des Scheidungsausspruchs gegeneinander aufzuheben. Nach § 150 Abs. 3 FamFG trägt der/die Antragsteller/in die Kosten der Scheidungssache und der Folgesachen, wenn der Scheidungsantrag abgewiesen oder zurückgenommen wird. Wenn beide Ehegatten die Scheidungsanträge zurücknehmen oder diese abgewiesen werden oder das Verfahren in der Hauptsache erledigt ist, sind die Kosten wiederum gegeneinander aufzuheben. Eine Erledigung liegt z. B. im Fall des Todes eines Ehegatten vor Rechtskraft der Entscheidung nach § 131 FamFG vor.

In Ehesachen einschließlich aller Folgesachen fällt nach § 3 Abs. 2 FamGKG und KV Nr. 1110 FamGKG eine 2,0 Gebühr an. Diese pauschale Verfahrensgebühr soll die Tätigkeit des Gerichts bis zur Beendigung der Instanz abgelten einschließlich des Absetzens der Endentscheidung. Endet das Verfahren vor einer gerichtlichen Entscheidung zur Hauptsache, z. B. durch gerichtlichen Vergleich, Anerkenntnis oder Antragsrücknahme, oder muss diese nicht begründet werden, führt dies i. d. R. zu einer Entlastung des Gerichts, die durch eine Ermäßigung der Verfahrensgebühr nach KV Nr. 1111 auf 0,5 honoriert wird. Voraussetzung ist aber immer, dass sich der **gesamte Verfahrensgegenstand** ausschließlich auf diese gebührenrechtlich privilegierte Weise **erledigt**. Sobald auch nur über einen Teil des Streitstoffs in anderer Weise abschließend entschieden wurde, z. B. durch Teilentscheidung, findet keine Ermäßigung statt (KG, JurBüro 2006, 205; OLG Hamburg, OLGR 2006, 533; OLG Karlsruhe, FamRZ 2004, 1663). Eine Ausnahme besteht für das **Scheidungsverbundverfahren**. Hier kann sich die Gebühr in allen Instanzen auch für einzelne Folgesachen und die Scheidungssache ermäßigen, wenn nur für diese die Voraussetzungen vorliegen, vgl. KV 1111, 1112, 1132. Die Berechnung der Gebühr ist in diesem Fall nach §§ 30 Abs. 3 i. V. m. 44 Abs. 1 vorzunehmen.

5. Verfahrensanträge. Können sich die Ehegatten anlässlich der Scheidung nicht darüber einigen, wer von ihnen welche Haushaltssachen künftig erhalten soll, so wird gem. § 203 Abs. 1 FamFG auf Antrag eines Ehegatten i. R. d. Scheidungsverbundes ein gerichtliches Verfahren eingeleitet. Ohne Antrag erfolgt gem. § 137 Abs. 2 Satz 2 FamFG von Amts wegen keine Regelung im Hinblick auf Haushaltssachen. Die Folgesache Haushaltssache ist gem. § 137 Abs. 2 Satz 1 FamFG spätestens **2 Wochen vor der mündlichen Verhandlung** erster Instanz anhängig zu machen (vgl. hierzu Rdn. 133, *M. 5*).

Es handelt sich um einen Verfahrensantrag, keinen Sachantrag; es wird ein Verfahren eingeleitet und eine bestimmte Regelung angeregt. Die Anträge binden das Gericht nicht. Das Gericht kann von Amts wegen eine andere als die beantragte Regelung treffen.

Das Antragsrecht ist höchstpersönlich und nicht übertragbar. Der Tod eines Ehegatten erledigt ein schwebendes Verfahren in der Hauptsache (§ 208 FamFG). Es bleibt nur die Kostenentscheidung Gegenstand des Verfahrens, das insoweit mit den Erben fortgesetzt wird.

Das Amtsermittlungsprinzip verpflichtet das FamG festzustellen, was an verteilungsfähigen Haushaltssachen vorhanden ist und in wessen Eigentum die Gegenstände stehen.

Nach § 203 Abs. 2 Satz 1 FamFG soll der Antrag in Haushaltssachen die Angabe der Gegenstände enthalten, deren Zuteilung begehrt wird.

Gem. § 203 Abs. 2 Satz 2 FamFG soll dem Antrag in Haushaltssachen nach § 200 Abs. 2 Satz 2 FamFG auch eine Aufstellung sämtlicher Haushaltsgegenstände beigefügt werden, die deren genaue Bezeichnung enthält. Dadurch wird der genaue Bestand der Haushaltssachen geklärt. Gleichzeitig soll damit die Vollstreckungsfähigkeit eines etwaigen Titels im Hinblick auf die Bestimmtheit gewährleistet werden.

Da es sich um eine Soll-Vorschrift handelt, kann ein Verstoß hiergegen nicht zur Zurückweisung des Antrages als unzulässig führen. Das Gericht kann dem/der Antragsteller/in gem. § 206 Abs. 1 FamFG aufgeben, den Verfahrensantrag hinsichtlich der beanspruchten Haushaltssachen zu präzisieren und eine Aufstellung sämtlicher Gegenstände einschließlich deren genauer Bezeichnung und entsprechender Belege vorzulegen. Es kann zur Erfüllung dieser Auflagen eine **angemessen Frist** setzen. Wird die Frist versäumt, ist das Gericht nach § 206 Abs. 3 FamFG zur weiteren Sachaufklärung nicht mehr verpflichtet, was sich für den/die Antragsteller/in nachteilig auswirken kann. Die **Präklusionsregelung** gem. § 206 Abs. 2 FamFG, die eine **Einschränkung des Amtsermittlungsprinzips** (§ 206 Abs. 3 FamFG) darstellt, erfasst nur den Sachvortrag und die Beweisangebote für bestimmte Tatsachenbehauptungen, nicht dagegen das Verfahrensziel als solches. Den Beteiligten bleibt es also unbenommen, die Angaben zu den Haushaltssachen, die sie zugeteilt haben möchten, zu ändern (Schulte-Bunert/*Weinreich* § 206 Rn. 16). Nach Sinn und Zweck der Regelung erfasst die Präklusionswirkung auch nur solche Umstände, die für denjenigen Beteiligten, gegen den sich die Auflage nach § 206 Abs. 1 FamFG richtet, günstig sind. Betrifft sie hingegen für ihn nachteilige Umstände, ist die Pflicht des Gerichts zur Amtsermittlung nicht eingeschränkt.

▶ **Hinweis zur Taktik:**

Auch wenn das Haushaltssachenverfahren ein Amtsverfahren ist und dem das Verfahren einleitenden Antrag nicht die Bedeutung eines Sachantrags zukommt, sollte der das Verfahren einleitende Beteiligte im eigenen Interesse alle Gegenstände, die beansprucht werden, genau bezeichnen und die gesamten vorhandenen Haushaltssachen darstellen und angeben, wer unter Beachtung welcher Überlegungen die jeweiligen Gegenstände erhalten soll. Die gerichtliche Zuweisung von Haushaltssachen muss in jedem Fall so bestimmt sein, dass der/die Gerichtsvollzieher/in die einzelnen Gegenstände unverwechselbar erkennen und aussondern kann (OLG Brandenburg, FamRZ 2000, 1102 ff.).

6. Verfahrenskostenhilfe. Wenn ein Ehegatte bereits Verfahrenskostenhilfe für das Scheidungsverfahren beantragt hat, ist für das Folgeverfahren Haushaltssachen gesondert Verfahrenskostenhilfe zu beantragen. Die Bewilligung der Verfahrenskostenhilfe in der Scheidungssache erstreckt sich gem. § 149 FamFG nur auf die Versorgungsausgleichsfolgesache und somit nicht automatisch auf weitere Folgesachen.

Für Haushaltssachen im Verbund besteht nach § 114 Abs. 1 FamFG Anwaltszwang. Gem. § 78 Abs. 1 FamFG ist daher einem hilfsbedürftigen Ehegatten ein Anwalt oder eine Anwältin seiner Wahl beizuordnen.

7. Begründung. Gem. § 23 Abs. 1 FamFG soll der verfahrenseinleitende Antrag eine Begründung enthalten. Die Ausgestaltung als Sollvorschrift stellt sicher, dass eine Nichterfüllung der Begründungspflicht nicht zur Zurückweisung des Antrags als unzulässig führen kann. Dennoch ist zur möglichst frühzeitigen Strukturierung und sachgerechten Förderung des Verfahrens eine Begründung sachgerecht. Es sollten die zur Begründung dienenden Tatsachen unter Aufführung von Ort, Zeit und genauen Umständen und Beweismittel angegeben und das Gericht hierdurch bei der Ermittlung des entscheidungserheblichen Sachverhalts unterstützt werden.

8. Beweislast. Das Gericht hat gem. §§ 26, 29 FamFG von Amts wegen zu ermitteln und die erforderlichen Beweise zu erheben. Trotz der **Amtsermittlungspflicht des Gerichts** sollte der zu regelnde Sachverhalt unter Beachtung der Darlegungs- und Beweislast dargestellt werden. Alle entscheidungserheblichen Tatsachen sollten unter Beweis gestellt werden.

Ein förmliches Beweisantragsrecht haben die Beteiligten jedoch nicht. Das Gericht muss sich dennoch mit **entscheidungserheblichen Beweisangeboten** nach pflichtgemäßen Ermessen hinreichend auseinandersetzen und dementsprechend die Ablehnung der Beweiserhebung ggf. in der Endentscheidung begründen (§ 38 Abs. 3 FamFG). Eine fälschlich nicht vorgenommene Beweiserhebung stellt als Rechtsfehler eine Verletzung der Amtsermittlungspflicht dar. Dies kann unter den Voraussetzungen des § 69 Abs. 1 Satz 2, 3 FamFG zu einer Zurückweisung durch das Beschwerdegericht oder durch das Rechtsbeschwerdegericht nach § 74 Abs. 6 Satz 2 FamFG führen.

Das Gericht ist grds. nach seinem pflichtgemäßen Ermessen verpflichtet, den Sachverhalt vollständig aufzuklären. Es kann daher einen Beweisantrag ablehnen, wenn die Tatsachen unerheblich, erwiesen oder offenkundig oder als wahr unterstellt werden können bzw., falls das Beweismittel unzulässig, unerreichbar oder ungeeignet ist. Das Gericht kann den Beweisantrag auch mit der Begründung ablehnen, der Sachverhalt sei bereits vollständig aufgeklärt (Bay OLG, NJW-RR 1991, 777, 778). Hierbei besteht jedoch die Gefahr, dass dies als vorweggenommene Beweiswürdigung angesehen wird (Das neue FamFG/*Schulte-Bunert* § 29 Rn. 155).

In welcher Form das Gericht die Beweise erhebt, ist ihm überlassen (§ 29 Abs. 1 FamFG). Es kann grds. zwischen Frei- und Strengbeweis wählen (§ 30 Abs. 1 FamFG). Im Rahmen des Freibeweises kann das Gericht z. B. informell die Auskunftsperson persönlich, telefonisch oder schriftlich befragen. Ausnahmsweise muss das Gericht im Wege des Strengbeweises vorgehen. Das ist immer dann erforderlich, wenn das Gericht seine Entscheidung maßgeblich auf die Feststellung einer Tatsache stützen will und die Richtigkeit von einem Beteiligten ausdrücklich bestritten wird (§ 30 Abs. 3 FamFG) oder wenn es zur ausreichenden Sachaufklärung oder wegen der Bedeutung der Angelegenheit notwendig ist.

2. Vollstreckung

Gem. § 209 Abs. 2 FamFG wird die Endentscheidung in Haushaltssachen mit Rechtskraft wirksam. Wenn die Endentscheidung in einem Scheidungsbeschluss im Verbundverfahren getroffen wird, wird gem. § 148 FamFG die Folgesache Haushaltssachenteilung nicht vor Rechtskraft des Scheidungsausspruchs wirksam. Rechtskraft der Scheidung in Verbundentscheidungen tritt erst mit Ablauf der Rechtsmittelfristen für alle Beteiligten ein. Das ist der Fall, wenn gegen die Verbundentscheidung oder Teile davon kein Rechtsmittel, insb. kein Anschlussrechtsmittel mehr möglich ist. Die Rechtskraft des Scheidungsausspruches kann jedoch auch vorzeitig durch **Rechtsmittelverzicht** herbeigeführt werden. Dann muss es sich um einen umfassenden Rechtsmittelverzicht handeln, der auch Anschlussrechtsmittel erfasst. Die Entscheidung kann aber z. B. bei **Abtrennung der Folgesache** oder einem isolierten Rechtsmittel auch später rechtskräftig werden.

178

Die Vollstreckung erfolgt nach § 120 Abs. 1 FamFG entsprechend den Vorschriften der ZPO über die Zwangsvollstreckung (§§ 704 bis 915h ZPO). Nach § 120 Abs. 2 Satz 1 FamFG sind Endentscheidungen mit Wirksamwerden vollstreckbar. Es bedarf also keiner Vollstreckbarerklärung mehr, sodass die §§ 708 bis 713 ZPO nicht gelten.

179

180   Die Herausgabevollstreckung richtet sich nach § 883 ZPO; die Vollstreckung einer etwaigen Ausgleichszahlung erfolgt durch Pfändung gem. § 829 ZPO.

Die flankierenden Maßnahmen nach § 209 Abs. 1 FamFG werden, soweit es sich um unvertretbare Handlungen handelt, nach § 888 ZPO und die übrigen Untersagungsanordnungen nach § 890 ZPO vollstreckt (vgl. hierzu Rdn. 19–22).

3. Rechtsmittel

181   Für das Rechtsmittelrecht ist zu unterscheiden, ob der Scheidungsausspruch selbst mit sämtlichen Folgesachen oder lediglich die Folgesache Haushaltssachen und nicht der Scheidungsausspruch selbst angefochten werden soll. Im Grundsatz ist die **Beschwerde** gem. § 117 i. V. m. §§ 58 ff. FamFG einheitliches Rechtsmittel gegen die erstinstanzlichen Endentscheidungen und die Rechtsbeschwerde gem. §§ 70 ff. FamFG gegen die Entscheidungen des Familiensenats des OLG.

a) Anfechtung lediglich der Folgesache Haushaltssache

182   Nach der Rechtsprechung des BGH (FamRZ 2014, 109) gelten für Familiensachen der freiwilligen Gerichtsbarkeit, die als Folgesachen Teil einer Verbundentscheidung sein können (Versorgungsausgleichssachen, Ehewohnungs- und Haushaltssachen und die in § 137 Abs. 3 FamFG genannten Kindschaftssachen), im Beschwerdeverfahren allein die allgemeinen Vorschriften der §§ 58 ff. FamFG – gegebenenfalls in Verbindung mit den Spezialvorschriften für diese Verfahren in den entsprechenden Abschnitten im zweiten Buch des FamFG – ohne die ausschließlich für die Anfechtung des Scheidungsausspruches und die Streitfolgesachen maßgeblichen Verweisungen des § 117 FamFG auf Vorschriften der Zivilprozessordnung. Die Zulässigkeitsprüfung richtet sich somit nicht nach § 117 Abs. 1 Satz 4 FamFG i. V. m. § 522 Abs. 1 Satz 1 ZPO, sondern nach § 68 Abs. 2 Satz 1 FamFG. Hat das Beschwerdegericht im Anschluss an diese Prüfung eine Beschwerde in einer Familiensache der freiwilligen Gerichtsbarkeit nach § 68 Abs. 2 Satz 2 FamFG als unzulässig verworfen, beurteilt sich die Statthaftigkeit der Rechtsbeschwerde gegen die Verwerfungsentscheidung allein nach § 70 Abs. 1 FamFG, sodass die Rechtsbeschwerde nur für den Fall der Zulassung gegeben ist. Dies gilt auch dann, wenn dem Beschwerdeführer eine Wiedereinsetzung in den vorherigen Stand gegen die Versäumung der Beschwerdefrist nach §§ 17 ff. FamFG versagt worden ist.

183   Wird der im Scheidungsverbund ergangene Beschluss allein in der Folgesache Haushaltsache angefochten, muss allerdings gem. § 61 Abs. 1 FamFG ein **Beschwerdewert von mehr als 600,00 €** erreicht werden. Maßgeblich ist hier der Verkehrswert der Haushaltssachen, wobei nur auf die Gegenstände abgestellt wird, deren anderweitige Zuweisung der/die Beschwerdeführer/in mit der Beschwerde anstrebt. Geht es auch um einen Ausgleichsbetrag nach § 1568b Abs. 3 BGB, ergibt sich der Beschwerdewert aus der Addition des verlangten Ausgleichsbetrages und dem überschlägig geschätzten Wert der heraus verlangten Sachen.

b) Anfechtung des Scheidungsausspruchs sowie der Folgesache Haushaltssachen

184   Die allgemeinen Vorschriften des Rechtsmittelrechts werden für **Verbundentscheidungen**, bei denen auch der Scheidungsausspruch selbst angefochten werden soll, durch die in § 117 FamFG enthaltenen Sonderregelungen und Verweisungen erheblich modifiziert. Die Besonderheiten des Beschwerderechts in Ehesachen betreffen die Begründung der Beschwerde und das Erfordernis eines Antrags (§ 117 Abs. 1 Satz 1, 2 FamFG) sowie die dabei einzuhaltenden Fristen (§ 117 Abs. 1 Satz 3 FamFG) und die Wiedereinsetzung in den vorigen Stand bei Versäumung dieser Fristen (§ 117 Abs. 5 FamFG), Spezialfragen in Bezug auf das Beschwerdeverfahren (§ 117 Abs. 2 FamFG) und Hinweispflichten hinsichtlich einer vom Beschwerdegericht beabsichtigen Verfahrensweise, die von derjenigen des Verfahrens erster Instanz abweicht (§ 117 Abs. 3 FamFG).

Die Beschwerde ist nach § 63 FamFG binnen einer **Frist von 1 Monat**, beginnend mit der schriftlichen Bekanntgabe des Beschlusses an den Beteiligten einzulegen. 185

Gem. § 68 Abs. 3 FamFG finden auf das weitere Verfahren in der Beschwerdeinstanz die Vorschriften über das Verfahren in erster Instanz Anwendung, also in Ehesachen grds. die ZPO (§ 113 Abs. 1 Satz 2 FamFG). 186

Gem. § 117 Abs. 1 Satz 1 FamFG ist die Beschwerde in Ehesachen abweichend von § 65 FamFG zwingend durch einen bestimmten Sachantrag zu begründen. Aus dem Sachantrag muss sich eindeutig ergeben, in welchem Umfang die erstinstanzliche Entscheidung angegriffen wird und welche Gründe hierfür angegeben werden. Die gem. § 69 Abs. 2 FamFG erforderliche Begründung kann in Anlehnung an § 540 Abs. 2 Satz 2 ZPO nach § 117 Abs. 4 FamFG auch in die Niederschrift aufgenommen werden, wenn die Endentscheidung in dem Termin, in dem die mündliche Verhandlung geschlossen wurde, verkündet wird. 187

Nach § 117 Abs. 1 Satz 2 FamFG beträgt die Frist zur Begründung der Beschwerde **2 Monate seit schriftlicher Bekanntgabe des Beschlusses**, wobei die Frist in Anlehnung an § 520 Abs. 2 ZPO verlängert werden kann. Die Beschwerde kann als unzulässig verworfen werden, wenn sie nicht frist- und formgerecht begründet wurde. Gegen diesen Beschluss ist in Anlehnung an § 522 Abs. 1 Satz 1, 4 ZPO die Rechtsbeschwerde eröffnet. 188

Gem. § 117 Abs. 2 Satz 1 FamFG sind die § 514 ZPO (Versäumnisbeschlüsse), § 524 Abs. 2 Satz (Anschlussberufung), § 528 ZPO (Bindung an Anträge), § 538 Abs. 2 ZPO (Zurückverweisung), § 539 ZPO (Versäumnisverfahren) entsprechend anwendbar. Eine Güteverhandlung ist nach § 117 Abs. 2 Satz 2 FamFG nicht vorgesehen. 189

Nach § 117 Abs. 3 hat das Gericht die Beteiligten darauf hinzuweisen, wenn es beabsichtigt, von der Durchführung einzelner Verfahrensschritte nach § 68 Abs. 3 Satz 2 FamFG, z. B. einer mündlichen Verhandlung, abzusehen. Dem/Der Beschwerdeführer/in soll hiermit die Möglichkeit eröffnet werden, dem Beschwerdegericht weitere Gesichtspunkte zu unterbreiten, die eine erneute Durchführung der mündlichen Verhandlung oder der nicht für erforderlich erachteten Verfahrenshandlungen rechtfertigen. 190

Bei Versäumung der Fristen zur Einlegung und Begründung der Beschwerde und der Rechtsbeschwerde kann gem. § 117 Abs. 5 FamFG die Wiedereinsetzung in den vorigen Stand nach §§ 233, 234 Abs. 1 Satz 2 ZPO binnen **1 Monats** beantragt werden. 191

Wird die Folgesache Haushaltssachen gem. § 140 Abs. 2 FamFG **abgetrennt**, so bleibt nach § 137 Abs. 5 Satz 1 FamFG ihre Eigenschaft als Folgesache fortbestehen. Nach § 140 Abs. 6 FamFG ist über die Abtrennung in einem gesonderten Beschluss zu entscheiden, der jedoch als Zwischenentscheidung nicht selbstständig anfechtbar ist. 192

Wird der Scheidungsantrag zurückgenommen, kann die Folgesache gem. § 141 Satz 2 FamFG fortgeführt werden, wenn ein Beteiligter erklärt hat, diese fortführen zu wollen. Diese wird dann nach § 141 Satz 3 FamFG als selbstständige Familiensache fortgeführt. Der Anwaltszwang entfällt. 193

c) Anfechtung der Zwangsmittel

Gegen die Verhängung von Ordnungsgeld gem. § 95 FamFG i. V. m. § 890 ZPO, die Verhängung eines Zwangsgeldes nach § 95 FamFG i. V. m. § 888 ZPO oder die Zurückweisung eines diesbezüglichen Antrages findet nach § 87 Abs. 4 FamFG die sofortige Beschwerde in entsprechender Anwendung der §§ 567 bis 572 ZPO statt. Zu beachten ist, dass für die Frist und Form der sofortigen Beschwerde § 569 ZPO maßgeblich ist: Die Beschwerdefrist ist eine **Notfrist** und beträgt **2 Wochen**. Ihr Ziel kann es auch sein, den Ordnungsmittelrahmen zu ändern. Die sofortige Beschwerde hat gem. § 570 Abs. 1 ZPO nur dann aufschiebende Wirkung, wenn sie die Festsetzung eines Ordnungs- oder Zwangsmittels zum Gegenstand hat. Der Vollzug der angefochtenen Entscheidung 194 kann allerdings nach § 570 Abs. 2 ZPO ausgesetzt werden (OLG Köln, FamRZ 2005, 223). Die Rechtsbeschwerde gegen die Festsetzung von Zwangsmittel findet gem. § 574 Abs. 1 Nr. 2, Abs. 3, Abs. 2 Nr. 1 und 2 ZPO nur statt, wenn das Beschwerdegericht sie zugelassen hat.

d) Anfechtung der Kostenentscheidung

195   Wird im Verbundbeschluss über die Folgesache Haushaltssachen und die Kosten entschieden, kommt gem. §§ 113 Abs. 1 FamFG i. V. m. § 99 Abs. 1 ZPO eine Anfechtung der Kostenentscheidung nur zusammen mit der Hauptsache in Betracht. Von diesem Grundsatz sieht das Gesetz allerdings für Fälle, in denen die betreffende Hauptsache – auch unabhängig von der Beschwer – nicht mehr angefochten werden kann, Ausnahmen vor. Nach §§ 113 Abs. 1 FamFG i. V. m. 99 Abs. 2 ZPO kann die Kostenentscheidung in wenigen Ausnahmefällen isoliert angefochten werden, etwa wenn der Scheidungsantrag wirksam zurückgenommen worden ist. Diese im Gesetz geregelten Fälle einer isolierten Anfechtbarkeit der Kostenentscheidung beschränken sich allerdings auf Konstellationen, in denen nicht mehr über die Hauptsache zu entscheiden und diese deswegen – unabhängig von der Höhe der Beschwer – auch nicht anfechtbar ist (BGH, FamRZ 2007, 893, 895).

196   Die Ermessensentscheidung hinsichtlich der Kostentragung nach § 150 Abs. 4 Satz 1 FamFG kann nur auf Ermessensfehler überprüft werden. Das Beschwerdegericht kann ein von dem erstinstanzlichen Gericht fehlerfrei ausgeübtes Ermessen nicht durch eine eigene Ermessensentscheidung ersetzen (BGH, FamRZ 2007, 893, 895).

II. Zurückweisungsantrag und eigener Zuweisungsantrag im Verbund

197   ▶ **Hinweis zur Taktik:**

> Die Ausgestaltung des § 1568b BGB als Anspruchsgrundlage lässt eine Überlassung der Haushaltssachen an den/die Antragsgegner/in nicht mehr zu, wenn sich dieser/diese auf einen bloßen Abweisungsantrag beschränkt. Sollte also der/die Antragsgegner/in die Haushaltssachen für sich beanspruchen, muss er/sie einen entsprechenden Antrag stellen oder diese Absicht im Sachvortrag deutlich machen.

Muster: Antrag auf Zurückweisung eines Zuweisungsantrages von Haushaltssachen gem. 1568b BGB im Scheidungsverbund

198   An das

Amtsgericht

Familiengericht[1]

Geschäfts-Nr.: .....F...../.....

In der Familiensache

....../. .....[2]

RA:..... RA.....[3]

wegen Scheidung: hier: Folgesache Haushaltssache

Verfahrenswert: 3000,00 €[4]

Namens des/der Antragsgegner/in wird für den Fall der rechtskräftigen Scheidung der Ehe der Beteiligten beantragt, wie folgt zu erkennen:[5]

Der Haushaltssachenantrag des/der Antragstellers/in vom..... wird zurückgewiesen.

Gleichzeitig wird beantragt,

I. dem/der Antragsgegner/in die im Antrag vom ..... aufgeführten Haushaltssachen zu Alleineigentum zuzuweisen und den/die Antragsteller/in zu verpflichten, diese Gegenstände binnen einer Frist von ..... ab Rechtskraft der Scheidung an den/die Antragsgegner/in herauszugeben;

Alternativ:

I. Der/Die Antragsgegner/in ist mit der Zuweisung folgender Gegenstände an den/die Antragsteller/in einverstanden:

1. .....

2. .....

3. ..... usw.

II. Weiterhin wird beantragt,

dem/der Antragsgegner/in folgende Gegenstände aus dem ehelichen Haushalt zu Alleineigentum zuzuweisen:

1. .....

2. .....

3. ..... usw.

und den/die Antragsteller/in zu verpflichten, diese Gegenstände binnen einer Frist von ..... ab Rechtskraft der Scheidung an den/die Antragsgegner/in herauszugeben und

III. Dem/Der Antragsgegner/in wird auch für dieses Verfahren Verfahrenskostenhilfe unter Beiordnung der Unterzeichnenden zu bewilligen.[6]

Begründung:[7]

Es ist richtig, dass sich die Eheleute nicht über die Verteilung der ehelichen Haushaltssachen einigen können. Mit der von dem/der Antragsteller/in beantragten Aufteilung der Haushaltssachen kann sich der/die Antragsgegner/in nicht einverstanden erklären. Diese wird der Bedürfnislage der Ehegatten nicht gerecht.

In der Anlage ist eine vollständige Liste über den gemeinsamen Haushaltssachen beigefügt. Diese Liste ist mit den jeweiligen Anschaffungspreisen und Anschaffungsdaten versehen.

Beweis: Liste I, anbei .....[8]

Gleichzeitig enthält die Liste die von dem/der Antragsgegner/in geschätzten Verkehrswerte der einzelnen Gegenstände. Sollte der/die Antragsteller/in diese Wertangaben bestreiten, wird angeregt, ein Wertgutachten einzuholen.

In der Liste ist auch angegeben, welcher Ehegatte die betreffenden Gegenstände zurzeit in Besitz hat.

Ein Vergleich mit den im Antrag des/der Antragsteller/in aufgeführten Gegenständen zeigt, dass die von diesem/dieser beanspruchte Verteilung zu einer wesentlichen Übervorteilung des/der Antragsteller/in führen würde. Demgegenüber stellt der Aufteilungsvorschlag des/der Antragsgegner/in eine wertmäßig ausgewogene und den beiderseitigen Interessen entsprechende Regelung dar.

In diesem Zusammenhang ist darauf hinzuweisen, dass der/die Antragsgegner/in die in der Liste unter Nr. ..... bis ..... aus beruflichen Gründen dringend benötigt, während der/die Antragsteller/in hierauf ohne Weiteres verzichten kann.

Alternativ:

Die von dem/der Antragsteller/in beanspruchte Zuweisung der/des ..... kommt schon deshalb nicht in Betracht, weil hieran Alleineigentum des/der Antragsgegner/in besteht. Er/Sie hat diesen Gegenstand mit in die Ehe gebracht.

Beweis: Kaufbeleg vom ....., anbei

Alternativ:

Der von dem/der Antragsteller/in beantragten Zuweisung des Pkws steht bereits entgegen, dass es sich hierbei nicht um eine Haushaltssache, sondern vielmehr um einen Vermögensgegenstand handelt, der dem Zugewinnausgleich unterfällt. Der Pkw wurde nach der gemeinsamen Zweckbestimmung der Beteiligten überwiegend für berufliche Zwecke des/der Antragsgegner/in genutzt. Die bloße Mitbenutzung des Pkw für familiäre Bedürfnisse macht aus diesem noch keinen Gegenstand des gemeinsamen Haushalts.

Für familiäre Zwecke, z. B. zum Einkaufen, zu Wochenend- und Ferienfahrten, ist vorzugsweise der Zweitwagen der Familie, nämlich der Pkw ....., amtliches Kennzeichen ..... genutzt worden. Es gehört deshalb nur dieser Zweitwagen zu den Haushaltssachen.

Der/Die Antragsteller/in hat die im obigen Antrag erwähnten Gegenstände im Besitz und ist nicht bereit, diese herauszugeben.

Bezüglich des Verfahrenskostenhilfeantrags wird auf die im Scheidungsverfahren vorgelegte Erklärung über die persönlichen und wirtschaftlichen Verhältnisse des/der Antragsgegners/in nebst Anlagen verwiesen.

1. **Zuständigkeit.** Vgl. hierzu Rdn. 177, *M. 1*

2. **Verfahrensbeteiligte.** Vgl. hierzu Rdn. 177, *M. 2*

3. **Anwaltszwang.** Vgl. hierzu Rdn. 177, *M. 3*

4. **Kostenregelung und Verfahrenswert.** Vgl. hierzu Rdn. 177, *M. 4*

5. **Verfahrensanträge.** Vgl. hierzu Rdn. 177, *M. 5*

6. **Verfahrenskostenhilfe.** Vgl. hierzu Rdn. 177, *M. 6*

7. **Begründung.** Vgl. hierzu Rdn. 177, *M. 7*

8. **Beweislast.** Vgl. hierzu Rdn. 177, *M. 8*

199   Zu Vollstreckung und Rechtsmittel vgl. Rdn. 178–180 bzw. 182–197

III. Zuweisung der Haushaltsgegenstände nach Abschluss der Ehesache

200   Haben sich die Beteiligten anlässlich ihrer Scheidung nicht über die Verteilung der ehelichen Haushaltssachen einigen können und erfolgte auch keine Zuteilung durch richterliche Entscheidung i. R. d. Scheidungsverbundes, so besteht nach rechtskräftiger Scheidung noch die Möglichkeit, eine solche Entscheidung des Gerichts im isolierten Verfahren nachzuholen.

201   Maßgeblicher Zeitpunkt für die Zuteilung der Haushaltssachen ist im nachträglichen isolierten Verfahren der **Tag der Rechtskraft der Scheidung.** Von der Haushaltssachenteilung werden also alle im Zeitpunkt der Rechtskraft vorhandenen Gegenstände erfasst. Allerdings sind Haushaltssachen, die zwischen Trennung und Scheidung angeschafft wurden, grds. Eigentum des anschaffenden Ehegatten. Da diese i. d. R. nicht mehr für den gemeinsamen Haushalt angeschafft wurden, unterliegen diese Haushaltssachen nicht der Haushaltssachenteilung, sondern vielmehr dem Zugewinnausgleich (OLG Naumburg, NJW-RR 2009, 726; BGH, FamRZ 1984, 1449).

202   Die zum Zeitpunkt der Rechtskraft der Scheidung vorhandenen Haushaltssachen sind zu verteilen, auch wenn ihr späterer Verbleib unklar bleibt. Nachträgliche Veränderungen sind unbeachtlich. Dies gilt auch dann, wenn es nach der Rechtskraft der Scheidung zu Eigentumsänderungen gekommen ist und Haushaltsgegenstände auf Dritte übertragen oder Haushaltssachen danach beschädigt und zerstört wurden oder verloren gegangen sind.

▶ **Hinweis zur Taktik:**   203

1. Im Rahmen des Haushaltssachenteilungsverfahrens können die Gegenstände, die nicht mehr vorhanden, beschädigt oder zerstört sind, demjenigen zugewiesen werden, bei dem diese sich zum Zeitpunkt der Rechtskraft der Scheidung befunden haben. Damit erübrigt sich die Auseinandersetzung um den Schadensersatz und eine etwaige Ausgleichszahlung.

2. Nach der Scheidung sollte mit der Aufteilung der Haushaltssachen nicht zu lange gewartet   204
werden. Das Scheidungsverfahren bildet insofern schon eine erhebliche Zäsur. Wird auch danach noch mit dem Verlangen nach Aufteilung der Haushaltssachen gewartet, sollte dann anderen Teil immer und nachweisbar deutlich gemacht werden, dass noch weiterhin beabsichtigt ist, eine Aufteilung der Haushaltsgegenstände herbeizuführen. Dies gilt auch dann, wenn dem anderen die Haushaltsgegenstände nur zeitweilig, z. B. wegen der Betreuung der Kinder, überlassen wurden.

Werden nach der Scheidung jahrelang keine konkreten Schritte für eine Aufteilung der Haushalts-   205
sachen unternommen, kann der Anspruch unter Umständen **verwirkt** sein (OLG Düsseldorf, FF 2008, 169; OLG Naumburg, FamRZ 2007, 1579). Es kommt darauf an, ob nach den Umständen des Falles der andere geschiedene Ehegatte darauf vertrauen durfte, dass die in seinem Besitz befindlichen Haushaltssachen bei ihm verbleiben sollten.

1. Muster: Antrag auf Zuweisung von Haushaltssachen nach Scheidung

An das   206

Amtsgericht

– Familiengericht –[1]

Antrag auf Haushaltssachenzuweisung

des/der.....[2]

– Antragsteller/in –

Verfahrensbevollmächtigter/e:.....[3]

gegen

den/die.....

– Antragsgegner/in –

Verfahrensbevollmächtigter/e:.....

Namens und in Vollmacht des/der Antragstellers/in wird beantragt, wie folgt zu erkennen:[4]

I. Dem/Der Antragsteller/in werden folgende Haushaltssachen zugewiesen:

1. .....

2. .....

3. ..... usw.

II. Mit Rechtskraft dieser Entscheidung geht das Alleineigentum an den unter Ziffer I Nr. 1 bis ..... auf den/die Antragsteller/in über.

III. Der/Die Antragsgegner/in ist verpflichtet, die in Ziffer I Nr. 1 bis ..... aufgeführten Gegenstände bis zum ..... Tage nach Rechtskraft dieser Entscheidung an den/die Antragsteller/in herauszugeben.

IV. Dem/Der Antragsgegener/in werden die Kosten des Verfahrens auferelegt.[5]

V. Weiterhin wird beantragt,

dem/der Antragsteller/in für dieses Verfahren Verfahrenskostenhilfe unter Beiordnung des/der Unterzeichnenden zu bewilligen.[6]

Begründung:[7]

Die Ehe der Beteiligten ist durch Beschluss des Familiengerichts ..... – Geschäfts-Nr: ...../..... am ..... rechtskräftig geschieden worden.

Beweis: Hinzuziehung der Akten beim Familiengericht ..... zu Geschäfts-Nr: ...../.....

Eine Aufteilung der Haushaltssachen fand nicht statt. Die Beteiligten konnten sich nach Scheidung nicht über die Verteilung der Haushaltssachen einigen. Es ist deshalb eine richterliche Entscheidung geboten.

Der/Die Antragsteller/in beansprucht für sich die im Antrag zu Ziffer I aufgeführten Haushaltssachen.

Um eine richterliche Entscheidung zu ermöglichen, wird in der Anlage eine komplette Haushaltssachenliste beigefügt, aus der sich die während der Ehe für den gemeinsamen Haushalt angeschafften Haushaltssachen ergeben.

Beweis: Liste A, anbei

Diese Liste enthält auch die Gegenstände, die vor der Eheschließung von einem Ehegatten im Hinblick auf die Heirat für den ehelichen Haushalt erworben, aber erst nach Eheschließung ganz oder teilweise bezahlt wurden. Aufgeführt sind weiterhin die Gegenstände, die den Beteiligten anlässlich der Hochzeit oder während des Bestehens der ehelichen Lebensgemeinschaft geschenkt wurden.

Aus der weiteren Liste B sind die Haushaltssachen zu entnehmen, die im Alleineigentum eines Ehegatten stehen.

Beweis: Haushaltsliste B, anbei

Soweit der/die Antragsteller/in die im Antrag zu I aufgeführten Gegenstände, die im gemeinsamen Eigentum der Ehegatten stehen, für sich beansprucht, rechtfertigt sich die nZuweisung dieser Gegenstände aus folgenden Gesichtspunkten:

.....(genaue Sachverhaltsdarstellung nebst Beweisanerbieten)[8]

Aus den vorgenannten Gründen kann dem/der Antragsgegner/in zugemutet werden, diese Gegenstände dem/der Antragsteller/in zu überlassen.

Dem/Der Antragsgegner/in verbleibt nach antragsgemäßer Entscheidung ein angemessener Teil der Haushaltssachen zur eigenen Haushaltsführung. Die von dem/der Antragsteller/in beanspruchte Verteilung der Haushaltssachen entspricht im Übrigen auch einer zweckentsprechenden Abwägung der wechselseitigen Interessen und stellt einen angemessenen Wertausgleich dar.

Soweit sich die mit Antrag zu I beanspruchten Gegenstände im Besitz des/der Antragsgegner/in befinden (vgl. List A Nr.: ..... bis __; Liste B Nr.: ..... bis .....), ist dieser/diese gemäß Antrag zu III mit rechtskräftiger Zuteilung zur Herausgabe verpflichtet,

Hinsichtlich des Antrages auf Bewilligung von Verfahrenskostenhilfe wird auf die beigefügte Erklärung über die persönlichen und wirtschaftlichen Verhältnisse nebst Anlagen Bezug genommen.

1. Zuständigkeit. Das Haushaltssachenzuweisungsverfahren ist gem. § 111 Nr. 5 FamFG eine Familiensache. Für Familiensachen ist gem. § 23a Abs. 1 Nr. 1 GVG das Amtsgericht **sachlich** zuständig.

Die **örtliche** Zuständigkeit richtet sich nach § 201 FamFG. § 201 FamFG begründet eine ausschließliche Zuständigkeit und legt eine bestimmte Reihenfolge fest, sodass die vorgehende Zuständigkeit jede nachfolgende ausschließt.

Da ein Scheidungsverfahren nicht anhängig ist, richtet sich die Zuständigkeit nach § 201 Nr. 2 FamFG. Örtlich zuständig ist danach das FamG, in dessen Bezirk die Ehegatten ihren gewöhnlichen Aufenthalt haben.

Für den Fall, dass eine Zuständigkeit nach § 201 Nr. 2 FamFG nicht gegeben ist, stellt § 201 Nr. 3 FamFG auf den gewöhnlichen Aufenthalt des/der Antragsgegners/in ab. Hilfsweise ist nach § 201 Nr. 4 FamFG der gewöhnliche Aufenthalt des/der Antragstellers/in maßgeblich.

2. Verfahrensbeteiligte. Verfahrensbeteiligte sind die Ehegatten.

3. Kein Anwaltszwang. Haushaltssachen gehören nicht zu den selbstständigen Familienstreitsachen i. S. v. § 112 FamFG, sodass gem. § 114 Abs. 1 FamFG kein Anwaltszwang besteht

4. Verfahrensanträge. Das Verfahren wird gem. § 203 FamFG auf einen entsprechenden Antrag eines der geschiedenen Ehegatten eingeleitet. Es handelt sich um einen Verfahrensantrag, keinen Sachantrag; es wird ein Verfahren eingeleitet und eine bestimmte Regelung angeregt. Die Anträge binden das Gericht nicht. Das Gericht kann von Amts wegen eine andere als die beantragte Regelung treffen.

Das Antragsrecht ist höchstpersönlich und nicht übertragbar. Der Tod eines Ehegatten erledigt ein schwebendes Verfahren in der Hauptsache (§ 208 FamFG). Es bleibt nur die Kostenentscheidung Gegenstand des Verfahrens, das insoweit mit den Erben fortgesetzt wird.

Das Amtsermittlungsprinzip verpflichtet das FamG festzustellen, was an verteilungsfähigen Haushaltssachen vorhanden ist und in wessen Eigentum die Gegenstände stehen.

Nach § 203 Abs. 2 FamFG soll der Antrag in Haushaltssachen die Angabe der Gegenstände enthalten, deren Zuteilung begehrt wird. Da es sich um eine Soll-Vorschrift handelt, kann ein Verstoß dagegen nicht zur Zurückweisung des Antrages als unzulässig führen. Vielmehr hat das Gericht auf eine Nachbesserung nach § 28 Abs. 1 Satz 1 FamFG hinzuwirken.

Das Gericht kann dem/der Antragsteller/in gem. § 206 Abs. 1 FamFG aufgeben, den Verfahrensantrag hinsichtlich der beanspruchten Haushaltssachen zu präzisieren und eine Aufstellung sämtlicher Gegenstände einschließlich deren genauer Bezeichnung und entsprechender Belege vorzulegen. Es kann zur Erfüllung dieser Auflagen eine **angemessen Frist** setzen. Wird die Frist versäumt, ist das Gericht nach § 206 Abs. 3 FamFG zur weiteren Sachaufklärung nicht mehr verpflichtet, was sich für den/die Antragsteller/in nachteilig auswirken kann. Die **Präklusionsregelung** gem. § 206 Abs. 2 FamFG, die eine **Einschränkung des Amtsermittlungsprinzips** (§ 206 Abs. 3 FamFG) darstellt, erfasst nur den Sachvortrag und die Beweisangebote für bestimmte Tatsachenbehauptungen, nicht dagegen das Verfahrensziel als solches. Den Beteiligten bleibt es also unbenommen, die Angaben zu den Haushaltssachen, die sie zugeteilt haben möchten, zu ändern (Schulte-Bunert/*Weinreich* § 206 Rn. 16). Nach Sinn und Zweck der Regelung erfasst die Präklusionswirkung auch nur solche Umstände, die für denjenigen Beteiligten, gegen den sich die Auflage nach § 206 Abs. 1 FamFG richtet, günstig sind. Betrifft sie hingegen für ihn nachteilige Umstände, ist die Pflicht des Gerichts zur Amtsermittlung nicht eingeschränkt (BT-Drucks. 16/6308, S. 250).

▶ **Hinweis zur Taktik:**

> Auch wenn das Haushaltssachenverfahren ein Amtsverfahren ist und dem das Verfahren einleitenden Antrag nicht die Bedeutung eines Sachantrags zukommt, sollte der das Verfahren einleitende Beteiligte im eigenen Interesse alle Gegenstände, die beansprucht werden, genau bezeichnen und den gesamten vorhandenen Hausrat darstellen und angeben, wer unter Beachtung welcher Überlegungen die jeweiligen Gegenstände erhalten soll. Die gerichtliche Zuweisung von Haushaltssachen muss in jedem Fall so bestimmt sein, dass der/die Gerichtsvollzieher/in die einzelnen Gegenstände unverwechselbar erkennen und aussondern kann (OLG Brandenburg, FamRZ 2000, 1102 ff.).

5. Kostenregelung und Verfahrenswert. § 81 Abs. 1 Satz 3 FamFG sieht für Familiensachen, wozu auch Haushaltssachenverfahren gehören (§ 111 Nr. 5 FamFG), eine verpflichtende Kostenentscheidung vor. Das Gericht kann die Kosten des Verfahrens nach **billigem Ermessen** den Beteiligten ganz oder z. T. auferlegen. § 80 FamFG bestimmt, welche Kosten erstattungsfähig sind. Hierzu zählen nach § 80 Satz 1 FamFG zum einen die Gerichtskosten (Gebühren und Auslagen) und zum anderen die zur Durchführung des Verfahrens notwendigen Aufwendungen, also insb. die Anwaltskosten.

Allein die **Rücknahme eines Antrages** rechtfertigt die Auferlegung der Kosten nicht. Vielmehr sind die Umstände zu berücksichtigen, die zur Rücknahme des Antrages geführt haben, wie etwa eine zwischenzeitliche außergerichtliche Einigung.

§ 81 Abs. 2 FamFG regelt Abweichungen vom Grundsatz der Kostenentscheidung nach billigem Ermessen. Nach § 81 Abs. 2 Nr. 1 FamFG soll dem Beteiligten die Kosten des Verfahrens auferlegt werden, der durch **grobes Verschulden** Anlass für das Verfahren gegeben hat. Konkrete Fälle groben Verschuldens werden in den Nr. 2 – Nr. 4 geregelt, nämlich das Stellen eines erkennbar aussichtslosen Antrages sowie das schuldhafte Anführen unwahrer Angaben zu einer wesentlichen Tatsache und das schuldhafte Verletzen von Mitwirkungspflichten, die zu einer erheblichen Verzögerung des Verfahrens geführt haben.

Wird das Verfahren durch **Vergleich** erledigt und haben die Beteiligten keine Bestimmung über die Kosten getroffen, fallen gem. § 83 Abs. 1 FamFG die Gerichtskosten jedem Teil zu gleichen Teilen zur Last. Die außergerichtlichen Kosten trägt jeder Beteiligte selbst.

Nach § 83 Abs. 2 FamFG ist auch dann, wenn das Gericht keine Endentscheidung zu treffen hat, weil sich z. B. das Verfahren auf sonstige Weise erledigt hat, über die Kostenfolge nach den Grundsätzen des § 81 FamFG zu entscheiden.

In Haushaltssachen nach § 1568b BGB beziffert sich der Verfahrenswert nach § 48 Abs. 1 FamGKG auf 3.000,00 €. § 48 Abs. 3 FamGKG eröffnet die Möglichkeit, den Festwert den besonderen Umständen des Einzelfalles anpassen, um zu verhindern, dass es zu unvertretbar hohen oder unangemessen niedrigen Kosten kommt. Eine **Herabsetzung** ist geboten, wenn der Streit nur noch Teile des Verfahrensgegenstandes betrifft. Eine **Erhöhung** kommt in Betracht, wenn es sich z. B. um besonders wertvolle Haushaltssachen handelt.

Die Gerichtskosten betragen gem. Nr. 1320 FamGKG 2,0 Gebühren

6. Verfahrenskostenhilfe. Bei dem Haushaltssachenzuweisungsverfahren nach § 200 Abs. 2 FamFG handelt es sich um ein Verfahren ohne Anwaltszwang i. S. v. § 78 Abs. 2 FamFG. In diesen Verfahren ist ein Antrag des Beteiligten auf Anwaltsbeiordnung zustellen. Gem. § 78 Abs. 2 FamFG wird dem Beteiligten ein Rechtsanwalt oder eine Rechtsanwältin nur dann beigeordnet, wenn dies wegen der Schwierigkeit der Sach- und Rechtslage erforderlich ist. Dies ist nach den Umständen des Einzelfalls zu beurteilen (BGH, FamRZ 2009, 857). Neben objektiven Kriterien, wie Umfang und Schwierigkeit der Sach- und Rechtslage, bestimmt sich die Erforderlichkeit auch an subjektiven Kriterien (Das neue FamFG/Schulte-Bunert/*Keske* § 78 Rn. 4; OLG Düsseldorf, NJW 2010, 1211 unter Bezugnahme auf die nach altem Recht ergangene Entscheidung des BGH, FamRZ 2009, 857; OLG Zweibrücken, NJW 2010, 1212). Hierzu zählt die Ausdrucksfähigkeit der Beteiligten, ihre Gewandtheit und geistige Befähigung, ihr Rechtsanliegen dem Gericht schriftlich oder mündlich ausreichend und ohne Gefahr einer eigenen Rechtsbeeinträchtigung darzustellen (BVerfG, FamRZ 2004, 213; BGH, FamRZ 2003, 1547 und 1921).

▶ **Hinweis zur Taktik**

Der/Die Antragsteller/in kann den Antrag auf Bewilligung von Verfahrenskostenhilfe mit der jeweiligen Antragsschrift verbinden, d. h. beide Anträge in einem Schriftsatz stellen (BGH, FamRZ 1996, 1142, 1143). Will der/die Antragsteller/in – wie im Regelfall – den Antrag aber nur für den Fall der Bewilligung von Verfahrenskostenhilfe bzw. im Umfang der Verfahrenskostenhilfe stellen, muss in der Antragsschrift deutlich gemacht werden, dass die Antragstellung in der Hauptsache nur für den Fall der Bewilligung von Verfahrenskostenhilfe erfolgt (BGH, NJW-RR 2000, 879; OLG Koblenz, FamRZ 1998, 312; Prütting/Gehrlein/*Völker*/*Zempel* § 117 Rn. 24). Das ist stets dann anzunehmen, wenn in dem eingereichten Schriftsatz die Antragstellung unter der Voraussetzung steht, dass Verfahrenskostenhilfe bewilligt wird oder von einer – nur – beabsichtigten

Antragstellung die Rede ist. Ein als Antrag bezeichneter Schriftsatz kann aber auch dann nur als Antrag auf Gewährung von Verfahrenskostenhilfe gemeint sein, wenn in dem Schriftsatz gebeten wird, »vorab« über die Gewährung von Verfahrenskostenhilfe zu entscheiden (BGH, FamRZ 2005, 794 ff.; OLG Köln, FamRZ 1984, 916

7. Begründung. Gem. § 23 Abs. 1 FamFG soll der verfahrenseinleitende Antrag eine Begründung enthalten. Die Ausgestaltung als Sollvorschrift stellt sicher, dass eine Nichterfüllung der Begründungspflicht nicht zur Zurückweisung des Antrages als unzulässig führen kann. Dennoch ist zur möglichst frühzeitigen Strukturierung und sachgerechten Förderung des Verfahrens eine Begründung sachgerecht. Es sollten die zur Begründung dienenden Tatsachen unter Aufführung von Ort, Zeit und genauen Umständen und Beweismittel angegeben und das Gericht hierdurch bei der Ermittlung des entscheidungserheblichen Sachverhaltes unterstützt werden.

8. Beweislast. Das Gericht hat gem. §§ 26, 29 FamFG von Amts wegen zu ermitteln und die erforderlichen Beweise zu erheben. Trotz der **Amtsermittlungspflicht** des Gerichts sollte der zu regelnde Sachverhalt unter Beachtung der Darlegungs- und Beweislast dargestellt werden. Alle entscheidungserheblichen Tatsachen sollten unter Beweis gestellt werden.

Ein förmliches Beweisantragsrecht haben die Beteiligten jedoch nicht. Das Gericht muss sich dennoch mit **entscheidungserheblichen Beweisangeboten** nach pflichtgemäßen Ermessen hinreichend auseinandersetzen und dementsprechend die Ablehnung der Beweiserhebung ggf. in der Endentscheidung begründen (§ 38 Abs. 3 FamFG). Eine fälschlich nicht vorgenommene Beweiserhebung stellt als Rechtsfehler eine Verletzung der Amtsermittlungspflicht dar. Dies kann unter den Voraussetzungen des § 69 Abs. 1 Satz 2, 3 FamFG zu einer Zurückweisung durch das Beschwerdegericht oder durch das Rechtsbeschwerdegericht nach § 74 Abs. 6 Satz 2 FamFG führen.

Das Gericht ist grds. nach seinem pflichtgemäßen Ermessen verpflichtet, den Sachverhalt vollständig aufzuklären. Es kann daher einen Beweisantrag ablehnen, wenn die Tatsachen unerheblich, erwiesen oder offenkundig oder als wahr unterstellt werden können bzw. falls das Beweismittel unzulässig, unerreichbar oder ungeeignet ist. Das Gericht kann den Beweisantrag auch mit der Begründung ablehnen, der Sachverhalt sei bereits vollständig aufgeklärt (Bay OLG, NJW-RR 1991, 777, 778). Hierbei besteht jedoch die Gefahr, dass dies als vorweggenommene Beweiswürdigung angesehen wird (Das neue FamFG/*Schulte-Bunert* § 29 Rn. 155).

In welcher Form das Gericht die Beweise erhebt, ist ihm überlassen (§ 29 Abs. 1 FamFG). Es kann grds. zwischen **Frei- und Strengbeweis** wählen (§ 30 Abs. 1 FamFG). Im Rahmen des Freibeweises kann das Gericht z. B. informell die Auskunftsperson persönlich, telefonisch oder schriftlich befragen. Ausnahmsweise muss das Gericht im Wege des Strengbeweises vorgehen. Das ist immer dann erforderlich, wenn das Gericht seine Entscheidung maßgeblich auf die Feststellung einer Tatsache stützen will und die Richtigkeit von einem Beteiligten ausdrücklich bestritten wird (§ 30 Abs. 3 FamFG) oder wenn es zur ausreichenden Sachaufklärung oder wegen der Bedeutung der Angelegenheit notwendig ist.

2. Vollstreckung

Gem. § 38 Abs. 1 FamFG ergeht die Endentscheidung durch Beschluss. Nach § 86 Abs. 2 FamFG sind Beschlüsse mit Wirksamwerden vollstreckbar. Grds. werden Beschlüsse nach § 40 Abs. 1 FamFG mit Bekanntgabe an die Beteiligten sofort wirksam. Diese Bestimmung ist allerdings auf Haushaltssachen nicht anwendbar, da in diesen Sachen nach § 209 Abs. 2 Satz 1 FamFG die Endentscheidung erst mit (formeller) Rechtskraft wirksam wird. Die Rechtskraft tritt in isolierten Haushaltssachen ein, wenn die Frist für die befristete Beschwerde abgelaufen ist (1 Monat gem. § 63 Abs. 1 FamFG), wenn auf Rechtsmittel verzichtet wird oder eine endgültige Entscheidung des Beschwerdegerichts vorliegt. Eine vorläufige Vollstreckbarkeit ist daher nicht gegeben. Gem. § 86 Abs. 3 FamFG entfällt grds. das Erfordernis der Erteilung der Vollstreckungsklausel.

207

208   Aus rechtskräftigen Entscheidungen nach § 1568b BGB findet gem. § 95 FamFG die Zwangsvoll-
       streckung nach den Vorschriften der ZPO statt. Die Herausgabevollstreckung richtet sich nach
       § 883 ZPO; die Vollstreckung einer Ausgleichszahlung gem. § 1568b Abs. 3 BGB erfolgt durch
       Pfändung gem. § 829 ZPO.

209   Etwaig notwendig werdende flankierende Maßnahmen nach § 209 Abs. 1 FamFG werden, soweit
       es sich um unvertretbare Handlungen handelt, nach § 888 ZPO und die übrigen Untersagungsan-
       ordnungen nach § 890 ZPO vollstreckt (vgl. hierzu Rdn. 19 bis 22).

3. Rechtsmittel

210   § 38 Abs. 1 FamFG legt generell für alle Verfahren die Entscheidungsform des Beschlusses fest. Nach
       § 58 FamFG findet grds. das Rechtsmittel der **fristgebundenen Beschwerde** ggü. allen im ersten
       Rechtszug ergangen Beschlüsse statt. Die Beschwerde ist nach § 61 Abs. 1 FamFG in vermögensrecht-
       lichen Angelegenheiten nur zulässig, wenn der Wert des **Beschwerdegegenstandes 600,00 €** über-
       steigt. Maßgebend für die Wertbemessung ist der Verkehrswert der betroffenen Haushaltssachen.

211   Sofern der Beschwerdewert nicht erreicht wird, sieht § 61 Abs. 2 Nr. 1 FamFG die Möglichkeit der
       Zulassungsbeschwerde durch das Gericht der 1. Instanz vor, wenn dem Verfahren eine über den
       Einzelfall hinausgehende Bedeutung zukommt. Dies ist dann der Fall, wenn das erstinstanzliche
       Gericht von einer Entscheidung eines Obergerichts abweichen will oder eine Klärung der Rechts-
       frage obergerichtlich noch nicht erfolgt ist. Wird die Zulassungsbeschwerde nicht zugelassen, ist die
       Entscheidung nicht anfechtbar.

       Zur Beschwerde vgl. Rdn. 23–26; zur Anschlussbeschwerde vgl. Rdn. 27–28; zur Rechtsbeschwerde
       vgl. Rdn. 29–34 und zu den Rechtsmitteln gegen Zwangsmittel, Kostenfestsetzung und Festsetzung
       des Verfahrenswerts vgl. Rdn. 35–40.

L. Teilung von Haushaltsgegenständen nach § 1568b BGB

Muster: Antrag auf Zurückweisung eines Zuweisungsantrages von Haushaltssachen nach Scheidung

212   An das

       Amtsgericht

       – Familiengericht –[1]

       Geschäfts-Nr.: .....F...../.....

                              In der Familiensache

       ....../. .....[2]

       RA: ..... RA: .....[3]

       Namens und in Vollmacht des/der Antragsgegner/in wird beantragt, wie folgt zu erkennen:[4] Ver-
       fahrensanträge

       I. Der Haushaltssachenantrag des/der Antragsteller/in vom ..... wird zurückgewiesen.

       II. Dem/Der Antragsteller/in werden die Kosten des Verfahrens auferlegt.[5]. Kostenreglung und Ver-
       fahrenswert

       III. Weiterhin wird beantragt,

       dem/der Antragsteller/in für dieses Verfahren Verfahrenskostenhilfe unter Beiordnung der Unter-
       zeichnenden zu bewilligen.[6] Verfahrenskostenhilfe

       7 Begründung: Begründung

Der Antrag auf Haushaltssachenteilung des/der Antragsteller/in ist zurückzuweisen, weil dieser Anspruch nunmehr erstmals 3 Jahre nach Rechtskraft der Scheidung geltend gemacht wird. Auch im Rahmen des ansonsten streitig geführten Scheidungsverfahrens, stand die jetzt beanspruchte Aufteilung der Haushaltssachen, die sich seit der Trennung der Beteiligten im Jahre ..... im Besitz des/der Antragsgegener/in befinden, nie zur Diskussion. Der/Die Antragsgegner/in hat daher darauf vertrauen dürfen, dass ihm/ihr die hier in Rede stehenden Haushaltssachen endgültig verbleiben. Der Anspruch ist verwirkt (OLG Düsseldorf, FF 2008, 169; OLG Naumburg, FamRZ 2007, 1579).

Alternativ:

Die von dem/der Antragsteller/in beanspruchte Zuweisung der hier in Rede stehenden Haushaltssachen kommt nicht Betracht, da hieran Alleineigentum des/der Antragsgegner/in besteht. Der/Die Antragsgegner/in hat diese Haushaltsgegenstände bereits mit in die Ehe gebracht.

Beweis: 1. Zeugnis des/der .....[8]. Beweislast

2. Kaufbelege vom....., anbei

Haushaltssachen, die im Alleineigentum eines Beteiligten stehen, werden im Rahmen des Zugewinnausgleichs berücksichtigt.

Alternativ:

Die betreffenden Haushaltssachen hat der/die Antragsgegner/in erst nach Trennung der Beteiligten, die am ..... erfolgte, für sich selbst angeschafft.

Beweis: 1. Zeugnis des/der .....

2. Kaufbelege vom....., anbei

Die Haushaltsgegenstände wurden somit nicht mehr für den gemeinsamen Haushalt angeschafft. Die Gegenstände stehen im Alleineigentum des/der Antragsgegner/in und unterfallen somit nicht dem Haushaltssachenteilungsverfahren, sondern vielmehr dem Zugewinnausgleich (Oberlandesgericht des Landes Sachsen-Anhalt NJW – RR 2009, 726; BGH FamRZ 1984, 1449).

Alternativ:

Die betreffenden Haushaltssachen hat der/die Antragsgegner/in erst nach Rechtskraft der Scheidung erworben.

Beweis: 1. Zeugnis des/der .....

2. Kaufbelege vom....., anbei

Diese Haushaltssachen gehören daher nicht zum ehelichen Haushalt, sodass sie der Haushaltssachenteilung nicht zugänglich sind.

Hinsichtlich des Antrages auf Bewilligung von Verfahrenskostenhilfe wird auf die beigefügte Erklärung über die persönlichen und wirtschaftlichen Verhältnisse nebst Anlagen Bezug genommen.

1. **Zuständigkeit.** Vgl. hierzu Rdn. 206, *M. 1*

2. **Verfahrensbeteiligte.** Vgl. hierzu Rdn. 206, *M. 2*

3. **Kein Anwaltszwang.** Vgl. hierzu Rdn. 206, *M. 3*

4. **Verfahrensanträge.** Vgl. hierzu Rdn. 206, *M. 4*

5. **Kostenregelung und Verfahrenswert.** Vgl. hierzu Rdn. 206, *M. 5*

6. **Verfahrenskostenhilfe.** Vgl. hierzu Rdn. 206, *M. 6*

7. **Begründung.** Vgl. hierzu Rdn. 206, *M. 7*

8. **Beweislast.** Vgl. hierzu Rdn. 206, *M. 8*

Zu **Vollstreckung** und **Rechtsmitteln** vgl. Rdn. 207–209 bzw. 211–212.   213

Kapitel 7: Gewaltschutz

A. Einleitung

1 Die materiellrechtlichen Regelungen zum Gewaltschutz finden sich bei Anwendung deutschen Rechts in §§ 1 bis 4 GewSchG und die verfahrensrechtlichen in §§ 210 bis 216a FamFG.

2 Sofern **Auslandsbezug** gegeben ist, wenn also insb. ein Beteiligter eine fremde Staatsangehörigkeit besitzt, unterliegen die Nutzungsbefugnis für die im Inland belegene Ehewohnung und die im Inland befindlichen Haushaltsgegenstände sowie damit zusammenhängende Betretungs-, Näherungs- und Kontaktverbote gem. Art. 17a EGBGB den deutschen Sachvorschriften, demnach also §§ 1361a, b, 1568a, b, § 1 GewSchG. Wenn es sich bei den Ehegatten allerdings um iranische Staatsangehörige handeln sollte, ist nach Art. 8 Abs. 3 Satz 1 des Niederlassungsabkommens zwischen dem Deutschen Reich und dem Kaiserreich Persien vom 17.02.1929 das iranische Sachrecht zur Entscheidung berufen, welches Regelungen betreffend die Ehewohnung enthält (PWW/*Martiny* Art. 17a EGBGB Rn. 2). Art. 17a EGBGB gilt gem. Art. 17b Abs. 2 Satz 1 EGBGB entsprechend für eingetragene Lebenspartner. I. Ü. wird bezüglich des Internationalen Privatrechts auf die Ausführungen im 16. Kap. verwiesen.

3 Falls es um ein außervertragliches Schuldverhältnis mit Auslandsbezug geht – also insb. um Schadensersatzansprüche aus unerlaubter Handlung – ist hingegen vorrangig die VO (EG) Nr. 864/2007 des Europäischen Parlaments und des Rates über das auf außervertragliche Schuldverhältnisse anzuwendende Recht (»Rom II«; gilt seit dem 11.01.2009 für alle Mitgliedstaaten mit Ausnahme Dänemarks) maßgeblich. Nach Art. 4 Abs. 1 VO (EG) Nr. 864/2007 ist – entgegen dem in Art. 40 Abs. 1 Satz 1 EGBGB normierten Tatortgrundsatz – das Recht des Staates anzuwenden, in dem der Schaden eintritt, wobei allerdings im Fall eines gewöhnlichen Aufenthalts der Beteiligten in demselben Staat, das Recht dieses Staates maßgeblich ist. Nach Art. 1 Abs. 2a) VO (EG) Nr. 864/2007 sind vom Anwendungsbereich der Verordnung jedoch außervertragliche Schuldverhältnisse u. a. aus einem Familienverhältnis oder aus Verhältnissen, die nach dem auf diese Verhältnisse anzuwendenden Recht mit der Ehe vergleichbare Wirkungen entfalten, ausgenommen. Familienverhältnisse sollten nach Erwägungsgrund 10 VO (EG) Nr. 864/2007 die Verwandtschaft in gerader Linie, die Ehe, die Schwägerschaft und die Verwandtschaft in der Seitenlinie umfassen. Hierunter fallen demnach nicht das Verlöbnis und die nichteheliche Lebensgemeinschaft, wohl aber die eingetragene Lebenspartnerschaft. Voraussetzung für den Ausschluss ist nicht ein bloßer Sachzusammenhang des gesetzlichen Anspruchs mit dem Familienverhältnis, sondern vielmehr muss der Rechtsgrund darin seine Wurzel haben. Deliktische Schadensersatzansprüche z. B. unter Ehegatten sind vom Anwendungsbereich der VO (EG) Nr. 864/2007 somit nicht ausgenommen (Palandt/ *Thorn* Art. 1 ROM II

Rn. 10). Nach Art. 1 Abs. 2g) VO (EG) Nr. 864/2007 sind zudem außervertragliche Schuldverhältnisse aus der Verletzung der Privatsphäre oder der Persönlichkeitsrechte vom Anwendungsbereich
ausgenommen. Hierunter fallen die Tatbestände der Drohung nach § 1 Abs. 2 Nr. 1 GewSchG und
des Stalkings nach § 1 Abs. 2 Nr. 2b) GewSchG. In diesen Fällen ist auf die Regelung des Art. 40
EGBGB zurückzugreifen. Gem. Art. 40 Abs. 1 Satz 1 EGBGB ist das Recht des Staates maßgeblich,
in dem der Ersatzpflichtige gehandelt hat. Es gilt folglich der Tatortgrundsatz. Wurde die Tat in der
BRD begangen, gilt deutsches Recht. Dies gilt auch, wenn der Verletzte und der Ersatzpflichtige zur
Zeit der Tat ihren gewöhnlichen Aufenthalt in der BRD hatten, vgl. Art. 40 Abs. 2 Satz 1 EGBGB.
I. Ü. wird bzgl. des internationalen Privatrechts auf die Ausführungen im 16. Kap. verwiesen.

Gemäß § 210 FamFG sind **Gewaltschutzsachen** Verfahren nach den §§ 1, 2 GewSchG. Das Gesetz   4
zur Verbesserung des zivilgerichtlichen Schutzes bei Gewalttaten und Nachstellungen sowie zur Erleichterung der Überlassung der Ehewohnung bei Trennung ist am 01.01.2002 in Kraft getreten. In
Art. 1 ist das Gesetz zum zivilrechtlichen Schutz vor Gewalttaten und Nachstellungen (GewSchG)
normiert, welches wiederum aus vier Paragrafen besteht. In § 1 GewSchG sind gerichtliche Schutzmaßnahmen geregelt, in § 2 GewSchG die Überlassung einer gemeinsam genutzten Wohnung, in
§ 3 GewSchG der persönliche Anwendungsbereich sowie die Konkurrenzen zu anderen Vorschriften und § 4 GewSchG enthält eine Strafandrohung bei Verstoß gegen eine Schutzanordnung nach
§ 1 GewSchG. Zu beachten ist dabei, dass eine Zuwiderhandlung gegen einen Vergleich nicht nach
§ 4 GewSchG strafbar ist (OLG München, ZFE 2008, 234). Auf den Abschluss eines Vergleiches
soll das Gericht in Gewaltschutzsachen auch nicht hinwirken nach § 36 Abs. 1 Satz 2 FamFG. Dennoch ist der Abschluss eines Vergleichs möglich (vgl. *Schulte-Bunert* Rn. 181). Mit § 238 StGB gibt
es einen eigenen Straftatbestand der Nachstellung, wobei es sich um ein Antragsdelikt handelt (vgl.
dazu: BGH, FamRZ 2010, 289 f.; *Mitsch*, NJW 2007, 1237 f.; *Krüger* FPR 2011, 219 f.).

Seit dem 01.09.2009 ist das **FamG für alle Verfahren nach dem GewSchG zuständig** (»Großes Fa-   5
miliengericht«). Dies war früher nur der Fall, wenn die Beteiligten einen auf Dauer angelegten gemeinsamen Haushalt führen oder innerhalb von 6 Monaten vor Antragstellung geführt haben. Die
sachliche Zuständigkeit des AG als FamG ergibt sich aus §§ 23a Abs. 1 Satz 1 Nr. 1, 23b Abs. 1 GVG,
§§ 111 Nr. 6, 210 FamFG, §§ 1, 2 GewSchG, wobei es sich gem. § 23a Abs. 1 Satz 2 GVG um
eine ausschließliche Zuständigkeit handelt. Die damit einhergehenden früheren Zuständigkeits-
streitigkeiten sind seitdem obsolet, was somit auch in einer geringen Anzahl von Fällen zu einer
Verfahrensbeschleunigung beiträgt und i. Ü. mehr Rechtssicherheit schafft, da Gewissheit besteht,
welches Gericht zuständig ist. Als Kehrseite der Medaille kommt es dazu, dass das FamG sich mit
Angelegenheiten beschäftigen muss, die kein familienrechtliches Verhältnis aufweisen, wenn also
z. B. eine Person ohne ein solches Näheverhältnis ggü. einer anderen eine Gewalttat begeht. Das
flexiblere Verfahren der freiwilligen Gerichtsbarkeit erleichtert die Anforderungen an die Einleitung
des Verfahrens, sodass ein Antrag nicht den Voraussetzungen des § 253 ZPO genügen muss. Ferner
kommt dem Antragsteller der nach § 26 FamFG bestehende Amtsermittlungsgrundsatz zugute und
die grundsätzliche Geltung des Freibeweises führt ggf. zu einer Beschleunigung des Verfahrens. Die
Verhandlung ist nach § 170 Satz 1 GVG nichtöffentlich. Allerdings bleibt es beim allgemeinen Zivilrechtsweg, wenn es sich nicht um Gewaltschutzverfahren nach §§ 1, 2 GewSchG handelt wie z. B.
bei der Zusendung von E-Mails des Kindesvaters an die Kindesmutter bezüglich Informationen des
Vereins Eltern gegen Diskriminierung des Kindes in Deutschland e. V., obwohl die Kindesmutter
mehrfach zur Unterlassung aufgefordert hat (AG Tempelhof-Kreuzberg, FamRZ 2010, 919). Ferner
ist der allgemeine Zivilrechtsweg eröffnet, soweit es um die Geltendmachung von Schmerzensgeld-
oder Schadensersatzansprüchen geht.

§ 216a Satz 1 FamFG statuiert eine bundeseinheitliche **Mitteilungspflicht** hinsichtlich der Anord-   6
nungen nach §§ 1, 2 GewSchG sowie deren Änderung oder Aufhebung. Dies gilt nicht im Fall der
Abweisung eines Antrags nach §§ 1, 2 GewSchG. Die Mitteilungspflicht besteht ggü. den (örtlich)
zuständigen Polizeibehörden und anderen öffentlichen Stellen, die von der Durchführung der Anordnung betroffen sind. Hierbei kann es sich ggf. um Schule, Kindergarten oder eine Jugendhilfe-
einrichtung in öffentlicher Trägerschaft (vgl. dazu: Schulte-Bunert/Weinreich/*Schulte-Bunert* § 216a

Rn. 1) handeln. Damit sollen Informationsdefizite überwunden werden. Eine daneben ggü. dem Jugendamt bestehende Mitteilungspflicht ergibt sich aus § 213 Abs. 2 Satz 1 FamFG. Die Mitteilung muss unverzüglich erfolgen. Sie hat ausnahmsweise zu unterbleiben, wenn schutzwürdige Interessen eines Beteiligten an dem Ausschluss der Übermittlung das Schutzbedürfnis anderer Beteiligter oder das öffentliche Interesse an der Übermittlung überwiegen. Dies dürfte wohl kaum jemals der Fall sein, da z. B. die Mitteilungspflicht ggü. der Polizei insb. deshalb besteht, um Verstöße gegen § 1 GewSchG (Straftat nach § 4 GewSchG; Offizialdelikt) oder § 2 GewSchG (Straftat nach § 123 StGB; Antragsdelikt) besser vermeiden bzw. sanktionieren zu können.

7   Gem. § 216a Satz 2 FamFG sollen die Beteiligten grds. über die Mitteilung unterrichtet werden. Wenn jedoch z. B. die Aufenthaltsorte des Antragstellers und/oder betroffener Kinder zu deren Schutz nicht bekannt gemacht werden sollen, kann die Mitteilung an den Antragsgegner unterbleiben. Die Art und Weise der Mitteilung wurde nicht festgeschrieben. Eine entsprechende Regelung wurde in die Anordnung über Mitteilungen in Zivilsachen (MiZi) aufgenommen. Dabei ist der Mitteilungspflicht ggü. der Polizei durch die Übermittlung einer abgekürzten Ausfertigung der Entscheidung ohne Gründe durch den Urkundsbeamten der Geschäftsstelle genüge getan.

B. Gerichtliche Schutzmaßnahmen, § 1 GewSchG

8   Bei den **gerichtlichen Schutzmaßnahmen** nach § 1 GewSchG handelt es sich um eine verfahrensrechtliche Regelung zur Durchsetzung von materiell-rechtlichen Unterlassungsansprüchen gem. §§ 823, 1004 BGB analog (BT-Drucks. 14/5429, S. 12, 17, 27, 28, 41). Einzelne mögliche gerichtliche Maßnahmen bei erfolgter oder angedrohter Gewaltanwendung und Nachstellungen (»stalking«; vgl dazu: *v. Pechstaedt*, NJW 2007, 1233 f.) sind beispielhaft in § 1 Abs. 1 Satz 3 GewSchG aufgeführt, wobei stets der Verhältnismäßigkeitsgrundsatz zu wahren ist und insofern eine Befristung zu erfolgen hat. Es sind dies:

– Wohnungsbetretungsverbot (§ 1 Abs. 1 Satz 3 Nr. 1 GewSchG),
– Näherungsverbot hinsichtlich Wohnung (»Bannmeile«; § 1 Abs. 1 Satz 3 Nr. 2 GewSchG),
– Verbot, Orte aufzusuchen, an denen sich die verletzte Person regelmäßig aufhält (z. B. Arbeitsplatz; Schule der Kinder; § 1 Abs. 1 Satz 3 Nr. 3 GewSchG),
– Kontaktverbot (auch per Telefon, E-Mail etc.; § 1 Abs. 1 Satz 3 Nr. 4 GewSchG),
– Verbot, Zusammentreffen mit der verletzten Person herbeizuführen (§ 1 Abs. 1 Satz 3 Nr. 5 GewSchG).

I. Einstweilige Anordnung

9   Gem. § 214 Abs. 1 Satz 1 FamFG kann das Gericht auf Antrag durch einstweilige Anordnung eine vorläufige Regelung nach §§ 1, 2 GewSchG treffen. Im Unterschied zum früheren Recht ist das Verfahren nunmehr **hauptsacheunabhängig**. Dementsprechend muss weder ein Hauptsacheverfahren anhängig noch ein Antrag auf Verfahrenskostenhilfe für ein entsprechendes Verfahren gestellt sein. Dies entspricht der Systematik der nunmehr in §§ 49 ff. FamFG geregelten einstweiligen Anordnung. I. d. R. wird ein Hauptsacheverfahren dann zukünftig nicht mehr erfolgen. Das Verfahren der einstweiligen Anordnung ist aber auch dann ein selbstständiges Verfahren gem. § 51 Abs. 3 Satz 1 FamFG, wenn zugleich eine Hauptsache anhängig ist. Die §§ 210 ff. FamFG sind vorrangig anzuwenden. Wenn sie jedoch keine verdrängenden Spezialregelungen enthalten, kann auf die Vorschriften des 1. Buchs (Allgemeiner Teil: §§ 1–110 FamFG) zurückgegriffen werden. Dies ist insb. i. R. d. einstweiligen Anordnungen relevant in Bezug auf die §§ 49 ff. FamFG. Nach § 49 Abs. 1 FamFG kann das Gericht durch einstweilige Anordnung eine vorläufige Maßnahme treffen, soweit dies nach den für das Rechtsverhältnis maßgebenden Vorschriften gerechtfertigt ist und ein dringendes Bedürfnis für ein sofortiges Tätigwerden besteht. Aus der Formulierung vorläufig ergibt sich, dass eine Vorwegnahme der Hauptsache grds. nicht zulässig ist. Als maßgebende Vorschriften im Sinne eines Anordnungsanspruchs sind in Gewaltschutzsachen die §§ 1, 2 GewSchG festgelegt. Ein gem. § 49 Abs. 1 FamFG dringendes Bedürfnis für ein sofortiges Tätigwerden – Anordnungsgrund – liegt

nach § 214 Abs. 1 Satz 2 FamFG i. d. R. vor, wenn eine Tat nach § 1 GewSchG begangen wurde oder aufgrund konkreter Umstände mit einer Begehung zu rechnen ist. Letzteres ist nur selten der Fall. Ein dringendes Bedürfnis für ein sofortiges Tätigwerden dürfte nicht vorliegen, wenn die Tatbegehung schon einige Wochen zurückliegt. Dann kommt nur ein Hauptsacheverfahren in Betracht.

1. Muster: Einstweilige Anordnung nach § 1 GewSchG

An das   10

Amtsgericht .....

– Familiengericht –[1]

.....

Antrag auf Erlass einer einstweiligen Anordnung nach § 1 GewSchG

des/der .....[2]

– Antragsteller/in –

Verfahrensbevollmächtigte/r: .....[3]

gegen

den/die .....

– Antragsgegner/in –

Verfahrensbevollmächtigte/r: .....

Namens und in Vollmacht der/des Antragstellers/in wird beantragt, im Wege der einstweiligen Anordnung gem. § 1 GewSchG i. V. m. § 214 FamFG – wegen Dringlichkeit ohne mündliche Verhandlung – anzuordnen:[4]

1. Dem Antragsgegner/der Antragsgegnerin wird verboten:[5]
- die Antragstellerin/den Antragsteller zu bedrohen, zu belästigen, zu verletzen oder sonst körperlich zu misshandeln,
- die Wohnung der Antragstellerin/des Antragstellers ..... zu betreten,
- sich in einem Umkreis von ..... Metern der Wohnung der Antragstellerin/des Antragstellers aufzuhalten,
- sich der Antragstellerin/dem Antragsteller in einem Umkreis von ..... Metern zu nähern,
- der Antragstellerin/dem Antragsteller aufzulauern,
- den Arbeitsplatz der Antragstellerin/des Antragstellers ..... aufzusuchen,
- Verbindung zur Antragstellerin/zum Antragsteller, auch unter Verwendung von Fernkommunikationsmitteln, aufzunehmen und
- Zusammentreffen mit der Antragstellerin/dem Antragsteller herbeizuführen.

2. Sollte es zu einem zufälligen Zusammentreffen kommen, hat der Antragsgegner/die Antragsgegnerin sofort einen Abstand von mindestens ..... Metern herzustellen.

3. Dem Antragsgegner/der Antragsgegnerin wird für den Fall der Zuwiderhandlung gegen die Anordnungen in Ziffer 1 und 2 ein Ordnungsgeld bis zu 250.000 EUR ersatzweise Ordnungshaft oder Ordnungshaft bis zu 6 Monaten angedroht.[6]

4. Die sofortige Wirksamkeit und die Zulässigkeit der Vollstreckung vor der Zustellung an den Antragsgegner/die Antragsgegnerin werden angeordnet.[7]

5. Die Kosten des Verfahrens trägt der Antragsgegner/die Antragsgegnerin.[8]

6. Der Verfahrenswert wird auf 1.000 EUR festgesetzt.[9]

Weiterhin wird beantragt,

der Antragstellerin/dem Antragsteller für das Verfahren Verfahrenskostenhilfe unter Beiordnung der Unterzeichnenden/des Unterzeichnenden zu bewilligen.[10]

Begründung:[11]

Die Beteiligten sind ......

Am ..... um ..... Uhr hat der Antragsgegner/die Antragsgegnerin in ..... *[Ort der Tat]* folgendes getan:

..... *[substantiierte Darstellung des Sachverhalts].*

Beweis: ..... *[z. B. eidesstattliche Versicherung der Antragstellerin/des Antragstellers].*[12]

Somit ist der Erlass einer einstweiligen Anordnung nach § 1 GewSchG im beantragten Umfang geboten.

(Rechtsanwalt)[13]

1. Zuständigkeit. Die **internationale** Zuständigkeit in Gewaltschutzsachen richtet sich mangels spezialgesetzlicher Regelungen nach § 105 FamFG und somit nach der Theorie der Doppelfunktionalität. Demnach sind deutsche Gerichte zuständig, wenn ein deutsches Gericht örtlich zuständig ist (vgl. *Schulte-Bunert* Rn. 397, 401). I. Ü. wird bezüglich des internationalen Privatrechts auf die Ausführungen im 16. Kap. verwiesen.

Zuständig ist nach § 50 Abs. 1 Satz 1 FamFG das Gericht, das für die Hauptsache in 1. Instanz zuständig wäre. **Sachlich** zuständig ist für alle Gewaltschutzsachen das AG als FamG nach §§ 23a Abs. 1 Satz 1 Nr. 1, 23b Abs. 1 GVG, §§ 111 Nr. 6, 210 FamFG, § 1 GewSchG, wobei es sich gem. § 23a Abs. 1 Satz 2 GVG um eine ausschließliche Zuständigkeit handelt. Ist eine Hauptsache beim Beschwerdegericht (OLG) anhängig, ist dieses zuständig. Anhängig ist die Sache beim Beschwerdegericht mit Einlegung der Beschwerde beim AG (§ 64 Abs. 1 FamFG).

Die **örtliche** Zuständigkeit nach § 211 FamFG ist ausschließlich. Unter den aufgeführten Gerichtsständen hat der Antragsteller die Wahl. Die getroffene Wahl ist endgültig (BLAH/*Hartmann* FamFG § 211 Rn. 1). Indem die Rechtsantragstelle eines Gerichts zur Protokollierung des erforderlichen Antrags aufgesucht wird, wird kein Wahlrecht bezüglich dieses Gerichts ausgeübt, sondern des Gerichts, an welches die Niederschrift nach § 25 Abs. 3 Satz 1 FamFG zu übermitteln ist (OLG Brandenburg, FamRZ 2011, 56, 57). Örtlich zuständig ist:
– das Gericht, in dessen Bezirk die Tat begangen wurde,
– das Gericht, in dessen Bezirk sich die gemeinsame Wohnung des Antragstellers und des Antragsgegners befindet oder
– das Gericht, in dessen Bezirk der Antragsgegner seinen gewöhnlichen Aufenthalt hat.

Tatort i. S. v. § 211 Nr. 1 FamFG ist sowohl der Handlungs- als auch Erfolgsort (BT-Drucks. 16/6308, S. 251). Dies kann z. B. beim sog. Telefonterror von Bedeutung sein. Ruft der Täter aus München das Opfer in Köln an, kann dieses einen Gewaltschutzantrag in Köln stellen.

Wie sich aus dem Wortlaut ergibt, muss es sich im Fall von § 211 Nr. 2 FamFG um eine gemeinsame Wohnung handeln. Der Begriff ist nicht identisch mit dem des auf Dauer angelegten gemeinsamen Haushalts nach § 2 Abs. 1 GewSchG (vgl. Schulte-Bunert/Weinreich/*Schulte-Bunert* FamFG § 211 Rn. 5 m. w. N.). Die Eigentumsverhältnisse bzw. die mietvertraglichen Regelungen sind insofern nicht ausschlaggebend, sondern der Wille der Beteiligten, die Wohnung gemeinsam zu nutzen. Diese Voraussetzung ist nicht erfüllt, wenn es sich z. B. um zwei separate Miet- oder Eigentumswohnungen innerhalb desselben Gebäudes handelt, wohl aber, sofern Antragsteller und Antragsgegner innerhalb der gemeinsamen Wohnung getrennt leben, jedoch einige Einrichtungen wie z. B. Bad und Küche noch gemeinsam genutzt werden, wenn auch zu unterschiedlichen Zeiten. Falls allerdings z. B. ein Haus zusätzlich über eine Einliegerwohnung verfügt und somit über einen in sich abgeschlossenen Wohnbereich und ein Beteiligter im Haus und der andere davon getrennt in der Einliegerwohnung lebt, handelt es sich nicht um eine gemeinsame Wohnung. Die Anrufung des Gerichts der Ferienwohnung dürfte rechtsmissbräuchlich sein, wenn kein Bezug zum konkreten Verfahrensgegenstand besteht (Zöller/*Lorenz* FamFG § 211 Rn. 8).

Schließlich wird in § 211 Nr. 3 FamFG an den gewöhnlichen Aufenthalt (Daseinsmittelpunkt) des Antragsgegners angeknüpft. Nach früherem Recht war i. d. R. der Wohnsitz nach §§ 12, 13 ZPO i. V. m. § 7 Abs. 1 BGB maßgeblich, wobei die Begründung des Wohnsitzes einen entsprechenden Willen voraussetzt (BGH, NJW 1952, 1251, 1252; BVerwG, FamRZ 1963, 441). Nach der Legaldefinition des § 30 Abs. 3 SGB I hat jemand seinen gewöhnlichen Aufenthalt dort, wo er sich unter Umständen aufhält, die erkennen lassen, dass er an diesem Ort oder in diesem Gebiet nicht nur vorübergehend verweilt. Bei einem nur vorübergehend gewollten Aufenthalt (i. d. R. bis zu 6 Monaten) z. B. in einem Frauenhaus wird ein gewöhnlicher Aufenthalt nicht begründet (vgl. auch zum Begriff des gewöhnlichen Aufenthalts: Schulte-Bunert/Weinreich/*Schulte-Bunert* § 88 Rn. 1; Schulte-Bunert/Weinreich/*Sieghörtner* § 187 Rn. 5).

Funktionell zuständig für die Entscheidungen in der Hauptsache oder im einstweiligen Anordnungsverfahren ist der Richter. Im RPflG findet sich weder eine Voll-, Vorbehalts- noch Einzelübertragung auf den Rechtspfleger.

2. Beteiligte. Nach dem FamFG gibt es keine Parteien mehr, sondern nur noch Beteiligte. Einzige Vorschrift über Beteiligte im 7. Abschnitt des FamFG ist § 212 FamFG, wonach das Jugendamt auf seinen Antrag in Verfahren nach § 2 GewSchG zu beteiligen ist, wenn ein Kind in dem Haushalt lebt. Stellt das Jugendamt keinen Antrag, kann es nicht von Amts wegen nach § 7 Abs. 3 FamFG zum Verfahren hinzugezogen werden (vgl. Schulte-Bunert/Weinreich/*Schulte-Bunert* § 212 Rn. 1 m. w. N.). Mit den weiteren Personen in § 7 Abs. 3 FamFG sind z. B. solche nach §§ 271 Abs. 4, 315 Abs. 4 FamFG gemeint. I. Ü. und für die Verfahren nach § 1 GewSchG ist für den Beteiligtenbegriff auf die Regelung des § 7 FamFG zurückzugreifen. Somit ist der Antragsteller nach § 7 Abs. 1 FamFG Beteiligter kraft Gesetzes. Der Antragsgegner ist Beteiligter nach § 7 Abs. 2 Nr. 1 FamFG kraft Hinzuziehung, da seine Rechte durch das Verfahren unmittelbar betroffen werden, nicht aber Vermieter, Grundstückseigentümer oder Mitmieter (vgl. auch Schulte-Bunert/Weinreich/*Schulte-Bunert* § 212 Rn. 1).

3. Anwaltszwang. Ein **Anwaltszwang** besteht **nicht** (vgl. zur Beiordnung eines Rechtsanwalts unter 10. Verfahrenskostenhilfe). Das Verfahren in Gewaltschutzsachen ist ein Verfahren der freiwilligen Gerichtsbarkeit. Es besteht weiterhin in 1. Instanz (AG) und 2. Instanz (OLG, § 119 Abs. 1 Nr. 1a GVG) kein Anwaltszwang. Dies ergibt sich aus § 10 Abs. 1 FamFG, wonach die Beteiligten das Verfahren selbst betreiben können, wenn eine Vertretung durch Rechtsanwälte nicht geboten ist. Nur in der 3. Instanz (BGH, § 133 GVG) müssen sich die Beteiligten durch einen beim BGH zugelassenen Rechtsanwalt vertreten lassen, § 10 Abs. 4 Satz 1 FamFG. Da es sich bei Gewaltschutzsachen nicht um Familienstreitsachen nach § 112 FamFG (bisherige ZPO-Familiensachen wie insb. Unterhalt und Zugewinn) handelt, kommt ein Rechtsanwaltszwang nach § 114 Abs. 1 FamFG nicht in Betracht. I. Ü. besteht auch dort in Verfahren der einstweiligen Anordnung kein Anwaltszwang nach § 114 Abs. 4 Nr. 1 FamFG. Mangels Anwaltszwang können somit Anträge auch ggü. dem Gericht schriftlich oder zur Niederschrift der Geschäftsstelle abgegeben werden nach § 25 Abs. 1 FamFG. Erfolgt die Niederschrift bei einem Gericht, welches nicht für die Entscheidung in der Sache zuständig ist, muss die Sache von diesem an das zuständige Gericht unverzüglich übermittelt werden, § 25 Abs. 2, 3 FamFG.

4. Verfahrensanträge. Das Verfahren der einstweiligen Anordnung richtet sich grds. gem. § 51 Abs. 2 Satz 1 FamFG nach den Vorschriften des Hauptsacheverfahrens. Das Gericht kann nach § 51 Abs. 2 Satz 2 FamFG auch ohne mündliche Verhandlung entscheiden. Eine Versäumnisentscheidung ist nach § 51 Abs. 2 Satz 3 FamFG nicht möglich, wohl aber eine Entscheidung in der Sache.

Eine einstweilige Anordnung in Gewaltschutzsachen wird nach § 214 Abs. 1 Satz 1 FamFG nur auf Antrag erlassen, was i. Ü. bei amtswegigen Verfahren nicht erforderlich ist, sondern nur bei Verfahren die auch in der Hauptsache Antragsverfahren sind, vgl. §§ 49 Abs. 1, 51 Abs. 1 Satz 1 FamFG. Der Antrag nach § 214 Abs. 1 Satz 1 FamFG ist ein reiner Verfahrensantrag und kein Sachantrag. Das Gericht wird durch den Antrag nicht gebunden und kann auch eine andere als die beantragte Regelung treffen. Die Vorschrift des § 23 FamFG ist anwendbar. Der Antrag soll begründet werden, die Tatsachen und Beweismittel sollen angegeben und mögliche Beteiligte sollen benannt werden, Urkunden sollen beigefügt werden und der Antrag unterschrieben werden. Mit diesen Soll-Vorschriften werden die nach § 27 FamFG bestehenden Mitwirkungspflichten des Antragstellers konkretisiert werden. Ein Verstoß kann nicht zur Zurückweisung als unzulässig führen. Etwas anderes gilt jedoch nach § 51 Abs. 1 Satz 2 FamFG – lex specialis ggü. § 23 FamFG – für die Begründung, welche nach dieser Vorschrift obligatorisch ist, sodass im Fall des Unterbleibens eine Zurückweisung erfolgen kann. Eine E-Mail genügt nicht den Voraussetzungen des § 23 FamFG, wohl aber im Fall des Ausdrucks durch die Posteingangs- oder Geschäftsstelle (OLG Karlsruhe, FamRZ 2013, 238, 239).

5. Unterlassungen. Bei den gerichtlichen Schutzmaßnahmen nach § 1 GewSchG handelt es sich um eine verfahrensrechtliche Regelung zur Durchsetzung von materiell-rechtlichen Unterlassungsansprüchen (vgl. dazu Rdn. 8). Dass die Maßnahmen als Verbotsanordnungen ergehen, steht der rechtlichen Einordnung als Anordnungen zur Unterlassung nicht entgegen. Wie sich aus dem Wort »insbesondere« in § 1 Abs. 1 Satz 3 GewSchG ergibt, handelt es sich nicht um eine abschließende, sondern eine beispielhafte Aufzählung. Die Maßnahmen können isoliert oder kombiniert angeordnet werden. Stets ist allerdings der Verhältnismäßigkeitsgrundsatz zu wahren, da nur die »erforderlichen« Maßnahmen getroffen werden dürfen. Eine sonstige Maßnahme, die nicht im Gesetzestext aufgeführt ist, ist z. B. die Anordnung, bei einem zufälligen Zusammentreffen wieder einen Mindestabstand herzustellen (vgl. zu den einzelnen Maßnahmen i. Ü.: FA-FamR/*Weinreich* Kap. 8 Rn. 439 f.; *Schulte-Bunert* RpflStud 2003, 129 f.).

6. Ordnungsmittel. Die beantragte Androhung der Ordnungsmittel beruht auf § 96 Abs. 1 Satz 3 FamFG bzw. subsidiär aus § 95 Abs. 1 Nr. 4 FamFG (Vollstreckung von Unterlassungen), welche auf die ZPO verweisen. Die Erforderlichkeit eines Antrags ergibt sich aus § 890 Abs. 1 ZPO und der vorhergehenden Androhung aus § 890 Abs. 2 ZPO. Es ist nicht notwendig, dass bereits eine Zuwiderhandlung erfolgt ist. Sofern die Androhung nicht in dem Beschluss, mit welchem die einstweilige Anordnung erlassen wurde, enthalten ist, kann sie auch in einem gesonderten Beschluss nachgeholt werden. Die Androhung in einem gerichtlichen Vergleich ist nicht ausreichend (OLG Saarbrücken, NJW 2013, 1612, 1613).

7. Vollstreckung. In Gewaltschutzsachen sowie in sonstigen Fällen, in denen hierfür ein besonderes Bedürfnis besteht, kann das Gericht nach § 53 Abs. 2 Satz 1 FamFG – wie in § 216 Abs. 2 Satz 1 FamFG für entsprechende Hauptsacheverfahren – anordnen, dass die Vollstreckung der einstweiligen Anordnung vor Zustellung an den Verpflichteten zulässig ist. Mit den sonstigen Fällen sind z. B. Entscheidungen auf Kindesherausgabe gemeint oder bei der Freiheitsentziehung nach § 427 FamFG. Gem. § 53 Abs. 2 Satz 2 FamFG wird die einstweilige Anordnung dann stets mit ihrem Erlass wirksam (insofern ist die beantragte sofortige Wirksamkeit deklaratorischer Natur). Nach früherem Recht war dies nur mit Übergabe an die Geschäftsstelle der Fall, wenn die einstweilige Anordnung ohne mündliche Verhandlung erlassen wurde. Erlass ist nach der Legaldefinition des § 38 Abs. 3 FamFG die Übergabe des Beschlusses an die Geschäftsstelle oder die Bekanntgabe durch Verlesen der Beschlussformel.

Gem. § 214 Abs. 2 FamFG gilt der Antrag auf Erlass der einstweiligen Anordnung – wenn diese ohne mündliche Verhandlung erlassen wird – zugleich als Auftrag zur:
– Zustellung durch den Gerichtsvollzieher unter Vermittlung der Geschäftsstelle und
– Vollstreckung.

Gemeint ist die Geschäftsstelle des FamG als Prozessgericht i. S. d. § 192 Abs. 2 ZPO und nicht des Vollstreckungsgerichts (Keidel/*Giers* § 214 Rn. 5).

Sofern es der Antragsteller verlangt, darf die Zustellung nicht vor der Vollstreckung erfolgen. Dies dient dem Schutz des Antragstellers und ist ihm zu raten. Eine Vollstreckungsklausel ist grds. nicht erforderlich, vgl. §§ 53 Abs. 1, 86 Abs. 3 FamFG. Nach altem Recht wurde sie teilweise für notwendig gehalten (vgl. OLG Karlsruhe, FamRZ 2008, 291; *Looff*, FamRZ 2008, 1391 f. m. w. N.; a. A. Jansen/*Wick* FGG, 3. Aufl., § 64b Rn. 16, 17).

B. Gerichtliche Schutzmaßnahmen, § 1 GewSchG Kapitel 7

8. Kosten. Für die Kosten des Verfahrens der einstweiligen Anordnung gelten nach § 51 Abs. 4 FamFG die allgemeinen Vorschriften. Damit wird auf die §§ 80 ff. FamFG verwiesen. Das bedeutet, dass nach § 81 Abs. 1 FamFG das Gericht die Kosten (Gerichtskosten und außergerichtliche Kosten) nach billigem Ermessen verteilen kann, in Familiensachen jedoch stets eine Kostenentscheidung erforderlich ist. In Gewaltschutzsachen sollten dem Antragsgegner die Kosten des Verfahrens auferlegt werden, wenn dieser durch grobes Verschulden Anlass für das Verfahren gegeben hat, § 81 Abs. 2 Nr. 1 FamFG. Ggf. kann nach § 81 Abs. 1 Satz 2 FamFG auch angeordnet werden, dass von der Erhebung der Kosten abzusehen ist. Das kommt in Betracht, wenn die Belastung der Beteiligten mit den Gerichtskosten aufgrund des Verfahrensverlaufs oder des Verfahrensausgangs unbillig erscheint.

Wird das Verfahren durch einen Vergleich erledigt, fallen mangels einer vorrangig maßgeblichen Kostenregelung durch die Beteiligten die Gerichtskosten den Beteiligten zu gleichen Teilen zur Last und sie tragen ihre außergerichtlichen Kosten, also insb. die Rechtsanwaltskosten, selbst nach § 83 Abs. 1 FamFG.

Wird der Antrag auf Erlass der einstweiligen Anordnung zurückgenommen, hat dies nicht zwingend die Tragung der Kosten für den Antragsteller zur Folge. Vielmehr findet dann wiederum über § 83 Abs. 2 FamFG die Vorschrift des § 81 FamFG entsprechende Anwendung, sodass z. B. im Fall einer vorhergehenden außergerichtlichen Einigung der Beteiligten eine Kostenaufhebung (Gerichtskosten je zur Hälfte und außergerichtliche Kosten jeder selbst) erfolgen kann.

9. Verfahrenswert. Der Verfahrenswert beträgt in Gewaltschutzsachen für das Hauptsacheverfahren 2.000,00 € für das Verfahren nach § 1 GewSchG und 3.000,00 € für das Verfahren nach § 2 GewSchG, § 49 Abs. 1 FamGKG. Im Verfahren der einstweiligen Anordnung beträgt der Verfahrenswert in Gewaltschutzsachen 1.000,00 € für das Verfahren nach § 1 GewSchG und 1.500,00 € für Verfahren nach § 2 GewSchG.

Für einstweilige Anordnungen in Gewaltschutzsachen liegt der Gebührensatz bei 1,5 und in Hauptsacheverfahren bei 2,0. Die Gerichtskosten betragen in einem Gewaltschutzhauptsacheverfahren nach dem am 01.08.2013 in Kraft getretenen 2. KostRMoG bei 2,0 Gebühren 160,00 € für Verfahren nach § 1 GewSchG (Verfahrenswert 2.000,00 €) und 194,00 € für Verfahren nach § 2 GewSchG (Verfahrenswert 3.000,00 €). Im Rahmen eines einstweiligen Anordnungsverfahrens hinsichtlich einer Gewaltschutzsache betragen die Gerichtskosten bei 1,5 Gebühren 75 € für Verfahren nach § 1 GewSchG (Verfahrenswert 1.000,00 €) und 97,50 € für Verfahren nach § 2 GewSchG (Verfahrenswert 1.500,00 €).

10. Verfahrenskostenhilfe. Für das hauptsacheunabhängige einstweilige Anordnungsverfahren kann Verfahrenskostenhilfe nach §§ 76 ff. FamFG i. V. m. §§ 114 ff. ZPO beantragt und bewilligt werden. Folgende Voraussetzungen müssen für die Bewilligung von Verfahrenskostenhilfe erfüllt sein:
- Antrag,
- ein Beteiligter kann nach seinen persönlichen und wirtschaftlichen Verhältnissen die Kosten des Verfahrens nicht aufbringen (bzw. nur z. T. oder nur in Raten),
- hinreichende Erfolgsaussicht hinsichtlich beabsichtigter Rechtsverfolgung oder Rechtsverteidigung,
- keine Mutwilligkeit.

Der Antrag auf Verfahrenskostenhilfe ist grundsätzlich auch nicht mutwillig, wenn er sowohl für das einstweilige Anordnungsverfahren als auch für ein Hauptsacheverfahren gestellt wird, da die einstweilige Anordnung nur eine vorläufige Regelung trifft und die Hauptsacheentscheidung eine endgültige (vgl. dazu: Schulte-Bunert/Weinreich/*Schulte-Bunert* § 214 Rn. 1a m. w. N.).

Da kein Anwaltszwang besteht, wird einem Beteiligten auf seinen Antrag ein **Rechtsanwalt** nur **beigeordnet**, wenn dies wegen der Schwierigkeit der Sach- und Rechtslage erforderlich erscheint nach § 78 Abs. 2 FamFG. Die Vorschrift des § 78 FamFG verdrängt insofern die Regelung des § 121 ZPO. Dementsprechend gilt der in § 121 Abs. 2 letzter Halbs. ZPO angeordnete Grundsatz der Waffengleichheit, wonach jemandem ein Rechtsanwalt beizuordnen ist, wenn der Gegner anwaltlich

Schulte-Bunert 753

vertreten ist, nicht. Dies beruht darauf, dass die Grundsätze des kontradiktorischen ZPO-Verfahrens auf die Verfahren der freiwilligen Gerichtsbarkeit nicht übertragbar sind. Erforderlich ist die Beiordnung eines Rechtsanwalts, wenn ein bemittelter Rechtsuchender in der Lage des unbemittelten vernünftigerweise einen Rechtsanwalt mit der Wahrnehmung seiner Interessen beauftragt hätte. Dabei ist eine einzelfallbezogene Prüfung vorzunehmen. Allein die Schwierigkeit der Sach- oder Rechtslage kann ausreichen, es sind die subjektiven Fähigkeiten des betroffenen Beteiligten zu berücksichtigen (insb. die Fähigkeiten, sich schriftlich und mündlich auszudrücken) und auch der Umstand der anwaltlichen Vertretung anderer Beteiligter kann ein Kriterium für die Erforderlichkeit der Rechtsanwaltsbeiordnung sein (BGH, FuR 2010, 568 f.). Bei einem wiederholten Wohnungszuweisungsbegehren wurde die Erforderlichkeit verneint (OLG Celle, FPR 2010, 579, 580).

Der Verfahrenskostenhilfeantrag kann zusammen mit den Verfahrensanträgen in einem Schriftsatz erfolgen. Sinnvoll ist jedoch die Stellung eines Verfahrenskostenhilfeantrages in einem eigenen Schriftsatz, da von den Gerichten gesonderte Verfahrenskostenhilfehefte (VKH-Hefte) geführt werden.

Wenn der Verfahrenskostenhilfeantrag ohne weitere Zusätze gestellt wird, wird in diesem sog. parallelen Prüfungsverfahren die Sache sogleich anhängig. Soll die Antragstellung jedoch von der vorherigen Bewilligung von Verfahrenskostenhilfe abhängig gemacht werden, muss dies deutlich gemacht werden. Dann wird in diesem sog. vorgeschalteten Prüfungsverfahrens die Sache selbst nicht anhängig, sondern nur das Verfahrenskostenhilfeverfahren.

11. Begründung. Im Gegensatz zu § 23 Abs. 1 Satz 1 FamFG, der lediglich vorsieht, dass der Antrag begründet werden soll, ist eine Begründung nach § 51 Abs. 1 Satz 2 FamFG zwingend erforderlich (vgl. Rdn. 10, *M. 4*).

Als Regelbeispiele für ein dringendes Bedürfnis für ein sofortiges Tätigwerden im Sinne eines Anordnungsgrundes nach § 49 Abs. 1 FamFG – vergleichbar mit einem Verfügungsgrund im Rahmen einer einstweiligen Verfügung – werden die Fälle normiert, dass eine Tat nach § 1 GewSchG begangen wurde oder aufgrund konkreter Umstände mit einer Begehung zu rechnen ist (vgl. ausführlicher: Schulte-Bunert/Weinreich/*Schulte-Bunert* § 214 Rn. 2a). Dementsprechend ist es von besonderer Bedeutung, die Tat und ihre Folgen detailliert zu schildern und insb. auch den Tatort, das Datum und die Uhrzeit anzugeben.

Nach § 214 Abs. 1 Satz 1 FamFG kann das Gericht eine vorläufige Regelung treffen. Ob vor einer Entscheidung eine mündliche Verhandlung durchgeführt wird, liegt im Ermessen des Gerichts, vgl. § 51 Abs. 2 Satz 2 FamFG. Die Entscheidung ergeht als Endentscheidung durch Beschluss gem. § 38 Abs. 1 Satz. 1 FamFG und ist zu begründen nach § 38 Abs. 3 Satz 1 FamFG. Grds. ist eine Befristung vorzunehmen nach § 1 Abs. 1 Satz 2 GewSchG. Die Entscheidung ist auch ohne entsprechende Anordnung – anders als beim Hauptsacheverfahren nach § 216 Abs. 1 FamFG – sofort wirksam (OLG Hamm, FPR 2011, 232).

12. Beweis. Der Antragsteller muss die Voraussetzungen für die Anordnung glaubhaft machen nach § 51 Abs. 1 Satz 2 FamFG. Hierfür ist neben den sonstigen Beweismitteln die Abgabe der Versicherung an Eides statt ausreichend nach § 31 Abs. 1 FamFG. § 31 Abs. 2 FamFG erfordert allerdings präsente Beweismittel, sodass z. B. Zeugen mitgebracht werden müssen und die bloße Bezugnahme in der Antragsschrift nicht ausreichend für die Glaubhaftmachung ist. Bei erfolgten Gewalttätigkeiten empfiehlt es sich, ärztliche Zeugnisse und polizeiliche Dokumentationen – soweit möglich – beizufügen. Sollten solche nicht vorhanden sein, ist es sinnvoll, dies im Schriftsatz anzugeben, um Nachfragen des Gerichts und somit auch einen Zeitverlust zu vermeiden.

13. Unterschrift. Das Unterschriftserfordernis ergibt sich aus § 23 Abs. 1 Satz 4 FamFG.

2. Muster: Antragserwiderung einstweilige Anordnung nach § 1 GewSchG

An das   11

Amtsgericht .....

– Familiengericht –[1]

In Sachen

des/der .....[2]

– Antragsteller/in –

Verfahrensbevollmächtigte/r: .....[3]

gegen

den/die .....

– Antragsgegner/in –

Verfahrensbevollmächtigte/r: .....

Namens und in Vollmacht des/der Antragsgegners/in wird beantragt:
1. Der Antrag auf Erlass einer einstweiligen Anordnung wird zurückgewiesen.
2. Es wird nicht ohne mündliche Verhandlung entschieden.[4]
3. Die Antragstellerin/der Antragsteller trägt die Kosten des Verfahrens.[5]

Weiterhin wird beantragt,

dem Antragsgegner/der Antragsgegnerin für das Verfahren Verfahrenskostenhilfe unter Beiordnung der Unterzeichnenden/des Unterzeichnenden zu bewilligen.[6]

Begründung:[7]

Die Sachverhaltsdarstellung der Antragstellerin/des Antragstellers ist nicht zutreffend. Vielmehr hat sich Folgendes zugetragen:

..... *[substantiierte Darstellung des Sachverhalts]*

Beweis: ..... *[z. B. eidesstattliche Versicherung des Antragsgegners/der Antragsgegnerin]*[8]

Somit ist der Erlass einer einstweiligen Anordnung nach § 1 GewSchG nicht gerechtfertigt.

(Rechtsanwalt)[9]

1. Zuständigkeit. Vgl. hierzu Antrag auf Erlass einer einstweiligen Anordnung nach § 1 GewSchG Rdn. 10, *M. 1.*

2. Beteiligte. Vgl. hierzu Antrag auf Erlass einer einstweiligen Anordnung nach § 1 GewSchG Rdn. 10, *M. 2.*

3. Anwaltszwang. Vgl. hierzu Antrag auf Erlass einer einstweiligen Anordnung nach § 1 GewSchG Rdn. 10, *M. 3.*

4. Mündliche Verhandlung. Vgl. hierzu Antrag auf Erlass einer einstweiligen Anordnung nach § 1 GewSchG Rdn. 10, *M. 4* und *M. 11.*

Nach § 51 Abs. 2 Satz 2 FamFG kann das Gericht ohne mündliche Verhandlung entscheiden. Insofern handelt es sich bei dem Antrag, nicht ohne vorherige mündliche Verhandlung zu entscheiden, lediglich um eine Anregung ggü. dem Gericht. Dennoch empfiehlt sich dies aus Sicht des Antragsgegners, da sich im Fall einer mündlichen Verhandlung die Chance erhöht, dass keine einstweilige Anordnung erlassen wird und es ggf. zu einer vergleichsweisen Regelung kommt.

5. Kosten. Vgl. hierzu Antrag auf Erlass einer einstweiligen Anordnung nach § 1 GewSchG Rdn. 10, *M. 8.*

6. Verfahrenskostenhilfe. Vgl. hierzu Antrag auf Erlass einer einstweiligen Anordnung nach § 1 GewSchG Rdn. 10, *M. 10.*

7. Begründung. Vgl. hierzu Antrag auf Erlass einer einstweiligen Anordnung nach § 1 GewSchG Rdn. 10, *M. 11.*

8. Beweis. Vgl. hierzu Antrag auf Erlass einer einstweiligen Anordnung nach § 1 GewSchG Rdn. 10, *M. 12.*

Sofern eine einstweilige Anordnung aufgrund mündlicher Erörterung ergangen ist, bedarf es zur Glaubhaftmachung des Antragsgegners im Beschwerdeverfahren, er habe in Notwehr gehandelt, ebenfalls präsenter Beweismittel, sodass die Benennung von Zeugen nicht ausreichend ist (OLG Bremen, NJW-RR 2011, 1511, 1512). Genügend ist aber die Abgabe einer entsprechenden eidesstattlichen Versicherung sowie die Vorlage von schriftlichen Zeugenerklärungen (OLG Bremen, NJW-RR 2011, 1511, 1512).

9. Unterschrift. Vgl. hierzu Antrag auf Erlass einer einstweiligen Anordnung nach § 1 GewSchG Rdn. 10, *M. 13.*

3. Rechtsmittel

12   § 57 FamFG sieht die begrenzte Anfechtbarkeit von Entscheidungen vor, die per einstweiliger Anordnung ergangen sind. So stellt § 57 Satz 1 FamFG den Grundsatz auf, dass solche Entscheidungen in Familiensachen nicht anfechtbar sind. Dies ist auch nicht zu beanstanden, da es den Beteiligten offen steht, zur Überprüfung der Entscheidung ein Hauptsacheverfahren einzuleiten – direkt oder über § 52 FamFG –. Hiervon macht § 57 Satz 2 FamFG jedoch Ausnahmen für Angelegenheiten, in denen in besonderem Maße die grundrechtlich geschützten Rechtspositionen der Beteiligten betroffen sind. Dies gilt aber nur, wenn eine Entscheidung aufgrund mündlicher Erörterung ergangen ist. War dies nicht der Fall, muss zunächst die Durchführung einer mündlichen Verhandlung gem. § 54 Abs. 2 FamFG beantragt werden. § 57 Satz 2 FamFG regelt in übersichtlicher Weise, in welchen Fällen die Beschwerde nach § 58 FamFG eröffnet ist, wobei die Frist dann nach § 63 Abs. 2 Nr. 1 FamFG 2 Wochen beträgt. Dies trifft u. a. zu auf Entscheidungen über einen Antrag nach §§ 1, 2 GewSchG unabhängig davon, ob es sich um stattgebende oder ablehnende Entscheidungen handelt, was nunmehr aufgrund der entsprechenden Neuformulierung durch das Gesetze zur Einführung einer Rechtsbehelfsbelehrung im Zivilprozess (in Kraft seit dem 01.01.2013) klargestellt wurde. Bei den Beschlüssen im Rahmen eines einstweiligen Anordnungsverfahrens handelt es sich auch um Endentscheidungen (vgl. OLG Stuttgart, NJW 2009, 3733). Dabei beginnt die Frist nach § 63 Abs. 3 Satz 1 FamFG mit der schriftlichen Bekanntgabe ggü. den Beteiligten. Dem AG als FamG steht grds. keine Abhilfemöglichkeit zu nach § 68 Abs. 1 Satz 2 FamFG. Allerdings soll diese Norm im einstweiligen Anordnungsverfahren nicht anwendbar sein und muss dementsprechend das FamG zunächst eine Entscheidung über die Abhilfe treffen (OLG Hamm, NJW 2010, 3246, 3247). Wenn sich die Beschwerde gegen eine Kostenentscheidung in einer Gewaltschutzsache richtet, ist diese nur zulässig, sofern der Wert des Beschwerdegegenstandes den Betrag von 600,00 € übersteigt nach § 61 Abs. 1 FamFG, da es sich dann um eine vermögensrechtliche Angelegenheit handelt (OLG Hamburg, ZFE 2010, 156). Beschwerdegericht ist das OLG gem. § 119 Abs. 1 Nr. 1a) GVG, wobei kein Anwaltszwang besteht, § 10 Abs. 1 FamFG.

4. Vollstreckung

13   Vgl. hierzu Antrag auf Erlass einer einstweiligen Anordnung nach § 1 GewSchG Rdn. 10, *M. 6–7.*

14   Die Vollstreckung von verfahrensabschließenden Entscheidungen erfolgt nach §§ 86 ff. FamFG (vgl. dazu: Schulte-Bunert/Weinreich/*Schulte-Bunert* § 86 f.). Gem. § 86 Abs. 1 Nr. 1 FamFG findet die

Vollstreckung aus gerichtlichen Beschlüssen statt und die Beschlüsse sind mit Wirksamwerden nach § 86 Abs. 2 FamFG vollstreckbar. Wirksam sind einstweilige Anordnungen in Gewaltschutzsachen i. d. R. mit ihrem Erlass, vgl. §§ 214 Abs. 2, 53 Abs. 2 FamFG. Wenn der Verpflichtete einer Anordnung nach § 1 GewSchG zuwiderhandelt, eine Handlung zu unterlassen, kann der Berechtigte nach § 96 Abs. 1 Satz 1 FamFG einen Gerichtsvollzieher hinzuziehen und/oder den Weg über Ordnungsmittel wählen gem. § 96 Abs. 1 Satz 3 FamFG i. V. m. §§ 890, 891 ZPO.

Erfasst werden von § 96 Abs. 1 Satz 1 FamFG (i. V. m. § 1 GewSchG) nur gerichtliche Anordnungen,   15
nicht jedoch z. B. außergerichtliche Vergleiche. Die Vollstreckung erfolgt grds. nach der ZPO gem. § 95 Abs. 1 Nr. 2 FamFG. Auch die Vollstreckung aus gerichtlichen Vergleichen ist möglich. Nach § 96 Abs. 1 Satz 1 FamFG muss die Verpflichtung bestehen, eine Handlung zu unterlassen. Insofern kommen insb. die gerichtlichen Anordnungen nach § 1 Abs. 1 Satz 3 GewSchG in Betracht. Wenn die dortigen Anordnungen als Ge-/Verbote ergangen sind, ist dies unschädlich, da hierin zugleich i. d. R. auch eine Unterlassungsverpflichtung enthalten ist. Schließlich muss der Verpflichtete eine Zuwiderhandlung gegen eine gerichtlich angeordnete Verpflichtung zur Unterlassung einer Handlung begangen haben. Dabei muss die Zuwiderhandlung andauern. Die bloße Befürchtung, dass es zukünftig zu weiteren Zuwiderhandlungen in Form von Kontaktaufnahmen etc. kommt, reicht nicht aus. Vielmehr muss sich der Verpflichtete z. B. noch in der sog. »Bannmeile« befinden, wenn er es gem. § 1 Abs. 1 Satz 3 Nr. 2 GewSchG zu unterlassen hat, sich in einem bestimmten Umkreis der Wohnung aufzuhalten. Schuldhaft muss das Verhalten des Verpflichteten nicht sein, sofern es um die Vollstreckung durch den Gerichtsvollzieher geht nach § 96 Abs. 1 Satz 1, 2 FamFG. Wenn die Voraussetzungen erfüllt sind, kann der Berechtigte einen Gerichtsvollzieher hinzuziehen, § 96 Abs. 1 Satz 1 FamFG. Dem Berechtigten steht es frei, ob er diesen Weg gehen will. Wenn er sich hierfür entscheidet, kann der Gerichtsvollzieher z. B. den Verpflichteten aus der Bannmeile verweisen, sofern also gerichtlich angeordnet wurde, dass es dem Verpflichteten untersagt ist, sich in einem Umkreis von 100 m der Wohnung des Berechtigten zu nähern. Falls der Verpflichtete Widerstand leistet, hat der Gerichtsvollzieher (kein Ermessen; nach § 87 Abs. 3 FamFG ist er lediglich befugt) gem. § 96 Abs. 1 Satz 2 FamFG nach §§ 758 Abs. 3, 759 ZPO zu verfahren und somit den Widerstand ggf. mit Gewalt und Unterstützung der Polizei zu brechen. Hierbei handelt es sich um die Anwendung unmittelbaren Zwangs (wie bei § 90 FamFG). Für den Berechtigten dürfte die Hinzuziehung des Gerichtsvollziehers nur selten hilfreich sein, da Zuwiderhandlungen häufig abends und nachts begangen werden und ein schnelles Eingreifen des Gerichtsvollziehers dann nicht ohne Weiteres möglich ist.

Ferner besteht nach § 96 Abs. 1 Satz 3 FamFG daneben die Möglichkeit der Vollstreckung gem.   16
§ 890 ZPO mit Ordnungsmitteln, sofern die Zuwiderhandlung schuldhaft erfolgt ist (vgl. Schulte-Bunert/Weinreich/*Schulte-Bunert* § 96 Rn. 4). Es ist die Entscheidung des Berechtigten, ob er den Gerichtsvollzieher hinzuziehen möchte oder sein Ziel mit Ordnungsmitteln verfolgt. Schließlich kann er auch beide Wege zugleich beschreiten. Vor der Festsetzung von Ordnungsmitteln ist der Vollstreckungsschuldner nach § 891 Satz 2 ZPO zu hören. In dem Ordnungsmittelverfahren kann das Gerichtsvollzieherprotokoll oder die Vernehmung des Gerichtsvollziehers selbst als Beweismittel herangezogen werden.

Beschlüsse im Vollstreckungsverfahren sind nach § 87 Abs. 4 FamFG mit der sofortigen Beschwerde   17
nach § 567 bis 572 ZPO anfechtbar. Nach § 570 Abs. 1 ZPO hat die Beschwerde aufschiebende Wirkung hinsichtlich der Festsetzung von Ordnungs- und Zwangsmitteln. Über die sofortige Beschwerde entscheidet grds. das OLG nach § 119 Abs. 1 Nr. 1a) GVG.

II. Hauptsache

1. Muster: Hauptsache nach § 1 GewSchG

18   An das

Amtsgericht .....

– Familiengericht –[1]

Antrag auf Erlass einer Anordnung nach § 1 GewSchG

des/der .....[2]

– Antragsteller/in –

Verfahrensbevollmächtigte/r: .....[3]

gegen

den/die .....

– Antragsgegner/in –

Verfahrensbevollmächtigte/r: .....

Namens und in Vollmacht der/des Antragstellers/in wird beantragt, gem. § 1 GewSchG anzuordnen:[4]

1. Dem Antragsgegner/der Antragsgegnerin wird verboten:[5]
– die Antragstellerin/den Antragsteller zu bedrohen, zu belästigen, zu verletzen oder sonst körperlich zu misshandeln,
– die Wohnung der Antragstellerin/des Antragstellers ..... zu betreten,
– sich in einem Umkreis von ..... Metern der Wohnung der Antragstellerin/des Antragstellers aufzuhalten,
– sich der Antragstellerin/dem Antragsteller in einem Umkreis von ..... Metern zu nähern,
– der Antragstellerin/dem Antragsteller aufzulauern,
– den Arbeitsplatz der Antragstellerin/des Antragstellers ..... aufzusuchen,
– Verbindung zur Antragstellerin/zum Antragsteller, auch unter Verwendung von Fernkommunikationsmitteln, aufzunehmen und
– Zusammentreffen mit der Antragstellerin/dem Antragsteller herbeizuführen.

2. Sollte es zu einem zufälligen Zusammentreffen kommen, hat der Antragsgegner/die Antragsgegnerin sofort einen Abstand von mindestens ..... Metern herzustellen.

3. Dem Antragsgegner/der Antragsgegnerin wird für den Fall der Zuwiderhandlung gegen die Anordnungen in Ziffer 1 und 2 ein Ordnungsgeld bis zu 250.000 EUR ersatzweise Ordnungshaft oder Ordnungshaft bis zu 6 Monaten angedroht.[6]

4. Die sofortige Wirksamkeit und die Zulässigkeit der Vollstreckung vor der Zustellung an den Antragsgegner/die Antragsgegnerin werden angeordnet.[7]

5. Die Kosten des Verfahrens trägt der Antragsgegner/die Antragsgegnerin.[8]

6. Der Verfahrenswert wird auf 2.000 EUR festgesetzt.[9]

Weiterhin wird beantragt,

der Antragstellerin/dem Antragsteller für das Verfahren Verfahrenskostenhilfe unter Beiordnung der Unterzeichnenden/des Unterzeichnenden zu bewilligen.[10]

Begründung:[11]

Die Beteiligten sind ......

Am ..... um ..... Uhr hat der Antragsgegner/die Antragsgegnerin die Antragstellerin/den Antrag-steller in ..... *[Ort der Tat]* Folgendes getan:

..... *[substantiierte Darstellung des Sachverhalts]*

Beweis: ..... *[z. B. eidesstattliche Versicherung der Antragstellerin/des Antragstellers]*[12]

Somit ist der Erlass einer Anordnung nach § 1 GewSchG im beantragten Umfang geboten.

(Rechtsanwalt)[13]

1. Zuständigkeit. Vgl. hierzu Antrag auf Erlass einer einstweiligen Anordnung nach § 1 GewSchG Rdn. 10, *M. 1.*

2. Beteiligte. VVgl. hierzu Antrag auf Erlass einer einstweiligen Anordnung nach § 1 GewSchG Rdn. 10, *M. 2.*

3. Anwaltszwang. Vgl. hierzu Antrag auf Erlass einer einstweiligen Anordnung nach § 1 GewSchG Rdn. 10, *M. 3.*

4. Verfahrensanträge. Vgl. hierzu Antrag auf Erlass einer einstweiligen Anordnung nach § 1 GewSchG Rdn. 10, *M. 4.*

5. Unterlassungen. Vgl. hierzu Antrag auf Erlass einer einstweiligen Anordnung nach § 1 GewSchG Rdn. 10, *M. 5.*

6. Ordnungsmittel. Vgl. hierzu Antrag auf Erlass einer einstweiligen Anordnung nach § 1 GewSchG Rdn. 10, *M. 6.*

7. Vollstreckung. Vgl. hierzu Antrag auf Erlass einer einstweiligen Anordnung nach § 1 GewSchG Rdn. 10, *M. 7.*

Gem. § 216 Abs. 1 Satz 1 FamFG wird die Endentscheidung grds. mit Rechtskraft wirksam. Eine vorläufige Vollstreckbarkeit (wie bei §§ 708 ff. ZPO) gibt es nicht. Die formelle Rechtskraft tritt nach § 45 Satz 1 FamFG (wie bei § 705 Satz 1 ZPO) ein, sobald die Rechtsbehelfsfristen abgelaufen sind. Die Beschwerdefrist beträgt bei Entscheidungen in der Hauptsache einen Monat nach § 63 Abs. 1 FamFG und 2 Wochen bei einstweiligen Anordnungen nach § 63 Abs. 2 Nr. 1 FamFG, wobei die Frist grds. mit der schriftlichen Bekanntgabe an die Beteiligten beginnt. Ferner wird die Entscheidung rechtskräftig, wenn alle Beteiligten einen Rechtsmittelverzicht erklärt haben. Dies ist auch der Fall, sofern das Beschwerdegericht (OLG) abschließend in der Sache entschieden hat (ohne Zulassung der Rechtsbeschwerde) oder das Rechtsbeschwerdegericht endgültig eine Entscheidung getroffen hat sei es, dass das Beschwerdegericht die Rechtsbeschwerde nach § 70 FamFG zugelassen hat oder Sprungrechtsbeschwerde nach § 75 FamFG eingelegt wurde.

Nach § 216 Abs. 1 Satz 2 FamFG soll das Gericht die sofortige Wirksamkeit anordnen. Dies dient dem Schutz des Opfers, welchem es bei erfolgten bzw. angedrohten Gewaltanwendungen und Nach-stellungen nicht zuzumuten ist, die Rechtskraft der Entscheidung abzuwarten und sich bis dahin ggf. weiteren Gewalttaten etc. ausgesetzt zu sehen. Von der Anordnung der sofortigen Wirksamkeit kann in Ausnahmefällen abgesehen werden. Dies dürfte der Fall sein, wenn das Gericht der Auffas-sung ist, dass eine akute Gefährdungslage aufgrund der jetzigen Umstände nicht mehr gegeben ist.

Grds. sieht § 87 Abs. 2 FamFG vor, dass die Vollstreckung nur beginnen darf, wenn der Beschluss bereits zugestellt ist oder gleichzeitig zugestellt wird. Hiervon macht § 216 Abs. 2 Satz 1 FamFG eine Ausnahme für den Fall der Anordnung der sofortigen Wirksamkeit. Dann kann das Gericht auch die Zulässigkeit der Vollstreckung vor der Zustellung an den Antragsgegner anordnen. Dies ist wiederum zum Schutz des Antragstellers sinnvoll, da ansonsten die Gefahr besteht, dass der An-tragsgegner in dem Zeitraum zwischen Zustellung und Vollstreckung weitere Gewalttaten etc. be-geht. Dann tritt nach § 216 Abs. 2 Satz 2 Halbs. 1 FamFG die Wirksamkeit in dem Zeitpunkt ein, in dem die Entscheidung der Geschäftsstelle des Gerichts zur Bekanntmachung übergeben wird. Dabei muss die Entscheidung den Anforderungen des § 38 FamFG entsprechen und somit insb. Rubrum, Tenor, Begründung und Unterschrift enthalten. Gem. § 216 Abs. 2 Satz 2 Halbs. 2 FamFG ist der Zeitpunkt der Übergabe an die Geschäftsstelle auf der Entscheidung zu vermerken. Maßgebend ist also der Eingang auf der Geschäftsstelle (BLAH/*Hartmann* FamFG § 216 Rn. 2). Dementsprechend muss die Geschäftsstelle Tag, Stunde und Minute des Eingangs auf der Entscheidung vermerken. Geschieht dies nicht korrekt, steht ggf. der Straftatbestand der Falschbeurkundung im Amt nach § 348 Abs. 1 StGB im Raum. Ein Verweis auf die Vorschriften der ZPO zum Zwecke der Zwangsvollstreckung ergibt sich aus § 96 FamFG und i. Ü. subsidiär aus § 95 Abs. 1 FamFG.

8. Kosten. Vgl. hierzu Antrag auf Erlass einer einstweiligen Anordnung nach § 1 GewSchG Rdn. 10, *M. 8.*

Die §§ 80 ff. FamFG gelten direkt.

9. Verfahrenswert. Vgl. hierzu Antrag auf Erlass einer einstweiligen Anordnung nach § 1 GewSchG Rdn. 10, *M. 9.*

10. Verfahrenskostenhilfe. Vgl. hierzu Antrag auf Erlass einer einstweiligen Anordnung nach § 1 GewSchG Rdn. 10, *M. 10.*

Das Verfahren der einstweiligen Anordnung ist ggü. einem Hauptsacheverfahren ein selbstständiges Verfahren (vgl. § 51 Abs. 3 Satz 1 FamFG), sodass in jedem Verfahren die Bewilligung von Verfahrenskostenhilfe beantragt werden kann. Es besteht grundsätzlich keine Mutwilligkeit, wenn zugleich der Erlass einer einstweiligen Anordnung beantragt wurde (OLG Hamm, NJW 2010, 539, 540; a. A. OLG Frankfurt am Main, FamRZ 2012, 144, 145).

11. Begründung. Vgl. hierzu Antrag auf Erlass einer einstweiligen Anordnung nach § 1 GewSchG Rdn. 10, *M. 11.*

Es gilt nicht die Begründungspflicht des § 51 Abs. 1 Satz 2 FamFG, sondern die Vorschrift des § 23 Abs. 1 Satz 1 FamFG, wonach der Antrag begründet werden soll.

12. Beweis. Vgl. hierzu Antrag auf Erlass einer einstweiligen Anordnung nach § 1 GewSchG Rdn. 10, *M. 12.*

Im Hauptsacheverfahren besteht keine Beschränkung auf präsente Beweismittel (vgl. §§ 51 Abs. 1 Satz 2, 31 Abs. 2 FamFG), sodass auch i. Ü. Beweisantritte erfolgen können. So sollten Zeugen, die die konkreten Vorfälle bekunden können, mit ladungsfähiger Anschrift benannt werden oder ggf. die Einholung eines Sachverständigengutachtens beantragt werden.

13. Unterschrift. Vgl. hierzu Antrag auf Erlass einer einstweiligen Anordnung nach § 1 GewSchG Rdn. 10, *M. 13.*

2. Muster: Antragserwiderung Hauptsache nach § 1 GewSchG

19 An das

Amtsgericht .....

– Familiengericht –[1]

In Sachen

des/der .....[2]

– Antragsteller/in –

Verfahrensbevollmächtigte/r: .....[3]

gegen

den/die .....

– Antragsgegner/in –

Verfahrensbevollmächtigte/r: .....

Namens und in Vollmacht des/der Antragsgegners/in wird beantragt:
1. Der Antrag auf Erlass einer Anordnung nach § 1 GewSchG wird zurückgewiesen.
2. Die Antragstellerin/der Antragsteller trägt die Kosten des Verfahrens.[4]

Weiterhin wird beantragt,

dem Antragsgegner/der Antragsgegnerin für das Verfahren Verfahrenskostenhilfe unter Beiordnung der Unterzeichnenden/des Unterzeichnenden zu bewilligen.[5]

Begründung:[6]

Die Sachverhaltsdarstellung der Antragstellerin/des Antragstellers ist nicht zutreffend. Vielmehr hat sich Folgendes zugetragen:

..... *[substantiierte Darstellung des Sachverhalts]*

Beweis: ..... *[z. B. eidesstattliche Versicherung des Antragsgegners/der Antragsgegnerin]*[7]

Somit ist der Erlass einer Anordnung nach § 1 GewSchG nicht gerechtfertigt.

(Rechtsanwalt)[8]

1. Zuständigkeit. Vgl. hierzu Antrag auf Erlass einer einstweiligen Anordnung nach § 1 GewSchG Rdn. 10, *M. 1.*

2. Beteiligte. Vgl. hierzu Antrag auf Erlass einer einstweiligen Anordnung nach § 1 GewSchG Rdn. 10, *M. 2.*

3. Anwaltszwang. Vgl. hierzu Antrag auf Erlass einer einstweiligen Anordnung nach § 1 GewSchG Rdn. 10, *M. 3.*

4. Kosten. Vgl. hierzu Antrag auf Erlass einer einstweiligen Anordnung nach § 1 GewSchG Rdn. 10, *M. 8.*

5. Verfahrenskostenhilfe. Vgl. hierzu Antrag auf Erlass einer einstweiligen Anordnung nach § 1 GewSchG Rdn. 10, *M. 10.*

6. Begründung. Vgl. hierzu Antrag auf Erlass einer einstweiligen Anordnung nach § 1 GewSchG Rdn. 10, *M. 11.*

7. Beweis. Vgl. hierzu Antrag auf Erlass einer einstweiligen Anordnung nach § 1 GewSchG Rdn. 10, *M. 12.*

8. Unterschrift. Vgl. hierzu Antrag auf Erlass einer einstweiligen Anordnung nach § 1 GewSchG Rdn. 10, *M. 13.*

3. Rechtsmittel und Vollstreckung

Vgl. hierzu Antrag auf Erlass einer Anordnung nach § 1 GewSchG in der Hauptsache Rdn. 18, *M. 7.*   20

Gegen den Beschluss in der Hauptsache ist die befristete Beschwerde nach §§ 58 ff. FamFG eröffnet. Es handelt sich um eine Endentscheidung des AG. Die Beschwerdefrist beträgt bei Entscheidungen in der Hauptsache einen Monat nach § 63 Abs. 1 FamFG, wobei die Frist grds. mit der schriftlichen Bekanntgabe an die Beteiligten beginnt, § 63 Abs. 3 Satz 1 FamFG. Sofern die schriftliche Bekanntgabe an einen Beteiligten jedoch nicht bewirkt werden kann, beginnt die Frist spätestens mit Ablauf von 5 Monaten nach Erlass des Beschlusses. Eingelegt werden muss die Beschwerde beim AG, welches die Entscheidung erlassen hat (iudex a quo) gem. § 64 Abs. 1 FamFG und nicht beim OLG. Für die Beschwerdeeinlegung besteht kein Anwaltszwang, vgl. § 64 Abs. 2 Satz 1 FamFG.

Nach § 65 Abs. 1 FamFG soll die Beschwerde begründet werden, sodass ein Verstoß gegen diese Soll-Vorschrift nicht die Verwerfung als unzulässig nach sich ziehen kann. Eine Abhilfebefugnis besteht für das AG bei Beschwerden gegen Endentscheidungen in Familiensachen nach § 68 Abs. 1 Satz 2 FamFG nicht. Zuständig für die Entscheidung über die Beschwerde ist das OLG (iudex ad quem) nach § 119 Abs. 1 Nr. 1a) GVG.

Im Fall der Zulassung der Rechtsbeschwerde durch das OLG nach § 70 Abs. 1, 2 FamFG ist diese zum BGH (§ 133 GVG) gegeben und dieser an die Zulassung gebunden nach § 70 Abs. 2 Satz 2 FamFG. Eine Zurückweisung der Rechtsbeschwerde ist jedoch unter den Voraussetzungen der §§ 74, 74a FamFG möglich.

Ferner kann nach § 75 FamFG die Sprungrechtsbeschwerde zum BGH unter »Überspringung« des OLG eingelegt werden, sofern alle Beteiligten in die Übergehung einwilligen, was jedoch besonders riskant und daher i. d. R. nicht zu empfehlen ist, da der Antrag und die Erklärung der Einwilligung als Verzicht auf das Rechtsmittel der Beschwerde nach § 75 Abs. 1 Satz 2 FamFG gelten und den Beteiligten dann nicht mehr der Weg über die Beschwerde zum OLG offen steht, falls der BGH die Sprungrechtsbeschwerde nicht zulässt. Dann ist vielmehr die Entscheidung des AG rechtskräftig, vgl. § 75 Abs. 2 FamFG i. V. m. § 566 Abs. 6 ZPO.

21   Vgl. hierzu Antrag auf Erlass einer Anordnung nach § 1 GewSchG in der Hauptsache Rdn. 18, *M. 7* und Rdn. 13 f.

C. Wohnungszuweisung, § 2 GewSchG

22   § 2 GewSchG stellt eine Anspruchsgrundlage für die Überlassung einer gemeinsam genutzten Wohnung dar. Zu beachten ist der grundsätzliche Vorrang eines Wohnungszuweisungsverfahrens nach § 1361b BGB, wenn es sich um Ehegatten handelt, die getrennt leben oder sofern Trennungsabsicht besteht, ggü. einem Wohnungsüberlassungsverfahren nach § 2 GewSchG (BT-Drucks. 14/5429, S. 21). § 2 Abs. 1 GewSchG setzt voraus, dass die verletzte Person zum Zeitpunkt der Tat mit dem Täter einen auf Dauer angelegten gemeinsamen Haushalt geführt hat. Hierunter ist eine Lebensgemeinschaft zu verstehen, die auf Dauer angelegt ist, keine weiteren Bindungen gleicher Art zulässt und sich durch innere Bindungen auszeichnet, die ein gegenseitiges Füreinandereinstehen begründen und über eine reine Wohn- und Wirtschaftsgemeinschaft hinausgehen (wie bei § 563 Abs. 2 Satz 4 BGB; BT-Drucks. 14/5429, S. 30; vgl. zur Zuweisung der Ehewohnung nach beiden Vorschriften: *Weinreich*, FuR 2007, 145 f.). Damit entspricht der Begriff den Kriterien zur »eheähnlichen Gemeinschaft«, ohne dass es allerdings auf das Vorliegen geschlechtlicher Beziehungen zwischen den Partnern ankommt. Sowohl die hetero- oder homosexuelle Partnerschaft wie auch das dauerhafte Zusammenleben alter Menschen als Alternative zum Alters- oder Pflegeheim, die ihr gegenseitiges Füreinandereinstehen z. B. durch gegenseitige Vollmachten dokumentieren, können daher grds. diese Kriterien erfüllen (BR-Drucks. 439/00, S. 92 f.). Einen auf Dauer angelegten gemeinsamen Haushalt führen i. d. R. Eheleute, Lebenspartner, Personen in eheähnlichen und lebenspartnerschaftsähnlichen Beziehungen, nicht jedoch minderjährige Kinder mit ihren Eltern, da es sich hierbei um ein »bloßes Mitwohnen« handelt (*Schulte-Bunert*, RpflStud 2003, 129, 131 mit weiteren Beispielen). Das Führen eines Haushalts setzt demgegenüber die Übernahme von Verantwortung für die Erledigung der anfallenden finanziellen, rechtlichen und tatsächlichen Angelegenheiten voraus (*Schumacher*, FamRZ 2002, 645, 650, 651).

I. Einstweilige Anordnung

1. Muster: Einstweilige Anordnung nach § 2 GewSchG

An das   23

Amtsgericht .....

– Familiengericht –[1]

Antrag auf Erlass einer einstweiligen Anordnung nach § 2 GewSchG

des/der .....[2]

– Antragsteller/in –

Verfahrensbevollmächtigte/r: .....[3]

gegen

den/die .....

– Antragsgegner/in –

Verfahrensbevollmächtigte/r: .....

Namens und in Vollmacht der/des Antragstellers/in wird beantragt, im Wege der einstweiligen Anordnung gem. § 2 GewSchG i. V. m. § 214 FamFG – wegen Dringlichkeit ohne mündliche Verhandlung – anzuordnen:[4]

1. Die Wohnung ..... wird der Antragstellerin/dem Antragsteller zur alleinigen Nutzung zugewiesen.[5]

2. Dem Antragsgegner/der Antragsgegnerin wird aufgegeben, die Wohnung sofort zu verlassen und zu räumen und an die Antragstellerin/den Antragsteller inklusive sämtlicher zur Wohnung gehörender Schlüssel herauszugeben.[6]

3. Dem Antragsgegner/der Antragsgegnerin wird untersagt, die Wohnung ohne Zustimmung der Antragstellerin/des Antragstellers wieder zu betreten.[7]

4. Dem Antragsgegner/der Antragsgegnerin wird verboten, das Mietverhältnis über die Wohnung zu kündigen oder in sonstiger Weise zu beenden.[8]

5. Dem Antragsgegner/der Antragsgegnerin wird für den Fall der Zuwiderhandlung gegen die Anordnungen in Ziffer 2 bis 4 ein Ordnungsgeld bis zu 250.000 EUR ersatzweise Ordnungshaft oder Ordnungshaft bis zu 6 Monaten angedroht.[9]

6. Die sofortige Wirksamkeit und die Zulässigkeit der Vollstreckung vor der Zustellung an den Antragsgegner/die Antragsgegnerin werden angeordnet.[10]

7. Die Kosten des Verfahrens trägt der Antragsgegner/die Antragsgegnerin.[11]

8. Der Verfahrenswert wird auf 1.500 EUR festgesetzt.[12]

Weiterhin wird beantragt,

der Antragstellerin/dem Antragsteller für das Verfahren Verfahrenskostenhilfe unter Beiordnung der Unterzeichnenden/des Unterzeichnenden zu bewilligen.[13]

Begründung:[14]

Die Beteiligten sind nicht verheiratet. Sie führen seit dem ..... eine nichteheliche Lebensgemeinschaft. Seit dem ..... führen sie einen auf Dauer angelegten Haushalt. Sie bewohnen gemeinsam die Wohnung ......

Am ..... um ..... Uhr hat der Antragsgegner/die Antragsgegnerin in ..... *[Ort der Tat]* Folgendes getan:

..... *[substantiierte Darstellung des Sachverhalts]*

Beweis: ..... *[z. B. eidesstattliche Versicherung der Antragstellerin/des Antragstellers]*[15]

Für die Antragstellerin/den Antragsteller ist es aufgrund der Geschehnisse nicht mehr möglich und zumutbar, die Wohnung mit dem Antragsgegner/der Antragsgegnerin zu teilen. Die Wohnung ist der Antragstellerin/dem Antragsteller zur alleinigen Nutzung zuzuweisen. Die Beteiligten sind beide Mieter der Wohnung seit dem ......

Beweis: Vorlage des Mietvertrages in Kopie

Somit ist der Erlass einer einstweiligen Anordnung nach § 2 GewSchG im beantragten Umfang geboten.

(Rechtsanwalt)[16]

1. Zuständigkeit. Vgl. hierzu Antrag auf Erlass einer einstweiligen Anordnung nach § 1 GewSchG Rdn. 10, *M. 1.*

Sachlich zuständig ist das AG als FamG nach §§ 23a Abs. 1 Satz 1 Nr. 1, 23b Abs. 1 GVG, §§ 111 Nr. 6, 210 FamFG, § 2 GewSchG, wobei es sich gem. § 23a Abs. 1 Satz 2 GVG um eine ausschließliche Zuständigkeit handelt.

2. Beteiligte. Vgl. hierzu Antrag auf Erlass einer einstweiligen Anordnung nach § 1 GewSchG Rdn. 10, *M. 2.*

Gem. § 212 FamFG ist das Jugendamt in Verfahren nach § 2 GewSchG auf seinen Antrag zu beteiligen, wenn ein Kind in dem Haushalt lebt. Dann handelt es sich um einen Muss-Beteiligten nach § 7 Abs. 2 Nr. 2 FamFG. Gemeint sein dürften nur die minderjährigen Kinder (vgl. auch § 7 Abs. 2 SGB VIII). Nicht vorausgesetzt wird, dass das Kind einen auf Dauer angelegten gemeinsamen Haushalt mit Antragsteller und Antragsgegner führt, was auch nicht der Fall ist (vgl. *Schulte-Bunert* § 210 Rn. 3). Dies ist nach § 2 Abs. 1 GewSchG nur Voraussetzung für die Ansprüche dieser untereinander. Voraussetzung für die antragsweise Beteiligung des Jugendamts ist lediglich, dass das Kind in dem Haushalt lebt. Insofern ist ein »bloßes Mitwohnen« ausreichend (vgl. i. Ü. zur Bestimmung der Beteiligten: Rn. 10, *2.*).

Nach § 213 Abs. 1 Satz 1 FamFG soll das Gericht in Verfahren nach § 2 GewSchG das Jugendamt anhören, wenn Kinder in dem Haushalt leben. Die Soll-Bestimmung ermöglicht in begründeten Ausnahmefällen ein Absehen von der Anhörung, was allerdings nur selten der Fall sein dürfte. Gem. § 213 Abs. 1 Satz 2 FamFG ist eine Anhörung, die allein wegen Gefahr im Verzug unterblieben ist, unverzüglich nachzuholen.

Nach § 213 Abs. 2 Satz 1 FamFG ist dem Jugendamt die Entscheidung des Gerichts mitzuteilen. Dies gilt sowohl für die ablehnende als auch stattgebende Entscheidung. Die Mitteilung ist ebenso erforderlich, wenn das Jugendamt keinen Antrag auf Beteiligung nach § 212 FamFG gestellt hat.

In § 213 Abs. 2 Satz 2 FamFG ist das Beschwerderecht des Jugendamts normiert, §§ 58, 59 Abs. 3 FamFG. Dieses steht dem Jugendamt auch dann zu, wenn es nicht am Verfahren beteiligt war. Die Beschwerdefrist beträgt in Hauptsacheverfahren einen Monat nach § 63 Abs. 1 FamFG und im einstweiligen Anordnungsverfahren 2 Wochen gem. § 63 Abs. 2 Nr. 1 FamFG. Dabei beginnt die Frist nach § 63 Abs. 3 Satz 1 FamFG mit der schriftlichen Bekanntgabe ggü. dem Jugendamt.

3. Anwaltszwang. Vgl. hierzu Antrag auf Erlass einer einstweiligen Anordnung nach § 1 GewSchG Rdn. 10, *M. 3.*

4. Verfahrensanträge. Vgl. hierzu Antrag auf Erlass einer einstweiligen Anordnung nach § 1 GewSchG Rdn. 10, *M. 4.*

5. Wohnungszuweisung. Der Anspruch auf Wohnungsüberlassung basiert auf § 2 Abs. 1 GewSchG.

6. Räumung. Auch wenn schon jeweils die isolierte Anordnung des Verlassens, des Räumens oder der Herausgabe ausreichend wäre als vollstreckbare Verpflichtung (vgl. Zöller/*Stöber* § 885 Rn. 2) sollte sicherheitshalber alles beantragt werden, um im Fall einer diesbezüglichen Entscheidung keine Zweifel hinsichtlich der Vollstreckbarkeit aufkommen zu lassen. Nach § 215 FamFG soll das Gericht in der Endentscheidung die zu ihrer Durchführung erforderlichen Anordnungen treffen – wie in § 209 Abs. 1 FamFG –. Da die Wohnungszuweisung allein noch keinen Räumungstitel darstellt, ist die Anordnung der Räumung und Herausgabe der Wohnung an den Antragsteller geboten.

Eine sofortige Räumung wird aufgrund des stets zu beachtenden Grundsatzes der Verhältnismäßigkeit wohl nur bei einer konkreten Gefahr für Leib und/oder Leben in Betracht kommen. Dies dürfte aber i.d.R. der Fall sein, da eine Wiederholungsgefahr schon wegen der Begehung einer Tat nach § 1 Abs. 1 Satz 1 GewSchG gegeben ist. I.Ü. – z.B. bei entsprechenden Drohungen nach § 1 Abs. 2 Satz 1 Nr. 1 GewSchG (vgl. auch § 2 Abs. 6 GewSchG) – kann das Gericht je nach Einzelfall auch eine Frist zur Räumung bestimmen.

Die Anordnung der Herausgabe aller Schlüssel an den Antragsteller ist notwendig, damit dieser sich sicher sein kann, dass sich der Antragsgegner keinen Zutritt zur Wohnung mehr verschaffen kann. Der Austausch der Schlösser kommt jedoch erst nach Ablauf einer eventuellen Räumungsfrist in Betracht (OLG Karlsruhe, FamRZ 1994, 1185). Wenn den Beteiligten ein gemeinsames Recht an der Wohnung zusteht wie z.B. Eigentum oder Miete, ist die Wohnungsüberlassung nach § 2 Abs. 2 Satz 1 GewSchG zu befristen. Eine zeitliche Höchstgrenze besteht nicht. Die Befristung beträgt jedoch häufig 6 Monate. Ist der Täter alleine oder ggf. gemeinsam mit einem Dritten an der Wohnung berechtigt, ist die Wohnungsüberlassung nach § 2 Abs. 2 Satz 2 GewSchG auf höchstens 6 Monate zu befristen, wobei eine einmalige Verlängerung um 6 Monate möglich ist, wenn es dem Opfer innerhalb der ersten Frist nicht gelungen ist, angemessenen Wohnraum zu zumutbaren Bedingungen zu beschaffen. Steht hingegen alleine dem Opfer ein Recht an der Wohnung zu, erfolgt keine Befristung.

Für den häufigen Fall der Befristung kommt nach § 180 Nr. 4 GVGA eine Entfernung der beweglichen Sachen des Schuldners aus der Wohnung gegen seinen Willen nicht in Betracht. I.Ü. sind dem Schuldner die Sachen außerhalb der Wohnung zu übergeben. Dabei ist der Gerichtsvollzieher nicht verpflichtet, die herausgeholten Sachen in eine neue Wohnung des Schuldners zu schaffen. Auf Antrag des Schuldners ist er hierzu jedoch befugt.

7. Unterlassung. Vgl. hierzu Antrag auf Erlass einer einstweiligen Anordnung nach § 1 GewSchG Rdn. 10, *M. 5.*

Der Anspruch auf Wohnungsüberlassung besteht i.d.R. nur bei einer vorangegangenen Tat nach § 1 Abs. 1 Satz 1 GewSchG, vgl. § 2 Abs. 1 GewSchG. Insofern ist es geboten, auch ein Wohnungsbetretungsverbot nach § 1 Abs. 1 Satz 3 Nr. 1 GewSchG zu beantragen.

8. Kündigungsverbot. Gem. § 2 Abs. 4 GewSchG hat der Täter alles zu unterlassen, was geeignet ist, die Ausübung des Wohnungsnutzungsrechts zu erschweren oder zu vereiteln. Das Gericht kann insofern die Kündigung oder sonstige Beendigung wie z.B. durch Abschluss eines Aufhebungsvertrages durch den Täter untersagen. Im Fall des Alleineigentums des Täters könnte diesem auch die Veräußerung der Wohnung untersagt werden. Eine dagegen verstoßende Verfügung des Täters ist ggü. dem Opfer unwirksam gem. §§ 136, 135 Abs. 1 BGB. Natürlich bleibt es jedoch dem Vermieter unbenommen, das Mietverhältnis bei Vorliegen eines Grundes zu kündigen. Es ist dem in der Wohnung Verbleibenden dringend zu empfehlen, sofort den Vermieter zu informieren, damit dieser nicht ggf. eine Weitervermietung vornimmt oder einen Aufhebungsvertrag mit dem Täter schließt.

9. Ordnungsmittel. Vgl. hierzu Antrag auf Erlass einer einstweiligen Anordnung nach § 1 GewSchG Rdn. 10, *M. 6.*

10. Vollstreckung. Vgl. hierzu Antrag auf Erlass einer einstweiligen Anordnung nach § 1 GewSchG Rdn. 10, *M. 7*; Rdn. 13 f.

11. Kosten. Vgl. hierzu Antrag auf Erlass einer einstweiligen Anordnung nach § 1 GewSchG Rdn. 10, *M. 8.*

12. Verfahrenswert. Vgl. hierzu Antrag auf Erlass einer einstweiligen Anordnung nach § 1 GewSchG Rdn. 10, *M. 9*.

13. Verfahrenskostenhilfe. Vgl. hierzu Antrag auf Erlass einer einstweiligen Anordnung nach § 1 GewSchG Rdn. 10, *M. 10*.

14. Begründung. Vgl. hierzu Antrag auf Erlass einer einstweiligen Anordnung nach § 1 GewSchG Rdn. 10, *M. 11*.

15. Beweis. Vgl. hierzu Antrag auf Erlass einer einstweiligen Anordnung nach § 1 GewSchG Rdn. 10, *M. 12*.

16. Unterschrift. Vgl. hierzu Antrag auf Erlass einer einstweiligen Anordnung nach § 1 GewSchG Rdn. 10, *M. 13*.

2. Muster: Antragserwiderung einstweilige Anordnung nach § 2 GewSchG

24 An das

Amtsgericht .....

– Familiengericht –[1]

In Sachen

des/der .....[2]

– Antragsteller/in –

Verfahrensbevollmächtigte/r: .....[3]

gegen

den/die .....

– Antragsgegner/in –

Verfahrensbevollmächtigte/r: .....

Namens und in Vollmacht des/der Antragsgegners/in wird beantragt:
1. Der Antrag auf Erlass einer einstweiligen Anordnung wird zurückgewiesen.
2. Es wird nicht ohne mündliche Verhandlung entschieden.[4]
3. Die Antragstellerin/der Antragsteller trägt die Kosten des Verfahrens.[5]

Weiterhin wird beantragt,

dem Antragsgegner/der Antragsgegnerin für das Verfahren Verfahrenskostenhilfe unter Beiordnung der Unterzeichnenden/des Unterzeichnenden zu bewilligen.[6]

Begründung:[7]

Die Sachverhaltsdarstellung der Antragstellerin/des Antragstellers ist nicht zutreffend. Vielmehr hat sich Folgendes zugetragen:

..... *[substantiierte Darstellung des Sachverhalts]*

Beweis: ..... *[z. B. eidesstattliche Versicherung des Antragsgegners/der Antragsgegnerin]*[8]

Somit ist der Erlass einer einstweiligen Anordnung nach § 2 GewSchG nicht gerechtfertigt.

(Rechtsanwalt)[9]

1. Zuständigkeit. Vgl. hierzu Antrag auf Erlass einer einstweiligen Anordnung nach §§ 1, 2 GewSchG Rdn. 10, *M. 1*, Rdn. 23, *M. 1*.

2. Beteiligte. Vgl. hierzu Antrag auf Erlass einer einstweiligen Anordnung nach § 1 GewSchG Rdn. 10, *M. 2.*

3. Anwaltszwang. Vgl. hierzu Antrag auf Erlass einer einstweiligen Anordnung nach § 1 GewSchG Rdn. 10, *M. 3.*

4. Mündliche Verhandlung. Vgl. hierzu Antrag auf Erlass einer einstweiligen Anordnung nach § 1 GewSchG Rdn. 10, *M. 4* und *11* und Antragserwiderung zum Antrag auf Erlass einer einstweiligen Anordnung nach § 1 GewSchG Rdn. 11, *M. 4.*

5. Kosten. Vgl. hierzu Antrag auf Erlass einer einstweiligen Anordnung nach § 1 GewSchG Rdn. 10, *M. 8.*

6. Verfahrenskostenhilfe. Vgl. hierzu Antrag auf Erlass einer einstweiligen Anordnung nach § 1 GewSchG Rdn. 10, *M. 10.*

7. Begründung. Vgl. hierzu Antrag auf Erlass einer einstweiligen Anordnung nach § 1 GewSchG Rdn. 10, *M. 11.*

Sofern ausnahmsweise Ausschlusstatbestände nach § 2 Abs. 3 GewSchG in Betracht kommen (vgl. dazu *Schulte-Bunert*, RpflStud 2003, 129, 131, 132), sind diese hier aufzuführen und ist dafür Beweis anzutreten. Nach § 2 Abs. 3 Nr. 1 GewSchG ist dies der Fall bei fehlender Wiederholungsgefahr und gem. § 2 Abs. 3 Nr. 2 GewSchG, sofern die verletzte Person nicht innerhalb von 3 Monaten nach der Tat die Überlassung der Wohnung schriftlich vom Täter verlangt hat. Die Zustellung des beim Gericht gestellten Antrags ist insofern ausreichend. Der Ausschluss der Wohnungsüberlassung nach § 2 Abs. 3 Nr. 3 GewSchG ist gegeben, wenn besonders schwerwiegende Belange des Täters entgegenstehen, z. B. wenn die Wohnung für diesen behindertengerecht eingerichtet ist.

Gem. § 2 Abs. 4 GewSchG (wie bei § 1361b Abs. 3 Satz 2 BGB) kann der Täter von der verletzten Person eine Vergütung für die Nutzung verlangen, soweit dies der Billigkeit entspricht.

8. Beweis. Vgl. hierzu Antrag auf Erlass einer einstweiligen Anordnung nach § 1 GewSchG Rdn. 10, *M. 12.*

9. Unterschrift. Vgl. hierzu Antrag auf Erlass einer einstweiligen Anordnung nach § 1 GewSchG Rdn. 10, *M. 13.*

Zu Rechtsmitteln vgl. oben Rdn. 12. Zur Vollstreckung vgl. Antrag auf Erlass einer einstweiligen Anordnung nach § 1 GewSchG Rdn. 10, *M. 7* und Rdn. 13 f. 25

II. Hauptsache

1. Muster: Hauptsache nach § 2 GewSchG

An das 26

Amtsgericht .....

– Familiengericht –[1]

Antrag auf Erlass einer Anordnung nach § 2 GewSchG

des/der .....[2]

– Antragsteller/in –

Verfahrensbevollmächtigte/r: .....[3]

gegen

den/die .....

– Antragsgegner/in –

Verfahrensbevollmächtigte/r: .....

Namens und in Vollmacht der/des Antragstellers/in wird beantragt, gem. § 2 GewSchG anzuordnen:[4]

1. Die Wohnung ..... wird der Antragstellerin/dem Antragsteller zur alleinigen Nutzung zugewiesen.[5]

2. Dem Antragsgegner/der Antragsgegnerin wird aufgegeben, die Wohnung sofort zu verlassen und zu räumen und an die Antragstellerin/den Antragsteller inklusive sämtlicher zur Wohnung gehörender Schlüssel herauszugeben.[6]

3. Dem Antragsgegner/der Antragsgegnerin wird untersagt, die Wohnung ohne Zustimmung der Antragstellerin/des Antragstellers wieder zu betreten.[7]

4. Dem Antragsgegner/der Antragsgegnerin wird verboten, das Mietverhältnis über die Wohnung zu kündigen oder in sonstiger Weise zu beenden.[8]

5. Dem Antragsgegner/der Antragsgegnerin wird für den Fall der Zuwiderhandlung gegen die Anordnungen in Ziffer 2 bis 4 ein Ordnungsgeld bis zu 250.000 EUR ersatzweise Ordnungshaft oder Ordnungshaft bis zu 6 Monaten angedroht.[9]

6. Die sofortige Wirksamkeit und die Zulässigkeit der Vollstreckung vor der Zustellung an den Antragsgegner/die Antragsgegnerin werden angeordnet.[10]

7. Die Kosten des Verfahrens trägt der Antragsgegner/die Antragsgegnerin.[11]

8. Der Verfahrenswert wird auf 3.000 EUR festgesetzt.[12]

Weiterhin wird beantragt,

der Antragstellerin/dem Antragsteller für das Verfahren Verfahrenskostenhilfe unter Beiordnung der Unterzeichnenden/des Unterzeichnenden zu bewilligen.[13]

Begründung:[14]

Die Beteiligten sind nicht verheiratet. Sie führen seit dem ..... eine nichteheliche Lebensgemeinschaft. Seit dem ..... führen sie einen auf Dauer angelegten Haushalt. Sie bewohnen gemeinsam die Wohnung ......

Am ..... um ..... Uhr hat der Antragsgegner/die Antragsgegnerin in ..... *[Ort der Tat]* Folgendes getan:

..... *[substantiierte Darstellung des Sachverhalts]*

Beweis: ..... *[z. B. eidesstattliche Versicherung der Antragstellerin/des Antragstellers]*[15]

Für die Antragstellerin/den Antragsteller ist es aufgrund der Geschehnisse nicht mehr möglich und zumutbar, die Wohnung mit dem Antragsgegner/der Antragsgegnerin zu teilen. Die Wohnung ist der Antragstellerin/dem Antragsteller zur alleinigen Nutzung zuzuweisen. Die Beteiligten sind beide Mieter der Wohnung seit dem ......

Beweis: Vorlage des Mietvertrages in Kopie

Somit ist der Erlass einer Anordnung nach § 2 GewSchG im beantragten Umfang geboten.

(Rechtsanwalt)[16]

1. Zuständigkeit. Vgl. hierzu Antrag auf Erlass einer einstweiligen Anordnung nach § 1 GewSchG Rdn. 10, *M. 1*, und Antrag auf Erlass einer einstweiligen Anordnung nach § 2 GewSchG Rdn. 23, *M. 1*.

2. Beteiligte. Vgl. hierzu Antrag auf Erlass einer einstweiligen Anordnung nach §§ 1, 2 GewSchG Rdn. 10, *M. 2*; Rdn. 23, *M. 2*.

3. Anwaltszwang. Vgl. hierzu Antrag auf Erlass einer einstweiligen Anordnung nach § 1 GewSchG Rdn. 10, *M. 3*.

4. Verfahrensanträge. Vgl. hierzu Antrag auf Erlass einer einstweiligen Anordnung nach § 1 GewSchG Rdn. 10, *M. 4*.

5. Wohnungszuweisung. Vgl. hierzu Antrag auf Erlass einer einstweiligen Anordnung nach § 2 GewSchG Rdn. 23, *M. 5*.

6. Räumung. Vgl. hierzu Antrag auf Erlass einer einstweiligen Anordnung nach § 2 GewSchG Rdn. 23, *M. 6*.

7. Unterlassung. Vgl. hierzu Antrag auf Erlass einer einstweiligen Anordnung nach § 1 GewSchG Rdn. 10, *M. 5*, und Antrag auf Erlass einer einstweiligen Anordnung nach § 2 GewSchG Rdn. 23, *M. 7*.

8. Kündigungsverbot. Vgl. hierzu Antrag auf Erlass einer einstweiligen Anordnung nach § 2 GewSchG Rdn. 23, *M. 8*.

9. Ordnungsmittel. Vgl. hierzu Antrag auf Erlass einer einstweiligen Anordnung nach § 1 GewSchG Rdn. 10, *M. 6*.

10. Vollstreckung. Vgl. hierzu Antrag auf Erlass einer einstweiligen Anordnung nach § 1 GewSchG Rdn. 10, *M. 7*, und Rdn. 13 f. oben sowie Antrag auf Erlass einer Anordnung nach § 1 GewSchG in der Hauptsache Rdn. 18, *M. 7*.

11. Kosten. Vgl. hierzu Antrag auf Erlass einer einstweiligen Anordnung nach § 1 GewSchG Rdn. 10, *M. 8*.

12. Verfahrenswert. Vgl. hierzu Antrag auf Erlass einer einstweiligen Anordnung nach § 1 GewSchG Rdn. 10, *M. 9*.

13. Verfahrenskostenhilfe. Vgl. hierzu Antrag auf Erlass einer einstweiligen Anordnung nach § 1 GewSchG Rdn. 10, *M. 10*.

14. Begründung. Vgl. hierzu Antrag auf Erlass einer einstweiligen Anordnung nach § 1 GewSchG Rdn. 10, *M. 11*.

15. Beweis. Vgl. hierzu Antrag auf Erlass einer einstweiligen Anordnung nach § 1 GewSchG Rdn. 10, *M. 12*.

16. Unterschrift. Vgl. hierzu Antrag auf Erlass einer einstweiligen Anordnung nach § 1 GewSchG Rdn. 10, *M. 13*.

2. Muster: Antragserwiderung Hauptsache nach § 2 GewSchG

An das   27

Amtsgericht .....

– Familiengericht –[1]

In Sachen

des/der .....[2]

– Antragsteller/in –

Verfahrensbevollmächtigte/r: .....[3]

gegen

den/die .....

– Antragsgegner/in –

Verfahrensbevollmächtigte/r: .....

Namens und in Vollmacht des/der Antragsgegners/in wird beantragt:
1. Der Antrag auf Erlass einer Anordnung nach § 2 GewSchG wird zurückgewiesen.
2. Die Antragstellerin/der Antragsteller trägt die Kosten des Verfahrens.[4]

Weiterhin wird beantragt,

dem Antragsgegner/der Antragsgegnerin für das Verfahren Verfahrenskostenhilfe unter Beiordnung der Unterzeichnenden/des Unterzeichnenden zu bewilligen.[5]

Begründung:[6]

Die Sachverhaltsdarstellung der Antragstellerin/des Antragstellers ist nicht zutreffend. Vielmehr hat sich Folgendes zugetragen:

..... *[substantiierte Darstellung des Sachverhalts]*

Beweis: ..... *[z. B. eidesstattliche Versicherung des Antragsgegners/der Antragsgegnerin]*[7]

Somit ist der Erlass einer Anordnung nach § 2 GewSchG nicht gerechtfertigt.

(Rechtsanwalt)[8]

1. Zuständigkeit. Vgl. hierzu Antrag auf Erlass einer einstweiligen Anordnung nach §§ 1, 2 GewSchG; Rdn. 10, *M. 1*; Rdn. 23, *M. 1*.

2. Beteiligte. Vgl. hierzu Antrag auf Erlass einer einstweiligen Anordnung nach § 1 GewSchG Rdn. 10, *M. 2*.

3. Anwaltszwang. Vgl. hierzu Antrag auf Erlass einer einstweiligen Anordnung nach § 1 GewSchG Rdn. 10, *M. 3*.

4. Kosten. Vgl. hierzu Antrag auf Erlass einer einstweiligen Anordnung nach § 1 GewSchG Rdn. 10, *M. 8*.

5. Verfahrenskostenhilfe. Vgl. hierzu Antrag auf Erlass einer einstweiligen Anordnung nach § 1 GewSchG Rdn. 10, *M. 10*.

6. Begründung. Vgl. hierzu Antrag auf Erlass einer einstweiligen Anordnung nach § 1 GewSchG Rdn. 10, *M. 11*, und Antragserwiderung zum Antrag auf Erlass einer einstweiligen Anordnung nach § 1 GewSchG Rdn. 11, *M. 7*.

7. Beweis. Vgl. hierzu Antrag auf Erlass einer einstweiligen Anordnung nach § 1 GewSchG Rdn. 10, *M. 12*.

8. Unterschrift. Vgl. hierzu Antrag auf Erlass einer einstweiligen Anordnung nach § 1 GewSchG Rdn. 10, *M. 13*.

3. Vollstreckung

28   Vgl. hierzu Antrag auf Erlass einer einstweiligen Anordnung nach § 1 GewSchG Rdn. 7 und Rdn. 13 f., sowie Antrag auf Erlass einer Anordnung nach § 1 GewSchG in der Hauptsache Rdn. 18, *M. 7*.

Gem. § 96 Abs. 2 FamFG, ist bei einer einstweiligen Anordnung in Gewaltschutzsachen mit Wohnungszuweisung nach § 2 GewSchG (vgl. §§ 214, 216 FamFG) und bei einer einstweiligen Anordnung in Ehewohnungssachen selbst (vgl. §§ 200, 209, 49 f. FamFG) die mehrfache Einweisung des Besitzes nach § 885 Abs. 1 ZPO möglich, ohne dass es einer erneuten Zustellung an den Verpflichteten bedarf. Sofern die einstweilige Anordnung zeitlich befristet wurde, darf der Zeitraum nicht verstrichen sein. Eine mehrfache Einweisung soll jedoch nicht mehr möglich sein, sofern der Berechtigte den Verpflichteten freiwillig wieder in die Wohnung aufgenommen hat und der Berechtigte nun aufgrund neuer Vorkommnisse die Einweisung durch den Gerichtsvollzieher begehrt (BT-Drucks. 14/5429, S. 35; vgl. dazu auch: Schulte-Bunert/Weinreich/*Schulte-Bunert* § 96 Rn. 7 m. w. N.).

Zu Rechtsmitteln vgl. oben Rdn. 12.

Kapitel 8: Versorgungsausgleich

A. Grundlagen

I. Versorgungsausgleich vom 01.07.1977 bis 31.08.2009

Im Rahmen der Neustrukturierung des gesamten Familienrechts wurde durch das 1. EheRG mit **1**
Wirkung vom 01.07.1977 das Scheidungs- und die meisten sonstigen familienrechtlichen Verfahren
konzentriert bei dem beim Amtsgericht eingerichteten FamG. War nach der Scheidung der sozial
schwächere Ehegatte auf den Unterhalt und später auf die Geschiedenen-Witwenrente angewiesen,
wurde der Ausgleich der in der Ehe erworbenen Vorsorgeanwartschaften eingeführt. Mit Rechtskraft
des Versorgungsausgleichs hatten beide Ehegatten dann ehezeitbezogen keine versorgungsrechtli-
chen Nachteile. Abgesehen von einigen grundlegenden Entscheidungen durch das BVerfG stellte
sich schon in den frühen 80er Jahren heraus, dass aufgrund der systematischen Unterschiede der
Versorgungssysteme und auch deren Weiterentwicklung eine Anpassung in den Folgejahren unbedingt notwendig wird. Das System beruhte auf dem Gedanken des Zugewinns: für jeden Ehegatten
wurden die auszugleichenden Anrechte ermittelt und saldiert und die Hälfte der sich ergebenden
Differenz war mithilfe von Ausgleichsmechanismen auf den Berechtigten zu übertragen.

Um Zeit für ein gerechteres System zu gewinnen wurde der § 10a VAHRG zunächst befristet **2**
auf 3 Jahre eingeführt, um Altentscheidungen später dem neuen System einfacher und schneller

angleichen zu können. Diese Befristung wurde später aufgehoben und dadurch die Reformdiskussion nicht unter Zeitdruck gesetzt. Die Einführung der freiwilligen Realteilung für Systeme außerhalb der gesetzlichen Rentenversicherung und Beamtenversorgung erfolgte mit der Einführung ergänzender Ausgleichssysteme mit dem VAHRG in § 1 Abs. 2 VAHRG.

3   Nachdem das BVerfG (BVerfG, FamRZ 2006, 1000) die prognostische Umwertung mithilfe der BarwertVO kritisch hinterfragt hatte konnte das Problem nicht mehr mit ständigen Aktualisierungen dieser VO erfolgen, vielmehr war ein schon sich lange abzeichnender Systemwechsel notwendig (*Schmid/Eulering*, FamRZ 2009, 1269 ff.).

II. Versorgungsausgleich ab 01.09.2009

4   Die Neuregelung des Versorgungsausgleichs stellt nicht eine Reparatur des bisherigen Systems dar, sondern ist eine vom alten Recht vollständig sich lösende Neukonzeption. Sie übernimmt die Ausnahmeregelung in § 1 Abs. 2 VAHRG mit der Folge, dass für alle Anrechte grds. nur noch die reale Teilung zu erfolgen hat. Um auch jede systemangleichende Umrechnung zu vermeiden, erfolgt keine Saldierung der Anrechte. Vielmehr wird jedes Anrecht ehezeitbezogen real geteilt. Von jeder in der Ehezeit begründeten oder aufrechterhaltenen Vorsorge erhält der andere Ehegatte seinen hälftigen Anteil und zwar als Anspruch gegen den jeweiligen Leistungsträger. Damit entfallen auch alle Versuche, die unterschiedlichen Vorsorgesysteme aneinander anzugleichen.

5   Da im Hinblick auf die Systeme diese interne Teilung nicht immer durchzusetzen ist kann auch ein externer Ausgleich erfolgen, d. h. der Anspruch wird bei einem anderen Leistungsträger begründet.

6   Eine generelle Abänderung (Totalrevision), wie sie in § 10a VAHRG vorgesehen war, fehlt im neuen Ausgleichssystem. Die in den §§ 32 ff. VersAusglG vorgesehene Anpassung regelt die Fallgestaltungen, die zum überwiegenden Teil nach alter Rechtslage durch die §§ 4, 5 VAHRG (Vor- und Frühversterben, Unterhaltsfälle) geregelt wurden. Als Übergangsregelung lässt § 51 VersAusglG für den öffentlich-rechtlichen Ausgleich nur noch eine Abänderung zu, die aber dann nach neuer Rechtslage erfolgt und nur die Anrechte erfasst, die schon Gegenstand der Erstentscheidung gewesen waren. Übersehene oder vergessene Anrechte können nicht mehr in den Ausgleich einbezogen werden (Borth, FamRZ 2012, 601 ff.).

7   Unabhängig von den Regeln des FamFG und insb. aus § 48 VersAusglG enthalten sowohl des SGB VI als auch das BeamtVG zu beachtende Übergangsvorschriften für Bezieher von Renten oder Pensionen.

8   Nach der bis zum 31.08.2009 geltenden Rechtslage bestimmte das Rentnerprivileg nach § 101 Abs. 3 SGB VI, dass derjenige, der im Zeitpunkt des Eintritts der Rechtskraft der Entscheidung über den Versorgungsausgleich schon Bezieher einer Altersrente ist, diese so lange ungekürzt bezieht, bis in der Person des Berechtigten der Leistungsfall eintritt (VA in der gesetzlichen Rentenversicherung, 9. Aufl., § 101 SGB VI S. 527). Ab dem 01.09.2009 ist diese Vorschrift aufgehoben worden und grds. werden Leistungen dann aufgrund der Entscheidung gekürzt. Dies gilt jedoch nicht, wenn vor dem 01.09.2009 das Verfahren über den Versorgungsausgleich eingeleitet worden ist und die aufgrund des Versorgungsausgleichs zu kürzende Rente begonnen hat (§ 268a SGB VI). Eingeleitet ist das Verfahren zum Versorgungsausgleich mit der unbedingten Beantragung der Scheidung nach § 48 Abs. 1 VersAusglG, da der Versorgungsausgleich eine Rechtsfolge der Scheidung ist (*Breuers* in: jurisPK-BGB, 4. Aufl. 2008, § 48 VersAusglG Rn. 10). Die besonderen Regelungen für das Beamtenrecht müssen für jedes Bundesland beachtet werden.

9   Das BVerfG (BGBl. I 1980, 283–283) hat ausgeführt: »Der Grundsatz der sofortigen und endgültigen Vollziehung des Versorgungsausgleichs hat der Gesetzgeber selbst für den Fall durchbrochen, dass bei Eintritt der Rechtskraft der Entscheidung des Familiengerichts über den Versorgungsausgleich bereits ein Anspruch des Ausgleichspflichtigen auf eine Rente besteht. Diese wird erst dann gemindert, wenn entweder für den Ausgleichspflichtigen eine Rente aus einem späteren Versicherungsfall oder aus der Versicherung des Berechtigten eine Rente zu zahlen ist (§ 1304a Abs 4 Satz 2

RVO; § 83a Abs 4 Satz 2 AVG; § 96 Abs 4 Satz 2 RKG)«. Diese Stornierung der Auswirkungen des Versorgungsausgleichs auf die Rente des Ausgleichspflichtigen wurde mit dem Schutz des Besitzstandes und damit begründet, dass hier für den Verpflichteten nicht mehr die Möglichkeit bestehe, die Minderung seiner Rentenanwartschaften ganz oder teilweise durch Entrichtung von Beiträgen auszugleichen. Das BVerfG hat in seinem Beschluss vom 09.01.1991 klar angedeutet, dass es die neue Regelung für zulässig erachtet (BVerfG, Beschl. v. 09.01.1991 – 1 BvR 207/87 –, BVerfGE 83, 182-200). Die Auswirkungen einer rechtskräftigen Entscheidung treten also unmittelbar ein (Wegfall des Rentner- bzw. Pensionärsprivilegs) und nur die ausdrücklich geregelten Fallgestaltungen in §§ 33 - 38 VersAusglG vermögen die Auswirkung zum Teil zeitweilig bzw. dauerhaft zu beeinflussen. Stets ist für diese Fälle ein Antrag erforderlich, es erfolgt keine Änderung von Amts wegen.

1. Ergänzender Stichtag 31.08.2010

Nicht übersehen werden darf, dass die generelle Fortführungsvorschrift nach § 48 Abs. 1 VersAusglG eine grundsätzliche Ausnahme in Abs. 3 normiert: wird ein vor dem 01.09.2009 eingeleitetes Scheidungsverfahren nicht bis zum 31.08.2010 im ersten Rechtszug mit einer Endentscheidung zum Versorgungsausgleich abgeschlossen, findet auf das Verfahren sowohl das neue Verfahrensrecht des FamFG als auch das Recht des Versorgungsausgleichs nach dem VersAusglG Anwendung (*Burschel*, FamFR 2010, 193; Art. 111 FG-ÄndG). Die Übergangsvorschriften i. d. F. von Art. 111 FG-ÄndG sind teilweise unklar und die daraus resultierenden Probleme können deshalb noch über Jahre Auswirkungen auf das Verfahren haben (*Holzwarth*, FamRZ 2009, 1884; *Schürmann*, FuR 2009, 548; *Stockmann* jurisPR-FamR 7/2010 Anm. 3 zur Vollstreckung von Altenscheidungen).

10

2. Besondere Verfahren

a) §§ 4 bis 10 VAHRG

Ausdrücklich bestimmt § 49 VersAusglG, dass für Verfahren nach §§ 4 bis 10 VAHRG das bis zum 31.08.2009 geltende Recht anzuwenden ist, wenn der Antrag vor dem 01.09.2009 beim Versorgungsträger eingegangen ist. Bei diesen Verfahren kommt es im Gegensatz zur Erstentscheidung bei Scheidung nicht darauf an, dass bis zum 31.08.2010 eine Entscheidung ergangen ist. Da es sich nicht um ein Erstverfahren handelt. kommt auch nicht die Vorschrift des § 48 Abs. 2 Nr. 2 VersAusglG zur Anwendung für den Fall des Ruhens oder der Aussetzung, da es sich nicht um ein gerichtliches Verfahren handelt.

11

b) Abgetrennte Verfahren

Abweichend von dem Grundsatz, dass vor dem 01.09.2009 eingeleitete Verfahren nach bisherigem Recht weiter zu entscheiden sind, bestimmt § 48 Abs. 2 VersAusglG, dass am 01.09.2009 ausgesetzte oder abgetrennte Verfahren über den Versorgungsausgleich nach neuem Recht nach Wiederaufnahme zu entscheiden sind, ebenso solche Verfahren, bei denen das Ruhen angeordnet wurde. Dasselbe gilt auch für Verfahren über den Versorgungsausgleich, die nach dem 01.09.2009 abgetrennt oder ausgesetzt werden oder deren Ruhen angeordnet wird.

12

3. Verfahren nach § 2 VAÜG

Ausdrücklich regelt § 50 VersAusglG die Behandlung der nach § 2 VAÜG ausgesetzten Verfahren. Ist aus einem im Versorgungsausgleich zu berücksichtigendem Anrecht eine Leistung zu erbringen oder zu kürzen, bedarf es eines Antrages. Dieser kann von einem der Ehegatten oder eines Versorgungsträgers gestellt werden. Der Antrag kann bis zu 6 Monate vor dem Zeitpunkt gestellt werden, zu dem eine Leistung oder Kürzung voraussichtlich stattfinden kann (Abs. 2).

13

14   Wird kein Antrag gestellt soll das Verfahren von Amts wegen bis spätestens zum 01.09.2014 wieder aufgenommen werden. Es wird dann nach aktuellem, also neuem Recht durchgeführt. Die Frist ist nicht mit einer Sanktion verbunden. Ziel der Vorgabe ist es, den FamG ausreichend Zeit zu geben, die bisher ausgesetzten Verfahren neben dem täglichen aktuellen Geschäft abzuarbeiten.

4. Kosten/Gebühren

15   In allen Fällen des Art. 111 FGG-RefG (i. d. F. v. 03.04.2009 BGBl. I 2009, 700) bestimmt Abs. 4, dass die vor dem 01.09.2009 oder nach diesem Zeitpunkt abgetrennten Verfahren als selbstständige Familiensachen fortgeführt werden. Dies hat zur Rechtsfolge, dass für diese Verfahren nicht mehr die Regeln des Verbundes zur Anwendung kommen, insb. also gilt nicht mehr die anwaltliche Vertretung (BGH, FamRZ 2011, 12119; ders.).

16   Die im Verbund bewilligte Verfahrenskostenhilfe (§ 149 FamFG) erfasst nach BGH nicht das selbstständige Verfahren (BGH, FamRZ 2011, 635-637; ders. FamRZ 2011, 1219). Vielmehr ist über die VKH auf Antrag erneut zu entscheiden. Zur Anwendung kommt das FamGKG (*Keske*, Das neue FamGKG; § 1 Rn. 1). Soweit in dem ursprünglichen Verfahren schon Gebühren für den Versorgungsausgleich abgerechnet wurden, sind diese in Abzug zu bringen (BGH, FamRZ 2011, 635-637).

17   Da die vorstehenden Regeln nur auf die abgetrennten Verfahren über den Versorgungsausgleich anzuwenden sind, bestimmt Art. 111 Abs. 5 FGG-RefG ausdrücklich, dass auch auf die Verfahren, die am 01.09.2010 noch nicht erstinstanzlich abgeschlossen wurden, die Vorschriften des FamFG und VersAusglG zur Anwendung kommen. Die Kostengesamtentscheidung ergeht daher nach § 150 FamFG und die Abrechnung erfolgt nach dem FamGKG.

5. Verfahren nach Art. 17 EGBGB

18   Erfolgt die Scheidung im Ausland wird der Versorgungsausgleich nicht als Scheidungsfolgesache gem. § 137 Abs. 2 FamFG eingeleitet. Wurde die Ehe deutscher Staatsangehöriger im Ausland geschieden und – das ist üblich – der Versorgungsausgleich nicht durchgeführt, hat dies Verfahren von Amts wegen in Deutschland stattzufinden. Es kommt nicht darauf an, welches materielle Recht das ausländische Gericht angewandt hat, sondern nur darauf, dass nach Art. 17 EGBGB deutsches Recht hätte angewandt werden müssen (PWW/*Martiny*, 5. Aufl. 2010, Art. 17 EGBGB Rn. 23; ebenso Johannsen/Henrich/Henrich, Familienrecht, 5. Aufl., Art. 17 EGBGB Rn. 58). Erfolgte die Scheidung im Ausland, ist auch in diesem Fall für die Ehezeit auf die Rechtshängigkeit des Scheidungsantrages abzustellen, wobei sich dies durch das ausländische Prozessrecht definiert (OLG Saarbrücken, FamRBint 2005, 3).

19   Zweifelhaft kann sein, ob es sich bei dem isolierten Verfahren um eine Folgesache nach § 137 Abs. 2 FamFG handelt, für die anwaltliche Vertretung nach § 114 FamFG erforderlich ist. Da die Voraussetzungen für einen Verbund nicht vorgelegen haben, wird das Verfahren über den Versorgungsausgleich als selbstständiges Verfahren nach dem FamFG unter Anwendung der allgemeinen Vorschriften zu führen sein. Dies ist dem Verfahren auch nicht unbekannt, denn auch die ausgesetzten Verfahren werden nicht als Folgesachen fortgeführt, sondern als eigenständige Verfahren. Zuständig ist das nach § 105 FamFG zuständige FamG. Da es keine Meldepflicht z. B. nach Brüssel IIa gibt, kommt das Verfahren nur in Gang, wenn das FamG von der Scheidung erfährt, sei es durch eine Anregung einer Partei oder durch anderweitige Vorgänge. Die Mitteilung einer Partei ist formlos und von der Partei unmittelbar zulässig, denn das Verfahren muss bei Kenntnis der Voraussetzungen von Amts wegen eingeleitet werden, nicht also auf Antrag.

20   Wird die Scheidung in Deutschland beantragt und kommt nicht deutsches Recht nach Art. 17 Abs. 1 EGBGB zur Anwendung, führt das FamG den Versorgungsausgleich nur auf Antrag durch, wenn der andere Ehegatte in der Ehezeit inländische Versorgungsanwartschaften erworben hat oder wenn die allgemeinen Wirkungen der Ehe während eines Teils der Ehezeit einem Recht unterlagen,

das den Versorgungsausgleich kennt. Weitere Voraussetzung ist aber, dass die Durchführung im Hinblick auf die beiderseitigen wirtschaftlichen Verhältnisse auch während der nicht im Inland verbrachten Zeit der Billigkeit entspricht (Art. 17 Abs. 3 Satz 2 EGBGB). Da auch für Anträge nach § 3 Abs. 3 VersAusglG kein Anwaltszwang besteht (§ 114 Abs. 4 Nr. 7 FamFG), wird dies auch für den Antrag nach Art. 17 EGBGB gelten.

Muster: Antrag auf Durchführung des Versorgungsausgleichs nach Art. 17 Abs. 3 Satz 1 EGBGB

An das   21

Amtsgericht – Familiengericht –

.....[1]

Namens und in Vollmacht (diese liegt an, §§ 11, 114 Abs. 5 FamFG) beantrage ich:

Aufgrund der rechtskräftigen Scheidung der Parteien durch Entscheidung des ..... wird der Versorgungsausgleich nach deutschem Recht durchgeführt (Art. 17 Abs. 3 Satz 1 EGBGB).[2,3]

Begründung:

Beide Parteien sind deutsche Staatsangehörige. Die Scheidung unterliegt nach Art. 14 EGBGB dem deutschen Recht. Eine förmliche Anerkennung der Scheidung in Frankreich ist nach EU-Recht nicht erforderlich.

Die Zustellung des Scheidungsantrages erfolgte am ...... Die Ehezeit bestimmt sich nach § 3 VersAusglG.[4]

1. Örtliche Zuständigkeit. Die örtliche Zuständigkeit bestimmt sich nach § 218 FamFG.

2. Antrag. Zwar ist kein Antrag erforderlich, da das FamG von Amts wegen das Verfahren einleiten muss, wenn es von der Scheidung Kenntnis erhält. Die Stellung eines Antrages ist jedoch unschädlich, vgl. §§ 23, 24 FamFG.

3. Gericht. Das Gericht der Scheidung ist zu bezeichnen. Da der Nachweis der Scheidung und auch der Rechtskraft nachzuweisen sind, sollte eine Ausfertigung der ausländischen Entscheidung als Anlage beigefügt werden.

4. Zustellungsdatum. Dieser Nachweis ist erforderlich, da auch bei einer Auslandsscheidung diese Zustellung das Ende der Ehezeit im Sinne von § 3 VersAusglG definiert.

Weitere Ausführungen insb. zur Begründung sind nicht erforderlich, da in diesem Fall der Versorgungsausgleich ohne Einschränkung nach deutschem Recht durchzuführen ist. Weitere Ausführungen sind nur dann erforderlich, wenn die Voraussetzungen nach Art. 17 Abs. 3 Satz 2 EGBGB vorliegen. Insbesondere ist in diesem Fall zu begründen, weshalb die beiderseitigen wirtschaftlichen Interessen den Ausgleich von im Inland erworbener Anrechte erforderlich machen und dies nicht der Billigkeit widerspricht. Diese Grundsätze kommen auch dann zur Anwendung, wenn die Scheidung in Deutschland erfolgt, jedoch das anzuwendende Scheidungsstatut nach Art. 17 Abs. 1 EGBGB einen Versorgungsausgleich nicht kennt.   22

III. Beteiligte

Bezieht sich die Vorschrift des § 7 FamFG nur auf die Beteiligten im Antragsverfahren, bestimmt § 219 FamFG, dass in den Verfahren über den Versorgungsausgleich stets die Ehegatten, die Versorgungsträger, bei denen ein auszugleichendes Anrecht besteht und die Versorgungsträger, bei denen ein Anrecht zum Zwecke des Ausgleichs begründet werden soll, am Verfahren zu beteiligen sind. Ist   23 ein Ehegatte oder beide Ehegatten verstorben sind, da deren Rechte beeinträchtigt sein können, die Hinterbliebenen und die Erben zu beteiligen (*Zimmermann*, FPR 2009, 5).

24   Im Fall der Ausgleichskasse ist daher diese zu beteiligten, jedoch erst dann, wenn der Berechtigte sein Wahlrecht ausgeübt hat oder die gesetzte Frist abgelaufen ist (§§ 15 VersAusglG, 222 FamFG; *Zimmermann*, FuR 2009, 1). Das Gericht hat über das Wahlrecht von Amts wegen zu belehren (vgl. Anlage: Vordruck V90). Nach Fristablauf ist die Zahlung an die Versorgungsausgleichskasse zu leisten (§ 15 Abs. 5 Satz 2 VersAusglG), die Fristsetzung hat daher nicht nur verfahrensrechtliche Bedeutung im Sinne von § 222 FamFG, sondern auch materiell-rechtliche Bedeutung im Sinne von § 15 VersAusglG (Friederici/Kemper/*Götsche* § 222 Rn. 121). Da es sich nicht um eine Notfrist handelt, kann die Frist auch verlängert werden (§§ 113 FamFG, 224 ZPO). Für die Wahl der Zielversorgung besteht kein Anwaltszwang (§ 114 Abs. 4 Nr. 7 FamFG).

IV. Ehezeit

25   Die Definition der Ehezeit (§ 3 Abs. 1 VersAusglG) ist identisch mit der früheren Regelung in § 1587 Abs. 2 BGB. Die Ehezeit beginnt mit dem 1. Tag des Monats der Eheschließung und endet mit dem letzten Tag des Monats vor Zustellung des Scheidungsantrages. Nicht ausreichend ist deshalb für die Bestimmung der Ehezeit, dass ein Verfahren auf Bewilligung von Verfahrenskostenhilfe eingereicht wird und auch der unbedingte Scheidungsantrag wird nicht zugestellt, solange nicht entweder der Kostenvorschuss eingezahlt wird (§ 14 FamGKG) oder die Bewilligung von Verfahrenskostenhilfe oder Befreiung vom Vorschuss erfolgt (§ 15 FamGKG). Da durch die Zustellung keine Fristen zu wahren sind, wirkt sie auch nicht zurück auf den Zeitpunkt der Einreichung (§§ 113 FamFG, 167 ZPO).

26   Aufgrund der Legaldefinition der Ehezeit ist diese einer Vereinbarung nicht zugänglich. Die Parteien können zwar zum Umfang des Versorgungsausgleichs Vereinbarungen schließen, nicht aber die Höhe durch eine Vereinbarung zur Ehezeit beeinflussen.

27   Die Zustellung des Scheidungsantrages ist sowohl für das Ende der Ehezeit, für den **Versorgungsausgleich** (Ehezeit) als auch für den Stichtag für die Berechnung des **Zugewinns** von Bedeutung. Es bedarf stets der **Amtszustellung** durch das FamG, die Einreichung beim VG führt zwar dort zur Rechtshängigkeit eines Verwaltungsrechtsstreits (§§ 81, 90 VwGO), nicht aber zur Rechtshängigkeit in einer Ehesache (*Völlings/Fülbier* in, FuR 2003, 9, 12).

28   Das **Ende der Ehezeit** wird durch den Eintritt der Rechtshängigkeit des Scheidungsantrages bestimmt, der den zur Scheidung führenden Rechtsstreit ausgelöst hat. Das ist regelmäßig der älteste noch rechtshängige Antrag, auch wenn es zur Aussetzung oder zum tatsächlichen Stillstand dieses Scheidungsverfahrens gekommen war (BGH, FamRZ 2004, 1364). Der Versorgungsausgleich erstreckt sich gem. § 2 VersAusglG auf die von beiden Parteien in der Ehezeit erworbenen Anwartschaften auf Alters- und Invaliditätsversorgung.

29   Haben beide Ehegatten Scheidungsantrag gestellt, kommt es daher für das Ehezeitende darauf an, welcher Antrag zuerst zugestellt worden ist. Führt der Antragsteller im Scheidungsverfahren in der Antragsschrift den Prozessbevollmächtigten der Gegenseite auf und legt er gleichzeitig außergerichtliche Korrespondenz vor, in dem dieser darum gebeten hat, als Prozessbevollmächtigter bezeichnet zu werden, so muss an diesen Prozessbevollmächtigten zugestellt werden; eine Zustellung an die Partei ist in diesem Fall unzulässig und unwirksam. Eine Heilung tritt nicht dadurch ein, dass außergerichtlich ein Schriftstück übermittelt wird, das mit dem zuzustellenden inhaltlich übereinstimmt (OLG Zweibrücken, FamRZ 2006, 128).

30   Mängel der Antragsschrift, z.B. Antrag nur für den Fall der Bewilligung von PKH und dennoch erfolgte Zustellung, können das Ende der Ehezeit nicht wirksam herbeiführen (OLG Naumburg, FamRZ 2002, 401; OLG Naumburg in OLG Report, Naumburg 2002, 164). Erfolgt die Scheidung in Italien, ist nicht auf die Trennung und ihren gerichtlichen Vollzug abzustellen, sondern

auch in diesem Fall auf die Rechtshängigkeit des Scheidungsantrages (OLG Saarbrücken, FamRB-int 2005, 3).

V. Auskunftspflichten

Die Verpflichtung zur Auskunft war nach alter Rechtslage durch § 1587e BGB geregelt. Nachdem   31
in Rechtsprechung und Literatur angezweifelt wurde, dass auch eine Auskunftspflicht ggü. dem Gericht besteht, wurde mit § 11 Abs. 2 VAHRG diese Lücke geschlossen.

Der Versorgungsausgleich ab September 2009 verpflichtet in § 4 VersAusglG die Beteiligten wech-   32
selseitig zur Erteilung von Auskünften unter Verweisung auf § 1605 BGB. Verfahrensrechtlich bestimmt § 220 FamFG, dass alle Beteiligten, also Naturalparteien als auch Leistungsträger gleich
welcher Organisationsstruktur, dem FamG Auskunft erteilen müssen.

Das Begehren auf Auskunft hat besonders für den schuldrechtlichen Ausgleichsanspruch Bedeu-   33
tung, denn die Aufforderung zur Erteilung einer Auskunft hat die Rechtsfolge nach § 1613 BGB,
dass der Leistungspflichtige in Verzug gerät und deshalb dann der Anspruch auch rückwirkend und
mit Verzugszinsen geltend gemacht werden kann.

Unbedingt erforderlich ist es, die Vollmacht dem Schreiben beizufügen, da das Auskunftsverlangen   34
mangels ordnungsgemäßer Bevollmächtigung nach § 174 BGB zurückgewiesen werden kann (§§ 4
VersAusglG, 10 FamFG; *Sauer*, FamRZ 2010, 617).

1. Muster: Außergerichtliche Aufforderung zur Auskunft

Absender   35

An Herrn

.....[1]

In der inzwischen rechtskräftigen Entscheidung zur Scheidung und zum Versorgungsausgleich
wurde in den Entscheidungsgründen festgestellt, dass Anrechte wegen

fehlender Ausgleichsreife (§ 19 VersAusglG)[2]

nicht ausgeglichen wurde. Nach den hier vorliegenden Erkenntnissen liegen demnächst die Voraussetzungen nach den §§ 3, 20 ff. VersAusglG vor, da Sie das 65. Lebensjahr erreicht haben bzw.
erreichen werden. Sie sind nach § 4 VersAusglG zur Auskunft verpflichtet.

Ich fordere Sie daher auf, bis zum

(Konkretes Datum nach dem Kalender)[3]

Auskunft zu erteilen, seit wann – oder ab wann in der nahen Zukunft – Leistungen erbracht werden oder zu erbringen sind. Die Höhe der Leistung ist ebenso mitzuteilen wie ggf. die Abzüge für
Sozialversicherung oder vergleichbare Aufwendungen. Da ehezeitbezogen mir die Hälfte des Wertes zusteht bitte ich auch um Angabe, wie hoch dieser Anteil ist bzw. um Mitteilung aller Daten,
die eine Berechnung ermöglichen. Ausreichend ist auch eine entsprechende Mitteilung des Leistungsträgers.

Die Vorlage von Belegen für die Auskunft ist erforderlich.[4]

Ich muss Sie darauf aufmerksam machen, dass nach fruchtlosem Fristablauf ich mich unmittelbar
an den Leistungsträger wenden werde. Außerdem schulden Sie aufgrund dieses Auskunftsverlangen
die Leistung auch ab diesem Verzugszeitpunkt einschließlich Verzugszinsen.[5]

1. Empfänger. Sofern die Partei schon anwaltlich vertreten sein sollte wäre das Schreiben an diesen
Anwalt, ansonsten direkt an den Ex-Ehegatten zu richten, denn aufgrund Abschluss des Scheidungsverfahrens ist auch das anwaltliche Mandat erloschen.

2. Bezeichnung der Anrechte. In der Erstentscheidung müssen die Anrechte, die nicht zum Ausgleich kommen, in den Gründen bezeichnet sein (§ 224 Abs. 4 FamFG).

3. Fristsetzung. Die Fristsetzung muss ein konkretes Datum enthalten. Dies ist sowohl wegen der Verzugsfolgen als auch dafür erforderlich, dass der Berechtigte sich unmittelbar an den jeweiligen Leistungsträger wenden kann.

4. Belege. Nach § 1605 Abs. 1 Satz 2 BGB können neben der reinen Auskunft auch Belege gefordert werden. Aufgrund der Verweisung in § 4 Abs. 4 VersAusglG sind diese Belege stets anzufordern, da nur mit diesen Unterlagen der konkrete Anspruch festgestellt werden kann.

5. Rechtliche Hinweise. Der Hinweis auf die Möglichkeit, unmittelbar beim Versorgungsträger Auskünfte abzufordern kann im Einzelfall die Auskunftswilligkeit fördern. Ist der Hinweis jedoch gegeben, wird dies insb. für den Versorgungsträger auch von Bedeutung sein, der erkennen muss, dass vorab ein ernsthafter Versuch gemacht wurde, die Information zu erhalten. Auch der Hinweis auf die Verzinsungspflicht ist rechtlich nicht notwendig, da sich diese Pflicht aus dem Gesetz ergibt, ist aber ebenso ein psychologisches Druckmittel.

36   Wird die Auskunft nicht fristgemäß erteilt darf sich der Berechtigte unmittelbar an den jeweiligen Leistungsträger wenden.

2. Muster: Auskunftsanforderung vom Leistungsträger

37   Vertrauliche Personalsache[1]

An Firma ..... genaue Anschrift,[2]

Meine Ehe mit ..... wurde rechtkräftig geschieden durch Entscheidung des FamG ..... vom ..... mit dem Az ..... . Die Details sind Ihnen bekannt, da ihre Firma am Verfahren beteiligt war. Die bei Ihnen bestehende Versorgung wurde damals wegen fehlender Ausgleichsreife nicht geteilt. Ich habe meinen geschiedenen Ehegatten aufgefordert, bis zum ..... Auskunft zu erteilen.[3]

Das Schreiben füge ich als Anlage bei.[4]

Auf dieses Schreiben habe ich leider keine Antwort erhalten. Deshalb steht mir nach § 4 Abs. 2 VersAusglG ein Auskunftsanspruch gegen den jeweiligen Träger der Leistung zu. Unter Bezug auf mein in Kopie beigefügtes Schreiben fordere ich Sie auf, die dort geforderten Auskünfte und Belege mir bis zum

(Konkretes Datum)[5]

zu erteilen. Sollten Sie dieser Auskunft nicht nachkommen sehe ich mich leider genötigt, das Auskunftsbegehren beim FamG einzureichen.

1. Hinweis auf Vertraulichkeit. Dieser Hinweis ist zweckmäßig, damit das Schreiben nicht in den allgemeinen Schriftwechsel fällt, denn es werden personenbezogene Daten mitgeteilt.

2. Empfänger. Erforderlich ist die konkrete Bezeichnung des Leistungsträgers. Sofern noch mehrere Anrechte bei unterschiedlichen Leistungsträgern auszugleichen sind, muss jeder dieser Leistungsträger angeschrieben werden.

3. Aufforderung zur Auskunft. Grds. ist zur Auskunft der andere Ex-Ehegatte verpflichtet. Nur wenn dieser seiner Auskunftspflicht nicht nachkommt, steht ein Auskunftsrecht auch gegen den jeweiligen Leistungsträger dem Berechtigten zu. Die Berechtigung zur Auskunft ist darzutun und auch die Voraussetzungen nach § 20 VersAusglG.

4. Anlage. Da die Auskunftspflicht identisch ist, sollte das Aufforderungsschreiben beigefügt werden. Es belegt zunächst, dass zunächst die Auskunft vom anderen Ehegatten begehrt wurde. Gleichzeitig wird durch die Bezugnahme die Auskunft konkretisiert.

5. Frist. Eine Fristsetzung ist angebracht, denn die Geltendmachung des Auskunftsbegehrens setzt stets ein Rechtschutzinteresse voraus, das immer fehlt, wenn nicht zunächst der unmittelbare Anspruchsgegner bzw. der Leistungsträger in Anspruch genommen wurde.

Wird die Auskunft nicht erteilt, sollte vor Anrufung des FamG eine angemessene Nachfrist gesetzt werden. Danach aber ist das Auskunftsbegehren als einfacher Antrag beim FamG zu stellen. Das Verfahren unterliegt nicht den Besonderheiten einer Ehe- oder Familienstreitsache (§§ 112, 113 FamFG) mit der Folge, dass kein Anwaltszwang besteht. Ob die Beteiligung nur nach § 7 oder § 219 FamFG zu erfolgen hat, kann letztlich hier dahingestellt bleiben. Die Vollstreckung der Entscheidung erfolgt nach § 95 FamFG; insb. kommt § 87 FamFG nicht zur Anwendung, denn das Auskunftsbegehren ist Teil des schuldrechtlichen Anspruchs und dieser ist nur auf Antrag durchzuführen (§ 223 FamFG). 38

Die Auskunftspflicht der Ehegatten innerhalb des Scheidungsverbundes kann durch das FamG durchgesetzt werden, denn nach § 220 FamFG kann das Gericht von jedem Ehegatten alle Auskünfte begehren, die zur Durchführung des Versorgungsausgleichs Bedeutung haben können. Ein gesondertes Auskunftsverfahren ist – im Gegensatz zu § 1587e BGB (PWW/*Rehme* § 158e Rn. 3 a. E.) – nicht mehr erforderlich. Bei Vorliegen von Anhaltspunkten dafür, dass bei einem Träger Anrechte bestehen könnten, die im Versorgungsausgleich zu berücksichtigen sind, erstreckt sich die Amtsermittlung des Gerichts nach § 26 FamFG auf diese Frage und die Auskunftsverpflichtung ggü. dem Gericht ergibt sich aus § 220 Abs. 1 FamFG. Nur wenn das Gericht trotz Hinweises durch eine Partei ihrer Amtsermittlung nicht nachkommt, ist ein Auskunftsverfahren im Verbund denkbar, aber auch u. U. erforderlich. Da eine spätere Abänderung und auch ein Anspruch auf schuldrechtlichen Ausgleich nur dann besteht, wenn das jeweilige Anrecht in den Gründen der Entscheidung genannt wird (§ 224 Abs. 4 FamFG), muss ggf. Rechtsmittel gegen die Entscheidung eingelegt werden, damit Ansprüche nicht verloren gehen. 39

3. Formularzwang

Die FamG haben schon bisher zur Ermittlung des Versorgungsausgleichs bundeseinheitliche Vordrucke verwandt, die aber nicht gesetzlich abgesichert waren. Für das neue Recht bestimmt § 220 Abs. 2 FamFG, dass bei Verwendung von Formularen durch das Gericht diese für die Antwort zu verwenden sind. Ausgenommen von dieser Pflicht sind nur die automatisierten Auskünfte von Versorgungsträgern. 40

Bundesweit werden einheitliche Vordrucke für die Ermittlung eingesetzt werden. Die bundeseinheitlichen Vordrucke sind als Anhang diesem Kapitel beigefügt. 41

Der Fragebogen V10 (s. Rdn. 219) wird an die Eheleute gesandt und ist die Grundlage für die weitere Amtsermittlung. 42

Dieser Vordruck wird auch in veränderter Fassung für die Abfrage im Fall einer eingetragenen Lebenspartnerschaft verwandt als Formular V12 (s. Rdn. 220). 43

4. Mitwirkungshandlungen

Das FamG kann zwar von jedem Leistungsträger Auskünfte verlangen und ggf. auch gegen den Leistungsträger mit Zwangsmaßnahmen die Pflicht durchsetzen. Dies setzt aber voraus, dass dieser die Auskunft erteilen kann und nicht seinerseits auf die Mitwirkung eines – oder beider – Ehegatten angewiesen ist. Aus diesem Grund kann das FamG nach § 220 Abs. 3 FamFG jeden Beteiligten anweisen, Mitwirkungshandlungen zu erbringen, die für die Feststellung der einzubeziehenden Anrechte erforderlich sind. 44

Die jeweilige Anordnung erfolgt durch Beschluss und muss die jeweilige Handlung konkret – also vollstreckbar – bezeichnen. Nach § 35 FamFG kann das Gericht Zwangsgeld, ggf. auch Zwangshaft 45 festsetzen. In dem Mitwirkungsbeschluss muss auf die Folgen der Zuwiderhandlung hingewiesen werden. Gegen den Beschluss ist die sofortige Beschwerde gegeben.

46   Wird ein Zwangsmittel festgesetzt, sind gleichzeitig auch dem Verpflichteten die Kosten für das Zwangsverfahren aufzuerlegen (§ 35 Abs. 3 FamFG). Da die überwiegende Zahl der Scheidungsverfahren mit Verfahrenskostenhilfe für beide Parteien durchgeführt wird, stellt sich auch nach dem neuen Recht die Frage, wie zu verfahren ist, wenn eine Mitwirkung nicht durchgesetzt werden kann. Zumindest für das Scheidungsverfahren ist durch § 140 Abs. 2 Nr. 4 FamFG eine Abtrennung nicht zulässig, da diese voraussetzt, dass alle Mitwirkungshandlungen stattgefunden haben. Ob eine Abtrennung wegen unzumutbarer Verzögerung erfolgen kann, (§ 140 Abs. 2 Nr. 5 FamFG) wird hierdurch nicht ausgeschlossen, sofern die unzumutbare Härte in der Person festgestellt werden kann, die ihre Mitwirkungshandlungen vollständig erfüllt hat.

VI. Ausschluss, Herabsetzung und Vereinbarungen

47   Entscheidungen zum Versorgungsausgleich werden erst mit Rechtskraft wirksam und sind immer zu begründen (§ 224 FamFG). Eine Begründung liegt nicht vor, wenn für den jeweiligen Ausgleich nur der Gesetzestext wiederholt wird oder aber nur in einem Satz ausgeführt wird, dass die Entscheidung ergeht aufgrund der amtlichen Ermittlung der Anrechte und der zustimmenden Erörterung der Eheleute im Termin.

48   Ergänzend sieht § 224 Abs. 3 FamFG ausdrücklich vor, dass im Beschluss **Feststellungen** zu erfolgen haben, wenn ein Abweichen vom Regelausgleich erfolgt. Dies bedeutet eine Veränderung der Rechtsfolgen, denn nach ständiger Rechtsprechung konnte auch eine Genehmigung einer Vereinbarung keine Folgen zeitigen, wenn die Vereinbarung unwirksam war (jurisPR-FamR/*Strohal* 2/2005 Anm. 6), denn nach § 53d FGG wurde der Ausgleich nur durchgeführt, soweit keine Änderung durch Vertrag erfolgt war. Die Änderung selbst wurde im Gegensatz zur jetzigen Regelung nicht in den Tenor aufgenommen. Mit der Aufnahme in den Tenor erwachsen diese Abweichungen auch in **formelle** und **materielle Rechtskraft** (vgl. AnwZert FamR 20/2009, Anm. 1, *Friederici*).

1. Kurze Ehezeit § 3 Abs. 3 VersAusglG

49   Wird eine Ehe schon nach kurzer Zeit geschieden, sind regelmäßig noch keine besonders ins Gewicht fallender Vorsorgeunterschiede festzustellen. Beträgt die Ehezeit nicht mehr als 36 Monate (3 Jahre), findet ein Versorgungsausgleich nur auf Antrag statt. Im Einzelfall kann es für eine Partei vorteilhaft sein, wenn der Ausgleich trotz der kurzen Zeit durchgeführt wird. Dies insb. dann, wenn durch die mittelbaren Folgen des Ausgleichs Wartezeitlücken aufgefüllt werden (§ 52 SGB VI).

Muster: Durchführung auch bei kurzer Ehezeit

50   An das

Familiengericht

.....

In der Ehesache

..... ./. .....

..... (AZ)

hat das Familiengericht mitgeteilt, dass die Ehezeit nicht mehr als 36 Monate beträgt.[1]

Für die von mir vertretene Ehefrau beantrage ich, den Versorgungsausgleich durchzuführen.

1. Antrag und Begründung. Der Antrag auf Durchführung des Versorgungsausgleichs verpflichtet das Familiengericht, die notwendigen Auskünfte von Amts wegen einzuholen. Es bedarf keiner Begründung. Zu beachten ist, dass der Antrag auch von der Partei selbst gestellt werden kann, da insoweit auch im Scheidungsverbund kein Anwaltszwang besteht (§ 114 Abs. 4 Nr. 7 FamFG). Wird kein Antrag gestellt, ist zu beachten, dass die Nichtdurchführung aufgrund dieser Vorschrift eine Aufnahme in den Tenor (§ 224 Abs. 3 FamFG) erfordert.

2. Vereinbarungen

Als Rechtsgrundlage für Vereinbarungen stellte das alte Recht zwei Vorschriften zur Verfügung. Der Ausgleich war nach § 53d FGG unter Berücksichtigung einer wirksamen Vereinbarung durchzuführen. 												51

Nach § 1408 Abs. 2 BGB konnte durch einen Ehevertrag auf den Versorgungsausgleich verzichtet oder derselbe modifiziert werden. Wurde jedoch binnen Jahresfrist ab Beurkundung das Scheidungsverfahren rechtshängig, wurde die Vereinbarung wirkungslos. 												52

War die Jahresfrist zwischen der notariellen Vereinbarung und Scheidungsantrag überschritten, war es für den Ausschluss nach § 1408 Abs. 2 BGB unbeachtlich, ob der Vertrag tatsächlich schon in Scheidungsabsicht – verdeckt oder offen – geschlossen worden ist. Nach OLG Brandenburg (OLG Brandenburg, FamRZ 2003, 1289) unter Berufung auf die überwiegende Meinung in der Literatur wurde eine Umgehung des § 1587o BGB allein durch die Jahresfrist verhindert. 												53

Nach Einleitung des Scheidungsverfahrens bedurfte eine Vereinbarung, die nur nach § 1587o BGB zulässig war, zur Wirksamkeit der **Genehmigung** durch das FamG. Diese war zu verweigern, wenn durch die Vereinbarung die vereinbarte Leistung nicht zu einer dem Ziel des Versorgungsausgleichs entsprechenden Sicherung des Berechtigten geeignet oder zu keinem nach Art und Höhe angemessenen Ausgleich unter den Ehegatten führte (§ 1587o Abs. 2 Satz 4 BGB). 												54

Das VersAusglG gibt den Eheleuten wesentlich größere Freiheiten für Vereinbarungen. Auch hängt die Wirksamkeit nicht mehr davon ab, ob bestimmte Fristen abgelaufen sind oder eine Genehmigung des FamG erteilt wurde (*Wick*, FPR 2009, 219). 												55

Durch die Verweisung in den §§ 6 bis 8 VersAusglG können durch eine Vereinbarung Anrechte übertragen oder begründet werden, wenn die maßgeblichen Regelungen dies zulassen und die betroffenen Versorgungsträger dies zulassen (§ 8 Abs. 2 VersAusglG). Auch ist zu beachten, dass auch Durchsetzungshindernisse entgegenstehen können und dies ist von Amts wegen zu berücksichtigen (§ 7 Abs. 2 VersAusglG). Durch die Beteiligung der Versorgungsträger ist weitgehend sichergestellt, dass auf solche Hindernisse hingewiesen wird, sofern die Beteiligten – ordnungsgemäß – an der Rechtsfindung beteiligt werden. 												56

Formal sind alle Vereinbarungen, die vor Rechtskraft der Scheidung geschlossen werden, nur bei notarieller Beurkundung oder gerichtlicher Protokollierung wirksam (§ 7 VersAusglG). Vereinbarungen sind nach dem Willen des Gesetzgebers grds. wirksam und zu beachten und unterliegen nur einer Wirksamkeits- oder Ausübungskontrolle entsprechend der Rechtsprechung des BVerfG und des BGH (BVerfG, FamRZ 2001, 343; BGH, FamRZ 2004, 601). Die Rechtsprechung des BGH wird ausführlich und systematisch dargestellt von Bergschneider (Richterliche Inhaltskontrolle von Eheverträgen, Verlag C.H. Beck, 2008; vgl. auch Bergschneider, Verträge in Familiensachen, 4. Aufl. 2010; Münch, Vereinbarungen zum neuen Versorgungsausgleich, 2010). 												57

Vereinbarungen können nach der geänderten Fassung des § 1408 Abs. 2 BGB auch in einem Ehevertrag geschlossen werden. Auf diese Vereinbarung finden die Vorschriften der §§ 6 und 8 VersAusglG Anwendung. Entfallen ist die Jahresfrist, durch die es zur Auflösung der Vereinbarung durch Zeitablauf kommen konnte. Dies bedeutet aber auch, dass Eheverträge, für die noch bei Abschluss die Jahresfrist von Bedeutung war, nach neuer Rechtslage zu beurteilen sind, wenn die Ehescheidung ab dem 01.09.2009 beantragt wurde. Mit der Rechtshängigkeit entfällt damit nicht die Vereinbarung. 												58

Wurde die Scheidung bis zum 31.08.2009 beantragt und die Zustellung erfolgte demnächst, tritt die Wirkung schon mit der unbedingten Einreichung ein und die Vereinbarung ist damit gegenstandslos (*Friederici*, FF 2009, 230, 231 unter II 1.).

59 Zwar ist der Versorgungsausgleich von Amts wegen durchzuführen, jedoch hat dies nicht zur Konsequenz, dass von Amts wegen immer zu prüfen ist, ob Verträge den Prüfungskriterien standhalten. Weder nach FGG noch nach FamFG bedeutet die Amtsermittlung, dass nach allen denkbaren Seiten zu prüfen und zu ermitteln ist.

60 Ausdrücklich besagt § 26 FamFG, dass von Amts wegen die »erforderlichen Ermittlungen« durchzuführen sind. Erforderlich ist also, dass für das FamG Anhaltspunkte erkennbar sind, die von Relevanz sein könnten und deshalb Anlass zur Feststellung von Tatsachen geben. Unrichtig ist deshalb die Ansicht des AG Ludwigslust, dass immer auch die Auskünfte zu erteilen seien (AG Ludwigslust, FamRZ 2011, 1868).

61 Die Amtsermittlung im Rahmen einer **Wirksamkeitskontrolle** hat stets zu beachten, dass durch eine Vereinbarung der Parteien nicht ein Ehegatte mehr oder minder automatisch nach Rechtskraft der Scheidung der Allgemeinheit zur Last fällt. Dies ist z. B. stets dann der Fall, wenn ein vollständiger Ausschluss einer Versorgung einschl. Unterhalt vereinbart wird und sofort **Sozialleistungen** beansprucht werden müssen (BGH, FamRZ 2007, 197–199; BGH, FamRZ 1983, 137–140). In allen anderen Fällen wird ein Ehegatte **Anlass** zur Amtsermittlung geben, weil er sich auf die Unwirksamkeit oder Teilunwirksamkeit der Vereinbarung beruft. Dasselbe gilt für die **Ausübungskontrolle**.

62 Wird im Scheidungsverfahren eine – formwirksame – Vereinbarung von einer Partei vorgelegt und von der anderen Partei keinerlei Einwände erhoben, besteht kein Anlass für eine Ermittlung in Bezug auf Wirksamkeits- oder Ausübungskontrolle. Es bedarf auch keines formellen Antrages diesbezüglich, sondern der Sachvortrag gibt den Anstoß für eine Amtsermittlung.

63 Besonders für eine spätere Ausübungskontrolle ist es dringend anzuraten, in einem entsprechenden Ehevertrag die Motivation für die jeweilige Vereinbarung anzugeben, damit später nachvollziehbar ist, ob es sich um eine vom Vertrag abweichende Entwicklung handelt.

64 Der Rangfolge im Wertausgleich folgen alle Anrechte, soweit nicht durch Vereinbarung die Ehegatten den Ausgleich geregelt haben (§ 9 Abs. 1 VersAusglG).

Muster: Anregung zur Wirksamkeits- oder Ausübungskontrolle

65 An das

Familiengericht

.....

In dem Verfahren

..... ./. .....

..... (Az)

hat der Ehemann die notariell beurkundete Vereinbarung der Parteien vom ..... vorgelegt, in der meine Mandantin auf die Durchführung des Versorgungsausgleichs verzichtet hat.

Meine Mandantin widerspricht der Berücksichtigung dieser Vereinbarung. Meine Mandantin wurde am Tag der Eheschließung gezwungen, die Vereinbarung zu unterschreiben, da sonst die Eheschließung nicht erfolgt wäre.[1]

Richtig ist, dass der Vertrag notariell vor 23 Jahren beurkundet wurde. Im Vertrag wurde der Versorgungsausgleich und auch der Unterhalt ausgeschlossen, da – dies ergibt sich aus dem Vertrag – beide Parteien berufstätig waren und eine kinderlose Ehe geplant war. Dies hat sich aber schon nach vier Ehejahren geändert. Nach Geburt des ersten Kindes hat meine Mandantin – ausdrücklich auch auf Wunsch des Ehemannes – ihre Berufstätigkeit aufgegeben. In den Folgejahren wurden noch vier weitere Kinder geboren und meine Mandantin hat sich bis zur Trennung des Ehemannes einvernehmlich der Kindesbetreuung und dem Haushalt gewidmet. Die Berufung des Ehemannes auf den Ausschluss des Versorgungsausgleichs und jeden Unterhalts bedarf der Anpassung an die wesentlich geänderten Verhältnisse.[2]

1. Wirksamkeitskontrolle. Der Sachvortrag, der sich auf einen vom BGH entschiedenen Sachverhalt bezieht, gibt Anlass zu Ermittlungen, ob bei Abschluss eine Zwangslage entstanden sein könnte und dies zur Nichtigkeit des gesamten Vertrages – oder eines Teils – führt.

2. Ausübungskontrolle. Der wirksame Abschluss des Vertrages wird nicht bestritten. Es werden jedoch Entwicklungen aufgezeigt, die nach dem Inhalt des Vertrages nicht beabsichtigt waren und dadurch muss das FamG diesen Fragen von Amts wegen nachgehen und ggf. eine Vertragsanpassung vornehmen.

3. Beschränkung und Wegfall wegen grober Unbilligkeit

Ebenso wie nach § 1587c BGB kommt ein Ausgleich nicht in Betracht, soweit er grob unbillig wäre (§ 27 VersAusglG). Auf die Rechtsprechung des BVerfG und des BGH kann vorbehaltlos Bezug genommen werden. Die für die Beurteilung maßgeblichen verfassungsrechtlichen Fragen insb. der gemeinsamen Berechtigung der Eheleute auch nach Trennung und Scheidung am in der Ehe erworbenen Vermögen (vgl. BVerfGE 53, 257, 293 ff.) wie auch der Anwendung der Härtefallklausel des § 1587c BGB zur Vermeidung verfassungswidriger Ergebnisse des Versorgungsausgleichs (BVerfGE 66, 324, 330) hat das BVerfG entschieden (BGH, FamRZ 2003, 1173–1175). Zum Versorgungsausgleich hat es ausgeführt: Art. 6 Abs. 1 i. V. m. Art. 3 Abs. 2 GG schützt die Ehe als eine Lebensgemeinschaft gleichberechtigter Partner (vgl. BVerfGE 10, 59, 66 f.; 35, 382, 408). Die Ehegatten können ihre persönliche und wirtschaftliche Lebensführung in gemeinsamer Verantwortung bestimmen und dabei insb. selbstverantwortlich darüber entscheiden, wie sie untereinander die Familien- und Erwerbsarbeit aufteilen wollen (BVerfGE 57, 361, 390; 61, 319, 347; 66, 84, 94; 68, 256, 268). Dabei sind die jeweiligen Leistungen, die die Ehegatten im Rahmen ihrer innerfamiliären Arbeitsteilung erbringen, als grds. gleichwertig anzusehen. Haushaltsführung und Kinderbetreuung haben für das gemeinsame Leben der Ehepartner keinen geringeren Wert als das Erwerbseinkommen des berufstätigen Ehegatten (vgl. BVerfGE 66, 324, 330; BVerfG). Aus Art. 6 Abs. 1 i. V. m. Art. 3 Abs. 2 GG folgt in diesem Zusammenhang, dass beide Eheleute gleichermaßen an dem in der Ehe erworbenen Vermögen berechtigt sind (BVerfGE 53, 257, 296). Deshalb dürfen die während der Ehe nach Maßgabe der von den Ehegatten vereinbarten Arbeitsteilung erwirtschafteten Versorgungsanrechte nach der Scheidung gleichmäßig auf beide Partner verteilt werden (BVerfGE 53, 257, 296). Der Versorgungsausgleich dient ebenso wie der Zugewinnausgleich der Aufteilung von gemeinsam erwirtschafteten Vermögen der Eheleute, welches nur wegen der in der Ehe gewählten Aufgabenverteilung einem der Ehegatten rechtlich zugeordnet war (BGH, NJW 1990, 2746). Dabei korrespondiert mit der Rechtfertigung des Eingriffs in die durch Art. 14 Abs. 1 GG geschützten Rechtspositionen des ausgleichsverpflichteten Ehegatten durch Art. 6 Abs. 1 i. V. m. Art. 3 Abs. 2 GG ein verfassungsrechtlicher Anspruch aus eben diesen Grundrechten auf gleiche Teilhabe am in der Ehe erworbenen Vermögen.

In diesem Zusammenhang hat die Härtefallklausel die Funktion eines Gerechtigkeitskorrektivs. Sie soll als Ausnahmeregelung eine am Gerechtigkeitsgedanken orientierte Entscheidung in solchen Fällen ermöglichen, in denen die schematische Durchführung des Versorgungsausgleichs zur »Prämierung« einer groben Verletzung der aus der ehelichen Gemeinschaft folgenden Pflichten führen (BVerfGE 53, 257, 298) oder gegen die tragenden Prinzipien des Versorgungsausgleichs verstoßen würde (BVerfGE 66, 324, 331). Bei der Auslegung des Merkmales der »groben Unbilligkeit« in § 1587c Nr. 1 BGB ist daher zu beachten, dass es Zweck dieser Vorschrift ist, solche mit der Durchführung des Versorgungsausgleichs verbundenen Eingriffe in die durch Art. 14 Abs. 1 GG bzw. 33 Abs. 5 GG geschützten Rechte des Ausgleichsverpflichteten zu vermeiden, die nicht mehr durch Art. 6 Abs. 1 i. V. m. Art. 3 Abs. 2 GG gerechtfertigt sind. Die Vorschrift kann daher nicht dazu

66

67

herhalten, jegliches eheliches Fehlverhalten durch einen Ausschluss oder eine Beschränkung des Versorgungsausgleichs zu sanktionieren. Ihre Auslegung hat sich vielmehr an der gesetzgeberischen Zielsetzung des Versorgungsausgleichs insgesamt zu orientieren. Soll die Norm die gleichberechtigte Teilhabe der Eheleute an dem in der Ehe erworbenen Versorgungsvermögen verwirklichen und dem Ehegatten, der insb. wegen der Aufteilung der Erwerbs- und Familienarbeit in der Familie keine eigenen Versorgungsanwartschaften hat aufbauen können, eine eigene Versorgung verschaffen (BT-Drucks. 7/4361, S. 43), muss sich das Vorliegen einer groben Unbilligkeit, wie auch der Wortlaut von § 1587c Nr. 1 BGB zeigt, aus den beiderseitigen Verhältnissen der Eheleute ergeben. Es bedarf daher einer Würdigung aller Umstände, die die Verhältnisse der Eheleute in Ansehung des Versorgungsausgleichs prägen.

68   Der Versorgungsausgleich verwirklicht für den Fall der Scheidung die grds. gleiche Berechtigung der Eheleute am in der Ehe erworbenen Versorgungsvermögen. Er ist dabei grds. auch nicht dadurch bedingt, dass der ausgleichsberechtigte Ehegatte auf die Übertragung der Anwartschaften angewiesen ist (BT-Drucks. 7/650, S. 162). Umgekehrt unterliegt die Durchführung des Versorgungsausgleichs auch dann keinen verfassungsrechtlichen Bedenken, wenn er dazu führt, dass der Verpflichtete aufgrund der Kürzung seiner Anwartschaften auf ergänzende Sozialleistungen angewiesen sein wird (BVerfGE 53, 257, 298 f.). Erst wenn die Durchführung des Versorgungsausgleichs unter Berücksichtigung aller sonstigen Umstände, wozu bei atypischen Vermögenslagen auch eine anderweitige Sicherung des Ausgleichsberechtigten bei besonderer Bedürftigkeit des Verpflichteten gehören kann, zu einem insgesamt nicht mehr dem Grundsatz der hälftigen Berechtigung der Eheleute am gemeinsam in der Ehezeit erwirtschafteten Vermögen entsprechenden Ergebnis führt, kann die Härtefallklausel zur Vermeidung grundrechtswidriger Ergebnisse herangezogen werden. Dies setzt jedoch zwingend auch eine Prüfung der Situation des Ausgleichsverpflichteten unter Berücksichtigung der Folgen voraus, die die Durchführung des Versorgungsausgleichs für ihn hat.

69   Der Umstand der Kindesbetreuung durch einen Elternteil und die Führung des Haushaltes ist ein wichtiger Gesichtspunkt. Nur durch diese Arbeitsteilung wird es aber dem Ehemann überhaupt möglich, die Anwartschaften in dem vorhandenen erheblichen Umfang zu erwerben. Auch soweit oft eingewandt wird, aufgrund ehelichen Fehlverhaltens während Zeiten der Kindererziehung bestehe kein Vertrauensschutz, durch den Versorgungsausgleich gesichert zu werden, ist dies für die Beurteilung der Frage, ob mit der Durchführung des Versorgungsausgleichs eine grobe Unbilligkeit für den Ausgleichsverpflichteten verbunden ist, ohne Belang. Auf ein Vertrauen und dessen Schutzwürdigkeit kommt es beim Versorgungsausgleich nicht an, zumal Verschuldensmomente nach der Eherechtsreform im geltenden Eherecht keine Berücksichtigung mehr finden.

70   Auch eine »innere Abwendung« eines Ehegatten ist i. R. d. Versorgungsausgleichs unerheblich, da dieser nicht als Belohnung für eheliche Treue dienen soll, sondern die Abwicklung und Aufteilung einer Vermögensgemeinschaft bewirken soll.

71   Die Hürden für einen Ausschluss sind durch diese Grundsatzentscheidungen sehr hoch, kurzzeitiges **Fehlverhalten** wird hierfür grds. nicht ausreichend sein. Bevor ein vollständiger Ausschluss zum Tragen kommt, wird auch zu prüfen sein, ob eine **Herabsetzung** ausreichend ist. Aufgrund des veränderten Ausgleichssystems wird auch an eine Herabsetzung oder einen Ausschluss einzelner Anrechte zu denken sein. Auf jeden Fall kann mit der neuen Vorschrift wesentlich flexibler durch das FamG reagiert werden (zustimmend Weil ff. 2009, 149, 152; ausführliche Kasuistik bei Borth, Versorgungsausgleich, 6. Aufl. 2012, Rn. 855–886).

72   Soweit ein Ausschluss oder eine Herabsetzung erfolgt, muss dies in den Beschlusstenor aufgenommen werden (§ 224 Abs. 3 FamFG). Dadurch bedingt nimmt diese Entscheidung an der Rechtskraft (formell und materiell) teil. Eine spätere Abänderung kommt deshalb nicht mehr in Betracht, da im Gegensatz zur alten Rechtslage keine Totalrevision mehr erfolgen kann, ebenso auch keine Änderung der Ausgleichsrichtung.

4. Geringfügigkeit

Da nach dem VersAusglG im Gegensatz zur alten Rechtslage keine Saldierung der Anrechte erfolgt, diese vielmehr einzeln auszugleichen sind unter ggf. ständigem Wechsel der Ausgleichsrichtung, kann auch im Einzelfall ein Ausgleich entfallen. Insoweit unterscheidet sich die Regelung von dem zeitweilig gültigen § 3c VAHRG, der einen Ausschluss bei geringem Wertunterschied vorsah, um insb. die Leistungsträger von Kleinstbeträgen zu entlasten (BGH, FamRZ 1990, 1097–1099).

73

Nach § 18 Abs. 1 VersAusglG kann der Ausgleich entfallen, wenn die Differenz aller Anrechte, die auf Kapitalbasis sich beziehen, gering ist. In der gesetzlichen Rentenversicherung bestehende Anrechte und Anrechte aus einem Zeitsoldatenverhältnis, die nach § 44 Abs. 4 VersAusglG mit dem Wert einer fiktiven Nachversicherung in der gesetzlichen Rentenversicherung zu bewerten sind, sind als gleichartig im Sinne von § 18 Abs. 1 VersAusglG anzusehen (BGH, Beschl. v. 08.01.2014 – XII ZB 366/13 –, juris). Die Regelung in § 18 Abs. 2 VersAusglG bezieht sich in Abweichung hierzu auf ein einzelnes Anrecht, dessen Ausgleichswert gering ist. Diese Regelung kommt aber dann nicht mehr zum Zuge, wenn eine Prüfung nach Abs. 1 erfolgt ist (BGH, Beschl. v. 18.01.2012 – XII ZB 501/11 –, juris).

74

In Abs. 3 wird der geringe Wert definiert unter Bezugnahme auf die Vorschriften des § 18 SGB IV. Da der dort enthaltene Wert gesetzlich fortgeschrieben wird, verändert sich auch die Wertigkeit was zur Folge hat, dass die Wertigkeit sich an die Entwicklung jeweils anpasst. Ausgehend vom Jahr 2009 beträgt der Rentenwert derzeit 24,85 €, der Kapitalwert 2.982,00 €.

75

Durch den Wortlaut der Bestimmung ist dem FamG ein Ermessensspielraum eingeräumt, die Anwendung der Bagatellklausel erscheint daher nicht zwingend. Andererseits sieht § 9 Abs. 3 VersAusglG bei geringer Differenz vor, dass § 18 VersAusglG anzuwenden ist. Das »soll« in § 18 VersAusglG kann daher wohl als zwingende Vorschrift angesehen werden. Die auf Entgeltpunkten und die auf Entgeltpunkten (Ost) beruhenden Anrechte eines Ehegatten sind bei Anwendung des § 18 Abs. 2 VersAusglG regelmäßig als Einheit anzusehen mit der Folge, dass nicht eines der beiden (Teil-) Anrechte wegen Geringfügigkeit seines Ausgleichswerts vom Versorgungsausgleich auszunehmen ist. Hat der andere Ehegatte allerdings seinerseits ein Anrecht von geringem Ausgleichswert erworben, so kann es angemessen sein, neben diesem im Gegenzug auch das in einem Teil Deutschlands erworbene Anrecht der gesetzlichen Rentenversicherung nach § 18 Abs. 2 VersAusglG vom Ausgleich auszunehmen (juris OLG Celle, Beschl. v. 04.03.2010 – 10 UF 282/08) Diese Rechtsauffassung ist mit der amtl. Begründung nicht zu vereinbaren und widerspricht auch der Regelung in § 18 Abs. 2 VersAusglG (*Bergner*, FamFR 2010, 221). Der BGH hat durch eine Grundsatzentscheidung (BGH, Beschl. v. 01.02.2012 – *XII ZB 172/11*, FamRZ 2012, 610-615) entschieden, dass nach Anwendung von Abs. 1 nicht mehr eine Prüfung nach Abs. 2 zulässig ist. Auch ist eine Gesamtbetrachtung notwendig und auch kleine Anrechte grds. auszugleichen, da der Halbteilungsgrundsatz Vorrang hat.

76

Muster: § 18 VersAusglG

An das

77

Familiengericht

.....

In dem Scheidungsverfahren

..... ./. .....

.....

rege ich an, bezüglich folgender Anrechte nach § 18 VersAusglG zu verfahren: .....[1]

1. Anregung. Aufgrund der Ausgestaltung als Soll-Vorschrift kann kein entsprechender Antrag gestellt werden. Unschädlich ist aber die Formulierung als Antrag, da entscheidend die Rechtslage ist, nicht eine fehlerhafte Bezeichnung.

Zu beachten ist, dass nach § 224 Abs. 3 FamFG alle Fälle, die nach § 18 Abs. 1, 2 VersAusglG behandelt werden, im **Beschlusstenor** aufgeführt sein müssen und damit von der **Rechtskraft** erfasst werden.

5. Fehlende Ausgleichsreife (§ 19 VersAusglG)

78   Ausgenommen vom Ausgleich sind auch alle Anrechte, denen im Zeitpunkt der Entscheidung die Ausgleichsreife fehlt. Das Gesetz zählt in § 19 Abs. 2 VersAusglG die Fälle abstrakt auf. Eine noch verfallbare Betriebsrente (dem Grunde oder der Höhe nach) gehört hierzu, ebenso Anrechte, die einer Abschmelzung unterliegen, Anrechte im Ausland oder bei einem überstaatlichen Versorgungsträger. Erteilt ein Versorgungsträger eine Auskunft dahin gehend, dass noch keine Unverfallbarkeit vorliegt, muss das FamG nachfragen, wann dies der Fall sein kann. Dies deshalb, weil nach § 5 Abs. 2 VersAusglG der Eintritt der Unverfallbarkeit vor einer Entscheidung noch zur Berücksichtigung bei der Erstentscheidung führt und damit das Anrecht nicht dem schuldrechtlichen Ausgleich unterfällt.

79   Auch ist ein Anrecht nicht auszugleichen, wenn dies für den Ausgleichsberechtigten unwirtschaftlich wäre, insb. – wie früher in § 1587b Abs. 4 BGB definiert – sich nicht zu seinen Gunsten auswirken würde.

80   Diese Anrechte bleiben einem schuldrechtlichen Ausgleich vorbehalten, der sich nach den §§ 20 ff. VersAusglG regelt. Zulässig ist aber in diesen Fällen auch eine Abfindung, für die in den §§ 23 ff. VersAusglG ebenso wie nach den alten Vorschriften des BGB (§ 1587l BGB) eine Zweckbindung vorsieht. Der Anspruch setzt aber voraus, dass der Ausgleichspflichtige zur Leistung, ggf. auch in Raten, in der Lage ist (§ 23 Abs. 3 VersAusglG).

81   Die Abfindung konkurriert mit der Möglichkeit einer Vereinbarung, durch die bestimmte Anrechte vom Ausgleich ausgenommen werden. Der Umfang der Vereinbarung wird, ebenso wie früher nach § 1587o Abs. 2 BGB, sehr weit zu spannen sein und auch den Unterhalt und die Vermögensauseinandersetzung einbeziehen können. Nach der hier vertretenen Auffassung ist in diesem Fall keine Zweckbindung im Sinne von § 23 VersAusglG zu beachten.

82   Die fehlende Ausgleichsreife ist nicht in den Beschlusstenor aufzunehmen. Das jeweilige Anrecht muss aber in den Entscheidungsgründen (§ 224 Abs. 4 FamFG) genannt werden, da es nur dann später nach den §§ 20 ff. VersAusglG berücksichtigt werden kann.

B. Ausgleichsverfahren

I. Ermittlung der Anrechte

83   Aufgrund der Auskünfte der Eheleute (bzw. Lebenspartner) ermittelt das FamG die Anrechte, die entsprechend § 2 VersAusglG im Versorgungsausgleich zu berücksichtigen sind. Insb. sind alle im Inland und Ausland bestehenden Anwartschaften auf eine Versorgung und Ansprüche auf laufende Versorgungen, insb. aus der gesetzlichen Rentenversicherung, aus anderen Regelsicherungssystemen wie der Beamtenversorgung oder der berufsständischen Versorgung, aus der betrieblichen Altersversorgung oder aus der privaten Alters- und Invaliditätsversorgung zu ermitteln.

84   Voraussetzung für die Berücksichtigung ist aber nach Abs. 2, dass das Anrecht durch Arbeit oder Vermögen geschaffen oder aufrechterhalten wurde. Auch muss es zur Absicherung im Alter oder bei Invalidität, insb. wegen verminderter Erwerbsfähigkeit, Berufsunfähigkeit oder Dienstunfähigkeit dienen. Es bedarf also im Zweifelsfall der Feststellung, dass das Anrecht zu diesem Zweck geschaffen wurde.

Trotz der Verweisung auf die Vorschriften des schuldrechtlichen Ausgleichs ist ein Anrecht der   85
Privatversorgung wegen Invalidität von Amts wegen i. R. d. internen Teilung durchzuführen (§ 28
VersAusglG). Der Anspruch gilt als in der Ehezeit in voller Höhe erworben. Da der Ausgleich von
Amts wegen durchzuführen ist, wird auch in dem Fragebogen zur Ermittlung der erworbenen An-
rechte diese Vorsorgeleistung aufgeführt. Es ist zweckmäßig, dem Familiengericht davon Mitteilung
zu machen, dass in der Person des Mandanten die Voraussetzungen für den Anspruch vorliegen.

1. Muster: Realteilung nach § 28 VersAusglG

An das   86

Familiengericht

In der Ehesache

Az .....

hat der Antragsgegner in seiner Auskunft mitgeteilt, dass er seine Renten nach § 28 VersAusglG
bezieht. Ich darf darauf hinweisen, dass der Antragstellerin hiervon die Hälfte zuzuteilen ist, denn
sie erfüllt die gesetzlich geforderten Voraussetzungen.

Der Versicherungsfall ist in der Ehezeit eingetreten. Die Antragstellerin bezieht eine laufende Versorgung wegen Invalidität bzw. die gesundheitlichen Voraussetzungen hierfür sind erfüllt.

Beweis: anliegender Bescheid/Sachverständigengutachten

Auch muss das Anrecht auf Rente, nicht also auf eine Kapitalleistung, gerichtet sein. Nur bei einer   87
Rente nach dem Betriebsrentengesetz oder des Altersversorgungsverträge-Zertifizierungsgesetzes ist
der Ausgleich auch für Kapitalleistungen zulässig. Die bisherige Rechtsprechung des BGH, die auch
bei Betriebsrenten diese dem Zugewinn zugeordnet hat, wenn sie auf Kapital lauteten, ist daher
nicht mehr anzuwenden (BGH, FamRZ 1992, 411).

Nach bisheriger Rechtslage konnte eine private Lebensversicherung auf Rentenbasis mit Kapitalwal-   88
recht durch Ausübung desselben nach Ablauf der Verjährungsfrist aber vor Eintritt des Versorgungsfalles sowohl dem Versorgungsausgleich als auch dem Zugewinn entzogen werden (BGH, FamRZ
1981, 25; OLG Koblenz, NJW 1978, 2040; OLG Karlsruhe, NJW 1978, 2247; OLG Frankfurt
am Main, FamRZ 1979, 150; Glosse hierzu: *Fließ* FamRZ 1978, 394; *Friederici*, MDR 1978, 196;
Vogel JurBüro 1980, 485; a. A. *Friederici* AnwBl. 1980, 87 (88) m. w. N.). Aufgrund des zukünftigen Wegfalls einer Totalrevision entsprechend dem bisherigen § 10a VAHRG und der Rechtskraft
der Entscheidung aufgrund von Realteilung (§ 224 FamFG) kann zwar der Anrechtsinhaber auch
in Zukunft sein Wahlrecht ausüben, das kann aber nicht den Teil rechtlich verändern, der dem anderen Ehegatten aufgrund der Entscheidung als Anspruch zugeordnet wurde.

2. Allgemeines Auskunftsersuchen

Beim jeweiligen Leistungsträger erfolgt die Anfrage allgemein und unter Hinweis sowohl auf die   89
Auskunftspflicht einerseits und auch über den Inhalt der Auskunft. Die dem Anspruch entsprechenden Antwortvordrucke (s. Rdn. 221), sind dem allgemeinen Auskunftsersuchen beizufügen. Für die
Beantwortung hat der Leistungsträger diese nur dann nicht zu benutzen, wenn die Auskunft automatisiert erteilt wird (§ 220 Abs. 2 FamFG).

3. Auskunft betriebliche Altersversorgung

Für die betriebliche Altersversorgung erfolgt die Anfrage mit dem bundeseinheitlichen Anschreiben   90
V21 (s. Rdn. 222), dem ein ausführliches Merkblatt V22 (s. Rdn. 223) beigefügt wird.

91   Für die Antwort des Leistungsträgers ist zunächst ein allgemeines Schreiben vorgesehen, durch das
      dem FamG mitteilt werden kann, ob mehrere Anrechte bestehen. Dies ist insb. erforderlich, wenn
      mehrere rechtlich getrennte Versorgungen bestehen. Dies ist z. B. der Fall bei vielen Banken, die
      sowohl eine eigene Versorgungszusage erteilt haben, aber auch Mitglied im BVV (Banken Versiche-
      rungs-Verein, Berlin) sind (s. Rdn. 224).

4. Auskunft private Altersversorgung

92   Aufgrund der allgemeinen Anfrage wird für die Antwort der Vordruck V40 (s. Rdn. 226) beigefügt.
      Abgefragt wird hier auch, ob der Leistungsträger eine externe Teilung wünscht.

5. Auskunft öffentliches Dienst- oder Amtsverhältnis

93   Bei einem öffentlichen Dienst- oder Amtsverhältnis ist die Anfrage kürzer als in den anderen Fällen.
      Dies beruht darauf, dass hier davon ausgegangen werden muss, dass die Berechnung des auszuglei-
      chenden Anrechtes umfangreich ist und deshalb wird auf eine Anlage verwiesen, die wie schon nach
      alter Rechtslage automatisiert erstellt wird.

94   Die Anfrage erfolgt mit dem Vordruck V20 (Allgemeine Auskunftsersuchen, s. Rdn. 221), für die
      Beantwortung ist der Vordruck V50 (s. Rdn. 227) vorgesehen.

6. Auskunft aus einer öffentlich-rechtlichen Zusatzversorgung

95   Da es sich bei der öffentlich-rechtlichen Zusatzversorgung auch um eine betriebliche Altersversor-
      gung handelt erfolgt die Anfrage mit dem allgemeinen Vordruck V20 (s. Rdn. 221). Da auch hier
      mehrere Leistungsträger involviert sein können, wird mit dem Vordruck V60 (s. Rdn. 228) eine all-
      gemeine Übersicht und mit dem Vordruck V61 (s. Rdn. 229) eine Auskunft der Zusatzversorgung
      abgefragt.

7. Auskunft berufsständische Versorgung

96   Aufgrund der allgemeinen Anfrage wird die Auskunft mit dem Vordruck V70 (s. Rdn. 230) abge-
      fragt. Es ist auch hier zu beachten, dass die Verwendung dieses Vordruckes zwar gesetzlich gefordert
      wird, jedoch im Fall der automatisierten Auskunft kein Benutzungszwang besteht.

II. Ausgleichsformen

97   Der Wertausgleich bei Scheidung, wie die offizielle Überschrift vor § 9 VersAusglG lautet, sieht vor,
      dass i. d. R. eine interne Teilung nach den §§ 10 bis 13 VersAusglG zu erfolgen hat.

98   Eine externe Teilung nach den §§ 14 bis 17 VersAusglG kommt nur dann in Betracht, wenn die Vo-
      raussetzungen nach § 14 Abs. 2 VersAusglG oder § 16 Abs. 1, 2 VersAusglG vorliegen.

99   Die interne Teilung ist daher die Regelausgleichsform. Wird durch den Versorgungsausgleich ein
      Anrecht für einen Ehegatten übertragen, wird dieser nach § 8 SGB VI zur versicherten Person.

100   Besteht für beide Ehegatten Anrechte gleicher Art beim demselben Versorgungsträger, erfolgt zwar
      für jedes Anrecht eine interne Teilung. Der Versorgungsträger wird aber den Ausgleich durch interne
      Verrechnung vollziehen i. H. d. Wertunterschiedes (§ 10 Abs. 2 VersAusglG). Diese Verrechnung
      erfolgt also nicht durch das FamG, sondern durch den Leistungsträger und dient der verwaltungs-
      rechtlichen Vereinfachung.

1. Interne Teilung § 11 VersAusglG

Die Anforderung an die interne Teilung werden durch § 11 VersAusglG definiert. Wichtigster Grundsatz ist, dass eine gleichwertige Teilhabe an dem Recht zu gewähren ist, das dem Ausgleich unterliegt. Damit entfällt jede Umrechnung oder sonstige Angleichung, da der Ausgleich des Anrechts rein mathematisch erfolgt. Es entfällt also jede systemangleichende Umrechnung und es bedarf aus diesem Grund auch nicht mehr einer BarwertVO oder vergleichbarer Instrumente.

101

Die Gleichwertigkeit des Ausgleichsanteils ist nach dem Gesetz gegeben, wenn

102

– für die ausgleichsberechtigte Person ein eigenständiges und entsprechend gesichertes Anrecht übertragen wird,
– ein Anrecht i. H. d. Ausgleichswertes mit vergleichbarer Wertentwicklung entsteht und
– der gleiche Risikoschutz gewährt wird.

Der übertragene Teil ist nach dieser Definition zwar losgelöst von dem Schicksal des Ursprungsrechts, wird aber i. Ü. ebenso behandelt wie dies. Besonders eindeutig ist diese Regelung, wenn beide Ehegatten demselben Vorsorgesystem angehören, also z. B. der gesetzlichen Rentenversicherung.

103

Im Fall der internen Teilung bei Anrechten der betrieblichen Altersversorgung bestimmt § 12 VersAusglG, dass der Berechtigte die Rechtsstellung eines ausgeschiedenen Arbeitnehmers erhält.

104

Entstehen dem Träger der Versorgung durch die interne Teilung **Kosten**, kann er angemessene Kosten mit den Anrechten beider Ehegatten verrechnen (§ 13 VersAusglG). Das FamG kann von Amts wegen oder auf Antrag eines Beteiligten nach § 220 Abs. 4 FamFG den Leistungsträger auffordern, seine Mitteilung/Berechnung detaillierter zu begründen, ebenso die von ihm berechneten Kosten. Ob – wie *Borth* meint (FamRZ 2009, 1361, 1363) – das FamG diese Kosten auch abändern kann erscheint mir nach dem Wortlaut des Gesetzes zweifelhaft, denn § 220 Abs. 4 FamFG sieht nur eine ergänzende Erläuterungspflicht vor, nicht aber eine Abänderungsmöglichkeit. Nach der hier vertretenen Auffassung wird das FamG bei **Unangemessenheit** des Abzuges es den Parteien freistellen, vor dem jeweiligen **Fachgericht** die Berechnung/Auskunft überprüfen zu lassen. Hierzu wird es nach § 221 FamFG eine **Frist** setzen. Wird die Auskunft nicht angefochten, kann das Gericht den Ausgleich auf der Grundlage der Mitteilung des Leistungsträgers durchführen.

105

Ansprüche aus einem öffentlich-rechtlichen Dienstverhältnis oder Amtsverhältnis können derzeit nur für Beamte des Bundes intern ausgeglichen werden. Durch das Gesetz über die interne Teilung beamtenrechtlicher Ansprüche von Bundesbeamten im Versorgungsausgleich (Art. 5 VAStrRefG, BGBl. I 2009, 700, 716) konnte der Bundestag dies nur für diesen Personenkreis regeln, da die Gesetzgebungskompetenz ansonsten bei den Bundesländern liegt. Selbst wenn alle Bundesländer gleichlautende Regelungen erlassen sollten, setzt ein grenzüberschreitender interner Ausgleich voraus, dass insoweit Anerkennungsvoraussetzungen geschaffen werden. Solange dies nicht der Fall ist, kommt aufgrund eines entsprechenden Landesgesetzes nur der interne Ausgleich innerhalb dieses Bundeslandes in Betracht.

106

Für Anrechte aus einem Beamtenverhältnis auf Widerruf sowie aus einem Dienstverhältnis eines Soldaten auf Zeit ist nach § 16 Abs. 2 VersAusglG immer der Ausgleich durch Begründung von Anrechten in der gesetzlichen Rentenversicherung zu begründen. Diese Regelung ist zwingend und kann durch Ländergesetze nicht geändert werden und kann nur ersetzt werden durch die interne Teilung.

107

2. Externe Teilung

Liegen die Voraussetzungen nach §§ 10, 11 VersAusglG nicht vor, erfolgt auf der Grundlage der §§ 14 bis 17 VersAusglG die externe Teilung. Diese Ausgleichsform ist weitgehend vergleichbar in ihrer Wirkung wie der Ausgleich nach § 1587b Abs. 2 BGB (Quasi-Splitting).

108

Im Gegensatz zum Regelfall der internen Teilung ist die externe Teilung an besondere Voraussetzungen geknüpft. Zweck der Regelung ist es, dem Träger einer Versorgung, allen voran der betrieblichen Altersversorgung, eine Möglichkeit zu geben, die Probleme zu vermeiden, die durch eine interne

109

Teilung entstehen. Durch die externe Teilung erlangt der zum Ausgleich berechtigte Ehegatte einen Leistungsanspruch außerhalb des Systems, aus dem das Anrecht kommt.

a) Voraussetzungen

110 Nach § 14 Abs. 2 VersAusglG ist eine externe Teilung nur durchzuführen, wenn:
- die ausgleichsberechtigte Person und der Versorgungsträger der ausgleichsberechtigten Person eine externe Teilung vereinbaren oder
- der Versorgungsträger der ausgleichspflichtigen Person eine externe Teilung verlangt und der Ausgleichswert am Ende der Ehezeit einen gesetzlich bestimmten Wert nicht übersteigt.

111 Ergänzt wird diese Regelung für besondere Fälle von **Betriebsrenten** durch § 17 VersAusglG und – soweit nicht Bundesbeamte betroffen sind – für Anrechte aus einem öffentlich-rechtlichen **Dienst- oder Amtsverhältnis** durch § 16 VersAusglG.

b) Durchführung

112 Im Gegensatz zur internen Teilung, bei der für den Berechtigten beim Leistungsträger der ausgleichspflichtigen Person ein Anrecht begründet wird, erfolgt der Ausgleich durch Zahlung des dem Ausgleichswert entsprechenden Kapitalwertes an einen Versorgungsträger des Berechtigten – ausgenommen hiervon sind die Fälle nach § 16 VersAusglG.

113 Haben sich Leistungsträger und Berechtigter auf eine externe Ausgleichung **geeinigt** (§ 14 Abs. 2 Nr. 1 VersAusglG), ist hinsichtlich der Höhe des Kapitalwertes keine gesetzliche Beschränkung zu beachten.

114 Will jedoch der Versorgungsträger **einseitig** extern teilen (§ 14 Abs. 2 Nr. 2 VersAusglG), darf der Ausgleichswert derzeit nicht höher als 2 % der maßgeblichen Bezugsgröße bei einem Rentenbetrag, in allen anderen Fällen darf er als Kapitalwert 240 % der monatlichen Bezugsgröße nach § 18 Abs. 1 SGB IV betragen.

115 Im Fall einer **Direktzusage** oder einer **Unterstützungskasse** (§ 17 VersAusglG) darf der Kapitalwert als Kapitalwert am Ende der Ehezeit höchstens die Beitragsbemessungsgrenze in der allgemeinen Rentenversicherung des SGB VI erreichen.

116 Mit Ausnahme vom Ausgleich unter Bundesbeamten – vgl. vorstehend – wird eine externe Teilung von Anrechten aus einem öffentlich-rechtlichen **Dienst- oder Amtsverhältnis** durch Begründung von Anrechten in der gesetzlichen Rentenversicherung begründet (§ 16 Abs. 1 VersAusglG). Diese Ausgleichstechnik entspricht dem früheren Quasi-Splitting nach § 1587b Abs. 2 BGB. Der Ausgleichswert ist in Entgeltpunkte der Rentenversicherung umzurechnen und dies muss im Beschlusstenor aufgenommen sein. Die Ermittlung der Entgeltpunkte wird durch § 76 Abs. 4 SGB VI geregelt (i. d. F. Art. 4 Nr. 3 VAStrRefG).

117 Auch wenn Anrechte aus dem Beitrittsgebiet auszugleichen sind entfällt mangels Saldierung die Aussetzung, weil jedes Anrecht für sich zum Ausgleich kommt. Jedoch sind die **Entgeltpunkte Ost** im Beschluss aufzunehmen, da die Wertigkeit divergiert von den West-Anrechten.

118 Ein **Höchstbetrag** ist bei der internen Teilung **nicht** mehr zu beachten, da insoweit § 76 SGB VI geändert wurde. Dies bedeutet, dass die Beitragsbemessungsgrenze der gesetzlichen Rentenversicherung nicht mehr zu beachten ist und damit jede Verweisung oder Teilverweisung auf einen zusätzlichen schuldrechtlichen Ausgleich entfällt. Da der beamtenrechtliche Leistungsträger ggü. der gesetzlichen Rentenversicherung eine **Erstattungspflicht** nach § 225 SGB VI hat, wird das System der gesetzlichen Rentenversicherung im Prinzip nicht durchbrochen.

119 Für Anrechte aus einem Beamtenverhältnis auf Widerruf sowie aus einem Dienstverhältnis eines Soldaten auf Zeit ist nach § 16 Abs. 2 VersAusglG immer der Ausgleich durch Begründung von

Anrechten in der gesetzlichen Rentenversicherung zu begründen. In der gesetzlichen Rentenversicherung bestehende Anrechte und Anrechte aus einem Zeitsoldatenverhältnis, die nach § 44 Abs. 4 VersAusglG mit dem Wert einer fiktiven Nachversicherung in der gesetzlichen Rentenversicherung zu bewerten sind, sind als gleichartig im Sinne von § 18 Abs. 1 VersAusglG anzusehen (OLG Celle, Beschl. v. 23.01.2014 – 10 UF 319/13 –, juris).

c) Wahlrecht

Haben die ausgleichsberechtigte Person und der Leistungsträger einen externen Ausgleich verein-   120
bart oder verlangt der Leistungsträger einen solchen (§ 14 Abs. 2 VersAusglG), steht dem Berechtigten ein Wahlrecht nach § 15 hinsichtlich der Zielversorgung zu. Hierbei ist zu beachten, dass § 15 VersAusglG durch Art. 9d des Gesetz zur Änderung des SGB IV (BGBl. I 2009, 1939, 1947) ergänzt wurde und durch Art. 9e die Versorgungsausgleichskasse geschaffen wurde.

Hat der Ausgleichsberechtigte mit dem Leistungsträger den externen Ausgleich vereinbart oder hat   121
dies der Leistungsträger verlangt, steht dem Berechtigten ein Auswahlrecht zu. Er kann bestimmten, ob ein für ihn schon bestehendes Anrecht ausgebaut oder ein neues Anrecht begründet werden soll (§ 15 Abs. 1 VersAusglG). Das FamG hat nach § 222 FamFG dem Berechtigten eine Frist zu setzen, binnen der er sein Wahlrecht ausüben kann. Ausgenommen hiervon sind der externe Ausgleich nach § 16 VersAusglG, da hier kein Wahlrecht besteht.

Übt der Berechtigte sein Wahlrecht nicht aus, lässt er also die Frist verstreichen, ist die Zielversor-   122
gung die gesetzliche Rentenversicherung (§ 15 Abs. 5 Satz 1 VersAusglG), sofern nicht ein Recht nach dem Betriebsrentengesetz (s. nachstehend) auszugleichen ist.

Die Ausübung des Wahlrechts setzt **keine anwaltliche Vertretung** voraus (§ 114 Abs. 4 Nr. 7 FamFG).   123

d) Ausgleichskasse § 15 VersAusglG

Durch das Gesetz zur Änderung des SGB 4 (BGBl. I 2009, 1339) wurde § 15 VersAusglG ergänzt   124
und in Abs. 5 als Ersatz-Zielversorgung für Anrechte nach dem Betriebsrentengesetz eine neu zu schaffende Ausgleichskasse bestimmt. Diese ist nach § 2 VersAusglKassG als Pensionskasse im Sinne von § 118 Versicherungsaufsichtsgesetz in der Rechtsform eines Versicherungsvereins auf Gegenseitigkeit organisiert. Soweit hier Anrechte extern ausgeglichen werden, kann der Berechtigte keine eigenen weiteren Beiträge leisten, um die Leistung zu erhöhen (§ 5).

Der externe Ausgleich in diese Kasse findet nur statt, wenn der Berechtigte trotz Fristsetzung sein   125
Wahlrecht nicht ausübt oder eine wirksame Vereinbarung getroffen wurde und ein Anrecht der betrieblichen Altersversorgung auszugleichen ist.

Die Kasse nahm aufgrund der Genehmigung vom 26.03.2010 am 01.04.2010 ihre Tätigkeit auf   126
(BGBl. I 2010, S. 340). Sie besteht aus 38 zusammengeschlossenen Lebensversicherungsunternehmen und ist eine neue kapitalgedeckte Auffanglösung für die betriebliche Altersversorgung. Wird ein Anrecht extern hier begründet, kann der Berechtigte nicht mit eigenen Beiträgen den Vertrag fortführen. Auch darf die Kasse keine Abschluss- oder Vertriebskosten erheben. Die Anschrift der Kasse lautet:

Versorgungsausgleichskasse.

Pensionskasse auf Gegenseitigkeit

Reinsburgstraße 19, D-70178 Stuttgart, Telefonnummer: +49-(0)711-1292-64391

Faxnummer: +49-(0)180-2400104, Email-Sammelpostfach: info@va-kasse.de

Die Vorteile der Kasse definiert diese selber wie folgt: 127
– Konzentration auf Altersversorgung (lebenslange Rente)

- Geschlechtsunabhängige Kalkulation (»unisex«)
- Garantiezins und Beteiligung der Versicherungsnehmer an den Überschüssen
- Keine Vertriebsaktivitäten
- Einzahlung des Ausgleichswertes ist steuerlich neutral
- Für die Versorgung gelten im Wesentlichen die Vorgaben des Altersvorsorgeverträge-Zertifizierungsgesetzes (Riesterverträge)
- Absicherung der Versicherungen durch die Mitgliedschaft im Sicherungsfonds für die Lebensversicherer (Protektor) und Mitgliedschaft im »Verein Versicherungsombudsmann e. V.«
- Konsequente Fortführung der ursprünglich betrieblichen Altersversorgung in einem kapitalgedeckten System.

128   Die Satzung und weiterführende Hinweise finden sich auf der Homepage unter www.versorgungsausgleichskasse.de.

III. Entscheidung

1. Beschluss

129   Nach § 142 FamFG erfolgt die Entscheidung über den Versorgungsausgleich und die Scheidung durch einheitlichen Beschluss (*Kranz*, FamRZ 2010, 85; *Metzger*, FamRZ 2010 703). Durch das VersAusglG wurde in § 142 FamFG ein Abs. 3 hinzugefügt, der es erlaubt, im Fall des Versorgungsausgleichs bei der Verkündung auf die Beschlussformel Bezug zu nehmen. Da jedes Anrecht im Tenor einzeln aufzuführen ist und im Regelfall der Beschlussvorschlag des Leistungsträgers übernommen wird, kann der gesamte Text mehrere Seiten lang sein. Es genügt daher die Bezugnahme auf die schriftlich vollständig vorliegenden Regelungen zum Versorgungsausgleich. Aufgrund der Verweisung in § 113 Abs. 1 FamFG muss aber der gesamte Tenor der Entscheidung schriftlich niedergelegt sein (§ 311 Abs. 2 ZPO).

130   Im Tenor ist zu beachten, dass nach § 224 Abs. 3 FamFG auch die Fälle nach §§ 3, 6, 18 Abs. 1, 2, 27 VersAusglG aufzuführen sind, diese Ausnahmen also an der formellen und materiellen Rechtskraft teilnehmen.

2. Verbleibende Ausgleichsansprüche

131   Verbleiben nach dem Wertausgleich noch Anrechte nach § 19 VersAusglG für Ausgleichsansprüche nach der Scheidung, sind diese in den Beschlussgründen zu benennen (§ 224 Abs. 4 FamFG). Die Verweisung auf den schuldrechtlichen Ausgleich war auch nach altem Recht nicht notwendiger Bestandteil des Tenors. Die **enumerative** Aufzählung in den Gründen ist notwendig, da spätere Abänderungen nur die Anrechte erfassen, die Gegenstand der Erstentscheidung waren.

3. Rechtsmittelbelehrung

132   Grds. wird die Entscheidung über den Wertausgleich gemeinsam mit der Scheidung erfolgen. Da in § 113 Abs. 1 FamFG der § 39 FamFG nicht von der Anwendung ausgenommen ist, muss eine Rechtsmittelbelehrung Bestandteil der Entscheidung sein. Erfolgt der Wertausgleich gemeinsam mit der Scheidung ist die Belehrung einfach, da sowohl die Scheidung als auch der Wertausgleich mit der Beschwerde nach § 58 FamFG angreifbar ist. Hinsichtlich des Wertausgleichs bestimmt § 228 FamFG in Abweichung von § 61 FamFG, dass eine Wertgrenze nur anzuwenden ist, wenn die Kostenentscheidung angegriffen werden soll. Ansonsten kommt es auf eine wertmäßige Beschwer nicht an und das FamFG knüpft insoweit an die Rechtsprechung zu § 20 FGG a. F. an. Auch fehlerhafte Bezeichnungen und sonstige Ungenauigkeiten, die nicht berichtigt werden können (§§ 319 ZPO i. V. § 113 Abs. 1 FamFG) bzw. bei isolierten Wertausgleichsverfahren nach § 42 FamFG, unterliegen dem Rechtsmittel.

Die Rechtsmittelbelehrung ist Bestandteil des Beschlusses, muss also durch die richterliche Unterschrift abgedeckt sein.

133

IV. Vollstreckung

Soweit die Entscheidung rechtsgestaltend erfolgt, dies betrifft die Realteilung und auch den Ausgleich nach § 16 VersAusglG, bedarf es keiner Vollstreckung. Die Wirkung tritt mit Rechtskraft der Entscheidung ein (§ 224 Abs. 1 FamFG). Im Fall der externen Teilung von Anrechten aus einem öffentlich-rechtlichen Dienst- oder Amtsverhältnis sind die gesetzlichen Grundlagen vergleichbar mit dem Quasi-Splitting nach alter Rechtslage. Die Einzelheiten regelt § 225 SGB VI; es erfolgt also keine Zahlung eines Einmalbetrages.

134

Im Fall der externen Teilung nach §§ 14, 15 VersAusglG ebenso wie im Fall der Begründung durch Beitragszahlung aufgrund einer Vereinbarung, muss der Kapitalbetrag bei dem anderen Leistungsträger eingezahlt werden. Hat im Fall des externen Ausgleichs eine Zahlung des Kapitalbetrages zu erfolgen, ist zur Zahlung nur der ausgleichspflichtige Leistungsträger verpflichtet, der Empfänger ist zur Entgegennahme verpflichtet, da er als Beteiligter an die Entscheidung gebunden ist. Eine Vollstreckung durch den Begünstigten ist hier nicht denkbar, vielmehr wird wohl die Vollstreckungsklausel dem Leistungsträger zu erteilen sein, der den Betrag zu vereinnahmen hat. Ob er auch verpflichtet ist zu vollstrecken ist gesetzlich nicht geregelt. Da sich zwischen dem Stichtag des Endes der Ehezeit und dem Eintritt der Rechtskraft der Entscheidung häufig längere Zeiträume liegen können, ist der einzuzahlende Kapitalbetrag mit dem Rechnungszinssatz der Auskunft zu verzinsen und dies ist in den Tenor aufzunehmen (BGH, FamRZ 2011, 1785-1788).

135

Hat sich eine Partei zur Begründung von Anwartschaften in der gesetzlichen Rentenversicherung verpflichtet oder sind im Fall einer externen Teilung Kapitalbeträge bei der Rentenversicherung einzuzahlen – nicht also bei § 16 VersAusglG – muss beachtet werden, dass besondere Vorschriften nach SGB VI zu beachten sind, insb. die Vorschriften nach § 187 SGB VI. Nicht gesetzlich geregelt ist die Anpassung des Kapitalbetrages bei verspäteter Zahlung bzw. Nichtzahlung des Kapitalbetrages bei externer Teilung. Da das FGG nicht mehr in Kraft ist, kommt auch eine analoge Anwendung des § 53c FGG nicht in Betracht.

136

C. Schuldrechtlicher Ausgleich

Das VersAusglG hat mit der Realteilung von Anrechten, dem dadurch bedingten Verzicht auf eine systemangleichende Umrechnung, Wegfall des Höchstbetrages und auch einer Aussetzung bei Ost-West-Anrechten die Grundlage geschaffen, dass der schuldrechtliche Ausgleich nur noch als Ausnahme in Betracht kommt (*Eichenhofer*, FPR 2009, 211).

137

Der schuldrechtliche Ausgleich nach dem VersAusglG findet nur noch statt, wenn die Ausgleichsreife nach § 19 VersAusglG nicht gegeben ist, die Eheleute in einem Vertrag (§ 6 VersAusglG) den schuldrechtlichen Ausgleich vereinbaren, in den Altfällen nach § 2 VAHRG und im Fall eines Teilausgleichs nach § 3b VAHRG für den verbleibenden Restausgleich. Die Vereinbarung des schuldrechtlichen Ausgleichs hat bei einer Betriebsrente den rechtlichen Nachteil, dass die Teilhabe an einer ggf. bestehenden Hinterbliebenenversorgung entfällt (§ 25 Abs. 2 VersAusglG).

138

Trotz der Verweisung auf die Vorschriften des schuldrechtlichen Ausgleichs, ist ein Anrecht der Privatversorgung wegen Invalidität von Amts wegen i. R. d. internen oder externen Teilung anlässlich der Scheidung durchzuführen (§ 28 VersAusglG). Der Anspruch gilt als in der Ehezeit in voller Höhe erworben. Da der Ausgleich von Amts wegen durchzuführen ist wird, auch in dem Fragebogen zur Ermittlung der erworbenen Anrechte diese Vorsorgeleistung aufgeführt. Der Ausgleich erfolgt also als Wertausgleich bei der Scheidung.

139

Ein besonderer Anspruch ergibt sich aus § 26 VersAusglG. Versorgungsanrechte gegen einen ausländischen, zwischenstaatlichen oder überstaatlichen Leistungsträger werden nicht durch Realteilung

140

oder externe Teilung ausgeglichen, sofern nicht insoweit Vereinbarungen auch mit dem Träger zum Zuge kommen (§ 19 Abs. 3 VersAusglG). Für diesen Fall bestimmt § 26 VersAusglG, dass sich der Anspruch unmittelbar gegen den Rechtsnachfolger der zum Ausgleich verpflichteten Person richtet.

I. Anspruch gegen den anderen Ehegatten

1. Ausgleichsrente

141   Da der schuldrechtliche Ausgleich im **Regelfall** nicht gemeinsam mit der Scheidung beantragt werden kann kommen die allgemeinen Vorschriften des FamFG zur Anwendung, nicht also die der ZPO, da es sich beim Versorgungsausgleich nicht um eine Familienstreitsache handelt.

142   **Zahlungspflichtig** ist die Person, die aus einem noch nicht ausgeglichenen Anrecht eine laufende **Leistung** erhält. Die auf das Anrecht entfallenden Sozialversicherungsbeiträge sind jedoch in Abzug zu bringen (§ 20 Abs. 1 VersAusglG).

143   Grds. erhält der Verpflichtete laufende Leistungen. Da im Versorgungsausgleich aber bei Betriebsrenten auch Kapitalleistungen auszugleichen sind (§ 2 Abs. 2 Nr. 3 VersAusglG), bestimmt § 22 VersAusglG, dass bei Fälligkeit der Kapitalzahlung der Berechtigte seinen Anteil verlangen kann. Erfolgt keine freiwillige Zahlung, ist entsprechend ein gerichtliches Verfahren notwendig, das jedoch nicht auf eine laufende Leistung, sondern einen Betrag gerichtet ist. Aber auch in diesem Fall sollte eine Abtretung beantragt werden für den Fall, dass noch keine Auszahlung erfolgt ist.

144   Eine Sicherung des Anspruches auf Zahlung des Kapitalbetrages nach § 22 VersAusglG ist nicht durch Arrest zulässig, da nach § 119 FamFG der Arrest nur für Familienstreitsachen für zulässig erklärt wird. Die Sicherung des Anspruches kann jedoch durch die Einreichung eines Leistungsantrages und Beiladung des Leistungsträgers erreicht werden (§ 29 VersAusglG).

a) Muster: Antrag auf Kapitalzahlung

145   An das

Familiengericht in .....

Antrag auf Ausgleich von Kapitalzahlung (§ 22 VersAusglG)[1]

Ich beantrage,

den Antragsgegner zu verurteilen, den Betrag von ..... Euro an die Anstragstellerin zu zahlen[2]

und

in dieser Höhe den Zahlungsanspruch gegen den Leistungsträger ..... an die Antragstellerin abzutreten.[3]

Da ggf. die Höhe und der Zeitpunkt der Zahlung durch den Leistungsträger streitig sein kann, beantrage ich nach § 7 Abs. 3 FamFG den Leistungsträger am Verfahren zu beteiligten (§ 219 Nr. 2 FamFG). Weitere Abschriften dieses Antrages zum Zwecke der Zustellung füge ich bei.[4]

Ich darf den zu beteiligenden Leistungsträger ausdrücklich darauf hinweisen, nach § 29 VersAusglG bis zum wirksamen Abschluss des Verfahrens keine Zahlungen an den Antragsgegner zu bewirken, die sich auf die Höhe des Ausgleichsanspruches auswirken können.[5]

1. Bezeichnung des Antrages. Da diese Fallgestaltung gesondert gesetzlich geregelt ist, erscheint es zweckmäßig, schon zu Beginn auch für das FamG die Rechtsgrundlage anzusprechen und dadurch Auflagen und Rückfragen vorzubeugen.

2. Antrag. Der Antrag richtet sich auf einen bestimmten Geldbetrag. Denkbar wäre es auch, wenn der Betrag noch nicht verifiziert werden kann, einen Stufenantrag auf Auskunft und eines danach festzustellenden Betrages zu stellen.

3. Bezeichnung des Trägers. Der Versorgungsträger ist mit ladungsfähiger Anschrift aufzuführen, da ihm der Antrag zugestellt werden muss und er damit Beteiligter des Verfahrens wird.

4. Antrag auf Beteiligung. Zwar kann auch das Gericht den Leistungsträger von Amts wegen beteiligten. Es erscheint aber sinnvoll einen entsprechenden Antrag zu stellen, wie es auch § 7 Abs. 2 FamFG vorsieht. Die Notwendigkeit der Beiladung wird alleine durch den Hinweis, dass die Höhe des Anspruches streitig sein kann, gerechtfertigt.

5. Hinweis. Dieser Hinweis ist ausschließlich an den Leistungsträger gerichtet. Es kann nicht davon ausgegangen werden, dass dieser den § 29 VersAusglG kennt und selbst wenn dies der Fall sein sollte, ist rein vorsorglich der Hinweis zweckmäßig. Auch wird dadurch für das FamG besonders deutlich, dass wegen dieser Wirkung die Beiladung beantragt wird.

Beteiligte des Verfahrens über einen schuldrechtlichen Anspruch sind grds. nur die früheren Eheleute. Aufgrund der Bezugnahme auf §§ 1585, 1585b BGB kommen die unterhaltsrechtlichen Vorschriften entsprechend zur Anwendung. Der Anspruch **endet** mit Ablauf des Monats, in dem der Berechtigte verstirbt.   146

b) Muster: Antrag auf schuldrechtlichen Ausgleich § 20 VersAusglG

An das   147

Familiengericht

.....

Ich vertrete die Interessen von Frau ..... *[Anschrift]*[1]

Ich beantrage für meine Auftraggeberin, den schuldrechtlichen Ausgleich für folgende Anrechte durchzuführen, die beim Wertausgleich anlässlich der Scheidung noch nicht einem Ausgleich zugeführt werden konnten:[2]
– Anrecht (genaue Bezeichnung)
– Anrecht (genaue Bezeichnung)
– Der Anspruch ist seit dem ..... zu verzinsen, da der Schuldner wirksam in Verzug gesetzt wurde. Ausserdem ist der Anspruch seit diesem Tag zuzuerkennen. Ich verweise insoweit auf § 20 Abs. 3 VersAusglG und die §§ 1585, 1585b BGB.

Beiziehung der Verfahrensakte: Ich beantrage, die Akten der Scheidung und des erfolgten Wertausgleichs beizuziehen.[3]

Ich beantrage, den ausgleichspflichtigen Leistungsträger zur Abtretung zu verpflichten.[4]

Die Voraussetzungen nach § 20 Abs. 2 VersAusglG liegen vor, denn[5]
– meine Mandantin bezieht inzwischen eine Versorgung im Sinne von § 2 VersAusglG, oder:
– hat die Regelaltersgrenze erreicht oder erfüllt die Voraussetzungen für eine laufende Versorgung wegen Invalidität.

[Es folgen die weiteren Ausführungen hierzu]

1. Vertretung. Da der isolierte Versorgungsausgleich – also auch der schuldrechtliche Ausgleich – nicht im Verbund und damit im Anwaltsprozess durchgeführt wird, muss die Vertretung durch einen Anwalt nach § 10 Abs. 2, 3 FamFG nicht nachgewiesen werden.

2. Antrag. Nur für den Wertausgleich bei Scheidung bedarf es keines Antrages (§ 137 Abs. 2 Satz 2 FamFG), für isolierte Verfahren bestimmt § 223 FamFG, dass das Verfahren nach den §§ 20 ff.

VersAusglG nur auf Antrag erfolgt. Da es sich nicht um eine streitige Familiensache handelt, bedarf es keines konkreten Antrages. Der Wert wird auf der Grundlage der jeweiligen Halbteilung von Amts wegen ermittelt. Durch die Verweisung auf die unterhaltsrechtlichen Vorschriften der §§ 1585, 1585b BGB ist der Anspruch ab dem Verzug zuzuerkennen und zu verzinsen. Die Voraussetzungen hierfür sind nachzuweisen; es ist daher zweckmäßig, das Mahnschreiben in Abschrift beizufügen. Steht der Betrag fest, der zu zahlen ist, ist unmittelbar dieser Betrag zu fordern. Zulässig ist es auch, ein Auskunftsbegehren mit einem Zahlungsantrag zu verbinden, da beide Verfahren derselben Verfahrensordnung unterliegen und zwischen denselben Beteiligten zu entscheiden ist. Die Grundsätze der Stufenklage entsprechend § 254 ZPO kommen zur Anwendung, wenngleich das FamFG insoweit keine unmittelbare Regelung enthält und nur § 20 FamFG die Verbindung oder Trennung von Verfahren vorsieht, einen Stufenantrag hingegen aber nicht ausschließt (vgl. § 23 FamFG).

3. Beiziehung. Die Beiziehung der Akten des Scheidungsverfahrens ist aufgrund von § 224 Abs. 3, 4 FamFG der sicherste Nachweis, dass und welche Anrechte dem schuldrechtlichen überlassen sind. Soweit Vereinbarungen erfolgten, muss dies im Tenor, i. Ü. in den Gründen detailliert aufgeführt sein.

4. Abtretung. Vergleichbar der alten Regelung in § 1587i BGB kann nach § 21 VersAusglG die Abtretung zur Sicherung des Zahlungsanspruchs verlangt werden. Die Abtretung ist nicht rückwirkend zulässig, wird aber durch Übertragungs- oder Pfändungsverbote nicht gehindert. Ist die Leistung ab Verzug zu tenorieren beschränkt sich die Abtretung auf die zukünftigen Leistungen.

Die Vollstreckung erfolgt durch Zustellung der rechtskräftigen Entscheidung an den Leistungsträger. Der Leistungsträger kann sich insoweit nicht auf die Schutzvorschrift nach § 30 VersAusglG berufen, denn es handelt sich bei der Entscheidung nicht um eine solche der Realteilung (intern oder extern), sondern unmittelbar um eine Vollstreckungshandlung.

5. Begründung. Notwendig ist es nachzuweisen, dass die Fälligkeitsvoraussetzungen nach § 20 Abs. 2 VersAusglG vorliegen.

Da der Ausgleichsanspruch auf eine monatliche Zahlung entsprechend dem nachehelichen Unterhalt gerichtet ist und wie der Unterhalt monatlich im Voraus auch fällig ist, kann auch eine Regelung im Wege des **einstweiligen Rechtsschutzes** nach den §§ 49 ff. FamFG erfolgen, denn § 246 FamFG sieht für Unterhaltsleistungen in Abweichung von den allgemeinen Vorschriften diese Regelung vor.

Aufgrund der Verweisung auf die Vorschriften des Unterhaltsrechts in § 20 Abs. 3 VersAusglG kommt für den jeweiligen Anspruch auch eine Regelung durch **einstweilige Anordnung** in Betracht. Da es sich um einen Zahlungsanspruch handelt, auf den unterhaltsrechtliche Vorschriften Anwendung finden, ist schon alleine eine sofortige Titulierung erstrebenswert. Da es sich beim schuldrechtlichen Anspruch nicht um einen originären Unterhaltsanspruch handelt, bedurfte es für den Fall der **Veränderung** der Grundlagen einer besonderen Regelung. Durch § 227 FamFG erfolgt die Abänderung entsprechend § 48 Abs. 1 FamFG.

148   Besteht ein noch nicht ausgeglichenes Anrecht bei einem ausländischen, zwischenstaatlichen oder überstaatlichen Versorgungsträger richtet sich der Antrag nicht an den Versorgungsträger, sondern unmittelbar an die Witwe oder den Witwer (§ 26 VersAusglG). Aufgrund der Verweisung in § 26 Abs. 2 VersAusglG auf § 25 Abs. 2 bis 4 VersAusglG und dort wiederum auf die unterhaltsrechtlichen Vorschriften der §§ 1585 Abs. 1 Satz 2 u. 3, 1585b Abs. 2, 3 BGB ist es zweckmäßig, den Schuldner in Verzug zu setzen.

149   Ist nach der vor dem 01.09.2009 geltenden Rechtslage hinsichtlich eines Anrechtes ein Teilausgleich öffentlich-rechtlich nach § 3b VAHRG erfolgt, bestimmt § 51 Abs. 4 VersAusglG ausdrücklich, dass nicht nach neuer Rechtslage eine Entscheidung erfolgt. Vielmehr ist für den noch nicht ausgeglichenen Teil ein Anspruch gegen den anderen Ehegatten oder den Versorgungsträger geltend zu machen. Die Bestimmung des – akuten – Leistungsanspruches erfordert die Feststellung des früheren Ausgleichsbetrages insgesamt und Bestimmung des realen Anteils (also ohne Anwendung z. B. der BarwVO), der noch nicht ausgeglichen ist. Spätere Veränderungen des Anrechtes insgesamt sind

sicherlich zu berücksichtigen, denn der öffentlich-rechtlich ausgeglichene Teil des Anrechtes nimmt an der dynamischen Entwicklung der Rentenversicherung teil und auch die Rechtsgrundlage des Hauptrechtes wird nicht von einer Statik des Anrechtes ausgehen. Die Bewertung des schon erfolgten Teilausgleichs wird in § 53 VersAusglG ausdrücklich geregelt.

c) Muster: Antrag auf Abänderung (Erhöhung der Zahlung)

An das   150

Familiengericht

.....

Ich vertrete die Interessen von Frau .....[1]

Antrag nach §§ 227, 48 FamFG auf Abänderung einer schuldrechtlichen Entscheidung.[2]

Durch Beschluss vom ..... hat das angerufene Familiengericht den schuldrechtlichen Anspruch meiner Mandantin geregelt. Inzwischen hat sie erfahren, dass die Leistungen an den ausgleichspflichten Ex-Ehemann sich erheblich verbessert, nach diesseitiger Kenntnis verdoppelt haben.[3]

1. Vertretung. Da der isolierte Versorgungsausgleich – also auch der schuldrechtliche Ausgleich – nicht im Verbund und damit im Anwaltsprozess durchgeführt wird, muss auch die Vertretung durch einen Anwalt nach §§ 10 Abs. 2, 3 FamFG nachgewiesen werden.

2. Antrag. Die Abänderung findet nur auf Antrag statt, § 227 FamFG. Da es sich nicht um eine streitige Familiensache handelt, bedarf es keines konkreten Antrages. Das Verfahren unterliegt der Amtsermittlung.

3. Begründung. Nach § 48 Abs. 1 FamFG setzt die Abänderung eine wesentliche Veränderung der Grundlagen voraus. Diese Voraussetzungen sind glaubhaft zu machen. Ob der Antrag begründet ist, ergibt sich letztlich erst mit Abschluss der Amtsermittlung.

Ebenso wie eine Abänderung zugunsten des Gläubigers ist auch eine Herabsetzung der Leistung auf Antrag möglich, da Voraussetzung für eine Abänderung nur eine wesentliche Änderung der Grundlagen ist.

d) Muster: Antrag auf Abänderung (Herabsetzung)

An das   151

Familiengericht

.....

Ich vertrete die Interessen von Frau .....[1]

Antrag nach §§ 227, 48 FamFG auf Abänderung einer schuldrechtlichen Entscheidung.[2]

Durch Beschluss vom ..... hat das angerufene Familiengericht den schuldrechtlichen Anspruch gegen meinen Mandanten geregelt. Bei der Entscheidung ging das Familiengericht zutreffend von einer monatlichen Leistung von ..... Euro aus. Ich überreiche in der Anlage den Bescheid meines früheren Betriebes vom ..... aus dem sich – leider – ergibt, dass aufgrund der wirtschaftlichen Schwierigkeiten ab kommenden Monat die Leistung sich fast halbiert.[3]

Ich beantrage deshalb nach § 93 FamFG die Einstellung der Vollstreckung zu beschliessen, soweit eine Leistung von mehr als ..... Euro tituliert ist.[4]

1. Vertretung. Da der isolierte Versorgungsausgleich – also auch der schuldrechtliche Ausgleich – nicht im Verbund und damit im Anwaltsprozess durchgeführt wird, muss die Vertretung durch einen Anwalt nach § 10 Abs. 2, 3 FamFG nicht nachgewiesen werden.

2. Antrag. Die Abänderung findet nur auf Antrag statt, § 227 FamFG. Da es sich nicht um eine streitige Familiensache handelt, bedarf es keines konkreten Antrages. Das Verfahren unterliegt der Amtsermittlung.

3. Begründung. Nach § 48 Abs. 1 FamFG setzt die Abänderung eine wesentliche Veränderung der Grundlagen voraus. Diese Voraussetzungen sind glaubhaft zu machen. Ob der Antrag begründet ist, ergibt sich letztlich erst mit Abschluss der Amtsermittlung.

4. Vorläufige Einstellung. Die vorläufige Einstellung ist nach § 93 FamFG auf Antrag zulässig, wenn eine Abänderung einer Entscheidung eingeleitet ist. Dieser Antrag ist unbedingt sofort zu stellen, da es sich nicht um ein Unterhaltsverfahren handelt. Nur bei diesem wirkt der Herabsetzungsantrag auch im Sinne von § 819 BGB. Solange also der bisherige Anspruch nicht abgeändert oder die Vollstreckung vorläufig eingestellt ist, hat der Titelinhaber Anspruch auf die ausgewiesene Leistung.

2. Aufforderung zur Auskunft und Abtretung

152   Wie schon nach alter Rechtslage (§ 1587i BGB) kann der Berechtigte verlangen, dass zur Sicherung der Zahlung der Anspruch gegen den Versorgungsträger abgetreten wird (§ 21 Abs. 1 VersAusglG). Die Abtretung ist nur hinsichtlich des Betrages zulässig, nicht also bezogen auf einen Prozentsatz. Der Abtretung steht nicht entgegen, dass durch die jeweilige Rechtsgrundlage eine Abtretung oder Pfändung ausgeschlossen wird (§ 21 Abs. 2 VersAusglG).

Muster: Aufforderung zur Auskunft und Abtretung (mit Berechnung des Anteils)

153   An Herrn/Frau

..... *[Name und Anschrift]*

Ich vertrete die Interessen ihrer geschiedenen Ehefrau – meine Vollmacht liegt an.

Sie erhalten nach Kenntnis meiner Mandantin inzwischen Leistungen aus einem Anrecht, das im Versorgungsausgleich anlässlich der Scheidung nicht zum Ausgleich gekommen ist und dessen Ausgleich auch nicht ausgeschlossen wurde.

Sie werden um Auskunft gebeten für den Grund und Höhe der Leistung und dem Zeitpunkt, ab dem die Leistung erfolgt.

Da meiner Mandantin die Hälfte des auf die Ehezeit entfallenden Anteils zusteht bitte ich Sie um Mitteilung auch dieses Betrages, den Sie dadurch ermitteln können, dass die derzeitige Leistung durch die Monate zu teilen ist, die insgesamt vom Vertragsbeginn bis Leistungsaufnahme vergangen ist und dieser Betrag ist mit den Monaten der Ehezeit zu multiplizieren. Hiervon steht meiner Mandantin die Hälfte zu und ich fordere Sie auf, diesen Betrag jeweils zum 1. eines Monats, erstmals also zum ..... zu zahlen.

Gleichzeitig fordere ich Sie auf, den Anspruch gegen den Leistungsträger in Höhe des Anteils meiner Mandantin an diese abzutreten.

Sofern Sie dieser Aufforderung nicht fristgerecht nachkommen sollten, bin ich beauftragt, den Anspruch auf Zahlung und Abtretung gerichtlich geltend zu machen.

3. Abfindung des schuldrechtlichen Anspruchs

154   Sind Anrechte noch nicht im Wertausgleich ausgeglichen worden (§ 224 Abs. 4 FamFG) kann der Berechtigte eine zweckgebundene Abfindung verlangen (§ 23 VersAusglG). Dies jedoch nur, wenn

die Abfindung für die ausgleichspflichtige Person zumutbar ist (§ 23 Abs. 2 VersAusglG). Die Zahlung kann nach § 23 Abs. 3 VersAusglG auch in Raten erfolgen.

Die Abfindung setzt die Angabe einer Zielversorgung voraus und nach § 24 Abs. 2 VersAusglG wird insoweit auf § 15 VersAusglG verwiesen. Die wirksame Wahl der Zielversorgung setzt deshalb voraus, dass bei ihr eine angemessene Versorgung des Berechtigten gewährleistet ist. Maßstab kann die gesetzliche Rentenversicherung, ein Träger nach dem Betriebsrentengesetz oder aus einem Vertrag entsprechend dem Altersvertrags-Zertifizierungsgesetzes sein, die in § 15 Abs. 4 VersAusglG ausdrücklich aufgeführt werden.   155

Die Höhe der Abfindung wird durch den Zeitwert bestimmt (§ 24 Abs. 1 VersAusglG). Bei geringen Werten kommt ein Anspruch aufgrund der Verweisung auf § 18 VersAusglG nicht in Betracht.   156

Da auf die Abfindung ein Rechtsanspruch besteht kann er auch durch ein gerichtliches Verfahren durchgesetzt werden. Ebenso wie nach der Rechtslage vor dem 01.09.2009 kann der Antrag nicht im Rechtsmittelzug geltend gemacht werden (BGH, FamRZ 1990, 606).   157

Muster: Antrag auf Abfindung

An das   158

Familiengericht

.....

Antrag der Hausfrau ..... *[volle Anschrift]*,

vertreten durch den Unterzeichnenden (Vollmacht liegt an).

Ich beantrage, den Antragsgegner zu verpflichten, zum Ausgleich des schuldrechtlichen Ausgleichsanspruchs meiner Mandantin einen Betrag von ..... Euro in die gesetzliche Rentenversicherung (Rentenversicherung Bund VSNR .....) zu zahlen.[1]

Der Versorgungsausgleich wurde durch Beschluss des angerufenen Gerichtes vom ..... Az. ..... rechtskräftig entschieden. Ausweislich der Gründe blieb das Anrecht bei ..... dem schuldrechtlichen Ausgleich überlassen.[2]

Der Antragsgegner ist vermögend. Ihm ist zuzumuten, den Kapitalbetrag in einer Summe aufzubringen. Die Zahlung hätte für meine Mandantin die Wirkung, dass ihre Altersversorgung wesentlich verbessert wird.

1. Antrag. Auch die Kapitalabfindung setzt einen Antrag voraus nach § 223 FamFG. Der Antrag wird im Regelfall zeitnah zum öffentlichen Wertausgleich zu stellen sein und aus den Auskünften und aus der Entscheidung ist der Ausgleichswert bekannt. Im Einzelfall kann er jedoch unbekannt sein, da die Ermittlung im Wertausgleich nur zur Feststellung geführt hat, dass ein Wertausgleich derzeit nicht möglich ist. In diesem Fall entfällt die Angabe eines Betrages und dieser Wert muss i. R. d. Amtsermittlung noch festgestellt werden.

2. Begründung. Die Voraussetzungen nach § 22 VersAusglG sind dazutun. Da sich der Anspruch dem Grunde nach aus der Entscheidung über den Wertausgleich ergibt (§ 224 Abs. 4 FAmFG) ist die Beziehung des alten Verfahrens immer erforderlich.

II. Einstweiliger Rechtsschutz

Bei allen schuldrechtlichen Anträgen wird eine konkrete Leistung gefordert, die im Regelfall aufgrund der Inverzugsetzung auch rückwirkend und mit Zinsen gefordert werden kann. Da es sich auch beim schuldrechtlichen Ausgleich um ein Verfahren handelt, das der Amtsermittlung unterliegt, wenngleich es auch nur auf Antrag durchgeführt wird, bedarf es nicht der Stellung eines konkreten Antrages. Es wird jedoch für den Berechtigten meist nicht besonders schwer sein, die Höhe   159 der Leistung festzustellen, dies insb. mit der Geltendmachung des Auskunftsanspruches gegen den Leistungsträger.

160 Die schuldrechtliche Rente ist, wenn der andere in Verzug gesetzt wurde, zwar auch rückwirkend und mit Zinsen zuzusprechen, aber damit ist nur die Verität, nicht aber die Bonität des Anspruches gewährleistet. Es ist daher von besonderem Interesse, möglichst alsbald die Leistung tituliert zu erhalten. Dies kann mithilfe der einstweiligen Anordnung erfolgen. Da die §§ 217 bis 229 FamFG keine Regelungen diesbezüglich enthalten sind nur die allgemeinen Vorschriften (§§ 49 ff. FamFG) zu beachten. Auch § 30 VersAusglG steht der Anwendung nicht entgegen, denn diese Vorschrift schützt nur den Leistungsträger, der bis zur Rechtskraft der Entscheidung mit befreiender Wirkung nach bisheriger Rechtslage leisten darf, mit einer Übergangsfrist nach § 30 Abs. 2 VersAusglG. Ob die Auffassung von Dose (Einstweiliger Rechtsschutz, 3. Aufl., Rn. 134) zutreffend ist, dass im öffentlich-rechtlichen Ausgleich eine einstweilige Anordnung wegen § 29 VersAusglG nicht zulässig sei, muss bezweifelt werden, denn diese Vorschrift verhindert nur eine Auflösung oder Teilauflösung; für die laufenden Leistungen ist ausschließlich § 30 VersAusglG maßgeben. Für den schuldrechtlichen Anspruch sieht aber auch *Dose* (Einstweiliger Rechtsschutz, 3. Aufl., Rn. 135) ein Regelungsbedürfnis.

Muster: Erlass einer einstweiligen Anordnung

161 An das Familiengericht in .....[1]

Es wird beantragt, im Wege der einstweiligen Anordnung zu beschließen:[2]

Der Antragsgegner wird verpflichtet, an die Antragstellerin einen Betrag von monatlich ..... Euro zu zahlen, fällig jeweils am 1. Tag eines Monats, erstmals für den Monat ......

Die Ehe der Parteien wurde durch das angerufene Gericht zum Az. ..... geschieden. In den Gründen zum Versorgungsausgleich (§ 224 Abs. 4 FamFG) ist ausgeführt, dass das für den Antragsgegner bestehende Versorgungsanrecht bei ..... noch nicht ausgeglichen werden kann.[3]

Der Antragsgegner hat inzwischen das 65. Lebensjahr vollendet und erhält ab kommenden Monat auch eine Versorgung durch den vorgenannten Leistungsträger. Dies ergibt sich aus der Satzung des Leistungsträgers, die dem Gericht im Scheidungsverfahren zugegangen ist. Der Anteil der Antragstellerin errechnet sich aus der Ehezeit zur Gesamtzeit. Da der Antragsgegner trotz Aufforderung seiner Auskunftspflicht nicht nachgekommen ist, hat sich die Antragstellerin direkt an den Leistungsträger gewandt und die in der Anlage beigefügte Auskunft erhalten, aus der sich auch die Höhe des Ausgleichsanspruchs ergibt.

Der Antragsgegner wurde unter Fristsetzung aufgefordert, diesen Betrag ab kommenden Monat zu zahlen und insoweit auch eine Abtretung zu unterzeichnen. Er hat sich zu diesem Schreiben nicht geäußert.[4]

Das Hauptsacheverfahren wird in den nächsten Tagen eingeleitet werden. Da aber der Leistungsträger nicht an diesem Verfahren beteiligt ist, kann der Antragsgegner bis zur rechtskräftigen Entscheidung den vollen Betrag entgegennehmen und verbrauchen. Die Antragstellerin kann zwar aufgrund der wirksamen Inverzugsetzung die Leistung – mit Zinsen – ab Fälligkeit auch rückwirkend beanspruchen, aufgrund der finanziellen Situation des Antragsgegners ist aber damit zu rechnen, dass eine Vollstreckung keinen oder nur teilweisen Erfolg haben wir. Die Antragstellerin selber hat nur eine gesetzliche Rente in Höhe von ..... Euro und ist schon alleine deshalb dringend auf die monatliche Zahlung angewiesen.[5]

1. Zuständiges Gericht. Zuständig ist das Gericht der Ehesache nach § 218 FamFG.

2. Antrag. Im Gegensatz zum Hauptsacheverfahren, in dem von Amts wegen die Ermittlung der Leistung zu erfolgen hat, wird im einstweiligen Rechtsschutz zumindest die Bezifferung sinnvoll sein, da ansonsten keine schnelle Entscheidung zu erwarten sein wird und auch die Abgrenzung zum Hauptverfahren verschwimmt.

3. Begründung. Der Anspruch muss begründet werden. Es ist deshalb erforderlich, die Voraussetzungen nach § 20 VersAusglG vorzutragen.

4. Verzug des Antragsgegners. Da die unterhaltsrechtlichen Vorschriften entsprechend Anwendung finden, muss zunächst einmal dargetan werden, dass ein Rechtschutzinteresse für den Antrag besteht. Dies wird sich häufig mit dem Bedürfnis (vgl. nachstehend) überschneiden. Es ist aber sinnvoll, dies gesondert darzustellen, da die FamG oft in der Weigerung der Gegenseite ein Bedürfnis zum Tätigwerden sehen.

5. Dringendes Bedürfnis. Zur Abgrenzung von der Hauptsache, aber auch wegen der Dringlichkeit ist es notwendig zu begründen, weshalb die Leistung jetzt schon begehrt wird und nicht erst zugewartet werden kann, bis die Hauptsache rechtskräftig entschieden ist. Die Rechtsprechung und Literatur hat die Leistung für den schuldrechtlichen Anspruch grds. anerkannt, da es sich um Gelder handelt, die zum täglichen Leben notwendig sind und sehr stark unterhaltsrechtlichen Charakter tragen (Dose, Einstweiliger Rechtsschutz, 3. Aufl., Rn. 135).

III. Verlängerter schuldrechtlicher Ausgleich

Der schuldrechtliche Ausgleich endet mit dem Tod des Ausgleichspflichtigen. Sieht das Anrecht eine Hinterbliebenenversorgung vor, entsteht mit dem Tod der Anspruch auf den verlängerten schuldrechtlichen Ausgleich nach § 25 VersAusglG.   162

Kein Anspruch besteht, wenn das Anrecht durch eine Vereinbarung der Ehegatten nach den §§ 6 ff. VersAusglG vom Wertausgleich bei der Scheidung ausgenommen wurde (§ 25 Abs. 2 VersAusglG). Die Vereinbarung, dass der Ausgleich nur schuldrechtlich erfolgen soll, lässt deshalb keinen verlängerten Ausgleich zu. Dies wird jedoch dann nicht gelten, wenn der Leistungsträger dieser Vereinbarung zugestimmt hat.   163

Kein verlängerter Ausgleich erfolgt, wenn die Ausgleichsreife (§ 19 VersAusglG) beim Wertausgleich bei Scheidung nicht vorgelegen hat oder das Anrecht auf eine abzuschmelzende Leistung gerichtet ist oder bei einem ausländischen Versorgungsträger besteht.   164

Nicht erfasst werden Ansprüche der gesetzlichen Rentenversicherung und auch Ansprüche nach beamtenrechtlichen Grundsätzen (vgl. § 16 VersAusglG), da diese durch den Ausgleich ein lebenslanger Anspruch begründet wird.   165

Beschränkt ist die Leistung auf die Höhe, die der Berechtigte erhalten hätte, wenn die Ehe durch Tod ausgelöst worden wäre. Eine weitere Einschränkung ergibt sich auf der Anrechnung nach § 25 Abs. 5 VersAusglG. Der Leistungsträger hat daher insgesamt jeweils nur den Betrag zu zahlen, der als Hinterbliebenenversorgung nach der Rechtsgrundlage fällig ist, und zwar ohne Rücksicht auf die Zahl der Anspruchsteller. Bei mehreren Anspruchstellern kommt durch diese Anrechnung jeweils der ehezeitbezogene Anteil zur Auszahlung.   166

Besteht ein Leistungsanspruch gegen einen ausländischen Träger, bestimmt § 26 VersAusglG, dass der verlängerte Anspruch gegen die Witwe oder den Witwer geltend zu machen ist.   167

Aufgrund der Verweisung auf die Vorschriften des Unterhaltsrechts in § 25 Abs. 4 VersAusglG kommt für den jeweiligen Anspruch auch eine Regelung durch **einstweilige Anordnung** in Betracht. Eine ausdrückliche Regelung, wie bisher in § 3a Abs. 9 VAHRG enthalten war, fehlt zwar. Da es sich jedoch um einen Zahlungsanspruch handelt, auf den unterhaltsrechtliche Vorschriften Anwendung finden, ist schon alleine im Hinblick auf § 30 VersAusglG eine sofortige Titulierung erstrebenswert. Dieser Anspruch wird aber gegen den anderen Ehegatten oder seine Hinterbliebenen geltend zu machen sein, denn die Vorschrift schützt den Leistungsträger und bestimmt ausdrücklich in Abs. 3, dass Bereicherungsansprüche von der Schutzklausel nicht berührt werden.   168

Ein Anspruch auf Hinterbliebenenversorgung ist ausgeschlossen, wenn die Parteien z. B. anlässlich der Scheidung die Realteilung ausgeschlossen und stattdessen den schuldrechtlichen Ausgleich   169 vereinbart haben (§ 25 Abs. 2 VersAusglG). Ebenso besteht kein Anspruch, wenn eine abzuschmelzende Leistung vom Ausgleich ausgenommen wurde; ebenso bei Nichtdurchführung aufgrund Unwirtschaftlichkeit.

170   Der Auskunftsanspruch gegen den Leistungsträger ergibt sich aus § 4 Abs. 2 VersAusglG, wenn der Ausgleichspflichtige seiner Auskunftspflicht nicht nachkommt oder nicht nachkommen kann.

1. Muster: Anspruch gegen den jeweiligen Versorgungsträger

171   An das

Familiengericht

.....

Antrag der Hausfrau ..... *[genaue Anschrift]*,

vertreten durch den Unterzeichnenden, meine Vollmacht liegt an,

gegen

Antragsgegner: Versorgungskasse des Bauhandwerks, ... *[Anschrift]*[1]

auf Zahlung einer Hinterbliebenenversorgung (§ 25 VersAusglG)

Namens und in Vollmacht meiner Mandantin beantrage ich,

den Antragsgegner zu verpflichten, eine Versorgung nach § 25 VersAusglG an die Antragstellerin zu zahlen.[2]

Begründung:

Die Ehe wurde durch rechtskräftige Entscheidung vom ..... Az. ..... geschieden und der Versorgungsausgleich durchgeführt. Bis Ende Mai des Jahres wurde der schuldrechtliche Ausgleich gezahlt, der durch das angerufene Gericht durch Beschluss vom ..... Az. ..... geregelt worden war.[3]

Der Ehemann ist verstorben. Das Rechts bei der Antragsgegnerin sieht eine Hinterbliebenenversorgung vor. Die Versorgungskasse hat auf meine Anfrage mitgeteilt, dass zwar eine Versorgung bestehe, jedoch nur aufgrund einer gerichtlichen Entscheidung gezahlt wird.

1. Beteiligter. Der Anspruch nach § 25 VersAusglG ist gegen den jeweiligen Versorgungsträger geltend zu machen, sofern nicht eine Leistung nach § 26 VersAusglG zu erbringen ist.

2. Antrag. Da es sich um einen sonstigen Antrag i. R. d. Versorgungsausgleichs handelt ist nach § 223 FamFG ein Antrag erforderlich. Da es sich nicht um eine Familienstreitsache handelt, bedarf es keiner konkreten Bezifferung, da die genauen Werte durch die Amtsermittlung festzustellen sind. Ein dennoch genannter Betrag ist für das Gericht nicht verbindlich.

3. Begründung. Dem Gericht sind die Voraussetzungen darzulegen. War schon ein Verfahren zum schuldrechtlichen Anspruch anhängig, ist dies anzugeben und hieraus ergibt sich dann auch, dass die Ausschlussgründe nach § 25 Abs. 2 VersAusglG schon damals geprüft wurden.

Auch für diesen Anspruch wird in § 25 Abs. 4 VersAusglG auf die in § 20 Abs. 3 VersAusglG aufgeführten unterhaltsrechtlichen Vorschriften der §§ 1585 Abs. 1 Satz 2 und 3, 1585b Abs. 2, 3 BGB verwiesen. Hieraus wird von der hier vertretenen Auffassung auch die Regelung durch eine **einstweilige Anordnung** für zulässig erachtet, obwohl eine dem § 3a Abs. 9 VAHRG entsprechende ausdrückliche Regelung fehlt.

Der verlängerte Anspruch ist bei Leistungen aus einem **ausländischen**, zwischenstaatlichen oder überstaatlichen Versorgungsträger unmittelbar gegen die Witwe/den Witwer geltend zu machen (§ 26 VersAusglG).

Ebenso wie beim Anspruch nach § 20 VersAusglG gegen den Ex-Ehegatten kommen auf diesen Anspruch auch die Vorschriften des Unterhaltsrechts zum Zuge. Der Berechtigte hat einen unmittelbaren Auskunftsanspruch gegen den Leistungsträger nach § 4 VersAusglG. Da der Auskunftsanspruch sich auf die »erforderlichen Auskünfte« bezieht (§ 4 Abs. 1 VersAusglG) kann von dem jeweiligen Leistungsträger auch verlangt werden, die Höhe der Leistung nach § 25 VersAusglG zu erfragen. Aufgrund der Schutzvorschrift des § 30 VersAusglG sollte der Anspruch schnell durchgesetzt werden. Da es sich um einen Zahlungsanspruch handelt, kann eine einstweilige Anordnung beantragt werden.

172

2. Muster: Einstweilige Anordnung bei Hinterbliebenenversorgung

An das Familiengericht in .....[1]

173

Es wird beantragt, im Wege der einstweiligen Anordnung zu beschließen:[2]

Das Versorgungswerk ..... wird verpflichtet, an die Antragstellerin einen Betrag von monatlich ..... Euro zu zahlen, fällig jeweils am 1. Tag eines Monats, erstmals für den Monat ......

Die Antragstellerin hatte gegen ihren Ex-Ehemann einen Anspruch auf schuldrechllichen Ausgleich. Der Ex-Ehemann ist am ..... verstorben. Die Rechtsgrundlage des Leistungsträgers sieht vor, dass der Überlebende eine Hinterbliebenenrente in Höhe von 60 % der Leistung erhält. Der Leistungsträger hat dies außergerichtlich auf Anfrage bestätigt und die Höhe der künftigen Hinterbliebenenrente mit dem im Antrag genannten Wert mitgeteilt.[3]

Der Antragsgegner wurde unter Fristsetzung aufgefordert, diesen Betrag ab kommenden Monat zu zahlen und insoweit auch eine Abtretung zu unterzeichnen. Er hat auf dieses Schreiben mitgeteilt, dass er erst aufgrund einer gerichtlichen Entscheidung zahlen werde.[4]

Das Hauptsacheverfahren wird in den nächsten Tagen eingeleitet werden. Da neben der Antragstellerin auch noch die zweite und dritte Ehefrau des Verstorbenen zu beteiligen sind, da auch sie Ansprüche gegen den Leistungsträger haben, wird dieser durch Zahlung an die anderen Berechtigten nach § 30 VersAusglG gegenüber der Antragstellerin frei und diese müsste später ihre Ansprüche gegen die anderen Hinterbliebenen geltend machen. Auch verfügt die Antragstellerin über ein geringes Einkommen und ist dringend auf die Leistung angewiesen.[5]

1. Zuständiges Gericht. Zuständig ist das Gericht der Ehesache nach § 218 FamFG.

2. Antrag. Im Gegensatz zum Hauptsacheverfahren, in dem von Amts wegen die Ermittlung der Leistung zu erfolgen hat, wird im einstweiligen Rechtsschutz zumindest die Bezifferung sinnvoll sein, da ansonsten keine schnelle Entscheidung zu erwarten sein wird und auch die Abgrenzung zum Hauptverfahren verschwimmt. Auch kann, wie ausgeführt, der konkrete Betrag schon durch die Einholung einer Auskunft verifiziert werden.

3. Begründung. Der Anspruch muss begründet werden. Es ist deshalb erforderlich, die Voraussetzungen nach § 25 VersAusglG vorzutragen.

4. Verzug des Antragsgegners. Da die unterhaltsrechtlichen Vorschriften entsprechend Anwendung finden, muss zunächst einmal dargetan werden, dass ein Rechtschutzinteresse für den Antrag besteht. Dies wird sich häufig mit dem Bedürfnis (vgl. nachstehend) überschneiden. Es ist aber sinnvoll, dies gesondert darzustellen, da die FamG oft in der Weigerung der Gegenseite ein Bedürfnis zum Tätigwerden sehen. Im Fall einer ausdrücklichen Weigerung sollte dies ausreichend sein.

5. Dringendes Bedürfnis. Zur Abgrenzung von der Hauptsache, aber auch wegen der Dringlichkeit ist es notwendig zu begründen, weshalb die Leistung jetzt schon begehrt wird und nicht erst zugewartet werden kann, bis die Hauptsache rechtskräftig entschieden ist. Die Rechtsprechung und Literatur hat die Leistung für den schuldrechtlichen Anspruch grds. anerkannt, da es sich um Gelder handelt, die zum täglichen Leben notwendig sind und sehr stark unterhaltsrechtlichen Charakter tragen (Dose, Einstweiliger Rechtsschutz, 3. Aufl., Rn. 135).

D. Wegfall und Anpassung

174 Trotz Rechtskraft der Entscheidung über den Versorgungsausgleich gibt es nach § 32 VersAusglG die Möglichkeit einer Anpassung. Die Vorschrift enthält eine Auflistung der **anpassungsfähigen Anrechte**. Diese sind:
- Anrechte der gesetzlichen Rentenversicherung,
- Anrechte der Beamtenversorgung oder einer anderen Versorgung, die zur Versicherungsfreiheit nach § 5 Abs. 1 SGB VI führt,
- Berufsständische oder andere Versorgungen, die nach § 6 Abs. 1 Nr. 1 oder Nr. 2 SGB VI zu einer Befreiung von der Sozialversicherungspflicht führen können,
- die Alterssicherung der Landwirte,
- Versorgungssysteme der Abgeordneten und der Regierungsmitglieder im Bund und in den Ländern.

Die **Anpassung** nach den §§ 33 bis 37 und nach § 81 ist zu unterscheiden von der **Abänderung** des Wertausgleichs für Entscheidungen, die nach **neuer Rechtslage** mit der Scheidung ergangen sind. Ausdrücklich verweist § 225 Abs. 1 FamFG auf § 32 VersAusglG und deshalb gelten die Vorschriften des FamFG für die Abänderung des Wertausgleichs bei Scheidung für die nach § 32 **anpassungsfähigen** Anrechte. Die **Voraussetzungen** für eine **Abänderung** sind nicht im VersAusglG, sondern in den verfahrensrechtlichen Vorschriften der §§ 227, 228 **FamFG** enthalten.

I. Tod eines Ehegatten

175 Verstirbt ein Ehegatte vor Eintritt der Rechtskraft der Scheidung bestimmt § 131 FamFG, dass das Verfahren damit in der Hauptsache erledigt ist. Wurde der Versorgungsausgleich vom Verbund abgetrennt, die Scheidung also vor dem Versorgungsausgleich rechtskräftig, tritt diese Erledigung nicht ein (§§ 137 Abs. 5, 140 FamFG). Für diesen Fall bestimmt § 31 Abs. 1 VersAusglG, dass das Recht auf Wertausgleich gegen die Erben geltend zu machen ist.

176 Da keine Saldierung und als Folge davon auch kein Ausgleichspflichtiger bestimmt ist bestimmt § 31 Abs. 3 VersAusglG, dass schuldrechtliche Ausgleichsansprüche mit dem Tod des insoweit Pflichtigen erlöschen, mit Ausnahme von Ansprüchen, die als qualifizierter Anspruch gegen den Leistungsträger bestehen. Besteht das Anrecht, aus dem der Anspruch sich herleitet, nicht im Inland, richtet sich insoweit der Anspruch gegen die Witwe oder den Witwer (§ 26 VersAusglG).

177 Durch den Tod eines Ehegatten darf der Überlebende keine wirtschaftlichen Vorteile erlangen und deshalb bestimmt § 31 Abs. 2 VersAusglG, dass derjenige, der insgesamt die höheren Anrechte in der Ehe erworben hat, nicht mehr zum Ausgleich verpflichtet ist (Vorversterben).

178 Sind mehrere Anrechte auszugleichen bestimmt das FamG nach billigem Ermessen, ob und welches Anrecht zum Ausgleich heranzuziehen ist. Hierbei wird sicherlich der korrespondierende Kapitalwert nach § 47 VersAusglG die wohl sicherste und korrekteste Vergleichsgrundlage darstellen. Bei der Durchführung des Versorgungsausgleichs nach § 31 VersAusglG ist die Saldierung der in den Ausgleich einbezogenen Anrechte anhand (korrespondierender) Kapitalwerte vorzunehmen. Es ist grundsätzlich nicht geboten, vor der Saldierung die etwa unterschiedlich Dynamik solcher Anrechte bezogen auf den Zeitpunkt der Ausgleichsentscheidung anzugleichen (OLG Dresden, Beschl. v. 26.02.2014 – 20 UF 1350/13 –, juris).

II. Anpassung wegen Unterhalt § 33

179 Solange die ausgleichsberechtigte Person aus einem im Versorgungsausgleich erworbenen Anrecht noch keine Leistung erhalten kann und sie gegen die ausgleichspflichtige Person einen Anspruch auf gesetzlichen Unterhalt hat, kann auf Antrag die Kürzung ausgesetzt werden. Mit der Vorschrift des § 33 VersAusglG knüpft das Gesetz an den früheren § 5 VAHRG an. Zuständig ist jedoch in Abweichung vom VAHRG ausschließlich das FamG und nicht mehr die jeweiligen Träger der Versorgung.

Für eine Anpassung kommt es nur, wenn es sich um Versorgungen im Sinne von § 32 VersAusglG handelt, nicht also bei einer Versorgung nach dem BetrAVG. Unterhaltsansprüche einer anderen als der im Versorgungsausgleich ausgleichsberechtigten Person rechtfertigen keine Aussetzung der Kürzung der laufenden Versorgung (BGH, Beschl. v. 11.12.2013 – XII ZB 253/13 –, juris).

Der BGH (Beschl. v. 21.03.2012 – XII ZB 234/11, zit. nach juris) hat inzwischen die bestehenden Unsicherheiten mit einer Grundsatzentscheidung ausgeräumt und folgende Leitsätze aufgestellt: 180

»Eine Anpassung der durch den Versorgungsausgleich bedingten Kürzung der Versorgung nach § 33 VersAusglG wirkt ab dem ersten Tag des Monats, der auf den Monat der Antragstellung beim Familiengericht folgt. Eine Aussetzung nach § 33 Abs. 3 VersAusglG kommt lediglich in Höhe der Differenz der beiderseitigen Ausgleichswerte aus den Regelversorgungen des § 32 VersAusglG, aus denen die ausgleichspflichtige Person eine laufende Versorgung bezieht, in Betracht. Wurde der Versorgungsausgleich noch auf der Grundlage des bis zum 31.08.2009 geltenden früheren Rechts durchgeführt, entspricht dies bei Anrechten beider Ehegatten in der gesetzlichen Rentenversicherung dem Betrag, der im Wege des Splittings nach § 1587b Abs. 1 BGB in der Fassung vom 02.01.2002 ausgeglichen wurde. Die Aussetzung der Rentenkürzung ist nach § 33 Abs. 3 VersAusglG zusätzlich auf die Höhe des Unterhaltsanspruchs beschränkt, den der geschiedene Ehegatte nach § 33 Abs. 1 VersAusglG bei ungekürzter Versorgung hätte. Liegt bereits ein Unterhaltstitel zugunsten des geschiedenen Ehegatten auf der Grundlage der ungekürzten Versorgung vor, ist im Rahmen des § 33 Abs. 3 VersAusglG grundsätzlich von diesem Unterhaltstitel auszugehen. Bestehen allerdings Anhaltspunkte dafür, dass der vorliegende Unterhaltstitel nicht (mehr) dem gegenwärtigen gesetzlichen Unterhaltsanspruch entspricht, hat das Familiengericht diesen neu zu ermitteln. Der gerichtliche Titel über die Aussetzung der durch den Versorgungsausgleich bedingten Kürzung der Rente muss den Umfang der Aussetzung betragsmäßig festlegen und darf sich nicht auf eine Aussetzung des vollen Kürzungsbetrages beschränken, auch wenn der fiktive Unterhaltsanspruch des geschiedenen Ehegatten gegenwärtig die Rentenkürzung übersteigt.«

Berechtigt, den Antrag zu stellen, sind grds. nur die geschiedenen Ehegatten (§ 34 Abs. 2 VersAusglG). 181
Da es sich um ein Verfahren außerhalb des Scheidungsverbundes handelt, besteht kein Anwaltszwang. Aufgrund der geltenden Amtsermittlung bedarf es daher keines konkreten Antrages, die Voraussetzungen für die Anpassung sind aber darzutun. Ist die Anpassung erfolgt und haben sich die Voraussetzungen wesentlich verändert, ist neben den geschiedenen Ehegatten auch der jeweilige Leistungsträger zur Antragstellung berechtigt (§ 34 Abs. 2 Satz 2 VersAusglG).

Eine Wesentlichkeitsgrenze war in § 5 VAHRG nicht enthalten, wird jedoch jetzt in § 33 Abs. 2 VersAusglG statuiert. Die Kürzung der Versorgung muss mindestens am Ende der Ehezeit bei einem Rentenbetrag 2 % der Bezugsgröße am Ende der Ehezeit, in allen anderen Fällen mindestens einen Kapitalwert von 240 % der monatlichen Bezugsgröße betragen haben. 182

Unabhängig von diesen Einschränkungen erfolgt die Kürzung nur bis zur Höhe des Unterhaltsanspruchs, wiederum begrenzt durch die Höhe der Differenz der beiderseitigen Ausgleichswerte aus denjenigen Anrechten im Sinne von § 32, aus denen die ausgleichspflichtige Person eine laufende Versorgung bezieht. 183

In § 34 Abs. 5 VersAusglG wird die ausgleichsberechtigte Person zur Mitteilung verpflichtet, wenn sich die Unterhaltspflicht geändert hat oder eigene Versorgung bezogen wird, ebenso bei Wiederheirat oder Tod. Über den Wegfall der Aussetzung entscheidet nicht das FamG, sondern der Leistungsträger. 184

Bestand für den Leistungsträger nach § 5 VAHRG die Möglichkeit zu prüfen und ggf. auch darüber zu entscheiden, ob eine Unterhaltspflicht weggefallen ist, bestimmt jetzt § 34 Abs. 6 Satz 2 ausdrücklich, dass über die Änderung von Unterhaltszahlungen nur das FamG entscheiden darf. Kommt der Leistungsträger zur Ansicht, dass eine Unterhaltspflicht nicht mehr besteht oder sich so vermindert hat, dass die Kürzung ganz – oder teilweise – entfällt, kann er nach § 34 Abs. 2 Satz 2 VersAusglG bei Gericht die Überprüfung und Abänderung beantragen. 185

Beteiligt ist neben den geschiedenen Ehegatten der jeweils betroffene Leistungsträger, da in seine Rechte eingegriffen werden soll. 186

Muster: Antrag auf Anpassung wegen Unterhalt

187   An das

Familiengericht

.....

Antrag nach §§ 33, 34 VersAusglG

Antrag des Herrn ..... *[volle Anschrift]*

vertreten durch den Unterzeichnenden, Vollmacht liegt an,

gegen Frau ..... *[volle Anschrift]* und Deutsche Rentenversicherung Bund / Beamtenversorgungsträger Sachsen-Anhalt / .... *[volle Anschrift]*[1]

Mein Mandant ist Rentner und auch nach der Scheidung nach wie vor zum Unterhalt verpflichtet. Aufgrund Wegfalls des Rentnerprivilegs erfolgt bei ihm mit Eintritt der Rechtskraft der Entscheidung zum Versorgungsausgleich die Kürzung seiner Rente. Da die geschiedene Ehefrau in den nächsten Jahren die Voraussetzungen für einen Rentenbezug nicht erfüllen kann, erfolgt einseitig die Kürzung ohne Leistung auf der Empfängerseite.[2]

1. Beteiligte. Da sowohl der Unterhaltsanspruch als auch der Leistungsanspruch des Versorgungsträgers durch die Entscheidung berührt werden können, sind der andere Ehegatte und der jeweilige Leistungsträger notwendige Beteiligte dieses Verfahrens.

2. Antrag. Der Antrag ist nach § 226 FamFG notwendig, er wird nicht von Amts wegen eingeleitet. Es bedarf keines konkreten Antrages, da die Ermittlung von Amts wegen zu erfolgen hat.

III. Anpassung wegen Tod der ausgleichsberechtigten Person

188   Die bisher in § 4 VAHRG geregelten Fälle des Vor- und Frühversterbens sind jetzt in den §§ 37, 38 VersAusglG einer neuen Regelung zugeführt.

189   Verstirbt die ausgleichsberechtigte Person, entfällt die Kürzung beim Ausgleichspflichtigen (§ 37 Abs. 1 VersAusglG). Betroffen können nur die in § 32 VersAusglG aufgeführten Anrechte sein, nicht also Anrechte aus der privaten oder betrieblichen Altersversorgung. **Antragsberechtigt** ist nur der Ausgleichspflichtige, denn § 38 Abs. 2 VersAusglG verweist nur auf die Regelungen in § 34 Abs. 3, 4 VersAusglG, nicht hingegen auf den Abs. 2 dieser Vorschrift.

190   Hat der Berechtigte keine oder nur Leistungen bis zu 36 Monaten aufgrund des Wertausgleichs bezogen entfällt auf Antrag die Kürzung. Hat der Ausgleichspflichtige Beiträge gezahlt, um die Kürzung zu vermindern oder rückgängig zu machen, erfolgt die Rückzahlung, soweit der Betrag nicht durch die gezahlten Renten verbraucht ist. Dies bedeutet, dass eine Rückzahlung, wie sie nach altem Recht nach § 6 VAHRG sich ergeben konnte, grds. nicht erfolgt.

191   Über den Antrag entscheidet der Leistungsträger auf Antrag (§§ 38 Abs. 1, 2, 34 Abs. 4 VersAusglG). Die Anpassung auf Antrag wirkt ab dem ersten Tag des Monats, der auf die Antragstellung folgt. Der Antrag hat also keine Rückwirkung auf den Zeitpunkt, in dem die Voraussetzungen für den Wegfall vorlagen mit der Folge, dass Eile geboten ist, um wirtschaftliche Nachteile zu vermeiden. Aus diesem Grund sollte in das Abschlussschreiben bei Scheidung eine kurze, aber verständliche Belehrung des Mandanten erfolgen.

Muster: Hinweis für den Mandanten

Nachdem die Scheidung mit Versorgungsausgleich rechtkräftig abgeschlossen ist möchte ich Sie hinsichtlich des Versorgungsausgleichs auf einige rechtliche Folgen hinweisen: **192**

Bezüglich der Anrechte aus der gesetzlichen Rentenversicherung/Beamtenversorgung/berufsständischen Versorgung/Alterssicherung der Landwirte/Versorgung der Abgeordneten und Regierungsmitglieder *[nur das Zutreffende aufführen]* sind Sie ausgleichspflichtig. Das bedeutet, dass Ihre Versorgung bei Eintritt des Versorgungsfalles vom Leistungsträger gekürzt wird. Eine Kürze entfällt jedoch, wenn der von ihnen jetzt geschiedene Ehegatte verstirbt, bevor er mehr als 36 Monate aus dem Wertausgleich Leistungen bezogen hat.

Der Wegfall der Kürzung erfordert einen Antrag beim Leistungsträger und die Kürzung entfällt erst nach Stellung des Antrages, also nicht rückwirkend.

Der Ausgleichspflichtige muss die anderen Versorgungsträger informieren, bei denen er seinerseits Anrechte erworben hat, die Leistungsträger ihrerseits sind untereinander zur Information verpflichtet (§ 38 Abs. 3 VersAusglG).   **193**

Mit Wirksamkeit der Anpassung erlöschen die erworbenen Ansprüche der ausgleichspflichtigen Person (§ 37 Abs. 3 VersAusglG).   **194**

Sind mehrere Leistungsträger betroffen (vgl. § 32 VersAusglG), ist bei jedem derselben ein Antrag zu stellen.   **195**

IV. Abänderungsverfahren § 51 VersAusglG

Sah noch das VAHRG in § 10a eine Totalrevision der ursprünglichen Entscheidung vor, bedurfte es aus verfassungsrechtlichen Gründen auch des Erhalts einer dieser Vorschrift entsprechenden Regelung. Im Gegensatz zu § 10a VAHRG erfasst eine Abänderung auf Antrag aber nur die Anrechte, die in der Erstentscheidung einbezogen waren. Wurde damals ein Anrecht vergessen – aus welchen Gründen auch immer – kann es nach neuem Recht nicht in die Abänderung einbezogen werden. Da eine Einbeziehung in den Ausgleich Voraussetzung für eine Teilnahme an der Abänderung ist fallen auch solche Anrechte nicht unter diese neue Vorschrift, die nach alter Rechtslage dem schuldrechtlichen Ausgleich vorbehalten blieben, da sie im Zeitpunkt der letzten mündlichen Verhandlung noch nicht unverfallbar waren. Diese Einschränkung für den Fall der Abänderung wird von der hier vertretenen Auffassung für verfassungsrechtlich bedenklich eingestuft.   **196**

Die Abänderung erfolgt nur auf Antrag und setzt voraus, dass die Veränderung nicht nur geringfügig ist, was im Detail in § 225 FamFG beschrieben ist. Nur aufgrund der **Verweisung** kommen die **Mindestvoraussetzungen** von § 225 FamFG zur Anwendung. Diese Vorschrift kommt unmittelbar zur Anwendung auf Entscheidungen nach neuer Rechtslage und regelt – gemeinsam mit § 226 FamFG – die **Abänderung** von Entscheidungen über Anrechten nach § 32 VersAusglG, wenn sich nach Eintritt der **Rechtskraft** durch Veränderung der tatsächlichen oder rechtlichen Umstände **rückwirkend** auf den Ehezeitanteil wesentliche Wertunterschiede ergeben und dieser **Veränderung** auf Antrag unter Durchbrechung der Rechtskraft Rechnung getragen werden kann. Sind die Voraussetzungen erfüllt, wird der Versorgungsausgleich insgesamt nach neuem Recht unter Ersetzung der Altentscheidung durchgeführt. Einbezogen werden jedoch nur die schon in der Erstentscheidung berücksichtigten Anrechte. Im Ausgangsverfahren des Versorgungsausgleichs übersehene, vergessene oder verschwiegene Anrechte können auch dann nicht im Wege des Abänderungsverfahrens nach § 51 VersAusglG nachträglich ausgeglichen werden, wenn das Abänderungsverfahren gemäß § 51 VersAusglG wegen der Wertänderung eines anderen, in den Versorgungsausgleich einbezogenen Anrechts eröffnet ist (im Anschluss an Senatsbeschl. v. 24.07.2013, XII ZB 340/11, BGHZ 198, 91; BGH, Beschl. v. 24.07.2013 – XII ZB 415/12 –, juris).   **197**

Unzulässig ist die Abänderung, wenn schon ein Teilausgleich erfolgt ist und für den Restausgleich auf den schuldrechtlichen Ausgleich verwiesen wurde. Zu beachten ist auch, dass aufgrund der   **198**

Verweisung in § 52 VersAusglG auf § 226 FamFG dass der Antrag frühestens sechs Monate vor dem Zeitpunkt zulässig ist, ab dem ein Ehegatte voraussichtlich eine laufende Versorgung aus dem abzuändernden Anrecht bezieht oder aufgrund der Abänderung zu erwarten ist.

199 ▶ **Antrag auf Abänderung einer Entscheidung zum Versorgungsausgleich**

	Entscheidung nach neuem Recht, also dem VersAusglG ?
Ist es eine sogen. Altentscheidung ?	
	Wenn ja: Rechtsgrundlage § 225 FamFG
Wenn nein ist hier Ende	
Wenn ja: Wann und Az	§ 226 ABs. 1 FamFG: wird der Antrag frühestens 6 Monate vor dem Rentenfall gestellt
Rechtsgrundlage: § 51 VersAusglG	Wenn nein: Antrag unzulässig
Erfolgte in der Altentscheidung ein Teilausgleich (nach § 3b VAHRG ?	Wenn ja: wesentliche Veränderung eines Anrechtes nach § 225 Abs. 3 VersAusglG (muss nur behauptet werden)
Wenn ja: keine Abänderung und Verweisung auf den schuldrechtlichen Ausgleich §§ 20 ff VersAusglG	Zulässig auch, wenn Wartezeiten (in der Ehezeit) aufgefüllt und damit gesetzliche Wartezeiten erfüllt werden § 225 Abs. 4 FamFG
Wenn nein: hat sich eines der Anrechte wesentlich verändert ?	
Wenn nein: keine Abänderung	
Wenn ja: 6 Monate vor Leistungsfall	
Ausnahme: Wenn Rentenversicherungsverlauf des Antragstellers damals Lücken aufwies: Antrag zulässig § 225 Abs. 4 FamFG Erfüllung von Wartezeiten durch den VA	

Muster: Abänderung nach § 51 VersAusglG

200 An das

Amtsgericht

– Familiengericht –

.....

Unter Beifügung der auf mich lautenden Vollmacht beantrage ich,[1]

den Beschluss des FamG ..... vom ..... abzuändern.[2]

Begründung:

Das Recht des Ehemannes auf eine Versorgung nach beamtenrechtlichen Grundsätzen hat sich seit der Entscheidung wesentlich verändert, da inzwischen das Regelpensionsalter auf das Alter von 67 angehoben wurde. In der Erstentscheidung wurde noch bis zum 65. Lebensjahr die Berechnung durchgeführt und ergab schon damals eine Versorgung von weniger als 60 %. Durch die Heraufsetzung des Regelpensionsalters ändert sich der Ehezeitanteil wesentlich.[3]

Die Veränderung wird innerhalb der nächsten sechs Monate sich auswirken (§ 226 Abs. 2 FamFG) . Ein Teilausgleich ist nicht erfolgt, eine Leistung nach den §§ 20–26 VersAusglG kann daher nicht geltend gemacht werden.[4]

1. Vollmacht. Da der Versorgungsausgleich nicht im Verbund mit der Scheidung zu regeln ist und es sich auch nicht um eine – ggf. abgetrennte – Erstentscheidung handelt, finden die allgemeinen Vorschriften des FamFG Anwendung. Der Anwalt hat nach §§ 10, 11 FamFG seine Vollmacht auf Rüge nachzuweisen.

2. Bezeichnung der Ursprungsentscheidung. Da nur eine Entscheidung nach der Rechtslage bis zum 31.08.2009 der Abänderung unterliegt, sollte diese genau bezeichnete werden, denn das FamG wird das Ursprungsverfahren beiziehen müssen.

3. Bezeichnung des veränderten Anrechts. Eine Abänderung kann nur erfolgen, wenn die Änderung wesentlich ist. Dies kann jedoch nicht schon bei Antragstellung beurteilt werden. Deshalb sollte der Grund für den Antrag mitgeteilt werden. Die Behauptung der wesentlichen Änderung ist ausreichend. Ergibt sich im Lauf des Verfahrens, dass diese Behauptung nicht zutrifft, ist der Antrag abzuweisen. Fehlt die Behauptung, wäre der Antrag unzulässig. Unter Berücksichtigung der Kostenvorschrift des § 80 FamFG wird das Gericht berücksichtigen, ob der Antrag leichtfertig oder mit guten Gründen gestellt wurde. Auf die Frist nach § 226 Abs. 2 FamFG ist hinzuweisen.

4. Ausschluss nach Abs. 4. Ist ein Anrecht schon einem Teilausgleich zugeführt worden, ist eine Abänderung unzulässig. Es ist deshalb wichtig mit diesem Vortrag nachzuweisen, dass diese Frage geprüft wurde.

V. Besonderer Ausgleich nach § 28 VersAusglG

Eine besonderen Ausgleich sieht § 28 VersAusglG vor für alle privatrechtlichen Verträge, die Vorkehrungen für den Fall der Invalidität getroffen haben. In Anlehnung an die Rechtsprechung des BGH (BGH, FamRZ 1993, 299; BGH, FamRZ 2005, 1530) findet ein Ausgleich von Amts wegen statt, wenn der Versicherungsfall in der Ehezeit eingetreten ist und der Berechtigte am Ende der Ehezeit eine laufende Versorgung hieraus bezieht oder die gesundheitlichen Voraussetzungen insoweit erfüllt. Es entfällt bei dieser Versorgung eine ehezeitbezogene Berechnung, denn Abs. 2 bestimmt ausdrücklich, dass das Anrecht als im vollen Umfang als in der Ehezeit erworben zu behandeln ist. · 201

Aufgrund der Verweisung in Abs. 3 auf die Vorschriften über Wertausgleich bei Scheidung ergibt sich, dass es sich nicht um einen Anspruch des schuldrechtlichen Ausgleichs handelt, sondern um einen Ausgleich, der aus Anlass der Scheidung erfolgt (*Borth*, FamRZ 2009, 1367). Der Anspruch tritt an die Stelle der von Amts wegen durchzuführenden internen oder externen Teilung (*Bergner* KomRerVA S. 215). · 202

Aus diesem Grund bedarf es keines Antrages für die Durchführung, vielmehr ist der Ausgleich von Amts wegen anlässlich der Scheidung durchzuführen. Der von den Parteien auszufüllende Fragebogen fragt diese Rechte deshalb auch ab. · 203

E. Rechtsmittel beim Wertausgleich

Grds. gelten auch für die Ehescheidung einschließlich von Verbundentscheidungen die allgemeinen Vorschriften der §§ 58 bis 75 FamFG, denn § 113 Abs. 1 FamFG verweist insoweit nicht auf die Zivilprozessordnung. · 204

Abgesehen davon, dass über das jeweils zulässige Rechtsmittel detailliert zu belehren ist (§ 38 FamFG) sollte beachtet werden, dass in Abweichung von der bisherigen gesetzlichen Regelung das **Rechtsmittel** gegen erstinstanzliche Entscheidungen in Familiensachen **beim FamG** und nicht beim OLG einzulegen ist (§ 64 FamFG). · 205

Alle Endentscheidungen, die den Versorgungsausgleich betreffen, werden erst mit **Rechtskraft** wirksam (§ 224 Abs. 1 FamFG). Die **Wirksamkeit** der Entscheidung im Verbund setzt aber auch voraus, dass die Rechtskraft des **Scheidungsausspruches** eingetreten ist (§ 148 FamFG). · 206

207   Auch müssen Entscheidungen zum Versorgungsausgleich immer begründet werden, ein **Verzicht** auf eine **Begründung** ist also nicht zulässig (§ 224 Abs. 2 FamFG). Keine Begründung liegt vor, wenn nur der Gesetzeswortlaut wiederholt wird.

I. Rechtsmittel im Rahmen einer Verbundentscheidung

208   Für Ehe- und Familienstreitsachen wird durch § 117 FamFG eine wesentliche Abweichung von den allgemeinen Rechtsmittelvorschriften angeordnet. Für den Versorgungsausgleich bestimmt nur § 228 FamFG, dass die Wertgrenze nach § 61 FamFG nur für den Fall der Anfechtung einer Kostenentscheidung gilt.

209   Hieraus folgt, dass zwar das Rechtsmittel gegen eine Entscheidung zum Wertausgleich im Verbund entgegen § 64 Abs. 2 FamFG nicht durch die Partei, sondern nur durch einen Anwalt eingelegt werden kann. Nur Behörden sind von dieser Pflicht ausgenommen (§ 114 Abs. 3 FamFG).

210   Eingelegt wird die **Beschwerde** beim **FamG**, nicht also beim OLG. Wird dennoch beim OLG die Beschwerde eingereicht, muss dies den Vorgang im normalen Geschäftsgang an das FamG weiterleiten und das Rechtsmittel ist nur rechtzeitig, wenn es bis Fristablauf beim zuständigen FamG eingeht (Friederici/Kemper/*Klußmann* § 64 Rn. 3).

211   Nach § 65 FamFG soll die Beschwerde begründet werden, ein konkreter Begründungszwang, wie sie nach der anzuwendenden ZPO besteht (§§ 117 FamFG) besteht nicht. Der Beschwerdeführer muss aber dartun, dass er zur Beschwerde berechtigt ist (§ 59 FamFG), und dies setzt eine Beeinträchtigung durch die Entscheidung voraus.

II. Rechtsmittel gegen isolierte Entscheidungen zum Versorgungsausgleich

212   Grds. ist der Wertausgleich Teil des Verbundverfahrens, denn über ihn ist nach § 137 Abs. 2 FamFG ohne Antrag von Amts wegen zu entscheiden. Durch eine Abtrennung nach § 140 FamFG bleibt jedoch der Versorgungsausgleich eine Folgesache, unterliegt daher weiterhin dem Anwaltszwang.

213   Etwas anderes gilt für alle anderen Verfahren des Wertausgleiches, die nach dem Scheidungsverfahren anhängig werden können. Grds. handelt es sich um Verfahren, die nur auf Antrag eingeleitet werden und da es sich nicht um eine Familienstreitsache handelt, wie sich aus der Definition in § 113 Abs. 1 FamFG ergibt, kommen die allgemeinen Vorschriften des FamFG zur Anwendung.

214   Für den schuldrechtlichen Ausgleich einschließlich dem erweiterten Ausgleich bestimmt § 223 FamFG, dass das Gericht nur auf Antrag entscheidet. Für die sonstigen Verfahren, so u. a. der Anpassung wegen Unterhalts nach § 33 VersAusglG oder auch dem Begehren auf Abfindung (§ 22 VersAusglG) ergibt sich das Antragserfordernis aus der jeweiligen Vorschrift.

215   Entscheidungen sind mit der Beschwerde anfechtbar innerhalb einer Frist von einem Monat ab Zustellung und binnen 2 Monaten – ebenfalls ab Zustellung – sollen sie begründet werden (§§ 58, 63, 65 FamFG). Es besteht, da die Vorschriften des Verfahrens vor den LG nicht anzuwenden sind, kein Zwang zur Stellung eines bestimmten Antrag und auch eine Begründung kann nach Fristablauf ergänzt werden (§ 65 Abs. 2 FamFG).

216   Einlegung und Begründung unterliegen nicht dem Anwaltszwang, können also nach § 64 Abs. 2 FamFG auch zu Protokoll der Geschäftsstelle erfolgen.

217   Ein Beschwerdewert nach § 61 FamFG braucht nur beachtet zu werden, wenn hinsichtlich der Entscheidung nur die Kostenentscheidung angefochten werden soll (§ 228 FamFG).

218   Unabhängig von einem Beschwerdewert muss stets mit der Einlegung oder Begründung einer Beschwerde ein Rechtsschutzinteresse glaubhaft gemacht werden, denn eine Beschwer durch eine gerichtliche Entscheidung ist nach § 59 Abs. 1 FamFG Voraussetzung. War das Verfahren nur auf

Antrag zu führen und wird der Antrag zurückgewiesen, ist nach § 59 Abs. 2 FamFG nur der Antragsteller beschwert.

Anlage: Bundeseinheitliche Vordrucke zum Versorgungsausgleich

I. Fragebogen zum Versorgungsausgleich

1. Vordruck Fragebogen (V10)

219

Amtsgericht _____   Aktenzeichen _____

Fragebogen zum Versorgungsausgleich

Zu einer Ehescheidung gehört die Teilung aller während der Ehe erworbenen Ansprüche auf Alters- und Invaliditätsvorsorge (Versorgungsausgleich). Dieser Fragebogen dient der Ermittlung dieser Anrechte. Bitte füllen Sie ihn sorgfältig aus. Hierzu sind Sie gesetzlich verpflichtet.

1. Personalien

Familienname	Vornamen (Rufname unterstreichen)	Geburtsname
Staatsangehörigkeit	Geburtsdatum	Geburtsort
Geschlecht O männlich O weiblich	Derzeit ausgeübter Beruf	

Anschrift: Straße, Hausnummer	Telefonnummer tagsüber (für Rückfragen bitte unbedingt angeben)
Postleitzahl	Wohnort	

2. Haben Sie mit Ihrem Ehegatten eine Vereinbarung zum Versorgungsausgleich abgeschlossen?

O Ja, abgeschlossen   O Nein

ggf. Vereinbarung in Kopie beifügen.

3. Haben Sie Anrechte in der <u>gesetzlichen</u> Rentenversicherung erworben (z. B. als Arbeitnehmer, selbständig Tätiger, Wehr- oder Zivildienstleistender oder wegen der Erziehung eines Kindes)?

O Ja   O Nein

Name des Trägers der Rentenversicherung (genaue Angabe)	Rentenversicherungsnummer
O Deutsche Rentenversicherung _____ O Deutsche Rentenversicherung Bund O Deutsche Rentenversicherung Knappschaft-Bahn-See	⌊_⌊_⌊_⌊_⌊_⌊_⌊_⌊_⌋

4. Bei welchem Arbeitgeber sind Sie derzeit, bei welchen Arbeitgebern waren Sie seit der Eheschließung beschäftigt? Sind Ihnen <u>betriebliche</u> Altersversorgungen <u>zugesagt</u> worden? Bitte verwenden Sie ggf. ein <u>Zusatzblatt</u>.

Zeitraum	Arbeitgeber (die Angabe der Anschriften ist unbedingt erforderlich)	Betriebliche Altersver-sorgung zugesagt?	
		Ja	Nein
Jetziger Arbeitgeber (mit <u>Anschrift</u> und Angabe der Personalnummer)			
seit		O	O
Frühere Arbeitgeber seit der Eheschließung (mit <u>Anschrift</u> und Angabe der Personalnummer)			
		O	O
		O	O
		O	O

5. Haben Sie einen privaten Altersvorsorgevertrag abgeschlossen?

(Hier sind insbesondere aufzuführen: Verträge nach dem Altersvorsorgeverträge-Zertifizierungsgesetz (z. B. „Riester-Rente", „Rürup-Rente"), private Rentenversicherungen und private Kapitallebensversicherungen, letztere nur bei bereits ausgeübtem Rentenwahlrecht. Anzugeben sind auch Verträge bei einer ausländischen Versicherung.)
Bei mehr als zwei Versicherungen bitte Zusatzblatt verwenden.

O Ja   O Nein

V 10 – Fragebogen zum Versorgungsausgleich (2.12) – Seite 1/2

Versicherung Nr. 1

Name des Versicherungsunternehmens	Versicherungsnummer

| Anschrift des Versicherungsunternehmens | |

Versicherung Nr. 2

Name des Versicherungsunternehmens	Versicherungsnummer

| Anschrift des Versicherungsunternehmens | |

6. Beziehen Sie Leistungen wegen Invalidität (z. B. aus einer privaten Berufsunfähigkeitsversicherung)? Bei mehreren Versicherungen bitte Zusatzblatt verwenden.

O   Ja   O   Nein

Name des Versicherungsunternehmens	Versicherungsnummer

| Anschrift des Versicherungsunternehmens | |

7. Sind oder waren Sie als Arbeitnehmer im öffentlichen Dienst (Bund, Länder, Gemeinden, Bahn, Post, kirchlicher Bereich) tätig und haben Sie damit Anrechte aus einer Zusatzversorgung des öffentlichen Dienstes oder bei kirchlichen Zusatzversorgungskassen erworben?

O   Ja   O   Nein

Name der Zusatzversorgungseinrichtung	Versicherungsnummer

| Anschrift der Zusatzversorgungseinrichtung | |

8. Sind oder waren Sie Beamter, Richter oder Berufssoldat?

O   Ja   O   Nein

Name des Versorgungsträgers	Personalnummer

| Anschrift des Versorgungsträgers | |

9. Haben Sie Anrechte in einer berufsständischen Versorgungseinrichtung erworben (z. B. als Arzt, Apotheker, Architekt, Notar, Rechtsanwalt, Steuerberater oder Wirtschaftsprüfer)?

O   Ja   O   Nein

Name des Versorgungswerkes	Versorgungsnummer

| Anschrift des Versorgungswerkes | |

10. Haben Sie Anrechte auf eine sonstige Alters- bzw. Invaliditätsversorgung (z. B. Landwirtschaftliche Alterskasse, Abgeordnetenversorgung, ausländische Versorgungen)?

O   Ja   O   Nein

Name der Versorgungseinrichtung	Versorgungsnummer

| Anschrift der Versorgungseinrichtung | |

Ich versichere, dass ich die Angaben in diesem Fragebogen nach bestem Wissen und Gewissen richtig und vollständig gemacht habe.

_____   _____
Ort, Datum   Unterschrift

V 10 – Fragebogen zum Versorgungsausgleich (2.12) – Seite 2/2

2. Übersendungsschreiben zum Fragebogen V10 (V11)

Amtsgericht
– Familiengericht –

PLZ, Ort, Datum

Aktenzeichen

Anschrift, Telefon

(Bitte bei allen Schreiben angeben)

⌐   ¬

L   ⌐

Versorgungsausgleichssache _____ **gegen** _____

Sehr geehrte/r

zu einer Ehescheidung gehört die Teilung aller während der Ehe erworbenen Ansprüche auf Altersvorsorge (Versorgungsausgleich). Bei Durchführung des Versorgungsausgleichs werden die in der Ehezeit erworbenen Anrechte geteilt, also jene, die vom ersten Tag des Heiratsmonats bis zum letzten Tag des Monats vor Zustellung des Scheidungsantrags entstanden sind.

Der beigefügte Fragebogen dient der Ermittlung dieser Anrechte. Die Eheleute sind gesetzlich verpflichtet, diesen sorgfältig auszufüllen.

Bitte senden Sie den ausgefüllten Fragebogen innerhalb einer Frist von _____ Wochen in dreifacher Ausfertigung an das Gericht zurück.

Mit freundlichen Grüßen

_____
Unterschrift

V 11 – Übersendungsschreiben zum Fragebogen V 10 (2.12)

II. Fragebogen zum Versorgungsausgleich für Lebenspartner

1. Vordruck Fragebogen (V12)

220

Amtsgericht _____　　　　　Aktenzeichen _____

Fragebogen zum Versorgungsausgleich

Zur Aufhebung einer Lebenspartnerschaft gehört die Teilung aller während der Lebenspartnerschaft erworbenen Ansprüche auf Alters- und Invalidenvorsorge (Versorgungsausgleich). Dieser Fragebogen dient der Ermittlung dieser Anrechte. Bitte füllen Sie ihn sorgfältig aus. Hierzu sind Sie gesetzlich verpflichtet.

1. Personalien

Familienname	Vornamen (Rufname unterstreichen)	Geburtsname
Staatsangehörigkeit	Geburtsdatum	Geburtsort
Geschlecht ○ männlich ○ weiblich	Derzeit ausgeübter Beruf	
Anschrift: Straße, Hausnummer		Telefonnummer tagsüber (für Rückfragen bitte unbedingt angeben)
Postleitzahl	Wohnort	

2. Haben Sie mit Ihrer Lebenspartnerin bzw. Ihrem Lebenspartner eine Vereinbarung zum Versorgungsausgleich abgeschlossen?
○ Ja, abgeschlossen　　○ Nein
ggf. Vereinbarung in Kopie beifügen.

3. Haben Sie Anrechte in einer <u>gesetzlichen</u> Rentenversicherung erworben (z. B. als Arbeitnehmer, selbständig Tätiger, Wehr- oder Zivildienstleistender oder wegen der Erziehung eines Kindes)?
○ Ja　　○ Nein

Name des Trägers der Rentenversicherung (genaue Angabe)	Rentenversicherungsnummer
○ Deutsche Rentenversicherung _____ ○ Deutsche Rentenversicherung Bund ○ Deutsche Rentenversicherung Knappschaft-Bahn-See	⌊_⌋_⌊_⌋_⌊_⌋_⌊_⌋_⌊_⌋

4. Bei welchem Arbeitgeber sind Sie derzeit, bei welchen Arbeitgebern waren Sie seit Begründung der Lebenspartnerschaft beschäftigt? Sind Ihnen <u>betriebliche</u> Altersversorgungen <u>zugesagt</u> worden? Bitte verwenden Sie ggf. ein <u>Zusatzblatt</u>.

Zeitraum	Arbeitgeber (die Angabe der Anschriften ist unbedingt erforderlich)	Betriebliche Altersversorgung zugesagt?	
		Ja	Nein
Jetziger Arbeitgeber (mit <u>Anschrift</u> und Angabe der Personalnummer)			
seit		○	○
Frühere Arbeitgeber seit der Eheschließung (mit <u>Anschrift</u> und Angabe der Personalnummer)			
		○	○
		○	○
		○	○

5. Haben Sie einen privaten Altersvorsorgevertrag abgeschlossen?
(Hier sind insbesondere aufzuführen: Verträge nach dem Altersvorsorgeverträge-Zertifizierungsgesetz (z. B. „Riester-Rente", „Rürup-Rente"), private Rentenversicherungen und private Kapitallebensversicherungen, letztere nur bei bereits ausgeübtem Rentenwahlrecht. Anzugeben sind auch Verträge bei einer ausländischen Versicherung.)
Bei mehr als zwei Versicherungen bitte Zusatzblatt verwenden.
○ Ja　　○ Nein

V 12 – Fragebogen zum Versorgungsausgleich für Lebenspartner (2.12) – Seite 1/2

Versicherung Nr. 1

Name des Versicherungsunternehmens	Versicherungsnummer

Anschrift des Versicherungsunternehmens	

Versicherung Nr. 2

Name des Versicherungsunternehmens	Versicherungsnummer

Anschrift des Versicherungsunternehmens	

6. **Beziehen** Sie Leistungen wegen Invalidität (z. B. aus einer privaten Berufsunfähigkeitsversicherung)? Bei mehreren Versicherungen bitte Zusatzblatt verwenden.
O   Ja   O   Nein

Name des Versicherungsunternehmens	Versicherungsnummer

Anschrift des Versicherungsunternehmens	

Bei mehreren Versicherungen bitte Zusatzblatt verwenden.

7. Sind oder waren Sie als Arbeitnehmer im öffentlichen Dienst (Bund, Länder,
Gemeinden, Bahn, Post, kirchlicher Bereich) tätig und haben Sie damit Anrechte aus
einer Zusatzversorgung des öffentlichen Dienstes oder bei kirchlichen Zusatzversorgungskassen erworben?
O   Ja   O   Nein

Name der Zusatzversorgungseinrichtung	Versicherungsnummer

Anschrift der Zusatzversorgungseinrichtung	

8. Sind oder waren Sie Beamter, Richter oder Berufssoldat?
O   Ja   O   Nein

Name des Versorgungsträgers	Personalnummer

Anschrift des Versorgungsträgers	

9. Haben Sie Anrechte in einer berufsständischen Versorgungseinrichtung erworben
(z. B. als Arzt, Apotheker, Architekt, Notar, Rechtsanwalt, Steuerberater oder Wirtschaftsprüfer)?
O   Ja   O   Nein

Name des Versorgungswerkes	Versorgungsnummer

Anschrift des Versorgungswerkes	

10. Haben Sie Anrechte auf eine sonstige Alters- bzw. Invaliditätsversorgung (z. B.
Landwirtschaftliche Alterskasse, Abgeordnetenversorgung, ausländische Versor-
gungen)?
O   Ja   O   Nein

Name der Versorgungseinrichtung	Versorgungsnummer

Anschrift der Versorgungseinrichtung	

Ich versichere, dass ich die Angaben in diesem Fragebogen nach bestem Wissen und
Gewissen richtig und vollständig gemacht habe.

_____   _____
Ort, Datum   Unterschrift

V 12 – Fragebogen zum Versorgungsausgleich für Lebenspartner (2.12) – Seite 2/2

2. Übersendungsschreiben zum Fragebogen V12 (V13)

Amtsgericht
– Familiengericht –

Aktenzeichen

PLZ, Ort, Datum

Anschrift, Telefon

_____
(Bitte bei allen Schreiben angeben)

Versorgungsausgleichssache _____ **gegen** _____

Sehr geehrte/r

zur Aufhebung einer Lebenspartnerschaft gehört die Teilung aller während der Lebenspartnerschaft erworbenen Ansprüche auf Altersvorsorge (Versorgungsausgleich). Bei Durchführung des Versorgungsausgleichs werden die in der Lebenspartnerschaftszeit erworbenen Anrechte geteilt, also jene, die vom ersten Tag des Monats, in dem die Lebenspartnerschaft begründet worden ist, bis zum letzten Tag des Monats vor Zustellung des Antrags auf Aufhebung der Lebenspartnerschaft entstanden sind.

Der beigefügte Fragebogen dient der Ermittlung dieser Anrechte. Die Lebenspartner sind gesetzlich verpflichtet, diesen sorgfältig auszufüllen.

Bitte senden Sie den ausgefüllten Fragebogen innerhalb einer Frist von _____ Wochen in dreifacher Ausfertigung an das Gericht zurück.

Mit freundlichen Grüßen

_____
Unterschrift

V 13 – Übersendungsschreiben zum Fragebogen V 12 (2.12)

III. Auskunftsersuchen Versorgungsträger allgemein (V20)

221

Amtsgericht
– Familiengericht –

Aktenzeichen

PLZ, Ort, Datum

Anschrift, Telefon

_____
(Bitte bei allen Schreiben angeben)

⌐ **Personalsache: Vertraulich!**   ⌐

Dem Amtsgericht von der Bundesagentur
für Arbeit zugeteilte **Betriebsnummer**:

∟   ⌐

Versorgungsausgleichssache _____ **gegen** _____
Auskunft über Versorgungsanrechte bezogen auf die

Ehezeit vom | | | | | | | | **bis zum** | | | | | | | | **für**

Familienname, ggf. Geburtsname	Vorname	Geburtsdatum und -ort
Anschrift		Versorgungs-/Versicherungs-/Personal-/Mitgliedsnummer

Ehegatte

Familienname, ggf. Geburtsname	Vorname	Geburtsdatum und -ort
Anschrift		

Sehr geehrte Damen und Herren,

das Gericht benötigt für die Durchführung des Versorgungsausgleichs Auskünfte über Versorgungsan-rechte aus der Ehezeit. Bitte teilen Sie mit, ob bei Ihnen solche Anrechte für die genannte Person beste-hen, und übermitteln Sie die erforderlichen Angaben. Hierzu sind Sie gesetzlich verpflichtet.

Verwenden Sie für die Auskunft das amtliche Formular oder eine automatisiert erstellte Auskunft, die die entsprechenden Angaben enthält.

Fügen Sie Ihrer Auskunft eine nachvollziehbare Berechnung des Ehezeitanteils, des Ausgleichswertes und ggf. des korrespondierenden Kapitalwertes bei, in der auch die Berechnungsgrundlagen angegeben und erläutert sind. Fügen Sie die Rechtsgrundlagen bei, die für die Teilung des Anrechts in Ihrem Versor-gungssystem maßgeblich sind (z. B. Satzungs- oder Versicherungsbestimmungen) oder geben Sie eine allgemein zugängliche Fundstelle an, unter der diese abgerufen werden können (ein Internetlink genügt als Angabe, muss aber auf die genaue Seite verweisen). Dies gilt nicht für gesetzliche Bestimmungen.

Übersenden Sie Ihre Auskunft einschließlich Anlagen in dreifacher Ausfertigung innerhalb von ____ Mo-naten ab Zugang dieses Schreibens an das Gericht. Sollte dies nicht möglich sein, teilen Sie bitte die Gründe und die voraussichtliche Bearbeitungsdauer mit.

Mit freundlichen Grüßen

_____
Unterschrift

V 20 – Auskunftsersuchen Versorgungsträger allgemein (2.12)

IV. Auskunftsersuchen Versorgungsträger betriebliche Altersversorgung/ Arbeitgeber (V21)

1. Vordruck Formular Auskunftsersuchen (V21)

222

Amtsgericht
– Familiengericht –
Aktenzeichen

PLZ, Ort, Datum

Anschrift, Telefon

(Bitte bei allen Schreiben angeben)

┌

Personalsache: Vertraulich!

┐

└ ┘

Versorgungsausgleichssache _____ **gegen** _____

Auskunft über Versorgungsanrechte bezogen auf die

Ehezeit vom |_|_|_|_|_|_|_|_| **bis zum** |_|_|_|_|_|_|_|_| **für**

Familienname, ggf. Geburtsname	Vorname	Geburtsdatum und -ort
Anschrift		Versorgungs-/Versicherungs-/Personal-/Mitgliedsnummer

Ehegatte

Familienname, ggf. Geburtsname	Vorname	Geburtsdatum und -ort
Anschrift		

Sehr geehrte Damen und Herren,

das Gericht benötigt für die Durchführung des Versorgungsausgleichs Auskünfte über Versorgungsanrechte aus der Ehezeit. Bitte teilen Sie mit, ob bei Ihnen solche Anrechte für die genannte Person bestehen, und übermitteln Sie die erforderlichen Angaben. Hierzu sind Sie gesetzlich verpflichtet. Verwenden Sie für die Auskunft die amtlichen Formulare (Versorgungsübersicht und Auskunftsbogen) oder eine automatisiert erstellte Auskunft, die die entsprechenden Angaben enthält. Senden Sie die **Versorgungsübersicht**, in der alle Anrechte aufzulisten sind, unverzüglich an das Gericht. Für jedes Anrecht ist ein gesonderter **Auskunftsbogen** auszufüllen.

Bei Durchführung einer Versorgung durch einen selbstständigen Versorgungsträger leiten Sie bitte die gerichtliche Anforderung und den Auskunftsbogen an diesen weiter. Bitte schicken Sie jedenfalls die ausgefüllte Versorgungsübersicht an das Gericht und teilen Sie mit, an wen Sie die gerichtliche Anforderung weitergeleitet haben.

Fügen Sie für jedes Anrecht eine nachvollziehbare Berechnung des Ehezeitanteils, des Ausgleichswertes und ggf. des korrespondierenden Kapitalwertes bei, in der auch die Berechnungsgrundlagen angegeben und erläutert sind. Fügen Sie die Rechtsgrundlagen bei, die für die Teilung des Anrechts in Ihrem Versorgungssystem maßgeblich sind (z. B. Satzungs- oder Versicherungsbestimmungen) oder geben Sie eine allgemein zugängliche Fundstelle an, unter der diese abgerufen werden können (ein Internetlink genügt als Angabe, muss aber auf die genaue Seite verweisen).

Übersenden Sie die Auskunftsbögen einschließlich Anlagen in dreifacher Ausfertigung innerhalb von _____ Monaten ab Zugang dieses Schreibens an das Gericht. Sollte dies nicht möglich sein, teilen Sie bitte die Gründe und die voraussichtliche Bearbeitungsdauer mit.

Ein Merkblatt mit ausführlichen Informationen finden Sie auf der Internet-Seite "http://www.justiz.de/formulare/index.php" unter "Merkblatt zum Auskunftsersuchen betriebliche Altersversorgung" (V 22).

Mit freundlichen Grüßen

_____

Unterschrift

V 21 – Auskunftsersuchen Versorgungsträger betriebliche Altersversorgung / Arbeitgeber (2.12)

2. Merkblatt zum Auskunftsersuchen betriebliche Altersversorgung V22)

223

**Merkblatt zum Auskunftsersuchen an den Arbeitgeber
über Anrechte aus einer betrieblichen Altersversorgung**

Der Versorgungsträger ist verpflichtet, dem Gericht den Wert des Ehezeitanteils und einen Vorschlag für die Bestimmung des Ausgleichswertes einschließlich einer übersichtlichen und nachvollziehbaren Berechnung sowie die für die Teilung maßgeblichen Regelungen mitzuteilen (§ 220 Abs. 4 FamFG).

Die Angaben zu den erforderlichen Werten sind in den Auskunftsbogen einzutragen. Die Berechnung soll auf einem gesonderten Blatt beigefügt werden.

1. **Anrechte** sind Anwartschaften auf Versorgungen oder Ansprüche aus laufenden Versorgungen. Hierbei sind alle Anrechte nach dem Betriebsrentengesetz unabhängig von der Leistungsform (Rente, Kapital) einzubeziehen. Umfasst sind sämtliche Gestaltungsmöglichkeiten der betrieblichen Altersvorsorge, also
   • Direktzusagen
   • Zusagen auf Leistungen aus Pensionskassen
   • Zusagen auf Leistungen aus Unterstützungskassen
   • Zusagen auf Leistungen aus Direktversicherungen
   • Zusagen auf Leistungen aus Pensionsfonds

2. Maßgeblich für die **Unverfallbarkeit** ist der Zeitpunkt Ihrer Auskunftserteilung.

   Die Unverfallbarkeit kann sich insbesondere ergeben aus
   • § 1b des Betriebsrentengesetzes
   • der Versorgungsordnung, der Betriebsvereinbarung bzw. dem Einzelvertrag, wenn die hierin vorgesehene Unverfallbarkeitsregelung günstiger ist als die gesetzliche Regelung.

   Bei einer endgehaltsbezogenen (auch: einkommensdynamischen) Versorgung, bei der der Arbeitnehmer jährlich einen bestimmten Prozentsatz seines Endgehalts als Betriebsrente erhält, ist nur der Teil der Versorgung unverfallbar und damit in die Entscheidung einzubeziehen, der sich aus dem Prozentsatz des Einkommens am Ende der Ehezeit ergibt. Hinsichtlich des verbleibenden verfallbaren Teils kommt ein späterer schuldrechtlicher Ausgleich in Betracht. Da das Gericht in den Entscheidungsgründen auf noch nicht ausgeglichene Anrechte hinweisen muss, ist die Angabe, ob es sich um eine endgehaltsbezogene Versorgung handelt, erforderlich.

3. Der **Ehezeitanteil** ist der Anteil des Anrechts, der in der Ehezeit erworben wurde. Er ist von dem Versorgungsträger zu berechnen, wobei bei einem Anrecht im Sinne des Betriebsrentengesetzes der Wert des Anrechts nach § 45 VersAusglG zu bestimmen ist. Danach ist der Wert der unverfallbaren Anwartschaft als monatlicher Rentenbetrag nach § 2 des Betriebsrentengesetzes oder der Übertragungswert als Kapitalwert nach § 4 Abs. 5 des Betriebsrentengesetzes maßgeblich.

   Die Bewertung ist nach § 45 Abs. 2 Satz 1 VersAusglG so weit wie möglich unmittelbar vorzunehmen. Der Ehezeitanteil entspricht danach dem Umfang der auf die Ehezeit entfallenden Bezugsgröße, also insbesondere dem auf die Ehezeit entfallenden Deckungskapital oder den auf die Ehezeit entfallenden Beiträgen (siehe auch § 39 VersAusglG). Ist eine unmittelbare Bewertung nicht möglich, erfolgt die Bewertung nach § 45 Abs. 2 Satz 2 VersAusglG zeitratierlich. Dabei ist der Wert des Anrechts mit dem Quotienten zu multiplizieren, der aus der ehezeitlichen Betriebszugehörigkeit und der gesamten Betriebszugehörigkeit bis zum Ehezeitende zu bilden ist.

V 22 – Merkblatt zum Auskunftsersuchen betriebliche Altersversorgung (2.12) – Seite 1/2

4. Der **Ausgleichswert** ist der Wert, der von dem Ehezeitanteil des Anrechts auf die ausgleichsberechtigte Person zu übertragen ist, um die Halbteilung des Anrechts zu realisieren.

5. Nach § 13 VersAusglG kann der Versorgungsträger die **bei der internen Teilung entstehenden Kosten** jeweils hälftig mit den Anrechten beider Ehegatten verrechnen, sofern sie angemessen sind. Wird eine derartige Verrechnung vorgenommen, so ist dies gesondert und mit nachvollziehbarer Berechnung zu erläutern.

6. Falls es sich bei dem vorgeschlagenen Ausgleichswert nicht um einen Kapitalwert handelt, hat der Versorgungsträger einen Vorschlag für einen **korrespondierenden Kapitalwert** (§§ 5 Abs. 3, 47 VersAusglG) zu unterbreiten. Der korrespondierende Kapitalwert entspricht dem Betrag, der zum Ende der Ehezeit aufzubringen wäre, um beim Versorgungsträger der ausgleichspflichtigen Person für sie ein Anrecht in Höhe des Ausgleichswertes zu begründen. Für ein Anrecht im Sinne des Betriebsrentengesetzes gilt der Übertragungswert nach § 4 Abs. 5 des Betriebsrentengesetzes als korrespondierender Kapitalwert (§ 47 Abs. 3 VersAusglG).

7. Das Gesetz sieht grundsätzlich die **interne Teilung** jedes Anrechts vor.

    Die **interne Teilung** muss die gleichwertige Teilhabe der Ehegatten an den in der Ehezeit erworbenen Anrechten sicherstellen (§ 11 Abs. 1 VersAusglG). Der ausgleichsberechtigten Person muss insbesondere der gleiche Risikoschutz gewährt werden; der Risikoschutz kann auf eine Altersversorgung beschränkt werden, wenn der Versorgungsträger für das nicht abgesicherte Risiko einen zusätzlichen Ausgleich bei der Altersversorgung schafft. Dies ist ggf. näher zu erläutern.

    Die **externe Teilung** ist nur möglich, wenn
    a) die ausgleichsberechtigte Person und der Versorgungsträger eine externe Teilung vereinbaren (§ 14 Abs. 2 Nr. 1 VersAusglG) *oder*
    b) der Versorgungsträger die externe Teilung verlangt und der Ausgleichswert bei einem Rentenbetrag höchstens 2 Prozent und bei einem Kapitalwert höchstens 240 Prozent der monatlichen Bezugsgröße nach § 18 Abs. 1 des Vierten Buches Sozialgesetzbuch beträgt (§ 14 Abs. 2 Nr. 2 VersAusglG) *oder*
    c) bei einem Anrecht aus einer Direktzusage oder einer Unterstützungskasse der Versorgungsträger die externe Teilung verlangt und der Ausgleichswert als Kapitalwert höchstens die Beitragsbemessungsgrenze in der allgemeinen Rentenversicherung nach den §§ 159 und 160 des Sechsten Buches Sozialgesetzbuch erreicht (§ 17 VersAusglG).

    Die externe Teilung kann deshalb nur verlangt werden, wenn entweder die Grenzen von § 14 oder § 17 VersAusglG eingehalten sind oder eine Vereinbarung mit der ausgleichsberechtigten Person geschlossen wird.

8. Auf § 29 VersAusglG wird ausdrücklich hingewiesen. § 29 VersAusglG lautet: „Bis zum wirksamen Abschluss eines Verfahrens über den Versorgungsausgleich ist der Versorgungsträger verpflichtet, Zahlungen an die ausgleichspflichtige Person zu unterlassen, die sich auf die Höhe des Ausgleichswerts auswirken können."

V 22 – Merkblatt zum Auskunftsersuchen betriebliche Altersversorgung (2.12) – Seite 2/2

V. Versorgungsübersicht zu Anrechten aus der betrieblichen Altersversorgung (V30)

Name und Anschrift des Arbeitgebers   Bearbeiter

Telefon (Durchwahl)

Versorgungsausgleichssache_____ **gegen** _____
Versorgungsübersicht zu Anrechten aus der betrieblichen Altersversorgung für

Name	Vorname
Geburtsdatum	Personalnummer

Aktenzeichen des Gerichts _____

Anfrage vom _____

Für die genannte Person bestehen   ○ keine Anrechte.   ○ folgende Anrechte:

(vollständige Auflistung aller, auch geringfügiger Anrechte, die bei Ihnen in der Ehezeit erworben wurden, mit Angabe und Anschrift des zuständigen Versorgungsträgers und der Personal-/Mitglieds-/Versicherungsnummer; bei mehr als drei Zusagen bitte gesondertes Blatt verwenden)

1. _____

2. _____

3. _____

○ weitere Anrechte siehe Zusatzblatt

Für **jedes** Anrecht wird der Auskunftsbogen über Anrechte aus einer betrieblichen Altersversorgung gesondert ausgefüllt und innerhalb der gerichtlich gesetzten Frist übersandt.

Betreffend die Anrechte zu _____ ist das Auskunftsersuchen an den/die genannten zuständigen Versorgungsträger **weitergeleitet** worden und wird von dort aus bearbeitet.

_____   _____
Ort, Datum   Unterschrift, Firmenstempel

V 30 – Versorgungsübersicht zu Anrechten aus der betrieblichen Altersversorgung (2.12)

VI. Auskunftsbogen betriebliche Altersversorgung (V31)

Absender   Bearbeiter

                                                      Telefon (Durchwahl)

⌐   ¬

                                        Auskunftsbogen

                                        _____ / _____
                                        lfd. Nr.   Gesamtzahl
                                        (Bei mehreren Anrechten)

L   ⌐

Versorgungsausgleichssache_____ **gegen** _____
Auskunft über Anrechte aus einer betrieblichen Altersversorgung für

Name	Vorname
Geburtsdatum	Personal-/Mitglieds-/Versicherungsnummer

Aktenzeichen des Gerichts _____

Anfrage vom _____

1. Bezeichnung und Anschrift des Versorgungsträgers

_____

_____

2. Anrecht aus einer betrieblichen Altersversorgung

Diese Auskunft betrifft folgendes Anrecht:

_____

Bezeichnung der Zusage; Leistungsform (z. B. Kapital, Rente)

3. Unverfallbarkeit

Die Versorgungsanwartschaft ist bereits unverfallbar:

O Ja.   O Nein. Das Arbeitsverhältnis muss bis _____ andauern, damit
              Unverfallbarkeit eintritt. (In diesem Fall sind keine weiteren Angaben erforderlich.)

Die Versorgung ist endgehaltsbezogen: O Ja.   O Nein.

4. Berechneter Ehezeitanteil

Wert	Bezugsgröße

5. Vorschlag für den Ausgleichswert

Wert	Bezugsgröße

V 31 – Auskunftsbogen betriebliche Altersversorgung (2.12) – Seite 1/2

○ Dieser Wert enthält einen Kostenabzug für Kosten der internen Teilung (§ 13 VersAusglG). Die Kosten der Teilung betragen insgesamt _____ € (Wert für beide Ehegatten) und sind bei der Berechnung des angegebenen Ausgleichswertes bereits zur Hälfte abgezogen worden.

6. Korrespondierender Kapitalwert: _____ €
(nur erforderlich, falls der Ausgleichswert nicht als Kapitalwert angegeben ist.)

7. Teilungsform

○ Die **interne Teilung** soll durchgeführt werden.

Bei dem zu übertragenden Anrecht wird der ausgleichsberechtigten Person der gleiche Risikoschutz gewährt wie der ausgleichspflichtigen Person (§ 11 Abs. 1 Nr. 3 VersAusglG):

○ Ja.   ○ Nein. Das Leistungsspektrum des auszugleichenden Anrechts sowie der Ausgleich für die Beschränkung des Risikoschutzes sind in der Berechnung gesondert erläutert.

Rechtsgrundlage für die interne Teilung, z. B. in folgender Form:
„Satzung/Betriebsvereinbarung/Teilungsordnung ... in der Fassung vom ...":

_____

_____

_____

○ Die **externe Teilung** soll durchgeführt werden

○ auf Grund einer Vereinbarung mit der ausgleichsberechtigten Person gemäß § 14 Abs. 2 Nr. 1 VersAusglG. Diese Vereinbarung
○ ist abgeschlossen und als Anlage beigefügt.
○ ist noch nicht abgeschlossen.

○ und wird beantragt. Die Wertgrenzen des
○ § 14 Abs. 2 Nr. 2 VersAusglG
○ § 17 VersAusglG
sind nicht überschritten.

Für die Versorgung maßgeblicher Zinssatz (z. B. Rechnungszins): _____ %

8. Rechtliche Grundlagen

Falls Sie die für die Versorgung und Teilung maßgeblichen Rechtsgrundlagen nicht übersenden, geben Sie bitte allgemein zugängliche Fundstellen an. Ein Internet-Link genügt als Angabe, muss aber auf die genaue Seite verweisen.

_____

_____

Eine Erläuterung und Berechnung zu den oben aufgeführten Einzelwerten ist als Anlage beigefügt.

○ Weitere Anrechte – auch geringfügige – sind nicht vorhanden.
○ Es bestehen weitere Anrechte. Diese werden mit separaten Auskunftsbögen mitgeteilt. Die laufende Nummer des Anrechts und die Gesamtzahl der Anrechte sind oben angegeben.

_____   _____
Ort, Datum   Unterschrift, Firmenstempel

V 31 – Auskunftsbogen betriebliche Altersversorgung (2.12) – Seite 2/2

VII. Auskunftsbogen private Altersversorgung (V40)

226

Absender   Bearbeiter

                                                     Telefon (Durchwahl)

┌   ┐

                                                     Auskunftsbogen

                                                     _____ / _____
                                                     lfd. Nr.   Gesamtzahl
                                                     (Bei mehreren Anrechten)

└   ┘

Versorgungsausgleichssache_____ **gegen** _____
Auskunft über Anrechte aus einer privaten Altersversorgung für

Name	Vorname
Geburtsdatum	Versicherungsnummer

Aktenzeichen des Gerichts _____

Anfrage vom _____

1. Bezeichnung und Anschrift des Versorgungsträgers

_____

_____

2. Anrechte aus privater Altersversorgung

Die genannte Person hat Anrechte in der Ehezeit erworben:

O Nein.
O Ja, aus folgender Versicherung:

_____
Art der Versicherung, Versicherungsleistungen (bei laufenden Leistungen aus einer Berufsunfähigkeitsversicherung ist nur noch
die Beantwortung des 8. Abschnitts erforderlich.)

3. Berechneter Ehezeitanteil

Wert	Bezugsgröße

4. Vorschlag für den Ausgleichswert

Wert	Bezugsgröße

O Dieser Wert enthält einen Kostenabzug für Kosten der internen Teilung (§ 13
   VersAusglG). Die Kosten der Teilung betragen insgesamt _____ €
   (Wert für beide Ehegatten) und sind bei der Berechnung des angegebenen Ausgleichs-
   wertes bereits zur Hälfte abgezogen worden.

V 40 – Auskunftsbogen private Altersversorgung (2.12) – Seite 1/2

5. Korrespondierender Kapitalwert: _____ €

(nur erforderlich, falls der Ausgleichswert nicht als Kapitalwert angegeben ist)

6. Teilungsform

O Die **interne Teilung** soll durchgeführt werden.

Bei dem zu übertragenden Anrecht wird der ausgleichsberechtigten Person der gleiche Risikoschutz gewährt wie der ausgleichspflichtigen Person (§ 11 Abs. 1 Nr. 3 VersAusglG):

O Ja.   O Nein. Das Leistungsspektrum des auszugleichenden Anrechts sowie der Ausgleich für die Beschränkung des Risikoschutzes sind in der Berechnung gesondert erläutert.

Rechtsgrundlage für die interne Teilung, z. B. in folgender Form:
„Versicherungsbedingungen/Teilungsordnung ... in der Fassung vom ...":

_____

_____

_____

O Die **externe Teilung** soll durchgeführt werden

O auf Grund einer Vereinbarung mit der ausgleichsberechtigten Person gemäß § 14 Abs. 2 Nr. 1 VersAusglG. Diese Vereinbarung
O ist abgeschlossen und als Anlage beigefügt.
O ist noch nicht abgeschlossen.

O und wird beantragt. Die Wertgrenzen des § 14 Abs. 2 Nr. 2 VersAusglG sind nicht überschritten.

Für die Versorgung maßgeblicher Zinssatz (z. B. Rechnungszins): _____ %

7. Rechtliche Grundlagen

Falls Sie die maßgebliche Rechtsgrundlage nicht übersenden, geben Sie bitte die allgemein zugängliche Fundstelle an. Ein Internet-Link genügt als Angabe, muss aber auf die genaue Seite verweisen.

_____

_____

8. Laufende Leistungen aus einer Berufsunfähigkeitsversicherung

Laufende Leistungen aus einer Berufsunfähigkeitsversicherung
O werden nicht erbracht.
O werden erbracht. Der Versorgungsfall ist während der Ehe eingetreten:
O Nein.   O Ja. Höhe der aktuell gezahlten Monatsrate:_____
(Bitte teilen Sie künftige Erhöhungszeitpunkte mit, wenn diese bereits absehbar sind.)

Eine Erläuterung und Berechnung zu den oben aufgeführten Einzelwerten ist als Anlage beigefügt.

O Weitere Anrechte – auch geringfügige – sind nicht vorhanden.
O Es bestehen weitere Anrechte. Diese werden mit separaten Auskunftsbögen mitgeteilt. Die laufende Nummer des Anrechts und die Gesamtzahl der Anrechte sind oben angegeben.

_____   _____
Ort, Datum   Unterschrift

V 40 – Auskunftsbogen private Altersversorgung (2.12) – Seite 2/2

VIII. Auskunftsbogen öffentliches Dienst- oder Amtsverhältnis (V50)

227

Absender

Bearbeiter

Telefon (Durchwahl)

Versorgungsausgleichssache _____ **gegen** _____
**Auskunft über Anrechte aus einer Versorgung aus einem öffentlich-rechtlichen Dienst-
oder Amtsverhältnis für**

Name	Vorname
Geburtsdatum	Personalnummer

Aktenzeichen des Gerichts _____

Anfrage vom _____

1. **Bezeichnung und Anschrift des Versorgungsträgers**

   _____
   _____

2. **Anrechte aus einer Versorgung aus einem öffentlich-rechtlichen Dienst- oder Amtsverhältnis**

   Die genannte Person hat Anrechte in der Ehezeit erworben:

   O Nein.
   O Ja.

3. **Berechneter Ehezeitanteil**

Wert	Bezugsgröße

4. **Vorschlag für den Ausgleichswert**

Wert	Bezugsgröße

5. **Korrespondierender Kapitalwert:** _____ €
   (nur erforderlich, falls der Ausgleichswert nicht als Kapitalwert angegeben ist)

V 50 – Auskunftsbogen öffentlich-rechtliches Dienst- oder Amtsverhältnis (2.12) – Seite 1/2

6. Teilung

O Die **interne Teilung** soll durchgeführt werden.

O Die **externe Teilung** soll gemäß § 16 VersAusglG durchgeführt werden.
Es handelt sich um ein Anrecht mit   O Westdynamik.   O Ostdynamik.

Eine Erläuterung und Berechnung zu den oben aufgeführten Einzelwerten ist als Anlage beigefügt. Weitere Anrechte – auch geringfügige – sind nicht vorhanden.

_____   _____
Ort, Datum   Unterschrift

V 50 – Auskunftsbogen öffentlich-rechtliches Dienst- oder Amtsverhältnis (2.12) – Seite 2/2

IX. Versorgungsübersicht zu Anrechten aus einer Zusatzversorgung des öffentlichen Dienstes (V60)

228

Name und Anschrift des Versorgungsträgers   Bearbeiter

Telefon (Durchwahl)

⌐   ¬

∟   ⌟

Versorgungsausgleichssache_____ **gegen** _____
Versorgungsübersicht zu Anrechten aus einer Zusatzversorgung des öffentlichen Dienstes für

Name	Vorname
Geburtsdatum	Personalnummer

Aktenzeichen des Gerichts _____

Anfrage vom _____

Für die genannte Person bestehen   O   keine Anrechte.   O   folgende Anrechte:

(vollständige Auflistung aller, auch geringfügiger Anrechte mit Bezeichnung des auszugleichenden Rechts; bei mehr als drei Zusagen bitte gesondertes Blatt verwenden)

1. _____
   _____

2. _____
   _____

3. _____
   _____

Für **jedes** Anrecht wird der Auskunftsbogen über Anrechte aus einer Zusatzversorgung des öffentlichen Dienstes gesondert ausgefüllt und innerhalb der gerichtlich gesetzten Frist übersandt.

_____   _____
Ort, Datum   Unterschrift

V 60 – Versorgungsübersicht zu Anrechten aus einer Zusatzversorgung des öffentlichen Dienstes (2.12)

X. Auskunftsbogen Zusatzversorgung öffentlicher Dienst (V61)

229

Name und Anschrift des Versorgungsträgers

Bearbeiter

Telefon (Durchwahl)

Versorgungsausgleichssache_____ **gegen** _____
Auskunft über Anrechte aus einer Zusatzversorgung des öffentlichen Dienstes für

Name	Vorname
Geburtsdatum	Personal-/Mitgliedsnummer

Aktenzeichen des Gerichts _____

Anfrage vom _____

1. Anrecht aus einer Zusatzversorgung des öffentlichen Dienstes

Diese Auskunft betrifft folgendes Anrecht:

_____
Bezeichnung der Zusage

2. Unverfallbarkeit

Die Versorgungsanwartschaft ist bereits unverfallbar:

○ Ja.   ○ Nein. Unverfallbarkeit tritt erst ein am _____.
(In diesem Fall sind keine weiteren Angaben erforderlich.)

3. Berechneter Ehezeitanteil

Wert	Bezugsgröße

4. Vorschlag für den Ausgleichswert

Wert	Bezugsgröße

○ Dieser Wert enthält einen Kostenabzug für Kosten der internen Teilung (§ 13 VersAusglG). Die Kosten der Teilung betragen insgesamt _____ € (Wert für beide Ehegatten) und sind bei der Berechnung des angegebenen Ausgleichs- wertes bereits zur Hälfte abgezogen worden.

5. Korrespondierender Kapitalwert: _____ €
(nur erforderlich, falls der Ausgleichswert nicht als Kapitalwert angegeben ist)

V 61 – Auskunftsbogen Zusatzversorgung öffentlicher Dienst (2.12) – Seite 1/2

6. Teilungsform

O Die **interne Teilung** soll durchgeführt werden.

Bei dem zu übertragenden Anrecht wird der ausgleichsberechtigten Person der gleiche Risikoschutz gewährt wie der ausgleichspflichtigen Person (§ 11 Abs. 1 Nr. 3 VersAusglG):

O Ja.   O Nein. Das Leistungsspektrum des auszugleichenden Anrechts sowie der Ausgleich für die Beschränkung des Risikoschutzes sind in der Berechnung gesondert erläutert.

Rechtsgrundlage für die interne Teilung, z. B. in folgender Form:
„Satzung/Teilungsordnung ... in der Fassung vom ...":

_____

_____

_____

O Die **externe Teilung** soll durchgeführt werden

O auf Grund einer Vereinbarung mit der ausgleichsberechtigten Person gemäß § 14 Abs. 2 Nr. 1 VersAusglG. Diese Vereinbarung
    O ist abgeschlossen und als Anlage beigefügt.
    O ist noch nicht abgeschlossen.

O und wird beantragt. Die Wertgrenzen des § 14 Abs. 2 Nr. 2 VersAusglG sind nicht überschritten.

Für die Versorgung maßgeblicher Zinssatz (z. B. Rechnungszins): _____ %

7. Rechtliche Grundlagen

Falls Sie die für die Versorgung und Teilung maßgeblichen Rechtsgrundlagen nicht übersenden, geben Sie bitte allgemein zugängliche Fundstellen an. Ein Internet-Link genügt als Angabe, muss aber auf die genaue Seite verweisen.

_____

_____

Eine Erläuterung und Berechnung zu den oben aufgeführten Einzelwerten ist als Anlage beigefügt.

_____   _____
Ort, Datum   Unterschrift

XI. Auskunftsbogen berufsständische Versorgung (V70)

230

Name und Anschrift des Versorgungsträgers   Bearbeiter

Telefon (Durchwahl)

Versorgungsausgleichssache_____ gegen _____
Auskunft über Anrechte aus einer berufsständischen Versorgung für

Name	Vorname
Geburtsdatum	Mitgliedsnummer

Aktenzeichen des Gerichts _____

Anfrage vom _____

1. Anrechte aus berufsständischer Versorgung

Die genannte Person hat Anrechte in der Ehezeit erworben:

O Nein.
O Ja.

2. Berechneter Ehezeitanteil

Wert	Bezugsgröße

3. Vorschlag für den Ausgleichswert

Wert	Bezugsgröße

O Dieser Wert enthält einen Kostenabzug für Kosten der internen Teilung (§ 13 VersAusglG). Die Kosten der Teilung betragen insgesamt _____ € (Wert für beide Ehegatten) und sind bei der Berechnung des angegebenen Ausgleichswertes bereits zur Hälfte abgezogen worden.

4. Korrespondierender Kapitalwert: _____ €
(nur erforderlich, falls der Ausgleichswert nicht als Kapitalwert angegeben ist)

V 70 – Auskunftsbogen berufsständische Versorgung (2.12) – Seite 1/2

5. Teilungsform

O Die **interne Teilung** soll durchgeführt werden.

Bei dem zu übertragenden Anrecht wird der ausgleichsberechtigten Person der gleiche Risikoschutz gewährt wie der ausgleichspflichtigen Person (§ 11 Abs. 1 Nr. 3 VersAusglG):

    O Ja.　　O Nein. Das Leistungsspektrum des auszugleichenden Anrechts sowie der Ausgleich für die Beschränkung des Risikoschutzes sind in der Berechnung gesondert erläutert.

Rechtsgrundlage für die interne Teilung, z. B. in folgender Form:
„Satzung/Teilungsordnung … in der Fassung vom …":

_____

_____

_____

O Die **externe Teilung** soll durchgeführt werden

    O auf Grund einer Vereinbarung mit der ausgleichsberechtigten Person gemäß § 14 Abs. 2 Nr. 1 VersAusglG. Diese Vereinbarung
        O ist abgeschlossen und als Anlage beigefügt.
        O ist noch nicht abgeschlossen.

    O und wird beantragt. Die Wertgrenzen des § 14 Abs. 2 Nr. 2 VersAusglG sind nicht überschritten.

Für die Versorgung maßgeblicher Zinssatz (z. B. Rechnungszins): _____ %

6. Rechtliche Grundlagen

Falls Sie die für die Versorgung und Teilung maßgeblichen Rechtsgrundlagen nicht übersenden, geben Sie bitte allgemein zugängliche Fundstellen an. Ein Internet-Link genügt als Angabe, muss aber auf die genaue Seite verweisen.

_____

_____

Eine Erläuterung und Berechnung zu den oben aufgeführten Einzelwerten ist als Anlage beigefügt. Weitere Anrechte – auch geringfügige – sind nicht vorhanden.

_____　　_____
Ort, Datum　　　　　　　　　　　Unterschrift

XII. Mitteilung über Rechtskraft und sonstigen Verfahrensstand an Versorgungsträger (V80)

231

Amtsgericht
– Familiengericht –

PLZ, Ort, Datum

Aktenzeichen

Anschrift, Telefon

_____

(Bitte bei allen Schreiben angeben)

┌   ┐

Personalsache: Vertraulich!

└   ┘

Versorgungsausgleichssache_____ **gegen** _____

Betroffener Ehegatte

Name	Vorname
Geburtsdatum	Versorgungs-/Versicherungs-/Personal-/Mitgliedsnummer

Sehr geehrte Damen und Herren,

O   die Entscheidung vom |⎵⎵|⎵⎵|⎵⎵⎵| ist seit dem |⎵⎵|⎵⎵|⎵⎵⎵| rechtskräftig und wirksam.

O   der Ausgleich des bei Ihnen bestehenden Anrechts wurde durch Vereinbarung gemäß §§ 6 ff. VersAuglG ausgeschlossen. Sie sind am weiteren Verfahren nicht mehr beteiligt.

O   das Verfahren hat sich durch Rücknahme des Antrages erledigt. Ein eventuell noch laufendes Auskunftsersuchen ist damit gegenstandslos geworden.

O   das Verfahren ist durch Erledigung der Hauptsache beendet worden. Ein eventuell noch laufendes Auskunftsersuchen ist damit gegenstandslos geworden.

O   die Beschwerde gegen die Entscheidung im Versorgungsausgleichsverfahren ist zurückgenommen worden.

O   das Verfahren ruht.

O   das Verfahren ist abgetrennt worden.

Mit freundlichen Grüßen

_____

Unterschrift

V 80 – Mitteilung über Rechtskraft und sonstigen Verfahrensstand an Versorgungsträger (2.12)

XIII. Fristsetzung externe Teilung (V90)

232

Amtsgericht
– Familiengericht –

Aktenzeichen

PLZ, Ort, Datum

Anschrift, Telefon

_____
(Bitte bei allen Schreiben angeben)

⌐   ⌐

L   ⌐

Versorgungsausgleichssache _____ **gegen** _____

Sehr geehrte/r

in dem oben genannten Verfahren hat das Familiengericht folgende Versorgungsanwartschaft Ihres Ehegatten ermittelt:

Name des Versorgungsträgers	
Anschrift	
Versorgungs-/Versicherungs-/Personal-/Mitgliedsnummer	Ausgleichswert

Der Ausgleichswert, also der Ihnen nach einer Teilung zustehende Kapitalbetrag, soll extern geteilt werden, weil der Versorgungsträger die externe Teilung des oben aufgeführten Versorgungsanrechts **verlangt** bzw. Sie nach Mitteilung des Versorgungsträgers mit diesem die externe Teilung des oben aufgeführten Versorgungsanrechts **vereinbart** haben.

Als ausgleichsberechtigter Ehegatte können Sie entscheiden, was mit dem Kapitalbetrag geschehen soll. Sie können damit eine bestehende Versorgung weiter ausbauen oder eine neue Versorgung begründen. Eine Auszahlung zu Ihrer freien Verfügung ist nicht möglich.

- Bitte teilen Sie dem Gericht bis **zum** _____ mit, welche Zielversorgung Sie gewählt haben. Diese Erklärung können Sie selbst abgeben. Hierfür besteht kein Anwaltszwang.

- **Zugleich** müssen Sie dem Gericht **innerhalb dieser Frist** nachweisen, dass dieser Versorgungsträger den Kapitalbetrag aufnehmen wird. Bitte lassen Sie sich daher von diesem eine schriftliche Bestätigung mit dem Vertragsangebot zur Vorlage bei Gericht aushändigen. Diese muss den Namen und die Anschrift des Zielversorgungsträgers sowie die genaue Bezeichnung der bestehenden bzw. gewünschten Form der Versorgung beinhalten.

- In Ausnahmefällen kann die Frist zur Abgabe der Erklärungen auf einen begründeten Antrag hin verlängert werden.

V 90 – Fristsetzung externe Teilung (2.12) – Seite 1/2

Was geschieht, wenn Sie keine Zielversorgung benennen?

Falls Sie innerhalb der obigen Frist nicht tätig werden, erfolgt die externe Teilung nach folgenden Regeln:

- Handelt es sich bei dem zu teilenden Anrecht um eine betriebliche Altersversorgung, so erwerben sie ein Anrecht in der Versorgungsausgleichskasse. Dieser Versorgungsträger wurde eigens für die externe Teilung von betrieblichen Versorgungen geschaffen. Für weitere Informationen können Sie sich unmittelbar an die Versorgungsausgleichskasse, 10850 Berlin, (Telefonnummer: 0711-1292-64391; Internetlink: www.versorgungsausgleichskasse.de) wenden.

- Wird ein anderes Anrecht als eine Betriebsrente extern geteilt, so wird zu Ihren Gunsten ein Anrecht in der gesetzlichen Rentenversicherung (Deutsche Rentenversicherung) begründet. Ihr dort bestehendes Rentenkonto wird dann aufgestockt oder es wird ein neues Rentenkonto für Sie eingerichtet. Beziehen Sie bereits eine Vollrente wegen Alters, ist die gesetzliche Rentenversicherung als Zielversorgung ausgeschlossen.

Was ist bei der Wahl der Zielversorgung zu beachten?

- Erst mit der rechtskräftigen Entscheidung des Familiengerichts über die externe Teilung entsteht ein Versicherungsverhältnis auf der Grundlage des Vertragsangebots. Sie müssen also keinen Vertrag mit der Zielversorgung abschließen.

- Die von Ihnen zu bestimmende Zielversorgung muss eine angemessene Altersversorgung gewährleisten. Dies ist bei Anrechten in der gesetzlichen Rentenversicherung, Anrechten im Sinne des Betriebsrentengesetzes oder Anrechten aus sog. „Riester-Verträgen" und „Rürup-Renten" immer der Fall.

- Unter Umständen muss Ihr Ehegatte Ihrer Wahl zustimmen, weil Ihre Entscheidung steuerliche Folgen für Ihren Ehegatten haben kann. Eine Zustimmung Ihres Ehegatten ist nicht erforderlich, wenn Sie die gesetzliche Rentenversicherung, einen „Riester-Vertrag", einen Pensionsfonds, eine Pensionskasse oder eine Direktversicherung als Zielversorgung wählen. Wählen Sie ein anderes Anrecht, insbesondere eine steuerlich nicht begünstigte private Rentenversicherung, könnte dies die Zustimmungspflicht Ihres Ehegatten auslösen. In diesem Fall sollten Sie steuerrechtlichen Rat einholen und Ihre Wahl mit Ihrem Ehegatten abstimmen.

Mit freundlichen Grüßen

_____
Unterschrift

V 90 – Fristsetzung externe Teilung (2.12) – Seite 2/2

XIV. Auskunftsersuchen Versorgungsträger laufende Versorgung (V100)

1. Vordruck Auskunftsersuchen (V100)

233

Amtsgericht
– Familiengericht –

Aktenzeichen

(Bitte bei allen Schreiben angeben)

PLZ, Ort, Datum

Anschrift, Telefon

⌐   ⌐
Personalsache: Vertraulich!

L   ⌐

Versorgungsausgleichssache _____ **gegen** _____
Auskunft über eine laufende Versorgung aus einem Anrecht bezogen auf die

Ehezeit vom |⌐|⌐|⌐|⌐|⌐|⌐|⌐| **bis zum** |⌐|⌐|⌐|⌐|⌐|⌐|⌐| **für**

Familienname, ggf. Geburtsname	Vorname	Geburtsdatum und -ort
Anschrift		Versorgungs-/Versicherungs-/Personal-/Mitgliedsnummer

Sehr geehrte Damen und Herren,

dem Gericht liegt ein Antrag auf eine **schuldrechtliche Ausgleichsrente** (§ 20 VersAusglG) vor. Für die Entscheidung wird eine Auskunft über eine laufende Versorgung aus einem Anrecht aus der Ehezeit benötigt. Bitte teilen Sie mit, ob bei Ihnen ein solches Anrecht für die genannte Person besteht, und übermitteln Sie die erforderlichen Angaben. Hierzu sind Sie gesetzlich verpflichtet.

Der Zeitpunkt des Beginns der geltend gemachten Ausgleichsrente ist der _____ . Soweit seitdem eine Rentenanpassung stattgefunden hat, ist eine weitere Auskunft auf den Zeitpunkt der Rentenanpassung zu erteilen.

Verwenden Sie für die Auskunft das amtliche Formular oder eine automatisiert erstellte Auskunft, die die entsprechenden Angaben enthält.

Fügen Sie Ihrer Auskunft eine nachvollziehbare Berechnung der laufenden Versorgung und der darauf entfallenden Sozialversicherungsbeiträge, eine Berechnung des Ehezeitanteils und des Ausgleichswertes bei, in der auch die Berechnungsgrundlagen angegeben und erläutert sind.

Übersenden Sie Ihre Auskunft einschließlich Anlagen in dreifacher Ausfertigung innerhalb von ____ Monaten ab Zugang dieses Schreibens an das Gericht. Sollte dies nicht möglich sein, teilen Sie bitte die Gründe und die voraussichtliche Bearbeitungsdauer mit.

Mit freundlichen Grüßen

_____
Unterschrift

V 100 – Auskunftsersuchen Versorgungsträger laufende Versorgung (2.12)

2. Merkblatt zum Auskunftsersuchen laufende Versorgung

234

**Merkblatt zum Auskunftsersuchen
über eine laufende Versorgung aus einem nicht ausgeglichenen Anrecht**

Der Versorgungsträger ist verpflichtet, dem Gericht die Höhe der laufenden Versorgung und der darauf entfallenden Sozialversicherungsbeiträge, den Ehezeitanteil und einen Vorschlag für die Bestimmung des Ausgleichswertes einschließlich einer übersichtlichen und nachvollziehbaren Berechnung mitzuteilen (§ 220 Abs. 4 FamFG).

Die Angaben zu den erforderlichen Werten sind in den Auskunftsbogen einzutragen. Die Berechnung soll auf einem gesonderten Blatt beigefügt werden.

1. Eine **schuldrechtliche Ausgleichsrente** ist zuzusprechen, wenn eine laufende Versorgung aus einem noch nicht ausgeglichenen Anrecht bezogen wird (§ 20 VersAusglG). **Anrechte** sind sämtliche in § 2 VersAusglG genannten Versorgungen. Bei der betrieblichen Altersvorsorge werden sämtliche Gestaltungsmöglichkeiten umfasst.

2. Auszugleichen sind Anrechte, aus denen bereits eine **laufende Versorgung** bezogen wird. Dabei kommt es auf die tatsächliche Zahlung an; es genügt nicht, wenn lediglich die Voraussetzungen für den Rentenbezug gegeben sind, eine Rente aber noch nicht gezahlt wird.

   Soweit keine Rente gezahlt, sondern Kapitalzahlungen geleistet worden sind oder geleistet werden, ist dies gesondert mitzuteilen.

3. Mitzuteilen sind die auf die gesamte laufende Versorgung entfallenden **Sozialversicherungsbeiträge**.

4. Der **Ehezeitanteil** ist der Anteil des Anrechts, der in der Ehezeit erworben wurde. Anzugeben ist ein monatlicher **Rentenbetrag**. Er ist von dem Versorgungsträger zu berechnen. Die Wertermittlung erfolgt gemäß § 41 VersAusglG.

   Wäre für die Anwartschaftsphase die **unmittelbare Bewertung** maßgeblich, gilt § 39 VersAusglG. Der Ehezeitanteil entspricht danach dem Umfang der auf die Ehezeit entfallenden Bezugsgröße, also insbesondere dem auf die Ehezeit entfallenden Deckungskapital oder den auf die Ehezeit entfallenden Beiträgen. Bei Anrechten im Sinne des Betriebsrentengesetzes ist die Bewertung nach § 45 Abs. 2 Satz 1 VersAusglG so weit wie möglich unmittelbar vorzunehmen.

   Wäre für die Anwartschaftsphase die **zeitratierliche Bewertung** maßgeblich, so gilt § 40 Abs. 1 bis 3 VersAusglG mit der Maßgabe, dass die höchstens erreichbare Zeitdauer und die zu erwartende Versorgung durch die tatsächlichen Werte zu ersetzen sind. Die Berechnung erfolgt nach der Formel:

   Ehezeitanteil = in die Ehezeit fallende Zeitdauer : gesamte Zeitdauer x tatsächlich erreichte Versorgung

5. Als Bewertungszeitpunkt ist das Ende der Ehezeit maßgebend. Gemäß § 5 Abs. 4 S. 2 VersAusglG sind jedoch die seitdem eingetretenen **allgemeinen Wertanpassungen** zu berücksichtigen, also die Anpassung des Anrechts an die Lohn- oder Verbraucherpreisentwicklung, an der sämtliche Versorgungsberechtigte teilnehmen. Die Aktualisierung ist auf den Zeitpunkt des Beginns der geltend gemachten Ausgleichsrente vorzunehmen, der Ihnen im Auskunftsersuchen mitgeteilt worden ist. Seitdem erfolgte Rentenanpassungen sind auf einem weiteren Auskunftsbogen mitzuteilen.

Gemäß § 5 Abs. 2 S. 2 VersAusglG sind auch **rechtliche und tatsächliche Veränderungen**, die seit Ende der Ehezeit eingetreten sind und auf den Ehezeitanteil zurückwirken, zu berücksichtigen. Das ist der Fall, wenn sie dem Anrecht am Ende der Ehezeit bereits latent innewohnten. Auf Umstände, die danach für die Berechnung der schuldrechtlichen Ausgleichsrente von Bedeutung sein können, ist bei der Übersendung der Auskunft unter Angabe der maßgeblichen Daten hinzuweisen. Grundsätzlich ist von der tatsächlichen Versorgungshöhe auszugehen.

Unberücksichtigt bleiben jedoch Veränderungen, die **keinen** Bezug zum ehezeitlichen Erwerb haben. Daran ist bei folgenden Umständen zu denken:

- Beruflicher Aufstieg (Beförderung, Laufbahnwechsel, andere Besoldungs- oder Tarifgruppe),
- Rentenerhöhung aufgrund Wiederverheiratung,
- Vereinbarung einer Versorgungserhöhung nach Ende der Ehezeit,
- Erteilung einer neuen, individuell ausgehandelten Versorgungszusage nach Ende der Ehezeit.

Sind Veränderungen unberücksichtigt zu lassen, ist eine fiktive Berechnung anhand der Fortschreibung der Einkommensentwicklung einer in vergleichbarer Position stehenden Person vorzunehmen, hilfsweise anhand der Entwicklung der Durchschnittsentgelte der in der gesetzlichen Rentenversicherung Versicherten.

Bei Unsicherheiten hinsichtlich der Berücksichtigungsfähigkeit von Veränderungen ist eine Alternativberechnung vorzunehmen, einerseits auf der Basis der tatsächlichen Versorgung unter Einbeziehung der Änderungen und andererseits eine fiktive Berechnung, bei der die Veränderungen unberücksichtigt gelassen werden.

6. Der **Ausgleichswert** ist der Wert, der von dem Ehezeitanteil des Anrechts auf die ausgleichsberechtigte Person zu übertragen ist, um die Halbteilung des Anrechts zu realisieren.

   Der auf den Ausgleichswert entfallende Anteil der Sozialversicherungsbeiträge ist bei der Berechnung nicht zu berücksichtigen und wird vom Gericht berechnet. Das gilt ggf. auch für vergleichbare Aufwendungen und einen bereits öffentlich-rechtlich erfolgten Teilausgleich, so dass - anders als beim Wertausgleich bei der Scheidung mit interner oder externer Teilung - nicht damit gerechnet werden kann, dass das Gericht den von Ihnen vorgeschlagenen Ausgleichswert übernimmt.

7. Folgende **Umstände** können für die Entscheidung des Gerichts von **Bedeutung** sein und sind daher bei der Übersendung der Auskunft mitzuteilen:

   - Die Versorgung aus dem Anrecht ruht und wird durch eine Unfallrente substituiert.
   - Die laufende Versorgung ist abgetreten oder verpfändet.

XV. Auskunftsbogen laufende Versorgung (V102)

235

Name und Anschrift des Versorgungsträgers   Bearbeiter

                                                   Telefon (Durchwahl)

┌   ┐

└   ┘

Versorgungsausgleichssache_____ **gegen** _____
Auskunft über eine laufende Versorgung aus einem Anrecht für

Name	Vorname
Geburtsdatum	Versorgungs-/Versicherungs-/Personal-/Mitgliedsnummer

Aktenzeichen des Gerichts _____

Anfrage vom _____

1. Anrecht aus einer laufenden Versorgung

Diese Auskunft betrifft folgendes Anrecht:

_____
Bezeichnung des Anrechts

2. Laufender Bezug

Es wird eine laufende Versorgung bezogen:

O Ja, seit dem _____.

O Nein. Die Voraussetzungen treten frühestens am _____ ein.
(In diesem Fall sind keine weiteren Angaben erforderlich.)

3. Höhe der laufenden Versorgung

O Die Auskunft betrifft die zum Zeitpunkt des Beginns der geltend gemachten
Ausgleichsrente am _____ insgesamt bestehende laufende Versorgung.

O Mit Wirkung vom _____ ist eine Rentenanpassung erfolgt. Die Auskunft betrifft
die seitdem insgesamt bestehende laufende Versorgung.
(Hierfür ist ein weiterer Auskunftsbogen auszufüllen.)

Zahlbetrag	Zahlungsintervall (z. B. monatlich)
€	

Hierauf entfallen

O Sozialversicherungsbeiträge in Höhe von _____ €.

O keine Sozialversicherungsbeiträge.

4. Berechneter Ehezeitanteil

Wert	
€	

5. Vorschlag für den Ausgleichswert

Wert	
€	

Etwaige auf den Ausgleichswert entfallende Sozialversicherungsbeiträge sind nicht berücksichtigt worden.

6. Rentenanpassungen

○ Die nächste Rentenanpassung erfolgt zum _____ .

○ Eine regelmäßige Rentenanpassung findet nicht statt.

7. Weitere rechtliche Grundlagen für die laufende Versorgung

_____

_____

Bezeichnung (z. B. Satzung, Teilungsordnung, Betriebsvereinbarung, Allgemeine Geschäftsbedingungen), Datum und ggf. allgemein zugängliche Fundstelle (z.B. Internetlink)

8. Seit Ende der Ehezeit berücksichtigte Änderungen

_____

_____

_____

(allgemeine Wertanpassungen, tatsächliche und rechtliche Änderungen, z. B. vorgezogener Ruhestand, nachträgliche Erfüllung von bestimmten zeitlichen Voraussetzungen, gesetzliche Änderungen, Satzungsänderungen.)

Eine Erläuterung und Berechnung zu den oben aufgeführten Einzelwerten ist als Anlage beigefügt.

_____ _____

Ort, Datum Unterschrift, Firmenstempel

V 110 – Auskunftsbogen laufende Versorgung (2.12) – Seite 2/2

XVI. Auskunftsersuchen Versorgungsträger Anpassung wegen Unterhalt (V120)

236

Amtsgericht
– Familiengericht –

Aktenzeichen

_____
(Bitte bei allen Schreiben angeben)

PLZ, Ort, Datum

Anschrift, Telefon

⌐　　　　　　　　　　　　　　　　　　¬

Personalsache: Vertraulich!

L　　　　　　　　　　　　　　　　　　⌟

Versorgungsausgleichssache _____ **gegen** _____
Auskunft über Versorgungsanrechte für einen Antrag auf Anpassung wegen Unterhalts
gemäß §§ 33, 34 VersAusglG bezogen auf die

Ehezeit vom |_|_|_|_|_|_|_|_| **bis zum** |_|_|_|_|_|_|_|_| **für**

Familienname, ggf. Geburtsname	Vorname	Geburtsdatum und -ort
Anschrift		Versorgungs-/Versicherungs-/Personal-/Mitgliedsnummer

Anderer Ehegatte:

Familienname, ggf. Geburtsname	Vorname	Geburtsdatum und -ort

Abzuändernde Entscheidung: _____
(Gericht, Datum und Aktenzeichen)

Eingang des Abänderungsantrags: |_|_|_|_|_|_|_|_|

Sehr geehrte Damen und Herren,

das Gericht benötigt Auskünfte für das Verfahren zur Anpassung wegen Unterhalts. Bitte teilen Sie mit, in welcher Höhe das Versorgungsanrecht der ausgleichspflichtigen Person wegen des zwischen den Ehegatten durchgeführten Versorgungsausgleichs gekürzt wird.

Sie sind gesetzlich verpflichtet, die erforderlichen Angaben zu übermitteln. Verwenden Sie für die Auskunft das beigefügte amtliche Formular oder eine automatisiert erstellte Auskunft, die die entsprechenden Angaben enthält.

Übersenden Sie Ihre Auskunft einschließlich Anlagen in dreifacher Ausfertigung innerhalb von ____ Monaten ab Zugang dieses Schreibens an das Gericht. Sollte dies nicht möglich sein, teilen Sie bitte die Gründe und die voraussichtliche Bearbeitungsdauer mit.

Mit freundlichen Grüßen

_____
Unterschrift

V 120 – Auskunftsersuchen Versorgungsträger Anpassung wegen Unterhalt (2.12)

XVII. Auskunftsbogen Anpassung wegen Unterhalt (V121)

237

Name und Anschrift des Versorgungsträgers

Bearbeiter

Telefon (Durchwahl)

⌐   ¬

L   ⌐

Versorgungsausgleichssache_____ **gegen** _____
Anpassung wegen Unterhalt gemäß §§ 33, 34 VersAusglG
Auskunft über Anrechte für

Name	Vorname
Geburtsdatum	Versorgungs-/Versicherungs-/Personal-/Mitgliedsnummer

Aktenzeichen des Gerichts _____

Anfrage vom _____

1. Die benannte Person bezieht eine Versorgung ab dem: |__|__|__|__|__|__|__|

2. Höhe der wegen des Versorgungsausgleichs gekürzten Versorgung ab dem |__|__|__|__|__|__|__| (maßgebliches Datum ab dem die Anpassung erfolgen würde):

_____ € / Monat (brutto); _____ € /Monat (netto)

3. Bei Durchführung des Versorgungsausgleichs wurde zugleich zugunsten der benannten Person ein Anrecht begründet (für die Prüfung von § 33 Abs. 3, 2. Halbsatz VersAusglG erforderliche Angaben)**:**
O Nein
O Ja, aufgrund Teilung eines Anrechts der Regelsicherungssysteme nach § 32 VersAusglG in Höhe von _____ € / Monat (brutto).
O Ja, aufgrund Teilung eines anderen (betrieblichen oder privaten) Anrechts in Höhe von _____ € / Monat (brutto).

4. Höhe der Versorgung ohne Kürzung wegen des Versorgungsausgleichs ab dem |__|__|__|__|__|__|__| (maßgebliches Datum ab dem die Anpassung erfolgen würde):

_____ € / Monat (brutto); _____ € / Monat (netto)

5. Sonstige Hinweise, die für eine Anpassung wegen Unterhalt maßgebend sind:
_____
_____

_____   _____
Ort, Datum   Unterschrift

V 121 – Auskunftsbogen Anpassung wegen Unterhalt (2.12)

XVIII. Auskunftsersuchen Abänderungsverfahren (§ 51 VersAusglG) Versorgungsträger allgemein (V130)

238

Amtsgericht
– Familiengericht –
Aktenzeichen

PLZ, Ort, Datum

Anschrift, Telefon

(Bitte bei allen Schreiben angeben)

⌐ **Personalsache: Vertraulich!**   ⌐

Dem Amtsgericht von der Bundesagentur
für Arbeit zugeteilte **Betriebsnummer**:

⌐_____⌐

L   ⌐

Versorgungsausgleichssache _____ **gegen** _____
Auskunft über Versorgungsanrechte für ein Abänderungsverfahren bezogen auf die

Ehezeit vom |_|_|_|_|_|_|_|_| **bis zum** |_|_|_|_|_|_|_|_| **für**

Familienname, ggf. Geburtsname	Vorname	Geburtsdatum und -ort
Anschrift		Versorgungs-/Versicherungs-/Personal-/Mitgliedsnummer

Ehegatte

Familienname, ggf. Geburtsname	Vorname	Geburtsdatum und -ort
Anschrift		

Abzuändernde Entscheidung: _____
(Gericht, Datum und Aktenzeichen)

Eingang des Abänderungsantrags: |_|_|_|_|_|_|_|_|

Sehr geehrte Damen und Herren,

das Gericht benötigt für die beantragte Abänderung des Versorgungsausgleichs Auskünfte über Versorgungsanrechte aus der Ehezeit. Bitte teilen Sie mit, ob bei Ihnen solche Anrechte für die genannte Person bestehen, und übermitteln Sie die erforderlichen Angaben. Hierzu sind Sie gesetzlich verpflichtet.

Verwenden Sie für die Auskunft das amtliche Formular oder eine automatisiert erstellte Auskunft, die die entsprechenden Angaben enthält.

Im Abänderungsverfahren gelten zur Auskunftserteilung grundsätzlich dieselben Bestimmungen wie bei einer erstmaligen Durchführung des Versorgungsausgleichs, jedoch mit folgenden Besonderheiten:

In den Wertausgleich sind nur diejenigen Anrechte einzubeziehen, die bereits bei seiner erstmaligen Durchführung in die Entscheidung einbezogen wurden.

Als Bewertungszeitpunkt bleibt auch im Abänderungsverfahren das Ende der Ehezeit maßgebend. Gemäß § 5 Abs. 2 S. 2 VersAusglG sind rechtliche und tatsächliche Veränderungen, die seit Ende der Ehezeit eingetreten sind und auf den Ehezeitanteil zurückwirken, zu berücksichtigen. Daran ist etwa bei folgenden Umständen zu denken:

- vorgezogener Ruhestand,
- nachträgliche Erfüllung von bestimmten zeitlichen Voraussetzungen,
- gesetzliche Änderungen,
- Satzungsänderungen.

Unberücksichtigt bleiben jedoch Veränderungen, die keinen Bezug zum ehezeitlichen Erwerb haben, z. B. bei
- beruflichem Aufstieg (Beförderung, Laufbahnwechsel, andere Besoldungs- oder Tarifgruppe),
- Rentenerhöhung aufgrund Wiederverheiratung,
- Vereinbarung einer Versorgungserhöhung nach Ende der Ehezeit,
- Erteilung einer neuen, individuell ausgehandelten Versorgungszusage nach Ende der Ehezeit.

Fügen Sie Ihrer Auskunft eine nachvollziehbare Berechnung des Ehezeitanteils, des Ausgleichswertes und ggf. des korrespondierenden Kapitalwertes bei, in der auch die Berechnungsgrundlagen angegeben und erläutert sind. Fügen Sie die Rechtsgrundlagen bei, die für die Teilung des Anrechts in Ihrem Versorgungssystem maßgeblich sind (z. B. Satzungs- oder Versicherungsbestimmungen) oder geben Sie eine allgemein zugängliche Fundstelle an, unter der diese abgerufen werden können (ein Internetlink genügt als Angabe, muss aber auf die genaue Seite verweisen). Dies gilt nicht für gesetzliche Bestimmungen.

Übersenden Sie Ihre Auskunft einschließlich Anlagen in dreifacher Ausfertigung innerhalb von _____ Monaten ab Zugang dieses Schreibens an das Gericht. Sollte dies nicht möglich sein, teilen Sie bitte die Gründe und die voraussichtliche Bearbeitungsdauer mit.

Mit freundlichen Grüßen

_____
Unterschrift

V 130 – Auskunftsersuchen Abänderungsverfahren (§ 51 VersAusglG) Versorgungsträger allgemein (2.12)

XIX. Auskunftsersuchen Abänderungsverfahren (§ 51 VersAusglG) Versorgungsträger allgemein mit Rentenwertabfrage (V131)

239

Amtsgericht
– Familiengericht –

Aktenzeichen

PLZ, Ort, Datum

Anschrift, Telefon

(Bitte bei allen Schreiben angeben)

Personalsache: Vertraulich!

Dem Amtsgericht von der Bundesagentur
für Arbeit zugeteilte **Betriebsnummer**:

Versorgungsausgleichssache _____ gegen _____
Auskunft über Versorgungsanrechte für ein Abänderungsverfahren bezogen auf die

Ehezeit vom |__|__|__|__|__|__|__| bis zum |__|__|__|__|__|__|__| für

Familienname, ggf. Geburtsname	Vorname	Geburtsdatum und -ort
Anschrift		Versorgungs-/Versicherungs-/Personal-/Mitgliedsnummer

Ehegatte

Familienname, ggf. Geburtsname	Vorname	Geburtsdatum und -ort
Anschrift		

Abzuändernde Entscheidung: _____
(Gericht, Datum und Aktenzeichen)

Eingang des Abänderungsantrags: |__|__|__|__|__|__|__|

Sehr geehrte Damen und Herren,

das Gericht benötigt für die beantragte Abänderung des Versorgungsausgleichs Auskünfte über Versorgungsanrechte aus der Ehezeit. Bitte teilen Sie mit, ob bei Ihnen solche Anrechte für die genannte Person bestehen, und übermitteln Sie die erforderlichen Angaben. Hierzu sind Sie gesetzlich verpflichtet.

Verwenden Sie für die Auskunft das amtliche Formular oder eine automatisiert erstellte Auskunft, die die entsprechenden Angaben enthält.

Im Abänderungsverfahren gelten zur Auskunftserteilung grundsätzlich dieselben Bestimmungen wie bei einer erstmaligen Durchführung des Versorgungsausgleichs, jedoch mit folgenden Besonderheiten:

In den Wertausgleich sind nur diejenigen Anrechte einzubeziehen, die bereits bei seiner erstmaligen Durchführung in die Entscheidung einbezogen wurden.

Als Bewertungszeitpunkt bleibt auch im Abänderungsverfahren das Ende der Ehezeit maßgebend. Gemäß § 5 Abs. 2 S. 2 VersAusglG sind rechtliche und tatsächliche Veränderungen, die seit Ende der Ehezeit eingetreten sind und auf den Ehezeitanteil zurückwirken, zu berücksichtigen. Daran ist etwa bei folgenden Umständen zu denken:

V 131 – Auskunftsersuchen Abänderungsverfahren (§ 51 VersAusglG) Versorgungsträger allgemein mit Rentenwertabfrage (2.12)

- vorgezogener Ruhestand,
- nachträgliche Erfüllung von bestimmten zeitlichen Voraussetzungen,
- gesetzliche Änderungen,
- Satzungsänderungen.

Unberücksichtigt bleiben jedoch Veränderungen, die keinen Bezug zum ehezeitlichen Erwerb haben, z. B. bei

- beruflichem Aufstieg (Beförderung, Laufbahnwechsel, andere Besoldungs- oder Tarifgruppe),
- Rentenerhöhung aufgrund Wiederverheiratung,
- Vereinbarung einer Versorgungserhöhung nach Ende der Ehezeit,
- Erteilung einer neuen, individuell ausgehandelten Versorgungszusage nach Ende der Ehezeit.

Zusätzlich zu den im Auskunftsbogen genannten Werten benötigt das Gericht den Ehezeitanteil und den Ausgleichswert als Rentenbetrag, falls es sich bei dem von Ihnen angegebenen Wert nicht bereits um einen Rentenbetrag handelt (§ 52 Abs. 2 VersAusglG). Diesen Angaben dient der anliegende Zusatzbogen.

Fügen Sie Ihrer Auskunft eine nachvollziehbare Berechnung des Ehezeitanteils, des Ausgleichswertes und ggf. des korrespondierenden Kapitalwertes sowie des Rentenwertes bei, in der auch die Berechnungsgrundlagen angegeben und erläutert sind. Fügen Sie die Rechtsgrundlagen bei, die für die Teilung des Anrechts in Ihrem Versorgungssystem maßgeblich sind (z. B. Satzungs- oder Versicherungsbestimmungen) oder geben Sie eine allgemein zugängliche Fundstelle an, unter der diese abgerufen werden können (ein Internetlink genügt als Angabe, muss aber auf die genaue Seite verweisen). Dies gilt nicht für gesetzliche Bestimmungen.

Übersenden Sie Ihre Auskunft einschließlich Anlagen in dreifacher Ausfertigung innerhalb von _____ Monaten ab Zugang dieses Schreibens an das Gericht. Sollte dies nicht möglich sein, teilen Sie bitte die Gründe und die voraussichtliche Bearbeitungsdauer mit.

Mit freundlichen Grüßen

_____
Unterschrift

V 131 – Auskunftsersuchen Abänderungsverfahren (§ 51 VersAusglG) Versorgungsträger allgemein mit Rentenwertabfrage (2.12)

XX. Auskunftsersuchen Abänderungsverfahren (§ 51 VersAusglG) Versorgungsträger betriebliche Altersversorgung/Arbeitgeber (V132)

240

Amtsgericht
– Familiengericht –

Aktenzeichen

_____
(Bitte bei allen Schreiben angeben)

PLZ, Ort, Datum

Anschrift, Telefon

⌐ **Personalsache: Vertraulich!**   ⌐

L   ⌐

Versorgungsausgleichssache _____ **gegen** _____
Auskunft über Versorgungsanrechte für ein Abänderungsverfahren bezogen auf die

Ehezeit vom |__|__|__|__|__|__|__|__| **bis zum** |__|__|__|__|__|__|__|__| **für**

Familienname, ggf. Geburtsname	Vorname	Geburtsdatum und -ort
Anschrift		Versorgungs-/Versicherungs-/Personal-/Mitgliedsnummer

Ehegatte

Familienname, ggf. Geburtsname	Vorname	Geburtsdatum und -ort
Anschrift		

Abzuändernde Entscheidung: _____
(Gericht, Datum und Aktenzeichen)

Eingang des Abänderungsantrags: |__|__|__|__|__|__|__|__|

Sehr geehrte Damen und Herren,

das Gericht benötigt für beantragte Abänderung des Versorgungsausgleichs Auskünfte über Versorgungsanrechte aus der Ehezeit. Bitte teilen Sie mit, ob bei Ihnen solche Anrechte für die genannte Person bestehen, und übermitteln Sie die erforderlichen Angaben. Hierzu sind Sie gesetzlich verpflichtet. Verwenden Sie für die Auskunft die amtlichen Formulare (Versorgungsübersicht und Auskunftsbogen) oder eine automatisiert erstellte Auskunft, die die entsprechenden Angaben enthält. Senden Sie die **Versorgungsübersicht,** in der alle Anrechte aufzulisten sind, unverzüglich an das Gericht. Für jedes Anrecht ist ein gesonderter **Auskunftsbogen** auszufüllen.

Bei Durchführung einer Versorgung durch einen selbstständigen Versorgungsträger leiten Sie bitte die gerichtliche Anforderung und den Auskunftsbogen an diesen weiter. Bitte schicken Sie jedenfalls die ausgefüllte Versorgungsübersicht an das Gericht und teilen Sie mit, an wen Sie die gerichtliche Anforderung weitergeleitet haben.

Im Abänderungsverfahren gelten zur Auskunftserteilung grundsätzlich dieselben Bestimmungen wie bei einer erstmaligen Durchführung des Versorgungsausgleichs, jedoch mit folgenden Besonderheiten:

In den Wertausgleich sind nur diejenigen Anrechte einzubeziehen, die bereits bei seiner erstmaligen Durchführung in die Entscheidung einbezogen wurden.

Als Bewertungszeitpunkt bleibt auch im Abänderungsverfahren das Ende der Ehezeit maßgebend. Gemäß § 5 Abs. 2 S. 2 VersAusglG sind rechtliche und tatsächliche Veränderungen, die seit Ende der Ehezeit eingetreten sind und auf den Ehezeitanteil zurückwirken, zu berücksichtigen. Daran ist etwa bei folgenden Umständen zu denken:

- vorgezogener Ruhestand,
- nachträgliche Erfüllung von bestimmten zeitlichen Voraussetzungen,
- gesetzliche Änderungen,
- Satzungsänderungen.

Unberücksichtigt bleiben jedoch Veränderungen, die keinen Bezug zum ehezeitlichen Erwerb haben, z. B. bei

- beruflichem Aufstieg (Beförderung, Laufbahnwechsel, andere Besoldungs- oder Tarifgruppe),
- Rentenerhöhung aufgrund Wiederverheiratung,
- Vereinbarung einer Versorgungserhöhung nach Ende der Ehezeit,
- Erteilung einer neuen, individuell ausgehandelten Versorgungszusage nach Ende der Ehezeit.

Fügen Sie für jedes Anrecht eine nachvollziehbare Berechnung des Ehezeitanteils, des Ausgleichswertes und ggf. des korrespondierenden Kapitalwertes bei, in der auch die Berechnungsgrundlagen angegeben und erläutert sind. Fügen Sie die Rechtsgrundlagen bei, die für die Teilung des Anrechts in Ihrem Versorgungssystem maßgeblich sind (z. B. Satzungs- oder Versicherungsbestimmungen) oder geben Sie eine allgemein zugängliche Fundstelle an, unter der diese abgerufen werden können (ein Internetlink genügt als Angabe, muss aber auf die genaue Seite verweisen).

Übersenden Sie die Auskunftsbögen einschließlich Anlagen in dreifacher Ausfertigung innerhalb von ____ Monaten ab Zugang dieses Schreibens an das Gericht. Sollte dies nicht möglich sein, teilen Sie bitte die Gründe und die voraussichtliche Bearbeitungsdauer mit.

Ein Merkblatt mit ausführlichen Informationen finden Sie auf der Internet-Seite "http://www.justiz.de/formulare/index.php" unter "Merkblatt zum Auskunftsersuchen betriebliche Altersversorgung" (V 22).

Mit freundlichen Grüßen

_____
Unterschrift

V 132 – Auskunftsersuchen Abänderungsverfahren (§ 51 VersAusglG) Versorgungsträger betriebliche Altersversorgung / Arbeitgeber (2.12)

XXI. Auskunftsersuchen Abänderungsverfahren (§ 51 VersAusglG) Versorgungsträger betriebliche Altersversorgung/Arbeitgeber mit Rentenwertabfrage (V133)

241

Amtsgericht
– Familiengericht –

Aktenzeichen

PLZ, Ort, Datum

Anschrift, Telefon

(Bitte bei allen Schreiben angeben)

⌐ **Personalsache: Vertraulich!**   ⌐

L   ⌐

Versorgungsausgleichssache _____ **gegen** _____
Auskunft über Versorgungsanrechte für ein Abänderungsverfahren bezogen auf die

Ehezeit vom |_|_|_|_|_|_|_|_| **bis zum** |_|_|_|_|_|_|_|_| **für**

Familienname, ggf. Geburtsname	Vorname	Geburtsdatum und -ort
Anschrift		Versorgungs-/Versicherungs-/Personal-/Mitgliedsnummer

Ehegatte

Familienname, ggf. Geburtsname	Vorname	Geburtsdatum und -ort
Anschrift		

Abzuändernde Entscheidung: _____
(Gericht, Datum und Aktenzeichen)

Eingang des Abänderungsantrags: |_|_|_|_|_|_|_|_|_|

Sehr geehrte Damen und Herren,

das Gericht benötigt für beantragte Abänderung des Versorgungsausgleichs Auskünfte über Versorgungsanrechte aus der Ehezeit. Bitte teilen Sie mit, ob bei Ihnen solche Anrechte für die genannte Person bestehen, und übermitteln Sie die erforderlichen Angaben. Hierzu sind Sie gesetzlich verpflichtet. Verwenden Sie für die Auskunft die amtlichen Formulare (Versorgungsübersicht und Auskunftsbogen) oder eine automatisiert erstellte Auskunft, die die entsprechenden Angaben enthält. Senden Sie die **Versorgungsübersicht**, in der alle Anrechte aufzulisten sind, unverzüglich an das Gericht. Für jedes Anrecht ist ein gesonderter **Auskunftsbogen** auszufüllen.

Bei Durchführung einer Versorgung durch einen selbstständigen Versorgungsträger leiten Sie bitte die gerichtliche Anforderung und den Auskunftsbogen an diesen weiter. Bitte schicken Sie jedenfalls die ausgefüllte Versorgungsübersicht an das Gericht und teilen Sie mit, an wen Sie die gerichtliche Anforderung weitergeleitet haben.

Im Abänderungsverfahren gelten zur Auskunftserteilung grundsätzlich dieselben Bestimmungen wie bei einer erstmaligen Durchführung des Versorgungsausgleichs, jedoch mit folgenden Besonderheiten:

In den Wertausgleich sind nur diejenigen Anrechte einzubeziehen, die bereits bei seiner erstmaligen Durchführung in die Entscheidung einbezogen wurden.

Als Bewertungszeitpunkt bleibt auch im Abänderungsverfahren das Ende der Ehezeit maßgebend. Gemäß § 5 Abs. 2 S. 2 VersAusglG sind rechtliche und tatsächliche Veränderungen, die seit Ende der Ehezeit eingetreten sind und auf den Ehezeitanteil zurückwirken, zu berücksichtigen. Daran ist etwa bei folgenden Umständen zu denken:

- vorgezogener Ruhestand,
- nachträgliche Erfüllung von bestimmten zeitlichen Voraussetzungen,
- gesetzliche Änderungen,
- Satzungsänderungen.

Unberücksichtigt bleiben jedoch Veränderungen, die keinen Bezug zum ehezeitlichen Erwerb haben, z. B. bei

- beruflichem Aufstieg (Beförderung, Laufbahnwechsel, andere Besoldungs- oder Tarifgruppe),
- Rentenerhöhung aufgrund Wiederverheiratung,
- Vereinbarung einer Versorgungserhöhung nach Ende der Ehezeit,
- Erteilung einer neuen, individuell ausgehandelten Versorgungszusage nach Ende der Ehezeit.

Zusätzlich zu den im Auskunftsbogen genannten Werten benötigt das Gericht den Ehezeitanteil und den Ausgleichswert als Rentenbetrag, falls es sich bei dem von Ihnen angegebenen Wert nicht bereits um einen Rentenbetrag handelt (§ 52 Abs. 2 VersAusglG). Diesen Angaben dient der anliegende Zusatzbogen.

Fügen Sie für jedes Anrecht eine nachvollziehbare Berechnung des Ehezeitanteils, des Ausgleichswertes und ggf. des korrespondierenden Kapitalwertes sowie des Rentenwertes bei, in der auch die Berechnungsgrundlagen angegeben und erläutert sind. Fügen Sie die Rechtsgrundlagen bei, die für die Teilung des Anrechts in Ihrem Versorgungssystem maßgeblich sind (z. B. Satzungs- oder Versicherungsbestimmungen) oder geben Sie eine allgemein zugängliche Fundstelle an, unter der diese abgerufen werden können (ein Internetlink genügt als Angabe, muss aber auf die genaue Seite verweisen).

Übersenden Sie die Auskunftsbögen einschließlich Anlagen in dreifacher Ausfertigung innerhalb von ____ Monaten ab Zugang dieses Schreibens an das Gericht. Sollte dies nicht möglich sein, teilen Sie bitte die Gründe und die voraussichtliche Bearbeitungsdauer mit.

Ein Merkblatt mit ausführlichen Informationen finden Sie auf der Internet-Seite "http://www.justiz.de/formulare/index.php" unter "Merkblatt zum Auskunftsersuchen betriebliche Altersversorgung" (V 22).

Mit freundlichen Grüßen

_____
Unterschrift

V 133 – Auskunftsersuchen Abänderungsverfahren (§ 51 VersAusglG) Versorgungsträger betriebliche Altersversorgung / Arbeitgeber mit Rentenwertabfrage (2.12)

XXII. Zusatzbogen Abänderungsverfahren (§ 51 VersAusglG) (V134)

Name und Anschrift des Versorgungsträgers   Bearbeiter

Telefon (Durchwahl)

Zusatzbogen

zum Auskunftsbogen bei Abänderung einer Entscheidung zum Versorgungsausgleich betreffend das Anrecht für

Name	Vorname

Aktenzeichen des Gerichts _____

Dieser Zusatzbogen betrifft folgendes Anrecht:

_____

Bezeichnung der Zusage wie im Auskunftsbogen

1. Angabe des Ausgleichswerts

Die Angabe des Ausgleichswerts im Auskunftsbogen erfolgte als Rentenbetrag:

O Nein   O Ja (In diesem Fall sind keine weiteren Angaben erforderlich.)

2. Rentenbetrag

Dem im Auskunftsbogen berechneten Ehezeitanteil von

Wert	Bezugsgröße

entspricht ein monatlicher Rentenbetrag von

Wert
€

Dem im Auskunftsbogen vorgeschlagenen Ausgleichswert von

Wert	Bezugsgröße

entspricht ein monatlicher Rentenbetrag von

Wert
€

Eine Erläuterung und Berechnung zu den aufgeführten Rentenbeträgen ist als Anlage beigefügt.

_____   _____
Ort, Datum   Unterschrift, Firmenstempel

V 134 – Zusatzbogen Abänderungsverfahren (§ 51 VersAusglG) (2.12)

XXIII. Auskunftsersuchen Abänderungsverfahren (§ 225 FamFG) Versorgungsträger allgemein (V140)

243

Amtsgericht
– Familiengericht –

Aktenzeichen

_____
(Bitte bei allen Schreiben angeben)

PLZ, Ort, Datum

Anschrift, Telefon

⌐ **Personalsache: Vertraulich!** ¬

Dem Amtsgericht von der Bundesagentur
für Arbeit zugeteilte **Betriebsnummer**:

L ⌙

Versorgungsausgleichssache _____ **gegen** _____
Auskunft über Versorgungsanrechte für ein Abänderungsverfahren bezogen auf die

Ehezeit vom |⎯|⎯|⎯|⎯|⎯|⎯|⎯| **bis zum** |⎯|⎯|⎯|⎯|⎯|⎯|⎯| **für**

Familienname, ggf. Geburtsname	Vorname	Geburtsdatum und -ort
Anschrift		Versorgungs-/Versicherungs-/Personal-/Mitgliedsnummer

Ehegatte

Familienname, ggf. Geburtsname	Vorname	Geburtsdatum und -ort
Anschrift		

Abzuändernde Entscheidung: _____
(Gericht, Datum und Aktenzeichen)

Eingang des Abänderungsantrags: |⎯|⎯|⎯|⎯|⎯|⎯|⎯|

betreffend _____
(genaue Bezeichnung des Anrechts, für das die Abänderung beantragt wird)

von: _____
(Name und Vorname des Ausgleichsverpflichteten)

Sehr geehrte Damen und Herren,

das Gericht benötigt für die beantragte Abänderung des Versorgungsausgleichs Auskünfte über das genannte Versorgungsanrecht aus der Ehezeit. Bitte übermitteln Sie die erforderlichen Angaben. Hierzu sind Sie gesetzlich verpflichtet.

Verwenden Sie für die Auskunft das amtliche Formular oder eine automatisiert erstellte Auskunft, die die entsprechenden Angaben enthält.

Fügen Sie Ihrer Auskunft eine nachvollziehbare Berechnung des Ehezeitanteils, des Ausgleichswertes und ggf. des korrespondierenden Kapitalwertes bei, in der auch die Berechnungsgrundlagen angegeben und erläutert sind. Fügen Sie die Rechtsgrundlagen bei, die für die Teilung des Anrechts in Ihrem Versorgungssystem maßgeblich sind (z. B. Satzungs- oder Versicherungsbestimmungen) oder geben Sie eine

V 140 – Auskunftsersuchen Abänderungsverfahren (§ 225 FamFG) Versorgungsträger allgemein (2.12)

allgemein zugängliche Fundstelle an, unter der diese abgerufen werden können (ein Internetlink genügt als Angabe, muss aber auf die genaue Seite verweisen). Dies gilt nicht für gesetzliche Bestimmungen.

Übersenden Sie Ihre Auskunft einschließlich Anlagen in dreifacher Ausfertigung innerhalb von _____ Monaten ab Zugang dieses Schreibens an das Gericht. Sollte dies nicht möglich sein, teilen Sie bitte die Gründe und die voraussichtliche Bearbeitungsdauer mit.

Mit freundlichen Grüßen

_____
Unterschrift

V 140 – Auskunftsersuchen Abänderungsverfahren (§ 225 FamFG) Versorgungsträger allgemein (2.12)

Kapitel 9: Wirkungen der Ehe im Allgemeinen

A. Einleitung

1   Der Schlüssel zum Recht der allgemeinen Wirkungen der Ehe im geltenden Recht ist § 1353 BGB. Diese Norm ist von derselben Qualität wie § 242 BGB im Schuldrecht. Ohne im Einzelnen zu präzisieren, gibt § 1353 BGB mit Begriffen, die unterschiedlichen Inhalten und Wertungen zugänglich sind, den Rahmen vor, innerhalb dessen sich auch die vermögensrechtlichen Wirkungen der Ehe entfalten lassen. Diese allgemeine Regelung ist sinnvoll, weil eine Aufzählung der sich aus der Ehe ergebenden Rechte und Pflichten stets unvollständig wäre. Allerdings sind das Lebenszeitprinzip, die Verpflichtung zur ehelichen Lebensgemeinschaft und die wechselseitige Verantwortung füreinander Vorgaben, nach denen Rechtspflichten und Rechtszustände im Einzelfall konkretisiert, aber auch Lücken im Gesetz – ähnlich wie bei § 242 BGB – geschlossen werden können.

2   Aufgrund der Verpflichtung zur ehelichen Lebensgemeinschaft und der durch die Ehe begründeten Verantwortung füreinander sind die Ehepartner zur gegenseitigen Rücksichtnahme verpflichtet. Hieraus folgt für ihre vermögensrechtliche Beziehung untereinander, dass die Ehepartner bei der Ausübung ehelicher Rechte auf die berechtigten Interessen des jeweils anderen Rücksicht zu nehmen haben. Aus dem Gebot gegenseitiger Rücksichtnahme leiten sich Fürsorge- und Schutzpflichten ab. Das Maß des geschuldeten vermögensrechtlichen Beistandes richtet sich zunächst nach den

Möglichkeiten des Verpflichteten. Weiterhin muss die abverlangte Unterstützung zumutbar sein. Dabei ist zu berücksichtigen, dass das Wesen der Ehe den Partnern mehr abverlangt als Dritten, die im allgemeinen Rechtsverkehr in Beziehung stehen. Eine im allgemeinen Rechtsverkehr als »über-obligationsmäßig« geltende Anforderung kann dem Ehepartner durchaus zumutbar und damit geschuldet sein. Die Grenze ist allerdings dort zu ziehen, wo die »Selbstaufgabe und Selbstvernichtung« des Partners droht.

Konkrete Ansprüche der Ehegatten aus § 1353 Abs. 1 Satz 2 BGB können als sonstige Familien-   3
sache i. S. v. § 266 Abs. 1 Nr. 2 FamFG beim Familiengericht geltend gemacht werden. Soweit sich eine Endentscheidung auf die Herstellung bzw. Wiederherstellung der ehelichen Lebensgemeinschaft bezieht, ist zu beachten, dass § 120 Abs. 3 FamFG deren Vollstreckung ausschließt. Dieser Vollstreckungsausschluss gilt allerdings nicht für alle aus § 1353 Abs. 1 Satz 2 BGB folgenden Ansprüche, sondern nur für solche, die in erster Linie das personale Verhältnis der Ehegatten betreffen. Ähnlich verhält es sich mit Sekundäransprüchen auf Schadensersatz wegen Verletzung der sich aus § 1353 Abs. 1 Satz 2 BGB ergebenden Verpflichtungen. Die Verletzung vermögensrechtlicher Beistands- und Rücksichtnahmepflichten der Ehegatten kann einen Schadensersatzanspruch analog § 280 Abs. 1 BGB begründen. Dies ist dagegen ausgeschlossen, soweit die Pflichtverletzung den persönlichen Bereich der Ehegatten betrifft. Hier kommt allenfalls ein Anspruch auf Schadensersatz aus § 826 BGB infrage.

B. Allgemeine steuerrechtliche Beziehungen zwischen Ehegatten

Das Hauptanwendungsgebiet, in der die Generalklausel des § 1353 BGB zur Anwendung kommt,   4
ist das Steuerrecht (Weinreich/Klein/*Perleberg-Kölbel*, § 26b EStG Rn. 1 f.).

Auch die Pflicht zur gemeinsamen steuerlichen Veranlagung folgt nach ständiger Rechtsprechung des BGH (vgl. BGH, FamRZ 2007, 1799) aus dem Gebot gegenseitiger Rücksichtnahme. Ein Ehegatte ist daher dem anderen gegenüber verpflichtet, in eine von diesem gewünschte Zusammenveranlagung zur Einkommensteuer einzuwilligen, wenn dadurch die Steuerschuld des anderen verringert und der auf Zustimmung in Anspruch genommene Ehegatte keiner zusätzlichen steuerlichen Belastung ausgesetzt wird. Erklärt sich der durch die gemeinsame Veranlagung Begünstigte bereit, die dem Ehepartner durch die gemeinsame steuerliche Veranlagung entstehenden Nachteile auszugleichen, besteht die Verpflichtung uneingeschränkt.

▶ **Hinweis zur Taktik:**   5

Der Mandant bzw. die Mandantin sollte rechtzeitig darauf hingewiesen werden, dass die sich aus § 1353 BGB ergebende familienrechtliche Verpflichtung, einer gemeinsamen steuerlichen Veranlagung unter den oben angegebenen Voraussetzungen zuzustimmen, in steuerrechtlicher Hinsicht nicht besteht. Steuerrechtlich ist es vielmehr jedem Ehegatten freigestellt, ob er/sie die Einzel- bzw. Zusammenveranlagung wählt. Wegen inhaltlich gegensätzlicher Informationen vom Finanzamt oder dem/r Steuerberater/in kommt es insoweit häufig zur Verunsicherung der Mandanten/innen, die das dem anwaltlichen Mandat zu Grunde liegende Vertrauensverhältnis belasten kann.

I. Außergerichtliche Aufforderung, einer gemeinsamen steuerlichen Veranlagung zuzustimmen

In einem ersten Schritt ist es erforderlich, die Gegenseite aufzufordern, einer gemeinsamen steuer-   6
lichen Veranlagung zuzustimmen. Dies kann mit anliegendem Musterschreiben geschehen:

Muster: Außergerichtliche Aufforderung, einer gemeinsamen steuerlichen Veranlagung zuzustimmen

7   ..... *[Anrede, übliche Einleitung]*

Die Beteiligten haben im Veranlagungszeitraum[1, 2] _nicht ständig getrennt[3] gelebt, sodass eine Ehegattenveranlagung in Form der Zusammenveranlagung zulässig[4] ist. Dies ist die vom gemeinsamen Steueraufkommen her günstigste Veranlagungsform, die auch der früheren Handhabung der Beteiligten entspricht. Ihr/e Mandant/in wird daher aufgefordert, der Zusammenveranlagung zur Einkommensteuer für das oben bezeichnete Jahr zuzustimmen[5, 6, 7, 8, 9] und sich vorab dazu zu erklären. Die vollständige Einkommensteuererklärung wird zu gegebener Zeit übermittelt.

Bei Bedarf: Unser/e Mandant/in erklärt verbindlich, dass er/sie damit einverstanden ist, dass die erwartete Steuererstattung zwischen den Beteiligten hälftig geteilt wird. Für den Fall, dass es für das betroffene Jahr zu Steuernachzahlungen kommt, verpflichtet er/sie sich, diese im Innenverhältnis alleine zu tragen.

Alternativ: Falls Ihrer Mandantschaft hierdurch ein steuerlicher Nachteil entstehen sollte, verpflichtet sich unser/e Mandant/in, diesen Ihrem/r Mandanten/in unverzüglich nach schriftlichem Nachweis auszugleichen.

Wir dürfen um Erledigung bis spätestens _bitten. Bei verspäteter oder ausbleibender Erledigung droht unserer Mandantschaft ein Schaden, der zu gegebener Zeit gegenüber Ihrer Mandantschaft geltend gemacht wird..... *[Übliche Grußformel]*

1. Veranlagungszeitraum. Die Einkommensteuer wird verbindlich (erst) nach Ablauf des Kalenderjahres (Veranlagungszeitraum) nach dem Einkommen veranlagt, das der Steuerpflichtige in diesem Zeitraum bezogen hat, soweit nicht aus besonderen Gründen eine Veranlagung zu unterbleiben hat, § 25 Abs. 1 EStG. Die Einkommensteuer **entsteht** folgerichtig erst, soweit nichts anderes bestimmt ist, mit Ablauf des Veranlagungszeitraumes, § 36 Abs. 1 EStG. Die im Laufe eines Jahres gezahlten Einkommensteuern werden lediglich als **Vorschuss** behandelt. Bei Selbstständigen sind dies i. d. R. die Quartalsvorauszahlungen gem. § 37 Abs. 1 EStG und bei abhängig Beschäftigten i. d. R. der Lohnsteuerabzug vom Arbeitslohn gem. § 38 Abs. 1 EStG.

2. Einzelveranlagung. Ehegatten, die beide unbeschränkt einkommensteuerpflichtig nach § 1 Abs. 1 oder Abs. 2 oder nach § 1a EStG sind und nicht dauernd voneinander getrennt leben und bei denen diese Voraussetzungen zu Beginn des Veranlagungszeitraumes vorgelegen haben oder im Laufe des Veranlagungszeitraums eingetreten sind, können zwischen der Einzelveranlagung gem. § 26a EStG und der Zusammenveranlagung gem. § 26b EStG wählen, § 26 Abs. 1 Satz 1 EStG. Wegen der Wahlmöglichkeiten in besonderen Fällen vgl. § 26 Abs. 1 Satz 2 und Satz 3 EStG (Wiederheirat oder Tod).

Bei der Einzelveranlagung bemisst sich die tarifliche Einkommensteuer nach dem zu versteuernden Einkommen eines jeden Ehegatten, § 32a Abs. 1 Satz 1 EStG. Ab dem 1. Januar 2013 ist die getrennte Ehegattenveranlagung entfallen. Obwohl die getrennte Veranlagung und die Einzelveranlagung in der Praxis häufig nicht differenziert werden, ist zu beachten, dass sich bei der nunmehr nur noch möglichen Einzelveranlagung die Art der Zurechnung von Sonderausgaben (§ 9c EStG), außergewöhnlichen Belastungen (§§ 33 bis 33b EStG) und Steuerermäßigungen nach § 35a EStG ändert. Diese werden grundsätzlich nur noch demjenigen Ehegatten zugerechnet, der die Aufwendung wirtschaftlich getragen hat (§ 26a Abs. 2 Satz 1 EStG). Auf Antrag können die Aufwendungen jedoch weiterhin wie nach alter Fassung hälftig abgezogen werden (§ 26a Abs. 2 Satz 2 EStG). Bei der Einzelveranlagung ergibt sich die Höhe der Besteuerung aus dem (für Ledige geltenden) **Grundtarif**.

Die Ausübung des Wahlrechts erfolgt in der Regel durch das Ankreuzen der in der Einkommensteuererklärung vorgesehenen Felder im Mantelbogen. Wird keine Erklärung abgegeben, unterstellt § 26 Abs. 3 EStG die Wahl der Zusammenveranlagung.

3. Grundlegende Veränderung durch Aufhebung der ehelichen Lebensgemeinschaft. Die Wahl der steuerlichen Veranlagung als auch die Wahl der Steuerklasse bereiten in allen Phasen der Ehekrise nicht unerhebliche Probleme, da das steuerrechtliche Verhalten und das familienrechtlich abverlangte Verhalten zu unterschiedlichen Ergebnissen für die Ehepartner führen können. Mit dem Scheitern der Ehe und Aufhebung der ehelichen Lebensgemeinschaft besteht für den durch die Wahl der Steuerklasse V benachteiligten Ehegatten keine Veranlassung mehr, an dieser Handhabung festzuhalten (vgl. BGH, FamRZ 2006, 1178), es sei denn, dass der gesetzliche Verteilungsmaßstab des § 426 BGB durch Schaffung individueller familienrechtlicher Strukturen überlagert wird. Das ist der Fall, wenn weiterhin mit dem aus den Steuerklassen III und V erzielten Einkommen **gemeinsam** gewirtschaftet wurde oder erhöhter Ehegattenunterhalt auf der Basis der gem. Steuerklasse III besteuerten Einkünfte bezahlt worden ist (vgl. OLG Bamberg, FamRZ 2011, 1653; OLG Bremen, FamRZ 2005, 800; *Klein*, FamVermR, 2. Kap. Rn. 1057 ff.). Ein Ehegatte kann sogar verpflichtet sein, der Zusammenveranlagung zuzustimmen, wenn er während der Zeit des Zusammenlebens steuerliche Verluste erwirtschaftet hat, die er im Wege des Verlustvortrages in einem späteren Zeitraum zur Verminderung seiner eigenen Steuerlast einsetzen könnte (vgl. BGH, FamRZ 2010, 269). Demzufolge hat die Aufteilung einer erst nach der Trennung fällig gewordenen Steuerschuld für einen Veranlagungszeitraum, in dem noch eine Zusammenveranlagung erfolgte, im Innenverhältnis der Ehegatten grds. unter entsprechender Heranziehung des § 270 AO in der Weise zu erfolgen, dass eine fiktive Einzelveranlagung vorgenommen wird (vgl. BGH, NJW 2006, 2623, Rn. 21). Zwar hat im Grundsatz jeder Ehegatte selbst für die Steuer aufzukommen, die auf seine Einkünfte entfällt. Lässt sich jedoch eine familienrechtliche Überlagerung feststellen (z. B. im Fall des Bestehens einer Innengesellschaft) kommt eine Beteiligung des anderen Ehegatten selbst dann in Betracht, wenn aufgrund ursprünglich nicht deklarierter Einkünfte eine spätere Steuerfestsetzung erfolgt (vgl. OLG Köln, FamFR 2010, 284). Kann für die Zeit nach der Trennung bis zum Ende des Veranlagungszeitraumes eine solche familienrechtliche Überlagerung nicht festgestellt werden, besteht Einigkeit darüber, dass vom Zeitpunkt der Trennung an im Innenverhältnis jeder Ehegatte nur die auf ihn endgültig entfallende Steuerschuld zu tragen hat (vgl. BGH, NJW 2010, 1879, Rn. 17). Der Ehegatte kann also verlangen, so gestellt zu werden, als wäre für die Zeit nach der Trennung eine Einzelveranlagung durchgeführt worden. Wie dieser Anteil im Einzelnen zu berechnen ist (z. B. pro rata temporis oder stichtaggenau mit individueller Steuerberechnung) ist noch ungeklärt (vgl. z. B. *Engels* in seiner Anm. zu BGH, FamRZ 2007, 1229, 1231). Letzteres dürfte der Tendenz der Rechtsprechung des BGH entsprechen.

▶ **Hinweis zur Taktik:**

Wählen Ehepartner im Trennungsjahr das Faktorverfahren (vgl. hierzu: *Perleberg-Kölbel*, FuR 2010, 451) werden die steuerlichen Abzüge bereits monatlich in der voraussichtlichen Höhe nach dem Splittingtarif vorgenommen. Eine Korrektur mit fiktiver Berechnung der Steuerlast nach der Trennung muss nicht mehr zwangsläufig vorgenommen werden. Auch wird die Frage des Nachteilausgleichs als Voraussetzung für die Zustimmung zur Zusammenveranlagung gem. § 26b EStG noch im Trennungsjahr nicht mehr zum Streitfall. Ein gemeinsames Wirtschaften in den Monaten vor der Trennung muss nicht mehr dargelegt und bewiesen werden. Ob das Faktorverfahren zu wählen ist, lässt sich nur im Einzelfall nach Prüfung der jeweiligen persönlichen Verhältnisse der Ehepartner entscheiden. Wenn z. B. erreicht werden soll, dass sich die Lohnsteuerbelastung nach dem Verhältnis der Arbeitsentgelte der Ehepartner richten soll, ist das Faktorverfahren vorzuziehen. Im Insolvenzfall dagegen wird Liquidität für den Familienunterhalt benötigt. Es ist daher zu prüfen, welche Steuerklassenkombination bei dem nicht von der Insolvenz betroffenen Ehepartner den geringsten monatlichen Steuerabzug zulässt. Eine Hilfe bietet hierbei ein Vergleichsrechner.

In Trennung lebende Ehegatten möchten kurz vor der endgültigen Scheidung häufig durch einen sogenannten »**Versöhnungsversuch**«, mit einem zeitweiligen Zusammenleben dem Finanzamt noch mal eine steuerlich günstige **Zusammenveranlagung** »abringen«. Dies erkennt die Rechtsprechung nur an, soweit tatsächlich nochmals eine Wirtschafts- und Lebensgemeinschaft für gewisse Dauer bestanden hat. Diese muss mindestens **drei bis vier Wochen** dauern, wobei die Rechtsprechung unterschiedliche Zeiträume des erneuten Zusammenlebens von einem Monat bis zu sieben Wochen anspricht (Hess. FG 14.04.1988 – 9 K 70/85, EFG 1988, 63: **sieben Wochen**; FG Münster 22.03.1996 – 14 K 3008/94 E, EFG 1996, 921: **sechs Wochen**; FG Köln 21.12.1993 – 2 K 4543/92, EFG 1994, 771: **drei bis vier Wochen**; FG Nürnberg 07.03.2005 – VI 160/2004, DStRE 2004, 938: über **einen Monat**).

Die Zusammenveranlagung führt im Fall einer Nachforderung des Finanzamtes im Außenverhältnis gem. § 44 Abs. 1 AO zu einer gesamtschuldnerischen Haftung beider Ehegatten. Soweit es zu einem Steuernachzahlungsbescheid kommt, kann Antrag auf Aufteilung der Gesamtschuld gem. § 268 AO beim Finanzamt gestellt werden. Die Folge davon ist, dass für den noch ausstehenden Steuerbetrag nur der Ehegatte in Anspruch genommen wird (Vollstreckungsschutz), auf den die Steuerschuld fällt. Das Finanzamt erlässt einen sogenannten Aufteilungsbescheid (Bescheid über die Beschränkung der Vollstreckung nach §§ 278 ff. AO). Der Antrag kann frühestens mit Bekanntgabe des Steuerbescheides gestellt werden. Ist die Steuerschuld bereits beglichen, kann der Antrag nicht mehr gestellt werden (§§ 269 Abs. 2 Satz 2 I 2 AO).

▶ **Hinweis zur Taktik:**

In sogenannten »Krisenfällen« (getrennt lebende Ehegatten, Ehestreit, ein Partner in Insolvenz etc.) sollte bei einer Zusammenveranlagung grundsätzlich sofort nach Bekanntgabe des gemeinsamen Steuerbescheides – soweit noch Steuerschulden bestehen – der Antrag auf Aufteilung der Gesamtschuld gestellt werden, um unerwünschte Verrechnungen zu vermeiden. Das Gleiche gilt für die Festsetzung von Steuervorauszahlungen (Vorauszahlungsbescheid). Soweit Ehegatten weiter zusammen veranlagt werden und sich einer der Ehegatten in der Vermögenskrise/Insolvenz befindet, sollte die Gesamtschuldnerschaft konsequent durch die Beantragung von Aufteilungsbescheiden aufgehoben werden. Nur so kann vermieden werden, dass beispielsweise Steuerüberzahlungen des solventen Ehegatten mit Steuerschulden des anderen Ehegatten verrechnet werden. Nach Erlass eines Aufteilungsbescheides kann die Finanzverwaltung nicht mehr Steuerschulden des einen Ehegatten mit Steuererstattungsansprüchen des anderen Ehegatten verrechnen.

Für das Innenverhältnis, also für die Frage, welcher Ehegatte in welchem Umfang für die Steuerschuld aufzukommen hat, ordnet § 426 BGB eine mehrstufige Prüfung an. Danach haften die Ehegatten zu gleichen Teilen, soweit nichts anderes bestimmt ist. Eine solche anderweitige Bestimmung kann sich aus dem Gesetz, einer Vereinbarung, dem Inhalt oder Zweck des Rechtsverhältnisses oder der Natur der Sache, mithin aus der **besonderen Gestaltung des tatsächlichen Geschehens** ergeben (vgl. BGH, FamRZ 1993, 676; BGH, NJW 2010, 1879, Rn. 18). In den Güterständen der Gütertrennung und der Zugewinngemeinschaft bleiben die Ehegatten bzgl. ihres Vermögens und ihrer Schulden selbstständig, weshalb im Grundsatz ein jeder von ihnen für die Steuern, die auf seine Einkünfte entfallen, selbst aufzukommen hat. (vgl. BGH, NJW 2006, 2623, Rn. 13). Eine von dem gesetzlichen Verteilungsmaßstab abweichende und konkludent mögliche Vereinbarung liegt häufig in der tatsächlichen Handhabung vergangener Jahre, wonach der schlechter verdienende Ehegatte mit der Wahl der Steuerklasse V die Steuerschuld insoweit abschließend zu tragen hat, als der laufende, aber gleichwohl lediglich vorläufige Steuerabzug vom Lohn erfolgt ist. Denn die Wahl der Steuerklasse für das laufende Jahr beeinflusst die sich **nach** der Veranlagung ergebende Steuer nicht, sondern verschafft den Eheleuten i. d. R. lediglich **größere Liquidität** als im Fall einer Wahl der Steuerklassen IV/IV (vgl. BGH, FamRZ 2007, 1229, Rn. 14–16).

4. Bestandskraft eines Steuerbescheides. Bisher konnten Ehegatten die mit Abgabe der Steuererklärung ausgeübte Wahl der Veranlagungsart nachträglich bis zur Bestandskraft des Steuerbescheides bzw. im Rahmen von Änderungsveranlagungen, Einspruchsverfahren oder finanzgerichtlichen Verfahren beliebig oft ändern. Ab dem 01.01.2013 ist die Änderung der gewählten Veranlagungsart grundsätzlich nur noch bis zur Bestandskraft des Steuerbescheids möglich (§ 26 Abs. 2 Satz 4 EStG). Sie kann nach Unanfechtbarkeit des Steuerbescheids nur noch dann geändert werden, wenn ein die

Ehegatten betreffender Steuerbescheid aufgehoben, geändert oder berichtigt wird, die Änderung der Wahl der Veranlagung beim Finanzamt bis zum Eintritt der Bestandskraft des Änderungs- oder Berichtigungsbescheids mitgeteilt wird und die Einkommensteuer der Ehegatten nach Änderung der Veranlagungsart niedriger ist, als sie ohne Änderung wäre. Die Einkommensteuer der einzeln veranlagten Ehegatten ist hierbei zusammenzurechnen.

▶ **Hinweis zur Taktik:**

Es ist dringend geraten, bereits vor Abgabe der Steuererklärung alle möglichen Veranlagungsformen durchzurechnen und die Optimalste frühzeitig auszuwählen. Voreilig gestellte Anträge auf Einzelveranlagung können erhebliche Schadensersatzforderungen nach sich ziehen.

5. Form der Zustimmungserklärung. Die Wahlrechte zugunsten der einzelnen Veranlagungsarten werden im Normalfall durch Ankreuzen auf der ersten Seite der Einkommensteuererklärung ausgeübt, § 26 Abs. 2 Satz 3 EStG. Die entsprechenden Erklärungen können aber auch getrennt davon schriftlich oder zu Protokoll des Finanzamtes abgegeben werden. Die Zustimmung kann nicht von einer (unbegründeten) Beteiligung an der zu erwartenden Steuererstattung abhängig gemacht werden (BGH, FamRZ 1977, 38, 40).

6. Erklärungsempfänger. Die Erklärung, dass die steuerliche Zusammenveranlagung erfolgen soll, ist gem. § 26 Abs. 2 Satz 3 EStG ggü. dem Finanzamt abzugeben.

7. Örtliche Zuständigkeit des Finanzamtes. Die örtliche Zuständigkeit des Finanzamtes ergibt sich aus §§ 17 ff. AO mit zahllosen Regel-Ausnahmevorschriften. Grds. ist das Wohnsitz-Finanzamt gem. § 19 Abs. 1 Satz 1 AO zuständig.

8. Gemeinsame Veranlagung. Bei der Zusammenveranlagung von Ehegatten werden die Einkünfte, die die Ehegatten erzielt haben, gem. § 26b EStG in einem ersten Schritt getrennt ermittelt in einem zweiten Schritt zusammengerechnet, den Ehegatten gemeinsam zugerechnet und danach die Hälfte nach der Grundtabelle versteuert. Das Resultat wird wiederum verdoppelt, woraus sich die Splittingtabelle errechnet (vgl. *Engels* SteuerR Rn. 131 f.). Diese Regelung hat u. a. zur Folge, dass Verluste des einen Ehegatten mit positiven Einkünften des anderen Ehegatten ausgeglichen werden können (vgl. BGH, FamRZ 2010, 269). Einfache Berechnungsmöglichkeiten bietet das BMF unter www. abgabenrechner.de an.

9. Anspruch auf Zustimmung zu gemeinsamer Veranlagung. Aus dem Wesen der Ehe ergibt sich für beide Ehegatten die aus § 1353 Abs. 1 Satz 2 BGB abzuleitende Verpflichtung, die finanziellen Lasten des anderen Teils nach Möglichkeit zu mindern, soweit dies ohne Verletzung eigener Interessen möglich ist. Hieraus resultiert u. a. die Verpflichtung zur Zustimmung zu gemeinsamer Veranlagung zur Einkommensteuer gem. § 26b EStG, wenn dadurch die Steuerschuld des die Zusammenveranlagung begehrenden Ehegatten vermindert, der andere Ehegatte hierdurch keiner steuerlichen Mehrbelastung ausgesetzt wird, die er nach den gegebenen Umständen im Innenverhältnis der Eheleute nicht zu tragen hat (vgl. BGH, FamRZ 2012, 357 Rn. 15 = NJW 2010, 1879, Rn. 16 und FamRZ 2007, 1229, Rn. 10). Der Anspruch kann bei Verletzung des auf § 1353 BGB beruhenden Gegenseitigkeitsprinzips verwirkt werden, auch wenn z. B. die häusliche Gewalt außerhalb des Veranlagungszeitraums erfolgte, für den die Zustimmung begehrt wird (vgl. LG Leipzig, FamRZ 2010, 1802). Wird das Insolvenzverfahren über das Vermögen eines Ehegatten eröffnet, ist der Anspruch auf Zustimmung zu gemeinsamer Veranlagung gegen dessen Insolvenzverwalter zu richten (vgl. BGH, FamRZ 2012, 357 Rn. 20 und NZI 2007, 455). Der Verlustvortrag des insolventen Ehegatten stellt mangels Übertragbarkeit keine gem. § 35 InsO verwertbare Insolvenzmasse dar, sodass der Insolvenzverwalter seine Zustimmung nicht davon abhängig machen darf, dass der andere Ehegatte sich zur Auszahlung des dadurch erlangten Vorteils verpflichtet (vgl. BGH, FamRZ 2012, 357 Rn. 23 und 26; 2011, 210 m. Anm. *Schlünder* und *Geißler*). Der Insolvenzverwalter kann in diesen Fällen lediglich die Freistellung von solchen Nachteilen verlangen, die auf der Zustimmung zur Zusammenveranlagung beruhen (vgl. BGH, FamRB 2011, 345). Die Verletzung der Pflicht, der gemeinsamen steuerlichen Veranlagung zuzustimmen, begründet einen Schadensersatzanspruch des dadurch benachteiligten Ehegatten (vgl. BGH, NJW 2010, 1879, Rn. 11). Die Vermeidung einer Mehrbelastung kann insb. durch eine freiwillige **Freistellungsverpflichtung** des Ehegatten erfolgen, in dessen Interesse die Zusammenveranlagung liegt und der sie verlangt (vgl. BGH, FamRZ 2012, 357 Rn. 18). Zur Frage, ob und wie eine anzuerkennende Mehrbelastung festgestellt werden kann, vgl. Rdn. 7, *M. 3.* Ausführlich zur Zusammenveranlagung vgl. FA-FamR/*Kuckenburg/Perleberg-Kölbel*, Kap. 13 Rn. 279 ff. und *Perleberg-Kölbel*, FuR 2010, 256.

▶ **Hinweis zur Taktik:**

Streitigkeiten wegen einer gemeinsamen steuerlichen Veranlagung sind **Familiensachen** i. S. d. §§ 111 Nr. 10, 266 Abs. 1 FamFG. Nach § 23a Abs. 1 Nr. 1 GVG fallen sie in die sachliche Zuständigkeit der Familiengerichte. Der gerichtliche Antrag ist auf **Abgabe einer Willenserklärung** zu richten.

Leistet der Zustimmungspflichtige während des Verfahrens die begehrte Unterschrift, behält sich aber gleichzeitig vor, den Antrag zurückweisen zu lassen, sollte keine Erledigungserklärung abgegeben, sondern der Antrag weiterverfolgt werden, da die Wahl der Zusammenveranlagung noch geändert werden kann.

Der auf Zustimmung in Anspruch genommene Ehepartner sollte unbedingt das Haftungsproblem im Auge behalten: Eheleute, die zusammen zur ESt veranlagt werden, haften für die festgesetzte gemeinsame ESt nach § 44 AO als Gesamtschuldner. Folglich kann der Ehegatte bei einer Zusammenveranlagung im Zweifel für die Steuern »des anderen« in Anspruch genommen werden.

Die Eheleute haben lediglich die Möglichkeit, die gesamtschuldnerische Haftung für Zwecke der Vollstreckung aufteilen zu lassen, sodass das Finanzamt dann nur noch die dem jeweiligen Ehegatten zuzurechnende Steuerschuld bei diesem vollstrecken darf. Ein dahin gehender Antrag auf Aufteilung der Steuerschuld kann aber nicht bereits bei Abgabe der Einkommensteuererklärung gestellt werden. Der Antrag ist vielmehr nach § 269 AO erst nach Bekanntgabe des Leistungsgebots zulässig. Wird er zu früh gestellt, ist er unwirksam!

Sind Zahlungsschwierigkeiten zu befürchten, ist es ratsam, dass der auf Zustimmung in Anspruch genommene Ehegatte wegen des Haftungsrisikos die Zustimmung zur gemeinsamen Veranlagung von Sicherheitsleistungen abhängig macht. Denkbar ist hier z. B. die Stellung einer Bankbürgschaft.

Zahlungen an das Finanzamt auf die Steuerschulden nach der Trennung sollten auf jeden Fall eindeutig als Zahlungen auf die eigenen Verbindlichkeiten gekennzeichnet werden.

II. Schadensersatzanspruch wegen der Kosten des ersten anwaltlichen Aufforderungsschreibens

8   Bei schuldhafter Verweigerung der Zustimmung zur steuerlichen Zusammenveranlagung besteht ein Anspruch auf Schadenersatz. Der Grundsatz, dass die Verletzung der Pflicht zur ehelichen Lebensgemeinschaft keinen Schadensersatzanspruch begründet, gilt nur für Pflichten, die dem eigentlichen, höchstpersönlichen Bereich der Ehe angehören, nicht dagegen für nur rein geschäftsmäßiges Handeln wie der Verweigerung der Zustimmung zur Zusammenveranlagung (BGH, FamRZ 1977, 38; FamRZ 1988, 143; FamRB 2010, 8299). Der Schaden ist **verwirklicht**, sobald z. B. infolge der Bestandskraft der steuerlichen Veranlagungsbescheide ein gerichtlicher Antrag auf Zustimmung keinen Erfolg mehr haben kann. Der Schaden ist fiktiv als **Teilbetrag der steuerlichen Besserstellung** bei Zusammenveranlagung zu berechnen.

▶ **Hinweis zur Taktik:**

Es empfiehlt sich, zur Schadensminderung auf der steuerrechtlichen Ebene die Bestandskraft der Veranlagung möglichst zu verhindern und gegen den zustimmungspflichtigen Ehepartner gerichtlichen Antrag auf Zustimmung zu stellen.

Der Mandant, dessen Ehegatte unter Verstoß gegen eheliche Solidarpflichten zunächst die Einzelveranlagung gewählt und der mit anwaltlicher Hilfe den Anspruch auf Zustimmung zur steuerlichen Zusammenveranlagung erfolgreich durchgesetzt hat, wird für diese anwaltliche Leistung über kurz oder lang eine Kostenrechnung seines Bevollmächtigten erhalten und die Frage nach einem Schadensersatzanspruch gegen den anderen Ehegatten stellen. Verzug (§ 280 Abs. 2 BGB) scheidet als Anspruchsgrundlage regelmäßig aus, da zumindest der wesentliche Teil der anwaltlichen Kosten bereits durch das erste Aufforderungsschreiben an den anderen Ehegatten entstanden ist (vgl. OLG Oldenburg, FamRZ 2009, 1238). Der Kostenerstattungsanspruch kann gleichwohl wegen **Pflichtverletzung** gem. §§ 1353 Abs. 1 Satz 2, 242, 280 Abs. 1 Satz 1 BGB wie folgt geltend gemacht werden (vgl. BGH, NJW 2010, 1879, Rn. 11):

9

1. Muster: Außergerichtliche Geltendmachung eines Schadensersatzanspruchs wegen Pflichtverletzung bei der steuerlichen Veranlagung

..... *[Anrede, übliche Einleitung]*

10

Ihr/e Mandant/in hat mit der Wahl der Einzelveranlagung gegen die Pflicht zur ehelichen Solidarität gem. §§ 1353 Abs. 1 Satz 2, 242, 280 BGB verstoßen und haftet daher auf Ersatz des hierdurch entstandenen Schadens i. H. d. nachfolgend berechneter Anwaltskosten. Ihr/e Mandant/in wird hiermit aufgefordert, den vorgenannten Rechnungsbetrag in Höhe von ..... bis zum ..... zu erstatten. Andernfalls werden wir unserem/er Mandanten/in anraten müssen insoweit gerichtliche Schritte in die Wege zu leiten. *[Es folgt die Kostenrechnung].*[1, 2]

..... *[Übliche Grußformel]*

1. Pflichtverletzung. Seit der Grundsatzentscheidung BGH, NJW 2007, 1458 können Schadensersatzansprüche außerhalb des Verzuges gem. § 280 Abs. 1 BGB nur im Rahmen von Sonderrechtsverhältnissen entstehen, denen bestimmte Unterlassungs- oder Verhaltenspflichten entspringen können. Wenn schon ein schuldhaft unberechtigtes Mangelbeseitigungsverlangen eines (Verbraucher-) Käufers ggü. dem (Unternehmer-) Verkäufer dem Grunde nach eine zum Schadensersatz verpflichtende Vertragsverletzung darstellen kann (so entschieden von BGH, NJW 2008, 1147 zur früheren »pVV«), darf im Fall der schuldhaft unzulässigen Wahl getrennter Veranlagung wegen Verstoßes gegen gesetzlich normierte eheliche Solidarpflichten gem. § 1353 Abs. 1 Satz 2 BGB nichts anderes gelten. Das gilt jedenfalls dann, wenn die Wahl nicht rechtzeitig vorher angekündigt worden ist und dem benachteiligten Ehegatten hierdurch ein weitergehender Schaden entsteht. § 1359 BGB wird dem Anspruch wohl nicht entgegengehalten werden können. Danach haften die Ehegatten nur für die Sorgfalt in eigenen Angelegenheiten. § 1359 BGB ist jedoch teleologisch auf die Zeit des Zusammenlebens zu reduzieren (vgl. PWW/*Weinreich* § 1359 Rn. 2, str.). Darüber hinaus dürfte in derartigen Fällen wegen des vorsatznahen Verhaltens des Schädigers grobe Fahrlässigkeit vorliegen, sodass § 1359 BGB gem. § 277 BGB ohnehin suspendiert wäre. Einer Ausuferung von Schadensersatzansprüchen ist durch verschärfte Prüfung des Verschuldens zu begegnen (vgl. BGH, BeckRS 2009, 06138 = DNotZ 2009, 532). Schadensersatzansprüche können danach ausnahmsweise bestehen, wenn der ungerechtigt Anspruch stellende Beteiligter die eigene Position noch nicht einmal für **plausibel** halten durfte, (vgl. *Melchers*, Anm. zu OLG Oldenburg, FamRZ 2009, 1856).

2. Schadenshöhe. Die Höhe der entstandenen Anwaltskosten richtet sich nach dem Gegenstandswert und dieser sich nach dem Interesse des den Anspruch verfolgenden Ehegatten. Dieses ergibt sich aus der (meist erheblichen) Differenz der Steuerbelastung des besser Verdienenden und bislang nach Steuerklasse III versteuerten Ehegatten bei Einzelveranlagung oder bei Zusammenveranlagung abzgl. der (meist geringen) Nachteile bzgl. derer der andere Ehegatte freizustellen ist (wegen der Einzelheiten vgl. Rdn. 7, *M. 6*). Der Ansatz einer 1,3 Geschäftsgebühr dürfte im Regelfall angemessen sein. III. Risikobelehrung des gem. §§ 26, 26b EStG auf steuerliche Zusammenveranlagung in Anspruch genommenen Ehegatten

11   Die Zustimmung eines Ehegatten zu einer gemeinsamen steuerlichen Veranlagung kann für diesen
     mit handfesten Nachteilen verbunden sein, die es rechtzeitig zur Vermeidung eigener anwaltlicher
     Haftung zu verdeutlichen gilt. Mit nachfolgendem Muster können dem/r Mandanten/in Hand-
     lungsmöglichkeiten, Risiken und Vermeidungsstrategien aufgezeigt werden:

2. Muster: Risikobelehrungsschreiben an den Mandanten

12   ..... *[Übliche Anrede]*

Mit anliegendem Schreiben der Gegenseite sind Sie aufgefordert worden, für den Veranlagungszeitraum des vergangenen Jahres einer gemeinsamen steuerlichen Veranlagung zuzustimmen. Insoweit weise ich auf Folgendes hin:

1. Sie sind im Verhältnis zu Ihrem Ehegatten grundsätzlich aus § 1353 BGB verpflichtet, einer gemeinsamen steuerlichen Veranlagung für das hier streitgegenständliche Kalenderjahr zuzustimmen,
auch wenn Sie steuerrechtlich die Wahl zwischen der Zusammenveranlagung und der Einzelveranlagung haben. Ausgeschlossen ist ein Anspruch auf Zustimmung zur steuerlichen Zusammenveranlagung nur dann, wenn die Voraussetzungen hierfür zweifelsfrei nicht vorliegen.[1]

2.

Da von Ihnen nicht erwartet werden kann, dass Sie im Zuge der gemeinsamen steuerlichen Veranlagung gegenüber dem Finanzamt bzgl. des Beginns des Getrenntlebens möglicherweise falsche Angaben machen und sich damit an einer strafbaren Steuerhinterziehung gem. § 370 AO
beteiligen, sollten Sie etwaige Zweifel, die den Beginn des Getrenntlebens betreffen, im Rahmen
Ihrer Steuererklärung oder in sonstiger Weise gegenüber dem Finanzamt zum Ausdruck bringen.[2]

3.

Ehegatten haben zwar für den Fall der steuerlichen Zusammenveranlagung gem. § 25 Abs. 3 Satz 2
EStG eine »gemeinsame Einkommensteuererklärung« abzugeben. Um Sie allerdings nicht zu zwingen, Ihre Einkommens- und Vermögensverhältnisse in dem für die Steuererklärung erforderlichen
Umfang gegenüber Ihrem Ehegatten offen zu legen, gestattet Ihnen die Finanzverwaltung auch,
getrennte Steuererklärungen abzugeben, aber gleichwohl die steuerlichen Zusammenveranlagung
zu wählen.[3]

4.

Im Falle einer Steuernachzahlung, für die Sie bei einer gemeinsamen steuerlichen Veranlagung
neben Ihrem Ehegatten gem. § 44 der AO gesamtschuldnerisch haften, brauchen Sie Maßnahmen
der Zwangsvollstreckung nicht zu besorgen, wenn Sie rechtzeitig gem. § 268 AO beantragen, dass
die Vollstreckung wegen der Steuerschuld, für die Sie gesamtschuldnerisch haften, auf den Betrag beschränkt wird, der sich nach §§ 269–278 AO bei einer Aufteilung der Steuerschuld ergeben
würde. Gem. § 270 AO ist in diesem Fall die Steuernachzahlung nach dem Verhältnis der Beträge
auf die Ehegatten aufzuteilen, die sich bei einer Einzelveranlagung nach Maßgabe des § 26a EStG
und der §§ 271 bis 276 AO ergeben würde. Der Antrag kann frühestens nach der Bekanntgabe
des Steuerbescheides gestellt werden, da erst dann die Gefahr einer Inanspruchnahme besteht.
Nach vollständiger Zahlung der Steuer ist der Antrag nicht mehr zulässig. Sie können und sollten
daher den vorgenannten Antrag auf Beschränkung der Haftung zur Abwendung von Haftungsrisiken unverzüglich stellen, sobald Ihnen der Steuerbescheid gem. § 269 Abs. 2 AO bekannt gemacht worden ist.[4, 5]

5.

Wegen der Komplexität der steuerlichen Materie empfehle ich dringend die Hinzuziehung eines/r
fachkundigen Steuerberaters/in. Dieses Belehrungsschreiben erhebt nicht den Anspruch auf Vollständigkeit, sondern dient in erster Linie dem Ziel, Sie auf die anstehenden Probleme hinzuweisen.

..... *[Übliche Grußformel]*

1. Zweifelhafte tatsächliche Voraussetzungen der Wahlmöglichkeit. Ein Ehegatte ist auch dann verpflichtet, einer von dem anderen Ehegatten gewünschten steuerlichen Zusammenveranlagung zuzustimmen, wenn es zweifelhaft erscheint, ob die Wahlmöglichkeit nach § 26 Abs. 1 EStG besteht. Ausgeschlossen ist ein Anspruch auf Zustimmung nur dann, wenn eine gemeinsame Veranlagung zweifelsfrei nicht in Betracht kommt (BGH, Urt. v. 03.11.2004 - XII ZR 128/02). Eine entsprechend eingeschränkte Zustimmungspflicht würde nach Ansicht des BGH mit der familienrechtlichen Verpflichtung, dabei mitzuwirken, dass die finanziellen Lasten des anderen Ehegatten möglichst vermindert werden, nicht in Einklang stehen. Denn dieses Ziel kann nur erreicht werden, wenn dem betreffenden Ehegatten die Möglichkeit eröffnet wird, eine Entscheidung der hierfür zuständigen Finanzbehörden bzw. der Finanzgerichte darüber herbeizuführen, ob für einen bestimmten Veranlagungszeitraum eine steuerliche Zusammenveranlagung erfolgen kann.

2. Keine Beteiligung an strafbarer Steuerhinterziehung. Wer sich als Ehegatte darauf beschränkt, die gemeinsame Einkommensteuererklärung lediglich zu unterschreiben, in der der andere Ehegatte unrichtige oder unvollständige Angaben über eigene Einkünfte gemacht hat, macht sich nach BFH, NJW 2002, 2495 selbst dann nicht strafbar, wenn der lediglich mitunterzeichnende Ehegatte zwar weiß, dass die Angaben des anderen Ehegatten unzutreffend sind, diese Angaben aber nicht durch eigene Handlungen **fördert**. Nach § 71 AO haftet für die verkürzten Steuern nur, wer eine Steuerhinterziehung begeht oder an einer solchen Tat teilnimmt. Gleichwohl sind natürlich Zurückhaltung und Vorsicht geboten.

3. Getrennte Steuererklärungen auch bei Zusammenveranlagung. Die grundsätzliche Verpflichtung, einer steuerlichen Zusammenveranlagung zuzustimmen, birgt das Risiko strafrechtlicher Verfolgung wegen Steuerhinterziehung gem. § 370 Abs. 1 AO, wenn nämlich die tatbestandlichen Voraussetzungen (insb. des Nicht-Dauernd-Getrenntlebens im Veranlagungszeitraum) nicht vorgelegen haben. Der auf Zustimmung zur Zusammenveranlagung in Anspruch genommene Ehegatte kann durch Abgabe einer getrennten Steuererklärung, mit der er gleichwohl die steuerliche Zusammenveranlagung wählt, jedem Anschein einer Unterstützung falscher Angaben des anderen Ehegatten wirksam entgegentreten. Mit der Angabe eines abweichenden Wohnsitzes wird der **widerleglichen Vermutung** eines nicht dauernden Getrenntlebens ausreichend die Grundlage entzogen und amtswegige Prüfungen veranlasst (vgl. *Schmidt*, § 26 Rn. 10 ff.).

4. Aufteilungsantrag. Die Aufteilung der Gesamtschuld erfolgt nur auf Antrag, § 268 AO. Der Antrag ist bei dem im Zeitpunkt der Antragstellung für die Besteuerung zuständigen Finanzamt schriftlich zu stellen oder zur Niederschrift zu erklären und kann gem. § 269 AO frühestens nach Bekanntgabe des Leistungsgebots (i. d. R. Zustellung des Steuerbescheides) gestellt werden. Da nach vollständiger Tilgung der rückständigen Steuern der Antrag nicht mehr zulässig ist und eine Aufrechnungserklärung des Finanzamtes vor einem Aufteilungsantrag zu einem Erlöschen der Steuerschuld führt, ist in geeigneten Fällen darauf zu achten, den Aufteilungsantrag **unverzüglich** nach Bekanntgabe des Leistungsgebots zu stellen, um so rechtzeitig einer danach unzulässig werdenden Aufrechnungserklärung des Finanzamtes entgegenzuwirken.

5. Wirkung des Aufteilungsantrages. Jeder Ehegatte kann bei einer steuerlichen Zusammenveranlagung seine Haftung für die gesamtschuldnerische Steuerschuld auf den auf ihn entfallenden Anteil begrenzen. Wird vor vollständiger Tilgung der Steuerschuld ein Antrag gestellt, besteht ein Rechtsanspruch auf die Aufteilung. Aufteilungsmaßstab ist das Verhältnis der Beträge, der sich bei fiktiver Einzelveranlagung gem. § 26a EStG einschl. etwaiger Verspätungszuschläge ergäbe (vgl. *Schmidt*, EStG § 26b Rn. 30; BGH NJW 2011, 2725, Rn. 27 f.). Zur Ermittlung des Verhältnisses der Beteiligung an der Steuererstattung oder -nachzahlung sind die individuellen Veranlagungsmerkmale subjektbezogen festzustellen.

Die Wirkung eines solchen Aufteilungsantrages gem. §§ 268 ff. AO ist nach § 278 Abs. 1 AO dahingehend beschränkt, dass die Vollstreckung nur i. H. d. auf die einzelnen Schuldner entfallenden Steuern betrieben werden kann. Der BFH (NJW 2006, 2430, 2431) hat die in §§ 268, 278 AO geregelten Vollstreckungsbeschränkungen erweiternd nicht nur auf Maßnahmen im engen vollstreckungsrechtlichen Sinn angewendet. Vielmehr müssen nach dem Aufteilungsantrag **alle Durchsetzungsmaßnahmen** unterbleiben, die in ihrer Wirkung einer Vollstreckung gleichstehen.

Im Falle einer Insolvenz des nach Steuerklasse V versteuerten Ehegatten kann sogar der besser verdienende und nach Steuerklasse III versteuerte Ehegatte schutzbedürftig werden: Denn das Wahlrecht der Ehegatten zwischen einer Einzel- oder Zusammenveranlagung zur ESt wird in der Insolvenz des (schlechter verdienenden) Ehegatten durch dessen Insolvenzverwalter bzw. Treuhänder ausgeübt (vgl. *Klein*, FamVermR, Rn. 272).

Veranlassen die Eheleute zunächst die gemeinsame steuerliche Veranlagung und wird sodann das Insolvenzverfahren über das Vermögen des schlechter verdienenden Ehegatten eröffnet, so kann der Insolvenzverwalter bzw. Treuhänder gegen den Veranlagungsbescheid Einspruch einlegen und Einzelveranlagung beantragen (vgl. *Perleberg-Kölbel*, FuR 2010, 256). Dies führt in der Regel beim besser verdienenden Ehegatten zu einer erheblichen Steuernachforderung und beim schlechter verdienenden Ehegatten zu einer nicht unerheblichen Steuererstattung, die zur Insolvenzmasse gezogen wird.

Das Wahlrecht des Ehegatten zwischen einer steuerlichen Einzel- oder Zusammenveranlagung wird nach der Rechtsprechung des BGH (NJW 2007, 2556, Rn. 12) nicht als höchstpersönliches Recht angesehen.Obwohl es an die bestehende Ehe anknüpft, wirkt es sich nur vermögensrechtlich aus. Dem nicht von der Insolvenz betroffenen Ehepartner bleibt nur der Weg der Aufteilung der Steuerschuld gem. § 268 AO entsprechend, weil das Insolvenzverfahren mit dem Zwangsvollstreckungsverfahren vergleichbar ist. Zum Anspruch auf Zustimmung zur Zusammenveranlagung auch gegen den Insolvenzverwalter und dem geschuldeten Nachteilsausgleich vgl. BGH, FamRZ 2012, 357 und Rdn. 7, 9.

III. Entwurf einer an das Finanzamt gerichteten Zustimmungserklärung zur gemeinsamen steuerlichen Veranlagung

13   Der Ehegatte, der zunächst die steuerliche Einzelveranlagung gewählt hatte, auf Aufforderung aber nun gemeinsamer Veranlagung zustimmen möchte/muss, kann dies unter Berücksichtigung der Voraussetzungen des § 26 Abs. 2 Satz 4 EStG noch nachträglich wie folgt korrigieren:

Muster: Zustimmungserklärung zu gemeinsamer steuerlicherVeranlagung

14   An das

Finanzamt

.....

Identifikationsnummer: .....[1]

..... *[Anrede, übliche Einleitung]*

Ich hatte für den Veranlagungszeitraum ..... zunächst die Einzelveranlagung gewählt. Diesen Antrag nehme ich hiermit zurück und beantrage die steuerliche Zusammenveranlagung gem. § 26b EStG mit meinem Ehegatten.[2, 3, 4]

..... *[Übliche Grußformel]*

1. Identifikationsnummer. Das Bundeszentralamt für Steuern teilt jedem Steuerpflichtigen, soweit es sich um eine natürliche Person handelt, zum Zwecke der eindeutigen Identifizierung im Besteuerungsverfahren eine einheitliche und dauerhafte Identifikationsnummer zu, die ggü. dem Finanzamt anzugeben ist, § 139a Abs. 1 Satz 1 AO.

2. Freistellungsanspruch I. Die Zustimmung eines Ehegatten zur Zusammenveranlagung kann seine Schlechterstellung im Außenverhältnis bewirken, da er als Gesamtschuldner gem. § 44 AO neben dem anderen Ehegatten auch für dessen Steuernachforderungen haftet. Eine **Sicherheitsleistung**

kann er gleichwohl nicht verlangen, selbst wenn Zweifel an der Zahlungsfähigkeit des anderen Ehegatten bestehen, da der gesamtschuldnerisch haftende Ehegatte nach Ansicht des BGH (FamRZ 2002, 1024, 1027 und Rdn. 12, *M. 4* u. *M. 5*) ausreichend durch die Vorschriften der §§ 268 ff. AO geschützt, wonach er einen Antrag auf Aufteilung der Gesamtschuld mit dem Ziel stellen kann, dass die rückständige Steuer gem. § 270 AO im Verhältnis der Beträge aufgeteilt wird, die sich bei fiktiver Einzelveranlagung ergeben würde (*Klein*, § 270 Rn. 1).

3. Freistellungsanspruch II. Die Situation des Ehegatten, der i. d. R. ab dem Kalenderjahr, das auf die Trennung folgt (weshalb dann nur noch Einzelveranlagung möglich ist) gem. § 10 Abs. 1 Nr. 1 EStG auf Zustimmung zum begrenzten Realsplitting in Anspruch genommen wird, lässt sich damit nicht vergleichen. Denn der Ehegatte, der am Realsplitting teilnehmen soll, wird durch die AO gerade nicht geschützt. Er kann einen solchen Aufteilungsantrag nicht stellen und haftet daher im Fall einer Steuerfestsetzung im Außenverhältnis ggü. dem Finanzamt **unbeschränkt**. Er sollte seinen Freistellungsanspruch (auch »Anspruch auf Nachteilsausgleich« genannt) also ausdrücklich geltend machen. Wenn dessen Erfüllung gefährdet ist, kann ihm folgerichtig neben dem Anspruch auf Freistellung auch ein Anspruch auf Sicherheitsleistung zustehen (wegen der Einzelheiten vgl. Rdn. 17; wegen der komplexen Haftungsrisiken vgl. Rdn. 38, *M. 2–7*).

4. Freistellungsanspruch III. Der Ehegatte, dessen Einkommen im Jahr der Trennung nach Steuerklasse V durch Abzug von Lohn versteuert und vom anderen Ehegatten auf Zustimmung zu gemeinsamer Veranlagung in Anspruch genommen wird, kann von diesem für den Zeitraum nach der Trennung bis Ende des Veranlagungszeitraums grds. verlangen, so gestellt zu werden, wie er im Fall einer Besteuerung nach Steuerklasse I oder II gestanden hätte. Voraussetzung des Anspruchs ist, dass in dieser Zeit mit dem aus den Steuerklassen III und V erzielten Einkommen **nicht gemeinsam gewirtschaftet** und/oder der **Trennungsunterhalt** nicht auf der Basis der durch Steuerklasse III erhöhten Einkünfte berechnet und bezahlt wurde (vgl. Rdn. 15 ff.; *Klein*, FamVermR 2. Kap. Rn. 1054 ff. und BGH, FamRB 2011, 34 = NJW 2010, 1879 = FamRZ 2007, 1229, Rn. 18; zu den Steuerklassen vgl. Rdn. 22, *M. 2*).

IV. Außergerichtliche Geltendmachung eines Freistellungsanspruchs und auf Leistung von Sicherheit bei steuerlicher Zusammenveranlagung

Dem Ehegatten, dem nach der Rechtsprechung des BGH (FamRZ 2007, 1229) im Fall der steuerlichen Zusammenveranlagung durch die gesamtschuldnerische Haftung im Außenverhältnis zum Finanzamt Nachteile drohen, die er im Innenverhältnis der Ehegatten nicht hinzunehmen verpflichtet ist, kann die ihm zustehenden Rechte bei der Aufforderung des anderen Ehegatten zu gemeinsamer Veranlagung wie folgt entgegenhalten:

15

1. Muster: Außergerichtliche Geltendmachung eines Freistellungsanspruchs bei steuerlicher Zusammenveranlagung

..... *[Anrede, übliche Einleitung]*

16

Ihr/e Mandant/in begehrt für den Veranlagungszeitraum ..... Zustimmung zur gemeinsamen steuerlichen Veranlagung. Unser/e Mandant/in ist damit grundsätzlich einverstanden, wenn Ihr/e Mandant/in sich vorab verpflichtet, die ihm/ihr seit der Trennung aus der Versteuerung nach Steuerklasse V resultierenden Nachteile zu ersetzen. Die Trennung erfolgte bekanntlich am 01.07.2011. Von diesem Zeitpunkt an ist eine grundlegende Veränderung der Verhältnisse eingetreten, die es unserem/er Mandanten/in unzumutbar machen, an den durch Wahl der Steuerklasse V verminderten Einkünften festgehalten zu werden. Seit der Trennung haben die Eheleute mit dem aus den Steuerklassen III und V erzielten Einkommen weder gemeinsam gewirtschaftet, noch ist auf dieser Grundlage erhöhter Trennungsunterhalt berechnet und bezahlt worden (vgl. BGH FamRZ 2007, 1229 Rn. 18). Der Verpflichtungserklärung Ihres/r Mandanten/in, den unserem/r Mandanten/in seit der Trennung entstandenen Nachteil zu ersetzen, wird bis zum ..... entgegengesehen.

Nach fruchtlosem Fristablauf ist der/die Mandant/in befugt, einen Antrag auf steuerliche Einzelveranlagung zu stellen.

[Übliche Grußformel]

17   Sollte der andere Ehegatte die erbetene Verpflichtungserklärung abgeben, aufgrund bestimmter
Anhaltspunkte die spätere Erfüllung durch ihn jedoch nicht gesichert erscheinen, kann ergänzend
Sicherheitsleistung wie folgt verlangt werden:

2. Muster: Außergerichtliche Geltendmachung eines Anspruchs auf Sicherheitsleistung bei steuerlicher Zusammenveranlagung

18   Sollte Ihr/e Mandant/in sich aufforderungsgemäß verpflichten, unserem/r Mandanten/in von
den ihm/ihr seit dem ..... entstandenen steuerlichen Nachteilen freizustellen, hat er in Höhe von
600,00 € Sicherheit zu leisten, weil die unverzügliche Erfüllung seines/ihres Versprechens bei Fälligkeit derzeitig nicht gewährleistet ist. Bekanntlich hat die X-Bank die mit ihm/ihr vereinbarte Ge-
haltsabtretung zu Lasten Ihres/r Mandanten/in offengelegt, sodass er/sie unter Berücksichtigung
seiner/ihrer anderweitigen Kreditverpflichtungen, der Verpflichtung zur Zahlung von Kindesunterhalt und im Hinblick auf seine nunmehr nach Steuerklasse I höher versteuerten und dadurch geringeren Einkünfte voraussichtlich nicht in der Lage sein wird, den Anspruch unseres/r Mandanten/
in bei Fälligkeit sogleich zu erfüllen. Wegen der Art und Weise, wie Sicherheit zu leisten ist, verweisen wir auf § 232 BGB.[1]

Die Höhe des Anspruchs auf Sicherheit berechnen wir wie folgt:

Der/die Mandant/in hat im Kalenderjahr ..... durchgehend monatlich ..... € brutto verdient und
hierauf monatlich ..... € Lohnsteuer und Solidaritätszuschlag entrichtet. Ab ..... ist für die Zwecke
einer plausiblen fiktiven Lohnsteuerberechnung unter Außerachtlassung aller sonstigen individuellen, die Steuerschuld beeinflussenden Merkmale und fiktivem Ansatz der Steuerklasse II davon
auszugehen, dass der/die Mandant/in im 2. Halbjahr rechnerisch nicht mehr verpflichtet war, Lohnsteuer und Solidaritätszuschlag zu entrichten. Im Falle der Einzelveranlagung könnte er/sie daher
voraussichtlich mit einem gerundeten Erstattungsanspruch von 600,00 € rechnen. Nach alledem
wird unser/e Mandant/in der gemeinsamen steuerlichen Veranlagung nur zustimmen, wenn Ihr/e
Mandant/in sich bis zum verpflichtet, unserem/r Mandanten/in die o. g. Nachteile ab ..... zu erstatten und er/sie vorab die Erbringung einer Sicherheitsleistung in Höhe von 600,00 € nachgewiesen
hat. Nach fruchtlosem Fristablauf wird der/die Mandant/in Einzelveranlagung beantragen.

..... *[Übliche Grußformel]*

1. Anspruch auf Sicherheitsleistung. Ein solcher Anspruch besteht im Rahmen der ehelichen Solidarität nur dann, wenn **konkrete Gefährdungstatbestände** vorgetragen werden (vgl. BGH, NJW
2007, 2556, Rn. 11; AG Konstanz, FamRZ 2003, 761; PWW/*Weinreich*, § 1353 Rn. 16; und ausführlicher Rdn. 38, *M. 7*).

V. Antrag auf Zustimmung zur gemeinsamen steuerlichen Veranlagung

Sollte der auf Zustimmung zur gemeinsamen steuerlichen Veranlagung in Anspruch genommene   19
Ehegatte nicht oder ablehnend reagieren, kann wie folgt gerichtlicher Rechtsschutz in Anspruch
genommen werden:

1. Muster: Gerichtlicher Antrag auf Zustimmung zur gemeinsamen steuerlichen Veranlagung

An das   20

Familiengericht[1]

.....[2]

Antrag auf Abgabe einer Willenserklärung

des Herrn ....., wohnhaft ..... in .....

– Antragsteller –[3]

Verfahrensbevollmächtigte: RAe .....[4]

gegen

Frau ....., wohnhaft ....., ...

– Antragsgegnerin –[3]

Verfahrensbevollmächtigte: RAe .....

Vorläufiger Verfahrenswert:[5]

Namens und im Auftrage des Antragstellers überreichen wir anliegend Original einer uns legitimierenden Vollmacht[6] und beantragen:

Die Antragsgegnerin wird verpflichtet,
1. gegenüber dem Finanzamt in[7] ..... der Zusammenveranlagung der Beteiligten zur Einkommensteuer für den Veranlagungszeitraum zu Identifikationsnummer zuzustimmen[8] und
2. die Kosten des Verfahrens zu tragen.

Begründung:

Die Beteiligten sind seit dem ..... getrenntlebende Ehegatten. Die Antragsgegnerin hat für den Veranlagungszeitraum ..... die steuerliche Einzelveranlagung gewählt und aufgrund bestandskräftigen Steuerbescheids[9] eine Erstattung von 1.000,00 € erhalten. Der Antragsteller muss im Falle der Einzelveranlagung gem. anliegender Berechnung des Steuerberaters mit einer Nachforderung des Finanzamtes von 2.000,00 € rechnen. Er hat sich gegenüber der Antragsgegnerin mit anliegendem Schreiben vom ..... verpflichtet, sie von allen aus einer gemeinsamen steuerlichen Veranlagung für den Veranlagungszeitraum resultierenden Nachteilen freizustellen[10]. Die Antragsgegnerin hat gleichwohl mit Schreiben vom ..... eine steuerliche Zusammenveranlagung abgelehnt[11]. Gerichtliche Antragstellung ist daher erforderlich.

(Rechtsanwalt)

1. Sachliche Zuständigkeit. Die sachliche Zuständigkeit des FamG folgt aus §§ 111 Nr. 10, 112 Nr. 3, 266 Abs. 1 Nr. 2 FamFG. Dabei genügt ein **inhaltlicher** Zusammenhang mit Trennung oder Scheidung, ein zeitlicher ist nicht erforderlich (vgl. OLG Hamm, FamRZ 2011, 392; OLG Frankfurt am Main, NJW 2010, 3173; a.A. OLG Düsseldorf, Beschl. v. 01.12.2011 – 10 W 149/11, (Juris)).

2. Örtliche Zuständigkeit. Die örtliche Zuständigkeit ergibt sich aus §§ 113 Abs. 1 FamFG, 12 f. ZPO, wonach gerichtliche Anträge beim **Wohnsitz-Familiengericht** der Antragsgegnerin zu stellen sind. Gemäß § 267 Abs. 2 FamFG tritt an die Stelle des Wohnsitzes der gewöhnliche Aufenthalt. Während der Anhängigkeit einer Ehesache ist jedoch ausschließlich das Gericht örtlich zuständig, bei dem die Ehesache im ersten Rechtszug anhängig ist oder war, § 267 Abs. 1 FamFG. Veränderungen des gewöhnlichen Aufenthaltes zwischen Einreichung des Scheidungsantrages und Rechtshängigkeit sind zu beachten (vgl. OLG Saarbrücken, FamRZ 2012, 654).

3. Terminologie. Zur zu verwendenden Terminologie in FamFG-Verfahren vgl. § 113 Abs. 5 FamFG.

4. Anwaltszwang. Es besteht i. d. R. **Anwaltszwang**, §§ 114 Abs. 1, 112 Nr. 3, 266 Abs. 1 FamFG. Das Handeln eines/r Rechtsanwaltes/wältin ist **Verfahrenshandlungsvoraussetzung.** Die Beteiligten können im gerichtlichen Verfahren selbst keine Anträge stellen, zurücknehmen, Vergleiche schließen etc. Unbenommen bleibt ihnen der persönliche Abschluss außergerichtlicher Vergleiche ohne die Hinzuziehung von Rechtsanwälten, soweit dem nicht Formvorschriften entgegenstehen, vgl. z. B. §§ 311b Abs. 1, 1410, 1585c Satz 2 BGB. Der im Termin anwaltlich nicht vertretene Beteiligte ist demzufolge säumig mit der Folge, dass auf Antrag gem. § 113 Abs. 1 Satz 2 FamFG i. V. m. § 330f ZPO Versäumnisbeschluss zu ergehen hat (vgl. *Schulte-Bunert*, FamFG Rn. 459 ff.).

5. Verfahrenswert und Gerichtskosten. Der Verfahrenswert bestimmt die Höhe der Gerichtsgebühren gem. § 3 Abs. 1 FamGKG. Die gerichtliche Verfahrensgebühr wird mit der Einreichung des Antrages fällig, § 9 Abs. 1 FamGKG. Deshalb erfolgt die Zustellung erst nach der Zahlung der Gerichtskosten, § 14 Abs. 1 FamGKG. In Eilfällen kann bei Vorliegen weiterer Voraussetzungen, auf vorherige Zahlung der Gerichtskosten gem. § 15 Nr. 3 FamGKG verzichtet werden. Der Verfahrenswert ist **mit der Antragstellung** gem. § 53 FamGKG anzugeben und bemisst sich nach dem Wert des zugrunde liegenden Geschäfts, § 36 Abs. 1 Satz 1 FamGKG. Anzusetzen ist der Nominalbetrag des erstrebten Vorteils (vgl. FA-FamR/*Keske*, Kap. 17 Rn. 51 zur vergleichbaren Problematik beim begrenzten Realsplitting). Mit Einreichung des Antrages sind gem. Nr. 1220 VV FamGKG 3,0 Gerichtsgebühren einzuzahlen.

6. Vollmacht. Rechtsanwälte bedürfen als Organe der Rechtspflege keiner schriftlichen Vollmacht, § 11 Satz 3 FamFG. Gleichwohl sollte die Vorlage einer schriftlichen Vollmacht, z. B. aus Gründen der **Honorarsicherung** u. a., der Regelfall sein.

7. Örtliche Zuständigkeit des Finanzamtes. Die örtliche Zuständigkeit des Finanzamtes ergibt sich aus §§ 17 ff. AO mit zahllosen Regel-Ausnahmevorschriften. Grds. ist das Wohnsitz-Finanzamt gem. § 19 Abs. 1 Satz 1 AO zuständig bzw. bei Einkünften aus nichtselbstständiger Arbeit u. U. das Betriebsstättenfinanzamt gem. § 42 d Abs. 3 Satz 3 EStG (vgl. *Klein*, § 19 Rn. 6).

8. Vollstreckung. Die Vollstreckungsfähigkeit eines antragsgemäß ergangenen Beschlusses auf Zustimmung tritt gem. §§ 120 Abs. 1, Abs. 2 Satz 1, 116 Abs. 3 Satz 1 FamFG, 894 Satz 2 ZPO mit dem Wirksamwerden der Entscheidung, also mit der **Rechtskraft** ein. Der Nachweis erfolgt durch Erteilung des Rechtskraftvermerkes und im Fall einer von dem Berechtigten Zug um Zug zu erbringenden Freistellungsverpflichtung und/oder Sicherheitsleistung durch Erteilung einer vollstreckbaren Ausfertigung gem. §§ 726, 730, 894 Satz 2 ZPO (vgl. BFH, NJW 1989, 1504 und *Prütting/Gehrlein*, § 894 Rn. 9). Die Erteilung der vollstreckbaren Ausfertigung dient bei Willenserklärungen also nicht der Vorbereitung der Vollstreckung, sondern **ersetzt** diese. Genügt der Tenor des verpflichtenden Beschlusses jedoch nicht dem Bestimmtheitserfordernis des § 253 Abs. 2 Nr. 2 ZPO, kann dieser Umstand der weiteren Vollstreckung und Realisierung des Anspruchs entgegenstehen, weshalb bei der Formulierung solcher gerichtlicher Anträge besondere Vorsicht geboten ist (vgl. BGH, NJW 2011, 3161).

9. Bestandskräftiger Steuerbescheid. Bisher konnten Ehegatten ihre bei Abgabe der Steuererklärung getroffene Wahl der Veranlagungsart bis zur Bestandskraft des betreffenden Steuerbescheids und auch im Rahmen von Änderungsveranlagungen beliebig oft ändern. Ab dem Veranlagungsjahr 2013 (§ 26 Abs. 2 Satz 4 Nrn. 1 bis 3 EStG n. F.) wird die Wahl der Veranlagungsart für den betreffenden Veranlagungszeitraum durch Angabe in der Steuererklärung bindend. Sobald der Steuerbescheid

unanfechtbar geworden ist, kann die Veranlagungsart nur noch dann geändert werden, wenn (kumulativ):
- ein die Ehegatten betreffender Steuerbescheid aufgehoben, geändert oder berichtigt wird,
- die Änderung der Wahl der Veranlagung beim Finanzamt bis zum Eintritt der Bestandskraft des Änderungs- oder Berichtigungsbescheids mitgeteilt wird und
- die Einkommensteuer der Ehegatten nach Änderung der Veranlagungsart niedriger ist, als sie ohne letzteres wäre. Die Einkommensteuer der einzeln veranlagten Ehegatten ist hierbei zusammenzurechnen.

Ab 01.01.2014 voreilig gestellte Anträge auf Einzelveranlagung können u. U. erhebliche Schadensersatzverpflichtungen zur Folge haben. Hierauf sollten die Mandanten rechtzeitig hingewiesen werden.

10. Freistellungsverpflichtung. Der Ehegatte, dessen Einkommen im Jahr der Trennung nach Steuerklasse V durch Abzug von Lohn versteuert und vom anderen Ehegatten auf Zustimmung zu gemeinsamer Veranlagung in Anspruch genommen wird, kann von diesem für den Zeitraum **nach** der Trennung bis Ende des Veranlagungszeitraums grds. verlangen, so gestellt zu werden, wie er im Fall einer Besteuerung nach Steuerklasse I oder II gestanden hätte. Voraussetzung des Anspruchs ist, dass in dieser Zeit mit dem aus den Steuerklassen III und V erzielten Einkommen **nicht gemeinsam gewirtschaftet** und/oder der **Trennungsunterhalt** nicht auf der Basis der durch Steuerklasse III erhöhten Einkünfte berechnet und bezahlt wurde (vgl. Rdn. 15 ff., *Klein*, FamVermR 2. Kap. Rn. 1058 f. und BGH, FamRZ 2007, 1229, Rn. 18; zu den Steuerklassen vgl. Rdn. 22, *M. 2*).

11. Zweifelhafte tatbestandliche Voraussetzungen der Zusammenveranlagung. Der Einwand des auf Zusammenveranlagung in Anspruch genommenen Ehegatten, die tatbestandlichen Voraussetzungen der Wahlmöglichkeit des § 26 Abs. 1 Satz 1 EStG, nämlich Zusammen- oder Einzelveranlagung zu wählen, hätten (angeblich) im Veranlagungszeitraum nicht vorgelegen, ist unbeachtlich, solange eine gemeinsame Veranlagung für jedermann offenkundig und daher zweifelsfrei zulässig wäre (vgl. BGH, FamRZ 2005, 182). Denn dem betreffenden Ehegatten muss die Möglichkeit eröffnet werden, eine Entscheidung des hierfür **zuständigen Finanzamtes** bzw. der Finanzgerichtsbarkeit herbeiführen zu können, ob eine Zusammenveranlagung erfolgen kann, zumal dessen Voraussetzungen gem. §§ 88 Abs. 1 AO, 76 Satz 1 FGO von Amts wegen zu ermitteln sind, wenn wirksame Anträge auf Zusammenveranlagung vorliegen.

2. Gerichtliche Geltendmachung von Gegenrechten: Ansprüche auf Freistellung und auf Leistung von Sicherheit

Der Ehegatte, der auf Zustimmung zu gemeinsamer Veranlagung gerichtlich in Anspruch genommen wird (vgl. Rdn. 19 f.), dem allerdings Ansprüche auf Nachteilsausgleich und/oder auf Leistung von Sicherheit zustehen, darf sich nicht mit einem »Abweisungsantrag« zur Wehr setzen, sondern hat zur Vermeidung von Kostennachteilen ggü. dem FamG ein Zug um Zug-Anerkenntnis wie folgt abzugeben. 21

Muster: Gerichtliche Geltendmachung von Gegenrechten (Freistellung und Sicherheit)

..... *[Übliche Einleitung einer Antragserwiderung]* 22

..... zeigen wir unter Überreichung einer Vollmacht die anwaltliche Vertretung der Antragsgegnerin an und beantragen:

1. Der Antrag auf Zustimmung zu einer gemeinsamen Veranlagung zur Einkommensteuer und Solidaritätszuschlag (und evtl. Kirchensteuer) für den Veranlagungszeitraum ..... wird mit der Maßgabe Zug-um-Zug anerkannt, dass

a) der Antragsteller sich verpflichtet, der Antragsgegnerin sämtliche steuerliche Nachteile zu ersetzen, die ihr seit der Trennung der Eheleute am ..... durch Abzug der Steuern vom Lohn gem. Steuerklasse V statt I (oder II) entstanden sind;
b) die Erbringung einer Sicherheitsleistung gem. § 232 BGB in Höhe von 600,00 € nachweist.

2. Die Kosten des Verfahrens dem Antragsgegner aufzuerlegen.

Begründung:

Die Antragsgegnerin wehrt sich nicht grundsätzlich gegen eine steuerliche Zusammenveranlagung für den Veranlagungszeitraum ...... Darauf beruhte das auch schon außergerichtlich erklärte und hiermit wiederholte sofortige Anerkenntnis im Sinne der §§ 113 FamFG, 93 ZPO, mit der Folge, dass dem Antragsteller die gesamten Kosten des Verfahrens aufzuerlegen sind.[1]

Die Antragsgegnerin ist nur verpflichtet, der Zusammenveranlagung für den hier maßgeblichen Veranlagungszeitraum zuzustimmen, wenn sich der Antragsteller seinerseits verpflichtet, sie mit Wirkung ab dem Zeitpunkt der Trennung, also ab ....., von allen steuerlichen Nachteilen freizustellen, die ihr durch Beibehaltung der Steuerklasse V entstanden sind. Die Besteuerung des Einkommens der Antragsgegnerin erfolgte im hier maßgeblichen Veranlagungsjahr durchgehend nach Steuerklasse V. Ab der Trennung haben die Beteiligten aus den gem. Steuerklassen III und V besteuerten Einkünften durch Abzug vom Lohn weder gemeinsam gewirtschaftet, noch ist deshalb erhöhter Trennungsunterhalt seitens der Antragsgegnerin geltend gemacht oder bezahlt worden.[2, 3, 4]

Der Anspruch auf Sicherheitsleistung folgt aus den ungesicherten Einkommens- und Vermögensverhältnissen des Antragstellers *[ausführen, vgl. Rdn. 18]* und errechnet sich der Höhe nach wie folgt *[ausführen, vgl. Rdn. 18]*.

(Rechtsanwalt)

1. Die Kostenentscheidung. Die Entscheidung über die Tragung der Kosten hat gem. §§ 113 Abs. 1 FamFG, 93 ZPO zu erfolgen. Fehlerhaft wäre es daher gewesen, wenn die Antragsgegnerin einen Antrag auf vollständige »Abweisung« gestellt hätte, weil ihr in diesem Fall anteilig die Kosten aufzuerlegen gewesen wären (vgl. *Prütting/Gehrlein*, § 93 Rn. 4 zum vergleichbaren »Zurückbehaltungsrecht«).

2. Die Steuerklassen. Die Einreihung in Steuerklassen folgt den gesetzlichen Vorgaben gem. § 38b EStG, vgl. dazu Schmidt § 38b. Danach gilt (verkürzt dargestellt):
– In die Steuerklasse I gehören ledige Arbeitnehmer/innen oder solche gem. § 38b Nr. 1b EStG.
– In die Steuerklasse II werden gem. § 38b Nr. 2 EStG Alleinerziehende i. S. d. § 24b EStG eingereiht.
– In die Steuerklasse III werden gem. § 38b Nr. 3 EStG u. a. verheiratete Arbeitnehmer/innen eingereiht, die zu Beginn des Veranlagungszeitraums (also am 01.01. des Veranlagungsjahres) nicht dauernd getrennt gelebt haben und der andere Ehegatte entweder keinen Arbeitslohn bezogen hat oder beide Ehegatten Steuerklasse V für den anderen Ehegatten beantragt haben.
– In die Steuerklasse IV gehören grds. die übrigen Arbeitnehmer-Ehegatten (i. E. s. § 38b Nr. 4 EStG).
– Die Steuerklasse V gilt für solche Ehegatten, die die Vergabe der Steuerklasse III für den anderen Ehegatten beantragt haben, i. E. s. § 38b Nr. 5 EStG.

Ehegatten erhalten die Steuerklassen-Kombination III/V oder IV/IV (vgl. *Engels*, SteuerR Rn. 166 ff.). Die Steuerklassen regeln nur den **vorläufigen** Steuerabzug vom Lohn, haben also gem. § 38 Abs. 1 EStG nur einen Einfluss auf das Nettogehalt – aber keinen Einfluss auf die **endgültige** Steuerfestsetzung, die erst **nach Ende** des Veranlagungszeitraumes möglich ist (vgl. *Schmidt*, § 38 Rn. 1; vgl. auch Rdn. 7, *M. 1*). Das wird häufig übersehen und führt nicht selten zu regressträchtigen Falschberatungen. Ein Steuerklassenwechsel zum Zwecke der Erlangung höheren Elterngeldes soll nach BSG, FamRZ 2009, 1749 und *Röhl*, NJW 2010, 1418 ff. nicht rechtsmissbräuchlich sein. Gleiches gilt für die Nutzung des sog. Faktorverfahrens (vgl. Rdn. 22, *M. 3* und *Hosser*, FamRZ 2010, 951).

3. Das Faktorverfahren. Die Erwiderung gem. dem Muster Rdn. 22 beruht auf der Annahme, dass die Ehegatten keinen Gebrauch von dem sog. Faktorverfahren gemacht haben. Die ungleiche Besteuerung in den Steuerklassen III und V beruht darauf, dass in der Steuerklasse III ein **doppelter** und in der Klasse V spiegelbildlich **kein Grundfreibetrag** zum Tragen kommt. Das führt zwangsläufig zu einem groben Raster und trotz der Vorläufigkeit des Steuerabzugs vom Lohn zu einer steuerlich ungerechten und vermeidbaren Ungleichbehandlung und stellt zudem eine Hemmschwelle für die Aufnahme sozialversicherungspflichtiger Tätigkeiten dar. Aus diesen Gründen hat der Gesetzgeber erstmals für das Kalenderjahr 2010 das sog. Faktorverfahren gem. § 39f EStG eingeführt. Im Faktorverfahren wird zu der Steuerklasse IV ein Faktor eingetragen, der kleiner als 1. sein muss. Für die Einbehaltung der Lohnsteuer vom Lohn hat der Arbeitgeber Steuerklasse IV und den Faktor einzusetzen, vgl. § 39f Abs. 2 EStG. So kommen dem jeweiligen Ehegatten die persönlichen Steuerentlastungstatbestände zugute. Das führt zu einer Reduktion der Lohnsteuer. Flankiert wird das Faktorverfahren 1. von einem Zustimmungserfordernis des anderen Ehegatten, 2. einem Ausschluss des Lohnsteuerjahresausgleichs des Arbeitgebers gem. § 42b Abs. 1 Satz 1 Nr. 3b EStG und 3. Anordnung einer Pflichtveranlagung gem. § 46 Abs. 1 Satz 1 Nr. 3a EStG, da das Faktorverfahren nur zu einem »annähernd richtigen« Lohnsteuerabzug führt, der noch einer endgültigen Prüfung und Festsetzung bedarf, vgl. *Engels* SteuerR Rn. 122 ff., 170 ff. Von dem Faktorverfahren sollte sehr viel mehr Gebrauch gemacht werden, da es zu einem genaueren Einbehalt der Lohnsteuer führt und auch einen günstigen Einfluss auf Lohnersatzleistungen u. a. öffentliche Transferleistungen (z. B. auf das Arbeitslosengeld und auf das Elterngeld) haben kann, vgl. Klein FamVermR 2. Kap. Rn. 1136 ff. und *Schmidt* § 39f Rn. 1 auch zum Ablauf des Faktorverfahrens. Das Faktorverfahren stellt i. Ü. ein nahezu ideales Gestaltungsmittel für wieder verheiratete Unterhaltspflichtige zur Verfügung, weil es langwierige Diskussionen mit der Gegenseite über die Höhe des anzusetzenden Einkommens gar nicht erst aufkommen lässt und die Umrechnung der Einkünfte von Steuerklasse III in I jedenfalls dann, wenn auch der neue Ehegatte Einkünfte erzielt, entbehrlich macht, vgl. BGH, NJW 2010, 2515 mit irreführendem 1. Leitsatz, vgl. Rn. 23 f. der Entscheidung.

4. Die Lohnsteuerkarten. Gemäß § 39 Abs. 1 EStG ist die Finanzverwaltung für die Bildung der sog. Lohnsteuerabzugsmerkmale zuständig, die auf Antrag jedem/r Arbeitnehmer/in seine/ihre elektronischen Lohnsteuerabzugsmerkmale mitzuteilen hat. Zu den einzelnen Lohnsteuerabzugsmerkmalen vgl. § 39 Abs. 4 EStG.

VI. Verhinderung der Erteilung einer vollstreckbaren Ausfertigung des Anerkenntnisbeschlusses

Wird auf das lediglich Zug-um-Zug ausgesprochene Anerkenntnis im vorgenannten familiengerichtlichen Verfahren ein Anerkenntnisbeschluss erlassen, welcher auch ordnungsgemäß die eingeschränkte Zug-um-Zug Verpflichtung enthält, besteht gleichwohl die Besorgnis, dass die Geschäftsstelle versehentlich eine (unzulässige) vollstreckbare Ausfertigung erteilt. Damit könnte der/die böswillige Antragsteller/in ggü. dem Finanzamt den scheinbaren Nachweis erbringen, sowohl die erforderliche Freistellungsverpflichtungserklärung abgegeben, als auch die Sicherheitsleistung erbracht zu haben. Dem kann durch ein rechtzeitiges Schreiben an die Geschäftsstelle wie folgt vorgebeugt werden. Dieses zu unterlassen, könnte angesichts der ausufernden Rechtsprechung sogar bei »Gerichtsfehlern« (vgl. BGH, NJW 2009, 987; 2010, 73 und OLG Stuttgart, NJW 2010, 1978) als haftungsbegründendes anwaltliches Fehlverhalten angesehen werden, weshalb es sinnvoll ist, den Schwarzen Peter rechtzeitig an die verantwortliche Stelle weiterzureichen.

Muster: Verhinderung der ungerechtfertigten Erteilung einer vollstreckbaren Ausfertigung

..... *[Übliche Anrede, Einleitung]*

..... weise ich darauf hin, dass die Erteilung einer vollstreckbaren Ausfertigung unzulässig ist, solange der/die Antragsteller/in die Freistellungserklärung nicht abgegeben und die Erbringung der

Schick 875

Sicherheitsleistung nicht in gehöriger Form nachgewiesen hat, vgl. § 894 Satz 2 ZPO. Sollte gleichwohl versehentlich eine vollstreckbare Ausfertigung erteilt werden oder gar schon erteilt worden sein, drohen angesichts der vorgetragenen und besorgniserregenden Einkommens- und Vermögensverhältnisse des/der Antragstellers/in irreparable Schäden, die Amtshaftungsansprüche auslösen könnten.

..... *[Übliche Grußformel]*

VII. Unwirksamkeit schikanöser Anträge auf steuerliche Einzelveranlagung

25 Offenkundige Schikanefälle lassen sich mit geringem Aufwand reparieren. Beantragt z. B. ein Ehegatte die steuerliche Einzelveranlagung, ohne dass sich für ihn positive steuerliche oder wirtschaftliche Auswirkungen ergeben, und entsteht dem anderen Ehegatten hierdurch erheblicher Schaden, so ist dieser Antrag **unbeachtlich** (vgl. *Schmidt,* § 26 Rn. 22). In diesen Fällen ist der z. T. beträchtliche Aufwand, die Gegenseite außergerichtlich und notfalls gerichtlich auf Zustimmung zu gemeinsamer Veranlagung in Anspruch nehmen zu müssen, entbehrlich. Auf diese Rechtslage kann in geeigneten Fällen mit einem Anschreiben an das Finanzamt wie folgt hingewiesen werden:

Muster: Hinweis an das Finanzamt auf die Unwirksamkeit eines schikanösen Antrages auf steuerliche Einzelveranlagung

26 An das

Finanzamt .....[1]

Identifikationsnummer: .....

..... *[Anrede, übliche Einleitung]*

Die inzwischen getrenntlebende Ehefrau meines Mandanten hat für das abgelaufene Kalenderjahr die steuerliche Einzelveranlagung gewählt, obwohl die Trennung aktenkundig erst im Sommer des Veranlagungszeitraumes erfolgte.[2, 3]

Diese einseitige Wahl ist wegen des Verstoßes gegen das Schikaneverbot des § 226 BGB nach BFH NJW 1992, 1471 wirkungslos, da sich für die Ehefrau hieraus keine positiven steuerliche oder wirtschaftliche Auswirkungen ergeben, meinem Mandanten aber erhebliche Schäden drohen. Er hat auf seine relativ hohen Einkünfte Steuervorauszahlungen durch Abzug vom Lohn erbracht, die unter Nutzung des Splittingtarifs nach Steuerklasse III berechnet wurden. Er hätte im Falle einer Steuerfestsetzung nach dem Grundtarif mit einer erheblichen Steuernachforderung zu rechnen. Dem stehen erkennbar keine Vorteile zugunsten des anderen Ehegatten gegenüber, woraus sich ergibt, dass der Antrag auf Einzelveranlagung rechtsmissbräuchlich erfolgt ist, und nur den Zweck haben kann, meinem Mandanten Schaden zuzufügen.[4, 5]

..... *[Übliche Grußformel]*

1. Örtliche Zuständigkeit des Finanzamtes. Die örtliche Zuständigkeit des Finanzamtes ergibt sich aus §§ 17 ff. AO mit zahllosen Regel-Ausnahmevorschriften. Grds. ist das Wohnsitz-Finanzamt gem. § 19 Abs. 1 Satz 1 AO zuständig bzw. bei Einkünften aus nichtselbstständiger Arbeit u. U. das Betriebsstättenfinanzamt gem. § 42 d Abs. 3 Satz 3 EStG, vgl. Klein § 19 Rn. 6.

2. Getrenntleben von Ehegatten. Ehegatten, die beide unbeschränkt einkommensteuerpflichtig i. S. d. § 1 Abs. 1 oder Abs. 2 oder des § 1a des Einkommensteuergesetzes sind und nicht dauernd getrennt leben und bei denen diese Voraussetzungen zu Beginn des Veranlagungszeitraumes vorgelegen haben oder im Laufe des Veranlagungszeitraums eingetreten sind, können zwischen der Einzelveranlagung gem. § 26a EStG und Zusammenveranlagung gem. § 26b EStG wählen, vgl. § 26 Abs. 1 Satz 1 EStG. Dies gilt auch dann, wenn ein Ehegatte im EU-EWR-Ausland lebt, vgl. BFH FamRZ 2011, 297. Steuerrecht und Zivilrecht verfolgen unterschiedliche Ziele, definieren das »Getrenntleben« daher unterschiedlich. Der **steuerliche Begriff des dauernden** Getrenntlebens weicht von den

Ehescheidungsvoraussetzungen nach dem BGB ab. Hier sind zunächst die für die Finanzverwaltung bindenden Steuerrichtlinien (EStR 2008 BStBl I 2008, 1017 R 26b) bedeutsam. Abzustellen ist auf das Gesamtbild der Lebens- und Wirtschaftsgemeinschaft. Eine dauernde räumliche Trennung hat regelmäßig besonderes Gewicht. Es ist jedoch auf alle Umstände und erkennbare Absichten abzustellen. In der Regel sind die Angaben der Ehegatten zugrunde zu legen, außer die äußeren Umstände lassen den Fortbestand der Lebensgemeinschaft fraglich erscheinen. Im Scheidungsverfahren getroffene Feststellungen sind nicht zwingend bindend. Sie haben aber Indizwirkung. Wegen der familienrechtlichen Trennungsfrist (i. d. R. ein Jahr) kann der Wunsch nach alsbaldiger Scheidung mit dem Wunsch kollidieren, im Sinne einer Zusammenveranlagung der Eheleute das dauernde Getrenntleben im steuerrechtlichen Sinne nicht vor dem ersten Januar des betroffenen Veranlagungszeitraumes eintreten zu lassen. Hat in diesem ein echter, aber gescheiterter **Versöhnungsversuch** stattgefunden, sollte er in geeigneter Weise aktenkundig gemacht werden. Er unterbricht anders als in § 1567 Abs. 2 BGB das (steuerliche dauernde) Getrenntleben. Ein Versöhnungsversuch muss mindestens **drei bis vier Wochen** dauern, wobei die Rechtsprechung unterschiedliche Zeiträume des erneuten Zusammenlebens von einem Monat bis zu sieben Wochen anspricht (Hess. FG 14.04.1988 – 9 K 70/85, EFG 1988, 63: **sieben Wochen**; FG Münster 22.03.1996 – 14 K 3008/94 E, EFG 1996, 921: **sechs Wochen**; FG Köln 21.12.1993 – 2 K 4543/92, EFG 1994, 771: **drei bis vier Wochen**; FG Nürnberg 07.03.2005 – VI 160/2004, DStRE 2004, 938: über **einen Monat**). Erfolgt ein drei bis vier wöchiger Versöhnungsversuch über die **Jahreswende**, besteht für den VAZ des Beginns des Versöhnungsversuchs das Recht der Zusammenveranlagung und für den Folgeveranlagungszeitraum des Folgejahres.

Die **Feststellungslast** trifft die Ehepartner. Zur Beiziehung der Akten des Familiengerichts hat sich der BFH (BFH, FuR 1991, 360) dahin gehend geäußert, dass ein Verstoß gegen den Grundsatz der Unmittelbarkeit der Beweisaufnahme vorliegt, wenn die Akten gegen den Widerspruch des Steuerpflichtigen beigezogen und verwertet werden, obwohl eine unmittelbare Beweiserhebung möglich wäre. Ist sie nicht möglich, zumutbar oder zulässig, sind die familiengerichtlichen Akten dennoch nur im überwiegenden Interesse der Allgemeinheit unter strikter Wahrung des Gebotes der Verhältnismäßigkeit beizuziehen.

3. Veranlagungszeitraum. Die ESt wird verbindlich (erst) nach Ablauf des Kalenderjahres (Veranlagungszeitraum) nach dem Einkommen veranlagt, das der Steuerpflichtige in diesem Zeitraum bezogen hat, soweit nicht aus besonderen Gründen eine Veranlagung zu unterbleiben hat, § 25 Abs. 1 EStG. Die ESt **entsteht** folgerichtig erst, soweit nichts anderes bestimmt ist, mit Ablauf des Veranlagungszeitraumes, § 36 Abs. 1 EStG. Die im Laufe eines Jahres gezahlten Einkommensteuern werden lediglich als **Vorschuss** behandelt. Bei Selbstständigen sind dies i. d. R. die Quartalsvorauszahlungen gem. § 37 Abs. 1 EStG und bei abhängig Beschäftigten i. d. R. der Lohnsteuerabzug vom Arbeitslohn gem. § 38 Abs. 1 EStG.

4. Unwirksamkeit des Antrages auf steuerliche Einzelveranlagung. Nach ständiger Rechtsprechung des BFH (NJW 92, 1471) ist der einseitige Antrag eines Ehegatten auf Einzelveranlagung dann **unwirksam**, wenn dieser selbst im Veranlagungszeitraum keine eigenen positiven oder negativen Einkünfte erzielt hat oder diese so gering sind, dass sie weder einem Steuerabzug unterlegen haben, noch zur Einkommensteuerveranlagung führen können. Ein berechtigtes Interesse, die steuerliche Einzelveranlagung zu wählen, folgt auch nicht aus der gesamtschuldnerischen Haftung beider Ehegatten im Fall einer Zusammenveranlagung, da der einkunftslose Ehegatte durch das Aufteilungsverfahren der §§ 268 ff. AO hinreichend geschützt ist (vgl. Rdn. 12, *M. 4* u. *M. 5*).

5. Splittingtarif und Grundtarif. Den größten Vorteil erzielen Eheleute im Fall der steuerlichen Zusammenveranlagung durch Anwendung des Splittingtarifes gem. § 32a Abs. 5 EStG, wenn nur ein Ehegatte steuerbare Einkünfte erzielt hat, weil diese Einkünfte zwei Personen zugerechnet werden. Freibeträge können **doppelt** in Anspruch genommen werden, sodass die Auswirkungen der tariflichen Einkommensteuerprogression bei steigenden Einkünften erheblich gemildert werden. Auch können u. U. Verluste des einen mit positiven Einkünften des anderen Ehegatten verrechnet werden. Zur komplexen Rechtslage und möglichen Nachteilen muss auf die steuerrechtliche Literatur verwiesen werden. Erzielen beide Ehegatten gleich hohe Einkünfte, ergeben sich bei Anwendung des Splittingtarifes keine signifikanten Abweichungen zum Grundtarif gem. § 32a Abs. 1 EStG (vgl. Rdn. 22, *M. 2*).

VIII. Steuererstattungsansprüche gegen das Finanzamt

27 Wenn mit Steuererstattungsansprüchen zu rechnen ist, stellt sich die Frage, welchem Ehegatten diese zustehen (für die Aufteilung von Steuernachforderungen vgl. Rdn. 12, *M. 4* und *M. 5*). Im Außenverhältnis gilt § 37 Abs. 2 Satz 1 AO, wonach derjenige, auf dessen Rechnung die Zahlung bewirkt worden ist, gegen das Finanzamt einen Anspruch auf Erstattung der gezahlten Beträge geltend machen kann. Danach muss das Finanzamt den Eheleuten den Erstattungsbetrag je hälftig überweisen, vgl. BFH NJW 2011, 2318, wenn die Vorauszahlungen auf die ESt zusammenveranlagter Eheleute **ohne** eine ausdrückliche Bestimmung (wie zumeist) geleistet worden sind, dass mit der Zahlung nur die Schuld des Leistenden beglichen werden solle (vgl. BFH, FamRB 2012, 51). Für das Innenverhältnis der Eheleute stellt § 37 Abs. 2 Satz 1 AO jedoch keinen Rechtsgrund für das Behaltendürfen i. S. d. § 812 BGB dar, auch nicht im Fall der Insolvenz des zahlenden Ehegatten (vgl. OLG Brandenburg, NJW-Spezial 2011, 358; OLG Oldenburg, FamRZ 2008, 1852). Es empfiehlt sich daher eine ausdrückliche Tilgungsbestimmung z. B. gem. dem nachfolgenden Muster (vgl. *Perleberg-Kölbel*, FuR 2010, 256; BFH, NJW-Spezial 2011, 612). Sollen Erstattungsansprüche **abgetreten** werden, ist § 46 Abs. 1 bis Abs. 3 AO zu beachten. Danach wird eine Abtretung erst **wirksam**, wenn sie der Gläubiger unter Angabe des Abtretenden, des Abtretungsempfängers sowie der Art und Höhe des abgetretenen Anspruchs und des Abtretungsgrundes auf einem amtlichen Vordruck der zuständigen Behörde anzeigt, der vom Abtretendem und Abtretungsempfänger unterschrieben ist. Wegen der Einzelheiten vgl. Klein AO § 46 Rn. 4 ff. Die Übermittlung an das Finanzamt per Telefax reicht (inzwischen), vgl. BFH, NJW 2011, 175. Im Fall einer Nachveranlagung eines geschiedenen Ehegatten kann der andere Ehegatte im Innenverhältnis an der Nachzahlung beteiligt werden, wenn sich eine familienrechtliche Überlagerung des steuerrechtlich relevanten Verhältnisses feststellen lässt (OLG Köln, FamRZ 2010, 1738).

Muster einer Zahlungsbestimmung ggü. dem Finanzamt

28 An das Finanzamt .....

Identifikationsnummer .....[1]

[Übliche Anrede]

Bzgl. meiner sämtlichen derzeitigen und zukünftigen Zahlungen an das Finanzamt treffe ich hiermit die Bestimmung, dass diese Zahlungen nur als auf »meine Rechnung« und auf meine steuerlichen Verbindlichkeiten, also Steuerschulden oder Vorauszahlungsschulden, geleistet anzusehen sind. Erstattungen sind daher entgegen § 37 Abs. 2 Satz 1 AO uneingeschränkt an mich alleine auszukehren, unabhängig davon, ob davon Zeiträume betroffen sind, in denen mit meinem Ehegatten eine gemeinsame Veranlagung oder Einzelveranlagung erfolgt ist.[2]

[Grußformel]

1. Identifikationsnummer. Nach § 139a Abs. 1 Satz 1 AO **teilt** das Bundeszentralamt für Steuern jedem Steuerpflichtigen, soweit es sich um eine natürliche Person handelt, zum Zwecke der eindeutigen Identifizierung im Besteuerungsverfahren eine einheitliche und dauerhafte Identifikationsnummer zu, die ggü. dem Finanzamt anzugeben ist.

2. Zahlungsbestimmung. Die Zahlungsbestimmung ist erforderlich, um § 37 Abs. 2 Satz 1 AO zu suspendieren, der grds. eine je hälftige Erstattung anordnet. Ob in Fällen einer bereits erfolgten hälftigen Erstattung der Regressanspruch des einen Ehegatten gegen den anderen Ehegatten rechtlich (z. B. bei einer Überlagerung durch andere familienrechtliche Ansprüche) und wirtschaftlich (z. B.

im Fall der Insolvenz des Ehegattenschuldners) durchsetzbar ist, ist häufig zweifelhaft, sodass einer ausdrücklichen Zahlungsbestimmung als dem sichereren Weg der Vorzug zu geben ist.

IX. Das begrenzte Realsplitting

Unterhaltszahlungen an den Ehepartner sind **begünstigte Aufwendungen** und somit zum Sonder-   29
ausgabenabzug zugelassen, d. h. der unterhaltspflichtige Ehegatte kann die Unterhaltsleistungen an seinen Ehepartner steuermindernd geltend machen. Dies gilt jedoch nur für Unterhaltszahlungen an den Ehepartner und somit nicht für Unterhaltszahlungen an Kinder. Dieses Verfahren ist bekannt unter den Stichwörtern »Anlage U« oder »begrenztes Realsplitting«.

Die Inanspruchnahme des begrenzten Realsplittings (vereinfacht auch nur Realsplitting oder Son-   30
derausgabenabzug genannt) setzt gem. § 10 Abs. 1 Nr. 1 EStG kumulativ voraus: (a) Unterhaltsleistungen an den geschiedenen oder getrenntlebenden Ehegatten, (b) Antrag des Gebers, (c) Zustimmung des Unterhaltsberechtigten, (d) der unbeschränkt einkommensteuerpflichtig i. S. d. § 1 Abs. 1 Satz 1 EStG sein muss, oder bei dem die Voraussetzungen des § 1a Abs. 1 Nr. 1 EStG vorliegen, insb. eine EU-Zugehörigkeit, (e) wobei eine betragsmäßige Obergrenze von 13.805,00 € p. a. gilt. Nach § 10 Abs. 1 Nr. 1 Satz 2 EStG erhöht sich der Höchstbetrag von 13.805,00 € um den Betrag der im jeweiligen Veranlagungszeitraum für die Absicherung des geschiedenen oder dauernd getrennt lebenden unbeschränkt einkommensteuerpflichtigen Ehegatten aufgewandten Beiträge. Steuerlich anerkannt werden alle **für Zwecke des Unterhalts** des Ehegatten bestimmten Aufwendungen, also laufende wie einmalige Leistungen, sowie Geld- und Sachleistungen. Für getrennt lebende Ehegatten kommt das Realsplitting des § 10 EStG nur zur Anwendung, wenn keine steuerliche Zusammenveranlagung mehr durchgeführt werden kann, und damit auch nicht bei Einzelveranlagung im Trennungsjahr.

▶ Hinweis: 31

Es ist zu beachten, dass die steuerliche Absetzbarkeit auch für Beiträge zu einer Krankenversicherung des Steuerpflichtigen gilt, die dieser als Versicherungsnehmer für sich selbst und für unterhaltsberechtigte Personen geleistet hat (Ehepartner, eingetragener Lebenspartner, unterhaltsberechtigte Kinder).

Der unterhaltsberechtigte Ehegatte ist zugunsten des anderen Ehegatten verpflichtet, an der steuer-   32
lichen Geltendmachung des begrenzten Realsplittings **mitzuwirken**. Hierdurch wird der Begünstigte befugt, seine Unterhaltsleistungen an den getrenntlebenden oder geschiedenen Ehegatten als Sonderausgaben steuermindernd geltend zu machen. Der unterhaltsberechtigte Ehegatte hat grundsätzlich ein Interesse daran, dass der Unterhaltspflichtige das begrenzte Realsplitting in Anspruch nimmt, weil sich dessen steuerliche Mehrbelastung durch den Wegfall der steuerlichen Zusammenveranlagung reduziert und damit etwaige Unterhaltsansprüche erhöhen.

▶ Hinweis: 33

Die Höhe des Realsplittingvorteils kann überschlägig einer Übersichtstabelle entnommen werden (Tabellarische Bestimmung des Realsplittingvorteils, FamRB 2013, 165). Allerdings ist im Einzelfall eine steuerrechtliche Überprüfung vorzunehmen.

In der Praxis kommt es immer wieder zu erheblichen Abwicklungsschwierigkeiten, weil entweder   34
die tatsächlichen oder die rechtlichen Voraussetzungen verkannt werden, unter denen ein Anspruch auf Erteilung der Zustimmung besteht und unter welchen Umständen es dem (unwilligen) Unterhaltsverpflichteten obliegt, die Vorteile des Realsplittings in Anspruch zu nehmen, der zunächst nicht mehr verdienen will, um nicht mehr Unterhalt zahlen zu müssen. Nach Ansicht des BGH (FuR 2007, 276, 277) obliegt es dem Unterhaltsschuldner, mögliche Steuervorteile aus dem Realsplitting zu nutzen. Dies gilt aber nur, soweit sich die Verpflichtung aus einem Anerkenntnis bzw. einem rechtskräftigen Beschluss ergibt oder freiwillig erfüllt wird (BGH, FuR 2007, 270, 276).

1. Verlangen nach Zustimmung zum begrenzten Realsplitting

35 Zunächst gilt es, den unterhaltsberechtigten und getrennt lebenden oder geschiedenen Ehegatten aufzufordern, dem Realsplitting zuzustimmen. Dies kann wie folgt geschehen:

Muster: Außergerichtliche Geltendmachung der Zustimmung zum begrenzten Realsplitting

36 ..... *[Anrede, übliche Einleitung]*

In obiger Angelegenheit wird Ihr/e Mandant/in gebeten, bis zum ..... für den Veranlagungszeitraum ..... dem begrenzten Realsplitting zuzustimmen. Dies kann zweckmäßigerweise durch Übersendung der unterschriebenen Anlage U zur Einkommensteuererklärung geschehen, aber auch durch eine anderweitige an das Finanzamt gerichtete schriftliche Zustimmungserklärung. Unser/e Mandant/in stellt Ihren/e Mandanten/in von allen aus dem begrenzten Realsplitting resultierenden Nachteilen frei.[1, 2, 3]

..... *[Übliche Grußformel]*

1. Anlage U zur Einkommensteuererklärung. Die Verwendung der Anlage U ist zwar nicht vorgeschrieben, aber gebräuchlich und gleichwohl nicht empfehlenswert. Die gem. Anlage U erteilte Zustimmung wirkt nämlich gem. § 10 Abs. 1 Nr. 1 Satz 3 EStG bis auf Widerruf fort, weshalb einer **individuellen** und jährlich zu wiederholenden Erklärung (vgl. Rdn. 38 ff.) zur Vermeidung von Nachteilen der Vorzug zu geben ist. Die gem. Anlage U erteilte Zustimmung kann gem. § 10 Abs. 1 Nr. 1 Satz 4 EStG **nur vor** Beginn des Kalenderjahres, für das sie nicht mehr gelten soll, gegenüber dem Finanzamt widerrufen werden.

▶ **Hinweis zur Taktik:**

Der Unterhaltsberechtigte sollte seine Zustimmung jeweils auf ein Kalenderjahr beschränken. Er muss ansonsten auch für die Folgezeit Einkommensteuervorauszahlungen entrichten, selbst wenn die Unterhaltsleistungen inzwischen ermäßigt werden oder entfallen. Wurde die Beschränkung oder der rechtzeitige Widerruf der Zustimmung versäumt und soll eine nachteilige Berücksichtigung vermieden werden, besteht nur noch die Möglichkeit, dass die Beteiligten eine übereinstimmende »0«-Erklärung zu den Unterhaltsleistungen abgeben, wodurch die Durchführung des Realsplittings vermieden wird.

Die Zustimmung muss in der Weise erfolgen, dass der mit ihr verfolgte Zweck, nämlich die Anerkennung des geleisteten Unterhalts als Sonderausgabe o.w. zu erreichen ist. Der unterhaltspflichtige Ehegatte braucht sich zur Klärung der Frage, ob eine wirksame Zustimmung vorliegt, nicht auf ein finanzgerichtliches Verfahren verweisen zu lassen (vgl. OLG Oldenburg, FamRZ 2011, 1226). Ausführlich zum begrenzten Realsplitting vgl. FA-FamR/*Kuckenburg/Perleberg-Kölbel*, Kap. 13 Rn. 234 ff.

2. Erklärungsempfänger. Die Zustimmung ist ggü. dem Finanzamt zu erklären (vgl. *Schmidt* § 10 EStG Rn. 54) und kann gem. § 175 Abs. 1 Satz 1 Nr. 2 AO u. U. sogar noch nach Bestandskraft der eigenen Steuerfestsetzung Wirksamkeit entfalten, vgl. *Schmidt* § 10 EStG Rn. 53.

3. Freistellung von Nachteilen. Dem Unterhaltsberechtigten dürfen aus der Inanspruchnahme des Realsplittings durch den Unterhaltspflichtigen keine Nachteile entstehen. Dem Unterhaltsberechtigten muss im Ergebnis der Nettounterhalt voll verbleiben. Infolge des Sonderausgabenabzugs beim Unterhaltsschuldner entstehen beim Unterhaltsgläubiger echte steuerliche Einkünfte in Höhe der im maßgeblichen Veranlagungsjahr angegebenen Unterhaltsleistungen. Es können daher nicht nur steuerliche Nachteile entstehen, sondern durch Überschreitung von maßgeblichen Einkommensgrenzen kann es zu Kürzungen oder gar zum Wegfall von Leistungen kommen.

▶ **Hinweis zur anwaltlichen Haftung:**

Der Verlust der beitragsfreien Familienkrankenmitversicherung ist ein gravierender Nachteil. Er entsteht, wenn der mitversicherte Ehegatte Unterhaltsleistungen bezieht, die der Unterhaltsschuldner als Sonderausgaben absetzt. Die Unterhaltsleistungen werden nämlich dem Einkommen des Unterhaltsgläubigers gem. § 16 SGB IV zugeschlagen und die Mitversicherung endet gem. § 10 Abs. 1 Nr. 5 SGB V bereits in der Trennungszeit, wenn die Gesamteinkünfte des Unterhaltsgläubigers 1/7 der monatlichen Bezugsgröße (2014: 395 € bzw. für geringfügig Beschäftigte 450 €) übersteigen. Wenn die Krankenversicherungen – was wohl eher selten geschieht – die Höhe der Unterhaltszahlungen und damit auch die Berechtigung zur beitragsfreien Familienmitversicherung einer Überprüfung unterziehen, entfällt die beitragsfreie Mitgliedschaft rückwirkend zu dem Zeitpunkt, in dem die Voraussetzungen zur beitragsfreien Mitgliedschaft in der Familienkrankenversicherung objektiv nicht mehr gegeben waren! Wenn der Unterhaltsberechtigte neben zusätzlichen Einkünften noch Unterhalt bezieht, kann der bisher von ihm geleistete Beitrag in die Krankenversicherung steigen. Weist der anwaltliche Berater nicht auf diesen Umstand hin, setzt er sich der Haftung aus. Insoweit ist genau zu prüfen, bis zu welcher Höhe sich die Inanspruchnahme des begrenzten Realsplittings lohnt.

Der Anspruch auf Nachteilsausgleich entsteht zwar automatisch mit der Geltendmachung des Anspruchs auf Zustimmung zum Realsplitting (BGH, FamRZ 1985, 1232), aber gleichwohl braucht der Anspruch auf Zustimmung aus Sicherungsgründen nur Zug um Zug gegen das Versprechen eines **Nachteilsausgleichs** erfüllt zu werden. Wenn der Unterhaltsberechtigte vom Finanzamt auf Zahlung einer Einkommensteuervorauszahlung nur deshalb in Anspruch genommen wird, weil er dem begrenzten Realsplitting zugestimmt hatte, so sind schon diese Vorauszahlungen trotz ihrer Vorläufigkeit vom Unterhaltspflichtigen als gegenwärtiger Nachteil anzusehen (OLG Oldenburg, FamFR 2010, 330). Ausführlicher zur Freistellung und damit verbundener Probleme vgl. Rdn. 38, M. 2-7.

2. Risikobelehrung des auf Zustimmung zum begrenzten Realsplitting gem. § 10 EStG in Anspruch genommenen Ehegatten

Um die eigenen Handlungsmöglichkeiten realistisch ausloten zu können, muss der/die auf Zustimmung in Anspruch genommene Mandant/in über die Rechtslage belehrt werden. Das kann wie folgt geschehen.   37

Muster: Risikobelehrung des/r Mandanten/in beim begrenzten Realsplitting

..... *[Anrede, übliche Einleitung]*   38

Mit anliegendem Schreiben Ihres Ehegatten hat dieser Ihre Zustimmung zum begrenzten Realsplitting verlangt. Dazu folgendes:

1.

Sie sind grundsätzlich verpflichtet, dem begrenzten Realsplitting zuzustimmen.[1]

2.

Die Gegenseite empfiehlt Ihnen die Zustimmung durch Unterzeichnung der anliegenden Anlage U zu erteilen. Ein Anspruch hierauf besteht jedoch nicht.

3.

Ich kann Ihnen die Unterzeichnung der Anlage U als freiwillige Leistung auch nicht empfehlen, sondern empfehle Ihnen eine individuelle Zustimmungserklärung, die ich Ihnen noch zuleiten werde, wenn die Voraussetzungen für die Abgabe der Erklärung geschaffen sind.[2]

4.

Ein Anspruch auf Zustimmung besteht allerdings nur dann, wenn sich der/die Unterhaltsverpflichtete verpflichtet, Ihnen sämtliche (!), nicht nur steuerliche, Nachteile Ihrer Zustimmungserklärung zu ersetzen. Diese Erklärung hat die Gegenseite im anliegenden Schreiben abgegeben. In dem Maße, wie Sie sich mit einer steuerlichen Berücksichtigung des an Sie gezahlten Ehegattenunterhaltes einverstanden erklären, müssen Sie sich nämlich diese Zahlungen aufgrund des sog. steuerlichen Korrespondenzprinzips nicht nur als steuerpflichtiges Einkommen gem. § 22 Nr. 1a EStG, sondern auch als Einkommen i. s. all jener Vorschriften zurechnen lassen, in denen die Höhe Ihres Einkommens eine entscheidungserhebliche Rolle spielt. Um Ihnen ein prägnantes Beispiel zu nennen: Wenn der an Sie gezahlte Ehegattenunterhalt zusammen mit Ihrem tatsächlichen Einkommen die gesetzlichen Einkommensgrenzen (1/7 der monatlichen Bezugsgröße, z. B. 2014: 395 € bzw. für geringfügig Beschäftigte 450 €) übersteigt, kann Ihr Anspruch auf beitragsfreie Mitversicherung in der gesetzlichen Krankenversicherung gefährdet sein. Es drohen also erhebliche Nachteile, die aber nichts an ihrer grundsätzlichen Zustimmungsverpflichtung ändern. Ob Ihnen derartige Nachteile drohen, müssen Sie in eigener Verantwortung unter Berücksichtigung Ihrer individuellen Einkommens- und Vermögenssituation ermitteln, z. B. durch Einschaltung aller für Sie in Betracht kommenden Behörden und Ämter oder auch eines/r Steuerberaters/in und der Gegenseite vortragen.[3, 4, 5, 6]

5.

Sollten Sie aufgrund konkreter Anhaltspunkte die Besorgnis haben, dass Ihr Ehegatte bei Fälligkeit nicht in der Lage sein werde, die Ihnen entstehenden Nachteile auch tatsächlich zu ersetzen, sollten Sie Ihre Zustimmung zum Realsplitting davon abhängig machen, dass dieser zuvor Sicherheit leistet.[7]

6.

Gegen den Anspruch auf Zustimmung können Sie ein Zurückbehaltungsrecht mit dem Argument, dass sich Ihr Ehegatte mit anderen Zahlungsverpflichtungen in Verzug befinde, nicht geltend machen – solange er für den Veranlagungszeitraum, für den er Ihre Zustimmung begehrt, den Unterhalt gewährt hat.[8]

7.

Die Verpflichtung zur Zustimmung besteht ferner sogar dann, wenn Streit über die Höhe der Unterhaltszahlungen im fraglichen Zeitraum oder deren steuerliche Anerkennungsfähigkeit besteht.[9]

8.

Verweigern Sie die Zustimmung ohne rechtfertigenden Grund, kann Ihr Ehegatte den nach § 1353 Abs. 1 Satz 2 BGB bestehenden familienrechtlichen Anspruch auf Zustimmung zum begrenzten Realsplitting gerichtlich geltend machen, was für Sie mit einem nicht unerheblichen Verfahrenskostenrisiko verbunden wäre. Weiterhin kann Ihr Ehegatte den ihm/ihr aus der schuldhaften Verletzung der Mitwirkungspflicht entstehenden Schaden Ihnen gegenüber geltend machen. Zur Vermeidung eines derartigen Schadens ist Ihr Ehegatte nicht gefordert zunächst auf Zustimmung zu klagen, insbesondere, wenn vorab die Vorteile aus dem Realsplitting in die Unterhaltsberechnung eingeflossen sind.

9.

Jedwede Vereinbarung, die den Nachscheidungsunterhalt betrifft und vor Rechtskraft der Scheidung geschlossen wird, bedarf grundsätzlich gem. § 1585c BGB der notariellen Beurkundung. »Private« Vereinbarungen sind daher regelmäßig unwirksam. Das dürfte auch für Vereinbarungen bzgl. des begrenzten Realsplittings gelten.[10]

10.

Wegen der Komplexität der Materie empfehle ich dringend die Hinzuziehung eines/r fachkundigen Steuerberaters/in. Dieses Belehrungsschreiben erhebt nicht den Anspruch auf Vollständigkeit, sondern dient in erster Linie dem Ziel, Sie und auch ggf. Ihre/n Steuerberater/in für die anstehenden Probleme zu sensibilisieren.

..... *[Übliche Grußformel]*

1. Verpflichtung zur Zustimmung. Es besteht grds. eine auf den §§ 1353 Abs. 1 Satz 2, 242 BGB beruhende Verpflichtung, die steuerlichen Lasten des anderen Ehegatten zu mindern, wenn dem eigene schutzwürdige Belange nicht entgegenstehen (BGH, FamRZ 2005, 182). Die Verletzung dieser Mitwirkungsverpflichtung kann **Schadensersatzansprüche** wegen Pflichtverletzung gem. § 280 Abs. 1 BGB begründen. Zur Verjährung und Verwirkung derartiger Ansprüche, vgl. OLG Saarbrücken, FamRZ 2009, 1905 und Rdn. 46, *M. 5*. Eine tabellarische Bestimmung des Realsplittingvorteils bietet FamRB 2013, 165. Rechenbeispiele finden sich bei *Borth*, FamRZ 2010, 416 ff.

2. Individuelle Zustimmungserklärung. Einer individuellen Zustimmungserklärung ist i. d. R. der Vorzug zu geben, weil sie je nach dem subjektiv gewollten Erklärungsinhalt und der Fallgestaltung nicht über einen Veranlagungszeitraum hinaus wirken muss, der Widerruf einer Zustimmung gem. Anlage U dagegen wirksam nur **vor** dem Beginn des jeweiligen Veranlagungszeitraumes, für den die Zustimmung nicht mehr gelten soll, erklärt und dadurch ggf. schon dem Anschein einer Beihilfe zur Steuerhinterziehung gem. § 370 Abs. 1 Nr. 1 AO entgegengetreten werden kann (vgl. BFH, NJW 2002, 2495 und nachfolgend Rdn. 41 f.).

3. Korrespondenzprinzip. Soweit der unterhaltsverpflichtete Ehegatte die Unterhaltsbeträge als Sonderausgaben abzieht, muss der andere Ehegatte diese nach § 22 Nr. 1a EStG als sonstige Einkünfte **versteuern** (vgl. *Schmidt*, § 22 EStG Rn. 56, 90). Dies gilt auch für die vom Unterhaltspflichtigen gezahlten Kosten einer Basiskranken- und Pflegeversicherung sogar dann, wenn dadurch der »eigentlich« geltende Höchstbetrag von 13.805,– € überstiegen wird (vgl. *Borth*, FamRZ 2010, 416).

4. Risiken der Zustimmung. Im Fall der Zustimmung unterliegen nicht nur die Einkünfte des unterhaltsberechtigten Ehegatten der ESt und dem Solidaritätszuschlag (und ggf. der Kirchensteuer), sondern gem. § 22 Nr. 1a EStG auch die bezogenen Unterhaltsleistungen. Übersteigt die Summe dieser Einkünfte »irgendwelche Grenzwerte bei den sozialstaatlichen Transferleistungen« (*Weychardt*, FamRZ 94, 1241) kann dies zu handfesten, die Vorteile bei Weitem übersteigenden Nachteilen führen (vgl. z. B. BGH, NJW 2005, 2223 unter II. 1; *Kogel*, FamRB 2008, 277). Die **beitragsfreie Mitversicherung** in der gesetzlichen Krankenversicherung entfällt, wenn das Gesamteinkommen des Empfängers regelmäßig 1/7 der monatlichen Bezugsgröße nach § 18 Abs. 4 SGB IV übersteigt (vgl. *Engels*, SteuerR Rn. 40; FA-FamR/*Diehl*, Kap. 14 Rn. 298). Auch wenn solche »Grenzüberschreitungen« eher selten festgestellt oder »geahndet« werden, so bleibt doch das Risiko (vgl. hierzu: BSG, FamRZ 1994, 1239). Sollten die Nachteile des begrenzten Realsplittings die Vorteile überwiegen, kann der Unterhaltpflichtige u. U. auf § 33a Abs. 1 Nr. 1 EStG (Außergewöhnliche Belastungen) ausweichen (vgl. *Schmidt*, § 33 Rn. 35 zum Stichwort »Unterhalt«, und § 33a Rn. 4). Ein Anspruch auf Berücksichtigung von »außergewöhnlichen Belastungen in besonderen Fällen« kann auch nicht miteinander verheirateten Paaren zustehen. Denn Unterhaltsleistungen eines Steuerpflichtigen an seine mit ihm in einer Haushaltsgemeinschaft lebenden/e Partner/in sind nach BFH, FamRZ 2010, 902 ohne Berücksichtigung der sog. Opfergrenze als außergewöhnliche Belastung nach § 33a EStG abziehbar, weil die zusammenlebenden Partner eine sozialrechtliche Bedarfsgemeinschaft bilden und daher gemeinsam wirtschaften **müssen**. Wegen der Voraussetzungen i. E. wird auf § 33a Abs. 1 Satz 3–7 EStG, auf BFH, FamRZ 2010, 902 und die steuerrechtliche Fachliteratur (z. B. *Schmidt*, § 33a Rn. 20) verwiesen. Diese Grundsätze gelten entsprechend auch für die steuerliche Behandlung nicht gemeinsamer Kinder einer Patchworkfamilie (vgl. BFH, FamRZ 2010, 902 Rn. 15).

5. Kosten des/r Steuerberaters/in. Ob der/die Unterhaltsberechtigte auf Kosten des/der Unterhaltsverpflichteten zur Feststellung von Nachteilen dem Grunde und/oder der Höhe nach einen/e Steuerberater/in oder sonstige kostenpflichtige Dienstleister hinzuziehen darf, erscheint zweifelhaft und ist nach bisheriger Rechtsprechung nur bei **unabdingbarer Notwendigkeit** zu bejahen, vgl. *Engels* SteuerR Rn. 939 ff. Die Zeitgemäßheit dieser sehr zurückhaltenden Rechtsprechung in Zeiten kompliziertester und komplexester Regelungen der »öffentlichen Transferleistungen« sollte krit. überdacht werden. Wenn erfahrungsgemäß die meisten Rechtsanwälte und Richter schon vor der bloßen Befassung mit den in Betracht kommenden und weit verstreuten Vorschriften (vgl. *Kogel*, FamRB 2008, 279 f.) zurückschrecken, können subtile Kenntnisse von den nicht rechtskundigen Bürgern schon gar nicht erwartet werden.

6. Darlegungslast Unterhaltsberechtigter. Seit BGH, FamRZ 1983, 576 gilt, dass der/die Unterhaltsberechtigte i. E. darlegen muss, ob ihm/ihr **Nachteile** im Fall der Zustimmung zum Realsplitting drohen können, vgl. z. B. OLG Köln, FamRZ 1999, 31. Ob die Rechtsprechung an dieser Darlegungslast auch in Zukunft noch festhalten wird, erscheint indes zweifelhaft, denn BGH, FamRZ 2010, 717 Rn. 10 geht wie selbstverständlich von einem automatisch-gesetzlich entstehenden Anspruch auf Ausgleich sämtlicher – und nicht nur steuerlicher – Nachteile aus, wenn es dort heißt, dass dem/der Unterhaltsberechtigten der gezahlte Unterhalt »im Ergebnis ungeschmälert« verbleiben müsse. Nur dann sei ihm/ihr die Zustimmung zum Realsplitting zumutbar.

7. Sicherheitsleistung. Der/die Unterhaltsberechtigte kann seine/ihre Zustimmung von einer von dem anderen Ehegatten zu erbringenden Sicherheitsleistung abhängig machen, wenn aufgrund **konkreter Anhaltspunkte** zu besorgen ist, dass der/die Unterhaltspflichtige seine/ihre Verpflichtung zum Ausgleich der finanziellen Nachteile bei Eintritt deren Fälligkeit nicht oder nicht rechtzeitig erfüllen werde, ständige Rechtsprechung z. B. BGH, FamRZ 1983, 576, 578; FamRZ 2002, 1024, 1027. Beim Realsplitting haftet nämlich der/die Unterhaltsberechtigte aufgrund der gesamtschuldnerischen Haftung ggü. dem Finanzamt voll – ohne die Beschränkungsmöglichkeiten der §§ 268 ff. AO einsetzen zu können. Hieraus resultiert in Fällen drohender Illiquidität oder bereits in der Vergangenheit gezeigter Zahlungsunwilligkeit des anderen Ehegatten ein berechtigtes Sicherungsinteresse, von dessen Erfüllung die Zustimmung abhängig gemacht werden kann und in geeigneten Fällen auch sollte (vgl. z. B. BGH, NJW 2005, 2223).

8. Kein Zurückbehaltungsrecht. Selbst im Fall der Konnexität, z. B. wegen anderweitiger Unterhaltsschulden, steht dem Unterhaltsberechtigten kein Zurückbehaltungsrecht gegen den Anspruch auf Zustimmung zu, wenn jedenfalls der Unterhalt gezahlt ist, **für den** die Zustimmung begehrt wird (vgl. OLG Oldenburg, FamRZ 2010, 1693; OLG Stuttgart, FamRZ 2001, 1317).

9. Streit über Grund und Höhe der Anerkennungsfähigkeit. Ein Ehegatte ist auch dann zur Abgabe der Zustimmungserklärung verpflichtet, wenn zweifelhaft erscheint, ob von dem anderen Ehegatten steuerlich geltend gemachte Aufwendungen dem Grunde und der Höhe nach überhaupt als Unterhaltsleistungen i. S. d. § 10 Abs. 1 Nr. 1 EStG **anzuerkennen** sind (vgl. BGH, FamRZ 98, 953). Anderenfalls würde dem berechtigten Ehegatten die Chance genommen, vor dem alleine zur Sachentscheidung berufenen Finanzamt bzw. der Finanzgerichtsbarkeit seine Argumentation fachlich überprüfen zu lassen, zumal nur dort der Amtsermittlungsgrundsatz gilt (vgl. BGH, FamRZ 1998, 953).

10. Formbedürftigkeit von Vereinbarungen betreffend den Nachscheidungsunterhalt. Das Verlangen nach Zustimmung zum begrenzten Realsplitting ist unterhaltsrechtlich zu qualifizieren, vgl. BGH, FamRZ 2008, 40 ff. = FuR 2008, 154. Vereinbarungen betreffend die Unterhaltspflicht nach Scheidung bedürfen gem. § 1585c Satz 2 BGB der notariellen Beurkundung. Gem. § 1585c Satz 3 BGB findet § 127a BGB zwar entsprechende Anwendung, aber nur, wenn die Vereinbarung in einem Verfahren der **Ehesache** (vgl. § 121 FamFG) geschlossen wird. Der BGH hat mit Beschluss vom 26.02.2014 (FuR 2014, 358-360) nunmehr entschieden, dass die Form des § 127a BGB bei einer vor Rechtskraft der Ehescheidung geschlossenen Vereinbarung zum nachehelichen Unterhalt auch dann die notarielle Beurkundung ersetzt, wenn die Vereinbarung in einem anderen Verfahren als der Ehesache protokolliert wird. Eine Vereinbarung zum nachehelichen Unterhalt bzw. zum begrenzten Realsplitting kann daher auch in einem Verfahren über den Trennungsunterhalt formwirksam abgeschlossen werden, was bis dahin streitig war (vgl. OLG Oldenburg, FamRZ 2011, 1738; OLG Karlsruhe, FuR 2010, 469).

3. Klärung des beabsichtigten Umfangs des Realsplittings

39   Das Realsplitting kann in vollem Umfang bis zu den gesetzlichen Höchstgrenzen, aber auch betragsmäßig beschränkt geltend gemacht werden. Die beschränkte Geltendmachung kann u. U. deutlich lohnender sein, wenn nämlich anderenfalls die auszugleichenden Nachteile überproportional ansteigen und die Vorteile dadurch nicht nur zunichte gemacht, sondern in handfeste wirtschaftliche

Nachteile umschlagen würden. Der Umfang, in dem das begrenzte Realsplitting in Anspruch genommen werden soll, ist also für beide Beteiligte von erheblicher Bedeutung und zwar wegen der dem auf Zustimmung in Anspruch genommenen Ehegatten obliegenden Darlegungslast (vgl. Rdn. 38, *M. 6*).

Muster: Außergerichtliche Klärung des beabsichtigten Umfangs des Realsplittings

..... *[Anrede, übliche Einleitung]*   40

Unser/e Mandant/in ist grundsätzlich bereit, dem begrenzten Realsplitting zuzustimmen. Ihr/e Mandant/in hat sich bisher lediglich zum steuerlichen Nachteilsausgleich verpflichtet. Die Darlegungslast, **ob** weitere als nur steuerliche Nachteile entstehen können, trägt unser/e Mandant/in. Unser/e Mandant/in hat im Veranlagungszeitraum Ehegattenunterhalt erhalten, deren Höhe Ihrem/r Mandanten/in bekannt ist und ferner im Rahmen einer geringfügigen Beschäftigung Erwerbseinkünfte erzielt, deren Höhe Sie den anliegenden Gehaltsabrechnungen für den hier maßgeblichen Veranlagungszeitraum entnehmen können. Im Falle des begrenzten Realsplittings würden die Unterhaltszahlungen und die Erwerbseinkünfte gem. § 22 Abs. 1 Nr. 1a EStG zusammengerechnet, wodurch sich das anrechenbare Gesamteinkommen unseres/r Mandanten/in erhöht. Dies kann zum Wegfall oder zur Einschränkung öffentlicher Leistungen führen, vgl. BGH NJW 2005, 2223 unter II. 1., oder auch den Verlust der beitragsfreien Mitversicherung in der gesetzlichen Krankenversicherung zur Folge haben, vgl. BSG FamRZ 94, 1239.[1]

Für die Prüfung der Frage, ob unserem/r Mandanten/in weitere als nur steuerliche Nachteile entstehen können, wird es also entscheidend darauf ankommen, in welchem betragsmäßigen Umfang Ihr/e Mandant/in das begrenzte Realsplitting in Anspruch zu nehmen will. Es wird daher um um entsprechende Stellungnahme gebeten. Erst nach deren Zugang können zuverlässige Ermittlungen darüber angestellt werden, ob dem/r Mandanten/in weitere, als nur steuerliche Nachteile drohen, wenn sie dem begrenzten Realsplitting zustimmt. Sollte Ihr/e Mandant/in keine Bereitschaft zur Beantwortung der Frage zeigen, wird unser/e Mandant/in die beanspruchte Zustimmung zum begrenzten Realsplitting nur dann erklären können, wenn sich Ihr/e Mandant/in vorab bereit erklärt, ihm/r sämtliche – also nicht nur die steuerlichen – Nachteile zu ersetzen.[2, 3]

..... *[Übliche Grußformel]*

1. Auskunftsverpflichtung des Berechtigten. Trotz aller evtl. vorhandener persönlichen Zwistigkeiten bestehen nach Treu und Glauben sich wechselseitig bedingende Mitwirkungspflichten bei der Geltendmachung des begrenzten Realsplittings (vgl. OLG Oldenburg, FamRZ 2011, 1226). Steht der/die Unterhaltsverpflichtete vor der Frage, ob und bejahendenfalls in welchem Umfang er/sie vernünftigerweise vom begrenzten Realsplitting Gebrauch machen solle, hängt seine/ihre Entscheidung maßgeblich auch von den Verhältnissen aufseiten des/r Berechtigten ab, weil er/sie den Nachteilsausgleich schuldet. Der/die Unterhaltsberechtigte muss daher die bekannten und voraussehbaren Nachteile so konkret darlegen, dass sich der/die Verpflichtete schlüssig werden kann, ob sich die Inanspruchnahme des Realsplittings lohnt. Dem/r Verpflichteten steht insoweit ein Auskunftsanspruch zu, den er/sie unbedingt wahrnehmen sollte (OLG Köln, FuR 1998, 186; und *Engels*, SteuerR Rn. 945).

2. Beschränkte Geltendmachung des begrenzten Realsplittings. Der Sonderausgabenabzug gem. § 10 Abs. 1 Nr. 1 EStG braucht nicht im vollen Umfang, wie der Unterhalt tatsächlich gezahlt ist, geltend gemacht zu werden. Zulässig ist auch eine, häufig sehr sinnvolle, **betragsmäßige Beschränkung** (vgl. FA-FamR/*Kuckenburg/Perleberg-Kölbel*, Kap. 13 Rn. 263). Dies wird in der Praxis noch viel zu wenig beachtet. So kann bei Meidung anderweitiger Nachteile das Steueroptimum realisiert werden. Schließlich ist darauf hinzuweisen, dass die empfangenen Unterhaltsleistungen auch dann zu versteuern sind, wenn der andere Ehegatte durch das Realsplitting keinen Vorteil erzielt. Die Zustimmung zum begrenzten Realsplitting des/r Unterhaltsempfängers/in kann nachträglich weder zurückgenommen noch betragsmäßig beschränkt werden; sie kann nur mit Wirkung für ein künftiges

Kalenderjahr widerrufen werden. Es sollte daher rechtzeitig dessen Sinnhaftigkeit bedacht werden (BFH, XR 49/07 JurionRS 2009, 36168).

3. Freistellung von steuerlichen Nachteilen bei Neuverheiratung. Beantragt im Fall der Neuverheiratung der/s Unterhaltsberechtigten diese/r mit seinem neuen Ehegatten die steuerliche Zusammenveranlagung gem. §§ 26, 26b EStG, so kann er/sie vom früheren Ehegatten gleichwohl nur Ersatz derjenigen steuerlichen Nachteile verlangen, die ihm/r bei fiktiver Einzelveranlagung gem. § 26a EStG durch die Besteuerung der erhaltenen Unterhaltsbezüge gem. § 22 Nr. 1 EStG entstanden wären. Dies gilt grds. auch dann, wenn die Unterhaltszahlungen nicht zeitgerecht, sondern verspätet, z. B. erst in dem auf die Wiederheirat folgenden Jahr geleistet worden sind (vgl. BGH, FuR 2010, 346 = FamRZ 2010, 717 m. Anm. *Schlünder* und *Geißler* in FamRZ 2010, 801).

4. Individuelle Zustimmungserklärung (statt Anlage »U«) zum Realsplitting an das Finanzamt

41   Wenn die Freistellungserklärung im erforderlichen und vorab zu klärenden Umfang vorliegt, kann eine individuelle Zustimmungserklärung nach folgendem Muster abgegeben werden:

Muster: Individuelle Zustimmungserklärung zum Realsplitting

42   An das Finanzamt

.....[1]

Identifikationsnummer .....[2]

..... *[Anrede, übliche Einleitung]*

Ich stimme nur bzgl. des Veranlagungszeitraumes 2011 dem begrenzten Realsplitting gem. § 10 Abs. 1 Nr. 1 EStG zu. Diese Erklärung gilt entgegen § 10 Abs. 1 Nr. 1 Satz 4 EStG daher ausdrücklich nicht für die Folgejahre. Die Zustimmung wird nur dem Grunde nach erteilt und enthält kein Anerkenntnis, im Veranlagungszeitraum bestimmte Unterhaltsbeträge in bar oder in Natur erhalten zu haben.[3]

..... *[Übliche Grußformel]*

1. Örtliche Zuständigkeit. Die örtliche Zuständigkeit des Finanzamtes ergibt sich aus §§ 17 ff. AO mit zahllosen Regel-Ausnahmevorschriften. Grds. ist das Wohnsitz-Finanzamt gem. § 19 Abs. 1 Satz 1 AO zuständig.

2. Identifikationsnummer. Das Bundeszentralamt für Steuern teilt jedem Steuerpflichtigen, soweit es sich um eine natürliche Person handelt, zum Zwecke der eindeutigen Identifizierung im Besteuerungsverfahren eine einheitliche und dauerhafte Identifikationsnummer zu, die ggü. dem Finanzamt anzugeben ist, § 139a Abs. 1 Satz 1 AO.

3. Steuerliche Anerkennungsfähigkeit von Unterhaltsleistungen. Es muss sich nicht nur um laufende oder einmalige Leistungen handeln. Es können auch **Sachleistungen** berücksichtigt werden. Hierzu zählt z. B. der **Mietwert** einer unentgeltlich überlassenen Wohnung nebst Aufwendungen für Strom, Heizung, Wasser, Abwasser und Müll (*Engels*, SteuerR Rn. 921). Befindet sich die Wohnung im Miteigentum des geschiedenen oder getrennt lebenden Ehepartners, kann der überlassende Ehepartner neben dem Mietwert seines Anteils am Miteigentum auch die von ihm aufgrund der Unterhaltsvereinbarung getragenen verbrauchsunabhängigen Kosten gem. § 556 Abs. 1 BGB, §§ 1, 2 BetrKV für den Miteigentumsanteil des anderen Partners als Sonderausgaben abziehen (BFH, Urt. v. 12.04.2000, BFH/NV 2000, 1286). Als Wertmaßstab dienen die amtlichen Sachbezugswerte (ab 01.01.2012 die 4. VO zur Änderung der SozialversicherungsentgeltVO v. 02.12.2011) bzw. im Fall der Mietwohnung auch der objektive Mietwert (ortsübliche Miete).

Die Entscheidungskompetenz zur Anerkennung der Sachleistungen als Unterhalt i. S. d. § 10 Abs. 1 Satz 1 EStG liegt bei den Finanzämtern bzw. den Finanzgerichten.

5. Antrag auf Zustimmung zum begrenzten Realsplitting gem. § 10 Abs. 1 Nr. 1 EStG

Sollte der auf Zustimmung in Anspruch genommene Ehegatte trotz ausreichender Freistellungs-erklärung von den darauf beruhenden Nachteilen die erforderliche Mitwirkung verweigern, kann ein Antrag auf Zustimmung wie folgt gestellt werden. 43

Muster: Gerichtlicher Antrag auf Zustimmung zum begrenzten Realsplitting

An das Familiengericht[1]   44

.....[2]

In der Familiensache

des Herrn/der Frau ....., wohnhaft ..... in .....

– Antragsteller/in –[3]

Verfahrensbevollmächtigte: RAe .....[4]

gegen

Frau/Herr ....., wohnhaft ....., ...

– Antragsgegner/in –[3]

Verfahrensbevollmächtigte: RAe .....

Verfahrenswert:[5]

Namens und im Auftrage des/r Antragstellers/in überreichen wir anliegend Original einer uns legi-timierenden Vollmacht[6] und beantragen:

Der/ie Antragsgegner/in wird verpflichtet,
1. gegenüber dem Finanzamt ..... zur Identifikationsnummer ..... dem einkommensteuerlichen Sonderausgabenabzug des Ehegattenunterhaltes (i. H. v. ..... €) für den Veranlagungszeitraum ..... zuzustimmen[7, 8, 9, 10] und
2. die Kosten des Verfahrens zu tragen.

Begründung:

Die Beteiligten sind seit dem ..... getrenntlebende Ehegatten. Der/die Antragsteller/in gewährte dem/r Antragsgegner/in im Veranlagungszeitraum ..... Ehegattenunterhalt in einer zwischen den Beteiligten streitigen Höhe. Es wurden neben einem unstreitigen Barunterhalt in Höhe von ..... *[ausführen]* auch Sachleistungen in Höhe von ..... gewährt, in dem ..... *[ausführen]*. Über die An-erkennungsfähigkeit dieser Leistungen als Unterhalt im Sinne des § 10 Abs. 1 Nr. 1 EStG hat alleine das Finanzamt zu entscheiden, vgl. z. B. BGH FamRZ 1998, 953. Der/die Antragsteller/in hat dem/r Antragsgegner/in außergerichtlich zugesichert und wiederholt hiermit vorsorglich diese Erklärung, ihr/ihm alle aus der Inanspruchnahme des begrenzten Realsplittings resultierenden Nachteile zu ersetzen. Er/Sie hat die Zustimmung gleichwohl verweigert, sodass gerichtliche Antragstellung er-forderlich ist.

Das Familiengericht ist zuständig, denn die Zustimmungspflicht ist unmittelbarer Ausfluss des an die Ehe geknüpften gesetzlichen Unterhaltsverhältnisses der Beteiligten und ist somit eine sonstige Familiensache gem. §§ 111 Nr. 10 und 266 FamFG.

(Rechtsanwalt/Rechtsanwältin)

1. Sachliche Zuständigkeit. Die sachliche Zuständigkeit des FamG folgt aus §§ 111 Nr. 10, 112 Nr. 3, 266 Abs. 1 Nr. 2 FamFG. Dabei genügt ein **inhaltlicher** Zusammenhang mit der Trennung oder Scheidung, ein zeitlicher ist nicht erforderlich, (vgl. z. B. KG, FamRZ 2013, 68 f.; OLG Zweibrücken, FamRZ 2012, 1410; OLG Braunschweig, FamRZ 2012, 1816; offengelassen von BGH, FamRZ 2013, 281, 282 m. Anm. *Heiter*; umfangreiche Nachweise zum Diskussionsstand bei *Wever*, FF 2012, 427, 432).

2. Örtliche Zuständigkeit. Die örtliche Zuständigkeit folgt den allgemeinen Regelungen der ZPO, wonach gerichtliche Anträge beim **Wohnsitz-Familiengericht** der Antragsgegnerseite zu stellen sind, §§ 113 Abs. 1 FamFG, 12 f. ZPO, wobei an die Stelle des Wohnsitzes der gewöhnliche Aufenthalt tritt, § 267 Abs. 2 FamFG. Während der Anhängigkeit einer Ehesache ist jedoch ausschließlich das Gericht örtlich zuständig, bei dem die Ehesache im ersten Rechtszug anhängig ist oder war, § 267 Abs. 1 FamFG. Veränderungen des gewöhnlichen Aufenthaltes zwischen Einreichung des Scheidungsantrages und Rechtshängigkeit sind zu beachten, vgl. OLG Saarbrücken FamRZ 2012, 654.

3. Terminologie. Zur Terminologie in FamFG-Verfahren vgl. § 113 Abs. 5 FamFG.

4. Anwaltszwang. Es besteht i. d. R. Anwaltszwang, §§ 114 Abs. 1, 112 Nr. 3, 266 Abs. 1 FamFG. Das Handeln eines/r Rechtsanwaltes/Rechtsanwältin ist **Verfahrenshandlungsvoraussetzung**. Die Beteiligten können im gerichtlichen Verfahren selbst keine Anträge stellen, zurücknehmen, Vergleiche schließen etc. Unbenommen bleibt ihnen der persönliche Abschluss außergerichtlicher Vergleiche ohne die Hinzuziehung von Rechtsanwälten, soweit dem nicht Formvorschriften entgegenstehen, vgl. z. B. §§ 311b Abs. 1, 1410, 1585c Satz 2 BGB. Der im Termin anwaltlich nicht vertretene Beteiligte ist demzufolge säumig mit der Folge, dass auf Antrag gem. §§ 113 Abs. 1 Satz 2 FamFG i. V. m. §§ 330f ZPO Versäumnisbeschluss zu ergehen hat (vgl. *Schulte-Bunert*, FamFG Rn. 459 ff.).

5. Verfahrenswert und Gerichtskosten. Der Verfahrenswert bestimmt die Höhe der Gerichtsgebühren gem. § 3 Abs. 1 FamGKG. Der Verfahrenswert ist mit der Antragstellung gem. § 53 FamGKG anzugeben und bemisst sich nach dem Wert des zugrunde liegenden Geschäfts, § 36 Abs. 1 Satz 1 FamGKG. Anzusetzen ist der Nominalbetrag des erstrebten Vorteils, vgl. FA-FamR/*Keske*, Kap. 17 Rn. 51. Im vorliegenden Verfahren richtet sich der Verfahrenswert nach der Steuerersparnis des/r Antragstellers/in aus dem bezahlten Unterhalt (vgl. OLG München, vom 25.11.1994, OLG-Rp München 1995, 72).

Die Gerichtskosten werden mit der Einreichung des Antrages fällig, § 9 Abs. 1 FamGKG. Die Zustellung der Antragsschrift erfolgt i. d. R. erst nach Zahlung der Gerichtskosten § 14 Abs. 1 FamGKG. In Eilfällen kann bei Vorliegen weiterer Voraussetzungen auf vorherige Zahlung der Gerichtskosten gem. § 15 Nr. 3 FamGKG verzichtet werden. Mit Einreichung des Antrages sind gem. Nr. 1220 VV FamGKG 3,0 Gerichtsgebühren einzuzahlen.

6. Vollmacht. Rechtsanwälte bedürfen als Organe der Rechtspflege keiner schriftlichen Vollmacht, § 11 Satz 3 FamFG. Gleichwohl sollte die Vorlage einer schriftlichen Vollmacht, z. B. aus Gründen der Honorarsicherung u. a., der Regelfall sein.

7. Örtliche Zuständigkeit des Finanzamtes. Die örtliche Zuständigkeit des Finanzamtes ergibt sich aus §§ 17 ff. AO mit zahllosen Regel-Ausnahmevorschriften. Grds. ist das Wohnsitz-Finanzamt gem. § 19 Abs. 1 Satz 1 AO zuständig bzw. bei Einkünften aus nichtselbstständiger Arbeit u. U. das Betriebsstättenfinanzamt gem. § 42 d Abs. 3 Satz 3 EStG, vgl. Klein § 19 Rn. 6.

8. Identifikationsnummer. Das Bundeszentralamt für Steuern teilt jedem Steuerpflichtigen, soweit es sich um eine natürliche Person handelt, zum Zwecke der eindeutigen Identifizierung im Besteuerungsverfahren eine einheitliche und dauerhafte Identifikationsnummer zu, die ggü. dem Finanzamt anzugeben ist, § 139a Abs. 1 Satz 1 AO.

9. Auf einen Veranlagungszeitraum beschränkte Wirkung der Zustimmung. Eine gerichtliche Verpflichtung zur Zustimmung zum begrenzten Realsplitting wirkt aufgrund gesetzlicher Vorschrift nur für den verfahrensgegenständlichen Veranlagungszeitraum, sodass es keines Widerrufes für die Folgejahre bedarf, vgl. § 10 Abs. 1 Nr. 1 Satz 4 EStG.

10. Vollstreckung. Die Vollstreckungsfähigkeit eines antragsgemäß ergangenen Beschlusses auf Zustimmung tritt gem. §§ 120 Abs. 1 und Abs. 2 Satz 1, 116 Abs. 3 Satz 1 FamFG, 894 Satz 2 ZPO mit dem Wirksamwerden des Beschlusses, also mit dessen **Rechtskraft**, ein. Der Nachweis erfolgt durch Erteilung des Rechtskraftvermerkes und im Fall einer von dem Berechtigten Zug um Zug zu erbringenden Freistellungsverpflichtung und/oder Sicherheitsleistung durch Erteilung einer vollstreckbaren Ausfertigung gem. §§ 726, 730, 894 Satz 2 ZPO (BFH, NJW 89, 1504 und Prütting/*Gehrlein*, § 894 Rn. 9). Die Erteilung der vollstreckbaren Ausfertigung dient bei Willenserklärungen also nicht der Vorbereitung der Vollstreckung, sondern **ersetzt diese**. Genügt der Tenor des verpflichtenden Beschlusses nicht dem Bestimmtheitserfordernis des § 253 Abs. 2 Nr. 2 ZPO, kann dieser Umstand der weiteren Vollstreckung und Realisierung des Anspruchs entgegenstehen, weshalb bei der Formulierung solcher gerichtlicher Anträge besondere Vorsicht geboten ist (vgl. BGH, NJW 2011, 3161).

6. Anspruch auf Nachteilsausgleich beim begrenzten Realsplitting

Hat sich der Unterhaltsverpflichtete zum Nachteilsausgleich verpflichtet, erfüllt er den Anspruch bei Fälligkeit jedoch nicht, so kann der Anspruch u. U. auch dann noch geltend gemacht werden, wenn die streitigen Veranlagungszeiträume lange zurückliegen und sich der Antragsgegner ins EU-Ausland abgesetzt hat.   45

Muster: Gerichtliche Geltendmachung des Nachteilsausgleichs beim begrenzten Realsplitting

An das Familiengericht .....[1]   46

..... *[Rubrum wie üblich, Antragsgegner wohnt]*[2]

Verfahrenswert:[3]

beantragen wir:

Der Antragsgegner wird verpflichtet,
1. an die Antragstellerin ..... € nebst Zinsen in Höhe von 5 Prozentpunkten über dem jeweiligen Basiszinssatz seit dem ..... zu bezahlen und
2. die Kosten des Verfahrens zu tragen.

Begründung:

Die Antragstellerin bezieht (oder bezog) vom Antragsgegner Ehegattenunterhalt, und zwar im Kalenderjahr ....., in dem die Beteiligten nicht mehr die Voraussetzungen für eine Ehegattenveranlagung nach § 26 Abs. 1 EStG erfüllten, i. H. v. ..... €. Auf Verlangen des Antragsgegners, der sich schriftlich zum Nachteilsausgleich verpflichtet hat, hat die Antragstellerin für das betroffene Kalenderjahr dem einkommensteuerlichen Sonderausgabenabzug i. H. v. ..... € jährlich zugestimmt. Die Leistung ist der Höhe nach unstreitig. Der Antragsgegner erfuhr dadurch gem. § 10 Abs. 1 Satz 1 EStG eine erhebliche steuerliche Entlastung.

Die Antragstellerin hingegen erlitt finanzielle Nachteile, zu deren Ausgleich der Antragsgegner selbst dann verpflichtet wäre, wenn er sich nicht vorab zur Freistellung verpflichtet hätte. Wegen der Inanspruchnahme des begrenzten Realsplittings durch den Antragsgegner wurden dessen Unterhaltszahlungen an die Antragstellerin ausweislich des in Kopie beigefügten Einkommensteuerbescheides als zusätzliches steuerpflichtiges Einkommen berücksichtigt, was zu einer steuerlichen Belastung oder Mehrbelastung im Umfang des Antrages führte.

Beweis: Einkommensteuerbescheid vom ....., Fotokopie anbei

Die Antragstellerin hat die gegen sie festgesetzten Steuern zwischenzeitlich bezahlt.[4]

Für die Richtigkeit des abgerechneten und auszugleichenden Nachteils der Höhe nach wird vorsorglich Beweis durch Sachverständigengutachten angeboten.

Der Antragsgegner wurde außergerichtlich mit Schriftsatz vom ..... unter Fristsetzung bis zum ..... vergeblich zum Nachteilsausgleich aufgefordert. Der Anspruch auf Nachteilsausgleich ist zeitnah geltend gemacht worden und somit auch nicht verjährt.[5] Da der Antragsgegner nicht bereit ist, den der Antragstellerin aus der Inanspruchnahme entstandenen Nachteil auszugleichen, ist die Einleitung gerichtlicher Schritte geboten.

..... *[Darlegungen zum Verzug wie üblich]*

(Rechtsanwalt/Rechtsanwältin)

1. Sachliche Zuständigkeit. Die sachliche Zuständigkeit des FamG folgt aus §§ 111 Nr. 10, 112 Nr. 3, 266 Abs. 1 Nr. 2 FamFG. Dabei genügt ein **inhaltlicher** Zusammenhang mit der Trennung oder Scheidung, ein zeitlicher ist nicht erforderlich (vgl. z. B. KG, FamRZ 2013, 68 f.; OLG Zweibrücken, FamRZ 2012, 1410; OLG Braunschweig, FamRZ 2012, 1816; offengelassen von BGH, FamRZ 2013, 281, 282 m. Anm. *Heiter*; umfangreiche Nachweise zum Diskussionsstand bei *Wever*, FF 2012, 427, 432).

2. Örtliche Zuständigkeit. Die örtliche Zuständigkeit folgt den allgemeinen Regelungen der ZPO, wonach gerichtliche Anträge beim **Wohnsitz-Familiengericht** der Antragsgegnerin zu stellen sind, §§ 113 Abs. 1 FamFG, 12 f. ZPO, wobei an die Stelle des Wohnsitzes der gewöhnliche Aufenthalt tritt, § 267 Abs. 2 FamFG. Während der Anhängigkeit einer Ehesache ist jedoch ausschließlich das Gericht örtlich zuständig, bei dem die Ehesache im ersten Rechtszug anhängig ist oder war, § 267 Abs. 1 FamFG. Veränderungen des gewöhnlichen Aufenthaltes zwischen Einreichung des Scheidungsantrages und Rechtshängigkeit sind zu beachten (vgl. OLG Saarbrücken, FamRZ 2012, 654).

3. Verfahrenswert. Der Verfahrenswert ergibt sich aus der bezifferten Geldforderung = Nachteil bei ESt/SolZ/KiSt u. a.

4. Schadensersatzanspruch und dessen Erfüllung. Wenn die festgesetzte Steuer bezahlt ist, besteht ein Anspruch auf Zahlung, anderenfalls lediglich ein solcher auf **Freistellung** (vgl. z. B. OLG Oldenburg, FamRZ 2009, 1238). Die Vollstreckung eines Freistellungstitels richtet sich nach § 887 ZPO vgl. Prütting/Gehrlein § 887 Rn. 4.

5. Aufrechnung, Verwirkung und Verjährung.

Mit den aus dem Realsplitting erwachsenden Nachteilen darf **nicht aufgerechnet** werden (BGH, FamRZ 1997, 544).

Für den Ausgleich der finanziellen Nachteile gilt die Jahresfrist des § 1585b Abs. 3 BGB nicht, auch nicht analog (BGH, FamRZ 2005, 1162). Im Einzelfall kann es lediglich zu einer **Verwirkung** der Forderung nach § 242 BGB kommen, wenn sie über einen zu langen Zeitraum nicht geltend gemacht wurde und der Schuldner nach den Umständen des Einzelfalles davon ausgehen konnte, dass keine Nachteile entstanden sind.

Die 3-jährige **Verjährungsfrist** des § 195 BGB beginnt gem. § 199 Abs. 1 BGB mit dem Schluss des Jahres, in dem der Anspruch entstanden ist (sog. Silvesterverjährung), jedoch frühestens mit Rechtskraft des Scheidungsbeschlusses gem. § 207 Satz 1 BGB, und der Gläubiger von den den Anspruch begründenden Umständen Kenntnis erlangt oder ohne grobe Fahrlässigkeit erlangt haben müsste. Dieser Zeitpunkt ist i. d. R. mit dem **Zugang des Steuerbescheides** gleichzusetzen (vgl. BGH, FamRZ 2005, 1162; OLG Saarbrücken, FamRZ 2009, 1905).

7. Kosten des Nachteilsausgleichs als steuerrelevante Unterhaltszahlung beim begrenzten Realsplitting

Der Unterhaltsverpflichtete muss sich regelmäßig verpflichten, dem Berechtigten mindestens die steuerlichen Nachteile seiner Zustimmung zum begrenzten Realsplitting zu ersetzen. Zahlt er diese Kosten als Nachteilsausgleich, sind diese ihrerseits steuerlich als Unterhalt zu qualifizieren und unterliegen erneut dem Sonderausgabenabzug des § 10 Abs. 1 Nr. 1 EStG. Das Finanzamt beteiligt sich also am Nachteilsausgleich.

47

Muster: Hinweis an Mandanten: Nachteilsausgleich gilt als Unterhalt beim begrenzten Realsplitting

..... *[Anrede, übliche Einleitung]*

48

Sie werden Ihrer Ehefrau die Nachteile erstatten müssen, die diese durch die Teilnahme am begrenzten Realsplitting erleiden wird. Wenn Sie diese Nachteile bezahlt haben, gelten – steuerrechtlich – diese Zahlungen bis zur Obergrenze von 13.805,00 € p. a. zzgl. der Kosten für die Basiskranken- und Pflegeversicherung ebenfalls als Unterhalt. Wegen dieses Nachteilsausgleichs können Sie also einen weitergehenden Sonderausgabenabzug vornehmen und sollten das Finanzamt hierauf auch vorsorglich mit der Steuererklärung und unter Überreichung der erforderlichen Unterlagen hinweisen.[1, 2]

..... *[Übliche Grußformel]*

1. Obergrenze des Sonderausgabenabzugs. Die Obergrenze von 13.805,00 € gilt auch bei Einmalzahlungen, mit denen u. U. weit in die Zukunft reichende Unterhaltsansprüche pauschal – aber steuerungünstig – abgefunden werden sollen (vgl. BFH, FuR 2008, 605). In diesen Fällen bietet sich alternativ eine auf mehrere Jahre gestreckte und zugunsten des Berechtigten gesicherte und verzinsliche Regelung an. Auf einer solchen Vereinbarung beruhende spätere Zahlungen können dem Realsplitting auch in den Folgejahren wegen des Zahlungsprinzips unterworfen werden. Danach kommt es grds. nicht darauf an, für welchen Zeitraum gezahlt wurde, sondern **in welchem Zeitraum** (vgl. *Schmidt*, § 10 EStG Rn. 55, daher »In-Prinzip« genannt, vgl. BGH, FamRZ 2008, 968 und FA-FamR/*Kuckenburg/Perleberg-Kölbel*, Kap. 13 Rn. 240). Die von einem Unterhaltspflichtigen gezahlten Beträge zu einer Basiskranken- und Pflegeversicherung des Unterhaltsberechtigten können über den Höchstbetrag von 13.805,00 € hinaus zusätzlich gem. § 10 Abs. 1 Nr. 1 Satz 2 EStG n. F. berücksichtigt werden (vgl. *Borth*, FamRZ 2010, 416 und *Plewka*, NJW 2009, 3410).

2. Nachteilsausgleich als Unterhalt. Die Qualifizierung gezahlten Nachteilsausgleichs als geleisteter Unterhalt ist nicht nur für die Frage der (internationalen) Zuständigkeit bedeutsam (vgl. Rdn. 46, *M. 1*), und das daraus resultierende Aufrechnungsverbot (BGH, FamRZ 1997, 544), sondern auch **steuerlich anerkannt** (vgl. BFH, FuR 2008, 555 nebst dortigem »Praxishinweis«). Das kann leicht übersehen werden. Ein Hinweis an den Mandanten oder die Mandantin, dass der von ihm/ihr gezahlter Nachteilsausgleich zu seinen/ihren Gunsten steuermindernd berücksichtigt werden könne, wird daher regelmäßig dankend angenommen.

C. Allgemeine Handlungs- und Unterlassungspflichten

I. Einleitung

Die Verletzung der höchstpersönlichen Pflicht zur ehelichen Lebensgemeinschaft begründet i. d. R. keine Schadensersatzansprüche. Die Erfüllung dieser Pflicht kann nur durch die auf der freien Entscheidung beruhenden ehelichen Gesinnung gewährleistet werden. Jeder auch nur indirekte staatliche Zwang wäre damit nicht vereinbar. Dies gilt selbst dann, wenn einem Ehegatten dadurch erhebliche Schäden zugefügt werden, z. B. durch die Zahlung von Unterhalt für ein untergeschobenes, bei

49

einem Seitensprung gezeugten nichtehelichen Kindes. Treten neben die bloße Verletzung der ehelichen Treue jedoch weitere schädigende Handlungen hinzu – z. B. das vehemente, aber bewusst wahrheitswidrige Abstreiten eines potenziell weiteren Erzeugers – können diese Schadensersatzansprüche begründen. Die innere Rechtfertigung dieser Rechtsprechung beruht auf der Differenzierung zwischen dem höchstpersönlichen Bereich der Ehegatten einerseits und deren davon zu trennenden rein geschäftsmäßigen Beziehungen andererseits (vgl. BGH, NJW 1988, 2032 = FamRZ 1990, 367).

Die Ehegatten sind einander zur Erteilung von **Auskünften über Vermögensbewegungen**, jedenfalls in groben Zügen verpflichtet (OLG Hamm, FamRZ 2000, 228). Dieser Anspruch geht aber nicht so weit wie der aus § 1379 BGB. Auskunft kann wechselseitig auch über das Einkommen beansprucht werden, soweit es für die Feststellung der Höhe des Familienunterhalts und eines Taschengeldes erforderlich ist (BGH, FamRZ 2011, 21). Dabei wird allerdings nicht die Vorlage von Belegen oder die eidesstattliche Versicherung der Richtigkeit der Auskunft verlangt, weil eine solche Kontrollmöglichkeit mit dem in der Ehe herrschenden Vertrauen nicht zu vereinbaren wäre (BGH, FamRZ 2011, 21,23).

II. Anspruch auf Übertragung des Schadensfreiheitsrabattes

50   Eheleute haben häufig zwei Autos, weil sie zur Ausübung ihrer Berufe oder zur Betreuung und Versorgung der Kinder auf zwei Wagen angewiesen sind. Regelmäßig ordnen die Eheleute die Fahrzeuge dann jeweils einem von ihnen zu, der den Wagen als »sein Auto« ausschließlich oder überwiegend nutzt. Gleichzeitig wird der Zweitwagen aber nicht selten auf den Namen des Ehegatten zugelassen und versichert, der schon Halter des ersten Fahrzeugs ist, weil die Eheleute dadurch günstige Versicherungskonditionen für den Zweitwagen erhalten oder ein Ehegatte als Hauptverdiener beide Wagen finanziert. Im Fall der Trennung oder Scheidung stellt sich dann die Frage, ob und unter welchen Voraussetzungen der Ehepartner, dessen Wagen auf den Namen des anderen versichert war, die Übertragung des in der Ehezeit erfahrenen Schadenfreiheitsrabatts verlangen kann, wenn er das Fahrzeug im eigenen Namen weiterversichert (vgl. *Breuers*, FuR 2012, 462).

51   Grundsätzlich besteht nach dem Scheitern der Ehe ein Anspruch auf **Übertragung des Schadensfreiheitsrabattes** nach § 1353 Abs. 1 Satz 2 BGB aus dem Gesichtspunkt der nachwirkenden ehelichen Solidarität für das ganz oder überwiegend von einem Ehegatten genutzte Fahrzeug, wenn dieses nur aus formalen Gründen und wegen der Möglichkeit der kostengünstigeren Versicherung auf den Namen des den Wagen tatsächlich nicht oder nur untergeordnet nutzenden Ehegatten versichert war (FAKomm-FamR/*Weinreich* § 1353 BGB Rn. 191).

52   Nach erfolgloser außergerichtlicher Aufforderung mit üblichem Anschreiben kann der Anspruch wie folgt gerichtlich geltend gemacht werden:

Muster: Gerichtliche Geltendmachung eines Anspruchs auf Übertragung des Schadensfreiheitsrabattes

53   An das

Familiengericht[1]

.....**In der Familiensache**

der Frau ....., wohnhaft ..... in .....

– Antragstellerin –[3]

Verfahrensbevollmächtigte: RAe .....[4]

gegen

Herrn ....., wohnhaft ....., ...

– Antragsgegner –

Verfahrensbevollmächtigte: RAe .....

Verfahrenswert:[5]

Namens und im Auftrage der Antragstellerin überreichen wir anliegend Original [6] einer uns legitimierenden Vollmacht und beantragen:

Der Antragsgegner wird verpflichtet,

1. der Übertragung des Schadensfreiheitsrabattes seiner bei der ..... Versicherungs AG zu Versicherungs-Nr. ..... bzgl. des Pkw mit dem amtlichen Kennzeichen ..... geführten Haftpflichtversicherung auf die Antragstellerin zuzustimmen[7] und
2. die Kosten des Verfahrens zu tragen.

Begründung:

Die Beteiligten sind getrenntlebende Eheleute. Seit der Anschaffung des im Antrag genannten Pkw hat die Antragstellerin diesen als Zweitwagen ausschließlich genutzt, von seltenen Fahrten des Antragsgegners abgesehen. Der Haftpflichtversicherungsvertrag ist lediglich wegen der geringeren Kosten auf den Namen des Antragsgegners abgeschlossen worden. Die Übertragung des Schadensfreiheitsrabattes auf die Antragstellerin benachteiligt den Antragsgegner nicht, der bzgl. seines »Erstwagens« unangefochten Inhaber des dort erworbenen Schadensfreiheitsrabattes bleiben soll, den er im Übrigen genauso selbst »erfahren« hat, wie die Antragstellerin den ihren. Der Antragsgegner benötigt den Schadensfreiheitsrabatt auch nicht für andere Fahrzeuge.[8]

Die versicherungsvertraglichen Voraussetzungen einer Übertragung liegen gem. anliegendem Schreiben des Versicherers unstreitig vor. Diesem Schreiben des Versicherers lässt sich auch die Höhe des der Antragstellerin drohenden Schadens entnehmen, wenn der Schadensfreiheitsrabatt nicht übertragen werden sollte.

Der Antragsgegner wurde mit außergerichtlichem Schreiben vom ..... unter Fristsetzung bis zum ..... aufgefordert, der Übertragung des von der Antragstellerin mit dem vorgenannten Fahrzeug erfahrenen Schadensfreiheitsrabattes zuzustimmen, was dieser jedoch ablehnt. Es ist daher gerichtliche Antragstellung erforderlich.[9]

(Rechtsanwalt/Rechtsanwältin)

1. Sachliche Zuständigkeit. Die sachliche Zuständigkeit des FamG folgt aus §§ 111 Nr. 10, 112 Nr. 3, 266 Abs. 1 Nr. 2 FamFG.

2. Örtliche Zuständigkeit. Die örtliche Zuständigkeit folgt den allgemeinen Regelungen der ZPO, wonach gerichtliche Anträge beim Wohnsitz-Familiengericht der Antragsgegnerseite zu stellen sind, §§ 113 Abs. 1 FamFG, 12 f. ZPO, wobei an die Stelle des Wohnsitzes der gewöhnliche Aufenthalt tritt, § 267 Abs. 2 FamFG. Während der Anhängigkeit einer Ehesache ist jedoch ausschließlich das Gericht örtlich zuständig, bei dem die Ehesache im ersten Rechtszug anhängig ist oder war, § 267 Abs. 1 FamFG. Veränderungen des gewöhnlichen Aufenthaltes zwischen Einreichung des Scheidungsantrages und Rechtshängigkeit sind zu beachten (vgl. OLG Saarbrücken, FamRZ 2012, 654).

3. Terminologie. Zur zu verwendenden Terminologie in FamFG-Verfahren vgl. § 113 Abs. 5 FamFG.

4. Anwaltszwang. Es besteht i. d. R. Anwaltszwang, §§ 114 Abs. 1, 112 Nr. 3, 266 Abs. 1 FamFG. Das Handeln eines Rechtsanwaltes/einer Rechtsanwältin ist **Verfahrenshandlungsvoraussetzung.** Die Beteiligten können im gerichtlichen Verfahren selbst keine Anträge stellen, zurücknehmen, Vergleiche schließen etc. Unbenommen bleibt ihnen der persönliche Abschluss außergerichtlicher Vergleiche ohne die Hinzuziehung von Rechtsanwälten, soweit dem nicht Formvorschriften entgegenstehen, vgl. z. B. §§ 311b Abs. 1, 1410, 1585c Satz 2 BGB. Der im Termin anwaltlich nicht vertretene Beteiligte ist demzufolge säumig mit der Folge, dass auf Antrag gem. §§ 113 Abs. 1 Satz 2 FamFG i. V. m. §§ 330f ZPO Versäumnisbeschluss zu ergehen hat (vgl. *Schulte-Bunert*, FamFG Rn. 459 ff.).

5. Verfahrenswert und Gerichtskosten. Der Verfahrenswert bestimmt die Höhe der Gerichtsgebühren gem. § 3 Abs. 1 FamGKG. Der Verfahrenswert ist mit der Antragstellung gem. § 53 FamGKG anzugeben und bemisst sich nach dem Wert des zugrunde liegenden Geschäfts, § 36 Abs. 1 Satz 1 FamGKG. Zum Nachweis des drohenden Schadens und damit auch des Wertes des zugrunde liegenden Geschäfts kann auf ein beizufügendes Schreiben des Versicherers verwiesen werden.

Die Gerichtskosten sind mit der Einreichung des Antrages fällig, § 9 Abs. 1 FamGKG. Deshalb soll die Zustellung erst nach Zahlung erfolgen, § 14 Abs. 1 FamGKG. In **Eilfällen** kann bei Vorliegen weiterer Voraussetzungen auf vorherige Zahlung der Gerichtskosten gem. § 15 Nr. 3 FamGKG verzichtet werden. Mit Einreichung des Antrages sind gem. Nr. 1220 VV FamGKG 3,0 Gerichtsgebühren einzuzahlen.

6. Vollmacht. Rechtsanwälte bedürfen als Organe der Rechtspflege keiner schriftlichen Vollmacht, § 11 Satz 3 FamFG. Gleichwohl sollte die Vorlage einer schriftlichen Vollmacht, z. B. aus Gründen der Honorarsicherung u. a., der Regelfall sein.

7. Vollstreckung. Die Vollstreckung eines antragsgemäß ergangenen Beschlusses auf Zustimmung erfolgt gem. §§ 120 Abs. 1, 116 Abs. 3 Satz 1 FamFG, 894 Satz 2 ZPO mit dem Wirksamwerden des Beschlusses, also mit Eintritt der **Rechtskraft**. Der Nachweis erfolgt durch Erteilung des Rechtskraftvermerkes. Die Erteilung der vollstreckbaren Ausfertigung dient bei Willenserklärungen also nicht der Vorbereitung der Vollstreckung, sondern **ersetzt diese.**

8. Familienrechtliche Anspruchsgrundlage. Anspruchsvoraussetzung ist teilweise nach der Rechtsprechung (vgl. z. B. OLG Hamm, FamRB 2011, 361) gem. § 1353 Abs. 1 Satz 2 BGB die **ausschließliche** Nutzung durch den Anspruch stellenden Ehegatten sein. Dies erscheint zweifelhaft, weil versicherungsrechtlich gem. I. 6. 1. 3. AKB die »überwiegende« Nutzung genügt und nicht einzusehen ist, dass familienrechtlich höhere Anforderungen gestellt werden (so auch LG Freiburg, FamRZ 91, 1447; *Wever*, FamRZ 2012, 425). Die allgemeinen Bedingungen für die Kfz-Versicherung (AKB 2008) – GDV-Musterbedingungen – sind bei Prölss/Martin VVG unter »Teil III.H. Kraftfahrtversicherung« abgedruckt und kommentiert. Der familienrechtliche Anspruch steht aber unter dem Vorbehalt, dass der in Anspruch genommene Ehegatte keinen Nachteil durch die Übertragung des Schadensfreiheitsrabatts erleidet bzw. dass ihm dieser ansonsten ausgeglichen wird (OLG Hamm, NJW-RR 2011, 1227 [OLG Hamm 13.04.2011 - II-8 WF 105/11]; LG Hildesheim, FamRZ 2009, 608; LG Flensburg, FamRZ 2007, 146; LG Freiburg, FamRZ 2007, 146).

9. Versicherungsvertragliche Anspruchsgrundlagen. Diese zu ermitteln und im Detail darzustellen dürfte mitunter überraschend schwierige, aber unverzichtbare, anspruchsbegründende Voraussetzung sein (vgl. *Budde*, FuR 2004, 339; *Großmann*, FamRB 2012, 223). Die Vorlage eines Schreibens des Versicherers, dass die versicherungsvertraglichen Voraussetzungen für die Übertragung des Schadensfreiheitsrabattes vorliegen, dürfte den meisten Familienrichtern ausreichen. Andernfalls sind die zwischen dem Antragsgegner und dem Versicherer konkret vereinbarten AKB zu beschaffen und die unter I.6.1 der AKB dargestellten tatbestandlichen Voraussetzungen i. E. und unter Beweisantritt vorzutragen.

III. Schadensersatz wegen unberechtigter Kontenplünderung

54   Im Zuge der Trennung von Ehegatten geschieht es häufig, dass ein Ehegatte kurz vor oder sofort nach der Trennung vom gemeinsamen Konto oder vom Konto des anderen Ehegatten, für das er Vollmacht besitzt, größere Beträge abhebt oder das Konto insgesamt »plündert«, um sich z. B. für seine weitere Zukunft mit Geld zu versorgen. Insoweit stellt sich die Frage nach Ausgleichs- oder Schadensersatzansprüchen, wenn die Abhebungen unrechtmäßig erfolgt sind. Entscheidende Bedeutung sowohl für die Frage, wem das Guthaben zusteht als auch für die Frage nach möglichen Ausgleichs- und Schadensersatzansprüchen kommt dabei zunächst der Art der Konten zu. Bei Bankkonten von Ehegatten kann es sich entweder um Einzelkonten oder um Gemeinschaftskonten handeln.

1. Einzelkonten:

Kontoinhaber ist jeweils nur einer der Eheleute, nämlich derjenige, der das Konto für sich eingerichtet hat. Hat der Kontoinhaber dem anderen Ehegatten eine **Vollmacht** erteilt, über das Kontenguthaben zu verfügen, so verlieren die internen zwischen den Eheleuten getroffenen Abreden ihre Wirkung, sobald die Eheleute getrennt leben (BGH, FamRZ 1988, 476, 478). Von diesem Zeitpunkt ab dürfen Eheleute somit regelmäßig nicht mehr über das Konto des anderen Ehegatten verfügen. Gemäß § 170 BGB verliert die gegenüber der kontoführenden Bank erteilte Vollmacht ihre Wirksamkeit im **Außenverhältnis** erst nach einem **förmlichen Widerruf**, weshalb der Ehegatte zwar mit der Trennung in der Regel im **Innenverhältnis** seine Berechtigung zur Verfügung über das Konto verliert, im **Außenverhältnis** aber weiterhin zu Verfügungen in der Lage bleibt. Verfügt er sodann unter Ausnutzung dieser förmlichen Rechtsposition, so kommen Schadensersatzansprüche des Kontoinhabers gegen den Ehegatten aus §§ 823 Abs. 2 BGB in Verbindung mit § 266 StGB oder auch aus § 687 Abs. 2 BGB wegen angemaßter Geschäftsführung in Betracht (BGH, FamRZ 1988, 476, 478). Das gilt allerdings nicht uneingeschränkt. Das etwaige Erlöschen der Vollmacht richtet sich stets nach dem **mutmaßlichen Willen des Kontoinhabers** (BGH, FamRZ 1989, 834). So können maßvolle Abhebungen zum Zweck der **Befriedigung des Unterhaltsbedarfs** der Restfamilie vom Konto des anderen Ehegatten auch nach der Trennung noch von der einmal eingeräumten Verfügungsbefugnis gedeckt sein. Im Übrigen kann unter Umständen auch an einem Einzelkonten eines Ehegatten eine Bruchteilsberechtigung des anderen angenommen werden (vgl. hierzu BGH, FamRZ 2002, 1696).

55

2. Gemeinschaftskonten:

Bei einem Gemeinschaftskonto wird zwischen einem »**Oder-Konto**« und einem »**Und-Konto**«, bei dem stets nur beide Eheleute gemeinsam (!) verfügen können, unterschieden. Die Inhaber eines sogenannten »Oder-Kontos« sind **Gesamtgläubiger** im Sinne des § 428 BGB (BGHZ 95, 187; 93, 320). Beide Ehegatten besitzen damit ein eigenes Forderungsrecht gegenüber der Bank. Allerdings kann die Bank nicht, wie es § 428 BGB vorsieht, nach ihrem Belieben an jeden der Kontoinhaber leisten, sondern sie hat exakt an den Kontoinhaber zu leisten, der zuerst ein Zahlungsverlangen erhebt (Priorität).

56

Daraus folgt, dass regelmäßig jeder Ehegatte nach § 430 BGB je zur Hälfte berechtigt ist, sofern nicht etwas anderes bestimmt ist. Diese andere Bestimmung folgt nicht schon daraus, dass nur ein Ehegatte über ein Einkommen verfügt; im Verhältnis zwischen den Eheleuten verbleibt es auch nach der Trennung regelmäßig beim **Grundsatz der Halbteilung** (BGH, NJW 2000, 2347). Das gilt insbesondere dann, wenn die Eheleute **Gütertrennung** vereinbart hatten, weil die Einrichtung des »Oder Kontos« vielfach den Zweck hat, den Ehegatten ohne eigenes Einkommen an den Ergebnissen der gemeinsamen Arbeit, die ihm über einen Zugewinnausgleich nicht zugekommen ist, zu beteiligen (BGH, NJW 1990, 705). Wer mehr als die Hälfte des Guthabens auf dem gemeinsamen Konto für sich beansprucht, muss **darlegen** und **beweisen**, dass etwas anderes als der Grundsatz des § 430 BGB bestimmt ist. Allein der Umstand, dass während des Zusammenlebens nur einer der Ehegatten Verfügungen über das Kontoguthaben getroffen hat, begründet noch nicht die Annahme einer vom Grundsatz abweichenden Vereinbarung (OLG Brandenburg, FamRZ 2008, 2036). Als **Folge der Trennung** besteht aber das **besondere Vertrauensverhältnis**, das Grundlage für die Errichtung des Gemeinschaftskontos war, nicht mehr, sodass die **Geschäftsgrundlage** für ausdrückliche oder stillschweigende Vereinbarungen über das Innenverhältnis weggefallen ist (BGH, FamRZ 1990, 370). Vereinnahmt daher ein Ehegatte im Zuge der Trennung Kontoguthaben abredewidrig für sich, hat der andere Ehegatte aus § 749 BGB folgend einen Anspruch auf hälftige Auszahlung der vereinnahmten Gelder (OLG Naumburg, FamRZ 2007, 1105). Demgegenüber besteht wegen Abhebungen **während intakter Ehe** ein Ausgleichsanspruch regelmäßig nicht, weil insoweit davon auszugehen sein wird, dass die Eheleute wechselseitig konkludent auf Ausgleichsansprüche verzichtet haben. Dieser **Verzicht** erfasst jedoch nicht solche Verfügungen, die **missbräuchlich** und

57

eigennützig erfolgen und nicht mit dem **Zweck des Kontos** zu vereinbaren sind oder **unmittelbar vor der Trennung** erfolgen und deren Finanzierung dienen soll.

58 Der Grundsatz der Halbteilung gilt unabhängig davon, welcher der Ehegatten in welchem Umfang während der Ehe Einzahlungen auf das gemeinsame Konto geleistet hat. Das gilt nicht nur für **Haushaltskonten**, sondern auch für solche Konten, die reine **Geschäftskonten** sind (BGH, NJW 1990, 705). Unerheblich ist auch, aus welchen **Gründen** das Gemeinschaftskonto errichtet worden ist.

59 Geht das Guthaben allerdings erst **nach der Trennung** auf dem Oder-Konto ein, so kann angenommen werden, dass es dem Ehegatten zustehen soll, von dessen Schuldner es stammt. Für die nach der Trennung auf einem Oder-Konto der Eheleute eingehenden Zahlungseingänge wie Gehaltszahlungen, Vermögenserträge oder Steuererstattungen liegt mithin eine anderweitige Bestimmung i. S. d. § 430 BGB nahe.

3. Muster: Gerichtliche Geltendmachung eines Schadensersatzanspruches wegen unberechtigter Kontenplünderung

60 An das

Familiengericht[1]

.....[2]

Antrag eines Ausgleichs wegen unberechtigter Kontenverfügungen

des Herrn ....., wohnhaft ..... in .....

– Antragsteller –[3]

Verfahrensbevollmächtigte: .....[4]

gegen

Frau ....., wohnhaft ..... in .....

– Antragsgegnerin –

Verfahrensbevollmächtigte: .....

Verfahrenswert:[5]

Namens und im Auftrage des Antragstellers überreichen wir anliegend Original einer uns legitimierenden Vollmacht[6], und beantragen:

Die Antragsgegnerin wird verpflichtet,
1. an den Antragsteller ..... € nebst 5% Punkten über dem Basiszinsatz seit Rechtshängigkeit zu zahlen, sowie
2. die Kosten des Verfahrens zu tragen.

Begründung:

Die Beteiligten des Verfahrens sind seit dem ..... getrenntlebende und im Güterstand der Zugewinngemeinschaft lebende Eheleute. Aus der Ehe der Beteiligten sind zwei Kinder hervorgegangen, nämlich ....., geb. am ....., und ....., geb. am ...... Das Scheidungsverfahren ist beim erkennenden Gericht unter dem Aktenzeichen rechtshängig.

Die Zuständigkeit des Familiengerichts ..... ergibt sich daher aus § 267 Abs. 1 FamFG.

Der Antragsteller macht mit dem vorliegenden Antrag einen Ausgleichsanspruch[7] geltend, weil die Antragsgegnerin unberechtigt Abhebungen vom Girokonto bei der ..... (Bank) getätigt hat. Nach der Trennung der Beteiligten hat die Antragsgegnerin am ..... das gesamte Kontoguthaben in Höhe von ..... € von diesem Konto, dessen Inhaber allein der Antragsteller war, abgehoben.

Beweis[8]: Schreiben der Bank vom ....., Fotokopie anbei.

Der Antragsteller hat die Antragsgegnerin mit außergerichtlichem Schreiben vom ..... unter Fristsetzung bis zum ..... aufgefordert, den unberechtigt abgehobenen Betrag in Höhe von ..... zu erstatten.

Beweis: Schreiben vom ....., Fotokopie anbei.

Die Antragsgegnerin war nach der Trennung der Beteiligten nicht mehr berechtigt, ohne Rücksprache mit dem Antragsteller über dessen Konto zu verfügen. Dennoch ist sie nicht bereit, den abgehobenen Betrag an den Antragsteller zu erstatten, sodass die Einleitung gerichtlicher Schritte geboten ist.

Rechtsanwalt/Rechtsanwältin

1. Sachliche Zuständigkeit. Streitigkeiten aus der Gesamtgläubigerschaft sind nicht dem ehelichen Güterrecht zuzuordnen, sodass sie keine Güterrechtssachen i. S. d. § 261 FamFG sind. Es handelt sich um sonstige Familiensachen i. S. d. § 266 FamFG, für die **die Zuständigkeit der Familiengerichte** gegeben ist.

2. Örtliche Zuständigkeit. s. Ausführungen unter Rdn. 53, *M. 2*

3. Terminologie. s. Ausführungen unter Rdn. 53, *M. 3*

4. Anwaltszwang. s. Ausführungen unter Rdn. 53, *M. 4*

5. Verfahrenswert und Gerichtskosten. s. Ausführungen unter Rdn. 53, *M. 5*

6. Vollmacht. s. Ausführungen unter Rdn. 53, *M. 6*

7. Anspruchsgrundlage. Ehewidrige Kontoverfügungen des bevollmächtigten Ehegatten begründen grds. Ausgleichs- und Schadensersatzrechte. Der bevollmächtigte Ehegatte hat zum einen den zweckwidrig abgehobenen Betrag auszugleichen, zum anderen aber auch insoweit Schadensersatz zu leisten. Die vertragliche Pflichtverletzung betreffend das Innenverhältnis (Auftragsrecht, §§ 662 ff. BGB) begründet zunächst einen Schadensersatzanspruch nach § 280 Abs. 1 BGB. Deliktischer Schadensersatz ist ebenfalls möglich, und zwar nach § 823 Abs. 2 BGB i. V. m. § 266 Abs. 1 StGB bzw. § 826 BGB. Ergänzend zu diesen Schadensersatzansprüchen können auch Bereicherungsansprüche nach §§ 812 ff. BGB eingreifen sowie auch Herausgabeansprüche wegen angemaßter Eigengeschäftsführung nach §§ 687 Abs. 2, 681 Satz 2, 667 BGB.

▶ **Hinweis zur Taktik:**

> Oftmals scheitert die faktische Realisierung des o. a. Schadensersatzanspruchs an der Unterhaltsbedürftigkeit des ersatzpflichtigen Ehegatten. Daher ist es sinnvoll, dass die entnommenen Beträge auf den Unterhaltsbedarf angerechnet werden, sodass sich eine isolierte Verfolgung von Ausgleichs- bzw. Schadensersatzansprüchen erübrigt. Soweit es um Schadensersatz geht, mindert ein eventueller Guthabenanspruch des über das Konto Verfügenden allerdings den Schaden des anderen; i. Ü. kann **mit** einem solchen Anspruch (übrigens auch einem Unterhaltsanspruch) aufgerechnet werden (OLG Düsseldorf, FamRZ 1992, 439, 440). **Gegen** Unterhaltsansprüche kann zwar grds. nicht aufgerechnet werden (§§ 394 BGB, 850b Abs. 1 Nr. 2 ZPO). Allerdings steht dem Aufrechnungsverbot der Einwand der Arglist entgegen, wenn der Unterhaltsgläubiger i. R. d. Unterhaltsverhältnisses eine vorsätzliche unerlaubte Handlung begangen hat (BGH, FamRZ 1993, 1186). Allerdings ist zu beachten, dass dem Unterhaltsberechtigten zum Schutz der Staatskasse das Existenzminimum belassen bleibt.

8. Beweislast. Kontoverfügungen nach der Trennung sind im Zweifel nicht von der im Innenverhältnis der Ehegatten erteilten Befugnis gedeckt. Es genügt daher, wenn der/die Kontoinhaber/in den Beweis führt, dass der andere Ehegatte das Konto nach der Trennung belastet hat.

IV. Anspruch auf Unterlassung der Teilungsversteigerung

61 Wenn außergerichtliche Einigungen hinsichtlich der Nutzung und Verwertung des Familienwohnheims nicht zu erzielen sind, ist die Teilungsversteigerung häufig das letzte Mittel, die Auflösung des gemeinschaftlichen Vermögens zeitnah zu erreichen. Mit der Teilungsversteigerung kann das Familienwohnheim nach § 753 BGB i. V. m. § 180 ZVG zwangsweise auseinandergesetzt werden. **Versteigert wird** in einem solchen Verfahren **das ganze Grundstück**, unabhängig von der Größe des Miteigentumsanteils. Der BGH (FamRZ 2009, 1317 f.) hat dazu entschieden, dass ein **Einzelausgebot** der Miteigentumsanteile bei der Teilungsversteigerung – anders als nach § 63 Abs. 1 Satz 1 ZVG bei der Forderungszwangsversteigerung – nicht zulässig ist. Die Teilungsversteigerung sei auf eine endgültige und vollständige Aufhebung der Gemeinschaft gerichtet und nicht nur auf das Ausscheiden einzelner Miteigentümer unter Fortbestand der Gemeinschaft in anderer personeller Zusammensetzung. Die verfahrensrechtlichen Vorschriften der Teilungsversteigerung bieten relativ wenig Schutz für den Antragsgegner eines Teilungsversteigerungsverfahrens, sodass unter Ehegatten verstärkt auf materiell-rechtliche Vorschriften abgestellt wird. Aus § 1353 Abs. 1 Satz 2 BGB wird bei einer Teilungsversteigerung des Familienwohnheims eine allgemeine Pflicht hergeleitet, bei der Durchsetzung vermögensrechtlicher Ansprüche auf die Belange des anderen Ehegatten Rücksicht zu nehmen (BGH, FamRZ 1962, 295, 296). Deshalb steht **während des Zusammenlebens** der Ehegatten diese Bestimmung einer Teilungsversteigerung regelmäßig entgegen. **Nach der Trennung** ist eine Interessenabwägung geboten, bei der jedoch die Belange des aufhebungswilligen Ehegatten an Gewicht gewinnen. Die Vorschrift kann jedoch eine Aufhebung der Gemeinschaft zur Unzeit verhindern.

62 Wird die Teilungsversteigerung gleichwohl begehrt, kann sich der andere Ehegatte dagegen mit einem Drittwiderspruchsantrag gem. § 771 ZPO wehren, wenn er materiell-rechtliche Einwendungen, z. B. aus §§ 242, 1353 oder 1365 BGB erheben will. Alternativ stehen ihm entweder die unbefristete Vollstreckungserinnerung gem. § 766 ZPO zu, wenn ihm der Antrag auf Anordnung der Teilungsversteigerung vor Erlass des Anordnungsbeschlusses richtigerweise nicht vorab zur Stellungnahme übersandt worden war oder anderenfalls die sofortige Beschwerde gem. § 793 ZPO (vgl. *Stöber*, Zwangsversteigerungsgesetz §§ 95 Rn. 2, 180 Rn. 7.20).

63 Parallel zu einem Hauptsacheantrag sollte i. d. R. in der Frist des § 30b ZVG (14 Tage ab Zustellung des Anordnungsbeschlusses) ein auf § 180 Abs. 2 ZVG gestützter Einstellungsantrag gestellt werden. Danach kann auf die Dauer von längstens 6 Monaten das Verfahren einstweilen eingestellt werden, wenn dies bei Abwägung der widerstreitenden Interessen »angemessen« erscheint. Der Antrag kann nur einmal wiederholt werden. Zur Abwendung einer ernsthaften Gefährdung des Kindeswohls kann ferner die einstweilige Einstellung gem. § 180 Abs. 3 ZVG begehrt werden. Die Einstellungen dürfen gem. § 180 Abs. 4 ZVG 5 Jahre nicht überschreiten.

64 Die Einstellungsmöglichkeiten des § 180 ZVG gewähren von vornherein nur begrenzten Rechtsschutz: Sie leiden nicht nur unter dem Mangel, lediglich befristete Abhilfe schaffen zu können, die zudem nur auf Antrag gewährt wird, mit all den daraus resultierenden Nachteilen bzgl. des Aufwandes, der Kosten und der unsicheren Aussichten. Durch das Anhängigbleiben des Verfahrens wird darüber hinaus eine beträchtliche Drucksituation geschaffen und aufrechterhalten. Ein diese Nachteile vermeidender Aufhebungsantrag ist in Rdn. 66 dargestellt.

1. Muster: PKH-Antrag und Antrag auf Anordnung der Teilungsversteigerung zum Zwecke der Aufhebung der Gemeinschaft

65 An das Amtsgericht

Prozesskostenhilfeantrag und

Antrag auf Anordnung der Teilungsversteigerung zum Zwecke der Aufhebung der Gemeinschaft

der Frau ....., wohnhaft ..... in .....

– Antragstellerin –

Verfahrensbevollmächtigte: RAe .....

gegen

Herrn ....., wohnhaft ..... in .....

– Antragsgegner –

Namens und im Auftrage der Antragstellerin überreichen wir anliegend Original einer uns legitimierenden Vollmacht und beantragen zunächst,

der Antragstellerin unter Beiordnung des/r Unterzeichneten Prozesskostenhilfe zu bewilligen.

Nach Bewilligung der beantragten Prozesskostenhilfe werden wir beantragen, die Teilungsversteigerung des Grundbesitzes verzeichnet im Amtsgericht ..... Bezirk ..... Bl. ..... zum Zwecke der Auseinandersetzung der Gemeinschaft gem. §§ 180 ff. ZVG anzuordnen.

Begründung:

I. Zum PKH-Antrag:

Die Antragstellerin ist bedürftig. Insoweit verweisen wir auf die beiliegende Erklärung der Antragstellerin über deren persönlichen und wirtschaftlichen Verhältnisse nebst Belegen. Der Antrag verspricht Aussicht auf Erfolg und ist nicht mutwillig, da die sogenannte Teilungsversteigerung den einzigen gesetzlichen Weg darstellt, die nicht mehr gewollte Gemeinschaft mit dem untätigen (oder reaktionsunwilligen) Antragsgegner zu beenden.[1]

II. Zur Sache selbst wird Folgendes ausgeführt:

Die Beteiligten sind Miteigentümer zu je $^{1}/_{2}$ des im Antrag genannten Grundstücks.

Beweis: In Fotokopie anliegender Grundbuchauszug.[2]

Eine Teilung des Grundstücks in Natur ist wegen der Bebauung mit einem Wohnhaus offenkundig unmöglich.[3]

Die Beteiligten sind getrenntlebende Eheleute. Das Scheidungsverfahren ist rechtshängig.

Beweis: Beiziehung des Verfahrens zu Az .....

Der Antragsgegner hat bereits erklärt, dass er dem Scheidungsantrag zustimmen werde.

Beweis: Wie vor.

Die Antragstellerin, die im Zuge der güterrechtlichen Auseinandersetzung auch Rechtsgemeinschaften mit dem Antragsgegner beenden will, möchte den im Miteigentum stehenden Grundbesitz veräußern.[4]

Der Antragsgegner ist deshalb außergerichtlich unter Fristsetzung aufgefordert worden, einer freihändigen Veräußerung des Grundbesitzes zuzustimmen. Der Antragsgegner hat hierauf erwartungsgemäß nicht reagiert. Er hüllt sich vielmehr in Schweigen, so dass der Antragstellerin letztlich keine andere gesetzmäßige Alternative zur Verfügung steht, als einen Antrag auf Auseinandersetzung der Gemeinschaft gem. §§ 180 ff. ZVG zu stellen.

Da auch das Teilungsverfahren ein »echtes« Verfahren der Zwangsversteigerung mit allen daraus resultierenden Besonderheiten darstellt, für das gem. § 181 Abs. 1 ZVG lediglich kein vollstreckbarer Titel benötigt wird, ist dem Antragsgegner vorab keine Gelegenheit zur Stellungnahme zu gewähren. Diese kann ggf. im Erinnerungsverfahren nachgeholt werden. Damit wäre auch seinem Anspruch auf Gewährung rechtlichen Gehörs in gesetzlicher Weise Genüge getan. Das PKH-Prüfungsverfahren begründet ebenfalls kein Rechtsverhältnis zum Antragsgegner, sondern nur ein Rechtsverhältnis zwischen Antragstellerin und Gericht. Beide Gesichtspunkte veranlassen also nicht die vorherige Einholung einer Stellungnahme des Antragsgegners.[5]

Ob der Antragsgegner befugt und daran interessiert ist, materiell rechtliche Einwendungen zu erheben, kann und muss von ihm entschieden werden, da er anwaltlich vertreten ist. Amtswegige, präventive Maßnahmen sind daher weder erforderlich noch zulässig.

Dass die Miteigentumsanteile der Beteiligten unterschiedlich belastet sind, nachdem die Antragstellerin wegen der zu ihren Gunsten titulierten Unterhaltsansprüche die Zwangsversteigerung in den $^1/_2$ Miteigentumsanteil des Antragsgegners betreiben musste, ist erst bei der Verteilung des Erlösüberschusses zu beachten und steht daher dem Anordnungsbeschluss nicht entgegen.[6]

(Rechtsanwalt/Rechtsanwältin)

1. Mutwille. Mutwille im prozesskostenhilferechtlichen Sinne darf auch bei hohen dinglichen Belastungen nicht angenommen werden, weil der Wert des Objekts bei Antragstellung und demzufolge vor Einholung des Wertgutachtens noch ungewiss ist, irrationale, emotionelle Erwägungen im Hinblick auf die Erhaltung des Eigenheims zu mitunter erhöhten Geboten führen können (vgl. BGH FamRZ 2011, 967 Rn. 13; Kogel Teilungsversteigerung, S. 39) und die dinglich gesicherten Gläubiger keineswegs auf ihrer vollen Befriedigung bestehen müssen, vgl. LG Gießen FamRZ 2008, 1090 gegen LG Heilbronn, Rechtspfleger 2007, 40, was in der Praxis denn auch häufig zu beobachten ist. Der BGH (BGH FamRZ 2011, 967 Rn. 15 ff) geht erst dann von Mutwillen i. S. d. § 114 ZPO aus, wenn die beabsichtigte Teilungsversteigerung aller Voraussicht nach deshalb fehlschlagen wird, weil sich kein Bieter finden wird, der ein nach §§ 182, 44 ZVG **zulässiges** Gebot abgeben wird, sodass das Verfahren wegen Ergebnislosigkeit aufgehoben werden muss. In jedem Fall gilt, dass Prozesskostenhilfe für die Durchführung einer Teilungsversteigerung grds. nicht insgesamt, sondern nur für einzelne Verfahrensabschnitte und -ziele bewilligt werden kann.

2. Grundbuchauszug. Dieser ist in jedem Fall – i. d. R. auch bei unstreitigen Scheidungen – einzuholen, da auf die Angaben der Beteiligten zum Grundbuchstand regelmäßig kein Verlass ist. Weitergehend gewährt OLG Rostock, FamRZ 2012, 576 jedem getrennt lebenden Ehegatten im Güterstand der Zugewinngemeinschaft einen Anspruch auf Grundbucheinsicht in diejenigen Grundbücher, in denen der andere Ehegatte als Eigentümer eingetragen ist. Davon sollte in der anwaltlichen Alltagspraxis viel mehr Gebrauch gemacht werden.

3. Unteilbarkeit in Natur. Das Erfordernis der Unteilbarkeit in Natur gem. § 753 Abs. 1 Satz 1 BGB liegt regelmäßig vor und ist Zulässigkeitsvoraussetzung des Antrages auf Teilungsversteigerung gem. §§ 180 ff. ZVG. Das Verfahren dient damit der Ersetzung eines unteilbaren durch einen teilbaren Gegenstand, d. h. die Schaffung eines unter den Miteigentümern verteilungsfähigen Erlöses in Geld. Es bereitet die vermögensrechtliche Auseinandersetzung unter den Eigentümern lediglich vor und hat nicht die Funktion, diese Auseinandersetzung zu ersetzen oder vorwegzunehmen (BGH, FamRZ 2009, 1317, Rn. 21).

4. Ausführliche Begründung. Eine solche ist zwar nicht erforderlich, aber prozesskostenhilfetaktisch sinnvoll, um den häufigen, kritischen Rückfragen der Rechtspfleger/in, die erfahrungsgemäß ungern PKH bewilligen, weitgehend den Boden zu entziehen.

5. Kein rechtliches Gehör. Da auch das Teilungsversteigerungsverfahren ein »echtes« Verfahren der Zwangsversteigerung darstellt, ist dem Antragsgegner vorab kein rechtliches Gehör zu gewähren (BGH, NJW 2011, 525). Dies kann ggf. im Erinnerungsverfahren gem. § 766 ZPO nachgeholt werden. Hierin liegt allerdings auch ein Risiko für den/die Antragsteller/in: Wenn vonseiten des/r Antragsgegners/in voraussichtlich mit möglicherweise begründeten Einwendungen zu rechnen ist (vgl. Rdn. 66), sollte wegen des Kostenrisikos der unterlegenen Partei dieser Streit vielleicht besser vor Bewilligung von PKH und Anordnung der Teilungsversteigerung ausgefochten werden. In diesem Fall sollte in der Antragsschrift das Gericht ausdrücklich darum gebeten werden, dem/r Antragsgegner/in vorab rechtliches Gehör zu gewähren.

6. Unterschiedliche Belastung der Miteigentumsanteile. Diese werden erst bei der Erteilung des Erlösüberschusses berücksichtigt (vgl. BGH, FamRZ 2010, 354 m. Anm. *Hintzen* 449).

2. Muster: Verfahrenskostenhilfeantrag und Drittwiderspruchsantrag und Antrag auf einstweilige Einstellung der Teilungsversteigerung

An das   66

Familiengericht[1]

.....[2]

Verfahrenskostenhilfeantrag[3]

und

Drittwiderspruchsantrag[4]

und

Antrag auf einstweilige Einstellung der Teilungsversteigerung[5]

der Frau ....., wohnhaft ..... in .....

– Antragstellerin –[6]

Verfahrensbevollmächtigte: RAe .....[7]

gegen

Herrn ....., wohnhaft ....., ...

– Antragsgegner –

Verfahrensbevollmächtigte: RAe .....

Namens und im Auftrage der Antragstellerin überreichen wir anliegend Original einer uns legitimierenden Vollmacht und beantragen zunächst:

Der Antragstellerin wird Verfahrenskostenhilfe unter Beiordnung von Rechtsanwalt/Rechtsanwältin ..... bewilligt.

Nach Bewilligung der beantragten Verfahrenskostenhilfe beantragen wir:[8, 9]

Der Beschluss des Amtsgerichts ..... vom ..... zu Aktenzeichen ..... wird aufgehoben und der Antrag des Antragsgegners auf Anordnung der Teilungsversteigerung zum Zwecke der Auseinandersetzung der Gemeinschaft gem. §§ 180 ff. ZVG bzgl. des im Grundbuch von ..... Bl. ..... eingetragenen Grundstücks zurückgewiesen.

Unabhängig von der vorherigen Bewilligung von Verfahrenskostenhilfe beantragen wir im Wege der einstweiligen Anordnung ohne vorherige Anhörung des Antragsgegners zu beschließen:

Die Teilungsversteigerung aus dem angefochtenen Beschluss wird einstweilen bis zur Entscheidung in der Hauptsache ohne Sicherheitsleistung eingestellt.

Begründung:

I. Zum VKH-Antrag:

Die Antragstellerin ist bedürftig. Insoweit verweisen wir auf die beiliegende Erklärung der Antragstellerin über deren persönlichen und wirtschaftlichen Verhältnisse nebst Belegen. Die Anträge versprechen Aussicht auf Erfolg und sind nicht mutwillig.

II. Zur Sache selbst:

Die Beteiligten sind seit dem ..... getrenntlebende Eheleute. Sie leben im gesetzlichen Güterstand der Zugewinngemeinschaft und sind Miteigentümer zu je $1/2$ Anteil des im Grundbuch von ..... Bl. ..... verzeichneten Grundbesitzes. Der Antragsgegner hat am ..... einen sog. Teilungsversteigerungsantrag gestellt, dem ohne vorherige Anhörung der Antragstellerin mit dem angefochtenen Beschluss entsprochen wurde. Die Teilungsversteigerung ist unzulässig, weil der Antragstellerin an diesem Grundstück die Versteigerung hindernde Rechte i. S. d. § 771 ZPO wie folgt zustehen:[10]

1.

Der Grundbesitz stellt für beide Beteiligte deren Vermögen im Ganzen oder im Wesentlichen im Sinne des § 1365 BGB dar *[ausführen]*. Die erforderliche Zustimmung wird seitens der Antragstellerin verweigert. Mit einer baldigen Zustimmungsersetzung ist nicht zu rechnen, weil die Teilungsversteigerung nicht den Grundsätzen einer ordnungsgemäßen Verwaltung entspricht, § 1365 Abs. 2 BGB *[vorsorglich ausführen]*.11, 12

2.

Der Antrag verstößt ferner gegen die aus § 1353 Abs. 1 Satz 2 BGB[13] resultierenden Rücksichtnahmepflichten, die dem Versteigerungsantrag vor Scheidung der Ehe entgegenstehen. Aus Sicht der Antragstellerin ist die Ehe keineswegs endgültig gescheitert und eine Versöhnung noch möglich, auch wenn der Antragsgegner Gegenteiliges bekunden sollte ..... *[ausführen]*. Der Grundbesitz muss daher auch für Zwecke einer immer möglichen Versöhnung den Beteiligten vorbehalten bleiben, weil die Ehe gem. Art. 6 Abs. 1 GG unter dem besonderen Schutz der staatlichen Ordnung steht. Den Gerichten obliegen daher Maßnahmen zum Schutz der Aufrechterhaltung der Ehe und des »räumlich-gegenständlichen Bereichs der Ehe«, vgl. in verfahrensrechtlicher Hinsicht z. B. § 127 Abs. 2 und Abs. 3 FamFG.

3.

Der Anordnungsbeschluss ist nach alledem aufzuheben, zumal die bloßen Einstellungsmöglichkeiten gem. § 180 Abs. 2 und 3 ZVG nur unvollständigen und lediglich befristeten Schutz gewähren und die materiell-rechtlichen Einwendungen entsprechend den vorstehenden Darlegungen hierdurch nicht verdrängt werden.[14]

III.

Die einstweilige Einstellung des Teilungsversteigerungsverfahrens ist erforderlich, weil die Antragstellerin anerkanntermaßen wegen der Besonderheiten des Teilungsversteigerungsverfahrens schutzbedürftiger ist. Der Antrag verspricht Aussicht auf Erfolg. Die tatbestandlichen Voraussetzungen zu §§ 1353, 1365 BGB sind durch die anliegende Bankbescheinigung und die beigefügte eidesstattliche Versicherung glaubhaft gemacht. Eine Sicherheitsleistung kann die ebenfalls hoch verschuldete Antragstellerin im Hinblick auf ihre kargen Erwerbseinkünfte und des ergänzenden Bezuges von Leistungen nach SGB II offenkundig und ebenfalls glaubhaft gemacht durch Vorlage des letzten ihr erteilten SGB II-Bescheides nicht erbringen. Dem Antragsgegner ist dem gegenüber ein Zuwarten mit dem ohnehin voreilig gestellten Antrag auf Teilungsversteigerung zumutbar.[15]

Der Antragsgegner hat trotz außergerichtlicher Aufforderung den Antrag nicht zurückgenommen, so- dass gerichtliche Antragstellung erforderlich ist.[16]

(Rechtsanwalt/Rechtsanwältin)

1. Sachliche Zuständigkeit des FamG. Der Drittwiderspruchsantrag ist nach herrschender Ansicht eine Familiensache kraft Verfahrenszusammenhangs (OLG München, FamRZ 2000, 365; OLG Köln, FamRZ 2000, 1167; OLG Hamburg, FamRZ 2000, 1290; *Prütting/Gehrlein*, § 771 Rn. 41).

2. Örtliche Zuständigkeit. Die ausschließliche, örtliche Zuständigkeit folgt der Belegenheit der Immobilie, die von der Vollstreckungsmaßnahme betroffen ist, §§ 113 Abs. 1 Satz 2 FamFG, 802 ZPO (vgl. *Prütting/Gehrlein*, § 771 Rn. 41).

3. Verfahrenskostenhilfe. Vgl. zunächst Rdn. 65, *M. 1.* Die Bewilligung von VKH folgt gem. § 113 Abs. 1 Satz 2 FamFG den allgemeinen ZPO-Regeln der §§ 114 ff. § 78 Abs. 2 FamFG. Der Anwaltszwang (vgl. Rdn. 66, *M. 7*) lässt die Frage der Notwendigkeit der Beiordnung in diesem Verfahren nicht aufkommen, § 121 Abs. 1 und Abs. 2 ZPO.

4. Drittwiderspruchsantrag. Der Antrag gem. § 771 ZPO stellt verfahrensrechtlich dann die richtige Vorgehensweise dar, wenn materiell-rechtliche Einwendungen z. B. gem. §§ 242, 1353 oder 1365 BGB erhoben werden (vgl. BGH, FamRZ 1984, 563). BGH, NJW 2007, 3124 hat seine stattgebende Entscheidung demgegenüber auf eine erstinstanzlich eingelegte und als zulässig angesehene

Erinnerung gestützt. Dies beruhte darauf, dass die Antragstellerin des Rechtsbehelfsverfahrens (= Antragsgegnerin des Teilungsversteigerungsverfahrens) der Antrag auf Anordnung der Teilungsversteigerung richtigerweise (vgl. Rdn. 66, *M. 10*) nicht vorab zur Stellungnahme zugeleitet worden war. Die Antragstellerin holte ihren Anspruch auf Gewährung rechtlichen Gehörs im Erinnerungsverfahren nach. Erst in diesem Verfahrensstadium wurde das (materiell-rechtlich zu qualifizierende) Zustimmungserfordernis bekannt und unstreitig. In diesen Fällen kann die für die Fortsetzung der Teilungsversteigerung erforderliche aber fehlende Zustimmung als (formelles) Verfahrenshindernis mit der Erinnerung erfolgreich angegriffen werden (vgl. z. B. BGH, FamRZ 2009, 1321; AG Hannover, FamRZ 2003, 938; AG Karlsruhe, FamRZ 2008, 1641 – Letzteres auch zur richterlichen Pflicht, vor Ablehnung des Teilungsversteigerungsantrages dem Antragsteller eine Frist zur Beibringung eines Ersetzungsbeschlusses gem. § 1365 Abs. 2 BGB zu setzen).

5. Einstweilige Einstellung der Teilungsversteigerung. Die wesentlichen rechtlichen Grundlagen des Einstellungsantrages sind bereits im vorgenannten Antragsmuster in der Begründung unter III. genannt. Das Gericht hat eine **Ermessensentscheidung** zu treffen. Dabei sind besonders die Interessen der Beteiligten abzuwägen. Hervorzuheben ist, dass sie sich nicht wie in sonstigen Vollstreckungsverfahren als Gläubiger und als (i. d. R. rechtskräftig verurteilter) Schuldner gegenüberstehen, sondern als Gemeinschafter im Eigentum **und** als Eheleute. Sinnvoll ist daher wegen der präjudiziellen Wirkung einer Einstellung ausführlicher Sachvortrag, der gem. §§ 113 Abs. 1 Satz 2 FamFG, 294 ZPO glaubhaft zu machen ist, auch durch Vorlage einer (ausführlichen) eidesstattlichen Versicherung, in der die Nachteile geschildert werden, die mit einer Fortsetzung des Verfahrens verbunden wären.

6. Terminologie. Zur zu verwendenden Terminologie in FamFG-Verfahren vgl. § 113 Abs. 5 FamFG.

7. Anwaltszwang. Es besteht i. d. R. Anwaltszwang, §§ 114 Abs. 1, 112 Nr. 3, 266 Abs. 1 FamFG. Das Handeln eines Rechtsanwaltes/einer Rechtsanwältin ist **Verfahrenshandlungsvoraussetzung.** Die Beteiligten können im gerichtlichen Verfahren selbst keine Anträge stellen, zurücknehmen, Vergleiche schließen etc. Unbenommen bleibt ihnen der persönliche Abschluss außergerichtlicher Vergleiche ohne die Hinzuziehung von Rechtsanwälten, soweit dem nicht Formvorschriften entgegenstehen, vgl. z. B. §§ 311b Abs. 1, 1410, 1585c Satz 2 BGB. Der im Termin anwaltlich nicht vertretene Beteiligte ist demzufolge säumig mit der Folge, dass auf Antrag gem. §§ 113 Abs. 1 Satz 2 FamFG i. V. m. §§ 330f ZPO bei schlüssigem Vortrag Versäumnisbeschluss zu ergehen hat.

8. Vollmacht. Rechtsanwälte bedürfen als Organe der Rechtspflege keiner schriftlichen Vollmacht, § 11 Satz 3 FamFG. Gleichwohl sollte die Vorlage einer schriftlichen Vollmacht, z. B. aus Gründen der Honorarsicherung, der Regelfall sein.

9. Verfahrenswert/Gerichtskosten/Anwaltsgebühren. Wenn Verfahrenskostenhilfe nicht beantragt wird, ist mit der Antragsschrift der mutmaßliche Verfahrenswert eines Drittwiderspruchsantrages im Teilungsversteigerungsverfahren nach § 3 ZPO anzugeben. Dieser ist unter Beachtung der Interessen des/r Antragstellers/in nach freiem Ermessen auf einen Bruchteil des Verkehrswertes, z. B. auf 10 oder 20 % zu schätzen (vgl. BGH, FamRZ 1991, 547; *Prütting/Gehrlein*, § 3 Rn. 250).

Es wird eine 3,0-Gebühr nach Nr 1210 KV erhoben. Es besteht Vorauszahlungspflicht nach § 12 Abs. 1 GKG.

Für die Anwaltschaft entstehen die Gebühren des erstinstanzlichen Verfahrens.

10. Keine vorherige Anhörung. Eine vorherige Anhörung des Schuldners findet in Vollstreckungsverfahren nicht statt (vgl. *Stöber*, ZVG §§ 95 Rn. 2, 180 Rn. 7.20). Rechtliches Gehör kann nachträglich z. B. im Erinnerungsverfahren gewährt werden.

11. Anspruchsgrundlage § 1365 BGB. Diese setzt den gesetzlichen Güterstand der Zugewinngemeinschaft voraus, wie sich aus der Stellung der Vorschrift im Gesetz: »Untertitel 1. Gesetzliches Güterrecht« des BGB ergibt. Enthält die Antragsschrift keine Angaben zum Güterstand, so wird das Bestehen des gesetzlichen Güterstandes **vermutet** (vgl. BGH, NJW 2007, 3124 Rn. 27).

Nach § 1365 Abs. 1 BGB kann sich der im gesetzlichen Güterstand lebende Ehegatte nur mit Einwilligung des anderen Ehegatten verpflichten, über sein Vermögen im Ganzen zu verfügen. Dieses absolute Veräußerungsverbot soll nicht nur relativ den anderen Ehegatten vor einer Gefährdung seines Zugewinnausgleichsanspruchs schützen, sondern ist auch eine Schutzbestimmung im Interesse der Familiengemeinschaft zur Erhaltung der wirtschaftlichen Grundlage der Familie. Wegen dieser Aufgabe wird die Vorschrift weit ausgelegt. Zustimmungsbedürftig ist daher bereits der Antrag auf Teilungsversteigerung (vgl. BGH, FuR 2007, 525), obwohl dieser streng genommen weder eine Verfügung über den Miteigentumsanteil noch eine rechtsgeschäftliche Verpflichtung darstellt, sofern es sich bei dem Miteigentumsanteil um das ganze oder nahezu das ganze Vermögen des/r Antragstellers/in handelt. Nicht das ganze Vermögen ist betroffen, wenn dem Ehegatten bei größerem Vermögen jedenfalls 10 % des Aktivvermögens verbleiben. Näher zu den tatbestandlichen Voraussetzungen der Verfügungsbeschränkung vgl. BGH FamRZ 2012, 116 und PWW/*Weinreich* § 1365 Rn. 5 ff.

12. Ersetzung der verweigerten Zustimmung. Verweigert ein Ehegatte seine Zustimmung zu einem Geschäft i. S. d. § 1365 BGB, kommt eine Ersetzung der verweigerten Zustimmung gem. § 1365 Abs. 2 BGB in Betracht (zu den tatbestandlichen Voraussetzungen der Ersetzung vgl. OLG Köln, FamRZ 2007, 1343 und PWW/*Weinreich*, § 1365 Rn. 19 ff.).

13. Anspruchsgrundlage § 1353 Abs. 1 Satz 2 BGB. Als Anspruchsgrundlage kommen ferner §§ 242, 1353, 1365 BGB in Betracht, um z. B. eine Versteigerung »zur Unzeit« zu verhindern, oder **ehewidrige Drucksituationen** zu beseitigen (vgl. OLG Hamm, FamRB 2011, 271; *Kogel*, Der Familienrechtsberater, Sonderheft Oktober 2008, 7 und *Brudermüller*, FamRZ 1996, 1516, 1520). § 242 BGB kann in ganz besonderen Ausnahmesituationen auch noch nach Rechtskraft der Scheidung einer Teilungsversteigerung entgegenstehen (vgl. OLG Frankfurt am Main, FamRZ 1998, 641 im Fall einer Querschnittslähmung und OLG München, FamRZ 1989, 890).

14. Einstweilige Einstellung nach ZVG. § 180 Abs. 2 und Abs. 3 ZVG, wonach unter den dort i. E. genannten Voraussetzungen binnen 14 Tagen gem. § 30b ZVG eine (befristete) Einstellung des Teilungsversteigerungsverfahrens bewilligt werden kann, gilt nicht als lex specialis zu §§ 1353, 1365 BGB, die als Anspruchsgrundlagen also nicht verdrängt werden (vgl. BGH, NJW 2007, 3124, Rn. 14). Gleichwohl sollten die Einstellungsmöglichkeiten des § 180 ZVG zusätzlich genutzt werden.

15. Einstweilige Anordnung und Glaubhaftmachung. Eine Glaubhaftmachung der tatbestandlichen Voraussetzungen der Einstellungsgründe (und der daraus resultierenden Erfolgsaussicht) ist in einstweiligen Anordnungsverfahren regelmäßig und auch hier erforderlich, § 769 Abs. 1 Satz 3 ZPO. Eine eidesstattliche Versicherung, die lediglich den Schriftsatz des Verfahrensbevollmächtigten in Bezug nimmt und die Richtigkeit der darin enthaltenen Tatsachenbehauptungen versichert, ist allerdings **ungeeignet**, vgl. BGH, NJW 1996, 1682. Erforderlich ist vielmehr eine eidesstattliche Versicherung des Beteiligten, die eine eigene, konkrete Sachdarstellung, also Angaben zum Anordnungsgrund und zum Anordnungsanspruch, enthält, vgl. Rdn. 68.

Die Zulässigkeit einer einstweiligen Anordnung in Familienstreitsachen ergibt sich aus §§ 119 Abs. 1, 112 Nrn. 2 u. 3, 49 ff. FamFG. § 49 Abs. 2 FamFG umschreibt die in Betracht kommenden Anordnungen. Die gerichtlichen Befugnisse reichen erkennbar sehr weit. Die Einleitung eines Hauptsacheverfahrens kann einem Beteiligten auf Antrag eines anderen Beteiligten durch das Gericht aufgegeben werden, § 52 Abs. 1 FamFG.

16. Vollstreckung. Die Wirksamkeit eines stattgebenden Beschlusses tritt mit **Rechtskraft** der Entscheidung ein, vgl. § 116 Abs. 2 u. Abs. 2 FamFG. Die Vollstreckung einer Entscheidung, die antragsgemäß und lediglich dem Text des § 771 ZPO folgend die Zwangsversteigerung für »unzulässig« erklärt, erfolgt durch Vorlage einer vollstreckbaren Ausfertigung an das Vollstreckungsgericht. Dieses wird die Vollstreckungsmaßnahme (nämlich die Anordnung der Teilungsversteigerung) sodann aufheben. Effektiver ist der Weg, von vornherein auch Aufhebung des Anordnungsbeschlusses zu beantragen und Abweisung des Antrages auf Anordnung der Teilungsversteigerung (so z. B. entschieden von BGH, NJW 2007, 3124).

3. Muster: Antrag auf Erlass einer einstweiligen Anordnung auf Eintragung einer Verfügungsbeschränkung im Grundbuch

An das Familiengericht[1]   67

.....[2]

Antrag auf Erlass einer einstweiligen Anordnung

der Frau ....., wohnhaft ..... in .....

– Antragstellerin –[3]

Verfahrensbevollmächtigte: RAe .....[4]

gegen

Herrn ....., wohnhaft ..... in .....

– Antragsgegner –

Verfahrensbevollmächtigte: RAe .....

Wert: .....[4a]

wegen Antrag auf Erlass einer einstweiligen Anordnung auf Eintragung einer Verfügungsbeschränkung im Grundbuch.

Namens und im Auftrage der Antragstellerin überreichen wir anliegend Original einer uns legitimierenden Vollmacht und beantragen im schriftlichen Verfahren ohne vorherige Anhörung des Antragsgegners im Wege der einstweiligen Anordnung Folgendes zu beschließen:[5]

1. In Abt. II des Grundbuches des Amtsgerichts ..... Bezirk ..... Bl. ..... wird eingetragen: Dem Antragsgegner wird untersagt, den Grundbesitz ohne Zustimmung der Antragstellerin zu verkaufen oder zu veräußern.

2. Es wird angeordnet, dass die Vollstreckung der einstweiligen Anordnung vor Zustellung an den Verpflichteten zulässig ist.[6]

Begründung:

Die Beteiligten sind getrenntlebende Eheleute im Güterstand der Zugewinngemeinschaft. Der Antragsgegner ist Alleineigentümer des im Antrag genannten Grundstücks.

Zur Glaubhaftmachung überreichen wir anliegend einen Grundbuchauszug.[7, 8]

Der Grundbesitz stellt sein Vermögen im Ganzen dar. Er verfügt nach Kenntnis der Antragstellerin über kein weiteres nennenswertes Vermögen. Sein Pkw ist bis zur Trennung familiär, nämlich für Einkäufe und gemeinsame Urlaube, genutzt worden und daher als Haushaltssache zu qualifizieren.[9]

Zur Glaubhaftmachung: Anliegende eidesstattliche Versicherung der Antragstellerin

Der Antragsgegner hat einen Makler mit dem Verkauf des Grundstücks beauftragt. Zur Glaubhaftmachung verweisen wir auf die anliegende Zeitungsanzeige des Maklers. Die Antragstellerin ist mit einem Verkauf des bis zur Trennung als Familienheim genutzten Grundstücks nicht einverstanden. Zur Glaubhaftmachung verweisen wir auf die anliegende eidesstattliche Versicherung.[10]

Der Erlass der einstweiligen Anordnung und die beantragte Eintragung im Grundbuch sind geboten, um einem gutgläubigen Erwerb entgegenzuwirken.

Da die Rechtsposition der Antragstellerin durch den Abschluss eines jederzeit möglichen Kaufvertrages in zeitlicher Hinsicht besonders gefährdet ist, wird gebeten, auch die beantragte Vollstreckungsanordnung gem. § 53 Abs. 2 Satz 1 FamFG zu erlassen.[6, 11]

(Rechtsanwalt/Rechtsanwältin)

1. Sachliche Zuständigkeit. Die sachliche Zuständigkeit des FamG folgt aus §§ 111 Nr. 10, 112 Nr. 3, 266 Abs. 1 Nrn. 2 und 3 FamFG. Dabei genügt ein **inhaltlicher** Zusammenhang mit der Trennung oder Scheidung, ein zeitlicher ist nicht erforderlich (vgl. OLG Hamm, FamRZ 2011, 392; OLG Frankfurt am Main, NJW 2010, 3173; a. A. OLG Düsseldorf, Beschl. v. 01.12.2011 – 10 W 149/11, (Juris)).

2. Örtliche Zuständigkeit. Örtlich zuständig ist gem. §§ 119 Abs. 1 Satz 1, 51 Abs. 1 FamFG das Gericht, das für die Hauptsache im ersten Rechtszug zuständig wäre. § 51 Abs. 2 FamFG regelt für besonders dringende Fälle eine Notfallkompetenz. Grundsätzlich folgt die örtliche Zuständigkeit den allgemeinen Regelungen der ZPO, wonach gerichtliche Anträge beim Wohnsitz-Familiengericht des/r Antragsgegners/in zu stellen sind, §§ 113 Abs. 1 FamFG, 12 f. ZPO, wobei an die Stelle des Wohnsitzes der gewöhnliche Aufenthalt tritt, vgl. § 267 Abs. 2 FamFG. Während der Anhängigkeit einer Ehesache ist jedoch **ausschließlich** das Gericht örtlich zuständig, bei dem die Ehesache im ersten Rechtszug anhängig ist oder war, § 267 Abs. 1 FamFG. Veränderungen des gewöhnlichen Aufenthaltes zwischen Einreichung des Scheidungsantrages und Rechtshängigkeit sind zu beachten, vgl. OLG Saarbrücken FamRZ 2012, 654.

3. Terminologie. Zur zu verwendenden Terminologie in FamFG-Verfahren vgl. § 113 Abs. 5 FamFG.

4. Kein Anwaltszwang. Im einstweiligen Anordnungsverfahren herrscht gem. § 114 Abs. 4 Nr. 1 FamFG auch dann **kein Anwaltszwang**, wenn ein solcher für das Hauptsacheverfahren bestünde.

4a. Wert des Verfahrens. Das Amtsgericht Baden-Baden hat in der rechtskräftigen Entscheidung FamRZ 2009, 1344 den Verfahrenswert mit 1/3 des geschätzten Wertes des Grundbesitzes festgesetzt.

5. Vollmacht. Rechtsanwälte bedürfen als Organe der Rechtspflege keiner schriftlichen Vollmacht, § 11 Satz 3 FamFG. Gleichwohl sollte die Vorlage einer schriftlichen Vollmacht, z. B. aus Gründen der Honorarsicherung, der Regelfall sein.

6. Vollstreckung vor Zustellung. Der Antrag, dass die Vollstreckung der einstweiligen Anordnung vor deren Zustellung an den/die Antragsgegner/in zulässig sein soll, ist deshalb geboten, weil nur dadurch eine »sofortige« Vollstreckung in das Grundbuch ermöglicht wird. Anderenfalls hätte es der/die Antragsgegner/in bei unbekanntem oder häufig wechselndem Aufenthalt in der Hand, die Zustellung und damit auch die Zwangsvollstreckung **zu verhindern**. Eine solche Verzögerung könnte die Erreichung des Anordnungszieles – nämlich Schutz vor Veräußerung – gefährden.

7. Berechtigtes Interesse an Grundbucheinsicht. Das berechtigte Interesse auf Grundbucheinsicht gem. § 12 Abs. 1 Satz 1 GBO ergibt sich aus der in der Natur der Sache liegenden Eilbedürftigkeit und dem verfahrensrechtlichen Erfordernis, einen vollstreckungsfähigen Antrag stellen zu müssen. Weitergehend gewährt OLG Rostock, FamRZ 2012, 576 jedem getrennt lebenden Ehegatten im Güterstand der Zugewinngemeinschaft einen Anspruch auf Grundbucheinsicht in diejenigen Grundbücher, in denen der andere Ehegatte als Eigentümer eingetragen ist. Davon sollte in der anwaltlichen Alltagspraxis viel mehr Gebrauch gemacht werden.

8. Glaubhaftmachung. Sie ist gem. §§ 31 Abs. 1, 113 Abs. 1, 119 Abs. 1 FamFG, 294 ZPO erforderlich und erfolgt u. a. durch Abgabe einer eidesstattlichen Versicherung. Eine eidesstattliche Versicherung, die lediglich den Schriftsatz des/r Verfahrensbevollmächtigten in Bezug nimmt und die Richtigkeit der darin enthaltenen Tatsachenbehauptungen versichert, ist allerdings **ungeeignet** (vgl. BGH, NJW 1996, 1682) Erforderlich ist vielmehr eine eidesstattliche Versicherung, die eine eigene, konkrete Sachdarstellung, also Angaben zum Anordnungsgrund und zum Anordnungsanspruch, enthält (vgl. Rdn. 68).

9. Anordnungsanspruch. Der Fall ist der Entscheidung des AG Baden-Baden, FamRZ 2009, 1344 nachempfunden. Das Amtsgericht hatte den Anordnungsanspruch in den §§ 1365 Abs. 1, 823 Abs. 2 BGB gesehen.

10. Anordnungsgrund. Im Fall der Eintragung im Grundbuch kann ein Erwerber nicht mehr gutgläubig erwerben (FAKomm-FamR/*Weinreich*, § 1365 Rn. 3, 21), weil der Notar mit den Beteiligten gem. § 17 Abs. 1 Satz 1 BeurkG den Grundbuchstand, also auch das in Abt. II eingetragene Verfügungsverbot erörtern wird und ein gutgläubiger Erwerb aus subjektiven Gründen danach nicht mehr möglich ist. Die verfahrensrechtlich erforderliche Dringlichkeit für den Erlass einer einstweiligen Anordnung gem. § 49 Abs. 1 Halbs. 2 FamFG ist bereits bei einem (bloßen) **schutzwürdigen Interesse** an einer Regelung gegeben (vgl. Schulte-Bunert/Weinreich/*Schwonberg*, § 49 Rn. 11). Das Amtsgericht Baden-Baden (FamRZ 2009, 1344) hatte in seiner Entscheidung die Anforderungen, die an die Wahrscheinlichkeit eines Verstoßes und damit an die Gefährdung zu stellen sind, als gering erachtet, da mit dem Antrag lediglich die Konkretisierung eines **ohnehin bestehenden Veräußerungsverbotes** begehrt werde. Zu anderen Handlungsalternativen bei Fallgestaltungen dieser Art vgl. Schulte-Bunert/Weinreich/*Schwonberg* § 119 Rn. 4; insb. kommt ein dinglicher Arrest z. B. zur Sicherung einer (angeblichen) Zugewinnausgleichsforderung gem. § 119 Abs. 2 FamFG in Betracht (vgl. OLG Karlsruhe, FamRB 2010, 326).

11. Keine Vollstreckungsklausel. Die einstweilige Anordnung bedarf im Regelfall **keiner** Vollstreckungsklausel. Ausnahmen gelten gem. § 53 Abs. 1 FamFG dann, wenn die Vollstreckung für oder gegen einen anderen als den in dem Beschluss bezeichneten Beteiligten erfolgen soll – dann ist eine Vollstreckungsklausel doch erforderlich.

4. Muster: Eidesstattliche Versicherung zum Zwecke der Glaubhaftmachung in einem einstweiligen Anordnungsverfahren

Ich bin über die Strafbarkeit der Abgabe einer falschen eidesstattlichen Versicherung belehrt und erkläre folgendes an Eides Statt:[1]

68

Wir sind getrenntlebende Eheleute im Güterstand der Zugewinngemeinschaft. Mein Ehemann ist Alleineigentümer des Grundbesitzes belegen in der ..... Straße Nr. ...... in ...... Der Grundbesitz stellt sein Vermögen im Ganzen dar. Er verfügt über kein weiteres nennenswertes Vermögen. Sein Girokonto ist meistens überzogen und weist regelmäßig nur in den ersten Tagen nach der Gehaltszahlung ein knappes Guthaben auf. Sein Pkw ist bis zur Trennung von uns als Familienwagen genutzt worden. Er ist damit zwar auch ab und an zur Arbeit gefahren, regelmäßig aber mit dem Fahrrad/dem Bus. Meistens habe ich den Wagen genutzt, um damit Einkäufe für die Familie zu erledigen, die Kinder in den Kindergarten/zur Schule/zum Reiten zu bringen und abzuholen und wir sind damit regelmäßig auch in den Urlaub gefahren, z. B. letztes Jahr an den Gardasee.[2]

Ich bin mit einem Verkauf des bis zur Trennung als Familienheim genutzten Grundstücks nicht einverstanden und befürchte, dass mein Ehemann den Grundbesitz hinter meinem Rücken verkaufen könnte. Einen Makler hat er bereits beauftragt.

(Datum/Unterschrift)

1. Glaubhaftmachung. Sie ist gem. §§ 31 Abs. 1, 113 Abs. 1, 119 Abs. 1 FamFG, 294 ZPO erforderlich und erfolgt u. a. durch Abgabe einer eidesstattlichen Versicherung. Eine eidesstattliche Versicherung, die lediglich den Schriftsatz des Verfahrensbevollmächtigten in Bezug nimmt und die Richtigkeit der darin enthaltenen Tatsachenbehauptungen versichert, ist allerdings **ungeeignet**, vgl. BGH, NJW 1996, 1682. Erforderlich ist vielmehr eine eidesstattliche Versicherung des Beteiligten, die eine eigene, konkrete Sachdarstellung, also Angaben zum Anordnungsgrund und zum Anordnungsanspruch, enthält (vgl. Rdn. 68).

2. Pkw als »Haushaltsgegenstand«? Kraftfahrzeuge stellen grundsätzlich keine Haushaltssache dar, doch gilt etwas anderes, wenn das Kraftfahrzeug unabhängig von den Eigentumsverhältnissen kraft Widmung für den gemeinsamen Haushalt zum Zwecke der Haushalts- und privaten Lebensführung, beispielsweise für Einkäufe der Familie und zur Betreuung der Kinder genutzt worden ist (BGH, FamRZ 1983, 794 [BGH 02.03.1983 - IVb ARZ 1/83]; FamRZ 1991, 43; OLG Zweibrücken, FamRZ 2005, 902; KG, FamRZ 2003, 1927 m Anm. *Wever*; OLG Karlsruhe, FamZR 2001,

760; OLG München, FuR 1997, 353). Die Nutzung auch für berufliche Zwecke steht dem nicht entgegen, wenn die Nutzung durch die Familie Vorrang hatte (OLG Zweibrücken, FamRZ 2005, 902; OLG Naumburg, FamRZ 2004, 889).

V. Familienrechtlicher Befreiungsanspruch gegen Ehepartner und dessen Fälligkeit

69 Geht ein Ehegatte während intakter Ehe eine Verbindlichkeit zugunsten des anderen Ehegatten ein oder stellt er diesem eine Sicherheit (gewährt er z. B. eine Bürgschaft oder eine Grundschuld für einen Unternehmerkredit des anderen Ehegatten), so kann er grds. nach Scheitern der Ehe Befreiung von der Mithaftung im Außenverhältnis verlangen, sofern dem nicht die (nach-) eheliche Solidarität entgegensteht (vgl. BGH, NJW 89, 1920). Der BGH wendet auf derartige Fälle Auftragsrecht an, sodass dem Ehegatten nach Scheitern der Ehe grds. ein Anspruch auf Kündigung aus wichtigem Grund gem. § 671 Abs. 3 BGB zusteht und er Ersatz seiner Aufwendungen, also Befreiung von der übernommenen Verbindlichkeit, verlangen kann, vgl. §§ 670, 257 BGB. Der Geltendmachung des Anspruchs, der seine Wurzel in der ehelichen Lebensgemeinschaft hat, kann jedoch § 1353 Abs. 1 Satz 2 BGB entgegenstehen (BGH, FamRZ 1989, 835, 837).

70 Der auftragsrechtliche Befreiungsanspruch nach §§ 670, 257 BGB ist unbedingt von dem aus dem Gesamtschuldnerverhältnis nach § 426 BGB herzuleitende Freistellungsanspruch zu unterscheiden: Der auftragsrechtliche Befreiungsanspruch nach §§ 670, 257 BGB setzt die Übernahme von Verbindlichkeiten (etwa Darlehen, Bürgschaft u. a.) **ausschließlich im Interesse des anderen** Ehegatten voraus, während der Befreiungsanspruch aus § 426 BGB Konstellationen aufgreift, in denen die Übernahme einer Schuld oder die Bestellung einer Sicherheit mit Verbindlichkeiten einhergeht, denen ein gemeinsames Interesse der Eheleute oder der Familie zugrunde lag.

71 Zu beachten ist auch, dass der auftragsrechtliche Befreiungsanspruch nach § 257 BGB auch dann eingreift, wenn die eingegangene Verbindlichkeit selbst noch nicht fällig ist; der Auftraggeber kann dann aber statt Befreiung auch Sicherheit leisten. Der allein aus dem Gesamtschuldnerverhältnis nach § 426 BGB herzuleitende Freistellungsanspruch führt nicht zur Anwendung des § 257 BGB, sodass eine Freistellung nur für solche Zahlungspflichten beansprucht werden kann, die bereits fällig sind. Ein uneingeschränkter Befreiungsanspruch hinsichtlich noch nicht fälliger Verbindlichkeiten kann aus § 426 Abs. 1 BGB nicht hergeleitet werden (OLG Frankfurt am Main, FamRZ 2011, 127; BGH, NJW 1986, 978).

Ein gerichtlicher Verpflichtungsantrag könnte wie folgt lauten:

1. Muster: Gerichtlicher Freistellungsantrag aus Bürgenhaftung gegen Ehepartner

72 An das Familiengericht

Freistellungsantrag[1, 2]

der Frau ....., wohnhaft ....., in .....

– Antragstellerin –[3]

Verfahrensbevollmächtigte: RAe .....[4]

gegen

Herrn ....., wohnhaft ....., ...

– Antragsgegner –[3]

Verfahrensbevollmächtigte: RAe .....

Verfahrenswert:[5]

Namens und im Auftrage der Antragstellerin überreichen wir anliegend Original einer uns legitimierenden Vollmacht[6], und beantragen:

Der Antragsgegner wird verpflichtet,

1. die Antragstellerin von der Bürgschaft vom ..... gegenüber der X-Bank in Höhe von ursprünglich 25.000,00 € zum Darlehen mit der Endnummer ....., das derzeitig noch mit ..... € valutiert, freizustellen oder statt sie zu befreien, Sicherheit zu leisten und
2. die Kosten des Verfahrens zu tragen.

Begründung:

Die Beteiligten sind verheiratet.. Nach der Eheschließung erwarb der Antragsgegner den Grundbesitz, belegen in der X-Straße Nr. 57 zu Alleineigentum, der vermietet ist. Den Kaufpreis finanzierte er über das im Antrag genannte Darlehen, für das sich die Antragstellerin auf seinen Wunsch hin gegenüber der Bank verbürgte. Die Beteiligten leben seit getrennt. Die Ehe ist gescheitert. Ein Scheidungsverfahren ist rechtshängig. Der Antragsgegner hat dem Scheidungsantrag zugestimmt.

Beweis: Hinzuziehung der Akten beim Familiengericht ..... zu Az.: .....

Der Antragsgegner ist gem. §§ 670, 257 BGB verpflichtet, die Antragstellerin von der Verbindlichkeit gegenüber der X-Bank freizustellen.

Er ist zur Freistellung aufgefordert worden, hat aber auch auf Mahnung nicht reagiert, so dass die gerichtliche Antragstellung unausweichlich ist, zumal aus § 1353 BGB resultierende Einwendungen weder vorgetragen noch ersichtlich sind.[7]

(Rechtsanwalt/Rechtsanwältin)

1. Sachliche Zuständigkeit. Die sachliche Zuständigkeit des FamG folgt aus §§ 111 Nr. 10, 112 Nr. 3, 266 Abs. 1 Nrn. 2 und 3 FamFG. Dabei genügt ein **inhaltlicher** Zusammenhang mit Trennung oder Scheidung, ein zeitlicher ist nach wohl überwiegender Ansicht nicht erforderlich (OLG Zweibrücken, FamRZ 2012, 1410; OLG Braunschweig, NJW-RR 2012, 586 [OLG Braunschweig, 21.12.2011 - 1 W 47/11]; OLG Stuttgart, NJW-RR 2011, 867; OLG Frankfurt, NJW 2010, 3173; OLG Hamm, FamRZ 2011, 392 und 1421; LG Osnabrück, FamRZ 2011, 1090; *Kemper*, FamRB 2009, 53, 56; *Roßmann*, FuR 2011, 498).

2. Örtliche Zuständigkeit. Die örtliche Zuständigkeit folgt den allgemeinen Regelungen der ZPO, wonach gerichtliche Anträge beim Wohnsitz-Familiengericht der Antragsgegnerseite zu stellen sind, §§ 113 Abs. 1 FamFG, 12 f. ZPO, wobei an die Stelle des Wohnsitzes der gewöhnliche Aufenthalt tritt, § 267 Abs. 2 FamFG. Während der Anhängigkeit einer Ehesache ist jedoch ausschließlich das Gericht örtlich zuständig, bei dem die Ehesache im ersten Rechtszug anhängig ist oder war, § 267 Abs. 1 FamFG. Veränderungen des gewöhnlichen Aufenthaltes zwischen Einreichung des Scheidungsantrages und Rechtshängigkeit sind zu beachten (vgl. OLG Saarbrücken, FamRZ 2012, 654).

3. Terminologie. Zur zu verwendenden Terminologie in FamFG-Verfahren vgl. § 113 Abs. 5 FamFG.

4. Anwaltszwang. Es besteht i. d. R. Anwaltszwang, §§ 114 Abs. 1, 112 Nr. 3, 266 Abs. 1 FamFG. Das Handeln eines Rechtsanwaltes/einer Rechtsanwältin ist **Verfahrenshandlungsvoraussetzung**. Die Beteiligten können im gerichtlichen Verfahren selbst keine Anträge stellen, zurücknehmen, Vergleiche schließen etc. Unbenommen bleibt ihnen der persönliche Abschluss außergerichtlicher Vergleiche ohne die Hinzuziehung von Rechtsanwälten, soweit dem nicht Formvorschriften entgegenstehen, vgl. z. B. §§ 311b Abs. 1, 1410, 1585c Satz 2 BGB. Der im Termin anwaltlich nicht vertretene Beteiligte ist demzufolge säumig mit der Folge, dass auf Antrag gem. §§ 113 Abs. 1 Satz 2 FamFG i. V. m. §§ 330f ZPO bei schlüssigem Vortrag Versäumnisbeschluss zu ergehen hat.

5. Verfahrenswert und Gerichtskosten. Der Verfahrenswert bestimmt die Höhe der Gerichtsgebühren gem. § 3 Abs. 1 FamGKG. Der Verfahrenswert ist mit der Antragstellung gem. § 53 FamGKG anzugeben und bemisst sich nach dem Wert des zugrunde liegenden Geschäfts, § 36 Abs. 1 Satz 1 FamGKG. Die gerichtliche Verfahrensgebühr wird mit der Einreichung des Antrages fällig, § 9

Abs. 1 FamGKG. Mit Einreichung des Antrages sind gem. Nr. 1220 VV FamGKG 3,0 Gerichtsgebühren einzuzahlen. Deshalb soll die Zustellung erst nach Zahlung erfolgen, § 14 Abs. 1 FamGKG. In **Eilfällen** kann bei Vorliegen weiterer Voraussetzungen auf vorherige Zahlung der Gerichtskosten gem. § 15 Nr. 3 FamGKG verzichtet werden.

6. Vollmacht. Rechtsanwälte bedürfen als Organe der Rechtspflege keiner schriftlichen Vollmacht, § 11 Satz 3 FamFG. Gleichwohl sollte die Vorlage einer schriftlichen Vollmacht, z. B. aus Gründen der Honorarsicherung u. a., der Regelfall sein.

7. Anspruchsgrundlage. Soweit mit der Bürgschaft ein Kredit, der allein im Interesse des anderen Ehegatten aufgenommen wurde, gesichert wird, kann der bürgende Ehegatte nach §§ 670, 257 BGB **Befreiung** (Freistellung) verlangen. Freistellungsansprüche bei Übernahme einer persönlichen Haftung oder/und Einräumung von Sicherheiten gründen sich nach dem Scheitern der Ehe auf **Auftragsrecht** (§§ 662 ff. BGB). Erforderlich ist danach ein Auftragsverhältnis zwischen den Eheleuten. Die »Mithaftung« beruht also auf einem Auftrag des begünstigten Ehegatten nach § 662 BGB. Der beauftragte Ehegatte macht zur Ausführung des Auftrags Aufwendungen, sodass er nach § 670 BGB insoweit Ersatz verlangen kann.

Dieser Anspruch kann nach § 257 BGB auch auf Befreiung gerichtet sein, wenn der beauftragte Ehegatte zwecks Abwicklung des Auftrags eine Verbindlichkeit eingegangen ist. Der Befreiungsanspruch des § 257 BGB greift auch ein, wenn die eingegangene Verbindlichkeit selbst noch nicht fällig ist; der Auftraggeber kann dann aber statt Befreiung auch Sicherheit leisten.

8. Vollstreckung. Kommt der/die Antragsgegner/in der titulierten Freistellungsverpflichtung nicht nach, so ist die Vollstreckung erforderlich. Da es um eine vertretbare Handlung geht, erfolgt die Vollstreckung nach § 887 ZPO. Der Berechtigte kann dem Vollstreckungsgericht den betreffenden Beschluss des FamG vorlegen und sich ermächtigen lassen, den Gläubiger auf Kosten des Antragsgegners zu befriedigen (Ersatzvornahme). Der Antragsteller muss dafür beim FamG einen genauen Antrag stellen, wie er der Freistellung Rechnung tragen möchte. Das FamG entscheidet über die Ersatzvornahme nach Anhörung des Vollstreckungsschuldners durch Beschluss, vgl. § 891 ZPO. Der Antragsteller kann nach § 887 Abs. 2 ZPO den zur Schuldentilgung erforderlichen Geldbetrag verlangen bzw. auch seinen mit der Freistellung weiter verbundenen Aufwand (Vorauszahlungspflicht!). Sowohl die Berechtigung zur Ersatzvornahme als auch die Vorauszahlungspflicht können durch einen Beschluss zugestanden werden. Die Vollstreckung der Verpflichtung zur Vorauszahlungspflicht der Kosten richtet sich nach §§ 794 Nr. 3, 803 ff. ZPO.

2. Muster: Gerichtlicher Antrag auf Freistellung von Mithaftung gegen Ehepartner

73   An das Familiengericht[1, 2]

Freistellungsantrag

der Frau ....., wohnhaft ....., in .....

– Antragstellerin –[3]

Verfahrensbevollmächtigte: RAe .....[4]

gegen

Herrn ....., wohnhaft ....., ...

– Antragsgegner –[3]

Verfahrensbevollmächtigte: RAe .....

Verfahrenswert:[5]

Namens und im Auftrage der Antragstellerin überreichen wir anliegend Original einer uns legitimierenden Vollmacht[6], und beantragen:

I. Der Antragsgegner wird verpflichtet,
1. die Haftungsfreistellung der Antragstellerin seitens der ..... Bank in ..... bezüglich der gemeinsamen Kreditverbindlichkeiten der Beteiligten aus dem Darlehnsvertrag ..... vom ..... in Höhe von ursprünglich ..... mit aktueller Valuta in Höhe von zum ..... zu bewirken;
2. die Kosten des Verfahrens zu tragen.

II. Hilfsweise wird beantragt,

den Antragsgegner zu verpflichten, an die Bank ..... in ..... zur Herbeiführung der Haftungsbefreiung einen Geldbetrag in Höhe von ..... zu bezahlen.

Begründung[7]:

Die Beteiligten haben am ..... die Ehe geschlossen, die durch Beschluss des Familiengerichts ....., Aktenzeichen ..... vom ..... rechtskräftig geschieden wurde.

Die Antragstellerin ist auf Bitten des Antragsgegners und der betroffenen Bank eine Haftung für Verbindlichkeiten des Antragsgegners eingegangen. *[ausführen]*

Mit dem Scheitern der Ehe und der Scheidung der Ehe ist der Grund für die Haftung der Antragstellerin im ehelichen Innenverhältnis ersatzlos entfallen, sodass der Antragsgegner nunmehr seine eigenen finanziellen Lasten alleine tragen und die Antragstellerin von jeder Inanspruchnahme durch die Bank freistellen muss.

Der Antragsgegner wurde mit Schreiben vom ..... aufgefordert, die Antragstellerin aus der Haftung wegen der vorgenannten Verbindlichkeiten gegenüber der Bank freizustellen.

Beweis: Schreiben von ....., Fotokopie anbei.

Hierzu ist der Antragsgegner nicht bereit, obwohl er bei richtiger Verwaltung und richtigem Einsatz seiner Mittel die Haftungsentlassung der Antragsgegnerin durchaus bewirken könnte. *[ausführen]*

Es ist dem Antragsgegner auch möglich, Vermögen zu veräußern, umzufinanzieren oder andere Sicherheiten zur Verfügung zu stellen. *[ausführen]*

Da dem Antragsgegner nicht vorgeschrieben werden kann, wie er die Haftungsfreistellung der Antragstellerin herbeiführt, richtet sich der Hauptantrag auf Bewirkung der Haftungsentlassung zugunsten der Antragstellerin.

Die Antragstellerin behält sich ausdrücklich vor, ihren Antrag im Verlauf des Verfahrens dahingehend zu erweitern, dass in den gerichtlichen Beschluss eine Fristbestimmung gem. §§ 113 FamFG i. V. m. 255 Abs. 1 ZPO aufzunehmen ist und nach fruchtlosem Ablauf der im Beschluss zu bestimmenden Frist, der Antragsgegner verpflichtet wird, zur Haftungsfreistellung der Antragstellerin einen Geldbetrag an die Bank zu zahlen. Insoweit wäre dann unmittelbar die Zwangsvollstreckung wegen eines Geldbetrages - mit Leistung an den Dritten - eröffnet.

Rechtsanwalt/Rechtsanwältin

1. Sachliche Zuständigkeit. Die sachliche Zuständigkeit des FamG folgt aus §§ 111 Nr. 10, 112 Nr. 3, 266 Abs. 1 Nrn. 2 und 3 FamFG. Dabei genügt ein **inhaltlicher** Zusammenhang mit Trennung oder Scheidung, ein zeitlicher ist nach wohl überwiegender Ansicht nicht erforderlich (OLG Zweibrücken, FamRZ 2012, 1410; OLG Braunschweig, NJW-RR 2012, 586 [OLG Braunschweig, 21.12.2011 - 1 W 47/11]; OLG Stuttgart, NJW-RR 2011, 867; OLG Frankfurt, NJW 2010, 3173; OLG Hamm, FamRZ 2011, 392 und 1421; LG Osnabrück, FamRZ 2011, 1090; *Kemper*, FamRB 2009, 53, 56; *Roßmann*, FuR 2011, 498).

2. Örtliche Zuständigkeit. Die örtliche Zuständigkeit folgt den allgemeinen Regelungen der ZPO, wonach gerichtliche Anträge beim Wohnsitz-Familiengericht der Antragsgegnerseite zu stellen sind, §§ 113 Abs. 1 FamFG, 12 f. ZPO, wobei an die Stelle des Wohnsitzes der gewöhnliche Aufenthalt tritt, § 267 Abs. 2 FamFG. Während der Anhängigkeit einer Ehesache ist jedoch ausschließlich das

Gericht örtlich zuständig, bei dem die Ehesache im ersten Rechtszug anhängig ist oder war, § 267 Abs. 1 FamFG. Veränderungen des gewöhnlichen Aufenthaltes zwischen Einreichung des Scheidungsantrages und Rechtshängigkeit sind zu beachten (vgl. OLG Saarbrücken, FamRZ 2012, 654).

3. Terminologie. Zur zu verwendenden Terminologie in FamFG-Verfahren vgl. § 113 Abs. 5 FamFG.

4. Anwaltszwang. Es besteht i. d. R. Anwaltszwang, §§ 114 Abs. 1, 112 Nr. 3, 266 Abs. 1 FamFG. Das Handeln eines Rechtsanwaltes/einer Rechtsanwältin ist **Verfahrenshandlungsvoraussetzung**. Die Beteiligten können im gerichtlichen Verfahren selbst keine Anträge stellen, zurücknehmen, Vergleiche schließen etc. Unbenommen bleibt ihnen der persönliche Abschluss außergerichtlicher Vergleiche ohne die Hinzuziehung von Rechtsanwälten, soweit dem nicht Formvorschriften entgegenstehen, vgl. z. B. §§ 311b Abs. 1, 1410, 1585c Satz 2 BGB. Der im Termin anwaltlich nicht vertretene Beteiligte ist demzufolge säumig mit der Folge, dass auf Antrag gem. § 113 Abs. 1 Satz 2 FamFG i. V. m. §§ 330 f. ZPO bei schlüssigem Vortrag Versäumnisbeschluss zu ergehen hat.

5. Verfahrenswert und Gerichtskosten. Der Verfahrenswert bestimmt die Höhe der Gerichtsgebühren gem. § 3 Abs. 1 FamGKG. Der Verfahrenswert ist mit der Antragstellung gem. § 53 FamGKG anzugeben und bemisst sich nach dem Wert des zugrunde liegenden Geschäfts, § 36 Abs. 1 Satz 1 FamGKG. Die gerichtliche Verfahrensgebühr wird mit der Einreichung des Antrages fällig, § 9 Abs. 1 FamGKG. Mit Einreichung des Antrages sind gem. Nr. 1220 VV FamGKG 3,0 Gerichtsgebühren einzuzahlen. Deshalb soll die Zustellung erst nach Zahlung erfolgen, § 14 Abs. 1 FamGKG. In **Eilfällen** kann bei Vorliegen weiterer Voraussetzungen auf vorherige Zahlung der Gerichtskosten gem. § 15 Nr. 3 FamGKG verzichtet werden.

6. Vollmacht. Rechtsanwälte bedürfen als Organe der Rechtspflege keiner schriftlichen Vollmacht, § 11 Satz 3 FamFG. Gleichwohl sollte die Vorlage einer schriftlichen Vollmacht, z. B. aus Gründen der Honorarsicherung u. a., der Regelfall sein.

7. Anspruchsgrundlage. Freistellungsansprüche bei Übernahme einer persönlichen Haftung oder/und Einräumung von Sicherheiten gründen sich nach dem Scheitern der Ehe auf **Auftragsrecht** (§§ 662 ff. BGB). Erforderlich ist danach ein Auftragsverhältnis zwischen den Eheleuten. Dieser Anspruch kann nach §§ 670, 257 BGB auch auf Befreiung gerichtet sein, wenn der beauftragte Ehegatte zwecks Abwicklung des Auftrags eine Verbindlichkeit eingegangen ist. Der Befreiungsanspruch des § 257 BGB greift auch ein, wenn die eingegangene Verbindlichkeit selbst noch nicht fällig ist; der Auftraggeber kann dann aber statt Befreiung auch Sicherheit leisten.

3. Muster: Gerichtlicher Antrag auf Freigabe gemeinsamen Bankguthabens gegen Ehepartner

74   An das Familiengericht[1, 2]

Zustimmungsantrag

der Frau ....., wohnhaft ....., in .....

– Antragstellerin –[3]

Verfahrensbevollmächtigte: RAe .....[4]

gegen

Herrn ....., wohnhaft ....., ...

– Antragsgegner –[3]

Verfahrensbevollmächtigte: RAe .....

Verfahrenswert:[5]

Namens und im Auftrage der Antragstellerin überreichen wir anliegend Original einer uns legitimierenden Vollmacht[6], und beantragen:

I. Der Antragsgegner wird verpflichtet,
1. gegenüber der ..... Bank in ..... zu Kontonummer ..... der Auszahlung eines Guthabenbetrages in Höhe von ..... an die Antragstellerin zuzustimmen und
2. die Kosten des Verfahrens zu tragen.

Begründung[7]:

Die Beteiligten haben am ..... die Ehe geschlossen, die durch Beschluss des Familiengerichts ....., Aktenzeichen ..... vom ..... rechtskräftig geschieden wurde.

Die Beteiligten sind im Verhältnis zur vorgenannten Bank Mitinhaber des im Antrag bezeichneten Bankkontos. Seit ihrer Trennung wirtschaften die Beteiligten nicht mehr gemeinsam. Die Antragstellerin hat daher einen Anspruch, dass das Kontenguthaben auseinandergesetzt wird.

Die Beteiligten können sich aber über die Aufteilung des Kontoguthabens in Höhe von ..... nicht einigen.

Die Bank ist wegen der bestehenden Meinungsverschiedenheiten der Beteiligten nicht bereit, eine Auszahlung zu leisten.

Das Bankguthaben steht beiden Beteiligten im Ergebnis zur Hälfte zu. Die Antragstellerin hat den Hälfteanteil an den Antragsgegner bereits freigegeben. Die Teilfreigabe wurde durch Schreiben vom ..... gegenüber der Bank erklärt und dem Antragsgegner eine Abschrift dieses Schreibens zur Verfügung gestellt. Es bedarf daher keiner Zug um Zug Verpflichtung. Der Antragsgegner ist somit verpflichtet, die andere Hälfte des Guthabens an die Antragstellerin freizugeben.

Da der Antragsgegner trotz mehrmaliger außergerichtlicher Aufforderungen nicht zur Freigabe des anteiligen Guthabens an die Antragstellerin bereit ist, ist die Einleitung gerichtlicher Schritte geboten.

Rechtsanwalt/Rechtsanwältin

1. Sachliche Zuständigkeit. Die sachliche Zuständigkeit des FamG folgt aus §§ 111 Nr. 10, 112 Nr. 3, 266 Abs. 1 Nrn. 2 und 3 FamFG. Dabei genügt ein **inhaltlicher** Zusammenhang mit Trennung oder Scheidung, ein zeitlicher ist nach wohl überwiegender Ansicht nicht erforderlich (OLG Zweibrücken, FamRZ 2012, 1410; OLG Braunschweig, NJW RR 2012, 586 [OLG Braunschweig, 21.12.2011 - 1 W 47/11]; OLG Stuttgart, NJW-RR 2011, 867; OLG Frankfurt, NJW 2010, 3173; OLG Hamm, FamRZ 2011, 392 und 1421; LG Osnabrück, FamRZ 2011, 1090; *Kemper*, FamRB 2009, 53, 56; *Roßmann*, FuR 2011, 498).

2. Örtliche Zuständigkeit. Die örtliche Zuständigkeit folgt den allgemeinen Regelungen der ZPO, wonach gerichtliche Anträge beim Wohnsitz-Familiengericht der Antragsgegnerseite zu stellen sind, §§ 113 Abs. 1 FamFG, 12 f. ZPO, wobei an die Stelle des Wohnsitzes der gewöhnliche Aufenthalt tritt, § 267 Abs. 2 FamFG. Während der Anhängigkeit einer Ehesache ist jedoch ausschließlich das Gericht örtlich zuständig, bei dem die Ehesache im ersten Rechtszug anhängig ist oder war, § 267 Abs. 1 FamFG. Veränderungen des gewöhnlichen Aufenthaltes zwischen Einreichung des Scheidungsantrages und Rechtshängigkeit sind zu beachten (vgl. OLG Saarbrücken, FamRZ 2012, 654).

3. Terminologie. Zur zu verwendenden Terminologie in FamFG-Verfahren vgl. § 113 Abs. 5 FamFG.

4. Anwaltszwang. Es besteht i. d. R. Anwaltszwang, §§ 114 Abs. 1, 112 Nr. 3, 266 Abs. 1 FamFG. Das Handeln eines Rechtsanwaltes/einer Rechtsanwältin ist **Verfahrenshandlungsvoraussetzung.** Die Beteiligten können im gerichtlichen Verfahren selbst keine Anträge stellen, zurücknehmen, Vergleiche schließen etc. Unbenommen bleibt ihnen der persönliche Abschluss außergerichtlicher Vergleiche ohne die Hinzuziehung von Rechtsanwälten, soweit dem nicht Formvorschriften entgegenstehen, vgl. z. B. §§ 311b Abs. 1, 1410, 1585c Satz 2 BGB. Der im Termin anwaltlich nicht vertretene Beteiligte ist demzufolge säumig mit der Folge, dass auf Antrag gem. § 113 Abs. 1 Satz 2 FamFG i. V. m. §§ 330 f. ZPO bei schlüssigem Vortrag Versäumnisbeschluss zu ergehen hat.

5. Verfahrenswert und Gerichtskosten. Der Verfahrenswert bestimmt die Höhe der Gerichtsgebühren gem. § 3 Abs. 1 FamGKG. Der Verfahrenswert ist mit der Antragstellung gem. § 53 FamGKG anzugeben und bemisst sich nach dem Wert des zugrunde liegenden Geschäfts, § 36 Abs. 1 Satz 1 FamGKG. Die gerichtliche Verfahrensgebühr wird mit der Einreichung des Antrages fällig, § 9 Abs. 1 FamGKG. Mit Einreichung des Antrages sind gem. Nr. 1220 VV FamGKG 3,0 Gerichtsgebühren einzuzahlen. Deshalb soll die Zustellung erst nach Zahlung erfolgen, § 14 Abs. 1 FamGKG. In **Eilfällen** kann bei Vorliegen weiterer Voraussetzungen auf vorherige Zahlung der Gerichtskosten gem. § 15 Nr. 3 FamGKG verzichtet werden.

6. Vollmacht. Rechtsanwälte bedürfen als Organe der Rechtspflege keiner schriftlichen Vollmacht, § 11 Satz 3 FamFG. Gleichwohl sollte die Vorlage einer schriftlichen Vollmacht, z. B. aus Gründen der Honorarsicherung u. a., der Regelfall sein.

7. Anspruchsgrundlage.

a) Gemeinsames Konto

Die Aufteilung eines etwaigen (Spar-/Konto-) Guthabens auf einem gemeinsamen Konto der Eheleute richtet sich insb. nach den §§ 428 bis 430 BGB. Befindet sich danach beim Scheitern der Ehe auf einem gemeinschaftlichen Konto ein Guthaben, so ist dieses grds. gemäß § 430 BGB **hälftig** aufzuteilen. Eine von dem Halbteilungsgrundsatz des § 430 BGB abweichende Teilungsregelung kommt nur in Ausnahmefällen in Betracht und ist nicht allein dadurch zu rechtfertigen, dass das Guthaben auf Einzahlungen eines Ehepartners zurückzuführen ist. Auf die Herkunft der Beträge kommt es nicht an. Die Vorschrift des § 430 BGB gilt vielmehr unabhängig davon, von wem und aus wessen Mitteln das Kontoguthaben finanziert worden ist und aus welchen Gründen das Gemeinschaftskonto überhaupt errichtet worden ist (BGH, NJW 1990, 705; OLG Karlsruhe, FamRZ 1990, 629, 630; OLG Köln, FamRZ 1987, 1139; OLG Düsseldorf, NJW-RR 1999, 1090 m.w.N).

b) Einzelkonto

Beim Einzelkonto ist ein Ausgleichsanspruch nach § 430 BGB nicht gegeben, da die Eheleute nicht Gesamtgläubiger betreffend die Forderung gegen die Bank sind. In diesen Fällen kann sich eine Ausgleichspflicht hinsichtlich des Konto- bzw. Sparguthabens ausnahmsweise nach den Prinzipien der **Bruchteilsgemeinschaft** ergeben (BGH, FamRZ 2002, 1696; FamRZ 2000, 948; OLG Brandenburg, FamRZ 2011, 114). Der Inhaber eines Einzelkontos ist zwar nicht nur alleiniger Gläubiger einer Guthabensforderung gegenüber der Bank, also Berechtigter im Außenverhältnis. Ihm steht vielmehr im Regelfall das Guthaben auch im Innenverhältnis der Ehegatten alleine zu. Die Ehegatten können aber - auch stillschweigend - eine Bruchteilsberechtigung des Ehegatten, der nicht Kontoinhaber ist, an der Kontoforderung vereinbaren. Unter welchen Voraussetzungen eine solche konkludente Vereinbarung anzunehmen ist, hängt von den Umständen des Einzelfalls ab. Leisten etwa beide Ehegatten Einzahlungen auf ein Sparkonto eines Ehegatten, der nur formal Kontoinhaber ist, und besteht Einvernehmen, dass die Ersparnisse beiden zugutekommen sollen, so steht ihnen die Forderung gegen die Bank im Innenverhältnis im Zweifel zu **gleichen Anteilen** gemäß den §§ 741 ff. BGB zu (BGH, FamRZ 2002, 1696).

VI. Zum Anspruch auf Zustimmung zur Entlassung aus dem Mietverhältnis bei Trennung der Ehegatten

75   Wohnen die Ehegatten zur Miete und haben sie den Mietvertrag gemeinsam abgeschlossen, können sie nach der Trennung Vereinbarungen über dieses Mietverhältnis treffen, die, soweit sie zur Freistellung eines Ehegatten führen sollen, der Zustimmung des/r Vermieters/in bedürfen. Ist der/die Vermieter/in mit der Freistellung des Ehegatten, der ausziehen will oder bereits ausgezogen ist, nicht einverstanden, bleibt die gemäß § 421 BGB bestehende gesamtschuldnerische Haftung beider

Ehegatten trotz des Auszuges eines Ehegatten beibehalten. § 537 Abs. 1 Satz 1 BGB stellt insoweit klar, dass der Mieter von der Zahlung der Miete nicht dadurch befreit wird, dass er aus einem Grund, der in seinen Risikobereich fällt, an der Ausübung des Gebrauchsrechts gehindert ist.

▶ **Wichtig:**

76

> Die Kündigung eines Mietverhältnisses, das beide Ehegatten abgeschlossen haben, kann nur von beiden Ehegatten gemeinsam (!) gekündigt werden. Sind also auf der Mieterseite mehrere Personen beteiligt, kann ein/e Mieter/in das Ausscheiden aus dem Mietvertrag nicht einseitig dadurch bewirken, dass nur er/sie das Mietverhältnis kündigt. Es entsteht also in der Praxis ein ärgerliches Problem, weil der Gesetzgeber die mietrechtlichen Vorschriften nicht mit den entsprechenden familienrechtlichen Besonderheiten harmonisiert hat.

Umstritten ist, ob der ausziehende oder bereits ausgezogene Ehegatte gegenüber dem in der Wohnung verbleibenden Ehegatten einen Anspruch auf Mitwirkung an einer Kündigung des Mietvertrages hat (so: OLG Köln, FamRZ 2011, 891; OLG Hamburg, FuR 2011, 701). Dagegen hat *Wever* (FamRZ 2012, 416, 420) zu Recht Bedenken angemeldet, mit der Begründung, dass die familienrechtliche (Spezial-)Vorschrift des § 1361b BGB dem Familiengericht jedenfalls für die Zeit des Getrenntlebens nur eine vorläufige Regelung der Nutzungsverhältnisse ermögliche, nicht aber einen Eingriff in das Mietverhältnis selbst. Dann aber könne es dem Familiengericht jedenfalls im Regelfall auch nicht gestattet sein, unter Zuhilfenahme schuldrechtlicher Vorschriften die Beendigung des Mietverhältnisses herbeizuführen.

77

Erst für die Zeit nach der Scheidung kann in einem Verfahren nach § 1568a Abs. 3 BGB angeordnet werden, dass das Mietverhältnis verändert – etwa nur mit einem der Ehegatten fortgesetzt – wird.

78

Auch hier ist § 1568a Abs. 3 BGB die speziellere Norm und damit vorrangig vor der Herleitung eines Zustimmungsanspruchs zur Kündigung aus einem durch die Ehe begründeten Treue- und Fürsorgeverhältnis (§ 1353 BGB) oder aus Gemeinschafts- bzw. Gesellschaftsrecht.

79

Soweit im Innenverhältnis der Beteiligten die Frage der Mietzinszahlungen nach der Trennung nicht unterhaltsrechtlich gelöst wird, ist zu klären, ob der nach der Trennung in der gemeinsam angemieteten Wohnung verbliebene Ehegatte von dem anderen Beteiligung an den Mietzahlungen verlangen kann. Trägt ein Ehegatte nach dem Auszug des Partners die Mietkosten allein, so unterliegen die Mithaftung des Ausziehenden und damit der ihm nach § 426 Abs. 1 BGB zustehende Ausgleichsanspruch für eine gemeinsam angemietete Ehewohnung im Allgemeinen einer zeitlichen Beschränkung. Ist das endgültige Scheitern der Ehe erkennbar, steht dem verbleibenden Ehegatten zwar eine Überlegungsfrist zu; er muss sich jedoch sodann um eine Beendigung des Mietverhältnisses bemühen. Dem in der Wohnung verbleibenden Ehegatten ist eine angemessene Überlegungsfrist zuzubilligen, ob er unter alleiniger Kostentragung in der Wohnung verbleiben möchte. Verbleibt der Ehegatte nach einer angemessenen Überlegungsfrist in der Wohnung, ohne sich um eine Auflösung des Mietverhältnisses zu bemühen, gibt er damit zu erkennen, dass er zu einer Fortführung des Mietvertrages unter alleiniger Kostentragung bereit ist. Die Wohnungssituation ist dem verbleibenden Partner dann nicht mehr aufgezwungen, sondern sie ist gewählt; dann ist aber eine weitere Mithaftung des ausgezogenen Ehegatten für die Mietkosten nicht mehr gerechtfertigt (OLG Brandenburg, FamRZ 2007, 1172 – Überlegungsfrist von bis zu drei Monaten; OLG Düsseldorf, FamRZ 2011, 375; OLG Hamburg, FamRZ 2011, 481). Zu der Geltendmachung von Ausgleichsansprüchen vgl. Rdn. 72.

80

Muster: Gerichtlicher Antrag auf Zustimmung zur Entlassung aus dem Mietvertrag bei kooperationswilligem Vermieter gegen Ehepartner

Nach dem trennungsbedingten Auszug eines Ehegatten, kann dessen Entlassung aus einem Mietvertrag bezüglich der gemeinsamen Ehewohnung durch eine Vertragsaufhebung erreicht werden. Für die Aufhebung des Mietvertrages ist sowohl die Zustimmung der Vermieterseite als auch die

81

Zustimmung des in der Wohnung verbleibenden Ehegatten erforderlich (vgl. *Langheim*, FamRZ 2007, 2030).

82 ▶ **Hinweis zur Taktik:**

Um Schwierigkeiten bei der Beweisführung zu vermeiden empfiehlt es sich dringend die Einverständniserklärungen (auch die des anderen Ehepartners!) schriftlich einzuholen.

83 ▶ **Muster: Gerichtlicher Antrag auf Zustimmung zur Entlassung des Antragstellers aus dem Mietvertrag gegen Ehepartner**

An das Familiengericht

.....[1, 2]

Antrag auf Zustimmung zur Entlassung des Antragstellers aus dem Mietverhältnis

des Herrn ....., wohnhaft ..... in .....

– Antragsteller –[3]

Verfahrensbevollmächtigte: .....[4]

gegen

Frau ....., wohnhaft ..... in .....

– Antragsgegnerin –

Verfahrensbevollmächtigte: .....

Namens und im Auftrag des Antragstellers überreichen wir anliegend Original einer uns legitimierenden Vollmacht und beantragen:[5]

Die Antragsgegnerin wird verpflichtet,
1. einer Entlassung des Antragstellers aus dem Mietverhältnis vom ..... betreffend die Wohnung in der X-Straße Nr. 10 in 50696 Köln gegenüber dem Vermieter (Name und Anschrift) zuzustimmen und
2. die Kosten des Verfahrens zu tragen

Begründung:

Die Beteiligten leben seit dem ..... getrennt. Seinerzeit zog der Antragsteller aus der im Antrag genannten ehelichen Wohnung aus, welche nunmehr von der Antragsgegnerin und ihrem neuen Partner genutzt wird. Der Antragsteller verlangt, aus der gesamtschuldnerischen Haftung beider Beteiligter entlassen zu werden. Der im Antrag genannte Vermieter hat seine Bereitschaft erklärt, den Antragsteller aus dem Mietverhältnis zu entlassen und das Mietverhältnis mit der Antragsgegnerin und ihrem neuen Partner fortzuführen. Die Antragsgegnerin hat ihre zur Entlassung des Antragstellers erforderliche Mitwirkung endgültig und ernsthaft verweigert[6]. Gerichtliche Antragstellung ist daher erforderlich[7].

(Rechtsanwalt/Rechtsanwältin)

1. Sachliche Zuständigkeit. Die sachliche Zuständigkeit des FamG folgt aus §§ 111 Nr. 10, 112 Nr. 3, 266 Abs. 1 Nrn. 2 und 3 FamFG. Dabei genügt ein **inhaltlicher** Zusammenhang mit Trennung oder Scheidung, ein zeitlicher ist nach wohl überwiegender Ansicht nicht erforderlich (OLG Zweibrücken, FamRZ 2012, 1410; OLG Braunschweig, NJW-RR 2012, 586 [OLG Braunschweig, 21.12.2011 - 1 W 47/11]; OLG Stuttgart, NJW-RR 2011, 867; OLG Frankfurt, NJW 2010, 3173; OLG Hamm, FamRZ 2011, 392 und 1421; LG Osnabrück, FamRZ 2011, 1090; *Kemper*, FamRB 2009, 53, 56; *Roßmann*, FuR 2011, 498).

2. Örtliche Zuständigkeit. Die örtliche Zuständigkeit folgt den allgemeinen Regelungen der ZPO, wonach gerichtliche Anträge beim **Wohnsitz-Familiengericht** der Antragsgegnerin zu stellen sind,

§§ 113 Abs. 1 FamFG, 12 f. ZPO, wobei an die Stelle des Wohnsitzes der gewöhnliche Aufenthalt tritt, § 267 Abs. 2 FamFG. Während der Anhängigkeit einer Ehesache ist jedoch ausschließlich das Gericht örtlich zuständig, bei dem die Ehesache im ersten Rechtszug anhängig ist oder war, § 267 Abs. 1 FamFG. Veränderungen des gewöhnlichen Aufenthaltes zwischen Einreichung des Scheidungsantrages und Rechtshängigkeit sind zu beachten (vgl. OLG Saarbrücken, FamRZ 2012, 654).

3. Terminologie. Zur zu verwendenden Terminologie in FamFG-Verfahren vgl. § 113 Abs. 5 FamFG.

4. Anwaltszwang. Es besteht i. d. R. Anwaltszwang, §§ 114 Abs. 1, 112 Nr. 3, 266 Abs. 1 FamFG. Das Handeln eines Rechtsanwaltes/einer Rechtsanwältin ist **Verfahrenshandlungsvoraussetzung.** Die Beteiligten können im gerichtlichen Verfahren selbst keine Anträge stellen, zurücknehmen, Vergleiche schließen etc. Unbenommen bleibt ihnen der persönliche Abschluss außergerichtlicher Vergleiche ohne die Hinzuziehung von Rechtsanwälten, soweit dem nicht Formvorschriften entgegenstehen, vgl. z. B. §§ 311b Abs. 1, 1410, 1585c Satz 2 BGB. Der im Termin anwaltlich nicht vertretene Beteiligte ist demzufolge säumig mit der Folge, dass auf Antrag gem. § 113 Abs. 1 Satz 2 FamFG i. V. m. §§ 330 f. ZPO Versäumnisbeschluss zu ergehen hat.

5. Vollmacht. Rechtsanwälte bedürfen als Organe der Rechtspflege keiner schriftlichen Vollmacht, § 11 Satz 3 FamFG. Gleichwohl sollte die Vorlage einer schriftlichen Vollmacht, z. B. aus Gründen der Honorarsicherung u. a., der Regelfall sein.

6. Vollstreckung. Die Vollstreckungsfähigkeit eines antragsgemäß ergangenen Beschlusses auf Zustimmung tritt gem. §§ 120 Abs. 1 und Abs. 2 Satz 1, 116 Abs. 3 Satz 1 FamFG, 894 Satz 2 ZPO mit dem Wirksamwerden der Entscheidung, also mit der **Rechtskraft** ein. Der Nachweis erfolgt durch Erteilung des Rechtskraftvermerkes. Die Erteilung der vollstreckbaren Ausfertigung dient bei Willenserklärungen also nicht der Vorbereitung der Vollstreckung, sondern **ersetzt diese.**

7. Anspruchsgrundlage. Hat sich die Vermieterseite mit der Entlassung des ausgezogenen Ehegatten einverstanden erklärt, besteht ein Anspruch auf Zustimmung zu dessen Entlassung aus dem Mietvertrag gegenüber dem anderen Ehegatten aus § 1353 Abs. 1 Satz 2 BGB, wenn die angestrebte Änderung des Mietvertrages angemessen und für diesen zumutbar ist.

D. Namensrechtliche Probleme

I. Einleitung

Seit dem Inkrafttreten des Familienrechtsreformgesetzes am 01.04.1994 ist es den Eheleuten freigestellt, ob sie einen gemeinsamen Familiennamen, den Ehenamen, führen oder nicht. Die Regelung des § 1355 Abs. 1 BGB ist nur noch als Sollvorschrift ausgestaltet. Das Kindschaftsrechtsreformgesetz vom 16.12.1997 ermöglicht daneben die Bestimmung des Ehenamens auch noch nach der Eheschließung. Das Gesetz zur Änderung des Ehe- und Lebenspartnerschaftsnamensrechts vom 06.02.2005 setzt schließlich die Entscheidung des BVerfG vom 18.02.2004 (FamRZ 2004, 515) um und gibt den Ehegatten nunmehr die Möglichkeit, durch eine frühere Eheschließung erworbene Namen zum Ehenamen auch ihrer neuen Ehe zu bestimmen. Da das BVerfG seine Entscheidung gegen die frühere Gesetzeslage, nach der der durch eine Eheschließung erworbene Name gerade nicht Ehename einer neuen Ehe werden konnte, auf Art. 2 Abs. 1 GG gestützt hat und die Freiheit auf Weitergabe des Namens auch die Freiheit umfasst, auf eine solche Weitergabe zu verzichten, ist es zulässig, die Weitergabe des Namens in neue Ehen vertraglich auszuschließen. Die entsprechende Unterlassungsverpflichtung kann durch eine Vertragsstrafenvereinbarung gesichert werden, die auch vollstreckbar ist (LG München, FamRZ 2000, 1168). Eine solche Vereinbarung ist nicht generell sittenwidrig (BGH, FamRZ 2008, 859). Wird der vertragliche Anspruch gerichtlich durchgesetzt, handelt es sich dabei um eine sonstige Familiensache i. S. d. § 266 FamFG.

Regelungen über den Kindesnamen sind in §§ 1616–1618 BGB enthalten.

II. Gerichtliche Geltendmachung eines Anspruchs auf Verzicht auf den Ehenamen nach Scheidung

85 § 1355 Abs. 5 Satz 2 BGB gewährt dem geschiedenen Ehegatten das Recht, seinen Geburtsnamen oder den Namen wieder anzunehmen, den er zur Zeit der Eheschließung geführt hatte. Der andere Ehegatte hat jedoch keinen Anspruch darauf, dass sein früherer Ehegatte von der ihm in § 1355 Abs. 5 Satz 2 BGB gewährten Möglichkeit auch Gebrauch macht. Das Ehegesetz kannte zwar in § 57 eine Möglichkeit, auf Antrag des Mannes der Frau bei ehrlosem oder unsittlichem Lebenswandel die Weiterführung des Mannes- (= Ehe)namens zu untersagen. Diese - nach dem damaligen Recht konsequent auf die Ablegung des »erheirateten« Mannesnamens beschränkte - Möglichkeit ist jedoch vom 1. EheRG ersatzlos beseitigt worden.

86 Die Frage, ob der Ehegatte, dessen Geburtsname Ehename geworden ist, dem anderen Ehegatten die Fortführung des Ehenamens unter bestimmten Voraussetzungen nach § 242 BGB untersagen kann, wird in Rechtsprechung und Literatur unterschiedlich beurteilt. Zum Teil wird ein solches Untersagungsrecht verneint, weil der Ehename kein nur abgeleiteter Name, sondern zu eigenem Recht erworben sei; niemandem aber könne die Führung »seines« Namens untersagt werden (OLG Celle, FamRZ 1992, 817). Die Gegenmeinung (BGH, FamRZ 2005, 1658) hält - jedenfalls in »Extremfällen« und »unter Berücksichtigung von Zumutbarkeits- und Verwirkungsgesichtspunkten« ein Untersagungsrecht für möglich. Dies soll jedenfalls dann gelten, wenn der Ehename in unredlicher Absicht - etwa zu dem Zweck, unter dem Schutz des neuen Namens weitere Straftaten begehen zu können - erworben worden sei.

87 Im Übrigen kann sich ein Anspruch auf Verzicht auf den Ehenamen nach Scheidung nur aus Vertrag ergeben. Der BGH (FamRZ 2008, 859) hält eine Regelung in einem Ehevertrag, wonach ab Rechtskraft der Scheidung der Ehename abzulegen ist, für wirksam und insbesondere nicht für sittenwidrig. Das Gesetz lasse es zu, dass bei Auflösung der Ehe auf den Ehenamen verzichtet werde. Ein solcher Verzicht kann auch vor der Bestimmung des Ehenamens vereinbart werden. Solche Vereinbarungen werden grundsätzlich für wirksam angesehen, außer es liegen Umstände vor, die das Rechtsgeschäft sittenwidrig erscheinen lassen.

Muster: Gerichtliche Geltendmachung eines Anspruchs auf Verzicht auf den Ehenamen nach Scheidung

88 An das Familiengericht.[1]

.....[2]

Antrag auf Abgabe einer Willenserklärung

des Herrn ....., wohnhaft ..... in .....

– Antragsteller –[3]

Verfahrensbevollmächtigte: RAe .....[4]

gegen

Frau ....., wohnhaft ....., ...

– Antragsgegnerin –[3]

Verfahrensbevollmächtigte: RAe .....

Verfahrenswert:[5] .....

Namens und im Auftrage des Antragstellers überreichen wir anliegend Original einer uns legitimierenden Vollmacht[6] und beantragen:

Die Antragsgegnerin wird verpflichtet,

1. durch Erklärung[7] gegenüber dem Standesamt[8] in ..... ihren Geburtsnamen F oder den Namen K wieder anzunehmen, den sie bis zur Bestimmung des Ehenamens »M« geführt hatte, wobei sie den Ehenamen M ihrem Geburtsnamen F oder ihrem früheren Namen K sodann weder voranstellen noch anfügen darf
2. die Kosten des Verfahrens zu tragen.

Begründung:

Der Antragsteller beansprucht von der Antragsgegnerin die Unterlassung der Fortführung des Ehenamens. Die Beteiligten sind geschiedene Eheleute.

Der Geburtsname der Antragsgegnerin gem. § 1355 Abs. 6 BGB lautete F. Aufgrund früherer Eheschließung nahm sie sodann den Ehenamen K an. Anlässlich der Eheschließung der Beteiligten bestimmten sie den Namen des Antragstellers – nämlich M – als Ehenamen.

Die Antragsgegnerin ist nicht befugt, den durch Eheschließung gem. § 1355 BGB erworbenen Ehenamen fortzuführen. Der BGH (FamRZ 2005, 1658) hat in Ausnahmefällen unter dem Gesichtspunkt des Rechtsmissbrauchs einen Anspruch auf Ablegung des Ehenamens anerkannt, wenn es sich um eine Sanktion auf ein Verhalten des anderen Ehegatten handelt, das den Namenserwerb oder die Namensführung des anderen Ehegatten als solchen betrifft und in so hohem Maße zu missbilligen ist, dass diesem – auch bei Berücksichtigung seines allgemeinen Persönlichkeitsrechts an dem aus der Ehe erworbenen Namen – die Fortführung dieses Namens gegen den Willen seines früheren Ehegatten nach Treu und Glauben nicht länger gestattet werden kann *[ausführen]*. Die Antragsgegnerin hat sich trotz außergerichtlicher Aufforderung geweigert, den Ehenamen abzulegen. Gerichtliche Antragstellung ist daher erforderlich.[9, 10]

(Rechtsanwalt/Rechtsanwältin)

1. Sachliche Zuständigkeit. Die sachliche Zuständigkeit des FamG folgt aus §§ 111 Nr. 10, 112 Nr. 3, 266 Abs. 1 Nrn. 2 und 3 FamFG. Dabei genügt ein **inhaltlicher** Zusammenhang mit Trennung oder Scheidung, ein zeitlicher ist nach wohl überwiegender Ansicht nicht erforderlich (OLG Zweibrücken, FamRZ 2012, 1410; OLG Braunschweig, NJW-RR 2012, 586 [OLG Braunschweig, 21.12.2011 - 1 W 47/11]; OLG Stuttgart, NJW-RR 2011, 867; OLG Frankfurt, NJW 2010, 3173; OLG Hamm, FamRZ 2011, 392 und 1421; LG Osnabrück, FamRZ 2011, 1090; *Kemper*, FamRB 2009, 53, 56; *Roßmann*, FuR 2011, 498).

2. Örtliche Zuständigkeit. Die örtliche Zuständigkeit folgt den allgemeinen Regelungen der ZPO, wonach gerichtliche Anträge beim Wohnsitz-Familiengericht der Antragsgegnerseite zu stellen sind, §§ 113 Abs. 1 FamFG, 12 f. ZPO, wobei an die Stelle des Wohnsitzes der gewöhnliche Aufenthalt tritt, § 267 Abs. 2 FamFG. Während der Anhängigkeit einer Ehesache ist jedoch ausschließlich das Gericht örtlich zuständig, bei dem die Ehesache im ersten Rechtszug anhängig ist oder war, § 267 Abs. 1 FamFG. Veränderungen des gewöhnlichen Aufenthaltes zwischen Einreichung des Scheidungsantrages und Rechtshängigkeit sind zu beachten (vgl. OLG Saarbrücken, FamRZ 2012, 654).

3. Terminologie. Zur zu verwendenden Terminologie in FamFG-Verfahren vgl. § 113 Abs. 5 FamFG.

4. Anwaltszwang. Es besteht i. d. R. Anwaltszwang, §§ 114 Abs. 1, 112 Nr. 3, 266 Abs. 1 FamFG. Das Handeln eines Rechtsanwaltes/einer Rechtsanwältin ist **Verfahrenshandlungsvoraussetzung**. Die Beteiligten können im gerichtlichen Verfahren selbst keine Anträge stellen, zurücknehmen, Vergleiche schließen etc. Unbenommen bleibt ihnen der persönliche Abschluss außergerichtlicher Vergleiche ohne die Hinzuziehung von Rechtsanwälten, soweit dem nicht Formvorschriften entgegenstehen, vgl. z. B. §§ 311b Abs. 1, 1410, 1585c Satz 2 BGB. Der im Termin anwaltlich nicht vertretene Beteiligte ist demzufolge säumig mit der Folge, dass auf Antrag gem. § 113 Abs. 1 Satz 2 FamFG i. V. m. §§ 330 f. ZPO Versäumnisbeschluss zu ergehen hat.

5. Verfahrenswert und Gerichtskosten. Der Verfahrenswert bestimmt die Höhe der Gerichtsgebühren gem. § 3 Abs. 1 FamGKG. Der Verfahrenswert ist mit der Antragstellung gem. § 53 FamGKG anzugeben und bemisst sich nach dem Wert des zugrunde liegenden Geschäfts, § 36 Abs. 1 Satz 1

FamGKG, der in diesem Fall gem. § 3 ZPO nach freiem Ermessen zu schätzen ist. Die gerichtliche Verfahrensgebühr wird mit der Einreichung des Antrages fällig, § 9 Abs. 1 FamGKG. Deshalb soll die Zustellung erst nach Zahlung erfolgen, § 14 Abs. 1 FamGKG. In Eilfällen kann bei Vorliegen weiterer Voraussetzungen, auf vorherige Zahlung der Gerichtskosten gem. § 15 Nr. 3 FamGKG verzichtet werden. Mit Einreichung des Antrages sind gem. Nr. 1220 VV FamGKG 3,0 Gerichtsgebühren einzuzahlen.

6. Vollmacht. Rechtsanwälte bedürfen als Organe der Rechtspflege keiner schriftlichen Vollmacht, § 11 Satz 3 FamFG. Gleichwohl sollte die Vorlage einer schriftlichen Vollmacht, z. B. aus Gründen der Honorarsicherung, der Regelfall sein.

7. Form der Erklärung. Die ggü. dem Standesamt nachträglich zu erklärende Namenswahl muss in öffentlich beglaubigter Form erfolgen, § 1355 Abs. 5 Satz 3 i. V. m. Abs. 4 Satz 5 BGB. Zuständig sind alle Notare, § 129 Abs. 1 Satz 1 BGB oder der gem. § 15c Abs. 1 Nr. 1 bis 4 PStG örtlich zuständige Standesbeamte (vgl. FA-FamR/*Pieper*, Kap. 3 Rn. 16).

8. Örtliche Zuständigkeit des Standesamtes. Örtlich zuständig ist das Standesamt, bei dem das Familienbuch der Ehegatten geführt wird, hilfsweise das Standesamt der Eheschließung und im Fall einer im Ausland geschlossenen Ehe das Standesamt I in Berlin (vgl. § 15c Abs. 2 PStG; FA-FamR/*Pieper* Kap. 3 Rn. 16).

9. Anspruchsgrundlage. Nach der Rechtsprechung des BGH (FamRZ 2005, 1658) kommt ein **zivilrechtlicher** Anspruch auf einen Verzicht auf den Ehenamen nach Treu und Glauben in krassen Ausnahmesituationen in Betracht, die bezeichnenderweise in der Entscheidung nicht festgestellt worden waren. Ohne sich verbindlich zu der Rechtsfrage zu äußern, ob ein solcher Anspruch überhaupt bestehen könne, sei jedenfalls erforderlich, dass die Ehe auch und gerade deshalb geschlossen worden sei, um den Namen erwerben und rechtsmissbräuchlich nutzen zu können. Fälle dieser Art werden also »Exoten« bleiben. Das Namensrecht dient nicht nur dem Schutz ideeller, sondern auch kommerzieller Interessen der Persönlichkeit. Schuldhafte Verletzungen des Rechts können daher Schadensersatzansprüche begründen und sind modifiziert vererblich (wegen der Einzelheiten vgl. z. B. BGH, NJW 2000, 2195 »Marlene Dietrich«).

Öffentlich rechtlich kommt ein Anspruch auf Namensänderung gem. § 3 Abs. 1 Namensänderungsgesetz nur bei Vorliegen eines wichtigen Grundes in Betracht. Lediglich vernünftige Gründe reichen nicht, weil die Ausnahmevorschrift dazu dient, Unzuträglichkeiten im Einzelfall zu beseitigen (vgl. VG Koblenz, BeckRS 2009, 34090 und VGH Hessen, FamRZ 2009, 1332). Enthalten ausländische Rechtsordnungen gleichheitswidrige Vorschriften, z. B. durch Bevorzugung des Mannesnamens, können diese wegen Verstoßes gegen Art. 14, 8 EMRK unwirksam sein (vgl. EuGHMR, FamRZ 2005, 427).

10. Unwiderruflichkeit der Erklärung. Die Erklärung, wieder den Geburtsnamen anzunehmen, soll entgegen § 1355 Abs. 5 Satz 3 BGB unwiderruflich sein (vgl. OLG Frankfurt am Main, FamRB 2010, 117).

III. Ansprüche auf Verzicht auf den Ehenamen aufgrund vertraglicher Grundlage

89 Anders kann die Rechtslage zu beurteilen sein, wenn dem geltend gemachten Anspruch auf Ablegung des Ehenamens eine Vereinbarung zugrunde liegt. Solche sind nach BGH (FamRZ 2008, 859) grds. wirksam, wenn nicht ausnahmsweise eine Sittenwidrigkeit der Vereinbarung anzunehmen ist. Ansprüche aus einem Vertrag können wie folgt geltend gemacht werden:

Muster: Gerichtliche Geltendmachung eines Verzichts auf den Ehenamen auf vertraglicher Grundlage

An das Familiengericht

.....

Antrag auf Abgabe einer Willenserklärung

des Herrn ....., wohnhaft ....., in .....

– Antragsteller –

Verfahrensbevollmächtigte: .....

gegen

Frau ....., wohnhaft ....., in .....

– Antragsgegnerin –

Verfahrensbevollmächtigte: .....

Verfahrenswert: .....

Namens und im Auftrage des Antragstellers überreichen wir anliegend Original einer uns legitimierenden Vollmacht und beantragen:

Die Antragsgegnerin wird verpflichtet,
1. gegenüber dem für sie zuständigen Standesamt zu erklären, dass sie den Ehenamen M ablege und ihren Geburtsnamen F wieder annehme[1]
2. die Kosten des Verfahrens zu tragen.

Begründung:

Die inzwischen geschiedenen Beteiligten vereinbarten[2] im Jahre 1989 für den Fall der Scheidung ihrer Ehe eine Verpflichtung der Antragsgegnerin zum Verzicht auf den Ehenamen M, des Geburtsnamens des Antragstellers. Die Antragsgegnerin führte im Zeitpunkt der Bestimmung des Ehenamens ihren Geburtsnamen F. Die Antragsgegnerin ist auf antragsgemäße Erklärung in Anspruch genommen worden, wendet aber zu Unrecht die vermeintliche Sittenwidrigkeit[3] der Vereinbarung ein und beruft sich ebenfalls zu Unrecht auf ein vermeintlich rechtsmissbräuchliches[4] Verlangen. Eine gerichtliche Entscheidung ist daher erforderlich.

(Rechtsanwalt/Rechtsanwältin)

1. Antrag. Das Gesetz räumt dem geschiedenen Ehegatten gem. § 1355 Abs. 5 Satz 2 BGB ein eigenes Wahlrecht ein. Der geschiedene Ehegatte kann nach Scheidung seinen Geburtsnamen oder den Namen wieder annehmen, den er zum Zeitpunkt der Bestimmung des Ehenamens geführt hat (da sind viele Konstellationen denkbar, vgl. *von Oertzen/Engelsmeier*, FamRZ 2008, 1133, Fn. 9). Ist das – wie zumeist – der Geburtsname, entfällt das Wahlrecht. Dies muss auch im Antrag zum Ausdruck kommen (vgl. BGH, NJW 2008, 1528 Rn. 28) und rechtfertigt die sprachliche Abweichung zum Antrag gem. Rdn. 88.

2. Form. Formvorschriften für eine Vereinbarung zur Fortführung oder Ablegung eines Namens bestehen nicht. Theoretisch kann das Verlangen also auf eine (angeblich) mündlich vor Jahrzehnten getroffene Vereinbarung gestützt werden. In der Praxis kommen derartige Vereinbarungen jedoch nur im Kontext mit anderen ehevertraglichen Vereinbarungen vor und sind dann, wenn sie mit diesen »stehen und fallen« sollen, ebenfalls beurkundungsbedürftig (vgl. §§ 1585c, 1410, 311b, 125 BGB und *PWW/Ahrens*, § 125 Rn. 17).

3. Sittenwidrigkeit. Eine Vereinbarung, die den Verzicht eines Ehegatten auf den Ehenamen zum Inhalt hat, ist grds. nicht sittenwidrig, sofern nicht aufgrund besonderer Umstände im Einzelfall – etwa im Hinblick auf die Art und Weise ihres Zustandekommens – etwas anderes anzunehmen ist

90

(vgl. BGH, NJW 2008, 1528, Rn. 20). Noch während der gerichtlichen Streitigkeit, die zu der vorgenannten BGH-Entscheidung führte, schloss der später unterlegene Ehegatte eine neue Ehe und bestimmte für diese den Ehenamen, zu dessen Ablegung er später rechtskräftig verpflichtet worden war. Diese Namenswahl für die neue Ehe hat das AG Hamburg, NJW 2010, 1890 als sittenwidrig erachtet und den Standesbeamten angewiesen, dem Familienbuch der neuen Ehegatten einen entsprechenden Randvermerk beizuschreiben (vgl. *Kasenbacher*, NJW-Spezial 2010, 388). Umstritten ist die Frage, ob ein Verzicht auf den Ehenamen dann als sittenwidrig zu bewerten ist, wenn eine Gegenleistung dafür gewährt worden ist, weil die Kommerzialisierung des Ehenamensrechtes als anstößig empfunden werden könnte (vgl. LG Bonn, FamRZ 2008, 1183 – a. A. schon RG SeuffA 76 Nr. 55, das keinen Widerspruch einer Abfindungsvereinbarung über 6.000 RM zum »herrschenden Volksbewusstsein« erkannte – zitiert nach *von Oertzen/Engelsmeier*, FamRZ 2008, 1133, 1137).

4. Rechtsmissbrauch und Wegfall der Geschäftsgrundlage. Im entschiedenen Fall hat der BGH (FamRZ 2008, 859) weder einen Wegfall der Geschäftsgrundlage noch ein rechtsmissbräuchliches Begehren des Antragstellers festgestellt. Insb. der Eintritt vorhersehbarer Tatsachen (z. B. Geburt zweier Kinder von bei Eheschließung jungen Eheleuten und eine Ehedauer von 15 Jahren) lasse solche Schlussfolgerungen nicht zu.

E. Geschäfte zur Deckung des Lebensbedarfs

I. Einleitung

91 Gem. § 1357 Abs. 1 Satz 1 BGB ist jeder Ehegatte berechtigt, Geschäfte zur angemessenen Deckung des Lebensbedarfs der Familie mit Wirkung auch für den anderen Ehegatten zu besorgen. Dadurch werden i. d. R. beide Ehegatten berechtigt und als Gesamtschuldner verpflichtet, es sei denn, dass sich aus den Umständen etwas anderes entnehmen lässt (vgl. ausführlich *Klein*; FamVermR; 2. Kap. Rn. 71 ff.). Die Vorschrift gilt nicht mehr ab Beginn der Trennung (vgl. § 1357 Abs. 3 BGB, PWW/*Weinreich*, § 1357 Rn. 4). Aber: Eine spätere Trennung ändert an einer bereits begründeten Mithaftung nichts! Die Möglichkeit, den anderen mit zu verpflichten, setzt also die Führung eines gemeinsamen Haushalts voraus. Wegen des Trennungsbegriffs kann auf § 1567 BGB verwiesen werden, sodass auch das Getrenntleben innerhalb der Ehewohnung ausreichend ist. Zu den Geschäften i. S. d. Gesetzes gehören solche, die nach ihrer Art objektiv der Deckung des privaten (also nicht des beruflichen) Lebensbedarfs dienen, womit unterhaltsrechtlich an die Vorschriften der §§ 1360, 1360 a BGB angeknüpft wird, (vgl. FAKomm-*Weinreich* § 1357 Rn. 9). Diese begründen eine Mitberechtigung oder -verpflichtung nur im Fall der Angemessenheit, d. h. wenn eine vorherige Abstimmung der Ehegatten nicht notwendig oder üblich erscheint und i. d. R. nicht stattfindet, vgl. PWW/*Weinreich* § 1357 Rn. 6 ff. Sog. **Grundlagengeschäfte** sind vom Schutzbereich der Norm nicht erfasst – also z. B. nicht die Anmietung oder Kündigung einer Wohnung (LG Mannheim, FamRZ 94, 445), auch nicht die Verpflichtung zur Zahlung einer Maklerprovision von 15.000,00 € im Zusammenhang mit dem Kauf eines Einfamilienhauses (vgl. OLG Oldenburg, FamRZ 2011, 37), wohl aber die Beauftragung eines Rechtsanwaltes zur Abwehr einer Räumungsklage betreffend die eheliche Wohnung (vgl. OLG Düsseldorf, FamRZ 2011, 35).

Muster: Gerichtlicher Antrag, wenn anspruchsbegründend auf § 1357 BGB zurückgegriffen wird

Klage   92

des Rechtsanwalts ......, geschäftsansässig ....., ...

– Kläger –

Prozessbevollmächtigte: RAe .....

gegen

Herrn ....., ..., ...

– Beklagter –

Namens und im Auftrage des Klägers überreichen wir anliegend Original einer uns legitimierenden Vollmacht und beantragen:

1. Der Beklagte wird als Gesamtschuldner mit seiner Ehefrau ..... verurteilt, an den Kläger ..... nebst 5 Prozentpunkten Zinsen seit dem ..... zu bezahlen und die Kosten des Rechtsstreites zu tragen.
2. Wir beantragen den Erlass eines Versäumnisurteils gem. § 331 III ZPO.

Begründung:

Der Kläger macht in seiner Eigenschaft als Rechtsanwalt Ansprüche aus abgeschlossenem Anwaltsvertrag geltend. Die Mithaftung des Beklagten beruht auf § 1357 Abs. 1 Satz 1 BGB. Der Anspruch gegen die als Gesamtschuldnerin haftende Ehefrau ist bereits anderweitig gem. § 11 RVG im Verfahren 3 C 111/11 AG ..... tituliert.

Der Beklagte hatte anlässlich der auch gegen ihn beantragten Kostenfestsetzung Einwendungen erhoben, die ihren Grund nicht im Gebührenrecht haben, so dass die Klage gem. § 11 Abs. 5 Satz 1 RVG zulässig ist.

Die von ihm nicht getrenntlebende Ehefrau des Beklagten beauftragte den Kläger mit der Führung eines Räumungsrechtsstreits betreffend die eheliche Wohnung. Das Geschäft diente der Deckung des Lebensbedarfs der Familie[1]

des Beklagten, weil dazu alle rechtsgeschäftlichen Vereinbarungen gehören, die der Aufrechterhaltung des ehelichen und familiären Haushalts dienen. Aus den bei Abschluss des Anwaltsvertrages erkennbaren und bekannten Umständen ergab sich nichts anderes. Die der Höhe nach wohl unstreitige Klageforderung berechnet sich wie folgt: Ausführen.[2]

Zum Verzug: Ausführen.

(Rechtsanwalt/Rechtsanwältin)

1. **Zulässigkeit der Klage.** Wenn ein Titel auf einfacherem Wege als dem einer Klage zu erlangen ist, z.B. in einem Kostenfestsetzungsverfahren, steht dies der Zulässigkeit der Klage entgegen, vgl. Zöller-Greger vor § 253 Rn. 18b.

2. **Darlegungs- und Beweislast.** Der Fall ist der Entscheidung des OLG Düsseldorf FamRZ 2011, 35 nachgebildet. Die Darlegungs- und Beweislast für die anspruchsbegründenden Tatsachen trägt nach allgemeinen Grundsätzen der Kläger; für Tatsachen i.S.d. § 1357 Abs. 1 Satz 2 BGB »dass sich aus den Umständen etwas anderes ergebe« der Beklagte.

Das OLG führt in seiner Entscheidung aus, dass die Beauftragung eines Rechtsanwalts/einer Rechtsanwältin zur Abwehr einer Räumungsklage betreffend die eheliche Wohnung von der »Schlüsselgewalt« des Ehegatten gem. § 1357 BGB mit umfasst sei. In diesen Fällen haftet auch der andere Ehegatte für die Bezahlung der Anwaltskosten. Unter die Vorschrift des § 1357 BGB fallen nicht nur Bedarfsgeschäfte des täglichen Lebens, sondern Alles, was den Bedarf der Familie bedient. Grundsätzlich kann auch die Beauftragung eines Anwalts/einer Anwältin darunter fallen. Dem steht nicht entgegen, dass das Grundgeschäft (Abschluss eines Mietvertrags über eine Ehewohnung) nach überwiegender Meinung nicht von § 1357 BGB umfasst ist. Denn der Anwaltsauftrag hatte nach Ansicht des Gerichts im konkreten Fall keine grundlegenden kostenintensiven Veränderungen zum Gegenstand. Im konkreten Fall waren Prozesskosten in Höhe von € 5.479,38 angefallen, wobei die Eheleute allerdings auch besser situiert waren. Das schloss das Gericht daraus, dass sie einen Zweitwohnsitz in Spanien hatten und sich einen guten Teil des Jahres dort aufhielten (OLG Düsseldorf, FamRZ 2011, 35).

II. Ausschluss der »Schlüsselgewalt« i. S. d. § 1357 BGB

93   Nach § 1357 Abs. 2 Satz 1 BGB kann jeder Ehegatte die sog. »Schlüsselgewalt« des anderen einseitig gegenüber diesem oder Dritten (§ 168 Satz 3 BGB) beschränken oder aufheben, ohne dass das Recht auf Haushaltsführung i. Ü. davon betroffen wäre. Dritten gegenüber ist diese Maßnahme nur wirksam, wenn sie diesem bekannt oder im Güterrechtsregister eingetragen ist (§ 1357 Abs. 2 Satz 2, § 1412 BGB).

94   Diese Maßnahme ist nur berechtigt, wenn der haushaltsführende Ehegatte zur Führung der Geschäfte nicht fähig ist oder ernstliche Gründe gegen seinen guten Willen sprechen. Der Antrag ist von dem Ehegatten allein an das zuständige Familiengericht zu richten (§§ 111 Nr. 10, 266 Abs. 2 FamFG), welches die Rechtmäßigkeit der Maßnahme zu prüfen hat.

Muster: Ausschluss der Schlüsselgewalt durch Erklärung ggü. dem Registergericht

95   Ich[2], voller Name, Geburtsdatum, Anschrift, schließe hiermit die Befugnis meines Ehegatten, voller Name, Geburtsdatum, Anschrift, Geschäfte zur angemessenen Deckung des Lebensbedarfs mit Verpflichtungswirkung auch gegen mich abzuschließen, gem. § 1357 Abs. 2 Satz 1 BGB aus und beantrage gem. § 1357 Abs. 2 Satz 2 i. V. m. § 1412 BGB die Eintragung dieser Erklärung in das Güterrechtsregister.[3]

Ort, Datum, Unterschrift[1]

1. Form. Der für die Eintragung notwendige Antrag ist eine materiell-rechtliche Erklärung (OLG Köln, MDR 83, 490), wobei durch sie auch der Umfang der Eintragung begrenzt wird. Es ist also auch möglich, nur Teile einer ehevertraglichen Regelung einzutragen. Der Antrag ist gem. § 1560 Satz 2 BGB in öffentlich beglaubigter Form zu stellen (§§ 129, 39, 40 BeurkG). Nur der beurkundende Notar gilt als zur Antragstellung ermächtigt (§ 378 FamFG). Der Antrag kann aber bereits in den Ehevertrag aufgenommen werden; dann genügt die Vorlage des Vertrages beim Registergericht.

2. Antragsbefugnis. Es genügt der Antrag eines Ehegatten, vgl. § 1561 Nr. 4 BGB.

3. Zuständiges Registergericht. Das zuständige Registergericht ist jedes Amtsgericht, in dessen Bezirk auch nur einer der Ehegatten seinen gewöhnlichen Aufenthalt hat. Das Registergericht prüft außer seiner Zuständigkeit die formellen Antragsvoraussetzungen sowie die Zulässigkeit des Antrages. Auf Bedenken hat es hinzuweisen (§ 382 Abs. 4 FamFG). Nicht geprüft wird die inhaltliche Richtigkeit des Antrags, es sei denn, es bestehen insoweit begründete Zweifel oder die Eintragung verstieße gegen §§ 134, 138. In diesem Fall sind weitere Ermittlungen anzustellen. Unzulässige Anträge sind zurückzuweisen. I. Ü. entscheidet das Gericht über die Fassung der Eintragung, ohne an den Wortlaut des Antrages gebunden zu sein. Wegen der Form der Eintragung vgl. auch §§ 382 ff. FamFG.

Kapitel 10: Partnerschaften außerhalb der Ehe

A. Überblick

Die Formen menschlichen Zusammenlebens außerhalb der Ehe sind aufgrund des gesellschaftlichen Wandels der pluralistischen Gesellschaften Europas inzwischen weitgehend sozial anerkannt, wenn auch die Familie immer noch die wichtigste soziale Institution darstellt. Ursache dieses sozialen

Wandels sind zum einen die wirtschaftliche Selbstständigkeit der Frauen und junger Menschen, zum anderen ein höherer Bildungsstandard und die Aufklärung, die durch den praktisch unbegrenzten Zugang zu Informationen unterschiedlichster Art erfolgt ist. Die Folge ist eine Individualisierung der Lebensführung und eine Abkehr von sozial vorgegebenen Lebensformen. Während nichteheliche Lebensgemeinschaften zu Beginn des 20. Jahrhunderts noch unter Strafe standen, in den 60er Jahren als Provokation aufgefasst, in den 70er Jahren noch ein Randphänomen darstellten und als »wilde Ehe« bezeichnet wurden, sind sie heute gesellschaftlich anerkannt und in großer Zahl vorhanden. Gleichgeschlechtliche Partnerschaften wurden noch in den 70er Jahren strafrechtlich sanktioniert und erhalten heute im Lebenspartnerschaftsgesetz einen der Zivilehe angenäherten Rechtsrahmen. Der Wandel der Lebensformen und die sich entwickelnden Freiräume bei der Gestaltung des Zusammenlebens sind Ausdruck einer Veränderung der moralischen Grundhaltungen. Obwohl partnerschaftliche Treue immer noch einen hohen Stellenwert einnimmt, hat sich die Norm, eine Lebensgemeinschaft auf Dauer einzugehen, gelockert. Festzustellen ist heute eine wesentlich größere Zahl von Ehescheidungen, Wiederverheiratungen und nichtehelichen Partnerschaften mit und ohne Kindern aus den jeweiligen Beziehungen. In gleicher Weise gehören alleinerziehende Väter und Mütter sowie Kinder in gleichgeschlechtlichen Partnerschaften zu den gesellschaftlich tolerierten Lebensformen.

Das Recht vollzieht diese gesellschaftliche Entwicklung mit einer gewissen Verzögerung nach. Die Vielfalt der Lebensformen erhöht dabei jedoch auch die Komplexität des Rechts, sodass das Eherecht, unabhängig von den verfassungsrechtlichen Vorgaben in Art. 6 GG, nicht einfach auf die nichteheliche Lebensgemeinschaft oder die gleichgeschlechtliche Partnerschaft übertragen werden kann.

2   Das Lebenspartnerschaftsgesetz in der seit dem 01.01.2005 geltenden Fassung stellt gleichgeschlechtlichen Paaren ein der Ehe weitgehend angenähertes Rechtsinstitut zur Verfügung, weil diesen Paaren die Ehe nicht offensteht. Nachdem durch weitere Entscheidungen des Bundesverfassungsgerichts, des Europäischen Gerichtshofs und der obersten Bundesgerichte in Deutschland weitere Gleichstellungen mit der Ehe erfolgt sind, wird in der Literatur diskutiert, ob der gleichgeschlechtlichen Partnerschaft nicht das Institut der Ehe eröffnet werden soll, wie es in Belgien, den Niederlanden, Spanien, Norwegen, Schweden, Kanada und Südafrika der Fall ist, wobei die verfassungsrechtlichen Fragen im Hinblick auf Art. 6 GG kontrovers diskutiert werden (vgl. nur *Brosies-Gersdorf*, FamFR 2013, 169 ff.; *Bümelburg*, NJW 2012, 2753 ff.). Für die registrierten Partnerschaften nach dem Lebenspartnerschaftsgesetz bedeutet dies, dass die rechtlichen Beziehungen der Lebenspartner denen der Ehepartner in unterhalts-, vermögens-, namens-, sorge- und erbrechtlicher Hinsicht weitgehend angenähert sind. Materiell-rechtlich ist der Kernbereich der eherechtlichen Regelungen adaptiert worden und in verfahrensrechtlicher Hinsicht findet das familiengerichtliche Verfahren Anwendung. Deshalb kann insoweit grds. auch auf die Kap. 1–8 verwiesen werden. Neben den Besonderheiten werden aber auch grundsätzliche Fragen und Muster im Folgenden unter B. behandelt.

Demgegenüber sind die Rechtsbeziehungen der nichtehelichen Lebensgemeinschaft zwischen Mann und Frau nach den allgemeinen zivilrechtlichen Normen zu behandeln, sofern nicht ein sog. Partnerschaftsvertrag vorliegt. Die diesbezüglichen Rechtsfragen werden umfassend unter C. dargestellt.

B. Die eingetragene Lebenspartnerschaft

I. Überblick zur eingetragenen Lebenspartnerschaft in Vergangenheit und Gegenwart

3   Erst nach der Gründung der BRD setzte ein fundamentaler Wandel in der gesellschaftlichen und rechtlichen Bewertung der Homosexualität ein. Während noch 1957 das BVerfG (BVerfG, NJW 1957, 865) homosexuelle Betätigung als eindeutigen Verstoß gegen das Sittengesetz bewertet und deshalb die Strafbarkeit männlicher Homosexualität als verfassungsgemäß eingestuft hat, wird die gleiche Auffassung heute als menschenrechtswidrig erachtet (EGMR, NJW 1984, 541; EuGRZ

1992, 477). Der Wandel dieser Einschätzung durch die Rechtsprechung fußt auf der gesellschaftlichen Entwicklung, die gleichgeschlechtlichen Partnerschaften heute in der überwiegenden Mehrheit tolerant gegenübersteht und eine weitgehende rechtliche Gleichstellung homosexueller Lebensgemeinschaften mit heterosexuellen befürwortet (Nachweise bei *Beck*, NJW 2001, 1894; *von der Tann*, FamFR 2012, 195 ff.). Diese Entwicklung ist nicht singulär in Deutschland verlaufen, sondern in Westeuropa in eine ähnliche Entwicklung in den Nachbarstaaten eingebettet (vgl. *Scherpe*, FPR 2010, 211 ff.). Beispielhaft wurde in Dänemark 1989 die Eingetragene Partnerschaft faktisch der Ehe gleichgestellt. Dieselbe Rechtsentwicklung erfolgte in Norwegen 1993 und in Island 1996. Vergleichbare Regelungen setzte der Gesetzgeber 2005 in Tschechien, 2000 in Belgien, 2007 in der Schweiz und 2006 in Slowenien in Kraft. 1999 führte Frankreich den Pacte Civil de Solidarité ein und 2004 Großbritannien die Civil Partnership (Nachweise bei *Beck*, NJW 2001, 1894 in Fn. 29 und *Dethloff*, NJW 2001, 2598; *Novak*, FamRZ 2006, 600). Im Amsterdamer Vertrag wurden die Mitgliedstaaten der EU ermächtigt, Vorkehrungen zum Schutze vor Diskriminierungen aufgrund der »sexuellen Ausrichtung« zu treffen (Amtsblatt Nr. C 340 vom 10.11.1997). Mit der im Jahr 2000 verkündeten EU-Richtlinie zur Festlegung eines allgemeinen Rahmens für die Verwirklichung der Gleichbehandlung in Beschäftigung und Beruf (ABlEG L. 303 v. 02.12.2000, S. 16) wurde ein Verbot der Diskriminierung aufgrund der »sexuellen Ausrichtung« europäisches Recht. Ein ähnliches Verbot findet sich in einigen Landesverfassungen, wie beispielweise in Brandenburg (Art. 12 Abs. 2 BbgVerf.) und Thüringen (Art. 2 Abs. 2 ThürVerf). Deshalb besteht heute weitgehende Einigkeit in der rechtlichen und politischen Diskussion, dass die gleichgeschlechtliche Lebenspartnerschaft in den Schutzbereich von Art. 2 Abs. 1 i. V. m. Art. 1 Abs. 1 GG fällt.

Im Gesetzgebungsverfahren zum Lebenspartnerschaftsgesetz war jedoch umstritten, ob das Rechtsinstitut der eingetragenen Lebenspartnerschaft den Schutz von Ehe und Familie in Art. 6 GG verletzt (zu der damaligen Diskussion *Krings*, ZRP 2000, 409; *Scholz/Uhle*, NJW 2001, 393; *Kirchhof*, FPR 2001, 434; *Kemper*, FPR 2003, 158). Mit der Entscheidung des BVerfG vom 18.07.2002 (BVerfGE 104, 51 = BVerfG, FamRZ 2001, 1057) hat diese Diskussion ein Ende gefunden, da die entsprechenden Normenkontrollanträge als unbegründet zurückgewiesen wurden. Während das 2001 in Kraft getretene Lebenspartnerschaftsgesetz noch eine Vielzahl von Regelungen enthielt, die eine künstliche Abgrenzung zur bürgerlichen Ehe herzustellen suchte, hat das auf der Entscheidung des BVerfG aus dem Jahr 2002 fußende Änderungsgesetz, das zum 01.01.2005 in Kraft getreten ist (BGBl. I 2004, S. 3396), zu einer weitgehenden Angleichung an die Zivilehe geführt, indem oft sogar eherechtliche Regelungen unmittelbar übernommen wurden. Die Rechtsprechung des EuGH (bspw. NJW 2011, 2187) und der Gerichte in Deutschland führen auf der Grundlage der EU-Richtlinie 2000/78/EG auch im Arbeits-, Steuer- und öffentlichem Dienstrecht zu einer immer größeren Gleichstellung mit der Ehe (BVerfG, Beck, RS 2011, 55171; BVerwG Beck, RS 2011, 48116; FG Köln Beck, RS 2012, 94072). Diese Entwicklung hat sich fortgesetzt, wie die jüngsten Entscheidungen zum Ehegattensplitting (BVerfG, NJW 2013, 2257), zur gesetzlichen Rentenversicherung (BVerfG, NZS 2011, 58), zum Familienzuschlag im Beamtenrecht (BVerfG, NJW 2013, 2790) und zur Sukzessivadoption (BVerfG, NJW 2013, 847) zeigen. Die weitere Entwicklung wird vor diesem Hintergrund zu einer völligen Gleichstellung mit dem Institut der Ehe tendieren. Bedeutsam ist insoweit die Übergangsregelung in § 21 LPartG, nach der die Neuregelung auf alle Partnerschaften Anwendung findet, also auch auf die vor dem 01.01.2005 geschlossenen. Hinsichtlich der güterrechtlichen Regelungen und der unterhaltsrechtlichen Wirkungen der eingetragenen Partnerschaft und des Versorgungsausgleichs hatten die Partner jedoch bis zum 31.12.2005 die Möglichkeit anderer Gestaltung durch notariell beurkundete Erklärung ggü. dem Amtsgericht.

    4

II. Die versprochene Lebenspartnerschaft

Mit der Gesetzesänderung in Art. 2 Abs. 18 PersonenstandsrechtsreformG (BGBl. I 2008, S. 122) ist die Regelung zum Verlöbnis uneingeschränkt auf die einzutragende Lebenspartnerschaft übertragen worden. Deshalb ist der alte Meinungsstreit, ob das Verlöbnisrecht analog auf gleichgeschlechtliche Paare anzuwenden ist (*Viefhues*, JurisPK-BGB § 1 LPartG Rn. 29), durch den Gesetzgeber obsolet

    5

geworden. Diese können sich also in gleicher Weise die Eingehung einer Lebenspartnerschaft gem. § 1 Abs. 4 LPartG versprechen und lösen durch ein wirksames Versprechen die gleichen Rechtswirkungen aus. Insb. gehören dazu im Verhältnis zu Dritten die Zeugnis-, Auskunfts-, Eides- und Gutachtenverweigerungsrechte gem. §§ 383 bis 385, 408 ZPO, 29 Abs. 2 FamFG und 52 Abs. 1 Nr. 1, 55, 61 Nr. 2 und 76 StPO.

1. Voraussetzungen

6   Für ein wirksames Verlöbnis müssen beide Partner geschäftsfähig und volljährig sein. Dies folgt daraus, dass das Lebenspartnerschaftsgesetz anders als bei der Eheschließung eine Befreiung von der Voraussetzung der Volljährigkeit in § 1303 Abs. 2 BGB nicht vorsieht, sodass dies für das Verlöbnis in gleicher Weise gelten muss (kritisch Palandt/*Brudermüller* § 1 LPartG Rn. 4). Das Versprechen kann ausdrücklich und konkludent erklärt werden. Das Verlöbnis gilt so lange, wie die Verlobten selbst an ihm festhalten. Ein gültiges Verlöbnis endet durch die Eintragung des Partnerschaft, weil dann hinsichtlich des Versprechens Erfüllung i. S. d. § 362 BGB eintritt, durch einvernehmliche Aufhebung mit den Rechtsfolgen des § 1301 BGB, durch Tod eines Verlobten und durch einseitigen Rücktritt mit den Rechtsfolgen der §§ 1298, 1299 BGB.

2. Schadensersatz nach Rücktritt von einem Verlöbnis

7   Die nach der Lebenserfahrung wahrscheinlich einzige Fallgestaltung, die einen Anwalt nach der Beendigung eines Verlöbnisses beschäftigen kann, ist die Geltendmachung von Schadensersatzansprüchen nach einseitigem Rücktritt eines Verlobten. Bei den übrigen Auflösungsgründen gibt es entweder von vornherein keine Ansprüche oder die Einvernehmlichkeit macht eine gerichtliche Auseinandersetzung unwahrscheinlich. Deshalb können diese Fallgestaltungen hier unberücksichtigt bleiben.

Muster: Folgen eines aufgelösten Verlöbnisses

8   An das

Amtsgericht .....

– Familiengericht –[1]

Antrag

des/der .....[2]

Verfahrensbevollmächtigte[3]

gegen

.....

wegen: Schadensersatz wegen unberechtigtem Rücktritt vom Verlöbnis

vorläufiger Streitwert:[4]

Namens und in Vollmacht des Antragstellers wird beantragt
1. Der Antragsgegner wird verurteilt, an den Antragsteller 4.500,00 € nebst 5 % Zinsen über dem Basiszinssatz der Europäischen Zentralbank seit dem 01.09.2009 zu zahlen.
2. Es wird festgestellt, dass der Antragsgegner verpflichtet ist, dem Antragsteller den Umzugsschaden zu ersetzen, der dadurch entsteht, dass er wieder an seinen Heimatort ..... zieht.
3. Die Kosten des Verfahrens trägt der Antragsteller.[5]
4. Vollstreckungsschutzanträge und Antrag auf Versäumnisurteil im schriftlichen Verfahren.[6]

Begründung:

1. Der im Jahre ..... geborene Antragsteller war mit dem im Jahre ..... geborenen Antragsgegner verlobt. Beide Partner hatten sich in einer Feierstunde im Verwandten- und Bekanntenkreis am 24.12.2008, versprochen, miteinander eine eingetragene Lebenspartnerschaft einzugehen. Sie haben nämlich übereinstimmend im Elternhaus des Antragstellers an Weihnachten geäußert, dass sie heiraten möchten, um ihrer Liebe Dauerhaftigkeit und Verlässlichkeit zu geben. Sie haben erklärt, sie würden von nun an füreinander einstehen wollen.[7]

Der Antragsteller ist nur im Hinblick auf diese Erklärung des Antragsgegners von ..... nach ..... gezogen. Er musste für die Anmietung einer neuen Wohnung Maklerprovision in Höhe von 2.000,00 €, Kosten für Zusatzbauteile seiner Einbauküche in Höhe von 2.000,00 € und sonstige Umzugskosten, die in der anliegenden Tabelle näher erläutert sind, in Höhe von 500,00 € aufwenden. Der Antragsgegner hat 1 Monat nach dem Umzug des Antragstellers nach ..... ohne Grund das Verlöbnis gelöst und die Beziehung beendet. Da der Antragsteller keinerlei soziale Bindungen in ..... mehr hat, möchte er in seine Heimatstadt zurückziehen, die er ohne das Versprechen des Antragsgegners nie verlassen hätte.[8]

2. Die Aufwendungen waren auch angemessen, weil .....[9]

(Rechtsanwalt)

1. Zuständigkeit. Die **sachliche Zuständigkeit** folgt aus § 23b Nr. 15 GVG i. V. m. § 269 Abs. 2 Nr. 1 FamFG mit der Folge, dass die Verfahren vor dem Amtsgericht – FamG – in erster Instanz zu führen sind. Die Zuständigkeit des OLG in zweiter Instanz ergibt sich aus § 119 Abs. 1 Nr. 2 GVG.

Die **örtliche Zuständigkeit** bestimmt sich gem. §§ 269 Abs. 2 Nr. 1, 270 Abs. 2, 111 Nr. 10, 267 Abs. 2 FamFG nach allgemeinen Regeln. Für Schadensersatzansprüche aus einem einseitig gelösten Verlöbnis gilt der allgemeine Gerichtsstand des Wohnsitzes der/des Antragsgegners (§§ 12, 13 ZPO) und der Ort, an dem die Registrierung der Partnerschaft stattfinden sollte. Gerichtsstandsvereinbarungen sind i. R. d. allgemeinen Voraussetzungen des § 38 ZPO ohne Weiteres zulässig.

2. Parteien. Antragsbefugt sind die Verlobten und ihre Rechtsnachfolger, da es sich nicht um höchstpersönliche Ansprüche handelt.

3. Anwaltszwang. Es besteht gem. §§ 114 Abs. 1, 112 Nr. 3, 269 Abs. 2 Nr. 1 FamFG unabhängig vom Streitwert Anwaltszwang, da es sich um eine sog. selbstständige Familienstreitsache handelt. Mit der Reform des Familienverfahrens und des Verfahrens der freiwilligen Gerichtsbarkeit hat somit eine Ausweitung des Anwaltszwanges stattgefunden.

4. Verfahrenswert. Der Verfahrenswert bestimmt sich nach den allgemeinen Regeln.

5. Kosten. Die Kostenentscheidung folgt ebenfalls allgemeinen Regeln (§§ 91 ff. ZPO).

6. Vollstreckungsschutz. Der Vollstreckungsschutz folgt den allgemeinen Regeln.

7. Voraussetzungen eines wirksamen Verlöbnisses. Nur Volljährige können sich wirksam die Eingehung einer Lebenspartnerschaft versprechen. Insofern besteht ein Unterschied zum allgemeinen Verlöbnis zur Eingehung einer Ehe. Beide Partner müssen uneingeschränkt geschäftsfähig sein. Die Erklärung kann ausdrücklich und konkludent erfolgen. Wegen der Höchstpersönlichkeit des Versprechens ist eine Stellvertretung hierbei nicht möglich. Nach den allgemeinen Regeln ist der Anspruchsteller für das Vorliegen der Voraussetzungen darlegungs- und beweispflichtig.

8. Voraussetzungen und Umfang des Schadensersatzanspruches. Der Rücktritt erfolgt durch eine einseitige empfangsbedürftige Willenserklärung, die wie das Versprechen selbst ausdrücklich und konkludent erklärt werden kann, wobei auch hier wegen der Höchstpersönlichkeit eine Stellvertretung ausgeschlossen ist, während eine Übermittlung durch Boten wirksam ist. Ob das Verlöbnis fortbesteht, beurteilt sich grds. nach dem Verhalten der Verlobten zueinander. Erklärungen und Handlungen ggü. Dritten kann nur indizieller Charakter beigemessen werden. Da es sich bei der Erklärung des Rücktritts um eine Gestaltungserklärung handelt, ist sie unwiderruflich.

Besonders wichtig in diesem Zusammenhang ist, dass es sich um einen **Schadensersatzanspruch** handelt, der daraus resultiert, dass angemessene Aufwendungen, die in Erwartung der eingetragenen Lebenspartnerschaft getätigt worden sind, zu einem Schaden bei dem Anspruchsteller geführt haben. Anspruchsinhalt sind also nicht die Aufwendungen selbst, sondern der aus der Nutzlosigkeit der Aufwendungen sich ergebende Schaden, also in jedem Fall nur das negative Interesse. Deshalb kommt auch i. R. d. Vorteilsausgleichung zum Tragen, wenn die Aufwendungen sich anderweitig als nützlich erwiesen haben und für den Anspruchsteller einen wirtschaftlichen Wert darstellen (Erman/*Gamillscheg* BGB § 1298 Rn. 11 m. w. N.). Aufwendungen sind dabei alle Leistungen, die der Verlobte aus seinem Vermögen erbringt. Hierzu gehören auch Dienste, soweit sie der beruflichen oder gewerblichen Tätigkeit des Leistenden zuzuordnen sind (BGH, FamRZ 1961, 424). Alle übrigen Dienste sind nicht als Vermögensschäden anzusehen, sondern allein als freundschaftliche Hilfeleistungen nicht geldwerter Art (LG Gießen, FamRZ 1994, 1522; OLG Stuttgart, NJW 1977, 1779). Deshalb zählen zu den erstattungsfähigen Aufwendungen nur die Ausgaben für einen ansonsten nicht verwandtes nur für dieses Ereignis erworbenes Kleidungsstück, Einladungskarten und bspw. die Aufwendungen für einen allein im Hinblick auf das Versprechen des anderen vorgenommenen Wohnungswechsel.

9. Angemessenheit der Aufwendungen. Ersatzfähig sind allein **angemessene** Aufwendungen. Die Angemessenheit ist je nach den Umständen des Einzelfalles unter besonderer Berücksichtigung der wirtschaftlichen Verhältnisse der Verlobten und der zeitlichen Nähe der Eintragung der Lebenspartnerschaft zu bestimmen (MüKo/*Wacke* BGB § 1298 Rn. 9). Je weiter der Zeitpunkt der Eintragung entfernt ist und die Aufwendungen sich von dem Lebensstandard der Verlobten abheben, desto höhere Anforderungen sind an den Maßstab der Angemessenheit zu legen.

III. Begründung einer Lebenspartnerschaft

1. Voraussetzungen und Begründungshindernisse

9   Die in § 1 Abs. 1 bis 3 LPartG normierten Tatbestände sind an die in §§ 1310 und 1311 BGB niedergelegten Regelungen über die Eheschließung angelehnt und regeln die Voraussetzungen, Hindernisse und Unwirksamkeitsgründe für die Eingehung einer Lebenspartnerschaft. Gleichzeitig werden grundsätzliche Verfahrensregelungen getroffen.

10   In § 1 Abs. 1 Satz 1 LPartG ist eine Legaldefinition der eingetragenen Lebenspartnerschaft enthalten. Danach können zwei Personen gleichen Geschlechts bei gleichzeitiger persönlicher Anwesenheit ggü. dem Standesbeamten erklären, miteinander eine Partnerschaft auf Lebenszeit eingehen zu wollen. Da Partnern unterschiedlichen Geschlechts die Ehe offensteht, ist die Lebenspartnerschaft gleichgeschlechtlichen Paaren vorbehalten. Das LPartG setzt keine homosexuelle Neigung voraus und verlangt als Leitbild auch nicht die Herstellung einer Lebensgemeinschaft, noch nicht einmal die Führung eines gemeinsamen Hausstandes, weshalb nach der gesetzlichen Regelung ohne Weiteres auch die Bildung einer gleichgeschlechtlichen, aber heterosexuell ausgerichteten Lebensgemeinschaft möglich ist (*Dethloff*, NJW 2001, 2598, 2600; *Viefhues*, JurisPK-BGB § 1 LPartG Rn. 7). Deshalb könnten bspw. Onkel und Neffe oder Tante und Nichte eine solche Partnerschaft eingehen. Auch wenn dies einen seltenen Ausnahmefall darstellen dürfte und diese Möglichkeit nicht dem Gesetzeszweck entspricht, wäre dies jedoch in gleicher Weise wie bei einer Ehe möglich, die nur zu Versorgungszwecken eingegangen wird.

11   Die Partner müssen keine deutsche Staatsangehörigkeit besitzen, aber volljährig sein und dürfen sich nicht in einer gültigen Ehe oder Lebenspartnerschaft befinden. Wie bei der Ehe ist die Lebenspartnerschaft zwischen voll- und halbbürtigen Geschwistern ausgeschlossen, obwohl der biologische Grund für dieses Eheverbot, die Verhinderung gemeinsamer Kinder, nicht gegeben ist.

12   Einen eher selten auftretenden Fall stellt es dar, wenn die Lebenspartner sich einig sind, in Zukunft nicht die in § 2 LPartG normierten Beistandspflichten übernehmen zu wollen. Dieser Tatbestand entspricht dem Eheaufhebungsgrund des § 1314 Abs. 2 Nr. 4 BGB (Scheinehe). Im Gegensatz

zur Ehe stellt er aber ein absolutes Lebenspartnerschaftshindernis auf. Umstritten ist, ob die registrierende Behörde die Mitwirkung verweigern darf, wenn sie Kenntnis davon hat, dass die Lebenspartnerschaft nur zum Schein eingetragen werden soll (FA-FamR/*Weinreich* Kap. 11 Rn. 216; MüKo/*Wacke* § 2 LPartG Rn. 3; *Finger*, MDR 2001, 199, 200). Es spricht vieles dafür, der Registrierungsbehörde ein Recht zur Verweigerung zuzugestehen, da anders die im Personenstandsrecht unabdingbare Rechtssicherheit nicht zu erreichen ist. Denn gem. § 1310 Abs. 2 Satz 2 Halbs. 2 BGB, der die gefestigte Rechtsprechung (KG, NJW-RR 2001, 1373, 1373; OLG Hamburg, NVwZ 1983, 242; BayObLG, StAZ 1982, 306, 307 f.; vgl. auch OLG Stuttgart, StAZ 1984, 99) kodifizierte, ist der Standesbeamte berechtigt und verpflichtet, seine Mitwirkung bei der Eheschließung zu versagen, wenn ein offenkundiger Missbrauch des Rechtsinstituts der Ehe vorliegt. Erklären die Verlobten hingegen übereinstimmend ohne einen erkennbaren Vorbehalt, die Ehe miteinander eingehen zu wollen, so ist der Standesbeamte nicht befugt, Motive und Zwecke der Eheschließung zu erforschen und damit das Aufgebot zu verweigern. Der Standesbeamte kann seine Mitwirkung mithin nur dann ablehnen, wenn nach den Umständen die Ehe ausschließlich aus sachwidrigen Motiven geschlossen werden soll (OLG Hamburg, NVwZ 1983, 242). Dies ist der Fall, wenn mit »völliger Bestimmtheit« (OLG Hamm, StAZ 1982, 309, 310) feststeht, dass die Herstellung der ehelichen Lebensgemeinschaft erkennbar nicht beabsichtigt ist, sondern die Eheschließung allein und nur dazu dienen soll, einem Ausländer die Aufenthaltserlaubnis zu verschaffen (OLG Hamm, StAZ 1982, 309, 310; BayObLG, StAZ 1982, 306, 307 f.; BayObLG, StAZ 1984, 341; BayObLG, StAZ 1985, 70; OLG Stuttgart, StAZ 1984, 99; OLG Karlsruhe, StAZ 1983, 14; OLG Celle, StAZ 1982, 308 f.; OLG Braunschweig, StAZ 1981, 323; a.A. *Weichert*, NVwZ 1997, 1053, 1056 zur alten Rechtslage). Dasselbe muss auch für die eingetragene Partnerschaft gelten, zumal die Scheinpartnerschaft ein absolutes Wirksamkeitshindernis darstellt.

2. Eintragungsverfahren

Das Lebenspartnerschaftsgesetz regelt in § 1 Abs. 1 und 2 LPartG nur die grundlegenden Verfahrensfragen. I. Ü. ist die Regelung den Ländern übertragen, die sämtlich Ausführungsgesetze zum LPartG erlassen haben. Die Regelungen sind im Einzelnen ebenso unterschiedlich wie bis zur Änderung des Lebenspartnerschaftsgesetzes durch § 22 PStRG die Bestimmung der zuständigen Behörde. Mit dieser am 01.09.2009 in Kraft getretenen Novellierung sind grds. die Standesämter zuständig, wobei gem. § 23 LPartG den Ländern die Möglichkeit abweichender Regelung erhalten blieb. Bei der Beratung eines Paares ist also immer das jeweilige Landesgesetz zurate zu ziehen. Es gilt das Gesetz des Bundeslandes, in dem die Lebenspartnerschaft eingetragen werden soll (vgl. *Stuber*, FPR 2010, 188 ff.).

13

Bundesland	Ausführungsgesetz	Zuständige Behörde
Baden-Württemberg	LPartAusfG BWGültV Sachgebiet 2110	Landratsämter bzw. kreisfreie Städte
Bayern	AGLPartG GVB. 2001, S. 677	Notare
Berlin		Standesämter
Brandenburg	LPart-ZVerfG BS Brandenburg 222–4	Standesämter
Bremen		Standesämter
Hamburg	LPartGAusfG BS Hamburg 400–15	Standesämter
Hessen	LPartG-ZVerfG GVBl. I 2001, S. 358	Standesämter

Mecklenburg-Vorpommern	LPartGAusfG MV BS MV 400–2	Standesämter
Niedersachsen	NdsAGLPartG BS Nds. 2105101	Standesämter
Nordrhein-Westfalen	LPartG-AG NW SGV. NRW. 211	Standesämter
Rheinland-Pfalz	AGLPartG BS Rhein.-Pfalz 400–8	Standesämter
Saarland	AGLPartG BS Saarland 400–2	Standesämter
Sachsen	SächsLPartGAG BS Sachsen 26–10	Standesämter
Sachsen-Anhalt	LPartGAG BS SA 211.4	Standesämter
Schleswig-Holstein	LPartAusfG BS SH 400–1	Standesämter
Thüringen	ThürAGLPartG BS Thür 4004–8	Landkreise bzw. kreisfrei Städte

Die örtliche Zuständigkeit richtet sich nach dem Wohnsitz der Partner und bei Fehlen eines solchen nach dem gewöhnlichen Aufenthalt. Zwischen mehreren zuständigen Stellen können die Partner frei wählen.

14 Rechtsakte der Registrierungsbehörde unterliegen der gerichtlichen Überprüfung, wobei die Zuständigkeitsregelungen in den einzelnen Ausführungsgesetzen zu einer Zersplitterung der Gerichtszuständigkeit geführt haben. Teils waren bzw. sind für laufende Verfahren die VG, teils die Amtsgerichte im Verfahren der freiwilligen Gerichtsbarkeit, also nach den Regeln des FamFG, und teils die Zivilgerichte zuständig. Mit der Reform des Personenstandsgesetzes sind gem. § 51 PStG die Amtsgerichte im Verfahren der freiwilligen Gerichtsbarkeit zuständig, soweit nicht landesrechtlich die Zuständigkeit einer anderen Behörde für die Registrierung bestimmt worden ist.

IV. Wirkungen der eingetragenen Lebenspartnerschaft

15 Die eingetragene Lebenspartnerschaft ist nach der Konzeption des LPartG eine Einstehens- und Verantwortungsgemeinschaft (§ 2 LPartG), die im Wesentlichen der Ehe nachgebildet ist. Aufgrund der besonderen Lebenssituation gleichgeschlechtlicher Paare und teilweise noch unterschiedlichen steuerrechtlichen Regelungen ggü. der Ehe ist der Abschluss eines Lebenspartnerschaftsvertrages gem. § 7 LPartG anzuraten, auch wenn sich die steuerrechtliche Situation der eingetragenen Lebenspartner mehr und mehr derjenigen der Ehegatten angleicht (vgl. nur *Viskorf*, DStR 2012, 219) und nach den Entscheidungen zum Steuerrecht (BVerfG, NJW 2013, 2257; BVerfG, BeckRS 2012, 54761) wird eine völlige Gleichstellung mit der Ehe erfolgen. Mit der Registrierung der Partnerschaft sind die Partner als Grundverpflichtung wechselseitig zur Unterstützung und Rücksichtnahme verpflichtet, wobei zu erwarten ist, dass sich die Rechtsprechung im Laufe der Zeit mehr und mehr an den ehelichen Pflichten orientieren wird, da das Rechtsinstitut nach dem Willen des Reformgesetzgebers bis auf Nuancen an die Ehe angenähert wurde. Auf der anderen Seite wird es aber auch im größeren Umfang als bei den Ehen eine nennenswerte Zahl von Partnerschaften geben,

die sich grundlegend von der wirtschaftlichen und sozialen Situation der Ehen unterscheiden, die Grundlage der Wertentscheidungen des Familienrechtsgesetzgebers gewesen ist.

1. Allgemeine Wirkungen

Die Lebenspartner gelten gem. § 11 Abs. 1 LPartG als Familienangehörige und die Verwandten des Lebenspartners gem. § 11 Abs. 2 Satz 1 LPartG als mit dem Partner verschwägert. Daraus ergeben sich zivil- und strafprozessual besondere Rechte, wie bspw. die Zeugnis- und Aussageverweigerungsrechte gem. §§ 383 Abs. 1 Nr. 2a ZPO und 52 Abs. 1 Nr. 2a StPO (vgl. FA-FamR/*Weinreich* Kap. 11 Rn. 218).

16

Die Partner sind im Gegensatz zur Ehe weder zur Haus- noch zur Geschlechtsgemeinschaft verpflichtet, obwohl das Gesetz, wie die Regelungen zum Unterhalt bei Getrenntleben in § 12 LPartG zeigt, grds. von einem gemeinsamen Hausstand ausgeht. Auch in diesem Bereich besteht deshalb ein weiter Spielraum zu vertragsautonomer Gestaltung.

Umstritten ist, ob das Gebot zur Treue, welches dem Institut der Ehe immanent ist, auch bei der eingetragenen Lebenspartnerschaft Geltung hat (*Erman/Kaiser* § 2 LPartG Rn. 1; *Wellenhofer-Klein* Rn. 106; HK-LPartR/*Kemper* § 2 LPartG Rn. 16). Denkbar sind insoweit vertragliche Absprachen zwischen den Partnern, wobei allerdings die Rechtsprechung zur Inhaltskontrolle von Lebenspartnerschaftsverträgen heute noch nicht abgesehen werden kann (*Zimmermann/Dorsel* Eheverträge § 27 Rn. 13). Tendenziell kann zunächst ein eher weiter Gestaltungsspielraum privatautonomer Vereinbarungen prognostiziert werden.

Ansprüche aus Verstößen gegen die allgemeinen Pflichten aus der eingetragenen Lebenspartnerschaft sind gem. §§ 269 Abs. 2 Nr. 2 FamFG als Familienstreitsachen i. S. d. §§ 112 Nr. 3, 113 Abs. 1 FamFG vor dem Amtsgericht als FamG geltend zu machen. Dabei besteht gem. § 114 FamFG Anwaltszwang für die Beteiligten. Bei Drittbeteiligten sind die schon bisher für Ehesachen bestehenden Einschränkungen des Anwaltszwangs übernommen worden (Schulte-Bunert/Weinreich/*Rehme* §§ 113 Rn. 2 und 114).

17

Die deliktische Haftung der Lebenspartner untereinander ist gem. § 4 LPartG auf Vorsatz und grobe Fahrlässigkeit beschränkt, soweit es sich nicht um Schadensersatzansprüche handelt, die aus der Teilnahme am allgemeinen Straßenverkehr resultieren. In diesem Fall findet nach einhelliger Meinung wie bei Ehegatten die Haftungsbeschränkung des § 4 LPartG keine Anwendung (vgl. nur HK-FamR/*Haibach* § 4 LPartG Rn. 1 m. w. N. in Fn. 2).

2. Lebenspartnername

Mit einer nur graduellen Abweichung entspricht die Regelung in § 3 LPartG derjenigen in § 1355 Abs. 1 Satz 1 BGB. Die Partner **können** danach einen gemeinsamen Lebenspartnernamen wählen, wobei es der Geburtsname eines der Partner sein muss. Geburtsname ist gem. § 3 Abs. 4 LPartG der Name, den der Lebenspartner im Zeitpunkt der Begründung der Lebenspartnerschaft geführt hat (FA-FamR/*Weinreich* Kap. 11 Rn. 225). Wie im Eherecht kann der Partner, dessen Name nicht gewählt worden ist, seinen Namen dem Lebenspartnernamen voranstellen oder anfügen. Dabei dürfen aber keine Drei- oder Mehrfachnamen entstehen. Diese Regelung ist nach der Entscheidung des BVerfG im Urt. v. 05.05.2009 (1 BvR 1155/03, Beck, RS 2009, 33420) verfassungsgemäß. Auch während des Bestehens der Partnerschaft kann die Namenswahl gem. § 3 Abs. 2 LPartG widerrufen werden. Eine erneute Namenswahl ist dann aber gem. § 3 Abs. 2 Satz 5 LPartG ausgeschlossen. Nach der Aufhebung der Lebenspartnerschaft können die Partner den Lebenspartnernamen weiterführen oder ihren Geburtsnamen i. S. d. § 3 Abs. 4 LPartG wieder annehmen.

18

3. Vermögensrechtliche Wirkungen

a) Güterrecht

19   Die Neuregelung des § 6 LPartG hat zu einer uneingeschränkten Anwendung des ehelichen Güterrechts für eingetragene Lebenspartnerschaften, die **nach dem 01.01.2005** begründet worden sind,
geführt (FA-FamR/*Weinreich* Kap. 11 Rn. 248; HK-FamR/*Haibach* § 6 LPartG Rn. 1). Insoweit
kann zwecks Vermeidung von Wiederholungen auf Kap. 3 verwiesen werden. Aufgrund der oftmals
vorhandenen besonderen Verhältnisse und der Besonderheiten im Steuer-, Versorgungs- und Ren-
tenrecht wird sich jedoch mehr als bei Ehen der Abschluss eines Lebenspartnerschaftsvertrages gem.
§ 7 LPartG empfehlen (vgl. unten Rdn. 52–57).

20   Besonderheiten sind aber für Lebenspartnerschaften zu beachten, die vor dem 01.01.2005 eingetragen worden sind. Bis zu diesem Stichtag mussten die Lebenspartner gem. § 1 Abs. 1 Satz 3 LPartG
zur wirksamen Begründung der eingetragenen Lebenspartnerschaft eine Erklärung über ihren Vermögensstand ggü. der registrierenden Behörde abgeben. Sie konnten diesen durch einen Lebenspartnerschaftsvertrag regeln oder den Vermögensstand der Ausgleichsgemeinschaft, der in weiten
Teilen der eherechtlichen Zugewinngemeinschaft entsprach, wählen. Haben sie im Vermögensstand
der Ausgleichsgemeinschaft gelebt, so wechselten sie kraft Gesetzes gem. § 21 Abs. 1 Satz 1 LPartG
in den Güterstand der Zugewinngemeinschaft, sofern sie nichts anderes vereinbart haben. Stichtag
für das Anfangsvermögen ist dabei der Tag der Registrierung (HK-FamR/*Haibach* § 6 LPartG Rn. 3).
Modifizierungen dieses Güterstandes durch einen Lebenspartnerschaftsvertrag bleiben dabei erhalten, sofern dies nicht dazu führt, dass der Vermögensstand der Ausgleichsgemeinschaft insgesamt
erhalten bleibt (HK-FamR/*Haibach* § 6 LPartG Rn. 3; Palandt/*Brudermüller* § 21 LPartG Rn. 2;
Everts, FamRZ 2005, 1888; *Grziwotz*, DNotZ 2005, 13, 16 f.).

21   Bis zum 31.12.2005 konnte nach der Übergangsregelung in § 21 Abs. 2 LPartG jeder Lebenspartner
einer vor dem 01.01.2005 begründeten Lebenspartnerschaft durch notarielle Erklärung ggü. dem
Amtsgericht erklären, dass für die Lebenspartnerschaft der Güterstand der Gütertrennung gelten
soll. Umstritten und von der Rechtsprechung noch nicht geklärt ist die Frage, ob bei einer einseitigen Erklärung der Wechsel des Güterstandes ex tunc oder ex nunc eintritt. Letzteres hätte zur Folge,
dass ein etwaig während der Partnerschaft entstandener Vermögenszuwachs auszugleichen wäre
(zum Streitstand HK-FamR/*Haibach* § 6 LPartG Rn. 4 m. w. N. in Fn. 8–10; *v. Dickhuth-Harrach*,
FPR 2005, 273, 278).

Da § 21 LPartG keine Übergangsregelung für die vereinbarte Vermögenstrennung erhält, stellt sich
die Frage, ob mit der Novellierung des LPartG in diesem Fall automatisch Gütertrennung besteht.
Dies wird in der Literatur allgemein bejaht (HK-FamR/*Haibach* § 6 LPartG Rn. 4; Palandt/*Brudermüller* § 21 LPartG Rn. 3; *Everts*, FamRZ 2005, 189; a. A. *Grziwotz*, DNotZ 2005, 13, 18).

b) Verfügungsbeschränkungen und -erweiterungen sowie zwangsvoll-
streckungsrechtliche Vermutungen

22   Während nach der alten Gesetzeslage die Verfügungsbeschränkungen der §§ 1365, 1369 BGB und
das Surrogationsprinzip i. S. d. § 1370 BGB unabhängig vom Güterstand bei Lebenspartnern galt
(§ 8 Abs. 2 LPartG; vgl. *Dethloff*, NJW 2001, 2598, 2601; *Grziwotz*, DNotZ 2005, 13, 17), hat
die Neuregelung von 2005 insoweit zu einer vollständigen Gleichstellung der Lebenspartner mit
Eheleuten geführt, d. h. diese Verfügungsbeschränkungen greifen allein bei Lebenspartnern, die
im gesetzlichen oder vertraglich modifizierten Güterstand der Zugewinngemeinschaft leben (HK-
FamR/*Haibach* § 6 LPartG Rn. 2; *Zimmermann/Dorsel* Eheverträge, 5. Aufl. 2008 § 27 Rn. 10).
Diese Verfügungsbeschränkungen können jedoch vertraglich abbedungen werden.

23   Ein besonderes Problem stellen jedoch Verfügungen dar, die vor dem 31.12.2004 erfolgt sind. Diese
unterfielen ohne Rücksicht auf den Güterstand der Verfügungsbeschränkung und dürften deshalb

die Rechtsfolgen der §§ 1366, 1367 BGB auslösen (*Grziwotz*, DNotZ 2005, 13, 18). Hier wirkt sich auch der Meinungsstreit über die Frage des Übergangs der Vermögenstrennung in die Gütertrennung (vgl. oben Rdn. 21) aus.

Wie bei Eheleuten gilt auch bei Lebenspartnern gem. § 8 Abs. 1 LPartG die zwangsvollstreckungsrechtliche Eigentumsvermutung zum Schutz der vollstreckenden Gläubiger. Will ein Lebenspartner gegen die Vollstreckung sein Eigentum einwenden, so ist er auf den Weg der Drittwiderspruchsklage gem. § 771 ZPO verwiesen.   24

Schließlich verweist § 8 Abs. 2 LPartG auch auf § 1357 BGB und räumt damit den Lebenspartnern die **sog. Schlüsselgewalt** ein. Insoweit kann uneingeschränkt auf die familienrechtliche Rechtsprechung und Literatur insb. zur gewandelten Funktion dieser Norm (vgl. nur Bamberger/Roth/*Hahn*, Beckscher Online-Kommentar, Stand 2/2009, § 1357 BGB Rn. 2) verwiesen werden.   25

c) Unterhalt

aa) Anzuwendendes Recht

Bei unterhaltsrechtlichen Fragen und insb. bei der Erörterung eines gewünschten Lebenspartnerschaftsvertrages ist zunächst die Übergangsregelung in § 21 Abs. 3 LPartG in den Blick zu nehmen. Danach konnten die Lebenspartner einer vor dem 31.12.2004 eingetragenen Lebenspartnerschaft bis zum 31.12.2005 alleine oder gemeinsam ggü. dem Amtsgericht in einer notariell beurkundeten Erklärung die Anwendung des alten bis zum 31.12.2004 geltenden Unterhaltsrechts nach dem LPartG 2001 zur Anwendung bringen. Dieser alte Rechtszustand unterscheidet sich grundlegend von dem heute gültigen Recht und warf eine Vielzahl von Streitfragen aufgrund der in sich widersprüchlichen Fassung auf, während das aktuell geltende Recht trotz einiger bestehen gebliebener Unklarheiten zu einer weitgehenden Angleichung an das eheliche Unterhaltsrecht geführt hat. Nach dem alten Recht galt weitgehend das Prinzip der Eigenverantwortung (§ 12 Abs. 1 Satz 2 LPartG a. F.), während das jetzt gültige Recht weit mehr die gegenseitige Verantwortung in den Vordergrund rückt (*Weber*, FPR 2005, 151, 153; *Grziwotz*, DNotZ 2005, 13, 21 f.; *v. Dickuth-Harrach*, FPR 2005, 273, 275 f.; HK-FamR/*Haibach* § 5 LPartG; FA-FamR/*Weinreich* Kap. 11 Rn. 227 ff.).   26

Die Frage nach dem anzuwenden Unterhaltsregime stellt sich bei drei Fragen:
- bei Unterhaltsansprüchen eines Lebenspartners,
- bei der Bewertung von Lebenspartnerschaftsverträgen, die vor dem 31.12.2004 geschlossen worden sind,
- bei der Gestaltung von Lebenspartnerschaftsverträgen.

Kommt das aktuelle Recht zur Anwendung, kann hinsichtlich der Unterhaltsfragen uneingeschränkt auf Kap. 2 des Formularbuches verwiesen werden, da das LPartG nach der Änderung durch das Unterhaltsänderungsgesetz vom 21.12.2007 (BGBl. I 3189) ohne Änderung auf das eheliche Unterhaltsrecht verweist (s. insb. die prägnante Zusammenstellung der auftretenden Rechtsfragen bei *Jüdt* in Kleffmann/Soyka, Praxishandbuch Unterhaltsrecht, 2. Aufl. 2014, 8. Kap. und *Grziwotz*, FPR 2010, 191 ff.). Der besonderen Lebenssituation entsprechend sind nur zwei materiell-rechtliche Fragen in der Literatur insoweit noch streitig. Zum einen, ob der Lebenspartnerschaftsunterhalt gem. § 5 LPartG wie beim ehelichen Unterhaltsrecht auch die in der Partnerschaft betreuten Kinder erfasst, also als Familienunterhalt aufzufassen ist (*Grziwotz*, DNotZ 2005, 13, 22), und ob der nachpartnerschaftliche Unterhalt i. S. d. § 16 LPartG nur rechtlich oder auch sozial gemeinschaftliche Kinder erfasst (*v. Dickhuth-Harrach*, FPR 2005, 273, 275; *Walter*, MittBayNot 2005, 193, 197; Palandt/*Brudermüller* § 1570 Rn. 3). Da im ehelichen Unterhaltsrecht auch nur rechtlich gemeinschaftliche Kinder erfasst werden, ist die Berücksichtigung nur sozial gemeinschaftlicher Kinder abzulehnen.   27

Die Unterschiede der verschiedenen Rechtszustände und die Auswirkungen auf die Beurteilung und Gestaltung von Lebenspartnerschaftsverträgen werden unten unter V. (vgl. unten Rdn. 52–57) behandelt.

bb) Unterhaltsantrag nach altem Recht

28 Diese kommt nur dann in Betracht, wenn beide oder ein Partner bis zum 31.12.2005 gem. § 21 Abs. 3 LPartG die Fortgeltung des alten Unterhaltsrechts wirksam herbeigeführt hat. Auch wenn es sich um eher seltene Fallkonstellationen handeln wird, ist ein Formularvorschlag angezeigt, da diese Fallgestaltung auch lange nach Inkrafttreten der heutigen Regelungen auftreten kann.

cc) Muster: Unterhalt nach altem Recht

29 An das

Amtsgericht .....

– Familiengericht –[1]

Antrag

des/der .....[2]

Verfahrensbevollmächtigte[3]

gegen

.....

wegen: nachpartnerschaftlichem Unterhalt

vorläufiger Verfahrenswert:[4]

Namens und in Vollmacht der Antragstellerin beantragen wir:
1. Die Antragsgegnerin wird verurteilt, an die Antragstellerin von der Rechtskraft des Aufhebungsurteils an eine monatlich im Voraus zu zahlende Unterhaltsrente i. H. v. ..... zu zahlen.
2. Die Kosten des Verfahrens trägt die Antragsgegnerin.[5]
4. Vollstreckungsschutzanträge und Antrag auf Versäumnisurteil im schriftlichen Verfahren.[6]

Begründung:

Die Antragstellerin macht im vorliegenden Verfahren nachpartnerschaftlichen Unterhalt gemäß § 16 LPartG **a. F.** gegen die Antragsgegnerin geltend.

1. Die im Jahre 1977 geborene Antragstellerin lebte seit 1995 mit der im Jahre 1975 geborenen Antragsgegnerin zusammen. Die Registrierung in einer eingetragenen Lebenspartnerschaft erfolgte am 02.02.2002 vor dem Standesamt in ..... zur Registernummer ...... Durch Urteil vom 02.03.2009 des Amtsgerichts – Familiengerichts – ..... Az. ..... wurde die Lebenspartnerschaft aufgehoben. Das Urteil ist rechtskräftig.

Mit notarieller Erklärung vom 17.05.2005 gegenüber dem Amtsgericht ..... bestimmte die Antragsgegnerin, dass für etwaige zukünftige Unterhaltsansprüche das Recht in der bis zum 31.12.2004 gültigen Fassung Anwendung finden sollte. Die Beteiligten lebten und leben in .....[7]

2. Die Antragstellerin hat nach gemeinsamem Entschluss der Parteien auf Drängen der Antragsgegnerin mit der Registrierung der Lebenspartnerschaft ihre Arbeitsstelle als Controllerin bei der IKB-Bank in Düsseldorf aufgegeben und nur noch den gemeinsamen Haushalt und die zahlreiche Korrespondenz der Antragsgegnerin, die im Filmgeschäft tätig ist, geführt. Auf beiderseitigen Wunsch der Beteiligten hat die Antragstellerin aufgrund künstlicher Insemination am 22.06.2007 den Sohn Marc-Aurel geboren, der wie ein gemeinsames Kind in der Lebenspartnerschaft aufwuchs und nach der Trennung der Beteiligten im Dezember 2008 bei seiner Mutter blieb.

Die Antragsgegnerin ist als Filmschaffende international tätig und verfügt über ein jährliches Nettoeinkommen von mindestens 500.000,00 €. Die Antragstellerin verfügt demgegenüber über kein Einkommen. Ihre Ersparnisse sind in die gemeinsame Wohnungseinrichtung geflossen und ihren Finanzbedarf sowohl für den Haushalt als auch für persönliche Gegenstände konnte sie von dem Konto der Antragsgegnerin decken, für das sie bis zur Trennung der Beteiligten über eine Vollmacht verfügte. Seit dem 16.12.2008 ist sie mittellos, da die Antragsgegnerin zu diesem Zeitpunkt die Vollmacht widerrufen hat. Aufgrund der aktuellen Finanz- und Bankenkrise ist es der Antragstellerin nicht möglich, auch nur eine halbschichtige Tätigkeit auszuüben. Im Hinblick auf die Betreuung des 2-jährigen Sohnes kann sie nur eine Tätigkeit im Umkreis von ..... annehmen. Stellen für ihre Qualifikation werden zur Zeit aber in großem Maße abgebaut. Davon abgesehen bedarf der »gemeinsame« Sohn der Beteiligten nach der Trennung der intensiven Betreuung, so dass von der Antragstellerin eine Erwerbstätigkeit zur Zeit nicht erwartet werden kann.[8]

3. Der geltend gemachte Unterhalt ist auch angemessen, weil .....[9]

(Rechtsanwältin)

1. Zuständigkeit. Die **sachliche Zuständigkeit** folgt gem. Art. 111 FGG-ReformG aus § 23a Nr. 5 GVG a. F. i. V. m. § 661 Abs. 1 Nr. 4 ZPO a. F. mit der Folge, dass die Verfahren vor dem Amtsgericht – FamG – in erster Instanz zu führen sind. Die Zuständigkeit des OLG in zweiter Instanz ergibt sich aus § 119 Abs. 1 Nr. 2 GVG

Die **örtliche Zuständigkeit** bestimmt sich nach den Regeln für die Familiensachen gem. § 661 ZPO a. F. Denn nach der ursprünglichen Konzeption waren die Lebenspartnerschaftssachen als Siebtes Buch in die ZPO eingestellt. Darin wurden die entsprechenden familienrechtlichen Bestimmungen für jeweils entsprechend anwendbar erklärt.

2. Beteiligten. Antragsbefugt sind die Lebenspartner, da Unterhaltsansprüche höchstpersönlicher Natur sind, soweit nicht die Sonderregel des § 1615 BGB eingreift, die analog auf die partnerschaftlichen Ansprüche nach dem alten Lebenspartnerschaftsgesetz anzuwenden ist.

3. Anwaltszwang. Es besteht gem. §§ 114 Abs. 1, 112 Nr. 3, 269 Abs. 2 Nr. 1 FamFG unabhängig vom Streitwert Anwaltszwang, da es sich um eine sog. selbstständige Familienstreitsache handelt. Mit der Reform des Familienverfahrens und des Verfahrens der freiwilligen Gerichtsbarkeit hat somit eine Ausweitung des Anwaltszwanges stattgefunden.

4. Verfahrenswert. Der Verfahrenswert bestimmt sich nach den allgemeinen Regeln.

5. Kosten. Die Kostenentscheidung folgt ebenfalls allgemeinen Regeln (§§ 91 ff. ZPO) mit der Besonderheit der Kostenregelung in § 93d ZPO.

6. Vollstreckungsschutz. Der Vollstreckungsschutz folgt den allgemeinen Regeln.

7. Voraussetzungen der Anwendung des alten Rechts. Gem. § 21 Abs. 3 LPartG konnten die Partner einer vor dem 31.12.2004 eingetragenen Lebenspartnerschaft jeder allein oder gemeinsam durch notarielle Erklärung vor dem Amtsgericht bis zum 31.12.2005 bestimmen, dass für Unterhaltsansprüche der alte Rechtszustand weitergelten sollte.

8. Voraussetzungen des Unterhaltsanspruches. Der nachpartnerschaftliche Unterhaltsanspruch gem. § 16 LPartG a. F. war deutlich mehr vom Prinzip der **Eigenverantwortlichkeit** geprägt und sollte nur bei Vorliegen enger Voraussetzungen gegeben sein, da der Gesetzgeber bei eingetragenen Partnerschaften davon ausging, dass beide Partner i. d. R. wirtschaftlich selbstständig sind. Ein nachpartnerschaftlicher Unterhaltsanspruch sollte nur insoweit und so lange bestehen, als insb. wegen Krankheit oder Alter von dem Partner eine eigene Erwerbstätigkeit nicht erwartet werden konnte (BT-Drucks. 14/3751, S. 42). Deswegen ist der Unterhaltsanspruch auch in einer Generalklausel zusammengefasst, verweist aber in den Abs. 2 und 3 auf einzelne Regeln aus dem Scheidungsfolgenrecht (*Ring/Olsen-Ring*, Nomos Erläuterungen zum Deutschen Bundesrecht, § 16 LPartG a. F.; MüKo/ *Wacke* § 16 LPartG a. F.). Für spätere Verfahren wird darauf zu achten sein, dass die in Bezug genommenen Vorschriften des BGB dem Rechtszustand vom 31.12.2004 entsprechen, da es sich insoweit **nicht** um eine dynamische Verweisung handeln dürfte. Mit der Wahl des alten LPartG sollten die Partner ja gerade den Rechtszustand am 31.12.2004 festschreiben dürfen, auch wenn die Aufhebung erst viele Jahre später erfolgen sollte.

Die grundlegenden Unterschiede zwischen dem nachehelichen und dem nachpartnerschaftlichen Unterhaltsanspruch sind:

Während im Ehescheidungsrecht die Unterhaltstatbestände einzeln und abschließend normiert sind, enthält das LPartG nur eine Generalklausel. Da andere als die im BGB geregelten Tatbestände für das Unvermögen, den eigenen Lebenserwerb sicherzustellen, kaum denkbar sind, wird es insofern allerdings kaum Unterschiede geben. Problematisch kann insoweit der Unterhalt wegen der Betreuung eines Kindes sein. Der Tatbestand greift ohne Weiteres ein, wenn ein Lebenspartner ein Kind des anderen adoptiert und damit das Kind zum gemeinschaftlichen Kind wird. Bisher nicht geklärt sind die Fälle, in denen ein Lebenspartner sich wegen der Betreuung eines eigenen oder von ihm adoptierten Kindes nach dem gemeinsamen Entschluss mit dem anderen Partner ausschließlich der Betreuung und der Haushaltsführung widmet. In diesen Fällen kann ein Unterhaltsanspruch nur wegen widersprüchlichen Verhaltens des anderen Partners in Betracht kommen (vgl. *Jüdt* in Kleffmann/Soyka, aaO., Rn. 22 ff. m.w.N. und *Kemper*, FPR 2001, 449, 456). Generalisierend kann gesagt werden, dass ein Unterhaltsanspruch in diesen Fällen nur dann in Betracht kommt, wenn das Unvermögen zur eigenen Erwerbstätigkeit **gerade** auf Umständen der gemeinsamen Lebenspartnerschaft beruht.

Problematisch ist, ob der nachpartnerschaftliche Unterhalt gem. § 16 LPartG a. F. weniger im Hinblick auf die Unbilligkeit der Inanspruchnahme des Unterhaltspflichtigen begrenzt ist als der Unterhaltsanspruch während des Getrenntlebens, wie die unterschiedliche Formulierung in § 12 Abs. 2 LPartG und § 16 Abs. 2 LPartG a. F. vermuten lässt. Während nach dem Gesetzeswortlaut für den Getrenntlebensunterhalt die **einfache** Unbilligkeit ausreicht, scheint bei § 16 Abs. 2 LPartG wegen des Verweises auf § 1579 BGB für die Versagung des nachpartnerschaftlichen Unterhalts **grobe** Unbilligkeit erforderlich zu sein (*Kemper*, FPR 2001, 449, 455). Unterschiedliche Unbilligkeitsmaßstäbe wären systemwidrig und würden zu Wertungswidersprüchen führen, da die nachpartnerschaftliche Solidarität weiter gehen würde als die während der Trennungszeit. Deshalb wird einhellig für die Anwendung des gleichen Maßstabes plädiert. Streitig ist, ob insgesamt auf die einfache oder die grobe Unbilligkeit abzustellen ist (Palandt/*Brudermüller*, 61. Aufl. Nachtrag, § 12 LPartG Rn. 9 und *Kemper*, FPR 2001, 449, 455). In den wenigen veröffentlichten Entscheidungen stellt die Rechtsprechung einheitlich auf die einfache Unbilligkeit ab (OLG Düsseldorf, FamRZ 2006, 335, 336; OLG Bremen, FamRZ 2003, 185, 186).

Die **Darlegungs- und Beweislast** dafür, dass dem Unterhaltsberechtigten eine eigene Erwerbstätigkeit nicht zugemutet werden kann, liegt bei diesem, da das Gesetz von der grundsätzlichen Eigenverantwortlichkeit ausgeht.

Der Unterhaltsanspruch während Bestehens der Lebenspartnerschaft gem. § 5 LPartG a. F. weicht vom ehelichen Unterhaltsanspruch insb. dadurch ab, dass es durch die fehlende Verweisung auf § 1360 Satz 2 BGB an der Gleichstellung zwischen den finanziellen Beiträgen zur gemeinsamen Lebensführung und der Führung des Haushalts fehlt. Begründet hat dies der damalige Gesetzgeber damit, dass eingetragene Lebenspartnerschaften typischerweise kinderlos und beide Partner erwerbstätig sind (*Meyer/Mittelstädt*, Das Lebenspartnerschaftsgesetz, § 5 Anm.). Besondere Probleme wirft dies bei überobligationsmäßigen Haushaltsbeiträgen eines Partners auf. Denn die Begrenzung gem. § 1360b BGB wird folgerichtig auf diese Haushaltsführungsbeiträge nicht anzuwenden sein, da diese nicht zum Unterhalt i. S. d. 5 LPartG gehören. Damit besteht aber die Gefahr erheblicher Ausgleichsbeiträge im Fall der Trennung (*Kemper*, FPR 2001, 449, 455)

Ebenfalls vom ehelichen Unterhaltsrecht abweichend geregelt ist der Trennungsunterhalt gem. § 12 LPartG a. F. Während von dem unterhaltsbedürftigen Ehepartner nur dann eine sofortige eigene Erwerbstätigkeit erwartet werden kann, wenn diese ihm nach seinen persönlichen Verhältnissen, insb. seiner früheren Erwerbstätigkeit, der Dauer der Ehe und der wirtschaftlichen Verhältnisse der Ehepartner sowie des gemeinsamen Lebenszuschnitts zumutbar ist, kann von dem Partner einer eingetragenen Lebenspartnerschaft grds. immer eine sofortige Erwerbstätigkeit erwartet werden, es sei denn, sie ist ihm nach seinen persönlichen Verhältnissen, der Dauer der Partnerschaft und den wirtschaftlichen Verhältnissen nicht zumutbar. Der unterhaltsbegehrende Unterhaltspartner ist also darlegungs- und beweispflichtig, dass er ausnahmsweise nicht in der Lage ist, dieser Erwerbsobliegenheit nachzukommen. Ggü. dem ehelichen Unterhaltsrecht liegt also eine erhebliche Verschärfung der Anforderungen vor (*Schwab*, FamRZ 2001, 385, 292; *Grziwotz*, DNotZ 2001, 290, 296). Ebenfalls ist vor dem Hintergrund der grds. größeren wirtschaftlichen Eigenständigkeit der Lebenspartner die Schwelle der Härteklausel in § 12 Abs. 2 LPartG geringer anzusetzen (*Dorsel*, RNotZ 2001, 152).

9. Angemessenheit des Unterhaltsanspruches. Das Maß des Unterhaltsanspruches richtet sich entsprechend der Verweisung in § 16 Abs. 2 LPartG a. F. wie im – damals gültigen – Eherecht nach § 1578 Abs. 1 Satz 1 S. 2 Halbs. 1, Abs. 2 und Abs. 3 BGB in der bis zum 31.12.2007 geltenden Fassung, die wie folgt lautete:

§ 1578 BGB   Maß des Unterhalts

(1) [1]Das Maß des Unterhalts bestimmt sich nach den ehelichen Lebensverhältnissen. [2]Die Bemessung des Unterhaltsanspruchs nach den ehelichen Lebensverhältnissen kann zeitlich begrenzt werden. Der Unterhalt umfasst den gesamten Lebensbedarf.

(2) Zum Lebensbedarf gehören auch die Kosten einer angemessenen Versicherung für den Fall der Krankheit und der Pflegebedürftigkeit sowie die Kosten einer Schul- oder Berufsausbildung, einer Fortbildung oder einer Umschulung nach den §§ 1574, 1575.

(3) Hat der geschiedene Ehegatte einen Unterhaltsanspruch nach den §§ 1570 bis 1573 oder § 1576, so gehören zum Lebensbedarf auch die Kosten einer angemessenen Versicherung für den Fall des Alters sowie der verminderten Erwerbsfähigkeit.

Da der nachpartnerschaftliche Unterhalt infolge der Verweisung auf § 1578 Abs. 3 BGB a. F. auch Ansprüche auf Versicherungskosten für die Altersvorsorge und die Arbeitslosenversicherung umfasst, ist trotz der fehlenden Verweisung in § 12 LPartG dieser Anspruch auch beim Getrenntlebenunterhalt gegeben, da ansonsten aus der gesetzgeberischen Nachlässigkeit wiederum ein Wertungswiderspruch entstehen würde (MüKo/*Wacke* § 12 LPartG a. F. Rn. 4).

I. Ü. kann zum Maß des Unterhaltsanspruches in all seinen Facetten auf die ältere Rechtsprechung und Literatur zu § 1578 BGB verwiesen werden.

4. In der Partnerschaft lebende Kinder

In Partnerschaften lebende gemeinsame oder nur zu einem gehörige Kinder sind heute an der Tagesordnung, da es eine Vielzahl von Lebensformen gibt, in denen Erwachsene mit Kindern zusammenleben. Dies liegt zum einen an der hohen Scheidungsrate und zum anderen an der nennenswerten Zahl von nichtehelichen Lebensgemeinschaften, die sich sequenziell aneinanderreihen können. Die schon hier bestehenden rechtlichen Probleme in Bezug auf »elterliche Sorge«, rechtliche Stellung und Veränderung der rechtlichen Stellung werden noch deutlich komplizierter, wenn es sich bei dieser Partnerschaft um eine gleichgeschlechtliche handelt. Deshalb ist es notwendig, sich vor der rechtlichen Bewertung die tatsächliche Fallgestaltung vor Augen zu führen. Die möglichen Sachverhalte sollte man auch in den Blick nehmen, bevor man sich der Regelung des § 9 LPartG nähert (vgl. zu den möglichen Varianten *Muscheler*, StAZ 2006, 189). Durch die infolge des Urteils des BVerfG vom 19.02.2013 (FÜR 2013, 278) in Zukunft mögliche Sukzessivadoption werden die Fallgruppen noch vielfältiger.

30

a) Tatsächliche Fallgestaltungen und Fragestellungen

31   Es kann sich um eine Partnerschaft handeln, in die die Partner leibliche oder adoptierte Kinder mitbringen, für die sie die alleinige Sorge haben, weil entweder kein anderer Sorgeberechtigter vorhanden ist oder das Sorgerecht dem Partner aufgrund Gerichtsbeschluss alleine zusteht. Es gibt aber auch die Fälle, in denen ein oder mehrere weitere Sorgeberechtigte bestehen. Schließlich kann ein Kind erst in die Partnerschaft hineingeboren oder von einem Partner »hineinadoptiert« werden. Die Geburt wiederum kann zum alleinigen Sorgerecht der Mutter führen, wenn der Erzeuger nicht bekannt ist. § 9 LPartG und die in Bezug genommenen Regelungen der §§ 1618 Satz 2 bis 6, 1629 Abs. 2 Satz 1, 1743 S. 1, 1749 Abs. 1 Satz 2 und 3 sowie Abs. 3, 1751 Abs. 2 und 4 Satz 2, 1754 Abs. 1 und 3, 1755 Abs. 2, 1756 Abs. 2, 1757 Abs. 2 Satz 1 und 1722 Abs. 1 Satz 1 Buchst. c) BGB versuchen alle Fallgestaltungen hinsichtlich des Sorgerechts, des »Familiennamens« und der Adoption zu regeln. Nicht zu Unrecht wird die Regelung als unklar kritisiert (FA-FamR/ *Weinreich* Kap. 11 Rn. 258; *Schausten*, Juris-PK-BGB § 9 LPartG Rn. 1).

b) Sorgerecht

32   Eindeutig und bei allen Formen des Zusammenlebens gleich geregelt ist der Fall, dass das in der eingetragenen Partnerschaft, nichtehelichen Lebensgemeinschaft oder neuen Ehe lebende Kind **nicht** der alleinigen elterlichen Sorge seines Elternteils unterliegt, sondern das gemeinschaftliche Sorgerecht mit dem außerhalb der Partnerschaft/Lebensgemeinschaft/Ehe lebenden Elternteil besteht. In diesem Fall ist der neue Partner oder die neue Partnerin grds. von der elterlichen Sorge auch in Alltagsangelegenheiten und damit auch von der Vertretung des Kindes ausgeschlossen. Diese wird dann allein von den leiblichen Eltern wahrgenommen. Beide Personensorgeberechtigten können jedoch gemeinschaftlich dem neuen Partner oder der neuen Partnerin in den Grenzen ihres Sorgerechtes privatrechtlich eine entsprechende Vollmacht erteilen. Diese ist grds. gem. § 167 BGB formfrei möglich. Ausnahmen und Besonderheiten können sich aus dem jeweiligen Rechtsgeschäft ergeben. Es würde den hiesigen Rahmen sprengen, sie im Einzelnen darzustellen, weswegen auf die einschlägigen Kommentierungen verwiesen wird.

33   Eine Vollmacht könnte wie folgt lauten:

c) Muster: Vollmacht für in der Partnerschaft lebende Kinder

34   Hiermit bevollmächtigen wir, Frau ..... geb. ..... und Herrn ....., geb. ....., Herrn/Frau ..... gegenüber unserem(r) Sohn/Tochter ..... in folgenden Angelegenheiten ..... zur einvernehmlichen Ausübung der elterlichen Sorge in Angelegenheiten des täglichen Lebens und ihn/sie gegenüber Dritten zu vertreten. Bei Gefahr im Verzug hat ..... die Befugnis, alle tatsächlichen und rechtlichen Handlungen, die zum Wohl des Kindes notwendig sind, vorzunehmen.

Die Vollmacht wird nur in dem Umfang erteilt, in dem wir als Eltern ohne Einschränkungen handeln können. Das heißt, in allen Angelegenheiten, in denen gemäß § 1909 BGB ein Ergänzungspfleger bestellt werden muss oder ein Vormund gemäß § 1795 BGB von der Vertretung ausgeschlossen ist, wird die Vollmacht ausdrücklich nicht erteilt.

35   Ist der in der eingetragenen Partnerschaft lebende Elternteil **allein** sorgeberechtigt, so steht dem Partner hingegen gem. § 9 Abs. 1 LPartG das sog. kleine Sorgerecht zu, das auch die Vertretungsmacht ggü. Dritten umfasst (*Ring/Olsen-Ring*, Nomos Erläuterungen zum Deutschen Bundesrecht, § 9 LPartG). Die Norm entspricht der Regelung für Stiefeltern gem. § 1687b BGB und führt insoweit zur Gleichstellung mit der Ehe, in der Stiefkinder leben. Streitig ist, ob dieses gesetzliche Sorgerecht in Alltagsangelegenheiten auch dann besteht, wenn das alleinige Sorgerecht aufgrund Einvernehmens mit dem anderen leiblichen Elternteil oder aufgrund gerichtlicher Entscheidung gegeben ist (*Schausten*, Juris-PK-BGB, § 9 LPartG Rn. 3; Palandt/ *Brudermüller* § 9 LPartG Rn. 2; *Motzer*, FamRZ 2001, 1034, 1040). Es spricht viel dafür, dies zu bejahen. Die Alltagsangelegenheiten sind

in § 1687 Abs. 1 Satz 3 BGB definiert als solche, die häufig vorkommen und die keine schwer ab-änderbaren Auswirkungen auf die Entwicklung des Kindes haben. Dies ist nach objektiven Maß-stäben zu bestimmen und betrifft bspw. die Kleidung, Nachhilfestunden (OLG Düsseldorf, FuR 2005, 565 f.), Verabredungen, Ausgehzeiten im Einzelfall und Freizeitaktivitäten.

Dieses Sorgerecht besteht aber nur im **Einvernehmen** mit dem leiblichen Elternteil. Streitig ist, ob   36
dieses Einvernehmen in jedem Einzelfall neu erteilt werden muss oder ob es generell erteilt ist und
nur vom FamG gem. § 9 Abs. 3 LPartG eingeschränkt werden kann oder bei genereller Erteilung
vom allein Sorgeberechtigten jederzeit widerrufen oder eingeschränkt werden kann (vgl. zum Meinungsstand nur FA-FamR/*Weinreich* Kap. 11 Rn. 258 f.; *Veit*, FÜR 2004, 67; *Schausten*, Juris-PK-
BGB § 9 LPartG Rn. 10). Bei einer funktionierenden Partnerschaft wird es sich dabei um ein eher
theoretisches Problem handeln, da bei der Notwendigkeit der Inanspruchnahme gerichtlicher Hilfe
in Erziehungsfragen i. d. R. eher die Trennung naheliegt. Ausgehend von der Tatsache, dass es sich
um ein **abgeleitetes** Sorgerecht handelt, erscheint das Letztentscheidungsrecht und damit auch die
jederzeitige Einschränkung des kleinen Sorgerechts durch den allein sorgeberechtigten Elternteil
vorzugswürdig zu sein. Denn im Grunde ist das sog. kleine Sorgerecht nichts anderes als eine gesetzliche Ermächtigung zur Ausübung der elterlichen Sorge. Eine solche könnte auch rechtsgeschäftlich
erteilt werden und dann von dem Sorgeberechtigten jederzeit widerrufen werden.

d) Muster: Antrag auf Einschränkung des sog. kleinen Sorgerechts

An das   37

Amtsgericht .....

– Familiengericht –[1]

**Antrag auf Einschränkung des sog. kleinen Sorgerechts einer Partnerin einer eingetragenen
Lebenspartnerschaft und auf Erlass einer einstweiligen Anordnung**

des/der .....[2]

Verfahrensbevollmächtigte[3]

gegen

.....

vorläufiger Verfahrenswert:[4]

Namens und in Vollmacht der Antragstellerin beantrage ich im Wege des einstweiligen Rechtsschutzes:
1. Das der Antragsgegnerin zustehende sog. kleine Sorgerecht gem. § 9 Abs. 1 LPartG wird dahingehend eingeschränkt, dass schulische Angelegenheiten hiervon ausgenommen werden.
2. Die Kosten des Verfahrens trägt die Antragsgegnerin.[5]

Begründung:

Die Antragstellerin muss zu ihrem Bedauern im vorliegenden Verfahren das Familiengericht bemühen, um das ihrer Lebenspartnerin gesetzlich zustehende sogenannte kleine Sorgerecht insoweit einschränken zu lassen, als schulische Angelegenheiten ihrer Tochter ....., geboren am .....,
betroffen sind.

1. Die Antragstellerin lebt seit 2002 mit der Antragsgegnerin in einer eingetragenen Lebenspartnerschaft zusammen. Die Registrierung der eingetragenen Lebenspartnerschaft. erfolgte am
02.05.2002 vor dem Standesamt in ..... zur Registernummer ...... Ihr leibliches Kind stammt aus
einer kurzen Urlaubsbeziehung. Der leibliche Vater ist nicht mehr feststellbar, so dass ihr das alleinige Sorgerecht zusteht.

Das Kind ..... lebt von Anfang an mit der Antragsgegnerin in einer familienähnlichen Beziehung zusammen und diese hat in Alltagsangelegenheiten auch wie in einer Ehe Erziehungsentscheidungen

getroffen und ist im Außenverhältnis zu Dritten als Vertreterin des Kindes aufgetreten. Diese Entscheidungen wurden jeweils im Einvernehmen mit der Antragstellerin getroffen.

2. Antragsgegnerin und Antragstellerin leben grundsätzlich in einer harmonischen Beziehung zusammen. Streitpunkt ist alleine die schulische Entwicklung der Tochter ...... Während die Antragstellerin Wert auf eine solide Schul- und Berufsausbildung legt, hält die Antragsgegnerin dies für spießbürgerlich und meint, das Leben sei schon Schule genug; das Kind müsse sich völlig frei entfalten können. Die Tochter rebelliert aufgrund ihrer altersgemäßen Entwicklung gegen die Zwänge des Schulbesuchs und »schwänzt« diesen häufiger. Hiervon erhielt die Antragstellerin Kenntnis, als sie von der Klassenlehrerin angesprochen wurde, wieso ihre Tochter häufig erkrankt sei. Hierbei stellte sich heraus, dass die Antragsgegnerin wissentlich falsche Entschuldigungen ausgestellt und der Tochter ..... gegeben hat, weil sie deren Verhalten billigte. Eine Verständigung ist mit der Antragsgegnerin nicht möglich, da sie angekündigt hat, ... auch in Zukunft in gleicher Weise »zu unterstützen«. Deshalb ist eine gerichtliche Entscheidung erforderlich, um der Schule Klarheit verschaffen. Das Verhalten der Antragsgegnerin in diesem Bereich gefährdet das Kindeswohl, da die schulische Ausbildung nicht pubertären Launen geopfert werden darf.[6]

(Rechtsanwalt)

1. Zuständigkeit. Die sachliche Zuständigkeit folgt aus §§ 111 Nr. 2, 151 Nr. 1, 269 Abs. 1 Nr. 3 FamFG mit der Folge, dass die Verfahren vor dem Amtsgericht – FamG – in erster Instanz zu führen sind. Die Zuständigkeit des OLG in zweiter Instanz ergibt sich aus § 119 Abs. 1 Nr. 2 GVG

Die **örtliche Zuständigkeit** bestimmt sich nach den Regeln für die Familiensachen gem. § 122 FamFG.

2. Beteiligten. Antragsbefugt ist der/die Lebenspartner/in, dem/der das alleinige Sorgerecht zusteht.

3. Anwaltszwang. Es besteht gem. §§ 114 Abs. 1, 111 Nr. 2, 269 Abs. 2 Nr. 3 FamFG Anwaltszwang.

4. Verfahrenswert. Der Verfahrenswert beträgt gem. §§ 5, 45 FamGKG: 3.000,00 €.

5. Kosten. Die Kostenentscheidung bestimmt sich nach §§ 80, 81 FamFG.

6. Voraussetzungen der Einschränkung des Sorgerechts. Voraussetzung für eine gerichtliche Einschränkung des sog. kleinen Sorgerechts ist, dass dies zum Wohl des Kindes erforderlich ist. Anders als bei § 1666 BGB ist also keine Gefährdung des Kindeswohls Voraussetzung für ein Eingreifen und mithin die Eingriffsschwelle erheblich niedriger. Da es sich um ein von der leiblichen Mutter oder dem leiblichen Vater abgeleitetes Sorgerecht handelt, dürfte diese Schwelle schon erreicht sein, wenn die Differenzen zwischen den Lebenspartnern zu ständigen Streitereien führen. Im Interesse des Kindes liegt es ebenfalls, dass im Außenverhältnis Klarheit herrscht, wer das Kind vertritt und die maßgebliche Erziehungsaufgabe wahrnimmt (Palandt/*Brudermüller* § 9 LPartG Rn. 7; *Vießhues*, Juris-PK-BGB § 9 LPartG Rn. 13; *Löhnig*, FPR 2008, 157 ff.). Denn dem Sorgeberechtigten steht das alleinige Sorgerecht zu und er kann deshalb seine Erziehungslinie auch durchsetzen. Das FamG hat also nicht, wie bei Differenzen zwischen gemeinsam sorgeberechtigten Eltern gem. § 1627 BGB, die verschiedenen Meinungen der Sorgeberechtigten auf ihre Auswirkungen auf das Kindeswohl hin zu überprüfen und dann demjenigen gem. § 1628 BGB in einer Angelegenheit das alleinige Sorgerecht, möglicherweise unter Auflagen oder Beschränkungen, zu übertragen, sondern im Interesse des Kindeswohls Klarheit über die elterliche Sorge zu schaffen (*Löhnig*, FPR 2008, 157, 158).

38   Die Adoption des Kindes des Lebenspartners gem. § 9 Abs. 7 LPartG führt gem. § 1754 Abs. 3 BGB zur gemeinschaftlichen elterlichen Sorge. Insoweit kann auf die Ausführungen zur elterlichen Sorge ehelicher Kinder verwiesen werden.

e) Adoptionsfragen

39   Die Zulässigkeit einer Adoption ergibt sich aus dem Zusammenspiel von §§ 1741 Abs. 2, 1742 BGB und § 9 Abs. 6 und 7 LPartG. Danach können **Ehegatten** ein Kind nur **gemeinschaftlich**

adoptieren, während eingetragene Lebenspartner grds. ein Kind **nicht** gemeinschaftlich annehmen können (OLG Hamm, Beschl. v. 01.12.2009 – 15 Wx 236/09 m. zust. Anm. *Frank*, ZKJ 2010, 197). Dagegen wurden mehr und mehr verfassungsrechtliche Bedenken erhoben. Durch die Vorlage des OLG Hamburg (NJW 2011, 1104 = FamRZ 2011, 1312 m. Anm. Hilbig) wird die Frage in näherer Zukunft einer Klärung zugeführt (MüKo/*Maurer* BGG Vorbem. Rn. 27 vor § 9 LPartG). Demgegenüber ist die Adoption durch Einzelpersonen generell zulässig, unabhängig davon, ob sie in einer eheähnlichen Gemeinschaft, in einer eingetragenen Lebenspartnerschaft oder einer sonstigen Gemeinschaft leben. Diese Gemeinschaften haben nur Ausfluss auf die Frage der Geeignetheit als Annehmender (Bamberger/Roth/*Enders* Beck'scher Online-Kommentar § 1741 Rn. 35). Diese Differenzierung zwischen Ehegatten und eingetragenen Lebenspartnern ist verfassungsrechtlich und sozialwissenschaftlich umstritten (*Pätzold*, FPR 2005, 269 ff.; *Pätzold*, Die gemeinschaftliche Adoption Minderjähriger durch eingetragene Lebenspartner, mit einem guten Überblick auch über die Rechtslage in anderen europäischen Ländern; *Dethloff*, ZRP 2004, 195, 197 f; *Campell*, NJW-Spezial 2013, 452; *von der Tann*, FamFR 2012, 195,197; *Bömelburg*, NJW 2012, 2753 f.). Die sexuelle Orientierung des Annehmenden darf kein Grund zur Ablehnung der Adoption mehr sein (EGMR, NJW 2009, 3637; Dethloff, FPR 2010, 208 f.).

Nach der Reform des LPartG ist die Adoption bei Ehegatten und eingetragenen Lebenspartnern **40** hingegen bei der sog. **Stiefkindadoption vom Ansatz her** gleich geregelt. Beide können das **leibliche** Kind des anderen allein annehmen. Unterschiedlich ist die Rechtslage aber bei **Adoptiv**kindern des Ehepartners und des eingetragenen Lebenspartners. Während ein Ehegatte gem. § 1742 BGB das Adoptivkind annehmen kann, ist eine solche Adoption eingetragenen Lebenspartnern nach der bestehenden Rechtslage noch verwehrt. Diese wird sich aber nach der Entscheidung des BVerfG zur Sukzessivadoption jedoch ändern, da ein entsprechender Gesetzentwurf in Vorbereitung ist.

Aus familienpsychologischer Sicht sollte die Stiefkindadoption jedoch nur die ultima ratio bilden, **41** da das Kind im Normalfall den geringsten Schaden aus der vorherigen Trennung seiner Eltern davonträgt, wenn es zu beiden Eltern einen guten Kontakt hat und die Eltern nicht über die Sorgerechts- oder Adoptionsregelungen ihren Streit über die Trennung austragen (vgl. nur *Weber-Hornig/Kohaupt*, FPR 2003, 315).

Besondere Probleme werden dadurch aufgeworfen, dass international die Zahl der Länder wächst, **42** in denen eine gemeinschaftliche Adoption durch homosexuelle Paare zulässig ist (Staudinger/*Frank* BGB § 1741 Rn. 57). Gem. Art. 22 Abs. 1 Satz 2 EGBGB unterliegt das Recht der Adoption bei Ehegatten dem Statut für die allgemeinen Wirkungen der Ehe i. S. d. Art. 14 Abs. 1 EGBGB. Diese Regelung dürfte im Wege der Analogie auf eingetragene Lebenspartnerschaften anzuwenden sein (MüKo/*Coester* BGB Art. 17b EGBGB Rn. 81). Danach ist das Registerstatut maßgebend und damit eine gemeinschaftliche Adoption ausgeschlossen, wenn deutsches Recht Anwendung findet. Findet ausländisches Recht Anwendung, so ist die Frage der gemeinschaftlichen Adoption zunächst nach diesem Recht zu beurteilen. Anschließend stellt sich die Frage, ob die Kappungsgrenze des Art. 17b Abs. 4 EGBGB, nach der die Rechtswirkungen einer im Ausland eingetragenen Lebenspartnerschaft nicht weiter gehen dürfen, als dies nach dem deutschen Recht vorgesehen ist, eingreift (bejahend MüKo/*Coester* BGB Art. 17b EGBGB Rn. 90 und 110) oder die Anerkennung allein am ordre public zu messen ist. Einigkeit besteht aber darin, dass in anderen Rechtsordnung wirksam abgeschlossene Rechtsvorgänge nur dem ordre public unterliegen (MüKo/*Coester* BGB Art. 17b EGBGB Rn. 90 und 110). An dieser Stelle kann nur auf die besondere Problematik hingewiesen werden, da die einzelnen Fallgestaltungen zu vielfältig und die sachrechtlichen Regelungen zu unterschiedlich sind. Mit der Entscheidung auf die oben in Rdn. 39 angesprochene Vorlage an das BVerfG dürfte sich das Problem erledigen.

f) Einbenennung

Völlig gleich zu den ehelichen Kindern geregelt ist das Recht zur Einbenennung gem. § 9 Abs. 5 **43** LPartG. Deshalb kann insoweit auf die Kommentierung zu § 1618 BGB verwiesen werden.

g) Absicherung der Kinder

44   Bei nicht verheirateten Paaren und eingetragenen Lebenspartnerschaften sind die in den Partnerschaften lebenden Kinder oftmals benachteiligt, weil sie in einer Vielzahl von Fällen keinerlei Ansprüche ggü. dem jeweiligen Partner des leiblichen Elternteils haben und deshalb insoweit ungesi-
chert sind. Soweit sie ggü. dem anderen leiblichen Elternteil Unterhalts- und Erbrechtsansprüche
haben und auch in den Genuss einer Hinterbliebenenversorgung kommen würden, sind sie wie in
einer Ehe abgesichert. Dies gilt aber nicht bei einer Fremdinsemination bei eingetragenen Partnerinnen oder solchen Kindern, bei denen, gleich aus welchen Gründen, neben dem leiblichen Elternteil
aus der eingetragenen Partnerschaft kein weiterer Elternteil greifbar ist und der Lebenspartner oder
die Lebenspartnerin des leiblichen Elternteils faktisch den Lebensunterhalt sichert. Da in diesen
Fällen gesetzliche Unterhaltsansprüche nicht existieren, empfiehlt sich eine lebenspartnerschaftliche
Vertragsabsicherung. Dazu unten unter V.

5. Erbrechtliche und erbsteuerrechtliche Wirkungen

45   Das Erbrecht der eingetragenen Lebenspartner untereinander entspricht seit der Reform des Lebens-
partnerschaftsrechts völlig deckungsgleich dem von Ehegatten. Insoweit kann auf die Erläuterungen
und Formulare zu den Ehegatten (vgl. oben Kap. 11) verwiesen werden, da es insoweit keine Besonderheiten gibt (vgl. nur FA-FamR/*Weinreich* Kap. 11 Rn. 272 ff.; *Schausten*, Juris-PK-BGB § 10
LPartG). Die Reform des FamFG hat nur zu einer marginalen Änderung hinsichtlich der Verwahrung von Testamenten, bisher § 2273 BGB jetzt § 350 FamFG geführt. Hinzuweisen ist insofern auf
das neu eingerichtete zentrale Testamentsregister bei der BNotK.

46   Da das Erbrecht aber auch eine vermögenssichernde Funktion für die Familie hat und in Lebenspartnerschaften Kinder leben, ist es erforderlich, in diesen Fällen die Kinder in den Blick zunehmen.
In aller Regel werden sie nämlich mit einem der eingetragenen Lebenspartner nicht verwandt sein,
sodass insoweit ein gesetzliches Erbrecht ausscheidet und nur eine testamentarische Erbeinsetzung
infrage kommt. Ob eine solche sinnvoll ist, wird in hohem Maße auch von den erbschafts- und
schenkungsteuerrechtlichen Regelungen bestimmt. Es würde den Rahmen dieses Formularhandbu-
ches sprengen, die möglichen Konstellationen und die vielfältigen unterschiedlichen Gestaltungsmöglichkeiten darzustellen. Deshalb können hier nur die grundlegenden Probleme aufgezeigt und
darauf hingewiesen werden, dass vor einer Regelung tunlichst eine umfassende steuer- und allge-
meinrechtliche Beratung erfolgen sollte, um auf der einen Seite die gewünschte Absicherung zu erreichen und auf der anderen Seite eine zu hohe Steuerlast zu vermeiden (vgl. beispielhaft nur *Geißler*,
FPR 2006, 158 ff.; *Maurer*, FPR 2010, 196 ff.).

47   Mit dem Jahressteuergesetz 2010 vom 08.12.2010 hat der Gesetzgeber entsprechend den Beschlüs-
sen des BVerfG vom 21.07.2010 (1 Bvr 611/07 und 2464/07) die Benachteiligung eingetragener
Lebenspartner i. S. d. Lebenspartnerschaftsgesetzes in erbschafts- und schenkungsteuerrechtlicher
Hinsicht beseitigt. Sie ist jetzt der der Ehegatten vollkommen gleichgestellt.

Eine erbschaftsteuerliche Gleichstellung haben die eingetragenen Lebenspartner bei einem selbst genutzten Familienheim erfahren. Die Zuwendung unter Lebenden und von Todes wegen ist unter bestimmten Voraussetzungen gem. § 13 Abs. 1 Nr. 4a ErbStG steuerbefreit. Damit wird der Schutz des
gemeinsamen Lebensraumes und die Lenkung von Vermögen in Grundbesitz bezweckt. Erforderlich
ist jedoch eine Nutzung über 10 Jahre, es sei denn zwingende objektive Gründe, wie Pflegebedürftigkeit oder Tod, verhindern eine Nutzung des Familienheimes über den gesamten Zeitraum. Für Kinder besteht die Steuerbefreiung unter gleichen Voraussetzungen insoweit, als das Familienheim eine
Größe von 200 m2 nicht überschreitet. Bei größerem Immobilienbesitz tritt eine Teilbefreiung ein.

Bei unternehmensbezogenen Vermögen spielt die Eigenschaft als Ehegatte oder eingetragener Lebenspartner keine Rolle.

Die erbschaftsteuerrechtliche Ungleichbehandlung zwischen Ehegatten und eingetragenen Lebenspartnern ist bisher von der Rechtsprechung der Fachgerichte sanktioniert worden (vgl. nur BFH, NJW 2007, 3455), was nach dem o. g. Beschluss des BVerfG obsolet geworden ist.

6. Steuer-, beamten-, sozial- und arbeitsrechtliche Wirkungen

Da das Lebenspartnerschaftsergänzungsgesetz nicht in Kraft getreten ist und viele Ansprüche von   48
Beamten nach der Föderalismusreform Ländersache geworden sind, werden eingetragene Lebenspartner in den meisten Bundesländern grds. beamtenrechtlich wie Fremde behandelt, in einigen
Bundesländern hingegen Eheleuten gleichgestellt (vgl. nur § 2 des Bremischen Beamtenversorgungsgesetzes und § 4a des Saarländischen Besoldungsgesetzes). Deshalb steht ihnen – bis auf wenige
Ausnahmen in einigen Bundesländern und in einigen wenigen Bestimmungen des Bundesbeamtenrechts) vgl. *Classen*, FPR 2010, 200 ff.) – weder ein Familienzuschlag noch eine besondere Hinterbliebenenversorgung im Hinblick auf den beamtenrechtlichen Status des Lebenspartners oder der
Lebenspartnerin zu. Diese Ungleichbehandlung ist von der Rechtsprechung bisher nicht als Verstoß
gegen den allgemeinen Gleichheitssatz (Art. 3 GG) angesehen und aus dem Gedanken des Schutzes
von Ehe und Familie gem. Art. 6 GG als gerechtfertigt erachtet worden (BVerfG, NJW 2008, 209
und 2325; BVerwG, NVwZ 2006, 675; OVG Nordrhein-Westfalen, NJW 2005, 1002; vgl. auch
OVG Rheinland-Pfalz, Urt. v. 09.03.2009 – 2 A 11403). In gleicher Weise hat der Europäische Gerichtshof entsprechende Regelungen für EU-Beamte für rechtmäßig erachtet (EuGH, NVwZ 2001,
1259). Es ist aber unwahrscheinlich, dass diese Rechtsprechung Bestand hat, da der Europäische Gerichtshof und ihm folgend das BVerfG der Argumentation die Grundlage entzogen haben (EuGH,
NJW 2008, 1649; BVerfG, FPR 2010, 240 und den oben genannten, Beschl. v. 21.07.2010). Einige
VG haben das Urteil des EuGH zum Anlass genommen, die eingetragene Lebenspartnerschaft mit
der Ehe auch in beamtenrechtlicher Hinsicht gleichzustellen (vgl. die Aufstellung bei *Classen*, FPR
2010, 200, 203 m. zahlr. Nachw. in Fn. 24; BVerfG, Beck, RS 2011, 55171; EuGH, NJW 2011,
2187; BVerwG Beck, RS 2011, 48116; OVG Sachsen Beck, RS 2011, 49272; VG Düsseldorf Beck,
RS 2012, 46228). Es erscheint aber zweifelhaft, ob diese Gleichstellung ohne eine gesetzliche Änderung des nationalen Gesetzgebers zulässig ist (vgl. zum Zusammenspiel von Unions- und nationalem
Recht *Grünberger*, FPR 2010, 203 ff.; *Hillgruber*, JZ 2010, 41 ff. und *Muscheler*, FPR 2010, 227 ff.).
Die Entwicklung wird aber zu einer vollständigen Gleichstellung zwischen Ehe und eingetragener
Lebenspartnerschaft führen.

In weiten Teilen ist in steuerrechtlicher Hinsicht eine Gleichstellung schon verwirklicht.   49

Im Arbeits- und Tarifrecht neigt die Rechtsprechung dazu, unter Hinweis auf das AGG begüns-   50
tigende Regelungen für Ehepartner auf eingetragene Lebenspartner zu übertragen (EuGH, NZA
2008, 459; BAG, NZA 2010, 216; 2009, 489; 2007, 1179; *Bruns*, NJW 2008, 1929 ff.; *Bruns*, NZA
2008, 596 ff.; *Hunold*, NZA-RR 2009, 113 ff.; *Rengier*, NZA 2008, 553 ff.; *Rengier*, BB 2005, 2574;
Lingemann, BB 2007, 2006 ff.).

Im Sozialrecht hat inzwischen eine weitgehende Gleichstellung von Ehe und eingetragener Lebenspartnerschaft stattgefunden, was zu vermehrten Leistungsansprüchen aber auch zu einer verstärkten
Inanspruchnahme der Lebenspartner geführt hat (*Hußmann*, FPR 2010, 194 ff.).

Dieser kurze Überblick zeigt, dass bei sehr unterschiedlichen Einkommens- und Vermögensver-   51
hältnissen und der von den Lebenspartnern als notwendig erachteten Absicherung eines der Partner
oder von in der eingetragenen Lebenspartnerschaft lebenden absicherungsbedürftigen Kindern eine
umfassende rechtliche Beratung erforderlich ist und der Abschluss eines Lebenspartnerschaftsvertrages angezeigt erscheint.

V. Lebenspartnerschaftsvertrag

Die Darstellung der Wirkungen der eingetragenen Lebenspartnerschaft haben gezeigt, dass   52
der Abschluss eines Lebenspartnerschaftsvertrages i. d. R. sinnvoll ist, da die eingetragene

Lebenspartnerschaft der Ehe zwar in weiten Teilen angenähert ist, aber aufgrund der teilweise noch bestehenden unterschiedlichen steuerlichen Behandlung, der ggü. der Ehe oft differenten Lebenssituation und der häufiger als bei der Ehe oft ungesicherten »gemeinsamen sozialen Kinder«, die in der Lebenspartnerschaft leben, die gesetzlichen Regelungen keinen den besonderen Verhältnissen gerecht werdenden Interessenausgleich herbeiführen können. Die Fallgestaltungen sind so vielfältig, dass im vorliegenden Rahmen nur die wichtigsten Punkte angesprochen werden können und eine sinnvolle Vertragsgestaltung erst nach umfassender rechtlicher und steuerlicher Beratung erfolgen kann. Um diese Beratung strukturieren und den Vertragswilligen die Problemlagen aufzeigen zu können, ist die Erörterung folgender Punkte empfehlenswert (nach *Grziwotz* Beck'sches Notarhandbuch B II; *Grziwotz*, FPR 2001, 466, 467; Wurm/Wagner/Zartmann/*Reetz* Kap. 65 Rn. 18 ff.; *Weber*, FPR 2005, 151):

1. Muster: Vorfragen zur Bestimmung der rechtlichen Rahmenbedingungen

53   1. Begründung der Lebenspartnerschaft vor dem 01.01.2005 und wenn ja, wirksame Ausübung der Gestaltungsmöglichkeit im Hinblick auf Gütertrennung, altes Unterhaltsrecht oder Versorgungsausgleich
      2. Staatsangehörigkeit der Lebenspartner
      3. Bestehen einer Registrierung im Ausland

2. Muster: Erfassen der besonderen Lebenssituation

54   1. Konkrete und zukünftige Gestaltung der Lebenspartnerschaft
         wirtschaftliche Selbständigkeit der Lebenspartner
         Rollenverteilung in der Lebenspartnerschaft
         Betreuung des Lebenspartners oder Dritter (Kinder, Eltern oder sonstige Personen)
         gemeinsames Unternehmen oder Mitarbeit im Unternehmen des Lebenspartners
      2. Aktuelle und geplante wirtschaftliche Entwicklung der Lebenspartnerschaft
         Erwerb gemeinsamen Vermögens oder Aufbau eines gemeinsamen Unternehmens
         Notwendigkeit der wirtschaftlichen Absicherung eines Lebenspartners oder der in der Lebenspartnerschaft lebenden Kinder
         Notwendigkeit der Sicherung der Existenz eines Lebenspartners beispielsweise bei einem ihm gehörenden Unternehmen durch Begrenzung von Ausgleichsansprüchen im Fall der Aufhebung der Lebenspartnerschaft
         Schulden eines Lebenspartners
         wirtschaftliche »Altlasten« eines oder beider Lebenspartner durch Ansprüche Dritter
      3. Wirtschaftliche und soziale Rahmenbedingungen bei Aufhebung der Lebenspartnerschaft oder Tod eines Lebenspartners

3. Muster: Ziele, die mit dem Vertrag verfolgt werden sollen

55   1. Gestaltung der Lebenspartnerschaft nach innen und mit Wirkung gegenüber Dritten
      2. Absicherung des wirtschaftlich schwächeren Partners bei Aufhebung oder Tod des wirtschaftlich stärkeren Partners oder Schutz des wirtschaftlich Stärkeren vor hohen Ausgleichsansprüchen
      3. Absicherung von sozial gemeinsamen Kindern in wirtschaftlicher Hinsicht und/oder im Hinblick auf ihre persönliche Entwicklung im Falle der Trennung oder des Todes des leiblichen Elternteils
      4. Rückabwicklung von Zuwendungen oder Leistungen eines Lebenspartners im Falle der Trennung
      5. Erbrechtskorrigierende Regelungen und steuerliche Gestaltungen

56   Die **notarielle** Form ist nur für die Regelungsgegenstände erforderlich, für die das Gesetz dies ausdrücklich anordnet. Durch die Verweise in §§ 7 Abs. 2 und 20 Abs. 4 LPartG gilt dies für Vereinbarungen zum Güterrecht (§ 1410 BGB), zum Zugewinnausgleich (§ 1378 Abs. 3 Satz 2 BGB) und zum Versorgungsausgleich. Daneben kann sich das Erfordernis der notariellen Form aber auch

aus der direkten Anwendung zivilrechtlicher oder zivilprozessualen Normen ergeben, wie bspw. §§ 311b, 2276 BGB und 794 Abs. 1 Nr. 5 ZPO. Aus Gründen der Rechtsklarheit und der Widerspruchsfreiheit der vertraglichen Regelungen sollte aber der gesamte Vertrag in notarieller Form abgeschlossen und bei Abänderungen Bezug auf einen bestehenden Vertrag genommen werden. In Ausnahmefällen kann jedoch aus Gründen der steuerlichen Anerkennung der Abschluss mehrerer Verträge erforderlich sein (vgl. nur *Reich*, FPR 2005, 299 ff.; *Schlünder/Geißler*, FPR 2006, 158 ff.).

4. Muster: Lebenspartnerschaftsvertrag

Verhandelt am ..... in .....

57

Vor dem Notar ..... erschienen

Frau A .....

und

Frau B .....

Die Erschienenen erklärten:

Wir werden eine eingetragene Lebenspartnerschaft begründen und wollen einen Lebenspartnerschaftsvertrag schließen, in dem wir Regelungen zur Gestaltung der Partnerschaft in tatsächlicher und vermögensrechtlicher Hinsicht, sowie für den Fall der Aufhebung der Lebenspartnerschaft oder des Todes einer der Lebenspartnerinnen treffen wollen. Wir sind beide unverheiratet und auch nicht Partnerin einer eingetragenen Lebenspartnerschaft. Wir besitzen beide die deutsche Staatsangehörigkeit und wollen die Partnerschaft auch an unserem Wohnsitz in ..... registrieren lassen. Frau B ist die allein sorgeberechtigte Mutter der beiden Kinder ....., geb. am ....., und ....., geb. am ...... Der leibliche Vater lebt als Wanderarbeiter in Neuseeland und hält ab und zu Kontakt zu den Kindern. Von ihm sind Unterhaltszahlungen weder heute noch in Zukunft zu erwarten. Eine Stiefkindadoption gemäß § 9 Abs. 7 LPartG kommt für uns nicht in Betracht.

Frau A ist berufstätig und finanziert den Haushalt der Lebenspartnerschaft allein. Frau B führt den Haushalt und widmet sich der Kindererziehung. Diese Rollenverteilung ist zwischen beiden Partnerinnen einvernehmlich abgesprochen.

Frau B ist lastenfreie Eigentümerin des Grundbesitzes ....., der auch den gemeinsamen Hausstand bildet. Frau A verfügt demgegenüber nicht über nennenswertes Vermögen.

Wir wurden in einem ausführlichen persönlichen Beratungsgespräch von dem beurkundenden Notar umfassend über die gesetzlichen Regelungen des Lebenspartnerschaftsgesetzes informiert und treffen in dieser Vereinbarung nach besonderer Belehrung ergänzende oder innerhalb der gesetzlichen Grenzen mögliche abändernde Regelungen, um den Besonderheiten unserer Lebenspartnerschaft und insbesondere dem Schutz der in der Lebenspartnerschaft lebenden Kinder ..... und ..... gerecht zu werden. Wir wurden insbesondere über die Bedeutung und rechtliche Tragweite der Vertragsgestaltung belehrt, erhielten einen Vertragsentwurf und hatten danach ausreichend Zeit, diesen zu prüfen.

Die Parteien wurden darauf hingewiesen, dass einzelne Regelungen steuerrechtliche Auswirkungen haben. Ihnen wurde geraten, insoweit fachkundige Beratung durch einen Steuerberater oder Rechtsanwalt einzuholen und auf wirtschaftliche oder persönliche Veränderungen in der Zukunft zu achten, die eine Änderung des Vertrages prüfenswert erscheinen lassen.[1]

Wir schließen folgenden

Lebenspartnerschaftsvertrag

I. Verpflichtung zur umfassenden Lebensgemeinschaft

Wir verpflichten uns zur umfassenden Lebensgemeinschaft im Sinne der gesetzlichen Ehe.[2]

II. Güterrechtliche Regelungen

Wir leben im gesetzlichen Güterstand der Zugewinngemeinschaft, den wir aber entsprechend den folgenden Regelungen modifizieren möchten.

1. Wir schließen die Anwendung der §§ 1365 und 1369 BGB aus und jede von uns soll berechtigt sein, über ihr Vermögen im Ganzen und über die ihr gehörenden Gegenstände des gemeinsamen Haushalts zu verfügen.[3]

2. Für den Fall, dass unser Güterstand auf andere Weise als durch Tod, insbesondere durch Aufhebung der Partnerschaft, aufgelöst wird, schließen wir den Zugewinnausgleich vollständig aus. Klarstellend vermerken wir, dass es im Fall der Auflösung unserer Lebenspartnerschaft durch den Tod einer von uns bei dem Zugewinn gemäß § 1371 BGB verbleibt. Ein etwaiger Zugewinnausgleichsanspruch von Frau A bleibt so lange gestundet, bis die Erben ihn erfüllen können, ohne den oben bezeichneten Grundbesitz veräußern zu müssen. Veräußern sie ihn von sich aus, wird der Zugewinnausgleichsanspruch sofort fällig.

3. Zuwendungen jeder Art einer Lebenspartnerin an die andere können bei Aufhebung der Lebenspartnerschaft, gleich aus welchem Rechtsgrund nicht zurückgefordert werden. Dies gilt unabhängig davon, wer das Scheitern der Lebenspartnerschaft verursacht hat. Das gilt nicht, wenn sich eine Lebenspartnerin die Rückforderung vor der Zuwendung durch schriftliche von der anderen Lebenspartnerin gegengezeichnete Erklärung vorbehalten hat.

4. Die Beifügung einer Aufstellung unseres Vermögens wünschen wir nicht.

III. Unterhalt[4]

1. Die Erschienenen sind sich darüber einig, dass Frau B den gemeinsamen Haushalt führt und dadurch ihre Unterhaltspflicht gemäß § 5 LPartG erfüllt. Frau A verpflichtet sich, auch gegenüber den gemeinsamen sozialen Kindern ..... und ..... den gesetzlich geschuldeten Unterhalt zu leisten, wie er diesen zustünde, wenn sie eheliche Kinder wären.

2. Für den Fall der Trennung der Beteiligten und der Aufhebung der Lebenspartnerschaft vereinbaren wir, dass sich die Unterhaltsverpflichtungen zwischen den Erschienenen nach Grund und Höhe nach den gesetzlichen Regelungen richten, wie sie zwischen Eheleuten gelten. Frau A verpflichtet sich gegenüber ..... und ....., auch im Fall der Trennung und der Aufhebung der Lebenspartnerschaft den Kindern ..... und ..... den Unterhalt zu leisten, den sie zu leisten hätte, wenn sie nach den familienrechtlichen Vorschriften für eheliche Kinder diesen gegenüber zum Barunterhalt verpflichtet wäre.

3. Frau A betrachtet die Kinder ..... und ..... als »eigene« Kinder. Deshalb verpflichtet sie sich, diesen im Falle des Todes von Frau B Unterhalt zu leisten, wie sie gesetzlich für eigene Kinder zum Unterhalt verpflichtet wäre. Die Erschienenen sind sich einig, dass in diesem Fall Frau A als Vormund für die Kinder für die Zeit ihrer Minderjährigkeit bestellt werden soll.

IV. Erbrechtliche Regelungen[5]

1. Frau B verzichtet gegenüber Frau A auf sämtliche gesetzlichen erb- und Pflichtteilsrechte unter Einschluss etwaiger Pflichtteilsergänzungsansprüche, die ihr am künftigen Nachlass ihrer Lebenspartnerin zustehen. Frau A nimmt den Verzicht ihrer Lebenspartnerin an.

2. Frau A verzichtet gegenüber ihrer Lebenspartnerin auf sämtliche gesetzlichen Pflichtteilsrechte unter Einschluss etwaiger Pflichtteilsergänzungsansprüche, die ihr am künftigen Nachlass ihrer Lebenspartnerin zustehen. Frau B nimmt den Verzicht an.

3. Der Notar hat darauf hingewiesen, dass der Pflichtteilsverzicht von Frau A die gesetzliche Erbfolge nach Frau B unberührt lässt. Frau B kann deshalb jede Verfügung von Todeswegen zugunsten Frau A oder zugunsten Dritter treffen, ohne dass der oder die Bedachten durch Pflichtteilsrechte der überlebenden Lebenspartnerin beschwert wird/werden. Die Erschienen wurden ausführlich über die Bestimmung des § 1586b BGB und darauf, dass zur Absicherung von Frau A eine entsprechende Verfügung von Todeswegen erforderlich ist, hingewiesen.

2. Begründung eines Nießbrauchs/Wohnungsrechts am Grundbesitz der Frau B aufschiebend bedingt auf ihren Todesfall mit Ausgleichsanspruch bei vorzeitiger Aufhebung des Nießbrauchs unter Festlegung der konkreten Bedingungen.

3. Der Notar hat die Erschienen darüber besonders belehrt, dass diese Regelungen nur die aktuelle wirtschaftliche Situation der Beteiligten erfasst und sie die Regelungen eintretenden Veränderungen anpassen müssen, wenn sie weiterhin die mit der vorliegenden Gestaltung intendierten Zwecke erreichen wollen.

V. Regelungen für den Fall der Trennung

Im Fall der Trennung hat Frau A einen Anspruch gegen Frau B auf Ausgleich der von ihr im Haus von Frau B getätigten Investitionen. Der Anspruch bemisst sich nach dem hälftigen Wert, den diese Investitionen im Zeitpunkt des Auszuges noch besitzen. Dieser Wert soll durch ein für beide Parteien verbindliches Gutachten eines öffentlich bestellten Sachverständigen festgestellt werden. Im Übrigen soll es bei der gesetzlichen Regelung der §§ 13 und 14 LPartG bleiben.

1. Dokumentierte Klärung der Vorfragen und Belehrungsklausel

Die persönliche und wirtschaftliche Situation und die Zielrichtung des Lebenspartnerschaftsvertrages sollten in einem Vorspann aufgenommen werden, weil dies bei der Auslegung der Klauseln und einer später möglicherweise erforderlichen ergänzenden Vertragsauslegung hilfreich ist. Davon abgesehen zwingt die Dokumentation die Beteiligten und den beurkundenden Notar zur umfassenden Erfassung des zu gestaltenden Sachverhalts, führt ihnen bei der Prüfung des Entwurfs noch einmal ihre Angaben und Intentionen vor Augen und erfüllt so in besonderem Maße die mit der Beurkundung bezweckte Warnfunktion (*Brambring* Beck'sches Formularhandbuch Lebenspartnerschaftvertrag Anm. 5).

Die Dokumentation der Belehrung dient nicht nur zur Entlastung sondern zeigt den Vertragsschließenden auch auf, wo die besonderen Risiken der Vertragsgestaltung liegen und hinsichtlich welcher Sachverhalte eine besondere, bspw. steuerrechtliche, Beratung erforderlich ist (vgl. *Grziwotz* Beck'sches Notarhandbuch B II).

2. Mögliche Regelungsinhalte der partnerschaftlichen Lebensgemeinschaft

Über den Wortlaut des § 7 LPartG hinausgehend stehen den Lebenspartnern alle Regelungsmöglichkeiten offen, die auch Ehegatten gegeben sind. Neben güterrechtlichen Regelungen können Lebenspartnerschaftsverträge Vereinbarungen über den Unterhalt, das Sorgerecht, in manchen Fällen nur unter Einbeziehung Dritter, den Versorgungsausgleich und die sonstigen vermögensrechtliche Beziehungen und, in den Grenzen der Vertragsfreiheit, auch hinsichtlich der persönlichen Lebensgestaltung enthalten. Die Lebenspartner können also die beiderseitigen Pflichten und Rechte konkretisieren, was bspw. im Rahmen von Billigkeitsregelungen beim Unterhalt oder bei der Frage der Aufhebung der Lebenspartnerschaft ohne Wartezeit von Bedeutung sein kann (*Grziwotz* Beck'sches Notarhandbuch B II Rn. 7; HK-LPartR/*Kemper* § 7 Rn. 1 und 12; Wurm/Wagner/Zartmann/*Reetz* Kap. 65 Rn. 18 ff.), da § 7 LPartG Ausdruck des Vorrangs der privatautonomen Gestaltung der Lebensverhältnisse der Lebenspartner ist. Die Grenzen der Regelungsmöglichkeit richten sich wie bei Eheverträgen in vermögensrechtlicher Hinsicht danach, ob der Schutzzweck gesetzlicher Regelungen durch die vertragliche Vereinbarung unterlaufen wird. Eine Regelung wird dann richterlicher Inhaltskontrolle nicht standhalten, wenn durch sie unter Berücksichtigung der besonderen wirtschaftlichen und persönlichen Situation der Lebenspartner eine nicht zu rechtfertigende Lastenverteilung zuungunsten eines Lebenspartners entstünde, die bei verständiger Würdigung des Wesens der Lebenspartnerschaft auch unter Berücksichtigung der Belange des anderen Lebenspartners unzumutbar erscheint (zur Ehe BGH, FamRZ 2005, 26; OLG Düsseldorf, RNotZ 2006, 239; *Brambring* Beck'sches Formularhandbuch Lebenspartnerschaftsvertrag Anm. 4; Wurm/Wagner/Zartmann/*Reetz* Kap. 65 Rn. 22). Die Regelungen zur persönlichen Lebensgestaltung müssen sowohl einen Kernbereich persönlicher Angelegenheiten der freien Gestaltung der Lebenspartner gewährleisten (*Grziwotz* Beck'sches Notarhandbuch B II Rn. 8) als auch den grundgesetzlichen Wertungen, wie sie in den Grundrechten Ausdruck finden, genügen. Deshalb sind bspw. Klauseln, die eine Trennung der Partner erschweren, eine Aufhebung ausschließen oder die Menschenwürde verletzen, unzulässig und damit nichtig. Anhaltspunkte für den anzulegenden Maßstab finden sich in den Generalklauseln zur Sittenwidrigkeit, zu Treu und Glauben und entsprechenden Regelungen oder gesetzlichen Wertentscheidungen einzelner den jeweiligen Sachverhalt regelnder Normen. Insgesamt wird sich die Inhaltskontrolle mehr und mehr an der Rechtsprechung zur Inhaltskontrolle von Eheverträgen orientieren (vgl. nur *Grziwotz*, FPR 2010, 191, 194).

3. Güterrechtliche Gestaltungsmöglichkeiten

Das Klauselbeispiel soll der besonderen Lebenssituation von Frau A und B gerecht werden. Sie führen eine Haushaltsführungs- und Betreuungspartnerschaft, die dadurch gekennzeichnet ist, dass Frau B partnerschaftsbedingt keiner Erwerbstätigkeit nachgeht und eine solche auf absehbare Zeit nach dem Willen der Parteien auch nicht aufnehmen soll und in die Partnerschaft eine lastenfreie Immobilie eingebracht hat, die den gemeinsamen Hausstand bildet und später ihren Kindern zufallen soll. Gleichzeitig kann von dem leiblichen Vater der Kinder in diesem Beispiel Unterhalt oder persönliche Betreuung der Kinder nicht erwartet werden. Frau A sichert den Unterhalt, betrachtet die Kinder als eigene, obwohl sie rechtlich keine Beziehung zu ihnen hat und will auch im Fall des Todes die finanzielle und persönliche Sorge für diese übernehmen. Das Haus soll den Kindern unbelastet erhalten bleiben und im Fall des Todes von Frau A weiterhin als Familienheim dienen. Da Frau A aber in Zukunft erwartungsgemäß wert- oder erhaltungssteigernde Investitionen tätigen wird, soll ihr ein Nießbrauch am Haus auf den Todesfall der Frau B und ein Ausgleichsanspruch sowie ein gestundeter Zugewinnausgleichsanspruch zustehen. Diese Regelung ist i. V. m. der Unterhaltsregelung, der erbrechtlichen Vereinbarung und der Klausel für den Fall der Trennung zu sehen. Gleichzeitig wird eine unnötige Belastung mit Erbschaftsteuern vermieden. Die erbrechtliche Regelung ermöglicht eine Sicherung des Immobilienbesitzes für die Kinder und sichert Frau A alle Gestaltungsmöglichkeiten nach Erwerb eigenen Vermögens. Gleichzeitig vermeidet sie Erbengemeinschaften, die insb. in der vorliegenden Konstellation besonders streitträchtig sein können. Gewählt ist hier eine modifizierte Zugewinngemeinschaft.

Nach der Neuregelung des Lebenspartnerschaftsgesetzes stehen den Lebenspartnern alle Gestaltungsmöglichkeiten offen, die auch Ehegatten nutzen können. Gem. §§ 7 Satz 2 LPartG i. V. m. 1409 BGB kann aber auf ausländisches oder nicht mehr geltendes Recht verwiesen werden. Deshalb kann insoweit auf die Formulare und Erläuterungen zu den Ehegatten verwiesen werden.

4. Unterhaltsrechtliche Gestaltungsmöglichkeiten

Bei der Erörterung eines gewünschten Lebenspartnerschaftsvertrages ist zunächst die Übergangsregelung in § 21 Abs. 3 LPartG zu beachten. Denn danach konnten die Lebenspartner einer vor dem 31.12.2004 eingetragenen Lebenspartnerschaft bis zum 31.12.2005 alleine oder gemeinsam ggü. dem Amtsgericht in einer notariell beurkundeten Erklärung die Anwendung des alten bis zum 31.12.2004 geltenden Unterhaltsrechts nach dem LPartG 2001 dauerhaft zur Anwendung bringen, sodass sich die gesetzlichen Unterhaltsansprüche auch weiterhin nach dem alten Recht richten. Dieses unterscheidet sich grundlegend von dem heute gültigen Recht, da es weitgehend auf das Prinzip der Eigenverantwortung (§ 12 Abs. 1 Satz 2 LPartG a. F.) abstellt und nur in geringem Umfang unter besonderen Bedingungen Unterhaltsansprüche gewährt. Demgegenüber hat das aktuell geltende Recht zu einer weitgehenden Angleichung an das eheliche Unterhaltsrecht geführt hat (*Weber*, FPR 2005, 151, 153; *Grziwotz*, DNotZ 2005, 13, 21 f.; *Grziwotz*, FPR 2010, 191 ff.; *v. Dickuth-Harrach*, FPR 2005, 273, 275 f.; HK-FamR/*Haibach* § 5 LPartG; FA-FamR/*Weinreich* Kap. 11 Rn. 227 ff.). Aber auch nach neuem Recht besteht bei Lebenspartnerschaften ein **spezifisches Problem**. Deckungsgleich ist das Recht nur in dem Fall, in dem keine Kinder vorhanden sind oder die in der Partnerschaft lebenden Kinder gemeinschaftliche Kinder im Rechtssinne sind (vgl. oben Rdn. 44). Letzteres ist nur in dem Fall der Adoption eines leiblichen Kindes des einen Lebenspartners durch den anderen oder der Geschlechtsumwandlung eines Ehegatten nach dem

Transsexuellengesetz und der anschließenden Begründung einer eingetragenen Lebenspartnerschaft möglich. Zur Absicherung »gemeinschaftlicher« sozialer Kinder ist also eine vertragliche Regelung unabdingbar. Dies gilt in gleichem Maße für den Unterhaltsanspruch eines Lebenspartners selbst, weil dieser kein Anspruch auf Familienunterhalt ist.

Den Lebenspartnern steht es aber frei, vertraglich einen dem Eherecht auch hinsichtlich der gemeinsamen sozialen Kinder deckungsgleiches Unterhaltsrecht zu vereinbaren. Dies ist insb. angezeigt, wenn ein Lebenspartner ein Kind adoptiert, da nach geltendem Recht eine Stiefkindadoption durch den anderen Lebenspartner gem. § 9 Abs. 7 LPartG nicht in Betracht kommt.

Die Gestaltung der Vereinbarung sollte dabei steuerliche Aspekte nicht unberücksichtigt lassen, da zwar das Lebenspartnerschaftsgesetz zum 01.01.2005 novelliert und dem Eherecht angepasst worden ist, eine steuerrechtliche Gleichstellung aber weitgehend unterblieben ist, weil das LPartErgG nicht in Kraft getreten ist (vgl. oben Rdn. 45 ff.). Vor dem Abschluss eines Lebenspartnerschaftsvertrages ist also eine umfassende steuerrechtliche Beratung erforderlich, da schon die Begründung der eingetragenen Lebenspartnerschaft unmittelbare und mittelbare steuerliche Folgen hat (vgl. nur *Wälzholz*, DStR 2002, 333; *Schlünder/Geißler*, FPR 2005, 158; *Epple*, FPR 2005, 307; *Winhard*, DStR 2006, 1729; *Maurer*, FPR 2010, 196 ff.; *Grziwotz* Beck'sches Notarhandbuch B II Rn. 13). Beispielhaft sei nur darauf verwiesen, dass das Ehegattensplitting auf Lebenspartner keine Anwendung findet (BFH, NJW 2006, 1837 und bestätigend n. v., Urt. v. 19.10.2006 – III R 29/06, BeckRS 2006, 25010982 = BFH/NV 2007, 663). Diese Ungleichbehandlung verstößt nach der gefestigten Rechtsprechung weder gegen das Grundgesetz noch europarechtliche Diskriminierungsverbote, wie bspw. die Richtlinie 2000/78/EG des Rates vom 27.11.2000 zur Festlegung eines allgemeinen Rahmens für die Verwirklichung der Gleichbehandlung in Beschäftigung und Beruf (Amtsblatt der Europäischen Gemeinschaften – AblEG – vom 02.12.2000 Nr. L 303/16). Die bisherige unterschiedliche Behandlung im Erbschafts- und Schenkungsteuerrecht wird nunmehr für verfassungswidrig erachtet (vgl. zur bisherigen Rechtsprechung *BFH*, BFH/NV 2006, 1644 zur neuen Rechtslage vgl. oben Rdn. 48). Demgegenüber sind die strengen Maßstäbe zur steuerlichen Anerkennung von Verträgen zwischen nahen Angehörigen auch bei Verträgen zwischen Lebenspartnern zu beachten (sehr instruktiv: *Schlünder/Geißler*, FPR 2005, 158; *Grziwotz* Beck'sches Notarhandbuch B II Rn. 13).

5. Erbrechtliche Gestaltungsmöglichkeiten

Insoweit stehen den Lebenspartnern die gleichen Gestaltungsmöglichkeiten zur Verfügung wie Ehegatten. Auch bei erbrechtlichen Regelungen sind insb. die steuerrechtlichen Gegebenheiten zu berücksichtigen. Insoweit kann auf die Anmerkung zum Unterhaltsrecht und zu den möglichen Regelungsinhalten zur Gestaltung der partnerschaftlichen Lebensgemeinschaft verwiesen werden.

Die Bestellung eines der besonderen Situation ausgestalteten Nießbrauchs- oder Wohnungsrechts ist die Gegenleistung für die Leistung eines nach dem Gesetz nicht geschuldeten Unterhalts für die beiden Kinder und dient darüber hinaus der Sicherung des häuslichen Umfeldes im Fall des Todes der Kindesmutter.

VI. Aufhebung der Lebensgemeinschaft

Mit der Novellierung des Lebenspartnerschaftsgesetzes zum 01.01.2005 ist die Aufhebung der eingetragenen Lebenspartnerschaft in § 15 LPartG deckungsgleich dem Ehescheidungsrecht nachgebildet worden, sodass grds. auf die Muster in Kap. 1 verwiesen werden kann, wobei das Wort Scheidung durch Aufhebung zu ersetzen ist. Unglücklich ist die Wahl der Terminologie durch den Gesetzgeber, da der Begriff der Aufhebung im Eherecht ganz bestimmte Sachverhalte gem. § 1314 BGB erfasst. Für die Fälle des § 1314 Abs. 2 Nr. 1 bis 4 BGB verweist § 15 Abs. 2 Satz 2 LPartG auf die eherechtliche Regelung. Für den Fall, dass die Lebenspartner von vornherein die Lebenspartnerschaft nur zum Schein eintragen lassen wollten, bspw. aus aufenthaltsrechtlichen Gründen, bleibt es dabei, dass die eingetragene Lebenspartnerschaft ex tunc unwirksam ist. Dies hat zur Folge, dass für die

58

Geltendmachung der Unwirksamkeit in diesem Fall ein **Feststellungsantrag** gem. § 269 Abs. 1 Nr. 2 FamFG erhoben werden müsste und nicht ein Aufhebungsantrag gem. § 269 Abs. 1 Nr. 1 FamFG. Problematisch ist dabei, dass dieser Feststellungsantrag auch dann erfolgreich ist, wenn die Lebenspartner später tatsächlich eine Partnerschaft gelebt haben, weil der Wirksamkeitsmangel nicht heilbar ist (FA-FamR/*Weinreich* Kap. 11 Rn. 283)

Das Verfahren entspricht uneingeschränkt dem Ehescheidungsverfahren, wie die Regelung in § 270 FamFG zeigt.

VII. Die »internationale« Lebenspartnerschaft

59   Wie bei allen Fällen mit Auslandsberührung ist zu unterscheiden zwischen der Frage der **internationalen Zuständigkeit** deutscher Gerichte und der nach dem **anzuwenden Recht**. Ersteres richtet sich nach § 103 FamFG und vorrangigen supranationalen oder staatsvertraglichen Regelungen, Letzteres bestimmt sich nach Art. 17b EGBGB.

1. Zuständigkeitsfragen

60   Grds. ist folgende Rangfolge zur Bestimmung der internationalen Zuständigkeit deutscher Gerichte zu beachten, wobei genau auf den konkreten Verfahrensgegenstand abzustellen ist, sofern nicht mehre Gegenstände als Folgesachen im Verbundverfahren geltend gemacht werden. Insoweit sind die Regelungen grds. denjenigen im Scheidungs- und Unterhaltsrecht sehr ähnlich, es gibt aber auch erhebliche Unterschiede, die ihren Grund darin haben, dass das Institut der eingetragenen Lebenspartnerschaft in anderen Rechtsordnungen noch nicht so weit verbreitet ist wie die Ehe. Zunächst ist zu prüfen, ob für die Bundesrepublik bindend die Zuständigkeitsfrage von einer supranationalen Rechtsnorm, d. h. praktisch von europäischem Gemeinschaftsrecht, erfasst wird, wie dies bspw. für Unterhaltsverfahren der Fall ist, die nach dem 30.01.2009 anhängig gemacht wurden. Hier greift die Europäische Unterhaltsverordnung (EuUntVO – VO [EG] Nr. 4/2009 des Rates über die Zuständigkeit, das anwendbare Recht, die Anerkennung und Vollstreckung von Entscheidungen und die Zusammenarbeit in Unterhaltssachen vom 18.12.2008 – Abl, EU 2009 Nr. L 7 Satz 1) ein. Fehlt supranationales Recht, so ist auf einschlägige staatsvertragliche Vereinbarungen abzustellen. Erst wenn beides nicht der Fall ist, richtet sich die Zuständigkeit nach § 103 FamFG, der in Abs. 3 auf die entsprechenden Regelungen des Familienrechts, nämlich §§ 99 FamFG (Kindschaftssachen), 101 FamFG (Adoptionssachen), 102 FamFG (Versorgungsausgleichssachen) und 105 FamFG verweist (vgl. *Schulte-Bunert* Rn. 375 ff., 389 ff.; Schulte-Bunert/Weinreich/*Baetge* § 103 Rn. 1; § 98 Rn. 38 ff.).

61   Zu beachten ist insoweit, das auf Lebenspartnerschaftssachen die Verordnung (EG) Nr. 2201/2003 des Rates vom 27.11.2003 über die Zuständigkeit und die Anerkennung und Vollstreckung von Entscheidungen in Ehesachen und in Verfahren betreffend die elterliche Verantwortung (ABl. EU 2003 Nr. L 338 S. 1 – **Brüssel IIa – VO –) nicht** zur Anwendung gelangt, weil diese Rechtsgrundlage eine Ehe im Rechtssinne voraussetzt. Gleichgeschlechtliche Partnerschaften werden von ihr nicht erfasst (Schulte-Bunert/Weinreich/*Baetge* § 103 Rn. 2). Die oben genannte anwendbare EUUntVO betrifft nur lebenspartnerschaftlich begründete Unterhaltspflichten, womit nur gesetzlich begründete Unterhaltspflichten gemeint sind (Art. 1 Abs. 1 EUUntVO). Hierzu zählen auch solche aus Lebenspartnerschaftsverträgen, die eine gesetzlich begründete Unterhaltspflicht ausgestalten, nicht aber solche, die sich originär aus einem Lebenspartnerschaftsvertrag ableiten (vgl. oben das Formular zum Lebenspartnerschaftsvertrag Rdn. 57).

62   Nach § 103 Abs. 1 Nr. 1 FamFG ist die internationale Zuständigkeit schon dann gegeben, wenn ein Lebenspartner die deutsche Staatsangehörigkeit besitzt, wobei es ausreicht, wenn er die Staatsangehörigkeit bei Begründung der Lebenspartnerschaft besessen hat (Schulte-Bunert/Weinreich/*Baetge* § 103 Rn. 6). Die Aufenthaltszuständigkeit gem. § 103 Abs. 1 Nr. 2 FamFG ist schon dann begründet, wenn einer der Partner seinen gewöhnlichen Aufenthalt in der BRD hat, wobei eine

Anerkennungsprognose des Urteils nicht erforderlich ist (Schulte-Bunert/Weinreich/*Baetge* § 103 Rn. 7). Im Gegensatz zum Eherecht wird die deutsche internationale Zuständigkeit auch durch den registerführenden Staat bestimmt. Für alle eingetragenen Lebenspartnerschaften, die in Deutschland registriert worden sind, ist also die deutsche internationale Zuständigkeit begründet. Die Verbund- zuständigkeiten sind entsprechend dem Familienrecht geregelt.

2. Anwendbares Recht

Gem. Art. 17b EGBGB unterliegt die Begründung, die allgemeinen und die güterrechtlichen Wir-   63
kungen sowie die Auflösung der eingetragenen Lebenspartnerschaft dem Sachrecht des registerfüh- renden Staates. Gleiches gilt für den Versorgungsausgleich und das Unterhaltsrecht. Zu beachten ist insoweit aber die Kappungsregel in Art. 17b Abs. 4 EGBGB. Das bedeutet, dass nach dem anzuwen- denden ausländischen Recht keine weitergehenden Wirkungen der Lebenspartnerschaft begründet werden dürfen als nach dem deutschen Sachrecht (Schulte-Bunert/Weinreich/*Baetge* § 103 Rn. 12).

C. Die nichteheliche Lebensgemeinschaft

I. Einleitung

Die nichteheliche Lebensgemeinschaft ist familienrechtlich nicht geregelt, was überrascht, wenn   64
man sich vergegenwärtigt, dass jedes achte Paar in Deutschland – mit oder ohne Kinder – ohne Trau- schein zusammenlebt: Denn 2009 standen 18,3 Mio. Ehen immerhin 2,7 Mio. nichteheliche oder gleichgeschlechtliche Lebensgemeinschaften ggü., was einem Anstieg von 30 % ggü. dem Vergleichs- jahr 1999 entspricht, während sich bei Ehen eine leicht rückläufige Entwicklung zeigt (Statisti- sches Bundesamt, Auszug aus dem Datenreport 2011, Kap. 2: »Familie, Lebensformen und Kinder«, S. 26 ff.; Datenreport 2013, S. 43 ff.). Dieser zunächst beachtliche und stetig fortschreitende Anstieg nichtehelicher Lebensgemeinschaften (1996: 1,87 Mio.; 2004: 2,4 Mio.; 2009: 2,7 Mio.; 2011: 2,8 Mio.) relativiert sich allerdings im Hinblick auf die praxisbezogene Relevanz des verfassungsrechtlich so lange umstrittenen § 1615l BGB (vgl. Rdn. 90 ff.), wenn man zusätzlich berücksichtigt, dass in nur fast jeder dritten Lebenspartnerschaft (31 %) Kinder betreut werden: 2004 wurden diese Kinder überwiegend (66 %) von der Frau und zu 29 % von dem Mann in die Beziehung eingebracht (Sta- tistisches Bundesamt, Leben und Arbeiten in Deutschland, Sonderheft 1: »Familien und Lebensfor- men – Ergebnisse des Mikrozensus 1996–2004«, S. 23). Nur ausnahmsweise (5 %) wurden Kinder sowohl der Frau als auch des Mannes betreut, wobei es sich entweder um gemeinsame Kinder oder um jeweils eigene Kinder der beiden Partner handelte: Statistisch gesehen lebten damit in 2004 nur in etwa 1 % (!) aller nichtehelichen Lebensgemeinschaften gemeinsame Kinder der Partner.

Obgleich sich die nichteheliche Lebensgemeinschaft nur vereinzelt – so etwa in der Form der »ver-   65
festigten Lebensgemeinschaft« in § 1579 Nr. 2 BGB – als Tatbestandsmerkmal einer familienrecht- lichen Norm finden lässt, ansonsten lediglich einen der Ehe ähnlichen Lebenssachverhalt beschreibt, so folgen aus diesem doch in mannigfaltiger Weise rechtliche Fragestellungen, die in der anwalt- lichen Praxis einer Beantwortung zugeführt werden müssen (vgl. ausführlich FA-FamR/ *Weinreich* Kap. 11 Rn. 25 ff.). Dies geschieht allerdings nicht in Anwendung der dem Ehe- bzw. Lebenspart- nerschaftsrecht unterfallenden Bestimmungen, weil diese nicht angewendet werden können, und dies auch nicht analog.

Denn wenn der Gesetzgeber bewusst davon abgesehen hat, die nichteheliche Lebensgemeinschaft als   66
Rechtsgemeinschaft familienrechtlich zu regeln, so fehlt es bereits an einer für eine Analogie erfor- derlichen planwidrigen Regelungslücke. Dies gilt selbst dann, wenn man mit der »Welt-online« vom 04.04.2010 darin übereinstimmt, dass die Deutschen die Lust am Heiraten verlieren, die traditio- nelle Ehe auf dem Rückzug ist (2011 betrug der Rückgang ggü. dem Vergleichsjahr 2001 7% = 1,4 Mio. weniger Ehen, während sich in dem Vergleichszeitraum die Zahl der Alleinstehenden um 17%, die der Lebensgemeinschaften einschließlich der eingetragenen Lebenspartnerschaften um 27% und die der Alleinerziehenden um 14% stiegen: Datenreport 2013, S. 44) und neue Lebensformen wie

die der nichtehelichen Lebensgemeinschaft auf dem Vormarsch sind. Denn auch die Interessenlage der Partner einer nichtehelichen Lebensgemeinschaft, die davon Abstand genommen haben, die Ehe einzugehen, ist mit der von Ehegatten nicht vergleichbar, sodass es sich verbietet, auftretende Konflikte in entsprechender Anwendung jener Regelungen zu lösen, denen sich nur Ehegatten, nicht aber die Beteiligten einer nichtehelichen Lebensgemeinschaft unterworfen haben (BGH, FamRZ 1980, 40 Rn. 9; anders aber *Wellenhofer*, FF 2008, 350, die sich dafür ausspricht, gesetzliche Normen zur Regelung der nichtehelichen Lebensgemeinschaft im BGB im Anschluss an das Eherecht zu implementieren, weil eine von nichtehelichen Partnern gewählte bewusste Bindungslosigkeit nicht mit dem Verzicht auf Rechtsschutz gleichzusetzen sei).

Dies hindert die Partner einer nichtehelichen Lebensgemeinschaft jedoch nicht, ihre – i. Ü. geschlechtsunabhängige – Partnerschaft vertraglich zu regeln, diese sogar eine der Ehe angeglichenen Regelung zu unterstellen, was sich insb. bei fortgeschrittenem Alter als sinnvoll, ja sogar als notwendig erweisen dürfte, wenn man z. B. bedenkt, dass dem Eigentümer-Partner ggü. dem anderen in seine Wohnung aufgenommenen Partner grds. ein Räumungsanspruch nach § 985 BGB zusteht, wenn ihm dieser überdrüssig geworden ist (OLG Hamm NJW 1986, 728). Rücksichtnahmepflichten in entsprechender Anwendung des § 1353 BGB bestehen bei einer nichtehelichen Lebensgemeinschaft nicht und wenn, worauf der BGH entscheidend abstellt, die persönlichen Beziehungen derart im Vordergrund stehen, dass sie auch das die Gemeinschaft betreffende vermögensmäßige Handeln der Partner bestimmen, so folgt hieraus, dass Beiträge zur Lebensgemeinschaft nur geleistet werden, sofern Bedürfnisse entstehen, und zwar von dem, der dazu in der Lage ist (BGH, FamRZ 2010, 542, 543).

67   Dies gilt nach Auffassung des BGH (FamRZ 2008, 1404) auch dann, wenn ein Partner das in seinem Eigentum stehende Hausanwesen dem anderen Partner zur Mitnutzung überlässt. Die Einräumung der Mitnutzung stelle sich in einem solchem Fall nur als eine von vielfältigen Leistungen i. R. d. wechselseitigen Gebens und Nehmens dar. Sie diene – wie andere Beiträge auch – dem gemeinsamen Interesse der Partner und erfolge im Zweifel auf tatsächlicher und nicht auf vertraglicher Grundlage. Zwar sei auch der Abschluss eines Leihvertrages über den von den Partnern gemeinsam genutzten Wohnraum denkbar. Zu seiner Annahme bedürfe es jedoch besonderer tatsächlicher Anhaltspunkte, die erkennbar werden ließen, dass die Partner gerade die unentgeltliche Gebrauchsüberlassung aus dem wechselseitigen tatsächlichen Leistungsgefüge herausnehmen und einer besonderen und für beide Partner rechtlich bindenden Regelung zuführen wollten. Ein solcher Vertragsschluss liege deshalb nicht schon konkludent in dem Umstand, dass zwei Partner sich zu einer nichtehelichen Lebensgemeinschaft zusammenschlössen und der eine Partner künftig das Hausanwesen des anderen mitbewohne. Regeln die Partner »ihre Beziehung nicht erkennbar besonders, handelt es sich bei der gemeinsamen Nutzung um einen rein tatsächlichen Vorgang, der keine rechtliche Bindung begründet. (Auch) die Dauer des Zusammenlebens der Parteien rechtfertigt die Annahme eines Leihvertrags nicht. Eine nichteheliche Lebensgemeinschaft ist schon ihrer Definition nach auf Dauer angelegt. Diese Dauerhaftigkeit lässt deshalb – für sich genommen – noch keine Rückschlüsse auf einen Rechtsbindungswillen hinsichtlich der von den Partnern im gemeinsamen Interesse zu erbringenden Leistungen zu« (BGH, FamRZ 2008, 1404 Rn. 17).

68   Nun mag im Einzelfall auch eine andere Bewertung gerechtfertigt sein, was indes nichts daran ändert, dass die Regelungen über die Wohnungszuweisung, die der Gesetzgeber nur für Ehepartner in den §§ 200 ff. FamFG bzw. für eingetragene Lebenspartner in den §§ 269, 270 FamFG i. V. m. § 14 oder § 18 LPartG vorgesehen hat, für Partner einer nichtehelichen Lebensgemeinschaft nicht zur Anwendung gelangen (SBW/*Weinreich* § 200 FamFG Rn. 5). Einem nichtehelichen Lebenspartner, dem der andere die »rote Karte« gezeigt hat, dürfte deshalb in diesem Fall eine dauerhafte Rechtsverteidigung ohne vertraglich getroffene Regelungen schwer fallen.

69   Dies gilt bei Beendigung einer nichtehelichen Lebensgemeinschaft auch in Bezug auf die Aufteilung des »Hausrats«, aber auch, und dies ist wesentlich bedeutsamer, für behauptetes, im Streitfall freilich bestrittenes »gemeinsames« Vermögen. Denn auch insoweit gestaltet sich in Ermangelung spezieller Vorschriften ein Ausgleich des während der Partnerschaft geschaffenen »Zugewinns« ausgesprochen

schwierig. Dies deshalb, weil entscheidendes Merkmal der nichtehelichen Lebensgemeinschaft als (bloße) »Verantwortungs- und Einstehensgemeinschaft«, nicht aber als Rechtsgemeinschaft, die »Unverbindlichkeit« ist (PWW/*Weinreich* Vor § 1297 Rn. 36). Und wenn rechtliche Bindungen unerwünscht und »Rechtsgeschäfte« im Innenverhältnis nicht gewollt sind, können innerhalb der nichtehelichen Lebenspartnerschaft erbrachte Leistungen i. d. R. auch nicht nach deren Beendigung rückabgewickelt oder für diese ein Ausgleich verlangt werden.

Denn in jedem Fall scheidet ein Anspruch auf Zugewinn nach § 1378 BGB scheidet, weil ein sol- **70** cher eine bestehende Ehe voraussetzt und eine Analogie zum ehelichen Güterrecht in den §§ 1372 ff. BGB nach völlig h.A. in Rechtsprechung und Lehre ausscheidet. Auch kommen Ansprüche nach darlehens-, schenkungs-, gesellschafts- oder kondiktionsrechtlichen Bestimmungen dann nicht in Betracht (diskutiert werden: § 488 Abs. 1 Satz 2; §§ 531, 530 Abs. 1 i. V. m. § 818 Abs. 2; § 738 Abs. 1 Satz 2; §§ 812 Abs. 1 Satz 2, 2. Alt. [condictio ob rem] i. V. m. § 818 Abs. 2 BGB), wenn weder eine darlehens- noch gesellschaftsrechtliche Vereinbarung getroffen, also gerade keine »Verrechtlichung« des anspruchsbegründenden Sachverhaltes vorgenommen wurde, wie i. Ü. jede nur dem Zwecke des Zusammenlebens dienende »Subventionierung« der Gemeinschaft in aller Regel nicht in der Absicht der trennungsbedingten Rückabwicklung erfolgt.

M.a.w.: Nach Beendigung einer nichtehelichen Beziehung findet grundsätzlich kein nachträglicher **71** Ausgleich für die laufenden Kosten der Lebenshaltung und der Haushaltsführung statt. Dies gilt selbst dann, wenn die zum Bestreiten der gemeinsamen Lebensführung aufgenommenen Kreditverbindlichkeiten nur von einem Partner begründet und getilgt wurden (OLG Hamm, FamFR 2013, 360 [Ls.]) bzw. nach Beendigung der Lebenspartnerschaft noch zu tilgen sind, es sei denn, zwischen den Lebenspartnern wurde insoweit etwas anderes vereinbart.

Zudem: Die Trennung eines Partners von dem anderen mag Letzterem undankbar erscheinen. Sie **72** allein stellt deshalb aber noch keinen groben Undank i. S. v. § 530 Abs. 1 BGB dar und freiwillig erbrachte Leistungen, ob nun gegenständlich oder geldwert, dürften sich in Fällen der Beendigung einer nichtehelichen Lebensgemeinschaft auch als kondiktionsfest erweisen. Denn wer weiß, dass er nichts schuldig ist und dennoch leistet, kann nicht die §§ 812 ff. BGB bemühen, um seine einstmals gezeigte Freigebigkeit, mag diese auch keine »Gegenleistung« in welcher Form auch immer erfahren haben, einer Korrektur zu unterziehen (vgl. im Einzelnen zu den in Betracht kommenden Anspruchsnormen: Dethloff § 8 Rn. 17 ff. wie auch deren Anm. in JZ 2009, 418 zu BGH, FamRZ 2008, 1822 ff.). Und eine Korrektur nach § 812 BGB scheidet regelmäßig auch bei Tod des Zuwendenden aus, denn hat dieser das Vermögen des anderen Partners in der Erwartung vermehrt, er könne an dem erworbenen Gegenstand i. R. d. nichtehelichen Lebensgemeinschaft langfristig partizipieren, führt selbst ein unerwartet früher Tod des Zuwendenden ebenso wenig zu einer Zweckverfehlung i. S. d. § 812 Abs. 1 Satz 2, 2. Alt. BGB wie zum Wegfall der Geschäftsgrundlage, weil die Gemeinschaft nicht gescheitert ist, sondern durch Tod eines Partners »ein natürliches Ende gefunden« hat (BGH, FamRZ 2010, 277, 280 mit ausführlicher Prüfung erbrechtlicher Ausgleichsansprüche bei Zuwendungen an den Lebensgefährten zulasten naher Angehöriger).

Die Folge ist, dass ein Vermögensausgleich in aller Regel dem Schicksal der Partnerschaft folgt: Man **73** bemüht sich redlich und scheitert dennoch.

Nun hat der BGH (FamRZ 2008, 1822 ff.) in Abkehr zu seiner bisherigen Rechtsprechung entschieden, dass nach Beendigung einer nichtehelichen Lebensgemeinschaft wegen wesentlicher Beiträge eines Partners, mit denen ein Vermögenswert von erheblicher wirtschaftlicher Bedeutung geschaffen wurde – so etwa in Zusammenhang mit dem Kauf einer Immobilie, deren Alleineigentümer der andere Partner ist –, nicht nur gesellschaftsrechtliche Ausgleichsansprüche, sondern auch Ansprüche aus ungerechtfertigter Bereicherung sowie solche nach den Grundsätzen über den Wegfall der Geschäftsgrundlage in Betracht zu ziehen seien. Dies deshalb, so der BGH, weil sein bisheriges Argument, der leistende Partner einer nichtehelichen Lebensgemeinschaft habe deren Scheitern bewusst in Kauf genommen, mithin nicht auf deren Bestand vertrauen dürfen, nicht länger überzeugen könne. Zwar wisse der leistende Partner, dass die Lebensgemeinschaft jederzeit beendet werden

könne, während seiner Zuwendung regelmäßig die Erwartung zugrunde liege, dass die Gemeinschaft von Bestand sein werde. Soweit er hierauf tatsächlich und für den Empfänger der Leistung
erkennbar vertraut habe, erscheine dies schutzwürdig. Und dass nur das Vertrauen von Ehegatten
in die lebenslange Dauer ihrer Verbindung, nicht aber auch die Partner einer nichtehelichen Lebensgemeinschaft rechtlich geschützt seien, ließe sich nicht zuletzt »mit Blick auf die hohe Schei-
dungsquote« kaum überzeugend begründen. Eine etwa in Betracht kommende Rückabwicklung
nach § 313 BGB hat nach dieser Entscheidung des BGH (FamRZ 2008, 1822 ff.) allerdings nicht
zur Folge, dass sämtliche Zuwendungen bei Scheitern der Beziehung auszugleichen sind. Denn ersatzlos auszuscheiden haben die i. R. d. täglichen Zusammenlebens erbrachten Leistungen. Gleiches
gilt für Leistungen desjenigen Partners, der nicht zu den laufenden Kosten beiträgt, sondern größere Einmalbeträge oder sonstige Kompensationsleistungen erbringt. Rückabwicklungsfähig sind
nur »wesentliche Zuwendungen« und bei der Abwägung, ob und ggf. in welchem Umfang diese
zurückzuerstatten oder Arbeitsleistungen auszugleichen sind, kommt es maßgeblich darauf an, ob
dem Leistenden die Beibehaltung der durch die Zuwendungen geschaffenen Vermögensverhältnisse
nach Treu und Glauben zugemutet werden kann. Denn nur dann, wenn eine für den Leistenden
eingetretene und ihm nach Treu und Glauben nicht mehr zumutbare »Schieflage« feststellbar ist,
wird man einen bei Scheitern der Lebensgemeinschaft korrigierenden Eingriff grds. für gerechtfertigt ansehen dürfen (KG, FamRZ 2010, 476, 477). Einen solchen bei Scheitern der Lebensgemeinschaft korrigierenden Eingriff bejaht auch der für das Schenkungsrecht zuständige X. Zivilsenat des
BGH, der in seiner Entscheidung vom 06.05.2014 (X ZR 135/11) entschied, dass die Ausstellung
des Sparbriefes auf den Namen der Beklagten als eine unbenannte Zuwendung und nicht als Schenkung einzuordnen sei, da sie der Verwirklichung, Ausgestaltung und Erhaltung der nichtehelichen
Lebensgemeinschaft der Parteien dienen sollte. Hiergegen spräche auch nicht, dass die Zuwendung
die Beklagte erst für den Fall des Todes des Klägers finanziell absichern sollte, weil in der zugrundeliegenden Abrede gleichwohl zum Ausdruck komme, dass die Solidarität der Parteien auch über
den Tod des Klägers hinaus wirken und damit zugleich die Verbundenheit der Lebenspartner zu
Lebzeiten bekräftigt werden sollte. Mit der Beendigung der nichtehelichen Lebensgemeinschaft sei
diese Grundlage der Zuwendung weggefallen, weshalb nach § 313 BGB ein Anspruch auf Rückzahlung bestehe.

74   Wenngleich der BGH mit diesen Entscheidungen (so auch BGH, FamRZ 2010, 542; 2011, 1563)
      vorsichtig die Tür zur Rückabwicklung »gemeinschaftsbezogener Zuwendungen« geöffnet und das
      juristische Niemandsland der nichtehelichen Lebensgemeinschaft verlassen hat, sollte der Praxis-
      anwender gleichwohl nicht müde werden, in entsprechenden Mandatsfällen Partnerschaftsverträge
      zu empfehlen, um dem oder den Mandanten eine Art »partnerschaftlichen Leitfaden« an die Hand
      zu geben, mit dem die auch bei Lebenspartnern schwierige Trennungssituation gemeistert werden
      kann. Bei deren Ausgestaltung sollte vorzugsweise auch die Rechtsprechung zur Inhalts- und Aus-
      übungskontrolle von Eheverträgen Beachtung finden, insb. davon Abstand genommen werden,
      über Schadensersatzansprüche mittelbar auf die Einhaltung von Verhaltenspflichten im persönli-
      chen Bereich Einfluss zu nehmen: Ergäbe sich bei der Auslegung eines Partnerschaftsvertrages, dass
      dieser eine Sanktion mit Vertragsstrafencharakter zur Herbeiführung bestimmter personaler Verhal-
      tensweisen (etwa die Aufrechterhaltung der Lebenspartnerschaft) enthält und nicht bloß bezweckt
      wird, einem Partner einen dem Zugewinnausgleich unter Eheleuten vergleichbaren Anspruch zu
      verschaffen, dürfte zumindest von der Nichtigkeit einer solchen Regelung auszugehen sein, wenn
      sie nicht sogar zur Unwirksamkeit des gesamten Vertrages führt (OLG Hamm, FamRZ 1988, 618).

75   Eines ausdrücklichen Partnerschaftsvertrages bedarf es selbst bei einem 30-jährigen Zusammenleben
      in einer nichtehelichen Lebensgemeinschaft, in der die Ehefrau zwei gemeinsame Kinder betreut
      und der Kindesvater Karriere macht: Selbst in einem solchen Fall scheiden Ansprüche der Partnerin/
      Kindesmutter aus, wenn sie nicht vortragen kann, sie habe während des Zusammenlebens »wesent-
      liche Beiträge (...) zur Schaffung von Vermögenswerten, deren Alleineigentümer der andere Partner
      ist«, erbracht. Und solche Beiträge liegen ebenso wenig in der Betreuung und Versorgung gemeinsa-
      mer Kinder wie in einer jahrzehntelangen Haushaltsführung (OLG Bremen, FamRZ 2013, 1826).
      So unbefriedigend dies auch erscheinen mag: Wer sich aber auf das Versprechen des anderen Partners

verlässt, er »sei über ihn gut abgesichert«, außerdem wolle er »die Familie legalisieren und deshalb mit der Antragstellerin die Ehe schließen« (OLG Bremen, a.a.O. Rn. 13), steht im Trennungsfall »mit leeren Händen da« (*Burger* FamRB 2013, 119).

Auch wenn die nichteheliche Lebensgemeinschaft im Familienrecht nicht ausdrücklich geregelt ist, so beschreibt sie doch einen Lebenssachverhalt, der in einigen wenigen familienrechtlichen Vorschriften zumindest mittelbar seinen Niederschlag findet, so etwa in § 1579 Nr. 2 BGB, nachdem das UÄndG 2008 erstmals das Leben in einer »verfestigten Lebensgemeinschaft« als Verwirkungsgrund ausdrücklich erwähnt, ohne allerdings eine Definition vorzugeben. Die Gesetzesbegründung räumt ein, dass dieser in Rechtsprechung und Lehre herausgebildete Begriff »Anlass zu einer überaus reichen und nur schwer überschaubaren Kasuistik gegeben habe« (BT-Drucks. 16/1830, S. 21). Aufgrund der Vielfalt der denkbaren Lebenssachverhalte habe allein das mit dem konkreten Fall befasste Gericht zu entscheiden, ob im Einzelfall eine solche Gemeinschaft vorliege. Anknüpfend an den sozialrechtlichen Begriff der eheähnlichen Gemeinschaft, wie dieser sich in § 20 SGB XII finden lässt (»Personen, die in eheähnlicher oder lebenspartnerschaftsähnlicher Gemeinschaft leben, dürfen hinsichtlich der Voraussetzungen sowie des Umfangs der Sozialhilfe nicht besser gestellt werden als Ehegatten«), hat das BVerfG eine Definition vorgegeben, die als herausragendes Merkmal die zwischen eheähnlichen Lebenspartnern bestehenden »inneren Bindungen« mit wechselseitiger Einstandspflicht hervorhebt. Denn dies grenze die eheähnliche von einer sonstigen (bloßen) Wohngemeinschaft ab. Nach dem BVerfG ist somit »eheähnlich« eine »Lebensgemeinschaft zwischen Mann und Frau, die auf Dauer angelegt ist, daneben keine Lebensgemeinschaft gleicher Art zulässt und sich durch innere Bindungen auszeichnet, die ein gegenseitiges Einstehen der Partner füreinander begründen, also über die Beziehungen einer reinen Haushalts- und Wirtschaftsgemeinschaft hinausgehen« (BVerfG, FamRZ 1993, 164, 168).   76

Auch in 1615l BGB findet sich der Lebenssachverhalt der nichtehelichen Lebensgemeinschaft wieder: Mag auch ein Partner jahrelang im Rahmen einer solchen Lebensgemeinschaft dem anderen den Haushalt geführt, ggf. sogar dessen Kinder betreut und erzogen haben, was eigentlich einen einklagbaren Anspruch auf »Trennungsunterhalt und nachpartnerschaftlichen Unterhalt« nahe legt, so folgen doch auch aus einer nichtehelichen Lebenspartnerschaft mit Rollenverteilung keine Unterhaltsansprüche, auch keine solchen in Analogie zu den §§ 1361, 1570 ff. BGB. Sind die Partner jedoch Eltern eines gemeinschaftlichen Kindes, gelangt § 1615l BGB zur Anwendung, der jedenfalls bei Beendigung einer etwa zuvor bestandenen Gemeinschaft nunmehr die Bedeutung erlangt hat, die ihm gebührt, nachdem das BVerfG (FamRZ 2007, 965) die seit Langem gerügte Verfassungswidrigkeit der unterschiedlichen Dauer von Unterhaltsansprüchen für die Betreuung ehelicher und nichtehelicher Kinder festgestellt hat.   77

Schließlich ist die »Hausmann-Rechtsprechung« des BGH zu erwähnen, wonach sich der unterhaltspflichtige geschiedene Ehemann auch bei einer Rollenwahl in der neuen Familie leistungsfähig zu halten, insb. auf das Wohl seiner Kinder wie auch auf die finanziellen Belange seines geschiedenen Ehegatten Rücksicht zu nehmen hat. Entsprechendes gilt, wenn der betreuende Hausmann nicht verheiratet ist, denn dann hätte er unter den Voraussetzungen des § 1615l BGB gegen die erwerbstätige neue Lebenspartnerin einen Unterhaltsanspruch: Die Hausmann-Rechtsprechung wird also in den Fällen der Kindesbetreuung auf die nichteheliche Lebensgemeinschaft übertragen (BGH, FamRZ 2001, 614, 616).   78

II. 8 Muster zur nichtehelichen Lebensgemeinschaft

1. Partnerschaftsverträge für die nichteheliche Lebensgemeinschaft

Partnerschaftsverträge empfehlen sich nicht nur, um Streitigkeiten bei Beendigung der Partnerschaft aus dem Wege zu gehen. Sie sind vor allem auch geeignet, um die Partner für ihre im Großen und Ganzen rechtlich nicht eingebettete Lebenssituation zu sensibilisieren und »disziplinieren«, sie mithin anzuhalten, während der Partnerschaft ihre Vermögensmassen getrennt zu halten und sich bei   79 insb. größeren Anschaffungen darüber Rechenschaft abzulegen, wem bei Beendigung der Partnerschaft diese Anschaffung verbleiben soll. Freilich hieße es Erbsen zu zählen, wenn jeder »gemeinsame« Kauf unter diesem Blickwinkel stattfände. Der Familienrechtler kennt aber die unseligen Diskussionen bei Eheleuten im Trennungsfall, wer den während der Ehe »mit seinem Geld« erworbenen Fernseher, die Waschmaschine, die Stereoanlage oder Kücheneinrichtungsgegenstände behalten oder mitnehmen darf. Auch bei Partnern einer nichtehelichen Lebensgemeinschaft werden bei Trennung Auseinandersetzungen dieser Art immer wieder geführt und vielfach entscheidet die normative Kraft des Faktischen (anwaltlich einzig richtige, dennoch falsche Empfehlung: »Was weg ist, ist weg«), wer diese Anschaffungen, bei denen entweder niemand so recht weiß, wer sie bezahlt hat oder auch Streit darüber geführt wird, aus wessen Portemonnaie das Geld herrührte, letztlich behalten darf.

80   Partnerschaftsverträge empfehlen sich stets bei einer nicht nur vorübergehenden, sondern auf Dauer angelegten Lebensgemeinschaft (vgl. auch ausführliche Vertragsmuster bei Kersten/Bühling/*Zimmermann* § 91). In diesen Fällen gehen sie, wie die Entscheidung des BGH v. 09.07.2008 (BGH, FamRZ 2008, 1822) belegt, häufig mit dem Erwerb von Grundeigentum einher, das nicht notwendigerweise im gemeinsamen Miteigentum beider Partner stehen muss, sondern auch im Alleineigentum eines Partners stehen kann: In einem solchen Fall ist ohne partnerschaftliche Regelungen guter Rat teuer, wenn sich nach dem Scheitern der Beziehung der Alleineigentümer mit Ansprüchen des anderen Partners konfrontiert sieht, weil dieser sein in das Grundeigentum eingebrachtes Geld zurück fordert und/oder seine eingebrachte Arbeit, die natürlich der in Anspruch genommene Partner als nicht geleistet behauptet, vergütet wissen will. Bei der anwaltlichen Beratung sollte den Partnern diese Problematik nachhaltig vor Augen geführt werden, sodass am Ende der Beratung nur wenig Zweifel verbleiben, dass ohne Partnerschaftsvertrag hier eigentlich nichts geht oder aber, wenn den Partnern dies nicht vermittelt werden kann, die Empfehlung lauten sollte, beim Standesamt ein Aufgebot zu bestellen.

81   Dass in den Fällen, in denen Grundbesitz im Spiel ist oder erbvertragliche Regelungen getroffen werden sollen, es der notariellen Beurkundung des Partnerschaftsvertrags bedarf, ist selbstverständlich. Ansonsten bedarf es bei der Abfassung von Partnerschaftsverträgen nicht der Beachtung einer besonderen Form der – in jedem Fall aber schriftlichen – Vereinbarung.

a) Muster 1: Partnerschaftsvertrag (kurz)

82   Wir, Frau F und Herr M, werden ab dem ..... in der von Frau F angemieteten Wohnung in ..... einen gemeinsamen Haushalt führen. Im Hinblick hierauf schließen wir einen

Partnerschaftsvertrag

für die Dauer unseres Zusammenlebens und vereinbaren folgendes:

1. Frau F räumt Frau M den Mitbesitz an der von ihr angemieteten Wohnung ein. Sie bleibt im Außenverhältnis gegenüber dem Vermieter der Wohnung alleine verpflichtet. Die im Mietvertrag eingegangenen finanziellen Verpflichtungen, insbesondere zur Zahlung der Miete und der Nebenkosten, wird Frau F erfüllen.[1]

Herr M ist in der Weise zum Mitbesitz berechtigt, als ob auch er im Außenverhältnis Mietvertragspartner wäre. Er verpflichtet sich, die mietvertraglich getroffenen Verpflichtungen der Frau F zu beachten. Einwendungen, die Frau F dem Vermieter gegenüber nicht erheben kann, kann auch Herr M gegenüber Frau F nicht geltend machen.

Herr M zahlt im Innenverhältnis an Frau F ein monatlich im Voraus fälliges Nutzungsentgelt i. H. v. ..... €. Dies entspricht 50 % der geschuldeten Kaltmiete.

Zusätzlich übernimmt Herr M von sämtlichen Nebenkosten (verbrauchsabhängig und verbrauchsunabhängig) 50 %, auf die er derzeit eine monatliche Vorausleistung i. H. v. ..... € erbringt, fällig und zahlbar zusammen mit dem Nutzungsentgelt. Über die Nebenkosten rechnen die Partner im Bedarfsfall, ansonsten jährlich ab. Spätestens mit der Nebenkostenabrechnung des Vermieters hat

Herr M einen etwa entstandenen Nachzahlungsbetrag zur Hälfte an Frau F zu leisten. Im Falle der Erstattung überzahlter Nebenkosten findet ein interner Ausgleich nicht statt.

Geleistete Zahlungen können nicht zurückgefordert werden. Dies gilt insbesondere dann, wenn Herr M vor Ende des Monats, für den er das Nutzungsentgelt geleistet hat, die Partnerschaft beendet und aus der Wohnung auszieht.

2. Die in den Haushalt eingebrachten wie auch ersetzten Gegenstände bleiben im Eigentum des Partners, der sie eingebracht hat. Das jeweilige Eigentum eines Partners an diesen Gegenständen ergibt sich aus der zu diesem Partnerschaftsvertrag als Anlage beigefügten Liste. Insoweit wird ferner vereinbart, dass der jeweils andere Partner zur Mitnutzung berechtigt und eine Nutzungsentschädigung nicht geschuldet ist. Jeder Partner ist aber verpflichtet, die im Eigentum des anderen Partners stehenden Gegenstände pfleglich zu behandeln. Er hat hierbei nur für die Sorgfalt einzustehen, die er in eigener Angelegenheit anzuwenden pflegt.[2]

Hinsichtlich der während der Partnerschaft angeschafften Haushaltsgegenstände vereinbaren wir ohne Rücksicht darauf, wer diese Gegenstände finanziert hat, eine Aufteilung in der Weise, dass die Partner im Wechsel ihre Wahl hinsichtlich dieser Gegenstände treffen sollen. Besteht darüber, wer mit der Wahl beginnt, keine Einigkeit, soll das Los entscheiden.[3]

3. Gegenständliche Zuwendungen können ungeachtet ihres Wertes bei Beendigung der Partnerschaft nicht zurückgefordert werden, geldwerte Zuwendungen nur unter der Voraussetzung einer schriftlich getroffenen Vereinbarung. Mangels anderweitiger Vereinbarung ist ein etwa geschuldeter Rückzahlungsbetrag erst nach Beendigung der Partnerschaft und einer hiernach ausgesprochenen Kündigung mit dem gesetzlichen Zinssatz zu verzinsen.

4. Über die sonstigen laufenden Kosten, die im Rahmen unserer gemeinsamen Haushaltsführung entstehen (Einkauf von Lebensmitteln u.ä.), wollen wir keine Regelung treffen. Wir sind uns allerdings einig darüber, dass sich jeder von uns an diesen Kosten grundsätzlich zur Hälfte beteiligen sollte.

5. Jeder Partner kann die Lebensgemeinschaft durch schriftliche Erklärung dem anderen Partner gegenüber zu jeder Zeit beenden. Von dem Tag an, an dem Frau F die Beendigung der Partnerschaft erklärt hat, steht Herrn M ein Überbrückungszeitraum von 6 Wochen zum Monatsende zur Verfügung, in dem er sich in Bezug auf eine anzumietende Neuwohnung orientieren kann. Frau F kann innerhalb dieser Frist den Auszug von Herrn M aus der Wohnung nicht verlangen. Etwas anderes gilt nur bei Vorliegen von Gründen, die einen Antrag nach dem GewSchG rechtfertigen würden.

....., den .....

1. Außen- und Innenverhältnis im Mietrecht. Haben beide Partner mit dem Vermieter den Mietvertrag geschlossen, haften sie in allen Belangen als Gesamtschuldner (§ 427 BGB).

Ist nur ein Partner den Mietvertrag eingegangen, scheidet eine Mitverpflichtung des anderen Partners in entsprechender Anwendung des § 1357 BGB aus (OLG Hamm, FamRZ 1989, 616; *Weinreich*, FPR 2001, 29, 32). Hiermit korrespondiert, dass dieser Partner (da »Dritter« i.S.v. § 540 BGB: BGH, FamRZ 2004, 91) auch nur mit Zustimmung des Vermieters in die Wohnung einziehen darf, was freilich nicht bedeutet, dass es im Belieben des Vermieters stünde, ob der mietende Partner den anderen Partner in seine Wohnung aufnehmen darf oder nicht: Denn dieser hat unter den Voraussetzungen des § 553 BGB grds. einen einklagbaren **Anspruch auf Zustimmung des Vermieters**, wenn nicht in der Person des Dritten ein wichtiger Grund vorliegt, etwa weil der Wohnraum übermäßig belegt würde oder dem Vermieter die Überlassung aus sonstigen Gründen nicht zugemutet werden kann (zur Erlaubnispflicht und zum Rechtsanspruch bei Aufnahme eines Lebensgefährten in die Wohnung vgl. BGH, FamRZ 2004, 91; zum Räumungsanspruch des Mieters gegen seinen mitwohnenden, zwischenzeitlich als unerwünscht erlebten Lebensgefährten, der nicht Mietvertragspartei ist vgl. AG Neuruppin, FamRZ 2010, 1177).

Der aufgenommene Partner hat des Weiteren das **Fortsetzungsprivileg** nach § 563 Abs. 2 Satz 4 BGB, wenn der mietende Partner verstirbt (BGH, FamRZ 2009, 1133).

Schließlich kommt dem aufgenommenen Partner die Rechtsprechung des BGH zugute, nach der ein **Räumungstitel**, der allein gegen den mietenden Partner erstritten wurde, grds. nicht gleichzeitig auch zur Räumungsvollstreckung gegen den im Titel nicht aufgeführten Lebenspartner berechtigt (BGH, FamRZ 2008, 1174). Mit dieser Entscheidung stellt sich der BGH gegen die teilweise vertretene Meinung, zur Räumung einer Wohnung, in die der nichteheliche Lebenspartner nach Abschluss des Mietvertrages aufgenommen wurde, reiche ein Vollstreckungstitel alleine gegen den Schuldner aus, wenn der in die Wohnung aufgenommene Partner sein Besitzrecht nicht vom Vermieter ableiten könne (LG Berlin, DGVZ 1993, 173), was insb. dann der Fall sei, wenn der nichteheliche Lebensgefährte den Mitbesitz ohne oder gegen den Willen des Vermieters begründet oder ggü. dem Vermieter verheimlicht habe (OLG Hamburg, NJW 1992, 3308). Entscheidend stellt der BGH darauf ab, ob der in die Wohnung aufgenommene Lebensgefährte »Mitbesitz« an der Wohnung begründet habe. Anders als bei einem Ehepaar, das gemeinsam aufgrund der auf Lebenszeit angelegten Ehe in der ehelichen Wohnung lebe, könne bei einem nichtehelichen Lebensgefährten allein aus dem Umstand der Aufnahme in die Wohnung nicht auf Mitbesitz geschlossen werden. Die Einräumung von Mitbesitz müsse vielmehr durch eine von einem entsprechenden Willen getragene Handlung des zuvor allein besitzenden Mieters nach außen erkennbar sein. Aus den Gesamtumständen müsse sich damit klar und eindeutig ergeben, dass der Dritte Mitbesitzer ist: Anhaltspunkte, durch die sich nach außen die Einräumung des Mitbesitzes dokumentiert, seien die Anzeige des Mieters an den Vermieter von der beabsichtigten oder erfolgten Aufnahme des nichtehelichen Lebensgefährten oder seine Anmeldung in der Wohnung nach den jeweiligen landesrechtlichen Meldegesetzen. Demgegenüber brauche der nichteheliche Lebensgefährte den Mitbesitz an der Wohnung ebenso wenig vom Vermieter ableiten wie auch die Anzeige des Mieters an den Vermieter von der Aufnahme des nichtehelichen Lebensgefährten in die Wohnung nicht unabdingbare Voraussetzung für die Begründung von Mitbesitz sei (BGH, FamRZ 2008, 1174 Rn. 16 ff.)

2. Sorgfaltsmaßstab. Der im Muster gewählte Sorgfaltsmaßstab entspricht dem des § 1359 BGB: Diese Bestimmung findet analog auch bei der nichtehelichen Lebenspartnerschaft Anwendung (Dethloff § 8 Rn. 6). Soweit ersichtlich handelt es sich hierbei um die einzige familienrechtliche Vorschrift, die einer Analogie zugänglich ist.

Wer nur für die Sorgfalt einzustehen hat, die er in eigener Angelegenheit anzuwenden pflegt, ist nach § 277 BGB von der Haftung wegen grober Fahrlässigkeit allerdings nicht befreit.

3. »Hausrat«. Da die gesetzlichen Bestimmungen zu den »Haushaltssachen« (§§ 200 ff. FamFG) auch keine (analoge) Anwendung finden (PWW/ *Weinreich* Vor § 1297 Rn. 46), bieten sich vertragliche Regelungen zum Hausrat an, um spätere Herausgabeansprüche nicht stellen zu müssen oder sich ihnen ggü. nicht ausgesetzt zu sehen: Mit welchen Problemen verfahrensrechtlicher und materiell-rechtlicher Art dies einhergehen kann, belegt die Entscheidung des OLG Düsseldorf (MDR 1999, 233), mit der der gesamte Prüfungskatalog zu den §§ 985, 1006 BGB in eindrucksvoller Weise abgearbeitet wird. Zudem muss die klagende Partei die »Bestimmtheitshürde« nehmen, weil anerkanntermaßen der Antrag die begehrten Gegenstände so genau zu bezeichnen hat, dass diese im Fall der Zwangsvollstreckung identifizierbar sind. Bei Teilen einer Sachgesamtheit ist in jedem Fall erforderlich, dass jede einzelne Sache nach Gattung und sonstigen Merkmalen hinreichend deutlich von anderen Gegenständen abgrenzbar ist: In seiner Entscheidung reichte z. B. dem OLG Düsseldorf der Antrag zu 19) auf Herausgabe »verschiedener kleiner Dosen aus Chinaporzellan, blümchenbemalt« nicht aus, weil er auch nach seiner Bezifferung in der Senatssitzung (»zehn«) nicht den Anforderungen des § 253 Abs. 2 Nr. 2 ZPO genüge. Ihm komme keine Ausschließlichkeit zu und die heraus verlangten Sachen seien von ähnlichen Gegenständen nicht abzugrenzen; aus den vorgelegten Versteigerungsprotokollen ergebe sich nichts anderes, denn auch diese enthielten hierzu keine näheren Angaben.

In materiell-rechtlicher Hinsicht ist insb. zu beachten:

Die Partner einer nichtehelichen Lebensgemeinschaft haben ebenso wie Eheleute Mitbesitz an allen Gegenständen, die zu dem im gemeinsamen Gebrauch stehenden Haushalt gehören, wozu auch solche Sachen zählen, die der Ausschmückung der Wohnung dienen (z. B. Kunstgegenstände).

War vor Eingehung der Lebenspartnerschaft ein Partner bereits Eigentümer eines Gegenstandes, kommt ihm die **Rechtsfortdauervermutung** des § 1006 Abs. 2 BGB zugute, die praktisch nicht mehr widerlegt werden kann: Denn nach dieser Bestimmung wird nicht nur vermutet, dass der vormals besitzende Partner auch ursprünglich Alleineigentümer war. Diese Vermutung gilt vielmehr aufgrund der allgemeinen Rechtsfortdauervermutung über den Zeitpunkt des Besitzverlustes hinaus bis zum Nachweis des Eigentumsverlustes (BGH, NJW 1995, 1292, 1293). Besaß somit ein Partner die Sache bereits vor Begründung der nichtehelichen Lebensgemeinschaft, so braucht er den Fortbestand seines Eigentums nicht zu beweisen. Vielmehr wird – zumindest für die Dauer seines Besitzes – vermutet, dass er Eigentümer geblieben ist (OLG Düsseldorf, MDR 1999, 233 Rn. 15).

I. Ü., und dies macht ohne Partnerschaftsvertrag die Dinge so unerfreulich, begründet § 1006 BGB bei Mitbesitz nur eine Vermutung für Miteigentum, was auch im Fall einer nichtehelichen Lebensgemeinschaft gilt. Wird diese Vermutung nicht widerlegt, so entfällt ein Herausgabeanspruch, weil ein Miteigentümer ggü. dem jeweils anderen nur sein Anteilsrecht geltend machen, nicht jedoch die Einräumung von Alleinbesitz verlangen kann.

Der Eigentumserwerb an beweglichen Sachen richtet sich selbst im Fall einer Personenmehrheit nach den allgemeinen Vorschriften der §§ 929 ff. BGB. Dies gilt auch bei Anschaffungen für den gemeinsamen Hausrat einer nichtehelichen Lebensgemeinschaft. Nach § 929 Satz 1 BGB setzt die Übereignung einer solchen Sache neben ihrer Übergabe die Einigung der Parteien des dinglichen Rechtsgeschäfts voraus, dass das Eigentum auf den Erwerber übergehen soll. Die Person des Erwerbers hängt somit nicht vom Innenverhältnis der Personengemeinschaft oder dem Willen der Partner ab; entscheidend ist vielmehr die Einigung mit dem jeweiligen Veräußerer. Bei Anschaffungen für den Haushalt einer nichtehelichen Lebensgemeinschaft begründen ihre inneren Rechtsbeziehungen daher weder eine Bruchteilsgemeinschaft an den erworbenen Gegenständen ohne Rücksicht auf ihre Finanzierung, noch bestimmt sich der Eigentumserwerb allein nach der Person desjenigen, aus dessen Mitteln die Anschaffung finanziert werden sollte. Maßgebend ist vielmehr allein, wem die Sache von dem früheren Rechtsinhaber übereignet worden ist. Insoweit gelten keine anderen Grundsätze als beim Eigentumserwerb durch Eheleute oder sonstige Personenmehrheiten.

Waren Veräußerer und Erwerber sich also einig, dass nur ein Partner Eigentum erwerben sollte, so ist er Alleineigentümer geworden. Ging die Einigung hingegen dahin, dass beide Partner Miteigentümer werden sollen, so sind sie es geworden, sodass sich der Inhalt der Einigung nach dem tatsächlich erklärten oder andernfalls im Wege der Auslegung zu ermittelnden Willen der Vertragschließenden des dinglichen Rechtsgeschäfts bestimmt.

b) Muster 2: Partnerschaftsvertrag (ausführlich)

Vor   83

dem Notar .....

in .....

erschienen

Herr .....

(Beteiligter zu 1)

und

Frau .....

(Beteiligte zu 2)

beide dem Notar bekannt.

Die Erschienenen erklärten:

Wir schließen folgenden

Partnerschaftsvertrag:

Vorbemerkungen:

Die Partnerschaft hat am 01.01.2012 begonnen. Die Partner führen in dem in ..... gelegenen Wohnhaus einen gemeinsamen Haushalt.

Für diesen Partnerschaftsvertrag gelten vorrangig die Regeln der Gesellschaft des bürgerlichen Rechts nach §§ 705 ff. BGB. Die Anwendung sonstiger Rechtsvorschriften, insbesondere über den Wegfall der Geschäftsgrundlage nach § 313 BGB, soll jedoch nicht ausgeschlossen werden.

Der Notar hat die Beteiligten darauf hingewiesen, dass die Partnerschaft ihrem Wesen nach auf Dauer angelegt ist und von jedem Partner nur unter Beachtung einer angemessenen Kündigungsfrist beendet werden kann.

Unter Beachtung dessen vereinbaren die Partner folgendes:

1. Jeder Partner ist zur eigenen Berufstätigkeit berechtigt und verpflichtet zugleich. Die Haushaltsführung obliegt beiden Partnern gemeinsam. Die Kosten der Haushaltsführung tragen sie bis auf Weiteres je zur Hälfte. Im Falle einer wesentlichen Veränderung ihrer wirtschaftlichen Verhältnisse verpflichten sie sich zu einer beiden Partnern zumutbaren Anpassung.

2. Auseinandersetzungszeitpunkt ist, wenn nachträglich nichts anderes bestimmt wird, die Aufhebung der Lebenspartnerschaft. Bei nicht nur vorübergehendem Auszug eines Partners aus dem gemeinsamen Haus, der nach Ablauf von 6 Wochen als endgültig anzusehen ist, gilt die Lebensgemeinschaft als aufgehoben. Spätester Auseinandersetzungszeitpunkt ist auch ohne Auszug der Tag, zu dem eine fristgerechte Kündigung der Lebenspartnerschaft erklärt wurde. Diese hat schriftlich zu erfolgen.

Die Beteiligten erklären, dass sie sich hinsichtlich der Dauer der Kündigungsfrist derzeit nicht festlegen wollen, die Einhaltung einer Kündigungsfrist von 6 Monaten zum Monatsende aber nicht unterschritten werden soll.

3. Bei Beendigung der Partnerschaft soll die Auseinandersetzung in Anlehnung an die Regeln der Zugewinngemeinschaft entsprechend den §§ 1373 ff. BGB erfolgen. Dies bedeutet zunächst, dass die jeweiligen Vermögensmassen der Partner nicht gemeinschaftliches Vermögen werden. Dies gilt auch für Vermögen, das ein Partner nach dem 01. Januar 2012 erworben hat oder zukünftig noch erwerben wird.

Die Partner legen ihr jeweiliges Anfangsvermögen zum 01.01.2012 wie folgt verbindlich fest:

Das Anfangsvermögen des Beteiligten zu 1. beträgt:

Sparvermögen i. H. v.	50.000,00 €
Girokontoguthaben	4.943,00 €
verauslagte Maklergebühr	13.572,00 €
Insgesamt	68.515,00 €

Das Anfangsvermögen der Beteiligten zu 2. beträgt:

Bankguthaben bei der Sparkasse	22.495,41 €
Depotguthaben bei der Sparkasse	125.986,74 €
Bausparguthaben bei der Schwäbisch Hall	10.524,23 €

Depotguthaben bei der Dresdner Bank

33.383,36 €

Insgesamt

192.389,74 €

Bei der Berechnung des Anfangsvermögens wird der Geldentwertung dadurch Rechnung getragen, dass das Anfangsvermögen unter Berücksichtigung des Preisindexes für die Lebenshaltung aller privaten Haushalte hochgerechnet wird. Der Lebenshaltungskostenindex beträgt am 01.01.2012 111,5 Punkte bei 2005 = 100.

Zum Anfangsvermögen im Sinne von § 1374 BGB zählt auch das Vermögen, das künftig ein Partner von Todes wegen oder mit Rücksicht auf ein künftiges Erbrecht schenkungsweise erwirbt. Dieses wird den vorstehend aufgelisteten Beträgen hinzugerechnet und ist bezogen auf den Zeitpunkt der Zuwendung zu indizieren.

Endvermögen ist das Vermögen, das einem Partner nach Abzug der Verbindlichkeiten am Tage des Auszugs oder spätestens an dem Tag, zu dem die Kündigung nach Ziffer 2. dieses Vertrages erklärt wurde, gehört.

Zugewinn ist mithin der Betrag, um den das Endvermögen eines Partners das Anfangsvermögen übersteigt. Übersteigt der Zugewinn des einen Partners den Zugewinn des anderen, so steht die Hälfte des Überschusses dem anderen Partner als Ausgleichsforderung zu. Eine Ausgleichsforderung wird drei Monate nach dem Stichtag fällig und ist von diesem Tag an mit dem gesetzlichen Zinssatz zu verzinsen.

4. Die Partner sind Miteigentümer zu je ¹/₂ des Hausgrundbesitzes in ..... (Grundbuch von ....., Gemarkung ....., Blatt ....., Flur .....). Sie verpflichten sich, während der Dauer ihrer Partnerschaft nicht über ihren Anteil an der Bruchteilsgemeinschaft gemäß § 747 Abs. 1 BGB zu verfügen.

Die Kosten der Finanzierung der Immobilie bei der ..... i. H. v. monatlich ..... tragen die Partner je zur Hälfte. Im Falle einer wesentlichen Veränderung ihrer wirtschaftlichen Verhältnisse kann abweichend von Ziffer 1. dieser Vereinbarung eine Anpassung insoweit nicht verlangt werden.

5. Kündigt ein Partner die Lebensgemeinschaft, so gilt folgendes:

Zunächst hat die Beteiligte zu 2) das Recht, vom Beteiligten zu 1) die Übertragung seines ¹/₂ Miteigentumsanteils am Hausgrundbesitz gegen eine Ausgleichszahlung zu verlangen.

Die Höhe der Ausgleichszahlung richtet sich in Ermangelung einer Verständigung der Partner nach dem von einem vereidigten Sachverständigen oder, können sich die Partner auf einen solchen innerhalb von 4 Wochen nicht einigen, einem Gutachter des zuständigen Gutachterausschusses festgelegten Verkehrswert. Von dem so ermittelten Wert sind vorab die auf dem Grundbesitz noch bestehenden Verbindlichkeiten abzuziehen. Als Ausgleichszahlung geschuldet ist sodann die Hälfte des verbleibenden Wertes (= Kaufpreis). Die Kosten eines Wertgutachtens tragen die Partner je zur Hälfte.

Übt die Beteiligte zu 2) ihr Übernahmerecht innerhalb von 6 Wochen nach Auszug eines Partners aus dem Haus oder spätestens nach Wirksamwerden der Kündigung nicht aus, steht dem Beteiligten zu 1) das Recht zu, von der Beteiligten zu 2) die Übertragung ihres ¹/₂ Miteigentumsanteils auf sich zu verlangen. Dieses Verlangen hat der Beteiligte zu 1) innerhalb weiterer 4 Wochen zu stellen.

Die Ausübung des Übernahmeverlangens hat in jedem Fall schriftlich zu erfolgen.

Spätestens bei Abschluss des Kaufvertrages ist der übernehmende Partner verpflichtet, eine Finanzierungszusage einer Bank über die Höhe des Kaufpreises vorzulegen. Er ist ferner verpflichtet, die auf dem Grundbesitz ruhenden Verbindlichkeiten bei gleichzeitiger Freistellung des anderen Partners zu übernehmen, es sei denn, der weichende Partner ist noch nicht aus dem Haus ausgezogen.

Die Umschreibung darf der den Kaufvertrag beurkundende Notar erst nach Zahlung des Kaufpreises sowie nach Schuldhaftentlassung des weichenden Partners durch das Kreditinstitut, bei dem die Hausfinanzierung vorgenommen wurde, beantragen.

Der das Haus übernehmende Partner hat das Recht, den von ihm zu zahlenden Kaufpreis mit einer etwa ihm zustehenden Zugewinnausgleichsforderung nach Ziffer 3. zu verrechnen.

Der weichende Partner hat spätestens zu dem Zeitpunkt den Auszug vorzunehmen, an dem der Notar beim Grundbuchamt den Antrag auf Umschreibung gestellt hat. Bis zum Tag des Auszugs tragen die Partner die Kosten der Haushaltsführung einschließlich der Hausnebenkosten weiterhin zur Hälfte.

6. Machen beide Partner von ihrem Übernahmerecht keinen Gebrauch, bleiben sie auch weiterhin zur Zahlung der Finanzierungskosten bis zum Verkauf des Hausgrundstückes verpflichtet.

Die Partner werden dann das Hausgrundstück entweder zu einem von den Partnern vereinbarten Wert oder auf der Grundlage des von dem beauftragten Gutachter festgelegten Verkehrswertes freihändig zu veräußern versuchen.

Findet sich innerhalb von 6 Monaten kein Käufer, können die Partner einen niedrigeren Kaufpreis vereinbaren. Jeder Partner ist ab diesem Zeitpunkt aber auch berechtigt, einen Antrag auf Zwangsversteigerung zum Zwecke der Aufhebung der Miteigentümergemeinschaft zu verlangen.

7. Bei der Auseinandersetzung des Hausrats anlässlich der Aufhebung der Gemeinschaft erhält jeder Partner die in seinem Eigentum stehenden und der Lebensgemeinschaft zur Nutzung überlassenen Gegenstände zurück. Ersatz für normale Abnutzung kann er nicht verlangen. Gemeinsam erworbene Hausratsgegenstände werden so verteilt, dass jedem Partner möglichst die Fortführung eines eigenen Hausstandes möglich ist.

8. Verwendungen eines Partners auf im Alleineigentum des anderen Partners stehende Gegenstände werden nur dann ersetzt, wenn dies bei der Verwendung schriftlich vereinbart wurde. In allen anderen Fällen findet eine Ausgleichung nicht statt.

Werden einem Partner gemeinsam erworbene Gegenstande zugewiesen, hinsichtlich derer noch Verbindlichkeiten bestehen, so hat er diese zur Alleinschuld zu übernehmen und den anderen Partner insoweit freizustellen.

9. Eine Rückforderung geschenkter und sonstiger durch die Lebensgemeinschaft bedingter Zuwendungen während der Partnerschaft kann anlässlich ihrer Auflösung nicht verlangt werden. Beide Partner betrachten die einseitige Loslösung von ihrer nichtehelichen Lebenspartnerschaft als möglich und nicht als groben Undank im Sinne des Schenkungsrechts. Beide Partner sind sich bewusst, dass Zuwendungen und Schenkungen in Kenntnis der Aufhebbarkeit ihrer Lebenspartnerschaft unwiderruflich gemacht werden, soweit nicht im Einzelfall ausdrücklich Rückforderungsrechte vereinbart werden.

10. Gehen aus der Partnerschaft gemeinsame Kinder hervor, werden die Partner eine gemeinsame Sorgeerklärung abgeben (§§ 1626a, 1626d BGB). Diese soll auch nach Beendigung der Partnerschaft fortbestehen, weil sich die Beteiligten trotz Scheiterns ihrer Partnerschaft in der gemeinsamen Elternverantwortung sehen.

Gibt die Beteiligte zu 2) wegen Kindesbetreuung ihre berufliche Tätigkeit im Einvernehmen mit dem Beteiligten zu 1) auf oder schränkt sie diese ein, verpflichtet sich der Beteiligte zu 1) im Falle der Beendigung der Partnerschaft zur Zahlung von Betreuungsunterhalt in entsprechender Anwendung von § 1570 Abs. 1 BGB. Diese Verpflichtung endet spätestens mit Vollendung des 8. Lebensjahres des jüngsten Kindes. Auf Verlangen ist der Beteiligte zu 1) zur Titulierung des Kindes- und Betreuungsunterhaltes verpflichtet.

11. Änderungen und Ergänzungen dieses Partnerschaftsvertrages bedürfen der notariellen Beurkundung.

Diese Verhandlung wurde von dem Notar den Beteiligten vorgelesen, von ihnen genehmigt und eigenhändig unterschrieben:

c) Muster 3: Vereinbarung über die Einräumung eines Wohnrechts

84   Ältere Menschen haben nach mehr oder weniger erfolgreich geführten Ehe- und Scheidungsschlachten in aller Regel nicht mehr den Wunsch, auf der Zielstrecke ihres Lebens nochmals den Bund der Ehe einzugehen. Hierfür gibt es eine Reihe von Gründen, etwa, weil das Ehegattensplitting bei

Rentenbeziehern kaum noch Steuerersparnisse erwarten lässt, die Ehe sich also wirtschaftlich nicht »rechnet« oder gar schadet, weil mit der Wiederheirat eine ggf. gewährte Witwenrente aufs Spiel gesetzt wird, sieht man einmal von der Abfindungszahlung i. H. d. 24-fachen Monatsbetrags nach § 107 SGB VI ab. Auch die mögliche Erwartung, die jüngere Lebenspartnerin könne im Fall des Todes ihres älteren Lebenspartners bei Eingehung der Ehe an dessen Rente partizipieren (Stichwort: »Versorgungsehe«), bedarf einer sorgfältigen Prüfung, weil nach § 46 Abs. 2a) SGB VI die Ehe mindestens ein Jahr gedauert haben muss (bei vielen Versorgungswerken sogar 3 Jahre); vielfach wird eine Hinterbliebenenrente gar nicht erst gewährt, wenn die Ehe zu einem Zeitpunkt geschlossen wurde, als der Versorgungsberechtigte bereits das 65. Lebensjahr vollendet (zur Frage der Verfassungsgemäßheit vgl. BVerwG, FamRZ 2009, 1826) oder – bei Beamten – die Regelaltersgrenze erreicht hatte, wie dies bspw. in § 19 Abs. 1 Nr. 2 BeamtVG geregelt wird.

Ungetrübt ist allerdings das Bedürfnis nach Geborgenheit, aber auch nach einer gewissen Sicherheit, weil derjenige, der seinen Hausstand auflöst oder gar sein Haus verkauft, um zu seinem Partner in dessen Wohnhaus zu ziehen, nicht aus dem ersten besten Anlass auf die Straße gesetzt werden möchte. Hier bietet sich die Vereinbarung eines Wohnrechts an, vorzugsweise in notarieller Form, damit der Berechtigte, nicht notwendigerweise sofort, so doch zu einem späteren Zeitpunkt die Möglichkeit hat, sein Recht im Grundbuch eintragen zu lassen.

Die Erschienenen erklärten:

Wir treffen folgende

Vereinbarung

über die Einräumung eines Wohn- und Nutzungsrechts[1]

§ 1 Vorbemerkungen

Wir leben seit einem Jahr gemeinsam in dem Haus ....., eingetragen im

Grundbuch von .....

lfd. Nr. 1 Flur ....., Nr. .....,

Gebäude- und Freifläche, ...,

groß ..... ar.

Eigentümerin dieses Grundbesitzes ist Frau F. Dies soll auch künftig so bleiben.

Wir haben zwar nicht die Absicht zu heiraten. Wir haben uns aber entschieden, in diesem Haus als Partner auf Dauer zusammenleben zu wollen.

Wir möchten ferner für den Fall des Ablebens von Frau F sichergestellt wissen, dass Herr M – wenn dies seinem Wunsch entspricht- weiterhin in dem Haus leben kann, ohne dass ihm dies Dritte streitig machen können. Frau F weist in diesem Zusammenhang darauf hin, dass ihre Kinder, die nach Maßgabe des mit ihrem 2009 verstorbenen Ehemann geschlossenen Erbvertrags vom 16.01.1988 (URNr. 69 für 1998 des Notars .....) ihre Erben sein werden, ihr gegenüber erklärt haben, dass dies auch ihrem Wunsch entspricht und sie mit der Einräumung eines Wohn- und Nutzungsrechts zugunsten des Herrn M ausdrücklich einverstanden sind.[2]

Im Hinblick hierauf vereinbaren wir folgendes:

§ 2 Einräumung eines Wohn- und Nutzungsrechts

1. Frau F räumt hiermit Herrn M auf dessen Lebenszeit an dem in § 1 aufgeführten Hausgrundbesitz ein Wohn- und (Mit)Nutzungsrecht ein.

Zur Ausübung dieses Rechts werden Herrn M sämtliche Räume des Hauses neben der Eigentümerin zur Mitnutzung zugewiesen.

2. Die Ausübung dieses Rechts darf Dritten nicht überlassen werden. Dies gilt auch nach dem Ableben von Frau F. In einem solchen Fall ist Herr M zur alleinigen Nutzung des Hausgrundstücks unter Ausschluss der Erben berechtigt.

Wenn und soweit sich Herr M nach dem Tode von Frau F entscheidet, das Wohn- und Nutzungsrecht nicht mehr ausüben zu wollen, hat er jedoch das Hausgrundstück an die Erben von Frau F ohne Begründung eines Ausgleichs- oder Ersatzanspruchs für die künftige Nichtausübung dieses Rechts herauszugeben.

3. Das Wohn- und Mitnutzungsrecht ist unentgeltlich. Dies gilt auch im Verhältnis zu den Erben, so dass diese nach dem Ableben von Frau F von Herrn M keine Nutzungsentschädigung verlangen können.

4. Während des Zusammenlebens tragen Frau F und Herr M sämtliche mit dem Hausgrundstück verbundenen Aufwendungen (z. B. Ausbesserungs- und Erneuerungsaufwendungen) und sonstige mit dem gemeinsamen Wohnen einhergehenden Kosten gemeinsam, und zwar so, wie jeder von ihnen finanziell dazu in der Lage ist, ohne dass ein Ausgleichsanspruch gegenüber dem anderen Partner hierdurch begründet wird. Etwas anderes gilt nur, wenn dies zwischen den Partnern ausdrücklich und schriftlich vereinbart wird.

Im Falle des Vorversterbens von Frau F trägt Herr M die zur Erhaltung des Hausgrundstücks notwendigen Aufwendungen i. S. v. § 744 Abs. 2 BGB alleine. Zu weitergehenden, nicht notwendigen, sondern bloß nützlichen Instandhaltungsaufwendungen ist Herr M nicht verpflichtet. Tätigt er gleichwohl solche Aufwendungen, kann er von den Erben keinen Ersatz verlangen.

5. Im Falle des Verkaufs des Hausgrundstücks durch Frau F endet das Wohn- und Mitbenutzungsrecht mit Eintragung des Erwerbers als neuer Eigentümer im Grundbuch, ohne dass hierdurch ein Entschädigungsanspruch des Herrn M gegenüber Frau F oder ein Anspruch auf Einräumung eines inhaltsgleichen Rechts begründet wird.

Im Falle des Verkaufs des Hausgrundstücks durch die Erben bleibt das Wohn- und Nutzungsrecht des Herrn M weiterhin bestehen. Herr M kann jederzeit verlangen, dass dieses Recht im Grundbuch eingetragen wird.

6. Beide Partner betrachten die einseitige Loslösung von ihrer Lebenspartnerschaft als möglich. Sie soll allerdings unter Beachtung des Gebots schonender Rechtsausübung, insbesondere nicht zur Unzeit erfolgen.

Unter Berücksichtigung dessen vereinbaren die Partner folgendes:

a. Die Loslösung von der Lebenspartnerschaft erfolgt durch schriftliche Erklärung dem anderen Partner gegenüber. Mit Zugang dieser Erklärung beim anderen Partner ist die Lebensgemeinschaft beendet.

b. Erklärt Herr M die Beendung der Lebenspartnerschaft, erlischt sein Wohn- und Mitnutzungsrecht. Er ist auf Verlangen verpflichtet, die ihm erteilte Ausfertigung dieser Urkunde Frau F auszuhändigen.

Herrn M steht ein Überbrückungszeitraum von 3 Monaten zum Monatsende zur Verfügung. Innerhalb dieses Zeitraums kann Frau F seinen Auszug aus dem Haus nicht verlangen.

c. Erklärt Frau F die Beendung der Lebenspartnerschaft, erlischt das Wohn- und Mitnutzungsrecht von Herrn M nicht ohne Weiteres. Jedoch kann Frau F von Herrn M verlangen, dass dieser auf sein Recht verzichtet. Diesen Verzicht hat Herr M innerhalb eines Monats dem beurkundenden Notar oder dessen Vertreter gegenüber zu erklären. Mit Zustellung der notariell beurkundeten Verzichtserklärung bei Frau F wird der Verzicht wirksam. Mit Wirksamkeit gilt Ziffer 6. b. 2. Abs. entsprechend.

d. Da sich die Partner darüber einig sind, dass der sich aus der Partnerschaft lösende Partner eigene berechtigte und von dem anderen Partner zu akzeptierende Belange verfolgt und nur die gelebte Lebenspartnerschaft Grundlage des hier eingeräumten Wohnungs- und Mitnutzungsrechts ist, scheiden Ansprüche für das Erlöschen dieses Rechts bzw. für den zu erklärenden Verzicht aus. Die Partner erklären, dass sie sich insoweit wechselseitig nichts schuldig sind.

7. Die Eintragung des Wohn- und Nutzungsrechts im Grundbuch soll derzeit nicht erfolgen. Herr M soll allerdings jederzeit berechtigt sein, eine Grundbucheintragung auf eigene Kosten zu verlangen.

§ 3 Schlussbestimmungen

Der Notar hat die Partner darauf hingewiesen, dass er keine steuerrechtliche Beratung übernimmt, eine solche bei fehlender Kenntnis zur Vermeidung steuerrechtlicher Nachteile jedoch zweckdienlich sein kann. Die Partner sind vom Notar insbesondere auch darauf hingewiesen worden, dass die Einräumung eines Wohnrechts die Schenkungssteuer auslösen kann.[3]

Die Beteiligten sind darüber belehrt, dass der Notar zwar das Grundbuch, nicht jedoch das Liegenschaftskataster hat einsehen lassen und die Grundbuchbezeichnung keine Auskunft über die zulässige Nutzungsart gibt.

Sollte eine einzelne Bestimmung dieser Vereinbarung unwirksam sein oder werden, wird hierdurch die Wirksamkeit dieser Vereinbarung im Übrigen nicht berührt. In einem solchen Fall werden die Partner die unwirksame Bestimmung durch eine solche ersetzen, die sie im Zeitpunkt dieser Vereinbarung gewählt hätten, wenn sie den Fall der Unwirksamkeit bedacht hätten. Hierbei werden die Partner eine die unwirksame Bestimmung ersetzende wirksame Bestimmung unter billiger Berücksichtigung ihrer beiderseitigen Interessen treffen.

Die Kosten dieser Vereinbarung tragen die Partner gemeinsam.

Diese Verhandlung

wurde den Erschienenen von dem Notar vorgelesen, von ihnen genehmigt und eigenhändig wie folgt unterschrieben:

1. Begründung eines Wohn- und (Mit)nutzungsrechts. Die bereits unter der Rdn. 67 dargestellte Entscheidung des BGH (FamRZ 2008, 1404) beschäftigt sich u. a. auch mit der Frage, wie die Überlassung einer Mitnutzung eines Hausanwesens, das im Alleineigentum eines Partners steht, rechtlich zu bewerten ist.

Der BGH führt zunächst aus, dass der Grundsatz, Bedürfnisse würden »von dem erbracht, der dazu in der Lage ist«, auch dann gelte, wenn ein Partner das in seinem Eigentum stehende Hausanwesen dem anderen Partner zur Mitnutzung überlasse: Denn auch die Einräumung der Mitnutzung sei »in solchem Fall nur eine von vielfältigen Leistungen im Rahmen des wechselseitigen Gebens und Nehmens; sie diene – wie die anderen Beiträge auch – dem gemeinsamen Interesse der Partner und erfolge im Zweifel auf tatsächlicher, nicht auf vertraglicher Grundlage.«

Etwas anderes gelte nur dann, wenn die Lebenspartner eine Vereinbarung über die Mitbenutzung des Hausanwesens durch den Beklagten geschlossen hätten, was allerdings voraussetze, dass aufgrund »besonderer tatsächlicher Anhaltspunkte« erkennbar werde, dass »die Partner gerade die unentgeltliche Gebrauchsüberlassung aus dem wechselseitigen tatsächlichen Leistungsgefüge herausnehmen und einer besonderen und für beide Partner rechtlich bindenden Regelung zuführen wollten.«

Ob und unter welchen Voraussetzungen ein solches unentgeltliches Nutzungsrecht wirksam auch durch eine **bloß mündliche Abrede** zwischen den Partnern vereinbart werden könne, ließ der BGH in seiner Entscheidung offen, weil zu einer solchen Absprache nicht hinreichend substanziiert vorgetragen wurde, weshalb er sich auch nicht zu dem Streit über die Rechtsnatur einer solchen Vereinbarung erklären musste:

Nach wiederholt vertretener Auffassung des BGH – entgegen der teilweise im Schrifttum vertretenen Ansicht – beruht die unentgeltliche dauerhafte Nutzung von Wohnraum nicht auf einem Schenkungsversprechen, das nach § 518 BGB der notariellen Form bedarf, sondern auf einem Leihvertrag nach § 598 BGB (BGH, FamRZ 2012, 207 Rn. 26; NJW 1982, 820 [Ls.]; NJW 1985, 1553; ebenso: OLG Köln, MDR 1999, 1271; OLG Koblenz, FamRZ 1996, 1010). Und ein Leihvertrag, für den die Formvorschrift des § 518 BGB nicht gilt, kann zwischen den Partnern mündlich, bei ausreichenden Anhaltspunkten hierfür auch konkludent geschlossen werden: Dies jedenfalls dann, wenn die »Gebrauchsüberlassung nicht wirtschaftlich einer Weggabe der Substanz nahekommt« (BGH, NJW 1985, 1553), was bei der Einräumung eines Mitnutzungsrechts, das dem gemeinsamen partnerschaftlichen Wohnen in einem Haus dient, fraglos nicht der Fall ist.

Zur Vermeidung unliebsamer Ergebnisse (BGH, FamRZ 2008, 1404: Der verklagte Lebenspartner musste das Haus auf Verlangen des Vormundes, der für den zwischenzeitlich im Heim lebenden anderen Lebenspartner bestellt wurde, räumen) sollte allerdings nicht auf die Beweisbarkeit eines bloß mündlich vereinbarten Wohn- und Nutzungsrechts vertraut, sondern ein solches Recht schriftlich festgehalten werden. Andernfalls dürfte der Streit mit den Erben vorprogrammiert sein (vgl. nachfolgende Erläuterungen zu 2.).

Wenn die in die Jahre gekommenen Lebenspartner die Eintragung des Wohnrechts im Grundbuch wünschen oder doch zumindest annehmen, dass eine spätere Eintragung dem Sicherungsbedürfnis des Nichteigentümer-Partners entsprechen könnte (z. B. wegen einer möglichen Auseinandersetzung mit den Erben), bedarf es hierzu der notariellen Beurkundung. Und weil sich die Ausübung des Wohnrechts auf ein Gebäude bezieht, ist das Bestimmtheitsgebot zu beachten, das es erforderlich macht, dass die dem Wohnrecht unterliegenden Räume genau bezeichnet werden (OLGR Zweibrücken 1998, 342 Rn. 10). Dies gilt allerdings nicht, wenn sich – wie im Muster 3 – das Wohnrecht auf das gesamte Gebäude mit sämtlichen Räumen bezieht: Dies genügt dem Bestimmtheitsgebot (BayObLG, NJW-RR 1988, 982).

2. Konflikt: Erbrecht und Wohnrecht. Im Muster 3 (§ 1 Vorbemerkungen) wird der Hinweis darauf gemacht, dass die Kinder der Frau F mit der Einräumung eines Wohn- und Nutzungsrechts zugunsten des Herrn M ausdrücklich einverstanden sind, was sicherlich, wenn die Kinder z. B. aufgrund eines gemeinschaftlichen Testaments ihrer Eltern Schlusserben des überlebenden Elternteils werden sollen, der Idealfall sein dürfte: Dies kann sich in der Praxis aber auch durchaus anders darstellen, weil die Kinder dem neuen Lebenspartner ihrer Mutter ablehnend ggü. stehen, als Eindringling erleben oder gar meinen, der Lebenspartner habe es nur auf das von ihrem Vater hinterlassene Erbe abgesehen.

Dann kann sich das Zusammenwirken von Wohnrecht und erbrechtlicher Stellung der Kinder, die sich dieses Wohnrecht entgegenhalten lassen sollen, ausgesprochen konfliktfördernd auswirken, was in der Beratung der Lebenspartner unbedingt angesprochen werden sollte. Es sollte darauf hingewiesen werden, dass der Konflikt zwischen Wohn- und Erbrecht nicht darin zu sehen sei, dass den Kindern ihre erbrechtliche Stellung entzogen würde. Dies ist natürlich nicht der Fall, weil deren Einsetzung als Schlusserben auch infolge der Begründung einer neuen Lebenspartnerschaft und der Einräumung eines Wohnrechts bindend bleibt: Diese Bindungswirkung hindert insb. eine weitere (von den Kindern möglicherweise befürchtete) letztwillige Verfügung des Eigentümer-Erblassers zugunsten seines Lebenspartners (für den Fall der Wiederverheiratung: OLG München, ZEV 2012, 153). In der Praxis entsteht der Konflikt vielmehr meist infolge der Bestimmung des § 2286 BGB, wonach ohne anderweitige testamentarische oder erbvertragliche Regelung der Erblasser zu Lebzeiten, die natürlich möglich wäre, nicht gehindert ist, über das ihm in seiner Eigenschaft als Vor- oder Vertragserbe hinterlassene Vermögen zu verfügen. Und dies geht in aller Regel mit einer Minderung der Erbmasse einher, die der Erbe nur bei **beeinträchtigenden Schenkungen** des Erblassers i. S. v. § 2287 BGB, der auch auf bindend gewordene wechselseitige Verfügungen in einem gemeinschaftlichen Testament entsprechend anwendbar ist (BGH, FamRZ 1982, 56), nicht gegen sich gelten lassen muss. Eine solche den Erben beeinträchtigende Schenkung wird allerdings bei lebzeitigendem Eigeninteresse des Erblassers an seiner Vermögensdisposition kaum anzunehmen sein (BGH, NJW 1976, 749 Rn. 15).

▶ Praxishinweis:

Das Wohn- und (Mit) Nutzungsrecht führt dazu, dass zu Lebzeiten des überlebenden Nichteigentümer-Partners die Immobilie vom Erben selbst nicht bewohnt und praktisch auch nicht veräußert werden kann, das Wohnrecht also die Erbenstellung nachhaltig beeinträchtigt. Deshalb empfiehlt es sich, die Erben nach Möglichkeit bei der Entscheidung, ob und zu welchen

Konditionen ein Wohnrecht eingeräumt werden soll, mit einzubeziehen und deren Überlegungen mit in die Vereinbarung einfließen zu lassen. Und wenn dies nicht möglich ist, sollte das Wohnrecht aus Gründen der Beweisbarkeit jedenfalls notariell beurkundet werden. Nur so lässt sich die ansonsten unabweisbare Diskussion darüber vermeiden, ob überhaupt, zu welchem Zeitpunkt und unter welchen Voraussetzungen ein Wohnrecht vereinbart wurde.

3. Wohnrecht und Steuern. Steuerlich privilegiert sind Eheleute, seit dem 15.07.2013 infolge des Gesetzes zur Änderung des Einkommensteuergesetzes in Umsetzung der Entscheidung des BVerfG auch eingetragene Lebenspartner, nicht jedoch nichteheliche Lebenspartner. Diese werden in aller Regel steuerlich wie Fremde behandelt, sieht man einmal von der geänderten Rechtsprechung des BFH zu § 33a Abs. 1 EStG ab: Unterhaltsleistungen eines Steuerpflichtigen an seinen mit ihm in einer Haushaltsgemeinschaft lebenden mittellosen nichtehelichen Lebenspartner können seit der Entscheidung des BFH v. 29.05.2008 auch ohne Berücksichtigung der sog. Opfergrenze als außergewöhnliche Belastung bis zu einem Höchstbetrag von derzeit 8.354,00 € (Fassung vom 18.12.2013) abgezogen werden (BFH, FamRZ 2008, 2026; bestätigt: FamRZ 2010, 902, 903).

Diese folgerichtige und den Widerspruch zum Sozialrecht – dort: Berücksichtigung des Einkommens des anderen Lebenspartners bei der Gewährung von Sozialleistungen – auflösende Rechtsprechung ändert allerdings nichts daran, dass trotz stetig fortschreitenden Anstiegs nichtehelicher Lebensgemeinschaften (vgl. Rdn. 64) diese an steuerlichen Privilegien, die verheiratete bzw. eingetragene (Lebens-) Partner in Anspruch nehmen können, nicht teilhaben, was sich auch bei der Einräumung eines Wohnrechts zeigt:

Steuerrechtlich unproblematisch ist die **bloße Gestattung des Mitbewohnens** im selbst genutzten Wohnhaus durch den Eigentümer, weil sie keine schenkungsteuerpflichtige freigebige Zuwendung darstellt (FG München, FGReport 2005, 54). Dies folgt auch ohne steuerrechtlichen Bezug aus der Rechtsprechung des 12. Zivilsenats des BGH, wonach die bloße Gewährung der Mitnutzung im eigenen Haus »nur eine von vielfältigen Leistungen im Rahmen des wechselseitigen Gebens und Nehmens« (BGH, FamRZ 2008, 1404 Rn. 16) darstellt: Solche Leistungen, die der Verwirklichung der nichtehelichen Lebenspartnerschaft dienen, können eine Steuerpflicht ebenso wenig auslösen wie etwa Unterhaltsleistungen an den mittellosen Partner natürlich nicht der Schenkungsteuer unterfallen, sondern nach § 33 a Abs. 1 EStG sogar privilegiert sein können.

In diesem Zusammenhang ist aber auch eine ältere Entscheidung des BFH zu beachten, die darauf abstellte, ob der Berechtigte die Wohnung »aufgrund einer gesicherten Rechtsposition« nutzt. Sei dies der Fall, also sichergestellt, dass ihm die Nutzung der Wohnung nicht nach »Gutdünken« des Eigentümers entzogen werden könne, sei der Nutzungswert einer unentgeltlich überlassenen Wohnung dem Nutzenden zuzurechnen (BFH, FamRZ 1984, 789).

In Anlehnung an diese Entscheidung entschied das FG München (Beschl. v. 19.08.2004 – 4 V 1632/04 –, juris), dass bei einem **notariellen Vertrag**, mit dem ein dingliches Wohnrecht vereinbart wurde, eine solche »gesicherte Rechtsposition« des Nutzenden vorliege und deshalb die unentgeltlich erfolgte **dingliche Einräumung eines lebenslänglichen Mitbenutzungsrechts** am Wohnhaus der nichtehelichen Lebensgefährtin der Schenkungsteuer unterfalle (§ 7 Abs. 1 Nr. 1 ErbStG: »Als Schenkungen unter Lebenden gilt jede freigebige Zuwendung unter Lebenden, soweit der Bedachte durch sie auf Kosten des Zuwendenden bereichert wird«).

In einer weiteren Entscheidung des FG München, die allerdings einen besonderen Einzelfall betraf, weil die Lebenspartner bereits 16 Jahre zusammenlebten und erst dann ein Wohnrecht notariell beurkunden ließen, entschied das FG jedoch, dass es »bei der (notariellen) Einräumung des Mitbenutzungsrechts bereits an der entreichernden Vermögenshingabe« fehle, weil lediglich die Mitbenutzung einer Wohnung gestattet werde, die auch von dem Eigentümer aufgrund seiner Eigentümerstellung für eigene Wohnzwecke genutzt werde (FG München, EFG 2006, 1263; ähnlich: FG Rheinland-Pfalz, DStRE 2002, 1078 bei einer unentgeltlichen Wohnungsüberlassung zur Mitbenutzung bis zum Tod des Eigentümers).

Aus dieser Entscheidung kann jedoch keinesfalls gefolgert werden, dass sich jede Form der Nutzungsüberlassung an einen Partner schenkungsteuerrechtlich neutral verhält. Denn nach der neueren Rechtsprechung des BFH ist entscheidend, ob das Wohnrecht eine dauerhafte Beschränkung des Eigentümers bewirkt. Das dingliche Wohnungsrecht jedenfalls entziehe dem Grundstückseigentümer in aller Regel auf Dauer das Nutzungsrecht an einem Gebäude. Es vermittele dem Berechtigten eine gesicherte Rechtsposition, weil das Wohnungsrecht aufgrund seiner dinglichen Wirkung als beschränkte persönliche Dienstbarkeit nicht nur den bewilligenden Grundstückseigentümer, sondern auch dessen Rechtsnachfolger binde. Deshalb bewirke auch der **unentgeltliche Verzicht** auf ein dingliches Wohnungsrecht eine Bereicherung des Grundstückseigentümers, weil er aufgrund dieses Verzichts von einer Beschränkung seiner Eigentümerbefugnisse befreit werde und sein Grundstückseigentum insoweit eine Wertsteigerung erfahre (BFH/NV 2010, 2075). Ob dies in gleicher Weise für den Verzicht auf ein bloß schuldrechtliches Wohnrecht gilt, hat der BFH in dieser Entscheidung zwar offen gelassen, jedoch darauf hingewiesen, dass diese Entscheidung nicht ohne Weiteres auf das auf anderen Rechtsgrundlagen beruhende Wohnungsrecht angewendet werden könne und schenkungsteuerrechtlich entscheidend sei, dass das lediglich schuldrechtliche Wohnungsrecht nicht die einem dinglichen Wohnungsrecht eigene dauerhafte Beschränkung der Eigentümerbefugnisse bewirke.

▶ Praxishinweis:

Aus Gründen anwaltlicher Vorsorge wird man deshalb den/die Mandanten stets darauf hinzuweisen haben, dass bei Bekanntwerden der Vereinbarung über die (dingliche) Einräumung eines Wohnrechts damit gerechnet werden muss, dass der Fiskus über die Schenkungsteuer (§ 7 Abs. 1 Nr. 1 ErbStG) die Hand aufhält.

In Zusammenhang mit einer möglichen steuerlichen Veranlagung ist schließlich auch Folgendes zu beachten:

Das Muster 3 enthält die Regelung, dass Herrn M auch für die Zeit nach dem Tode seiner Lebenspartnerin das Wohnhaus unter Ausschluss der Erben zur alleinigen Nutzung überlassen bleibt. Da dieses Nutzungsrecht aber nur ausgeübt werden kann, wenn Herr M seine Lebenspartnerin (Frau F) überlebt, handelt es sich hierbei um eine aufschiebend bedingte Zuwendung, die als Schenkung auf den Todesfall zu werten ist (FG Rheinland-Pfalz, DStRE 2002, 1078 Rn. 19). Dies führt nach § 3 Abs. 1 Nr. 2 Satz 1 ErbStG dazu, dass diese Zuwendung der Erbschaftsteuer unterfällt, sofern sie – wie im Muster – unentgeltlich erfolgt ist. Die Steuer für den durch eine solche Zuwendung ausgelösten Erwerb von Todes wegen entsteht allerdings erst mit dem Tod des Zuwendenden (§ 9 Abs. 1 Nr. ErbStG). Diese – steuerrechtlich freilich nicht erschöpfenden – Hinweise zeigen, dass es in Zweifelsfällen ratsam sein dürfte, einen Steuerberater hinzuziehen. Dies gilt nicht nur für den anwaltlichen Berater, sondern auch für den beurkundenden Notar, weil dieser, mag er nach § 19 BNotO auch nur subsidiär haften, nach Auffassung des OLG Oldenburg entsprechend § 8 Abs. 1 Abs. 4 ErbStDV auf die Möglichkeit des Anfalls von Schenkungsteuer hinzuweisen hat (DNotZ 2010, 312; ebenso: OLG Hamm, Urt. v. 27.07.2012 – 11 U 74/11, I-11 U 74/11 –, juris; ablehnend: Wachter, DNotZ 2010, 314).

2. Unterhalt

a) Unterhalt des Kindes nicht miteinander verheirateter Eltern

85   Der Unterhalt des Kindes nicht miteinander verheirateter Eltern ist kein anderer als der des Kindes verheirateter Eltern: Mit dem KindRG v. 16.12.1997 wurde der Statusunterschied abgeschafft und seit dieser (längst fälligen) Reform unterscheidet das Gesetz nicht mehr zwischen ehelichen und nichtehelichen Kindern. Auch die Diskriminierung der Väter von außerehelich geborenen Kindern beim Zugang zur (gemeinsamen) elterlichen Sorge, die 2010 höchstrichterlich gerügt wurde (EuGHMR, FamRZ 2010, 103; BVerfG, FamRZ 2010, 1403), hat der Gesetzgeber durch die am

19.05.2013 in Kraft getretene Änderung des § 1626a BGB beseitigt: Seit dem 19.05.2013 können damit auch Väter nichtehelicher Kinder ein gemeinsames Sorgerecht für das Kind gegen den Willen der Mutter, die noch stets die alleinige elterliche Sorge innehat, beantragen, wenn dies das Kindeswohl nicht gefährdet, wobei für die Übertragung »keine positive Feststellung dahingehend erforderlich (ist), dass die gemeinsame Sorge dem Kindeswohl entspricht« (OLG Brandenburg, Beschl. v. 19.09.2013 – 9 UF 96/11 –, juris). Aus der Neuregelung dieser Vorschrift ergibt sich damit ein Regel-Ausnahme-Verhältnis zugunsten der gemeinsamen elterlichen Sorge mit der Folge, dass der Antrag des bisher nicht sorgeberechtigten Vaters, ihm das Mitsorgerecht zu übertragen, nur abgewiesen werden darf, wenn »mit erheblicher Gewissheit festgestellt werden kann, dass die gemeinsame Sorge dem Kindeswohl widersprechen würde« (OLG Nürnberg, Beschl. v. 09.12.2013 – 7 UF 1195/13 –, juris).

Und weil dem Unterhalt von Kindern gescheiterter Lebenspartnerschaften in der Praxis eine nicht unerhebliche Bedeutung zukommt, soll nachfolgend jeweils ein Muster zum dynamischen und zum statischen Kindesunterhalt vorgestellt und erläutert werden. Weitere Muster und Einzelheiten zum Kindesunterhalt sind im Kap. 2 (»Unterhalt«) zu finden, auf das weiterführend verwiesen werden darf.

aa) Muster 4: Dynamischer Unterhalt

Amtsgericht in   86

– Familiengericht –[1]

Antrag[2]

des .....

– Antragstellers –

dieser vertreten durch .....[3]

Verfahrensbevollmächtigter: .....[4]

gegen

.....

– Antragsgegner –

wegen: Minderjährigenunterhalt

vorläufiger Verfahrenswert: 3.084,00 €[5]

Namens und in Vollmacht des Antragstellers wird beantragt:

1. Der Antragsgegner wird verpflichtet, an den am 12.06.2011 geborenen Antragsteller zu Händen seiner gesetzlichen Vertreterin ab dem Monat Juli 2014 einen monatlichen und im Voraus fälligen Unterhalt i. H. v. 110 % des Mindestunterhaltes nach §§ 1612a BGB, 36 Nr. 4 EGZPO der maßgeblichen Altersstufe jeweils abzüglich des hälftigen Kindergeldes für ein erstes Kind zu zahlen, derzeit also 257,00 €.[6]

2. Die Kosten des Verfahrens trägt der Antragsgegner.[7]

Begründung:[8]

Der Antragsteller ist der am 12.06.2011 geborene Sohn des die Vaterschaft anerkennenden Antragsgegners. Die gesetzliche Vertreterin ist die Kindesmutter, die mit dem Antragsgegner für einige Jahre in einer – zwischenzeitlich beendeten – nichtehelichen Lebenspartnerschaft gelebt hat.

Der Antragsteller lebt im Haushalt der Kindesmutter in ....., die auch das Kindergeld bezieht.

Der Antragsgegner ist Feinwerkmechaniker und verfügt über ein durchschnittliches Monatsein-kommen i. H. v. netto 1.800,00 €, so dass sich der Kindesunterhalt aus der erhöhten 3. Einkom-mensgruppe der Düsseldorfer Tabelle (Stand: 01.01.2014) ergibt, weil er nur dem Antragsteller gegenüber unterhaltsverpflichtet ist.[9] Unter Berücksichtigung des anteiligen Kindergeldes in Höhe von derzeit 92,00 € errechnet sich für den Antragsteller ein Unterhaltsanspruch i. H. v. 257,00 € (Tabellenunterhalt 349,00 ./. 92,00 €).

Der Aufforderung der Kindesmutter, den Kindesunterhalt durch Errichtung einer Jugendamts-urkunde[10] titulieren zu lassen, ist der Antragsgegner bislang nicht nachgekommen. Er hat lediglich erklärt, er sei bereit, den geforderten Unterhalt zu zahlen und dies müsse reichen. Zum Jugendamt werde er nicht gehen.[11]

Im Hinblick hierauf ist dem Antrag in vollem Umfang stattzugeben.

(Rechtsanwalt)

1. Zuständigkeit. Unterhaltssachen sind gem. § 111 Nr. 8 FamFG Familiensachen, für die nach § 23a Nr. 2 GVG das Amtsgericht sachlich zuständig ist.

Die örtliche Zuständigkeit ergibt sich aus § 232 Abs. 1 Nr. 2 FamFG. Örtlich zuständig ist danach das Gericht, in dessen Bezirk das Kind oder der Elternteil, der aufseiten des minderjährigen Kindes zu handeln befugt ist, seinen gewöhnlichen Aufenthalt hat.

Bei der Zuständigkeit nach § 232 Abs. 1 FamFG handelt es sich nach Abs. 2 um eine **ausschließliche Zuständigkeit**, die allen anderen Zuständigkeiten vorgeht und die für sämtliche Unterhaltsverfahren minderjähriger Kinder einschließlich Auskunfts- und Abänderungsverfahren, aber auch für verein-fachte Verfahren nach §§ 249 ff. FamFG gilt (SBW/*Klein* § 232 Rn. 10 ff.).

2. Bezeichnung. Unterhaltssachen nach § 231 Abs. 1 FamFG sind »Familienstreitsachen« i. S. v. § 112 Nr. 1 FamFG. Diese werden mit einer Antragsschrift eingeleitet (§§ 113 Abs. 5 Nr. 2, 23 FamFG). Über den Antrag entscheidet das FamG durch Beschluss (§§ 116 Abs. 1, 38 FamFG).

3. Gesetzliche Vertretung. Das minderjährige Kind (nicht miteinander verheirateter Eltern) ist In-haber des Unterhaltsanspruchs und damit selbst »Beteiligter« (§ 113 Abs. 5 Nr. 5 FamFG statt »Par-tei«). Die Vorschriften der ZPO zur Prozessfähigkeit finden über § 113 Abs. 1 FamFG Anwendung und damit die §§ 52, 51 ZPO: Ein wegen § 52 ZPO prozessunfähiges Kind bedarf der Vertretung, die sich wiederum nach den Vorschriften des BGB richtet (§ 51 ZPO).

Steht die elterliche Sorge einem Elternteil allein zu, vertritt dieser das Kind bei der Geltendmachung von Unterhalt ggü. dem anderen Elternteil (§ 1629 Abs. 1 BGB).

Steht die elterliche Sorge beiden Elternteilen gemeinsam zu, was bei einem nichtehelichen Kind aufgrund der Änderung des § 1626a BGB (vgl. Rdn. 85) immer häufiger der Fall sein dürfte, kann der Elternteil, in dessen Obhut sich das Kind befindet, Unterhaltsansprüche des Kindes gegen den anderen Elternteil geltend machen (§ 1629 Abs. 2 Satz 2 BGB).

4. Anwaltszwang. Durch das FamFG wurde der Anwaltszwang auf sämtliche selbstständigen Fa-milienstreitsachen (§ 114 Abs. 1 FamFG: Unterhaltssachen; Güterrechtssachen; sonstige Verfahren nach §§ 266 ff. FamFG) erweitert, sodass nicht nur in Güterrechtssachen, in denen es schon immer der **anwaltlichen Vertretung** bedurfte (vgl. § 78 Abs. 2 i. V. m. §§ 621 Abs. 1 Nr. 8, 661 Abs. 1 Nr. 6 ZPO a. F.), sondern jetzt auch in allen Unterhaltsverfahren Antragsteller und Antragsgegner vor dem FamG anwaltlich vertreten sein müssen. Ergänzende Hinweise finden sich in Kap. 2 Rdn. 959, *M. 4*.

5. Verfahrenswert. Unterhaltsverfahren kennen begrifflich keinen Streitwert mehr, sondern nur noch einen Verfahrenswert (§ 3 Abs. 1 FamGKG).

Der Verfahrenswert, dessen Angabe im Unterhaltsverfahren nach § 53 FamGKG aber nicht erfor-derlich ist, weil er sich bei der Geltendmachung von Unterhaltsansprüchen aus dem Antrag un-schwer ableiten lässt, bestimmt sich nach dem Jahresbetrag des geforderten Unterhalts (§ 51 Abs. 1

FamGKG), ggf. zuzüglich der bei Einreichung des Antrags fälligen Beträge (§ 51 Abs. 2 FamGKG), womit die Unterhaltsrückstände gemeint sind.

Demgegenüber ist in einem Verfahren der **einstweiligen Anordnung** gem. § 41 Satz 2 FamGKG nicht vom Jahreswert, sondern grds. nur von der Hälfte des für die Hauptsache bestimmten Hauptsachewertes auszugehen. Der Verfahrenswert kann aber bis zur Höhe des für die Hauptsache bestimmten Wertes angehoben werden, wenn die einstweilige Anordnung die Hauptsache vorwegnimmt oder ersetzt. Zielen die durch einstweilige Anordnung zu regelnden Unterhaltssachen auf Leistung des vollen Unterhalts, d. h. nehmen sie damit die Hauptsache vorweg, fehlt eine Rechtfertigung, wegen »geringerer Bedeutung gegenüber der Hauptsache« den Verfahrenswert herabzusetzen (OLG Düsseldorf, FuR 2010, 475; Schneider, AGS 2010, 264; hiergegen aber nunmehr: OLG Celle, FamRZ 2012, 737).

Zu beachten ist beim dynamisierten Kindesunterhalt, dass entgegen der missverständlich formulierten Bestimmung des § 51 Abs. 1 Satz 2 FamGKG der Zahlbetrag entsprechend des konkret geforderten Prozentsatzes nach der aktuellen Altersstufe verfahrenswertbestimmend ist. Es ist also grds. nicht auf den Mindestunterhalt, sondern auf den zum Zeitpunkt der Antragseinreichung geforderten Prozentsatz als Unterhaltszahlbetrag abzustellen und dieser mit 12 Monaten zu multiplizieren (SBW/*Keske* § 51 FamGKG Rn. 8 ff.; zur Antragsbeschränkung bzw. –erweiterung vgl. Rdn. 13 ff.). Damit ergibt sich im Muster ein Verfahrenswert i. H. v. 3.084,00 € (Zahlbetrag der 3. Einkommensgruppe/1. Altersstufe = 257,00 € x 12 Monate).

▶ **Praxishinweis:**

Rückstände erhöhen den Verfahrenswert. Sie sind in kostenrechtlicher Hinsicht solche Unterhaltsbeträge, die vor Einreichung des Antrags bereits fällig geworden sind (§ 51 Abs. 2 FamGKG). Da der Unterhalt im Voraus fällig ist, zählt der Unterhalt für den Monat der Anhängigkeit des Antrags bereits zu den Rückständen.

Der Verfahrensbevollmächtigte erhöht den Verfahrenswert also dadurch, dass er seinen Antrag unter Berücksichtigung der bis zur mündlichen Verhandlung aufgelaufenen Rückstände neu beziffert: Die bis zum Monat der mündlichen Verhandlung aufgelaufenen Beträge wären dann als Rückstände auszuweisen, wenn der laufende Unterhalt erst ab dem Monat, der auf die letzte mündliche Verhandlung folgt, verlangt wird. Dem lässt sich, was i. R. d. Verfahrenskostenhilfe eingewendet werden könnte, nicht entgegenhalten, dass hierdurch künstlich eine »Optimierung des Gebührenbudgets« herbeigeführt wird. Denn für die Ausweisung bereits fälliger Unterhaltsbeträge als Rückstand besteht ein berechtigtes Interesse, weil der laufende Unterhalt grds. in 3 Jahren verjährt (§ 197 Abs. 2 BGB; beachte aber auch die Verjährungshemmung nach § 207 Abs. 1 Nr. 2 BGB), während titulierte Unterhaltsrückstande der 30-jährigen Verjährung unterliegen. Und wenn ein Anwalt bekanntermaßen verpflichtet ist, den »relativ sichersten Weg« (BGH NJW 2011, 2889 Rn. 14) zu beschreiten, gilt dies insb. im Bereich der Verjährung (BGH MDR 2008, 890 Rn. 17), sodass es haftungsrechtlich sogar geboten ist, aufgelaufene Unterhaltsrückstände einer möglichst langen Verjährungsfrist zuzuführen.

Etwas Anderes scheint das OLG Celle dann anzunehmen, wenn »ohne nachvollziehbaren Grund nicht zeitnah nach einem Auskunfts- oder (außergerichtlichen) Zahlungsverlangen ein verfahrenseinleitender Antrag bei Gericht gestellt wird« und – eben wegen der Werterhöhungsvorschrift des § 51 Abs. 2 FamGKG – erhebliche Mehrkosten entstehen (so bei rückwirkender Abänderung: FamRZ 2011, 50; ebenso bei rückständigem Unterhalt FamFR 2011, 294). Infolge der Deckelung der VKH-Gebühren dürfte sich diese »Mutwilligkeits-Rechtsprechung« des OLG Celle, die wegen des Verjährungsaspektes (für titulierte Unterhaltsrückstände gilt die 30-jährige Verjährungsfrist: § 197 Abs. 1 Nr. 3 BGB) jedoch nicht richtig sein dürfte, aber nur dann auswirken, wenn aufgrund festgesetzter Raten zu einem späteren Zeitpunkt Wahlanwaltsgebühren realisiert werden könnten.

6. Dynamischer Unterhalt. Die Festsetzung eines **dynamischen** Unterhaltsbetrages hat den nicht zu unterschätzenden Vorteil, dass seine Erhöhung bei Erreichen der nächsten Altersstufe **automatisch**

eintritt und darüber hinaus der Betrag auch angepasst wird, wenn sich das steuerliche Existenzminimum verändert, also angehoben wird.

Für den Fall der Vollstreckung aus dem Titel reicht es aus, wenn der Antrag wie im Muster formuliert wird.

Möglich – ggf. sogar vorzugswürdiger, da leichter nachvollziehbar – ist auch eine Formulierung, die erkennen lässt, wann das Kind das 6. und 12. Lebensjahr vollendet und der Unterhalt nach der nächst höheren Altersstufe zu zahlen ist. Dann bietet sich entsprechend den Angaben im Muster (Kind wurde am 12.06.2011 geboren und der Unterhalt im Juli 2014 anhängig gemacht) folgender Antrag an:

Der Antragsgegner wird verpflichtet, an den Antragsteller zu Händen seiner gesetzlichen Vertreterin folgenden monatlich geschuldeten und im Voraus fälligen Kindesunterhalt zu zahlen:

Ab dem 01.07.2014 110 % des Mindestunterhalts der 1. Altersstufe abzüglich dem hälftigen Kindergeld für ein erstes Kind, derzeit 349,00 € – 92,00 € = 257,00 €.

Ab dem 01.06.2016 110 % des Mindestunterhalts der 2. Altersstufe abzüglich dem hälftigen Kindergeld für ein erstes Kind, derzeit 401,00 € – 92,00 € = 309,00 €.

Ab dem 01.06.2022 110 % des Mindestunterhalts der 3. Altersstufe abzüglich dem hälftigen Kindergeld für ein erstes Kind, derzeit 469,00 € – 92,00 € = 377,00 €.

Einen statischen Unterhaltsbetrag sollte man demgegenüber nur im Mangelfall beantragen (vgl. Muster 5 zur Anm. 6).

7. Kostentragungspflicht. Vgl. Kap. 2 Rdn. 959, *M. 8*.

8. Begründung. § 23 Abs. 1 FamFG bestimmt, dass der verfahrenseinleitende Antrag eine Begründung enthalten soll. Die Ausgestaltung dieser Bestimmung als Sollvorschrift stellt sicher, dass ein begründungsloser oder auch nur knapp gehaltener Antrag diesen keinesfalls unzulässig macht. Es sollte sich aber von selbst verstehen, dass bereits in der Antragsschrift die zu seiner Begründung dienenden Tatsachen angegeben und das Gericht hierdurch bei der Ermittlung des entscheidungserheblichen Sachverhaltes unterstützt wird.

Nach § 23 Abs. 1 Satz 4 FamFG »soll« der Antrag unterschrieben werden. Das Erfordernis der Unterschrift setzt voraus, dass der Antrag schriftlich abgefasst ist und in Schriftform eingereicht wird. Da in allen übrigen Verfahrensordnungen anerkannt ist, dass bestimmende Schriftsätze – auch eine Rechtsmittelschrift – mit modernen Telekommunikationsmitteln dem Gericht übermittelt werden können (z. B. Telefax), ohne dass das Original der Unterschrift bei Gericht eingehen muss (Zöller/*Greger* § 130 Rn. 18a), sollte auch für Verfahrensanträge nach dem FamFG nichts anderes gelten (SBW/*Brinkmann* § 23 Rn. 27).

9. Heraufstufung. Die »Heraufstufung« in eine höhere Gruppe der Düsseldorfer Tabelle bei weniger als drei Unterhaltsberechtigten ist keine gesetzliche Regelung, die im Muster den Unterhaltsbedarf des Antragstellers ohne Weiteres modifiziert. Denn die Tabelle hat keine Gesetzeskraft. Sie verändert auch nicht den gesetzlich definierten Mindestbedarf, sondern baut lediglich auf ihm auf. Allerdings: Nach der Anm. 1 der Düsseldorfer Tabelle können bei einer geringeren Anzahl Unterhaltsberechtigter Zuschläge durch Einstufung in höhere Gruppen angemessen sein. Dies führt aber nicht, wie man meinen könnte, zu einem veränderten (höheren) Mindestbedarf des Kindes, sondern hat ihren Grund allein in der gegenüber anderen Unterhaltspflichtigen geringeren Belastung des Unterhaltsverpflichteten. Die Höherstufung ist auch nicht automatisch vorzunehmen, sondern vielmehr eine auf den Einzelfall bezogene Billigkeitsentscheidung, die dem Familienrichter überlassen bleibt, weshalb jedenfalls bei Einkommen in der ersten Einkommensgruppe (bis 1.500,00 €) keine Höherstufung vorgenommen werden sollte (OLG Koblenz, FamRZ 2009, 1075 Rn. 3). Gegen eine Heraufstufung bei einem Einkommen von (hier) 1.800,00 € bei nur einem Unterhaltsberechtigten dürfte allerdings keinen Bedenken begegnen.

Im Verfahrenkostenhilfeverfahren selbst muss nicht abschließend geklärt werden, ob eine Höherstufung etwa deshalb gerechtfertigt ist, weil der Unterhaltsverpflichtete nur gegenüber einem Kind unterhaltpflichtig ist oder eine solche zu unterbleiben hat, weil er die Einkommensgrenze zur Gruppe 2 nur geringfügig überschreitet. Diese Fragen bleiben dem Hauptsacheverfahren überlassen (OLG Koblenz, JAmt 2013, 603 Rn. 7).

10. Jugendamtsurkunde. Nach § 60 Abs. 1 Satz 1 SGB VIII findet die Vollstreckung aus Urkunden statt, die »eine Verpflichtung nach § 59 Abs. 1 S. 1 Nr. 3 oder 4 zum Gegenstand haben und die von einem Beamten oder Angestellten des Jugendamts innerhalb der Grenzen seiner Amtsbefugnisse in der vorgeschriebenen Form aufgenommen worden sind, (...) wenn die Erklärung die Zahlung einer bestimmten Geldsumme betrifft und der Schuldner sich in der Urkunde der sofortigen Zwangsvollstreckung unterworfen hat«. Nach § 59 Abs. 1 Nr. 3 SGB VIII ist die Urkundsperson beim Jugendamt befugt, »die Verpflichtung zur Erfüllung von Unterhaltsansprüchen eines Abkömmlings zu beurkunden, sofern die unterhaltsberechtigte Person zum Zeitpunkt der Beurkundung das 21. Lebensjahr noch nicht vollendet hat«. Der Vorzug einer Jugendamtsurkunde liegt vor allem darin, dass sie **kostenfrei** errichtet wird und sich deshalb die Frage, wer die Titulierungskosten übernimmt, nicht stellt (vgl. aber auch den Praxishinweis zur nachfolgenden Anm. 11)

11. Außergerichtliche Aufforderung zur Titelerrichtung. Aus Kostengründen ist dringend zu empfehlen, vor Erhebung eines Unterhaltsantrags den Unterhaltspflichtigen außergerichtlich aufzufordern, den Unterhalt titulieren zu lassen. Geschieht dies nicht, kann der Pflichtige im Verfahren einwenden, er habe den Unterhalt stets in vollem Umfang freiwillig und pünktlich gezahlt und deshalb keinen Anlass zu seiner gerichtlichen Inanspruchnahme gegeben (BGH, FamRZ 2010, 195, 196 Rn. 16). Dass sich dieser Einwand, unterstellt einmal, er wäre berechtigt, nachteilig auf die Verfahrenskostenhilfe wie auch auf die Kostenentscheidung auswirken kann (§ 243 Nr. 4 FamFG), liegt auf der Hand.

In diesem Zusammenhang soll ein Problem angesprochen werden, das sich dann einstellen kann, wenn der Unterhaltspflichtige beharrlich einen zu niedrigen Kindesunterhalt, diesen allerdings pünktlich und regelmäßig zahlt. Hier sah sich bislang so mancher Unterhaltsberechtigter veranlasst bzw. unter Hinweis des FamG auf eine nur eingeschränkt gewährte Verfahrenskostenhilfe bereits »genötigt«, nur den »Spitzenbetrag« einzufordern, also bspw. zu beantragen:

Der Antragsgegner wird verpflichtet, ab dem Monat Juli 2014 an den Antragsteller zu Händen seiner gesetzlichen Vertreterin über den freiwillig gezahlten Kindesunterhalt i. H. v. 200,00 € hinaus einen monatlichen und im Voraus fälligen Unterhalt in Höhe weiterer 57,00 € zu zahlen.

Vor einer solchen Verfahrensweise kann nur **gewarnt** werden. Denn ohne an dieser Stelle das weite und schwierige Problemfeld der Teiltitulierung betreten zu wollen (hierzu und den damit verbundenen Abänderungsproblemen vgl. Kap. 2 Rdn. 980 ff.), sollte auf jeden Fall Beachtung finden, dass das FamG in einem solchen Fall über einen (offenen) **Teilantrag** (bisher: »Teilklage«) entscheidet und nicht feststellt, dass der zugrunde liegende Unterhaltsanspruch auch im Umfang der freiwilligen Zahlung besteht. Die Richtigkeit dieser möglicherweise etwas seltsam anmutenden Feststellung ergibt sich daraus, dass die Rechtskraft eines Unterhaltsbeschlusses nur so weit reicht, als über den erhobenen Anspruch entschieden wurde und bei der Geltendmachung von Teilansprüchen die Rechtskraft nur diesen Teil erfasst.

Und wenn der ob seiner Verurteilung verärgerte Unterhaltsschuldner sodann den bislang freiwillig gezahlten Unterhalt ganz oder auch nur teilweise einstellt, muss dieser Teil, also der **Sockelbetrag**, ebenfalls mit dem Leistungsantrag eingefordert werden, ohne dass sich der Antragsteller aufgrund der Titulierung des Spitzenbetrages sicher sein kann, dass der Sockelbetrag auch in voller Höhe zugesprochen wird.

▶ **Praxishinweis:**

Zu diesem aus anwaltlicher Sicht regressträchtigen, da von den Gerichten bislang sehr unterschiedlich gehandhabten Themenkreis, hatte sich 2009 der BGH (FamRZ 2010, 195) zu Wort

Jüdt

gemeldet und mit erfreulicher Klarheit – offenbar auch im Vorgriff auf § 243 Nr. 4 FamFG, der ausdrücklich das **sofortige Anerkenntnis** nach § 93 ZPO erwähnt, das bei der Kostenentscheidung zu berücksichtigen ist – darauf hingewiesen, dass die Möglichkeit eines sofortigen Anerkenntnisses in einem Verfahren auf den vollen Unterhalt ausscheide, wenn der Unterhaltsverpflichtete lediglich einen Teilbetrag auf den geschuldeten Unterhalt erbringe (BGH, FamRZ 2010, 195). Hierbei sei auch nicht von Belang, ob es eine vorherige Aufforderung zur außergerichtlichen Titulierung gegeben habe: Diese hält der BGH für entbehrlich, weil sich aus den gezahlten Teilleistungen ergebe, dass der Schuldner gerade nicht freiwillig bereit sei, den gesamten geschuldeten Unterhalt zu leisten. Schließlich weist der BGH in verfahrensrechtlicher Hinsicht auch auf Folgendes hin: Würde der vom Unterhaltsschuldner akzeptierte Teilbetrag zunächst außergerichtlich tituliert, müsste der Unterhaltsgläubiger den restlichen Unterhalt zusätzlich im Wege des Leistungsantrags geltend machen. Ein solches zweigleisiges Verfahren mit den Folgen der unterschiedlichen späteren Abänderbarkeit der beiden Titel nach § 239 FamFG für den außergerichtlichen Titel einerseits und nach § 238 FamFG für den ergänzenden gerichtlichen Titel mit materieller Rechtskraft andererseits sei dem Unterhaltsgläubiger nicht zumutbar (zu weiteren Einzelheiten vgl. Kap. 2 Rdn. 980–985).

bb) Statischer Unterhalt im Mangel

87   Ein statischer Unterhalt wird vor allem im Mangelfall in Betracht kommen. Reicht das Einkommen des erwerbstätigen Pflichtigen (Selbstbehalt bis 2012: 950,00 €; ab 2013: 1.000,00 €; nicht erwerbstätig: 800,00 €) nicht aus und wird ein dynamischer Unterhalt beantragt, muss der anwaltliche Vertreter des Unterhaltspflichtigen – ggf. sogar zur Vermeidung seines Regresses! – dies im Verfahren angreifen. Denn spätestens bei Erreichen der nächsten Altersstufe, möglicherweise schon durch erhöhte Tabellenbeträge, kann die (automatische) Erhöhung in den Selbstbehalt eingreifen, was nicht ohne Weiteres mit einem Abänderungsbegehren beseitigt werden kann, weil auf vorhersehbare Entwicklungen keine Abänderung gestützt werden darf (vgl. nachfolgende Anmerkung 6 m. w. N.).

Muster 5

88   Amtsgericht in .....

– Familiengericht –[1]

Antrag[2]

des .....

– Antragstellers, geb. am 12.10.2002 –

dieser vertreten durch .....[3]

Verfahrensbevollmächtigter: .....[4]

gegen

.....

– Antragsgegner –

wegen: Kindesunterhalt

vorläufiger Verfahrenswert: 3.264,00 €[5]

Namens und in Vollmacht des Antragstellers beantragen wir:

Der Antragsgegner wird verpflichtet, ab Juni 2014 an den Antragsteller zu Händen seiner gesetzlichen Vertreterin einen im Voraus fälligen Unterhalt i. H. v. monatlich 272,00 € zu zahlen.

Begründung:

Der Antragsteller ist der am 12.10.2002 geborene Sohn des Antragsgegners, der die Vaterschaft anerkannt hat.

Die gesetzliche Vertreterin ist die Kindesmutter, in deren Haushalt der (noch) 11jährige Antragsteller lebt.

Der Antragsgegner schuldet diesem zumindest den Mindestunterhalt nach der 2. Altersstufe der Düsseldorfer Tabelle.

Dies sind 364,00 ./. 92,00 € hälftiges Kindergeld, mithin also 272,00 €.

Der Antragsgegner zahlt demgegenüber seit Januar 2014 – und dies auch nicht immer pünktlich – 136,00 €, mithin also nur die Hälfte des geschuldeten Unterhaltszahlbetrages.

Um antragsgemäße Entscheidung wird gebeten.

(Rechtsanwalt)

Mit der Antragserwiderung wird für den Antragsgegner auf folgendes hingewiesen:

In dem Verfahren

...../.....

Az. .....

ist zutreffend, dass der von mir vertretene Antragsgegner gegenüber dem Antragsteller unterhaltsverpflichtet ist. Er schuldet infolge unzureichender Leistungsfähigkeit aber nur einen Kindesunterhalt i.H.v. 65,00 €.[6] Die fehlende Leistungsfähigkeit[7] im Übrigen ergibt sich aus folgendem:

Nach jahrelanger Arbeitslosigkeit wurde der Antragsgegner, der über keine abgeschlossene Schul- und Berufsausbildung verfügt, von der Bundesagentur für Arbeit an die Zeitarbeitsfirma Z. vermittelt, die ihn bei einem Stundenlohn von 8,62 € beschäftigt.

Ausweislich der Verdienstabrechnungen dieser Firma arbeitet der Antragsgegner im Durchschnitt 45 Stunden wöchentlich und verdient damit monatlich brutto 1.679,00 €. Netto verbleiben ihm nach Abzug der Steuern (140,85 €) und der Sozialversicherungsbeiträge (342,95 €) derzeit nur noch 1.195,20 €, so dass nach weiterem Abzug der Berufspauschale (5 % = 59,76 €) bis zum Selbstbehalt nur noch

Netto	1.195,21 €
./. Pauschale	59,76 €
./. Selbstbehalt	1.000,00 €
ergeben aufgerundet	136,00 €[8]

verbleiben, die – allerdings unter Verwahrung gegen die Kostenlast – auch anerkannt werden.

Im Übrigen stellen wir Antrag nach § 120 Abs. 2 S. 2 FamFG und begründen diesen wie folgt: .....[9]

(Rechtsanwalt)

1. **Zuständigkeit.** Vgl. Rdn. 87, *M. 1.*

2. **Bezeichnung.** Vgl. Rdn. 87, *M. 2.*

3. **Gesetzliche Vertretung.** Vgl. Rdn. 87, *M. 3.*

4. **Anwaltszwang.** Vgl. Rdn. 87, *M. 4.*

5. Verfahrenswert. Beim statischen Unterhalt ist der Jahreswert des geforderten Betrags maßgebend (vgl. Rdn. 87, *M. 5*), sodass bei einem geforderten Unterhalt i. H. v. 272,00 € der Verfahrenswert 12 × 272,00 € = 3.264,00 € beträgt.

6. Statischer Unterhalt. Geltend gemacht wird die Festsetzung eines dynamischen Unterhaltsbetrages (vgl. Anm. 6 zum Muster 4). Nach dem Sachvortrag in der Antragserwiderung ist der Antragsgegner, sein Vorbringen als zutreffend unterstellt, nicht in der Lage, den Mindestunterhalt für den hier 11-jährigen Antragsteller i. H. v. 364,00 € ./. dem hälftigen Kindergeld i. H. v. 92,00 € für ein erstes Kind = 272,00 € (Düsseldorfer Tabelle Stand 01.01.2011) zu zahlen.

136,00 €, also der Betrag, in dessen Höhe sich der Antragsgegner für leistungsfähig erklärt, zzgl. dem hälftigen Kindergeld (+ 92,00 € = 228,00 €) sind demgegenüber 62,64 % des Mindestunterhalts der 2. Altersstufe (364,00 €).

Der bei der Festsetzung eines dynamischen Unterhaltsbetrages für den Unterhaltsberechtigten bestehende Vorteil:

- Der Unterhaltsbetrag erhöht sich automatisch bei Anhebung des steuerlichen Existenzminimums
- Der Unterhaltsbetrag erhöht sich automatisch bei Erreichen der nächst höheren Altersstufe

führt im Mangelfall aber dazu, dass bei einer Titulierung

> »62,64 % des Mindestunterhaltes nach §§ 1612a BGB, 36 Nr. 4 EGZPO der jeweiligen Altersstufe abzüglich dem hälftigen Kindergeld«

die Schere zwischen Leistungsfähigkeit und dem titulierten Unterhalt noch weiter auseinanderklafft und in den Selbstbehalt eingegriffen wird, wenn bei unverändert gebliebenem Einkommen das Kind die nächst höhere Altersstufe erreicht:

Denn erreicht das Kind – im Muster in wenigen Monaten – die 3. Altersstufe, betragen 62,64 % des Mindestunterhaltes (DT Stand 01.01.2013: 100 % = 426,00 €) bereits 267,00 € (§ 1612a Abs. 2 BGB: Der »Betrag ist auf volle Euro aufzurunden«), sodass nach Abzug des hälftigen Kindergeldes nicht mehr nur 136,00 € zu zahlen wären, sondern 175,00 €, die ihrerseits aber i. H. v. 39,00 € in den Selbstbehalt des Antragsgegners eingreifen würden.

Wollte der Antragsgegner dies nicht hinnehmen, wäre er auf einen **Abänderungsantrag** nach § 238 FamFG angewiesen, wobei der Antrag nicht an der Wesentlichkeitsgrenze des § 238 Abs. 1 Satz 2 FamFG scheitert, weil die Unterhaltsdifferenz (136,00 zu 175,00 €) über 20 % beträgt und damit in jedem Fall »wesentlich« ist (vgl. Kap. 2 Rdn. 960, *M. 8*).

Ein Abänderungsverfahren kann sich nicht nur als ein lästiger, sondern wegen der **Präklusion** des § 238 Abs. 2 FamFG auch als haftungsträchtiger Weg erweisen, weil ein Abänderungsantrag nicht nur auf bereits eingetretene, sondern nach überwiegender Auffassung auch auf zuverlässig vorhersehbare und eine andere Unterhaltsbemessung rechtfertigende Tatsachen **nicht** gestützt werden darf (so in Fällen der Unterhaltsbegrenzung nach § 1578b BGB: BGH, FamRZ 2009, 1990, 1991 Rn. 17; 2008, 1508, 1509 Rn. 14: »Wenn die dafür ausschlaggebenden Umstände im Zeitpunkt der Entscheidung bereits eingetreten oder zuverlässig voraussehbar sind, ist eine Begrenzung nicht einer späteren Abänderung nach § 238 FamFG (= § 323 ZPO a. F.) vorzubehalten, sondern schon im Ausgangsverfahren auszusprechen«). Auf Tatsachen, die »in nächster Zukunft eintreten und durch das Gegenspiel anderer möglicherweise eintretender Tatsachen in ihrer Wirkung auf die Unterhaltsbemessung nicht kompensiert werden« (KG, FamRZ 1990, 1122; OLG Celle, FamRZ 2007, 1821, 1822), darf eine Abänderung also nicht gestützt werden (vgl. hierzu ausführlich: Kap. 2 Rdn. 970, *M. 5*).

Wenn also ein Kind alsbald nach der mündlichen Verhandlung im Erstverfahren die nächste Altersstufe einer Unterhaltstabelle erreicht (OLG Düsseldorf, FamRZ 1988, 1085; OLG Köln, FamRZ 1980, 398 für einen Zeitraum von etwa 3 Monaten), muss dies noch im **Ursprungsverfahren**, und zwar zur Vermeidung der Präklusion in einem späteren Abänderungsverfahren, berücksichtigt werden. Eine insoweit nachlässige Verfahrensführung kann somit dazu führen, dass der anwaltliche Vertreter für den Unterhaltsbetrag haftet, der den Selbstbehalt des Mandanten unterschreitet.

▶ **Praxishinweis:**

Zeichnet sich ein Mangelfall ab, sollte bei Vertretung des Unterhaltsschuldners also **zwingend** darauf geachtet werden, dass kein dynamischer, sondern nur ein statischer Unterhalt tituliert wird.

7. Leistungsfähigkeit. Insb. beim Minderjährigenunterhalt obliegt es einem arbeitslosen Pflichtigen, alle möglichen und ihm zumutbaren Maßnahmen zu ergreifen, um wieder eine Berufstätigkeit zu finden (BGH, FamRZ 1994, 372, 373) und hierdurch seine Leistungsfähigkeit herbeizuführen, da ihm anderenfalls ein fiktives Einkommen zugerechnet wird (ständige Rechtsprechung: BGH, FamRZ 1985, 158, 159). Er muss sich so behandeln lassen, als ob er das Einkommen, das er bei gutem Willen durch eine zumutbare Erwerbstätigkeit erzielen könnte, tatsächlich hätte, und zwar in der Höhe, die er nach seiner Ausbildung, Berufserfahrung, nach seinem Alter und seinem Gesundheitszustand objektiv erzielen kann. Die Anforderungen an den Pflichtigen sind deshalb so hoch, weil minderjährige Kinder als die »**schwächsten Mitglieder der Gesellschaft**« (BT-Drucks. 16/1830, S. 23 l. Sp.) im Gegensatz zu anderen Unterhaltsberechtigten ihre wirtschaftliche Lage nicht aus eigener Kraft verändern können.

Der Pflichtige hat somit seine Arbeitskraft so gut wie möglich einzusetzen und jede Erwerbstätigkeit, gleichgültig, ob zumutbar oder unzumutbar, zu übernehmen, also auch unterhalb des Ausbildungsniveaus des Pflichtigen. Und wenn die Erwerbstätigkeit den Mindestbedarf des Kindes nicht sicherstellt, hat der Pflichtige eine Nebenbeschäftigung in Form von Gelegenheits- oder Aushilfsarbeiten jedweder Art auszuüben (BGH, FamRZ 2000, 1358 [Os. 3]; 1994, 372, 374 [Ls. 2]; 1987, 270, 271), und zwar ggf. sogar bis zur Grenze der wöchentlich zulässigen Arbeitszeit (48 Std.), um leistungsfähig zu werden (BGH, FamRZ 2009, 314, 316; OLG Köln, FamRZ 2007, 1119). Ggf. muss der Pflichtige seine Leistungsfähigkeit auch durch Umzug »im gesamten Bundesgebiet und darüber hinaus« (BVerfG, FamRZ 2007, 273/274 Rn. 14) herstellen, wenn ansonsten an seinem Wohnort oder in näherer Umgebung keine den Kindesbedarf deckende Erwerbstätigkeit aufgenommen werden kann. Das OLG Naumburg (FamRZ 2010, 127) mutet sogar einem Arbeiter, der max. 48 Wochenstunden zu leisten hat, eine Nebentätigkeit zu, aus der er zwischen 100 bis 150,00 € erzielen kann.

Diese »**Höchstanforderungen**« an den Pflichtigen, der zumindest den Mindestunterhalt zu zahlen hat, ohne dass von ihm allerdings etwas »Unmögliches verlangt« werden darf (BVerfG, FamRZ 2008, 1145, 1146), korrespondiert mit den hohen Anforderungen an den Anwalt, substanziiert zu einer etwa nur teilweise bestehenden Leistungsfähigkeit seines Mandanten vorzutragen. Im Zweifelsfalle gelingt ihm dies nicht. In diesem Zusammenhang darf aber auch auf die Beschlüsse des BVerfG v. 15.02. und 11.03.2010 verwiesen werden, mit denen einer fast beliebigen Zurechnung fiktiver Einkünfte, von der die Rechtsprechung viel und gerne Gebrauch macht, der Riegel vorgeschoben wird, weil, so das BVerfG, Grundvoraussetzung eines jeden Unterhaltsanspruchs stets die Leistungsfähigkeit des Unterhaltsverpflichteten bleibe. Und wenn der ausgeurteilte Unterhalt die **Grenze des Zumutbaren** überschreite, sei »die Beschränkung der Dispositionsfreiheit des Verpflichteten im finanziellen Bereich als Folge der Unterhaltsansprüche des Bedürftigen nicht mehr Bestandteil der verfassungsmäßigen Ordnung und [könne] vor dem Grundrecht des Art. 2 Abs. 1 GG nicht bestehen« (BVerfG, FamRZ 2010, 626, 628); insb. bedarf die Annahme eines Stundenlohns, der deutlich über den aktuellen Mindestlöhnen liegt, einer besonderen Feststellung des Gerichts (BVerfG, FamRZ 2010, 793, 794: Berücksichtigung eines Stundenlohns von knapp 10,00 €, obwohl der Pflichtige zuletzt nur einen Bruttostundenlohn i. H. v. 7,00 € erzielte). Selbst bei einem gesetzlichen Mindestlohn von 8,50 € ergibt sich bei 40 Std./Woche ein Brutto von rd. 1.472 € und ein Netto (LStkl. I) i. H. v. nur rd. 1.180,00 € (vgl. die jeweilige Brutto-Netto-Umrechnungstabelle von *Schürmann*, zuletzt FuR 2014, 162); für den Praktiker ist auch der Brutto-Netto-Rechner von »Fokus« (»Was vom Gehalt übrig bleibt«) zu erwähnen, der unter http://www.focus.de/finanzen/

steuern/gehaltsplaner/brutto-netto-rechner-was-2013-vom-gehalt-uebrig-bleibt_aid_28104.html heruntergeladen werden kann und eine leicht handzuhabende Arbeitshilfe darstellt.

Seine Rechtsprechung hat das BVerfG in seinen drei Beschlüssen vom 18.06.2012 (1 BvR 774/10 – 1 BvR 1530/11 – 1 BvR 2867/11) nochmals bestätigt und die Familiengerichte ermahnt, bei einer – grds. zulässigen, insb. verfassungsrechtlich nicht zu beanstandenden (BVerfG, FamRZ 2008, 1403; 2007, 273; 2005, 1893) – Zurechnung fiktiver Einkünfte sorgfältig zu prüfen, ob die zur Erfüllung der Unterhaltspflichten erforderlichen Einkünfte für den Verpflichteten objektiv überhaupt erzielbar seien, was nicht nur von den persönlichen Voraussetzungen, sondern auch vom Vorhandensein entsprechender Arbeitsstellen abhänge (BVerfG, FuR 2012, 536; FamRB 2012, 266).

Das minderjährige Kind, das (nur) den Mindestunterhalt, also sein Existenzminimum verlangt, schuldet freilich **keine Darlegungen zur Leistungsfähigkeit des Unterhaltsschuldners**, was allerdings bei entsprechendem Sachvortrag des Unterhaltspflichtigen es nicht entbehrlich macht, vor der Annahme fingierter Einkünfte zu fragen, ob der Unterhaltsschuldner bei Einsatz seiner vollen Arbeitskraft überhaupt objektiv in der Lage wäre, mit seiner Ausbildung, seinen Fähigkeiten und seinem Gesundheitszustand entsprechenden Tätigkeiten ein Einkommen in der Höhe zu erzielen, mit dem die Zahlung des geforderten Mindestunterhalts sichergestellt wäre. Das FamG darf also nicht ohne nähere Prüfung auf die volle Leistungsfähigkeit des Pflichtigen i. H. d. titulierten Kindesunterhalts schließen (BVerfG, FamRZ 2010, 626, 629, vgl. auch: OLG Karlsruhe, FamRZ 2010, 1342 zur Frage der Zurechenbarkeit fiktiver Erwerbseinkünfte für einen unverschuldet arbeitslos gewordenen Unterhaltsschuldner).

Andererseits reicht der anwaltliche Sachvortrag, dass es an einer **Erwerbsmöglichkeit** seines Mandanten fehle, die ihm die Zahlung des Mindestunterhalts nicht oder nur teilweise erlaube, keinesfalls aus. Denn an der Feststellung, dass für einen Unterhaltsschuldner keine reale Beschäftigungschance besteht, sind insbesondere im Bereich der gesteigerten Unterhaltspflicht nach § 1603 Abs. 2 BGB **strenge Maßstäbe** anzulegen: So meint der BGH in seiner Entscheidung v. 22.01.2014, dass »für gesunde Arbeitnehmer im mittleren Erwerbsalter auch in Zeiten hoher Arbeitslosigkeit regelmäßig kein Erfahrungssatz dahin gebildet werden kann, dass sie nicht in eine vollschichtige Tätigkeit zu vermitteln seien. Dies gilt auch für ungelernte Kräfte oder für Ausländer mit eingeschränkten deutschen Sprachkenntnissen. Auch die bisherige Tätigkeit des Unterhaltsschuldners etwa im Rahmen von Zeitarbeitsverhältnissen ist noch kein hinreichendes Indiz dafür, dass es ihm nicht gelingen kann, eine besser bezahlte Stelle zu finden. Das gilt auch dann, wenn der Unterhaltspflichtige überwiegend im Rahmen von geringfügigen Beschäftigungsverhältnissen i. S. v. § 8 Abs. 1 SGB IV gearbeitet hat« (BGH, FamRZ 2014, 637 Rn. 13).

Auch den schriftsätzlichen Hinweis auf die immer schon schwächelnde »**Erwerbsvita**« des Mandanten weist der BGH als unsubstanziert zurück: So etwa könne eine fehlende Berufsausbildung, die bisherige Tätigkeit in geringfügiger Beschäftigung oder unzureichende Sprachkenntnisse den Unterhaltspflichtigen, der das Existenzminimum seines Kindes schulde, nicht entlasten (BGH, FamRZ 2014, 637 Rn. 14).

Die besonderen Anforderungen, die an gesteigert unterhaltspflichtige Eltern gestellt werden, betreffen aber nicht nur die Ausnutzung der Arbeitskraft, sondern auch einen **eventuellen Verzicht**, der ihnen im Ausgabenbereich zuzumuten ist. Ob eine Verpflichtung unterhaltsrechtlich als abzugsfähig anzuerkennen ist, muss deshalb im Einzelfall unter umfassender Interessenabwägung beurteilt werden. Dabei kommt es insbesondere auf den **Zweck der Verbindlichkeit, den Zeitpunkt und die Art ihrer Entstehung, die Kenntnis des Unterhaltspflichtigen von Grund und Höhe der Unterhaltsschuld und andere Umstände** an (BGH, FamRZ 2013, 606 Rn. 19). Bei der gebotenen Abwägung fällt in erster Linie ins Gewicht, dass es wesentliche Aufgabe des barunterhaltspflichtigen Elternteils ist, das Existenzminimum seines minderjährigen Kindes sicherzustellen. Diesem ist wegen seines Alters von vornherein die Möglichkeit verschlossen, durch eigene Anstrengungen zur Deckung seines notwendigen Lebensbedarfs beizutragen. Demgegenüber kommt einer **zusätzlichen**

Altersversorgung des Unterhaltspflichtigen keine vergleichbare Dringlichkeit zu, weil diese auch betrieben werden kann, wenn die gesteigerte Unterhaltspflicht nicht mehr besteht.

Gleiches gilt für eine **private Krankenzusatzversicherung:** Solange das Existenzminimum des Kindes nicht gesichert ist, müssen Aufwendungen des gesteigert unterhaltspflichtigen Elternteils, die nicht zwingend erforderlich sind, zurückstehen. Dem Unterhaltspflichtigen ist insoweit zuzumuten, sich mit den Leistungen der gesetzlichen Krankenversicherung zu begnügen (BGH, FamRZ 2013, 606 Rn. 22).

Entsprechendes gilt für **Darlehensverpflichtungen**, die beim Erwerb oder Bau eines Wohnhauses, das ehemals der Familie als Wohnung diente, entstanden sind: Sie können dem Kindesunterhalt nur ausnahmsweise entgegengehalten werden, etwa dann, »wenn und soweit dem Unterhaltsschuldner wegen Grund und Höhe seiner anderweitigen Schulden die Berufung auf diese Verpflichtungen nicht nach Treu und Glauben versagt ist und ihm deshalb billigerweise nicht abverlangt werden kann, ohne Bedienung der anderen Schulden weiterhin Unterhalt in Höhe des vollen Bedarfs der Kinder zu leisten« (BGH, FamRZ 2014, 923 Rn. 26; FamRZ 2013, 616 Rn. 20).

8. Aufrundung. Nach § 1612a Abs. 2 Satz 2 BGB ist »der sich bei der Berechnung des Unterhalts ergebende Betrag auf volle Euro aufzurunden« (vgl. auch Nr. 24 der Leitlinien).

9. Anträge nach § 116 Abs. 3 und 120 Abs. 2 FamFG. Nach altem Recht waren Unterhaltsurteile vorläufig vollstreckbar. Dieser »Automatismus« ist durch das FamFG entfallen, denn § 116 Abs. 3 Satz 1 FamFG bestimmt, dass Endentscheidungen in Familienstreitsachen (z. B. ein Unterhaltsbeschluss) **mit Rechtskraft wirksam** werden und erst mit Wirksamwerden vollstreckbar sind (§ 120 Abs. 2 Satz 1 FamFG).

Dies bedeutet allerdings nicht, dass der Unterhaltsgläubiger die Zwangsvollstreckung aus einer ihm zugesprochenen Endentscheidung bis zu deren Rechtskraft zurückstellen müsste, denn nach § 116 Abs. 2 Satz 2 FamFG »kann« das Gericht die sofortige Wirksamkeit und nach Abs. 2 Satz 3 »soll« es sogar diese anordnen, wenn die Endentscheidung eine Verpflichtung zur Zahlung von Unterhalt enthält, wobei lediglich die Frage sein dürfte, ob dies auch bei übergegangenen Ansprüchen des Jugendamts notwendigerweise zu bejahen ist.

Auch wenn es keines ausdrücklichen Antrags auf Anordnung der sofortigen Wirksamkeit bedarf, empfiehlt sich ein solcher doch (»... wird beantragt, die sofortige Wirksamkeit der Endentscheidung nach § 116 Abs. 3 S. 2 FamFG anzuordnen«). Dies jedenfalls dann, wenn der Unterhaltsverpflichtete einen Antrag nach § 120 Abs. 2 Satz 2 FamFG stellt, also beantragt »anzuordnen, dass für den Fall der Verurteilung des Antragsgegners zur Zahlung von Unterhalt die Vollstreckung vor Eintritt der Rechtskraft der Endentscheidung eingestellt oder beschränkt wird«.

Zu beachten ist hierbei die Entscheidung des BGH vom 26.06.2013, in der unter Hinweis auf § 712 ZPO empfohlen wird, diesen Antrag möglichst rechtzeitig zu stellen. Wenn der Antrag nicht spätestens in der Beschwerdeinstanz gestellt werde, scheide eine Einstellung der Zwangsvollstreckung durch das Rechtsbeschwerdegericht aus (BGH, FamRZ 2013, 1299).

Demgegenüber muss der Antrag nicht schon in der ersten Instanz gestellt werden. Denn dann ist noch unklar, ob und zu welchen Zahlungen der Unterhaltsschuldner durch die folgende erstinstanzliche Entscheidung verpflichtet werden wird. Dabei mag auch die Frage, ob durch die Vollstreckung ein nicht zu ersetzender Nachteil entsteht, auch mit der Höhe der Verpflichtung zusammenhängen. Schließlich sind Fälle denkbar, in denen sich die Notwendigkeit eines Einstellungsantrages erst nach der erstinstanzlichen Entscheidung ergibt (OLG Düsseldorf, FamFR 2013, 428; vgl. auch *Griesche* FamRB 2012, 93).

Der Antrag auf Vollstreckungseinstellung und/oder –beschränkung ist zu **begründen**, wobei die Vollstreckung dem Verpflichteten dann einen »nicht zu ersetzenden Nachteil bringen würde«, wenn ggü. dem Vollstreckungsgläubiger gerichtete Rückzahlungsansprüche praktisch nicht durchsetzbar sind (BGH, FamRZ 2007, 554; OLG Rostock FamRZ 2011, 1679 Rn. 15; SBW/*Schulte-Bunert*

§ 120 Rn. 4b; *Griesche* FamRB 2009, 258, 261; *Büte* FuR 2010, 124, 127 mit einer Vielzahl von Musteranträgen), nicht aber schon dann, wenn übliche Vollstreckungsprobleme zu befürchten sind. Einen nicht zu ersetzenden Nachteil wird man beim **Minderjährigenunterhalt** in aller Regel zu bejahen (OLG Frankfurt am Main FamRZ 2010, 1370) und erschwerend zu berücksichtigen haben, dass es einem erstinstanzlich zu Unrecht verpflichteten Elternteil nach Wegfall oder Korrektur des Vollstreckungstitels kaum zumutbar sein dürfte, gegen sein eigenes Kind Schadensersatz- oder Rückzahlungsansprüche einzufordern. Ob dies allerdings eine überzeugende Argumentationslinie ist, dürfte jedenfalls beim **Mindestunterhalt**, den das Kind dringend benötigt, eher zu verneinen sein. Andererseits: Das OLG Düsseldorf führt gerade diesen Aspekt dafür an, dass eine nicht gewährte Einstellung einen »nicht zu ersetzenden Nachteil bringen würde«, denn »wer auf die Unterhaltszahlungen dringend angewiesen ist, nur über eine Rente von 630 € und nach den Angaben in der VKH-Erklärung nicht über Vermögen verfügt, in das zur Befriedigung eines Rückzahlungsanspruches vollstreckt werden könnte«, gebe Anlass zu der Gefahr, dass die Rückzahlung des Unterhaltsanspruches scheitert (OLG Düsseldorf, FamFR 2013, 428 Rn. 21). Das OLG Düsseldorf argumentiert auch nicht mit dem allgemeinen Lebensrisiko, bei der Rückforderung auszufallen, sondern beschränkt sich allein auf den wirtschaftlichen Aspekt: Ein unersetzlicher Nachteil liegt immer vor, wenn der Unterhaltsgläubiger im Fall der Aufhebung oder Abänderung des Vollstreckungstitels nicht in der Lage sein wird, den aufgrund des Titels gezahlten Unterhalt zurückzuerstatten (OLG Düsseldorf, a. a. O. Rn. 19 m. w. N.).

Zu beachten ist ferner, dass anders als in § 707 Abs. 1 ZPO die Bestimmung des § 120 Abs. 2 FamFG keinen Hinweis auf die Möglichkeit einer Sicherheitsleistung enthält, sodass die Stellung einer Sicherheit auszuscheiden hat (so: OLG Hamm, FamRZ 2011, 589, 590; SBW/*Schulte Bunert* § 120 Rn. 4; a. A. OLG Rostock, ZFE 2011, 272; *Büte* FuR 2010, 124, 126).

▶ **Praxishinweis:**

Beim unterhaltspflichtigen Mandanten kommt es sicherlich gut an, wenn ein Einstellungsantrag gestellt wird. Bereits deshalb sollte dies geschehen. Der Anwalt muss sich allerdings darüber im Klaren sein, dass in der Praxis Einstellungsanträgen beim titulierten Kindesunterhalt nur ausnahmsweise entsprochen wird und der Unterhaltsschuldner – insb. bei Zahlungen aufgrund einer im Hauptsacheverfahren korrigierten einstweiligen Anordnung, bei der eine Vollstreckungseinstellung oder -beschränkung nach der Sondervorschrift des § 55 FamFG erfolgen kann – damit wird leben müssen, wenn er mit seinem Rückzahlungsverlangen ausfällt: Denn es soll »typisch für das Unterhaltsverhältnis« sein, dass die zur Sicherung des Lebensbedarfs benötigten Mittel vom Unterhaltsbedürftigen verbraucht werden und i. d. R. nicht zurückgezahlt werden können. Zudem hat der Gesetzgeber das im Zivilprozess herrschende System der vorläufigen Vollstreckbarkeit einschließlich der durch die §§ 709, 719 ZPO eröffneten weiten Ermessens- und Abwägungsspielräume bewusst nicht in das FamFG übernommen (OLG Hamm, FamRZ 2011, 589, 590; 2012, 730).

b) Unterhalt nach § 1615l BGB

89 § 1615l BGB weist eine überaus wechselvolle Geschichte auf:

Der Anspruch der nicht verheirateten Mutter gegen den Kindesvater auf Zahlung von Betreuungsunterhalt (auf den Gedanken, dass auch Väter zur Kindesbetreuung willens und in der Lage sind und auch Mütter einem Anspruch nach § 1615l BGB ausgesetzt sein könnten, kam der Gesetzgeber damals noch nicht) wurde erstmals 1969 im »**Nichtehelichengesetz**« (NEhelG) geregelt, der allerdings nur bis zu einem Jahr nach der Geburt des Kindes zugesprochen werden konnte und zur Voraussetzung hatte, dass die Mutter wegen der Kindesbetreuung nicht oder nur eingeschränkt erwerbstätig war. Die zeitliche Befristung wurde mit der pädagogischen Erkenntnis der besonderen Bedeutung des ersten Lebensjahres für die Entwicklung des Kindes begründet (Gesetzentwurf zum NEhelG: BT-Drucks. 5/2370, S. 56).

Durch das »**Schwangeren- und Familienhilfeänderungsgesetz**« vom 21.08.1995 (SFHÄndG) wurde der Anspruch auf 3 Jahre ausgedehnt, um die Entwicklungschancen nichtehelicher Kinder denen ehelicher Kinder anzugleichen und gleichzeitig bei verstärkter Inanspruchnahme des Kindesvaters dem nichtehelichen Kind die Möglichkeit der längeren Betreuung durch seine Mutter zu geben und hierdurch die Entwicklungsvoraussetzungen zu verbessern.

90

Mit dem »**Kindschaftsrechtsreformgesetz**« vom 16.12.1997 wurde die Möglichkeit eröffnet, die Dreijahresgrenze außer Kraft zu setzen, wenn es unter Berücksichtigung der Kindesinteressen »grob unbillig« wäre, einen Unterhaltsanspruch nach Ablauf von 3 Jahren zu versagen, während der Bundesrat schon damals, wie bereits im Schrifttum vertreten (*Dethloff* NJW 1992, 2200, 2204), vorschlug, § 1570 BGB auch auf den Unterhaltsanspruch der nicht mit dem Vater des Kindes verheirateten Mutter entsprechend anzuwenden. Dem folgte die Bundesregierung aber nicht, weil – so die Begründung – die Betreuung des Kindes nach Vollendung des dritten Lebensjahres im Regelfall in anderer Weise gewährleistet werden könne und die Verlängerung des Anspruchs über den Dreijahreszeitraum hinaus nur in besonders gelagerten Einzelfällen erforderlich sei. Dieser Erwägung schloss sich auch der Rechtsausschuss unter Hinweis darauf an, dass die rechtliche Qualität der Elternbeziehung es rechtfertige, den Anspruch der geschiedenen Ehefrau unter dem Gesichtspunkt der nachehelichen Solidarität stärker auszugestalten als den der nicht mit dem Vater des Kindes verheirateten Mutter. Hierbei handelte es sich um das gewichtigste Argument, das – freilich nur bis zur Entscheidung des BVerfG v. 28.02.2007 (FamRZ 2007, 965) – für die Verfassungskonformität des § 1615l BGB streiten sollte.

91

Die Diskussion um die Verfassungswidrigkeit von § 1615l Abs. 2 Satz 3 BGB a. F. verstummte nicht, die teilweise wegen Verstoßes gegen Art. 6 Abs. 5 GG aufgrund der unterschiedlichen Ausgestaltung des Betreuungsunterhalts angenommen (um nur einige zu nennen: MünchKommBGB/*Born* 4. Aufl. 2002, § 1615 l Rn. 6, 26, 28; Lüderitz/Dethloff, 28. Aufl., § 11 Rn. 88; *Peschel-Gutzeit/Jenckel*, FuR 1996, 129, 136; *Puls*, FamRZ 1998, 865, 868), aber auch unter Hinweis auf eine verfassungsrechtlich nicht gebotene Gleichbehandlung von Müttern ehelicher und nichtehelicher Kinder verneint wurde (für viele: Göppinger/Wax/*Maurer* 8. Aufl. 2003, Rn. 1211; Wendl/Staudigl/*Pauling* 6. Aufl. 2004 § 6 Rn. 763a).

92

Die Rechtsprechung des BGH (FamRZ 2005, 347, 348; 2006, 1362 Rn. 32 ff.) und die der OLG beließen es mit Ausnahme des Kammergerichts (FamRZ 2004, 1895) und des OLG Hamm (FamRZ 2004, 1893: 2. Vorlagebeschluss), die § 1615l BGB für verfassungswidrig hielten, bei einer verfassungskonformen Auslegung der Billigkeitsklausel des § 1615l Abs. 2 Satz 3 BGB a. F., weil mit ihr im Einzelfall eintretende verfassungsrechtlich bedenkliche Ergebnisse durch Annäherung der Dauer des Unterhaltsanspruchs an den in § 1570 BGB a. F. geregelten Anspruch vermieden werden könnten (für viele: OLG Bremen, FamRZ 2007, 1465, 1466; OLG Düsseldorf, FamRZ 2005, 1772, 1775; OLG Celle, FamRZ 2002, 636).

93

Der Gesetzesentwurf zum Unterhaltsänderungsgesetz (UÄndG) knüpfte zunächst an den mit dem NEhelG (1969) begonnenen und dem SFHÄndG wie auch KindRG fast 30 Jahre später fortgesetzten Weg der Angleichung der Betreuungsvorschriften der §§ 1570, 1615l BGB ebenso an wie an den von der Rechtsprechung aufgezeigten Weg der Vermeidung verfassungsrechtlich bedenklicher Ergebnisse im Wege einer verfassungskonformen Auslegung des § 1615l Abs. 2 Satz 3 BGB. Hierbei beschränkte sich das UÄndG allerdings im Wesentlichen auf die Streichung des Wortes »grob«, um damit den Gerichten durch Absenkung der Härteschwelle die Möglichkeit zu eröffnen, die Dreijahresgrenze bereits in Fällen der (einfachen) Unbilligkeit durchbrechen zu können, um auch weniger gravierende Entwicklungsstörungen in der Person des Kindes oder wegen in der Person des betreuenden Elternteils liegender Gründe für eine über 3 Jahre hinausgehende Unterhaltspflicht ausreichen lassen zu können.

94

Anlässlich des 2. Regierungskompromisses vom 25.10.2007 wurde unter Beachtung der vom BVerfG v. 28.02.2007 aufgestellten Grundsätze (BVerfG, FamRZ 2007, 965) § 1615l Abs. 2 Satz 3 BGB entsprechend formuliert und bei gleichbleibender Vorschrift i. Ü. nunmehr geregelt, dass – wie

95

bei § 1570 Abs. 1 BGB – die Unterhaltspflicht, die wie bisher 4 Monate vor der Geburt beginnt, »für mindestens drei Jahre nach der Geburt« besteht (Abs. 2 Satz 3) und »sich verlängert, solange und soweit dies der Billigkeit entspricht« (Abs. 2 Satz 4), wobei »die Belange des Kindes und die bestehenden Möglichkeiten der Kinderbetreuung zu berücksichtigen« sind (Abs. 2 Satz 5). Damit wurde – so schwer dies auch manchem oder mancher Abgeordneten gefallen sein mag – endlich die Dauer des Anspruchs nach § 1615l Abs. 2 BGB nach nahezu identischen Grundsätzen wie beim ehelichen Kind und damit gleich lang ausgestaltet:

96   Für die ersten 3 Lebensjahre des Kindes hat der nicht verheiratete betreuende Elternteil stets einen Unterhaltsanspruch, weil auch ihm in dieser Zeit keine Erwerbstätigkeit zugemutet werden soll.

97   Hiernach kann der Unterhaltsanspruch nach Billigkeit verlängert werden. Maßgebliches Billigkeits-kriterium ist das Wohl des Kindes, dessen Entwicklung zu fördern und dem Gleichstellungsauftrag aus Art. 6 Abs. 5 GG Rechnung zu tragen ist. Neben den »kindbezogenen« Belangen sind aber auch und nicht zuletzt unter Berücksichtigung des Vertrauens in eine etwa zwischen den Kindeseltern getroffene oder stillschweigend praktizierte einvernehmliche Regelung der Kindesbetreuung »eltern-bezogene« Belange bei der Billigkeitsprüfung zu berücksichtigen. Solche Belange sind anzunehmen, wenn die Eltern in einer von »gegenseitigem Vertrauen und Füreinander-Einstehen-Wollen« gepräg-ten dauerhaften Lebensgemeinschaft mit Kinderwunsch gelebt und sich hierauf eingestellt haben und ein Elternteil für die Kinderbetreuung seine berufliche Tätigkeit aufgegeben hat (BT-Drucks. 16/6980, S. 22; BGH, FamRZ 2006, 1362, 1367; *Gerhardt* FuR 2008, 62; *Wever* FamRZ 2008, 553, 557). Hierbei ist allerdings stets zu beachten, dass der Betreuungsunterhalt grds. nur für 3 Jahre geschuldet ist und eine Verlängerung der besonderen Begründung bedarf, um die gesetzliche Regel nicht in ihr Gegenteil zu verkehren (BGH, FamRZ 2010, 444, 447 Rn. 26; vgl. zu den kind- und elternbezogenen Gründen eingehend: BGH, FamRZ 2010, 1050).

98   Dass § 1615l keine § 1570 Abs. 2 BGB entsprechende Regelung enthält, versteht sich von selbst, denn bei dieser Bestimmung handelt es sich um eine »ehespezifische Ausprägung des Betreuungs-unterhaltsanspruchs« (BT-Drucks. 16/6980, S. 9), die ihren Grund nicht mehr in der vom Kin-deswohl bestimmten Notwendigkeit der Betreuung, sondern in der nachehelichen Solidarität ihre Rechtfertigung findet, die der nicht verheiratete betreuende Elternteil nicht für sich in Anspruch nehmen kann.

Muster 6

99   Amtsgericht in .....

– Familiengericht –[1]

Antrag

der .....

– Antragstellerin –

Verfahrensbevollmächtigte: .....[2]

gegen

.....

– Antragsgegner –

wegen: Unterhalt nach § 1615l BGB

vorläufiger Verfahrenswert: 9.360,00 €[3]

Namens und in Vollmacht der Antragstellerin wird beantragt:

1. Der Antragsgegner wird verpflichtet, ab Juni 2014 an die Antragsgegnerin einen monatlichen und im Voraus fälligen Unterhalt i. H. v. 780,00 € zu zahlen.

2. Die Kosten des Verfahrens trägt der Antragsgegner.[4]

Begründung:

Die Antragstellerin ist Mutter der am ..... geborenen, jetzt zweijährigen T.

Vater von T ist der Antragsgegner, der die Vaterschaft anerkannt hat.

Der Antragsgegner schuldet der Antragsstellerin Unterhalt nach § 1615l BGB i. H. v. 780,00 €, was sich aus folgendem ergibt:[5]

Vor der Geburt des Kindes war die Antragstellerin Sekretärin bei der Firma F mit einem Nettoeinkommen i. H. v. 1.450,00 €.

4 Wochen vor der Geburt des Kindes begann die Antragstellerin ihre Elternzeit. Sie erhält Elterngeld i. H. v. 970,00 €.[6]

Sie geht zudem, um den Kontakt zu ihrem Arbeitgeber aufrecht zu erhalten, stundenweise arbeiten und verdient damit zusätzlich monatlich 250,00 €. Dieses Einkommen ist allerdings überobligatorisch und nicht zu berücksichtigen. Damit ergibt sich ein Unterhaltsanspruch i. H. v. 1.450,00 € ./. dem anrechenbaren Elterngeld i. H. v. 670,00 € = 780,00 €.[7]

Der Antragsgegner ist auch leistungsfähig. Er ist Bauleiter eines ortsansässigen Bauunternehmens mit einem Monatseinkommen i. H. v. rund 3.200,00 € netto.

Für die gemeinsame Tochter T der Beteiligten zahlt er Unterhalt nach der 7. Einkommensgruppe. Dies sind 432,00 ./. 92,00 € hälftigem Kindergeld, mithin also 340,00 €.

Damit verbleiben dem Antragsgegner monatlich

Netto	3.200,00 €
./. Berufspauschale 5 %	150,00 €
./. Kindesunterhalt	340,00 €
	2.710,00 €

Trotz außergerichtlicher Aufforderung zahlt der Antragsgegner keinen Unterhalt, so dass er Veranlassung zu seiner gerichtlichen Inanspruchnahme gibt.

(Rechtsanwältin)

In seiner Antragserwiderung beschränkt sich der Antragsgegner auf zwei Hinweise:

In dem Verfahren

..... ./. .....

Az: .....

schuldet der Antragsgegner seiner geschiedenen Ehefrau noch einen titulierten Aufstockungsunterhalt i. H. v. 1.200,00 €. Ihm stehen damit nicht 2.710,00 €, sondern nur noch 1.510,00 € zur Verfügung, so dass er jedenfalls nicht in Höhe des geltend gemachten Unterhaltes nach § 1615l BGB leistungsfähig ist.[8]

Im Übrigen ist der Anspruch zu befristen, weil die Antragstellerin nach Vollendung des 3. Lebensjahres der gemeinsamen Tochter gehalten ist, wieder vollschichtig arbeiten zu gehen. Dies ist in wenigen Monaten der Fall.[9]

(Rechtsanwalt)

In einem weiteren Schriftsatz wird sich der Antragsgegner des Ernstes seiner Lage bewusst (Titulierung des Unterhaltsanspruchs des geschiedenen Ehegatten und drohende Vollstreckung in den Selbstbehalt) und erhebt »Drittwiderantrag«:

In dem Verfahren

..... ./. .....

Az: .....

erhebt der Antragsgegner

Abänderungs – Drittwiderantrag[10]

gegen [seine geschiedene Ehefrau]

Frau .....

wohnhaft: .....

mit folgendem Antrag:

Das Urteil des Familiengerichts ..... vom 29.09.2006 (Geschäftszeichen .....) wird dahingehend abgeändert, dass der Antragsgegner/Drittwiderantragsteller der Drittwiderantragsgegnerin ab dem ..... nur noch ..... € und ab dem ..... keinen Unterhalt mehr schuldet.[11]

Zur

Begründung

wird auf folgendes hingewiesen:

Der Antragsgegner/Drittwiderantragsteller wurde mit Urteil des Familiengerichts ..... vom 29.06.2006 verurteilt, an die Drittwiderantragsgegnerin einen Aufstockungsunterhalt i.H.v. 1.200,00 € zu zahlen.

Er ist daneben eingeräumtermaßen der Antragstellerin dieses Verfahrens nach § 1615l BGB zum Unterhalt verpflichtet. Auf die Antragschrift, mit der die Antragstellerin einen Unterhalt i.H.v. 780,00 € geltend macht, wird verwiesen. Aufgrund der langen Ehedauer (25 Jahre), auf die die Drittwiderantragsgegnerin zurückblicken kann, geht diese der Antragstellerin jedenfalls nicht im Rang nach.

Beide Unterhaltsansprüche i.H.v. insgesamt knapp 2.000,00 € kann der Antragsgegner auch bei bestem Willen nicht bedienen, weil ihm dann nur noch rund 700,00 € zum Leben verblieben. In Anbetracht dessen ist der Antragsgegner nicht (mehr) in der Lage, neben dem geforderten auch noch den titulierten Unterhalt seiner geschiedenen Ehefrau ohne Unterschreitung seines Selbstbehaltes zu zahlen.

Im Übrigen unterliegt der titulierte Unterhalt der Befristung nach § 1578b BGB: ..... *[nähere Ausführungen zu den Voraussetzungen des § 1578b BGB].*

Mit seinem Befristungsverlangen ist der Antragsgegner auch nicht nach § 238 Abs. 2 FamFG präkludiert, weil das Unterhaltsurteil am 29.09.2006 und damit lange vor Inkrafttreten des UÄndG (01.01.2008) ergangen ist.[12]

(Rechtsanwalt)

1. Zuständigkeit. In Fällen der Geltendmachung von Unterhalt nach § 1615l BGB ergibt sich keine **ausschließliche örtliche Zuständigkeit** aus § 232 Abs. 1 FamFG. Sie bestimmt sich vielmehr nach § 232 Abs. 3 FamFG, der in Satz 1 auf die Vorschriften der ZPO (§§ 12 ff.) mit der Maßgabe verweist, dass der gewöhnliche Aufenthalt des Schuldners an die Stelle des Wohnsitzes tritt. Hat der Antragsgegner ausnahmsweise im Inland keinen Gerichtsstand, ist auch das Gericht am Aufenthaltsort des Antragstellers zuständig (§ 232 Abs. 3 Nr. 3 ZPO; vgl. auch BGH FamRZ 2011, 38 [Ls. 2]: »Das Haager Übereinkommen über das auf Unterhaltspflichten anzuwendende Recht (HUÜ 73) ist auch auf Unterhaltsansprüche nach § 1615l BGB anzuwenden, die auf der Familie mit dem gemeinsamen Kind beruhen. Die Anwendbarkeit des deutschen Rechts entfällt deswegen nicht nach Art. 7 HUÜ 73«).

Darüber hinaus kann der Antragsteller Ansprüche wegen Kindesbetreuung nach § 1615l BGB bei dem Gericht geltend machen, bei dem ein Verfahren auf Kindesunterhalt anhängig ist (§ 232 Abs. 3 Nr. 1 FamFG).

Mit der Frage, ob aus Gründen der Zweckmäßigkeit bei einem sich aus § 232 FamFG ergebenden ausschließlichen Gerichtsstand, der mit einem sich aus einer anderen Bestimmung ergebenden ausschließlichen Gerichtsstand konkurriert, die Bestimmung eines gemeinsamen örtlichen Gerichtsstandes nach § 36 Abs. 1 Nr. 3 ZPO in Betracht kommen kann, hat sich das OLG Rostock beschäftigt und diese grds. bejaht (FamRZ 2010, 1264; zu weiteren Einzelheiten zur Bestimmung des Gerichtsstands nach § 36 Abs. 1 Nr. 3 ZPO vgl. Rdn. 100, *M. 11*; aber auch: Kap. 2 Rdn. 1000, *M. 11*).

▶ **Praxishinweis:**

Kann der Unterhaltspflichtige nicht am Aufenthaltsort des Berechtigten in Anspruch genommen werden und sollte dieser in einem weit entfernt gelegenen Gerichtssprengel leben, kann der »Heimvorteil« des anwaltlichen Vertreters des Berechtigten nur dadurch hergestellt werden, dass gleichzeitig oder vor Geltendmachung des Anspruchs nach § 1615l BGB auch der Kindesunterhalt anhängig gemacht wird.

Wer hingegen den Verpflichteten vertritt, tut gut daran, umgehend den Kindesunterhalt durch Jugendamtsurkunde oder durch notarielles Schuldanerkenntnis (mit Vollstreckungsunterwerfung) zur Titulierung zu bringen. Denn damit hätte er den Vorteil, am »eigenen« Gericht Ansprüche nach § 1615l BGB verhandeln zu können.

2. Anwaltszwang. Vgl. Rdn. 87, *M. 4*; Kap. 2 Rdn. 959, *M. 4*.

3. Verfahrenswert. Vgl. Rdn. 87, *M. 5*.

4. Kostentragungspflicht. Die Kostenentscheidung folgt nicht mehr den allgemeinen Regeln der §§ 91 ff. ZPO, sondern bestimmt sich in Unterhaltssachen und damit auch in Abänderungsverfahren vorrangig nach § 243 FamFG.

Die Kosten eines Unterhalts- bzw. Abänderungsverfahrens sind hiernach grds. **nach billigem Ermessen** zu verteilen, also flexibel und weniger formal als bisher. Zu berücksichtigen sind hierbei alle Umstände, die zur Einleitung wie auch zur Rücknahme des Antrags geführt haben, so etwa aufgrund einer zwischenzeitlich getroffenen außergerichtlichen Verständigung.

Zu beachten ist ferner, dass § 243 FamFG die Möglichkeit eröffnet, bestimmte verfahrensbezogene **Obliegenheitsverletzungen** beim Kostenausspruch zu berücksichtigen (z. B. Verletzung von Auskunftspflichten nach § 235 FamFG).

Neu ist, dass § 243 Nr. 1 FamFG in Zusammenhang mit dem Verhältnis von Obsiegen und Unterliegen auch die »Dauer der Unterhaltsverpflichtung« erwähnt. Es dürfte deshalb – wie von vielen FamG praktiziert – sachgerecht sein, wenn bei gerichtlichen Auseinandersetzungen über eine Herabsenkung und/oder Befristung des Unterhalts nach § 1578b BGB auch der noch verbleibenden Restdauer der Unterhaltsverpflichtung bei der Kostenentscheidung wie auch beim Vergleich durch Hinzurechnung eines Mehrwerts Rechnung getragen wird, womit das FamFG neue Beurteilungsspielräume in Bezug auf die Kostentragungspflicht eröffnet (ausführlich: SBW/*Klein* § 243 Rn. 1 ff.), auf die im Verfahren hingewiesen werden sollte.

I. Ü. ist die in § 243 FamFG erwähnte Aufzählung nicht abschließend (»insbesondere«), sodass auch die in den §§ 80 ff. FamFG getroffenen Wertungen wie in einem Rechtsmittelverfahren auch der Gedanke des § 97 Abs. 2 ZPO einbezogen werden können.

Wird das Verfahren durch Vergleich erledigt und haben die Beteiligten keine Bestimmung über die Kosten getroffen, fallen gem. § 83 Abs. 1 FamFG die Gerichtskosten jedem Beteiligten zu gleichen Teilen zur Last. Die außergerichtlichen Kosten trägt jeder Beteiligte selbst.

5. Bemessungsgrundlagen beim Unterhalt nach § 1615l BGB. Die Unterhaltsbemessung nach § 1615l BGB wirft eine Reihe von Fragen auf, die allerdings im Zuge des UÄndG weitestgehend einer Klärung zugeführt wurden:

Ausgangspunkt ist § 1615l Abs. 3 BGB, der auf die Vorschriften über die Unterhaltspflicht zwischen Verwandten und damit auf § 1610 Abs. 1 BGB verweist, der wiederum auf die »relevante Lebensstellung des Unterhaltsberechtigten« abstellt (BGH, FamRZ 2010, 357, 359; 2008, 1739, 1741).

Wenn der Berechtigte des § 1615l BGB mit dem anderen Elternteil, also dem Pflichtigen, zu keiner Zeit in einer faktischen Lebensgemeinschaft gelebt hat (streitig, ob dies überhaupt bedarfsbestimmend sein kann; vgl. im Nachfolgenden), richtet sich der Bedarf bei fehlenden Einkünften vor der Geburt des Kindes und damit mangels eigener Lebensstellung nach der der Eltern des Berechtigten.

Hat der Berechtigte bereits eine eigene Lebensstellung erlangt, ist diese bedarfsbestimmend. Eine nachhaltig gesicherte Lebensstellung i. S. d. §§ 1615l Abs. 3 Satz 1, 1610 Abs. 1 BGB kann sich auch aus einem Unterhaltsanspruch gegen einen früheren Ehegatten ergeben, wenn dieser Anspruch den Lebensbedarf des Unterhaltsberechtigten bis zur Geburt des gemeinsamen Kindes nachhaltig gesichert hat (BGH, FamRZ 2010, 357 Rn. 19; 2005, 442, 443).

Hat der Berechtigte keine eigene Lebensstellung erlangt, war bislang umstritten, wie der Lebensbedarf zu bestimmen war:

Teilweise wurde vertreten, dass der Bedarf nicht unter dem notwendigen Eigenbedarf (DT 2013 Anm. D II: »Mindestens 800,00 €«; ebenso: *Wohlgemuth*, FuR 2010, 491) bzw. dem Existenzminimum liegen dürfe (zunächst offen gelassen: BGH, FamRZ 2007, 1303, 1304; sodann mit deutlicher Tendenz für die Bejahung eines Mindestbedarfs: BGH, FamRZ 2008, 1739, 1742), während nach anderer Auffassung die ein nichteheliches Kind betreuende Mutter nicht besser gestellt werden dürfe als die eheliche Kindesmutter (OLG Köln, FamRZ 2001, 1322; OLG Zweibrücken, FuR 2000, 286, 288), weil diese – jedenfalls nach der nicht unumstrittenen Rechtsprechung des BGH (FamRZ 2004, 792, 793; 1996, 345, 346) – wegen des nach § 1578 Abs. 1 Satz 1 BGB aus den ehelichen Lebensverhältnissen individuell zu ermittelnden Unterhaltsbedarfs keinen pauschalen Mindestbedarf beanspruchen kann (BGH, FamRZ 2007, 1303).

Die Frage zum **Mindestbedarf** und dessen Höhe beim Unterhaltsanspruch nach § 1615l BGB hat nun der BGH entschieden (BGH, FamRZ 2010, 357 ff.; bestätigt BGH, FamRZ 2010, 444, 445 ff.) und die Bejahung eines solchen damit begründet, dass der Unterhaltsanspruch nach § 1615l Abs. 2 BGB dem Berechtigten eine aus kind- und elternbezogenen Gründen notwendige persönliche Betreuung und Erziehung des gemeinsamen Kindes in den ersten Lebensjahren ermöglichen solle. Damit der betreuende Elternteil daran nicht durch eine Erwerbstätigkeit gehindert sei, dürfe sein Unterhaltsbedarf nicht unterhalb des Existenzminimums liegen, weil andernfalls die im Einzelfall notwendige persönliche Betreuung nicht sichergestellt werde. Die Höhe des Existenzminimums sei, wie in anderen Fällen auch, zu pauschalieren und betrage gegenwärtig 770,00 €. Hierbei handele es sich aber nicht um einen angemessenen Unterhalt i. S. v. § 1610 Abs. 1 BGB, sondern lediglich um die »unterste Schwelle des Unterhaltsbedarfs nach der Lebensstellung des Bedürftigen«. Dass ggü. dem nachehelichen Unterhalt und dem Unterhalt wegen Betreuung eines nichtehelich geborenen Kindes nach § 1615l BGB der Selbstbehalt eines Pflichtigen regelmäßig 1.000,00 € (BGH, FamRZ 2006, 683, 684; seit dem 01.01.2013: 1.100,00 €) betrage und damit einem Unterhaltspflichtigen von seinen eigenen Einkünften jedenfalls mehr verbleibe, als dem Unterhaltsberechtigten – orientiert am Existenzminimum – als Mindestbedarf zustehe, sei demgegenüber unschädlich, weil der Bedarf eines Unterhaltsberechtigten nicht mit dem entsprechenden Selbstbehalt eines Unterhaltspflichtigen gleichgesetzt werden dürfe (BGH, FamRZ 2010, 444 Rn. 18). Vielmehr könne sich der am Existenzminimum orientierte Mindestbedarf nur an dem Betrag ausrichten, der nach der

Düsseldorfer Tabelle und den unterhaltsrechtlichen Leitlinien der OLG einem nicht erwerbstätigen Unterhaltpflichtigen als notwendiger Selbstbehalt zur Verfügung steht, ggf. jedoch zuzüglich eines i. R. d. Unterhaltsanspruchs nach § 1615l Abs. 2 BGB zusätzlich geschuldeten Krankenvorsorgeunterhalts (BGH, FamRZ 2010, 357 Rn. 38).

Ist die Lebensstellung des Berechtigten maßgebend, orientiert sich der Bedarf konkret an dem Einkommen, das dieser ohne die Geburt des Kindes zur Verfügung gehabt hätte. Mithin ist der **Einkommensausfall** des betreuenden Elternteils bzw. **der durch die Geburt erlittene Nachteil** (BGH, FamRZ 2008, 1739 [Ls. 1]; OLG München, FamRZ 2012, 558 Rn. 41; OLG Karlsruhe, FamRZ 2004, 974 Rn. 27) zu ersetzen, dieser jedoch gedeckelt durch den Halbteilungsgrundsatz (BGH, FamRZ 2008, 1739, 1743; 2007, 1303, 1304; 2005, 442), wenn der Anspruchsberechtigte z. B. vor der Geburt ein höheres Einkommen als der Unterhaltspflichtige erzielte. Aber auch sonst darf der Grundsatz, dass sich der Unterhaltsbedarf an dem vor der Geburt des Kindes bestandenen Einkommensniveau auszurichten hat, nicht dazu führen, dass dem Unterhaltsberechtigten aus eigenen Einkünften und Unterhaltszahlungen insgesamt mehr zur Verfügung steht, als dem Unterhaltspflichtigen verbleibt (BGH, FamRZ 2010, 357 Rn. 17).

Diese »Halbteilungsrechtsprechung« hat zur Folge, dass in diesen Fällen der Anspruch nach § 1615l BGB deutlich hinter der eigenen Lebensstellung des betreuenden Elternteils zurückbleiben kann, wenn Elterngeld nicht mehr gezahlt wird (vgl. nachfolgende Anm. 6).

Umstritten war bislang die Frage, wie sich der Bedarf bestimmt, wenn die Kindeseltern nicht nur vorübergehend, sondern in einer **verfestigten Lebensgemeinschaft** zusammen gelebt haben:

Teilweise wird die Ansicht vertreten, dass in den Fällen einer gescheiterten verfestigten Lebensgemeinschaft der Bedarf durch den Halbteilungsgrundsatz nicht nur beschränkt, sondern auch durch diesen bestimmt werde. Begründet wird dies damit, dass sich die Lebensstellung des Unterhaltsberechtigten wie in einer Ehe auch im Rahmen einer nichtehelichen Lebensgemeinschaft aus dieser ableite und für die Einkommensverhältnisse der Halbteilungsgrundsatz in entsprechender Anwendung von § 1578 Abs. 1 BGB maßgebend sei (OLG Bremen, FamRB 2008, 136; Dethloff § 11 Rn. 89).

Die hierzu vertretene Gegenmeinung (OLG Koblenz, NJW 2000, 669; OLG Hamm, FamRZ 2005, 1276; MünchKommBGB/*Born* § 1615l Rn. 39) lehnt eine »Teilhabe« entsprechend den ehelichen Lebensverhältnissen ab. Zwar sei die Lebensstellung ein wandelbarer Umstand, rechtfertige aber eine Teilhabe nur bei einer wirtschaftlichen und gesellschaftlichen Lage, deren Fortdauer bei vorausschauender Betrachtung nach der allgemeinen Lebenserfahrung als gesichert erscheine. Eine derart gesicherte Position nehme ein Lebenspartner, der bewusst von der Eingehung einer Ehe absehe, aber nicht ein. Selbst wenn mit dem anderen Elternteil Absprachen getroffen worden seien, könne er seine während der Lebenspartnerschaft erworbene Stellung »von heute auf morgen verlieren« (OLG Hamm, FF 2000, 137). Zudem laufe die entsprechende Anwendung des § 1578 Abs. 1 BGB dem Normzweck des § 1615l BGB zuwider, der mangels vorheriger Ehe nicht der Aufrechterhaltung des (nicht)ehelichen Lebensstandards bzw. des Lebensstandards einer etwa zuvor bestandenen Lebensgemeinschaft diene, sondern die Zielsetzung verfolge, durch die Geburt des Kindes erlittene Nachteile der Mutter auszugleichen (OLG Naumburg, FamRZ 2001, 132).

Dieser Auffassung hat sich auch der BGH (FamRZ 2008, 1739, 1742 ff.; bestätigt FamRZ 2010, 357, 359) angeschlossen und dies u. a. damit begründet, dass sich die Lebensstellung des Unterhaltsberechtigten i. S. v. §§ 1615l Abs. 2 Satz 2, Abs. 3 Satz 1, 1610 Abs. 1 BGB nicht nach den tatsächlichen Umständen richte. Diese seien nur dann maßgebend, wenn sie **nachhaltig gesichert** seien. Der in einer nichtehelichen Lebensgemeinschaft erreichte Lebensstandard sei allerdings nicht ausreichend gesichert, um damit eine Lebensstellung i. S. d. §§ 1615l Abs. 2 und 3, 1610 Abs. 1 BGB begründen zu können. Denn dort beruhe – vor der Geburt des Kindes – der gemeinsame Lebensstandard noch **auf freiwilliger Leistung** des besser verdienenden Partners, während ein Unterhaltsrechtsverhältnis erst aus Anlass der Geburt eines gemeinsamen Kindes entstehe. Dies gelte selbst dann, wenn aus der Partnerschaft mehrere gemeinsame Kinder hervorgegangen seien (vgl. insoweit aber auch: OLG Düsseldorf, FamRZ 2005, 1772), denn auch für den späteren Anspruch nach

§ 1615l BGB seien die Verhältnisse bei Geburt des ersten Kindes maßgeblich und die späteren Verhältnisse nur dann, wenn der betreuende Elternteil zwischenzeitlich ein »nachhaltig gesichertes höheres Einkommen« erzielt und damit »eine höhere Lebensstellung erworben« habe. Für diese Ansicht spreche schließlich, dass sich der Unterhalt nach § 1615l Abs. 2 BGB nicht – wie der nacheheliche Unterhalt gem. § 1578 Abs. 1 Satz 1 BGB nach den ehelichen Lebensverhältnissen – nach den Lebensverhältnissen in der nichtehelichen Gemeinschaft, sondern allein nach der Lebensstellung des Unterhaltsberechtigten bemesse. Im Gegensatz zum nachehelichen Unterhalt (§ 1573 Abs. 2 BGB) sehe der Betreuungsunterhalt nach § 1615l BGB deswegen auch keinen Aufstockungsunterhalt vor, der den Bedarf nach den eigenen Verhältnissen des Unterhaltsberechtigten nach Maßgabe eines von einem höheren Einkommen des Unterhaltspflichtigen abgeleiteten Unterhaltsbedarfs erhöhe (BGH, FamRZ 2010, 357, 359 Rn. 21]).

6. Berücksichtigung von Elterngeld. Auf die Unterhaltsschuld nicht anrechenbar ist Elterngeld bis zu einem Betrag i. H. v. 300,00 € (BGH FamRZ 2011, 97 Rn. 29 unter Hinweis auf § 11 BEEG). In dieser Höhe handelt es sich nicht um eine Einkommensersatzleistung, sondern um eine »unterhaltsneutrale« Leistung (*Klatt*, ZPR 2007, 349), die den Charakter einer Sozialleistung aufweist (vgl. § 10 Abs. 1 BEEG).

Das darüber hinausgehende Elterngeld ist allerdings unterhaltsrelevantes Einkommen, also voll anrechenbar (BGH, FamRZ 2011, 97). § 2 BEEG, der die Höhe des Elterngeldes regelt, wurde in den letzten Jahren wiederholt geändert. Seit dem 18.09.2012 sind dies wieder 67 % des in den 12 Monaten vor der Geburt des Kindes durchschnittlich erzielten monatlichen Einkommens, nicht aber mehr als 1.800,00 €. Für den Bezugszeitraum gelten die Bestimmungen des § 4 BEEG. Bei der Fallbearbeitung sollte wegen der geringen »Haltbarkeitsdauer« dieser Vorschriften der jeweils aktuelle Stand des BEEG zu Rate gezogen werden.

Gleiches gilt für die steuerliche Behandlung des über einen Betrag i. H. v. 300,00 € hinausgehenden Kindergeldes, wobei das in § 39f EStG (zuletzt geändert zum 01.01.2013) aufgenommene sog. »Faktorverfahren« berücksichtigt werden sollte, das bei zusammenveranlagten Arbeitnehmer-Ehegatten zu einer Optimierung der steuerlichen Veranlagung führen kann (vgl. *Hosser*, FamRZ 2010, 951 ff.; *Perleberg-Kölbel*, FuR 2010, 451 ff.).

7. Behandlung von Einkünften während der 3-Jahresfrist. Die Frage der Behandlung von Eigeneinkünften des Berechtigten während der 3-Jahresfrist stellt sich nicht nur bei § 1570 Abs. 1 BGB, sondern in gleicher Weise auch bei § 1615l BGB: Denn wenn das BVerfG darauf hinweist, dass eine unterschiedliche Behandlung von Unterhaltsansprüchen wegen der Betreuung minderjähriger Kinder nicht mit dem Grundgesetz zu vereinbaren ist, es insb. dem Gesetzgeber nicht gestattet sei, nichteheliche Kinder ggü. ehelichen Kindern schlechter zu stellen und nichteheliche Kinder in § 1615l BGB mit seinem auf 3 Jahren befristeten Unterhaltsanspruch ohne eine von der Verfassung getragene Rechtfertigung zu benachteiligen (BVerfG FamRZ 2007, 965), wird man diese Frage für beide Ansprüche gleich zu beantworten haben.

Während der ersten 3 Lebensjahre des Kindes hat der betreuende Elternteil **keinerlei Erwerbsobliegenheit** (BT-Drucks. 16/6980, S. 17; BGH, FamRZ 2010, 444 Rn. 25). Er kann also frei darüber entscheiden, ob er neben der Betreuung stundenweise arbeiten geht (zur Erwerbstätigkeit und zum Anspruch des Arbeitnehmers auf Teilzeit während der Elternzeit vgl. § 15 Abs. 4 ff. BEEG i. d. F. v. 10.09.2012) oder ob er sich ganz der Betreuung widmen will: Unterhaltsrechtliche Folgen (Berücksichtigung fiktiven Einkommens) hat er nicht zu fürchten. Ist der betreuende Elternteil gleichwohl – überobligatorisch – erwerbstätig, ist in entsprechender Anwendung von § 1577 Abs. 2 Satz 2 BGB nach Billigkeitsgesichtspunkten über den Umfang der Anrechnung seines Einkommens auf den Bedarf zu entscheiden (OLG Hamm, FamRZ 2011, 1600 [Ls. 1]: Anrechnung zu 50% Rn. 34).

8. Rang nach § 1609 Nr. 2 BGB. Während noch unverheiratete Elternteile trotz Kindesbetreuung mit dem 1. Regierungskompromiss vom 22.03.2007 zum UÄndG 2008 in den Rang 3 verdrängt wurden (und zwar wegen der im rechten Koalitionslager unter Hinweis auf Art. 6 GG für inakzeptabel angesehenen Gleichstellung des betreuenden Elternteils eines ehelichen mit dem eines nichtehelichen Kindes), wurde mit dem wegen der Entscheidung des BVerfG (FamRZ 2007, 965) notwendig gewordenen 2. Regierungskompromiss vom 25.10.2007 klargestellt, dass die Unterhaltsansprüche von Elternteilen wegen der Betreuung von Kindern im Rang unmittelbar hinter denjenigen der Kinder und neben den Unterhaltsansprüchen von Ehegatten bei langer Ehedauer einzustellen sind.

Gleichrangig sind damit seit dem 01.01.2008 alle Elternteile, die wegen der Betreuung eines Kindes unterhaltsberechtigt sind oder im Fall einer Scheidung wären, und zwar neben Ehegatten und geschiedenen Ehegatten bei langer Ehedauer. Ansonsten werden sie in den Nachrang des § 1609 Nr. 3 BGB verdrängt.

Während somit nach altem Recht sämtliche Unterhaltsansprüche des zweiten Ehegatten wie auch solche des Berechtigten nach § 1615l BGB nicht nur im Verhältnis zu denen der eigenen und der Kinder aus erster Ehe nachrangig waren, sondern zudem noch ggü. den Unterhaltsansprüchen des geschiedenen Ehegatten im Rang zurückzutreten hatten, beseitigt das UÄndG 2008 diese aus seiner Sicht »nicht mehr zu rechtfertigende Privilegierung« des geschiedenen Ehegatten. Und der Aspekt der »**Stärkung des Kindeswohls**« rechtfertige es nicht nur, die Unterhaltsansprüche von Eltern wegen der Betreuung von Kindern im Rang unmittelbar hinter denjenigen der Kinder einzustellen, sondern auch, nicht danach zu unterscheiden, ob der Betreuende mit dem anderen Elternteil verheiratet ist oder nicht. Hierdurch werde einem »Gerechtigkeitsdefizit des geltenden Rechts« (BT-Drucks. 16/1830, S. 23) begegnet.

Ähnlich formulierte es das BVerfG, wenn es darauf hinwies, dass es dem Gesetzgeber nicht gestattet sei, nichteheliche Kinder ggü. ehelichen Kindern schlechter zu stellen und nichteheliche Kinder in § 1615l BGB mit seinem auf 3 Jahre befristeten Unterhaltsanspruch ohne eine von der Verfassung getragene Rechtfertigung zu benachteiligen (BVerfG, FamRZ 2007, 965). Denn das Maß an persönlicher elterlicher Betreuung und Zuwendung dürfe sich nicht nach dem Status des Kindes oder dessen sozialen Situation richten, weil Art. 6 Abs. 5 GG jedwede Schlechterstellung nichtehelicher Kinder ggü. ehelichen Kindern verbiete und die unterhaltsrechtliche Absicherung der persönlichen Betreuung durch den Elternteil eines nichtehelichen Kindes in gleicher Weise, wie durch den eines ehelichen Kindes gebiete. Auch die nacheheliche Solidarität bei geschiedenen Ehegatten rechtfertige es nicht, dass nach § 1615l Abs. 2 Satz 3 BGB dem Elternteil eines nichtehelichen Kindes nur bis zu dessen 3. Lebensjahr ein Anspruch auf Betreuungsunterhalt gewährt werde, während dem Elternteil eines ehelichen Kindes ein nach Altersphasen des Kindes bemessener weit länger reichender Unterhaltsanspruch wegen der Kinderbetreuung nach § 1570 BGB zuerkannt werde.

Bei der Frage des Gleich- oder Nachrangs ist zu beachten, dass mit der Einfügung des weiteren Halbsatzes in § 1609 Nr. 2 Satz 2 BGB der Begriff der »Ehe von langer Dauer« insoweit näher »erläutert« wird, als bei der Feststellung einer Ehe von langer Dauer nunmehr vorrangig die **ehebedingten Nachteile** nach Maßgabe des neu eingeführten § 1578b BGB zu berücksichtigen sind (*Gerhardt*, FuR 2008, 62, 64, der aus der Verweisung auf § 1578b BGB richtigerweise die Schlussfolgerung zieht, dass es nicht mehr allein auf die tatsächliche Ehedauer ankommt, sondern auch auf den Vertrauensschutz infolge der in der Ehe getroffenen Rollenwahl; ähnlich *Gutdeutsch* FamRB 2008, 186, 187). Dies kann im Ergebnis sogar dazu führen, dass einem Ehegatten wegen erheblicher ehebedingter Nachteile trotz verhältnismäßig »kurzer Ehedauer« ein dauerhafter unterhaltsrechtlicher Ausgleich ohne die Möglichkeit der Befristung nach § 1578b Abs. 2 BGB und der rangmäßigen Absicherung durch § 1609 Nr. 2 BGB zuzusprechen ist, etwa weil er unmittelbar nach Eingehung der Ehe seinen Beruf aufgegeben und die gesamte Ehezeit, mag diese auch nicht notwendigerweise 10–15 Jahre bestanden haben, unter Verzicht auf sein eigenes berufliches Fortkommen sich der Kinderbetreuung und dem Haushalt gewidmet oder auch im Betrieb des Unterhaltpflichtigen gearbeitet hat, ohne sozialversichert oder sonst wie finanziell abgesichert gewesen zu sein.

Wie selbstverständlich, weil vom BGH mit der Anwendung der »Dreiteilungsmethode« so vorgegeben, wurde in diesem Muster in der 2. Aufl. noch darauf abgestellt, dass der Unterhalt des nach Scheidung der Ehe geborenen nichtehelichen Kindes im Bedarf zu berücksichtigen sei. Zudem wurde im »Praxishinweis« (S. 857) darauf abgestellt, dass aufgrund der sich wiederholt vom BGH bestätigten Anwendung der »Dreiteilungsmethode« Rangprobleme zurücktreten würden, denn schulde der Unterhaltspflichtige sowohl einem geschiedenen als auch einem neuen Ehegatten Unterhalt, sei nach Auffassung des BGH seit seiner Grundsatzentscheidung vom 30.07.2008 (FamRZ 2008, 1911 ff.; bestätigt: FamRZ 2009, 23; 2009, 411; 2010, 111; 2010, 192, 194; 2010, 538 Rn. 31) der nach den ehelichen Lebensverhältnissen zu bemessende Unterhaltsbedarf jedes Berechtigten im Wege der Dreiteilung des Gesamteinkommens des Unterhaltspflichtigen und beider Unterhaltsberechtigter zu ermitteln, wobei der BGH entgegen seiner bisherigen Rechtsprechung (FamRZ 2005, 1817) und der des BVerfG (FamRZ 2003, 1821) auch den Splittingvorteil aus der neuen Ehe berücksichtigte.

Weiter wurde in dem Praxishinweis der 2. Auflage dieses Buches zur Frage der Anwendung der Dreiteilungsmethode auch bei Ansprüchen nach § 1615l BGB ausgeführt:

> »Ob und ggf. mit welchen Einschränkungen diese Grundsätze auf den hier im Muster vorliegenden Fall des Zusammentreffens von Unterhaltsansprüchen einer geschiedenen Ehefrau und eines nach § 1615 l BGB unterhaltsberechtigten Elternteils zu übertragen sind, ist bislang noch nicht entschieden: Es spricht allerdings einiges dafür, dass eine Dreiteilung des Gesamteinkommens des Unterhaltspflichtigen – konsequenterweise dann auch einschließlich sämtlicher Steuervorteile (so etwa auch die des § 33a Abs. 1 Satz 1 EStG iHv jährlich 7.680,00 €) – und der Unterhaltsberechtigten jedenfalls dann vorzunehmen ist, wenn der sich dabei ergebende Unterhaltsbedarf der nach § 1615 l BGB unterhaltsberechtigten Mutter ihr vor der Schwangerschaft erzieltes Einkommen oder – wenn sie nicht erwerbstätig war – den Mindestbedarf eines nicht erwerbstätigen Volljährigen nicht übersteigt (OLG Celle FamRZ 2009, 348)«.

Die Frage nach der Dreiteilung bei konkurrierenden Ansprüchen nach §§ 1570 ff. BGB einerseits und dem Anspruch nach § 1615l BGB andererseits stellt sich seit der Entscheidung des BVerfG v. 25.01.2011 (FamRZ 2011, 437) nicht mehr: Die Dreiteilung hat das BVerfG – jedenfalls auf der Bedarfsebene – für verfassungswidrig erklärt und dies gilt für sämtliche Unterhaltskonkurrenzen der Nr. 2 des § 1609 BGB. Die hier in der 2. Aufl. noch vertretene Auffassung, dass bei der Konkurrenz von Ansprüchen des geschiedenen Ehegatten mit solchen nach § 1615l BGB die Dreiteilungsmethode zur Anwendung komme und diese – neben einer vereinfachten Unterhaltsberechnung, die die Dreiteilung fraglos mit sich brachte – Rangprobleme in den Hintergrund treten lasse, kann auf dem Hintergrund der Entscheidung des BVerfG nicht mehr aufrechterhalten bleiben.

Was allenfalls in Bezug auf die Dreiteilungsmethode noch diskutiert werden kann, ist deren Anwendung auf der Leistungsebene (§ 1581 BGB), wie dies verschiedentlich nunmehr vertreten und damit begründet wird, dass eine Mangelfallberechnung bei gleichrangigen Unterhaltsberechtigten im Ergebnis immer zur Dreiteilung führe (Gutdeutsch FamRZ 2011, 523, 525) und es eine andere mathematische Berechnung nicht gebe (*Gerhardt/Gutdeutsch* FamRZ 2011, 597, 598, 601; *Borth* FamRZ 2011, 445, 450). Denn auch der Unterhaltspflichtige könne sich zu seinen Gunsten auf den Halbteilungsgrundsatz berufen, weil er nach § 1581 BGB »nur insoweit Unterhalt zu leisten (hat), als es ... der Billigkeit entspricht«, und es unbillig wäre, wenn dem Unterhaltsschuldner ohne rechtfertigenden Grund weniger verbliebe als dem Unterhaltsberechtigten. Um insoweit zu einem »insgesamt gerecht erscheinenden« (*Gerhardt/Gutdeutsch* FamRZ 2011, 772, 776) und den Halbteilungsgrundsatz beachtenden Unterhaltsergebnis zu gelangen, sei die Anwendung der Dreiteilung auf der Leistungsebene geboten.

Die zentrale Frage dürfte, nachdem seit dem 25.01.2011 keine Dreiteilung mehr auf der Bedarfsebene erfolgen darf, die sein, ob der Unterhalt nach § 1615l BGB, dessen Bedarf sich ja anders als bei dem 2. Ehegatten nicht nach § 1578 Abs. 1 BGB – auch nicht in den Fällen einer verfestigten Lebensgemeinschaft mit dem Kindesvater (BGH FamRZ 2010, 357, 359) – bemisst, sondern sich ausschließlich an § 1610 BGB auszurichten hat (vgl. Anm. 5), beim Bedarf des geschiedenen Ehegatten zu berücksichtigen ist. Dies wäre, freilich mit der Folge der Bedarfsverringerung, dann der Fall, wenn der Unterhaltsanspruch nach § 1615l BGB als »eheprägend« zu bewerten wäre (§ 1578 Abs. 1 Satz 1 BGB: »Das Maß des Unterhalts bestimmt sich nach den ehelichen Lebensverhältnissen«).

Im Regelfall wird man eine eheprägende Wirkung des Unterhalts nach § 1615l BGB und damit dessen Berücksichtigung beim Bedarf des geschiedenen Ehegatten zu verneinen haben. Dies hört sich zunächst recht apodiktisch an, lässt sich aber aus der Entscheidung des BVerfG, das sich eingehend mit der verfassungskonformen Auslegung des § 1578 Abs. 1 Satz 1 BGB auseinandersetzt hat (FamRZ 2011, 437 Rn. 57 ff.), herleiten: Zwar hatte sich das BVerfG nur mit dem Unterhaltsanspruch einer geschiedenen Ehefrau bei Eingehen einer Zweitehe und nicht mit dem Unterhaltsanspruch nach § 1615l BGB und dem daraus resultierenden Konkurrenzverhältnis zu beschäftigen. Wenn es aber verfassungsrechtlich geboten ist, § 1578 Abs. 1 BGB dahin gehend auszulegen, dass eine neue Ehe den Bedarf der geschiedenen Ehefrau nicht beeinflussen darf, muss dies auch für die Fälle gelten, in denen der Unterhaltsverpflichtete infolge einer neuen Beziehung Ansprüchen nach § 1615l BGB ausgesetzt ist. Denn auch solche Ansprüche, die zudem noch denknotwendigerweise den privilegierten Rang des § 1609 Nr. 2 BGB innehaben und damit niemals nachrangig sein können (»*Elternteile, die wegen der Betreuung eines Kindes unterhaltsberechtigt sind*«), dürfen den Bedarf des geschiedenen Ehegatten jedenfalls dann nicht beeinflussen, wenn das Kind nach Scheidung der Ehe geboren und damit der Anspruch nach § 1615l BGB erst nachehelich ausgelöst wurde. In diesen Fällen kann kein eheliches Band oder irgendein Bezug zur Ehe mehr festgestellt werden.

Ob dies allerdings auch dann gilt, wenn das Kind vor Rechtskraft der Scheidung der Ehe geboren wurde, der Anspruch nach § 1615l BGB mithin bereits während der Ehe (ggf. sogar 4 Monate vor der Geburt des Kindes: § 1615l Abs. 2 Satz 3 BGB) entstanden ist, erscheint demgegenüber fraglich. Und für die Beantwortung dieser Frage kann auch nicht die Entscheidung des BVerfG herangezogen werden, denn sie betrifft nur nach Scheidung der Erstehe infolge einer Zweitehe neu begründete, mithin also solche Unterhaltsansprüche, bei denen »jeglicher Bezug zu der in § 1578 Abs. 1 S. 1 BGB normierten Bestimmung des Unterhaltsbedarfs nach den ehelichen Lebensverhältnissen« fehlt (BVerfG, FamRZ 2011, 437 Rn. 64):

Einerseits ließe sich argumentieren, dass es unbillig erscheine, den Bedarf der geschiedenen Ehefrau, die z. B. auf eine lange Ehezeit zurückblicken und damit ebenfalls den Rang der Nr. 2 des § 1609 BGB beanspruchen kann, auf dem Hintergrund eines Umstands zu kürzen, der nicht nur Folge, sondern vielleicht sogar Anlass von Trennung und Scheidung geworden war, nämlich die Eingehung einer neuen, aus Sicht der Ehefrau sogar ehewidrigen Beziehung oder Lebenspartnerschaft. Und je nach zeitlichem Zusammenhang der Geburt des Kindes mit der Scheidung der Ehe ließe sich auch die weitere Feststellung treffen, dass bei der Geburt des Kindes der Trennungsunterhalt bereits geregelt war, vielleicht sogar seit Längerem gezahlt und auch anlässlich der Geburt des Kindes nicht gekürzt wurde. Wie, so ließe sich fragen, kann eine Unterhaltsverpflichtung nach § 1615l BGB, die die Ehefrau allenfalls emotional, nicht jedoch wirtschaftlich traf, die ehelichen Lebensverhältnisse geprägt bzw. das Maß des Unterhalts bestimmt haben? Andererseits wird man einer klaren Stichtagsregelung ggü. moralisierenden oder das Merkmal der Eheprägung bewertenden Aspekten den Vorzug zu geben und des Weiteren auch zu beachten haben, dass sich in diesen Fällen die Berücksichtigung einer Unterhaltspflicht nach § 1615l BGB im Bedarf der geschiedenen Ehefrau daraus rechtfertigt, dass es jedenfalls der früheren ständigen Rechtsprechung des BGH entsprach, während der Trennung bis zum Zeitpunkt der Rechtskraft der Scheidung der Ehe in einer neuen Lebenspartnerschaft geborene Kinder als die ehelichen Lebensverhältnisse prägend zu bewerten (BGH, FamRZ 1988, 1031, 1032; 1994, 87). Denn bis zur Scheidung besteht trotz Trennung immer noch ein »Eheband, das es nahelegt, auch diesen Umstand in die ehelichen Lebensverhältnisse einfließen« zu lassen (FamRZ 1999, 367, 369).

Und wenn der BGH in seiner Entscheidung vom 15.03.2006 (FamRZ 2006, 683) sogar den Stichtag der Rechtskraft der Scheidung vorsichtig zur Disposition stellte (»Treten z. B. vorrangige oder gleichrangige weitere Unterhaltsberechtigte hinzu, muss sich auch das auf den Unterhaltsbedarf des geschiedenen Ehegatten auswirken« Rn. 27) und er wenig später endgültig entschied, dass die Anknüpfung an den Stichtag der rechtskräftigen Entscheidung »überholt« sei und damit auch nach Rechtskraft der Scheidung geborene Kinder sich auf den Unterhaltsbedarf des geschiedenen Ehegatten auswirken würden und nicht erst bei der Leistungsfähigkeit zu berücksichtigen seien (BGH,

FamRZ 2008, 968 Rn. 44), folgt hieraus gleichzeitig auch, dass jedenfalls der bis zum Stichtag der Rechtskraft der Scheidung entstandene Unterhalt nach § 1615l BGB als eheprägend im Bedarf des geschiedenen Ehegatten zu berücksichtigen ist, zumal dieser Unterhalt als eine Art Annexunterhalt zum Kindesunterhalt keine andere Bewertung als der Kindesunterhalt selbst erfahren sollte (*Soyka* Sonderausgabe zu »FamR kompakt« S. 23, 24; *Gerhardt* FamRZ 2012, 589, 594).

Hierfür streitet schließlich auch, dass der vor Ehescheidung entstandene Anspruch auf Kindes-unterhalt und der Anspruch nach § 1615l BGB auch dann die ehelichen Lebensverhältnisse prägen würde, wenn die Ehe fortgesetzt würde, etwa weil es nach Trennung doch nicht zur Scheidung der Ehe kommt oder z. B. die Ehefrau ohne Trennung der Eheleute ihrem Ehemann verzeiht und damit gleichzeitig ihre Bereitschaft dokumentiert, die finanziellen Folgen des »Fehltritts« ihres Ehemannes mittragen zu wollen. In diesen Fällen sind neu begründete Unterhaltpflichten jedenfalls nicht scheidungsbedingt, weil sie ja nicht zur Scheidung geführt haben, während es dem Verständnis des BVerfG in seiner Entscheidung vom 25.01.2011 wohl eher entspricht, von scheidungsbedingten Unterhaltspflichten, die im Bedarf der geschiedenen Ehefrau nicht mehr berücksichtigt werden dürfen, nur dann zu sprechen, wenn es zur »Auflösung der Ehe« kommt (BVerfG, FamRZ 2011, 437 Rn. 70).

Fazit: Wurde das Kind bis zur Rechtskraft der Scheidung geboren, ist sowohl der Kindesunterhalt wie auch der Unterhalt nach § 1615l BGB als eheprägend mit der Folge zu bewerten, dass er im Bedarf der geschiedenen Ehefrau zu berücksichtigen ist. Wenn das Kind allerdings erst nach Rechts-kraft der Scheidung geboren wurde, mag das Kind auch »einen Tag nach Rechtskraft der Scheidung auf die Welt gekommen« sein (*Gerhardt* FamRZ 2012, 589, 591), reicht dies für die Annahme einer eheprägenden Unterhaltspflicht nicht (mehr) aus: In einem solchen Fall fehlen insb. wirtschaftliche Auswirkungen auf die ehelichen Lebensverhältnisse, die in aller Regel erst mit der Geburt des Kindes eintreten. Für eine strikt an der Rechtskraft der Scheidung anknüpfende Stichtagsregelung spricht zudem der Aspekt der Rechtssicherheit, mag im Einzelfall auch eine wertende Beurteilung, die auf einen etwas früheren oder späteren Zeitpunkt abstellt, ausnahmsweise geboten sein.

In seiner 1. Entscheidung vom 07.12.2011, in der der BGH auf das Urteil des BVerfG v. 25.01.2011 reagiert hat, weist er unter Aufgabe seiner Dreiteilungsrechtsprechung deshalb auch darauf hin, dass die Unterhaltspflicht für ein nachehelich geborenes Kind und der Betreuungsunterhalt für dessen nicht mit dem Vater verheiratete Mutter nach § 1615 l BGB bei der Bemessung des Unterhaltsbe-darfs eines geschiedenen Ehegatten nach § 1578 Abs. 1 Satz 1 BGB nicht zu berücksichtigen sei. In-soweit fehle es »für die erst nachehelich entstandenen Umstände an der erforderlichen Anknüpfung an die geschiedene Ehe« (BGH, FamRZ 2012, 281; bestätigt: FamRZ 2012, 525 Rn. 53). Solche Unterhaltsansprüche seien weder in der Ehe angelegt noch bei fortbestehender Ehe mit hoher Wahr-scheinlichkeit zu erwarten. Auch das Gebot der Gleichbehandlung aller ehelich oder nachehelich geborenen minderjährigen Kinder (Art. 6 Abs. 5 GG) könne eine Berücksichtigung nachehelich ge-borener Kinder bei der Bemessung des Unterhaltsbedarfs nach den ehelichen Lebensverhältnissen nicht begründen. Dies sei auch gar nicht erforderlich, weil Unterhaltsansprüche minderjähriger und privilegiert volljähriger Kinder ohnehin stets im ersten Rang stünden. Unabhängig davon, ob sie den Unterhaltsbedarf eines geschiedenen Ehegatten beeinflussten oder nicht, seien ihre Ansprüche i. R. d. Leistungsfähigkeit stets vorab zu befriedigen, was die von der Verfassung gebotene Gleich-behandlung sicherstelle (BGH, FamRZ 2012, 281 Rn. 27). In dem hierzu beurteilenden Muster 6 führt dieses Ergebnis dazu, dass sich der **Bedarf** – und nur dieser, nicht notwendigerweise auch der Unterhaltsanspruch der Höhe nach – der geschiedenen Ehefrau (F1) bei langer Ehezeit (= Gleich-rang nach § 1609 Nr. 2 BGB) je nachdem, ob das Kind mit F2 vor oder nach Scheidung der Ehe geboren wurde, unterschiedlich hoch errechnet:

> 1. Wenn das Kind **nach** Scheidung der Ehe geboren wurde:
>
> Einkommen des M: 3.050,00 € (3.200 ./. 150,00 € Berufspauschale)
>
> Einkommen der F1: ./.

Eheprägender Bedarf der F1: 3/7 von 3.050,00 € = 1.307,00 €

2. Wenn das Kind **vor** Scheidung der Ehe geboren wurde:

Einkommen des M: 3.200,00 € ./. 340,00 Kindesunterhalt ./. 143,00 Berufspauschale ./. 780,00 Unterhalt nach § 1615l BGB = 1.937,00 €

Einkommen der F1: ./.

Eheprägender Bedarf der F1: 3/7 von 1.937,00 € = 830,00 €

Abschließend sollen zum besseren Verständnis dieser »Pandora-Büchse«, die das BVerfG mit seiner Entscheidung vom 25.01.2011 aufgemacht hat, noch zwei Berechnungen im Gleich- und Nachrang vorgenommen und die Auswirkungen **im Mangelfall** (vgl. hierzu auch *Gerhardt*, FamRZ 2012, 589 ff.) dargestellt werden, die sich daraus ergeben, dass im Beispiel 1 das nichteheliche Kind **nach** und im Beispiel 2 **vor** der Scheidung geboren wurde.

▶ **Beispiel 1: Geburt des Kindes *nach* der Scheidung der Ehe mit F1**

M verdient nach der Lohnsteuerklasse 1 ein Netto i. H. v. 2.800,00 €; die geschiedene Ehefrau (F1) hat kein eigenes Einkommen und F2, mit der M ein gemeinsames Kind hat, aber nicht zusammenlebt, verfügte bis zur Geburt des Kindes über ein bereinigtes Nettoeinkommen i. H. v. 1.600,00 €; Elterngeld bezieht die i. Ü. einkommenslose F2 nicht mehr. Der Kindesunterhalt soll 350,00 € betragen.

1. Variante: Gleichrang nach § 1609 Nr. 2 BGB

F1: 1.200,00 € (2.800,00 € Einkommen des M x 6/7 = 2.400,00 € x 1/2); Kindesunterhalt bleibt, da nicht eheprägend, ebenso unberücksichtigt wie der ebenfalls nicht eheprägende Unterhalt nach § 1615l BGB

F2: 1.225,00 € (Erläuterung: Dies ist der Einkommensausfall bzw. der durch die Geburt erlittene Nachteil, den M zu ersetzen hat, jedoch gedeckelt durch den Halbteilungsgrundsatz, denn: Einkommen des M [2.800,00 €] ./. 350,00 € Kindesunterhalt x 1/2 = 1.225,00 €)

Da bei M der Selbstbehalt i. H. v. 1.100,00 € zu beachten ist, können bereits auf der Bedarfsebene die jeweiligen Bedarfe von F1 und F2 nach unten korrigiert werden. Hierbei ist zu beachten, dass sich der Mindestbedarf des geschiedenen Ehegatten ab dem 01.01.2013 auf 800,00 € beläuft (F1)

und

der Bedarf des Berechtigten nach § 1615l BGB im Mangelfall bei 1.100,00 € liegt (also i. H. d. Selbstbehalts, der ja auch dem Unterhaltsverpflichteten zuzubilligen ist)

Mangelfallberechnung:

Die Gesamtbedarfe von F1 und F2 betragen 1.900,00 € (800 + 1.100), zur Verfügung stehen aber nur 1.350,00 € (2.800 ./. 350,00 € KU ./. Selbstbehalt [1.100]).

Dies sind 71,05% (Dreisatz: 1.350 x 100: 1.900)

F1: 71,05% von 800,00 € = 568,00 €

F2: 71,05% von 1.100,00 € = 782,00 €

Ergebnis: Das Kind erhält 350,00 € (Vorrang nach § 1609 Nr. 1 BGB), M verbleiben 1.100,00 €, F1 erhält 568,00 € und F2 782,00 € (= insgesamt 2.800,00 €).

2. Variante: Nachrang der F1, weil die Ehe mit M nicht von langer Dauer war

F2: 1.225,00 € (wie oben)

F1: 800,00 € (Mindestbedarf)

Da M nur der Selbstbehalt zusteht, entspricht es dem Halbteilungsgrundsatz, dass auch der Bedarf von F2 nicht höher als mit 1.100,00 € angesetzt wird.

F2 ist ggü. F1 vorrangig und erhält 1.100,00 €, die auch M verbleiben müssen. Damit stehen M noch 1.350,00 € (2.800 ./. KU [350] ./. Unterhalt F2 [1.100]) zur Verfügung, sodass F1 nur noch 250,00 € (1.350 ./. Selbstbehalt des M) erhält.

Ergebnis: Kind: 350,00 €; F1: 250,00 €; M und F2 jeweils 1.100,00 €

Da für F1 (da kein eigenes Einkommen) der Unterhalt keine Steuer und damit für M keinen Nachteilsausgleich auslöst, würde deren Unterhalt allerdings um ca. 50,00 € zu erhöhen sein, weil M bei einem Netto i. H. v. 2.800,00 € (rund 5.000,00 € brutto) im Wege des begrenzten Realsplitting einen mtl. Steuervorteil von rund 120,00 € erzielen kann.

▶ **Beispiel 2: Geburt des Kindes *vor* der Scheidung der Ehe mit F1**

M verdient nach der Lohnsteuerklasse 1 ein Netto i. H. v. 2.100,00 €; die geschiedene Ehefrau (F1) hat kein eigenes Einkommen. F2, mit der M ein gemeinsames Kind hat, aber nicht mit ihm zusammenlebt, verfügte bis zur Geburt des Kindes über ein Einkommen i. H. v. 1.200,00 €. Sie hat kein eigenes Einkommen und bezieht auch kein Elterngeld mehr. Der Kindesunterhalt soll 350,00 € betragen.

1. Variante: Gleichrang nach § 1609 Nr. 2 BGB

F1: 800,00 € (2.100,00 € Einkommen des M ./. Kindesunterhalt = 1.750 x 6/7 = 1.500,00 €, jedoch ./. Unterhalt nach § 1615l [1.100] = 450 x 1/2 = 225,00 €, jedoch Mindestbedarf i. H. v. 800,00 €)

F2: 1.100,00 €, wie Selbstbehalt des M, da Mangelfall

Mangelfallberechnung:

Für die Ansprüche von F1 und F2 i. H. v. 1.900,00 € stehen nur 650,00 € (2.100,00 € ./. Kindesunterhalt ./. Selbsthalt) zur Verfügung stehen. Dies sind 34,21% (650 x 100 : 1.900)

F1: 34,21% von 800,00 € = 274,00 €

F2: 34,21% von 1.100,00 € = 376,00 €

Ergebnis: Das Kind erhält 350,00 €; M verbleiben 1.100,00 €, F1 erhält 274,00 €, F2 376,00 € (= insgesamt 2.100,00 €)

2. Variante: Nachrang der F1

Bedarfe von F1 und F2: wie oben 800 bzw. 1.100,00 €

Mangelfallberechnung:

Wenn F2 ggü. F1 hingegen vorrangig ist (§ 1609 Nr. 2 und Nr. 3 BGB), stehen ihr 2.100 ./. Kindesunterhalt (350) ./. Selbstbehalt des M (1.100), also 650,00 € zu. F1 ist nachrangig und erhält nichts. Dies ist die Konsequenz der fehlenden Leistungsfähigkeit des M wie auch die Folge ihres Nachrangs, die auch über § 1581 BGB nicht korrigiert werden kann.

Konsequenz dieser Berechnungen ist, dass der Kindesunterhalt ungeachtet dessen, ob er im Bedarf der geschiedenen Ehefrau eingestellt wird oder nicht, in jedem Fall auf der Leistungsebene vorrangig zu berücksichtigen ist (BGH, FamRZ 2012, 281 Rn. 19) und – jedenfalls bei hinreichender Leistungsfähigkeit des Kindesvaters – wegen § 1609 Nr. 1 BGB (absoluter Vorrang) voll zur Geltung gelangt, während der nachrangige geschiedene Ehegatte bei engen finanziellen Rahmenbedingungen des Pflichtigen, insb. bei fehlenden Einkünften der Unterhaltsberechtigten i. Ü., meist ausfällt. Diese unbefriedigende und letztlich für den nachrangigen Unterhaltsberechtigten bittere Konsequenz ist

Folge des Nachrangs, und wenn dies gesetzgeberischerseits nicht gewünscht war, hätte das UÄndG 2008 die Rangfolge des § 1609 Nr. 2 BGB anders regeln müssen.

9. Befristung des Betreuungsunterhaltsanspruchs. Die grundlegende Neuausrichtung, die § 1615l Abs. 2 Satz 3 und 4 BGB dadurch erfahren hat, dass der Unterhaltsberechtigte nicht mehr zur groben Unbilligkeit einer Unterhaltsversagung nach Vollendung des dritten Lebensjahres des Kindes vortragen muss, sondern sich darauf beschränken kann darzulegen, dass zur Sicherung der die Entwicklung des Kindes fördernden Lebensverhältnisse (BT-Drucks. 16/6980, S. 10) es der Billigkeit entspricht, den Unterhaltsanspruch über den Dreijahreszeitraum hinaus zu verlängern, streitet dafür, grds. eine Befristung dieses Anspruchs bei der Erstfestsetzung zu verneinen: So hat der BGH in seiner ersten Entscheidung zum neuen § 1615l BGB die vom OLG vorgenommene Befristung (auf immerhin 6 Jahre) kritisiert und die elternbezogenen Gründe als für nicht ausreichend berücksichtigt angesehen (FamRZ 2008, 1739, 1741).

Auch streitet gegen eine Befristung, dass das Gericht bei seiner Entscheidung in aller Regel noch nicht zuverlässig die Prognose treffen kann, ab welchem Zeitpunkt eine ganztägige Drittbetreuung für das Kind möglich ist, ob dies dem Kindeswohl entspricht und ab wann definitiv die Betreuungsbedürftigkeit endet. Hierbei wird im Rahmen des § 1615l BGB genauso wie bei einem Anspruch nach § 1570 BGB das FamG zu prüfen haben, ob und in welchem Umfang die Kindesbetreuung auf andere Weise gesichert ist oder gesichert werden könnte. Es wird aber auch bei der Beurteilung einer etwa vorliegenden überobligationsmäßigen Belastung im Rahmen der Verlängerung des Betreuungsunterhalts den Aspekt einer gerechten Lastenverteilung zwischen unterhaltsberechtigtem und unterhaltspflichtigem Elternteil zu berücksichtigen haben (BGH, FamRZ 2012, 1040 Rn. 19 ff.).

Die Frage, ob bei einer gerichtlichen Entscheidung über den Unterhalt nach § 1615l Abs. 2 BGB bereits vor Vollendung des 3. Lebensjahres des Kindes eine Befristung des Unterhaltsanspruchs in Betracht gezogen werden kann, wird kontrovers diskutiert:

Unter Hinweis darauf, dass es sich auch bei § 1615l BGB um einen einheitlichen Betreuungsanspruch handelt (BT-Drucks. 16/6980, S. 9) und die Frage der Befristung zur Vermeidung verfassungswidriger Ergebnisse nicht anders beantwortet werden dürfe als bei § 1570 Abs. 1 BGB, der eine auf die Vollendung des 3. Lebensjahres bezogene Befristung nicht rechtfertige, wird die Auffassung vertreten, dass der Unterhalt **stets unbegrenzt** zuzusprechen und die Beendigung des Anspruchs dem Abänderungsantrag zu überlassen sei (*Borth*, FamRZ 2008, 2, 10; *Gerhardt*, FuR 2008, 62; *Menne*, FamRB 2008, 110, 117).

Nach a. A. soll – wie bis zum 31.12.2007 praktiziert – der sog. »Basisunterhalt« des § 1615l BGB grds. **auf 3 Jahre befristet** werden (OLG Bremen, FamRZ 2008, 1281, 1282). Dies jedenfalls dann, wenn zum Zeitpunkt der Entscheidung nicht festgestellt werden könne, dass die Billigkeitsvoraussetzungen für einen verlängerten Anspruch nach § 1615l Abs. 2 Satz 4 BGB vorliegen, wobei eine **hinreichend sichere Prognose** ausreichen soll (*Peschel-Gutzeit*, FPR 2008, 24, 27; *Weil*, FamRB 2009, 51, 52).

Richtigerweise wird man eine »Regelbefristung« abzulehnen haben, weil sich meist nicht mit hinreichender Sicherheit beurteilen lässt, welchen Verlauf die künftige Entwicklung des Kindes nach Ablauf der 3-Jahresfrist nimmt, ab welchem Zeitpunkt eine ganztägige Drittbetreuung möglich und für das Kind verträglich ist bzw. ab wann eine die Erwerbstätigkeit einschränkende Betreuungsbedürftigkeit nicht mehr besteht (OLG Jena, FamRZ 2008, 2203, 2205; OLG München, FamRZ 2008, 1945, 1946; *Borth*, FamRZ 2008, 2, 10; *Schnitzler*, FF 2008, 270, 278). Zudem erscheint es auch sachgerechter, dem Unterhaltsschuldner, der sich auf einen ihn begünstigenden Umstand, nämlich den der künftigen Befristung, beruft, das **Risiko eines Abänderungsantrags** aufzubürden und nicht den Berechtigten nach Ablauf der 3-Jahresfrist auf einen Leistungsantrag zu verweisen, den er erheben müsste, wenn die Erstfestsetzung ohne jedwede Prognoseentscheidung eine Regelbefristung aufweisen würde.

Dem entspricht die Entscheidung des BGH vom 02.10.2013, in der er im Anschluss an seine Entscheidung vom 18.03.2009, in der es um einen Unterhaltsanspruch nach § 1570 BGB ging (FamRZ 2009, 770), darauf hinweist, dass ebenso wie beim Betreuungsunterhalt nach § 1570 BGB auch ein Antrag auf künftigen Betreuungsunterhalt nach § 1615l BGB nur dann abzuweisen sei, »wenn im Zeitpunkt der Entscheidung für die Zeit nach Vollendung des dritten Lebensjahres absehbar keine kind- und elternbezogenen Verlängerungsgründe mehr vorliegen«. Denn beide Betreuungsunterhaltsansprüche unterschieden sich bezogen auf die Dauer der Anspruchsberechtigung nicht voneinander, was sich bereits aus dem insoweit identischen Wortlaut beider Tatbestände, wonach der Unterhaltsberechtigte den Unterhalt »für mindestens drei Jahre nach der Geburt« verlangen kann, ergebe. Im Übrigen verbiete es Art. 6 Abs. 5 GG, hinsichtlich der Dauer des aus kindbezogenen Gründen geschuldeten Betreuungsunterhalts zwischen der Betreuung ehelicher und nichtehelicher Kinder zu differenzieren (BGH, FamRZ 2013, 1958 Rn. 20).

▶ **Praxishinweis:**

Auch die grundlegende Neuausrichtung, die § 1615l BGB durch das UÄndG 2008 erfahren hat, macht es nicht entbehrlich, dass der Unterhaltsberechtigte zu den Voraussetzungen einer Verlängerung des Betreuungsunterhalts über die Dauer von 3 Jahren hinaus substanziiert und unter Beweisantritt vorzutragen hat. Er hat – wie i. Ü. auch bei einem Anspruch nach § 1570 BGB – also zunächst darzulegen, dass keine kindgerechte Einrichtung für die Betreuung des gemeinsamen Kindes zur Verfügung steht oder aus besonderen Gründen eine persönliche Betreuung erforderlich ist. Auch Umstände, die aus elternbezogenen Gründen zu einer eingeschränkten Erwerbspflicht und damit zur Verlängerung des Betreuungsunterhalts führen können, hat der Unterhaltsberechtigte darzulegen und ggf. zu beweisen (BGH, FamRZ 2010, 444, 447). Letzteres kann insb. dann geboten sein, wenn die Eltern mit ihrem gemeinsamen Kind zusammengelebt haben und außerdem ein besonderer Vertrauenstatbestand als Nachwirkung dieser Familie entstanden ist (vgl. auch Rdn. 98). Ohne entsprechenden Sachvortrag zu kind- oder elternbezogenen Gründen (richtigerweise zu beiden), die eine Verlängerung des Unterhalts nach § 1615l Abs. 2 Satz 4 BGB rechtfertigen können, muss – wie die vorstehend zitierte und mahnende Entscheidung des BGH eindrucksvoll belegt – der Unterhaltsberechtigte damit rechnen, dass seinem Verlängerungsantrag nicht entsprochen wird. Dies vor allem dann nicht, wenn auch nichts dazu vorgetragen wird, warum die Kindesmutter »neben oder anstelle der Erziehungsrente nach §§ 47 Abs. 1, 46 Abs. 2 SGB VI keine Einkünfte erzielen kann, die ihren Gesamtbedarf von 770,00 € abdecken« (BGH, FamRZ 2010, 444, 447 Rn. 31).

10. Abänderungs – Drittwiderantrag. Mit dem UÄndG 2008 hat sich auch die Rangfolge des § 1609 BGB grundlegend geändert. Die neue Rangfolge kann im Mangelfall dazu führen, dass infolge eines weiteren (vorrangigen) Berechtigten der nach altem Recht titulierte Unterhalt des Ehegatten aus 1. Ehe, der kein Kind betreut und auch nicht auf eine lange Ehezeit zurückblickt (§ 1609 Nr. 2 BGB) und damit in den 3. Rang zurückfällt, ganz oder teilweise nicht mehr erfüllt werden kann. Dann befindet sich der Unterhaltsschuldner in einem ausgesprochenen Dilemma: Ihm droht die Vollstreckung aus dem Unterhaltstitel, den sein geschiedener Ehegatte gegen ihn erwirkt hat und er sieht sich einem Unterhaltsanspruch nach § 1615l BGB ausgesetzt, womit der Einwand des Unterhaltsschuldners vorprogrammiert ist, er sei zur Erfüllung beider Unterhaltsansprüche nicht leistungsfähig.

In einem solchen Fall hat der Unterhaltspflichtige allerdings die Möglichkeit der Überleitung des Alttitels auf das neue Recht, die unter den Voraussetzungen der – i. Ü. unbefristeten – **Überleitungsvorschrift des § 36 Nr. 1 EGZPO** vorgenommen werden kann. Nach dieser Bestimmung kann eine Anpassung verlangt werden, wenn

– über einen Unterhaltsanspruch vor dem Inkrafttretens des UÄndG rechtskräftig entschieden, ein vollstreckbarer Titel errichtet oder eine Unterhaltsvereinbarung getroffen wurde,

– »Umstände« vorliegen, die vor dem Inkrafttreten des UÄndG 2008 entstanden und durch dieses »erheblich« geworden sind,

– infolge des UÄndG 2008 eine wesentliche Änderung der Unterhaltsverpflichtung eingetreten
und
– eine Berufung auf das neue Recht dem anderen Teil unter Berücksichtigung seines Vertrauens
in die getroffene Regelung zumutbar ist.

Verfahrensrechtlich geschieht dies in aller Regel mit dem Abänderungsantrag nach den §§ 238, 239
FamFG.

Ist allerdings ein Verfahren eines hinzugetretenen Berechtigten bereits anhängig (z. B. der Unterhaltsanspruch des getrennt lebenden oder geschiedenen 2. Ehegatten oder der nach § 1615l BGB),
liegt der Vorteil einer einheitlichen Entscheidung über den Leistungs- wie auch Abänderungsantrag
auf der Hand: Denn beide Unterhaltsansprüche (der des 2. Ehegatten oder der nach § 1615l BGB
wie auch der nach altem Recht titulierte Ehegattenunterhalt) bedingen sich insofern wechselseitig,
als sie für den Unterhaltschuldner i. R. d. ihm verbleibenden Selbstbehalts erfüllbar bleiben müssen. Dies setzt verfahrensrechtlich aber die Zulässigkeit einer »Abänderungs-Drittwiderklage« (nach
neuem Recht: »Abänderungs – Drittwiderantrag«) voraus, denn nur dann kann eine einheitliche
Entscheidung zum anhängigen Unterhalt nach § 1615l BGB im Wege der Erstfestsetzung und zum
bereits titulierten Scheidungsunterhalt im Wege der Abänderung getroffen werden.

Nach der Rechtsprechung des BGH wird eine Drittwiderklage bzw. **parteierweiternde Widerklage** (MünchKommZPO/*Patzina* § 33 Rn. 27) zwar grds. für unzulässig angesehen, wenn sie sich
ausschließlich gegen einen am Verfahren bislang nicht beteiligten Dritten richtet, ohne dass der Kläger gleichzeitig mitverklagt wird (BGH, NJW 1993, 2120; 1975, 1228; 1971, 466, 467).

Eine Ausnahme lässt der BGH allerdings dann zu, wenn eine **tatsächliche und rechtlich enge Verknüpfung** der Klage mit der Drittwiderklage besteht und die Dritt-Widerklage insb. dazu dient, die
Vervielfältigung und Zersplitterung von Prozessen zu vermeiden und zusammengehörende Ansprüche einheitlich zu verhandeln und zu entscheiden (BGH, NJW 2007, 1753 Rn. 9 ff.; 2001, 2094,
2095; 1992, 982; ebenso: OLG Düsseldorf, FamRZ 1999, 1665, 1666; OLG Zweibrücken, VersR
1995, 197; Zöller/*Vollkommer* § 33 Rn. 20, 21; Stein/Jonas/*Roth* § 33 Rn. 44). Dies sei z. B. dann
der Fall, wenn sich die Drittwiderklage gegen die am Verfahren nicht beteiligten Gesellschafter einer
klagenden Gesellschaft richte und das auf die Drittwiderklage ergehende Urteil für die Gesellschaft
verbindlich und damit für die Zahlungsklage vorgreiflich sei (BGH, NJW 1984, 2104, 2105).

Eine solche Ausnahme wird man nicht nur im Verhältnis des Kindes- zum Ehegattenunterhalt (das
Kind begnügt sich nicht mit seiner Mangelfallquote, sondern verlangt seinen »absoluten Vorrang«
mit der Folge, dass der titulierte Ehegattenunterhalt angepasst werden muss: Konsequenz der geänderten Rangfolge der Nr. 1 und 2 des § 1609 BGB), sondern auch dann anzunehmen haben, wenn
ein betreuender Elternteil seinen Vorrang im Wege des Leistungsantrags verfolgt und der Unterhaltspflichtige die hierdurch bedingten Auswirkungen auf den titulierten Unterhaltsanspruch des
(früheren) Ehegatten im Wege des Abänderungsantrags geklärt wissen will (Konsequenz der geänderten Rangfolge der Nr. 2 und Nr. 3 des § 1609 BGB).

Denn auch beim Hinzutreten bislang nachrangiger oder nicht berücksichtigter Unterhaltsansprüche, die infolge des UÄndG 2008 gleich- oder sogar vorrangig geworden sind, wird man einen
Abänderungs-Drittwiderantrag ggü. dem Gläubiger eines bereits titulierten Unterhaltsanspruchs
zulassen müssen, weil auch in diesen Fällen eine tatsächliche und rechtlich enge Verknüpfung mit
einem bislang auf dem Vorrang der §§ 1582, 1609 Abs. 2 Satz 1 BGB beruhenden titulierten oder
vereinbarten Scheidungsunterhalt besteht und in einem Verfahren vor der Entscheidung über einen
hinzutretenden Unterhaltsanspruch die Rückwirkungen zu prüfen sind, die sich hierdurch auf bestehende Unterhaltsansprüche ergeben.

In diesen Fällen kommt, falls erforderlich, wie bisher auch eine **Gerichtstandsbestimmung** nach
§ 36 Abs. 1 Nr. 3 ZPO in Betracht (§ 113 Abs. 1 FamFG) die für die Erhebung mehrerer Anträge
betreffend der Erstfestsetzung wie auch Abänderung von Unterhaltsansprüchen mit unterschiedlichen Wohnsitzen für zulässig angesehen wird (BGH, FamRZ 1986, 660). Denn es erscheine, so der

BGH, unter den gegebenen Umständen »zweckmäßig«, über sämtliche Anträge in einem einheit-lichen Verfahren gemeinsam zu verhandeln und zu entscheiden. Dies gelte insb. deshalb, weil die neue Unterhaltsbemessung i. R. d. Möglichkeiten des § 323 ZPO »unter Beachtung aller, auch der jeweils anderen betroffenen Unterhaltsberechtigten zu erfolgen und auch deren Bedürftigkeit mit zu berücksichtigen« habe (BGH, FamRZ 1998, 361, 362; 1986, 660, 661). Ausreichend sei, wenn entsprechend den Voraussetzungen des § 60 ZPO die infrage stehenden Ansprüche oder Verpflich-tungen auf einem »**im wesentlichen gleichartigen tatsächlichen und rechtlichen Grund**« beruhten, was bei Unterhaltsklagen des betreuenden Elternteils und der Titulierung nachehelichen Unterhalts ebenso der Fall ist wie bei einer Abänderung titulierter Ansprüche minderjähriger Kinder neben denen des geschiedenen Ehegatten. In allen diesen Fällen richtet sich das Verlangen auf eine alle Unterhaltsansprüche einbeziehende Unterhaltsbemessung: Das Verlangen des Unterhaltspflichtigen auf Abänderung eines Unterhaltstitels wie auch das des betreuenden Elternteils als hinzutretender weiterer Unterhaltsberechtigter auf Zahlung von Betreuungsunterhalt nach § 1615l BGB. Insoweit liegt für alle beabsichtigten Anträge – und dies unabhängig von deren Zahl – ein im Wesentlichen gleichartiger tatsächlicher und rechtlicher Grund i. S. d. § 60 ZPO vor (MünchKommZPO/*Schultes* § 59 Rn. 9; Rosenberg/Schwab § 48 Rn. 6; OLG Rostock, Beschl. v. 25.03.2010 – 10 UFH 1/09 –, juris).

▶ **Praxishinweis:**

In diesen Fällen geht es meist »**ums Ganze**«, nämlich um die Beachtung des Selbstbehalts des Mandanten. Und wenn sich dies nicht außergerichtlich klären lässt, sollte gegen den nunmehr nach- oder gleichrangigen Titulierungsgläubiger der Abänderungs – Drittwiderantrag erhoben werden.

11. Bezeichnung. Der Begriff »Drittwiderantragsgegnerin« ist gewöhnungsbedürftig, ergibt sich aber aus der konsequenten Anwendung von § 113 Abs. 5 FamFG. Denn wenn die Vorschrift im Interesse einer einheitlichen Begriffsbildung in den Nr. 1 bis 5 anordnet, dass die bisher üblichen zivilprozessualen Bezeichnungen durch die entsprechenden FamFG-Bezeichnungen (z. B. Verfahren statt Prozess oder Antrag statt Klage oder Antragsgegnerin statt Beklagte) ersetzt werden und dies i. R. d. sprachlich Vertretbaren (SBW/*Rehme* § 113 Rn. 19) möglichst umfassend umgesetzt werden sollte, bedeutet dies, dass die Drittwiderklage zum »Drittwiderantrag« wird und die Drittwiderbe-klagte zur »Drittwiderantragsgegnerin«.

12. Präklusion bei § 1578b BGB. Auch wenn der Aufstockungsunterhalt nach § 1573 Abs. 5 BGB a. F. schon immer befristbar war, weil diese Bestimmung bereits mit dem UÄndG 1986 in das BGB eingeführt wurde, ist gleichwohl der Unterhaltsschuldner mit den für eine Befristung relevanten Tatsachen nach § 238 Abs. 2 FamFG jedenfalls dann nicht präkludiert, wenn die abzuändernde Entscheidung aus einer Zeit stammt, die vor Beginn der Befristungsrechtsprechung des BGH, die 2006 ihren Siegeszug begann, erging.

Eine **Präklusion** wird nach herrschender Meinung allerdings dann angenommen, wenn der Abän-derungsantragsteller nach Veröffentlichung der 1. Befristungsentscheidung des BGH v. 12.04.2006 (FamRZ 2006, 1006) anlässlich der Erstfestsetzung keinen »Befristungsantrag« gestellt, jedenfalls keine Umstände vorgetragen hat, die eine Befristung hätten rechtfertigen können. Maßgeblicher Zeitpunkt dürfte der sein, an dem die Entscheidung unter »www.bundesgerichtshof.de« in das Internet eingestellt wurde (so: OLG München, FamRB 2008, 78, 79). Diese – freilich nicht unum-strittene – Auffassung wird damit begründet, dass es »im Kern« bereits die Entscheidung des BGH v. 12.04.2006 gewesen sei, die in Abkehr von der älteren Rechtsprechung zu einer Erweiterung der Möglichkeiten geführt habe, nachehelichen Unterhalt zu beschränken und zeitlich zu begrenzen. Diese 1. Befristungsentscheidung wie auch die nachfolgend vom BGH weiter entwickelte Befris-tungsrechtsprechung sei in die Neuregelung des § 1578b BGB »eingeflossen« (OLG Jena, FamRZ 2010, 815). Insoweit erweise sich die Bestimmung des § 1578b BGB als eine »Zusammenfassung dieser Möglichkeiten«, die zumindest für den Aufstockungsunterhalt nicht über das hinausgehe, was der BGH bereits in seiner 1. Befristungsentscheidung judiziert habe (OLG Düsseldorf, FamRZ 2010, 1084; OLG Bremen, FuR 2008, 556; OLG Dresden, FamRZ 2008, 2135).

Dieser Ansicht folgt zwischenzeitlich auch der BGH, wenn er darauf hinweist, dass in Abänderungsverfahren der Einwand der Befristung ausgeschlossen sei, wenn eine zeitliche Begrenzung des Ehegattenunterhalts bzw. seiner Bemessung nach den ehelichen Lebensverhältnissen bereits zum Zeitpunkt der letzten mündlichen Verhandlung des Ausgangsverfahrens (in dem vom BGH zu beurteilenden Fall wurde das Urteil am 21.08.2007 verkündet) hätte vorgetragen und geltend gemacht werden können. Denn bereits zu diesem Zeitpunkt hätte aufgrund seiner Befristungsrechtsprechung berücksichtigt werden können, dass es bei der anzustellenden Billigkeitsabwägung nicht mehr vorrangig auf die Dauer der Ehe ankommt, sondern auf die dem Unterhaltsberechtigten entstandenen ehebedingten Nachteile. Insofern habe »die Neuregelung in § 1578 b BGB die vom Senat angewandten Kriterien für eine Befristung des Aufstockungsunterhalts lediglich gesetzlich klargestellt«. Und habe der Unterhaltsverpflichtete die eine Befristung des Unterhalts betreffenden Gründe nicht im Ausgangsverfahren geltend gemacht, könne er dies im Abänderungsverfahren nicht mehr nachholen, weil eine Abänderungsklage mit dem Ziel einer zeitlichen Unterhaltsbegrenzung bei ansonsten gleich gebliebenen Verhältnissen wegen § 323 Abs. 2 ZPO (§ 238 Abs. 2 FamFG) unzulässig sei (BGH, FamRZ 2010, 111, 116 Rn. 58 ff.; bestätigt: FamRZ 2012, 699).

Richtigerweise dürfte dies allerdings keine Frage der Präklusion sein, weil eine solche bei der Überleitung auf das neue Recht nach dem eindeutigen Wortlaut der Nr. 2 des § 36 EGZPO ausscheidet, sondern eine Frage der »Erheblichkeit« des neuen Rechts i. S. v. § 36 Nr. 1 EGZPO (so wohl auch BGH, FamRZ 2010, 111, 117 Rn. 63).

Wie auch immer: Eine Verdichtung der Beachtlichkeit des Präklusions- oder Unerheblichkeitseinwandes dürfte in jedem Fall mit zunehmendem Zeitablauf nach dem 12.04.2006 (= 1. Befristungsentscheidung) eingetreten sein, weil weitere vor dem Inkrafttreten des UÄndG ergangene Befristungsentscheidungen des BGH (FamRZ 2007, 200; 2007, 793; 2007, 1232; 2007, 2049) wie auch der Aufsatz des zwischenzeitlich zum Vorsitzenden ernannten Richters am BGH Dose (FamRZ 2007, 1289, 1293 ff.) und nicht zuletzt der Stand des Gesetzgebungsverfahrens zum UÄndG (selbst der »Bildzeitung« blieb dies nicht verborgen, wenn sie am 15.03.2007 publizistisch plakativ und einprägsam schrieb: »Für die Mütter wird es bitter«) erkennen ließen, dass zu bereits vorliegenden wie auch zu sicher absehbaren befristungsrelevanten Tatsachen vorzutragen ist, um sich nicht dem späteren Einwand der Präklusion ausgesetzt zu sehen.

Und ein Weiteres in haftungsrechtlicher Hinsicht: Die 1. Befristungsentscheidung war im Heft 14 der FamRZ (15.07.2006) bzw. im August-Heft 2006 der FuR abgedruckt. Und nach der Rechtsprechung hat die Anwältin bzw. der Anwalt – so z. B. das OLG München (FamRB 2008, 78) in einer die Präklusion des § 323 Abs. 2 ZPO betreffenden Entscheidung – »die neueste Rechtsprechung zu kennen und in den Prozess einzuführen«. Und die FamRZ müsse der Rechtsanwalt lesen, und dies nicht irgendwann, sondern sofort (was natürlich auch für die FuR gilt!). Dies deshalb, so der BGH (FamRZ 2011, 100 Rn. 23), damit der/die sorgfältig tätige Rechtsanwalt/Rechtsanwältin – freilich neben seinen eigenen Entscheidungen – auch die der OLG kenne und berücksichtigen könne, und dies alles zeitnah, vorzugsweise unmittelbar nach Zusendung der FamRZ. Und dass der BGH dies sehr ernst nimmt, ergibt sich aus seinen weiteren Hinweisen: »Dieses Heft (Anm.: gemeint war das Heft 21/2009 der FamRZ) erschien Anfang November 2009 und somit rund zwei Wochen vor dem Ablauf der Rechtsmittelfrist. In den Entscheidungsgründen ist nicht nur auf die weitaus überwiegende Literaturansicht hingewiesen, sondern auch auf eine übereinstimmende weitere Entscheidung des Oberlandesgerichts Köln. Außerdem sind der Entscheidung ergänzende Hinweise der Zeitschriftenredaktion angefügt, mit denen auf weitere Literaturstimmen aufmerksam gemacht worden ist, die ebenfalls mit der Auffassung des Oberlandesgerichts Köln übereinstimmen. Demnach konnte die Rechtsanwältin sich nicht darauf verlassen, dass das richtige Rechtsmittel die beim Amtsgericht einzulegende Beschwerde sei«.

▶ **Praxishinweis:**

So selbstverständlich wie auch immer wieder erhellend: Die oder der sachbearbeitende Rechtsanwältin/Rechtsanwalt hat nicht nur umfassend – selbstredend substanziiert – vorzutragen, er hat **auch** die aktuelle Rechtsprechung zu kennen wie auch die ergänzenden (Literatur)Hinweise der Zeitschriftenredaktionen zur Kenntnis zu nehmen und (auch) diese bei seiner Mandatsbearbeitung zu beachten, ohne sich im Haftungsfall darauf berufen zu können, dass ihr/ihm nicht die Zeit eines Berichterstatters des Haftungssenats des BGH (9. Zivilsenat) zur Verfügung gestanden habe, die sie/er benötigt hätte, um die die Haftung begründende Rechtsfrage richtig beantworten zu können.

Etwas »moderater« erklärte sich der BGH dann doch in seiner Entscheidung v. 05.03.2014: Zwar müsse ein Rechtsanwalt die Gesetze kennen, die in einer Anwaltspraxis gewöhnlich zur Anwendung kommen, sodass eine irrige Auslegung des Verfahrensrechts als Entschuldigungsgrund nur dann in Betracht komme, wenn der Prozessbevollmächtigte die von einem Rechtsanwalt zu fordernde Sorgfalt aufgewendet habe, um zu einer richtigen Rechtsauffassung zu gelangen. Hierbei sei ein strenger Maßstab anzulegen, weil der Mandant, der dem Anwalt die Prozessführung übertrage, zu Recht darauf vertrauen dürfe, dass er dieser als Fachmann gewachsen ist. Und wenn die Rechtslage zweifelhaft sei, müsse der bevollmächtigte Anwalt den sicheren Weg wählen. In Ausnahmefällen könne dies aber anders zu beurteilen sein, etwa wenn wegen der nach Inkrafttreten der FGG-Reform zunächst insoweit bestehenden Rechtsunsicherheit die Einreichung eines VKH-Antrages beim hierfür unzuständigen Amtsgericht erfolge: Dies begründe kein Verschulden des Rechtsanwalts (BGH, FamRZ 2014, 826).

c) Die »verfestigte Lebensgemeinschaft« als Einwand der Verwirkung nach § 1579 Nr. 2 BGB

aa) Einleitung

100 Ebenso wie § 1615l gehört auch § 1579 BGB zu den Ausnahmebestimmungen, die in der ständigen politischen und gesellschaftlichen Diskussion standen und auch heute noch stehen. Denn § 1579 BGB stellt die Ausnahme von dem sich aus den Wirkungen der Ehe ergebenden Grundsatz dar, dass ein bedürftiger Ehegatte von dem anderen Unterhalt verlangen kann, weil er von ihm getrennt lebt oder als geschiedener Ehegatte für seinen Unterhalt selbst nicht sorgen kann und die Voraussetzungen einer oder mehrerer der in §§ 1570 ff. BGB normierten Unterhaltstatbestände erfüllt sind.

Dieser Grundsatz findet nach § 1579 BGB in Fällen der groben Unbilligkeit – so bei kurzer Ehedauer wie auch bei schwerwiegendem und eindeutig in der Person des Unterhaltsbegehrenden liegendem Fehlverhalten – keine Anwendung und führt bei Vorliegen seiner Voraussetzungen zur Versagung, zeitlichen Begrenzung oder Herabsetzung des Unterhalts. Dies gilt sogar für den ansonsten weitestgehend vor Einschränkungen geschützten Anspruch auf Trennungsunterhalt (§ 1361 Abs. 3 BGB).

101 Wie § 1615l BGB bedurfte auch § 1579 BGB mehrfach einer verfassungsrechtlichen Auslegungshilfe (zur eheähnlichen Gemeinschaft: BVerfG, FamRZ 1993, 664; zur Frage der »Ehe von kurzer Dauer«: FamRZ 1992, 1283 und 782; zur Auslegung der Nr. 1, ob bei Kindesbetreuung überhaupt der Härtetatbestand der Kurzzeitehe vorliegen kann und wenn nein, ob dies zu einem verfassungswidrigen Ergebnis führt: FamRZ 1989, 941, 943; zur Auslegung der Nr. 2: FamRZ 1982, 991). Zudem gehört § 1579 BGB zu jenen wenigen Unterhaltsvorschriften, die eine Gesetzesänderung veranlasst haben, und zwar durch das UÄndG 1986 infolge der Entscheidung des BVerfG aus dem Jahr 1981 (BVerfG, FamRZ 1981, 745 ff.).

102 Die Veränderungen, die § 1579 BGB, bei dem die Verwirkung als eine von Rechts wegen festzustellende rechtsvernichtende Einwendung ausgestaltet ist (BGH, FamRZ 1991, 670, 672), durch das UÄndG 2008 erfuhr, sind einerseits redaktioneller Art (Überschrift), haben teilweise

Klarstellungscharakter (Nr. 1) und führen schließlich zur Einführung eines »neuen« Härtegrundes (»verfestigte Lebensgemeinschaft«), der allerdings – und deshalb auch nicht »neu« – in Rechtsprechung und Lehre als solcher seit Langem anerkannt ist.

Mit der Neufassung sollte auch eine Abgrenzung zu § 1578b BGB vorgenommen werden (BT-Drucks. 16/1830, S. 20), der eheliches Fehlverhalten gerade nicht erfasst, weil es sich bei diesen Fällen um solche handelt, die § 1579 BGB als vorrangig zu prüfende Vorschrift (BGH, FamRZ 1986, 886, 888; 1990, 492) vorbehalten bleiben und hinsichtlich der Rechtsfolgen die weiter gehende Regelung darstellt. Damit macht die Verwirkungsbejahung eine zusätzliche Prüfung des § 1578b BGB nicht zuletzt auch aufgrund der unterschiedlichen Konzeption, die beide Vorschriften aufweisen, entbehrlich. Hiergegen streitet auch nicht die in § 1578b Abs. 3 BGB nunmehr ausdrücklich erwähnte Möglichkeit der Kombination von Herabsetzung und zeitlicher Begrenzung des Unterhaltsanspruchs, die eine größere Nähe zu § 1579 BGB vermuten lässt, denn diese Kombination wurde immer schon für zulässig angesehen (BGH, FamRZ 2001, 905, 907; OLG München, FamRZ 1997, 295, 296; OLG Karlsruhe, FamRZ 1989, 511, 513), sodass mit § 1578b Abs. 3 BGB keine Annäherung an § 1579 BGB erfolgen sollte, worauf die Gesetzesbegründung ausdrücklich hinweist (BT-Drucks. 16/1830, S. 20).

▶ **Praxishinweis:**

Um allerdings den »sichersten Weg zu gehen«, sollte neben dem Einwand des § 1579 Nr. 2 BGB auch immer zusätzlich zu § 1578b BGB vorgetragen werden: Denn während § 1579 BGB eine Beschränkung oder Versagung des nachehelichen Unterhalts wegen grober Unbilligkeit ermöglicht, regelt § 1578 b BGB eine Herabsetzung oder zeitliche Begrenzung des Unterhalts nach den ehelichen Lebensverhältnissen bei abnehmender nachehelicher Solidarität und fehlendem ehebedingten Nachteil. Beide Begrenzungstatbestände schließen sich deswegen nicht gegenseitig aus (BGH, FamRZ 2011, 1381 Rn. 39). Ein Zusammenspiel zwischen diesen beiden Begrenzungs- und/oder Befristungsvorschriften ergibt sich auch daraus, dass einer seit längerer Zeit bestehenden Beziehung des Unterhaltsberechtigten zu einem neuen Partner i. R. d. nach § 1578 b BGB vorzunehmenden Billigkeitsabwägung auch deshalb Bedeutung zukommen kann, weil hierdurch i. d. R. eine zunehmende Distanz zu den ehelichen Lebensverhältnissen deutlich wird, weshalb eine weitere Gewährleistung des unveränderten Lebensstandards durch den geschiedenen Ehegatten nicht mehr ohne Weiteres der Billigkeit entspricht (BGH, FamRZ 2012, 947 Rn. 37).

bb) Der Härtegrund des § 1579 Nr. 2 BGB

Diese Bestimmung betrifft den in der Praxis bedeutsamsten Härtegrund des § 1579 BGB, weshalb das UÄndG 2008 sich veranlasst sah, einen eigenständigen Ausschlusstatbestand bei gleichzeitiger »Entlastung« der bisherigen Nr. 7 zu schaffen. Die »verfestigte Lebensgemeinschaft« wurde als die Nr. 2 in § 1579 BGB, statt, wie vom Bundesrat anregt, als die Nr. 8 eingefügt, weil sie der »kurzen Ehedauer« deshalb nahe stehen soll, weil auch diese an kein illoyales Verhalten des Berechtigten anknüpft (BT-Drucks. 16/1830, S. 21).   **103**

Wie beim Kriterium der »Dauer der Ehe« gibt das Gesetz auch beim Härtegrund der »verfestigten Lebensgemeinschaft« keine Definition vor, ab wann eine solche anzunehmen ist. Die Gesetzesbegründung räumt ein, dass dieser in Rechtsprechung und Lehre herausgebildete Begriff »Anlass zu einer überaus reichen und nur schwer überschaubaren Kasuistik gegeben habe« (BT-Drucks. 16/1830, S. 21). Verbleibende und ggf. von der Neuregelung nicht erfasste Fallgruppen seien wie bisher zu lösen. Aufgrund der Vielfalt der denkbaren Lebenssachverhalte habe allein das mit dem konkreten Fall befasste Gericht zu entscheiden, ob im Einzelfall eine »verfestigte Lebensgemeinschaft« vorliege.   **104**

Maßgebend ist, ob der geschiedene Ehegatte, der eine neue Lebenspartnerschaft eingegangen ist, **sich damit endgültig aus der nachehelichen Solidarität löst** und zu erkennen gibt, dass er diese nicht mehr benötigt, und zwar auch insoweit, als unterhaltsrechtliche Ansprüche in Rede stehen.   **105**

Allerdings ist mit dieser im Ergebnis zutreffenden Argumentation nicht ohne Weiteres zu vereinbaren, dass ein versagter oder herabgesetzter Unterhaltsanspruch wieder **aufleben** kann, wenn die verfestigte Lebensgemeinschaft aufgehoben wurde (BGH, FamRZ 1991, 542, 542 Rn. 9; OLG Schleswig, MDR 2000, 770; OLG Hamm, FamRZ 1996, 1080, 1081), was in gleicher Weise auch für die Neufassung des § 1579 Nr. 2 BGB geltend muss (OLG Koblenz, FamRZ 2013, 474). Für ein Wiederaufleben eines nach § 1579 Nr. 2 BGB beschränkten oder versagten nachehelichen Unterhaltsanspruchs fordert der BGH (FamRZ 2011, 1498) eine umfassende Zumutbarkeitsprüfung. In diese Prüfung sind grundsätzlich alle Umstände einzubeziehen, die die gebotene Billigkeitsabwägung beeinflussen können. Erhebliche Bedeutung kommt dabei zunächst dem Maß der nachehelichen Solidarität zu. Insbesondere in Fällen, in denen der unterhaltsberechtigte Ehegatte während der Ehezeit seine Erwerbstätigkeit aufgegeben hatte, um den gemeinsamen Haushalt zu führen oder die gemeinsamen Kinder zu betreuen, gewinnt auch die Ehedauer an Bedeutung. Es bedarf also einer umfassenden Zumutbarkeitsprüfung unter Berücksichtigung aller Umstände (OLG Koblenz, FamRZ 2013, 474 Rn. 7). Diese führt in aller Regel dazu, dass anders als für den Betreuungsunterhalt, der ein Wiederaufleben im Kindesinteresse rechtfertigt, bei allen anderen Unterhaltstatbeständen eine weiter gehende nacheheliche Unterhaltspflicht nur ausnahmsweise, und nur dann in Betracht kommt, »wenn trotz der für eine gewisse Zeit verfestigten neuen Lebensgemeinschaft noch ein Maß an nachehelicher Solidarität geschuldet« ist (BGH, FamRZ 2011, 1498 [Ls. 2; 33]).

106   Anders als bei der Nr. 6 des § 1579 BGB, die darauf abstellt, dass dem Berechtigten »ein offensichtlich schwerwiegendes, eindeutig bei ihm liegendes Fehlverhalten gegen den Verpflichteten« zur Last gelegt wird, setzt der neue Härtegrund **kein vorwerfbares Fehlverhalten** des Unterhaltsberechtigten voraus. Vielmehr reicht die »objektive Gegebenheit« der verfestigten Lebensgemeinschaft für die Annahme der Verwirkung aus (BT-Drucks. 16/1830, S. 21).

107   Der Verwirkungseinwand, der i. R. d. Erstfestsetzung erhoben wird, bereitet verfahrensrechtlich keine besonderen Probleme. Schwieriger wird es, wenn sich der Einwand gegen einen bereits errichteten Unterhaltstitel richtet.

(1) Muster 7: Verwirkungseinwand bei der Erstfestsetzung

108   Amtsgericht .....

– Familiengericht –[1]

Antrag[2]

der .....

– Antragstellerin –

Verfahrensbevollmächtigte: .....[3]

gegen

.....

– Antragsgegner –

wegen: Trennungsunterhalt

Verfahrenswert: 14.000,00 €[4]

Namens und in Vollmacht der Antragstellerin wird beantragt:

1. Der Antragsgegner wird verpflichtet, ab dem Monat ..... an die Antragstellerin einen im Voraus fälligen Trennungsunterhalt i. H. v. monatlich 1.000,00 € nebst rückständigen 2.000,00 € und Zinsen in Höhe von 5 % Punkten über dem jeweiligen Basiszins aus jeweils 1.000,00 € ab dem ..... und ab dem ..... zu zahlen.[5]

2. Die Kosten des Verfahrens trägt der Antragsgegner.[6]

Begründung:[7]

Die Antragstellerin ist mit dem Antragsgegner verheiratet. Die Ehe ist kinderlos geblieben.

Die Beteiligten leben seit dem ..... getrennt.

Das Scheidungsverfahren ist beim angerufenen Amtsgericht zum Geschäftszeichen ..... anhängig.

Anlässlich ihrer Trennung versprach der Antragsgegner, der Antragstellerin bis zur Rechtskraft der Ehescheidung einen Unterhalt i. H. v. 1.000,00 € zu zahlen.[8]

Dies bestätigte er auch in einem Brief an die Antragstellerin.[9]

Zu deren Überraschung stellte der Antragsgegner seine Unterhaltszahlungen vor 2 Monaten ein, so dass auch 2.000,00 € an Unterhaltsrückstand aufgelaufen sind, die als Rückstand geltend gemacht werden.

Im Hinblick hierauf ist dem Antrag auf laufenden und rückständigen Unterhalt stattzugeben.

(Rechtsanwältin)

In seiner Antragserwiderung stellt der Antragsgegner den versprochenen Unterhalt außer Streit.

▶ **Praxishinweis:**

Was bisweilen ebenso sinnvoll sein kann wie ein Anerkenntnis (vgl. Kap. 2 Rdn. 969, *M. 2*), weil der Unterhalt, insb. bei einem zwischenzeitlich erzielten höheren Einkommen, bei einer Neubemessung durchaus auch höher ausfallen kann.

Der Antragsgegner trägt vor:

In dem Verfahren

..... ./. .....

Az: .....

versprach zwar der Antragsgegner anlässlich der Trennung der Beteiligten, der Antragstellerin Trennungsunterhalt i. H. v. 1.000,00 € zu zahlen. Er hat seine Unterhaltszahlungen aber vor zwei Monaten eingestellt, weil die Antragstellerin seit über einem Jahr mit ihrem Freund zusammenlebt.

Zudem hat sich die Antragstellerin von dem Antragsgegner völlig abgewendet, stellt ihren Freund in Gesellschaft als ihren »Mann« vor und gibt damit zu erkennen, dass sie auf den Antragsgegner nicht mehr angewiesen ist. Dann muss dies auch für den Unterhalt gelten.[10]

Im Übrigen unterliegt der Anspruch auf Trennungsunterhalt auch der Befristung. Die Trennung dauert bereits 4 Jahre und die Scheidung der Ehe ist auch nicht abzusehen, weil die Antragstellerin (Antragsgegnerin des Scheidungsverfahrens zum Geschäftszeichen .....) zum Zugewinn immer neue und sinnlose Auskunfts- und Beweisanträge stellt und damit erkennbar das Verfahren hinauszuzögern beabsichtigt. Diese Taktik der Antragstellerin dient allein dem Zweck, noch für Jahre in den Genuss von Trennungsunterhalt zu kommen, obwohl ihr angesichts dessen, dass sie keine ehebedingten Nachteile hatte und die Ehe nur 4 $\frac{1}{2}$ Jahre dauerte, kein Anspruch auf nachehelichen Unterhalt zusteht. Es ist ihr vielmehr zuzumuten, sich dauerhaft auf einen niedrigeren Lebensstandard einzurichten, und zwar auf jenen Lebenszuschnitt, den sie vor Eingehung der Ehe hatte und der ihren eigenen beruflichen Möglichkeiten entspricht. Hiermit mag sie bereits jetzt und nicht erst nach Scheidung der Ehe beginnen.[11]

(Rechtsanwalt)

1. Zuständigkeit. Die örtliche Zuständigkeit ergibt sich aus § 232 Abs. 1 Nr. 1 FamFG. **Örtlich** zuständig ist danach für Unterhaltssachen, die die durch die Ehe begründete Unterhaltspflicht betreffen, während der Anhängigkeit einer Ehesache das Gericht, bei dem die Ehesache im ersten

Rechtszug anhängig ist. Die örtliche Zuständigkeit bei einem Verfahren auf Scheidung der Ehe ergibt sich aus § 122 FamFG.

Zu beachten ist, dass es sich bei der Zuständigkeit nach § 232 Abs. 1 FamFG um eine ausschließliche Zuständigkeit handelt (§ 232 Abs. 2 FamFG), die allen anderen Zuständigkeiten vorgeht. Dies gilt z. B. auch für ein Abänderungsverfahren nach §§ 238 ff. FamFG wie auch für einen Antrag auf Vollstreckungsabwehr nach § 767 ZPO: § 232 Abs. 2 FamFG normiert die ausschließliche Zuständigkeit nach Abs. 1, die alle anderen ausschließlichen Zuständigkeiten (wie z. B. §§ 767 Abs. 1 »Prozessgericht«, 802 ZPO) verdrängt (vgl. auch Rdn. 113, *M. 1*).

Ist bei Anhängigkeit des Unterhaltsantrags noch keine Ehesache anhängig, bestimmt sich nach § 232 Abs. 3 FamFG die Zuständigkeit nach der ZPO.

Wird das Scheidungsverfahren anhängig, während eine Unterhaltssache bei einem anderen Gericht im ersten Rechtszug rechtshängig ist, muss das Unterhaltsverfahren von Amts wegen an das Gericht der Ehesache abgegeben werden: Beide Verfahren sind aus Zweckmäßigkeitsgründen örtlich beim Gericht der Ehesache zu konzentrieren, was der Bestimmung des bisherigen § 621 Abs. 3 ZPO entsprach und jetzt in § 233 FamFG geregelt ist (vgl. auch Kap. 2 Rdn. 959, *M. 1*).

2. Bezeichnung. Vgl. Rdn. 87, *M. 2* und Rdn. 100, *M. 11*.

3. Anwaltszwang. Vgl. Rdn. 87, *M. 3*; Kap. 2 Rdn. 959, *M. 4*.

4. Verfahrenswert. Der Verfahrenswert bestimmt sich nach dem Jahresbetrag des geforderten Unterhalts (§ 51 Abs. 1 FamGKG), ggf. zzgl. der bei Einreichung des Antrags fälligen Beträge (§ 51 Abs. 2 FamGKG), also der Rückstände, sodass sich bei einem geforderten Unterhalt i. H. v. 1.000,00 € und Rückständen von 2 Monaten ein Verfahrenswert von 12.000,00 € zzgl. 2.000,00 € = 14.000,00 € errechnet.

5. Zinsen. Bei höheren Rückständen, die zwar den Verfahrenswert erhöhen, jedoch bei Vergleichsverhandlung häufig »niedergeschlagen« werden müssen, um hieran eine gütliche Einigung nicht scheitern zu lassen, empfiehlt es sich, die Verzugszinsen entweder konkret zu beziffern, dann aber auch die Zinsberechnung in den Antragsgründen offenzulegen und nicht einfach auf eine Forderungsaufstellung als Anlage in Bezug zu nehmen (in der Praxis streitig, ob dies zulässig ist), oder aber den Zinsanspruch im Antrag genau zu beziffern. Z. B.:

Der Antragsgegner wird ferner verpflichtet, an die Antragstellerin rückständigen Unterhalt i. H. v. 3.200,00 € nebst Zinsen i. H. v. 5 % Punkten über dem jeweiligen Basiszins aus jeweils 400,00 € ab dem 01.09.2013, 01.10.2013, 01.11.2013, 01.12.2013, 01.01.2014, 01.02.2014, 01.03.2014 und 01.04.2014 zu zahlen.

▶ Praxishinweis:

Auch wenn im Vergleichswege auf einen Teil der Unterhaltsrückstände »verzichtet« werden muss, verbessert sich erfahrungsgemäß das »Vergleichsergebnis«, wenn auch die Zinsen beziffert wurden. Damit wird dem Familienrichter, der sich um einen Vergleichsabschluss bemüht, ein (zusätzliches) Argument an die Hand gegeben, dass selbst bei Zahlung der gesamten Rückstände – jedoch ohne Zinsen – auch der Gläubiger nachgebe.

6. Kostentragungspflicht. Vgl. Kap. 2 Rdn. 959, *M. 8*.

7. Begründung. Vgl. Rdn. 87, *M. 6*.

8. Trennungsunterhalt. In der anwaltlichen Praxis kann nicht genügend Beachtung finden, dass der Anspruch auf Trennungsunterhalt ausgesprochen privilegiert ausgestaltet ist und sich wesentlich »komfortabler« erweist als jeder der nachehelichen Unterhaltstatbestände der §§ 1570 ff. BGB:
- Nach Trennung der Beteiligten gilt, dass dem nicht berufstätigen unterhaltsberechtigten Ehegatten eine angemessene, meist »**einjährige Schonfrist**« zu gewähren ist (BGH, FamRZ 1990, 283, 286; OLG Jena, FamRZ 2008, 2003, 2205; Niepmann/Schwamb, Rn. 455: anders ggf. bei

finanziell engen Lebensverhältnissen). Diese Zeit dient als berufliche Orientierungsphase, allerdings mit der Maßgabe, dass mit der Arbeitsuche schon während der »Schonfrist« und nicht erst hiernach begonnen werden muss.

– Der Trennungsunterhalt knüpft an **keine besondere Bedürfnislage** (§ 1570: Betreuung; § 1571: Alter; § 1572: Krankheit etc.). Es reicht also der bloße Vortrag, dass die Parteien getrennt leben und noch nicht geschieden sind.

– Der Trennungsunterhalt kennt **keinen Einsatzzeitpunkt**, kann z. B. also auch 2 Jahre nach Trennung erstmals geltend gemacht werden, ohne dass dies unterhaltsrechtliche Folgen nach sich zieht, wie dies etwa beim Krankenunterhalt der Fall wäre, wenn zwischen der Beendigung der Kinderbetreuung und dem Zeitpunkt der Geltendmachung des Krankenunterhalts mehr als 1 1/2 Jahre liegen (OLG Düsseldorf, FamRZ 1998, 1519, 1520; OLG Celle, FamRZ 1997, 1074, 1075; OLG Karlsruhe, FamRZ 2000, 233, 234).

– Der Trennungsunterhalt ist schließlich auch **nicht befristbar** (vgl. Rdn. 109, *M. 11*)

9. Möglichkeit des Urkundenverfahrens. Wurde der versprochene Unterhalt schriftlich bestätigt – die Annahme des Unterhaltsversprechens folgt entweder aus § 150 BGB oder ist konkludent in der Entgegennahme des versprochenen Unterhalts zu sehen – oder wurde sogar eine Unterhaltsvereinbarung schriftlich getroffen, stärkt dies die Stellung des Unterhaltsberechtigten in beachtlichem Maße: Denn dieser kann, wovon in der Praxis kaum Gebrauch gemacht wird, sich sogar des Urkundenverfahrens nach §§ 592 ff. ZPO bedienen (AG Kerpen, FamRZ 2002, 831, 832; *Herr*, FuR 2006, 153, 154). Dies freilich nur, wenn und soweit er sein Unterhaltsverlangen auf eine Urkunde stützen kann.

Diese Möglichkeit ändert sich auch nicht durch das FamFG, weil in Familienstreitsachen die Vorschriften der ZPO über den Urkundenprozess entsprechend gelten (§ 113 Abs. 2 FamFG).

Das eingeleitete Urkundenverfahren mündet nach § 599 ZPO in einen Vorbehaltsbeschluss (bisher: Vorbehaltsurteil), den der Unterhaltsberechtigte relativ schnell herbeiführen kann, um mit diesem gegen den zahlungsunwilligen Verpflichteten ohne Sicherheitsleistung (§ 708 Nr. 4 ZPO) vorgehen zu können. Erst im Nachverfahren kann der Antragsgegner zu seinem vermeintlich noch nie bestandenen oder nicht mehr bestehenden Unterhaltsobligo vortragen (hier wäre dies der Verwirkungs- und Befristungseinwand).

Zu beachten ist, dass nach § 593 ZPO die Antragsschrift die Erklärung enthalten muss, dass im »Urkundenverfahren« (bisher: Urkundenprozess) geklagt wird. Ferner muss die Urschrift der Urkunde spätestens in der mündlichen Verhandlung vorgelegt werden (Kopie hiervon ist bereits der Antragsschrift beizufügen, § 593 Abs. 2 ZPO). Erfahrungsgemäß empfiehlt es sich nicht, das Urkundenoriginal der Antragsschrift beizufügen und damit aus der Hand zu geben. Wenn dies vom FamG gefordert wird, sollte darauf hingewiesen werden, dass das Original im Termin vorgelegt wird. Bei der Terminsvorbereitung ist dann aber auch zwingend darauf zu achten, dass sich das Original tatsächlich in der Akte befindet.

▶ Praxishinweis:

Bei Vorliegen einer schriftlichen Unterhaltsvereinbarung empfiehlt sich insb. bei vollständiger Einstellung von Unterhaltszahlungen die sofortige Einleitung eines Urkundenverfahrens, um möglichst zügig in Besitz eines vollstreckbaren Titels zu gelangen. Damit kann die vom Unterhaltsverpflichteten möglicherweise aus »Disziplinierungsgründen« erfolgte Zahlungseinstellung zum »Bumerang« werden.

10. Verwirkungseinwand nach § 1579 Nr. 2 BGB. Bei der Frage, ob eine Verwirkung nach § 1579 Nr. 2 BGB vorliegt, ist zunächst zu beachten, dass diese nicht bereits deshalb zu bejahen ist, weil der Unterhaltsberechtigte nach Trennung und vor Scheidung der Ehe eine nichteheliche Lebensgemeinschaft eingegangen ist. Der BGH verlangt vielmehr zusätzliche Umstände, die es dem Unterhaltsverpflichteten unzumutbar machen, weiterhin Unterhalt zu zahlen (BGH, FamRZ 1994, 558, 559), weil andernfalls über das Unterhaltsrecht in die Lebensgestaltungsfreiheit des (noch) ehelichen

Partners in unzulässiger Weise eingegriffen würde: Als **Disziplinierungsinstrument**, das so mancher Unterhaltsberechtigte das Unterhaltsrecht gerne sähe, ist dieses nicht geeignet.

Maßgebend für die Bejahung einer Lebensgemeinschaft ist allein, dass die Lebenspartner ihre Lebensverhältnisse so aufeinander abgestellt haben, dass sie Eheleuten vergleichbar wechselseitig füreinander einzustehen bereit sind, indem sie sich gegenseitig Hilfe und Unterstützung zuteil werden lassen und damit ihr Zusammenleben derart gestalten, wie es sich aufgrund der nach außen hin in Erscheinung tretenden Gegebenheiten in einer Ehe darstellen würde (BVerfG, FamRZ 2004, 1950; BGH, FamRZ 2008, 247, 248; 2002, 810, 811). Eine nichtehelich geführte Lebensgemeinschaft lässt daneben keine weitere Lebensgemeinschaft gleicher Art zu und zeichnet sich durch innere Bindungen aus, die über die Beziehungen in einer reinen Haushalts- und Wirtschafts- oder bloßen Wohngemeinschaft hinausgehen (BVerfG, FamRZ 1993, 164, 168).

Auch eine nicht eingetragene **gleichgeschlechtliche Lebenspartnerschaft** ist einer verfestigten Lebensgemeinschaft gleichzustellen, wenn eine tatsächliche Wirtschaftsgemeinschaft besteht (AG Aichach, FamRZ 2005, 1096; AG Hamburg, FamRZ 2004, 1036; *Gerhardt* FuR 2008, 9, 13; *Zischka* FuR 2008, 191, 193), sodass auch in diesen Fällen die Gleichgeschlechtlichkeit einer Verwirkung nicht entgegen steht: Für die Frage, ob die Aufnahme einer neuen Beziehung durch den Unterhaltsberechtigten einen Härtegrund im Sinne von § 1579 Nr. 2 BGB darstellt, kommt es also nicht darauf an, ob es sich um eine gleichgeschlechtliche oder um eine heterosexuelle Beziehung handelt (BGH, FuR 2008, 406).

Eine »Lebensgemeinschaft« ist in jedem Fall zu bejahen, wenn ein gemeinsamer Haushalt besteht und die Lebenspartner ihrem Erscheinungsbild nach Eheleuten vergleichbar zusammenleben. »Verfestigt« hat sich die Beziehung, wenn sie »als eheähnliches Zusammenleben anzusehen und gleichsam an die Stelle einer Ehe getreten ist« (BGH, FamRZ 2004, 614, 616).

Der Umstand, dass die Lebenspartner getrennte Wohnungen unterhalten, weil sie ihre Unabhängigkeit nicht aufgeben, insb. ein »Rückzugsterrain« beibehalten wollen, hindert die Annahme einer verfestigten Lebensgemeinschaft zwar nicht (BGH, FamRZ 2002, 810; 1997, 671, 672; OLG Karlsruhe, FamRZ 2010, 1253; OLG Koblenz, FamRZ 2006, 1540, 1541). Jedoch müssen neben dem Zeitmoment weitere Umstände hinzutreten, die die Annahme eheähnlicher Lebensverhältnisse rechtfertigen: Zu der Lebensführungs- und Lebensgestaltungsfreiheit des getrennt lebenden oder geschiedenen Ehegatten gehört es auch, dauerhaft eine gewisse Distanz zu seinem neuen Partner aufrechtzuerhalten, um die nach Trennung und Scheidung gewonnenen Freiräume zu nutzen und durch ein Zusammenleben nicht aufs Spiel zu setzen (BGH, FamRZ 1995, 540, 542). Diese **bewusst auf Distanz angelegte Beziehung** bewertet die Rechtsprechung nicht als Lebensgemeinschaft (BGH, FamRZ 2002, 23; OLG Karlsruhe, FamRZ 2010, 1253; OLG Hamm, FuR 2007, 235, 236; OLG Koblenz, FamRZ 2000, 1372), wobei eine nur subjektiv in Anspruch genommene Distanz zu dem neuen Partner dann unbeachtlich ist, wenn sie sich nicht in den tatsächlichen Gegebenheiten widerspiegelt (z. B. gemeinsamer Urlaub, das Verbringen aller Wochenenden miteinander, regelmäßiges gemeinsames Übernachten auch während der Woche usw.). Zu Recht weist deshalb das OLG Zweibrücken darauf hin, dass auch **bei Bestehen getrennter Wohnungen** der Anspruch auf nachehelichen Unterhalt verwirkt sein könne, wenn sich »die Beziehung zwischen Unterhaltsgläubiger und neuem Partner in einer mit einer Wochenendehe vergleichbaren Weise darstellt und zudem deutliche Anhaltspunkte dafür vorliegen, dass die Wahl der unterschiedlichen Wohnungen nur erfolgte, um einen Unterhaltsanspruch nicht zu gefährden« (OLG Zweibrücken, MDR 2010, 700). Aber auch ohne die letztlich als innere Tatsache schwer zu beweisende Absicht des Berechtigten, seinen Unterhalt durch einen gemeinsamen Haushalt nicht gefährden zu wollen, wird man eine Verwirkung dann annehmen können, wenn die nicht unter einem Dach lebenden Partner seit »fünf Jahren« in der Öffentlichkeit, bei gemeinsamen Urlauben und der Freizeitgestaltung als Paar auftreten und Feiertage und Familienfeste zusammen mit Familienangehörigen verbringen (OLG Karlsruhe, FuR 2011, 341 Rn. 53; zu den Beweisanforderungen für das Vorliegen einer verfestigten Lebensgemeinschaft vgl. auch OLG Hamm, Urt. v. 12.09.2011 – 8 UF 230/10 –, juris). Letztlich muss es aber dem Einzelfall überlassen bleiben, wann auf ein eheähnliches Zusammenleben geschlossen werden darf; allgemein verbindliche Festlegungen dürften sich deshalb verbieten.

Verfestigt hat sich die Lebensgemeinschaft, wenn sie eine »Form« angenommen hat, die sie auch von der Dauer ihrem Erscheinungsbild nach **mit einer Ehe vergleichbar** macht. Ein auf Dauer angelegtes Verhältnis setzt somit einen gewissen Zeitablauf voraus: Nach Auffassung des BGH ist von einer Verfestigung auszugehen, wenn das Zusammenleben »**zwischen zwei und drei Jahren**« bestanden hat (BGH, FamRZ 1997, 671, 672). An diesem Zeitraum hält der BGH bis zuletzt fest (FamRZ 2011, 1854 Rn. 19) und sieht sich zu einer Verkürzung des Verfestigungszeitraums auch nicht durch das UÄndG 2008 veranlasst, weil durch das Unterhaltsrechtsreformgesetz zur Frage der Beschränkung oder Versagung des Unterhalts wegen grober Unbilligkeit keine Rechtsänderung eingetreten sei (BGH, FamRZ 2010, 1884 Rn. 16; bestätigt: FamRZ 2011, 1854 Rn. 21; a. A. AG Essen, FamRZ 2009, 1917, das eine Verwirkung unter Hinweis auf die Unterhaltsreform und die geänderten gesellschaftlichen Verhältnisse i. d. R. schon nach einem Jahr für gerechtfertigt hält). Allein ausschlaggebend, so der BGH, könne der Verfestigungszeitraum aber auch nicht sein, weil die Dauer bis zur Annahme einer verfestigten Lebensgemeinschaft durch objektive, nach außen tretende Umstände wie etwa einen über einen längeren Zeitraum hinweg geführten gemeinsamen Haushalt, das Erscheinungsbild in der Öffentlichkeit oder größere gemeinsame Investitionen, beeinflusst werde (BGH, FamRZ 2011, 1854 Rn. 23).

Letztlich sei entscheidend darauf abzustellen, dass »der unterhaltsberechtigte frühere Ehegatte eine verfestigte neue Lebensgemeinschaft eingegangen ist, sich damit endgültig aus der ehelichen Solidarität herauslöst und zu erkennen gibt, dass er diese nicht mehr benötigt« (BGH, FamRZ 2011, 1498 Rn. 27; 2011, 791 Rn. 39). Dies zu prüfen obliege der verantwortlichen Beurteilung des Tatrichters (BGH, FamRZ 2002, 810, 811): In einer Reihe von Entscheidungen wurde ein Verfestigungszeitraum von **nur 2 Jahren** für ausreichend angesehen (OLG Celle, FamRZ 2008, 997, 998; KG, FamRZ 2006, 1542; OLG München, FuR 2006, 189, 190; OLG Brandenburg, FuR 2004, 451, 454), weil bereits nach 2 Jahren verlässlich beurteilt werden könne, ob die Lebenspartner nur probeweise oder aber dauerhaft zusammenleben.

Einen kürzeren Zeitraum als **2 Jahre** lässt die Rechtsprechung i. Ü. bereits dann ausreichen, wenn neben dem Zeitmoment ein zusätzliches – nach außen dokumentiertes – Umstandsmoment hinzutritt, das die Annahme rechtfertigt, dass die Lebenspartner ihre Lebensverhältnisse so aufeinander abgestellt haben, dass sie wie Eheleute wechselseitig füreinander einzustehen bereit sind. Solche Umstände, die nicht nur Einfluss auf das Zeitmoment nehmen, sondern auch den Grad der Verfestigung indizieren, erkennen Rechtsprechung und Lehre insb. in der Geburt eines gemeinsamen Kindes (OLG Hamm, NJW-RR 1994, 773, 774) oder in der Anschaffung und dem 1-jährigen Zusammenleben in einer gemeinsam erworbenen Immobilie (BGH, FamRZ 2002, 810; OLG Saarbrücken, NJW-RR 2009, 1449; OLG Köln, FamRZ 2000, 290), weil damit zweifelsfrei feststehe, dass die Beziehung für die Zukunft und auf Dauer angelegt ist.

Als weitere »**Umstandsmomente**«, die für eine verfestigte eheähnliche Lebensgemeinschaft streiten, werden in der Rechtsprechung genannt: Die gemeinsame Finanzierung eines Grundstücks (OLG Schleswig, FamRZ 2005, 277, 278), die Integration eines Lebenspartners in das Familienleben des anderen (OLG Saarbrücken, FF 2003, 252, 253), die Überlassung von Wohnungsschlüsseln nebst der Erteilung einer Bankvollmacht sowie das Erbringen von Versorgungsleistungen für die Mutter der Unterhaltsberechtigten, und dies auch ohne Zusammenwohnen und ohne gemeinsames Wirtschaften (OLG Karlsruhe, FamRZ 2009, 351), die gemeinsame Teilnahme an Familienfesten zusammen mit Familienangehörigen des anderen Partners (OLG Karlsruhe, FuR 2009, 49) oder das Erscheinen eines Partners auf einer Todesanzeige der Familie des anderen Partners (OLG Hamm, MDR 1999, 1200). Freilich vermag das bloße Auftreten als Partner, ein gemeinsamer Faxanschluss (OLG Koblenz, FamRZ 2006, 705) oder der Ringtausch (Niepmann/Schwamb Rn. 1118) allein eine verfestigte Lebensgemeinschaft nicht zu begründen.

Einen nur **einjährigen Verfestigungszeitraum** lässt das OLG Oldenburg (FamFR 2012, 203), das ein »offensichtlich schwerwiegendes Fehlverhalten« i. S. d. Nr. 7 nicht feststellen konnte oder aus beweisrechtlichen Gründen nicht wollte, auch dann ausreichen, wenn bereits **vor** Trennung der Eheleute regelmäßige Kontakte zu dem späteren Lebenspartner (gemeinsame Treffen, gemeinsamer Kegelurlaub mit Freunden, häufige Telefonate) bestanden, die die Ehefrau letztlich dazu veranlassten, unmittelbar nach ihrem Auszug aus der ehelichen Wohnung zu ihrem Partner in dessen Wohnung zu ziehen. Im Ergebnis führt dies zu einer durchaus beachtlichen, aber auch gerechtfertigten »Vorverlagerung« des Verfestigungszeitraums (ähnlich AG Witten, FF 2012, 371 Rn. 19).

Eine Herabsetzung oder Versagung des Unterhalts kommt, auch wenn der Härtegrund bejaht wird, **nur bei grober Unbilligkeit** in Betracht. Die Feststellung der groben Unbilligkeit erfolgt im Rahmen einer umfassenden Interessenabwägung (BGH, FamRZ 1984, 986, 988) und ist nur dann als gegeben anzunehmen, wenn, wie der BGH Anfang der 80iger Jahre in noch markigen Worten formulierte, die »Zuerkennung eines uneingeschränkten Unterhalts dem Gerechtigkeitsempfinden in unerträglicher Weise widersprechen« würde (FamRZ 1982, 582). Diese Diktion wird man heute sicherlich nicht mehr übernehmen können, weil die Versagung des Unterhalts nach § 1579 Nr. 2 BGB weniger eine Frage des Gerechtigkeitsempfindens ist, sondern mit dieser Bestimmung wertfrei und nicht moralisierend einer Veränderung der Lebensverhältnisse aufseiten des Unterhaltsberechtigten Rechnung getragen werden soll, die sich für den Unterhaltsverpflichteten als **Härte** darstellt. Man wird deshalb i. R. d. Billigkeitsprüfung eine Abwägung der widerstreitenden Interessen der Ehegatten vorzunehmen haben und hierbei Gesichtspunkte wie etwa deren Alter, Gesundheit und wirtschaftlichen Verhältnisse, aber auch die Dauer der Ehe und sicherlich etwa eingetretene **ehebedingte Nachteile** einfließen lassen, die letztlich darüber zu entscheiden haben, ob der Unterhalt sofort oder aber erst nach einer gewissen Übergangszeit zu versagen ist.

Problematischer stellt sich die Interessenabwägung dann dar, wenn bei der Gesamtabwägung neben den berechtigten Interessen des Unterhaltsverpflichteten an seiner finanziellen Entlastung, den Interessen des Berechtigten an der Aufrechterhaltung von Unterhaltsleistungen, dem Gewicht des Härtegrundes wie auch neben den in der Person der Ehegatten liegenden sonstigen Umstände zusätzlich **Belange gemeinschaftlicher Kinder** Beachtung finden müssen, die vorrangig zu berücksichtigen sind (*Zischka*, FuR 2008, 191, 194). In solchen Fällen kommt eine Herabsetzung oder gar ein Ausschluss des Unterhalts nur dann in Betracht, wenn auch die Belange des Kinderwohls gewahrt sind. Dem **Kindeswohl**, das bei einer Unterhaltsversagung i. d. R. beeinträchtigt ist, wird nur dann hinreichend Rechnung getragen, wenn der Unterhaltsberechtigte, der ein gemeinsames Kind betreut, infolge eines teilweise oder vollständigen Wegfalls des Unterhalts nicht zu einer mit der Kinderbetreuung unvereinbaren (teilweisen oder vollen) Erwerbstätigkeit gezwungen wird (BGH, FamRZ 1997, 671, 672; 1989, 1279, 1280).

Hierbei wird allerdings die Interessenabwägung auch **im Lichte des neuen Unterhaltsrechts** vorzunehmen sein (§§ 1569, 1570, 1574 BGB). Denn wenn ein betreuender Ehegatte, dessen Anspruch nicht dem Einwand des § 1579 Nr. 2 BGB ausgesetzt ist, nach Ablauf der Dreijahresfrist eine mögliche und zumutbare Kinderbetreuung in Anspruch zu nehmen hat, um einer Erwerbstätigkeit nachgehen zu können, gilt dies umso mehr für den Ehegatten, der sich i. R. d. Härteklausel des § 1579 Nr. 2 BGB an strengeren Maßstäben wird messen lassen müssen. Zudem wird bei der Frage, ob der betreuende Ehegatte in der Lage ist, seinen notwendigen Bedarf auch ohne Unterhaltsleistungen sicherzustellen, neben sonstigen Formen der Kindesbetreuung auch die Möglichkeit der Versorgung des Kindes durch den Lebensgefährten zu berücksichtigen sein (BGH, FamRZ 1997, 671, 672). Denn entsprechend der Hausmann-Rechtsprechung (vgl. hierzu Rdn. 114–122) hat dieser auf die Belange seines (unterhaltsfordernden) Lebenspartners Rücksicht zu nehmen und diesen bei der Erfüllung seiner Erwerbsobliegenheit nachhaltig zu unterstützen. Dem steht nicht entgegen, dass ansonsten die Leistungsfähigkeit des neuen Partners keine Rolle spielt (BGH, FamRZ 2011, 1854 Rn. 20): Denn diesem wird keine finanzielle Unterstützung des Unterhaltsberechtigten abverlangt, sondern nur von ihm gefordert, dass er, soweit dies ihm seine berufliche Situation erlaubt, seinen

Partner bei der Haushaltsführung und Kindererziehung so nachhaltig unterstützt, dass dieser (ebenfalls) einer Erwerbstätigkeit nachgehen kann.

Der **Verfahrenskostenvorschuss** nach § 1360 Abs. 4 BGB ist als Ausdruck familiärer Solidarität Ausfluss der Unterhaltspflicht (PWW/*Kleffmann* § 1360a Rn. 12). Deshalb entfällt nach umstrittener Auffassung die Verpflichtung, dem Ehegatten einen Verfahrenskostenvorschuss zu gewähren, nicht durch das Angebot des Verpflichteten, ein Darlehen in gleicher Höhe zur Verfügung zu stellen (OLG Frankfurt am Main, MDR 2014, 230 Rn. 8). Aus der Verweisung in § 1361 Abs. 3 BGB auf die Vorschrift des § 1579 Nr. 2 bis 8 BGB und aus der Verweisung in § 1361 Abs. 4 Satz 4 BGB auf § 1360a Abs. 4 BGB ergibt sich, dass nicht nur der Anspruch auf Trennungsunterhalt, sondern auch der Anspruch auf Zahlung eines Verfahrenskostenvorschusses verwirken kann (OLG Brandenburg, Beschl. v. 03.09.2013 – 3 WF 50/13 –, juris).

11. Einwand der Befristung bei einem Anspruch nach § 1361 BGB? Ob der Anspruch nach § 1361 BGB überhaupt und bejahendenfalls unter welchen Voraussetzungen befristet werden kann, wird auch künftig eine offene und letztlich von der Rechtsprechung zu entscheidende Frage bleiben.

Wenngleich der Gesetzentwurf zum UÄndG 2008 wiederholt erklärt, das Gesetz schaffe eine »neue, für alle Unterhaltstatbestände geltende Beschränkungsmöglichkeit in Form einer Billigkeitsregelung« (BT-Drucks. 16/1830, S. 14, 18, 19), fällt hierunter der Trennungsunterhalt nicht. Zum alten Recht wies das OLG Koblenz (NJW 2003, 1816 Rn. 29) darauf hin, dass eine entsprechende Anwendung des § 1573 Abs. 5 BGB auf den Trennungsunterhalt nicht in Betracht komme, »weil dieser bereits von Natur aus bis zur Rechtskraft der Scheidung begrenzt ist«.

Andererseits wird es immer wieder Fälle geben, in denen sich eine Befristung des Trennungsunterhalts geradezu aufdrängt, etwa, weil die Ehegatten aus rechtlichen oder persönlichen Gründen von einem Scheidungsverfahren absehen, über viele Jahre Trennungsunterhalt gezahlt und dieser sodann eingestellt wird, weil der Verpflichtete erkennt, dass er im Fall der Ehescheidung, hätte er das Verfahren unmittelbar nach Ablauf des Trennungsjahres eingeleitet, auch keinen Unterhalt mehr zahlen müsste. Zu denken ist auch an jene Fälle, in denen ein hoch strittig geführtes Scheidungsverfahren sich über viele Jahre hinzieht oder gar von einem Ehegatten in der Absicht, sich nicht des Trennungsunterhaltes begeben zu müssen, das Scheidungsverfahren bewusst in die Länge gezogen wird: Auch solche Erwägungen können durchaus eine Herabsetzung und Befristung nahelegen.

Dennoch spricht der Wortlaut des § 1578b Abs. 1 BGB (»Der Unterhaltsanspruch des geschiedenen Ehegatten ...«) **gegen eine Befristungsmöglichkeit**. Auch § 1614 BGB, der durch das UÄndG 2008 keine Veränderung erfahren hat und Unterhaltsansprüche während bestehender Ehe für unverzichtbar erklärt, streitet gegen die Zulässigkeit der Befristung des Trennungsunterhalts in Analogie zu § 1578b Abs. 2 BGB.

Dies hat auch der BGH in seiner Ehevertragsentscheidung v. 29.01.2014 (FamRZ 2014, 629) klargestellt und mit unmißverständlicher Deutlichkeit darauf hingewiesen, dass jedweder Verzicht – und dies selbst im Rahmen einer ehevertraglich getroffenen »pactum de non petendo-Regelung« – nach § 1614 BGB nichtig ist. Denn es müsse verhindert werden, dass sich der Unterhaltsberechtigte während der Trennungszeit durch Dispositionen über den Bestand des Unterhaltsanspruches seiner Lebensgrundlage begebe und dadurch gegebenenfalls öffentlicher Hilfe anheimzufallen drohe. In diesem Zusammenhang wird der anwaltliche Berater dem Mandanten deshalb das empfehlen müssen, was der BGH in seiner Lottoentscheidung v. 16.10.2013 (FamRZ 2014, 24) angedeutet hat (in dieser Entscheidung ging es um die Berücksichtigung eines hohen Lottogewinns, der erst 7 Jahre nach Trennung der Ehegatten erzielt wurde): Für denjenigen, der den Stichtag des § 1384 BGB herbeiführen möchte, gilt nichts anderes als für jenen Ehegatten, der den Trennungsunterhalt einer faktischen Befristung zuführen möchte: Er muss die Scheidung beantragen.

(2) Verwirkungseinwand bei bestehendem Unterhaltstitel

109   Wurde der Unterhalt – z. B. im Scheidungsverfahren – bereits einer Titulierung zugeführt, stellt sich die Frage nach der richtigen Antragsart. In Betracht kommen
- bei einem Unterhaltsurteil bzw. Unterhaltsbeschluss ein Abänderungsantrag nach § 238 FamFG,
- bei einem Prozess- bzw. (nach neuem Recht) Verfahrensvergleich, einer notariellen Vereinbarung oder einem notariellen Schuldanerkenntnis ein Abänderungsantrag nach § 239 FamFG
- oder in beiden Fällen ein Vollstreckungsabwehrantrag nach § 767 ZPO.

Wurde der nacheheliche Unterhalt (lediglich) aufgrund einer privatschriftlichen Vereinbarung oder eines bloßen mündlichen Zahlungsversprechens gezahlt, kann der Unterhalt eingestellt und damit der Berechtigte auf den **Leistungsantrag** verwiesen werden.

110   Grds. kommt auch ein **negativer Feststellungsantrag** in Betracht. Im Wege der Klagehäufung könnte dieser sogar mit dem Vollstreckungsabwehrantrag verbunden werden, weil sich beide Antragsarten nicht gegenseitig ausschließen (BGH, NJW 2009, 1671). Mit ihnen werden zwar materielle Einwendungen gegen den in einem Urteil/Beschluss oder in einem titulierten Vergleich festgestellten Anspruch geltend gemacht. Sie haben jedoch unterschiedliche Rechtsschutzziele: Der Vollstreckungsabwehrantrag ist ein rein prozessrechtliches Verfahren, dessen Ziel die Beseitigung der Vollstreckbarkeit des Titels ist, während der negative Feststellungsantrag auf die Feststellung gerichtet ist, dass der titulierte Anspruch nicht mehr besteht.

111   Es muss allerdings ein **Feststellungsinteresse** bestehen, das jedenfalls nicht damit begründet werden kann, dass der Titelgläubiger aus dem Urteil/Beschluss vollstrecken wolle. Denn geht es nur um die Verhinderung der Zwangsvollstreckung, ist für den BGH kein Grund ersichtlich, neben dem Vollstreckungsabwehrantrag den negativen Feststellungsantrag zuzulassen. Für diesen fehle vielmehr das Rechtsschutzbedürfnis (BGH, NJW 2009, 1671 Rn. 14), weil ein erfolgreicher Vollstreckungsabwehrantrag nach §§ 775 Nr. 1, 776 ZPO zur Einstellung der Zwangsvollstreckung wie auch zur Aufhebung bereits getroffener Vollstreckungsmaßnahmen führe, während die »vollstreckungsrechtlichen Wirkungen des einer negativen Feststellungsklage stattgebenden Urteils hinter denjenigen eines Urteils nach § 767 ZPO« zurückblieben.

(3) Muster 8

112   Amtsgericht .....

– Familiengericht –[1]

Antrag[2]

des .....

– Antragstellers –

Verfahrensbevollmächtigte: .....[3]

gegen

.....

– Antragsgegnerin –

Verfahrensbevollmächtigte: .....

wegen: Vollstreckungsabwehr

Verfahrenswert: 12.000,00 €[4]

Namens und in Vollmacht des Antragstellers erheben wir

Vollstreckungsabwehrantrag[5]

·und beantragen:

1. Die Zwangsvollstreckung aus dem vor dem Amtsgericht ..... am ..... zum Geschäftszeichen ..... geschlossenen Prozessvergleich wird hinsichtlich der Ziffer 2. dieses Vergleichs für unzulässig erklärt.

2. Die vorläufige Einstellung der Zwangsvollstreckung aus dem vor dem Amtsgericht ..... am ..... zum Geschäftszeichen ..... geschlossenen Prozessvergleich wird hinsichtlich der Ziffer 2. dieses Vergleichs angeordnet.[6]

3. Die Kosten des Verfahrens trägt die Antragsgegnerin.[7]

Begründung:[8]

Der Antragsteller war mit der Antragsgegnerin 12 Jahre verheiratet. Die Ehe wurde vor dem Amtsgericht ..... am ..... geschieden.

Im Scheidungsverfahren war – neben weiteren Scheidungsfolgen – auch der nacheheliche Unterhalt anhängig. Unter der Ziffer 2. des Prozessvergleichs, mit dem im Scheidungstermin sämtliche Scheidungsfolgen erledigt werden konnten, verpflichtete sich Antragsteller, an die Antragsgegnerin ab dem Monat, der auf die Rechtskraft der Scheidung folgt, einen unbefristeten nachehelichen Ehegattenunterhalt i. H. v. 1.000,00 € zu zahlen.

Bereits während der Trennung war die Antragsgegnerin mit Herrn ..... eine Beziehung eingegangen. Später ist sie mit diesem zusammen gezogen.

Die nichteheliche Lebensgemeinschaft besteht nunmehr etwas mehr als 2 Jahre, so dass der titulierte Unterhaltsanspruch der Antragstellerin nach § 1579 Nr. 2 BGB als verwirkt anzusehen ist.

Die Verfahrensbevollmächtigte der Antragsgegnerin wurde gebeten, für ihre Mandantin zu erklären, dass ab dem Monat ..... auf die titulierten Rechte nach Maßgabe der Ziffer 2. des Prozessvergleichs verzichtet wird. Dies jedoch lehnte die Antragsgegnerin unter Hinweis darauf ab, dass sie bereits zum Zeitpunkt der Scheidung mit Herrn ..... zusammen gewohnt, dies der Antragsteller gewusst habe und er in Anbetracht dessen keinen unbefristeten Unterhaltsvergleich hätte abschließen dürfen: Der Verwirkungseintritt sei absehbar gewesen, weshalb der Antragsteller gehindert sei, sich jetzt auf eine Verwirkung nach § 1579 Nr. 2 BGB zu berufen.

Der Antragsteller ist indes nicht präkludiert, weil für ihn bei Abschluss des Prozessvergleichs nicht zuverlässig voraussehbar war, ob sich die aufgenommene Lebensgemeinschaft auch tatsächlich verfestigt.[9]

Der Antragsteller hat die Unterhaltszahlungen eingestellt. Die anwaltliche Vertreterin der Antragsgegnerin hat die Vollstreckung angekündigt. Um vorläufige Einstellung der Zwangsvollstreckung wird unter Hinweis auf die anliegende eidesstattliche Versicherung des Antragstellers gebeten.

(Rechtsanwalt)

1. Zuständigkeit. Auch bei einem Vollstreckungsabwehrantrag (bisher: Vollstreckungsgegen- oder Vollstreckungsabwehrklage) ist vorrangig die örtliche Zuständigkeit nach § 232 FamFG zu prüfen.

Zwar hat nach § 767 Abs. 1 ZPO das »Prozessgericht« über die erhobenen materiell-rechtlichen Einwendungen zu entscheiden und § 802 ZPO bestimmt die **ausschließliche Zuständigkeit des Prozessgerichts**: Diese Zuständigkeit wird allerdings durch § 232 FamFG teilweise **verdrängt**, indem § 232 Abs. 2 FamFG den Vorrang der in Abs. 1 vorgesehenen ausschließlichen Zuständigkeit ggü. allen anderen ausschließlichen Gerichtsständen anordnet. Gesetzgeberische Intention war die Vermeidung von Kollisionen bei Bestehen mehrerer ausschließlicher Gerichtsstände in Unterhaltssachen, die insb. im Fall des Vollstreckungsabwehrantrags immer problematisch und – aus anwaltlicher Sicht – auch haftungträchtig gewesen ist. Der Gesetzgeber entschied sich deshalb dafür, den nach § 232 Abs. 1 FamFG maßgeblichen Anknüpfungskriterien auch ggü. anderen ausschließlichen Zuständigkeitsvorschriften wie die der §§ 767 Abs. 1, 802 ZPO den Vorrang einzuräumen: Sachkenntnisse des Vorgerichts seien nach Ablauf eines längeren Zeitraums nicht mehr von entscheidender

Bedeutung. Richterwechsel relativierten i. Ü. den der Prozessökonomie dienenden Aspekt der »Aktennähe« und außerdem könnten die Akten vom seinerzeit zuständigen anderen Gericht problemlos beigezogen werden.

Nach § 232 Abs. 1 Nr. 1 FamFG ist damit auch für einen Vollstreckungsabwehrantrag, mit den materiell-rechtlichen Einwendungen gegen die titulierte Unterhaltsschuld erhoben werden (denn insoweit betrifft auch ein solches Verfahren »die durch die Ehe begründete Unterhaltpflicht«) grds. das Gericht der Ehesache zuständig. Diese (ausschließliche) Zuständigkeit gilt jedoch nur »**während der Anhängigkeit einer Ehesache**«, diese also im ersten Rechtszug noch anhängig ist oder zwischenzeitlich beim Beschwerdegericht verhandelt wird.

Nach rechtskräftiger Scheidung der Ehe ist demgegenüber keine »Anhängigkeit einer Ehesache« mehr gegeben, sodass sich die örtliche Zuständigkeit nicht aus § 232 Abs. 1 Nr. 1 FamFG herleiten lässt.

Besteht keine Zuständigkeit nach § 232 Abs. 1 FamFG, bestimmt sich diese gem. § 232 Abs. 3 FamFG nach der ZPO und damit wiederum nach der ausschließlichen Zuständigkeit der §§ 767 Abs. 1, 802 ZPO (»Prozessgericht«), freilich mit der Konsequenz, dass sich der anwaltliche Vertreter bei Auseinanderfallen von Wohnsitz- und Prozessgericht möglicherweise festlegen muss, ob er seinen Antrag vorrangig auf Abänderungsgründe (Wohnsitzgericht) oder auf Einwendungen des § 767 ZPO (Prozessgericht) stützen will (*Soyka*, FuR 2006, 529 ff.; *Jüdt*, FuR 2009, 301, 303).

2. Bezeichnung. Vgl. Rdn. 100, *M. 11.*

3. Anwaltszwang. Vgl. Rdn. 87, *M. 4*; Kap. 2 Rdn. 959, *M. 4.*

4. Verfahrenswert. Richtet sich das Interesse des Antragstellers darauf, dass er im Wege des Abänderungs- oder Vollstreckungsabwehrantrags keinen Unterhalt mehr zahlen muss, bestimmt sich der Verfahrenswert nach dem Jahresbetrag der geforderten Veränderung, denknotwendigerweise nicht nach der »geforderten Leistung« i. S. v. § 51 Abs. 1 FamGKG. Sind 1.000,00 € tituliert und greift der Vollstreckungsschuldner dies an, so beträgt der Verfahrenswert 1.000,00 € × 12 = 12.000,00 €.

5. Richtige Antragsart. § 767 Abs. 1 ZPO setzt seinem Wortlaut nach zwar einen »durch ein Urteil festgestellten Anspruch« voraus. Dies bedeutet allerdings nicht, dass der Vollstreckungsabwehrantrag nur gegen Urteile bzw. Beschlüsse nach dem FamFG zulässig ist. Es entspricht vielmehr völlig einhelliger Ansicht, dass die Vollstreckbarkeit eines **verfahrensbeendigenden Prozessvergleichs**, dem ggü. Einwendungen des § 767 ZPO geltend gemacht werden, ebenfalls mit dem Vollstreckungsabwehrantrag beseitigt werden kann (BGH, FamRZ 1981, 242, 244; OLG Bremen, OLGReport 2006, 188, 189; OLG Naumburg, FamRZ 2006, 1402; OLG Oldenburg, FamRZ 1980, 1002). Demgegenüber ist bei einem nicht verfahrensbeendenden Vergleich nach herrschender Meinung **das alte Verfahren fortzusetzen** (Einzelheiten hierzu m. w. N. vgl. Kap. 2 Rdn. 1000, *M. 5*).

Kontrovers wird allerdings die Frage diskutiert, ob in Fällen des § 1579 Nr. 2 BGB (Verwirkung wegen verfestigter Lebensgemeinschaft) der Vollstreckungsabwehrantrag oder aber der Abänderungsantrag zu erheben ist (zum Streitstand vgl. FA-FamR/Gerhardt Kap. 6 Rn. 908 ff.):

Teilweise wird der **Vollstreckungsabwehrantrag** für die richtige Antragsart gehalten (OLG Koblenz, FamRZ 2004, 1656, 1657; OLG Schleswig, MDR 2000, 770; OLG Hamm, FamRZ 1996, 809, 810; OLG Frankfurt am Main, FamRZ 1991, 1328, 1329; Stein/Jonas/*Münzberg* § 767 Rn. 45; MünchKommZPO/*Gottwald* § 323 Rn. 34). Dies wird damit begründet, dass es zur Bejahung einer Verwirkung nach § 1579 Nr. 2 BGB keiner in die Zukunft gerichteten Prognose, sondern lediglich der Feststellung bedürfe, ob eine Lebensgemeinschaft des Unterhaltsberechtigten mit einem neuen Partner besteht, die sich in einem solchen Maße verfestigt hat, dass sie als eheähnliches Zusammenleben anzusehen ist. Hierbei handele es sich um eine bis zum Zeitpunkt der Beurteilung maßgeblich rückwärts gerichtete betrachtende Wertung, bei der Fragen wie die, ob die aufgrund der gewichteten Gesamtumstände gewonnene Erkenntnis, die Lebensgemeinschaft sei so hinreichend verfestigt, dass sie als eheähnlich zu qualifizieren ist, keine Prognose über den künftigen Bestand dieser Lebensgemeinschaft erforderlich mache.

Zugunsten des **Abänderungsantrags** wird angeführt, dass es sich bei der Verwirkung wegen Bestehens einer verfestigten Lebensgemeinschaft um keinen unwandelbaren Erlöschensgrund handele (OLG Karlsruhe, FamRZ 1991, 352, 353), was sich bereits daraus ergebe, dass ein nach § 1579 Nr. 2 BGB verwirkter Anspruch wieder aufleben könne, wenn der Berechtigte die Lebensgemeinschaft mit seinem neuen Lebenspartner beende (BGH, FamRZ 2011, 1498, 1991, 542, 543; 1987, 689, 690; 1986, 443, 444; OLG Schleswig, FuR 2007, 95, 96; teilweise anders Wendl/Staudigl/*Gerhardt* § 4 Rn. 1384: nur für die Dauer der Kinderbetreuung nach § 1570 BGB). Es sei vielmehr eine Prognoseentscheidung zu treffen, bei der eine umfassende Würdigung der bestehenden Verhältnisse und ihre voraussichtliche Entwicklung und damit mehr als eine nur punktuelle Prüfung in zeitlicher und sachlicher Hinsicht vorzunehmen sei. Dies könne nur in einem Abänderungsverfahren abgehandelt werden (OLG Karlsruhe, FamRZ 2009, 351; *Graba* Rn. 162; *Soyka*, FuR 2006, 529; Johannsen/Henrich/*Brudermüller* § 238 FamFG Rn. 10).

Der BGH vermeidet eine endgültige Festlegung, lässt teilweise die Vollstreckungsabwehrklage zu (BGH, FamRZ 1991, 1175 [Ls. 1]; 1987, 259, 261), hält aber auch die Abänderungsklage für zulässig, indem er danach differenziert, ob fällige oder künftige Ansprüche von der Einwendung des § 1579 BGB betroffen sind. So verweist er in seiner Entscheidung vom 30.05.1990 darauf, dass einer auf § 1579 BGB gestützten Abänderungsklage, die auf Herabsetzung des Unterhaltsanspruchs gerichtet sei, keine Bedenken entgegenstünden. Zwar stelle die Verwirkung ggü. fälligen Unterhaltsansprüchen regelmäßig eine Einwendung i. S. v. § 767 ZPO dar. Für Zeiträume ab Rechtshängigkeit könne sie allerdings (auch) eine Abänderung begründen (BGH, FamRZ 1990, 1095 Rn. 7; 1989, 159, 160), weil bei der für die Zukunft zu treffenden Entscheidung der Einfluss der wandelbaren wirtschaftlichen Verhältnisse auf die Unterhaltspflicht zu berücksichtigen und deshalb eine Herabsetzung des Unterhaltsanspruchs auch im Rahmen einer Abänderungsklage möglich sei. Schließlich argumentiert der BGH auch mit der Umdeutungsmöglichkeit der Vollstreckungs- in eine Abänderungsklage bzw. umgekehrt, was eine abschließende Festlegung nicht erforderlich mache (jedenfalls dann nicht, wenn für beide Antragsarten das angerufene FamG zuständig ist, was trotz § 232 FamFG nicht immer der Fall sein muss, vgl. vorstehende Anm. 1).

Für den **Vollstreckungsabwehrantrag** streitet, dass es einer Prognose, ob die verfestigte Lebensgemeinschaft auch noch in naher Zukunft besteht, nicht bedarf. Denn die Beurteilung durch den Tatrichter, ob er den Tatbestand des eheähnlichen Zusammenlebens allein aus tatsächlichen Gründen für gegeben erachtet oder nicht, setzt grds. nicht die Einbeziehung in der Zukunft liegender Umstände voraus, sondern erschöpft sich in der Betrachtung und Bewertung von Umständen, die in der Vergangenheit ihren Anfang genommen haben und bis in die Gegenwart reichen, ohne dass künftige Aspekte bei der Beurteilung eine Rolle spielen. Hiergegen lässt sich auch nicht einwenden, dass die Verwirkung wegen einer verfestigten Lebensgemeinschaft kein »scharf umrissenes punktuelles Ereignis ohne Unklarheit über ihren Entstehungszeitpunkt und Einfluss auf den Anspruch« darstelle. Zwar durchläuft jede eheähnliche Lebensgemeinschaft einen für die Annahme der Verwirkung maßgebenden Verfestigungsprozess. Es ist aber gerade nicht dieser dem Wandel der Beziehung der Lebenspartner unterworfene Prozess, auf den es bei der Prüfung des Härtegrundes entscheidend ankommt. Seiner Beurteilung bedarf es nur, um den Grad der Verfestigung der Lebensgemeinschaft beurteilen und ggf. feststellen zu können, ob sich die Lebensgemeinschaft so sehr einem eheähnlichen Zusammenleben angeglichen hat, dass es gerechtfertigt ist, sie als »gleichsam an die Stelle einer Ehe« getreten anzusehen. Bei dieser für die Annahme der Verwirkung notwendigen Feststellung der Gleichsetzung der verfestigten eheähnlichen Lebensgemeinschaft mit der Ehe wird deshalb auch keine Prognoseentscheidung getroffen, sondern nur ein punktuelles Ereignis in den Fokus genommen. Im Wege der Gegenüberstellung einer Ehe mit der eheähnlichen Lebensgemeinschaft ist zu entscheiden, ob eine Gleichsetzung gerechtfertigt ist oder nicht. Diese Gleichsetzung stellt aber ein punktuelles Ereignis dar, bei dem auch der »Entstehungszeitpunkt« nicht infrage steht: Entstanden ist der Verwirkungtatbestand in dem Zeitpunkt, in dem die Gleichsetzung gerechtfertigt ist.

Ein **Abänderungsantrag** wird aber immer dann zu erheben sein, wenn sich die Prüfung der Voraussetzungen des § 1579 Nr. 2 BGB nicht auf die bloße Feststellung des Bestehens einer verfestigten Lebensgemeinschaft beschränkt, sondern des Weiteren – wie in der Praxis so häufig – die »**Kinderschutzklausel**« zu prüfen ist. Denn in Fällen der Betreuung gemeinschaftlicher Kinder ist ähnlich wie beim Betreuungsunterhalt nach § 1570 BGB (vgl. hierzu eingehend: BGH, FamRZ 2009, 1124) auch in Verwirkungsfällen nach § 1579 Nr. 2 BGB zu beachten, dass sich die ganz oder teilweise Versagung von Unterhaltsansprüchen keinesfalls in Widerspruch zum Kindeswohl setzen darf, vielmehr mit diesem vereinbar sein muss. Dies setzt allerdings eine nach allen Seiten abwägende Billigkeitsprüfung voraus, wenn etwa aufgeklärt werden muss, welche Erwerbsmöglichkeiten für den betreuenden Elternteil überhaupt in Betracht kommen, ob und ab wann dieser künftig in der Lage sein wird, seinen Lebensbedarf selbst – ggf. auch unter Einbeziehung der finanziellen Möglichkeiten des neuen Lebenspartners – sicherzustellen, oder ob er gezwungen ist, zur Sicherstellung seines Lebensbedarfs eine Erwerbstätigkeit in einem Umfang aufzunehmen, der mit dem Betreuungsbedürfnis des Kindes nicht in Einklang steht, sondern dem Kindeswohl abträglich ist.

Eine solche Billigkeitsprüfung, bei der die Auswirkungen der Herabsetzung, Befristung oder sogar vollständigen Versagung des Unterhalts ebenso zu prüfen sind wie möglicherweise auch die Voraussetzungen des § 1578b BGB (so in der letzten Entscheidung des BGH, FamRZ 2011, 1498), kann nur im Rahmen einer **Prognoseentscheidung** getroffen werden und hierfür eignet sich sehr viel eher das Abänderungsverfahren als das ggü. dem Verfahren nach § 767 ZPO deutlich flexiblere Verfahren.

▶ **Praxishinweis:**

In der Praxis empfiehlt es sich, den Verwirkungseinwand nach § 1579 Nr. 2 BGB nur mit dem Abänderungsantrag geltend zu machen, um sich die Option der Befristung und Begrenzung nach § 1578b BGB offen zu halten.

6. Vorläufige Einstellung der Zwangsvollstreckung. Das Gericht kann nach § 769 Abs. 1 ZPO anordnen, dass die Zwangsvollstreckung gegen oder ohne Sicherheitsleistung eingestellt oder nur gegen Sicherheitsleistung fortgesetzt wird. Dies gilt für Urteile/Beschlüsse und Vergleiche in gleicher Weise.

Ob eine Einstellung **ohne** Sicherheitsleistung bei einer **Gehaltspfändung** sehr viel weiter hilft, erscheint fraglich: Denn wird die laufende Zwangsvollstreckung ohne Sicherheitsleistung einstweilen eingestellt, so führt dies zum Stillstand der Vollstreckung: Die Pfändung bleibt wirksam, und zwar auch soweit sie auf künftige Einkommensansprüche gerichtet ist. Bei einer längeren Verfahrensdauer führt dies dazu, dass der komplette Unterhaltsrückstand zunächst beim Arbeitgeber verbleibt und hierüber erst nach Verfahrensabschluss »abgerechnet« wird. Denn erst nach rechtskräftiger Stattgabe des Antrags endet die Stillstandswirkung und der Unterhaltsschuldner kann nun wieder die Überweisung aller in der Stillstandsphase von der Pfändung erfassten und einbehaltenen Einkommensbestandteile an sich selbst verlangen. Etwas anderes gilt nur, wenn zusätzlich zur einstweiligen Einstellung der Zwangsvollstreckung die Pfändung ausdrücklich aufgehoben wird, was nach § 769 Abs. 1 Satz 1 ZPO allerdings nur gegen Sicherheitsleistung zulässig ist (vgl. hierzu eingehend LAG Köln, Urt. v. 19.11.2003 – 7 Sa 646/03 –, juris).

Einstweilige Anordnungen nach § 769 ZPO sind in Analogie zu § 707 Abs. 2 Satz 2 ZPO nicht mit der sofortigen Beschwerde angreifbar (Zöller/*Herget* § 769 Rn. 13). Dies ergibt sich auch aus § 242 FamFG, der für anhängige Herabsetzungsverfahren nach §§ 238 ff. FamFG, oder wenn hierfür ein Antrag auf Verfahrenskostenhilfe eingereicht wurde, die entsprechende Anwendung von § 769 ZPO ebenso normiert wie auch die bisher von der herrschenden Meinung vertretene Unanfechtbarkeit des Beschlusses festschreibt (§ 242 Satz 2 FamFG).

7. Kostentragungspflicht. Vgl. Kap. 2 Rdn. 959, *M. 8.*

8. Sachverhaltsschilderung. Vgl. Kap. 2 Rdn. 959, *M. 9.*

9. Präklusion nach § 767 Abs. 2 ZPO. Die Problematik des § 767 Abs. 2 ZPO, der bestimmt, dass Einwendungen, die den durch das Urteil festgestellten Anspruch selbst betreffen, nur dann mit dem Vollstreckungsabwehrantrag geltend gemacht werden können, als »die Gründe, auf denen sie beruhen, erst nach dem Schluss der mündlichen Verhandlung, in der Einwendungen nach den Vorschriften dieses Gesetzes spätestens hätten geltend gemacht werden müssen, entstanden sind und durch Einspruch nicht mehr geltend gemacht werden können«, entspricht im Wesentlichen der Regelung des § 238 Abs. 2 FamFG: Auch hiernach kann ein Abänderungsantrag nur auf Gründe gestützt werden, »die nach Schluss der Tatsachenverhandlung des vorausgegangenen Verfahrens entstanden sind und deren Geltendmachung durch Einspruch nicht möglich ist oder war«.

Aus § 323 Abs. 2 ZPO a. F. schlussfolgerte der BGH entgegen seiner früheren Rechtsprechung (vgl. im Einzelnen zur »Vorhersehbarkeitsproblematik« Kap. 2 Rdn. 970, *M. 5* und in diesem Kap. Rdn. 89, *M. 6*), dass es einer Abänderung nicht bedürfe, wenn die veränderten Verhältnisse noch im ursprünglichen Rechtsstreit hätten berücksichtigt werden können. In späteren Entscheidungen (BGH, FamRZ 2000, 1499; 2001, 905) näherte er sich vorsichtig der **Voraussehbarkeitsproblematik** und wies darauf hin, »zuverlässig vorhersehbare« Tatsachen seien bereits im Ausgangsverfahren über den Unterhalt zu treffen. Diese Rechtsprechung bestätigte er in seinen letzten »Befristungsentscheidungen« (BGH, FamRZ 2009, 1990, 1991 Rn. 17; 2008, 1508, 1509 Rn. 14; 2008, 134; 2007, 2052; 2007, 2049), sodass der anwaltliche Vertreter, der den sichersten Weg gehen will, anlässlich der Erstfestsetzung nicht nur zu allen eingetretenen, sondern aus seiner Sicht auch mutmaßlich künftig eintretenden Umständen wird vortragen müssen, um sich in einem späteren Verfahren nicht mit dem Präklusionseinwand konfrontiert zu sehen.

Bei **Vergleichen** scheidet eine Präklusion i. S. v. § 238 Abs. 2 FamFG allerdings aus, weil sie nicht der Rechtskraft fähig sind (BGH [GS], FamRZ 1983, 22, 24; 1995, 221, 223; 2013, 1215 Rn. 15). Maßgebend für die Abänderung von Vergleichen sind, wie dies nunmehr § 239 Abs. 3 FamFG normiert, allein die »Vorschriften des bürgerlichen Rechts«. Diese entscheiden insb. unter Beachtung des hypothetischen Parteiwillens über die Frage, was von den Beteiligten seinerzeit bei sachgerechter Abwägung ihrer beiderseitigen Interessen sowie unter Berücksichtigung des gewollten Vertragszwecks redlicherweise vereinbart worden wäre.

Bei einem Vergleich gilt auch nicht die Präklusionswirkung des § 767 Abs. 2 ZPO (OLG Jena, OLGR 2009, 346; LAG Nürnberg, NZA-RR 2006, 100). Der Ausschluss der Präklusionswirkung bedeutet jedoch nicht, dass dem Vergleich alle nur denkbaren (früher bereits bestandenen) Einwendungen entgegengehalten werden könnte. Ob und welche Einwendungen ausgeschlossen sind, ist vielmehr im Wege der Auslegung des Vergleichs zu ermitteln (LAG Nürnberg, NZA-RR 2006, 100), also auch hier zu fragen, ob die **Fehlvorstellung dem alleinigen Risikobereich desjenigen zugewiesen werden kann, der sich im Nachhinein hierauf beruft.**

In Fällen der **Verwirkung** wird eine »Präklusion« in aller Regel zu verneinen sein: Zwar entsteht mit dem Zusammenziehen eine Lebenspartnerschaft, bei der anfänglich aber überhaupt noch keine Prognose darüber getroffen werden kann, ob sie sich auch verfestigen wird (vgl. Rdn. 109, *M. 10*). Erst nach einem bestimmten Zeitablauf, also i. d. R. nach 2 Jahren, lässt sich **zuverlässig** feststellen, ob sich die Lebensgemeinschaft so sehr einem eheähnlichen Zusammenleben angeglichen hat, dass es gerechtfertigt ist, sie als »gleichsam an die Stelle einer Ehe« getreten anzusehen.

Hinzu kommt ein Weiteres: Ein nach § 1579 Nr. 2 BGB verwirkter Anspruch kann sowohl im Bereich des Trennungs- wie auch Scheidungsunterhalts wieder aufleben, weil etwa der Berechtigte die Lebensgemeinschaft mit seinem neuen Lebenspartner beendet und auszieht (z. B. BGH, FamRZ 2011, 1498; 1991, 542, 543; 1987, 689, 690; 1986, 443, 444; so auch OLG Koblenz, FamRZ 2013, 474 Rn. 7: Wiederaufleben nur im Interesse gemeinsamer Kinder in Form des Betreuungsunterhalts; **gegen ein Aufleben** des einstmals verwirkten Unterhaltsanspruchs: OLG Düsseldorf, FamRZ 1982, 699, 700; OLG Hamm, FamRZ 1981, 257, 258; OLG Oldenburg, FamRZ 1981, 775). Auch dieser Umstand streitet dagegen, dass der Verpflichtete mit dem Einwand des § 1579

Nr. 2 BGB bei einer während des Unterhaltsverfahrens aufgenommenen und erst längere Zeit nach Abschluss dieses Verfahrens eingetretenen Verfestigung der Lebensgemeinschaft präkludiert ist.

d) »Hausmann-Rechtsprechung«

113 Seit der Emanzipation der Männer hat sich so mancher geschiedener Ehemann, der Verurteilung zum Kindes- und Ehegattenunterhalt müde geworden, gefragt, warum er nicht mit seiner neuen, blendend aussehenden und zudem noch gut verdienenden Freundin zusammenziehen, ggf. sogar heiraten und in der neuen Beziehung den Hausmann spielen solle. Er meinte, damit fit für den Feierabend und frei von Unterhaltpflichten zu sein, denn einem nackten Mann, so glaubte er, könne man (zumindest) nicht in die Tasche greifen.

114 Weit gefehlt, denn er rechnete nicht mit der »Hausmann-Rechtsprechung« (im Zuge der Emanzipation kann dies auch für geschiedene Ehefrauen gelten; freilich könnte es zu Missverständnissen führen, wollte man dies »Hausfrau-Rechtsprechung« nennen), die ihren Siegeszug mit der Entscheidung des BGH v. 19.03.1986 (BGH, FamRZ 1986, 668) begann und bis heute in rund 10 Entscheidungen fortgesetzt, verfeinert (zuletzt: BGH, FamRZ 2007, 1081) und – was in Zusammenhang mit der **nichtehelichen Lebenspartnerschaft** interessiert – auch auf diese übertragen wurde (BGH, FamRZ 2001, 614; OLG Brandenburg, Beschl. v. 26.09.2013 – 3 WF 101/13 –, juris; Wendl/Dose-*Klinkhammer* § 2 Rn. 277). Wenn sich heute nur noch *wenige* Entscheidungen zur Hausmann-Rechtsprechung finden lassen (»juris« führt seit der letzten BGH-Entscheidung v. 31.10.2007 nur noch zwei OLG-Entscheidungen zu dieser Rechtsprechung auf: OLG Karlsruhe, FamRZ 2010, 737; OLG Brandenburg, NJW 2014, 1248), hängt dies sicherlich auch damit zusammen, dass gut beratene Unterhaltsschuldner nicht mehr an dieser Rechtsprechung vorbei sich ihrem Unterhaltsobligo zu entziehen versuchen.

115 Die unter der Rdn. 113 geschilderte und eingeräumtermaßen überpointierte Beschreibung lässt sich sicherlich auf wenige Ausnahmefälle beschränken, in denen die Rechtsprechung dem leistungsschwachen, wohl aber eher leistungsunwilligen Hausmann die Entscheidungsfreiheit zu der von ihm gewählten Lebensführung abspricht und diesen, jedenfalls im **Unterhaltskernbereich** (Kindes- und Betreuungsunterhalt), trotz fehlender Leistungsfähigkeit zur Zahlung von Unterhalt verpflichtet. In dieser Konstellation ist die Sache wie in den Fällen der Unterhaltsfiktion eigentlich recht einfach: Der Bedarf wird unabhängig von der aktuellen Einkommenssituation fiktiv nach den früheren ehelichen Lebensverhältnissen (§ 1578 BGB) berechnet und der Hausmann damit so behandelt, als habe kein Rollentausch und keine Veränderung der Einkommenssituation stattgefunden.

116 Im Ergebnis kann der Hausmann allenfalls – wie in Fällen der Unterhaltsfiktion (vgl. Kap. 2 Rdn. 963, *M. 5*– einwenden, dass er zwischenzeitlich, etwa nach Kündigung seiner bisherigen Arbeitsstelle, weniger verdienen würde, weil, so der BGH bis zu seinem Urt. v. 05.10.2006 (BGH, FamRZ 2006, 1827), der Unterhaltsberechtigte den Einkommensverlust des Pflichtigen auch bei Weiterführung der Ehe hätte hinnehmen müssen. Diese Rechtsprechung hat der BGH aufgegeben und zu Recht darauf hingewiesen, dass § 1578 BGB für Unterhaltsansprüche der Kinder nicht gelte und nicht einzusehen sei, warum Kinder aus 1. Ehe an der Verbesserung der Einkommensverhältnisse, die sich durch die neue Ehe ergeben könnten, nicht partizipieren sollten:

117 Denn sei der Familienunterhalt des Hausmannes durch das Einkommen der neuen Ehefrau oder Lebenspartnerin gesichert, stünde damit ggf. sein ganzes Einkommen für die Kinder aus 1. Ehe zur Verfügung, und dies selbst dann, wenn das Einkommen, das der Hausmann in der früheren Ehe erzielt habe, einen niedrigeren Kindesunterhalt ergeben würde (BGH, FamRZ 2006, 1827, 1830). Außerdem verbiete sich eine Deckelung des Kindesunterhaltes der Höhe nach auch unter dem Aspekt des Gleichrangs der Unterhaltsansprüche sämtlicher Kinder aus den verschiedenen Ehen des Unterhaltsschuldners, sodass es nicht gerechtfertigt sei, die Kinder aus 1. Ehe schlechter mit finanziellen Mitteln auszustatten als die aus einer späteren Beziehung.

Diese Entscheidung wirkt sich insb. in den Fällen aus, in denen der Hausmann in 1. Ehe ein Ein-   118
kommen hatte, das sich im Bereich des Selbstbehaltes bewegte. Mutierte er zum Hausmann, so
kann er seiner Inanspruchnahme (»leistungsfähig« durch Nebenerwerb, ggf. fingiert, und Taschengeld) nicht (mehr) entgegenhalten, er habe früher als ungelernter Arbeiter so wenig verdient, dass er
bereits damals in unterhaltsrechtlich nicht zu beanstandender Weise leistungsunfähig gewesen sei.

Keine Veränderungen ergeben sich insoweit in den »Hausmann-Fällen«, als sie dadurch gekenn-   119
zeichnet sind, dass der Unterhaltspflichtige im Einvernehmen mit dem neuen Ehegatten/Lebens-
partner die Haushaltsführung und Betreuung zumindest eines gemeinschaftlichen Kindes (aus der
neuen Ehe oder Beziehung) übernommen hat. Hier gilt wie bisher, dass Ehegatten oder Lebenspartner zwar die Haushaltsführung im gegenseitigen Einvernehmen regeln und dabei einem von ihnen
die Haushaltsführung allein überlassen können. Dies entlastet unterhaltsrechtlich den betreffenden
Ehegatten/Lebenspartner jedoch nur im Verhältnis zu den Mitgliedern der durch die neue Ehe oder
Lebenspartnerschaft begründeten Familie, während er ggü. den Mitgliedern seiner früheren Ehe im
Unterhaltsobligo bleibt und der neue Ehegatte/Lebenspartner auf die Unterhaltsverpflichtungen
seines Partners Rücksicht zu nehmen (*Dethloff* § 6 Rn. 82, § 8 Rn. 13) und diesen bei der Erfüllung
seiner Obliegenheit, durch einen Nebenerwerb zum Unterhalt des Kindes aus der früheren Ehe beizutragen (BGH, FamRZ 2006, 1827, 1828), nachhaltig zu unterstützen hat, indem er etwa trotz
voller Erwerbstätigkeit »überobligatorisch« häusliche Aufgaben übernimmt und hierdurch dem Partner freie verfügbare Zeit für eine Nebentätigkeit verschafft (OLG Hamm, ZFE 2005, 409). Diese
Überlegungen stellt der BGH i. Ü. auch in seiner Entscheidung vom 18.11.2009 an, in der er darauf
hinweist, dass in Fällen der Wiederverheiratung die das Innenverhältnis der Ehegatten betreffende
Rollenverteilung die – dem neuen Ehegatten bekannte – Unterhaltspflicht ggü. dem geschiedenen
Ehegatten nicht übermäßig beeinträchtigen dürfe. Wie in den Hausmannfällen auch könne diese
nicht zulasten des geschiedenen unterhaltsberechtigten Ehegatten einschränkungslos akzeptiert werden. Dies habe auch der neue Ehegatte nach § 1356 Abs. 2 Satz 2 BGB mitzutragen, woraus in verfassungsrechtlich nicht zu beanstandender Weise folge, dass die Rollenverteilung der zweiten Ehe
im Fall des Zusammentreffens mit Ansprüchen auf Geschiedenenunterhalt nicht ausschlaggebend
sein dürfe (BGH, FamRZ 2010, 111, 115).

Wenn und soweit der Lebensbedarf des Hausmannes über seinen Anspruch auf Familienunterhalt   120
bzw. nach § 1615l BGB, der ihm ggü. dem erwerbstätigen Ehegatten oder Partner zusteht, gedeckt
ist (was i. d. R. der Fall sein dürfte, weil der Rollentausch ja nur bei deutlich höherem Einkommen
des anderen Ehegatten/Lebenspartners gerechtfertigt ist, während man in allen anderen Fällen erst
gar nicht zur Prüfung der weiteren Voraussetzungen der Grundsätze der Hausmann-Rechtsprechung
gelangt), hat er insb. für den Unterhalt seiner Kinder aus 1. Ehe, ggf. auch unter den Voraussetzungen der §§ 1570, 1609 BGB für seine geschiedene Ehefrau, sämtliche »Erwerbsquellen« auszuschöpfen. Hierbei hat er einzusetzen:
- Seinen **Nebenerwerbsverdienst** ungekürzt (BGH, FamRZ 2004, 364, 365) und ohne diesen,
  etwa weil er sich weigert, einen Nebenjob auszuüben, fingiert (OLG Hamm, FF 2007, 268,
  269 Rn. 23),
- und dies freilich ohne Berufung auf einen **Selbstbehalt** (BGH, FamRZ 1982, 59; OLG Oldenburg, FamRZ 2005, 1179, 1181 Rn. 20), deckt doch der andere (berufstätige) Partner auch
  seinen Lebensbedarf,
- aber auch seinen **Taschengeldanspruch** (BGH, FamRZ 2006, 1827, 1830 Rn. 33)
- und das **Erziehungsgeld** (BGH, FamRZ 2006, 1182, 1184; 2006, 1010, 1012)
- wie auch im Fall der Wiederheirat eine **Sparquote** in Höhe weiterer 5 % seines Anspruchs auf
  Familienunterhalt, weil sich vermögensbildende Maßnahmen des Hausmanns und seiner neuen
  Ehefrau nicht zulasten eines unterhaltsberechtigten Kindes auswirken dürfen (so beim Elternunterhalt: BGH, FamRZ 2004, 370 Rn. 20).

Mit anderen Worten: Stellt man an den Pflichtenkreis des Hausmanns und an die unterhaltsrechtlich erzwingbare »Solidarität« seines erwerbstätigen Ehegatten/Lebenspartners nur ausreichend hohe

Anforderungen, wird zumindest der Kindesvorrang des § 1609 Nr. 1 BGB auch beim Hausmann nur selten ins Leere gehen.

121   Entsprechendes gilt – weshalb auch immer von »Ehegatten/Lebenspartner« die Rede gewesen ist –, wenn der Hausmann nicht verheiratet ist, denn dann hätte er gegen die erwerbstätige neue Lebenspartnerin einen Anspruch nach § 1615l Abs. 5 BGB und einen solchen i. Ü. entgegen dem Wortlaut im Wege der teleologischen Reduktion auch in den ersten 8 Wochen nach der Geburt und nicht erst ab der 9. Woche (*Büdenbender*, FamRZ 1998, 129/133): Die Hausmann-Rechtsprechung wird also in den Fällen der Kindesbetreuung **auf die nichteheliche Lebenspartnerschaft übertragen** (BGH, FamRZ 2001, 614 [Ls.]) und gewinnt durch die durch das UÄndG 2008 normierte Anspruchsberechtigung des betreuenden Elternteils nach § 1615l Abs. 2 Satz 3–5, Abs. 5 BGB nicht unerheblich an Bedeutung.

122   Kann der Mindestunterhalt vom Unterhaltsverpflichteten nicht voll erfüllt werden und tritt damit ein auf den Kindesunterhalt bezogener Mangelfall ein, ist dieser in der Weise zu lösen, dass die Gesamtbedarfe der Kinder ins Verhältnis zum verfügbaren Resteinkommen gesetzt werden, wobei der Zahlbetrag und nicht der Mindestunterhalt als Prozentsatz tituliert werden sollte, weil ansonsten die Schere zwischen unverändert gebliebener Leistungsfähigkeit und dem sich verändernden Lebensalter des Kindes immer weiter auseinanderklafft, was in den Fällen der Dynamisierung mittels eines Abänderungsantrags beseitigt werden müsste, dies aber durch Titulierung des Zahlbetrags verhindert werden kann (vgl. Rdn. 89, *M. 6*).

Kapitel 11: Mediation und Schiedsgerichtsbarkeit

A. Mediation

I. Einleitung

Mediation, Streitschlichtung, und Schiedsgerichte haben im hiesigen Rechtskreis eine unterschiedliche Akzeptanz. Dies hängt mit unserer Streitkultur zusammen (vgl. Haft/v. Schlieffen/*Haft* § 2 Rn. 12 ff.), wie sie suggestiv (und etwas überpointiert) im Titel *Rudolf v. Jherings* Vortrag »Der Kampf um's Recht« aus dem Jahr 1872 zum Ausdruck kommt. An die Stelle des Kampfes als institutionalisiertes Programm will der Gesetzgeber Einsicht, guten Willen und respektvollen Umgang der Konfliktbeteiligten als Mittel der Rechtsverwirklichung und -befriedung setzen: Durch die Stärkung der konfliktvermeidenden und konfliktlösenden Elemente und eine verbesserte Streitkultur soll der Weg zu einer raschen und einverständlichen Streitbeilegung geebnet sein. So geht der mündlichen Verhandlung zum Zwecke der gütlichen Beilegung grds. eine Güteverhandlung voraus (§ 278 Abs. 2 Satz 1 ZPO), ist das **Gericht** auch im Verfahren stets auf eine **gütliche Beilegung des Rechtsstreits** bedacht (§ 278 Abs. 1 ZPO; § 36 Abs. 1 Satz 2 FamFG; auch §§ 135, 155 f., 165 FamFG) und kann es die Beteiligten für die Güteverhandlung sowie für weitere Güteversuche vor einen Güterichter verweisen (zum Güterichterverfahren *Greger/Weber* Sonderheft MDR 18/2012, S. 1 ff.). Das dortige Verfahren unterfällt nicht den Vorschriften des Mediationsgesetzes (*Ahrens* NJW 2012, 2465, 2469 f.). Doch kann der Güterichter alle Methoden der Konfliktbeilegung einschließlich der Mediation einsetzen (§ 278 Abs. 5 ZPO; § 36 Abs. 5 Satz 1 und 2 FamFG; Ausnahme: Gewaltschutzsachen,

1

§ 210 FamFG). Ein Verweis wird in Betracht kommen, wenn die Vorteile des Verfahrens vor dem Güterichter (z. B. § 28 Abs. 4 Satz 3 FamFG), die Beteiligten selbst und der Gegenstand des Konflikts es plausibel erscheinen lassen, dass die Angelegenheit ohne streitige gerichtliche Entscheidung beendet werden kann. Statt dieser gerichtsinternen Mediation kann das Gericht den Parteien auch eine außergerichtliche Konfliktbeilegung, Mediation oder ein anderes Verfahren der außergerichtlichen Konfliktbeilegung vorschlagen (sog. gerichtsnahe Mediation). Entscheiden sich die Parteien dazu, ordnet es – anders als bei Verweisung an den Güterichter – das Ruhen des Verfahrens an (§ 278a ZPO; § 36a Abs. 1, 2 FamFG). Bei Scheitern der Verhandlungen kann jede Partei den Rechtsstreit durch Einreichen eines Schriftsatzes wieder aufnehmen (§ 250 ZPO). Um dem Gericht die Entscheidung über die Einschaltung eines Güterichters zu erleichtern, soll der Kläger nach § 253 Abs. 3 Nr. 1 ZPO (bzw. § 23 Abs. 1 Satz 3 FamFG) schon in der Klageschrift angeben, ob der Klageerhebung der Versuch einer Mediation oder eines anderen Verfahrens der außergerichtlichen Konfliktbeilegung vorausgegangen ist und ob einer Verweisung an den Güterichter Gründe entgegenstehen. Bei entsprechendem Verweis kommt eine Gebührenermäßigung nach § 69b GKG in Betracht.

2   Mediation ist also eine **gerichtsexterne** Alternative der gütlichen Streitbeilegung. Sie ist fragmentarisch im **Mediationsgesetz** geregelt: Nach § 1 Abs. 1 MediationsG ist die Mediation ein **vertrauliches** und **strukturiertes** Verfahren, bei dem die Medianten mithilfe eines oder mehrerer Mediatoren **freiwillig** und **eigenverantwortlich** eine **einvernehmliche** Beilegung ihres Konflikts anstreben: Gelingt es den Medianten nicht selbst, durch eine Verhandlung über den Streitgegenstand zu einer Lösung zu kommen, kann die Mediation (auch noch nach Rechtshängigkeit, s. o.) ein Weg sein, dass sie noch selbst unter Hilfestellung des Mediators privatautonom und einvernehmlich eine tragfähige Lösung für die Zukunft finden. Denn sie fokussiert nicht starr auf (vermeintliche) Rechtspositionen, sondern aktiviert die Konfliktparteien zur **Suche nach interessengerechten Lösungen** (*Bercher/Engel* JZ 2010, 226, 228), die sie selbst aufgrund ihrer Nähe zum Konflikt und seiner Entstehung am besten kennen. *Kracht* (Haft/v. Schlieffen,§ 15 Rn. 1) bezeichnet die Konfliktbeteiligten plastisch als »Experten des (ihres) Konfliktes«. Im Idealfall wird durch eine konsensuale Konfliktbeilegung der Gesamtkonflikt aufgearbeitet und ausgeräumt. Typische **Methoden** der Mediation sind aktives Zuhören, die deeskalierende Herausarbeitung der Probleme insbesondere mittels offener Fragen, die versachlichende Umwandlung von Beschwerden in verhandelbare Interessen, die Erarbeitung von Fairnesskriterien zur Abwägung der Interessen sowie die Entwicklung von realisierbaren Probe- und Teillösungen.

II. Vertrauen durch verbürgte Neutralität

3   Dieser vertrauensorientierte Weg (vgl. *Grobosch/Heymann* NJW 2012, 3626) zielt darauf, zwischen den Beteiligten mögliche Verkrustungen und Blockaden wieder aufzulösen, ein gewisses Mindestmaß an Offenheit und Grundvertrauen wieder herzustellen, die Diskussion zu versachlichen und so überhaupt wieder ein konstruktives Verhandeln zu ermöglichen. Dabei gilt für den Mediator, der den Prozessablauf, nicht das Ergebnis in der Sache mitverantwortet, das Prinzip der **sachlichen Allparteilichkeit**: Nach § 1 Abs. 2 MediationsG ist ein Mediator eine unabhängige und neutrale Person ohne Entscheidungsbefugnis. Und § 2 Abs. 3 Satz 1 MediationsG betont, dass der Mediator allen Parteien gleichermaßen verpflichtet ist. Seine Ratschläge zielen stets auf den Nutzen beider Medianten, die er unterstützt, mögliche gemeinsame Interessen zu erkennen und selbst zu eigenständigen Lösungswegen zu finden. Darin unterscheidet er sich zentral vom an Gesetz und Recht gebundenen Güterichter, der typischer Weise eigene Lösungs- und Vergleichsvorschläge macht (Helms/*Prütting* § 36a FamFG Rn. 13). Für die Akzeptanz des Mediators (und damit für den Erfolg der Mediation) ist von allergrößter Bedeutung, dass sich die Medianten seiner Neutralität sicher sind. Ein ausdrücklicher Hinweis auf die entsprechenden gesetzlichen Regelungen kann ggf. das Vertrauen steigern.

III. Struktur des Mediationsverfahrens

Die Mediation als strukturiertes Verfahren lässt sich in Anlehnung an das sog. Harvard-Konzept in **4** sechs Abschnitte gliedern (vgl. *Etscheit* in: Fritz/Pielsticker, MediationsG, Methoden und Anwendungsbereiche II, Rn. 35 ff.), wobei im Einzelfall Modifikationen denkbar sind und vor allem dem Willen der Medianten, wie sie das Verfahren zeitlich gestalten wollen, Rechnung getragen werden muss. Das Ergebnis jeden Schrittes sollte **fixiert** und **visualisiert** werden.

1. Mediationsvereinbarung und Eröffnung

Mit der Mediationsvereinbarung zwischen den Medianten und dem Mediator bekommt das Verfah- **5** ren einen rechtlichen Rahmen. Sinnvoller Weise wird einleitend die Rolle der Medianten selbst und die des Mediators (s. a. § 18 BORA) sowie das gemeinsame **Ziel**, dass die Medianten den konkreten Konflikt eigenverantwortlich und selbstbestimmt lösen wollen, herausgestellt. Ferner ist sinnvoll eine **Verschwiegenheitsvereinbarung** sowie ein Hinweis, dass der Mediator kein Rechtsberater der einzelnen Partei ist und ggf. (trotz §§ 203, 204 Abs. 1 Nr 4 BGB) **Ausschlussfristen** (PWW/*Deppenkemper* § 194 Rn. 9) nicht gehemmt sind; die Verjährung von Ansprüchen ist nach § 203 gehemmt (PWW/*Deppenkemper* § 203 Rn. 1). Schließlich sollte geregelt sein, dass **Kosten** sowie die **Vergütung** (vgl. auch § 34 RVG) des Mediators (i. d. R. anteilig) von den Medianten getragen werden. Fehlt eine Kostenvereinbarung, gilt nach § 612 Abs. 1, 2 BGB i.d.R die übliche Vergütung als vereinbart (str.). Kostenschuldner sind im Zweifel die Medianten als Gesamtschuldner (vgl. § 427 BGB). Die Kosten einer außergerichtlichen Konfliktbeilegung können nach h. M. nicht in die Verfahrenskostenhilfe einbezogen werden.

2. Themensammlung

Meist überschneidet sich mit »1.« die Sammlung all der Probleme, die aus Sicht der Parteien Ursache **6** des Konfliktes sind. Hier ist es die Kunst des Mediators, das Gespräch **offen** zu halten und zu vermeiden, dass die Beteiligten in ihre alten Positionskämpfe zurückverfallen. Dazu muss den Medianten deutlich werden, dass dieser erste Schritt nicht darauf zielt, den anderen (und erst recht nicht den Mediator) zu überzeugen. Zweck ist lediglich, dass alle Beteiligten zunächst möglichst genau erkennen können, was die Medianten (auch emotional) bewegt. Der Mediator hat dabei streng darauf zu achten, dass er keinem (ggf. ohnehin skeptischen) Medianten Anlass gibt zu glauben, dass er nicht völlig unvoreingenommen sei. Zum Abschluss dieser Phase sollten der Verfahrensfortgang (Agenda) und die Reihenfolge festgelegt werden, in der die Themen behandelt werden.

3. Interessenklärung

Sodann richtet sich der Blick auf die Zukunft: Wie können – ohne dass es dabei auf eine juristische **7** Prüfung, wer nach materiellem Recht und Beweislastgrundsätzen Recht hat, ankommt – die **Interessen harmonisiert** werden? Es geht also nicht um das Durchkämpfen von gegenläufigen Rechtspositionen, die den Medianten im Einzelfall vielleicht auch gar keinen konkreten Vorteil bringen (nur »um des Recht haben willens«), sondern schlicht darum, welche werthaltigen Interessen des konkreten Medianten im Einzelfall bestehen (vgl. *Engel/Hornuf* ZZP 124 [2011], 505, 514).

4. Ideensammlung

Der weitere Gedankenaustausch erfolgt möglichst kreativ und **ohne Denkbarrieren** (»Brainstor- **8** ming«). Gelingt es, dabei den Blick weg von der Rechtsposition auf das konkrete jeweilige Interesse zu richten, lassen sich im Idealfall Lösungsmöglichkeiten entwickeln, die allen Konfliktbeteiligten gerecht werden, da sich die Interessen – anders als die Rechtspositionen – oft nicht ausschließen (sog. »**Win-win-Lösung**«). Die Medianten sollten dann ihre Interessen gewichten, also ausdrücken, was ihnen sehr und was ihnen weniger wichtig ist. Diese Interessenprofile dienen in den folgenden Mediationsphasen als Bezugs- und Bewertungssystem für mögliche Lösungsoptionen.

5. Bewertung der Lösungsoptionen/konstruktive Phase

9   Aus den Ideen wird konstruktiv das **Machbare** herausgefiltert und von den Medianten bewertet. Dabei werden auch rechtliche Argumente in die Verhandlungen einfließen. Dabei muss vermieden werden, dass die Konfliktbeteiligten wieder auf ihre ursprünglichen Positionen zurückfallen. Wenn die Medianten einsehen, dass sich nicht alle Interessen vollständig umsetzen lassen, lässt sich in einem offenen, wertungsfreien Diskurs ggf. eine Nutzenmaximierung für alle erreichen. Der Mediator hat seine neutrale Rolle zu wahren. Auf Probleme z. B. bezüglich der rechtlichen Umsetzung muss er hinweisen. Eine eigene Bewertung in der Sache sollte er jedoch vermeiden. Die Medianten können ihre Anwälte (Gebühren: Nr. 2303 VV; s. a. *Enders* JurBüro 2013, 225; *Effer-Uhe* NJW 2013, 3333) hinzuziehen (§ 2 Abs. 6 Satz 2 MediationsG).

6. Abschluss

10   Schließlich soll der Konflikt durch die Medianten selbst entsprechend den erkannten Interessen beigelegt (aufgelöst) werden. Wieviel Zeit die Konfliktbeteiligten dazu investieren (wollen), entscheiden ausschließlich die Medianten. Über den Zeitbedarf definieren sich schließlich die Kosten. Die Abschlussvereinbarung wird sinnvoller Weise festgehalten (§ 2 Abs. 6 Satz 3 MediationsG). Sie enthält auch die Regelung der Kostentragung oder der Beendigung eines laufenden oder ruhend gestellten Gerichtsverfahrens (Rdn. 1). Als solche ist sie kein Vollstreckungstitel. Es können die Möglichkeiten der § 794 Abs. 1 Nr. 5 ZPO und § 796a ZPO genutzt werden.

IV. Wertvorstellungen

11   Das Mediationsverfahren wird von bestimmten **Wertvorstellungen** geprägt. Es sind dies die Überzeugung von generellen wirtschaftlichen und immateriellen Grundwerten, das Begreifen von Unterschiedlichkeit als Normalität, die Akzeptanz des Gegenübers in seiner Unterschiedlichkeit. Wertanforderung ist weiter Augenmaß im Umgang miteinander und Zumutbarkeit von Lösungsoptionen, weil davon abhängt, ob das Ziel eines Mediationsverfahrens erreicht wird, gemeinsam individuelle und interessengerechte Lösungen zu finden.

V. Eignung und Grenzen der Mediation

12   **Eignung und Grenzen der Mediation** ergeben sich vom Profil der Beteiligten und vom Profil des Konflikt-/Streitgegenstandes (z. B. Sach-, Beziehungs-, Interessen-, Rollen-, Verteilungs- oder Machtkonflikt) her. Fehlt es den Medianten an genereller konstruktiver Konflikt-, Gesprächs- und Einigungsbereitschaft sowie an der Fähigkeit, für sich und die eigenen Interessen einstehen zu können, aber auch an dem Blick für den Konfliktbeteiligten und das Machbare, wird eine Mediation kaum erfolgreich sein können. Eine Mediation wird ebenfalls scheitern, falls der Konflikt-/Streitgegenstand kein »Knoten« im emotionalen, sozialen und/oder wirtschaftlichen Beziehungsgeflecht ist, ein Lösungsdruck sich noch nicht aufgebaut hat oder der Konflikt-/Streitgegenstand nicht disponibel ist (MüKo FamFG/*Ulrici* § 36 Rn. 6 ff.).

VI. Haftung des Mediators

13   Das Arbeitsbündnis, das Medianten miteinander, aber auch mit ihrem Mediator rechtlich verbindet, verpflichtet den Mediator zu unterschiedlichen Aktivitäten und Verhaltensweisen. Die vertragliche Vereinbarung ist ihrer rechtlichen Qualität nach ein Dienstleistungsvertrag (Haft/v. Schlieffen/*Heß*, § 43 Rn. 30 f.). Anwaltsnotare können Mediationen als Anwaltsmediatoren oder als Notarmediatoren durchführen (§ 24 Abs. 2 BNotO i. V. m. § 18 BORA). Ein bestimmter Mediationserfolg, etwa

dass die Medianten eine Regelung für ihre Probleme treffen, wird vom Mediator nicht geschuldet (Haft/v. Schlieffen/*Prütting* § 31 Rn. 33). Dem Mediator obliegt allerdings, einen bestimmten mediationstypischen Prozessablauf zu gewährleisten und die ein Mediationsverfahren prägenden Grundsätze auch selbst einzuhalten. Verstößt ein Mediator dagegen, kann er sich dem Grunde nach schadensersatzpflichtig machen (*Prütting* aaO, § 31 Rn. 18). Je nach Stadium des Mediationsprozesses gibt es unterschiedliche Risiken der Haftung:

1. Risiken bei Anbahnung und beim Abschluss des Mediationsvertrages

Der Mediator ist in seiner Entscheidung frei, ob er einen Mediationsauftrag annimmt oder ablehnt. Die Entscheidung hat er allerdings innerhalb angemessener Frist zu treffen und den Medianten mitzuteilen. Dehnt der Mediator seine Überlegungsfrist unangemessen aus und erleiden die Medianten aufgrund dessen wegen Verfristung Rechtsnachteile, die sich in Euro und Cent niederschlagen, ist der Mediator dem Medianten schadensersatzpflichtig, der diese Rechtsnachteile erlitten hat.   **14**

Rechtsgrundlage ist das vorvertragliche Anbahnungsverhältnis, welches an eine Vorstufe des ins Auge gefassten konkreten Vertrages mit bestimmten Sorgfaltspflichten der daran Beteiligten untereinander schon begründet (§ 311 Abs. 2 Nr. 1 BGB). Die Beteiligten haben aufgrund ihres »vorangegangenen Tuns« den rechtsfreien Raum mit seiner Unverbindlichkeit verlassen. Einige bestimmte Sorgfaltspflichten sind entstanden, deren Verletzung anspruchsbewährt ist, etwa sich in angemessener Zeit zu entscheiden, ob man sich vertraglich miteinander verbinden will.   **15**

Es kann auch sachliche Gründe geben, einen Mediationsauftrag nicht zu übernehmen. Dies ist der Fall, wenn sich schon in den Anbahnungsgesprächen ergibt, dass der Komplex, der Gegenstand des Verfahrens werden soll, nicht mediationsgeeignet ist. Mangelnde Eignung kann sich aus den unterschiedlichsten Gesichtspunkten ergeben. Die potenziellen Medianten können ungeeignet für ein Mediationsverfahren sein, weil sie nicht in Eigenverantwortung für sich und ihre Interessen stehen können. Eine Machtungleichheit kann dazu führen, dass die potenziellen Medianten nicht »auf gleicher Augenhöhe« verhandeln und sich auseinandersetzen können. Der Gegenstand der Mediation kann aufgrund seiner systemischen Stellung vor dem Hintergrund der Eigenheiten und der Gesetzmäßigkeiten des Systems untauglich für eine Mediation sein.   **16**

Wird das bei der Anbahnung oder später erkennbar, hat der Mediator dies zu thematisieren und je nach Stadium der vertraglichen Beziehung den Abschluss eines Mediationsvertrages abzulehnen oder den Vertrag aufzukündigen. Möglicher ersatzpflichtiger Schaden ist in solchen Situationen eher unwahrscheinlich.   **17**

Der Mediator hat nach § 3 Abs. 1 MediationsG den Parteien (ungefragt und unverzüglich) alle Umstände **offenzulegen**, die seine Unabhängigkeit und Neutralität beeinträchtigen können und darf bei Vorliegen solcher Umstände nur als Mediator tätig werden, wenn die Parteien dem ausdrücklich zustimmen. Er darf nach § 3 Abs. 2 MediationsG nicht als Mediator tätig werden, wenn er vor der Mediation **in derselben Sache für eine Partei** tätig gewesen ist. Auch darf er nicht während oder nach der Mediation für eine Partei in derselben Sache tätig werden. Schließlich ist ihm untersagt, als Mediator tätig zu werden, wenn eine mit ihm in derselben Berufsausübungs- oder Bürogemeinschaft verbundene andere Person vor der Mediation in derselben Sache für eine Partei tätig gewesen ist, wenn nicht die Medianten, nachdem sie entsprechend eingehend aufgeklärt worden sind, das erlauben und Belange der Rechtspflege dem nicht entgegenstehen (§ 3 Abs. 3 und 4 MediationsG). Der Mediator muss dieses im Zusammenhang mit der Anbahnung eines Mediationsvertrages prüfen.   **18**

Bei einem Verstoß gegen diese Pflichten kann das allgemeine Leistungsstörungsrecht (§§ 275 ff., 323 ff. BGB) greifen und kommen Schadensersatzansprüche wegen Pflichtverletzung und in Extremfällen nach §§ 823 Abs. 2, 826 BGB in Betracht. Ggf. greift § 4 Nr. 11 UWG.   **19**

In der Anbahnungsphase können gesetzliche **Fristen** ablaufen, die nicht zur Disposition der Parteien stehen. Der Mediator hat dies zu hinterfragen und bei Unübersichtlichkeit parteiliche rechtliche Beratung durch einen Anwalt anzuraten.   **20**

21   Der Mediator hat schon in der Anbahnungsphase zu prüfen, ob überhaupt eine gesetzeskonforme Vereinbarung erreicht werden kann. Auch diese Frage muss ggf. vorab, vor Abschluss des Mediationsvertrages, durch einseitige parteiliche Rechtsberatung durch Anwälte geklärt werden.

2. Risiken im Verfahren

22   Zunächst kann eine unangemessene schleppende Bearbeitung zur Haftung führen. Darüber hinaus können methodische »Stockfehler« Haftungsrisiken realisieren. Allerdings bewegt man sich hier auf sehr dünnem Eis (Haft/v. Schlieffen/*Prütting* § 31 Rn. 48; Henssler/Koch/*Briske* Mediation § 9 Rn. 31 ff.).

23   Einen Anspruch begründende Methodenfehler setzen voraus, dass es überhaupt allgemein anerkannte Regeln der mediativen Kunst gibt, vergleichbar den Regeln ärztlicher Behandlungskunst (vgl. § 630a Abs. 2 BGB). Ein Anspruchsteller müsste sodann darlegen, wie die einzelne Pflicht konkret vom Mediator verletzt wurde und worin denn der dadurch adäquat kausal hervorgerufene Schaden besteht – ein haftungsrechtlich schwieriges Feld. Einfacher werden Ersatzansprüche begründbar, die daran festmachen, dass wegen Pflichtwidrigkeiten die Mediation abgebrochen wurde: Denkbar wären Verstöße gegen die Allparteilichkeit des Mediators, willkürlichen Abbruch durch ihn, unangemessener zeitlicher Druck und versuchte Manipulation der Medianten, die diese zur Kündigung veranlasst haben.

24   Nach § 4 Satz 1, 2 MediationsG ist der Mediator (und ebenso die in die Durchführung des Mediationsverfahrens eingebundenen Personen) zur **Verschwiegenheit verpflichtet** über alles, was ihm in Ausübung seiner Tätigkeit bekannt geworden ist, soweit gesetzlich nichts anderes geregelt ist. Darüber hat er die Parteien zu **informieren** (§ 4 Satz 4 MediationsG).

25   Ein weiteres haftungsrechtliches Problem kann sich für den Mediator ergeben, wenn im Verfahren gefundene Ergebnisse die Rechtslage nicht treffen und der Mediator dies sehenden Auges zugelassen hat. Hier wird erneut offenbar, wie wichtig **parteiliche Rechtsberatung** vor Abschluss einer Vereinbarung ist, die die Informiertheit der Parteien auf einen Wissensstand bringt, bei dem für die Beteiligten klar ist, was ihre gemeinsam erarbeitete und getroffene Lösung »kostet«.

3. Risiken beim Abschluss des Verfahrens

26   Die Problematik möglicher Haftung hängt hier wesentlich davon ab, wie stark der Mediator auch bei der Ausgestaltung der gefundenen Ergebnisse eingebunden wird.

27   Generell ist vom Mediator zu fordern, dass er trotz der gebotenen sachlichen Neutralität auf Missverhältnisse einer von den Medianten angedachten Vereinbarung hinweist. Wann allerdings ein solches Missverhältnis vorliegt, ist häufig nicht einfach zu beurteilen. Im Mediationsverfahren werden Interessen nicht einfach kommerzialisiert; es können durchaus andere Wertigkeiten für die Medianten gelten.

28   Wirkt der Mediator an der rechtlich bindenden Umsetzung des von den Medianten in Begleitung des Mediators gemeinsam gefundenen Ergebnisses mit, ist der Pflichtenkreis weiter, das Risiko von Haftung größer.

29   Der Mediator muss darauf achten, dass die Vereinbarung formwirksam zustande kommt. Enthält sie nur einzelne beurkundungspflichtige Verabredungen, ist empfehlenswert, die gesamte Vereinbarung notariell beurkunden zu lassen. Damit steht der Mediator auf sicherem Boden.

30   Der Mediator hat bei von den Medianten einzugehenden Verpflichtungen darauf zu achten, dass das Gegenseitigkeitsverhältnis gewahrt bleibt und sichergestellt ist, dass der Leistungsaustausch auch ggü. einem plötzlich leistungsunwillig werdenden Medianten durchgesetzt werden kann. Der Mediator hat darauf zu achten, dass klare und unmissverständliche Vereinbarungen getroffen werden, die ggf. vollstreckbar sind.

4. Risiken nach Beendigung

Es gibt nachwirkende Pflichten, die sich zwanglos auch für den Mediator aus den geltenden Grundsätzen des Mediationsverfahrens ableiten lassen, etwa aus den Verpflichtungen der Allparteilichkeit und zur Vertraulichkeit (§ 4 MediationsG). Die Verpflichtungen zur Allparteilichkeit und zur Vertraulichkeit wirken nach, sind nicht nach Beendigung des Mediationsverfahrens obsolet. Ihre Verletzung löst Ersatzansprüche dem Grunde nach aus.   31

5. Verjährung

Es empfiehlt sich, im Arbeitsbündnis/Mediationsvertrag eine Klausel aufzunehmen, wonach eventuelle Schadensersatzansprüche etwa binnen 3 Jahren nach Beendigung des Mediationsverfahrens verjähren. Eine solche Regelung macht Sinn, weil nach In-Kraft-treten der Schuldrechtsreform am 01.01.2002 die Verjährung erst mit Kenntnis der anspruchsbegründenden Tatsachen oder grob fahrlässiger Unkenntnis beginnt, § 199 Abs. 1 BGB.   32

6. Haftungsbegrenzung

Der Mediator kann im Arbeitsbündnis/Mediationsvertrag mit den Medianten eine Vereinbarung zur Begrenzung seiner Haftung treffen. Die Haftungsbegrenzung kann sich einmal darauf beziehen, dass die vereinbarten Aufgaben und Pflichten bzw. die Tätigkeitsfelder des Mediators exakt umschrieben werden. Die Haftungsbegrenzung kann weiter der Höhe nach vereinbart werden. Vereinbarungen dazu sollten im Einzelfall und individuell schriftlich erfolgen. Die Verwendung entsprechender formelhafter Wendungen in vorbereiteten und ständig gebrauchten Mediationsverträgen birgt die Gefahr, dass Vereinbarungen zur Haftungsbegrenzung an der Messlatte der §§ 305 ff. BGB scheitern.   33

VII. Muster eines Mediationsvertrages und einer Mediationsklausel

Den Weg zur Mediation eröffnen bei Dauerschuldverhältnissen, die in vertragliche Rahmenvereinbarungen eingebunden sind, **sog. Mediationsklauseln**. In Familiensachen ist es noch nicht üblich, etwa über ehevertragliche Vereinbarungen Mediation in der Konfliktsituation zu verabreden. Hier binden sich die Konfliktbeteiligten regelmäßig über den **Mediationsvertrag**, der eine Dreiecksbeziehung vertraglich strukturiert, an der eben die Konfliktbeteiligten und der Mediator beteiligt sind.   34

Mediationsvertrag

zwischen

1. Frau ..... *[ausgeübter Beruf/Vorname/Name/Straße/Wohnort]*,

Konfliktbeteiligte zu 1.,

u n d

2. Herrn ..... *[ausgeübter Beruf/Vorname/Name/Straße/Wohnort]*,

Konfliktbeteiligter zu 2.,

u n d

3. Rechtsanwalt ..... in .....,

Mediator.

Präambel

Wir, die Konfliktbeteiligten zu 1. und 2., wollen durch eine Mediation die zwischen uns aufgetretenen Probleme gemeinsam und eigenverantwortlich lösen. Das Ergebnis liegt ausschließlich in unserer Verantwortung. Wir erwarten von dem von uns ausgewählten unabhängigen und neutralen Mediator professionelle Unterstützung bei der Verhandlung auf dem Weg hin zur Lösung.

I.   Wir sind über die Grundsätze und den Ablauf des Mediationsverfahrens nebst den Rechten und Pflichten gem. §§ 2-4 MediationsG sowie die weiteren gesetzlichen Grundlagen informiert. Insbesondere ist uns bekannt, dass wir in der Ergebnisverantwortung stehen, während der Mediator die Verantwortung für einen zielorientierten Ablauf der Verhandlung hat. Wir begeben uns freiwillig in das Mediationsverfahren im Bewusstsein der Eigenverantwortung für die Lösung unserer Probleme und im Wissen darum, dass wir – sofern wir spezielle, die Lösung des Problems fördernde Informationen benötigen – uns diese selbst beschaffen. Wir akzeptieren, dass das Mediationsverfahren vertraulich ist.

Der Mediator ist allen Parteien gleichermaßen verpflichtet. Im allseitigen Einverständnis kann er Einzelgespräche mit den Konfliktbeteiligten führen. Er gibt keine Informationen und Erkenntnisse aus dem Mediationsverfahren ohne schriftliche Zustimmung aller Beteiligten an Dritte weiter, soweit gesetzlich nichts anderes geregelt ist (§ 4 MediationsG).

Wir können den Mediator nur gemeinsam von der Schweigepflicht entbinden. Verweigert einer der Beteiligten die Entbindung, von der Schweigepflicht, sind sich die Beteiligten darüber einig, dass aufgrund dessen der Einwand der Beweisvereitelung nicht erhoben werden kann.

Wir verpflichten uns, sämtliche im Verlauf des Verfahrens gewonnenen Informationen vertraulich zu behandeln, sie weder einem Dritten ohne Zustimmung des anderen mitzuteilen, noch sie in einem gerichtlichen Verfahren gegen den anderen Konfliktbeteiligten zu verwenden, soweit gesetzlich nichts anderes geregelt ist. Wir verpflichten uns weiter, die Unterlagen, die der einzelne Konfliktbeteiligte dem Mediator übergeben und damit in das Verfahren eingeführt hat, nicht als Beweismittel in einem eventuellen gerichtlichen Verfahren zu verwenden.

Wir verpflichten uns schließlich, in einem gerichtlichen Verfahren, bei dem es um Verhandlungsgegenstände des Mediationsverfahrens geht, weder den Mediator als Zeugen noch einen Beteiligten als Zeugen oder Partei zu benennen.

Wir wollen während des Mediationsprozesses offen und fair verhandeln, was insbesondere auch bedeutet, dass wir respektvoll miteinander umgehen.

Die Konfliktbeteiligten können das Mediationsverfahren jederzeit einseitig beenden. Sie haben dann die bis zur Beendigung entstandenen Kosten des Mediators zu tragen.

II. Im Mediationsverfahren soll eine Rechtsberatung durch den Mediator nicht stattfinden. Die Konfliktbeteiligten können jederzeit anwaltlichen Rat einholen, was insbesondere empfehlenswert sein kann, bevor eine den Konflikt beendende Vereinbarung getroffen wird.

Der Mediator weist darauf hin, dass ggf. wichtige gesetzliche Ausschlussfristen nicht durch die Vereinbarung eines Mediationsverfahrens gehemmt werden.

III. Die Konfliktbeteiligten ermächtigen den Mediator, für die Durchführung des Mediationsverfahrens erforderliche Maßnahmen in eigenem Namen oder auf Rechnung der Konfliktbeteiligten zu ergreifen. Über dadurch entstehende Kosten wird der Mediator, soweit tunlich, die Konfliktbeteiligten vorab informieren und ihnen Möglichkeit zur Stellungnahme geben. Die Kosten der Maßnahmen sind von den Konfliktbeteiligten anteilig zu tragen. Der Mediator kann einen angemessenen Vorschuss verlangen.

IV. Das Honorar beträgt pro Zeitstunde ..... €. Hinzu kommt die jeweils gültige Mehrwertsteuer (derzeit in Höhe von 19%).

Honorarpflichtig ist auch notwendige Vor- und Nachbereitungszeit. Soweit nichts anderes vereinbart ist, gelten für die Erstattung von Auslagen (z. B. Reisekosten, Schreibauslagen) die Vorschriften des Rechtsanwaltsvergütungsgesetzes (VV zum RVG Nr. 7000 bis/7006).

Die Abfassung des Memorandums, das die Mediationsergebnisse dokumentiert, ist ebenfalls honorarpflichtig. Wird das Memorandum unterschriftlich vollzogen, fließt es in einen Vertrag ein und wird bindend zwischen Konfliktbeteiligten vereinbart, richtet sich das Honorar dafür nach dem Rechtsanwaltsvergütungsgesetz (1,5 Einigungsgebühr, §§ 2, 13 RVG, Nr. 1000 VV RVG vom jeweiligen Gegenstandswert).

Nach gemeinsamer Festlegung und Vereinbarung des voraussichtlichen Zeitplanes für die Mediation ist der Mediator berechtigt, einen angemessenen Vorschuss zu verlangen.

Das Honorar wird von den Konfliktbeteiligten wie folgt getragen:

..... *[Quotenregelung]*

Wird ein verabredeter Sitzungstermin 48 Stunden oder/und kürzer vor einer vereinbarten Terminstunde abgesagt, ist der Absagende, grds. verpflichtet, die Kosten für die ausgefallene Sitzung (max. 1 Stunde) zu bezahlen.

V. Weitere Vereinbarungen:
    Wir werden folgende Konfliktfelder bearbeiten:
    ..... *[Güterrecht, Unterhalt, Ausgleichsansprüche]*
IV. Jeder der Beteiligten dieser Vereinbarung hat ein von allen Beteiligten unterschriebenes Exemplar erhalten.

Ort ....., Datum .....

.....

(Konfliktbeteiligter zu 1.)

.....

(Mediator)

.....

(Konfliktbeteiligter zu 2.)

VIII. Muster einer Mediationsklausel in Verträgen

Treten Meinungsverschiedenheiten über Auslegung oder Abwicklung des Vertrages auf, vereinbaren die Parteien, zunächst ein Mediationsverfahren im Sinne des Mediationsgesetzes durchzuführen, bevor Gerichte, sei es durch Klage, sei es durch Mahnverfahren, angerufen werden. Ein ohne das vereinbarte Vorschaltverfahren Mediation eingeleitetes gerichtliches Verfahren ist unzulässig.   35

Ziel der Mediation ist, eine Lösung zu den Streitpunkten eigenverantwortlich herbeizuführen, die vor allem den beiderseitigen Interessen und Bedürfnissen gerecht wird, aber auch die rechtlichen Ansprüche mit einbezieht.

Die Auswahl des neutralen Mediators treffen die Parteien einvernehmlich. Können sie sich darüber nicht verständigen, soll der Präsident des Landgerichts ..... den Mediator benennen.

B. Schiedsgerichtsverfahren

Das schiedsgerichtliche Verfahren im 10. Buch der ZPO, §§ 1025 ff. ZPO, ist auch für familienrechtliche Konflikte ein mögliches Verfahren. Es setzt voraus, dass die zum Gegenstand des Verfahrens zu machenden Konflikte schiedsfähig sind.   36

Schiedsfähig sind einmal Streitgegenstände vermögensrechtlicher Natur. Aber auch nichtvermögensrechtliche Konflikte sind schiedsfähig, soweit die Parteien sich über den Gegenstand des Streites vergleichen können (*Friederici* FuR 2006, 448). Vaterschaftsfeststellungsverfahren und Verfahren auf Ehescheidung fallen wegen ihrer statusrechtlichen Wirkung von vornherein aus dem möglichen Katalog schiedsfähiger Gegenstände heraus. Dasselbe gilt für einen etwaigen Sorgerechtsentzug. Die Einschränkung oder Entziehung der elterlichen Sorge ist in seiner Ausgestaltung ein hoheitliches Verfahren. Geschütztes Rechtsgut ist das Wohl des minderjährigen Kindes, welches nicht Partei, sondern Subjekt eines Verfahrens auf Einschränkung oder Entziehung der elterlichen Sorge ist.   37

Das **Süddeutsche Familienschiedsgericht** und das **Familien-Schiedsgericht der CoopeRAtion**, eines Netzwerkes von im Bereich des Familienrechts tätigen Spezialisten, offerieren eine zügige Streitbelegung in allen schiedsfähigen Streitfragen des Familienrechts (detaillierte Informationen zum Süddeutschen Familienschiedsgericht: www.familienschiedsgericht.de; zum Familien-Schiedsgericht der CoopeRAtion: www.schiedsgericht-fam.de).   38

Beide Familienschiedsgerichte agieren nach eigenen Schiedsordnungen.   39

I. Schiedsordnung des Süddeutschen Familienschiedsgerichts vom 01.11.2011

40

I.

1. Die Schiedsordnung des Süddeutschen Familienschiedsgerichts gilt, wenn die Parteien nach Maßgabe der folgenden Bestimmungen ein Verfahren vor dem Süddeutschen Familienschiedsgericht unter Ausschluss des ordentlichen Rechtsweges vereinbaren.

2. Das Familienschiedsgericht entscheidet ausschließlich über unterhaltsrechtliche Streitigkeiten aller Art und vermögensrechtliche Auseinandersetzungen zwischen Eheleuten, Lebenspartnern, nichtehelichen Lebensgemeinschaften und Ansprüche von und gegen Schwiegereltern.

3. Das Familienschiedsgericht wird tätig, wenn die Parteien, die beide durch Rechtsanwälte vertreten sein müssen, ein Schiedsverfahren beantragen. Das kann insbesondere der Fall sein, wenn
   a) die Parteien anstelle eines gerichtlichen Verfahrens ein Schiedsverfahren durchführen wollen,
   b) das Familiengericht auf Antrag in einem anhängigen Verfahren das Ruhen oder eine außergerichtliche Streitbeilegung angeordnet hat (§§ 113 Abs. 1 Satz 2, 135 FamFG, §§ 251, 278 Abs. 5 ZPO),
   c) im Rahmen eines Mediationsverfahrens eine Entscheidung über rechtliche Streitfragen beantragt wird,
   d) die Parteien zu Einzelfragen eine rechtliche Stellungnahme einholen wollen.

4. Das Familienschiedsgericht hat seinen Sitz in München und tagt in der Regel in München. Auf Antrag beider Parteien kann das Familienschiedsgericht auch einen anderen Tagungsort bestimmen.

5. Das Verfahren richtet sich nach den Vorschriften des schiedsrichterlichen Verfahrens der Zivilprozessordnung (§§ 1025 ff. ZPO).

II.

1. Das Familienschiedsgericht kann nur angerufen werden, wenn beide Parteien durch ihre anwaltlichen Vertreter ein Schiedsverfahren schriftlich vereinbaren und die Schiedsordnung unterzeichnen.
   Die unterschriebene Schiedsvereinbarung und Schiedsordnung sind der Geschäftsstelle des Süddeutschen Schiedsgerichtes zu übersenden. Der Schiedsantrag wird zulässig, wenn Schiedsvereinbarung und Schiedsordnung bei der Geschäftsstelle eingegangen sind. Sie werden dort nach Eingang registriert.

2. Das Schiedsverfahren wird durch Übersendung der schriftlichen Schiedsvereinbarung, der unterzeichneten Schiedsordnung, des Schiedsantrages und Zahlung der Bearbeitungsgebühr von 200 € zzgl. Mehrwertsteuer (vgl. Ziff. VI 9) eingeleitet. Es beginnt mit förmlicher Zustellung des Schiedsantrages an den Gegner. Mit Zustellung des Schiedsantrages an den Gegner wird die Verjährung gehemmt (§ 204 Nr. 11 BGB).

3. Die Zustellung an den Gegner erfolgt erst nach Zahlung des in Ziff. VI 6 festgelegten Vorschusses.

4. Alle Schriftsätze einschließlich Anlagen sind in vierfacher Ausfertigung zu übersenden.

III.

1. Das FamG entscheidet durch den Vorsitzenden Richter am Oberlandesgericht a.D. Dr. Peter Gerhardt und den Leitenden Richter am Amtsgericht a.D. Dr. Werner Schulz. Im Fall der Verhinderung eines der beiden Schiedsrichter tritt Richter am Oberlandesgericht a.D. Otto Haußleiter an dessen Stelle.

2. Streitigkeiten über einen Verfahrensgegenstand (Unterhalt oder vermögensrechtliche Auseinandersetzung) bis 100.000 € entscheidet der Einzelrichter, Streitigkeiten über 100.000 € oder Streitigkeiten mit mehreren Verfahrensgegenständen (Unterhalt und vermögensrechtliche Auseinandersetzung) das erweiterte Schiedsgericht mit zwei Schiedsrichtern. Auf Antrag beider Parteivertreter kann auch bei Streitigkeiten unter 100.000 € das erweiterte Schiedsgericht tätig werden.
   In besonders umfangreichen Verfahren, insbesondere bei der Auseinandersetzung von

Gütergemeinschaften, kann das erweiterte Schiedsgericht Richter am Oberlandesgericht a.D. Otto Haußleiter als dritten Schiedsrichter beiziehen. Den Parteien entstehen dadurch keine höheren Kosten (vgl. Ziff. VI Nr. 2)

3. Unterhaltsstreitigkeiten entscheidet, soweit der Einzelrichter zuständig ist, Dr. Peter Gerhardt, Streitigkeiten zu vermögensrechtlichen Auseinandersetzungen Dr. Werner Schulz.

4. Der Vorsitz beim erweiterten Schiedsgericht erfolgt abwechselnd gemäß Eingang der Schiedsverfahren bei der Geschäftsstelle und wird den Parteien mitgeteilt. Bei Stimmengleichheit des erweiterten Schiedsgerichtes entscheidet der Vorsitzende.

5. Das Schiedsgericht kann einen Antrag auf Durchführung des Schiedsverfahrens ablehnen. Die Entscheidung erfolgt durch das erweiterte Schiedsgericht nach Anhörung der Parteien spätestens im ersten Termin. Mit Zugang dieser Entscheidung an beide Parteien, wobei der letzte Zugang entscheidet, endet die auf dem Schiedsverfahren beruhende Hemmung der Verjährung. Zu den anfallenden Kosten vgl. Ziff. VI 6.

6. Die Parteien können jederzeit übereinstimmend beantragen, das Schiedsverfahren vorzeitig zu beenden. In diesem Fall stellt das Schiedsgericht die Beendigung des Schiedsverfahrens durch Beschluss fest und hebt die Kosten gegeneinander auf.

IV.

1. Das Schiedsverfahren ist nicht öffentlich. Alle Beteiligten sind zur Verschwiegenheit verpflichtet.

2. Schiedssprache ist Deutsch.

3. In allen Schiedsverfahren besteht für beide Parteien Anwaltspflicht.

4. Auf das Verfahren finden die Vorschriften der ZPO und des FamFG sinngemäß Anwendung.

5. Die Parteien sind verpflichtet, alle vom Schiedsgericht angeforderten Belege fristgemäß vorzulegen.

6. Das Schiedsgericht entscheidet i. d. R. nach mündlicher Verhandlung. Auf Antrag beider Parteien oder mit deren Zustimmung kann im schriftlichen Verfahren entschieden werden. Für den Abschluss eines schiedsgerichtlichen Vergleichs im schriftlichen Verfahren gilt § 278 Abs. 6 ZPO entsprechend.

7. Über die mündliche Verhandlung und die Ergebnisse der Beweisaufnahme wird ein vereinfachtes Protokoll geführt. In diesem werden die Anträge der Parteien und – soweit dies nach dem Ermessen des Schiedsgerichts erforderlich ist – die wesentlichen Ergebnisse der Beweisaufnahme festgehalten.

8. Der Schiedsspruch wird schriftlich abgefasst und, falls die Parteien hierauf nicht verzichten, begründet.

9. Vergleichen sich die Parteien während des Schiedsverfahrens über die Streitigkeit, beendet dieser Vergleich das Verfahren. Auf Antrag ergeht ein Schiedsspruch mit vereinbartem Wortlaut, insbesondere wenn die Vereinbarung formbedürftig ist (§§ 1053, 1054 Abs. 2 ZPO).

10. Ist bereits ein Gerichtsverfahren rechtshängig, ist der im schriftlichen Verfahren vereinbarte Vergleich zusätzlich als gerichtlicher Vergleich nach § 278 Abs. 6 ZPO abzuschließen. Ist ein Schiedsspruch ergangen, ist im gerichtlichen Verfahren der anhängige Antrag entweder zurückzunehmen oder die Hauptsache mit Kosteneinigung übereinstimmend für erledigt zu erklären. Kostenanträge dürfen in beiden Fällen nicht gestellt werden.

11. Das Schiedsgericht entscheidet über die Kosten des Schiedsverfahrens einschließlich der Kosten eines bereits rechtshängigen Gerichtsverfahrens. Die Entscheidung über die Gerichtskosten eines bereits rechtshängigen Verfahrens richtet sich nach dem FamFG, der ZPO und dem FamGKG. Das Schiedsgericht kann auch diese Kosten mit Wirkung zwischen den Schiedsparteien verteilen.

V.

1. Nach Abschluss des Verfahrens teilt das Schiedsgericht der Geschäftsstelle des Süddeutschen Familienschiedsgerichts das Datum der Einleitung des Verfahrens sowie das Datum und die Art des Abschlusses des Verfahrens und den Gegenstandswert mit.

2. Der Schiedsspruch und der Schiedsvergleich werden von der Geschäftsstelle 10 Jahre aufbewahrt.

3. Das jeweilige Schiedsgericht hat die Schiedsakten fünf Jahre lang aufzubewahren. Die Frist läuft vom Zeitpunkt der Zustellung des Schiedsspruchs oder Schiedsvergleichs an die Parteien.

VI.

1. Das Schiedsgericht setzt den endgültigen Streitwert gemäß den Bestimmungen des FamGKG fest. Der Mindeststreitwert beträgt 10.000 €.

2. Das Schiedsgericht erhält für seine Tätigkeit Gebühren nach dem FamGKG. Bei Verfahren mit einem Schiedsrichter fallen vier Gebühren nach § 28 FamGKG (i. V. m. Anlage 2) an, beim erweiterten Schiedsgericht für jeden Schiedsrichter drei Gebühren (GKG-KV 1210), bei Beiziehung eines dritten Schiedsrichters für jeden Schiedsrichter zwei Gebühren.

3. Wird nur ein Schiedsspruch zu einzelnen Rechtsfragen beantragt, erfolgt die Abrechnung nach den angefallenen Arbeitsstunden der Schiedsrichter. Der Stundensatz beträgt 250 €.

4. Bei einem Streitwert über 100.000 € kann auf Antrag der Parteien vereinbart werden, dass nach Stundensätzen gemäß Nr. 3 und nicht nach dem FamGKG abgerechnet wird.
   Das Schiedsgericht behält sich vor, im Einzelfall im Einvernehmen mit den Parteien auch Verfahren mit einem Streitwert unter 100.000 € wegen des Umfangs nach Stunden abzurechnen.

5. Zu den Gebühren fällt die gesetzliche Mehrwertsteuer an. Auslagen sind nach Anfall zu erstatten oder mit einer Pauschale von 20 € zu vergüten. Bei auswärtiger Sitzung des Schiedsgerichts sind anfallende Fahrt- und Übernachtungskosten zu erstatten.

6. Nehmen die Parteien den Antrag auf Durchführung des Schiedsverfahrens einvernehmlich zurück (vgl. Ziffer III Nr. 6) oder wird die Durchführung eines Schiedsverfahrens vom Familienschiedsgericht abgelehnt (vgl. Ziffer III Nr. 5), fällt hierfür keine Schiedsgerichtsgebühr an, wenn die Ablehnung ohne mündliche Verhandlung erfolgte. Fand eine mündliche Verhandlung statt, wird eine Schiedsgerichtsgebühr erhoben.
   Erledigt sich ein Schiedsverfahren vor der mündlichen Verhandlung auf sonstige Weise (außergerichtliche Einigung; Tod einer Partei usw.), erfolgt eine Abrechnung der Schiedsrichter nach den bis dahin angefallenen Arbeitsstunden (zur Höhe vgl. Nr. 3).
   Die Gebühr nach Ziffer VI Nr. 9 wird hiervon jeweils nicht berührt.

7. Auf die Gebühren ist ein Vorschuss i. H. d. voraussichtlich anfallenden Kosten gemäß der vorläufigen Streitwertangabe zu leisten. Der Vorschuss ist von jeder Partei zur Hälfte zu tragen, soweit die Parteien nichts anderes vereinbaren.

8. Die Parteien haben alle darüber hinaus notwendigen Auslagen der Schiedsrichter und des Verfahrens einschließlich der Vernehmung von Zeugen und Kosten für Sachverständige sowie weitere erforderliche Kosten zu tragen. Vor Einholung von Sachverständigen-Gutachten i. R. d. Schiedsverfahrens ist ein vom Sachverständigen angeforderter Vorschuss zu leisten. Bei Vernehmung von Zeugen hat die beweispflichtige Partei dem Zeugen unmittelbar seine anfallenden Auslagen vor der Anhörung zu erstatten oder dem Schiedsgericht eine Erklärung zu übersenden, dass keine Zeugengebühren geltend gemacht werden.

9. Die Geschäftsstelle des Familienschiedsgerichts erhält für die Vorbereitung des Schiedsverfahrens eine einmalige Bearbeitungsgebühr von 200 € zuzüglich Mehrwertsteuer. Diese ist mit Eingang der unterzeichneten Schiedsvereinbarung und Schiedsordnung fällig.

10. Die Parteien haften für Vorschüsse und Gebühren als Gesamtschuldner.

II. Muster: Schiedsvereinbarung

41

Schiedsvereinbarung

zwischen

.....

Antragsteller/in

vertreten durch: .....

und

.....

Antragsgegner/in

vertreten durch: .....

Die Vertragspartner vereinbaren hiermit, dass die nachfolgend bezeichnete/n Streitigkeit/en

.....

.....

.....

unter Ausschluss des ordentlichen Rechtswegs bzw. im Rahmen eines ruhenden/ausgesetzten Gerichtsverfahrens durch das Süddeutsche Familienschiedsgericht erledigt wird/werden.

Der vorläufige Streitwert beträgt: ..... EUR.

Die Beauftragung des Schiedsgerichts erfolgt auf der Grundlage der beigefügten, von beiden Parteien und ihren Vertretern unterzeichneten Schiedsordnung des Süddeutschen Familienschiedsgerichts.

....., den .....

.....

Antragsteller/in

.....

Antragsgegner/in

.....

Rechtsanwalt/Rechtsanwältin

.....

Rechtsanwalt/Rechtsanwältin

III. Schiedsordnung des Schiedsgerichts der CoopeRAtion Familienrecht (Stand: 13.04.2007)

I. Anwendungsbereich

42

1. Diese Schiedsordnung der CoopeRAtion Familienrecht gilt für Streitigkeiten, die gemäß Vereinbarung der Vertragsparteien
   a. unter Ausschluss des ordentlichen Rechtsweges
   b. während eines ruhenden oder ausgesetzten gerichtlichen Verfahrens
   c. zur gesonderten Klärung einzelner Streitfragen
      entschieden werden sollen.
2. Das Schiedsgericht entscheidet über schiedsfähige familienrechtliche Streitigkeiten.
3. Das Schiedsverfahren wird an einem mit der CoopeRAtion zu vereinbarenden Ort in Deutschland geführt und zwar in deutscher Sprache.
4. Für das Schiedsverfahren findet das deutsche Recht Anwendung, soweit nicht im folgenden abweichende Bestimmungen getroffen sind.

II. Einleitung des Schiedsverfahrens

1. Das Schiedsverfahren beginnt mit der schriftlichen Vereinbarung und Unterzeichnung der Schiedsordnung durch beide Parteien und ihrer anwaltlichen Vertreter. Eine Vertragspartei ohne anwaltliche Vertretung kann am Schiedsverfahren nicht teilnehmen.
   Die unterschriebene Schiedsvereinbarung und die unterschriebene Schiedsordnung sind dem Schiedsgericht zur Prüfung zu übersenden.

2. Mit Zustellung der schriftlichen Schiedsvereinbarung und der unterzeichneten Schiedsordnung an alle Beteiligten ist das Schiedsverfahren eingeleitet. Voraussetzung für die Zustellung sind die Zahlung der Bearbeitungsgebühr sowie die Zahlung des festgelegten Vorschusses.
Mit Zustellung an alle Beteiligten wird die Verjährung gehemmt.

3. Alle Erklärungen der Parteien oder ihrer Vertreter sowie alle Erklärungen und Mitteilungen des Schiedsgerichts sollen gegen Zustellungsnachweis übermittelt werden. Die Wirksamkeit schriftlicher Erklärungen, die auf anderem Wege übermittelt wurden, bleibt unberührt.

III. Verfahrensablauf

1. Das Schiedsgericht entscheidet das Schiedsverfahren durch einen oder drei Schiedsrichter. Die Schiedsrichter werden von der CoopeRAtion Familienrecht benannt.

2. Das Schiedsgericht besteht grds. aus einem Schiedsrichter. Es kann anstelle der Mitglieder der CoopeRAtion Familienrecht auch ein Richter/Richter a.D. zum Schiedsrichter bestimmt werden (kleines Schiedsgericht).

3. Das erweiterte Schiedsgericht mit drei Schiedsrichtern entscheidet auf übereinstimmenden Antrag beider Parteien (großes Schiedsgericht). Soweit das Schiedsgericht aus drei Schiedsrichtern besteht, kann neben den Mitgliedern der CoopeRAtion Familienrecht auch ein Richter/Richter a.D. zum Schiedsrichter benannt werden.

4. Das Schiedsgericht nimmt die ihm übertragene Aufgabe nach bestem Wissen und Gewissen unparteiisch wahr. Alle Schiedsrichter sind zur Verschwiegenheit verpflichtet.

5. Die Parteien können jederzeit übereinstimmend beantragen, das Schiedsverfahren zu beenden. Das Schiedsgericht stellt die Beendigung des Verfahrens durch Beschluss fest. Die Kosten werden gegeneinander aufgehoben.

IV. Allgemeine Bestimmungen

1. Das Schiedsverfahren ist nicht öffentlich.

2. Sämtliche Schriftstücke und Anlagen sind von den Parteien in ausreichender Anzahl für alle am Schiedsverfahren beteiligten Personen vorzulegen.

3. Das Schiedsgericht hat einen Termin zur mündlichen Verhandlung unter Ladung der Beteiligten des Schiedsverfahrens zu bestimmen. Auf Antrag beider Parteien oder mit deren Zustimmung kann im schriftlichen Verfahren entschieden werden, § 128 Abs. 2 ZPO gilt entsprechend.

4. Das Schiedsgericht ist an die Beweisanträge der Parteien nicht gebunden. Über die mündliche Verhandlung und/oder das Ergebnis einer Beweisaufnahme ist ein vereinfachtes Protokoll abzufassen. Darin sind die Anträge der Parteien sowie die wesentlichen Ergebnisse der Beweisaufnahme festzuhalten. Das Schiedsgericht kann den Fortgang des Verfahrens von der Zahlung angemessener Vorschüsse abhängig machen.

5. Die Entscheidung des Schiedsgerichts ergeht schriftlich. Diese ist zu begründen; soweit gesetzlich zulässig, kann mit Einverständnis der Parteien von einer Begründung abgesehen werden.

6. Das Schiedsgericht entscheidet über die Kosten und Auslagen des Schiedsverfahrens.

V. Beendigung

Mit Zustellung des Schiedsspruches an die Parteien und ihre Vertreter wird das Schiedsverfahren beendet. Der Schiedsspruch mit den Schiedsakten wird vom Schiedsgericht 5 Jahre aufbewahrt. Die Frist beginnt mit der Zustellung des Schiedsspruches an die Parteien.

VI. Kosten

1. Das Schiedsgericht setzt den Verfahrenswert fest. Der Mindeststreitwert beträgt 3.000,00 €.

2. Das Schiedsgericht erhält eine Vergütung entsprechend dem RVG. Für jeden Schiedsrichter fallen 4,0 Gebühren an. Wird das Schiedsverfahren durch Vergleich beendet, ermäßigen sich die Gebühren auf 3,0 je Schiedsrichter.

3. Die Parteien können mit dem Schiedsgericht eine abweichende Vergütungsvereinbarung treffen.

4. Auslagen sind zu erstatten; dazu gehören auch Fahrt- und Übernachtungskosten. Die USt ist gesondert zu entrichten.

5. Auf Verlangen des Schiedsgerichts sind Vorschüsse zu leisten.

6. Die Parteien haften für die Kosten des Verfahrens als Gesamtschuldner.

Fulda, den 13.04.2007.

IV. Ausgleichsansprüche wegen Mitarbeit, Geld- oder Sachleistungen im Betrieb, Unternehmen oder wegen sonstiger gemeinsamer Wertschöpfung

Über persönliche und familienrechtliche Beziehungen hinaus können Ehepartner untereinander Rechtsbeziehungen wie fremde Dritte haben. Handelt es sich dabei um Beziehungen, die sich gesetzlichen Vertragstypen zuordnen lassen, ergeben sich Rechte und Pflichten regelmäßig aus der gesetzlichen Ausgestaltung dieser Vertragstypen. Die Rechte und Pflichten sind grds. unabhängig vom Güterstand, in dem die Ehepartner leben. Geht es um gemeinsame Wertschöpfung, die sich ausschließlich im Vermögen des einen Ehepartners niedergeschlagen hat, und haben die Ehepartner zwar »gemacht«, aber darüber nicht »nachgedacht«, stellt sich bei Scheitern der Ehe die Frage nach. Denkbare Ansatzpunkte sind, eine konkludent geschlossene Ehegatteninnengesellschaft (Rdn. 53) oder einen sog. familienrechtlichen Kooperationsvertrag (Rdn. 44) anzunehmen (krit. *Hoppenz* FamRZ 2011, 1697). Bei der **nichtehelichen** Lebensgemeinschaft kommt daneben auch ein Bereicherungsanspruch wegen Zweckverfehlung in Betracht, soweit Leistungen in Rede stehen, die über das hinausgehen, was das tägliche Zusammenleben erst ermöglicht und die bei einem oder beiden Partnern zur Bildung von die Beendigung der Lebensgemeinschaft überdauernden Vermögenswerten geführt haben (BGH, NJW 2011, 2880 Rn. 30; NJW 2013, 2187 Rn. 37). Voraussetzung ist eine – auch stillschweigend mögliche - Einigung im Sinne der tatsächlichen Willensübereinstimmung zwischen beiden Partnern über den mit der Leistung verfolgten Zweck. Diese kann angenommen werden, wenn der eine Teil mit seiner Leistung einen bestimmten Erfolg bezweckt und der andere Teil dies erkennt und die Leistung entgegennimmt, ohne zu widersprechen (BGH, Beschl. v. 17.07.2013 - IV ZR 309/12, Rn. 9). 43

1. Familienrechtlicher Kooperationsvertrag

Anknüpfungspunkt ist eine Ehegattenmitarbeit, die aufgrund ihres Umfangs oder aufgrund sonstiger, sich aus der Gestaltung der ehelichen Lebensgemeinschaft ergebenden Umständen einen Ausgleich erfordert. Lässt sich diese Ehegattenmitarbeit nicht unter einen der gesetzlichen Vertragstypen subsumieren, ist an einen stillschweigend geschlossenen familienrechtlichen Vertrag eigener Art, an einen familienrechtlichen Kooperationsvertrag zu denken (dazu *Gergen* FPR 2010, 298 ff.). Der BGH hat diesen Vertragstypus (vgl. FamRZ 1982, 910; 1994, 1167; 2012, 1789 m. Anm. *Hoppenz*) in Fortführung seiner Rechtsprechung zu den ehebedingten Zuwendungen entwickelt. Ausgangspunkt ist, dass die Mitarbeit nicht geschenkt, sondern im Vertrauen auf den Fortbestand der Ehe geleistet wird. Es wird eine stillschweigende Übereinkunft der Ehepartner zur Ausgestaltung ihrer ehelichen Lebensgemeinschaft unterstellt, die eben Geschäftsgrundlage für die geleistete Mitarbeit ist. 44

Ein Ausgleich nach diesen Grundsätzen kommt auch unter **nichtehelichen** Partnern in Betracht, soweit den gemeinschaftsbezogenen Zuwendungen die Vorstellung oder Erwartung zu Grunde lag, die Lebensgemeinschaft werde Bestand haben (BGH, NJW 2011, 2880 Rn. 14; 2012, 3374 Rn. 23; NJW 2013, 2188 Rn. 18). 45

In der Gestaltungspraxis mag eine Klausel sinnvoll sein, dass, wenn im Einzelfall nichts Abweichendes vereinbart wird, für Zuwendungen zwischen den Ehegatten grds. nicht das Bestehen der Ehe Geschäftsgrundlage ist und Ansprüche wegen einer Ehegatteninnengesellschaft oder wegen Mitarbeit nur dann bestehen, wenn dies ausdrücklich (schriftlich) vereinbart ist. Allerdings bleibt offen, ob eine solche Klausel einer »Billigkeitskorrektur« im Einzelfall entgegenstehen wird.

a) Die Voraussetzungen eines familienrechtlichen Kooperationsvertrages

46   Ein möglicher Ausgleichsanspruch kann sich demzufolge aus § 313 BGB ergeben (BGH, NJW 2012, 3374 Rn. 21). Vorausgesetzt sind zunächst rechtsgeschäftliche Beziehungen zwischen den Ehegatten. Der mit der Mitarbeit verfolgte Zweck geht zwar nicht über die Verwirklichung der ehelichen Lebensgemeinschaft hinaus und erfolgt nicht in einer gleichberechtigten Stellung im Betrieb oder Unternehmen. Aus den sonstigen Umständen – im Fall BGH, FamRZ 1982, 910 hatten die Arbeitsleistungen des Ehegatten das ggf. unterhaltsrechtlich oder aus § 1353 BGB geschuldete Maß deutlich überschritten – folgt jedoch, dass der Fortbestand der Ehe Geschäftsgrundlage der geleisteten Mitarbeit ist (krit. Staudinger [2012]/*Voppel*, § 1365 Rn. 63). Ferner muss die Mitarbeit, die zwar hinter der Mitarbeit eines Mitgesellschafters zurückbleiben kann, jedenfalls nach Art und Ausmaß über ehebedingte Zuwendungen hinaus geht (OLG Hamm, Beschl. v. 07.03.2012 - II-12 UF 235/11). Sie muss vom Umfang her über bloße Gefälligkeit und über den Rahmen der unterhaltrechtlich geschuldeten Beistandspflicht hinausgehen. Sie muss von gewisser Regelmäßigkeit sein. Kurzzeitige Hilfeleistungen genügen nicht. Die Mitarbeit muss ferner zu einem messbaren, beim anderen Ehegatten noch vorhandenen Vermögenszuwachs geführt haben (BGH, NJW 2012, 3374 Rn. 27). Ferner darf keine anderweitige Rechtsgrundlage für einen eventuellen Ausgleichsanspruch gegeben sein. Indizien, die für einen familienrechtlichen Kooperationsvertrag sprechen, sind, dass eine andere Arbeitskraft erspart wurde, die Mitarbeit sich über einen langen Zeitraum ausdehnte und eine soziale Absicherung des mitarbeitenden Partners, insb. eine Altersvorsorge, im Wesentlichen durch den Betrieb gewährleistet werden sollte.

b) Der Ausgleichsanspruch

47   Ein Ausgleichsanspruch wegen Wegfalls der Geschäftsgrundlage nach § 313 BGB setzt voraus, dass die Beibehaltung des bestehenden Vermögenszustandes (trotz vereinbarter Gütertrennung bzw. Zugewinngemeinschaft) unter Berücksichtigung aller Umstände unzumutbar ist (BGH, FamRZ 1999, 1580, 1583; 1994, 1167, 1168). Insbesondere im gesetzlichen Güterstand kommt ein solcher Ausgleich nur ausnahmsweise in Betracht: Teilhabe an der Vermögensmehrung des anderen wird gerade durch den Zugewinnausgleich mit seinem gesetzlichen Ausgleichssystem gewährleistet (BGH, FamRZ 1982, 910, 912; s. a. *Wever*, Vermögensauseinandersetzung der Ehegatten außerhalb des Güterrechts, 5. Aufl. 2009, Rn. 675; *Haußleitner/Schulz*, Vermögensauseinandersetzung nach Trennung und Scheidung, 5. Aufl. 2011, Kap. 5 Rn. 331 f.). Der Rückgriff auf § 313 kann also nur infrage kommen, wenn das gesetzliche Ausgleichssystem planwidrig zu unangemessenen und untragbaren Ergebnissen führt. Bei Gütertrennung wiederum ist der Tatsache Rechnung zu tragen, dass die Ehepartner an sich keine Beteiligung des anderen am jeweiligen eigenen Vermögenzuwachs gewollt haben, wie sich aus der Vereinbarung des Güterstandes eben ergibt (*Wever* FamRZ 1996, 905, 910, 912), doch andererseits auch hier eine angemessene Beteiligung beider Ehegatten an dem gemeinsam erarbeiteten Vermögen dem Charakter der ehelichen Lebensgemeinschaft als einer Schicksals- und Risikogemeinschaft entspricht (BGH, NJW 2012, 3374 Rn. 26; insoweit a. A. BaRoth/*Mayer* § 1414 Rn. 16). Stets ist zu beachten, dass der Partner dem anderen zunächst diese Leistungen gewähren wollte, sodass ein korrigierender Eingriff grundsätzlich nur gerechtfertigt ist, »wenn dem Leistenden die Beibehaltung der durch die Leistung geschaffenen Vermögensverhältnisse nach Treu und Glauben nicht zuzumuten und deshalb unbillig ist. Das Merkmal der Unbilligkeit impliziert zugleich, dass ein Ausgleich nur wegen solcher Leistungen in Betracht kommt, denen nach den jeweiligen Verhältnissen erhebliche Bedeutung zukommt. Maßgebend ist eine Gesamtabwägung der Umstände des Einzelfalls« (BGH, NJW 2012, 3374 Rn. 25; zur nichtehelichen Lebensgemeinschaft BGH, NJW 2013, 2187 Rn. 21). Insgesamt weist die neuere Rechtsprechung auf eine restriktive Anwendung dieses Rechtsinstituts hin (vgl. schon BGH, FamRZ 1999, 1580, 1583). **Kriterien** sind insbesondere die Dauer der Ehe bzw. Lebensgemeinschaft, das Alter der Parteien, Art und Umfang der erbrachten Zuwendungen bzw. Arbeitsleistungen, die Höhe der dadurch bedingten und noch vorhandenen Vermögensmehrung und überhaupt die Einkommens- und Vermögensverhältnisse der Ehegatten (BGH, NJW 2011, 2880 Rn. 24; 2012, 3374 Rn. 26; NJW 2013, 2187 Rn. 22).

c) Die Höhe des Ausgleichsanspruchs/Begrenzung

Die Rückabwicklung führt nicht dazu, dass sämtliche Zuwendungen bei Scheitern der Beziehung auszugleichen wären. Auszuscheiden sind zunächst die im Rahmen des täglichen Zusammenlebens ohne die Erwartung des Fortbestehens der nichtehelichen Lebensgemeinschaft erbrachten Leistungen. Ebenso zu beurteilen sind die Leistungen desjenigen Partners, der nicht zu den laufenden Kosten beiträgt, sondern größere Einmalzahlungen erbringt. Er steht insofern nicht besser als derjenige Partner, dessen Aufwendungen den täglichen Bedarf decken oder sonst erforderlich werdende Beiträge übernimmt (BGH, NJW 2011, 2880 Rn. 19; NJW 2013, 2188 Rn. 18). Auch erbrachte Arbeitsleistungen als solche werden nicht vergütet. Denn eine ggf. ausgleichspflichtige Zuwendung setzt voraus, dass Vermögenssubstanz übertragen wird. 48

Da **Arbeitsleistungen** aber wirtschaftlich betrachtet ebenso eine geldwerte Leistung darstellen wie die Übertragung von Vermögenssubstanz, sind sie anzusetzen, insoweit sie erheblich über bloße Gefälligkeiten oder das, was das tägliche Zusammenleben erfordert, hinausgehen und zu einem messbaren und noch vorhandenen Vermögenszuwachs des anderen Partners bewirkten (BGH, NJW 2011, 2880 Rn. 21; NJW 2013, 2187 Rn. 28 f.). Die Höhe des Ausgleichsanspruchs definieren also die ersparten Arbeitskosten sowie der Anteil an der noch vorhandenen Wertsteigerung durch die erbrachte Ehegattenmitarbeit, wobei der Betrag der ersparten Arbeitsleistungen die Obergrenze darstellt (BGH, NJW 1994, 2545; 2011, 2880 Rn. 27). Daher gewinnt Bedeutung, wie umfangreich und qualifiziert diese Mitarbeit war und welche Bedeutung sie für das Funktionieren des Betriebes hatte. Ist eine Wertsteigerung festzustellen, knüpft daran die Vermutung, dass die Mitarbeit zur Wertsteigerung während ihrer Dauer beigetragen hat (*Wever*, Vermögensauseinandersetzung der Ehegatten außerhalb des Güterrechts, 5. Aufl., Rn. 677 ff.). Anders als für einen Gesellschafter ergibt sich **kein Anspruch** auf Beteiligung über einen **darüber hinausgehenden Gewinn**. Der Anspruch beschränkt sich schließlich auf eine Beteiligung an dem Betrag/dem Wert, um den das Vermögen des anderen Ehepartners noch vermehrt ist. 49

d) Die Entstehung des Anspruchs

Der Anspruch entsteht grds. im Zeitpunkt der endgültigen Trennung der Ehepartner, also mit Scheitern der Ehe. Damit fällt die Geschäftsgrundlage weg. 50

e) Muster: Antrag wegen eines Ausgleichsanspruchs aus familienrechtlichem Kooperationsvertrag

An das 51

Amtsgericht

Familiengericht

Antrag

der/des ..... Antragstellerin/Antragsstellers,

Verfahrensbevollmächtige/r: RÄin/RA .....

gegen

die/den ..... Antragsgegnerin/Antragsgegner,

Verfahrensbevollmächtigte/r: RÄin/RA.....

wegen Zahlung.

Namens und in Vollmacht der/des Antragstellerin/Antragstellers bitte ich zu beschließen:

Die/der Antragstellerin/Antragsteller ist verpflichtet, an den/die

Antragsteller/Antragstellerin 75.000,00 € nebst 5 %-Punkten überdem

Basiszinssatz ab Zustellung des Antrags zu zahlen.

Gründe:

Die Parteien sind geschiedene Eheleute. Sie lebten im Güterstand der

Gütertrennung. Sie waren bei Scheidungsausspruch 33 Jahre verheiratet.

Der Antragsgegner betreibt und ist Inhaber eines florierenden Gärtnereibetriebes, der sich während der 33 Jahre Ehedauer von einem kleineren »Krauterbetrieb« zu einem respektablen Unternehmen in der Region entwickelt und ausgeweitet hat.

Beweis:　　　Vorlage der Bilanzen durch den Antragsgegner;

　　　　　　　Sachverständigengutachten

Der Antragsgegner ist Alleineigentümer der zum Betrieb gehörenden Grundstücke. Den Betrieb übernahm er seinerzeit von seinem Vater. Während der Ehedauer hat er durch Grundstückszukäufe das Betriebsgelände arrondiert.

Die Antragstellerin verfügt über keinen Berufsabschluss. Sie hat den Haushalt geführt und die drei gemeinsamen Kinder aufgezogen und versorgt. Sie hat darüber hinaus in der Gärtnerei regelmäßig mitgearbeitet. Arbeitseinsatz und Mitarbeit wurden dadurch begünstigt, dass die vormals gemeinsame Ehewohnung sich auf dem Betriebsgelände befand. So ist die Antragstellerin nahezu jede Woche montags und mittwochs zu den Blumenauktionen gefahren, um Waren einzukaufen. Sie hat die Auslieferungen kommissioniert, die der Altgeselle sodann ausgefahren hat. Sie hat bestimmte Blumengeschäfte beliefert, dadurch Kontakte gepflegt und Kundenbindungen geschaffen, und sich um die Ausstattung von Beerdigungen gekümmert. Sie hat alle 14 Tage samstags den Wochenmarkt beschickt und den dortigen Verkaufsstand betreut.

Mit ihrem Arbeitseinsatz hat die Antragstellerin wesentlich zum Aufbau des Betriebes und dessen Wertsteigerung beigetragen. Der Antragsgegner hat durch den Arbeitseinsatz der Antragstellerin eine Vollzeitkraft gespart.

Beweis: Sachverständigengutachten

Arbeitsentgelt hat die Antragstellerin für ihren Arbeitseinsatz allerdings nicht erhalten.

Der mit dem Antrag verfolgte Zahlbetrag ist mit mehr als Augenmaß gegriffen. Gegebenenfalls mag das Familiengericht schätzen.

Der Antragsgegner ist unter Schilderung des Sachverhaltes, den er bestens kennt, aufgefordert worden, den Betrag zu zahlen.

Beweis: Vorlage des Aufforderungsschreibens in Kopie

Er hat darauf nicht reagiert, so dass der vorliegende Antrag geboten ist.

RÄin/RA.....

Erläuterungen
1. Die Zuständigkeit folgt aus § 266 I Zif. 3 FamFG.
2. Nach überwiegender Auffassung kann sich ein Ausgleichsanspruch nur dann ergeben, wenn die Parteien im Güterstand der Gütertrennung gelebt haben.
3. Das Unternehmen, in dem der Ehegatte mitgearbeitet hat, muss eine positive Entwicklung genommen haben.
4. Die Qualität und der Umfang der Mitarbeit müssen über das hinausgegangen sein, was eheliche Solidarität und unterhaltsrechtliche Beistandspflicht erfordert.
5. Die Mitarbeit muss dazu beigetragen haben, dass der Wert des Unternehmens gesteigert worden ist, wofür eine Vermutung streitet, die an der Mitarbeit und an der positiven Entwicklung des Unternehmens festmacht.
6. Der mitarbeitende Ehegatte darf für seine Arbeit, wie auch immer, nicht entlohnt worden sein.

f) Muster: Erwiderung auf den Ausgleichsantrag

An das

Amtsgericht

Familiengericht

In der

Familiensache

....../.....

Aktenzeichen

bestelle ich mich für den Antragsgegner. Im anzuberaumenden Termin werde

ich beantragen zu beschließen:

> Der Antrag wird zurückgewiesen.

Gründe:

Der Antragstellerin steht ein solcher Anspruch nicht zu. Sie ist mehr als ausreichend für ihre Mitarbeit im Betrieb be- und entlohnt worden. Die Antragstellerin verschweigt nämlich verschämt, welche Vermögenswerte ihr bei Scheidung alleine verblieben sind, die der Antragsgegner aus den Erträgen des Betriebes für die Antragstellerin angeschafft hat, wobei die Parteien sich darüber einig waren, dass diese Vermögenswerte eben einen Ausgleich für die keineswegs so umfangreiche Mitarbeit der Antragstellerin darstellen sollten.

Die Antragstellerin ist Alleineigentümerin eines Ferienhauses in der Nähe von Alicante. Der Antragsgegner kaufte das Anwesen für die Antragstellerin, als sich abzeichnete, wie gut der Betrieb sich entwickelte und die Antragstellerin deswegen den Antragsgegner immer wieder bedrängte, ihr auch »ein Stück vom Kuchen« abzugeben. Da die Antragstellerin eine Affinität zu Spanien hat, äußerte sie immer wieder diesen Wunsch, den der Antragsgegner schließlich des lieben Frieden willen erfüllte, obwohl es um die Liquidität des Betriebes damals nicht zum besten stand.

Das Ferienanwesen hat Zugang zum Meer und dürfte heute gut 300 T€ wert sein.

Im Bestreitens-fall: Auskunft eines überregionalen Immobilienmaklers;

Sachverständigengutachten

Die Antragstellerin wohnt und lebt in einer ihr gehörenden, schuldenfreien rund 130 m² großen Eigentumswohnung in bester Lage von ...... Auch diese Eigentumswohnung ist während der Ehe gekauft und aus den Erträgen des Betriebes bezahlt worden. Dasselbe gilt für die hochwertige Einrichtung der Wohnung.

Der Antragsgegner schätzt den Wert der Immobilie auf 450 T€.

Im Bestreitens-fall: Sachverständigengutachten

Schließlich bestand die Antragstellerin bei Scheidung darauf, den neuwertigen SLK mitnehmen zu können, der dem Antragsgegner gehörte. Der Antragsgegner ließ sich auch darauf ein, weil er schlicht seine Ruhe haben wollte.

Die der Antragstellerin gehörenden Werte, die diese in der Ehe zusammengetragen hat, übersteigen bei weitem die dem Antragsgegner verbliebenen Vermögenswerte. Ein Ausgleichsanspruch ist deshalb nicht zu begründen.

RÄin/RA.....

2. Stillschweigend geschlossene Ehegatteninnengesellschaft

53 Haben die Ehepartner im Zusammenwirken einen Geschäftsbetrieb, ein Immobilienvermögen, ein sonstiges Unternehmen, welches nur einem der Ehepartner rechtlich zuzuordnen ist, aufgebaut oder im Wert gesteigert, ist ein Anspruch auf wirtschaftlichen Ausgleich für den anderen nach gesellschaftsrechtlichen Regelungen (§§ 730 ff. BGB) denkbar. Man spricht von einer sog. Innengesellschaft, weil sie als solche nicht nach außen hervortritt, sondern ein Ehegatte nach außen allein und in eigenem Namen handelt, im Innenverhältnis jedoch die geführten Geschäfte auf gemeinsame Rechnung gehen. Über die §§ 730 ff. BGB kann dann der, dem das erwirtschaftete Vermögen nicht formal zugeordnet ist und der seine nennenswerten und für den erstrebten Erfolg bedeutsamen Beiträge zum Erwerb (Mitarbeit, Geldzuwendungen oder Sachzuwendungen) weder nach § 1353 Abs. 1 Satz 2 Halbs. 1 BGB oder unterhaltsrechtlich geschuldet noch für sie einen Vergütungsanspruch hat, Ausgleich verlangen (vgl. PWW/*v. Ditfurth* § 705 Rn. 42). Eine solche Innengesellschaft setzt jedoch voraus, dass die Parteien ausdrücklich (vgl. BGH, NJW 1982, 170: Haltung eines Familienheims) oder durch **schlüssiges** Verhalten einen **Gesellschaftsvertrag geschlossen** haben (BGH, NJW 2011, 2880 Rn. 14 ff.; 2012, 3374 Rn. 17). Typisch ist, dass die Partner die Absicht verfolgt haben, mit dem Erwerb eines Vermögensgegenstands, etwa einer Immobilie, einen – wenn auch nur wirtschaftlich – gemeinschaftlichen Wert zu schaffen, der von ihnen für die Dauer ihrer Lebensgemeinschaft nicht nur gemeinsam genutzt werden, sondern ihnen nach ihrer Vorstellung auch gemeinsam gehören sollte (BGH, NJW 2013, 2187 Rn. 15). Insoweit müssen sich die Partner nicht unbedingt bewusst sein, dass sie eine GbR begründen (BGH, NJW 1960, 428), wohl aber, dass ihre Zusammenarbeit auf einen nicht bloß zu der ehelichen Lebensgemeinschaft gehörenden wirtschaftlichen Bereich zielt: Ein konkludenter Vertragsschluss scheidet aus, wenn die Parteien einen Zweck verfolgen, der nicht über die Verwirklichung (ggf. der zunächst nichtehelichen und später) ehelichen Lebensgemeinschaft hinausgeht (vgl. *Wever*, Vermögensauseinandersetzung der Ehegatten außerhalb des Güterrechts, 5. Aufl., Rn. 603 ff.). Dann bestehen grundsätzlich Zweifel an dem für einen Vertragsschluss erforderlichen Rechtsbindungswillen, weil in einem solchen Fall aus der Sicht der Partner auch beim anderen regelmäßig keine über die Ausgestaltung ihrer Gemeinschaft hinausgehende rechtliche Vorstellung (**Erklärungsbewusstsein**) besteht (vgl. BGH, NJW 2011, 2880 Rn. 16; 2012, 3374 Rn. 18). Eine sogar nur rein faktische Willensübereinstimmung reicht für eine nach gesellschaftsrechtlichen Grundsätzen zu beurteilende Zusammenarbeit ohnehin nicht aus (BGH, NJW 2006, 1268: zur Ehegatteninnengesellschaft, NJW 2008, 3277 Rn. 18: zur nichtehelichen Lebensgemeinschaft). Aus der Voraussetzung, dass die Partner einen gemeinsamen Zweck vereinbart haben müssen, ergibt sich auch die **Abgrenzung** der ehebezogenen Zuwendung (Rdn. 44 ff.) von der Innengesellschaft: Bei jener lässt »ein Ehegatte dem anderen einen Vermögenswert um der Ehe Willen und als Beitrag zur Verwirklichung und Ausgestaltung, Erhaltung oder Sicherung der ehelichen Lebensgemeinschaft zukommen« (BGH, FamRZ 1999, 1580, 1583). Bei dieser verfolgen die Partner einen über die Verwirklichung der ehelichen Lebensgemeinschaft hinausgehenden Zweck, der nicht nur auf Verwirklichung der ehelichen Lebensgemeinschaft abzielt, sondern auf Vermögensbildung (Rdn. 55).

54 Der gesellschaftsrechtliche Ausgleichsanspruch besteht neben einem Anspruch auf Zugewinnausgleich, ist also **nicht nur subsidiär.** Anders als nach dem Ausgleichsanspruch wegen Wegfalls der Geschäftsgrundlage aus § 313 BGB (Rdn. 44 ff.) kommt es hier auf die Unzumutbarkeit der bisherigen Vermögenszuordnung für den Anspruchsteller **nicht** an (BGH, NJW 2006, 1268 Rn. 21).

Die Erwägungen gelten entsprechend für eine **nichteheliche Lebensgemeinschaft** (vgl. BGH, NJW 2011, 2880 Rn. 14; NJW 2013, 2187 Rn. 15; OLG Bremen, NJW-RR 2013, 197).

Für die **Kautelarjurisprudenz** ist zu beachten, dass die Annahme einer durch schlüssiges Verhalten zu Stande gekommenen Ehegatteninnengesellschaft nicht zu den von den Ehegatten ausdrücklich getroffenen Vereinbarungen in Widerspruch stehen darf. Eine **ausdrückliche Abrede geht** einem nur konkludent zum Ausdruck gekommenen Parteiwillen **vor** (BGH, NJW 2006, 1268 Rn. 15). Folglich können sich entsprechende (schriftliche) Vereinbarungen empfehlen.

a) Eheüberschreitender Zweck

Indizien für einen eheüberschreitenden Zweck sind ein voller Arbeitseinsatz auf der Ebene der Gleichberechtigung, Geld- oder Sachleistungen (BGH, FamRZ 1999, 1580), gemeinsamer Aufbau des Unternehmens, gemeinsame Planung, Umfang und Dauer der arbeitsteiligen Zusammenarbeit, gemeinsame Verteilung von Aufgaben, gemeinsame Aufteilung von Gewinn und Verlust (vgl. BGH, FamRZ 1986, 568), Absprachen zur Ergebnisverwendung. **Gegen** eine Ehegatteninnengesellschaft spricht die Absicht der Partner, das Vermögen haftungsgünstig zu verteilen (BGH, NJW 2011, 2880 Rn. 17: die formal-dingliche Alleinberechtigung der Bekl. war vom Kl. bewusst akzeptiert worden, um das Haus im Fall einer Insolvenz vor dem Zugriff von Gläubigern zu schützen; s. a. BGH, NJW 2013, 2188 Rn. 16: Kl. akzeptierte bewusst die formal-dingliche Alleinberechtigung der Bekl., da wegen seiner Schufa-Eintragung auch die Finanzierung über ein von der Bekl. allein aufgenommenes Darlehen erfolgen sollte). Mit der haftungsgünstigen Verteilung soll ja gerade ein Gläubigerzugriff geblockt werden, was leerliefe, wenn Ausgleichsansprüche aus Ehegatteninnengesellschaft möglich würden.

55

b) Die Auseinandersetzung der Innengesellschaft

Beenden die Ehepartner ihre Zusammenarbeit oder stellen die Aktivitäten der gemeinsamen Vermögensbildung ein und lösen damit die Innengesellschaft auf, kann ein Ausgleichsanspruch entstehen (vgl. BGH, NJW 2006, 1268 Rn. 28). Maßgeblicher Zeitpunkt ist regelmäßig, aber nicht zwingend, das Scheitern der Ehe.

56

Bei der Beendigung der Innengesellschaft findet keine gegenständliche Auseinandersetzung statt. Es besteht vielmehr ein Ausgleichsanspruch in Form eines schuldrechtlichen Anspruchs auf Zahlung des Auseinandersetzungsguthabens, der sich nach den §§ 738 ff. BGB sowie einzelnen Vorschriften der §§ 730 ff. BGB bestimmt (BGH, NJW 2006, 1268 Rn. 19). Er ist auf Abrechnung, ggf. Zahlung des Auseinandersetzungsguthabens gerichtet. Der Berechtigte soll so gestellt werden, als ob er gesamthänderisch am Gegenstand des der Innengesellschaft gehörenden Vermögens beteiligt wäre: Als Konsequenz seiner »fiktiven« Gesellschafterstellung ist er sowohl am Gewinn als auch am Verlust beteiligt.

c) Die Höhe des Anspruchs

Zunächst ist festzustellen, was erwirtschaftet worden ist und mit welcher Quote der Berechtigte aufgrund seiner gleichberechtigten Mitarbeit daran Anteil hat. Sodann ist der Wert des Gesellschaftsvermögens bei Start der Innengesellschaft und bei deren Beendigung zu erfassen (je Gesamtsaldierung, vgl. BGH, FamRZ 2003, 1648). Die Wertveränderung des Gesellschaftsvermögens zwischen Start und Ende ist der Basiswert, der einer Berechnung des Anspruchs zugrunde zu legen ist. Anhand der Gesamtumstände ist dann zu prüfen, ob die generelle Beteiligungsquote von 50 % (vgl. § 722 BGB) angemessen ist. Eine Korrektur kann notwendig werden, wenn unterschiedliche Arbeitsbeiträge und/oder unterschiedliche Investitionen (Sach- oder Geldleistungen) von den »Gesellschaftern« erbracht worden sind.

57

d) Muster: Antrag wegen Auflösung einer Ehegatteninnengesellschaft

An das

Amtsgericht

Familiengericht

Antrag

der/des ..... Antragstellerin/Antragstellers,

58

Verfahrensbevollmächtige/r: RÄin/RA.....

gegen

die/den ..... Antragsgegnerin/Antragsgegner,

Verfahrensbevollmächtigte/r: RÄin/RA.....

wegen Auskunft und Zahlung.

Namens und in Vollmacht der/des Antragstellerin/Antragstellers bitte ich zu beschließen:

I. Die/der Antragsgegnerin/Antragsgegner ist verpflichtet,
1. Auskunft zu erteilen über die im Sprengel des erkennenden Gerichtes gelegenen, ihr gehörenden Immobilien;
2. folgende Unterlagen dazu vorzulegen, nämlich
   aktuelle Grundbuchauszüge,
   eventuelle Kreditverträge,
   Stand der jeweiligen Finanzierung,
   aktuelle Mietverträge,
   zu den einzelnen Objekten geführte Mietkonten.

II. Die/der Antragsgegnerin/Antragsgegner ist verpflichtet, an den/die Antragsstellerin/Antragssteller einen Betrag nebst 5 %-Punkte über Basiszinsat zu zahlen, der nach Auskunftserteilung noch beziffert wird.

Gründe:

Die Parteien waren rund dreißig Jahre verheiratet. Sie lebten im Güterstand der Gütertrennung. Auf den Namen der Frau wurden nach und nach zahlreiche Grundstücke im Sprengel des angegangenen Familiengerichts erworben.

Der Ehemann, der zunächst erwerbstätig war, später Frührente bezog, hatte zu den Grundstückserwerben durch Kapital, welches er geerbt hatte beigetragen. Soweit die erworbenen Häuser renovierungsbedürftig waren, hat er selbst Hand angelegt, Renovierungsarbeiten überwacht und koordiniert. Die Vermietung und Verwaltung lag bis zur Scheidung in seinen Händen.

Entsprechende Unterlagen zu den Häusern befanden sich in einem eigens eingerichteten Büro in der vormals gemeinsamen ehelichen Wohnung, einem Einfamilienhaus. Nach Trennung und Scheidung hatte der Ehemann keinerlei Zugriff mehr auf die die Häuser betreffenden Unterlagen.

Der Aufbau des Immobilienvermögens der Ehefrau ersteckte sich über viele Jahre. Die Mieteinnahmen wurden in wesentlichen Umfang wieder in Grundbesitz investiert.

Dieser Sachverhalt dürfte zwischen den Parteien unstreitig sein.

Nach Scheidung forderte der Unterzeichner die Gegenseite auf, Auskunft zu den Verkehrswerten der im Sprengel des Familiengerichts liegenden Grundstücke zu erteilen und einen angemessen Vorschlag zu unterbreiten, wie die jahrelange erhebliche Mitarbeit und Einsatz von Kapitalbeträgen vergütet werden sollte.

Beweis: Vorlage des Aufforderungsschreibens in Kopie

Darauf antwortete die Gegenseite lapidar, dass sie Eigentümer der Immobilien sei und die Tatsache der Gütertrennung, in der die Parteien gelebt hätten, ein überaus deutliches Indiz sei, dass jeder die ihm zugeordneten Vermögenswerte uneingeschränkt behalten könne solle, selbst wenn die Ehe scheitere.

Beweis: Vorlage des Antwortschreibens in Kopie

Die eingenommene Haltung der Gegenseite ist rechtsirrig. Die Antragstellerin/der Antragsteller hat sowohl einen Auskunftsanspruch als auch einen Zahlungsanspruch. Dies folgt aus gesellschaftsrechtlichen Regeln.

Zwar ist die Antragsgegnerin/der Antragsgegner Alleineigentümerin der Immobilien. Die Mietverträge sind auch von ihr/ihm alleine mit den Mietern abgeschlossen. Dies gilt auch für die Kreditverträge mit den Banken, die die Antragsstellerin/der Antragsteller allerdings verbürgt hat.

Gleichwohl ergibt sich aus den Gesamtumständen ein gemeinsames Zusammenwirken zum Immobilienerwerb. An dieser gemeinsamen Wertschöpfung ist die Antragstellerin/der Antragsteller zu beteiligen.

RÄin/RA.....

Kapitel 12: Eheverträge

A. Einleitung

I. Begriff und Typen des Ehevertrags

1 Viele Rechtswirkungen der Ehe sind der vertraglichen Gestaltung zugänglich. »Die Ehegatten können ihre güterrechtlichen Verhältnisse durch Vertrag (Ehevertrag) regeln, insbesondere auch nach der Eingehung der Ehe den Güterstand aufheben oder ändern.«, heißt es hierzu in § 1408 Abs. 1 BGB. Die gesetzliche **Terminologie** des BGB bezeichnet somit in erster Linie güterrechtliche Vereinbarungen als Ehevertrag, wobei § 1408 Abs. 2 BGB bereits vorsieht, dass im Ehevertrag auch Regelungen zum Versorgungsausgleich nach Maßgabe der §§ 6 bis 8 VersAusglG getroffen werden können. Im praktischen juristischen Sprachgebrauch hat sich der Begriff Ehevertrag jedoch in einem weiteren Sinne eingebürgert. Als Ehevertrag werden gemeinhin Verträge bezeichnet, die die Rechtsbeziehungen regeln, die sich aus oder anlässlich der Ehe ergeben (vgl. FA-FamR/*Bergschneider* Kap. 12 Rn. 2 ff.)

2 Nach dem Kontext und Hintergrund des Vertragsschlusses lassen sich dabei im Wesentlichen **zwei Fallgruppen** bilden, nämlich
- **präventive Eheverträge**, die vor der Eheschließung von Verlobten oder nach der Eheschließung während intakter Ehe geschlossen werden, und
- **Trennungs- oder Scheidungsvereinbarungen**, die nach Scheitern der Ehe im Hinblick auf eine bevorstehende oder bereits rechtshängige Scheidung der Ehe geschlossen werden. Teilweise werden in der Literatur Trennungsvereinbarungen zur Regelung der Rechtsbeziehungen während des Getrenntlebens im Sinne von § 1567 Abs. 1 BGB und Scheidungsvereinbarungen zur Regelung der Rechtsbeziehungen ab Rechtskraft der Scheidung als eigene Fallgruppen geführt (so etwa FA-FamR/*Bergschneider* Kap. 12 Rn. 8 f.).

3 In der Literatur wird vielfach versucht, eine Fallgruppenbildung anhand der Lebens-, Einkommens- und Vermögenssituation vorzunehmen. Insb. *Langenfeld* versucht, die Gestaltung von Eheverträgen anhand sog. **Ehetypen** zu strukturieren (*Langenfeld*, Handbuch der Eheverträge und Scheidungs-vereinbarungen, Kap. 8). Hausfrauenehe, Doppelverdienerehe, Diskrepanzehe, »Zweiter Frühling« und ähnliche Konstellationen sollen bei der Wahl des passenden Vertragsmusters helfen. So treffend

solche schlagwortartigen Beschreibungen für typische Interessenlagen sein mögen, birgt die Beratung auf der Grundlage der vorweg erfolgten Kategorisierung des Ehetyps auch die Gefahr, den Besonderheiten des Einzelfalls i. R. d. Beratung und Vertragsgestaltung nicht ausreichend Rechnung zu tragen (kritisch auch FA-FamR/*Bergschneider* Kap. 12 Rn. 5).

II. Regelungsmaterien von Eheverträgen

Die Unterscheidung zwischen präventiven Eheverträgen einerseits und Trennungs- und Scheidungsvereinbarungen andererseits ist insofern von Bedeutung, als die zu regelnden oder mit der Mandantschaft zumindest zu erörternden Materien teilweise andere sind.　　　　　　　　　　　4

Regelungsgegenstand aller Fallgruppen sind die **drei Kernthemen** des Ehevertragsrechts:
- Im Bereich des **Güterrechts** ist über die Wahl eines anderen Güterstands nachzudenken, na-　5
  mentlich über die Vereinbarung der Gütertrennung. Alternativ steht eine Vielzahl vertraglicher
  Modifikationen des gesetzlichen Güterstands zur Auswahl. Die Gütergemeinschaft wird allenfalls
  noch in ganz besonders gelagerten Fällen in Betracht zu ziehen sein, bspw. zur Pflichtteilsre-
  duzierung oder zur teilweisen Umgehung bindender Verfügungen von Todes wegen (Beck'sches
  Notarhandbuch/*Grziwotz* Kap. B. I. Rn. 94). Die Gütergemeinschaft gehört nicht mehr zum
  üblichen Repertoire der Eheverträge und wird daher in diesem Kap. nicht weiter erörtert (zu den
  noch verbleibenden Anwendungsbereichen der Gütergemeinschaft *Mai*, BWNotZ 2003, 55).
- Beim **nachehelichen Unterhalt** sind nach dem Buchstaben des Gesetzes (§ 1585c BGB) zwar　6
  auch vertragliche Modifikationen bis hin zum Totalverzicht möglich. In der Praxis sind die
  Handlungsspielräume durch die Grundsätze der Inhalts- und Ausübungskontrolle von Eheverträgen (grundlegend hierzu BGH, FamRZ 2004, 601) jedoch begrenzt, insb. bei bereits vorhandenen oder zu erwartenden gemeinsamen Kindern.
- Der **Versorgungsausgleich** ist seit Inkrafttreten des VersAusglG zum 01.09.2009 (BGBl. I　7
  S. 700) in noch weiterem Umfang vertraglichen Regelungen zugänglich als zuvor. Auch hier
  steckt die Rechtsprechung zur Inhalts- und Ausübungskontrolle von Eheverträgen jedoch nicht
  nur theoretische Grenzen ab (eindrucksvolles Beispiel: BGH, FamRZ 2008, 2011).

Ein weiterer Regelungsgegenstand, der für präventive Eheverträge einerseits und Trennungs- und　8
Scheidungsvereinbarungen andererseits gleichermaßen relevant sein kann, ist die **Rechtswahl**, die
jedoch nur bei gemischtnationalen und nichtdeutschen Ehepaaren praktische Bedeutung erlangt.
Unter den in Art. 14 Abs. 3 EGBGB und Art. 15 Abs. 2 EGBGB geregelten Voraussetzungen konnten Ehegatten für die allgemeinen Ehewirkungen und für die güterrechtlichen Wirkungen der Ehe
schon seit jeher eine Rechtswahl treffen. Darüber hinaus ist das Kollisionsrecht in Ehesachen jedoch
seit Jahren Gegenstand von Harmonisierungsbemühungen auf europäischer Ebene, die teilweise bereits in Kraft getreten und andernteils noch im politischen Prozess sind.

Am 18.06.2011 ist die Verordnung Nr. 4/2009 (EG) des Rates vom 18.12.2008 über die Zustän-　9
digkeit, das anwendbare Recht, die Anerkennung und Vollstreckung von Entscheidungen und in
Unterhaltssachen (**EU-UntVO**) in Kraft getreten (Überblick hierzu: DNotI-Report 2011, 57). Zum
gleichen Tag ist Art. 18 EGBGB außer Kraft getreten, der das Unterhaltsstatut bis dahin regelte.
Die neue zentrale Bestimmung für Rechtswahlmöglichkeiten findet sich in Art. 15 EU-UntVO, der
insoweit das **Haager Protokoll** vom 23.11.2007 über das Unterhaltspflichten anzuwendende Recht
(HUP) für anwendbar erklärt. Anders als nach bisherigem Recht, ermöglicht das HUP nun weit-
gehende Rechtswahlfreiheiten, und zwar sowohl für ein konkretes (Scheidungs-)Verfahren (Art. 7
HUP) als auch generell (Art. 8 HUP).

Im Bereich des Ehegüterrechts ist der große Wurf noch nicht gelungen. Zwar ist hierzu seit Jahren　10
die sog. **Rom-IV-Verordnung** in Vorbereitung, die Verabschiedung scheiterte aber bislang an der ablehnenden Haltung vor allem Großbritanniens. Deswegen hat man sich nun mit dem Verfahren der
sog. Verstärkten Zusammenarbeit beholfen und die Verordnung (EU) Nr. 1259/2010 zur Durchführung einer Verstärkten Zusammenarbeit im Bereich des auf die Ehescheidung und Trennung ohne
Auflösung des Ehebandes anzuwendenden Rechts (sog. **Rom-III-Verordnung**) beschlossen, die jedoch

nur im Verhältnis einzelner Mitgliedstaaten (darunter Deutschland) gilt und zum 21.06.2012 in Kraft getreten ist (hierzu Becker, NJW 2011, 1543).

11   Die Regelungen in präventiven Eheverträgen sind im Regelfall eher allgemein gehalten. Die konkrete Lebens-, Erwerbs- und Vermögenssituation zum Scheidungszeitpunkt ist nicht vorhersagbar. Anders verhält es sich insoweit bei Trennungs- und Scheidungsvereinbarungen. Wenn die Scheidung kein abstraktes Szenario mehr ist, wünschen die Ehegatten oft detailreiche Regelungen, insb. über folgende Themen:

12   –   Nach Scheidung der Ehe ist das dauerhafte gemeinsame Halten von **Grundbesitz** meist nicht gewünscht. Am häufigsten regeln Ehegatten im Rahmen von Scheidungsvereinbarungen, dass ein Ehegatte den Miteigentumsanteil des anderen Ehegatten gemeinsam mit den noch offenen Finanzierungsverbindlichkeiten übernimmt, ggf. gegen Leistung einer zusätzlichen Ausgleichszahlung (speziell hierzu: *Münch*, Die Scheidungsimmobilie, 2009).

13   –   Auch die Verteilung der **Haushaltsgegenstände** einschließlich Pkws und Haustiere ist erst in der konkreten Scheidungssituation sinnvoll. Regelungen hierzu sind vielfach Gegenstand von Trennungs- und Scheidungsvereinbarungen.

14   –   Bei Vorhandensein gemeinsamer **Kinder** ist es verbreitet, den Kindesunterhalt in der Trennungs- und Scheidungsvereinbarung zu titulieren. Materielle Regelungen zum Kindesunterhalt sind zwar denkbar, aber eher die Ausnahme. Ein (vollständiger oder teilweiser) Verzicht auf Kindesunterhalt ist schon wegen § 1614 Abs. 1 BGB nicht möglich, unabhängig davon, dass es sich dabei um einen eigenen Anspruch des Kindes handelt. Denkbar sind hingegen Regelungen, in denen sich der barunterhaltspflichtige Ehegatte ggü. dem anderen Ehegatten vertraglich zur Zahlung von Kindesunterhalt in bezifferter Höhe über das gesetzliche Maß hinaus verpflichtet (guter Überblick mit diversen Formulierungsvorschlägen auf der Grundlage des seit dem 01.01.2008 geltenden Unterhaltsrechts: *Reetz*, notar 2008, S. 108). Gelegentlich werden Regelungen zum Sorge- und Umgangsrecht im Rahmen von Trennungs- und Scheidungsvereinbarungen getroffen.

15   –   Vielfach wird die **Zustimmung zur Scheidung**, die nach 1-jährigem Getrenntleben zur unwiderleglichen Vermutung des Scheiterns der Ehe führt (§ 1566 Abs. 1 BGB), in der Trennungs- und Scheidungsvereinbarung erklärt. Zu beachten ist hierbei, dass diese Zustimmung bis zur letzten mündlichen Verhandlung, auf die das Scheidungsurteil ergeht, jederzeit widerruflich ist (§ 134 Abs. 2 Satz 1 FamFG).

16   –   Neben einer Regelung zur Tragung der **Kosten** für die Beurkundung der Trennungs- und Scheidungsvereinbarung sind Bestimmung über die Tragung der Gerichts- und Rechtsanwaltskosten des Scheidungsverfahrens verbreitet.

17   Sowohl präventive Eheverträge als auch Trennungs- und Scheidungsvereinbarungen werden oft um **erbrechtliche Regelungen** ergänzt, deren inhaltliche Zielrichtung sich dabei jedoch meist unterscheidet:

18   Präventive Eheverträge werden oft mit einem **Erbvertrag** zu einer Urkunde zusammengefasst. Besonders verbreitet sind hierbei Regelungen nach Art des Berliner Testaments, wonach sich Ehegatten gegenseitig für den ersten Todesfall zu Alleinerben einsetzen und für den zweiten Todesfall die gemeinsamen Abkömmlinge zu gleichen Stammanteilen zu Schlusserben. Hierbei bleibt jedoch der erbschaftsteuerliche Freibetrag der Kinder nach dem erstversterbenden Elternteil ungenutzt, sodass diese Gestaltung kritisch geprüft werden sollte, wenn das zu vererbende Vermögen im konkreten Fall die erbschaftsteuerlichen Freibeträge übersteigt.

19   Ein Motiv für die in der Praxis verbreitete Zusammenfassung von Ehe- und Erbvertrag zu einer Urkunde war bis zum 31.07.2013 das Kostenprivileg des § 46 Abs. 3 KostO (Einzelheiten s. u. Rdn. 45, M. 12). Auch wenn diese Vergünstigung mit Inkrafttreten des GNotKG zum 01.08.2013 entfallen ist, wird sich an dieser Praxis vermutlich nichts Entscheidendes ändern, da sie stets nur am Rande kostenrechtlich begründet war.

20   –   In Trennungs- und Scheidungsvereinbarungen wird häufig ein wechselseitiger Erb- und **Pflichtteilsverzicht** aufgenommen. Auch wenn die Nachlassteilhabe des Ehegatten im Todesfall bereits

in der Zeit des Getrenntlebens regelmäßig nicht mehr gewünscht ist, sollte der Erb- und Pflichtteilsverzicht dennoch nicht schematisch empfohlen, sondern einer konkreten Kosten-Nutzen-
Analyse im Einzelfall unterzogen werden, da der Erb- und Pflichtteilsverzicht deutliche Auswirkungen auf die Beurkundungskosten haben kann. In präventiven Eheverträgen kommen
erbrechtliche Verzichtserklärungen vor allem als gegenständlich beschränkter Pflichtteilsverzicht
vor, bspw. zum Schutz von Betriebsvermögen.

III. Verfahren und Form

Der Ehevertrag im engeren Sinn des § 1408 Abs. 1 BGB, d. h. die Vereinbarung zum ehelichen   21
Güterrecht, bedarf gem. § 1410 BGB der notariellen Niederschrift bei gleichzeitiger Anwesenheit
beider Ehegatten. Wenn eine Partei außerstande ist, den Termin zur notariellen Beurkundung wahrzunehmen, bestehen im Wesentlichen zwei Möglichkeiten. Zum einen kann die anwesende Partei
aufgrund Vollmacht oder vorbehaltlich nachträglicher Genehmigung als vollmachtloser Vertreter für
die abwesende Partei handeln. Zum anderen besteht die Möglichkeit der getrennten Beurkundung
von Angebot und Annahme (§ 128 BGB). Nur Letzteres, also die Aufspaltung in **Antrag und Annahme**, ist für Eheverträge gem. § 1410 BGB ausgeschlossen (Palandt § 1410 Rn. 5).

Gleichzeitige persönliche Anwesenheit vor dem Notar wird von § 1410 BGB nicht verlangt. Der   22
Ehevertrag ist mithin nicht vertretungsfeindlich. Materiellrechtlich ist es somit möglich, den Ehevertrag aufgrund **Vollmacht** oder vorbehaltlich nachträglicher **Genehmigung** als vollmachtloser Vertreter zugleich namens des anderen Ehegatten abzuschließen. Die Vollmacht bedarf dabei gem. § 167
Abs. 2 BGB keiner besonderen Form (BGH, NJW 1998, 1857 m. Anm. *Kanzleitner*, NJW 1999,
1612). Dasselbe gilt gem. § 182 Abs. 2 BGB für die nachträgliche Genehmigung.

Verfahrensrechtlich darf die Beurkundung eines Ehevertrages aufgrund Vollmacht oder vorbehalt-   23
lich nachträglicher Genehmigung jedoch nur in Ausnahmefällen in Betracht kommen. Gem. § 17
Abs. 1 Satz 1 BeurkG soll der Notar den Willen der Beteiligten erforschen, den Sachverhalt klären
und die Beteiligten über die rechtliche Tragweite des Geschäfts belehren. Gem. § 17 Abs. 2a Satz 1
BeurkG soll der Notar das Beurkundungsverfahren so gestalten, dass die Einhaltung dieser Pflichten
gewährleistet ist. Diesen Anforderungen wird die Beurkundung eines Ehevertrages aufgrund Vollmacht oder vorbehaltlich nachträglicher Genehmigung nur in Ausnahmefällen gerecht. Ein solcher
Ausnahmefall kann vorliegen, wenn der vertretene oder nachgenehmigende Ehegatte anwaltlich
vertreten und derjenige Vertragsteil ist, von dem die Initiative und die maßgeblichen inhaltlichen
Vorschläge ausgegangen sind. Unter keinen Umständen darf die Beurkundung aufgrund Vollmacht
oder vorbehaltlich nachträglicher Genehmigung gewählt werden, um den strukturell unterlegenen
Ehegatten vor vollendete Tatsachen zu stellen, seine Möglichkeit zum Stellen von Fragen oder An-
bringen von Änderungswünschen zu beschränken oder um die ansonsten erforderliche Beiziehung
eines Dolmetscher zu vermeiden (*Winkler*, Beurkundungsgesetz, § 17 Rn. 36 ff.)

Wenn i. R. d. Ehevertrages auch **erbrechtliche Aspekte** geregelt werden, ist die Beurkundung auf-   24
grund Vollmacht oder vorbehaltlich nachträglicher Genehmigung bereits aus materiellrechtlichen
Gründen vielfach ausgeschlossen. Wird der Ehevertrag in einer Urkunde mit einem Erbvertrag zusammengefasst, so ergibt sich das Erfordernis persönlicher Anwesenheit beider Vertragsteile aus
§ 2274 BGB. Wird im Ehevertrag oder (praktisch häufiger) in der Trennungs- und Scheidungsvereinbarung ein wechselseitiger Erb- oder Pflichtteilsverzicht erklärt, so setzt dies gem. § 2347 Abs. 2
Satz 1 BGB die persönliche Anwesenheit beider Ehegatten voraus. Zu beachten ist, dass § 2347
Abs. 2 Satz 1 BGB im (praktisch eher seltenen) Fall des einseitigen Erb- oder Pflichtteilsverzichts
nur die persönliche Anwesenheit des Erblassers verlangt. Die Vertretung oder nachträglich Genehmigung des Verzichtenden ist materiellrechtlich nicht ausgeschlossen und an keine besondere Form
gebunden (Palandt § 2347 Rn. 1).

Vereinbarungen über den **nachehelichen Unterhalt**, die vor der Rechtskraft der Scheidung getroffen   25
werden, bedürfen gem. § 1585c Satz 2 BGB der notariellen Beurkundung. Die Formbedürftigkeit
der Unterhaltsregelung besteht erst seit dem 01.01.2008. Sie wurde durch das Gesetz zur Änderung

des Unterhaltsrechts vom 21.12.2007 (BGBl. I S. 3189) in § 1585c BGB eingefügt. Bis dahin waren Vereinbarungen zum nachehelichen Unterhalt privatschriftlich möglich, theoretisch sogar mündlich. Die Neuregelung des § 1585c Satz 2 BGB ist zu begrüßen, da sich Gerichte in der Vergangenheit immer wieder mit Fällen auseinanderzusetzen hatten, in denen privatschriftliche Vereinbarungen über den nachehelichen Unterhalt unter fragwürdigen Rahmenbedingungen (häuslicher Druck, Unterschriftsleistung zur Unzeit oder unter Alkoholeinfluss) zustande gekommen sind oder in denen der Vereinbarung eine unzureichend oder gezielt falsche Rechtsberatung vorausgegangen ist (MüKo § 1585c BGB Rn. 35). Die Beurkundung einer Vereinbarung zum nachehelichen Unterhalt in Abwesenheit eines Ehegatten aufgrund Vollmacht oder vorbehaltlich nachträglicher Genehmigung ist materiellrechtlich möglich, wird jedoch aus den oben genannten Gründen verfahrensrechtlich nur in Ausnahmefällen in Betracht kommen.

26 Vereinbarungen über den **Versorgungsausgleich**, die vor Rechtskraft der Entscheidung über den Wertausgleich bei der Scheidung geschlossen werden, bedürfen gem. § 7 Abs. 1 VersAusglG der notariellen Beurkundung. Dasselbe gilt für Vereinbarungen über den Versorgungsausgleich im Zusammenhang mit güterrechtlichen Regelungen (§ 7 Abs. 3 VersAusglG i. V. m. § 1410 BGB). Dieses Formerfordernis bestand bereits vor der Reform des Versorgungsausgleichs zum 01.09.2009 und war bis dahin in § 1587o Abs. 2 Satz 1 BGB verortet.

27 Vereinbarungen, die die Ehegatten während eines Verfahrens, das auf die Auflösung der Ehe gerichtet ist, für den Fall der Auflösung der Ehe über den **Ausgleich des Zugewinns** treffen, bedürfen gem. § 1378 Abs. 3 Satz 2 BGB der notariellen Beurkundung. Diese Vorschrift wurde durch das Gesetz zur Änderung des Zugewinnausgleichs- und Vormundschaftsrechts vom 06.07.2009 (BGBl. I S. 1696) unverändert gelassen.

Die Bedeutung dieser Vorschrift wird nicht selten unterschätzt. Immer wieder müssen sich Gerichte mit der Frage auseinandersetzen, ob Vereinbarungen vermögensrechtlicher Art zwischen Ehegatten dem Formerfordernis des § 1378 Abs. 3 Satz 2 BGB unterliegen. Das OLG Karlsruhe (OLG Karlsruhe, NJW 2009, 2750) hatte sich z. B. mit einem Fall auseinanderzusetzen, in dem Ehegatten privatschriftlich vereinbart hatten, dass Aufwendungen des einen in den Umbau des Wohnhauses der Familie, welches sich auf dem im Alleineigentum des anderen stehenden Grundstück befindet, zu ersetzen sind. Im Ergebnis war diese Vereinbarung nach Auffassung des OLG Karlsruhe wegen Nichtbeachtung des § 1378 Abs. 3 Satz 2 BGB formnichtig. Umgekehrt entschied das OLG Saarbrücken (OLG Saarbrücken, FamRZ 2010, 297), dass die Hingabe eines größeren Geldbetrags zwischen Ehegatten dann nicht als Vereinbarung nach § 1378 Abs. 3 Satz 2 BGB zu qualifizieren ist, sondern als formfrei gültiger Darlehensvertrag, wenn ein dahin gehender Rechtsbindungswille deutlich manifestiert ist.

Als Fazit bleibt festzuhalten, dass die Grenze zwischen nicht formbedürftigen Darlehensverträgen und Abreden zum Aufwendungsersatz einerseits und beurkundungspflichtigen Vereinbarungen i. S. d. § 1378 Abs. 3 Satz 2 BGB andererseits eine fließende ist. Die hierzu vermehrt ergehende Rechtsprechung ist stark vom Einzelfall geprägt und wenig stringent. Wenn das Problem erkannt wird, ist in Zweifelsfällen unbedingt zur Beurkundung zu raten.

28 Weitere Beurkundungserfordernisse ergeben sich aus Art. 14 Abs. 4 EGBGB für die **Rechtswahl** im Bereich der allgemeinen Ehewirkungen sowie gem. § 15 Abs. 3 EGBGB für die Wahl des Ehegüterstatus. Soweit zeitlich und vor dem Hintergrund der betroffenen Staaten die sog. Rom-III-Verordnung zur Anwendung kommt (dazu oben Rdn. 8), ist in Deutschland ebenfalls notarielle Beurkundung erforderlich. Die Verordnung selbst ließe zwar die Schriftform genügen. Jedoch bestimmt Art. 7 der VO, dass eine etwaige strengere Ortsform zu beachten ist (Becker, NJW 2011, 1543, 1545).

29 Im Rahmen von Trennungs- und Scheidungsfolgenvereinbarungen ist ferner § 311b Abs. 1 BGB zu beachten. Hiernach bedarf ein Vertrag, durch den sich der eine Teil verpflichtet, das Eigentum an einem **Grundstück** zu übertragen oder zu erwerben, der notariellen Beurkundung. Dies gilt insb. auch für den praktisch häufigen Fall der Übernahme des Miteigentumsanteils des anderen Ehegatten

gegen Übernahme der bestehenden Verbindlichkeiten. Dabei ist zu beachten, dass die Rechtsprechung § 311b Abs. 1 BGB weit auslegt. Das Beurkundungserfordernis umfasst dabei nicht nur die Verpflichtung zur Grundstücksübereignung, sondern das gesamte Rechtsgeschäft. Eine Unterscheidung in »wichtige« und »unwichtige« Nebenabreden gibt es hierbei nicht (MüKo/*Kanzleiter* § 311b BGB Rn. 50). Vorsicht geboten ist daher bei nicht beurkundeten Nebenabreden oder der gezielten Spaltung in eine beurkundete Grundstücksübereignung und privatschriftliche Abreden bspw. über die Finanzierungsverbindlichkeiten (FA-FamR/*Bergschneider* Kap. 12 Rn. 21 und 64). Bei Nichtbeachtung des § 311b Abs. 1 BGB droht die Nichtigkeit des gesamten Vertrages, nicht nur der nicht beurkundeten Nebenabreden.

Die notarielle Beurkundung kann in allen vorgenannten Fällen gem. § 127a BGB durch die Aufnahme der Erklärungen in ein nach den Vorschriften der Zivilprozessordnung errichtetes Protokoll ersetzt werden. Im Rahmen der Auseinandersetzung von Grundbesitz kann im gerichtlichen **Vergleich** auch die Auflassung erklärt werden (§ 925 Abs. 1 Satz 3 BGB). Die Auseinandersetzung von Grundbesitz im Rahmen eines gerichtlichen Vergleichs sollte jedoch gründlich überdacht werden. Sie verlangt von den Prozessbeteiligten vertiefte Kenntnisse im Immobiliarsachenrecht und Grundbuchverfahren. Ein reibungsloser Vollzug ist nur möglich, wenn alle Nebenerklärungen wie bspw. Vollzugsanträge nach § 13 GBO oder die dingliche Übernahme bestehender Dienstbarkeiten im Vergleich enthalten sind.   30

IV. Inhalts- und Ausübungskontrolle

Die Vertragsfreiheit findet ihre allgemeine Grenze in den Generalklauseln der §§ 138 Abs. 1, 242 BGB. Bis ins Jahr 2000 machte die Rechtsprechung im Rahmen von Eheverträgen hiervon kaum Gebrauch. Das Spannungsverhältnis zwischen **Vertragsfreiheit** einerseits und Schutz des wirtschaftlich oder intellektuell Unterlegenen andererseits wurde bis dahin sehr zugunsten der Vertragsfreiheit ausgefüllt. Der Totalverzicht auf Zugewinnausgleich, nachehelichen Unterhalt einschließlich Betreuungsunterhalt, Versorgungsausgleich und Pflichtteilsansprüche wurde, solange er nur formgerecht zustande gekommen ist, regelmäßig auch dann anerkannt, wenn sich die Vereinbarung einseitig zulasten eines einkommens- und vermögenslosen Ehegatten auswirkte, der infolge Kindesbetreuung an der Aufnahme einer Erwerbstätigkeit gehindert und somit auf staatliche Unterstützungsleistungen angewiesen war. Nach früherer Rechtsprechung wurden Eheverträge mit Totalverzicht auch dann regelmäßig nicht nach § 138 Abs. 1 BGB kassiert, wenn sie in einer Drucksituation zu Stande gekommen sind. In zwei Entscheidungen des BGH aus dem Jahr 1996 (BGH, FamRZ 1996, 1536; BGH, FamRZ 1997, 156) wurde befunden, dass Eheverträge mit weitreichenden Verzichtserklärungen nicht alleine deswegen unwirksam seien, weil die Eingehung der Ehe bzw. die Fortsetzung einer in die Krise geratenen Ehe vom Abschluss eines solchen Vertrages abhängig gemacht wurde.   31

Die (nicht ganz unerwartete) Wende dieser Rechtsprechung brachte das BVerfG durch zwei Entscheidungen aus dem Jahr 2001 (BVerfG, FamRZ 2001, 343; FamRZ 2001, 985). Diesen Entscheidungen lagen Sachverhalte zugrunde, bei denen die Eheschließung vom Abschluss weitreichender Eheverträge abhängig gemacht wurde und die künftige Ehefrau schwanger war. Das BVerfG entschied hierzu, dass auch die Vertragsfreiheit **verfassungsimmanente Grenzen** kenne. Bei einer besonders einseitigen Aufbürdung von vertraglichen Lasten und einer erheblichen ungleichen Verhandlungsposition fordere Art. 2 Abs. 1 GG die Auslegung der Generalklauseln des Zivilrechts in einer Weise, die dort Grenzen setze, wo sich für einen Vertragsteil die privatautonome Selbstbestimmung in eine Fremdbestimmung verkehre. Das BVerfG knüpft in diesen Entscheidungen argumentativ, stellenweise auch im Wortlaut der Entscheidungsbegründung, an seine Rechtsprechung zur Sittenwidrigkeit von Verwandtenbürgschaften an (BVerfG, FamRZ 1994, 151; *Nobbe/Kirchhof*, BKR 2001, 5). Im Fall des Vertragsschlusses durch Schwangere wird Art. 6 Abs. 4 GG als weitere Begründung angeführt. Nach diesen beiden Entscheidungen des BVerfG war klar, dass die Ära grenzenloser Spielräume im Bereich der Eheverträge vorüber war. Es folgte große Unsicherheit hinsichtlich der Frage, was in Eheverträgen künftig noch gestaltbar ist und wo genau die Grenze der gerichtlichen   32

Inhaltskontrolle verlaufen wird. Bis heute ist diese Frage ein zentrales Thema i. R. d. Beratung und Gestaltung von Eheverträgen.

33   Nach diesen beiden Entscheidungen des BVerfG wartete die Praxis mit Sehnsucht auf die erste **Grundsatzentscheidung des BGH**. Diese erging am 11.02.2004 (BGH, FamRZ 2004, 601). Dieses Urteil wurde seither durch eine Vielzahl weiterer ober- und höchstgerichtlicher Entscheidungen, bildet aber immer noch die entscheidenden Rahmenbedingungen zur Gestaltung von Eheverträgen. Die gerichtliche Kontrolle und Korrektur von Eheverträgen findet auf zwei Ebenen statt:

34   Ein Ehevertrag ist nach § 138 Abs. 1 BGB nichtig, wenn er bereits zum Zeitpunkt des Vertragsschlusses zu einer völlig einseitigen Lastenverteilung führt oder er das Ergebnis einer völlig ungleichen Verhandlungsposition ist. Eine völlig einseitige Lastenverteilung ist insb. dann anzunehmen, wenn der Ehevertrag in den »**Kernbereich** des Scheidungsfolgenrechts« eingreift. Hierzu hat der BGH ein »Stufenmodell« der Scheidungsfolgen entwickelt. Auf der obersten Stufe steht dabei der Kindesbetreuungsunterhalt gem. § 1570 BGB, der seither nur noch in engen Grenzen einem ehevertraglichen Verzicht zugänglich sein dürfte (s. hierzu aber zuletzt OLG Celle, NJW-RR 2009, 1302: Totalverzicht kann wirksam sein, wenn keine Zwangslage oder sonstige Unterlegenheit ausgenutzt wurde). Dem Kindesbetreuungsunterhalt folgen in der Hierarchie des Stufenmodells der Unterhalt wegen Alters (§ 1571 BGB) oder Krankheit (§ 1572 BGB), der Versorgungsausgleich (§§ 1 ff. VersAusglG), der Unterhalt wegen Erwerbslosigkeit (§ 1573 Abs. 1 BGB), der Krankenvorsorge- und Altersvorsorgeunterhalt (§ 1578 Abs. 2 und 3 BGB), der Aufstockungsunterhalt (§ 1573 Abs. 2 BGB) und Ausbildungsunterhalt (§ 1575 BGB) und als Schlusslicht der gesetzliche Zugewinnausgleich (§§ 1378 ff. BGB).

35   Im Rahmen der Inhalts- und Ausübungskontrolle werden die einzelnen Regelungskomplexe des Ehevertrages nicht isoliert bewertet, sondern in einer Gesamtschau. Nicht mit einzubeziehen sind indes solche Vertragsklauseln, die bei der Vertragsdurchführung nie relevant geworden sind. Potenziell zu weit geratene Einschnitte in den Betreuungsunterhalt gefährden den Ehevertrag dann nicht, wenn die Ehe kinderlos geblieben ist und ein Anspruch auf Betreuungsunterhalt ohnehin nicht in Betracht kommt (OLG Jena, NJW-RR 2010, 649).

Eine überdurchschnittlich einschneidende Regelung in einem Teilbereich, die isoliert Anlass zur Beanstandung unter dem Gesichtspunkt der Inhalts- und Ausübungskontrolle geben könnte, kann durch eine großzügige Regelung in einem anderen Bereich **kompensiert** werden. Werden im Ehevertrag zugleich Verfügungen von Todes wegen getroffen, sind auch diese erbrechtlichen Regelungen in die Gesamtschau mit einzubeziehen (Palandt § 1408 Rn. 8). Die Kompensation muss sich jedoch aus dem Ehevertrag selbst ergeben. Es genügt nicht, wenn sie sich mittelbar aus der Nichtigkeit einer einzelnen Vertragsklausel ergibt. So lässt sich bspw. der (unwirksam vereinbarte) Ausschluss des Versorgungsausgleichs nicht dadurch kompensieren, dass bereits der Ausschluss des nachehelichen Unterhalts unwirksam ist und die benachteiligte Partei deshalb mithilfe des Altersvorsorgeunterhalts eine eigene Altersvorsorge aufbauen kann (BGH, FamRZ 2006, 1097). Die Eingehung oder Fortsetzung der Ehe selbst kann nicht als kompensierender Vorteil herangezogen werden. Dem Argument, unverheiratet stünde der Partner auch nicht besser als mit einem »harten« Ehevertrag, hat das BVerfG eine Absage erteilt (BVerfG, FamRZ 2001, 343; FamRZ 2001, 985). Die Angemessenheit eines Verzichts hat sich an den gesetzlichen Scheidungsfolgen zu orientieren, nicht an der Situation des unverheirateten Paares. I. Ü. ist die Behauptung, ohne Eheschließung stünde der Partner ebenfalls rechtlos dar, seit Inkrafttreten des neuen Unterhaltsrechts zum 01.01.2008 nur noch eingeschränkt richtig. Im Bereich des Betreuungsunterhalts – und damit im Kernbereich – ist der ledige kindesbetreuende Elternteil dem geschiedenen mittlerweile gleichgestellt. Der BGH hat entschieden, dass trotz deutlicher Unterschiede im Wortlaut keine sachlichen Unterschiede mehr zwischen den Unterhaltstatbeständen der §§ 1570, 1615l BGB bestünden (BGH, FamRZ 2008, 1739, hierzu Anm. von *Steer*, notar 2008, 224),

36   Auf einer zweiten Ebene findet eine Ausübungskontrolle statt, die dogmatisch an § 242 BGB anknüpft. Auch i. R. d. **Ausübungskontrolle** ist das oben dargestellte Stufenmodell zu berücksichtigen.

Die Anforderungen an die subjektiven Umstände sind umso niedriger, je tiefer eine vertragliche Regelung in den Kernbereich der Scheidungsfolgen eingreift. Der relevante Zeitpunkt für diese zweite Stufe der Kontrolle, die Ausübungskontrolle, ist der Zeitpunkt, zu dem sich der Vertragsteil auf die ehevertragliche Regelung beruft, typischerweise also der Scheidungszeitpunkt. Das Gericht prüft, ob es nunmehr rechtsmissbräuchlich wäre, sich auf die (zunächst wirksame) vertragliche Regelung zu berufen. Es sind demnach vor allem spätere Entwicklungen, die zum Zeitpunkt des Abschlusses des Ehevertrages noch nicht vorhersehbar waren, die i. R. d. Ausübungskontrolle Bedeutung erlangen. Hierher gehören insb. Schicksalsschläge wie die unfallbedingte Erwerbsunfähigkeit eines Vertragsteils oder die Geburt eines schwerbehinderten Kindes, das in besonderem Maße der persönlichen Betreuung bedarf. Vorhersehbare oder i. R. d. üblichen liegende Veränderungen in der Lebens- und Erwerbssituation rechtfertigen hingegen regelmäßig keinen Eingriff im Wege der Ausübungskontrolle. Völlig zu Recht weist der BGH etwa in einer Entscheidung aus dem Jahr 2008 darauf hin, dass eine lange Ehedauer und die Geburt gemeinsamer Kinder (die Parteien des zu entscheidenden Falles waren bei Eheschließung 27 bzw. 29 Jahre alt) schwerlich als überraschendes, bei Vertragsschluss nicht vorher bedachtes Ereignis angesehen werden können, das eine spätere Anpassung des Vertragsinhalts über § 242 BGB erfordern würde (BGH, FamRZ 2008, 859; hierzu Anm. von *Steer*, notar 2008, 81).

Grds. unterliegen auch Trennungs- und **Scheidungsvereinbarungen** der gerichtlichen Billigkeitskontrolle (z. B. OLG Celle, FamRZ 2004, 1969; OLG München, FamRZ 2005, 215), wenngleich mit erheblichen Einschränkungen. Im Rahmen der Inhaltskontrolle ist zu beachten, dass das oft entscheidende Moment einer subjektiven Zwangslage oder Drucksituation nur noch begrenzt zum Tragen kommt. Es kann noch von Bedeutung sein, wenn ein Ehegatte meint, durch sein Einverständnis die Ehe retten zu können, oder er sich infolge von Schuldgefühlen unter Druck setzen lässt (Bamberger/Roth/*Mayer* § 1408 BGB Rn. 53). Bei endgültiger Zerrüttung, spätestens mit Anhängigkeit des Scheidungsantrags wird das subjektive Moment im Regelfall fehlen. Anders als die Inhaltskontrolle spielt die Ausübungskontrolle bei Trennungs- und Scheidungsvereinbarungen im Regelfall keine Rolle mehr, da die Ehe zum Beurkundungszeitpunkt bereits gescheitert ist, es mithin keine spätere Änderung der Ehekonstellation mehr geben wird (OLG Jena, FamRZ 2007, 2079). **37**

Auf der Ebene der Rechtsfolgen stellt sich oft die Frage, ob die Nichtigkeit einer einzelnen Klausel zur **Gesamtnichtigkeit** des Vertrags führt bzw. die Anpassungsbedürftigkeit eines Komplexes auf andere ausstrahlt. Eine pauschale Antwort hierauf ist nicht möglich. Wie bei jeder Korrektur unter Billigkeitsgesichtspunkt entscheiden die Umstände des Einzelfalls (allgemein hierzu und mit zahlreichen Beispielen aus der Rechtsprechung *Brambring*, NJW 2007, 865). **38**

Stark vom Einzelfall abhängig ist in diesem Zusammenhang der Nutzen von **salvatorischen Klauseln** (hierzu zuletzt BGH, NJW 2013, 457). Die Chance, bei Teilnichtigkeit den Rest des Vertrags zu retten, dürfte steigen, wenn die salvatorische Klausel kein allgemeiner Textbaustein ist, der auch für jeden Kauf- oder Gesellschaftsvertrag passen würde, sondern spezifisch darlegt, welcher Regelungskomplex unabhängig vom anderen gewollt ist. Insgesamt sollte jedoch nicht allzu viel Hoffnung in die vermeintlich schadensbegrenzende Funktion von salvatorischen Klauseln gesetzt werden. Sie werden dann nichts helfen, wenn der Ehevertrag trotz einzelner unverfänglicher Komplexe in der Gesamtwürdigung sittenwidrig erscheint (OLG Köln, FamRZ 2010, 29) oder wenn die salvatorische Klausel selbst Ausfluss gestörter Verhandlungsparität ist (vgl. *Münch*, MittBayNot 2013, 246, 247).

Das zum 01.09.2009 in Kraft getretene VersAusglG hat i. R. d. Inhalts- und Ausübungskontrolle keine Neuigkeit gebracht. Zwar bestimmt **§ 8 Abs. 1 VersAusglG** nunmehr ausdrücklich, dass eine Vereinbarung zum Versorgungsausgleich der Inhalts- und Ausübungskontrolle Stand halten muss. Hierfür gelten jedoch dieselben Maßstäbe, die nach der Rechtsprechung an jede ehevertragliche Regelung anzulegen sind (BT-Drucks. 16/10144, S. 53). Die spezialgesetzliche Bestimmung des § 8 Abs. 1 VersAusglG dient somit nur der Klarstellung, bewirkt aber das Gegenteil. Wer die Entstehungsgeschichte und Gesetzesbegründung nicht kennt, könnte auf die Idee kommen, § 8 Abs. 1 VersAusglG sähe eine andere oder zusätzliche Form der gerichtlichen Nachprüfung vor. **39**

40   Die Frage, welche Regelungsintensität in den einzelnen Bereichen vertretbar erscheint, wird in den
      nachfolgenden Anmerkungen zu den einzelnen Vertragsmustern erörtert. Gewarnt werden soll je-
      doch an dieser Stelle vor dem Irrglauben, ein intensives Studium der **Kasuistik** (hervorragende Aus-
      wahl hierzu bei *Münch*, Ehebezogene Rechtsgeschäfte, Rn. 705 ff.) könne i. R. d. Beratung und Ver-
      tragsgestaltung abgesicherte Ergebnisse gewährleisten. Maßgeblich ist immer die Gesamtschau der
      Regelungstiefe und vor allem auch der subjektiven Situation der Vertragschließenden.

      Gewarnt werden soll an dieser Stelle weiter vor übertriebener Sorge. Die Angst vor der Inhalts- und
      Ausübungskontrolle dürfte im Allgemeinen größer sein als ihre tatsächliche Bedeutung. Das gilt
      insb. seit dem Inkrafttreten der Unterhaltsreform zum 01.01.2008. Nachdem der Kernbereich der
      Scheidungsfolgen, insb. der Betreuungsunterhalt des geschiedenen Ehegatten, hierdurch erheblich
      geschrumpft ist, scheint die Inhalts- und Ausübungskontrolle mit zunehmendem Schwerpunkt an
      die Frage gleicher Verhandlungschancen anzuknüpfen, weniger an den Inhalt der Vereinbarung.

      Ist keiner der Vertragsteile intellektuell, psychologisch, wirtschaftlich oder sozial in der Enge, scheint
      selbst der **Totalverzicht** kein Tabu zu sein. Entscheidungen wie das Urteil des OLG Celle, NJW-RR
      2009, 1302 zeigen, dass die Vertragsfreiheit auch im Kernbereich der Scheidungsfolgen noch (oder
      wieder) existiert. In dieser Entscheidung wurde ein Totalverzicht kurz vor Eheschließung gebilligt,
      da keine Verhandlungsdisparität oder sonstige Drucksituation bestand (beide Ehegatten waren Real-
      schullehrer). In eine ähnliche Richtung weist ein Beschluss des OLG Hamm (FamRR 2011, 381),
      wonach allein aus einem Globalverzicht auch bei einem objektiv offensichtlichen Ungleichgewicht
      der Einkommens- und Vermögensverhältnisse (Ehemann niedergelassener Arzt, Ehefrau Finanzbe-
      amtin in Teilzeit) nicht zwangsläufig die Sittenwidrigkeit des Ehevertrags folgt, wenn ein Fall ge-
      störter Vertragsparität nicht vorliegt. Inzwischen hat auch der BGH (NJW 2013, 380) betont, dass
      sich ein Ehevertrag in der Regel nur dann als sittenwidrig und dem ganzen Inhalt nach nichtig dar-
      stellt, wenn konkrete Feststellungen zu einer unterlegenen Verhandlungsposition des benachteiligten
      Ehegatten getroffen werden können. Aus der Unausgewogenheit des Vertragsinhalts allein ergebe
      sich die Sittenwidrigkeit regelmäßig noch nicht (ähnlich auch BGH, NJW 2014, 1101, 1105 f.).
      Freilich sollte man die Mandantschaft weiterhin zur Vorsicht mahnen. Die zitierten Entscheidun-
      gen sind – wie alle Entscheidungen zur Thematik Inhalts- und Ausübungskontrolle – stark von den
      Besonderheiten des Einzelfalles geprägt.

B. Muster und Erläuterungen

I. Präventive Eheverträge

41   Im folgenden Abschnitt werden einige ausgewählte Formulierungsvorschläge für präventive Ehe-
      verträge als Gesamtmuster vorgestellt. Im Anschluss folgen einzelne Bausteine für Regelungen zum
      Güterrecht, zum nachehelichen Unterhalt und zum Versorgungsausgleich.

1. Gesamtmuster Totalverzicht

42   Ein Ehevertrag, in dem die Ehegatten auf alle zentralen vermögensrechtlichen Folgen der Ehe ver-
      zichten, beinhaltet die Vereinbarung der Gütertrennung, den Verzicht auf nachehelichen Unterhalt,
      den Ausschluss des Versorgungsausgleichs sowie den Erb- und Pflichtteilsverzicht. Im Hinblick auf
      die Inhalts- und Ausübungskontrolle von Eheverträgen wird eine solcher Vertrag nur unter besonde-
      ren Umständen in Betracht kommen (s. hierzu die Anmerkungen nach dem Formular). Im Beispiel
      handelt es sich um Verlobte, die beide bereits einmal verheiratet waren, wirtschaftlich abgesichert
      sind und erwachsene Kinder aus der jeweils ersten Ehe haben, schlagwortartig beschrieben also um
      die Fallgruppe »zweiter Frühling«.

EHEVERTRAG 43

Heute, den ..... *[Datum ausgeschrieben]*

– ..... – *[Datum]*

erschienen gleichzeitig vor mir,

.....

Notar in ....., in den Amtsräumen .....:
1. Herr ....., geboren am .....,
   wohnhaft .....,
   nach Angabe nicht verheiratet,
2. Frau ....., geborene ....., geboren am .....,
   wohnhaft .....,
   nach Angabe nicht verheiratet.

Die Erschienenen wiesen sich aus durch Vorlage amtlicher Lichtbildausweise.

Auf Ansuchen beurkunde ich die Erklärungen der Erschienenen wie folgt:

1. Vorbemerkung

Herr ..... wurde am ..... in ..... geboren, Geburtenregisternummer ......[1]

Frau ..... wurde am ..... in ..... geboren, Geburtenregisternummer ......

Herr ..... war in erster Ehe mit der verstorbenen Frau ..... verheiratet. Aus dieser Ehe sind zwei Kinder hervorgegangen, nämlich der Sohn ....., geboren am ....., und die Tochter ....., geboren am ......[2]

Frau ..... war in erster Ehe mit Herrn ..... verheiratet. Die Ehe wurde am ..... rechtskräftig geschieden. Aus dieser Ehe ist eine Tochter hervorgegangen, nämlich Frau ....., geboren am ......

Weitere Kinder hat keiner der Erschienenen, auch keine nichtehelichen oder adoptierten Kinder. Gemeinsame Kinder sind von den Erschienenen nicht geplant und in Anbetracht des Lebensalters nicht zu erwarten.

Herr ..... ist selbständig. Er betreibt eine Möbel- und Bauschreinerei unter der Firma ...... Hieraus erzielt Herr ..... im Durchschnitt ein zu versteuerndes Einkommen von 50.000 € jährlich. Herr ..... ist Eigentümer des Anwesens ..... in ....., in dem sich sein Gewerbebetrieb befindet. Darüber hinaus verfügt Herr ..... über Ersparnisse in Höhe von ca. 100.000 €. Weiteres nennenswertes Vermögen ist nicht vorhanden.

Frau ..... ist Beamtin und erzielt ein zu versteuerndes Einkommen von ca. 35.000 € jährlich. Frau ..... ist Eigentümerin der Eigentumswohnung in der ..... in ....., die von den Erschienenen gemeinsam bewohnt wird. Darüber hinaus verfügt Frau ..... über Ersparnisse in Höhe von ca. 70.000 €. Weiteres nennenswertes Vermögen ist nicht vorhanden.

Beide Erschienenen besitzen beide ausschließlich die deutsche Staatsangehörigkeit.

Keiner der Erschienenen hat im Ausland belegenes Vermögen, insbesondere keinen ausländischen Grundbesitz.

Die Erschienenen leben seit sechs Jahren in nichtehelicher Lebensgemeinschaft und beabsichtigen, miteinander die Ehe zu schließen. Für jeden der Erschienenen wird es die zweite Ehe sein.

Vor dem Hintergrund dieser Lebens- und Einkommenssituation wünschen die Beteiligten, die vermögensrechtlichen Folgen einer etwaigen Ehescheidung weitgehend auszuschließen. Weiterhin entspricht es dem übereinstimmenden Willen beider Beteiligten, dass das Vermögen eines jeden Ehegatten im Todesfall ausschließlich den jeweils eigenen Kindern zufällt.

Dies vorausgeschickt vereinbaren die Beteiligten was folgt:

2. Gütertrennung

Wir vereinbaren für unsere Ehe Gütertrennung.[3]

Zuwendungen eines Ehegatten an den anderen können bei Scheidung der Ehe nur zurückgefordert werden, wenn dies ausdrücklich vereinbart wird. Ansprüche wegen Störung der Geschäftsgrundlage schließen wir insoweit ebenso aus wie bereicherungsrechtliche Ansprüche und Ansprüche unter dem Gesichtspunkt einer etwaigen Ehegattengesellschaft.[4]

Die Aufnahme eines Verzeichnisses der beiderseitigen Vermögen in diese Urkunde wünschen wir nicht.[5]

Die Eintragung des Güterstandes in das Güterrechtsregister wünschen wir nicht. Wir erteilen uns aber eine umfassende Vollmacht, wonach jeder Teil allein die Eintragung bewirken kann. Bewirkt nur einer die Eintragung, trägt er deren Kosten allein.[6]

Wir wurden vom Notar auf die rechtliche Wirkung der Gütertrennung eingehend hingewiesen. Uns ist insbesondere bekannt, dass[7]
- jeder Ehegatte ohne Zustimmung des anderen über sein Vermögen frei verfügen kann,
- jeglicher Zugewinnausgleichsanspruch entfällt,
- der gesetzliche Erbteil des überlebenden Ehegatten unter Umständen geringer ist,
- erbschaftsteuerliche Vorteile entfallen können,
- selbst bei getrennten Konten eine Mitberechtigung eines Ehegatten an einem Konto des anderen Ehegatten angenommen werden kann, wenn von dem betreffenden Konto nicht nur ausnahmsweise gemeinsame Ausgaben bestritten werden und
- dass auch im Güterstand der Gütertrennung zugunsten des Gläubigers eines Ehegatten vermutet wird, dass diejenigen beweglichen Gegenstände, die sich im Mit- oder Alleinbesitz des anderen Ehegatten befinden, dem Schuldner gehören.

3. Unterhaltsverzicht[8]

Für den Fall der Ehescheidung verzichtet jeder von uns gegenüber dem anderen auf jeglichen Unterhaltsanspruch samt allen Nebenansprüchen, und zwar für alle Fälle, also zum Beispiel auch für den Fall der Not, der Auflösung einer künftigen neuen Ehe oder der Änderung der Rechtslage.

Wir nehmen diesen Verzicht gegenseitig an.

Die Grundsätze des Unterhaltsanspruchs nach der Ehescheidung und die möglichen Folgen des Verzichts sind erörtert worden. Wir wissen, dass infolge dieses Verzichts im Falle der Ehescheidung jeder Ehegatte für sich selbst sorgen muss und keine monatlichen Zahlungen vom anderen Ehegatten verlangen kann. Uns ist bewusst, dass der Unterhaltsverzicht zum Nachteil des geschiedenen Ehegatten gereicht, der nach Gesetz einen Unterhaltsanspruch haben würde.

4. Versorgungsausgleich

Den gesetzlichen Versorgungsausgleich schließen wir hiermit aus.[9]

Ein Verzicht auf den Altersvorsorgeunterhalt soll hierdurch nur begründet werden, wenn wir dies an anderer Stelle in dieser Urkunde ausdrücklich bestimmen.

Der Notar hat uns darauf hingewiesen, dass aufgrund dieser Vereinbarung im Scheidungsfall kein Ausgleich der Rentenanwartschaften stattfinden wird und deshalb jeder Ehegatte für seine Altersversorgung selbst verantwortlich ist.

5. Erb- und Pflichtteilsverzicht[10]

Jeder Vertragsteil verzichtet mit sofortiger Wirkung auf seinen künftigen gesetzlichen Erb- und Pflichtteil als Ehegatte am Nachlass des anderen, der diesen Verzicht hiermit annimmt.

6. Kosten, Ausfertigungen[11]

Von dieser Urkunde erhalten die Vertragsteile je eine Ausfertigung.

Die Kosten dieser Urkunde tragen wir gemeinsam, im Innenverhältnis je zur Hälfte. Auf die gesamtschuldnerische Haftung beider Vertragsteile ist hingewiesen worden.

7. Wirksamkeitsabrede

Sollte eine Bestimmung dieser Urkunde unwirksam oder undurchführbar sein oder werden – gleich aus welchem Grunde –, so soll dadurch die Wirksamkeit der übrigen Bestimmungen nicht berührt werden. Insbesondere soll die etwaige Unwirksamkeit oder Undurchführbarkeit der Regelungen zum Güterrecht, zum nachehelichen Unterhalt, zum Versorgungsausgleich oder zum Erb- und Pflichtteil keinen Einfluss auf die übrigen ehevertraglichen Regelungen haben.[12]

Die unwirksamen bzw. undurchführbaren Bestimmungen sind so auszulegen, umzudeuten oder zu ersetzen, dass der erstrebte wirtschaftliche Erfolg möglichst gleichkommend verwirklicht wird. Die Vertragsteile verpflichten sich, alles nach Treu und Glauben Zumutbare zu tun, um die Wirksamkeit des heutigen Vertragsverhältnisses zu sichern und seine Durchführung zu ermöglichen.

8. Hinweise[13]

Der Notar hat uns über den Inhalt und die rechtlichen Folgen aus diesem Vertrag eingehend belehrt. Der Notar hat insbesondere auf die Rechtsprechung des Bundesverfassungsgerichts und des Bundesgerichtshofs zur Inhalts- und Ausübungskontrolle von Eheverträgen hingewiesen und erläutert, dass ehevertragliche Regelungen bei einer besonders einseitigen Aufbürdung von vertraglichen Lasten und einer erheblich ungleichen Verhandlungsposition unwirksam oder unanwendbar sein können.

Die Vertragsteile erklären, dass sie nach einer Vorbesprechung und dem Erhalt eines Vertragsentwurfes die rechtlichen Regelungen dieses Vertrages umfassend erörtert haben und diese Regelungen ihrem gemeinsamen Wunsch zur Gestaltung ihrer ehelichen Verhältnisse entsprechen.

Der Notar hat darauf hingewiesen, dass bei einer Änderung der Ehekonstellation die Regelungen auch nachträglich einer Ausübungskontrolle unterliegen können. Er hat geraten, in diesem Fall den Vertrag der veränderten Situation anzupassen.

Vorgelesen vom Notar,

von den Erschienenen genehmigt

und eigenhändig unterschrieben

1. **Verwahrangaben.** Bei den Verwahrangaben sind außer dem Namen und Geburtsnamen, dem Geburtsdatum und der Wohnanschrift eines Vertragsbeteiligten zusätzlich dessen Geburtsort anzugeben und die Geburtenregisternummer bzw. Geburtenbuchnummer. Diese Angaben benötigt der Notar für die Mitteilung an das **Zentrale Testamentsregister** nach § 78b BnotO i. V. m. § 34a BeurkG. Diese Mitteilungen ersetzen seit dem 01.01.2012 die bis dahin üblichen Mitteilungen ans jeweilige Geburtsstandesamt. Eine Mitteilung ans Zentrale Testamentsregister ist dann erforderlich, wenn der Ehevertrag mit einem Erbvertrag kombiniert wird oder sonst Regelungen enthält, die die Erbfolge ändern. Letzteres trifft beim Erb- und Pflichtteilsverzicht zu, nicht jedoch beim (praktisch wesentlich weiter verbreiteten) isolierten Pflichtteilsverzicht gem. § 2346 Abs. 2 BGB. Da die Vereinbarung eines anderen Güterstandes gem. § 1931 BGB Einfluss auf das gesetzliche Erbrecht des Ehegatten hat, ist bei Erbverträgen, in denen ein anderer Güterstand vereinbart wird, ebenfalls eine Standesamtsmitteilung erforderlich. Das gilt auch dann, wenn die gesetzliche Erbfolge aufgrund einer Verfügung von Todes wegen voraussichtlich nicht eintreten wird.

Bloße Modifikationen des gesetzlichen Güterstandes, bspw. der Ausschluss des Zugewinnausgleichs für den Fall der Scheidung, erfordern hingegen eine Standesamtsmitteilung auch dann nicht, wenn sie im wirtschaftlichen Ergebnis weitgehend auf die Vereinbarung eines anderen Güterstandes hinauslaufen.

2. Lebenssituation und Motive. Mehrheitlich wird **empfohlen**, im Rahmen von präventiven Eheverträgen die Lebens-, Vermögens- und Einkommenssituation der Vertragteile festzuhalten (z. B. Empfehlung des 15. Deutschen Familiengerichtstages FuR 2004, 18). Dies umfasst auch die Planung für die Zukunft, wie bspw. einen etwaigen Kinderwunsch und die Frage, wer im Fall der Geburt eines Kindes in welchem Umfang die Erwerbstätigkeit einschränken möchte. Zur Begründung wird angeführt, dass die Inhalts- und Ausübungskontrolle nur dann zu sachgerechten Ergebnissen führen könne, wenn Erkenntnisse darüber vorlägen, welche Ziele die Ehegatten mit dem Vertragsschluss verfolgt haben.

Das Meinungsbild hierzu ist jedoch nicht eindeutig. Teilweise wird auch vertreten, dass eine allzu ausführliche Schilderung der Lebenssituation und der Motive unnötig Munition für spätere Angriffe auf den Ehevertrag liefert (kritisch auch Würzburger Notarhandbuch/*Mayer* Teil 3 Kap. 1 Rn. 46).

Hinsichtlich der Ausgangssituation erscheint es in der Tat zweifelhaft, ob umfangreiche Schilderungen im Ehevertrag erforderlich sind. Die Situation ist wie sie ist, unabhängig davon, ob und was darüber im Ehevertrag geschrieben wird. Auch hinsichtlich der Motive erscheint zweifelhaft, ob ausführliche Erläuterungen im Ehevertrag sinnvoll sind. Wenn das wahre Motiv eines Vertragsteils dasjenige ist, dass er Zweifel an der Dauerhaftigkeit der Ehe hegt und im Scheidungsfall möglichst billig auskommen möchte, wird er dieses Motiv schwerlich im Ehevertrag niederlegen. Floskelhafte Ausführungen, wonach die Ehegatten ihre wirtschaftliche Selbstständigkeit beibehalten möchten und nachfolgende Regelungen dem gemeinsamen Wunsch zur Gestaltung der ehelichen Lebensverhältnisse entsprechen (Würzburger Notarhandbuch/*Mayer* Teil 3 Kap. 1 Rn. 46: »Schwindelehe«), dürften ebenfalls keinen fühlbaren Mehrwert erbringen.

Die besseren Argumente dürften dafür sprechen, sich bei der Schilderung der Lebenssituation und -planung sowie der Motive zum Abschluss des Ehevertrages eher **kurz zu fassen**. Der vorstehende Formulierungsvorschlag dürfte hinsichtlich der Ausführlichkeit die absolute Obergrenze markieren. Eine Einschränkung zu dieser Empfehlung scheint jedoch für den Fall angebracht, dass auf sämtlichen nachehelichen Unterhalt verzichtet wird, also auch auf den Betreuungsunterhalt. Ein Verzicht wird insoweit regelmäßig nur in Betracht kommen, wenn gemeinsame Kinder nicht zur Rede stehen (s. aber OLG Celle, NJW-RR 2009, 1302, und oben Rdn. 34). Dies sollte i. R. d. Vorbemerkungen kurz ausgeführt werden, wenn es nicht in Anbetracht des Lebensalters der Vertragsteile auf der Hand liegt.

3. Gütertrennung. Die Gütertrennung gem. § 1414 BGB stellt die eindeutigste und vollständigste Form der Trennung des Vermögens der beiden Ehegatten dar. Die Gütertrennung wird aus den unterschiedlichsten Gründen gewünscht. Verbreitet ist sie vor allem dort, wo ein Ehegatte über ein gewerbliches oder freiberufliches **Unternehmen** verfügt, erhebliche Wertsteigerungen dieses Unternehmens möglich sind und Vorkehrung vor möglicherweise existenzvernichtenden Zugewinnausgleichsforderungen gewünscht wird (vgl. *Plate*, MittRhNotK 1999, 257).

Auch sonstiges **Vermögen** von überdurchschnittlicher Größe, bspw. erheblicher Grundbesitz, führt vielfach zu dem Wunsch, die Gütertrennung zu vereinbaren. Nicht selten wird dieser Wunsch dabei vor allem von den Elternteilen eines Vertragsschließenden vorgetragen. Es kommt vor, dass Eltern vor der Überlassung erheblichen Grundbesitzes oder der Übergabe des Familienbetriebes vom vorgesehenen Erwerber verlangen, dass dieser Gütertrennung vereinbart oder ähnliche Modifikationen am Güterrecht vornimmt. Ein solches Verlangen der Eltern ist jedenfalls rechtlich nicht zu beanstanden.

Die Gütertrennung gem. § 1414 BGB ist (in präventiven Eheverträgen) mittlerweile eher selten geworden. Sie wurde zunehmend verdrängt von der **modifizierten Zugewinngemeinschaft**, bei der der Zugewinnausgleich für alle Fälle der Beendigung der Ehe auf andere Weise als durch den Tod eines Ehegatten, insb. also für den Fall der Scheidung, ausgeschlossen wird (Formulierungsvorschlag hierzu bei Rdn. 45). Hintergrund ist der, dass die Gütertrennung im Vergleich zur Zugewinngemeinschaft im Todesfall Nachteile haben kann:

– Durch die Auswirkungen des Güterrechts auf das Ehegattenerbrecht kann die Gütertrennung zu einer Erhöhung des **Pflichtteilsanspruchs** der Kinder führen (*Mayer*, FPR 2006, 129). Hinterlässt der Erblasser außer einem Ehegatten zwei Kinder, beträgt die Erbquote eines jeden Kindes bei Gütertrennung ein Drittel, die Pflichtteilsquote somit ein Sechstel. Hätten es die Ehegatten hingegen bei der Zugewinngemeinschaft belassen, würde der Ehegatten in gesetzlicher Erbfolge (bei Wahl der erbrechtlichen Lösung gem. § 1371 Abs. 1 BGB) die Hälfte erben. Die Erbquote eines jeden Kindes wäre somit ein Viertel, die Pflichtteilsquote ein Achtel.

– Zum anderen kann die Zugewinngemeinschaft Vorteile im Bereich des **Erbschaftsteuerrechts** haben (hierzu *Grund*, MittBayNot 2008, 19). Gem. § 5 Abs. 1 ErbStG gilt derjenige Betrag, den der überlebende Ehegatte bei Beendigung des Güterstandes der Zugewinngemeinschaft durch den Tod eines Ehegatten nach Maßgabe des § 1371 Abs. 2 BGB als Ausgleichsforderung geltend machen könnte, nicht als erbschaftsteuerpflichtiger Erwerb. Die (fiktive) Zugewinnausgleichsforderung ist somit erbschaftsteuerfrei. Dieser erbschaftsteuerliche Vorteil entfällt bei der Gütertrennung.

– Kein Argument gegen die Gütertrennung sind jedoch seit dem Inkrafttreten des GNotKG zum 01.08.2013 die **Beurkundungskosten**. Nach früherem Kostenrecht war für die Gütertrennung als Geschäftswert gem. § 39 Abs. 3 KostO das ganze Reinvermögen (d. h. Aktivvermögen abzüglich etwaiger Verbindlichkeiten eines jeden Ehegatten) anzusetzen, wohingegen bei Modifikation der Zugewinngemeinschaft in der Weise, dass der Zugewinnausgleich nur für den Fall der Beendigung des Güterstandes auf andere Weise als durch Tod eines Ehegatten ausgeschlossen wird, ein Teilwert von regelmäßig 20 % bis 50 % des Reinvermögens als Geschäftswert anzusetzen war (Notarkasse A.d.ö.R., Streifzug durch die Kostenordnung, Rn. 313). Diese Differenzierung kennt das GNotKG jedoch nicht mehr. In beiden Fällen ist nunmehr gleichermaßen das ganze Reinvermögen anzusetzen (*Pfeiffer*, in: Bormann/Diehn/Sommerfeldt, GNotKG, 2014, § 100 Rn. 3), wobei Verbindlichkeiten nach § 100 Abs. 1 Satz 3 GNotKG nur noch bis zur Hälfte des Werts des Aktivvermögens abgezogen werden können (sog. modifiziertes Reinvermögen). Sind die Ehegatten also z. B. überschuldet oder besteht das Vermögen im Wesentlichen aus einer vollfinanzierten Immobilie, ist als Geschäftswert nach dem GNotKG dennoch das halbe Aktivvermögen anzusetzen.

Insb. die beiden erstgenannten Gründe haben in der Praxis dazu geführt, dass Ehegatten, die die Gütertrennung wünschen, regelmäßig die modifizierte Zugewinngemeinschaft als Alternative schmackhaft gemacht wird. Diese Beratungspraxis ist grds. zu begrüßen, da die beiden Lösungen im Scheidungsfall wirtschaftlich auf dasselbe Ergebnis hinauslaufen, die Gütertrennung im Todesfall jedoch Nachteile im Vergleich zur Zugewinngemeinschaft aufweist. Jedoch sollte den Mandanten nicht undifferenziert zur modifizierten Zugewinngemeinschaft geraten werden. Stets ist zu prüfen, ob sich die geschilderten Nachteile der Gütertrennung im **konkreten Fall** überhaupt auswirken. Im Einzelnen:

– In vielen Fällen hat die Gütertrennung keinerlei Auswirkung auf die **Pflichtteilsquote**. Wenn der Erblasser außer dem Ehegatten nur ein Kind hinterlässt, beträgt dessen Pflichtteilsquote bei Gütertrennung und Zugewinngemeinschaft gleichermaßen ein Viertel. Die potenziellen Auswirkungen der Gütertrennung auf das Pflichtteilsrecht sind ebenfalls ohne Bedeutung, wenn der Erblasser außer dem Ehegatten keine weiteren Pflichtteilsberechtigten hinterlässt oder sämtliche Kinder im Rahmen lebzeitiger Zuwendungen auf ihre Pflichtteilsansprüche verzichtet haben.

– **Erbschaftsteuerlich** ist der überlebende Ehegatte in der großen Mehrzahl der Fälle auf die Privilegierung des § 5 Abs. 1 ErbStG gar nicht angewiesen. Gem. § 13 Abs. 1 Nr. 4b ErbStG bleibt das zu eigenen Wohnzwecken genutzte Familienheim regelmäßig erbschaftsteuerfrei. Steuerfrei bleibt weiterhin gem. § 13 Abs. 1 Nr. 1a ErbStG Hausrat bis zu 41.000 €. Für sämtliches weitere Vermögen steht gem. § 16 Abs. 1 Nr. 1 ErbStG ein Freibetrag i. H. v. 500.000 € zur Verfügung. Wenn das im Erbfall zu erwartende Vermögen diese Grenzen nicht übersteigt, ist eine Erbschaftsteuerbelastung des überlebenden Ehegatten ohnehin nicht zu erwarten.

Die Gütertrennung hat im Vergleich zur modifizierten Zugewinngemeinschaft einen Vorteil, dessen Bedeutung nicht unterschätzt werden sollte: Die Gütertrennung ist für den juristischen Laien besser verständlich und leichter zugänglich. Vielfach fühlen sich die Mandanten schlichtweg wohler, wenn sie das Wort »Gütertrennung« in ihrem Ehevertrag nachlesen können und nicht nur eine für sie schwer verständliche Regelung, von der ihnen gesagt wurde, dass sie im Scheidungsfall auf dasselbe hinausläuft. Trotz der unbestreitbaren Überlegenheit der modifizierten Zugewinngemeinschaft ggü. der Gütertrennung sollte vor der Erteilung einer Gestaltungsempfehlung geprüft werden, ob sich diese Vorteile im konkreten Fall überhaupt auswirken.

Unter dem Gesichtspunkt der Kernbereichslehre zur Inhalts- und Ausübungskontrolle betont der BGH zwar weiterhin, dass beim Güterrecht die weitesten Gestaltungsspielräume bestehen (zuletzt BGH, NJW 2013, 457; BGH, NJW 2013, 2753). Grenzenlos dürfte die Vertragsfreiheit jedoch auch hier nicht sein. Insbesondere in den Fällen, wo dem Zugewinnausgleich eine Art »Funktions-äquivalent« zum Versorgungsausgleich zufällt, sind Eingriffe im Rahmen der Inhalts- oder (wohl eher) Ausübungskontrolle denkbar. Das betrifft z. B. den Fall, in dem der wirtschaftlich poten-tere Ehegatte (Unternehmer) Altersvorsorge allein durch Vermögensbildung betreibt, während der wirtschaftlich schwächere Ehegatte versorgungsausgleichspflichtige Rentenanrechte erwirbt. Ist in einem solchen der Fall der Zugewinnausgleich, nicht aber der Versorgungsausgleich ehevertraglich ausgeschlossen, kann dies zu schiefen Ergebnissen führen. Es würde nicht überraschen, wenn die Rechtsprechung in einem solchen Fall die Ausübungskontrolle bemüht und auf eine teilweise Ver-mögensübertragung erkennt (ähnlich *Münch*, MittBayNot 2013, 246).

4. Ausschließlichkeitsprinzip. Dem Grundgedanken nach folgt der Ausgleich des Vermögens im Scheidungsfall nach abschließender Maßgabe der §§ 1363 ff. BGB (»**Ausschließlichkeitsprinzip**«, BGH, FamRZ 1991, 1169; BGH, FamRZ 1992, 160). Es stellt sich die Frage, ob im Einzelfall auch Ausgleichsansprüche auf anderer Rechtsgrundlage gegeben sein können. In Betracht kommt hierfür insb. der Widerruf einer Schenkung wegen groben Undanks (§§ 530 Abs. 1, 531 Abs. 2 BGB), An-sprüche auf gesellschaftsrechtlicher Grundlage wegen der Auseinandersetzung einer zwischen den Ehegatten entstandenen Gesellschaft des bürgerlichen Rechts (§§ 730 ff., 738 Abs. 1 Satz 2 BGB), Ansprüche wegen Störung der Geschäftsgrundlage (§ 313 BGB) und schließlich Ansprüche aus Zweckverfehlungskondiktion gem. § 812 Abs. 1 Satz 2, 2. Alt. BGB (Palandt § 1372 Rn. 3 ff.). Ne-ben dem Zugewinnausgleich kommen Ansprüche auf einer der vorgenannten Rechtsgrundlagen nur in Ausnahmefällen in Betracht. Vom Ausgangspunkt her gilt dasselbe, wenn die Ehegatten Güter-trennung oder eine wirtschaftlich vergleichbare Modifikation der Zugewinngemeinschaft vereinbart haben. Die Ehegatten leben hier nicht in einem Zustand fehlender Ausgleichsregelung, sondern in einem Zustand geregelter unter gewollter Nichtausgleichung.

Dennoch besteht, insb. in Härtefällen, stets die Möglichkeit, dass vermögensrechtliche Ansprüche außerhalb des Zugewinnausgleichs bejaht werden (OLG Oldenburg, FamRZ 2008, 993 m. Anm. *Haußleitner/Schramm* NJW-Spezial 2007, 50). Dies wird zumindest zum Zeitpunkt des Vertrags-schlusses regelmäßig nicht dem Wunsch der Ehegatten entsprechen. Es dürfte daher häufig den In-teressen der Ehegatten entsprechen, solche Ansprüche ausdrücklich auszuschließen. Ob eine solche (zugegeben floskelhafte) **Abwehrklausel** im Streitfall standhalten wird, ist fraglich. Zumindest sollte eine solche Klausel jedoch zur Folge haben, dass die Darlegungs- und Beweislast für denjenigen, der einen Ausgleich unter allgemeinen Billigkeitsgesichtspunkten begehrt, erhöht wird.

5. Vermögensverzeichnis. Die Aufnahme eines Vermögensverzeichnisses empfiehlt sich insb. für Ehegatten, die es beim Zugewinnausgleich belassen, da ansonsten gem. § 1377 **Abs. 3 BGB** ver-mutet wird, dass das Endvermögen eines Ehegatten im Zweifel seinen Zugewinn darstellt. Für Ehegatten, die Gütertrennung vereinbaren oder den Zugewinnausgleich für den Scheidungsfall ausschließen, ist das Vermögensverzeichnis weniger wichtig. Auch hier kann es sich jedoch zur Streitvermeidung empfehlen, da auch bei Gütertrennung oder Ausschluss des Zugewinnausgleichs nach Eheende die Frage auftreten kann, ob ein einzelner Gegenstand (bspw. Haushaltsgegenstand) Eigentum des einen oder des anderen Ehegatten ist.

6. Güterrechtsregister. Theoretisch besteht die Möglichkeit, den Ehevertrag im Güterrechtsregister des zuständigen Amtsgerichts einzutragen, wodurch der Ehevertrag gem. § 1412 **BGB** Wirkung ggü.

Dritten entfalten kann. In der Praxis wird von dieser Möglichkeit kaum jemals Gebrauch gemacht. Im Interesse schlanker Urkunden erscheint es auch vertretbar, die Möglichkeit der Eintragung ins Güterrechtsregister im Ehevertrag unerwähnt zu lassen.

7. Hinweise. Gem. § 17 BeurkG hat der Notar die Beteiligten über die rechtliche Tragweite des Geschäfts zu belehren. Hierzu gehört es auch, mögliche Alternativen aufzuzeigen. Es liegt dabei im Ermessen des Notars, in welcher Form er diese Belehrungen erteilt. Mündliche Belehrungen vor oder bei der Beurkundung genügen den gesetzlichen Vorgaben. Die wichtigsten Hinweise sollten jedoch sowohl im Interesse der Parteien als auch im Interesse des Notars schriftlich in der Urkunde dokumentiert werden. Dabei empfiehlt es sich, allgemeine Hinweise unter einer eigenen Hauptüberschrift zusammenzufassen und Einzelhinweise an der thematisch zugehörigen Stelle in der Urkunde anzubringen.

Wenn die Vereinbarung einer Gütertrennung beurkundet wird, empfiehlt es sich insb., auf die oben dargestellten (Rdn. 43, *M. 3*) pflichtteilsrechtlichen und erbschaftsteuerlichen Nachteile hinzuweisen.

8. Unterhaltsverzicht. Aufgrund seiner elementaren Versorgungsfunktion stellt der Nacheheliche Unterhalt jedenfalls in einfachen und mittleren Einkommens- und Vermögensverhältnissen häufig die wichtigste gesetzliche Scheidungsfolge dar. Aus diesem Grund rangiert insb. der Betreuungsunterhalt in der Kernbereichslehre auf der ersten Stufe, unmittelbar gefolgt vom Unterhalt wegen Alters oder Krankheit.

Ein vollständiger Verzicht auf jeden nachehelichen Unterhalt kommt daher vor allem gegen eine entsprechende anderweitige Kompensation in Betracht oder in Ehekonstellationen, in denen sicher ausgeschlossen werden kann, dass ein Ehegatte wirtschaftlich vom anderen Ehegatten abhängig sein wird. Das bereits zitierte Urteil des OLG Celle, NJW-RR 2009, 1302, wonach bei fehlender Verhandlungsdisparität auch ein Totalverzicht kurz vor Eheschließung Bestand haben kann, macht dem Vertragsgestalter einerseits Mut, sollte andererseits aber als Einzelentscheidung auf OLG-Ebene nicht überbewertet werden.

9. Ausschluss des Versorgungsausgleichs. Da sich der Versorgungsausgleich bzw. der Ausschluss desselben meist erst in ferner Zukunft auswirkt, wird er in den Planungen der Ehegatten oft stiefmütterlich behandelt. Nach Eintritt des Rentenalters kann er jedoch eine ähnlich **elementare Versorgungsfunktion** erfüllen wie der nacheheliche Unterhalt. Aus diesem Grund nimmt der Versorgungsausgleich i. R. d. Kernbereichslehre einen der vorderen Plätze ein. Seit Inkrafttreten der Unterhaltsreform zum 01.01.2008 scheint der nacheheliche Unterhalt etwas aus dem Fokus der Rechtsprechung zur Inhalts- und Ausübungskontrolle geraten zu sein. Stattdessen befassen sich auffällig viele Entscheidungen der letzten Jahre mit der Frage nach der Wirksamkeit ehevertraglicher Regelungen zum Versorgungsausgleich. Ein kompensationsloser Verzicht auf den Versorgungsausgleich läuft demnach akut Gefahr, nach § 138 Abs. 1 BGB nichtig zu sein, jedenfalls wenn bei einem Ehegatten bereits bei Abschluss des Vertrages absehbar ist, dass er wegen Kindesbetreuung alsbald aus dem Berufsleben ausscheiden und bis auf Weiteres keine eigenen Versorgungsanrechte erwerben wird (BGH, FamRZ 2008, 2011, ähnlich BGH, FamRZ 2009, 1041 und OLG Hamm, Beschl. v. 16.02.2011 – II-8 UF 96/10). Ebenfalls droht Sittenwidrigkeit, wenn der Verzicht auf die Durchführung des Versorgungsausgleichs sich voraussichtlich zulasten des Sozialhilfeträgers auswirken wird (OLG Hamm, NJW 2013, 3253). Wird hingegen Kompensation geleistet (etwa durch Finanzierung einer privaten Lebensversicherung oder durch Übertragung einer Immobilie), so kann auch in einer Alleinverdienerehe der vollständige Ausschluss des Versorgungsausgleichs der Wirksamkeitskontrolle standhalten (BGH, NJW 2014, 1101). Wird der Versorgungsausgleich nicht vollständig ausgeschlossen, sondern auf die Betreuungszeiten von der Geburt des ersten gemeinsamen Kindes bis zur Vollendung des sechsten Lebensjahres durch das jüngste gemeinsame Kind beschränkt, so soll dies nach einer Entscheidung des OLG Zweibrücken (Beschl. v. 22.10.2013 – 2 UF 122/13) keinen Bedenken begegnen.

§ 1414 Satz 2 BGB regelte in der bis zum 31.08.2009 geltenden Fassung, dass der Ausschluss des Versorgungsausgleichs automatisch zur Gütertrennung führt, falls sich nicht aus dem Ehevertrag etwas anderes ergibt. Aus diesem Grund findet sich in vielen alten Eheverträgen nach dem Ausschluss des Versorgungsausgleichs ein Hinweis, dass »eine **Änderung des Güterstandes** hierdurch nicht eintreten soll, soweit nicht ausdrücklich an anderer Stelle in der Urkunde vereinbart«. Regelungen der vorstehenden Art sind überholt. Seit der Neufassung des § 1414 Satz 2 BGB mit Wirkung zum 01.09.2009 führt der Ausschluss des Versorgungsausgleichs nicht mehr automatisch zum Eintritt der Gütertrennung. Damit ist auch die Möglichkeit entfallen, die Gütertrennung durch Ausschluss des Versorgungsausgleichs und Nutzung der Regelwirkung des § 1414 Satz 2 BGB a. F. herbeizuführen, was vereinzelt zur Reduzierung der Beurkundungskosten praktiziert wurde.

Eine ähnlich gelagerte Problematik – wenngleich ohne gesetzliche Regelung – besteht im Hinblick auf den **Altersvorsorgeunterhalt** nach § 1578 Abs. 3 BGB. Verschiedentlich wird vertreten, der Verzicht auf Versorgungsausgleich beinhalte im Zweifel zugleich einen Verzicht auf Altersvorsorgeunterhalt. Der BGH hat dies bislang ausdrücklich offengelassen (BGH, NJW 1992, 2477). Es empfiehlt sich daher eine Klarstellung, ob ein Verzicht auf Altersvorsorgeunterhalt gewollt ist oder nicht.

Nach der bis zum 31.08.2009 geltenden Rechtslage war der Ausschluss des Versorgungsausgleichs unwirksam, wenn innerhalb eines Jahres nach Vertragsschluss Antrag auf Scheidung der Ehe gestellt wird. Häufig wurde deshalb geregelt, dass für diesen Fall der Ausschluss des Versorgungsausgleichs auch nach § 1587o BGB a. F. als vereinbart gelten soll. Die bislang hierfür erforderliche Genehmigung des FamG wurde vorsorglich beantragt. Mit Inkrafttreten des VersAusglG sind die **Jahresfrist** des § 1408 Abs. 2 Satz 2 BGB a. F. und das Erfordernis einer **familiengerichtlichen Genehmigung** nach § 1587o Abs. 2 Satz 3 BGB a. F. entfallen. Vertragliche Regelungen hierzu sind seit dem 01.09.2009 nicht nur überflüssig, sondern irreführend. An die Stelle der familiengerichtlichen Genehmigung gem. § 1587o Abs. 2 Satz 3 BGB a. F. ist nunmehr § 8 Abs. 1 VersAusglG getreten, wonach die Vereinbarung über den Versorgungsausgleich einer Inhalts- und Ausübungskontrolle standhalten muss. Dieses Erfordernis gilt bereits kraft Gesetzes für jedwede ehevertragliche Vereinbarung. Die Regelung des § 8 Abs. 1 VersAusglG wurde im Gesetzgebungsverfahren zu Recht als missverständlich kritisiert, da der Eindruck entstehen könnte, es sei ein besonderes oder anderes Verfahren vorgesehen, das über die allgemeine Inhalts- und Ausübungskontrolle hinausginge (was nicht der Fall ist, BT-Drucks. 16/10144, S. 52 f.).

10. Erb- und Pflichtteilsverzicht. Wenn die Ehegatten einen möglichst umfassenden Verzicht wünschen, ist auch über einen Erb- und Pflichtteilsverzicht nachzudenken. Der Verzicht auf das gesetzliche Erbrecht gem. § 2346 Abs. 1 BGB ist in der Praxis jedoch eher selten. I. d. R. ist es einfacher und geradliniger, eine **Verfügung von Todes** wegen zu treffen, die den Verzichtenden ausschließt. Im Beispielsfall könnten die Ehegatten ihre jeweiligen erstehelichen Kinder durch Erbvertrag oder Testament zu Erben einsetzen. Das gesetzliche Erbrecht des Ehegatten wäre damit automatisch ausgeschlossen.

Anders verhält es sich mit dem **Pflichtteilsrecht**. Der Pflichtteilsanspruch des Ehegatten kann selbstverständlich nicht durch einseitige Verfügung von Todes wegen zugunsten anderer Personen ausgeschlossen werden. Zur Beseitigung des Pflichtteilsrechts des Ehegatten ist ein entsprechender Verzicht erforderlich. Nach § 2346 Abs. 2 BGB ist es möglich, auf das Pflichtteilsrecht isoliert zu verzichten, ohne zugleich auf das gesetzliche Erbrecht zu verzichten. Von dieser Möglichkeit wird in der Praxis großflächig Gebrauch gemacht. Hierfür sprechen unter anderem kostenrechtliche Gesichtspunkte. Der Erb- und Pflichtteilsverzicht ist i. R. d. Beurkundungsgebühren gesondert zu bewerten. Er ist nicht i. S. d. § 44 Abs. 1 KostO gegenstandsgleich mit den güterrechtlichen Regelungen.

11. Kosten. Die Ehegatten können im Innenverhältnis **frei vereinbaren**, wer die Beurkundungskosten zu tragen hat. Soweit ersichtlich, hat die Rechtsprechung Kostentragungsregelungen bislang nicht als Indiz i. R. d. Inhalts- und Ausübungskontrolle herangezogen. Man könnte auf die Idee kommen, die Kostentragung bspw. durch den Ehemann sei ein Indiz dafür, dass der Ehevertrag maßgeblich auf sein Betreiben hin zustande gekommen sei. In manchen ausländischen Rechtsordnungen sind solche Schlussfolgerungen üblich. Zur Vermeidung jedes Anscheins mag es sinnvoll sein, im Zweifel auf eine hälftige Kostentragung im Innenverhältnis hinzuwirken.

12. Salvatorische Klausel. Vor dem Hintergrund der Inhalts- und Ausübungskontrolle haben salvatorische Klauseln in Eheverträgen eine besondere Bedeutung. Die Gefahr, dass eine einzelne Vertragsklausel unwirksam oder unanwendbar ist, ist bei Eheverträge ungleich größer als bspw. bei Kauf- oder Gesellschaftsverträgen. Je ausführlicher, differenzierter und weniger floskelhaft eine salvatorische Klausel ist, desto höher ist die Chance, dass sie im Ernstfall die Gesamtnichtigkeit abwendet (s. o. Rdn. 38).

13. Belehrungen. Wie oben bereits dargestellt, entspricht es den Interessen der Mandanten und des Notars gleichermaßen, die wesentlichen Inhalte der Belehrungen schriftlich in der Urkunde zu dokumentieren. Unerlässlich ist insoweit ein Hinweis auf die Rechtsprechung zur Inhalts- und Ausübungskontrolle. Hierbei ist jedoch mit Augenmaß vorzugehen (s. o. Rdn. 40).

2. Gesamtmuster moderater Verzicht mit Erbvertrag

Der Totalverzicht wird nur in wenigen Fällen dem beiderseitigen Wunsch der Beteiligten entsprechen und in noch weniger Fällen der Inhalts- und Ausübungskontrolle standhalten. Häufiger wird daher ein teilweiser Verzicht interessengerecht sein. Nachfolgendes Beispiel betrifft Verlobte, die ihr erstes gemeinsames Kind erwarten. Die bestehende Schwangerschaft wirft dabei besondere Fragen im Hinblick auf die Inhalts- und Ausübungskontrolle auf, jedoch würde es auch den Interessen der Schwangeren nicht gerecht, den Abschluss eines Ehevertrags während bestehender Schwangerschaft pauschal zu tabuisieren. Der Zugewinnausgleich wird im folgenden Muster für den Scheidungsfall ganz ausgeschlossen. Beim nachehelichen Unterhalt und Versorgungsausgleich findet ein teilweiser Verzicht statt. Für Zeiträume, in denen ein Ehegatte wegen der Betreuung gemeinsamer Kinder nicht oder nur eingeschränkt arbeitet, wird ein angemessener Ausgleich angestrebt. Daneben treffen die Ehegatten Verfügungen von Todes wegen nach dem Grundmuster des Berliner Testaments.

44

EHE- UND ERBVERTRAG

45

Heute, den ..... *[Datum ausgeschrieben]*

– ..... – *[Datum]*

erschienen gleichzeitig vor mir,

.....

Notar in ....., in den Amtsräumen .....:
1. Herr ....., geboren am .....,
   wohnhaft .....,
   nach Angabe nicht verheiratet,
2. Frau ....., geboren am .....,
   wohnhaft .....,
   nach Angabe nicht verheiratet.

Die Erschienen wiesen sich aus durch Vorlage amtlicher Lichtbildausweise.

Die Erschienenen erklärten, einen Ehe- und Erbvertrag ohne Zuziehung von Zeugen schließen zu wollen. Aufgrund einer längeren Unterredung mit den Erschienenen habe ich mich davon überzeugt, dass sie beide voll geschäfts- und testierfähig sind.

Auf Ansuchen beurkunde ich die Erklärungen der Erschienenen wie folgt:

A.
Ehevertrag

1. Vorbemerkung

Herr ..... wurde am ..... in ..... geboren, Geburtenregisternummer ......[1]

Frau ..... wurde am ..... in ..... geboren, Geburtenregisternummer ......

Keiner der Erschienenen hat bislang Kinder. Die Erschienenen erwarten jedoch gegenwärtig ihr erstes Kind, das voraussichtlich im Februar 2011 zur Welt kommen wird.[2]

Die Erschienenen beabsichtigen, im ..... die beiderseits erste Ehe zu schließen. Herr ..... ist von Beruf angestellter Diplom-Ingenieur und verdient gegenwärtig ca. 4.000 € brutto. Er beabsichtigt, sich möglicherweise selbständig zu machen. Dies ist jedoch noch nicht sicher.

Frau ..... ist von Beruf angestellte Diplom-Kauffrau. Sie verdient gegenwärtig rund 4.000 € brutto. Sie beabsichtigt, nach der Geburt des Kindes zunächst Elternzeit in Anspruch zu nehmen. Sobald das Alter des Kindes eine Fremdbetreuung erlaubt und diese vernünftig erscheint, beabsichtigt sie, stufenweise wieder ins Erwerbsleben einzusteigen.

Keiner der Erschienenen verfügt bislang über nennenswertes Vermögen. Bei beiden Erschienenen sind jedoch größere Erbschaften zu erwarten.

2. Güterrecht

Für den Fall der Beendigung des Güterstandes durch den Tod eines Ehegatten soll es grundsätzlich beim Zugewinnausgleich verbleiben. Auch im Falle einer Beendigung des Güterstandes durch Ehevertrag verbleibt es beim Zugewinnausgleich, außer ein solcher Vertrag wird im Zusammenhang mit der Trennung oder Scheidung geschlossen. Für den Fall der Beendigung des Güterstandes aus anderen Gründen jedoch schließen wir den Zugewinnausgleich hiermit aus. Dies gilt auch für den vorzeitigen Zugewinnausgleich bei Getrenntleben. Auch im Fall der Beendigung des Güterstandes durch den Tod eines Ehegatten soll der Zugewinnausgleich dann nicht durchgeführt werden, wenn ein Ehegatte bereits die Scheidung beantragt hatte. Wir verzichten daher insoweit auf die Durchführung des Zugewinnausgleichs und nehmen die Verzichtserklärungen gegenseitig an.[3]

Zuwendungen eines Ehegatten an den anderen können bei Scheidung der Ehe nur zurückgefordert werden, wenn dies ausdrücklich vereinbart wird. Ansprüche wegen Störung der Geschäftsgrundlage schließen wir insoweit ebenso aus wie bereicherungsrechtliche Ansprüche und Ansprüche unter dem Gesichtspunkt einer etwaigen Ehegattengesellschaft.[4]

§ 1365 BGB schließen wir aus. Jeder Ehegatte kann also über sein ganzes oder sein nahezu ganzes Vermögen ohne Zustimmung des anderen Ehegatten verfügen.[5]

§ 1369 BGB wird ebenfalls ausgeschlossen. Ein Ehegatte kann daher über ihm gehörende Gegenstände des ehelichen Haushalts ohne Einwilligung des anderen Ehegatten verfügen und sich zu einer solchen Verfügung auch verpflichten.

Der Notar hat uns darauf hingewiesen, dass es aufgrund dieser Regelung im Scheidungsfall keinen Vermögensausgleich geben wird und es deshalb wichtig ist und in der Verantwortung der beiden Ehegatten liegt, bereits während intakter Ehe für eine faire und angemessene Verteilung des Vermögens zu sorgen. Dies gilt insbesondere für Zeiträume, in denen ein Ehegatte sich der Kindesbetreuung widmet und deshalb keine oder reduzierte eigene Einkünfte hat.[6]

3. Unterhalt

3.1. Verzicht mit Ausnahme Betreuungsunterhalt

Für den Fall der Ehescheidung verzichtet jeder von uns gegenüber dem anderen auf jeglichen Unterhaltsanspruch samt allen Nebenansprüchen, und zwar für alle Fälle, also zum Beispiel auch für den Fall der Not, der Auflösung einer künftigen neuen Ehe oder der Änderung der Rechtslage.[7]

Hiervon ausgenommen ist der Unterhaltsanspruch wegen Betreuung eines gemeinschaftlichen Kindes nach § 1570 BGB oder § 1573 Abs. 2 BGB bis zum Ende des Kalendermonats, in dem unser jüngstes gemeinsames Kind in die dritte Schulklasse eintritt. Bis zu diesem Zeitpunkt kann der kindesbetreuende Ehegatte Unterhalt nach § 1570 oder § 1573 Abs. 2 BGB im nachstehend näher geregelten Umfang verlangen.

3.2. Erwerbsobliegenheit

Für den Fall, dass ein Ehegatte während der Betreuung eines gemeinsamen Kindes Unterhalt nach § 1570 oder § 1573 Abs. 2 BGB verlangt, bestimmen wir, dass
a) den kindesbetreuenden Elternteil keine Erwerbsobliegenheit trifft bis zum Ende des Kalendermonats, in dem unser jüngstes gemeinsames Kind das dritte Lebensjahr vollendet,
b) den kindesbetreuenden Elternteil von dem Kalendermonat an, der auf die Vollendung des dritten Lebensjahres durch unser jüngstes gemeinsames Kind folgt, zunächst eine Obliegenheit zur Aufnahme einer Halbtagstätigkeit trifft und
c) für den kindesbetreuenden Elternteil eine Obliegenheit zur vollschichtigen Erwerbstätigkeit ab dem Kalendermonat besteht, der auf den Eintritt unseres jüngsten gemeinsamen Kindes in die dritte Schulklasse folgt.

3.3. Höchstbetrag

Der monatlich geschuldete nacheheliche Unterhalt (Gesamtunterhalt einschließlich Vorsorgeunterhalt und Sonderbedarf) beträgt höchstens[8]
a) 2.000 € (zweitausend Euro) für den Zeitraum, in dem gemäß vorstehender Ziffer 3.2. Buchstabe a) keine Erwerbsobliegenheit des kindesbetreuenden Elternteils besteht, und
b) 1.000 € (eintausend Euro) für den Zeitraum, in dem gemäß vorstehender Ziffer 3.2. Buchstabe b) eine Obliegenheit des kindesbetreuenden Elternteils zur Aufnahme einer Halbtagstätigkeit besteht.

Jeder vorstehende Betrag soll wertgesichert sein. Er verändert sich in demselben prozentualen Verhältnis, in dem sich der vom Statistischen Bundesamt festgestellte Verbraucherpreisindex (auf der jeweils aktuellen Basis, gegenwärtig 2005 = 100) gegenüber dem Indexstand für den Monat heutiger Beurkundung ändert.

Die erstmalige Anpassung des Betrags wird festgesetzt mit Rechtskraft des Scheidungsurteils. Jede weitere Anpassung tritt nur auf schriftliches Verlangen ein. Die weitere Anpassung kann erst verlangt werden, wenn dies zu einer Änderung des geschuldeten Betrags um mehr als 10 % (zehn Prozent) gegenüber dem zuletzt geschuldeten Betrag führt. Der geänderte Betrag gilt erstmals für die Zahlung, die nach Zugang des Anpassungsverlangens fällig wird.

3.4. Schlussbestimmungen zum nachehelichen Unterhalt

Ab dem Kalendermonat, der auf den Eintritt unseres jüngsten gemeinsamen Kindes in die dritte Schulklasse folgt, kann Unterhalt nicht mehr verlangt werden, weder als Kindesbetreuungsunterhalt noch als Anschlussunterhalt aus anderem Grund, beispielsweise aufgrund einer zwischenzeitlich eingetretenen Erwerbsunfähigkeit oder Arbeitslosigkeit.[9]

Mit den vorstehenden Vereinbarungen ist kein automatischer Anspruch auf Zahlung von nachehelichem Unterhalt verbunden. Bezüglich des Grundes und der Höhe eines etwaigen Unterhaltsanspruchs gelten zunächst die gesetzlichen Bestimmungen. Nur wenn sich nach diesen ein höherer Unterhaltsanspruch eines geschiedenen Ehegatten gegen den anderen ergeben sollte, treten obige Bestimmungen in Kraft.

Wir nehmen diesen teilweisen Unterhaltsverzicht gegenseitig an.

Der Unterhaltsberechtigte ist verpflichtet, die zu einem Steuervorteil für den Unterhaltsverpflichteten erforderlichen Erklärungen in der erforderlichen Form abzugeben, wenn sich der Unterhaltsverpflichtete schriftlich bereit erklärt, dem Unterhaltsberechtigten die hieraus entstehenden, nachgewiesenen steuerlichen und sonstigen wirtschaftlichen Nachteile zu ersetzen. Der obige Höchstbetrag ist also immer als Nettobetrag zu verstehen.[10]

4. Versorgungsausgleich

Wir schließen hiermit den Versorgungsausgleich aus, jedoch mit folgenden Einschränkungen:[11]

Ein Verzicht auf den Altersvorsorgeunterhalt soll hierdurch nur begründet werden, wenn wir dies an anderer Stelle in dieser Urkunde ausdrücklich bestimmen.

Für die Zeiträume, in denen ein Ehegatte wegen der Geburt oder Annahme eines gemeinsamen Kindes seine Berufstätigkeit ganz oder teilweise aufgibt, soll jedoch der Versorgungsausgleich durchgeführt werden, und zwar für einen Zeitraum vom Beginn des Kalendermonats der Geburt oder Annahme unseres ersten Kindes bis zum Ende des Kalendermonats, in dem unser jüngstes gemeinsames Kind in die dritte Schulklasse eintritt.

Diesen beschränkten Verzicht nehmen wir hiermit gegenseitig an.

5. Hinweise des Notars zum ehevertraglichen Teil

Der Notar hat uns über den Inhalt und die rechtlichen Folgen aus diesem Vertrag eingehend belehrt. Der Notar hat insbesondere auf die Rechtsprechung des Bundesverfassungsgerichts und des Bundesgerichtshofs zur Inhalts- und Ausübungskontrolle von Eheverträgen hingewiesen und erläutert, dass ehevertragliche Regelungen bei einer besonders einseitigen Aufbürdung von vertraglichen Lasten und einer erheblich ungleichen Verhandlungsposition unwirksam oder unanwendbar sein können. Der Notar hat insbesondere darauf hingewiesen, dass eine solche erheblich ungleiche Verhandlungsposition dann vorliegen kann, wenn die Ehefrau bei Vertragsschluss schwanger ist und deshalb in besonderem Maße auf Fürsorge und Unterstützung angewiesen ist. Der Notar hat geraten, mit der Beurkundung im Idealfall abzuwarten, bis das Kind auf der Welt ist, zumindest aber die Eheschließung abzuwarten, damit nicht der Eindruck entsteht oder später die Behauptung vorgebracht wird, die Eheschließung wäre vom vorherigen Abschluss des Ehevertrags abhängig gemacht worden.

Der Notar hat darauf hingewiesen, dass bei einer Änderung der Ehekonstellation die Regelungen auch nachträglich einer Ausübungskontrolle unterliegen können. Er hat geraten, in diesem Fall den Vertrag der veränderten Situation anzupassen.

In Kenntnis dieser rechtlichen Hintergründe wünschen die Erschienenen, insbesondere auch Frau ....., diese Beurkundung. Die Vertragsteile erklären, dass sie nach einer Vorbesprechung und dem Erhalt eines Vertragsentwurfes die rechtlichen Regelungen dieses Vertrages umfassend erörtert haben und diese Regelungen ihrem gemeinsamen Wunsch zur Gestaltung ihrer ehelichen Verhältnisse entsprechen. Keiner der Vertragsteile hat die Eheschließung oder gemeinsame Zukunftsplanung von der Zustimmung zum Ehevertrag abhängig gemacht. Auch mit Blick auf den erbrechtlichen Teil dieser Urkunde ist den Beteiligten an einer raschen Beurkundung gelegen. Ein Zuwarten bis zur Geburt des Kindes allein wegen der erwähnten Rechtsprechung zur Inhalts- und Ausübungskontrolle von Eheverträgen würde den Interessen der Ehegatten nicht entsprechen.

B.
Erbvertrag

6. Vorbemerkung[12]

Keiner von uns ist durch eine wechselbezügliche bzw. vertragsmäßige Verfügung in einem früheren gemeinschaftlichen Testament oder Erbvertrag an der freien Verfügung über seinen Nachlass gehindert. Wir besitzen kein im Ausland belegenes Vermögen, insbesondere keinen ausländischen Grundbesitz. Wir sind beide ausschließlich deutsche Staatsangehörige.

7. Aufhebung früherer Verfügungen

Wir heben alle unsere früheren Verfügungen von Todes wegen hiermit auf.

8. Erbeinsetzung

Wir setzen uns hiermit gegenseitig zu Alleinerben ein.[13]

Für den Fall, dass der andere Ehegatte bereits verstorben ist oder aus sonstigem Grund nicht Erbe wird, setzt jeder von uns unsere gemeinsamen Abkömmlinge zu unter sich gleichen Stammanteilen gemäß gesetzlicher Erbregel ein.

Wir nehmen die vorstehenden Verfügungen als erbvertraglich bindend gegenseitig an.

Jeder von uns ist jedoch berechtigt, nach dem Tod des anderen seine Verfügungen testamentarisch beliebig zu ändern.[14]

9. Unwirksamkeit bei Scheidung

Die in dieser Urkunde enthaltenen, bindenden letztwilligen Verfügungen sind unwirksam, wenn beim Tod des Erstversterbenden das Verlöbnis aufgelöst ist, die geschlossene Ehe nicht mehr besteht oder der Scheidungs- oder der Eheaufhebungsantrag eines Vertragsteils anhängig ist.[15]

10. Rücktrittsrecht

Jeder von uns behält sich den Rücktritt von diesem Erbvertrag zu Lebzeiten des anderen Vertragsteils vor. Auf das Erfordernis der notariellen Beurkundung und formellen Zustellung des Rücktritts an den anderen Vertragsteil wurden wir hingewiesen.[16]

Klargestellt wird, dass der Rücktritt vom Erbvertrag den ehevertraglichen Teil dieser Urkunde unberührt lässt.

11. Ausschluss der Anfechtung

Sämtliche Verfügungen in dieser Urkunde erfolgen unabhängig davon, ob und welche Pflichtteilsberechtigten bei meinem Ableben vorhanden sind. Ein etwaiges Anfechtungsrecht wegen Übergehung eines Pflichtteilsberechtigten gemäß § 2079 BGB schließen wir hiermit aus.[17]

12. Hinweise des Notars zum erbvertraglichen Teil

Der Notar hat insbesondere auf Folgendes hingewiesen:

Wenn bestimmte Angehörige als Erben übergangen werden, können sie den Pflichtteil fordern. Pflichtteilsberechtigt sind in erster Linie die Abkömmlinge und der Ehegatte des Verstorbenen, aber auch dessen Eltern, wenn er kinderlos verstirbt. Weitere Verwandte, insbesondere Geschwister, sind nicht pflichtteilsberechtigt. Pflichtteilsansprüche bestehen auch dann, wenn der zunächst übergangene Angehörige für einen späteren Zeitpunkt als Erbe vorgesehen ist. Setzten sich Ehegatten beispielsweise gegenseitig zu Alleinerben ein, können die Kinder nach dem Tod des ersten Elternteils ihren Pflichtteil auch dann fordern, wenn sie nach dem Tod des zweiten Elternteils als Erbe vorgesehen sind. Der Pflichtteil muss nur geleistet werden, wenn der Pflichtteilsberechtigte es verlangt. Der Anspruch ist in Geld zu erfüllen, und zwar in Höhe der Hälfte dessen, was der Pflichtteilsberechtigte in gesetzlicher Erbfolge bekommen hätte. Pflichtteilsansprüche verjähren in drei Jahren.

Der Abschluss des Erbvertrages hindert den betreffenden Erblasser nicht an einer lebzeitigen Verfügung über sein Vermögen zu Gunsten anderer Personen. Wenn der Erblasser Vermögen verschenkt, kann der Erbe aber unter bestimmten Voraussetzungen später vom Beschenkten die Herausgabe des Geschenks oder Ersatz hierfür verlangen.

Auszahlungsansprüche aus Lebensversicherungen werden von den letztwilligen Verfügungen in dieser Urkunde nicht erfasst, wenn in dem Vertrag mit dem Versicherer die begünstigten Personen bereits festgelegt worden sind. Entsprechendes gilt für Kontoverträge zugunsten Dritter bei einem Kreditinstitut, beispielsweise für ein Sparbuch, das nach dem Tod weisungsgemäß an eine bestimmte Person auszuzahlen ist. Auf solche Geldanlagen hat ein Testament oder Erbvertrag keinen unmittelbaren Einfluss.

Letztwillige Verfügungen sollten in regelmäßigen Abständen auf ihre Aktualität hin überprüft werden.

Der Notar hat ferner darauf hingewiesen, dass bei der Einsetzung eines Ehegatten zum Alleinerben des anderen Ehegatten die Kinder dieses Ehegatten im Erbfalle den erbschaftsteuerlichen Freibetrag nach dem verstorbenen Elternteil unter Umständen nicht ausnutzen können. Eine weitere steuerliche Beratung hat der Notar nicht übernommen.

C.
Schlussbestimmungen

13. Verwahrung[18]

Dieser Ehe- und Erbvertrag soll beim beurkundenden Notar verwahrt werden. Die besondere amtliche Verwahrung schließen wir aus.

14. Kosten, Abschriften

Von dieser Urkunde erhalten die Vertragsteile je eine Ausfertigung.

Die Kosten dieser Urkunde tragen wir gemeinsam, im Innenverhältnis je zur Hälfte. Auf die gesamtschuldnerische Haftung beider Vertragsteile ist hingewiesen worden.

15. Wirksamkeitsabrede

Sollte eine Bestimmung dieser Urkunde unwirksam oder undurchführbar sein oder werden – gleich aus welchem Grunde –, so soll dadurch die Wirksamkeit der übrigen Bestimmungen nicht berührt werden. Insbesondere soll die Unwirksamkeit der Bestimmungen zu einem der Regelungskomplexe Güterrecht, Unterhalt und Versorgungsausgleich, nicht auch die Unwirksamkeit der Regelungen zu den anderen Regelungskomplexen zur Folge haben.[19]

Die unwirksamen bzw. undurchführbaren Bestimmungen sind so auszulegen, umzudeuten oder zu ersetzen, dass der erstrebte wirtschaftliche Erfolg möglichst gleichkommend verwirklicht wird. Die Vertragsteile verpflichten sich, alles nach Treu und Glauben Zumutbare zu tun, um die Wirksamkeit des heutigen Vertragsverhältnisses zu sichern und seine Durchführung zu ermöglichen.

Vorgelesen vom Notar,

von den Erschienenen genehmigt

und eigenhändig unterschrieben

1. **Verwahrangaben.** Erläuterungen hierzu s. o. Rdn. 43, *M. 1.*

2. **Lebenssituation und Motive.** Erläuterungen hierzu s. o. Rdn. 43, *M. 2.*

3. **Modifizierte Zugewinngemeinschaft.** Aus den oben dargestellten Gründen (s. Rdn. 43, *M. 3*) wird inzwischen häufiger eine modifizierte Zugewinngemeinschaft vereinbart als eine Gütertrennung. Der Umstand, dass diese beiden Regelungsmodelle sich seit Inkrafttreten des GNotKG zum 01.08.2013 unter dem Gesichtspunkt der Beurkundungsgebühren nicht mehr unterscheiden (s. Rdn. 43, *M. 3*), hat hieran nichts geändert, denn der Kostenvorteil war auch bislang selten der tragende Grund für die Wahl der modifizierten Zugewinngemeinschaft.

4. **Ausschließlichkeitsprinzip.** Erläuterungen hierzu s. o. Rdn. 43, *M. 4.*

5. **§§ 1365, 1369 BGB.** Eine der Grundaussagen des gesetzlichen Güterstandes der Zugewinngemeinschaft ist diejenige, dass jeder Ehegatte während Bestehen der Ehe weitgehend unabhängig ist, es also erst bei Ende des Güterstandes zu einem Ausgleich kommt. Die Vorschrift des § 1365 BGB steht im Widerspruch zu dieser Zielsetzung. Von daher ist i. R. d. Gesetzgebungsverfahrens zur Reform der Zugewinngemeinschaft immer wieder die ersatzlose Abschaffung des § 1365 BGB gefordert worden. Zur Begründung wurde angeführt, dass der Schutzzweck des § 1365 BGB in den seltensten Fällen erreicht werde, zumal auf rein formale Kriterien abgestellt werde. In Kenntnis dieser Kritik hat sich der Gesetzgeber nicht nur für die Beibehaltung, sondern vielmehr für eine

Aufwertung dieser Norm entschieden. Während nach § 1386 Abs. 2 Nr. 1 BGB a. F. ein Ehegatte auf vorzeitigen Ausgleich des Zugewinns klagen konnte, wenn der andere Ehegatte ein Rechtsgeschäft der in § 1365 BGB bezeichneten Art vorgenommen hat, reicht es nach § 1385 Nr. 2 BGB n. F. nunmehr, dass eine solche Handlung zu befürchten ist (hierzu *Münch*, MittBayNot 2009, 261, 264).

Dem Verbot der Veräußerung von Haushaltsgegenständen (**§ 1369 BGB**) liegt die Vorstellung zugrunde, dass die Aussteuer, welche die Braut in die Ehe eingebracht hat, eine wesentliche Lebensgrundlage der Familie darstellt. Diese Vorstellung kann seit Jahrzehnten als überholt betrachtet werden.

Wenn Ehegatten Regelungen zum Güterrecht treffen, wird es im Regelfall interessengerecht sein, die §§ 1365, 1369 BGB **abzubedingen**. Dies gilt insb., wenn eine güterrechtliche Regelung gewählt wird, die im wirtschaftlichen Ergebnis der Gütertrennung ähnelt.

Bei Vereinbarung der Gütertrennung im Sinne von § 1414 BGB ist das zusätzliche Abbedingen der §§ 1365, 1369 BGB hingegen nicht nötig, da diese Vorschriften aufgrund ihrer systematischen Stellung nur für die Zugewinngemeinschaft gelten.

6. Hinweise. Erläuterungen hierzu s. o. Rdn. 43, *M. 6*.

7. Unterhaltsverzicht. Einschränkungen im Bereich des nachehelichen Unterhalts stellen vor dem Hintergrund der Inhalts- und Ausübungskontrolle den **heikelsten Punkt** dieses Ehevertrages dar. Ein kompensationsloser Totalverzicht wird in Fällen wie diesem, wo Kinder vorhanden bzw. zu erwarten sind, regelmäßig nicht in Betracht kommen. Das bereits zitierte Urteil des OLG Celle, NJW-RR 2009, 1302, wonach bei fehlender Verhandlungsdisparität auch ein Totalverzicht kurz vor Eheschließung Bestand haben kann, sollte keinesfalls verallgemeinert werden (vgl. oben Rdn. 43, *M. 7*). Die vorgeschlagene Regelung dürfte insgesamt bereits »auf Kante genäht« sein. Von einem weiter gehenden Verzicht ist im Regelfall abzuraten.

Die vorgeschlagene Regelung sieht vor, dass während vertraglich **festgelegter Betreuungszeiten** sowohl der Kindesbetreuungsunterhalt nach § 1570 BGB als auch der Aufstockungsunterhalt nach § 1573 Abs. 2 BGB geschuldet wird. Letzterer erlangt insb. dann Bedeutung, wenn der kindesbetreuende Elternteil in Teilzeit arbeitet.

Die Regelung zur Erwerbsobliegenheit (Nr. 3.2 des Formulars) sieht ein vertraglich festgelegtes **Altersphasenmodell** vor. Nach dem bis zum 31.12.2007 geltenden Unterhaltsrecht bestand für geschiedene kindesbetreuende Ehegatten regelmäßig keine Erwerbsobliegenheit, bis das jüngste gemeinsame Kind in die dritte Grundschulklasse eingetreten ist. Daran schloss sich eine Obliegenheit zur Aufnahme einer Halbtagstätigkeit an, bis das jüngste gemeinsame Kind das 15. Lebensjahr vollendet hat. Erst danach bestand eine Obliegenheit zur vollschichtigen Erwerbstätigkeit.

Seit Inkrafttreten des neuen Unterhaltsrechts zum 01.01.2008 besteht nunmehr nach § 1570 Abs. 1 BGB lediglich 3 Jahre lang ein Anspruch auf **Basisunterhalt** ohne jede Erwerbsobliegenheit zulasten des kindesbetreuenden Elternteils. Nach dem dritten Geburtstag des Kindes wird Betreuungsunterhalt nur nach Billigkeit im Einzelfall geschuldet. Mit Spannung war zu erwarten, wie die Gerichte diese Billigkeit ausfüllen würden. Die ersten Entscheidungen der OLG nach Inkrafttreten des neuen Rechts ließen erwarten, dass das Altersphasenmodell in verkleinertem Maßstab über die Hintertür des Billigkeitsunterhalts fortgeführt würde.

Dem hat der BGH in einer viel beachteten Entscheidung jedoch eine klare Absage erteilt (BGH, FamRZ 2009, 770; hieran anschließend BGH, FamRZ 2009, 1124, BGH, FamRZ 2009, 1391, BGH, FuR 2011, 53, BGH, FuR 2011, 392, BGH, FuR 2011, 566 und BGH, FuR 2011, 636). Nach dem Willen des Gesetzgebers sei Betreuungsunterhalt über den dritten Geburtstag des Kindes hinaus nur geschuldet, wenn die Billigkeit dies im Einzelfall verlange. Das Alter des Kindes genüge als alleiniges Argument hierfür nicht mehr, auch nicht im Wege eines Indizes oder eines Regelbeispiels. Der kindesbetreuende Elternteil habe ab dem **dritten Geburtstag** des Kindes grds. eine **Obliegenheit zur Aufnahme einer möglichst weitgehenden Erwerbstätigkeit.** Wenn diese im Einzelfall nicht oder nur eingeschränkt zumutbar sei, etwa aufgrund Fehlens geeigneter Betreuungseinrichtungen oder besonderer Entwicklungsschwierigkeiten des Kindes, sei dies im Einzelfall darzulegen, wobei an diese Darlegung »keine überzogenen Anforderungen« zu stellen sind (BGH, NJW 2012, 1868). Selbst das Fehlen geeigneter Betreuungseinrichtungen vor Ort genügt für sich genommen nicht für die Verlängerung des Unterhalts, wenn in geringer Entfernung günstigere Einkommens- und Betreuungsmöglichkeiten verfügbar wären (OLG Oldenburg, NJW 2012, 160 zum Billigkeitsunterhalt nach § 1615l BGB).

Die genannte Rechtsprechung des BGH hat unmittelbar Einfluss auf die Vertragsgestaltung. Bis zu dieser Entscheidung wurde teilweise geraten, von vertraglichen Einschränkungen des Betreuungsunterhalts bis zum Erreichen des Grundschulalters oder der dritten Klasse ganz Abstand zu nehmen. Nunmehr scheint sich jedoch abzuzeichnen, dass der BGH bei der Auslegung des neuen Unterhaltsrechts eine eng am Wortlaut orientierte Linie vertritt. Wenn nach Auffassung des BGH umfangreiche Erwerbsobliegenheiten ab dem dritten Geburtstag des Kindes bereits den Regelfall des gesetzlichen Unterhaltsrechts darstellen, dürfte erst recht nichts dagegen sprechen, **ehevertragliche Vereinbarungen** dieses Inhalts zu treffen. Das darf jedoch nicht den Blick darauf verstellen, dass stets die am Kindeswohl orientierte Billigkeit im Einzelfall maßgeblich bleibt. Wenn nach den Einkommens- und Vermögensverhältnissen sowie der Berufsausbildung der Ehegatten zu befürchten ist, dass der kindesbetreuende Elternteil und damit mittelbar das Kind wirtschaftlich nicht abgesichert sind, bleiben Regelungen wie die hier Vorgeschlagene weiterhin tabu.

8. Kappung. Bei sämtlichen Unterhaltstatbeständen einschließlich dem Betreuungsunterhalt kommt die Begrenzung des monatlichen Zahlbetrages in Betracht. Insb. beim Betreuungsunterhalt ist jedoch zu beachten, dass der Unterhalt gem. § 1578 Abs. 1 Satz 2 BGB den **gesamten Lebensbedarf** umfasst. In den ersten 3 Lebensjahren des Kindes wird eine betragsmäßige Begrenzung des Unterhalts daher nur in großzügigen Einkommensverhältnissen zu empfehlen sein und nur auf einem Niveau, das ohne Weiteres den gesamten Lebensbedarf des kindesbetreuenden Elternteils abdeckt.

Bei wiederkehrend zu zahlenden Beträgen sollte stets an eine **Wertsicherungsklausel** gedacht werden. Dabei ist es wohl Geschmackssache, ob die Wertsicherung automatisch einsetzen soll oder nur auf ausdrückliches Verlangen. Im Interesse der Rechtssicherheit und zur Vermeidung schwer überschaubarer Rückstände scheint eine Anpassung nur auf Verlangen vorzugswürdig. Zu beachten ist, dass mit Inkrafttreten des Preisklauselgesetzes zum 14.09.2007 (hierzu *Kirchhoff*, DNotZ 2007, 913) die Genehmigung von Wertsicherungsklauseln durch das Bundesamt für Wirtschaft vollständig entfallen ist. Dieses erteilt seither weder Genehmigungen noch Negativzeugnisse. Hierauf gerichtete Vertragsklauseln sind überholt.

9. Verzicht auf Anschlussunterhalt. Wenn die Voraussetzungen für Unterhalt wegen Alters, Krankheit oder Gebrechen zwar noch nicht zum Zeitpunkt der Scheidung vorlagen, wohl aber zum Zeitpunkt der Beendigung der Pflege oder Erziehung eines gemeinschaftlichen Kindes, hat dies nach § 1571 Nr. 2 BGB bzw. § 1572 Nr. 2 BGB **Anschlussunterhalt** zur Folge. Wenn Unterhalt im Anschluss an die Kindesbetreuungszeiten unter keinen Umständen geschuldet werden soll, sind hierzu vertragliche Regelungen der vorgeschlagenen Art erforderlich.

10. Begrenztes Realsplitting. Durch das Realsplitting kann der einkommensteuerliche Vorteil des Ehegattensplittings in die Zeit des Getrenntlebens und auch in die Zeit nach rechtskräftiger Scheidung hinein verlängert werden. Der Unterhaltspflichtige kann die Unterhaltsleistungen bis zu einem Betrag von gegenwärtig 13.805 € jährlich gem. § 10 Abs. 1 Nr. 1 EStG als Sonderausgaben geltend machen. Der Unterhaltsberechtigte muss die Unterhaltsleistungen umgekehrt als Einkünfte versteuern. Die dadurch entstehende steuerliche Mehrbelastung des Unterhaltsberechtigten hat der Unterhaltspflichtige zusätzlich zu erstatten. Hierdurch kann die vorteilhaftere **Progressionszone** des weniger verdienenden Unterhaltsberechtigten steuerlich weiter genutzt werden.

Dies setzt dem Finanzamt ggü. die **Zustimmung** des Unterhaltsberechtigten voraus. Zu deren Erteilung ist der Unterhaltsberechtigte zwar verpflichtet, wenn der Unterhaltspflichtige die steuerlichen Mehrbelastungen ausgleicht (BGH, FamRZ 1998, 953; BGH, FamRZ 2005, 182). Zur

Streitvermeidung empfiehlt es sich jedoch, diese Verpflichtung in der Urkunde zu regeln. Wenn der Unterhalt betragsmäßig begrenzt wird, empfiehlt sich eine zusätzliche Klarstellung, dass der vereinbarte Höchstbetrag als **Nettobetrag** zu verstehen ist, er also die i. R. d. Realsplittings zu erstattende Einkommensteuerbelastung des Unterhaltsberechtigten nicht umfasst.

11. Eingeschränkter Versorgungsausgleich. Gem. § 6 VersAusglG steht es den Ehegatten frei, den Versorgungsausgleich ganz oder auch teilweise auszuschließen oder zu gestalten. Hierbei sind auch Regelungen möglich, wonach der Versorgungsausgleich nur für vertraglich geregelte Zeiten der Kindesbetreuung durchzuführen und i. Ü. ausgeschlossen ist.

Nach dem seit dem 01.09.2009 geltenden Recht des Versorgungsausgleichs können auch Anrechte desjenigen Ehegatten, der nach altem Recht in der Summe ausgleichsberechtigt wäre, ganz oder teilweise vom Versorgungsausgleich ausgeschlossen werden. Nach dem bis zum 31.08.2009 geltenden Recht wäre dies als vertragliche Erweiterung des Versorgungsausgleichs (**Supersplitting**) wegen Verstoßes gegen § 1587o Abs. 1 Satz 2 BGB a. F. unzulässig gewesen. Das generelle Verbot des Supersplittings gibt es nach dem VersAusglG nicht mehr (*Brüggen*, MittBayNot 2009, 337, 341). Die bis dahin verbreiteten Vertragsklauseln, wonach z. B. der Versorgungsausgleich uneingeschränkt nach den gesetzlichen Bestimmungen durchzuführen ist, falls die primär vorgesehene Regelung zu einem unzulässigem Supersplitting führt, sind nach heute geltendem Recht nicht mehr erforderlich und irreführend.

12. Erbrechtliche Regelungen. Es ist verbreitet und vielfach sinnvoll, im Rahmen präventiver Eheverträge zugleich die Erbfolge zu regeln. Hierfür sprach bis 31.07.2013 die **kostenrechtliche Privilegierung** nach § 46 Abs. 3 KostO. Nach dieser Norm war die Gebühr für einen Erbvertrag, der zusammen mit einem Ehevertrag beurkundet wird, nur einmal zu erheben, und zwar nach dem Vertrag, der den höheren Geschäftswert hat. Das **GNotKG**, das die KostO seit dem 01.08.2013 ersetzt hat, kennt eine vergleichbare Privilegierung jedoch **nicht mehr** (*Pfeiffer*, in: Bormann/Diehn/Sommerfeldt, GNotKG, 2014, § 100 Rn. 23). Der Geschäftswert ist nunmehr aus dem addierten Wert des Ehevertrags und dem des Erbvertrags zu erheben. Unter kostenrechtlichen Gesichtspunkten bietet die Zusammenfassung zu einer Urkunde seit Inkrafttreten des GNotKG nur noch den (sehr überschaubaren) Vorteil der degressiven Gebührenstaffelung.

Vor dem Hintergrund der Zielsetzung dieses Werks können keine umfangreichen Formulierungsvorschläge und Erläuterungen zu erbrechtlichen Gestaltungsmöglichkeiten erteilt werden. Das vorliegende Formular beschränkt sich daher auf ein besonders verbreitetes Grundmuster mit einigen **elementaren Erläuterungen**. Im Rahmen der Vorbemerkungen ist festzuhalten, dass beide Ehegatten frei über ihren jeweiligen Nachlass verfügen können. Insb. wenn ein Ehegatte bereits einmal verheiratet war, ist zu fragen, ob eine bindende letztwillige Verfügung mit dem früheren Ehegatten vorliegt. Gem. §§ 2077, 2279 BGB werden solche letztwilligen Verfügungen zwar im Zweifel mit der Ehescheidung unwirksam. Jedoch kommt es vereinzelt vor, dass in einem gemeinschaftlichen Testament oder Erbvertrag ausdrücklich vereinbart wird, dass die jeweilige Verfügung von Todes wegen auch im Fall der Ehescheidung bindend fortgelten soll. Dies kommt insb. in Betracht, wenn nicht der Ehegatte, sondern gemeinsame Kinder begünstigt werden.

13. Berliner Lösung. Die immer noch am häufigsten gewählte erbrechtliche Lösung sieht vor, dass beim ersten Todesfall der überlebende Ehegatte Alleinerbe wird und die Abkömmlinge zu gleichen Stammanteilen Schlusserben für den zweiten Todesfall werden. Diese Lösung ist optimal unter dem Gesichtspunkt der Absicherung des überlebenden Ehegatten. Sie hat jedoch den Nachteil, dass der **erbschaftsteuerliche Freibetrag** zwischen dem erstversterbenden Ehegatten und den Kindern ungenutzt bleibt und es im schlimmsten Fall zur doppelten Besteuerung des Nachlasses des Erstversterbenden kommt (vgl. hierzu die Hinweise in Nr. 12 des Formulars). Dieser Nachteil wirkt sich freilich nur dann aus, wenn Vermögen vorhanden oder zu erwarten ist, für das die erbschaftsteuerlichen Freibeträge (pro Kind und Elternteil 400.000 €) nicht ausreichen.

14. Abänderungsbefugnis. Wenn nichts anderes geregelt ist, ist die Schlusserbeinsetzung der gemeinsamen Kinder für den überlebenden Ehegatten regelmäßig nicht mehr abänderbar. Dies wirft

Schwierigkeiten auf, wenn eines von mehreren Kindern **Pflichtteilsansprüche** geltend macht oder sonst ein Grund eintritt, die Kinder beim zweiten Todesfall ungleich zu behandeln, bspw. ein Zerwürfnis oder eine Überschuldungssituation bei einem der Kinder. Gerade bei jüngeren Ehegatten dürfte es daher sinnvoll sein, dem überlebenden Ehegatten eine freie Abänderungsbefugnis einzuräumen (allgemein zum Änderungsvorbehalt und dessen Grenze *Keim*, ZEV 2005, 365).

15. **§§ 2279, 2077 BGB.** Bereits nach der gesetzlichen Regelung sind vertragsmäßige letztwillige Verfügungen unter den in §§ 2279, 2077 BGB bezeichneten Voraussetzungen unwirksam. Es kann sachgerecht sein, diese Rechtsfolge vorzuverlagern auf den Zeitpunkt der Anhängigkeit des **Scheidungsantrages**, unabhängig davon, ob die materiellen Scheidungsvoraussetzungen zu diesem Zeitpunkt bereits vorgelegen haben.

16. **§ 2293 BGB.** Im Regelfall ist ein **Rücktrittsvorbehalt** (§ 2293 BGB) zu empfehlen. Andernfalls kann es vorkommen, dass ein Ehegatte nur deswegen einen Scheidungsantrag stellen muss, um sich von der erbrechtlichen Bindungswirkung zu lösen.

17. **Anfechtung.** Das **Anfechtungsrecht** wegen § 2079 BGB dürfte in vielen Fällen nicht gewollt sein und wird daher erbvertraglich häufig ausgeschlossen. Im Einzelfall ist darüber nachzudenken, zusätzlich die Irrtumsanfechtung nach § 2078 BGB auszuschließen.

18. **Hinterlegung beim Nachlassgericht.** Bei Erbverträgen besteht die Wahlmöglichkeit, diese in die amtliche Verwahrung beim Nachlassgericht zu geben oder das Original beim Notar zu belassen. Letzteres löst, anders als die amtliche Verwahrung, keine zusätzliche **Hinterlegungsgebühr** aus (Bumiller/*Harders* § 346 FamFG Rn. 24).

19. **Salvatorische Klausel.** Erläuterungen hierzu s. o. Rdn. 38.

3. Regelungen zum Güterrecht

46   Da das Güterrecht in der Kernbereichsrechtsprechung des BGH das Schlusslicht bildet, steht den Eheleuten hierbei ein weiter **Gestaltungsspielraum** offen. Die Grenze bilden dabei nicht in erster Linie die §§ 138 Abs. 1, 242 BGB (Grenzen der Vertragsfreiheit werden allerdings in letzter Zeit insbesondere in den Fällen diskutiert, in denen Wechselwirkungen zum Versorgungsausgleich bestehen, s. o. Rdn. 43, *M. 3*), sondern vielmehr die Frage der Zweckmäßigkeit und Handhabbarkeit. Je detaillierter eine Regelung ist, desto höher ist auch die Gefahr, dass sie infolge späterer Veränderungen in der Vermögenszusammensetzung oder Interessenlage nicht mehr passt.

In den beiden Gesamtmustern für präventive Eheverträge wurden bereits Formulierungsvorschläge für die Vereinbarung der Gütertrennung und den Ausschluss des Zugewinnausgleichs für den Scheidungsfall präsentiert. Statt dieser Regelungen kann der gesetzliche Zugewinnausgleich auch unberührt bleiben, nur im Fall der Geburt eines gemeinsamen Kindes durchgeführt werden oder in der Weise modifiziert werden, dass einzelne Gegenstände unberücksichtigt bleiben sollen, insb. eine Immobilie oder ein Unternehmen.

Weiterhin besteht die Möglichkeit, den Zugewinnausgleich betragsmäßig zu **begrenzen**, entweder gestaffelt nach Ehedauer (z. B. höchstens 5.000 € pro vollendetem Jahr ab Eheschließung bis Rechtshängigkeit des Scheidungsantrags) oder auch fix und unabhängig von der Ehedauer. Schließlich kommt in Betracht, den Zugewinnausgleich bei kurzer Ehedauer ganz auszuschließen, ihn aber ohne weitere Einschränkung nach den gesetzlichen Bestimmungen durchzuführen, wenn bspw. mehr als 10 Jahre zwischen der Eheschließung und der Rechtshängigkeit des Scheidungsantrags vergangen sind.

a) Muster: Beibehaltung des gesetzlichen Güterstands

47   Den gesetzlichen Zugewinnausgleich wollen wir nicht ausschließen. Hier soll es bei der gesetzlichen Regelung verbleiben, wonach im Fall der Scheidung im Prinzip der während der Ehezeit erzielte

Vermögenszuwachs hälftig zwischen den Eheleuten geteilt wird. Wir wurden vom Notar darauf hingewiesen, dass im gesetzlichen Güterstand der Zugewinngemeinschaft während bestehender Ehe keine automatische Mitberechtigung am Vermögen des anderen Ehegatten besteht, umgekehrt aber auch keine automatische Mithaftung für dessen Schulden eintritt.[1]

Die Aufnahme eines Verzeichnisses der beiderseitigen Vermögen in diese Urkunde wünschen wir nicht.[2]

1. Belehrung. Ein kurzer Absatz zum Güterrecht sollte auch dann in den Ehevertrag aufgenommen werden, wenn hierzu keinerlei Regelung erfolgt. Durch einige schlagwortartige Belehrungen kann dabei dem verbreiteten Fehlverständnis entgegengewirkt werden, wonach nur durch Gütertrennung die **Mithaftung für Verbindlichkeiten** des Ehegatten zu vermeiden sei.

2. Vermögensverzeichnis. Ferner kann durch die Regelung angeregt werden, ein Vermögensverzeichnis aufzunehmen. Bereits nach dem bis zum 31.08.2009 geltenden Recht kann die Vermutung des § 1377 **Abs. 3 BGB**, wonach das Endvermögen eines Ehegatten im Zweifel seinen Zugewinn darstellt, zu einer unberechenbaren Falle werden. Dies gilt in besonderem Maße bei langer Ehedauer, wenn Kontoauszüge und sonstige Dokumente zum Anfangsvermögen nicht mehr auffindbar und rekonstruierbar sind.

§ 1377 Abs. 3 BGB wurde durch die **Reform des Güterrechts** im Wortlaut nicht geändert. Nach neuem Recht wird es **umso wichtiger** werden, das Anfangsvermögen in einem Vermögensverzeichnis oder auf sonstige geeignete Weise dauerhaft zu dokumentieren (so auch *Münch*, MittBayNot 2009, 261, 267). Bislang war eine Dokumentation des Anfangsvermögens vor allem in den Fällen wichtig, in denen erhebliches positives Anfangsvermögen vorhanden war. Für negatives Anfangsvermögen war die Regelung des § 1377 Abs. 3 BGB jedoch nach der bis 31.08.2009 geltenden Rechtslage stimmig, da solches Vermögen auch materiell mit null angesetzt wurde. Nachdem nunmehr jedoch auch negatives Anfangsvermögen berücksichtigt werden kann, gibt es eine Fallkonstellation mehr, in der die Beweislastregelung des § 1377 Abs. 3 BGB, falls sie nicht entkräftet werden kann, zu unstimmigen Ergebnissen führen kann. Hierauf ist i. R. d. Vertragsgestaltung zu achten.

b) Zugewinnausgleich bei Geburt eines Kindes

Für den Fall der Beendigung des Güterstandes durch den Tod eines Ehegatten soll es grundsätzlich beim Zugewinnausgleich verbleiben. Auch im Falle einer Beendigung des Güterstandes durch Ehevertrag verbleibt es beim Zugewinnausgleich, außer ein solcher Vertrag wird im Zusammenhang mit der Trennung oder Scheidung geschlossen. Für den Fall der Beendigung des Güterstandes aus anderen Gründen jedoch schließen wir den Zugewinnausgleich hiermit aus. Dies gilt auch für den vorzeitigen Zugewinnausgleich bei Getrenntleben. Auch im Fall der Beendigung des Güterstandes durch den Tod eines Ehegatten soll der Zugewinnausgleich dann nicht durchgeführt werden, wenn ein Ehegatte bereits die Scheidung beantragt hatte. Wir verzichten daher insoweit auf die Durchführung des Zugewinnausgleichs und nehmen die Verzichtserklärungen gegenseitig an.[1]

Der vorstehende Ausschluss des Zugewinnausgleichs steht jedoch unter der auflösenden Bedingung der Geburt oder Adoption eines gemeinsamen Kindes. Im Falle der Geburt oder der Adoption eines gemeinsamen Kindes soll der Zugewinnausgleich somit nach den gesetzlichen Bestimmungen durchgeführt werden. Dies soll auch für den Fall gelten, dass das Kind vor der Beendigung des Güterstands verstorben ist.[2]

Zuwendungen eines Ehegatten an den anderen können bei Scheidung der Ehe nur zurückgefordert werden, wenn dies ausdrücklich vereinbart wird. Ansprüche wegen Störung der Geschäftsgrundlage schließen wir insoweit ebenso aus wie bereicherungsrechtliche Ansprüche und Ansprüche unter dem Gesichtspunkt einer etwaigen Ehegattengesellschaft.

§ 1365 BGB schließen wir aus. Jeder Ehegatte kann also über sein ganzes oder sein nahezu ganzes Vermögen ohne Zustimmung des anderen Ehegatten verfügen.

48

§ 1369 BGB wird ebenfalls ausgeschlossen. Ein Ehegatte kann daher über ihm gehörende Gegenstände des ehelichen Haushalts ohne Einwilligung des anderen Ehegatten verfügen und sich zu einer solchen Verfügung auch verpflichten.

Der Notar hat uns darauf hingewiesen, dass es aufgrund dieser Regelung bei Kinderlosigkeit im Scheidungsfall keinen Vermögensausgleich geben wird und es deshalb wichtig ist und in der Verantwortung der beiden Ehegatten liegt, bereits während intakter Ehe für eine faire und angemessene Verteilung des Vermögens zu sorgen.

1. Modifizierte Zugewinngemeinschaft. Zu den Vorteilen der modifizierten Zugewinngemeinschaft s. bereits oben Rdn. 43, M. 3.

2. Geburt eines Kindes. Das vorstehende Formular sieht vor, dass der Zugewinnausgleich in Scheidungsfall ausgeschlossen bleibt, wenn die Ehe **kinderlos** bleibt. Der Zugewinnausgleich wird jedoch uneingeschränkt nach den gesetzlichen Bestimmungen durchgeführt, falls es zur Geburt oder Adoption eines gemeinschaftlichen Kindes kommt. Der Formulierungsvorschlag sieht ferner vor, dass sich hieran auch für den Fall nichts ändern soll, dass das Kind vor der Scheidung verstirbt. Hintergrund ist der, dass die ehebedingten Nachteile auch in diesem Fall (jedenfalls teilweise) bestehen bleiben. Der Ehegatte, der das Kind betreut hat, hat zeitweise seine Erwerbstätigkeit eingeschränkt und war in diesem Zeitraum an der Vermögensbildung gehindert.

Alternativ könnte geregelt werden, dass der Zugewinnausgleich nur für diejenigen **Zeiträume** durchzuführen ist, in denen ein Ehegatte wegen der **Betreuung** eines gemeinschaftlichen Kindes die Erwerbstätigkeit ausgesetzt oder eingeschränkt hat. Vorteil dieser Regelung wäre, dass sie einen präziseren Ausgleich der tatsächlich entstandenen ehebedingten Nachteile ermöglichen kann als eine Alles-oder-nichts-Lösung. Problematisch ist jedoch, dass hierbei sowohl das Anfangs- als auch das Endvermögen auf zwei Zeitpunkte während bestehender und intakter Ehe ermittelt werden muss und dass unter Umständen bereits die Festlegung dieser Zeitpunkte Schwierigkeiten bereiten kann, jedenfalls bei einem gleitenden Übergang ins Erwerbsleben.

c) Ausklammern einzelner Gegenstände

49 Hinsichtlich des ehelichen Güterrechts soll es grundsätzlich beim gesetzlichen Güterstand verbleiben.

Jedoch sollen die nachfolgend aufgeführten Vermögensgegenstände (nachfolgend »privilegiertes Vermögen«) im Rahmen des Zugewinnausgleichs in keiner Weise berücksichtigt werden. Sie sollen deshalb weder zur Berechnung des Anfangsvermögens noch des Endvermögens dieses Ehegatten hinzugezogen werden.[1]

Dies gilt ausdrücklich auch für den Fall der Durchführung des Zugewinnausgleichs nach dem Tod eines Ehegatten.[2]

Beim privilegierten Vermögen handelt es sich um
a) folgenden im Alleineigentum der Ehefrau stehenden Grundbesitz der Gemarkung .....:[3]
Flurstück ....., ..., Gebäude- und Freifläche, zu ..... qm,
lastenfrei vorgetragen im Grundbuch des Amtsgerichts ..... von ..... Blatt .....,
sowie
b) die im Alleineigentum des Ehemannes stehende Möbel- und Bauschreinerei ....., eingetragen im Handelsregister des Amtsgerichts ..... unter HRA ....., mit allen Aktiva und Passiva. Zum Betriebsvermögen zählt hierbei auch gewillkürtes Betriebsvermögen, Sonderbetriebsvermögen, Vermögen, das dem Betrieb langfristig zur Nutzung überlassen und ihm zu dienen bestimmt ist, und Gesellschafterdarlehen.[4]
c) Vermögen, das ein Ehegatte von Todes wegen oder mit Rücksicht auf ein künftiges Erbrecht, durch Schenkung oder Ausstattung erwirbt, soweit es sich dabei um Grundstücke oder grundstücksgleiche Rechte oder Miteigentums- bzw. Mitberechtigungsanteile hieran handelt oder um Unternehmen oder Unternehmensbeteiligungen. Nicht privilegiert sind jedoch Beteiligungen mit reinem Geldanlagecharakter. Eine Geldanlage in diesem Sinne liegt insbesondere vor

bei Beteiligungen an Immobilienfonds, börsennotierten Kapitalgesellschaften und sonstigen Unternehmensbeteiligungen, soweit sie eine Beteiligung am Kapital der jeweiligen Gesellschaft von weniger als 10 % vermitteln. Zu den Unternehmensbeteiligungen zählen auch Gesellschafterdarlehen.[5]

Klargestellt wird, dass die Zurechnung weiterer Gegenstände zum Anfangsvermögen nach den gesetzlichen Regeln nicht ausgeschlossen sein soll. Insoweit sollen jedoch Wertveränderungen ab dem Zeitpunkt des Erwerbs in den Zugewinnausgleich einfließen.

Auch Verbindlichkeiten, welche das privilegierte Vermögen betreffen, etwa zum Zwecke des Erwerbs des betreffenden Gegenstandes aufgenommene Darlehen, sollen im Zugewinnausgleich keine Berücksichtigung finden.

Ersatzgegenstände (Surrogate) für Gegenstände des privilegierten Vermögens sollen ebenfalls privilegiert sein. Sie werden also bei der Berechnung des Endvermögens nicht berücksichtigt. Die Eheleute sind einander verpflichtet, über derartige Ersatzgegenstände ein Verzeichnis anzulegen und fortzuführen. Auf Verlangen hat diese Fortführung in notarieller Form zu erfolgen. Die Kosten für eine solchen Nachtrag zu diesem Ehevertrag tragen die Ehegatten zu je ein Halb.[6]

Erträge der privilegierten Vermögensgegenstände können auf diese Gegenstände verwendet werden, ohne dass dadurch für den anderen Ehegatten Ausgleichsansprüche entstehen. Macht jedoch ein Ehegatte aus seinem nicht privilegierten Vermögen Verwendungen auf die privilegierten Gegenstände, so werden diese Verwendungen mit ihrem Wert zum Zeitpunkt der Verwendung dem Endvermögen des Eigentümers des Gegenstandes hinzugerechnet. Solche Verwendungen unterliegen also, gegebenenfalls um den Geldwertverfall berichtigt, dem Zugewinnausgleich. Klargestellt wird, dass Gewinne, die als Darlehen in Unternehmen belassen werden, die vom Zugewinnausgleich ausgenommen sind, nicht dem Zugewinnausgleich unterliegen.[7]

Verwendungen eines Ehegatten auf die vom Zugewinnausgleich ausgenommenen Vermögensgegenstände des anderen Ehegatten werden mit ihrem Wert zum Zeitpunkt der Verwendung dem Endvermögen des anderen Ehegatten hinzugerechnet.[8]

Zur Befriedigung der sich hieraus etwa ergebenden Zugewinnausgleichsforderungen gilt das vom Zugewinn ausgenommene Vermögen im Sinne von § 1378 Abs. 2 BGB als vorhandenes Vermögen.[9]

Als Verwendung im Sinne dieser Vereinbarung gilt auch die Tilgung von Schulden, die zum Erwerb oder zur Erhaltung, Wiederherstellung oder Verbesserung der vom Zugewinnausgleich ausgenommenen Gegenstände aufgenommen wurden.[10]

Ein Ehegatte ist nicht verpflichtet, seinen Zugewinn auszugleichen, wenn er unter Berücksichtigung des vom Zugewinn ausgenommenen Vermögens nicht zur Ausgleichung verpflichtet wäre.[11]

Falls über die Zuordnung eines Gegenstandes zum privilegierten Vermögen oder die Berücksichtigung einer Verwendung oder sonstigen Investition im Rahmen des Zugewinnausgleichs keine Einigkeit besteht, entscheidet hierüber für beide Ehegatten verbindlich ein Sachverständiger aus dem Kreis der rechts- und steuerberatenden Berufe als Schiedsgutachter. Bei Uneinigkeit über die Person des Schiedsgutachters wird dieser auf Antrag eines Ehegatten vom Präsidenten bzw. Direktor des für die Scheidung örtlich zuständigen Amtsgerichts benannt. Über die Tragung der Kosten für das Schiedsgutachten entscheidet ebenfalls der Schiedsgutachter nach billigem Ermessen in sinngemäßer Anwendung der §§ 91 ff. ZPO (Kostenverteilung nach dem Maß des Unterliegens).[12]

§ 1365 BGB schließen wir aus. Jeder Ehegatte kann also über sein ganzes oder sein nahezu ganzes Vermögen ohne Zustimmung des anderen Ehegatten verfügen.[13]

§ 1369 BGB wird ebenfalls ausgeschlossen. Ein Ehegatte kann daher über ihm gehörende Gegenstände des ehelichen Haushalts ohne Einwilligung des anderen Ehegatten verfügen und sich zu einer solchen Verfügung auch verpflichten.

Jeder Ehegatte verpflichtet sich, nicht in Betriebsvermögensgegenstände und Unternehmensbeteiligungen zu vollstrecken.[14]

Im Übrigen bleibt es beim gesetzlichen Güterstand der Zugewinngemeinschaft, über dessen Inhalt belehrt wurde.

Der Notar hat darauf hingewiesen, dass die Abgrenzung zwischen privilegiertem Vermögen, das vom Zugewinnausgleich ausgeschlossen ist, und nicht privilegiertem Vermögen Schwierigkeiten bereiten kann. Das trifft insbesondere zu, wenn Betriebsvermögen vom Zugewinnausgleich ausgenommen ist oder wenn ein Ehegatte im Hinblick auf eine sich abzeichnende Scheidung Vermögen gezielt umschichtet. Der Notar hat eine genaue Dokumentation empfohlen, insbesondere von Verwendungen auf das privilegierte Vermögen. Der Notar alternative Regelungen vorgeschlagen, z. B. den vollständigen Ausschluss des Zugewinnausgleichs. Nach Abwägung der Vor- und Nachteile wünschen die Parteien die vorliegende Regelung.

1. Privilegiertes Vermögen. Vergleichsweise verbreitet ist der Mandantenwunsch, einzelne Vermögensgegenstände oder Gesamtheiten von Vermögensgegenständen aus dem Zugewinnausgleich »herauszunehmen«, den Zugewinnausgleich jedoch i. Ü. durchzuführen. In den meisten Fällen handelt es sich beim privilegierten Vermögen um eine **Unternehmensbeteiligung** oder **Immobilie**.

So sachgerecht und verständlich die Zielsetzung ist, so problematisch ist die kautelarjuristische Umsetzung. Abgrenzungsschwierigkeiten zwischen privilegiertem Vermögen und nicht privilegiertem Vermögen sind nahezu vorprogrammiert (*Mayer*, DStR 1993, 991). Diese **Abgrenzungsschwierigkeiten** werden zusätzlich verschärft, wenn es im Laufe einer langen Ehe zu diversen Umschichtungen, Entnahmen und Reinvestitionen gekommen ist. Dies gilt in besonderem Maße, wenn ein Ehegatte im Hinblick auf eine sich abzeichnende Scheidung gezielt versucht, Vermögen in den privilegierten Bereich umzuschichten. Zwar versucht der vorliegende Formulierungsvorschlag, diesen Schwächen entgegen zu wirken. Dabei enthält jedoch jede Gegensteuerungsmaßnahme eine versteckte Anleitung zur Umgehung. Gewisse Schwächen und Manipulationsmöglichkeiten werden sich nicht vermeiden lassen.

2. Güterrechtliche Lösung, § 1371 Abs. 3 BGB. In der Mehrzahl der Fälle wird der Zugewinnausgleich im Todesfall durch die pauschale Erbteilserhöhung gem. § 1371 Abs. 1 BGB realisiert. Alternativ kann der überlebende Ehegatte den (konkret zu berechnenden) Zugewinn fordern und daneben den (kleinen) Pflichtteil geltend machen, § 1371 Abs. 3 BGB. Diese **güterrechtliche Lösung** kann für den überlebenden Ehegatten dann vorteilhaft sein und umgekehrt für den Erben belastend, wenn das Vermögen des Erblassers nahezu vollständig aus Zugewinn besteht. Zum effektiven Schutz des privilegierten Vermögens wird es daher im Regelfall empfehlenswert sein, dasselbe auch für diesen Fall vom Zugewinnausgleich auszuklammern.

3. Grundbesitz. Grundbesitz sollte in notariellen Urkunden grds. immer möglichst genau bezeichnet werden, das heißt in der von § 28 GBO vorgesehenen Weise. Dies gilt auch dann, wenn sich an die Urkunde – wie im vorliegenden Fall – kein Grundbuchvollzug unmittelbar anschließt.

4. Betriebsvermögen. Wenn Betriebsvermögen vom Zugewinnausgleich ausgeschlossen werden soll, gehört die vertragliche Definition des privilegierten Vermögens zum anspruchsvollsten und streitanfälligsten Teil der vertraglichen Regelung. Eine feste Anknüpfung an das **steuerliche Betriebsvermögen** allein löst diese Aufgabe nicht, da der Steuerpflichtige ertragsteuerlich weite Gestaltungsspielräume hat. Wenn jede einkommensteuerlich anzuerkennende Einlage ins oder Entnahme aus dem Betriebsvermögen über die Zuordnung eines Vermögensgegenstandes zum privilegierten Vermögen im zugewinnausgleichsrechtlichen Sinne entscheiden würde, hätte der Betriebsinhaber erhebliche Manipulationsmöglichkeiten.

Der hier präsentierte Formulierungsvorschlag erhebt keinen Anspruch auf Vollständigkeit und Richtigkeit. Es ist stets im Einzelfall zu überprüfen, wie das (güterrechtlich privilegierte) Betriebsvermögen im Einzelfall sachgerecht definiert werden kann. Diskutabel ist insb., ob jedwedes **Gesellschafterdarlehen** zum Kreis des privilegierten Vermögens zählen sollte, da hierbei besonders einfache Manipulationsmöglichkeiten bestehen können. Bisweilen wird vorgeschlagen, nur eigenkapitalersetzenden Gesellschafterdarlehen dem güterrechtlich privilegierten Vermögen zuzuordnen. Dieser Vorschlag erscheint heute nicht mehr empfehlenswert, da mit Inkrafttreten der GmbH-Reform zum 01.11.2008 die §§ 32a, 32b GmbHG aufgehoben und die Differenzierung zwischen eigenkapitalersetzenden und anderen Gesellschafterdarlehen insgesamt abgeschafft wurde. Der Formulierungsvorschlag zielt nun darauf, Gesellschafterdarlehen generell dem privilegierten Vermögen zuzuordnen. Ein Gesellschafterdarlehen, das nach Eintritt des Güterstandes aus dem nicht privilegierten Vermögen bedient wird, wäre dann entsprechend einem der nachfolgenden Absätze des Formulierungsvorschlages als Verwendung aus dem nicht privilegierten Vermögen auf das privilegierte Vermögen zu qualifizieren und würde somit mit dem Wert zum Zeitpunkt der Verwendung dem Endvermögen hinzugerechnet.

All dies zeigt die eingangs skizzierten Schwächen dieser Regelung auf. Dies sollte hierüber offen mit dem Mandanten gesprochen werden. Vielfach dürfte es **sachgerechter** sein, den **Zugewinnausgleich im Ganzen auszuschließen** und die Parteien anzuhalten, bereits während intakter Ehe für eine angemessene Vermögensverteilung zu sorgen.

5. Weiteres privilegiertes Vermögen. Häufig ist gewünscht, dass auch Immobilien oder Unternehmensanteile, deren Erwerb im Wege der vorweggenommen Erbfolge die Ehegatten erst erwarten, vom Zugewinnausgleich ausgenommen sein soll. Gem. § 1374 Abs. 2 BGB wird ein solcher Erwerb ohnehin dem Anfangsvermögen hinzugerechnet. Etwaige **Wertsteigerungen** zwischen dem Zeitpunkt des Erwerbs und der Rechtshängigkeit des Scheidungsantrages würden jedoch ohne vertragliche Regelung in den Zugewinnausgleich einfließen. Der Formulierungsvorschlag versucht, Wertsteigerungen hinsichtlich erst zu erwerbender Immobilien oder Unternehmensbeteiligungen zu privilegieren. Wenn der noch zu erwerbende Betrieb oder das noch zu erwerbende Grundstück bereits konkret feststehen, empfiehlt es sich, die Vermögensgegenstände wie vorstehend beschrieben zu bezeichnen.

6. Surrogate. Wenn Umschichtungen im privilegierten Vermögen zu erwarten sind, empfiehlt es sich, die Privilegierung auch auf Surrogate zu erstrecken. Da diese Regelung jedoch zu einer weiteren Steigerung der Unschärfe führt und neues **Streitpotenzial** eröffnen kann, könnte als Alternative in Betracht gezogen werden, eine solche Regelung zu vermeiden oder (besser) Surrogate ausdrücklich nicht zu privilegieren. Sollte später, aber noch während intakter Ehe, eine Surrogation erheblicher wirtschaftlicher Bedeutung anstehen, müssten die Ehegatten durch Nachtrag zum Ehevertrag das Surrogat ausdrücklich dem privilegierten Vermögen zuordnen.

7. Entnahme, Verwendung und Reinvestition. Die Versuchung ist groß, spätestens bei der Ehekrise Vermögen in den privilegierten Bereich zu verschieben. Aus diesem Grund sind vertragliche Regelungen erforderlich, wonach **Verwendungen** aus dem nicht privilegierten Vermögen auf das privilegierte Vermögen dem Endvermögen hinzugerechnet werden. Dies soll nach dem Formulierungsvorschlag jedoch nicht für reinvestierte Erträge aus dem privilegierten Vermögen gelten. Es sollte keinen Unterschied darstellen, ob ein Gewinn thesauriert oder zunächst entnommen und später reinvestiert wird.

Wenn die Regelung als eine Missbrauchsvorbeugung gewollt ist, ist darüber nachzudenken, nur Verwendungen auf das privilegierte Vermögen oder Einlagen in dasselbe dem Endvermögen hinzuzurechnen, die in einem bestimmten **Zeitraum** erfolgt sind, bspw. innerhalb der letzten 2 Jahre vor Rechtshängigkeit des Scheidungsantrags. Dies kann auch als bloße **Beweislastumkehr** formuliert werden, etwa in der Weise, dass die Hinzurechnung einer Einlage zum Endvermögen dann nicht erfolgt, wenn der Einlegende nachweist, dass die Einlage nach dem Sorgfaltsmaßstab eines ordentlichen Kaufmanns betriebswirtschaftlich geboten war.

8. Investitionen ins privilegierte Vermögen des anderen Ehegatten. Wenn einzelne Gegenstände vom Zugewinnausgleich ausgenommen sind, ist besondere Vorsicht geboten, wenn ein Ehegatte Investitionen ins privilegierte Vermögen des anderen Ehegatten tätigt. Wenn bspw. die Immobilie der Ehefrau privilegiert ist und der Ehemann 30.000 € für Wärmedämmungsmaßnahmen aufwendet, wäre dieses Geld im Scheidungsfall **ersatzlos verloren**. Aus diesem Grund empfiehlt sich eine Regelung, wonach solche Verwendungen dem Endvermögen des anderen Ehegatten (im Beispiel also dem Endvermögen der Ehefrau) hinzugerechnet werden (*Mayer*, MittBayNot 1993, 342). Der Formulierungsvorschlag sieht vor, dass hierfür der Wert zum Zeitpunkt der Verwendung anzusetzen ist. Alternativ könnte auf die verbliebene Bereicherung beim anderen Ehegatten abgestellte werden. Letzteres dürfte der Einzelfallgerechtigkeit zuträglich, der Rechtssicherheit jedoch abträglich sein.

9. Vermögenswertgrenze. Nach § 1378 Abs. 2 Satz 1 BGB wird die Höhe der Ausgleichsforderung durch den Wert des Vermögens begrenzt, das nach Abzug der Verbindlichkeiten bei Beendigung des Güterstandes vorhanden ist. Hierbei handelt es sich um eine **materiellrechtliche Begrenzung** der Zugewinnausgleichsforderung, nicht um eine bloße Frage der Durchsetzbarkeit. Wenn einzelne Vermögensgegenstände vom Zugewinnausgleich in der Weise ausgenommen sind, dass sie weder zur Berechnung des Anfangsvermögens noch des Endvermögens hinzugezogen werden sollen, stellt sich die Frage, ob die Nichtberücksichtigung dieser Vermögenswerte auch auf die Vermögenswertbegrenzung nach § 1378 Abs. 2 BGB durchschlagen soll.

Die Mehrheit der Formulierungsvorschläge, so auch der vorstehende, sieht vor, privilegiertes Vermögen i. R. d. Vermögenswertgrenze des § 1378 Abs. 2 BGB als vorhandenes Vermögen zu behandeln. Dies erscheint jedenfalls dann sachgerecht, wenn das nicht privilegierte Vermögen und damit die zu erwartende Zugewinnausgleichsforderung im Vergleich zum privilegierten Vermögen klein ist.

Zu beachten ist, dass die **Vermögenswertbegrenzung** des § 1378 Abs. 2 BGB durch die am 01.09.2009 in Kraft getretene **Güterrechtsreform an Brisanz verloren** hat. Nach der bis dahin bestehenden Rechtslage bestand nach herrschender Ansicht kein wirksamer Schutz vor Vermögensreduzierung in der Zeitspanne zwischen Rechtshängigkeit des Scheidungsantrags und Rechtskraft des Scheidungsurteils. § 1384 BGB hat nach alter Rechtslage für den Scheidungsfall angeordnet, dass für die Berechnung des Zugewinns an die Stelle der Beendigung des Güterstandes der Zeitpunkt der Rechtshängigkeit des Scheidungsantrags gilt. Für die Vermögenswertbegrenzung des § 1378 Abs. 2 BGB galt diese Vorverlagerung des relevanten Zeitpunkts jedoch nicht. Dies hat der Gesetzgeber nun mehr geändert. Seit 01.09.2009 verlagert § 1384 BGB den relevanten Zeitpunkt auch für die Vermögenswertbegrenzung des § 1378 Abs. 2 BGB auf den Zeitpunkt der Rechtshängigkeit des Scheidungsantrags vor (hierzu *Büte*, NJW 2009, 2776, 2778). Ferner existiert seit 01.09.2009 ein neuer § 1378 Abs. 2 Satz 2 BGB, wonach auch für die Vermögenswertbegrenzung illoyale Vermögensverschiebungen i. S. d. § 1375 Abs. 2 Satz 1 BGB fiktiv dem Endvermögen hinzuzurechnen sind.

Auch wenn die Manipulationsmöglichkeiten durch diese Gesetzesänderungen reduziert wurden, dürfte es sich **weiterhin** im Regelfall **empfehlen**, privilegiertes Vermögen durch **vertragliche Regelung** als vorhandenes Vermögen im Sinne von § 1378 Abs. 2 zu klassifizieren. Eine klare vertragliche Regelung zu dieser Frage ist in jedem Fall erforderlich, auch wenn die Ehegatten in der Sache eine andere Gestaltung wünschen.

10. Erweiterter Verwendungsbegriff. Verwendungen sind grds. nur solche Vermögensaufwendungen, die **der Sache selbst zugutekommen**, insb. indem sie ihrer Wiederherstellung, Erhaltung oder Verbesserung dienen (BGH, NJW 1996, 921). Keine Verwendungen sind hingegen Vermögensaufwendungen sonstiger Art, bspw. für den rechtsgeschäftlichen Erwerb (Palandt § 994 Rn. 3). Im Rahmen einer güterrechtlichen Regelung wie der vorstehenden empfiehlt es sich, den Verwendungsbegriff über seine sachenrechtliche Bedeutung hinaus zu erweitern.

11. Keine Umkehrungen der Ausgleichsrichtung. Häufig macht das privilegierte Vermögen den **Großteil des Gesamtvermögens** der Ehegatten aus. Das kann zu dem unglücklichen Ergebnis führen, dass der Ehegatte, dessen (privilegierter) Betrieb sich im Wert von 1 Mio. € auf 2 Mio. € verdoppelt hat, eine Zugewinnausgleichsforderung gegen den anderen Ehegatten hat, dessen (nicht privilegiertes) Sparbuch von 5.000 € auf 10.000 € angewachsen ist. Zur Vermeidung solcher Ergebnisse empfiehlt es sich, den Zugewinnausgleich durch vertragliche Regelung nur zulasten desjenigen Ehegatten vorzusehen, der auch unter Berücksichtigung des privilegierten Vermögens ausgleichspflichtig wäre. Der BGH (NJW 2013, 2753) hatte sich mit einem Fall zu befassen, in dem eine solche Vertragsklausel fehlte und es daher tatsächlich zur Umkehrung der Ausgleichrichtung gekommen ist. Der BGH stellt dabei fest, dass Vertragsklauseln, die ein solches Umkippen verhindern, zwar verbreitet seien, dass ihr Fehlen aber weder zur Unwirksamkeit der Vereinbarung führe noch dies im Rahmen der Ausübungskontrolle zu korrigieren sei. Dass dies – trotz der niedrigen Stellung des

Zugewinnausgleichs in der Kernbereichslehre – einer Entscheidung des BGH bedarf, verdeutlicht die Notwendigkeit, eine Umkehrung der Ausgleichsrichtung vertragsgestalterisch auszuschließen.

12. Schiedsgutachterklausel. Wie bereits ausführlich dargestellt, kann die Abgrenzung des privilegierten Vermögens erhebliche Schwierigkeiten bereiten. Daher kann es sich empfehlen, die Entscheidung einem Sachverständigen als Schiedsgutachter vorzubehalten. Wenn Betriebsvermögen vom Zugewinnausgleich ausgeschlossen wird, sollte im Regelfall jedoch nicht der Steuerberater der Gesellschaft bereits ehevertraglich als Schiedsgutachter vorgesehen werden, da dessen **Neutralität** nicht immer gewährleistet sein wird. Beide Ehegatten sollten die Möglichkeit haben, auf die Person des Schiedsgutachters Einfluss zu nehmen. Im Zweifel empfiehlt sich ein Benennungsrecht zugunsten des Amtsgerichtsdirektors oder IHK-Präsidenten.

13. §§ 1365, 1369 BGB. Erläuterungen hierzu s. o. Rdn. 45, *M. 5f.*

14. Vollstreckungsbeschränkung. Jedenfalls wenn Betriebsvermögen vom Zugewinnausgleich ausgeschlossen wird, empfiehlt sich eine Klausel, wonach Vollstreckungsmaßnahmen in Betriebsvermögensgegenstände und Unternehmensbeteiligungen unzulässig sind, unabhängig davon, ob diese i. R. d. Vermögenswertbegrenzung (§ 1378 Abs. 2 BGB, s. o. Rdn. 49, *M. 9*) als vorhandenes Vermögen klassifiziert werden oder nicht.

4. Regelungen zum nachehelichen Unterhalt

Beim nachehelichen Unterhalt wirkt sich die Rechtsprechung zur Inhalts- und Ausübungskontrolle von Eheverträgen am deutlichsten aus. Der Betreuungsunterhalt steht im Mittelpunkt der **Kernbereichslehre**. Ein kompensationsloser Verzicht auf Betreuungsunterhalt wird dort, wo solcher Unterhalt ansonsten geschuldet würde, im Regelfall keinen Bestand haben (vgl. oben Rdn. 45, *M. 7 ff.*). Andererseits stellt der BGH klar, dass es keinen unantastbaren Bereich der Scheidungsfolgen gibt. Im Spannungsfeld zwischen diesen nicht ohne Weiteres in Einklang zu bringenden Aussagen fällt es oft nicht leicht, belastbare Empfehlungen zur Vertragsgestaltung zu erteilen.   50

Die zum 01.01.2008 in Kraft getretene **Reform des Unterhaltsrechts** hat die Rechte der minderjährigen unverheirateten Kinder zulasten des geschiedenen Ehegatten gestärkt. Dies kommt zum einen in der Rangfolgeregelung des § 1609 BGB zum Ausdruck. Weiterhin führt die Neuregelung des § 1570 BGB in vielen Fällen zu einer drastischen Verkürzung der Bezugsdauer des Betreuungsunterhalts für geschiedene Ehegatten. Während vertragliche Regelungen zum nachehelichen Unterhalt bislang fast ausschließlich einen vollständigen oder teilweisen Verzicht auf gesetzliche Ansprüche zum Inhalt hatten, wird vor dem Hintergrund der Neuregelung des § 1570 BGB und der sehr restriktiven jüngsten BGH-Rechtsprechung hierzu (BGH, FamRZ 2009, 770; hieran anschließend BGH, FamRZ 2009, 1124; FamRZ 2009, 1391) verstärkt darüber nachzudenken sein, Unterhaltsansprüche durch vertragliche Vereinbarung über das gesetzliche Maß hinaus zu **erweitern**. Die im vorstehenden Formular getroffene Regelung zur Erwerbsobliegenheit (vollschichtige Erwerbstätigkeit ab Eintritt in die dritte Schulklasse) stellt möglicherweise – stark abhängig von den Umständen des Einzelfalls – bereits eine Erweiterung der gesetzlichen Ansprüche dar. Eine umfangreiche Darstellung der Möglichkeiten zu unterhaltsverstärkenden Vereinbarungen mit diversen Formulierungsvorschlägen gibt *Münch*, notar 2009, 286.   51

a) Muster: Ausschluss des Aufstockungsunterhalts

Für den Fall der Ehescheidung verzichtet jeder von uns gegenüber dem anderen auf Aufstockungsunterhalt gemäß § 1573 Abs. 2 BGB. Klargestellt wird, dass Unterhalt aus allen anderen gesetzlich vorgesehenen Gründen verlangt werden kann.   52

Wir nehmen diesen teilweisen Unterhaltsverzicht gegenseitig an.

Wir wurden vom Notar darüber belehrt, dass aufgrund dieser Vereinbarung insbesondere bei ganztägiger Erwerbstätigkeit beider Ehegatten kein Anspruch des weniger verdienenden Ehegatten gegen den mehr verdienenden Ehegatten auf monatliche Zahlungen besteht. Wir wurden weiter darüber belehrt, dass trotz dieser Vereinbarung jedoch weiterhin Anspruch auf Unterhalt bestehen kann, insbesondere wenn ein Ehegatte aufgrund Kindesbetreuung, Alter, Krankheit oder Arbeitslosigkeit nicht für sich selbst sorgen kann.

Der Unterhaltsberechtigte ist verpflichtet, die zu einem Steuervorteil für den Unterhaltsverpflichteten erforderlichen Erklärungen in der erforderlichen Form abzugeben, wenn sich der Unterhaltsverpflichtete schriftlich bereit erklärt, dem Unterhaltsberechtigten die hieraus entstehenden, nachgewiesenen steuerlichen und sonstigen wirtschaftlichen Nachteile zu ersetzen.

Erläuterungen zum Formular. Falls Ehegatten eine besonders behutsame Regelung zum nachehelichen Unterhalt wünschen, bietet sich der Ausschluss des Aufstockungsunterhalts gem. § 1573 Abs. 2 BGB an. Dieser hat nicht in dem Maße eine elementare Versorgungsfunktion wie insb. der Unterhalt wegen Kindesbetreuung, Alters, Krankheit oder Gebrechen. Folgerichtig nimmt der Aufstockungsunterhalt i. R. d. **Kernbereichslehre** des BGB einen hinteren Rang ein. Der Verzicht auf Aufstockungsunterhalt dürfte der Inhalts- und Ausübungskontrolle im Regelfall Stand halten.

b) Gesetzlicher Unterhalt bei Geburt eines Kindes

53   Für den Fall der Ehescheidung verzichtet jeder von uns gegenüber dem anderen auf jeglichen Unterhaltsanspruch samt allen Nebenansprüchen, und zwar für alle Fälle, also zum Beispiel auch für den Fall der Not, der Auflösung einer künftigen neuen Ehe oder der Änderung der Rechtslage. Wir nehmen diesen Verzicht gegenseitig an.

Der vorstehende Unterhaltsverzicht steht unter der auflösenden Bedingung der Geburt oder Adoption eines gemeinsamen Kindes. Im Falle der Geburt oder der Adoption eines gemeinsamen Kindes wird nachehelicher Unterhalt nach den gesetzlichen Bestimmungen geschuldet. Dies soll auch für den Fall gelten, dass das Kind vor der Beendigung der Ehe verstorben ist.

Die Grundsätze des Unterhaltsanspruchs nach der Ehescheidung und die möglichen Folgen des Verzichts sind erörtert worden. Wir wissen, dass infolge dieses Verzichts im Falle der Kinderlosigkeit bei Ehescheidung jeder Ehegatte für sich selbst sorgen muss und keine monatlichen Zahlungen vom anderen Ehegatten verlangen kann. Uns ist bewusst, dass der Unterhaltsverzicht zum Nachteil des geschiedenen Ehegatten gereicht, der nach Gesetz einen Unterhaltsanspruch haben würde.

Der Unterhaltsberechtigte ist verpflichtet, die zu einem Steuervorteil für den Unterhaltsverpflichteten erforderlichen Erklärungen in der erforderlichen Form abzugeben, wenn sich der Unterhaltsverpflichtete schriftlich bereit erklärt, dem Unterhaltsberechtigten die hieraus entstehenden, nachgewiesenen steuerlichen und sonstigen wirtschaftlichen Nachteile zu ersetzen.

Erläuterungen zum Formular. Das in Rdn. 44 abgedruckte Gesamtmuster eines Ehe- und Erbvertrages sieht vor, dass bei Geburt eines gemeinsamen Kindes nur der Betreuungsunterhalt gem. § 1570 BGB und, während betreuungsbedingter Teilzeittätigkeit, Aufstockungsunterhalt gem. § 1573 Abs. 2 BGB verlangt werden kann. Weitere Unterhaltstatbestände, insb. Anschlussunterhalt nach der Zeit der Kindesbetreuung, sind in diesem Formular ausgeschlossen. Eine großzügigere Alternative stellt der vorstehende Textbaustein dar, nach dem nachehelicher Unterhalt im Fall der Geburt eines Kindes **ohne Einschränkung** nach den gesetzlichen Bestimmungen geschuldet wird, insb. also auch in Form von Anschlussunterhalt nach Ende der Kindesbetreuungszeiten.

c) Muster: Zeitliche Befristung

54   Für den Fall der Ehescheidung verzichtet jeder von uns gegenüber dem anderen auf jeglichen Unterhaltsanspruch samt allen Nebenansprüchen, und zwar für alle Fälle, also zum Beispiel auch für den Fall der Not, der Auflösung einer künftigen neuen Ehe oder der Änderung der Rechtslage.

Der vorstehend vereinbarte Verzicht auf nachehelichen Unterhalt steht unter der auflösenden Bedingung, dass unsere Ehe ab Eheschließung fünf Jahre bestanden hat, ohne dass zu diesem Zeitpunkt die Voraussetzungen für die Scheidung unserer Ehe gegeben sind und einer von uns die Scheidung beantragt hat bzw. einer von uns berechtigt ist, die Aufhebung der Ehe zu verlangen und den entsprechenden Antrag gestellt hat.

Es gelten dann grundsätzlich die gesetzlichen Vorschriften zum Recht des nachehelichen Unterhalts. Allerdings vereinbaren wir, dass ein Anspruch auf nachehelichen Unterhalt längstens für solche Zeit besteht, die der Hälfte der Zeit von der Eheschließung bis zur Rechtshängigkeit des Scheidungsantrags entspricht.

Mit dieser Regelung ist kein automatischer Anspruch auf Zahlung von nachehelichem Unterhalt verbunden. Bezüglich des Grundes und der Dauer eines etwaigen Unterhaltsanspruchs gelten zunächst die gesetzlichen Bestimmungen. Nur wenn sich nach diesen ein längerer Unterhaltsanspruch eines geschiedenen Ehegatten gegen den anderen ergeben sollte, tritt die hier vereinbarte Höchstdauer in Kraft.

Wir nehmen diesen eingeschränkten Verzicht gegenseitig an.

Die Grundsätze des Unterhaltsanspruchs nach der Ehescheidung und die möglichen Folgen des eingeschränkten Verzichts sind erörtert worden. Wir wissen, dass infolge dieses Verzichts im Falle der Ehescheidung unter Umständen jeder Ehegatte für sich selbst sorgen muss und keine monatlichen Zahlungen vom anderen Ehegatten verlangen kann. Uns ist bewusst, dass der Unterhaltsverzicht zum Nachteil des geschiedenen Ehegatten gereicht, der nach Gesetz einen Unterhaltsanspruch haben würde.

Erläuterungen zum Formular. Der vorstehende Textbaustein sieht eine zeitliche Befristung in doppelter Hinsicht vor. Zum einen soll Unterhalt überhaupt nur dann geschuldet sein, wenn die **Ehe** eine gewisse **Mindestdauer** besteht, im Beispiel 5 Jahre. Diese Regelung wird im Regelfall jedoch nur dann in Betracht zu ziehen sein, wenn gemeinsame Kinder nicht vorhanden und nach den Umständen auszuschließen sind. Ansonsten hätte die Regelung bei Geburt eines gemeinsamen Kindes und Scheidung vor Ablauf der Frist einen Totalverzicht auf Betreuungsunterhalt zum Inhalt, der im Regelfall einer Inhalts- und Ausübungskontrolle nicht Stand halten wird.

Zum anderen sieht die vorstehende Regelung eine zeitliche **Befristung** des nachehelichen Unterhalts vor. Die **Bezugsdauer** des nachehelichen Unterhalts kann dabei auf eine fest Anzahl von Jahren begrenzt werden oder an die Dauer der Ehe gekoppelt werden.

5. Regelungen zum Versorgungsausgleich

Beim Versorgungsausgleich ist ein auffälliges Auseinanderklaffen zwischen dem gesetzlich eröffneten und dem von der kautelarjuristischen Praxis tatsächlich genutzten Gestaltungsspielraum zu beobachten. Bereits das alte, bis zum 31.08.2009 geltende Recht des Versorgungsausgleichs, hat außer dem Ausschluss des Versorgungsausgleichs auch differenzierte Regelungen erlaubt. Das seit dem 01.09.2009 geltende Recht hat diese Spielräume erweitert (§ 6 VersAusglG). Es ist insb. das bis dahin geltende Verbot des **Supersplittings** entfallen (*Brüggen*, MittBayNot 2009, 337, 341) sowie die **Jahresfrist** des § 1408 Abs. 2 Satz 2 BGB a. F. In den beiden Gesamtmustern präventiver Eheverträge wurden bereits Regelungen vorstellt, in denen der Versorgungsausgleich ganz ausgeschlossen oder auf vertraglich konkretisierte Betreuungszeiten beschränkt wurde. **55**

a) Muster: Gesetzlicher Versorgungsausgleich bei Geburt eines Kindes

Den gesetzlichen Versorgungsausgleich schließen wir hiermit aus. **56**

Ein Verzicht auf den Altersvorsorgeunterhalt soll hierdurch nur begründet werden, wenn wir dies an anderer Stelle in dieser Urkunde ausdrücklich bestimmen.

Der vorstehende Ausschluss des Versorgungsausgleichs steht jedoch unter der auflösenden Bedingung der Geburt oder Adoption eines gemeinsamen Kindes. Im Falle der Geburt oder der Adoption eines gemeinsamen Kindes soll der Versorgungsausgleich somit nach den gesetzlichen Bestimmungen durchgeführt werden. Dies soll auch für den Fall gelten, dass das Kind vor der Durchführung des Versorgungsausgleichs verstorben ist.

Der Notar hat uns darauf hingewiesen, dass aufgrund dieser Vereinbarung im Scheidungsfall möglicherweise kein Ausgleich der Rentenanwartschaften stattfinden wird und deshalb jeder Ehegatte für seine Altersversorgung selbst verantwortlich ist.

Erläuterungen zum Formular. Der Formulierungsvorschlag für ein Gesamtmuster eines Ehe- und Erbvertrages (Rdn. 44) sieht vor, dass der Versorgungsausgleich nur in den vertraglich definierten Kindesbetreuungszeiten durchgeführt und i. Ü. ausgeschlossen werden soll. Eine großzügigere Regelung schlägt der vorstehende Textbaustein vor. Sollte es zur Geburt eines gemeinsamen Kindes kommen, wird der Versorgungsausgleich **im Ganzen** durchgeführt. Hierdurch werden auch ehebedingte Nachteile kompensiert, die dann entstehen können, wenn der Wiedereinstieg des kindesbetreuenden Ehegatten ins Erwerbsleben nach dem Ende der Kindesbetreuungszeiten nicht gelingt oder infolge Änderung der Lebensplanung nicht mehr gewünscht ist.

b) Muster: Reduzierte Ausgleichsquote

57 Für den Fall der Ehescheidung soll es grundsätzlich beim gesetzlichen Versorgungsausgleich verbleiben, den wir jedoch wie folgt modifizieren möchten.

Hinsichtlich einer jeden auszugleichenden Versorgungsanwartschaft steht dem ausgleichungsberechtigten Ehegatten ein Drittel des Werts des jeweiligen Ehezeitanteils (Ausgleichswert) zu und nicht die Hälfte, wie § 1 Abs. 2 S. 2 VersAusglG es vorsieht.

Der Notar belehrte insbesondere darüber, dass infolge dieser Modifikation jeder Ehegatte auch selbst verantwortlich ist, sich für den Fall der Ehescheidung eine Alters- oder Berufsunfähigkeitsversorgung aufzubauen.

Erläuterungen zum Formular. Der weite Gestaltungsspielraum i. R. d. Rechts des Versorgungsausgleichs (vgl. § 6 VersAusglG) kann in der Weise genutzt werden, dass der Versorgungsausgleich zwar für die gesamte Ehedauer und hinsichtlich sämtlicher auszugleichenden Versorgungsanwartschaften durchgeführt werden soll, jedoch nur mit einer reduzierten **Ausgleichsquote.**

c) Muster: Ausgleich nur »in eine Richtung«

58 Den gesetzlichen Versorgungsausgleich schließen wir hiermit für den Fall aus, dass er sich in der Summe aller auszugleichender Anwartschaften zu Gunsten des Ehemannes auswirken würde. Sofern sich der Versorgungsausgleich in der Summe aller auszugleichenden Anwartschaften zu Gunsten der Ehefrau auswirkt, ist der Versorgungsausgleich hingegen nach den gesetzlichen Vorschriften durchzuführen.

Sofern mehrere Anwartschaften geteilt werden müssen, so dass nicht eindeutig ist, zu welchen Gunsten sich der Versorgungsausgleich insgesamt auswirken würde, sind diese nach §§ 39 ff. VersAusglG zu bewerten. Im Zweifel hat dies ein Rentenberater als Schiedsgutachter zu entscheiden, der im Streitfall von der örtlich zuständigen IHK, in deren Bezirk das Scheidungsverfahren anhängig gemacht wird, zu bestimmen. Die Kosten des Schiedsgutachtens tragen die Parteien zu gleichen Teilen.

Der Notar hat uns darauf hingewiesen, dass aufgrund dieser Vereinbarung im Scheidungsfall möglicherweise kein Ausgleich der Rentenanwartschaften zu Gunsten des Ehemannes stattfinden wird und deshalb der Ehemann für seine Altersversorgung selbst verantwortlich ist. Auch die Ehefrau hat jedoch nur einen Anspruch auf Ausgleich der Rentenanwartschaften, wenn das Gesetz dies vorsieht. Das setzt voraus, dass der Ehemann ausgleichspflichtige Rentenanwartschaften erwirbt. Jeder Ehegatte sollte daher unabhängig vom anderen Ehegatten Altersvorsorge betreiben.

Erläuterungen zum Formular. Häufig wünschen die Ehegatten, dass der Versorgungsausgleich nur zugunsten eines der Ehegatten durchgeführt werden soll. Dieser Wunsch wird insb. in Fällen geäußert, in denen der **Hauptverdiener** selbstständig ist und **keine ausgleichspflichtigen Versorgungsanwartschaften** erwirbt, sondern seine Altersvorsorge auf andere Weise sicherstellt, insb. durch Vermögensaufbau. Das kann zu dem meist ungewünschten Ergebnis führen, dass die bescheidenen Rentenanwartschaften des weniger Verdienenden i. R. d. Versorgungsausgleichs teilweise an den Mehrverdienenden übertragen werden.

Eine klare, naheliegende und sichere Lösung für dieses Problem wäre der vollständige Ausschluss des Versorgungsausgleichs. Wenn jedoch der mehr verdienende Ehegatte zeitweise oder teilweise auch ausgleichspflichtige Versorgungsanrechte erwirbt oder aus sonstigem Grund nicht absehbar ist, zu wessen Gunsten der Versorgungsausgleich in der Summe ausfallen wird, mag es sachgerecht sein, den Versorgungsausgleich **einseitig auszuschließen**, ihn also nur dann durchzuführen, wenn er sich zugunsten des weniger verdienenden Ehegatten auswirken wird.

Nach dem bis zum 31.08.2009 geltenden Recht des Versorgungsausgleichs war dies einfach gestaltbar. Bis dahin erfolgte ein **Einmalausgleich** sämtlicher ausgleichspflichtiger Anwartschaften über den gesetzlichen Rentenversicherungsträger, erforderlichenfalls nach vorheriger Vergleichbarmachung nach den Vorschriften der **BarwertVO**. Hierdurch lag auf der Hand, ob der Ausgleich in der Summe zugunsten des einen oder des anderen Ehegatten erfolgt.

Nach dem neuen System der **internen Teilung** wird der Ehezeitanteil jedes Versorgungsanrechts einzeln zur Hälfte zwischen den geschiedenen Ehegatten geteilt (§§ 1 Abs. 1, 10 ff. VersAusglG). Eine vorherige Vergleichbarmachung der einzelnen Anwartschaften findet grds. nicht mehr statt. Wenn beide Ehegatten ausgleichspflichtige Anrechte erworben haben, lässt sich somit nicht ohne Weiteres beurteilen, zu wessen Gunsten eine »Spitze« vorliegt. Aus diesem Grund sieht der vorstehende Formulierungsvorschlag vor, die Anwartschaften zuvor vergleichbar zu machen. Da die BarwertVO hierfür seit dem 01.09.2009 nicht mehr zur Verfügung steht, werden die §§ 39 ff. VersAusglG als Bewertungsgrundlage herangezogen (zu den Bewertungsfragen auch *Brüggen*, MittBayNot 2009, 337, 344 f.). Bei Meinungsverschiedenheiten über die Bewertung sollte insoweit ein Sachverständiger als **Schiedsgutachter** entscheiden.

C. Muster und Erläuterungen

Trennungs- und Scheidungsvereinbarungen – Gesamtmuster mit Übernahme der Immobilie

SCHEIDUNGSVEREINBARUNG 59

Heute, den ..... *[Datum ausgeschrieben]*

– ..... – *[Datum]*

erschienen gleichzeitig vor mir,

.....

Notar in ....., in den Amtsräumen .....:
1. Herr ....., geboren am .....,
   wohnhaft .....,
   nach Angabe nicht verheiratet,
2. Frau ....., geborene ....., geboren am .....,
   wohnhaft .....,
   nach Angabe nicht verheiratet.

Die Erschienenen wiesen sich aus durch Vorlage amtlicher Lichtbildausweise.

Auf Ansuchen beurkunde ich die Erklärungen der Erschienenen wie folgt:

Teil A
Ehevertragliche und erbrechtliche Vereinbarungen

1. Vorbemerkung

Herr ..... wurde am ..... in ..... geboren, Geburtenregisternummer ......[1]

Frau ..... wurde am ..... in ..... geboren, Geburtenregisternummer ......

Wir besitzen beide die deutsche Staatsangehörigkeit und haben am ..... in ..... geheiratet.

Einen Ehevertrag haben wir bislang nicht geschlossen. Wir leben im gesetzlichen Güterstand des Bürgerlichen Gesetzbuchs – Zugewinngemeinschaft –.

Wir haben ein gemeinsames Kind, nämlich den Sohn ....., geboren am ...... Weitere Kinder hat keiner von uns, auch keine nichtehelichen oder adoptierten.

Wir leben seit dem ..... getrennt. Wir wollen uns scheiden lassen.

Der Scheidungsantrag ist noch nicht gestellt.[2]

2. Gütertrennung

Wir heben den gesetzlichen Güterstand auf und vereinbaren für die weitere Dauer unserer Ehe bis zur Scheidung Gütertrennung. Die Gütertrennung tritt sofort ein.[3]

3. Vermögensauseinandersetzung

3.1. Überlassung von Grundbesitz[4]

Als Bestandteil dieser Urkunde vereinbaren die Beteiligten die Überlassung des in Teil B dieser Urkunde aufgeführten Grundbesitzes von

Frau .....

– nachfolgend »Veräußerer« genannt –

an

Herrn .....,

– nachfolgend »Erwerber« genannt –.

3.2. Gegenleistungen

Als Gegenleistung für die Übertragung des Grundbesitzes sind nachfolgende Gegenleistungen zu erbringen.

3.2.1. Schuldübernahme

Der Erwerber übernimmt unter Entlassung des Veräußerers aus jeglicher Haftung die folgenden gemeinsamen bzw. vom Veräußerer allein eingegangenen Verbindlichkeiten zur künftigen alleinigen Verzinsung und Tilgung:[5]
- aus dem Darlehen Nr. 123 456 789 1 bei der Sparkasse ....., nach Angabe in Höhe von 61.421 €, und
- aus dem Darlehen Nr. 123 456 789 2 bei der Sparkasse ....., nach Angabe in Höhe von 16.342 €.

Die bereits fälligen und die ab heute fälligen Zins- und Tilgungsleistungen hat der Erwerber somit alleine zu tragen. Auch die Erstattung von zurückliegenden, bereits alleine vom Erwerber entrichteten Zins- und Tilgungsleistungen durch den Veräußerer wird ausgeschlossen.

Diese Verpflichtung des Erwerbers ist jedoch aufschiebend bedingt durch den Eintritt der folgenden Voraussetzungen:[6]

a) Die Vormerkung zugunsten des Erwerbers ist im Rang nach den in Teil B bezeichneten Rechten im Grundbuch eingetragen, wobei etwaige mit Zustimmung des Erwerbers zur Eintragung kommende Rechte im Rang vorgehen dürfen, und die Vollzugsmitteilung des Grundbuchamtes hierüber liegt dem Notar vor.
b) Der Gläubiger hat den Beteiligten zu Händen des Notars schriftlich bestätigt, dass das übernommene Grundpfandrecht spätestens mit Eigentumsumschreibung nur noch solche Verbindlichkeiten sichert, die zumindest auch oder nur Verbindlichkeiten des Erwerbers sind und somit keine Verbindlichkeiten mehr sichert, die der Veräußerer alleine schuldet.

Die Beteiligten wurden vom Notar davon in Kenntnis gesetzt,
– dass zur Schuldbefreiung des Veräußerers eine Haftungsentlassungserklärung des Gläubigers erforderlich ist und
– dass der Veräußerer dem Gläubiger möglicherweise weiterhin aus abstrakten Schuldanerkenntnissen haftet.

Sie beauftragen den Notar, die Haftungsentlassungserklärung bezüglich der vorgenannten Darlehen sowie auch aus etwaigen abstrakten Schuldanerkenntnissen einzuholen. Sollte der Gläubiger den Veräußerer nicht aus der Haftung entlassen, ist der Erwerber verpflichtet, die bei der Gläubigerin bestehenden Verbindlichkeiten bis zu der Höhe zu tilgen, ab der eine Haftungsentlassung des Veräußerers möglich ist, und den Veräußerer von etwaigen diesbezüglichen Verteidigungskosten freizustellen.

3.2.2. Ausgleichszahlung

Der Erwerber verpflichtet sich ferner, an den Veräußerer eine Ausgleichszahlung in Höhe von 20.000 € (Euro zwanzigtausend) zu erbringen.[7]

Die Ausgleichszahlung ist fällig zwei Wochen nach Vorliegen der vorstehend in Ziffer 3.2.1. Buchstaben a) und b) genannten Voraussetzungen.

Der Notar wird ersucht, das Vorliegen der vorgenannten Fälligkeitsvoraussetzungen zu a) und b) dem Erwerber mit Kopie an den Veräußerer zu bestätigen; Absendung an die in dieser Urkunde angegebenen Anschriften genügt.

Die vorgenannte Frist beginnt zu laufen, sobald alle vorgenannten Fälligkeitsvoraussetzungen eingetreten sind, nicht erst nach Empfang der Mitteilung des Notars.

Fällige Teile des Ausgleichsbetrages sind ab Fälligkeit für die Dauer des Rückstands mit jährlich 5 % über dem Basiszinssatz gemäß § 247 BGB zu verzinsen. Die Zinsen sind sofort fällig. Dies ist keine Stundung des Ausgleichsbetrages.

Der Erwerber unterwirft sich wegen der vorstehenden Verpflichtung zur Zahlung eines Ausgleichsbetrages der sofortigen Zwangsvollstreckung aus dieser Urkunde in sein gesamtes Vermögen. Der Notar wird angewiesen, vollstreckbare Ausfertigung nach Absendung der Fälligkeitsmitteilung ohne Nachweis zu erteilen. Dies stellt keine Umkehrung der Beweislast dar.

3.2.3. Umschreibungssperre

Der Notar wird, ohne dass dies vom Grundbuchamt zu überprüfen wäre, von den Beteiligten angewiesen, von der ihm in Teil B erteilten Vollmacht, die Eintragung der Auflassung zu bewilligen, nur Gebrauch zu machen, wenn[8]
a) ein Betrag in Höhe der Ausgleichszahlung gemäß vorstehend Ziffer 3.2.1. erbracht ist; zum Nachweis kann der Notar eine schriftliche Bestätigung des Veräußerers oder eine Bankbestätigung verlangen;
b) dem beurkundenden Notar die Haftungsentlassungserklärung des in Ziffer 3.2.2. bezeichneten Gläubigers vorliegt. Im Verhältnis zwischen den Vertragsbeteiligten gilt die Entlassung des Veräußerers aus den übernommenen Verbindlichkeiten bereits als erklärt, sobald sie von dem Gläubiger schriftlich in Aussicht gestellt wird und der Abgabe der Erklärung außer der Eigentumsumschreibung keine Hinderungsgründe entgegenstehen.

3.2.4. Steuererstattungen, Steuernachzahlungen

Im Falle, dass den Ehegatten eine Steuererstattung aus gemeinschaftlicher Veranlagung zusteht, ist zum Zwecke der Verteilung der Erstattung untereinander fiktiv eine getrennte Veranlagung durchzuführen. Das Verhältnis, in welchem die Ehegatten in diesem Fall Steuern zu zahlen gehabt hätten, ist für ihre Berechtigung hinsichtlich der Erstattung maßgeblich. Dies gilt entsprechend für Steuernachzahlungen.[9]

3.2.5. Lebensversicherungen

Der Notar hat darauf hingewiesen, dass die Bezugsberechtigung von Lebensversicherungen unter Umständen durch Erklärung gegenüber der Versicherung geändert werden muss, wenn nicht beim Tod des versicherten Vertragsteils der andere Vertragteil noch in den Genuss der Versicherungssumme kommen soll.

3.2.6. Vollständige Vermögensauseinandersetzung

Mit Vollzug dieser Urkunde ist das Aktivvermögen – einschließlich des Hausrats – auseinandergesetzt. In gesamthänderischer Verbundenheit oder in Bruchteilen gehaltene Konten, Depots, Beteiligungen, Immobilien, Wertgegenstände etc. gibt es dann nicht mehr. Jeder Ehegatte ist alleiniger Eigentümer der in seinem Besitz befindlichen Sachen.[10]

Gemeinschaftlich eingegangene Schulden bestehen ebenfalls nicht, soweit nicht in dieser Urkunde ausdrücklich angesprochen.

3.2.7 Zugewinnausgleich

Wir vereinbaren, dass der einem von uns möglicherweise zustehende Anspruch auf Ausgleich des im bisherigen Güterstand erzielten Zugewinns mit Vollzug dieser Vereinbarung, insbesondere der darin enthaltenen Überlassung von Grundbesitz, abgegolten und erledigt ist.[11]

Über die gesetzlichen Regeln des Zugewinnausgleichs wurde vom Notar belehrt. Wir wissen, dass der Notar mangels umfassender Kenntnis von unseren Vermögensverhältnissen nicht beurteilen kann, ob und gegebenenfalls für wen die zwischen uns getroffenen Vereinbarungen im Vergleich zur Durchführung des gesetzlichen Zugewinnausgleichs nachteilig sind. Zum Zwecke der Streitvermeidung nimmt jeder von uns einen eventuellen Nachteil hin. Eine weitere Sachverhaltsaufklärung durch den Notar wünschen wir nicht.

4. Versorgungsausgleich

Den gesetzlichen Versorgungsausgleich wollen wir nicht ausschließen. Hier soll es bei der gesetzlichen Regelung verbleiben.[12]

Ein Verzicht auf den Altersvorsorgeunterhalt soll hierdurch nur begründet werden, wenn wir dies an anderer Stelle in dieser Urkunde ausdrücklich bestimmen.

Der Notar hat über die Grundzüge des Versorgungsausgleichs belehrt. Der Notar kann nicht beurteilen, wie sich die Durchführung des Versorgungsausgleichs im vorliegenden Fall auswirken wird, da er den Versicherungsverlauf nicht kennt. Er hat auf die Möglichkeit hingewiesen, Auskünfte von den Rentenversicherungsträgern einzuholen.

Keiner von uns hat eine Altersversorgung mit Kapitalwahlrecht (z. B. Rentenlebensversicherung mit Kapitalwahlrecht) abgeschlossen.

5. Unterhalt

5.1. Trennungsunterhalt

Herr ..... verpflichtet sich hiermit, an Frau ..... für die Zeit bis zur Scheidung der Ehe als Trennungsunterhalt monatlich 1.200 € (Euro eintausendzweihundert) zu bezahlen. Der Trennungsunterhalt ist jeweils am Monatsersten im Voraus auf das Konto der Frau ..... zu leisten, Konto Nr. ..... bei der Sparkasse ..... BLZ ......[13]

Die Vertragsteile erklären hiermit übereinstimmend, dass Rückstände hinsichtlich des Trennungsunterhalts nicht bestehen.

Für den Fall, dass der vorstehend vereinbarte Trennungsunterhalt nicht dem gesetzlich geschuldeten Unterhalt entspricht, verpflichten sich die Vertragsteile hiermit gegenseitig, eine Änderung des vorstehend vereinbarten Betrags, egal aus welchem Rechtsgrund, nicht zu verlangen. Der Notar wies darauf hin, dass ein vollständiger oder teilweiser Verzicht auf Trennungsunterhalt im Voraus rechtlich nicht möglich ist.

Herr ..... unterwirft sich wegen der vorstehend eingegangenen Verpflichtung zur Zahlung von Trennungsunterhalt der sofortigen Zwangsvollstreckung aus dieser Urkunde in sein gesamtes Vermögen. Der Notar wird angewiesen, vollstreckbare Ausfertigung ohne Nachweis zu erteilen. Dies stellt keine Umkehrung der Beweislast dar.

5.2. Nachehelicher Unterhalt

Regelungen über den nachehelichen Unterhalt wollen die Vertragsteile heute ausdrücklich nicht treffen. Hier soll es bei der gesetzlichen Regelung bleiben, die vom Notar erläutert wurde.[14]

5.3. Kindesunterhalt

Herr ..... verpflichtet sich, für das aus der gemeinsamen Ehe hervorgegangene Kind ....., geboren am ....., jeweils monatlich im Voraus bis spätestens zum ersten Kalendertag eines jeden Monats zu Händen der Frau .... % des jeweiligen Mindestunterhalts gemäß §§ 612a Abs. 1 BGB, 36 Nr. 4 EGZPO zu zahlen. Der Unterhalt einer höheren Altersstufe ist ab dem Beginn des Monats zu zahlen, in dem ein Kind das betreffende Lebensjahr vollendet. Rückständige Unterhaltsleistungen sind ab dem zweiten Kalendertag des Fälligkeitsmonats mit dem gesetzlichen Verzugszins zu verzinsen.[15]

Das staatliche Kindergeld ist bei der Bemessung des zu zahlenden Kindesunterhalts noch nicht berücksichtigt worden; es ist nach Maßgabe des § 1612b BGB auf den Tabellenunterhalt (Bedarf) anzurechnen und fließt derzeit Frau ..... zu; der Barunterhaltspflichtige ist demzufolge berechtigt, von dem Kindesunterhalt die Hälfte des für ein erstes Kind bezogenen Kindergeldes, zu derzeit 92 € monatlich, anzurechnen (Bedarfsminderung bei dem Kind).

Durch die vorstehenden Vereinbarungen zwischen den Eheleuten ..... soll das gemeinsame Kind ..... jeweils einen eigenen unmittelbaren Zahlungsanspruch gegen Herrn ..... erlangen (§ 328 BGB).

Herr ..... unterwirft sich wegen seiner Zahlungsverpflichtungen zum Kindesunterhalt in der vorstehend bezifferten Höhe und wegen der Verpflichtung zur Zahlung eines monatlichen Unterhalts in Höhe von ..... % des jeweiligen Mindestunterhalts der jeweiligen Altersstufe nach § 1612a Abs. 1 BGB i. V. m. § 36 Nr. 4 lit. a bis c gegenüber seinem Kind ..... der sofortigen Zwangsvollstreckung in sein gesamtes Vermögen, und zwar in der Weise, dass auch die Mutter, Frau ....., berechtigt sein soll, die Vollstreckung bis zur Vollendung des 18. Lebensjahres des unterhaltsberechtigten Kindes im eigenen Namen zu betreiben. Eine vollstreckbare Ausfertigung dieser Urkunde kann jederzeit auf Antrag erteilt werden.

6. Erbrecht

Wir haben keine Verfügung von Todes wegen (Erbvertrag oder Testament) errichtet, die den jeweils anderen Ehegatten begünstigt. Regelungen hierzu, insbesondere die Aufhebung solcher Verfügungen, sind daher nicht erforderlich.[16]

Einen wechselseitigen Erb- und Pflichtteilsverzicht wünschen wir nicht. Wir wurden vom Notar darauf hingewiesen, dass das gesetzliche Erb- und Pflichtteilsrecht des anderen Ehegatten erlischt, wenn zur Zeit des Todes des Erblassers die Voraussetzungen für die Scheidung gegeben waren und der Erblasser die Scheidung beantragt oder ihr zugestimmt hat.

7. Zustimmung zur Scheidung

Jeder Ehegatte stimmt bereits jetzt dem Scheidungsantrag des anderen Ehegatten zu. Diese Zustimmungserklärungen werden gegenüber dem zuständigen Familiengericht abgegeben.[17]

Der Notar hat darauf hingewiesen, dass diese Zustimmungserklärungen erst mit Einreichung bei Gericht wirksam werden und dann bis zum Schluss der mündlichen Verhandlung, auf die das Scheidungsurteil ergeht, jederzeit einseitig widerrufen werden können.

8. Hinweise des Notars zu Teil A.

Der Notar hat uns über den Inhalt und die rechtlichen Folgen aus diesem Vertrag eingehend belehrt. Insbesondere wurde auf Folgendes hingewiesen:

- Im Hinblick auf seine Neutralitätspflicht kann der Notar nicht die Interessen einer Partei gegen die andere Partei vertreten.[18]
- Der Notar hat auf die Rechtsprechung des Bundesverfassungsgerichts und des Bundesgerichtshofs zur Inhalts- und Ausübungskontrolle von Eheverträgen und Scheidungsfolgenvereinbarungen hingewiesen und erläutert, dass vertragliche Regelungen bei einer besonders einseitigen Aufbürdung von vertraglichen Lasten und einer erheblich ungleichen Verhandlungsposition unwirksam oder unanwendbar sein können.

9. Kosten des Scheidungsverfahrens

Die Kosten des Scheidungsverfahrens tragen – unter der Voraussetzung, dass nur für einen Anwalt Kosten anfallen – die Vertragsteile je zur Hälfte. Für den Fall, dass jede Partei durch einen Anwalt vertreten wird, trägt jeder Vertragsteil die Kosten für seinen Anwalt selbst.

Teil B
Grundbesitzbezogene Vereinbarungen[19]

10. Grundbuchstand

Laut Eintrag im Grundbuch des Amtsgerichts ..... von

..... Blatt .....

sind Herr und Frau ..... Eigentümer zu je ein Halb des folgenden Grundbesitzes in der Gemarkung .....:

Flurstück ....., ..., Gebäude- und Freifläche, zu ..... qm.

Im Grundbuch ist in <u>Abteilung II</u> folgende Belastung eingetragen:

Grunddienstbarkeit (Kanalleitungsrecht) für den jeweiligen Eigentümer des Flurstücks ..... .

Im Grundbuch ist in <u>Abteilung III</u> folgende Belastung eingetragen:

200.000 € Grundschuld ohne Brief für die Sparkasse ..... mit Sitz in ......

11. Überlassung

Frau .....

– nachfolgend »Veräußerer« genannt –

überlässt an

Herrn .....,

– nachfolgend »Erwerber« genannt –.

ihren Miteigentumsanteil zu ein Halb an dem in Ziffer 10 aufgeführten Grundbesitz mit allen Rechten, wesentlichen Bestandteilen und dem Zubehör

– nachfolgend »Vertragsobjekt« genannt –,

so dass Herr ..... nach Vollzug dieser Urkunde Alleineigentümer sein wird.

12. Auflassung und Eigentumsvormerkung

Veräußerer und Erwerber sind vorbehaltlos einig, dass das Eigentum am Vertragsobjekt gemäß Ziffer 11. auf den Erwerber übergeht.[20]

Die zur Eigentumsumschreibung erforderliche Bewilligung des Veräußerers wird heute jedoch ausdrücklich nicht erklärt; ebenso wenig der Eintragungsantrag des Erwerbers. Die Vertragsteile beauftragen und bevollmächtigen den amtierenden Notar, die Bewilligung zu erklären und diese Urkunde dem Grundbuchamt mit dem Antrag auf Eigentumsumschreibung vorzulegen.

Zur Sicherung des Anspruchs des Erwerbers auf Übertragung des Eigentums bewilligt der Veräußerer und beantragt der Erwerber die Eintragung einer Vormerkung zugunsten des Erwerbers in dem in Ziffer 11. angegebenen Erwerbsverhältnis in das Grundbuch.

Es wird heute schon bewilligt und beantragt, diese Vormerkung Zug um Zug mit der Eigentumsumschreibung wieder zu löschen, vorausgesetzt es bestehen keine Zwischeneintragungen, die ohne Mitwirkung des Erwerbers eingetragen worden sind.

13. Rechtsgrund, Gegenleistungen

Der Rechtsgrund und die Gegenleistungen ergeben sich aus Teil A.

14. Besitzübergabe

Die Einräumung des Alleinbesitzes erfolgt sofort.[21]

Nutzungen – soweit nicht in dieser Urkunde vorbehalten –, Lasten, die Gefahr des zufälligen Untergangs und der zufälligen Verschlechterung sowie die mit dem Vertragsobjekt verbundene Haftung und Verantwortung gelten als mit diesem Zeitpunkt auf den Erwerber allein übergegangen.

Wirtschaftlich und auch steuerlich soll der Grundbesitz ab sofort dem Erwerber allein zugeordnet werden.

15. Gewährleistung

Der Veräußerer haftet für ungehinderten Besitz- und Eigentumsübergang sowie für Freiheit des Vertragsobjekts von im Grundbuch eingetragenen Belastungen soweit diese in dieser Urkunde nicht ausdrücklich übernommen werden, sonst jedoch für nichts.

Die in Abteilung II des Grundbuchs eingetragenen Rechte werden zur weiteren dinglichen Haftung übernommen.

16. Vollzugsvollmacht

Der Notar erhält Auftrag und Vollmacht, alle zum Vollzug geeigneten Erklärungen zu entwerfen, einzuholen und entgegenzunehmen bzw. abzugeben. Er darf Eintragungsbewilligungen und -anträge abgeben, stellen, abändern und zurücknehmen.

Bescheide, mit denen beantragte behördliche Genehmigungen versagt werden, sind den Vertragsteilen jedoch unmittelbar zuzustellen.

17. Kosten und Steuern[22]

Die Kosten dieser Urkunde, ihres Vollzugs im Grundbuch, erforderlicher Genehmigungen, der Katasterfortschreibung, der Lastenfreistellung und eine evtl. Schenkungsteuer trägt der Erwerber.

18. Hinweise des Notars zu Teil B

Der Notar hat die Beteiligten insbesondere über folgende Punkte belehrt:
- Alle Vereinbarungen müssen richtig und vollständig beurkundet sein.
- Beide Vertragsteile haften für die Zahlung der Kosten und der evtl. Schenkungsteuer.
- Das Vertragsobjekt haftet für etwaige Rückstände an öffentlichen Lasten und Abgaben.
- Das Eigentum geht nicht schon mit Abschluss dieses Vertrages, sondern erst mit der Eintragung des vertragsgemäßen Eigentumsübergangs im Grundbuch auf den Erwerber über.
- Der Notar belehrt nicht über steuerliche Fragen und erteilt keine steuerlichen Auskünfte. Er hat lediglich darauf hingewiesen, dass auch ein eventueller Gewinn aus der Veräußerung von privatem Grundbesitz gemäß § 23 EStG zu versteuern sein kann.

19. Grundschuldübernahme

Der Erwerber übernimmt das zugunsten Sparkasse ..... mit Sitz in ..... eingetragene Grundpfandrecht im Betrag von 200.000 € samt den eingetragenen Zinsen und Nebenleistungen zur weiteren
dinglichen Duldung.

Sämtliche bis zur Eigentumsumschreibung hinsichtlich der vorgenannten Grundpfandrechte entstandenen Eigentümerrechte und Rückgewähransprüche werden an den Erwerber in dem in Ziffer
11 angegebenen Anteils- bzw. Berechtigungsverhältnis abgetreten. Der Erwerber nimmt die Abtretung an. Die Umschreibung im Grundbuch wird bewilligt.

Teil C
Schlussbestimmungen

20. Abschriften, Grundbuchausdruck

Von dieser Urkunde erhalten <u>beglaubigte Abschriften</u>
- Veräußerer
- Erwerber
- Grundbuchamt (nur Teil B)
- Finanzamt Schenkungsteuerstelle

<u>Einfache Abschriften</u> erhalten:
- Finanzamt Grunderwerbsteuerstelle
- Gutachterausschuss
- Herr Rechtsanwalt ....., ..., ...

Der Erwerber beauftragt den Notar, ihm nach vollständigem Vollzug der heutigen Urkunde einen
unbeglaubigten Grundbuchausdruck zu erteilen.

21. Wirksamkeitsabrede

Sollte eine Bestimmung dieser Urkunde unwirksam oder undurchführbar sein oder werden – gleich
aus welchem Grunde –, so soll dadurch die Wirksamkeit der übrigen Bestimmungen nicht berührt
werden. Insbesondere soll die Unwirksamkeit der Bestimmungen zu einem der Regelungskomplexe
Unterhalt, Versorgungsausgleich, Güterrecht oder Übertragung der Immobilie nicht auch die Unwirksamkeit der Regelungen zum anderen Regelungskomplex zur Folge haben.

Die unwirksamen bzw. undurchführbaren Bestimmungen sind so auszulegen, umzudeuten oder
zu ersetzen, dass der erstrebte wirtschaftliche Erfolg möglichst gleichkommend verwirklicht wird.
Die Vertragsteile verpflichten sich, alles nach Treu und Glauben Zumutbare zu tun, um die Wirksamkeit des heutigen Vertragsverhältnisses zu sichern und seine Durchführung zu ermöglichen.

Vorgelesen vom Notar,

von den Erschienenen genehmigt

und eigenhändig unterschrieben

1. **Verwahrangaben.** Erläuterungen hierzu s. o. Rdn. 43, *M. 1.*

2. **Rechtshängigkeit der Scheidung.** Die Frage, ob der Scheidungsantrag bereits gestellt wurde oder
nicht wirkt sich auf unterschiedlichen Ebenen auf die Vertragsgestaltung aus.

Ist der Scheidungsantrag bereits rechtshängig, so ist das **Endvermögen** beider Ehegatten für die Berechnung des Zugewinns und (seit 01.01.2009, vgl. oben Rdn. 49, *M. 9*) für die Vermögenswertbegrenzung des § 1378 Abs. 2 BGB »eingefroren«.

Ferner entfällt regelmäßig das gesetzliche **Erb- und Pflichtteilsrecht** des Ehegatten, wenn der Scheidungsantrag bereits gestellt ist (§ 1933 BGB). Dasselbe gilt gem. §§ 2077, 2268, 2279 BGB für
die gewillkürte Erbfolge. Die Aufhebung letztwilliger Verfügungen und insb. ein wechselseitiger

Erb- und Pflichtteilsverzicht ist dann im Regelfall nicht mehr erforderlich. Wegen der spürbaren Auswirkung auf die Beurkundungskosten sollte ohne Vorliegen eines besonderen Grundes ein Erb- und Pflichtteilsverzicht dann auch nicht »höchst vorsorglich« mitbeurkundet werden.

3. Gütertrennung. Unterschiedlich beurteilt wird die Frage, ob im Rahmen einer Scheidungsvereinbarung stets Gütertrennung vereinbart werden sollte. Die **Alternative** zur Gütertrennung ist eine Vereinbarung über den Zugewinnausgleich nach § 1378 Abs. 3 Satz 2 BGB des Inhalts, dass der Zugewinn mit der Vermögensauseinandersetzung in dieser Urkunde abschließend ausgeglichen ist und auf etwaige darüber hinausgehende Zugewinnausgleichsansprüche vorsorglich verzichtet wird.

Bislang wurde zumeist empfohlen, in jedem Fall Gütertrennung zu vereinbaren. Hierfür wurden vor allem **zwei Argumente** vorgetragen:

- Eine Vereinbarung über den Zugewinnausgleich nach § 1378 Abs. 3 Satz 2 BGB gilt nur für den konkreten Scheidungsfall, nicht jedoch für die weitere Ehedauer im Fall einer **Versöhnung**. Sollten sich die Eheleute wieder versöhnen und einen etwa bereits gestellten Scheidungsantrag wieder zurücknehmen, ist bislang nicht abschließend geklärt, ob und in welchem Umfang der Zugewinn noch bzw. wieder auszugleichen ist. Dieser Unklarheiten lassen sich durch Vereinbarung der Gütertrennung beseitigen.
- Doch selbst bei bereits rechtshängigem Scheidungsantrag und fehlender Versöhnungsperspektive wurde bislang häufig zur Gütertrennung geraten (z. B. Würzburger Notarhandbuch/*Mayer* Teil 3 Kap. 1 Rn. 350). Hintergrund war der, dass die **Vermögenswertgrenze** des § 1378 Abs. 2 BGB an den Zeitpunkt der Beendigung des Güterstands anknüpfte, sodass sich die Vermögensminderung eines Ehegatten auch nach Rechtshängigkeit des Scheidungsantrags bis zur Rechtskraft der Scheidung noch zulasten des anderen Ehegatten auswirken konnte, wenn der Güterstand nicht auf andere Weise (nämlich durch Vereinbarung der Gütertrennung) zuvor beendet wird.

Das letzte Argument besitzt jedoch seit Inkrafttreten der **Güterrechtsreform** zum 01.09.2009 keine Berechtigung mehr (vgl. oben Rdn. 49, *M. 9*). Wenn der Scheidungsantrag bereits rechtshängig ist und seine Rücknahme mit vorausgehender Versöhnung der Ehegatten im konkreten Fall ausgeschlossen erscheint, sollte eine Regelung über den Zugewinnausgleich nach § 1378 Abs. 3 Satz 2 BGB genügen.

Ihr Vorteil ggü. der Gütertrennung bestand jedenfalls bis zum 31.07.2013 in den oft signifikant niedrigeren **Beurkundungskosten.** Nach § 39 Abs. 3 KostO war nämlich beim Wechsel des Güterstandes das Reinvermögen (d. h. Aktivvermögen abzüglich etwaiger Verbindlichkeiten eines jeden Ehegatten) auch dann anzusetzen, wenn nur unerheblich oder gar kein Zugewinn entstanden ist. Die KostO wurde jedoch zum 01.08.2013 durch das GNotKG ersetzt, das gerade auch im Bereich des Familienrechts für grundlegende Änderungen gesorgt hat. Nach *Pfeiffer* (in: Bormann/Diehn/Sommerfeldt, GNotKG, 2014, § 100 Rn. 2) soll aber § 100 GNotKG, der mit gewissen Änderungen die bisherige Wertvorschrift des § 39 Abs. 3 KostO übernimmt, auf Vereinbarungen nach § 1378 Abs. 3 Satz 2 BGB ebenfalls nicht anwendbar sei. Der Ansatz des Reinvermögens als Geschäftswert soll bei Scheidungsvereinbarungen auch nach neuem Kostenrecht nur erfolgen, wenn hierbei ein Güterstandswechsel erfolgt, insbesondere also die Gütertrennung vereinbart wird. Ob sich diese Rechtsauffassung durchsetzen wird, bleibt zu beobachten. Das Kostenrecht ist seit Inkrafttreten des GNotKG noch stark im Fluss.

Vor diesem Hintergrund kann eine Vereinbarung über den Zugewinnausgleich nach § 1378 Abs. 3 Satz 2 BGB als u. U. **kostengünstigere Alternative** zur Gütertrennung auch dann in Betracht gezogen werden, wenn der Scheidungsantrag zwar noch nicht rechtshängig ist, dies aber bevorsteht und abrupte oder mutwillige Veränderungen der Vermögenssituation im konkreten Fall fernliegend erscheinen.

4. Auseinandersetzung von Grundbesitz. Wenn gemeinsamer Grundbesitz vorhanden ist, entspricht es zumeist dem Wunsch der Ehegatten, diesen auseinanderzusetzen. Der vorstehende Formulierungsvorschlag sieht vor, dass der Ehemann den **Miteigentumsanteil** der Ehefrau übernimmt.

Keine besonderen Regelungen sind erforderlich, wenn die Ehegatten den Grundbesitz bis auf Weiteres im gemeinsamen Beteiligungsverhältnis behalten oder an einen Dritten veräußern möchten.

5. Übernahme der Finanzierungsverbindlichkeiten. Wenn die **Darlehensverbindlichkeiten**, die anlässlich des Immobilienerwerbs gemeinsam aufgenommen wurden, ganz oder teilweise noch nicht getilgt sind, übernimmt diese im Regelfall der Erwerber der Immobilie zur künftigen alleinigen Verzinsung und Tilgung. Im Interesse der Transparenz für die Ehegatten, die Gläubiger und das Finanzamt empfiehlt es sich, die Darlehen und den aktuellen Darlehensstand möglichst genau zu bezeichnen.

Ferner empfiehlt sich eine Klarstellung, dass Zins- und Tilgungsleistungen, die ein Ehegatte in der **Vergangenheit** überquotal geleistet hat, nicht gesondert auszugleichen sind. Ggf. sind solche überquotalen Leistungen bei der Bemessung der Ausgleichszahlung (Nr. 3.2.2 des Formulars) zu berücksichtigen.

6. Haftungsentlassung des Veräußerers. Die Haftungsentlassung des Veräußerers ist für diesen von zentraler wirtschaftlicher Bedeutung. Wenn ein Ehegatte seinen Miteigentumsanteil an der gemeinsamen Immobilie abgibt, wird er regelmäßig auch im **Außenverhältnis** ggü. den Finanzierungsgläubigern nicht mehr haften wollen. Das vorstehende Formular sieht deshalb vor, dass eine solche Haftungsentlassungserklärung einzuholen ist und die Übernahme der Finanzierungsverbindlichkeiten im Verhältnis der Beteiligten von der Erteilung einer solchen Haftungsentlassungserklärung abhängig gemacht wird.

Häufig wird eine solche Haftungsentlassung nicht möglich sein, weil aus Sicht der Gläubiger die wirtschaftliche Leistungsfähigkeit allein des Erwerbers nicht ausreichend gesichert ist. Wenn zweifelhaft ist, dass die **Haftungsentlassung nicht erklärt** wird, oder dies sogar feststeht, wird die Vertragsgestaltung schwierig. Letzten Endes besteht in diesem Fall nur die Möglichkeit der Erfüllungsübernahme im Innenverhältnis. Näheres hierzu s. u. Rdn. 59, *M. 8.*

7. Ausgleichszahlung. Die Ausgleichszahlung wird regelmäßig umso größer ausfallen, je mehr von den Finanzierungsverbindlichkeiten bereits getilgt wurde. Über die Ausgleichszahlung kann zugleich sonstiger **Zugewinn** kompensiert werden.

8. Umschreibungssperre. Zur Absicherung des Veräußerers sollte die Umschreibung im Grundbuch erst erfolgen, wenn die Ausgleichszahlung geleistet wurde und insb. die Haftentlassungserklärung erfolgt ist. Es wäre für den Veräußerer **riskant**, das Eigentum an der Immobilie aus der Hand zu geben, im Außenverhältnis aber weiterhin für die Finanzierungsverbindlichkeiten zu haften.

Wenn feststeht oder zu erwarten ist, dass die Gläubiger die Haftungsentlassungserklärung nicht abgeben werden, sollte durchaus in Kauf genommen werden, die Eigentumsumschreibung über Jahre hinweg zurückzustellen. Als möglicherweise pragmatischere Alternative könnte den Ehegatten vorgeschlagen werden, sich von der Immobilie zu trennen und diese an einen **Dritten** zu veräußern, wenn keiner der Ehegatte allein im Stande ist, die Finanzierungsverbindlichkeiten zu tragen.

Eine Eigentumsumschreibung ohne Haftungsentlassung sollte nur dort in Betracht gezogen werden, wo die noch ausstehenden **Restverbindlichkeiten gering** sind, das Risiko für den Veräußerer mithin überschaubar ist.

9. Ehegattensplitting. Im Veranlagungszeitraum des Beginns des Getrenntlebens liegen regelmäßig die Voraussetzungen für eine gemeinsame Veranlagung zur ESt gem. § 26 EStG noch vor. Die Verteilung etwaiger Steuererstattungen und Steuernachzahlungen sollte geregelt werden. Der vorstehende Formulierungsvorschlag knüpft an die **fiktive Einzelveranlagung** an. Dies dürfte im Regelfall zu einer gerechten Verteilung des Splittingvorteils führen. Eine einfacher umsetzbare Alternative wäre die Verteilung zu fixen Quoten, bspw. zu je ein Halb.

10. Haushaltsgegenstände. Die Verteilung von Haushaltsgegenständen ist seit dem 01.09.2009 in § 1568b BGB geregelt. Die HausratsVO ist zum gleichen Stichtag außer Kraft getreten. Auf die gesetzliche Regelung kommt es i. R. d. Beurkundung von Scheidungsvereinbarungen selten an.

Zumeist sind sich die Ehegatten über die Hausratsverteilung ohnehin einig oder möchten diesen Punkt ausdrücklich ungeregelt lassen.

11. Zugewinnausgleich. Wenn die Auseinandersetzung des ehelichen Vermögens, soweit es dem Zugewinnausgleich unterliegt, **abschließend** in der Urkunde erfolgt, sollte dies entsprechend klargestellt werden.

12. Versorgungsausgleich. Die bis zum 31.08.2009 geltende Jahresfrist des § 1408 Abs. 2 Satz 2 BGB und das Erfordernis einer familiengerichtlichen **Genehmigung** nach § 1587o Abs. 2 Satz 3 BGB sind entfallen und nunmehr durch die Billigkeitskontrolle gem. § 8 Abs. 1 VersAusglG ersetzt (vgl. oben Rdn. 43, *M. 9*). Entsprechende Hinweise auf die **Jahresfrist** oder die Beantragung der familiengerichtlichen Genehmigung sind somit entbehrlich, wenn in einer Scheidungsvereinbarung auf den Versorgungsausgleich verzichtet wird.

13. Trennungsunterhalt. Auf Trennungsunterhalt kann gem. §§ 1361 Abs. 4 Satz 4, 1360a Abs. 3, 1614 Abs. 1 BGB nicht im Voraus verzichtet werden. Zulässig sind jedoch vertragliche Vereinbarungen zur Konkretisierung der gesetzlichen Unterhaltspflicht, sofern sie den Unterhaltsanspruch in etwa zutreffend festlegen. Eine gewisse »**Unschärfe**« ist dabei gestattet. Die Klausel ist somit nicht unwirksam, wenn der vertraglich festgelegte Unterhalt nur geringfügig und unwesentlich unterhalb des gesetzlichen Unterhaltsanspruchs liegt (nach OLG Düsseldorf, MDR 2000, 1252 liegt die Grenze bei 20 %). Die eigentliche Bedeutung der vorgeschlagenen Regelung besteht indes in der Klarstellung, dass keine **Unterhaltsrückstände** bestehen, sowie in der **Zwangsvollstreckungsunterwerfung**, auf die nicht ohne Grund verzichtet werden sollte.

Gelegentlich wünschen Ehegatten eine Erklärung, wonach sie sich darüber einig sind, Trennungsunterhalt nicht geltend zu machen (sog. **pactum de non petendo**). Über die Sinnhaftigkeit solcher Regelungen bestehen unterschiedliche Ansichten (vgl. *Hahn*, RNotZ 2007, 177). Klargestellt werden sollte jedoch zumindest, dass ein rechtswirksamer Verzicht nicht möglich ist und auch eine vertragliche Erklärung, Trennungsunterhalt nicht geltend zu machen, lediglich eine Absichtserklärung ohne Bindungswirkung darstellt. Nach OLG Köln, FamRZ 2000, 609 soll eine solche Erklärung zwar dazu führen, dass Auskunftsklagen in der Trennungszeit rechtsmissbräuchlich sind (hierzu Anm. von *Bergschneider*, FamRZ 2000, 609). Der BGH hingegen hat erst 2014 wieder bekräftigt (NJW 2014, 1101), dass das gesetzlich Verbot des Verzichts auf Trennungsunterhalt durch ein pactum de non petendo nicht umgangen werden kann.

14. Nachehelicher Unterhalt. Im Rahmen präventiver Eheverträge sind Regelungen zum nachehelichen Unterhalt am stärksten gefährdet, der Inhalts- und Ausübungskontrolle anheimzufallen. Im Rahmen von Scheidungsvereinbarungen sind die Gestaltungspielräume regelmäßig weiter; insb. spielt die Ausübungskontrolle keine Rolle, wenn die Beurkundung und das Scheitern der Ehe zusammenfallen (OLG Jena, FamRZ 2007, 2079). Im Regelfall dürfte auch ein Totalverzicht in diesem Stadium der Ehe halten, wenngleich die Bereitschaft hierzu regelmäßig geringer ist, jedenfalls in den Fällen, in denen ein Ehegatte dringend auf Unterhaltsleistungen angewiesen ist.

Zur Regelung des nachehelichen Unterhalts können im Rahmen von Scheidungsvereinbarungen im Wesentlichen dieselben Textbausteine verwendet werden wie im Rahmen präventiver Eheverträge (Rdn. 42, Rdn. 44 und Rdn. 50 f.).

Wenn der Anspruch auf nachehelichen Unterhalt betragsmäßig beziffert wird, kann eine ähnliche Regelung verwendet werden, wie sie hier i. R. d. Trennungsunterhalts vorgeschlagen wird. Aufgrund der im Regelfall wesentlich längeren Bezugsdauer des nachehelichen Unterhalts sollten jedoch zusätzlich die Berechnungsgrundlagen offengelegt werden, damit im Fall einer späteren Abänderungsklage gem. § 239 FamFG Klarheit darüber besteht, welche Umstände in der Vereinbarung bereits berücksichtigt sind und welche ggf. eine nachträgliche Anpassung rechtfertigen können.

15. Kindesunterhalt. Ein Verzicht auf Kindesunterhalt kommt gem. § 1614 Abs. 1 BGB nicht in Betracht, zumal es sich um einen eigenen Anspruch des Kindes handelt. Verbreitet ist es jedoch, die gesetzlichen Ansprüche zu konkretisieren und zu titulieren. Einen guten Überblick mit diversen

Formulierungsvorschlägen auf der Grundlage des seit dem 01.01.2008 geltenden Unterhaltsrechts gibt *Reetz* (notar 2008, 108), von dem auch die vorgestellte Formulierung stammt.

Denkbar, wenngleich seltener gewünscht, sind ferner Regelungen, wonach sich ein Ehegatte vertraglich zur Leistung von Kindesunterhalt über das gesetzliche Maß hinaus in Anrechnung auf den gesetzlichen Unterhaltsanspruch verpflichtet.

Vereinzelt wünschen die Ehegatten Regelungen, wonach sich ein Ehegatte schuldrechtlich ggü. dem anderen Ehegatten verpflichtet, diesen vom Kindesunterhalt **freizustellen**. Ein solches Freistellungsversprechen muss ausdrücklich erfolgen; es ist im Zweifel nicht in einer (unwirksamen) vertraglichen Begrenzung des Kindesunterhalts enthalten (BGH, FamRZ 2009, 768 m. Anm. *Bergschneider*, FamRZ 2009, 856). Eine solche Vereinbarung, die die gesetzlichen Unterhaltsansprüche gegen das freigestellte Elternteil nicht berühren, verstößt nicht gegen § 1614 Abs. 1 BGB. Es besteht jedoch die Gefahr, dass eine solche Regelung der Inhalts- und Ausübungskontrolle nicht Stand hält, insb. wenn der Freistellungsverpflichtete zusätzlich auf werthaltige Rechtspositionen im Bereich des Güterrechts, des nachehelichen Unterhalts oder des Versorgungsausgleichs verzichtet.

16. Erbrechtliche Regelungen. Die (auch vorsorgliche) Aufhebung eines Erbvertrages oder Testaments kann deutliche Auswirkungen auf die **Beurkundungskosten** haben. Dasselbe gilt für einen wechselseitigen Erb- und Pflichtteilsverzicht. Es ist daher im Einzelfall sorgfältig zu prüfen, ob Regelungen hierzu überhaupt angezeigt sind. Dies ist umso eher der Fall, je länger die Trennungsphase bis zur Stellung des Scheidungsantrages voraussichtlich dauern wird.

17. Zustimmung zur Scheidung. Die Zustimmung zur Scheidung wird häufig in die notarielle Scheidungsvereinbarung aufgenommen. Auch wenn ein Hinweis geboten ist, dass diese Erklärung jederzeit **zurückgenommen** werden könnte (§ 134 Abs. 2 Satz 1 FamFG), führt sie dennoch zu einer psychologischen Bindung und kann das einvernehmliche Scheidungsverfahren erleichtern.

18. Neutralitätspflicht. Der Notar sollte darauf hinweisen, dass er nicht die Interessen einer Partei gegen die andere vertreten darf. Dies gilt insb., wenn nur eine der Parteien anwaltlich vertreten ist. Wenn die Parteien bereits gemeinsam in einem anwaltlichen Beratungsgespräch waren, sollte der Notar darauf hinweisen, dass es einen »**gemeinsamen Anwalt**« nicht gibt, der Anwalt zwingend nur mit einem Ehegatten im Mandatsverhältnis steht und nur dessen Interessen verpflichtet ist. Ist die vorgeschlagene Scheidungsvereinbarung für den nicht anwaltlich vertretenen Ehegatten sehr nachteilig, darf der Notar zwar nicht ohne Weiteres inhaltlich zugunsten dieses Ehegatten einwirken. Er darf ihn aber eindringlich darauf hinweisen, dass die Beauftragung eines eigenen Anwalts sinnvoll wäre.

19. Grundbesitzbezogene Vereinbarungen. Wenn es zur Auseinandersetzung von Grundbesitz kommt, muss die Scheidungsvereinbarung sämtliche Erklärungen enthalten, die i. R. d. **grundbuchamtlichen Vollzugs** erforderlich sind, wie etwa erforderliche Bewilligungen und Anträge oder ggf. die Übernahme grundbuchlicher Belastungen.

20. Auflassung und Vormerkung. Wenn die Haftentlassungserklärung eingetragener Gläubiger bei Beurkundung noch nicht vorliegt und die Schuldübernahme und eine etwaige Ausgleichszahlung hiervon abhängig gemacht wird, wird es im absoluten Regelfall empfehlenswert sein, den Erwerber durch **Vormerkung** zu sichern und den Vollzug der Auflassung auszusetzen.

21. Besitzübergabe. In Kaufverträgen zwischen Fremden erfolgt die Einräumung des Besitzes üblicherweise erst mit Erbringung der Gegenleistung, d. h. mit Zahlung des Kaufpreises. Wenn ein Ehegatte im Rahmen einer Scheidungsvereinbarung den Miteigentumsanteil des anderen Ehegatten übernimmt, **wohnt** er regelmäßig bereits im Objekt. Daher wird es im Regelfall sinnvoll sein, den Besitz unabhängig von der Erbringung einer etwaigen Ausgleichsleistung sofort auf den Erwerber übergehen zu lassen.

22. Kosten und Steuern. Die Tragung der Kosten kann zwischen den Parteien frei vereinbart werden.

Ein besonderes Augenmerk verdient dabei die **Grunderwerbsteuer**. Solange die Parteien verheiratet sind, ist die Übertragung der Immobilie gem. § 3 Nr. 4 GrEStG von der Grunderwerbsteuer befreit. Dasselbe gilt gem. § 3 Nr. 5 GrEStG für den Grundstückserwerb durch den früheren Ehegatten des Veräußerers i. R. d. Vermögensauseinandersetzung nach der Scheidung. Hierbei ist jedoch Vorsicht geboten. Nicht jede Grundstücksübertragung zwischen ehemaligen Ehegatten ist grunderwerbsteuerfrei. Der hierfür nötige Scheidungszusammenhang wird von der Finanzverwaltung durchaus kritisch geprüft, wenngleich es keine starre zeitliche Grenze gibt (FG Köln, EFG 2009, 1485).

Kapitel 13: Kosten und Kostenhilfe

A. Einleitung

Der **Vergütungsanspruch des Anwalts** ergibt sich aus dem Anwaltsvertrag als Dienstvertrag (§§ 611, 675 BGB; BGHZ 184, 209). Daneben entstehen besondere Vergütungsansprüche gegen die Staatskasse aus der Beiordnung des Anwalts im Wege der Verfahrenskostenhilfe, als Beistand oder bei Beratungshilfe auf quasi öffentlich-rechtlicher Grundlage. Im privatrechtlichen Bereich folgt aus dem Grundrecht auf freie Berufsausübung (Art. 12 Abs. 1 GG) grds. auch die Berechtigung des Anwalts, die Höhe der Vergütung mit dem Mandanten frei auszuhandeln (BVerfG, FamRZ 2007, 615). Zur Sicherstellung einer ordnungsgemäß funktionierenden Rechtspflege ist dieses Recht durch gesetzliche Vergütungsregelungen in zulässiger Weise (BVerfG, AnwBl. 2009, 650; NJW 2007, 2098)

1

eingeschränkt. So enthält das am 01.07.2004 in Kraft getretene RVG, ebenso wie schon die von ihm abgelöste BRAGO und die zuvor (von 1879 bis 1957) geltende RAGebO detaillierte Regelungen zur Höhe der Gebühren und Auslagen für die gesamte gerichtliche Anwaltstätigkeit und die außergerichtliche Geschäftsbesorgung, einschließlich Regelungen zur Fälligkeit, Vorschuss u. a., die anstelle des BGB treten. Gleichzeitig wird die Abdingbarkeit dieser grds. dispositiven gesetzlichen Vergütung durch Vereinbarung im RVG und in § 49b BRAGO durch Vorgaben an Form und zulässigem Inhalt einer **Honorarvereinbarung** eingeschränkt. Zwar wurden die Regularien seit Einführung des RVG schrittweise gelockert, u. a. durch die begrenzte Zulassung eines Erfolgshonorars und der quota litis durch Gesetz v. 12.06.2008 (BGBl. I S. 1000). Die Vergütung für die Beratung und Erstattung eines Gutachtens ist bereits seit Juli 2006 weitgehend dereguliert (§ 34 RVG i. d. F. des Art. 5 KostRMoG, BGBl. I 2004, S. 718). Gleichwohl stellt die Vereinbarung einer Vergütung in familienrechtlichen Mandaten eher die Ausnahme dar (vgl. *Hommerich/Kilian* NJW 2008, 893), insb. bei der Vertretung in gerichtlichen Verfahren. Das ist vor allem dem Umstand geschuldet, dass die Mehrzahl der familiengerichtlichen Verfahren durch die Verfahrenskostenhilfe finanziert wird. Mit dem zum 01.01.2014 in Kraft getretenen PKH/BerHÄndG (BGBl. 2013 I, S. 3533) wird sich das möglicherweise ändern. Denn nunmehr kann anstelle der Inanspruchnahme staatlicher Kostenhilfe auch ein Erfolgshonorar vereinbart werden.

Das **System der gesetzlichen Vergütung** im RVG beruht – soweit es Familiensachen betrifft – auf einer nach dem Gegenstands- oder Verfahrenswert gestaffelten Gebührenpauschale einmal für das Betreiben des Geschäfts oder des Verfahrens und darüber hinaus für die Wahrnehmung eines Termins in einem gerichtlichen Verfahren sowie für die Mitwirkung an Einigungen. Dieses auf den Gegenstandswert bezogene Pauschalsystem bewirkt zwangsläufig, dass die Gebühr nicht genau dem Wert und dem Umfang der anwaltlichen Leistung entspricht. Sie kann im konkreten Fall hinter dem Aufwand zurückbleiben oder ihn übersteigen. Bestimmend ist insofern das gesetzgeberische Ziel, den Anwälten für ihre Tätigkeit insgesamt eine angemessene Vergütung zu ermöglichen (sog. Mischkalkulation, vgl. BVerfG, NJW 2007, 2098 m. w. N.). Der **Aufbau des RVG** gliedert sich in einen Paragrafenteil mit allgemeinen und besonderen Vorschriften für die Bemessung der gesetzlichen Gebühren und in ein Vergütungsverzeichnis (VV), das die einzelnen gebührenrelevanten Tätigkeiten beschreibt und ihnen in den für Familiensachen relevanten Teilen (Teil 1 bis 3) einen bestimmten, i. d. R. nach Instanz gestaffelten Gebührensatz zuordnet. Teilweise wird auch ein Gebührenrahmen vorgegeben, z. B. für die außergerichtliche Geschäftsgebühr, in dessen Grenzen der Anwalt den angemessenen Gebührensatz nach § 14 RVG bestimmen soll. Die daraus resultierende **Wertgebühr** errechnet sich aus der Multiplikation des Gebührensatzes mit der dem jeweiligen Gegenstandswert nach § 13 RVG zugeordneten Grundgebühr (zur Anhebung der Grundgebühren durch das 2. KostRMoG s. Rdn. 3). Für den beigeordneten Anwalt gelten größtenteils niedrigere Grundgebühren. Regelungen über die Ermittlung des Gegenstandswerts finden sich im RVG nur begrenzt. Das RVG verweist insoweit, auch für die außergerichtliche Tätigkeit, in erster Linie auf die für die gerichtlichen Gebühren maßgeblichen Wertvorschriften für die Gerichtskosten (§ 23 Abs. 1 RVG). Diese gelten in gerichtlichen Verfahren auch dann, wenn sie die Tätigkeit des Anwalts nur unzureichend erfassen (BGH, NJW 2009, 231). Nur für den Fall, dass im FamGKG Wertvorschriften fehlen, weil sich die Gerichtsgebühren nicht nach dem Gegenstandswert richten oder keine Gebühren anfallen und auch keine analog herangezogen werden können, enthält das RVG eigene Regelungen (z. B. §§ 23 Abs. 2 und 3, 25 ff. RVG). Nur ausnahmsweise sieht das VV in Familiensachen Festgebühren oder Betragsrahmengebühren vor, wie z. B. in Beratungshilfe- und Unterbringungssachen. **Auslagen**, die in Erfüllung des Auftrags erwachsen, und die USt können, wie in Teil 7 des VV geregelt, neben den gesetzlichen und den für Beratungs- und gutachterliche Tätigkeit vereinbarten Gebühren beansprucht werden.

2   In ähnlicher Weise wie die Anwaltskosten berechnen sich auch die **gerichtlichen Kosten**. Das FGG-RG (BGBl. I 2008, S. 2586) hat die gerichtlichen Kosten sämtlicher Familiensachen einheitlich in einem eigenständigen Kostengesetz, dem **FamGKG**, zusammengefasst, das in seinem Aufbau dem GKG angelehnt ist. Wie das RVG gliedert sich das FamFG in einen allgemeinen Vorschriftenteil, der insb. die auch für die Anwaltsvergütung bedeutsamen Vorgaben für die Ermittlung des

Verfahrenswerts enthält, und in ein als Anlage beigefügtes ausführliches Kostenverzeichnis (KV), das die anfallenden Gebühren für einzelne Verfahren und Instanzen sowie die Auslagen auflistet und in An- und Vorbemerkungen erläutert. Der Aufbau des Normenteils folgt dem des GKG und behandelt die Gebühren und Haftung für die Kosten vor den ihr nur dienenden **Bewertungsvorschriften**. Er schließt ab mit den Rechtsbehelfen gegen die Wertfestsetzung und den Kostenansatz, die wie in den übrigen Kostengesetzen abschließend und unabhängig von den das Hauptverfahren betreffenden Verfahrensvorschriften geregelt sind. In praktisch sämtlichen Familiensachen wird eine **pauschale Verfahrensgebühr** erhoben, die die gesamte Tätigkeit des Gerichts abdeckt. Ebenso wie im RVG richten sich die gerichtlichen Gebühren i. d. R. nach dem Verfahrenswert (Wertgebühren). Festgebühren werden nur in Nebenverfahren und Verfahren mit Auslandsberührung u. a. erhoben. Zur Übergangsregelung s. *Keske* FuR 2010, 554.

Mit dem **2. Gesetz zur Modernisierung des Kostenrechts** (2. KostRMoG, BGBl. I 2013, 2586) wurden zwar in der Hauptsache die Gerichtskosten im Bereich der freiwilligen Gerichtsbarkeit (ohne Familiensachen) und die Notarkosten in einem die KostO ablösenden Gesetz (GNotKG) vollständig neu geregelt. Mit ihm wurden aber auch die Gebühren in sämtlichen anderen Justizkosten und dem RVG z. T. erheblich angehoben. Außerdem hat der Gesetzgeber die Gelegenheit genutzt, neben der notwendigen Anpassung der übrigen Kostengesetze an das GNotKG auch allfällige Korrekturen oder Klarstellungen im RVG, GKG und in dem weiterhin die Kosten sämtlicher Familiensachen regelnden FamGKG vorzunehmen (s. dazu *Keske* FuR 2013, 482 und 546; *Schneider* NZFamR 2014, 163). Die geänderten Vorschriften sind am 01.8.2013 in Kraft getreten. Eine spezielle **Übergangsregelung** aus Anlass ihres Inkrafttretens enthalten nur das GNotKG und das JVKostG. Die Anwendung der durch das 2. KostRMoG geänderten Vorschriften in den übrigen Justizkostengesetzen richtet sich daher nach den jeweiligen i. d. R. gleichlautenden Dauerübergangsregelungen. Danach sind die geänderten Vorschriften für gerichtliche Kosten und insbesondere die erhöhten Gebühren erst auf Erst-, Abänderungs- oder Rechtsmittelverfahren anzuwenden, die ab dem Zeitpunkt des Inkrafttretens der Änderung anhängig werden (§ 71 GKG, § 63 FamGKG). Die Anwaltsvergütung ist nach der allgemeinen Überleitungsvorschrift des § 60 Abs. 1 Satz 1 RVG nach bisherigem Recht zu berechnen, wenn der unbedingte Auftrag zur Erledigung derselben Angelegenheit im Sinne des § 15 RVG vor dem 01.08.2013 erteilt oder der Rechtsanwalt vor diesem Zeitpunkt gerichtlich bestellt oder beigeordnet worden ist. Davon abweichend richtet sich die Vergütung auch für später erteilte Folgeaufträge noch nach altem Recht, wenn die Gebühr sich aus den zusammengerechneten Gegenstandswerten errechnet, wie z. B. in Verbundverfahren (vgl. § 60 Abs. 2 RVG und zu den Besonderheiten bei der Vertretung in einem Rechtsmittelverfahren Abs. 1 Satz 2). Für eine Vergütungsvereinbarung ist nicht der Zeitpunkt der Auftragserteilung maßgeblich, sondern der Zeitpunkt des Zustandekommens der Vereinbarung (BGH, FamRZ 2012, 126).

3

Zu weiteren Änderungen zum 01.04.2014 durch das Gesetz zur Änderung des Prozesskosten- und Beratungshilferechts s. Rdn. 178.

B. Honorarvereinbarung

I. Überblick

1. Gesetzliche Grundlagen

Aus dem Grundrecht auf freie Berufsausübung (Art. 12 Abs. 1 GG) folgt grds. die Berechtigung des Anwalts, die Höhe der Vergütung für seine vertraglich zu erbringende Leistung mit dem Auftraggeber frei auszuhandeln. Allein das Bestehen einer gesetzlichen Gebühr zwingt den Anwalt nicht, seine Tätigkeit auf der Basis einer von ihm in Relation zu dem voraussichtlichen Aufwand als unangemessen niedrig erachtete Vergütung durchzuführen (BGH, BGHZ 184, 209 = NJW 2010, 1364, Rn. 36). Der Ausgestaltung einer Honorarvereinbarung werden durch die BRAO und das RVG in zulässiger Weise (BVerfG, NJW-RR 2010, 259; FamRZ 2007, 615) Grenzen gesetzt. Der Gesetzgeber hat die ihm vom BVerfG (FamRZ 2007, 615) aufgegebene Neuregelung des Verbots von

4

Erfolgshonoraren zum Anlass genommen, allgemein den Umfang und die Voraussetzungen einer Honorarvereinbarung mit Wirkung zum 01.07.2008 neu zu regeln (BGBl. I 2008, S. 1000). Nach BGH (FamRZ 2012, 126) gilt die Neuregelung unabhängig vom Zeitpunkt der Auftragerteilung für sämtliche nach ihrem Inkrafttreten abgeschlossene Vereinbarungen. Nach wie vor steckt § 49b BRAO den Rahmen ab, innerhalb dessen die Gebühren und Auslagen in der jetzt in den §§ 3a bis 4b RVG näher bestimmten Art und Weise vereinbart werden können. Danach kann die gesetzlich vorgesehene Vergütung grds. durch Vergütungsvereinbarungen unterschiedlichster Art ersetzt oder modifiziert werden. Wobei zum Schutz der Auftraggeber bestimmte Form- und Belehrungsvorschriften einzuhalten sind, ohne die die Vereinbarung nicht wirksam ist. Davon weitgehend ausgenommen sind die außergerichtliche Beratungstätigkeit und die reine Gutachtenerstattung, für die bereits seit 01.07.2006 keine Gebühren im Vergütungsverzeichnis mehr vorgesehen sind, und die vielmehr nach § 34 RVG, wie vorher schon die Tätigkeit des Anwalts als Mediator, ausdrücklich nach Vereinbarung honoriert werden sollen.

2. Gestaltungsformen

5   Die Möglichkeiten der Vertragsgestaltung sind außerordentlich vielfältig (s. dazu auch *Lutje* S. 17 ff.; *Kindermann* Rn. 468 ff.; *Schneider* NJW 2006, 1905). Die mit Abstand am häufigsten verwendete Form ist die zeitabhängige Vergütung, wobei i. d. R. nach Stundensätzen abgerechnet wird *(Hommerich/Kilian* NJW 2009, 1569). Weitere übliche Formen sind das Pauschalhonorar oder die in der Literatur regelmäßig aufgeführte Variation der gesetzlichen Vergütung, etwa durch Modifikation des Gegenstandswertes und/oder des Gebührensatzes, von der aber in der Praxis kaum Gebrauch gemacht wird (*Hommerich/Kilian* BRAK-Mitt. 2006, 253, 256). Sämtliche Formen können miteinander kombiniert werden, z. B. durch einen pauschalen Zuschlag auf die gesetzliche Vergütung, die Vereinbarung eines Mindest- oder Höchstbetrags bei der zeitabhängigen Vergütung oder umgekehrt, durch Begrenzung der Pauschale auf einen zeitlichen Rahmen, nach dessen Überschreiten nach Zeit abgerechnet wird. Daneben können die sonst auch für das vereinbarte Honorar geltenden Regelungen des RVG zur Fälligkeit, Abrechnung, Anrechnung u. a. durch individuelle Regelungen ersetzt werden.

6   Die Vereinbarung eines **Pauschalhonorars** bietet dem Mandanten die größte Transparenz und Sicherheit. Für den Anwalt ist sie mit dem geringsten Aufwand für die Abrechnung verbunden. Sie enthält außerdem das geringste Streitpotenzial, sofern die mit der Pauschale abgegoltene Leistung ausreichend bezeichnet wird. Die Vereinbarung eines festen Betrags ist allerdings nur zweckmäßig, wenn der Arbeitsaufwand hinreichend bestimmbar ist. Ist das nicht der Fall, sollte entweder eine zeitabhängige Vergütung (s. u.) gewählt oder ein Vergütungsrahmen, d. h. die Angabe eines Mindest- und eines Höchstbetrags, vereinbart werden, innerhalb dessen der Anwalt die angemessene Gebühr bestimmen kann (s. BGH, AnwBl. 2007, 870).

7   Die **zeitabhängige Vergütung**, richtig kalkuliert (s. dazu *Lutje* S. 25 ff.; *Bischof/Bischof* § 3a Rn. 34), bietet dem Anwalt die größte Sicherheit, für seine Leistung ein auskömmliches Entgelt zu erhalten, erfordert aber den höchsten Abrechnungsaufwand. Der für den Auftraggeber bestehenden Unsicherheit, über die letztlich auf ihn zukommenden Kosten, kann durch möglichst kurze Abrechnungsintervalle oder durch Vereinbarung einer Höchstgrenze (s. *Lütje* S. 30) begegnet werden. Nach der Untersuchung des Soldan Instituts (»Vergütungsbarometer«, s. *Hommerich/Kilian* NJW 2009, 1569; AnwBl. 2006, 569) werden am häufigsten **Stundenhonorare** vereinbart. Wobei der einzelne Anwalt zumeist seinen Stundensatz variiert, vornehmlich nach der fachlichen Schwierigkeit und der Leistungsfähigkeit des Mandanten. Einheitssätze sind auch, aber seltener, gebräuchlich. Der um Extremwerte bereinigte Mittelwert der festen Stundensätze lag 2008 bei Kanzleien mit überwiegend nicht gewerblichen Mandaten bei 163,00 €; der flexible Stundensatz variierte bei nicht gewerblichen Mandaten im Mittel zwischen 115,00 € und knapp 200,00 € (vgl. *Hommerich/Kilian* NJW 2009, 1569, 1573). Zu aktuellen Stundensätzen s. www.juve.de/rechtsmarkt/stundensaetze). Zur Notwendigkeit und Zulässigkeit einer **Zeittaktklausel** s Muster Rdn. 23, *M. 4.*

Von der nach § 4 Abs. 3 RVG eingeräumte Möglichkeit, dem Vorstand der **Rechtanwaltskammer**   8
die Festsetzung der Vergütung zu überlassen, wird in der Praxis praktisch kein Gebrauch gemacht. –
Wird die Bestimmung einem der Vertragsparteien übertragen, gilt die gesetzliche Vergütung als
vereinbart, § 4 Abs. 3 Satz 2 RVG. Gleiches gilt, wenn sie einem sonstigen Dritten überlassen wird
(Bischof/*Bischof* § 4 Rn. 22). –

Seit dem 01.07.2008 besteht auch die Möglichkeit, bei Zulässigkeit einer erfolgsabhängigen Ver-   9
gütung einen Anteil an dem erstrittenen Betrag als Honorar zu vereinbaren (**quota litis**). I. Ü. kann
ein **erfolgsabhängiges Honorar** (zu den Voraussetzungen s. u. Rdn. 13) in sämtlichen vorgenannten
Gestaltungsmöglichkeiten vereinbart werden, einschließlich der Möglichkeit, es bei der gesetzlichen
Vergütung als Grundlage zu belassen.

In bestimmten **Beitreibungssachen** (solche nach §§ 803 bis 863, 899 und 915b ZPO) darf gem.   10
§ 4 Abs. 2 RVG auch vereinbart werden, dass der Anwalt einen Teil des Erstattungsanspruchs an Erfüllung statt annehmen wird, falls der Anspruch des Auftraggebers auf Erstattung der gesetzlichen
Vergütung nicht beigetrieben werden kann. Der Anwalt übernimmt damit, nach dem Gesetz ohne
Aufschlag, einen Teil des Ausfallrisikos. Deshalb schreibt das Gesetz vor, dass der nicht durch Abtretung zu erfüllende Teil der Vergütung noch in angemessenem Verhältnis zu Leistung, Verantwortung
und Haftungsrisiko des Anwalts stehen muss.

3. Verbote und Grenzen

a) bei Verfahrenskosten- und Beratungshilfe

Nach § 3a Abs. 1 Satz 1 RVG ist eine Vereinbarung nichtig, nach der ein im Wege der **Verfahrens-**   11
kostenhilfe beigeordneter Anwalt für die von der Beiordnung erfasste Tätigkeit eine höhere als
die gesetzliche Vergütung (d. h. die Wahlanwaltsvergütung, Gerold/Schmidt/*Mayer* § 3a Rn. 42)
erhalten soll. Praktisch profitiert der Anwalt auch von einer grundsätzlich zulässigen Vereinbarung
der Wahlanwaltsvergütung wegen der Sperrwirkung des § 122 Abs. 1 Nr. 3 ZPO (s. Rdn. 208 ff.)
nur, wenn die Bewilligung von Verfahrenskostenhilfe aufgehoben wird (Groß, § 14 Rn. 97; Gerold/
Schmidt/*Mayer* § 3a Rn. 42). Das PKH/BerHÄndG (s. Rdn. 178) hat durch eine Ergänzung des § 4b
RVG nunmehr ausdrücklich bestimmt, dass die Möglichkeit Prozess- oder Beratungshilfe zu erlangen der Vereinbarung eines Erfolgshonorars nicht entgegensteht, d. h. sie kann bei Vorliegen der
sonstigen Voraussetzungen anstatt der Inanspruchnahme von VKH oder BerH vereinbart werden.
Da in diesem Fall gerade keine Beiordnung erfolgt, kann für die Vertretung in gerichtliche Verfahren
auch eine höhere als die gesetzliche Vergütung für den Erfolgsfall vereinbart werden. Zur Geltung
auch für vor dem 01.04.2014 abgeschlossene Vereinbarungen (s. Rdn. 25, *M. 8*).

Für den Bereich der **Beratungshilfe** hat PKH/BerHÄndG wurde das vormals in § 8 BerHG enthaltene strikte Verbot von Vergütungsvereinbarungen aufgehoben. Seit 01.01.2014 sind Vergütungsvereinbarungen in Beratungshilfefällen in jeder Form grundsätzlich möglich. Allerdings führt die
Bewilligung oder bereits der Antrag ähnlich wie bei der Bewilligung von VKH zu einer Forderungssperre: Die vereinbarte Vergütung kann im Ergebnis nur dann gefordert werden, wenn die Bewilligung abgelehnt oder wieder aufgehoben wird und der Mandant bei Übernahme des Mandats darauf
hingewiesen wurde (§§ 8 Abs. 2, 8a Abs. 4 BerHG n. F.; s. dazu *Nickel* FamRB 2014, 17, 23; *Enders*,
JurBüro 2014, 225). Durch diese Regelung wird die zum alten Recht diskutierte Frage der Zulässigkeit einer bedingten Vergütungsvereinbarung obsolet.

Exkurs: Nach wie vor ist der Anwalt gem. § 16 BORA nicht nur verpflichtet, bei begründetem Anlass auf die Möglichkeit der **Beratungshilfe** hinzuweisen (s. a. BGH, NJW 1998, 136), sondern muss
ggf. dann auch Beratungshilfe leisten (§ 49a BRAO). Ein Anlass für einen Hinweis besteht immer
dann, wenn die vom Mandanten dargelegten Einkommensverhältnisse Anhaltspunkte dafür geben,
dass er zum Kreis der Berechtigten gehören könnte (s. dazu *Klein* JurBüro 2001, 172), ihm also nach
seinen persönlichen und wirtschaftlichen Verhältnissen VKH ohne Ratenzahlung zu bewilligen wäre

(§ 1 Abs. 1 Nr. 1, Abs. 2 BerHG;). Unterlässt der Anwalt den gebotenen Hinweis, macht er sich u. U. schadensersatzpflichtig (Büttner/Wrobel-Sachs Rn. 926; *Schneider* MDR 1988, 282).

b) bei Unterschreiten der gesetzlichen Gebühren

12   Generell verboten ist ein **Unterschreiten der gesetzlichen Gebühren** für die Vertretung **in gerichtlichen Verfahren** (§ 49b Abs. 1 BRAO i. V. m. § 4 Abs. 1 Satz 1 RVG). Allerdings eröffnet § 49b Abs. 1 Satz 2 BRAO dem Anwalt die Möglichkeit, nach Erledigung des Auftrags die Vergütung zu ermäßigen oder zu erlassen, wenn dies aufgrund der persönlichen Beziehung zum Auftraggeber oder wegen seiner wirtschaftlichen Verhältnisse gerechtfertigt ist. Das Verbot entfaltet praktische Relevanz vor allem im anwaltlichen Berufs- und im Wettbewerbsrecht (s. BGH, AnwBl. 2007, 870). Im Verhältnis zum Mandanten ist der praktische Nutzen eher gering, da es dem Anwalt nach § 242 BGB verwehrt ist, unter Berufung auf die Unwirksamkeit der Vereinbarung die höhere gesetzliche Vergütung zu fordern (OLG Düsseldorf, JurBüro 2004, 536 s. a. Rdn. 18) und der Mandant an einer höheren Vergütung kein Interesse hat. In **außergerichtlichen Angelegenheiten** kann unter bestimmten Voraussetzungen eine geringere Vergütung vereinbart werden (s. § 4 Abs. 1 RVG). Liegen die (wirtschaftlichen) Voraussetzungen für die Bewilligung von Beratungshilfe vor, darf seit 01.01.2014 auch ganz auf eine Vergütung verzichtet werden (s. dazu *Mayer* AnwBl. 2013, 894).

c) bei Erfolgshonorar

13   Ebenfalls grds. verboten bleibt ein **Erfolgshonorar**, also eine Vereinbarung, durch die die Vergütung oder ihre Höhe vom Ausgang der Sache oder dem Erfolg der anwaltlichen Tätigkeit abhängig gemacht wird oder nach der der Anwalt einen Teil des erstrittenen Betrags als Honorar erhält (§ 49b Abs. 2 Satz 1 BRAO). Darunter fällt jede Vereinbarung, die das geschuldete Honorar oder seine Höhe mit dem Ausgang der Angelegenheit verknüpft, nicht aber die unbedingte Erhöhung einer nach Nr. 1000 ff. VV anfallenden Vergleichs- oder Aussöhnungsgebühr (vgl. § 49b Abs. 1 Satz 3 BRAO). Die Vereinbarung eines Erfolgshonorars ist nach § 4a Abs. 1 RVG **nur im Einzelfall gestattet**, wenn sonst der Auftraggeber aufgrund seiner wirtschaftlichen Verhältnisse bei verständiger Betrachtung von der Rechtsverfolgung abgehalten wird. Dies ermöglicht eine erfolgsbezogene Vergütung nicht nur bei Mittellosigkeit des Mandanten, sondern auch dann, wenn der Verlust eines kostenträchtigen Verfahrens sonst ein für ihn oder sein Unternehmen nicht tragbares wirtschaftliches Risiko wäre (BT-Drucks. 16/8916, 10 ff.; Gerold/Schmidt/*Mayer* § 4a Rn. 5 ff.).

d) bei Kostenübernahme

14   Dem Anwalt ist es nicht nur i. R. d. Vereinbarung eines Erfolgshonorars, sondern generell verboten, Gerichts- und Verwaltungskosten oder **Kosten** anderer Beteiligter **zu übernehmen** (§ 49b Abs. 2 Satz 2 BRAO).

e) bei Sittenwidrigkeit und Unangemessenheit

15   **Sittenwidrigkeit** i. S. d. § 138 Abs. 1 BGB mit der Folge der Nichtigkeit der Honorarvereinbarung liegt vor, wenn das vereinbarte Honorar zur Leistung des Anwalts in einem auffälligen Missverhältnis steht, welches zugleich für die verwerfliche Gesinnung spricht. Im Strafrecht wird die Indizwirkung bejaht der BGH, wenn die Vergütung die gesetzliche Höchstgebühr um mehr als das 5-fache überschreitet (BGHZ 184, 209 = NJW 2010, 1364; BGHZ 144, 343 = NJW 2000, 2669; s. aber BVerfG, NJW-RR 2010, 259). Auch bei **Wertgebühren** hat er grds. die gesetzliche Vergütung als Maßstab genommen, aber konzediert, dass diese bei geringen oder mittleren Streitwerten den Aufwand des Anwalts im Einzelfall nicht angemessen honorieren und deshalb die Grenze weiter gezogen. Sie variiert bei Wertgebühren somit mit der Höhe des Streitwerts und den daraus zu erzielenden Gebühren. Bei einem Streitwert von ca. 2.500,00 € hat der BGH eine ca. 9-fache Überschreitung

der gesetzlichen Gebühr noch als im äußersten Fall aufwandsangemessen angesehen (BGH, FamRZ 2003, 1642; s. a. Bischof/*Bischof* § 3a Rn. 33). Die Überschreitung der gesetzlichen Gebühren um einen bestimmten Faktor ist aber nicht allein maßgeblich (BVerfG, NJW-RR 2010, 259). Denn ein dem Aufwand angemessenes Honorar kann das Sittengesetz grds. nicht verletzen (BGH, NJW 2010, 1364, Rn. 40; 2003, 2386; FamRZ 2003, 1642). Es obliegt allerdings dem Anwalt, die aus der Überschreitung der gesetzlichen Gebühren hergeleitete Unangemessenheit des vereinbarten Honorars durch die Darlegung zu entkräften, dass es im konkreten Fall unter Berücksichtigung aller Umstände angemessen ist (BGH, NJW 2010, 1364, Rn. 49: extreme einzelfallbezogene Umstände müssen nicht vorliegen; Aufgabe von BGHZ 162, 98!). Dasselbe gilt für die verwerfliche Gesinnung (die sich nicht allein aus der Androhung der Mandatskündigung ergibt BGH, NJW 2010, 1364, Rn. 43). Eine **anfängliche Unwirksamkeit** kann der Vereinbarung eines Zeithonorars nur dann innewohnen, wenn die vereinbarten Stundensätze und/oder Mindestintervalle zu einem bereits bei Vertragschluss absehbaren unangemessenen Missverhältnis zwischen Leistung und Gegenleistung führen (s. a. Gerold/Schmidt/*Mayer* § 3a Rn. 43). Für die Vereinbarung eines Pauschalentgelts gilt Ähnliches. Ergibt sich erst durch die Art und Weise, wie der Anwalt die rechtswirksam vereinbarte Vergütungsabrede anwendet ein unangemessenes Missverhältnis, indem er z. B. »seinen Aufwand in grober Weise eigensüchtig aufgebläht und bei den berechneten Einzeltätigkeiten und ihrer Dauer die objektiv gebotene Konzentration und Beschleunigung der Mandatswahrnehmung (Wirtschaftlichkeitsgebot im Mandanteninteresse) wissentlich außer acht« lässt (BGH, FamRZ 2003, 1642), ist dies nach § 242 BGB zu beurteilen (*Nassall* in jurisPK-BGB § 138 Rn. 272; a. A. BGH, FamRZ 2003, 1642).

Wie das Ausschöpfen der gesetzlichen Rahmengebühr (§ 14 RVG) kann auch jede wirksam zustande gekommene Honorarvereinbarung im Gebührenrechtsstreit (s. u. Rdn. 19) einer **Angemessenheitskontrolle** unterzogen und, wenn sie unter Berücksichtigung aller Umstände unangemessen hoch ist, bis auf die gesetzliche Vergütung herabgesetzt werden (**§ 3a Abs. 2 RVG**). Die Frage der Unangemessenheit ist unter dem allgemeinen Gesichtspunkt des § 242 BGB zu beurteilen (BGH, NJW 2011, 63 Rn. 15). Dabei kommt der Überschreitung der gesetzlichen Gebühren um einen bestimmten Faktor auch hier wie bei der Sittenwidrigkeit (s. Rdn. 15) eine indizielle Wirkung zu, die vom Anwalt zu widerlegen ist (BGH, NJW 2010, 1364, Rn. 48; 2011, 63 Rn. 33). Wie bei der **Ausübungskontrolle** von Eheverträgen u.ä. kommt eine Herabsetzung aber nicht schon dann in Betracht, wenn sich das aufgrund der Vereinbarung verlangte Honorar objektiv als nicht mehr angemessene darstellt. Vielmehr muss sich das Festhalten an der getroffenen Vereinbarung unter Berücksichtigung der gesamten Umstände des Einzelfalles als unzumutbar und als ein unerträgliches Ergebnis darstellen. Dabei ist auch die spätere Entwicklung nach Abschluss der Vereinbarung einzubeziehen (BGH, NJW 2010, 1364, Rn. 50). Der Tatbestand des § 3a Abs. 2 RVG ist erst erfüllt, wenn ein krasses und evidentes Missverhältnis zwischen Leistung und Gegenleistung vorliegt (BGH, NJW 2011, 63 Rn. 15; 2010, 1364, Rn. 87). Als Ausgangspunkt bzw. **Prüfungsmaßstab** für die Unangemessenheit der Höhe des Stundensatzes kann nicht auf einen allgemeinen Durchschnittssatz abgestellt werden. Es ist vielmehr an die konkreten Umstände des Einzelfalls anzuknüpfen, etwa ob ein kaum bekannter, in dem Rechtsgebiet nicht besonders hervorgetretener Anwalt in einer Standardsache oder ob ein bundesweit renommierter Anwalt mit dem Hintergrund einer Großkanzlei in einem besonders schwierigen Mandat tätig werden soll (BGH, NJW 2010, 1364, Rn. 94; NJW 2011, 63, Rn. 16). Anhaltspunkte lassen sich auch dem vom Soldan Institut erstellten »Vergütungsbarometer« entnehmen (s. o. Rdn. 7 sowie www.soldaninstitut.de). Bei der Prüfung einer vereinbarten Pauschale kann als Vergleich ein aufwandsbezogenes Zeithonorar herangezogen werden (OLG Hamm, AnwBl. 2008, 546). Zur Angemessenheitskontrolle bei Erfolgshonoraren vgl. Teubel/Schons/*Teubel* § 2 Rn. 203 ff.

16

f) bei Unbestimmtheit und Verstoß gegen Formvorschriften oder Klauselverbote

17 Jede Honorarvereinbarung muss genügend **bestimmt** sein, d. h., es muss eindeutig feststehen, für welche Tätigkeit eine höhere als die gesetzliche Vergütung geschuldet wird (Mayer NJW 2011, 1563 m. w. N.) und es muss ein Maßstab gewählt werden, der ohne Schwierigkeiten eine ziffernmäßige Berechnung zulässt. Bei einer arbeitszeitabhängigen Vergütung reicht die Bestimmbarkeit zum Zeitpunkt der Abrechnung aus (BGH, NJW 2005, 2142). Gem. § 3a Abs. 1 RVG muss die Vergütungsvereinbarung im Ganzen (BGH, AnwBl. 2012, 97) in **Textform** (§ 126b ZPO) abgefasst und als solche bezeichnet werden (s. u. Muster Rdn. 23, *M. 1*). Des Weiteren unterliegt eine vom Anwalt gestellte Vereinbarung ohne Einschränkung der **Klauselkontrolle** nach §§ 305 bis 309, 310 Abs. 3 Nr. 3 BGB. Denn der Auftraggeber nimmt in Familiensachen regelmäßig als Verbraucher (vgl. § 13 BGB) anwaltliche Dienstleistungen in Anspruch *(Kindermann* Rn. 314; BGH, AnwBl. 2007, 870). Damit wird zugleich gem. § 310 Abs. 3 Nr. 1 BGB die Gestellung durch den Anwalt (widerlegbar) vermutet und es reicht auch eine einmalige Verwendung aus, um insb. die Unklarheitenregelung des § 305c Abs. 2 BGB und die strikten Klauselverbote des § 309 BGB zur Anwendung zu bringen (vgl. dazu im Einzelnen Gerold/Schmidt/*Mayer* § 3a RVG Rn. 46 ff.; *Mayer* AnwBl. 2006, 168; Teubel/ Schons/*Teubel* § 2 Rn. 98 ff.; *Lutje* S. 50 ff.).

4. Rechtsfolgen bei fehlerhafter oder unwirksamer Vereinbarung, Schadensersatz

18 Folge einer unangemessenen Vergütung i. S. d. § 3a Abs. 2 RVG ist die Herabsetzung bis auf die gesetzliche Vergütung. Als Folge einer fehlerhaften oder nichtigen Vergütungsvereinbarung bleibt gem. § 4b Satz 1 RVG (nur) die gesetzliche Vergütung geschuldet (OLG Düsseldorf, RVGreport 2012, 255; für nichtige Vereinbarungen s. BGH, NJW 2010, 1364, Rn. 29 m. w. N.). Darüber hinaus ist es dem Anwalt nach Treu und Glauben verwehrt, die höhere gesetzliche Vergütung zu fordern, wenn eine geringere rechtsunwirksam vereinbart war (BGH, NJW 1980, 2407; OLG Düsseldorf, JurBüro 2004; Bischof/*Bischof* § 4b Rn. 2). Zu Unrecht gezahlte Honorare können nach Bereicherungsrecht zurückgefordert werden (§ 4b Satz 2 RVG, §§ 812 ff. BGB; BGH, AnwBl. 2012, 97). Hat der Mandant aber eine unwirksam vereinbarte höhere Vergütung trotz Kenntnis der Nichtschuld bereits gezahlt, kann er die Differenz nicht mehr zurückfordern (§ 814 BGB).

Außerdem kann die Verletzung gesetzlich vorgeschriebener oder sich nach Treu und Glauben ergebender Hinweispflichten, die den formellen Bestand der Honorarvereinbarung nicht berühren, den Anwalt zum **Schadensersatz** verpflichten (vgl. BGH, NJW 1980, 2128; 1998, 3864; FamRZ 2007, 1322 sowie FamRZ 2014, 35 Rn. 9 zur Hinweispflicht bei gemeinsamer Beratung scheidungswilliger Ehegatten). Schadenersatzpflichtig macht sich auch ein Anwalt, der durch Androhung der Mandatsniederlegung zur Unzeit eine Vergütungsvereinbarung durchsetzen will (BGH, NJW 2013, 1591 = FamRZ 2013, 950 [LS]). Der Schadensersatzanspruch richtet sich in erster Linie auf die Befreiung von der Gebührenforderung, soweit die bisherigen Leistungen für den Mandanten ohne Interesse sind (s. a. BGH, FamRZ 2011, 1941).

5. Realisierung der Honorarforderung

19 Vereinbarte Vergütungen können, auch wenn sie für die Vertretung in gerichtlichen Verfahren abgeschlossen wurden, nicht im Verfahren nach § 11 RVG kostenfrei festgesetzt werden, sondern müssen gegen den Auftraggeber im Wege der **Klage** bzw. im Mahnverfahren durchgesetzt werden (Gerold/ Schmidt/*Müller-Rabe* § 11 Rn. 44). Die Honorarklage ist keine Familien-, sondern eine allgemeine Zivilsache (BGH, FamRZ 1986, 347). Daran hat sich auch durch das FGG-RG nichts geändert. Insb. fallen Streitigkeiten aus dem Anwaltsvertrag nicht unter die sonstigen Familienstreitsachen nach § 266 Abs. 1 FamFG, auch wenn der Vertrag die Beratung oder Vertretung in einer Familiensache zum Gegenstand hatte. Der Anwalt muss seine Gebührenklage grds. bei dem nach § 13 ZPO für

den Wohnsitz des Auftraggebers **zuständigen Gericht** (je nach Streitwert: Amts- oder das Landgericht) erheben. Nur wenn es um in einem gerichtlichen Verfahren entstandene Gebühren geht, kann er sie nach §§ 34, 35 ZPO wahlweise und unabhängig vom Streitwert auch bei der Zivilabteilung des Amtsgerichts der Hauptsache erheben (BGH, FamRZ 1986, 347; Bischof/*Bischof* § 3a Rn. 41). Der Kanzleisitz ist nicht Erfüllungsort und kann damit auch keinen Gerichtsstand nach § 29 ZPO begründen (BGH, FamRZ 2004, 95). Eine Gerichtsstandsvereinbarung hilft wegen der Verbrauchereigenschaft des Auftraggebers in Familiensachen nur ausnahmsweise (vgl. § 38 ZPO). Sie muss ggf., sofern sie für einen nicht unter § 34 RVG fallenden Vertrag abgeschlossen wird, von der eigentlichen Honorarvereinbarung deutlich abgesetzt werden (§ 3a Abs. 1 Satz 2 RVG, s. Rdn. 22, *M. 1*). Will das Gericht im Rahmen einer **Angemessenheitsprüfung** nach § 3a Abs. 2 RVG (s. o. Rdn. 16) die Vergütung herabsetzen, hat es v.A.w. ein **Gutachten des Vorstands der Rechtsanwaltskammer** einzuholen, das kostenfrei zu erstatten ist (§ 3a Abs. 2 Satz 3 und 4 RVG). Der Umstand, dass der betroffene Anwalt gleichzeitig Funktionsträger dieser Anwaltskammer ist, steht dem nicht entgegen (BGH, NJW 2010, 1364, Rn. 44). Der Auftraggeber kann den aus dem Anwaltsdienstvertrag (§§ 611, 675 BGB) herrührenden anwaltlichen Vergütungsanspruch mangels im Dienstvertragsrecht enthaltener Gewährleistungsvorschriften nicht kraft Gesetzes wegen mangelhafter Leistung kürzen oder mindern; allerdings kann die Verpflichtung des Auftraggebers zur Zahlung der Gebühren wegen positiven Vertragsverletzung entfallen, wenn die Belastung mit der Honorarverbindlichkeit Bestandteil des daraus resultierenden Schadens ist (BGH, NJW 2010, 1364, Rn. 55 f. m. w. N.). Zum Vorgehen gegen säumige Mandanten s. die praktischen Tipps von Schons AnwBl. 2011, 281.

Für die Abrechnung gilt § 10 RVG entsprechend (BGH NJW 2011, 63; Rn. 28; OLG Düsseldorf NJW 2012, 621), s. Rdn. 45 und Muster Rdn. 51 und 55.

II. Pauschalhonorar (für Rat oder Gutachten)

1. Besonderheiten

Für die Erteilung eines mündlichen oder schriftlichen Rats, der nicht mit einer sonstigen gebühren-   20
pflichtigen Tätigkeit in Zusammenhang steht, oder für die Ausarbeitung eines schriftlichen Gutachtens sollte der Anwalt grds. auf eine Gebührenvereinbarung hinwirken. Ansonsten gilt nach § 34 Abs. 1 Satz 2 und 3 RVG in familienrechtlichen Mandaten das auf 250,00 € bzw. für die Erstberatung auf 190,00 € begrenzte Entgelt. Ein besonderes Problem stellt die **vorzeitige Beendigung des Auftrags** bei vereinbarten Pauschalhonoraren dar. § 15 Abs. 4 RVG, wonach eine vorzeitige Beendigung des Auftrags keinen Einfluss auf bereits entstandene Gebühren hat, ist auf eine solche Vereinbarung nicht anwendbar (BGH, NJW 1978, 2304). Wenn keine besonderen Vereinbarungen getroffen wurden, gilt § 628 BGB. Damit steht dem Anwalt, auch wenn die Beendigung durch den Mandanten bewirkt oder veranlasst wurde, gem. § 628 Abs. 1 BGB nur der Teil des vereinbarten Honorars zu, der der bisher erbrachten Tätigkeit entspricht (Gerold/Schmidt/*Mayer* § 15 Rn. 79; BGH, NJW 1987, 315; 1978, 2304). Hat der Anwalt die Mandatsbeendigung verschuldet, greift, wie beim Anwaltsvertrag allgemein, § 628 Abs. 1 Satz 2, Abs. 2 BGB und dem Anwalt steht ein Anspruch auf die Vergütung insoweit nicht zu, als seine bisherigen Leistungen für den Auftraggeber, z. B. wegen der Notwendigkeit einen 2. Anwalt zu beauftragen, keinen Wert mehr haben (BGH, NJW 1995, 1954; BGH, NJW 1982, 437 auch zur Beweislast). Zur Unmöglichkeit der Vertragserfüllung vgl. Gerold/Schmidt/*Mayer* § 15 Rn. 79.

2. Muster für Pauschalvereinbarung bei Beratung

21   **Vergütungsvereinbarung**[1]

zwischen

RAe ....., ... *[Straße, PLZ Ort]*

– im Folgenden Anwalt –

und

Herrn/Frau ....., ... *[Straße, PLZ Ort]*

– im Folgenden Auftraggeber –

1. Für die mündliche Beratung über die Voraussetzungen einer Scheidung und deren Folgen (Güterrecht, Versorgungsausgleich, Unterhalt, u. a.) im Allgemeinen[2]

[fakultativ: und die Berechnung und Erteilung einer schriftlichen Auskunft über seine Unterhaltspflichten im Falle der Trennung anhand der vorgelegten Unterlagen]

verpflichtet sich der Auftraggeber, an den Anwalt einen Pauschalbetrag in Höhe[3]

von ..... €

zu bezahlen.

Hinzu kommen Auslagen und Umsatzsteuer nach den gesetzlichen Vorschriften[4].

Aufwendungen des Anwalts für den Auftraggeber (verauslagte Gerichtskosten, Gebühren für behördliche Auskünfte, Aktenversendungspauschale u. a.) sind gesondert zu erstatten.

[fakultativ: Kommt es aufgrund der Beratung zu einer Einigung oder Aussöhnung, wird die hierfür vorgesehene gesetzliche Gebühr, die sich nach dem Gegenstandswert richtet, gesondert berechnet][5].

2. Eine Anrechnung der vorstehend vereinbarten Pauschale auf die in einer eventuellen nachfolgenden Angelegenheit entstehenden gesetzlichen Gebühren oder eine dort vereinbarte Vergütung wird ausgeschlossen[6].

3. Der Auftraggeber leistet sofort einen Vorschuss in Höhe von ..... € in bar[7].

Im Übrigen ist die Vergütung nach Erledigung des Auftrags fällig und innerhalb von ..... Wochen nach Erhalt der Rechnung auf das Konto des Anwalts bei der ..... Bank (.....) zu bezahlen. Aufwendungen sind sofort zu erstatten.

[fakultativ:]

4. Der Auftraggeber wird darauf hingewiesen, dass[8],
– wenn ein Anspruch auf Kostenerstattung durch die Staatskasse, den Gegner oder einen Verfahrensbeteiligten besteht, regelmäßig nicht mehr als die gesetzlichen Gebühren erstattet werden,
– die vereinbarte Vergütung, vom Rechtsschutzversicherer möglicherweise nicht oder nicht in voller Höhe übernommen wird.
– auch bei Bewilligung von Beratungshilfe in dieser Sache die vereinbarte Vergütung geschuldet bleibt, sie aber nur gefordert werden kann, wenn die Bewilligung abgelehnt oder aufgehoben wird, wobei auch der Anwalt die Aufhebung beantragen kann, wenn der Auftraggeber infolge der Beratung etwas erlangt; bis dahin schuldet der Auftraggeber dem Anwalt nur die Beratungshilfegebühr nach Nr. 2500 VV in Höhe von 15,00 €.[9]

....., den[10] .....

.....

(Unterschrift Auftraggeber)

.....

(Unterschrift Anwalt)x

1. Form. Im Gegensatz zu Vereinbarungen, die an die Stelle der im VV geregelten (gesetzlichen) Gebühren treten, ist die Honorarvereinbarung in den Fällen des § 34 RVG formfrei möglich (§ 3a Abs. 1 Satz 4 RVG). Zu Beweiszwecken und zur Klarstellung des Auftrags empfiehlt sich jedoch zumindest die Einhaltung der Textform (§ 3a Abs. 1 Satz 1 RVG i. V. m. § 126b BGB; s. dazu Rdn. 23, M. 1). Dies schon deshalb, weil nach den allgemeinen Regeln der Anwalt beweisen muss, dass eine vom Mandanten behauptete Vereinbarung über ein niedrigeres Honorar nicht vorliegt (*Schneider* NJW 2006, 1905). Eine bestimmte Bezeichnung als Vergütungs-, Gebühren- oder Honorarvereinbarung ist an sich entbehrlich. Soweit jedoch zweifelhaft sein kann, ob der Gegenstand der Tätigkeit möglicherweise doch unter die in Nr. 2300 VV geregelte Geschäftsbesorgung bzw. die Mitwirkung an der Gestaltung eines Vertrages fällt (vgl. zur Abgrenzung s. OLG Nürnberg, NJW 2011, 621; Gerold/Schmidt/*Mayer* § 34 Rn. 14 ff.; VV 2300, Rn. 13), sollte sie darüber hinaus die Formvorschriften wahren, die für die vertragliche Abwandlung der gesetzlichen Gebühren in den § 3a Abs. 1 Satz 2 RVG vorgeschrieben sind (s. Muster Rdn. 23). Zur Form des Anrechnungsausschlusses s. u. Nr. 6.

2. Gegenstand. Die genaue Bezeichnung der geschuldeten Leistungen des Anwalts ist bei der Vereinbarung eines Pauschalhonorars unverzichtbar. Nur auf diese Weise kann der Umfang des Auftrags, der mit der Pauschale honoriert wird, sicher bestimmt werden (Mayer NJW 2011, 1563 m. w. N.). Jede Unklarheit geht sonst zulasten des Anwalts (*Schneider* NJW 2006, 1905 m. w. N.; s. a. Kindermann Rn. 471). Dagegen grenzt eine genaue Leistungsbeschreibung den konkreten und mit der vereinbarten Pauschale abgegoltenen Auftrag ggü. **Erweiterungen** und zusätzlichen Leistungen ab, für die eine weitere Vergütung geschuldet wird und auch (möglichst vorab) vereinbart werden sollte.

3. Höhe. Dabei spielt die Abschätzung der für die Erledigung der Angelegenheit erforderlichen Zeit neben der Schwierigkeit der Sache eine wichtige Rolle (zu den Gestaltungsmöglichkeiten im Einzelnen s. o. Rdn. 5 ff.). Lässt sich der Zeitaufwand und/oder der Schwierigkeitsgrad schlecht abschätzen, ist die Vereinbarung eines Zeithonorars oder einer variablen Pauschale mit Mindest- und Höchstsatz zu erwägen. Die endgültige Bestimmung erfolgt dann innerhalb des vorgegebenen Rahmens durch den Anwalt nach Abschluss der Beratung. Eine **Begrenzung** der Vergütungshöhe nach oben ergibt sich allein aus § 138 Abs. 1 BGB (s. o. Rdn. 15). Nach unten sind praktisch keine Grenzen gesetzt (s. a. BGH, AnwBl. 2007, 870; Bischof/*Bischof* § 34 Rn. 32 m. w. N.). Diese lässt sich auch nicht aus § 4 Abs. 1 Satz 2 RVG herleiten, denn dieser ist i. R. d. § 34 RVG nicht anwendbar; es fehlt seit dem 01.07.2006 eine gesetzlichen Gebühr, an der sich das vereinbarte Honorar messen lässt (*Mayer* AnwBl. 2009, 479; zur Angemessenheitsprüfung s. Rdn. 16).

4. Zusatzleistungen. Wenn nichts Abweichendes vereinbart ist, schließt die vereinbarte Pauschale auch die USt und Auslagen etc. mit ein (*Schneider* NJW 2006, 1905). Der Anwalt muss sich daher überlegen, ob er diese in die Pauschale einkalkuliert oder gesondert berechnen will. In diesem Fall muss das gesondert vereinbart werden. Dabei können, z. B. für Reisekosten oder Kopierkosten, auch höhere als die im VV Teil 7 bestimmten Sätze vereinbart werden. Der nach Teil 7 Vorb. 7 Abs. 1 Satz 2 VV i. V. m. §§ 675, 670 BGB geschuldete Aufwendungsersatz für vom Anwalt für den Mandanten verauslagte Kosten (Gerichtskosten, Gebühren für Anfragen und Auskünfte, Aktenversendungspauschale etc. s. *Hartmann* VV 7000, Rn. 5 ff.) würde zwar durch einen Hinweis auf die gesonderte Vergütung sämtlicher in Teil 7 des VV aufgeführten Auslagen grds. mit umfasst. Zur Vermeidung von Streitfragen sollten die häufigsten Aufwendungen dennoch aufgeführt werden (s. *Schneider* Praxiswissen § 3 Rn. 31). Zur Fälligkeit s. u. Nr. 7.

5. Weitere Gebühren. Ob neben einer Ratsgebühr nach § 34 RVG noch gesetzliche Gebühren nach dem VV entstehen können, infrage kommt in Familiensachen eine Einigungs- oder Aussöhnungsgebühr, ist streitig (dafür die wohl h. M., s. OLG Schleswig, RVGreport 2011, 258 m. Anm. Hansens; Schneider, NJW 2006, 1905; ablehnend Gerold/Schmidt/*Müller-Rabe* VV 1000, Rn. 12 ff.). Wenn der Anwalt sich die Option offen halten will, bei Vorliegen der gesetzlichen Voraussetzungen zusätzlich eine Einigungs- oder Aussöhnungsgebühr zu beanspruchen, sollte dies jedenfalls bei einer Pauschal- oder zeitabhängigen Vergütung hinreichend deutlich zum Ausdruck gebracht werden (vgl. *Enders* JurBüro 2010, 561). Das gilt erst recht, wenn unabhängig von der Rechtslage eine solche Gebühr geschuldet werden soll.

6. Anrechnungsausschluss. Nach § 34 Abs. 2 RVG ist auch die vereinbarte Ratsgebühr in vollem Umfang auf eine Gebühr anzurechnen, die der Rechtsanwalt für eine sonstige mit der Erteilung des Rats oder der Auskunft zusammenhängende Tätigkeit erhält. Umstritten ist, ob die Ratsgebühr so lange auch auf mehrere in derselben Angelegenheit anfallende vereinbarte oder gesetzliche Tätigkeitsgebühren (Geschäfts-, Verfahrens-, Termingebühr) angerechnet bzw. nach Wahl des Anwalts mit ihnen verrechnet (§ 15a RVG) wird, bis sie vollständig aufgezehrt ist (s. dazu die Beispiele bei *Enders* JurBüro 2006, 561; Gerold/Schmidt/*Mayer* § 34 Rn. 62 f.). Das gilt aber nur, soweit nichts anderes vereinbart ist. Will der Anwalt vermeiden, dass die Ratsgebühr ganz oder teilweise aufgezehrt wird, muss er die Anrechnung im Wege der Vereinbarung ausschließen. Das ist, wie die Vereinbarung der Vergütung selbst, grds. **formlos möglich** (s. § 3a Abs. 1 Satz 4 RVG). Die gegenteilige Ansicht von *Schneider* (NJW-Spezial 2009, 59) widerspricht dem Gesetzeswortlaut, der den gesamten § 34 RVG von Förmlichkeiten freistellt und damit auch die Anrechnungsvorschrift. Außerdem ordnet § 34 Abs. 2 nicht generell eine Anrechnung an, sondern nur für die Fälle, in denen nichts anderes vereinbart ist (OLG Stuttgart, FamRZ 2009, 1346). Der Anrechnungsausschluss verändert auch keine künftig entstehenden gesetzlichen Gebühren. Dennoch sollte der Anrechnungsausschluss zur Beweiserleichterung wenigstens in Textform (s. o. Nr. 1) vereinbart werden und, wenn die Vergütungsvereinbarung in Textform oder schriftlich geschlossen wird, mit dieser. Vor einem vollständigen Ausschluss sollten aber die Vorteile erwogen werden, die sich aus einer Anrechnung für die Mandantenbindung ergeben können (Mayer/Kroiß/Teubel-Winkler, § 34 Rn. 163). Soll die Anrechnung ganz oder teilweise erhalten bleiben, kann dies auch positiv als Anrechnungsversprechen formuliert werden (s. Muster Rdn. 23, *M. 7*).

7. Vorschuss, Fälligkeit. Da unklar ist, ob die in § 9 RVG normierte Berechtigung, Vorschüsse zu fordern, auch für vereinbarte Vergütungen gilt (s. *Schneider* Praxiswissen § 3 Rn. 26), die einschlägigen Vorschriften des BGB aber nur für Werkverträge (hier: Gutachten) Abschlagszahlungen vorsehen, sollte ein Vorschuss oder eine Anzahlung, unbedingt ausdrücklich vereinbart werden. Überflüssig ist dies bei einem Bargeschäft, wenn der Mandant die Kosten der Beratung gleich bezahlt, oder wenn die gesamte Vergütung kurzfristig fällig wird. Die Fälligkeit des Honorars richtet sich grds. nach § 8 Abs. 1 RVG. Sie tritt bei außergerichtlicher Tätigkeit mit der Erledigung des Auftrags ein (Rdn. 81). Für den Aufwendungsersatz gilt § 271 BGB (*Schneider* Praxiswissen § 3 Rn. 31). Das Honorar kann nur aufgrund einer Abrechnung (§ 10 RVG) eingefordert werden. Als notwendige Angabe genügt bei einer Pauschalabrede der Hinweis auf die Vereinbarung. Soll die gesetzliche Regelung nicht verändert werden, ist eine Regelung an sich entbehrlich. Ihre Aufnahme sorgt aber für Klarstellung und bietet die Möglichkeit individuelle gewünschte Zahlungsziele (z. B. Ratenzahlung) mit aufzunehmen.

8. Hinweise. Nach § 3a Abs. 1 Satz 3 RVG muss eine Vergütungsvereinbarung den Hinweis darauf enthalten, dass die gegnerische Partei, ein Verfahrensbeteiligter oder die Staatskasse im Fall der Kostenerstattung regelmäßig nicht mehr als die gesetzliche Vergütung erstatten muss, auch wenn dies nur in seltenen Fällen relevant wird (s. Schneider/Wolf/*Onderka* § 34 Rn. 37). Für den Fall, dass die Beratung durch eine Rechtsschutzversicherung abgedeckt ist, empfiehlt sich ein Hinweis auf die (i. d. R. schon durch den Selbstbehalt) begrenze Kostendeckung. Ansonsten bestehen für Vereinbarungen nach § 34 Abs. 1 Satz 1, Abs. 2 RVG keine Belehrungspflichten (Bischof/*Bischof* § 34 Rn. 36).

9. Beratungshilfe. Im Rahmen eines Beratungshilfemandats sind Vergütungsvereinbarungen zwar nicht mehr unzulässig, es besteht aber wie bei Bewilligung von VKH eine Forderungssperre bereits ab Antragstellung, die nur entfällt, wenn der Antrag abgelehnt oder die Bewilligung wieder aufgehoben wird (s. Rdn. 11). Der Anwalt muss aber nach wie vor bei begründetem Anlass auf die Möglichkeit der Beratungshilfe hinweisen und sie auf der Basis des BerHG leisten, wenn der Mandant dies wünscht. Ergeben sich zu Beginn der Beratung nicht sofort auszuräumende Zweifel über die Bedürftigkeit, kann gleichwohl eine Vergütung vereinbart werden; in diesem Fall empfiehlt sich aber nicht nur ein Hinweis auf die beschränkte Wirksamkeit, sondern zugleich eine Belehrung über die dem Anwalt nach § 6a BerHG n. F. eröffnete Möglichkeit, selbst die Aufhebung der Beratungshilfe zu beantragen (s. dazu *Büte*, FuR 2013, 696).

10. **Textabschluss.** Eigenhändige Unterschriften sind auch zur Wahrung der Textform entbehrlich. Wenn die Person des Erklärenden aus der Urkunde in anderer Weise genannt ist, kann nach § 3a Abs. 1 Satz 1 RVG i. V. m. § 126a BGB der Abschluss der Erklärung auch in anderer Weise als durch Namensunterschriften oder ihrer Nachbildung kenntlich gemacht werden ((s. dazu Rdn. 23, *M. 12*). Das gilt erst recht für Vereinbarungen nach § 34 RVG, die keiner bestimmten Form bedürfen.

III. Zeithonorar (statt gesetzlicher Gebühren)

1. Besonderheiten

Die Vereinbarung einer zeitabhängigen Vergütung empfiehlt sich vor allem in Angelegenheiten,   22
deren Aufwand in zeitlicher Hinsicht ungewiss ist und bei denen die Gefahr besteht, dass die gesetzlichen Gebühren für die außergerichtliche und die Vertretung in gerichtlichen Verfahren den Aufwand nicht angemessen honorieren. Dies wird insb. in Angelegenheiten relevant, für die das FamGKG feste Gegenstandswerte vorsieht (z. B. Haushaltssachen), die keine Mischkalkulation ermöglichen. Die Wahl einer zeitabhängigen Vergütung erfordert eine entsprechende Erfassung und Dokumentation des Arbeitsaufwands (s. dazu *Hommerich/Kilian* AnwBl. 2006, 655; Bischof/*Bischof* § 3a Rn. 36) nicht nur für den Streitfall, sondern gerade auch zu seiner Vermeidung. Je transparenter dem Auftraggeber der abgerechnete Zeitaufwand dargestellt wird, desto mehr wird er der Abrechnung des Anwalts Vertrauen schenken. In der gerichtlichen Auseinandersetzung kommt der ausführlichen Dokumentation des Arbeitsaufwands ein erheblicher Beweiswert zu. Die Beweislast für die aufgewendete Zeit liegt beim Anwalt (BGHZ 162, 98, 107; 184, 209 = NJW 2010, 1364), der Mandant muss sich nur mit einer detaillierten Dokumentation substanziiert auseinandersetzen (BGHZ 184, 209 = NJW 2010, 1364, Rn. 77, OLG Schleswig, AnwBl. 2009, 554; OLG Hamburg, MDR 2000, 115). Die pauschale Beschreibung der Aufgabe einerseits und die **Zusammenstellung von Zeitstunden** ohne Bezug zueinander reicht nicht aus (BGH, NJW 2010, 1364, Rn. 79 f.; OLG Nürnberg, NJW-RR 2001, 854). Allgemein wird von den Gerichten gefordert, in schriftsätzlicher Form stichwortartig in einer auch im Nachhinein verständlichen Weise darzulegen, welche konkrete Tätigkeit verrichtet worden ist (s. z. B. OLG Düsseldorf NJW 2012, 621; OLG Frankfurt am Main, AnwBl. 2011, 300). Mit Blick auf einen möglichen Rechtsstreit bleibt dem Anwalt deshalb nicht anderes übrig, als eine Zeiterfassung zu betreiben, die nach Datum und Uhrzeit auch diejenigen mandatsbezogenen Tätigkeiten detailliert erfasst, die sich nicht aus Gerichtsakten oder sonstigen Aufzeichnungen ergeben. Dazu zählt insb. (OLG Frankfurt am Main, AnwBl. 2011, 300).
– welche Akten und Schriftstücke einer Durchsicht unterzogen worden sind,
– zu welchen Tat- und Rechtsfragen Literaturrecherchen durchgeführt wurden und
– bei Telefonaten mit wem, wann und zu welchem Thema diese geführt worden sind.

Die Tiefe der Erfassung ist letztlich eine Frage der Ökonomie.

2. Muster für Stundenhonorar

Auftrag und Vergütungsvereinbarung[1]   23

1. Frau ....., ... *[Straße, PLZ Ort]*

– im Folgenden Auftraggeber –

beauftragt

RAe ....., ... *[Straße, PLZ Ort]*

– im Folgenden Anwalt –

mit der Berechnung ihres Zugewinnausgleichsanspruchs und der Vertretung bei der außergerichtlichen Durchsetzung gegen ihren geschiedenen Ehemann[2] .....,

[alternativ:]

mit der Vertretung in einem gerichtlichen Verfahren zur Regelung des Anspruchs auf Zugewinnausgleich gegen ihren geschiedenen Ehemann ..... und verpflichte sich, hierfür an den Anwalt ein
Honorar in Höhe von

..... € pro Stunde[3]

zu bezahlen, Fahrt- und Wartezeiten eingeschlossen.

Die Abrechnung des Stundenhonorars erfolgt je angefangener ..... Minuten[4].

Hinzu kommen Auslagen und Umsatzsteuer nach den gesetzlichen Vorschriften[5].

Aufwendungen des Anwalts für den Auftraggeber (verauslagte Gerichtskosten, Gebühren für behördliche Auskünfte, Aktenversendungspauschale u. a.) sind gesondert zu erstatten.

[fakultativ:] Kommt es zu einer Einigung, wird die hierfür vorgesehene gesetzliche Gebühr, die sich
nach dem Gegenstandswert richtet, zusätzlich berechnet[6].

2. Eine Anrechnung der vorstehend vereinbarten Gebühr auf die in einem nachfolgenden Gerichtsverfahren entstehenden gesetzlichen oder vereinbarten Gebühren wird ausgeschlossen[7].

[alternativ:]

Eine Verrechnung mit der für die bisherige außergerichtliche Tätigkeit/Beratung angefallenen Gebühr findet nicht (nur in Höhe von ..... €) statt.

3. Der Anwalt wird monatlich eine Abrechnung erteilen, ausgenommen für Monate, in denen er
nicht tätig war. Die jeweils abgerechnete Vergütung wird mit Erhalt der Rechnung fällig. Für den
Auftraggeber verauslagte Kosten (Aufwendungen) sind sofort fällig[8].

4. Der Auftraggeber leistet bis ..... einen Vorschuss in Höhe von ..... €[9].

5. Der Auftraggeber wird darauf hingewiesen, dass[10],
- die vereinbarte Vergütung die gesetzliche, die sich nach dem Gegenstandswert richtet, überschreiten kann *[alternativ:]* voraussichtlich überschreiten wird,
- wenn ein Anspruch auf Kostenerstattung durch die Staatskasse, den Gegner oder einen Verfahrensbeteiligten besteht, regelmäßig nicht mehr als die gesetzlichen Gebühren erstattet werden,
- die vereinbarte Vergütung, vom Rechtsschutzversicherer möglicherweise nicht oder nicht in
  voller Höhe übernommen wird,

[fakultativ:][11]
- auch bei Bewilligung von Beratungshilfe in dieser Sache die vereinbarte Vergütung geschuldet
  bleibt, sie aber nur gefordert werden kann, wenn die Bewilligung abgelehnt oder aufgehoben wird, wobei auch der Anwalt die Aufhebung beantragen kann, wenn der Auftraggeber
  infolge der Beratung etwas erlangt; bis dahin schuldet der Auftraggeber dem Anwalt nur die
  Beratungshilfegebühr nach Nr. 2500 VV in Höhe von 15,00 €.

....., den[12] .....

.....

(Unterschrift Auftraggeber)

.....

(Unterschrift Anwalt)

1. Form. Bei jeder Vereinbarung, mit der von den gesetzlichen Gebühren abgewichen wird, müssen
unabhängig davon, ob sie die gerichtliche oder außergerichtliche Tätigkeit des Anwalts betrifft, die
Formvorschriften des § 3a Abs. 1 Satz 1 und 2 RVG beachtet werden. Eine formfehlerhafte Honorarabrede ist unwirksam. Aus ihr kann keine höhere als die gesetzliche Vergütung verlangt werden
(s. o. Rdn. 18). Die Vereinbarung bedarf zwar nicht der Schrift-, aber zwingend der **Textform** (§ 3a
Abs. 1 Satz 1 RVG i. V. m. § 126b BGB, s. dazu PWW/*Ahrens* § 216a Rn. 4 ff.; *Mayer* AnwBl. 2008,

480; *Henke* AnwBl. 2009, 296). Die beiderseitigen Erklärungen müssen somit in einer in Schriftzeichen lesbaren Weise (auch Tele-, Computerfax, E-Mail oder SMS) abgegeben und entweder in einer Urkunde oder in einer sonstigen, auf dauerhafte Wiedergabe in Schriftzeichen geeigneten Weise (Festplatte, Diskette u.ä.) festgehalten werden. Eine Unterschrift ist nicht erforderlich. Es muss jedoch sowohl die Person des oder der Erklärenden und insb. der räumliche Abschluss der Vereinbarung entweder durch Unterschrift oder auf anderer Weise (s. u. Nr. 12) kenntlich gemacht werden. Daran fehlt es, wenn unterhalb des durch die Namensnennungen u. a. räumlich abgeschlossenen Textes handschriftliche Ergänzungen ohne eigenen Textabschluss gemacht werden (BGH, AnwBl. 2012, 97 = FamRZ 2012. 126). In Familiensachen, die regelmäßig noch mit einer persönlichen Besprechung verbunden sind, empfiehlt es sich die herkömmliche Form der Urkunde zu benutzen, schon um Irrtümer über die Verbindlichkeit der Erklärung zu vermeiden. Des Weiteren muss die Vergütungsvereinbarung nach § 3a Abs. 1 Satz 2 RVG als solche oder in vergleichbarer Weise (z. B. Honorarvereinbarung oder Vergütungsabrede) **bezeichnet** werden. Nach *Schneider* (Praxiswissen § 3 Rn. 10) sollte die Bezeichnung »Gebührenvereinbarung« vermieden werden, wenn auch Vereinbarungen über Auslagen getroffen werden. Die Honorarvereinbarung darf **nicht in einer Vollmacht** enthalten sein und muss **von anderen Vereinbarungen**, mit Ausnahme der Auftragserteilung, **deutlich abgesetzt** sein. Unbedenklich ist die Aufnahme von Nebenabreden, die sich ausschließlich auf die Honorarabrede beziehen, wie Bestimmungen über Stundung, Ratenzahlung und zusätzlich zu vergütende Nebenleistungen (BGHZ 184, 209 = NJW 2010, 1364, Rn. 63).

2. Gegenstand. Der Auftrag sollte die geschuldeten Leistungen des Anwalts genau bezeichnen. Nur auf diese Weise kann sein Umfang, der mit der vereinbarten Vergütung honoriert werden soll, sicher bestimmt werden. Dies gilt besonders für die zeitabhängige Vergütung, bei der nur die in Erfüllung des Auftrags verwandte Zeit zu vergüten ist. Jede Unklarheit geht zulasten des Anwalts (*Schneider* NJW 2006, 1905 m. w. N.; s. a. Kindermann Rn. 471). Soll bspw. mit dem Zugewinnausgleich eine Gesamtbereinigung der vermögensrechtlichen Ansprüche der geschiedenen Eheleute erfolgen, muss dies im Auftrag entsprechend aufgeführt werden. Es muss auch deutlich werden, ob sich der Auftrag bzw. die Vergütungsabrede nur auf die außergerichtliche Vertretung beschränkt oder auch, abhängig vom Erfolg der außergerichtlichen Bemühungen, die gerichtliche Geltendmachung umfasst (sog. bedingter Verfahrensauftrag, s. Bischof/*Bischof* Nr. 3100 VV Rn. 14 m. w. N.).

3. Stundensatz. Die Vereinbarung eines Stundensatzes ist zwar die gebräuchlichste. Es können aber auch andere Zeitintervalle gewählt werden. Zur Höhe s. o. Rdn. 7 und Rdn. 21, *M. 2.* Bei der Bemessung des Stundenhonorars für die Vertretung in einem gerichtlichen Verfahren ist darauf zu achten, dass unter Berücksichtigung des voraussichtlichen Aufwands die gesetzlichen Gebühren nicht unterschritten werden (s. o. Rdn. 12). Bei einer beabsichtigten und auch zulässigen **Unterschreitung der gesetzlichen Gebühren** für die außergerichtliche Geschäftsbesorgung muss sich das Gesamthonorar in einem angemessenen Verhältnis zu Leistung, Verantwortung und Haftungsrisiko des Anwalts befinden (§ 4 Abs. 1 Satz 2 RVG, s. dazu Gerold/Schmidt/*Mayer* § 4 Rn. 6). Zum Problem der Angemessenheit des Honorars s. o. Rdn. 15 f. Es sollte in jedem Fall klargestellt werden, dass auch **Fahrt- und Wartezeiten**, wenn das so gewollt ist, mit dem vereinbarten Stundensatz vergütet werden, da das in der Rechtsprechung unterschiedlich gesehen wird (ablehnend BGH, NJW 2005, 2142; a. A. OLG Hamm, JurBüro 2002, 638, s. a. *Lütje* S. 29). Es ist auch nicht unüblich, hierfür abweichende Stundensätze zu vereinbaren (s. *Schneider* Praxiswissen § 3 Rn. 31 Anm. 4).

4. Zeittaktklausel. Soll keine minutengerechte Abrechnung erfolgen, muss ein **Mindestintervall** vereinbart werden. Die Angabe eines Stundensatzes allein führt nicht dazu, dass der Anwalt berechtigt ist, jede angefangene Stunde in Rechnung zu stellen. Das würde im Allgemeinen auch zu einem nicht mehr leistungsgerechten Honorar führen und den Bestand der Vereinbarung gefährden (s. Rdn. 15). Das gleiche Problem besteht, wenn in einer Angelegenheit, in der eine Vielzahl von kurzzeitigen Tätigkeiten anfällt, ein Mindestintervall von 15 Minuten vereinbart wird (s. BGH, FamRZ 2003, 1642; OLG Düsseldorf, NJW-RR 2007, 129). Ansonsten bestehen gegen ein Mindestintervall von 15 Minuten nach überwiegender Ansicht keine Bedenken (s. OLG Schleswig, AnwBl. 2009, 554 mit eingehender Begründung). Nach BGH (AnwBl. 2009, 554) ist die Frage, ob eine Zeittaktklausel von 15 Minuten gegen § 242 BGB verstößt, eine Frage des Einzelfalls. Besteht die Möglichkeit, dass der Auftrag sich kurzfristig erledigt, ist die Vereinbarung eines Sockelbetrags sinnvoll, etwa durch den Zusatz: »Abgerechnet wird mindestens 1 Stunde, danach jede angefangene Viertelstunde«.

5. Zusatzleistungen. Wie bei der Vereinbarung einer Pauschalvergütung (s. Rdn. 21, *M. 4*) schließt das vereinbarte Zeithonorar auch die USt und Auslagen etc. mit ein, wenn nichts Abweichendes vereinbart ist (*Schneider* Praxiswissen § 3 Rn. 17 m. w. N.). Soweit sie nicht in das Honorar mit einkalkuliert werden, muss ihre gesonderte Vergütung in der Vereinbarung geregelt werden. Dabei können, z. B. für Reisekosten oder Kopierkosten, auch höhere als die im VV Teil 7 bestimmten Sätze vereinbart werden. Wird insoweit auf die gesetzlichen Vorschriften hingewiesen, sind an sich sämtliche in Teil 7 des VV aufgeführten Auslagen einschließlich der in Abs. 1 Satz 2 der Vorb. 7 genannten Ansprüche auf Aufwendungsersatz nach §§ 675, 670 BGB (z. B. verauslagte Gerichtskosten, Gebühren für Auskünfte und Registerauszüge, Aktenversendungspauschale u. a. vgl. *Hartmann* VV 7000, Rn. 5 ff.) erfasst und gesondert zu vergüten. Zur Vermeidung von Streitfragen sollten die häufigsten Aufwendungen dennoch aufgeführt werden (s. *Schneider* Praxiswissen § 3 Rn. 31). Zur Fälligkeit s. u. Rdn. 23, *M. 8*.

6. Einigungsgebühr. Soll die Einigungs- oder Aussöhnungsgebühr als gesetzlich zulässige Erfolgskomponente zusätzlich anfallen, muss dies ausdrücklich geregelt werden. Wird das Honorar »anstelle der gesetzlichen Gebühren« vereinbart, ist damit grds. auch eine Einigungs- oder Aussöhnungsgebühr nach Nr. 1000 ff VV. abgegolten (*Schneider*, Praxiswissen, § 3 Rn. 31 Anm. 3). Das dürfte, jedenfalls ggü. einem Verbraucher, auch ohne den Zusatz gelten, weil die Vereinbarung die Vermutung der Vollständigkeit in sich trägt.

7. Anrechnungsausschluss. Nach nahezu einhelliger Meinung in Rechtsprechung und Literatur ist zwar eine für die außergerichtliche Geschäftsbesorgung vereinbarte Gebühr nicht auf die Verfahrensgebühr für ein gerichtliches Verfahren anzurechnen (BGH, NJW 2009, 3364); FamRZ 2009, 2082 je m. w. N.). Denn auf eine gerichtliche Verfahrensgebühr werden nach Vorb. 3 Abs. 4 VV nur die dort ausdrücklich genannten Gebühren nach Nr. 2300 bis 2303 VV angerechnet. Dennoch sollte der Anrechnungsausschluss sicherheitshalber ausdrücklich vereinbart werden. Vor einem vollständigen Ausschluss sollten auch hier die Vorteile erwogen werden, die sich aus einer Anrechnung für die Mandantenbindung ergeben können (s. Mayer/Kroiß/Teubel-Winkler, § 34 Rn. 163). Geht es um einen Verfahrensauftrag, können in ihm Anrechnungsbestimmungen für die außergerichtliche Tätigkeit modifiziert oder nachgeholt werden.

8. Abrechnung, Fälligkeit. Bei der zeitabhängigen Vergütung empfiehlt es sich, jedenfalls bei länger andauerndem Mandat, eine Abrechnung nach bestimmten Intervallen zu vereinbaren und damit zugleich eine entsprechende Fälligkeitsregelung zu verbinden. Ansonsten gilt für die Fälligkeit der Vergütung § 8 Abs. 1 RVG, wonach die Vergütung i. d. R. erst mit der Erledigung des Auftrags eintritt. Dem ggü. ist eine periodische Abrechnung und Zahlungsfälligkeit sowohl für den Anwalt als auch für den Mandanten von Vorteil, der dadurch eine bessere Kostenübersicht hat und nicht durch eine hohe Rechnung nach Ende des Auftrags überrascht wird. Nach § 10 RVG kann das Honorar nur aufgrund einer Abrechnung eingefordert werden. In ihr sind unter Bezugnahme auf die Vereinbarung der Stundensatz und die Anzahl der geleisteten Stunden anzugeben (Gerold/Schmidt/*Mayer* § 3a RVG Rn. 38). Als Leistungsnachweis wird zweckmäßigerweise eine Auflistung des Arbeitsaufwands beigefügt (s. o. Rdn. 22). Durch Vereinbarung kann die gesetzliche Regelung zwar modifiziert, die Abrechnungspflicht aber wohl nicht vollständig ausgeschlossen werden (s. a. Gerold/Schmidt/*Mayer* § 3a RVG Rn. 57). Auch wenn die gesetzliche Regelung nicht verändert werden soll, dient es der Klarstellung, wenn in der Vereinbarung auch dazu Regelungen getroffen werden. Sie kann bei Bedarf unschwer um individuell gewünschte Zahlungsziele (z. B. Ratenzahlung) ergänzt werden.

9. Vorschuss. Da unklar ist, ob die in § 9 RVG normierte Berechtigung, Vorschüsse zu fordern, auch für vereinbarte Vergütungen gilt (s. Rdn. 21, *M. 7*), sollte ein Vorschuss oder eine Anzahlung unbedingt ausdrücklich vereinbart werden, wenn dies zweckmäßig ist. Überflüssig ist dies nur, wenn die gesamte Vergütung kurzfristig fällig wird.

10. Hinweise. Nach § 3a Abs. 1 Satz 3 RVG **muss** eine Vergütungsvereinbarung den Hinweis darauf enthalten, dass im Fall der Kostenerstattung regelmäßig nicht mehr als die gesetzliche Vergütung erstattet wird. Dieser Hinweis ist zwingend. Sein Fehlen kann zumindest Schadensersatzansprüche auslösen (s. *Teubel/Schons* § 2 Rn. 79). Daneben verpflichtet § 49b Abs. 5 BRAO den Anwalt, wenn sich eine zu erhebende Gebühr nach dem Gegenstandswert richtet, darauf hinzuweisen. Weitergehende Hinweise sieht das Gesetz für nicht erfolgsabhängige Vergütungsvereinbarungen nicht vor. Dennoch erscheint es ratsam, auch darauf hinzuweisen, dass die vereinbarte Vergütung die gesetzliche überschreiten kann bzw. in gerichtlichen Verfahren voraussichtlich überschreiten wird (s. a. *Schneider* Praxiswissen § 3 Rn. 31 Anm. 15). Zumal in bestimmten Fällen die Rechtsprechung auch eine weiter gehende Aufklärung des Mandanten verlangt (s. OLG Düsseldorf, FamRZ 2008, 622; BGH, FamRZ 2006, 478). Für den Fall, dass eine Rechtsschutzversicherung besteht, empfiehlt sich ein Hinweis auf die (i. d. R. schon durch den Selbstbehalt) begrenzte Kostendeckung.

11. Beratungshilfe. Im Rahmen eines Beratungshilfemandats sind Vergütungsvereinbarungen zwar nicht mehr unzulässig, es besteht aber wie bei Bewilligung von VKH eine Forderungssperre bereits ab Antragstellung, die nur entfällt, wenn der Antrag abgelehnt oder die Bewilligung wieder aufgehoben wird (s. Rdn. 11). Der Anwalt muss nach wie vor bei begründetem Anlass auf die Möglichkeit der Beratungshilfe hinweisen und sie leisten, wenn der Mandant dies wünscht. Ergeben sich zu Beginn der Beratung nicht sofort auszuräumende Zweifel, kann gleichwohl eine Vergütung vereinbart werden; in diesem Fall empfiehlt sich nicht nur ein Hinweis auf die beschränkte Wirksamkeit, sondern zugleich eine Belehrung über die dem Anwalt nach § 6a BerHG n. F. eröffnete Möglichkeit, selbst die Aufhebung der Beratungshilfe zu beantragen (s. dazu *Büte*, FuR 2013, 696).

Die Vereinbarung einer Vergütung mit einem Mandanten, der an sich **VKH** beanspruchen könnte, aber darauf verzichtet, ist grundsätzlich nicht verboten. Zur Vermeidung von Schadensersatzansprüchen sollte aber dokumentiert werden, dass der Mandant vor Abschluss der Vereinbarung auf diese Möglichkeit hingewiesen wurde (s. Rdn. 11, auch zur Vergütungsvereinbarung bei bewilligter VKH).

12. Textabschluss. Das Ende der Vergütungsvereinbarung muss erkennbar sein und sie von anderen Vertragsbestandteilen deutlich absetzen (s. o. Rdn. 23, *M. 1*). Dem wird u. a. dann ausreichend Rechnung getragen, wenn beide Vertragsteile mit eigenen Überschriften versehen sind (s. Bischof/Bischof § 3a Rn. 27 auch zu alternativen Gestaltungsformen). Eigenhändige Unterschriften sind zur Wahrung der Textform entbehrlich. Wenn die Person des Erklärenden aus der Urkunde in anderer Weise genannt ist, kann nach § 3a Abs. 1 Satz 1 RVG i. V. m. § 126a BGB der Abschluss der Erklärung auch in anderer Weise erfolgen, z. B. durch einen Zusatz wie »diese Erklärung ist nicht unterschrieben«, ein Faksimile, eine eingescannte Unterschrift, eine Datierung oder Grußformel; es dürfen sich aber keine weiteren Erklärungen ohne eigenen Textabschluss anschließen (BGH, AnwBl. 2012, 97 = FamRZ 2012, 126).

IV. Erfolgshonorar

1. Anwendungsbereich

Das seit dem 01.07.2008 in Kraft getretene Gesetz zur Neuregelung der Vereinbarung von Erfolgshonoraren v. 12.06.2008 (BGBl. I S. 1000) erlaubt es, im Einzelfall und bei Vorliegen bestimmter Voraussetzungen in der Person des Mandanten die Vergütung in Abhängigkeit vom Ausgang einer Sache oder der anwaltlichen Tätigkeit zu modifizieren oder dem Anwalt einen Teil des erstrittenen Betrages als Honorar zu überlassen (§ 4a Abs. 1 Satz 1 RVG i. V. m. § 49b Abs. 2 Satz 1 BRAO). Damit ist nach wie vor ein Erfolgshonorar grds. verboten. Erlaubt ist es nur für den Einzelfall und »wenn der Auftraggeber aufgrund seiner wirtschaftlichen Lage bei verständiger Betrachtung ohne die Vereinbarung eines Erfolgshonorars von der Rechtsverfolgung abgehalten würde« (§ 4a Abs. 1

24

Satz 1 RVG). Damit setzt das Gesetz im Wesentlichen die Vorgabe des BVerfG aus dem Beschl. v. 12.12.2006 (BVerfG, FamRZ 2007, 615) um, für Rechtsuchende, deren wirtschaftliche Lage es ihnen vernünftigerweise nicht erlaubt, »die finanziellen Risiken einzugehen, die angesichts des unsicheren Ausgangs der Angelegenheit mit der Inanspruchnahme qualifizierter rechtlicher Betreuung und Unterstützung verbunden sind«, die Möglichkeit einzuräumen, das Kostenrisiko zumindest teilweise auf den Anwalt zu verlagern. Mit dem am 01.01.2014 in Kraft getretenen PKH/BerHÄndG wurde zudem die Möglichkeit eröffnet, anstatt der Inanspruchnahme von VKH oder Beratungshilfe eine Erfolgsgebühr zu vereinbaren (s. Rdn. 11). Anders als teilweise angenommen wird (s. *Mayer* AnwBl. 2013, 894), bewirkt die Ergänzung des § 4a Abs. 1 RVG nur, dass für die Beurteilng der wirtschaftlichen Verhältnisse, die Möglichkeit Beratungs- oder Verfahrenskostenhilfe zu erlangen, keine Rolle spielt (s. Rdn. 25, Rdn. 8), d. h. sie kann auch in diesem Fall nur unter den vorgenannten Voraussetzungen vereinbart werden (s. a. *Schneider*, ErbR 2014, 116). § 4a RVG beschränkt diese Möglichkeit aber nicht auf wirtschaftlich schwache Personen oder solche, die erst durch die Realisierung ihres Rechtsanspruchs in die Lage versetzt werden die Kosten seiner Durchsetzung zu tragen, sondern erlaubt es auch, die finanziellen Risiken und deren Bewertung durch den Auftraggeber zu berücksichtigen (BT-Drucks. 16/8916, S. 17; Gerold/Schmidt/*Mayer* § 4a Rn. 1 ff.). Zum Schutz des Mandanten wird die beschränkte Zulassung einer erfolgsbasierten Vergütung in § 4a RVG von Belehrungspflichten und inhaltlichen Vorgaben für die Gestaltung der Vereinbarung flankiert. Die gesetzlichen Vorgaben sind durch unbestimmte Rechtsbegriffe aber nur unvollständig konkretisiert. Eine sie ausfüllende Rechtsprechung gibt es nur ansatzweise (OLG Düsseldorf, RVGreport 2012, 255; LG Berlin, JurBüro 2011, 128; s. a. OLG München, NJW 2012, 2207 u. OLG Frankfurt a. M., NJW 2011, 3724 zum Umgehungsverbot durch Prozessfinszierung u.ä.) und die Literatur interpretiert die Vorgaben keineswegs einheitlich. Auch ist noch völlig ungeklärt, wie die Angemessenheitsregelung des § 3a Abs. 2 RVG auf die erfolgsbasierte Vergütung anzuwenden ist. Es kann daher nach wie vor nur angeraten werden, bei der auch in familienrechtlichen Verfahren grds. möglichen erfolgsabhängigen Variante der Honorarvereinbarung besondere Sorgfalt in die Vertragsgestaltung zu investieren (*Schneider* Praxiswissen § 3 Rn. 33) und insb. die Aufklärung des Mandanten über sein Kostenrisiko nicht zu vernachlässigen. Beruht die Zulässigkeit einer erfolgsabhängigen Honorarvereinbarung darauf, dass der Mandant aufgrund seiner wirtschaftlichen Verhältnisse das Kostenrisiko scheut (s. o.), ergibt sich schon nach bisherigem Recht für den Anwalt die Verpflichtung, den Mandanten umfassend über sein Kostenrisiko aufzuklären. Deren Verletzung kann auch bei formellem Bestand der Honorarvereinbarung Schadensersatzpflichten auslösen (BGH, NJW 1980, 2128; 1998, 3864; FamRZ 2007, 1322; Gerold/Schmidt/*Müller-Rabe* VV 3100, Rn. 227 ff.). Die in § 4a Abs. 2 und 3 RVG normierten Hinweis- und Dokumentationspflichten konkretisieren diese Pflicht lediglich. Zu ihr gehört in gerichtlichen Angelegenheiten notwendigerweise auch die Aufklärung über die dem Gegner zu erstattenden Kosten und die an das Gericht zu zahlenden Gebühren und Auslagen sowie über die Erfolgsaussicht. Beides, die Gesamtkosten und die Erfolgsaussicht, sind für die Entscheidung des Mandanten, ob er ein gerichtliches Verfahren riskieren will, erkennbar von zentraler Bedeutung und treten zumindest gleichwertig neben sein Interesse, im Misserfolgsfall von eigenen Anwaltskosten verschont zu werden.

Unter den Voraussetzungen des § 4a Abs. 1 Satz 1 RVG kann für jede anwaltliche Tätigkeit die Vergütung vom Erfolg der Angelegenheit abhängig gemacht werden. Die Bindung der Vergütung an den Erfolg ist, mit Ausnahme der quota litis, grds. kein Gegensatz zur gesetzlichen oder vertraglich vereinbarten Vergütung. Es kommt keine andere Form hinzu, die vorhandenen werden nur um eine Erfolgskomponente variiert (s. a. *Kilian* NJW 2008, 1905, 1906). Das Bedürfnis, das Kostenrisiko für den Rechtsuchenden erträglicher zu gestalten, tritt auch bei einer vereinbarten Vergütung auf (s. a. § 43b PatAnwO). Wenn der Mandant grds. bereit ist, die Leistung des Anwalts in anderer als der gesetzlich vorgesehenen Weise zu vergüten, weil z. B. sein Wunschanwalt zu den gesetzlichen Bedingungen das Mandat nicht annehmen würde, besteht kein Grund, den Anwalt nicht auch in diesem Fall einen Teil des Kostenrisikos übernehmen zu lassen. Nicht unter die Beschränkung des § 4a RVG fallen Vereinbarungen, mit denen lediglich die Einigungs- oder Aussöhnungsgebühr (Nr. 1000, 1001, 1003, 1005 VV), die bereits kraft Gesetzes erfolgsbezogen sind, erhöht werden (vgl. § 49b Abs. 1 Satz 3 BRAO und zur Abgrenzung BGH, AnwBl. 2009, 653: s. a. BGH, FamRZ 2003, 1096).

2. Muster: Erfolgshonorar für gerichtliches Verfahren

Honorarvereinbarung[1]

25

zwischen

RAe ....., ... *[Straße, PLZ Ort]*

– im Folgenden Anwalt –

und

Frau ....., ... *[Straße, PLZ Ort]*

– im Folgenden Auftraggeberin –

§ 1
Vergütung

1. Für die gerichtliche Geltendmachung ihres Anspruchs auf Zugewinnausgleich gegen ihren geschiedenen Ehemann ..... in 1. Instanz (Wert derzeit 750.000,00 €)[2]

verpflichtet sich die Auftraggeberin, an den Anwalt im Erfolgsfall eine Vergütung in Höhe des 1,75-fachen der gesetzlichen Gebühren zu bezahlen; bei Misserfolg schuldet sie lediglich ein Viertel der gesetzlichen Gebühren[3].

2. Als Erfolg gilt jeder durch freiwillige Leistung erfüllte oder durch Vergleich oder rechtskräftige Entscheidung titulierte Zahlungsanspruch, wenn die Gesamtsumme 600.000,00 € übersteigt, als Misserfolg jeder darunter liegende Betrag[4].

Verhindert die Auftraggeberin ohne Beteiligung des Anwalts den Bestand eines titulierten Anspruchs oder den Eintritt der Rechtskraft einer ihr günstigen Entscheidung in 1. Instanz durch Rücknahme des Antrags, Hinnahme einer Versäumnisentscheidung, Verzicht oder Anerkenntnis in der Rechtsmittelinstanz oder auf andere Weise, erhält der Anwalt die Gebühren, die er bei Rechtskraft der Entscheidung 1. Instanz beanspruchen könnte. Dasselbe gilt, wenn die Auftragsgeberin sich ohne Beteiligung des Anwalts mit einem nicht durch die Sach- und Rechtslage gebotenem Ergebnis vor Eintritt der Rechtskraft vergleicht.

3. Wird der Klagantrag erweitert oder weitere Ansprüche der Auftraggeberin vergleichsweise mit erledigt, findet die in Ziff. 1 vereinbarte Vergütungsregelung mit dem dadurch erhöhten Gegenstandswert Anwendung. Erhöht sich der Verfahrenswert durch Widerklaganträge oder Hilfsaufrechnungen des Gegners, verbleibt es bezüglich der dadurch verursachten Erhöhung der gesetzlichen Gebühren (Differenzgebühr) bei der gesetzlichen Regelung[5].

4. Auslagen und Umsatzsteuer sind nach den gesetzlichen Vorschriften gesondert zu vergüten. Aufwendungen des Anwalts für die Auftraggeberin (verauslagte Gerichtskosten, Gebühren für behördliche Auskünfte, Aktenversendungspauschale u. a.) sind von ihr sofort zu erstatten[6].

5. Eine Verrechnung des vereinbarten Honorars mit der für die bisherige außergerichtliche Tätigkeit/Beratung angefallenen Vergütung findet nicht (nur in Höhe von ..... €) statt[7].

§ 2
Geschäftsgrundlage[8]

Der Auftraggeberin ist seit ..... von ihrem Ehemann rechtskräftig geschieden. Sie ist seit der Trennung wieder in ihrem vor der Ehe ausgeübten Beruf als Krankenschwester tätig. Sie erhält keinen Unterhalt und verfügt, von geringfügigen Ersparnissen abgesehen, über kein eigenes Vermögen. Der Ehemann hat sich während der Ehe selbstständig gemacht und führt heute noch die Firma ..... GmbH als Alleingesellschafter und Geschäftsführer. Der bis vor einigen Jahren sehr gut laufende Betrieb erwirtschaftet nach den vorliegenden Bilanzen seit 2 Jahren nur noch Verluste. Weshalb die Bewertung des Unternehmens mit erheblichen Unsicherheiten verbunden ist. Der Firma gehört aber ein mit einer Lagerhalle bebautes Grundstück, das schon seit einigen Jahren nicht mehr betrieblich genutzt wird, und deshalb möglicherweise gesondert zu bewerten werden ist. Die Vertragsparteien davon aus, dass der Auftraggeberin in diesen Fall unter Berücksichtigung der sonstigen Vermögens des Ehemannes bei vorsichtiger Schätzung des Grundstückswertes mindestens ein Zugewinnausgleichsanspruch von 600.000,00 € zustehen würde. Ohne den Firmenwert kann sie nach den bisher erteilten Auskünften nur mit ca. 100.000,00 € rechnen. Der Erfolg des darüber hinaus gehenden Anspruchs hängt vom Ergebnis der sachverständigen Bewertung ab, das derzeit nicht voraussehbar ist. Die Vertragsparteien schätzen das Gewinn- und Verlustrisiko insoweit als gleichwertig ein.

§ 3
Hinweise an die Auftraggeberin[9]

1. Die gesetzliche Vergütung richtet sich nach dem Verfahrenswert. Es fallen voraussichtlich eine 1,3 Verfahrensgebühr und eine 1,2 Terminsgebühr an. Daraus errechnen sich bei dem in Aussicht genommenen Klagantrag (Wert: 750.000 € ohne Berücksichtigung etwaiger Veränderungen im Laufe des Verfahrens) Gebühren von insgesamt 9.907,50 € an, zuzüglich Auslagen und Umsatzsteuer. Im Falle einer Einigung erhöhen sich die gesetzlichen Gebühren auf insgesamt 13.870,50 €, zuzüglich Auslagen und Umsatzsteuer[10].

2. Der Anwalt wäre ohne das vereinbarte Erfolgshonorar bereit, das Mandat zu der gesetzlich vorgesehenen Vergütung zu übernehmen[11].

[alternativ:]

Der Anwalt wäre ohne das vereinbarte Erfolgshonorar nur bereit, das Mandat gegen ein Pauschalhonorar von ..... € zu übernehmen.

3. Steht der Auftraggeberin ein Anspruch auf Kostenerstattung durch den Gegner, einen anderen Verfahrensbeteiligten oder die Staatskasse zu, werden regelmäßig nicht mehr als die gesetzlichen Gebühren erstattet[12].

4. Die Vereinbarung hat keinen Einfluss auf die von der Auftraggeberin geschuldeten gerichtlichen Kosten und Auslagen und die eventuell anderen

Verfahrensbeteiligten zu erstattenden Kosten[13].

....., den[14] .....

.....

(Unterschrift Auftraggeber)

.....

(Unterschrift Anwalt)

1. Form. Auch die erfolgsbezogene Honorarvereinbarung ist eine Vereinbarung nach § 3a RVG und muss deshalb den in § 3a Abs. 1 RVG enthalten Vorgaben an Inhalt und Form genügen (*Mayer* AnwBl. 2008, 473; *Kilian* NJW 2008, 1905). Sie bedarf daher mindestens der **Textform**, muss als Vergütungsvereinbarung oder in vergleichbarer Weise bezeichnet werden, darf **nicht in einer Vollmacht** enthalten sein und muss **von anderen Vereinbarungen**, mit Ausnahme der Auftragserteilung, **deutlich abgesetzt** werden (§ 3a Abs. 1 Satz 1 und 2 RVG, s. dazu im Einzelnen Rdn. 23, *M. 1*). Wegen der Zulässigkeit des Erfolgshonorars nur im Einzelfall und der Vielzahl der in § 4a RVG vorgegeben individuellen Inhalte sollte die Vereinbarung immer individuell gestaltet und kein vorformuliertes Muster verwandt werden.

2. Gegenstand. Der Auftrag bzw. die von der Vergütung umfasste Tätigkeit ist so genau und eindeutig wie möglich zu bezeichnen. Dazu gehört auch, den Umfang des Auftrags zu beziffern, der gleichzeitig den Verfahrenswert bestimmt. Da sich die Erfolgsaussicht bzw. ihre Beurteilungsgrundlage in jedem Geschäfts- bzw. Verfahrensabschnitt verändert, ist es unzweckmäßig die Vereinbarung gleich für mehrere Abschnitte (außergerichtliche Tätigkeit und/oder Verfahren über mehrere Rechtszüge) zu treffen. Es sollte daher klargestellt werden, für welchen Abschnitt/Rechtszug sie gilt.

3. Höhe. In § 4a Abs. 1 Satz 2 RVG ist bestimmt, dass in einem gerichtlichen Verfahren, in Abweichung zu dem Verbot der Gebührenunterschreitung (s. Rdn. 12), für den Misserfolgsfall auch vereinbart werden darf, dass keine oder eine geringere als die gesetzliche Vergütung zu bezahlen ist, wenn für den Erfolgsfall ein angemessener Zuschlag auf die gesetzliche Vergütung vereinbart wird. D. h. nicht, dass in gerichtlichen Verfahren nur eine Variation der gesetzlichen Vergütung erlaubt sei. Diese Bestimmung dient allein der Aufrechterhaltung der Mindestgebührenregelung (s. Rdn. 12) und ihrer Anpassung an die Erfordernisse einer erfolgsbasierten Vergütung (vgl. BT-Drucks. 16/8384, S. 10). Die Höhe des nach § 4a Abs. 1 Satz 2 RVG gebotenen Risikozuschlags oder richtiger Kompensationszuschlags bestimmt sich nach der Höhe des Honorarverlusts, den der Anwalt im Fall des Misserfolgs bezogen auf die gesetzliche Vergütung erleidet. Dieser Grundsatz kann ganz allgemein auch für die **Kalkulation des angemessenen Aufschlags** auf die Basisvergütung herangezogen werden (s. Gerold/Schmidt/*Mayer* § 4a Rn. 14), also auch zur Berechnung des zur Kompensation des Verlusts einer vereinbarten Vergütung erforderlichen Risikozuschlags. Dazu ist allerdings notwendig, diese Basisvergütung als »gewöhnliches Honorar« in der Vereinbarung zu fixieren *(Kilian* BB 2007, 1905). Ansonsten kann im Streitfall (s. o. Rdn. 16) die Angemessenheit des Aufschlags nur in Bezug auf die gesetzliche Vergütung überprüft werden. Bei einer quota litis Vereinbarung für ein gerichtliches Verfahren ist durch einen Vergleich mit den gesetzlichen Gebühren sicherzustellen, dass ihr Unterschreiten im Misserfolgsfall ausreichend kompensiert wird.

Bei einer »Alles oder nichts« Vereinbarung (no win, no fee) beläuft sich der **Honorarverlust** im Misserfolgsfall auf 100 %, sodass der Kompensationszuschlag 100 % betragen muss bzw. die Basisvergütung im Erfolgsfall zu verdoppeln ist. Solche »Alles-oder-nichts«-Vereinbarungen sind aber nur dann sinnvoll, wenn von vornherein davon ausgegangen werden kann, dass der Anspruch entweder ganz oder gar nicht vor Gericht oder außergerichtlich durchgeht, was in Familienstreitsachen (z. B. Unterhalts- oder Güterrechtssachen) eher selten ist, und wenn der Anwalt bereit ist, den Totalverlust seines Honorars zu riskieren. Ansonsten empfiehlt es sich, entweder einen Mindestbetrag oder Mindestanteil der gesetzlichen (oder vereinbarten) Vergütung festzulegen, der auch im Misserfolgsfall zu bezahlen ist (no win, less fee). Als Anhaltspunkt für die Bemessung des Mindestbetrags kann die Höhe des als weitgehend »sicher« einzuschätzenden Anspruchs dienen. Darüber hinaus hängt er von der Risikobereitschaft des Anwalts und den wirtschaftlichen Möglichen des Mandanten ab. Wird das Verlustrisiko auf diese Weise reduziert, so ist der Risikozuschlag verhältnismäßig herabzusetzen. Wird z. B. vereinbart, dass in jedem Fall die Hälfte der (gesetzlichen oder vereinbarten) Basisvergütung zu zahlen ist, reduziert er sich um 1/2 bzw. auf 50 %; ist nur 1/4 bzw. 25 % zu bezahlen, beträgt das Verlustrisiko 75 % und der angemessene Aufschlag im Erfolgsfall somit ebenfalls 75 % (s. a. die Tabelle bei Gerold/Schmidt/*Mayer* § 4a Rn. 20). Es kann auch vereinbart werden, dass im Misserfolgsfall das Basishonorar stufenweise gekürzt wird (vgl. das Beispiel bei *Schneider* Praxiswissen § 3 Rn. 34; Bischof/*Bischof* § 4a Rn. 44). In diesem Fall ist die Feststellung des Verlustrisikos nicht ganz so einfach, lässt sich aber entweder als Durchschnittswert abschätzen oder durch eine komplementäre stufenweise Modifikation des Aufschlags kompensieren (s. *Schneider* Praxiswissen § 3 Rn. 34).

Problematisch ist es dagegen, in die Kalkulation des Aufschlags die **Erfolgswahrscheinlichkeit** mit einzubeziehen, wie dies in der Literatur vielfach vorgeschlagen wird (vgl. *Kilian* BB 2007, 1905; einschränkend auch Gerold/Schmidt/*Mayer* § 4a Rn. 12 ff. und *Mayer* AnwBl. 2008, 473). Der Anwalt soll danach zuerst die Erfolgswahrscheinlichkeit des konkreten Anspruchs abschätzen und nach ihr bereits den Risikozuschlag bei Totalverlust variieren: Wird die Erfolgswahrscheinlichkeit z. B. auf 75 % geschätzt, soll ein Aufschlag von 1/3 bzw. 33 % (für weitere Werte s. Tabelle bei Gerold/Schmidt/*Mayer* § 4a Rn. 17 und *Mayer* AnwBl. 2007, 561) ausreichen, der dann noch dem tatsächlichen Verlustrisiko (s. o.) anzupassen ist. Dabei unterstellt man, dass bei einer Erfolgswahrscheinlichkeit, wie im Beispielsfall von 3:1, der Verlust in einem verlorenen Verfahren durch 3 gewonnene Verfahren i. S. einer Mischkalkulation ausgeglichen bzw. quer subventioniert werden kann. Diese aus Ländern mit nicht oder nur wenig regulierten Erfolgshonoraren stammende Berechnungsweise (Gerold/Schmidt/*Mayer* § 4a Rn. 16; *Mayer* AnwBl. 2007, 561) taugt aber nur, wenn in einer Vielzahl von gleich gelagerten Fällen dieselben Vereinbarungen getroffen werden und damit das Risiko gestreut werden kann. Diese Voraussetzungen sind bei einer nach § 4a RVG nur ausnahmsweise und sowohl aufseiten des Anwalts als auch des Mandanten nur im Einzelfall zulässigen Honorarvereinbarung nicht gegeben. Darüber hinaus entzieht sich der Erfolg eines gerichtlichen Verfahrens oder von außergerichtlichen Verhandlungen im Vorhinein, d. h. zum Zeitpunkt des Abschlusses der Honorarvereinbarung, häufig einer zuverlässigen Beurteilung und damit insb. einer Quantifizierung der Erfolgswahrscheinlichkeit (s. Beschlussempfehlung des Rechtsausschusses BT-Drucks. 16/8916, S. 18). Die Erfolgsaussicht kann daher unter den gegebenen gesetzlichen Bedingungen keine Kalkulationsgrundlage sein, sondern nur eine Entscheidungshilfe bieten (s. u. Nr. 8). Das gilt erst recht für die Kalkulation des Kompensationszuschlags für das Unterschreiten der gesetzlichen Gebühren in gerichtlichen Verfahren nach § 4a Abs. 1 Satz 2 RVG.

Die **Bezeichnung der geschuldeten Vergütung** erfolgt auf der Basis der gesetzlichen Vergütung entweder durch Angabe eines Faktors, der die gesetzliche Vergütung vervielfältigt (wie im Muster) oder durch einen Prozentsatz der gesetzlichen Vergütung. Da die Höhe der gesetzlichen Vergütung selbst variiert, muss diese an anderer Stelle noch erläutert werden (s. u. Rdn. 25, *M. 10*). Wendet man die Erfolgskomponente auf eine vereinbarte Pauschale oder ein Zeithonorar (s. Rdn. 21 und 22) an, beziffert man zweckmäßigerweise zuerst den als Basisvergütung (s. o.) vereinbarten und dazu den im Erfolgs- oder Misserfolgsfall geschuldeten Betrag oder Stundensatz. Zur Formulierung einer quota litis Vereinbarung vgl. die Beispiele bei Teubel/Schons/*Schons* § 7 Rn. 1 f.; *Schneider* Praxiswissen § 3 Rn. 35; Bischof/*Bischof* § 4a Rn. 34.

4. Erfolg/Misserfolg. Nach § 4a Abs. 2 Nr. 2 RVG ist in der Vereinbarung zwingend anzugeben, welche Vergütung bei Eintritt welcher Bedingung verdient werden soll. Bleibt das unklar, ist die Vereinbarung nichtig und der Anwalt hat im Erfolgsfall nur Anspruch auf die gesetzliche Vergütung (§ 4b Satz 1 RVG). Im Misserfolgsfall wird er sich möglicherweise nach Treu und Glauben an der vereinbarten geringeren oder gar nicht geschuldeten Vergütung festhalten lassen müssen (s. o. Rdn. 17). Die Klärung, ob dieser Grundsatz auch auf ein fehlerhaft vereinbartes Erfolgshonorar anzuwenden ist, hat der Gesetzgeber ausdrücklich der Rechtsprechung überlassen (Gerold/Schmidt/*Mayer* § 4b Rn. 4). Die Vereinbarung muss daher den Erfolg und Misserfolg genau **definieren.** Dazu gehört in einem gerichtlichen Verfahren auch, ob bereits eine nicht rechtskräftige gerichtliche Entscheidung für den Erfolg bestimmend ist (s. Beispiele bei Bischof/*Bischof* § 4a Rn. 43; Teubel/Schons/*Schons* § 7 Rn. 3) oder nur eine rechtskräftige vorgeschlagen wird teilweise auch, erst die Erfüllung des titulierten Anspruchs als Erfolg zu werten (s. Beispiele bei *Mayer* AnwBl. 2008, 473; *Schneider* Praxiswissen § 3 Rn. 34). In diesem Fall übernimmt der Anwalt auch noch das Beitreibungsrisiko, wodurch sich das Verlustrisiko (s. o.) in schwer abschätzbarer Weise zusätzlich erhöht. Abgesehen davon, dass dies für den Anwalt die ungünstigste Lösung ist, stellt sich die Frage, ob es sich für den Mandanten überhaupt lohnt, eine Forderung, die mit einem nennenswerten Beitreibungsrisiko verbunden ist, gerichtlich oder außergerichtlich zu erstreiten. Auf der anderen Seite wird die Anknüpfung an eine noch nicht rechtskräftige Entscheidung dem Interesse des Mandanten, die Anwaltsvergütung erst aus dem erstrittenen Betrag begleichen zu dürfen, auch nicht gerecht. Es empfiehlt sich daher jedenfalls für das gerichtliche Verfahren die mittlere Variante, also die rechtskräftige Entscheidung oder einen bestandskräftigen Titel als Erfolgskriterium zu wählen. In diesem Fall gilt es allerdings durch flankierende Vereinbarungen zu verhindern, dass der Auftraggeber die für den Erfolgsfall geschuldete Vergütung unterläuft, indem er zulasten des Anwalts und ohne dessen Mitwirkung die Rechtskraft der Entscheidung verhindert (vgl. Rdn. 24).

Der Erfolgsfall muss nicht zwangsläufig der hundertprozentigen Erfüllung des geltend gemachten Anspruchs gleich stehen. Abgesehen von der Bereitschaft des Mandanten, auch einen geringeren Betrag als Erfolg zu werten, ergibt sich aus der Natur des Anspruchs häufig eine bestimmte **Spannbreite,** innerhalb derer die Erfolgsaussicht als gleichwertig angesehen werden kann. Das ist z. B. immer dann der Fall, wenn die Anspruchshöhe teilweise von der Einschätzung oder Bewertung des

Gerichts oder eines Gutachters abhängt. Ähnliches gilt für den Misserfolgsfall, wenn z. B. einzelne Positionen eines Gesamtanspruchs von vornherein mit hoher Wahrscheinlichkeit durchgesetzt und sie damit für den Mandanten relativ gefahrlos als Grundlage für ein Mindesthonorar (s. o. Rdn. 25, *M. 3*) gemacht werden können.

5. Wertänderungen. Auch wenn Vergütungsvereinbarungen grds. nicht durch zu umfangreiche Detailregelungen überfrachtet werden sollten (s. *Schneider* Praxiswissen § 3 Rn. 30), empfiehlt es sich, die Folgen einer Änderung des Verfahrenswerts während eines gerichtlichen Verfahrens in der Vereinbarung zu regeln. Das betrifft zum einen die mögliche Erweiterung des ursprünglichen Antrags. Diese Möglichkeit liegt immer dann nicht fern, wenn zur Anspruchshöhe ein Gutachten eingeholt werden muss. Für diesen Fall gebietet es das Transparenzgebot klarzustellen, dass die daraus resultierende Werterhöhung berücksichtigt wird, wenn das so gewollt ist. Zum anderen ist bei bestimmten Verfahrensgegenständen, wie z. B. in Unterhalts- und Güterrechtssachen, nicht selten mit einem Gegenantrag zu rechnen. Hier müssen sich die Vertragsparteien darüber einig werden, wie in diesem Fall die Erfolgskomponente der vereinbarten Vergütung gewahrt werden kann. Bleibt dieser Punkt ungeregelt, läuft der Anwalt, als der kundigere Vertragspartner, im Streitfall (s. o. Rdn. 16) Gefahr, dass die vereinbarte Misserfolgsregelung auch auf diesen Teil des Verfahrenswerts angewandt wird, dieser aber im Erfolgsfall unberücksichtigt bleibt. Die sicherste Regelungsmöglichkeit besteht m. E. darin, nur für die Mehrgebühren eine Vergütung nach den gesetzlichen Bestimmungen zu vereinbaren. Denn das lässt die ursprüngliche erfolgsbasierte Vereinbarung völlig unberührt.

6. Zusatzleistungen. Die gesonderte Vergütung der USt und Auslagen etc. ergibt sich bei der gesetzlichen Vergütung zwar aus Teil 7 des VV. Sie sollte dennoch auch bei einer die gesetzliche Vergütung nur modifizierenden erfolgsbasierten Honorarvereinbarung sicherheitshalber ausdrücklich vereinbart werden (*Schneider* Praxiswissen § 3 Rn. 17.). Dabei können, z. B. für Reisekosten oder Kopierkosten, auch höhere als die im VV Teil 7 bestimmten Sätze vereinbart werden. Wird insoweit auf die gesetzlichen Vorschriften hingewiesen, sind an sich sämtliche in Teil 7 des VV aufgeführten Auslagen einschließlich der in Abs. 1 Satz 2 der Vorb. 7 genannten Ansprüche auf Aufwendungsersatz nach §§ 675, 670 BGB (z. B. verauslagte Gerichtskosten, Gebühren für Auskünfte und Registerauszüge, Aktenversendungspauschale u. a. s. Rdn. 43 ff.) erfasst und gesondert zu vergüten. Zur Vermeidung von Streifragen sollten die häufigsten Aufwendungen dennoch aufgeführt werden.

7. Anrechnungsausschluss. Wurde der Anwalt in derselben Angelegenheit bereits außergerichtlich tätig ohne bisher die Anrechnung oder Verrechnung der ihm hierfür zustehenden Gebühren (§ 15a RVG i. V. m. Vorb. 3 Abs. 4 VV) ganz oder teilweise auszuschließen, kann dies i. R. d. Honorarvereinbarung für die gerichtliche Tätigkeit nachgeholt werden. Betrifft die Honorarvereinbarung die außergerichtliche Tätigkeit s. Rdn. 23, *M. 7*.

8. Geschäftsgrundlage. Nach 4a Abs. 3 Satz 1 sind in der Vereinbarung die wesentlichen Gründe anzugeben, die für die Bemessung des Erfolgshonorars bestimmend sind. Fehlen diese oder sind sie unvollständig oder unklar, berührt dies zwar die Wirksamkeit der Vereinbarung nicht. Es kann aber im Streitfall dazu führen, dass im Erfolgsfall nur die gesetzliche Vergütung geschuldet wird (s. Rdn. 24) und möglicherweise Schadensersatzansprüche entstehen (Gerold/Schmidt/*Mayer* § 4a Rn. 34). Anders als noch im RegE vorgesehen (vgl. BT-Drucks. 16/8384, S. 8), ist es zwar grds. nicht mehr notwendig, die wesentlichen tatsächlichen Umstände und rechtlichen Erwägungen darzustellen, auf denen die Einschätzung der Erfolgsaussicht beruht, oder einen Erfolgszuschlag zu beziffern. Hiervon hat der Gesetzgeber wegen der Schwierigkeit, die Erfolgsaussicht schon bei Abschluss der Vereinbarung zuverlässig beurteilen zu können, ausdrücklich abgesehen (s. o. Rdn. 25, *M. 3*). Deshalb erübrigt sich m. E. auch die Bezifferung eines konkreten Erfolgsrisikos (s. a. Teubel/Schons/*Schons* § 7 Rn. 1 f.). Nach wie vor sollen aber die »Geschäftsgrundlagen« festgehalten werden, von denen die Vertragsparteien bei der Vereinbarung der erfolgsbasierten Vergütung ausgehen (BT-Drucks. 16/8916, S. 18). Zweck dieser Bestimmung ist es, dem Auftraggeber das Prozessrisiko zu verdeutlichen und für den Streitfall die für dessen Bemessung ausschlaggebenden Grundlagen zu dokumentieren (s. BT-Drucks. 16/8384, S. 15). Deshalb wird man, insb. wenn man nicht auf allgemeine Erfahrungswerte zur Erfolgsaussicht bestimmter Ansprüche zurückgreifen kann, nicht umhin kommen, die Rechtslage, wie sie sich nach der Schilderung der Anknüpfungstatsachen durch den Auftraggeber im Zeitpunkt des Abschlusses der Vereinbarung darstellt (s. Bischof/*Bischof* § 4a Rn. 25), kurz zu umreißen. Ermittlungen zu den Anknüpfungstatsachen muss der Anwalt nicht anstellen (BT-Drucks. 16/8384, S. 15; Teubel/Schons/*Schons* § 4 Rn. 57).

Obwohl vom Gesetz nicht gefordert, sollte die Geschäftsgrundlage auch die subjektiven Voraussetzungen aufseiten des Mandanten verdeutlichen, insb. seine wirtschaftliche Lage, aus der sich die Zulässigkeit der erfolgsbasierten Honorarvereinbarung ergibt (s. a. OLG Düsseldorf, RVGreport 2012, 255). Dies kann auch durch Bezugnahme auf eine gesonderte Erklärung des Mandanten erfolgen, die der Vereinbarung als Anlage beigefügt wird (vgl. Teubel/Schons/*Schons* § 7 Rn. 3; Bischof/*Bischof* § 4a Rn. 44).

Soweit in der Vorauflage im Hinblick auf die Entscheidung des LG Berlin (JurBüro 2011, 128) noch empfohlen wurde, zu erläutern, warum der Mandant von der Inanspruchnahme von **Verfahrenskostenhilfe** absieht, hat sich dies durch den dem § 4a Abs. 1 RVG durch das PKH/BerHÄndG mit Wirkung zum 01.01.2014 angefügten Satz 3 erledigt. Danach bleibt die Möglichkeit, Prozesskosten- oder Beratungshilfe in Anspruch zu nehmen, für die Beurteilung der wirtschaftlichen Verhältnisse außer Betracht (s. a. Rdn. 11). Damit ist klargestellt, dass die Inanspruchnahme von VKH oder Beratungshilfe keinen Vorrang vor der Vereinbarung eines Erfolgshonorars hat, ebenso wenig wie die Möglichkeit, ein Erfolgshonorar zu vereinbaren, der Inanspruchnahme von VKH entgegensteht (BVerfG, FamRZ 2007, 615).

9. Hinweise. Die §§ 3a und 4a RVG verpflichten den Anwalt zu zusätzlichen Angaben, die es neben der Darstellung der geschuldeten Vergütung und ihrer Zusammensetzung sowie den Grundlagen für ihre Bemessung dem Auftraggeber erst ermöglichen, sein Risiko und die von ihm mit der Vereinbarung übernommene Verpflichtung auch im Verhältnis zu anderen Alternativen abzuschätzen. Ihr Fehlen führt in den Fällen des § 4a Abs. 2 Nr. 1 RVG (s. u. Rdn. 25, *M. 10, M. 11*) zur Nichtigkeit der Vereinbarung. In den übrigen kann ihr Fehlen Schadensersatzansprüche auslösen (Gerold/Schmidt/*Mayer* § 4a Rn. 34). Die gebotene Aufklärung muss nicht notwendig als Hinweis des Anwalts an den Auftraggeber dokumentiert werden. Es sollte im Hinblick auf § 309 Nr. 12b BGB aber vermieden werden, sie in Form einer Bestätigung durch den Auftraggeber zu formulieren, z. B.: »Dem Auftraggeber ist bekannt ...«.

10. Gesetzliche Vergütung. Nach § 4a Abs. 2 Nr. 1 RVG muss in jedem Fall die voraussichtliche Höhe der gesetzlichen Vergütung in der Vereinbarung angegeben werden, auch wenn die Vereinbarung eine Pauschale, eine zeitabhängige Vergütung oder einen Anteil am erstrittenen Betrag (quota litis) vorsieht. Wird, wie hier, die gesetzliche Vergütung als Basishonorar gewählt, wird erst durch diese Angabe die Höhe der geschuldeten Leistung transparent. I. Ü. dient sie der Entscheidungshilfe. Zwar lässt sich die tatsächlich in einer Instanz entstehende gesetzliche Vergütung vor ihrem Ende nicht sicher voraussagen. Im Bereich des Familienrechts resultiert daraus aber keine besorgniserregende »Schwachstelle« der Neuregelung (so Bischof/*Bischof* § 4a Rn. 21; Gerold/Schmidt/*Mayer* § 4a Rn. 24 f.). Die Gebührensätze sind in gerichtlichen Verfahren nur begrenzt variabel. In außergerichtlichen Angelegenheiten muss die Rahmengebühr ggf. durch eine Spannbreite gekennzeichnet werden. Selbst der Gegenstandswert lässt sich in den für ein Erfolgshonorar infrage kommenden Fällen, und soweit er im Zeitpunkt des Vertragsabschlusses voraussehbar ist, zumeist unschwer ermitteln. Dass er durch Antragsänderungen oder Wideranträge u. a. im Verlauf des Verfahrens verändert werden kann, bedarf allerdings der Klarstellung. Die Angabe der Vergütungshöhe ist zwingend; der mit ihr inhaltlich verbundene Hinweis, dass sich die gesetzliche Vergütung nach dem Verfahrenswert richtet (§ 49b Abs. 5 BRAO) dagegen nicht (s. dazu *Rick* AnwBl. 2006, 648 und zur Schadensersatzpflicht BGH, FamRZ 2007, 1322).

11. Alternativhonorar. Neben der gesetzlichen Vergütung muss nach § 4a Abs. 2 Nr. 1 RVG ebenfalls zwingend angegeben werden, für welche vertragliche Vergütung der Anwalt das Mandat üblicherweise annehmen würde, wenn kein Erfolgshonorar vereinbart wird, und er in diesem Fall auch nicht zu den gesetzlichen Bedingungen tätig werden würde. Der Gesetzgeber versteht beides als

Entscheidungshilfe für den Auftraggeber, ob es für ihn wirtschaftlich sinnvoll ist, ein Erfolgshonorar zu vereinbaren (vgl. BT-Drucks. 16/8384, S. 15). Insb. dann, wenn die Erfolgskomponente auf ein Pauschal- oder Stundenhonorar angewandt wird, bietet sich dadurch auch die Gelegenheit, die Basisvergütung zu bestimmen, von der aus die Angemessenheit des Erfolgszuschlags im Streitfall beurteilt werden soll (s. o. Rdn. 25, *M. 3*). Der schlichte Hinweis, der Anwalt würde in diesem Fall nur für ein Erfolgshonorar tätig werden, erscheint da wenig hilfreich und verfehlt den Zweck der Neuregelung.

12. Beschränkte Kostenerstattung. Der Hinweis darauf, dass im Fall der Kostenerstattung dem Mandanten nur die gesetzliche Vergütung erstattet wird (§ 3a Abs. 1 Satz 3 RVG), ist auch bei Vereinbarung einer erfolgsbasierten Vergütung erforderlich.

13. Sonstige Kostenbelastung. Bei der erfolgsbasierten Honorarvereinbarung ist der Mandant darauf hinzuweisen, dass die Vereinbarung seine Verpflichtung, die gerichtlichen Kosten zu bezahlen und im Fall des Unterliegens den anderen Verfahrensbeteiligten ihre außergerichtlichen Kosten zu erstatten, unberührt lässt (§ 4a Abs. 3 Satz 2 RVG).

14. Textabschluss. Eigenhändige Unterschriften sind zur Wahrung der für Vereinbarungen vorgeschriebenen Textform (s. o. Rdn. 25, *M. 1*) an sich entbehrlich. Wenn die Person des Erklärenden aus der Urkunde an anderer Stelle hervorgeht, kann nach § 3a Abs. 1 Satz 1 RVG i. V. m. § 126a BGB der Abschluss der Erklärung auch in anderer Weise als durch Namensunterschriften oder ihrer Nachbildung kenntlich gemacht werden (s. Rdn. 23, *M. 12*). Für die Vereinbarung eines Erfolgshonorars gelten keine Besonderheiten. Die eigenhändige Unterschrift des Auftraggebers am Ende der Vereinbarung, insb. unmittelbar nach den im letzten Teil erteilten Hinweisen, dokumentiert allerdings eher als ein sonstiger Abschluss der Erklärung, dass der Mandant sie und den sonstigen Inhalt der Vereinbarung zur Kenntnis genommen hat.

C. Gesetzliche Vergütung für außergerichtliche Tätigkeit

I. Überblick

1. Abgrenzungen

Während die anwaltliche Vergütung in gerichtlichen Verfahren durch Umfang und Gegenstand des Verfahrens bestimmt wird, ist für die außergerichtliche Tätigkeit der **Auftrag** entscheidend dafür, welche Gebühren anfallen und ob sie nur einmal oder getrennt erhoben werden können (§ 15 Abs. 1, Abs. 2 RVG). Dafür sind im Wesentlichen zwei Kriterien bestimmend: die Gegenstände, mit denen sich der Anwalt befassen soll (die Angelegenheit) und auf welche Weise er den Auftrag erfüllen soll (der Handlungsauftrag). Mehrere Angelegenheiten führen ebenso zu getrennt abzurechnenden Gebühren, wie unterschiedliche Handlungsaufträge.   26

a) Handlungsauftrag

Der **Inhalt des Handlungsauftrags** bestimmt die Art der anfallenden gesetzlichen Gebühren. Danach sind für die außergerichtliche Tätigkeit primär zu unterscheiden: 27
- die **reine Beratung oder Ausarbeitung eines schriftlichen Gutachtens** für Verbraucher, mit Rahmengebühren nach § 34 RVG oder festen Sätzen für Beratungshilfe nach Teil 2 Nr. 2500, 2501 VV;
- die **Prüfung der Erfolgsaussicht eines Rechtsmittels**, mit Wertgebühren und Satzrahmen nach Teil 2 Nr. 2100 ff. VV oder festen Sätzen für Beratungshilfe wie oben;
- die **außergerichtliche Vertretung oder Geschäftsbesorgung**, mit Wertgebühren und Satzrahmen nach Teil 2 Nr. 2300 ff. oder festen Sätzen für Beratungshilfe nach Nr. 2500, 2503 ff. VV oder festen Sätzen für Beratungshilfe nach Teil 2 Nr. 2500, 2503 VV;

– die Vertretung in einem Güte- oder Schlichtungsverfahren mit Wertgebühren und einem festen Gebührensatz nach Teil 2 Nr. 2303 VV;
– die **außergerichtliche Tätigkeit bei Verfahrensauftrag** mit Gebühren nach Teil 3 des VV.

Die außergerichtliche Vertretung schließt auch die hierfür erforderliche Beratung mit ein; der Verfahrensauftrag sowohl die Beratung als auch eine vorprozessuale Vertretung. Der Unterschied zwischen Geschäftsbesorgungs- und reinem Beratungsauftrag bzw. einem Auftrag zur Erstellung eines Gutachtens liegen in der Außenwirkung der Tätigkeit. Soll der Anwalt den Auftraggeber nach außen hin vertreten, handelt es sich immer um eine Geschäftsbesorgung, die nach VV 2300 ff. zu vergüten ist. Tritt der Anwalt nicht nach außen in Erscheinung, kann sich die Außenwirkung aus dem Inhalt des Auftrags ergeben. So geht der Auftrag, einen Vertrag, z. B. eine Scheidungsvereinbarung, zu entwerfen, über eine Beratung hinaus und es fällt eine Geschäftsgebühr an. (s. Vorb. 2.3 Abs. 3 VV; BGH, FamRZ 2009, 324; Göttlich/Mümmler/*Feller* »Geschäftsgebühr« Anm. 4.1;). Anders ist es, wenn der Anwalt nur ein Schreiben entwirft (OLG Nürnberg, NJW 2011, 621) Ist bereits ein Prozess- oder Verfahrensauftrag erteilt, gehören außergerichtliche Verhandlungen zu den durch die Verfahrensgebühr abgedeckten Tätigkeiten (vgl. § 19 Abs. 1 Nr. 2 RVG) Er kann deshalb wie der Auftrag zur außergerichtlichen Vertretung vollständig außerhalb eines gerichtlichen Verfahrens erledigt werden, wenn z. B. bereits vor Einreichung eines Antrags der Auftrag zurückgezogen oder eine gütliche Einigung erzielt wird (s. Muster Rdn. 104). Insoweit unterscheidet sich der Verfahrensauftrag vom Auftrag zur reinen außergerichtlichen Vertretung dadurch, dass er vornehmlich auf die gerichtliche Durchsetzung eines Begehrens gerichtet ist und außergerichtliche Einigungsbemühungen dem Versuch ihrer Vermeidung dienen, während der Auftraggeber bei Erteilung eines außergerichtlichen Auftrags gerade keine gerichtliche Auseinandersetzung will. Eine Mischform stellt der sog. **bedingte Verfahrensauftrag** dar, bei dem zwar primär eine außergerichtliche Einigung angestrebt wird, für den Fall ihres Scheiterns aber bereits Verfahrensauftrag erteilt wird; dann entsteht erst eine Geschäftsgebühr und die Gebühren für das gerichtliche Verfahren nacheinander (Bischof/*Bischof* Nr. 3100 VV Rn. 14 m. w. N.). Auf keinen Fall können wegen desselben Gegenstands Gebühren nach Teil 2 und Teil 3 nebeneinander entstehen; das hat der Gesetzgeber durch eine Änderung der Vorb. 3 Abs. 1 VV im 2. KostRMoG ausdrücklich klargestellt (s. Rdn. 61).

b) Angelegenheit (Auftragsgegenstand)

28   Das zweite wichtige Kriterium für die Bemessung der anwaltlichen Vergütung ist der **gegenständliche Bereich des Auftrags**. In verschiedenen Angelegenheiten fallen die Gebühren jeweils gesondert an, in einer Angelegenheit nur einmal (§ 15 Abs. 2 RVG). Dann sind Gebühren, die sich nach dem Gegenstandswert richten, in derselben Angelegenheit nach der Summe der einzelnen Gegenstandswerte zu bemessen (s. Rdn. 111). Nicht jeder Sachverhalt oder jeder Anspruch ist bereits **eine Angelegenheit** für sich, auch die Zahl der Auftraggeber ist nicht entscheidend (Gerold/Schmidt/*Mayer* § 15 Rn. 11, 15). Wann jeweils eine und wann verschiedene Angelegenheiten vorliegen, ist im RVG hauptsächlich für gerichtliche Verfahren geregelt (vgl. §§ 16 ff. RVG s. Rdn. 59), für die außergerichtliche Tätigkeit fehlt eine klare Regelung. In Schrifttum und Rechtsprechung (BGH, MDR 1984, 561; OLG München, OLGR 2003, 206; Gerold/Schmidt/*Mayer* § 15 Rn. 6 ff.; *Kindermann* Rn. 18; je m. w. N.) wird dieselbe Angelegenheit üblicherweise wie folgt charakterisiert:
– Es muss ein einheitlicher Auftrag vorliegen (Rdn. 29),
– bei der Verfolgung mehrerer Ansprüche der gleiche Rahmen (Rdn. 30) und
– zwischen den einzelnen Gegenständen ein innerer Zusammenhang (Rdn. 31) bestehen.

Grds. muss für die Annahme einer Angelegenheit jedes der drei Kriterien erfüllt sein. In der Praxis werden die Kriterien nicht selten wechselbezüglich miteinander verknüpft, was die Handhabung nicht gerade erleichtert. Letztlich lässt sich die Frage nicht allgemein, sondern nur im Einzelfall unter Berücksichtigung der jeweiligen Umstände und des Inhalts des Auftrags beantworten (BGH, NJW 2011, 155 Rn. 16 m. w. N. und zur Angelegenheit in Vollstreckungssachen s. BGH, NJW-RR 2011, 933).

(Ein **einheitlicher Auftrag** kann auch dann vorliegen, wenn er zwar nicht zur gleichen Zeit erteilt   29
wird, aber von vornherein klar ist, dass noch weitere Tätigkeiten i. R. d. erteilten Auftrags erbracht
werden sollen (*Kindermann* Rn. 21), was sich z. B. in der Erteilung einer umfassenden Vollmacht
dokumentiert. Das Gleiche gilt, wenn während der Erledigung eines Auftrags dieser nur erweitert
wird. Wird z. B. während der Geltendmachung von Trennungsunterhalt auch der bislang unstreitige
Kindesunterhalt nicht mehr gezahlt und soll nun mitverfolgt werden, liegt nur ein Auftrag vor und
nur eine Angelegenheit (Gerold/Schmidt/*Müller-Rabe* § 16 Rn. 32; s. a. OLG München, AnwBl.
2003, 118). Ansonsten führt, wenn ein Auftrag beendet ist, ein **weiterer Auftrag** regelmäßig zu
einer neuen Angelegenheit. Ist der Gegenstand des alten Auftrags mit dem des neuen identisch, erhält der Anwalt wegen der Vorbefassung nicht mehr an Gebühren, als er bei andauerndem Auftrag
verdient hätte, sofern seit der Beendigung noch nicht 2 volle Kalenderjahre verstrichen sind (§ 15
Abs. 5 RVG; zur Abgrenzung und zur Berechnung der Frist s. Bischof/*Bischof* § 15 Rn. 88 ff.; Gerold/
Schmidt/*Mayer* § 15 Rn. 124 ff.). Das gilt nicht, wenn der Auftrag oder ein gerichtliches Verfahren
nur ruhte (BGH, FamRZ 2006, 861; OLG Schleswig, FamRZ 2013, 1602).

Von mehreren Angelegenheiten ist auszugehen, wenn und soweit der Auftrag von Anfang an in   30
unterschiedlichen **Rahmen** verfolgt werden soll. Das ist regelmäßig der Fall, wenn unterschiedliche
Handlungsaufträge (s. o. Rdn. 27) erteilt werden; wenn z. B. hinsichtlich der Trennungsfolgen ein
außergerichtlicher Auftrag, hinsichtlich der Scheidung und einzelner Folgesachen ein Verfahrensauftrag vorliegt (Gerold/Schmidt/*Müller-Rabe* § 16 Rn. 61). Der gleiche Rahmen wird dagegen angenommen, wenn mehrere Personen dem Anwalt gemeinschaftlich den Auftrag erteilen, ihre Ansprüche ggü. demselben Schuldner gemeinsam geltend zu machen (BGH, NJW 2005, 2927; Gerold/
Schmidt/*Mayer* § 15 Rn. 8 m. w. N.).

Ob ein **innerer Zusammenhang** zwischen mehreren unterschiedlichen Gegenständen besteht, ist   31
insb. für die im Zusammenhang mit **Trennung und Scheidung** erfolgten Aufträge umstritten. Für
die reine Beratungstätigkeit wird dies eher angenommen als für die außergerichtliche Vertretung.
Teilweise wird zwischen Trennung- und Scheidungsfolgen unterschieden bzw. in Anlehnung an § 16
Nr. 4 RVG danach differenziert, ob die Ansprüche/Gegenstände bei ihrer gerichtlichen Verfolgung
gemeinsam im Scheidungsverbund (*Kindermann* Rn. 24; OLG Stuttgart, FamRZ 2007, 288) oder
grds. nur in getrennten Verfahren geltend gemacht werden können (*Grießinger* AnwBl. 1993, 11).
Dagegen wird zu Recht eingewandt, dass § 16 Nr. 4 RVG andere Zwecke verfolgt und keine Angelegenheiten voneinander abgrenzt (Gerold/Schmidt/*Müller-Rabe* § 16 Rn. 27; OLG Düsseldorf,
FamRZ 2009, 1244 für die Beratungshilfe) und der Rückgriff auf unterschiedliche Verfahrensarten,
die es auch nach der Reform des Familienverfahrensrechts noch gibt, kein taugliches Kriterium für
die Abgrenzung außergerichtlicher Anwaltstätigkeit darstellt. Es kann daher, wie in anderen Rechtssachen auch (s. z. B. BGH, NJW 2011, 155; 2004, 1043; 1995, 1431), nur an den einheitlichen
Lebenssachverhalt der Trennung einer Lebens- und Wirtschaftsgemeinschaft angeknüpft werden,
aus der spezifische Ansprüche und rechtliche Regelungsbedürfnisse erwachsen, die schon durch ihre
vielfältige Verknüpfung und wechselseitige Abhängigkeit den »inneren Zusammenhang« nicht ver-
missen lassen (Gerold/Schmidt/*Müller-Rabe* § 16 Rn. 27 ff. m. w. N. auch zur Gegenansicht).

Bei der **Beratungshilfe** darf dagegen, wegen der vom Gegenstandswert unabhängigen und sehr ge-   32
ringen Festgebühren, aus verfassungsrechtlichen Gründen die jeweils zu vergütende Angelegenheit
nicht zu weit gefasst werden (s. BVerfG, NJW 2002, 429). Die Rechtspraxis ist allerdings sehr unterschiedlich. Während ein Teil der Obergerichte zu Recht nur Gegenstände mit ähnlichem Inhalt zu
einer beratungshilferechtlichen Angelegenheit zusammenfasst (OLG Stuttgart FamRZ 2013, 726;
OLG Düsseldorf, FamRZ 2013, 725 m. w. N.), unterscheiden andere nur zwischen Trennung- und
Scheidungsfolgen (OLG Brandenburg, FamRZ 2010, 1187). Der damit verfolgte Zweck, unbillige
Ergebnisse beim Beratungshilfemandat zu korrigieren, lässt sich möglicherweise in Einzelfällen auch
auf die kraft Gesetzes gedeckte Ratsgebühr des § 34 Abs. 1 Satz 2 RVG übertragen, nicht aber auf
die Geschäftsgebühr für die außergerichtliche Vertretung, bei der die Vielzahl von Gegenständen
durch ihre zusammenzurechnenden Gegenstandswerte bei der Bemessung der Gebühr berücksichtigt wird (s. u.).

33   Aber auch bei der **Beratung und Geschäftsbesorgung** in den gewöhnlichen Mandaten besteht ein
      Bedürfnis, den inneren Zusammenhang mit Trennung und Scheidung nicht zu weit auszudehnen.
      Eine **Eingrenzung** auf die Gegenstände, denen bereits das Gesetz durch die Konzentration der
      Zuständigkeit am Gericht der Ehesache (wie sie früher in § 621 Abs. 2 ZPO und jetzt in den ver-
      schiedenen Abschnitten des 2. Buchs des FamFG geregelt ist) den Sachzusammenhang bescheinigt,
      wäre dafür ein brauchbarer Ansatz. Dadurch, dass dazu jetzt gem. §§ 266, 267 Abs. 1 FamFG auch
      sonstige aus der Ehe herrührenden Ansprüche gehören, werden auch solche vermögensrechtlichen
      Angelegenheiten eingeschlossen, die bisher schon als eine Angelegenheit mit güterrechtlichen Schei-
      dungsfolgen betrachtet wurden (Gerold/Schmidt/*Müller-Rabe* § 16 Rn. 27 ff.). Dagegen stellt die
      Vertretung z. B. gegen Sozialleistungsträger, neue Vermieter u. a. generell eine **neue Angelegenheit**
      dar (a. A. OLG Düsseldorf, FamRZ 2012, 1412). Darüber hinaus spielt auch der Zeitfaktor eine
      Rolle. Denn ein innerer Zusammenhang zwischen mehreren Gegenständen führt nur dann auch zu
      einer Angelegenheit, wenn ihrer Bearbeitung ein einheitlicher Auftrag der gleichen Art zugrunde
      liegt (s. o. Rdn. 30). So ist sicherlich eine Angelegenheit gegeben, wenn der scheidungswillige Man-
      dant nach der Trennung den Anwalt mit der Ausarbeitung eines Vertrages über die Trennungs- und
      Scheidungsfolgen beauftragt, während von mehreren Angelegenheiten auszugehen ist, wenn er für
      einen noch nicht zur Scheidung entschlossenen Mandanten zuerst mit der Regelung der (Tren-
      nungs-) Unterhaltsansprüche und Wohnungsnutzung beauftragt wird und erst später mit der end-
      gültigen Regelung der Vermögensauseinandersetzung und des nachehelichen Unterhalts.

2. Vergütungssystem

34   Die gesetzliche Vergütung des Anwalts für die außergerichtliche Vertretung und Geschäftsbesorgung
      ist, wie für die Vertretung in gerichtlichen Verfahren, abschließend im RVG geregelt und setzt sich
      zusammen aus Gebühren und Auslagen (§ 1 Abs. 1 RVG). Für die außergerichtliche Beratungstätig-
      keit und Gutachtenerstattung, mit Ausnahme der Prüfung der Erfolgsaussicht eines Rechtsmittels,
      gilt seit 01.07.2006 durch die bereits im KostRMoG beschlossene Deregulierung in erster Linie
      allgemeines Vertragsrecht, ebenso für die anwaltliche Mediatorentätigkeit (§ 34 Abs. 1 Satz 1 und 2
      RVG). Damit richtet sich das Honorar nach der Vereinbarung, die der Anwalt möglichst vor An-
      nahme des Auftrags mit dem Mandanten treffen sollte (s. dazu Rdn. 20 ff.). Ohne Vereinbarung rich-
      ten sich die Gebühren nur in gewerblichen Mandaten allein nach dem bürgerlichen Recht, d. h. der
      Mandat schuldet für das Rechtsgutachten die »übliche Vergütung« (s. dazu *Kilian* MDR 2008, 780).
      Ggü. Verbrauchern i. S. d. § 13 BGB begrenzt das RVG die Vergütung für die reine Beratungs- und
      Gutachtentätigkeit dagegen durch Höchstbeträge und legt Grundsätze für die Gebührenbemessung
      fest (§ 34 Abs. 1 Satz 3 RVG, s. Rdn. 47).

a) Wertgebühren

35   Mit Ausnahme der vorgenannten Gebühren für die außergerichtliche Beratung und Gutachten-
      erstattung richten sich die Gebühren in Familiensachen i. d. R. nach dem Wert der Angelegenheit
      (Wertgebühren, § 2 Abs. 1 RVG) und der Art der Tätigkeit. Das Vergütungsverzeichnis zum RVG
      (Anlage 1 zu § 2 Abs. 2 RVG) ordnet jeder Tätigkeit einen bestimmten Gebührensatz oder -satz-
      rahmen zu und § 13 RVG i. V. m. Anlage 2 jedem Gegenstandswert eine bestimmte Grundgebühr
      (zu den Besonderheiten bei Verfahrenskostenhilfe s. Rdn. 218). Erst aus der Multiplikation dieser
      Grundgebühr mit dem jeweiligen Gebührensatz oder -faktor ergibt sich die konkrete Wertgebühr.

36   Eines der wesentlichen Grundprinzipien für die Bemessung von Verfahrenswerten und Geschäfts-
      werten ist das **Additionsgebot** bei Gegenstandshäufung: Betrifft eine Angelegenheit oder ein Ge-
      richtsverfahren mehrere Gegenstände oder mehrere Ansprüche, sind deren Werte i. d. R. zusam-
      menzurechnen (§ 22 Abs. 1 RVG, § 33 Abs. 1 FamGKG). Das führt wegen des degressiven Aufbaus
      der Gebührentabellen regelmäßig zu geringeren Gebühren als eine Abrechnung nach Einzelwer-
      ten. Wegen der **Wertermittlung** verweist das RVG im Wesentlichen auf das FamGKG. Nach § 23
      Abs. 1 Satz 3 RVG gelten die für gerichtliche Verfahren maßgeblichen Wertvorschriften auch für den

Gebührenwert der anwaltlichen Tätigkeit außerhalb eines Verfahrensauftrags, wenn der Gegenstand der Tätigkeit auch Gegenstand eines gerichtlichen Verfahrens sein könnte. Nur wenn das FamGKG, oder für bestimmte Angelegenheiten auch das GKG, keine Werte vorgeben, ist der Gegenstandswert nach billigem Ermessen entweder frei oder, wenn genügend Anhaltspunkte für eine Schätzung fehlen, bzw. bei nichtvermögensrechtlichen Gegenständen regelmäßig, ausgehend von 4.000,00 €, nach der Lage des Falles höher oder niedriger, zu bestimmen (§ 23 Abs. 3 Satz 2 RVG). Zu weiteren Einzelheiten s. Rdn. 111 und zum Wertekatalog Rdn. 112 ff.

Während in gerichtlichen Angelegenheiten bzw. bei einem Verfahrensauftrag neben der Gebühr für **37** das Betreiben des Geschäfts (Verfahrensgebühr) für die Wahrnehmung von Gerichtsterminen oder Besprechungen mit dem Gegner zusätzlich eine Terminsgebühr anfallen kann, ist für die außergerichtliche Geschäftsbesorgung nur eine die gesamte Tätigkeit in einer Angelegenheit umfassende **Geschäftsgebühr** (Pauschalgebühr, § 15 Abs. 1 und 2 RVG) vorgesehen, allerdings mit einem variablen Gebührensatz bzw. Satzrahmen. Aus ihm bestimmt der Anwalt den im Einzelfall angemessenen Gebührensatz (§ 14 Abs. 1 RVG s. u. Rdn. 55, *M. 8*). Die Geschäfts- oder Verfahrensgebühr kann sich bei mehreren Auftraggebern u. U. um einen **Mehrvertretungszuschlag** erhöhen (Nr. 1008 VV). Das gilt bei Wertgebühren aber nur, wenn der Gegenstand derselbe ist und keine subjektive Anspruchshäufung vorliegt (s. dazu Rdn. 68), Zusätzlich kann bei einer unter Mitwirkung des Anwalts zustande gekommenen Einigung eine **Einigungsgebühr** und, wenn er zur Aussöhnung scheidungswilliger Ehegatten beigetragen hat, eine Aussöhnungsgebühr hinzukommen (s. dazu das Muster Rdn. 104).

b) Auslagen

Zusätzlich schuldet der Auftraggeber (nur) die im Vergütungsverzeichnis in Teil 7 abschließend **38** aufgeführten Auslagen. Ansonsten gelten die Gebühren auch die allgemeinen Geschäftsunkosten ab (s. Vorb. 7 Abs. 1 VV). Die Auslagenregelung gilt auch für die reine Beratungstätigkeit, da § 34 RVG nur die Gebühren regelt (*Schneider* NJW 2006, 1905), und grds. auch für die ggü. der Staatskasse aus Beratungs- oder Verfahrenskostenhilfe erwachsenen Vergütungsansprüche (§§ 44, 46 RVG s. Rdn. 284).

Für **Post- und Telekommunikationsdienstleistungen** können die Auslagen entweder konkret **39** (Nr. 7001 VV) oder pauschal mit 20 % der Gebühren, dann höchstens 20,00 €, erhoben werden (Nr. 7002 VV), und zwar für jede Angelegenheit i. S. d. §§ 15 ff. RVG. Ein Anspruch auf die Kommunikationspauschale besteht nur, wenn auch Porto- oder Telefonkosten u. ä. bei der Ausführung des Auftrags entstanden sind. Dafür reicht das Porto für einen Brief aus, sofern es sich nicht nur um die Honorarrechnung handelt (Gerold/Schmidt/*Müller-Rabe* VV 7001, 7200 Rn. 20).

Für das Herstellen von Kopien und Ausdrucken von Dokumenten kann eine **Dokumentenpau-** **40** **schale** berechnet werden: für die ersten 50 Kopien 0,50 € pro Seite und für jede weitere 0,15 €; für Farbkopien verdoppelt sich die Pauschale (s. Nr. 7000 VV n. F. und zur Abgrenzung *Enders*, JurBüro 2014, 113). Das gilt für Kopien aus gerichtlichen oder behördlichen Akten, sofern zur sachgemäßen Bearbeitung der Angelegenheit geboten, unbeschränkt. Dienen die Kopien oder Ausdrucke der gebotenen Unterrichtung anderer Verfahrensbeteiligter oder des Mandanten, gehören die jeweils ersten 100 Kopien zu den nicht ersatzfähigen Geschäftsunkosten. Letzteres gilt auch für Kopien zu sonstigen Zwecken, die nicht im Einverständnis mit dem Auftraggeber gefertigt wurden. Die Übermittlung per Telefax steht der Herstellung einer Kopie gleich (Nr. 7000 Anm. Abs. 1 Satz 2 VV). Werden in Absprache mit dem Auftraggeber statt der Übermittlung in Papierform oder per Fax elektronisch gespeicherte Dateien überlassen, werden sie mit 1,50 € pro Datei vergütet; höchstens aber 5,00 €, wenn Dokumente in einem Arbeitsgang überlassen oder auf einem Datenträger gespeichert werden. Wurden die Dokumente zuvor im Einverständnis mit dem Auftraggeber von der Papierform in die elektronische Form übertragen, verbleibt es bei der Pauschale für die Übermittlung auf Papier oder per Fax, wenn diese insgesamt höher ist.

41 Umstritten ist, ob auch das **Einscannen** von Dokumenten aus gerichtlichen und behördlichen Akten ohne deren Ausdruck als Herstellen einer Kopie gilt (so die bislang h. M., s. OLG Bamberg, NJW 2006, 3504). Das 2. KostRMoG hat in allen Kostengesetzen den vormals verwendeten Begriff Ablichtung durch den der Kopie ersetzt und ihn damit nicht nur modernisieren, sondern auch klarstellen wollen, dass Kopie im Sinne des Kostenrechts die Reproduktion einer Vorlage auf einem körperlichen Gegenstand, beispielsweise Papier, Karton oder Folie ist und das Einscannen von Dokumenten nicht darunter fällt (BT-Drucks. 17/11471, S. 156, 284). Das hat m. E. aber im Wortlaut selbst keinen Niederschlag gefunden und wird zu Recht abgelehnt (vgl. *Meyer* JurBüro 2014, 127). Denn das Herstellen einer Kopie bedeutet nach allg. Sprachgebrauch lediglich Reproduktion oder Vervielfältigung einer Vorlage, ohne dass es darauf ankommt, auf welche Weise die Kopie lesbar ist (s. OLG Bamberg, NJW 2006, 3504 unter Hinweis auf BGH, GRUR 2002, 246 = NJW 2002, 964; s. a. BGH, NJW 2008, Rn. 10 ff.).

42 **Reisekosten** sind ebenfalls zu erstatten, sofern das Reiseziel außerhalb der (politischen) Gemeinde liegt, in der sich die Kanzlei oder der Wohnort des Anwalts befinden (s. Vorb. 7 Abs. 2 VV). Das gilt auch für Fahrten zu dem FamG, in dessen Bezirk der Anwalt niedergelassen ist, und auch bei Verfahrenskostenhilfe (OLG Dresden, AGS 2010, 203; FA-FamR/*Keske*, Kap. 17 Rn. 377; zur Erstattung aus der Staatskasse s. Rdn. 217). Wird die Reise in Erfüllung mehrerer Aufträge unternommen, sind die Gesamtkosten verhältnismäßig aufzuteilen (Vorb. 7 Abs. 1 VV). Bei den Reisekosten wird unterschieden zwischen Fahrtkosten, Tagegeldern und Sonstiges:

Als **Fahrtkosten** wird bei Benutzung des eigenen Kfz jeder gefahrene Kilometer pauschal mit 0,30 € abgegolten (Nr. 7003 VV). Die Pauschale deckt die (anteiligen) Unterhaltungs-, Anschaffungs- und Betriebskosten u. a. ab. Bei Benutzung anderer Transportmittel sind die tatsächlichen Kosten anzusetzen (Nr. 7004 VV).

Als **Tage- und Abwesenheitsgeld** kann der Anwalt bei einer Abwesenheit bis zu 4 Stunden 25,00 €, bei mehr als 4 bis zu 8 Stunden 40,00 € und bei längerer Kanzleiabwesenheit 70,00 € beanspruchen. Bei Reisen ins Ausland erhöht sich der Satz jeweils um 50 % (s. dazu Nr. 7005 VV).

Hinzu kommen **sonstige Ausgaben** (Nr. 7006 VV) z. B. für Übernachtung und Parkgebühren, in der tatsächlich angefallenen Höhe. Ist der Anwalt zum Vorsteuerabzug berechtigt, darf er die auf einzelne Ausgaben (Hotel, Flug u. ä.) an Dritte gezahlte Umsatzsteuer dem Mandanten nicht in Rechnung stellen (BGH, RVGreport 2012, 266 m. Anm. *Hansens* = FamRZ 2012 1136 [LS]).

43 Darüber hinaus ist dem Anwalt nach Vorb. 7 Abs. 1 Satz 2 VV i. V. m. §§ 675, 670 BGB **Aufwendungsersatz** zu leisten für von ihm für den Mandanten verauslagte Kosten (Gerichtskosten, Gebühren für Anfragen und Auskünfte, Aktenversendungspauschale etc. (s. zu den gerichtlichen Auslagen und zur Neuregelung der Aktenversendungspauschale Rdn. 80).

44 Nach Nr. 7008 VV ist auch die auf die Gebühren und Auslagen anfallende USt von derzeit 19% zu erstatten. - Sie entfällt nur, wenn der Anwalt als Kleinunternehmer i. S. v. § 19 Abs. 1 UStG keine Umsatzsteuer zahlt: - Das gilt auch für den **Aufwendungsersatz**, soweit er steuerpflichtiges Entgelt nach § 10 UStG darstellt. Das ist nur dann nicht der Fall, wenn es sich um einen durchlaufenden Posten handelt, wie insbesondere verauslagte Gerichtskosten (vgl. *Sterzinger* NJW 2008, 1254). Die bis in jüngster Zeit umstrittene Frage, ob dazu auch die Aktenversendungspauschale gehört, ist nunmehr geklärt. Die obersten Finanzbehörden des Bundes und der Länder (vgl. z. B. OFD Karlsruhe, Vfg. v. 28.01.2009) haben sich darauf verständigt, dass der Kostenersatz für die Aktenversendungspauschale und für elektronische Grundbuchabfragen immer umsatzsteuerpflichtig ist (s. a. BGH, NJW 2011, 3041). Das Gleiche gilt i. d. R. auch für den Ersatz von Kosten für Handelsregister- und Grundbuchauszüge und Einwohnermeldeamtsanfragen, jedenfalls wenn die Anfragen nicht ausdrücklich im Namen und für Rechnung des Mandanten erfolgen. Ist der Anwalt zum **Vorsteuerabzug** berechtigt, darf er die auf einzelne Auslagen oder Aufwendungen an Dritte gezahlte Umsatzsteuer nicht zusätzlich berechnen, d. h. er kann die ihm insoweit entstandenen Kosten nur mit den Nettobeträgen in Rechnung stellen (BGH, RVGreport 2012, 266 m. Anm. *Hansens*).

c) Fälligkeit und Abrechnung

Der **Anspruch** auf die Gebühren **entsteht** nicht bereits mit der Auftragsannahme, sondern mit der ersten aufgrund des Auftrags erfolgten Tätigkeit, regelmäßig also in der Entgegennahme der Information (h. M. Groß § 2 Rn. 47 m. w. N.). Ansprüche auf Ersatz der Auslagen und Aufwendungen entstehen, wenn sie erwachsen. **Fällig** werden die Gebühren und Auslagen aber erst mit Beendigung der Angelegenheit (§ 8 Abs. 1 RVG; s. dazu ausführlich Bischof/*Bischof* § 8 Rn. 15 ff. und zu Abweichungen bei gerichtlichen Verfahren Rdn. 81). Nur der Anspruch auf Aufwendungsersatz wird gem. § 271 BGB mit der Entstehung sofort fällig (Gerold/Schmidt/*Mayer* § 8 Rn. 1). Mit der Fälligkeit beginnt die **Verjährung** (§§ 195, 199 BGB, s. dazu Gerold/Schmidt/*Mayer* § 8 Rn. 33 und zum Verjährungsbeginn bei Verfahrenstrennung *Schneider* NJW-Spezial 2009, 251). Geltend machen kann der Anwalt seine Honorarforderung aber nur aufgrund einer **schriftlichen Abrechnung** (§ 10 RVG). Zu den Anforderungen s. Schneider, AnwBl. 2004, 510). Aber er darf, außer beim Beratungshilfemandat (§ 47 Abs. 2 RVG), einen angemessenen **Vorschuss** für angefallene und künftig entstehende Gebühren und Auslagen von seinem Auftraggeber fordern (§ 9 RVG).

45

Das für die außergerichtliche Tätigkeit vom Auftraggeber geschuldete Honorar kann der Anwalt nicht, wie die in einem gerichtlichen Verfahren angefallene Vergütung, im Wege der vereinfachten Festsetzung nach § 11 RVG **durchsetzen**, sondern **nur im Wege der Klage** (Gerold/Schmidt/*Mayer* VV 2300 Rn. 33; zur Honorarklage s. Rdn. 19). Das gilt auch für die aufgrund eines Verfahrensauftrags entstandenen Gebühren, wenn kein gerichtliches Verfahren eingeleitet wurde. Besteht Streit über die Angemessenheit des vom Anwalt gewählten Gebührensatzes bei der Geschäftsgebühr (Satzrahmengebühr), so ist dazu im Rechtsstreit nach § 14 Abs. 2 RVG ein Gutachten der Rechtsanwaltskammer einzuholen. Für die ggü. einem Verbraucher für Beratung oder Gutachten abgerechnete Gebühr nach § 34 Abs. 1 Satz 3 RVG gilt im Gebührenstreit § 315 Abs. 3 BGB, d. h. sie kann bei Unbilligkeit durch das Gericht herabgesetzt werden (Gerold/Schmidt/*Mayer* § 14 Rn. 8 und zu den Beurteilungskriterien Rn. 5 m. w. N.).

46

II. Vergütung für Beratung und Gutachten nach § 34 RVG

1. Grundsätze

In familienrechtlichen Mandanten ist der Auftraggeber regelmäßig Verbraucher i. S. d. § 13 BGB (*Kindermann* Rn. 314; BGH, JurBüro 2008, 267). Wird mit ihm keine Gebührenvereinbarung getroffen (s. dazu Muster Rdn. 21 und 23) begrenzt § 34 Abs. 1 Satz 3 RVG die Gebühr auf höchstens 250,00 € und für eine Erstberatung auf 190,00 € (jeweils vor Auslagen und USt), die der Anwalt entsprechend den für Rahmengebühren in § 14 Abs. 1 RVG festgelegten Bemessungskriterien, bestimmen soll. Das spricht dafür, dass es sich bei den festgesetzten **Höchstbeträgen** um eine Kappungsgrenze für eine ansonsten nach § 612 BGB bzw. für ein Rechtsgutachten nach § 632 BGB geschuldete übliche (s. o. Rdn. 34) Vergütung handelt (so OLG; Stuttgart, NJW 2007, 924, 925; Gerold/Schmidt/*Mayer* § 34 Rn. 54; *Schneider* NJW 2006, 1905; a. A. Bischof/*Bischof* § 34 RVG Rn. 7). Letztlich ist regelmäßig eine Abwägung im Einzelfall erforderlich. Die Schwierigkeit, der Umfangs der Angelegenheit und das Haftungsrisikos bei der anwaltlichen Tätigkeit in Familiensachen werden es vielfach ermöglichen, die vorgegebenen Höchstgrenzen weitgehend oder voll auszuschöpfen. Ein **Mehrvertretungszuschlag** nach Nr. 1008 VV (s. Rdn. 68) kommt für die Gebühr nach § 34 Abs. 1 Satz 3 RVG nicht in Betracht (*Kindermann* Rn. 332 Gerold/Schmidt/*Müller-Rabe* VV 1008 Rn. 13 ff., 20 mit eingehender Begründung: a. A. Gerold/Schmidt/*Mayer* § 34 Rn. 55 ff. m. w. N. aus der Literatur; für die Beratungshilfe: OLG Nürnberg, FamRZ 2007, 844. Hier wird allerdings eine Festgebühr abgerechnet).

47

Die Begrenzung auf 190,00 € für ein **erstmaliges Beratungsgespräch** ist als Ausnahmeregelung eng auszulegen. Sie gilt nur für einen mündlich erteilten Rat oder eine Auskunft und nicht für die schriftliche Niederlegung des Ergebnisses (BGH, JurBüro 2008, 267 m. Anm. *Madert*; *Kindermann* Rn. 316). Als »**Einstiegsberatung**« dient sie einer pauschalen und überschlägigen Information (*Groß*

48

§ 2 Rn. 46; *Kindermann* Rn. 319). Dies gilt grds. auch für die Erstberatung über die Trennung/Scheidung und ihre Folgen. Findet ein weiteres Gespräch statt, gehört dies nur dann noch zum Erstgespräch, wenn das Erstgespräch aus Gründen, die in der Sphäre des Anwalts liegen, unterbrochen wurde; z. B. weil er zu einem Termin muss oder sich erst sachkundig machen oder Unterlagen sichten will (OLG München, JurBüro 1999, 298;); OLG Jena, AGS 2000, 62 jeweils zur Vorgängerregelung in der BRAGO). Handelt es sich um eine neue Angelegenheit (s. Rdn. 28 ff.), fallen zweimal Gebühren an, die jedes Mal der Kappungsgrenze unterliegen.

49   Die gleichen Bemessungskriterien wie für die Beratung gelten auch bei der **Erstattung eines Gutachtens** für einen Verbraucher, also im familienrechtlichen Mandat (s. o.). Für dessen Abrechnung gilt (ohne Gebührenvereinbarung) immer die Höchstgrenze von 250,00 €. Ausgenommen ist ein Gutachten über die Erfolgsaussicht eines Rechtsmittels, für das das VV in Nr. 2101, 2102 Wertgebühren vorsieht. Ggü. dem schriftlichen Rat zeichnet sich ein Rechtsgutachten dadurch aus, dass es die rechtlichen Probleme umfassst darstellt, sich mit der Rechtsprechung und dem Schrifttum auseinandersetzt und dazu eine unparteiliche Stellungnahme abgibt (Gerold/Schmidt/*Mayer* § 34 Rn. 24 ff.). Das Gutachten zielt darauf ab, dem Auftraggeber (nur) eine Entscheidungshilfe an die Hand zu geben, während der Rat eine der möglichen Entscheidungen selbst verkörpert, auch wenn er juristisch fundiert ist. Gebührenrechtlich hat die Unterscheidung vor allem wegen der Anrechnungsbestimmung in § 34 Abs. 2 RVG (s. u.) Bedeutung, die für Gutachten nicht gilt.

50   **Anrechnung:** Nach § 34 Abs. 2 RVG ist **jede Ratsgebühr** in vollem Umfang auf eine Gebühr anzurechnen, die der Rechtsanwalt für eine sonstige mit der Erteilung des Rats oder der Auskunft zusammenhängende Tätigkeit erhält. D. h., sie wird so lange auch auf mehrere in derselben Angelegenheit verdiente, vereinbarte oder gesetzliche Tätigkeitsgebühren (Geschäfts- oder Verfahrensgebühr, str. für Terminsgebühr, vgl. Gerold/Schmidt/*Mayer* § 34 Rn. 62) angerechnet bzw. nach Wahl des Anwalts mit ihnen verrechnet (§ 15a Abs. 1 RVG), bis sie vollständig aufgezehrt ist (*Kindermann* Rn. 336 ff.; *Enders* JurBüro 2006, 561 je mit Beispielen auch für die Fälle, in denen der Auftrag nur für einzelne Gegenstände weiter geht, s. a. unten Rdn. 55, *M. 9*). Zur Anrechnung einer vereinbarten Vergütung, die sich nicht nach dem Gegenstandswert richtet vgl. Mayer/Kroiß/Teubel-Winkler, § 34 Rn. 152 ff.). Die Anrechnung kann durch Vereinbarung ausgeschlossen werden (s. Rdn. 23, *M. 7*).

2. Muster für eine Honorarrechnung bei reiner Beratung

51   **Sachverhalt:** Neumandant K zahlt aufgrund eines Scheidungsverbundurteils aus 2009 Unterhalt an seine geschiedene Ehefrau und zwei Kinder. Er möchte von RA M beraten werden, ob eine Abänderung möglich und zweckmäßig ist. Keinesfalls soll RA M ggü. seiner geschiedenen Ehefrau tätig werden, da er Schwierigkeiten beim Umgang mit den Kindern befürchtet. Außer einer Abschrift des Scheidungsurteils hat er nichts dabei. RA M klärt ihn über die allgemein bestehenden Abänderungsmöglichkeiten und ihre Voraussetzungen auf, lässt eine Kopie des Urteils fertigen und verabredet einen neuen Besprechungstermin. Bis dahin hat RA absprachegemäß die Scheidungsakte angefordert und K Unterlagen über seine Einkünfte und Verbindlichkeiten übersandt. Nach Durchsicht der Unterlagen und der Akte rät RA M beim 2. Gespräch von einer Abänderung zum jetzigen Zeitpunkt ab.

Rechtsanwälte[1].....

Straße ....., Ort .....

Herrn

Telefon[2]: .....

.....

Fax: .....

..... *[Straße]*

E-Mail: .....

..... *[Ort]*

USt-IdNr[3].: .....

[Datum].....

Bitte stets angeben[4]:

Geschäftszeichen: .....

Rechnung-Nr.: .....

KOSTENRECHNUNG[5]

Für die Beratung in ihrer Unterhaltssache[6].....

in der Zeit vom 01.10.2009 bis 15.10.2009[7]

Gebühr nach § 34 Abs. 1 Satz 3 RVG[8]	250,00 €
Post- und Telekommunikationspauschale (Nr. 7001 VV)[9]	20,00 €
Dokumentenpauschale (Nr. 7000 VV)[10]	8,00 €
(16 Kopien aus Akte des FamG u. a.)	
Aktenversendungspauschale[11]	12,00 €
(Nr. 2003 KV FamGKG, §§ 675, 670 BGB)	
Zwischensumme	290,00 €
daraus 19 % Umsatzsteuer (Nr. 7008 VV)[12]	55,10 €
Gesamtkosten brutto[13]	345,10 €

.....

Unterschrift Anwalt[14]

1. Gläubiger. Gläubiger des Vergütungsanspruchs ist der Anwalt, der den Auftrag übernommen hat. Wird eine Anwaltsgemeinschaft (Sozietät) oder Partnerschaft beauftragt, steht der Vergütungsanspruch der Partnerschaftsgesellschaft bzw. jetzt rechtsfähigen GbR (PWW/*von Dithfurth* § 705 Rn. 47; BGHZ 56, 355; BGH, NJW 2004, 1043) zu, zumindest den beteiligten Anwälten zur gesamten Hand. Er kann aber von jedem der beteiligten Anwälte für diese geltend gemacht werden (so zum alten Recht BGH, NJW 1996, 2859 und zur Stellung des Scheinsozius NJW 2007, 2490). Auch in diesem Fall muss die Sozietät bzw. Partnerschaft als Auftraggeber in der Honorarabrechnung erscheinen. Ihr verbleiben grds. die Vergütungsansprüche auch dann, wenn der sachbearbeitende Anwalt aus der Gemeinschaft ausscheidet und der Auftraggeber das Mandat dem ausgeschiedenen Anwalt überträgt (Gerold/Schmidt/*Mayer* § 6 Rn. 9). Soweit bei der Auftragserteilung oder in der Vollmacht nicht Gegenteiliges bestimmt wird, ist davon auszugehen, dass sich ein Auftrag auf alle gemeinschaftlich verbundenen Anwälte bezieht (BGH, NJW 2000, 1333; Gerold/Schmidt/*Mayer* § 6 Rn. 9). Anders ist es, wenn zwischen den Anwälten nur eine Bürogemeinschaft besteht.

2. Schuldner. Schuldner des Honoraranspruchs ist der Auftraggeber, auch wenn der Anwalt die Tätigkeit für einen Dritten entfaltet oder sich ein Dritter zur Zahlung verpflichtet hat. Dem Auftraggeber muss nach Fälligkeit der Vergütung (s. Rdn. 45) gem. § 10 Abs. 1 RVG eine schriftliche Berechnung der Vergütung übermittel werden, als Voraussetzung für ihre Durchsetzbarkeit (Zahlungsfälligkeit). Ohne Erhalt einer formgerechten Berechnung ist der Auftraggeber nicht zur Zahlung verpflichtet und kann daher auch nicht in Zahlungsverzug geraten (Gerold/Schmidt/*Burhoff* § 10 Rn. 14). Im Fall eines Rechtsstreits muss die Abrechnung daher spätestens in der Klage nachgeholt werden. Haben den Auftrag mehrere Personen erteilt, muss jeder von ihnen eine Kostenrechnung erhalten, je nach Haftung mit unterschiedlichem Inhalt (§ 7 RVG, s. dazu Gerold/Schmidt/*Burhoff*, § 10 Rn. 6)

3. Steuernummer. § 14 Abs. 4 UStG listet eine Reihe von notwendigen Inhalten auf, die der Anwalt in einer Honorarabrechnung für vorsteuerabzugsberechtigte Personen oder wegen Grundstücksgeschäften angeben muss, Sie gehen z. T. über die nach § 10 Abs. 2 RVG geforderten Angaben hinaus; das trifft insbesondere auf die Angabe der vom Finanzamt oder vom Bundeszentralamt für Steuern zugeteilte Steuer- bzw. ID-Nummer zu. In Familiensachen werden die Voraussetzungen für diese steuerlichen Pflichtangaben zwar selten vorliegen (s. o. Rdn. 47), gleichwohl empfiehlt es sich die steuerrechtlichen Vorgaben generell bei der Rechnungsgestaltung zu beachten, denn auch der Spezialist in Familiensachen wird nicht nur ausschließlich auf diesem Gebiet tätig sein (*Kindermann* Rn. 55).

4. Rechnungsdatum. Hierbei handelt es sich, ebenso wie die nachfolgenden Angaben der Rechnungsnummer und Geschäftszeichen, nicht um Pflichtangaben nach § 10 RVG, aber z. T. um solche des § 14 UStG (s. o.). I. Ü. helfen sie der Büroorganisation.

5. Bezeichnung. Der Begriff Kostenrechnung ist in der Praxis üblich. § 10 Abs. 1 Satz 1 RVG fordert nur, dem Auftraggeber die Berechnung der Vergütung mitzuteilen. Eine bestimmte Bezeichnung wird nicht vorgegeben. Die Berechnung kann auch in einem persönlichen Anschreiben enthalten sein, mit Anrede und Grußformeln, oder einem solchen Schreiben angehängt werden (Gerold/Schmidt/*Burhoff* § 10 Rn. 5). Das ist insb. zweckmäßig, wenn einzelne Gebührentatbestände einer Erläuterung bedürfen oder wenn mehrere Auftraggeber in Anspruch genommen werden. Wurde die gesetzlich vorgeschriebene Anrechnung nicht ausgeschlossen, kann es sich im Hinblick auf die Mandantenbindung auch empfehlen, in dem Anschreiben auf die Anrechnung für eine spätere Tätigkeit in derselben Sache hinzuweisen.

6. Gegenstand. Die Kostenrechnung muss die abgerechnete Angelegenheit konkretisieren. In Familiensachen genügt der Name des Auftraggebers und ggf. des Gegners allein selten, da hier immer mit mehreren Aufträgen gerechnet werden muss (*Schneider* AnwBl. 2004, 510). Es sollte deshalb in außergerichtlichen Angelegenheiten neben der Art der Tätigkeit (Beratung, Gutachtenerstattung oder Geschäftsbesorgung bzw. Vertretung) zumindest der oder die Gegenstände mit angegeben werden. Dies ist vor allem für die gesetzlich vorgesehene Anrechnung (§ 34 Abs. 2, RVG, s. Rdn. 50) notwendig. Insoweit geht jede Unklarheit zulasten des Anwalts.

7. Leistungszeit. Sie muss nur nach § 14 UStG, nicht aber nach § 10 RVG in der Abrechnung angegeben werden. Sie dient aber ebenfalls der Konkretisierung der abgerechneten Tätigkeit und grenzt sie von weiteren Aufträgen mit gleichem Gegenstand ab.

8. Gebühr. Wenn im familienrechtlichen Beratungsmandat, bei dem der Auftraggeber i. d. R. Verbraucher ist, keine Gebührenvereinbarung getroffen wird, darf für eine Erstberatung keine höhere Gebühr als 190,00 € und ansonsten nicht mehr als 250,00 € verlangt werden (§ 34 Abs. 1 Satz 3 RVG). Ob es sich dabei um eine Rahmengebühr oder nur um die Kappungsgrenze einer erst einmal nach § 612 BGB zu bestimmenden üblichen Vergütung handelt und wie diese zu ermitteln ist (s. o. Rdn. 47) hat beim familienrechtlichen Mandat m. E. wenig praktische Relevanz. Denn das Gesetz schreibt vor, dass diese Gebühr entsprechend den für Rahmengebühren festgelegten **Bemessungskriterien**, d. h. »unter Berücksichtigung aller Umstände, vor allem des Umfangs und der Schwierigkeit der anwaltlichen Tätigkeit, der Bedeutung der Angelegenheit sowie der Einkommens- und Vermögensverhältnisse des Auftraggebers, nach billigem Ermessen«, unter Berücksichtigung seines Haftungsrisikos (§ 14 Abs. 1 Satz 3 RVG s. a. Rdn. 55, *M. 8*) bestimmt werden soll. Schon die im Vergleich zu anderen Rechtsangelegenheiten zumeist rechtlich oder tatsächlich schwierigen, für die Mandanten i. d. R. außerordentlich bedeutsamen und für den Anwalt mit nicht geringem Haftungsrisiko verbundenen Familiensachen gebieten es deshalb, die vorgegebenen Höchstgrenzen schon beim familienrechtlichen »Durchschnittsfall« weitgehend oder voll auszuschöpfen. Abweichungen nach unten sind nur bei außergewöhnlich geringem Arbeitsaufwand und/oder beengten wirtschaftlichen Verhältnissen des Auftraggebers angezeigt (wegen der Verpflichtung ggf. Beratungshilfe zu leisten vgl. Rdn. 11).

Bei der im Muster abgerechneten Tätigkeit handelt es sich um mehr als nur eine Einstiegsberatung zur überschlägigen Information, die nur mit max. 190,00 € abzurechnen wäre (Erstberatung s. o. Rdn. 48). Will ein Mandant nach einem ersten Gespräch Unterhaltsansprüche u. ä. detailliert errechnet haben und reicht hierfür weitere Unterlagen nach, auf deren Grundlage der Anwalt daraufhin entweder in einem weiteren Gespräch oder in schriftlicher Form den Unterhalt berechnet, ist der Rahmen einer Erstberatung überschritten. Das gilt erst recht, wenn, wie vorliegend, auch noch Akten beigezogen und ausgewertet werden.

9. Kommunikationspauschale. Der Auftraggeber schuldet neben der Beratungsgebühr auch die im VV in Teil 7 abschließend aufgeführten Auslagen (s. o. Rdn. 38 ff.). Dazu gehören auch Auslagen für Post- und Telekommunikationsdienstleistungen (s. Rdn. 39). Wenn sie nicht konkret erfasst und abgerechnet werden, können sie pauschal mit 20 % der Gebühren, höchstens aber mit 20,00 €, erhoben werden (Nr. 7002 VV), vorausgesetzt, es sind überhaupt Auslagen entstanden. Das ist bei reinen Beratungsmandaten nicht immer der Fall. Zumal das Porto für das Versenden der Honorarrechnung zu den allgemeinen Geschäftsunkosten zählt, die durch die Gebühren abgegolten werden (s. Vorb. 7 Abs. 1 VV). Hier sind durch das Anfordern der Akten mindestens einmal Porto oder Telefonkosten entstanden. Dann kann die Pauschale angesetzt werden.

10. Dokumentenpauschale. Für das Herstellen von Kopien und Ausdrucken von Dokumenten kann eine **Dokumentenpauschale** berechnet werden: für die ersten 50 Kopien 0,50 € pro Seite und für jede weitere 0,15 €; für Farbkopien verdoppelt sich die Pauschale (s. Nr. 7000 VV n. F. und zur Abgrenzung *Enders* JurBüro 2014, 113). Das gilt für Kopien aus gerichtlichen oder behördlichen Akten, sofern zur sachgemäßen Bearbeitung der Angelegenheit (aus Sicht des Anwalts, vgl. *Schneider* Praxiswissen § 10 Rn. 5) geboten, unbeschränkt. Dienen die Kopien oder Ausdrucke der gebotenen Unterrichtung anderer Verfahrensbeteiligter oder des Mandanten, gehören die jeweils ersten 100 Kopien zu den nicht ersatzfähigen Geschäftsunkosten (s. im Einzelnen Nr. 7000 VV und oben Rdn. 40, auch zu anderen Formen der Vervielfältigung).

11. Aufwendungsersatz. Das Gericht erhebt nach den jeweils einschlägigen Kostengesetzen (in Familiensachen Nr. 2003 KV FamGKG) für die Versendung von Akten eine im Voraus fällige Auslagenpauschale von 12,00 € (**Aktenversendungspauschale**), die der Anwalt als Antragsteller schuldet (OLG Düsseldorf, JurBüro 2008, 375; VGH Bayern, NJW 2007, 1438). Für ihn handelt es sich um Aufwendungen zur Erfüllung des Auftrags i. S. v. § 670 BGB, die der Auftraggeber zu erstatten hat, s. Vorb. 7 Abs. 1 Satz 2 VV. Dazu gehören auch verauslagte Gerichtskosten und Gebühren für Anfragen und Auskünfte (s. *Hartmann* VV 7000 Rn. 5 ff.). Zur Frage der Besteuerung s. u. sowie Rdn. 43).

12. USt. Nach Nr. 7008 VV ist die auf die Gebühren und Auslagen anfallende USt zu erstatten. Das gilt auch für den Aufwendungsersatz, soweit er steuerpflichtiges Entgelt nach § 10 UStG darstellt. Das ist nur dann nicht der Fall, wenn es sich um einen durchlaufenden Posten handelt. Dabei gehen die Finanzbehörden zwischenzeitlich davon aus, dass dies praktisch nur noch auf verauslagte Gerichtskosten zutrifft, nicht aber für die Aktenversendungspauschale und Kosten für Auskünfte und Abfragen aus dem Grundbuch oder öffentlichen Registern (s. dazu Rdn. 44). Jedenfalls sind USt, die vom Anwalt für ersatzfähige Aufwendungen abgeführt werden müssen, nach Nr. 7008 VV auch vom Auftraggeber zu erstatten.

13. Vergütung. Diese Position enthält den insgesamt geschuldeten und vom Mandanten zu zahlenden Betrag. Für den Fall, dass bereits ein Vorschuss geleistet wurde, müsste dieser noch abgezogen werden (s. § 10 Abs. 1 Satz 2 RVG), s. Muster Rdn. 55.

14. Unterschrift. Die eigenhändige Unterschrift ist zwingend, sie kann nur durch elektronische Formen gem. §§ 126 Abs. 3, 126a BGB ersetzt werden (Gerold/Schmidt/*Burhoff* § 10 Rn. 7). Mit ihr übernimmt der Anwalt die zivilrechtliche, berufsrechtlich und ggf. auch die strafrechtliche Verantwortung für den Inhalt der Berechnung (*Schneider* AnwBl. 2004, 510).

III. Vergütung für Geschäftsbesorgung

1. Grundsätze

An die Stelle der nach § 118 BRAGO für die reine außergerichtliche Tätigkeit gesondert erwachsene Geschäfts-, Besprechungs-, und Beweisaufnahmegebühr ist im RVG die alles umfassende Geschäftsgebühr getreten, eine **Wertgebühr** mit einem **Gebührenrahmen** von 0,5 bis 2,5 (Nr. 2300   52

VV). Sie umfasst das Betreiben des Geschäfts einschließlich der Information, die Teilnahme an Besprechungen und das Mitwirken bei der Gestaltung eines Vertrages bzw. einer Einigung vom Beginn des Auftrags bis zu seiner Erledigung (**Pauschalgebühr**, § 15 Abs. 1 und 2 RVG). Der unterschiedliche Aufwand ist allein innerhalb des Gebührenrahmens unter Berücksichtigung der in § 14 Abs. 1 RVG genannten Bewertungskriterien (s. u.) zu berücksichtigen (BGH, NJW-RR 2007, 420; Otto, NJW 2004, 1420).

Nach § 14 Abs. 1 RVG bestimmt der Anwalt die **im Einzelfall angemessene Gebühr** unter Berücksichtigung aller Umstände, insb.
— des Umfangs und der Schwierigkeit der anwaltlichen Tätigkeit,
— der Bedeutung der Angelegenheit für den Auftraggeber,
— der Einkommens- und Vermögensverhältnisse des Auftraggebers sowie
— eines besonderen Haftungsrisikos

nach billigem Ermessen. (§§ 14 Abs. 1 RVG). Dies ist in einem Toleranzbereich von plus/minus 20% der im Einzelfall angemessenen Gebühr der gerichtlichen Prüfung entzogen (BGH, RVGreport 2012, 258 m. Anm. *Hansens* = FamRZ 2012, 134 [LS]; NJW 2011, 1603).

Eine Gebühr von mehr als 1,3 kann nach der Anm. zu Nr. 2300 VV nur gefordert werden, wenn die Tätigkeit umfangreich oder schwierig war. Ob aus diesem Grunde die für den Durchschnittsfall angemessene **Regelgebühr** überschritten werden kann, unterliegt auch unter dem Gesichtspunkt der Toleranzrechtsprechung (s. o.) der vollen Nachprüfbarkeit durch die Gerichte (BGH, NJW 2012, 2813; zur Darlegungslast in diesem Fall s. *Schneider* AnwBl 2012, 806). Eine Anhebung rechtfertigt sich insb. bei umfangreichem Schriftwechsel und/oder Besprechungen mit dem Gegner oder Dritten (vgl. BGH, NJW-RR 2007, 420; Düsseldorf, AnwBl. 2009, 70), aber auch bei schwierigen Vertragsentwürfen. Die familienrechtlichen Mandate sind im Vergleich zu anderen Rechtsangelegenheiten schon von vornherein zumeist rechtlich oder tatsächlich schwierig, für die Mandanten i. d. R. von besonderer Bedeutung und für den Anwalt mit nicht geringem Haftungsrisiko verbunden. Deshalb wird es in Familiensachen häufig der Billigkeit entsprechen, die Regelgebühr für den Normalfall zu überschreiten (s. OLG Düsseldorf, FamRZ 2009, 2029). Das gilt erst recht, wenn langwierige Besprechungen mit dem Gegner zum Zwecke einer gütlichen Einigung geführt werden (s. a. BT-Drucks. 17/11471, S. 274 zu Vorb. 3. Abs. 3 n. F.).

53 Hiervon **ausgenommen** ist die Vertretung in einem außergerichtlichen **Güteverfahren** – hierfür beträgt der Gebührensatz einheitlich 1,5 (Nr. 2303 VV) – oder wenn sich der Auftrag auf ein **einfaches Schreiben** beschränkt, z. B. eine Mahnung, dann fällt nur eine 0,3 Gebühr an (Nr. 2301 VV n. F.; bis 31.7.2013 Nr. 2302). Diese Gebühr kommt z. B. infrage, wenn ein Unterhaltsschuldner lediglich zu pünktlicher Zahlung angehalten werden soll. Bei mehreren Auftraggebern können sich die Gebühren u. U. um einen **Mehrvertretungszuschlag** erhöhen s. dazu Rdn. 68). Zusätzlich kann bei einer unter Mitwirkung des Anwalts zustande gekommenen Einigung eine Einigungsgebühr und, wenn er zur Aussöhnung scheidungswilliger Ehegatten beigetragen hat, eine Aussöhnungsgebühr hinzukommen. Zur Anrechnung der Geschäftsgebühr auf eine anschließend in derselben Angelegenheit entstehende Verfahrensgebühr s. Rdn. 105 ff. und zum Anfall der Einigungsgebühr Rdn. 97 ff.

54 Weil es sich bei der Geschäftsgebühr um eine Wertgebühr handelt, ist der Anwalt gem. § 49b Abs. 5 **BRAO** verpflichtet, den Mandanten vor Annahme des Auftrags (!) darauf hinzuweisen, dass sich die zu erhebende Gebühr nach dem Gegenstandswert richtet, unterlässt der Anwalt diesen Hinweis, macht er sich u. U. schadensersatzpflichtig (BGH, FamRZ 2008, 144, auch zur Beweislast). Die **Hinweispflicht** erstreckt sich grundsätzlich nicht auf die Höhe der gesetzlichen Gebühren oder der voraussichtlichen Vergütung, es sei denn, der Mandant fragt danach oder es liegen besondere Umstände vor, die eine Aufklärung aus vorvertraglicher Fürsorge gebieten (vgl. BGH, FamRZ 2006, 478; AGS 2010, 216; zur Schadensersatzpflicht s. Rdn. 18). Hierzu gehören auch die Information über zusätzliche Kosten bei Änderung oder Erweiterung des Auftrags (BGH, FamRZ 2014, 35 Rn. 11; NJW 2008, 1307 Rn. 14).

2. Muster für eine Honorarrechnung bei außergerichtlicher Vertretung

Sachverhalt: Mandant K kommt ca. 1 Jahr nach einer Beratung wegen derselben Unterhaltssache   55
und möchte nun doch keinen Unterhalt mehr an seine geschiedene Ehefrau zahlen. RA M erhält
deswegen den Auftrag mit dem gegnerischen Anwalt zu verhandeln und zu versuchen, die Angelegenheit außergerichtlich zu regeln. RA M lässt sich aktuelle Einkommensunterlagen vorlegen, korrespondiert mit dem Gegenanwalt. Schließlich vereinbaren sie eine Besprechung zusammen mit den
Mandanten in der Kanzlei des Gegners. Dort kommt es zu einer Einigung nach der der bislang auf
1.500,00 € titulierte Unterhalt künftig auf 700,00 € reduziert wird.

Rechtsanwälte[1] .....

Straße ....., Ort .....

Herrn[2]

.....

.... *[Straße]*

..... *[Ort]*

USt-IdNr[3].: .....

[Datum][4] .....

Bitte stets angeben:

Geschäftszeichen: .....

Rechnung-Nr.: .....

KOSTENRECHNUNG[5]

für die Vertretung in ihrer Unterhaltssache[6] .....

in der Zeit vom ..... bis[7].....

Gegenstandswert: 18.000,00 €

2,0 Geschäftsgebühr[8]	VV 2300	1.212,00 €	
abzgl. Anrechnung nach § 34 II RVG[9]		− 250,00 €	
		verbleiben	1.392,00 €
1,5 Einigungsgebühr[10]	VV 1000		1.044,00 €
Post- und	VV 7002		20,00 €
Telekommunikationspauschale[11]			
Dokumentenpauschale[12]	VV 7001		5,00 €
Reisekosten:[13]			82,00 €
Fahrtkosten	VV 7003	30,00 €	
Tagegeld	VV 7005	40,00 €	
Parkgebühren	VV 7006	12,00 €	
Zwischensumme			2.543,00 €
19 % Umsatzsteuer[14]	VV 7008		483,17 €
Gesamtkosten brutto[15]			3.026,17 €
abzüglich Vorschusszahlung vom 10.01.2010[16]			− 1.190,00 €
Zahlbetrag[17]			1.836,17 €

.....

Unterschrift Anwalt[18]

1. Gläubiger. Gläubiger des Vergütungsanspruchs ist der Anwalt, der den Auftrag übernommen hat, und wenn eine Anwaltsgemeinschaft (Sozietät) oder Partnerschaft, beauftragt wurde, diese, s. o. Muster Rdn. 51, *M. 1.*

2. Schuldner. Schuldner des Honoraranspruchs ist der Auftraggeber, dem nach Fälligkeit der Vergütung eine schriftliche Berechnung der Vergütung übermittel werden muss, s. o. Muster Rdn. 51, *M. 2.*

3. Steuernummer. Hierbei handelt es sich, ebenso wie die nachfolgenden Angaben der Rechnungsnummer und des Geschäftszeichens, nicht um Pflichtangaben nach § 10 RVG, aber z. T. um solche des § 14 UStG, deren Angabe zumindest zweckmäßig ist s. dazu. Muster Rdn. 51, *M. 3.*

4. Rechnungsdatum. S. o. Nr. 3 und Muster Rdn. 51, *M. 4.*

5. Bezeichnung. Der Begriff Kostenrechnung ist in der Praxis üblich. § 10 Abs. 1 Satz 1 RVG fordert nur, dem Auftraggeber die Berechnung der Vergütung mitzuteilen. Eine bestimmte Bezeichnung wird nicht vorgegeben. Die Berechnung kann auch in einem persönlichen Anschreiben enthalten sein, mit Anrede und Grußformeln, oder einem solchen Schreiben angehängt werden (vgl. im Einzelnen Muster Rdn. 51, *M. 5*). Das ist insb. zweckmäßig, wenn der Gegenstandswert oder einzelne Gebührentatbestände einer Erläuterung bedürfen, z. B. wie hier die Überschreitung der »Mittelgebühr« s. u. Nr. 8

6. Gegenstand. Die Kostenrechnung muss die abgerechnete Angelegenheit konkretisieren. In Familiensachen genügt der Name des Auftraggebers und ggf. des Gegners allein selten, da hier immer mit mehreren Aufträgen gerechnet werden muss (*Schneider* AnwBl. 2004, 510). Es sollte deshalb in außergerichtlichen Angelegenheiten neben der Art der Tätigkeit (hier Geschäftsbesorgung bzw. Vertretung) zumindest der oder die Gegenstände mit angegeben werden. Dies ist vor allem für die gesetzlich vorgesehene Anrechnung der Geschäftsgebühr auf die in einem nachfolgenden Rechtsstreit anfallende Verfahrensgebühr (s. Rdn. 46) zweckmäßig.

7. Leistungszeit. Sie muss nur nach § 14 UStG, nicht aber nach § 10 RVG in der Abrechnung angegeben werden. Sie dient aber ebenfalls der Konkretisierung der abgerechneten Tätigkeit und grenzt sie von weiteren Aufträgen mit gleichem Gegenstand ab.

8. Gebühr. Die Geschäftsgebühr wird um ein durch den Geschäftswert und den in Nr. 2300 VV vorgegeben Gebührensatzrahmen bestimmt (Rahmengebühr). Der Geschäfts- oder **Gegenstandswert** richtet sich gem. § 23 Abs. 1 RVG nach § 51 Abs. 1 Satz 1 FamGKG und beträgt hier 18.000,00 € (12 × 1.500,00 €, vgl. zum Wert von Unterhaltsansprüchen Rdn. 158). Jedem Wert ist in § 13 RVG i. V. m. Anlage 2 zum RVG eine bestimmte Grundgebühr zugeordnet, die nicht linear mit der Höhe des Wertes steigt, sondern degressiv. Für 18.000,00 € beträgt die Grundgebühr (einfache oder 1,0 Gebühr) seit 01.08.2013 696,00 €. Erst aus der Multiplikation dieser Grundgebühr mit dem jeweiligen Gebührensatz oder -faktor ergibt sich die konkrete (Wert-) Gebühr.

Für die Geschäftsgebühr gibt das VV in Nr. 2300 nur einen **Satzrahmen** von 0,5 bis 2,5 vor und bestimmt zugleich, dass ein höherer Satz als 1,3 nur gefordert werden kann, wenn die Tätigkeit umfangreich oder schwierig war. Dass die im Normalfall angemessene Regelgebühr nicht dem arithmetischen Mittel entspricht, rechtfertigt sich einmal daraus, dass Besprechungen mit dem Gegner nicht mehr gesondert vergütet werden und damit innerhalb des Gebührenrahmens zusätzlich zu berücksichtigen sind (*Otto* NJW 2004, 1430; s. a. die Gesetzesbegründung, bei Gerold/Schmidt/*Mayer* VV 2300 Rn. 2). Zum anderen verteilen sich einfache und schwierige bzw. zeitaufwendige Fälle asymmetrisch, weshalb eine Verortung des Regelwerts in der Nähe des geometrischen Mittelwerts (Median) den Normalfall sicher besser repräsentiert. I. Ü. hat der Anwalt die Gebühr im Einzelfall nach den in § 14 Abs. 1 RVG für Rahmengebühren vorgegebenen **Bemessungskriterien** »unter Berücksichtigung aller Umstände, vor allem des Umfangs und der Schwierigkeit der anwaltlichen Tätigkeit, der Bedeutung der Angelegenheit sowie der Einkommens- und Vermögensverhältnisse des Auftraggebers, nach billigem Ermessen«, und unter Berücksichtigung seines Haftungsrisikos zu bestimmen (s. dazu ausführlich Bischof/*Jungbauer* § 14 Rn. 8 ff.). Die Bestimmung durch den Anwalt ist (nur) verbindlich, wenn sie der Billigkeit entspricht (zum Umfang der gerichtlichen Kontrolle s. o. Rdn. 52). Das gilt unmittelbar auch ggü. Dritten, die die Gebühr ersetzen müssen (§ 14 Abs. 1 Satz 4 RVG). Die familienrechtlichen Mandate sind im Vergleich zu anderen Rechtsangelegenheiten schon von vornherein zumeist rechtlich oder tatsächlich schwierig, für die Mandanten i. d. R. von besonderer Bedeutung und für den Anwalt mit nicht geringem Haftungsrisiko verbundenen. Deshalb wird es in Familiensachen häufig der Billigkeit entsprechen, die Regelgebühr für den Normalfall zu überschreiten. Das gilt erst recht, wenn, wie im Beispielsfall, noch langwierige Besprechungen mit dem Gegner zum Zwecke einer gütlichen Einigung geführt werden. Dann soll nach den Vorstellungen des Gesetzgebers (s. BT-Drucks. 17/11471, S. 274 zur Vorb. 3. Abs. 1 n. F.) auch der im außergerichtlichen Auftrag tätige Anwalt möglichst gleiche Gebühren erhalten wie der mit Verfahrensauftrag ausgestattete, der neben der (reduzierten) Verfahrensgebühr noch eine Terminsgebühr nach Vorb. 3 Abs. 3 VV verdient (s. o. Rdn. 103). Im Beispielsfall sind die Voraussetzungen für ein Überschreiten der Regelgebühr im Hinblick auf Schwierigkeit, Aufwand und Bedeutung der Angelegenheit sicherlich gegeben, sodass ein Gebührensatz von 2,0 jedenfalls dann angemessen ist, wenn der Mandant nicht in prekären wirtschaftlichen Verhältnissen lebt.

9. Anrechnung. Sowohl die vertragliche als auch die quasi gesetzliche Gebühr für eine vorausgegangene und abgeschlossene Beratung oder Auskunft ist nach § 34 Abs. 2 RVG auf eine in derselben Sache beim gleichen Anwalt entstandene Tätigkeitsgebühr **voll anzurechnen**, soweit nichts anderes vereinbart wurde (s. o. Rdn. 50). Der Grund hierfür liegt nicht nur in der angenommenen Arbeitsersparnis durch die Vorbefassung. Es wird auch berücksichtigt, dass die Gebühren für die gerichtliche und die außergerichtliche Vertretung die rechtliche Beratung mit einschließen, weshalb auch die volle und nicht nur eine anteilige Anrechnung vorgesehen ist. Daher entfällt eine Anrechnung, wenn es sich um verschiedene Anwälte bzw. Auftragnehmer (verschiedene Anwälte, nicht aber wenn der derselbe Anwalt nach einer Forderungsabtretung auch den Zessionar vertritt, BGH, FamRZ 2012, 366) handelt oder der nachfolgende Auftrag mehr als 2 Kalenderjahre nach Beendigung des ersten Auftrags erteilt wurde (§ 15 Abs. 5 Satz 2 RVG). Siehe zur Anrechnung allgemein und insbesondere zur Anrechnung der Geschäftsgebühr auf die Verfahrensgebühr Rdn. 105 ff.

Decken sich die Angelegenheiten nicht vollständig, z. B. wenn die Beratung nicht nur den Unterhalt, sondern auch noch weitere Gegenstände betraf und nur wegen des Unterhalts ein Folgeauftrag erteilt wird, so ist die Beratungsgebühr nur anteilig anzurechnen. Im Allgemeinen wird bei Anrechnung einer Pauschgebühr eine **Aufteilung der Gebühr** nach dem Verhältnis der Gegenstandswerte der von der Anrechnung betroffenen Gegenstände zu den nicht von ihr betroffenen vorgenommen: Beratungsgebühr (netto ohne Auslagen)/Gesamtwert der Beratungsangelegenheit × Wert der fortgeführten Gegenstände (s. a. Beispiele bei *Enders* JurBüro 2006, 561).

Ist die Vergütung des früheren Auftrags noch nicht beglichen, kann der Anwalt wahlweise auch eine **Rückanrechnung** vornehmen (vgl. § 15a Abs. 1 RVG und dazu ausführlich Rdn. 109, *M. 8*). D. h., er rechnet den Anrechnungsbetrag auf seine noch offene Vergütungsforderung aus dem Beratungsauftrag an und stellt dafür die ungekürzte Geschäftsgebühr in Rechnung (s. a. *Enders* JurBüro 2009, 393; *Hansens* AnwBl. 2009, 535).

10. Einigungsgebühr. Führt die Tätigkeit des Anwalts zu einer Einigung, erwächst ihm zusätzlich die als Erfolgsgebühr ausgestaltete Einigungsgebühr nach Nr. 1000 ff. VV (s. dazu ausführlich Rdn. 98 ff.). Der Gebührensatz beträgt, wenn wie hier die Angelegenheit noch nicht vor Gericht gebracht ist, 1,5. Er verringert sich, sobald ein Verfahren anhängig ist (wobei ein VKH-Verfahren reicht), je nach Instanz auf 1,0 bzw. 1,3. Das gilt unabhängig davon, ob der Vergleich in einem Gerichtsverfahren oder außergerichtlich geschlossen wird. Der Wert des Vergleichs entspricht i. d. R. dem Wert der Sache, über die man sich einigt, und nicht, worauf man sich geeinigt hat (s. Rdn. 133). Wird z. B. ein Unterhaltsanspruch durch einen Kapitalbetrag abgefunden, ist nicht der Abfindungsbetrag, sondern der nach § 51 FamGKG zu berechnende Wert des Unterhaltsanspruchs für die Abrechnung der Einigungsgebühr zugrunde zu legen (h. M. OLG München, JurBüro 2001, 141; OLG Frankfurt am Main, FamRB 2002, 233; OLG Koblenz, AGS 2010, 148 m. w. N.; Zöller/*Feskorn*, Anhang FamFG-Verfahrenswerte »Abfindungsvergleich«; a. A. *Kindermann* Rn. 143).

11. **Kommunikationspauschale.** Anders als beim reinen Beratungsmandat fallen bei der Vertretung und Geschäftsbesorgung regelmäßig Auslagen für Post- und Telekommunikationsdienstleistungen an, die zusätzlich mit pauschal 20 % der Gebühren, höchstens aber mit 20,00 € abgerechnet werden können (s. Rdn. 39).

12. **Dokumentenpauschale.** S. dazu Rdn. 40.

13. **Reisekosten.** Auslagen für zur Erfüllung des Auftrags erforderliche Reisen sind ebenfalls zu erstatten, wenn das Reiseziel außerhalb der Gemeinde liegt, in der sich die Kanzlei oder der Wohnort des Anwalts befindet (»Geschäftsreise«, s. Vorb. 7 Abs. 2 VV). Das gilt auch für Fahrten zu dem FamG, in dessen Bezirk der Anwalt niedergelassen ist, und auch bei Verfahrenskostenhilfe (vgl. FA-FamR/*Keske*, Kap. 17 Rn. 257). Fahrten innerhalb derselben politischen) Gemeinde sind dagegen nicht erstattungsfähig. Bei den Reisekosten wird unterschieden zwischen Fahrtkosten, Tage- und Abwesenheitsgeldern und sonstigen Kosten. Bei Benutzung des eigenen Kfz werden die (anteiligen) Unterhaltungs-, Anschaffungs- und Betriebskosten u. a. pauschal mit 0,30 € für jeden gefahrenen Kilometer abgegolten (Nr. 7003 VV). Das ergibt bei hier angenommenen 100 km (2 × 50 km) 30,00 €. Tage- und Abwesenheitsgelder sind nach der Dauer der Abwesenheit gestaffelt (s. Nr. 7005 VV). Bei einer Abwesenheit von mehr als 4 bis zu 8 Stunden kann der Anwalt 40,00 € beanspruchen. Hinzu kommen Ausgaben für Parkgebühren als sonstige Kosten. Zu weiteren Einzelheiten s. Rdn. 42.

14. **USt.** USt, die vom Anwalt nach dem UStG abzuführen sind, sind nach Nr. 7008 VV vom Auftraggeber zu erstatten. S. dazu Rdn. 44.

15. **Vergütung.** Diese Position enthält den insgesamt in Rechnung gestellten Betrag. Er ist mit dem vom Auftraggeber noch zu zahlenden Betrag dann nicht identisch, wenn bereits ein Vorschuss geleistet wurde (s. u.).

16. **Vorschuss.** Die Vergütung wird nach § 8 Abs. 1 RVG bei außergerichtlicher Tätigkeit erst mit der Erledigung des Auftrags fällig. – Nur Aufwendungsersatz kann gem. § 271 BGB sofort beansprucht werden (s. Rdn. 45) – § 9 RVG eröffnet dem Anwalt daher die Möglichkeit, ab der Annahme des Auftrags einen Vorschuss i. H. d. voraussichtlich entstehenden Gebühren und Auslagen zu fordern. Der Vorschuss kann formlos geltend gemacht werden und bedarf auch keiner Aufschlüsselung der infrage kommenden Gebühren.

17. **Zahlbetrag.** Dies ist die nach Abzug des geleisteten Vorschusses tatsächlich noch geschuldete Vergütung.

18. **Unterschrift.** Die eigenhändige Unterschrift ist zwingend, sie kann nur durch elektronische Formen gem. §§ 126 Abs. 3, 126a BGB ersetzt werden (Gerold/Schmidt/*Mayer* § 10 Rn. 7). Mit ihr übernimmt der Anwalt die zivilrechtliche, berufsrechtlich und ggf. auch die strafrechtliche Verantwortung für den Inhalt der Berechnung (*Schneider* AnwBl. 2004, 510).

D. Kosten in gerichtlichen Verfahren

I. Übersicht

1. Systematik

56 Für das gerichtliche Verfahren sind die Vergütung des Anwalts und die bei Gericht entstehenden Gebühren einschließlich der von den Verfahrensbeteiligten i. d. R. zu ersetzenden Auslagen im RVG, im FamGKG und dem JVEG abschließend geregelt. Sie beinhalten auch spezielle Regelungen für die Abrechnung und Titulierung nicht nur der Ansprüche der Staatskasse auf Gebühren und Auslagenersatz, sondern auch für den Vergütungsanspruch des Anwalts und den aus der Kostenentscheidung resultierenden Erstattungsansprüchen der Verfahrensbeteiligten gegeneinander, die an die Stelle zivilrechtlicher Klageverfahren treten.

Das am 01.07.2004 in Kraft getretene KostRMoG hat die Struktur der Gebührenerhebung in den 57
für Familiensachen relevanten Kostengesetzen bereits weitgehend vereinheitlicht. Das FGG-RG
hat durch die Schaffung eines einheitlichen Gerichtskostengesetzes für Familiensachen den letzten
Schritt vollzogen. Das FamGKG gliedert sich wie das RVG in einen allgemeinen Gesetzesteil und
in ein ihm als Anlage beigefügtes umfangreiches Kosten- (KV FamGKG) bzw. Vergütungsverzeichnis (VV). Der Gesetzesteil regelt die allgemeinen Grundsätze der Gebührenentstehung und -erhe-
bung, sowie eine Reihe von Besonderheiten, z. B. im RVG für einzelne Tätigkeitsfelder, und insb.
im FamGKG ausführlich auch die Bewertung von Verfahrensgegenständen (s. dazu Rdn. 110 ff. und
den Wertekatalog Rdn. 117 ff.). Die gerichtlichen Gebühren und mehr noch die Anwaltsgebühren richten sich in Familiensachen i. d. R. nach dem Wert der Angelegenheit (**Wertgebühren**, § 3
FamGKG, § 2 Abs. 1 RVG) und der Art der Tätigkeit oder des Verfahrens. Für jeden Gegenstandswert bestimmen die Tabellen in Anlage 2 zum KV FamGKG und zum VV RVG eine bestimmte
Grundgebühr (nach einheitlichen Stufen; für den VKH-Anwalt gilt ab einem Verfahrenswert von
mehr als 4.000,00 € die besondere Tabelle in § 49 RVG s. Rdn. 284). Das Kosten- bzw. Vergütungsverzeichnis ordnet jedem Verfahrensabschnitt bzw. jeder anwaltlichen Tätigkeit im und für das Verfahren einen bestimmten Gebührensatz zu. Erst aus der Multiplikation der Grundgebühr mit dem
jeweiligen Gebührensatz ergibt sich die konkrete Wertgebühr. Die Grundgebühren wurden ebenso
wie die für einzelne Angelegenheiten im KV FamGKG oder VV bestimmten Festgebühren im Zuge
des 2. KostRMoG (BGBl. 2013 I, S. 2586) mit Wirkung zum 01.08.2013 angehoben (s. dazu und
zur Übergangsregelung ausführlich *Keske* FuR 2013, 482 zu den Anwalts- und FuR 2013, 546 zu
den Gerichtskosten). Die für die gerichtlichen Gebühren maßgeblichen Bewertungsvorschriften
(s. dazu Rdn. 110 ff.) gelten grds. auch für den Gebührenwert der anwaltlichen Tätigkeit (§ 23 Abs. 1
RVG). Nur für den Fall, dass im FamGKG Wertvorschriften fehlen, weil sich die Gerichtsgebühren nicht nach dem Gegenstandswert richten oder das Verfahren gebührenfrei ist, enthält das RVG
eigene Regelungen, z. B. für die Zwangsvollstreckung.

Die Kosten und die Vergütung in gerichtlichen Verfahren basieren auf dem System der **Pauschal-** 58
gebühr. Die Gerichtsgebühren werden pro Instanz nur einmal als Verfahrensgebühren erhoben, die
im Allgemeinen sämtliche Tätigkeiten des Gerichts von der Einleitung des Verfahrens bis zu seinem
Abschluss abgelten. Gesondert werden nur noch die im KV FamGKG einzeln aufgeführten Auslagen in Rechnung gestellt. Im Gegensatz dazu differenziert das RVG zwischen der Verfahrensgebühr,
die die Tätigkeit des Anwalts im oder für das Verfahren allgemein abdeckt, und der Terminsgebühr,
die erst mit der Wahrnehmung eines Termins entsteht und deshalb auch ggf. aus unterschiedlichen
Gegenstandswerten zu berechnen ist. Darüber hinaus wird in gerichtlichen wie in außergerichtlichen Angelegenheiten die erfolgreiche Mitwirkung an einer gütlichen Beilegung eines Rechtsstreits
durch den Anfall einer Einigungsgebühr honoriert. Auslagenersatz kann auch der Anwalt zusätzlich
beanspruchen. Auch die Anwaltsgebühren sind insoweit Pauschalgebühren als sie grds., wie auch
die Gerichtsgebühren, vom tatsächlichen Aufwand unabhängig sind und sie in einem Rechtszug
nur einmal gefordert werden können (s. § 15 Abs. 2 Satz 1 RVG), auch wenn sie mehrfach anfallen.
Nur wenn das Verfahren vorzeitig endet, kann sich sowohl die gerichtliche als auch die anwaltliche
Verfahrensgebühr unter bestimmten Voraussetzungen ermäßigen.

Zu beachten ist, dass entgegen dem Prinzip der Pauschgebühr, wonach der Anwalt in derselben 59
Angelegenheit die Gebühr nur einmal erhält (*Hartmann* § 15 RVG Rn. 5) und Gerichtskosten nur
einmal erhoben werden, nicht nur eine Trennung zwischen den verschiedenen Rechtszügen (verti-
kale Abgrenzung) erfolgt, sondern auch in horizontaler Hinsicht nicht sämtliche mit der Erledigung
der Angelegenheit in einem Rechtszug zusammenhängende Tätigkeiten mit der Verfahrensgebühr
abgegolten werden. Während das FamGKG dies im KV dadurch verdeutlicht, dass für bestimmte
Tätigkeiten oder Verfahren gesonderte Gebühren vorgesehen sind, und der Abgeltungsbereich der
jeweiligen Gebühren in Anmerkungen festgelegt wird, enthält das RVG darüber hinaus in den
§§ 16 ff. detaillierte **Abgrenzungen**: § 17 RVG legt fest, welche Angelegenheiten bzw. Verfahren
verschieden und damit immer getrennt voneinander abzurechnen sind. § 16 RVG listet dem ggü.
(allerdings nicht abschließend, *Hartmann* § 16 RVG Rn. 1) Verfahren auf, die gebührenrechtlich als
dieselbe Angelegenheit zu behandeln sind, und in § 18 RVG (»besondere Angelegenheiten«) gleich

die Ausnahmen dazu, nämlich die Verfahren oder Tätigkeiten, die wegen ihres Mehraufwands trotzdem getrennt vergütet werden sollen. Schließlich regelt § 19 RVG welche mit dem Rechtszug zusammenhängende Vorbereitungs-, Neben- oder Abwicklungstätigkeiten oder -verfahren, soweit sie nicht »besondere« Angelegenheiten sind, mit den Gebühren für diese abgegolten werden (namentlich auch außergerichtliche Verhandlungen bei Verfahrensauftrag s. § 19 Abs. 1 Nr. 2 RVG und Gerold/Schmidt/*Müller-Rabe* § 19 Rn. 26 ff., zur Unterscheidung s. Rdn. 29 f.). Ergänzt werden diese Bestimmungen zum einen durch Regeln über die gebührenrechtliche Behandlung für die Verweisung, Abgabe und Zurückverweisung von Verfahren in §§ 20 und 21 RVG und für die Gerichtskosten in § 6 FamGKG.

60   Soweit Tätigkeiten, die mit der Angelegenheit i. w. S. zusammenhängen, gesondert abgerechnet werden, tragen verschiedenen **Anrechnungsbestimmungen** in beiden Gesetzen der aus der Vorbefassung resultierenden Arbeitsersparnis Rechnung. So werden nach dem RVG u. a. angerechnet: auf die Verfahrensgebühr die in derselben Angelegenheit außergerichtlich entstandene Beratungsgebühr und (teilweise) eine Geschäftsgebühr; die im Mahn-, und vereinfachten Unterhaltsverfahren entstandenen Gebühren auf die des nachfolgenden Streitverfahrens, die Verfahrensgebühr für das Verfahrenskostenhilfeverfahren auf die des nachfolgenden Hauptsacheverfahrens sowie auf die Verfahrensgebühr in einer Umgangssache die des vorausgegangenen Vermittlungsverfahrens.

2. Anwaltsgebühren

a) Allgemeines

61   Die Gebühren, die der Anwalt für seine Tätigkeit in zivilrechtlichen Verfahren erhält, richten sich, unabhängig von der Verfahrensordnung der sie unterliegen, einheitlich nach Teil 3 des VV (ausgenommen Unterbringungssachen, s. Rdn. 66), das in seinem Abschnitt 1 die Gebühren der 1. Instanz regelt und in Abschnitt 2 die Gebühren in den Rechtsmittelinstanzen. Voraussetzung ist, dass dem Anwalt ein unbedingter Verfahrensauftrag erteilt ist. Das hat der Gesetzgeber durch die Neufassung der Vorb. 3 Abs.1 Satz 1 VV im 2. KostRMoG nunmehr klargestellt und damit den Grundsatz bestätigt, dass wegen desselben Gegenstands Gebühren nach Teil 2 und Teil 3 nicht nebeneinander, sondern (z. B. bei einem bedingten Verfahrensauftrag) nur nacheinander entstehen können (Gerold/Schmidt/*Müller-Rabe* VV Vorb. 3 Rn. 2, 14).

Für die Tätigkeit im Verfahren als solches entsteht als sog. Betriebsgebühr regelmäßig eine **Verfahrensgebühr**. Bei vorzeitiger Beendigung des Auftrags ermäßigt sich die Verfahrensgebühr je nachdem, in welchem Stadium sich das Verfahren befindet und in welchem Umfang der Anwalt z. B. durch schriftlichen oder mündlichen Vortrag in diesem tätig war. D. h., praktisch erwächst sie nach Auftragserteilung mit der Entgegennahme der Information erst einmal in ermäßigter Form und erst durch die Ausführung des Auftrags ggü. dem Gericht in voller Höhe (OLG Hamm, JurBüro 2003, 22).

Für die Wahrnehmung eines gerichtlichen Termins mit Ausnahme reiner Verkündungstermine erhält er die **Terminsgebühr** unabhängig davon, ob es sich um eine Verhandlung, Erörterung, Anhörung oder Beweisaufnahme handelt (s. Vorb. 3 Abs. 3 VV in der durch das 2. KostRMoG geänderten Fassung). Sie kann sich nur bei Säumnis eines Beteiligten bzw. des Rechtsmittelführers in der Rechtsmittelinstanz ermäßigen. Die Terminsgebühr entsteht auch für die Wahrnehmung eines vom Gericht bestellten Sachverständigen anberaumten Termins. Sie erwächst grds. für jeden wahrgenommenen Termin, kann aber in einem Rechtszug nur einmal, dann aus dem höchsten Gegenstandswert, verlangt werden (§ 15 Abs. 2 RVG, Gerold/Schmidt/*Mayer* § 15 Rn. 2). Sie fällt **auch ohne Termin** an, wenn das Gericht mit Zustimmung der Beteiligten von einer an sich vorgeschriebenen mündlichen Verhandlung absieht (s. Rdn. 86, *M. 3*) oder die Parteien eine Verhandlung erzwingen könnten. Da das FamFG für selbstständige FG-Familiensachen keine Verhandlungs-, sondern nur Erörterungstermine kennt, bleibt nach wie vor umstritten, ob der Anwalt auch in diesen Verfahren unter den vorgenannten Voraussetzungen eine Terminsgebühr ohne Termin verdienen kann (bisher zumindest in den Fällen des § 155 Abs. 2 FamFG bejaht z. B. von OLG Stuttgart, FamRZ 2011, 591; OLG Rostock, FamRZ 2012, 1581; a. A. OLG Celle, FamRZ 2012, 245; OLG München, FamRZ 2012, 1582). Dagegen ist der Anfall einer Terminsgebühr für **außergerichtliche Einigungsgespräche** auch in FG-Sachen seit der Novellierung des Abs. 3 der Vorb. 3 zum VV (s. o.) nicht mehr zweifelhaft. Denn ihre Entstehung setzt nicht voraus, dass die für den Gegenstand der Einigungsbemühungen maßgeblichen Verfahrensordnungen eine Verhandlung vorsehen (BT-Drucks. 17/11471 S. 275; *Keske* FuR 2013, 482, 485).

Durch erfolgreiche Mitwirkung an einer Einigung kann eine **Einigungsgebühr** (Vergleichsgebühr) oder in der Ehesache die Aussöhnungsgebühr hinzukommen, beide geregelt in Teil 1 des VV RVG. Ist über den Gegenstand der Einigung bereits ein gerichtliches Verfahren (auch über Verfahrenskostenhilfe) anhängig, fällt im Gegensatz zur Einigung über nicht gerichtlich anhängige Gegenstände (Einigungsgebühr nach Nr. 1000: 1,5 VV) eine geringere Gebühr an, die sich noch danach unterscheidet, in welcher Instanz der betreffende Gegenstand anhängig ist, (s. u. Rdn. 62 und zu den Gebühren bei Einigung und Einigungsbemühungen im Einzelnen Rdn. 97 ff).

Übersicht über die Anwaltsgebühren in Hauptsache- und einstweiligen Anordnungsverfahren: 62

	1. Instanz Nr. 3100 ff. VV	2. Instanz Nr. 3200 ff. VV	3. Instanz (BGH)* Nr. 3208 ff. VV
Verfahrensgebühr	1,3	1,6	2,3
ermäßigt	*0,8*	*1,1*	*1,8*
Terminsgebühr	1,2	1,2	1,5
ermäßigt	*0,5*	*0,5*	*0,8*
Einigungsgebühr (Nr. 1003 ff.)			
bei Anhängigkeit in	1,0	1,3	1,3

*Die Gebühren beziehen sich auf Verfahren, in denen sich die Parteien durch einen den beim BGH zugelassenen Rechtsanwalt vertreten lassen müssen.

Die oben aufgeführten Gebühren gelten in praktisch sämtlichen Familiensachen, einschließlich des Vermittlungsverfahrens nach § 165 FamFG, im selbstständigen Beweis- und im vereinfachten Unterhaltsverfahren sowie in den jetzt selbstständigen einstweiligen Anordnungs- und dem Arrestverfahren (s. u. Rdn. 65). Sie gelten **nicht** in Vollstreckungsverfahren (s. Nr. 3309 VV), für die Vollziehung des Arrests, für die einstweilige Einstellung der Zwangsvollstreckung (s. Nr. 3328 VV), im Mahnverfahren (s. Nr. 3305 ff. VV), in Unterbringungsverfahren (s. Rdn. 66) und nur hinsichtlich der Terminsgebühr in Verfahren über die Verfahrenskostenhilfe (s. Rdn. 67).   63

In den **Rechtsmittelzügen** betreffen die in der Übersicht (Rdn. 62) aufgeführten Gebühren nach Vorb. 3.2.1 Nr. 1 b) und 3.2.2 Nr. 1 a) VV in der durch das 2. KostRMoG novellierten Fassung sämtliche Beschwerden und Rechtsbeschwerden **gegen »Endentscheidungen wegen des Hauptgegenstands«** in sämtlichen Familiensachen und nun auch in allen übrigen Angelegenheiten der freiwilligen Gerichtsbarkeit. Damit fallen darunter auch einstweilige Anordnungsverfahren (s. Rdn. 65), deren »Hauptgegenstand« die Eilregelung ist (Gerold/Schmidt/*Müller-Rabe* Vorb. 3.2.1 VV Rn. 29); dasselbe gilt in Familienstreitsachen auch für Arrestverfahren. Nicht den Hauptgegenstand betreffen dagegen Beschwerden gegen verfahrensleitende Beschlüsse, Verfügungen und Beschlüsse in Zwischen- und Nebenverfahren, für die Gebühren nach Nr. 3500 ff. VV anfallen (s. Rdn. 64). Die Gebühren nach Nr. 3208 ff. VV gelten gem. Vorb. 3.2 Abs. 1 VV auch für das Verfahren auf Zulassung der Sprungrechtsbeschwerde. Die Erwirkung der Einwilligung des Rechtsmittelgegners in die Sprungrechtsbeschwerde löst neben der Gebühr für das Zulassungsverfahren keine weitere aus (§ 19 Nr. 9 RVG).

Zu beachten ist, dass sich die Beteiligten in sämtlichen **Rechtsbeschwerdeverfahren** – auch in den Nebenverfahren – nur durch einen beim **BGH zugelassenen Anwalt** vertreten lassen können (vgl. BGH, FamRZ 2010, 1425 und zum Behördenprivileg FamRZ 2010, 1544). Einem nicht vor dem BGH zugelassenen Anwalt kann deshalb wirksam auch kein Verfahrensauftrag erteilt werden. Er kann nur mit Einzeltätigkeiten betraut werden und nur solche abrechnen (BGH, NJW 2007, 1461 = FamRZ 2007, 637 [LS]). Nur wenn ausnahmsweise die Vertretung durch einen RA beim BGH nicht erforderlich ist, fallen nach Nr. 3206, 3207 VV Gebühren in gleicher Höhe wie in der 2. Instanz an.

b) Besondere Rechtsmittelgebühren

64 Wenn sich das Rechtsmittel nicht gegen Endentscheidungen wegen des Hauptgegenstands richtet, gelten nicht die Gebührensätze nach Teil 3 Abschnitt 2 des VV (s. o. Rdn. 62, 63), sondern die i. d. R. deutlich geringeren Sätze nach Abschnitt 5. Nicht den Hauptgegenstand betreffen Beschwerden gegen verfahrensleitende Beschlüsse und Verfügungen und Beschlüsse in Zwischen- und Neben- bzw. Anhangverfahren. Dazu zählen vor allem Beschwerden in VKH-Verfahren, Vollstreckungs- und Kostensachen, einschl. der Festsetzung einer Vergütung, und nach h. M. auch (isolierte) Beschwerden gegen die Kostenentscheidung (Gerold/Schmidt/*Müller-Rabe* Vorb. 3.2.1 VV Rn. 28 m. w. N.). In diesen Fällen erhält der Anwalt für die Mitwirkung im Beschwerdeverfahren eine Verfahrensgebühr i. H. v. 0,5 (Nr. 3500 VV) und ggf. eine Terminsgebühr i. H. v. ebenfalls 0,5 (VV 3513). Für die Rechtsbeschwerde beträgt die Verfahrensgebühr 1,0 (VV 3502), die sich bei vorzeitiger Beendigung des Verfahrens auf 0,5 ermäßigt (VV 3502).

c) Einstweilige Anordnungsverfahren

65 Jedes einstweilige Anordnungsverfahren ist eine von der Hauptsache verschiedene Angelegenheit. Wie für ein ordentliches Verfahren erwachsen für das jetzt selbstständige einstweilige Anordnungsverfahren dieselben **Gebühren wie im Hauptsacheverfahren** (*Schlünder*, FamRZ 2009, 2056). Das gilt auch für Rechtsmittelverfahren (s. o. Rdn. 63). Erlässt das mit der Hauptsache befasste Beschwerdegericht gem. § 50 Abs. 1 FamFG erstmals eine einstweilige Anordnung gelten nach Vorb. 3.2 Abs. 2 VV die Gebühren für die 1. Instanz. Bei von Amts wegen eingeleiteten Verfahren entsteht die volle Verfahrensgebühr erst, wenn der Anwalt zur Sache vorträgt oder einen Termin wahrnimmt. Der Antrag auf mündliche Verhandlung (§ 54 Abs. 2 FamFG) ist, wie auch die Fristsetzung nach § 52 Abs. 2 FamFG, Bestandteil des Anordnungsverfahrens und löst keine neue Verfahrensgebühr aus. Gemäß § 16 Nr. 5 RVG ist auch jedes **Abänderungs-** oder **Aufhebungsverfahren** (§ 54 Abs. 1 FamFG) dieselbe Angelegenheit wie das zugrunde liegende Anordnungsverfahren. Die Gebühren fallen gem. § 15 Abs. 2 Satz 1 RVG nur einmal an (*Müller-Rabe* NJW 2010, 2009, 2011; *Schneider* AnwBl. 2009, 628: s. a. KG, NJW-RR 2009, 1438 zur einstweiligen Verfügung). Es erhöht sich auch der Gegenstandswert nicht. Anders ist es nur, wenn der Gegenstand der einstweiligen Anordnung gleichzeitig erweitert wird. Dann ist die Gebühr (insgesamt) aus dem erweiterten Gegenstandswert zu berechnen. Die **Verlängerung** einer befristeten Anordnung ist eine neue Angelegenheit und keine Abänderung i. S. v. § 16 Nr. 5 RVG (OLG Zweibrücken, FamRZ 2013, 324 m. w. N.; s. a. für Hauptsacheverfahren OLG Frankfurt am Main, FamRZ 2007, 849). Für die **Vollziehung** der einstweiligen Anordnung fallen wie beim Arrest und der einstweiligen Verfügung gesonderte Gebühren nach Nr. 3309 VV an. Die einstweilige Einstellung oder Beschränkung der Vollstreckung oder die Anordnung, dass Vollstreckungsmaßnahmen aufzuheben sind, gehören zu den Tätigkeiten, die mit den Gebühren für die Anordnung oder ihrer Vollziehung abgegolten sind, sofern nicht über sie gesondert mündlich verhandelt wird (§ 19 Abs. 1 Nr. 12 RVG) und der Anwalt schon mit der Vollziehung befasst war.

d) Freiheitsentziehungs- und Unterbringungssachen

Die Anwaltsgebühren in (gerichtsgebührenfreien) Verfahren, die Freiheitsentziehungs- und Unter-   66
bringungssachen betreffen, sind gesondert in Teil 6 Abschnitt 3 des VV geregelt und betreffen auch
Verfahren über die Genehmigung der Unterbringung eines minderjährigen Kindes § 151 Nr. 6 und
7 FamFG. Sie dürften auch auf die jetzt als selbstständige Verfahren ausgestalteten einstweiligen
Anordnungsverfahren (§§ 331 bis 334, 427 FamFG) anzuwenden sein. Der von einem Beteiligten
zum Verfahrensbevollmächtigten (nicht als Verfahrenspfleger oder -beistand s dazu § 41 RVG) beauftragte Anwalt erhält keine Wert-, sondern **Betragsrahmengebühren** nach Nr. 6300 ff. VV (BGH,
FamRZ 2012, 1377). Ähnlich wie in Strafverfahren gilt die Verfahrensgebühr auch die Einlegung
eines Rechtsmittels ab (§ 19 Nr. 10 RVG). Vertritt der Anwalt mehrere Beteiligte, z. B. beide Eltern,
erhöht sich die Verfahrensgebühr um den Mehrvertretungszuschlag, und zwar erhöht sich die Min-
dest- und die Höchstgebühr um jeweils 30 % pro weiterer Auftraggeber, max. um das Doppelte § 7
RVG i. V. m. Nr. 1008 VV). Zu beachten ist, dass die Anordnung oder Genehmigung einer freiheitsentziehenden Unterbringung und die Genehmigung oder Anordnung zusätzlicher freiheitsentziehender Maßnahmen unterschiedliche Gegenstände sind, die jeweils eine Gebühr nach Nr. 6300 ff.
VV auslösen (BGH, FamRZ 2012, 1866).

e) Verfahrenskostenhilfeverfahren

In (gerichtsgebührenfreien) Verfahren über die Verfahrenskostenhilfe entsteht eine Verfahrensge-   67
bühr nach dem Wert der Hauptsache i. H. d. Gebühr, die für eine Vertretung in dem Verfahren anfällt, für das Kostenhilfe beantragt wird, begrenzt auf den einfachen Gebührensatz (Nr. 3335 ff. VV).
Sie kann sich bei vorzeitiger Beendigung des Auftrags auf 0,5 ermäßigen. Im Fall eines Erörterungs-
termins entsteht gem. Vorb. 3.3.6 VV die normale Terminsgebühr nach VV 3104 (wie auch schon
nach bisherigem Recht s. *Hartmann* RVG VV 3335 Rn. 15). Die Rechtsmittelgebühren richten sich
nach Nr. 3500 ff. VV (s. Rdn. 64). Wird Verfahrenskostenhilfe bewilligt, sind beide Gebühren mit
den Gebühren für das Hauptsacheverfahren zu verrechnen, da beide eine Angelegenheit bilden (§ 16
Nr. 2 RVG s. im Einzelnen Rdn. 191).

f) Mehrvertretungszuschlag

Bei der Vertretung mehrerer Personen kann nach § 7 RVG i. V. m. Nr. 1008 VV ein Mehrvertre-   68
tungszuschlag auf die Verfahrens- oder Geschäftsgebühr erhoben werden: Für jede weitere Person beträgt der Zuschlag 0,3 (max. 2,0) Gebührenzähler bei Wertgebühren und bei Festgebühren 30% (bis
max. 100%); zur Erhöhung bei Betragsrahmengebühren s. o. Rdn. 66. Bei **Wertgebühren** kommt er
nur in Betracht, wenn der Gegenstand der anwaltlichen Tätigkeit derselbe ist (Nr. 1008 Anm. Abs. 1
VV). In Familiensachen fällt er beispielsweise an, wenn ein Ehegattenunterhaltsanspruch gegen
mehrere Erben (§ 1586b BGB) geltend gemacht wird oder wenn Mutter und Kind gleichzeitig in
einer Abstammungs- oder Ehewohnungssache vertreten werden. Verschiedene Gegenstände liegen
dagegen vor, wenn Mutter und Kind wegen ihrer Unterhaltsansprüche vertreten werden (BGH,
FamRZ 1991, 51). In diesem Fall handelt es sich um jeweils eigene, sich nicht überschneidende
Unterhaltsansprüche, deren Gegenstandswerte wie bei jeder subjektiven Antragshäufung zusammenzurechnen sind. Das Gleiche gilt, wenn Unterhalt für mehrere Kinder in Verfahrensstandschaft
(§ 1629 Abs. 3 ZPO) geltend gemacht wird. (Gerold/Schmidt/*Müller-Rabe* VV 1008 Rn. 210). D. h.
ein Mehrvertretungszuschlag fällt immer dann an, wenn und soweit der Gegenstand identisch ist
und die Gebührenwerte nicht zusammenzurechnen sind. Das ist unabhängig von der Art der Gebühr bei einem Parteiwechsel immer gegeben (BGH, NJW 2007, 769; OLG Stuttgart, FamRZ
2010, 831; Gerold/Schmidt/*Müller-Rabe* VV 1008 Rn. 104).

3. Gerichtsgebühren

a) Hauptsacheverfahren

69   Anders als bei den Anwaltsgebühren unterscheidet das FamGKG bei den gerichtlichen Gebühren
weiterhin nach Verfahrensgegenständen in ähnlicher Weise wie nach dem bis 01.09.2009 geltenden
Recht. Es werden unterschiedliche Gebühren für Ehe- und Scheidungsverbundverfahren, für sonstige Familienstreitsachen, für Kindschaftssachen und für die übrigen FG-Sachen erhoben. Es fällt
auch in den FG-Verfahren i. d. R. in allen Instanzen eine einzige **pauschale Verfahrensgebühr** an.
Dabei werden Kindschaftsverfahren ggü. den sonstigen FG-Sachen durch geringere Gebührensätze
ebenso privilegiert wie die Ehe- und Folgesachen ggü. den selbstständigen Familienstreitsachen.

70   Ausdrücklich **gebührenfrei** sind nach Vorb. 1.3.1 Abs. 1 KV FamGKG Kindschaftsverfahren, die
die Pflegschaft für ein ungeborenes Kind, die freiheitsentziehende Unterbringung eines Minderjährigen oder Aufgaben des FamG nach §§ 53, 67 Abs. 4 JGG betreffen. Für **Adoptionen** werden
Gebühren nur erhoben, soweit sie Volljährige betreffen. Die Annahme Minderjähriger bleibt wie
bisher gebührenfrei. Verfahren auf Ersetzung der Einwilligung zur Annahme sind mit den Gebühren für das Adoptionsverfahren abgegolten. Gesonderte Gebühren fallen nur an, wenn es zu keinem
Adoptionsverfahren kommt.

71   **Minderjährige** sind in Kindschaftssachen persönlich von Gebühren und Auslagen befreit, wenn
ihr Vermögen nach Abzug der Verbindlichkeiten ohne Berücksichtigung eines kleinen Hausgrundstücks (§ 90 Abs. 2 SGB XII) den Betrag von 25.000,00 € übersteigt (Vorb. 1.3.1 Abs. 2 und 2 Abs. 3
KV FamGKG). Soweit das Verfahren ihre Person betrifft – dazu gehören neben Kindschaftssachen
z. B. weiterhin auch Abstammungsverfahren (Schulte-Bunert/Weinreiche/*Keske* §§ 21-27 FamGKG
Rn. 8) –, können Minderjährige (außer bei Vormundschaft- und Dauerpflegschaften oder für die
Auslagen des Verfahrenspflegers) von der Staatskasse weder als Antrags- noch als Interesseschuldner
in Anspruch genommen werden. In Kindschaftssachen, die ihre Person betreffen, darf ihnen das
Gericht auch keine Kosten auferlegen (s. § 81 Abs. 3 FamFG in der seit 01.01.2013 geltenden Fassung, s. *Büte* FuR 2013, 81).

72   Die pauschale Verfahrensgebühr deckt die Tätigkeit des Gerichts bis zur Beendigung der Instanz ab
einschließlich des Absetzens der Endentscheidung. Endet das Verfahren vor einer gerichtlichen Entscheidung zur Hauptsache oder muss diese nicht begründet werden, führt dies i. d. R. zu einer Entlastung des Gerichts, die durch eine **Ermäßigung** der Verfahrensgebühr honoriert wird. Davon rückt
der Gesetzgeber nur in den Fällen ab, in denen die jeweilige Verfahrengebühr bereits besonders privilegiert (niedrig) ist, wie in Kindschaftssachen und im vereinfachten Unterhaltsverfahren, in denen
die geringe Verfahrensgebühr in erster Instanz keiner weiteren Ermäßigung zugänglich ist. Die Ermäßigungstatbestände unterscheiden sich besonders in der ersten Instanz zwischen den Verfahren,
die sich nur nach dem FamFG richten und den Ehe- und Familienstreitsachen (siehe dazu ausführlich *Keske* FPR 2012, 241). Während für letztere die Ermäßigungstatbestände weitgehend aus dem
GKG übernommen wurden (s. Muster Rdn. 86, *M. 7* und 89, *M. 7*), wird in den selbstständigen
FG-Familiensachen die Ermäßigung regelmäßig schon gewährt, wenn die Endentscheidung wegen
eines Rechtsmittelverzichts oder weil sie gleichgerichteten Interessen der Beteiligten entspricht, keiner Begründung bedarf (§ 38 Abs. 4 FamFG), oder wenn das Verfahren ohne Entscheidung in der
Hauptsache (und ohne streitige Kostenentscheidung) endet. In den Rechtsmittelinstanzen gewährt
auch das FamGKG wie das GKG in sämtlichen Verfahren, mit Ausnahme der Kindschafts- und
der vereinfachten Unterhaltsverfahren, eine besondere Ermäßigung, wenn das gesamte Verfahren
vor Eingang der Rechtsmittelbegründung ohne Endentscheidung endet, und zwar i. d. R. nur im
Fall der Rücknahme des Rechtsmittels oder des verfahrensnotwendigen Antrags (s. u. Rdn. 73 und
zur allgemeinen Ermäßigung bei der Beschwerde Rdn. 87, *M. 7*). Voraussetzung ist immer, dass
sich der gesamte Verfahrensgegenstand ausschließlich auf die eine oder andere gebührenrechtlich
privilegierte Weise erledigt (**Grundsatz der Gesamterledigung**). Sobald auch nur über einen Teil
der Angelegenheit in nicht privilegierter Weise entschieden wurde, z. B. durch Teilbeschluss, findet

keine Ermäßigung statt (KG, JurBüro 2006, 205; OLG Karlsruhe, FamRZ 2004, 1663). Eine Ausnahme besteht nur für das Scheidungsverbundverfahren. Hier kann sich grds. in allen Instanzen die Gebühr für einzelne Folgesachen, nicht aber für die Scheidungssache auch isoliert ermäßigen. (s. Muster Rdn. 93, *M. 8*).

Übersicht zu Verfahrensgebühren in gewöhnlichen Hauptsacheverfahren: 73

Verfahren in:		Ehe- und Folgesachen	Isolierte Familienstreit-sachen[1]	Kind-schaftssa-chen	Sonstige FG-Sachen
Gebühr	KV FamGKG Nr.:	1110 ff	1220 ff	1310 ff	1320 ff
Erster Rechtszug					
	Verfahren im Allgemeinen	2,0	3,0	0,5[2]	2,0
	ermäßigt	0,5	1,0	keine Ermäßigung	0,5
Beschwerde gegen die Endentscheidung wegen des Hauptgegenstands					
	Verfahren im Allgemeinen	3,0	4,0	1,0	3,0
Ermäßigung bei					
–	Rücknahme[3] vor Begründung	0,5	1,0	0,5	0,5
–	Erledigung vor Entscheidung	1,0	2,0	0,5	1,0
Rechtsbeschwerde gegen die Endentscheidung wegen des Hauptgegenstands					
	Verfahren im Allgemeinen	4,0	5,0	1,5	4,0
Ermäßigung bei					
–	Rücknahme[3] vor Begründung	1,0	1,0	0,5	1,0
–	Erledigung vor Entscheidung	2,0	3,0	1,0	2,0
Zulassung der Sprungrechtsbeschwerde					
–	bei Ablehnung des Antrags	1,0	1,5	0,5	1,0
–	bei Erledigung vor Entscheidung	gebührenfrei	1,0	gebührenfrei	gebührenfrei

[1] Im vereinfachten Verfahren nach § 249 FamFG gelten nach Nr. 1210 ff. KV FamGKG die gleichen Gebührensätze wie in Kindschaftssachen, wobei in 1. Instanz die Gebühr als Entscheidungsgebühr erhoben wird.

[2] Nur wenn keine Jahresgebühr anfällt, s. Rdn. 76.

[3] In Ehe- und Familienstreitsachen auch bei Erledigung ohne streitige Kostenentscheidung.

Die in der Tabelle aufgeführten Gebühren bzw. **Multiplikatoren für die Wertgebühr** (s. o. Rdn. 57) gelten nur für erstinstanzliche Hauptsacheverfahren und nicht für Neben- und Folgeverfahren. Diese sind, soweit das KV keine gesonderten Gebühren ausweist, mit der Gebühr für die Hauptsache abgegolten.

Die Gebührensätze für die **Rechtsmittel** gelten nur für Beschwerden und Rechtsbeschwerden **gegen Endentscheidungen, die den Hauptgegenstand betreffen**, das wurde mit dem 2. KostRMoG durch entsprechende Änderung der Überschriften im KV ausdrücklich klargestellt (*Keske* FuR 2013, 546). Für die Rechtsmittel über Neben- und Zwischenentscheidungen sowie diejenigen, die sich nur gegen eine Kostenentscheidung richten, enthält Hauptabschnitt 9 des KV FamGKG (Nr. 1910 ff., s. Rdn. 74) gesonderte Regelungen. Für das Verfahren auf **Zulassung der Sprungrechtsbeschwerde** (§ 75 FamFG) fällt die Gebühr außer in Familienstreitsachen nur an, wenn und soweit der Antrag abgelehnt wird. Bei teilweiser Ablehnung wird sie nur aus dem nicht zugelassenen Teilwert berechnet. In den selbstständigen Familienstreitsachen fällt eine Gebühr in ermäßigter Form auch bei einer anderweitigen Erledigung an. Soweit die Rechtsbeschwerde zugelassen wird, ist das Zulassungsverfahren gebührenfrei.

b) Rechtsmittel, die nicht den Hauptgegenstand betreffen

74 In Beschwerdeverfahren gegen Beschlüsse nach §§ 71 Abs. 1, 91a Abs. 1, 99 Abs. 2, 269 Abs. 4 und 494a Abs. 2 ZPO i. V. m. § 113 Abs. 1 Satz 2 FamFG in Ehesachen und Familienstreitsachen (**sofortige Beschwerde** nach §§ 572 ff.), fällt eine **Festgebühr** i. H. v. 90,00 € an, die sich bei einer Erledigung des Verfahrens ohne bzw. vor einer Endentscheidung auf 60,00 € ermäßigt. Wird die Entscheidung nicht verkündet, reicht der Eingang der Rücknahme vor Ablauf des Tages, an dem die Entscheidung der Geschäftsstelle übermittelt wird. Eine Kostenentscheidung steht der Ermäßigung nicht entgegen, wenn sie einer zuvor mitgeteilten Einigung über die Kostentragung oder einer Kostenübernahmeerklärung folgt (Anm. 1 und 2 zu Nr. 1910 KV FamGKG). In Verfahren über Rechtsbeschwerden in den vorgenannten Verfahren, ist eine Festgebühr i. H. v. 180,00 € vorgesehen, die sich mit der Rücknahme des Rechtsmittels vor seiner Begründung auf 60,00 € und ansonsten bei Rücknahme vor Ablauf des Tages, an dem die Endentscheidung der Geschäftsstelle übermittelt wird, auf 90,00 € ermäßigt (Nr. 1920 ff. KV FamGKG).

Für **sonstige Beschwerdeverfahren**, die nicht den Hauptgegenstand betreffen (z. B. gegen Beschlüsse über die Verfahrenskostenhilfe oder gegen eine andere als die oben genannten Kostenentscheidungen) und für die sonst keine Gebühren bestimmt oder die nicht ausdrücklich gebührenfrei sind, werden Gebühren nur erhoben, wenn die Beschwerden erfolglos sind. In diesem Fall fällt eine Gebühr von 60,00 € an und für die Rechtsbeschwerde 120,00 € (Nr. 1912 und 1923 KV FamGKG). Bei nur teilweiser Verwerfung oder Zurückweisung kann das Gericht die Gebühr nach billigem Ermessen bis auf die Hälfte ermäßigen oder ganz von einer Gebühr absehen. Die Gebühr für die Rechtsbeschwerde ermäßigt sich auch durch Rücknahme (auf 60,00 €, Nr. 1924 KV FamGKG).

c) Selbstständiges Beweisverfahren

75 Seit dem 28.12.2010 kann auch im FamGKG eine Gebühr für das in Familienstreitsachen nach § 113 Abs. 1 FamFG i. V. m. §§ 485 ff. ZPO zulässige **selbstständige Beweisverfahren** erhoben werden (s. Keske FPR 2012, 241, 247). Gemäß Nr. Nr. 1503 KV FamGKG wird eine Verfahrengebühr als Wertgebühr mit einem Gebührensatz von 1,0 erhoben. Eine Ermäßigung ist nicht vorgesehen. Die Gebühr wird zwar mit Einreichung des Antrags fällig, ihre Vorauszahlung kann, wie im GKG auch, nicht verlangt werden (s. u. Rdn. 82). Für die Auslagen für Sachverständige, Zeugen u. a. hat jeweils derjenige Beteiligte einen Vorschuss zu leisten, den das Gericht nach § 113 FamFG i. V. m. §§ 492 Abs. 1, 379, 402 ZPO bestimmt. Die Gebühr fällt neben der Gebühr für das Hauptsacheverfahren an; anders als das VV zum RVG sieht das FamGKG ebenso wie das GKG keine Anrechnung auf die Verfahrensgebühr des parallelen oder nachfolgenden Hauptsacheverfahrens vor.

Solange keine Kostenentscheidung oder ein Vergleich die Kosten anderweitig verteilt, schuldet die Gebühren und Auslagen nach § 21 FamGKG allein der jeweilige Antragsteller bzw. die für einen Gegenantrag der Antragsgegner. Im selbstständigen Beweisverfahren selbst wird über die Kosten nur im Fall der Zurückweisung des Antrags, seiner Rücknahme oder wenn der Antragsteller nicht fristgerecht Antrag in der Hauptsache erhebt (§ 495a Abs. 2 ZPO) entschieden (BGH, NJW-RR 2005, 1015; Zöller/*Herget* § 91 Rn. 13 m. w. N.). Bei jeder anderweitigen Erledigung endet das Beweisverfahren grds. ohne Kostenentscheidung (BGH, NJW 2007, 3721). Die im selbstständigen Beweisverfahren entstandenen und von den Beteiligten vorausgezahlten Gerichtskosten (einschließlich der Kosten eines Sachverständigen) zählen dann zu den gerichtlichen Kosten des nachfolgenden Hauptsacheverfahrens. Kommt es zu keinem Hauptsacheverfahren, können die Kosten auch nicht nach §§ 103 ff. ZPO festgesetzt werden.

Die Gebühren für ein **Beschwerdeverfahren** richten sich in allen Fällen nach Nr. 1910 ff. KV FamGKG (s. Rdn. 74).

d) Vormundschaften und Pflegschaften

Für die Einrichtung und Überwachung von **Vormundschaften und Dauerpflegschaften** werden 76 anstelle der Verfahrensgebühr in 1. Instanz Jahresgebühren erhoben, die auch sonstige Kindschaftsverfahren abgelten, die zur Aufgabenerfüllung gehören (vgl. im Einzelnen Schulte-Bunert/Weinreiche/*Keske*, FamGKG Nr. 1310–1319 KV FamGKG Rn. 11 ff.)). Die Gebühr schuldet gem. § 22 FamGKG grds. der Minderjährige (BT-Drucks. 16/6308, 311). Eine Gebühr fällt daher überhaupt nur dann an, wenn die Gebührenbefreiung (s. o. Rdn. 75) nicht greift, d. h., wenn der Minderjährige vermögend ist. Dann berechnet sich die Jahresgebühr aus dem nicht geschützten Vermögen (s. Nr. 1311 KV FamGKG). Betrifft eine Dauerpflegschaft auch die Personensorge, ist die Jahresgebühr auf 200,00 € begrenzt. Bei einer **Pflegschaft für einzelne Rechtshandlungen** fällt eine nach oben begrenzte 0,5 Wertgebühr an (s. Nr. 1313 KV FamGKG). Für eine **Umgangspflegschaft** werden neben der Gebühr für das Verfahren, in dem sie angeordnet wird, keine gesonderten Gebühren erhoben (Nr. 1310 Anm. Abs. 2 KV FamGKG). In den Rechtsmittelzügen fallen Gebühren wie in den anderen Kindschaftssachen an (s. Rdn. 73). Dasselbe gilt, wenn ein in 1. Instanz eingeleitetes Verfahren nicht mit der Anordnung einer Vormundschaft oder Dauerpflegschaft endet. Anders als in Betreuungssachen sind Rechtsmittel, die im Interesse des Kindes eingelegt werden nicht gebührenfrei (vgl. zur Übertragung dieses Privilegs auf das FamGKG: Schulte-Bunert/Weinreiche/*Keske*, Nr. 1310–1319 KV FamGKG Rn. 22).

e) Verfahren mit Auslandsbezug und Vollstreckungsverfahren

In Verfahren zur Anerkennung und Vollstreckung von ausländischen oder zur Vollziehung inländischer Entscheidungen mit Auslandsbezug werden ausschließlich **Festgebühren** erhoben (s. im Einzelnen Schulte-Bunert/Weinreiche/*Keske*, Nr. 1710–1723 KV FamGKG). Das Gleiche gilt in Vollstreckungsverfahren (s. Nr. 1600 ff. KV FamGKG), wobei die Vollstreckung durch das Vollstreckungs- oder des Arrestgerichts weiterhin nach dem GKG abgerechnet wird. 77

f) Einstweilige Anordnungs- und Arrestverfahren

Für die jetzt selbstständigen einstweiligen Anordnungsverfahren sieht das FamFG trotz der generell geringeren Werte (s. § 41 FamGKG) auch geringere Verfahrensgebühren, je nach Verfahrensgegenstand in unterschiedlicher Höhe. In gleicher Weise sind die Gebühren für das Arrestverfahren ermäßigt, s. nachfolgende Übersicht: 78

Übersicht zu Verfahrensgebühren im Einstweiligen Rechtsschutz:

		EAO in Kindschaftssachen	EAO in übrigen Familiensachen, Arrest
Gebühr	KV FamGKG Nr.	1410 ff	1420 ff
Erster Rechtszug			
Verfahren im Allgemeinen		0,3	1,5
ermäßigt		keine Ermäßigung	0,5
Beschwerde gegen die Endentscheidung wegen des Hauptgegenstands*			
Verfahren im Allgemeinen		0,5	2,0
Ermäßigung bei			
– Rücknahme vor Begründung		0,3	0,5
– Erledigung vor Entscheidung		0,3	1,0

* zu den Gebühren sonstiger Beschwerden s. Rdn. 74

Gebührenfrei sind nach der Anm. zu Nr. 1410 KV FamGKG in erster Instanz nur Anordnungsverfahren in Kindschaftssachen, die in den Rahmen einer Vormundschaft oder Dauerpflegschaft
fallen, und seit 01.08.2013 auch Verfahren, die die freiheitsentziehende Unterbringung eines Minderjährigen betreffen. Da sachliche Unterschiede gegenüber dem Hauptsacheverfahren nicht zu
rechtfertigen sind, muss das auch für die anderen Anordnungen gelten, wenn das Verfahren in
der Hauptsache insgesamt gebührenfrei wäre (s. o. Rdn. 69; vgl. OLG Naumburg, FamRZ 2010,
1919, 1920). Eine **Vorauszahlungspflicht** (s. Rdn. 82) besteht wegen der regelmäßig vorliegenden
und v.A.w. zu beachtenden Eilbedürftigkeit zumeist nicht (§ 15 Nr. 2 FamGKG; s. *Keske* FuR 2013,
546, 550). Für Ehe- und Familienstreitsachen ist dies seit 01.08.2013 ausdrücklich geregelt (vgl.
§ 14 Abs. 2 FamGKG n. F.)

4. Auslagen

a) Anwalt

79   Ersatz von Auslagen kann der Anwalt neben den Gebühren (nur) für die im Vergütungsverzeichnis
in Teil 7 abschließend aufgeführten Auslagen beanspruchen. Dies gilt grds. auch in Bezug auf die
ggü. der Staatskasse aus der Beiordnung bei Verfahrenskostenhilfe erwachsenen Vergütungsansprüche (§§ 44, 46 RVG s. Rdn. 283). Für Post- und Telekommunikationsdienstleistungen können die
Auslagen entweder konkret oder pauschal mit 20 % der Gebühren, höchstens aber 20,00 €, erhoben
werden; ein Anspruch auf die Post- bzw. **Kommunikationspauschale** besteht nur, wenn auch Porto-
oder Telefonkosten u.ä. entstanden sind (s. a. Rdn. 39). Für das Kopieren, Faxen oder Scannen von
Dokumenten kann eine **Dokumentenpauschale** berechnet werden (s. Rdn. 40). I. Ü. werden allgemeine Geschäftsunkosten durch die Gebühren abgedeckt.

Reisekosten sind ebenfalls zu erstatten, sofern das Reiseziel außerhalb der (politischen) Gemeinde
liegt, in der sich die Kanzlei oder der Wohnort des Anwalts befinden (Rdn. 42). Darüber hinaus ist
dem Anwalt nach Vorbem. 7 Abs. 1 Satz 2 VV i. V. m. §§ 675, 670 BGB Aufwendungsersatz zu leisten für von ihm für den Mandanten verauslagte Kosten (Gerichtskosten, Gebühren für Anfragen,
Auskünfte, Aktenversendung etc. s. Rdn. 43). Die auf die Gebühren und Auslagen anfallende USt.
ist ebenfalls zu erstatten. (s. dazu Rdn. 44).

b) Gericht

80   Die gerichtlichen Auslagen sind im Kostenverzeichnis zum FamGKG im Teil 2 weitgehend inhaltsgleich mit den anderen Justizkostengesetzen geregelt und können neben den Gebühren erhoben werden (s. dazu ausführlich Schulte-Bunert/Weinreiche/*Keske*, Nr. 2000–2015 KV FamGKG Rn. 1 ff.).
Telekommunikationskosten und Postentgelte sind grds. in der pauschalen Verfahrensgebühr enthalten. Bei Wertgebühren gilt das auch für 10 **Zustellungen**. Ansonsten fallen pro Zustellung pauschal
3,50 € an. Für die Versendung von Akten auf Antrag anfallenden Transport- und Verpackungskosten
wird eine **Aktenversendungspauschale** von 12,00 € erhoben (Nr. 2003 KV FamGKG), sie entsteht
mithin nicht, wenn die Akten nur in das Gerichtsfach des Anwalts eingelegt werden. Die Rücksen-
dung durch den Anwalt erfolgt auf dessen Kosten (*Lappe* NJW 2007, 273, 276). Zu den wichtigsten Auslagen zählt einmal die **Dokumentenpauschale** für das Anfertigen von Kopien, wenn es z. B.
ein Verfahrensbeteiligter unterlassen hat, die notwendige Anzahl von Ablichtungen für andere Verfahrensbeteiligte beizufügen. Seit 01.01.2007 fällt die Pauschale auch für Mehrfertigungen an, die
dem Gericht per Telefax übermittelt werden. Sie beträgt für die ersten 50 Kopien 0,50 € pro Seite
und für alle weiteren 0,15 €; bei Farbkopien in doppelter Höhe. Für Übergrößen gelten gesonderte
Pauschalen, ebenso für die Übermittlung von Dokumenten oder der gesamten Gerichtsakte in elek-
tronischer Form. Siehe dazu im Einzelnen Nr. 2000 KV FamGKG. Von erheblicher Bedeutung sind
die **Kosten für die Vergütung für Zeugen, Sachverständigen, Dolmetscher und Übersetzer** nach
dem JVEG, die als gerichtliche Auslagen grds. von den Parteien zu erstatten sind (Nr. 2005 KV
FamGKG). Die Leistungen, die von Sachverständigen erbracht werden, werden nach verschiedenen

Honorargruppen mit festen Stundensätzen zwischen 65,00 und 125,00 € vergütet. Das Honorar für Dolmetscher beträgt 70,00 €, für Simultandolmetscher 75 € pro Stunde. Zur Zulässigkeit der Vereinbarung höherer Sätze vgl. § 13 JVEG (Binz/Dorndörfer/Petzold/Zimmermann/*Binz* § 13 JVEG). Auslagen, die durch verschiedene Rechtssachen entstanden sind, werden auf diese angemessen verteilt (Vorb. 2 Abs. 2 KV FamGKG). Die aus der Staatskasse an den **Verfahrensbeistand oder Umgangspfleger** geleistete Vergütung zählt nach Nr. 2013, 2014 KV FamGKG ebenfalls zu den erstattungsfähigen Auslagen (s. *Keske* FuR 2010, 499, 505).

Die Auslagenvorschriften des KV FamGKG finden keine Anwendung auf Auslagen, die ein am Verfahren nicht beteiligter Dritter z. B. dadurch verursacht, dass ihm antragsgemäß Kopien von Entscheidungen u.ä. übermittelt werden. Diese Kosten werden nach den Vorschriften des JVKostG angesetzt. Sie gelten auch nicht für Auslagen, die durch Vollstreckungshandlungen des Vollstreckungs- oder Arrestgerichts veranlasst wurden, diese werden wie die Gebühren nach dem GKG erhoben. Weitere Einschränkungen bestehen für die Heranziehung Minderjähriger (s. näher Schulte-Bunert/Weinreiche/*Keske* Nr. 2000-2015 KV FamGKG Rn. 3). Ist das Beschwerdeverfahren gebührenfrei, werden für eine begründete Beschwerde auch keine Auslagen erhoben, soweit das Gericht nicht dem Gegner des Beschwerdeführers die Kosten auferlegt hat (KV Teil 2 Vorb. 2 Abs. 1). Für die Aufbereitung und Übermittlung von Dokumenten in einer für Blinde und Sehbehinderte wahrnehmbaren Form sowie für Übersetzer in diesen Fällen oder für Gebärdendolmetscher werden Auslagen nicht erhoben (Nr. 2005 Anm. 2 KV FamGKG i. V. m. §§ 186, 191a GVG).

5. Fälligkeit

a) Anwalt

Der **Anspruch** des Anwalts auf die Gebühren **entsteht** bereits mit der ersten, aufgrund des Auftrags ausgeführten Tätigkeit, regelmäßig also bereits mit der Entgegennahme der Information und nicht erst mit der Einreichung eines Schriftsatzes bei Gericht (Gerold/Schmidt/*Müller-Rabe* § 1 Rn. 103). Ansprüche auf Ersatz der Auslagen und Aufwendungen entstehen, sobald sie erwachsen. Die Vergütung wird aber erst mit Beendigung der Angelegenheit, also des gesamten Verfahrens **fällig**; vorher nur, wenn eine Kostenentscheidung ergangen ist oder der Rechtszug beendet ist (§ 8 Abs. 1 RVG). Die Fälligkeit tritt auch ein, wenn das Verfahren länger als 3 Monate ruht; das ist aber nicht gleichbedeutend mit einer Erledigung des Auftrags i. S. d. § 15 Abs. 5 Satz 2 RVG (vgl. BGH, FamRZ 2010, 1723; 2006, 861 auch zur Gegenansicht). Zur Bedeutung für die Anrechnung s. Rdn. 108. Nur der Anspruch auf Aufwendungsersatz wird gem. § 271 BGB mit der Entstehung sofort fällig (Gerold/Schmidt/*Mayer* § 8 Rn. 1). Mit der Fälligkeit beginnt die regelmäßige Verjährung nach § 8 Abs. 2 RVG, §§ 195, 199 BGB (s. dazu Rdn. 45). Zum Ausgleich gestattet § 9 RVG dem Anwalt, einen angemessenen Vorschuss für angefallene und künftig entstehende Gebühren und Auslagen von seinem Auftraggeber zu fordern (nach bewilligter VKH gilt stattdessen § 47 Abs. 2 RVG, s. Rdn. 289).

81

b) Gericht (Zahlungsfälligkeit)

In Ehesachen und in selbstständigen Familienstreitsachen wird die gerichtliche **Verfahrensgebühr** gem. § 9 Abs. 1 FamGKG mit der Einleitung des Verfahrens in 1. Instanz sofort in voller Höhe fällig. Die allgemeine Verfahrensgebühr ist im Voraus zu bezahlen, d. h. vor Zahlungseingang erfolgen i. d. R. keine Zustellung des Antrags und bei Antragserweiterungen keine verfahrensfördernden Handlungen des Gerichts (§ 14 Abs. 1 FamGKG). Ausgenommen davon sind Rechtsmittel- und Wideranträge sowie die Folgesachen im Scheidungsverbund und einstweilige Anordnungen bzw. Arrestanträge in Familienstreitsachen. In selbstständigen FG-Antragsverfahren, bei denen die Verfahrensgebühr erst mit Abschluss des Verfahrens fällig wird, soll ebenfalls vor Eingang der Gebühr das Verfahren im Allgemeinen nicht gefördert werden (§ 14 Abs. 3 FamGKG). Ausnahmen bestehen für Verfahren nach dem IntFamRVG, in erstinstanzlichen Gewaltschutzsachen sowie für

82

Verfahrensbeistände und für Minderjährige in Verfahren, die ihre Person betreffen (vgl. dazu ausführlich Schulte-Bunert/Weinreiche/*Keske* § 12 bis § 17 FamGKG Rn. 7 ff.).

Auslagen werden mit ihrer Entstehung fällig. Sie schuldet derjenige, der sie veranlasst. In sämtlichen Verfahren, auch in Scheidungsfolgesachen, kann die gerichtliche Handlung, wenn sie nur auf Antrag vorzunehmen ist, von der vorherigen Zahlung des Vorschusses abhängig gemacht werden (§ 16 FamGKG; ebenso §§ 379, 402 ZPO als lex specialis). Bei Amtsverfahren kann zwar grds. ebenfalls ein Vorschuss für die Auslagen erhoben werden (§ 16 Abs. 3 FamGKG), die Vornahme der Handlung darf hiervon aber nicht abhängig gemacht werden. Die Anordnung der Vorauszahlung durch das FamG kann mit der Kostenbeschwerde nach § 58 FamGKG angefochten werden. Eine bestimmte Beschwer ist dafür nicht erforderlich.

Mit der Bewilligung von Verfahrenskostenhilfe entfällt die Vorauszahlungspflicht (§ 15 Nr. 1 FamGKG) und, falls die Verfahrenskostenhilfe ohne Ratenzahlung bewilligt ist, auch für den Gegner (§ 122 Abs. 2 ZPO). Von ihr kann auch **abgesehen** werden, wenn der Kostenschuldner glaubhaft macht, dass er sich in einem vorübergehenden und kurzfristig nicht zu behebenden finanziellen Engpass befindet oder wenn ihm durch eine Verzögerung der Zustellung des Antrags ein nicht oder nur schwer zu ersetzender Schaden entsteht, wie z. B. bei einstweiligen Anordnungen (§ 15 Nr. 3a und b FamGKG, s. dazu *Keske* FuR 2013, 546, 550). Beides setzt allerdings voraus, dass der Antrag nicht von vornherein aussichtslos ist.

6. Abrechnung und Einzug der Kosten

83 Der **Anwalt** kann seine Honorarforderung nur aufgrund einer schriftlichen Abrechnung (§ 10 RVG) nach Fälligkeit (s. o. Rdn. 81) gegenüber dem Auftraggeber geltend machen und sie anschließend im Wege der vereinfachten Festsetzung nach § 11 RVG vom Gericht titulieren lassen.

84 Die tatsächlich angefallenen **gerichtlichen Kosten** werden erst nach einer Kostenentscheidung oder mit der gebührenrechtlichen Beendigung des Verfahrens vom Kostenbeamten abgerechnet und durch die Justizkasse eingezogen. Gegen die vom Kostenbeamten angesetzten Kosten, die dem jeweiligen Kostenschuldner in Form einer Reinschrift der Kostenrechnung bekannt gegeben werden (§ 29 KostVfg), ist zuerst Erinnerung einzulegen, der abgeholfen werden kann. Soweit der Kostenbeamte ihr nicht abhilft, entscheidet das Gericht des jeweiligen Rechtszugs über die Erinnerung durch Beschluss. Eine Beschwerde ist nur gegen den Beschluss des FamG statthaft und auch nur zulässig, wenn die Beschwer 200,00 € übersteigt oder sie vom FamG zugelassen wird (§ 57 FamGKG). Die Vorschussanforderung kann ohne diese Beschränkung nach § 58 FamGKG angefochten werden. Das gilt nicht für die Anordnung einer Vorauszahlung nach §§ 379, 402 ZPO; sie kann überhaupt nicht selbstständig angefochten werden (BGH, NJW-RR 2009, 1433). Zu den Beschwerden gegen den Kostenansatz s. a. FA-FamR/*Keske*, Kap. 17 Rn. 369 sowie Schulte Bunert/Weinreich/*Keske* Kommentierungen zu §§ 57 ff. FamGKG.

II. Abrechnung in isolierten Verfahren

1. Vorbemerkung

85 Die Abrechnung der Anwalts- und der gerichtlichen Kosten unterscheidet sich in den gewöhnlichen Hauptsacheverfahren und in den einstweiligen Anordnungsverfahren seit der FGG-Reform nur noch dadurch, dass die gerichtlichen Gebührensätze für die nunmehr in allen Verfahren erhobene pauschale Verfahrensgebühr je nach Verfahrensgegenstand variieren (s, dazu die Übersichten unter Rdn. 73 für die Hauptsacheverfahren und Rdn. 79 für die EAO-Verfahren). Für die anwaltlichen Gebühren gelten nach dem RVG in sämtlichen vorgenannten Verfahren dieselben Gebührensätze. Die nachfolgenden Muster für Familienstreitsachen lassen sich daher auch für die FG-Familiensachen verwenden. Lediglich die Höhe der Gerichtsgebühren muss an die jeweiligen Sätze gemäß der Übersicht (Rdn. 61) angepasst werden.

2. Muster: Abrechnung Familienstreitsache 1. Instanz (mit Teilermäßigung)

Sachverhalt: RA A beantragt beim FamG für die Ehefrau 1.000,00 € und für ihr 6-jähriges Kind 305,00 € laufenden Unterhalt von dem geschiedenen Ehemann M. Das Gericht ordnet ein schriftliches Vorverfahren an. Der vom Antragsgegner beauftragte RA B zeigt nur hinsichtlich des EU Verteidigungsbereitschaft an und erwidert auf den Antrag. Das Gericht erlässt wegen des KU einen (Teil-) Versäumnisbeschluss und bestimmt mündliche Verhandlung zum EU. In dieser einigen sich die Beteiligten.

86

Abrechnung

Verfahrenswert[1]: EU 12.000,00 € + KU 3.660,00 € = 15.660,00 €

Anwalt Ehefrau

1,3 Verfahrensgebühr aus 15.660,00 €[2]	(VV 3100)		845,00 €
1,2 Terminsgebühr aus 12.000,00 €[3]	(VV 3104)	724,80 €	
0,5 Terminsgebühr aus 3.660,00 €	(VV 3105)	126,00 €	
begrenzt auf 1,2 aus 15.660,00 € (§ 15 Abs. 3 RVG)			780,00 €
1,0 Einigungsgebühr aus 12.000,00 €[4]	(VV 1003)		604,00 €
Post- und Telekommunikationspauschale[5]	(VV 7002)		<u>20,00 €</u>
insgesamt			2249,00 €
19 % Umsatzsteuer[6]	(VV 7008)		<u>427,31 €</u>
Vergütung			2.676,31 €

Anwalt Ehemann

1,3 Verfahrensgebühr aus 12.000,00 €[2]	(VV 3100)	785,20 €	
0,8 Verfahrensgebühr aus 3.660,00 €	(VV 3101)	201,60 €	
begrenzt auf 1,3 aus 15.660,00 € (§ 15 Abs. 3 RVG)			845,00 €
1,2 Terminsgebühr aus 12.000,00 €[3]			724,80 €
1,0 Einigungsgebühr aus 12.000,00 €[4]	(VV 1003)		604,00 €
Post- und Telekommunikationspauschale[5]	(VV 7002)		<u>20,00 €</u>
insgesamt			2193,80 €
19 % Umsatzsteuer[6]	(VV 7008)		416,82 €
Vergütung			2.610,62 €

Gericht

3,0 Verfahrensgebühr aus 15.660,00 €[7]	(KV 1220)	879,00 €

1. Wert. Der Wert der einzelnen Unterhaltsansprüche errechnet sich nach § 51 Abs. 1 FamGKG jeweils aus dem 12-Monatsbetrag des verlangten Unterhalts (s. Rdn. 158). Das sind beim Ehegattenunterhalt 1.000,00 € × 12 = 12.000,00 € und beim Kindesunterhalt 305,00 € × 12 = 3.660,00 € Die beiden Werte sind zu addieren (§ 33 Abs. 1 Satz 1 FamGKG). Der für die Gerichtsgebühren geltende Wert ist auch für die Anwaltsgebühren maßgeblich (§ 32 Abs. 1 RVG).

2. Verfahrensgebühr. Die volle Verfahrensgebühr nach Nr. 3100 VV (1,3) steht dem Anwalt erst zu, wenn er bei Gericht einen Sachantrag (z. B. Klage- oder Abweisungsantrag einreicht, Rechtsmittel einlegt oder Anträge zurücknimmt; zu Verfahrensanträgen s. u. B) zur Sache vorträgt oder einen gerichtlichen Termin wahrnimmt. Beschränkt sich die Tätigkeit des Anwalts in nicht streitigen FG-Verfahren, insb. in Genehmigungsverfahren oder Verfahren auf Bestellung eines Ergänzungspflegers, ohne weiteren Sachvortrag auf die Stellung des Antrags und die Entgegennahme der Entscheidung oder in Amtsverfahren auf Anträge nach § 24 FamFG, fällt ebenfalls nur die ermäßigte Gebühr an (VV 3101 Nr. 3; Gerold/Schmidt/*Müller-Rabe* VV 3101 Rn. 116 ff.). Die Wahrnehmung eines Termins anstelle des Sachantrags oder -vortrags lässt die volle Verfahrensgebühr nur dann entstehen, wenn es sich um einen gerichtlichen in dieser Angelegenheit bestimmten Termin handelt (Gerold/Schmidt/*Müller-Rabe* VV 3101 Rn. 50 m. w. N.). Dazu reicht ein Beweis- oder Gütetermin aus, nicht aber der reine Verkündungstermin. Bis dahin erwächst mit der Annahme des Auftrags und Entgegennahme der Information nur die ermäßigte Gebühr (OLG Hamm, JurBüro 2005, 593).

- **A:** Dem Anwalt der Ehefrau steht im Beispiel die Verfahrensgebühr mit einem Satz von 1,3 nach VV 3100 aus dem Gesamtstreitwert von 15.660,00 € zu. Diese hat er durch den Verfahrensauftrag und die Einreichung der Antragsschrift verdient. Der Umstand, dass die beiden Verfahrensgegenstände anschließend prozessual unterschiedliche Verläufe nehmen, wirkt sich auf die einmal verdiente Gebühr nicht aus.
- **B:** Der Anwalt des Ehemannes hat nur wegen des Ehegattenunterhalts (Gegenstandswert 12.000,00 €) durch die Einreichung der Antragserwiderung die volle Verfahrensgebühr nach Nr. 3100 VV verdient, in der Kindesunterhaltssache (bei Verfahrensauftrag auch hierfür) nur die ermäßigte nach Nr. 3101 Nr. 1 VV (**Teilermäßigung**). Die Abgabe der Verteidigungsanzeige ist kein Sachantrag (OLG Düsseldorf, MDR 2000, 1396), ebenso wenig wie sonstige Prozess- bzw. Verfahrensanträge, z. B. Antrag auf Verweisung, Abgabe des Verfahrens oder seiner Trennung bzw. Verbindung mit einem anderen (weitere Beispiele bei Gerold/Schmidt/*Müller-Rabe* VV 3101 Rn. 34). Sind wie hier für Teile des Verfahrensgegenstands unterschiedliche Gebührensätze anzuwenden, sind nach § 15 Abs. 3 RVG die Gebühren aus den jeweiligen Gegenstandswerten getrennt zu errechnen. Wegen der Degression der Werttabelle (Anlage zu § 13 RVG) kommt es in diesem Fall allerdings häufig zu höheren Gebühren, als wenn eine volle Gebühr aus dem Gesamtstreitwert anfällt: Im Beispiel ergibt die Summe der beiden Verfahrensgebühren 986,80 €, während sich eine 1.3 Gebühr aus dem Gesamtwert auf 845,00 € beläuft. Aus diesem Grund begrenzt § 15 Abs. 3 Halbs. 2 RVG die (aufaddierten) Verfahrensgebühren aus den Wertteilen auf die höchste Gebühr aus dem gesamten Verfahrenswert.

3. Terminsgebühr. Die Terminsgebühr (Nr. 3104 VV) beträgt in der 1. und 2. Instanz einheitlich 1,2 der sich aus der Werttabelle ergebenden Gebühr. Sie entsteht jeweils nur aus dem Wert der Gegenstände, für deren Verhandlung der Termin anberaumt wurde oder die (zusätzlich) in ihm erörtert wurden. Sie entsteht zwar **für jeden Termin neu**, kann aber insgesamt nur einmal und dann aus dem höchsten Wert beansprucht werden (Göttlich/Mümmler/*Feller* »Terminsgebühr des Teil 3« Anm. 2). Sie erwächst nach Vorb. 3 Satz 1 VV in der seit 01.08.2013 geltenden Fassung für die Vertretung in jedem gerichtlichen Termin mit Ausnahme reiner Verkündungstermine (s. Rdn. 61), ohne dass es darauf ankommt, ob in dem Termin Anträge gestellt werden oder die Sache erörtert wird. Vielmehr genügt es, dass der Rechtsanwalt mit der Bereitschaft zu verhandeln den Termin wahrnimmt (OLG Karlsruhe, FamRZ 2006, 874; Gerold/Schmidt/*Müller-Rabe* VV Vorb. 3 Rn. 111 ff.). Sie fällt auch dann an, wenn der Anwalt an einem vom gerichtlich bestellten Sachverständigen anberaumten Termin teilnimmt oder wenn anstelle einer vorgeschriebenen mündlichen Verhandlung im Einverständnis der Beteiligten im **schriftlichen Verfahren** entschieden oder ein schriftlicher Vergleich geschlossen wird (Nr. 3104 Anm. 1 Ziff. 1 VV, die kraft Verweisung auch in Rechtsmittelverfahren gilt). Das setzt voraus, dass tatsächlich eine Entscheidung gefällt wurde, die an sich aufgrund mündlicher Verhandlung ergehen müsste (zur Gleichstellung der Erörterungstermine in FG-Sachen s. o. Rdn. 61). Das schriftliche Verhandeln allein reicht ebenso wenig aus wie eine Entscheidung, die außer in den Fällen des § 307 ZPO und § 495a ZPO auch ohne mündliche Verhandlung ergehen kann (vgl. Gerold/Schmidt/*Müller-Rabe* VV 3104 Rn. 15 ff.). Die Gebühr entsteht mit Erlass der Entscheidung, auch wenn der Anwalt zu diesem Zeitpunkt nicht mehr Verfahrensbevollmächtigter ist (Gerold/Schmidt/*Müller-Rabe* VV 3104 Rn. 56). Ein Vergleich muss wirksam geschlossen werden, ein widerruflicher reicht nicht aus (Gerold/Schmidt/*Müller-Rabe* VV 3104 Rn. 67; zu den inhaltlichen Erfordernissen s. Rdn. 98). Zum Anfall der Terminsgebühr, wenn der Anwalt eine außergerichtliche **Einigungsbesprechung** führt, s. ausführlich Rdn. 103 und zur **Zusatzgebühr** für umfangreiche Beweisaufnahmen Rdn. 89, *M. 3.*

Die Terminsgebühr **ermäßigt** sich in 1. Instanz (auf 0,5) **nur bei** einer Entscheidung gem. § 331 Abs. 3 ZPO (Versäumnisbeschluss im schriftlichen Vorverfahren) oder wenn in dem Termin bei **Säumnis** des Gegners lediglich ein Antrag auf Erlass einer Versäumnisentscheidung oder Anträge zur Verfahrens- oder Sachleitung gestellt werden oder das Gericht solche von Amts wegen trifft (Nr. 3105 VV). Im Beschwerde- und Rechtsbeschwerdeverfahren tritt die Ermäßigung dagegen nur ein, wenn der Rechtsmittelführer säumig ist. Werden über die reine Antragstellung hinaus Fragen der Zuständigkeit, der Schlüssigkeit des Antrags u. a. oder Vergleichsmöglichkeiten erörtert, tritt keine Ermäßigung ein (BGH, NJW 2007, 1692). Das Gleiche gilt für die Beantragung einer zweiten Versäumnisentscheidung, wenn der Anwalt bereits die Erste erwirkt hat (BGH, NJW 2006, 2927; FamRZ 2006, 1273). Die Ermäßigung tritt bei lediglich prozessualer Säumnis des Gegners (§ 333 ZPO) noch nicht ein, sondern nur, wenn dieser entweder tatsächlich nicht erschienen oder nicht ordnungsgemäß vertreten ist (VV 3105 Anm. 3; BGH, NJW 2006, 2927). Bei einem Anerkenntnis ermäßigt sich die Gebühr im Gegensatz zur BRAGO nicht mehr (zu den Konsequenzen für die Prozessführung s. *König* NJW 2005, 1243). Zur Teilermäßigung s. u.

– **A:** Auch die Terminsgebühr kann für einzelne Verfahrensgegenstände in unterschiedlicher Höhe entstehen (**Teilermäßigung**). Im Beispiel hat RA K in der Kindesunterhaltssache nur eine ermäßigte Gebühr nach Nr. 3105 Nr. 2 VV verdient, weil insoweit nur eine Versäumnisentscheidung im schriftlichen Vorverfahren ergangen ist (s. o.). In diesem Fall ist, wie bei der Verfahrensgebühr (s. o. Nr. 2), nach § 15 Abs. 3 RVG auch die Terminsgebühr getrennt aus dem zusammengerechneten Wert der Gegenstände, für die die ermäßigte Gebühr erwächst, und dem übrigen Teil zu ermitteln und, falls die Summe der sich daraus ergebenden Gebühren die volle Gebühr aus dem Gesamtwert übersteigt, wie im Beispielsfall, eine Korrektur vorzunehmen (s. a. *Schneider*, NJW-Spezial 2008, 443 mit Beispielsrechnung). Denn mit der getrennten Berechnung ist nur eine Reduzierung, aber keine Erhöhung der vollen Gebühr beabsichtigt.

– **B:** Der Rechtsanwalt des Ehemannes verdient im Beispielsfall nur die Terminsgebühr aus dem Wert des Ehegattenunterhalts. Die ermäßigte Gebühr im schriftlichen Vorverfahren ersetzt nur die vom Anwalt des Antragstellers bei mündlicher Verhandlung und Säumnis des Gegners sonst verdiente (ermäßigte) Gebühr und schafft keinen Gebührentatbestand für den Anwalt des im schriftlichen Vorverfahren untätigen Antragsgegners.

4. Einigungsgebühr. Zusätzlich zur Verfahrens- und Terminsgebühr entsteht in allen Verfahren eine Einigungsgebühr, wenn es unter Mitwirkung des Anwalts zu einer Einigung kommt (Erfolgsgebühr). Sie setzt nicht den Abschluss eines gerichtlichen Vergleichs i. S. d. §§ 779 BGB voraus. Vielmehr genügt die Mitwirkung beim Abschluss eines Vertrags, »durch den der Streit oder die Ungewissheit der Parteien über ein Rechtsverhältnis beseitigt wird« (Nr. 1000 Anm. Abs. 1 VV). Damit reichen auch Einigungen aus, die nicht unmittelbar verfahrenserledigende Wirkung haben, wie z. B. Zwischenvergleiche. Es muss sich aber immer um ein wechselseitiges Nachgeben handeln, der reine Verzicht oder das vollumfängliche Zugeständnis eines Anspruchs reicht nicht (zum Titulierungsinteresse s. Rdn. 154). Für Einigungen über verfahrensgegenständliche Angelegenheiten beträgt die Einigungsgebühr im ersten Rechtszug 1,0 (Nr. 1003 VV) und in den höheren Instanzen 1,3 (Nr. 1004 VV). Zur Einigung über nicht im Verfahren anhängige Gegenstände s. Rdn. 63. Die Einigungsgebühr erwächst immer aus dem Wert des Gegenstands, der verglichen wird. Das ist im Beispiel der Ehegattenunterhalt mit einem Wert von 12.000,00 €, unabhängig davon, auf welchen Betrag man sich geeinigt hat (s. Rdn. 55, *M. 10* auch zur Kapitalabfindung). Zu Einigungen in Kindschaftssachen s. Rdn. 98.

5. Auslagen. Auslagen, die der Anwalt zur Erfüllung des Auftrags hat, sind grds. als allgemeine Geschäftsunkosten durch die pauschalen Gebühren abgegolten. Ausgenommen sind neben Ansprüchen auf Aufwendungsersatz nur die in Teil 7 des VV abschließend aufgeführten Auslagen (s. o. Rdn. 38 ff.). Dazu gehören insb. Auslagen für Post- und Telekommunikationsdienstleistungen. Wenn sie nicht konkret erfasst und abgerechnet werden, können sie pauschal mit 20 % der Nettogebühren, höchstens aber mit 20,00 €, erhoben werden (Nr. 7002 VV). Bei der Vertretung in gerichtlichen Verfahren entstehen, anders als bei reinen Beratungsmandaten, solche Auslagen regelmäßig.

6. USt. Nach Nr. 7008 VV ist die auf die Gebühren und Auslagen (!) nach § 10 UStG anfallende USt zu erstatten, es sei denn, der Anwalt ist als Kleinunternehmer von der USt befreit. Siehe dazu im Einzelnen Rdn. 44.

7. Gerichtsgebühr. Die gerichtlichen Kosten setzen sich wie bei der Anwaltsvergütung aus Gebühren und Auslagen zusammen. Für Familienstreitsachen, Ehesachen und FG-Antragsverfahren fallen in 1. Instanz **pauschale Verfahrensgebühren** in unterschiedlicher Höhe an (s. o. Rdn. 73). Im vorliegenden Fall einer selbstständigen Familienstreitsache, beträgt die mit der Einreichung des Antrags fällige und vorauszuzahlende Verfahrensgebühr 3,0 nach dem Wert des Antrags. Für den Fall, dass dem Verfahren ein Mahnverfahren vorausgegangen ist, wird die dort bereits erhobene Gebühr (0,5 nach Nr. 1100 KV GKG) nach dem Wert des Gegenstands angerechnet, der in das streitige Verfahren übergegangen ist (s. Anm. zu Nr. 1220 KV FamGKG). Die pauschale Verfahrensgebühr deckt auch die gewöhnlichen Telefon- und Postentgelte einschließlich der Entgelte für 10 Zustellungen pro Verfahren ab, sodass im Allgemeinen keine Auslagen erhoben werden müssen. Anders ist es nur, wenn keine Wertgebühren, sondern Festgebühren anfallen. Dann werden die Zustellkosten (mit pauschal 3,50 € gesondert berechnet. Zu den übrigen Auslagen s. o. Rdn. 40 ff.).

Da die pauschale Verfahrensgebühr die gesamte Tätigkeit des Gerichts abdeckt, wird auch sie grds. **ermäßigt**, wenn sich das Verfahren vorzeitig und/oder mit geringem Aufwand unter folgenden Bedingungen erledigt:

- bei Beendigung durch gerichtlich protokollierten oder gem. § 278 Abs. 6 ZPO bestätigten **Vergleich**),
- durch **Anerkenntnis- oder Verzichtsentscheidung** und ebenso, wenn eine **Endentscheidung** wegen eines allseitigen Rechtsmittelverzichts oder weil sie gleichgerichteten Interessen der Beteiligten entspricht, **nicht begründet** oder nur wegen der Geltendmachung im Ausland zu begründen ist (§ 38 Abs. 4 und 5 FamFG). Eine Versäumnisentscheidung reicht nicht aus.
- durch **übereinstimmende Erledigungserklärung**, wenn die Kostenentscheidung einer zuvor mitgeteilten Einigung der Beteiligten oder der Kostenübernahmeerklärung eines Beteiligten folgt (**unstreitige Kostenentscheidung**)
- durch **Rücknahme** des Antrags vor Schluss der mündlichen Verhandlung bzw. im schriftlichen Verfahren vor Ablauf der Schriftsatzfrist, die dem Schluss der mündlichen Verhandlung gleichgesetzt ist (§ 128 Abs. 2 Nr. 2 ZPO). Im schriftlichen Vorverfahren muss die Rücknahme vor Ablauf des Tages, an dem die Versäumnisentscheidung (§ 331 Abs. 3 ZPO der Geschäftsstelle übermittelt wird, bei Gericht eingehen (Nr. 1221 Nr. 1 KV FamGKG). Ist ein Mahnverfahren vorausgegangen, ist die Rücknahme des Antrags auf Durchführung des streitigen Verfahrens oder des Widerspruchs bzw. Einspruchs der Antragsrücknahme gleichgestellt. Keine Ermäßigung tritt ein, wenn das Gericht nach § 269 Abs. 3 Satz 3, Abs. 4 ZPO streitig über die Kosten entscheiden muss. Gem. § 32 Abs. 4 KostVfg gilt ein Verfahren, für das nach Anhängigkeit der angeforderte Gebührenvorschuss nicht einbezahlt und es deshalb nach der Aktenordnung weggelegt wird, als zurückgenommen, sodass auch in diesem Fall bei Vorliegen der sonstigen Voraussetzungen nur eine ermäßigte Gebühr anfällt.
- Eine Ermäßigung tritt, anders als bei der Anwaltsgebühr, aber nur ein, wenn sich das **gesamte Verfahren** in der vorgenannten Weise (auch kumulativ) erledigt. Sie tritt daher nicht ein, wenn sich wie hier nur Teile des Verfahrensgegenstands auf die privilegierte Weise erledigen. Das Gleiche gilt, wenn eine Rücknahme das Verfahren nicht vollständig beendet, weil der Gegner seinen

Widerantrag aufrechterhält, oder wenn z.B. im Stufenverfahren bereits eine Teilentscheidung vorausgegangen ist.

3. Muster: Abrechnung Familiensache 2. Instanz (mit Reisekosten)

Sachverhalt: Der geschiedene Ehemann verfolgt in 2. Instanz nur noch die Befristung des vom   87
FamG seiner geschiedenen Ehefrau unbefristet zugesprochenen Unterhalts von monatlich 800,00 €
auf längstens 3 Jahre. In der mündlichen Verhandlung vor dem OLG einigen sich die Beteiligten auf
eine schrittweise Herabsetzung und den Wegfall der Unterhaltsverpflichtung in 5 Jahren.

Abrechnung

Verfahrenswert: 9.600,00 €[1]

Anwalt

1,6 Verfahrensgebühr[2]	(VV 3200)		892,80 €
1,2 Terminsgebühr[3]	(VV 3202)		669,60 €
1,3 Einigungsgebühr[4]	(VV 1004)		725,40 €
Kommunikationspauschale	(VV 7002)		20,00 €
Dokumentenpauschale[5]	(VV 7001)		5,00 €
Reisekosten gesamt:[6]			82,00 €
Fahrtkostenpauschale	(VV 7003)	30,00 €	
Abwesenheitsgeld	(VV 7005)	40,00 €	
Parkgebühren	(VV 7006)	12,00 €	
insgesamt			2.394,80 €
19 % Umsatzsteuer	(VV 7008)		455,01 €
Vergütung			2.849,81 €

Gericht[7]

2,0 Verfahrensgebühr aus 9.600,00 €	(KV 1224)	482,00 €

1. Gebührenwert. Auch in der Rechtsmittelinstanz errechnet sich der Gebührenwert nach § 51 Abs. 1 FamGKG, während sich die Beschwer nach § 9 ZPO richtet. Obwohl hier ein Zeitraum nach Ablauf von 12 Monaten nach Einlegung des Rechtsmittels im Streit ist (Beginn der Befristung erst in 3 Jahren), errechnet sich der Gebührenwert des Rechtsmittels dennoch aus dem 12-Monatsbetrag des zugesprochenen Unterhalts. Denn Monate, die nicht angegriffen sind, bleiben außer Ansatz (s. Rdn. 158).

2. Verfahrensgebühr. Die volle Verfahrensgebühr, wie hier in 2. Instanz mit 1,6 (Nr. 3200 VV), entsteht mit der Einlegung oder Rücknahme des Rechtsmittels oder der Einreichung eines Schriftsatzes, der Sachanträge oder Sachvortrag enthält, in jedem Fall aber dann, wenn der Anwalt einen Gerichtstermin wahrnimmt. Endet der Auftrag vorher, erwächst nur die ermäßigte Verfahrensgebühr (Nr. 3201 Anm. Nr. 1 VV, s. o. Rdn. 61). War der Anwalt lediglich damit beauftragt, die Erfolgsaussicht eines Rechtsmittels zu prüfen, liegt kein Verfahrensauftrag vor und es fallen nur Gebühren nach Teil 2 des VV an (außergerichtliche Tätigkeit, s. Rdn. 27). Der häufigste Fall einer vorzeitigen Beendigung des Rechtsmittelverfahrens ist der, dass der Gegner (vorsorglich) ein Rechtsmittel einlegt und es vor der Begründung zurücknimmt. Unbeschadet ihrer Erstattungsfähigkeit (s. dazu Bischof/*Mathias* VV 3200 Rn. 17 ff.) fällt für den rechtzeitig mit der Verfahrensführung beauftragen Anwalt des Rechtsmittelgegners zumindest eine ermäßigte Verfahrensgebühr und mit der Einreichung des Zurückweisungsantrags die volle Verfahrensgebühr an (BGH, FamRZ 2003, 523; OLG Karlsruhe, FamRZ 2004, 896). Wurde der Zurückweisungsantrag zu einem Zeitpunkt gestellt, in dem das Rechtsmittel bereits zurückgenommen wurde, hat der Anwalt trotzdem die volle Gebühr verdient, wenn er noch keine Kenntnis von der Rücknahme hatte (h. M.; OLG Naumburg, JurBüro 2003, 419; OLG Hamburg, MDR 1998, 561).

3. Terminsgebühr. Sie fällt in 2. Instanz in gleicher Höhe wie in der 1. an. Nur in Rechtsbeschwerdeverfahren beim BGH ist sie höher (vgl. Übersicht in Rdn. 62). Wie in der Eingangsinstanz ermäßigt sie sich auch in den höheren Instanzen nicht, wenn anstelle einer vorgeschriebenen mündlichen Verhandlung im Einverständnis der Beteiligten im schriftlichen Verfahren entschieden oder ein Anerkenntnisbeschluss verkündet wird (s. Rdn. 86, *M. 3*). Im Fall einer nicht streitigen Verhandlung tritt nach Nr. 3203 VV eine Ermäßigung unter den Voraussetzungen des Nr. 3105 VV (Rdn. 86, *M. 3*) nur bei Säumnis des Rechtsmittelführers ein. Umgekehrt gilt das nicht. Dem Rechtsmittelführer, der im Termin erscheint, erwächst auch bei Säumnis des Rechtsmittelgegners die volle Terminsgebühr, da im Hinblick auf die Schlüssigkeitsprüfung der Termin an den Rechtsmittelführer größere Anforderungen stellt (Gerold/Schmidt/*Müller-Rabe* RVG VV 3203 Rn. 8). Gleichwohl erhält er die volle Terminsgebühr durch bloße verhandlungsbereite Anwesenheit, auch wenn er nicht verhandelt oder Anträge stellt, (s. o. Rdn. 86, *M. 3*).

4. Einigungsgebühr. In den Rechtsmittelinstanzen beträgt der Gebührensatz für eine Einigung über die im selben Verfahren anhängigen Gegenstände einheitlich 1,3 (Nr. 1004 VV; s. i. Ü. Rdn. 102).

5. Auslagen. Zur Post- und Telekommunikationspauschale s. Rdn. 39, Für das Kopieren, Faxen oder die elektronische Übermittlung von Dokumenten kann als Pauschale für die ersten 50 Kopien 0,50 € pro Seite berechnet werden und für jede weitere 0,15 €; für Farbkopien verdoppelt sich die Pauschale. Das gilt für Kopien oder Ausdrucke aus gerichtlichen oder behördlichen Akten, sofern dies zur sachgerechten Bearbeitung geboten ist, unbeschränkt. Dienen sie der gebotenen Unterrichtung anderer Verfahrensbeteiligter oder des Mandanten, gehören die jeweils ersten 100 Kopien zu den nicht ersatzfähigen Geschäftsunkosten. Letzteres gilt auch für Kopien zu sonstigen Zwecken, die nicht im Einverständnis mit dem Auftraggeber gefertigt wurden. Mit seinem Einverständnis können stattdessen auch elektronisch gespeicherte Daten überlassen werden, was mit 2,50 € pro Datei zu vergüten ist (künftig 1, 50 € bis max. 5,00 €. Zu den Einzelheiten s. Rdn. 40.

6. Reisekosten. Reisekosten sind zu erstatten, sofern das Reiseziel außerhalb der (politischen) Gemeinde liegt, in der sich die Kanzlei oder der Wohnort des Anwalts befinden (s. Vorb. 7 Abs. 2 VV). Das gilt auch für Fahrten zu dem FamG, in dessen Bezirk der Anwalt niedergelassen ist (vgl. FA-FamR/*Keske*, Kap. 17 Rn. 257) und auch bei Verfahrenskostenhilfe. Wird die Reise in Erfüllung mehrerer Aufträge unternommen, sind die Gesamtkosten verhältnismäßig aufzuteilen (Vorbem. 7 Abs. 1 VV). Bei den Reisekosten wird unterschieden zwischen Fahrtkosten, Tagegeldern und sonstigen Kosten, z. B. für Parkgebühren, Übernachtungen u. a.; sie sind im Regelfall – wenn der Anwalt zum Vorsteuerabzug berechtigt ist – nur mit ihrem Nettobetrag anzusetzen (s. im Einzelnen Rdn. 42 und 44).

7. Gerichtsgebühr. Mit der Einlegung des Rechtsmittels fällt in selbstständigen Familienstreitsachen die pauschale Verfahrensgebühr mit einem Gebührensatz von 4,0 in 2. Instanz (Nr. 1222 KV FamGKG; zu den Gebührensätzen in Verbundverfahren und selbstständigen FG-Familiensachen s. Übersicht Rdn. 73 und zu Beschwerden, die nicht den Hauptgegenstand betreffen Rdn. 74). Die Gebühr ermäßigt sich auf 1,0, wenn das oder die Rechtsmittel vor ihrer Begründung zurückgenommen werden. Die Erledigung des Rechtsmittelverfahrens bis zum Eingang der Rechtsmittelbegründung steht der Zurücknahme gleich, wenn keine streitige Entscheidung über die Kosten ergeht (s. zur Erläuterung s. Rdn. 86, *M. 7*. Ansonsten ermäßigt sich die Gebühr auf 2,0), wenn es vor Schluss der mündlichen Verhandlung und, wenn keine stattfindet, vor Ablauf des Tages, an dem die Entscheidung der Geschäftsstelle übermittelt wurde, zurückgenommen wird. Im Beschwerdeverfahren greift die Ermäßigung wie in 1. Instanz auch bei einer Entscheidung aufgrund eines Anerkenntnisses oder Verzichts und bei Erledigung des Rechtsmittelverfahrens durch gerichtlichen Vergleich oder sonstige Erledigung der Hauptsache, wenn keine streitige Kostenentscheidung ergeht (s. o.). Voraussetzung ist, dass sich das gesamte Verfahren mindestens vor Schluss der mündlichen Verhandlung oder dem ihr gleichgesetzten Zeitpunkt auf die vorgenannte Weise erledigt hat. Bei wechselseitig eingelegten Rechtsmitteln greift eine Ermäßigung daher nur, wenn sie beide Rechtsmittel betrifft (OLG München, NJW-RR 2005, 1016). Im Beispielsfall wurde der gesamte Verfahrensgegenstand durch Vergleich erledigt, sodass nur eine 2,0 Verfahrensgebühr anfällt.

III. Abrechnung in Verbundverfahren

1. Besonderheiten

In den Verbundverfahren (§ 137 Abs. 1 FamFG) bilden die Scheidung bzw. Aufhebung der Lebens-partnerschaft und die Folgesachen eine Angelegenheit (s. § 16 Nr. 4 RVG). Aus dem Verfahrensverbund folgt auch ein **Kostenverbund, in dem** die Gebühren nur einmal verlangt (§ 15 Abs. 2 RVG) bzw. erhoben werden (§ 29 FamGKG) können. Die Werte der einzelnen Verfahrensgegenstände werden zusammengerechnet (§§ 44 Abs. 1 i. V. m. 33 Abs. 1 FamFG, §§ 22 und 23 Abs. 1 RVG).

88

In der **Rechtsmittelinstanz** gilt der Verfahrens- und damit auch der Kostenverbund in gleicher Weise, allerdings beschränkt auf die angegriffenen Verfahrensgegenstände. Wenn nur Folgesachen angegriffen werden, besteht der Verbund zwischen diesen weiter (BGH, FamRZ 1983, 693). Der Gebührenwert ist weiterhin nach den für den Verbund geltenden Regeln zu bemessen und ggf. zusammenzurechnen (OLG Karlsruhe, FamRZ 2006, 631). Wird mit der Beschwerde gegen den Scheidungsausspruch hilfsweise auch der Folgenausspruch angegriffen, so bestimmen die Folgesachen den Verfahrenswert nur dann mit, wenn über sie entschieden wird (§ 39 Abs. 1 Satz 2 FamGKG; OLG Hamm, FamRZ 1997, 41; a. A. OLG Koblenz, JurBüro 1987, 1200).

Der Kostenverbund bleibt auch erhalten, wenn eine **Folgesache** vom Verbund nach §§ 140 Abs. 1 und Abs. 2 Nr. 1, 2, 4 und 5 FamFG **abgetrennt** und über die Scheidung vorab entschieden wird. In diesen Fällen behält das abgetrennte Verfahren nicht nur verfahrensrechtlich (vgl. § 137 Abs. 5 Satz 1 FamFG), sondern auch gebührenrechtlich seinen Charakter als Folgesache. Anders ist es bei der (echten) **Abtrennung** einer Folgesache und ihrer Fortführung als selbstständige Familiensache (s. a. § 150 Abs. 5 Satz 2 FamFG, sowie zu den Gebühren bei Verfahrenstrennung und -verbindung Rdn. 90 ff.).

2. Muster: Abrechnung Scheidungsverbundverfahren (mit Teilermäßigung)

Sachverhalt: Das vom Anwalt der Ehefrau eingeleitete Scheidungsverfahren ist mit Versorgungs-ausgleich, Zugewinnausgleich und Haushaltssachen rechtshängig. Dann gibt es Streit über den Aufenthalt des gemeinsamen Kindes. Der Anwalt der Ehefrau reicht im Verbund Kindesunterhalts-und Sorgerechtsantrag ein. Noch bevor der Anwalt des Ehemannes hierauf erwidert, einigen sich die Ehegatten ohne Beteiligung der Anwälte auf einen Wechsel des Kindes zum Vater, der Anwalt des Ehemannes nimmt daraufhin die beiden Anträge zurück. Im Scheidungstermin einigen sich die Beteiligten nach Antragstellung über den Zugewinn und die Haushaltssache; über ES und VA entscheidet das Gericht:

89

▶ Muster: Kostenabrechnung in Verbundverfahren (mit Teilermäßigung)

Abrechnung

Verfahrenswert: 29.344,00 €[1]

– Scheidung 8.100,00 €, Versorgungsausgleich (3 x 10 % von 9.000 €) 2.700,00 €, Kindesunterhalt 3.924,00 €, Zugewinn 10.000,00 €, Haushaltssache 3.000,00 €, Sorgerecht (20 % von 8.100 €) 1.620,00 €–

Antragsstellervertreter

1,3 Verfahrensgebühr aus 29.344,00 €[2]	(VV 3100)	1.121,90 €
1,2 Terminsgebühr aus 23.800,00 €[3]	(VV 3104)	945,60 €
1,0 Einigungsgebühr aus 13.000,00 €[4]	(VV 1000)	604,00 €
Post- und Telekommunikationspauschale[5]	(VV 7002)	20,00 €
insgesamt		2.691,50 €
19 % Umsatzsteuer[6]	(VV 7008)	511,39 €
Vergütung		3.202,89 €

Antragsgegnervertreter

1,3 Verfahrensgebühr aus 23.800,00 €[2]	(VV 3100)	1.024,40 €	
0,8 Verfahrensgebühr aus 5.544,00 €	(VV 3101)	283,20 €	
begrenzt auf 1,3 aus 29.344,00 € (§ 15 Abs. 3 RVG)			
1,2 Terminsgebühr aus 23.800,00 €[3]	(VV 3104)		945,60 €
1,0 Einigungsgebühr aus 13.000,00 €[4]	(VV 1000)		604,00 €
Post- und Telekommunikationspauschale[5]	(VV 7002)		20,00 €
insgesamt			2.691,50 €
19 % Umsatzsteuer[6]	(VV 7008)		511,39 €
Vergütung			3.202,89 €

Gericht[7]

2,0 Verfahrensgebühr aus 10.800,00 €	(KV 1110)	534,00 €
0,5 Verfahrensgebühr aus 18.544,00 €	(KV 1111)	159,50 €
		693,50 €

Kontrolle (§ 30 Abs. 2 FamGKG): 2,0 aus 29.344,00 € = 812,00 € nicht erreicht

1. Wert. Der Wert für die Ehescheidung richtet sich gem. § 43 FamGKG nach dem 3-Monatseinkommen der Eheleute als Ausgangswert (hier 9.000 €), von dem Belastungen für den Kindesunterhalt – hier mit 300 € mtl. - abgezogen werden können; ggf. ist anrechenbares Vermögen hinzuzurechnen (s. Rdn. 124). Für den Versorgungsausgleich ist nach § 50 FamGKG für jedes Anrecht 10 % des 3-Monatseinkommens ohne Abschlag für den Kindesunterhalt zu nehmen (s. Rdn. 166), hier also: 30 % von 9.000,00 €. Der Wert des Sorgerechts beträgt, unabhängig von der Kinderzahl, regelmäßig 20 % des Werts der Ehesache (s. § 43 Abs. 2, 3 FamGKG und Rdn. 152). Wenn Unterhalt im Scheidungsverbund geltend gemacht wird, handelt es sich regelmäßig um künftigen laufenden Unterhalt, der nach seinem Jahresbetrag zu bemessen ist (§ 51 Abs. 1 FamGKG, s. Rdn. 158). Werden dennoch Rückstände (aus der Zeit vor Einreichung des Antrags) verlangt, so sind sie unbeschadet ihrer Zulässigkeit hinzuzurechnen, da allein der gestellte Antrag maßgeblich ist. Der Wert des Zugewinns richtet sich nach dem verlangten Betrag (zur Stufenantrag s. Rdn. 153). Für eine Haushaltssache (Hausrat) ist ein relativer Festwert von 3.000,00 € bestimmt, der bei Unbilligkeit im Einzelfall herab- oder heraufgesetzt werden kann (s. Rdn. 141).

Sämtliche Werte sind grds. **zusammenzurechnen** (§§ 33 Abs. 1 i. V. m. § 44 Abs. 1 FamGKG, s. o. Rdn. 88). § 33 Abs. 1 Satz 2 FamGKG, wonach eine Zusammenrechnung von nichtvermögens- mit einem aus ihm hergeleiteten vermögensrechtlichen Anspruch unterbleibt, gilt im Verbundverfahren nicht (§ 44 Abs. 2 Satz 2 FamGKG). Der Wert einer Folgesache, die ihrerseits mehrere Ansprüche beinhaltet, z. B. einen Stufenantrag, beurteilt sich in Bezug auf deren Zusammenrechnung wie in selbstständigen Verfahren (s. Rdn. 174 und zum Stufenantrag Rdn. 153). Eine Zusammenrechnung unterbleibt im Allgemeinen, wenn die Gegenstände wirtschaftlich identisch sind oder mit ihnen dasselbe Ziel verfolgt wird. Deshalb werden wechselseitige Scheidungsanträge nicht addiert; anders ist es dagegen, wenn mit einem Scheidungsantrag ein Antrag auf Aufhebung der Ehe (hilfsweise) oder als Gegenantrag verbunden ist (str.). Unter bestimmten Umständen ist es notwendig **Teilwerte** zu bilden; einmal wenn für eine Gebühr unterschiedliche Gebührensätze anfallen (s. u. Rdn. 89, *M. 2* und *M. 7*), zum anderen für die anwaltliche Termins- oder die Einigungsgebühr, wenn sie nur für Teile des gesamten Verfahrens anfällt (s. u. Rdn. 89, *M. 3 f.*).

2. Verfahrensgebühr. Die volle Verfahrensgebühr nach Nr. 3100 VV oder in den Rechtsmittelinstanzen nach Nr. 3200 oder 3206 VV steht dem Anwalt erst zu, wenn er bei Gericht einen Sachantrag (z. B. Klage- oder Abweisungsantrag einreicht, Rechtsmittel einlegt oder Anträge zurücknimmt) zur Sache vorträgt oder einen in dieser Angelegenheit bestimmten gerichtlichen Termin wahrnimmt (s. Rdn. 86, *M. 2*). Bis dahin erwächst mit der Annahme des Auftrags und Entgegennahme der Information nur die ermäßigte Gebühr.

In Verbundverfahren werden **Folgesachen** häufig erst anhängig gemacht, nachdem bereits das Scheidungsverfahren rechtshängig ist. Das gilt insb. für den Zugewinnausgleich, dessen Stichtag durch die Rechtshängigkeit des Scheidungsantrags bestimmt wird (§ 1384 BGB), und für Anträge des Antragsgegners. Ab Eingang des jeweiligen Antrags erhöht sich der Verfahrenswert und damit auch die Verfahrensgebühr um den Wert der jeweiligen Folgesache (s. dazu Rdn. 117 ff.). Das gilt allerdings nicht mehr, wenn das Gericht eine verspätet beantragte Folgesache abtrennt (s. Rdn. 91). In Amtsverfahren wie dem **Versorgungsausgleich** kommt es auf die erste auf Durchführung des Verfahrens gerichtete, nach außen wirkende Maßnahme des Gerichts an (BGH, FamRZ 1993, 176; s. dazu ausführlich Schulte-Bunert/Weinreiche/*Keske*, FamGKG § 50 Rn. 4). Das gilt sowohl in den Fällen, in denen das Gericht nur gem. § 8 VersAusglG die Wirksamkeit einer von den Eheleuten geschlossenen Vereinbarung kontrolliert, als auch im Fall der Einleitung eines nur auf die Feststellung nach § 224 Abs. 3 FamFG gerichteten besonderen Verfahrens bei kurzer Ehezeit (vgl. Keske FPR 2012, 241, 245 und zum Verfahrenswert vgl. Rdn. 166). **Kindschaftssachen** werden erst mit ihrer (auch konkludenten) Einbeziehung durch das Gericht anhängig (§ 137 Abs. 3 FamFG). Weist es einen entsprechenden Antrag der Eltern zurück, ist das Verfahren als selbstständige FG-Familiensache abzurechnen.
- **A:** Dem Anwalt der Ehefrau (Antragstellervertreter) steht im Beispiel die Verfahrensgebühr mit einem Satz von 1,3 nach Nr. 3100 VV aus dem Gesamtstreitwert von 29.344,00 € zu. Diese hat er sukzessive erst durch die Einreichung der das Verfahren einleitenden Antragsschrift, dann den Antrag zum Zugewinn und Hausrat und später den zum Sorgerecht und Kindesunterhalt verdient. Der Umstand, dass die Verfahrensgegenstände anschließend prozessual unterschiedliche Verläufe nehmen, wirkt sich auf die einmal verdiente Gebühr nicht aus.
- **B:** Der Anwalt des Ehemannes (Antragsgegnervertreter) hatte zum Unterhalt und Sorgerecht zwar Verfahrensauftrag, aber bis zur Rücknahme der Anträge noch keinen Schriftsatz bei Gericht

eingereicht. Er verdient deshalb aus den Werten dieser Folgesachen (zusammen 5.544,00 €) nach Nr. 3101 Nr. 1 VV nur die ermäßigte Verfahrensgebühr (s. dazu Rdn. 86, *M. 2*). Sind für Teile des Verfahrensgegenstands unterschiedliche Gebührensätze anzuwenden, sind nach § 15 Abs. 3 RVG die Gebühren aus den jeweiligen Gegenstandswerten getrennt zu errechnen. Im Beispiel ergibt die Summe der beiden Verfahrensgebühren aus den Teilwerten 1.307,60 €, während sich eine volle Gebühr nach VV 3100 aus dem Gesamtwert nur auf 1.121,90 € beläuft. Da mit der getrennten Berechnung nur eine Reduzierung, aber keine Erhöhung der vollen Gebühr beabsichtigt ist, begrenzt § 15 Abs. 3 Halbs. 2 RVG die Verfahrensgebühr auf die volle Gebühr aus dem gesamten Verfahrenswert.

3. Terminsgebühr. Die anwaltliche Terminsgebühr (Nr. 3104 VV) beträgt in der 1. und 2. Instanz einheitlich 1,2 der sich aus der Werttabelle ergebenden Gebühr. Sie erwächst für die Vertretung in einem Verhandlungs-, Erörterungs-, Anhörungs- oder Beweisaufnahmetermin, ohne dass es darauf ankommt, ob in dem Termin Anträge gestellt werden oder die Sache erörtert wird. Vielmehr genügt es, dass der Rechtsanwalt mit der Bereitschaft zu verhandeln den Termin wahrnimmt (s. dazu und zu den Ermäßigungstatbeständen Rdn. 86, *M. 3*). Sie entsteht jeweils nur aus dem Wert der Gegenstände, für deren Verhandlung der Termin anberaumt wurde oder die (zusätzlich) in ihm erörtert wurden. Das sind hier die insgesamt noch anhängigen Verfahrensgegenstände, d. h. von dem gesamten und für die Verfahrensgebühr maßgeblichen Verfahrenswert (29.344,00 €), sind die bereits durch Rücknahme erledigten Folgesachen (zusammen 5.544,00 €) abzuziehen, sodass der Wert für die Terminsgebühr beider Anwalte 23.800,00 € beträgt. In Verbundverfahren ist es nicht selten, dass vor der das Verfahren abschließenden mündlichen Verhandlung vorbereitende Termine in einzelnen Folgesachen stattfinden. Grds. entsteht die Terminsgebühr dann für jeden der isolierten Termine gesondert. Sie kann aber insgesamt nur einmal und max. in der sich aus dem Gesamtwert ergebenden Höhe beansprucht werden (§ 15 Abs. 2 Satz 1 RVG). Anders ist es, wenn der Anwalt nur an einzelnen Terminen, etwa als Terminvertreter (s. dazu FA-FamR/*Keske*, Kap. 17 Rn. 320), teilgenommen hat. Vor allem bei einer Vielzahl von Folgesachen im Scheidungsverbund kann es vorkommen, dass wenigstens drei Termine stattfinden, in denen Sachverständige oder Zeugen vernommen oder angehört werden. In diesem Fall erwächst dem Anwalt nach der mit dem 2. KostRMoG neu eingeführten Nr. 1010 VV eine **Zusatzgebühr für umfangreiche Beweisaufnahmen** in Höhe von 0,3 - bei Rahmengebühren erhöhen sich die Mindest- und Höchstbeträge um 30 % - (s. dazu *Enders* JurBüro 2013, 449). Aus der Vorschrift ergibt sich nicht, dass sich die umfangreiche Beweiserhebung auf ein und denselben Gegenstand beziehen muss. Deshalb fällt sie i. E. auch an, wenn die Beweistermine in unterschiedlichen Folgesachen abgehalten werden. Dann errechnet sich die Zusatzgebühr aus den zusammengerechneten Werten der betroffenen Verfahrensgegenstände.

4. Einigungsgebühr. Zusätzlich zur Verfahrens- und Terminsgebühr entsteht in allen Verfahren eine Einigungsgebühr, wenn es unter Mitwirkung des Anwalts zu einer erfolgreichen Einigung kommt (Erfolgsgebühr s. dazu Rdn. 101). Auch Einigungen, die nicht unmittelbar verfahrenserledigende Wirkung haben wie solche in Kindschaftssachen können, wenn sie bestätigt werden oder Grundlage einer gerichtlichen Entscheidung wurden, eine Einigungsgebühr auslösen. Es muss sich aber immer um ein wechselseitiges Nachgeben handeln, der reine Verzicht oder das vollumfängliche Zugeständnis eines Anspruchs reicht nicht (s. dazu ausführlich Rdn. 98 ff.). Für Einigungen über verfahrensgegenständliche Angelegenheiten beträgt die Einigungsgebühr im ersten Rechtszug 1,0 (Nr. 1003 VV) und in den höheren Instanzen 1,3 (Nr. 1004 VV). Bei Einigung über nicht in einem gerichtlichen Verfahren anhängige Gegenstände beträgt sie 1,5 (Nr 1000 VV). Die Einigungsgebühr erwächst immer aus dem Wert des Gegenstands, der verglichen wird und nicht aus dem Betrag, auf den man sich geeinigt hat (s. Rdn. 133). Das sind im Beispiel der Zugewinnausgleich und die Haushaltssache mit zusammen 13.000,00 €.

5. Auslagen. Auslagen, die dem Anwalt zur Erfüllung des Auftrags erwachsen, sind grds. als allgemeine Geschäftsunkosten durch die pauschalen Gebühren abgegolten. Ausgenommen sind neben Ansprüchen auf Aufwendungsersatz nur die in Teil 7 des VV abschließend aufgeführten Auslagen (s. o. Rdn. 38 ff.). Dazu gehören insb. Auslagen für Post- und Telekommunikationsdienstleistungen.

Wenn sie nicht konkret erfasst und abgerechnet werden, können sie pauschal mit 20 % der Nettogebühren, höchstens aber mit 20,00 €, erhoben werden (s. Rdn. 39).

6. USt. Nach Nr. 7008 VV ist die auf die Gebühren und Auslagen (!) nach § 10 UStG anfallende
USt zu erstatten, es sei denn, der Anwalt ist als Kleinunternehmer von der USt befreit. Siehe dazu
im Einzelnen Rdn. 44.

7. Gerichtskosten. Die gerichtlichen Kosten setzen sich wie bei der Anwaltsvergütung aus Gebühren
und Auslagen zusammen. Soweit Letztere nicht in Teil 2 des KV gesondert benannt sind, werden
sie durch die pauschale Verfahrensgebühr abgegolten (s zu den einzelnen Auslagen o. Rdn. 80). Für
das Verbundverfahren fallen **pauschale Verfahrensgebühren** nach Nr. 1110 ff. KV FamGKG an, die
im Verhältnis zu den Gebühren in Familienstreitsachen in allen Instanzen grds. geringer ausfallen
(s. Übersicht Rdn. 73). Diese Gebühren gelten nicht nur für die Ehesache selbst, sondern auch für
sämtliche Folgesachen. Damit sind die Gebühren für Familienstreitsachen im Verbund grds. niedriger als in selbstständigen Verfahren, bei den Kindschaftssachen dagegen höher. Durch die notwendige **Wertaddition** (s. o. Rdn. 88) kommt es aber regelmäßig zu einer erheblichen Reduzierung der
gerichtlichen Gebühren, wenn Folgen der Scheidung im Verbund anhängig gemacht statt isoliert
geführt werden.

Im Gegensatz zu den selbstständigen Verfahren kann sich im Verbundverfahren auch die Gebühr
für die Ehesache oder einzelne Folgesachen **ermäßigen**, soweit diese sich vorzeitig oder mit wenig
Aufwand erledigen, z. B. durch Rücknahme des Antrags, Erledigung der Hauptsache, Vergleich, bei
Entscheidungen, die auf einem Anerkenntnis oder Verzicht beruhen oder die wegen eines Rechts-
mittelverzichts keiner Begründung bedürfen, vgl. Nr. 1111 KV FamGKG und zu den einzelnen
Ermäßigungstatbeständen Rdn. 86, *M. 7* und für die Rechtsmittelinstanz Rdn. 87, *M. 7*. Die aus
dem GKG in FamGKG übernommenen Ermäßigungsregeln für Familienstreitsachen gelten für das
Scheidungsverbundverfahren in modifizierter Form. So ist die Ermäßigung bei Rücknahme nicht
davon abhängig, dass keine streitige Kostenentscheidung ergehen muss. Denn nach der speziellen
Kostenregelung in § 150 Abs. 2 FamFG ist in Verbundverfahren bei Rücknahme eines Antrags immer v.A.w. über die Kosten zu entscheiden. Das gilt zwar auch, wenn sich der Scheidungsantrag
selbst erledigt, z. B. durch Versöhnung oder Tod eines Ehegatten (§ 131 FamFG). Dennoch darf
auch in Verbundverfahren im Fall der Erledigung das Gericht keine, oder nur eine Kostenentscheidung getroffen haben, die entweder dem Vorschlag der Beteiligten oder einer Kostenübernahmeerklärung folgt (Nr. 1111 Nr. 4 KV FamGKG). Eine weitere Besonderheit besteht für die Ermäßigung in der Scheidungssache selbst. Bei ihr tritt eine Ermäßigung nach Nr. 1111 Nr. 2 KV FamGKG
auch dann nicht ein, wenn die bei der Verkündung der Entscheidung anwesenden Beteiligten auf
Rechtsmittel und ggf. Anschlussrechtsmittel verzichten, und zwar auch dann, wenn damit das gesamte Verfahren rechtskräftig abgeschlossen wird (BT-Drucks. 16/6308, S. 309).

In Scheidungsverbundverfahren wird die gerichtliche Verfahrensgebühr für den Scheidungsantrag
gem. § 9 FamGKG mit der Einleitung des Verfahrens in 1. Instanz sofort in voller Höhe fällig und
ist **im Voraus zu bezahlen**, d. h. vor Zahlungseingang erfolgt i. d. R. keine Zustellung des Antrags
(§ 14 Abs. 1 FamGKG). Keine Vorauszahlungspflicht besteht nach § 14 Abs. 1 und 2 FamGKG für
Rechtsmittelanträge sowie für den Scheidungsantrag des Antragsgegners (Widerantrag) und die
Folgesachen im Scheidungsverbund, auch wenn sie nur auf Antrag eingeleitet werden. Die Vorauszahlung kann somit nur aus dem Wert der Scheidungssache bzw. der Ehesache verlangt werden
(Schulte-Bunert/Weinreiche/*Keske* § 12 bis § 17 FamGKG Rn. 6 m. w. N.). Dagegen kann in allen
Fällen ein **Vorschuss für die Auslagen** von demjenigen verlangt werden, der die Auslagen veranlasst
hat, und die gerichtliche Handlung, wenn sie nur auf Antrag vorzunehmen ist, von der vorherigen
Zahlung des Vorschusses abhängig gemacht werden (§ 16 FamGKG, s. a. Rdn. 80). Die Vorauszahlungspflicht für das Scheidungsverfahren entfällt mit der Bewilligung von Verfahrenskostenhilfe
(§ 15 Nr. 1 FamGKG). Dasselbe gilt für die Auslagen.

IV. Abtrennung und Einbeziehung von Folgesachen

1. Allgemeines

90 Die Trennung und Verbindung von Verfahren kommt in der Familiengerichtsbarkeit in unterschiedlichen Formen vor. So gibt es die »normale« Verfahrensverbindung und -trennung nach §§ 145, 147
ZPO, § 20 FamFG. Um eine normale Abtrennung nach § 145 ZPO handelt es sich auch, wenn eine
nicht verbundfähige Familiensache aus dem Scheidungsverbund abgetrennt wird (OLG Bamberg,
FamRZ 2001, 240; BGH, FamRZ 2007, 368; 1997, 811: der Antrag darf nicht als unzulässig zu-
rückgewiesen werden). Dasselbe gilt für die (notwendige) Abtrennung einer nicht rechtzeitig be-
antragten Folgesache (Keidel/*Weber* § 137 Rn. 20). Bei der Abtrennung von Folgesachen aus dem
Scheidungsverbund ist zwischen einer echten Lösung aus dem Verbund und einer Abtrennung unter
Beibehaltung der für den Verbund geltenden Verfahrensregeln zu differenzieren (vgl. § 137 Abs. 5
Satz 1 und 2 FamFG). Die jeweilige Trennungsform hat auch gebührenrechtlich unterschiedliche
Konsequenzen. Mit der echten Abtrennung eines Verfahrensteiles endet dessen prozessuale und
kostenrechtliche Zuordnung zu dem abgebenden Verfahren und es entsteht ein weiteres auch kostenrechtlich selbstständiges Verfahren. Bei der Verbindung oder der Einbeziehung einer selbstständigen Familiensache in den Scheidungsverbund erlischt formal eines der miteinander verbundenen
Verfahren und bildet fortan eine Kosteneinheit mit dem weitergeführten bzw. dem Verbundverfahren. Über die Kosten wird bei Abtrennung in jedem der beiden Verfahren und nur hinsichtlich
der dort (noch) anhängigen Gegenstände entschieden (s. dazu FA-FamR/*Keske*, Kap. 17 Rn. 326),
bei Verbindung einheitlich über sämtliche Gegenstände. Eine Zwischenabrechnung der bisher angefallenen Gebühren und Auslagen findet weder bei der Abtrennung noch bei der Verbindung von
Verfahren statt. Geleistete **Vorschüsse** werden im Fall der Verbindung in das weitergeführte Verfahren eingebracht. Im Fall der Trennung müssen sich die Kostenbeamten beider Verfahren über
die Aufteilung des Gerichtskostenvorschusses verständigen; infrage kommt eine quotale Aufteilung
nach Einzelwerten (OLG Nürnberg, OLGR 2005, 262; LG Essen, JurBüro 2012, 152) oder eine
vorrangige Anrechnung auf das Ursprungsverfahren (OLG München, MDR 1996, 642). Auch der
Anwalt kann zum Zeitpunkt der Verfahrensverbindung oder -trennung, sofern er in allen Verfahren
weiterhin tätig ist, mangels Fälligkeit noch keine Gebühren abrechnen, es sei denn, eines der Verfahren wird zeitgleich mit einer Kostenentscheidung beendet.

2. Echte Abtrennung

a) Besonderheiten

91 Echte kostenrechtliche Verfahrenstrennungen gibt es im Verbund nur bei der Abtrennung einer
Kindschaftsfolgesache (vgl. § 140 Abs. 2 Nr. 3 i. V. m. § 137 Abs. 5 Satz 2 FamFG) oder wenn nach
Rücknahme oder Abweisung des Scheidungsantrags eine Folgesache **als selbstständige Familiensache fortgeführt** wird (§§ 141 Satz 3, 142 Abs. 2 Satz 2 FamFG). Hinzu kommen für eine Übergangszeit die nach Art. 111 Abs. 4 FGG-RG aus dem Verbund abgetrennte Versorgungsausgleichsverfahren (BGH, FamRZ 2011, 635). Mit dem Abtrennungs- oder Fortführungsbeschluss endet
der verfahrensrechtliche Verbund und damit auch der Kostenverbund und es entfallen alle Wirkungen, die verfahrens- und kostenrechtlich an die Eigenschaft als Folgesache geknüpft sind. Die
kostenrechtliche Behandlung der selbstständig fortgeführten Folgesache hat der Gesetzgeber mit
dem FGG-RG erstmals sowohl für die Anwaltsgebühren in § 21 Abs. 3 RVG als auch für die Gerichtsgebühren in § 6 Abs. 2 FamGKG bestimmt. Wie bei Verweisungen (vgl. § 281 Abs. 3 ZPO,
§ 17b Abs. 2 GVG) sind die Kosten der als selbstständige Familiensachen fortgeführten Folgesache
als Kosten des fortgeführten Verfahrens zu behandeln. Daraus folgt einmal, dass im Scheidungsverfahren nur über die Kosten der Scheidung und der mit ihr noch verbundenen Folgesachen zu entscheiden und abzurechnen ist. Zum anderen stellt die Zuordnung der vor der Trennung vom Verbund angefallen Kosten zu denen des fortgeführten Verfahrens klar, dass die Verfahrensabschnitte
vor und nach der Trennung eine gebührenrechtliche Angelegenheit bzw. Kosteninstanz bilden. Die

Gebühren können gem. § 15 Abs. 2 Satz 1 RVG bzw. § 29 FamGKG nur einmal erhoben werden und richten sich nach den für das fortgeführte Verfahren als selbstständige Familiensache geltenden Gebührenvorschriften (vgl. VGH Bayern, NVwZ 2010, 663 für die Verweisung).

Von der Trennung an richten sich die **gerichtlichen Gebühren** für die abgetrennten oder fortgeführten Folgesachen nicht mehr nach Nr. 1110 ff. KV FamGKG, sondern für Familienstreitsachen nach Nr. 1220 ff. KV FamGKG, für die Kindschaftssachen nach Nr. 1310 ff. KV FamGKG und für sonstige FG-Sachen nach Nr. 1320 ff. KV FamGKG (s. Übersicht Rdn. 73). Für die Familienstreitsachen erhöht sich damit nach der Trennung die pauschale Verfahrensgebühr in 1. Instanz von bisher 2,0 auf 3,0. Außerdem wird sie sofort fällig (§ 9 FamGKG) und die Weiterführung des Verfahrens von der Zahlung abhängig gemacht werden (§ 14 Abs. 1 FamGKG). In Kindschaftssachen verringert sich dagegen der Gebührensatz, während er für sonstige FG-Sachen gleich bleibt. In beiden Fällen können, sofern es sich um reine Antragsverfahren handelt, ebenfalls Vorschüsse gem. § 14 Abs. 3 FamGKG angefordert werden. Für die **Anwaltsvergütung** verbleibt es seit Geltung des RVG zwar in allen Fällen bei den Gebühren nach VV 3100 ff.

Der **Wert** des fortgeführten Gegenstands ändert sich bei gleich bleibendem Verfahrengegenstand grds. nicht. Eine Ausnahme bilden die Kindschaftssachen, die im Scheidungsverbund lediglich den Wert der Ehesache erhöhen, während sie als selbstständige Familiensache mit einem (relativen) Festwert anzusetzen sind (s. Muster Rdn. 92). Ändert sich wie bei Fortführung von Folgesachen, die die Ehewohnung oder Haushaltssachen betreffen, nach Rücknahme des Scheidungsantrags der Verfahrensgegenstand, ändert sich auch der Gegenstandswert (vom Wert für den endgültigen Rechtsübergang auf den für die bloße Nutzung, s. dazu Rdn. 130, 141). In jedem Fall entfällt mit der echten Trennung aus dem Verbund die Pflicht zur Zusammenrechnung mit den Werten der Scheidung und den übrigen Folgesachen.

b) Muster: Abrechnung Scheidungsverbund bei Abtrennung einer Kindschaftssache

Sachverhalt: Aus dem Verbund (Scheidung, Versorgungsausgleich, Sorgerecht, Ehegattenunterhalt) wird in der mündlichen Verhandlung auf Antrag des Ehemannes die Sorgerechtssache, in der die Ehefrau die Übertragung der Alleinsorge erstrebt, gem. § 140 Abs. 2 Nr. 5 FamFG abgetrennt. Anschließend wird über die Scheidung und die übrigen Folgesachen verhandelt und in einer Verbundentscheidung die Ehe geschieden, sowie der Versorgungsausgleich und der Ehegattenunterhalt geregelt. In dem abgetrennten Verfahren wird etwa ein halbes Jahr später, nach erneuter mündlicher Erörterung unter Beteiligung beider schon im Scheidungsverfahren tätigen Anwälte, über die elterliche Sorge entschieden.

Abrechnung im Scheidungsverfahren[1]

Wert ohne elterliche Sorge: 31.000,00 €

Anwalt

1,3 Verfahrensgebühr (VV 3100)[2]	1.219,40 €
1,2 Terminsgebühr (VV 3104)	1.125,60 €
Post- und Telekommunikationspauschale	20,00 €
Zwischensumme	2.437,00 €
Umsatzsteuer	463,03 €
Vergütung	2.900,03 €

Gericht[3]

2,0 Gebühr (KV 1110)	882,00 €

Abrechnung im selbstständigen Sorgerechtsverfahren[4]

Wert 3.000,00 €

Anwalt

1,3 Verfahrensgebühr (VV 3100)[5]	261,30 €
1,2 Terminsgebühr (VV 3104)	241,20 €
Post- und Telekommunikationspauschale	20,00 €
Zwischensumme	522,60 €
Umsatzsteuer	99,29 €
Vergütung	621,89 €

Gericht[6]

0,5 Gebühr (KV FamGKG 1310)	54,00 €

1. Abrechnungsgrundsätze für das Scheidungsverfahren. Mit dem Abtrennungsbeschluss endet der Verbund mit der Kindschaftssache und (nur) insoweit auch dessen verfahrens- und kostenrechtlichen Wirkungen. Die für die Kindschaftssache während des Verbundes entstandenen Kosten sind bei der Kostenentscheidung und -abrechnung des Scheidungsverfahrens nicht mehr zu berücksichtigen. Sie sind nach § 21 Abs. 3 RVG und § 6 Abs. 2 FamGKG auch insoweit als Kosten des selbstständig fortgeführten Verfahrens zu behandeln, als sie vor der Trennung angefallen sind (s. u. Ziff. 4). Für die übrigen nicht abgetrennten Folgesachen besteht der verfahrens- und kostenrechtliche Verbund weiter. Das Scheidungsverfahren wird so abgerechnet, als sei die abgetrennte Kindschaftssache nie im Verbund gewesen (BT-Drucks. 16/6308, S. 301, 340). Daraus ergibt sich zum einen, dass das Verfahren über den abgetrennten Gegenstand (hier die Kindschaftssache) vor und nach der Trennung in Übereinstimmung mit den verfahrensrechtlichen Grundsätzen dieselbe gebührenrechtliche Angelegenheit bleibt und die Gebühren gem. § 15 Abs. 2 Satz 1 RVG bzw. § 29 FamGKG nur einmal erhoben werden können, und zum anderen, dass sie, wie im Fall der Horizontalverweisung, nach den für selbstständige Kindschaftsverfahren geltenden Vorschriften abgerechnet werden, wobei der Wegfall des Additionsgebots sich erst für die Zukunft auswirkt.

2. Anwaltsvergütung im Scheidungsverfahren. Die Abtrennung der Folgesache Sorgerecht aus dem Verbund bewirkt, dass aus einer Angelegenheit zwei werden. Das hat einmal zur Folge, dass die aus § 22 Abs. 1 RVG folgende Pflicht zur Zusammenrechnung aller Gegenstandswerte aus dem einmal erteilten Verfahrensauftrag entfällt und der Anwalt in beiden, nunmehr voneinander unabhängigen Verfahren, die Vergütung nach den jeweiligen Gegenstandswerten gesondert berechnen kann. Die Abrechnung der Vergütung für das Scheidungsverfahren beschränkt sich auf die Gegenstände, die im Scheidungsverbund verblieben sind, die allein auch Gegenstand der Kostenentscheidung des Scheidungsverfahrens sind (s. o. Rdn. 91). Nur die für diese verwirklichten Gebührentatbestände und angefallenen Auslagen können abgerechnet werden. Der Wert der abgetrennten Sorgerechtssache ist weder bei der Verfahrens- noch der Terminsgebühr zu berücksichtigen.

Die Abrechnungsreife tritt im Scheidungsverfahren unabhängig vom Verlauf der Kindschaftssache und damit in den beiden Verfahren zu unterschiedlichen Zeitpunkten ein. Die Abtrennung selbst führt noch keine Abrechnungsreife eines der Verfahren herbei. Mit dem Trennungsbeschluss tritt weder eine Verfahrensbeendigung ein, noch enthält er eine Kostenentscheidung, die eine Fälligkeit bewirken könnte (§ 8 Abs. 1 RVG).

3. Gerichtsgebühren. Die gerichtlichen Gebühren (hier nach Nr. 1110 KV FamGKG) und ggf. Auslagen sind nach der Abtrennung der Kindschaftssache ebenfalls nur aus dem Wert des Scheidungsverbundverfahrens ohne Berücksichtigung der abgetrennten Folgesache zu erheben. Die Abrechnung der auf die abgetrennte Kindschaftssache entfallenen Kosten erfolgt im Kindschaftsverfahren nach dessen Abschluss.

4. Abrechnungsgrundsätze im abgetrennten Verfahren. Bei Abtrennung einer Kindschaftsfolge-sache vom Verbund wird das abgetrennte Verfahren gem. § 137 Abs. 5 Satz 2 FamFG als selbst-ständige FG-Familiensache fortgeführt. Die während des Verbunds entstandenen Kosten sind nach § 21 Abs. 3 RVG und § 6 Abs. 2 FamGKG als Kosten des selbstständig fortgeführten Verfahrens zu behandeln. Über sie wird einheitlich in dem Sorgerechtsverfahren nach den §§ 81 ff. FamFG ent-schieden (§ 150 Abs. 5 Satz 2 FamFG). Das abgetrennte Verfahren bildet mit dem bisherigen, so-weit es den abgetrennten Gegenstand betrifft, sowohl verfahrensrechtlich als auch kostenrechtlich dieselbe Instanz, mit der Folge, dass die Gebühren gem. § 15 Abs. 2 RVG bzw. § 29 FamGKG nur einmal erhoben werden können. Die bereits im Verbund erwachsenen Ansprüche auf Auslagenersatz und auf Gebühren aus bereits verwirklichten Gebührentatbeständen bleiben in jedem Fall erhal-ten (HK-FamGKG/*Schneider* § 6 Rn. 44). Die Gebühren werden nach den für das neue Verfahren geltenden Sätzen und nach dem Einzelwert für selbstständige Kindschaftssachen (§ 45 FamGKG s. Rdn. 152) berechnet.

5. Anwaltsvergütung in der Kindschaftssache. Mit der verfahrensmäßigen Trennung und Verselbst-ständigung der Kindschaftssache sind die Gebühren aus den jeweiligen Werten der beiden neben-einander bestehenden Verfahren getrennt abzurechnen (OLG Schleswig, FuR 2006, 141 m. w. N.; Gerold/Schmidt/*Mayer* § 21 Rn. 16; *Schneider* NJW-Spezial 2008, 635). Anders ist es nur, wenn der im Verbundverfahren mandatierte Anwalt im abgetrennten Verfahren nicht mehr tätig wird. Dann bleibt sein Gebührenanspruch auf die aus dem Gesamtwert des (ungetrennten) Verbundes ange-fallene Gebühr beschränkt. Ansonsten werden die weiterhin in beiden Verfahren tätigen Anwälte häufig, wie im Beispielsfall, durch dessen Weiterbetrieb auch den Gebührentatbestand für die Ver-fahrensgebühr und die Terminsgebühr in dem abgetrennten Verfahren nochmals ausfüllen, die dann auch unproblematisch mit dem geänderten Verfahrenswert (s. u.) bei Fälligkeit abgerechnet werden kann, da es gerade in Kindschaftssachen im Allgemeinen nach der Abtrennung nochmals zu einem Erörterungstermin kommen wird, durch dessen Wahrnehmung auch die volle Verfahrensgebühr anfällt. Unklar ist dagegen, wie abzurechnen ist, wenn ein Termin nur vor der Abtrennung stattge-funden hat. Da nach der Begründung zu § 21 Abs. 3 RVG die Abrechnung der abgetrennten Folge-sache so vorzunehmen ist, als sei sie nie im Verbund gewesen (BT-Drucks. 16/6308, 301, 340) und die Verfahrensabschnitte vor und nach der Trennung eine gebührenrechtliche Angelegenheit bilden, reicht die Erfüllung des Gebührentatbestandes vor der Abtrennung grundsätzlich aus, um eine volle Verfahrensgebühr und eine Terminsgebühr aus dem Wert des selbstständigen Verfahrens abzurech-nen (vgl. Gerold/Schmidt/*Mayer* § 21 Rn. 16). Für ein Wahlrecht wie vielfach angenommen (z. B. Bischoff/*Jungbauer* § 21 Rn. 45) besteht weder Veranlassung noch ein Bedürfnis. Wurde fälschlicher-weise bereits ein Teil der Kosten der Sorgerechtssache mit den Kosten des Scheidungsverfahrens fest-gesetzt oder ausgeglichen, ist der (überschießende) Betrag anzurechnen (OLG Zweibrücken, FamRZ 2012, 1413; OLG Oldenburg, NJW 2011, 1614 für einen in Übergangsfällen abgetrennten VA).

Wie vor der FGG-Reform ändert sich bei der Trennung einer Kindschaftssache aus dem Verbund ihr **Gegenstandswert** (FA-FamR/Keske, Kap. 17 Rn. 285; vgl. zur bisherigen Rechtslage: OLG Köln, FamRZ 2007, 647 m. w. N.). Als selbstständige Familiensache wird er nicht mehr in Abhängigkeit vom Wert der Ehesache bestimmt (s. Rdn. 152), sondern nach § 45 FamGKG. Danach gilt im abge-trennten Verfahren statt eines Bruchteils (2/10) des Wertes der Ehescheidung nunmehr der relative Festwert von 3.000,00 €. Das führt in der Mehrzahl der Fälle zu einer Erhöhung des Wertes, die sich wegen der Anbindung an den gerichtlichen Gegenstandswert (§ 23 Abs. 1 RVG) unmittelbar auch auf die Höhe der Anwaltsvergütung auswirkt.

6. Gerichtsgebühren in der Kindschaftssache. Auch nach dem FamGKG fallen, wie vor der FGG-Reform, nach der Abtrennung einer Kindschaftssache oder bei Fortführung anderer Folgesachen als selbstständige Familiensachen nach wie vor unterschiedliche Gerichtsgebühren an. Von der Tren-nung an richten sich die gerichtlichen Gebühren für die nunmehr selbstständigen Folgesachen nicht mehr nach Nr. 1110 ff. KV FamGKG, sondern allein nach den für isolierte Verfahren geltenden Gebührensätzen (s. o. Rdn. 91). Für eine abgetrennte Kindschaftssache verringert sich damit die pauschale Verfahrensgebühr von 0,2 (Nr. 1110 KV FamGKG mit Ermäßigungsmöglichkeit) auf 0,5

(Nr. 1310 KV FamGKG ohne Ermäßigungsoption). Gleichzeitig verändert sich auch der Gebührenwert (s. o. Nr. 5). Die sich aus dem neuen Wert ergebende Gebühr ist sofort fällig und kann als auch angefordert werden. Nach der Ergänzung des Gebührentatbestands durch das 2. KostRMoG kann der weitere Fortgang des Verfahrens grundsätzlich auch von ihrer Vorausleistung (§ 14 Abs. 3 FamGKG) abhängig gemacht werden (*Keske* FuR 2013, 546, 550).

3. Unechte Abtrennung einer Folgesache

Muster: Abrechnung Scheidungsverbund bei unechter Abtrennung von Folgesachen

93   **Sachverhalt:** In einem nach dem 31.08.2009 eingeleiteten Scheidungsverfahren der Eheleute M und F wird nach mündlicher Verhandlung über Ehescheidung und Versorgungsausgleich der Versorgungsausgleich nach § 140 Abs. 2 Nr. 4 FamFG abgetrennt und die Ehe vorab geschieden. Im Scheidungsbeschluss werden die Kosten gegeneinander aufgehoben. 10 Monate später entscheidet das Gericht über den Versorgungsausgleich und hebt ebenfalls die Kosten gegeneinander auf. Anwalts- und Gerichtskosten werden jeweils getrennt abgerechnet.

1. Abrechnung Scheidungsverfahren

Wert ohne Versorgungsausgleich: 9.000,00 €[1]

Anwaltsgebühren[2]:

1,3 Verfahrensgebühr (VV 3100)	659,10 €
1,2 Terminsgebühr (VV 3104)	608,40 €
Post- und Telekommunikationspauschale	20,00 €
Zwischensumme	1.287,50 €
Umsatzsteuer	244,63 €
Vergütung	1.532,13 €

Gerichtsgebühren:

2,0 Gebühr (KV 1210)	444,00 €

2. Abrechnung nach Versorgungsausgleich[3]

Wert VA: 2.700,00 €

Gesamtwert: (ES) 9.000,00 € + (VA) 2.700,00 € = 11.700,00 €

Anwaltsgebühren[4]:

1,3 Verfahrensgebühr aus 11.700,00 € (VV 3100)	785,20 €
1,2 Terminsgebühr aus 11.700,00 € (VV 3104)	724,80 €
Post- und Telekommunikationspauschale	20,00 €
Gesamte Gebühren und Auslagen	1.530,00 €
Abzüglich bereits zu 1. abgerechneter Gebühren und Auslagen	1.287,50 €
Restanspruch netto	242,50 €
darauf Umsatzsteuer	46,08 €
Restvergütung	288,58 €

Gerichtsgebühren:

2,0 Gebühr aus 11.700 € (KV 1210)	534,00 €

Abzüglich bereits zu 1. abgerechneter	<u>444,00 €</u>
Restanspruch	90,00 €

1. Abrechnungsgrundsätze. Folgesachen, die nicht Kindschaftssachen oder noch nach altem Recht aus dem Scheidungsverbund abgetrennte Versorgungsausgleichsachen sind, behalten ihre Eigenschaft als Folgesache auch nach der Abtrennung (§ 137 Abs. 5 Satz 1 FamFG). Das gilt nach der Gesetzesbegründung sowohl in den Fällen des § 140 Abs. 1 FamFG, als auch für eine nach Abs. 3 abgetrennte Unterhaltsfolgesache (BT-Drucks. 16/6308, S. 231). Auch ein Versorgungsausgleich, der aus einem ab dem 01.09.2009 eingeleiteten Scheidungsverfahren abgetrennt wird, verliert seine Eigenschaft als Folgesache nicht (OLG Nürnberg, FamFR 2013, 400; zur Übergangsregelung s. *Keske* FuR 2010, 554). Im Grunde handelt es sich bei dieser Art von Abtrennung um eine Vorabentscheidung durch Teilbeschluss (wie bei § 302 ZPO). Die abgetrennten Folgesachen stehen weiterhin im Kostenverbund mit der Scheidung und den übrigen nicht abgetrennten Folgesachen. Werden mehrere Folgesachen abgetrennt, stehen sie auch untereinander weiterhin im Verbund (§ 137 Abs. 5 Satz 1 FamFG). Anders als bei einem Teilbeschluss kann zwar wie bei der echten Abtrennung (s. o. Rdn. 90) in beiden Verfahren gesondert über die Kosten entschieden werden, aber auch im abgetrennten Verfahren noch nach den Vorschriften über den Scheidungsverbund. Sie können dann auch getrennt abgerechnet werden (s. u.). Kostenrechtlich handelt es sich aber um eine Angelegenheit, sodass letztlich nicht mehr Kosten abgerechnet werden dürfen, als ohne die Trennung angefallen wären! Die gerichtlichen Gebühren richten sich insgesamt nach Sätzen, die für die Ehescheidung und Folgesachen gelten (Nr. 1110 ff. KV FamGKG) und die Verpflichtung zur Zusammenrechnung der Gegenstandswerte bleibt sowohl für die Gerichts- als auch die Anwaltskosten auch nach der Trennung bestehen (OLG Nürnberg, FamFR 2013, 400; OLG Dresden, FamRZ 2002, 1415 zur Abtrennung nach § 628 ZPO).

2. Gebühren im Scheidungsverfahren. Sobald die Entscheidung über die Ehescheidung oder ggf. eine zeitlich davor in einem abgetrennten Verfahren ergangene Endentscheidung mit einer Kostenentscheidung versehen ist, führt dies zur Fälligkeit der Anwaltsvergütung (§ 8 Abs. 1 RVG) und zur Berechtigung der Schlussabrechnung für die Gerichtskosten (§ 11 Abs. 1 Nr. 1 FamGKG). Das ermöglicht eine Teilabrechnung der Gebühren hinsichtlich der Gegenstände, über deren Kostentragung entschieden wurde. Das sind regelmäßig nur die Gegenstände, über die in der Entscheidung sachlich befunden wurde (OLG München, NJW-RR 1999, 146), bei einer Vorabentscheidung über die Scheidung also nicht über die abgetrennten Folgesachen. Der Rechtszug ist auch nur insoweit beendet. Es kann daher, wie im Beispiel, der ersten Abrechnung nur die Scheidungssache und die mit ihr entschiedenen Folgesachen nach deren zusammengerechnetem Wert, ohne Berücksichtigung des Wertes des abgetrennten Versorgungsausgleichs, zugrunde gelegt werden. Das gilt sowohl für die Anwaltsvergütung als auch für die Gerichtskosten. Beide berechnen sich nur nach dem Wert der Ehesache, hier 9.000,00 €. **Beachte:** Mit der Rechtskraft der Kostenentscheidung beginnt auch die Verjährung der Vergütungsansprüche des Anwalts bezüglich der von ihr erfassten Gegenstände (*Schneider* NJW-Spezial 2009, 251)

3. Abrechnungsgrundsatz nach Gesamtbeendigung. Bei Erledigung der abtrennten Folgesache betrifft die Kostenentscheidung zwar nur diese (s. o. Nr. 1). Da es sich aber um keine echte Verfahrenstrennung handelt und der Kostenverbund bestehen bleibt, können die Gebühren für die abgetrennte Folgesache, hier den Versorgungsausgleich, nicht unabhängig von den bereits abgerechneten Gebühren des Scheidungsverfahrens ermittelt werden. Nach dem Grundsatz der Einheitlichkeit der Gebühren im Verbundverfahren ist deshalb von den insgesamt entstandenen Gebühren auszugehen und lediglich die noch nicht ausgeglichene Differenz zu ermitteln (h. M. vgl. OLG München, NJW-RR 1999, 146 m. w. N.).

4. Differenzgebühr. Nach Beendigung der abgetrennten Folgesache und damit des gesamten Verbundverfahrens besteht nur noch ein Gebührenanspruch i. H. d. Differenz der Gebühren aus dem Gesamtstreitwert und den bereits erhaltenen Gebühren (sog. Differenzmethode; s. Gerold/

Schmidt/*Müller-Rabe* VV 3100 Rn. 75). Deshalb ist keine Gebühr aus dem Wert der Folgesache, hier des Versorgungsausgleichs, zu berechnen, sondern nur die aus dem (zusammengerechneten) Gesamtwert des Verfahrens, und zwar völlig ohne Berücksichtigung der Abtrennung. Die sich danach ergebenden Gebühren für die Verfahrens- und Terminsgebühr, ggf. noch die Einigungsgebühr, ergeben in der Summe den Gebührenanspruch des Anwalts bzw. des Staates für beide Verfahren. Nur soweit dieser die bereits für das Scheidungsverfahren abgerechneten Gebühren übersteigt, kann er noch beansprucht bzw. erhoben werden. Wird die abgetrennte Folgesache zuerst abgerechnet, gilt für den Scheidungsverbund dasselbe.

4. Einbeziehung von Folgesachen in den Verbund

a) Vorbemerkung

94   Die nachträgliche Einbeziehung einer bereits als selbstständiges Verfahren (nicht nur versehentlich) anhängigen Familiensache in den Scheidungsverbund ist relativ selten, weil die Einbeziehung voraussetzt, dass eine Entscheidung für den Fall der Scheidung begehrt wird und somit i. d. R. eine Umstellung des Antrags erfordert. In diesem Fall fallen die in § 137 Abs. 2 FamFG genannten Verfahren mit ihrer Anhängigkeit beim Scheidungsgericht automatisch in den Verbund. Ohne diese Bedingung bleiben die abgegebenen Familiensachen weiterhin verfahrens- und kostenrechtlich selbstständig. Wird eine verbundfähige Kindschaftssache (s. § 137 Abs. 3 FamFG) beim selben Gericht anhängig, bedarf es für ihre Einbeziehung eines darauf gerichteten Antrags, dem das Gericht stattgeben kann, aber nicht muss (Ermessensentscheidung). In ihren verfahrens- und kostenrechtlichen Wirkungen entspricht die Einbeziehung in den Scheidungsverbund denen der Verbindung selbstständiger Familiensachen nach § 113 Abs. 1 Satz 2 FamFG i. V. m. § 147 ZPO oder des § 20 FamFG (OLG Zweibrücken, FamRZ 2006, 1696). Sie führt zu einer Verschmelzung der vorher eigenständigen Verfahren zu einem einzigen und damit auch zur Verschmelzung der mehreren zu einer Angelegenheit i. S. d. § 15 Abs. 2 RVG. Die Vergütung ist ex nunc nur noch aus dem Gesamtstreitwert zu berechnen, die bisher aus den Einzelstreitwerten angefallenen Gebühren bleiben aber erhalten, soweit sie vor der Verbindung in beiden Verfahren angefallen sind. In diesem Fall kann der Anwalt wählen, ob er eine Gebühr aus dem Gesamtwert des verbundenen Verfahrens – einschl. einer evtl. Antragserweiterung – abrechnet oder die beiden Gebühren, die vor der Verbindung aus den Einzelwerten erwachsen sind (BGH, NJW 2010, 3377 = FamRZ 2010, 1071 [LS]; s. dazu *Schneider* NJW-Spezial 2010, 572 mit Beispielen).

95   Ist eine Gebühr – infrage kommt i. d. R. nur die **Terminsgebühr** – nur in einem der später verbundenen Verfahren vorher entstanden, soll diese nach der vorgenannten Entscheidung (BGH, NJW 2010, 3377; ebenso Gerold/Schmidt/*Müller-Rabe* VV 3100 Rn. 46) wie bei einer Antragserweiterung in vollem Umfang auf die im verbundenen Verfahren aus dem Gesamtwert erwachsene Terminsgebühr anzurechnen sein; richtiger: er kann gemäß § 15 Abs. 2 RVG insgesamt nur eine Terminsgebühr aus dem höchsten Wert beanspruchen. Die gebührenrechtliche Gleichstellung mit der Klage- bzw. Antragserweiterung passt in Familiensachen jedoch allenfalls für die Verbindung isolierter Familiensachen miteinander, nicht aber für deren Einbeziehung als Folgesache in den Scheidungsverbund. Denn hier kann die Scheidungssache weder im Wege der Antragserweiterung oder eines Widerantrags in das bereits anhängige isolierte Verfahren einbezogen werden, sondern immer nur umgekehrt. Die Bedürfnislage und rechtlichen Vorgaben (Abwarten des Trennungsjahres) lassen es zumeist auch nicht zu, beide Anträge zum gleichen Zeitpunkt zu verfolgen. Es besteht daher keine Rechtfertigung dafür, den Anwalt mit einem Teilentzug der im isolierten Verfahren bereits verdienten Terminsgebühr zu »bestrafen«. Hinzu kommt, dass sich in Kindschaftssachen häufig auch noch der Gegenstandswert reduziert (s. Rdn. 96, *M. 1*). Zur Abrechnung in diesem Fall s. Rdn. 96, *M. 2*)

b) Muster: Abrechnung Scheidungsverbund bei Einbeziehung von Folgesachen

Sachverhalt: F, vertreten durch Anwalt A, zieht nach der Trennung von M mit dem gemeinsamen Kind in einen anderen Gerichtsbezirk (G) und beantragt beim dortigen FamG die Alleinsorge. Bevor die anberaumte Verhandlung stattfindet, reicht M beim Gericht der Ehesache die Scheidung ein. Das FamG in G gibt daraufhin das Sorgerechtsverfahren an das Gericht der Ehesache ab. Rechtsanwalt A vertritt F auch im Scheidungsverfahren. Auf seinen Antrag wird das Verfahren als Folgesache in den Verbund genommen. Mit dem Scheidungsbeschluss werden nach mündlicher Verhandlung der Versorgungsausgleich und die elterliche Sorge geregelt.

96

Abrechnung

Gegenstandswerte:[1]

Verbund: 16.000,00 € (Scheidung 10.000,00 € + 20% = 2.000,00 € für Sorgerecht; Versorgungsausgleich 4.000,00 €); Sorgerecht im isolierten Verfahren: 3.000,00 €.

Anwaltsgebühren[2]:

1,3 Verfahrensgebühr (VV 3100) aus 14.000,00 €	845,00 €
1,3 Verfahrensgebühr (VV 3100) aus 3.000,00 €	<u>261,30 €</u>
Summe Verfahrensgebühren bei Wahl getrennter Abrechnung	1.603,30 €
(keine Begrenzung nach § 15 Abs. 3 RVG auf Verfahrensgebühr aus 16.000 € = 845,00 €)	
1,2 Terminsgebühr (VV 3104) aus 16.000,00 €	<u>780,00 €</u>
Summe Gebühren	1.886,30 €

Gerichtsgebühr[3]:

2,0 Gebühr (KV 1110) aus 14.000,00 €	586,00 €
0,5 Gebühr (KV 1310) aus 3.000,00 €	<u>54,00 €</u>
Summe Gebühren	640 €

(keine Begrenzung nach § 30 Abs. 2 2. HS FamGKG)

1. Gegenstandswerte. Bei der nachträgliche Einbeziehung von selbstständigen Familiensachen nach § 137 Abs. 2 und 3 FamFG in den Scheidungsverbund sind die Gebühren ex nunc nur noch aus dem Gesamtstreitwert zu berechnen, die bisher aus den Einzelstreitwerten angefallenen Gebühren bleiben aber teilweise erhalten (s. Rdn. 94). Bei **Kindschaftssachen** wechselt, wie im umgekehrten Fall der Abtrennung aus dem Verbund, zudem der Gegenstandswert (OLG Frankfurt am Main, FamRZ 2006, 1057: s. a. Rdn. 92, *M. 6*). Als selbstständiges Verfahren bestimmt sich der Wert nach § 45 FamGKG, sondern erhöht den Wert der Ehesache um 20 % (s. Rdn. 152). Das führt bis zu einem Wert der Ehescheidung von 15.000 € regelmäßig zu einer Verringerung des Regelwerts der Kindschaftssache nach § 45 FamGKG (3.000 €), die sich wegen der Anbindung an den gerichtlichen Gegenstandswert (§ 23 Abs. 1 RVG) unmittelbar auch auf die Höhe der Anwaltsvergütung auswirkt. Darüber hinaus erreicht die Erhöhung des Werts der Ehesache um 20 % bei bestimmten Ausgangswerten nicht einmal die nächste Gebührenstufe. Das ist z. B. bei Ausgangswerten von >3.000,00 € bis einschl. 3.300,00 € oder von >4.000,00 € bis 4.150,00 € der Fall. Soweit die Erhöhung auch nicht bei der Zusammenrechnung mit anderen Folgesachen (Wertaddition) einen Gebührensprung verursacht, führt sie praktisch zu keiner (Mehr-) Gebühr für die Kindschaftssache. In diesen Fällen lohnt es sich u. U. bei Gericht eine Anhebung des Werts der Sorgerechtssache nach der Billigkeitsregelung in § 44 Abs. 3 FamGKG anzuregen. Zwar tritt wegen der Begrenzung der Erhöhung auf höchstens 3.000,00 € der gleiche Effekt sogar vermehrt auch bei Ausgangswerten für die Ehesache von mehr als 25.000,00 € auf. Auch kann im Wege der Billigkeitsregelung grundsätzlich auch der Höchstwert überschritten werden (FA-FamR/*Keske* Kap. 17 Rn. 97 m. w. N.). Bei den letztgenannten Ausgangswerten liegen die Gebührenstufen aber soweit auseinander, dass eine Anhebung des Werts der Kindschaftssache bis zur Gebührenrelevanz häufig nicht infrage kommen wird.

2. Anwaltsgebühren. Die Fälligkeit der Vergütung tritt auch für das einbezogene Verfahren erst mit der Beendigung des Scheidungsverfahrens ein. Die Gebühren errechnen sich aus dem zusammengerechneten Wert sämtlicher Gegenstände des Scheidungsverbunds. Da dem Anwalt durch die Verfahrensverbindung keine Gebühren genommen werden dürfen (§ 15 Abs. 4 RVG), behält er den Anspruch auf die bis zur Verbindung aus den in beiden Verfahren aus dem jeweiligen Verfahrenswert angefallenen **Verfahrensgebühren**, wenn sie höher sind, als diejenigen die sich aus dem Gesamtstreitwert errechnen. Das ist wegen der Gebührendegression regelmäßig der Fall, sofern keine weitere Folgesache hinzukommt. Zusätzlich trägt die mit der Einbeziehung einer Kindschaftssache in den Verbund häufig einhergehende Verringerung des Gegenstandswerts zur Minderung des Gesamtwerts bei (s. o. Nr. 1). Im Beispielsfall errechnet sich aus dem Gesamtwert des Scheidungsverfahrens nach Einbeziehung sogar dieselbe Verfahrensgebühr (845,00 €) wie ohne die Einbeziehung, weil die Werttabelle zwischen 14.000,00 € und 16.000,00 € keinen Gebührensprung macht. Damit ist die getrennte Abrechnung der Verfahrensgebühr wesentlich günstiger für den Anwalt. Nach herrschender Meinung steht ihm dann ein Wahlrecht zu, ob er eine Gebühr aus dem Gesamtwert oder beide Gebühren aus den Einzelwerten abrechnet_ (BGH, NJW 2010, 3377 m. w. N.). Günstiger ist die Abrechnung aus den Einzelwerten u. U. dann nicht mehr, wenn nach der Verbindung ein Antrag erweitert bzw. eine weitere Folgesache beantragt oder in den Verbund einbezogen wird. Denn sie können sich auf die Einzelwerte vor der Verbindung nicht mehr auswirken (BGH, NJW 2010, 3377 = FamRZ 2010, 1071 [LS]). Würde im Beispielsfall nach der Verbindung noch ein Antrag auf Zugewinnausgleich von 50.000,00 € gestellt, so ergäbe sich ein Gesamtwert von 66.000,00 € und aus diesem eine Verfahrensgebühr von 1.732,00 €. In diesem Fall wäre die Abrechnung aus dem Gesamtwert die für den Anwalt lukrativere. Für die **Terminsgebühr** gilt grundsätzlich dasselbe, wenn sie vor der Verbindung in beiden Verfahren angefallen ist. Ist sie wie hier erstmals nach der Verbindung angefallen, entsteht sie nur aus dem Gesamtwert. Ist sie vorher nur in einem der später miteinander verbundenen Verfahren entstanden, ist sie bei Einbeziehung in den Verbund anders als bei der Verbindung isolierter Familiensachen nicht in vollem Umfang auf die später aus dem Gesamtwert erwachsene Terminsgebühr anzurechnen (s. o. Rdn. 95), sondern bleibt wie im Beispielsfall die Verfahrensgebühr in voller Höhe erhalten. Dafür wird die im Scheidungsverbundverfahren entstandene Terminsgebühr um den auf das Kindschaftsverfahren entfallenen Anteil gekürzt. Im Beispielsfall ist das Kindschaftsverfahren praktisch mit 2000,00 € = 12,5 % am Gesamtstreitwert von 16.000 € beteiligt. Die aus ihm an sich erwachsene Terminsgebühr von 780,00 € wäre daher um 12,5 %.auf 682,50 € zu kürzen (OLG Düsseldorf, NJW-RR 1996, 102; Wolf/Schneider/*Onderka*/*Schneider* Vorbemerkung 3 VV RVG Rn. 212).

3. Gerichtsgebühren. Bei der Verbindung von Verfahren ist auch für die gerichtlichen Gebühren ab dem Zeitpunkt der Verschmelzung beider Verfahren der Gegenstandswert aus der Summe der Einzelwerte zu bilden (§ 33 Abs. 1 FamGKG; *Meyer* JurBüro 1999, 239). Wird eine Familienstreitsache einbezogen, sind die gerichtlichen Gebühren nicht mehr den KV 1220 ff. zu entnehmen, sondern nach den für das Verbundverfahren geltenden Nr. 1110 ff. KV FamGKG Soweit FG-Sachen einbezogen werden, richten sich die Gebühren bis zur Einbeziehung nach Nr. 1310 ff. KV FamGKG Bei Kindschaftssachen wechselt, wie im umgekehrten Fall der Abtrennung aus dem Verbund, zudem der Gegenstandswert (OLG Frankfurt am Main, FamRZ 2006, 1057: s. a. Rdn. 92, *M. 6*). Ist die Summe der mit Einreichung der einzelnen Anträge jeweils aus den Einzelwerten angefallenen Verfahrensgebühren höher, wird die Verfahrensgebühr weiterhin nach den Einzelwerten abgerechnet, weil sich nachträgliche Wertänderungen prinzipiell nicht mindernd auf die einmal entstandenen Gebühren auswirken (§ 34 FamGKG; s. a. BGH, NJW 2013, 2824; OLG München, JurBüro 1999, 484 auch zur Ermäßigung, wenn das verbundene Verfahren durch Vergleich erledigt wird). Wie bei der Anwaltsvergütung ist im vorliegenden Fall die aus den getrennten Werten errechnete Verfahrensgebühr höher, sodass diese erhoben wird.

V. Gebühren bei Einigung und Einigungsbemühungen

1. Überblick

a) Allgemeines

Das RVG misst der gütlichen Beilegung eines Konflikts oder eines potenziellen Rechtsstreits einen **97** besonderen Stellenwert zu. Die Einigungsgebühr, die die Vergleichsgebühr nach § 23 BRAGO abgelöst hat, ist nicht nur an erster Stelle im Vergütungsverzeichnis des RVG (Nr. 1000 ff. VV) geregelt, es wurde auch ihr Anwendungsbereich ggü. dem bisherigen Recht erheblich erweitert und mit der **Einigungsgebühr** jegliche vertragliche Beilegung eines Rechtsstreits oder Beilegung rechtlicher Konflikte honoriert. Sie erwächst aus der Mitwirkung des Anwalts bei einer Einigung sowohl i. R. d. außergerichtlichen als auch der gerichtlichen Anwaltstätigkeit gleichermaßen. In Ehesachen und wenn es um die Aufhebung einer Lebenspartnerschaft geht, tritt an die Stelle der Einigungsgebühr die Aussöhnungsgebühr, wenn der Anwalt daran mitwirkt, dass die Ehegatten oder Lebenspartner die Lebensgemeinschaft wieder aufnehmen (Nr. 1001 VV). Die Einigungsgebühr entsteht niemals isoliert, sondern im Erfolgsfalle zusätzlich zu der dem jeweiligen Auftrag entsprechenden Grund- oder **Betriebsgebühr** (BGH, NJW 2009, 922 Rn. 12). Das ist beim außergerichtlichen Auftrag die Geschäfts- und beim Verfahrensauftrag die Verfahrensgebühr (Gerold/Schmidt/*Müller-Rabe* VV 3100 Rn. 39; *Kindermann* Rn. 388). Selbst wenn das Bemühen um eine Beilegung des Konflikts erfolglos bleibt und deshalb keine Einigungsgebühr anfällt, honoriert das RVG allein das Bemühen; dadurch, dass sich der Anfall einer Terminsgebühr unter bestimmten Voraussetzungen auch auf außergerichtliche Verhandlungen zur gütlichen Beilegung eines Rechtsstreits erstreckt (s. Rdn. 103).

b) Anfall der Einigungsgebühr

Die Einigungsgebühr entsteht entweder »**für die Mitwirkung beim Abschluss eines Vertrags, durch** **98** **den der Streit oder die Ungewissheit über ein Rechtsverhältnis beseitigt wird** oder im Falle einer **Zahlungsvereinbarung** (s. Rdn. 99), es sei denn, der Vertrag beschränkt sich ausschließlich auf ein Anerkenntnis oder einen Verzicht« (Nr. 1000 Anm. 1 VV). Sie hängt nicht von der formellen Erklärung des Einigungswillens, sondern ausschließlich von dem tatsächlichen Willen der Beteiligten ab (BGH, NJW 2009, 922; 2006, 1523) und setzt nicht voraus, dass die Einigung vor Gericht erfolgt und von ihm protokolliert wird. Die Einigung muss auch nicht unmittelbar zur Beendigung des gerichtlichen Verfahrens führen. Der Ausschluss der Einigungsgebühr in Fällen, in denen ausschließlich ein Verzicht auf den Anspruch oder dessen Anerkenntnis erklärt wird, soll einem Missbrauch entgegenwirken und ist deshalb eng auszulegen (BT-Drucks. 15/1971, S. 147, 204).

Einzelfälle: Die Einigung über ein außergerichtlich streitiges **Umgangsrecht** oder die **elterliche** **99** **Sorge** löst eine Einigungsgebühr aus, obwohl über diese nicht vertraglich verfügt werden kann (vgl. Nr. 1000 Anm. 5 Satz 3 VV; OLG Braunschweig, FamRZ 2008, 1465). Ist eine Kindschaftssache bereits anhängig, entsteht die Gebühr nach VV 1003 und VV 1004 gemäß der durch das FGG-RG angefügten Anm. Abs. 2 in einer Kindschaftssache entweder, wenn in einer Umgangsache ein vom Gericht nach § 156 Abs. 2 FamFG gebilligter Vergleich geschlossen wird (zum Inhalt s. OLG Naumburg, FamFR 2012, 44), oder für die Mitwirkung an einer Vereinbarung, durch die eine gerichtliche Entscheidung entweder entbehrlich wird oder auf die das Gericht seine Entscheidung gründet. Obwohl in diesen Fällen einzige Voraussetzung für den Anfall einer Einigung ist, dass sie das Gericht – entweder durch Verzicht auf eine Maßnahme oder eine die Einigung berücksichtigende Entscheidung – umsetzt (BT-Drucks. 16/6308, S. 341), hat die Rspr. bislang für Verfahren nach § 1666 BGB und § 1696 BGB (**Sorgerechtsentzug**) die Möglichkeit einer Einigungsgebühr wegen fehlender Dispositionsbefugnis verneint (OLG Stuttgart, FamRZ 2011, 1814; KG, FamRZ 2011, 245 m. w. N.; a. A. die h. M. in der Literatur, vgl. Wolf/Schneider/*Onderka/Schneider* VV 1000 Rn. 140; Gerold/Schmidt/*Müller-Rabe* VV 1003, 1004 Rn. 36). Spätestens seitdem das Jugendamt in den vorgenannten Verfahren Mussbeteiligter ist (s. § 162 Abs. 2 FamFG in der seit 01.01.2013 geltenden Fassung), können zwischen ihm und/oder den Sorgeberechtigten Vereinbarungen geschlossen werden, die, wenn sie das Gericht in Erfüllung seines staatlichen Wächteramts im o. g. Sinn »umsetzt«, sämtliche Voraussetzungen für den Anfall einer Einigungsgebühr erfüllen. Unschädlich ist, wie in anderen Fällen auch, dass die gerichtliche Entscheidung oder das Absehen von ihr wieder geändert werden kann (Wolf/Schneider/*Onderka*/*Schneider* VV 1000 Rn. 140). Ein **wechselseitiger Verzicht auf Unterhalt oder Zugewinn** löst ebenfalls eine Einigungsgebühr aus (BGH, NJW 2009, 922; OLG Frankfurt am Main, FamRZ 2007, 843; OLG Koblenz, FuR 2005, 570; a. A. OLG Köln, AGS 2008, 493 wenn offensichtlich keine Unterhaltsansprüche bestehen). Zum **Verzicht auf den Versorgungsausgleich** vgl. OLG Karlsruhe (FamRZ 2012, 395) und die Beilegung eines Rechtsstreits in Form von teilweiser **Rücknahme und anschließendem Anerkenntnis** OLG Stuttgart (NJW 2005, 2161; s. a. BGH, NJW 2006, 1523). Ob die Aufnahme von an sich zwischen den Beteiligten unstreitigen oder bereits in einer außergerichtlichen Vereinbarung bindend geregelten Punkten eine Einigungsgebühr auslöst und mit welchem Gegenstandswert, ist umstritten. Wird dadurch ein Vollstreckungstitel geschaffen, so fällt, obgleich es aktuell an einer Meinungsverschiedenheit fehlt, insoweit eine Einigungsgebühr, basierend auf dem **Titulierungsinteresse**, an (h. M. Gerold/Schmidt/*Müller-Rabe* VV 1000 Rn. 206 ff.; zum Gegenstandswert s. Rdn. 154). Seit der Ablösung der Vergleichs- durch die Einigungsgebühr im RVG führt eine separate **Zahlungsvereinbarung** regelmäßig zum Anfall einer Einigungsgebühr; dies hat der Gesetzgeber im 2. KostRMoG durch eine Ergänzung der Anm. Abs. 1 zu Nr. 1000 VV RVG ausdrücklich klargestellt (s. dazu *Schneider* NJW 2013, 1553, 1556; Gerold/Schmidt/*Müller-Rabe* VV 1000 Rn. 229 ff.) und deren Wert in dem neu eingefügten § 31b RVG auf 20% des Anspruchs bemessen (s. Rdn. 148).

100   Für die zum Entstehen der Einigungsgebühr erforderliche **Mitwirkung** des Anwalts genügt die Mitwirkung bei der gerichtlichen Protokollierung eines bereits vorher abgefassten Vergleichs, vorausgesetzt, der Vergleich soll erst mit der Protokollierung wirksam sein (was nach § 154 Abs. 2 BGB zu vermuten ist; s. a. OLG Düsseldorf, JurBüro 1993, 728). Bei der Zustimmung zu einem schriftlichen Vergleichsvorschlag des Gerichts gem. § 278 Abs. 6 ZPO genügt es, wenn der Anwalt dem Mandanten zur Annahme rät (*Enders* JurBüro 2001, 619). Ausreichend ist weiter, wenn der Anwalt einen Vergleichsentwurf begutachtet oder seinen Mandanten intern berät und es dann zum Abschluss eines Vergleichs kommt, der im Großen und Ganzen dem Rat des Anwalts entspricht, und selbstverständlich die Ausarbeitung einer Vereinbarung, die die Vertragspartner anschließend ohne seine Mitwirkung abschließen (BGH, FamRZ 2009, 324), nicht aber die bloße Weiterleitung von Vergleichsvorschlägen ohne eigene Stellungnahme (vgl. Gerold/Schmidt/*Müller-Rabe* VV 1000 Rn. 270 und zur Mitwirkung allg. Rn. 246 ff. m. weiteren Beispielen). Sind mehrere Anwälte in unterschiedlicher Funktion am Zustandekommen einer Einigung beteiligt, verdient jeder die Einigungsgebühr (BGH, FamRZ 2014, 747 zum Haupt- und Unterbevollmächtigten).

101   Die Einigungsgebühr ist eine **Erfolgsgebühr**. Sie kann deshalb nur für eine wirksame Einigung erwachsen (BGH, JurBüro 2007, 73). Ein widerruflich geschlossener Vergleich, der fristgemäß widerrufen wird, löst keine Einigungsgebühr aus (VV 1000 Anm. 3). Eine Einigung über Folgesachen in Verbundverfahren führt grds. dazu, dass die Gebühr erst mit Rechtskraft der Scheidung entsteht (OLG Düsseldorf, FamRZ 1999, 1683). Sie fällt daher nicht an, wenn der Scheidungsantrag zurückgenommen oder rechtskräftig abgewiesen wird; es sei denn, die Einigung erfolgt ausdrücklich unabhängig von der Scheidung. Kann aufgrund materieller Vorschriften eine Einigung rechtsverbindlich nur in einer bestimmten Form abgegeben werden, z. B. bei Eheverträgen und Grundstücksübereignungen, liegt ohne Einhaltung der Form keine wirksame Einigung vor (Gerold/Schmidt/*Müller-Rabe* VV 1000 Rn. 53). Ist die Vereinbarung nichtig (§§ 134, 138 BGB), so fehlt es an einem wirksamen Vertrag und es kann keine Einigungsgebühr erwachsen. Wird die Einigung wirksam angefochten, entfällt die Einigungsgebühr wieder (str. wie hier OLG Jena, JurBüro 2012, 142; OLG München, MDR 1991, 263; Gerold/Schmidt/*Müller-Rabe* VV 1000 Rn. 89 je m. w. N. auch zur Gegenansicht).

c) Höhe der Einigungsgebühr

Die **Höhe** der Einigungsgebühr differiert gem. Nr. 1000 ff. VV danach, ob über den Gegenstand ein   **102**
gerichtliches Verfahren anhängig ist (zu Beginn und Ende vgl. FA-FamR/*Keske*, Kap. 17 Rn. 264)
und in welcher Instanz. Wo die Einigung erfolgt ist, ob gerichtlich- oder außergerichtlich und in
welcher Instanz, ist dagegen unerheblich. Für nicht anhängige Gegenstände beträgt die Einigungsgebühr 1,5 (Nr. 1000 VV); bei gerichtlich anhängigen Gegenständen grundsätzlich 1,0 (Nr. 1003
VV), aber für in der Rechtsmittelinstanz anhängige 1,3 (Nr. 1004 VV); der höhere Satz gilt aufgrund einer Ergänzung der Nr. 1004 VV RVG durch das 2. KostRMoG unzweifelhaft auch für die
Anhängigkeit eines Verfahrens über die Zulassung oder Nichtzulassung eines Rechtsmittels. Die Anhängigkeit eines Verfahrens des einstweiligen Rechtsschutzes oder der Zwangsvollstreckung genügt
ebenso wie die Anhängigkeit eines VKH-Verfahrens, es sei denn, die VKH wird nur für den Vergleichsabschluss bewilligt oder erstreckt sich gem. § 48 Abs. 3 RVG automatisch auf ihn (Nr. 1003
Anm. Abs. 1 VV).

Für die **Berechnung des Gegenstandswerts** ist nicht maßgeblich, auf was, sondern worüber man
sich geeinigt hat (zu Einzelheiten s. Rdn. 133). Betrifft die Einigung mehrere Gegenstände, sind die
Werte zusammenzurechnen (s. Rdn. 174). Das gilt nach h. M. auch dann, wenn die Einigung unter-
schiedliche Angelegenheiten betrifft (OLG Düsseldorf, RVGreport 2009, 220; Gerold/Schmidt/
Müller-Rabe RVG VV 1003, 1004 Rn. 71; zur abweichenden Behandlung der Terminsgebühr s. u.
Rdn. 103; OLG München, Beschl. v. 19.01.2010 – 11 W 2794/09 –, juris).

d) Terminsgebühr für außergerichtliche Einigungsgespräche

Für eine zum Zwecke der Einigung geführte Besprechung mit dem Gegner oder Dritten (z. B. mit   **103**
dem Vermieter um eine Entlassung eines Ehegatten aus dem Mietverhältnis zu erreichen) fällt **nach
Teil 3 Vorbem. 3 Abs. 3 Satz 1 und 3 Nr. 2 VV** eine Terminsgebühr nach den Gebührenvorschriften der jeweiligen Instanz an. Ihr Anfall setzt immer einen **Verfahrensauftrag** voraus (s. o. Rdn. 61).
Sie ist aber nicht auf Einigungsbemühungen innerhalb eines bereits anhängigen Rechtsstreits beschränkt, sondern erstreckt sich nach dem ausdrücklichen Willen des Gesetzgebers auch auf Angelegenheiten, für die zwar ein Verfahrens- oder Prozessauftrag erteilt wurde, aber ausschließlich außergerichtliche Besprechungen stattfinden und der Rechtsstreit oder ein Verfahren noch nicht anhängig
ist (BGH, FamRZ 2007, 721 m. w. N.). Mit der durch das 2. KostRMoG geänderten Formulierung
der Vorbemerkung ist klargestellt, dass entgegen anders lautender Rspr. ihr Anfall auch nicht voraussetzt, dass das betreffende Verfahren eine mündliche Verhandlung o. ä. vorschreibt (s. *Schneider* NJW
2013, 1553; *Keske* FuR 2013, 482). Sie entsteht (nur) für Gespräche, die zur Erledigung oder Vermeidung eines Rechtsstreits geführt werden. Dafür kann es ausreichen, wenn bestimmte Rahmenbedingungen für eine mögliche Einigung abgeklärt und/oder unterschiedliche Vorstellungen der
Parteien über die Erledigung der im Streit befindlichen Angelegenheiten ausgetauscht werden, nicht
aber Gespräche über Verfahrensabsprachen, mit deren Befolgung eine Beendigung des Verfahrens
nicht verbunden ist, wie etwa Gespräche über eine bloße Zustimmung zum Ruhen des Verfahrens
(BGH, FamRZ 2014, 1016 [LS] = MDR 2014, 627 Rn. 12 m. w. N.). Eine telefonische Kontaktauf-
nahme reicht für den Anfall der Terminsgebühr aus, sofern der Gegner bereit ist, in Überlegungen
mit dem Ziel einer einvernehmlichen Beendigung des Verfahrens einzutreten (BGH, FamRZ 2007,
279), nicht aber der Austausch von E-Mails (BGH, FamRZ 2010, 26). In diesem Fall kann sich die
Mitwirkung des Gegners (s. o. Rdn. 98) auf die Entgegennahme und Weiterleitung von Vorschlägen
an den Mandanten zum Zwecke der Prüfung beschränken. Eine Besprechung anlässlich eines Termins in einer anderen Sache steht der Anwendbarkeit der Regelung in Vorbem. 3 Abs. 3 VV ebenso
wenig entgegen wie die Anwesenheit oder Beteiligung des erkennenden Richters außerhalb einer
gerichtlichen Verhandlung (*Jungbauer* JurBüro 2007, 173). Betrifft das Einigungsgespräch **mehrere**
zwischen den Parteien anhängige **Verfahren**, fällt die Terminsgebühr aus den jeweiligen Gegenstandswerten der betroffenen Verfahren gesondert an (BGH, JurBüro 2012, 242 Rn. 12 = FamRZ
2012, 545 [LS]: OLG München, FamRZ 2010, 923 [LS]). Zum Verhältnis der bereits in einem

anderen Verfahren entstandenen oder noch entstehenden Verfahrensgebühr s. Gerold/Schmidt/*Müller-Rabe* VV 3101 Rn. 89 f.; FA-FamR/*Keske* Kap. 17 Rn. 267 ff.). Da die Terminsgebühr, anders als die Einigungsgebühr, keine Erfolgs-, sondern eine **reine Tätigkeitsgebühr** ist, bleibt sie vom weiteren Schicksal der Angelegenheit unberührt (BGH, FamRZ 2007, 464). Die einmal für außergerichtliche Einigungsbemühungen in voller Höhe entstandene Terminsgebühr entfällt bzw. reduziert sich auch dann nicht, wenn z. B. das Verfahren anschließend durch Versäumnisurteil erledigt wird.

2. Muster: Abrechnung Scheidungsfolgenvereinbarung

104 **Sachverhalt:** Anwalt B reicht im Auftrag des Ehemannes Scheidungsantrag beim FamG ein, das ihn zusammen mit den Fragebögen zum VA der Ehefrau zustellt. Diese beauftragt Anwalt A mit ihrer Vertretung im Scheidungsverfahren und erteilt zugleich einen Verfahrensauftrag für die Regelung ihres Anspruchs auf Zugewinnausgleich, nachehelichen Unterhalt und der endgültigen Auseinandersetzung der Haushaltssachen, ohne die sie nicht geschieden werden möchte. Rechtsanwalt A erwidert auf den Scheidungsantrag und zeigt zugleich an, das er beabsichtigt, die vorgenannten Folgesachen anhängig zu machen. Der Ehemann, der diese Folgesache gerne außergerichtlich regeln möchte, beauftragt B insoweit nur mit seiner außergerichtlichen Vertretung. In der Folge besprechen beide Anwälte u. a. auch persönlich die Angelegenheit und können zu allen Streitfragen eine Einigung erzielen, auch darüber, dass zwecks Titulierung die Einigung über den Zugewinnausgleich und den Unterhalt gerichtlich protokolliert werden soll. Die Einigung in der Haushaltsache setzen die Parteien sofort um. Die angekündigten Anträge zu den Folgesachen werden nicht mehr eingereicht. Im Termin zur mündlichen Verhandlung über den Scheidungsantrag und den Versorgungsausgleich wird die endgültige Formulierung der Vereinbarung zum Zugewinnausgleich und Unterhalt besprochen, in die auch der Verzicht auf die Teilung der Betr. AV des Ehemannes einbezogen wird. Das Gericht protokolliert die Vereinbarung, scheidet die Ehe und regelt den restlichen VA.

Vergütungsansprüche

Gegenstandswerte:

Ehescheidung 15.000,00 €, Versorgungsausgleich 3.600,00 € (30% von 12.000 €), Unterhalt 6.000,00 €, Zugewinn 6.000,00 € Haushaltssache 3.000,00 €

A. Anwalt der Ehefrau[1]

I. Außergerichtlich erledigte Angelegenheit (Wert 3.000,00 €)[2]

0,8 Verfahrensgebühr (VV 3101 Nr. 1)		261,30 €
1,2 Terminsgebühr (VV 3104, Vorb. 3 Abs. 3)		241,20 €
1,5 Einigungsgebühr (VV 1000)		201,00 €
Post- und Telekommunikationspauschale (VV 7002)		20,00 €
insgesamt		723,50 €
19 % Umsatzsteuer (VV 7008)		137,47 €
Vergütungsanspruch		860,97 €

II. Gerichtliches Verfahren (Wert 30.600,00 €)

1,3 Verfahrensgebühr aus 18.600,00 € (VV 3100)[3]	904,80 €	
0,8 Verfahrensgebühr aus 12.000,00 € (VV 3101 Nr. 2)	483,20 €	
begrenzt auf 1,3 aus 30.600,00 € (§ 15 Abs. 3 RVG)		1.219,40 €
1,2 Terminsgebühr aus 30.600,00 € (Nr. 3104 VV)[4]		1.125,60 €
1,0 Einigungsgebühr aus 1.200,00 € (VV 1003)[5]	115,00 €	
1,5 Einigungsgebühr aus 12.000,00 € (VV 1000)	906,00 €	
begrenzt auf 1,5 aus 13.200,00 € (§ 15 Abs. 3 RVG)		975,00 €

Post- und Telekommunikationspauschale (VV 7002)[6]		20,00 €
insgesamt		3.340,00 €
19 % Umsatzsteuer (VV 7008)		634,60 €
Vergütung[7]		3974,60 €
Summe I und II:	**4835,57 €**	

B. Anwalt des Ehemannes[8]

I. Außergerichtliche Vertretung:

2,0 Geschäftsgebühr aus 15.000 € (VV 2300)[9]		1.300,00 €
1,5 Einigungsgebühr aus 3.000,00 € (VV 1000)[10]		201,00 €
Post- und Telekommunikationspauschale (VV 7002)		20,00 €
insgesamt		1.521,00 €
19 % Umsatzsteuer (VV 7008)		288,99 €
außergerichtliche Vergütung		1.809,99 €

II. Vertretung im gerichtlichen Verfahren

1,3 Verfahrensgebühr aus 18.600,00 € (VV 3100)[11]		904,80 €
1,2 Terminsgebühr aus 18.600,00 € (VV 3104)[12]		835,20 €
1,0 Einigungsgebühr aus 1.200,00 € (VV 1003)[13]	115,00 €	
1,5 Einigungsgebühr aus 12.000,00 € (VV 1000)	906,00 €	
begrenzt auf 1,5 aus 13.200,00 € (§ 15 Abs. 3 RVG)		957,00 €
Post- und Telekommunikationspauschale (VV 7002)		20,00 €
insgesamt		2.725,00 €
19 % Umsatzsteuer (VV 7008)		519,65 €
Vergütung		3.254,65 €
Summe I und II:	**5064,64 €**	

Gerichtsgebühren

Praxistipp:		534,00 €
2,0 Verfahrensgebühr aus 18.600,00 € (KV FamGKG 1110)[14]		
0,25 Vergleichsgebühr aus 12.000,00 € (KV FamGKG 1500)		67,00 €
		601,00 €

Kontrolle (KV FamGKG 1500 Anm. Satz 2): 2,0 Verfahrensgebühr aus 30.600,00 € = 882,00 € nicht erreicht

Anwalt der Ehefrau

1. Reiner Verfahrensauftrag. Von entscheidender Bedeutung für die Abrechnung der Vergütung ist der erteilte Auftrag. Ob er außergerichtlich oder in einem gerichtlichen Verfahren erfüllt wird, besagt noch nichts darüber, ob Gebühren nach Teil 2 des VV oder solche nach Teil 3 anfallen. Denn auch ein Verfahrensauftrag kann vollständig ohne gerichtliches Verfahren erfüllt werden (BGH, FamRZ 2007, 721 Rn. 11; s. a. Rdn. 27 und zur Abgrenzung des Verfahrensauftrags zum außergerichtlichen Auftrag Gerold/Schmidt/*Müller-Rabe* VV Vorb. 3 Rn. 15 ff.). Auch der Umfang der erteilten Vollmacht ist nicht entscheidend. Hat der Anwalt, wie hier der Anwalt der Ehefrau, von Anfang an einen Auftrag, der darauf gerichtet ist, die Scheidung und die Scheidungsfolgen einheitlich und, soweit erforderlich, auch vor Gericht im Scheidungsverbund zu klären, dann erfolgen auch die außergerichtlichen Einigungsbemühungen in Erfüllung des Verfahrensauftrags und sind nach Teil 3 des VV zu vergüten (Vorb. 3 Abs. 1 Satz 1 VV n. F.; s. a. BGH, FamRZ 2007, 721). Allerdings wurden die Gegenstände des Auftrags in unterschiedlichen Rahmen verfolgt: Die Hauhaltssache wurde vollständig außergerichtlich erledigt, während die anderen Gegenstände (auch) in einem gerichtlichen Verfahren anhängig waren oder in einem solchen durch gerichtlich protokollierten Vergleich erledigt wurden. Damit handelt es sich um **zwei Angelegenheiten** (s. Rdn. 30), für die die Gebühren getrennt abzurechnen sind. Zur Festsetzbarkeit der Vergütung s. u. Nr. 6.

Rein außergerichtliche Tätigkeit

2. In der einzigen vollständig außergerichtlich beendeten Haushaltssache verdient der Anwalt der Ehefrau nur die verminderte **Verfahrensgebühr** nach Nr. 3101 Nr. 1 VV, da der Auftrag beendet wurde, ohne dass ein Antrag bei Gericht eingereicht wurde. Aufgrund der außergerichtlich geführten Einigungsgespräche mit dem Gegner fällt außerdem eine **Terminsgebühr** nach Nr. 3104 VV i. V. m. Vorb. 3 Abs. 3 VV an, und zwar wie durch die durch das 2. KostRMoG erfolgte Änderung der Vorschrift klargestellt ist, auch dann, wenn das gerichtliche Verfahren keine mündliche Verhandlung vorschreibt (s. o. Rdn. 103). Die erfolgte Einigung lässt schließlich auch noch die **Einigungsgebühr** entstehen; hier nach Nr. 1000 VV, da die Haushaltssache in keinem gerichtlichen Verfahren anhängig war. Da diese Einigung isoliert und in einer anderen Angelegenheit erfolgt ist, muss ihr Gegenstandswert auch nicht mit den Werten der Gegenstände des gerichtlich protokollierten Vergleichs zusammengerechnet werden. Aus dem gleichen Grund kann die Vergütung einschl. Auslagenpauschale und USt. auch unabhängig vom Abschluss des gerichtlichen Verfahrens sofort abgerechnet werden.

Gerichtliches Verfahren

3. Verfahrensgebühr. Der Anwalt der Ehefrau hat die **volle Gebühr** nach Nr. 3100 VV in der Scheidungs- und Versorgungsausgleichssache unabhängig davon verdient, ob er einen Antrag gestellt oder sich zur Sache geäußert hat. Denn er hat den für die Verhandlung der Ehescheidung und den Versorgungsausgleich bestimmten Gerichtstermin wahrgenommen, wodurch die bis dato nur ermäßigt erwachsene Verfahrensgebühr zu einer vollen erstarkt ist (s. Rdn. 86, *M. 2*). Dagegen ist es für die nicht rechtshängigen Verfahrensgegenstände, Unterhalt- und Zugewinnausgleich, bei der **ermäßigten Gebühr** geblieben. Zwar wurde auch über die nicht anhängigen Gegenstände verhandelt, aber nur außergerichtlich und nicht in einem Termin, der von einem Gericht in dieser Sache bestimmt wurde. Nur unter dieser Voraussetzung erstarkt die ermäßigte zur vollen Verfahrensgebühr (s. Nr. 3101 Ziff. 1 VV und Gerold/Schmidt/*Müller-Rabe* VV 3101 Rn. 57 u. 88). Für eine Erörterung oder Verhandlung verfahrensfremder Ansprüche oder Gegenstände kann es (in dem Forumverfahren) nie eine volle Verfahrensgebühr geben, das wurde mit der durch das 2. KostRMoG geänderten Formulierung der Nr. 3101 Ziff. 2 VV ausdrücklich klargestellt (Gerold/Schmidt/*Müller-Rabe* VV 3101 Rn. 2, 96). Nach dieser Vorschrift löst die Protokollierung von verfahrensfremden Ansprüchen und/oder von Einigungsverhandlungen über sie (nur) eine ermäßigte Verfahrensgebühr aus. Der eigentliche Vorteil dieser Vorschrift liegt für den mit Verfahrensauftrag handelnden Anwalt darin, dass die durch die Auftragsannahme ohnehin bereits außergerichtlich entstandene Gebühr auch als gerichtliche (Mehr-) Gebühr anfällt und dadurch, ebenso wie die Einigungsgebühr, zumindest gegen den Mandanten nach § 11 RVG festgesetzt werden kann (s. u. Rdn. 104, *M. 7*). Wenn die Einigung in einer höheren Instanz erfolgt, kann die Gebühr außerdem aus einem höheren Satz berechnet werden. Soweit die Gebühren im gleichen Verfahren nach unterschiedlichen Sätzen anfallen, sind sie gem. § 15 Abs. 3 RVG getrennt zu errechnen und, soweit die Summe eine Gebühr nach dem jeweils höchsten Satz aus dem Gesamtwert übersteigt, auf diese Gebühr zu begrenzen. Das gilt unabhängig davon, ob die Gebühr für anhängige oder für mitverglichene nicht anhängige Ansprüche anfällt.

4. Terminsgebühr. Die Terminsgebühr nach Nr. 3104 VV ist dem Anwalt der Ehefrau für sämtliche beim Familiengericht verhandelten Gegenstände aus den aufaddierten Werten erwachsen (Gerold/Schmidt/*Müller-Rabe* VV 3104 Rn. 91 m. w. N.). Denn sie entsteht nach Nr. 3014 Anm. Abs. 2 VV auch, wenn Verhandlungen zur Einigung über verfahrensfremde Gegenstände geführt werden. Zwar ist sie nach Vorbem. 3 Abs. 3 VV für die außergerichtlich erfolgten Einigungsbesprechungen über die nicht anhängigen Gegenstände schon einmal entstanden (s. Rdn. 103), sie kann aber gemäß § 15 Abs. 2 RVG in derselben Angelegenheit nur einmal gefordert werden.

5. Einigungsgebühr. Die Höhe der Einigungsgebühr differiert danach, ob über den Gegenstand ein gerichtliches Verfahren anhängig ist und in welcher Instanz die Einigung erfolgt ist (s. o. Rdn. 102). Für die nicht anhängigen Gegenstände beträgt die Einigungsgebühr 1,5 (Nr. 1000 VV) und für die hier in 1. Instanz anhängigen 1,0 (Nr. 1003 VV). Die Gebühren sind daher getrennt zu errechnen und das Ergebnis auf eine 1,5 Gebühr aus dem Gesamtwert zu begrenzen (§ 15 Abs. 3 RVG). Zu den hier zweifellos gegebenen Voraussetzungen für ihren Anfall s. o. Rdn. 98.

6. Auslagen. Auslagen, einschließlich der USt (s. dazu im Einzelnen Rdn. 38 ff.) fallen in jeder Angelegenheit, also auch in der gerichtlichen, gesondert an.

7. Realisierung. Die Vergütung aus einem ausschließlich außergerichtlich erledigten Verfahrensauftrag kann weder gegen den Gegner im Kostenfestsetzungsverfahren nach §§ 103 ff. ZPO, § 85 FamFG noch gegen den Mandanten im Verfahren nach § 11 RVG festgesetzt oder bei VKH von der Staatskasse nach § 55 RVG erstattet werden und müsste ggf. im Wege der Honorarklage (s. Rdn. 19) eingefordert werden. Die vereinfachte Titulierung im Festsetzungsverfahren ist auf die Kosten des gerichtlichen Verfahrens beschränkt (BGH, FamRZ 2008, 2276; (Gerold/Schmidt/*Müller-Rabe* § 11 Rn. 49 ff.). Das betrifft im Beispiel nur die Vergütung für die Haushaltssache. Anders ist es hinsichtlich der für die Protokollierung der Einigung über die nicht anhängige Wohnungssache erwachsenen Mehrgebühren. Die insoweit nach Nr. 3101 Nr. 2 VV, Nr. 3014 VV und Nr. 1000 VV angefallenen Mehrgebühren zählen zu den nach § 11 RVG festsetzungsfähigen Kosten und können ebenso wie die Einigungsgebühr zusammen mit den aus den im Verfahren anhängigen Gegenständen gegen den Mandanten festgesetzt werden (allg. M. s. Gerold/Schmidt/*Müller-Rabe* § 11 Rn. 71). Zur abweichenden Rspr. im Kostenfestsetzungsverfahren s. FA-FamR/*Keske* Kap. 17 Rn. 363.

Anwalt des Ehemannes

8. Gemischter Auftrag. Der Anwalt des Ehemannes handelt von vornherein aufgrund zweier unterschiedlicher Aufträge, von denen jeder eine eigene Angelegenheit darstellt und damit auch getrennt abzurechnen ist (zur Realisierung s. o. Nr. 7). Sein Verfahrensauftrag umfasst nur die Vertretung im familiengerichtlichen Verfahren wegen der Ehescheidung und des Versorgungsausgleichs, während für die nicht rechtshängigen Gegenstände ein Auftrag zur außergerichtlichen Vertretung erteilt wurde. Für ihn richtet sich die Vergütung mangels Honorarvereinbarung nach Nr. 2300 VV, während die Vertretung im Verfahren davon getrennt nach Nr. 3100 ff. VV zu vergüten ist. Daran ändert auch der Umstand nichts, dass die außergerichtlich ausgehandelte Einigung über die Ehewohnung im Scheidungstermin protokolliert wurde. Denn auch in diesem Fall entsteht eine (Differenz-) Verfahrens- oder Terminsgebühr nur, wenn der Anwalt einen Verfahrensauftrag hat (Vorb. 3 Abs. 1 Satz 1 VV n. F.; BGH, FamRZ 2003, 306 und schon BGHZ 48, 334). Das Ersuchen um Protokollierung ist weder ein Verfahrens- noch ein Sachantrag und kann daher auch ohne Verfahrensauftrag gestellt werden (s. a. BGH, FamRZ 2003, 306; 2005, 604). Die angefallene Geschäftsgebühr ist auch die Betriebsgebühr für die Einigung. Soweit unter Bezugnahme auf eine Entscheidung des BGH aus dem Jahr (BGHZ 48, 334 = NJW 1968, 52) vielfach von der Vermutung ausgegangen wird, die Protokollierung einer Scheidungsvereinbarung würde regelmäßig aufgrund eines darauf gerichteten Verfahrensauftrags begehrt (Gerold/Schmidt/*Müller-Rabe* VV Vorb. 3 Rn. 27, anders für sonstige Verfahren Rn. 25), trifft dies nur dann zu, wenn der Anwalt außergerichtlich noch nicht mit der Angelegenheit befasst war (s. Rdn. 109, *M. 7*). Andernfalls fehlt es an einem die Vermutung rechtfertigenden Interesse des Auftraggebers, nur wegen der auch ohne Verfahrensauftrag möglichen Protokollierung (s. o.) anstelle eines Auftrags zur außergerichtlichen Vertretung einen Verfahrensauftrag zu erteilen. Zumal der Verfahrenauftrag zur Protokollierung auch nicht zwangsläufig zu geringeren Gebühren als bei einem außergerichtlichen Auftrag führt wie noch unter Geltung der BRAGO (s. BGHZ 48, 334). Erst recht dürfte er kein Interesse daran haben, dem außergerichtlichen Auftrag einen auf die Protokollierung beschränkten Verfahrensauftrag anzuschließen, da dann auch unter Berücksichtigung der Anrechnungsvorschriften des RVG (s. Rdn. 105) in jedem Fall weitere Kosten entstehen. Hinzu kommt, dass das Gericht nicht verpflichtet ist, jeden Mehrvergleich zu protokollieren (BGH, FamRZ 2011, 1572 Rn. 16 ff.). Im Übrigen greift die Vermutung nur, wenn zweifelhaft ist, welche Art von Auftrag erteilt ist. Hätte der Ehemann seinem Anwalt für den Fall, dass es zu keiner Einigung kommt, vorsorglich einen Verfahrensauftrag erteilt (bedingter Verfahrensauftrag, s. Rdn. 27), wäre dieser mangels Eintritt der Bedingung nicht zur Entstehung gelangt.

Außergerichtliche Tätigkeit

9. Geschäftsgebühr. Die Geschäftsgebühr ist eine Wertgebühr, für die das VV in Nr. 2300 einen Satzrahmen zwischen 0,5 und 2,5 mit einem Regelsatz von 1,3 vorgibt. Den konkreten Satz hat der Anwalt im Einzelfall nach den in § 14 Abs. 1 RVG für Rahmengebühren vorgegebenen Bemessungskriterien »unter Berücksichtigung aller Umstände, vor allem des Umfangs und der Schwierigkeit der anwaltlichen Tätigkeit, der Bedeutung der Angelegenheit sowie der Einkommens- und Vermögensverhältnisse des Auftraggebers, nach billigem Ermessen« und unter Berücksichtigung seines Haftungsrisikos zu bestimmen (s. dazu Rdn. 55, *M. 8*). Die familienrechtlichen Mandate sind im Vergleich zu anderen Rechtsangelegenheiten schon zumeist rechtlich oder tatsächlich schwierig, für die Mandanten i. d. R. von besonderer Bedeutung und für den Anwalt mit nicht geringem Haftungsrisiko verbunden. Deshalb wird es in Familiensachen häufig der Billigkeit entsprechen, die Regelgebühr für den Normalfall zu überschreiten. Das gilt erst recht, wenn, wie im Beispielsfall, noch langwierige Besprechungen mit dem Gegner zum Zwecke einer gütlichen Einigung geführt werden. Dann soll nach den Vorstellungen des Gesetzgebers (s. BT-Drucks. 17/11471, S. 274 zur Vorb. 3. Abs. 1 n. F.) auch der im außergerichtlichen Auftrag tätige Anwalt möglichst gleiche Gebühren erhalten wie der mit Verfahrensauftrag ausgestattete, der neben der (reduzierten) Verfahrensgebühr noch eine Terminsgebühr nach Vorb. 3 Abs. 3 VV verdient (s. o. Rdn. 103). Für die hier erfolgte Vertretung wegen nachehelichen Unterhalts, Zugewinnausgleich und Auseinandersetzung der Haushaltssachen, ist daher der Ansatz einer 2,0 Geschäftsgebühr nicht unangemessen.

10. Einigungsgebühr. Sie kann hier nur für die Haushaltssache abgerechnet werden. Zwar ist sie auch für den Unterhalt und den Zugewinnausgleich im Rahmen des außergerichtlichen Auftrags angefallen. Da die Einigung hierüber zusammen mit der Einigung über einen Teil des rechthängigen Versorgungsausgleichs in demselben Vergleich erfolgt ist, ist sie mit dieser zu berechnen (s. u. Nr. 10).

Gerichtliches Verfahren

11. Verfahrensgebühr. Die **volle Gebühr** nach Nr. 3100 VV hat sich der Anwalt des Ehemannes in der Scheidungs- und Versorgungsausgleichssache schon durch die Einreichung der Anträge verdient. Außer für die anhängigen Gegenstände, für die der Anwalt des Ehemannes Verfahrensauftrag hat, erwächst ihm auch für die Besprechung wegen der nicht anhängigen Gegenstände und deren Protokollierung im Termin keine weitere Verfahrens- oder Terminsgebühr. Wenn der Protokollierung einer Einigung über verfahrensfremde Gegenstände nur ein Auftrag zur außergerichtlichen Tätigkeit zugrunde liegt, entstehen außer der Einigungsgebühr und der Geschäftsgebühr keine weiteren Gebühren nach Teil 3 des VV (s. o. Nr. 8).

12. Terminsgebühr. Die Terminsgebühr nach Nr. 3104 VV ist ebenfalls nur für die bei Gericht beim FamG anhängigen Sachen durch die Teilnahme an dem Scheidungstermin erwachsen. Zwar kann auch für eine zum Zwecke einer Einigung geführte Besprechung über nicht anhängige Gegenstände vor Gericht nach Nr. 3104 Anm. Abs. 2 VV eine Terminsgebühr erwachsen, und zwar aus dem aufaddierten Wert der anhängigen und der nicht anhängigen Gegenstände (s. OLG Karlsruhe, FamRZ 2011, 1682 m.w.N); ihr Anfall setzt aber wie bei der Verfahrensgebühr voraus, dass die Besprechungen im Rahmen eines Verfahrensauftrags geführt werden (s. o. Nr. 8). Ohne diesen ist der Aufwand für die außergerichtliche Besprechung und die bei Gericht bei der Bemessung der Geschäftsgebühr angemessen zu berücksichtigen (s. o. Nr. 9).

13. Einigungsgebühr. Die Einigungsgebühr hat der Anwalt des Ehemannes in gleicher Weise verdient wie der Anwalt der Ehefrau, s. o. Nr. 5. Das gilt trotz des zugrunde liegenden außergerichtlichen Auftrags auch für den Mehrvergleich. Denn die Einigungsgebühr entsteht, unabhängig von der Art der ihr zugrunde liegenden Betriebsgebühr, sowohl bei der außergerichtlichen Tätigkeit als auch beim Verfahrenauftrag als zusätzliche Erfolgsgebühr. Auch wenn die Einigung wie hier unterschiedliche gebührenrechtliche Angelegenheiten betrifft, ist sie in Bezug auf die Einigungsgebühr wie eine Angelegenheit zu behandeln (OLG Düsseldorf, RVGreport 2009, 220; OLG München, JurBüro 2010, 191, 193; Gerold/Schmidt/*Müller-Rabe* RVG VV 1003, 1004 Rn. 71; s. a. Rdn. 133) und fällt daher wie beim Anwalt der Ehefrau (s. o. Nr. 5) nur in Höhe einer 1,5 Gebühr aus dem Gesamtwert an.

14. Gerichtskosten. Für das Verbundverfahren fällt die volle Verfahrensgebühr an. Eine Ermäßigung für die Folgesache Versorgungsausgleich kommt nicht in Betracht, da die Einigung nur eines von mehreren Anrechten betrifft und damit nicht die gesamte Folgesache erledigt wurde, wie es für eine Ermäßigung notwendig wäre (vgl. FA-FamR/*Keske* Kap. 17 Rn. 184). Für die Protokollierung eines Vergleichs über im Verfahren anhängige Gegenstände oder dessen Bestätigung nach § 278 Abs. 6 ZPO, oder § 36 FamFG fällt keine gesonderte Gebühr an; der Aufwand wird durch die in diesem oder in fremden Verfahren bereits angefallene Verfahrensgebühr abgegolten. Werden in eine Einigung nirgendwo anhängige Gegenstände einbezogen, fällt für den sog. **Mehrvergleich** eine 0,25 Gebühr aus dem Wert der nirgendwo anhängigen Gegenstände an, vgl. Nr. 1500 KV FamGKG in der durch das 2. KostRMoG geänderten Fassung. - Bis dahin war noch streitig, ob die Gebühr immer oder nur dann anfällt, wenn der Vergleich den Wert des Verfahrens übersteigt (s. die Vorauflage). - Im VKH-Verfahren geschlossene Vergleiche sind nach wie vor gebührenfrei. Um die vergleichsweise Erledigung nicht anhängiger Gegenstände teurer werden zu lassen, als wenn man sie (im selben Verfahren) anhängig gemacht hätte, darf die Summe aus der Gebühr für den Mehrvergleich und die Gebühr für das Verfahren, in dem der Vergleich geschlossen wurde, nicht höher sein als eine Verfahrensgebühr aus dem zusammengerechneten Gegenstandswert beider Gebühren, sodass immer eine Kontrollrechnung durchzuführen ist (s. a. *Keske* FuR 2013, 546, 548).

VI. Gebührenanrechnung

1. Einführung

a) Anrechnungsgebote

Das VV zum RVG sieht an verschiedener Stelle Anrechnungsgebote für Verfahrensgebühren vor, die vornehmlich der aus der Vorbefassung resultierenden Arbeitsersparnis Rechnung tragen. So ist z.B. die Verfahrensgebühr für das selbstständige Beweisverfahren ebenso auf die des Hauptsacheverfahrens anzurechnen, wie die im Mahn-, und vereinfachten Unterhaltsverfahren entstandenen Verfahrensgebühren auf die des nachfolgenden Streitverfahrens oder die eines Vermittlungsverfahrens auf die Verfahrensgebühr der nachfolgenden Umgangssache. Wechselseitig anzurechnen sind auch die Verfahrensgebühren, die nach Zurückverweisung eines Verfahrens bei dessen Fortführung in der unteren Instanz erneut entstehen (§ 21 Abs. 1 RVG s. a. FA-FamR/*Keske* Kap. 17 Rn. 297). Einer Anrechnung gleichkommt auch der in § 15 Abs. 5 RVG normierte Grundsatz, dass der Anwalt bei einer erneuten Beauftragung in der gleichen Angelegenheit nicht mehr an Gebühren erhält, als wenn er von Anfang an einen einheitlichen Auftrag erhalten hätte. In allen diesen Fällen werden gleichartige Gebühren in voller Höhe gegengerechnet.

105

Besondere Bestimmungen bestehen im **Verhältnis von außergerichtlichen Aufträgen** untereinander (s. Rdn. 21, *M. 6* und im Verhältnis **zu einem gerichtlichen Auftrag** für denselben Gegenstand. Erhält der Anwalt, nachdem er bisher auftragsgemäß nur außergerichtlich tätig war, für denselben Gegenstand einen Verfahrensauftrag, ist eine Ratsgebühr nach § 34 Abs. 2 RVG und die Geschäftsgebühr nach Vorb. 3 Abs. 4 VV auf eine Verfahrensgebühr eines wegen desselben Gegenstands geführten gerichtlichen Verfahrens anzurechnen; die Ratsgebühr in voller Höhe (s. dazu Muster

106

Rdn. 55, *M. 9*) und die Geschäftsgebühr nur zur Hälfte und höchstens mit einem Gebührensatz von 0,75. Das gilt auch, wenn die Geschäftsgebühr erst nachträglich entsteht. Eine Anrechnung erfolgt nur wenn und soweit sich der Gegenstand der außergerichtlichen Tätigkeit mit dem des gerichtlichen Verfahrens deckt. Die Identität ist rein wirtschaftlich zu beurteilen (BGH, NJW 2007, 250) und nicht kostenrechtlich. Auch wenn der Anspruch zwischenzeitlich abgetreten und das gerichtliche Verfahren vom Zessionar geführt wird, handelt es sich weiterhin um denselben Gegenstand i. S. d. Vorb. 3 Abs. 4 VV (BGH, NJW 2012, 781 = FamRZ 2012, 366 [LS]). Voraussetzung ist jedoch immer, dass sowohl der außergerichtliche als auch der Verfahrensauftrag vom gleichen Anwalt ausgeführt werden. Daher entfällt eine Anrechnung, wenn es sich um verschiedene Anwälte handelt. Die Auslagenpauschale wird nicht angerechnet.

107   Ist der außergerichtliche **Auftrag länger als 2 Kalenderjahre beendet**, scheidet eine Anrechnung aus (§ 15 Abs. 5 Satz 2 RVG; Gerold/Schmidt/*Mayer* § 15 Rn. 103). Die Fälligkeit i. S. d. § 8 Abs. 1 RVG (s. dazu Rdn. 45, 81) führt noch nicht zur Erledigung des Auftrags i. S. d. § 15 Abs. 5 Satz 2 RVG (vgl. BGH, FamRZ 2010, 1723; 2006, 861 auch zur Gegenansicht; a. A. z. B. OLG Düsseldorf, OLGR 2009, 455 zu Vorb. 3 Abs. 6 VV). Eine Ausnahme macht der BGH nur für den Fall, dass ein Prozessvergleich mehr als 2 Jahre nach seinem Abschluss angefochten wird (BGH, FamRZ 2010, 1723). Wurde für die außergerichtliche Geschäftsbesorgung eine **Honorarvereinbarung** geschlossen, ist die Anrechnungsvorschrift des VV Vorb. 3 Abs. 4 nicht anzuwenden (h. M.: BGH, NJW 2009, 3364 = FamRZ 2009, 1905 [LS]; FamRZ 2009, 2082 je m. w. N.). Das gilt auch für andere Anrechnungstatbestände (s. Rdn. 60) – mit Ausnahme des § 34 Abs. 2 RVG (s. Rdn. 55, *M. 9*) – wenn für die anzurechnende Gebühr die gesetzliche durch eine vereinbarte Vergütung ersetzt wurde. In allen Fällen kann die Gebührenanrechnung durch Vereinbarung nach §§ 3a, 4 RVG (s. dazu Rdn. 5 ff.) ausgeschlossen werden.

b) Anrechnungsweise und -wirkungen (§ 15a RVG)

108   Nach § 15a Abs. 1 RVG kann der Anwalt wählen, welche der aufeinander anzurechnenden Gebührenansprüche er realisieren will (dazu im Einzelnen Rdn. 109, *M. 8*). Schon nach der BRAGO hat die Praxis die anzurechnende Geschäftsgebühr nicht auf die Prozess- bzw. Verfahrensgebühr angerechnet, sondern mit ihr verrechnet. Mit der Einfügung des § 15a RVG durch das Gesetz zur Modernisierung des anwaltlichen und notariellen Berufsrechts u. a. v. 30.07.2009 (BGBl. I S. 1323) hat der Gesetzgeber diese Auslegung der Anrechnungsbestimmungen ausdrücklich legitimiert und damit die entgegenstehende Rspr. (z. B. BGH, NJW 2008, 1323) korrigiert. Da mit dem § 15a RVG lediglich eine Klarstellung des gesetzgeberischen Willens erfolgt ist, gilt er nach zwischenzeitlich allg. Meinung auch für Altfälle (BGH, FamRZ 2012, 366 m. w. N.). Klargestellt wurde in § 15a Abs. 2 RVG gleichfalls, dass Anrechnungsvorschriften grds. nur Wirkung im Verhältnis zwischen Auftraggeber und Mandant entfalten. Ein Dritter kann sich auf sie nur berufen, wenn er entweder den Anspruch auf eine der beiden Gebühren erfüllt hat, einer dieser Ansprüche betragsmäßig (BGH, NJW 2011, 861) tituliert ist oder beide Gebühren in demselben Verfahren gegen ihn geltend gemacht werden (s. *Müller-Rabe* NJW 2009, 2913, zu den Auswirkungen der Anrechnungsvorschrift auf den Vergütungsanspruch des beigeordneten Anwalts gegen die Staatskasse nach § 49 RVG s. Rdn. 286). Damit wird die Anrechnung im Kostenfestsetzungsverfahren nach §§ 103 ff. ZPO grds. nicht v.A.w., sondern nur dann berücksichtigt, wenn sich der Gegner in zulässiger Weise auf sie beruft. Allerdings darf der Rechtspfleger auch nicht sehenden Auges eine falsche Entscheidung treffen, sodass jedenfalls dann, wenn die volle Geschäftsgebühr in dem der Festsetzung zugrunde liegenden Hauptsacheverfahren eingeklagt und zugesprochen wurde, sie auch ohne Einrede (in der zulässigen Höhe) auf eine geltend gemachte Verfahrensgebühr anzurechnen ist (*Hansens* AnwBl. 2009, 535; *Müller-Rabe* NJW 2009, 2913).

2. Muster: Abrechnung mit Gebührenanrechnung

Sachverhalt: Während die Ehescheidung und VA rechtshängig sind, verhandelt RA K im außergerichtlichem Auftrag der Ehefrau in mehreren Besprechungen mit dem Anwalt des Ehemannes über die Scheidungsfolgen nachehelicher Unterhalt und Umgang mit dem gemeinsamen Kind. Über den Umgang kommt eine Einigung zustande. Hinsichtlich des Unterhalts erhält RA K nach dem Scheitern der Einigungsbemühungen Verfahrensauftrag und macht ihn als Folgesache im Verbundverfahren anhängig, allerdings beantragt er nur noch Unterhalt von 500 € monatlich statt der außergerichtlich geforderten 750 €. In der mündlichen Verhandlung kommt es in der Unterhaltssache doch noch zu einem Vergleich. In diesen wurde nach Erörterung auch der rückständige Trennungsunterhalt von 3.000 € einbezogen, mit dem RA K bislang nicht befasst war. Das Gericht entscheidet durch Beschluss über ES und VA und hebt die Kosten gegeneinander auf. Den Verfahrenswert setzt es auf insgesamt 18.000 € fest; darunter für die Folgesache Unterhalt 6.000,00 €, und Vergleichsmehrwert auf 3.000 €.

109

Rechtsanwalt .....

Frau .....

..... (Straße)

..... (Ort)

(Datum) .....

Bitte stets angeben:

Geschäftszeichen: .....

Rechnung-Nr: .....

Honorarabrechnung[1]

für die gerichtliche und außergerichtliche Vertretung

in ihrem Scheidungsverfahren und den Folgesachen in der Zeit vom ..... bis .....[2]

Sehr geehrte Frau .....,

nach Abschluss des Verfahrens erlaube ich mir meine Vergütung gemäß nachfolgender Kostenaufstellung abzurechnen und bitte Sie, den Betrag in Höhe von **4760,60 €** unter Angabe meines Geschäftszeichens auf mein unten angegebenes Konto zu überweisen.

Kostenaufstellung[3]

1. Außergerichtliche Vertretung

Wert: 12.000,00 € (Unterhalt 9.000,00 €, Umgangsrecht 3.000,00 €)

2,0 Geschäftsgebühr aus 12.000,00 € (VV 2300)[4]	1.208,00 €
1,5 Einigungsgebühr aus 3.000,00 € (VV 1000)[5]	301,50 €
Post- und Telekommunikationspauschale (VV 7002)	20,00 €
insgesamt	1.529,50 €
19 % Umsatzsteuer (VV 7008)	290,61 €
Vergütung	1.820,11 €

2. Vertretung im gerichtlichen Verfahren – AG XYZ, 11 F 99/14 –

Verfahrenswert: 18.000,00 € (Scheidung und Versorgungsausgleich 12.000,00 €, Unterhalt 6.000,00 €)

zzgl. Mehrvergleich über Trennungsunterhalt, Wert 3.000,00 €[6]

1,3 Verfahrensgebühr aus 18.000,00 € (VV 3100)[7]		904,80 €
abzgl. 0,75 Geschäftsgebühr aus 6.000 € (VV Vorb. 3 Abs. 4)[8]		- 265,50 €
0,8 Verfahrensgebühr aus 3.000 € (Mehrvergleich, VV 3101 Nr. 2)[7]		160,80 €
Summe Verfahrensgebühren		800,10 €
Kontrolle: Begrenzung auf 1,3 aus 21.000,00 € (§ 15 Abs. 3 RVG) = 964,60 € nicht überschritten		
1,2 Terminsgebühr aus 21.000,00 € (VV 3104)		890,40 €
1,0 Einigungsgebühr aus 6.000,00 € (VV 1003)[9]	531,00 €	
1,5 Einigungsgebühr aus 3.000,00 € (VV 1000)	301,50 €	
begrenzt auf 1,5 aus 9.000,00 € (§ 15 Abs. 3 RVG)		760,50 €
Post- und Telekommunikationspauschale (VV 7002)		20,00 €
insgesamt		2.471,00 €
19 % Umsatzsteuer (VV 7008)		469,49 €
Vergütung		2.940,49 €
Gesamtbetrag aus 1. und 2. (Zahlbetrag)		4760,60 €

Mit freundlichen Grüßen

..... (Unterschrift Anwalt)

1. Formalien: Zu den Formalien der Honorarabrechnung gegenüber dem Mandanten s. Muster Rdn. 51, *M. 1 ff.*

2. Bezeichnung des Gegenstands. Die Kostenrechnung muss die abgerechneten Angelegenheiten konkretisieren. In Familiensachen genügt der Name des Auftraggebers und ggf. des Gegners allein selten, da hier immer mit mehreren Aufträgen gerechnet werden muss (*Schneider* AnwBl. 2004, 510). Es sollte deshalb in außergerichtlichen Angelegenheiten neben der Art der Tätigkeit (Beratung, Gutachtenerstattung oder Geschäftsbesorgung bzw. Vertretung in einem gerichtlichen Verfahren) zumindest der oder die Gegenstände mit angegeben werden. Dies geschieht im Muster ergänzend bei der Wertangabe in der Kostenaufstellung, deshalb müssen die Folgesachen im Betreff nicht einzeln aufgeführt werden. Das Gleiche gilt für den Umfang des außergerichtlichen und des gerichtlichen Auftrags. Die Angabe der Leistungszeit muss nur nach § 14 UStG, nicht aber nach § 10 RVG in der Abrechnung angegeben werden. Sie dient aber ebenfalls der Konkretisierung der abgerechneten Tätigkeit und grenzt sie von weiteren Aufträgen mit vergleichbarem Gegenstand ab.

3. Kostenaufstellung. Vorliegend wurden nacheinander zwei Aufträge zur Vertretung erteilt, die jeweils in unterschiedlichem Rahmen ausgeführt werden sollen, der erste nur außergerichtlich, der Folgeauftrag im gerichtlichen Verfahren. Wegen der unterschiedlichen Handlungsaufträge liegen kostenrechtlich **zwei Angelegenheiten** vor (s. Rdn. 29). Daher muss die Vergütung für jeden Auftrag getrennt voneinander abgerechnet werden (zur Abrechnung, wenn die außergerichtlichen Verhandlungen bereits mit Verfahrensauftrag geführt wurden, s. Muster Rdn. 104, *M. 1 ff.*). Die Vorbefassung ist im Wege der Anrechnung nach Vorb. 3 Abs. 4 VV zu berücksichtigen (s. Rdn. 106).

Außergerichtliche Vertretung:

4. Geschäftsgebühr. Die Geschäftsgebühr wird einerseits durch den Geschäftswert und andererseits durch den in VV 2300 vorgegeben Gebührensatzrahmen bestimmt. Der Geschäfts- oder

Gegenstandswert richtet sich gem. § 23 Abs. 1 Satz 1 und 3 RVG nach den Werten für ein gerichtliches Verfahren, also nach den FamGKG, s. dazu Rdn. 117 ff. Aus dem Satzrahmen von 0,5 bis 2,5 hat der Anwalt die Gebühr im Einzelfall nach den in § 14 Abs. 1 RVG für Rahmengebühren vorgegebenen Bemessungskriterien zu bestimmen (s. dazu ausführlich Rdn. 55, *M. 8*), und zwar unabhängig davon, dass dem außergerichtlichen Auftrag in einzelnen Folgesachen noch ein Auftrag zur gerichtlichen Geltendmachung gefolgt ist. Im Hinblick auf den Umfang (mehrere Besprechungen) und die tatsächlichen und rechtlichen Schwierigkeiten der Angelegenheit ist es vorliegend gerechtfertigt, die Regelgebühr von 1,3 (s. Anm. zu Nr. 2300 VV) zu überschreiten und die Geschäftsgebühr mit dem Gebührensatz anzusetzen, der einem mit Verfahrensauftrag handelnden Anwalt für dieselbe Tätigkeit aus der Verfahrens- und Besprechungsgebühr erwachsen würde (s. o. Rdn. 104, *M. 9*).

5. Einigungsgebühr. Führt die Tätigkeit des Anwalts zu einer Einigung, erwächst ihm zusätzlich die als Erfolgsgebühr ausgestaltete Einigungsgebühr nach Nr. 1000 ff. VV (s. dazu ausführlich Rdn. 98 ff.). Der Gebührensatz beträgt 1,5, wenn wie hier die Angelegenheit noch nicht vor Gericht gebracht ist (Nr. 1000 VV). Eine Zusammenrechnung mit den Gegenstandswerten der im gerichtlichen Verfahren erfolgten Einigung findet nicht statt.

Gerichtliches Verfahren:

6. Gegenstandwerte. Die vom Gericht für die Gerichtsgebühren festgesetzten Werte gelten auch für die Berechnung der Anwaltsgebühren (s. § 32 RVG Abs. 1 RVG und zum daraus resultierenden Beschwerderecht des Anwalts Abs. 2). Bis zum 01.08.2013 konnte es vorkommen, dass das Gericht für einen **Mehrvergleich** über einen nirgendwo gerichtlich anhängigen Gegenstand keinen Wert für die Gerichtsgebühren festgesetzt hat, wenn wie hier der Wert des Vergleichs den Verfahrenswert nicht überstiegen hat, weil dann nach h. M. für den Mehrvergleich keine Gerichtsgebühr erhoben werden konnte; das hat sich zwischenzeitlich geändert (s. Rdn. 104, *M. 14*). Nach wie vor fallen aber für einen Mehrvergleich über in anderen Verfahren anhängige Gegenstände keine Gerichtskosten an. Deren Wert muss eigentlich das Verfahrensgericht festsetzen. Nur wenn die Einigung nur einen Teil des dort anhängigen Gegenstands betrifft, kann ihn m. E. auch das Forumgericht auf Antrag nach § 33 Abs. 1 RVG (s. Rdn. 113) festsetzen. Die Praxis verfährt allerdings unterschiedlich.

7. Verfahrens- und Terminsgebühr. Aus dem Wert des Verbundverfahrens ist schon allein wegen der Teilnahme am Verhandlungstermin die volle Verfahrensgebühr (Nr. 3100 VV) und die Terminsgebühr (Nr. 3104 VV) angefallen. Für die Protokollierung und Besprechung des mitverglichenen nicht anhängigen Trennungsunterhalts (**Mehrvergleich**) ist neben der Einigungsgebühr (s. u.) nach Nr. 3001 Nr. 2 VV eine verminderte Verfahrensgebühr als Betriebsgebühr entstanden und nach Nr. 3104 VV auch eine Terminsgebühr in voller Höhe. Anders als wenn der Anwalt bereits außergerichtlich mit der Angelegenheit befasst war, greift hier die Vermutung ein, dass der Besprechung und der Protokollierung ein (ggf. konkludent erteilter) Verfahrensauftrag zugrunde liegt (s. Rdn. 104, *M. 8*). – Die verminderte Verfahrensgebühr entsteht nach Nr. 3101 Nr. 2 VV auch dann als Betriebsgebühr, wenn ein Mehrvergleich (bei fehlender Vorbefassung) nur protokolliert wird. In diesem Fall entsteht keine Terminsgebühr. – Da die Verfahrensgebühr für die anhängigen und für die nicht anhängigen Gegenstände mit unterschiedlichen Gebührensätzen anfällt, ist die Gebühr nach § 15 Abs. 3 RVG jeweils getrennt zu berechnen und ggf. auf eine Gebühr nach dem höchsten Satz aus dem Gesamtwert zu begrenzen.

8. Anrechnung. Wenn der Anwalt für denselben Gegenstand sowohl im außergerichtlichen als auch im gerichtlichen Auftrag tätig ist, ist die außergerichtliche angefallene Geschäftsgebühr nach Vorb. 3 Abs. 4 VV auf eine Verfahrensgebühr des gerichtlichen Verfahrens anzurechnen, jedoch nur zur Hälfte und höchstens mit einem Gebührensatz von 0,75. Das ist vorliegend hinsichtlich des nachehelichen Unterhalts der Fall. Decken sich die Angelegenheiten nicht vollständig, so ist zu unterscheiden: Ist der Wert des außergerichtlich bearbeiteten Gegenstands geringer als der, der mit Verfahrensauftrag bearbeitet wurde (z. B. im gerichtlichen Verfahrenen wird ein höherer Unterhalt beansprucht als in der außergerichtlichen Vertretung), so berechnet sich der **Anrechnungsbetrag** aus dem geringeren Wert für die außergerichtliche Tätigkeit. Hat der in das gerichtliche Verfahren übergegangene Gegenstand – wie hier – einen geringeren Wert, so ist dieser maßgeblich. Die Anrechnung erfolgt wertmäßig immer in dem Umfang, in dem sich außergerichtliches und gerichtliches Geschäft decken. Das gilt auch, wenn, wie hier, nur wegen einzelner von mehreren außergerichtlich verhandelten Folgesachen (= Gegenstände) ein gerichtliches Verfahren eingeleitet wird. Es ist in diesem Fall nach Vorb. 3 Abs. 4 Satz 3 VV immer die Gebühr aus dem (vollen) Teilwert anzurechnen und keine Quotelung vorzunehmen (BGH, NJW 2007, 3578; a. A. OLG Koblenz, JurBüro 2009, 247).

Die **Art und Weise der Anrechnung** kann der Anwalt frei wählen (§ 15a Abs. 1 RVG). Der anzurechnende Betrag kann entweder von der Geschäftsgebühr oder der Verfahrensgebühr abgezogen werden oder jeweils teilweise von der einen und der anderen. Gegenüber dem Mandanten kann er den Anrechnungsbetrag auch von der ihm zustehenden Gesamtvergütung aus beiden Aufträgen abziehen (vgl. *Hansens* AnwBl. 2009, 235, *Müller-Rabe* NJW 2009, 2913). - Soweit die Gesamtvergütung mit USt berechnet wird, muss dann auch der Anrechnungsbetrag mit USt abgezogen werden. - Die Anrechnung auf die Geschäftsgebühr (Rückanrechnung) empfiehlt sich immer dann, wenn diese zu verjähren droht oder bereits verjährt ist, denn dann bleibt die Verfahrensgebühr in voller Höhe erhalten (*Müller-Rabe* NJW 2009, 2913). D. h., der Anwalt rechnet den Anrechnungsbetrag auf seine noch offene Vergütungsforderung aus dem außergerichtlichen Auftrag an und stellt dafür die ungekürzte Verfahrensgebühr in Rechnung (s. a. *Hansens* AnwBl. 2009, 535). Eine Anrechnung auf die Verfahrensgebühr ist dann von Vorteil, wenn diese wie hier nach § 15 Abs. 3 RVG zu kürzen wäre. Denn die Anrechnung erfolgt immer direkt auf die mit dem jeweiligen Gegenstand korrespondierende Verfahrensgebühr, also noch vor der nach § 15 Abs. 3 RVG durchzuführenden Kontrollrechnung (OLG Karlsruhe, FamRZ 2011, 1682 m. w. N.). Dadurch führt die Anrechnung im Ergebnis zu einer deutlich geringeren Kürzung des Gebührenaufkommens als bei einer Rückanrechnung. Würde man im Beispielsfall den Anrechnungsbetrag von der Geschäftsgebühr abziehen, wären die Verfahrensgebühren auf eine 1,3 Gebühr aus dem Gesamtwert zu begrenzen. Es würden dann im gerichtlichen Verfahren nur eine Verfahrensgebühr i. H. v. 964,60 € und eine Geschäftsgebühr von 942,50 € (1.208,00 € - anzurechnender 265,50 €) abgerechnet werden können, während es im Beispielsfall 2008,10 € (800,10 € + 1.208,00 €) sind.

9. Einigungsgebühr. Die Einigungsgebühr ist für die im Verfahren anhängige Folgesache nachehelicher Unterhalt und zu einem Gebührensatz von 1,0 (Nr. 1300 VV) angefallen und aus dem Wert des nirgendwo gerichtlich anhängigen Trennungsunterhalts zu einem Satz von 1,5 (Nr. 1000 VV). Die deshalb aus den Einzelwerten getrennt zu errechnenden Gebühren dürfen eine 1,5 Gebühr aus dem Gesamtwert nicht übersteigen (§ 15 Abs. 3 RVG).

E. Verfahrenswert

I. Einführung

110　In den **familiengerichtlichen Verfahren** richten sich die anwaltlichen und die gerichtlichen Gebühren mehrheitlich nach dem Verfahrenswert, dem bestimmte Gebührensätze zugeordnet sind (**Wertgebühren**, § 28 FamGKG, § 13 RVG, s. Rdn. 57 ff.). Das FamGKG hat die zuvor im GKG und in der KostO geregelten Wertvorschriften für Familiensachen weitgehend übernommen. Das gilt auch für den Auffangwert für vermögens- und nicht vermögensrechtliche Angelegenheiten, der in Anlehnung an § 30 KostO in § 42 FamGKG normiert ist. Grds. richtet sich der Wert in vermögensrechtlichen Angelegenheiten nach dem wirtschaftlichen Ziel, das der Antragsteller verfolgt. Bei einem Leistungsantrag bemisst er sich mithin nach dem geforderten Betrag (§ 35 FamGKG). Davon wird zum einen aus sozialen Gründen (z. B. in Unterhaltssachen) abgewichen und zum anderen aus Gründen der Praktikabilität. Ihr dienen die für nicht wenige Verfahren auch in vermögensrechtlichen Angelegenheiten eingeführten Festwerte. Sie werden allerdings durch eine Billigkeitsklausel relativiert, die es dem Gericht gestattet, den Wert herab- oder heraufzusetzen, wenn er nach den besonderen Umständen des Einzelfalls unbillig erscheint. Vgl. zu den Einzelwerten den Wertekatalog

Rdn. 117 ff. Enthält ein Verfahren mehrere Gegenstände, werden ihre Werte i. d. R. zusammengerechnet (s. dazu und zu den Ausnahmen Rdn. 174).

Die **gerichtlichen Wertvorschriften** sind größtenteils auch **für die anwaltlichen Gebühren** maßgeblich. Denn das RVG enthält nur wenig eigene Bewertungsregeln, sondern verweist in erster Linie auf die für die gerichtlichen Verfahren, und zwar nicht nur für die Gebühren im gerichtlichen Verfahren, sondern auch für die gesetzlichen Gebühren einer außergerichtlichen Tätigkeit, wenn das Geschäft auch Gegenstand eines gerichtlichen Verfahrens sein könnte (§ 23 Abs. 1 Satz 1 und 3 RVG). Das gilt selbst dann, wenn das FamGKG für die konkrete Angelegenheit keinen Wert vorsieht, weil für das Verfahren entweder nur Festgebühren erhoben werden oder es gebührenfrei ist, wenn im FamGKG vorhandene Bewertungsregeln entsprechend herangezogen werden können, wie z. B. in Verfahren zur Vollstreckbarerklärung ausländischer Titel der Wert des zugrunde liegenden Anspruchs (BGH, FamRZ 2009, 222).   **111**

Eigenständig regelt das RVG dagegen die Werte für die Zwangsvollstreckung im weitesten Sinn (s. Rdn. 173), des VKH-Verfahrens (Rdn. 163) und für bestimmte Beschwerden (s. Rdn. 150), sowie in § 23 Abs. 3 RVG die Bewertung von Gegenständen, die nicht Gegenstand eines gerichtlichen Verfahrens sein könnten. Das betrifft insb. die Ausarbeitung vorsorgender Verträge, während sog. streitbeilegende Verträge, durch die ein schon bestehender Konflikt über Rechtsansprüche beseitigt werden soll, nach Abs. 1 zu bewerten sind (Groß § 10 Rn. 3). **§ 23 Abs. 3 RVG in der durch das 2. KostRMoG geänderten Fassung** verweist für vermögensrechtliche Gegenstände nunmehr auf die allgemeinen Bewertungsvorschriften des GNotKG (§§ 46 bis 54 GNotKG) sowie auf einzelne Vorschriften zur Bestimmung des Geschäftswerts. Das sind zum einen die allgemeinen Bestimmungen zur Behandlung von Nebenforderungen (§ 37 GNotKG) und zum Schuldenabzugsverbot (§ 38 GNotKG). Der Verweis auf die §§ 42 bis 45 und 99 bis 102 GNotKG bezieht sich auf Sonderregelungen für bestimmte Geschäfte, wie z. B. für Eheverträge (s. Rdn. 131). Nach der Systematik des GNotKG bestimmen die Bewertungsvorschriften (§§ 46 ff. GNotKG) nur, wie der Wert einer Sache oder eines Rechts zu ermitteln ist; wie der Geschäftswert in einer bestimmten Angelegenheit zu berechnen ist, ergibt sich erst im Zusammenhang mit den allgemeinen und besonderen Geschäftswertvorschriften. Zum gegenüber der KostO teilweise geänderten Inhalt und zur Handhabung der Bewertungs- und den einbezogenen Geschäftswertvorschriften s. *Keske* FuR 2013, 482, 486. Soweit diese nicht einschlägig sind und der Wert auch sonst nicht feststeht, ist er nach billigem Ermessen vom Anwalt zu bestimmen. Bei Fehlen tatsächlicher Anhaltspunkte und bei nicht vermögensrechtlichen Gegenständen ist für den Durchschnittsfall von (seit 01.08.2013) 5.000,00 € auszugehen. Mehrere Gegenstände in einer Angelegenheit sind gem. § 22 Abs. 1 RVG zusammenzurechnen, sofern sie nicht wirtschaftlich identisch sind (s. Rdn. 174).

II. Gerichtliche Wertfestsetzung

1. Festsetzungsverfahren

Der Verfahrenswert **für die Gerichtsgebühr** wird vom FamG (Gericht der Hauptsache) und für das Rechtsmittel vom Rechtsmittelgericht bei Eingang eines Antrags vorläufig festgesetzt, soweit dies zum Zwecke der Vorschussanforderung erforderlich ist und der Gegenstand des Verfahrens eine bestimmte Geldsumme oder für den Regelfall kein fester Wert bestimmt ist (§ 55 Abs. 1 FamGKG). Die **vorläufige Wertfestsetzung** kann nicht selbstständig, sondern nur mit der Vorschussanforderung angefochten (§ 55 Abs. 1 Satz 2 FamGKG: s. a. OLG Celle, FamRZ 2011, 134; OLG Stuttgart, JurBüro 2007, 145;), dafür aber jederzeit korrigiert werden. Die Nichtanfechtbarkeit gilt nach herrschender Meinung auch für den Anwalt (OLG Celle, FamRZ 2011, 134; OLG Koblenz, NJW-RR 2009, 499 m. w. N.; a. A. für den Fall, dass das Mandat beendet ist, OLG Zweibrücken, FamRZ 2007, 299). Die **endgültige** und nach § 59 FamGKG anfechtbare **Wertfestsetzung** wird erst nach Beendigung des Verfahrens grds. von Amts wegen vorgenommen (§ 55 Abs. 2 FamGKG). Darüber hinaus kann jeder Verfahrensbeteiligte und die Staatskasse die Festsetzung anregen und der Anwalt sie aus eigenem Recht beantragen (§ 32 Abs. 2 RVG). Soweit in der Rechtsmittelinstanz bereits eine   **112**

Wertfestsetzung für die Zulässigkeit eines Rechtsmittels vorliegt, gilt diese auch für seinen Gebührenwert, sofern beide nach den gleichen Grundsätzen bewertet werden (§ 54 FamGKG), und macht
eine gesonderte Festsetzung entbehrlich. Die Wertfestsetzung nach § 55 FamGKG ist **auch für die
Anwaltsgebühren verbindlich** (§ 32 Abs. 1 RVG) und kann von ihm in eigenem Namen angefochten werden (s. Muster Rdn. 115).

Das festsetzende Gericht oder, wenn das Verfahren in der Rechtsmittelinstanz schwebt, auch das
Rechtsmittelgericht kann den **Wert v.A.w. abändern**, solange seit Rechtskraft der Endentscheidung
oder anderweitigen Erledigung des Verfahrens noch keine 6 Monate verstrichen sind (§ 55 Abs. 3
FamGKG). Einer Abänderung steht nicht entgegen, dass dadurch eine bereits rechtskräftige Kostenentscheidung unrichtig wird (OLG Köln, FamRZ 2007, 163 m. w. N.; a. A. BGH, BRAGOreport
2001, 41; MDR 1977, 925). Stichtag für die Berechnung des Verfahrenswertes ist nicht der Zeitpunkt der Wertfestsetzung, sondern in Antragsverfahren der Eingang des den jeweiligen Gegenstand
betreffenden Antrags oder seine Stellung im Termin und in Amtsverfahren die mit Beendigung des
Verfahrens eintretende Gebührenfälligkeit (s. § 34 FamGKG).

113 Werden in gerichtlichen Verfahren keine oder keine Wertgebühren erhoben, wie z. B. in den Nebenverfahren oder der Zwangsvollstreckung, in Verfahren nach dem IntFamG oder im VKH-Verfahren,
eröffnet § 33 RVG dem Anwalt die Möglichkeit, den für seine Tätigkeit im oder für das gerichtliche
Verfahren maßgeblichen Gebührenwert auf Antrag vom Gericht festsetzen zu lassen. Das gleiche
Recht steht dem Auftraggeber, einem erstattungspflichtigen Verfahrensbeteiligten und, wenn der
Anwalt im Wege der Verfahrenskostenhilfe beigeordnet wurde, der Staatskasse zu. Der Antrag auf
gesonderte Festsetzung der Anwaltsgebühren ist erst zulässig, wenn die Vergütung fällig ist, also
i. d. R. wenn das Verfahren abgeschlossen ist (s. Rdn. 81). Es handelt sich um ein von der Festset-
zung nach § 55 FamFG unabhängiges Verfahren, in dem auch nicht der Amtermittlungs-, sondern
der Beibringungsgrundsatz gilt, auch wenn kein beziffertes Antrag erforderlich ist. Soweit allerdings eine Festsetzung nach § 55 FamFG möglich und ausreichend ist, geht sie vor (*Hartmann* § 33
RVG Rn. 4). Anders als diese kann die Festsetzung nach § 33 RVG nicht v.A.w., sondern nur auf
Beschwerde hin abgeändert werden (s. u. sowie Muster Rdn. 116). Zur Wertfestsetzung für einen
Mehrvergleich s. Rdn. 109, *M. 6*).

2. Beschwerden gegen die Wertfestsetzung

114 Die Rechtsmittel gegen die Wertfestsetzung sowie den Ansatz von Gerichtskosten wurden schon
durch das KostRMoG 2004 in allen Kostengesetzen und -verordnungen weitgehend einheitlich neu
und unabhängig von dem für die Hauptsache maßgeblichen Verfahrensrecht geregelt, im RVG in
§ 33, auf den § 56 RVG auch für die Erinnerung und Beschwerde gegen die Festsetzung der VKH-
Vergütung verweist. - Mit einer Ergänzung der § 1 RVG und § 1 FamGKG (und den anderen Kostengesetzen) durch das 2. KostRMoG hat der Gesetzgeber ausdrücklich klargestellt, dass die in den
Kostengesetzen geregelten Rechtsbehelfe als die spezielleren denen des Verfahrensrechts vorgehen. -
Im FamGKG ist die zentrale Vorschrift § 57 (Erinnerung und Beschwerde gegen den Kostenansatz).
Auf sie verweisen die Vorschriften über Beschwerden gegen die Festsetzung des Verfahrenswerts und
gegen Vorauszahlungsanordnungen gleichermaßen (§§ 59 bzw. 58 FamGKG). § 57 Abs. 7 FamGKG
stellt klar, dass gegen die Entscheidung des OLG als Beschwerdegericht keine weitere Beschwerde
zum BGH zulässig ist. Dasselbe bestimmt § 33 Abs. 4 Satz 3 RVG (s. a. BGH, FamRZ 2010, 1327).
Gegen die unanfechtbare Beschwerdeentscheidung des OLG kann nach allgemeinen Grundsätzen
noch eine Gegenvorstellung erhoben werden.

Die Vorschriften über das **Verfahren** bei Beschwerden gegen die Festsetzung des Verfahrenswerts
für die Gerichtskosten und gegen die Wertfestsetzung für die Rechtsanwaltgebühren sind weitgehend identisch. Beide sind nur zulässig, wenn die Beschwer 200,00 € übersteigt (zur Berechnung
s. Rdn. 115, *M. 5*) oder sie das FamG wegen der grundsätzlichen Bedeutung (für das OLG bindend)
zugelassen hat. Die Nichtzulassung ist nicht anfechtbar. Die Beschwerde ist ohne Anwaltszwang
beim FamG einzulegen, das ihr abhelfen kann. Ansonsten ist sie unverzüglich dem zuständigen

OLG vorzulegen. In beiden Verfahren werden Kosten nicht erstattet (ausgenommen bei unzulässigen Beschwerden, vgl. OLG Celle, JurBüro 2011, 257 m. w. N.). Unterschiede gibt es nur hinsichtlich der Beschwerdefrist und des Kreises der Anfechtungsberechtigten (s. Rdn. 115, *M. 3*, Rdn. 116, *M. 3*). Außerdem ist die Beschwerde nach dem FamGKG gebührenfrei, während bei Zurückweisung der Beschwerde nach dem RVG eine Gebühr (bis 60,00 € nach Nr. 1912 KV FamGKG i. V. m. § 1 Satz 2 FamGKG) erhoben wird.

III. Muster

1. Beschwerde nach § 59 FamGKG, Wert eines Unterhaltsverfahrens mit Antragserweiterung

Sachverhalt: Nach Trennung bewohnt die Ehefrau zusammen mit dem gemeinsamen Kind das den Ehegatten gemeinsam gehörende Familienheim allein, der Ehemann zahlt neben dem Kindes- nur 300,00 € Ehegattenunterhalt. Die Frau, vertreten durch RA K, reicht am 02.10.2012 einen Antrag auf VKH für Trennungsunterhalt i. H. v. 500,00 € monatlich ab 01.10.2012 und Unterhaltsrückstände seit 01.06.2012 i. H. v. 800,00 € (4 × 200,00 €) ein, verbunden mit einer von K unterzeichneten Klage, mit der Bitte, diese erst und nur im Umfang der hierfür bewilligten VKH in den Geschäftsgang zu nehmen. Das Gericht prüft vorab einen etwaigen Anspruch auf Kostenvorschuss gegen den Antragsgegner und bewilligt erst am 19.12.2012 VKH. Zugleich ordnet es das schriftliche Vorverfahren an und lässt den Hauptsacheantrag dem gegnerischen Anwalt zustellen. Nach Verteidigungsanzeige und Antragserwiderung verhandeln die beteiligen Anwälte außergerichtlich über eine gütliche Einigung und beantragen das Ruhen des Verfahrens, dem entsprochen wird. Der Mann ist auch nach dem Auszug von Frau und Kind aus dem zwischenzeitlich verkauften Familienheim nicht bereit, höheren Trennungsunterhalt zu bezahlen. Rechtsanwalt K ruft daraufhin unter Rücknahme des VKH-Antrags am 05.09.2013 das Verfahren wieder an und erweitert gleichzeitig den Antrag auf Trennungsunterhalt auf 1.100,00 € monatlich ab 01.08.20113, abzüglich seit 01.10.2012 fortlaufend bezahlter 300,00 €. Die Beteiligten einigen sich in der mündlichen Verhandlung am 15.12.2013. Das FamG protokolliert den Vergleich und setzt den Verfahrenswert im Termin durch Beschluss auf 4.400,00 € fest, den es wie folgt erläutert: Laufender Unterhalt für Oktober 2012 bis Juli 2013 = 10 × 200,00 € (500 - 300) zzgl. 2 × 800,00 € für August und September 2013 und Rückstände von 800,00 €.

Rechtsanwalt .....

..... *[Straße]*, ... *[Ort]*

Amtsgericht[1] .....

– Familiengericht –

..... *[Straße]*

..... *[Ort]*

Geschäftszeichen: .....

1 F ....

[Datum][2]

In der Familiensache

..... ./. .....

wegen Ehegattenunterhalt

lege ich im eigenen Namen gegen die Festsetzung des Verfahrenwerts[3]

durch Beschluss vom 15.12.2013[4]

115

Beschwerde[5]

ein und beantrage[6],

den Verfahrenswert auf 15.400,00 € festzusetzen.

Begründung[7]:

Das Familiengericht hat in der angegriffenen Entscheidung den Verfahrenswert zu niedrig festgesetzt und den § 51 FamGKG unrichtig angewendet.

1. Antrag vom 29.09.2012:
   a) Rückstand: Sie wurden nur mit 800,00 € statt richtigerweise mit 1.000,00 € dem Wert des laufenden Unterhalts hinzugerechnet. Zwar entspricht dies dem in der Antragsschrift geforderten Rückstand. Da der Antrag zusammen mit dem Antrag auf Bewilligung von Verfahrenskostenhilfe ausweislich des Eingangsstempels aber erst am 02.10.2010 bei Gericht einging, zählt der für Oktober verlangte und bereits fällige Unterhalt i. H. v. 500,00 € abzgl. Bezahlter 300,00 € noch zum Rückstand i. S. des § 51 Abs. 2 FamGKG (OLG Brandenburg, FamRZ 2004, 962)[8].
   b) Laufender Unterhalt: Das Familiengericht hat zu Unrecht auch von dem laufenden Unterhalt die vom Antragsgegner freiwillig gezahlten 300,00 € monatlich in Abzug gebracht. Der Zeitpunkt, auf den die Bewertung zu erfolgen hat (Stichtag), ist der Eingang des jeweiligen Antrags bzw. dessen Anhängigkeit (§ 34 Satz 1 FamGKG). Zahlungen nach Anhängigkeit des Antrags beeinflussen den einmal entstandenen Gebührenwert nicht mehr. Sie führen insoweit nur zu einer Erledigung der Hauptsache (BGH, FamRZ 1998, 1165; OLG Karlsruhe, FamRB 2012, 13), was die Antragsstellerin in ihrem letzten Antrag auch berücksichtigt hat[9].
2. Erhöhungsantrag vom 05.09.2013:
   Auch die Erweiterung des Antrags ist unrichtig bewertet. Dabei ist das Familiengericht offensichtlich der von Teilen der Rechtsprechung vertretenen, m. E. überholten Absicht gefolgt, dass der höhere Unterhalt nur insoweit berücksichtigt werden kann, als er in den Jahreszeitraum nach Anhängigkeit des Verfahrens fällt. Ausgehend davon hat das Familiengericht aber bereits dessen Beginn mit Oktober 2012 falsch angesetzt. Zum einen zählt der Monat Oktober noch zum Rückstand (s. o.). Zum anderen hat die Antragsstellerin im Oktober lediglich einen Antrag auf Verfahrenskostenhilfe eingereicht und den Hauptsacheantrag ausdrücklich von ihrer Bewilligung abhängig gemacht. In diesem Fall tritt die Anhängigkeit der Hauptsache erst mit Eingang eines unbedingten Hauptsacheantrags bzw. seiner Hereinnahme in den Geschäftsgang ein (BGH, FamRZ 1995, 729; 2005, 794). Entsprechend verschiebt sich der Stichtag für die Bewertung des laufenden Unterhalts (OLG Brandenburg, FamRZ 2008, 533 m. w. N.). Die Verfahrenskostenhilfe wurde aber erst am 19.12.2012 bewilligt und der Hauptsacheantrag ausweislich der Verfügung des schriftlichen Vorverfahrens erst an diesem Tag in den Geschäftsgang genommen. Danach wäre für den laufenden Unterhalt (beginnend ab Januar 2013) zumindest der Zeitraum bis Dezember 2013 heranzuziehen[10].Der Unterzeichner wehrt sich aber entschieden dagegen, dass die im September 2013 (unbedingt) eingereichte und dem Gegner auch zugestellte Erweiterung des Antrags beim laufenden Unterhalt nur für die Zeit bis Dezember 2013, mithin nur für 3 Monate berücksichtigt wird, statt für 12 Monate. Dafür gibt es keine gesetzliche Grundlage Wie insbesondere § 14 Abs. 1 Satz 2 FamGKG (Vorauszahlung) verdeutlicht, fällt für jede Antragserweiterung eine weitere Gebühr an, die aus dem Wert der Erhöhung zum Zeitpunkt ihrer Anhängigkeit zu errechnen ist (Schneider/*Kurpat* Rn. 3327). Das gilt selbstverständlich auch für erweiternde Anträge auf laufenden Unterhalt und zwar unabhängig davon, in welchem zeitlichen Abstand zum ursprünglichen Antrag sie gestellt werden (OLG Celle, FamRZ 2009, 74; OLG Brandenburg, FamRZ 2007, 67; ebenso die herrschende Literaturmeinung, z. B. Gerold/Schmidt/*Müller-Rabe/Mayer* Anhang VI Rn. 597; Wendl/Dose/*Schmitz* § 10 Rn. 82a). Aus § 51 Abs. 1 Satz 1 FamGKG ergibt sich nicht anderes. Soweit im Zusammenhang mit dem KindUG die Bewertung des laufenden Unterhalts vom Jahresbetrag auf einen 12-Monatszeitraum seit Einreichung des Antrags umgestellt wurde, sollte lediglich erreicht werden, dass es, entgegen der bis dahin vorherrschenden Ansicht, nicht mehr auf den jeweils höchsten Monatsbetrag ankommt, sondern nur noch auf die zeitlich ersten Beträge (OLG Hamburg, FamRZ 2003, 1198; FA-FamR/*Keske*, Kap. 17 Rn. 43). Wenn das Familiengericht daraus auch eine Grenze für die Berücksichtigung des Wertes einer Antragserweitung herleitet, verkürzt es ungerechtfertigt den Gebührenanspruch des Anwalts und greift in die vom Grundgesetz geschützte Berufsfreiheit des Anwalts ein (siehe BVerfG FamRZ 2006, 24). Das

Bundesverfassungsgericht hat in mehreren Entscheidungen betont, dass bei der Anwendung und Auslegung von Gebührenvorschriften auch die Auswirkung auf die Anwaltsvergütung zu beachten ist. Dem wird die vom Familiengericht vorgenommene Auslegung nicht gerecht[11].

Der Verfahrenswert ist daher wie folgt zu berechnen[12]:

Laufender Unterhalt gemäß Antrag vom 29.09.2012

(12 × 500,00 €)	6.000 €,
Rückstand bis einschl. Oktober 2012 (5 x 200,00 €)	1.000 €,
Erhöhungsbetrag (Antrag v. 05.09.2013: 12 × 600,00 €)	7.200 €,
zuzüglich Rückstand für August und September 2013	
(2 × 600,00 €, vgl. OLG Köln, FamRZ 2004, 1226)	1.200,00 €,
Summe	15.400,00 €.

(Rechtsanwalt)

1. Adressat, Form. Das Verfahren über die Beschwerde gegen eine Wertfestsetzung nach § 55 Abs. 2 FamGKG richtet sich nach § 59 i. V. m. § 57 FamGKG. Das Verfahren ist gebührenfrei, außergerichtliche Kosten werden nicht erstattet. Die Beschwerde ist bei dem Gericht einzulegen, das die angefochtene Entscheidung erlassen hat, um ihm die Abhilfe zu ermöglichen. Sie muss schriftlich eingereicht oder zu Protokoll der Geschäftsstelle erklärt werden (§§ 59 i. V. m. 57 Abs. 4 FamGKG). Dem entsprechend besteht auch für die Einlegung durch einen Beteiligten kein Anwaltszwang, selbst wenn dieser für das Hauptsacheverfahren vorgesehen ist (§ 114 Abs. 4 Nr. 6 FamFG i. V. m. § 78 Abs. 3 ZPO); § 129a ZPO gilt entsprechend, d. h. die Beschwerde kann zu Protokoll jedes Amtsgerichts gegeben werden; eine Frist wird aber erst durch ihren Eingang beim zuständigen Gericht gewahrt.

2. Frist. Für die Beschwerde nach § 59 FamGKG gilt lediglich eine Ausschlussfrist. Die Wertfestsetzung kann erst dann nicht mehr angefochten werden, wenn seit der Rechtskraft der Hauptsacheentscheidung oder der anderweitigen Erledigung des Verfahrens mehr als 6 Monate verstrichen sind, der Wert also auch nicht mehr von Amts wegen abgeändert werden kann (§ 59 Abs. 3 Satz 2 i. V. m. § 55 Abs. 3 Satz 2 FamGKG). Wenn die Entscheidung erst später als ein Monat vor Ablauf der Frist ergangen ist, verlängert sich die Beschwerdefrist um einen Monat. Diese Monatsfrist läuft erst ab Bekanntgabe des Festsetzungsbeschlusses (s. a. OLG Stuttgart, OLGR 2007, 190), die bei formloser Mitteilung auf den dritten Tag nach Aufgabe des Beschlusses zur Post fingiert wird (§ 59 Abs. 1 Satz 4 FamGKG). Innerhalb eines Jahres nach Fristende ist eine Wiedereinsetzung möglich, deren Voraussetzungen in § 59 Abs. 2 geregelt sind. Im Beispielsfall konnte die Beschwerde gegen den am 15.12.2013 mündlich bekannt gegebenen Beschluss daher noch bis 15.05.2014 eingelegt werden. Zur kürzeren Frist für die Beschwerde gegen die Wertfestsetzung für die Anwaltsgebühr nach § 33 RVG s. Rdn. 116, *M. 2.*

3. Beschwerdeberechtigte. Die Beschwerde gegen die Wertfestsetzung für die Gerichtsgebühren steht grds. sämtlichen Verfahrensbeteiligten, der Staatskasse und dem Anwalt aus eigenem Recht (§ 32 Abs. 2 Satz 2 RVG) zu. Darüber hinaus muss sie Fällen auch einem Dritten zugestanden werden, wenn ihm Verfahrenskosten auferlegt wurden (§ 82 Abs. 4 FamFG) oder er sie ggü. der Staatskasse übernommen hat bzw. kraft Gesetzes haftet (§ 24 FamGKG). Letztlich ist jedem, der durch die Entscheidung im kostenrechtlichen Sinn beschwert ist (s. dazu unten Nr. 5), ein Beschwerderecht zuzugestehen. Fehlt es an einer Beschwer, so fehlt es bereits am Rechtsschutzbedürfnis; z. B. wenn sich ein Verfahrensbeteiligter gegen einen zu niedrigen Verfahrenswert wendet (BGH, NJW-RR 1986, 737; OLG Bamberg, AGS 2005, 508; OLG Brandenburg, NJW-RR 2005, 80). Hierdurch ist nur die Staatskasse und der Anwalt beschwert, der dann wie hier nur aus eigenem Recht nach § 32 RVG Beschwerde einlegen kann. Legt er gegen eine zu niedrige Wertfestsetzung Beschwerde ein, ohne dies deutlich zu machen, ist sie an sich unzulässig, kann aber in eine im eigenen Namen erhobene umgedeutet werden (OLG Karlsruhe, FamRZ 2007, 1669).

4. Entscheidung. Die Festsetzung des Verfahrenswertes nach § 55 FamGKG muss nicht in einem gesonderten (nur formlos mitzuteilenden) Beschluss ergehen, es reicht auch die Aufnahme in den Tenor oder in die Gründe der Endentscheidung (OLG Brandenburg, FamRZ 2004, 962; *Hartmann* § 63 GKG Rn. 26), wenn unzweifelhaft ist, dass es sich um eine endgültige und nicht nur um eine vorläufige Wertfestsetzung (s. o. Rdn. 112) handelt. Dann schadet es auch nicht, wenn, was in der Praxis häufig geschieht, die Beteiligten vorher nicht angehört wurden und sich die Begründung, so vorhanden, auf den Verweis auf die einschlägige Wertvorschrift beschränkt. Beides kann im Abhilfeverfahren nachgeholt werden.

5. Zulässigkeit. Die Beschwerde ist nur zulässig, wenn der Beschwerdeführer mit mehr als 200,00 € beschwert ist oder das Gericht sie wegen der grundsätzlichen Bedeutung zugelassen hat (§ 59 Abs. 1 FamGKG). Die Zulassung ist für das OLG bindend, die Nichtzulassung unanfechtbar. Hat der Rechtspfleger als FamG entschieden und wird die Beschwerdesumme nicht erreicht, entscheidet über eine statthafte Erinnerung im Fall der Nichtabhilfe abschließend der zuständige Familienrichter (§ 11 Abs. 2 RpflG).

Die konkrete **Beschwer** errechnet sich für den Anwalt aus der Differenz zwischen den Gebühren einschließlich Auslagen und USt, die sich aus dem festgesetzten und den für richtig gehaltenen Verfahrenswert ergeben (Gerold/Schmidt/*Mayer* § 32 Rn. 89 f.). Dabei sind die Gebühren aus der Wahlanwaltstabelle auch für den im Wege der Verfahrenskostenhilfe beigeordneten Anwalt heranzuziehen (OLG Frankfurt am Main, FamRZ 2012, 1970 m. w. N.). Vorliegend ist die Beschwerdesumme (jeweils nach der Wahlanwaltstabelle) unzweifelhaft erreicht:

Gegenstandswert:		*4.400,00 €*	*15.400,00 €*
1,3 Verfahrensgebühr	VV 3100	393,90 €	845,00 €
1,2 Terminsgebühr	VV 3104	363,60 €	780,00 €
1,0 Einigungsgebühr	VV 1003	303,00 €	650,00 €
Kommunikationspauschale	VV 7008	20,00 €	20,00 €
	insgesamt	841,30 €	2.295,00 €
19 % USt	VV 7008	205,30 €	436,05 €
Summe Gebühren		1.285,80 €	2.731,05 €

6. Antrag. Ein bestimmter Antrag ist zwar nicht erforderlich, aber allein zur Feststellung der Beschwer (s. o. Nr. 3) zweckmäßig. Zumindest sollte ein Mindestwert angegeben werden, der nach den Vorstellungen des Beschwerdeführers auf jeden Fall festzusetzen wäre, um die Beschwer nicht allein der Schätzung des Gerichts anheimzugeben.

7. Begründung. Es ist insb. in Fällen, in denen der Wert mathematisch errechnet wird, zu empfehlen, in der Begründung eine eigene Berechnung aufzustellen und sich nicht nur mit dem Aufzeigen einzelner Fehler zu begnügen. Auch Zitate aus der, die eigene Auffassung stützenden Rechtsprechung oder auch die Auseinandersetzung mit der gegenteiligen ist hilfreich. Es geht bei der Wertfestsetzung unmittelbar um den eigenen Verdienst des Anwalts.

8. Rückstandsberechnung. Rückstände aus der Zeit bis zur Einreichung des Antrags werden dem nach § 51 Abs. 1 FamGKG zu ermittelnden Wert des laufenden (= künftigen) Unterhalts hinzugerechnet. Auf die Bezeichnung der Verfahrensbeteiligten kommt es dabei nicht an. Insb. wird laufender Unterhalt kostenrechtlich nicht dadurch zum Rückstand, dass im Verlauf des Verfahrens der zu einem bestimmten Zeitpunkt noch rückständige Unterhalt beziffert wird. Da der Unterhalt im Voraus geschuldet wird (§ 1612 Abs. 3 BGB), ist der Unterhalt für einen nach dem 1. eines Monats eingereichten Antrag dem Rückstand hinzuzurechnen (OLG Karlsruhe, FamRB 2012, 13; OLG Brandenburg, FamRZ 2004, 962). Der Einreichung des Klageantrags steht ein

Antrag auf Verfahrenskostenhilfe gleich, sofern der Hauptsacheantrag alsbald nach Mitteilung der Entscheidung über den Antrag oder über eine eingelegte Beschwerde eingereicht wird § 51 Abs. 2 Satz 2 FamGKG). Wobei »alsbald« auch hier bedeutet: ohne schuldhafte Verzögerung (*Hartmann* FamGKG § 51 Rn. 21). Zu den Besonderheiten bei Verfahrenskostenhilfe s. u. Nr. 10).

9. Zahlungen nach Anhängigkeit. Der Zeitpunkt, auf den sich die Bewertung bezieht, ist der der Einreichung des Antrags und damit die Anhängigkeit des jeweiligen Verfahrensgegenstands im jeweiligen Rechtszug (§ 34 FamGKG). Zahlungen, die zwischen Anhängigkeit des Antrags und Schluss der mündlichen Verhandlung erfolgt sind, beeinflussen den einmal entstandenen Gebührenwert nicht mehr, auch wenn sie durch eine entsprechende Reduzierung des Antrags im Laufe des Verfahrens und insb. bei dessen Titulierung berücksichtigt werden müssen (BGH, FamRZ 1998, 1165; OLG Karlsruhe, FamRB 2012, 13). Abzustellen ist allein auf den im Zeitpunkt der Einreichung des Antrags für die Zukunft »geforderte[n] Betrag« (§ 51 Abs. 1 Satz 1 FamGKG). Soweit der Anspruch anschließend ganz oder teilweise erfüllt wird, ist dies kein gebührenrechtliches, sondern ein verfahrensrechtliches Problem. Der Unterhaltsgläubiger ist in diesem Fall gehalten, den Antrag i. H. d. gezahlten Unterhalts für erledigt zu erklären, es sei denn, die Zahlung erfolgte unter Vorbehalt, zur Abwendung der Zwangsvollstreckung oder aufgrund einer einstweiligen Anordnung. Ansonsten müsste der Antrag insoweit abgewiesen werden, weil i. H. d. vorbehaltlos Geleisteten der Anspruch erloschen ist (§ 362 BGB).

10. Stichtag bei VKH. Ein Antrag auf Prozess- bzw. Verfahrenskostenhilfe führt noch nicht zur Anhängigkeit der Hauptsache (BGH, FamRZ 1995, 729). Das gilt auch, wenn ihm bereits ein unterzeichneter Hauptsacheantrag beigefügt, aber zugleich kenntlich gemacht wird, dass er von der Bewilligung der PKH abhängig gemacht wird; in diesem Fall tritt die Anhängigkeit der Hauptsache erst ein, wenn der Hauptsacheantrag nach der VKH-Bewilligung in den Geschäftsgang genommen wird (OLG Brandenburg, FamRZ 2008, 533 m. w. N.). Die Anknüpfung an den Eingang des Antrags auf Verfahrenskostenhilfe in § 51 Abs. 2 Satz 2 FamGKG gilt nur für die Rückstandsberechnung. Für die Bewertung des laufenden Unterhalts bleibt der Eingang des (unbedingt gestellten) Hauptsacheantrags maßgeblich. Bei einem nur für den Fall der Bewilligung von Verfahrenskostenhilfe gestellten und damit nur bedingt eingereichten Antrag bemisst sich dessen Wert daher aus den bis zum Eingang des VKH-Antrags aufgelaufenen Rückständen und den im Zeitpunkt der Hereinnahme des Hauptsacheantrags in den Geschäftsgang (i. d. R. mit Bewilligung der VKH) für die Zukunft geforderten Unterhalt der nächsten 12 Monate. Die zwischen Einreichung des Antrags auf Verfahrenskostenhilfe und Anhängigkeit des Hauptsacheantrags liegenden Monate bleiben unberücksichtigt (OLG Karlsruhe, FamRB 2012, 13).

11. Antragserweiterung. Ein Teil der Rechtsprechung berücksichtigt den Erhöhungsbetrag beim laufenden Unterhalt, nur wenn und nur solang die Erhöhung in die ersten 12 Monate nach Einreichung des ursprünglichen Antrags fällt (OLG München, FuR 2000, 298; OLG Saarbrücken, OLGR 2005, 924 m. w. N.). Sie sieht in der Begrenzung des Unterhaltswertes auf den Einjahreszeitraum nach Einreichung des Klagantrags, wie er durch das KindUG eingeführt wurde (vgl. *Gerhardt* FuR 1998, 145), auch eine Grenze für die Berücksichtigung einer Klagerweiterung. Diese Auslegung ist nach der gesetzgeberischen Intention keinesfalls zwingend und wird zunehmend abgelehnt (s. Rdn. 161). Mit der Änderung des damaligen § 17 Abs. 1 GKG durch das KindUG sollte lediglich erreicht werden, dass es entgegen der bis dahin vorherrschenden Ansicht für den Jahresbetrag nicht mehr auf den jeweils höchsten Monatsbetrag ankommt, sondern nur noch auf die zeitlich ersten Monatsbeträge (OLG Hamburg, FamRZ 2003, 1198; FA-FamR/*Keske*, Kap. 17 Rn. 43).

12. Berechnung. Der Gebührenwert für den laufenden Unterhalt erhöht sich um den Mehrbetrag, der auf die der Anhängigkeit des Erhöhungsantrags folgenden 12 Monate entfällt (s. OLG Celle, FamRZ 2009, 74), sofern nicht die Erhöhung für einen darunter liegenden Zeitraum gefordert wird. Nur wenn dies der Fall ist, muss eine Stufenberechnung erfolgen:

Wird der bisher beantragte Unterhalt von 200,00 € monatlich (Einjahresbetrag 2.400,00 €) auf 500,00 € für noch 6 Monate erhöht, beträgt dessen Wert somit 2.400,00 € + 6 × 300,00 € = 4.200,00 €.

Wird auch der Erhöhungsbetrag noch für mindestens 12 Monate verlangt, kann auch gleich mit dem 12-fachen des erhöhten Monatsbetrags gerechnet werden (12 × 200,00 € + 12 × 300,00 € = 12 × 500,00 €).

Weil die Antragserhöhung gebührenrechtlich als neuer Antrag zählt, wären Rückstände grds. mit ihrem Mehrbetrag dem Gebührenwert hinzuzurechnen (OLG Köln, FamRZ 2004, 1226). Nach a. A. sollen die für die Zeit zwischen der Einreichung der Klage und der Einreichung der Klageerweiterung geltend gemachten Beträge unberücksichtigt bleiben (OLG Saarbrücken, OLGR 2005, 924; OLG Brandenburg, MDR 2003, 335; OLG Karlsruhe, FuR 1999, 440).

2. Beschwerde nach § 33 RVG, Wertfestsetzung in VKH-Verfahren

116 **Sachverhalt:** Die Antragstellerin, vertreten durch RA K, hat nach ihrem Auszug aus der Ehewohnung am 25.09.2013 Antrag auf Verfahrenskostenhilfe für einen Antrag auf Trennungsunterhalt i. H. v. 1.000,00 € monatlich ab 01.10.2013 und rückständigen Unterhalt i. H. v. 800,00 € eingereicht. Das Gericht ordnet im Hinblick auf einen möglichen Vergleich in der Hauptsache und über einen nach Ansicht des Gerichts bestehenden Kostenvorschussanspruch einen Erörterungstermin nach § 118 ZPO an. In diesem Termin einigen sich die Verfahrensbeteiligten dann nur über einen vom Antragsgegner zu zahlenden Kostenvorschuss i. H. v. 2.500,00 €, was vom Gericht protokolliert wird. Rechtsanwalt K nimmt noch im Termin den VKH-Antrag zurück und beantragt »Wertfestsetzung«. Das FamG setzt mit Beschl. v. 27.10.2013, der RA K am 02.11.2013 zugestellt wird, den Verfahrenswert auf 2.500,00 € fest.

Rechtsanwalt .....

..... *[Straße]*, ... *[Ort]*

Amtsgericht[1] ..... – Familiengericht –

..... *[Straße]*

..... *[Ort]*

Geschäftszeichen: .....

1 FH ...../

[Datum][2]

In der Familiensache

..... ./. .....

wegen Verfahrenskostenhilfe für Ehegattenunterhalt

hier: Wertfestsetzung

lege ich im eigenen Namen gegen den mir am 02.11.2013

zugestellten Beschluss vom 27.10.2013[3], [4]

Beschwerde[5]

ein und beantrage die Wertfestsetzung für die anwaltliche Tätigkeit wie nachfolgend aufgeführt zu korrigieren[6].

Begründung[7]:

Das Familiengericht hat den Gebührenwert meiner Tätigkeit im Verfahren (§ 33 Abs. 1 RVG) nur unvollständig berücksichtigt.

Das Gericht hat ersichtlich nur den Wert des im Termin am 20.10.2013 vergleichsweise erledigten Anspruchs der Antragstellerin auf Verfahrenskostenvorschuss gegen den Antragsgegner korrekt mit 2.500,00 € festgesetzt. Das wird insoweit nicht angegriffen.

Der Unterzeichner hat die Antragstellerin aber auch im Verfahren über die Verfahrenskostenhilfe für ein beabsichtigtes Unterhaltsverfahren vertreten und den hierfür bestimmten Erörterungstermin wahrgenommen, vgl. die gerichtliche Niederschrift vom 20.10.2013. Dafür sind eine Verfahrens- und eine Terminsgebühr angefallen und zwar aus dem Wert der Hauptsache, vgl. § 23a Abs. 1 RVG. Der für die beabsichtigte Unterhaltsklage maßgebliche Wert berechnet sich nach § 51 Abs. 1 und 2 FamGKG auf (12 × 1.000,00 € zuzüglich 800,00 € Rückstände) auf insgesamt[8]

$$12.800,00 €.$$

Das Verfahren über die Verfahrenskostenhilfe und der Anspruch auf Verfahrenskostenvorschuss sind zwei verschiedene Gegenstände, für die auch unterschiedliche Gebühren angefallen sind. Die Verfahrenskostenhilfe betraf ausschließlich den Elementarunterhalt. Während es sich bei dem Anspruch auf Verfahrenskostenvorschuss um Sonderbedarf handelt, der noch in keinem gerichtlichen Verfahren anhängig war. Ich bitte höflichst, der Beschwerde abzuhelfen und den Festsetzungsbeschluss um den Wert des Verfahrens über die Verfahrenskostenhilfe zu ergänzen.

(Rechtsanwalt)

1. Adressat, Form. Die Beschwerde gegen eine Wertfestsetzung ist immer bei dem Gericht einzulegen, das die angefochtene Entscheidung erlassen hat, um ihm die Abhilfe zu ermöglichen. Vorliegend handelt es sich um eine Wertfestsetzung auf Antrag nach § 33 Abs. 1 RVG, da für das Verfahren zur Bewilligung von Verfahrenskostenhilfe vor dem FamG keine gerichtlichen Gebühren anfallen und daher auch keine Wertfestsetzung nach § 55 FamGKG erfolgt (Gerold/Schmidt/*Mayer* § 33 Rn. 4). Die Beschwerde muss schriftlich eingereicht oder zu Protokoll der Geschäftsstelle erklärt werden (§ 33 Abs. 7 RVG). Dem entsprechend bestünde auch für den ebenfalls beschwerdeberechtigten Mandanten kein Anwaltszwang, auch wenn dieser für das Hauptsacheverfahren vorgesehen ist (s. Rdn. 115, *M. 1*).

2. Frist. Eine Wertfestsetzung für die Anwaltsgebühr kann nach § 33 Abs. 3 Satz 3 RVG anders als die für die Gerichtsgebühr (s. Rdn. 115, *M. 2*) nur binnen einer Frist von 2 Wochen nach Zustellung der Entscheidung angefochten werden. Bei Versäumung der Frist kann noch bis ein Jahr nach Ende der Frist Wiedereinsetzung beantragt werden (zu den Voraussetzungen vgl. § 33 Abs. 5 RVG).

3. Beschwerdeberechtigte. Die Beschwerde nach § 33 RVG steht grds. denjenigen zu, die sie beantragen können, also dem Anwalt, dem Auftraggeber, den erstattungspflichtigen Verfahrensbeteiligten und bei VKH auch der Staatskasse. Die Beschwerdeberechtigung folgt in allen Fällen aus einer möglichen Beschwer (s. dazu Nr. 5), ohne sie fehlt das Rechtsschutzbedürfnis (s. a. Rdn. 115, *M. 3*). Auch hier gilt: Legt der Anwalt gegen eine zu niedrige Wertfestsetzung Beschwerde ein, ohne deutlich zu machen, dass er sie in eigenem Namen einlegt, ist sie an sich unzulässig, kann aber in eine im eigenen Namen erhobene und damit zulässige umgedeutet werden (OLG Karlsruhe, FamRZ 2007, 1669).

4. Entscheidung. Die Wertfestsetzung nach § 33 Abs. 1 RVG selbst erfolgt, anders als die für das gerichtliche Verfahren, immer durch zuzustellenden schriftlichen Beschluss.

5. Zulässigkeit. Die Beschwerde ist nur zulässig, wenn der Beschwerdeführer mit mehr als 200,00 € beschwert ist oder das Gericht sie wegen der grundsätzlichen Bedeutung zugelassen hat (§ 33 Abs. 3 RVG). Die Zulassung ist für das OLG bindend, die Nichtzulassung unanfechtbar. Hat der Rechtspfleger als FamG entschieden und wird die Beschwerdesumme nicht erreicht, entscheidet über eine statthafte Erinnerung im Fall der Nichtabhilfe abschließend der zuständige Familienrichter (§ 11 Abs. 2 RpflG).

Die konkrete **Beschwer** errechnet sich für den Anwalt aus der Differenz zwischen den Gebühren einschließlich Auslagen und USt, die sich aus dem festgesetzten und dem für richtig gehaltenen Verfahrenswert aus der Wahlanwaltstabelle ergeben (Gerold/Schmidt/*Mayer* § 32 Rn. 89 f., s. o. Rdn. 115, *M. 5*).

Vergütung bei Verfahrenswert 12.800,00 € + 2.500,00 € für Einigung

1,0 Verfahrensgebühr aus 12.800,00 €	VV 3335	604,00 €	
0,5 Verfahrensgebühr aus 2.500,00 €	VV 3337	100,50 €	
begrenzt auf 1,0 aus 15.300,00 €	§ 15 RVG		650,00 €
1,2 Terminsgebühr aus 15.300,00 €	VV 3104		780,00 €
1,5 Einigungsgebühr aus 2.500,00 €	VV 1000		301,50 €
Kommunikationspauschale	VV 7001		20,00 €
insgesamt			1751,50 €
19 % USt	VV 7008		332,79 €
Summe			2.084,29 €

bei Verfahrenswert: 2.500,00 €

1,0 Verfahrensgebühr	VV 3335	201,00 €
1,2 Terminsgebühr	VV 3104	241,20 €
1,5 Einigungsgebühr	VV 1000	301,50 €
Kommunikationspauschale	VV 7001	20,00 €
insgesamt		763,70 €
19 % USt	VV 7008	145,10 €
Summe		908,80 €

Für die Teilnahme am Erörterungstermin hat K eine Verfahrensgebühr nach Nr. 3335 VV aus dem Wert der Hauptsache (s. u. Nr. 8) verdient. Werden im Erörterungstermin nicht im VKH-Verfahren anhängige Gegenstände mit erörtert und verglichen, fällt hierfür eine (weitere) Verfahrensgebühr nach VV 3337 Nr. 2 an (Gerold/Schmidt/*Müller-Rabe* VV 3335 Rn. 56; Schneider/Wolf/*Mock* VV 3337 Rn. 34) und außerdem eine Einigungsgebühr, hier nach Nr. 1000 VV, da der PKV-Anspruch auch keinem anderen Verfahren anhängig war.

6. Antrag. Ein bestimmter Antrag ist zwar nicht erforderlich, aber allein zur Feststellung der Beschwer (s. o.) zweckmäßig. Zumindest muss sich aus der Begründung der für richtig gehaltene Wert ergeben.

7. Begründung. Es ist insb. in Fällen, in denen der Wert mathematisch errechnet wird, zu empfehlen, in der Begründung eine eigene Berechnung aufzustellen und sich nicht nur mit Aufzeigen einzelner Fehler zu begnügen. Wenn das Gericht augenscheinlich einen für die Wertfestsetzung wichtigen Punkt lediglich übersehen hat, ist es nicht verkehrt, in erster Linie um Abhilfe zu bitten. Wegen der kurzen Beschwerdefrist in § 33 RVG muss trotzdem Beschwerde eingelegt werden. Anders ist es bei den Wertfestsetzungen nach § 55 FamGKG. Die relativ lange Ausschlussfrist bietet i. d. R. genügend Zeit um eine Abänderung anzuregen (s. o. Rdn. 115, *M. 2*).

8. Wert des VKH-Verfahrens. Da keine Gerichtsgebühren erhoben werden, ist der Wert nur für die anwaltliche Tätigkeit von Interesse und auch im RVG (seit 01.08.2013 in § 23a RVG, vorher in Anm. 1 zu VV Nr. 3335) geregelt. Der Gegenstandswert des Verfahrens auf Bewilligung von Verfahrenskostenhilfe sowie der eines Aufhebungsverfahrens nach § 124 Nr. 1 ZPO bemisst sich nach dem Wert der Hauptsache, d. h. dem des Verfahrens für das die Kostenhilfe begehrt oder bewilligt wurde; nur i. Ü. ist er nach dem Kosteninteresse zu bemessen (s. Rdn. 163).

IV. Wertekatalog (alphabetisch)

Abstammung   117

Für die in § 169 Nr. 1 und 4 FamFG aufgeführten **klassischen Statussachen** wie die Anfechtung der Vaterschaft, die Feststellung des Bestehens oder Nichtbestehens eines Eltern-Kind-Verhältnisses, insb. der Wirksamkeit oder Unwirksamkeit einer Anerkennung der Vaterschaft (ehemaligen Kindschaftssachen) gilt ein Festbetrag von 2.000,00 € (§ 47 Abs. 1 FamGKG). Werden **mehrere Abstammungssachen** in einem Verfahren geltend gemacht oder gem. § 20 FamFG miteinander verbunden, sind die Werte gem. § 33 Abs. 1 Satz 1 FamGKG zusammenzurechnen. Das gilt auch, wenn sie entgegen § 179 Abs. 1 Satz 1 FamFG unterschiedliche Kinder betreffen (vgl. zum alten Recht OLG Köln, FamRZ 2005, 1765). Nach § 47 Abs. 2 FamGKG kann dieser Wert, wie bei allen Festwerten nach dem FamGKG (s. o. Rdn. 110), den besonderen Umständen des Einzelfalls angepasst werden, z. B. wenn es um die Abstammung von einem sehr vermögenden Vater geht (BT-Drucks. 16/6308, S. 306; *Vogel*, FPR 2010, 313, 315).

Wird in einem Verfahren auf Feststellung der Vaterschaft ein Antrag auf **Unterhalt** (§ 237 i. V. m. § 179 Abs. 1 FamFG) gestellt, ist nur der höhere Wert maßgeblich (keine Addition, § 33 Abs. 1 Satz 2 FamGKG). Zum Wert des Unterhaltsanspruchs s. Rdn. 158 »Unterhalt«. Grds. verbleibt es bei dem i. d. R. höheren und damit maßgeblichen Wert für den Unterhaltsantrag auch dann, wenn die Vaterschaft nicht festgestellt wird (s. OLG Naumburg, FamRZ 2008, 1645; OLG Saarbrücken, AGS 2002, 185 und zur Vermeidung des Kostenrisikos FA-FamR/*Keske*, Kap. 17 Rn. 93).

Für die Verfahren auf **Klärung der Vaterschaft unabhängig von Anfechtungsverfahren** (Mitwirkung bei der genetischen Abstammungsuntersuchung oder Auskunft nach § 169 Nr. 2 und 3 FamFG i. V. m. § 1598a BGB) gilt ein Festwert von 1.000,00 €, der ebenfalls im Einzelfall nach oben oder unten variiert werden kann (§ 47 Abs. 1, 2. Alt., Abs. 2 FamGKG).

Adoption   118

Für die Annahme eines Kindes enthält das FamGKG anders als vorher die KostO keine spezielle Wertvorschrift. Für die Annahme eines minderjährigen Kindes fallen keine Gerichtsgebühren an, sodass der Wert insoweit nur für die Anwaltsgebühr zu bestimmen ist (zur gerichtlichen Festsetzung auf Antrag nach § 33 Abs. 1 RVG, s. dazu Rdn. 116, *M. 1 ff.*). Der Wert richtet sich sowohl bei der Annahme eines Volljährigen als auch eines Minderjährigen einheitlich nach dem **Auffangwert** in § 42 Abs. 2, 3 FamGKG (OLG Celle, FamRZ 2013, 2008; zur Heranziehung für die Anwaltsgebühr vgl. Begr. des Rechtsausschusses zu Art. 47 Nr. 10 des FGG-RG, BT-Drucks. 16/9733, S. 303). Nach § 42 Abs. 2 FamGKG ist der Wert unter Berücksichtigung aller Umstände des Einzelfalles, insb. des Umfangs und der Bedeutung der Sache sowie der Vermögens- und Einkommensverhältnisse der Beteiligten, nach billigem Ermessen zu bestimmen; wenn sonst keine Anhaltspunkte gegeben sind, ist nach Abs. 3 von (seit 01.08.2013) 5.000,00 € auszugehen. Das ist kein Festwert, sondern lediglich ein Ausgangswert, der nach den individuellen Umständen des Einzelfalles nach oben oder unten zu korrigieren ist (Schulte-Bunert/Weinreiche/*Keske* § 42 FamGKG Rn. 3). Bei einer Volljährigenadoption ist vor allem die wirtschaftliche Situation des Annehmenden und des Anzunehmenden angemessen zu berücksichtigen (OLG Bamberg, FamRZ 2012, 737, das Vermögen mit 25% berücksichtigt). Sind die Einkommens- und Vermögensverhältnisse nicht bekannt, orientieren sich das OLG Düsseldorf (FamRZ 2010, 1937) und das OLG Celle (FamRZ 2013, 2008) an dem vom Notar für die Bekundungen angenommenen Geschäftswert, den er gemäß § 36 GNotKG ebenfalls nach billigem Ermessen bestimmt. Die in § 198 FamFG genannten Vor- oder Folgeverfahren sind selbstständige Verfahren, für die regelmäßig ein niedrigerer Wert als das Hauptverfahren anzunehmen ist. Das Gleiche gilt für die (gerichtsgebührenfreien) Verfahren nach §§ 2 und 3 AdWirkG. Für außergerichtliche Tätigkeiten im Zusammenhang mit einer Minderjährigenadoption, die nicht auch Gegenstand eines gerichtlichen Verfahrens sein könnten, verweist § 23 Abs. 3 Satz 1 RVG jetzt auf § 101 GNotKG. Er bestimmt für Beurkundungen in Adoptionssachen, die die Annahme Minderjähriger betreffen, einen Geschäftswert von 5.000 €; betrifft die Tätigkeit die Annahme Volljähriger, gilt weiterhin § 23 Abs. 3 Satz 2 RVG.

119 Antragsänderung

Stichtag für die Berechnung des Verfahrenswertes ist gem. § 34 Satz 1 FamGKG in Antragsverfahren der Eingang des den jeweiligen Gegenstand betreffenden Antrags. – In Amtsverfahren ist die Gebührenfälligkeit maßgeblich, die hier erst mit Beendigung des Verfahrens eintritt (§§ 34 Satz 2 i. V. m. 11 Abs. 1 FamGKG). – Die Festlegung des Bewertungsstichtags auf den Beginn des Verfahrens hat zum einen zur Folge, dass sich spätere Wertänderungen bei gleich bleibendem Verfahrensgegenstand grds. nicht auf den Gebührenwert auswirken (KG, KGR 2007, 162; OLG Koblenz, FamRZ 2003, 1681. Zur Ausnahme bei der Lösung aus oder Einbeziehung einer Kindschaftssache in den Scheidungsverbund s. Rdn. 92, *M. 5* und *M. 6*). Zum anderen führt dies dazu, dass eine **Beschränkung** des Antrags im Laufe des Verfahrens den Gebührenwert der bei Einleitung des Verfahrens fälligen Verfahrensgebühr nicht mehr beeinflusst, sie kann sich höchstens ermäßigen. Ähnlich ist dies bei der anwaltlichen Verfahrensgebühr, nicht aber bei der Termins- und Einigungsgebühr. Für sie kommt es weiterhin auf den Verfahrenswert zum Zeitpunkt des Entstehens der jeweiligen Gebühr an (Bischof/*Bischof* § 22 Rn. 9); dieser Wert ist ggf. gesondert festzusetzen. Wird der Verfahrensgegenstand dagegen durch **Erhöhung** des Antrags oder zusätzliche Anträge im gleichen Rechtszug erweitert, wirkt sich dies auch auf die Verfahrensgebühren aus (vgl. § 14 Abs. 1 Satz 2 FamGKG). Jeder zusätzliche Antrag bzw. Anspruch, auch wenn er widerklagend geltend gemacht wird, ist nach § 34 FamGKG als neuer Antrag zu behandeln (Schneider/*Kurpat* Rn. 3327; Zöller/*Herget* § 3 ZPO Rn. 16 »Klageerweiterung«; str. für Unterhaltsverfahren, s. dazu Rdn. 158, und für nicht gleichzeitig anhängige Ansprüche s. Prütting/Gehrlein/Geisler § 263 Rn. 29 m. w. N.) und erfordert ggf. eine Neuberechnung der Verfahrensgebühr und Neufestsetzung des Verfahrenswerts ab dem Zeitpunkt seines Eingangs (s. Rdn. 116).

120 Arrest

Der Arrest sichert nur die Zwangsvollstreckung und führt auch nicht zeitweilig zu einer Befriedigung des Hauptanspruchs. Sein Gegenstandswert ist nicht nach § 41 FamGKG, sondern nach dem Auffangwert des § 42 FamGKG nach billigem Ermessen zu bestimmen; dabei ist das wirtschaftliche Interesse des Antragstellers an der Sicherung einer Geldforderung regelmäßig mit einem geringeren Wert als der der Hauptsache anzusetzen. (OLG München, FamRZ 2011, 746; OLG Brandenburg, FamRZ 2011, 758; OLG Celle, FamRZ 2011, 759). Am häufigsten wird 1/3 des Wertes der Hauptsache angenommen (OLG München, FamRZ 2011, 746; OLG Brandenburg, FamRZ 2011, 758; s. a. Göttlich/Mümmler »Arrest« Anm. 2.3; Schneider/Herget/*Onderka* Rn. 1109). So auch für die Sicherung des **Zugewinnausgleichs** (OLG München, FamRZ 2011, 746; OLG Karlsruhe, FamRZ 2007, 408). Für die Beschwer eines Rechtsmittels wird dagegen z. T. auch der volle Wert angesetzt (OLG Naumburg, FamRZ 2008, OLG Hamburg, FamRZ 2003, 238). Bei der Sicherung künftigen **Unterhalts** ist der Gebührenstreitwert je nach der Bedeutung der Sicherung mit einem Bruchteil des Jahreswerts zu bewerten, i. d. R. mit 50 % (OLG Köln, FamRZ 2001, 432; OLG Braunschweig, OLGR 1995, 237). Für Rückstände gilt das entsprechend. Soll der Unterhalt mehrerer Jahre gesichert werden kann auch der volle Jahresbetrag, aber niemals mehr als der Wert der Hauptsache genommen werden (OLG Düsseldorf, FamRZ 1985, 1155; OLG Bamberg, JurBüro 1989, 1605; a. A. OLG Köln, FamRZ 2001, 432: auch hier nur Bruchteil).

121 Aufhebung einer Ehe oder Lebenspartnerschaft

s. Ehesache.

Auskunft 122

Der Wert eines Anspruchs auf Auskunft oder Rechnungslegung zur Durchsetzung eines Leistungsanspruchs **in vermögensrechtlichen Angelegenheiten** richtet sich nach § 42 Abs. 1, 3 FamGKG und ist regelmäßig mit einem Bruchteil der zu erwartenden Leistung zu bemessen (BGH, FamRZ 1993, 1189; OLG Celle, FamRZ 2011, 134). Bei der Höhe des Bruchteils kommt es darauf an, in welchem Umfang der Antragsteller auf die Auskunft angewiesen ist, um seinen Leistungsanspruch beziffern zu können (OLG München, MDR 2006, 1134 m. w. N.). Im Allgemeinen wird ein Anteil zwischen 1/10 bis 1/4 angesetzt (BGH, FamRZ 1997, 546; s. a. Übersicht bei Schneider/*Herget* Rn. 1319). Der Wert ändert sich auch nicht, wenn sich aus dem Ergebnis der Auskunft (oder aus anderen Quellen) eine andere als die erwartete Leistung ergibt (KG, NJW-RR 1998, 418; a. A. OLG München, MDR 2006, 1134, falls sich ein höherer Leistungsbetrag ergibt). Geht es, wie bei einem Rechtsmittel, ausschließlich um die **Abwehr** der Auskunftsverpflichtung, so bemisst sich die Beschwer, und über diese regelmäßig auch der Gebührenwert (§ 54 FamGKG), nur nach dem Aufwand an Zeit und Kosten, den die sorgfältige Erteilung der geschuldeten Auskunft erfordert (BGH, FamRZ 2014, 644 m. w. N.). Ein besonderes Geheimhaltungsinteresse kann zusätzlich bewertet werden (BGH, FamRZ 2005, 1986). Zur eidesstattlichen Versicherung, zum Stufenantrag und zur Auskunftsverpflichtung im Versorgungsausgleich s. jeweils dort.

In **nicht vermögensrechtlichen Angelegenheiten**, für die keine gesonderten Werte vorgesehen sind, z. B. für das Auskunftsrecht nach § 1686 BGB, gilt der Auffangwert des § 42 Abs. 2, 3 FamGKG. Der Regelwert von 5.000,00 € (angehoben durch das 2. KostRMoG) dürfte hier aber regelmäßig erheblich zu reduzieren sein (vgl. noch zum alten Recht OLG Hamm, FamRZ 2003, 1583: 500,00 €; OLG Naumburg, FamRZ 2001, 513: bis 600 DM; a. A. OLG Koblenz, FamRZ 2002, 980: 5.000 DM).

Eheliche Lebensgemeinschaft 123

Anträge auf Herstellung oder Beendigung der ehelichen Lebensgemeinschaft und die Verpflichtung zur Eingehung der Ehe sind zwar keine Ehesachen (vgl. § 121 FamFG; BT-Drucks. 16/6308, S. 226). Grds. gilt daher die Auffangvorschrift des § 42 FamGKG. Das hindert aber nicht, den Wert wie vor dem FGG-RG in Anlehnung an den Wert einer Ehescheidung ggf. mit einem der geringeren Bedeutung entsprechenden Abschlag zu bemessen (so zum bisherigen Recht OLG Stuttgart, FamRZ 2005, 1696 zur Klage auf Rückkehr einer türkischen Ehefrau). Gleiches gilt für das Trennungsverfahren nach italienischem Recht, sofern man es nicht als Ehesache ansieht (s. dazu OLG Karlsruhe, FamRZ 2007, 269).

Ehesache (Scheidung) 124

Gem. § 43 Abs. 1 FamGKG ist der Wert innerhalb der durch einen Mindestwert von 2.000,00 € (Erhöhung auf 3.000,00 € durch das 2. KostRMoG geplant) und einem Höchstwert von 1 Mio. € gesetzten Grenzen in einer Gesamtabwägung aller **Umstände des Einzelfalles** nach Ermessen zu bestimmen. Zu berücksichtigen sind insb. Umfang und Bedeutung der Sache sowie die Einkommens- und Vermögensverhältnisse der Ehegatten. Für die Einkommensverhältnisse ist gem. § 43 Abs. 2 FamGKG das in 3 Monaten (vor Einreichung des Antrags) erzielte Nettoeinkommen der Ehegatten heranzuziehen. Dieses bildet den Ausgangswert, der entsprechend den sonstigen Umständen des Einzelfalls wertend zu erhöhen oder herabzusetzen ist (BVerfG, FamRZ 2006, 24; OLG Zweibrücken, FamRZ 2008, 2052; OLG Hamm, FamRZ 2006, 806).

Zum **Einkommen** zählen in Anlehnung an den unterhaltsrechtlichen Einkommensbegriff neben 125 den Einkünften aus selbstständiger oder abhängiger Erwerbstätigkeit, bereinigt um die darauf zu entrichtenden Steuern und Aufwendungen für Krankheits- und Altersvorsorge, Einkünfte aus Kapital- und Grundvermögen, sowie Einkommensersatzleistungen wie Renten etc, Übergangsgeld, Arbeitslosengeld nach SGB III, Krankengeld, Ausbildungsbeihilfen (soweit sie nicht darlehensweise gewährt werden) und Elterngeld, soweit es den Mindestbetrag von 300,00 € überschreitet (*Scholz*

FamRZ 2007, 7). Umstritten ist die Berücksichtigung von **sozialen Transferleistungen** als Einkommen i. S. d. § 43 Abs. 2 FamGKG. Leistungen zur Grundsicherung nach dem SBG II (ALG II) werden in der Rechtsprechung überwiegend nicht berücksichtigt (vgl. aus der neueren Rspr. OLG Bremen, FamRZ 2012, 239; OLG Celle, 12. u. 10. Senat, FamRZ 2012, 240; 2006, 1690; OLG Dresden, FamRZ 2010, 1939; OLG Hamm, 2. und 6. Senat, FamRZ 2011, 1422; 2009, 543; OLG Jena, FamRZ 2010, 1934; OLG Köln, 4. Senat, FamRZ 2009, 1703; OLG Oldenburg, FamRZ 2009, 1177; OLG Stuttgart, FamRZ 2011, 1810; OLG Schleswig, 10. und 15. Senat, FamRZ 2010. 1939 = OLGR 2009, 793). Im Hinblick auf die Funktion des Einkommens als Ausgangswert sollten sie richtigerweise als Einkommen behandelt werden (so OLG Brandenburg, FamRZ 2011, 1423; OLG Celle, 15. Senat, NJW 2010, 3587; OLG Düsseldorf, 8. Senat, FamRZ 2009, 453; OLG Köln, 12. Senat, FamRZ 2009, 638; OLG Schleswig, 1. Senat, FamRZ 2009, 75; OLG Zweibrücken, FamRZ 2011, 992). Verfassungsrechtlich geboten ist weder das eine noch das andere (BVerfG, FamRZ 2006, 841). Wohngeld, als eine andere Form der Unterstützung von Geringverdienern, ist wie Sozialhilfe zu behandeln. Dagegen ist Kindergeld nicht zu berücksichtigen, da es für den Unterhalt der Kinder zu verwenden ist (OLG Dresden, FamRZ 2010, 1939; OLG Schleswig, FamRZ 2009, 75; OLG Düsseldorf, FamRZ 2006, 807; OLG Nürnberg, OLGR 2006, 3229; s. a. BVerfG, FamRZ 2011, 1490; BGH, FamRZ 2009, 1300, 1309; BVerwG, FamRZ 2011, 1583; a. A. OLG Karlsruhe, FuR 2014, 197; OLG Jena, FamRZ 2010, 1934 m. w. N. s. a. die Rechtsprechungsübersicht bei Schneider/Herget/ *Thiel*, Rn. 7169a). Dasselbe gilt für den Unterhaltsvorschuss nach dem UVG (OLG Düsseldorf, FamRZ 2006, 807),

126 Aus Gründen der Vereinfachung werden **finanzielle Belastungen** (sonstige Umstände) vielfach bereits vom Monatseinkommen abgezogen. Unterhaltsaufwendungen für Kinder werden entweder als Pauschale (derzeit zwischen 250,00 € oder 300,00 €, s. OLG Dresden, FamRZ 2010, 1939; OLG Brandenburg, FamRZ 2008, 120 m. w. N. und Rechtsprechungsübersicht bei Schneider/Herget/ *Thiel*, Rn. 7180.) oder der Tabellenbetrag der DT (OLG Hamm, 7. Senat, FamRZ 2006, 52) abgezogen bzw. der tatsächlich gezahlte Unterhalt (z. B. OLG Hamburg, FamRZ 2003, 1681). Sonstige Verbindlichkeiten (Kreditraten u. ä.) werden z. T. uneingeschränkt (OLG Brandenburg, FamRZ 2003, 1676; OLG Celle, AGS 2002, 231; OLG Karlsruhe, FamRZ 2002, 1135; OLG Stuttgart, AGS 2001, 12) oder nur dann berücksichtigt, wenn sie die Lebensverhältnisse der Parteien nachhaltig beeinträchtigten, während geringe Raten, mit denen allgemein übliche Konsumgüter finanziert werden, außer Betracht bleiben (OLG München, FamRZ 2002, 683; OLG Hamburg, FamRZ 2003, 1681).

127 Beim **Vermögen** bleiben kurzlebige Vermögensgegenstände, Hausrat, Pkw der Mittelklasse, kleinere Sparguthaben etc i. d. R. unberücksichtigt (*Hartmann* § 43 FamGKG Rn. 19). I. Ü. ist der Verkehrswert maßgeblich, soweit die Nutzungen nicht bereits den Einkünften hinzugerechnet wurden (Schneider/Herget/ *Thiel*, Rn. 7192 und zu Bewertungsgrundsätzen Rn. 7196 ff.). Ein von den Ehegatten genutztes Hausgrundstück wird teilweise nur mit seinem Nutzungswert berücksichtigt (ersparte Miete abzgl. Finanzierungskosten, OLG Köln, FamRZ 2008, 2051; OLG Zweibrücken, FamRZ 2008, 2052). Das Vermögen wird überwiegend zunächst um Verbindlichkeiten und Freibeträge gekürzt und der verbleibende Teil i. d. R. mit 5 % angesetzt. Die Freibeträge variieren zwischen 60.000,00 € pro Ehegatten/30.000,00 € für jedes Kind (z. B. OLG München, FamRZ 2009, 1703; OLG Hamm, FamRZ 2006, 353; OLG Koblenz, FamRZ 2003, 1681; OLG Köln [26. Senat], FamRZ 1996, 121; OLG Stuttgart [18. Senat], FamRZ 2010, 1940: Kinderfreibetrag nur, wenn sie am Vermögen partizipieren) und 15.000,00 € für den Ehegatten/7.500,00 € pro Kind (OLG Karlsruhe, FamRZ 2008, 2050 und FuR 2014, 187; OLG Frankfurt a. M., FamRZ 2009, 74). 30.000,00 € (Ehegatten) und 15.000,00 € (Kind) nehmen nehmen OLG Schleswig (OLG Report Nord 16/2014 Anm. 1), OLG Celle (FamRZ 2013, 149), KG (FamRZ 2010, 829), OLG Dresden (FamRZ 2006, 1053), OLG Brandenburg (FamRZ 2011, 755 m. abw. Kinderfreibetrag: 10.000,00 €; s. a. OLG Stuttgart [17. Senat], FamRZ 2009, 1176). 20.000,00 € für jeden Ehegatten und 10.000,00 € für jedes Kind nimmt soweit ersichtlich allein das OLG Zweibrücken (FamRZ 2008, 2052; s. a. Übersicht bei FA-FamR/*Keske*, Kap. 17 Rn. 31; Schneider/Herget/ *Thiel*, Rn. 7223a).

Für die **Bedeutung** oder den **Umfang** der Ehesache ist nur auf diese und nicht auf Folgesachen abzu-   **128**
stellen. Maßgeblich ist der Umfang des gerichtlichen Verfahrens, nicht der der anwaltlichen außergerichtlichen Tätigkeit (OLG Dresden, FamRZ 2003, 1677). Die »unstreitige« Scheidung ist der
statistische Regelfall und rechtfertigt allein keinen Abschlag (OLG Dresden, FamRZ 2003, 1677;
OLG Brandenburg, MDR 2007, 1321 m. w. N.; a. A. OLG Zweibrücken, FamRZ 2002, 255 und
OLG Stuttgart, FamRZ 2009, 1176; FuR 2006, 328, die keinen relativen, sondern einen absoluten
Maßstab nehmen). Erledigt sich das Verfahren durch alsbaldige Rücknahme des Antrags oder Ruhen
mit wenig Aufwand, werden Kürzungen zwischen 20 % und 50 % vorgenommen (OLG Dresden,
FamRZ 2002, 1640; OLG Hamburg, JurBüro 1994, 492). Zuschläge kommen infrage bei Härte-
scheidungen (§ 1566 Abs. 2 BGB) und Aufhebungsanträgen oder bei der Anwendung ausländischen
Sachrechts, sofern diese einen besonderen Aufwand auslösen (OLG Karlsruhe, FamRZ 2007, 751;
FamRZ 1999, 605). Die gem. § 128 Abs. 2 FamFG gebotene Anhörung zur elterlichen Sorge und
zum Umgang rechtfertigt grds. keinen Zuschlag (zu Ausnahmen s. FA-FamR/*Keske*, Kap. 17 Rn. 32).

Neben den im Gesetz angeführten können **weitere Umstände** berücksichtigt werden, aber nicht   **129**
der der Schonung öffentlicher Kassen. Wenn beiden Ehegatten **Verfahrenskostenhilfe** ohne oder
mit geringen Raten bewilligt ist, darf nicht allein deshalb nur der Mindestwert angesetzt oder von
dem Dreimonatseinkommen abgewichen werden (BVerfG, FamRZ 2006, 24; 2007, 1080; 1081).

Ehewohnung: **130**

Der Wert für die Zuweisung der Ehewohnung **nach der Scheidung** bzw. Aufhebung der Lebenspartnerschaft beträgt gem § 48 Abs. 1 FamGKG einheitlich 4.000,00 €. Eine Erhöhung kommt
nach Abs. 3 in Betracht, wenn es sich z. B. um eine besonders teure Wohnung handelt (OLG Köln,
NZFam 2014, 41; s. a. BT-Drucks. 16/6308, S. 307). Ist die Zuweisung der Wohnung **während**
des Getrenntlebens Gegenstand eines Hauptsacheverfahrens nach § 1361b BGB, beträgt der Festwert 3.000,00 € (§ 48 Abs. 1 Satz 1 Halbs. 2 FamGKG). Eine Herabsetzung ist geboten, wenn der
Streit nur noch Teile des Verfahrensgegenstandes betrifft, wie die Nutzung einzelner Räume in der
Ehewohnung, oder wenn die Scheidung kurz bevor steht. Der Wert des **Änderungsverfahrens** nach
§ 48 FamFG (früher § 17 HausrVO) hat grds. denselben Wert. Geht es nur um die Verlängerung
der Räumungsfrist, die bisher nur zu einem Bruchteil des Jahresmietwerts angesetzt wurde (OLG
Braunschweig, OLGR 1994, 90), so bietet sich eine Herabsetzung nach § 48 Abs. 3 FamGKG an.
Wird im Ehewohnungsverfahren nach § 1361b BGB eine **Nutzungsvergütung** beansprucht oder
zugesprochen, erhöht dies den Gegenstandswert nicht (OLG Bamberg, OLGR 2000, 140; s. a.
OLG Köln, FamRZ 2007, 234). Ansonsten gilt der Festwert von 3.000,00 € auch für eine separat
nach § 1361b Abs. 3 BGB beanspruchte Nutzungsvergütung für die Trennungszeit (OLG Koblenz
FamRZ 2014, 692; OLG Bamberg, FamRZ 2011, 1424; OLG Frankfurt am Main, FamRZ 2011,
373; 2013, 135). Nach der Scheidung besteht bei Miteigentum ein Anspruch auf Nutzungsentschädigung nach § 745 Abs. 2 BGB, wenn der ausgezogene Ehegatte Miteigentümer ist. Der Wert
richtet sich dann nach § 42 FamGKG, s. Rdn. 147. Umstritten ist, ob dies auch schon während der
Trennungszeit gilt, wenn die Ehegatten sich darüber einig sind, dass die Ehewohnung von einem
Ehegatten allein genutzt wird (so OLG Frankfurt am Main, 6. FamS, FamRB 2013, 360; OLG
Stuttgart, FamRZ 2012, 33; a. A. OLG Koblenz, FamRZ 2014, 692; OLG Brandenburg, FamRZ
2013, 1380 m. w. N.). Zur Bewertung, wenn Nutzungsentschädigung sowohl für die Trennungszeit
als auch nach Scheidung begehrt wird, s. Rdn. 147.

Der nach § 42 Abs. 1, 2 FamGKG zu bestimmende Wert der Duldung des **Zutritts** richtet sich nach
dem Umfang der Besitzbeeinträchtigung; bei lediglich einmaligem Zutritt durch einen Sachverständigen, der das Gebäude bewerten soll, oder bei nur gelegentlich auf wenige Stunden begrenzten
Zutritt übersteigt er 600,00 € nicht; anders bei einem längeren Zeitraum oder häufigeren Zutrit-
ten, wenn sie die Nutzung nachhaltig beeinträchtigen (BGH, FamRZ 2010, 881; NJW-RR 2007,
1384 m. w. N.).

131   Ehevertrag

Für den Entwurf eines Ehevertrags ist nach § 23 Abs. 3 RVG i. V. m. § 100 GNotKG der Wert des beiderseitigen Vermögens maßgeblich, wenn der Anwalt für beide Ehegatten tätig ist, ansonsten ist entsprechend § 100 Abs. 1 Satz 2 GNotKG nur das Vermögen des Mandanten heranzuziehen. Anders als nach der KostO werden Verbindlichkeiten nicht in voller Höhe abgezogen, sondern nur noch bis maximal der Hälfte des jeweiligen Vermögens (§ 100 Abs. 1 Satz 3 GNotKG), d. h. der Wert beträgt mindestens die Hälfte des zugrunde zu legenden Aktivvermögens. Künftiges Vermögen ist, sofern im Ehevertrag konkret bezeichnet, mit 30 % seines Werts hinzuzurechnen (§ 100 Abs. 3 GNotKG). Dies betrifft insbesondere ehevertragliche Vereinbarungen, die bestimmte in Zukunft erwartete Zuwendungen von einem Zugewinnausgleich ausnehmen (s. *Reimann* FamRZ 2013, 1257, 1261). Werden nur solche und andere Modifikationen des gesetzlichen Güterstandes, die nur bestimmte Vermögenswerte betreffen, geregelt, so ist nur deren Wert maßgeblich, begrenzt durch den Wert des (bereinigten) gesamten Vermögens (§ 100 Abs. 2 GNotKG). Beschränkt sich die Modifikation darauf, Verfügungsbeschränkungen (§§ 1365, 1369 BGB) auszuschließen, so gilt nach § 51 Abs. 2 GNotKG ein Wert i. H. v. 30 % des betreffenden Vermögens oder Gegenstands. Entgegen der Rspr. zur KostO (s. Vorauflage) ist die Wertvorschrift des § 100 GNotKG ausdrücklich nicht anzuwenden, wenn die Eheleute wechselseitig auf Zugewinnausgleich verzichten, auch wenn dadurch Gütertrennung eintritt (§ 1414 Satz 2 BGB). Die neue **Wertvorschrift für Eheverträge gilt nur für Güterstandsvereinbarungen nach § 1408 BGB.** Sonstige in Eheverträgen enthaltene Regelungen wie Versorgungsausgleichs-, Unterhalts- und Kindschaftsregelungen sind jeweils gesondert zu bewerten und dem nach § 100 GNotKG bestimmten Wert hinzuzurechen (*Reimann* FamRZ 2013, 1257, 1261). Deren Wert richtet ist nur dann nach § 23 Abs. 3 RVG und – soweit vorhanden – nach den in Bezug genommenen Vorschriften des GNotKG (für Unterhalt z. B. nach § 52 GNotKG), wenn es sich um rein vorsorgliche Regelungen handelt. Werden sie dagegen im Hinblick auf eine anstehende oder bereits vollzogene Trennung vereinbart, richtet sich ihr Gegenstandswert gemäß § 23 Abs. 1 Satz 3 RVG nach dem FamGKG. Zu Trennungs- und Scheidungsfolgenvereinbarungen s. o. Rdn. 133).

132   Eidesstattliche Versicherung

Handelt es sich um eine eigenständige Angelegenheit bzw. ein nur die eidesstattliche Versicherung nach §§ 260, 251 BGB betreffendes Verfahren, oder wenn allein für sie eine besondere Gebühr, z. B. Termins- oder Einigungsgebühr für den Anwalt, anfällt (OLG Köln, MDR 1963, 144; vgl. auch OLG München, JurBüro 1984, 13), ist ihr Wert mit einem Bruchteil des Auskunftsanspruchs anzunehmen (OLG Bamberg, FamRZ 1997, 40: 1/3; Gerold/Schmidt/*Müller-Rabe/Mayer* Anh. VI, Rn. 89). Im Rahmen eines Stufenantrags ist nach § 38 FamGKG i. d. R. der werthöhere Leistungsanspruch maßgeblich, s. Rdn. 153. Geht es um die **Abwehr der Verpflichtung,** so bemisst sich der Gebührenwert im Rechtsmittelverfahren, wie bei der Auskunft (s. Rdn. 122), über die Beschwer (§ 54 FamGKG) nur nach dem Aufwand an Zeit und Kosten, der mit der Abgabe verbunden ist (s. BGH, FamRZ 1999, 649; 2001, 1213). Zu ihnen gehören auch die Kosten eines hinzugezogenen Anwalts, wenn der Beschluss nicht hinreichend bestimmt genug ist, sodass Zweifel über seinen Inhalt und Umfang im Vollstreckungsverfahren zu klären sind, oder wenn die sorgfältige Erfüllung des titulierten Anspruchs Rechtskenntnisse voraussetzt (BGH, FamRZ 2013, 783).

133   Einigung

Der Wert einer Einigung oder eines Vergleichs richtet sich nach den Wertvorschriften des FamGKG, wenn der Gegenstand der Einigung Gegenstand eines gerichtlichen Verfahrens ist oder sein könnte (§ 23 Abs. 1 RVG). Maßgeblich ist nicht das Ergebnis, auf das man sich geeinigt hat, sondern der Wert der Angelegenheit, über die sich die Beteiligten geeinigt haben (OLG Stuttgart, JurBüro 2009, 596; OLG Düsseldorf, NJW-RR 2008, 1697 m. w. N.). Bei einer nach einseitig gebliebener Teilerledigungserklärung erfolgten Einigung über die noch streitige restliche Hauptsache einschließlich der Kosten richtet sich der Einigungswert nur nach dem noch streitigen Teil der Hauptforderung

(KG, JurBüro 2007, 33). Zur Ratenzahlungsvereinbarung s. Rdn. 148, zur Freistellungsvereinbarung Rdn. 135 und zur Kapitalabfindung von Unterhaltsansprüchen Rdn. 55, *M. 10*.

Umfasst ein Vergleich **mehrere Gegenstände**, werden die Werte der jeweiligen Gegenstände ebenfalls zusammengerechnet, sofern die Gegenstände nicht wirtschaftlich identisch sind (s. Rdn. 174). Das gilt nach h. M. auch dann, wenn die Einigung unterschiedliche Angelegenheiten betrifft (OLG Düsseldorf, RVGreport 2009, 220; Gerold/Schmidt/*Müller-Rabe* RVG VV 1003, 1004 Rn. 71; s. Muster Rdn. 104). Zur abweichenden Behandlung der Terminsgebühr für außergerichtliche Einigungsbemühungen s. Rdn. 103. Wenn durch eine Einigung die **Hauptsache und ein einstweiliges Anordnungsverfahren** erledigt werden, ist wegen der wirtschaftlichen Identität der Gegenstände nur der höhere Wert der Hauptsache maßgeblich (OLG Hamm, FamRZ 2009, 540; Zöller/*Feskorn* Anh. FamFG-Verfahrenswerte »Einstweilige Anordnung«.; Gerold/Schmidt/*Müller-Rabe* Teil D, Anh. II, Rn. 41 m. w. N.; a. A. OLG Düsseldorf, JurBüro 2005, 310).

Die Bewertung von **Trennungs- und Scheidungsfolgenvereinbarungen**, die einen bereits bestehenden oder in absehbarer Zeit anstehenden Konflikt lösen oder vermeiden sollen, erfolgt soweit sie auch Gegenstand eines gerichtlichen Verfahrens sein könnten nach den Wertvorschriften des GKG bzw. FamGKG i. V. m. § 23 Abs. 1 Satz 3 RVG (OLG Düsseldorf, AnwBl. 1985, 388; Groß, Anwaltsgebühren, § 10 Rn. 3 m. w. N.), während sich der Wert rein vorsorgender Verträge nach § 23 Abs. 3 RVG und den dort genannten Wertvorschriften des GNotKG richten (s. dazu *Keske* FuR 2013, 482, 487; *Diem* DNotZ 2013, 406, 430 und zum **Ehevertrag** Rdn. 131)

Einstweilige Anordnung

§ 41 FamGKG bestimmt einheitlich für alle jetzt selbstständigen EA-Verfahren den hälftigen Gebührenwert der Hauptsache als Ausgangswert (Regelwert), der entsprechend der jeweiligen Bedeutung des einstweiligen Rechtsschutzes ggü. der Hauptsache herab- oder heraufgesetzt werden kann (OLG Brandenburg, FamRZ 2010, 1937; OLG Düsseldorf, NJW 2010, 1385; OLG Saarbrücken, FamRZ 2010, 1936). Dabei ist, insb. wenn die einstweilige Regelung praktisch eine Hauptsacheregelung vorwegnimmt und sie erübrigt, auch eine Anhebung auf den vollen Wert der Hauptsache möglich (OLG München, FamRZ 1997, 691), z. B. bei der einstweiligen Regelung eines Umgangsrechts über unmittelbar bevorstehende Feiertage oder Ferien oder die Anordnung zur Leistung eines Verfahrenskostenvorschusses. Dagegen kann für laufenden **Unterhalt** zu dem für die Bewertung maßgeblichen Zeitpunkt der Einreichung des Antrags noch nicht angenommen werden, dass sie ein Hauptsacheverfahren erübrigt (OLG Bamberg, FuR 2012, 144; OLG Celle, FamRZ 2011, 757; 2012, 737). Der vorläufige Charakter der EA rechtfertigt es daher auch hier, regelmäßig nur vom hälftigen Hauptsachewert auszugehen (OLG Stuttgart, FamRZ 2011, 757; OLG Köln, FamRZ 2011, 758; OLG Brandenburg, FamRZ 2010, 1937; a. A. OLG Düsseldorf, NJW 2010, 1385). Anders ist es, wenn im einstweiligen Anordnungsverfahren eine endgültige Regelung getroffen wird. Dann erreicht die **Vereinbarung** in jedem Fall den vollen Hauptsachewert (OLG Saarbrücken, FuR 2012, 498; OLG Jena, FamRZ 2012, 737 m. w. N.; s. a. Rdn. 133).

Freistellungsanspruch

Der Wert der Freistellung entspricht i. d. R. der Forderung, von der freigestellt werden soll (§ 42 Abs. 1 FamGKG), wenn nicht Umstände vorliegen, die eine Geringerbewertung des Freistellungsinteresses rechtfertigen (BGH, JurBüro 2011, 591 = FamRZ 2011, 1504 [LS] m. w. N.; OLG Düsseldorf, FamRZ 1994, 75). Das ist einmal der Fall, wenn eine künftige Inanspruchnahme des Schuldners ganz oder teilweise ausgeschlossen erscheint; dann ist das wirtschaftliche Interesse zu schätzen (BGH, JurBüro 2011, 591) und zum andern in Fällen der Freistellung durch einen mithaftenden Gesamtschuldner (OLG Karlsruhe, FamRZ 1998, 1311 zur Freistellung des Ehegatten im Scheidungsfolgenvergleich).

134

135

136   **Genehmigungen**

Für Anträge auf die Erteilung einer richterlichen Genehmigung einer Erklärung der Ersetzung einer erforderlichen Zustimmung **in vermögensrechtlichen Angelegenheiten** richtet sich der Gegenstandswert unabhängig davon, ob es sich um Angelegenheiten Minderjähriger (Kindschaftssache) oder eine sonstige FG-Familiensache handelt, nach § 36 FamGKG (Schulte-Bunert/Weinreich/ *Keske* FamGKG § 36 Rn. 1 ff.; § 46 Rn. 3). Danach hat die Genehmigung denselben Wert, wie das Geschäft, auf das sich die Erklärung bezieht, begrenzt auf max. 1 Mio. €. **Mehrere Genehmigungen**, die denselben Gegenstand betreffen, erhöhen in Abweichung vom Grundsatz der Wertaddition (s. Rdn. 174), den Wert nicht (§ 36 Abs. 2 FamGKG). Für die Bewertung des zugrunde liegenden Geschäfts verweist § 38 FamGKG in der seit 01.08.2013 geltenden Fassung jetzt pauschal auf § 38 GNotKG (Schuldenabzugsverbot) und die für eine Beurkundung geltenden besonderen Geschäftswert- und Bewertungsvorschriften des GNotKG (s. *Zimmermann* FamRZ 2013, 1264-1271; *Keske* FuR 2013, 546 und ausführlich Schulte-Bunert/Weinreiche/*Keske* § 36 FamGKG Rn. 4 ff.). I. Ü. gelten für die Bewertung des zugrunde liegenden Geschäfts die allgemeinen Wertvorschriften des FamGKG, insb. § 33 Abs. 1 FamGKG (Additionsgebot) und § 37 FamGKG (Nebenforderungen) anstelle §§ 35 und 37 GNotKG. Soweit sich der Wert aus den Vorschriften des GNotKG nicht ergibt, ist er nach § 42 Abs. 1 FamGKG zu schätzen.

Für Genehmigungen oder Ersetzung notwendiger Erklärungen **in nichtvermögensrechtlichen Angelegenheiten** gilt der Auffangwert von 5.000 € (seit 01.08.2013, vorher 3.000,00 €) nach § 42 Abs. 2 u. 3. FamGKG.

137   **Gewaltschutzsachen**

Für Gewaltschutzsachen gelten relative Festwerte (§ 49 Abs. 1 FamGKG); für die Schutzanordnungen nach § 1 GewSchG 2.000,00 € und für die Wohnungszuweisung nach § 2 GewSchG 3.000,00 €. Werden in einem Verfahren sowohl Anordnungen nach § 1 als auch nach § 2 GewSchG beantragt, sind die Werte zu addieren (OLG Nürnberg, FamRZ 2008, 1468; OLG Dresden, FamRZ 2006, 803). Die Werte können, wenn sie im Einzelfall zu unbilligen Kosten führen, herauf- oder herabgesetzt werden (§ 49 Abs. 2 FamGKG). Eine Abweichung vom Festbetrag dürfte geboten sein, wenn die Bedrohung oder Belästigung eher geringfügig oder umgekehrt außergewöhnlich schwerwiegend ist und/oder über eine Vielzahl von Schutzanordnungen verhandelt wird. Die Fristverlängerung ist ein gesondertes Verfahren nach § 48 FamFG und hat grds. den gleichen Wert wie die ursprüngliche Anordnung (OLG Frankfurt am Main, FamRZ 2007, 849). Zur EAO s. Rdn. 134 sowie Kap. 6.

138   **Grundstücksübertragung**

Ein Anspruch auf Übertragung bzw. Auflassung eines Grundstücks oder dessen Herausgabe ist mit dem Verkehrswert (falls nur Miteigentumsanteile aufgelassen werden sollen, der Teilwert) ohne Grundpfandrechte und sonstige Grundstücksbelastungen zu berücksichtigen (BGH, NJW-RR 2001, 518; KG, JurBüro 2008, 652; zur Ausnahme, wenn die Auflassung wegen einer geringfügigen Gegenforderung verweigert wird OLG Nürnberg, NJW-RR 2011, 1007). Wird über die **Auseinandersetzung von Miteigentum** an einem gemeinsamen Grundstück gestritten, so bestimmt sich der Wert nach dem Wert des Anteils, den der Antragsteller für sich in Anspruch nimmt (BGH, NJW 1975, 1415; OLG Stuttgart, OLGR 2004, 19 m. w. N.). Für die außergerichtliche Verpflichtung zur Grundstücksübertragung gilt über § 23 Abs. 3 RVG i. V. m. § 46 GNotKG, der in Abs. 1 zugleich eine Legaldefinition des Verkehrswerts enthält, dasselbe; beim Kauf wird der durch den Kaufpreis bestimmt (§ 47 Abs. 1 GNotKG). Das gilt auch für die Begründung von Wohn- oder Teileigentum, das nicht mehr wie nach der KostO nur mit dem halben Wert zu bemessen ist (s. § 42 GNotKG).

139   **Gütergemeinschaft**

Der Wert des Antrags auf **Aufhebung** der Gütergemeinschaft (§§ 1447, 1469 BGB) bemisst sich nach der Hälfte des Anteils des Antragstellers am Gesamtgut. Sie führt zur Beendigung der

Verwaltungsbefugnis des anderen Ehegatten und zur Ermöglichung der Auseinandersetzung. Beides ist jeweils mit 1/4 des Anteils zu bewerten (BGH, NJW 1973, 50). Zur einvernehmlichen Aufhebung des Güterstandes durch Ehevertrag s. dort (Rdn. 131).

Der Wert der **Auseinandersetzungsklage** gem. §§ 1471 ff. BGB ergibt sich aus dem auf den Ehegatten bei der Teilung entfallenden Teil des Gesamtguts (BGH, NJW 1975, 1415; OLG Düsseldorf, FamRZ 2007, 572).

Das **Vermittlungsverfahren** zur Auseinandersetzung einer beendeten Gütergemeinschaft nach § 373 FamFG ist seit dem 01.09.2013 dem Notar übertragen (s. *Zimmermann* FamRZ 2014, 11, 12). Für das Verfahren wird eine Gebühr von 6,0 nach Tabelle B des GNotKG erhoben (Nr. 23900 KV GNotKG). Der Geschäftwert richtet sich nach § 118a GNotKG und entspricht dem Wert des den Gegenstand der Auseinandersetzung bildenden Gesamtguts oder des von der Auseinandersetzung betroffenen Teils ohne Abzug der Verbindlichkeiten. Die Werte mehrerer selbstständiger Vermögensmassen, die in demselben Verfahren auseinandergesetzt werden, werden zusammengerechnet. Trifft die Auseinandersetzung des Gesamtguts einer Gütergemeinschaft mit der Auseinandersetzung des Nachlasses eines Ehegatten oder Lebenspartners zusammen, wird der Wert des Gesamtguts und des übrigen Nachlasses zusammengerechnet.

Gütertrennung   140

s. Ehevertrag Rdn. 131.

Haushaltssachen   141

Entscheidend ist nicht (mehr) der Verkehrswert. Nach § 48 Abs. 2 FamGKG gilt für die Übertragung des Eigentums an Haushaltssachen nach Scheidung ein relativer Festwert von 3.000,00 €. Bei Benutzungsregelungen für die Zeit des Getrenntlebens (§ 1361a BGB) gilt ein geringerer Festwert von 2.000,00 €. Eine Erhöhung kommt jeweils in Betracht, wenn es sich z. B. um besonders wertvollen Hausrat handelt oder wenn das Verfahren – was nicht selten ist – besonders umfangreich ist (s. OLG Celle, FamRB 2014, 220), eine Herabsetzung, wenn der Wert außergewöhnlich niedrig ist (BT-Drucks. 16/6308, S. 307) oder die Ehegatten sich hinsichtlich eines Teils des Hausrats bereits verbindlich geeinigt haben (*Brudermüller* FamRZ 1999, 199; OLG Frankfurt am Main, JurBüro 1989, 1563; s. a. BGHZ 18, 143).

Wird im Verfahren über eine Benutzungsregelung oder Überlassung von Haushaltsgegenständen eine **Nutzungsvergütung** nach § 1361a Abs. 3 Satz 2 BGB **oder Ausgleichszahlung** nach § 1568b Abs. 3 BGB beansprucht oder zugesprochen, erhöht dies den Gegenstandswert grds. nicht, da beide wirtschaftlich identisch sind (Prütting/Helms/*Klüsener*, § 48 FamGKG Rn. 4). Wird die Ausgleichszahlung isoliert geltend gemacht, weil nur sie umstritten ist, ist auch dies eine Haushaltssache und es gilt der relative Festwert von 2.000,00 € bzw. 3.000,00 € unabhängig davon, welche Anordnungen das Gericht im Einzelnen trifft (vgl. OLG Bamberg, FamRZ 2011, 1424 für die Nutzungsvergütung für die Ehewohnung, s. a. Rdn. 130).

Herausgabe eines Kindes   142

Als selbstständige Kindschaftssache richtet sich der Wert nach § 45 FamGKG und beträgt unabhängig von der Zahl der betroffenen Kinder grds. 3.000,00 €, wovon im Einzelfall nach oben oder unten abgewichen werden kann (relativer Festwert). Eine Herabsetzung ist geboten, wenn die Herausgabe im Verbund mit einer streitigen Sorgerechtsregelung, praktisch nur zu ihrer Vollziehung begehrt wird (OLG Celle, JurBüro 1986, 425). Als Folgesache im Scheidungsverbund beträgt der Wert 20 % des Wertes der Ehesache, s. Sorgerecht Rdn. 152.

143   Kindergeld

Für die Auswahl eines **Bezugsberechtigten** für das Kindergeld (§ 231 Abs. 2 FamFG) wird einheitlich ein Wert von (seit 01.08.2013) 500,00 € bestimmt, der unter besonderen Umständen erhöht werden kann (relativer Festwert, § 51 Abs. 3 FamGKG); bei mehreren Kindern ist der Festwert für jedes Kind anzusetzen (OLG Dresden, FamRZ 2014, 1055). Der Festwert gilt auch für die Rechtmittel (s. Rdn. 150 und zur davon abweichenden Beschwer BGH, FamRZ 2014, 646). Der Anspruch des Kindes auf **Auskehr** des Kindergeldes ist dagegen als unterhaltsrechtlicher Anspruch (BGH, FamRZ 2006, 99) wie der Unterhalt zu berechnen (BFH, NJW 2006, 256 [LS] für finanzgerichtliche Kindergeldsachen).

144   Kostenvereinbarung

Eine isolierte Kostenvereinbarung über ein bereits abgeschlossenes Verfahren hat einen eigenen Wert, der sich aus den angefallenen Kosten beider Parteien errechnet, begrenzt durch den Wert der Hauptsache (Gerold/Schmidt/*Müller-Rabe/Mayer* Anh. VI Rn. 331 f.). Dasselbe gilt für eine Vereinbarung über die Kosten eines noch nicht anhängigen Verfahrens, z. B. wenn in einer Scheidungsfolgenvereinbarung ein Ehegatte die Kosten des künftigen Scheidungsverfahrens übernimmt (Korintenberg/*Bengel-Tiedtke*, § 39 Rn. 134). Eine Kostenvereinbarung zu einem noch laufenden Verfahren ist als Vereinbarung über eine unselbstständige Nebenforderung ohne eigenen Wert.

145   Mindestunterhalt:

Wird Kindesunterhalt nach § 1612a BGB i. H. e. Prozentsatzes des Mindestunterhalts (dynamischer Unterhalt) beansprucht, bemisst sich der für die Zukunft geforderte Betrag nach dem 12-fachen des Zahlbetrags, der sich nach Abzug des anteiligen Kindergeldes (auch ohne ausdrücklichen Antrag, OLG Köln, FamRZ 2008, 1645; OLG München, FamRZ 2005, 1766) aus dem z. Zt. der Einreichung des Antrags gültigen Mindestunterhalt errechnet (§ 51 Abs. 1 Satz 2 FamGKG). Spätere Änderungen des Mindestunterhalts oder der Altersstufe bleiben unberücksichtigt. Ansonsten gelten auch beim dynamischen Kindesunterhalt und im vereinfachten Verfahren (OLG Brandenburg, FamRZ 2004, 962) die allgemeinen Bewertungsregeln des § 51 Abs. 1 und Abs. 2 FamGKG, s. »Unterhalt«. Das gilt insb. hinsichtlich der hinzuzurechnenden Rückstände und des Abstellens auf den geforderten Zahlbetrag auch wenn er 100% des geltenden Mindestunterhalts über- oder unterschreitet (s. *Keske* FuR 2010, 433, 440). Zur Umrechnung eines vor dem 01.01.2008 errichteten Titels über dynamisierten Unterhalt s. BGH, FamRZ 2012, 1048.

146   Nebenforderungen

Früchte, Nutzungen, Zinsen oder Kosten sind wertmäßig nur zu berücksichtigen, wenn sie ohne die Hauptsache Gegenstand des Verfahrens oder einer außergerichtlichen Geschäftsbesorgung sind, nicht aber zusätzlich zu einem für die Hauptsache anzusetzenden Wert (§ 37 FamGKG; § 23 Abs. 3 RVG i. V. m. § 18 Abs. 2 KostO). Davon betroffen sind Früchte und Nutzungen einer Sache oder eines Rechts i. S. v. §§ 99, 100 BGB, Zinsen als Entgelt für die Überlassung von Kapital, insb. Verzugszinsen, auch wenn sie in einer Summe verlangt werden (BGH, NJW-RR 2000, 1015 m. w. N.), sowie Kosten, die vorgerichtlich zur Durchsetzung eines Anspruchs oder Rechts entstanden sind. Zu Letzteren zählt insb. die anwaltliche Geschäftsgebühr (BGH, FamRZ 2007, 808. Zur Abgrenzung zum Schadensersatz als Hauptforderung vgl. BGH, NJW 2007, 1752).

147   Nutzungsentgelt

Verlangt der aus der den Ehegatten gemeinsam gehörenden Ehewohnung ausgezogene Ehegatte vom Bleibenden ein Nutzungsentgelt nach § 745 Abs. 2 BGB, ist der Wert nach § 42 Abs. 1 FamGKG zu schätzen (h. M.). Vor Einführung des FamGKG wurde der Verfahrenswert gemäß § 48 Abs. 1 GKG entsprechend § 9 ZPO, den das OLG Frankfurt (FamRB 2013, 360) im Rahmen des § 42 FamGKG weiterhin anwendet, mit dem 3 1/2-fachen des jährlichen Nutzungsentgelts (OLG Koblenz, FamRZ

2001, 225) bemessen, oder analog § 41 GKG mit dem Jahresbetrag (OLG Köln, FamRZ 2001, 239 m. w. N.) angesetzt. Rückstände sind in jedem Fall hinzuzurechnen (HK-FamGKG/*Schneider*, § 35 Rn. 66). Zur Nutzungsvergütung nach § 1361b Abs. 3 Satz 2 BGB s. Rdn. 130. Wird in demselben Verfahren eine Nutzungsentschädigung über den Zeitraum der Trennung hinaus verlangt, handelt es sich m. E. wie beim Ehegattenunterhalt um zwei unterschiedliche Ansprüche, deren Werte zusammenzuzählen sind. Nach a. A. soll es sich um einen einzigen Anspruch handeln, dessen Wert sich entweder nach § 42 Abs. 1 FamGKG (OLG Franfurt am Main, 6. FamS, FamRB 2013, 360) oder weiterhin nach § 48 FamGKG (OLG Hamm, FamRZ 2013, 1421) richtet.

(Raten-) Zahlungsvereinbarung: 148

Wird ein gerichtliches Verfahren über eine Geldforderung mit einem Ratenzahlungsvergleich beendet, ist immer der volle Wert der Hauptsache anzusetzen (BGH, FamRZ 2009, 41 m. w. N.). Dasselbe gilt, wenn die Vollstreckbarkeit streitig ist oder wenn über eine noch streitige Forderung ein außergerichtlicher Vergleich geschlossen wird, in welchem dem Schuldner eine Ratenzahlung zugestanden wird, da mit der Ratenzahlungsvereinbarung auch die Ungewissheit über den Bestand der Hauptforderung beseitigt wird (Gerold/Schmidt/*Müller-Rabe* VV 1000 Rn. 231 ff.). Anders ist es nur, wenn der Schuldner die Forderung nicht bestreitet, denn dann liegt hinsichtlich der Hauptschuld lediglich ein Anerkenntnis i. S. d. Nr. 1000 Anm. Abs. 1 Satz 2 VV RVG vor, das keine Einigungsgebühr auslöst. Die separate Vereinbarung von Zahlungsmodalitäten bzw. die Vereinbarung von Ratenzahlungen einer unstreitigen Forderung (s. Rdn. 99) wurde dagegen bisher mit einem Bruchteil des fälligen Betrags der Hauptsache bemessen (Schneider/Herget/*Onderka* Rn. 4602). Mit dem 2. KostRMoG hat der Gesetzgeber in § 31b RVG nunmehr eine **eigene Wertvorschrift** für die Anwaltsgebühr geschaffen. - Sie sollte entsprechend auch für die nach § 42 Abs. 1 FamGKG zu bewertende gerichtliche Mehrgebühr herangezogen werden. - Danach ist eine Zahlungsvereinbarung mit 20 % des Anspruchs zu bewerten, und zwar unabhängig davon, ob bereits ein Titel besteht oder nicht. Allerdings ergeben sich insoweit Unterschiede in Bezug auf die Bewertung des zugrunde liegenden Anspruchs: Ist die Forderung noch nicht tituliert, beschränkt sich dieser auf die Hauptforderung und Zinsen und Kosten bleiben als Nebenforderungen unberücksichtigt, während sie bei einer titulierten Forderung zur Hauptsache hinzuzurechnen sind (Gerold/Schmidt/*Mayer* § 31b Rn. 2 ff.).

Realsplitting 149

Wird die Zustimmung zur Geltendmachung der Unterhaltsleistungen als Sonderausgaben nach § 10 Abs. 1. Nr. 1 EStG (begrenztes Realsplitting) begehrt, so ist der Wert mit 100 % des damit verbundenen Steuervorteils anzusetzen (OLG Düsseldorf, JurBüro 1995, 254), wobei richtigerweise der dem Gegner zu ersetzende Nachteil abzuziehen ist (s. Kap. 9, Rdn. 44, *M. 5*). Die Beschwer eines Unterhaltspflichtigen, der sich dagegen wehrt, dass der Unterhaltsberechtigte nur gegen eine Sicherheitsleistung zur Zustimmung verpflichtet wurde, und damit auch der Gebührenwert (s. § 54 FamGKG) bemisst sich nach den geschätzten Finanzierungskosten für die Sicherheit (BGH, FamRZ 1999, 648).

Rechtsmittel 150

Der Wert wird durch den Rechtsmittelantrag bestimmt. Endet das Verfahren ohne Antragstellung, richtet er sich nach der Beschwer, d. h. nach dem vollen Umfang des Unterliegens in der Vorinstanz (s. § 40 Abs. 1 FamGKG). Ein vom Rechtsmittelgericht für die Beschwer festgesetzter Wert ist auch für den Gebührenwert bindend (§ 54 FamGKG), soweit das FamGKG keine von den für die Beschwer maßgeblichen Wertvorschriften abweichenden Werte vorsieht, wie z. B. für die Widerklage, den Unterhalt und für sämtliche Verfahren, in denen Festwerte bestimmt sind. Bei **wechselseitig** eingelegten Rechtsmitteln sind die Werte zusammenzurechnen, wenn sie jeweils wirtschaftlich unterschiedliche Verfahrensgegenstände betreffen bzw. wirtschaftlich unterschiedliche Ziele verfolgen (§ 39 Abs. 2 FamGKG; s. BGH, NJW-RR 2003, 713). Das ist regelmäßig der Fall, wenn beide Seiten einen in 1. Instanz nur teilweise erfolgreichen Antrag oder Gegenantrag angreifen (zum Problem der streitigen Befristung von Unterhalt s. Rdn. 158). Der Gebührenwert des Rechtsmittelverfahrens darf den der **1. Instanz nicht übersteigen**, sofern nicht die Erhöhung auf einer Erweiterung des Antrags in der Rechtsmittelinstanz beruht (§ 40 Abs. 2 FamGKG). Darauf ist besonders bei Rechtsmitteln zu achten, die einen dynamischen Kindesunterhalt (s. Rdn. 145) betreffen. Der Verfahrenswert für die Zulassung der Sprungrechtsbeschwerde entspricht dem des Rechtsmittels (§ 40 Abs. 3 FamGKG).

Grundsätzlich gelten die für die Gerichtkosten maßgeblichen Werte gem. § 23 Abs. 1 RVG auch für die Anwaltsgebühren. Eine Ausnahme macht § 23 Abs. 2 RVG für Beschwerdeverfahren, in denen unabhängig vom Ausgang des Verfahrens keine Gerichtsgebühren oder nur Festgebühren erhoben werden wie bei Rechtsmitteln in Neben- und Folgeverfahren (s. Rdn. 74 ff.) und bei Anhörungsrügen. In diesen Verfahren ist der Wert für die Anwaltsvergütung gem. § 23 Abs. 3 Satz 2 RVG nach dem Interesse des Beschwerdeführers zu bestimmen, wobei der Wert den des zugrunde liegenden Verfahrens nicht überschreiten darf.

151   Selbstständiges Beweisverfahren

Durch Ergänzung des KV zum FamGKG mit Wirkung zum 28.12.2010 (BGBl. I 2010, S. 2248, 2252) kann nun auch eine gerichtliche Gebühr für das in Familienstreitsachen nach § 113 Abs. 1 FamFG i. V. m. §§ 485 ff. ZPO zulässige selbstständige Beweisverfahren (s. Born FPR 2009, 305) dazu erhoben werden. Gemäß Nr. 1503 KV FamGKG wird eine 1.0 Verfahrengebühr als Wertgebühr erhoben. Die Anwaltsgebühren richten sich nach Nr. 3101 ff. VV (s. dazu Gerold/Schmidt/ *Müller-Rabe*, Anhang III). Der Verfahrenswert entspricht i. d. R. dem der Hauptsache, bzw. dem Teilwert, auf den sich die Beweiserhebung bezieht (BGH, NJW 2004, 3488; OLG Rostock, JurBüro 2008, 369; Schneider/Herget/*Thiel*, Rn. 8147). Da das Hauptsache- und das selbstständige Beweisverfahren verschiedene Angelegenheiten sind, werden die Werte nicht zusammengerechnet. Geht es um die Feststellung von Vermögenswerten für einen späteren Zugewinnausgleich, so wäre daher der sich aus der Gegenüberstellung der in die Beweiserhebung einbezogenen (ggf. wechselseitigen) Vermögenswerte ergebende Ausgleichsanspruch maßgeblich. Nach OLG Celle (FamRZ 2008, 1197) ist allein auf das wirtschaftliche Interesse abzustellen und deshalb nur auf die hälftige Differenz zwischen den unterschiedlichen Wertbehauptungen abzustellen bzw. auf den Mehrwert. Der BGH (NJW 2004, 3488; NJW-RR 2005, 1011) stellt allerdings nicht auf die subjektiven Wertvorstellungen, sondern auf den objektiven Wert ab, wie er sich aus der Begutachtung ergibt (str. s. dazu und zu den weiteren vielfach noch ungeklärten Fragen Gerold/Schmidt/*Müller-Rabe/Mayer* Anh. 4 Rn. 482 ff.).

152   Sorgerecht

Im **Scheidungsverbund** beträgt der Wert jeder Kindschaftssache 20 % des Wertes der Ehesache (§ 44 Abs. 2 FamGKG) unabhängig von der Zahl der Kinder, die betroffen sind. Er darf 3.000,00 € nicht übersteigen. Die Werte gelten auch für Verfahren nach § 1666 BGB, soweit und solange sie dem Verbund angehören, und für Rechtsmittelverfahren. Als **selbstständige Kindschaftssache** richtet sich der Wert nach § 45 FamGKG und beträgt grds. 3.000,00 €. Zur Wertänderung bei einer Einbeziehung in oder Trennung aus dem Verbund s. Rdn. 92, *M. 5)*

Sowohl der Erhöhungsbetrag als auch der (relative) Festwert für isolierte Verfahren kann, wenn er nach den besonderen Umständen im Einzelfall unbillig ist, herauf- oder herabgesetzt werden (Abs. 3). Anders als beim Regelwert nach § 30 Abs. 2 i. V. m. § 94 Abs. 2 KostO a. F. kommt eine **Abweichung** vom (relativen) Festwert oder dem regulären Erhöhungsbetrag nur ausnahmsweise und nur dann in Betracht, wenn der zu entscheidende Fall hinsichtlich des Arbeitsaufwandes für das Gericht und für die Verfahrensbevollmächtigten erheblich von einer durchschnittlichen Sorgerechtssache abweicht und der Verfahrenswert im Einzelfall zu unvertretbar hohen oder unangemessen niedrigen Gebühren führt (OLG Celle, NJW 2011, 1373; FamRZ 2012, 1748 m. w. N.; OLG Düsseldorf, RVGreport 2011, 347). Gegenläufige Anträge allein rechtfertigen deshalb noch keine Abweichung (so schon zur KostO OLG Köln, FamRZ 2006, 1219). Maßgebend sind vielmehr der

Umfang und die Schwierigkeit der Angelegenheit (BT-Drucks. 16/6308, S. 306); in isolierten Verfahren können auch besonders beengte oder außergewöhnlich gute Einkommensverhältnisse eine Abweichung nach oben oder unten rechtfertigen (BT-Drucks. 16/6308, S. 306; KG, FamRZ 2011, 825). Bei einem hoch streitigen Verfahren mit aufwendiger Sachverhaltsermittlung (z. B. Gutachten) dürfte regelmäßig eine **Erhöhung** angebracht sein (OLG Celle, FamRZ 2011, 993; OLG Hamm, FuR 2011, 702; OLG Düsseldorf, RVGreport 2011, 347). Gleiches gilt, wenn eine Regelung für mehrere Kinder zu einem außergewöhnlichen Aufwand geführt hat (OLG Karlsruhe, FamRZ 2007, 848; KG, FamRZ 2006, 438; OLG Naumburg, OLGR 2006, 511). Eine **Herabsetzung** kommt in Betracht, wenn zwischen den Beteiligten keine Meinungsverschiedenheiten herrschen und das Gericht seiner Entscheidung ihren gemeinsamen Vorschlag bzw. übereinstimmenden Antrag zugrunde legt (OLG Schleswig, FamRZ 2012, 241) oder wenn nur Teilbereiche der elterlichen Sorge zu regeln sind, sofern damit ein geringerer Aufwand einhergeht (KG, FamRZ 2011, 825 zum Umgangsverfahren). Eine Abweichung vom Festbetrag ist also nur ausnahmsweise geboten.

Stufenantrag

153

Der Verfahrenswert bemisst sich allein nach dem jeweils höchsten Einzelwert (§ 38 FamGKG). Das ist im Allgemeinen der Wert des Leistungsanspruchs, da die Werte der Hilfsansprüche regelmäßig geringer sind bzw. von vornherein nur mit einem Bruchteil des erwarteten Leistungsanspruchs angesetzt werden (s. zur Auskunft Rdn. 122, zur eidesstattlichen Versicherung Rdn. 132). Mit der Einreichung eines Stufenklagantrags wird auch der noch **unbezifferte Leistungsantrag** anhängig und mit Zustellung der Klage rechtshängig (BGH, FamRZ 1995, 797). Sein Wert bemisst sich nach der Leistung, die der Anspruchssteller voraussichtlich nach der bei Einreichung des Antrags bestehenden Sach- und Rechtslage objektiv zu erwarten hat (BGH, FamRZ 1993, 1189; OLG Brandenburg, FamRZ 2007, 71; KG, FamRZ 2007, 69). Wird der Anspruch später beziffert, so ist dieser als der »wahre Wert« (BGH, NJW 2004, 3488) zugrunde zu legen, sofern sich die Umstände nicht geändert haben (dann ist zu korrigieren, Gerold/Schmidt/*Müller-Rabe* [18. Aufl.] VV 3100 Rn. 130). Für den **Rechtsmittelwert** ist allein der Wert des Auskunftsanspruchs maßgebend, wenn das Rechtsmittelgericht lediglich über diesen entscheidet und die Sache wegen des Zahlungsanspruchs an die Vorinstanz zurückverweist (BGH, FamRZ 2003, 87).

Unterbleibt eine Bezifferung (sog. **steckengebliebene Stufenklage**), verbleibt es nach herrschender Meinung beim Wert der ursprünglichen Leistungserwartung (s. OLG Stuttgart, FamRZ 2012, 393: 2008, 533 m. w. N.; OLG Karlsruhe, FamRZ 2011, 1883: auch bei uneingeschränkt bewilligter VKH). Die Begehrensvorstellung bleibt auch maßgeblich, wenn sich der (unbezifferte) Zahlungsantrag durch Vergleich erledigt (und nicht die Vergleichssumme OLG Stuttgart, FamRZ 2012, 393; OLG Celle, FamRZ 2011, 1809). Lässt sich diese nicht ermitteln, kommt ein Rückgriff auf den Auffangwert nach § 42 Abs. 3 FamFG (seit 01.08.2013: 5.000,00 €) in Betracht (OLG Hamm, FamRZ 2011, 582).

Titulierungsinteresse

154

Werden in einem Vergleich unstreitige bisher nicht anhängige Ansprüche mit aufgenommen, so wird das reine Titulierungsinteresse mit $^1/_{10}$ bis $^1/_4$, in besonderen Fällen auch mit $^1/_2$ des Hauptsachebetrages angesetzt, vereinzelt wird auch der volle Wert des titulierten Anspruchs zugrunde gelegt (vgl. Zusammenstellung bei Zöller/*Herget* § 3 Rn. 16 »Titulierungsinteresse«; Gerold/Schmidt/*Müller-Rabe/Mayer* Anh. VI, Rn. 575 ff., die nach Inkrafttreten des § 31b RVG (s. o. Rdn. 148) eine Begrenzung auf 20% des Hauptsachewerts befürworten).

Trennungsunterhalt

155

Der Wert des Trennungsunterhalts gelten die allgemeinen Regeln des § 51 FamGKG für die Bemessung des Unterhalts (s. Rdn. 158) mit folgenden Besonderheiten: Unterhalt bis zur Rechtskraft der Scheidung und nacheheliche Unterhalt sind jeweils selbstständige Ansprüche mit jeweils eigenem

Wert (BGH, FamRZ 1981, 242;). Werden beide in einem Verfahren geltend gemacht oder in einem Vergleich geregelt, so sind die Werte gem. § 33 Abs. 1 FamGKG zu addieren (OLG Bamberg, JurBüro 2011, 418 = FamRZ 2011, 1894 [LS]). Wird die Ehescheidung vor Ablauf der 12 Monate nach Geltendmachung des Trennungsunterhalts rechtskräftig, ist der Wert des laufenden Unterhalts nur dann aus einem kürzeren Zeitraum als 12 Monate zu errechnen (§ 51 Abs. 1 Satz 1 FamGKG), wenn schon zum Zeitpunkt der Einreichung des Antrags davon auszugehen ist, dass ein rechtskräftiges Scheidungsurteil in weniger als einem Jahr vorliegen wird (vgl. OLG Frankfurt am Main, FamRZ 2007, 749; OLG Hamm, FamRZ 2005, 1766, jeweils mit unterschiedlicher Anforderung an die Absehbarkeit; a.A. [nur wenn Unterhalt für einen kürzeren Zeitraum konkret beantragt wurde] OLG Schleswig, OLGR Nord 12/2012 Anm. 3; KG, FamRZ 2011, 755 m.w.N.; s.a. Zöller/*Feskorn* Anh. FamFG-Verfahrenswerte »Unterhalt« m.w.N.). Z.T. wird auch unterstellt, dass der Antrag auf Trennungsunterhalt bereits immanent auf die Zeit bis zur Rechtskraft der Scheidung beschränkt ist (OLG Schleswig, FamRZ 2006, 1560; OLG Hamburg, FamRZ 2002, 1136; OLG Bremen, OLGR 2000, 151). Der Wert eines Vergleichs über Trennungsunterhalt, der mit oder nach Rechtskraft der Scheidung geschlossen wird, ist auf die bis zur Scheidung aufgelaufenen Monate zu begrenzen (OLG Braunschweig, OLGR 1995, 295; OLG Düsseldorf, FamRZ 1990, 1379).

156   Umgangsrecht

Als selbstständige Kindschaftssache richtet sich der Wert nach § 45 FamGKG und beträgt unabhängig von der Zahl der betroffenen Kinder grds. 3.000,00 €, wovon im Einzelfall nach oben oder unten abgewichen werden kann (relativer Festwert). Eine regelmäßig geringere Bewertung als das Sorgerecht kommt nach dem FamGKG nicht (mehr) infrage (so schon OLG Brandenburg, FamRZ 2006, 138; OLG Frankfurt am Main, FER 2006, 153). Eine Abweichung vom Festwert ist nur dann geboten, wenn im Einzelfall der Arbeitsaufwand für das Gericht und für die Verfahrensbevollmächtigten erheblich von einer durchschnittlichen Kindschaftssache abweicht und der Verfahrenswert deshalb zu unangemessen hohen oder niedrigen Gebühren führt (OLG Hamm, FuR 2011, 702). Eine Erhöhung Ist wie beim Sorgerecht (s. Rdn. 152) bei einem hoch streitigen Verfahren mit aufwendiger Sachverhaltsermittlung (z.B. Gutachten; OLG Hamm, FuR 2011, 702) angebracht oder wenn eine Regelung für mehrere Kinder zu einem außergewöhnlichen Aufwand geführt hat. Eine Herabsetzung kommt infrage, wenn nur begrenzte Teile des Umgangsrechts zu regeln sind (KG, FamRZ 2011, 825), z.B. für bestimmte Ferienzeiten oder Feiertage. Als Folgesache im Scheidungsverbund beträgt der Wert 20 % des Wertes der Ehesache, s. »Sorgerecht« Rdn. 152.

157   Unbezifferter Leistungsantrag

s. »Stufenantrag«.

158   Unterhalt

Die Bewertung von Unterhaltsansprüchen, sei es auf gesetzlicher oder vertraglicher Grundlage, erfolgt einheitlich nach § 51 FamGKG. Unterhalt für die Zukunft (**laufender Unterhalt**) wird nicht nach seinem wirtschaftlichen Wert, sondern begrenzt nach dem für die ersten 12 Monate geforderten Betrag bemessen (§ 51 Abs. 1 Satz 1 FamGKG; zum Mindestunterhalt nach § 1612a BGB s. Rdn. 145). **Stichtag** ist in außergerichtlichen Angelegenheiten die Auftragserteilung und in gerichtlichen Verfahren die Einreichung des Antrags (Anhängigkeit, § 34 Abs. 1 FamGKG), und zwar unabhängig von der Form, in die der Anspruch verfahrensrechtlich gekleidet ist. Monate, für die kein Unterhalt beansprucht wird, werden durch nachfolgende Monate ersetzt (OLG Celle, FamRZ 2003, 1683; OLG Hamburg, FamRZ 2003, 1189). Ist der Zeitraum, für den noch Unterhalt begehrt wird, kürzer als ein Jahr, beschränkt sich der Wert des laufenden Unterhalts auf den tatsächlichen Zeitraum (zum Trennungsunterhalt s. Rdn. 155). Gleiches gilt, wenn eine **Befristung** des Unterhalts auf einen unter einem Jahr liegenden Zeitraum begehrt wird; ist sie erst für einen darüber hinausgehenden Zeitpunkt im Streit, bleibt es beim Jahresbetrag (OLG Oldenburg, FamRZ 2009, 73; OLG Stuttgart, FamRZ 2008, 1205; das gilt auch für einen Verzicht auf künftigen Unterhalt

OLG Stuttgart, FuR 2013, 728). Teilweise **freiwillige Zahlungen** setzen den Gegenstandswert des laufenden Unterhalts nicht herab, wenn der Antrag auf den gesamten Betrag lautet (OLG Celle, FamRZ 2003, 465 u. 1683; OLG Karlsruhe, FamRZ 1991, 468; OLG München, FamRZ 1990, 778), sofern nicht lediglich der überschießende Betrag verlangt wird (OLG Karlsruhe, FuR 1999, 438). Zahlungen, die nach dem Stichtag erfolgt sind, beeinflussen den einmal entstandenen Gebührenwert nicht mehr, auch wenn sie durch eine Reduzierung des Antrags oder sonst bei der Titulierung berücksichtigt werden müssen (OLG Karlsruhe, JurBüro 2011, 529; und zur materiell-rechtl. Berücksichtigung BGH, FamRZ 1998, 1165). Gleiches gilt im Fall der Reduzierung oder Rücknahme des Antrags nach Anhängigkeit; zur Erweiterung s. u. Rdn. 161.

Bei mehreren Unterhaltsberechtigten, oder wenn ein Ehegatte seinen Unterhalt und den der Kinder in Verfahrensstandschaft geltend macht, werden die **Gegenstandswerte zusammengerechnet** (§ 33 Abs. 1. FamGKG), ebenso nachehelicher und Trennungsunterhalt (s. Rdn. 155). **Nicht** zusammengerechnet werden **gegenläufige Anträge** (Antrag und Widerantrag, § 39 Abs. 1 FamGKG s. Rdn. 174), wenn sie unterschiedliche Unterhaltszeiträume betreffen oder nicht denselben Betrag (OLG Düsseldorf, MDR 2003, 236; s. auch Rdn. 162 »Unterhaltsabänderung«). Entsprechendes gilt für Ansprüche auf **Rückzahlung von Unterhalt**, wenn sie für denselben Unterhaltszeitraum zusammen mit einer Herabsetzung u.ä. begehrt werden (KG, FamRZ 2011, 754; OLG Köln, FamRZ 2010, 1933; OLG Hamburg, FamRZ 1998, 311 auch zur Bewertung des Rückzahlungsanspruchs). Im Übrigen sind Anträge auf Rückzahlung von Unterhalt in gleicher Weise wie Abänderungsverfahren nach § 51 FamGKG zu bewerten (OLG Karlsruhe, FamRZ 2013, 325; OLG Hamburg, FamRZ 1998, 311; a. A. Schneider/Herget/*Thiel* Rn. 8488; s. dazu näher Schulte-Bunert/Weinreiche/*Keske* § 51 Rn. 28).

Nach § 51 Abs. 2 FamGKG werden bis zum Stichtag (s. o.) aufgelaufene **Rückstände** mit ihrem vollen Wert hinzugerechnet. Der Unterhalt für den Monat der Einreichung des Antrags ist, da der Unterhalt im Voraus geschuldet wird (§ 1612 Abs. 3 BGB), dem Rückstand hinzuzurechnen (OLG Karlsruhe, JurBüro 2011, 529; OLG Naumburg, FuR 2004, 379; OLG Brandenburg, FamRZ 2004, 962). Nach Anhängigkeit des Antrags fällig werdende Beträge erhöhen den Rückstand nicht (BGH, NJW 1960, 1459). Geht dem Hauptsacheverfahren ein **VKH-Verfahren** voraus, wird (nur) für die Rückstandsberechnung auch des Hauptverfahrens der Stichtag auf die Einreichung des Antrags auf Verfahrenskostenhilfe vorverlagert, sofern der Hauptsacheantrag alsbald nach Mitteilung der Bewilligung oder der Entscheidung über eine eingelegte Beschwerde eingereicht wird (§ 51 Abs. 2 Satz 2 FamGKG). Allerdings ist für die Höhe des bis dahin aufgelaufenen Rückstands der Betrag maßgeblich, der in der Hauptsache (noch) verlangt wird; insbesondere können Zahlungen, die bis zur Anhängigkeit der Hauptsache für die betroffenen Monate geleistet wurden, abgezogen werden (OLG Karlsruhe, JurBüro 2011, 529). Für die Bewertung des laufenden Unterhalts bleibt der Eingang des (unbedingt gestellten) Hauptsacheantrags maßgeblich und die dazwischen liegenden Monate unberücksichtigt (OLG Karlsruhe, JurBüro 2011, 529; OLG Bamberg, FamRZ 2008, 533 m. w. N.; s. a. FA-FamR/*Keske* Kap. 17, Rn. 42).

Der Gebührenwert eines **Rechtsmittels** bemisst sich ebenfalls nach § 51 Abs. 1 und 2 FamGKG, allerdings verlagert sich der Bewertungsstichtag für die Rückstände nicht auf den Eingang der Rechtsmittelschrift. Vielmehr werden in allen Instanzen nur diejenigen Rückstände wertmäßig berücksichtigt, die in 1. Instanz dem Wert nach Abs. 1 hinzuzurechnen waren (BGH, NJW 1960, 1459). Wird kein Unterhalt für die Zeit nach Einlegung des Rechtsmittels angegriffen, füllt der BGH die Lücke, in dem er für den laufenden Unterhalt auf die ersten 12 Monate abstellt, die noch im Streit sind (BGH, FamRZ 2003, 1274; ebenso OLG Stuttgart, FamRZ 2008, 1205; OLG Oldenburg, FamRZ 2009, 73). Die **Höhe** wird durch den Rechtsmittelantrag, hilfsweise nach dem vollen Umfang des Unterliegens in der Vorinstanz bestimmt (s. § 40 Abs. 1 FamGKG). Bei **wechselseitig** eingelegten Rechtsmitteln sind die Werte zusammenzurechnen, sofern sie nicht den gleichen Unterhaltsteil und -zeitraum betreffen. Allerdings darf, von einer Erweiterung des Antrags in 2. Instanz abgesehen, der Gesamtstreitwert den der 1. Instanz nicht übersteigen und ist ggf. zu begrenzen (§ 40 Abs. 2 FamGKG; BGH, FamRZ 2003, 1274). Wendet sich der Eine gegen die Verurteilung zum

159

160

Unterhalt und der Andere sich gegen die vom Erstgericht ausgesprochene **Befristung**, so betreffen beide Anträge werttechnisch denselben Verfahrensgegenstand und sind nicht zusammenzurechnen (§ 39 Abs. 1 Satz 2, Abs. 2 FamGKG). Das Gleiche gilt, wenn beide Seiten nur die Befristung bzw. ihre Dauer angreifen (OLG Oldenburg, FamRZ 2009, 73; OLG Stuttgart, FamRZ 2008, 1205).

161   Wird im Laufe des Verfahrens der **Antrag erweitert**, z. B. ein höherer Prozentsatz des Mindestunterhalts beansprucht oder ein bezifferter Unterhaltsantrag erhöht, ist die Erhöhung gem. § 34 FamGKG wie ein neuer Antrag zu behandeln und es fallen ab da Gebühren aus dem höheren Wert an, s. Rdn. 119. Der Gebührenwert für den laufenden Unterhalt erhöht sich um den Mehrbetrag, der auf die der Anhängigkeit des Erhöhungsantrags folgenden 12 Monate entfällt (OLG Celle, FamRZ 2009, 74 m. w. N.), sofern nicht die Erhöhung für einen darunter liegenden Zeitraum gefordert wird. Nur wenn dies der Fall ist, muss eine Stufenberechnung erfolgen: Wird der bisher beantragte Unterhalt von 200,00 € monatlich (Einjahresbetrag 2.400,00 €) auf 500,00 € für noch 6 Monate erhöht, beträgt dessen Wert somit 2400 + 6 × 300 = 4.200,00 €. Wird auch der Erhöhungsbetrag noch für mindestens 12 Monate verlangt, kann auch gleich mit dem 12-fachen des erhöhten Monatsbetrags gerechnet werden (12 × (200 + 300)). Das gilt unabhängig davon, in welchem zeitlichen Abstand zum ursprünglichen Antrag sie gestellt werden (OLG Celle, FamRZ 2009, 74; OLG Brandenburg, FamRZ 2007, 67; OLG Karlsruhe, FuR 1999, 440; s. a. Wendl/Dose/*Schmitz* § 10 Rn. 82a; Gerold/Schmidt/*Müller-Rabe/Mayer* Anh. VI Rn. 597; HK-FamGKG/*Schneider* § 51 Rn. 71; Zöller/*Herget* 29. Aufl. Anh. § 3 »Unterhalt«; a. A. OLG München, FuR 2000, 298; OLG Saarbrücken, OLGR 2005, 924 m. w. N.). Weil die Antragserhöhung gebührenrechtlich als neuer Antrag zählt, wären **Rückstände** gem. § 51 Abs. 2 FamGKG grds. mit ihrem Mehrbetrag dem Gebührenwert hinzuzurechnen (OLG Köln, FamRZ 2004, 1226). Nach a. A. sollen die für die Zeit zwischen der Einreichung der Klage und der Einreichung der Klageerweiterung geltend gemachten Beträge unberücksichtigt bleiben (OLG Saarbrücken, OLGR 2005, 924; OLG Brandenburg, MDR 2003, 335; OLG Karlsruhe, FuR 1999, 440). Zur Beschwerde gegen eine fehlerhafte Festsetzung des Gegenstandswerts bei einer Erweiterung des Antrags s. Muster Rdn. 115.

162   **Unterhaltsabänderung**

Der Wert eines Abänderungsbegehrens, das eine neue Angelegenheit darstellt, errechnet sich unabhängig davon, ob es auf Anhebung oder Herabsetzung gerichtet ist und mit welcher Antragsart es verfolgt wird, aus der **Differenz** zwischen dem titulierten und dem mit der Abänderung begehrten Unterhaltsbetrag entsprechend § 51 Abs. 1 und 2 FamGKG (OLG Karlsruhe, FamRZ 2013, 325). Das gilt auch, wenn ein Vergleich abgeändert werden soll (OLG Karlsruhe, FamRZ 1999, 608) oder für die Abänderung von im vereinfachten Verfahren ergangenen Entscheidungen. Der titulierte Betrag bleibt für das gerichtliche Abänderungsverfahren auch dann maßgebend, wenn zwischenzeitlich davon abweichende Leistungen vereinbart und auch erbracht werden. Soweit das Abänderungsverlangen in der Vergangenheit liegende Zeiträume betrifft, werden die daraus resultierenden Differenzbeträge entsprechend § 51 Abs. 2 FamGKG wie **Rückstände** zeitlich unbegrenzt hinzugerechnet (OLG Karlsruhe, FamRZ 2013, 325) und zwar ohne Rücksicht auf die prozessuale Zulässigkeit. **Stichtag** für die Rückstandsberechnung ist auch hier der Eingang des Abänderungsbegehrens bei Gericht bzw. eines Antrags auf Verfahrenskostenhilfe (s. »Unterhalt«). Wurde ein Abänderungsbegehren ursprünglich im Wege eines unselbstständigen Anschlussrechtsmittels verfolgt, das infolge Rücknahme des Hauptrechtsmittels wirkungslos wurde, und wird sodann Abänderungsantrag eingereicht, so belässt es OLG Karlsruhe (FamRZ 1999, 1289) auch für den Gebührenwert bei dem durch das Anschlussrechtsmittel begründeten Stichtag. Bei **gegenläufigen Anträgen** werden die Werte gem. § 39 Abs. 1 FamGKG addiert, sofern sie nicht deckungsgleich (wertidentisch) sind, z. B. wenn einer Erhöhung des Unterhalts mit einem Herabsetzungsverlangen begegnet wird (OLG München, FamRZ 2007, 750), nicht dagegen, wenn der Erhöhung lediglich unter Hinweis auf die Begrenzung nach § 1578b BGB entgegengetreten wird. Zur gleichzeitig geltend gemachten Rückforderungsansprüchen s. »Unterhalt« (Rdn. 158).

Verfahrenskostenhilfe

163

Der Gegenstandswert des Verfahrens auf Bewilligung von Verfahrenskostenhilfe sowie der des Aufhebungsverfahrens nach § 124 Abs. 1 Nr. 1 ZPO entspricht dem Wert der Hauptsache, d. h. dem des Verfahrens, für das die Kostenhilfe begehrt oder bewilligt wurde; i. Ü. ist er nach dem Kosteninteresse zu bemessen (§ 23a Abs. 1 RVG; vor dem 01.08.2013: Anm. 1 zu Nr. 3335 VV). Das gilt auch im Beschwerdeverfahren, soweit sich die Beschwerde gegen die Ablehnung der VKH oder die Beiordnung eines Anwalts richtet, denn auch hier geht das Interesse des Antragstellers auf die aus seiner Sicht notwendige Bewilligung, um das Hauptsacheverfahren überhaupt führen zu können (BGH, FamRZ 2010, 1892; RVGreport 2011, 348). Auf die Kosten, die ein Beteiligter bei Bewilligung der begehrten Verfahrenskostenhilfe sparen würde, kommt es nur dann an, wenn sein Interesse diesem Kosteninteresse entspricht (zur Berechnung s. Rdn. 116, *M. 5*). Dies ist etwa bei einer Beschwerde allein gegen die Höhe der Raten oder im nachträglichen Aufhebungsverfahren nach § 124 Abs. 1 Nr. 2 bis 4, Abs. 2 ZPO der Fall (BGH, FamRZ 2010, 1892). Richtet sich das Rechtsmittel gegen die Anordnung von Ratenzahlungen, ergibt sich der Gegenstandswert aus der Differenz der angeordneten zu den vom Beschwerdeführer begehrten Ratenzahlungen unter Beachtung der maximalen Kostenbelastung mit 48 Monatsraten (BGH, FamRZ 2012, 1937). Obwohl das VKH-Verfahren und das Hauptsacheverfahren eine gebührenrechtliche Angelegenheit sind (§ 16 Nr. 2 RVG), findet keine Zusammenrechnung der Gegenstandswerte statt (§ 23a Abs. 2 RVG), sondern die Gebühren sind nach § 15 Abs. 2 RVG aufeinander anzurechnen (Gerold/Schmidt/*Müller-Rabe*, RVG VV 3335 Rn. 64; s. a. Rdn. 218).

Vermittlungsverfahren

164

Für das gerichtliche Vermittlungsverfahren gem. § 165 FamFG können zumindest seit der Änderung des KV zum FamGKG durch das 2. KostRMoG keine Gebühren erhoben werden, weil es sich nicht um ein Hauptsacheverfahren i. S. d. Hauptabschnitts 3 oder 7 des KV handelt, sondern ein Abänderungs- oder Vollstreckungsverfahren gerade vermeiden will, und anderweitig keine Gebühr hierfür bestimmt ist (h. M. s. Schulte-Bunert/Weinreich/*Keske* Nr. 1310-1319 FamGKG Rn. 4 m. w. N.). Das übersieht die Gegenansicht, die den Anfall der Verfahrensgebühr für Kindschaftssachen annimmt (s. OLG Karlsruhe, FamRZ 2013, 722 m. w. N.). Nur wenn man dem folgt, richtet sich der Wert auch für die Anwaltsgebühr direkt nach § 45 FamGKG. Andersfalls sind die Bewertungsgrundsätze für das Umgangsverfahren (s. Rdn. 156) gemäß § 23 Abs. 1 Satz 2 RVG in der durch das FGG-RG ergänzten Fassung (s. *Keske* FuR 2010, 433, 436) entsprechend heranzuziehen (ebenso schon zum alten Recht OLG Zweibrücken, OLGR 2008, 707 = AGS 2008, 457 m. w. N.). Der Rückgriff auf § 23 Abs. 3 Satz 2 RVG kommt seit dem 01.09.2009 nicht mehr infrage, die sich darauf beziehende ältere Rechtsprechung (z. B. OLG Brandenburg, FamRZ 2006, 1859) ist überholt. Bei Anwendung des § 45 FamGKG wird regelmäßig eine Herabsetzung nach Abs. 3 zu prüfen sein. So haben sowohl das OLG Karlsruhe (FamRZ 2013, 722) als auch das OLG Zweibrücken (OLGR 2008, 707) den vom Familiengericht jeweils auf 1.500 € festgesetzten Wert gebilligt.

Vertraglich geschuldeter Unterhalt

165

Auf ausschließlich auf vertraglicher Grundlage geschuldeten Unterhalt gelten nach dem FamGKG die gleichen Bemessungsregeln wie für den gesetzlichen Unterhalt, s. Rdn. 158. Das wurde durch eine Ergänzung des Wortlauts des § 51 Abs. 1 FamGKG im 2. KostRMoG nochmals klargestellt (s. *Keske* FuR 2013, 546).

Versorgungsausgleich

166

§ 50 Abs. 1 FamGKG bestimmt für den neuen Versorgungsausgleich anstelle der für den Versorgungsausgleich alten Rechts geltenden allgemeinen Festwerte **individuelle Festwerte**. Sie knüpfen, anders als die Wertermittlung für die Kindschaftssachen im Scheidungsverbund, allein an das in 3 Monaten gemeinsam erzielte Nettoeinkommen der Ehegatten oder Lebenspartner an. Für die

Bewertung wird im Verbundverfahren aus Gründen der Praktikabilität auf das für die Bewertung der Scheidung festgestellte Nettoeinkommen abgestellt, allerdings bereinigt nur um Steuern und Sozialversicherungsbeiträge bzw. um Aufwendungen für die Kranken- Alters- und Invaliditätsvorsorge und ohne Abzug von Unterhaltsaufwendungen für Kinder (OLG Hamm, FamRZ 2012, 898; OLG Nürnberg, FamRZ 2012, 1750 m. w. N.; s. dazu ausführlich FA-FamR/*Keske*, Kap. 17 Rn. 112). Ein Zehntel davon (10 %) wird für Ausgleichsansprüche bei der Scheidung für jedes Anrecht, das nach den §§ 9 bis 19, 28 VersAusglG auszugleichen ist, angesetzt und 20 % für Anrechte, die auf Antrag nach §§ 20 bis 26 VersAusglG schuldrechtlich ausgeglichen werden sollen (OLG Bremen, FamRZ 2013, 724; OLG Nürnberg, FamRZ 2011, 132), d. h. der Prozentsatz vervielfältigt sich mit der Zahl der Anrechte. Der sich daraus ergebende Verfahrenswert darf, vorbehaltlich der Billigkeitsregelung (s. Rdn. 170), 1.000,00 € nicht unterschreiten. In die Wertberechnung ist jedes **verfahrensgegenständliche Anrecht** einzubeziehen, auch wenn es im Ergebnis zu keinem Ausgleich bzw. einer Teilung kommt (OLG Stuttgart, FamRZ 2011, 134; OLG Celle, FamRZ 2010, 2103). Mehrere Anrechte bei einem Versorgungsträger sind jeweils einzeln zu berücksichtigen, z. B. sog. Ost- und Westanrechte in der GRV (OLG Nürnberg, FamRZ 2012, 1750 m. w. N.; a. A. OLG Brandenburg, FamFR 2012, 14) oder Knappschafts- und normale Rente (OLG Karlsruhe, FamRZ 2012, 1306). Nicht mitzuzählen sind dagegen Anrechte, die nicht die Voraussetzungen des § 2 Abs. 2 VersAusglG erfüllen bzw. bei denen schon dem Grunde nach kein Versorgungsausgleich bei Scheidung durchzuführen ist (OLG Koblenz, AGS 2011, 456; OLG Karlsruhe, FuR 2014, 187). Damit scheiden Anrechte aus, die nicht in der Ehezeit erworben wurden (OLG Stuttgart, NJW 2010, 2221; OLG Naumburg, FamFR 2012, 112; OLG Hamburg, FamRZ 2013, 48 nimmt sie im Rahmen der Billigkeitserwägung aus) oder ihrer Art nach nicht zu den in § 2 Abs. 1 und 2 VersAusglG genannten Anrechten gehören. Dazu zählen neben Lebensversicherungen auf Kapitalbasis (OLG Koblenz, AGS 2011, 456; OLG Stuttgart, FamRZ 2011, 994) vor allem ausländische Anrechte (OLG Celle, FamRZ 2013, 903; OLG Brandenburg, FamRZ 2012, 310), während verfallbare Anrechte oder Anrechte, deren Ausgleich unwirtschaftlich ist (§ 19 Abs. 2 Nr. 1 und 3 VersAusglG), ihrer Art nach grundsätzlich am Wertausgleich bei Scheidung teilnehmen und mitzählen, auch wenn sie auf den schuldrechtlichen Ausgleich verwiesen werden (OLG Karlsruhe, FuR 2014, 187); ggf. kann deshalb im nachfolgenden 2. Verfahren aus Billigkeitsgründen eine Herabsetzung des Verfahrenswerts (s. Rdn. 170) geboten sein. Dasselbe gilt für Anrechte, deren Ausgleich wegen auf der Gegenseite bestehender ausländischer Anrechte ebenfalls auf den schuldrechtlichen Ausgleich verwiesen werden (OLG Stuttgart, FamRZ 2012, 1647). Beim (schuldrechtlichen) Wertausgleich nach Scheidung bestimmt allein der jeweilige Antragsteller durch seinen Antrag die Zahl der verfahrensgegenständlichen Anrechte. Siehe näher Schulte-Bunert/Weinreiche/*Keske* § 50 FamGKG Rn. 6a).

167 Wird bereits mit dem Scheidungsantrag eine **Vereinbarung** zum Versorgungsausgleich vorgelegt, so wird auch damit ein Verfahren zur Prüfung der Wirksamkeit nach § 8 VersAusglG eingeleitet (OLG München, FamRZ 2011, 1813; OLG Celle, FamRZ 2010, 2103), dessen Wert nach der Zahl der davon schätzungsweise betroffenen Anrechte zu bemessen ist. mindestens aber mit 1.000,00 €. Zur Bewertung der **Negativfeststellung bei kurzer Ehedauer** s. Schulte-Bunert/Weinreiche/*Keske* § 50 FamGKG Rn. 14a).

168 Für **Nebenansprüche** (Auskunftsansprüche nach § 4 VersAusglG und dem Verlangen auf Abtretung eines Anspruchs gegen den Versorgungsträger gem § 21 VersAusglG) ist einheitlich ein Festwert von 500,00 € bestimmt (§ 50 Abs. 2 FamGKG). Wird ein Auskunftsanspruch im Ausgleichs- bzw. Änderungsverfahren verfolgt, gelten die Grundsätze für den Stufenantrag (s. Rdn. 153) entsprechend (OLG Hamm, FamRZ 2013, 806 auch zur Behandlung im Scheidungsverbund), weshalb er sich i. d. R. nicht werterhöhend auswirkt. Dasselbe gilt, wenn der Anspruch auf Abtretung zusammen mit dem Anspruch auf eine schuldrechtliche Ausgleichsrente verfolgt wird.

169 Ob der Wert eines Verfahrens über die **Anpassung der Versorgungskürzung** (§§ 33, 34 VersAusglG) nach § 50 FamGKG zu berechnen ist, ist umstritten (s. dazu OLG Schleswig, NJW-RR 2012, 327). Richtigerweise ist der Wert nach § 42 Abs. 1 FamGKG zu bestimmen und sollte sich entsprechend § 51 FamGKG an dem beantragten Kürzungsbetrag orientieren (*Hauß* FamRB 351, 257;

HK-FamGKG/*Thiel* § 50 Rn. 28; im Ergebnis ebenso allerdings über § 50 Abs. 3, *Schwamb* NJW 2011, 1168 unter Hinweis auf OLG Frankfurt am Main, 08.09.2010 – 5 UF 198/10). Denn unabhängig davon, ob man diese Verfahren als Versorgungsausgleichssache oder als sonstiges FG-Verfahren ansieht, regelt § 50 Abs. 1 FamGKG nur die Bewertung des Versorgungsausgleichs. Das Verfahren nach § 33, 34 VersAusglG betrifft aber gerade nicht den bereits rechtskräftig durchgeführten Versorgungsausgleich oder seine Abänderung, sondern allein dessen versorgungsrechtliche Folge. Soweit man § 50 Abs. 1 FamGKG heranzieht, kommt wegen der Beschränkung des § 33 VersAusglG auf die öffentlich-rechtlichen Regelsicherungssysteme nur der Ansatz von 10 % des gemeinsamen Nettoeinkommens pro Anrecht in Betracht (OLG Schleswig, FamRZ 2014, 237; OLG Bremen, FamRZ 2013, 724; OLG Stuttgart, FamRZ 2012, 1972). Da es i. d. R. nur um ein einziges Anrecht geht, wird der nach § 50 Abs. 1 FamGKG ermittelte Wert häufig weder dem Aufwand noch der wirtschaftlichen Bedeutung der Kürzung der Versorgungsbezüge gerecht und sollte ggf. nach der Billigkeitsregelung (s. u.) nicht unerheblich heraufgesetzt werden (OLG Frankfurt am Main, FamRZ 2012, 1811; OLG Saarbrücken, FamRZ 2013, 148; OLG Celle, FamRZ 2012, 1812: entsprechend § 51 FamGKG; a. A. OLG Hamm, FamFR 2013, 565).

Nach der **Billigkeitsregelung** in § 50 Abs. 3 FamGKG kann jeder Festwert in Ausnahmefällen nach oben oder unten variiert werden. Das ist insb. dann der Fall, wenn der rechnerisch ermittelte Wert »zu Umfang, Schwierigkeit und Bedeutung der Sache in keinem vertretbaren Verhältnis steht« (BT-Drucks. 16/10144, S. 111; OLG Stuttgart, FamRZ 2012, 1647). Eine Herabsetzung kommt infrage, wenn im Einzelfall der Aufwand erheblich unter dem Durchschnitt liegt, z. B. bei vorzeitiger Beendigung des Verfahrens, wenn nur eine (unproblematische) Vereinbarung zu prüfen ist (s. o.) oder wenn Anrechte sich als nicht ausgleichsreif erweisen (OLG Stuttgart, FamRZ 2011, 134). Unbilligkeit kann auch vorliegen, wenn eine Vielzahl kleinerer Anrechte zu einem Verfahrenswert bzw. zu Kosten führt, die zu den Werten aller Anrechte außer Verhältnis stehen (OLG Hamburg, FamRZ 2011, 1813). Eine Erhöhung ist in Fällen angezeigt, in denen das Verfahren bzw. die Ermittlung der einzubeziehenden Anrechte außergewöhnlich aufwendig ist und z. B. die Einholung eines Gutachtens erfordert. Allein der Umstand, dass die Summe der Ausgleichs- oder Änderungsbeträge gering ausfällt, rechtfertigt dagegen noch keine Herabsetzung. Wegen weiterer Einzelheiten s. Schulte-Bunert/Weinreiche/*Keske* § 50 FamGKG Rn. 11 ff. | 170

Vollstreckbarerklärung und Anerkennung ausländischer Entscheidungen | 171

Da für die Gerichtsgebühren für alle Verfahren feste Gebühren gelten, richten sich die Gegenstandswerte für die Anwaltsgebühren nach § 23 Abs. 1 Satz 2 RVG. Der Gebührenwert in **Vollstreckbarkeitsverfahren** richtet sich grds. nach dem Wert des zu vollstreckenden Anspruchs (§ 42 FamGKG, *Kindermann* Rn. 304). Bei Unterhaltstiteln ist § 51 FamGKG anwendbar. Für die Umrechnung in Euro ist der Wechselkurs zum Zeitpunkt des Eingangs des Antrags oder des Rechtsmittels maßgeblich (BGH, FamRZ 2010, 365). Betrifft der Titel nur laufenden Unterhalt, so sind keine Rückstände für die Zeit seit Entstehung des ausländischen Titels und Einreichung des Antrags auf Vollstreckbarerklärung mitzuberechnen (BGH, FamRZ 2009, 222; OLG Zweibrücken, JurBüro 1986, 1406). Soweit der ausländische Titel aber Rückstände mit tituliert, sind (nur) diese hinzuzuaddieren (OLG Dresden, FamRZ 2006, 563). In **Anerkennungsverfahren** bietet es sich ebenfalls an, sich an den Werten der Hauptsache zu orientieren (*Kindermann* Rn. 305; BayObLG, NJW-RR 1999; 1375 für Ehescheidung).

Vollstreckungsabwehr | 172

Der Wert eines Antrags nach § 767 ZPO richtet sich danach, in welchem Umfang die Ausschließung der Vollstreckung begehrt wird (BGH, NJW-RR 2006, 1146). Geht es um die Abwehr der Vollstreckung aus Unterhaltstiteln und wird die Ausschließung nur für einen Teilbetrag begehrt, ist nur dieser Teil des Anspruchs zugrundezulegen; sein Wert richtet sich nach § 51 FamGKG (OLG München, FamRZ 2013, 147; s. Rdn. 158 »Unterhalt«).

173   **Vollstreckungsverfahren** s. a. BGH, NJW-RR 2011, 933 = FamRZ 2011, 970 LS

Bei der Vollstreckung von **Geldforderungen** bestimmt sich der Gegenstandswert für die Anwaltsgebühren grds. nach dem Wert der zu vollstreckenden Forderung, einschließlich Nebenforderungen wie Zinsen und (bisherige) Kosten, § 25 Abs. 1 Nr. 1 RVG (s. dazu näher *Enders*, JurBüro 2013, 57 mit Beispielen). Wird in einen Gegenstand (Sache oder Forderung) vollstreckt, bildet dessen Wert die Höchstgrenze (§ 25 Abs. 1 Nr. 1 Halbs. 2 RVG). Maßgeblich ist der Wert im Zeitpunkt der Auftragserteilung (vgl. OLG Karlsruhe, NJW-RR 2011, 501 (str,). Bei einem Auftrag zur Pfändung verschiedener Forderungen gegen mehrere Drittschuldner werden die Werte der gepfändeten Forderungen addiert, soweit sie nicht wirtschaftlich identisch sind (Zöller/*Stöber*, § 829 Rn. 44; BGH, NJW-RR 2011, 933 = FamRZ 2011, 970 [LS]). Im Verteilungsverfahren nach §§ 858 Abs. 5, 872 ff., 882 ZPO wird der Wert durch den insgesamt zu verteilenden Geldbetrag begrenzt wird (§ 25 Abs. 1 Nr. 1 Halbs. 4 RVG). Bei der Vollstreckung in Arbeitseinkommen sind die künftigen Leistungen mit zu berücksichtigen. Wird wegen künftiger Unterhaltsansprüche vollstreckt (**Vorratspfändung** § 850d ZPO) richtet sich deren Wert der noch nicht fälligen Ansprüche gem § 25 Abs. 1 Nr. 1 Halbs. 3 RVG nach § 51 Abs. 1 FamGKG (s. o. Rdn. 158). Die bei Beauftragung bereits fälligen Ansprüche sind hinzuzurechnen.

Die Vollstreckung eines Anspruchs auf **Herausgabe einer Sache** gem §§ 883 ff. ZPO hat den gleichen Gegenstandswert wie die Hauptsache (Verkehrswert, § 25 Abs. 1 Nr. 2 RVG). Bei der Räumung von Wohnraum gilt § 41 Abs. 2 GKG (1-jähriger Mietwert). Für die Räumung aufgrund einer **Wohnungszuweisung** in einer FG-Familiensache stellt der Verfahrenswert (§§ 48, 49 FamGKG, s. Rdn. 130) die Obergrenze dar. Die **Herausgabe eines Kindes** bzw. die Anordnung und Anwendung unmittelbaren Zwangs gem. § 90 FamFG dürfte gem §§ 23 Abs. 1 RVG i. V. m. §§ 42 Abs. 2 oder 45 FamGKG zu bewerten sein.

Der Wert der Vollstreckung eines **Handlungs**- oder eines **Unterlassungsanspruchs** gem §§ 887 ff. ZPO, 95 FamFG bemisst sich nach dem Gläubigerinteresse (§ 25 Abs. 1 Nr. 3 RVG). Im Fall des § 887 ZPO entspricht dies i. d. R. den Kosten für die Ersatzvornahme. I. Ü. hat sie nur indizielle Bedeutung. Bei der Vollstreckung unvertretbarer Handlungen nach §§ 888, 890 ZPO oder § 89 FamFG ist ebenfalls das Gläubigerinteresse maßgeblich, wofür der Wert der Hauptsache oder ein Bruchteil (OLG München, FamRZ 2011, 1686 zu § 89 FamFG) herangezogen werden kann; das festgesetzte Ordnungs- oder Zwangsgeld ist nicht einmal als Indiz heranzuziehen (OLG München, FamRZ 2011, 1686; OLG Celle, JurBüro 2009, 441 m. w. N.).

Geht es allein um einen **Aufschub** der Forderung und/oder die **vorübergehende Einstellung** von Vollstreckungsmaßnahmen ist von dem Forderungsbetrag nur ein Bruchteil – i. d. R. 1/5 – in Ansatz zu bringen (BGH, NJW 1991, 2280; OLG Celle, AGS 2009, 63). Zur Ratenzahlungsvereinbarung s. o. Rdn. 148.

174   **Wertaddition**

Betrifft eine Angelegenheit oder ein Gerichtsverfahren mehrere Gegenstände oder mehrere Ansprüche, sind deren Werte zusammenzurechnen (**Additionsgebot**, § 22 Abs. 1 RVG, § 33 Abs. 1 Satz 1 FamGKG). **Ausnahmen** werden ganz allgemein **bei wirtschaftlicher Identität** der Gegenstände gemacht; in diesem Fall bestimmt nur der jeweils höchste Gegenstandswert den Verfahrenswert (BGH, NJW-RR 2011, 933 = FamRZ 2011, 970 [LS]; 2006, 1004; Zöller/*Herget*, § 5 Rn. 8). Ausdrücklich geregelt ist dies für den **Stufenantrag** (s. Rdn. 153) und für den Fall, dass sich ein vermögensrechtlicher Anspruch aus einem nicht vermögensrechtlichen herleitet (§ 33 Abs. 1 Satz 2 FamGKG vgl. Rdn. 117 »Abstammung«), mit Ausnahme der Folgesachen im Scheidungsverbund (s. § 44 Abs. 2 Satz 2 FamGKG). Ebenfalls geregelt ist der **Widerantrag**, bei dem keine Zusammenrechnung erfolgt, wenn er wirtschaftlich denselben Gegenstand betrifft wie der Antrag (§ 39 Abs. 1 FamGKG;). Eine Zusammenrechnung der Werte hat grds. nur dort zu erfolgen, wo durch das Nebeneinander von Antrag und Widerantrag eine »wirtschaftliche Werthäufung« entsteht, beide also nicht das wirtschaftlich identische Interesse betreffen (BGH, NJW-RR 2005, 506; s. a. Rdn. 158, 162 für

Unterhalts- und Rdn. 155 für Zugewinnausgleichsverfahren). Für **wechselseitig eingelegte Rechts-mittel**, die nicht in getrennten Verfahren verhandelt werden, gelten die Vorschriften für den Wider-antrag entsprechend (§ 39 Abs. 2 FamGKG). **Hilfsweise** gestellte **Anträge** oder eine **Hilfsaufrech-nung** sind nur dann wertmäßig zu berücksichtigen, wenn über sie entschieden wird (§ 39 Abs. 1 Satz 1, Abs. 3 FamGKG; das gilt auch für die Anwaltsgebühren, BGH, NJW 2009, 231).

Zugewinnausgleich   175

Der **Ausgleichsanspruch** selbst richtet sich nach dem bezifferten Betrag (§ 35 FamGKG; zum unbe-zifferten Antrag s. Rdn. 153 »Stufenantrag«). **Gegenläufige Anträge** werden nach § 39 Abs. 1 Satz 1 FamGKG zusammengerechnet (OLG Celle, FamRZ 2011, 134, 136; OLG Stuttgart, FamRZ 2006, 1055; str. – zum Streitstand s. FA-FamR/*Keske*, Kap. 17 Rn. 80). Der Wert eines isolierten Antrags auf **vorzeitige Aufhebung** der Zugewinngemeinschaft nach § 1386 BGB n. F. (Gestaltungsklage) ist gem. § 42 Abs. 1 FamGKG nach dem Interesse des Antragstellers an der vorzeitigen Beendigung zu bemessen und beträgt in aller Regel 1/4 der zu erwartenden Ausgleichsforderung (BGH, FamRZ 1973, 133; a. A. OLG Stuttgart, FamRZ 2009, 1621: nur Zinsgewinn durch Vorverlegung der Fäl-ligkeit). Ein geringerer Bruchteil wird angesetzt, wenn die Scheidungsklage schon anhängig ist und die Scheidung kurzfristig ansteht (OLG Nürnberg, FamRZ 1998, 685). Bei ungeklärten Einsatz-beträgen bzw. Zeiträumen setzt das OLG Schleswig (FamRZ 2012, 897) den Auffangwert des § 42 Abs. 3 FamGKG an. Der Antrag auf **vorzeitigen Ausgleich** des Zugewinns nach § 1385 BGB n. F. ist wie der reguläre Ausgleichsanspruch nach dem Leistungsantrag zu bemessen (s. o.). Nach h. M. soll die mit dem vorzeitigen Ausgleich nach § 1385 BGB n. F. zugleich ausgesprochene Aufhebung der Zugewinngemeinschaft einen zusätzlichen Wert entsprechend dem isolierten Aufhebungsantrag haben (Gerold/Schmidt/*Müller-Rabe/Mayer* Anh. VI Rn. 709; Groß, Anwaltsgebühren, § 8 Rn. 75). M. E. wird man aber von wirtschaftlicher Identität ausgehen müssen, sodass nur der höhere Wert maßgeblich ist (FA-FamR/*Keske*, Kap. 17 Rn. 75, s. a. Rdn. 174). Zum Arrest s. Rdn. 120.

Der Wert der **Stundung** der Ausgleichsforderung ergibt sich aus dem Stundungsinteresse, das ent-weder wie bei einer Ratenzahlungsvereinbarung nur mit einen Bruchteil der Ausgleichsforderung anzusetzen ist (1/5 bis 1/6, Groß, Anwaltsgebühren, § 8 Rn. 83; *Türck-Brocker*, FPR 2010, 308, 312) oder mit dem Finanzierungsinteresse (OLG Köln, AGS 2003, 362). Der Wert der Aufhebung oder Änderung der Stundungsleistung entspricht dem ihrer Anordnung. Bei der **Übertragung** bestimm-ter Gegenstände gem. § 1383 BGB ist das Interesse des Antragstellers gerade an der Zuteilung dieses Gegenstandes (Übertragungsinteresse) gem. § 42 Abs. 1 FamGKG in aller Regel mit einem Bruch-teil des übertragenen Gegenstandes zu bemessen (HK-FamGKG/Schneider, § 52 Rn. 57; Groß, § 8 Rn. 83; Zöller/*Feskorn* Anh. FamFG-Verfahrenswerte »Zugewinnausgleich« a. A. OLG Frankfurt am Main, FuR 1990, 53: Wert des Vermögensgegenstandes). Werden die Ansprüche im Verbund mit dem Zugewinnausgleichsverfahren geltend gemacht (§ 265 FamFG), sind die Werte zusammenzu-rechnen (§ 52 FamGKG).

Zustimmung   176

Geht es um die Zustimmung eines Ehegatten zur **Verfügung über das Vermögen** im Ganzen (§ 1365 BGB), ist außergerichtlich wie bei ihrer gerichtlichen Ersetzung der Wert des Vermögens maßgeblich (§ 36 FamGKG), s. »*Genehmigung*« oben Rdn. 136. Zur Zustimmung zum begrenzten Realsplitting s. Rdn. 149, zu ihrer Ersetzung bei Adoptionen s. Rdn. 118 und zur Zustimmung zur gemeinsamen Veranlagung Kap. 9 Rdn. 20, *M. 5.*

F. Verfahrenskostenhilfe

I. Übersicht

1. Allgemeines

177 Verfahrens- oder PKH ist eine **besondere Form von Sozialhilfe** im Bereich der Rechtspflege. Sie soll auch weniger bemittelten Rechtsuchenden den Zugang zu den staatlichen Gerichten eröffnen (BVerfG, FamRZ 1988, 1139; BGH, FamRZ 2005, 605). Eine vollständige Gleichstellung mit nicht auf Kostenhilfe Angewiesenen wird mit ihr weder verfolgt noch ist dies verfassungsrechtlich geboten (BVerfG, FamRZ 2007, 1876). Die Hilfe erfolgt durch grds. nur vorläufige Freistellung von Gerichtskosten und, sofern die Vertretung durch Anwälte erforderlich ist, durch Beiordnung eines Anwalts auf Staatskosten. Die dem beigeordneten Anwalt (nur) aus der Staatskasse zustehenden Gebühren sind ab einem bestimmten Gegenstandswert geringer als diejenigen, die für den privat beauftragten Anwalt (Wahlanwalt) gesetzlich vorgesehen sind, und außerdem nach oben begrenzt (s. dazu Rdn. 284). Prozess- bzw. Verfahrenskostenhilfe wird seit 1994 nicht mehr nur Rechtsuchenden mit geringem Einkommen gewährt wie bei der Beratungshilfe, sondern kann praktisch von jedem beansprucht werden, der die notwendigen Verfahrenskosten nicht in zumutbarer Weise vollständig aus seinem Einkommen oder Vermögen im Voraus bezahlen kann. Je nach Leistungsfähigkeit müssen sich die Begünstigten mit monatlichen Raten oder durch Einmalzahlungen an die Staatskasse an den Kosten beteiligen, bis hin zu vollständiger Tilgung auch der regulären Anwaltsvergütung. Damit übernimmt die Staatskasse z. T. die Rolle eines Prozessfinanzierers und gleichzeitig dem beigeordneten Anwalt das Bonitäts- und Vollstreckungsrisiko ab.

178 Das FamFG hat die Zweigleisigkeit der **Rechtsgrundlagen** für die PKH in Familiensachen für die Verfahrenskostenhilfe beibehalten. Für die Verfahrenskostenhilfe gelten in Ehe- und Familienstreitsachen über § 113 Abs. 1 FamFG die zivilprozessualen Regelungen der §§ 114 ff. ZPO uneingeschränkt. Mit der FGG Reform wurde aber die Beschränkung des Informationsrechts des Gegners in § 117 Abs. 2 ZPO gelockert und § 127a ZPO (einstweilige Anordnung eines Prozesskostenvorschusses) aufgehoben und durch § 246 FamFG ersetzt. Für die FG-Familiensachen (Kindschafts- und übrige FG-Sachen) gelten dagegen die §§ 76 bis 78 FamFG, die allerdings nicht nur wegen der Voraussetzungen und des Verfahrens für die Bewilligung von Verfahrenskostenhilfe auf die Regeln der ZPO für die PKH verweisen (§ 76 Abs. 1 FamFG), sondern auch auf das Rechtsmittel der sofortigen Beschwerde und Rechtsbeschwerden nach §§ 564 ff. ZPO (s. Rdn. 215). Lediglich für das Bewilligungsverfahren billigt § 77 Abs. 1 FamFG dem Gericht einen größeren Spielraum bei der Anhörung der übrigen Verfahrensbeteiligten. Nur die Voraussetzungen für die Beiordnung eines Anwalts sind in § 78 FamFG eigenständig aber bis auf den Verzicht auf die Herstellung der »Waffengleichheit« weitgehend inhaltsgleich mit § 121 ZPO geregelt (s. dazu Rdn. 274).

179 Parallel zu der mit dem 2. KostRMoG erfolgten Erhöhung der Gerichts- und Anwaltsgebühren wurde hauptsächlich zur Begrenzung der Ausgaben für Prozesskosten- und Beratungshilfe auch die Kostenhilfe mit **Gesetz zur Änderung des Prozesskostenhilfe- und Beratungshilferechts** v. 31.08.2013 (BGBl. I, S. 3533) geändert, das am 01.01.2014 in Kraft getreten ist. Es enthält vor allem eine Anhebung der vom Begünstigten zu zahlenden Monatsraten, eine Verschärfung der Aufhebungs- und Änderungsbestimmungen und eine Ergänzung verschiedener Vorschriften, die die Aufklärung der wirtschaftlichen Verhältnisse verbessern sollen (s. Übersicht von *Vießhues* FuR 2013, 488). Anders als in den ursprünglichen Entwürfen vorgesehen (s. *Zimmermann* FamRZ 2010, 1137) wurden weder die Freibeträge gekürzt noch der Zahlungszeitraum für die Raten verlängert. Ebenso wenig wurde das Beschwerderecht der Staatskasse erweitert und die Ehe- und Familienstreitsachen auch nicht den Regeln der §§ 76 ff. unterstellt. Nach der **Übergangsregelung** in § 40 EGZPO (neu) ist das geänderte Recht erst auf die ab dem 01.01.2014 im jeweiligen Rechtszug beantragte Verfahrenskostenhilfe anzuwenden, wobei eine Maßnahme der Zwangsvollstreckung als besonderer Rechtszug gilt. Maßgebend ist der Eingang des ersten Antrags im Rechtszug (Zöller/*Heßler* § 40 EGZPO Rn. 1) Wird die VKH später erweitert oder eine Anwaltsbeiordnung später beantragt, gilt

auch für die nachträgliche Erweiterung oder Beiordnung das bisherige Recht. Gleiches gilt für nachfolgende Aufhebungs- und Abänderungsverfahren.

2. Persönliche Voraussetzungen

Die Möglichkeit Verfahrenskostenhilfe zu erhalten haben nur **Verfahrensbeteiligte.** In Ehe- und Familienstreitsachen sind dies die Antragsteller und Antragsgegner (Parteien) sowie ihre Streitgehilfen (§§ 66 ff. ZPO). In FG-Verfahren sind es diejenigen, die gem. § 7 FamFG kraft Gesetzes oder durch Hinzuziehung am Verfahren beteiligt sind oder beteiligt werden müssen; während die lediglich Anzuhörenden (§ 7 Abs. 6 FamFG) im Verfahren keine eigenen Rechte verfolgen und daher auch keine Verfahrenskostenhilfe beanspruchen können. Auf die Nationalität oder einen Wohnsitz im Inland kommt es nicht an. Zur grenzüberschreitenden Verfahrenskostenhilfe vgl. §§ 1076 bis 1078 ZPO und § 43 IntFamRVG (s. dazu Büttner/Wrobel-Sachs/Gottschalk/*Dürbeck* Rn. 910a ff.).   **180**

Verfahrenskostenhilfe wird nur dem gewährt, der nach seinen persönlichen und wirtschaftlichen   **181**
Verhältnissen die Kosten der Verfahrensführung oder -beteiligung nicht, nur z. T. oder nur in Raten aufbringen kann (§ 114 ZPO). Den Maßstab für die **Bedürftigkeit** konkretisiert § 115 ZPO (s. näher Rdn. 226 ff.). In Anlehnung an das Sozialhilferecht sind grds. alle Einkünfte in Geld oder Geldeswert ohne Rücksicht auf ihre Herkunft und Rechtsnatur und das gesamte Vermögen für die Verfahrenskosten einzusetzen, soweit es nicht für den eigenen Lebensbedarf und den der Familie benötigt wird. Anstelle der sozialhilferechtlichen Regelbedarfssätze gibt das BMJ jährlich aus diesen abgeleitete Bedarfssätze (Freibeträge) für den Antragsteller und die in seinem Haushalt lebenden Familienangehörigen bekannt (PKHB i. V. m. § 115 Abs. 1 ZPO), die neben den tatsächlichen Aufwendungen für die Warmmiete (sofern sie nicht unangemessen sind, § 115 Abs. 1 Satz 2 Nr. 3 ZPO) den notwendigen Grundbedarf bilden. Wegen der sonstigen Abzüge vom Einkommen und zur Zumutbarkeit des Einsatzes von Vermögen verweisen § 115 Abs. 1 und 3 ZPO auf die im Sozialhilferecht (§§ 82 Abs. 2, 90 SGB XII) zur Bestimmung der Bedürftigkeit enthaltenen Kriterien. Anhand des danach sowie nach Abzug besonderer Belastungen verbleibenden Einkommens bestimmt § 115 Abs. 2 ZPO ob und in welcher Höhe sich der Bedürftige in monatlichen Raten an den Verfahrenskosten zu beteiligen hat, sofern nicht von Zahlungen vollständig abzusehen ist. Das ist seit 01.01.2014 nur der Fall, wenn das einzusetzende Einkommen weniger als 20 € (früher 15,00 €) monatlich beträgt. Können die voraussichtlichen Kosten (Gerichts- und erforderliche eigene Anwaltskosten, OLG Celle, JurBüro 2012, 206) mit vier Monatsraten und/oder den aus dem Vermögen aufzubringenden Beträgen beglichen werden, ist es dem Antragsteller zuzumuten, die Kosten selbst zu tragen (§ 115 Abs. 4 ZPO). sodass ihm VKH nicht bewilligt werden kann. Ansonsten sind für das gesamte Verfahren (über alle Rechtszüge) höchstens 48 Monatsraten zu zahlen (§ 115 Abs. 2 ZPO). Die Bedürftigkeit ist somit keine feste Größe, sondern hängt von der Höhe der voraussichtlichen Verfahrenskosten ab und damit insb. vom Verfahrenswert und der Erforderlichkeit der Anwaltsbeiordnung.

Bei **Parteien kraft Amtes** wie dem Testamentsvollstrecker oder Insolvenzverwalter kommt es auf   **182**
die Wirtschaftskraft des verwalteten Vermögens sowie den am Verfahrensgegenstand wirtschaftlich Beteiligten an (§ 116 Satz 1 Nr. 1 ZPO). Ähnliches gilt für juristische Personen und parteifähige Vereinigungen. s. PG/*Völker/Zempel* § 116 Rn. 12 ff. sowie BGH, FamRZ 2011, 639 zur Anwalts GbR). Bei gesetzlicher **Prozessstandschaft**, z. B. des betreuenden Elternteils nach § 1629 Abs. 3 BGB, kommt es dagegen – anders als bei der gesetzlichen Vertretung, bei der die wirtschaftlichen Verhältnisse des Vertretenen maßgeblich sind (BGH, FamRZ 2011, 633 Rn. 16 m. w. N.) – auf die wirtschaftlichen Verhältnisse des Prozessstandschafters an (BGH, FamRZ 2006, 32; 2005, 1164). Grds. gilt das auch für die gewillkürte Prozessstandschaft, wenn z. B. der Unterhaltsgläubiger vom Sozialleistungsträger auf ihn zurückübertragene Unterhaltsansprüche geltend macht. In diesem Fall stellt aber der aus §§ 669, 670 ZPO resultierende Anspruch auf Aufwendungsersatz einzusetzendes Vermögen dar (BGH, FamRZ 2008, 1159). Das Gleiche gilt für den unterhaltsrechtlichen Anspruch auf Leistung eines Vorschusses für die Verfahrenkosten.

3. Sachliche Voraussetzungen

a) Gerichtliches Verfahren

183   Verfahrenskostenhilfe kann nur für die Beteiligung an einem **gerichtlichen Verfahren** bewilligt werden, mithin nicht für ein Verwaltungsverfahren wie das Anerkennungsverfahren durch die Justizver-
waltung nach § 107 Abs. 1 bis 4 (OLG Stuttgart, FamRZ 2011, 384) oder nur für die Prüfung der
Erfolgsaussicht eines Rechtsmittels (BGH, FamRZ 2007, 1088). Soweit nach Landesrecht andere
Behörden oder Notare gerichtliche Aufgaben wahrnehmen, steht das der Bewilligung von Verfahrenskostenhilfe nicht entgegen, vgl. § 488 Abs. 1. FamFG. Verfahrenskostenhilfe nach herrschender Meinung **nicht für das Bewilligungsverfahren** selbst gewährt werden, da eine Beratung über
die Erfolgsaussichten der Rechtsverfolgung oder Rechtsverteidigung für Nichtbemittelte durch die
Beratungshilfe gewährleistet ist, für das Verfahren keine gerichtlichen Gebühren erhoben werden
und für die Antragstellung keine anwaltliche Vertretung nötig ist (BGH, FamRZ 1985, 690; 2004,
1708). Dem steht der Rechtsstaatsgrundsatz (Rdn. 177) nicht entgegen, da das Prozesskostenhilfe-
verfahren den Rechtsschutz, den er erfordert, nicht selbst bieten, sondern erst zugänglich machen
will (BVerfG, NJW 2012, 3293). Ausnahmen bestehen für die Rechtsbeschwerde gegen Entscheidungen im Bewilligungsverfahren, weil sie nur durch einen beim BGH zugelassenen Anwalt eingelegt werden kann (BGH, FamRZ 2010, 1425 m. Anm. *Rüntz*), sowie für den Abschluss eines
Vergleichs im Bewilligungsverfahren (BGH, FamRZ 2004, 1708; OLG Frankfurt, MDR 2012,
869; zum umstrittenen Umfang des dem insoweit beigeordneten Anwalt gegen die Staatskasse zustehenden Vergütungsanspruchs s. Rdn. 285).

b) Erfolgsaussicht

184   Gem. § 114 ZPO besteht ein Anspruch auf Verfahrenskostenhilfe nur, wenn die beabsichtigte
Rechtsverfolgung **hinreichende Aussicht auf Erfolg hat und nicht mutwillig** ist. Für juristische Personen u. a. darf sie darüber hinaus allgemeinen Interessen nicht zuwiderlaufen (§ 116 Nr. 2 ZPO).

Die **Erfolgsaussicht** ist immer ex ante auf den Zeitpunkt der Entscheidungs- bzw. der Bewilligungsreife (s. Rdn. 197) festzustellen. Sie ist grds. anzunehmen, wenn bei summarischer Prüfung
der Rechtsstandpunkt des Antragstellers vertretbar, sein tatsächliches Vorbringen schlüssig und die
angebotenen Beweise geeignet sind, sodass unter Berücksichtigung des Vorbringens der übrigen Verfahrensbeteiligten ein Erfolg seines Anliegens oder seine Rechtsverteidigung nicht vornherein ausgeschlossen oder unwahrscheinlich ist (Büttner/Wrobel-Sachs/Gottschalk/*Dürbeck* Rn. 409). Nach
std. Rspr. des BVerfG und des BGH hat die beabsichtigte Rechtsverfolgung in aller Regel bereits
dann hinreichende Aussicht auf Erfolg, wenn die Entscheidung von der Beantwortung schwieriger
bzw. ungeklärter Rechts- oder Tatfragen abhängt (BVerfG, FamRZ 2013, 605 und 2014, 278, BGH,
FamRZ 2013, 1214 je m. w. N.) oder wenn eine Beweisaufnahme ernsthaft in Betracht kommt und
keine konkreten und nachvollziehbaren Anhaltspunkte dafür vorliegen, dass die Beweisaufnahme
mit großer Wahrscheinlichkeit zum Nachteil des Antragstellers ausgehen würde (BVerfG, FamRZ
2013, 685). Ebenso wenig darf die Erfolgsaussicht verneint werden, wenn das Gericht eine Rechtsfrage, die höchstrichterlich geklärt ist, anders beurteilt (BVerfG, FamRZ 2007, 1876). Davon zu
unterscheiden ist die zulässige Prüfung, ob ein Beweismittel zulässig, erheblich oder geeignet ist
(Büttner/Wrobel-Sachs/Gottschalk/*Dürbeck* Rn. 413; BVerfG, 1 BvR 3069/11). Die Verteidigungs-
möglichkeiten des Gegners sind auch dann zu berücksichtigen, wenn dieser keine Stellungnahme
abgegeben hat, sich aus dem vorgelegten außergerichtlichen Schriftverkehr aber ergibt, dass seine
Einwendungen erfolgreich sein werden (PG/Völker/Zempel, § 114 Rn. 27 m. w. N.). Geht es um
die Feststellung oder Regelung einer Rechtsbeziehung, so kann auch dem Antragsgegner, der dem
Antrag nicht entgegentreten will, Verfahrenskostenhilfe bewilligt werden, wenn er ein berechtigtes
Interesse an der Regelung hat (OLG Bamberg, FamRZ 1995, 370 zum Scheidungsverfahren), oder
wenn er ein Anerkenntnis, das die Voraussetzungen des § 93 ZPO erfüllt, abgeben will (OLG Karlsruhe, FamRZ 2009, 1932 m. w. N.; FA-FamR/*Geißler*, Kap. 16. Rn. 56).

Die **Erfolgsaussicht** ist **in den FG-Familiensachen** nur in Verfahren, die durch einen Sachantrag eingeleitet werden, bzw. in echten Streitsachen für den Antragsteller und Antragsgegner in gleicher Weise wie in den Ehe- und Familienstreitsachen zu prüfen. Für die vom Gericht hinzugezogenen weiteren Beteiligten und insbesondere in Amtsverfahren ist die Erfolgsaussicht schon dann zu bejahen, wenn ein Beteiligter durch seine aktive Mitwirkung am Verfahren zu einem sachgerechten Ergebnis beitragen kann; die Erfolgsaussicht der Rechtsverfolgung ist in diesen Fällen nach dem erkennbaren Verfahrensziel des Beteiligten zu beurteilen (BGH, FamRZ 2014, 551 Rn. 7; BT-Drucks. 16/6308 S. 212). Dem steht der Amtsermittlungsgrundsatz ebenso wenig entgegen wie der Umstand, dass ein anderer Beteiligter dieselben Interessen verfolgt (BGH, FamRZ 2012, 1290 und 2010, 1427 zur Anwaltsbeiordnung, die aber eine VKH-Bewilligung voraussetzt). Das gilt insb. in einem Kindschaftsverfahren, wenn das FamG aufgrund des eingeleiteten Verfahrens ggf. eine Regelung treffen muss und sich nicht darauf beschränken kann, einen Antrag ohne jede Ermittlung und ohne jede Anhörung der Beteiligten zurückzuweisen (OLG Karlsruhe, FamRZ 2011, 1528; OLG Saarbrücken, OLG Report Mitte 6/2012 Anm. 9). Anders ist es, wenn es offensichtlich an den rechtlichen Voraussetzungen für eine Regelung fehlt (vgl. OLG Rostock, FamRZ 2011, 1660 zur Sorgerechtsübertragung auf den nichtehelichen Vater; OLG Hamm für den Umgangsantrag § 1685 Abs. 2 Satz 1 BGB). Die Erfolgsaussicht muss in jedem Fall bejaht werden, wenn die Voraussetzungen für die (fakultative) Beiordnung eines Anwalts vorliegen (s. dazu Rdn. 275), auch wenn sie nicht beantragt wird.

c) Keine Mutwilligkeit

Auch bei gegebener Erfolgsaussicht darf die Rechtsverfolgung nicht mutwillig sein. **Mutwilligkeit** ist regelmäßig dann anzunehmen, wenn ein bemittelter Verfahrensbeteiligter objektiv betrachtet seine Rechte nicht in gleicher Weise verfolgen würde, denn auch ein weniger Bemittelter braucht nur einem solchen Bemittelten gleichgestellt zu werden, der seine Prozessaussichten vernünftig abwägt und dabei auch das Kostenrisiko berücksichtigt (BVerfG, FamRZ 2010, 530, BGH, NJW 2005, 1498 m. w. N.). Dem entspricht die durch Gesetz zur Änderung des Prozesskostenhilfe- und Beratungshilferechts (s. o. Rdn. 179) dem § 114 ZPO in Abs. 2 angefügte **Legaldefinition**, wonach Mutwilligkeit vorliegt, »wenn eine Partei, die keine Prozesskostenhilfe beansprucht, bei verständiger Würdigung aller Umstände von der Rechtsverfolgung oder Rechtsverteidigung absehen würde, obwohl hinreichende Aussicht auf Erfolg besteht«.

Einzelfälle: Mutwilligkeit **liegt vor**, wenn mit einem Rechtsmittel nur Formalien gerügt werden, in der Sache selbst aber keine Änderung zu erwarten ist (BGH, ZfIR 2004, 309), wenn ein Unterhaltsverfahren grundlos hinausgezögert und dadurch der Gegenstandswert unnötig erhöht wird (OLG Celle, FamRZ 2011, 50) oder der Unterhaltsschuldner ein Abänderungsverfahren betreiben will ohne zuvor dem Gläubiger seine verminderte Leistungsfähigkeit anzuzeigen und eine Einigung anzustreben (OLG München, FamRZ 2011, 386; OLG Köln, FamRZ 2006, 718 m. w. N.). Teilweise wird Mutwilligkeit einer Rechtsverteidigung angenommen, wenn sich das Verfahren durch rechtzeitige Auskunftserteilung (OLG Celle, FamRZ 2013, 1592 zum vereinfachten Unterhaltsverfahren) oder Stellungnahme im VKH-Prüfungsverfahren ganz oder teilweise hätte vermeiden lassen (OLG Celle, FamRZ 2012, 47 m. w. N. auch zur Gegenmeinung). Aus denselben Erwägungen versagt OLG Koblenz (FamRZ 2014, 406, 408) einem Abstammungsklärungsverfahren der die Einwilligung versagenden Mutter die VKH. Mutwilligkeit wird vielfach auch angenommen, wenn kostengünstigere Alternativen nicht genutzt wurden, z. B. das Beratungs- und Vermittlungsangebot der Jugendhilfe (vgl. OLG Stuttgart, FamRZ 2009 m. w. N.; a. A. z. B. OLG Hamm, FamRZ 2011, 1604 m. w. N. S. dazu näher *Viefhues*, FuR 2012, 291, 294). Entscheidend ist m. E., ob sich der angestrebte Erfolg mit gewisser Wahrscheinlichkeit auf diese Weise kostengünstiger erreichen lässt (ebenso OLG Schleswig, FamRZ 2014, 584; OLG Düsseldorf, FamRZ 2011, 51). **Nicht** mutwillig bzw. nicht rechtsmissbräuchlich ist dagegen die Inanspruchnahme von Verfahrenskostenhilfe für die Aufhebung einer Scheinehe (BGH, FamRZ 2011, 872), es sei denn, der Antragsteller hat hierfür ein Entgelt erhalten. Dann ist er verpflichtet, hiervon Rücklagen zu bilden, um die Kosten

185

eines – regelmäßig absehbaren – Eheaufhebungsverfahrens finanzieren zu können (BGH, FamRZ 2005, 1477). Die Verfolgung von Zugewinnausgleichsansprüchen oder nachehelichen Unterhalt im isolierten Verfahren statt im Scheidungsverbund ist wegen der unterschiedlichen Regeln für die Kostenentscheidung nicht mutwillig (BGH, FamRZ 2005, 786; 788), ebenso wenig die Verfolgung von Ansprüchen im Hauptsacheverfahren, obwohl schon eine einstweilige Anordnung vorliegt (OLG Hamm, FamRZ 2011, 1157; OLG Stuttgart, FamRZ 2010, 1266 m. w. N.). Teilweise wird allerdings in Verfahren, die dem Beschleunigungsgebot unterliegen, die parallele Durchführung von Hauptsache- und EA-Verfahren als mutwillig angesehen (s. OLG Hamm, NZFam 2014, 144; OLG Frankfurt am Main, FamRZ 2012, 144 m. w. N. für Gewaltschutzsachen; OLG Köln, FamRZ 2011, 1157 für Sorgerecht).

Zur VKH für den Gegner eines Stufenantrags s. u. Rdn. 199; zur VKH bei der Teilungsversteigerung s. Kap. 9 Rdn. 65 ff, und **zu weiteren Einzelfällen** s. Zöller/*Geimer* § 114 Rn. 34 ff.; *Viefhues*, FuR 2012, 291; *Streicher*, FamRZ 2012, 749, 750).

186 Für die Bewilligung von **VKH für ein Rechtsmittelverfahren** in der Hauptsache ist bei dem **in der Vorinstanz siegreichen Verfahrensbeteiligten** die Erfolgsaussicht für eine Rechtsverteidigung gegen ein von einem anderen eingelegtes Rechtsmittel oder die Mutwilligkeit nicht (erneut) zu prüfen (§ 119 ZPO; s. BVerfG, NJW 2005, 409 und). Allerdings bindet eine zwischenzeitlich eingetretene Rechtskraft der Hauptsacheentscheidung auch das (VKH-) Rechtsmittelgericht (BGH, FamRZ 2012, 964), und zwar auch die Kostenentscheidung (OLG Celle, FamRZ 2013, 1754). Zu weiteren Ausnahmen s. FA-FamR/*Geißler* Kap. 16 Rn. 48. Im Übrigen erstreckt sich die Indizwirkung einer in der unteren Instanz erfolgten Bewilligung nur auf die Verteidigung der angefochtenen Entscheidung als solche und nicht auf die Notwendigkeit einer Verteidigung im Rechtsmittelverfahren überhaupt. Daran fehlt es, solange das Rechtsmittel noch nicht begründet ist; wird es begründet, ist auch auf den zuvor gestellten Antrag VKH zu bewilligen (BGH, FamRZ 2010, 1147 Rn. 7 ff. auch zur Frage, ob dies auch gilt, solange das Gericht noch nicht über eine erwogene Zurückweisung im schriftlichen Verfahren entschieden hat). Stützt sich die Erfolgsaussicht eines Rechtsmittels allein auf **neues Vorbringen**, das der Rechtsmittelführer auch in der Vorinstanz hätte geltend machen können, so ist die Rechtsverfolgung in der Rechtsmittelinstanz mutwillig (Zöller/*Geimer* § 119 Rn. 54a m. w. N.). Für **Rechtsmittelverfahren in FG-Sachen** ist einem Beteiligten, der selbst keine Anträge stellen will, nach den gleichen Grundsätzen VKH zu bewilligen wie in einem erstinstanzlichen FG-Verfahren (BGH, 16.01.2014 - XII ZB 413/12).

4. Verfahren

187 Das Verfahren richtet sich nach §§ 117, 118 ZPO. Es ist ein eigenständiges nicht streitiges gerichtliches Verfahren (kein Zivilprozess BGH, NJW-RR 1989, 675). Durch die die Eröffnung des Insolvenzverfahrens gegen den Antragsteller oder die Bestellung eines vorläufigen Insolvenzverwalters wird es ebenso wenig unterbrochen (BGH, NJW-RR 2006, 1208) wie durch die Unterbrechung des Hauptverfahrens aus anderen Gründen (BGH, NJW 1966, 1126). In **Übergangsfällen** richtet es sich nach dem auf die Hauptsache anzuwendenden Recht (BGH, FamRZ 2012, 964 m. Anm. *Zimmermann*), sofern das ändernde Gesetz keine eigene Übergangsregel enthält.

188 **Zuständig** ist das Gericht, das für die Entscheidung in der Hauptsache zuständig ist (§ 117 Abs. 1 Satz 1 ZPO). Das ist in erster Instanz das örtlich zuständige FamG und in den höheren Instanzen das Beschwerde- oder Rechtsbeschwerdegericht. Diese sind grundsätzlich auch für die Entgegennahme des Antrags zuständig. Das galt bis 31.12.2012 auch für Familiensachen, obwohl nach § 64 Abs. 1 FamFG a. F. die Beschwerde in der Hauptsache beim FamG einzulegen war (BGH, FamRZ 2013, 1568 mit Darstellung des Streitstandes und zur Wiedereinsetzung). Mit Wirkung zum 01.01.2013 wurde § 64 Abs. 1 FamFG um einen zweiten Satz ergänzt, der bestimmt, dass auch **Anträge auf VKH für eine beabsichtigte Beschwerde** bei dem Gericht einzulegen sind, dessen Beschluss angefochten werden soll, also dem Familiengericht (s. dazu *Nickel* FamRB 2013, 130 und zur Fristwahrung durch den VKH-Antrag s. Rdn. 191),

Hält sich das FamG für **örtlich unzuständig**, so kann es das Verfahren an das örtlich zuständige FamG v.A.w. (§ 3 FamFG bzw. nach den Spezialvorschriften in Buch 2 an das Gericht der Ehesache) abgeben oder in einer Ehe- oder isolierten Familienstreitsache (nach §§ 113 Abs. 1 FamFG i. V. m. 281 ZPO) auf Antrag verweisen. Eine formgerechte Verweisung bzw. Abgabe entfaltet Bindungswirkung aber nur für das VKH-Verfahren und nur für die örtliche Zuständigkeit (BGH, FamRZ 1991, 1172; OLG Hamm, FamRZ 2011, 658). Verweist das Gericht wegen fehlender funktioneller oder Rechtswegzuständigkeit das VKH-Verfahren v.A.w. nach § 17 Abs. 2 oder 6 GVG rechtskräftig an ein anderes Gericht, ist auch diese Entscheidung für das VKH-Verfahren bindend (BGH, NJW-RR 2010, 209 = FamRZ 2009, 1746 (LS). Ob im VKH-Verfahren eine Verpflichtung besteht, nach § 17a GVG zu verfahren, ist umstritten (s. Zöller/*Lückemann* GVG Vor § 17 Rn. 12); nach OLG Stuttgart (NJW-RR 2011, 1502 = FamRZ 2011, 1237 (LS) ist jedenfalls bei gleichzeitig eingereichtem Hauptsacheantrag vorab über die Zuständigkeit zu entscheiden.

Die **Anordnungen im Bewilligungsverfahren** trifft jeweils der Vorsitzende, der sie unabhängig von den Vorschriften über die Zuständigkeit des Einzelrichters im Hauptsacheverfahren einem Mitglied des Gerichts übertragen kann (§ 118 Abs. 3 ZPO). Nach § 20 Nr. 4a RpflG kann er aber auch die gesamten Ermittlungen nach § 118 Abs. 2 ZPO, einschließlich der Protokollierung von Vergleichen nach § 118 Abs. 1 Satz 3 ZPO dem **Rechtspfleger übertragen**. Diese Möglichkeit besteht seit Erlass des RpflG vom 05.11.1969 (s. BGBl. I 1969, S. 2065, 2070), wurde aber bisher von den Instanzgerichten kaum genutzt. Die Entscheidung über den Antrag kann grundsätzlich nicht übertragen werden (MüKO-ZPO/*Motzer* § 118 Rn. 4 m. w. N.). Allerdings hat das PKH/BerHÄndG den Ländern in § 20 Abs. 2, 3 RpflG nunmehr eingeräumt, die Übertragungsmöglichkeit auf die Ablehnung der VKH mangels Bedürftigkeit zu erweitern (s. dazu *Viefhues* FuR 2013, 488). Auch soweit die Länder von dieser Öffnungsklausel Gebrauch machen, bleibt es nach wie vor dem Richter überlassen, ob und in welchem Umfang er die Ermittlungen und die Entscheidung dem Rechtspfleger überträgt.

189

Verfahrenskostenhilfe wird – auch in Amtsverfahren – nur auf **Antrag** gewährt (s. Muster Rdn. 221); eine Ausnahme besteht allein nach § 24 AUG für einen Unterhaltsantrag gegen einen im Inland wohnenden Unterhaltspflichtigen. Das gilt grds. auch für die Beiordnung eines Anwalts i. R. d. Verfahrenskostenhilfe, es sei denn für das Hauptsacheverfahren besteht Anwaltszwang (s. dazu und zur Erstreckung der Beiordnung ohne Antrag Rdn. 274). In dem Antrag sind die sachlichen und persönlichen bzw. wirtschaftlichen Voraussetzungen für eine Bewilligung darzulegen. Für den Antrag selbst besteht, auch wenn es um die Bewilligung von VKH für ein Rechtsmittelverfahren geht, **kein Anwaltszwang** (§§ 10 Abs. 4 Satz 1 und 114 Abs. 4 Nr. 5 FamFG), anders bei der Rechtsbeschwerde gegen die Versagung von VKH (s. u. Rdn. 215).

190

Für die **Erklärung über die persönlichen und wirtschaftlichen Verhältnisse** ist das amtliche Formular (s. Muster Rdn. 225) zu verwenden (§ 117 Abs. 4 ZPO i. V. m. der Prozesskostenhilfeformularverordnung [PKHFV] vom 06.01.2014, BGBl. I, Seite 34). Siehe dazu im Einzelnen und zu den Ausnahmen vom **Formularzwang** Rdn. 222 ff. Das im Zusammenhang mit dem PKH/BerHÄndG (s. Rdn. 178) novellierte Formular hat den bisherigen »Vordruck« (s. PKHVV vom 17.10.1994) abgelöst, der aber für die in Altverfahren weiterhin zu verwenden ist. Die Formularerklärung ist grds. **in jeder Instanz** erneut beizubringen (BGH, FamRZ 2006, 1522), es sei denn, es wird ausdrücklich unter Bezugnahme auf die in der Vorinstanz vorgelegten Formulare und Belege erklärt, dass keine Veränderung eingetreten ist (BGH, NJW 2001, 2720 = BGHZ 148, 66). In diesem Fall müssen die vorliegenden Unterlagen vollständig sein (BGH, FamRZ 2004, 1961; 2013, 1124). VKH kann frühestens ab dem Zeitpunkt bewilligt werden, in dem eine vollständige Erklärung mit den erforderlichen Belegen vorliegt (BGH, NJW 1992, 839). Erst dann kann ein Antrag auf VKH **Frist wahrende Wirkung** entfalten (vgl. BGH, FamRZ 2005, 1901; 2010, 448 m. w. N. jeweils zur Wiedereinsetzung; zur Hemmung der Verjährung s. BGH, FamRZ 2004, 177).

191

Der Antragsteller hat seine Angaben (i. d. R. durch Vorlage von Belegen, aber auch durch Versicherung an Eides statt, (s. § 118 Abs. 2 Satz 1 ZPO n. F. und zum alten Recht OLG Köln, FamRZ 1992, 701) glaubhaft zu machen. In welchem Umfang die **Glaubhaftmachung** verlangt wird, steht grds. im Ermessen des Gerichts (BGH, FamRZ 2011, 872). Das Gericht kann auch selbst Erhebungen anstellen, insb. die Vorlegung von Urkunden anordnen und Auskünfte einholen (§ 118 Abs. 2 Satz 2 ZPO; zur Vernehmung von Zeugen und Sachverständigen s. Rdn. 193).

192   In Antragsverfahren sind die gegnerischen **Verfahrensbeteiligten anzuhören**, d. h. ihnen ist Gelegenheit zur Stellungnahme zu geben, wenn dies nicht aus besonderen Gründen, wie z. B. in Gewaltschutzsachen, unzweckmäßig ist (§ 118 Abs. 1 Satz 1 ZPO bzw. § 77 Abs. 1 Satz 2 FamFG). In Amtsverfahren ist es dem Gericht überlassen, im Einzelfall zu bestimmen, welche Beteiligten vor der Bewilligung von Verfahrenskostenhilfe gehört werden sollen (§ 77 Abs. 1 Satz 1 FamFG; BT-Drucks. 16/6308, 213). Durch eine zum 01.01.2014 (s. Rdn. 178) erfolgte Ergänzung des § 118 Abs. 1 ZPO und § 77 Abs. 1 FamFG hat der Gesetzgeber klargestellt, dass **zu sämtlichen Voraussetzungen für die Bewilligung von VKH** anzuhören ist, also auch zu den persönlichen und wirtschaftlichen Verhältnissen des Antragstellers (BT-Drucks. 17/11472, S. 31), was die Rspr. bisher verneint hatte (s. BGH, NJW 1984, 740). Nach § 117 Abs. 2 Satz 2 bis 4 ZPO darf das Gericht auch ohne Zustimmung des Antragstellers anderen Verfahrensbeteiligten die **Erklärung zu den persönlichen und wirtschaftlichen Verhältnissen** bekannt geben, sofern diese nach bürgerlichem Recht Auskunft verlangen könnten (s. OLG Koblenz, FamRZ 2011, 389); der Auskunftsanspruch des Gläubigers gegen den Schuldner aus § 836 Abs. 3 ZPO begründet dagegen kein Einsichtsrecht (OLG Brandenburg, FamRZ 2011, 125). Der Antragsteller ist vor der beabsichtigten Übermittlung zu hören und von der erfolgten Übermittlung zu unterrichten. Gegen die Übermittlung gegen ihren Willen steht den Betroffenen ein Beschwerderecht zu (OLG Brandenburg, FamRZ 2011, 125).

193   Die Entscheidung ergeht **ohne mündliche Verhandlung**. Eine **Beweisaufnahme** durch Zeugen und Sachverständige ist nur in Ausnahmefällen gestattet, wenn auf andere Weise die Mutwilligkeit der Rechtsverfolgung nicht geklärt werden kann (§ 118 Abs. 2 Satz 3 ZPO). Zur Prüfung der Erfolgsaussicht ist sie entgegen dem Wortlaut der Vorschrift nach allg. M. verboten, da die Beweisaufnahme nicht in das VKH-Verfahren verlagert werden darf (s. o. Rdn. 184; FA-FamR/*Geißler*, Kap. 16, Rn. 31 m. w. N.). Das Gericht kann die Verfahrensbeteiligten zu einem **Erörterungstermin** laden, wenn eine Einigung zu erwarten ist (§ 118 Abs. 1 Satz 2 ZPO). Ein Vergleich kann aber auch schriftlich gemäß § 36 Abs. 3 FamFG bzw. § 278 Abs. 6 ZPO geschlossen werden.

194   Wenn und soweit die sachlichen und persönlichen Voraussetzungen nicht glaubhaft dargetan sind, führt dies zur **Ablehnung des Antrags** durch zu begründenden Beschluss (s. Rdn. 196). Der Antrag darf allerdings nicht zurückgewiesen werden, ohne dass das Gericht auf fehlende Auskünfte und Erläuterungen hinweist (BVerfG, NJW 2000, 275; *Gottwald* FamRZ 2004, 383 m. w. N.). Betreffen diese die persönlichen und wirtschaftlichen Verhältnisse oder fehlt die Formularerklärung, kann und sollte das Gericht dem Antragsteller zuvor nach § 118 Abs. 2 Satz 4 ZPO eine **angemessene Frist** setzen, nach deren fruchtlosem Ablauf die Verfahrenskostenhilfe ohne weiteres versagt werden kann. Ggf. sind fehlende Angaben aus dem Antrag und den mit eingereichten Unterlagen zu entnehmen, wenn dies unschwer möglich ist (BGH, FamRZ 2010, 283). Zur möglichen Nachholung der versäumten Mitwirkung im Beschwerde- oder im Abhilfeverfahren s. Rdn. 215.

195   Der abweisende Beschluss **erwächst nicht in Rechtskraft**. Einem erneuten Antrag fehlt aber bei unverändertem Sachverhalt das Rechtsschutzbedürfnis (BGH, FamRZ 2004, 940; 2005, 788). Verschlechtern sich die wirtschaftlichen Verhältnisse des Antragstellers vor Abschluss des Hauptsacheverfahrens, steht einem neuen Antrag und einer Bewilligung mit Wirkung für die Zukunft nichts entgegen (BGH, FamRZ 2005, 2063)

5. Bewilligungsbeschluss

196   Über die Bewilligung von Verfahrenskostenhilfe einschließlich der Anwaltsbeiordnung entscheidet das **Gericht der Hauptsache** (bzw. das Vollstreckungsgericht) jeweils nur für seine Instanz (119 Abs. 1 Satz 1 ZPO; s. a. BGH, FamRZ 2007, 1088) **durch Beschluss**, in welchem es zugleich über die Höhe der von dem Begünstigten gem. § 115 ZPO zu leistenden Zahlungen befinden muss (s. Rdn. 204).

Da die Verfahrenskostenhilfe nach ihrem Sinn und Zweck eine erst beabsichtigte Rechtsverfolgung   **197**
oder Rechtsverteidigung ermöglichen soll, muss das Gericht über einen vollständig eingereichten
Antrag **unverzüglich entscheiden** (OLG Schleswig, FamRZ 2011, 1971). Aus demselben Grund
kann für ein abgeschlossenes Verfahren keine VKH mehr bewilligt werden, wenn der Antrag erst
nach Abschluss des Verfahrens gestellt oder um notwendige Unterlagen vervollständigt wird. Es sei
denn, das Gericht hat sich ausdrücklich oder stillschweigend mit dem Nachreichen von Unterlagen
einverstanden erklärt (OLG Frankfurt am Main, FamRZ 2011, 126). Ist VKH bewilligt, schadet
auch die anschließende Rücknahme des Hauptsacheantrags nicht (OLG Karlsruhe, FamRZ 2014,
1050). Für das Vorliegen der wirtschaftlichen Voraussetzungen ist auch bei der **rückwirkenden
Bewilligung** regelmäßig auf den Zeitpunkt der Beschlussfassung abzustellen. Für die Beurteilung
der Erfolgsaussicht kommt es dagegen auf den Zeitpunkt an, zu dem der Antrag entscheidungsreif
war. Entscheidungsreif ist der Antrag, wenn der Antragsteller sein Gesuch schlüssig begründet, die
Erklärung über die persönlichen und wirtschaftlichen Verhältnisse mit Belegen vorgelegt hat und
wenn der Gegner Gelegenheit hatte, sich innerhalb angemessener Frist zu dem Gesuch zu äußern
(BGH, FamRZ 2010, 197 Rn. 10). Entscheidet das Gericht dann nicht unverzüglich, muss es Verfahrenskostenhilfe selbst nach einem für den Antragsteller negativen Ausgang des Hauptsacheverfahrens rückwirkend bewilligen, wenn bei Entscheidungsreife die Erfolgsaussicht noch vorlag (BGH,
FamRZ 2012, 964; 2010, 197 Rn. 20 f.; 2006, 797; a. A. BGH, FamRZ 1982, 367 für den Fall,
dass eine ungeklärte Rechtsfrage nach Bewilligungsreife höchstrichterlich entschieden wird). Nur in
diesem Fall, oder wenn das Gericht eine zweifelhafte Sach- oder Rechtsfrage verfahrensfehlerhaft in
das Verfahrenskostenhilfeverfahren verlagert hat, kann das **Rechtsmittelgericht** die Erfolgsaussicht
unabhängig von einer rechtskräftigen Entscheidung der Vorinstanz in der Hauptsache beurteilen,
während es ansonsten an diese gebunden ist (BGH, FamRZ 2012, 964).

Der **Umfang der Bewilligung** ergibt sich aus dem Beschluss. Maßgeblich ist immer die Urschrift   **198**
und nicht eine davon abweichende Ausfertigung (OLG Rostock, FamRZ 2009, 1235). Enthält
der Beschluss keine Einschränkungen, erstreckt er sich auf alle im Antrag genannten bzw. zum
Zeitpunkt der Beschlussfassung anhängigen Verfahrensgegenstände (zum Scheidungsverbund s. u.
Rdn. 200). Wird der Antrag später erweitert, ist hierfür gesondert Verfahrenskostenhilfe zu beantragen (BGH, NJW-RR 2006, 429 = FamRZ 2006, 37 (LS). Dasselbe gilt, wenn in einen Vergleich
nicht anhängige Verfahrensgegenstände einbezogen werden sollen. Zur davon abweichenden Erstreckung der Beiordnung des Anwalts s. Rdn. 272.

Bei einem **unbezifferten Stufenklageantrag** erfasst die Bewilligung der Verfahrenskostenhilfe für   **199**
den Antragsteller auch den noch unbezifferten Zahlungsanspruch (OLG Celle, FamRZ 2011, 1608;
OLG Karlsruhe, FamRZ 2011, 1883 je m. w. N. auch zur Gegenmeinung; a. A. insb. OLG Naumburg, FamRZ 2012, 466). Teilweise wird dabei von einer immanenten Beschränkung für die Zahlungsstufe auf dasjenige ausgegangen, was von den in den vorangegangenen Stufen erreichten Auskünften gedeckt wird (OLG Celle, FamRZ 2011, 1608; OLG Hamm, FamFR 2011, 519; OLG
Karlsruhe, FamRZ 2011, 1883), sodass das Gericht nach Bezifferung den Beschluss abändern und
die Bewilligung auf den Teil beschränken kann, der hinreichende Aussicht auf Erfolg hat, zumindest
kann es sich dies vorbehalten (Reinken, FPR 2009, 406, 408 m. w. N.). Für den Antragsgegner kann
VKH für die Rechtsverteidigung gegen den Leistungsantrag erst nach erfolgter Bezifferung bewilligt
werden, weil eine Rechtsverteidigung vorher nicht erforderlich ist, es sei denn, der Antragsgegner
bestreitet etwa seine Unterhaltspflicht dem Grunde nach (OLG Karlsruhe, FamRZ 2012, 1319; s. a.
OLG Brandenburg, FamRZ 1998, 1177). Insoweit ist die Situation vergleichbar mit der des Rechtsmittelgegners bis zur Begründung des Rechtsmittels (s. o. Rdn. 186).

Im **Scheidungsverbundverfahren** erstreckt sich die Bewilligung für das Scheidungsverfahren nach   **200**
§ 149 FamFG automatisch auch auf die Folgesache Versorgungsausgleich, sofern ihn das Gericht
nicht ausdrücklich ausnimmt (zur Erstreckung der Beiordnung eines Anwalts in Ehesachen auf
die Einigung über nicht anhängige Folgesachen s. Rdn. 272). Für alle anderen Folgesachen muss
VKH gesondert beantragt werden (OLG Zweibrücken, FamRZ 2001, 1466; a. A. OLG München,
FamRZ 1995, 822: eine uneingeschränkte Bewilligung für das Verfahren erstreckt sich auf alle zum

Zeitpunkt der Bewilligung anhängigen Folgesachen). Nach der **Abtrennung** einer Folgesache aus dem Scheidungsverbund wirkt die einmal bewilligte Verfahrenskostenhilfe jedenfalls dann fort, wenn sie ihre Eigenschaft als Folgesache behält (allg. M.). Umstritten ist dies für den Fall, dass sie als selbstständige Familiensache fortgeführt wird, wie bei Abtrennung einer Kindschaftssache (s. § 137 Abs. 5 Satz 2 FamFG), bei Fortführung nach Rücknahme oder Abweisung des Scheidungsantrags (§§ 141, 142 Abs. 2 FamFG). Geklärt hat der BGH (FamRZ 2011, 635) bislang lediglich, dass die automatische Erstreckung der für ein Scheidungsverfahren nach altem Recht bewilligten PKH auf den Versorgungsausgleich entfällt, wenn dieser abgetrennt und nach Art. 111 Abs. 4 FGG-RG als selbstständige Familiensache fortzuführen war, und deshalb auch die Beiordnung des Anwalts endet.

201   Verfahrenskostenhilfe für die Hauptsache umfasst nicht die **Vollstreckung**. Für sie muss Kostenhilfe ebenfalls gesondert beantragt und bewilligt werden, und zwar grds. für jede Vollstreckungshandlung. Nur für die Zwangsvollstreckung in das bewegliche Vermögen erstrecken § 119 Abs. 2 ZPO und der inhaltsgleiche § 77 Abs. 2 FamFG die Bewilligung auf sämtliche Vollstreckungshandlungen, die das im Gerichtsbezirk befindliche bewegliche Vermögen des Schuldners betreffen. Bei der Immobiliarvollstreckung muss dagegen für jede Vollstreckungshandlung gesondert Verfahrenskostenhilfe beantragt werden (BGH, NJW-RR 2004, 787), ebenso bei Vollstreckungen nach §§ 95 ff. FamFG, 887 ff. ZPO. Weitere Ausnahmen bestehen in Bezug auf die Anwaltsbeiordnung bei der Vollziehung oder Vollstreckung eines Arrests oder einer einstweiligen Anordnung, wenn der Anwalt auch für ihre Erwirkung beigeordnet war (s. Rdn. 272).

6. Wirkungen

202   Die Bewilligung von Verfahrenskostenhilfe bewirkt die **Freistellung des Begünstigten** von zum maßgeblichen Zeitpunkt (s. Rdn. 197) rückständigen und noch entstehenden Gerichtskosten und ggf. auch von der Leistung einer Prozesskostensicherheit (§ 122 Abs. 1 Nr. 1a und Nr. 2 ZPO), sowie bei Bewilligung für die Vollstreckung auch von den Gerichtsvollzieherkosten. Die Staatskasse kann vom Begünstigten weder Verfahrensgebühren und Auslagen noch Vorschüsse oder Vorausleistungen auf diese erheben. Seine Zahlungspflicht ggü. der Staatskasse beschränkt sich auf die im Bewilligungsbeschluss vom Gericht getroffenen Zahlungsbestimmungen (auch wenn der Begünstigte Kosten in einem Vergleich übernommen hat (OLG Frankfurt am Main, FamRZ 2012, 732 m. w. N. auch zur Gegenmeinung). Ähnliche Wirkungen entfaltet die Verfahrenskostenhilfe in Bezug auf den Vergütungsanspruch des ihm beigeordneten Anwalts. Er erhält seine Vergütung allein aus der Staatskasse (§ 45 RVG) und darf sie nicht (mehr) ggü. dem Mandanten beanspruchen (§ 122 Abs. 1 Nr. 3 ZPO, zur sog. Forderungssperre s. im Einzelnen Rdn. 283). Die Freistellung wirkt nur **in dem Umfang, in dem Verfahrenskostenhilfe für die jeweilige Instanz bewilligt ist** (s. o. Rdn. 198 ff.) und endet nur, wenn die Verfahrenskostenhilfe nach § 124 ZPO (s. Rdn. 208 ff.) aufgehoben wird. Bei **teilweiser Bewilligung** wird der Begünstigte von den Gerichts- und Anwaltsgebühren i. H. d. von der Bewilligung erfassten Gegenstandswerte in vollem Umfang freigestellt und zahlt nur die Differenz zum gesamten Verfahrenswert (h. M.: BGHZ 13, 373 = NJW 1954, 1406; OLG Schleswig, MDR 2006, 175).

203   Die Verfahrenskostenhilfe betrifft nur die eigenen Gerichts- und Anwaltskosten. Sie schützt den Begünstigten nicht davor, dass ihm bei Verlust des Rechtsstreits Verfahrenskosten auferlegt werden und er dem entsprechend **anderen Verfahrensbeteiligten ihre Kosten erstatten** muss (§ 123 ZPO). Das beinhaltet neben den der anderen Seite erwachsenen Anwaltskosten grds. auch die Erstattung von Gerichtskosten, die der andere Verfahrensbeteiligte vorausgezahlt hat, oder für die er als Zweitschuldner von der Staatskasse in Anspruch genommen wird. Für die gegnerischen Anwaltskosten gilt das auch dann, wenn dem anderen Verfahrensbeteiligten selbst Verfahrenskostenhilfe bewilligt worden ist (h. M.: BGH, FamRZ 1997, 1141; OLG Dresden, FamRZ 2010, 583 m. w. N. Zum auf die Staatskasse übergegangenen Vergütungsanspruch s. Rdn. 284). Zur Vermeidung unnötiger Rückausgleiche darf die Staatskasse Gerichtskosten vom Gegner erst einziehen, wenn und soweit er rechtskräftig zu ihrer Tragung verpflichtet wurde (§ 125 Abs. 1 ZPO). Das gilt aber nicht für die Vorauszahlungen, die ein Verfahrensbeteiligter, dem keine VKH gewährt wird, als Antragsteller bzw.

Veranlasser zu leisten hat (s. Rdn. 82), es sei denn, einem anderen Verfahrensbeteiligten wird VKH ohne Ratenzahlung bewilligt. (Nur) in diesem Fall stellt § 122 Abs. 2 i. V. m. § 125 Abs. 2 ZPO auch die übrigen Verfahrensbeteiligten bis zur Beendigung des Verfahrens von der Zahlung gerichtlicher Gebühren und Auslagen bzw. der Veranlasserhaftung vorläufig frei. Auch nach Verfahrensbeendigung scheidet ein Kostenerstattungsanspruch wegen vorausbezahlter Gerichtskosten gegen einen Beteiligten, dem VKH mit oder ohne Raten bewilligt wurde, dann aus, wenn letzterer die Gerichtskosten aufgrund richterlicher Entscheidung schuldet, statt dessen besteht nach § 26 Abs. 3 FamGKG ein **Rückzahlungsanspruch gegen Staatskasse** (OLG Stuttgart, FamRZ 2011, 1324 m. w. N.). Das gilt seit 01.08.2013 auch für vergleichsweise übernommene Kosten, wenn der Vergleich bzw. die Kostenregelung einem Vorschlag des Gerichts entspricht, sie von ihm protokolliert oder gebilligt wurde und das Gericht ausdrücklich feststellt, dass die Kostenregelung der sonst zu erwartenden Kostenentscheidung entspricht (§ 26 Abs. 4 FamGKG, s. dazu näher *Wiese* NJW 2012, 3126 und zur alten Rechtslage OLG Rostock, FamRZ 2011, 1752).

7. Zahlungsanordnungen

Enthält der Bewilligungsbeschluss Zahlungsanordnungen gem. § 120 Abs. 1 ZPO, wird damit eine entsprechende Zahlungspflicht des Begünstigten zugunsten der Staatskasse begründet, und zwar entweder in Form von **Einmalzahlungen aus dem Vermögen und/oder von monatlichen Raten** aus den Einkünften (s. dazu Rdn. 181). Die Zahlungsanordnung legt für Einmalzahlungen Höhe und Zeitpunkt, bei Ratenzahlung deren monatliche Höhe und den Zahlungsbeginn fest. Die Zahlung von Raten kommt nach § 115 Abs. 2 ZPO in der seit 01.01.2004 geltenden Fassung erst infrage, wenn das einzusetzende Einkommen mindestens 20 € (früher 16,00 €) beträgt. Ab einem einzusetzenden Einkommen von 20 € und darüber beträgt die **Höhe der Raten** die Hälfte des einzusetzenden Einkommens. Liegt es über 600 €, beträgt die Monatsrate 300 € zuzüglich des 600 € übersteigenden Teils. - Für Altfälle (s. Rdn. 178) sind die Raten weiterhin anhand der nach oben offenen Tabelle des § 115 Abs. 2 ZPO a. F. zu bemessen. - Werden in verschiedenen Instanzen unterschiedliche Raten festgesetzt oder in der höheren Instanz VKH ohne Zahlungsbestimmungen bewilligt, so löst die jüngere Anordnung die jeweils ältere ab (ex nunc: BGH, NJW 1983, 944). Die Zahlungen sind an die Landeskasse zu leisten; nur wenn vom BGH erstmals Verfahrenskostenhilfe bewilligt wird, an die Bundeskasse (§ 120 Abs. 2 ZPO). Grds. sind Raten solange monatlich zu entrichten, bis entweder die Verfahrenskosten aller Instanzen einschließlich sämtlicher Vergütungsansprüche der beigeordneten Anwälte gedeckt sind (§ 120 Abs. 3 Nr. 1 ZPO; s. a. OLG Hamm, MDR 2012, 248), aber **höchstens 48 Monatsraten**. Werden erst in der Rechtsmittelinstanz erstmals Zahlungen auferlegt, können die Kosten der ersten Instanz nur nach einer Änderung der ratenfreien Bewilligung gemäß § 120a ZPO bzw. § 120 Abs. 4 ZPO a. F. (s. u.) einbezogen werden (OLG Stuttgart, FamRZ 2003, 106 m. w. N.). Abzustellen ist auf die aktuelle Kostenlast der bedürftigen Partei (OLG Hamburg, NJW 2011, 3589). Das Gericht hat die **Einstellung** der Raten auch dann anzuordnen, wenn sie aufgrund einer gerichtlichen Kostenentscheidung gegen einen anderen Verfahrensbeteiligten geltend gemacht werden können (§ 120 Abs. 3 Nr. 2 ZPO). In diesem Fall ist die Zahlungseinstellung regelmäßig nur vorläufig (BGH, NJW-RR 1991, 827).

8. Änderung der Zahlungsbestimmungen

Die Zahlungsbestimmungen sollen nach § 120a Abs. 1 ZPO in der seit 01.01.2014 geltenden Fassung (vormals § 120 Abs. 4 ZPO) abgeändert werden, wenn sich **die persönlichen und wirtschaftlichen Verhältnisse** des Begünstigten nach der VKH-Bewilligung **wesentlich ändern**; eine Korrektur von ursprünglich fehlerhaften Entscheidungen ist nach dieser Vorschrift unzulässig (OLG Köln, FamRZ 2007, 296; OLG Schleswig, FamRZ 2013, 57, 59; zur Möglichkeit einer Aufhebung s. u. Rdn. 208). Die Raten können sowohl herauf- oder herabgesetzt als auch ebenso wie Zahlungen aus neu erworbenem Vermögen erstmals angeordnet werden. Die Leistungsfähigkeit beurteilt sich wie bei der Erstbewilligung nach § 115 ZPO. Zur Frage, wann eine **Verbesserung des Einkommens** wesentlich ist, s. Rdn. 206. Auch im Rahmen einer Änderungsentscheidung kann dem Begünstigten

204

205

Vermögen zugerechnet werden, das er inzwischen erworben, aber in Kenntnis der Abänderungsmöglichkeit wieder ausgegeben hat (BGH, FamRZ 2007, 1720; FamRZ 2008, 250). Die aus dem
Verfahren, für das Verfahrenskosten bewilligt wurde, erlangten Geldbeträge sind einzusetzen (jetzt
ausdrücklich geregelt in § 120a Abs. 3 ZPO); sie müssen aber nicht vorrangig zur Deckung der
von der Staatskasse verauslagten Verfahrenskosten verwendet werden (Zumutbarkeitsprüfung, vgl.
BGH, FamRZ 2007, 1720; NJW-RR 2007, 628; OLG Karlsruhe, FamRZ 2006, 1135; zu notwendigen Anschaffungen s. OLG Koblenz, MDR 2014, 615). Insoweit schließt § 120a Abs. 3 Satz 3
ZPO von vornherein solche Geldbeträge aus, die auch bei rechtzeitiger Leistung nicht zu einer Ra-
tenzahlungspflicht geführt hätten. Das ist insbesondere für die Anrechnung von Unterhaltsrückständen bedeutsam (zu Unterhaltsabfindungen s. OLG Hamm, FamRZ 2011, 918; OLG Karlsruhe,
MDR 2014, 408). Eine Änderung zum Nachteil des Begünstigten ist nur innerhalb von vier Jahren
nach Rechtskraft oder sonstiger Beendigung des Hauptsacheverfahrens möglich (§ 120a Abs. 1 Satz 4
ZPO. Eine wesentliche **Verschlechterung der Einkommensverhältnisse** ist v.A.w. zu berücksichtigen, sobald das Gericht von ihr Kenntnis erlangt. Lediglich die Änderung der Freibeträge des § 115
Abs. 1 Nr. 1b und Nr. 2 ZPO (s. Rdn. 181) wird nur auf Antrag und nur dann berücksichtigt, wenn
sie zum Wegfall einer angeordneten Ratenzahlung führt.

206   Während der Begünstigte nach dem bis 31.12.2013 geltenden Recht nur verpflichtet war, dem
      für die Überwachung der Zahlungen zuständigen Rechtspfleger auf Verlangen Änderungen seiner
      persönlichen oder wirtschaftlichen Verhältnisse mitzuteilen, muss der Begünstigte gemäß § 120a
      Abs. 2 ZPO n. F. über einen Zeitraum von 4 Jahren nach Beendigung des Hauptsacheverfahrens
      dem Gericht darüber hinaus jede **wesentliche Verbesserung seiner wirtschaftlichen Verhältnisse un-
      verzüglich mitteilen**, ebenso jede Änderung seiner Anschrift. - Das gilt erst für Bewilligungen, für
      die der Antrag auf VKH erstmals vor dem 01.01.2014 gestellt wurde (s. o. Rdn. 178). - Eine **Ein-
      kommensverbesserung** ist wesentlich, wenn die Differenz zu dem bisher zu Grunde gelegten Brut-
      toeinkommen nicht nur einmalig 100 Euro übersteigt oder berücksichtigte Abzüge in einer 100 €
      übersteigenden Höhe wegfallen. (§ 120a Abs. 2 Satz 2 und 3 ZPO -**Legaldefinition**). Kommt der
      Begünstigte seiner Verpflichtung zur Mitteilung von Änderungen nicht nach, soll die Bewilligung
      aufgehoben werden (s. Rdn. 209).

207   Das **Überprüfungsverfahren ist** nach BGH (FamRZ 2011, 463 auch zur bis dahin davon abwei-
      chenden herrschenden Meinung) eine **Fortsetzung des Bewilligungsverfahrens**, sodass bereits die
      Aufforderung wie auch die Entscheidung an den beigeordneten Rechtsanwalt zu richten ist, wenn
      dieser den Bedürftigen bereits im Bewilligungsverfahren vertreten hat. Für die auf Verlangen abzu-
      gebende Erklärung besteht seit 01.01.2014 Formularzwang (§ 120 Abs. 4 ZPO). Für das Verfahren
      gilt § 118 Abs. 2 ZPO (s. o. Rdn. 191) entsprechend. Die Abänderung ist nach § 127 ZPO mit der
      Beschwerde anfechtbar (s. u. Rdn. 215).

9. Aufhebung der Bewilligung

208   Der Grundsatz des Vertrauensschutzes in die einmal bewilligte VKH (s. FA-FamR/*Geißler* Kap. 16
      Rn. 180) unterliegt erheblichen Einschränkungen. So können nicht nur nachträglich Zahlungen
      angeordnet werden (s. o. Rdn. 205 ff.), sondern die VKH unter bestimmten Umständen nach § 124
      ZPO auch rückwirkend wieder entzogen werden. Mit dem PKH/BerHÄndG (s. Rdn 152) wurden
      die in § 124 ZPO normierten Aufhebungsgründe um zwei Varianten erweitert und auf zwei Absätze
      verteilt. Der erste enthält zu den bislang vorhandenen Tatbeständen zusätzlich die Aufhebungsmög-
      lichkeit für den Fall, dass der Begünstigte seiner neu eingeführten Anzeigepflicht (s. o. Rdn. 206)
      nicht nachkommt. Abs. 2 ermöglicht jetzt eine Teilaufhebung für Beweisanträge. Nur diese Teilauf-
      hebung ist noch als Kann-Vorschrift ausgestaltet, während bei Vorliegen eines der in Abs. 1 genann-
      ten Aufhebungsgründe nunmehr eine Aufhebung erfolgen »soll«. Mit dieser Änderung will der Ge-
      setzgeber den **Sanktionscharakter** des § 124 Abs. 1 ZPO n. F. verdeutlichen (BT-Drucks. 17/11472,
      S. 34; s. a. zum bisherigen Recht BGH, FamRZ 2013, 124). Im Regelfall ist daher bei Vorliegen der
      tatbestandlichen Voraussetzungen des § 124 Abs. 1 ZPO die VKH aufzuheben. In besonders gelager-
      ten Fällen, insbesondere wenn eine Aufhebung zu unangemessenen Ergebnissen führt, ist weiterhin

eine andere Entscheidung möglich (BT-Drucks. 17/11472, S. 34). Unter diesen Voraussetzungen kann somit nach wie vor entweder nur eine teilweise Aufhebung erfolgen oder wie nach bisheriger Rspr. (s. Nachweis bei Zöller/*Geimer* [29. Aufl.] § 124 Rn. 5, 5a) die Zahlungsverpflichtung rückwirkend den tatsächlichen Gegebenheiten angepasst werden.

▶ **Hinweis:**

Die Verschärfung des § 124 ZPO n. F. gilt nicht für Bewilligungen, für die der erste Antrag im Rechtszug noch vor dem 01.01.2014 gestellt wurde (s. Rdn. 178).

Die **einzelnen Tatbestände des § 124 Abs. 1 ZPO** sind fakultativ: 209

1.) Vortäuschung der Erfolgsaussicht (Nr. 1)
Sie liegt vor, wenn der Antragsteller das Gericht **durch unrichtige Darstellung des Sachverhalts** über die Erfolgsaussicht getäuscht hat. Bedingter Vorsatz reicht aus (OLG Koblenz, FamRZ 1985, 301); dabei muss sich der Begünstigte ein Verschulden eines für ihn im VKH-Verfahren tätigen Anwalts zurechnen lassen (BGH, NJW 2001, 2720).

2.) Unrichtige Angaben zur Bedürftigkeit:
a) Nr. 2, 1. Alt.: Hat der Antragsteller **vorsätzlich oder grob fahrlässig unrichtige Angaben** zu seinen persönlichen oder wirtschaftlichen Verhältnissen gemacht, soll die VKH im Regelfall aufgehoben werden, und zwar unabhängig davon, ob die Bewilligung auf den unrichtigen Angaben beruht bzw. der objektiven Sachlage entspricht (BGH, FamRZ 2013, 124 Rn. 22). Das gilt nach OLG Bamberg (NJW-RR 2014, 253) schon im Bewilligungsverfahren entsprechend.
b) § 124 Abs. 1 Nr. 3 ZPO n. F. betrifft die Aufhebungsmöglichkeit einer **objektiv falschen Bewilligung** von VKH aufgrund unzutreffender Angaben zu den persönlichen und wirtschaftlichen Verhältnissen, die nur auf leichtem Verschulden (**einfacher Fahrlässigkeit**) beruhen. - Dazu zählt u. U. auch das Verschweigen wesentlicher Umstände, die für die Bewilligung von Bedeutung sind (OLG Brandenburg, FamRZ 2002, 762). – Die Möglichkeit besteht wie bei einer Abänderung nur bis zum Ablauf von vier Jahren nach endgültiger Beendigung des Hauptsacheverfahrens (s. Rdn. 205). Nachdem die seit 01.01.2014 gültige Fassung den Sanktionscharakter des Abs. 1 auch auf die Nr. 3 erstreckt hat, kommt m. E. die Aufhebung einer fehlerhaften Bewilligung, ohne dass dem Antragsteller ein Verschulden angelastet werden kann, nicht mehr in Betracht. Damit scheiden nicht nur wie bisher die Fälle aus, in denen das Gericht bekannte Fakten rechtlich unzutreffend bewertet hat (h. M. vgl. *Musielak* ZPO § 124 Rn. 8 m. w. N.), sondern auch die Fälle, in denen das Gericht einzelne Angaben versehentlich übersehen hat (so zum bisherigem Recht Zöller/*Geimer* [29.Aufl.] § 124 Rn. 11 m. w. N.).
Der unterschiedliche Unwertgehalt der Verfehlungen in den Fällen des Nr. 3 und Nr. 2 1. Alt. verbietet es darüber hinaus, das geringe Verschulden in gleicher Weise zu sanktionieren wie das qualifizierte (s. a. BGH, FamRZ 2013, 124 Rn. 23 u. 30) und führt damit zwangsläufig zu einer Umkehr des Regel-Ausnahme-Verhältnisses: Eine auf den Zeitpunkt der Bewilligung zurückwirkende vollständige Aufhebung der VKH, wie bei Nr. 2 1. Alt., kommt deshalb nur in Betracht, wenn sie den Antragsteller nicht unverhältnismäßig belastet. Ansonsten ist an der Bewilligung festzuhalten und nur die Zahlungspflicht rückwirkend anzupassen, sofern der Ast. noch leistungsfähig ist.

3.) Unterlassene Mitwirkung im Überprüfungszeitraum:
a) Nr. 2, 2. Alt.: Gibt der Begünstigte auf eine **Aufforderung des Rechtspflegers** zur Überprüfung seiner Bedürftigkeit nach § 120 Abs. 4 Satz 2 ZPO (s. o. Rdn. 205) hin keine oder nur eine unvollständige Erklärung zu seinen persönlichen oder wirtschaftlichen Verhältnissen ab, soll die Bewilligung der Verfahrenskostenhilfe ebenfalls aufgehoben werden. Dies entspricht der Befugnis zur Versagung der VKH im Bewilligungsverfahren (s. Rdn. 194). Die bisherige Rspr. gestattete dem Betroffenen, die Erklärung im Beschwerde- oder Abhilfeverfahren nachzuholen (OLG Oldenburg, FamRZ 2011, 663; OLG Dresden, FamRZ 2010, 1754 m. w. N.). Eine generelle »Heilung« des Versäumten dürfte sich mit dem verstärkten Sanktionscharakter der Aufhebung (s. o.) kaum mehr vereinbaren lassen. Man wird auch hier nach dem Grad des Verschuldens differenzieren und auch die wirtschaftliche Situation des Betroffenen berücksichtigen müssen. War

der Betroffene im fraglichen Zeitraum zur Leistung der Raten nicht in der Lage, kommt auch eine (rückwirkende) Abänderung zu seinen Gunsten in Betracht (OLG Dresden, FamRZ 2010, 1754). Verschlechtern sich die persönlichen und wirtschaftlichen Verhältnisse des Betroffenen nach der Aufhebung wieder, kann er erneut Kostenhilfe beantragen; die Neubewilligung darf in diesem Fall nur dann abgelehnt werden, wenn greifbare Anhaltspunkte dafür sprechen, dass der Begünstigte Anordnungen des Gerichts erneut missachten wird (BGH, FamRZ 2005, 2063; OLG Brandenburg, FamRZ 2009, 242).

b) Nr. 5: Nach diesem mit dem PKH/BerHÄndG (s. o. Rdn. 178) neu eingefügten Tatbestand soll die VKH auch aufgehoben werden, wenn der Begünstigte entgegen seiner **Verpflichtung zur ungefragten Anzeige** einer wesentlichen Verbesserungen seiner Einkommens- und Vermögensverhältnisse oder der Änderung seiner Anschrift (s. o. Rdn. 206) **absichtlich oder aus grober Nachlässigkeit nicht nachgekommen** ist. Die Annahme eines qualifizierten Verschuldens setzt m. E. eine ordnungsgemäße Belehrung bzw. einen gerichtlichen Hinweis auf die Verpflichtung zur ungefragten Information voraus. Hierüber und über die Folgen eines Verstoßes ist der Antragsteller in dem Formular zur Erklärung über die persönlichen und wirtschaftlichen Verhältnisse zu belehren (§ 120a Abs. 2 Satz 4 ZPO). Ob dafür die formularmäßige Wissenserklärung am Ende des neuen Formulars (s. Muster Rdn. 225) ausreicht, erscheint mir zweifelhaft. Ohnehin fragt man sich, warum eine so wichtige Belehrung nicht im Bewilligungsbeschluss erteilt werden muss. - Vor allem in der **Übergangszeit** ist es in jedem Fall ratsam zu prüfen, auf welchem Formular die Erklärung über die persönlichen und wirtschaftlichen Verhältnisse abgegeben wurde. Da die PKHFV v. 06.01.2014 erst am 21.1.2014 im Bundesgesetzblatt verkündet wurde (BGBl. I, S. 34), konnte das neue Formular frühestens ab dem 22.01.2014 eingesetzt werden.

4.) Zahlungsverzug (Nr. 4):

Kommt der Begünstigte mit mehr als 3 Monatsraten in Zahlungsverzug, soll die Bewilligung der Verfahrenskostenhilfe nach § 124 Nr. 4 ZPO vollständig aufgehoben werden. Auch hier erfordert der Sanktionscharakter der Vorschrift, dass den Betroffenen ein Verschulden trifft. Daran fehlt es, wenn er im fraglichen Zeitraum wirtschaftlich zur Leistung der Raten nicht in der Lage war (BGH, NJW 1997, 1077). In diesem Fall ist die Zahlungsbestimmung aufzuheben bzw. rückwirkend abzuändern. Der Betroffene ist in jedem Fall vor der Aufhebung anzuhören (OLG Brandenburg, FamRZ 2002, 1419).

210   § 124 Abs. 2 ZPO n. F. ermöglicht eine **Teilaufhebung für eine Beweisaufnahme**, die der Bedürftige beantragt hat, wenn die Beweiserhebung aufgrund neuer Erkenntnisse und im Rahmen keine hinreichende Aussicht auf Erfolg bietet oder der Beweisantritt mutwillig ist (s. näher *Viefhues* FuR 2013, 488, 499). Auch insoweit dürfen die Grenzen der zulässigen Beweisantizipation (s. Rdn. 184) nicht überschritten werden. Anders als bei den Aufhebungsgründen des Abs. 1 steht die Aufhebung im Ermessen des Gerichts. Ob der Beweis trotz Aufhebung der VKH und damit auch der anwaltlichen Beiordnung erhoben werden muss, richtet sich nach den verfahrensrechtlichen Vorschriften, d. h. in FG-Sachen nach den §§ 26 ff. FamFG (s. Schulte-Bunert/Weinreich/*Brinkmann* § 29 Rn. 17). Nur in Ehe- und Familienstreitsachen kann das Gericht mit der Teilaufhebung der VKH zugleich die Zahlung eines Vorschusses nach §§ 379, 402 ZPO anordnen und bei Nichtzahlung von der Beweisaufnahme absehen (Zöller/*Greger* § 379 Rn. 7).

211   Die Aufhebung der Verfahrenskostenhilfe **bewirkt**, dass die Vergünstigungen des § 122 ZPO (s. o. Rdn. 202) rückwirkend entfallen und die Staatskasse die Gerichtskosten und die auf sie übergegangenen Ansprüche des beigeordneten Anwalts von dem vormals Begünstigten einfordern kann. Darüber hinaus beendet die Aufhebung der Bewilligung der Verfahrenskostenhilfe auch die mit ihr erfolgte Beiordnung des Anwalts. Dieser kann nunmehr die volle Wahlanwaltsgebühr von der Partei fordern, behält aber für bereits verdiente Gebühren den Anspruch gegen die Staatskasse (s. Zöller/*Geimer* § 124 Rn. 24 m. w. N.). Zugleich entfallen die den anderen Verfahrensbeteiligten aus §§ 122 Abs. 2 und 123 ff. ZPO erwachsenen Vergünstigungen (s. Rdn. 203).

Wird die VKH wegen Vortäuschung der Erfolgsaussicht oder unrichtiger Angaben zur Bedürftigkeit 212
(Rdn. 209 Ziff. 1 und 2) aufgehoben, bezieht sich dies nur auf die Bewilligung für die **betroffene Instanz**, ebenso im Fall des § 124 Abs. 2 ZPO. Wird sie wegen Zahlungsverzugs aufgehoben (Rdn. 209
Ziff. 4), sind alle Instanzen betroffen, für die Ratenzahlung angeordnet ist. Die Aufhebung wegen
mangelnder Mitwirkung im Überprüfungszeitraum (Rdn. 209 Ziff. 3) wirkt sich dagegen grundsätzlich auf sämtliche Instanzen aus, in denen der Rechtsstreit in der Hauptsache anhängig war oder ist.
Anders ist es nur in Übergangsfällen, wenn die Aufhebung sich auf eine unterlassene Anzeige stützt
(s. o. Rdn 177a Ziff. 3 b); dann sind nur die Bewilligungen betroffen, für die das neue Recht gilt.

Solange das Hauptverfahren in der jeweiligen Instanz noch nicht beendet ist, kann der Betroffene, 213
wenn sich seine wirtschaftlichen Verhältnisse gegenüber dem Zeitpunkt der Bewilligung verschlechtern, jedenfalls dann **erneut VKH** (mit Wirkung für die Zukunft) **beantragen**, die ihm mit Wirkung
für die Zukunft auch zu bewilligen ist, wenn keine greifbaren Anhaltspunkte dafür vorliegen, dass
der Bedürftige seine Mitwirkungspflichten oder Anordnungen des Gerichts erneut missachtet wird
(BGH, FamRZ 2005, 2063 zu § 124 Nr. 4 ZPO a. F.; OLG Brandenburg, FamRZ 2009, 242 zu
§ 124 Nr. 2 1. Alt. ZPO). Der Umstand, dass infolge der erneuten Bewilligung auch Gebührentatbestände abgedeckt werden, die schon früher entstanden waren, steht dem nicht entgegen (BGH,
FamRZ 2005, 2063).

Das **Verfahren** ist wie das Abänderungsverfahren eine Fortsetzung des Bewilligungsverfahrens, so- 214
dass der Schriftwechsel über den Rechtsanwalt zu führen ist, der bereits im Bewilligungsverfahren
mandiert war (BGH, FamRZ 2011, 463, s. o. Rdn. 205). Da u. U. mehrere Bewilligungsverfahren
betroffen sind, sind ggf. mehrere Anwälte einzubeziehen. **Zuständig** ist gem. § 20 Nr. 4c RpflG der
Rechtspfleger mit Ausnahme der Aufhebung wegen unrichtiger Darstellung des Streitverhältnisses
nach § 124 Nr. 1 ZPO. Diese obliegt dem Richter bzw. dem Spruchkörper, der die Verfahrenskostenhilfe für die jeweilige Instanz bewilligt hat.

10. Rechtsmittel

Gegen Entscheidungen des FamG über den Antrag auf Bewilligung von VKH, ihrer Änderung oder 215
Aufhebung ist gem. § 127 ZPO i. V. m. § 113 Abs. 1 bzw. 76 Abs. 2 FamFG das statthafte Rechtsmittel die **sofortige Beschwerde** entsprechend den Regeln der §§ 567 bis 572 ZPO (BGH, FamRZ
2011, 1138). Damit gilt auch die Abhilfebefugnis des Erstgerichts (§ 572 Abs. 1 ZPO). Ansonsten
eröffnet sie eine neue Tatsacheninstanz, die die Entscheidung über die Verfahrenskostenhilfe inhaltlich überprüfen kann. Es können insb. neue Tatsachen vorgebracht und bisher fehlende Belege nachgereicht werden (OLG Oldenburg, FamRZ 2011, 663). Abweichend von § 569 Abs. 1 Satz 1 ZPO
beträgt die **Notfrist** zur Einlegung der Beschwerde 1 Monat (§ 127 Abs. 2 Satz 3 ZPO). Eine Beschwer ist nicht erforderlich, da es sich um keine Entscheidung über Kosten handelt (Zöller/*Geimer*
§ 127 Rn. 30 m. w. N. auch zu den Ausnahmen). Entsprechend § 567 Abs. 1 ZPO ist die sofortige
Beschwerde zum BGH gegen eine Erstentscheidung über die Verfahrenskostenhilfe des OLG nicht
eröffnet. Gegen sie und die Entscheidung des Beschwerdegerichts ist nur die **zulassungsabhängige
Rechtsbeschwerde** zum BGH nach den §§ 574 ff. ZPO (BGH, FamRZ 2012, 964; 619; BGHZ
184, 323) statthaft und gegen die unanfechtbare Entscheidung des BGH allein die Gegenvorstellung
möglich (BGH, FamRZ 2006, 695, 696 m. w. N.). Die Rechtsbeschwerde darf nur wegen Verfahrensfragen oder der persönlichen Voraussetzungen für die Bewilligung von Verfahrenskostenhilfe zugelassen werden (BGH, FamRZ 2012, 215). Im Rechtsbeschwerdeverfahren müssen sich die Verfahrensbeteiligten grds. durch einen beim BGH zugelassenen Anwalt vertreten lassen (BGH, FamRZ
2010, 1425) und die Staatskasse durch einen Volljuristen (BGH, FamRZ 2010, 1544). VKH für
die Rechtsbeschwerde oder Zulassung der Sprungrechtsbeschwerde kann dagegen ohne anwaltliche
Vertretung bzw. durch einen nicht beim BGH zugelassenen Anwalt beantragt werden.

Der **Antragsteller** kann sich mit der sofortige Beschwerde und der (zugelassenen) Rechtsbeschwerde 216
uneingeschränkt gegen das Verfahren oder die Versagung der Verfahrenskostenhilfe aus persönlichen
Gründen wenden. Dazu gehören neben der Bedürftigkeit auch die Versagung wegen Mutwilligkeit

(BGH, 2010, 1147; 2005, 1477) oder die unterlassene Beiordnung eines Anwalts (BGH, FamRZ 2011, 1138). Soweit Verfahrenskostenhilfe in erster Instanz mangels Erfolgsaussicht versagt wurde, ist die sofortige Beschwerde dagegen nur statthaft, wenn auch die Hauptsache beschwerdefähig wäre (Grundsatz der Konvergenz, § 127 Abs. 2 Satz 2 ZPO, BGH, FamRZ 2012, 964, Rn. 6; FamRZ 2005, 790 = BGHZ 162, 230). Daran fehlt es z. B. bei einstweiligen Anordnungen in Familiensachen, die nicht in § 51 Satz 2 FamFG ausdrücklich für anfechtbar erklärt sind (OLG Hamm, FamRZ 2010, 1467; BGH, FamRZ 2005, 790). - Soweit es sich um eine Katalogsache handelt, kann ein die VKH ablehnender Beschluss auch angefochten werden, wenn in dem e.A.-Verfahren (noch) kein Erörterungstermin stattgefunden hat (str. wie hier OLG Frankfurt a. M., FamRZ 2014, 676 m. w. N. auch zur Gegenansicht). - Zur eingeschränkten Überprüfung der Erfolgsaussicht, wenn bereits eine sie rechtskräftig verneinende Hauptsacheentscheidung der Vorinstanz vorliegt, s. Rdn. 197.

217   Die **Staatskasse** ist nur insoweit beschwerdeberechtigt, als es das vollständige Absehen von Zahlungsbestimmungen betrifft (§ 127 Abs. 3 ZPO; BGH, NJW 2002, 3554). - Die im Entwurf zum PKH/BerHÄndG (s. Rdn. 178) vorgesehene Erweiterung ihres Beschwerderechts wurde nicht realisiert. Nach wie vor kann sie sich weder gegen die Beurteilung der Erfolgsaussicht, die Höhe der angeordneten Raten oder die Beiordnung eines Anwalts wenden; die Beschwerde der Staatskasse eröffnet dem Gericht auch nicht die Möglichkeit, die VKH-Bewilligung dem Grunde nach zu prüfen und abzulehnen (BGH, FamRZ 2013, 123 m. w. N.; a. A. OLG Celle, FamRZ 2012, 808). Gegen das Absehen von jeglicher Zahlungsanordnung steht ihr das Beschwerderecht aber auch in Abänderungsverfahren zu (BGH, FamRZ 2013, 1390 Rn. 6). Die Notfrist beginnt für die Staatskasse erst mit der nicht v.A.w. vorzunehmenden Bekanntgabe der Bewilligungsentscheidung an sie (§ 127 Abs. 3 Satz 1 bis 3, 6 ZPO). Nach Ablauf von 3 Monaten nach Wirksamwerden der Bewilligung, entweder durch ihre Verkündung oder durch Übergabe an die Geschäftsstelle, verliert die Staatskasse das Beschwerderecht (§ 127 Abs. 3 Satz 4 und 5 ZPO). Dem **Anwalt** steht gegen die Ablehnung seiner Beiordnung ein Beschwerderecht nicht zu (BGH, NJW 1990, 836, 838 = BGHZ 109, 163; OLG Hamm, FamRZ 2011, 1163; OLG Frankfurt am Main, FamRZ 2011, 385). Etwas anderes gilt nur im Fall einer eingeschränkten Beiordnung und bei Aufhebung der Beiordnung nach § 48 BRAO. **Andere Verfahrensbeteiligte** haben ebenfalls kein Beschwerderecht (BGH, NJW 2002, 3554).

11. Kosten des VKH-Verfahrens

218   Das Verfahren ist in sämtlichen Instanzen grds. gerichtsgebührenfrei. Lediglich für die Zurückweisung oder Verwerfung einer Beschwerde oder Rechtsbeschwerde fällt eine Festgebühr an (50,00 € bzw. 100,00 €, Nr. 1912 ff. KV FamGKG). Ist die Beschwerde teilweise erfolgreich, kann das **Gericht** die Gebühr auf die Hälfte ermäßigen oder von ihrer Erhebung absehen. Sie schuldet ebenso wie entstandene Auslagen der Antragsteller bzw. Beschwerdeführer nach §§ 21 ff. FamGKG.

Dem mit der Vertretung im VKH-Verfahren beauftragten **Anwalt** erwächst eine Verfahrensgebühr (i. d. R. aus dem Wert der Hauptsachen, s. Rdn. 184) in Höhe der Gebühr, die für eine Vertretung in dem Verfahren anfällt, für das Kostenhilfe beantragt wird, aber höchstens mit einem Satz von 1,0, die sich bei vorzeitiger Beendigung des Auftrags auf 0,5 ermäßigt (Nr 3335, 3337 VV). Für die Teilnahme an einem Erörterungstermin entsteht die für das Hauptsacheverfahren vorgesehene Termingebühr ohne Begrenzung (vgl. Vorbem. 3.3.6 VV in der Fassung des 2. KostRMoG) und ggf. eine Einigungsgebühr (zur Erstattungsfähigkeit aus der Staatskasse s. u. Rdn. 284). Im VKH-Beschwerdeverfahren richten sich die Gebühren nach Nr. 3500 ff. VV. Mehrere Verfahren in einer Instanz bilden eine Angelegenheit (§ 16 Nr. 3 RVG), sodass weder für eine Wiederholung des Antrags noch für das Überprüfungs- oder Aufhebungsverfahren eine neue Gebühr entsteht und eine Erweiterung nur zu einem höheren Gegenstandswert führt (Gerold/Schmidt/*Müller-Rabe*, VV 3335 Rn. 65). Da VKH und Hauptsachverfahren eine Angelegenheit sind (§ 16 Nr. 2 RVG), können die Gebühren, soweit sie aus demselben Wert auch für das Hauptsacheverfahren entstehen, nur einmal gefordert werden und sind mit der Bewilligung von VKH und der Beiordnung mit den Gebühren für das Hauptsacheverfahren zu verrechnen (d. h. es können nur diese beansprucht werden, BGH,

FamRZ 2008, 982;2004, 1708 Gerold/Schmidt/*Müller-Rabe*, VV 3335 Rn. 64 und § 48 Rn. 112). Die Gebühren schuldet grds. der Mandant. Eine Kostenerstattung findet weder im Erstverfahren (s. § 118 Abs. 1 Satz 4 ZPO; BT-Drucks. 16/6308, 213) noch im Abänderungs-, Aufhebungs- oder Rechtsmittelverfahren (s. § 127 Abs. 4 ZPO) statt, weshalb auch keine Kostenentscheidung ergeht. Nichts anderes gilt, wenn der Antrag auf Verfahrenskostenhilfe zurückgenommen wird (OLG Brandenburg, FamRZ 2009, 1338; OLG Stuttgart, FamRZ 2010, 316). Im Vergleichswege ausdrücklich übernommene Kosten können allerdings erstattet und auch in einem Kostenfestsetzungsverfahren tituliert werden (KG, JurBüro 2008, 29).

II. Bewilligungsantrag

1. Kostenrisiko

Für den Antrag auf Verfahrenskostenhilfe besteht in allen Instanzen kein Anwaltszwang. Er kann   **219** deshalb von dem Mandanten selbst gestellt werden. Wird der Anwalt damit beauftragt, fallen dafür die im Vergütungsverzeichnis vorgesehenen Gebühren an (s. o. Rdn. 218). Sie sind zwar bei Durchführung des Hauptsacheverfahrens mit den dort entstehenden Gebühren zu verrechnen, werden aber nur bei vollumfänglicher Bewilligung der VKH und der Beiordnung des Anwalts durch den Vergütungsanspruch gegen die Staatskasse abgelöst (s. Rdn. 218). Ansonsten schuldet die Vergütung der Mandant, da VKH für das Bewilligungsverfahren selbst nicht bewilligt werden kann (Rdn. 183 und zu den Ausnahmen bei Einigung im VKH-Prüfungsverfahren Rdn. 285) Wird VKH nur teilweise bewilligt und das Hauptsacheverfahren auch nur insoweit durchgeführt, verbleibt ein Gebührenanspruch des Anwalts in Höhe der Differenz zwischen der Gebühr aus dem Gesamtwert und aus dem Teil, für den er beigeordnet wurde (OLG Celle, FamRZ 2011, 666; Gerold/Schmidt/*Müller-Rabe*, VV 3335 Rn. 69 ff.). Auf dieses Kostenrisiko muss der Anwalt den unbemittelten Mandanten, der damit regelmäßig nicht rechnet, vor Auftragsannahme **hinweisen** (FA-FamR/*Geißler* Kap. 16 Rn. 18 auch zu den Vor- und Nachteilen eines vorgeschalteten VKH-Verfahrens); es sei denn, er beabsichtigt auf die (Differenz-) Gebühr zu verzichten – Ein solcher Verzicht ist gem. § 49b Abs. 1 BRAO nach Beendigung des Auftrags zulässig und in der Praxis nicht selten (s. *Kilian*, AnwBl 2012, 45). – Will der der Mandant das Kostenrisiko nicht eingehen, muss sich der Anwalt auf die reine Beratung zur VKH beschränken (BGH, FamRZ 1985, 690 = BGHZ 91, 311).

(Derzeit unbesetzt)   **220**

2. Muster: Bewilligungsantrag

Amtsgericht .....[1]   **221**

– Familiengericht –

Antrag auf Verfahrenskostenhilfe[2]

In der Familiensache

.....   – Antragstellerin –

Verfahrensbevollmächtigte:

gegen

.....   – Antragsgegner –

Verfahrensbevollmächtigte:

wegen .....

übergebe ich namens der Antragstellerin

1. Erklärung über die persönlichen und wirtschaftlichen Verhältnisse[3]

2. Antragsentwurf[4]

Alternativ: Eine unterzeichnete Antragsschrift, mit der Bitte, sie erst nach Bewilligung der Verfahrenkostenhilfe in den Geschäftsgang zu nehmen,

und beantrage, der Antragstellerin für den beabsichtigten Antrag

oder: Schriftsatz vom .....

Verfahrenskostenhilfe

zu bewilligen und mich beizuordnen.[5]

Die Antragstellerin kann die Verfahrenskosten nicht aus eigenen Mitteln finanzieren. Insoweit wird auf die vorgelegte Erklärung zu den persönlichen und wirtschaftlichen Verhältnissen verwiesen. *Fakultativ:* Der Antragstellerin steht insbesondere kein Anspruch auf Verfahrenskostenvorschuss gegen den Antragsgegner zu. .....[6]

Die beabsichtigte Rechtsverfolgung/-verteidigung hat, wie dem Antragsentwurf/Antrag/Schriftsatz vom ..... zu entnehmen ist, [*alternativ*.: aus nachfolgenden Gründen] hinreichende Aussicht auf Erfolg und ist auch nicht mutwillig.[7]

Alternative für FG-Sachen: Die Antragstellerin will am Verfahren mitwirken

und .....

Fakultativ: Die Vertretung durch einen Anwalt ist erforderlich, weil .....[8]

(Rechtsanwältin)

1. Zuständigkeit. Der VKH-Antrag ist **in erster Instanz** beim örtlich zuständigen Familiengericht einzureichen. Hält sich das Familiengericht für örtlich unzuständig, verweist es das Verfahren v.A.w. – ein Antrag ist nur in Familienstreitsachen nötig – an das zuständige Familiengericht oder gibt es dorthin ab (s. dazu und zur Problematik bei funktioneller Unzuständigkeit Rdn. 188). Die Bindungswirkung der Verweisung oder Abgabe erstreckt sich nur auf das VKH-Verfahren und nicht auch auf die Hauptsache (BGH, FamRZ 1991, 1172; OLG Hamm, FamRZ 2011, 658).

Der VKH-Antrag für eine **Beschwerde** nach § 58 FamFG ist wie diese beim Familiengericht einzureichen (§ 64 Abs. 1 Satz 2 FamFG s. Rdn. 188). Wirklich bedeutsam ist das nur für die Wiedereinsetzung, wenn VKH isoliert für eine beabsichtigte Beschwerde beantragt wird. Für die Bewilligung von VKH für eine **Rechtsbeschwerde** ist der Antrag beim Verfahrensgericht, mithin dem BGH einzureichen (§§ 117 Abs. 1 Satz 1, 127 Abs. 1 Satz 2 ZPO).

2. Bezeichnung. Die Bezeichnung als Verfahrenskostenhilfeantrag in Form einer Überschrift ist nicht notwendig, aber zweckmäßig. Sie erleichtert die Registrierung und dient der Abgrenzung zu einem VKH-Antrag, der mit einem unbedingten Hauptsacheantrag verbunden ist (s. dazu Muster in Kap. 2 Rdn. 1059 und Kap. 6 Rdn. 15). Auch bei den verbundenen Anträgen ist es zweckmäßig, bereits in der Überschrift klarzustellen, dass auch ein VKH-Antrag gestellt wird.

3. Formularzwang. Für die Darlegung der persönlichen und wirtschaftlichen Verhältnisse als Grundlage der Bedürftigkeit muss der amtliche Vordruck verwendet werden (§ 117 Abs. 4 ZPO i. V. m. § 1 PKHFV s. dazu Rdn. 222 ff. auch zu den Ausnahmen). Ohne dessen Vorlage ist die Bedürftigkeit nicht glaubhaft gemacht. Dasselbe gilt, wenn er unvollständig ausgefüllt ist oder Belege fehlen. Beides kann zur Zurückweisung des Antrags führen, wenn der Antrag auch nach dem erforderlichen Hinweis des Gerichts vervollständigt wird. Wird der Antrag ohne Vordruck oder mit unvollständigen Belegen eingereicht, sollte deren Nachreichung angekündigt werden und auch unverzüglich erfolgen. Verfahrenskostenhilfe und damit auch die Beiordnung kann grds. erst ab dem Zeitpunkt bewilligt werden, in dem eine vollständige Erklärung mit den erforderlichen Belegen eingereicht ist (s. o. Rdn. 191, 197). In der Praxis wird das allerdings unterschiedlich gehandhabt und vor allem von den Familiengerichten VKH z. T. rückwirkend bereits ab Antragstellung bewilligt.

Strenge Anforderungen an Form und Vollständigkeit der Erklärung über die persönlichen und wirtschaftlichen Verhältnisse werden dagegen gestellt, wenn mit dem VKH-Antrag eine Frist gewahrt werden soll, z. B. für die Hemmung der Verjährung oder die Rechtsmittelfrist als Voraussetzung für eine Wiedereinsetzung (s. Rdn. 191). **Beachte:** Werden absichtlich oder aus grober Nachlässigkeit Einkünfte oder Vermögensbestandteile nicht angegeben, kann dies nicht nur zur Aufhebung einer bereits bewilligten VKH führen (s. Rdn. 209), sondern auch zum Versagen der Bewilligung überhaupt (OLG Bamberg, NJW-RR 2014, 253).

4. Antragsentwurf. Soll dem Hauptsacheverfahren ein VKH-Verfahren vorgeschaltet werden und die Hauptsache erst nach und abhängig von der Bewilligung der VKH durchgeführt werden, ist es üblich zur Begründung der Erfolgsaussicht dem VKH- Antrag einen Entwurf des beabsichtigten Antrags in der Hauptsache vorzulegen. Ein Entwurf sollte als solcher überschrieben sein und weder unterzeichnet noch beglaubigte Abschriften beigefügt werden. Andernfalls besteht die Gefahr, dass der Antrag in der Hauptsache angesehen und sofort anhängig wird. Zumal auch ein Anwalt, der nur ein Gesuch um VKH einreicht, im Zweifel als für das gesamte Verfahren bevollmächtigt anzusehen ist (BGH, NJW 2002, 1728). Zumindest in erster Instanz ist es aber auch möglich, anstelle eines nicht unterzeichneten Entwurfs gleich einen vollständigen Hauptsacheantrag beizufügen, wenn in dem VKH-Antrag unmissverständlich klargestellt wird, dass die Antragsschrift vorerst nur zur Darlegung der Erfolgsaussicht der beantragten VKH dienen und als Antrag in der Hauptsache erst nach Bewilligung der VKH anhängig gemacht werden soll (BGH, FamRZ 1996, 1142; NJW-RR 2003, 1558; OLG Brandenburg, FamRZ 2008, 533). Das ist allerdings nur dann zweckmäßig, wenn nicht damit zu rechnen ist, dass VKH nur teilweise bewilligt wird. Dabei ist darauf zu achten, dass neben der beglaubigten Abschrift für die spätere Zustellung auch genügend unbeglaubigte Exemplare für den VKH-Antrag beigefügt werden. Wird einem **Rechtsmittelverfahren** ein VKH-Antrag mit der Absicht vorgeschaltet, nach Bewilligung Wiedereinsetzung zu beantragen, ist ebenfalls davon abzuraten, zur Begründung der Erfolgsaussicht eine unterzeichnete Rechtsmittelschrift vorzulegen, da in diesem Fall die obergerichtliche Rechtsprechung und insb. der BGH mit Rücksicht auf die schwerwiegenden Folgen einer bedingten und damit unzulässigen Rechtsmitteleinlegung dazu tendieren, bei nur geringsten Zweifeln am entgegenstehenden Willen das Rechtsmittel als eingelegt zu werten (vgl. z. B. BGH, FamRZ 2012, 962 Rn. 11; OLG Karlsruhe, FamRZ 2011, 1425 m.w.N). Um auch etwaigen Zweifeln an der Ursächlichkeit der Mittellosigkeit für die Fristversäumung (s. dazu BGH, FamRZ 2012, 296; 2008, 1520) zu begegnen, ist es ohnehin am sichersten, auch keinen vollständigen Entwurf beizufügen, sondern die Erfolgsaussicht im Text des VKH-Antrags zu begründen (s. Muster im Kap. 2 Rdn. 1058 und zu den Voraussetzungen und Problemen bei einer Wiedereinsetzung wegen Versäumung der Rechtsmittelfristen *Büte*; FuR 2012, 119).

5. Beiordnungsantrag. Nur wenn für das Hauptsacheverfahren kein Anwaltszwang besteht (s. Rdn. 274), bedarf die Beiordnung eines ausdrücklichen Antrags; ist die Vertretung durch einen Anwalt gesetzlich vorgeschrieben, muss dem Bedürftigen mit der Bewilligung von VKH immer ein Rechtsanwalt von Amts wegen beigeordnet werden. Insoweit erfüllt der Beiordnungsantrag nur die Funktion, den Anwalt zu benennen, der ihm beigeordnet werden soll. Diesen muss der Antragsteller in beiden Fällen selbst auswählen, ausgenommen, es will ihn niemand vertreten, dann wählt ihn das Gericht aus (s. § 121 Abs. 5 ZPO, § 78 Abs. 5 FamFG). Auch einem Rechtsanwalt kann in eigener Sache ein anderer Anwalt oder er sich selbst beigeordnet werden (BGH, NJW 2002, 2179).

6. Anspruch auf Verfahrenskostenvorschuss: Wenn die Erklärung über die persönlichen und wirtschaftlichen Verhältnisse vorgelegt wird, ist im Allgemeinen keine besondere Begründung der Bedürftigkeit erforderlich. Anders ist dies, wenn ein Anspruch auf Verfahrenskostenhilfe bestehen könnte. Der unterhaltsrechtliche Anspruch auf Verfahrenskostenvorschuss (§ 1360a Abs. 4 BGB und i. V.m § 1361 Abs. 4 Satz 4 oder § 1610 Abs. 2 BGB) ist ein für die Verfahrenskosten einzusetzender Vermögenswert i. S. des § 115 Abs. 3 ZPO (BGH, FamRZ 2004, 1633). Einen Anspruch auf Kostenvorschuss haben insb. wechselseitig Ehegatten (nicht mehr nach Scheidung, s. BGH, FamRZ 2010, 189 auch zur Heranziehung des neuem Ehegatten für Streitigkeiten mit dem alten) und Kinder (auch privilegierte volljährige BGH, FamRZ 2005, 883) gegen ihre Eltern. Wird gleichzeitig

Trennungsunterhalt geschuldet, kommt wegen des Halbteilungsgrundsatzes eine Vorschusspflicht nur in Ausnahmefallen in Betracht (FA-FamR/*Maier* Kap. 6 Rn. 461). Von einem Ehegatten kann er nach der Beendigung des Kosten auslösenden Verfahrens nicht mehr verlangt werden (BGH, FamRZ 1990, 280; 1985, 902). Die Streitigkeit muss eine persönliche Angelegenheit betreffen; dazu können neben den die Person berührenden nicht vermögensrechtlichen Angelegenheiten auch auf vermögensrechtliche Leistungen gerichtete Ansprüche gehören (BGH, FamRZ 2010, 189; 2003, 1651; s. dazu Schulte-Bunert/Weinreich/*Schwonberg*, § 246 Rn. 25 f.). Ein Kostenvorschuss wird als spezieller Sonderbedarf nur geschuldet, wenn der Unterhaltschuldner leistungsfähig ist (OLG Dresden, FuR 2013, 337 m. w. N.) und seine Inanspruchnahme nicht unbillig ist. Deshalb wird er für ein Verfahren nicht geschuldet, das keine hinreichende Aussicht auf Erfolg hat oder mutwillig ist (vgl. BGH, FamRZ 2001, 1363). Der Anspruch auf Verfahrenskostenvorschuss geht der Inanspruchnahme von VKH vor, wenn er alsbald – notfalls im Wege der gesondert zu beantragenden einstweiligen Anordnung nach § 246 FamFG – realisiert werden kann (BGH, FamRZ 2008, 1842; OLG Nürnberg, FamRZ 2013, 1325). Dann lässt er die Bedürftigkeit für VKH entweder ganz oder teilweise entfallen; ist der Schuldner zur Entrichtung in Raten verpflichtet, ist der Antragsteller nur insoweit leistungsfähig, d. h. ihm ist VKH mit gleichlautenden Raten zu bewilligen (BGH, FamRZ 2004, 1633). Die Leistungsfähigkeit beurteilt sich nach unterhaltsrechtlichen Maßstäben (nicht nach § 115 ZPO; OLG Dresden, FamRZ 2013, 1597), sodass ihm gegenüber minderjährigen Kindern der notwendige und ansonsten der angemessene Selbstbehalt verbleiben muss (BGH, FamRZ 2004, 1633 m. Anm. Viefhues). Kann der Unterhaltpflichtige bei Wahrung seines Selbstbehalts den Kostenvorschuss ratenweise erbringen, ist VKH mit entsprechenden Raten zu bewilligen (BGH, FamRZ 2004, 1633 s. a. Rdn. 271). Sind potenziell vorschusspflichtige Verwandte oder Ehegatten vorhanden, obliegt es dem Antragsteller darzulegen, dass jene nicht leistungsfähig sind oder es ihm nicht zuzumuten ist, den Vorschuss geltend zu machen und die dazu behaupteten Tatsachen glaubhaft zu machen (BGH, FamRZ 2008, 1842; OLG Karlsruhe, FamRZ 2006, 185 m. w. N.). Um unnötige Nachfragen des Gerichts zu vermeiden, ist es zweckmäßig zum Nichtbestehen des Anspruchs kurz Stellung zu nehmen, da das Formular dies nicht direkt abfragt. Falls ein Anspruch infrage kommen könnte, sollte die Erklärung über die persönlichen und wirtschaftlichen Verhältnisse um Angaben zu den Einkommens- und Vermögensverhältnissen des potenziell Vorschusspflichtigen ergänzt werden (s. u. Rdn. 230).

7. Sachliche Begründung. In **Ehe- und Familienstreitsachen** trifft den Antragsteller in der ersten Instanz die volle Darlegungslast für die hinreichende Erfolgsaussicht seines Begehrens in der Hauptsache (§ 117 Abs 1 Satz 2 ZPO). Darzustellen ist der Lebenssachverhalt, aus dem der Anspruch hergeleitet wird bzw. zu verneinen ist, nebst den vorhandenen Beweismitteln; ein förmlicher Antrag ist nicht erforderlich, es muss jedoch erkennbar sein, was der Antragsteller begehrt (Musielak/*Fischer* ZPO § 117 Rn. 15). Das kann entweder im VKH-Antrag selbst, durch die Bezugnahme auf einen bereits zur Hauptsache eingereichten Schriftsatz bzw. mittels Beifügung eines Antragsentwurfs (s. o. Nr. 4) geschehen. Auch dann kann es zweckmäßig sein, im VKH-Antrag gesondert auf die Klärungsbedürftigkeit von Rechtsfragen oder von Tatsachen durch Beweisaufnahme und darauf hinzuweisen, dass allein deswegen VKH bewilligt werden muss (BGH, FamRZ 2012, 215; 2009, 1654). Gleiches gilt für Argumente gegen eine mögliche Mutwilligkeit bzw. Rechtsmissbrauch (s. dazu und allg. zur Erfolgsaussicht Rdn. 184 ff.). In den vom Amtsermittlungsprinzip beherrschten **FG-Sachen** besteht eine vergleichbare Darlegungslast nur, wenn in dem Verfahren ein Sachantrag gestellt werden muss (z. B. in Abstammungs-, Adoptions- und Herausgabeverfahren). In den übrigen Verfahren reicht es aus, dass sich der Antragsteller entsprechend seiner Mitwirkungspflicht aktiv am Verfahren beteiligen will (s. § 27 FamFG und Rdn. 184). Bei der VKH für die Einlegung eines **Rechtsmittels** ist eine sachliche Begründung zwar zweckmäßig, aber nicht notwendig, weil das Gericht v. A. w. die Erfolgsaussicht auf der Grundlage des bisherigen Vorbringens im Rahmen der Beschwer prüfen muss (BGH, NJW 1993, 732; NJW-RR 2001, 570). War dem Rechtsmittelgegner in der Vorinstanz VKH bewilligt, wirkt die einmal bejahte Erfolgsaussicht weiter (§ 119 Abs. 2 ZPO; s. dazu Rdn. 186).

8. Begründung für die Beiordnung. Sie nicht erforderlich, wenn für das konkrete Verfahren die Vertretung durch einen Anwalt vorgeschrieben ist; dann genügt ein Hinweis auf die einschlägige Vorschrift (s. Rdn. 274). Besteht für das Verfahren kein Anwaltszwang, wie in sämtlichen erst- und zweitinstanzlichen FG-Familiensachen, muss das Gericht für den konkreten Einzelfall entscheiden, ob wegen der Schwierigkeit der Sach- und Rechtslage die Vertretung durch einen Rechtsanwalt erforderlich ist. Deshalb sollte dies zumindest kurz begründet werden (s. zu den Gründen im Einzelnen. Rdn. 275 ff.).

III. Erklärung zu den persönlichen und wirtschaftlichen Verhältnissen - Einsatz von Einkommen und Vermögen

1. Formularzwang

Für die Darlegung der persönlichen und wirtschaftlichen Verhältnisse als Grundlage der Bedürftigkeit muss das **amtliche Formular** verwendet werden (§ 117 Abs. 4 ZPO i. V. m. § 1 Prozesskostenhilfeformularverordnung [PKHFV] vom 06.01.2014, BGBl. I, S. 34). Das im Zusammenhang mit dem PKH/BerHÄndG (s. Rdn. 178) novellierte Formular hat den bisherigen »Vordruck« (s. PKHVV vom 17.10.1994) abgelöst, der aber für die in Altverfahren weiterhin zu verwenden ist (zur Verwendung eigener Formulare mit gerinfügigen Abweichungen vom Oringinal s. BGH, MDR 2014, 492 betreffend das PfÜB-Formular). Die Formularerklärung ist grds. **in jeder Instanz** erneut beizubringen (BGH, FamRZ 2006, 1522), es sei denn, es wird ausdrücklich unter Bezugnahme auf die in der Vorinstanz vorgelegten Formulare und Belege erklärt, dass keine Veränderung eingetreten ist (BGH, NJW 2001, 2720 = BGHZ 148, 66). In diesem Fall müssen die vorliegenden Unterlagen vollständig sein (BGH, FamRZ 2004, 1961; 2013, 1124). Der Formularzwang gilt nicht nur, wenn Verfahrens- oder Prozesskostenhilfe beantragt wird, seit 01.01.2014 muss der Begünstigte das Formular **auch im Überprüfungsverfahren** ausfüllen (anders nach dem bis dahin geltenden Rechts, vgl. OLG Hamm, FamRZ 2005, 2004 m. w. N.). Die Verpflichtung betrifft auch Verfahrensbeteiligte, die sich im Ausland aufhalten (BGH, FamRZ 2011, 104). Für die Beantragung von Kostenhilfe für ein **Verfahren in einem anderen EU-Land** ist ein besonderes Formular zu verwenden, das sich aber inhaltlich vom Standardformular kaum unterscheidet. Beide können mitsamt den amtlichen Erläuterungen auf den Webseiten des BMJ und der Landesjustizbehörden abgerufen werden. Die Formularerklärung ist grds. **in jeder Instanz** erneut beizubringen (BGH, FamRZ 2006, 1522). Es sei denn, es wird ausdrücklich unter Bezugnahme auf die in der Vorinstanz vollständig vorgelegten Formulare und Belege erklärt, dass keine Veränderung eingetreten ist (BGH, FamRZ 2004, 1961; BGHZ 148, 66) bzw. welche Veränderungen eingetreten sind (s. o. Rdn. 191 und Muster Kap. 2 Rdn. 1058).

222

Ausnahmen: Der Formularzwang gilt nicht für die Erklärung einer Partei kraft Amtes, einer juristischen Person oder einer parteifähigen Vereinigung (§ 1 Abs. 2 PKHFV). Von der Benutzung des Formulars ist auch das **minderjährige Kind** befreit, wenn es selbst über kein nach § 115 ZPO einzusetzendes Einkommen oder Vermögen verfügt. Die Befreiung gilt nicht für sämtliche Verfahren, sondern nach § 2 PKHVV nur für Unterhaltsverfahren einschließlich der Vollstreckung sowie in Abstammungssachen. Unter den vorgenannten Voraussetzungen kann das Kind bzw. für dieses sein gesetzlicher Vertreter die **Erklärung formfrei** abgeben. Sie muss nach § 2 Abs. 1 Satz 2 PKHFV Angaben dazu enthalten, wie das Kind seinen Lebensunterhalt bestreitet und über welche Einkünfte es verfügt, sowie die Erklärung, dass es kein Vermögen besitzt, welches nicht vom Einsatz für die Verfahrenskosten verschont ist (s. dazu Rdn. 249 ff. und allg. OLG Brandenburg, FamRZ 2004, 383). Zur Prüfung eines (weitergehenden) Anspruchs auf Unterhalt und auf Verfahrenskostenvorschuss sind außerdem – soweit dem Kind oder seinem gesetzlichen Vertreter bekannt – die monatlichen Einnahmen der ihm zum Unterhalt verpflichteten Personen anzugeben und ob diese über Vermögen verfügen. Ob ein Anspruch besteht, beurteilt sich allein nach unterhaltsrechtlichen Kriterien (s. Rdn. 221, *M. 6*). Zur Vorlage von Belegen ist es erst verpflichtet, wenn das Gericht sie verlangt. In Unterhaltssachen kann wegen der benötigen Angaben oder Belege vielfach auf den Vortrag zur Hauptsache verwiesen werden. Das Gericht kann auch die Benutzung des Formulars verlangen.

223

Scheidet ein Anspruch auf Kostenvorschuss nicht von vornherein aus, ist es zweckmäßig für die Angabe der Einkommens- und Vermögensverhältnisse der Eltern gleich das Formular zu verwenden (s. a. Rdn. 229).

224   Bezieht der Antragsteller **laufende Leistungen zum Lebensunterhalt** nach dem SGB XII (Sozialhilfe; nicht mehr bei Leistungen zur Sicherung des Lebensunterhalts nach SGB II!), entfällt der Formularzwang nicht. Er darf lediglich auf den Teil der geforderten Angaben, der sich auf die wirtschaftlichen Verhältnisse (Abschnitte E bis J) bezieht, verzichten und das auch nur, wenn der letzte Bescheid über die Bewilligung der Leistungen in vollständiger Form, also mit sämtlichen Anlagen, beigefügt wird. Betrifft der Bewilligungsbescheid allerdings einen bereits seit mehreren Monaten abgelaufenen Bewilligungszeitraum (prüfen!), ist er zum Beleg der aktuellen Verhältnisse nicht geeignet. Auch die Vorlage eines aktuellen Bescheides befreit den Antragsteller nur zunächst davon, den Vordruck vollständig auszufüllen; er muss die Angaben ergänzen, sobald das Gericht dies verlangt (§ 2 Abs. 2 PKHFV). Bei Leistungen zur Sicherung des Lebensunterhalts nach SGB II (Hartz IV) ist das Formular immer vollständig auszufüllen!

2. Muster: Amtliches Formular

Bezeichnung, Ort und Geschäftsnummer des Gerichts: 225

Erklärung über die persönlichen und wirtschaftlichen Verhältnisse
bei Prozess- oder Verfahrenskostenhilfe
– Belege sind in Kopie durchnummeriert beizufügen –

A	Angaben zu Ihrer Person			
	Name, Vorname, ggf. Geburtsname	Beruf, Erwerbstätigkeit	Geburtsdatum	Familienstand
	Anschrift (Straße, Hausnummer, Postleitzahl, Wohnort)		Tagsüber tel. erreichbar unter Nummer	
	Sofern vorhanden: Gesetzlicher Vertreter (Name, Vorname, Anschrift, Telefon)			

B   Rechtsschutzversicherung/Mitgliedschaft

	Beleg Nummer
1. Trägt eine Rechtsschutzversicherung oder eine andere Stelle/Person (z. B. Gewerkschaft, Mieterverein, Sozialverband) die Kosten Ihrer Prozess- oder Verfahrensführung?	
☐ Nein ☐ Ja:	
In welcher Höhe? Wenn die Kosten in voller Höhe von einer Versicherung oder anderen Stelle/Person getragen werden, ist die Bewilligung von Prozess- oder Verfahrenskostenhilfe nicht möglich und damit die Beantwortung der weiteren Fragen nicht erforderlich.	
2. Wenn nein: Besteht eine Rechtsschutzversicherung oder die Mitgliedschaft in einem Verein/einer Organisation (z. B. Gewerkschaft, Mieterverein, Sozialverband), der/die die Kosten der beabsichtigten Prozess- oder Verfahrensführung tragen oder einen Prozessbevollmächtigten stellen könnte?	Beleg Nummer
☐ Nein ☐ Ja:	
Bezeichnung der Versicherung/des Vereins/der Organisation. Klären Sie möglichst vorab, ob die Kosten getragen werden. Bereits vorhandene Belege über eine (Teil-)Ablehnung seitens der Versicherung/des Vereins/der Organisation fügen Sie dem Antrag bei.	

C   Unterhaltsanspruch gegenüber anderen Personen

	Beleg Nummer
Haben Sie Angehörige, die Ihnen gegenüber gesetzlich zur Leistung von Unterhalt verpflichtet sind (auch wenn tatsächlich keine Leistungen erfolgen)? z. B. Mutter, Vater, Ehegattin/Ehegatten, eingetragene(r) Lebenspartner/Lebenspartnerin	
☐ Nein ☐ Ja:	
Name des Unterhaltsverpflichteten. Bitte geben Sie auf einem weiteren Exemplar dieses Formulars seine persönlichen und wirtschaftlichen Verhältnisse an, sofern diese nicht bereits vollständig aus den folgenden Abschnitten ersichtlich sind.	

D   Angehörige, denen Sie Bar- oder Naturalunterhalt gewähren

Name, Vorname, Anschrift (sofern sie von Ihrer Anschrift abweicht)	Geburts-datum	Verhältnis (z. B. Ehe-gatte, Kind, Mutter)	Monatsbetrag in EUR, soweit Sie den Unterhalt nur durch Zahlung gewähren	Haben diese Angehörigen eigene Einnahmen? z. B. Ausbildungsvergütung, Unterhalts-zahlung vom anderen Elternteil usw.	Beleg Nummer
1				☐ Nein ☐ Ja: mtl. EUR netto	
2				☐ Nein ☐ Ja: mtl. EUR netto	
3				☐ Nein ☐ Ja: mtl. EUR netto	
4				☐ Nein ☐ Ja: mtl. EUR netto	
5				☐ Nein ☐ Ja: mtl. EUR netto	

- Allgemeine Fassung -   1

Wenn Sie laufende Leistungen zum Lebensunterhalt nach dem Zwölften Buch Sozialgesetzbuch (Sozialhilfe) beziehen und den aktuellen Bescheid einschließlich des Berechnungsbogens vollständig beifügen, müssen Sie die <u>Abschnitte E bis J</u> nicht ausfüllen, es sei denn, das Gericht ordnet dies an.

E   Bruttoeinnahmen

Belege (z. B. Lohnbescheinigung, Steuerbescheid, Bewilligungsbescheid mit Berechnungsbogen) müssen in Kopie beigefügt werden.

1. Haben Sie Einnahmen aus (bitte die monatlichen Bruttobeträge in EUR angeben)

			Beleg Nummer				Beleg Nummer
Nichtselbständiger Arbeit?	☐ Nein	☐ Ja: mtl. EUR brutto		Unterhalt?	☐ Nein	☐ Ja: mtl. EUR brutto	
Selbständiger Arbeit/ Gewerbebetrieb/ Land- und Forstwirtschaft?	☐ Nein	☐ Ja: mtl. EUR brutto		Rente/Pension?	☐ Nein	☐ Ja: mtl. EUR brutto	
Vermietung und Verpachtung?	☐ Nein	☐ Ja: mtl. EUR brutto		Arbeitslosengeld?	☐ Nein	☐ Ja: mtl. EUR brutto	
Kapitalvermögen?	☐ Nein	☐ Ja: mtl. EUR brutto		Arbeitslosengeld II?	☐ Nein	☐ Ja: mtl. EUR brutto	
Kindergeld/ Kinderzuschlag?	☐ Nein	☐ Ja: mtl. EUR brutto		Krankengeld?	☐ Nein	☐ Ja: mtl. EUR brutto	
Wohngeld?	☐ Nein	☐ Ja: mtl. EUR brutto		Elterngeld?	☐ Nein	☐ Ja: mtl. EUR brutto	

2. Haben Sie andere Einnahmen? auch einmalige oder unregelmäßige

Wenn Ja, bitte Art, Bezugszeitraum und Höhe angeben
z.B. Weihnachts-/Urlaubsgeld jährlich, Steuererstattung jährlich, BAföG mtl.

☐ Nein   ☐ Ja   Beleg Nummer

EUR brutto

EUR brutto

3. Hat Ihr Ehegatte/eingetragener Lebenspartner bzw. Ihre Ehegattin/eingetragene Lebenspartnerin Einnahmen aus
(bitte die monatlichen Bruttobeträge in EUR angeben)

			Beleg Nummer				Beleg Nummer
Nichtselbständiger Arbeit?	☐ Nein	☐ Ja: mtl. EUR brutto		Unterhalt?	☐ Nein	☐ Ja: mtl. EUR brutto	
Selbständiger Arbeit/ Gewerbebetrieb/Land- und Forstwirtschaft?	☐ Nein	☐ Ja: mtl. EUR brutto		Rente/Pension?	☐ Nein	☐ Ja: mtl. EUR brutto	
Vermietung und Verpachtung?	☐ Nein	☐ Ja: mtl. EUR brutto		Arbeitslosengeld?	☐ Nein	☐ Ja: mtl. EUR brutto	
Kapitalvermögen?	☐ Nein	☐ Ja: mtl. EUR brutto		Arbeitslosengeld II?	☐ Nein	☐ Ja: mtl. EUR brutto	
Kindergeld/ Kinderzuschlag?	☐ Nein	☐ Ja: mtl. EUR brutto		Krankengeld?	☐ Nein	☐ Ja: mtl. EUR brutto	
Wohngeld?	☐ Nein	☐ Ja: mtl. EUR brutto		Elterngeld?	☐ Nein	☐ Ja: mtl. EUR brutto	

4. Hat Ihr Ehegatte/eingetragener Lebenspartner bzw. Ihre Ehegattin/eingetragene Lebenspartnerin andere Einnahmen? auch einmalige oder unregelmäßige

Wenn Ja, bitte Art, Bezugszeitraum und Höhe angeben
z.B. Weihnachts-/Urlaubsgeld jährlich, Steuererstattung jährlich, BAföG mtl.

☐ Nein   ☐ Ja   Beleg Nummer

EUR brutto

EUR brutto

5. Falls zu den Einnahmen alle Fragen verneint werden: Auf welche Umstände ist dies zurückzuführen? Wie bestreiten Sie Ihren Lebensunterhalt? Angaben hierzu sind auf einem gesonderten Blatt beizufügen!

2

F Abzüge Art der Abzüge bitte kurz bezeichnen (z. B. Lohnsteuer, Pflichtbeiträge, Lebensversicherung). Belege müssen in Kopie beigefügt werden.

1. Welche Abzüge haben Sie?		Beleg Nummer	2. Welche Abzüge hat Ihr Ehegatte/eing. Lebenspartner bzw. Ihre Ehegattin/eingetragene Lebenspartnerin?		Beleg Nummer
Steuern/Solidaritätszuschlag	EUR mtl.		Steuern/Solidaritätszuschlag	EUR mtl.	
Sozialversicherungsbeiträge	EUR mtl.		Sozialversicherungsbeiträge	EUR mtl.	
Sonstige Versicherungen	EUR mtl.		Sonstige Versicherungen	EUR mtl.	
Fahrt zur Arbeit (Kosten für öffentliche Verkehrsmittel oder einfache Entfernung bei KFZ-Nutzung)	EUR mtl./KM		Fahrt zur Arbeit (Kosten für öffentliche Verkehrsmittel oder einfache Entfernung bei KFZ-Nutzung)	EUR mtl./KM	
Sonstige Werbungskosten/Betriebsausgaben	EUR mtl.		Sonstige Werbungskosten/Betriebsausgaben	EUR mtl.	

G Bankkonten/Grundeigentum/Kraftfahrzeuge/Bargeld/Vermögenswerte

Verfügen Sie oder Ihr Ehegatte/Ihre Ehegattin bzw. Ihr eingetragener Lebenspartner/Ihre eingetragene Lebenspartnerin allein oder gemeinsam über ...

1. Bank-, Giro-, Sparkonten oder dergleichen? Angaben zu allen Konten sind auch bei fehlendem Guthaben erforderlich. *Beleg Nummer*

☐ Nein ☐ Ja:

Art des Kontos, Kontoinhaber, Kreditinstitut — Kontostand in EUR

2. Grundeigentum? z. B. Grundstück, Haus, Eigentumswohnung, Erbbaurecht *Beleg Nummer*

☐ Nein ☐ Ja:

Größe, Anschrift/Grundbuchbezeichnung, Allein- oder Miteigentum, Zahl der Wohneinheiten — Verkehrswert in EUR

3. Kraftfahrzeuge? *Beleg Nummer*

☐ Nein ☐ Ja:

Marke, Typ, Baujahr, Anschaffungsjahr, Allein- oder Miteigentum, Kilometerstand — Verkehrswert in EUR

4. Bargeld oder Wertgegenstände? z. B. wertvoller Schmuck, Antiquitäten, hochwertige elektronische Geräte *Beleg Nummer*

☐ Nein ☐ Ja:

Bargeldbetrag in EUR, Bezeichnung der Wertgegenstände, Allein- oder Miteigentum — Verkehrswert in EUR

5. Lebens- oder Rentenversicherungen? *Beleg Nummer*

☐ Nein ☐ Ja:

Versicherung, Versicherungsnehmer, Datum des Vertrages/Handelt es sich um eine zusätzliche Altersvorsorge gem. Einkommensteuergesetz, die staatlich gefördert wurde ("Riester-Rente")? — Rückkaufswert in EUR

6. sonstige Vermögenswerte? z. B. Bausparverträge, Wertpapiere, Beteiligungen, Forderungen *Beleg Nummer*

☐ Nein ☐ Ja:

Bezeichnung, Allein- oder Miteigentum — Verkehrswert in EUR

3

H	**Wohnkosten** Belege sind in Kopie beizufügen (z. B. Mietvertrag, Heizkostenabrechnung, Kontoauszüge)					Beleg Nummer

1. Gesamtgröße des Wohnraums, den Sie allein oder gemeinsam mit anderen Personen bewohnen:
(Angabe in Quadratmeter)

2. Zahl der Zimmer:		3. Anzahl der Personen, die den Wohnraum insgesamt bewohnen:	

4. Nutzen Sie den Raum als Mieter oder in einem ähnlichen Nutzungsverhältnis? Wenn ja, bitte die nachfolgenden Angaben in EUR pro Monat ergänzen

☐ Nein   ☐ Ja

Miete ohne Nebenkosten	Heizungskosten	Übrige Nebenkosten	Gesamtbetrag	Ich allein zahle davon

5. Nutzen Sie den Raum als Eigentümer, Miteigentümer oder Erbbauberechtigter? Wenn ja, bitte die nachfolgenden Angaben in EUR pro Monat ergänzen

☐ Nein   ☐ Ja

Zinsen und Tilgung	Heizungskosten	Übrige Nebenkosten	Gesamtbetrag	Ich allein zahle davon

6. Genaue Einzelangaben zu der Belastung aus Fremdmitteln bei Nutzung als (Mit-)Eigentümer usw.
z. B. Datum des Darlehensvertrages, Darlehensnehmer, Kreditinstitut, Darlehensrate pro Monat, Zahlungen laufen bis ... — Beleg Nummer

	Restschuld in EUR	Zinsen und Tilgung mtl.
	Restschuld in EUR	Zinsen und Tilgung mtl.

I	**Sonstige Zahlungsverpflichtungen** Angabe, an wen, wofür, seit wann und bis wann die Zahlungen geleistet werden	Beleg Nummer

z. B. Ratenkredit der ... Bank vom ... für ..., Raten laufen bis ... / Belege (z. B. Darlehensvertrag, Zahlungsnachweise) sind in Kopie beizufügen

	Restschuld in EUR	Gesamtbelastung mtl.	Ich allein zahle davon
	Restschuld in EUR	Gesamtbelastung mtl.	Ich allein zahle davon
	Restschuld in EUR	Gesamtbelastung mtl.	Ich allein zahle davon

J	**Besondere Belastungen** Angaben sind zu belegen,	Beleg Nummer

z. B. Mehrausgaben für körperbehinderten Angehörigen und Angabe des GdB/Mehrbedarfe gemäß § 21 SGB II und § 30 SGB XII

	Ich allein zahle davon
	Ich allein zahle davon

K Ich versichere hiermit, dass meine Angaben vollständig und wahr sind. Das Hinweisblatt zu diesem Formular habe ich erhalten und gelesen.

Mir ist bekannt, dass unvollständige oder unrichtige Angaben die Aufhebung der Bewilligung von Prozess- oder Verfahrenskostenhilfe und eine Strafverfolgung nach sich ziehen können. Das Gericht kann mich auffordern, fehlende Belege nachzureichen und meine Angaben an Eides statt zu versichern.

Mir ist auch bekannt, dass ich während des Gerichtsverfahrens und innerhalb eines Zeitraums von vier Jahren seit der rechtskräftigen Entscheidung oder der sonstigen Beendigung des Verfahrens verpflichtet bin, dem Gericht wesentliche Verbesserungen meiner wirtschaftlichen Lage oder eine Änderung meiner Anschrift unaufgefordert und unverzüglich mitzuteilen. Bei laufenden Einkünften ist jede nicht nur einmalige Verbesserung von mehr als 100 Euro (brutto) im Monat mitzuteilen. Reduzieren sich geltend gemachte Abzüge, muss ich dies ebenfalls unaufgefordert und unverzüglich mitteilen, wenn die Entlastung nicht nur einmalig 100 Euro im Monat übersteigt. Ich weiß, dass die Bewilligung der Prozess- oder Verfahrenskostenhilfe bei einem Verstoß gegen diese Pflicht aufgehoben werden kann, und ich dann die gesamten Kosten nachzahlen muss.

Anzahl der beigefügten Belege:

Ort, Datum	Unterschrift der Partei oder Person, die sie gesetzlich vertritt	Aufgenommen:
		Unterschrift/Amtsbezeichnung

4

3. Ausfüllhinweise - Einsatz von Einkommen und Vermögen

Verfahrenskostenhilfe kann grds. erst dann und ab dem Zeitpunkt bewilligt werden, in dem eine   226
vollständige Erklärung mit den erforderlichen Belegen eingereicht ist (s. Rdn. 191). Fehlende Belege
können die Versagung der VKH zur Folge haben, wenn sie nicht nachgereicht werden. Unvollständige oder unrichtige Angaben können zu ihrer Aufhebung und zur Nachzahlung der inzwischen angefallenen Kosten führen (s. Rdn. 208 ff.). Bewusst unrichtige oder unvollständige Angaben können
darüber hinaus u. U. als Leistungserschleichung strafrechtlich verfolgt werden. Deshalb sollte das
Formular mit besonderer Sorgfalt ausgefüllt werden.

Das amtliche Formular in der Fassung der Anlage zur Prozesskostenhilfeformularverordnung
(PKHFV) vom 06.01.2014 (BGBl. I, S. 34,) besteht aus dem vierseitigen Erklärungsformular
(s. Rdn. 225) sowie aus einem fünf Seiten umfassenden Hinweisblatt, in dem zum einen allgemeine
Hinweise, zur Bedeutung der PKH und deren Voraussetzungen einschließlich der Belehrung über
die Folgen unvollständiger oder unrichtiger Angaben oder der Nichtanzeige von Einkommensver-
besserungen oder einer Änderung der Anschrift. Den Hauptteil bilden die Ausfüllhinweise zu der
Formularerklärung (im Folgenden abgekürzt: *AH*). Die Formularerklärung selbst ist als Fragebogen
gestaltet, gegliedert nach Angaben zu
- persönlichen Verhältnissen, einschließlich potenziell unterhaltspflichtiger Personen (Abschnitt
  A bis D),
- Einkünften und regelmäßigen Abzügen (Abschnitt E und F),
- Vermögen (Abschnitt G),
- Wohnkosten einschließlich Belastung durch Fremdmittel (Abschnitt H),
- sonstigen Zahlungsverpflichtungen und besonderen finanziellen Belastungen (Abschnitt I und
  J),

Ziff. K enthält verschiedene vorformulierte Erklärungen, wie die Versicherung der Vollständigkeit
und Wahrheit der Angaben und Wissenserklärungen, insbesondere über die Verpflichtung nach
§ 120a Abs. 2 Satz 4 ZPO (s. Muster Rdn. 225 am Ende).

Das neue Formular fragt die erforderlichen Angaben weitaus detaillierter ab, als der von ihr abgelöste Vordruck nach der Anlage zur PKHFV vom 17.10.1994 (BGBl. I, S. 3001). Auch lassen die
Felder mehr Raum für das Eintragen der Angaben. Es sind grds. **sämtliche Fragen** zu **beantworten**
(zur Ausnahme bei Bezug von Leistungen zum Lebensunterhalt nach dem SGB XII s. o. Rdn. 224)
und sämtliche Einkünfte und das gesamte Vermögen unabhängig davon anzugeben, ob es für die
Verfahrenskosten einzusetzen ist! Die Fragen in Abschnitt E bis J sind **auch für den Ehegatten** zu
beantworten (soweit bekannt auch bei Getrenntleben). Ist eine Frage zu **verneinen**, ist nach den *AH*
das dafür vorgesehene Kästchen anzukreuzen und, wenn keines vorhanden, in die jeweilige Zelle
entweder das Wort »nein« oder ein waagerechter Strich einzutragen. Sind für eine Frage mehrere
Zeilen, Spalten oder Kästchen vorgesehen, ist m. E. ein Querstrich sinnvoller und auch ausreichend.
Reicht der für die erforderlichen Angaben vorgesehene Platz nicht aus oder sind Erläuterungen nötig, sollten diese auf gesondertem Blatt beigefügt und im Vordruck darauf hingewiesen werden. Einkünfte, Vermögen und vor allem Ausgaben müssen unaufgefordert belegt werden. Die **Belege** sollen
nummeriert und die entsprechende Nummer im zugehörigen Abschnitt des Formulars in der letzten
Spalte eingetragen werden. Derselbe Beleg kann so für unterschiedliche Angaben verwendet werden.
Kopien reichen aus, wenn das Gericht nicht anwaltlich beglaubigte Kopien oder Originale verlangt.

a) Personalien

Zu A: In der ersten Zeile sind die **Personalien des Antragstellers** einzutragen. Das ist derjenige Ver-   227
fahrensbeteiligte, der VKH begehrt und auf dessen persönliche und wirtschaftliche Verhältnisse es
i. d. R. ankommt (s. Rdn. 181). Bei Beruf, Erwerbstätigkeit ist nach den *AH* die Tätigkeit anzugeben,
aus der aktuell Einkünfte erzielt werden. In der zweiten Zeile ist die aktuelle Anschrift des Antragstellers aufzuführen – die Angabe einer Telefonnummer ist sicherlich freiwillig und bei anwaltlicher

Vertretung unangebracht. Die dritte Zeile dient der Angabe der Personalien des gesetzlichen Vertreters (Elternteil, Vormund, Betreuer), der allein für die Richtigkeit der Angaben verantwortlich ist und auch den Antrag unterzeichnen muss (s. u. Rdn. 267). Nicht aufzuführen ist hier der anwaltliche Vertreter, obwohl das nicht selten geschieht.

b) Rechtsschutz

228   *Zu B:* Wird der Rechtsstreit von einer **Rechtsschutzversicherung** in ausreichender Höhe gedeckt, erübrigt sich ein VKH-Antrag. Es sei denn, die Deckung ist noch streitig oder unklar. In beiden Fällen ist der Versicherungsschein vorzulegen, falls ein Ablehnungsbescheid existiert, auch dieser. In diesem Abschnitt wird auch nach Mitgliedschaften in Organisationen oder Vereinigungen gefragt, die üblicherweise die Prozesskosten übernehmen oder übernehmen könnten (z. B. Gewerkschaften, Mieterverein, Sozialverbände). Er erfasst auch den Fall, dass eine **andere Stelle** gesetzlich oder vertraglich zur Übernahme der Verfahrenskosten verpflichtet ist. Darunter fällt m. E. auch der Sozialleistungsträger, der einen übergegangenen Unterhaltsanspruch auf den Antragsteller rückübertragen hat.

c) Anspruch auf Unterhalt und VKV

229   *Zu C:* Hier muss der Antragsteller neuerdings sämtliche Personen angeben, gegen die er einen gesetzlichen **Anspruch auf Unterhalt** hat, unabhängig davon, ob solche Leistungen erbracht werden. Die Unterhaltsleistungen selbst sind nach wie als Einkommen vor unter E einzutragen (s. Rdn. 245). Wie sich aus den *AH* ergibt, ist hier auch der Unterhaltsanspruch der Mutter nach § 1615l BGB aufzuführen, obwohl sie nicht zu den Angehörigen zählt (s. u. Rdn. 231).

230   Die Angaben dienen in erster Linie zur **Prüfung eines Anspruchs auf Verfahrenskostenvorschuss.** Deshalb soll der Antragsteller zusätzlich Angaben über deren persönliche und wirtschaftliche Verhältnisse machen, soweit sie ihm bekannt sind. Für (auch getrennt lebende) Ehegatten und eingetragene Lebenspartner können die Angaben in den Abschnitten E bis J des Formulars gemacht werden. In den übrigen Fällen soll ein weiteres Exemplar des Formulars unter entsprechender Abänderung der ersten Zeile des Abschnitts A (Eltern/Vater/u. a. von ...) verwendet werden, wobei dann nur die Abschnitte A und D bis J auszufüllen sind, da sonst die Gefahr besteht, dass VKH wegen ungeklärter Bedürftigkeit versagt wird (BGH, FamRZ 2008, 1842; *Götsche*, jurisPR-FamR 9/2014 Anm. 1). Da ein der VKH vorgehender Kostenvorschussanspruch unabhängig davon besteht, ob sonstige Unterhaltsleistungen erbracht werden, ist es zweckmäßig, in allen Fällen eines möglicherweise bestehenden Anspruchs auf Verfahrenskostenvorschuss (s. dazu Rdn. 221, *M. 6)* so zu verfahren. Diese Angaben sind auch bei Bezug von Sozialhilfe zu machen (s. Rdn. 224); zur vereinfachten Erklärung des minderjährigen Kindes s. Rdn. 223. Bei offensichtlich nicht vorhandener Leistungsfähigkeit kann auch allein ein Verweis auf einen dafür vorgelegten Beleg genügen.

d) Leistung von Unterhalt

231   *Zu D:* Dieser Abschnitt fragt nur nach **Angehörigen, denen den Antragsteller regelmäßig Unterhalt gewährt**, sei es als Bar- oder Natural- bzw. Betreuungsunterhalt; bei Barunterhalt ist dessen Höhe (Zahlbetrag) anzugeben, sowie in allen Fällen die eigenen Einkünften des Unterhaltenen (s. dazu Rdn. 233). Den Angaben müssen die notwendigen Belege in Kopie beigefügt werden (z. B. Unterhaltstitel, Zahlungsnachweise).

Wer unter den Begriff »Angehörige« fällt, wird auch in den neuen *AH* nicht definiert. Die ZPO kennt nur den »Familienangehörigen«, dem nach § 178 ZPO ersatzweise zugestellt werden kann. Darunter fallen nach der Rspr. neben den Verlobten, den Ehegatten bzw. eingetragenen Lebenspartnern auch Verwandte und Verschwägerte sowie Pflegekinder (s. Zöller/*Stöber* § 178 Rn. 8). In ähnlicher Weise definiert § 16 Abs. 5 SGB X den Angehörigenbegriff, der auch zur Auslegung z. B. des § 90 Abs. 2 Nr. 8 SGB XII herangezogen wird (vgl. BSG, NVwZ-RR 2010, 152 Rn. 18). Nach der

Systematik § 115 Abs. 1 ZPO (s. Satz 2 Nr. 2 und Satz 8) sind hier auf jeden Fall sämtliche Personen anzugeben, denen der Antragsteller aufgrund einer gesetzlichen Verpflichtung Unterhalt leistet, also insbesondere auch der geschiedene Ehegatte und die nach § 1615l BGB unterhaltsberechtigte Mutter. Dagegen werden der informelle Lebensgefährte und seine Kinder im Allgemeinen nicht dazu gezählt. Ihre Eintragung unter D ist schon wegen der Unschärfe des Begriffs unschädlich. Denn ob und in welcher Weise eine Unterhaltsleistung zu berücksichtigen ist, wird durch den Eintrag allein nicht festgelegt. Infrage kommt entweder die Anrechnung eines Freibetrags bzw. die Anrechnung der gezahlten Unterhaltsrente oder die (wertende) Berücksichtigung als besondere Belastung (s. Rdn. 264). Die Praxis macht die Unterscheidung häufig nur, wenn Barunterhalt geleistet wird, aber nicht bei im Haushalt lebenden Angehörigen.

Für den Lebensbedarf der in Haushaltsgemeinschaft mit dem Antragsteller lebenden Unterhaltsberechtigten wird ein pauschaler Abzugsbetrag von seinem Einkommen (**Freibetrag**) berücksichtigt, der jährlich vom BMJ bekannt gemacht wird und sich an den Regelbedarfen des SGB orientiert. Nach der PKHB 2014 (BGBl. I 2013, S. 4088) beträgt der Freibetrag derzeit 452 € für den Antragsteller und seinen Ehegatten oder Lebenspartner sowie für jede weitere erwachsene Person 362 €. Für im Haushalt lebende minderjährige Kinder bis unter 6 Jahren beträgt der Freibetrag jeweils 263 Euro, ab 6 bis unter 14 Jahren: 299 € und ab 14 Jahre: 341 €. (s. dazu im Einzelnen Rdn. 270, M. 2 auch zu den Ausnahmen, wenn der Antragsteller dauerhaft in einer stationären Einrichtung lebt). Wohnkosten sind darin nicht enthalten. Die Freibeträge mindern sich um eigene anrechenbare Einkünfte des Betreffenden. Die Freibeträge für **Minderjährige** decken von dem Bedarf für Bildung und Teilhabe (§ 34 SGB XII) lediglich den persönlichen Schulbedarf und den Beitrag für Sportverein und Musikunterricht u.ä. (BT-Drucks. 17/3404, S. 136), nicht dagegen Fahrtkosten, Kosten für Klassenfahrten, Nachhilfe u.a. Dieser **Mehrbedarf** ist ebenso wie Kindergartenbeiträge (s. a. FamRZ 2009, 962), Kosten für eine eigene Krankenversicherung oder Kosten der beruflichen Ausbildung u.a. entweder als Abzugsbetrag bei den eigenen Einkünften des Kindes oder als besondere Belastung des Antragstellers zu berücksichtigen (Zöller/*Geimer* § 115 ZPO Rn. 38a) und unter Abschnitt J einzutragen (s. Rdn. 264.). Gleiches gilt für einen Mehrbedarf der erwachsenen Haushaltsangehörigen (zur Pauschalierung bestimmter Mehrbedarfe s. Rdn. 265) oder eines in einem Pflegeheim oder einer sonstigen Einrichtung lebenden Antragstellers. Bei nicht im Haushalt lebenden Unterhaltsberechtigten zählt der zusätzlich vom Antragsteller getragene Mehrbedarf zum einzutragenden **Barunterhalt**; gleichzeitig mindert er evtl. vorhandenes eigenes Einkommen des Empfängers. Zusätzliche Naturalleistungen wie das freie Wohnen in einer dem Antragsteller gehörenden Wohnung sollten mit dem Nutzwert beziffert werden, auch wenn ihn das Gericht möglicherweise nicht in vollem Umfang als angemessene Unterhaltsleistung (s. § 115 Abs. 1 Satz 8 ZPO) anerkennt.

232

Zu allen unter D aufgeführten Personen ist grundsätzlich die Frage nach **eigenen Einnahmen** zu beantworten und deren Höhe mit ihrem durchschnittlichen monatlichen Nettobetrag (Einnahmen wie bei Rdn. 236 ff., abzüglich Ausgaben wie in Abschnitt F, I, und J) zu beziffern. Für die Darlegung des Nettoeinkommens des Ehegatten oder eingetragenen Lebenspartners sieht der Fragebogen unter E und F gesonderte Felder vor; seine Verbindlichkeiten und besondere Belastungen können, sofern noch ausreichend Platz vorhanden ist, mit entsprechender Kennzeichnung unter I und J eingetragen werden. In den übrigen Fällen sollte wie für die Angaben zu den unterhaltverpflichteten Angehörigen ein gesondertes Formular verwendet werden (s. Rdn. 230). Soweit sich das aktuelle Einkommen des Unterhaltsempfängers aus einem Unterhaltstitel oder einer anderen Urkunde (z.B. Sozialhilfebescheid) ergibt, reicht m.E. deren Vorlage aus und es müssen außer unter D keine weiteren Angaben zum Einkommen des Unterhaltsempfängers gemacht werden. Allerdings können im Einzelfall zusätzliche Angaben erforderlich sein, z.B. zum Vermögen, wenn Unterhalt an nicht kraft Gesetzes Berechtigte gezahlt wird (s. Rdn. 264), oder zum Einkommen weiterer Unterhaltspflichtiger beim Eltern- und Kindesunterhalt.

233

Das anzurechnende Einkommen der Unterhaltsempfänger berechnet sich in gleicher Weise wie das des Antragstellers (s. u. Rdn. 235 bis 248). Neben Erwerbseinkommen gehören dazu insb. Unterhaltsleistungen Dritter, insbesondere die des anderen Elternteils oder Leistungen nach dem UVG.

234

Kindergeld gilt als Einkommen des Kindes, soweit es zur Deckung seines Bedarfs benötigt wird, im Übrigen ist es Einkommen desjenigen, an den es ausbezahlt wird (BGH, FamRZ 2005, 605). Diese Zuordnung gilt auch nach Einführung des § 1612b BGB für die Verfahrenskostenhilfe weiterhin (s. BGH, FamRZ 2010, 1324 Rn. 29; Rahm/Künkel/*Schürmann* Kap. 11 Rn. 349; a. A. OLG Rostock, FamRZ 2013, 648; OLG Frankfurt am Main, FamRB 2013, 384). Denn der BGH leitet sie nicht aus der unterhaltsrechtlichen, sondern zu Recht aus der sozialhilferechtlichen Zuordnung des Kindergeldes ab (BGH, FamRZ 2005, 605, 606), an der sich seither nichts geändert hat. Lebt das **Kind im Haushalt des Antragstellers** und wird sein Lebensbedarf deshalb mit dem Freibetrag nach § 115 Abs. 1 ZPO berücksichtigt, ist es dem Kind bis zur Höhe des Freibetrags zuzüglich Mehrbedarf (s. o.) als Einkommen zuzurechnen (OLG Nürnberg, FamRZ 2009, 525; ebenso OLG Stuttgart, OLG Report Süd 3/2012 Anm. 3, das aber den Bedarf des Kindes mit dem Mindestunterhaltsbeträgen des § 1612a BGB ansetzt). Benötigt wird das Kindergeld allerdings nur, soweit der Lebensbedarf des Kindes nicht durch den Barunterhalt und sonstiges Einkommen des Kindes gedeckt ist (BGH, FamRZ 2005, 605). Deshalb wäre an sich ein überschießender Teil des Kindergeldes auch auf dessen Wohnbedarf anzurechnen, wovon der Praktikabilität wegen auch abgesehen werden kann (BGH, FamRZ 2005, 605). In diesem Fall ist das für den sonstigen Bedarf des Kindes nicht benötigte Kindergeld dem Antragsteller bzw. demjenigen Haushaltsangehörigen als Einkommen zuzuordnen, an den es ausbezahlt wird, und ein Abzug bei den Wohnkosten unterbleibt (OLG Frankfurt am Main, FamRB 2013, 384). Angesichts der immer noch unterschiedlichen Handhabung der Aufteilung des Kindergeldes (s. z. B. OLG Karlsruhe, FamRZ 2006, 799; FPR 2008, 531) kann es m. E. nicht Aufgabe des Antragstellers sein, die Aufteilung bereits beim Eintrag in das Formular vorwegzunehmen, zumal sie für das rechnerische Ergebnis innerhalb einer Bedarfsgemeinschaft i. d. R. keine Rolle spielt. M.E. kann er das volle Kindergeld entweder unter D als Einkommen des Kindes oder unter E als eigenes Einkommen eintragen und die Aufteilung dem Gericht überlassen. Das gilt entsprechend, wenn Kindergeld an einen anderen unterhaltsbedürftigen Hausgenossen ausbezahlt wird. Lebt das Kind nicht im Haushalt des Antragstellers und leistet der Antragsteller **Barunterhalt**, ist zu unterscheiden: Ist das Kind minderjährig und erhält vom anderen Elternteil oder von einem Dritten, der auch das Kindergeld bezieht, Naturalunterhalt, ist der in Spalte 4 einzutragende Zahlbetrag bereits um den gem. § 1612b BGB bedarfsdeckenden Kindergeldanteil gekürzt. In diesem Fall sollte in Spalte 5 als Einkommen des Kindes »Naturalunterhalt durch ..., der/die auch das Kindergeld erhält« eingetragen werden. Ist das Kind volljährig oder lebt nicht bei einem Unterhaltspflichtigen, bedarf der vom Antragsteller gezahlte Barunterhalt wegen der anteiligen Haftung beider Eltern ohnehin einer gesonderten Erläuterung, soweit sich die Angemessenheit der Zahlung nicht aus dem beizufügenden Titel oder einer entsprechenden Vereinbarung ergibt. Bezieht in diesen Fällen der Antragsteller das Kindergeld und leitet es nicht an das Kind weiter, muss er es sich als eigenes Einkommen anrechnen lassen; ansonsten ist es bedarfsdeckendes Einkommen des Kindes, erst recht, wenn es direkt an das Kind ausbezahlt wird (OLG Naumburg, FamRZ 2009, 1849 und FPR 2010, 534; BSG, FamRZ 2008, 1068).

e) Einnahmen

235   *Zu E:* Hier sind **sämtliche Einnahmen ohne Rücksicht auf ihre Herkunft und Rechtsnatur** anzugeben, die dem Antragsteller zufließen. Dazu gehören nach § 115 Abs. 1 Satz 2 ZPO alle Einkünfte unabhängig davon, aus welcher Quelle sie stammen, ob es sich um Geld- oder Sachleistungen handelt und ob sie regelmäßig oder unregelmäßig fließen. Es kommt allein auf den tatsächlichen Zufluss an. Das neue Formular listet die gängigen Einkunftsarten unter Ziff. 1 namentlich auf. Soweit die genannten Einkünfte nicht vorhanden sind, sind sie jeweils zu verneinen! Dort nicht aufgeführte Einkünfte und einmalige oder unregelmäßige Bezüge sind unter Ziff. 2 einzutragen. Dieselben Angaben sind für den Ehegatten zu machen, auch wenn er getrennt lebt (s. o. Rdn. 222). Ist das **Einkommen gepfändet**, ist es dennoch anzugeben. Der gepfändete Betrag ist als besondere Belastung (Verbindlichkeit, s. Rdn. 262 f.) zu berücksichtigen (OLG Hamm, MDR 2005, 889). Dasselbe gilt für **zweckgebundene Einkünfte** (s. Rdn. 266). Ist unklar, ob eine Geldleistung den Einkünften oder

dem Vermögen zurechnen ist, wie z. B. bei Abfindungen für Unterhalt oder Verlust des Arbeitsplatzes, sollte sie wegen der dort ausdrücklich eröffneten Billigkeitsprüfung immer als Vermögen unter G angegeben werden. Zu allen Angaben müssen die notwendigen **Belege** beigefügt werden.

Das Formular macht eine strikte **Trennung zwischen den Einnahmen**, die brutto unter E, **und den Ausgaben**, die nachfolgend unter F bzw. als Verbindlichkeiten oder besondere Belastung unter I und J anzugeben sind. Das passt nicht in jedem Fall und kann, insb. bei Einkünften aus selbstständiger Tätigkeit, auch variiert werden (s. dazu Rdn. 237). Auch bei einem gleichmäßig erzielten Arbeitseinkommen tolerieren es die Gerichte weitgehend, wenn unter entsprechender Kennzeichnung nur der aus der beigefügten Jahresabrechnung ersichtliche Nettobetrag hier eingetragen wird.

Einnahmen aus nichtselbstständiger Arbeit sind insb. Lohn oder Gehalt bzw. beamtenrechtliche   236
Bezüge. Versorgungsbezüge und Renten zählen ebenso wenig dazu wie sonstige Arbeitgeber- oder Lohnersatzleistungen, die gesondert abgefragt werden (s. Rdn. 242 ff.). Anzugeben sind nach den *AH* die **Bruttoeinnahmen** des letzten Monats vor der Antragstellung, einschließlich der Zuschüsse zur freiwilligen Kranken- und Pflegeversicherung, sowie regelmäßig anfallender Sachbezüge und sonstiger geldwerter Vorteile (z. B. PKW-Nutzung). Urlaubs-, Weihnachtsgeld und andere einmalige oder unregelmäßige Einnahmen sind gesondert unter »Andere Einnahmen« aufzuführen. Falls die monatlichen Einkünfte schwanken, ist ein Durchschnittswert zu bilden und dies auf einem besonderen Blatt zu erläutern. Für die regelmäßige unentgeltliche Arbeit in einem Familienbetrieb kann u. U. wie im Sozialhilferecht (§ 2 DVO zu § 82 SGB XII) ein **fiktives Entgelt** anzurechnen sein. Dasselbe gilt unter dem allgemeinen Gesichtspunkt des Rechtsmissbrauchs, wenn der Antragsteller eigene Erwerbsbemühungen offenkundig leichtfertig unterlässt, wovon i. d. R. nicht ausgegangen werden kann, wenn ihm Leistungen nach dem SGB II oder SGB XII ungekürzt bewilligt sind (BGH, FamRZ 2009, 1994; s. aber OLG Brandenburg, FamRZ 2011, 1239).

Als **Beleg** sind beizufügen:
1. eine Lohn- oder Gehaltsabrechnungen des Arbeitgebers für die letzten zwölf Monate vor der Antragstellung;
2. falls vorhanden, der letzte Einkommensteuerbescheid (bzw. Lohnsteuerjahresausgleich), sonst die letzte Lohnsteuerbescheinigung, aus der die Brutto- und Nettobezüge des Vorjahres ersichtlich sind.

Einnahmen aus selbstständiger Arbeit, Gewerbebetrieb oder Land- und Forstwirtschaft sind in   237
einem aktuellen Monatsbetrag anzugeben und auf einem besonderen Blatt zu erläutern. Das Gleiche gilt für die Eintragung der entsprechenden Betriebsausgaben als Abzüge unter F; wobei die Trennung hier nur dann sinnvoll ist, wenn die Ausgaben die Einnahmen übersteigen. Ansonsten sollte gleich der **Überschuss/Gewinn** unter Darlegung der Einnahmen und Ausgaben (ähnlich wie in der steuerrechtlichen EÜR) ermittelt werden. Da es auf die tatsächlich aktuell zur Verfügung stehenden Einnahmen(»bereite Mittel«) ankommt, können größere Ausgaben für Anschaffung oder Herstellung von Betriebsmitteln einschließlich Gebäuden nicht wie im Steuerrecht über **Abschreibungen** berücksichtigt werden. Sie sind vielmehr von einer betrieblichen oder steuerlichen Gewinnermittlung abzuziehen und stattdessen die im maßgeblichen Zeitraum tatsächlich vom Antragsteller geleisteten Zahlungen abzusetzen (vgl. § 4 Abs. 5 DVO zu § 82 SGB XII). Wurde die Anschaffung über Kredite finanziert, gehören diese Kosten nicht in die Gewinnermittlung, sondern zu den gesondert zu erfassenden Verbindlichkeiten (s. u.). Maßgeblich sind nur die **aktuellen Verhältnisse** und nicht die der vorangegangenen Jahre (BGH, NJW-RR 1991, 637). Die Zahlen des Vorjahres reichen jedoch regelmäßig für den Nachweis des aktuellen Einkommens aus, wenn der Antrag noch innerhalb des nachfolgenden ersten Halbjahres gestellt wird (BGH, Beschl. v. 18.02.1992 – VI ZB 49/91, JurBüro 1993, 105; OLG Köln, FamRZ 1996, 873). Ansonsten ist lt. *AH* auf das Ergebnis abzustellen, das sich anhand eines Zwischenabschlusses ergibt; saisonale oder sonstige Schwankungen im Betriebsergebnis sind durch angemessene Zu- oder Abschläge zu berücksichtigen. Zum **Beleg** sind lt. *AH* der letzte Jahresabschluss und der letzte Steuerbescheid, aus dem sich entsprechende Einkünfte ergeben, beizufügen; auf Anforderung des Gerichts sind die Betriebseinnahmen mit den

entsprechenden Umsatzsteuervoranmeldungen und die Betriebsausgaben mit den angefallenen Belegen nachzuweisen.

Zahlungen auf **Verbindlichkeiten** können, auch wenn sie betrieblich veranlasst sind, nur als besondere Belastungen berücksichtigt werden und sind deshalb unter I einzutragen (s. u. Rdn. 262). Die betrieblich genutzten Gegenstände gehören zum **Vermögen** des Antragstellers bzw. seines Ehegatten – bei Miteigentum mit dem entsprechenden Anteil; sie sind aber regelmäßig vom Einsatz für die Verfahrenskosten zu verschonen (s. Rdn. 256) und nur bei bedeutendem Wert unter G anzugeben (s. dort). Auch das eigene betrieblich genutzte Grundstück wird regelmäßig vom Einsatz für die Verfahrenskosten zu verschonen sein, ist aber anzugeben. Es empfiehlt sich, die durch den Betrieb veranlassten Verbindlichkeiten gemeinsam mit der Gewinnermittlung aufzulisten bzw. zu erläutern und auch das wesentliche Betriebsvermögen darzustellen. Zu diesem gehören zwar auch Forderungen/Außenstände. Soweit sie den üblichen künftigen Einnahmen im laufenden Geschäftsbetrieb entsprechen, genügt es m. E. dies mitzuteilen und nur die außerordentlichen Forderungen näher zu bezeichnen.

238   **Einnahmen aus Vermietung und Verpachtung** sind mit einem Zwölftel der voraussichtlichen Jahreseinnahmen einzutragen. Auch hier dürften die Bruttoeinnahmen gemeint, aber die Angabe des Nettoertrags auch zulässig sein (s. o.). Eine EÜR sollte beigefügt werden und der letzte Steuerbescheid.

239   **Einnahmen aus Kapitalvermögen** (z. B. Sparzinsen, Dividenden) sind ebenfalls auf einen Monatsbetrag umzurechnen und können m. E. bei entsprechender Kennzeichnung mit dem tatsächlich ausbezahlten Betrag, d. h. nach Abzug der Abgeltungssteuer oder Bankgebühren, angesetzt werden.

240   **Kindergeld** ist Einkommen desjenigen, an den es ausbezahlt wird, soweit es nicht für den Unterhalt des Kindes benötigt wird (s. o. Rdn. 234). Zum **Wohngeld** ist der Bescheid beizufügen; die Wohnkosten sind unter H einzutragen.

241   **Unterhalt:** Hier sind die Zahlungen der unter C angegebenen oder sonstiger Personen einzutragen, und zwar nur in Höhe des auf den Antragsteller entfallenen Betrags, die z. B. für die Kinder bestimmten Beträge sind unter D anzugeben. Es kann es sich auch um Naturalleistung handeln, z. B. freie Wohnung, Verpflegung, sonstige Versorgung im elterlichen Haushalt, nach den *AH* zählen auch Versorgungsleistungen durch den Partner einer eheähnlichen Lebensgemeinschaft dazu (zu freiwilligen Leistungen s. u.).

242   **Renten, Pensionen** und Versorgungsbezüge jeglicher Art sind auch dann anzugeben, wenn sie nach § 1610a BGB oder anderen Vorschriften nicht anzurechnen sind. Dazu sind die jeweiligen Leistungsbescheide, Anpassungsmitteilungen bzw. bei Empfängern von Versorgungsbezügen die letzte Bezügemitteilung vorzulegen.

243   **Arbeitslosengeld** und **ALG II** (Grundsicherung für Erwerbsfähige nach dem SGB II, sog. Harz IV) sind unter Vorlage der Bescheide anzugeben. Sofern keine vereinfachte Erklärung abgegeben wird (Rdn. 223 f.), sind auch die Grundsicherung nach dem SGB XII (Sozialhilfe) bzw. für minderjährige Kinder ein Unterhaltsvorschuss nach dem UVG anzugeben. - In den Leistungen enthaltene Mehrbedarfszuschläge nach § 21 SGB II oder § 30 SGB XII sind unter J als besondere Belastungen aufzuführen (s. Rdn. 265). Wird die Leistung auch für nicht unter D aufgeführte Personen (s. o. Rdn. 231) gewährt, ist deren Anteil herauszurechnen.

244   Nach dem Bezug von **Krankengeld** wird jetzt auch ausdrücklich gefragt. Dasselbe gilt für **Elterngeld**. Es ist wie auch das Erziehungs- und Betreuungsgeld in voller Höhe anzugeben, auch wenn es bis zur Höhe von 300 € nicht angerechnet wird (§ 10 Abs. 1 BEEG).

245   **Andere Einnahmen:** sind unter Ziff. 2 mit ihrem Geldwert; grds. mit ihrem Monatsbetrag. Handelt es sich um den Jahresbetrag, ist dies kenntlich zu machen oder der Monatsbetrag zu errechnen. Andere Einnahmen sind im Wesentlichen (s. auch die Zusammenstellung bei FA-FamR/Geißler, Rn. 75 ff. und die alphabethische Aufzählung in Büttner/Wrobel-Sachs Rn. 216 ff.):
–   Weihnachts- und Urlaubsgeld, Gewinn- und Umsatzbeteiligungen,

- Steuererstattungen,
- Zulagen und Spesen u. a. in voller Höhe (der damit abgegoltene Mehraufwand ist bei den Abzügen zu berücksichtigen),
- freie Verpflegung und sonstige unregelmäßige Sachbezüge (mit dem Wert wie im Unterhaltsrecht),
- Ausbildungsförderung und Vergütung für Praktika und Freiwilligendienste,
- Erziehungs- und Betreuungsgeld (zur Anrechnung s. Rdn. 244).
- **Freiwillige Zuwendungen** müssen nach BGH (FamRZ 2008, 400) nur angegeben werden, wenn sie regelmäßig und in nennenswertem Umfang gewährt werden und davon auszugehen ist, dass der Dritte die Zahlungen auch in Zukunft fortsetzen wird. Dann gehören sie zu den Einnahmen und können seine Leistungsfähigkeit erhöhen.

Hat der Antragsteller und sein Ehegatte bzw. eingetragener Lebenspartner **keinerlei Einkünfte**, muss er auf einem gesonderten Blatt erläutern, auf welche Umstände das zurückzuführen ist und wovon er seinen Lebensunterhalt bestritten hat (s. Formular E Ziff. 5). Um sich unnötige Rückfragen zu ersparen, sollte dies auch geschehen, wenn dem vermögenslosen Antragsteller nach dem Ergebnis der Einkommensermittlung offensichtlich keine ausreichenden Mittel für seinen Lebensunterhalt verbleiben.

f) Abzüge vom Einkommen

Zu F: In diesem Abschnitt sind nur die die dort genannten Abzüge vom Einkommen des Antragstellers und seines Ehegatten einzutragen (auch wenn keine Einnahmen unter E angegeben wurden), und zwar jeweils umgerechnet auf den Monat: 246

In Zeile 1 sind die auf das Einkommen entrichteten **Steuern** (Einkommen-, Gewerbe- und Kirchensteuer, nicht Umsatzsteuer) und in Zeile 2 die **Pflichtbeiträge zur Sozialversicherung** (Renten-, Kranken-, Pflege- und Arbeitslosenversicherung) ohne Arbeitgeberbeiträge einzutragen.

Beiträge zu **öffentlichen oder privaten Versicherungen oder ähnlichen Einrichtungen**, soweit diese   247
Beiträge gesetzlich vorgeschrieben oder nach Grund und Höhe angemessen sind, sind in Zeile 3 einzutragen. Dazu zählen neben der privaten Kranken- und Rentenversicherung auch Haftpflicht-, Unfall und Hausratsversicherungen (die Gebäudeversicherung ist bei den Unterkunftskosten anzusehen), str. für Ausbildungsversicherung (s. OLG Karlsruhe, FamRZ 2007, 1109;). – Beiträge zu **privaten Lebens- und Rentenversicherungen** sind in Höhe des Mindestbetrags nach § 86 EStG zu zertifizierten Verträgen (Riesterrente) immer zu berücksichtigen (s. § 82 Abs. 2 SGB XII); angemessene Beiträge Selbstständiger zu privaten Altersvorsorgeverträgen ebenso (OLG Stuttgart, FamRZ 2007, 914), sofern das gebildete Kapital nicht als Vermögen einzusetzen ist (s. Rdn. 258). Art und Umfang der Versicherung sind auf einem besonderen Blatt zu erläutern, falls dies nicht eindeutig aus den beizufügenden **Belegen** (z. B. Versicherungsschein, Beitragsrechnung) hervorgeht.

Bei Einnahmen aus selbstständiger Arbeit sind die monatlichen **Betriebsausgaben** oder bei Einkünften aus V.u.V. die Aufwendungen, wie oben zu Rdn. 237 aufgeführt, in Zeile 5 gesondert anzugeben; aber nur, wenn unter E die Bruttoeinnahmen und nicht die Überschüsse angegeben wurden. Die Ausgaben für die selbst genutzte Wohnung sind unter H aufzuführen. Bei Einkünften aus unselbstständiger Tätigkeit sind hier die **Werbungskosten** anzugeben, d. h. die notwendigen Aufwendungen zur Erwerbung, Sicherung und Erhaltung der Einnahmen (z. B. auch Berufskleidung, Gewerkschaftsbeitrag). Die Kosten für die **Fahrt zur Arbeit** sind im neuen Formular vorab in Zeile 4 gesondert auszuweisen. Bei Nutzung öffentlicher Verkehrsmittel sind die Kosten der Monatskarte u. ä. einzutragen. Bei der Benutzung eines Kfz. ist immer die einfache Entfernung in km anzugeben, ggf. auch der Grund, warum kein öffentliches Verkehrsmittel benutzt wird. Die Höhe der anzurechnenden Fahrtkosten bei **Nutzung des eigenen Pkw** wird unterschiedlich bemessen: Ein Teil der Rspr. hat bislang sämtliche Fahrtkosten wie Nr. 10.2.2 ihrer Unterhaltsrechtlichen Leitlinien bzw. entsprechend § 5 Abs. 2 JVEG abgegolten (OLG Rostock, FamRZ 2011, 1607; OLG Dresden,   248

FamRZ 2011, 911 m.w.N). Andere wenden § 3 der DVO zu § 82 Abs 2 SGB XII an (s. OLG Bremen, FamRZ 2012, 48; OLG Stuttgart, FamRZ 2012, 649 m. w. N.). Der BGH (FamRZ 2012, 1374 und 1629) hat sich zwischenzeitlich der letztgenannten Auffassung angeschlossen und hält die Ermittlung der absetzbaren Fahrtkosten in Anlehnung an § 3 Abs. 6 Nr. 2a der DVO im Rahmen der Verfahrenskostenhilfe für eine sachgerechtere Orientierungshilfe. Danach können pauschal für jeden Entfernungskilometer (ohne Begrenzung auf 40 km, BGH, FamRZ 2012, 1629) derzeit nur 5,20 € monatlich abgesetzt werden und zusätzlich nach Nr. 3 die Haftpflichtversicherung. Weitere Aufwendungen, wie die Beiträge zur Kaskoversicherung und notwendige Anschaffungskosten, können als besondere Belastungen (s. u. Rdn. 262 ff.) berücksichtigt werden (BGH, FamRZ 2012, 1374; OLG Bremen, FamRZ 2012, 48; OLG Karlsruhe, FamRZ 2009, 1165). Zwingend ist die Heranziehung der DVO nicht, weil sie als Verwaltungsanweisung die Gerichte nicht bindet (BGH, FamRZ 2012, 1374 Rn.19). Eine entsprechende Heranziehung der Kilometerpauschalen des § 5 Abs. 2 JVEG ist m. E. auch nach der Entscheidung des BGH vom 13.06.2012 (FamRZ 2013, 1374) nicht ausgeschlossen. Dabei ist, worauf der BGH zu Recht hinweist, aber zu beachten, dass die Pauschalen sämtliche Unterhaltungs- und Betriebskosten einschließlich der Abnutzung abdecken und beim Ansatz von 0,30 € pro km auch die Anschaffungskosten.

g) Vermögen

aa) Vermögenswerte

249 *Zu G:* Hier sind alle **Vermögenswerte** (auch im Ausland befindliche oder dort angelegte) anzugeben, die dem **Antragsteller und seinem Ehegatten** gehören. Die Eigentumsverhältnisse sind, wie in der 1. Zeile dieses Abschnitts vorgegeben, zu kennzeichnen. Sollten eine oder mehrere dritte Personen Miteigentümer sein, ist der Anteil zu bezeichnen, der dem Antragsteller bzw. seinem (nicht von ihm geschiedenen) Ehegatten gehört. – Zwar muss der Antragsteller nur sein eigenes Vermögen für die Verfahrenskosten einsetzen; die geforderten Angaben zum Vermögen des Ehegatten dienen der Prüfung einer etwaigen Kostenvorschusspflicht. – Anzugeben sind **sämtliche Vermögensgegenstände**, auch soweit es sich um sog. Schonvermögen handelt. Davon sind nach den *AH* nur **ausgenommen:** Hausrat, Kleidung sowie Gegenstände, die für die Berufsausbildung oder die Berufsausübung benötigt werden, wenn sie den Rahmen des Üblichen nicht übersteigen oder wenn es sich um Gegenstände von hohem Wert handelt. In diesem Fall ist auch das zu Erwerbszwecken gebildete und genutzte Vermögen (Betriebsvermögen i. w. S.) anzugeben, s. dazu Rdn. 237.

250 **Grundvermögen** (hierzu zählt neben Wohnungs- oder Stockwerkeigentum auch ein Erbbaurecht) ist nach Lage, Größe unter der Grundbuchbezeichnung anzugeben. Ist das Grundstück bebaut, muss auch die jeweilige Gesamtfläche angegeben werden, die für Wohnzwecke bzw. einen gewerblichen Zweck genutzt wird, und zwar unabhängig von der Person der Nutzer. In der letzten Spalte des Abschnitts ist der **Verkehrswert** (nicht nur Einheits- oder Brandversicherungswert) anzugeben und sollte ggf. auf einem besonderen Blatt erläutert werden. Soweit es sich um ein Familienheim handelt, das zum Schonvermögen gehört (s. u. Rdn. 256) sollte darauf hingewiesen und ein Grundriss beigefügt werden.

251 **Bauspar-, Bank-, Giro-, Sparkonten** und dergleichen: es ist die aktuelle Guthabenhöhe anzugeben und durch Kontoauszüge zu belegen. Betriebskonten sollten als solche gekennzeichnet werden (s. a. Rdn. 237). Ist auf dem Girokonto zeitnah der Arbeitsverdienst eingegangen, sollte darauf zur Vermeidung einer Doppelberücksichtigung unbedingt hingewiesen werden. Für ein Bausparguthaben ist außerdem der voraussichtliche Auszahlungstermin und der vorgesehene Verwendungszweck anzugeben. Es ist grds. für die Verfahrenskosten einzusetzen (OLG Stuttgart, FamRZ 2010, 311; BGH, NJW-RR 1991, 1532) und wie die sonstigen Guthaben nur insoweit **verschont**, als es den Freibetrag nach § 82 Abs. 2 Nr. 1 SGB XII übersteigt oder wenn es entweder in die Finanzierung des selbst genutzten Familienheims eingebunden ist oder zur Finanzierung eines Familienheims für behinderte oder pflegebedürftige Menschen dient (s. Rdn. 255). Die vorzeitige Kündigung eines

Bausparguthabens oder sonstiger bezuschusste Geldanlagen dürfte vor Ablauf der Sperrfrist aber unzumutbar sein (FA-FamR/Geißler Kap. 16 Rn. 79).

Kraftfahrzeuge sind mit ihrem Verkehrswert (= der von privaten Veräußerern aktuell erzielbare Preis, **252** BSG NJW 2008, 2281) anzugeben und nach Art, Marke, Typ, Bau- und Anschaffungsjahr zu beschreiben. Die Angabe der Laufleistung sollte ebenso wie wertrelevante Eigenschaften ergänzend mitgeteilt werden. Sie stellen grds. einzusetzendes Vermögen dar, (BGH, RVGreport 2009, 40; OLG Stuttgart, FamRZ 2010, 1685; OLG Nürnberg, FuR 2005, 469 OLG Bremen, MDR 2009, 57; OLGR 2008, 839 mwN), sofern sie nicht zur Berufsausübung benötigt werden (s. Rdn. 257) oder ihre Verwertung nicht aus anderen Gründen eine Härte darstellt (s. Rdn. 254), z. B. wenn sie für den Transport von Familienmitgliedern oder zur Fortbewegung des in seiner Gehfähigkeit eingeschränkten Antragstellers unentbehrlich sind.

Sonstige Vermögenswerte sind in die letzte Zeile dieses Abschnitts einzutragen, wenn der Platz nicht **253** ausreicht, auf einem besonderen Blatt. Darunter fallen nach den *AH* **auch Forderungen** und Außenstände, in Scheidungsverfahren insb. der Anspruch aus Zugewinn. Hierzu sollten aber ergänzende Angaben zur Realisierbarkeit gemacht werden. Da es sich nicht um »bereite Mittel« handelt, können sie zwar aktuell nicht für die Verfahrenskosten eingesetzt werden (BGH, FamRZ 2009, 1994), aber nach ihrem Zufluss im Wege der Abänderung nach § 120 Abs. 4 ZPO ebenso herangezogen werden wie sonstige aus einem abgeschlossenen Verfahren zufließende Mittel (s. dazu Rdn. 183). Ein notfalls im Wege der einstweiligen Anordnung realisierbarer **Anspruch auf Verfahrenskostenvorschuss** (s. o. Rdn. 221, *M. 7*) ist dagegen einsatzfähiges Vermögen (BGH, FamRZ 2008, 1842). Der Antragsteller muss sich u. U. auch **fiktives Vermögen** zurechnen lassen, wenn nicht nachvollziehbar ist, warum früher vorhandene Geldbeträge nicht mehr zur Verfügung stehen, oder wenn er Geldbeträge ohne dringende Notwendigkeit anderweitig ausgegeben hat, obwohl er mit dem Verfahren rechnen konnte (BGH, FamRZ 2008, 1163; 2006, 548); hierauf muss er allerdings nicht von sich aus hinweisen (s. *Nickel*, FamRB 2008, 239). Im Übrigen gehören zum anzugebenden Vermögen auch Schmuck und Haushaltsgegenstände von erheblichem Wert; zu weiteren Vermögensbestandteilen s. die Zusammenstellung bei FA-FamR/Geißler, Kap. 16 Rn. 79; Büttner/Wrobel-Sachs, Rn. 316 ff. Als Verkehrswert ist nach den *AH* bei **Wertpapieren** der aktuelle Kurswert und bei einer **Lebensversicherung** der Wert, mit dem sie beliehen werden kann, anzugeben.

bb) Schonvermögen

Verfahrenskostenhilfe kann auch dann bewilligt werden, wenn zwar Vermögenswerte vorhanden **254** sind, ihre **Verwertung** aber **nicht zumutbar** ist (§ 115 Abs. 3 ZPO i. V.m § 90 SGB XII). Einzelne Vermögenswerte sind unter bestimmten Voraussetzungen in § 90 Abs. 2 SGB XII namentlich als Schonvermögen ausgewiesen; andere können nach Abs. 3 verschont werden, wenn ihr Einsatz (auch als Kreditunterlage, s. BGH, FamRZ 1990, 389) für den Antragsteller und seine unterhaltsberechtigten Angehörigen eine **unzumutbare Härte** bedeutet, insb., wenn dadurch eine angemessene Lebensführung oder die Aufrechterhaltung einer angemessenen Alterssicherung wesentlich erschwert würde (§ 90 Abs. 3 SGB XII). Ein Unterfall der Härte ist die offensichtliche Unwirtschaftlichkeit der Verwertung eines Vermögensgegenstandes (analog § 12 Abs. 2 Satz 1 Nr. 6 SGB II; s. dazu BSG NJW 2008, 2281). Auf die Härte muss sich der Antragsteller berufen und sie darlegen. Die *AH* schreiben deshalb vor, dass der Antragsteller dies auf einem besonderen Blatt **erläutern** soll.

Kleinere Barbeträge oder sonstige Geldwerte (§ 90 Abs. 2 Nr. 9 SGB XII): Zum sog. Schonver- **255** mögen zählen nur Gegenstände, die einen den Barbeträgen vergleichbaren, jederzeit verfügbaren Geldwert verkörpern, wie z. B. in Spar- oder Giroguthaben (BVerwG FamRZ 1998, 547). Da die in § 90 SGB XII aufgezählten Ausnahmen vom Vermögenseinsatz nebeneinander gelten, fällt auch der voraussichtliche Erlös aus einem für die Verfahrenskosten zu verwertenden Gegenstand darunter (BVerwG FamRZ 1998, 547). Die Höhe des Schonbetrags richtet sich nach § 1 Abs. 1 Nr. 1b der DVO zu § 90 Abs. 2 Nr. 9 SGB XII und beträgt derzeit **2.600,00 €** für den Begünstigten, zuzüglich 614 € für den Ehegatten und 256,00 € für jeden Unterhaltsberechtigten (s. a. *Nickel* MDR 2010,

1227, 1233). Er kann, wenn der Begünstigte im Ausland lebt und dort höhere Lebenshaltungskosten hat, zwar herauf-, aber, zumindest bei Aufenthalt innerhalb der EU, nicht herabgesetzt werden (BGH, FamRZ 2009, 497). **Höhere Guthaben** sind grds. zu verwerten (auch auf Bausparkonten, OLG Stuttgart, FamRZ 2010, 311; BGH, NJW-RR 1991, 1532). Es sei denn, sie sind in die Finanzierung des bereits selbst genutzten Familienheims eingebunden (s. Rdn. 260) oder zur Finanzierung einer Wohnung für behinderte oder pflegebedürftige Menschen bestimmt (§ 90 Abs. 2 Nr. 3 SGB XII). Die vorzeitige Auflösung eines mit vermögenswirksamen Leistungen angesparten Vertrags wird aber i.d. R. unzumutbar sein (FA-FamR/Geißler Kap. 16 Rn. 79).

256 **Familienheim:** Das eigene Haus oder die Eigentumswohnung (nicht Ferien- oder Zweitwohnung) muss weder verwertet noch als Kreditunterlage für die Verfahrenskosten eingesetzt werden, wenn es vom Antragsteller selbst oder von seinem nicht getrennt lebenden Ehegatten bzw. Lebenspartner oder seinen Kindern allein oder zusammen mit Angehörigen bewohnt wird oder nach ihrem Tod von ihren Angehörigen bewohnt werden soll und nach Wert und Größe angemessen ist (§ 90 Abs. 2 Nr. 8 SGB XII; s. dazu BSG FamRZ 2007, 729; OLG Saarbrücken, FamRZ 2011, 1159; Zöller/*Geimer* § 115 Rn. 53 m. w. N.). Der Schutz entfällt, sobald das Familienheim **nicht** mehr von dem genannten Personenkreis bewohnt wird (BGH, FamRZ 2008, 250; FuR 2001, 138). Das gilt erst recht nach der Veräußerung des Familienheims für den **Verkaufserlös**, auch wenn er für neues Wohneigentum verwandt werden soll (BGH, FamRZ 2008, 250; FamRZ 2007, 1720).

257 Ausdrücklich verschont sind die **für die Erwerbstätigkeit benötigten Gegenstände** (§ 90 Abs. 2 Nr. 5 SGB XII) – darunter fallen auch landwirtschaftliche oder andere betrieblich genutzte Grundstücke (s. BFH/NV 2012, 429; Grube/Wahrendorf, SGB XII, 4. Aufl. 2012, § 90 Rn. 44) sowie Kraftfahrzeuge, auch wenn sie nur für den Weg zur Arbeitsstätte benötigt werden (s. Rdn. 248) – oder diejenigen, die der **Pflege** literarischer, musischer und anderer **geistiger Interessen** (§ 90 Abs. 2 Nr. 7 SGB XII) dienen und ihr Besitz kein Luxus ist. Den bisherigen Lebensverhältnissen angemessene **Haushaltsgegenstände** (§ 90 Abs. 2 Nr. 4 SGB XII) sowie Gegenstände **des persönlichen Bedarfs** sind verschont; **Familien- und Erbstücke** nur, wenn deren Veräußerung für den Antragsteller und seine Familie eine über das mit der Verwertung solcher Gegenstände im Allgemeinen verbundene Maß hinausgehende besondere Härte bedeuten würde (§ 90 Abs. 2 Nr. 6 SGB XII).

258 **Lebensversicherung:** Verschont ist nach § 90 Abs. 2 Nr. 2 SGB XII i. V. m. § 10a EStG das Kapital und seine Erträge aus zertifizierten Altersvorsorgeverträgen (Riester-Rente). Eine nicht darunter fallende Lebensversicherung auf Kapitalbasis ist grds. für die Verfahrenskosten einzusetzen (BGH, FamRZ 2010, 1643 m. Anm. *Zimmermann*; FamRB 2010, 368 m. Anm. *Nickel*; OLG Brandenburg, FamRZ 2012, 319). Eine unzumutbare Härte besteht nur dann, wenn durch die – auch teilweise – Verwertung eine angemessene Alterssicherung wesentlich erschwert würde (zur Darlegungslast s. BGH, FamRZ 2010, 1643 Rn. 29 ff.).

259 Der Einsatz einer **Nachzahlung von Unterhalts- und sonstigen Renten** wurde bislang grds. als zumutbar angesehen, es sei denn, sie wird zur Tilgung eines Überbrückungsdarlehens verwendet (BGH, FamRZ 1999, 644; OLG Karlsruhe, FamRZ 2008, 1262 m Anm *Büttner*). Nachdem der Gesetzgeber nunmehr in § 120a Abs. 3 ZPO n. F. (Änderung der Zahlungsbestimmungen) die Voraussetzungen für einen Einsatz von Nachzahlungen, die nach Bewilligung von VKH erlangt werden, geregelt hat, wird man diese Grundsätze auch auf zum Zeitpunkt der Antragstellung erhaltene Nachzahlungen anzuwenden haben. Danach sind Nachzahlungen nur insoweit zu berücksichtigen, als sie auch bei rechtzeitiger Leistung für die Verfahrenskosten hätten eingesetzt werden müssen (Zöller/*Geimer* § 115 Rn. 58a; s. a. Rdn. 205). **Abfindungen** von Unterhaltsansprüchen sind nur insoweit zu verschonen, als der Begünstigte sie zur Deckung seines laufenden Unterhalts benötigt (OLG Karlsruhe, MDR 2014, 408) Eine Abfindung für den Verlust des Arbeitsplatzes ist insoweit einzusetzen, als sie nicht fehlendes Einkommen ausgleichen muss (s. a. BAG, FamRZ 2006, 1446). **Schmerzensgeld,** bzw. das aus ihm gebildete Vermögen, ist i.d.R zu verschonen (s. BGH, FamRZ 2006, 548 auch zu der Ausnahme bei Verletzung des Persönlichkeitsrechts; ebenso BVerwG, NJW-Spezial 2011, 681 = JurBüro 2012, 39; OLG Stuttgart, FamRZ 2007, 1661).

h) Wohnkosten

Zu H: Die **Kosten für Wohnung und Heizung** sind einheitlich für die gesamte Bedarfsgemeinschaft   **260**
(d.h. für den Antragsteller und den mit ihm in Haushaltsgemeinschaft zusammenlebenden unterhaltsbedürftigen Angehörigen) nach § 115 Abs 1 Nr. 3 ZPO zusätzlich anzugeben und werden von
den Einkünften abgezogen. – Zahlt der Antragsteller keine Miete, entfallen die Abzüge; es ist deshalb
verfehlt, ihm zusätzlich noch die Mietersparnis als fiktives Einkommen anzurechnen.– Im Formular
ist in der ersten Zeile die Wohnfläche und die Art der Heizung (Einzel- oder Zentralheizung; Ener-
gieart) anzugeben, bei einer **gemieteten Wohnung** dann in der nächsten Zeile jeweils gesondert die
Nettomiete, die Heizkosten sowie die übrigen Nebenkosten. Das sind die vereinbarten Umlagen
für die Betriebskosten (*AH*: Grundsteuer, Entwässerung, Straßenreinigung, Aufzug, Hausreinigung,
Gemeinschaftsantenne usw.; s. a. BT-Drucks. 12/6963, S. 12). Verbrauchsabhängige Kosten wie
Wasser, Gas und Strom (soweit nicht zum Heizen genutzt) gehören nicht dazu; sie sind im Freibetrag enthalten (BGH, FamRZ 2008, 781; OLG Celle, FuR 2011, 175; = FamRZ 2011, 911 (LS). In
jüngster Zeit gehen mehrere Obergerichte (OLG Brandenburg, FamRZ 2013, 1596; OLG Dresden
MDR 2014, 241; OLG Frankfurt am Main FamRZ 2014, 410) dazu über, die Wasser- und Ab-
wasserkosten den Wohnkosten hinzuzurechnen, da sie nach der der Bestimmung der Regelbedarfe
ab 2011 zugrunde liegenden EVS 2008 nicht mehr im Regelbedarf und damit auch nicht in den
Freibeträgen enthalten seien (s. zur EVS 2008 BT-Drucks. 17/3404, S. 139 ff.). Die Gesamtkosten
sind in der dafür vorgesehenen Spalte einzutragen und durch den Mietvertrag und die letzte Nebenkostenabrechnung zu belegen. Handelt es sich um **Wohneigentum**, sind die Eintragungen stattdessen in den nächsten beiden Zeilen vorzunehmen. Dabei tritt an die Stelle der Miete die Belastung
aus Fremdmitteln, insb. die Zins- und – anders als im Sozialrecht (BSG FamRZ 2007, 729) - auch
Tilgungsraten auf Darlehen/Hypotheken/Grundschulden, die für den Bau, den Kauf oder die Erhaltung (Instandsetzung) des Familienheims aufgenommen worden sind (OLG Köln, FamRZ 1999,
997; OLG Karlsruhe, FamRZ 1998, 488). Dazu zählen auch Bausparraten, wenn die anzusparende
Summe in die Finanzierung eingebunden ist (OLG Karlsruhe, FamRZ 2008, 70). Als Nebenkosten
sind auch hier wie bei einer Mietwohnung neben den gesondert anzugebenden Heizungskosten die
Betriebskosten, und bei der ETW m. E. das gesamte Hausgeld einschließlich der Instandsetzungs-
rücklagen. Die Fremdmittel sind in der letzten Zeile nach Darlehenssumme, Laufzeit, Zins- und
Tilgungsvereinbarungen aufzuschlüsseln (s. Vordruck) und durch die Darlehensverträge zu belegen.
Die Restschuld ist gesondert anzugeben.

In beiden Fällen ist jeweils in die letzten Spalten der Betrag einzutragen, den der Antragsteller und/   **261**
oder sein mit ihm zusammenlebender Ehegatte auf die Gesamtkosten bezahlt (zur Nutzung für Angaben zum getrennt lebenden Ehegatten s. o. C). Wird die Wohnung von einer nicht unter D aufgeführten Person mitbewohnt, sind die Wohnkosten grds. nur anteilig abzusetzen (s. *AH*), d. h. der
auf den **nicht zu berücksichtigenden Mitbewohner** (das kann auch ein nicht unterhaltsbedürftiger
Angehöriger sein) entfallene Anteil ist abzuziehen; anders ist es u. U., wenn es sich den Lebensgefährten handelt (s. u. Rdn. 264). Im Allgemeinen erfolgt eine **Aufteilung nach Kopfteilen** wie im
Sozialrecht (bei Wohngemeinschaften gehen vertragliche Abreden vor, s. BSG, NDV-RD 2014, 37).
Das kann aber dann unbillig sein, wenn der Dritte über keine ausreichenden Mittel verfügt, um
sich an den Kosten zu beteiligen (s. a. OLG Düsseldorf, FamRZ 2010, 141). Stehen die Kosten der
Wohnung in einem auffälligen Missverhältnis zu den Lebensverhältnissen des Antragstellers (**Luxus-
wohnung**), kann sie ebenfalls nur mit einem angemessenen Anteil zu berücksichtigen sein (§ 115
Abs.1 Nr. 3 ZPO). Nach der Rspr. sind Unterkunftskosten bis zur Hälfte des Nettoeinkommens
in jedem Fall noch angemessen (OLG Brandenburg, FamRZ 2001, 1085). Darüber hinaus sind
auch höhere Kosten anzuerkennen, wenn besondere Umstände die hohen Wohnkosten rechtfertigen
(z. B. in der Trennungszeit) oder ein Wohnungswechsel unzumutbar ist (OLG Schleswig, FamRZ
2014, 57; *Schürmann* NZFam 2014, 184). Das gilt auch für die Angemessenheit von Tilgungsraten
der selbstgenutzten Immobilie, deren Prüfung immer einer Gesamtbetrachtung der wirtschaftlichen
Situation bedarf (OLG Karlsruhe, FamRZ 1998, 488), d. h. bereits hier ist die Anerkennung auch
unter dem Gesichtspunkt der besonderen Belastung zu prüfen.

i) Sonstige Zahlungsverpflichtungen

262 *Zu I:* Hier sind sämtliche **Verbindlichkeiten** außer Unterhaltsleistungen anzugeben, auf die der Antragsteller oder seine Ehefrau **monatliche Raten** tatsächlich bedienen, soweit sie nicht bereits unter den vorhergehenden Abschnitten F und H erfasst sind. Dazu zählen auch Raten auf die Verfahrenskosten in anderen Verfahren, sei es an die Staatskasse oder den Anwalt (BGH, FamRZ 1990, 389; OLG Stuttgart, FamRZ 2009, 1163). Jede Verbindlichkeit ist einzeln unter Angabe des Schuldgrundes, des Gläubigers, der Laufzeit und der Restschuld aufzulisten. Außerdem empfiehlt es sich, den Grund für die Kreditaufnahme anzugeben. Wenn die Zahlungsverpflichtung für die Anschaffung eines unter G eingetragenen Vermögensgegenstandes eingegangen worden ist, sollte das vermerkt werden. Die Angaben sind durch Vorlage der zugrunde liegenden Verträge und Kontoauszüge bzw. Zahlungsbestätigungen für einen längeren Zeitraum zu belegen. Wurde umgeschuldet, ist auch der Ursprungsvertrag vorzulegen.

263 Die hier angeführten Verbindlichkeiten sind nicht wie die unter F und H aufzuführenden Ausgaben grds. als Abzug vom Einkommen zu berücksichtigen, sondern gem. § 115 Abs. 1 Nr. 5 (früher Nr. 4) ZPO, soweit dies mit Rücksicht auf eine besondere Belastung angemessen ist. Die Anforderungen an die **Angemessenheitsprüfung** werden in der Literatur und Rechtsprechung unterschiedlich formuliert und nicht selten dahin (miss-) verstanden, dass nur »vernünftige« oder nicht leichtfertig eingegangene Kreditaufnahmen zu berücksichtigen seien. Der Zweck der Verfahrenskostenhilfe (dem um sie Nachsuchenden die Durchführung oder Mitwirkung an einem gerichtlichen Verfahren zu ermöglichen, s. o. Rdn. 1) darf durch die Nichtberücksichtigung von Verbindlichkeiten nicht konterkariert werden (BGH, FamRZ 2011, 554 Rn. 15). Deshalb ist zu unterscheiden: Handelt es sich um einen erstmaligen Antrag, wird man bestehende Verbindlichkeiten (wenn sie bisher bezahlt wurden) wie im Unterhaltsrecht grds. ohne Rücksicht auf den Entstehungszusammenhang berücksichtigen müssen (s. a. OLG Brandenburg, FamRZ 2008, 158; Büttner/Wrobel-Sachs/Gottschalk/ Dürbeck Rn. 294 m. w. N.), zumal Verfahrenskosten keinen Vorrang vor anderen Verbindlichkeiten haben (BGH, NJW-RR 2007, 628; FamRZ 2007, 1720). Es kann allenfalls geprüft werden, ob insb. eine unangemessene Ratenhöhe durch Verlängerung der Laufzeit, Umschuldung etc. in zumutbarer Weise reduziert werden kann (s. a. BGH, FamRZ 1990, 389). Anders ist es, wenn die Verbindlichkeit ohne unabweisbares Bedürfnis in Kenntnis der (anstehenden) Verfahrenskosten eingegangen wurde, dann kann schon der allgemeine Gesichtspunkt des Rechtsmissbrauchs ihre Nichtberücksichtigung rechtfertigen (vgl. für den umgekehrten Fall der Zurechnung von Einkünften oder Vermögen: BGH, FamRZ 2009, 1994; 2008, 1163; s. o. Rdn. 253). Das gilt erst recht für eine Verbindlichkeit, die nach der Bewilligung ohne Not begründet wurde, wenn es um die Abänderung oder Überprüfung einer Zahlungsbestimmung geht (s. a. OLG Naumburg, FamRZ 2009, 628). In Zweifelsfällen sollte der Grund für die Eingehung der Verbindlichkeit gesondert erläutert werden und ggf. auch, weshalb eine Umschuldung u. a. ausscheidet. Bei Krediten, die zur **Finanzierung eines noch vorhandenen Vermögensgegenstandes** aufgenommen wurden, entspricht es der Billigkeit, sie zumindest in Höhe des noch vorhandenen Vermögenswerts zu berücksichtigen. Finanzierungskosten für ein beruflich oder aus gesundheitlichen Gründen benötigtes **Kfz.** sind immer zu berücksichtigen (BGH, FamRZ 2012, 1629; OLG Bremen, FamRZ 2013, 1242). **Nicht** zu berücksichtigen sind dagegen die auf eine **Geldstrafe** oder –buße zu zahlenden Raten (BGH, FamRZ 2011, 554; OLG Celle, FamRZ 2011, 1159), da hier die Zahlungserleichterungen vorgehen, die die Vollstreckungsbehörde gewähren kann.

j) Besondere Belastungen

264 *Zu J:* In diesem Abschnitt können **weitere Ausgaben** mit ihrem (ggf. anteiligen) Monatsbetrag als besondere Belastung geltend gemacht werden. Darunter fallen insb. ein dem Antragsteller und seinen unterhaltsbedürftigen Angehörigen erwachsener und von den Freibeträgen für den Lebensunterhalt nicht gedeckter **Mehrbedarf** (s. o. Rdn. 240) und einmaliger **Sonderbedarf**, z. B. bei Krankheit oder Konfirmation, jedenfalls wenn hierfür kein einzusetzendes Vermögen zur Verfügung steht (s. u.

Rdn. 266). Grundsätzlich ist der Sonder- oder Mehrbedarf immer konkret aufzuzeigen und zu belegen. Davon ausgenommen ist der Mehraufwand infolge eines Körper- oder Gesundheitsschadens: Erhält der Antragsteller oder ein unterhaltsberechtigter Angehöriger hierfür Sozialleistungen, die unter E oder D als Einkommen angegeben wurden, können sie hier in voller Höhe wieder abgesetzt werden (§ 115 Abs. 1 Satz 3 Nr. 5 i. V. m. § 1610a BGB). Dasselbe gilt für eine **Schmerzensgeldrente** (dazu Rdn. 259) und Mehrbedarfe nach § 21 SGB II oder § 30 SGB XII (s. dazu Rdn. 265). Der (Mehr-) Bedarf des in einem **Pflegeheim** oder sonstigen Einrichtungen lebenden Antragstellers umfasst neben den an die Einrichtung zu zahlenden Beträgen zusätzlich einen angemessenen Betrag für Kleidung und sonstige persönliche Bedürfnisse, dessen Höhe gemäß § 27b Abs. 2 SGB XII auf 27 % der Regelbedarfsstufe 1 - nach der RBSFV 2014 also 105,57 € - pauschaliert werden kann (BGH, FamRZ 2010, 1532). Als besondere Belastungen können des Weiteren **Unterhaltsleistungen an nicht unterhaltsberechtigte Personen**, z. B. die Unterstützung sonstiger bedürftiger Angehöriger oder des (informellen) Lebenspartners und dessen Kinder hier geltend gemacht werden. – Leben sie mit dem Antragsteller zusammen und erhalten deshalb keine oder nur eine gekürzte Grundsicherung, sind sie nach h. M. wie unterhaltsberechtigte Angehörige mit dem Freibetrag nach § 115 Abs. 1 ZPO und bei den Wohnkosten zu berücksichtigen (so für den Lebenspartner: OLG Karlsruhe, FamRZ 2008, 421 m. w. N.; OLG Stuttgart, FamRZ 2005, 1182; a. A. OLG Düsseldorf, FamRZ 2010, 141, das anstelle des Freibetrags den Regelbetrag nach SGB II ansetzt).

Nach § 115 Abs. 1 Satz 3 Nr. 4 ZPO in der Fassung des PKH/BerHÄndG sind **Mehrbedarfspau-**   265
schalen für Personen in besonderen Lebenslagen als zusätzliche Freibeträge bzw. als besondere Belastungen in Höhe der im § 21 SGB II oder § 30 SGB XII festgesetzten Beträge v.A.w. zu berücksichtigen. Das betrifft hauptsächlich (s. näher *Nickel/Götsche* FamRB 2013, 403)
- **Alleinerziehende** (auch wenn sie ein Pflegekind erziehen, s. BSG, JAmt 2009, 566), sie erhalten eine Pauschale i. H. v. 36% des maßgeblichen Regelbedarfs, wenn sie ein Kind unter sieben Jahren oder bis zu 3 Kindern unter 16 Jahren betreuen; sind es mehr, kann sich die Pauschale auf bis 80% erhöhen (s. § 21 Abs. 3 SGB II),
- **werdende Mütter** nach der zwölften Schwangerschaftswoche (Mehrbedarf: 17% des Regelbedarfs),
- **Behinderte**, die Hilfen zur Erlangung eines geeigneten Platzes im Arbeitsleben oder sonstige Eingliederungshilfen nach SGB II oder Eingliederungshilfen nach § 54 Abs. 1 Satz 1 Nr. 1 bis 3 SGB XII erhalten, steht eine Pauschale von 35% zu; sind sie voll erwerbsgemindert oder haben sie die Altersgrenze für den Bezug von Altersrente erreicht, erhalten Behinderte mit dem Merkzeichen G noch 17% Zuschlag zum Regelbedarf, soweit nicht im Einzelfall ein abweichender Bedarf besteht.
  Darüber hinaus sind eine **kostenaufwendige Ernährung**, wenn sie aus gesundheitlichen Gründen nötig ist, sowie **jeder laufende, nicht nur einmalige Zusatzbedarf**, für den ein unabweisbares Bedürfnis besteht (zur Definition s. § 21 Abs. 6 Satz 2 SGB II), in jeweils angemessener Höhe zu berücksichtigen.

Soweit ein Antragsteller diese Leistungen nach dem SGB II oder SGB XII bezieht, erhöhen sie das unter E anzugebende Einkommen und sind deshalb nach § 115 Abs. 1 Satz 2 Nr. 4 ZPO in der ab 01.01.2014 geltenden Fassung als Mehrbedarf hier unter besondere Belastungen einzutragen und vom Gericht in Höhe der gewährten Pauschalen anders nach bisherigem Recht (s. BGH, FamRZ 2010, 1324; OLG Köln, FamFR 2012, 248) ohne Billigkeitsprüfung vom Einkommen wieder abzuziehen. Diese Mehrbedarfe müssen aber auch Antragstellern bzw. Angehörigen gewährt werden, die keine Grundsicherung nach dem SGB II oder Sozialhilfe nach SGB XII beziehen, wenn sie sich in einer der in den § 21 SGB II oder § 30 SGB XII aufgeführten besonderen Lebenslage befinden und dies darlegen und glaubhaft machen (*Viefhues* FuR 2013, 488).

Maßgebend für die Anerkennung einer Ausgabe als besondere Belastung als angemessen i. S. d.   266
§ 115 Abs. 1 Nr. 5 ZPO ist ihre (Un-) Vermeidbarkeit und ihre sittliche Rechtfertigung. Das kann nur in einer Gesamtschau der konkreten wirtschaftlichen Situation beurteilt werden (FA-FamR/ Geißler, Kap. 16 Rn. 82; zur Anerkennung von Verbindlichkeiten s. o. Rdn. 263). Dazu gehört auch

das Vermögen. Unterstützend kann ggf. eine Zusammenfassung der Einnahmen und Ausgaben und der Verschuldung einschließlich der nicht bedienten Verbindlichkeiten erstellt werden, um so dem Gericht die wirtschaftliche Situation des Antragstellers zu veranschaulichen. Soweit dem Antragsteller zur Begleichung einmaliger Aufwendungen einsatzfähiges Vermögen zur Verfügung steht, ist m. E. die Belastung nicht von den Einkünften, sondern gem. § 90 Abs. 3 SBG XII von dem für die Verfahrenskosten einzusetzenden Vermögen abzuziehen.

k) Abschlusserklärungen

267   *Zu K:* Der Antrag muss vom Antragsteller unter Angabe von Ort und Datum unterschrieben werden, auch wenn er keine Angaben zu den Abschnitten E bis J machen muss (LG Bremen FamRZ 2011, 389). Er übernimmt damit die Verantwortung für die Vollständigkeit und Richtigkeit seiner Angaben (s. o. Rdn. 226). In dem neuen Formular erklärt er damit zugleich, dass er die in diesem Abschnitt stehenden **Belehrungen zur Kenntnis genommen** hat. Ist der Antragsteller minderjährig oder aus anderen Gründen nicht geschäftsfähig, muss für ihn sein gesetzlicher Vertreter unterzeichnen. Der Anwalt sollte nicht mit unterzeichnen, auch nicht als »aufnehmende Stelle«. Das dafür vorgesehene Kästchen betrifft nur den Urkundsbeamten der Geschäftsstelle bzw. der Rechtsantragsstelle, wenn der VKH-Antrag dort zu Protokoll erklärt wird. Ob man weiterhin davon ausgehen kann, dass das Fehlen einer Unterschrift den Antrag nicht wirkungslos macht (so noch BGH, FamRZ 1985, 1017; OLG Köln, FamRZ 2006, 1854) erscheint im Hinblick auf die jetzt eingefügten Wissenserklärungen (s. o.) fraglich. Auch wenn es verwundert, dass der Gesetzgeber sich selbst zugesteht, was er den Rechtsteilnehmern in § 309 Nr. 12b BGB verbietet. Eine Zurückweisung ohne dass das Gericht auf den Mangel hingewiesen und Gelegenheit zur Nachholung der Unterschrift gegeben hat, dürfte allerdings nicht infrage kommen.

IV. Berechnung nach § 115 ZPO

1. Vermögensbeiträge

268   Nach §§ 114, 115 ZPO ist zu prüfen, ob die um Kostenhilfe nachsuchende Verfahrensbeteiligte die Kosten der Verfahrensführung oder Mitwirkung an ihm selbst tragen kann und wenn nicht, ob und in welchem Umfang er sich mit Zahlungen aus seinem Vermögen oder mit monatlichen Raten aus seinen Einkünften an ihnen beteiligen muss, wobei beides auch nebeneinander angeordnet werden kann. Obwohl eine Reihenfolge gesetzlich nicht vorgegeben ist, wird regelmäßig zuerst die Zumutbarkeit von **Zahlungen aus dem Vermögen** geprüft. Dabei ist auch die Möglichkeit der Aufnahme von Darlehen zu prüfen, für das der betreffende Vermögensgegenstand als Sicherheit eingesetzt werden kann (BGH, FamRZ 1990, 389). In diesem Fall dürfen die Kreditkosten pro Monat allerdings nicht höher sein, als die nach § 115 ZPO zu errechnende Monatsrate, und der Kredit nicht länger als 48 Monate laufen (OLG Köln, FamRZ 1999, 997 m. w. N.). Die Verwertung von Vermögen ist jedenfalls dann unzumutbar, wenn sie mit Verlusten verbunden ist und der Antragsgegner die Verfahrenskosten auch durch Monatsraten in voller Höhe aufbringen kann (OLG Karlsruhe, FamRZ 2008, 70). Erreicht oder übersteigt die Summe der nicht vom Einsatz für Verfahrenskosten zu verschonenden Vermögenswerte (s. dazu Rdn. 246 ff) die maßgeblichen Verfahrenskosten (s. u.), wird VKH nicht bewilligt. Dasselbe gilt, wenn ein realisierbarer Anspruch auf Verfahrenskostenvorschuss besteht (s. o. Rdn. 221, *M. 8*). Ansonsten sind Zahlungen in Höhe des einzusetzenden Vermögens anzuordnen und zu beziffern. Regelmäßig wird auch ein Zahlungszeitpunkt bestimmt, der von vornherein die Zeitspanne einkalkulieren sollte, der für die Verwertung voraussichtlich benötigt wird (s. a. OLG München, FamRZ 2011, 386), ggf. ist das anzuregen.

269   Maßstab für die **Höhe der Verfahrenskosten** sind die »voraussichtlichen Kosten der Prozessführung der Partei« (§ 115 Abs. 4 ZPO). Sie setzen sich zusammen aus den Kosten, von denen die VKH den Bedürftigen freistellt, also den Gerichtskosten und seinen (Wahl-) Anwaltskosten. Diese allerdings nur, wenn eine Vertretung gesetzlich vorgeschrieben oder erforderlich ist und mithin eine

Beiordnung erfolgen muss (OLG Celle, JurBüro 2012, 206 m. w. N.; zu den Beiordnungsvoraussetzungen s. Rdn. 272 ff.).

2. Prüfungsschema für Raten

270

Nettoeinkünfte des Antragstellers[1]			.....,..... €
Abzgl. Freibetrag[2] für:			
Antragsteller selbst			452,00 €
zzgl bei Erwerbstätigkeit[3]			206,00 €
Ehegatte/Lebenspartner[4]		452,00 €	
abzgl. eigener Einkünfte (Rdn. 233)		.... €	.... €
jeden erwachsenen Haushaltsangehörigen		362,00 €	
abzgl. eigener Einkünfte (Rdn. 233)		.....,..... €	.....,..... €
jedes Kind bis unter 6 Jahren		263,00 €	
abzgl. eigener Einkünfte (Rdn. 233)		.....,..... €	.....,..... €
jedes Kind von 6 bis unter 14 Jahren:		299,00 €	
abzgl. eigener Einkünfte (Rdn. 233)		.....,..... €	.....,..... €
jede/r Jugendliche (14 bis unter 18 Jahre)		341,00 €	
abzgl. eigener Einkünfte (Rdn. 233)		.....,..... €	.... €
Wohnkosten (Rdn. 260)		.....,..... €	
abzgl. Anteil Dritter		.... €	.....,..... €
Unterhaltszahlungen (Rdn. 231)			.....,..... €
Mehrbedarfspauschalen (Rdn. 265)			.... €
sonstige besondere Belastungen (Rdn. 263, 264)			.... €
Einzusetzendes Einkommen (abzurunden auf volle Euro)			..... €
Monatsrate[5]			...... €
mal 4 (Kontrolle)[6]		..... €	

1. Das Nettoeinkommen errechnet sich aus der Summe der in Abschnitt E angegebenen Einkünfte abzgl. der unter F angegebenen Ausgaben. Ergibt sich **kein positives Einkommen**, weil die Abzüge (s. Rdn. 246 ff.) die Einnahmen (s. Rdn. 235 ff.) übersteigen, ist VKH ohne Raten zu bewilligen, sofern dem Ast. kein fiktives Nettoeinkommen zuzurechnen ist (s. dazu Rdn. 236) und er auch über kein für die Verfahrenskosten einzusetzendes Vermögen verfügt (s. Rdn. 268).

2. Die an den Regelbedarfen des SGB orientierten **Freibeträge** für die allgemeinen Lebenshaltungskosten (ohne Wohnkosten) werden jeweils zum Ende eines Jahres für das nächste Jahr im BGBl bekannt gemacht. (s. Rdn. 231). Die oben eingesetzten Freibeträge für den Antragsteller und der mit ihm in Haushaltsgemeinschaft lebenden Angehörigen (zum Begriff s. o. Rdn. 231) gelten nur für das Jahr 2014 (PKHB 2014, BGBl. I 2013, S. 4088). Stellen in einem Verfahren beide die Kinder gemeinsam betreuenden Elternteile Anträge auf Verfahrenskostenhilfe, sind die Kinderfreibeträge nach OLG Hamm (MDR 2007, 973) bei beiden in voller Höhe zu berücksichtigen. Sind neben dem Ehegatten bzw. dem Partner einer eingetragenen Lebenspartnerschaft mehrere erwachsene Haushaltsangehörige zu berücksichtigen, ist für jeden der Freibetrag abzgl. seines eigenen anrechenbaren Einkommens (s. u. Nr. 4) abzuziehen; dasselbe gilt, wenn Kinder zu berücksichtigen sind (s. Rdn. 230 ff.). Der Freibetrag entfällt, wenn die anrechenbaren eigenen Einkünfte den Freibetrag

übersteigen. Die Freibeträge für Minderjährige decken von dem Bedarf für Bildung und Teilhabe (§ 34 SGB XII) lediglich den persönlichen Schulbedarf und den Beitrag für Sportverein und Musikunterricht u.ä. (BT-Drucks. 17/3404, S. 136), nicht dagegen Fahrtkosten, Kosten für Klassenfahrten, Nachhilfe u. a. Solche Kosten sind ebenso wie sonstiger **Mehrbedarf**, den die Haushaltsangehörigen aus ihren Einkünften nicht decken können, entweder durch Erhöhung der Freibeträge oder als besondere Belastung des Antragstellers zu berücksichtigen (s. Rdn. 264 f.). Lebt der Antragsteller dauerhaft in einer stationären Einrichtung, z. B. einem Pflege- oder Altersheim, sind die tatsächlich an die Einrichtung für Unterkunft, Verpflegung und ggf. Betreuung zu entrichtenden Kosten maßgeblich zzgl. der für den persönlichen Bedarf benötigten Barbeträge (s. Rdn. 264).

3. Gemäß § 115 Abs. 1 Satz 3 Nr. 1b ZPO ist für den erwerbstätigen Antragsteller eine weitere (ebenfalls in der PKHB bekannt gemachte) **Pauschale für** den mit der **Erwerbstätigkeit** verbundenen unspezifischen Mehrbedarf abzuziehen. Die Rspr. kürzt ihn vielfach, wenn nur eine Teilzeitbeschäftigung ausgeübt wird (OLG Hamm, FamRZ 2005, 1916).

4. Das PKH/BerHÄndG (s. Rdn. 178) hat entgegen dem ursprünglichen Entwurf den **Freibetrag für den Ehegatten** oder den eingetragenen Lebenspartner nicht reduziert. Für den Partner einer nicht eingetragenen Lebenspartnerschaft gilt der Freibetrag für erwachsene Haushaltsangehörige (s. o. 2.)

5. § 115 Abs 2 ZPO bestimmt die Höhe der **zumutbaren Monatsraten**, die der Begünstigte aus seinem einzusetzenden Einkommen für maximal 48 Monate (über alle Rechtszüge) zu leisten hat. Nach der seit 01.01.2014 geltenden Fassung ist ab einem einzusetzenden Einkommen von 20 Euro jeweils die Hälfte des einzusetzenden Monatseinkommens als Rate zu bezahlen, ab einem 600,00 € übersteigenden Einkommen ist es bis auf 300 Euro vollständig für die Raten zu verwenden (s. Rdn. 204). - Für Altfälle (s. Rdn. 178) sind die Raten weiterhin anhand der nach oben offenen Tabelle des § 115 Abs. 2 ZPO a. F. zu bemessen. – Werden in verschiedenen Instanzen unterschiedliche Raten festgesetzt, löst die jüngere Anordnung die ältere ab (ex nunc BGH, NJW 1983, 944; OLG Stuttgart, FamRZ 2001, 106). Zur Möglichkeit der Abänderung der Raten bei einer Veränderung der wirtschaftlichen Verhältnisse s. Rdn. 211).

6. Können die voraussichtlichen Verfahrenskosten (s. o. Rdn. 269) mit vier Monatsraten und/oder dem aus dem Vermögen aufzubringenden Beträgen beglichen werden, ist es dem Antragsteller zuzumuten, die Kosten selbst zu tragen und VKH nicht zu bewilligen (**§ 115 Abs. 4 ZPO**).

271   Bei der Prüfung, ob ein **Verfahrenskostenvorschuss nur in Raten** aufgebracht werden kann (s. o. Rdn. 221, *M. 6*), ist nicht allein maßgeblich, ob der Unterhaltspflichtige für ein von ihm selbst zu führendes Gerichtsverfahren Verfahrenskostenhilfe unter Anordnung von Raten erhalten würde. Es ist vielmehr zusätzlich festzustellen, dass derjenige, der in Anspruch genommen wird, im Sinne des Unterhaltsrechts leistungsfähig ist (OLG Dresden, FamRZ 2013, 1597).

V. Anwaltsbeiordnung

1. Anordnung

272   Die Beiordnung eines Anwalts im Rahmen der Verfahrenskostenhilfe erfordert regelmäßig ihre **gesonderte Anordnung** im oder nach dem Bewilligungsbeschluss; ohne VKH-Bewilligung nach §§ 114 ff. ZPO scheidet auch eine Beiordnung aus, selbst wenn die anwaltliche Vertretung erforderlich ist (BGH, NJW-RR 2004, 787, 788). Wirkungszeitpunkt und Umfang der Beiordnung entsprechen grds. dem der VKH-Bewilligung (s. o. Rdn. 197 ff.). Ohne gesonderte Anordnung erstreckt sich die Beiordnung auch nicht auf Angelegenheiten, die mit dem Hauptverfahren nur zusammenhängen.

Ausnahmen bestehen nach § 48 Abs. 2 RVG für:
– **Anschlussrechtsmittel**, wenn die Beiordnung für das Hauptrechtsmittel erfolgt ist,

– die Vollziehung oder **Vollstreckung eines Arrests oder einer einstweiligen Anordnung**, wenn der Anwalt bereits für deren Erwirkung beigeordnet war (zur Erstreckung der VKH und damit auch der Beiordnung innerhalb der Vollstreckung s. Rdn. 202),

es sei denn, die Erstreckung wird im Beiordnungsbeschluss ausdrücklich ausgenommen, sowie

bei Beiordnung **in einer Ehesache** oder ihr gleichgestellten Lebenspartnerschaftssache auch für
– den **Widerantrag** (§ 48 Abs. 5 RVG),
– eine **Einigung über einzelne Trennungs- oder Scheidungsfolgen**, wie Unterhalt, Ansprüche aus dem ehelichen Güterrecht, Regelung der elterlichen Sorge und des Umgangs sowie der Rechtsverhältnisse an der Ehewohnung und den Haushaltsgegenständen (§ 48 Abs. 3 RVG).
– den **Versorgungsausgleich als Folgesache**, da sich die Bewilligung von Verfahrenskostenhilfe für die Ehescheidung nach § 149 FamFG (früher § 624 Abs. 2 ZPO) und damit auch die mit ihr erfolgte Beiordnung eines Anwalts automatisch auf die Folgesache Versorgungsausgleich erstreckt, sofern das Gericht sie nicht ausdrücklich ausnimmt. Hat in Übergangsfällen ein nach altem Recht abgetrennter Versorgungsausgleich ausnahmsweise seine Eigenschaft als Folgesache verloren (Art. 111 Abs. 4 FGG-RG), endet auch die darauf beruhende VKH einschließlich der Anwaltsbeiordnung (BGH, FamRZ 2011, 635).

Dem Anwalt steht gegen die Ablehnung seiner Beiordnung **kein eigenes Beschwerderecht** zu (ebenso wenig wie gegen die Ablehnung oder Aufhebung der VKH, s. Rdn. 217), sondern nur dem Mandanten (s. Muster Rdn. 279). Anders ist es bei einer Beschränkung seiner Gebührenansprüche (s. u. Rdn. 280) oder der Aufhebung der Beiordnung nach § 48 BRAO (h. M.: OLG Brandenburg, FamRZ 2004, 213 m.w.N; a.A. OLG Naumburg, FamRZ 2007, 916). Die Ablehnung der Beiordnung erwächst wie die Ablehnung der VKH nicht in Rechtskraft, sodass bei geänderter Sachlage dem Begünstigten zu einem späteren Zeitpunkt im selben Verfahren noch rückwirkend ein Anwalt beigeordnet werden kann (Zöller/*Geimer* § 121 Rn. 17). 273

2. Sachliche Voraussetzung

a) Allgemein

Die Voraussetzungen für die Beiordnung eines Anwalts bei Bewilligung von VKH regelt für die FG-Familiensachen § 78 FamFG und für Ehe- und Familienstreitsachen weiterhin § 121 ZPO i.V.m. § 113 Abs. 1 ZPO. Die im Gesetzesentwurf zu dem am 01.01.2014 in Kraft getretenen PKH/BerHÄndG ursprünglich geplante Anwendung der §§ 76 bis 78 FamFG auf sämtliche Familiensachen ist nicht realisiert geworden (s. Rdn. 178). 274

Nach beiden Vorschriften ist dem Bedürftigen mit der Bewilligung von VKH immer ein Rechtsanwalt seiner Wahl **von Amts wegen** (OLG Karlsruhe, FamRZ 2008, 524) beizuordnen, wenn für die Beteiligung an dem Hauptsacheverfahren die **Vertretung durch einen Anwalt gesetzlich vorgeschrieben** ist (§ 121 Abs. 2 1. Alt. ZPO bzw. § 78 Abs. 2 FamFG). Der Anwaltszwang ergibt sich für Ehe- und Scheidungsfolgesachen sowie für selbstständige Familienstreitsachen aus § 114 FamFG (grds. Anwaltszwang mit den in Abs. 4 geregelten Ausnahmen, insb. für einstweilige Anordnungs- und das vereinfachte Unterhaltsverfahren (str. für Beschwerdeverfahren s. OLG Brandenburg, FamRZ 2012, 1894 m.w.N.) oder wenn ein Beteiligter durch das Jugendamt als Beistand vertreten wird; s.a. Kap. 2 Rdn. 241 ff. und zur Teilungsversteigerung Kap. 9 Rdn. 66, *M. 7*). Im Rechtsbeschwerdeverfahren müssen sich die Beteiligten grds. durch einen beim BGH zugelassenen Anwalt vertreten lassen, auch wenn das Rechtsmittel die Bewilligung von VKH bzw. die Beiordnung betrifft (BGH, FamRZ 2010, 1425; zum Selbstvertretungsrecht der Staatskasse s. Rdn. 215). Davon ausgenommen ist nur das Verfahren auf Bewilligung von Verfahrenskostenhilfe für die Rechtsbeschwerde einschl. der Sprungrechtsbeschwerde.

Besteht für das Hauptsacheverfahren kein Anwaltszwang, ist dem Beteiligten **auf Antrag** ein Anwalt seiner Wahl beizuordnen, wenn

- *in Ehe- und Familienstreitsachen* (§ 121 Abs. 2, ZPO i. V. m. § 113 FamFG):
  der **Gegner durch einen Rechtsanwalt vertreten** ist (Grundsatz der »Waffengleichheit«). In diesem Fall ist die Beiordnung zwingend, z. B. für den Antragsgegner eines Scheidungsverfahrens, der dem Antrag zustimmen will, sowie im vereinfachten Unterhalts- oder einstweiligen Anordnungsverfahren (BGH, FamRZ 2011, 1138)
  oder
  die **Vertretung durch einen Rechtsanwalt erforderlich** erscheint. In diesem Fall gelten die gleichen Grundsätze wie in den selbstständigen FG-Familiensachen; anders als bei diesen ist hier auch die Bedeutung der Angelegenheit zu berücksichtigen (BGH, FamRZ 2007, 1968).
- *in selbstständigen FG-Familiensachen* (§ 78 Abs. 2 FamFG):
  wegen der Schwierigkeit der Sach- und Rechtslage die Vertretung durch einen Rechtsanwalt erforderlich erscheint. Es reicht aus, dass entweder die Sach- oder die Rechtslage schwierig ist; der in FG-Verfahren vorherrschende Amtsermittlungsgrundsatz steht einer Beiordnung nicht entgegen (BGH, FamRZ 2010, 1427).

Ist die Beiordnung zwingend vorgeschrieben, ist auch einem **Rechtsanwalt in eigener Sache** ein anderer Anwalt oder er sich selbst beizuordnen (BGH, NJW 2002, 2179).

b) Erforderlichkeit

275 Soweit die Beiordnung nicht zwingend vorgeschrieben ist (s. o.), sind neben der objektiven Schwierigkeit der Sach- oder Rechtslage auch bei der Anwendung des § 78 FamFG in verfassungskonformer Auslegung der Vorschrift auch die persönlichen Fähigkeiten des Beteiligten zu berücksichtigen (vgl. BGH, FamRZ 2010, 1427 Rn. 24 ff.). Anders als nach § 121 Abs. 2 ZPO genügt die Schwere des Eingriffs in die Rechte eines Beteiligten für eine Beiordnung nach § 78 FamFG allein nicht (BGH, FamRZ 2012, 1290; 2010, 1427). Entscheidend ist, ob ein Verfahrensbeteiligter nur mithilfe eines Anwalts von der Möglichkeit mitzuwirken und das Verfahren zu fördern sachgemäß Gebrauch machen kann und deshalb auch ein bemittelter und kostenbewusster Beteiligter einen Anwalt hinzuziehen würde (OLG Stuttgart, FamRZ 2011, 1610; BGH, FamRZ 2012, 1290; 2010, 1427; BVerfG, NJW-RR 2007, 1713). Die danach gebotene **einzelfallbezogene Prüfung** lässt eine Herausbildung von Regeln, nach denen einem Beteiligten in bestimmten Verfahren immer oder grds. ein Rechtsanwalt beizuordnen ist, nur in engen Grenzen zu (BGH, FamRZ 2012, 1290; 2010, 1427). Die Beiordnung eines Verfahrensbeistands ersetzt nicht zwangsläufig die Beiordnung eines Anwalts (OLG Dresden, FamRZ 2014, 1042).

276 Von einer **objektiven Schwierigkeit** kann **grundsätzlich** dann ausgegangen werden, wenn der Gesetzgeber für das betreffende Verfahren Regelungen aufgestellt hat, die eine besondere rechtliche oder tatsächliche Schwierigkeit implizieren. Dies hat der BGH bereits für die Antragstellung in **Vaterschaftsanfechtungsverfahren** bejaht – die Argumentation trifft größtenteils aber auch auf den weiteren Beteiligten zu - (BGH, FamRZ 2012, 1290 m. Anm. *Müther*), und unter Hinweis auf § 149 FamFG jüngst auch für den **Versorgungsausgleich** (BGH, FamRZ 2014, 551 Rn. 8, 10). Die Anwendung ausländischen Rechts oder des **IPR** indiziert ebenfalls eine schwierige Rechtslage (*Motzer* FamRBint 2012, 10). Dasselbe gilt, wenn von Gesetzes wegen oder nach höchstrichterlicher Rechtsprechung nur nach Einholung eines **Sachverständigengutachten**s entschieden werden darf, z. B. bei einem Entzug der elterlichen Sorge (OLG Schleswig, FamRZ 2012, 808; OLG Celle, FamRZ 2011, 1240) oder der Zustimmung zu einem medizinischen Eingriff (OLG Dresden, FamRZ 2010, 2006) oder der Genehmigung freiheitsentziehender Unterbringung (OLG Dresden, FamRZ 2014, 1042). Ob das auch für Vaterschaftsfeststellungen gilt, ist umstritten (s. u. Rdn. 278.). Von einer schwierigen Sachlage ist auch in Umgangsverfahren regelmäßig auszugehen, wenn eine **Kindeswohlgefährdung** im Raum steht oder ein begleiteter Umgang ernsthaft in Betracht kommt (OLG Schleswig, FamRZ 2011, 1241), wenn die **Durchführung des Verfahrens kompliziert** ist(OLG Stuttgart, FamRZ 2014, 1045 zum vereinfachten Sorgerechtsverfahren nach § 155a FamFG) oder der Regelung objektive Erschwernisse entgegenstehen (OLG München, FamRZ 2011 für den Umgang mit

einem inhaftierten Vater). Ein schwieriges Verfahren lässt auch eine lange (Prozess-) Vorgeschichte (KG, FamRZ 2011, 1741) erwarten und allgemein **hochstreitige Kindschaftsverfahren** (OLG Brandenburg, NJW-RR 2010, 1158; FamFR 2010, 494; s.a. BGH, FamRZ 2010, 1427 Rn. 29; 2009, 857 Rn. 12). – Auch wenn das Gebot der Waffengleichheit in FG-Sachen nicht gilt, kann der Umstand, dass ein anderer Verfahrensbeteiligter anwaltlich vertreten ist, **Indiz** für eine schwierige Sach- und Rechtslage sein (BGH, FamRZ 2010, 1427), ebenso die Schwere des Eingriffs in die Rechte eines Beteiligten (OLG Dresden, FamRZ 2010, 2006; a. A. OLG Oldenburg, FamRZ 2011, 914).

Die Einschätzung einer Angelegenheit aus objektiver Sicht als nicht schwierig erfordert gleichwohl die Beiordnung eines Anwalts, wenn der Beteiligte nicht über die **subjektiven Fähigkeiten** verfügt, seine Rechte im Verfahren selbst sachgerecht zu vertreten. Daran fehlt es insb., wenn er sich z. B. wegen unzureichender Sprachkenntnisse oder Bildung nicht hinreichend mündlich oder schriftlich auszudrücken vermag (BVerfG NJW-RR 2007, 1713; BGH, FamRZ 2009, 857; s.a. OLG Bamberg, FamRZ 2011, 1970; OLG Saarbrücken, FamRZ 2011, 1609), wobei dieses Handicap nicht nur bei Ausländern zu beachten ist (OLG Hamm, FamRZ 2011, 1971). Die Fähigkeit zur sachgerechten Mitwirkung am Verfahren kann auch durch psychische Erkrankungen oder durch ein stark belastetes Verhältnis zu anderen Verfahrensbeteiligten beeinträchtigt werden (BGH, FamRZ 2010, 1427 m. Anm. *Stößer*). Dasselbe gilt, wenn zwischen den (gegnerischen) Verfahrensbeteiligten ein erhebliches Ungleichgewicht in ihrer Außendarstellung und Fähigkeit zur Durchsetzung eigener Interessen besteht, was nach OLG Celle (FamRZ 2014, 588) dadurch verstärkt werden kann, dass die Gegenseite anwaltlich vertreten ist.   277

Einzelfälle: 278
– **Gewaltschutz – ja:** OLG Bremen, FamRZ 2010, 1362, wenn Beteiligter sich mit juristischen Einwänden des Anwalts der Gegenseite auseinandersetzen muss; OLG Karlsruhe, FamRZ 2010, 2003 wenn Antragsgegner mit massiven Einschränkungen seiner Persönlichkeitssphäre rechnen muss; **nein:** OLG Celle, FamRZ 2014, 1046; 2011, 1971 u. 2010, 2005 für EA, wenn der Tatbestand schon polizeilich aufgenommen ist oder die Tatsachen durch eidesstattliche Versicherung feststehen oder wenn der Antragsteller bereits über Vorerfahrung in solchen Verfahren verfügt,
– **Genehmigung der Unterbringung – ja:** OLG Dresden, FamRZ 2014, 1042, auch zur Wirksamkeit des ohne Zustimmung des gesetzlichen Vertreters abgeschlossenen Anwaltsvertrags
– **Kindergeldbezug** (= Auswahl des Empfängers) - **ja:** OLG Frankfurt am Main, FamRZ 2012, 1886: bei Wechselmodell; **nein:** OLG Celle, FamRZ 2011, 1240;
– **Sorgerecht:** - **ja:** bei drohendem Sorgerechtsentzug OLG Celle, FamRZ 2011, 124, schon für Anhörungstermin: OLG Düsseldorf, FamRZ 2013, 897; OLG Saarbrücken, FamRZ 2012, 115, OLG Schleswig, FamRZ 2012, 808; OLG Frankfurt am Main, FamRZ 2010, 1094 und u. U. auch für den nichtsorgeberechtigten Elternteil, OLG Hamm, FamRZ 2011, 1971; wegen der schwierigen Rechtslage auch im vereinfachten Sorgerechtsverfahren nach § 155a FamFG OLG Stuttgart, FamRZ 2014, 1045 oder im Verfahren auf Feststellung des Ruhens der elterlichen Sorge, OLG Hamm, FamRB 2014, 211; OLG Dresden, FamRZ 2010, 2006: Ersetzung einer Zustimmung zur medizinischen Behandlung; bei strittiger Aufhebung der gemeinsamen Sorge oder des Aufenthaltsbestimmungsrechts, OLG Brandenburg, FamRZ 2013, 1593; KG, FamRZ 2011, 1741; **nein:** bei unstreitiger Übertragung der Alleinsorge, OLG Celle, FamRZ 2011, 388:
– **Umgangsrecht – ja:** BGH, FamRZ 2010, 1427, wenn Antragsteller nach seinen subjektiven Fähigkeiten seine Rechte nicht verfolgen kann; OLG Schleswig, FamRZ 2011, 1241, wenn eine Kindeswohlgefährdung im Raum steht oder ein begleiteter Umgang ernsthaft in Betracht kommt; OLG Hamm, FamRZ 2011, 389 u. OLG München, FamRZ 2011, 1240 bei behaupteter Umgangsverweigerung; OLG Celle, NJW 2010, 1008 u. OLG Zweibrücken, NJW 2010, 1212 bei schwieriger Ausgangslage; **nein:** OLG Brandenburg, FamRZ 2010, 2009 u. OLG Celle, FamRZ 2010, 1363, wenn es nur um die Ausgestaltung eines bereits geregelten Umgangs geht; OLG Hamburg, MDR 2010, 701, wenn Gegner anwaltlich nicht vertreten ist und kein Ungleichgewicht zwischen den Eltern herrscht,

- **Vermittlungsverfahren – nein:** OLG Hamm, FamRZ 2013, 565; OLG Oldenburg, FamRZ 2011, 916; OLG Karlsruhe, FamRZ 2010, 2010: grds. nicht erforderlich; OLG Frankfurt am Main, FamFR 2013, 229 nur in Ausnahmefällen,

- **Aufhebung einer Umgangspflegschaft – nein:** OLG Koblenz, NJW-RR 2011, 507; OLG Hamm, FamFR 2011, 521;

- **Vaterschaftsanfechtung – ja:** BGH, FamRZ 2012, 1290 (Regelfall, s. Rdn. 276); OLG Bamberg, FamRZ 2011, 1970; **nein:** OLG Saarbrücken, FamRZ 2010, 1001: bei gleichgerichteten Interessen = keine schwierige Rechtslage (überholt);

- **Vaterschaftsfeststellung – ja:** OLG Celle, FamRZ 2012, 467; wenn mehrere Männer in Betracht kommen: OLG Brandenburg, FamRZ 2014, 586; bei gegenläufigen Interessen: OLG Schleswig, FamRZ 2011, 388, OLG Dresden, FamRZ 2010, 2007; OLG Brandenburg, FuR 2012, 667; wegen Auseinandersetzung mit Sachverständigengutachten: OLG Hamm, FamRZ 2010, 1363; **nein:** OLG Oldenburg, FamRZ 2011, 914; OLG Dresden, OLG Report Ost 49/2010 Anm. 1: keine schwierige Sach- und Rechtslage; OLG Brandenburg, 2011, 131, wenn Kind durch JA als Beistand vertreten ist;

- **Vereinfachtes Unterhaltsverfahren** (nach § 121 Abs. 2 ZPO!) - **für Antragsgegner** i. d. R. **ja:** OLG Hamm, FamRZ 2011, 1745; OLG Oldenburg, FamRZ 2011, 917; OLG Koblenz, AGS 2010, 182 m. w. N. - **für Antragsteller:** zwingend, wenn und sobald der Ag. anwaltlich vertreten ist; BGH, FamRZ 2011, 1138, sonst **ja:** wegen der Kompliziertheit des Unterhaltsrechts OLG Zweibrücken, MDR 2006, 577; OLG Nürnberg, FamRZ 2001, 296; OLG München, FamRZ 1999, 792; nur wenn besondere Schwierigkeiten bei der Bedarfsermittlung bestehen, z. B. Einkommen ist aus selbstständiger Tätigkeit zu ermitteln OLG Hamm, FamRB 2014, 56 = FamRZ 2014, 1042 (LS), - **nein:** OLG München, FamRZ 1999, 1355 m. abl. Anm. *van Els.* - M.E. gebietet schon die weit reichende Bedeutung einer erstmaligen Titulierung die Anwaltsbeiordnung; hinzu kommt die generelle Schwierigkeit auch des Kindesunterhaltsrechts, der der Gesetzgeber des FamFG durch den für ordentliche Unterhaltsverfahren eingeführten Anwaltszwang Rechnung getragen hat.

- **Versorgungsausgleich – ja:** BGH, FamRZ 2014, 551 Rn. 10 (Regelfall, s. Rdn. 276); OLG Brandenburg, FamRZ 2014, 566; OLG Naumburg, FamRZ 2014, 230; OLG Jena, FamRZ 2013, 1594 – zur Erstreckung der Beiordnung im Scheidungsverbund s. o. Rdn. 272 –; für **Auskunftsverfahren:** OLG Hamm, FamRZ 2012, 1659, wenn gerichtlich Auflagen erfolglos waren; für Verfahren nach **§ 33 VersAusglG:** OLG Hamm, FamRZ 2013, 1595;

- **Vollstreckung – ja:** bei Vollstreckung von Unterhaltsansprüchen BGH, FamRZ 2012, 1673; OLG Stuttgart, FamRZ 2011, 128; OLG München, NJW-RR 2014, 84.

c) Muster: Beschwerde gegen abgelehnte Beiordnung

279   Amtsgericht[1] ....

– Familiengericht –

[Ort]....

1 ..../....

.... [Datum][2]

BESCHWERDE[3]

In der Familiensache

..... Antragstellerin/Beschwerdeführerin

Verfahrensbevollmächtigte: Rechtsanwältin .....

gegen

..... Antragsgegner[4]

Verfahrensbevollmächtigter: Rechtsanwalt .....

wegen .....;

hier: **Verfahrenskostenhilfe**

lege ich für die Antragstellerin[5] gegen den am ..... zugestellten Beschluss vom ..... **sofortige Beschwerde** ein, soweit ihr die beantragte Beiordnung eines Anwalts versagt wurde, und beantrage,

den Beschluss abzuändern und mich der Antragstellerin im Rahmen der ihr bewilligten Verfahrenskostenhilfe **beizuordnen**.

Begründung:[6]

Das Familiengericht hat die im VKH-Antrag/Schriftsatz vom .....-beantragte Beiordnung eines Rechtsanwalts zu Unrecht abgelehnt. Sie ist entgegen der Ansicht des Familiengerichts erforderlich um der Antragstellerin eine sachgerechte Verfolgung ihrer berechtigten Interessen zu ermöglichen.

a) ..... [schwierige Rechtslage]

b) ..... [schwierige Sachlage]

c) ..... [Indizien]

d) ..... [subjektive Gründe]

e) ..... [Gesamtschau]

Es wird deshalb gebeten, der Beschwerde abzuhelfen oder sie andernfalls unverzüglich dem OLG zur Entscheidung vorzulegen.

(Rechtsanwalt)

1. Adressat. Das Verfahren über die Beschwerde gegen die Ablehnung der Beiordnung richtet sich gemäß dem in FG-Familiensachen und in Ehe- und Familienstreitsachen gleichermaßen anwendbaren § 127 ZPO nach den Vorschriften über die sofortige Beschwerde nach §§ 567 ff. ZPO. Damit kann sie anders als die Beschwerde nach § 58 FamFG entweder beim Familiengericht oder beim OLG eingereicht werden (§ 569 Abs. 1 Satz 1 ZPO). Es empfiehlt sich, sie beim Familiengericht einzureichen, da ihr nach § 570 Abs. 2 ZPO abgeholfen werden kann.

2. Frist. In Abweichung von § 569 Abs. 1 Satz 1 ZPO beträgt die mit Zustellung der Entscheidung beginnende Notfrist zur Einlegung der Beschwerde einen Monat (§ 127 Abs. 2 Satz 3 ZPO). Eine Wiedereinsetzung ist nach allgemeinen Grundsätzen möglich. Da einer ablehnenden Entscheidung aber keine Rechtskraft zukommt, kann ein abgelehnter Antrag u. U. auch wiederholt werden (s. Rdn. 196).

3. Form. Für das Beschwerdeverfahren besteht kein Anwaltszwang; es kann für das Beschwerdeverfahren anders als für das Rechtsbeschwerdeverfahren ebenso wenig VKH bewilligt werden wie für das Bewilligungsverfahren in erster Instanz (s. Rdn. 183). Die Einlegung erfolgt durch Einreichung einer Beschwerdeschrift, die den angefochtenen Beschluss nur bezeichnen und die Erklärung enthalten muss, dass (und in welchem Umfang) Beschwerde dagegen eingelegt wird. Der angefochtene Beschluss muss nicht beigefügt werden.

4. Beschwerdegegner. Der Antragsgegner oder die sonstigen Verfahrensbeteiligten sind nicht Beschwerdegegner, sondern haben die gleiche Stellung wie im Bewilligungsverfahren. Ihnen ist somit lediglich Gelegenheit zur Stellungnahme zu geben (s. Rdn. 192). Sie haben auch im Beschwerdeverfahren keinen Anspruch auf Kostenerstattung.

5. Beschwer, Beschwerdeberechtigte. Eine (zahlenmäßige) Beschwer ist nicht erforderlich. da es sich nicht um eine Entscheidung über Kosten handelt (Zöller/*Geimer* § 127 Rn. 30). Gegen die unterlassene Beiordnung eines Anwalts ist allein der VKH bzw. der die Beiordnung begehrende Antragsteller beschwerdeberechtigt, nicht aber der von ihm benannte Anwalt. Anders ist es, wenn die Beiordnung gleichzeitig den Vergütungsanspruch des Anwalts beschränkt (s. Rdn. 273). Zum Beschwerderecht der Staatskasse und zur Statthaftigkeit der Rechtsbeschwerde s. im Einzelnen Rdn. 215 ff.

6. Begründung. Eine Begründung ist für die sofortige Beschwerde nicht zwingend (Sollvorschrift), aber schon wegen der Abhilfebefugnis des Familiengerichts zweckmäßig. Hat das Familiengericht übersehen, dass die Anwaltsbeiordnung zwingend vorgeschrieben ist (s. Rdn. 274) oder hat es eine automatische Erstreckung auf den betreffenden Gegenstand (s. Rdn. 273) übersehen, reicht ein kurzer Hinweis aus. Anders ist es, wenn das Gericht die automatische Erstreckung ausdrücklich ausschließen kann oder wenn (auf Antrag) ein Anwalt nur beigeordnet wird, wenn dies im Einzelfall erforderlich ist (§ 78 Abs. 2 FamFG oder § 121 Abs. 2 ZPO). In den FG-Familiensachen kommt es auf die Schwierigkeit der Sach- oder Rechtslage und die subjektive Fähigkeit des Mandanten an, sein Interesse an der Entscheidung einbringen und durchsetzen zu können; bei den wenigen Fällen, in denen nach § 121 ZPO auch in Familienstreitsachen eine Beiordnung nicht zwingend ist, ist es ähnlich. Da es wesentlich auf die jeweiligen Umstände in ihrer Zusammenschau ankommt, ist ein Verweis auf die gerichtliche Praxis bzw. Rechtsprechung zu bestimmten Verfahren, wenn sie nicht die des entscheidenden OLG –Senats ist, nur begrenzt hilfreich und kann die eigene Erläuterung und Glaubhaftmachung der Erforderlichkeit einer Anwaltsbeiordnung im konkreten Fall (siehe dazu im Einzelnen Rdn. 275 ff.) selten ersetzen.

3. Beiordnung auswärtiger oder mehrerer Anwälte

280   Ein auswärtiger, d. h. ein **nicht im Bezirk des Gerichts niedergelassener Anwalt** kann nur beigeordnet werden, wenn dies keine besonderen (Reise-) Kosten verursacht (§ 78 Abs. 3 FamFG; § 121 Abs. 3 ZPO). Vorher ist allerdings zu prüfen, ob durch den damit beabsichtigten Ausschluss der Reisekosten tatsächlich Mehrkosten erspart werden. Das ist nicht der Fall, wenn (bei großen Gerichtsbezirken) die Anreise eines im Bezirk niedergelassenen Anwalts zum Gerichtsort gleiche Kosten verursachen könnten (OLG Brandenburg, FamRZ 2014, 230; OLG Frankfurt, FamRZ 2009, 1615; OLG München, FamRZ 2007, 489), wenn für eine ansonsten notwendige Beiordnung eines Verkehrsanwalts oder Terminsvertreters (s. u.) gleiche oder höhere Kosten anfallen würden (BGH, FamRZ 2004, 1362; KG, JurBüro 2010, 537 m. w. N.) oder wenn die dem Mandanten aus der Staatskasse zu erstattenden Kosten für eine Informationsreise nicht wesentlich geringer sind (OLG Köln, FamRZ 2008, 525). Der auswärtige Anwalt kann auf die Mehrkosten verzichten; er kann aber auch ohne sein vorheriges Einverständnis nur »zu den Bedingungen eines im Gerichtsbezirk niedergelassenen Anwalts« beigeordnet werden (BGH, FamRZ 2007, 37). Hiergegen steht ihm ein Beschwerderecht zu (s. o. Rdn. 273). Auch eine ohne Einschränkung erfolgte Beiordnung schützt den auswärtigen Anwalt nicht davor, dass ihm aus der Staatskasse einzelne Reisekosten nicht erstattet werden (vgl. OLG Stuttgart, FamRZ 2008, 1011). Denn über die Erstattungsfähigkeit von Auslagen entscheidet der für die Festsetzung zuständige Urkundsbeamte eigenständig (§ 46 Abs. 1 RVG). In Zweifelsfällen sollte sich der Anwalt deshalb die Notwendigkeit der Reise vorher vom Gericht bestätigen lassen (s. § 46 Abs. 2 RVG).

281   Ein **weiterer Anwalt** kann als Terminsvertreter oder Verkehrsanwalt nur auf Antrag beigeordnet werden und an sich nur bei Vorliegen besonderer Umstände. In der Praxis reicht es regelmäßig aus, wenn dadurch eine Kostenersparnis erzielt wird. Die Beiordnung eines **Verkehrsanwalts** bedarf einer besonderen Rechtfertigung: wenn z. B. eine Informationsreise zum Hauptbevollmächtigten unzumutbar ist und eine telefonische, schriftliche oder elektronische Information entweder nicht ausreicht (Musielak/Borth/*Borth-Grandel* FamFG § 78 Rn. 16) oder die Fähigkeiten des Mandanten übersteigt. Insbesondere in persönlichen Angelegenheiten besteht häufig ein berechtigtes Interesse an einem persönlichen Gespräch mit einem Anwalt, sodass, wenn eine Informationsreise nicht zumutbar ist, regelmäßig ein Verkehrsanwalt beizuordnen ist (OLG Karlsruhe, FamRZ 2013, 1596 m. w. N.).

282   Der einmal beigeordnete Anwalt kann nicht ohne Weiteres ausgewechselt werden. Das Gericht kann ihn nur auf seinen Antrag entpflichten, wenn ein wichtiger Grund gegeben ist (§ 48 Abs. 2 BRAO,

s dazu BGH, FamRZ 2008, 982 und ausführlich Musielak/*Fischer* § 121 Rn 26). Hat der Mandant durch sachlich nicht gerechtfertigtes oder mutwilliges Verhalten die Entpflichtung verursacht, hat er keinen Anspruch auf Beiordnung eines anderen Anwalts (BGH, NJW-RR 1992, 189). Ohne einen wichtigen Grund kann bei Zustimmung aller Betroffenen ein **anderer Anwalt beigeordnet** werden, wenn der Staatskasse dadurch keine weiteren Kosten entstehen (allg.M.): wenn z. B. der neue Anwalt auf die bereits vom alten verdienten Gebühren verzichtet oder umgekehrt (OLG Naumburg, NJOZ 2013, 1768; OLG Rostock, FamRZ 2003, 1938; OLG Stuttgart, FamRZ 2002, 1504).

4. Vergütungsanspruch

Aus der Beiordnung im Wege der Verfahrenskostenhilfe erwächst dem Anwalt ein Vergütungsanspruch gegen die Staatskasse (§ 45 RVG). Gleichzeitig verliert er das Recht, die vertragliche Vergütung vom Auftraggeber zu fordern (§ 122 Abs. 1 Nr. 3 ZPO). Diese **Vergütungssperre gegenüber dem Mandanten** erstreckt sich auf sämtliche nach Bewilligung (nochmals) verwirklichten Gebührentatbestände und auch auf die mit der Bewilligung der Verfahrenskostenhilfe mit der Gebühr für die Hauptsache zu verrechnende Verfahrensgebühr für das Verfahrenskostenhilfeverfahren (BGH, FamRZ 2008, 982). Die Sperre bleibt auch nach Abschluss des Verfahrens bestehen, es sei denn, die VKH wird aufgehoben (s. Rdn. 208). Die Aufhebung der Beiordnung allein beendet sie dagegen nicht. In beiden Fällen behält der Anwalt wegen der bereits entstandenen Gebühren seine gegen die Staatskasse begründeten Ansprüche (KG, RVGreport 2011, 230; OLG Köln, FamRZ 2005, 2007 m. w. N.). Nach Aufhebung der VKH kann er auch die Wahlanwaltsgebühren vom Mandanten verlangen und nach § 11 RVG festsetzen lassen (KG RVGreport 2011, 230; OLG Brandenburg, JurBüro 2010, 261).

283

Der Umfang der **Vergütung aus der Staatskasse** richtet sich grds. wie beim Wahlanwalt nach dem Vergütungsverzeichnis. Bei Wertgebühren wird die Höhe der Grundgebühr aus der besonderen Tabelle für den beigeordneten Anwalt entnommen (§ 49 RVG), die ab einem Verfahrenswert von 4000 Euro geringere Grundgebühren vorsieht und sie ab einem Wert von über 30000 Euro deckelt. - Die Gebühren nach der PKH-Tabelle wurden bereits im Zuge des 2. KostRMoG (BGBl. 2013 I, S. 2586) mit Wirkung zum 01.08.2013 angehoben (s. dazu und zur Übergangsregelung ausführlich *Keske* FuR 2013, 482). - Auslagen werden ebenfalls gemäß Nr. 7000 ff. VV erstattet, wenn sie zur sachgemäßen Durchführung der Angelegenheit erforderlich waren (§ 46 Abs. 1 RVG; zur Möglichkeit die Erforderlichkeit von Reisekosten durch das Prozessgericht feststellen zu lassen, s. § 46 Abs. 2 RVG). Die Post- und Kommunikationspauschale errechnet sich gemäß Nr. 7002 Anm. Abs. 2 VV in der seit 01.01.2014 geltenden Fassung nicht aus den Wahlanwaltsgebühren, sondern aus den VKH-Gebühren (anders noch die bislang h. M. s. Gerold/Schmidt/*Müller-Rabe* VV 7001, 7002 Rn. 38 m. w. N.). Zu den erstattungsfähigen Auslagen können auch vom Anwalt verauslagte Übersetzungskosten gehören (OLG Brandenburg, FamRZ 2002, 1721). Nur wenn die maximale Zahlungsverpflichtung des Mandanten aus dem Bewilligungsbeschluss (s. Rdn. 204) den Betrag übersteigt, der zum Ausgleich der gerichtlichen Kosten und der aus der Staatskasse geschuldeten Anwaltsvergütung benötigt wird, kann dem beigeordneten Anwalt auf seinen Antrag auch eine **weitere Vergütung** aus der Staatskasse gezahlt werden, und zwar bis zur Höhe der Wahlanwaltsvergütung (Regelvergütung, § 50 RVG). Es ist daher zu empfehlen, mit dem Antrag auf Festsetzung der VKH-Vergütung zugleich die Regelvergütung mitzuteilen und vorsorglich auch ihre Festsetzung zu beantragen. Jedenfalls muss der Anwalt dies unbedingt tun, wenn ihm der zuständige Urkundsbeamte der Geschäftsstelle gem. § 55 Abs. 6 RVG unter Fristsetzung dazu auffordert (nicht verlängerbare Monatsfrist). Versäumt er diese **Ausschlussfrist**, so erlöschen nach nahezu einhelliger Meinung in Literatur und Rspr. (z. B. OLG Koblenz, FamRZ 2004, 216; OLG Zweibrücken, FamRZ 1999, 391) nicht nur der Anspruch auf die weitere Vergütung, sondern sämtliche noch offenen Vergütungsansprüche gegen die Staatskasse! Soweit die Staatskasse den Anwalt bezahlt, geht der Vergütungsanspruch, den der Anwalt (wenn auch gesperrt s. o.) gegen den Mandanten hat, als auch sein Anspruch auf Kostenerstattung gegen andere Verfahrensbeteiligte (s. u. Rdn. 288) auf die Staatskasse über (§ 59 Abs. 1 RVG; BGH, NJW 2009, 2962), die ihn nach der JBeitrO einzieht. Der übergegangene Anspruch

284

gehört nicht zu den im Kostenansatzverfahren anzusetzenden Gerichtskosten (OLG Düsseldorf, Rpfl 2011, 446).

285   Wird **Verfahrenskostenhilfe nur für einen Vergleichsabschluss** im VKH-Verfahren oder für einen Mehrvergleich im Hauptsacheverfahren bewilligt, war bislang umstritten, welche dem Anwalt neben der Einigungsgebühr erwachsenen weiteren Gebühren aus der Staatskasse zu erstatten sind, wenn die Beiordnung (nur) für die Einigung beschlossen wird (s. zum Meinungsstand OLG Bamberg, FamRZ 2011, 1605 zum Mehrvergleich; Zöller/*Geimer* § 118 Rn. 8 zum PKH-Verfahren). Maßgeblich ist auch hier in erster Linie der Bewilligungsbeschluss: Wird VKH ausdrücklich für das VKH-Prüfungsverfahren bewilligt, umfasst sie auch die nach Nr. 3335 VV reduzierte Verfahrensgebühr und ggf. eine Terminsgebühr (s. Rdn. 218). Daran ist die Staatskasse gebunden. Dasselbe gilt, wenn im Fall eines Mehrvergleichs die Beiordnung auf die »nichtanhängigen, mitverglichenen Gegenstände« erstreckt wird (Gerold/Schmidt/*Müller-Rabe* § 48 Rn. 154) oder auf »alle mit der Herbeiführung der Einigung über die nichtanhängigen Gegenstände (alternativ: des Mehrvergleichs) erforderlichen Tätigkeiten«. Letzteres entspricht der Formulierung in § 48 Abs. 3 Satz 1 RVG in der seit 01.018.2013 geltenden Fassung, mit der die Beiordnung in einer Ehesache auf Einigungen über bestimmte nicht anhängige Trennungs- und Scheidungsfolgesachen erstreckt wird (s. Rdn. 272). Mit der erweiterten Formulierung, die zuvor nur die Einigung bezeichnete, soll ausdrücklich »klargestellt werden, dass im Falle eines Vertragsabschlusses alle in diesem Zusammenhang anfallenden Gebühren zu erstatten sind« (BT-Drucks. 17/11471, S. 270). Und weiter heißt es: »Nur auf diese Weise erhalten Parteien mit geringem Einkommen die gleiche Möglichkeit, ihre Streitigkeiten möglichst umfangreich beizulegen, wie Parteien mit ausreichend hohem Einkommen«. Da es sich um eine Klarstellung handelt und die Interessenlage bei sonstigen Mehrvergleichen und in anderen Verfahren nicht anders ist, muss man m. E. die Beiordnung für jeden (Mehr-) Vergleich in der gleichen Weise auslegen (ebenso Gerold/Schmidt/*Müller-Rabe* [21. Aufl.] § 48 Rn. 163 ff.; so schon bisher OLG Köln, FamFR 2013, 552; a. A. OLG Dresden, MDR 2014, 686). Soweit die für die Teilnahme an einem Erörterungstermin angefallenen Gebühren nicht von der Staatskasse übernommen werden, schuldet sie der Mandant.

286   Die allgemeinen Vorschriften zur **Gebührenanrechnung** (s. dazu Rdn. 108 ff.) gelten auch für die Vergütung aus der Staatskasse mit der Besonderheit, dass abweichend von § 15a RVG nur die tatsächlich auf die anzurechnende Gebühr geleisteten Zahlungen zu berücksichtigen sind (OLG Celle, MDR 2014, 188 m. w. N.). Der Festsetzungsantrag des beigeordneten Rechtsanwalts muss nach § 55 Abs. 5 RVG deshalb auch die Erklärung enthalten, ob und welche Zahlungen er auf eine anzurechnende Gebühr bislang erhalten hat und diese näher erläutern. Zahlungen, die er nachträglich erhält, muss er unverzüglich anzeigen. Wie alle vom Mandanten (Vorschuss!) oder von Dritten **erhaltene Zahlungen** darf der Anwalt nach § 58 Abs. 2 RVG auch den anzurechnenden (Teil-) Betrag vorab zur Tilgung der Vergütungsansprüche verwenden, für die ihm kein Anspruch aus der Staatskasse zusteht, auch zur Tilgung seiner (nur gesperrten) Wahlanwaltsvergütung (OLG Braunschweig, FamRZ 2011, 1683; OLG Zweibrücken, FamRZ 2011, 138). Auf die aus der Staatskasse geschuldete Vergütung ist nur der überschießende Betrag anzurechnen, so überhaupt einer verbleibt.

287   Wurde der Anwalt nur **für einen Teil der Verfahrensgegenstände beigeordnet**, das Verfahren aber insgesamt betrieben, errechnet sich die vom Mandanten zu tragende Vergütung aus der Differenz zwischen der Gebühr aus dem gesamten Verfahrenswert und der aus dem Teilwert, jeweils berechnet nach der Wahlanwaltstabelle(OLG Celle, FamRZ 2011, 666). Aus der Staatskasse erhält er eine Gebühr nach der ermäßigten Tabelle (§ 49 RVG) aus dem Wert des Gegenstandes, für den er beigeordnet wurde (BGHZ 13, 373; OLG Düsseldorf, JurBüro 2005, 321; OLG München, FamRZ 1995, 750 m. w. N.; Gerold/Schmidt/*Müller-Rabe* § 48 Rn 63 mit Beispiel). Vertritt ein Anwalt mehrere **Streitgenossen** hinsichtlich desselben Gegenstands und ist er nur einem von ihnen beigeordnet, so ist umstritten, ob die Staatskasse nur den Mehrvertretungszuschlag nach Nr. 1008 VV schuldet (BGH, NJW 1993, 1715; OLG Koblenz JurBüro 2004, 384); nach anderer und wohl überwiegender Ansicht besteht ein Anspruch gegen die Staatskasse auf die ungekürzten Gebühren ohne Mehrvertretungszuschlag (OLG München, NJW-RR 1997, 191; OLG Celle, Rpfl 2007, 151 m. w. N.).

Erwirbt der Mandant aufgrund gerichtlicher Kostenentscheidung Erstattungsansprüche gegen andere Verfahrensbeteiligte, darf und sollte der Anwalt bzgl. seiner Wahlanwaltsvergütung den **Kostenerstattungsanspruch im eigenen Namen** verfolgen (§ 126 Abs. 1 ZPO). Denn in diesem Fall beschränkt § 126 Abs. 2 ZPO die Einrederechte des Gegners auf die Aufrechnung mit Kostenerstattungsansprüchen aus demselben Verfahren (s. BGH, FamRZ 2007, 710; 2006, 190). Soweit die Staatskasse Zahlungen an den Anwalt erbracht hat und damit der Anspruch auf die Staatskassen übergegangen ist (s. u.), darf sie ihn nicht zum Nachteil des Anwalts geltend machen (§ 59 Abs. 1 Satz 2 RVG). Damit steht dem Anwalt bei einer Kostenquotelung ein vorrangiges Befriedigungsrecht zu, und zwar hinsichtlich seiner gesamten Wahlanwaltsvergütung (**Quotenvorrecht**; s. Gerold/Schmidt/*Müller-Rabe* § 59 Rn. 26 ff mit Beispielrechnung)).

288

Die **Festsetzung der Vergütung** aus der Staatskasse kann erst nach Fälligkeit (§ 8 RVG; s. Rdn. 77) verlangt werden. Vorher besteht nach § 47 RVG ein Anspruch auf **Vorschuss** aus der Staatskasse (zur Verrechnung eines vom Mandanten geleisteten Vorschusses s. o. Rdn. 286). Beides ist bei dem Gericht zu beantragen, bei dem das Verfahren anhängig ist und im Übrigen beim Familiengericht. Es entscheidet der Urkundsbeamte der Geschäftsstelle. Gegen die Festsetzung der Vergütung kann sowohl der Anwalt, als auch die Staatskasse (Bezirksrevisor) jederzeit Erinnerung einlegen (§ 56 i. V. m. § 33 Abs. 4 Satz 1, Abs. 7, 8 RVG). – Der Mandant ist an dem Verfahren nicht beteiligt. – Hilft der Urkundsbeamte der Erinnerung nicht ab, entscheidet der Richter bzw. Rechtspfleger. Gegen dessen Beschluss ist die (Kosten-) **Beschwerde** eröffnet, wenn sie zugelassen wurde oder die Beschwer mehr als 200,00 € beträgt (§ 56 Abs. 2 i. V. m. § 33 Abs. 3 bis 8 RVG). Sie muss innerhalb einer Frist von zwei Wochen ab Zustellung des Festsetzungsbeschlusses eingelegt werden; eine Wiedereinsetzung ist binnen eines Jahres möglich (vgl. § 33 Abs. 5 RVG). Die (Rechts-) Beschwerde zum BGH ist ausgeschlossen (BGH, FamRZ 2010, 1327). Zu weiteren Einzelheiten s. Muster Rdn. 116.

289

Kapitel 14: Abstammungsrecht

A. Grundlagen

1   Durch das am 01.09.2009 in Kraft getretene FamFG hat der Gesetzgeber den Begriff der Familiensachen neu definiert und insb. auch Ansprüche und Verfahrensteile dem FamG zugeordnet, die in der Zeit davor z.T. recht unterschiedlichen Zuständigkeiten im Streitfall begründeten. Neben der vollständigen Eingliederung der Gewaltschutzsachen, für die neben den FamG auch die Zivilprozessabteilungen zuständig sein konnten, wurden auch die sonstigen Familiensachen in die Zuständigkeit der FamG überführt, für die bis dahin im Regelfall die Zivilgerichte zuständig waren, obwohl die Ansprüche aus der engen Lebensgemeinschaft der Ehe oder eingetragenen Lebenspartnerschaft resultierten.

2   Das FamFG listet in § 111 FamFG die Familiensachen enumerativ auf. Insgesamt hat das FamFG auch einzelne Bereiche neu definiert. Der alte Begriff der »Kindschaftssache«, wie er noch in den §§ 640 ff. ZPO verwandt wurde, umfasst jetzt nach der Definition in § 151 FamFG die Fragen der elterlichen Sorge, des Umgangsrechts, der Kindesherausgabe, der Vormundschaft hinsichtlich Minderjähriger, Pflegschaft oder die gerichtliche Bestellung eines sonstigen Vertreters für einen Minderjährigen oder für eine Leibesfrucht, Genehmigung freiheitsentziehender Unterbringung eines Minderjährigen, die Anordnung der freiheitsentziehenden Unterbringung eines Minderjährigen nach den Landesgesetzen über die Unterbringung psychisch Kranker. Die nach alter Rechtslage überwiegend als Kindschaftssache definierten Verfahren zur Anerkennung oder Anfechtung der Vaterschaft fallen jetzt unter den Oberbegriff der Abstammungssachen. Im Gegensatz zur Rechtslage vor Einführung des FamFG sind Kindschaftssachen keine Familienstreitsachen, unterliegen somit nur den Vorschriften des FamFG. Es besteht auch kein Anwaltszwang (§ 114 FamFG) und im Rahmen eines Antrages auf VKH ist zu beachten, dass § 78 FamFG eine besondere Prüfung der Schwierigkeit der

Sach- und Rechtslage zur Voraussetzung für eine Bewilligung macht. Auch die Beschränkung auf einen Anwalt am Sitz des Gerichtes nach § 78 Abs. 3 FamFG ist zu beachten.

Zuständig ist auch das FamG, wenn der Jugendrichter nach § 53 JGG dem FamG im Urteil die Auswahl und Anordnung von Erziehungsmaßregeln überlässt, wenn er nicht auf Jugendstrafe erkennt. Das FamG muss dann eine Erziehungsmaßregel anordnen, soweit sich nicht die Umstände, die für das Urteil maßgebend waren, verändert haben. | 3

Nach der ausdrücklichen Auflistung in § 169 FamFG sind folgendes Verfahren als Abstammungssachen definiert: | 4
- Feststellung des Bestehens oder Nichtbestehens eines Eltern Kind-Verhältnisses, insb. der Wirksamkeit oder Unwirksamkeit einer Anerkennung der Vaterschaft,
- Ersetzung der Einwilligung in eine genetische Abstammungsuntersuchung und Anordnung der Duldung einer Probeentnahme,
- Einsicht in ein Abstammungsgutachten oder Aushändigung einer Abschrift oder
- Anfechtung der Vaterschaft.

I. Verfahrensrechtliche Grundsätze

1. Statusrechtliche Wirkung

Das **Abstammungsrecht** ist ein Statusrecht. Dies bedeutet, dass derjenige, der geltend macht, Vater eines Kindes zu seinen, sich hierauf erst dann berufen kann und darf, wenn seine Vaterschaft festgestellt ist. Sie kann sich aus dem Gesetz selber ergeben, in allen anderen Fällen jedoch erst mit Eintritt der Rechtskraft einer positiven gerichtlichen Entscheidung. Der Umkehrschluss hieraus ist auch, dass derjenige, der entweder aufgrund Gesetzes oder einer Urkunde oder Entscheidung der rechtliche Vater ist, sich nicht darauf berufen kann, in Wirklichkeit sei er nicht der Vater. Dies kann er erst, wenn die Rechtsgrundlage mit Wirkung für alle aufgehoben ist. Die statusrechtliche Wirkung hat unter anderem bei der Inverzugsetzung für Unterhaltszahlungen Bedeutung. Da erst der rechtskräftig als Vater festgestellte Mann wirksam gemahnt werden kann, bestimmt § 1613 Abs. 2 Nr. 2 BGB, dass Unterhalt auch für die Vergangenheit verlangt werden kann, wenn aus rechtlichen Gründen der Unterhalt in der Vergangenheit nicht geltend gemacht werden konnte. Die Entwicklung im Statusrecht seit 2013 wird ausführlich dargestellt von *Keuter* in FamRZ 2014, 518 – 526. | 5

Insb. in einem **Unterhaltsprozess** hat der als Vater geltende Mann zu beachten, dass ein Verfahren auf Anfechtung der Vaterschaft grds. nicht den Unterhaltsprozess hindert. Unter Geltung der ZPO bedurfte es für die **Aussetzung** nach § 153 ZPO eines Antrages aufgrund der Verweisung auf § 152 ZPO. Das FamFG gibt dem Gericht die Möglichkeit der Aussetzung, wenn ein wichtiger Grund vorliegt, insb. wenn die Entscheidung ganz oder z. T. von dem Bestehen oder Nichtbestehen eines Rechtsverhältnisses abhängt, das den Gegenstand eines anderen anhängigen Verfahrens bildet (§ 21 Abs. 1 FamFG). Obwohl es keines Antrages bedarf, sollte der Prozessbevollmächtigte einen solchen Antrag stellen und das FamG hat dann von Amts wegen zu prüfen und zu entscheiden, ob eine Aussetzung erfolgt. Ausdrücklich bestimmt § 21 Abs. 2 FamFG, dass der Beschluss mit der sofortigen Beschwerde anfechtbar ist. | 6

Das Verfahren in **Abstammungssachen** ist keine Familienstreitsache, da hierunter nur die in § 112 FamFG genannten Verfahren fallen. Es kommen daher uneingeschränkt die allgemeinen Vorschriften des FamFG zur Anwendung, soweit nicht ausdrücklich in den §§ 169 bis 185 FamFG Ergänzungen oder Abweichungen angeordnet sind. | 7

2. Mehrheit von Verfahren

Aufgrund der Besonderheit des Statusverfahrens können nur **Abstammungssachen**, die dasselbe Kind betreffen, miteinander verbunden werden. Grds. ist eine Verbindung von Abstammungssachen miteinander oder mit anderen Verfahren unzulässig. | 8

9   Aufgrund dieser ausdrücklichen Regelung bestimmt § 182 FamFG ausdrücklich, dass im Fall der Anfechtung durch den **nach** § 1592 Abs. 1 Nr. 2 BGB nicht nur das Nichtbestehen der Vaterschaft, sondern gleichzeitig auch die Feststellung zu erfolgen hat, dass der Anfechtende der Vater des Kindes ist. Weist das Gericht einen Antrag auf Feststellung des Nichtbestehens der Vaterschaft ab, weil es den Antragsteller oder einen anderen Beteiligten als Vater festgestellt hat, ist dies in der Beschlussformel festzustellen (§ 182 Abs. 2 FamFG).

3. Örtliche Zuständigkeit

10   Ausdrücklich bestimmt § 170 FamFG, dass eine ausschließliche **Zuständigkeit** für das Verfahren bei dem Gericht besteht, in dessen Bezirk das Kind seinen gewöhnlichen Aufenthalt hat. Liegen diese Voraussetzungen nicht vor, ist hilfsweise der Aufenthalt der Mutter und ansonsten der des Vaters maßgebend. Das Gesetz nimmt den Begriff eines Status vorweg, der erst durch die gerichtliche Entscheidung konstituiert werden soll (Friederici/Kemper/*Fritsche* § 170 FamFG Rn. 6). Kommt auch hiernach die Feststellung einer Zuständigkeit nicht in Betracht, ist, wie auch in allen anderen familienrechtlichen Verfahren das Amtsgericht Schöneberg in Berlin zuständig.

11   Bei **Auslandsbezug** ist zunächst nach § 100 FamFG festzustellen, dass ein Beteiligter die deutsche Staatsangehörigkeit oder seinen gewöhnlichen Aufenthalt im Inland hat.

II. Kostenrechtliche Hinweise

12   Für alle Verfahren, die ab dem 01.09.2009 beim FamG eingeleitet wurden, regelt das FamGKG die Werte und entstehenden **Gerichtskosten**, die für Altverfahren teilweise im GKG, aber auch der KostO enthalten waren. Auf den Kommentar von *Keske* Das neue FamGKG wird für weitere Einzelheiten verwiesen.

13   Zwar richtet sich der Wert grds. nach § 3 FamGKG nach dem Verfahrensgegenstand, soweit nicht etwas anderweitig geregelt ist. Dies ist für die Abstammungsverfahren jedoch in § 47 FamGKG erfolgt. Für die Verfahren auf Feststellung des Bestehens oder Nichtbestehens eines Eltern-Kind-Verhältnisses und der Anfechtung der Vaterschaft (§ 169 Nr. 1 und 4 FamFG) wird der **Verfahrenswert** auf 2.000,00 € festgesetzt, für die anderen Verfahren (Ersetzung der Einwilligung und Einsicht in Urkunden, § 169 Nr. 2 und 3 FamFG) auf 1.000,00 €. Nur in besonderen Fällen kann nach § 47 Abs. 2 FamGKG das FamG einen höheren oder niedrigeren Wert festsetzen.

14   Wird mit dem Statusantrag auch der **Unterhaltsanspruch** (§ 237 FamFG) verbunden, ist nur der höhere Wert nach § 39 Abs. 1 FamGKG festzusetzen. Dieser Wert setzt sich zusammen aus dem Jahresbetrag (zukünftiger Unterhalt) und den Unterhaltsbeträgen, die bis einschließlich des Monats der Einreichung des Antrages ergeben (Rückstand nach § 51 FamGKG). Hierbei ist zu beachten, dass die Annexverurteilung erst ab dem 01.01.2002 zulässig ist aufgrund der vor diesem Zeitpunkt unterschiedlichen Rechtsgrundlage in § 1612a BGB. Eine isolierte Anfechtung des Unterhaltsanspruchs ist nicht zulässig, da § 238 FamFG Vorrang hat.

15   Der **Zeitpunkt** der Wertfestsetzung bestimmt sich nach § 55 FamGKG und für Abstammungssachen ist dies der Zeitpunkt der Einreichung des unbedingten Antrages, bei späterer Erweiterung auf Unterhalt kommt jedoch erst dieser Zeitpunkt in Betracht.

16   Grds. soll jede gerichtliche Tätigkeit nach § 14 FamGKG erst nach Zahlung des entsprechenden **Vorschuss** erfolgen. Befreiung hiervon ergibt sich nach § 15 FamGKG bei Bewilligung von VKH, bei Gebührenfreiheit des Antragstellers oder auf Antrag, wenn der Antragsteller glaubhaft macht, dass er Schwierigkeiten hat, um den Vorschuss zu bezahlen. Wichtig ist aber auch, dass eine Befreiung auf Antrag zulässig ist, wenn Rechtsnachteile durch eine spätere Zustellung drohen.

B. Klärung der leiblichen Abstammung

I. Feststellung der Mutter

1. Grundlagen

Eine statusrechtliche ohne diese oder negative Feststellung der **Mutterschaft** sieht das Gesetz nicht   17
vor. Die Vorschrift des § 1591 BGB bestimmt ausdrücklich, dass die Frau, die das Kind geboren
hat, seine Mutter ist. Auch einer Anfechtung nach § 1600 BGB kommt aufgrund der Enumeration
der Anfechtungsgründe nicht in Betracht. Der Gesetzgeber hat daher die Probleme der »**Ammen-
mutter**« oder »Tragemutter« und auch die Fälle der sog. übernommenen Mutterschaft ausdrücklich von jedem gerichtlichen Verfahren ausgenommen (PWW/*Pieper* § 1591 BGB Rn. 3–8; MüKo-
BGB/*Gutzeit* § 1591 Rn. 1). Eine Anpassung an die biologische Elternschaft kann daher nur im
Wege einer (freiwilligen) Adoption erfolgen.

2. Vertauschte Kinder

Wird ein Kind nach seiner Geburt mit einem anderen Kind vertauscht, geben die öffentlichen Ur-   18
kunden nicht die rechtliche Elternschaft wieder. Die vertauschten Eltern gelten zunächst als rechtli-
che Eltern mit allen gesetzlichen Folgen, z. B. Unterhalt, Sorgerecht, Erbrecht. Die statusrechtlichen
Folgen einer **Vertauschung** von Kindern werden ausführlich von *Veith* und *Hinz* dargestellt (*Veith/
Hinz* FamRZ 2010, 504–510). Die in diesem konkreten Fall notwendigen Entscheidungen eines
Gerichtes bestätigen die tatsächliche und rechtliche Eltern-Kind-Beziehung. Der Rechtsschein der
Geburtsurkunde bzw. der Angaben im Personenstandsregister werden beseitigt und die Entscheidung wirkt nach § 184 Abs. 2 FamFG gegen jedermann. Im eigentlichen Sinn handelt es sich aber
nicht um ein Feststellungs- oder Anfechtungsverfahren, sondern um die Herbeiführung der richtigen Rechtsfolgen durch Aufdeckung und Feststellung der erfolgten Verwechslung.

II. Anerkennung der Vaterschaft

1. Anerkenntnis eines nichtehelich geborenen Kindes

Der Vater eines Kindes ist der Mann, der zum Zeitpunkt der Geburt mit der Mutter des Kindes   19
verheiratet ist, der die Vaterschaft anerkannt hat oder dessen **Vaterschaft** durch gerichtliche Entscheidung rechtskräftig festgestellt ist (§ 1592 BGB). Es bedarf also bei Geburt eines Kindes in einer
Ehe keiner statusrechtlichen Verfahren. Sind die Eltern nicht miteinander verheiratet, kann die Vaterschaft durch Anerkennung nach § 1594 BGB erfolgen.

Erforderlich ist auch die Zustimmung der Mutter und sowohl die Anerkennung als auch die Zu-   20
stimmung müssen öffentlich beurkundet werden (§ 1597 BGB). Das Gesetz erweitert die Befugnis
zur Beurkundung über § 128 BGB hinaus auch auf den Standesbeamten (§ 29a PStG), Rechtspfleger
(§ 3 Nr. 1f RPflG), die vom Auswärtigen Amt ermächtigten Auslandsstandesbeamten (§ 10 KonsG)
und auch auf das Jugendamt kann nach § 59 SGB VIII.

Da die Protokollierung eine positive Erklärung der Beteiligten erfordert, ist im gerichtlichen Verfah-   21
ren keine positive Feststellung durch **Versäumnisentscheidung** zulässig und auch ein Anerkenntnis
hat nur die Wirkung, dass die grundsätzliche Amtsermittlung eingeschränkt wird oder sogar entfallen kann.

2. Muster: Anerkennung der Vaterschaft beim Jugendamt oder Notar

22   Es sind erschienen:

Herr ..... *[volle Anschrift]*[1]

Frau ..... *[volle Anschrift]*[2]

Der Erschienene zu 1 erklärt: Ich erkenne an, der Vater des am ..... geborene Kind namens ..... zu sein. Die Geburt des Kindes ist beim dem Standesamt ..... registriert.[3], [4], [5]

Die Erschienene zu 2 erklärt Ich bin die Mutter des Kindes. Ich erkläre meine Zustimmung zum Anerkenntnis der Vaterschaft.[6]

Beide Erschienenen erklären weiterhin, dass der Urkundsbeamte/Notar über die verwandtschaftlichen, unterhaltsrechtlichen und erbrechtlichen Folgen der Anerkennung der Vaterschaft hingewiesen hat.

1. Vater. Ob eine Vermutung der Vaterschaft besteht oder nicht ist für die Anerkennung ohne rechtliche Bedeutung. Die Urkundsperson hat nicht zu prüfen, ob die Vaterschaft denkbar oder sogar gänzlich unmöglich ist. Der Notar kann nach § 4 BeurkG die Protokollierung ablehnen, wenn erkennbar unerlaubte oder unredliche Zwecke verfolgt werden. Nach § 44 Abs. 1 Satz 3 PStG soll der Standesbeamte die Beurkundung ablehnen, wenn offenkundig ist, dass die Anerkennung anfechtbar wäre. Es kann davon ausgegangen werden, dass alle Stellen, die eine Beurkundung vornehmen dürfen, zu dieser Prüfung und/oder Verweigerung der Beurkundung berechtigt sind, denn gegen die Verweigerung ist der Rechtsweg eröffnet. Zu beachten ist auch, dass auch Behörden zur Anfechtung berechtigt sind im Fall eines Anerkenntnisses (§§ 1592 Nr. 2, 1600 Abs. 1 Nr. 5 BGB).

2. Mutter. Nach der Legaldefinition des § 1591 BGB ist Mutter des Kindes die Frau, die es geboren hat.

3. Geburtsdatum. Ein Anerkenntnis setzt voraus, dass die Person des Kindes zweifelsfrei festgestellt werden kann. Dazu gehört auch das exakte Geburtsdatum.

4. Name des Kindes. Zwar ist innerhalb der Anzeigefrist von 1 Woche beim Standesamt die Geburt zu melden, jedoch kann nach § 22 PStG der Name des Kindes auch noch binnen Monatsfrist nachgereicht werden. Ist der Name des Kindes noch nicht bekannt, sollte in der Urkunde dies ausdrücklich vermerkt werden.

5. Standesamtsdaten. Die genaue Bezeichnung des Kindes und damit die Zuordnung des Anerkenntnisses erfordert die Angaben, wie sie im Personenstandsregister nach § 21 PStG zu verzeichnen sind. Selbst wenn ein Teil der Angaben fehlt, muss doch die konkrete zweifelsfreie Feststellung der Person des Kindes möglich sein, sonst muss die Beurkundung abgelehnt werden.

6. Zustimmung. Das Anerkenntnis bedarf zu seiner Wirksamkeit die Zustimmung der Mutter (§ 1595 Abs. 1 BGB), wenn sie Inhaberin der elterlichen Sorge ist.

Die genauen Daten, die grds. in einer Urkunde aufgeführt sein müssen, entfallen jedoch dann, wenn die Anerkennung vor der Geburt des Kindes erfolgt (§ 1594 Abs. 4 BGB). Wirksam ist in diesem Fall das Anerkenntnis erst mit der Geburt des Kindes. Zu beachten ist, dass auch bei Verstoß gegen die zwingenden Formvorschriften das Anerkenntnis wirksam ist, wenn seit der Eintragung in ein deutsches Personenstandsregister 5 Jahre verstrichen sind (§ 1598 Abs. 2 BGB).

3. Anerkenntnis während eines Scheidungsverfahrens

23   Zwar gilt grds. eine **Vermutung** der Vaterschaft des Ehemannes. Wird ein Kind erst nach Anhängigkeit eines Scheidungsverfahrens geboren, können alle Beteiligten nach § 1599 Abs. 2 BGB durch Erklärungen eine spätere Anfechtung durch den dann **geschiedenen Ehemann** vermeiden, denn

erst mit einer wirksamen negativen Feststellung durch das FamG könnte der wirkliche Vater seine Vaterschaft anerkennen. Für alle Beteiligten ist dies eine nicht zu gering zu wertende Erleichterung.

Nach dem eindeutigen Gesetzeswortlaut ist ein Anerkenntnis ab **Anhängigkeit** des Scheidungsverfahrens zulässig, nicht also erst ab Rechtshängigkeit. Wird das Anerkenntnis vor rechtskräftigem Abschluss des Scheidungsverfahrens erklärt, wird noch der Ehemann als Vater vermutet, jedoch steht dies dem Anerkenntnis nicht im Wege (§§ 1594 Abs. 2, 1599 Abs. 2 Satz 1 Halbs. 2 BGB).   24

Es bedarf stets der Zustimmung des Ehemannes, da für ihn eine **Vaterschaftsvermutung** besteht. Das Anerkenntnis des Dritten kann noch bis ein Jahr nach Rechtskraft der Scheidung erfolgen. Innerhalb dieser Frist müssen auch alle für die Wirksamkeit erforderlichen Zustimmungen vorliegen, also die Zustimmung der Mutter und des Ehemannes. Bei Versäumung der Frist bedarf es des statusrechtlichen Verfahrens. Der Ehemann kann statt seiner Zustimmung auch die Vaterschaft anfechten, was oft zur Wahrung der Anfechtungsfrist notwendig sein wird.   25

Wenn § 1599 Abs. 2 BGB nach wie vor die Rechtsfolgen an ein »Urteil« knüpft, gilt nach dem Sinn und Zweck der Vorschrift dies auch für die nach FamFG ergehenden Beschlüsse nach dem seit dem 01.09.2009 geltenden Recht.   26

4. Muster: Vaterschaftsanerkenntnis bei noch nicht beendetem Scheidungsverfahren

Es sind erschienen: 27

Herr ..... *[volle Anschrift]*[1]

Frau ..... *[volle Anschrift]*[2]

Herr ..... *[volle Anschrift]*[3]

Alle Erschienenen erklären übereinstimmend:

Die Erschienenen zu 2 und 3 sind noch miteinander verheiratet. Das Scheidungsverfahren ist noch nicht rechtskräftig abgeschlossen; die Scheidung wurde anhängig ..... und ist noch nicht rechtskräftig abgeschlossen. Wir geben deshalb heute Erklärung nach § 1599 Abs. 2 BGB ab.[4]

Der Erschienene zu 1 erklärt: Ich erkenne an, der Vater des am ..... geborene Kind namens ..... zu sein. Die Geburt des Kindes ist beim dem Standesamt ..... registriert.[5], [6], [7]

Die Erschienene zu 2 erklärt: Ich bin die Mutter des Kindes. Ich erkläre meine Zustimmung zum Anerkenntnis der Vaterschaft.[8]

Als Ehemann erkläre ich meine Zustimmung.[9]

Die Erschienenen erklären weiterhin, dass der Urkundsbeamte/Notar über die verwandtschaftlichen, unterhaltsrechtlichen und erbrechtlichen Folgen der Anerkennung der Vaterschaft hingewiesen hat. Wir sind auch darauf hingewiesen worden, dass das Vaterschaftsanerkenntnis erst wirksam wird mit Rechtskraft der Scheidung.

1. **Tatsächlicher Vater.** Solange der Ehemann noch als Vater vermutet wird, kann ein Anerkenntnis nur abgegeben werden, wenn der Ehemann als rechtlicher Vater zustimmt.

2. **Mutter.** Die Ehefrau steht als Mutter zweifelsfrei fest.

3. **Ehemann.** Da die Ehe im Zeitpunkt der Geburt des Kindes noch nicht aufgelöst ist, steht er nach § 1592 BGB als Vater fest, weshalb seine Zustimmung nach § 1599 Abs. 2 BGB notwendig ist.

4. **Anhängigkeit der Scheidung.** Auch nach Inkrafttreten des FamFG sind die Vorschriften des Verfahrens vor den LG anzuwenden, also die §§ 253 ff. (§ 113 Abs. 1 FamFG). Anhängig ist ein Verfahren, wenn der Antrag unbedingt bei Gericht eingegangen ist, die Rechtshängigkeit setzt die förmliche (Amts-) Zustellung voraus (§ 253 Abs. 1 ZPO). Da die Rechtsfolgen nicht Rechtshängigkeit

voraussetzt, kann auch der Zeitpunkt der Rechtshängigkeit angegeben werden, wenn die Geburt des Kindes nach diesem Zeitpunkt erfolgte. Wichtig ist aber die Erklärung, dass das Scheidungsverfahren noch n.rk. abgeschlossen ist.

5. **Geburtsdatum.** Ist für die Bestimmung der Person wichtig.

6. **Name des Kindes.** Ist ein Name noch nicht festgelegt, ist dies zu vermerken.

7. **Standesamtsdaten.** Alle Angaben aus dem Personenstandsregister sollten aufgeführt werden, um jeden Zweifel über die Person zu verhindern.

8. **Zustimmung der Mutter.** Die Zustimmung der Mutter ist immer erforderlich.

9. **Zustimmung des Ehemannes.** Wird das Kind erst nach rechtskräftiger Scheidung geboren, ist die Zustimmung des Ehemannes ebenfalls erforderlich.

III. Feststellung der Vaterschaft

1. Feststellung ohne Unterhaltsantrag

28   Einer gerichtlichen **Feststellung** bedarf es immer dann, wenn ein Kind geboren wird und die Mutter im Zeitpunkt der Geburt nicht verheiratet ist. War die Mutter verheiratet, die Ehe jedoch durch **Tod** des Mannes aufgelöst, gilt der Verstorbene als Vater, wenn die Geburt nicht später als 300 Tage nach dem Todesfall erfolgt (§ 1593 BGB). Ein Feststellungsverfahren ist in diesem Fall nicht zulässig. Erfolgt wirksam ein Vaterschaftsanerkenntnis, steht dies ebenfalls einem gerichtlichen Feststellungsverfahren entgegen.

29   Das FamG stellt auf **Antrag** positiv die Vaterschaft durch Beschluss fest (§ 38 FamFG), der erst mit Rechtskraft wirksam ist (§ 184 Abs. 1 FamFG). Die Entscheidung wirkt nicht nur zwischen den Beteiligten, sondern im Fall einer Entscheidung über die Abstammung gegen jedermann (§ 184 Abs. 2 FamFG).

30   Erforderlich ist nach § 171 FamFG ein Antrag. Die Grundsätze des zivilrechtlichen Verfahrens werden durch § 177 FamFG dahin gehend **eingeschränkt**, dass das FamG Tatsachen nur dann von Amts wegen berücksichtigen darf, wenn sie geeignet sind, dem **Fortbestand** der Vaterschaft zu dienen. Notwendig ist ein **förmliches Beweisaufnahme** (§ 177 Abs. 2 FamFG). Das Gericht muss daher nach § 30 Abs. 2 FamFG einen entsprechenden Beweisbeschluss erlassen, wenn es nicht ein Gutachten verwerten will, das von einem Beteiligten vorgelegt wird (§ 177 Abs. 2 FamFG), das aber mit Zustimmung aller notwendig Beteiligten erstellt wurde. Gutachten, die also ohne Zustimmung in Auftrag gegeben wurden, unterliegen einem Verwertungsverbot (BGH, FamRZ 2006, 686–689).

31   Die nach altem Recht in § 1600e BGB Auflistung der **Antragsberechtigten** wurde vom FamFG aufgegeben, ohne dass hierdurch eine grundlegende Änderung in der Berechtigung das Ziel war. Anfechtungsberechtigt sind in der Reihenfolge der Aufzählung der Berechtigten in § 172 FamFG das Kind, die Mutter und der biologische Vater. Andere Personen, die auch ein Interesse an der Feststellung haben könnten, sind jedoch nicht antragsberechtigt.

2. Muster: Antrag des Kindes auf Feststellung der Vaterschaft

32   An das

Familiengericht in .....[1]

..... [antragstellendes Kind][2]

vertreten durch das Jugendamt .....[3]

..... [Kindesmutter][4]

..... [behaupteter Kindesvater][5]

Ich beantrage festzustellen, dass der Beteiligte zu 4 der Vater der Antragstellerin ist.[6]

Ich wurde am ..... geboren. Meine Mutter, die Beteiligte zu 2, war und ist nicht verheiratet. Der Beteiligte zu 3 ist seit Jahren der Lebensgefährte meiner Mutter und hat mir gegenüber auch erklärt, dass er mein Vater sei. Er hat sich aber trotz mehrmaliger Aufforderung durch das mich vertretende Jugendamt geweigert, die Vaterschaft anzuerkennen.[7]

Nach § 1600d BGB wird vermutet, dass er mein Vater ist.

1. Gericht. Zuständig ist das Gericht des Aufenthaltes des Kindes (§ 170 FamFG)

2. Beteiligte zu 1. Das Kind ist berechtigt, die Feststellung zu begehren. Da es noch nicht prozessfähig ist, muss es wirksam vertreten werden.

3. Vertretung. Das Jugendamt vertritt das Kind statt der Mutter, wenn diese nach § 1712 Abs. 1 Nr. 1 BGB den Antrag auf Beistandschaft gestellt hat. Die Vertretung durch die Mutter ist in diesem Fall ausdrücklich ausgeschlossen (§ 173 FamFG).

4. Beteiligte zu 2. Die Kindesmutter ist notwendige Beteiligte (§ 172 Abs. 1 FamFG)

5. Beteiligter zu 3. Der Mann, dessen Vaterschaft behauptet wird, ist Beteiligter. Wenn in § 172 Abs. 1 FamFG unter Nr. 3 der Vater aufgeführt wird, stellt dies auf die Anfechtung ab. Im Fall der Feststellung der Vaterschaft ist der Gegner des Antrages Beteiligter im Sinne von § 7 Abs. 2 FamFG, denn er wird durch das Verfahren unmittelbar betroffen. Die Definitionen in § 113 Abs. 5 FamFG kommen hier nicht zur Anwendung, da es sich nicht um eine Familienstreitsache handelt.

6. Antrag. Da die ZPO nicht zur Anwendung kommt, bedarf es keines konkret ausformulierten Antrages, wie es § 253 ZPO verlangt. Erkennbar muss aber sein, was der das Verfahren Beantragende mit dem Verfahren erreichen will.

7. Begründung. Der Antrag soll nach § 23 FamFG begründet werden. Im konkreten Fall kann sich das Kind auf die Vermutung des § 1600d Abs. 2, 3 BGB berufen, da die Beteiligte zu 3 seit langer Zeit mit der Mutter zusammenlebt.

3. Feststellung mit Unterhaltsantrag

Verbietet § 179 FamFG ausdrücklich die **Verbindung** einer Abstammungssache mit anderen Verfahrensgegenständen, hat das Gesetz aber aus Gründen der Zweckmäßigkeit die Schaffung eines Unterhaltstitels vergleichbar dem vereinfachten Verfahren zugelassen. Unter Hinweis auf § 237 FamFG kann in einem Verfahren auf Feststellung der Vaterschaft auch gleichzeitig ein **Unterhaltsantrag** gestellt werden kann. Dieser Antrag ist jedoch beschränkt auf den Mindestunterhalt nach § 1612a BGB und die Vorschrift verbietet ausdrücklich, dass in diesem Annexverfahren eine Herabsetzung oder Erhöhung des Unterhalts verlangt werden kann. Der Mann, der also in einem solchen Verfahren auch zur Unterhaltszahlung herangezogen wird, kann im Abstammungsverfahren nicht damit gehört werden, dass er nicht uneingeschränkt leistungsfähig ist. Ebenso wenig kann das den Unterhalt begehrende Kind begehren, dass mehr als der **Mindestunterhalt** gezahlt werden kann. | 33

Eine **Einschränkung** des **Unterhaltsantrages** ergibt sich daraus, dass nach § 237 FamFG aufgrund der Verweisung auf § 1612a Abs. 1 Satz 3 BGB der Mindestunterhalt nur nach dieser Vorschrift geltend gemacht werden darf. Diese Vorschrift wurde in der jetzt vorliegenden Fassung durch das URechtÄndG geschaffen und trat am 01.01.2002 in Kraft. Zwar kann Unterhalt nach § 1613 Abs. 2 Nr. 2a BGB ab dem Monat der Geburt des Kindes geltend gemacht werden, eine Verurteilung zu einem Unterhalt, der erst nach einer später in Kraft getretenen Vorschrift zu erfolgen hat, ist jedoch nicht zulässig. Dies bedeutet, dass nur für Kinder, die nach dem 31.12.2001 geboren wurden, der Unterhalt nach § 237 FamFG als Annex begehrt werden kann; für den weiteren Unterhalt der Vergangenheit muss nach Rechtskraft der Vaterschaftsfeststellung ein gesondertes Unterhaltsverfahren mit beziffertem Antrag durchgeführt werden. | 34

4. Muster: Annexantrag auf Zahlung von Unterhalt

35   Es wird neben der Feststellung der Vaterschaft auch beantragt:

> Der Antragsgegner wird verpflichtet, an den Antragsteller ab dem ..... 100 % des Mindestunter-
> halts der 1. Altersstufe, ab dem ..... 100 % des Mindestunterhalts der 2. Stufe und ab ..... 100 %
> des Mindestunterhalts der 3. Altersstufe jeweils abzüglich hälftige Kindergeld für ein erstes Kind,
> damit derzeit 317 − 92 = 225,00 €, monatlich im Voraus zu zahlen.[1], [2], [3], [4]

1. Zahlungsantrag. Der Unterhalt kann nur abstrakt und nur in der Höhe von 100 % des Mindestunterhaltes begehrt werden, unabhängig davon, ob eine höhere Leistungsfähigkeit offenkundig ist oder nicht. Das Kind kann, wenn es z. B. aufgrund einer Auskunft von einer geringeren Leistungsfähigkeit ausgehen muss, einen geringeren Betrag beantragen. Mit dieser Regelung ist jeder weitere Sachvortrag zum Unterhalt dem Grunde und der Höhe nach, insb. auch zur Leistungsfähigkeit, als nicht relevant ausgeschlossen.

2. Datum der Fälligkeit. Da Unterhalt nach §§ 1612 Abs. 3, 1613 Abs. 1 Satz 2 BGB am Ersten des Monats geschuldet wird, kommt für ein nach dem 31.12.2001 geborenes Kind nur der 1. Tag des Monats seiner Geburt in Betracht und nicht, wie oft zu sehen, z. B. der »dritte Werktag« oder andere Stichtage. Der Unterhalt ist jeweils für einen vollen Monat zu zahlen, dies auch dann, wenn der Berechtigte im Laufe eines Monats verstirbt (§ 1612 Abs. 3 Satz 2 BGB). Auch der Unterhalt nach § 1612a BGB richtet sich ausschließlich nach dem vollen Monat (§ 1612a Abs. 3 BGB). Die Stichtage für die zweite bzw. dritte Altersgruppe in den Tenor aufzunehmen ist nicht notwendig, aber für die spätere Vollstreckung sinnvoll, denn ein Berechnen des jeweiligen Alters wird häufig übersehen.

3. Anrechnung Kindergeld. In § 1612b BGB ist ausdrücklich bestimmt, dass das Kindergeld herangezogen wird zur Deckung des Bedarfs des Kindes. Es muss daher bei der Unterhaltshöhe angerechnet werden. Nach Abs. 2 der Vorschrift kommt jedoch ein Zählkindervorteil nicht zur Anrechnung. Deshalb ist es notwendig mit in den Antrag aufzunehmen, dass nur das Kindergeld in Anrechnung kommt. Es ist nur das Kindergeld anzurechnen, was auf das jeweilige gemeinschaftliche Kind entfällt. Wenn also die Mutter mit diesem Vater drei oder mehr Kinder hat, muss z. B. für das dritte Kind das Kindergeld von 170,00 € zu 1/2 = 85,00 € zur Anrechnung kommen, bei vier oder mehr gemeinsamen Kinder also 1/2 von 195,00 € = 97,5 €, nach § 1612a Abs. 2 Satz 2 BGB gerundet auf 98,00 €. Der sog. **Zählkindervorteil** nach § 6 BKKG wird daher nur dann berücksichtigt, soweit die Kinder von demselben Mann abstammen (juris PK-BGB/*Viefhues* § 1612b Rn. 24).

4. Erläuterung. Wichtig ist, dass die Darstellung des derzeit fälligen Unterhaltes nur eine Erläuterung ist und nicht eine Verurteilung zur Zahlung. Wird eine Formulierung gewählt wie »er wird deshalb verpflichtet X € an den Antragsteller zu zahlen« wäre dies innerhalb einer Tenorierung eine Doppelentscheidung, was zu erheblichen Problemen zumindest dann führen kann, wenn Unterhalt aus der nächsten Altersgruppe fällig wird.

Übersicht Kindergeld

	1. Kind	2. Kind	3. Kind	Ab dem 4. Kind
seit dem 01.01.2002	154	154	154	179
seit dem 01.01.2009	164	164	170	195
seit dem 01.01.2010	184	184	190	215

Wirksam wird der unterhaltsrechtliche Teil grds. erst mit Rechtskraft der Vaterschaftsfeststellung (§ 237 Abs. 4 FamFG). Ist die Entscheidung über die Feststellung der Vaterschaft unanfechtbar geworden und in Verbindung hiermit auch die Unterhaltspflicht ausgesprochen worden, sieht das Gesetz ein besonderes Verfahren vor, den Unterhalt insb. der Höhe nach zu überprüfen. Hierzu geeignet ist also nicht das **Rechtsmittel** gegen die Verurteilung zum Unterhalt.

Wegen der Einzelheiten i. Ü. wird auf **Kap. 2 (Unterhaltsrecht)** verwiesen.

5. Einstweiliger Rechtsschutz

Ist ein Verfahren auf Feststellung der Vaterschaft anhängig, kann nach § 248 FamFG bei diesem   36
Gericht der Unterhalt durch **Einstweilige Anordnung** geregelt werden. In Abweichung von dem
Grundsatz, dass einstweilige Anordnungen nicht eine Hauptsache voraussetzen, bestimmt § 248
Abs. 1 FamFG, dass ein Verfahren des vorläufigen Rechtsschutzes die **Anhängigkeit** eines Verfahrens
nach § 1600d BGB erfordert. Die §§ 49 ff. FamFG finden unmittelbare Anwendung.

Der Beschluss tritt kraft Gesetzes außer Kraft, wenn der Abstammungsantrag zurückgenommen   37
oder rechtskräftig zurückgewiesen wurde. Ausdrücklich bestimmt das Gesetz in § 248 Abs. 5 Satz 2
FamFG die **Schadensersatzpflicht** für diese Fallgestaltungen.

Für die weiteren Einzelheiten wird auf das **Kap. 2 (Unterhaltsrecht)** verwiesen.   38

IV. Biologische Vaterschaft (§ 1598a BGB)

1. Antrag auf Einwilligung in eine genetische Untersuchung

Einen Antrag auf Feststellung der biologischen Vaterschaft sieht das Verfahrensrecht nicht vor. In   39
§ 169 Nr. 2 FamFG gehört jedoch zu den Abstammungssachen auch die Ersetzung der Einwilligung in eine genetische **Abstammungsuntersuchung** und Anordnung der **Duldung einer Probeentnahme**. Rechtsgrundlage ist materiell-rechtlich § 1598a BGB. Um die leibliche Abstammung des
Kindes festzustellen, kann der Vater jeweils von Mutter und Kind, die Mutter jeweils vom Vater und
Kind und das Kind jeweils von beiden Elternteilen verlangen, dass diese in eine genetische Abstammungsuntersuchung einwilligen und die Entnahme einer für die Untersuchung geeignete genetische
Probe dulden. Grds. geht das Gesetz davon aus, dass das Gutachten außergerichtlich eingeholt wird,
denn nach § 1598a Abs. 2 BGB hat das FamG auf Antrag eine nicht erteilte Einwilligung zu ersetzen
und die Duldung einer Probeentnahme anzuordnen.

Eine statusrechtliche Feststellung dahin gehend, dass eine bestimmte Person der biologische Vater   40
eines Kindes wird, ist gesetzlich nicht vorgesehen. Diese **Feststellung** kann der biologische Vater
nur durch die Anfechtung nach § 1600 BGB erreichen, er muss also eine rechtlich bestehende Vaterschaft anfechten. Dennoch kann das Verfahren nach § 1598a BGB vorab durchgeführt werden,
um **Unsicherheiten** zu beseitigen. Auch hat die Einleitung des Verfahrens die Hemmung der Anfechtungsfrist (§ 1600b Abs. 5 BGB) zur Folge.

2. Muster: Antrag auf Ersetzung der Einwilligung zur Abstammungsunter-
suchung und zur Probeentnahme

An das   41

FamG .....[1]

..... [Antragsteller Vater, Mutter oder Kind][2], [3]

Ich beantrage, die Zustimmung zur Abstammungsuntersuchung und Probeentnahme zu ersetzen.[4]

Begründung:[5]

Ich bin sicher, der biologische Vater des Kindes ..... zu sein. Ich habe deshalb die Mutter und das
Kind aufgefordert, einer Untersuchung zuzustimmen. Das Kind und die Mutter haben ihre Zustimmung verweigert. Eine Begründung haben sie nicht hierfür gegeben.

Da möglicherweise ein Interessenkonflikt zwischen Mutter und Kind bestehen könnte, rege ich an,
einen Verfahrensbeistand für das Kind zu bestimmen.[6]

1. Gericht. Die Zuständigkeit ergibt sich ausschließlich nach § 170 FamFG.

2. Antragsteller. Die Personen, die einen Antrag stellen können, sind in § 1598a Abs. 1 BGB genannt. Ist das Kind minderjährig, muss seine Vertretung durch einen Beistand erfolgen.

3. Beteiligte. Da nur der Vater, die Mutter oder das Kind den Antrag stellen können, sind die jeweils anderen notwendige Beteiligte im Verfahren.

4. Antrag. Nach § 23 FamFG ist der Zweck des Antrages darzutun.

5. Begründung. Der Sachverhalt ist darzustellen, aus dem sich der Anspruch ergibt (§ 23 FamFG).

6. Beistand. Nach § 174 FamFG ist dem Kind ein Beistand zu bestellen, wenn dies erforderlich ist. Dies hat zwar das FamG von Amts wegen zu prüfen, eine entsprechende Anregung ist aber sinnvoll.

Anträge auf Feststellung der biologischen Vaterschaft können zu erheblichen Problemen führen, wenn der Anspruch gestellt wird bei Bestehen eines Familienverbandes. Aus diesem Grund kann auch bei Gericht beantragt werden, das Klärungsverfahren auszusetzen, wenn und solange die Klärung eine erhebliche Beeinträchtigung des Wohls des minderjährigen Kindes begründen würde. Diese Kinderschutzklausel setzt aber sehr hohe Hürden, denn es verlangt eine »erhebliche« Beeinträchtigung und erfordert auch eine Abwägung mit den »berechtigten« Belangen des Klärungsberechtigten.

3. Einsicht in das Abstammungsgutachten

42 Nach § 1598a Abs. 4 BGB kann derjenige, der in eine genetische Abstammungsuntersuchung eingewilligt und eine Probe abgegeben hat, vom Klärungsberechtigten auch Einsicht in das erstattete **Abstammungsgutachten** oder eine Abschrift hiervon verlangen. Kommt der Klärungsberechtigte diesem Begehren nicht nach, hat über den Anspruch das FamG zu entscheiden.

4. Muster: Einsicht in ein Abstammungsgutachten oder Aushändigung einer Abschrift

43 An das

FamG in .....[1]

Antrag auf Einsicht in eine Abstammungsgutachten/Aushändigung einer Abschrift

.....[2]

.....[3]

Über die Abstammung des Kindes ..... wurde ein Abstammungsgutachten erstattet. Wir haben alle dem Begehren zugestimmt und auch eine genetische Probe abgegeben.

Der Klärungsberechtigte, Beteiligter zu 3, hat trotz Aufforderung weder Einsicht in das Gutachten gestattet noch eine Abschrift zur Verfügung gestellt.[4]

Der Klärungsberechtigte verweigert jede Information. Die Einsicht wurde mehrfach schriftliche angemahnt und ihm freigestellt, stattdessen eine Ablichtung zur Verfügung zu stellen.

Nachdem die außergerichtlichen Versuche keinen Erfolg gezeigt haben, ist eine gerichtliche Entscheidung notwendig. Aus diesem Grund rege ich an, die Kosten des Verfahrens dem Klärungsberechtigten aufzuerlegen (§ 81 Abs. 2 Nr. 2 FamFG).[5]

1. Gericht. Zuständig ist das FamG. Die örtliche Zuständigkeit ergibt sich aus den §§ 169 Nr. 3, 170 FamFG. Grds. ist das Gericht des gewöhnlichen Aufenthalts des minderjährigen Kindes zuständig.

2. Beteiligte. Die Stellung als Beteiligter ergeben sich aus § 1598a Abs. 1 BGB, also der Klärungsberechtigte (Vater), das Kind und seine Mutter.

3. Klärungsberechtigte. Die Person, die behauptet, der biologische Vater zu sein, der deshalb das Gutachten hat erstatten lassen und jetzt das Ergebnis nicht offenlegen will (§ 23 FamFG).

4. Antrag. Da es sich nicht um eine Familienstreitsache handelt, ist es ausreichend, wenn eindeutig erkennbar wird, dass der Antragsteller das Ergebnis kennen möchte, sei es durch Einsicht oder Aushändigung einer Ablichtung.

5. Kosten. Grds. hat das FamG von Amts wegen über die Kosten zu entscheiden (§§ 80, 81 FamFG). Im Hinblick auf die Verweigerungshaltung des Klärungsberechtigten sollte angeregt werden, dass dieser die Kosten zu tragen hat, denn nur aufgrund seiner unbegründeten Weigerung muss das Verfahren beantragt werden. Der Wert des Verfahrens beträgt nach § 47 FamGKG 1.000,00 €.

V. Anfechtung der Vaterschaft

1. Anfechtungsberechtigte

Wer berechtigt ist, seine Vaterschaft anzufechten, ist in § 1600 Abs. 1 BGB **aufgezählt**. Es ist dies nach Nr. 1 zunächst der Mann, dessen Vaterschaft aufgrund der Ehe mit der Mutter vermutet wird (§§ 1592, 1593 BGB).

44

Auch der biologische Vater ist nach Nr. 2 zur Anfechtung berechtigt, denn mit der Klärung nach § 1598a BGB ist keine statusrechtliche Wirkung verbunden und ein Anerkenntnis der Vaterschaft ist nicht zulässig, da noch eine Vaterschaft eines anderen Mannes besteht. Eine Anfechtung ist aber ausgeschlossen, wenn zwischen dem rechtlichen Vater und dem Kind eine **sozial-familiäre Beziehung** besteht oder bestanden hat (§ 1600 Abs. 2 BGB). Eine solche das **Anfechtungsrecht** aber hindernde Bindung liegt auch dann vor, wenn der von der Mutter getrennt lebende Vater für das Kind weiterhin die tatsächliche Verantwortung trägt (BGH, FamFR 2010, 154).

45

Bereits im Antrag nach § 1600 Abs. 1 Nr. 2 BGB muss der Anfechtende eidesstattlich versichern, der Kindesmutter in der **Empfängniszeit** beigewohnt zu haben. Seine Anfechtung setzt auch voraus, dass der Anfechtende der leibliche Vater des Kindes ist. Bei einer erfolgreichen Vaterschaftsanfechtung nach § 1600 Abs. 1 Nr. 2 BGB muss ein nach § 38 FamFG ergehender Beschluss daher nach § 182 FamFG auch die Feststellung der Vaterschaft des Anfechtenden enthalten. Es bedarf insoweit keines Antrages des Anfechtenden, denn § 182 Abs. 1 Satz 2 FamFG bestimmt, dass dies in der Beschlussformel von Amts wegen auszusprechen ist.

46

Die Mutter (Nr. 3) und das Kind (Nr. 4) sind weiterhin berechtigt zur Anfechtung.

47

Die Regelung der behördlichen Vaterschaftsanfechtung (§ 1600 Abs. 1 Nr. 5 BGB) ist als absolut verbotene Entziehung der Staatsangehörigkeit anzusehen (Art. 16 Abs. 1 Satz 1 GG), weil der mit der Behördenanfechtung verbundene Wegfall der Staatsangehörigkeit durch die Betroffen teils gar nicht, teils nicht in zumutbarer Weise beeinflussbar ist. Die Regelung genügt nicht den verfassungsrechtlichen Anforderungen an einen sonstigen Verlust der Staatsangehörigkeit (Art. 16 Abs. 1 Satz 2 GG), weil sie keine Möglichkeit bietet, zu berücksichtigen, ob das Kind staatenlos wird, und weil es an einer dem Grundsatz des Gesetzesvorbehalts genügenden Regelung des Staatsangehörigkeitsverlusts sowie an einer angemessenen Fristen- und Altersregelung fehlt. Verfassungsrechtliche Elternschaft (Art. 6 Abs. 2 Satz 1 GG) besteht bei einer durch Anerkennung begründeten rechtlichen Vaterschaft auch dann, wenn der Anerkennende weder der biologische Vater des Kindes ist noch eine sozial-familiäre Beziehung zum Kind begründet hat. Allerdings hängt die Intensität des verfassungsrechtlichen Schutzes davon ab, ob die rechtliche Vaterschaft auch sozial gelebt wird (BVerfG, Beschl. v. 17.12.2013 – 1 BvL 6/10 –, juris).

48

2. Einschränkung des Anfechtungsrechts

Kein Anfechtungsrecht steht dem Mann und der Mutter zur Verfügung, wenn mit ihrer Einwilligung das Kind durch Befruchtung mittels einer **Samenspende** eines Dritten gezeugt wurde. Nicht

49

ausgeschlossen ist hingegen das Anfechtungsrecht des Kindes. Da diese Anfechtung während der Minderjährigkeit nur durch den gesetzlichen Vertreter erfolgen kann (§ 1600a Abs. 2, 4 BGB), dies jedoch nur dann, wenn die Anfechtung dem Wohl des Kindes dient, ist eine solche Fallgestaltung kaum vorstellbar (PWW/*Pieper*, 5. Aufl., § 1600a Rn. 16).

3. Anfechtungsfristen

50   Grds. ist eine **Anfechtung** nur zeitlich befristet zulässig. In § 1600b BGB wird für alle zur Anfechtung berechtigten die jeweilige Frist bestimmt.

51   Der **Vater** ist binnen 2 Jahren zur Anfechtung berechtigt, beginnend ab dem Zeitpunkt, zu dem er von den Umständen erfährt, die gegen die Vaterschaft sprechen. Wann im Einzelfall die Zweifel berechtigt sind, kann sehr streitig sein.

52   Hat der gesetzliche Vertreter des Kindes die Vaterschaft nicht angefochten oder die Anfechtungsfrist verstreichen lassen, kann das **Kind** ab Eintritt der Volljährigkeit selber die Anfechtung durchführen (§ 1600b Abs. 3 BGB). Aber auch wenn diese Frist letztlich verstrichen ist, kann das Kind nach Abs. 6 eine Anfechtung durchführen, wenn es **Kenntnis von Umständen** erhält, aufgrund derer die Folgen der Vaterschaft für es unzumutbar werden.

53   Im **Anfechtungsverfahren** besteht nach § 1600c BGB eine **Vaterschaftsvermutung**, sofern nicht diese Person zuvor die Vaterschaft anerkannt hatte (Abs. 2).

54   Die Entscheidung wird erst mit **Rechtskraft** wirksam, eine Abänderung ist ausgeschlossen. Ausdrücklich bestimmt § 184 Abs. 2 FamFG, dass Entscheidungen zur Abstammung gegen alle wirken, also nicht nur zwischen den Beteiligten des Verfahrens.

4. Muster: Anfechtung der Vaterschaft durch den Mann

55   An das

FamG in

.....[1]

Anfechtung der Vaterschaft für das Kind[2]

.....[3]

.....[4]

Vertreten durch den Ergänzungspfleger Jugendamt .....

.....[5]

Ich beantrage:

Es wird festgestellt, dass der Antragsteller nicht der Vater des Kindes ..... ist.[6]

Der Antragsteller und die Mutter (Beteiligte zu 4) sind seit dem ..... miteinander verheiratet. Das Kind ..... wurde in der Ehe geboren und gilt daher als ehelich. Es lebt bei der Mutter. Die Kindesmutter hat anlässlich meines Auszuges ..... aus der ehelichen Wohnung u. a. geäußert, ich sei in jeder Hinsicht unfähig und noch nicht einmal in der Lage, ein Kind zu zeugen. Ergänzend fügte sie dann noch hinzu, dass ein richtiger Mann sei der Schilehrer damals auf der Turracher Höhe (Österreich) gewesen. Mir wurde klar, dass dieser Urlaub und die Geburt unseres Kindes knapp neun Monate auseinander liegen. Jetzt wurde mir auch klar, weshalb immer wieder auch Postkarten aus Österreich ankamen und auch kleine Geschenke für unser Kind – der Absender ist offensichtlich dieser Schilehrer.[7], [8], [9]

Ich habe unmittelbar nach der Trennung und dem Hinweis der Mutter, dass ich wohl nicht der Vater sei, eine Ergänzungspflegschaft für die Vertretung im Anfechtungsverfahren beantragt. Das Jugendamt wurde durch Beschluss vom ..... Az ..... des angerufenen Gerichts bestellt.

1. Zuständige Gericht. Das angerufene Gericht ist nach § 170 FamFG zuständig, denn das Kind hat seinen Aufenthalt im Gerichtsbezirk.

2. Bezeichnung des Verfahrens. Durch diese Angabe wird sofort für das Amtsgericht deutlich, dass es sich um eine Familiensache handelt.

3. Vater. Der Vater ist Antragsteller. Ob er als Antragsteller oder Beteiligter bezeichnet wird, ist nicht erheblich, denn § 172 FamFG bestimmt, dass Kind, Mutter und Vater am Verfahren zu beteiligen sind.

4. Kind. Name und Geburtsdatum des Kindes mit Aufenthaltsort. Zweckmäßig erscheint es, auch eine Geburtsurkunde zumindest in Ablichtung einzureichen.

5. Mutter. Sie es, ebenso wie das Kind, Beteiligte des Verfahrens. Die Anschrift ist hier erforderlich, da aufgrund des Sachvortrages, dass das Kind bei der Mutter lebt, die örtliche Zuständigkeit angesprochen ist.

6. Antrag. Ein Antrag ist nach § 171 FamFG erforderlich, da das Anfechtungsverfahren nur auf Antrag durchgeführt wird.

7. Gründe. In § 171 Abs. 2 FamFG ist in Erweiterung der allgemeinen Regelung des § 23 FamFG auch erforderlich ein Sachvortrag, der eine Schlüssigkeitsprüfung nach § 1600 BGB ermöglichen. Dazu gehört insb. auch die Angabe des Zeitpunktes, zu dem Gründe bekannt wurden, die zur Anfechtung berechtigen und auch, dass die Anfechtungsfristen (§ 1600b BGB) eingehalten sind.

8. Datum der Eheschließung. Gemeinsam mit dem Vortrag, dass die Parteien getrennt leben, ergibt sich die Vermutung der Vaterschaft nach § 1592 BGB. Personenstandsdaten sind durch Urkunden des Standesamtes nachzuweisen.

9. Datum der Trennung. Im Beispielsfall ergibt sich aus dem Datum der Trennung, dem Tag der Geburt des Kindes und dem Zeitpunkt der Einreichung des Antrages, dass die Anfechtungsfrist gewahrt ist.

Nicht notwendig sind Beweisanträge, denn das Verfahren unterliegt der – eingeschränkten – Amtsermittlung nach § 177 FamFG. Das Gericht hat nach § 175 FamFG vor einer Beweisaufnahme in einem Erörterungstermin die Sache mit den Beteiligten erörtern. Kommt es nicht zu einer Erklärung nach § 180 FamFG, ist das förmliche Beweisverfahren durchzuführen. Ein Gutachten ist dann nicht erforderlich, wenn die Mutter den Sachvortrag bestätigt und den Antrag anerkennt und der Verfahrenspfleger für das Kind zustimmt.

VI. Feststellung der Unwirksamkeit einer Anerkennung

Hat ein Mann die Vaterschaft anerkannt kann diese Rechtswirkungen nur durch einen Antrag auf **Feststellung der Unwirksamkeit** der Anerkennung wieder beseitigen. Ebenso wie die Anfechtung bei ehelicher Geburt eines Kindes setzt die Anfechtung eines Anerkenntnisses voraus, dass die Frist nach § 1600b BGB nicht abgelaufen ist. Weiterhin kommt eine Anfechtung nicht in Betracht, wenn nach § 1600 Abs. 5 BGB eine **künstliche Befruchtung** mit Einwilligung des Mannes erfolgt ist. Auch eine sozial-familiäre Beziehung (§ 1600 Abs. 2, 4 BGB) steht einer Anfechtung entgegen (BGH, FamRZ 2008, 1821–1822).

56

Hat ein Mann die Vaterschaft anerkannt, obwohl er wusste, dass er nicht der Vater ist, läuft für ihn die Anfechtungsfrist ab dem Zeitpunkt des wirksamen Anerkenntnisses (OLG Köln, FamRZ 2002, 629–631). Ist für den Mann die Anfechtungsfrist verstrichen kann u. U. noch eine Anfechtung durch die zuständige **Behörde** in Betracht kommen (§ 1600 Abs. 1 Nr. 5 BGB), wenn die nach Abs. 3 weiteren Voraussetzungen vorliegen und die Behörde erst durch den Anerkennenden von Umständen Kenntnis erhält, die zur Anfechtung berechtigen können (§ 1600b Abs. 1a BGB).

57

Muster: Anfechtung einer Anerkennung

58   An das

Familiengericht in

.....[1]

Anfechtung eines Vaterschaftsanerkenntnisses[2]

Beteiligte:

.....[3]

....., vertreten durch das Jugendamt als Ergänzungspfleger[4]

.....[5]

Es wird festgestellt, dass die Anerkennung der Vaterschaft in der Urkunde des Jugendamtes .....
vom. ..... unwirksam ist.[6], [7]

Ich habe mit der Kindesmutter längere Jahre in nichtehelicher Lebensgemeinschaft gelebt. Das Kind
wurde im zweiten Jahr unseres Zusammenlebens geboren und ich hatte keine Zweifel, dass ich der
Vater des Kindes war. Die Mutter hat mir gemeinsames Sorgerecht angeboten, wenn ich förmlich
die Vaterschaft anerkenne. Daraufhin wurde beim Jugendamt die Anerkennung erklärt und auch
die Erklärung zur gemeinsamen Sorge beurkundet.

Ich lebe inzwischen seit vier Monaten von der Kindesmutter getrennt. Sie hat mich durch einen
Anwalt auffordern lassen, Unterhalt für das Kind zu zahlen und mit einer gerichtlichen Geltendmachung des Anspruches gedroht. Daraufhin bin ich vor zwei Wochen zu ihr gefahren und habe
versucht, eine gütliche Regelung zu erreichen. Sie wurde schnell heftig und hat mir an den Kopf
geworfen, sie sei froh, dass ich endlich gegangen sei, der wirkliche Vater würde jetzt bei ihr leben und das sei ja ein wirklicher Mann. Sie forderte mich auf zu gehen und als ich zögerte, rief
sie einen Mann, der offensichtlich im Nebenzimmer geweilt hatte, herein und wies ihn an, mich
rauszuwerfen. Es fiel auch folgender Satz: »Wirf ihn raus, da siehst du den Typ der Glaubt, er sei
der Vater unseres Kindes«.

Nachdem ich mich anwaltlich habe beraten lassen, habe ich beim FamG die Bestellung eines Ergänzungspflegers beantragt, da aufgrund des gemeinsamen Sorgerechtes die Mutter nicht zur Vertretung berechtigt ist. Die Bestellung ist durch das angerufene Gericht erfolgt – Az. XY.

Urkunde über das Anerkenntnis und die gemeinsame Sorge liegen an.[8]

1. Zuständige Gericht. Das angerufene Gericht ist nach § 170 FamFG zuständig, denn das Kind
hat seinen Aufenthalt im Gerichtsbezirk.

2. Bezeichnung des Verfahrens. Durch diese Angabe wird sofort für das Amtsgericht deutlich, dass
es sich um eine Familiensache handelt.

3. Vater. Der Vater ist Antragsteller. Ob er als Antragsteller oder Beteiligter bezeichnet wird, ist
nicht erheblich, denn § 172 FamFG bestimmt, dass Kind, Mutter und Vater am Verfahren zu beteiligen sind.

4. Kind. Name und Geburtsdatum des Kindes mit Aufenthaltsort. Zweckmäßig erscheint es, auch
eine Geburtsurkunde zumindest in Ablichtung einzureichen.

5. Mutter. Sie ist, ebenso wie das Kind, Beteiligte des Verfahrens. Die Anschrift ist hier erforderlich, da aufgrund des Sachvortrages, dass das Kind bei der Mutter lebt, die örtliche Zuständigkeit
angesprochen ist.

6. Antrag. Ein Antrag ist nach § 171 FamFG erforderlich, da das Anfechtungsverfahren nur auf
Antrag durchgeführt wird.

7. Begründung. Der Sachvortrag orientiert sich an den gesetzlichen Voraussetzungen für die Anfechtung. Besondere Beachtung ist zu legen auf die Anfechtungsfrist, die ab Kenntnis der Umstände zu laufen beginnt, die eine Anfechtung rechtfertigen.

8. Anlagen. Es ist immer zweckmäßig, die Personenstandsurkunden vorzulegen, die den Nachweis der erforderlichen Daten erbringen. Im konkreten Fall das Anerkenntnis und auch die gemeinsame Sorgerechtserklärung. Da die Vertretung des Kindes von Amts wegen zu beachten ist, reicht es aus, wenn auf die durch das Gericht erfolgte Bestellung des Ergänzungspflegers hingewiesen wird.

Kapitel 15: Adoptionssachen

A. Überblick

1   Mit dem Inkrafttreten des Gesetzes zur Reform des Verfahrens in Familiensachen und in den Angelegenheiten der freiwilligen Gerichtsbarkeit zum 01.09.2009 gehört auch das Recht der Adoption
zur Zuständigkeit des FamG. Das Verfahren ist in den §§ 186 bis 199 FamFG geregelt und umfasst
die Annahme als Kind, die Ersetzung der Einwilligung zur Annahme als Kind, die Aufhebung des
Annahmeverhältnisses und die Befreiung von Eheverbot des § 1308 Abs. 1 BGB.

2   Die materiell-rechtlichen Vorschriften finden sich in den §§ 1741 bis 1772 BGB. Unterschieden
wird zwischen der Annahme eines Minderjährigen und der Annahme eines Volljährigen. Die Adoption eines Volljährigen ist einfacher, da der Betroffene für sich selber handeln kann, Erklärungen
durch Vertreter nicht mehr erforderlich sind. Auch ist nicht mehr das Wohl des Betroffenen so zu beachten wie bei einem Minderjährigen. Durch die Einfügung der Adoption in das Familienrecht hat
sich materiell-rechtlich keine Änderung zur früheren Rechtslage ergeben und auch verfahrensrechtlich sind im Vergleich zum früheren FGG-Verfahren keine Besonderheiten zu beachten. Aufgrund
der Entscheidung des BVerfG vom 19.02.2013 (FamRZ 2013, 521) wird im Laufe der kommenden
Jahre damit zu rechnen sein, dass durch Gesetz für Lebenspartner die Sukzessivadoption zugelassen
wird (vgl. *Keuter* FamRZ 2014, 518, 522 unter II 1.a).

3   Das Adoptionsverfahren ist keine Familienstreitsache im Sinne von § 112 FamFG, weshalb für das
Verfahren auch die allgemeinen Vorschriften des FamFG uneingeschränkt Gültigkeit haben ohne
die für Familienstreitsachen erhebliche Einschränkung und/oder Verweisungen auf die ZPO nach
§ 113 FamFG. Das FamG hat von Amts wegen nach § 26 FamFG zu ermitteln. Auf fehlende Urkunden, Erklärungen oder sonstige verfahrensnotwendige Voraussetzungen muss es hinweisen. Die
Beteiligten haben jedoch eine Verpflichtung zur Mitwirkung (§ 27 FamFG). Die Amtsermittlung
erstreckt sich nur auf solche Tatsachen und Umstände, die für das Gericht erkennbar sind. Die Ermittlung hat also nicht in alle denkbaren Richtungen zu erfolgen.

4   Wichtig ist zu beachten, dass die adoptionsrechtlichen Vorschriften des BGB ausschließlich Anwendung finden auf eine in der Bundesrepublik durchzuführenden Adoption ohne Auslandsbezug. Die
Adoption eines Kindes aus dem Ausland bzw. die Anerkennung einer Adoption, die im Ausland
erfolgt ist, wird durch internationale Verträge und ergänzende Gesetze geregelt.

B. Adoption nach deutschem Recht

5   Die Adoption ist nicht ein einheitlicher Rechtsakt, vielmehr setzt sie sich aus mehreren überwiegend
unselbstständigen Teilen zusammen. Das materielle Recht enthält verschiedene Regelungen, die in
dem Abschnitt der Adoption geregelt sind, nicht jedoch ausdrücklich im Katalog des § 186 FamFG
genannt sind. Aufgrund des Zusammenhanges gehören jedoch diese einzelnen Teile zum Adoptionsverfahren. Als Beispiel sei die zusätzliche Entscheidung über die Namensführung (§§ 1757, 1765
BGB) oder die gerichtliche Genehmigung der elterlichen Einwilligung (§ 1746 BGB) genannt. Die
namensrechtlichen Folgen einer Adoption werden als Fremdkörper im Namensrecht bezeichnet und
es werden insoweit verfassungsrechtliche Bedenken gegen das Adoptionsrecht insgesamt geltend

gemacht (Löhnig FamRZ 2012, 679). Überschneidungen bestehen auch zu anderen Verfahren, so z. B. zur elterlichen Sorge, denn die Rückübertragung nach § 1751 BGB und auch die Bestellung eines Klägers und Vormundes nach § 1764 BGB sind zwar im Adoptionsverfahren im Einzelfall erforderlich, gehören jedoch ihrerseits nicht zum Adoptionsverfahren selber.

Die Entscheidung in Adaptionssachen ist ausschließlich dem Richter vorbehalten. Dem Rechtspfleger steht infolge der Grundrechtsrelevanz der Adoption nicht die notwendige vollständige richterliche Unabhängigkeit zu (§§ 3, 14 Nr. 15, 16 RPflegerG).   6

I. Minderjährigen-Adoption

Grds. soll eine Adoption nur erfolgen, wenn der Annehmende das Kind eine angemessene Zeit in Pflege gehabt hat (§ 1744 BGB), zwingend ist die Probezeit jedoch nicht. Der Antrag auf Adoption bedarf der notariellen Beurkundung und kann nicht unter einer Bedingung oder Zeitbestimmung stehen, auch eine Vertretung im Antrag ist unzulässig (§ 1752 BGB).   7

Auch für die zusätzlich erforderlichen Voraussetzungen für eine Adoption besteht grds. Beurkundungspflicht (§ 1750 Abs. 1 BGB).   8

Muster: Adoptionsantrag

Vor mir, dem unterzeichnenden Notar   9

erschienen heute:

Frau ..... und Herr ....., beide wohnhaft in .....[1]

Herr .....[2]

Die Beteiligten zu 1 und 2, die Eheleute ..... erklären:

Wir sind deutsche Staatsangehörige. Wir haben am ..... die Ehe geschlossen. Unsere Ehe ist kinderlos.

Die Beteiligten 1–3 erklären jetzt:

Das Jugendamt ..... ist nach der Bescheinigung vom ..... Vormund des Kindes ....., geboren am ..... Die Eltern haben durch Urkunde Nr. ..... des beurkundenden Notars darin eingewilligt, dass ihr Kind von den Beteiligten zu 1 und 2 als gemeinschaftliches Kind angenommen wird. Das Kind befindet sich sei dem ..... bei den Beteiligten zu 1 und 2 in Pflege und wird wie ein eigenes Kind behandelt.[3]

Die Beteiligten zu 1 und 2 erklären jetzt:

Wir beantragen beim FamG in ..... zu beschließen:[4]

Das Kind ..... wird von den Eheleuten zu 1 und 2 als gemeinschaftliches Kind angenommen.

Der Beteiligte zu 3 erklärt: Ich bin mit der Adoption einverstanden. Mir ist bekannt, dass meine Einwillung mit Eingang beim Familiengericht unwiderruflich ist.

1. Adoptiveltern. Wenn Eheleute gemeinsam ein Kind adoptieren, genügt es, wenn dies in einer Urkunde erfolgt. Eine ausdrückliche Zustimmung oder Genehmigung erübrigt sich in diesem Fall. Die Beteiligten sind mit voller Anschrift, Berufsstand und Geburtsdatum aufzuführen.

2. Vormund. Mit der vorab beurkundeten Einwilligung ruht die elterliche Sorge und das Jugendamt wird Vormund des Kindes (§ 1751 Abs. 1 BGB). Der Vormund gibt jetzt für das Kind alle notwendigen Erklärungen ab.

3. Erklärung des Vormundes. Da der Vormund aufgrund der Vorschrift des § 1751 BGB jetzt die elterliche Sorge ausübt, ist er alleine befugt, rechtsgeschäftliche Erklärungen für das Kind abzugeben. Im konkreten Beispielfall bedarf es keines urkundlichen Nachweises, dass die Kindeseltern das

Kind zur Adoption freigegeben haben, da der amtierende Notar diese Erklärung protokolliert hat und daher von Amts wegen die Erklärung kennt.

4. Zuständiges FamG. Die Zuständigkeit ergibt sich aus § 186 FamFG.

10   Auch nachdem LPartG ist eine Adoption zulässig. Die Besonderheiten werden in § 9 Abs. 6 und 7 LPartG geregelt, in denen auch auf die zur Anwendung kommenden Vorschriften des BGB verwiesen wird. Das beim BVerfG angestrengte Verfahren gegen die Stiefkindadoption wurde durch Rücknahme des Antrages beendet (BVerfG – 1 BvF 3/05).

II. Volljährigen-Adoption

11   Abweichend von den sehr eingehenden Vorschriften zur Adoption von Minderjährigen wird die Annahme eines Volljährigen nur sehr kurz im Gesetz geregelt, da nicht mehr das Wohl des Kindes zu beachten ist und auch die Rechte der Eltern aufgrund der eingetretenen Volljährigkeit nicht mehr zu beachten sind.

12   Ein Verbot der Annahme ergibt sich aus § 1769 BGB. Eine Annahme darf nicht ausgesprochen werden, wenn ihr überwiegendes Interesse der Kinder des Annehmenden oder des Anzunehmendem entgegenstehen. Zwar sieht das FamFG keine ausdrückliche Anhörung der minderjährigen Kinder vor, grds. wird eine solche Anhörung aber notwendig sein i. R. d. Amtsermittlung.

III. Verfahrensrechtliche Hinweise

13   Das Adoptionsverfahren war bisher die Domäne des Notars und wird es auch weiterhin bleiben. Dies insb. deshalb, weil der Adoptionsantrag und fast alle diesbezüglich erforderlichen Erklärungen der notariellen Beurkundung bedürfen.

14   Das FamFG regelt das Verfahren in den §§ 186 bis 199 FamFG. Da die Entscheidung über den Antrag durch Beschluss erfolgt, hat eine Rechtsmittelbelehrung nur nach § 39 FamFG dann zu erfolgen, wenn der Antrag zurückgewiesen wird. Wird hingegen die Adoption ausgesprochen, steht hier gegen kein Rechtsmittel zur Verfügung aufgrund der Unabänderbarkeit (§ 197 Abs. 3 FamFG). Anstelle eines Rechtsmittels oder eines Verfahrens auf Wiedereinsetzung kommt nur eine Aufhebung nach den §§ 1759 ff. BGB in Betracht (PWW/*Friederici* § 1752 Rn. 3).

15   Entscheidungen über die Ersetzung einer Einwilligung oder Zustimmung hingegen werden erst mit Rechtskraft wirksam (§ 198 FamFG). Dasselbe gilt, wenn eine Adoption aufgehoben wird. Die jeweiligen Beschlüsse sind daher mit einer Rechtshilfebelehrung zu versehen.

16   Für die Entscheidung bestimmt § 197 FamFG, was im Beschluss neben dem Ausspruch der Annahme enthalten sein muss. Insb. muss die Rechtsgrundlage aufgeführt werden. Wurde die Einwilligung eines Elternteils für nicht notwendig erachtet (§ 1747 BGB), muss dies im Beschluss genannt werden. Wirksam wird die Entscheidung mit Zustellung an den Annehmenden und, falls er inzwischen verstorben sein sollte, an das Kind.

17   Alle die Adoption betreffenden Muster sind enthalten in Kersten/Bühling, § 93.

C. Internationale Adoption

18   In Deutschland ist die Anzahl adoptionswilliger Ehepaare und Einzelpersonen in den vergangenen Jahren stark gestiegen und die demgegenüber geringe Anzahl der im Inland zu Adoption vorgemerkten Kinder haben dazu geführt, dass adoptionswillige Ehepaare sich Kinder im Ausland vermitteln lassen. Hierbei werden auch teilweise illegale Vermittler in Anspruch genommen. Zur Wahrung der Rechte der Kinder und zur Sicherstellung, dass die grenzüberschreitende Adoption dem Wohl des Kindes dient und ebenso mit dem Ziel, die internationale Zusammenarbeit auf dem Gebiet der Adoption zu verbessern sowie der Entführung von Kindern und den Internetseiten des

Handels entgegenzuwirken, wurde das Haager Übereinkommen über den Schutz von Kindern und die Zusammenarbeit auf dem Gebiet der internationalen Adoptionen vom 29.05.1993 geschlossen. Diesem Übereinkommen gehören derzeit über 40 Staaten an und 32 hiervon haben das Übereinkommen ratifiziert, die übrigen sind dem Abkommen beigetreten. Die BRD ist seit dem 01.03.2002 Vertragsstaat des Übereinkommens. Eine Übersicht der beteiligten Staaten befindet sich am Ende des Kapitels (Rdn. 31).

Die Ziele des Übereinkommens decken sich mit denen der Kinderrechtskonvention der Vereinten Nationen von 1989. Bei jeder Adoption muss das Wohl des Kindes im Vordergrund stehen. Dies gilt insb. auch dann, wenn für das Kind mit der Adoption ein Wechsel in ein fremdes geografisches und kulturelles Umfeld verbunden ist. Eine Adoption in einen anderen Staat soll deshalb grds. nur dann erfolgen, wenn die Adoptionsbedürftigkeit des Kindes feststeht. Dies ist nur dann der Fall, wenn ein Verbleib in der Herkunftsfamilie nicht möglich ist und sich im Heimatstaat des Kindes keine geeigneten Bewerber finden.   19

Aufgrund der Ratifizierung des Übereinkommens erfolgte die Umsetzung durch das Gesetz zur Regelung von Rechtsfragen auf dem Gebiet der internationalen Adoption und zur Weiterentwicklung des Adoptionsvermittlungsrechtes, das am 01.01.2002 in Kraft getreten ist. Wichtig sind die tief greifenden Neuregelungen im Bereich des Adoptionsvermittlungsrechtes. Es stellt ein Verfahren zur Verfügung zu Anerkennung und Wirkungsfeststellung einer im Ausland vollzogenen bzw. einer nach ausländischem Vorschriften in Deutschland ausgesprochenen Adoption.   20

Das AusfG zum Adoptionsübereinkommen ist nur im Verkehr mit anderen Vertragsstaaten anzuwenden, nicht jedoch ggü. Staaten, die dem Adoptionsübereinkommen nicht angehören. Auf der Ebene der Länder nehmen die Landesjugendämter als zentrale Adoptionsstellen die Aufgaben der zentralen Behörde nach dem Übereinkommen wahr. Sie können ebenso wie die örtlichen Jugendämter internationale Adoptionen vermitteln, jedoch benötigen die örtlichen Jugendämter hierzu eine generelle Genehmigung der zuständigen zentralen Adoptionsstelle für den bestimmten Staat oder eine Gestaltung für eine Vermittlung in einem einzelnen Fall. Auch sog. freie Träger sind zur Vermittlung berechtigt, wenn sie eine besondere Zulassung im Verhältnis zu bestimmten Vertragsstaaten haben.   21

Durch das Übereinkommen werden folgende Sachverhalte geregelt: 22
– Voraussetzungen für eine internationale Adoptionen (Art. 4 ff.)
– Aufgabenverteilung und Zusammenarbeit der Behörden (Art. 6 ff.)
– Internationale Anerkennung von Adoptionen (Art. 23 ff.).

Das Übereinkommen findet Anwendung auf Adoptionsverfahren, bei denen ein Kind unter 18 Jahren, welches in einem der Vertragsstaaten des Übereinkommens lebt, von Ehegatten oder einer Einzelperson adoptiert wird, die in einem anderen Vertragsstaat leben. Zur Anwendung kommt es auch dann, wenn die Adoption im Heimatstaat des Kindes ausgesprochen wird und das Kind anschließend zu seinen Adoptiveltern in den Aufnahmestaat übersiedelt, es gilt aber auch dann, wenn die zukünftigen Adoptiveltern zunächst das Kind aus dem Heimatstaat abholen und die Adoption später im Aufnahmestaat ausgesprochen wird. Die Behörden im Heimatstaat klären, ob eine internationale Adoption dem Kind in seiner persönlichen Situation eine geeignete Lebensperspektive bieten kann und ohne die erforderlichen Zustimmungen, namentlich die der leiblichen Eltern, ein. Die zuständigen Stellen im Aufnahmestaat prüfen die Eignung der Adoptionsbewerber und stelle sicher, dass das Kind in den Aufnahmestaat einreisen und sich dort aufhalten darf.   23

Das AusfG regelt die Umsetzung des Übereinkommens im Einzelnen. Seine Vorschriften sind somit nur im Verkehr mit anderen Vertragsstaaten anzuwenden, nicht jedoch ggü. Staaten, die den Adoptionsübereinkommen nicht angehören.   24

Als Folge des Beitritts Deutschland zum Adoptionsübereinkommen war es erforderlich, Änderungen im Recht der Adoptionsvermittlung zu normieren. Die notwendigen Änderungen im Bereich des Adoptionsvermittlungsgesetzes betreffend die internationale Adoptionen, sowohl aus Vertragsstaaten   25 als auch aus Nichtvertragsstaaten und z. T. auch Inlandsadoptionen. Ziel des Gesetzgebers war es, das deutsche Vermittlungsrecht an den hohen Qualitätsstandards der Übereinkommen zu orientieren. Das Gesetz trägt dem dadurch Rechnung, dass es hohe Anforderungen an die persönliche und fachliche Eignung sowie die personelle Ausstattung der Adoptionsvermittlungsstellen stellt.

26 Das Adoptionswirkungsgesetz (AdWirkG), auch in Kraft seit 2002, beseitigt die bis dahin bestandene Unsicherheit über die Anerkennung einer im Ausland vollzogenen Adoption. Die Anerkennung und Rechtswirkungen einer ausländischen Adoption betreffen insb. die Staatsangehörigkeit des Kindes, die Unterhaltspflichten und das Erbrecht. Das Gesetz sieht ein gerichtliches Verfahren mit einer förmlichen Entscheidung über die Feststellung der Anerkennung und der Wirkung einer im Ausland oder nach ausländischen Vorschriften vollzogenen Adoption vor. Es gilt für Vertragsstaaten ebenso wie für Nichtvertragsstaaten des Übereinkommens. Ziel des Verfahrens ist es, die Existenz und die rechtlichen Wirkungen eines Kindschaftsverhältnisses verbindlich festzustellen und damit den Adoptiveltern und dem Kind Rechtssicherheit zu gewährleisten. Zuständig ist nach § 187 Abs. 2, 2 FamFG das FamG, in dessen Bezirk der Annehmende oder einer der Annehmenden und hilfsweise das angenommene Kind seinen gewöhnlichen Aufenthalt hat und ein OLG seinen Sitz (§ 5 Abs. 1 Satz 2 AdWirkG). Wenn keine der Voraussetzungen vorliegen, ist das FamG Schöneberg zuständig. Das Verfahren ist nicht zwingend, wird also nur auf Antrag durchgeführt, denn das deutsche Recht erkennt ausländische Entscheidungen grds. an, wenn nicht ein Verstoß gegen die in §§ 108 Abs. 1, 2 Satz 3, 109 FamFG genannten Kriterien vorliegt. Dennoch ist die Durchführung des Verfahrens empfehlenswert, weil damit alle Zweifel beseitigt werden und die rechtskräftige Entscheidung des FamG bringt für alle Beteiligten Rechtsklarheit. Das AdWirkG regelt spezielle familiengerichtliche Verfahren, um die Anerkennung und die Wirkungen einer Annahme verbindlich zu klären, die im Ausland durchgeführt wurde oder auf ausländischen Sachvorschriften beruht (vgl. § 1 Satz 1 AdWirkG). Sein Anwendungsbereich erfasst sowohl Volladoptionen als auch solche Annahmeverhältnisse, die lediglich schwache Wirkungen entfalten oder allein rechtsgeschäftlicher Natur sind (*Staudinger/Winkelsträter* FamRBint 2006, 10). Er ist allerdings beschränkt auf Adoptionen von Personen, die z. Zt. der Annahme noch nicht das 18. Lebensjahr vollendet haben (§ 1 Satz 2 AdWirkG). Sind die Wirkungen der Adoption schwächer als diejenigen des deutschen Sachrechts, ermöglicht § 3 AdwirkG auf Antrag einen Umwandlungsausspruch, wodurch das Kind die Rechtsstellung eines nach deutschem Sachrecht angenommenen Kindes erhält (Schulte-Bunert/Weinreich/*Sieghörtner* § 199 Rn. 1, 2).

27 Die Bundeszentralstelle für Auslandsadoption ist seit dem 01.01.2007 das Bundesamt für Justiz. Im Bereich der internationalen Adaption nimmt es die Aufgaben im Zusammenhang mit dem Übereinkommen wahr. Es dient als Empfangs- und Weiterleitungsstelle, an die Mitteilungen und Anfragen aus den Vertragsstaaten gerichtet werden können. Aber auch über das Übereinkommen hinaus kann die Zentralstelle bei grenzüberschreitenden Adoptionen tätig werden. So ist sie unter anderem an Verfahren vor den FamG zur Anerkennung und Wirkungsfeststellung bei Auslandsadoptionen beteiligt.

28 Umfassende Informationen über die Bundeszentralstelle für Auslandsadoptionen und die verschiedenen gesetzlichen Grundlagen sind zu erhalten über die Internetseite des Bundesjustizamtes: www.bundesjustizamt.de.

29 Verfahrensrechtlich handelt es sich bei der Adoption um ein Verfahren nach dem FamFG. Sobald ein Antrag gestellt wird, muss das FamG von Amts wegen nach § 26 FamFG die notwendigen Voraussetzungen ermitteln. Das Verfahren ist im Abschnitt 5 des FamFG geregelt.

30 Für die Anerkennung ausländischer Entscheidungen sind die §§ 108 ff. FamFG zu beachten. Wird die Anerkennung verweigert, bedeutet dies nur, dass die im Ausland erfolgte Adoption in der Bundesrepublik nicht anerkannt wird. Den Beteiligten bleibt dann nur der Weg der sog. Nachadoption, also eine Adoption im Inland unter Anwendung deutschen Rechts (OLG Frankfurt am Main, Beschl. v. 19.01.2012 – 20 W 93/11, Rn. 28 zitiert nach juris; AG Brühl, IPRax 2001, 141).

Anhang: Liste der Vertragsstaaten des Haager Übereinkommens vom 29.05.1993 über den Schutz von Kindern und die Zusammenarbeit auf dem Gebiet der internationalen Adoption

(Quelle: Bundesamt für Justiz)

31

Stand: 01.01.2010

Die folgenden Staaten haben das Übereinkommen **ratifiziert**:

Land:	Ratifikation:	Inkrafttreten:
Albanien	12. September 2000	1. Januar 2001
Australien	25. August 1998	1. Dezember 1998
Belgien	26. Mai 2005	1. September 2005
Bolivien	24. Dezember 2001	1. April 2002
Brasilien	10. März 1999	1. Juli 1999
Bulgarien	15. Mai 2002	1. September 2002
Burkina Faso	11. Januar 1996	1. Mai 1996
Chile	13. Juli 1999	1. November 1999
China	16. September 2005	1. Januar 2006
Costa Rica	30. Oktober 1995	1. Februar 1996
Dänemark	2. Juli 1997	1. November 1997
Deutschland	22. November 2001	1. März 2002
Ecuador	7. September 1995	1. Januar 1996
El Salvador	17. November 1998	1. März 1999
Finnland	27. März 1997	1. Juli 1997
Frankreich	30. Juni 1998	1. Oktober 1998
Griechenland	2. September 2009	1. Januar 2010
Haiti	16. Dezember 2013	1. April 2014
Indien	6. Juni 2003	1. Oktober 2003
Irland	28. Juli 2010	1. November 2010
Israel	3. Februar 1999	1. Juni 1999
Italien	18. Januar 2000	1. Mai 2000
Kanada	19. Dezember 1996	1. April 1997
Kolumbien	13. Juli 1998	1. November 1998
Lettland	9. August 2002	1. Dezember 2002
Luxemburg	5. Juli 2002	1. November 2002
Madagaskar	12. Mai 2004	1. September 2004
Mexiko	14. September 1994	1. Mai 1995
Niederlande	26. Juni 1998	1. Oktober 1998
(Ausdehnung auf Bonaire, Sint Eustatius und Saba)	(18. Oktober 2010)	(1. Februar 2011)
Norwegen	25. September 1997	1. Januar 1998
Österreich	19. Mai 1999	1. September 1999

Panama	29. September 1999	1. Januar 2000
Peru	14. September 1995	1. Januar 1996
Philippinen	2. Juli 1996	1. November 1996
Polen	12. Juni 1995	1. Oktober 1995
Portugal	19. März 2004	1. Juli 2004
Rumänien	28. Dezember 1994	1. Mai 1995
Schweden	28. Mai 1997	1. September 1997
Schweiz	24. September 2002	1. Januar 2003
Slowakei	6. Juni 2001	1. Oktober 2001
Slowenien	24. Januar 2002	1. Mai 2002
Spanien	11. Juli 1995	1. November 1995
Sri Lanka	23. Januar 1995	1. Mai 1995
Thailand	29. April 2004	1. August 2004
Tschechische Republik	11. Februar 2000	1. Juni 2000
Türkei	27. Mai 2004	1. September 2004
Ungarn	6. April 2005	1. August 2005
Uruguay	03. Dezember 2003	1. April 2004
Venezuela	10. Januar 1997	1. Mai 1997
Vereinigtes Königreich Großbritannien (Ausdehnung auf die Isle of Man)	27. Februar 2003 (1. Juli 2003)	1. Juni 2003 (1. November 2003)
Vereinigte Staaten von Amerika	12. Dezember 2007	1. April 2008
Vietnam	1. November 2011	1. Februar 2012
Weißrussland	17. Juli 2003	1. November 2003
Zypern	20. Februar 1995	1. Juni 1995

Die folgenden Staaten sind dem Übereinkommen **beigetreten:**

Land:	Beitritt:	Inkrafttreten:	Datum des Fristablaufs nach Artikel 44 Abs. 3*
Andorra	3. Januar 1997	1. Mai 1997	1. August 1997
Armenien 7)	1. März 2007	1. Juni 2007	1. Februar 2008
Aserbaidschan	22. Juni 2004	1. Oktober 2004	1. Februar 2005
Belize 3)	20. Dezember 2005	1. April 2006	1. August 2006
Burundi	15. Oktober 1998	1. Februar 1999	15. Mai 1999
Dominikanische Republik 5)	22. November 2006	1. März 2007	1. Juli 2007
Estland	22. Februar 2002	1. Juni 2002	1. Oktober 2002
Fidschi-Inseln, Republik	29. April 2012	1. August 2012	noch nicht festgelegt
Georgien	9. April 1999	1. August 1999	1. November 1999

Guatemala 1)	26. November 2002	1. März 2003	31. Juli 2003
Guinea 2)	21. Oktober 2003	1. Februar 2004	1. Juni 2004
Island	17. Januar 2000	1. Mai 2000	15. August 2000
Kambodscha 6)	6. April 2007	1. September 2007	15. Dezember 2007
Kap Verde	4. September 2009	1. Januar 2010	1. April 2010
Kasachstan	9. Juli 2010	1. November 2010	15. Februar 2011
Kenia	12. Februar 2007	1. Juni 2007	1. September 2007
Kroatien	5. Dezember 2013	1. April 2014	1. Juli 2014
Kuba	20. Februar 2007	1. Juni 2007	1. Februar 2008
Lesotho 9)	24. August 2012	1. Dezember 2012	1. März 2013
Liechtenstein	26. Januar 2009	1. Mai 2009	1. September 2009
Litauen	29. April 1998	1. August 1998	1. Dezember 1998
Mali 4)	2. Mai 2006	1. September 2006	1. Dezember 2006
Malta	13. Oktober 2004	1. Februar 2005	1. Juni 2005
Mauritius	28. September 1998	1. Januar 1999	15. Mai 1999
Mazedonien	23. Dezember 2008	1. April 2009	1. August 2009
Moldau, Republik	10. April 1998	1. August 1998	1. November 1998
Monaco	29. Juni 1999	1. Oktober 1999	15. Januar 2000
Mongolei	25. April 2000	1. August 2000	30. November 2000
Montenegro	9. März 2012	1. Juli 2012	1. Oktober 2012
Neuseeland	18. September 1998	1. Januar 1999	15. April 1999
Paraguay	13. Mai 1998	1. September 1998	1. Dezember 1998
Ruanda, Republik 8)	28. März 2012	1. Juli 2012	1. Oktober 2012
San Marino	6. Oktober 2004	1. Februar 2005	1. Mai 2005
Senegal	24. August 2011	1. Dezember 2011	1. April 2012

Serbien	18. Dezember 2013	1. April 2014	1 Juli 2014
Seychellen	26. Juni 2008	1. Oktober 2008	1. Februar 2009
Südafrika	21. August 2003	1. Dezember 2003	1. April 2004
Swasiland	5. Mär 2013	1. Juli 2013	15. September 2013
Togo	12. Oktober 2009	1. Februar 2010	1. Mai 2010

Die folgenden Staaten haben das Übereinkommen gezeichnet, aber noch nicht ratifiziert:

Land:	Zeichnungsdatum:
Korea, Republik	24. Mai 2013
Nepal	28. April 2009
Russische Föderation	7. September 2000

D. Befreiung vom Eheverbot

32   Zwischen Personen, deren Verwandtschaft durch Annahme als Kind begründet worden ist, soll grds. keine Ehe geschlossen werden (§ 1308 Abs. 1 BGB). Auf Antrag kann jedoch das FamG von dieser Vorschrift Befreiung erteilen, wenn zwischen dem Antragsteller und seinem künftigen Ehegatten durch die Annahme als Kind einer Verwandtschaft in der Seitenlinie begründet worden ist. Ein solches Verwandtschaftsverhältnis ergibt sich bei der Annahme Minderjähriger aus § 1754 BGB, bei Annahme eines Volljährigen aus den §§ 1767, 1754, 1770 und 1772 BGB. Wenn Adoptivgeschwister miteinander die Ehe eingehen wollen, kann auf Antrag das FamG von dem Verbot Befreiung erteilen. Aus der gesetzlichen Formulierung ergibt sich, dass die Befreiung nur verweigert werden darf, wenn wichtige Gründe der Eingehung der Ehe entgegenstehen. Solche Gründe müssen in der Sphäre des bestehenden Familienverbandes liegen, nicht also in den persönlichen Verhältnissen der Heiratswilligen (KG, FamRZ 86, 993).

33   Zuständig ist beim FamG der Richter (§ 14 RpflG). Wird eine Ehe unter Verstoß gegen § 1308 BGB dennoch geschlossen, ist sie wirksam und nicht aufhebbar. Erfolgt die Eheschließung zwischen einem Adoptivelternteil und einem Adoptivkind, ist kraft Gesetzes das Annahmeverhältnis aufgehoben (§ 1766 BGB).

34   Der Beschluss, der die Befreiung ausspricht, ist nicht anfechtbar (§ 198 Abs. 3 FamFG). Aus diesem Grund entfällt die sonst notwendige Rechtsbehelfsbelehrung. Statt einer Anfechtung ist die Aufhebung zulässig, solange die Ehe nicht geschlossen ist. Auch eine Wiederaufnahme des Genehmigungsverfahrens ist aus denselben Gründen ausgeschlossen.

Kapitel 16: Internationales Privatrecht

A. Einleitung

1   [1]Infolge der fortschreitenden Globalisierung haben Familiensachen mit internationalem Bezug in den vergangenen Jahren stetig zugenommen: 1991 waren bei 10,5 % der Scheidungen Ausländer beteiligt, 1994 bei 10,8 %, 1997 bei 12,2 %, 2000 bei 14,6 %, 2003 bei 16,4 % und 2005 bei 17,6 %. Familiensachen mit Ausländerbeteiligung gehören heute also zur juristischen Alltagspraxis.

In der praktischen Bearbeitung stoßen derartige Konstellationen auf erhebliche Schwierigkeiten, weil die Antworten z. B. auf folgende Fragen nicht immer einfach sind:
- Welches Gericht ist international und örtlich zuständig?
- Welches materielle Recht gilt für die Scheidung und deren personen- und vermögensrechtlichen Folgen?
- Gibt es eine Rückverweisung auf deutsches Scheidungsrecht?
- Sind über das deutsche Recht hinausgehende Voraussetzungen zu beachten, wie etwa eine längere Trennungszeit oder Scheidungszeremonien (Talaq)?
- Kann eine einverständliche Scheidung nach dem ausländischen Recht schon vor Ablauf eines Trennungsjahres erfolgen?
- Kann die Scheidung nach deutschem Recht erfolgen, wenn die Ehe nach dem ausländischen Recht nicht geschieden werden kann, z. B. weil das ausländische Recht gegen den ordre public (Art. 12 Rom III-VO) verstößt?

Bei vielen Praktikern bestehen insoweit erhebliche Unsicherheiten und Fehlvorstellungen. So ist z. B. die – nur in den seltensten Fällen richtige – Auffassung anzutreffen, das anwendbare Scheidungsrecht richte sich nach dem Ort der Eheschließung bzw. nach dem auf die Eheschließung angewendetem Recht. Nicht selten wird in familienrechtlichen Anträgen überhaupt nichts zu den maßgeblichen Problemen gesagt. Es werden z. B. die Zuständigkeit des angerufenen Gerichtes und die Anwendung deutschen Rechts einfach unterstellt.

B. Ehescheidung

I. Internationale Zuständigkeit

2   Nicht erst bei der Stellung eines Scheidungsantrags, sondern schon im Vorfeld bei der Beratung kann eine nicht unerhebliche Rolle spielen, welches Gericht für das anzustrengende Verfahren zuständig ist.

Ein Blick ins Gesetz verschafft hier nur vermeintlich schnell Klarheit: § 98 FamFG enthält Ausführungen über die internationale Zuständigkeit. Indessen ist die Vorschrift in den allermeisten Fällen nicht anwendbar, da sie durch europäische Verordnungen bzw. internationale Übereinkommen

---

1 Aktualisierungen zur Vorauflage wurden von Herrn *Prof. Dr. Martiny* vorgenommen.

verdrängt wird. Das wird jetzt durch § 97 Abs. 1 Satz 2 FamFG ausdrücklich klargestellt. Danach bleiben Regelungen in Rechtsakten der Europäischen Gemeinschaft unberührt.

1. Europäisches Unionsrecht

Primär ist die internationale Zuständigkeit nach der VO (EG) Nr. 2201/2003 des Rates v. 27.11.2003 über die Zuständigkeit und die Anerkennung und Vollstreckung von Entscheidungen in Ehesachen und in Verfahren betreffend die elterliche Verantwortung und zur Aufhebung der VO (EG) Nr. 1347/2000 (Brüssel IIa-VO)[2] zu ermitteln. Sie ist als EU-Verordnung in Deutschland unmittelbar geltendes Recht.[3] Mitgliedstaaten der Verordnung sind alle Mitgliedstaaten der EU mit Ausnahme Dänemarks, welches sich an der justiziellen Zusammenarbeit nicht beteiligt. **3**

Die Brüssel IIa-VO weist allerdings keinen räumlich beschränkten Anwendungsbereich auf.[4] Sie gilt also nicht nur im Verhältnis zu den Mitgliedstaaten, sondern auch dann, wenn ein Beteiligter Staatsangehöriger eines anderen Staates ist oder dort seinen gewöhnlichen Aufenthalt hat. **4**

▶ **Beispiel:**

Ein türkisches Ehepaar hatte seinen letzten gewöhnlichen Aufenthalt in Deutschland. Der Ehemann zieht in die USA. Die in Deutschland verbliebene Ehefrau möchte sich scheiden lassen. Auch hier richtet sich die internationale Zuständigkeit nach der Brüssel IIa-VO. Denn es ist ausreichend, dass nur die Ehefrau in Deutschland, also in einem Mitgliedstaat der Brüssel IIa-VO, lebt. Auf ihre Staatsangehörigkeit kommt es demgegenüber ebenso wenig an wie auf den Umstand, dass sich der Ehemann in einem außereuropäischen Land aufhält.

Die Regelungen zur internationalen Zuständigkeit für Scheidungen finden sich in Art. 3 – 7 der Brüssel IIa-VO. Primärer Anknüpfungspunkt für die internationale Zuständigkeit der deutschen Gerichte ist der gewöhnliche Aufenthalt. Erst in zweiter Linie wird an die Staatsangehörigkeit angeknüpft. Die internationale **Zuständigkeit** der deutschen Gerichte besteht gem. Art. 3 in folgenden Fällen: **5**
- **beide** Ehegatten haben ihren gewöhnlichen Aufenthalt **in Deutschland**,
- beide Ehegatten hatten ihren gewöhnlichen Aufenthalt in Deutschland, **ein Ehegatte** hat seinen gewöhnlichen Aufenthalt **noch in Deutschland**,
- die Ehegatten hatten ihren letzten gewöhnlichen Aufenthalt zwar nicht in Deutschland, ein Ehegatte hat seinen Aufenthalt aber jetzt in Deutschland und **beide Ehegatten wollen geschieden** werden,[5]
- die Ehegatten hatten ihren letzten gewöhnlichen Aufenthalt zwar nicht in Deutschland, der **Antragsgegner** hat seinen gewöhnlichen Aufenthalt aber jetzt **in Deutschland**,
- die Ehegatten hatten ihren letzten gewöhnlichen Aufenthalt zwar nicht in Deutschland, der **Antragsteller** ist aber **deutscher Staatsangehöriger** und hat seinen gewöhnlichen Aufenthalt seit mindestens **6 Monaten in Deutschland oder**
- die Ehegatten hatten ihren letzten gewöhnlichen Aufenthalt zwar nicht in Deutschland, der **Antragsteller** hat seinen gewöhnlichen Aufenthalt aber seit mindestens **einem Jahr in Deutschland**.

Im obigen Beispiel ist die Zuständigkeit der deutschen Gerichte gegeben, da die Eheleute ihren letzten gemeinsamen gewöhnlichen Aufenthalt in Deutschland hatten und die Ehefrau ihren

---

2 Amtsblatt der EU L 338/1 vom 23.11.2003.

3 *Hohloch*, in: Rotax, Praxis des Familienrechts, Teil 14 Rn. 5.

4 Vgl. *Andrae*, Internationales Familienrecht, Kap. 2 Rn. 8.

5 Von einem »gemeinsamen Antrag« der Ehegatten im Sinne von Art. 3 ist auch dann auszugehen, wenn beide Ehegatten unabhängig voneinander den Antrag auf Scheidung stellen oder wenn nur ein Ehegatte den Antrag stellt, der andere Ehegatte aber dem Antrag zustimmt, vgl. § 1566 Abs. 1 BGB, vgl. Henrich, Internationales Scheidungsrecht, Rn. 8.

gewöhnlichen Aufenthalt weiter in Deutschland hat. Bei mehrfacher Staatsangehörigkeit kann die Zuständigkeit auf eine von ihnen, die nicht die effektive zu sein braucht, gestützt werden.[6]

6   Die Brüssel IIa-VO äußert sich nicht zu der Frage, zu welchem Zeitpunkt die zuständigkeitsbegründenden Merkmale vorliegen müssen. Lediglich für die ggf. einzuhaltenden Aufenthaltsfristen wird auf die »Antragstellung« abgestellt. Der BGH[7] hat zur gleichen Problematik hinsichtlich des allgemeinen Gerichtsstands des Art. 2 Abs. 1 EuGVVO darauf abgestellt, dass der Beklagte »nach Klageerhebung« seinen Wohnsitz wieder nach Deutschland verlegt habe. Das ist nach §§ 113 FamFG, 253 ZPO der Zeitpunkt der Zustellung des Scheidungsantrages, also die Rechtshängigkeit. Der Begriff der Anrufung im Sinne von Art. 30 EuGVVO sei entgegen einer in der Lit.[8] vertretenen Auffassung mit dem Prüfzeitpunkt für die Zuständigkeit nach Art. 2 EuGVVO nicht gleichzusetzen. Der Begriff der »**Antragstellung**« entspricht also der **Rechtshängigkeit**.[9]

7   Verändern sich die Umstände nach diesem Zeitpunkt, so wird das zunächst zuständige Gericht nicht unzuständig. Es gilt der Grundsatz der **perpetuatio fori**. Sind die deutschen Gerichte aufgrund der Umstände zum Zeitpunkt der Klageerhebung international unzuständig, so ist ausreichend, wenn die zuständigkeitsbegründenden Umstände zu irgendeinem Zeitpunkt nach Klageerhebung bis zur letzten mündlichen Verhandlung vorgelegen haben.[10] Voraussetzung ist allerdings, dass nicht zwischenzeitlich eine anderweitige Rechtshängigkeit im Ausland eingetreten ist (Art. 19 Brüssel IIa-VO).

8   Diese Grundsätze gelten auch für die nach Art. 3 Brüssel IIa-VO ggf. einzuhaltenden Fristen (1 Jahr bzw. 6 Monate). Es reicht, wenn diese im Zeitpunkt der letzten mündlichen Verhandlung abgelaufen sind.[11]

2. Bilaterale oder multilaterale Staatsverträge

9   Bilaterale oder multilaterale Staatsverträge bestehen für den Bereich der internationalen Zuständigkeit in Scheidungssachen nicht.

3. Nationales Recht

10   Lediglich subsidiär kann in einigen wenigen Ausnahmefällen für die Bestimmung der internationalen Zuständigkeit der deutschen Gerichte auf **nationales Recht**, hier auf § 98 FamFG zurückgegriffen werden. Folgende Voraussetzungen müssen **kumulativ** vorliegen:
–   Die Zuständigkeit des deutschen Gerichtes ergibt sich nicht bereits aus der Brüssel IIa-VO.[12]
–   Die Gerichte anderer Mitgliedstaaten sind nach der Brüssel IIa-VO ebenfalls nicht zuständig.
–   Der Antragsgegner hat seinen gewöhnlichen **Aufenthalt nicht in einem Mitgliedstaat** der Verordnung.
–   Der Antragsgegner ist **nicht Staatsangehöriger eines Mitgliedstaates** der Brüssel IIa-VO und hat auch nicht in England bzw. Irland sein domicile.

11   § 98 FamFG folgt einer anderen Anknüpfungsleiter. Für Ehesachen sind die deutschen Gerichte danach zuständig, wenn

---

6 EuGH, C-168/08 – Hadadi –, FamRZ 2009, 1571 krit. Anm. *Kohler* = IPRax 2010, 66 m. Aufs. *Hau*, 50.

7 BGH, NJW 2011, 2515–2518.

8 MünchKommZPO/*Gottwald* EuGVO Art. 2 Rn. 19 (Anhängigkeit); Musielak/*Lackmann*, ZPO, Art. 2 EuGVVO Rn. 5; Schlosser, EU-Zivilprozessrecht, EuGVVO Vor Art. 2 Rn. 7.

9 Dagegen für Heranziehung des Art. 16 Brüssel IIa-VO, *Hausmann* Rn. O 43 m.w.Nachw.

10 BGH, FamRZ 2010, 720–725; BGH, NJW 2011, 2515–2518; *Andrae*, Internationales Familienrecht, Kap. 2 Rn. 22.

11 Vgl. *Andrae*, Internationales Familienrecht, Kap. 2 Rn. 30 m. w. N.

12 *Hohloch* in: Rotax, Praxis des Familienrechts, Teil 14 Rn. 5.

- **ein Ehegatte Deutscher** ist oder bei der Eheschließung war,
- **beide** Ehegatten ihren **gewöhnlichen Aufenthalt im Inland** haben,
- ein Ehegatte **Staatenloser** mit gewöhnlichem Aufenthalt **im Inland** ist oder
- ein Ehegatte seinen gewöhnlichen Aufenthalt im Inland hat, es sei denn, dass die zu fällende Entscheidung offensichtlich nach dem Recht keines der Staaten **anerkannt** würde, denen einer der Ehegatten angehört.

Die ergänzende internationale Zuständigkeit der deutschen Gerichte besteht nach § 98 FamFG danach im Wesentlichen nur in zwei seltenen Ausnahmefällen:
- kein Ehegatte hat seinen gewöhnlichen Aufenthalt in Deutschland oder einem anderen Mitgliedstaat der Brüssel IIa-VO. Mindestens ein Ehegatte ist deutscher Staatsangehöriger oder war dies bei der Eheschließung. Örtlich zuständig ist in diesem Fall gem. § 122 Nr. 6 FamFG das AG Berlin-Schöneberg

oder
- es handelt sich um eine streitige Scheidung. Der Antragsteller hat seinen gewöhnlichen Aufenthalt noch keine 6 Monate (Deutscher) bzw. noch kein Jahr (Ausländer) in Deutschland. Der Antragsgegner hat seinen gewöhnlichen Aufenthalt nicht in einem Vertragsstaat der Brüssel IIa-VO.

II. Anwendbares Recht

1. Vorfragen

Eine Scheidung setzt eine **wirksame Ehe** voraus. Für den beratenden Rechtsanwalt besteht hier ein nicht unerhebliches Haftungsrisiko. So hat der BGH[13] für den Fall, dass der Anwalt für einen Mandanten ein Scheidungsverfahren betreibt, obwohl dieser erkennbar keine wirksame Ehe geschlossen hatte, die Haftung unbeschadet der Möglichkeit des FamG bejaht, auf das Vorliegen einer Nichtehe zu erkennen und den Scheidungsantrag abzuweisen.   12

Die Wirksamkeit der Ehe ist als Vorfrage nach dem Eheschließungsstatut zu prüfen. Dabei sind zwei Vorschriften des deutschen IPR von Bedeutung, das mangels vorrangiger internationaler Verträge in den allermeisten Fällen[14] anwendbar ist:

Die **materiellen Voraussetzungen** der Eheschließung unterliegen gem. Art. 13 Abs. 1 EGBGB grds. für jeden Verlobten dem Recht des Staates, dem er angehört. Nach dem insoweit maßgeblichen Recht richtet sich insb. die Frage der Ehefähigkeit oder von Ehehindernissen.   13

Davon zu unterscheiden ist die Frage, in welcher **Form** die Eheschließung erfolgen muss. Dies richtet sich nach Art. 11 EGBGB. Danach ist ein Rechtsgeschäft formgültig, wenn es die Formerfordernisse des Rechts, das auf das seinen Gegenstand bildende Rechtsverhältnis anzuwenden ist, oder des Rechts des Staates erfüllt, in dem es vorgenommen wird.   14

▶ **Beispiel (nach BGHZ 29, 137 – 148)**

Eine Ehe, die zwischen einem Deutschen und einer Italienerin in Italien vor einem dort zuständigen Standesbeamten in der Weise geschlossen ist, dass für den abwesenden deutschen Verlobten ein von diesem bevollmächtigter Stellvertreter mitgewirkt hat (Handschuhehe), ist nur an dem Ort der Trauungshandlung (in Italien), nicht auch an dem Ort der Vollmachtserteilung (in Deutschland) geschlossen. Sie ist auch nach deutschem Recht formgültig, wenn dabei die

---

13 BGH, FamRZ 2003, 838.

14 Im Verhältnis zwischen Italien und Deutschland gilt das Haager Eheschließungsabkommen von 1902, im Verhältnis zwischen Iran und Deutschland das Deutsch-Iranische Niederlassungsabkommen von 1929, das aber keine von Art. 13 EGBGB abweichenden Bestimmungen vorsieht.

Formvorschriften des italienischen Rechts gewahrt sind, insb. die Vollmacht den Erfordernissen des italienischen Art. 111 Codice civile genügt.

Eine Sonderregel dazu enthält wiederum Art. 13 Abs. 3 EGBGB. Danach kann eine Ehe im Inland nur in der hier vorgeschriebenen Form geschlossen werden.

▶ **Beispiel:**

Die zivilrechtliche Eheschließung im Inland ausschließlich vor einem Geistlichen ist nicht möglich. Zwar sind zum 01.01.2009 die §§ 67, 67a PStG außer Kraft getreten, wonach bis zu diesem Zeitpunkt eine kirchliche Trauung vor einer standesamtlichen Eheschließung eine Ordnungswidrigkeit darstellte. Gleichwohl begründet die im Inland rein kirchlich geschlossene Ehe keine zivilrechtlichen Wirkungen mit der Folge, dass eine solche Ehe nicht durch ein staatliches Gericht geschieden werden kann.

15 Eine Ehe zwischen Verlobten, von denen **keiner Deutscher** ist, kann jedoch auch im Inland vor einer von der Regierung des Staates, dem einer der Verlobten angehört, **ordnungsgemäß ermächtigten Person** in der nach dem Recht dieses Staates vorgeschriebenen Form geschlossen werden; eine beglaubigte Abschrift der Eintragung der so geschlossenen Ehe in das Standesregister, das von der dazu ordnungsgemäß ermächtigten Person geführt wird, erbringt vollen Beweis der Eheschließung.

▶ **Beispiel:**

Heirat zweier türkischer Staatsangehöriger vor dem türkischen Konsulat.

2. Europäisches Unionsrecht

16 Bislang knüpfte das Scheidungsstatut gem. Art. 17 Abs. 1 EGBGB an das Ehewirkungsstatut des Art. 14 Abs. 1 Nr. 1 – 3 EGBGB zum Zeitpunkt der Rechtshängigkeit des Scheidungsantrags an. Primär richtete sich das anzuwendende Recht daher nach **der gemeinsamen** bzw. letzten gemeinsamen **Staatsangehörigkeit**. Hatten die Ehegatten keine gemeinsame Staatsangehörigkeit, war das Recht des gemeinsamen bzw. letzten gemeinsamen gewöhnlichen Aufenthaltes maßgeblich. Hilfsweise wurde auf das Recht des Staates abgestellt, mit dem die Ehegatten am engsten verbunden waren (sog. Kegel'sche Leiter).

17 Die VO (EU) Nr. 1259/2010 vom 20.12.2010 (ROMIII-VO)[15] hat diese Rechtslage wesentlich geändert. Das bei der Scheidung anzuwendende Recht richtet sich nunmehr nicht mehr in erster Linie nach der Staatsangehörigkeit, sondern nach der **Rechtswahl** bzw. dem **gewöhnlichen Aufenthaltsort** der Ehegatten.

18 Die Rom III-VO gilt nach der Übergangsvorschrift in Art. 18 nur für gerichtliche Verfahren, die ab **dem 21.06.2012** »eingeleitet« wurden. Dieser Begriff wird im nationalen Recht in Art. 111 FGG-RG verwendet. Dazu hat der BGH[16] entschieden, dass unter Einleitung der Zeitpunkt der **Anhängigkeit des Hauptsacheverfahrens** zu verstehen ist. Nach dieser Entscheidung ist das Verfahren dagegen entgegen einer bislang weit verbreiteten Ansicht[17] nicht eingeleitet, wenn ein Antrag abhängig von der Bewilligung von Verfahrenskostenhilfe gestellt worden ist. Hier wird der Hauptsacheantrag erst anhängig, wenn positiv über den VKH-Antrag entschieden worden ist. Erst in diesem

---

15 Amtsblatt der EU L 343/10 vom 29.12.2010.

16 BGH, FamRZ 2012, 783.

17 OLG Celle, FamRZ 2010, 1003 Rn. 6; OLG Düsseldorf, FamRZ 2010, 325 Rn. 8 f.; *Borth/Grandel* in Musielak/Borth FamFG, Einl. Rn. 95; Schulte-Bunert/Weinreich/*Schürmann* FamFG, Art. 111 FGG-RG Rn. 11; differenzierend *Hahne* in BeckOK FamFG [Stand: 01.05.2014] Art. 111 FGG-RG Rn. 3; *Büte* in Johannsen/Henrich Familienrecht, Art. 111 FGG-RG Rn. 4; *Schürmann* FamFR 2010, 42; ders. FuR 2009, 548, 549; *Giers* FamFR 2009, 167; *Holzwarth* FamRZ 2009, 1884, 1885; ders. FamRZ 2008, 2168, 2170.

Fall gilt das Hauptsacheverfahren daher als eingeleitet. Diese Grundsätze dürften auf den Begriff der »Einleitung« im Sinne von Art. 18 Rom III-VO zu übertragen sein.[18]

Für Vereinbarungen gilt die Rom III-VO ebenfalls nur, soweit sie ab dem 21.06.2012 geschlossen wurden. Eine Rechtswahlvereinbarung, die vor dem 21.06.2012 geschlossen wurde, ist allerdings wirksam, sofern sie die Voraussetzungen nach den Art. 6 und 7 erfüllt. Rechtswahlvereinbarungen, die nach dem Recht eines teilnehmenden Mitgliedstaats geschlossen wurden, dessen Gerichtsbarkeit vor dem 21.06.2012 angerufen wurde, bleiben wirksam.

Im Einzelnen gilt jetzt Folgendes:

a) Rechtswahl

Vorrangig ist nach Art. 5 Rom III-VO eine von den Beteiligten getroffene Rechtswahl.[19]

aa) Formvorschriften

Die bei dieser Vereinbarung einzuhaltenden Formvorschriften richten sich nach dem Ort ihres Abschlusses. Die **Mindestanforderungen** ergeben sich aus Art. 7 Abs. 1 Rom III-VO. Danach muss die Vereinbarung schriftlich abgefasst, datiert sowie durch beide Ehegatten unterzeichnet sein. Die Schriftform wird auch erfüllt, wenn sie so elektronisch übermittelt wird, dass eine dauerhafte Aufzeichnung der Vereinbarung möglich ist. Dabei muss eine elektronische Signatur hinzukommen.[20]

Für den Fall, dass beide Ehegatten zum Zeitpunkt der Rechtswahl ihren gewöhnlichen Aufenthalt in Deutschland haben, sieht Art. 46d Abs. 1 EGBGB eine notarielle Beurkundung vor. Nach Art. 46d Abs. 2 EGBGB kann die Rechtswahl auch noch im Laufe des gerichtlichen Verfahrens bis **zum Schluss der letzten mündlichen Verhandlung** getroffen werden. I. V. m. § 127a BGB ist dabei die Aufnahme der Erklärungen in ein nach den Vorschriften der Zivilprozessordnung errichtetes Protokoll erforderlich.

Die Vereinbarung ist gem. Art. 7 Abs. 3 Rom III-VO formgültig, wenn sie den Formvorschriften des Rechts eines Mitgliedstaates genügt.

bb) Wählbares Recht

Die Ehegatten können gem. Art. 5 Rom III-VO nur das Recht eines der folgenden Staaten vereinbaren:
– das Recht des Staates, in dem die Ehegatten zum Zeitpunkt der Rechtswahl ihren **gewöhnlichen Aufenthalt** haben,
– das Recht des Staates, in dem die Ehegatten **zuletzt** ihren **gewöhnlichen Aufenthalt** hatten, sofern einer von ihnen zum Zeitpunkt der Rechtswahl dort noch seinen gewöhnlichen Aufenthalt hat,
– das Recht des Staates, dessen **Staatsangehörigkeit** einer der Ehegatten zum Zeitpunkt der Rechtswahl besitzt,
– das Recht des Staates des **angerufenen Gerichts**.

Nach der Fassung der Verordnung ist nicht eindeutig, ob die Beteiligten bereits ohne konkreten Anlass eine unbestimmte Rechtswahl dahin gehend treffen können, dass das Recht des jeweils

---

18 *Dimmler/Bißmaier* FamRBInt 2012, 66, 67. Vielfach setzt man dagegen die Einleitung mit der Anrufung im Sinne von Art. 16 Brüssel IIa-VO gleich (*Helms* FamRZ 2011, 1765, 1767; *Hausmann* Rn. A 401). Im Ergebnis ergeben sich zu der hier vertretenen Auffassung nur geringe Unterschiede.

19 *Finger* FuR 2013, 305 ff.– Formulierungsvorschlag *Süß* ZNotP 2011, 282, 288.

20 *Helms* FamRZ 2011, 1765, 1769 Fn. 38.

angerufenen Gerichts gelten soll. Das wird man im Ergebnis verneinen müssen, da eine solche Vereinbarung mangels hinreichender Bestimmtheit keine ausreichende Information der Beteiligten gewährleistet.[21]

b) Objektive Anknüpfung

25   Haben die Ehegatten keine Rechtswahl getroffen, richtet sich das bei der Scheidung anzuwendende Recht nach Art. 8 Rom III-VO. Danach unterliegt die Ehescheidung
– dem Recht des Staates, in dem die Ehegatten zum Zeitpunkt der Anrufung des Gerichts ihren **gewöhnlichen Aufenthalt** haben, oder anderenfalls
– dem Recht des Staates, in dem die Ehegatten *zuletzt* ihren **gewöhnlichen Aufenthalt** hatten, sofern dieser nicht vor mehr als einem Jahr vor Anrufung des Gerichts endete und einer der Ehegatten zum Zeitpunkt der Anrufung des Gerichts dort noch seinen gewöhnlichen Aufenthalt hat, oder anderenfalls
– dem Recht des Staates, dessen **Staatsangehörigkeit** beide Ehegatten zum Zeitpunkt der Anrufung des Gerichts besitzen, oder anderenfalls
– dem Recht des Staates des **angerufenen Gerichts**.

▶ **Beispiele:**

– Zwei türkische Staatsangehörige heiraten vor 20 Jahren in der Türkei. Nach dem gemeinsamen Umzug nach Deutschland scheitert die Ehe. Die Ehescheidung richtet sich – anders als früher – jetzt nach deutschem Recht.[22]
– Der ägyptische Staatsangehörige M heiratet die deutsche Staatsangehörige F. Sie leben in Ägypten zusammen. F kehrt nach massiven körperlichen Übergriffen des M nach Deutschland zurück. Zwar wären die deutschen Gerichte für eine Scheidung bereits nach einem Aufenthalt der F von 6 Monaten international zuständig. Wird eine Härtefallscheidung nach deutschem Recht (§ 1565 Abs. 2 BGB) verneint, so kann die F eine Scheidung erst beantragen, wenn sie sich seit mehr als einem Jahr in Deutschland aufhält.

26   Hinsichtlich der »Anrufung des Gerichts« kann auf die Definition in Art. 16 Brüssel IIa-VO[23] zurückgegriffen werden. Danach gilt ein Gericht zu dem Zeitpunkt als angerufen, zu dem das verfahrenseinleitende Schriftstück bei Gericht eingereicht wurde, vorausgesetzt, dass der Antragsteller es in der Folge nicht versäumt hat, die ihm obliegenden Maßnahmen zu treffen, um die Zustellung des Schriftstücks an den Antragsgegner zu bewirken.[24]

c) Ausschluss von Rück- und Weiterverweisung

27   Gem. Art. 11 Rom III-VO sind unter dem anzuwendenden Recht die Rechtsnormen **unter Ausschluss des Internationalen Privatrechts** zu verstehen. Entgegen der bisherigen Rechtslage in Art. 4 Abs. 2 EGBGB gibt es also für den Bereich des Scheidungsrechts **keine Rück- und Weiterverweisung** mehr.

d) Kein »Deutschenprivileg« mehr

28   Nach Art. 17 Abs. 1 Satz 2 EGBGB a. F. unterlag die Scheidung deutschem Recht, wenn die Ehe nach dem maßgeblichen ausländischen Recht nicht geschieden werden konnte und der Antragsteller

---

21   Zutreffend *Helms* FamRZ 2011, 1765, 1768.
22   OLG Hamm, FamRZ 2013, 217.
23   Erwägungsgrund Nr. 13 Satz 2.
24   Zur Situation bei Stellung eines VKH-Antrages s. o. Rn. 18.

zu diesem Zeitpunkt oder bei der Eheschließung Deutscher war. Diese bereits seinerzeit regelwidrige und rechtspolitisch fragwürdige Bestimmung ist abgeschafft.

e) Ersatzweise Anwendung des deutschen Rechts

Sieht das nach Art. 5 oder Art. 8 Rom III-VO anzuwendende Recht **keine Ehescheidung** vor oder gewährt es einem der Ehegatten aufgrund seiner Geschlechtszugehörigkeit **keinen gleichberechtigten Zugang** zur Ehescheidung, so ist nach Art. 10 Rom III-VO das Recht des Staates des angerufenen Gerichts anzuwenden. Nach Wortlaut und Entstehungsgeschichte dieser Bestimmung hat dabei eine **abstrakte** Prüfung des ausländischen Rechts im Hinblick auf den gleichberechtigten Zugang zur Ehescheidung stattzufinden.[25]

29

f) Ordre public

Der im nationalen Recht in Art. 6 EGBGB verortete ordre-public-Vorbehalt findet sich in der Rom III-VO in Art. 12. Danach kann die Anwendung einer Vorschrift des nach der Verordnung bezeichneten Rechts nur versagt werden, wenn ihre Anwendung mit der öffentlichen Ordnung (Ordre public) des Staates des angerufenen Gerichts offensichtlich unvereinbar ist.

30

Nicht jede Abweichung von den deutschen Vorstellungen begründet einen Verstoß gegen den ordre public. Vielmehr muss das konkrete Ergebnis in **untragbarem Widerspruch** zu grundlegenden deutschen Gerechtigkeitsvorstellungen stehen. Erforderlich ist dabei ein hinreichend enger Inlandsbezug des konkret zu beurteilenden Sachverhalts. Letztlich ist ein ausgewogenes Verhältnis zwischen der Toleranz ggü. ausländischem Recht und der Einhaltung wesentlicher deutscher Rechtsvorstellungen zu finden.[26] Die insoweit zu Art. 6 EGBGB ergangene Rechtsprechung ist zwar weiter anwendbar, die relevanten Konstellationen kommen nach neuem Recht aber praktisch nicht mehr vor, da sich die Scheidung nunmehr maßgeblichen nach dem Ort des gewöhnlichen Aufenthaltes richtet.

3. Bilaterale Abkommen

Abweichende Regeln gelten im Verhältnis zwischen Deutschland und Iran. Die Rechtsbeziehungen werden hinsichtlich des anwendbaren Rechts nach wie vor durch das **Deutsch-Iranische Niederlassungsabkommen** v. 17.02.1929 geregelt.[27] Dessen Art. 8 Abs. 3 bestimmt die Anwendung des Heimatrechts der jeweils Beteiligten. Dies hat eine weiter gehende Bedeutung als früher, da sich – wie oben b) dargestellt – das auf die Scheidung anzuwendende Recht nach der Rom III-VO nicht mehr primär nach der Staatsangehörigkeit sondern nach dem gewöhnlichen Aufenthalt richtet.

31

4. Abgrenzung materielles Recht – Verfahrensrecht

Die Verweisung auf das ausländische Recht gilt nur für den Bereich des materiellen Rechts. Im Gegensatz dazu gilt für das Verfahrensrecht immer die lex fori, also das europäische bzw. deutsche Prozess- bzw. Verfahrensrecht.

32

Problematisch ist allerdings bei einigen Vorschriften des ausländischen Rechts, ob sie verfahrensrechtlichen oder materiell-rechtlichen Charakter haben. Auf die ausländische Rechtsquelle – Prozess- bzw. Verfahrensordnung oder Eherecht – kommt es dabei nicht entscheidend an.

33

---

25 A. A. *Helms* FamRZ 2011, 1765, 1772, wonach die Vorschrift einschränkend dahin auszulegen ist, dass es – wie bislang bei Art. 6 EGBGB – immer auf die konkreten Auswirkungen des anzuwendenden Rechts im Einzelfall ankommt; Palandt/*Thorn* Art. 10 Rom III-VO EGBGB Rn. 4 (teleologische Reduktion).

26 Vgl. etwa BGHZ 50, 370, 375; *Andrae*, Internationales Familienrecht, Kap. 4 Rn. 50; Palandt/*Thorn* Art. 6 EGBGB Rn. 6; MünchKomm-EGBGB/*Sonnenberger* Art. 6 Rn. 81 ff.

27 Ausführlich dazu *Andrae*, Internationales Familienrecht, Kap. 4 Rn. 72 ff.

34 Eher verfahrensrechtlichen Charakter haben z. B.:
– die Notwendigkeit eines Sühneversuches (z. B. in Algerien, Chile, China, Frankreich, Georgien, Indonesien, Italien, Kasachstan, Laos, Marokko, Monaco, Portugal, Senegal, Togo und Tunesien)
oder
– die Mitwirkung des Staatsanwalts.

Diese Bestimmungen brauchen daher im Regelfall nicht beachtet zu werden.[28] Erforderlich kann deren Berücksichtigung allerdings dann sein, wenn die Anerkennung des deutschen Scheidungsbeschlusses im Ausland von deren Beachtung abhängt.[29] Dieser Gesichtspunkt tritt indessen im europäischen Rechtsraum zurück, da gem. Art. 21 EheVO II die in einem Mitgliedstaat ergangenen Entscheidungen in den anderen Mitgliedstaaten anerkannt werden, ohne dass es hierfür eines besonderen Verfahrens bedarf.

35 Demgegenüber dürfte bei folgenden Vorschriften der materiell-rechtliche Charakter überwiegen, sodass sie zu beachten sind:
– Notwendigkeit bzw. Möglichkeit eines Schuldausspruchs z. B. mit Konsequenzen für den Unterhalt[30] (z. B. in Afghanistan, Frankreich, Liechtenstein, Luxemburg, Moldau, Peru, Polen, Portugal, Ruanda, Togo)
oder
– Vorlage bestimmter Vertragsentwürfe oder übereinstimmender Vorschläge, z. B. zur Regelung der Folgesachen, insbesondere bei einverständlicher Scheidung (z. B. Albanien, Angola, Argentinien, Belgien, Bulgarien, Burundi, Chile, China, Dominikanische Republik, Ecuador, Frankreich, Griechenland, Haiti, Honduras, Japan, Kosovo, Laos, Liechtenstein, Litauen, Marokko, Mazedonien, Österreich, Portugal, Ruanda, Schweiz, Senegal, Serbien, Slowenien, Spanien, Tschechische Republik, Ukraine, Vietnam).[31]

C. Versorgungsausgleich

I. Internationale Zuständigkeit

1. Europäisches Unionsrecht

36 Das europäische Unionsrecht kennt keine speziellen Regelungen zur internationalen Zuständigkeit für das Versorgungsausgleichsverfahren.

2. Bilaterale oder multilaterale Verträge

37 Bilaterale oder multilaterale Verträge bestehen für den Bereich der internationalen Zuständigkeit für das Versorgungsausgleichsverfahren ebenfalls nicht.

3. Nationales Recht

38 Nach § 98 Abs. 2 FamFG erstreckt sich die internationale Zuständigkeit der deutschen Gerichte im Fall des Verbunds von Scheidungs- und Folgesachen auf die Folgesachen. Zwar nimmt diese Vorschrift ausdrücklich nur auf die im deutschen Recht geregelte internationale Zuständigkeit für Scheidungsverfahren nach Abs. 1 Bezug. Gleichwohl ist sie nach Sinn- und Zweck und den Vorstellungen

---

28 Vgl. z. B. OLG Hamburg, FamRZ 2001, 1007; AG Leverkusen, FamRZ 2004, 1493; OLG Frankfurt am Main, FamRZ 1984, 59; *Henrich*, Internationales Scheidungsrecht, Rn. 100.
29 BGH, FamRZ 2004, 1952, 1956; OLG Bremen, IPRax 1985, 47.
30 BGH, FamRZ 1987, 793; OLG Hamm, FamRZ 1989, 625.
31 MünchKomm-EGBGB/*Winkler von Mohrenfels* Art. 17 Rn. 19.

des Gesetzgebers auch dann anwendbar, wenn sich die internationale Zuständigkeit der deutschen Gerichte für die Scheidung – wie in den allermeisten Fällen – aus Europäischem Unionsrecht ergibt. Danach ist die **internationale Zuständigkeit** der deutschen Gerichte für das Versorgungsausgleichsverfahren im Verbundverfahren **immer gegeben**.

II. Anwendbares Recht

Die Frage des anwendbaren Rechts richtet sich nach Art. 17 Abs. 3 EGBGB. Danach ist ein Versorgungsausgleich immer nach **deutschem Recht** durchzuführen.   39

1. Versorgungsausgleich von Amts wegen

Nach Art. 17 Abs. 3 Satz 1 EGBGB ist der Versorgungsausgleich **von Amts wegen** nur durchzu-   40
führen,
– wenn auf die Scheidung deutsches Recht anzuwenden ist **und**
– das Recht eines der Staaten, denen die Ehegatten im Zeitpunkt des Eintritts der Rechtshängigkeit des Scheidungsantrags angehören, den Versorgungsausgleich kennt.

Daraus folgt, dass bei der Scheidung zweier Ausländer – entgegen landläufiger Meinung – i. d. R. kein Versorgungsausgleich von Amts wegen stattfindet.

▶ **Beispiel:**
Lässt sich in Deutschland ein französisches Ehepaar scheiden, findet von Amts wegen kein Versorgungsausgleich statt, auch wenn sich die Scheidung gem. Art. 8 Buchst. a) Rom III-VO nach deutschem Recht richtet.

Nur wenige ausländische Staaten kennen einen Versorgungsausgleich bzw. ein vergleichbares Rechts-   41
institut,[32] nämlich die Schweiz, einige Bundesstaaten der USA sowie einige Provinzen Kanadas.[33]
Für die Niederlande ist die Vergleichbarkeit verneint worden.[34]

2. Versorgungsausgleich auf Antrag

I. Ü. ist der Versorgungsausgleich gem. Art. 17 Abs. 3 Satz 2 EGBGB[35] **auf Antrag** eines Ehegatten   42
nach deutschem Recht durchzuführen,
– wenn einer der Ehegatten in der Ehezeit ein Anrecht bei einem inländischen Versorgungsträger erworben hat,

---

32 Der Begriff des Versorgungsausgleichs erfasst Bestimmungen des ausländischen Rechts, nach denen ein Ehegatte an der Altersversorgung des anderen unmittelbar und unabhängig von Bedürftigkeit und Leistungsfähigkeit teilhat. Eine Berücksichtigung verminderter Leistungsfähigkeit nach der Scheidung beim Unterhalt ist dafür nicht ausreichend. Andererseits ist eine automatische Übertragung von Versorgungsanwartschaften wie im deutschen Recht nicht erforderlich. Die Verpflichtung zur Übertragung oder Begründung von Anwartschaften ist ausreichend, vgl. *Henrich*, Internationales Scheidungsrecht, Rn. 317; MünchKomm-EGBGB/*Winkler von Mohrenfels* Art. 17 Rn. 207 –257; *Andrae*, Internationales Familienrecht, Kap. 4 Rn. 94; Staudinger/*Mankowski* Art. 17 EGBGB Rn. 323; Erman/*Hohloch* Art. 17 EGBGB Rn. 51; *Kropholler* § 46 II. 1. a.

33 *Andrae*, Internationales Familienrecht, Kap. 4 Rn. 95; *Streicher* in Streicher/Köblitz, Familiensachen mit Auslandsberührung, § 7 Rn. 21 mit dem Hinweis, dass der Berechtigte in den meisten US-Bundesstaaten seine Rente wieder verliert, wenn der andere Ehegatte stirbt.

34 BGH, FamRZ 2009, 677, 679 f. = IPRax 2010, 537 m. Aufs. *Hohloch/Klöckner*, 522; BGH, FamRZ 2009, 681, 683.– Krit. *Bergner*, FamFR 2011, 3, 4; *Andrae*, Internationales Familienrecht, Kap. 4 Rn. 95 ff.

35 IdF des Gesetzes vom 23.01.2013, BGBl. 2013 I S. 101.

– soweit die Durchführung des Versorgungsausgleichs insbesondere im Hinblick auf die beider-seitigen wirtschaftlichen Verhältnisse während der gesamten Ehezeit der **Billigkeit nicht wider-spricht.**

43   In der Regel ist davon auszugehen, dass die Durchführung des Versorgungsausgleichs der Billigkeit nicht widerspricht.[36]

Zu beachten ist in diesem Zusammenhang, dass das Gesetz eine weitere Billigkeitsklausel in § 27 VersAusglG enthält. Diese Vorschrift findet auch bei Sachverhalten mit internationalem Bezug An-wendung. Die Gründe, die zur Unbilligkeit im Sinne von Art. 17 Abs. 3 EGBGB führen, müssen sich deshalb aus dem Besonderheiten des internationalen Zusammenhangs ergeben. Das kann z.B. der Fall sein, wenn der Ausgleichsberechtigte seinerseits erhebliches Vermögen hat, das wegen der Anwendbarkeit eines ausländischen Güterrechtsstatuts einem Ausgleich nicht unterliegt.[37] Möglich ist es auch, aufgrund der Billigkeitsklausel den Versorgungsausgleich zwar nicht vollständig auszu-schließen, aber zu kürzen. Das kann insb. bei unterschiedlichen Kaufkraftverhältnissen im Aufent-haltsland des Berechtigten und des Verpflichteten angezeigt sein.[38]

44   Der Antrag auf Durchführung des Versorgungsausgleiches muss **im ersten Rechtszug** gestellt wer-den. Wird er erst in der Beschwerdeinstanz gestellt, kommt nur ein isoliertes Versorgungsausgleichs-verfahren in Betracht.

III. Ausländische Anrechte im Versorgungsausgleich

1. Anwartschaften bei ausländischen Versorgungsträgern

45   Ein öffentlich-rechtlicher Ausgleich ausländischer Anwartschaften ist **nicht statthaft**, da es sich hier-bei um eine hoheitliche Maßnahme eines deutschen Gerichts handelt, der sich ausländische Ver-sorgungsträger nicht unterwerfen. Nach § 19 Abs. 2 Nr. 4 VersAusglG werden diese Anwartschaften daher als nicht ausgleichsreif behandelt. Ein Ausgleich kann nur schuldrechtlich erfolgen.

2. Einfluss ausländischer Sozialversicherungszeiten auf inländische Anwart-schaften

46   Versicherungszeiten aus einem Land der EU können auch den Wert **inländischer Anwartschaf-ten beeinflussen.** Nach den EG-Verordnungen Nr. 1408/71 und 574/72 können Versicherungszei-ten aus anderen Mitgliedsländern z.B. die Bewertung beitragsloser inländischer Zeiten erhöhen.[39] Auch Zeiten der **Kindererziehung** im Ausland können in die Rentenberechnung als Pflichtbei-trags- oder Berücksichtigungszeiten einfließen. Deswegen werden durch den deutschen Rentenver-sicherungsträger zunächst die Rentenanwartschaften nach rein innerstaatlichem Recht und sodann unter Berücksichtigung aller in- und ausländischen mitgliedstaatlichen Versicherungszeiten nach der deutschen Rentenformel berechnet. In den Versorgungsausgleich ist die höhere der beiden Renten einzubeziehen.[40]

---

36 Vgl. BGH, FamRZ 1994, 825, 827.

37 Vgl. *Andrae*, Internationales Familienrecht, Kap. 4 Rn. 102.

38 BGH, FamRZ 2000, 418–419; FamRZ 2007, 366 – 368.

39 Seit dem 01.05.2010 koordinieren die Verordnungen (EG) Nr. 883/2004 und Nr. 987/2009 die Systeme der sozialen Sicherheit der EU-Mitgliedstaaten.

40 S. ausführlich *Streicher* in Streicher/Köblitz, Familiensachen mit Auslandsberührung, § 7 Rn. 61.

IV. Isoliertes Versorgungsausgleichsverfahren bei Scheidung im Ausland

Ist eine Scheidung im Ausland erfolgt, kann ein dort nicht durchgeführtes Versorgungsausgleichs-verfahren auf Antrag in einem isolierten Verfahren in Deutschland **nachgeholt** werden. Gleiches gilt, wenn bei einem Scheidungsverfahren in Deutschland ein Versorgungsausgleich mangels Antrag nicht durchgeführt wurde. Der Antrag nach Art. 17 Abs. 3 Satz 2 EGBGB ist an keine Frist gebun-den und kann deshalb auch später gestellt werden. Eine Ausnahme besteht lediglich dann, wenn in dem Scheidungsbeschluss bereits rechtskräftig über den Versorgungsausgleich entschieden ist. Dies ist der Fall, wenn es in dem Beschluss lautet: »Ein Versorgungsausgleich findet nicht statt«. Richtig muss der Tenor in solchen Fällen heißen: »Eine Entscheidung über den Versorgungsausgleich fin-det nicht statt«. In diesem Fall wird n.rk. über den Versorgungsausgleich selbst entschieden. Aus haftungsrechtlichen Gründen ist es dringend angeraten, auf diesen Unterschied zu achten und ggf. frühzeitig auf eine richtige Tenorierung durch das Gericht hinzuwirken.

47

1. Zuständigkeit

Da zwischenstaatliche Verträge und EU-Vorschriften für die internationale Zuständigkeit beim Ver-sorgungsausgleich fehlen, kann insoweit unmittelbar auf § 102 FamFG zurückgegriffen werden. Da-nach besteht eine internationale Zuständigkeit der deutschen Gerichte für die Durchführung von isolierten Versorgungsausgleichsverfahren in allen praktisch werdenden Fallvarianten.

48

2. Durchführung des Versorgungsausgleichs

Für die Durchführung des Versorgungsausgleichs gelten grds. keine Besonderheiten ggü. dem als Folgesache geführten Verfahren. Schwierigkeiten können sich allerdings bei einem dem Verfahren zugrunde liegenden ausländischen Scheidungsverfahren bei der Ermittlung der Ehezeit ergeben. Der Zeitpunkt der Rechtshängigkeit des ausländischen Scheidungsverfahrens – mithin der für den Zeitpunkt des Endes der Ehezeit maßgebliche Zeitpunkt – richtet sich nach der **lex fori**, also nach den ausländischem Recht.

49

D. Sorge- und Umgangsrecht

I. Internationale Zuständigkeit

Ist ein Elternteil oder ein Kind Ausländer oder hält sich ein Beteiligter im Ausland auf, ist die inter-nationale Zuständigkeit auch dann **gesondert** zu klären, wenn das Sorgerechtsverfahren als Folge-sache zur Scheidung geltend gemacht werden soll.

50

1. Rechtsgrundlagen

Regeln zur Internationalen Zuständigkeit finden sich in der **Brüssel IIa-VO**, die unabhängig von der Staatsangehörigkeit der Beteiligten gilt. Entscheidend ist nur, dass das Kind seinen gewöhnlichen Aufenthalt in einem Mitgliedstaat der EU (außer Dänemark) hat.

51

Regeln über die internationale Zuständigkeit finden sich auch im Haager Übereinkommen vom 19.10.1996 über die Zuständigkeit, das anzuwendende Recht, die Anerkennung, Vollstreckung und Zusammenarbeit auf dem Gebiet der elterlichen Verantwortung und der Maßnahmen zum Schutz von Kindern (**KSÜ**), das für Deutschland am 01.01.2011 in Kraft getreten ist.[41] Es hat im Verhält-nis zu den Vertragsstaaten das Haager Übereinkommen vom 05.10.1961 über die Zuständigkeit der Behörden und das anzuwendende Recht auf dem Gebiet des Schutzes von Minderjährigen (**MSA**)[42]

52

---

41 BGBl. II 2010 S. 1527; vgl. auch *Schulz* FamRZ 2011, 156 – 162.
42 BGBl. II 1971 S. 219 und S. 1150.

abgelöst. Das MSA gilt aber noch im Verhältnis zur **Türkei** und ist hier weiterhin auch hinsichtlich der internationalen Zuständigkeit zu beachten. Nach Art. 60 Brüssel IIa-VO hat die Verordnung nämlich nur im Verhältnis zu den Mitgliedstaaten Vorrang ggü. dem MSA.[43]

53   Nach Art. 61 Brüssel IIa-VO ist im Verhältnis zum KSÜ die Brüssel IIa-VO anwendbar, wenn das betreffende Kind seinen gewöhnlichen Aufenthalt im Hoheitsgebiet eines Mitgliedstaats hat. Aus dem KSÜ ergibt sich eine internationale Zuständigkeit daher nur dann, wenn das betreffende Kind seinen gewöhnlichen Aufenthalt in einem Staat hat, der nicht Mitglied der EU (außer Dänemark), aber Vertragsstaat des KSÜ ist.[44]

2. Das Kind hat seinen gewöhnlichen Aufenthalt in Deutschland

54   In diesem Fall ist die internationale Zuständigkeit der deutschen Gerichte unabhängig von der Staatsangehörigkeit unproblematisch. Sie ergibt sich regelmäßig aus Art. 8 Abs. 1 Brüssel IIa-VO, für den Fall, dass das Kind türkischer Staatsangehöriger ist, aus Art. 1 MSA. Beide Vorschriften stellen auf den gewöhnlichen Aufenthalt des Kindes ab.

55   Der **gewöhnliche Aufenthalt** des Kindes wird durch seinen tatsächlichen Lebensmittelpunkt bestimmt. Neben einer gewissen Dauer des Aufenthaltes ist eine soziale oder familiäre Integration erforderlich. Je stärker die Integration ist, desto weniger Gewicht hat dabei der Zeitfaktor.[45] Anders als beim Wohnsitz gibt es keinen automatischen Gleichlauf zwischen dem gewöhnlichen Aufenthalt des Kindes und dem seiner Eltern.[46] Da es auf den Willen der Sorgeberechtigten nicht ankommt, kann auch in Entführungsfällen ein neuer gewöhnlicher Aufenthalt begründet werden. Ein vorübergehender Auslandsaufenthalt ohne Verlagerung des Lebensmittelpunkts reicht demgegenüber nicht aus. Es ist daher nicht möglich, dass ein Kind mehrere gewöhnliche Aufenthalte gleichzeitig hat.[47]

56   Im Bereich der Brüssel IIa-VO ist ein **Aufenthaltswechsel** nach Antragstellung grds. unbeachtlich (Grundsatz der perpetuatio fori). An der internationalen Zuständigkeit der deutschen Gerichte ändert sich also nichts, wenn das Kind seinen gewöhnlichen Aufenthalt im Lauf des Verfahrens in einen anderen Mitgliedstaat verlegt. Würde dort ein neuer Antrag gestellt, so wären die dortigen Gerichte zwar an sich gem. Art. 8 EG Brüssel IIa-VO international zuständig. Sie müssten das Verfahren aber bis zur Klärung der internationalen Zuständigkeit des zuerst angerufenen Gerichtes aussetzen und sich gem. Art. 19 Abs. 2, Abs. 3 Brüssel IIa-VO ggf. für unzuständig erklären.

> ▶ **Beispiel:**
>
> Ein deutsch-französisches Ehepaar lässt sich in Deutschland scheiden. Zieht die Mutter nach Stellung des Umgangsrechtsantrags mit Einverständnis des Vaters mit dem Kind nach Frankreich, bleibt das deutsche Gericht für die Entscheidung über den Sorgerechtsantrag des Vaters zuständig, wenn dieser bereits gestellt war.

57   Andererseits steht ein früher im Ausland eingeleitetes selbstständiges Sorgerechtsverfahren einer Entscheidung in einem später eingeleiteten deutschen Scheidungsverfahren entgegen, auch wenn das Kind einen neuen gewöhnlichen Aufenthalt in Deutschland begründet.

58   Gem. Art. 13 Abs. 1 Brüssel IIa-VO begründet auch der **tatsächliche Aufenthalt** in Deutschland eine Zuständigkeit, wenn ein anderweitiger gewöhnlicher Aufenthaltsort des Kindes/der Kinder nicht besteht.

---

43 OLG Stuttgart, FamRZ 2013, 49 - 51.

44 Eine Liste der Vertragsstaaten des KSÜ findet sich auf der Webseite des Bundesamtes für Justiz.

45 BGH, NJW 1981, 520 – 522; *Streicher* in Streicher/Köblitz, Familiensachen mit Auslandsberührung, § 3 Rn. 8.

46 BGH, NJW 1997, 2034 – 3026; Staudinger/*Kropholler* Vorbem. Zu Art. 19 EGBGB Rn. 143.

47 OLG Stuttgart, FamRZ 2003, 959–961.

3. Das Kind hat seinen gewöhnlichen Aufenthalt nicht in Deutschland

Hier ist zu differenzieren:

a) Gewöhnlicher Aufenthalt in der Türkei

Hat das Kind seinen gewöhnlichen Aufenthalt in der Türkei, richtet sich die internationale Zuständigkeit nach Art. 1 MSA. Danach sind für kinderschutzrechtliche Maßnahmen grds. die Gerichte des gewöhnlichen Aufenthalts zuständig. Eine Zuständigkeit deutscher Gerichte kann sich nur unten den Voraussetzungen des Art. 4 MSA **nach vorheriger Information** der türkischen Behörden ergeben. Das dürfte praktisch kaum relevant werden. **59**

▶ **Beispiel:**

Haben in Deutschland lebende Eltern ihr Kind zu den Großeltern in die Türkei verbracht, sind die deutschen Gerichte für eine im Rahmen den Scheidungsverfahrens beantragte Sorgerechtsregelung international nicht zuständig.

b) Gewöhnlicher Aufenthalt in Vertragsstaaten des KSÜ außerhalb der EU

Hat das Kind seinen gewöhnlichen Aufenthalt in Albanien, Armenien, Australien, der Dominikanischen Republik, Ecuador, Lesotho, Marokko, Monaco, Montenegro, Russland, der Schweiz der Ukraine oder Uruguay, so richtet sich die internationale Zuständigkeit nach dem KSÜ. **60**

Zentrale Zuständigkeitsvorschrift des KSÜ ist Art. 5. Danach sind grds. die Gerichte des Vertragsstaats zuständig, in dem das Kind seinen gewöhnlichen Aufenthalt hat. Bei einem **Wechsel** des gewöhnlichen Aufenthalts des Kindes in einen anderen Vertragsstaat werden die Gerichte des Staates des **neuen gewöhnlichen Aufenthalts** zuständig.

Bei **widerrechtlichem Verbringen** des Kindes bleiben nach Art. 7 KSÜ die Gerichte des Vertragsstaats des ursprünglichen gewöhnlichen Aufenthalts solange zuständig, bis das Kind einen gewöhnlichen Aufenthalt in einem anderen Staat erlangt hat **und** **61**
- jede sorgeberechtigte Person, Behörde oder sonstige Stelle das Verbringen oder Zurückhalten **genehmigt** hat, **oder**
- das Kind sich in diesem anderen Staat **mindestens ein Jahr** aufgehalten hat, nachdem die sorgeberechtigte Person, Behörde oder sonstige Stelle seinen Aufenthaltsort kannte oder hätte kennen müssen, kein während dieses Zeitraums gestellter Antrag auf Rückgabe mehr anhängig ist und das Kind sich in seinem neuen Umfeld eingelebt hat.

Unter den engen Voraussetzungen des Art. 10 KSÜ kann es eine **Annexzuständigkeit** zu einem im Inland anhängigen Scheidungsverfahren geben. Das setzt insb. voraus, dass die Eltern die Zuständigkeit der deutschen Gerichte **anerkannt** haben und diese Zuständigkeit dem Wohl des Kindes entspricht. **62**

c) Gewöhnlicher Aufenthalt in anderen Staaten

Hat das Kind seinen gewöhnlichen Aufenthalt im Ausland, aber nicht in Albanien, Armenien, Australien, der Dominikanischen Republik, Ecuador, Lesotho, Marokko, Monaco, Montenegro, Russland, der Schweiz, der Türkei, der Ukraine oder Uruguay, ist die Brüssel IIa-VO anwendbar. **63**

aa) Allgemeine Zuständigkeit

Eine Zuständigkeit der deutschen Gerichte kann sich hier aus Art. 12 Abs. 1 der Brüssel IIa-VO unter folgenden Voraussetzungen ergeben: **64**
- zumindest einer der Ehegatten hat die elterliche Verantwortung für das Kind,

- die Zuständigkeit der deutschen Gerichte ist von den Ehegatten oder von den Trägern der elterlichen Verantwortung zum Zeitpunkt der Anrufung des Gerichtes ausdrücklich oder auf andere eindeutige Weise **anerkannt** worden **und**
- die Zuständigkeit steht im Einklang mit dem Wohl des Kindes.

▶ **Beispiel:**

Stellt der Vater im obigen Beispiel den Umgangsrechtsantrag erst nach Umzug der Mutter nach Frankreich, besteht eine Zuständigkeit nur, wenn die Mutter mit einer Entscheidung durch die deutschen Gerichte einverstanden ist.

bb) Abänderung von Umgangsentscheidungen

65 Für die Abänderung von Umgangsentscheidungen eines Gerichts verbleibt es gem. Art. 9 Brüssel IIa-VO im Fall eines **rechtmäßigen** Umzug eines Kindes von einem Mitgliedstaat in einen anderen während einer Dauer von **3 Monaten** bei der Zuständigkeit des Gerichts des früheren gewöhnlichen Aufenthalts des Kindes, wenn sich der laut der Entscheidung über das Umgangsrecht umgangsberechtigte Elternteil weiterhin gewöhnlich in dem Mitgliedstaat des früheren gewöhnlichen Aufenthalts des Kindes aufhält. Dies gilt nicht, wenn der umgangsberechtigte Elternteil die Zuständigkeit der Gerichte des Mitgliedstaates des neuen gewöhnlichen Aufenthalts des Kindes dadurch anerkannt hat, dass er sich an Verfahren vor diesen Gerichten beteiligt, ohne ihre Zuständigkeit anzufechten.

▶ **Beispiel:**

Soll im obigen Beispiel eine von einem deutschen Gericht getroffene Umgangsregelung abgeändert werden, bleiben die deutschen Gerichte noch für einen Zeitraum von 3 Monaten zuständig.

cc) Entführungsfälle

66 Ist das Kind widerrechtlich nach Deutschland entführt worden, so ist gem. Art. 10, Art. 11 der Brüssel IIa-VO der Vorrang des HKÜ[48] zu beachten. Eine Entscheidung kann in diesen Fällen erst ergehen, wenn

- das Kind einen neuen gewöhnlichen Aufenthalt im Inland begründet hat, und jede sorgeberechtigte Person, Behörde oder sonstige Stelle dem Verbringen oder Zurückhalten **zugestimmt** hat

oder

- das Kind sich in diesem anderen Mitgliedstaat **mindestens ein Jahr** aufgehalten hat, nachdem die sorgeberechtigte Person, Behörde oder sonstige Stelle seinen Aufenthaltsort kannte oder hätte kennen müssen und sich das Kind in seiner neuen Umgebung eingelebt hat, sofern eine der folgenden Bedingungen erfüllt ist:
  - innerhalb eines Jahres, nachdem der Sorgeberechtigte den Aufenthaltsort des Kindes kannte oder hätte kennen müssen, wurde kein Antrag auf Rückgabe des Kindes bei den zuständigen Behörden des Mitgliedstaates gestellt, in den das Kind verbracht wurde oder in dem es zurückgehalten wird;
  - ein von dem Sorgeberechtigten gestellter Antrag auf Rückgabe wurde zurückgezogen, und innerhalb der im Punkt hiervor genannten Frist wurde kein neuer Antrag gestellt;
  - ein Verfahren vor dem Gericht des Mitgliedstaates, in dem das Kind unmittelbar vor dem widerrechtlichen Verbringen oder Zurückhalten seinen gewöhnlichen Aufenthalt hatte, wurde gem. Art. 11 Abs. 7 abgeschlossen;

---

48 Haager Übereinkommen v. 25.10.1980 über die zivilrechtlichen Aspekte internationaler Kindesentführung – BGBl. II 1990 S. 207. – Zuständigkeitskonzentration nach § 12 Internationales Familienrechtsverfahrensgesetz (IntFamRVG). S. auch die Antragsformulare des Bundesamts für Justiz, https://www.bundesjustizamt.de/DE/Themen/Buergerdienste/HKUE/Formulare/Formulare_node.html.

–   von den Gerichten des Mitgliedstaates, in dem das Kind unmittelbar vor dem widerrecht-
    lichen Verbringen oder Zurückhalten seinen gewöhnlichen Aufenthalt hatte, wurde eine
    Sorgerechtsentscheidung erlassen, in der die

d) Ergänzende Zuständigkeiten nach nationalem Recht

Nur in Ausnahmefällen kann sich die internationale Zuständigkeit der deutschen Gerichte aus der   **67**
in § 98 Abs. 2 FamFG geregelten Annexzuständigkeit ergeben. Das setzt voraus:
–   Das Kind hat seinen gewöhnlichen Aufenthalt **nicht** in einem Mitgliedstaat der Brüssel IIa-VO.

Nur in diesem Fall kann gem. Art. 14 Brüssel IIa-VO auf die nationalen Zuständigkeitsregeln zurückgegriffen werden, weil eine Zuständigkeit eines anderen Mitgliedstaats nicht besteht.
–   Das Kind hat seinen gewöhnlichen Aufenthalt auch **nicht** in einem Vertragsstaat des KSÜ oder
    des MSA.

Hat es dort seinen Aufenthalt, richtet sich die Zuständigkeit nach dem als multilateralem Abkommen vorrangigem KSÜ bzw. MSA. Danach ist – wie oben dargelegt – ausschließlich das Gericht des
gewöhnlichen Aufenthalts zuständig.

Daraus folgt: **68**
–   Hat ein Kind seinen gewöhnlichen Aufenthalt in einem Mitgliedstaat der EU (außer Dänemark)
    der Türkei, Albanien, Armenien, Australien, der Dominikanischen Republik, Ecuador, Kroa-
    tien, Marokko, Monaco, der Schweiz der Ukraine oder Uruguay, sind die deutschen Gerichte
    für eine Sorge- oder Umgangsrechtsentscheidung im Verbund **nicht zuständig** und zwar selbst
    dann, wenn das Kind die deutsche Staatsangehörigkeit hat.
–   Hat das Kind seinen gewöhnlichen Aufenthalt in einem anderen Land, sind die deutschen Ge-
    richte gem. § 98 Abs. 2 FamFG befugt, im Rahmen eines inländischen Scheidungsverfahrens
    Regelungen zum Sorge- und Umgangsrecht zu treffen.

II. Anwendbares Recht

Auch für die Frage, welche **materiell-rechtlichen Vorschriften** auf das Sorge- bzw. Umgangsrecht an-   **69**
zuwenden sind, kommt es i. d. R. weder auf den gewöhnlichen Aufenthalt des Kindes noch auf seine
Staatsangehörigkeit an. Vielmehr wenden die Gerichte **regelmäßig ihr eigenes Recht** an.

1. Vorfragen

Bevor geprüft wird, ob eine Sorgerechtsentscheidung veranlasst ist, ist zu klären, wem die elterliche   **70**
Verantwortung **kraft Gesetzes** zusteht.

Handelt es sich um **türkische** Staatsangehörige, ist weiter das **MSA** maßgeblich.[49] Danach sind die
nach nationalem Recht kraft Gesetzes bestehenden Gewaltverhältnisse zu beachten. Ansonsten gilt
Art. 16 KSÜ. Nach dessen Abs. 1 richtet sich die elterliche Verantwortung kraft Gesetzes nach dem
Recht des Staates des gewöhnlichen Aufenthalts des Kindes. Wechselt der gewöhnliche Aufenthalt des Kindes in einen anderen Vertragsstaat, so besteht nach Abs. 3 allerdings die elterliche Verantwortung nach dem ursprünglichen Recht fort. Davon macht wiederum Abs. 4 eine Ausnahme:
Wechselt der gewöhnliche Aufenthalt des Kindes, so richtet sich die elterliche Verantwortung einer
Person, die diese Verantwortung nicht bereits hat, nach dem Recht des Staates des neuen gewöhnlichen Aufenthalts.

---

49 *Andrae*, Internationales Familienrecht, Kap. 6 Rn. 3.

> **Beispiel:**
>
> Zieht ein nichtehelicher Vater mit seinem Kind nach Frankreich, erhält er kraft Gesetzes das ge-
> meinsame Sorgerecht für das Kind. Zieht er dann wieder nach Deutschland, bleibt das gemein-
> same Sorgerecht bestehen.

2. Grundsatz: Anwendung des deutschen Rechts

71   Gem. 15 Abs. 1 KSÜ wenden die deutschen Gerichte im Ausgangspunkt immer deutsches Recht
an.[50] Die Vorschrift gilt über ihren Wortlaut hinaus auch dann, wenn sich die Zuständigkeit des Gerichts nicht aus dem KSÜ, sondern aus der Brüssel IIa-VO ergibt.[51] Unerheblich ist, ob der Staat, in
dem das Kind seinen gewöhnlichen Aufenthalt hat, Vertragsstaat des KSÜ ist Art. 21 EGBGB hat
deshalb nach richtiger Auffassung keinen Anwendungsbereich mehr.[52]

3. Ausnahme: Anwendung von ausländischem Recht

72   Hat der Sachverhalt jedoch zu einem ausländischen Staat eine enge Verbindung, so kann das Gericht gem. Art. 15 Abs. 2 KSÜ ausnahmsweise das Sorgerecht dieses Staates anwenden, wenn dies
der Schutz der Person oder des Vermögens des Kindes erfordert. Die Anwendung von Art. 15 Abs. 2
KSÜ dürfte eher selten erfolgen und z. B. in Betracht kommen, wenn nach der Entscheidung ein
Wechsel des Kindes in einen anderen Vertragsstaat des KSÜ geplant ist. I. d. R. wird eine entsprechende Anregung der Beteiligten erforderlich sein.[53]

4. Türkische Staatsangehörige

73   Ist das Kind türkischer Staatsangehöriger, gilt weiter das MSA. Auch das MSA geht in Art. 1, 2,
13 davon aus, dass das erkennende Gericht immer sein eigenes Recht anwendet (sog. **Gleichlauf-
prinzip**).[54]

E. Kindes- und Ehegattenunterhalt

I. Internationale Zuständigkeit

1. Europäisches Unionsrecht und Staatsverträge

74   Unabhängig davon, ob es sich um Kindes-, Trennungs- oder Geschiedenenunterhalt handelt und ob
dieser im isolierten Verfahren oder als Folgesache zur Scheidung begeht wird,[55] gelten für die internationale Zuständigkeit folgende Grundsätze:[56]

---

50   *Schulz* FamRZ 2011, 156–162.

51   OLG Karlsruhe, FamRZ 2013, 1238, 1239.

52   Vgl. *Andrae*, Internationales Familienrecht Kap. 6 Rn. 144; a. A. *Rauscher/Rauscher*, EuZPR, Art. 4 Brüssel
II-VO Rn. 3; vermittelnd Breuer FPR 2005, 74, 78, wonach Art. 15 KSÜ anzuwenden ist, wenn sich eine
Zuständigkeit auch aus Art. 5 ff. KSÜ ergeben hätte.

53   *Schulz* FamRZ 2011, 156–162; *Andrae*, Internationales Familienrecht, Kap. 6 Rn. 107.

54   *Andrae*, Internationales Familienrecht, Kap. 6 Rn. 140; *Streicher* in Streicher/Köblitz, Familiensachen mit
Auslandsberührung, § 3 Rn. 153.

55   S. die umfangreichen Hinweise des Bundesamts für Justiz, https://www.bundesjustizamt.de/DE/Themen/
Buergerdienste/AU/AU_node.html.

56   Vgl. auch Wendl/*Dose*, Das Unterhaltsrecht in der familienrichterlichen Praxis, § 9 Rn. 640–664, § 10
Rn. 17.

a) Antragsgegner hat seinen gewöhnlichen Aufenthalt im Inland

Hier sind die deutschen Gerichte gem. Art. 3 Buchst. a) VO (EG) Nr. 04/2009 des Rates vom   75
18.12.2008 über die Zuständigkeit, das anwendbare Recht, die Anerkennung und Vollstreckung
von Entscheidungen und die Zusammenarbeit in Unterhaltssachen (EuUnthVO)[57] international
zuständig.

b) Antragsgegner hat seinen gewöhnlichen Aufenthalt im Ausland

Auch in diesen Fällen sind die deutschen Gerichte international unter der Voraussetzung zuständig,   76
dass die unterhaltsberechtigte Person ihren gewöhnlichen Aufenthalt im Inland hat. Dies folgt allerdings je nach Aufenthaltsort des Antragsgegners aus unterschiedlichen Rechtsvorschriften.

Hat der Antragsgegner seinen gewöhnlichen Aufenthalt in Dänemark, Norwegen, Island oder
der Schweiz, sind Art. 2 und 5 Nr. 2 des Übereinkommens vom 30.10.2007 über die gerichtliche
Zuständigkeit und die Vollstreckung gerichtlicher Entscheidungen in Zivil- und Handelssachen
(LugÜ)[58] anwendbar. Hat der Antragsgegner seinen gewöhnlichen Aufenthalt in einem anderen
Staat, folgt die Zuständigkeit der Gerichte aus Art. 3 Buchst. b) EuUnthVO. Sachliche Unterschiede
ergeben sich daraus im Wesentlichen nicht.

Zu beachten ist, dass die **unterhaltsberechtigte Person** in den fraglichen Fällen ihren **gewöhnlichen**   77
Aufenthalt in Deutschland haben muss.

▶ **Beispiel:**

Das in Deutschland lebende unterhaltsberechtigte Kind kann Unterhaltsansprüche gegen den
in Frankreich lebenden Vater vor den deutschen Gerichten geltend machen. Der in Deutschland
lebende Vater kann dagegen die Abänderung eines Unterhaltstitels für ein in Frankreich lebendes
Kind nicht vor den deutschen Gerichten begehren.

In den fraglichen Fällen besteht gem. § 28 AUG eine Zuständigkeitskonzentration bei dem Amts-   78
gericht am Sitz des Oberlandesgerichts. Die Länder können die Zuständigkeit weiter konzentrieren.
Die Rechtsprechung hält die Zuständigkeitskonzentration z. T. aber für unionsrechtswidrig;[59] mehrere Vorlageverfahren sind anhängig.[60]

c) Annexzuständigkeit

Eine Annexzuständigkeit ergibt sich aus Art. 3 Buchst. c) EuUnthVO in Verbindung mit § 25 AUG   79
für den als Folgesache zur Scheidung geltend gemachten Unterhalt und für Unterhaltsverfahren
in Verbindung mit Vaterschaftsfeststellungsverfahren. Dies gilt allerdings nur dann, wenn sich die
internationale Zuständigkeit der deutschen Gerichte nicht ausschließlich aus der Staatsangehörigkeit ergibt. Die örtliche Zuständigkeit richtet sich nach der Zuständigkeit für die Scheidung bzw.
für das Feststellungsverfahren.

---

57 Amtsblatt der EU L 7/1 vom 10.01.2009.– Ergänzende Zuständigkeitsbestmmungen in §§ 25 ff. Auslands-
    unterhaltsgesetz (AUG).

58 Amtsblatt der EU L 147/5 vom 10.06.2009 (Text), L 140/1 vom 08.06.2010 und L 138/1 vom 26.05.2011.

59 OLG Düsseldorf, FamRZ 2014, 583 - 584.

60 EuGH, C-400/13 (*Sanders/Verhaegen*), Amtsblatt der EU C 274/13 vom 21.9.2013; EuGH, C-408/13
    (*Huber/Huber*), Amtsblatt der EU C 274/15 vom 21.9.2013.

d) Rügelose Einlassung

80　　Nach Art. 5 EuUnthVO begründet auch die rügelose Einlassung des Antragsgegners die internationale Zuständigkeit. Lässt sich der Antragsgegner auf die Sache ein, um den Mangel der Zuständigkeit geltend zu machen, begründet das dagegen keine Zuständigkeit.[61]

e) Gerichtsstandvereinbarung

81　　Zu beachten ist, dass eine Gerichtsstandsvereinbarung gem. Art. 4 Abs. 1 EuUnthVO grundsätzlich zulässig ist,[62] beim Kindesunterhalt nach Art. 4 Abs. 3 EuUnthVO aber nicht möglich ist.

2. Nationales Recht

82　　Eine weiter gehende Zuständigkeit der deutschen Gerichte kann sich aus der in § 98 Abs. 2 FamFG geregelten Annexzuständigkeit ergeben. Die Vorschrift hat aber nur in den Fällen einen eigenständigen Anwendungsbereich, in denen kein Bezug zu den vorgenannten europäischen Regelungen bzw. Internationalen Abkommen bestehen.

> ▶ **Beispiel:**
>
> F ist deutsche Staatsangehörige, M japanischer Staatsangehöriger. Sie leben seit Langem in Japan. F stellt in Deutschland (beim AG Berlin-Schöneberg) einen Scheidungsantrag verbunden mit einem Folgeantrag auf Unterhalt. Hier eröffnet § 98 Abs. 2 FamFG eine Annexzuständigkeit auch für den Unterhalt.

II. Anwendbares Recht

1. Rechtsgrundlagen

83　　Nach Art. 15 EuUnthVO richtet sich das anzuwendende Recht nach dem Haager Protokoll über das auf Unterhaltspflichten anzuwendende Recht vom 23.11.2007 (**HUP**).[63] Dies gilt gem. Art. 76 Abs. 3 EuUnthVO zunächst für Unterhaltsansprüche für die Zeit ab 18.06.2011.[64] Auch für Unterhaltsansprüche vor diesem Zeitraum gilt jedoch das HUP, wenn das gerichtliche Verfahren nach dem 17.06.2011 eingeleitet wurde.[65] Das (am 01.08.2013 auch als solches in Kraft getretene) HUP ist nach Art. 2 auch anzuwenden, wenn das darin bezeichnete Recht dasjenige eines **Nichtvertragsstaates** ist.

61　Vgl. Wendl/*Dose*, Das Unterhaltsrecht in der familienrichterlichen Praxis, § 9 Rn. 654.

62　*Rauscher* FamFR 2013, 25.– Formulierungsvorschlag *Süß* ZNotP 2011, 282, 283.

63　Amtsblatt der EU L 331/19 vom 16.12.2009.– Im Verhältnis zum Iran ist weiterhin das deutsch-iranische Niederlassungsabkommen aus dem Jahr 1928 zu beachten.

64　Vgl. Wendl/*Dose*, Das Unterhaltsrecht in der familienrichterlichen Praxis, § 9 Rn. 2; *Boehm/Faetan*, in: Schmidt, Internationale Unterhaltsrealisierung § 5 Rn. 2.

65　Ratsbeschluss vom 30.11.2009 über den Abschluss des Haager Protokolls vom 23.11.2007 über das auf Unterhaltspflichten anzuwendende Recht durch die Europäische Gemeinschaft, Amtsblatt der EU L 331/17 vom 16.12.2009. Näher dazu OLG Celle, FamRBint 2012, 55 *Conti/Bißmaier* = JugAmt 2012, 487 = FamRZ 2012, 1501 (LS); für die Ansprüche aus dem Zeitraum vor dem 18.06.2011 gilt das Übereinkommen über das auf Unterhaltspflichten anzuwendende Recht vom 02.10.1973 (HUÜ73) daher nur noch dann, wenn diese Ansprüche vor diesem Zeitraum geltend gemacht wurden. Von der näheren Darstellung wird deshalb abgesehen.

2. Allgemeine Regel

Nach Art. 3 HUP ist grds. das Recht des Staates maßgebend, in dem die **berechtigte Person** ihren   84
gewöhnlichen Aufenthalt hat. Wechselt die berechtigte Person ihren gewöhnlichen Aufenthalt, so
ist vom Zeitpunkt des Aufenthaltswechsels an das Recht des Staates des neuen gewöhnlichen Aufenthalts anzuwenden. Die verpflichtete Person kann dem Anspruch der berechtigten Person gem.
Art. 6 HUP jedoch entgegenhalten, dass für sie weder nach dem Recht des Staates des gewöhnlichen
Aufenthalts der verpflichteten Person noch ggf. nach dem Recht des Staates, dem die Parteien gemeinsam angehören, eine solche Pflicht besteht.

3. Sonderregeln für das Eltern-Kind-Verhältnis

Bei Unterhaltspflichten von Eltern ggü. ihren Kindern, von Kindern ggü. ihren Eltern sowie ande-   85
rer Personen als der Eltern ggü. Personen, die das 21. Lebensjahr noch nicht vollendet haben (mit
Ausnahme von Ehegatten) gelten gem. Art. 4 HUP folgende Sonderregeln:
– Kann die berechtigte Person nach dem in Art. 3 vorgesehenen Recht von der verpflichteten Person
  keinen Unterhalt erhalten, so ist das am Ort des angerufenen Gerichts geltende Recht anzuwenden.
– Hat die berechtigte Person die zuständige Behörde des Staates angerufen, in dem die verpflich-
  tete Person ihren gewöhnlichen Aufenthalt hat, so ist ungeachtet des Art. 3 das am Ort des ange-
  rufenen Gerichts geltende Recht anzuwenden. Kann die berechtigte Person jedoch nach diesem
  Recht von der verpflichteten Person keinen Unterhalt erhalten, so ist das Recht des Staates des
  gewöhnlichen Aufenthalts der berechtigten Person anzuwenden.
– Kann die berechtigte Person nach vorstehenden Regeln von der verpflichteten Person keinen
  Unterhalt erhalten, so ist das Recht des Staates anzuwenden, dem die berechtigte und die verpflichtete Person gemeinsam angehören.

Die Einschränkung des Art. 6 HUP gilt im Eltern-Kind-Verhältnis nicht.   86

4. Sonderregeln in Bezug auf Ehegatten und frühere Ehegatten

In Bezug auf Unterhaltspflichten zwischen Ehegatten, früheren Ehegatten oder Personen, deren Ehe   87
für ungültig erklärt wurde, findet Art. 3 HUP gem. Art. 5 HUP keine Anwendung, wenn eine der
Parteien sich dagegen wendet und das Recht eines anderen Staates, insb. das Recht des Staates ihres
letzten gemeinsamen gewöhnlichen Aufenthalts, zu der betreffenden Ehe eine engere Verbindung
aufweist. In diesem Fall ist das Recht dieses anderen Staates anzuwenden. Auch hier gilt die Einschränkung des Art. 6 HUP nicht.

Die frühere Regelung, wonach für den Unterhaltsanspruch eines geschiedenen Ehegatten gem.   88
Art. 8 HÜÜ73/Art. 18 Abs. 4 EGBGB das Recht maßgebend war, nach dem die Ehe geschieden
worden ist, gilt also **nicht** mehr.[66]

5. Rechtswahl

Das HUP sieht auch vor, dass die Beteiligten eine Rechtswahl treffen können.[67] Dazu gelten fol-   89
gende Regeln:

a) Rechtswahl für ein bestimmtes Verfahren

Allein für die Zwecke eines einzelnen Verfahrens in einem bestimmten Staat können die Betei-   90
ligten nach Art. 7 HUP ausdrücklich das Recht dieses Staates als das auf eine Unterhaltspflicht

---

66 Vgl. dazu auch *Helms* FamRZ 2011, 1765, 1768.
67 Formulierungsvorschlag *Süß* ZNotP 2011, 282, 286.

anzuwendende Recht bestimmen. Erfolgt die Rechtswahl vor der Einleitung des Verfahrens, so muss dies durch eine von beiden Parteien unterschriebene Vereinbarung in Schriftform geschehen. Alternativ kann die Vereinbarung auf einem Datenträger erfasst werden, dessen Inhalt für eine spätere Einsichtnahme zugänglich ist.

b) Allgemeine Rechtswahl ohne Bezug auf ein bestimmtes Verfahren

91 Gem. Art. 8 HUP können die Beteiligten auch unabhängig von der Einleitung eines Verfahrens eine Rechtswahl treffen. **Unzulässig** ist dies gem. Abs. 3 aber für Unterhaltspflichten betreffend eine Person, die das 18. Lebensjahr noch nicht vollendet hat, oder einen Erwachsenen, der aufgrund einer Beeinträchtigung oder der Unzulänglichkeit seiner persönlichen Fähigkeiten nicht in der Lage ist, seine Interessen zu schützen.

Gem. Art. 8 Abs. 4 HUP ist zudem für die Prüfung eines Unterhaltsverzichts in jedem Fall das Recht des Staates maßgeblich, in dem die berechtigte Person im Zeitpunkt der Rechtswahl ihren gewöhnlichen Aufenthalt hat.

92 Ist danach eine Vereinbarung zulässig, können die Beteiligten eines der folgenden Rechtsordnungen als anzuwendendes Recht bestimmen:
- das Recht eines Staates, dem eine der Parteien im Zeitpunkt der Rechtswahl **angehört**;
- das Recht des Staates, in dem eine der Parteien im Zeitpunkt der Rechtswahl ihren **gewöhnlichen Aufenthalt** hat;
- das Recht, das die Parteien als das auf ihren **Güterstand** anzuwendende Recht bestimmt haben, oder das tatsächlich darauf angewandte Recht;
- das Recht, das die Parteien als das auf ihre **Ehescheidung** oder Trennung anzuwendende Recht bestimmt haben, **oder**
- das **tatsächlich** auf diese **Ehescheidung** oder Trennung angewandte Recht.

Eine derartige Vereinbarung ist nach Art. 8 Abs. 2 HUP schriftlich zu erstellen oder auf einem Datenträger zu erfassen, dessen Inhalt für eine spätere Einsichtnahme zugänglich ist, und von beiden Parteien zu unterschreiben.

93 Das von den Parteien bestimmte Recht ist nach Art. 8 Abs. 5 HUP nicht anzuwenden, wenn seine Anwendung für eine der Parteien offensichtlich **unbillige oder unangemessene Folgen** hätte, es sei denn, dass die Parteien im Zeitpunkt der Rechtswahl umfassend unterrichtet und sich der Folgen ihrer Wahl vollständig bewusst waren.

III. Geltungsumfang des anzuwendenden Rechts

94 Nach Art. 11 HUP bestimmt das auf die Unterhaltspflicht anzuwendende Recht insb.,
- ob, in welchem Umfang und von wem die berechtigte Person Unterhalt verlangen kann;
- in welchem Umfang die berechtigte Person Unterhalt für die Vergangenheit verlangen kann;
- die Grundlage für die Berechnung des Unterhaltsbetrags und für die Indexierung;
- wer zur Einleitung des Unterhaltsverfahrens berechtigt ist, unter Ausschluss von Fragen der Prozessfähigkeit und der Vertretung im Verfahren;
- die Verjährungsfristen oder die für die Einleitung eines Verfahrens geltenden Fristen;
- den Umfang der Erstattungspflicht der verpflichteten Person, wenn eine öffentliche Aufgaben wahrnehmende Einrichtung die Erstattung der der berechtigten Person anstelle von Unterhalt erbrachten Leistungen verlangt.

Nach Art. 14 HUP sind allerdings bei der Bemessung des Unterhaltsbetrags die Bedürfnisse der berechtigten Person und die wirtschaftlichen Verhältnisse der verpflichteten Person sowie etwaige der berechtigten Person anstelle einer regelmäßigen Unterhaltszahlung geleistete Entschädigungen stets zu berücksichtigen, selbst wenn das anzuwendende Recht etwas anderes bestimmt.

Das Unterhaltsstatut bestimmt also nicht nur **ob**, sondern grds. auch, **in welchem Ausmaß** Unterhalt verlangt werden kann. Nach dem anwendbaren Recht richtet sich also z. B. die für das deutsche Recht u. a. in § 1578 BGB geregelte Frage, ob und wie lange der Berechtigte Unterhalt nach den ehelichen Lebensverhältnissen oder nur i. H. d. angemessenen Bedarfes oder des Notbedarfes erhält. Auch etwaige Ausschlussgründe – wie die in § 1579 BGB im deutschen Recht – sind nach dem jeweils anwendbaren Recht zu beurteilen.

95

1. Unterhaltsstatut deutsches Recht

Richtet sich der Unterhaltsanspruch danach nach deutschem Recht, ergeben sich keine Probleme, wenn sowohl Berechtigter als auch Verpflichteter in Deutschland leben. Aus der Tatsache, dass ein Beteiligter Ausländer ist, folgt keine Abweichung zu der sonst üblichen Unterhaltsberechnung.

96

Problematisch ist die Festsetzung der Unterhaltshöhe, wenn Unterhaltsschuldner oder Unterhaltsgläubiger im Ausland leben. Denn hier sind hier die unterschiedlichen wirtschaftlichen Umstände im In- und Ausland zu berücksichtigen. Zwei Fälle sind zu unterscheiden:

97

a) Unterhaltsberechtigter lebt im Ausland, Unterhaltsverpflichteter im Inland

Die Berechnung des Unterhalts hat hier in zwei Stufen zu erfolgen:[68]
– Zunächst ist zu ermitteln, welcher Unterhaltsanspruch dem unterhaltsberechtigten Ehegatten nach den **allgemeinen Grunds**ätzen zustehen würde.
– In einem zweiten Schritt ist der so ermittelte Bedarf unter Berücksichtigung der unterschiedlichen Kaufkraft im In- und Ausland in den Betrag **umzurechnen**, der erforderlich ist, um den nach dem deutschen Unterhaltsrecht bestehenden Bedarf im Ausland zu befriedigen.

98

Unerheblich ist, dass der so ermittelte Betrag möglicherweise über oder unter dem liegt, was eine Person mit vergleichbarer Lebensstellung im Ausland verdienen oder erhalten würde. Denn der im Ausland lebende unterhaltsberechtigte Ehegatte nimmt weiter an den ehelichen Lebensverhältnissen des im Inland lebenden Unterhaltsverpflichteten teil.[69] Die unterschiedlichen Verhältnisse im In- und Ausland können sich allerdings auch mindernd auf die Unterhaltsansprüche auswirken. Haben die Ehegatten bspw. in Rumänien gelebt und verzieht der Ehemann jetzt nach Deutschland, kann die Ehefrau trotz eines jetzt möglicherweise erheblich höheren Verdienstes des Ehemannes Unterhalt nur nach den Verhältnissen verlangen, die während des Zusammenlebens in Rumänien bestanden haben.

99

Praktische Schwierigkeiten treten bei der Frage der **Ermittlung der unterschiedlichen Kaufkraft** im In- und Ausland auf. Hier gibt es unterschiedliche Lösungsansätze. Bislang hat man häufig auf die Jahresdurchschnittswerte aus den – inzwischen nicht mehr fortgeführten – tabellarischen Übersichten des Statistischen Bundesamts zu den Verbrauchergeldparitäten abgestellt.[70] Nur soweit für einige wenige Staaten Angaben nicht vorhanden sind, hat man auf andere Erkenntnisquellen

100

---

68 Vgl. z. B. KG, FamRZ 1994, 759; OLG Düsseldorf, FamRZ 1990, 556; *Henrich*, Internationales Scheidungsrecht, Rn. 198; *Andrae*, Internationales Familienrecht, Kap. 8 Rn. 182 ff.

69 Vgl. *Henrich*, Internationales Scheidungsrecht, Rn. 145; krit. *Streicher* in Streicher/Köblitz, Familiensachen mit Auslandsberührung, § 4 Rn. 139, der darauf hinweist, dass der so ermittelte Unterhaltsbedarf eines Schülers in Polen nicht über den später möglichen Arbeitseinkünften liegen dürfe.

70 Die Übersichten waren kostenlos als PDF-Dokument oder als Excel-Tabelle im Internet aufrufbar im Statistik-Shop des Statistischen Bundesamts (www.destatis.de/shop), dort Fachserie 17 Reihe 10. Sie wurde nach der Veröffentlichung der Ergebnisse für 2009 eingestellt.

zurückgegriffen – etwa auf die sog. Ländergruppeneinteilung des Bundesfinanzministeriums.[71] Eine einheitliche Haltung hat sich noch nicht herausgebildet.[72]

101 Freilich darf die Tabelle des Statistischen Bundesamts ohnehin nicht schematisch und unkritisch angewendet werden. Denn die erhobenen Werte beziehen sich i. d. R. auf die jeweilige Landeshauptstadt. In Ländern mit einem starken Stadt-Land-Gefälle kann es deshalb zu nicht adäquaten Ergebnissen kommen. So erscheint es etwa nicht angemessen, für die Türkei generell von einem höheren Preisniveau auszugehen als in Deutschland. Zu beachten ist allerdings, dass es nicht auf den – möglicherweise erheblich geringeren – allgemeinen Lebensstandard im jeweils ausländischen Staat ankommt, sondern darauf, mit welchen Mitteln der Unterhaltsberechtigte einen im Inland bestehenden Lebensstil aufrechterhalten könnte. Dementsprechend stellt auch die Statistik für die Preisermittlung im Ausland auf den deutschen Warenkorb ab.

102 Der Bedarf des Unterhaltsberechtigten ermittelt sich bei Anwendung der Tabelle nach folgender Formel:

Inländischer Bedarf × Preisniveau = Bedarf im Ausland.

Der Selbstbehalt des Unterhaltsverpflichteten ist dagegen in dieser Konstellation nach den in Deutschland geltenden Grundsätzen zu ermitteln.[73]

b) Unterhaltsverpflichteter lebt im Ausland, Unterhaltsberechtigter im Inland

103 Hier gelten die obigen Ausführungen letztlich spiegelbildlich. Lediglich der Bedarf des in Deutschland lebenden Unterhaltsberechtigten kann nach den hiesigen Verhältnissen bestimmt werden. Dem im Ausland lebenden Unterhaltsverpflichteten muss ein nach den jeweiligen Verhältnissen angemessener Selbstbehalt verbleiben. Dieser kann durch Anwendung der genannten Tabelle ermittelt werden. In Abwandlung der obigen Formel gilt dann Folgendes:

Inländischer Selbstbehalt × Preisniveau = Selbstbehalt im Ausland.

c) Halbteilungsgrundsatz

104 Lebt der Unterhaltsberechtigte in einem Land mit **niedrigeren Lebenshaltungskosten**, vermindert sich die Zahlungspflicht des Unterhaltsberechtigten. Teilweise wird vertreten, dass es dann der Halbteilungsgrundsatz erfordere, dass die eingetretene Ersparnis zur Hälfte dem Berechtigten zugutekomme.[74] Dem ist nicht zu folgen. Jedenfalls nach dem ab dem 01.01.2008 geltenden Unterhaltsrecht ist der Halbteilungsgrundsatz in zahlreichen Fällen durchbrochen, sodass nicht mehr davon ausgegangen werden kann, der Gesetzgeber verlange im jeden Fall die hälftige Aufteilung des zur Verfügung stehenden Einkommens. I. Ü. würde die konsequente Anwendung des Halbteilungsgrundsatzes dazu führen, dass dem Unterhaltsberechtigten nicht nur die Hälfte der Ersparnis durch das niedrigere Preisniveau zugutekommen müsste, sondern ihm eben – ohne Berücksichtigung des niedrigeren Preisniveaus – stets der nach den inländischen Verhältnissen berechnete Unterhalts zustehen müsste.

---

71 Wiedergegeben z. B. bei http://www.bundesfinanzministerium.de.– Krit. OLG Oldenburg, FamRZ 2013, 891, 892 (Schweiz); *Unger/Unger* FPR 2013, 19 ff.

72 OLG Stuttgart, NJW 2014, 1458 (Türkei). Für Eurostat Preisniveau OLG Oldenburg, FamRZ 2013, 891, 893.– Näher auch zu anderen Statistiken *Andrae*, Internationales Familienrecht, Kap. 8 Rn. 182 ff.

73 OLG Hamm, FamRZ 2003, 1855; OLG Karlsruhe, FamRZ 1990, 313; *Henrich*, Internationales Scheidungsrecht, Rn. 199; näher *Andrae*, Internationales Familienrecht, Kap. 8 Rn. 191.

74 *Streicher* in Streicher/Köblitz, Familiensachen mit Auslandsberührung, § 4 Rn. 148.

▶ **Beispiel:**

Erzielt der unterhaltsverpflichtete Ehemann nach Abzug von Kindesunterhalt ein Nettoeinkommen von bereinigt 3.000,00 €, steht der nicht erwerbstätigen Ehefrau nach dem Halbteilungsgrundsatz ein Unterhaltsanspruch von 1.500,00 € zu. Verzieht sie nun in ein Land mit einem Preisniveau, das 80 % des deutschen Preisniveaus beträgt, verringert sich ihr Bedarf auf 1.200,00 €. Mit diesem Betrag kann sie im Ausland denselben Lebensstandard aufrechterhalten als wenn sie im Inland 1.500,00 € erhalten würde. Damit ist ihr Bedarf vollständig gedeckt. Es macht keinen Sinn, mit der obigen Auffassung die bestehende Differenz von 300,00 € hälftig auf beide Ehegatten aufzuteilen mit der Folge, dass die Ehefrau nunmehr 1.350,00 € erhält. Denn auch damit ist zum einen dem Halbteilungsgrundsatz rechnerisch nicht genüge getan, zum anderen erhielte die Ehefrau mehr, als zur Deckung ihres Bedarfs erforderlich ist.

Lediglich die Erhöhung des Zahlbetrags bei Aufenthalt des Unterhaltsberechtigten in einem Land mit höherem Preisniveau als in Deutschland wird durch den Grundsatz der Halbteilung beschränkt. Der Schuldner braucht von seinem verfügbaren Einkommen nicht mehr Ehegattenunterhalt zu zahlen, als ihm selbst verbleibt. **105**

▶ **Abwandlung des obigen Beispiels:**

Verzieht die Ehefrau in ein Land mit einem Preisniveau, das 120 % des deutschen Preisniveaus beträgt, erhöht sich ihr Bedarf auf 1.800,00 €. Bei Zahlung dieses Betrages würden dem Ehemann nur 1.200,00 € verbleiben. Das ist mit dem Halbteilungsgrundsatz nicht vereinbar mit der Folge, dass der Unterhaltsanspruch der Ehefrau zu begrenzen ist. Dabei ist im Ergebnis sicherzustellen, dass Ehemann und Ehefrau trotz des unterschiedlichen Preisniveaus im In- und Ausland den gleichen Anteil an den mit dem Gesamtbetrag erwerbbaren Gütern haben. Rechnerisch wird dies nur annäherungsweise dadurch erreicht, dass hier der Erhöhungsbetrag zwischen den Eheleuten hälftig geteilt wird. Der Ehefrau stünde damit ein Anspruch i. H. v. 1.650,00 € zu. Tatsächlich darf die Ehefrau aber nur 1.636,00 € erhalten, wie folgende Überlegung zeigt: Wenn die Hälfte der von den Ehegatten zu erwerbenden Waren um 120 % teurer ist als im Inland, sind insgesamt 110 % mehr an Geld für die gleichen Waren aufzubringen. Bei gleichbleibender Geldmenge können deshalb nur 90,9 % der Waren erworben werden (1/110 x 100). Für seinen Anteil benötigt der Ehemann dann nur 90,9 % von 1.500,00 €, also rund 1.364,00 €. Die Ehefrau erhält dann 1.636,00 € und kann damit die verbleibende Hälfte des Warenkorbs erwerben

Die allgemeingültige Formel zur Wahrung des Halbteilungsgrundsatzes bei Verzug des Unterhaltsberechtigten in ein Land mit höherem Preisniveau lautet damit:

$$\text{Unterhaltsanspruch} = \text{Gesamteinkommen} - \frac{1/2\ \text{Gesamteinkommen}}{(1/2\ \text{x Preisniveau} - 100) + 100}$$

2. Unterhaltsstatut ausländisches Recht

Richtet sich der Unterhaltsanspruch nach ausländischem Recht, ist zu differenzieren: **106**

Falls der Unterhaltsberechtigte auch gemäß dem ausländischen Unterhaltsstatut Unterhalt entsprechend den ehelichen Lebensverhältnissen verlangen kann, ist die Berechnung hier letztlich dieselbe wie bei der Berechnung nach deutschem Recht. Die oben dargestellten Grundsätze sind also entsprechend anwendbar.

Legt das ausländische Recht dagegen andere Maßstäbe an, sind diese entsprechend zu berücksichtigen.[75] Dies gilt nicht nur für die Voraussetzungen des Unterhaltsanspruchs sondern vor allem auch für dessen konkrete Ausgestaltung. Spricht das ausländische Unterhaltsrecht dem Berechtigten keine weitere ungeschmälerte Teilhabe an den ehelichen Lebensverhältnissen zu, kann der Unterhalt nicht **107**

---

75 Vgl. *Henrich*, Internationales Scheidungsrecht, Rn. 152.

anhand des Halbteilungsgrundsatzes ermittelt werden. Es ist vielmehr auf die Besonderheiten des ausländischen Rechts Rücksicht zu nehmen. Hat der Berechtigte danach etwa nur Anspruch auf einen Notbedarf, ist dies der Berechnung zugrunde zu legen. Für die Bestimmung der Höhe des Notbedarfs kann wiederum auf die allgemeinen Grundsätze zurückgegriffen werden. Der Notbedarf eines in Deutschland lebenden Berechtigten hängt nicht davon ab, ob deutsches oder ausländisches Recht anzuwenden ist. Lebt der Berechtigte im Ausland, kann der Notbedarf anhand der oben dargestellten Grundsätze mithilfe des Preisniveaus berechnet werden.

108   Wegen ihrer offensichtlichen Nähe zum Unterhaltsrecht können nach ausländischem Recht bestehende **Schadensersatzansprüche** unterhaltsrechtlich zu qualifizieren sein.[76] Das gilt z. B. für den in Frankreich gem. Art. 266 CC bestehenden Anspruch auf Schadensersatz, der den Ehegatten für den Wegfall des Unterhaltsanspruchs nach Scheidung entschädigen soll. Gleiches trifft für den nach Art. 174 Abs. 1 des türkischen ZGB gegebenen Anspruch auf Ersatz des materiellen und immateriellen Schadens für denjenigen Ehegatten zu, der an der Scheidung nicht oder weniger schuldig ist.

IV. Ausschluss der Rückverweisung

109   Wie die Rom III-VO für das Scheidungsrecht sieht Art. 12 HUP auch im Bereich des Unterhaltsrechts einen **Ausschluss von Rück- und Weiterverweisung** vor: Der Begriff »Recht« im Sinne dieses Protokolls bedeutet das in einem Staat geltende Recht mit Ausnahme des Kollisionsrechts.

V. Ordre public

110   Ein allgemeiner ordre-public-Vorbehalt findet sich in Art. 13 HUP. Danach darf von der Anwendung des nach dem Protokoll bestimmten Rechts nur abgesehen werden, soweit seine Wirkungen der öffentlichen Ordnung des Staates des angerufenen Gerichts offensichtlich widersprechen.

VI. Hilfsansprüche

111   Der **Auskunftsanspruch** ist nach demselben Statut zu beurteilen wie der Unterhaltsanspruch.[77] Kennt das Unterhaltsstatut keinen materiell-rechtlichen Auskunftsanspruch, ist gleichwohl ein Anspruch nach deutschem Recht zu gewähren.[78] Der Anspruch auf **Verfahrenskostenvorschuss** ist nach herrschender Meinung[79] ein unterhaltsrechtlicher Anspruch auf Trennungsunterhalt. Auf ihn sind daher die Regeln des Art. 5 HUP anzuwenden.

F. Wohnung und Haushaltsgegenstände

I. Zuständigkeit

112   Internationale Übereinkommen über die internationale Zuständigkeit für die Zuweisung von Ehewohnung und Haushaltsgegenständen fehlen. Auch in der Brüssel IIa-VO finden sich insoweit keine Regelungen. Deshalb ist unmittelbar auf deutsches internationales Privatrecht abzustellen. Danach besteht gem. § 98 Abs. 2 FamFG bei Anhängigkeit eines Scheidungsverfahrens eine **Annexzuständigkeit** für Regelungen zu Wohnung und Haushaltsgegenständen. Für **isolierte** Verfahren folgt die internationale Zuständigkeit gem. § 105 FamFG aus der örtlichen Zuständigkeit.

---

76 Näher *Henrich*, Internationales Scheidungsrecht, Rn. 176.

77 BGH, IPRax 1983, 184; OLG Köln, FamRZ 2003, 544; OLG Hamm, FamRZ 1993, 69; *Henrich*, Internationales Scheidungsrecht, Rn. 162.

78 OLG Hamm, FamRZ 1993, 69; *Henrich*, Internationales Scheidungsrecht, Rn. 163.

79 OLG Köln, FamRZ 1995, 680; KG, FamRZ 1988, 167; *Henrich*, Internationales Scheidungsrecht, Rn. 164.

II. Anwendbares Recht

1. Ehewohnung/Haushaltsgegenstände im Inland

Gem. Art. 17a EGBGB richten sich die Nutzungsbefugnis für die Ehewohnung im Inland und für die im Inland befindlichen Haushaltsgegenstände **sowie damit zusammenhängende Betretungs-, Annäherungs- und Kontaktverbote** nach deutschem Recht. Auf das Heimatrecht der Eheleute oder auf das Recht an ihrem gewöhnlichen Aufenthalt kommt es also in diesem Fällen nicht an. Die Vorschrift ist – entgegen dem Wortlaut – weit auszulegen. Sie bezieht sich nach nahezu einheiliger Auffassung[80] auch auf die Ausgleichszahlung bei eigentumsrechtlicher Zuweisung nach § 1568b Abs. 3 BGB.   113

2. Ehewohnung/Haushaltsgegenstände im Ausland

In diesen Fallgestaltungen wird es oft einfacher sein, die Ansprüche im Ausland geltend zu machen als eine in Deutschland auf diesem Rechtsgebiet erwirkte Entscheidung im Ausland zu vollstrecken. Denn die Anerkennungs- und Vollstreckungserleichterungen der Brüssel IIa-VO bzw. der EuGVVO gelten für Wohnungs- und Haushaltssachen nicht.[81]   114

Wird gleichwohl ein Verfahren im Inland erwogen, ist zu beachten, dass Art. 17a EGBGB auf im Ausland belegenen Wohnungen oder Haushaltsgegenstände nicht anwendbar ist.[82] Bei **bestehender Ehe** wird nach verbreiteter Ansicht[83] an das Ehewirkungsstatut des Art. 14 EGBGB angeknüpft. Z.T. wird auch das Unterhaltsstatut[84] oder – bei starkem Inlandsbezug und Fehlen einer Regelung nach dem an sich anwendbaren ausländischen Recht – die lex fori für maßgeblich gehalten.[85]   115

Ist nach diesen Grundsätzen ausländisches Recht anzuwenden, tritt indessen die weitere Schwierigkeit auf, dass es in den meisten ausländischen Rechtsordnungen keine dem deutschen Recht vergleichbare Aufteilung des Hausrats gibt.[86] Es bleibt dann nur eine Anknüpfung an das ausländische Güterrecht, die aber dann versagt, wenn nach der maßgeblichen Rechtsordnung – wie häufig – Gütertrennung besteht.   116

G. Güterrecht

Das internationale Güterrecht gehört mit zu den schwierigsten Materien des Familienrechts. Anträge im Inland sind oft nicht zweckmäßig, wenn in der Sache fremdes Güterrecht anzuwenden ist und voraussichtlich eine Vollstreckung im Ausland erfolgen muss. Zum einen bereitet die prozessuale Umsetzung ausländischer güterrechtlicher Vorschriften im Inland erhebliche Schwierigkeiten. So hält die Zivilprozessordnung – die über § 113 FamFG auch für güterechtliche Verfahren anwendbar ist – etwa kein geeignetes Instrumentarium zur Erfassung und Auseinandersetzung einer spanischen Gütergemeinschaft vor. Zum anderen nützt eine in Deutschland ergangene Entscheidung   117

---

80 *Henrich*, Internationales Scheidungsrecht, Rn. 174; *Andrae*, Internationales Familienrecht, Kap. 3 Rn. 83; NK-BGB/*Gruber* Art. 17a EGBGB Rn. 8 ff.; Palandt/*Thorn* Art. 17a EGBGB Rn. 2; MünchKomm-EGBGB/*Winkler von Mohrenfels* Art. 17a EGBGB Rn. 12; *Kropholler*, IPR, § 45 VI. S. 356; a. A. Staudinger/ *Mankowski* Art. 17a EGBGB Rn. 16; Erman/*Hohloch* Art. 17a EGBGB Rn. 9.

81 *Streicher* in Streicher/Köblitz, Familiensachen mit Auslandsberührung, § 6 Rn. 11.

82 Für die Zeit nach der Ehescheidung richten sich die vermögensrechtlichen Scheidungsfolgen, für die es keine sonstige Regel gibt, nach dem auf die Scheidung anzuwendenden Recht (Art. 17 Abs. 1 EGBGB).

83 OLG Frankfurt am Main, FamRZ 1994, 633–634; OLG Hamm, FamRZ 1993, 211–212; OLG Stuttgart, FamRZ 1990, 1354–1357; OLG Celle, FamRZ 1999, 443–444.

84 Z. B. OLG Hamm, FamRZ 1989, 621–622 (noch zu Art. 18 aF EGBGB).

85 OLG Frankfurt am Main, FamRZ 1994, 633–634; KG Berlin, FamRZ 1991, 1190–1191.

86 Vgl. etwa zum türkischen Recht OLG Celle, FamRZ 1999, 443–444.

wenig, wenn sie nicht im Ausland anerkannt wird und dort vollstreckbar ist. Im Scheidungsfall können die Probleme in vielen Fällen nur durch eine **Vereinbarung** der Beteiligten gelöst werden.

I. Internationale Zuständigkeit

118 Die internationale Zuständigkeit der deutschen Gerichte wird für das Güterrecht nicht durch europäische Verordnungen oder internationale Staatsverträge bestimmt. Im Scheidungsverfahren ist deshalb auf die Annexzuständigkeit gem. § 98 Abs. 2 FamFG abzustellen. Bei isolierten Verfahren folgt die internationale Zuständigkeit gem. § 105 FamFG aus der örtlichen Zuständigkeit des Gerichts.

II. Anwendbares Recht

1. Anknüpfung kraft Gesetzes

119 Waren beide Ehegatten bei der Eheschließung Iraner, gilt das deutsch-iranische Niederlassungsabkommen zwischen dem Deutschen Reich und dem Kaiserreich Persien vom 17.02.1929.[87] Danach gilt für im Inland lebende Iraner iranisches Güterrecht. Eine abweichende Rechtswahl ist nicht möglich. Von diesem Ausnahmefall abgesehen, bestehen (noch) keine Internationalen Abkommen zu der Frage, welches Güterrecht anzuwenden ist. Es existiert zwar einen **Vorschlag der EU-Kommission vom 16.03.2011** zur Vereinheitlichung des internationalen Güterrechts, der jedoch noch nicht verabschiedet wurde.[88]

120 Maßgeblich ist deshalb Art. 15 Abs. 1 EGBGB. Danach unterliegen die güterrechtlichen Wirkungen der Ehe grds. dem bei der Eheschließung für die allgemeinen Wirkungen der Ehe maßgeblichen Recht. Verwiesen wird auf das sog. Ehewirkungsstatut des Art. 14 EGBGB im Zeitpunkt der Eheschließung.

121 Aus der Verweisung auf Art. 14 EGBGB ergibt sich, dass für die güterrechtlichen Beziehungen der Eheleute grds. die sog. Kegel'sche Leiter gilt. Dabei ist allerdings zu beachten, dass es nur auf den Zeitpunkt der Eheschließung ankommt. Die vergangenheitsbezogenen Anknüpfungen des Art. 14 Abs. 1 EGBGB, also die letzte gemeinsame Staatsangehörigkeit und der letzte gemeinsame gewöhnliche Aufenthalt, finden keine Anwendung. Daraus folgt folgende Anknüpfungskette:
- Maßgebend ist in erster Linie das **Recht des Staates**, dem beide Ehegatten **bei der Eheschließung angehörten**.
- Für den Fall, dass die Eheleute bei Eheschließung eine unterschiedliche Staatsangehörigkeit hatten, gilt das Recht des Staates, in dem beide Ehegatten zur Zeit der Eheschließung ihren **gewöhnlichen Aufenthalt**hatten.
- Hatten die Eheleute bei Eheschließung weder eine gemeinsame Staatsangehörigkeit noch einen gemeinsamen gewöhnlichen Aufenthalt, ist das Recht des Staates maßgeblich, mit dem die Ehegatten im Zeitpunkt der Eheschließung gemeinsam auf sonstige Weise **am engsten verbunden** waren.
- Sonderregelungen für ausländische Grundstücke und sonstige dingliche Vermögensgegenstände können sich aus Art. 3a Abs. 2 EGBGB ergeben. Danach bezieht sich die Verweisung aus Art. 14, 15 EGBGB nicht auf Vermögensgegenstände, die sich nicht in dem Staat befinden, dessen Recht anwendbar ist, wenn sie nach dem Recht des Staates, an dem sie sich befinden, besonderen Vorschriften unterliegen.

122 Die Neuregelung des auf die Ehescheidung anzuwendenden Rechts nach der Rom III-VO kann dazu führen, dass Scheidungsstatut und Güterrechtsstatut auseinanderfallen.

---

87 Art. 8 Abs. 3, BGBl. II 1955, S. 829; s. näher *Schotten/Wittkowski* FamRZ 1995, 264 ff.; *Finger* FuR 1999, 58 ff., 158 ff., 215 ff.

88 Dazu *Finger* FuR 2012, 10.

► Beispiel:

F und M sind türkische Staatsangehörige. Sie heiraten 1995 in Deutschland und leben hier. Die Ehescheidung richtet sich hier gem. Art. 8 Buchst. a) Rom III-VO nach deutschem Recht, die güterrechtlichen Folgen unterliegen demgegenüber gem. Art. 15, 14 Abs. 1 Nr. 1 EGBGB türkischem Recht.

2. Wahl des Güterrechtsstatutes

In der Praxis eher selten ist die Wahl des Güterrechtsstatutes gem. Art. 15 Abs. 2 EGBGB, obwohl sie auch nach der Eheschließung mit Wirkung für die Vergangenheit[89] erfolgen kann. Die Rechtswahl muss gem. Art. 15 Abs. 3, Art. 14 Abs. 4 EGBGB notariell beurkundet werden, wenn sie im Inland vorgenommen wird. Bei einem Vertragsschluss im Ausland genügt die Form, die dort für Eheverträge vorgeschrieben ist.

123

3. Rück- und Weiterverweisung

Haben die Ehegatten keine Rechtswahl getroffen, ist – im Gegensatz zu den neuen Regeln zur Scheidung und zum Unterhaltsrecht – gem. Art. 4 EGBGB eine Rück- oder Weiterverweisung zu beachten. Dies ist vor allem im Verhältnis zum anglo-amerikanischen Rechtskreis von Bedeutung, da sich dort die vermögensrechtlichen Folgen einer Eheschließung grds. nach dem Recht des ehelichen Domizils bestimmen. Maßgebend ist in Großbritannien das Domizil der Ehegatten zur Zeit der Eheschließung, in den USA das jeweilige Domizil.[90]

124

4. Altehen

Art. 15 EGBGB gilt in seiner jetzigen Fassung seit dem 01.09.1986. Vorausgegangen war eine Entscheidung des BVerfG v. 22.02.1983[91] (veröffentlicht am 08.04.1983 im Bundesgesetzblatt), in der Art. 15 Abs. 1 EGBGB a. F. für unvereinbar mit dem am 01.04.1953 in Kraft getretenen Art. 3 Abs. 2 GG erklärt wurde.

125

Für vor diesem Zeitpunkt geschlossene Ehen sieht Art. 220 Abs. 3 EGBGB folgende Sonderregelungen vor:
– Für Ehen, die vor dem 01.04.1953 (also vor Inkrafttreten des Art. 3 Abs. 2 GG) geschlossen wurden, gilt Art. 15 EGBGB a. F. Das Güterrecht richtet sich nach dem Heimatrecht des Mannes im Zeitpunkt der Eheschließung. Die Ehegatten können aber ein anderes Güterrechtsstatut durch Rechtswahl bestimmen, Art. 220 Abs. 3 Satz 6 EGBGB.
– Für Ehen, die zwischen dem 01.04.1953 und dem 08.04.1983 geschlossen worden sind, gilt Folgendes:
  – Gehörten beide Ehegatten im Zeitpunkt der Eheschließung demselben Staat an, so bestimmt sich das eheliche Güterrecht gem. Art. 220 Abs. 3 Satz 1 Nr. 1 EGBGB nach dem gemeinsamen Heimatrecht.
  – Hatten die Ehegatten bei der Eheschließung nicht dieselbe Staatsangehörigkeit, so ist zu unterscheiden: Haben sich die Ehegatten einem bestimmten Recht unterstellt oder sind sie von der Anwendbarkeit eines bestimmten Rechts »ausgegangen«, so ist gem. Art. 220 Abs. 3 Satz 1 Nr. 2 EGBGB dieses Recht maßgebend. War das nicht der Fall, so ist gem. Art. 220 Abs. 3 Satz 1 Nr. 3, Satz 2 EGBGB auf das Heimatrecht des Mannes abzustellen, allerdings

---

89 *Andrae*, Internationales Familienrecht, Kap. 3 Rn. 101; Staudinger/*Mankowski* Art. 15 EGBGB Rn. 116; a. A. NK-BGB/*Sieghörtner* Art. 15 EGBGB Rn. 58.

90 *Henrich*, Internationales Scheidungsrecht, Rn. 273.

91 FamRZ 1983, 562.

nur bis zum 08.04.1983. Die Auslegung dieser Bestimmung ist sehr streitig. Dies soll wegen der inzwischen geringen praktischen Bedeutung hier aber nicht weiter vertieft werden.

– Für Ehen, die nach dem 08.04.1983 (also nach der Entscheidung des BVerfG) geschlossen worden sind, ist gem. Art. 220 Abs. 3 Satz 5 EGBGB Art. 15 EGBGB n. F. maßgeblich.

5. Deutsch-französischer Wahlgüterstand

126   Deutschland und Frankreich haben mit Abkommen vom 04.02.2010 die Schaffung eines deutsch-französischen Wahlgüterstandes vereinbart, das Elemente beider Rechtsordnungen für die Zugewinngemeinschaft miteinander verbindet.[92] Bei Maßgeblichkeit deutschen Rechts verweist § 1519 BGB auf das Abkommen.

H. Abstammungssachen

I. Internationale Zuständigkeit

127   Die internationale Zuständigkeit für Abstammungssachen ist nicht durch internationale Verträge oder europäisches Unionsrecht geregelt. Es kann daher unmittelbar auf § 100 FamFG abgestellt werden. Danach sind die deutschen Gerichte zuständig, wenn das Kind, die Mutter, der Vater oder der Mann, der an Eides statt versichert, der Mutter während der Empfängniszeit beigewohnt zu haben,

– Deutscher ist oder
– seinen gewöhnlichen Aufenthalt im Inland hat.

Die Zuständigkeit ist damit praktisch immer gegeben.

II. Anwendbares Recht

128   Die Abstammung eines Kindes unterliegt nach Art. 19 EGBGB dem Recht des Staates, in dem das Kind seinen gewöhnlichen Aufenthalt hat. Sie kann im Verhältnis zu jedem Elternteil auch nach dem Recht des Staates bestimmt werden, dem dieser Elternteil angehört. Ist die Mutter verheiratet, so kann die Abstammung ferner nach dem Recht bestimmt werden, dem die allgemeinen Wirkungen ihrer Ehe bei der Geburt nach Artikel 14 Abs. 1 EGBGB unterliegen; ist die Ehe vorher durch Tod aufgelöst worden, so ist der Zeitpunkt der Auflösung maßgebend. Zwischen den sich daraus ergebenden Anknüpfungen gilt Gleichrangigkeit. Es besteht also kein Stufenverhältnis wie bei Art. 14 EGBGB. Maßgeblich ist das Recht, nach dem die Anfechtung am schnellsten und einfachsten durchzuführen ist, beispielsweise durch Vermutung oder Anerkennung (Günstigkeitsprinzip).[93]

129   Die Anfechtung der Vaterschaft richtet sich nach Art. 20 EGBGB. Satz 1 dieser Bestimmung stellt zunächst auf die Rechte ab, aus denen sich die Voraussetzungen für die Abstammung ergeben. Bei der Beurteilung der Frage, nach welchem Recht eine Anfechtung erfolgen kann, ist daher zunächst zu prüfen, nach welchem Recht die Vaterschaft feststellt werden konnte. Maßgeblich ist dabei nicht, nach welchem Recht die Vaterschaft tatsächlich festgestellt worden ist. Vielmehr kann die Vaterschaft nach allen Rechten angefochten werden, nach denen die Feststellung der Vaterschaft theoretisch möglich gewesen wäre.[94]

---

92 Gesetz zu dem Abkommen vom 04.02.2010 zwischen der Bundesrepublik Deutschland und der Französischen Republik über den Güterstand der Wahl-Zugewinngemeinschaft vom 15.03.2012, BGBl. 2012 II S. 178. Näher *Meyer* FamRZ 2010, 612; *Finger* FuR 2010, 481; *Lerch/Lerch/Junkov* FuR 2012, 639.

93 Vgl. BGH, FamRZ 2006, 1745; BayOLG, FamRZ 2000,691 und FamRZ 2002, 4/8; OLG Frankfurt, FamRZ 2002,689; Münchener Kommentar, Art. 19 EGBGB Rn 14; Palandt/ *Thorn* Art. 19 EGBGB Rn 6; *Henrich* StAZ 1998,2; *Hepting* StAZ 2000,35; *Sturm* StAZ 2003,355.

94 OLG Hamburg, FamRZ 2012, 568 - 569; Palandt/ *Thorn* Art. 20 EGBGB Rn. 2.

Nach Art. 20 Satz 2 EGBGB kann das Kind seine Abstammung in jedem Fall nach dem Recht seines gewöhnlichen Aufenthaltes anfechten, auch wenn nach diesem Recht eine Feststellung der Vaterschaft nicht möglich ist.[95]

Für das Verhältnis der sich daraus ergebenden Anknüpfungen dürfte das Gleiche gelten wie bei Art. 19 EGBGB.

Für die praktische Handhabung bedeutet das, dass nicht immer alle in Betracht kommenden Rechte   130
durchzuprüfen sind, wenn dies mit erheblichem Aufwand, beispielsweise mit der Einholung eines
IPR-Sachverständigengutachtens zum ausländischen Recht oder eines medizinischen Abstam-
mungsgutachtens verbunden ist. Es ist vielmehr derjenige Weg zu wählen, der »am schnellsten zum
Ziel führt«. Das kann zum Beispiel auch das erste geprüfte Recht sein, wenn danach die Anfechtung
der Vaterschaft einfach möglich ist. Da das Kind die Vaterschaft immer nach dem Recht seines gewöhnlichen Aufenthaltes anfechten kann, dürfte sich die Prüfung dieser Möglichkeit als erste anbieten, da hier nicht die Klärung der Vorfrage erforderlich ist, ob auch die (bisherige) Vaterschaft
nach diesem Recht festgestellt werden kann.

---

95 Vgl. Palandt/*Thorn* Art. 20 EGBGB Rn. 2.

Stichwortverzeichnis

Die **fetten** Ziffern beziehen sich auf das Kapitel; die mageren Ziffern auf die dazugehörige Randnummer; die Ziffer hinter M. bezieht sich auf die Anmerkung zum Muster unter der angegebenen Randnummer.

Stichwortverzeichnis